beck-online
DIE DATENBANK

Handbuch zur Körperschaft- und Gewerbesteuerveranlagung 2021
Freischaltung des Online-Moduls

Sehr geehrte Leserin, sehr geehrter Leser,

mit dem Kauf dieses Buches können Sie auch auf das Online-Modul zum Handbuch zugreifen. Ausgehend vom Inhaltsverzeichnis erhalten Sie damit Zugriff auf die zitierten Gesetzestexte, Urteile und Erlasse.

Nutzen Sie das Online-Modul und profitieren Sie von den dort enthaltenen zusätzlichen Materialien und den komfortablen Recherchemöglichkeiten in beck-online.DIE DATENBANK. Gehen Sie am besten sofort online!

Und so geht's:

1. Rufen Sie die Internetadresse www.freischaltung.beck.de auf.
2. Geben Sie Ihren persönlichen Freischaltcode (s. unten) ein und folgen Sie den Anweisungen auf dem Bildschirm.
3. **Wichtig:** Wenn Sie bereits beck-online-Kunde sind, benutzen Sie zum Login bitte **unbedingt** Ihre bekannten Zugangsdaten. Das Handbuch wird Ihrem Konto dann zugeschaltet.
4. Sollten Sie noch kein beck-online-Kunde sein, klicken Sie auf „Registrieren". Sie erhalten dann eine E-Mail mit Ihrem Benutzernamen und einem Aktivierungslink.
5. Bestätigen Sie den Aktivierungslink innerhalb von **28 Tagen** und wählen Sie ein Passwort.
6. Sie können nun mit Ihrem **Benutzernamen** und Ihrem **Passwort** von jedem beliebigen PC, Tablet oder Smartphone auf die Online-Version zugreifen.

Ihr Freischaltcode: KST21-8B4RA-UKJQ7-4GHFB

Das Angebot gilt für **einen** Nutzer. Ihren Online-Zugang können Sie bis zum Erscheinen des Handbuchs zur Körperschaft- und Gewerbesteuerveranlagung 2022 uneingeschränkt nutzen.

Handbuch zur
Körperschaft- und Gewerbesteuerveranlagung
2021

SCHRIFTEN DES
DEUTSCHEN WISSENSCHAFTLICHEN INSTITUTS
DER STEUERBERATER E. V.

Handbuch zur Körperschaft- und Gewerbesteuerveranlagung 2021

Verlag des wissenschaftlichen
Instituts der Steuerberater GmbH Berlin
Verlag C. H. Beck München

www.beck.de

ISSN 0171–2357
ISBN 978 3 406 78359 3

Wilhelmstraße 9, 80801 München
Satz, Druck und Bindung: Druckerei C. H. Beck Nördlingen
(Adresse wie Verlag)

CO_2 neutral
chbeck.de/nachhaltig

Gedruckt auf alterungsbeständigem, säurefreiem Papier
(hergestellt aus chlorfrei gebleichtem Zellstoff)

Vorwort

Das Deutsche wissenschaftliche Institut der Steuerberater e. V. legt hiermit im zweiten Jahrgang (2021) das „Handbuch zur Körperschaft- und Gewerbesteuerveranlagung" vor. Wie bereits im Vorjahr enthält der neue Band das „Handbuch zur Körperschaftsteuerveranlagung" und das „Handbuch zur Gewerbesteuerveranlagung" der früheren Jahrgänge. Beide Teile sind entsprechend der Vorjahre konzipiert und setzen die Reihe der Veranlagungshandbücher in ihrer bewährten Form fort.

Für beide Steuerarten sind detaillierte, nach den Paragraphen der Gesetze geordnete Inhaltsverzeichnisse enthalten.

Zur Gesamtorientierung sind am Anfang der Einzelbände die Gesetzestexte *geschlossen abgedruckt.* In der Geschlossenen Wiedergabe finden sich grundsätzlich alle seit der Vorauflage des Handbuchs ergangenen Änderungen und neuen Vorschriften, zuletzt durch das Gesetz zur Abwehr von Steuervermeidung und unfairem Steuerwettbewerb und zur Änderung weiterer Gesetze vom 25. 6. 2021 (BGBl. I S. 2056), wieder; damit auch solche, die sich nicht ausschließlich auf den Veranlagungszeitraum 2021 beziehen.

Der sich daran anschließende *Hauptteil* ist konsequent auf die Veranlagung 2021 abgestellt; hier sind die Gesetzesvorschriften einzeln in Verbindung mit den zugehörigen Bestimmungen der KStDV und GewStDV, den KStR 2015 und GewStR 2009 mit den jeweils aktuellen amtlichen Hinweisen (KStH 2015 und GewStH 2016) sowie den sonstigen Verwaltungsanordnungen der Finanzverwaltung abgedruckt. Die maßgebenden Regelungen sind damit an einer Stelle vereinigt.

Der *Anhang* enthält die jeweils relevanten Nebenvorschriften zum KStG und GewStG wie das Kapitalerhöhungssteuergesetz und das Umwandlungssteuergesetz mit Verordnungen und Verwaltungsanweisungen. Des Weiteren sind im Anhang ein aktuelles Formblattmuster für eine Steuerbescheinigung sowie eine Auflistung der Gewerbesteuerhebesätze 2021 für alle Kommunen mit mehr als 50 000 Einwohnern abgedruckt.

Gesetz, Durchführungsverordnung, Verwaltungsanordnungen und Anlagen sind in voneinander abweichenden Schriftarten gesetzt, damit sich die verschiedenen Kategorien auf einen Blick voneinander abheben. Die gegenüber der für 2020 geltenden Fassung geänderten Textstellen sind allgemein wie bisher durch einen Balken am Rand gekennzeichnet.

Verwaltungsanordnungen, die aus Platzgründen nicht in vollem Wortlaut in das Handbuch aufgenommen werden konnten, sind in den *Fußnoten* des Werkes in Leitsätzen wiedergegeben. Soweit dabei als Fundstelle das Nachschlagewerk „StEK" (= Steuererlasse in Karteiform) zitiert ist, danken wir dem Verlag Dr. Otto Schmidt KG, Köln, für die Erlaubnis, die von Herrn Rechtsanwalt Prof. Dr. Felix † und Herrn Rechtsanwalt Carlé, Köln, zusammengestellte und bearbeitete Sammlung für das vorliegende Handbuch auszuwerten. Fußnotenhinweise finden sich weiter zu einer Vielzahl einschlägiger BFH-Urteile, die überwiegend ebenfalls in Leitsätzen zitiert sind.

Diesem Jahrgang des Handbuchs ist ein Freischaltcode für ein Online-Modul beigefügt. Das Online-Modul enthält als Ausgangspunkt die Inhaltsverzeichnisse des Veranlagungshandbuchs. Ausgehend davon kann der Nutzer auf alle verlinkten Gesetze, Verordnungen, Richtlinien mit Hinweisen und Verwaltungserlasse sowie auf die zugeordnete Rechtsprechung zugreifen.

Die Auswahl und Bearbeitung des Materials ist in Zusammenarbeit mit Frau Regierungsrätin Heike Janetzko vom Bayerischen Staatsministerium der Finanzen, München, erfolgt. Wir danken ihr an dieser Stelle vielmals für die wertvolle Unterstützung.

Anregungen zur Ausgestaltung, Ergänzung und Verbesserung dieses Werkes sind uns stets willkommen.

Berlin, im März 2022

Deutsches wissenschaftliches Institut
der Steuerberater e. V.

Inhaltsübersicht
KStG

Inhaltsübersicht
GewStG

Körperschaftsteuer-
veranlagung
2021

Inhaltsverzeichnis

Zweiter Teil. Einkommen

Erstes Kapitel. Allgemeine Vorschriften

Vierter Teil. Nicht in das Nennkapital geleistete Einlagen und Entstehung und Veranlagung

Fünfter Teil. Ermächtigungs- und Schlussvorschriften

Sechster Teil. Sondervorschriften für den Übergang vom Anrechnungsverfahren zum Halbeinkünfteverfahren

Abkürzungsverzeichnis

aaO	am angegebenen Ort
ABl. EG	Amtsblatt der Europäischen Gemeinschaften
Abs.	Absatz
abw.	abweichend(es)
AEUV	Vertrag über die Arbeitsweise der Europäischen Union (Vertrag von Lissabon)
a. F.	alte(r) Fassung
AfA	Absetzung für Abnutzung
AG	Aktiengesellschaft
AIG	Auslandsinvestitionsgesetz
AktG	Aktiengesetz
AmtshilfeRLUmsG	Amtshilferichtlinie-Umsetzungsgesetz
AO	Abgabenordnung
AStG	Außensteuergesetz
ATADUmsG	Gesetz zur Umsetzung der Anti-Steuervermeidungsrichtlinie (ATAD-Umsetzunsgesetz)
AuslInvestmG	Gesetz über den Vertrieb ausländischer Investmentanteile und über die Besteuerung der Erträge aus ausländischen Investmentanteilen
AVmG	Altersvermögensgesetz
BaWü	Baden-Württemberg
BayLfSt	Bayerisches Landesamt für Steuern
BB	Betriebs-Berater (Zeitschrift)
BetrAVG	Gesetz zur Verbesserung der betrieblichen Altersversorgung
BewG	Bewertungsgesetz
BewDV	Durchführungsverordnung zum Bewertungsgesetz
BFH	Bundesfinanzhof
BFH/NV	Sammlung amtlicher nicht veröffentlichter Entscheidungen des Bundesfinanzhofs (Zeitschrift)
BgA	Betriebe gewerblicher Art
BGB	Bürgerliches Gesetzbuch
BGBl.	Bundesgesetzblatt
BGBl. III	Bereinigte Sammlung des Bundesrechts, abgeschlossen am 28. 12. 1968 (in Nachweisform fortgeführt durch FNA)
BMF	Bundesminister(ium) der Finanzen
BR-Drs.	Bundesrats-Drucksache
BStBl.	Bundessteuerblatt
BT-Drs.	Bundestags-Drucksache
BVerfG	Bundesverfassungsgericht
BVerwG	Bundesverwaltungsgericht
DB	Der Betrieb (Zeitschrift)
DBA	Doppelbesteuerungsabkommen
DMBG	Gesetz über die Eröffnungsbilanz in Deutscher Mark und die Kapitalneufestsetzung (D-Markbilanzgesetz)
Doppik	Doppelte Buchführung in Konten
DStR	Deutsches Steuerrecht (Zeitschrift)
DV, DVO	Durchführungsverordnung
EAV	Ergebnisabführungsvertrag
EFG	Entscheidungen der Finanzgerichte (Zeitschrift)
EK	Eigenkapital
Entw.	Entwurf
Erl.	Erlass
ESt	Einkommensteuer
EStDV	Einkommensteuer-Durchführungsverordnung
EStG	Einkommensteuergesetz
EStR	Einkommensteuer-Richtlinien
EU	Europäische Union
EuGH	Europäischer Gerichtshof
EURLUmsG	EU-Richtlinien-Umsetzungsgesetz
EWG	Europäische Wirtschaftsgemeinschaft

Abkürzungen

FA	Finanzamt
FG	Finanzgericht
FGO	Finanzgerichtsordnung
FM	Finanzministerium, Finanzminister
FMBl.	Amtsblatt des Bayerischen Staatsministeriums der Finanzen
FMStFG	Finanzmarktstabilisierungsfondgesetz
Fn.	Fußnote
FNA	Bundesgesetzblatt Teil I, Fundstellennachweis A (Bundesrecht ohne völkerrechtliche Vereinbarungen)
GAV	Gewinnabführungsvertrag
GbR	Gesellschaft bürgerlichen Rechts
GenG	Genossenschaftsgesetz
GewStG	Gewerbesteuergesetz
GmbH	Gesellschaft mit beschränkter Haftung
GVBl.	Gesetz- und Verordnungsblatt
HB	Handelsbilanz
HBeglG	Haushaltsbegleitgesetz
HFR	Höchstrichterliche Finanzrechtsprechung (Zeitschrift)
HGB	Handelsgesetzbuch
HS	Halbsatz
idF	in der Fassung
InvStG	Investmentsteuergesetz
iSd	im Sinne des/der
iSv	im Sinne von
iVm	in Verbindung mit
jPöR	juristische Person des öffentlichen Rechts
JStG	Jahressteuergesetz
KAGG	Gesetz über Kapitalanlagegesellschaften *(außer Kraft)*
KapErhStG	Kapitalerhöhungssteuergesetz
KapStDV	Verordnung zur Durchführung des Steuerabzugs vom Kapitalertrag (Kapitalertragsteuer-DV)
KGaA	Kommanditgesellschaft auf Aktien
Kj.	Kalenderjahr
KöR	Körperschaft des öffentlichen Rechts
KStG	Körperschaftsteuergesetz
KStDV	Körperschaftsteuer-Durchführungsverordnung
KStH	Körperschaftsteuer-Hinweise
KStR	Körperschaftsteuer-Richtlinien
LAG	Lastenausgleichsgesetz
LStDV	Lohnsteuer-Durchführungsverordnung
LStH	Hinweis zu den Lohnsteuer-Richtlinien
LStR	Lohnsteuer-Richtlinien
MinBlFin.	Ministerialblatt des Bundesministers der Finanzen
MoRaKG	Gesetz zur Modernisierung der Rahmenbedingungen für Kapitalbeteiligungen
mWv	mit Wirkung vom
n. F.	neue(r) Fassung
Nr.	Nummer
NRW	Nordrhein-Westfalen
OFD	Oberfinanzdirektion
OFH	Oberster Finanzgerichtshof
Rz	Randziffer
Schrb.	Schreiben
SFG	Solidarpaktfortführungsgesetz

SEStEG	Gesetz über steuerliche Begleitmaßnahmen zur Einführung der Europäischen Gesellschaft und zur Änderung weiterer steuerrechtlicher Vorschriften
StÄndG	Steueränderungsgesetz
StAnpG	Steueranpassungsgesetz
StEK	Steuererlasse in Karteiform (Steuererlaß-Kartei), Nachschlagewerk der Erlasse und Verfügungen der Finanzverwaltungen mit kritischen Anmerkungen
StEntlG	Steuerentlastungsgesetz
StEuglG	Steuer-Euroglättungsgesetz
StSenkG	Steuersenkungsgesetz
StVBG	Steuerverkürzungsbekämpfungsgesetz
StVereinfG	Steuervereinfachungsgesetz
StVergAbG	Steuervergünstigungsabbaugesetz
Tz.	Textziffer
UmwStAE	Umwandlungssteueranwendungserlass
UmwStG	Umwandlungssteuergesetz
UntStFG	Unternehmenssteuerfortentwicklungsgesetz
UStG	Umsatzsteuergesetz
v.	vom
VAG	Versicherungsaufsichtsgesetz
Vfg.	Verfügung
vGA	verdeckte Gewinnausschüttung
VO	Verordnung
VZ	Veranlagungszeitraum
Wj.	Wirtschaftsjahr
ZG	Zollgesetz

Geschlossene Wiedergabe des Körperschaftsteuergesetzes[1, 2] (KStG)[3]

In der Fassung der Bekanntmachung vom 15. Oktober 2002

(BGBl. I S. 4144, BStBl. I S. 1169)

Änderungen des Gesetzes

Lfd. Nr.	Änderndes Gesetz	Datum	Fundstelle BGBl. I	Geänderte Paragraphen	Art der Änderung
1.	Gesetz zum Abbau von Steuervergünstigungen und Ausnahmeregelungen (Steuervergünstigungsabbaugesetz – StVergAbG)	16. 5. 2003	S. 660	Überschrift; § 14 Abs. 1 Satz 1 Nr. 3; § 15 Satz 1; § 26 Abs. 6 Satz 1; § 34 Abs. 1, Abs. 9 Nrn. 2 bis 4; § 37 Abs. 2; § 38 Abs. 2 Satz 3; § 40 Abs. 4 Sätze 4 bis 6	geändert
				§ 14 Abs. 1 Satz 1 Nr. 2 Satz 2 und Abs. 1 Satz 2; § 15 Satz 2; § 34 Abs. 13 a; § 37 Abs. 2 a; § 40 Abs. 3 Satz 2, Abs. 4 Satz 7	eingefügt
				§ 14 Abs. 2 (bish. Abs. 3 wird Abs. 2)	aufgehoben
2.	Gesetz zur Neustrukturierung der Förderbanken des Bundes (Förderbankenneustrukturierungsgesetz)	15. 8. 2003	S. 1657	§ 5 Abs. 1 Nr. 2	geändert
3.	Zweites Gesetz zur Änderung steuerlicher Vorschriften (Steueränderungsgesetz 2003 – StÄndG 2003)	15. 12. 2003	S. 2645	§ 2 Nr. 2; § 5 Abs. 1 Nr. 2 und Abs. 2 Nr. 1; § 34 Abs. 3	geändert
				§ 5 Abs. 1 Nr. 23; § 31 Abs. 1 Satz 2; § 34 Abs. 2 a, Abs. 3 a, Abs. 5 a, Abs. 13 a	eingefügt
4.	Gesetz zur Umsetzung der Protokollerklärung der Bundesregierung zur Vermittlungsempfehlung zum Steuervergünstigungsabbaugesetz	22. 12. 2003	S. 2840	§ 8 a	neu gefasst
				§ 8 b Abs. 2, Abs. 3, Abs. 4, Abs. 5; § 15 Satz 1 Nr. 2 Satz 2; § 21 Abs. 1 Nr. 1 Satz 1; § 34 Abs. 1	geändert
				§ 8 b Abs. 8; § 34 Abs. 6 a, Abs. 7 Satz 8	eingefügt
5.	Haushaltsbegleitgesetz 2004 (HBeglG 2004)	29. 12. 2003	S. 3076	§ 25 Abs. 1 Satz 1	geändert
				§ 34 Abs. 11 b	eingefügt
6.	EG-Amtshilfe-Anpassungsgesetz	2. 12. 2004	S. 3112	§ 26 Abs. 6 Sätze 3 bis 8; § 34 Abs. 11 c	eingefügt
7.	Gesetz zur Organisationsreform in der gesetzlichen Rentenversicherung (RVOrgG)	9. 12. 2004	S. 3242	§ 5 Abs. 1 Nr. 8 Sätze 1 und 2	geändert
				§ 34 Abs. 3 a (bish. Abs. 3 a wird Abs. 3 b)	eingefügt
8.	Gesetz zur Umsetzung von EU-Richtlinien in nationales Steuerrecht und zur Änderung weiterer Vorschriften (Richtlinien-Umsetzungsgesetz – EURLUmsG)	9. 12. 2004	S. 3310	§ 1 Abs. 1 Nr. 3; § 5 Abs. 1 Nr. 2, Abs. 2 Nr. 3; § 21 Abs. 1 Nr. 1 Satz 1; § 27 Abs. 6 Satz 4; § 29 Abs. 1; § 32 Abs. 2 Nr. 2; § 34 Abs. 1, Abs. 3, Abs. 9 Nr. 1 Abs. 1 Satz 1; § 39 Abs. 2	geändert
				§ 8 b Abs. 9; § 14 Abs. 3; § 34 Abs. 7 Sätze 9 und 10, Abs. 9 Nr. 4; § 37 Abs. 2 Satz 2	eingefügt
9.	Gesetz zur Änderung des Versicherungsaufsichtsgesetzes und anderer Gesetze	15. 12. 2004	S. 3416	§ 5 Abs. 1 Nr. 16 Satz 3	geändert
				§ 34 Abs. 3 b	eingefügt
10.	Steueränderungsgesetz 2007	19. 7. 2006	S. 1652	§ 9 Abs. 2 Satz 3	geändert
				§ 26 Abs. 6 Satz 9; § 34 Abs. 11 c Satz 2	eingefügt
11.	Gesetz zur Umsetzung der neu gefassten Bankenrichtlinie und der neu gefassten Kapitaladäquanzrichtlinie	17. 11. 2006	S. 2606	§ 8 b Abs. 7 Satz 1	geändert

[1] Neufassung des Körperschaftsteuergesetzes aufgrund des § 33 Abs. 2 Nr. 2 des KStG 1999 i. d. F. der Bek. vom 22. 4. 1999 (BGBl. I S. 817), der durch Art. 3 Nr. 19 des Gesetzes vom 23. 10. 2000 (BGBl. I S. 1433) eingefügt worden ist und unter Berücksichtigung der Änderungsgesetze vom 22. 12. 1999 (BGBl. I S. 2601), vom 14. 7. 2000 (BGBl. I S. 1034), vom 23. 10. 2000 (BGBl. I S. 1433), vom 19. 12. 2000 (BGBl. I S. 1790), vom 20. 12. 2000 (BGBl. I S. 1850), vom 26. 6. 2001 (BGBl. I S. 1310), vom 20. 12. 2001 (BGBl. I S. 3794), vom 20. 12. 2001 (BGBl. I S. 3858), vom 19. 12. 2001 (BGBl. I S. 3922), vom 20. 12. 2001 (BGBl. I S. 3955), vom 23. 7. 2002 (BGBl. I S. 2715) und vom 19. 9. 2002 (BGBl. I S. 3651).

Zum Anwendungsbereich siehe § 34.

[2] Das KStG tritt im Beitrittsgebiet am 1. 1. 1991 in Kraft (vgl. Anl. I Kap. IV Sachgebiet B Abschn. II Nr. 19 des Einigungsvertrags vom 31. 8. 1990, BGBl. II S. 889). Zur Anwendung siehe § 35.

[3] Überschrift neu gefasst durch StVergAbG.

Lfd. Nr.	Änderndes Gesetz	Datum	Fundstelle BGBl. I	Geänderte Paragraphen	Art der Änderung
12.	Gesetz über steuerliche Begleitmaßnahmen zur Einführung der Europäischen Gesellschaft und zur Änderung weiterer steuerrechtlicher Vorschriften (SEStEG)	7. 12. 2006	S. 2782; bericht. 2007 S. 68	Inhaltsübersicht zu § 12 und § 40; § 1 Abs. 1 Nr. 1 und 2; § 8 Abs. 2; § 8 b Abs. 2 Satz 3; § 9 Abs. 1 Nr. 1; § 11 Abs. 1 und Abs. 7; § 14 Abs. 1; § 15 Nr. 2; § 27 Abs. 1, Abs. 5 und Abs. 7; § 28 Abs. 2; § 29 Abs. 5; § 34 Abs. 1	geändert
				§ 12; § 40	neu gefasst
				§ 8 b Abs. 2 Satz 5; § 27 Abs. 2 Satz 3; § 27 Abs. 8; § 29 Abs. 6; § 34 Abs. 7 a, Abs. 8 Sätze 2 bis 4, Abs. 10 Satz 2, Abs. 14 Satz 6, Abs. 15; § 37 Abs. 4 bis 7	eingefügt
				§ 8 b Abs. 4	aufgehoben
13.	Jahressteuergesetz 2007 (JStG 2007)[1]	13. 12. 2006	S. 2878	§ 5 Abs. 1 Nr. 2, Nr. 3 Buchst. e Satz 1, Nr. 5 Satz 2 Buchst. b und Satz 4, Nr. 10 Satz 2, Nr. 14 Satz 2 und 3, Nr. 20 Buchst. b; § 8 Abs. 1 Satz 2; § 8 a Abs. 4 Satz 1; § 8 b Abs. 3 Satz 1 und Abs. 5 Satz 1; § 9 Abs. 1 Satz 1 Nr. 2 Satz 1 und 2, Abs. 3 Satz 3; § 21 b Satz 2; § 23 Abs. 1; § 26 Abs. 1, Abs. 6 Satz 1; § 33 Abs. 1 Nr. 2 Buchst. c Satz 1; § 34 Abs. 1, Abs. 3, Abs. 3 b, Abs. 7, Abs. 11 a, Abs. 12, Abs. 13 b, bish. Abs. 13 b wird Abs. 13 c; § 37 Abs. 1 Satz 2, Abs. 2 a Nr. 2	geändert
				Inhaltsübersicht zu § 32 a; § 8 Abs. 3 Sätze 3 bis 6; § 8 b Abs. 1 Sätze 2 bis 4; § 26 Abs. 6 Satz 3; § 31 Abs. 1 Satz 3; § 32 a; § 34 Abs. 3 c, Abs. 6 Satz 3, Abs. 7 Satz 11, Abs. 11 c Sätze 2 und 3, Abs. 13 d; § 38 Abs. 1 Sätze 6 und 7	eingefügt
14.	Unternehmensteuerreformgesetz 2008	14. 8. 2007	S. 1912	Inhaltsübersicht zu § 8 a; § 16; § 23 Abs. 1; § 34 Abs. 2 a, Abs. 11 a, Abs. 13 a	geändert
				§ 8 a	neu gefasst
				Inhaltsübersicht zu § 8 c; § 2 Nr. 2 zweiter Halbs.; § 5 Abs. 2 Nr. 1 zweiter Halbs.; § 8 b Abs. 10; § 8 c; § 15 Satz 1 Nr. 3; § 31 Abs. 1 Satz 2 (bish. Sätze 2 und 3 werden Sätze 3 und 4); § 32 Abs. 3; § 34 Abs. 6 Satz 4, Abs. 6 a Sätze 3 und 4, Abs. 7 Satz 9 (bish. Sätze 9 bis 11 werden Sätze 10 bis 12), Abs. 7 b, Abs. 10 Satz 3, Abs. 10 a, Abs. 13 b (bish. Abs. 13 b bis 13 d werden Abs. 13 c bis 13 e)	eingefügt
				§ 8 Abs. 4	aufgehoben
15.	Gesetz zur weiteren Stärkung des bürgerschaftlichen Engagements	10. 10. 2007	S. 2332	§ 9 Abs. 1 Nr. 2, Abs. 2 und 3	geändert
				§ 34 Abs. 8 a	eingefügt
16.	Jahressteuergesetz 2008 (JStG 2008)	20. 12. 2007	S. 3150	Inhaltsübersicht zu § 40; § 1 Abs. 3; § 5 Abs. 1 Nr. 12 Satz 1; § 8 b Abs. 3 Satz 1; § 12 Abs. 1 letzter Halbs.; § 27 Abs. 1 Satz 3; § 34 Abs. 1, Abs. 7 Satz 12; § 37 Abs. 4 Sätze 3 und 4, Abs. 5 Sätze 2 und 4	geändert
				§ 8 b Abs. 3 Sätze 4 bis 8; § 14 Abs. 4; § 34 Abs. 8 Satz 5, Abs. 9 Nr. 5, Abs. 13 d Sätze 3 und 4, Abs. 16; § 37 Abs. 4 Satz 5, Abs. 5 Sätze 5, 8 und 9; § 38 Abs. 4 bis 10	eingefügt
				§ 27 Abs. 6 Sätze 2 bis 4; § 40	aufgehoben
17.	Gesetz zur Modernisierung der Rahmenbedingungen für Kapitalbeteiligungen (MoRaKG)	12. 8. 2008	S. 1672	*§ 34 Abs. 6 Satz 4, Abs. 7 b*	*neu gefasst*
				§ 8 c Abs. 2; § 34 Abs. 6 Sätze 3 bis 6 [Änderungen nicht in Kraft getreten!]	*eingefügt*
18.	Jahressteuergesetz 2009 (JStG 2009)	19. 12. 2008	S. 2794	Inhaltsübersicht zu § 32; § 5 Abs. 1 Nr. 2, Abs. 2 Nr. 2 und 3; § 9 Abs. 3	geändert

[1] Die vorgenommenen Ersetzungen der Begriffe „vom Hundert" in „Prozent", „Vomhundertgrenze" in „Prozentgrenze" sowie „Vomhundertsatz" in „Prozentsatz" durch das JStG 2007 sind im Text nicht weiter einzeln nachgewiesen.

Lfd. Nr.	Änderndes Gesetz	Datum	Fundstelle BGBl. I	Geänderte Paragraphen	Art der Änderung
				Satz 2; § 21 Abs. 1 Nr. 1 Satz 1; Überschrift zu § 32; § 32 Abs. 2; § 34 Abs. 1, Abs. 3, Abs. 5 a, Abs. 6 Sätze 1 und 2	
				§ 4 Abs. 6; § 8 Abs. 1 Satz 2 (bish. Satz 2 wird Satz 3), Abs. 7 bis 10; § 8 b Abs. 10 Satz 9; § 9 Abs. 3 Satz 3 (bisheriger Satz 3 wird Satz 4); § 15 Satz 1 Nr. 2 Satz 3, Nr. 4 und 5; § 32 Abs. 4; § 34 Abs. 6 Sätze 4 bis 12, Abs. 9 Satz 1 Nr. 6, Abs. 10 Sätze 4 bis 6, Abs. 10 b, Abs. 13 e Sätze 3 und 4	eingefügt
				§ 14 Abs. 2; § 34 Abs. 13 d Sätze 3 und 4	aufgehoben
19.	Gesetz zur Modernisierung und Entbürokratisierung des Steuerverfahrens (Steuerbürokratieabbaugesetz)	20. 12. 2008	S. 2850	§ 37 Abs. 5 bish. Satz 7	neu gefasst
				§ 31 Abs. 1 a; § 34 Abs. 13 a Satz 2, Abs. 13 d Satz 3; § 37 Abs. 5 Satz 6 (bish. Sätze 7 bis 9 werden Sätze 8 bis 10), Abs. 6 Satz 2 (bish. Satz 2 wird Satz 3)	eingefügt
20.	Gesetz zum Abbau bürokratischer Hemmnisse insb. in der mittelständischen Wirtschaft (Drittes Mittelstandsentlastungsgesetz)	17. 3. 2009	S. 550	§ 24 Satz 1; § 25 Abs. 1 Satz 1, Abs. 2	geändert
21.	Gesetz zur Fortführung der Gesetzeslage 2006 bei der Entfernungspauschale	20. 4. 2009	S. 774	§ 9 Abs. 2 Satz 3	geändert
				§ 34 Abs. 8 a Satz 4	eingefügt
22.	Gesetz zur verbesserten steuerlichen Berücksichtigung von Vorsorgeaufwendungen (Bürgerentlastungsgesetz Krankenversicherung)	16. 7. 2009	S. 1959	§ 8 c Abs. 1 a; § 34 Abs. 7 c	eingefügt
23.	Gesetz zur Bekämpfung der Steuerhinterziehung (Steuerhinterziehungsbekämpfungsgesetz)	29. 7. 2009	S. 2302	§ 33 Abs. 1 Nr. 2 Buchstabe e	eingefügt
24.	Gesetz zur Beschleunigung des Wirtschaftswachstums (Wachstumsbeschleunigungsgesetz)	22. 12. 2009	S. 3950	§ 8 a Abs. 1 Satz 1, Satz 3; § 8 c Abs. 1 a Satz 3 Nr. 3 Satz 5; § 34 Abs. 7 c	geändert
				§ 8 c Abs. 1 Sätze 5 bis 8; § 34 Abs. 6 a Sätze 5 und 6, Abs. 7 b Satz 2	eingefügt
25.	Gesetz zur Umsetzung steuerlicher EU-Vorgaben sowie zur Änderung steuerlicher Vorschriften	8. 4. 2010	S. 386	§ 9 Abs. 1 Nr. 2 Satz 1, Abs. 3 Sätze 3 und 4	geändert
				§ 9 Abs. 1 Sätze 2 bis 7, Abs. 3 Satz 2 Halbs. 2; § 34 Abs. 8 a Sätze 5 bis 7	eingefügt
26.	Jahressteuergesetz 2010 (JStG 2010)	8. 12. 2010	S. 1768	§ 5 Abs. 1 Nr. 2; § 8 b Abs. 1 Satz 2; § 8 c Abs. 1 Satz 6; § 12 Abs. 1 Satz 1; § 34 Abs. 1; § 38 Abs. 7 Satz 5	geändert
				§ 8 Abs. 9 Satz 8; § 8 c Abs. 1 Satz 8; § 12 Abs. 1 Satz 2; § 20 Abs. 2 Satz 3; § 34 Abs. 3 Sätze 2 und 4 (bish. Satz 2 wird Satz 3), Abs. 6 Satz 13, Abs. 8 Sätze 2 und 3 (bish. Sätze 3 und 4 werden Sätze 4 und 5), Abs. 8 b, Abs. 10 b Satz 3, Abs. 13 f, Abs. 13 g	eingefügt
				§ 13 Abs. 3 Sätze 2 bis 11; § 34 Abs. 8 bish. Sätze 2 und 5	aufgehoben
27.	Gesetz zur Umsetzung der Richtlinie 2009/65/EG zur Koordinierung der Rechts- und Verwaltungsvorschriften betreffend bestimmte Organismen für gemeinsame Anlagen in Wertpapieren (OGAW-IV-Umsetzungsgesetz – OGAW-IV-UmsG)	22. 6. 2011	S. 1126	§ 32 Abs. 3 Satz 3	geändert
28.	Steuervereinfachungsgesetz 2011	1. 11. 2011	S. 2131	§ 8 Abs. 10 Satz 1	geändert
				§ 34 Abs. 6 Satz 14	eingefügt
29.	Gesetz zur Umsetzung der Beitreibungsrichtlinie sowie zur Änderung steuerlicher Vorschriften (Beitreibungsrichtlinie-Umsetzungsgesetz – BeitrRLUmsG)	7. 12. 2011	S. 2592	§ 9 Abs. 1 Nr. 2 Satz 5	geändert
				§ 34 Abs. 7 c Sätze 3 bis 5, Abs. 8 a Satz 6 (bish. Sätze 6 und 7 werden Sätze 7 und 8)	eingefügt

Lfd. Nr.	Änderndes Gesetz	Datum	Fundstelle BGBl. I	Geänderte Paragraphen	Art der Änderung
30.	Gesetz zur Änderung und Vereinfachung der Unternehmensbesteuerung und des steuerlichen Reisekostenrechts	20. 2. 2013	S. 285	§ 14 Abs. 1 Satz 1, Satz 1 Nrn. 2 und 5; § 17 Satz 1, Satz 2 Nr. 2; § 34 Abs. 1, Abs. 10 b wird Abs. 10 c	geändert
				§ 14 Abs. 1 Satz 1 Nr. 3 Sätze 4 und 5, Abs. 5; § 34 Abs. 9 Nrn. 7 bis 9, Abs. 10 b	eingefügt
				§ 18	aufgehoben
31.	Gesetz zur Stärkung des Ehrenamtes (Ehrenamtsstärkungsgesetz)	21. 3. 2013	S. 556	§ 9 Abs. 3 Satz 2	geändert
				§ 34 Abs. 8 a Satz 9	eingefügt
32.	Gesetz zur Umsetzung des EuGH-Urteils vom 20. Oktober 2011 in der Rechtssache C-284/09	21. 3. 2013	S. 561	§ 8 b Abs. 4, Abs. 10 Satz 1	geändert
				§ 15 Satz 1 Nr. 2 Satz 4; § 32 Abs. 5; § 34 Abs. 7 a Sätze 2 und 3, Abs. 13 b Sätze 3 bis 5	eingefügt
33.	Gesetz zur Umsetzung der Amtshilferichtlinie sowie zur Änderung steuerlicher Vorschriften (Amtshilferichtlinie-Umsetzungsgesetz – AmtshilfeRLUmsG)	26. 6. 2013	S. 1809	§ 5 Abs. 2 Nr. 2; § 8 b Abs. 1 Satz 2, Abs. 7 Satz 3, Abs. 9, Abs. 10; § 9 Abs. 1 Nr. 2 Satz 4; § 21 a Abs. 2; § 26 Abs. 6 Satz 10; § 32 Abs. 4 Satz 1; § 34 Abs. 10 c Satz 3	geändert
				§ 26 Abs. 2; § 34 Abs. 7 Sätze 13 bis 16, Abs. 8a Satz 6 (bish. Sätze 6 bis 9 werden Sätze 7 bis 10), Abs. 11c Satz 5	eingefügt
34.	Gesetz zur Anpassung des Investmentsteuergesetzes und anderer Gesetze an das AIFM-Umsetzungsgesetz (AIFM-Steuer-Anpassungsgesetz – AIFM-StAnpG)	18. 12. 2013	S. 4318	§ 34 Abs. 10 b Satz 2	geändert
35.	Gesetz zur Anpassung des nationalen Steuerrechts an den Beitritt Kroatiens zur EU und zur Änderung weiterer steuerlicher Vorschriften	25. 7. 2014	S. 1266	§ 1 Abs. 3; § 5 Abs. 1 Nr. 2; § 8 b Abs. 2 Sätze 1 und 3, Abs. 7 Satz 1; § 19 Abs. 1 bis 4; § 26; § 27 Abs. 4 Satz 3; § 34; § 38 Abs. 1 Satz 7	geändert
				§ 17 Abs. 2 (bish. Wortlaut wird Abs. 1)	eingefügt
				§ 27 Abs. 1 Satz 6; § 31 Abs. 1 Satz 2	aufgehoben
36.	Gesetz zur Anpassung der Abgabenordnung an den Zollkodex der Union und zur Änderung weiterer steuerlicher Vorschriften	22. 12. 2014	S. 2417	§ 26 Überschrift, Abs. 1 Satz 1, Abs. 2 Satz 1; § 34 Abs. 9 Satz 1	geändert
				§ 5 Abs. 1 Nr. 24; § 34 Abs. 3 Satz 3, Abs. 9 Satz 2	eingefügt
37.	Gesetz zur Modernisierung der Finanzaufsicht über Versicherungen	1. 4. 2015	S. 434	§ 5 Abs. 1 Nr. 3 Buchst. d Satz 1, Nr. 4 Satz vor Buchst. a, Nr. 16 Satz 3; § 20 Abs. 2 Satz 3; § 21 a Abs. 1 Sätze 1 und 2; § 33 Abs. 1 Nr. 2 Buchst. d	geändert
				§ 34 Abs. 3 a, 7 a, 8 a und 10 a	eingefügt
38.	Steueränderungsgesetz 2015	2. 11. 2015	S. 1834	Inhaltsübersicht; § 1 Abs. 3; § 5 Abs. 1 Nr. 16 Sätze 1 und 2; § 6 Abs. 5 Satz 2; § 8 c Abs. 1 Satz 5; § 34 Abs. 1 und Abs. 8	geändert
				§ 6 Abs. 5 a; § 6 a; § 8 b Abs. 11; § 20 Abs. 1 Satz 2; § 34 Abs. 3 Satz 3 (bish. Satz 3 wird Satz 4), Abs. 6 Satz 5, Abs. 7 Satz 1 (bish. Wortlaut wird Satz 2)	eingefügt
			S. 1844 Berichtig.	§ 21 a Abs. 1 Satz 1 und 2	geändert
39.	Gesetz zur Reform der Investmentbesteuerung (Investmentsteuerreformgesetz – InvStRefG)	19. 7. 2016	S. 1730	§ 32 Abs. 3 Satz 5	geändert
40.	Gesetz zur Weiterentwicklung der steuerlichen Verlustverrechnung bei Körperschaften	20. 12. 2016	S. 2998	Inhaltsübersicht; § 8 a Abs. 1 Satz 3	geändert
				§ 8 d; § 34 Abs. 6 a	eingefügt
41.	Gesetz zur Umsetzung der Änderungen der EU-Amtshilferichtlinie und von weiteren Maßnahmen gegen Gewinnkürzungen und -verlagerungen	20. 12. 2016	S. 3000	Inhaltsübersicht; § 8 b Abs. 7 Sätze 1 und 2; Überschrift des dritten Kapitels zum zweiten Teil; § 34 Abs. 8	geändert
				§ 34 Abs. 5 Satz 2	eingefügt
				§ 8 b Abs. 7 Satz 3; § 21 b	aufgehoben
42.	Beschluss des Bundesverfassungsgerichts (BVerfG 2 BvL 6/11)	29. 3. 2017	S. 1289	§ 8 c	
43.	Gesetz gegen schädliche Steuerpraktiken im Zusammenhang mit Rechteüberlassungen	27. 6. 2017	S. 2074	§ 8 Abs. 8, § 8 Abs. 9	geändert
				§ 8 c Abs. 2, § 8 d Abs. 1 Satz 9	eingefügt
				§ 15 Satz 1 Nr. 1	geändert
				§ 15 Satz 1 Nr. 1 a	eingefügt
				§ 34 Abs. 1	geändert
44.	Gesetz zum Ausschluss verfassungsfeindlicher Parteien von der Parteienfinanzierung	18. 7. 2017	S. 2730	§ 5 Abs. 1 Nr. 7	geändert

Lfd. Nr.	Änderndes Gesetz	Datum	Fundstelle BGBl. I	Geänderte Paragraphen	Art der Änderung
45.	Gesetz zur Vermeidung von Umsatzsteuerausfällen beim Handel mit Waren im Internet und zur Änderung weiterer steuerlicher Vorschriften	11. 12. 2018	S. 2338	§ 8 a Abs. 1 Satz 3; § 8 b Abs. 10 Satz 11; § 8 c Abs. 1; § 8 d Abs. 2 Satz 1; § 21; § 34 Abs. 6 § 14 Abs. 2; § 15 Satz 1 Nr. 2 a, Sätze 3 und 4; § 34 Abs. 3 b, Abs. 6 b, Abs. 6 c, Abs. 8 Satz 2 § 33 Abs. 1 Nr. 2 Buchst. a	geändert eingefügt aufgehoben
46.	Gesetz über steuerliche und weitere Begleitregelungen zum Austritt des Vereinigten Königreichs Großbritannien und Nordirland aus der Europäischen Union (Brexit-Steuerbegleitgesetz – Brexit-StBG)	25. 3. 2019	S. 357	§ 12 Abs. 3 Satz 4 und Abs. 4	eingefügt
47.	Gesetz zur steuerlichen Förderung des Mietwohnungsneubaus	4. 8. 2019	S. 1122	§ 5 Abs. 1 Nr. 10 Sätze 3 und 4; § 34 Abs. 3 b (bish. Abs. 3 b wird Abs. 3 c)	eingefügt
48.	Gesetz zur weiteren steuerlichen Förderung der Elektromobilität und zur Änderung weiterer steuerlicher Vorschriften (sog. „Jahressteuergesetz 2019")	12. 12. 2019	S. 2451	§ 5 Abs. 1 Nr. 1, Nr. 10 Satz 1, Nr. 14 Satz 1; § 8 b Abs. 4 Satz 8; § 8 c Abs. 1 Satz 1, Abs. 1 a Satz 3 Nr. 2; § 9 Abs. 1 Satz 8; § 10 Nr. 3 und Nr. 4; § 13 Abs. 4 Satz 1; § 15 Satz 1 Nr. 2 Satz 1 und 2; § 22 Abs. 1 Satz 1 und 2 Nr. 2; § 25 Überschrift und Abs. 2; § 34 Abs. 1, Abs. 2 Satz 1, Abs. 6 Satz 3, Abs. 14 Satz 1 Nr. 2 § 24 Satz 2 Nr. 3; § 34 Abs. 2 a, Abs. 5 Satz 2, Abs. 6 b und 6 c (bish. Abs. 6 b und 6 c werden Abs. 6 d und 6 e), Abs. 6 f, Abs. 8 b, Abs. 8 c	geändert eingefügt
49.	Gesetz zur Einführung einer Pflicht zur Mitteilung grenzüberschreitender Steuergestaltungen	21. 12. 2019	S. 2875	§ 5 Abs. 1 Nr. 10 Satz 5	eingefügt
50.	Jahressteuergesetz 2020 (JStG 2020)	21. 12. 2020	S. 3096	§ 5 Abs. 1 Nr. 10 Satz 6 und 7	eingefügt
51.	Gesetz zur Umsetzung der Richtlinie (EU) 2019/2034 über die Beaufsichtigung von Wertpapierinstituten	12. 5. 2021	S. 990	§ 5 Abs. 1 Nr. 16 Satz 1 Buchst. b; § 8 b Abs. 7 Satz 1 und Satz 2	geändert
52.	Gesetz zur Umsetzung der Anti-Steuervermeidungsrichtlinie (ATAD-Umsetzungsgesetz – ATADUmsG)	25. 6. 2021	S. 2035	Inhaltsübersicht; § 12 Überschrift § 8 b Abs. 1 Satz 3 (bish. Sätze 3 bis 5 werden Sätze 4 bis 6); § 12 Abs. 1 Satz 3, Abs. 1 a; § 34 Abs. 5 Satz 1 (bish. Sätze 1 bis 3 werden Sätze 2 bis 4), Abs. 6 d (bish. Abs. 6 d bis 6 f werden Abs. 6 e bis 6 g)	geändert eingefügt
53.	Gesetz zur Modernisierung des Körperschaftsteuerrechts	25. 6. 2021	S. 2050	Inhaltsübersicht; § 1 Abs. 1 Nr. 1; § 8 b Abs. 3 S. 8; § 27 Abs. 1 Satz 3; § 34 Abs. 1 § 14 Abs. 4 § 1 a; § 8 b Abs. 3 Satz 6 (bish. Sätze 6 bis 8 werden Sätze 7 bis 9); § 27 Abs. 6 Satz 2; § 34 Abs. 1 a, Abs. 5 Satz 2 (bish. Sätze 2 bis 4 werden Sätze 3 bis 5), Abs. 6 d Satz 2, Abs. 6 e Sätze 5 bis 16 § 12 Abs. 2, Abs. 3	geändert neu gefasst eingefügt aufgehoben
54.	Gesetz zur Abwehr von Steuervermeidung und unfairem Steuerwettbewerb und zur Änderung weiterer Gesetze	25. 6. 2021	S. 2056	§ 33 Abs. 1 Nr. 2 Buchst. d § 8 Abs. 1 Satz 4; § 34 Abs. 3 c (bish. Abs. 3 c wird Abs. 3 d), Abs. 6 d Satz 3 § 12 Abs. 4; § 33 Abs. 1 Nr. 2 Buchst. e	geändert eingefügt aufgehoben

Erster Teil. Steuerpflicht

§ 1 Unbeschränkte Steuerpflicht

(1) Unbeschränkt körperschaftsteuerpflichtig sind die folgenden Körperschaften, Personenvereinigungen und Vermögensmassen, die ihre Geschäftsleitung oder ihren Sitz im Inland haben:

1.[1] Kapitalgesellschaften (insbesondere Europäische Gesellschaften, Aktiengesellschaften, Kommanditgesellschaften auf Aktien, Gesellschaften mit beschränkter Haftung) einschließlich optierender Gesellschaften im Sinne des § 1 a;

2.[1] Genossenschaften einschließlich der Europäischen Genossenschaften;

[1] § 1 Abs. 1 Nrn. 1 und 2 geändert mWv VZ 2006 durch SEStEG vom 7. 12. 2006 (BGBl. I S. 2782); § 1 Abs. 1 Nr. 1 geändert **mWv VZ 2022** durch Gesetz vom 25. 6. 2021 (BGBl. I S. 2050).

3.[1] Versicherungs- und Pensionsfondsvereine auf Gegenseitigkeit;

4. sonstige juristische Personen des privaten Rechts;

5. nichtrechtsfähige Vereine, Anstalten, Stiftungen und andere Zweckvermögen des privaten Rechts;

6. Betriebe gewerblicher Art von juristischen Personen des öffentlichen Rechts.

(2) Die unbeschränkte Körperschaftsteuerpflicht erstreckt sich auf sämtliche Einkünfte.

(3)[2] Zum Inland im Sinne dieses Gesetzes gehört auch der der Bundesrepublik Deutschland zustehende Anteil

1. an der ausschließlichen Wirtschaftszone, soweit dort
   a) die lebenden und nicht lebenden natürlichen Ressourcen der Gewässer über dem Meeresboden, des Meeresbodens und seines Untergrunds erforscht, ausgebeutet, erhalten oder bewirtschaftet werden,
   b) andere Tätigkeiten zur wirtschaftlichen Erforschung oder Ausbeutung der ausschließlichen Wirtschaftszone ausgeübt werden, wie beispielsweise die Energieerzeugung aus Wasser, Strömung und Wind oder
   c) künstliche Inseln errichtet oder genutzt werden und Anlagen und Bauwerke für die in den Buchstaben a und b genannten Zwecke errichtet oder genutzt werden, und
2. am Festlandsockel, soweit dort
   a) dessen natürliche Ressourcen erforscht oder ausgebeutet werden; natürliche Ressourcen in diesem Sinne sind die mineralischen und sonstigen nicht lebenden Ressourcen des Meeresbodens und seines Untergrunds sowie die zu den sesshaften Arten gehörenden Lebewesen, die im nutzbaren Stadium entweder unbeweglich auf oder unter dem Meeresboden verbleiben oder sich nur in ständigem körperlichen Kontakt mit dem Meeresboden oder seinem Untergrund fortbewegen können; oder
   b) künstliche Inseln errichtet oder genutzt werden und Anlagen und Bauwerke für die in Buchstabe a genannten Zwecke errichtet oder genutzt werden.

§ 1 a[3] Option zur Körperschaftsbesteuerung

(1) ① Auf unwiderruflichen Antrag sind für Zwecke der Besteuerung nach dem Einkommen eine Personenhandels- oder Partnerschaftsgesellschaft wie eine Kapitalgesellschaft (optierende Gesellschaft) und ihre Gesellschafter wie die nicht persönlich haftenden Gesellschafter einer Kapitalgesellschaft zu behandeln; § 217 Absatz 1 des Umwandlungsgesetzes gilt sinngemäß. ② Der Antrag ist von der Personenhandels- oder Partnerschaftsgesellschaft nach amtlich vorgeschriebenem Datensatz durch Datenfernübertragung bei dem für die gesonderte und einheitliche Feststellung der Einkünfte nach § 180 der Abgabenordnung zuständigen Finanzamt spätestens einen Monat vor Beginn des Wirtschaftsjahrs zu stellen, ab dem die Besteuerung wie eine Kapitalgesellschaft gelten soll; § 31 Absatz 1 a Satz 2 gilt entsprechend. ③ Erfolgt für die Personenhandels- oder Partnerschaftsgesellschaft keine gesonderte und einheitliche Feststellung der Einkünfte, ist der Antrag bei dem für die Einkommensteuer oder Körperschaftsteuer des Gesellschafters zuständigen Finanzamt zu stellen. ④ Erzielt eine Personenhandels- oder Partnerschaftsgesellschaft ausschließlich Einkünfte, die dem Steuerabzug vom Kapitalertrag oder dem Steuerabzug auf Grund des § 50 a des Einkommensteuergesetzes unterliegen und gilt infolgedessen die Einkommensteuer nach § 50 Absatz 2 Satz 1 des Einkommensteuergesetzes oder die Körperschaftsteuer nach § 32 Absatz 1 als abgegolten, ist der Antrag bei dem Bundeszentralamt für Steuern zu stellen. ⑤ Hat die Gesellschaft ihren Sitz im Inland, ist der Antrag abweichend von den Sätzen 3 und 4 bei dem Finanzamt zu stellen, in dessen Bezirk die Gesellschaft ihren Sitz hat. ⑥ Die Sätze 1 bis 5 finden keine Anwendung auf

1. Investmentfonds im Sinne des Investmentsteuergesetzes und
2. Gesellschaften, die nach Ausübung der Option in dem Staat, in dem sich ihre Geschäftsleitung befindet, keiner der deutschen unbeschränkten Körperschaftsteuerpflicht vergleichbaren Steuerpflicht unterliegen.

(2) ① Der Übergang zur Körperschaftsbesteuerung gilt als Formwechsel im Sinne des § 1 Absatz 3 Nummer 3 des Umwandlungssteuergesetzes. ② Die §§ 1 und 25 des Umwandlungssteuergesetzes sind entsprechend anzuwenden. ③ Als Einbringungszeitpunkt gilt das Ende des Wirtschaftsjahrs, das dem Wirtschaftsjahr im Sinne des Absatzes 1 Satz 2 unmittelbar vorangeht; § 9 Satz 3 des Umwandlungssteuergesetzes ist nicht anzuwenden. ④ Das im Einbringungszeitpunkt in der Steuerbilanz auszuweisende Eigenkapital wird auf dem steuerlichen Einlagekonto der optierenden Gesellschaft erfasst. ⑤ Die zur Vertretung der Gesellschaft ermächtigten Personen gelten als gesetzliche Vertreter der optierenden Gesellschaft.

---

[1] § 1 Abs. 1 Nr. 3 geändert mWv VZ 2005 durch EURLUmsG vom 9. 12. 2004 (BGBl. I S. 3310).

[2] § 1 Abs. 3 neu gefasst durch Gesetz vom 25. 7. 2014 (BGBl. I S. 1266) mit Wirkung ab VZ 2015; neu gefasst durch JStG 2015 (BGBl. I S. 1834) mit Wirkung ab VZ 2016.

[3] § 1 a eingefügt durch Gesetz vom 25. 6. 2021 (BGBl. I S. 2050) mit Wirkung ab VZ 2021; **zur Anwendung siehe § 34 Abs. 1 a.**

(3) ① Aufgrund der Option gilt die Beteiligung an einer optierenden Gesellschaft für Zwecke der Besteuerung nach dem Einkommen als Beteiligung eines nicht persönlich haftenden Gesellschafters an einer Kapitalgesellschaft. ② Beim Gesellschafter führen daher insbesondere

1. durch das Gesellschaftsverhältnis veranlasste Einnahmen zu Einkünften im Sinne des § 20 Absatz 1 Nummer 1 des Einkommensteuergesetzes,
2. Einnahmen, die er von der Gesellschaft für seine Tätigkeit im Dienst der Gesellschaft bezieht, zu Einkünften im Sinne des § 19 des Einkommensteuergesetzes,
3. Einnahmen aus der Hingabe von Darlehen zu Einkünften im Sinne des § 20 Absatz 1 Nummer 7 oder Absatz 2 Satz 1 Nummer 7 des Einkommensteuergesetzes und
4. Einnahmen aus der Überlassung von Wirtschaftsgütern zu Einkünften im Sinne des § 21 oder § 22 des Einkommensteuergesetzes.

③ Die §§ 13 bis 16, 18 und 35 des Einkommensteuergesetzes sind vorbehaltlich des Satzes 4 nicht anzuwenden. ④ Soweit entsprechende Einnahmen bei einem Gesellschafter einer Kapitalgesellschaft anderen Einkunftsarten zuzurechnen wären, gilt abweichend von Satz 3, dass auch die Einnahmen des Gesellschafters der optierenden Gesellschaft zu diesen Einkünften gehören. ⑤ Gewinnanteile gelten erst dann als ausgeschüttet, wenn sie entnommen werden oder ihre Auszahlung verlangt werden kann. ⑥ § 4 Absatz 3 des Einkommensteuergesetzes ist bei einer optierenden Gesellschaft nicht anzuwenden. ⑦ In den Fällen des Satzes 2 Nummer 2 gelten die optierende Gesellschaft als lohnsteuerlicher Arbeitgeber und der Gesellschafter als Arbeitnehmer.

(4) ① Eine Gesellschaft, die nach Absatz 1 zur Körperschaftsbesteuerung optiert hat, kann beantragen, dass sie nicht mehr wie eine Kapitalgesellschaft und ihre Gesellschafter nicht mehr wie die nicht persönlich haftenden Gesellschafter einer Kapitalgesellschaft behandelt werden (Rückoption). ② Die Rückoption gilt als Formwechsel nach § 1 Absatz 1 Satz 1 Nummer 2 des Umwandlungssteuergesetzes mit der Maßgabe, dass § 9 Satz 3 des Umwandlungssteuergesetzes keine Anwendung findet. ③ Absatz 1 Satz 2, 3 und 5 gilt mit der Maßgabe entsprechend, dass der Antrag bei dem für die Körperschaftsbesteuerung zuständigen Finanzamt zu stellen ist; in den Fällen des Absatzes 1 Satz 4 ist der Antrag bei dem Bundeszentralamt für Steuern zu stellen. ④ Die Sätze 1 und 2 finden auch ohne Antrag Anwendung, wenn die Voraussetzungen des Absatzes 1 entfallen. ⑤ Scheidet der vorletzte Gesellschafter aus der Gesellschaft aus, gilt die optierende Gesellschaft als unmittelbar danach aufgelöst und, sofern der verbleibende Gesellschafter die persönlichen Voraussetzungen eines übernehmenden Rechtsträgers einer Umwandlung einer Kapitalgesellschaft im Sinne des § 1 Absatz 1 Satz 1 Nummer 1 oder 4 des Umwandlungssteuergesetzes erfüllt, im Fall des § 1 Absatz 1 Satz 1 Nummer 1 des Umwandlungssteuergesetzes als auf den verbleibenden Gesellschafter verschmolzen beziehungsweise gilt im Fall des § 1 Absatz 1 Satz 1 Nummer 4 des Umwandlungssteuergesetzes das Vermögen der optierenden Gesellschaft als auf den verbleibenden Gesellschafter übertragen mit der Maßgabe, dass jeweils § 2 des Umwandlungssteuergesetzes keine Anwendung findet. ⑥ Erfüllt der verbleibende Gesellschafter nicht die persönlichen Voraussetzungen eines übernehmenden Rechtsträgers einer Umwandlung einer Kapitalgesellschaft im Sinne des § 1 Absatz 1 Satz 1 Nummer 1 oder 4 des Umwandlungssteuergesetzes, gilt die optierende Gesellschaft als aufgelöst und ihr Vermögen als an die Gesellschafter ausgeschüttet; § 11 des Körperschaftsteuergesetzes ist entsprechend mit der Maßgabe anzuwenden, dass an die Stelle des zur Verteilung kommenden Vermögens der gemeine Wert des vorhandenen Vermögens tritt. ⑦ Abweichend von Satz 4 gilt die Umwandlung der optierenden Gesellschaft in eine Körperschaft im Sinne des Umwandlungssteuergesetzes als Umwandlung einer Kapitalgesellschaft in eine Körperschaft.

§ 2 Beschränkte Steuerpflicht

Beschränkt körperschaftsteuerpflichtig sind

1. Körperschaften, Personenvereinigungen und Vermögensmassen, die weder ihre Geschäftsleitung noch ihren Sitz im Inland haben, mit ihren inländischen Einkünften;
2. [1] sonstige Körperschaften, Personenvereinigungen und Vermögensmassen, die nicht unbeschränkt steuerpflichtig sind, mit den inländischen Einkünften, die dem Steuerabzug vollständig oder teilweise unterliegen; inländische Einkünfte sind auch
   a) die Entgelte, die den sonstigen Körperschaften, Personenvereinigungen oder Vermögensmassen dafür gewährt werden, dass sie Anteile an einer Kapitalgesellschaft mit Sitz oder Geschäftsleitung im Inland einem Anderen überlassen und der Andere, dem die Anteile zuzurechnen sind, diese Anteile oder gleichartige Anteile zurückzugeben hat,
   b) die Entgelte, die den sonstigen Körperschaften, Personenvereinigungen oder Vermögensmassen im Rahmen eines Wertpapierpensionsgeschäfts im Sinne des § 340b Abs. 2 des Handelsgesetzbuchs gewährt werden, soweit Gegenstand des Wertpapierpensionsgeschäfts Anteile an einer Kapitalgesellschaft mit Sitz oder Geschäftsleitung im Inland sind, und

---

[1] § 2 Nr. 2 neu gefasst mWv VZ 2004 durch StÄndG 2003 vom 15. 12. 2003 (BGBl. I S. 2645); zweiter Halbsatz angefügt durch Gesetz vom 14. 8. 2007 (BGBl. I S. 1912).

c) die in § 8b Abs. 10 Satz 2 genannten Einnahmen oder Bezüge, die den sonstigen Körperschaften, Personenvereinigungen oder Vermögensmassen als Entgelt für die Überlassung von Anteilen an einer Kapitalgesellschaft mit Sitz oder Geschäftsleitung im Inland gewährt gelten.

§ 3 Abgrenzung der Steuerpflicht bei nichtrechtsfähigen Personenvereinigungen und Vermögensmassen sowie bei Realgemeinden

(1) Nichtrechtsfähige Personenvereinigungen, Anstalten, Stiftungen und andere Zweckvermögen sind körperschaftsteuerpflichtig, wenn ihr Einkommen weder nach diesem Gesetz noch nach dem Einkommensteuergesetz unmittelbar bei einem anderen Steuerpflichtigen zu versteuern ist.

(2) ① Hauberg-, Wald-, Forst- und Laubgenossenschaften und ähnliche Realgemeinden, die zu den in § 1 bezeichneten Steuerpflichtigen gehören, sind nur insoweit körperschaftsteuerpflichtig, als sie einen Gewerbebetrieb unterhalten oder verpachten, der über den Rahmen eines Nebenbetriebs hinausgeht. ② Im Übrigen sind ihre Einkünfte unmittelbar bei den Beteiligten zu versteuern.

§ 4 Betriebe gewerblicher Art von juristischen Personen des öffentlichen Rechts

(1) ① Betriebe gewerblicher Art von juristischen Personen des öffentlichen Rechts im Sinne des § 1 Abs. 1 Nr. 6 sind vorbehaltlich des Absatzes 5 alle Einrichtungen, die einer nachhaltigen wirtschaftlichen Tätigkeit zur Erzielung von Einnahmen außerhalb der Land- und Forstwirtschaft dienen und die sich innerhalb der Gesamtbetätigung der juristischen Person wirtschaftlich herausheben. ② Die Absicht, Gewinn zu erzielen, und die Beteiligung am allgemeinen wirtschaftlichen Verkehr sind nicht erforderlich.

(2) Ein Betrieb gewerblicher Art ist auch unbeschränkt steuerpflichtig, wenn er selbst eine juristische Person des öffentlichen Rechts ist.

(3) Zu den Betrieben gewerblicher Art gehören auch Betriebe, die der Versorgung der Bevölkerung mit Wasser, Gas, Elektrizität oder Wärme, dem öffentlichen Verkehr oder dem Hafenbetrieb dienen.

(4) Als Betrieb gewerblicher Art gilt die Verpachtung eines solchen Betriebs.

(5) ① Zu den Betrieben gewerblicher Art gehören nicht Betriebe, die überwiegend der Ausübung der öffentlichen Gewalt dienen (Hoheitsbetriebe). ② Für die Annahme eines Hoheitsbetriebs reichen Zwangs- oder Monopolrechte nicht aus.

(6)[1] ① Ein Betrieb gewerblicher Art kann mit einem oder mehreren anderen Betrieben gewerblicher Art zusammengefasst werden, wenn

1. sie gleichartig sind,
2. zwischen ihnen nach dem Gesamtbild der tatsächlichen Verhältnisse objektiv eine enge wechselseitige technisch-wirtschaftliche Verflechtung von einigem Gewicht besteht oder
3. Betriebe gewerblicher Art im Sinne des Absatzes 3 vorliegen.

② Ein Betrieb gewerblicher Art kann nicht mit einem Hoheitsbetrieb zusammengefasst werden.

§ 5 Befreiungen

(1) Von der Körperschaftsteuer sind befreit

1.[2] das Bundeseisenbahnvermögen, die staatlichen Lotterieunternehmen und der Erdölbevorratungsverband nach § 2 Absatz 1 des Erdölbevorratungsgesetzes vom 16. Januar 2012 (BGBl. I S. 74) in der jeweils geltenden Fassung;

2.[3, 4] die Deutsche Bundesbank, die Kreditanstalt für Wiederaufbau, die Landwirtschaftliche Rentenbank, die Bayerische Landesanstalt für Aufbaufinanzierung, die Niedersächsische Gesellschaft für öffentliche Finanzierung mit beschränkter Haftung, die Bremer Aufbau-Bank GmbH, die Landeskreditbank Baden-Württemberg – Förderbank, die Bayerische Landesbodenkreditanstalt, die Investitionsbank Berlin, die Hamburgische Investitions- und Förderbank, die NRW.Bank, die Investitions- und Förderbank Niedersachsen, die Saarländische Investitionskreditbank Aktiengesellschaft, die Investitionsbank Schleswig-Holstein, die Investitionsbank des Landes Brandenburg, die Sächsische Aufbaubank – Förderbank –, die Thüringer Aufbaubank, die Investitionsbank Sachsen-Anhalt – Anstalt der Norddeutschen Landesbank – Girozentrale –, die Investitions- und Strukturbank Rheinland-Pfalz, das

[1] § 4 Abs. 6 eingefügt durch JStG 2009 vom 19. 12. 2008 (BGBl. I S. 2794) mit Wirkung ab VZ 2009.

[2] § 5 Abs. 1 Nr. 1 geändert durch Gesetz vom 12. 12. 2019 (BGBl. I S. 2451) mit Wirkung ab VZ 2019 (§ 34 Abs. 2 a).

[3] Zur erstmaligen bzw. letztmaligen Anwendung von § 5 Abs. 1 Nr. 2 vgl. § 34 Abs. 3 Sätze 1 und 2.

[4] § 5 Abs. 1 Nr. 2 geändert durch Gesetz vom 15. 8. 2003 (BGBl. I S. 1657), durch StÄndG 2003 vom 15. 12. 2003 (BGBl. I S. 2645), durch EURLUmsG vom 9. 12. 2004 (BGBl. I S. 3310), durch JStG 2007 vom 13. 12. 2006 (BGBl. I S. 2878), durch JStG 2009 vom 19. 12. 2008 (BGBl. I S. 2794), durch JStG 2010 vom 8. 12. 2010 (BGBl. I S. 1768) und durch Gesetz vom 25. 7. 2014 (BGBl. I S. 1266).

Landesförderinstitut Mecklenburg-Vorpommern – Geschäftsbereich der Norddeutschen Landesbank Girozentrale –, die Wirtschafts- und Infrastrukturbank Hessen – rechtlich unselbständige Anstalt in der Landesbank Hessen-Thüringen Girozentrale und die Liquiditäts-Konsortialbank Gesellschaft mit beschränkter Haftung;

2a. die Bundesanstalt für vereinigungsbedingte Sonderaufgaben;

3. rechtsfähige Pensions-, Sterbe- und Krankenkassen, die den Personen, denen die Leistungen der Kasse zugute kommen oder zugute kommen sollen (Leistungsempfängern), einen Rechtsanspruch gewähren, und rechtsfähige Unterstützungskassen, die den Leistungsempfängern keinen Rechtsanspruch gewähren,
   a) wenn sich die Kasse beschränkt
      aa) auf Zugehörige oder frühere Zugehörige einzelner oder mehrerer wirtschaftlicher Geschäftsbetriebe oder
      bb) auf Zugehörige oder frühere Zugehörige der Spitzenverbände der freien Wohlfahrtspflege (Arbeiterwohlfahrt-Bundesverband e. V., Deutscher Caritasverband e. V., Deutscher Paritätischer Wohlfahrtsverband e. V., Deutsches Rotes Kreuz, Diakonisches Werk – Innere Mission und Hilfswerk der Evangelischen Kirche in Deutschland sowie Zentralwohlfahrtsstelle der Juden in Deutschland e. V.) einschließlich ihrer Untergliederungen, Einrichtungen und Anstalten und sonstiger gemeinnütziger Wohlfahrtsverbände oder
      cc) auf Arbeitnehmer sonstiger Körperschaften, Personenvereinigungen und Vermögensmassen im Sinne der §§ 1 und 2; den Arbeitnehmern stehen Personen, die sich in einem arbeitnehmerähnlichen Verhältnis befinden, gleich;

      zu den Zugehörigen oder Arbeitnehmern rechnen jeweils auch deren Angehörige;
   b) wenn sichergestellt ist, dass der Betrieb der Kasse nach dem Geschäftsplan und nach Art und Höhe der Leistungen eine soziale Einrichtung darstellt. ② Diese Voraussetzung ist bei Unterstützungskassen, die Leistungen von Fall zu Fall gewähren, nur gegeben, wenn sich diese Leistungen mit Ausnahme des Sterbegeldes auf Fälle der Not oder Arbeitslosigkeit beschränken;
   c) wenn vorbehaltlich des § 6 die ausschließliche und unmittelbare Verwendung des Vermögens und der Einkünfte der Kasse nach der Satzung und der tatsächlichen Geschäftsführung für die Zwecke der Kasse dauernd gesichert ist;
   d) wenn bei Pensions-, Sterbe- und Krankenkassen am Schluss des Wirtschaftsjahrs, zu dem der Wert der Deckungsrückstellung versicherungsmathematisch zu berechnen ist, das nach den handelsrechtlichen Grundsätzen ordnungsmäßiger Buchführung unter Berücksichtigung des Geschäftsplans sowie der allgemeinen Versicherungsbedingungen und der fachlichen Geschäftsunterlagen im Sinne des § 219 Absatz 3 Nummer 1[1] des Versicherungsaufsichtsgesetzes auszuweisende Vermögen nicht höher ist als bei einem Versicherungsverein auf Gegenseitigkeit die Verlustrücklage und bei einer Kasse anderer Rechtsform der dieser Rücklage entsprechende Teil des Vermögens. ② Bei der Ermittlung des Vermögens ist eine Rückstellung für Beitragsrückerstattung nur insoweit abziehbar, als den Leistungsempfängern ein Anspruch auf die Überschussbeteiligung zusteht. ③ Übersteigt das Vermögen der Kasse den bezeichneten Betrag, so ist die Kasse nach Maßgabe des § 6 Abs. 1 bis 4 steuerpflichtig; und
   e) wenn bei Unterstützungskassen am Schluss des Wirtschaftsjahrs das Vermögen ohne Berücksichtigung künftiger Versorgungsleistungen nicht höher ist als das um 25 Prozent erhöhte zulässige Kassenvermögen. ② Für die Ermittlung des tatsächlichen und des zulässigen Kassenvermögens gilt § 4d des Einkommensteuergesetzes. ③ Übersteigt das Vermögen der Kasse den in Satz 1 bezeichneten Betrag, so ist die Kasse nach Maßgabe des § 6 Abs. 5 steuerpflichtig;

4. kleinere Versicherungsvereine auf Gegenseitigkeit im Sinne des § 210[2] des Versicherungsaufsichtsgesetzes, wenn
   a) ihre Beitragseinnahmen im Durchschnitt der letzten drei Wirtschaftsjahre einschließlich des im Veranlagungszeitraum endenden Wirtschaftsjahrs die durch Rechtsverordnung festzusetzenden Jahresbeträge nicht überstiegen haben oder
   b) sich ihr Geschäftsbetrieb auf die Sterbegeldversicherung beschränkt und die Versicherungsvereine nach dem Geschäftsplan sowie nach Art und Höhe der Leistungen soziale Einrichtungen darstellen;

5. Berufsverbände ohne öffentlich-rechtlichen Charakter sowie kommunale Spitzenverbände auf Bundes- oder Landesebene einschließlich ihrer Zusammenschlüsse, wenn der Zweck dieser Verbände nicht auf einen wirtschaftlichen Geschäftsbetrieb gerichtet ist. ② Die Steuerbefreiung ist ausgeschlossen,
   a) soweit die Körperschaften oder Personenvereinigungen einen wirtschaftlichen Geschäftsbetrieb unterhalten oder

---

[1] § 5 Abs. 1 Nr. 3 Buchst. d Satz 1 geändert durch Gesetz vom 1. 4. 2015 (BGBl. I S. 434) mit Wirkung ab VZ 2016 (§ 34 Abs. 3 a).

[2] § 5 Abs. 1 Nr. 4 geändert durch Gesetz vom 1. 4. 2015 (BGBl. I S. 434) mit Wirkung ab VZ 2016 (§ 34 Abs. 3 a).

b) wenn die Berufsverbände Mittel von mehr als 10 Prozent der Einnahmen für die unmittelbare oder mittelbare Unterstützung oder Förderung politischer Parteien verwenden.

③ Die Sätze 1 und 2 gelten auch für Zusammenschlüsse von juristischen Personen des öffentlichen Rechts, die wie die Berufsverbände allgemeine ideelle und wirtschaftliche Interessen ihrer Mitglieder wahrnehmen. ④ Verwenden Berufsverbände Mittel für die unmittelbare oder mittelbare Unterstützung oder Förderung politischer Parteien, beträgt die Körperschaftsteuer 50 Prozent der Zuwendungen;

6. Körperschaften oder Personenvereinigungen, deren Hauptzweck die Verwaltung des Vermögens für einen nichtrechtsfähigen Berufsverband der in Nummer 5 bezeichneten Art ist, sofern ihre Erträge im Wesentlichen aus dieser Vermögensverwaltung herrühren und ausschließlich dem Berufsverband zufließen;

7.[1] politische Parteien im Sinne des § 2 des Parteiengesetzes und ihre Gebietsverbände, sofern die jeweilige Partei nicht gemäß § 18 Absatz 7 des Parteiengesetzes von der staatlichen Teilfinanzierung ausgeschlossen ist, sowie kommunale Wählervereinigungen und ihre Dachverbände. ② Wird ein wirtschaftlicher Geschäftsbetrieb unterhalten, so ist die Steuerbefreiung insoweit ausgeschlossen;

8.[2] öffentlich-rechtliche Versicherungs- und Versorgungseinrichtungen von Berufsgruppen, deren Angehörige auf Grund einer durch Gesetz angeordneten oder auf Gesetz beruhenden Verpflichtung Mitglieder dieser Einrichtung sind, wenn die Satzung der Einrichtung die Zahlung keiner höheren jährlichen Beiträge zulässt als das Zwölffache der Beiträge, die sich bei einer Beitragsbemessungsgrundlage in Höhe der doppelten monatlichen Beitragsbemessungsgrenze in der allgemeinen Rentenversicherung ergeben würden. ② Ermöglicht die Satzung der Einrichtung nur Pflichtmitgliedschaften sowie freiwillige Mitgliedschaften, die unmittelbar an eine Pflichtmitgliedschaft anschließen, so steht dies der Steuerbefreiung nicht entgegen, wenn die Satzung die Zahlung keiner höheren jährlichen Beiträge zulässt als das Fünfzehnfache der Beiträge, die sich bei einer Beitragsbemessungsgrundlage in Höhe der doppelten monatlichen Beitragsbemessungsgrenze in der allgemeinen Rentenversicherung ergeben würden;

9. Körperschaften, Personenvereinigungen und Vermögensmassen, die nach der Satzung, dem Stiftungsgeschäft oder der sonstigen Verfassung und nach der tatsächlichen Geschäftsführung ausschließlich und unmittelbar gemeinnützigen, mildtätigen oder kirchlichen Zwecken dienen (§§ 51 bis 68 der Abgabenordnung). ② Wird ein wirtschaftlicher Geschäftsbetrieb unterhalten, ist die Steuerbefreiung insoweit ausgeschlossen. ③ Satz 2 gilt nicht für selbst bewirtschaftete Forstbetriebe;

10.[3·4] Genossenschaften sowie Vereine, soweit sie

a) Wohnungen herstellen oder erwerben und sie den Mitgliedern auf Grund eines Mietvertrags oder auf Grund eines genossenschaftlichen Nutzungsvertrags zum Gebrauch überlassen; den Wohnungen stehen Räume in Wohnheimen im Sinne des § 15 des Zweiten Wohnungsbaugesetzes gleich,

b) im Zusammenhang mit einer Tätigkeit im Sinne des Buchstabens a Gemeinschaftsanlagen oder Folgeeinrichtungen herstellen oder erwerben und sie betreiben, wenn sie überwiegend für Mitglieder bestimmt sind und der Betrieb durch die Genossenschaft oder den Verein notwendig ist.

② Die Steuerbefreiung ist ausgeschlossen, wenn die Einnahmen des Unternehmens aus den in Satz 1 nicht bezeichneten Tätigkeiten 10 Prozent der gesamten Einnahmen übersteigen. ③ Erzielt das Unternehmen Einnahmen aus der Lieferung von Strom aus Anlagen, für den es unter den Voraussetzungen des § 21 Absatz 3 des Erneuerbare-Energien-Gesetzes einen Anspruch auf Zahlung eines Mieterstromzuschlags hat, erhöht sich die Grenze des Satzes 2 für diese Einnahmen auf 20 Prozent, wenn die Grenze des Satzes 2 nur durch diese Einnahmen überschritten wird. ④ Zu den Einnahmen nach Satz 3 gehören auch Einnahmen aus der zusätzlichen Stromlieferung im Sinne des § 42a Absatz 2 Satz 6 des Energiewirtschaftsgesetzes sowie Einnahmen aus der Einspeisung von Strom aus diesen Anlagen. ⑤ Investierende Mitglieder im Sinne des § 8 Absatz 2 des Genossenschaftsgesetzes sind keine Mitglieder im Sinne des Satzes 1. ⑥ Satz 1 ist auch auf Verträge zur vorübergehenden Unterbringung von Wohnungslosen anzuwenden, die mit juristischen Personen des öffentlichen Rechts oder mit Steuerpflichtigen im Sinne der Nummer 9, die Mitglied sind, abgeschlossen werden. ⑦ Eine Einweisungsverfügung nach den Ordnungsbehördengesetzen der Länder steht dem Abschluss eines Vertrags im Sinne des Satzes 6 gleich;

11. (weggefallen)

---

[1] § 5 Abs. 1 Nr. 7 Satz 1 geändert durch Gesetz vom 18. 7. 2017 (BGBl. I S. 2730) mit Inkrafttreten am 29. 7. 2017.

[2] § 5 Abs. 1 Nr. 8 Sätze 1 und 2 geändert durch RVOrgG vom 9. 12. 2004 (BGBl. I S. 3242) mit Wirkung ab VZ 2005.

[3] § 5 Abs. 1 Nr. 10 neue Sätze 3 und 4 angefügt durch Gesetz zur steuerlichen Förderung des Mietwohnungsneubaus, vom 4. 8. 2019 (BGBl. I S. 1122) mit Wirkung ab VZ 2019 (§ 34 Abs. 3 b); Abs. 1 Nr. 10 erster Satzteil redaktionell angepasst durch Gesetz vom 12. 12. 2019 (BGBl. I S. 2451); Abs. 1 Nr. 10 Satz 5 angefügt durch Gesetz vom 21. 12. 2019 (BGBl. I S. 2875) mit Wirkung ab VZ 2020; Abs. 1 Nr. 10 Sätze 6 und 7 angefügt durch Gesetz vom 21. 12. 2020 (BGBl. I S. 3096) mit Wirkung ab VZ 2020.

[4] Zur Anwendung von § 5 Abs. 1 Nr. 10 vgl. § 34 Abs. 2.

12.[1] die von den zuständigen Landesbehörden begründeten oder anerkannten gemeinnützigen Siedlungsunternehmen im Sinne des Reichssiedlungsgesetzes in der jeweils aktuellen Fassung oder entsprechender Landesgesetze, soweit diese Landesgesetze nicht wesentlich von den Bestimmungen des Reichssiedlungsgesetzes abweichen, und im Sinne der Bodenreformgesetze der Länder, soweit die Unternehmen im ländlichen Raum Siedlungs-, Agrarstrukturverbesserungs- und Landentwicklungsmaßnahmen mit Ausnahme des Wohnungsbaus durchführen. ② Die Steuerbefreiung ist ausgeschlossen, wenn die Einnahmen des Unternehmens aus den in Satz 1 nicht bezeichneten Tätigkeiten die Einnahmen aus den in Satz 1 bezeichneten Tätigkeiten übersteigen;

13. (weggefallen)

14.[2,3] Genossenschaften sowie Vereine, soweit sich ihr Geschäftsbetrieb beschränkt
a) auf die gemeinschaftliche Benutzung land- und forstwirtschaftlicher Betriebseinrichtungen oder Betriebsgegenstände,
b) auf Leistungen im Rahmen von Dienst- oder Werkverträgen für die Produktion land- und forstwirtschaftlicher Erzeugnisse für die Betriebe der Mitglieder, wenn die Leistungen im Bereich der Land- und Forstwirtschaft liegen; dazu gehören auch Leistungen zur Erstellung und Unterhaltung von Betriebsvorrichtungen, Wirtschaftswegen und Bodenverbesserungen,
c) auf die Bearbeitung oder die Verwertung der von den Mitgliedern selbst gewonnenen land- und forstwirtschaftlichen Erzeugnisse, wenn die Bearbeitung oder die Verwertung im Bereich der Land- und Forstwirtschaft liegt, oder
d) auf die Beratung für die Produktion oder Verwertung land- und forstwirtschaftlicher Erzeugnisse der Betriebe der Mitglieder.

② Die Steuerbefreiung ist ausgeschlossen, wenn die Einnahmen des Unternehmens aus den in Satz 1 nicht bezeichneten Tätigkeiten 10 Prozent der gesamten Einnahmen übersteigen. ③ Bei Genossenschaften und Vereinen, deren Geschäftsbetrieb sich überwiegend auf die Durchführung von Milchqualitäts- und Milchleistungsprüfungen oder auf die Tierbesamung beschränkt, bleiben die auf diese Tätigkeiten gerichteten Zweckgeschäfte mit Nichtmitgliedern bei der Berechnung der 10-Prozentgrenze außer Ansatz;

15. der Pensions-Sicherungs-Verein Versicherungsverein auf Gegenseitigkeit,
a) wenn er mit Erlaubnis der Versicherungsaufsichtsbehörde ausschließlich die Aufgaben des Trägers der Insolvenzsicherung wahrnimmt, die sich aus dem Gesetz zur Verbesserung der betrieblichen Altersversorgung vom 19. Dezember 1974 (BGBl. I S. 3610) ergeben, und
b) wenn seine Leistungen nach dem Kreis der Empfänger sowie nach Art und Höhe den in den §§ 7 bis 9, 17 und 30 des Gesetzes zur Verbesserung der betrieblichen Altersversorgung bezeichneten Rahmen nicht überschreiten;

16.[4,5] Körperschaften, Personenvereinigungen und Vermögenmassen, soweit sie
a) als Einlagensicherungssysteme im Sinne des § 2 Absatz 1 des Einlagensicherungsgesetzes sowie als Entschädigungseinrichtungen im Sinne des Anlegerentschädigungsgesetzes ihre gesetzlichen Pflichtaufgaben erfüllen oder
b)[6] als nicht als Einlagensicherungssysteme anerkannte vertragliche Systeme zum Schutz von Einlagen und institutsbezogene Sicherungssysteme im Sinne des § 61 des Einlagensicherungsgesetzes nach ihrer Satzung oder sonstigen Verfassung ausschließlich den Zweck haben, Einlagen zu sichern oder bei Gefahr für die Erfüllung der Verpflichtungen eines Kreditinstituts im Sinne des § 1 Absatz 1 des Kreditwesengesetzes oder eines Finanzdienstleistungsinstituts im Sinne des § 1 Absatz 1a Satz 2 Nummer 1 bis 4 des Kreditwesengesetzes oder eines Wertpapierinstituts im Sinne des § 2 Absatz 1 des Wertpapierinstitutsgesetzes Hilfe zu leisten oder Einlagensicherungssysteme im Sinne des § 2 Absatz 1 des Einlagensicherungsgesetzes bei deren Pflichtenerfüllung zu unterstützen.

② Voraussetzung für die Steuerbefreiung nach Satz 1 ist zusätzlich, dass das Vermögen und etwa erzielte Überschüsse dauernd nur zur Erreichung des gesetzlichen oder satzungsmäßigen Zwecks verwendet werden. ③ Die Sätze 1 und 2 gelten entsprechend für Sicherungsfonds im Sinne der §§ 223 und 224 des Versicherungsaufsichtsgesetzes sowie für Einrichtungen zur Sicherung von Einlagen bei Wohnungsgenossenschaften mit Spareinrichtung. ④ Die Steuerbefreiung ist für wirtschaftliche Geschäftsbetriebe ausgeschlossen, die nicht ausschließlich auf die Erfüllung der begünstigten Aufgaben gerichtet sind;

17. Bürgschaftsbanken (Kreditgarantiegemeinschaften), deren Tätigkeit sich auf die Wahrnehmung von Wirtschaftsförderungsmaßnahmen insbesondere in Form der Übernahme und Verwaltung von staatlichen Bürgschaften und Garantien oder von Bürgschaften und Garantien mit staatlichen Rückbürgschaften oder auf der Grundlage staatlich anerkannter Richtli-

---

[1] § 5 Abs. 1 Nr. 12 Satz 1 neu gefasst durch JStG 2008 v. 20. 12. 2007 (BGBl. I S. 3150) mit Wirkung ab VZ 2008.
[2] § 5 Abs. 1 Nr. 14 erster Satzteil redaktionell angepasst durch Gesetz vom 12. 12. 2019 (BGBl. I S. 2451).
[3] Zur Anwendung von § 5 Abs. 1 Nr. 14 vgl. § 34 Abs. 2.
[4] § 5 Abs. 1 Nr. 16 Satz 1 und 2 neu gefasst durch JStG 2015 vom 2. 11. 2015 (BGBl. I S. 1834) mit Wirkung ab VZ 2015 (§ 34 Abs. 3 Satz 3).
[5] § 5 Abs. 1 Nr. 16 Satz 3 geändert durch Gesetz vom 15. 12. 2004 (BGBl. I S. 3416), sowie durch Gesetz vom 1. 4. 2015 (BGBl. I S. 434) mit Wirkung ab VZ 2016 (§ 34 Abs. 3 a).
[6] § 5 Abs. 1 Nr. 16 Satz 1 Buchst. b geändert durch Gesetz vom 12. 5. 2021 (BGBl. I S. 990).

nien gegenüber Kreditinstituten, Versicherungsunternehmen, Leasinggesellschaften und Beteiligungsgesellschaften für Kredite, Leasingforderungen und Beteiligungen an mittelständischen Unternehmen zu ihrer Gründung und zur Erhaltung und Förderung ihrer Leistungsfähigkeit beschränkt. ② Voraussetzung ist, dass das Vermögen und etwa erzielte Überschüsse nur zur Erreichung des in Satz 1 genannten Zwecks verwendet werden;

18. Wirtschaftsförderungsgesellschaften, deren Tätigkeit sich auf die Verbesserung der sozialen und wirtschaftlichen Struktur einer bestimmten Region durch Förderung der Wirtschaft, insbesondere durch Industrieansiedlung, Beschaffung neuer Arbeitsplätze und der Sanierung von Altlasten beschränkt, wenn an ihnen überwiegend Gebietskörperschaften beteiligt sind. ② Voraussetzung ist, dass das Vermögen und etwa erzielte Überschüsse nur zur Erreichung des in Satz 1 genannten Zwecks verwendet werden;

19. Gesamthafenbetriebe im Sinne des § 1 des Gesetzes über die Schaffung eines besonderen Arbeitgebers für Hafenarbeiter vom 3. August 1950 (BGBl. S. 352), soweit sie Tätigkeiten ausüben, die in § 2 Abs. 1 dieses Gesetzes bestimmt und nach § 2 Abs. 2 dieses Gesetzes genehmigt worden sind. ② Voraussetzung ist, dass das Vermögen und etwa erzielte Überschüsse nur zur Erfüllung der begünstigten Tätigkeiten verwendet werden. ③ Wird ein wirtschaftlicher Geschäftsbetrieb unterhalten, dessen Tätigkeit nicht ausschließlich auf die Erfüllung der begünstigten Tätigkeiten gerichtet ist, ist die Steuerbefreiung insoweit ausgeschlossen;

20. Zusammenschlüsse von juristischen Personen des öffentlichen Rechts, von steuerbefreiten Körperschaften oder von steuerbefreiten Personenvereinigungen,
    a) deren Tätigkeit sich auf den Zweck beschränkt, im Wege des Umlageverfahrens die Versorgungslasten auszugleichen, die den Mitgliedern aus Versorgungszusagen gegenüber ihren Arbeitnehmern erwachsen,
    b) wenn am Schluss des Wirtschaftsjahrs das Vermögen nicht höher ist als 60 Prozent der im Wirtschaftsjahr erbrachten Leistungen an die Mitglieder;

21. die nicht in der Rechtsform einer Körperschaft des öffentlichen Rechts errichteten Arbeitsgemeinschaften Medizinischer Dienst der Krankenversicherung im Sinne des § 278 des Fünften Buches Sozialgesetzbuch und der Medizinische Dienst der Spitzenverbände der Krankenkassen im Sinne des § 282 des Fünften Buches Sozialgesetzbuch, soweit sie die ihnen durch Gesetz zugewiesenen Aufgaben wahrnehmen. ② Voraussetzung ist, dass das Vermögen und etwa erzielte Überschüsse nur zur Erreichung der in Satz 1 genannten Zwecke verwendet werden;

22. gemeinsame Einrichtungen der Tarifvertragsparteien im Sinne des § 4 Abs. 2 des Tarifvertragsgesetzes vom 25. August 1969 (BGBl. I S. 1323), die satzungsmäßige Beiträge auf der Grundlage des § 186a des Arbeitsförderungsgesetzes vom 25. Juni 1969 (BGBl. I S. 582) oder tarifvertraglicher Vereinbarungen erheben und Leistungen ausschließlich an die tarifgebundenen Arbeitnehmer des Gewerbezweigs oder an deren Hinterbliebene erbringen, wenn sie dabei zu nicht steuerbegünstigten Betrieben derselben oder ähnlicher Art nicht in größerem Umfang in Wettbewerb treten, als es bei Erfüllung ihrer begünstigten Aufgaben unvermeidlich ist. ② Wird ein wirtschaftlicher Geschäftsbetrieb unterhalten, dessen Tätigkeit nicht ausschließlich auf die Erfüllung der begünstigten Tätigkeiten gerichtet ist, ist die Steuerbefreiung insoweit ausgeschlossen;

23.[1] die Auftragsforschung öffentlich-rechtlicher Wissenschafts- und Forschungseinrichtungen; ist die Tätigkeit auf die Anwendung gesicherter wissenschaftlicher Erkenntnisse, die Übernahme von Projektträgerschaften sowie wirtschaftliche Tätigkeiten ohne Forschungsbezug gerichtet, ist die Steuerbefreiung insoweit ausgeschlossen;

24.[2] die Global Legal Entity Identifier Stiftung, soweit die Stiftung Tätigkeiten ausübt, die im unmittelbaren Zusammenhang mit der Einführung, dem Unterhalten und der Fortentwicklung eines Systems zur eindeutigen Identifikation von Rechtspersonen mittels eines weltweit anzuwendenden Referenzcodes stehen.

(2) Die Befreiungen nach Absatz 1 und nach anderen Gesetzen als dem Körperschaftsteuergesetz gelten nicht

1.[3] für inländische Einkünfte, die dem Steuerabzug vollständig oder teilweise unterliegen; Entsprechendes gilt für die in § 32 Abs. 3 Satz 1 zweiter Halbsatz genannten Einkünfte,

2.[4] für beschränkt Steuerpflichtige im Sinne des § 2 Nr. 1, es sei denn, es handelt sich um Steuerpflichtige im Sinne des Absatzes 1 Nr. 9, die nach den Rechtsvorschriften eines Mitgliedstaats der Europäischen Union oder nach den Rechtsvorschriften eines Staates, auf den das Abkommen über den Europäischen Wirtschaftsraum vom 3. Januar 1994 (ABl. EG Nr. L 1 S. 3), zuletzt geändert durch den Beschluss des Gemeinsamen EWR-Ausschusses Nr. 91/2007 vom 6. Juli 2007 (ABl. EU Nr. L 328 S. 40), in der jeweiligen Fassung Anwendung fin-

---

[1] § 5 Abs. 1 Nr. 23 eingefügt durch StÄndG 2003 vom 15. 12. 2003 (BGBl. I S. 2645) mit Wirkung für VZ auch vor 2003.

[2] § 5 Abs. 1 Nr. 24 eingefügt durch Gesetz vom 22. 12. 2014 (BGBl. I S. 2417) mit erstmaliger Wirkung für VZ 2014 (§ 34 Abs. 3 Satz 4).

[3] § 5 Abs. 2 Nr. 1 geändert durch StÄndG 2003 vom 15. 12. 2003 (BGBl. I S. 2645) mit Wirkung ab VZ 2004; zweiter Halbsatz angefügt durch Gesetz vom 14. 8. 2007 (BGBl. I S. 1912).

[4] § 5 Abs. 2 Nr. 2 neu gefasst durch JStG 2009 vom 19. 12. 2008 (BGBl. I S. 2794) mit Wirkung für VZ auch vor 2009.

det, gegründete Gesellschaften im Sinne des Artikels 54 des Vertrags über die Arbeitsweise der Europäischen Union[1] oder des Artikels 34 des Abkommens über den Europäischen Wirtschaftsraum sind, deren Sitz und Ort der Geschäftsleitung sich innerhalb des Hoheitsgebiets eines dieser Staaten befindet, und mit diesen Staaten ein Amtshilfeabkommen besteht,

3.[2] soweit § 38 Abs. 2 anzuwenden ist.

§ 6 Einschränkung der Befreiung von Pensions-, Sterbe-, Kranken- und Unterstützungskassen

(1) Übersteigt am Schluss des Wirtschaftsjahrs, zu dem der Wert der Deckungsrückstellung versicherungsmathematisch zu berechnen ist, das Vermögen einer Pensions-, Sterbe- oder Krankenkasse im Sinne des § 5 Abs. 1 Nr. 3 den in Buchstabe d dieser Vorschrift bezeichneten Betrag, so ist die Kasse steuerpflichtig, soweit ihr Einkommen anteilig auf das übersteigende Vermögen entfällt.

(2) Die Steuerpflicht entfällt mit Wirkung für die Vergangenheit, soweit das übersteigende Vermögen innerhalb von achtzehn Monaten nach dem Schluss des Wirtschaftsjahrs, für das es festgestellt worden ist, mit Zustimmung der Versicherungsaufsichtsbehörde zur Leistungserhöhung, zur Auszahlung an das Trägerunternehmen, zur Verrechnung mit Zuwendungen des Trägerunternehmens, zur gleichmäßigen Herabsetzung künftiger Zuwendungen des Trägerunternehmens oder zur Verminderung der Beiträge der Leistungsempfänger verwendet wird.

(3) Wird das übersteigende Vermögen nicht in der in Absatz 2 bezeichneten Weise verwendet, so erstreckt sich die Steuerpflicht auch auf die folgenden Kalenderjahre, für die der Wert der Deckungsrückstellung nicht versicherungsmathematisch zu berechnen ist.

(4) ① Bei der Ermittlung des Einkommens der Kasse sind Beitragsrückerstattungen oder sonstige Vermögensübertragungen an das Trägerunternehmen außer in den Fällen des Absatzes 2 nicht abziehbar. ② Das Gleiche gilt für Zuführungen zu einer Rückstellung für Beitragsrückerstattung, soweit den Leistungsempfängern ein Anspruch auf die Überschussbeteiligung nicht zusteht.

(5) ① Übersteigt am Schluss des Wirtschaftsjahrs das Vermögen einer Unterstützungskasse im Sinne des § 5 Abs. 1 Nr. 3 den in Buchstabe e dieser Vorschrift bezeichneten Betrag, so ist die Kasse steuerpflichtig, soweit ihr Einkommen anteilig auf das übersteigende Vermögen entfällt. ② Bei der Ermittlung des Einkommens sind Zuwendungen des Trägerunternehmens nicht erhöhend und Versorgungsleistungen der Kasse sowie Vermögensübertragungen an das Trägerunternehmen nicht mindernd zu berücksichtigen.[3]

(5 a)[3] ① Unterstützungskassen in der Rechtsform der Kapitalgesellschaft können bis zum 31. Dezember 2016 auf amtlich vorgeschriebenem Vordruck einen positiven Zuwendungsbetrag erklären. ② Dieser errechnet sich aus den Zuwendungen des Trägerunternehmens in den Veranlagungszeiträumen 2006 bis 2015 abzüglich der Versorgungsleistungen in diesem Zeitraum, soweit diese Zuwendungen und diese Versorgungsleistungen in dem steuerpflichtigen Teil des Einkommens der Kasse nach Absatz 5 Satz 1 enthalten waren. ③ Dabei gelten Versorgungsleistungen in den Veranlagungszeiträumen 2006 bis 2015 als vornehmlich aus Zuwendungen des Trägerunternehmens in diesem Zeitraum erbracht. ④ Ab dem Veranlagungszeitraum 2016 mindert sich das steuerpflichtige Einkommen der Kasse in Höhe des zum Schluss des vorherigen Veranlagungszeitraums festgestellten Betrags nach Satz 6; es mindert sich höchstens um einen Betrag in Höhe der im Wirtschaftsjahr getätigten Versorgungsleistungen. ⑤ Durch die Minderung darf das Einkommen nicht negativ werden. ⑥ Gesondert festzustellen sind,

1. der Zuwendungsbetrag auf den 31. Dezember 2015 und
2. der zum 31. Dezember des jeweiligen Folgejahres verbleibende Zuwendungsbetrag, der sich ergibt, wenn vom zum Schluss des Vorjahres festgestellten Betrag der Betrag abgezogen wird, um den sich das steuerpflichtige Einkommen im laufenden Veranlagungszeitraum nach den Sätzen 4 und 5 gemindert hat.

(6) ① Auf den Teil des Vermögens einer Pensions-, Sterbe-, Kranken- oder Unterstützungskasse, der am Schluss des Wirtschaftsjahrs den in § 5 Abs. 1 Nr. 3 Buchstabe d oder e bezeichneten Betrag übersteigt, ist Buchstabe c dieser Vorschrift nicht anzuwenden. ② Bei Unterstützungskassen gilt dies auch, soweit das Vermögen vor dem Schluss des Wirtschaftsjahrs den in § 5 Abs. 1 Nr. 3 Buchstabe e bezeichneten Betrag übersteigt.

§ 6 a[4] Einkommensermittlung bei voll steuerpflichtigen Unterstützungskassen

Bei Unterstützungskassen, die voll steuerpflichtig sind, ist § 6 Absatz 5 Satz 2 und Absatz 5 a entsprechend anzuwenden.

---

[1] Artikel und Vertragsbezeichnung angepasst durch Gesetz vom 26. 6. 2013 (BGBl. I S. 1809).
[2] § 5 Abs. 2 Nr. 3 neu gefasst durch JStG 2009 vom 19. 12. 2008 (BGBl. I S. 2794) mit Wirkung ab VZ 2009.
[3] § 6 Abs. 5 Satz 2 neu gefasst und Abs. 5 a eingefügt durch JStG 2015 vom 2. 11. 2015 (BGBl. I S. 1834) mit Wirkung ab VZ 2016.
[4] § 6 a eingefügt durch JStG 2015 vom 2. 11. 2015 (BGBl. I S. 1834) mit Wirkung ab VZ 2016.

Zweiter Teil. Einkommen

Erstes Kapitel. Allgemeine Vorschriften

§ 7 Grundlagen der Besteuerung

(1) Die Körperschaftsteuer bemisst sich nach dem zu versteuernden Einkommen.

(2) Zu versteuerndes Einkommen ist das Einkommen im Sinne des § 8 Abs. 1, vermindert um die Freibeträge der §§ 24 und 25.

(3) ① Die Körperschaftsteuer ist eine Jahressteuer. ② Die Grundlagen für ihre Festsetzung sind jeweils für ein Kalenderjahr zu ermitteln. ③ Besteht die unbeschränkte oder beschränkte Steuerpflicht nicht während eines ganzen Kalenderjahrs, so tritt an die Stelle des Kalenderjahrs der Zeitraum der jeweiligen Steuerpflicht.

(4) ① Bei Steuerpflichtigen, die verpflichtet sind, Bücher nach den Vorschriften des Handelsgesetzbuchs zu führen, ist der Gewinn nach dem Wirtschaftsjahr zu ermitteln, für das sie regelmäßig Abschlüsse machen. ② Weicht bei diesen Steuerpflichtigen das Wirtschaftsjahr, für das sie regelmäßig Abschlüsse machen, vom Kalenderjahr ab, so gilt der Gewinn aus Gewerbebetrieb als in dem Kalenderjahr bezogen, in dem das Wirtschaftsjahr endet. ③ Die Umstellung des Wirtschaftsjahrs auf einen vom Kalenderjahr abweichenden Zeitraum ist steuerlich nur wirksam, wenn sie im Einvernehmen mit dem Finanzamt vorgenommen wird.

§ 8 Ermittlung des Einkommens

(1)[1] ① Was als Einkommen gilt und wie das Einkommen zu ermitteln ist, bestimmt sich nach den Vorschriften des Einkommensteuergesetzes und dieses Gesetzes. ② Bei Betrieben gewerblicher Art im Sinne des § 4 sind die Absicht, Gewinn zu erzielen, und die Beteiligung am allgemeinen wirtschaftlichen Verkehr nicht erforderlich. ③ Bei den inländischen öffentlich-rechtlichen Rundfunkanstalten beträgt das Einkommen aus dem Geschäft der Veranstaltung von Werbesendungen 16 Prozent der Entgelte (§ 10 Abs. 1 des Umsatzsteuergesetzes) aus Werbesendungen. ④ Bei Körperschaften im Sinne des § 1 Absatz 1 mit Sitz im Ausland, deren Ort der Geschäftsleitung im Inland belegen ist und die nach inländischem Gesellschaftsrecht mangels Rechtsfähigkeit nicht als juristische Person zu behandeln sind, sind Leistungen und Leistungsversprechen zwischen der Körperschaft und Personen, die aus dieser Körperschaft Einkünfte im Sinne des § 20 Absatz 1 Nummer 1 und 9 des Einkommensteuergesetzes erzielen, für Zwecke der Durchführung der Besteuerung mit Ertragsteuern wie Leistungen und Leistungsversprechen zwischen einer rechtsfähigen Körperschaft und deren Anteilseignern zu behandeln.

(2)[2] Bei unbeschränkt Steuerpflichtigen im Sinne des § 1 Abs. 1 Nr. 1 bis 3 sind alle Einkünfte als Einkünfte aus Gewerbebetrieb zu behandeln.

(3) ① Für die Ermittlung des Einkommens ist es ohne Bedeutung, ob das Einkommen verteilt wird. ② Auch verdeckte Gewinnausschüttungen sowie Ausschüttungen jeder Art auf Genussrechte, mit denen das Recht auf Beteiligung am Gewinn und am Liquidationserlös der Kapitalgesellschaft verbunden ist, mindern das Einkommen nicht. ③[3] Verdeckte Einlagen erhöhen das Einkommen nicht. ④ Das Einkommen erhöht sich, soweit eine verdeckte Einlage das Einkommen des Gesellschafters gemindert hat. ⑤ Satz 4 gilt auch für eine verdeckte Einlage, die auf einer verdeckten Gewinnausschüttung einer dem Gesellschafter nahe stehenden Person beruht und bei der Besteuerung des Gesellschafters nicht berücksichtigt wurde, es sei denn, die verdeckte Gewinnausschüttung hat bei der leistenden Körperschaft das Einkommen nicht gemindert. ⑥ In den Fällen des Satzes 5 erhöht die verdeckte Einlage nicht die Anschaffungskosten der Beteiligung.

(4)[4] *(aufgehoben)*

(5) Bei Personenvereinigungen bleiben für die Ermittlung des Einkommens Beiträge, die auf Grund der Satzung von den Mitgliedern lediglich in ihrer Eigenschaft als Mitglieder erhoben werden, außer Ansatz.

(6) Besteht das Einkommen nur aus Einkünften, von denen lediglich ein Steuerabzug vorzunehmen ist, so ist ein Abzug von Betriebsausgaben oder Werbungskosten nicht zulässig.

(7)[5] ① Die Rechtsfolgen einer verdeckten Gewinnausschüttung im Sinne des Absatzes 3 Satz 2 sind

---

[1] § 8 Abs. 1 Satz 2 eingefügt, bish. Satz 2 wird Satz 3, durch JStG 2009 vom 19. 12. 2008 (BGBl. I S. 2794) mit Wirkung für VZ auch vor 2009; Satz 4 angefügt durch Gesetz vom 25. 6. 2021 (BGBl. I S. 2056) mit Wirkung für VZ auch vor 2021; zur Anwendung siehe § 34 Abs. 3 c.

[2] § 8 Abs. 2 geändert mWvVZ 2006 durch SEStEG vom 7. 12. 2006 (BGBl. I S. 2782).

[3] § 8 Abs. 3 Sätze 3 bis 6 eingefügt durch JStG 2007 vom 13. 12. 2006 (BGBl. I S. 2878). Erstmals anzuwenden auf verdeckte Einlagen, die nach dem 18. Dezember 2006 getätigt wurden.

[4] § 8 Abs. 4 aufgehoben durch Gesetz vom 14. 8. 2007 (BGBl. I S. 1912).

[5] § 8 Abs. 7 eingefügt durch JStG 2009 vom 19. 12. 2008 (BGBl. I S. 2794) mit Wirkung für VZ auch vor 2009.

1. bei Betrieben gewerblicher Art im Sinne des § 4 nicht bereits deshalb zu ziehen, weil sie ein Dauerverlustgeschäft ausüben;
2. bei Kapitalgesellschaften nicht bereits deshalb zu ziehen, weil sie ein Dauerverlustgeschäft ausüben. ② Satz 1 gilt nur bei Kapitalgesellschaften, bei denen die Mehrheit der Stimmrechte unmittelbar oder mittelbar auf juristische Personen des öffentlichen Rechts entfällt und nachweislich ausschließlich diese Gesellschafter die Verluste aus Dauerverlustgeschäften tragen.

② Ein Dauerverlustgeschäft liegt vor, soweit aus verkehrs-, umwelt-, sozial-, kultur-, bildungs- oder gesundheitspolitischen Gründen eine wirtschaftliche Betätigung ohne kostendeckendes Entgelt unterhalten wird oder in den Fällen von Satz 1 Nr. 2 das Geschäft Ausfluss einer Tätigkeit ist, die bei juristischen Personen des öffentlichen Rechts zu einem Hoheitsbetrieb gehört.

(8)[1] ① Werden Betriebe gewerblicher Art zusammengefasst, ist § 10 d des Einkommensteuergesetzes auf den Betrieb gewerblicher Art anzuwenden, der sich durch die Zusammenfassung ergibt. ② Nicht ausgeglichene negative Einkünfte der einzelnen Betriebe gewerblicher Art aus der Zeit vor der Zusammenfassung können nicht beim zusammengefassten Betrieb gewerblicher Art abgezogen werden. ③ Ein Rücktrag von Verlusten des zusammengefassten Betriebs gewerblicher Art auf die einzelnen Betriebe gewerblicher Art vor Zusammenfassung ist unzulässig. ④ Ein bei einem Betrieb gewerblicher Art vor der Zusammenfassung festgestellter Verlustvortrag kann nach Maßgabe des § 10 d des Einkommensteuergesetzes vom Gesamtbetrag der Einkünfte abgezogen werden, den dieser Betrieb gewerblicher Art nach Beendigung der Zusammenfassung erzielt. ⑤ Die Einschränkungen der Sätze 2 bis 4 gelten nicht, wenn gleichartige Betriebe gewerblicher Art zusammengefasst oder getrennt werden. ⑥ Kommt es bei einem Betrieb gewerblicher Art, der sich durch eine Zusammenfassung ergeben hat, innerhalb eines Zeitraums von fünf Jahren nach der Zusammenfassung zur Anwendung des § 3 a des Einkommensteuergesetzes, ist § 3 a Absatz 3 Satz 3 des Einkommensteuergesetzes entsprechend auf die in Satz 4 genannten Verlustvorträge anzuwenden.[2]

(9)[3] ① Wenn für Kapitalgesellschaften Absatz 7 Satz 1 Nr. 2 zur Anwendung kommt, sind die einzelnen Tätigkeiten der Gesellschaft nach folgender Maßgabe Sparten zuzuordnen:

1. Tätigkeiten, die als Dauerverlustgeschäfte Ausfluss einer Tätigkeit sind, die bei juristischen Personen des öffentlichen Rechts zu einem Hoheitsbetrieb gehören, sind jeweils gesonderten Sparten zuzuordnen;
2. Tätigkeiten, die nach § 4 Abs. 6 Satz 1 zusammenfassbar sind oder aus den übrigen, nicht in Nummer 1 bezeichneten Dauerverlustgeschäften stammen, sind jeweils gesonderten Sparten zuzuordnen, wobei zusammenfassbare Tätigkeiten jeweils eine einheitliche Sparte bilden;
3. alle übrigen Tätigkeiten sind einer einheitlichen Sparte zuzuordnen.

② Für jede sich hiernach ergebende Sparte ist der Gesamtbetrag der Einkünfte getrennt zu ermitteln. ③ Die Aufnahme einer weiteren, nicht gleichartigen Tätigkeit führt zu einer neuen, gesonderten Sparte; Entsprechendes gilt für die Aufgabe einer solchen Tätigkeit. ④ Ein negativer Gesamtbetrag der Einkünfte einer Sparte darf nicht mit einem positiven Gesamtbetrag der Einkünfte einer anderen Sparte ausgeglichen oder nach Maßgabe des § 10 d des Einkommensteuergesetzes abgezogen werden. ⑤ Er mindert jedoch nach Maßgabe des § 10 d des Einkommensteuergesetzes die positiven Gesamtbeträge der Einkünfte, die sich in dem unmittelbar vorangegangenen und in den folgenden Veranlagungszeiträumen für dieselbe Sparte ergeben. ⑥ Liegen die Voraussetzungen des Absatzes 7 Satz 1 Nr. 2 Satz 2 ab einem Zeitpunkt innerhalb eines Veranlagungszeitraums nicht mehr vor, sind die Sätze 1 bis 5 ab diesem Zeitpunkt nicht mehr anzuwenden; hiernach nicht ausgeglichene oder abgezogene negative Beträge sowie verbleibende Verlustvorträge aus den Sparten, in denen Dauerverlusttätigkeiten ausgeübt werden, entfallen. ⑦ Liegen die Voraussetzungen des Absatzes 7 Satz 1 Nr. 2 Satz 2 erst ab einem bestimmten Zeitpunkt innerhalb eines Veranlagungszeitraums vor, sind die Sätze 1 bis 5 ab diesem Zeitpunkt anzuwenden; ein bis zum Eintritt der Voraussetzungen entstandener Verlust kann nach Maßgabe des § 10 d des Einkommensteuergesetzes abgezogen werden; ein danach verbleibender Verlust ist der Sparte zuzuordnen, in denen keine Dauerverlustgeschäfte ausgeübt werden. ⑧ [4]Der am Schluss eines Veranlagungszeitraums verbleibende negative Gesamtbetrag der Einkünfte einer Sparte ist gesondert festzustellen; § 10 d Absatz 4 des Einkommensteuergesetzes gilt entsprechend. ⑨ [5]Die §§ 3 a und 3 c Absatz 4 des Einkommensteuergesetzes sind entsprechend anzuwenden; § 3 a Absatz 2 des Einkommensteuergesetzes ist für die Kapitalgesellschaft anzuwenden.

---

[1] § 8 Abs. 8 eingefügt durch JStG 2009 vom 19. 12. 2008 (BGBl. I S. 2794) mit Wirkung ab VZ 2009. Satz 6 eingefügt durch Gesetz vom 27. 6. 2017 (BGBl. I S. 2074) mit Wirkung zum VZ 2017.
[2] Zur Anwendung von Satz 6 auf Antrag auch für VZ vor 2017 siehe § 34 Abs. 3 d.
[3] § 8 Abs. 9 eingefügt durch JStG 2009 vom 19. 12. 2008 (BGBl. I S. 2794) mit Wirkung ab VZ 2009.
[4] § 8 Abs. 9 Satz 8 angefügt mit Wirkung ab VZ 2009 durch JStG 2010 vom 8. 12. 2010 (BGBl. I S. 1768).
[5] § 8 Abs. 9 Satz 9 eingefügt durch Gesetz vom 27. 6. 2017 (BGBl. I S. 2074) mit Wirkung zum VZ 2017. Zur Anwendung von Satz 9 auf Antrag für VZ auch vor 2017 siehe § 34 Abs. 3 d.

(10)[1] ① Bei Einkünften aus Kapitalvermögen ist § 2 Absatz 5b des Einkommensteuergesetzes nicht anzuwenden. ② § 32d Abs. 2 Satz 1 Nr. 1 Satz 1 und Nr. 3 Satz 1 und Satz 3 bis 6 des Einkommensteuergesetzes ist entsprechend anzuwenden; in diesen Fällen ist § 20 Abs. 6 und 9 des Einkommensteuergesetzes nicht anzuwenden.

§ 8a[2] Betriebsausgabenabzug für Zinsaufwendungen bei Körperschaften (Zinsschranke)

(1)[3, 4] ① § 4h Abs. 1 Satz 2 des Einkommensteuergesetzes[5] ist mit der Maßgabe anzuwenden, dass anstelle des maßgeblichen Gewinns das maßgebliche Einkommen tritt. ② Maßgebliches Einkommen ist das nach den Vorschriften des Einkommensteuergesetzes und dieses Gesetzes ermittelte Einkommen mit Ausnahme der §§ 4h und 10d des Einkommensteuergesetzes[5] und des § 9 Abs. 1 Nr. 2 dieses Gesetzes. ③ Die §§ 8c und 8d gelten für den Zinsvortrag nach § 4h Absatz 1 Satz 5 des Einkommensteuergesetzes[5] mit der Maßgabe entsprechend, dass stille Reserven im Sinne des § 8c Absatz 1 Satz 6 nur zu berücksichtigen sind, soweit sie die nach § 8c Absatz 1 Satz 5 und § 8d Absatz 2 Satz 1 abziehbaren nicht genutzten Verluste übersteigen. ④ Auf Kapitalgesellschaften, die ihre Einkünfte nach § 2 Abs. 2 Nr. 2 des Einkommensteuergesetzes ermitteln, ist § 4h des Einkommensteuergesetzes[5] sinngemäß anzuwenden.

(2)[6] § 4h Abs. 2 Satz 1 Buchstabe b des Einkommensteuergesetzes[5] ist nur anzuwenden, wenn die Vergütungen für Fremdkapital an einen zu mehr als einem Viertel unmittelbar oder mittelbar am Grund- oder Stammkapital beteiligten Anteilseigner, eine diesem nahe stehende Person (§ 1 Abs. 2 des Außensteuergesetzes vom 8. September 1972 – BGBl. I S. 1713 –, das zuletzt durch Artikel 3 des Gesetzes vom 28. Mai 2007 – BGBl. I S. 914 – geändert worden ist, in der jeweils geltenden Fassung) oder einen Dritten, der auf den zu mehr als einem Viertel am Grund- oder Stammkapital beteiligten Anteilseigner oder eine diesem nahe stehende Person zurückgreifen kann, nicht mehr als 10 Prozent der die Zinserträge übersteigenden Zinsaufwendungen der Körperschaft im Sinne des § 4h Abs. 3 des Einkommensteuergesetzes[5] betragen und die Körperschaft dies nachweist.

(3)[6] ① § 4h Abs. 2 Satz 1 Buchstabe c des Einkommensteuergesetzes[5] ist nur anzuwenden, wenn die Vergütungen für Fremdkapital der Körperschaft oder eines anderen demselben Konzern zugehörenden Rechtsträgers an einen zu mehr als einem Viertel unmittelbar oder mittelbar am Kapital beteiligten Gesellschafter einer konzernzugehörigen Gesellschaft, eine diesem nahe stehende Person (§ 1 Abs. 2 des Außensteuergesetzes) oder einen Dritten, der auf den zu mehr als einem Viertel am Kapital beteiligten Gesellschafter oder eine diesem nahe stehende Person zurückgreifen kann, nicht mehr als 10 Prozent der die Zinserträge übersteigenden Zinsaufwendungen des Rechtsträgers im Sinne des § 4h Abs. 3 des Einkommensteuergesetzes[5] betragen und die Körperschaft dies nachweist. ② Satz 1 gilt nur für Zinsaufwendungen aus Verbindlichkeiten, die in dem voll konsolidierten Konzernabschluss nach § 4h Abs. 2 Satz 1 Buchstabe c des Einkommensteuergesetzes[5] ausgewiesen sind und bei Finanzierung durch einen Dritten einen Rückgriff gegen einen nicht zum Konzern gehörenden Gesellschafter oder eine diesem nahe stehende Person auslösen.

§ 8b[7] Beteiligung an anderen Körperschaften und Personenvereinigungen

(1)[8] ① Bezüge im Sinne des § 20 Abs. 1 Nr. 1, 2, 9 und 10 Buchstabe a des Einkommensteuergesetzes bleiben bei der Ermittlung des Einkommens außer Ansatz. ②[9] Satz 1 gilt nur, soweit die Bezüge das Einkommen der leistenden Körperschaft nicht gemindert haben. ③ Sofern die Bezüge in einem anderen Staat auf Grund einer vom deutschen Recht abweichenden steuerlichen Zurechnung der Anteile im Sinne des Satzes 1 einer anderen Person zugerechnet werden, gilt Satz 1 nur, soweit das Einkommen der anderen Person oder ihr nahestehender Personen nicht niedriger ist als bei einer dem deutschen Recht entsprechenden Zurechnung. ④ Sind die Bezüge im Sinne des Satzes 1 nach einem Abkommen zur Vermeidung der Doppelbesteuerung von der Bemessungsgrundlage für die Körperschaftsteuer auszunehmen, gilt Satz 2 ungeachtet des Wortlauts des Ab-

---

[1] § 8 Abs. 10 eingefügt durch JStG 2009 vom 19. 12. 2008 (BGBl. I S. 2794) mit Wirkung ab VZ 2009; Abs. 10 Satz 1 geändert durch StVereinfG 2011 vom 1. 11. 2011 (BGBl. I S. 2131), erstmals anzuwenden ab VZ 2012.

[2] § 8a neu gefasst durch Gesetz vom 14. 8. 2007 (BGBl. I S. 1912). Erstmals anzuwenden für Wj., die nach dem 25. Mai 2007 beginnen und nicht vor dem 1. Januar 2008 enden.

[3] § 8a Abs. 1 Satz 1 Verweis geändert mit Wirkung für Wj., die nach dem 31. 12. 2009 enden sowie Satz 3 neu gefasst mit Wirkung für schädliche Beteiligungserwerbe nach dem 31. 12. 2009 durch Gesetz vom 22. 12. 2009 (BGBl. I S. 3950).

[4] § 8a Abs. 1 Satz 3 geändert durch Gesetz vom 20. 12. 2016 (BGBl. I S. 2998) mit Wirkung ab VZ 2016; Satz 3 redaktionell angepasst durch Gesetz vom 11. 12. 2018 (BGBl. I S. 2338).

[5] § 4h EStG abgedruckt bei § 8a im Hauptteil.

[6] Abs. 2 und 3 nicht anzuwenden in den Fällen des § 34 Abs. 4.

[7] Vgl. zur Anwendung BMF-Schrb. v. 28. 4. 2003, abgedruckt im Hauptteil bei § 8b als Anl. b zu H 8b.

[8] § 8b Abs. 1 Sätze 2 bis 4 eingefügt durch JStG 2007 vom 13. 12. 2006 (BGBl. I S. 2878). Erstmals anzuwenden auf Bezüge, die nach dem 18. Dezember 2006 zugeflossen sind. Bisheriger Satz 2 des Abs. 1 wird Satz 5. Abs. 1 Satz 2 Zitat geändert durch JStG 2010 vom 8. 12. 2010 (BGBl. I S. 1768); Abs. 1 Satz 3 eingefügt, bish. Sätze 3 bis 5 werden Sätze 4 bis 6 mWvVZ 2020 durch Gesetz vom 25. 6. 2021 (BGBl. I S. 2035); zur Anwendung siehe § 34 Abs. 5 Satz 1.

[9] § 8b Abs. 1 Satz 2 neu gefasst durch Gesetz vom 26. 6. 2013 (BGBl. I S. 1809) mWvVZ 2014.

kommens für diese Freistellung entsprechend. ⑤ Satz 2 gilt nicht, soweit die verdeckte Gewinnausschüttung das Einkommen einer dem Steuerpflichtigen nahe stehenden Person erhöht hat und § 32a des Körperschaftsteuergesetzes auf die Veranlagung dieser nahe stehenden Person keine Anwendung findet. ⑥ Bezüge im Sinne des Satzes 1 sind auch Einnahmen aus der Veräußerung von Dividendenscheinen und sonstigen Ansprüchen im Sinne des § 20 Abs. 2 Satz 1 Nr. 2 Buchstabe a des Einkommensteuergesetzes sowie Einnahmen aus der Abtretung von Dividendenansprüchen oder sonstigen Ansprüchen im Sinne des § 20 Abs. 2 Satz 2 des Einkommensteuergesetzes.

(2)[1] ① Bei der Ermittlung des Einkommens bleiben Gewinne aus der Veräußerung eines Anteils an einer Körperschaft oder Personenvereinigung, deren Leistungen beim Empfänger zu Einnahmen im Sinne des § 20 Abs. 1 Nr. 1, 2, 9 und 10 Buchstabe a des Einkommensteuergesetzes gehören, oder an einer Organgesellschaft im Sinne des § 14 oder § 17 außer Ansatz. ② Veräußerungsgewinn im Sinne des Satzes 1 ist der Betrag, um den der Veräußerungspreis oder der an dessen Stelle tretende Wert nach Abzug der Veräußerungskosten den Wert übersteigt, der sich nach den Vorschriften über die steuerliche Gewinnermittlung im Zeitpunkt der Veräußerung ergibt (Buchwert). ③ Satz 1 gilt entsprechend für Gewinne aus der Auflösung oder der Herabsetzung des Nennkapitals oder aus dem Ansatz des in § 6 Absatz 1 Nummer 2 Satz 3 des Einkommensteuergesetzes bezeichneten Werts. ④ Die Sätze 1 und 3 gelten nicht, soweit der Anteil in früheren Jahren steuerwirksam auf den niedrigeren Teilwert abgeschrieben und die Gewinnminderung nicht durch den Ansatz eines höheren Werts ausgeglichen worden ist. ⑤ Satz 4 gilt außer für Gewinne aus dem Ansatz mit dem Wert, der sich nach § 6 Abs. 1 Nr. 2 Satz 3 des Einkommensteuergesetzes ergibt, auch für steuerwirksam vorgenommene Abzüge nach § 6b des Einkommensteuergesetzes und ähnliche Abzüge. ⑥ Veräußerung im vorstehenden Sinne ist auch die verdeckte Einlage.

(3)[2] ① Von dem jeweiligen Gewinn im Sinne des Absatzes 2 Satz 1, 3 und 6 gelten 5 Prozent als Ausgaben, die nicht als Betriebsausgaben abgezogen werden dürfen. ② § 3c Abs. 1 des Einkommensteuergesetzes ist nicht anzuwenden. ③ Gewinnminderungen, die im Zusammenhang mit dem in Absatz 2 genannten Anteil entstehen, sind bei der Ermittlung des Einkommens nicht zu berücksichtigen. ④ Zu den Gewinnminderungen im Sinne des Satzes 3 gehören auch Gewinnminderungen im Zusammenhang mit einer Darlehensforderung oder aus der Inanspruchnahme von Sicherheiten, die für ein Darlehen hingegeben wurden, wenn das Darlehen oder die Sicherheit von einem Gesellschafter gewährt wird, der zu mehr als einem Viertel unmittelbar oder mittelbar am Grund- oder Stammkapital der Körperschaft, der das Darlehen gewährt wurde, beteiligt ist oder war. ⑤ Dies gilt auch für diesem Gesellschafter nahestehende Personen im Sinne des § 1 Abs. 2 des Außensteuergesetzes oder für Gewinnminderungen aus dem Rückgriff eines Dritten auf den zu mehr als einem Viertel am Grund- oder Stammkapital beteiligten Gesellschafter oder eine diesem nahestehende Person auf Grund eines der Gesellschaft gewährten Darlehens.

[Fassung bis VZ 2021:]

⑥ Die Sätze 4 und 5 sind nicht anzuwenden, wenn nachgewiesen wird, dass auch ein fremder Dritter das Darlehen bei sonst gleichen Umständen gewährt oder noch nicht zurückgefordert hätte; dabei sind nur die eigenen Sicherungsmittel der Gesellschaft zu berücksichtigen. ⑦ Die Sätze 4 bis 6 gelten entsprechend für Forderungen aus Rechtshandlungen, die einer Darlehensgewährung wirtschaftlich vergleichbar sind. ⑧ Gewinne aus dem Ansatz einer Darlehensforderung mit dem nach § 6 Abs. 1 Nr. 2 Satz 3 des Einkommensteuergesetzes maßgeblichen Wert bleiben bei der Ermittlung des Einkommens außer Ansatz, soweit auf die vorangegangene Teilwertabschreibung Satz 3 angewendet worden ist.

[Fassung ab VZ 2022:[3]]

⑥ Währungskursverluste gelten nicht als Gewinnminderungen im Sinne der Sätze 4 und 5. ⑦ Die Sätze 4 und 5 sind nicht anzuwenden, wenn nachgewiesen wird, dass auch ein fremder Dritter das Darlehen bei sonst gleichen Umständen gewährt oder noch nicht zurückgefordert hätte; dabei sind nur die eigenen Sicherungsmittel der Gesellschaft zu berücksichtigen. ⑧ Die Sätze 4 bis 7 gelten entsprechend für Forderungen aus Rechtshandlungen, die einer Darlehensgewährung wirtschaftlich vergleichbar sind. ⑨ Gewinne aus dem Ansatz einer Darlehensforderung mit dem nach § 6 Abs. 1 Nr. 2 Satz 3 des Einkommensteuergesetzes maßgeblichen Wert bleiben bei der Ermittlung des Einkommens außer Ansatz, soweit auf die vorangegangene Teilwertabschreibung Satz 3 angewendet worden ist.

---

[1] § 8b Abs. 2 neu gefasst mWv VZ 2004 durch Gesetz vom 22. 12. 2003 (BGBl. I S. 2840); Satz 3 geändert, Satz 5 angefügt mWv VZ 2006, bish. Satz 5 wird Satz 6 durch SEStEG vom 7. 12. 2006 (BGBl. I S. 2782); Abs. 2 Satz 1 Verweis geändert mWv VZ 2015 und Satz 3 redaktionell angepasst durch Gesetz vom 25. 7. 2014 (BGBl. I S. 1266).

[2] § 8b Abs. 3 neu gefasst mWv VZ 2004 durch Gesetz vom 22. 12. 2003 (BGBl. I S. 2840); Abs. 3 Satz 1 redaktionell geändert, Sätze 4 bis 8 mWv VZ 2008 eingefügt durch JStG 2008 vom 20. 12. 2007 (BGBl. I S. 3150).

[3] § 8b Abs. 3 Satz 6 eingefügt, bish. Sätze 6 bis 8 werden Sätze 7 bis 9 und neuer Satz 8 geändert **mWv VZ 2022** durch Gesetz vom 25. 6. 2021 (BGBl. I S. 2050); zur Anwendung siehe § 34 Abs. 5 Satz 2.

(4)[1·2] ① Bezüge im Sinne des Absatzes 1 sind abweichend von Absatz 1 Satz 1 bei der Ermittlung des Einkommens zu berücksichtigen, wenn die Beteiligung zu Beginn des Kalenderjahres unmittelbar weniger als 10 Prozent des Grund- oder Stammkapitals betragen hat; ist ein Grund- oder Stammkapital nicht vorhanden, ist die Beteiligung an dem Vermögen, bei Genossenschaften die Beteiligung an der Summe der Geschäftsguthaben, maßgebend. ② Für die Bemessung der Höhe der Beteiligung ist § 13 Absatz 2 Satz 2 des Umwandlungssteuergesetzes nicht anzuwenden. ③ Überlässt eine Körperschaft Anteile an einen anderen und hat der andere diese oder gleichartige Anteile zurückzugeben, werden die Anteile für die Ermittlung der Beteiligungsgrenze der überlassenden Körperschaft zugerechnet. ④ Beteiligungen über eine Mitunternehmerschaft sind dem Mitunternehmer anteilig zuzurechnen; § 15 Absatz 1 Satz 1 Nummer 2 Satz 2 des Einkommensteuergesetzes gilt sinngemäß. ⑤ Eine dem Mitunternehmer nach Satz 4 zugerechnete Beteiligung gilt für die Anwendung dieses Absatzes als unmittelbare Beteiligung. ⑥ Für Zwecke dieses Absatzes gilt der Erwerb einer Beteiligung von mindestens 10 Prozent als zu Beginn des Kalenderjahres erfolgt. ⑦ Absatz 5 ist auf Bezüge im Sinne des Satzes 1 nicht anzuwenden. ⑧ Beteiligungen von Kreditinstituten im Sinne des § 1 Absatz 1 Satz 1 des Kreditwesengesetzes, die Mitglied einer kreditwirtschaftlichen Verbundgruppe im Sinne des § 2 Absatz 1 Nummer 13 des Zahlungsdiensteaufsichtsgesetzes sind, an anderen Unternehmen und Einrichtungen dieser Verbundgruppe sind zusammenzurechnen.

(5)[3] ① Von den Bezügen im Sinne des Absatzes 1, die bei der Ermittlung des Einkommens außer Ansatz bleiben, gelten 5 Prozent als Ausgaben, die nicht als Betriebsausgaben abgezogen werden dürfen. ② § 3 c Abs. 1 des Einkommensteuergesetzes ist nicht anzuwenden.

(6) ① Die Absätze 1 bis 5 gelten auch für die dort genannten Bezüge, Gewinne und Gewinnminderungen, die dem Steuerpflichtigen im Rahmen des Gewinnanteils aus einer Mitunternehmerschaft zugerechnet werden, sowie für Gewinne und Verluste, soweit sie bei der Veräußerung oder Aufgabe eines Mitunternehmeranteils auf Anteile im Sinne des Absatzes 2 entfallen. ② Die Absätze 1 bis 5 gelten für Bezüge und Gewinne, die einem Betrieb gewerblicher Art einer juristischen Person des öffentlichen Rechts über andere juristische Personen des öffentlichen Rechts zufließen, über die sie mitteilbar an der leistenden Körperschaft, Personenvereinigung oder Vermögensmasse beteiligt ist und bei denen die Leistungen nicht im Rahmen eines Betriebs gewerblicher Art erfasst werden, und damit in Zusammenhang stehende Gewinnminderungen entsprechend.

(7)[4] ① Die Absätze 1 bis 6 sind nicht auf Anteile anzuwenden, die bei Kreditinstituten, Wertpapierinstituten und Finanzdienstleistungsinstituten dem Handelsbestand im Sinne des § 340 e Absatz 3 des Handelsgesetzbuchs zuzuordnen sind. ② Gleiches gilt für Anteile, die bei Finanzunternehmen im Sinne des Kreditwesengesetzes, an denen Kreditinstitute, Wertpapierinstitute oder Finanzdienstleistungsinstitute unmittelbar oder mittelbar zu mehr als 50 Prozent beteiligt sind, zum Zeitpunkt des Zugangs zum Betriebsvermögen als Umlaufvermögen auszuweisen sind.

(8)[5] ① Die Absätze 1 bis 7 sind nicht anzuwenden auf Anteile, die bei Lebens- und Krankenversicherungsunternehmen den Kapitalanlagen zuzurechnen sind. ② Satz 1 gilt nicht für Gewinne im Sinne des Absatzes 2, soweit eine Teilwertabschreibung in früheren Jahren nach Absatz 3 bei der Ermittlung des Einkommens unberücksichtigt geblieben ist und diese Minderung nicht durch den Ansatz eines höheren Werts ausgeglichen worden ist. ③ Gewinnminderungen, die im Zusammenhang mit den Anteilen im Sinne des Satzes 1 stehen, sind bei der Ermittlung des Einkommens nicht zu berücksichtigen, wenn das Lebens- oder Krankenversicherungsunternehmen die Anteile von einem verbundenen Unternehmen (§ 15 des Aktiengesetzes) erworben hat, soweit ein Veräußerungsgewinn für das verbundene Unternehmen nach Absatz 2 in der Fassung des Artikels 3 des Gesetzes vom 23. Oktober 2000 (BGBl. I S. 1433) bei der Ermittlung des Einkommens außer Ansatz geblieben ist. ④ Für die Ermittlung des Einkommens sind die Anteile mit den nach handelsrechtlichen Vorschriften ausgewiesenen Werten anzusetzen, die bei der Ermittlung der nach § 21 abziehbaren Beträge zu Grunde gelegt wurden. ⑤ Entsprechendes gilt für Pensionsfonds.

(9)[6] Die Absätze 7 und 8 gelten nicht für Bezüge im Sinne des Absatzes 1, auf die die Mitgliedstaaten der Europäischen Union Artikel 4 Abs. 1 der Richtlinie 2011/96/EU des Rates vom 30. November 2011 über das gemeinsame Steuersystem der Mutter- und Tochtergesellschaften verschiedener Mitgliedsaaten (ABl. L 345 vom 29. 12. 2011, S. 8), anzuwenden haben.

---

[1] § 8 b Abs. 4 neu gefasst durch Gesetz vom 21. 3. 2013 (BGBl. I S. 561); erstmals anzuwenden für Bezüge, die nach dem 28. Februar 2013 zufließen (vgl. § 27 Abs. 11 UmwStG); Abs. 4 Satz 8 redaktionell geändert durch Gesetz vom 12. 12. 2019 (BGBl. I S. 2451) mit Wirkung ab VZ 2018 (§ 34 Abs. 5 Satz 4).

[2] § 8 b Abs. 4 a. F., in der am 12. Dezember 2006 geltenden Fassung, aufgehoben; zuletzt abgedruckt im „Handbuch zur Körperschaftsteuerveranlagung 2014".

[3] § 8 b Abs. 5 neu gefasst mWv VZ 2004 durch Gesetz vom 22. 12. 2003 (BGBl. I S. 2840).

[4] § 8 b Abs. 7 Sätze 1 und 2 neu gefasst, Satz 3 aufgehoben durch Gesetz vom 20. 12. 2016 (BGBl. I S. 3000) mit Wirkung ab VZ 2017; zur Anwendung von Satz 1 ab VZ 2017 vgl. § 34 Abs. 5 Satz 5 HS 1, zur Anwendung von Satz 2 vgl. § 34 Abs. 5 Satz 5 HS 2; Abs. 7 Sätze 1 und 2 geändert durch Gesetz vom 12. 5. 2021 (BGBl. I S. 990).

[5] § 8 b Abs. 8 angefügt durch Gesetz vom 22. 12. 2003 (BGBl. I S. 2840). Erstmals anzuwenden für den VZ 2004, bei vom Kj. abw. Wj. erstmals für den VZ 2005.

[6] § 8 b Abs. 9 eingefügt mit Wirkung ab VZ 2005 durch EURLUmsG vom 9. 12. 2004 (BGBl. I S. 3310); geändert mWv 1. 1. 2012 durch Gesetz vom 26. 6. 2013 (BGBl. I S. 1809).

(10)[1] ① Überlässt eine Körperschaft (überlassende Körperschaft) Anteile, auf die bei ihr Absatz 4, 7 oder 8 anzuwenden ist oder auf die bei ihr aus anderen Gründen die Steuerfreistellungen der Absätze 1 und 2 oder vergleichbare ausländische Vorschriften nicht anzuwenden sind, an eine Körperschaft (andere Körperschaft), bei der auf die Anteile Absatz 4, 7 oder 8 nicht anzuwenden ist, und hat die andere Körperschaft, der die Anteile zuzurechnen sind, diese oder gleichartige Anteile zurückzugeben, dürfen die für die Überlassung gewährten Entgelte bei der anderen Körperschaft nicht als Betriebsausgabe abgezogen werden. ② Überlässt die andere Körperschaft für die Überlassung der Anteile Wirtschaftsgüter an die überlassende Körperschaft, aus denen diese Einnahmen oder Bezüge erzielt, gelten diese Einnahmen oder Bezüge als von der anderen Körperschaft bezogen und als Entgelt für die Überlassung an die überlassende Körperschaft gewährt. ③ Absatz 3 Satz 1 und 2 sowie Absatz 5 sind nicht anzuwenden. ④ Die Sätze 1 bis 3 gelten auch für Wertpapierpensionsgeschäfte im Sinne des § 340b Absatz 2 des Handelsgesetzbuchs. ⑤ Die Sätze 1 bis 4 gelten nicht, wenn die andere Körperschaft keine Einnahmen oder Bezüge aus den ihr überlassenen Anteilen erzielt. ⑥ Zu den Einnahmen und Bezügen aus den überlassenen Anteilen im Sinne des Satzes 5 gehören auch Entgelte, die die andere Körperschaft dafür erhält, dass sie die entliehenen Wertpapiere weiterverleiht. ⑦ Die Sätze 1 bis 6 gelten entsprechend, wenn die Anteile an eine Personengesellschaft oder von einer Personengesellschaft überlassen werden, an der die überlassende oder die andere Körperschaft unmittelbar oder mittelbar über eine Personengesellschaft oder mehrere Personengesellschaften beteiligt ist. ⑧ In diesen Fällen gelten die Anteile als an die Körperschaft oder von der Körperschaft überlassen. ⑨ Die Sätze 1 bis 8 gelten entsprechend, wenn Anteile, die die Voraussetzungen des Absatzes 7 erfüllen, von einer Personengesellschaft überlassen werden. ⑩ Die Sätze 1 bis 8 gelten nicht, soweit § 2 Nummer 2 zweiter Halbsatz oder § 5 Absatz 2 Nummer 1 zweiter Halbsatz auf die überlassende Körperschaft Anwendung findet. ⑪[2] Als Anteil im Sinne der Sätze 1 bis 10 gilt auch der Anteil im Sinne von § 2 Absatz 4 des Investmentsteuergesetzes vom 19. Juli 2016 (BGBl. I S. 1730), das zuletzt durch Artikel 10 des Gesetzes vom 23. Juni 2017 (BGBl. I S. 1682) geändert worden ist, in der jeweils geltenden Fassung, soweit daraus Einnahmen erzielt werden, auf die § 8b anzuwenden ist.

(11)[3] Die Absätze 1 bis 10 sind nicht anzuwenden bei Anteilen an Unterstützungskassen.

§ 8c[4, 5] Verlustabzug bei Körperschaften

(1)[6, 7] ① Werden innerhalb von fünf Jahren mittelbar oder unmittelbar mehr als 50 Prozent des gezeichneten Kapitals, der Mitgliedschaftsrechte, der Beteiligungsrechte oder der Stimmrechte an einer Körperschaft an einen Erwerber oder diesem nahe stehende Personen übertragen oder liegt ein vergleichbarer Sachverhalt vor (schädlicher Beteiligungserwerb), sind bis zum schädlichen Beteiligungserwerb nicht ausgeglichene oder abgezogene negative Einkünfte (nicht genutzte Verluste) vollständig nicht mehr abziehbar. ② Als ein Erwerber im Sinne des Satzes 1 gilt auch eine Gruppe von Erwerbern mit gleichgerichteten Interessen. ③ Eine Kapitalerhöhung steht der Übertragung des gezeichneten Kapitals gleich, soweit sie zu einer Veränderung der Beteiligungsquoten am Kapital der Körperschaft führt. ④ Ein schädlicher Beteiligungserwerb liegt nicht vor, wenn

1. an dem übertragenden Rechtsträger der Erwerber zu 100 Prozent mittelbar oder unmittelbar beteiligt ist und der Erwerber eine natürliche oder juristische Person oder eine Personenhandelsgesellschaft ist,
2. an dem übernehmenden Rechtsträger der Veräußerer zu 100 Prozent mittelbar oder unmittelbar beteiligt ist und der Veräußerer eine natürliche oder juristische Person oder eine Personenhandelsgesellschaft ist oder
3. an dem übertragenden und an dem übernehmenden Rechtsträger dieselbe natürliche oder juristische Person oder dieselbe Personenhandelsgesellschaft zu jeweils 100 Prozent mittelbar oder unmittelbar beteiligt ist.

⑤ Ein nicht abziehbarer nicht genutzter Verlust kann abweichend von Satz 1 abgezogen werden, soweit er die gesamten zum Zeitpunkt des schädlichen Beteiligungserwerbs vorhandenen im Inland steuerpflichtigen stillen Reserven des Betriebsvermögens der Körperschaft nicht übersteigt. ⑥ Stille Reserven im Sinne des Satzes 5 sind der Unterschiedsbetrag zwischen dem in der

---

[1] § 8b Abs. 10 neu gefasst durch Gesetz vom 26. 6. 2013 (BGBl. I S. 1809); Sätze 1 bis 5 und 7 bis 11 erstmals anzuwenden für nach dem 31. 12. 2013 überlassene Anteile, Satz 6 auf alle offenen Fälle.

[2] § 8b Abs. 10 Satz 11 neu gefasst durch Gesetz vom 11. 12. 2018 (BGBl. I S. 2338) mit Wirkung ab VZ 2017.

[3] § 8b Abs. 11 angefügt durch JStG 2015 vom 2. 11. 2015 (BGBl. I S. 1834) mit Wirkung ab VZ 2016.

[4] § 8c eingefügt durch Gesetz vom 14. 8. 2007 (BGBl. I S. 1912).
Zur Anwendung von § 8c siehe § 34 Abs. 6.

[5] § 8c KStG ist bei dem Erwerb von Stabilisierungsmaßnahmen durch den Finanzmarktstabilisierungsfonds oder deren Rückübertragung durch den Fonds nicht anzuwenden (§ 14 Abs. 3 FMStG).

[6] § 8c Abs. 1 neu gefasst durch Gesetz vom 11. 12. 2018 (BGBl. I S. 2338); Abs. 1 Satz 1 bis 3 erstmals anzuwenden für den VZ 2008 und auf Anteilsübertragungen nach dem 31. Dezember 2007 (§ 34 Abs. 6 Satz 1) und Abs. 1 Satz 4 bis 8 erstmals anzuwenden auf schädliche Beteiligungserwerbe nach dem 31. Dezember 2009 (§ 34 Abs. 6 Satz 2).

[7] § 8c Abs. 1 Satz 1 geändert durch Gesetz vom 12. 12. 2019 (BGBl. I S. 2451).

steuerlichen Gewinnermittlung ausgewiesenen Eigenkapital und dem auf dieses Eigenkapital jeweils entfallenden gemeinen Wert der Anteile an der Körperschaft, soweit diese im Inland steuerpflichtig sind. ⑦ Ist das Eigenkapital der Körperschaft negativ, sind stille Reserven im Sinne des Satzes 5 der Unterschiedsbetrag zwischen dem in der steuerlichen Gewinnermittlung ausgewiesenen Eigenkapital und dem diesem Anteil entsprechenden gemeinen Wert des Betriebsvermögens der Körperschaft. ⑧ Bei der Ermittlung der stillen Reserven ist nur das Betriebsvermögen zu berücksichtigen, das der Körperschaft ohne steuerrechtliche Rückwirkung, insbesondere ohne Anwendung des § 2 Absatz 1 des Umwandlungssteuergesetzes, zuzurechnen ist.

(1 a)[1] ① Für die Anwendung des Absatzes 1 ist ein Beteiligungserwerb zum Zweck der Sanierung des Geschäftsbetriebs der Körperschaft unbeachtlich. ② Sanierung ist eine Maßnahme, die darauf gerichtet ist, die Zahlungsunfähigkeit oder Überschuldung zu verhindern oder zu beseitigen und zugleich die wesentlichen Betriebsstrukturen zu erhalten.

③ Die Erhaltung der wesentlichen Betriebsstrukturen setzt voraus, dass

1. die Körperschaft eine geschlossene Betriebsvereinbarung mit einer Arbeitsplatzregelung befolgt oder
2. die Summe der maßgebenden jährlichen Lohnsummen der Körperschaft innerhalb von fünf Jahren nach dem Beteiligungserwerb 400 Prozent der Ausgangslohnsumme nicht unterschreitet; § 13 a Absatz 1 Satz 3 und 4 und Absatz 4 des Erbschaftsteuer- und Schenkungsteuergesetzes in der Fassung des Gesetzes vom 24. Dezember 2008 (BGBl. I S. 3018) gilt sinngemäß; oder
3. der Körperschaft durch Einlagen wesentliches Betriebsvermögen zugeführt wird. ② Eine wesentliche Betriebsvermögenszuführung liegt vor, wenn der Körperschaft innerhalb von zwölf Monaten nach dem Beteiligungserwerb neues Betriebsvermögen zugeführt wird, das mindestens 25 Prozent des in der Steuerbilanz zum Schluss des vorangehenden Wirtschaftsjahrs enthaltenen Aktivvermögens entspricht. ③ Wird nur ein Anteil an der Körperschaft erworben, ist nur der entsprechende Anteil des Aktivvermögens zuzuführen. ④ Der Erlass von Verbindlichkeiten durch den Erwerber oder eine diesem nahestehende Person steht der Zuführung neuen Betriebsvermögens gleich, soweit die Verbindlichkeiten werthaltig sind. ⑤ Leistungen der Kapitalgesellschaft, die innerhalb von drei Jahren nach der Zuführung des neuen Betriebsvermögens erfolgen, mindern den Wert des zugeführten Betriebsvermögens. ⑥ Wird dadurch die erforderliche Zuführung nicht mehr erreicht, ist Satz 1 nicht mehr anzuwenden.

④ Keine Sanierung liegt vor, wenn die Körperschaft ihren Geschäftsbetrieb im Zeitpunkt des Beteiligungserwerbs im Wesentlichen eingestellt hat oder nach dem Beteiligungserwerb ein Branchenwechsel innerhalb eines Zeitraums von fünf Jahren erfolgt.

(2)[2] § 3 a Absatz 3 des Einkommensteuergesetzes ist auf verbleibende nicht genutzte Verluste anzuwenden, die sich nach einer Anwendung des Absatzes 1 ergeben.

§ 8d[3] Fortführungsgebundener Verlustvortrag

(1) ① § 8 c ist nach einem schädlichen Beteiligungserwerb auf Antrag nicht anzuwenden, wenn die Körperschaft seit ihrer Gründung oder zumindest seit dem Beginn des dritten Veranlagungszeitraums, der dem Veranlagungszeitraum nach Satz 5 vorausgeht, ausschließlich denselben Geschäftsbetrieb unterhält und in diesem Zeitraum bis zum Schluss des Veranlagungszeitraums des schädlichen Beteiligungserwerbs kein Ereignis im Sinne von Absatz 2 stattgefunden hat. ② Satz 1 gilt nicht:

1. für Verluste aus der Zeit vor einer Einstellung oder Ruhendstellung des Geschäftsbetriebs oder
2. wenn die Körperschaft zu Beginn des dritten Veranlagungszeitraums, der dem Veranlagungszeitraum nach Satz 5 vorausgeht, Organträger oder an einer Mitunternehmerschaft beteiligt ist.

③ Ein Geschäftsbetrieb umfasst die von einer einheitlichen Gewinnerzielungsabsicht getragenen, nachhaltigen, sich gegenseitig ergänzenden und fördernden Betätigungen der Körperschaft und bestimmt sich nach qualitativen Merkmalen in einer Gesamtbetrachtung. ④ Qualitative Merkmale sind insbesondere die angebotenen Dienstleistungen oder Produkte, der Kunden- und Lieferantenkreis, die bedienten Märkte und die Qualifikation der Arbeitnehmer. ⑤ Der Antrag ist in

---

[1] § 8 c Abs. 1 a eingefügt durch Gesetz vom 16. 7. 2009 (BGBl. I S. 1959), Satz 3 Nr. 3 Satz 5 geändert durch Gesetz vom 22. 12. 2009 (BGBl. I S. 3950); § 8 c Abs. 1 a Satz 3 Nr. 2 geändert durch Gesetz vom 12. 12. 2019 (BGBl. I S. 2451). Zur Anwendung von Abs. 1 a siehe § 34 Abs. 6 Satz 3 und 4.

[2] § 8 c Abs. 2 eingefügt durch Gesetz vom 27. 6. 2017 (BGBl. I S. 2074) mit Wirkung zum VZ 2017.
Zur Anwendung von Abs. 2 auf Antrag für VZ auch vor 2017 siehe § 34 Abs. 3 d.

[3] § 8 d eingefügt durch Gesetz vom 20. 12. 2016 (BGBl. I S. 2998). § 8 d erstmals anzuwenden auf schädliche Beteiligungserwerbe im Sinne des § 8 c, die nach dem 31. Dezember 2015 erfolgen, wenn der Geschäftsbereich der Körperschaft vor dem 1. Januar 2016 weder eingestellt noch ruhend gestellt war (§ 34 Abs. 6 a Satz 1).
§ 8 d Abs. 1 Satz 2 Nr. 1 erstmals anzuwenden auf Einstellungen oder Ruhendstellungen, die nach dem 31. Dezember 2015 erfolgen (§ 34 Abs. 6 a Satz 2).

der Steuererklärung für die Veranlagung des Veranlagungszeitraums zu stellen, in den der schädliche Beteiligungserwerb fällt. ⑥ Der Verlustvortrag, der zum Schluss des Veranlagungszeitraums verbleibt, in den der schädliche Beteiligungserwerb fällt, wird zum fortführungsgebundenen Verlust (fortführungsgebundener Verlustvortrag). ⑦ Dieser ist gesondert auszuweisen und festzustellen; § 10 d Absatz 4 des Einkommensteuergesetzes gilt entsprechend. ⑧ Der fortführungsgebundene Verlustvortrag ist vor dem nach § 10 d Absatz 4 des Einkommensteuergesetzes festgestellten Verlustvortrag abzuziehen. ⑨ [1]Satz 8 gilt bei Anwendung des § 3 a Absatz 3 des Einkommensteuergesetzes entsprechend.

(2)[2] ① Wird der Geschäftsbetrieb im Sinne des Absatzes 1 eingestellt, geht der nach Absatz 1 zuletzt festgestellte fortführungsgebundene Verlustvortrag unter; § 8 c Absatz 1 Satz 5 bis 8 gilt bezogen auf die zum Schluss des vorangegangenen Veranlagungszeitraums vorhandenen stillen Reserven entsprechend. ② Gleiches gilt, wenn

1. der Geschäftsbetrieb ruhend gestellt wird,
2. der Geschäftsbetrieb einer andersartigen Zweckbestimmung zugeführt wird,
3. die Körperschaft einen zusätzlichen Geschäftsbetrieb aufnimmt,
4. die Körperschaft sich an einer Mitunternehmerschaft beteiligt,
5. die Körperschaft die Stellung eines Organträgers im Sinne des § 14 Absatz 1 einnimmt oder
6. auf die Körperschaft Wirtschaftsgüter übertragen werden, die sie zu einem geringeren als dem gemeinen Wert ansetzt.

§ 9 Abziehbare Aufwendungen

(1) Abziehbare Aufwendungen sind auch:

1.[3] bei Kommanditgesellschaften auf Aktien und bei vergleichbaren Kapitalgesellschaften der Teil des Gewinns, der an persönlich haftende Gesellschafter auf ihre nicht auf das Grundkapital gemachten Einlagen oder als Vergütung (Tantieme) für die Geschäftsführung verteilt wird;

2.[4] vorbehaltlich des § 8 Absatz 3 Zuwendungen (Spenden und Mitgliedsbeiträge) zur Förderung steuerbegünstigter Zwecke im Sinne der §§ 52 bis 54 der Abgabenordnung bis zur Höhe von insgesamt
   a) 20 Prozent des Einkommens oder
   b) 4 Promille der Summe der gesamten Umsätze und der im Kalenderjahr aufgewendeten Löhne und Gehälter.

   ② Voraussetzung für den Abzug ist, dass diese Zuwendungen
   a) an eine juristische Person des öffentlichen Rechts oder an eine öffentliche Dienststelle, die in einem Mitgliedstaat der Europäischen Union oder in einem Staat belegen ist, auf den das Abkommen über den Europäischen Wirtschaftsraum (EWR-Abkommen) Anwendung findet, oder
   b) an eine nach § 5 Absatz 1 Nummer 9 steuerbefreite Körperschaft, Personenvereinigung oder Vermögensmasse oder
   c) an eine Körperschaft, Personenvereinigung oder Vermögensmasse, die in einem Mitgliedstaat der Europäischen Union oder in einem Staat belegen ist, auf den das Abkommen über den Europäischen Wirtschaftsraum (EWR-Abkommen) Anwendung findet, und die nach § 5 Absatz 1 Nummer 9 in Verbindung mit § 5 Absatz 2 Nummer 2 zweiter Halbsatz steuerbefreit wäre, wenn sie inländische Einkünfte erzielen würde,

   geleistet werden (Zuwendungsempfänger). ③ Für nicht im Inland ansässige Zuwendungsempfänger nach Satz 2 ist weitere Voraussetzung, dass durch diese Staaten Amtshilfe und Unterstützung bei der Beitreibung geleistet werden. ④ Amtshilfe ist der Auskunftsaustausch im Sinne oder entsprechend der Amtshilferichtlinie gemäß § 2 Absatz 2 des EU-Amtshilfegesetzes.[5] ⑤ Betreibung ist die gegenseitige Unterstützung bei der Beitreibung von Forderungen im Sinne oder entsprechend der Beitreibungsrichtlinie[6] einschließlich der in diesem Zusammenhang anzuwendenden Durchführungsbestimmungen in den für den jeweiligen Veranlagungszeitraum geltenden Fassungen oder eines entsprechenden Nachfolgerechtsaktes. ⑥ Werden die steuerbegünstigten Zwecke des Zuwendungsempfängers im Sinne von Satz 2 Buchstabe a nur im Ausland verwirklicht, ist für die Abziehbarkeit der Zuwendungen Voraussetzung, dass natürliche Personen, die ihren Wohnsitz oder ihren gewöhnlichen Aufenthalt im Geltungsbereich dieses Gesetzes haben, gefördert werden oder dass die Tätigkeit dieses Zuwendungsemp-

[1] § 8 d Abs. 1 Satz 9 eingefügt durch Gesetz vom 27. 6. 2017 (BGBl. I S. 2074) mit Wirkung zum VZ 2017. Zur Anwendung von Satz 9 auf Antrag für VZ auch vor 2017 siehe § 34 Abs. 3 d.
[2] § 8 d Abs. 2 Satz 1 redaktionell angepasst durch Gesetz vom 11. 12. 2018 (BGBl. I S. 2338).
[3] § 9 Abs. 1 Nr. 1 geändert mWv VZ 2006 durch SEStEG vom 7. 12. 2006 (BGBl. I S. 2782).
[4] § 9 Abs. 1 Nr. 2 neu gefasst durch Gesetz vom 10. 10. 2007 (BGBl. I S. 2332); Nr. 2 Sätze 1 bis 7 neu gefasst, bish. Sätze 2 bis 4 werden Sätze 8 bis 10 durch Gesetz vom 8. 4. 2010 (BGBl. I S. 386).
[5] § 9 Abs. 1 Nr. 2 Satz 4 Richtlinienbezeichnung geändert durch Gesetz vom 26. 6. 2013 (BGBl. I S. 1809) mWv VZ 2013.
[6] § 9 Abs. 1 Nr. 2 Satz 5 geändert durch BeitrRLUmsG vom 7. 12. 2011 (BGBl. I S. 2592); erstmals anzuwenden für den VZ 2012.

fängers neben der Verwirklichung der steuerbegünstigten Zwecke auch zum Ansehen der Bundesrepublik Deutschland beitragen kann. ⑦ Abziehbar sind auch Mitgliedsbeiträge an Körperschaften, die Kunst und Kultur gemäß § 52 Absatz 2 Nummer 5 der Abgabenordnung fördern, soweit es sich nicht um Mitgliedsbeiträge nach Satz 8 Nummer 2 handelt, auch wenn den Mitgliedern Vergünstigungen gewährt werden.

⑧ [1]Nicht abziehbar sind Mitgliedsbeiträge an Körperschaften,

1. die den Sport (§ 52 Absatz 2 Satz 1 Nummer 21 der Abgabenordnung),
2. die kulturelle Betätigungen, die in erster Linie der Freizeigestaltung dienen,
3. die die Heimatpflege und Heimatkunde (§ 52 Absatz 2 Satz 1 Nummer 22 der Abgabenordnung),
4. die Zwecke im Sinne des § 52 Absatz 2 Satz 1 Nummer 23 der Abgabenordnung

fördern oder

5. deren Zweck nach § 52 Absatz 2 Satz 2 der Abgabenordnung für gemeinnützig erklärt worden ist, weil deren Zweck die Allgemeinheit auf materiellem, geistigem oder sittlichem Gebiet entsprechend einem Zweck nach den Nummern 1 bis 4 fördert.

⑨ Abziehbare Zuwendungen, die die Höchstbeträge nach Satz 1 überschreiten, sind im Rahmen der Höchstbeträge in den folgenden Veranlagungszeiträumen abzuziehen. ⑩ § 10 d Abs. 4 des Einkommensteuergesetzes gilt entsprechend.

(2)[2] ① Als Einkommen im Sinne dieser Vorschrift gilt das Einkommen vor Abzug der in Absatz 1 Nr. 2 bezeichneten Zuwendungen und vor dem Verlustabzug nach § 10 d des Einkommensteuergesetzes. ② Als Zuwendung im Sinne dieser Vorschrift gilt auch die Zuwendung von Wirtschaftsgütern mit Ausnahme von Nutzungen und Leistungen. ③ Der Wert der Zuwendung ist nach § 6 Absatz 1 Nummer 4 Satz 1 und 4 des Einkommensteuergesetzes zu ermitteln. ④ Aufwendungen zugunsten einer Körperschaft, die zum Empfang steuerlich abziehbarer Zuwendungen berechtigt ist, sind nur abziehbar, wenn ein Anspruch auf die Erstattung der Aufwendungen durch Vertrag oder Satzung eingeräumt und auf die Erstattung verzichtet worden ist. ⑤ Der Anspruch darf nicht unter der Bedingung des Verzichts eingeräumt worden sein.

(3)[3] ① Der Steuerpflichtige darf auf die Richtigkeit der Bestätigung über Spenden und Mitgliedsbeiträge vertrauen, es sei denn, dass er die Bestätigung durch unlautere Mittel oder falsche Angaben erwirkt hat oder dass ihm die Unrichtigkeit der Bestätigung bekannt oder infolge grober Fahrlässigkeit nicht bekannt war. ② Wer vorsätzlich oder grob fahrlässig eine unrichtige Bestätigung ausstellt oder veranlasst, dass Zuwendungen nicht zu den in der Bestätigung angegebenen steuerbegünstigten Zwecken verwendet werden (Veranlasserhaftung), haftet für die entgangene Steuer; diese ist mit 30 Prozent des zugewendeten Betrags anzusetzen. ③ In den Fällen der Veranlasserhaftung ist vorrangig der Zuwendungsempfänger in Anspruch zu nehmen; die natürlichen Personen, die in diesen Fällen für den Zuwendungsempfänger handeln, sind nur in Anspruch zu nehmen, wenn die entgangene Steuer nicht nach § 47 der Abgabenordnung erloschen ist und Vollstreckungsmaßnahmen gegen den Zuwendungsempfänger nicht erfolgreich sind; § 10 b Absatz 4 Satz 5 des Einkommensteuergesetzes gilt entsprechend.

§ 10 Nichtabziehbare Aufwendungen

Nichtabziehbar sind auch:

1. die Aufwendungen für die Erfüllung von Zwecken des Steuerpflichtigen, die durch Stiftungsgeschäft, Satzung oder sonstige Verfassung vorgeschrieben sind. ② § 9 Abs. 1 Nr. 2 bleibt unberührt,
2. die Steuern vom Einkommen und sonstige Personensteuern sowie die Umsatzsteuer für Umsätze, die Entnahmen oder verdeckte Gewinnausschüttungen sind, und die Vorsteuerbeträge auf Aufwendungen, für die das Abzugsverbot des § 4 Abs. 5 Satz 1 Nr. 1 bis 4 und 7 oder Abs. 7 des Einkommensteuergesetzes gilt; das gilt auch für die auf diese Steuern entfallenden Nebenleistungen,
3. [4] in einem Strafverfahren festgesetzte Geldstrafen, sonstige Rechtsfolgen vermögensrechtlicher Art, bei denen der Strafcharakter überwiegt, und Leistungen zur Erfüllung von Auflagen oder Weisungen, soweit die Auflagen oder Weisungen nicht lediglich der Wiedergutmachung des durch die Tat verursachten Schadens dienen, sowie damit zusammenhängende Aufwendungen,

---

[1] § 9 Abs. 1 Satz 8 neugefasst durch Gesetz vom 12. 12. 2019 (BGBl. I S. 2451); erstmals anzuwenden auf Mitgliedsbeiträge, die nach dem 31. 12. 2019 gezahlt werden (§ 34 Abs. 6 b).

[2] § 9 Abs. 2 neugefasst durch Gesetz vom 10. 10. 2007 (BGBl. I S. 2332); Satz 3 geändert durch Gesetz vom 20. 4. 2009 (BGBl. I S. 774); erstmals anzuwenden auf Zuwendungen, die im VZ 2007 geleistet werden.

[3] § 9 Abs. 3 Satz 2 geändert, Satz 3 eingefügt, bish. Satz 3 wird Satz 4 durch JStG 2009 vom 19. 12. 2008 (BGBl. I S. 2794) mit Wirkung ab VZ 2009; Abs. 3 Satz 2 letzter Halbsatz angefügt mit Wirkung ab VZ 2010, Sätze 3 und 4 ersetzt durch neuen Satz 3 mit Wirkung für alle noch nicht bestandskräftigen Fälle durch Gesetz vom 8. 4. 2010 (BGBl. I S. 386); Satz 2 geändert durch Gesetz vom 21. 3. 2013 (BGBl. I S. 556) mWv VZ 2013.

[4] § 10 Nr. 3 geändert durch Gesetz vom 12. 12. 2019 (BGBl. I S. 2451); erstmals anzuwenden auf nach dem 31. 12. 2018 festgesetzte Geldstrafen usw., sowie auf nach dem 31. 12. 2018 entstandene damit zusammenhängende Aufwendungen (vgl. § 34 Abs. 6 c).

4. die Hälfte der Vergütungen jeder Art, die an Mitglieder des Aufsichtsrats, Verwaltungsrats,[1] oder andere mit der Überwachung der Geschäftsführung beauftragte Personen gewährt werden.

§ 11 Auflösung und Abwicklung (Liquidation)

(1)[2] ① Wird ein unbeschränkt Steuerpflichtiger im Sinne des § 1 Abs. 1 Nr. 1 bis 3 nach der Auflösung abgewickelt, so ist der im Zeitraum der Abwicklung erzielte Gewinn der Besteuerung zugrunde zu legen. ② Der Besteuerungszeitraum soll drei Jahre nicht übersteigen.

(2) Zur Ermittlung des Gewinns im Sinne des Absatzes 1 ist das Abwicklungs-Endvermögen dem Abwicklungs-Anfangsvermögen gegenüberzustellen.

(3) Abwicklungs-Endvermögen ist das zur Verteilung kommende Vermögen, vermindert um die steuerfreien Vermögensmehrungen, die dem Steuerpflichtigen in dem Abwicklungszeitraum zugeflossen sind.

(4) ① Abwicklungs Anfangsvermögen ist das Betriebsvermögen, das am Schluss des der Auflösung vorangegangenen Wirtschaftsjahrs der Veranlagung zur Körperschaftsteuer zugrunde gelegt worden ist. ② Ist für den vorangegangenen Veranlagungszeitraum eine Veranlagung nicht durchgeführt worden, so ist das Betriebsvermögen anzusetzen, das im Falle einer Veranlagung nach den steuerrechtlichen Vorschriften über die Gewinnermittlung auszuweisen gewesen wäre. ③ Das Abwicklungs-Anfangsvermögen ist um den Gewinn eines vorangegangenen Wirtschaftsjahrs zu kürzen, der im Abwicklungszeitraum ausgeschüttet worden ist.

(5) War am Schluss des vorangegangenen Veranlagungszeitraums Betriebsvermögen nicht vorhanden, so gilt als Abwicklungs-Anfangsvermögen die Summe der später geleisteten Einlagen.

(6) Auf die Gewinnermittlung sind im Übrigen die sonst geltenden Vorschriften anzuwenden.

(7)[2] Unterbleibt eine Abwicklung, weil über das Vermögen des unbeschränkt Steuerpflichtigen im Sinne des § 1 Abs. 1 Nr. 1 bis 3 das Insolvenzverfahren eröffnet worden ist, sind die Absätze 1 bis 6 sinngemäß anzuwenden.

§ 12[3] Entstrickungs- und Wegzugsbesteuerung

(1)[4] ① Wird bei der Körperschaft, Personenvereinigung oder Vermögensmasse das Besteuerungsrecht der Bundesrepublik Deutschland hinsichtlich des Gewinns aus der Veräußerung oder der Nutzung eines Wirtschaftsguts ausgeschlossen oder beschränkt, gilt dies als Veräußerung oder Überlassung des Wirtschaftsguts zum gemeinen Wert; § 4 Absatz 1 Satz 5, § 4 g und § 15 Abs. 1 a des Einkommensteuergesetzes gelten entsprechend. ② Ein Ausschluss oder eine Beschränkung des Besteuerungsrechts hinsichtlich des Gewinns aus der Veräußerung eines Wirtschaftsguts liegt insbesondere vor, wenn ein bisher einer inländischen Betriebsstätte einer Körperschaft, Personenvereinigung oder Vermögensmasse zuzuordnendes Wirtschaftsgut einer ausländischen Betriebsstätte dieser Körperschaft, Personenvereinigung oder Vermögensmasse zuzuordnen ist. ③ Entfällt die Beschränkung des Besteuerungsrechts der Bundesrepublik Deutschland hinsichtlich des Gewinns aus der Veräußerung eines Wirtschaftsguts und erfolgt in einem anderen Staat eine Besteuerung auf Grund des Ausschlusses oder der Beschränkung des Besteuerungsrechts dieses Staates hinsichtlich des Gewinns aus der Veräußerung des Wirtschaftsguts, gilt dies auf Antrag als Veräußerung und Anschaffung des Wirtschaftsguts zu dem Wert, den der andere Staat der Besteuerung zugrunde legt, höchstens zum gemeinen Wert.

(1 a)[5] § 4 Absatz 1 Satz 3 zweiter Halbsatz, Satz 8 zweiter Halbsatz, Satz 9 und Satz 10 des Einkommensteuergesetzes gilt im Fall der Begründung des Besteuerungsrechts oder des Wegfalls einer Beschränkung des Besteuerungsrechts der Bundesrepublik Deutschland hinsichtlich des Gewinns aus der Veräußerung eines Wirtschaftsguts, das der außerbetrieblichen Sphäre einer Körperschaft, Personenvereinigung oder Vermögensmasse zuzuordnen ist, entsprechend.

---

[1] § 10 Nr. 4 geändert durch Gesetz vom 12. 12. 2019 (BGBl. I S. 2451).

[2] § 11 Abs. 1 Satz 1 und Abs. 7 geändert mWv VZ 2006 durch SEStEG vom 7. 12. 2006 (BGBl. I S. 2782).

[3] § 12 neu gefasst durch SEStEG vom 7. 12. 2006 (BGBl. I S. 2782).
In dieser Fassung sind anzuwenden
– Abs. 1 und 3 erstmals für nach dem 31. Dezember 2005 endende Wj.,
– Abs. 2 erstmals auf Vorgänge, die nach dem 12. Dezember 2006 zur Eintragung in ein öffentliches Register angemeldet werden.
Überschrift des § 12 neu gefasst durch Gesetz vom 25. 6. 2021 (BGBl. I S. 2035).

[4] § 12 Abs. 1 letzter Halbsatz geändert durch JStG 2008 vom 20. 12. 2007 (BGBl. I S. 3150); erstmals anzuwenden für Wj., die nach dem 31. Dezember 2005 enden; Abs. 1 Satz 1 2. Halbsatz Zitat geändert und Satz 2 angefügt mit Wirkung für nach dem 31. 12. 2005 endende Wj. durch JStG 2010 vom 8. 12. 2010 (BGBl. I S. 1768); Satz 3 angefügt mWv VZ 2020 durch Gesetz vom 25. 6. 2021 (BGBl. I S. 2035); zur Anwendung siehe § 34 Abs. 6 d Satz 1.

[5] § 12 Abs. 1 a eingefügt mWv VZ 2020 durch Gesetz vom 25. 6. 2021 (BGBl. I S. 2035); zur Anwendung siehe § 34 Abs. 6 d Satz 1.

(2)[1] ① *Wird das Vermögen einer beschränkt steuerpflichtigen Körperschaft, Personenvereinigung oder Vermögensmasse als Ganzes auf eine andere Körperschaft desselben ausländischen Staates durch einen Vorgang übertragen, der einer Verschmelzung im Sinne des § 2 des Umwandlungsgesetzes vom 28. Oktober 1994 (BGBl. I S. 3210, 1995 I S. 428), das zuletzt durch Artikel 10 des Gesetzes vom 9. Dezember 2004 (BGBl. I S. 3214) geändert worden ist, in der jeweils geltenden Fassung vergleichbar ist, sind die übergehenden Wirtschaftsgüter abweichend von Absatz 1 mit dem Buchwert anzusetzen, soweit*

1. *sichergestellt ist, dass sie später bei der übernehmenden Körperschaft der Besteuerung mit Körperschaftsteuer unterliegen,*
2. *das Recht der Bundesrepublik Deutschland hinsichtlich der Besteuerung der übertragenen Wirtschaftsgüter bei der übernehmenden Körperschaft nicht beschränkt wird,*
3. *eine Gegenleistung nicht gewährt wird oder in Gesellschaftsrechten besteht und*
4. *wenn der übernehmende und der übertragende Rechtsträger nicht die Voraussetzungen des § 1 Abs. 2 Satz 1 und 2 des Umwandlungssteuergesetzes vom 7. Dezember 2006 (BGBl. I S. 2782, 2791)*[2] *in der jeweils geltenden Fassung erfüllen.*

② *Wird das Vermögen einer Körperschaft durch einen Vorgang im Sinne des Satzes 1 auf eine andere Körperschaft übertragen, gilt § 13 des Umwandlungssteuergesetzes für die Besteuerung der Anteilseigner der übertragenden Körperschaft entsprechend.*

(3)[3] ① *Verlegt eine Körperschaft, Vermögensmasse oder Personenvereinigung ihre Geschäftsleitung oder ihren Sitz und scheidet sie dadurch aus der unbeschränkten Steuerpflicht in einem Mitgliedstaat der Europäischen Union oder einem Staat aus, auf den das Abkommen über den Europäischen Wirtschaftsraum Anwendung findet, gilt sie als aufgelöst, und § 11 ist entsprechend anzuwenden.* ② *Gleiches gilt, wenn die Körperschaft, Vermögensmasse oder Personenvereinigung auf Grund eines Abkommens zur Vermeidung der Doppelbesteuerung infolge der Verlegung ihres Sitzes oder ihrer Geschäftleitung als außerhalb des Hoheitsgebietes der in Satz 1 genannten Staaten ansässig anzusehen ist.* ③ *An die Stelle des zur Verteilung kommenden Vermögens tritt der gemeine Wert des vorhandenen Vermögens.* ④ *Dieser Absatz ist mit der Maßgabe anzuwenden, dass allein der Austritt des Vereinigten Königreichs Großbritannien und Nordirland aus der Europäischen Union nicht dazu führt, dass eine Körperschaft, Vermögensmasse oder Personenvereinigung dadurch als aus der unbeschänkten Steuerpflicht in einem Mitgliedstaat der Europäischen Union ausgeschieden gilt oder als außerhalb der Europäischen Union ansässig anzusehen ist.*

(4)[4] *(aufgehoben)*

§ 13 Beginn und Erlöschen einer Steuerbefreiung

(1) Wird eine steuerpflichtige Körperschaft, Personenvereinigung oder Vermögensmasse von der Körperschaftsteuer befreit, so hat sie auf den Zeitpunkt, in dem die Steuerpflicht endet, eine Schlussbilanz aufzustellen.

(2) Wird eine von der Körperschaftsteuer befreite Körperschaft, Personenvereinigung oder Vermögensmasse steuerpflichtig und ermittelt sie ihren Gewinn durch Betriebsvermögensvergleich, so hat sie auf den Zeitpunkt, in dem die Steuerpflicht beginnt, eine Anfangsbilanz aufzustellen.

(3)[5] In der Schlussbilanz im Sinne des Absatzes 1 und in der Anfangsbilanz im Sinne des Absatzes 2 sind die Wirtschaftsgüter vorbehaltlich des Absatzes 4 mit den Teilwerten anzusetzen.

(4)[6] ① Beginnt die Steuerbefreiung auf Grund des § 5 Abs. 1 Nr. 9, sind die Wirtschaftsgüter, die der Förderung steuerbegünstigter Zwecke im Sinne der §§ 52 bis 54 der Abgabenordnung dienen, in der Schlussbilanz mit den Buchwerten anzusetzen. ② Erlischt die Steuerbefreiung, so ist in der Anfangsbilanz für die in Satz 1 bezeichneten Wirtschaftsgüter der Wert anzusetzen, der sich bei ununterbrochener Steuerpflicht nach den Vorschriften über die steuerliche Gewinnermittlung ergeben würde.

(5) Beginnt oder erlischt die Steuerbefreiung nur teilweise, so gelten die Absätze 1 bis 4 für den entsprechenden Teil des Betriebsvermögens.

(6) ① Gehören Anteile an einer Kapitalgesellschaft nicht zu dem Betriebsvermögen der Körperschaft, Personenvereinigung oder Vermögensmasse, die von der Körperschaftsteuer befreit wird, so ist § 17 des Einkommensteuergesetzes auch ohne Veräußerung anzuwenden, wenn die übrigen Voraussetzungen dieser Vorschrift in dem Zeitpunkt erfüllt sind, in dem die Steuerpflicht endet. ② Als Veräußerungspreis gilt der gemeine Wert der Anteile. ③ Im Falle des Beginns der Steuerpflicht gilt der gemeine Wert der Anteile als Anschaffungskosten der Anteile. ④ Die Sätze 1 und 2 gelten nicht in den Fällen des Absatzes 4 Satz 1.

---

[1] § 12 Abs. 2 aufgehoben **mWv VZ 2022** durch Gesetz vom 25. 6. 2021 (BGBl. I S. 2050); zur letztmaligen Anwendung siehe § 34 Abs. 6 d Satz 2.

[2] Neue Fassung des UmwStG, abgedruckt im **Anhang I 2.**

[3] § 12 Abs. 3 Satz 4 und Abs. 4 eingefügt durch Brexit-StBG vom 25. 3. 2019 (BGBl. I S. 357); § 12 Abs. 3 aufgehoben **mWv VZ 2022** durch Gesetz vom 25. 6. 2021 (BGBl. I S. 2050).

[4] § 12 Abs. 4 aufgehoben durch Gesetz vom 25. 6. 2021 (BGBl. I S. 2056); zur letztmaligen Anwendung siehe § 34 Abs. 6 d Satz 3.

[5] § 13 Abs. 3 Sätze 2 bis 11 aufgehoben durch JStG 2010 vom 8. 12. 2010 (BGBl. I S. 1768) und letztmals anzuwenden für Wj., die vor dem 1. 1. 2011 enden. Abs. 3 vollständig abgedruckt letztmals im „Körperschaftsteuer-Handbuch 2011".

[6] § 13 Abs. 4 Satz 1 redaktionell geändert durch Gesetz vom 12. 12. 2019 (BGBl. I S. 2451).

Zweites Kapitel. Sondervorschriften für die Organschaft

§ 14 Aktiengesellschaft oder Kommanditgesellschaft auf Aktien als Organgesellschaft

(1)[1, 2] ① Verpflichtet sich eine Europäische Gesellschaft, Aktiengesellschaft oder Kommanditgesellschaft auf Aktien mit Geschäftsleitung im Inland und Sitz in einem Mitgliedstaat der Europäischen Union oder in einem Vertragsstaat des EWR-Abkommens (Organgesellschaft) durch einen Gewinnabführungsvertrag im Sinne des § 291 Abs. 1 des Aktiengesetzes, ihren ganzen Gewinn an ein einziges anderes gewerbliches Unternehmen abzuführen, ist das Einkommen der Organgesellschaft, soweit sich aus § 16 nichts anderes ergibt, dem Träger des Unternehmens (Organträger) zuzurechnen, wenn die folgenden Voraussetzungen erfüllt sind:

1. ① Der Organträger muss an der Organgesellschaft vom Beginn ihres Wirtschaftsjahrs an ununterbrochen in einem solchen Maße beteiligt sein, dass ihm die Mehrheit der Stimmrechte aus den Anteilen an der Organgesellschaft zusteht (finanzielle Eingliederung). ② Mittelbare Beteiligungen sind zu berücksichtigen, wenn die Beteiligung an jeder vermittelnden Gesellschaft die Mehrheit der Stimmrechte gewährt.

2.[3] ① Organträger muss eine natürliche Person oder eine nicht von der Körperschaftsteuer befreite Körperschaft, Personenvereinigung oder Vermögensmasse sein. ② Organträger kann auch eine Personengesellschaft im Sinne des § 15 Absatz 1 Satz 1 Nummer 2 des Einkommensteuergesetzes sein, wenn sie eine Tätigkeit im Sinne des § 15 Absatz 1 Satz 1 Nummer 1 des Einkommensteuergesetzes ausübt. ③ Die Voraussetzung der Nummer 1 muss im Verhältnis zur Personengesellschaft selbst erfüllt sein. ④ Die Beteiligung im Sinne der Nummer 1 an der Organgesellschaft oder, bei mittelbarer Beteiligung an der Organgesellschaft, die Beteiligung im Sinne der Nummer 1 an der vermittelnden Gesellschaft, muss ununterbrochen während der gesamten Dauer der Organschaft einer inländischen Betriebsstätte im Sinne des § 12 der Abgabenordnung des Organträgers zuzuordnen sein. ⑤ Ist der Organträger mittelbar über eine oder mehrere Personengesellschaften an der Organgesellschaft beteiligt, gilt Satz 4 sinngemäß. ⑥ Das Einkommen der Organgesellschaft ist der inländischen Betriebsstätte des Organträgers zuzurechnen, der die Beteiligung im Sinne der Nummer 1 an der Organgesellschaft oder, bei mittelbarer Beteiligung an der Organgesellschaft, die Beteiligung im Sinne der Nummer 1 an der vermittelnden Gesellschaft zuzuordnen ist. ⑦ Eine inländische Betriebsstätte im Sinne der vorstehenden Sätze ist nur gegeben, wenn die dieser Betriebsstätte zuzurechnenden Einkünfte sowohl nach innerstaatlichem Steuerrecht als auch nach einem anzuwendenden Abkommen zur Vermeidung der Doppelbesteuerung der inländischen Besteuerung unterliegen.

3.[3] ① Der Gewinnabführungsvertrag muss auf mindestens fünf Jahre abgeschlossen und während seiner gesamten Geltungsdauer durchgeführt werden. ② Eine vorzeitige Beendigung des Vertrags durch Kündigung ist unschädlich, wenn ein wichtiger Grund die Kündigung rechtfertigt. ③ Die Kündigung oder Aufhebung des Gewinnabführungsvertrags auf einen Zeitpunkt während des Wirtschaftsjahrs der Organgesellschaft wirkt auf den Beginn dieses Wirtschaftsjahrs zurück. ④ Der Gewinnabführungsvertrag gilt auch als durchgeführt, wenn der abgeführte Gewinn oder ausgeglichene Verlust auf einem Jahresabschluss beruht, der fehlerhafte Bilanzansätze enthält, sofern
   a) der Jahresabschluss wirksam festgestellt ist,
   b) die Fehlerhaftigkeit bei Erstellung des Jahresabschlusses unter Anwendung der Sorgfalt eines ordentlichen Kaufmanns nicht hätte erkannt werden müssen und
   c) ein von der Finanzverwaltung beanstandeter Fehler spätestens in dem nächsten nach dem Zeitpunkt der Beanstandung des Fehlers aufzustellenden Jahresabschluss der Organgesellschaft und des Organträgers korrigiert und das Ergebnis entsprechend abgeführt oder ausgeglichen wird, soweit es sich um einen Fehler handelt, der in der Handelsbilanz zu korrigieren ist.

   ⑤ Die Voraussetzung des Satzes 4 Buchstabe b gilt bei Vorliegen eines uneingeschränkten Bestätigungsvermerks nach § 322 Absatz 3 des Handelsgesetzbuchs zum Jahresabschluss, zu einem Konzernabschluss, in den der handelsrechtliche Jahresabschluss einbezogen worden ist, oder über die freiwillige Prüfung des Jahresabschlusses oder der Bescheinigung eines Steuerberaters oder Wirtschaftsprüfers über die Erstellung eines Jahresabschlusses mit umfassenden Beurteilungen als erfüllt.

---

[1] § 14 Abs. 1 Nrn. 2 und 3 neu gefasst mWv VZ 2003 durch StVergAbG vom 16. 5. 2003 (BGBl. I S. 660); Abs. 1 Satz 1 geändert mWv VZ 2006 durch SEStEG vom 7. 12. 2006 (BGBl. I S. 2782).

[2] § 14 Abs. 1 Satz 1 (erster Halbsatz) geändert, Nr. 2 neugefasst, Nr. 3 Sätze 4 und 5 angefügt durch Gesetz vom 20. 2. 2013 (BGBl. I S. 285). In dieser Fassung sind Abs. 1 Satz 1 erster Halbsatz und Nr. 3 in allen noch nicht bestandskräftig veranlagten Fällen anzuwenden, Nr. 2 mit Wirkung ab VZ 2012.

[3] § 14 Abs. 1 Satz 1 Nr. 2 neugefasst, Nr. 3 Sätze 4 und 5 angefügt durch Gesetz vom 20. 2. 2013 (BGBl. I S. 285). In dieser Fassung sind Abs. 1 Satz 1 erster Halbsatz und Nr. 3 in allen noch nicht bestandskräftig veranlagten Fällen anzuwenden, Nr. 2 mit Wirkung ab VZ 2012.

4. Die Organgesellschaft darf Beträge aus dem Jahresüberschuss nur insoweit in die Gewinnrücklagen (§ 272 Abs. 3 des Handelsgesetzbuchs) mit Ausnahme der gesetzlichen Rücklagen einstellen, als dies bei vernünftiger kaufmännischer Beurteilung wirtschaftlich begründet ist.
5.[1] Negative Einkünfte des Organträgers oder der Organgesellschaft bleiben bei der inländischen Besteuerung unberücksichtigt, soweit sie in einem ausländischen Staat im Rahmen der Besteuerung des Organträgers, der Organgesellschaft oder einer anderen Person berücksichtigt werden.

② [2] Das Einkommen der Organgesellschaft ist dem Organträger erstmals für das Kalenderjahr zuzurechnen, in dem das Wirtschaftsjahr der Organgesellschaft endet, in dem der Gewinnabführungsvertrag wirksam wird.

(2)[3] ① Der ganze Gewinn gilt auch dann als abgeführt im Sinne des Absatzes 1 Satz 1, wenn über den mindestens zugesicherten Betrag im Sinne des § 304 Absatz 2 Satz 1 des Aktiengesetzes hinausgehende Ausgleichszahlungen vereinbart und geleistet werden. ② Dies gilt nur, wenn die Ausgleichszahlungen insgesamt den dem Anteil am gezeichneten Kapital entsprechenden Gewinnanteil des Wirtschaftsjahres nicht überschreiten, der ohne Gewinnabführungsvertrag hätte geleistet werden können. ③ Der über den Mindestbetrag nach § 304 Absatz 2 Satz 1 des Aktiengesetzes hinausgehende Betrag muss nach vernünftiger kaufmännischer Beurteilung wirtschaftlich begründet sein.

(3)[4] ① Mehrabführungen, die ihre Ursache in vororganschaftlicher Zeit haben, gelten als Gewinnausschüttungen der Organgesellschaft an den Organträger. ② Minderabführungen, die ihre Ursache in vororganschaftlicher Zeit haben, sind als Einlage durch den Organträger in die Organgesellschaft zu behandeln. ③ Mehrabführungen nach Satz 1 und Minderabführungen nach Satz 2 gelten in dem Zeitpunkt als erfolgt, in dem das Wirtschaftsjahr der Organgesellschaft endet. ④ Der Teilwertansatz nach § 13 Abs. 3 Satz 1 ist der vororganschaftlichen Zeit zuzurechnen.

[Fassung bis VZ 2021:[5]]

(4) ① Für Minder- und Mehrabführungen, die ihre Ursache in organschaftlicher Zeit haben, ist in der Steuerbilanz des Organträgers ein besonderer aktiver oder passiver Ausgleichsposten in Höhe des Betrags zu bilden, der dem Verhältnis der Beteiligung des Organträgers am Nennkapital der Organgesellschaft entspricht. ② Im Zeitpunkt der Veräußerung der Organbeteiligung sind die besonderen Ausgleichsposten aufzulösen. ③ Dadurch erhöht oder verringert sich das Einkommen des Organträgers. ④ § 3 Nr. 40, § 3c Abs. 2 des Einkommensteuergesetzes und § 8b dieses Gesetzes sind anzuwenden. ⑤ Der Veräußerung gleichgestellt sind insbesondere die Umwandlung der Organgesellschaft auf eine Personengesellschaft oder eine natürliche Person, die verdeckte Einlage der Beteiligung an der Organgesellschaft und die Auflösung der Organgesellschaft. ⑥ Minder- oder Mehrabführungen im Sinne des Satzes 1 liegen insbesondere vor, wenn der an den Organträger abgeführte Gewinn von dem Steuerbilanzgewinn der Organgesellschaft abweicht und diese Abweichung in organschaftlicher Zeit verursacht ist.

[Fassung ab VZ 2022:[6]]

(4) ① Minderabführungen der Organgesellschaft, die ihre Ursache in organschaftlicher Zeit haben, sind als Einlage durch den Organträger in die Organgesellschaft zu behandeln. ② Mehrabführungen der Organgesellschaft, die ihre Ursache in organschaftlicher Zeit haben, gelten als Einlagenrückgewähr der Organgesellschaft an den Organträger. ③ Minder- oder Mehrabführungen im Sinne der Sätze 1 und 2 liegen insbesondere vor, wenn der an den Organträger abgeführte Gewinn von dem Steuerbilanzgewinn der Organgesellschaft abweicht und diese Abweichung in organschaftlicher Zeit verursacht ist. ④ Minder- und Mehrabführungen nach den Sätzen 1 und 2 gelten in dem Zeitpunkt als erfolgt, in dem das Wirtschaftsjahr der Organgesellschaft endet.

(5)[7] ① Das dem Organträger zuzurechnende Einkommen der Organgesellschaft und damit zusammenhängende andere Besteuerungsgrundlagen werden gegenüber dem Organträger und der Organgesellschaft gesondert und einheitlich festgestellt. ② Die Feststellungen nach Satz 1 sind für die Besteuerung des Einkommens des Organträgers und der Organgesellschaft bindend. ③ Die

---

[1] § 14 Abs. 1 Satz 1 Nr. 5 neugefasst durch Gesetz vom 20. 2. 2013 (BGBl. I S. 285). In dieser Fassung anzuwenden in allen noch nicht bestandskräftig veranlagten Fällen.
[2] § 14 Abs. 1 Satz 2 eingefügt durch StVergAbG vom 16. 5. 2003 (BGBl. I S. 660).
[3] § 14 Abs. 2 eingefügt durch Gesetz vom 11. 12. 2018 (BGBl. I S. 2338) und anzuwenden auch für VZ vor 2017. Zur Anwendung siehe umfassend § 34 Abs. 6 e.
[4] § 14 Abs. 3 eingefügt durch EURLUmsG vom 9. 12. 2004 (BGBl. I S. 3310).
[5] § 14 Abs. 4 eingefügt durch JStG 2008 vom 20. 12. 2007 (BGBl. I S. 3150), anzuwenden für VZ auch vor 2008.
[6] § 14 Abs. 4 neu gefasst **mWv VZ 2022** durch Gesetz vom 25. 6. 2021 (BGBl. I S. 2050); zur Anwendung siehe § 34 Abs. 6 e Sätze 5 bis 16.
[7] § 14 Abs. 5 angefügt durch Gesetz vom 20. 2. 2013 (BGBl. I S. 285); erstmals anzuwenden für Feststellungszeiträume, die nach dem 31. Dezember 2013 beginnen.

Sätze 1 und 2 gelten entsprechend für von der Organgesellschaft geleistete Steuern, die auf die Steuer des Organträgers anzurechnen sind. ④ Zuständig für diese Feststellungen ist das Finanzamt, das für die Besteuerung nach dem Einkommen der Organgesellschaft zuständig ist. ⑤ Die Erklärung zu den gesonderten und einheitlichen Feststellungen nach den Sätzen 1 und 3 soll mit der Körperschaftsteuererklärung der Organgesellschaft verbunden werden.

§ 15[1] Ermittlung des Einkommens bei Organschaft

① Bei der Ermittlung des Einkommens bei Organschaft gilt abweichend von den allgemeinen Vorschriften Folgendes:

1.[2] ① Ein Verlustabzug im Sinne des § 10 d des Einkommensteuergesetzes ist bei der Organgesellschaft nicht zulässig. ② Satz 1 steht einer Anwendung von § 3 a des Einkommensteuergesetzes nicht entgegen. ③ Der für § 3 c Absatz 4 Satz 4 des Einkommensteuergesetzes maßgebende Betrag ist der sich nach Anwendung von Nummer 1 a ergebende verminderte Sanierungsertrag.

1 a.[2] ① Auf einen sich nach § 3 a Absatz 3 Satz 4 des Einkommensteuergesetzes ergebenden verbleibenden Sanierungsertrag einer Organgesellschaft ist § 3 a Absatz 3 Satz 2, 3 und 5 des Einkommensteuergesetzes beim Organträger anzuwenden. ② Wird der Gewinn des Organträgers gesondert und einheitlich festgestellt, gilt § 3 a Absatz 4 des Einkommensteuergesetzes entsprechend. ③ Die Sätze 1 und 2 gelten auch, wenn die Voraussetzungen des § 14 Absatz 1 im Sanierungsjahr nicht vorliegen und das Einkommen der Organgesellschaft in einem innerhalb der letzten fünf Jahre vor dem Sanierungsjahr liegenden Veranlagungszeitraum dem Organträger gemäß § 14 Absatz 1 Satz 1 zugerechnet worden ist.

2.[3] ① § 8 b Absatz 1 bis 6 dieses Gesetzes sowie § 4 Absatz 6 und § 12 Absatz 2 Satz 1 des Umwandlungssteuergesetzes sind bei der Organgesellschaft nicht anzuwenden. ② Sind in dem dem Organträger zugerechneten Einkommen Bezüge, Gewinne oder Gewinnminderungen im Sinne des § 8 b Absatz 1 bis 3 dieses Gesetzes oder mit solchen Beträgen zusammenhängende Ausgaben im Sinne des § 3 c Absatz 2 des Einkommensteuergesetzes, ein Übernahmeverlust im Sinne des § 4 Absatz 6 des Umwandlungssteuergesetzes oder ein Gewinn oder Verlust im Sinne des § 12 Absatz 2 Satz 1 des Umwandlungssteuergesetzes enthalten, sind § 8 b dieses Gesetzes, § 4 Absatz 6 und § 12 Absatz 2 des Umwandlungssteuergesetzes sowie § 3 Nummer 40 und § 3 c Absatz 2 des Einkommensteuergesetzes bei der Ermittlung des Einkommens des Organträgers anzuwenden; in den Fällen des § 12 Absatz 2 Satz 2 des Umwandlungssteuergesetzes sind neben § 8 b dieses Gesetzes auch § 3 Nummer 40 und § 3 c Absatz 2 des Einkommensteuergesetzes entsprechend anzuwenden. ③ [4] Satz 2 gilt nicht, soweit bei der Organgesellschaft § 8 b Abs. 7, 8 oder 10 anzuwenden ist. ④ [5] Für die Anwendung der Beteiligungsgrenze im Sinne des § 8 b Absatz 4 in der Fassung des Artikels 1 des Gesetzes vom 21. März 2013 (BGBl. I S. 561) werden Beteiligungen der Organgesellschaft und Beteiligungen des Organträgers getrennt betrachtet.

2 a.[6] ① § 20 Absatz 1 Satz 1 bis 3 und Absatz 2 bis 4, die §§ 21, 30 Absatz 2, die §§ 42 und 43 Absatz 3, § 44 sowie § 49 Absatz 1 des Investmentsteuergesetzes sind bei der Organgesellschaft nicht anzuwenden. ② Sind in dem dem Organträger zugerechneten Einkommen Erträge im Sinne des § 16 oder § 34 des Investmentsteuergesetzes oder mit solchen Erträgen zusammenhängende Betriebsvermögensminderungen, Betriebsausgaben oder Veräußerungskosten im Sinne des § 21 oder des § 44 des Investmentsteuergesetzes enthalten, sind die §§ 20, 21, 30 Absatz 2, die §§ 42, 43 Absatz 3, § 44 sowie § 49 Absatz 1 des Investmentsteuergesetzes bei der Ermittlung des Einkommens des Organträgers anzuwenden. ③ Für Zwecke des Satzes 2 gilt der Organträger als Anleger im Sinne des § 2 Absatz 10 des Investmentsteuergesetzes. ④ Die bloße Begründung oder Beendigung einer Organschaft nach § 14 Absatz 1 Satz 1 führt nicht zu einer Veräußerung nach § 22 Absatz 1 des Investmentsteuergesetzes. ⑤ Die Sätze 1 bis 4 gelten nicht, soweit die Organgesellschaft die Voraussetzungen des § 20 Absatz 1 Satz 4 oder des § 30 Absatz 3 des Investmentsteuergesetzes erfüllt. ⑥ Für die Anwendung der Beteiligungsgrenze im Sinne des § 30 Absatz 2 Nummer 2 des Investmentsteuergesetzes werden Beteiligungen der Organgesellschaft und Beteiligungen des Organträgers getrennt betrachtet.

---

[1] § 15 neu gefasst durch StVergAbG vom 16. 5. 2003 (BGBl. I S. 660) mit Wirkung ab VZ 2003.

[2] § 15 Satz 1 Nr. 1 Sätze 2 und 3 und Nr. 1 a eingefügt durch Gesetz vom 27. 6. 2017 (BGBl. I S. 2074) mit Wirkung zum VZ 2017.

Zur Anwendung von Nr. 1 Satz 2 und 3 und Nr. 1 a auf Antrag für VZ auch vor 2017 siehe § 34 Abs. 3 d.

[3] § 15 Satz 1 Nr. 2 neu gefasst durch SEStEG vom 7. 12. 2006 (BGBl. I S. 2782) mWv VZ 2006; § 15 Satz 1 Nr. 2 Satz 1 und 2 neugefasst durch Gesetz vom 12. 12. 2019 (BGBl. I S. 2451); erstmals anzuwenden auf Umwandlungen, bei denen die Anmeldung zur Eintragung in das für die Wirksamkeit des jeweiligen Vorgangs maßgebende öffentliche Register nach dem 12. 12. 2019 erfolgt ist (§ 34 Abs. 6 g).

[4] § 15 Satz 1 Nr. 2 Satz 3 angefügt durch JStG 2009 vom 19. 12. 2008 (BGBl. I S. 2794) mit Wirkung ab VZ 2009.

[5] § 15 Satz 1 Nr. 2 Satz 4 angefügt durch Gesetz vom 21. 3. 2013 (BGBl. I S. 561).

[6] § 15 Satz 1 Nr. 2 a eingefügt und Sätze 3 und 4 angefügt durch Gesetz vom 11. 12. 2018 (BGBl. I S. 2338) mit Wirkung erstmals für den VZ 2018 (§ 34 Abs. 6 f).

3.[1] ① § 4h des Einkommensteuergesetzes ist bei der Organgesellschaft nicht anzuwenden. ② Organträger und Organgesellschaften gelten als ein Betrieb im Sinne des § 4h des Einkommensteuergesetzes. ③ Sind in dem dem Organträger zugerechneten Einkommen der Organgesellschaften Zinsaufwendungen und Zinserträge im Sinne des § 4h Abs. 3 des Einkommensteuergesetzes enthalten, sind diese bei Anwendung des § 4h Abs. 1 des Einkommensteuergesetzes beim Organträger einzubeziehen.

4.[2] ① § 8 Abs. 3 Satz 2 und Abs. 7 ist bei der Organgesellschaft auf Dauerverlustgeschäfte im Sinne des § 8 Abs. 7 Satz 2 nicht anzuwenden. ② Sind in dem dem Organträger zugerechneten Einkommen Verluste aus Dauerverlustgeschäften im Sinne des § 8 Abs. 7 Satz 2 enthalten, ist § 8 Abs. 3 Satz 2 und Abs. 7 bei der Ermittlung des Einkommens des Organträgers anzuwenden.

5.[3] ① § 8 Abs. 9 ist bei der Organgesellschaft nicht anzuwenden. ② Sind in dem dem Organträger zugerechneten Einkommen Einkommen einer Kapitalgesellschaft enthalten, auf die § 8 Abs. 7 Satz 1 Nr. 2 anzuwenden ist, ist § 8 Abs. 9 bei der Ermittlung des Einkommens des Organträgers anzuwenden.

② Nummer 2 gilt entsprechend für Gewinnanteile aus der Beteiligung an einer ausländischen Gesellschaft, die nach den Vorschriften eines Abkommens zur Vermeidung der Doppelbesteuerung von der Besteuerung auszunehmen sind. ③ Bei Anwendung des Satzes 2 finden § 16 Absatz 4 sowie § 43 Absatz 1 Satz 3 des Investmentsteuergesetzes beim Organträger Anwendung. ④ Für Zwecke des Satzes 3 gilt der Organträger als Anleger im Sinne des § 2 Absatz 10 des Investmentsteuergesetzes.[4]

§ 16 Ausgleichszahlungen

① Die Organgesellschaft hat ihr Einkommen in Höhe von $^{20}/_{17}$[5] der geleisteten Ausgleichszahlungen selbst zu versteuern. ② Ist die Verpflichtung zum Ausgleich vom Organträger erfüllt worden, so hat die Organgesellschaft $^{20}/_{17}$[5] der geleisteten Ausgleichszahlungen anstelle des Organträgers zu versteuern.

§ 17 Andere Kapitalgesellschaften als Organgesellschaft

(1)[6] ①[7] Die §§ 14 bis 16 gelten entsprechend, wenn eine andere als die in § 14 Absatz 1 Satz 1 bezeichnete Kapitalgesellschaft mit Geschäftsleitung im Inland und Sitz in einem Mitgliedstaat der Europäischen Union oder in einem Vertragsstaat des EWR-Abkommens sich wirksam verpflichtet, ihren ganzen Gewinn an ein anderes Unternehmen im Sinne des § 14 abzuführen. ② Weitere Voraussetzung ist, dass

1. eine Gewinnabführung den in § 301 des Aktiengesetzes genannten Betrag nicht überschreitet und
2.[8, 9] eine Verlustübernahme durch Verweis auf die Vorschriften des § 302 des Aktiengesetzes in seiner jeweils gültigen Fassung vereinbart wird.

(2)[6] Für die Anwendung des Absatzes 1 Satz 2 Nummer 2 gilt § 34 Absatz 10b in der Fassung des Artikels 12 des Gesetzes vom 18. Dezember 2013 (BGBl. I S. 4318) entsprechend fort.[10]

§ 18[11] *(aufgehoben)*

---

[1] § 15 Satz 1 Nr. 3 eingefügt durch Gesetz vom 14. 8. 2007 (BGBl. I S. 1912). Erstmals anzuwenden für Wj., die nach dem 25. Mai 2007 beginnen und nicht vor dem 1. Januar 2008 enden.

[2] § 15 Satz 1 Nr. 4 eingefügt durch JStG 2009 vom 19. 12. 2008 (BGBl. I S. 2794) mit Wirkung für VZ auch vor 2009.

[3] § 15 Satz 1 Nr. 5 eingefügt durch JStG 2009 vom 19. 12. 2008 (BGBl. I S. 2794) mit Wirkung für VZ auch vor 2009.

[4] § 15 Sätze 3 und 4 angefügt durch Gesetz vom 11. 12. 2018 (BGBl. I S. 2338) mit Wirkung erstmals für den VZ 2018 (§ 34 Abs. 6 e).

[5] § 16 Bruch geändert durch Gesetz vom 14. 8. 2007 (BGBl. I S. 1912) mit Wirkung ab VZ 2008.

[6] § 17 bisherige Fassung wird Abs. 1, Abs. 2 angefügt durch Gesetz vom 25. 7. 2014 (BGBl. I S. 1266); Abs. 2 betrifft VZ vor 2015.

[7] § 17 Satz 1 geändert durch Gesetz vom 20. 2. 2013 (BGBl. I S. 285) mit Wirkung für alle noch nicht bestandskräftig veranlagten Fälle.

[8] § 17 Satz 2 Nr. 2 i. d. F. der Bekanntmachung v. 15. 10. 2002 zuletzt abgedruckt im „Handbuch zur Körperschaftsteuerveranlagung 2015".

[9] § 17 Satz 2 Nr. 2 neu gefasst durch Gesetz vom 20. 2. 2013 (BGBl. I S. 285). Erstmals anzuwenden auf Gewinnabführungsverträge, die nach dem 26. 2. 2013 abgeschlossen werden, vgl. § 34 Abs. 10 b a. F., nachstehend abgedruckt in Fußnote 10.

[10] **Wortlaut des § 34 Abs. 10 b a. F.:** ① § 17 Satz 2 Nummer 2 in der Fassung des Artikels 2 des Gesetzes vom 20. Februar 2013 (BGBl. I S. 285) ist erstmals auf Gewinnabführungsverträge anzuwenden, die nach dem Tag des Inkrafttretens dieses Gesetzes abgeschlossen oder geändert werden. ② Enthält ein Gewinnabführungsvertrag, der vor diesem Zeitpunkt wirksam abgeschlossen wurde, keinen den Anforderungen des § 17 Satz 2 Nummer 2 in der Fassung der Bekanntmachung vom 15. Oktober 2002 (BGBl. I S. 4144), das zuletzt durch Artikel 4 des Gesetzes vom 7. Dezember 2011 (BGBl. I S. 2592) geändert worden ist, entsprechenden Verweis auf § 302 des Aktiengesetzes, steht dies der Anwendung der §§ 14 bis 16 für Veranlagungszeiträume, die vor dem 1. Januar 2015 enden, nicht entgegen, wenn eine Verlustübernahme entsprechend § 302 des Aktiengesetzes tatsächlich erfolgt ist und eine Verlustübernahme entsprechend § 17 Satz 2 Nummer 2 in der Fassung des Artikels 2 des Gesetzes vom 20. Februar 2013 (BGBl. I S. 285) bis zum Ablauf des 31. Dezember 2014 wirksam vereinbart wird. ③ Für die Anwendung des Satzes 2 ist die Vereinbarung einer Verlustübernahme entsprechend § 17 Satz 2 Nummer 2 in der Fassung des Artikels 2 des Gesetzes vom 20. Februar 2013 (BGBl. I S. 285) nicht erforderlich, wenn die steuerliche Organschaft vor dem 1. Januar 2015 beendet wurde. ④ Die Änderung im Sinne des Satzes 2 eines bestehenden Gewinnabführungsvertrags gilt für die Anwendung des § 14 Absatz 1 Satz 1 Nummer 3 nicht als Neuabschluss.

[11] § 18 aufgehoben durch Gesetz vom 20. 2. 2013 (BGBl. I S. 285) mit Wirkung ab VZ 2012.

§ 19 Steuerabzug bei dem Organträger

(1)[1] Sind bei der Organgesellschaft die Voraussetzungen für die Anwendung besonderer Tarifvorschriften erfüllt, die einen Abzug von der Körperschaftsteuer vorsehen, und unterliegt der Organträger der unbeschränkten Körperschaftsteuerpflicht, sind diese Tarifvorschriften beim Organträger so anzuwenden, als wären die Voraussetzungen für ihre Anwendung bei ihm selbst erfüllt.

(2)[2] Unterliegt der Organträger der unbeschränkten Einkommensteuerpflicht, gilt Absatz 1 entsprechend, soweit für die Einkommensteuer gleichartige Tarifvorschriften wie für die Körperschaftsteuer bestehen.

(3)[3] Unterliegt der Organträger nicht der unbeschränkten Körperschaftsteuer- oder Einkommensteuerpflicht, gelten die Absätze 1 und 2 entsprechend, soweit die besonderen Tarifvorschriften bei beschränkt Steuerpflichtigen anwendbar sind.

(4)[3] ① Ist der Organträger eine Personengesellschaft, gelten die Absätze 1 bis 3 für die Gesellschafter der Personengesellschaft entsprechend. ② Bei jedem Gesellschafter ist der Teilbetrag abzuziehen, der dem auf den Gesellschafter entfallenden Bruchteil des dem Organträger zuzurechnenden Einkommens der Organgesellschaft entspricht.

(5) Sind in dem Einkommen der Organgesellschaft Betriebseinnahmen enthalten, die einem Steuerabzug unterlegen haben, so ist die einbehaltene Steuer auf die Körperschaftsteuer oder die Einkommensteuer des Organträgers oder, wenn der Organträger eine Personengesellschaft ist, anteilig auf die Körperschaftsteuer oder die Einkommensteuer der Gesellschafter anzurechnen.

Drittes Kapitel. Sondervorschriften für Versicherungen und Pensionsfonds[4]

§ 20 Schwankungsrückstellungen, Schadenrückstellungen

(1)[5] ① Für die Bildung der Rückstellungen zum Ausgleich des schwankenden Jahresbedarfs sind insbesondere folgende Voraussetzungen erforderlich:

1. Es muss nach den Erfahrungen in dem betreffenden Versicherungszweig mit erheblichen Schwankungen des Jahresbedarfs zu rechnen sein.
2. ① Die Schwankungen des Jahresbedarfs dürfen nicht durch die Prämien ausgeglichen werden. ② Sie müssen aus den am Bilanzstichtag bestehenden Versicherungsverträgen herrühren und dürfen nicht durch Rückversicherungen gedeckt sein.

② Auf Schwankungsrückstellungen und ähnliche Rückstellungen im Sinne des § 341 h des Handelsgesetzbuchs ist § 6 Absatz 1 Nummer 3 a Buchstabe e des Einkommensteuergesetzes nicht anzuwenden.

(2)[6] ① Bei Rückstellungen für noch nicht abgewickelte Versicherungsfälle (§ 341 g des Handelsgesetzbuchs) sind die Erfahrungen im Sinne des § 6 Abs. 1 Nr. 3 a Buchstabe a des Einkommensteuergesetzes für jeden Versicherungszweig zu berücksichtigen, für den nach aufsichtsrechtlichen Vorschriften eine gesonderte Gewinn- und Verlustrechnung aufzustellen ist. ② Die Summe der einzelbewerteten Schäden des Versicherungszweiges ist um den Betrag zu mindern (Minderungsbetrag), der wahrscheinlich insgesamt nicht zur Befriedigung der Ansprüche für die Schäden benötigt wird. ③ Für Zwecke der Sätze 1 und 2 haben die Niederlassungen der Versicherungsunternehmen im Sinne des § 341 Absatz 2 Satz 2 des Handelsgesetzbuchs die auf Grund des § 55 a des Versicherungsaufsichtsgesetzes in der am 31. Dezember 2015 geltenden Fassung erlassene Verordnung über die Berichterstattung von Versicherungsunternehmen gegenüber der Bundesanstalt für Finanzdienstleistungsaufsicht entsprechend anzuwenden.

§ 21[7] Beitragsrückerstattungen

(1) ① Aufwendungen für Beitragsrückerstattungen und Direktgutschriften, die für das selbst abgeschlossene Geschäft gewährt werden, sind abziehbar

---

[1] § 19 Abs. 1 neu gefasst durch Gesetz vom 25. 7. 2014 (BGBl. I S. 1266) mWv VZ 2012 (§ 34 Abs. 7).
[2] § 19 Abs. 2 neu gefasst durch Gesetz vom 25. 7. 2014 (BGBl. I S. 1266) mWv VZ 2012 (§ 34 Abs. 7).
[3] § 19 Abs. 3 und 4 neu gefasst durch Gesetz vom 25. 7. 2014 (BGBl. I S. 1266) mWv VZ 2012 (§ 34 Abs. 7).
[4] Überschrift des Dritten Kapitels zum Zweiten Teil geändert durch Gesetz vom 20. 12. 2016 (BGBl. I S. 3000) mit Wirkung ab VZ 2016.
[5] § 20 Abs. 1 Satz 2 angefügt, bish. Text wird Satz 1, durch JStG 2015 vom 2. 11. 2015 (BGBl. I S. 1834); in dieser Fassung ist Abs. 1 auch für VZ vor 2016 anzuwenden (§ 34 Abs. 7 a Satz 1).
[6] § 20 Abs. 2 Satz 3 angefügt durch JStG 2010 vom 8. 12. 2010 (BGBl. I S. 1768) mit Wirkung ab VZ 2010; Abs. 2 Satz 3 geändert durch Gesetz vom 1. 4. 2015 (BGBl. I S. 434) mit Wirkung ab VZ 2016 (§ 34 Abs. 7 a Satz 2).
[7] § 21 neu gefasst durch Gesetz vom 11. 12. 2018 (BGBl. I S. 2338); gemäß § 34 Abs. 8 Satz 2 anzuwenden
1. erstmals für den VZ 2019;
2. auf bis zum 30. Juni 2019 zu stellenden, unwiderruflichen Antrag bereits für den VZ 2018. Der Antrag nach Satz 1 kann nur gestellt werden, wenn es im VZ 2018 sonst zu einer Auflösung der Rückstellung für Beitragsrückerstattung nach § 21 Absatz 2 Satz 2 in der zum 31. Dezember 2017 geltenden Fassung kommen würde. *[§ 21 a. F. zuletzt im „Handbuch zur Körperschaftsteuerveranlagung 2018"].*

1. in dem nach Art der Lebensversicherung betriebenen Geschäft bis zum einem Höchstbetrag, der sich auf Grundlage des nach handelsrechtlichen Vorschriften ermittelten Jahresergebnisses für das selbst abgeschlossene Geschäft ohne Berücksichtigung eines Gewinnabführungsvertrages ermittelt. ② Diese Grundlage erhöht sich um die für Beitragsrückerstattungen und Direktgutschriften aufgewendeten Beträge, soweit die Beträge das Jahresergebnis gemindert haben. ③ Sie mindert sich um den Nettoertrag des Eigenkapitals am Beginn des Wirtschaftsjahrs. ④ Als Eigenkapital gilt das nach den Vorschriften der auf Grund des § 39 des Versicherungsaufsichtsgesetzes erlassenen Verordnungen über die Berichterstattung von Versicherungsunternehmen zu ermittelnde Eigenkapital zuzüglich 10 Prozent des ungebundenen Teils der Rückstellung für Beitragsrückerstattung. ⑤ Als Nettoertrag gilt 70 Prozent der Differenz zwischen Erträgen und Aufwendungen aus Kapitalanlagen, die anteilig auf das Eigenkapital entfallen. ⑥ Dabei sind die Kapitalanlagen auszusondern, bei denen das Anlagerisiko nicht vom Versicherungsunternehmen getragen wird. ⑦ Als Höchstbetrag mindestens abziehbar sind die Aufwendungen, die auf Grund gesetzlicher Vorschriften zu gewähren sind. ⑧ Die Sätze 1 bis 7 sind für Pensionsfonds entsprechend anzuwenden,
2. in den übrigen Versicherungsgeschäften auf Grund des versicherungstechnischen Überschusses bis zur Höhe des Überschusses, der sich aus den Beitragseinnahmen nach Abzug aller anteiligen abziehbaren und nichtabziehbaren Betriebsausgaben einschließlich der Versicherungsleistungen, Rückstellungen und Rechnungsabgrenzungsposten ergibt. ② Der Berechnung des Überschusses sind die auf das Wirtschaftsjahr entfallenden Beitragseinnahmen und Betriebsausgaben des einzelnen Versicherungszweiges aus dem selbst abgeschlossenen Geschäft für eigene Rechnung zugrunde zu legen.

② Der nach Satz 1 Nummer 1 für den Abzug maßgebliche Betrag ist in dem Verhältnis abziehbar, wie die für die Beitragsrückerstattung maßgeblichen Überschüsse am Kapitalanlageergebnis im Geltungsbereich dieses Gesetzes dem Grunde nach steuerpflichtig und nicht steuerbefreit sind. ③ Ist maßgeblicher Betrag der sich nach Satz 1 Nummer 1 Satz 7 ergebende Betrag, ist Satz 2 nur für Aufwendungen aus dem Kapitalanlageergebnis anzuwenden.

(2) § 6 Absatz 1 Nummer 3 a des Einkommensteuergesetzes ist nicht anzuwenden.

§ 21 a Deckungsrückstellungen

(1) ① § 6 Abs. 1 Nr. 3 a Buchstabe e des Einkommensteuergesetzes ist von Versicherungsunternehmen und Pensionsfonds mit der Maßgabe anzuwenden, dass Deckungsrückstellungen im Sinne des § 341 f des Handelsgesetzbuchs mit dem sich für die zugrunde liegenden Verträge aus der Bestimmung in Verbindung mit § 25 der Verordnung über die Rechnungslegung von Versicherungsunternehmen oder in Verbindung mit der auf Grund des § 240 Satz 1 Nummer 10 des Versicherungsaufsichtsgesetzes erlassenen Rechtsverordnung[1] ergebenden Höchstzinssatz oder einem niedrigeren zulässigerweise verwendeten Zinssatz abgezinst werden können. ② Für die von Schaden- und Unfallversicherungsunternehmen gebildeten Renten-Deckungsrückstellungen kann der Höchstzinssatz, der sich auf Grund der nach § 217 Satz 1 Nummer 7 des Versicherungsaufsichtsgesetzes erlassenen Rechtsverordnung[1] ergibt, oder ein niedrigerer zulässigerweise verwendeter Zinssatz zugrunde gelegt werden.

(2) Soweit die in Absatz 1 genannten versicherungsrechtlichen Bestimmungen auf Versicherungsunternehmen mit Sitz in einem anderen Mitgliedsstaat der Europäischen Union[2] oder in einem anderen Vertragsstaat des EWR-Abkommens keine Anwendung finden, können diese entsprechend verfahren.

§ 21 b[3] *(aufgehoben)*

Viertes Kapitel. Sondervorschriften für Genossenschaften

§ 22 Genossenschaftliche Rückvergütung

(1)[4] ① Rückvergütungen der Genossenschaften an ihre Mitglieder sind nur insoweit als Betriebsausgaben abziehbar, als die dafür verwendeten Beträge im Mitgliedergeschäft erwirtschaftet worden sind. ② Zur Feststellung dieser Beträge ist der Überschuss

1. bei Absatz- und Produktionsgenossenschaften im Verhältnis des Wareneinkaufs bei Mitgliedern zum gesamten Wareneinkauf,

[1] § 21 a Abs. 1 Sätze 1 und 2 geändert durch Gesetz vom 1. 4. 2015 (BGBl. I S 434), berichtigt durch Gesetz v. 2. 11. 2015 (BGBl. I S. 1834) mit Wirkung ab VZ 2016 (§ 34 Abs. 8 a).

[2] § 21 a Abs. 2 geändert durch Gesetz vom 26. 6. 2013 (BGBl. I S. 1809).

[3] § 21 b aufgehoben durch Gesetz vom 20. 12. 2016 (BGBl. I S. 3000) mit Wirkung ab VZ 2016; letztmals abgedruckt im „Handbuch zur Körperschaftsteuerveranlagung 2015".

[4] § 22 Abs. 1 Satz 1 und Satz 2 Nr. 2 redaktionell angepasst durch Gesetz vom 12. 12. 2019 (BGBl. I S. 2451).

2. bei den übrigen Genossenschaften im Verhältnis des Mitgliederumsatzes zum Gesamtumsatz

aufzuteilen. ③ Der hiernach sich ergebende Gewinn aus dem Mitgliedergeschäft bildet die obere Grenze für den Abzug. ④ Überschuss im Sinne des Satzes 2 ist das um den Gewinn aus Nebengeschäften geminderte Einkommen vor Abzug der genossenschaftlichen Rückvergütungen und des Verlustabzugs.

(2) ① Voraussetzung für den Abzug nach Absatz 1 ist, dass die genossenschaftliche Rückvergütung unter Bemessung nach der Höhe des Umsatzes zwischen den Mitgliedern und der Genossenschaft bezahlt ist und dass sie

1. auf einem durch die Satzung der Genossenschaft eingeräumten Anspruch des Mitglieds beruht oder
2. durch Beschluss der Verwaltungsorgane der Genossenschaft festgelegt und der Beschluss den Mitgliedern bekannt gegeben worden ist oder
3. in der Generalversammlung beschlossen worden ist, die den Gewinn verteilt.

② Nachzahlungen der Genossenschaft für Lieferungen oder Leistungen und Rückzahlungen von Unkostenbeiträgen sind wie genossenschaftliche Rückvergütungen zu behandeln.

Dritter Teil. Tarif; Besteuerung bei ausländischen Einkunftsteilen

§ 23 Steuersatz

(1)[1] Die Körperschaftsteuer beträgt 15 Prozent des zu versteuernden Einkommens.

(2) Wird die Einkommensteuer auf Grund der Ermächtigung des § 51 Abs. 3 des Einkommensteuergesetzes herabgesetzt oder erhöht, so ermäßigt oder erhöht sich die Körperschaftsteuer entsprechend.

§ 24[2] Freibetrag für bestimmte Körperschaften

① Vom Einkommen der steuerpflichtigen Körperschaften, Personenvereinigungen oder Vermögensmassen ist ein Freibetrag von 5000 Euro, höchstens jedoch in Höhe des Einkommens, abzuziehen. ② Satz 1 gilt nicht

1. für Körperschaften und Personenvereinigungen, deren Leistungen bei den Empfängern zu den Einnahmen im Sinne des § 20 Abs. 1 Nr. 1 oder 2 des Einkommensteuergesetzes gehören,
2. für Vereine im Sinne des § 25,
3. für Investmentfonds im Sinne des § 1 des Investmentsteuergesetzes und Spezial-Investmentfonds im Sinne des § 26 des Investmentsteuergesetzes, deren Leistungen bei den Empfängern zu den Einnahmen im Sinne des § 20 Absatz 1 Nummer 3 oder 3a des Einkommensteuergesetzes gehören.

§ 25[3] Freibetrag für Genossenschaften[4] sowie Vereine, die Land- und Forstwirtschaft betreiben

(1) ① Vom Einkommen der steuerpflichtigen Genossenschaften sowie der steuerpflichtigen Vereine, deren Tätigkeit sich auf den Betrieb der Land- und Forstwirtschaft beschränkt, ist ein Freibetrag in Höhe von 15 000 Euro, höchstens jedoch in Höhe des Einkommens, im Veranlagungszeitraum der Gründung und in den folgenden neun Veranlagungszeiträumen abzuziehen. ② Voraussetzung ist, dass

1. die Mitglieder der Genossenschaft oder dem Verein Flächen zur Nutzung oder für die Bewirtschaftung der Flächen erforderliche Gebäude überlassen und
2. a) bei Genossenschaften das Verhältnis der Summe der Werte der Geschäftsanteile des einzelnen Mitglieds zu der Summe der Werte aller Geschäftsanteile,
   b) bei Vereinen das Verhältnis des Werts des Anteils an dem Vereinsvermögen, der im Falle der Auflösung des Vereins an das einzelne Mitglied fallen würde, zu dem Wert des Vereinsvermögens

   nicht wesentlich von dem Verhältnis abweicht, in dem der Wert der von dem einzelnen Mitglied zur Nutzung überlassenen Flächen und Gebäude zu dem Wert der insgesamt zur Nutzung überlassenen Flächen und Gebäude steht.

---

[1] § 23 Abs. 1 Prozentsatz geändert durch Gesetz vom 14. 8. 2007 (BGBl. I S. 1912) mit Wirkung ab VZ 2008.

[2] § 24 Satz 1 geändert durch Gesetz vom 17. 3. 2009 (BGBl. I S. 550) mit Wirkung ab VZ 2009; Satz 2 Nr. 3 angefügt durch Gesetz vom 12. 12. 2019 (BGBl. I S. 2451) mit Wirkung ab VZ 2019 (§ 34 Abs. 8 b).

[3] § 25 Abs. 1 Satz 1 geändert durch Gesetz vom 17. 3. 2009 (BGBl. I S. 550) mit Wirkung ab VZ 2009; § 25 Abs. 2 geändert durch Gesetz vom 17. 3. 2009 (BGBl. I S. 550) mit Wirkung ab VZ 2009.

[4] § 25 Überschrift redaktionell angepasst durch Gesetz vom 12. 12. 2019 (BGBl. I S. 2451).

(2) Absatz 1 Satz 1 gilt auch für steuerpflichtige Genossenschaften sowie für steuerpflichtige Vereine, die eine gemeinschaftliche Tierhaltung im Sinne des *§ 51a des Bewertungsgesetzes* ***[ab 1. 1. 2025:*** § 13b des Einkommensteuergesetzes***]***[1] betreiben.

§ 26[2] Steuerermäßigung bei ausländischen Einkünften

(1) ① Für die Anrechnung einer der deutschen Körperschaftsteuer entsprechenden ausländischen Steuer auf die deutsche Körperschaftsteuer und für die Berücksichtigung anderer Steuerermäßigungen bei ausländischen Einkünften gelten vorbehaltlich des Satzes 2 und des Absatzes 2 die folgenden Bestimmungen entsprechend:

1. bei unbeschränkt Steuerpflichtigen § 34c Absatz 1 bis 3 und 5 bis 7 und § 50d Absatz 10 des Einkommensteuergesetzes sowie
2. bei beschränkt Steuerpflichtigen § 50 Absatz 3 und § 50d Absatz 10 des Einkommensteuergesetzes.

② Dabei ist auf Bezüge im Sinne des § 8b Absatz 1 Satz 1, die auf Grund des § 8b Absatz 1 Satz 2 und 3 bei der Ermittlung des Einkommens nicht außer Ansatz bleiben, vorbehaltlich des Absatzes 2 § 34c Absatz 1 bis 3 und 6 Satz 6 des Einkommensteuergesetzes entsprechend anzuwenden.

(2) ① Abweichend von § 34c Absatz 1 Satz 2 des Einkommensteuergesetzes ist die auf die ausländischen Einkünfte entfallende deutsche Körperschaftsteuer in der Weise zu ermitteln, dass die sich bei der Veranlagung des zu versteuernden Einkommens, einschließlich der ausländischen Einkünfte, ohne Anwendung der §§ 37 und 38 ergebende deutsche Körperschaftsteuer im Verhältnis dieser ausländischen Einkünfte zur Summe der Einkünfte aufgeteilt wird. ② Bei der entsprechenden Anwendung von § 34c Absatz 2 des Einkommensteuergesetzes ist die ausländische Steuer abzuziehen, soweit sie auf ausländische Einkünfte entfällt, die bei der Ermittlung der Einkünfte nicht außer Ansatz bleiben. ③ § 34c Absatz 6 Satz 3 des Einkommensteuergesetzes ist auch auf Einkünfte entsprechend anzuwenden, die auf Grund einer Verordnung oder Richtlinie der Europäischen Union in einem anderen Mitgliedstaat der Europäischen Union nicht besteuert werden.

Vierter Teil.[3] Nicht in das Nennkapital geleistete Einlagen und Entstehung und Veranlagung

§ 27 Nicht in das Nennkapital geleistete Einlagen

(1)[4] ① Die unbeschränkt steuerpflichtige Kapitalgesellschaft hat die nicht in das Nennkapital geleisteten Einlagen am Schluss jedes Wirtschaftsjahrs auf einem besonderen Konto (steuerliches Einlagekonto) auszuweisen. ② Das steuerliche Einlagekonto ist ausgehend von dem Bestand am Ende des vorangegangenen Wirtschaftsjahrs um die jeweiligen Zu- und Abgänge des Wirtschaftsjahrs fortzuschreiben. ③ Leistungen der Kapitalgesellschaft mit Ausnahme der Rückzahlung von Nennkapital im Sinne des § 28 Abs. 2 Satz 2 und 3 ***[ab VZ 2022:*** und der Mehrabführungen im Sinne des Absatzes 6***]*** mindern das steuerliche Einlagekonto unabhängig von ihrer handelsrechtlichen Einordnung nur, soweit sie den auf den Schluss des vorangegangenen Wirtschaftsjahrs ermittelten ausschüttbaren Gewinn übersteigen (Einlagenrückgewähr). ④ Der Bestand des steuerlichen Einlagekontos kann durch Leistungen nicht negativ werden; Absatz 6 bleibt unberührt. ⑤ Als ausschüttbarer Gewinn gilt das um das gezeichnete Kapital geminderte in der Steuerbilanz ausgewiesene Eigenkapital abzüglich des Bestands des steuerlichen Einlagekontos.

(2)[5] ① Der unter Berücksichtigung der Zu- und Abgänge des Wirtschaftsjahrs ermittelte Bestand des steuerlichen Einlagekontos wird gesondert festgestellt. ② Der Bescheid über die gesonderte Feststellung ist Grundlagenbescheid für den Bescheid über die gesonderte Feststellung zum folgenden Feststellungszeitpunkt. ③ Bei Eintritt in die unbeschränkte Steuerpflicht ist der zum Zeitpunkt des Eintritts in die Steuerpflicht vorhandene Bestand der nicht in das Nennkapital geleisteten Einlagen gesondert festzustellen; der gesondert festgestellte Bestand gilt als Bestand

---

[1] § 25 Abs. 2 geändert durch Gesetz vom 12. 12. 2019 (BGBl. I S. 2451) mit Wirkung ab **1. 1. 2025** (§ 34 Abs. 8 c).

[2] § 26 neu gefasst durch Gesetz vom 25. 7. 2014 (BGBl. I S. 1266); Überschrift und Abs. 1 Satz 1 geändert, Abs. 2 Satz 1 neugefasst durch Gesetz vom 22. 12. 2014 (BGBl. I S. 2417). In dieser Fassung ist § 26 erstmals anzuwenden auf Einkünfte und Einkunftsteile, die nach dem 31. Dezember 2013 zufließen (§ 34 Abs. 9 Satz 1); für Zufluss vor dem 1. Januar 2014 auf noch nicht bestandskräftig festgesetzte Körperschaftsteuer (§ 34 Abs. 9 Satz 2).

[3] Der früher zusätzlich an dieser Stelle abgedruckte alte Vierte Teil – Anrechnungsverfahren, §§ 27 bis 47 a. F. – findet sich zuletzt im „Handbuch zur Körperschaftsteuerveranlagung 2006".

[4] § 27 Abs. 1 bish. Satz 3 durch neue Sätze 3 und 4 ersetzt, bish. Satz 4 wird Satz 5, Satz 6 aufgehoben mWv VZ 2006 durch SEStEG vom 7. 12. 2006 (BGBl. I S. 2782); Abs. 1 Satz 3 geändert durch JStG 2008 vom 20. 12. 2007 (BGBl. I S. 3150); Abs. 1 Satz 6 aufgehoben durch Gesetz vom 25. 7. 2014 (BGBl. I S. 1266), zur letztmaligen Anwendung im VZ 2005 siehe § 34 Abs. 10; Abs. 1 Satz 3 geändert **mWv VZ 2022** durch Gesetz vom 25. 6. 2021 (BGBl. I S. 2050); zur Anwendung siehe § 34 Abs. 6 e Sätze 5 bis 16.

[5] § 27 Abs. 2 Satz 3 eingefügt, bish. Sätze 3 und 4 werden Sätze 4 und 5 mWv VZ 2006 durch SEStEG vom 7. 12. 2006 (BGBl. I S. 2782).

des steuerlichen Einlagekontos am Ende des vorangegangenen Wirtschaftsjahrs. ④ Kapitalgesellschaften haben auf den Schluss jedes Wirtschaftsjahrs Erklärungen zur gesonderten Feststellung von Besteuerungsgrundlagen abzugeben. ⑤ Die Erklärungen sind von den in § 34 der Abgabenordnung bezeichneten Personen eigenhändig zu unterschreiben.

(3) ① Erbringt eine Kapitalgesellschaft für eigene Rechnung Leistungen, die nach Absatz 1 Satz 3 als Abgang auf dem steuerlichen Einlagekonto zu berücksichtigen sind, so ist sie verpflichtet, ihren Anteilseignern die folgenden Angaben nach amtlich vorgeschriebenem Muster zu bescheinigen:

1. den Namen und die Anschrift des Anteilseigners,
2. die Höhe der Leistungen, soweit das steuerliche Einlagekonto gemindert wurde,
3. den Zahlungstag.

② Die Bescheinigung braucht nicht unterschrieben zu werden, wenn sie in einem maschinellen Verfahren ausgedruckt worden ist und den Aussteller erkennen lässt.

(4)[1] ① Ist die in Absatz 1 bezeichnete Leistung einer Kapitalgesellschaft von der Vorlage eines Dividendenscheins abhängig und wird sie für Rechnung der Kapitalgesellschaft durch ein inländisches Kreditinstitut erbracht, so hat das Institut dem Anteilseigner eine Bescheinigung mit den in Absatz 3 Satz 1 bezeichneten Angaben nach amtlich vorgeschriebenem Muster zu erteilen. ② Aus der Bescheinigung muss ferner hervorgehen, für welche Kapitalgesellschaft die Leistung erbracht wird. ③ Die Sätze 1 und 2 gelten entsprechend, wenn anstelle eines inländischen Kreditinstituts eine inländische Zweigniederlassung eines der in § 53b Absatz 1 oder 7 des Kreditwesengesetzes genannten Unternehmen die Leistung erbringt.

(5)[2] ① Ist für eine Leistung der Kapitalgesellschaft die Minderung des Einlagekontos zu niedrig bescheinigt worden, bleibt die der Bescheinigung zugrunde gelegte Verwendung unverändert. ② Ist für eine Leistung bis zum Tag der Bekanntgabe der erstmaligen Feststellung im Sinne des Absatzes 2 zum Schluss des Wirtschaftsjahrs der Leistung eine Steuerbescheinigung im Sinne des Absatzes 3 nicht erteilt worden, gilt der Betrag der Einlagenrückgewähr als mit 0 Euro bescheinigt. ③ In den Fällen der Sätze 1 und 2 ist eine Berichtigung oder erstmalige Erteilung von Steuerbescheinigungen im Sinne des Absatzes 3 nicht zulässig. ④ In anderen Fällen ist die auf den überhöht ausgewiesenen Betrag der Einlagenrückgewähr entfallende Kapitalertragsteuer durch Haftungsbescheid geltend zu machen; § 44 Abs. 5 Satz 1 zweiter Halbsatz des Einkommensteuergesetzes gilt insoweit nicht. ⑤ Die Steuerbescheinigungen können berichtigt werden. ⑥ Die Feststellung im Sinne des Absatzes 2 für das Wirtschaftsjahr, in dem die entsprechende Leistung erfolgt ist, ist an die der Kapitalertragsteuerhaftung nach Satz 4 zugrunde gelegte Einlagenrückgewähr anzupassen.

(6)[3] ① Minderabführungen erhöhen und Mehrabführungen mindern das Einlagekonto einer Organgesellschaft, wenn sie ihre Ursache in organschaftlicher Zeit haben. ***[ab VZ 2022:*** ② Mehrabführungen im Sinne des Satzes 1 mindern das steuerliche Einlagekonto der Organgesellschaft vor anderen Leistungen.***]***

(7)[4] Die vorstehenden Absätze gelten sinngemäß für andere unbeschränkt steuerpflichtige Körperschaften und Personenvereinigungen, die Leistungen im Sinne des § 20 Abs. 1 Nr. 1, 9 oder Nr. 10 des Einkommensteuergesetzes gewähren können.

(8)[5] ① Eine Einlagenrückgewähr können auch Körperschaften oder Personenvereinigungen erbringen, die in einem anderen Mitgliedstaat der Europäischen Union der unbeschränkten Steuerpflicht unterliegen, wenn sie Leistungen im Sinne des § 20 Abs. 1 Nr. 1 oder 9 des Einkommensteuergesetzes gewähren können. ② Die Einlagenrückgewähr ist in entsprechender Anwendung der Absätze 1 bis 6 und der §§ 28 und 29 zu ermitteln. ③ Der als Leistung im Sinne des Satzes 1 zu berücksichtigende Betrag wird auf Antrag der Körperschaft oder Personenvereinigung für den jeweiligen Veranlagungszeitraum gesondert festgestellt. ④ Der Antrag ist nach amtlich vorgeschriebenem Vordruck bis zum Ende des Kalenderjahrs zu stellen, das auf das Kalenderjahr folgt, in dem die Leistung erfolgt ist. ⑤ Zuständig für die gesonderte Feststellung ist die Finanzbehörde, die im Zeitpunkt der Abgabe des Antrags nach § 20 der Abgabenordnung für die Besteuerung nach dem Einkommen örtlich zuständig ist. ⑥ Bei Körperschaften oder Personenvereinigungen, für die im Zeitpunkt der Antragstellung nach § 20 der Abgabenordnung keine Finanzbehörde zuständig ist, ist abweichend von Satz 5 das Bundeszentralamt für Steuern zuständig. ⑦ Im Antrag sind die für die Berechnung der Einlagenrückgewähr erforderlichen Umstände darzulegen. ⑧ In die Bescheinigung nach Absatz 3 ist das Aktenzeichen der nach Satz 5 oder 6 zuständigen Behörde aufzunehmen. ⑨ Soweit Leistungen nach Satz 1 nicht gesondert festgestellt worden sind, gelten sie als Gewinnausschüttung, die beim Anteilseigner zu Einnahmen im Sinne des § 20 Abs. 1 Nr. 1 oder 9 des Einkommensteuergesetzes führen.

---

[1] § 27 Abs. 4 Satz 3 Zitat geändert durch Gesetz vom 25. 7. 2014 (BGBl. I S. 1266) mWv VZ 2015.
[2] § 27 Abs. 5 neu gefasst mWv VZ 2006 durch SEStEG vom 7. 12. 2006 (BGBl. I S. 2782).
[3] § 27 Abs. 6 Sätze 2 bis 4 gestrichen durch JStG 2008 vom 20. 12. 2007 (BGBl. I S. 3150); neuer Satz 2 angefügt **mWv VZ 2022** durch Gesetz vom 25. 6. 2021 (BGBl. I S. 2050); zur Anwendung siehe § 34 Abs. 6e Sätze 5 bis 16.
[4] § 27 Abs. 7 geändert durch Berichtigung vom 24. 1. 2007 (BGBl. I S. 68).
[5] § 27 Abs. 8 eingefügt mWv VZ 2006 durch SEStEG vom 7. 12. 2006 (BGBl. I S. 2782).

§ 28 Umwandlung von Rücklagen in Nennkapital und Herabsetzung des Nennkapitals

(1) ① Wird das Nennkapital durch Umwandlung von Rücklagen erhöht, so gilt der positive Bestand des steuerlichen Einlagekontos als vor den sonstigen Rücklagen umgewandelt. ② Maßgeblich ist dabei der sich vor Anwendung des Satzes 1 ergebende Bestand des steuerlichen Einlagekontos zum Schluss des Wirtschaftsjahrs der Rücklagenumwandlung. ③ Enthält das Nennkapital auch Beträge, die ihm durch Umwandlung von sonstigen Rücklagen mit Ausnahme von aus Einlagen der Anteilseigner stammenden Beträgen zugeführt worden sind, so sind diese Teile des Nennkapitals getrennt auszuweisen und gesondert festzustellen (Sonderausweis). ④ § 27 Abs. 2 gilt entsprechend.

(2)[1] ① Im Fall der Herabsetzung des Nennkapitals oder der Auflösung der Körperschaft wird zunächst der Sonderausweis zum Schluss des vorangegangenen Wirtschaftsjahrs gemindert; ein übersteigender Betrag ist dem steuerlichen Einlagekonto gutzuschreiben, soweit die Einlage in das Nennkapital geleistet ist. ② Die Rückzahlung des Nennkapitals gilt, soweit der Sonderausweis zu mindern ist, als Gewinnausschüttung, die beim Anteilseigner zu Bezügen im Sinne des § 20 Abs. 1 Nr. 2 des Einkommensteuergesetzes führt. ③ Ein den Sonderausweis übersteigender Betrag ist vom positiven Bestand des steuerlichen Einlagekontos abzuziehen. ④ Soweit der positive Bestand des steuerlichen Einlagekontos für den Abzug nach Satz 3 nicht ausreicht, gilt die Rückzahlung des Nennkapitals ebenfalls als Gewinnausschüttung, die beim Anteilseigner zu Bezügen im Sinne des § 20 Abs. 1 Nr. 2 des Einkommensteuergesetzes führt.

(3) Ein Sonderausweis zum Schluss des Wirtschaftsjahrs vermindert sich um den positiven Bestand des steuerlichen Einlagekontos zu diesem Stichtag; der Bestand des steuerlichen Einlagekontos vermindert sich entsprechend.

§ 29 Kapitalveränderungen bei Umwandlungen

(1)[2] In Umwandlungsfällen im Sinne des § 1 des Umwandlungsgesetzes gilt das Nennkapital der übertragenden Kapitalgesellschaft und bei Anwendung des Absatzes 2 Satz 3 und des Absatzes 3 Satz 3 zusätzlich das Nennkapital der übernehmenden Kapitalgesellschaft als in vollem Umfang nach § 28 Abs. 2 Satz 1 herabgesetzt.

(2) ① Geht das Vermögen einer Kapitalgesellschaft durch Verschmelzung nach § 2 des Umwandlungsgesetzes auf eine unbeschränkt steuerpflichtige Körperschaft über, so ist der Bestand des steuerlichen Einlagekontos dem steuerlichen Einlagekonto der übernehmenden Körperschaft hinzuzurechnen. ② Eine Hinzurechnung des Bestands des steuerlichen Einlagekontos nach Satz 1 unterbleibt im Verhältnis des Anteils des Übernehmers an dem übertragenden Rechtsträger. ③ Der Bestand des Einlagekontos des Übernehmers mindert sich anteilig im Verhältnis des Anteils des übertragenden Rechtsträgers am Übernehmer.

(3) ① Geht Vermögen einer Kapitalgesellschaft durch Aufspaltung oder Abspaltung im Sinne des § 123 Abs. 1 und 2 des Umwandlungsgesetzes auf eine unbeschränkt steuerpflichtige Körperschaft über, so ist der Bestand des steuerlichen Einlagekontos der übertragenden Kapitalgesellschaft einer übernehmenden Körperschaft im Verhältnis der übergehenden Vermögensteile zu dem bei der übertragenden Kapitalgesellschaft vor dem Übergang bestehenden Vermögen zuzuordnen, wie es in der Regel in den Angaben zum Umtauschverhältnis der Anteile im Spaltungs- und Übernahmevertrag oder im Spaltungsplan (§ 126 Abs. 1 Nr. 3, § 136 des Umwandlungsgesetzes) zum Ausdruck kommt. ② Entspricht das Umtauschverhältnis der Anteile nicht dem Verhältnis der übergehenden Vermögensteile zu dem bei der übertragenden Kapitalgesellschaft vor der Spaltung bestehenden Vermögen, ist das Verhältnis der gemeinen Werte der übergehenden Vermögensteile zu dem vor der Spaltung vorhandenen Vermögen maßgebend. ③ Für die Entwicklung des steuerlichen Einlagekontos des Übernehmers gilt Absatz 2 Satz 2 und 3 entsprechend. ④ Soweit das Vermögen durch Abspaltung auf eine Personengesellschaft übergeht, mindert sich das steuerliche Einlagekonto der übertragenden Kapitalgesellschaft in dem Verhältnis der übergehenden Vermögensteile zu dem vor der Spaltung bestehenden Vermögen.

(4) Nach Anwendung der Absätze 2 und 3 ist für die Anpassung des Nennkapitals der umwandlungsbeteiligten Kapitalgesellschaften § 28 Abs. 1 und 3 anzuwenden.

(5)[3] Die vorstehenden Absätze gelten sinngemäß für andere unbeschränkt steuerpflichtige Körperschaften und Personenvereinigungen, die Leistungen im Sinne des § 20 Abs. 1 Nr. 1, 9 und 10 des Einkommensteuergesetzes gewähren können.

(6)[3] ① War für die übertragende Körperschaft oder Personenvereinigung ein Einlagekonto bisher nicht festzustellen, tritt für die Anwendung der vorstehenden Absätze an die Stelle des Einlagekontos der Bestand der nicht in das Nennkapital geleisteten Einlagen zum Zeitpunkt des Vermögensübergangs. ② § 27 Abs. 8 gilt entsprechend.

---

[1] § 28 Abs. 2 neu gefasst mWv VZ 2006 durch SEStEG vom 7. 12. 2006 (BGBl. I S. 2782).
[2] § 29 Abs. 1 geändert mWv VZ 2005 durch EURLUmsG vom 9. 12. 2004 (BGBl. I S. 3310).
[3] § 29 Abs. 5 neu gefasst, Abs. 6 eingefügt mWv VZ 2006 durch SEStEG vom 7. 12. 2006 (BGBl. I S. 2782).

§ 30 Entstehung der Körperschaftsteuer

Die Körperschaftsteuer entsteht

1. für Steuerabzugsbeträge in dem Zeitpunkt, in dem die steuerpflichtigen Einkünfte zufließen,
2. für Vorauszahlungen mit Beginn des Kalendervierteljahrs, in dem die Vorauszahlungen zu entrichten sind, oder, wenn die Steuerpflicht erst im Laufe des Kalenderjahrs begründet wird, mit Begründung der Steuerpflicht,
3. für die veranlagte Steuer mit Ablauf des Veranlagungszeitraums, soweit nicht die Steuer nach Nummer 1 oder 2 schon früher entstanden ist.

§ 31[1] Steuererklärungspflicht, Veranlagung und Erhebung der Körperschaftsteuer

(1)[2, 3] ① Auf die Durchführung der Besteuerung einschließlich der Anrechnung, Entrichtung und Vergütung der Körperschaftsteuer sowie die Festsetzung und Erhebung von Steuern, die nach der veranlagten Körperschaftsteuer bemessen werden (Zuschlagsteuern), sind die Vorschriften des Einkommensteuergesetzes entsprechend anzuwenden, soweit dieses Gesetz nichts anderes bestimmt. ② Die sich im Zuge der Festsetzung ergebenden einzelnen Körperschaftsteuerbeträge sind jeweils zu Gunsten des Steuerpflichtigen auf volle Euro-Beträge zu runden. ③ § 37b des Einkommensteuergesetzes findet entsprechende Anwendung.

(1 a)[4] ① Die Körperschaftsteuererklärung und die Erklärung zur gesonderten Feststellung von Besteuerungsgrundlagen sind nach amtlich vorgeschriebenem Datensatz durch Datenfernübertragung zu übermitteln. ② Auf Antrag kann die Finanzbehörde zur Vermeidung unbilliger Härten auf eine elektronische Übermittlung verzichten; in diesem Fall sind die Erklärungen nach amtlich vorgeschriebenem Vordruck abzugeben und vom gesetzlichen Vertreter des Steuerpflichtigen eigenhändig zu unterschreiben.

(2) Bei einem vom Kalenderjahr abweichenden Wirtschaftsjahr gilt § 37 Abs. 1 des Einkommensteuergesetzes mit der Maßgabe, dass die Vorauszahlungen auf die Körperschaftsteuer bereits während des Wirtschaftsjahrs zu entrichten sind, das im Veranlagungszeitraum endet.

§ 32[5] Sondervorschriften für den Steuerabzug

(1) Die Körperschaftsteuer für Einkünfte, die dem Steuerabzug unterliegen, ist durch den Steuerabzug abgegolten,

1. wenn die Einkünfte nach § 5 Abs. 2 Nr. 1 von der Steuerbefreiung ausgenommen sind oder
2. wenn der Bezieher der Einkünfte beschränkt steuerpflichtig ist und die Einkünfte nicht in einem inländischen gewerblichen oder land- oder forstwirtschaftlichen Betrieb angefallen sind.

(2)[5] Die Körperschaftsteuer ist nicht abgegolten,

1. wenn bei dem Steuerpflichtigen während eines Kalenderjahrs sowohl unbeschränkte Steuerpflicht als auch beschränkte Steuerpflicht im Sinne des § 2 Nr. 1 bestanden hat; in diesen Fällen sind die während der beschränkten Steuerpflicht erzielten Einkünfte in eine Veranlagung zur unbeschränkten Körperschaftsteuerpflicht einzubeziehen;
2. für Einkünfte, die dem Steuerabzug nach § 50a Abs. 1 Nr. 1, 2 oder Nr. 4 des Einkommensteuergesetzes unterliegen, wenn der Gläubiger der Vergütungen eine Veranlagung zur Körperschaftsteuer beantragt;
3. soweit der Steuerpflichtige wegen der Steuerabzugsbeträge in Anspruch genommen werden kann oder
4. soweit § 38 Abs. 2 anzuwenden ist.

(3)[6] ① Von den inländischen Einkünften im Sinne des § 2 Nr. 2 zweiter Halbsatz ist ein Steuerabzug vorzunehmen; Entsprechendes gilt, wenn die inländischen Einkünfte im Sinne des § 2 Nr. 2 zweiter Halbsatz von einer nach § 5 Abs. 1 oder nach anderen Gesetzen als dem Körperschaftsteuergesetz steuerbefreiten Körperschaft, Personenvereinigung oder Vermögensmasse erzielt werden. ② Der Steuersatz beträgt 15 Prozent des Entgelts. ③ Die für den Steuerabzug von Kapitalerträgen im Sinne des § 43 Abs. 1 Satz 1 Nummer 1 und 1 a[7] geltenden Vorschriften des

---

[1] Vgl. die Ergänzungsabgabe-Bestimmungen im Solidaritätszuschlaggesetz, abgedruckt im Handbuch zur Einkommensteuerveranlagung im Anhang I 2.

[2] § 31 Abs. 1 früherer Satz 2 angefügt durch StÄndG 2003 vom 15. 12. 2003 (BGBl. I S. 2645) mWv VZ 2002; Abs. 1 Satz 3 angefügt mWv VZ 2007 durch JStG 2007 vom 13. 12. 2006 (BGBl. I S. 2878); Abs. 1 neuer Satz 2 eingefügt durch Gesetz vom 14. 8. 2007 (BGBl. I S. 1912) mWv VZ 2008; bish. Sätze 2 und 3 werden Sätze 3 und 4.

[3] § 31 Abs. 1 bish. Satz 2 aufgehoben mWv VZ 2015 durch Gesetz vom 25. 7. 2014 (BGBl. I S. 1266), bish. Sätze 3 und 4 werden Sätze 2 und 3.

[4] § 31 Abs. 1 a eingefügt mit Wirkung ab VZ 2011 durch Gesetz vom 20. 12. 2008 (BGBl. I S. 2850).

[5] § 32 Überschrift und Abs. 2 neu gefasst sowie Abs. 4 eingefügt durch JStG 2009 vom 19. 12. 2008 (BGBl. I S. 2794) mit Wirkung ab VZ 2009.

[6] § 32 Abs. 3 eingefügt durch Gesetz vom 14. 8. 2007 (BGBl. I S. 1912); erstmals anzuwenden für Einkünfte, die nach dem 17. August 2007 zufließen.

[7] § 32 Abs. 3 Satz 3 Zitat geändert durch OGAW-IV-UmsG vom 22. 6. 2011 (BGBl. I S. 1126). Erstmals anzuwenden auf Kapitalerträge, die dem Gläubiger nach dem 31. 12. 2011 zufließen.

Einkommensteuergesetzes mit Ausnahme des § 44 Abs. 2 und § 44a Abs. 8 des Einkommensteuergesetzes sind entsprechend anzuwenden. ④ Der Steuerabzug ist bei Einnahmen oder Bezügen im Sinne des § 2 Nr. 2 zweiter Halbsatz Buchstabe c von der anderen Körperschaft im Sinne des § 8b Abs. 10 Satz 2 vorzunehmen. ⑤ [1]In Fällen des Satzes 4 hat die überlassende Körperschaft der anderen Körperschaft den zur Deckung der Kapitalertragsteuer notwendigen Betrag zur Verfügung zu stellen; § 44 Absatz 1 Satz 10 und 11 des Einkommensteuergesetzes gilt entsprechend.

(4) ① Absatz 2 Nr. 2 gilt nur für beschränkt steuerpflichtige Körperschaften, Personenvereinigungen oder Vermögensmassen im Sinne des § 2 Nr. 1, die nach den Rechtsvorschriften eines Mitgliedstaats der Europäischen Union oder nach den Rechtsvorschriften eines Staates, auf den das Abkommen über den Europäischen Wirtschaftsraum vom 3. Januar 1994 (ABl. EG Nr. L 1 S. 3), zuletzt geändert durch den Beschluss des Gemeinsamen EWR-Ausschusses Nr. 91/2007 vom 6. Juli 2007 (ABl. EU Nr. L 328 S. 40), in der jeweiligen Fassung Anwendung findet, gegründete Gesellschaften im Sinne des Artikels 54 des Vertrags über die Arbeitsweise der Europäischen Union[2] oder des Artikels 34 des Abkommens über den Europäischen Wirtschaftsraum sind, deren Sitz und Ort der Geschäftsleitung sich innerhalb des Hoheitsgebiets eines dieser Staaten befindet. ② Europäische Gesellschaften sowie Europäische Genossenschaften gelten für die Anwendung des Satzes 1 als nach den Rechtsvorschriften des Staates gegründete Gesellschaften, in dessen Hoheitsgebiet sich der Sitz der Gesellschaften befindet.

(5)[3] ① Ist die Körperschaftsteuer des Gläubigers für Kapitalerträge im Sinne des § 20 Absatz 1 Nummer 1 des Einkommensteuergesetzes nach Absatz 1 abgegolten, wird dem Gläubiger der Kapitalerträge auf Antrag die einbehaltene und abgeführte Kapitalertragsteuer nach Maßgabe des § 36 Absatz 2 Nummer 2 des Einkommensteuergesetzes erstattet, wenn

1. der Gläubiger der Kapitalerträge eine nach § 2 Nummer 1 beschränkt steuerpflichtige Gesellschaft ist, die
   a) zugleich eine Gesellschaft im Sinne des Artikels 54 des Vertrags über die Arbeitsweise der Europäischen Union oder des Artikels 34 des Abkommens über den Europäischen Wirtschaftsraum ist,
   b) ihren Sitz und Ort der Geschäftsleitung innerhalb des Hoheitsgebiets eines Mitgliedstaates der Europäischen Union oder eines Staates, auf den das Abkommen über den Europäischen Wirtschaftsraum Anwendung findet, hat,
   c) im Staat des Orts ihrer Geschäftsleitung ohne Wahlmöglichkeit einer mit § 1 vergleichbaren unbeschränkten Steuerpflicht unterliegt, ohne von dieser befreit zu sein, und
2. der Gläubiger unmittelbar am Grund- oder Stammkapital der Schuldnerin der Kapitalerträge beteiligt ist und die Mindestbeteiligungsvoraussetzung des § 43b Absatz 2 des Einkommensteuergesetzes nicht erfüllt.

② Satz 1 gilt nur, soweit

1. keine Erstattung der betreffenden Kapitalertragsteuer nach anderen Vorschriften vorgesehen ist,
2. die Kapitalerträge nach § 8b Absatz 1 bei der Einkommensermittlung außer Ansatz bleiben würden,
3. die Kapitalerträge aufgrund ausländischer Vorschriften keiner Person zugerechnet werden, die keinen Anspruch auf Erstattung nach Maßgabe dieses Absatzes hätte, wenn sie die Kapitalerträge unmittelbar erzielte,
4. ein Anspruch auf völlige oder teilweise Erstattung der Kapitalertragsteuer bei entsprechender Anwendung des § 50 d Absatz 3 des Einkommensteuergesetzes nicht ausgeschlossen wäre und
5. die Kapitalertragsteuer nicht beim Gläubiger oder einem unmittelbar oder mittelbar am Gläubiger beteiligten Anteilseigner angerechnet oder als Betriebsausgabe oder als Werbungskosten abgezogen werden kann; die Möglichkeit eines Anrechnungsvortrags steht der Anrechnung gleich.

③ Der Gläubiger der Kapitalerträge hat die Voraussetzungen für die Erstattung nachzuweisen. ④ Er hat insbesondere durch eine Bescheinigung der Steuerbehörden seines Ansässigkeitsstaates nachzuweisen, dass er in diesem Staat als steuerlich ansässig betrachtet wird, dort unbeschränkt körperschaftsteuerpflichtig und nicht von der Körperschaftsteuer befreit sowie der tatsächliche Empfänger der Kapitalerträge ist. ⑤ Aus der Bescheinigung der ausländischen Steuerverwaltung muss hervorgehen, dass die deutsche Kapitalertragsteuer nicht angerechnet, nicht abgezogen oder nicht vorgetragen werden kann und inwieweit eine Anrechnung, ein Abzug oder Vortrag auch tatsächlich nicht erfolgt ist. ⑥ Die Erstattung der Kapitalertragsteuer erfolgt für alle in einem Kalenderjahr bezogenen Kapitalerträge im Sinne des Satzes 1 auf der Grundlage eines Freistellungsbescheids nach § 155 Absatz 1 Satz 3 der Abgabenordnung.

---

[1] § 32 Abs. 3 Satz 5 Zitat geändert durch InvStRefG vom 19. 7. 2016 (BGBl. I S. 1730) mit Wirkung vom 1. 1. 2018.
[2] Artikel und Vertragsbezeichnung angepasst durch Gesetz vom 26. 6. 2013 (BGBl. I S. 1809).
[3] § 32 Abs. 5 angefügt durch Gesetz vom 21. 3. 2013 (BGBl. I S. 561); erstmals anzuwenden für im Kj. 2013 zugeflossene Kapitalerträge.

§ 32a[1] Erlass, Aufhebung oder Änderung von Steuerbescheiden bei verdeckter Gewinnausschüttung oder verdeckter Einlage

(1) ① Soweit gegenüber einer Körperschaft ein Steuerbescheid hinsichtlich der Berücksichtigung einer verdeckten Gewinnausschüttung erlassen, aufgehoben oder geändert wird, kann ein Steuerbescheid oder ein Feststellungsbescheid gegenüber dem Gesellschafter, dem die verdeckte Gewinnausschüttung zuzurechnen ist, oder einer diesem nahe stehenden Person erlassen, aufgehoben oder geändert werden. ② Die Festsetzungsfrist endet insoweit nicht vor Ablauf eines Jahres nach Unanfechtbarkeit des Steuerbescheides der Körperschaft. ③ Die Sätze 1 und 2 gelten auch für verdeckte Gewinnausschüttungen an Empfänger von Bezügen im Sinne des § 20 Abs. 1 Nr. 9 und 10 Buchstabe a des Einkommensteuergesetzes.

(2) ① Soweit gegenüber dem Gesellschafter ein Steuerbescheid oder ein Feststellungsbescheid hinsichtlich der Berücksichtigung einer verdeckten Einlage erlassen, aufgehoben oder geändert wird, kann ein Steuerbescheid gegenüber der Körperschaft, welcher der Vermögensvorteil zugewendet wurde, aufgehoben, erlassen oder geändert werden. ② Absatz 1 Satz 2 gilt entsprechend.

Fünfter Teil. Ermächtigungs- und Schlussvorschriften

§ 33 Ermächtigungen

(1) Die Bundesregierung wird ermächtigt, zur Durchführung dieses Gesetzes mit Zustimmung des Bundesrates durch Rechtsverordnung

1. zur Wahrung der Gleichmäßigkeit bei der Besteuerung, zur Beseitigung von Unbilligkeiten in Härtefällen und zur Vereinfachung des Besteuerungsverfahrens den Umfang der Steuerbefreiungen nach § 5 Abs. 1 Nr. 3 und 4 näher zu bestimmen. ② Dabei können
   a) zur Durchführung des § 5 Abs. 1 Nr. 3 Vorschriften erlassen werden, nach denen die Steuerbefreiung nur eintritt,
      aa) wenn die Leistungsempfänger nicht überwiegend aus dem Unternehmer oder seinen Angehörigen, bei Gesellschaften aus den Gesellschaftern und ihren Angehörigen bestehen,
      bb) wenn bei Kassen mit Rechtsanspruch der Leistungsempfänger die Rechtsansprüche und bei Kassen ohne Rechtsanspruch der Leistungsempfänger die laufenden Kassenleistungen und das Sterbegeld bestimmte Beträge nicht übersteigen, die dem Wesen der Kasse als soziale Einrichtung entsprechen,
      cc) wenn bei Auflösung der Kasse ihr Vermögen satzungsmäßig nur für soziale Zwecke verwendet werden darf,
      dd) wenn rechtsfähige Pensions-, Sterbe- und Krankenkassen der Versicherungsaufsicht unterliegen,
      ee) wenn bei rechtsfähigen Unterstützungskassen die Leistungsempfänger zu laufenden Beiträgen oder Zuschüssen nicht verpflichtet sind und die Leistungsempfänger oder die Arbeitnehmervertretungen des Betriebs oder der Dienststelle an der Verwaltung der Beträge, die der Kasse zufließen, beratend mitwirken können;
   b) zur Durchführung des § 5 Abs. 1 Nr. 4 Vorschriften erlassen werden
      aa) über die Höhe der für die Inanspruchnahme der Steuerbefreiung zulässigen Beitragseinnahmen,
      bb) nach denen bei Versicherungsvereinen auf Gegenseitigkeit, deren Geschäftsbetrieb sich auf die Sterbegeldversicherung beschränkt, die Steuerbefreiung unabhängig von der Höhe der Beitragseinnahmen auch eintritt, wenn die Höhe des Sterbegeldes insgesamt die Leistung der nach § 5 Abs. 1 Nr. 3 steuerbefreiten Sterbekassen nicht übersteigt und wenn der Verein auch im Übrigen eine soziale Einrichtung darstellt;
2. Vorschriften zu erlassen
   a) *(aufgehoben)*[2]
   b) über die Herabsetzung oder Erhöhung der Körperschaftsteuer nach § 23 Abs. 2;
   c) nach denen bei Anschaffung oder Herstellung von abnutzbaren beweglichen und bei Herstellung von abnutzbaren unbeweglichen Wirtschaftsgütern des Anlagevermögens auf Antrag ein Abzug von der Körperschaftsteuer für den Veranlagungszeitraum der Anschaffung oder Herstellung bis zur Höhe von 7,5 Prozent der Anschaffungs- oder Herstellungskosten dieser Wirtschaftsgüter vorgenommen werden kann. ② § 51 Abs. 1 Nr. 2 Buchstabe s des Einkommensteuergesetzes gilt entsprechend;
   d) nach denen Versicherungsvereine auf Gegenseitigkeit von geringerer wirtschaftlicher Bedeutung, die eine Schwankungsrückstellung nach § 20 Abs. 1 nicht gebildet haben, zum Ausgleich des schwankenden Jahresbedarfs zu Lasten des steuerlichen Gewinns Beträge

---

[1] § 32a eingefügt durch JStG 2007 vom 13. 12. 2006 (BGBl. I S. 2878). Erstmals anzuwenden, wenn nach dem 18. Dezember 2006 ein Steuerbescheid erlassen, aufgehoben oder geändert wird.

[2] § 33 Abs. 1 Nr. 2 Buchst. a aufgehoben durch Gesetz vom 11. 12. 2018 (BGBl. I S. 2338) mWv VZ 2017.

der nach § 193[1] des Versicherungsaufsichtsgesetzes zu bildenden Verlustrücklage zuführen können.

e)[2] *(aufgehoben)*

(2) Das Bundesministerium der Finanzen wird ermächtigt,

1. im Einvernehmen mit den obersten Finanzbehörden der Länder Muster der in den §§ 27 und 37 vorgeschriebenen Bescheinigungen zu bestimmen;
2. den Wortlaut dieses Gesetzes und der zu diesem Gesetz erlassenen Durchführungsverordnungen in der jeweils geltenden Fassung mit neuem Datum, unter neuer Überschrift und in neuer Paragrafenfolge bekannt zu machen und dabei Unstimmigkeiten des Wortlauts zu beseitigen.

§ 34 Schlussvorschriften

(1) Diese Fassung des Gesetzes gilt, soweit in den folgenden Absätzen nichts anderes bestimmt ist, erstmals für den Veranlagungszeitraum *2020* ***[ab 1. 1. 2022:** 2022**]***[3].

(1 a)[4] § 1 a in der Fassung des Artikels 1 des Gesetzes vom 25. Juni 2021 (BGBl. I S. 2050) ist erstmals für den Veranlagungszeitraum 2021 anzuwenden mit der Maßgabe, dass der Antrag erstmals für nach dem 31. Dezember 2021 beginnende Wirtschaftsjahre gestellt werden kann.

(2) ① Genossenschaften[5] sowie Vereine können bis zum 31. Dezember 1991, in den Fällen des § 54 Absatz 4 in der Fassung des Artikels 9 des Gesetzes vom 18. Dezember 1989 (BGBl. I S. 2212) bis zum 31. Dezember 1992 oder, wenn es sich um Genossenschaften[5] oder Vereine in dem in Artikel 3 des Einigungsvertrages genannten Gebiet handelt, bis zum 31. Dezember 1993 durch schriftliche Erklärung auf die Steuerbefreiung nach § 5 Absatz 1 Nummer 10 und 14 des Körperschaftsteuergesetzes in der Fassung des Artikels 4 des Gesetzes vom 14. Juli 2000 (BGBl. I S. 1034) verzichten, und zwar auch für den Veranlagungszeitraum 1990. ② Die Körperschaft ist mindestens für fünf aufeinanderfolgende Kalenderjahre an die Erklärung gebunden. ③ Die Erklärung kann nur mit Wirkung vom Beginn eines Kalenderjahrs an widerrufen werden. ④ Der Widerruf ist spätestens bis zur Unanfechtbarkeit der Steuerfestsetzung des Kalenderjahrs zu erklären, für das er gelten soll.

(2 a)[6] § 5 Absatz 1 Nummer 1 in der Fassung des Artikels 6 des Gesetzes vom 12. Dezember 2019 (BGBl. I S. 2451) ist erstmals für den Veranlagungszeitraum 2019 anzuwenden.

(3)[7] ① § 5 Absatz 1 Nummer 2 ist für die Hamburgische Investitions- und Förderbank erstmals für den Veranlagungszeitraum 2013 anzuwenden. ② Die Steuerbefreiung nach § 5 Absatz 1 Nummer 2 in der bis zum 30. Juli 2014 geltenden Fassung ist für die Hamburgische Wohnungsbaukreditanstalt letztmals für den Veranlagungszeitraum 2013 anzuwenden. ③ § 5 Absatz 1 Nummer 16 Satz 1 und 2 in der am 1. Januar 2016 geltenden Fassung ist erstmals für den Veranlagungszeitraum 2015 anzuwenden. ④ § 5 Absatz 1 Nummer 24 in der am 31. Dezember 2014 geltenden Fassung ist erstmals für den Veranlagungszeitraum 2014 anzuwenden.

(3 a)[8] ① § 5 Absatz 1 Nummer 3 Buchstabe d, Nummer 4 und 16 Satz 3 in der am 1. Januar 2016 geltenden Fassung ist erstmals für den Veranlagungszeitraum 2016 anzuwenden.

(3 b)[9] § 5 Absatz 1 Nummer 10 in der Fassung des Artikels 2 des Gesetzes vom 4. August 2019 (BGBl. I S. 1122) ist erstmals für den Veranlagungszeitraum 2019 anzuwenden.

(3 c)[10] § 8 Absatz 1 in der Fassung des Artikels 3 des Gesetzes vom 25. Juni 2021 (BGBl. I S. 2056) ist auch für Veranlagungszeiträume vor 2021 anzuwenden.

(3 d)[11] § 8 Absatz 8 Satz 6, § 8 Absatz 9 Satz 9, § 8 c Absatz 2, § 8 d Absatz 1 Satz 9, § 15 Satz 1 Nummer 1 Satz 2 und 3 und § 15 Satz 1 Nummer 1 a in der Fassung des Artikels 3 des Gesetzes vom 27. Juni 2017 (BGBl. I S. 2074) sind auch für Veranlagungszeiträume vor 2017 anzuwenden, wenn der Steuerpflichtige einen Antrag nach § 52 Absatz 4 a Satz 3 des Einkommensteuergesetzes in der Fassung des Artikels 2 des Gesetzes vom 11. Dezember 2018 (BGBl. I S. 2338) stellt.

(4) § 8 a Absatz 2 und 3 ist nicht anzuwenden, wenn die Rückgriffsmöglichkeit des Dritten allein auf der Gewährträgerhaftung einer Gebietskörperschaft oder einer anderen Einrichtung des öffentlichen Rechts gegenüber den Gläubigern eines Kreditinstituts für Verbindlichkei-

[1] § 33 Abs. 1 Nr. 2 Buchst. d geändert durch Gesetz vom 1. 4. 2015 (BGBl. I S. 434) mit Wirkung ab VZ 2016 (§ 34 Abs. 10 a).
[2] § 33 Abs. 1 Nr. 2 Buchst. e aufgehoben mWv 1. 7. 2021 durch Gesetz vom 25 .6. 2021 (BGBl. I S. 2056).
[3] § 34 Abs. 1 geändert durch Gesetz vom 25. 6. 2021 (BGBl. I S. 2050).
[4] § 34 Abs. 1 a eingefügt durch Gesetz vom 25. 6. 2021 (BGBl. I S. 2050).
[5] § 34 Abs. 2 Satz 1 redaktionell angepasst durch Gesetz vom 12. 12. 2019 (BGBl. I S. 2451).
[6] § 34 Abs. 2 a eingefügt durch Gesetz vom 12. 12. 2019 (BGBl. I S. 2451).
[7] § 34 Abs. 3 Satz 3 angefügt durch Gesetz vom 22. 12. 2014 (BGBl. I S. 2417); neuer Satz 3 angefügt durch JStG 2015 vom 2. 11. 2015 (BGBl. I S. 1834), bish. Satz 3 wird Satz 4.
[8] § 34 Abs. 3 a eingefügt durch Gesetz vom 1. 4. 2015 (BGBl. I S. 434).
[9] § 34 Abs. 3 b eingefügt, bish. Abs. 3 b wird Abs. 3 c, durch Gesetz vom 4. 8. 2019 (BGBl. I S. 1122).
[10] § 34 Abs. 3 c eingefügt durch Gesetz vom 25. 6. 2021 (BGBl. I S. 2056).
[11] § 34 Abs. 3 c eingefügt durch Gesetz vom 11. 12. 2018 (BGBl. I S. 2338); bish. Abs. 3 c wird Abs. 3 d durch Gesetz vom 25. 6. 2021 (BGBl. I S. 2056).

ten beruht, die bis zum 18. Juli 2001 vereinbart waren; Gleiches gilt für bis zum 18. Juli 2005 vereinbarte Verbindlichkeiten, wenn deren Laufzeit nicht über den 31. Dezember 2015 hinausgeht.

(5)[1] ① § 8b Absatz 1 Satz 3 in der Fassung des Artikels 2 des Gesetzes vom 25. Juni 2021 (BGBl. I S. 2035) ist erstmals für Bezüge anzuwenden, die nach dem 31. Dezember 2019 zufließen. ② § 8b Absatz 3 Satz 6 in der Fassung des Artikels 1 des Gesetzes vom 25. Juni 2021 (BGBl. I S. 2050) ist erstmals für Gewinnminderungen im Sinne des § 8b Absatz 3 Satz 4 und 5 anzuwenden, die nach dem 31. Dezember 2021 eintreten. ③ § 8b Absatz 4 in der am 12. Dezember 2006 geltenden Fassung[2] ist für Anteile weiter anzuwenden, die einbringungsgeboren im Sinne des § 21 des Umwandlungssteuergesetzes in der am 12. Dezember 2006 geltenden Fassung[3] sind, und für Anteile im Sinne des § 8b Absatz 4 Satz 1 Nummer 2, die auf einer Übertragung bis zum 12. Dezember 2006 beruhen. ④ § 8b Absatz 4 Satz 8 in der Fassung des Artikels 6 des Gesetzes vom 12. Dezember 2019 (BGBl. I S. 2451) ist erstmals für den Veranlagungszeitraum 2018 anzuwenden. ⑤ § 8b Absatz 7 Satz 1 in der am 1. Januar 2017 geltenden Fassung ist erstmals für den Veranlagungszeitraum 2017 anzuwenden; § 8b Absatz 7 Satz 2 in der am 1. Januar 2017 geltenden Fassung ist anzuwenden auf Anteile, die nach dem 31. Dezember 2016 dem Betriebsvermögen zugehen.

(6)[4] ① § 8c Absatz 1 Satz 1 bis 3 in der Fassung des Artikels 6 des Gesetzes vom 11. Dezember 2018 (BGBl. I S. 2338) findet erstmals für den Veranlagungszeitraum 2008 und auf Anteilsübertragungen nach dem 31. Dezember 2007 Anwendung. ② § 8c Absatz 1 Satz 4 bis 8 in der Fassung des Artikels 6 des Gesetzes vom 11. Dezember 2018 (BGBl. I S. 2338) ist erstmals auf schädliche Beteiligungserwerbe nach dem 31. Dezember 2009 anzuwenden. ③ § 8c Absatz 1a in der Fassung des Artikels 6 des Gesetzes vom 12. Dezember 2019 (BGBl. I S. 2451) ist erstmals für den Veranlagungszeitraum 2008 und auf Anteilsübertragungen nach dem 31. Dezember 2007 anzuwenden. ④ Erfüllt ein nach dem 31. Dezember 2007 erfolgter Beteiligungserwerb die Voraussetzungen des § 8c Absatz 1a, bleibt er bei der Anwendung des § 8c Absatz 1 Satz 1 unberücksichtigt.

(6a)[5] ① § 8d ist erstmals auf schädliche Beteiligungserwerbe im Sinne des § 8c anzuwenden, die nach dem 31. Dezember 2015 erfolgen, wenn der Geschäftsbetrieb der Körperschaft vor dem 1. Januar 2016 weder eingestellt noch ruhend gestellt war. ② § 8d Absatz 1 Satz 2 Nummer 1 ist auf Einstellungen oder Ruhendstellungen anzuwenden, die nach dem 31. Dezember 2015 erfolgen.

(6b)[6] § 9 Absatz 1 Satz 8 in der Fassung des Artikels 6 des Gesetzes vom 12. Dezember 2019 (BGBl. I S. 2451) ist erstmals auf Mitgliedsbeiträge anzuwenden, die nach dem 31. Dezember 2019 gezahlt werden.

(6c)[6] § 10 Nummer 3 in der Fassung des Artikels 6 des Gesetzes vom 12. Dezember 2019 (BGBl. I S. 2451) ist erstmals anzuwenden auf nach dem 31. Dezember 2018 festgesetzte Geldstrafen, sonstige Rechtsfolgen vermögensrechtlicher Art, bei denen der Strafcharakter überwiegt, und Leistungen zur Erfüllung von Auflagen oder Weisungen, soweit die Auflagen oder Weisungen nicht lediglich der Wiedergutmachung des durch die Tat verursachten Schadens dienen, sowie auf nach dem 31. Dezember 2018 entstandene damit zusammenhängende Aufwendungen.

(6d)[7] ① § 12 Absatz 1 und 1a in der Fassung des Artikels 2 des Gesetzes vom 25. Juni 2021 (BGBl. I S. 2035) ist erstmals für nach dem 31. Dezember 2019 endende Wirtschaftsjahre anzuwenden. ② § 12 Absatz 2 in der am 31. Dezember 2021 geltenden Fassung ist letztmals auf Verschmelzungen anwendbar, deren steuerlicher Übertragungsstichtag vor dem 1. Januar 2022 liegt. ③ § 12 Absatz 4 in der am 30. Juni 2021 geltenden Fassung ist letztmals für den Veranlagungszeitraum 2020 anzuwenden.

(6e)[8] ① § 14 Absatz 2 in der Fassung des Artikels 6 des Gesetzes vom 11. Dezember 2018 (BGBl. I S. 2338) ist auch für Veranlagungszeiträume vor 2017 anzuwenden. ② Ist im Einzelfall eine vor dem 1. August 2018 bestehende Organschaft unter Berücksichtigung von Ausgleichs-

[1] § 34 Abs. 5 Satz 2 angefügt durch Gesetz vom 20. 12. 2016 (BGBl. I S. 3000); neuer Satz 2 eingefügt, bish. Satz 2 wird Satz 3, durch Gesetz vom 12. 12. 2019 (BGBl. I S. 2451); neuer Satz 1 eingefügt, bish. Sätze 1 bis 3 werden Sätze 2 bis 4 durch Gesetz vom 25. 6. 2021 (BGBl. I S. 2035); neuer Satz 2 eingefügt, bish. Sätze 2 bis 4 werden Sätze 3 bis 5 durch Gesetz vom 25. 6. 2021 (BGBl. I S. 2050).

[2] § 8b Abs. 4 a. F. zuletzt abgedruckt im „Handbuch zur Körperschaftsteuerveranlagung 2014".

[3] **UmwStG a. F.** in Auszügen letztmalig abgedruckt im „Handbuch zur Körperschaftsteuerveranlagung 2019".

[4] § 34 Abs. 6 neu gefasst durch Gesetz vom 11. 12. 2018 (BGBl. I S. 2338); Satz 3 geändert durch Gesetz vom 12. 12. 2019 (BGBl. I S. 2451).

[5] § 34 Abs. 6a eingefügt durch Gesetz vom 20. 12. 2016 (BGBl. I S. 2998).

[6] § 34 Abs. 6b und 6c eingefügt, bish. Abs. 6b und 6c werden Abs. 6d und 6e, sowie Abs. 6f eingefügt durch Gesetz vom 12. 12. 2019 (BGBl. I S. 2451); bish. Abs. 6f wird Abs. 6g durch Gesetz vom 25. 6. 2021 (BGBl. I S. 2035).

[7] § 34 Abs. 6d eingefügt durch Gesetz vom 25. 6. 2021 (BGBl. I S. 2035); Satz 2 angefügt durch Gesetz vom 25. 6. 2021 (BGBl. I S. 2050); Satz 3 angefügt durch Gesetz vom 25. 6. 2021 (BGBl. I S. 2056).

[8] § 34 Abs. 6d und 6e eingefügt durch Gesetz vom 11. 12. 2018 (BGBl. I S. 2338); bish. Abs. 6d und Abs. 6e werden Abs. 6e und Abs. 6f durch Gesetz vom 25. 6. 2021 (BGBl. I S. 2035); Abs. 6e Sätze 5 bis 16 angefügt durch Gesetz vom 25. 6. 2021 (BGBl. I S. 2050).

zahlungen nach anderen Grundsätzen als denen des § 14 Absatz 2 in der Fassung des Artikels 6 des Gesetzes vom 11. Dezember 2018 (BGBl. I S. 2338) anerkannt worden, so sind diese Grundsätze insoweit letztmals für den Veranlagungszeitraum 2021 maßgebend. ③ Wird ein Gewinnabführungsvertrag im Sinne des Satzes 2 vorzeitig nach dem 1. August 2018 durch Kündigung beendet, gilt die Kündigung als durch einen wichtigen Grund im Sinne des § 14 Absatz 1 Satz 1 Nummer 3 Satz 2 gerechtfertigt. ④ Wird ein Gewinnabführungsvertrag im Sinne des Satzes 2 an die Anforderungen des § 14 Absatz 2 in der Fassung des Artikels 6 des Gesetzes vom 11. Dezember 2018 (BGBl. I S. 2338) angepasst, gilt diese Anpassung für die Anwendung des § 14 Absatz 1 Satz 1 Nummer 3 nicht als Neuabschluss. ⑤ § 14 Absatz 4 sowie § 27 Absatz 1 Satz 3 und Absatz 6 in der Fassung des Artikels 1 des Gesetzes vom 25. Juni 2021 (BGBl. I S. 2050) sind erstmals auf Minder- und Mehrabführungen anzuwenden, die nach dem 31. Dezember 2021 erfolgen. ⑥ Hinsichtlich des Zeitpunkts der Minder- und Mehrabführungen ist dabei auf das Ende des Wirtschaftsjahres der Organgesellschaft abzustellen. ⑦ Beim Organträger sind noch bestehende Ausgleichsposten für organschaftliche Minder- und Mehrabführungen, die nach Maßgabe des § 14 Absatz 4 in der am 31. Dezember 2021 geltenden Fassung in der Steuerbilanz gebildet wurden, in dem Wirtschaftsjahr aufzulösen, das nach dem 31. Dezember 2021 endet. ⑧ Aktive Ausgleichsposten erhöhen, passive Ausgleichsposten mindern dabei den Buchwert der Beteiligung des Organträgers an der Organgesellschaft in der Steuerbilanz. ⑨ Soweit ein passiver Ausgleichsposten die Summe aus dem aktiven Ausgleichsposten und dem Buchwert der Beteiligung des Organträgers an der Organgesellschaft in der Steuerbilanz übersteigt, liegt ein Ertrag aus der Beteiligung an der Organgesellschaft vor. ⑩ § 3 Nummer 40 Buchstabe c und § 3c Absatz 2 des Einkommensteuergesetzes sowie § 8b Absatz 2, 3, 7 und 8 dieses Gesetzes sind auf diesen Beteiligungsertrag anzuwenden. ⑪ Bis zur Höhe des Betrages nach Satz 9 kann durch den Steuerpflichtigen eine den steuerlichen Gewinn mindernde Rücklage gebildet werden. ⑫ Soweit diese Rücklage gebildet wird, sind § 3 Nummer 40 Buchstabe c und § 3c Absatz 2 des Einkommensteuergesetzes sowie § 8b Absatz 2, 3, 7 und 8 dieses Gesetzes auf den Ertrag nach Satz 9 nicht anzuwenden. ⑬ Die Rücklage nach Satz 11 ist grundsätzlich im Wirtschaftsjahr der Bildung und in den neun folgenden Wirtschaftsjahren zu jeweils einem Zehntel gewinnerhöhend aufzulösen. ⑭ Die Rücklage ist in vollem Umfang gewinnerhöhend aufzulösen, wenn die Beteiligung des Organträgers an der Organgesellschaft veräußert wird. ⑮ Der Veräußerung gleichgestellt sind insbesondere die Umwandlung der Organgesellschaft auf eine Personengesellschaft oder eine natürliche Person, die verdeckte Einlage der Beteiligung an der Organgesellschaft und die Auflösung der Organgesellschaft. ⑯ § 3 Nummer 40 Buchstabe c und § 3c Absatz 2 des Einkommensteuergesetzes sowie § 8b Absatz 2, 3, 7 und 8 dieses Gesetzes sind bei der Auflösung der Rücklage anzuwenden.

(6f) § 15 in der Fassung des Artikels 6 des Gesetzes vom 11. Dezember 2018 (BGBl. I S. 2338) ist erstmals für den Veranlagungszeitraum 2018 anzuwenden.

(6g) § 15 Satz 1 Nummer 2 Satz 1 und 2 in der Fassung des Artikels 6 des Gesetzes vom 12. Dezember 2019 (BGBl. I S. 2451) ist erstmals auf Umwandlungen anzuwenden, bei denen die Anmeldung zur Eintragung in das für die Wirksamkeit des jeweiligen Vorgangs maßgebende öffentliche Register nach dem 12. Dezember 2019 erfolgt ist.

(7) § 19 in der am 31. Juli 2014 geltenden Fassung ist erstmals für den Veranlagungszeitraum 2012 anzuwenden.

(7a)[1] ① § 20 Absatz 1 in der am 1. Januar 2016 geltenden Fassung ist auch für Veranlagungszeiträume vor 2016 anzuwenden. ② § 20 Absatz 2 in der am 1. Januar 2016 geltenden Fassung ist erstmals für den Veranlagungszeitraum 2016 anzuwenden.

(8)[2] ① § 21 Absatz 2 Satz 2 Nummer 1 ist für die Veranlagungszeiträume 2016 bis 2018 in der folgenden Fassung anzuwenden:

„1. die Zuführungen innerhalb des am Bilanzstichtag endenden Wirtschaftsjahrs und der vier vorangegangenen Wirtschaftsjahre. ② Der Betrag nach Satz 1 darf nicht niedriger sein als der Betrag, der sich ergeben würde, wenn das am 13. Dezember 2010 geltende Recht weiter anzuwenden wäre".

② § 21 in der Fassung des Artikels 7 des Gesetzes vom 11. Dezember 2018 (BGBl. I S. 2338) ist anzuwenden:

1. erstmals für den Veranlagungszeitraum 2019;
2. auf bis zum 30. Juni 2019 zu stellenden, unwiderruflichen Antrag bereits für den Veranlagungszeitraum 2018. ② Der Antrag nach Satz 1 kann nur gestellt werden, wenn es im Veranlagungszeitraum 2018 sonst zu einer Auflösung der Rückstellung für Beitragsrückerstat-

[1] § 34 Abs. 7a eingefügt durch Gesetz vom 1. 4. 2015 (BGBl. I S. 434), Satz 1 vorangestellt durch JStG 2015 vom 2. 11. 2015 (BGBl. I S. 1834), vorheriger Text wird Satz 2.

[2] § 34 Abs. 8 neu gefasst durch JStG 2015 vom 2. 11. 2015 (BGBl. I S. 1834) für VZ 2016 bis 2017; geändert durch Gesetz vom 20. 12. 2016 (BGBl. I S. 3000) mit Wirkung für VZ 2016 bis 2018; Fassung für VZ 2010 bis 2015 zuletzt abgedruckt im „Handbuch zur Körperschaftsteuerveranlagung 2015". Abs. 8 Satz 2 angefügt durch Gesetz vom 11. 12. 2018 (BGBl. I S. 2338).

tung nach § 21 Absatz 2 Satz 2 in der zum 31. Dezember 2017 geltenden Fasung kommen würde.

(8a)[1] § 21a Absatz 1 in der am 1. Januar 2016 geltenden Fassung ist erstmals für den Veranlagungszeitraum 2016 anzuwenden.

(8b)[2] § 24 in der Fassung des Artikels 6 des Gesetzes vom 12. Dezember 2019 (BGBl. I S. 2451) ist erstmals für den Veranlagungszeitraum 2019 anzuwenden.

(8c)[3] § 25 Absatz 2 in der Fassung des Artikels 7 des Gesetzes vom 12. Dezember 2019 (BGBl. I S. 2451) ist erstmals für den Veranlagungszeitraum 2025 anzuwenden.

(9)[4] ① § 26 in der am 31. Dezember 2014 geltenden Fassung ist erstmals auf Einkünfte und Einkunftsteile anzuwenden, die nach dem 31. Dezember 2013 zufließen. ② Auf vor dem 1. Januar 2014 zugeflossene Einkünfte und Einkunftsteile ist § 26 Absatz 2 Satz 1 in der am 31. Dezember 2014 geltenden Fassung in allen Fällen anzuwenden, in denen die Körperschaftsteuer noch nicht bestandskräftig festgesetzt ist.

(10) § 27 Absatz 1 Satz 6 in der Fassung des Artikels 3 Nummer 10 des Gesetzes vom 7. Dezember 2006 (BGBl. I S. 2782) gilt letztmals für den Veranlagungszeitraum 2005.

(10a)[5] § 33 Absatz 1 Nummer 2 Buchstabe d in der am 1. Januar 2016 geltenden Fassung ist erstmals für den Veranlagungszeitraum 2016 anzuwenden.

(11) § 36 ist in allen Fällen, in denen die Endbestände im Sinne des § 36 Absatz 7 noch nicht bestandskräftig festgestellt sind, in der folgenden Fassung anzuwenden: *[Fassung abgedruckt bei § 36].*

(12) § 37 Absatz 1 ist in den Fällen des Absatzes 11 in der folgenden Fassung anzuwenden:

„(1) ① Auf den Schluss des Wirtschaftsjahrs, das dem in § 36 Absatz 1 genannten Wirtschaftsjahr folgt, wird ein Körperschaftsteuerguthaben ermittelt. ② Das Körperschaftsteuerguthaben beträgt $^{15}/_{55}$ des Endbestands des mit einer Körperschaftsteuer von 45 Prozent belasteten Teilbetrags zuzüglich $^{1}/_{6}$ des Endbestands des mit einer Körperschaftsteuer von 40 Prozent belasteten Teilbetrags."

(13) ① § 38 Absatz 1 in der am 19. Dezember 2006 geltenden Fassung gilt nur für Genossenschaften, die zum Zeitpunkt der erstmaligen Anwendung dieses Gesetzes in der Fassung des Artikels 3 des Gesetzes vom 23. Oktober 2000 (BGBl. I S. 1433) bereits bestanden haben. ② Die Regelung ist auch für Veranlagungszeiträume vor 2007 anzuwenden. ③ Ist in den Fällen des § 40 Absatz 5 und 6 in der am 13. Dezember 2006 geltenden Fassung die Körperschaftsteuerfestsetzung unter Anwendung des § 38 in der am 27. Dezember 2007 geltenden Fassung vor dem 28. Dezember 2007 erfolgt, sind die §§ 38 und 40 Absatz 5 und 6 weiter anzuwenden. ④ § 38 Absatz 4 bis 9 in der am 29. Dezember 2007 geltenden Fassung ist insoweit nicht anzuwenden.

(14) ① Die §§ 38 und 40 in der am 27. Dezember 2007 geltenden Fassung sowie § 10 des Umwandlungssteuergesetzes vom 7. Dezember 2006 (BGBl. I S. 2782, 2791)[6] sind auf Antrag weiter anzuwenden für

1. Körperschaften oder deren Rechtsnachfolger, an denen unmittelbar oder mittelbar zu mindestens 50 Prozent
   a) juristische Personen des öffentlichen Rechts aus Mitgliedstaaten der Europäischen Union oder aus Staaten, auf die das EWR-Abkommen Anwendung findet, oder
   b) Körperschaften, Personenvereinigungen oder Vermögensmassen im Sinne des § 5 Absatz 1 Nummer 9

   alleine oder gemeinsam beteiligt sind, und
2.[7] Genossenschaften,

die ihre Umsatzerlöse überwiegend durch Verwaltung und Nutzung eigenen zu Wohnzwecken dienenden Grundbesitzes, durch Betreuung von Wohnbauten oder durch die Errichtung und Veräußerung von Eigenheimen, Kleinsiedlungen oder Eigentumswohnungen erzielen, sowie für steuerbefreite Körperschaften. ② Der Antrag ist unwiderruflich und kann von der Körperschaft bis zum 30. September 2008 bei dem für die Besteuerung zuständigen Finanzamt gestellt werden. ③ Die Körperschaften oder deren Rechtsnachfolger müssen die Voraussetzungen nach Satz 1 ab dem 1. Januar 2007 bis zum Ende des Zeitraums im Sinne des § 38 Absatz 2 Satz 3 erfüllen. ④ Auf den Schluss des Wirtschaftsjahres, in dem die Voraussetzungen des Satzes 1 nach Antragstellung erstmals nicht mehr vorliegen, wird der Endbetrag nach § 38 Absatz 1 letztmals ermittelt und festgestellt. ⑤ Die Festsetzung und Erhebung des Körperschaftsteuererhöhungsbetrags richtet sich nach § 38 Absatz 4 bis 9 in der am 29. Dezember 2007 geltenden Fassung mit der Maßgabe,

[1] § 34 Abs. 8a eingefügt durch Gesetz vom 1. 4. 2015 (BGBl. I S 434).
[2] § 34 Abs. 8b eingefügt durch Gesetz vom 12. 12. 2019 (BGBl. I S. 2451).
[3] § 34 Abs. 8c eingefügt durch Gesetz vom 12. 12. 2019 (BGBl. I S. 2451) **mit Wirkung ab 1. 1. 2025.**
[4] § 34 Abs. 9 neu gefasst durch Gesetz vom 22. 12. 2014 (BGBl. I S. 2417).
[5] § 34 Abs. 10a eingefügt durch Gesetz vom 1. 4. 2015 (BGBl. I S 434).
[6] UmwStG abgedruckt im **Anhang I 2.**
[7] § 34 Abs. 14 Satz 1 Nr. 2 redaktionell angepasst durch Gesetz vom 12. 12. 2019 (BGBl. I S. 2451).

dass als Zahlungszeitraum im Sinne des § 38 Absatz 6 Satz 1 die verbleibenden Wirtschaftsjahre des Zeitraums im Sinne des § 38 Absatz 2 Satz 3 gelten. ⑥ Die Sätze 4 und 5 gelten entsprechend, soweit das Vermögen der Körperschaft oder ihres Rechtsnachfolgers durch Verschmelzung nach § 2 des Umwandlungsgesetzes oder Auf- oder Abspaltung im Sinne des § 123 Absatz 1 und 2 des Umwandlungsgesetzes ganz oder teilweise auf eine andere Körperschaft übergeht und diese keinen Antrag nach Satz 2 gestellt hat. ⑦ § 40 Absatz 6 in der am 27. Dezember 2007 geltenden Fassung ist nicht anzuwenden.

§ 35 Sondervorschriften für Körperschaften, Personenvereinigungen oder Vermögensmassen in dem in Artikel 3 des Einigungsvertrages genannten Gebiet

Soweit ein Verlust einer Körperschaft, Personenvereinigung oder Vermögensmasse, die am 31. Dezember 1990 ihre Geschäftsleitung oder ihren Sitz in dem in Artikel 3 des Einigungsvertrages genannten Gebiet und im Jahre 1990 keine Geschäftsleitung und keinen Sitz im bisherigen Geltungsbereich des Körperschaftsteuergesetzes hatte, aus dem Veranlagungszeitraum 1990 auf das Einkommen eines Veranlagungszeitraums für das das Körperschaftsteuergesetz in der Fassung des Artikels 3 des Gesetzes vom 23. Oktober 2000 (BGBl. I S. 1433) erstmals anzuwenden ist oder eines nachfolgenden Veranlagungszeitraums vorgetragen wird, ist das steuerliche Einlagekonto zu erhöhen.

Sechster Teil. Sondervorschriften für den Übergang vom Anrechnungsverfahren zum Halbeinkünfteverfahren

[Fassung gem. § 34 Abs. 11 für alle Fälle, in denen die Endbestände iSd § 36 Abs. 7 noch nicht bestandskräftig festgestellt sind:][1]

§ 36 Endbestände

(1) Auf den Schluss des letzten Wirtschaftsjahrs, das in dem Veranlagungszeitraum endet, für den das Körperschaftsteuergesetz in der Fassung der Bekanntmachung vom 22. April 1999 (BGBl. I S. 817), das durch Artikel 4 des Gesetzes vom 14. Juli 2000 (BGBl. I S. 1034) geändert worden ist, letztmals anzuwenden ist, werden die Endbestände der Teilbeträge des verwendbaren Eigenkapitals ausgehend von den gemäß § 47 Absatz 1 Satz 1 Nummer 1 des Körperschaftsteuergesetzes in der Fassung der Bekanntmachung vom 22. April 1999 (BGBl. I S. 817), das zuletzt durch Artikel 4 des Gesetzes vom 14. Juli 2000 (BGBl. I S. 1034) geändert worden ist, festgestellten Teilbeträgen gemäß den nachfolgenden Absätzen ermittelt.

(2) ① Die Teilbeträge sind um die Gewinnausschüttungen, die auf einem den gesellschaftsrechtlichen Vorschriften entsprechenden Gewinnverteilungsbeschluss für ein abgelaufenes Wirtschaftsjahr beruhen und die in dem in Absatz 1 genannten Wirtschaftsjahr folgenden Wirtschaftsjahr erfolgen, sowie um andere Ausschüttungen und sonstige Leistungen, die in dem in Absatz 1 genannten Wirtschaftsjahr erfolgen, zu verringern. ② Die Regelungen des Vierten Teils des Körperschaftsteuergesetzes in der Fassung der Bekanntmachung vom 22. April 1999 (BGBl. I S. 817), das zuletzt durch Artikel 4 des Gesetzes vom 14. Juli 2000 (BGBl. I S. 1034) geändert worden ist, sind anzuwenden. ③ Der Teilbetrag im Sinne des § 54 Absatz 11 Satz 1 des Körperschaftsteuergesetzes in der Fassung der Bekanntmachung vom 22. April 1999 (BGBl. I S. 817), das zuletzt durch Artikel 4 des Gesetzes vom 14. Juli 2000 (BGBl. I S. 1034) geändert worden ist (Teilbetrag, der einer Körperschaftsteuer in Höhe von 45 Prozent unterlegen hat), erhöht sich um die Einkommensteile, die nach § 34 Absatz 12 Satz 2 bis 5 in der am 14. Dezember 2010 geltenden Fassung einer Körperschaftsteuer von 45 Prozent unterlegen haben, und der Teilbetrag, der nach dem 31. Dezember 1998 einer Körperschaftsteuer in Höhe von 40 Prozent ungemildert unterlegen hat, erhöht sich um die Beträge, die nach § 34 Absatz 12 Satz 6 bis 8 in der am 14. Dezember 2010 geltenden Fassung einer Körperschaftsteuer von 40 Prozent unterlegen haben, jeweils nach Abzug der Körperschaftsteuer, der sie unterlegen haben.

(3) (weggefallen)

(4) Ist die Summe der unbelasteten Teilbeträge im Sinne des § 30 Absatz 2 Nummer 1 bis 3 in der Fassung des Artikels 4 des Gesetzes vom 14. Juli 2000 (BGBl. I S. 1034) nach Anwendung des Absatzes 2 negativ, sind diese Teilbeträge zunächst untereinander und danach mit den mit

---

[1] Nach *Beschluss des BVerfG 1 BvR 2192/05 vom 17. 11. 2009* sind die Übergangsregelungen des § 36 Abs. 3 und 4 KStG idF des StSenkG vom 23. 10. 2000 vom Anrechnungsverfahren zum Halbeinkünfteverfahren nicht mit Art. 3 Abs. 1 GG vereinbar, soweit sie zu einem Verlust von KSt-Minderungspotenzial führen.

Durch JStG 2010 vom 8. 12. 2010 (BGBl. I S. 1768) war daher die Vorschrift in der Anwendungsregelung des *§ 34 Abs. 13f a. F.* neu gefasst worden und rückwirkend in allen Fällen, in denen die Endbestände noch nicht bestandskräftig festgestellt sind, anzuwenden. Nach Neufassung des § 34 durch Gesetz vom 25. 7. 2014 (BGBl. I S. 1266) jetzt: § 34 Abs. 11.

Alte Fassung des § 36 nicht aufgehoben, aber obsolet; siehe zuletzt im „Handbuch zur Körperschaftsteuerveranlagung 2009“.

Körperschaftsteuer belasteten Teilbeträgen in der Reihenfolge zu verrechnen, in der ihre Belastung zunimmt.

(5) ① Ist die Summe der unbelasteten Teilbeträge im Sinne des § 30 Absatz 2 Nummer 1 bis 3 in der Fassung des Artikels 4 des Gesetzes vom 14. Juli 2000 (BGBl. I S. 1034) nach Anwendung des Absatzes 2 nicht negativ, sind zunächst die Teilbeträge im Sinne des § 30 Absatz 2 Nummer 1 und 3 in der Fassung des Artikels 4 des Gesetzes vom 14. Juli 2000 (BGBl. I S. 1034) zusammenzufassen. ② Ein sich aus der Zusammenfassung ergebender Negativbetrag ist vorrangig mit einem positiven Teilbetrag im Sinne des § 30 Absatz 2 Nummer 2 in der Fassung des Artikels 4 des Gesetzes vom 14. Juli 2000 (BGBl. I S. 1034) zu verrechnen. ③ Ein negativer Teilbetrag im Sinne des § 30 Absatz 2 Nummer 2 in der Fassung des Artikels 4 des Gesetzes vom 14. Juli 2000 (BGBl. I S. 1034) ist vorrangig mit dem positiven zusammengefassten Teilbetrag im Sinne des Satzes 1 zu verrechnen.

(6) ① Ist einer der belasteten Teilbeträge negativ, sind diese Teilbeträge zunächst untereinander in der Reihenfolge zu verrechnen, in der ihre Belastung zunimmt. ② Ein sich danach ergebender Negativbetrag mindert vorrangig den nach Anwendung des Absatzes 5 verbleibenden positiven Teilbetrag im Sinne des § 30 Absatz 2 Nummer 2 in der Fassung des Artikels 4 des Gesetzes vom 14. Juli 2000 (BGBl. I S. 1034); ein darüber hinausgehender Negativbetrag mindert den positiven zusammengefassten Teilbetrag nach Absatz 5 Satz 1.

(6 a) ① Ein sich nach Anwendung der Absätze 1 bis 6 ergebender positiver Teilbetrag, der einer Körperschaftsteuer von 45 Prozent unterlegen hat, mindert in Höhe von $^{5}/_{22}$ seines Bestands einen nach Anwendung der Absätze 1 bis 6 verbleibenden positiven Bestand des Teilbetrags im Sinne des § 30 Absatz 2 Nummer 2 in der Fassung des Artikels 4 des Gesetzes vom 14. Juli 2000 (BGBl. I S. 1034) bis zu dessen Verbrauch. ② Ein sich nach Anwendung der Absätze 1 bis 6 ergebender positiver Teilbetrag, der einer Körperschaftsteuer von 45 Prozent unterlegen hat, erhöht in Höhe von $^{27}/_{5}$ des Minderungsbetrags nach Satz 1 den nach Anwendung der Absätze 1 bis 6 verbleibenden Bestand des Teilbetrags, der nach dem 31. Dezember 1998 einer Körperschaftsteuer von 40 Prozent ungemildert unterlegen hat. ③ Der nach Satz 1 abgezogene Betrag erhöht und der nach Satz 2 hinzugerechnete Betrag vermindert den nach Anwendung der Absätze 1 bis 6 verbleibenden Bestand des Teilbetrags, der einer Körperschaftsteuer von 45 Prozent unterlegen hat.

(7) Die Endbestände sind getrennt auszuweisen und werden gesondert festgestellt; dabei sind die verbleibenden unbelasteten Teilbeträge im Sinne des § 30 Absatz 2 Nummer 1 und 3 des Körperschaftsteuergesetzes in der Fassung der Bekanntmachung vom 22. April 1999 (BGBl. I S. 817), das zuletzt durch Artikel 4 des Gesetzes vom 14. Juli 2000 (BGBl. I S. 1034) geändert worden ist, in einer Summe auszuweisen.

§ 37 Körperschaftsteuerguthaben und Körperschaftsteuerminderung

[Abs. 1 idF des § 34 Abs. 12:][1]

(1) ① Auf den Schluss des Wirtschaftsjahrs, das dem in § 36 Absatz 1 genannten Wirtschaftsjahr folgt, wird ein Körperschaftsteuerguthaben ermittelt. ② Das Körperschaftsteuerguthaben beträgt $^{15}/_{55}$ des Endbestands des mit einer Körperschaftsteuer von 45 Prozent belasteten Teilbetrags zuzüglich $^{1}/_{6}$ des Endbestands des mit einer Körperschaftsteuer von 40 Prozent belasteten Teilbetrags.

[Abs. 1 a. F.:]

(1)[2] ① Auf den Schluss des Wirtschaftsjahrs, das dem in § 36 Abs. 1 genannten Wirtschaftsjahr folgt, wird ein Körperschaftsteuerguthaben ermittelt. ② Das Körperschaftsteuerguthaben beträgt $^{1}/_{6}$ des Endbestands des mit einer Körperschaftsteuer von 40 Prozent belasteten Teilbetrags.

(2)[2,3] ① Das Körperschaftsteuerguthaben mindert sich vorbehaltlich des Absatzes 2a um jeweils $^{1}/_{6}$ der Gewinnausschüttungen, die in den folgenden Wirtschaftsjahren erfolgen und die auf einem den gesellschaftsrechtlichen Vorschriften entsprechenden Gewinnverteilungsbeschluss beruhen. ②[4] Satz 1 gilt für Mehrabführungen im Sinne des § 14 Abs. 3 entsprechend. ③ Die Körperschaftsteuer des Veranlagungszeitraums, in dem das Wirtschaftsjahr endet, in dem die Gewinnausschüttung erfolgt, mindert sich bis zum Verbrauch des Körperschaftsteuerguthabens um diesen Betrag, letztmalig in dem Veranlagungszeitraum, in dem das 18. Wirtschaftsjahr endet, das auf das Wirtschaftsjahr folgt, auf dessen Schluss nach Absatz 1 das Körperschaftsteuerguthaben ermittelt wird. ④ Das verbleibende Körperschaftsteuerguthaben ist auf den Schluss der jeweiligen Wirtschaftsjahre, letztmals auf den Schluss des 17. Wirtschaftsjahrs, das auf das Wirtschaftsjahr folgt, auf dessen Schluss nach Absatz 1 das Körperschaftsteuerguthaben ermittelt wird, fortzuschreiben und gesondert festzustellen. ⑤ § 27 Abs. 2 gilt entsprechend.

---

[1] § 37 Abs. 1 neu gefasst durch die Regelung in § 34 Abs. 12 KStG i. d. F. des Gesetzes vom 25. 7. 2014 (BGBl. I S. 1266) und anzuwenden in den Fällen, in denen die Schlussbestände nach § 36 idF des § 34 Abs. 11 zu ermitteln sind.

[2] Zur letztmaligen Anwendung der Abs. 1 bis 3 siehe Abs. 4 Sätze 4 und 5.

[3] § 37 Abs. 2 neu gefasst durch StVergAbG vom 16. 5. 2003 (BGBl. I S. 660) mWv VZ 2003.

[4] § 37 Abs. 2 Satz 2 eingefügt durch EURLUmsG vom 9. 12. 2004 (BGBl. I S. 3310).

(2 a)[1·2] Die Minderung ist begrenzt

1. für Gewinnausschüttungen, die nach dem 11. April 2003 und vor dem 1. Januar 2006 erfolgen, jeweils auf 0 Euro;

2. für Gewinnausschüttungen, die nach dem 31. Dezember 2005 erfolgen auf den Betrag, der auf das Wirtschaftsjahr der Gewinnausschüttung entfällt, wenn das auf den Schluss des vorangegangenen Wirtschaftsjahrs festgestellte Körperschaftsteuerguthaben gleichmäßig auf die einschließlich des Wirtschaftsjahrs der Gewinnausschüttung verbleibenden Wirtschaftsjahre verteilt wird, für die nach Absatz 2 Satz 3[3] eine Körperschaftsteuerminderung in Betracht kommt.

(3)[1] ① Erhält eine unbeschränkt steuerpflichtige Körperschaft oder Personenvereinigung, deren Leistungen bei den Empfängern zu den Einnahmen im Sinne des § 20 Abs. 1 Nr. 1 oder 2 des Einkommensteuergesetzes in der Fassung des Artikels 1 des Gesetzes vom 20. Dezember 2001 (BGBl. I S. 3858) gehören, Bezüge, die nach § 8b Abs. 1 bei der Einkommensermittlung außer Ansatz bleiben und die bei der leistenden Körperschaft zu einer Minderung der Körperschaftsteuer geführt haben, erhöht sich bei ihr die Körperschaftsteuer und das Körperschaftsteuerguthaben um den Betrag der Minderung der Körperschaftsteuer bei der leistenden Körperschaft. ② Satz 1 gilt auch, wenn der Körperschaft oder Personenvereinigung die entsprechenden Bezüge einer Organgesellschaft zugerechnet werden, weil sie entweder Organträger ist oder an einer Personengesellschaft beteiligt ist, die Organträger ist. ③ Im Fall des § 4 des Umwandlungssteuergesetzes sind die Sätze 1 und 2 entsprechend anzuwenden. ④ Die leistende Körperschaft hat der Empfängerin die folgenden Angaben nach amtlich vorgeschriebenem Muster zu bescheinigen:

1. den Namen und die Anschrift des Anteilseigners,

2. die Höhe des in Anspruch genommenen Körperschaftsteuerminderungsbetrags,

3. den Zahlungstag.

⑤ § 27 Abs. 3 Satz 2, Abs. 4 und 5 gilt entsprechend. ⑥ Die Sätze 1 bis 4 gelten nicht für steuerbefreite Körperschaften und Personenvereinigungen im Sinne des § 5 Abs. 1 Nr. 9, soweit die Einnahmen in einem wirtschaftlichen Geschäftsbetrieb anfallen, für den die Steuerbefreiung ausgeschlossen ist.

(4)[4] ① Das Körperschaftsteuerguthaben wird letztmalig auf den 31. Dezember 2006 ermittelt. ② Geht das Vermögen einer unbeschränkt steuerpflichtigen Körperschaft durch einen der in § 1 Abs. 1 des Umwandlungssteuergesetzes vom 7. Dezember 2006 (BGBl. I S. 2782, 2791)[5] in der jeweils geltenden Fassung genannten Vorgänge, bei denen die Anmeldung zur Eintragung in ein öffentliches Register nach dem 12. Dezember 2006 erfolgt, ganz oder teilweise auf einen anderen Rechtsträger über, wird das Körperschaftsteuerguthaben bei der übertragenden Körperschaft letztmalig auf den vor dem 31. Dezember 2006 liegenden steuerlichen Übertragungsstichtag ermittelt. ③ Wird das Vermögen einer Körperschaft oder Personenvereinigung im Rahmen einer Liquidation im Sinne des § 11 nach dem 12. Dezember 2006 und vor dem 1. Januar 2007 verteilt, wird das Körperschaftsteuerguthaben letztmalig auf den Stichtag ermittelt, auf den die Liquidationsschlussbilanz erstellt wird. ④ Die Absätze 1 bis 3 sind letztmals auf Gewinnausschüttungen und als ausgeschüttet geltende Beträge anzuwenden, die vor dem 1. Januar 2007 oder bis zu dem nach Satz 2 maßgebenden Zeitpunkt erfolgt sind. ⑤ In Fällen der Liquidation sind die Absätze 1 bis 3 auf Abschlagszahlungen anzuwenden, die bis zum Stichtag erfolgt sind, auf den das Körperschaftsteuerguthaben letztmalig ermittelt wird.

(5)[6·7] ① Die Körperschaft hat innerhalb eines Auszahlungszeitraums von 2008 bis 2017 einen Anspruch auf Auszahlung des Körperschaftsteuerguthabens in zehn gleichen Jahresbeträgen. ② Der Anspruch entsteht mit Ablauf des 31. Dezember 2006 oder des nach Absatz 4 Satz 2 oder Satz 3 maßgebenden Tages. ③ Der Anspruch wird für den gesamten Auszahlungszeitraum festgesetzt. ④ Der Anspruch ist jeweils am 30. September auszuzahlen. ⑤ Für das Jahr der Bekanntgabe des Bescheids und die vorangegangenen Jahre ist der Anspruch innerhalb eines Monats nach Bekanntgabe des Bescheids auszuzahlen, wenn die Bekanntgabe des Bescheids nach dem 31. August 2008 erfolgt. ⑥ Abweichend von Satz 1 ist der festgesetzte Anspruch in einem Betrag auszuzahlen, wenn das festgesetzte Körperschaftsteuerguthaben nicht mehr als 1000 Euro beträgt.

---

[1] Zur letztmaligen Anwendung der Abs. 1 bis 3 siehe Abs. 4 Sätze 4 und 5.

[2] § 37 Abs. 2 a eingefügt durch StVergAbG vom 16. 5. 2003 (BGBl. I S. 660).

[3] Redaktionell geändert durch JStG 2007 vom 13. 12. 2006 (BGBl. I S. 2878).

[4] § 37 Abs. 4 angefügt mWv VZ 2006 durch SEStEG vom 7. 12. 2006 (BGBl. I S. 2782); Abs. 4 Sätze 3 und 4 geändert, Satz 5 angefügt durch JStG 2008 vom 20. 12. 2007 (BGBl. I S. 3150).

[5] UmwStG abgedruckt im **Anhang I 2.**

[6] § 37 Abs. 5 angefügt mWv VZ 2006 durch SEStEG vom 7. 12. 2006 (BGBl. I S. 2782); Abs. 4 Sätze 3 und 4 geändert, Satz 5 angefügt durch JStG 2008 vom 20. 12. 2007 (BGBl. I S. 3150).

[7] § 37 Abs. 5 Satz 2 geändert, Satz 4 durch neue Sätze 4 und 5 ersetzt (bish. Sätze 5 und 6 werden Sätze 6 und 7) sowie Sätze 8 und 9 angefügt durch JStG 2008 vom 20. 12. 2007 (BGBl. I S. 3150); Abs. 5 Satz 6 eingefügt, bish. Sätze 6 bis 9 werden Sätze 7 bis 10, Satz 8 neu gefasst durch Gesetz vom 20. 12. 2008 (BGBl. I S. 2850) mit Wirkung ab VZ 2008.

⑦ Der Anspruch ist nicht verzinslich. ⑧ Die Festsetzungsfrist für die Festsetzung des Anspruchs läuft nicht vor Ablauf des Jahres ab, in dem der letzte Jahresbetrag fällig geworden ist oder ohne Anwendung des Satzes 6 fällig geworden wäre. ⑨ § 10 d Abs. 4 Satz 4 und 5 des Einkommensteuergesetzes gilt sinngemäß. ⑩ Auf die Abtretung oder Verpfändung des Anspruchs ist § 46 Abs. 4 der Abgabenordnung nicht anzuwenden.

(6)[1] ① Wird der Bescheid über die Festsetzung des Anspruchs nach Absatz 5 aufgehoben oder geändert, wird der Betrag, um den der Anspruch, der sich aus dem geänderten Bescheid ergibt, die Summe der Auszahlungen, die bis zur Bekanntgabe des neuen Bescheids geleistet worden sind, übersteigt, auf die verbleibenden Fälligkeitstermine des Auszahlungszeitraums verteilt. ② Abweichend von Satz 1 ist der übersteigende Betrag in einer Summe auszuzahlen, wenn er nicht mehr als 1000 Euro beträgt und auf die vorangegangene Festsetzung Absatz 5 Satz 6 oder dieser Satz angewendet worden ist. ③ Ist die Summe der Auszahlungen, die bis zur Bekanntgabe des neuen Bescheids geleistet worden sind, größer als der Auszahlungsanspruch, der sich aus dem geänderten Bescheid ergibt, ist der Unterschiedsbetrag innerhalb eines Monats nach Bekanntgabe des Bescheids zu entrichten.

(7)[2] ① Erträge und Gewinnminderungen der Körperschaft, die sich aus der Anwendung des Absatzes 5 ergeben, gehören nicht zu den Einkünften im Sinne des Einkommensteuergesetzes. ② Die Auszahlung ist aus den Einnahmen an Körperschaftsteuer zu leisten.

§ 38 Körperschaftsteuererhöhung

(1)[3] ① Ein positiver Endbetrag im Sinne des § 36 Abs. 7 aus dem Teilbetrag im Sinne des § 30 Abs. 2 Nr. 2 in der Fassung des Artikels 4 des Gesetzes vom 14. Juli 2000 (BGBl. I S. 1034) ist auch zum Schluss der folgenden Wirtschaftjahre fortzuschreiben und gesondert festzustellen. ② § 27 Abs. 2 gilt entsprechend. ③ Der Betrag verringert sich jeweils, soweit er als für Leistungen verwendet gilt. ④ Er gilt als für Leistungen verwendet, soweit die Summe der Leistungen, die die Gesellschaft im Wirtschaftjahr erbracht hat, den um den Bestand des Satzes 1 verminderten ausschüttbaren Gewinn (§ 27) übersteigt. ⑤ Maßgeblich sind die Bestände zum Schluss des vorangegangenen Wirtschaftsjahrs. ⑥ Die Rückzahlung von Geschäftsguthaben an ausscheidende Mitglieder von Genossenschaften stellt, soweit es sich dabei nicht um Nennkapital im Sinne des § 28 Abs. 2 Satz 2 handelt, keine Leistung im Sinne der Sätze 3 und 4 dar. ⑦ Satz 6 gilt nicht, soweit der unbelastete Teilbetrag im Sinne des Satzes 1 nach § 40 Abs. 1 oder Abs. 2 infolge der Umwandlung einer Körperschaft, die nicht Genossenschaft im Sinne des § 34 Absatz 13[4] ist, übergegangen ist.

(2) ① Die Körperschaftsteuer des Veranlagungszeitraums, in dem das Wirtschaftsjahr endet, in dem die Leistungen erfolgen, erhöht sich um $^3/_7$ des Betrags der Leistungen, für die ein Teilbetrag aus dem Endbetrag im Sinne des Absatzes 1 als verwendet gilt. ② Die Körperschaftsteuererhöhung mindert den Endbetrag im Sinne des Absatzes 1 bis zu dessen Verbrauch. ③[5] Satz 1 ist letztmals für den Veranlagungszeitraum anzuwenden, in dem das 18. Wirtschaftsjahr endet, das auf das Wirtschaftsjahr folgt, auf dessen Schluss nach § 37 Abs. 1 Körperschaftsteuerguthaben ermittelt werden.

(3) ① Die Körperschaftsteuer wird nicht erhöht, soweit eine von der Körperschaftsteuer befreite Körperschaft Leistungen an einen unbeschränkt steuerpflichtigen, von der Körperschaftsteuer befreiten Anteilseigner oder an eine juristische Person des öffentlichen Rechts vornimmt. ② Der Anteilseigner ist verpflichtet, der ausschüttenden Körperschaft seine Befreiung durch eine Bescheinigung des Finanzamts nachzuweisen, es sei denn, er ist eine juristische Person des öffentlichen Rechts. ③ Das gilt nicht, soweit die Leistung auf Anteile entfällt, die in einem wirtschaftlichen Geschäftsbetrieb gehalten werden, für den die Befreiung von der Körperschaftsteuer ausgeschlossen ist, oder in einem nicht von der Körperschaftsteuer befreiten Betrieb gewerblicher Art.

[Abs. 4 bis 10 idF des JStG 2008:]

(4)[6] ① Der Endbetrag nach Absatz 1 wird letztmalig auf den 31. Dezember 2006 ermittelt und festgestellt. ② Wird das Vermögen einer Körperschaft oder Personenvereinigung im Rahmen einer Liquidation im Sinne des § 11 nach dem 31. Dezember 2006 verteilt, wird der Endbetrag im Sinne des Satzes 1 letztmalig auf den Schluss des letzten vor dem 1. Januar 2007 endenden Besteuerungszeitraums festgestellt. ③ Bei über den 31. Dezember 2006 hinaus fortdauernden

---

[1] § 37 Abs. 6 angefügt mWv VZ 2006 durch SEStEG vom 7. 12. 2006 (BGBl. I S. 2782); Abs. 6 Satz 2 eingefügt, bish. Satz 2 wird Satz 3, durch Gesetz vom 20. 12. 2008 (BGBl. I S. 2850) mit Wirkung ab VZ 2008.

[2] § 37 Abs. 7 angefügt mWv VZ 2006 durch SEStEG vom 7. 12. 2006 (BGBl. I S. 2782).

[3] § 38 Abs. 1 Sätze 6 und 7 angefügt durch JStG 2007 vom 13. 12. 2006 (BGBl. I S. 2878). Zur Geltung von Abs. 1 in dieser Fassung siehe § 34 Abs. 13.

[4] Redaktionell angepasst durch Gesetz vom 25. 7. 2014 (BGBl. I S. 1266).

[5] § 38 Abs. 2 Satz 3 geändert durch StVergAbG vom 16. 5. 2003 (BGBl. I S. 660).

[6] § 38 Abs. 4 neu angefügt durch JStG 2008 vom 20. 12. 2007 (BGBl. I S. 3150).
Zur Weiteranwendung der bisherigen Fassung von § 38 (= Abs. 1 bis 3) auf Antrag siehe § 34 Abs. 14.

Liquidationen endet der Besteuerungszeitraum nach § 11 auf Antrag der Körperschaft oder Personenvereinigung mit Ablauf des 31. Dezember 2006. ④ Die Absätze 1 bis 3 sind letztmals auf Leistungen anzuwenden, die vor dem 1. Januar 2007 oder dem nach Satz 2 maßgebenden Zeitpunkt erfolgt sind.

(5)[1] ① Der Körperschaftsteuererhöhungsbetrag beträgt $^{3}/_{100}$ des nach Absatz 4 Satz 1 festgestellten Endbetrags. ② Er ist begrenzt auf den Betrag, der sich nach den Absätzen 1 bis 3 als Körperschaftsteuererhöhung ergeben würde, wenn die Körperschaft oder Personenvereinigung ihr am 31. Dezember 2006 oder an dem nach Absatz 4 Satz 2 maßgebenden Zeitpunkt bestehendes Eigenkapital laut Steuerbilanz für eine Ausschüttung verwenden würde. ③ Ein Körperschaftsteuererhöhungsbetrag ist nur festzusetzen, wenn er 1000 Euro übersteigt.

(6)[1] ① Die Körperschaft oder deren Rechtsnachfolger hat den sich nach Absatz 5 ergebenden Körperschaftsteuererhöhungsbetrag innerhalb eines Zeitraums von 2008 bis 2017 in zehn gleichen Jahresbeträgen zu entrichten (Zahlungszeitraum). ② Satz 1 gilt nicht für Körperschaften oder Personenvereinigungen, die sich am 31. Dezember 2006 bereits in Liquidation befanden. ③ Der Anspruch entsteht am 1. Januar 2007. ④ Der Körperschaftsteuererhöhungsbetrag wird für den gesamten Zahlungszeitraum festgesetzt. ⑤ Der Jahresbetrag ist jeweils am 30. September fällig. ⑥ Für das Jahr der Bekanntgabe des Bescheids und die vorangegangenen Jahre ist der Jahresbetrag innerhalb eines Monats nach Bekanntgabe des Bescheids fällig, wenn die Bekanntgabe des Bescheids nach dem 31. August 2008 erfolgt. ⑦ In den Fällen des Satzes 2 ist der gesamte Anspruch innerhalb eines Monats nach Bekanntgabe des Bescheids fällig. ⑧ Der Anspruch ist nicht verzinslich. ⑨ Die Festsetzungsfrist für die Festsetzung des Körperschaftsteuererhöhungsbetrags läuft nicht vor Ablauf des Jahres ab, in dem der letzte Jahresbetrag fällig geworden ist.

(7)[1] ① Auf Antrag kann die Körperschaft oder deren Rechtsnachfolger abweichend von Absatz 6 Satz 1 den Körperschaftsteuererhöhungsbetrag in einer Summe entrichten. ② Der Antrag kann letztmals zum 30. September 2015 gestellt werden. ③ Anstelle des jeweiligen Jahresbetrags ist zu dem Zahlungstermin, der auf den Zeitpunkt der Antragstellung folgt, der zu diesem Termin nach Absatz 6 Satz 4 fällige Jahresbetrag zuzüglich der noch nicht fälligen Jahresbeträge abgezinst mit einem Zinssatz von 5,5 Prozent zu entrichten. ④ Mit der Zahlung erlischt der gesamte Anspruch. ⑤ Die Sätze 3 und 4 sind in den Fällen des Absatzes 6 Satz 7,[2] des Absatzes 8 und des Absatzes 9 Satz 1 und 2 von Amts wegen anzuwenden.

(8)[1] Bei Liquidationen, die nach dem 31. Dezember 2006 beginnen, werden alle entstandenen und festgesetzten Körperschaftsteuererhöhungsbeträge an dem 30. September fällig, der auf den Zeitpunkt der Erstellung der Liquidationseröffnungsbilanz folgt.

(9)[1] ① Geht das Vermögen einer unbeschränkt steuerpflichtigen Körperschaft oder Personenvereinigung durch einen der in § 1 Abs. 1 Nr. 1 des Umwandlungssteuergesetzes vom 7. Dezember 2006 (BGBl. I S. 2782, 2791)[3] in der jeweils geltenden Fassung genannten Vorgänge ganz oder teilweise auf eine nicht unbeschränkt steuerpflichtige Körperschaft oder Personenvereinigung über oder verlegt eine unbeschränkt steuerpflichtige Körperschaft oder Personenvereinigung ihren Sitz oder Ort der Geschäftsleitung und endet dadurch ihre unbeschränkte Steuerpflicht, werden alle entstandenen und festgesetzten Körperschaftsteuererhöhungsbeträge an dem 30. September fällig, der auf den Zeitpunkt des Vermögensübergangs oder des Wegzugs folgt. ② Ist eine Festsetzung nach Absatz 6 noch nicht erfolgt, ist der gesamte Anspruch innerhalb eines Monats nach Bekanntgabe des Bescheids fällig. ③ Satz 1 gilt nicht, wenn der übernehmende Rechtsträger in einem anderen Mitgliedstaat der Europäischen Union unbeschränkt steuerpflichtig ist oder die Körperschaft oder Personenvereinigung in den Fällen des Wegzugs in einem anderen Mitgliedstaat der Europäischen Union unbeschränkt steuerpflichtig wird.

(10)[1] § 37 Abs. 6 und 7 gilt entsprechend.

§ 39 Einlagen der Anteilseigner und Sonderausweis

(1) Ein sich nach § 36 Abs. 7 ergebender positiver Endbetrag des Teilbetrags im Sinne des § 30 Abs. 2 Nr. 4 des Körperschaftsteuergesetzes in der Fassung der Bekanntmachung vom 22. April 1999 (BGBl. I S. 817), das zuletzt durch Artikel 4 des Gesetzes vom 14. Juli 2000 (BGBl. I S. 1034) geändert worden ist, wird als Anfangsbestand des steuerlichen Einlagekontos im Sinne des § 27 erfasst.

(2) Der nach § 47 Abs. 1 Satz 1 Nr. 2 in der Fassung des Artikels 4 des Gesetzes vom 14. Juli 2000 (BGBl. I S. 1034) zuletzt festgestellte Betrag wird als Anfangsbestand in die Feststellung nach § 28 Abs. 1 Satz 3[4] einbezogen.

---

[1] § 38 Abs. 5 bis 10 neu angefügt durch JStG 2008 vom 20. 12. 2007 (BGBl. I S. 3150).
Zur Weiteranwendung der bisherigen Fassung von § 38 (= Abs. 1 bis 3) auf Antrag siehe § 34 Abs. 14.
[2] Satzziffer redaktionell geändert durch JStG 2010 vom 8. 12. 2010 (BGBl. I S. 1768).
[3] UmwStG abgedruckt im **Anhang I 2.**
[4] Redaktionell geändert durch EURLUmsG.

§ 40[1] *Umwandlung, Liquidation und Verlegung des Sitzes*

(1) Geht das Vermögen einer unbeschränkt steuerpflichtigen Körperschaft durch Verschmelzung nach § 2 des Umwandlungsgesetzes auf eine unbeschränkt steuerpflichtige Körperschaft über, ist der unbelastete Teilbetrag gemäß § 38 dem entsprechenden Betrag der übernehmenden Körperschaft hinzuzurechnen.

(2) ① Geht Vermögen einer unbeschränkt steuerpflichtigen Körperschaft durch Aufspaltung oder Abspaltung im Sinne des § 123 Abs. 1 und 2 des Umwandlungsgesetzes auf eine unbeschränkt steuerpflichtige Körperschaft über, ist der in Absatz 1 genannte Betrag der übertragenden Körperschaft einer übernehmenden Körperschaft im Verhältnis der übergehenden Vermögensteile zu dem bei der übertragenden Körperschaft vor dem Übergang bestehenden Vermögen zuzuordnen, wie es in der Regel in den Angaben zum Umtauschverhältnis der Anteile im Spaltungs- und Übernahmevertrag oder im Spaltungsplan (§ 126 Abs. 1 Nr. 3, § 136 des Umwandlungsgesetzes) zum Ausdruck kommt. ② Entspricht das Umtauschverhältnis der Anteile nicht dem Verhältnis der übergehenden Vermögensteile zu dem bei der übertragenden Körperschaft vor der Spaltung bestehenden Vermögen, ist das Verhältnis der gemeinen Werte der übergehenden Vermögensteile zu dem vor der Spaltung vorhandenen Vermögen maßgebend. ③ Soweit das Vermögen auf eine Personengesellschaft übergeht, mindert sich der Betrag der übertragenden Körperschaft in dem Verhältnis der übergehenden Vermögensteile zu dem vor der Spaltung bestehenden Vermögen.

(3) ① Geht das Vermögen einer unbeschränkt steuerpflichtigen Körperschaft durch einen der in § 1 Abs. 1 Nr. 1 des Umwandlungssteuergesetzes vom 7. Dezember 2006 (BGBl. I S. 2782, 2791)[2] in der jeweils geltenden Fassung genannten Vorgänge ganz oder teilweise auf eine von der Körperschaftsteuer befreite Körperschaft, Personenvereinigung oder Vermögensmasse oder auf eine juristische Person des öffentlichen Rechts über oder wird die Körperschaft steuerbefreit, erhöht sich die Körperschaftsteuer um den Betrag, der sich nach § 38 ergeben würde, wenn das in der Steuerbilanz ausgewiesene Eigenkapital abzüglich des Betrags, der nach § 28 Abs. 2 Satz 1 in Verbindung mit § 29 Abs. 1 dem steuerlichen Einlagekonto gutzuschreiben ist, als im Zeitpunkt des Vermögensübergangs für eine Ausschüttung verwendet gelten würde. ② Die Körperschaftsteuer erhöht sich nicht in den Fällen des § 38 Abs. 3.

(4) ① Wird das Vermögen einer Körperschaft oder Personenvereinigung im Rahmen einer Liquidation im Sinne des § 11 verteilt, erhöht sich die Körperschaftsteuer um den Betrag, der sich nach § 38 ergeben würde, wenn das verteilte Vermögen als im Zeitpunkt der Verteilung für eine Ausschüttung verwendet gelten würde. ② Das gilt auch insoweit, als das Vermögen bereits vor Schluss der Liquidation verteilt wird. ③ Die Erhöhung der Körperschaftsteuer ist für den Veranlagungszeitraum vorzunehmen, in dem die Liquidation bzw. der jeweilige Besteuerungszeitraum endet. ④ Eine Erhöhung ist letztmals für den Veranlagungszeitraum 2020 vorzunehmen. ⑤ Bei Liquidationen, die über den 31. Dezember 2020 hinaus fortdauern, endet der Besteuerungszeitraum nach § 11 mit Ablauf des 31. Dezember 2020. ⑥ Auf diesen Zeitpunkt ist ein steuerlicher Zwischenabschluss zu fertigen. ⑦ Die Körperschaftsteuer erhöht sich nicht in den Fällen des § 38 Abs. 3.

(5) Geht das Vermögen einer unbeschränkt steuerpflichtigen Körperschaft oder Personenvereinigung durch einen der in § 1 Abs. 1 Nr. 1 des Umwandlungssteuergesetzes vom 7. Dezember 2006 (BGBl. I S. 2782, 2791)[2] in der jeweils geltenden Fassung genannten Vorgänge ganz oder teilweise auf eine nicht unbeschränkt steuerpflichtige Körperschaft oder Personenvereinigung über oder verlegt eine unbeschränkt steuerpflichtige Körperschaft oder Personenvereinigung ihren Sitz oder Ort der Geschäftsleitung und endet dadurch ihre unbeschränkte Steuerpflicht, erhöht sich die Körperschaftsteuer um den Betrag, der sich nach § 38 ergeben würde, wenn das zum Übertragungsstichtag oder im Zeitpunkt des Wegfalls der unbeschränkten Steuerpflicht vorhandene Vermögen abzüglich des Betrags, der nach § 28 Abs. 2 Satz 1 in Verbindung mit § 29 Abs. 1 dem steuerlichen Einlagekonto gutzuschreiben ist, als am Übertragungsstichtag oder im Zeitpunkt des Wegfalls der unbeschränkten Steuerpflicht für eine Ausschüttung verwendet gelten würde.

(6) ① Ist in den Fällen des Absatzes 5 die übernehmende Körperschaft oder Personenvereinigung in einem anderen Mitgliedstaat der Europäischen Union unbeschränkt steuerpflichtig und nicht von der Körperschaftsteuer befreit, ist der auf Grund der Anwendung des § 38 nach Absatz 5 festgesetzte Betrag bis zum Ablauf des nächsten auf die Bekanntgabe der Körperschaftsteuerfestsetzung folgenden Kalenderjahres zinslos zu stunden, soweit die übernehmende Körperschaft oder Personenvereinigung bis zum 31. Mai des nachfolgenden Jahres nachweist, dass sie bis zum Zeitpunkt der Fälligkeit keine Ausschüttung der übernommenen unbelasteten Teilbeträge vorgenommen hat. ② Die Stundung verlängert sich jeweils um ein Jahr, soweit der in Satz 1 genannte Nachweis erbracht wird, letztmals bis zum Schluss des Wirtschaftsjahrs, das nach dem 31. Dezember 2018 endet. ③ Auf diesen Zeitpunkt gestundete Beträge werden nicht erhoben, soweit der in Satz 1 genannte Nachweis erbracht wird. ④ Die Sätze 1 bis 3 gelten auch bei der Sitzverlegung, wenn die Körperschaft oder Personenvereinigung in einem anderen Mitgliedstaat der Europäischen Union unbeschränkt steuerpflichtig wird. ⑤ Die Stundung ist zu widerrufen, wenn die aufnehmende Körperschaft oder Personenvereinigung oder deren Rechtsnachfolger
a) von der Körperschaftsteuer befreit wird,
b) aufgelöst und abgewickelt wird,

---

[1] § 40 neu gefasst durch SEStEG vom 7. 12. 2006 (BGBl. I S. 2782).
In dieser Fassung erstmals anzuwenden auf Umwandlungen, bei denen die Anmeldung zur Eintragung in ein öffentliches Register nach dem 12. Dezember 2006 erfolgt ist.
§ 40 aufgehoben durch JStG 2008 vom 20. 12. 2007 (BGBl. I S. 3150).
Zur Weiteranwendung von § 40 siehe § 34 Abs. 13 Satz 3 und Abs. 14.
[2] UmwStG abgedruckt im **Anhang I 2.**

c) ihr Vermögen ganz oder teilweise auf eine Körperschaft oder Personenvereinigung überträgt, die in einem Staat außerhalb der Europäischen Union unbeschränkt steuerpflichtig ist,
d) ihren Sitz oder Ort der Geschäftsleitung in einen Staat außerhalb der Europäischen Union verlegt und dadurch ihre unbeschränkte Steuerpflicht innerhalb der Europäischen Union endet oder
e) ihr Vermögen auf eine Personengesellschaft oder natürliche Person überträgt.

Hauptteil
Körperschaftsteuergesetz,[1] Durchführungsverordnung,[2] Richtlinien[3]

Erster Teil. Steuerpflicht

KStG

§ 1 Unbeschränkte Steuerpflicht

(1) **Unbeschränkt körperschaftsteuerpflichtig sind die folgenden Körperschaften, Personenvereinigungen und Vermögensmassen, die ihre Geschäftsleitung oder ihren Sitz im Inland haben:** 1

1. Kapitalgesellschaften (insbesondere Europäische Gesellschaften, Aktiengesellschaften, Kommanditgesellschaften auf Aktien, Gesellschaften mit beschränkter Haftung) einschließlich optierender Gesellschaften im Sinne des § 1 a;[4]

2. Genossenschaften einschließlich der Europäischen Genossenschaften;

3. Versicherungs- und Pensionsfondsvereine auf Gegenseitigkeit;

4. sonstige juristische Personen des privaten Rechts;

5. nichtrechtsfähige Vereine, Anstalten, Stiftungen und andere Zweckvermögen des privaten Rechts;

6. Betriebe gewerblicher Art von juristischen Personen des öffentlichen Rechts.

(2) **Die unbeschränkte Körperschaftsteuerpflicht erstreckt sich auf sämtliche Einkünfte.** 2

(3) **Zum Inland im Sinne dieses Gesetzes gehört auch der der Bundesrepublik Deutschland zustehende Anteil** 3

1. an der ausschließlichen Wirtschaftszone, soweit dort
   a) die lebenden und nicht lebenden natürlichen Ressourcen der Gewässer über dem Meeresboden, des Meeresbodens und seines Untergrunds erforscht, ausgebeutet, erhalten oder bewirtschaftet werden,
   b) andere Tätigkeiten zur wirtschaftlichen Erforschung oder Ausbeutung der ausschließlichen Wirtschaftszone ausgeübt werden, wie beispielsweise die Energieerzeugung aus Wasser, Strömung und Wind oder
   c) künstliche Inseln errichtet oder genutzt werden und Anlagen und Bauwerke für die in den Buchstaben a und b genannten Zwecke errichtet oder genutzt werden, und

2. am Festlandsockel, soweit dort
   a) dessen natürliche Ressourcen erforscht oder ausgebeutet werden; natürliche Ressourcen in diesem Sinne sind die mineralischen und sonstigen nicht lebenden Ressourcen des Meeresbodens und seines Untergrunds sowie die zu den sesshaften Arten gehörenden Lebewesen, die im nutzbaren Stadium entweder unbeweglich auf oder unter dem Meeresboden verbleiben oder sich nur in ständigem körperlichen Kontakt mit dem Meeresboden oder seinem Untergrund fortbewegen können; oder
   b) künstliche Inseln errichtet oder genutzt werden und Anlagen und Bauwerke für die in Buchstabe a genannten Zwecke errichtet oder genutzt werden.

Übersicht

[1] **KStG** i. d. F. der Bek. v. 15. Oktober 2002 (BGBl. I S. 4144 = BStBl. I S. 1169) unter Berücksichtigung der zwischenzeitlich eingetretenen Änderungen (vgl. im Einzelnen die zu Beginn der Geschlossenen Wiedergabe abgedruckte Änderungsübersicht), jedoch nur insoweit, als sie für den **VZ 2021** gelten. Vorausschau und gegebenenfalls erforderliche frühere Fassungen siehe Geschlossene Wiedergabe.

[2] **KStDV 1994** v. 22. Februar 1996 (BGBl. I S. 365 = BStBl. I S. 191), geändert durch StEuglG v. 19. 12. 2000 (BGBl. I S. 1790), VO zur Änderung steuerlicher Verordnungen v. 17. 11. 2010 (BGBl. I S. 1544) und Gesetz v. 1. 4. 2015 (BGBl. I S. 434).

[3] **KStR 2015** i. d. F. der Bek. v. 6. 4. 2016 (BStBl. I 2016 Sondernummer 1 S. 2) mit den amtlichen Hinweisen 2015 **(KStH 2015).** Hierzu **Amtl. Anm.:** Redaktionsschluss für die KStH 2015: 21. 3. 2016.
Wird in den KStR auf die EStR (ohne weitere Benennung) verwiesen, so handelt es sich hierbei um die EStR 2012.

[4] § 1 Abs. 1 Nr. 1 geändert **mWv VZ 2022** durch Gesetz vom 25. 6. 2021 (BGBl. I S. 2050).

KStR Einf

Einführung

11 (1) ①Die Körperschaftsteuer-Richtlinien 2015 (KStR 2015) behandeln Anwendungs- und Auslegungsfragen von allgemeiner Bedeutung, um eine einheitliche Anwendung des Körperschaftsteuerrechts durch die Behörden der Finanzverwaltung sicherzustellen. ②Sie geben außerdem zur Vermeidung unbilliger Härten und aus Gründen der Verwaltungsvereinfachung Anweisungen an die Finanzämter, wie in bestimmten Fällen verfahren werden soll.

12 (2) Die Körperschaftsteuer-Richtlinien 2015 gelten, soweit sich aus ihnen nichts anderes ergibt, vom VZ 2015 an.

13 (3) Anordnungen, die mit den nachstehenden Richtlinien im Widerspruch stehen, sind nicht mehr anzuwenden.

14 (4) Diese Allgemeine Verwaltungsvorschrift tritt am Tag nach ihrer Veröffentlichung in Kraft.[1]

R 1.1

R 1.1 Unbeschränkte Steuerpflicht

15 (1) ①Die Aufzählung der Körperschaften, Personenvereinigungen und Vermögensmassen in § 1 Abs. 1 KStG ist abschließend. ②Sie kann nicht im Wege der Auslegung erweitert werden.

16 (2) ①Zu den sonstigen juristischen Personen des privaten Rechts i. S. d. § 1 Abs. 1 Nr. 4 KStG gehören eingetragene Vereine (§ 21 BGB), wirtschaftliche Vereine (§ 22 BGB) und rechtsfähige privatrechtliche Stiftungen (§ 80 BGB). ②Rechtsfähige Stiftungen des öffentlichen Rechts (§ 89 BGB) fallen nicht unter § 1 Abs. 1 Nr. 4 KStG; insoweit ist ggf. § 1 Abs. 1 Nr. 6 KStG zu prüfen.

17 (3) ①§ 1 Abs. 1 Nr. 6 KStG bezieht sich ausschließlich auf inländische jPöR. ②Die Steuerpflicht ausländischer jPöR richtet sich nach § 2 Nr. 1 KStG.

18 (4) ①Die Steuerpflicht beginnt bei Genossenschaften (§ 1 Abs. 1 Nr. 2 KStG) nicht erst mit der Erlangung der Rechtsfähigkeit durch die Eintragung in das Genossenschaftsregister (§ 13 GenG), sondern erstreckt sich auch auf die mit Abschluss des Statuts (§ 5 GenG) errichtete Vorgenossenschaft, d. h. die Genossenschaft im Gründungsstadium. ②Für rechtsfähige Vereine sind die vorgenannten Grundsätze sinngemäß anzuwenden. ③Genossenschaften i. S. d. § 1 Abs. 1 Nr. 2 KStG sind sowohl eingetragene als auch nichtrechtsfähige Genossenschaften. ④Bei Versicherungsvereinen auf Gegenseitigkeit (§ 1 Abs. 1 Nr. 3 KStG) beginnt die Steuerpflicht mit der aufsichtsbehördlichen Erlaubnis zum Geschäftsbetrieb, bei den anderen juristischen Personen des privaten Rechts (§ 1 Abs. 1 Nr. 4 KStG) durch staatliche Genehmigung, Anerkennung oder Verleihung. ⑤Nichtrechtsfähige Vereine, Anstalten, Stiftungen oder andere Zweckvermögen des privaten Rechts (§ 1 Abs. 1 Nr. 5 KStG) entstehen durch Errichtung, Feststellung der Satzung oder Aufnahme einer geschäftlichen Tätigkeit. ⑥JPöR werden mit ihren BgA (§ 1 Abs. 1 Nr. 6 KStG) mit der Aufnahme der wirtschaftlichen Tätigkeit unbeschränkt steuerpflichtig.

19 (5) ①Ein Zweckvermögen des Privatrechts i. S. d. § 1 Abs. 1 Nr. 5 KStG liegt vor, wenn ein selbständiges Sondervermögen gebildet wird, das durch Widmung einem bestimmten Zweck dient. ②Dazu gehören u. a. Sammelvermögen i. S. d. § 1914 BGB, inländische Investmentfonds in der Rechtsform eines Sondervermögens *(§ 11 Abs. 1 Satz 1 InvStG[2])* und inländische Kapital-Investitionsgesellschaften in der Rechtsform eines Sondervermögens *(§ 19 Abs. 1 Satz 2 InvStG[2])*.

H 1.1

H 1.1

21 **Ausländische Gesellschaften, Typenvergleich.**[3] Tabellen 1 und 2 zu → BMF vom 24. 12. 1999, BStBl. I S. 1076 ff. (insbes. S. 1114 und 1119) unter Berücksichtigung der Änderungen durch BMF vom 20. 11. 2000 (BStBl. I S. 1509), BMF vom 29. 9. 2004 (BStBl. I S. 917) und BMF vom 25. 8. 2009 (BStBl. I S. 888) und → BMF vom 19. 3. 2004, BStBl. I S. 411 unter Berücksichtigung der Änderungen durch → BMF vom 26. 9. 2014, BStBl. I S. 1258 Rn. 4.1.4.2.

Beginn der Steuerpflicht. Die Steuerpflicht beginnt bei Kapitalgesellschaften (§ 1 Abs. 1 Nr. 1 KStG) nicht erst mit der Erlangung der Rechtsfähigkeit durch die Eintragung in das Handelsregister (§§ 41, 278 AktG, § 11 GmbHG), sondern erstreckt sich auch auf die mit Abschluss

---

[1] Veröffentlicht am 14. April 2016, BStBl. I 2016 Sondernummer 1 S. 2.

[2] **InvStG 2004 aufgehoben** durch InvStRefG v. 19. 7. 2016 (BGBl. I S. 1730) **mWv 31. 12. 2017;** ab 1. 1. 2018 siehe InvStG 2018 v. 19. 7. 2016 (BGBl. I S. 1730).

[3] Zur **Besteuerung der britischen Limited mit Geschäftsleitung im Inland** vgl. *OFD Düsseldorf v. 6. 10. 2005, StEK KStG 1977 § 1 Nr. 55.*

Zur Einordnung der Limited Liability Company **(LLC) US-amerikanischen Rechts** als Körperschaft oder Personengesellschaft siehe *BMF-Schrb. v. 19. 3. 2004 IV B 4 – S 1301 USA – 22/04 (BStBl. 2004 I S. 411),* abgedruckt in der Textausgabe „Doppelbesteuerungsabkommen" unter **USA 4.2.**

Zur steuerlichen Einordnung der nach **britischem Recht** gegründeten Limited Liability Partnerships **(LLP)** siehe *Erlass FinSen Berlin v. 19. 1. 2007 III A – S 1301 GB – 2/2006 (DStR 2007 S. 1034),* abgedruckt in der Textausgabe „Doppelbesteuerungsabkommen" unter **Großbritannien 2.1.**

des notariellen Gesellschaftsvertrags (§ 2 GmbHG) oder durch notarielle Feststellung der Satzung (§ 23 Abs. 1, § 280 Abs. 1 AktG) errichtete Vorgesellschaft, d. h. die Kapitalgesellschaft im Gründungsstadium (→ BFH vom 13. 12. 1989, I R 98–99/86, BStBl. 1990 II S. 468; → BFH vom 14. 10. 1992, I R 17/92, BStBl. 1993 II S. 352).
Von Todes wegen errichtete Stiftungen sind im Falle ihrer Anerkennung auf Grund der in § 84 BGB angeordneten Rückwirkung bereits ab dem Zeitpunkt des Vermögensanfalls subjektiv körperschaftsteuerpflichtig nach § 1 Abs. 1 Nr. 4 KStG (→ BFH vom 17. 9. 2003, I R 85/02, BStBl. 2005 II S. 149).

GmbH & Co. KG. Eine GmbH & Co. KG, deren alleiniger persönlich haftender Gesellschafter eine GmbH ist, ist nicht als Kapitalgesellschaft i. S. v. § 1 Abs. 1 Nr. 1 KStG anzusehen. Eine Publikums-GmbH & Co. KG ist kein nichtrechtsfähiger Verein i. S. v. § 1 Abs. 1 Nr. 5 KStG. Sie ist auch nicht als nichtrechtsfähige Personenvereinigung nach § 3 Abs. 1 KStG körperschaftsteuerpflichtig, da ihr Einkommen bei den Gesellschaftern zu versteuern ist (→ BFH vom 25. 6. 1984, GrS 4/82, BStBl. II S. 751).

Kameradschaft einer Freiwilligen Feuerwehr. Die Kameradschaft einer Freiwilligen Feuerwehr kann ein nichtrechtsfähiger Verein i. S. d. § 1 Abs. 1 Nr. 5 KStG sein, sofern ein Personenzusammenschluss für Zwecke gebildet wurde, die über die Aufgaben der gemeindlichen Einrichtung hinausgehen, z. B. Einrichtung einer Kameradschaftskasse zum Zwecke der Kameradschaftspflege und Veranstaltung jährlicher Feste (→ BFH vom 18. 12. 1996, I R 16/96, BStBl. 1997 II S. 361).

Limited. Steuerliche Folgen der Löschung einer britischen Limited aus dem britischen Handelsregister → BMF vom 6. 1. 2014, BStBl. I S. 111.[1]

REIT-AG. → REITG vom 28. 5. 2007 (BGBl. I S. 914) und → BMF vom 10. 7. 2007, BStBl. I S. 527.

Stiftung. → H 1.1 Beginn der Steuerpflicht.

Unechte Vorgesellschaft. Eine unechte Vorgesellschaft unterliegt mangels zivilrechtlicher Rechtsform einer Körperschaft i. S. d. § 1 Abs. 1 KStG nicht der Körperschaftsteuerpflicht. Um eine unechte Vorgesellschaft handelt es sich, wenn die Gründer nicht die Absicht haben, die Eintragung ins Handelsregister zu erreichen, wenn die Eintragungsabsicht wegfällt, jedoch die werbende Tätigkeit fortgesetzt wird, wenn aufgrund von Eintragungshindernissen die Vorgesellschaft zum Dauerzustand wird oder wenn nach Ablehnung des Eintragungsantrags eine Auseinandersetzung unter den Gesellschaftern nicht erfolgt (→ BFH vom 7. 4. 1998, VII R 82/97, BStBl. II S. 531 und → BFH vom 18. 3. 2010, IV R 88/06, BStBl. II S. 991).

Vorgesellschaft. → H 1.1 Beginn der Steuerpflicht; → H 1.1 Unechte Vorgesellschaft.

Vorgründungsgesellschaft. Die Vorgründungsgesellschaft erstreckt sich auf die Zeit zwischen der Vereinbarung über die Errichtung einer Kapitalgesellschaft bis zur notariellen Beurkundung des Gesellschaftsvertrags bzw. der Satzung. Sie ist weder mit der Vorgesellschaft noch mit der später entstehenden Kapitalgesellschaft identisch. Es handelt sich, von Ausnahmen abgesehen, nicht um ein körperschaftsteuerpflichtiges Gebilde (→ BFH vom 8. 11. 1989, I R 174/86, BStBl. 1990 II S. 91). Die Vorgründungsgesellschaft kann als nichtrechtsfähiger Verein oder Personenvereinigung i. S. d. § 3 Abs. 1 KStG steuerpflichtig sein, wenn ein größerer Kreis von Personen, eine Verfassung und besondere Organe vorhanden sind (→ BFH vom 6. 5. 1952, I 8/52 U, BStBl. III S. 172).

R 1.2 Familienstiftungen

R 1.2

①Die Verordnung über die Steuerbegünstigung von Stiftungen, die an die Stelle von Famili- **23**
enfideikommissen getreten sind, vom 13. 2. 1926 (RGBl. I S. 101)[2] ist noch anzuwenden. ②Da die Verordnung sich auf einen Sondertatbestand bezieht, kann sie auf andere als die in ihr bezeichneten Stiftungen nicht entsprechend angewendet werden.

Verordnung über die Steuerbegünstigung von Stiftungen, die an die Stelle von Familienfideikommissen getreten sind

Anl zu R 1.2

Vom 13. Februar 1926 (RGBl. I S. 101)

§ 1

Ist eine Vermögensmasse, die zu einem standesherrlichen Hausvermögen, einem Familienfidei- **24**
kommiß, einem Lehen oder einem Erbstammgut gehört hat, ganz oder zum Teil nach den für die Auflösung geltenden Vorschriften in eine Stiftung umgewandelt worden, so bleiben bei der Veranlagung einer solchen Stiftung zur Körperschaftsteuer die Einkünfte außer Ansatz, die an die nach der Stif-

---

[1] Tz. 06 neu gefasst mit *BMF-Schrb. v. 19. 10. 2017 IV C 2 – S 2701/10/10 002, BStBl. 2017 I S. 1437* zu den steuerlichen Folgen der Löschung einer britischen Limited aus dem britischen Handelsregister.
[2] Nachstehend abgedruckt.

Anl zu R 1.2

tungssatzung bezugsberechtigten unbeschränkt einkommensteuerpflichtigen Familienmitglieder verteilt werden.

§ 2

25 Diese Verordnung gilt erstmalig für den ersten Steuerabschnitt, für den nach dem Körperschaftsteuergesetz vom 10. 8. 1925 (RGBl. I S. 208) eine Stiftung der im § 1 bezeichneten Art zur Körperschaftsteuer zu veranlagen ist.

KStG

§ 1 a[1] Option zur Körperschaftsbesteuerung

(1) ① Auf unwiderruflichen Antrag sind für Zwecke der Besteuerung nach dem Einkommen eine Personenhandels- oder Partnerschaftsgesellschaft wie eine Kapitalgesellschaft (optierende Gesellschaft) und ihre Gesellschafter wie die nicht persönlich haftenden Gesellschafter einer Kapitalgesellschaft zu behandeln; § 217 Absatz 1 des Umwandlungsgesetzes gilt sinngemäß. ② Der Antrag ist von der Personenhandels- oder Partnerschaftsgesellschaft nach amtlich vorgeschriebenem Datensatz durch Datenfernübertragung bei dem für die gesonderte und einheitliche Feststellung der Einkünfte nach § 180 der Abgabenordnung zuständigen Finanzamt spätestens einen Monat vor Beginn des Wirtschaftsjahrs zu stellen, ab dem die Besteuerung wie eine Kapitalgesellschaft gelten soll; § 31 Absatz 1 a Satz 2 gilt entsprechend. ③ Erfolgt für die Personenhandels- oder Partnerschaftsgesellschaft keine gesonderte und einheitliche Feststellung der Einkünfte, ist der Antrag bei dem für die Einkommensteuer oder Körperschaftsteuer des Gesellschafters zuständigen Finanzamt zu stellen. ④ Erzielt eine Personenhandels- oder Partnerschaftsgesellschaft ausschließlich Einkünfte, die dem Steuerabzug vom Kapitalertrag oder dem Steuerabzug auf Grund des § 50 a des Einkommensteuergesetzes unterliegen und gilt infolgedessen die Einkommensteuer nach § 50 Absatz 2 Satz 1 des Einkommensteuergesetzes oder die Körperschaftsteuer nach § 32 Absatz 1 als abgegolten, ist der Antrag bei dem Bundeszentralamt für Steuern zu stellen. ⑤ Hat die Gesellschaft ihren Sitz im Inland, ist der Antrag abweichend von den Sätzen 3 und 4 bei dem Finanzamt zu stellen, in dessen Bezirk die Gesellschaft ihren Sitz hat. ⑥ Die Sätze 1 bis 5 finden keine Anwendung auf 1

1. **Investmentfonds im Sinne des Investmentsteuergesetzes und**
2. **Gesellschaften, die nach Ausübung der Option in dem Staat, in dem sich ihre Geschäftsleitung befindet, keiner der deutschen unbeschränkten Körperschaftsteuerpflicht vergleichbaren Steuerpflicht unterliegen.**

(2) ① Der Übergang zur Körperschaftsbesteuerung gilt als Formwechsel im Sinne des § 1 Absatz 3 Nummer 3 des Umwandlungssteuergesetzes. ② Die §§ 1 und 25 des Umwandlungssteuergesetzes sind entsprechend anzuwenden. ③ Als Einbringungszeitpunkt gilt das Ende des Wirtschaftsjahrs, das dem Wirtschaftsjahr im Sinne des Absatzes 1 Satz 2 unmittelbar vorangeht; § 9 Satz 3 des Umwandlungssteuergesetzes ist nicht anzuwenden. ④ Das im Einbringungszeitpunkt in der Steuerbilanz auszuweisende Eigenkapital wird auf dem steuerlichen Einlagekonto der optierenden Gesellschaft erfasst. ⑤ Die zur Vertretung der Gesellschaft ermächtigten Personen gelten als gesetzliche Vertreter der optierenden Gesellschaft. 2

(3) ① Aufgrund der Option gilt die Beteiligung an einer optierenden Gesellschaft für Zwecke der Besteuerung nach dem Einkommen als Beteiligung eines nicht persönlich haftenden Gesellschafters an einer Kapitalgesellschaft. ② Beim Gesellschafter führen daher insbesondere 3

1. **durch das Gesellschaftsverhältnis veranlasste Einnahmen zu Einkünften im Sinne des § 20 Absatz 1 Nummer 1 des Einkommensteuergesetzes,**
2. **Einnahmen, die er von der Gesellschaft für seine Tätigkeit im Dienst der Gesellschaft bezieht, zu Einkünften im Sinne des § 19 des Einkommensteuergesetzes,**
3. **Einnahmen aus der Hingabe von Darlehen zu Einkünften im Sinne des § 20 Absatz 1 Nummer 7 oder Absatz 2 Satz 1 Nummer 7 des Einkommensteuergesetzes und**
4. **Einnahmen aus der Überlassung von Wirtschaftsgütern zu Einkünften im Sinne des § 21 oder § 22 des Einkommensteuergesetzes.**

③ Die §§ 13 bis 16, 18 und 35 des Einkommensteuergesetzes sind vorbehaltlich des Satzes 4 nicht anzuwenden. ④ Soweit entsprechende Einnahmen bei einem Gesellschafter einer Kapitalgesellschaft anderen Einkunftsarten zuzurechnen wären, gilt abweichend von Satz 3, dass auch die Einnahmen des Gesellschafters der optierenden Gesellschaft zu diesen Einkünften gehören. ⑤ Gewinnanteile gelten erst dann als ausgeschüttet, wenn sie entnommen werden oder ihre Auszahlung verlangt werden kann. ⑥ § 4 Absatz 3 des Einkommensteuergesetzes ist bei einer optierenden Gesellschaft nicht anzuwenden. ⑦ In den Fällen des Satzes 2 Nummer 2 gelten die optierende Gesellschaft als lohnsteuerlicher Arbeitgeber und der Gesellschafter als Arbeitnehmer.

(4) ① Eine Gesellschaft, die nach Absatz 1 zur Körperschaftsbesteuerung optiert hat, kann beantragen, dass sie nicht mehr wie eine Kapitalgesellschaft und ihre Gesellschafter nicht mehr wie die nicht persönlich haftenden Gesellschafter einer Kapital- 4

[1] § 1 a eingefügt durch Gesetz vom 25. 6. 2021 (BGBl. I S. 2050) mit Wirkung ab VZ 2021; **zur Anwendung siehe § 34 Abs. 1 a.**

gesellschaft behandelt werden (Rückoption). ② Die Rückoption gilt als Formwechsel nach § 1 Absatz 1 Satz 1 Nummer 2 des Umwandlungssteuergesetzes mit der Maßgabe, dass § 9 Satz 3 des Umwandlungssteuergesetzes keine Anwendung findet. ③ Absatz 1 Satz 2, 3 und 5 gilt mit der Maßgabe entsprechend, dass der Antrag bei dem für die Körperschaftsbesteuerung zuständigen Finanzamt zu stellen ist; in den Fällen des Absatzes 1 Satz 4 ist der Antrag bei dem Bundeszentralamt für Steuern zu stellen. ④ Die Sätze 1 und 2 finden auch ohne Antrag Anwendung, wenn die Voraussetzungen des Absatzes 1 entfallen. ⑤ Scheidet der vorletzte Gesellschafter aus der Gesellschaft aus, gilt die optierende Gesellschaft als unmittelbar danach aufgelöst und, sofern der verbleibende Gesellschafter die persönlichen Voraussetzungen eines übernehmenden Rechtsträgers einer Umwandlung einer Kapitalgesellschaft im Sinne des § 1 Absatz 1 Satz 1 Nummer 1 oder 4 des Umwandlungssteuergesetzes erfüllt, im Fall des § 1 Absatz 1 Satz 1 Nummer 1 des Umwandlungssteuergesetzes als auf den verbleibenden Gesellschafter verschmolzen beziehungsweise gilt im Fall des § 1 Absatz 1 Satz 1 Nummer 4 des Umwandlungssteuergesetzes das Vermögen der optierenden Gesellschaft als auf den verbleibenden Gesellschafter übertragen mit der Maßgabe, dass jeweils § 2 des Umwandlungssteuergesetzes keine Anwendung findet. ⑥ Erfüllt der verbleibende Gesellschafter nicht die persönlichen Voraussetzungen eines übernehmenden Rechtsträgers einer Umwandlung einer Kapitalgesellschaft im Sinne des § 1 Absatz 1 Satz 1 Nummer 1 oder 4 des Umwandlungssteuergesetzes, gilt die optierende Gesellschaft als aufgelöst und ihr Vermögen als an die Gesellschafter ausgeschüttet; § 11 des Körperschaftsteuergesetzes ist entsprechend mit der Maßgabe anzuwenden, dass an die Stelle des zur Verteilung kommenden Vermögens der gemeine Wert des vorhandenen Vermögens tritt. ⑦ Abweichend von Satz 4 gilt die Umwandlung der optierenden Gesellschaft in eine Körperschaft im Sinne des Umwandlungssteuergesetzes als Umwandlung einer Kapitalgesellschaft in eine Körperschaft.

Anl zu § 1 a KStG

Schreiben betr. Option zur Körperschaftsbesteuerung (§ 1 a KStG)

Vom 10. November 2021 (BStBl. I S. 2212)

(BMF IV C 2-S 2707/21/10001 :004)

Inhaltsübersicht

Anl zu § 1 a KStG

Durch das Gesetz zur Modernisierung des Körperschaftsteuerrechts vom 25. 6. 2021 (BGBl. I S. 2050, BStBl. I S. 889) wurde u. a. § 1 a KStG eingeführt, der Personenhandelsgesellschaften und Partnerschaftsgesellschaften die Möglichkeit einräumt, zur Körperschaftsbesteuerung zu optieren. Unter Bezugnahme auf das Ergebnis der Erörterung mit den obersten Finanzbehörden der Länder gilt für die Option zur Körperschaftsbesteuerung (im Folgenden: Option) Folgendes: **11**

I. Zeitliche Anwendung

1 Die Option kann erstmals für Wirtschaftsjahre ausgeübt werden, die nach dem 31. Dezember 2021 **12** beginnen (§ 34 Abs. 1 a KStG).

II. Persönlicher Anwendungsbereich

2 Antragsberechtigt sind Personenhandelsgesellschaften (offene Handelsgesellschaften und Kom- **13** manditgesellschaften im Sinne der §§ 105 und 161 HGB einschließlich der Europäischen wirtschaftlichen Interessenvereinigung, vgl. § 1 EWIVAG) sowie Partnerschaftsgesellschaften im Sinne des Partnerschaftsgesellschaftsgesetzes (PartGG). Dies gilt auch, wenn die antragsberechtigte Gesellschaft nur eine vermögensverwaltende Tätigkeit ausübt (vgl. Rn. 30). Eine GmbH & Co. KG ist auch dann antragsberechtigt, wenn deren Komplementärgesellschaft vermögensmäßig nicht beteiligt ist. Einzelunternehmen, Gesellschaften des bürgerlichen Rechts, Erbengemeinschaften und reine Innengesellschaften (wie die atypisch stille Gesellschaft) fallen dagegen nicht in den Anwendungsbereich des § 1 a KStG.

3 Die Option ist auch Gesellschaften ausländischer Rechtsform eröffnet, die den in § 1 a Abs. 1 Satz 1 KStG genannten Gesellschaftsformen vergleichbar sind. Die Vergleichbarkeit mit einer Personenhandelsgesellschaft ist in der Regel gegeben, wenn die ausländische Gesellschaft, die nach dem Rechtstypenvergleich als Personengesellschaft einzustufen ist (vgl. hierzu Rn. 01.27 des BMF-Schreibens vom 11. November 2011, BStBl. I S. 1314 – im Folgenden: UmwStE –), bei Zugrundelegung deutscher Maßstäbe ein Handelsgewerbe im Sinne des § 1 HGB betreibt.

4 Zur Körperschaftsbesteuerung optieren können auch Gesellschaften ohne Sitz und Geschäftsleitung im Inland. Diese unterliegen nach Ausübung der Option der beschränkten Körperschaftsteuerpflicht nach § 2 Nr. 1 KStG, soweit sie inländische Einkünfte im Sinne des § 49 EStG (i. V. m. § 8 Abs. 1 KStG) erzielen. Die Option ist auch möglich, wenn die Gesellschaft keine inländischen Einkünfte erzielt.

5 Nach § 1 a Abs. 1 Satz 6 KStG ist die Option ausgeschlossen für Investmentfonds im Sinne des **14** InvStG sowie für Gesellschaften mit Geschäftsleitung im Ausland, die nach Ausübung der Option (steuerlicher Übertragungsstichtag) in dem Staat, in dem sich ihre Geschäftsleitung befindet, keiner der deutschen unbeschränkten Körperschaftsteuerpflicht vergleichbaren Steuerpflicht unterliegen. Zur steuerlichen Behandlung ausgewählter ausländischer Gesellschaftsformen im Gründungsstaat vgl. u. a. die Anlage des BMF-Schreibens vom 26. September 2014, BStBl. I S. 1258, zur Anwendung der DBA auf Personengesellschaften. Rn. 01.26 und 01.27 UmwStE sind zu beachten.

Beispiel:

An der französischen Société en nom collectif (SNC – Personenhandelsgesellschaft nach französischem Recht) sind der in Deutschland ansässige A sowie die in Frankreich ansässigen B und C beteiligt. Sitz und Geschäftsleitung befinden sich in Frankreich. Die SNC hat eine Betriebsstätte in Deutschland.

Lösung:

Die SNC kann zur Körperschaftsbesteuerung nach § 1 a KStG optieren, wenn sie einen entsprechenden Antrag nach französischem Recht auch in Frankreich stellt oder bereits der französischen Körperschaftsteuerpflicht unterliegt (vgl. BMF-Schreiben vom 26. September 2014, a. a. O., Anlage zu Frankreich). Liegen diese Voraussetzungen nicht vor, so ist auch die Ausübung der Option nicht möglich (§ 1 a Abs. 1 Satz 6 Nr. 2 KStG).

6 Das Vorliegen der persönlichen Voraussetzungen für die Option während des gesamten Besteue- **15** rungszeitraums ist auf Anforderung für jedes Jahr von der optierenden Gesellschaft nachzuweisen. Wird der Nachweis nicht erbracht, so ist davon auszugehen, dass die persönlichen Voraussetzungen für die Option in dem betreffenden Wirtschaftsjahr nicht vorgelegen haben. Wird der Nachweis bereits für das erste Wirtschaftsjahr nicht erbracht, so ist u. a. anhand der mit dem Antrag nach § 1 a Abs. 1 Satz 1 KStG vorgelegten Unterlagen zu prüfen, ob die Option überhaupt erstmals wirksam ausgeübt wurde. Im Übrigen vgl. Rn. 91 ff. (Beendigung der Option kraft Gesetzes). Für ausländische Gesellschaften gelten hierbei die erhöhten Mitwirkungspflichten nach § 90 Abs. 2 AO. Änderungen der persönlichen Voraussetzungen sind der Finanzbehörde mitzuteilen.

7 Hat die Gesellschaft keine Körperschaftsteuererklärung abzugeben, weil sie nur einem abgeltenden Steuerabzug unterliegende inländische Einkünfte erzielt, so ist der Nachweis mit dem Stellen eines Antrags auf Entlastung vom Steuerabzug zu erbringen. Wirkt sich die Option auf die Durchführung des Steuerabzugs aus, so sind der Vergütungsschuldner und die zuständige Finanzbehörde unverzüglich über Änderungen der Verhältnisse zu informieren, die sich auf die Voraussetzung für die Option auswirken. Hat die Gesellschaft keine Körperschaftsteuererklärung abzugeben, weil sie keine inländischen Einkünfte erzielt, ist der Nachweis durch die Gesellschaft bei dem für die Besteuerung des Gesellschafters zuständigen Finanzamt zu erbringen.

8 Der Begriff „Gesellschafter" im Sinne des § 1 a KStG erfasst auch Partner einer optierenden Partnerschaftsgesellschaft.

III. Antrag

1. Form des Antrags

9 Der Antrag auf Option ist nach amtlich vorgeschriebenem Datensatz durch Datenfernübertragung **16** zu stellen. Die Übermittlung dieses Datensatzes ist nach Maßgabe des § 87 a Abs. 6 AO und nach § 87 b AO über die amtlich bestimmte Schnittstelle vorzunehmen.

Anl zu § 1 a KStG

10 Auf Antrag kann zur Vermeidung unbilliger Härten auf die elektronische Übermittlung des Antrags verzichtet werden. In diesem Fall ist der Antrag nach amtlich vorgeschriebenem und von einer zur Vertretung befugten Person eigenhändig unterschriebenem Vordruck zu stellen (§ 1 a Abs. 1 Satz 2 i. V. m. § 31 Abs. 1 a Satz 2 KStG). Besteht die unbillige Härte darin, dass der Antragstellerin die Antragstellung nach amtlich vorgeschriebenem Datensatz durch Datenfernübertragung wirtschaftlich oder persönlich nicht zumutbar ist, hat die Finanzbehörde dem Antrag zu entsprechen (§ 150 Abs. 8 AO).

11 Befindet sich der Ort der Geschäftsleitung im Ausland, so ist zudem anhand geeigneter Unterlagen darzulegen, dass die Gesellschaft im Optionszeitraum im anderen Staat einer der deutschen unbeschränkten Körperschaftsteuerpflicht vergleichbaren Steuerpflicht dem Grunde nach unterliegen wird (z. B. aktueller Körperschaftsteuerbescheid bzw. Bestätigung des ausländischen Staates). Zudem ist eine Ansässigkeitsbescheinigung der zuständigen ausländischen Steuerbehörde vorzulegen.

2. Zustimmung der Gesellschafter

17 **12** Für die Option ist grundsätzlich die Zustimmung aller Gesellschafter erforderlich (§ 1 a Abs. 1 Satz 1 zweiter Halbsatz KStG i. V. m. § 217 Abs. 1 Satz 1 UmwG). Diese muss im Zeitpunkt der Antragstellung vorliegen. Sieht der Gesellschaftsvertrag für einen echten Formwechsel im Sinne des § 25 UmwStG oder für die Option eine Mehrheitsentscheidung der Gesellschafter vor, so ist diese nur anzuerkennen, wenn die Mehrheit mindestens drei Viertel der abgegebenen Stimmen beträgt (§ 1 a Abs. 1 Satz 1 Hs. 2 KStG i. V. m. § 217 Abs. 1 Satz 2 und 3 UmwG). Eine notarielle Beurkundung der Beschlussfassung ist nicht erforderlich. Sieht bei ausländischen Gesellschaften das Gesellschaftsrecht ein höheres Form- oder Zustimmungserfordernis vor, so gilt dieses. Mit dem Antrag auf Option ist nachzuweisen, dass die erforderliche Anzahl der Gesellschafter der Ausübung der Option zugestimmt hat.

3. Adressat des Antrags

18 **13** Der Antrag ist grundsätzlich bei dem Finanzamt zu stellen, das für die gesonderte und einheitliche Feststellung der Einkünfte der Personenhandels- oder Partnerschaftsgesellschaft (§ 180 Abs. 1 Satz 1 Nr. 2 Buchst. a oder Abs. 5 i. V. m. § 179 Abs. 2 Satz 2 AO) örtlich zuständig ist. Diese Zuständigkeit bestimmt sich grundsätzlich nach § 18 AO. Erfolgt keine gesonderte und einheitliche Feststellung der Einkünfte und hat die Gesellschaft ihren Sitz im Inland, so ist der Antrag bei dem Finanzamt zu stellen, in dessen Bezirk sich der Sitz der Gesellschaft befindet (§ 1 a Abs. 1 Satz 5 KStG).

14 Bei Gesellschaften mit Sitz im Ausland, für die bislang keine gesonderte und einheitliche Feststellung der Einkünfte nach § 180 Abs. 1 Satz 1 Nr. 2 Buchst. a oder Abs. 5 AO vorgenommen wird, ist wie folgt zu differenzieren:

a. Unterbleibt eine gesonderte und einheitliche Feststellung nach § 180 Abs. 3 Satz 1 Nr. 1 AO, weil nur eine der an den Einkünften beteiligten Personen mit ihren Einkünften in Deutschland einkommen- oder körperschaftsteuerpflichtig ist, ist der Antrag bei dem für die Einkommen- oder Körperschaftsteuer des Gesellschafters zuständigen Finanzamt zu stellen (§ 1 a Abs. 1 Satz 3 KStG).
b. Erzielt die Gesellschaft ausschließlich Einkünfte, die dem Steuerabzug vom Kapitalertrag oder dem Steuerabzug auf Grund des § 50 a EStG unterliegen, und gilt infolgedessen die Einkommensteuer nach § 50 Abs. 2 Satz 1 EStG oder die Körperschaftsteuer nach § 32 Abs. 1 KStG als abgegolten, ist der Antrag beim Bundeszentralamt für Steuern (BZSt) zu stellen (§ 1 a Abs. 1 Satz 4 KStG).
c. In allen anderen Fällen ist das Finanzamt zuständig, das für die gesonderte und einheitliche Feststellung zuständig ist (§ 1 a Abs. 1 Satz 2 KStG).

15 Maßgeblich sind jeweils die Verhältnisse im Zeitpunkt der Antragstellung. Eine spätere Änderung der Verhältnisse hinsichtlich der sachlichen oder örtlichen Zuständigkeit (insbesondere eine abweichende Zuständigkeit für die künftige Besteuerung der optierenden Gesellschaft nach dem KStG) führt nicht zur Unwirksamkeit des Antrags. Im Falle eines Zuständigkeitswechsels ist der Antrag von der nach § 1 a Abs. 1 Satz 2 bis 5 KStG zuständigen Finanzbehörde an die neu zuständig gewordene Finanzbehörde zur Entscheidung abzugeben, es sei denn, es soll insoweit zulässigerweise nach § 26 Satz 2 AO verfahren werden.

4. Antragsfrist

19 **16** Der Antrag muss (auch bei neu gegründeten Gesellschaften oder übernehmenden Rechtsträgern einer Umwandlung) spätestens einen Monat vor Beginn des Wirtschaftsjahres, ab dem die Option gelten soll, bei der jeweils zuständigen Finanzbehörde eingegangen sein. Im Fall eines kalenderjahrgleichen Wirtschaftsjahres ist der Antrag somit spätestens am 30. November des vorangehenden Jahres zu stellen, sofern sich nicht aus § 108 Abs. 3 AO etwas anderes ergibt.

17 Die Umstellung des Wirtschaftsjahres auf einen vom Kalenderjahr abweichenden Zeitraum im Zusammenhang mit dem Optionsantrag ist bei nach Ausübung der Option unbeschränkt oder beschränkt steuerpflichtigen Gesellschaften nach § 4 a Abs. 1 Satz 2 Nr. 2 EStG nur im Einvernehmen mit der nach Rn. 13 ff. zuständigen Finanzbehörde wirksam.

18 Da der Antrag von der Personenhandels- oder Partnerschaftsgesellschaft zu stellen ist (§ 1 a Abs. 1 Satz 2 KStG), kann er nicht vor Gründung der Gesellschaft gestellt werden. Eine Option für das erste (Rumpf-)Wirtschaftsjahr ist damit ausgeschlossen. Eine Partnerschaftsgesellschaft muss zum Zeitpunkt der Antragstellung bereits in das Partnerschaftsregister eingetragen sein (§ 7 Abs. 1 PartGG), eine Personenhandelsgesellschaft muss zum Zeitpunkt der Antragstellung entweder in das Handelsregister eingetragen sein (§ 105 Abs. 2 HGB) oder ein Handelsgewerbe im Sinne des § 1 Abs. 2 HGB betreiben. Dies gilt auch für den Fall der Verschmelzung oder Spaltung auf eine neu gegründete Personengesellschaft sowie für den Formwechsel einer Kapitalgesellschaft in eine Personengesellschaft.

Anl zu § 1 a KStG

19 Ein verspäteter Antrag ist unwirksam und gilt nicht automatisch als Antrag für das nächste Wirtschaftsjahr. Vielmehr ist für eine wirksame Ausübung der Option für ein Wirtschaftsjahr, dessen Beginn von dem im unwirksamen Antrag bezeichneten Datum abweicht, ein neuer Antrag zu stellen.

5. Entscheidung über den Antrag

20 Die nach § 1a Abs. 1 Satz 2 bis 5 KStG (ggf. i. V. m. § 26 Satz 2 AO) zuständige Finanzbehörde **20**
prüft summarisch, ob die gesetzlichen Voraussetzungen für den Antrag vorliegen. Im Falle eines Zuständigkeitswechsels (vgl. Rn. 15) ist der Antrag abweichend von S. 1 dieser Rn. von der neu zuständigen Finanzbehörde zu prüfen, es sei denn, es soll insoweit zulässigerweise nach § 26 Satz 2 AO verfahren werden.

21 Eine gesonderte Mitteilung, dass die Finanzbehörde von einem wirksamen Antrag ausgeht, erfolgt grundsätzlich nicht. Die Mitteilung über die Erteilung einer Körperschaftsteuernummer durch das nach § 20 AO für die Körperschaftsbesteuerung der optierenden Gesellschaft zuständige Finanzamt beinhaltet jedoch konkludent die Information, dass das Finanzamt von einem wirksamen Antrag ausgeht. Diese Mitteilung ist kein (anfechtbarer) Verwaltungsakt. Stellt sich nachträglich heraus, dass die Voraussetzungen für einen Antrag nach § 1a Abs. 1 KStG nicht vorgelegen haben, sind Verwaltungsakte (z. B. Steuerbescheide), die von der Wirksamkeit des Antrags ausgehen, rechtswidrig und im Rahmen der verfahrensrechtlichen Möglichkeiten aufzuheben oder zu ändern.

22 Die ablehnende Entscheidung über den Antrag ist ein Verwaltungsakt. Dieser ist schriftlich oder elektronisch zu erlassen und mit einer Rechtsbehelfsbelehrung zu versehen. Die Bekanntgabe richtet sich nach den §§ 122 und 122a AO sowie nach den Regelungen im AEAO zu den §§ 122 und 122a AO.

6. Unwiderruflichkeit des Antrags

23 Der Antrag auf Option ist unwiderruflich (§ 1a Abs. 1 Satz 1 KStG). Eines erneuten Antrags für die **21**
folgenden Wirtschaftsjahre bedarf es nicht, wenn die Voraussetzungen für die Option ununterbrochen vorliegen. Zur Beendigung der Option vgl. Rn. 90 ff.

IV. Übergang zur Körperschaftsbesteuerung

24 Nach § 1a Abs. 2 Satz 1 KStG gilt der Übergang zur Körperschaftsbesteuerung als Formwechsel **22**
im Sinne des § 1 Abs. 3 Nr. 3 UmwStG. Damit wird als Folge der Option ertragsteuerlich ein Anschaffungs- und Veräußerungsvorgang fingiert (Rn. 00.02 UmwStE). Da § 4 Abs. 3 EStG bei einer optierenden Gesellschaft nach § 1a Abs. 3 Satz 6 KStG nicht anwendbar ist, ist von Einnahmenüberschussrechnern im Rahmen des Übergangs zur Körperschaftsbesteuerung zwingend zum steuerlichen Übertragungsstichtag zur Gewinnermittlung durch Betriebsvermögensvergleich zu wechseln. Ein in diesen Fällen entstehender Übergangsgewinn ist als laufender Gewinn des Wirtschaftsjahres, das dem Wirtschaftsjahr der erstmaligen Ausübung der Option vorangeht, zu versteuern.

25 Die nach Rn. 25.01 UmwStE für den Formwechsel einer Personengesellschaft in eine Kapitalgesellschaft entsprechend anzuwendenden Rn. 20.01 bis 23.21 UmwStE sind – mit Ausnahme der Ausführungen zur steuerlichen Rückwirkung – auch auf den fiktiven Formwechsel nach § 1a Abs. 2 Satz 1 KStG entsprechend anzuwenden.

1. Persönlicher Anwendungsbereich des UmwStG

26 Die §§ 1 und 25 UmwStG sind entsprechend anzuwenden (§ 1a Abs. 2 Satz 2 KStG). Infolgedes- **23**
sen ist der Anwendungsbereich des Sechsten bis Achten Teils des UmwStG (§§ 20 ff. UmwStG) nur insoweit eröffnet, als zum einen die optierende Gesellschaft die Voraussetzungen des § 1 Abs. 4 Satz 1 Nr. 1 UmwStG und zum anderen die an der optierenden Gesellschaft beteiligten Gesellschafter die Voraussetzungen des § 1 Abs. 4 Satz 1 Nr. 2 Buchst. a UmwStG spätestens am steuerlichen Übertragungsstichtag erfüllen (Rn. 01.52 UmwStE) oder das Recht der Bundesrepublik Deutschland hinsichtlich der Besteuerung des Gewinns aus der Veräußerung der Anteile an der optierenden Gesellschaft nicht ausgeschlossen oder beschränkt ist (§ 1 Abs. 4 Satz 1 Nr. 2 Buchst. b UmwStG). Sind diese Voraussetzungen bei einzelnen Gesellschaftern nicht erfüllt, so sind die stillen Reserven im Betriebsvermögen der optierenden Personengesellschaft insoweit zwingend durch Ansatz des gemeinen Wertes aufzudecken (vgl. hierzu auch Rn. 29 ff.).

27 Die Feststellungslast dafür, dass die Voraussetzungen für den fiktiven Formwechsel nach § 1a Abs. 2 Satz 1 KStG vorliegen, trägt die antragstellende Gesellschaft.

2. Einbringungsgegenstand und Bewertungswahlrecht

28 Einbringungsgegenstand sind entsprechend dem echten Formwechsel die Anteile der jeweiligen **24**
Gesellschafter an der optierenden Gesellschaft.

29 Die entsprechende Anwendung des § 20 UmwStG und auch das hierin enthaltene Bewertungswahlrecht nach § 20 Abs. 2 UmwStG setzen die Einbringung von Anteilen an einer Mitunternehmerschaft voraus. Dazu gehören neben den Anteilen an einer Mitunternehmerschaft im Sinne des § 15 Abs. 1 Satz 1 Nr. 2 EStG auch die Beteiligung an einer Gesellschaft, die Einkünfte im Sinne der §§ 13 und 18 EStG erzielt, sowie an einer gewerblich geprägten oder infizierten Gesellschaft im Sinne des § 15 Abs. 3 EStG.

30 Handelt es sich bei der optierenden Gesellschaft nicht um eine Mitunternehmerschaft (sondern z. B. um eine vermögensverwaltende Personenhandelsgesellschaft), so kommt § 20 UmwStG nicht zur Anwendung mit der Folge, dass der Ansatz eines Buch- oder Zwischenwertes ausgeschlossen ist (vgl. Rn. 40); im Fall einer Beteiligung an einer Kapitalgesellschaft oder Genossenschaft ist § 21 Abs. 1 Satz 2 UmwStG zu prüfen.

31 Der Ansatz des Buch- oder Zwischenwerts für die Anteile an der optierenden Gesellschaft setzt – neben dem Optionsantrag – einen Antrag innerhalb der Ausschlussfrist des § 20 Abs. 2 Satz 3 UmwStG bei dem nach § 20 AO zuständigen Finanzamt voraus.

25 **32** Das Bewertungswahlrecht nach § 20 Abs. 2 Satz 2 UmwStG kann für jeden Mitunternehmeranteil gesondert ausgeübt werden. Rn. 20.21 und 20.22 UmwStE gelten entsprechend. Gehören zum Sonderbetriebsvermögen eines Gesellschafters funktional wesentliche Betriebsgrundlagen, die nicht bis zum fiktiven Einbringungszeitpunkt (vgl. Rn. 41) auf die Mitunternehmerschaft übertragen wurden, so ist hinsichtlich seines Mitunternehmeranteils der Ansatz zum Buch- oder Zwischenwert ausgeschlossen (Rn. 20.10 i. V. m. 20.06 UmwStE). In diesen Fällen kommt es grundsätzlich zur Aufgabe des jeweiligen Mitunternehmeranteils (§ 16 Abs. 3 i. V. m. Abs. 1 Satz 1 Nr. 2, § 34 EStG) mit der Folge der vollständigen Aufdeckung der stillen Reserven (vgl. aber Rn. 34 und 35). Der Ansatz des Buch- oder Zwischenwerts ist auch dann ausgeschlossen, wenn die Beteiligung eines Mitunternehmers an einer Komplementärgesellschaft einer optierenden Kommanditgesellschaft nicht eingebracht wird, sofern die Beteiligung eine funktional wesentliche Betriebsgrundlage darstellt. In den Fällen, in denen funktional wesentliche Betriebsgrundlagen im Rahmen des fiktiven Formwechsels im Sinne des § 25 UmwStG nicht mit übertragen werden, ist in Bezug auf Beteiligungen an Kapitalgesellschaften oder Genossenschaften im Betriebsvermögen der optierenden Gesellschaft § 21 UmwStG zu prüfen.

33 Werden Wirtschaftsgüter, die keine funktional wesentliche Betriebsgrundlage sind, zurückbehalten oder in zeitlichem und wirtschaftlichem Zusammenhang mit der Option veräußert, entnommen oder in ein anderes Betriebsvermögen übertragen, so schließt dies den Ansatz des eingebrachten Vermögens zum Buch- oder Zwischenwert nicht aus.

26 **34** Werden die einem Sonderbetriebsvermögen zugehörigen funktional wesentlichen Betriebsgrundlagen gesondert auf die optierende Personengesellschaft in zeitlichem und wirtschaftlichem Zusammenhang mit der Ausübung der Option übertragen, so liegt ein einheitlicher Vorgang vor, der insgesamt unter § 20 UmwStG fallen kann. Ein Anwendungsfall des § 6 Abs. 5 Satz 3 EStG wird dadurch nicht begründet.

35 Bei einer Übertragung oder Überführung von funktional wesentlichen Betriebsgrundlagen in ein anderes Betriebsvermögen in zeitlichem und wirtschaftlichem Zusammenhang mit der Option ist zu prüfen, ob infolge der Gesamtplanrechtsprechung die Voraussetzungen für die Anwendung des § 20 UmwStG nicht vorliegen (Rn. 20.07 UmwStE). Die Grundsätze zu Rn. 10 des BMF-Schreibens v. 20. November 2019 (BStBl. I S. 1291) sind nicht anzuwenden.

36 Zurückbehaltene Wirtschaftsgüter gelten als entnommen, sofern sie nicht zum Beginn des Wirtschaftsjahres der Option zu einem anderweitigen Betriebsvermögen gehören (Rn. 20.08 UmwStE). Wird durch die Option eine Betriebsaufspaltung aufgrund der Zurückbehaltung von Wirtschaftsgütern des Sonderbetriebsvermögens begründet, so sind nach Maßgabe des § 6 Abs. 5 Satz 2 EStG insoweit die Buchwerte fortzuführen. Im Übrigen gilt Rn. 32 Satz 3.

27 **37** Bei ausländischen Gesellschaften erfolgt die Bewertung und der Ansatz der Wirtschaftsgüter in der steuerlichen Schlussbilanz im Sinne des § 20 UmwStG unter Zugrundelegung der Vorschriften des deutschen Steuerrechts (zum Buchwert vgl. § 1 Abs. 5 Nr. 4 UmwStG).

38 Gemäß § 20 Abs. 2 Satz 2 Nr. 3 UmwStG ist ein Ansatz zum Buch- oder Zwischenwert auch ausgeschlossen, soweit das Recht der Bundesrepublik Deutschland hinsichtlich der Besteuerung des Gewinns aus der Veräußerung des eingebrachten Betriebsvermögens bei der optierenden Gesellschaft ausgeschlossen oder beschränkt wird.

39 Die Buchwerte der durch die Option eingebrachten Wirtschaftsgüter des Gesamthandsvermögens sind unter Berücksichtigung von Ergänzungsbilanzen zu bestimmen.

28 **40** Auf Ebene der Gesellschafter gelten auch hinsichtlich der Rechtsfolgen des fiktiven Formwechsels die für den echten Formwechsel einer Personengesellschaft in eine Kapitalgesellschaft maßgeblichen Regelungen entsprechend (insbesondere Besteuerung eines Veräußerungsgewinns und Bemessung der Anschaffungskosten der Anteile an der optierenden Gesellschaft – vgl. § 20 Abs. 3 und § 21 Abs. 2 UmwStG).

Beispiel:

An der optierenden AB-OHG, die neben anderen Wirtschaftsgütern auch Beteiligungen an mehreren Kapitalgesellschaften hält, sind A und B als Mitunternehmer beteiligt.

Lösung:

Der Wert, mit dem die optierende Gesellschaft ihr Betriebsvermögen ansetzt, gilt für die Gesellschafter als Veräußerungspreis und als Anschaffungskosten der Gesellschaftsanteile (§ 20 Abs. 3 bzw. § 21 Abs. 2 UmwStG).

Abwandlung:

An der optierenden, vermögensverwaltenden Zebragesellschaft CD-KG, Inhaberin diverser festverzinslicher Schuldverschreibungen, sind die natürlichen Personen C als Komplementär (Beteiligung im Betriebsvermögen) und D als Kommanditist (Beteiligung im Privatvermögen) beteiligt.

Lösung:

Auf die CD-KG finden die §§ 20 ff. UmwStG keine Anwendung (vgl. Rn. 30). Bei C findet § 6 Abs. 6 Satz 1 EStG Anwendung. Bei D findet § 20 Abs. 2 Satz 1 Nr. 7 EStG sowie im Fall der späteren Veräußerung der Anteile an der optierenden Gesellschaft abhängig von der Beteiligungshöhe § 17 Abs. 2 a oder § 20 Abs. 2 Satz 1 Nr. 1 i. V. m. Abs. 4 EStG Anwendung.

3. Einbringungszeitpunkt und Feststellung des steuerlichen Einlagekontos

29 **41** Als Einbringungszeitpunkt gilt das Ende des Wirtschaftsjahres, das dem Wirtschaftsjahr der erstmaligen Ausübung der Option unmittelbar vorangeht (§ 1 a Abs. 2 Satz 3 KStG). Infolgedessen ist für

die optierende Gesellschaft (wie für den übernehmenden Rechtsträger im Rahmen eines echten Formwechsels) bereits für die letzte juristische Sekunde des Vorjahres neben einer Eröffnungsbilanz auch eine steuerliche Schlussbilanz unter Zugrundelegung der ggf. aufgestockten Werte (vgl. Rn. 29 ff.) aufzustellen und eine Körperschaftsteuererklärung sowie ggf. eine Gewerbesteuererklärung abzugeben. Von inländischen Gesellschaften ist ferner eine Erklärung zur gesonderten Feststellung des steuerlichen Einlagekontos abzugeben. Anl zu § 1 a KStG

42 Da die Gesellschaft zivilrechtlich als Personenhandels- oder Partnerschaftsgesellschaft fortbesteht, verfügt sie anders als eine Kapitalgesellschaft nicht über Nennkapital im Sinne des § 27 Abs. 1 Satz 1 KStG. Nach § 1 a Abs. 2 Satz 4 KStG wird daher das in der steuerlichen Schlussbilanz auszuweisende Eigenkapital (einschließlich des Eigenkapitals in Ergänzungsbilanzen) insgesamt auf dem steuerlichen Einlagekonto erfasst. Der Umfang des maßgeblichen Eigenkapitals bestimmt sich nach Tz. I. 2. des BMF-Schreibens vom 11. Juli 2011 (BStBl. I S. 713) i. V. m. dem BMF-Schreiben vom 30. Mai 1997 (BStBl. I S. 627) und dem BMF-Schreiben vom 26. Juli 2016 (BStBl. I S. 684).

4. Keine steuerliche Rückbeziehung

43 Eine steuerliche Rückbeziehung des Einbringungszeitpunkts ist ausgeschlossen (§ 1 a Abs. 2 Satz 3 Hs. 2 KStG). 30

5. Ergänzungs- und Sonderbilanzen

44 Ergänzungs- und Sonderbilanzen sind infolge der Option nicht fortzuführen. Zur Berücksichtigung von Ergänzungsbilanzen bei der Bewertung der eingebrachten Mitunternehmeranteile vgl. Rn. 39 und zu den Auswirkungen auf das steuerliche Einlagekonto vgl. Rn. 42. 31

6. Sperrfristen

45 Auch ein fiktiver Formwechsel nach § 1 a Abs. 2 KStG kann dazu führen, dass Sperrfristverletzungen ausgelöst werden (vgl. z. B. Rn. 29 des BMF-Schreibens vom 20. November 2019, BStBl. I S. 1291, zu § 6 Abs. 3 Satz 2 EStG und Rn. 33, 34 des BMF-Schreibens vom 8. Dezember 2011, BStBl. I S. 1279, zu § 6 Abs. 5 Satz 4 und 6 EStG sowie § 16 Abs. 3 Satz 3 EStG, § 15 Abs. 2 Satz 4, § 18 Abs. 3 Satz 2, § 22 Abs. 1 Satz 6 Nr. 2 und § 24 Abs. 5 UmwStG). 32

Beispiel:

A und sein Sohn B sind zu je 50% an der originär gewerblich tätigen AB-KG beteiligt. A hat in 2018 ein Grundstück (stille Reserven 200.000 €), das bisher zu seinem Sonderbetriebsvermögen gehörte, nach § 6 Abs. 5 Satz 3 Nr. 2 EStG in das Gesamthandsvermögen der KG übertragen. A und B beschließen im Jahr 2022 von der Option Gebrauch zu machen.

Lösung:

Die AB-KG erfüllt die Tatbestandsmerkmale für die Wahlrechtsausübung. Der Übergang zur Körperschaftsbesteuerung gilt als Formwechsel im Sinne des § 1 Abs. 3 Nr. 3 UmwStG. Unter den Voraussetzungen des § 20 Abs. 2 Satz 2 UmwStG ist auf Antrag der Ansatz zu Buchwerten möglich. Allerdings stellt die Option eine Sperrfristverletzung nach § 6 Abs. 5 Satz 6 EStG dar, da innerhalb von sieben Jahren der Anteil einer Körperschaft an dem Grundstück begründet wird. Im Jahr 2018 ist damit rückwirkend der Teilwert des Grundstücks anzusetzen (Versteuerung der stillen Reserven von 200.000 €).

46 Sämtliche Anteile an der optierenden Gesellschaft werden infolge der Option sperrfristverhaftet und unterliegen der Nachweispflicht nach § 22 Abs. 3 UmwStG, sofern der fiktive Formwechsel zu Buch- oder Zwischenwerten erfolgt.

7. Verluste

47 Ein vortragsfähiger Gewerbeverlust (Fehlbetrag nach § 10 a GewStG) der optierenden Personengesellschaft geht infolge der Option unter und lebt auch im Fall der Beendigung der Option nicht wieder auf. Dies gilt auch für den Zinsvortrag und einen EBITDA-Vortrag (§ 20 Abs. 9 UmwStG) sowie für Verluste nach § 15 a und § 15 b EStG. 33

8. Nachversteuerungspflichtige Beträge nach § 34 a Abs. 3 EStG

48 Nachversteuerungspflichtige Beträge im Sinne des § 34 a Abs. 3 EStG unterliegen infolge der Ausübung der Option der Nachversteuerung nach § 34 a Abs. 6 Satz 1 Nr. 2 EStG. Unter den Voraussetzungen des § 34 a Abs. 6 Satz 2 EStG kann die nach § 34 a Abs. 4 EStG geschuldete Einkommensteuer in regelmäßigen Teilbeträgen für einen Zeitraum von höchstens zehn Jahren zinslos gestundet werden. 34

V. Zeitraum der Körperschaftsbesteuerung

1. Besteuerung der optierenden Gesellschaft

a) Ertragsteuerliche Behandlung wie eine Kapitalgesellschaft

49 Da die optierende Gesellschaft ihr Rechtsstatut zivilrechtlich und somit gesellschaftsrechtlich nicht ändert, gelten für sie die gesellschafts- und handelsrechtlichen Vorgaben auch nach Ausübung der Option fort. 35

50 Ertragsteuerlich wird die optierende Gesellschaft jedoch wie eine Kapitalgesellschaft behandelt (§ 1 a Abs. 1 Satz 1 KStG, § 2 Abs. 8 GewStG). Daher finden grundsätzlich alle Regelungen insbesondere des KStG, EStG, GewStG, SolZG, AStG und des UmwStG, die für alle Kapitalgesellschaften unabhängig von ihrer spezifischen Rechtsform gelten, auch auf die optierende Gesellschaft Anwendung. Die örtliche Zuständigkeit für die Körperschaftsbesteuerung der optierenden Gesellschaft bestimmt sich grundsätzlich nach § 20 AO.

51 Auf die optierende Gesellschaft anwendbar sind auch Regelungen, die nicht ausdrücklich nur für Kapitalgesellschaften, sondern z. B. für juristische Personen, Körperschaften oder Personenvereinigungen gelten, sofern davon jeweils auch allgemein Kapitalgesellschaften erfasst werden. Nicht auf die optierende Gesellschaft anwendbar sind dagegen diejenigen Regelungen, die einen spezifischen Rechtsformbezug enthalten und nicht für alle Kapitalgesellschaften gleichermaßen gelten, wie z. B. § 9 Nr. 1 KStG (KGaA) oder § 10 Abs. 1 a Nr. 2 Buchst. c EStG (GmbH).

36 **52** Die optierende Gesellschaft ist keine Gesellschaft im Sinne der Anlage 2 Nr. 3 (zu § 43 b EStG) oder der Anlage 3 Nr. 1 (zu § 50 g EStG) zum EStG. Infolge der Wahlmöglichkeit findet auch § 8 b Abs. 9 KStG auf Bezüge einer optierenden Gesellschaft bzw. aus der Beteiligung an einer solchen keine Anwendung (vgl. Art. 2 Buchst. a (iii) der Mutter-Tochter-Richtlinie).

53 Die Einkommensermittlung der optierenden Gesellschaft ergibt sich aus R 7.1 Abs. 1 S. 2 KStR 2015. Eine Überleitungsrechnung der Handelsbilanz nach § 60 Abs. 2 EStDV ist nicht möglich (vgl. Rn. 101). Die optierende Gesellschaft hat keine außerbetriebliche Sphäre. § 4 Abs. 4 a EStG findet bei der optierenden Gesellschaft keine Anwendung. Auf einen Gesellschafterwechsel nach Ausübung der Option finden die §§ 8 c, 8 d KStG und § 10 a GewStG Anwendung.

54 Die optierende Gesellschaft ist für Zwecke der Anwendung eines DBA „ein Rechtsträger, der für die Besteuerung wie eine juristische Person behandelt wird“ und erfüllt damit die abkommensrechtlichen Voraussetzungen einer „Gesellschaft“ entsprechend Art. 3 Abs. 1 Buchst. b des OECD-Musterabkommens (OECD-MA) 2017. Weiterhin ist die optierende Gesellschaft, die ihren Ort der Geschäftsleitung im Inland hat, in Deutschland unbeschränkt steuerpflichtig, so dass sie entsprechend Art. 4 Abs. 1 OECD-MA 2017 in Deutschland ansässig und damit auch abkommensberechtigt ist.

Um in einem anderen Vertragsstaat ansässig zu sein, müssen dort die abkommensrechtlichen Voraussetzungen entsprechend Art. 4 Abs. 1 OECD-MA 2017 (grundsätzlich unbeschränkte Steuerpflicht) und – bei Doppelansässigkeit – entsprechend Abs. 3 OECD-MA 2014 bzw. 2017 erfüllt sein.

b) Ertragsteuerliche Organschaft

37 **55** Eine optierende Gesellschaft kann unabhängig von der Art ihrer Tätigkeit Organträgerin im Sinne von § 14 Abs. 1 Satz 1 Nr. 2 S. 1 KStG sein (vgl. Rn. 4 des BMF-Schreibens vom 26. August 2003, BStBl. I S. 437). Eine bereits bestehende Organschaft wird fortgeführt. Die Ausübung der Option führt nicht zu einem Neubeginn der fünfjährigen Mindestlaufzeit im Sinne des § 14 Abs. 1 Satz 1 Nr. 3 S. 1 KStG. Eine bislang bestehende finanzielle Eingliederung besteht insofern fort. Der fiktive Formwechsel ist kein wichtiger Grund für die Beendigung des Gewinnabführungsvertrages.

56 Die Anerkennung der optierenden Gesellschaft als Organgesellschaft scheidet dagegen aus. Insbesondere müssen die Regelungen des Gewinnabführungsvertrages in eintragungspflichtiger Form vereinbart werden und organisationsrechtlichen Charakter haben.

Nach deutschem Gesellschaftsrecht besteht weder eine Eintragungspflicht für Unternehmensverträge mit Personenhandels- oder Partnerschaftsgesellschaften noch führen sie dazu, dass das Gesellschaftsstatut unternehmensvertraglich überlagert wird (vgl. OLG München, Beschluss vom 8. Februar 2011 – 31 Wx 2/11 –, ZIP 2011 S. 526). Eine Eintragungspflicht ins Handelsregister für diese Gesellschaften kann weder auf eine ausdrückliche gesetzliche Bestimmung gestützt noch aus einer entsprechenden Anwendung der für eine Satzungsänderung geltenden Vorschriften hergeleitet werden. Zudem gehören Gesellschaftsverträge bzw. entsprechende Vertragsänderungen nicht zu den eintragungspflichtigen Tatsachen im Sinne von §§ 106, 162 HGB oder § 4 PartGG.

c) Sonderregelungen bei der Forschungszulage und der Grunderwerbsteuer

38 **57** Für Zwecke der Forschungszulage sind optierende Gesellschaften als Steuerpflichtige im Sinne des KStG anspruchsberechtigt (§ 1 Abs. 2 Satz 2 FZulG).

58 Zu grunderwerbsteuerlichen Sonderregelungen vgl. § 5 Abs. 1 Satz 2, Abs. 2 Satz 2 und Abs. 3 Satz 3 sowie § 6 Abs. 3 Satz 4 GrEStG. Die Grunderwerbsteuerstelle, in deren Zuständigkeitsbereich sich die Geschäftsleitung der nach § 1 a KStG optierenden Gesellschaft befindet, ist von dem für die optierende Gesellschaft zuständigen Veranlagungsbezirk über die Ausübung und den Zeitpunkt der Wirksamkeit der Option nach § 1 a KStG zu unterrichten, wenn sich im Vermögen der Gesellschaft ein inländisches Grundstück befindet.

d) Investmentbesteuerung

39 **59** Investmentfonds können nicht selbst zur Körperschaftsbesteuerung optieren (§ 1 a Abs. 1 Satz 6 Nr. 1 KStG) und optierende Gesellschaften können kein Investmentfonds sein (§ 1 Abs. 3 Satz 3 InvStG). Wenn eine optierende Gesellschaft in einen Investmentfonds oder einen Spezial-Investmentfonds investiert, sind die investmentsteuerrechtlichen Regelungen für Anleger nach § 2 Abs. 10 InvStG anzuwenden. Für Investmenterträge, die eine optierende Gesellschaft aus einem Investmentfonds erzielt, ist nach § 20 Abs. 3 a Satz 2 InvStG derjenige Teilfreistellungssatz anzuwenden, der für Anleger gilt, die dem KStG unterliegen (insbesondere § 20 Abs. 1 Satz 3 InvStG). Investiert ein Investmentfonds in eine optierende Gesellschaft, so stellt diese Beteiligung nach § 2 Abs. 8 Satz 5 Nr. 1 InvStG keine Kapitalbeteiligung dar. Bei Spezial-Investmentfonds gilt nach § 2 Abs. 16 InvStG die Beteiligung an einer optierenden Gesellschaft für die Zwecke der §§ 26, 28 und 48 InvStG nicht als Beteiligung an einer Kapitalgesellschaft.

e) Gewinnermittlung

40 **60** Die Einnahmenüberschussrechnung (§ 4 Abs. 3 EStG) als Gewinnermittlungsart ist für die optierende Gesellschaft nicht zulässig (§ 1 a Abs. 3 Satz 6 KStG). Besteht für die zivilrechtlich fortbestehende Personengesellschaft eine Buchführungspflicht nach dem HGB oder einer ausländischen Rechts-

norm, so gilt diese auch für die optierende Gesellschaft. Besteht eine solche Buchführungspflicht nicht, so ist der Gewinn der optierenden Gesellschaft nach § 4 Abs. 1 EStG zu ermitteln. In beiden Fällen hat die optierende Gesellschaft für steuerliche Zwecke eine Gewinnermittlung unter Beachtung der für Kapitalgesellschaften geltenden Vorschriften zu erstellen (vgl. Rn. 53 und zur E-Bilanz Rn. 101).

2. Beteiligung an der optierenden Gesellschaft

61 Die Beteiligung an einer optierenden Gesellschaft gilt für Zwecke der Besteuerung nach dem Einkommen – und nach § 2 Abs. 8 GewStG auch für Zwecke der Gewerbesteuer – als Beteiligung eines nicht persönlich haftenden Gesellschafters an einer Kapitalgesellschaft (§ 1 a Abs. 3 Satz 1 KStG). Die Beteiligung an einer optierenden Gesellschaft ist ein eigenständiges Wirtschaftsgut. Ist für die Besteuerung die Beteiligungshöhe an der optierenden Gesellschaft maßgeblich (z. B. in §§ 8 b und 8 c KStG sowie § 9 Nr. 2 a und Nr. 7 GewStG), so ist diese nach den festen Kapitalkonten (sogenannte Kapitalkonten I) zu ermitteln, sofern der Gesellschaftsvertrag entsprechende Regelungen umfasst und diese über die maßgebenden Vermögensrechte entscheiden (insbesondere das Gewinnbezugsrecht, aber auch Entnahme- und Auseinandersetzungsrechte). Anderenfalls ist das Verhältnis der Kapitalanteile im Sinne des Handelsrechts maßgeblich. **41**

62 Die Veräußerung eines Anteils oder eines Teils eines Anteils an einer optierenden Gesellschaft oder dessen verdeckte Einlage in eine Kapitalgesellschaft führt je nach Beteiligungshöhe und Zeitpunkt des Erwerbs der Beteiligung zu Einkünften nach § 20 Abs. 2 Satz 1 Nr. 1 oder § 17 Abs. 1 EStG (ggf. i. V. m. § 17 Abs. 6 EStG) i. V. m. § 3 Nr. 40 Satz 1 Buchst. c EStG. Werden die Anteile im Betriebsvermögen einer natürlichen Person gehalten, so finden § 3 Nr. 40 Satz 1 Buchst. a und § 3 c Abs. 2 EStG Anwendung. Als Veräußerung gelten auch die gesetzlich einer Veräußerung gleichgestellten Vorgänge wie insbesondere solche im Sinne des § 17 Abs. 1 Satz 2 und Abs. 4, § 20 Abs. 2 Satz 2 EStG oder § 6 AStG.

63 Gewinne aus der Veräußerung von Anteilen an einer optierenden Gesellschaft im Sinne des § 17 oder § 20 Abs. 2 EStG unterliegen ungeachtet der Bestimmungen eines DBA der inländischen Besteuerung, wenn sie im anderen Staat aufgrund einer vom deutschen Recht abweichenden steuerlichen Behandlung der optierenden Gesellschaft nicht der Besteuerung unterliegen (§ 50 d Abs. 14 Satz 2 EStG). Dies gilt auch, wenn die Anteile an der optierenden Gesellschaft in einem Betriebsvermögen gehalten werden und bzw. oder es sich um einen einer Veräußerung gleichgestellten Vorgang handelt. **42**

64 Der veräußernde Gesellschafter hat nach § 90 Abs. 2 AO nachzuweisen, dass die optierende Gesellschaft im anderen Staat entsprechend dem deutschen Recht behandelt wurde und die Gewinne aus der Veräußerung von Anteilen dort besteuert wurden.

65 Im Fall der Veräußerung der Beteiligung an der optierenden Gesellschaft oder eines der Veräußerung gleichgestellten Vorgangs innerhalb von sieben Jahren nach dem Einbringungszeitpunkt findet § 22 UmwStG Anwendung, soweit der fiktive Formwechsel zu Buch- oder Zwischenwerten erfolgt ist (vgl. zur Sperrfristverhaftung durch die Optionsausübung Rn. 46 und zur möglichen Verletzung anderer, älterer Sperrfristen auch nach dem UmwStG durch das Wirksamwerden der Option vgl. Rn. 45).

66 Bei Aufnahme eines neuen Gesellschafters gegen Einlage oder bei Erhöhung eines Anteils eines Gesellschafters findet die Mitverstrickungsregelung nach § 22 Abs. 7 UmwStG sinngemäß Anwendung, soweit stille Reserven auf andere Anteile verlagert werden. Weil die optierende Gesellschaft nicht über Nennkapital verfügt, führt die Einlage zu einer Erhöhung des steuerlichen Einlagekontos (vgl. Rn. 41 f.).

3. Rechtsverhältnisse zwischen der optierenden Gesellschaft und ihren Gesellschaftern

67 Für die ertragsteuerliche Beurteilung von Leistungsbeziehungen zwischen der optierenden Gesellschaft und ihren Gesellschaftern sind die für Kapitalgesellschaften geltenden Grundsätze maßgeblich. **43**

68 Auch vermögensmäßig nicht beteiligte Gesellschafter gelten als Anteilseigner der optierenden Gesellschaft.

a) Durch das Gesellschaftsverhältnis veranlasste Vermögensminderungen und Vermögensmehrungen

aa) Optierende Gesellschaft

69 Durch das Gesellschaftsverhältnis veranlasste Vermögensminderungen oder verhinderte Vermögensmehrungen mindern das Einkommen der optierenden Gesellschaft nicht. Die Grundsätze der verdeckten Gewinnausschüttung und der verdeckten Einlage (§ 8 Abs. 3 Satz 2 und 3 KStG, R 8.5 bis R 8.9 KStR 2015 und H 8.5 bis H 8.9 KStH 2015) gelten für eine optierende Gesellschaft entsprechend. Zur Frage der Beherrschung gelten die vorstehenden Grundsätze unter Beachtung des BMF-Schreibens vom 7. Oktober 2002 (BStBl. I S. 1028) und H 15.7 (6) EStH 2020 „Faktische Beherrschung" und „Mehrheit der Stimmrechte". Löst eine verdeckte Gewinnausschüttung Umsatzsteuer aus, so ist diese nicht abziehbar (§ 10 Nr. 2 KStG). R 8.6 KStR 2015 gilt entsprechend. **44**

70 Die Verwendung des steuerlichen Einlagekontos ist gemäß § 27 Abs. 1 KStG im Wirtschaftsjahr der erstmaligen Ausübung der Option möglich.

71 Optierende Gesellschaften, die in einem anderen Mitgliedstaat der EU oder des EWR der unbeschränkten Steuerpflicht unterliegen, können die Feststellung einer Leistung als Einlagenrückgewähr nach § 27 Abs. 8 KStG beantragen. Bei einem solchen Antrag ist die Berechnung der Einlagenrückgewähr darzulegen und durch geeignete Unterlagen nachzuweisen (§ 27 Abs. 8 Satz 7 KStG). Aus den Unterlagen muss sich zweifelsfrei ergeben, in welcher Höhe Einlagen in die Gesellschaft geleistet worden sind und in welcher Höhe diese Einlagen zum Schluss des der Leistung vorangegangenen Wirtschaftsjahres noch vorhanden waren. Die Qualifikation der Einlagen bestimmt sich nach den

Anl zu § 1 a KStG

Grundsätzen des deutschen Steuerrechts. Bei Drittstaatengesellschaften ist die Berücksichtigung von Beträgen als Einlagenrückgewähr im Rahmen der jeweiligen Festsetzungsverfahren der Gesellschafter zu klären.

bb) Gesellschafter

45 **72** Beim Gesellschafter führen durch das Gesellschaftsverhältnis veranlasste Einnahmen zu Einkünften aus Kapitalvermögen im Sinne des § 20 Abs. 1 Nr. 1 EStG, es sei denn, die Einnahmen sind einer anderen Einkunftsart zuzurechnen (§ 1 a Abs. 3 Satz 4 KStG, § 20 Abs. 8 Satz 1 EStG). Dies wäre beispielsweise dann der Fall, wenn die Beteiligung an der optierenden Gesellschaft in einem Betriebsvermögen gehalten wird.

73 Die für Gesellschafter einer Kapitalgesellschaft maßgeblichen Regelungen finden Anwendung (z.B. § 8b KStG, § 3 Nr. 40 Satz 1 Buchst. d und § 3c Abs. 2 EStG). § 43b EStG und § 8b Abs. 9 KStG finden auf Bezüge aus Anteilen an einer optierenden Gesellschaft keine Anwendung (vgl. Rn. 52).

74 Gewinnanteile gelten erst dann als ausgeschüttet, wenn sie entnommen werden oder ihre Auszahlung verlangt werden kann (§ 1 a Abs. 3 Satz 5 KStG). Daher gelten Gewinnanteile, deren Auszahlung der Gesellschafter mit Feststellung des Jahresabschlusses von der Gesellschaft verlangen kann, in diesem Zeitpunkt als ausgeschüttet. Auf die tatsächliche Entnahme oder Auszahlung kommt es hierbei nicht an. Bedarf es z. B. für die Auszahlung oder Entnahme noch eines gesonderten Beschlusses, liegt regelmäßig noch keine fiktive Ausschüttung vor. Zu den Gewinnanteilen im Sinne dieser Rn. zählen insbesondere die Gewinnanteile von Gesellschaftern einer offenen Handelsgesellschaft und Komplementären einer Kommanditgesellschaft (vgl. § 122 Abs. 1 Alt. 2, § 161 Abs. 2 HGB), von Kommanditisten, soweit deren Kapitalkonten nicht durch Verluste unterhalb ihrer Einlage gemindert wurden (vgl. § 169 Abs. 1 Satz 2 HGB), und Gesellschaftern einer Partnerschaftsgesellschaft (vgl. § 1 Abs. 4 PartGG, §§ 721, 722 BGB). Unerheblich für die Ausschüttungsfiktion ist, ob der Gesellschafter die Auszahlung seines Gewinnanteils tatsächlich verlangt.

46 **75** Gesellschaftsvertraglich vereinbarte Vorauszahlungen auf den Gewinn gelten unabhängig von der Feststellung des Jahresabschlusses als ausgeschüttet, wenn sie entnommen werden oder ihre Auszahlung verlangt werden kann.

76 Die – ggf. fiktive – Ausschüttung unterliegt im Ausschüttungszeitpunkt dem Steuerabzug vom Kapitalertrag (§ 43 Abs. 1 Satz 1 Nr. 1 EStG). Die optierende Gesellschaft hat die im Ausschüttungszeitpunkt entstandene Kapitalertragsteuer beim zuständigen Finanzamt anzumelden und zu entrichten (§ 45a Abs. 1 Satz 1 und § 44 Abs. 1 Satz 2 und 3 sowie Satz 5 Hs. 2 EStG). Die für den Steuerabzug auf Gewinnausschüttungen einer GmbH maßgeblichen Regelungen der §§ 43ff. EStG gelten entsprechend.

77 Die Ausschüttungsfiktion infolge der Möglichkeit, die Auszahlung verlangen zu können, gilt nicht für den Teil des Entnahmebetrags nach § 122 Abs. 1 Alt. 1 HGB, der den Betrag nach § 122 Abs. 1 Alt. 2 HGB übersteigt, oder für sonstige gesellschaftsvertraglich vereinbarte gewinnunabhängige Entnahmerechte. Allein die gesetzliche Möglichkeit, einen den Gewinnanteil übersteigenden Betrag entnehmen oder dessen Auszahlung von der Gesellschaft verlangen zu können, löst daher insoweit noch keine Ausschüttungsfiktion und keine Kapitalertragsteuer aus.

Beispiel:

Für den Gesellschafter A der AB-OHG wurde für das Vorjahr 01 ein Kapitalanteil iHv 10.000 € ermittelt. Gemäß § 122 Abs. 1 Alt. 1 HGB ist er berechtigt, in Jahr 02 bis zu vier Prozent von 10.000 €, mithin 400 €, zu entnehmen. Der für A festgestellte Gewinn für das Vorjahr 01 beträgt 300 €.

Lösung:

Wenn im Gesellschaftsvertrag nichts Abweichendes geregelt wurde, gelten die 300 €, deren Auszahlung A mit Feststellung des Jahresabschlusses nach § 122 Abs. 1 Alt. 2 HGB verlangen kann, in diesem Zeitpunkt als ausgeschüttet gemäß § 1 a Abs. 3 Satz 5 KStG und unterliegen der Kapitalertragsteuer.
Die weiteren 100 € (400 €–300 €), die A auch ohne Gesellschafterbeschluss und über seinen Gewinnanteil des Jahres 01 hinaus zu entnehmen berechtigt wäre, gelten nicht automatisch als ausgeschüttet gemäß § 1 a Abs. 3 Satz 5 KStG. Erst bei tatsächlicher Entnahme gilt der Betrag als ausgeschüttet und unterliegt der Kapitalertragsteuer.

47 **78** Sind aufgrund gesetzlicher oder gesellschaftsrechtlicher Regelungen die als ausgeschüttet geltenden Beträge auf einem Fremdkapitalkonto des jeweiligen Gesellschafters zu verbuchen, so bleibt die spätere Erfüllung der Verbindlichkeit steuerneutral. Soweit Beträge, deren Auszahlung verangt werden kann, auf einem Eigenkapitalkonto verbucht werden, gilt der fiktiv ausgeschüttete Betrag unmittelbar nach der fiktiven Ausschüttung als eingelegt mit der Folge, dass sich die Anschaffungskosten der Beteiligung des Gesellschafters und das steuerliche Einlagekonto der Gesellschaft entsprechend erhöhen. Bei einer späteren Ausschüttung der als eingelegt geltenden Beträge gilt nach der Verwendungsreihenfolge in § 27 KStG vorrangig der ausschüttbare Gewinn als verwendet. Erst nach dessen Verbrauch ist eine Verwendung des steuerlichen Einlagekontos möglich (§ 27 Abs. 1 Satz 3 KStG).

79 Dem Gläubiger der Kapitalerträge aus Anteilen an einer inländischen optierenden Gesellschaft steht ungeachtet der Bestimmungen eines DBA kein Anspruch auf Entlastung von der Kapitalertragsteuer zu, wenn die Kapitalerträge im Ausland aufgrund einer vom deutschen Recht abweichenden steuerlichen Behandlung der optierenden Gesellschaft nicht der Besteuerung unterliegen (§ 50d Abs. 14 Satz 1 EStG). Der Entlastungsanspruch nach § 44a Abs. 9 EStG wird durch § 50d Abs. 14 Satz 1 nicht eingeschränkt.

Anl zu § 1 a KStG

b) Sonstige Vermögensminderungen und Vermögensmehrungen

aa) Allgemeines

80 Nicht durch das Gesellschaftsverhältnis veranlasste Vermögensmehrungen stellen bei der optierenden Gesellschaft grundsätzlich das Einkommen erhöhende Betriebseinnahmen, Vermögensminderungen grundsätzlich abziehbare Betriebsausgaben dar. Insbesondere die allgemeinen Abzugsbeschränkungen (u. a. § 4 Abs. 5, §§ 4 h, 4 j, 4 k EStG, §§ 8 a, 9 Satz 1 Nr. 2 und § 10 KStG) sind zu beachten. **48**

bb) Einnahmen aus einer Tätigkeit im Dienst der Gesellschaft

81 Einnahmen, die der Gesellschafter von der Gesellschaft für seine Tätigkeit im Dienst der Gesellschaft bezieht, führen zu Einkünften im Sinne des § 19 EStG (§ 1 a Abs. 3 Satz 2 Nr. 2 KStG). Dies gilt auch dann, wenn der Gesellschafter die Einnahmen von einem Dritten bezieht. Eine Tätigkeit „im Dienst" der Gesellschaft im Sinne des § 1 a Abs. 3 Satz 2 Nr. 2 KStG liegt vor, wenn eine entsprechende Tätigkeit eines Gesellschafters einer Kapitalgesellschaft zu Einkünften aus § 19 EStG führen würde. Erforderlich ist insoweit, dass ein Dienstverhältnis im Sinne des § 1 LStDV vorliegt, welches (z. B. durch einen förmlichen Arbeitsvertrag) bestätigt ist, und die Leistungen der Gesellschaft an den Gesellschafter aufgrund dieses Dienstverhältnisses erbracht werden. Für die Qualifizierung der Einkünfte als solche aus § 19 EStG ist entscheidend, dass die Einnahmen bei wertender Betrachtung als durch das Dienstverhältnis veranlasst anzusehen sind (vgl. H 19.0 [Gesellschafter-Geschäftsführer] LStH 2021). Fehlt es an einem Dienstverhältnis, scheidet § 19 EStG aus. Sieht die gesellschaftsrechtliche Regelung für den Gesellschafter anstelle einer Tätigkeitsvergütung einen Vorabgewinn vor, liegt insoweit keine Leistung aufgrund eines Dienstverhältnisses, sondern eine Gewinnausschüttung vor. **49**

82 Soweit die Einnahmen, die der Gesellschafter von der Gesellschaft für seine Tätigkeit im Dienst der Gesellschaft bezieht, nicht angemessen sind, liegt in Höhe des den angemessenen Teil übersteigenden Teils eine verdeckte Gewinnausschüttung vor. Im Verhältnis zwischen Gesellschaft und beherrschendem Gesellschafter ist zudem eine Veranlassung durch das Gesellschaftsverhältnis in der Regel auch dann anzunehmen, wenn es an einer zivilrechtlich wirksamen, klaren, eindeutigen und im Voraus abgeschlossenen Vereinbarung darüber fehlt, ob und in welcher Höhe ein Entgelt für eine Leistung des Gesellschafters zu zahlen ist, oder wenn nicht einer klaren Vereinbarung entsprechend verfahren wird. Die beherrschende Stellung des Gesellschafters muss im Zeitpunkt der Vereinbarung oder des Vollzugs der Vermögensminderung oder verhinderten Vermögensmehrung vorliegen (R 8.5 Abs. 2 KStR 2015). Zur Angemessenheit der Gesamtbezüge eines Gesellschafter-Geschäftsführers vgl. BMF-Schreiben vom 14. Oktober 2002 (BStBl. I S. 972).

83 Führen die Einnahmen, die der Gesellschafter für seine Tätigkeit im Dienst der Gesellschaft bezieht, zu Einkünften im Sinne des § 19 EStG, gelten die optierende Gesellschaft als lohnsteuerlicher Arbeitgeber und der Gesellschafter als Arbeitnehmer (§ 1 a Abs. 3 Satz 7 KStG). In diesen Fällen sind sämtliche Regelungen zur Erhebung der Lohnsteuer in den §§ 38 ff. EStG anzuwenden. Die optierende Gesellschaft hat insbesondere für den Gesellschafter ein Lohnkonto zu führen, den Lohnsteuerabzug auf die Vergütungen vorzunehmen, für jeden Lohnsteuer-Anmeldungszeitraum insgesamt eine Lohnsteuer-Anmeldung unter Berücksichtigung des jeweiligen Lohnsteuerabzugs für ihre weiteren Arbeitnehmer einzureichen und die elektronischen Lohnsteuerbescheinigungen an die Finanzverwaltung zu übermitteln. Auch der Arbeitnehmer-Pauschbetrag, die für Arbeitnehmer geltenden Steuerbefreiungsvorschriften (Rn. 82 bleibt unberührt) und die sonstigen, nur für Arbeitnehmer geltenden steuerlichen (Sonder-)Regelungen sind zu berücksichtigen. **50**

c) Betriebsaufspaltung

84 Im Falle einer Betriebsaufspaltung zwischen der optierenden Gesellschaft und einem oder mehreren Gesellschaftern kommen die allgemeinen Grundsätze der Betriebsaufspaltung vollumfänglich zur Anwendung. **51**

4. Steuerermäßigung bei Einkünften aus Gewerbebetrieb (§ 35 EStG)

85 § 35 EStG ist bei den Gesellschaftern der optierenden Gesellschaft nicht anzuwenden (§ 1 a Abs. 3 Satz 3 KStG). Auf gewerbliche Einkünfte, die den Gesellschaftern für Zeiträume vor dem Übergang zur Körperschaftsbesteuerung im Rahmen der transparenten Besteuerung zugerechnet werden, findet § 35 EStG hingegen Anwendung. **52**

5. Sonstige Folgen der Option

a) Bekanntgabe von Verwaltungsakten an die optierende Gesellschaft und deren Vollstreckung

86 Die optierende Gesellschaft bleibt zivilrechtlich und damit auch steuerverfahrensrechtlich eine Personengesellschaft. Diese ist Schuldnerin der Körperschaftsteuer, des Solidaritätszuschlags, der Gewerbesteuer sowie der steuerlichen Nebenleistungen nach § 3 AO und zum Einbehalt und zur Entrichtung der Kapitalertragsteuer verpflichtet. Die entsprechenden Steuerbescheide sind an sie unter Angabe ihrer Firma bzw. ihres geschäftsüblichen Namens zu richten (vgl. Nr. 2.4.1 des AEAO zu § 122). Ist keine Firma oder kein geschäftsüblicher Name vorhanden, sind die Bescheide an alle Gesellschafter der optierenden Gesellschaft zu richten (vgl. Nr. 2.4.1.3 des AEAO zu § 122). **53**

87 Die optierende Gesellschaft kann (durch die zur Vertretung befugten Personen) eine Vollmacht zur Vertretung in Steuersachen (§ 80 Abs. 1 AO) für die Körperschaftsteuer erteilen. Bis zur Ausübung der Option erteilte Generalvollmachten bleiben wirksam; der Vertretungsumfang erstreckt sich in diesen Fällen auch auf die Körperschaftsteuer. Auf einzelne Steuerarten begrenzte Vollmachten gelten auch

Anl zu § 1 a KStG

weiterhin nur für diesen begrenzten Umfang; eine Erweiterung der Bevollmächtigung auf die Körperschaftsteuer bedarf dann einer neuen Vollmacht mit angepasstem Umfang.

88 Die Gesellschaft ist Vollstreckungsschuldnerin der Steuern, für die sie selbst Steuerschuldnerin oder Entrichtungsschuldnerin ist (§§ 253, 267 AO).

b) Haftung für Steuerschulden der optierenden Gesellschaft

54 **89** Die Gesellschafter der optierenden Gesellschaft haften für von der Gesellschaft selbst geschuldete Steuern, also auch für Körperschaftsteuer, Solidaritätszuschlag und Gewerbesteuer entsprechend den allgemeinen handelsrechtlichen Grundsätzen (vgl. hierzu auch § 191 Abs. 1 AO). Eine Haftung nach steuerrechtlichen Vorschriften (z. B. nach § 69 Satz 1 i. V. m. § 34, § 71 oder § 74 AO) bleibt unberührt.

VI. Beendigung der Option

1. Rückoption (§ 1 a Abs. 4 Satz 1 bis 3 KStG)

55 **90** Auf Antrag ist eine Rückkehr zur transparenten Besteuerung möglich (§ 1 a Abs. 4 Satz 1 bis 3 KStG). Der Antrag ist spätestens einen Monat vor Beginn desjenigen Wirtschaftsjahres zu stellen, in dem die optierende Gesellschaft erstmals nicht mehr wie eine Kapitalgesellschaft besteuert werden soll. Die Rn. 9 bis 11 und 13 bis 22 gelten insoweit entsprechend.

2. Beendigung der Option kraft Gesetzes (§ 1 a Abs. 4 Satz 4 bis 7 KStG)

a) Rückkehr zur transparenten Besteuerung nach § 1 a Abs. 4 Satz 4 KStG

56 **91** Die Rückkehr zur transparenten Besteuerung kraft Gesetzes nach § 1 a Abs. 4 Satz 4 KStG kommt in Betracht, wenn die optierende Gesellschaft zwar fortbesteht, aber die persönlichen Voraussetzungen für die Option nicht mehr erfüllt. Dies ist insbesondere der Fall, wenn die optierende Gesellschaft keine Personenhandels- oder Partnerschaftsgesellschaft mehr ist (z. B. aufgrund eines homogenen Formwechsels in eine Gesellschaft bürgerlichen Rechts im Sinne der §§ 705 ff. BGB oder auf Grund eines vergleichbaren Vorgangs nach ausländischem Recht) oder im Staat ihrer Geschäftsleitung keiner Körperschaftsteuer mehr unterliegt. In diesem Fall gilt die Rückkehr zur transparenten Besteuerung kraft Gesetzes als Formwechsel einer Kapitalgesellschaft in eine Personengesellschaft (§ 1 a Abs. 4 Satz 2 KStG i. V. m. § 1 Abs. 1 Satz 1 Nr. 2 UmwStG). Auf den Zeitpunkt des Wegfalls der Voraussetzungen für die Option ist eine unterjährige Übertragungsbilanz aufzustellen.

b) Beendigung der Option nach § 1 a Abs. 4 Satz 7 KStG

57 **92** Eine Beendigung der Option nach § 1 a Abs. 4 Satz 7 KStG liegt vor, wenn die optierende Gesellschaft die Voraussetzungen des § 1 a Abs. 1 Satz 1 KStG deshalb nicht mehr erfüllt, weil sie in eine Körperschaft umgewandelt wird. In diesem Fall richten sich die weiteren Rechtsfolgen nach der Art der zivilrechtlichen Umwandlung. Wird die optierende Gesellschaft z. B. mit steuerlicher Wirkung auf einen Stichtag nach dem Wirksamwerden der Option auf eine (bestehende oder neu gegründete) Körperschaft verschmolzen, so finden die §§ 11 ff. UmwStG Anwendung. Im Fall des Formwechsels der optierenden Gesellschaft in eine Kapitalgesellschaft handelt es sich ertragsteuerlich um einen homogenen und daher steuerlich grundsätzlich neutralen Formwechsel eines Körperschaftsteuersubjekts.

c) Beendigung der Option nach § 1 a Abs. 4 Satz 5 oder 6 KStG

58 **93** Eine Beendigung der Option kraft Gesetzes liegt auch vor, wenn die optierende Gesellschaft infolge des Ausscheidens des vorletzten Gesellschafters als aufgelöst gilt. Maßgeblicher Zeitpunkt ist die zivilrechtliche Wirksamkeit der Anwachsung des Vermögens auf den verbleibenden Gesellschafter. Die weiteren Rechtsfolgen richten sich danach, ob der verbleibende Gesellschafter die persönlichen Voraussetzungen eines übernehmenden Rechtsträgers einer Umwandlung einer Kapitalgesellschaft im Sinne des § 1 Abs. 1 Satz 1 Nr. 1 (Verschmelzung) oder Nr. 4 (Vermögensübertragung) UmwStG erfüllt. Ist dies (ggf. aufgrund entsprechender bundes- oder landesrechtlicher Regelung, § 1 Abs. 1 Satz 1 Nr. 3 UmwStG) der Fall, gilt die optierende Gesellschaft im Fall des § 1 Abs. 1 Satz 1 Nr. 1 UmwStG als auf den verbleibenden Gesellschafter verschmolzen bzw. gilt im Fall des § 1 Abs. 1 Satz 1 Nr. 4 UmwStG das Vermögen der optierenden Gesellschaft als auf den verbleibenden Gesellschafter übertragen. Im Fall des unterjährigen Ausscheidens des vorletzten Gesellschafters ist auf diesen Zeitpunkt eine steuerliche Schlussbilanz aufzustellen.

94 In allen anderen Fällen gilt die optierende Gesellschaft als aufgelöst und ihr Vermögen als an die Gesellschafter ausgeschüttet; § 11 KStG ist entsprechend mit der Maßgabe anzuwenden, dass an die Stelle des zur Verteilung kommenden Vermögens der gemeine Wert des vorhandenen Vermögens tritt (§ 1 a Abs. 4 Satz 6 KStG).

3. Auswirkungen der Beendigung der Option

59 **95** Die Beendigung der Option stellt – mit Ausnahme der Fälle der fiktiven Auflösung ohne Umwandlung (§ 1 a Abs. 4 Satz 6 KStG) – einen Veräußerungs- und Erwerbsvorgang dar (vgl. Rn. 00.02 und 22.07 UmwStE). Im Fall der Rückoption (§ 1 a Abs. 4 Satz 1 KStG) oder des Wegfalls der persönlichen Voraussetzungen der Option unter Fortbestand als Personengesellschaft (§ 1 a Abs. 4 Satz 4 KStG) finden die für einen Formwechsel einer Kapitalgesellschaft in eine Personengesellschaft geltenden Regelungen des Ersten, Zweiten und Fünften Teils des UmwStG entsprechend Anwendung.

96 Im Fall des Ausscheidens des vorletzten Gesellschafters gilt die optierende Gesellschaft als aufgelöst. Sofern nicht durch § 1 a Abs. 4 Satz 5 KStG die Anwendung der für die Verschmelzung maßgeblichen Regelungen des Zweiten bzw. Vierten Teils des UmwStG angeordnet ist, findet beim verbleibenden Gesellschafter § 20 Abs. 1 Nr. 2 EStG (ggf. i. V. m. § 8 Abs. 1 KStG) Anwendung, sofern die

Anteile an der fiktiven Kapitalgesellschaft keinem Betriebsvermögen zuzurechnen waren (§ 20 Abs. 8 EStG).

97 Eine steuerliche Rückwirkung ist in allen Fällen der Beendigung der Option ausgeschlossen (§ 1 a Abs. 4 Satz 2 i. V. m. § 9 Satz 3 UmwStG).

4. Beendigung der Option innerhalb von sieben Jahren

98 Eine Rückoption oder sonstige Beendigung der Option innerhalb von sieben Jahren führt zu einer Sperrfristverletzung im Sinne des § 22 Abs. 1 bzw. 2 UmwStG. § 23 Abs. 2 UmwStG ist zu beachten. Die Beendigung der Option kraft Gesetzes nach § 1 a Abs. 4 Satz 7 KStG durch Formwechsel in eine Körperschaft führt zu keiner Sperrfristverletzung im Sinne des § 22 Abs. 1 und 2 UmwStG. Im Fall der Beendigung der Option kraft Gesetzes nach § 1 a Abs. 4 Satz 7 KStG durch Verschmelzung vgl. Rn. 22.23 UmwStE. 60

5. Mitteilungspflicht

99 Der Steuerpflichtige hat der zuständigen Finanzbehörde nach Eintritt eines Ereignisses im Sinne des § 1 a Abs. 4 Satz 4 bis 7 KStG mitzuteilen, dass die Voraussetzungen für die Option entfallen sind. 61

VII. Sonderfälle

1. Umwandlungen während der Option

100 Auch für Zwecke des UmwStG ist die optierende Gesellschaft wie eine Kapitalgesellschaft zu behandeln (vgl. Rn. 50). Für die Anwendung des UmwStG folgt daraus insbesondere: 62

a. Die Verschmelzung einer optierenden Gesellschaft auf eine Körperschaft oder umgekehrt ist nach den §§ 11 bis 13 UmwStG zu beurteilen.
b. Entsprechende Spaltungsvorgänge fallen unter § 15 UmwStG.
c. Die Einbringung von Anteilen an der optierenden Gesellschaft in eine Kapitalgesellschaft oder Genossenschaft zum Buch- oder Zwischenwert ist nur nach Maßgabe der §§ 20 und 21 UmwStG möglich. Zur Mehrheit der Stimmrechte siehe Rn. 21.09 UmwStE und H 15.7 (6) „Mehrheit der Stimmrechte" EStH.
d. Auf den Ein- und Austritt von Gesellschaftern findet § 24 UmwStG keine Anwendung.
e. Die Einbringung eines Betriebs, Teilbetriebs oder Mitunternehmeranteils in die optierende Gesellschaft ist ein Vorgang nach § 20 UmwStG (zur Gewährung von Gesellschaftsrechten als Gegenleistung vgl. Rn. 24.07 UmwStE).
f. Die 100%ige Beteiligung des Kommanditisten an einer GmbH & Co. KG (Beteiligung Komplementärgesellschaft 0%) gilt als fiktiver Teilbetrieb (§ 15 Abs. 1 Satz 3 UmwStG und ggf. Rn. 24.02 UmwStE).
g. Die Beendigung der Option ist mit Ausnahme des homogenen Formwechsels eine Veräußerung im Sinne des § 15 Abs. 2 Satz 2 bis 4 und des § 22 Abs. 1 Satz 1 und Abs. 2 Satz 1 UmwStG von (erhaltenen oder eingebrachten) Anteilen.
h. Bei der optierenden Gesellschaft sind weder Realteilungsgrundsätze (§ 16 Abs. 3 Satz 2 ff. EStG) noch sonstige ertragsteuerliche Regelungen anzuwenden, die sich auf eine Mitunternehmerschaft oder eine sonstige nicht der Körperschaftsteuer unterliegende Personengesellschaft beziehen.
i. Für die Beispiele in Rn. 22.23 UmwStE stellt die optierende Gesellschaft eine Kapitalgesellschaft dar.

2. E-Bilanz

101 Die optierende Gesellschaft hat für Wirtschaftsjahre, in denen sie wie eine Kapitalgesellschaft besteuert wird, eine Steuerbilanz nebst entsprechender Gewinn- und Verlustrechnung für eine Körperschaft nach § 5 b Abs. 1 Satz 1 und Satz 3 EStG zu übermitteln. 63

3. Zerlegung

102 Die optierende Gesellschaft ist für Zwecke der Besteuerung nach dem Einkommen und damit auch bei der Zerlegung nach dem ZerlG wie eine Kapitalgesellschaft zu behandeln. 64

KStG

§ 2 Beschränkte Steuerpflicht

Beschränkt körperschaftsteuerpflichtig sind

1 **1. Körperschaften, Personenvereinigungen und Vermögensmassen, die weder ihre Geschäftsleitung noch ihren Sitz im Inland haben, mit ihren inländischen Einkünften;**

2 **2.[1] sonstige Körperschaften, Personenvereinigungen und Vermögensmassen, die nicht unbeschränkt steuerpflichtig sind, mit den inländischen Einkünften, die dem Steuerabzug vollständig oder teilweise unterliegen; inländische Einkünfte sind auch**

a) die Entgelte, die den sonstigen Körperschaften, Personenvereinigungen oder Vermögensmassen dafür gewährt werden, dass sie Anteile an einer Kapitalgesellschaft mit Sitz oder Geschäftsleitung im Inland einem Anderen überlassen und der Andere, dem die Anteile zuzurechnen sind, diese Anteile oder gleichartige Anteile zurückzugeben hat,

b) die Entgelte, die den sonstigen Körperschaften, Personenvereinigungen oder Vermögensmassen im Rahmen eines Wertpapierpensionsgeschäfts im Sinne des § 340 b Abs. 2 des Handelsgesetzbuchs gewährt werden, soweit Gegenstand des Wertpapierpensionsgeschäfts Anteile an einer Kapitalgesellschaft mit Sitz oder Geschäftsleitung im Inland sind, und

c) die in § 8 b Abs. 10 Satz 2 genannten Einnahmen oder Bezüge, die den sonstigen Körperschaften, Personenvereinigungen oder Vermögensmassen als Entgelt für die Überlassung von Anteilen an einer Kapitalgesellschaft mit Sitz oder Geschäftsleitung im Inland gewährt gelten.

R 2

R 2. Beschränkte Steuerpflicht

11 (1) ① Die beschränkte Körperschaftsteuerpflicht beginnt bei Personen i. S. d. § 2 Nr. 1 KStG, sobald inländische Einkünfte i. S. d. § 49 EStG vorliegen; bei Personen i. S. d. § 2 Nr. 2 KStG, sobald inländische Einkünfte insbesondere i. S. d. § 43 EStG vorliegen, von denen ein Steuerabzug vorzunehmen ist. ② Sie endet, wenn keine inländischen Einkünfte mehr erzielt werden.

12 (2) § 2 Nr. 2 KStG gilt aufgrund der Vorschrift des § 3 Abs. 2 KStG nicht für Hauberg-, Wald-, Forst- und Laubgenossenschaften und ähnliche Realgemeinden.

H 2

H 2

15 **Ausländische Gesellschaften, Typenvergleich.** Tabellen 1 und 2 zu → BMF vom 24. 12. 1999, BStBl. I S. 1076 ff.[2] (insbes. S. 1114 und 1119) unter Berücksichtigung der Änderungen durch BMF vom 20. 11. 2000 (BStBl. I S. 1509), BMF vom 29. 9. 2004 (BStBl. I S. 917) und BMF vom 25. 8. 2009 (BStBl. I S. 888) und → BMF vom 19. 3. 2004, BStBl. I S. 411 unter Berücksichtigung der Änderungen durch → BMF vom 26. 9. 2014, BStBl. I S. 1258 Rn. 4.1.4.2.

---

[1] § 2 Nr. 2 in dieser Fassung ist erstmals anzuwenden auf Entgelte, die nach dem 17. August 2007 zufließen.
[2] Abgedruckt in der Textausgabe „Doppelbesteuerungsabkommen" unter **DBA-Allgemein 5.6.**

§ 3 Abgrenzung der Steuerpflicht bei nichtrechtsfähigen Personenvereinigungen und Vermögensmassen sowie bei Realgemeinden KStG

(1) **Nichtrechtsfähige Personenvereinigungen, Anstalten, Stiftungen[1] und andere Zweckvermögen sind körperschaftsteuerpflichtig, wenn ihr Einkommen weder nach diesem Gesetz noch nach dem Einkommensteuergesetz unmittelbar bei einem anderen Steuerpflichtigen zu versteuern ist.** 1

(2) ① **Hauberg-, Wald-, Forst- und Laubgenossenschaften und ähnliche Realgemeinden, die zu den in § 1 bezeichneten Steuerpflichtigen gehören, sind nur insoweit körperschaftsteuerpflichtig, als sie einen Gewerbebetrieb unterhalten oder verpachten, der über den Rahmen eines Nebenbetriebs hinausgeht.** ② **Im Übrigen sind ihre Einkünfte unmittelbar bei den Beteiligten zu versteuern.** 2

H 3 H 3

GmbH & Co. KG. Eine Publikums-GmbH & Co. KG ist weder als nichtrechtsfähiger Verein i. S. v. § 1 Abs. 1 Nr. 5 KStG noch als nichtrechtsfähige Personenvereinigung nach § 3 Abs. 1 KStG körperschaftsteuerpflichtig (→ BFH vom 25. 6. 1984, GrS 4/82, BStBl. II S. 751). 11

Steuerpflicht einer Vorgründungsgesellschaft. → H 1.1 Vorgründungsgesellschaft.

---

[1] Zu Kriterien betreffend die wirtschaftliche Selbständigkeit einer nichtrechtsfähigen Stiftung vgl. *Vfg. OFD Frankfurt v. 30. 8. 2011 S 0170 A-41-St 53 (DB 2012 S. 204).*

KStG

§ 4 Betriebe gewerblicher Art von juristischen Personen des öffentlichen Rechts

1 **(1) ①Betriebe gewerblicher Art von juristischen Personen des öffentlichen Rechts im Sinne des § 1 Abs. 1 Nr. 6 sind vorbehaltlich des Absatzes 5 alle Einrichtungen, die einer nachhaltigen wirtschaftlichen Tätigkeit zur Erzielung von Einnahmen außerhalb der Land- und Forstwirtschaft dienen und die sich innerhalb der Gesamtbetätigung der juristischen Person wirtschaftlich herausheben. ②Die Absicht, Gewinn zu erzielen, und die Beteiligung am allgemeinen wirtschaftlichen Verkehr sind nicht erforderlich.**

2 **(2) Ein Betrieb gewerblicher Art ist auch unbeschränkt steuerpflichtig, wenn er selbst eine juristische Person des öffentlichen Rechts ist.**

3 **(3) Zu den Betrieben gewerblicher Art gehören auch Betriebe, die der Versorgung der Bevölkerung mit Wasser, Gas, Elektrizität oder Wärme, dem öffentlichen Verkehr oder dem Hafenbetrieb dienen.**

4 **(4) Als Betrieb gewerblicher Art gilt die Verpachtung eines solchen Betriebs.**

5 **(5) ①Zu den Betrieben gewerblicher Art gehören nicht Betriebe, die überwiegend der Ausübung der öffentlichen Gewalt dienen (Hoheitsbetriebe). ②Für die Annahme eines Hoheitsbetriebs reichen Zwangs- oder Monopolrechte nicht aus.**

6 **(6) ①Ein Betrieb gewerblicher Art kann mit einem oder mehreren anderen Betrieben gewerblicher Art zusammengefasst werden, wenn**

1. sie gleichartig sind,

2. zwischen ihnen nach dem Gesamtbild der tatsächlichen Verhältnisse objektiv eine enge wechselseitige technisch-wirtschaftliche Verflechtung von einigem Gewicht besteht oder

3. Betriebe gewerblicher Art im Sinne des Absatzes 3 vorliegen.

②Ein Betrieb gewerblicher Art kann nicht mit einem Hoheitsbetrieb zusammengefasst werden.

Übersicht

R 4.1

R 4.1 Betriebe gewerblicher Art von juristischen Personen des öffentlichen Rechts

Betrieb gewerblicher Art

11 (1) ①JPöR sind insbesondere die Gebietskörperschaften (Bund, Länder, Gemeinden, Gemeindeverbände), Zweckverbände, die öffentlich-rechtlichen Religionsgesellschaften, die Innungen, Handwerkskammern, Industrie- und Handelskammern und sonstige Gebilde, die aufgrund öffentlichen Rechts eigene Rechtspersönlichkeit besitzen. ②Dazu gehören neben Körperschaften auch Anstalten und Stiftungen des öffentlichen Rechts, z. B. Rundfunkanstalten des öffentlichen Rechts.

12 (2) ①Der Begriff → Einrichtung setzt nicht voraus, dass die Tätigkeit im Rahmen einer im Verhältnis zur sonstigen Betätigung verselbständigten Abteilung ausgeübt wird; sie kann auch innerhalb des allgemeinen Betriebs miterledigt werden. ②Die Beteiligung einer jPöR an einer Kapitalgesellschaft begründet grundsätzlich keinen eigenständigen BgA. ③Die Beteiligung einer jPöR an einer Kapitalgesellschaft stellt einen BgA dar, wenn mit ihr tatsächlich ein entscheiden-

der Einfluss auf die laufende Geschäftsführung des Unternehmens ausgeübt wird. ④ Eine geringfügige Beteiligung stellt einen BgA dar, wenn die jPöR zusammen mit anderen jPöR die Kapitalgesellschaft beherrscht und im Zusammenwirken mit diesen jPöR tatsächlich einen entscheidenden Einfluss auf die Geschäftsführung der Gesellschaft ausübt. ⑤ Die Beteiligung an einer ausschließlich vermögensverwaltend tätigen Kapitalgesellschaft ist kein BgA.

(3) ① Die verschiedenen Tätigkeiten der jPöR sind für sich zu beurteilen. ② Lässt sich eine Tä- **13**
tigkeit nicht klar dem hoheitlichen oder dem wirtschaftlichen Bereich zuordnen, ist nach § 4 Abs. 5 KStG auf die → überwiegende Zweckbestimmung der Tätigkeit abzustellen. ③ Verschiedene wirtschaftliche Tätigkeiten sind als Einheit zu behandeln, wenn dies der Verkehrsauffassung entspricht.

(4) ① Eine Einrichtung kann auch dann angenommen werden, wenn Betriebsmittel, z. B. Ma- **14**
schinen oder Personal, sowohl im hoheitlichen als auch im wirtschaftlichen Bereich eingesetzt werden, sofern eine zeitliche Abgrenzung (zeitlich abgegrenzter Einsatz für den einen oder anderen Bereich) möglich ist. ② Ein wichtiges Merkmal für die wirtschaftliche Selbständigkeit der ausgeübten Tätigkeit und damit für die Annahme einer Einrichtung ist darin zu sehen, dass der Jahresumsatz i. S. v. § 1 Abs. 1 Nr. 1 UStG aus der wirtschaftlichen Tätigkeit den Betrag von 130 000 Euro übersteigt. ③ Für die wirtschaftliche Selbständigkeit der Einrichtung ist es unerheblich, wenn die Bücher bei einer anderen Verwaltung geführt werden.

(5) ① In der Tatsache, dass der Jahresumsatz i. S. v. § 1 Abs. 1 Nr. 1 UStG 35 000 Euro nachhal- **15**
tig übersteigt, ist ein wichtiger Anhaltspunkt dafür zu sehen, dass die Tätigkeit von einigem → wirtschaftlichen Gewicht ist. ② I. d. R. kann deshalb bei diesem Jahresumsatz davon ausgegangen werden, dass die Tätigkeit sich innerhalb der Gesamtbetätigung der jPöR wirtschaftlich heraushebt. ③ Dagegen kommt es für das Gewicht der ausgeübten Tätigkeit weder auf das im BFH-Urteil vom 11. 1. 1979 (V R 26/74, BStBl. II S. 746) angesprochene Verhältnis der Einnahmen aus der wirtschaftlichen Tätigkeit zum Gesamthaushalt der jPöR noch auf das im BFH-Urteil vom 14. 4. 1983 (V R 3/79, BStBl. II S. 491) angesprochene Verhältnis der Einnahmen aus der wirtschaftlichen Tätigkeit zu einem bestimmten Teil des Gesamthaushalts der jPöR an. ④ Wird ein nachhaltiger Jahresumsatz von über 35 000 Euro im Einzelfall nicht erreicht, ist ein BgA nur anzunehmen, wenn hierfür besondere Gründe von der Körperschaft vorgetragen werden. ⑤ Solche Gründe sind insbesondere gegeben, wenn die jPöR mit ihrer Tätigkeit zu anderen Unternehmen unmittelbar in Wettbewerb tritt. ⑥ In den Fällen der Verpachtung eines BgA ist darauf abzustellen, ob die Einrichtung beim Verpächter einen BgA darstellen würde. ⑦ Dabei kommt es für die Frage, ob die Tätigkeit von einigem Gewicht ist, auf die Umsätze des Pächters an.

(6) ① Zu den BgA gehören nicht → land- und forstwirtschaftliche Betriebe von jPöR. ② Den **16**
land- und forstwirtschaftlichen Betrieben zuzurechnen sind auch die land- und forstwirtschaftlichen Nebenbetriebe. ③ Auch die Verpachtung eines land- und forstwirtschaftlichen Betriebs durch eine jPöR begründet keinen BgA. ④ Dagegen sind Einkünfte aus land- und forstwirtschaftlicher Tätigkeit, die in einem BgA anfallen, steuerpflichtig.

Kapitalgesellschaften

(7) Kapitalgesellschaften, an denen die jPöR beteiligt ist, werden nach den für diese Rechts- **17**
form geltenden Vorschriften besteuert.

H 4.1

H 4.1

Allgemeines. Nach § 1 Abs. 1 Nr. 6 KStG sollen im Grundsatz alle Einrichtungen der öffentli- **20**
chen Hand der Körperschaftsteuer unterworfen werden, die das äußere Bild eines Gewerbebetriebs haben (→ BFH vom 22. 9. 1976, I R 102/74, BStBl. II S. 793). Hat die jPöR mehrere BgA, ist sie Subjekt der Körperschaftsteuer wegen jedes einzelnen Betriebs (→ BFH vom 13. 3. 1974, I R 7/71, BStBl. II S. 391 und → BFH vom 8. 11. 1989, I R 187/85, BStBl. 1990 II S. 242).

Anwendungsfragen zur Besteuerung von BgA und Eigengesellschaften von jPöR. → BMF vom 12. 11. 2009, BStBl. I S. 1303.[1]

Beteiligungen von jPöR an Personengesellschaften. Die Beteiligung einer jPöR an einer Mitunternehmerschaft führt zu einem BgA (BFH vom 25. 3. 2015, I R 52/13, BStBl. 2016 II S. 172). Wegen Anwendungsfragen zu dieser Entscheidung → BMF vom 8. 2. 2016, BStBl. I S. 237.[2]

Einkommensermittlung bei BgA. → R 8.2.

---

[1] Nachstehend abgedruckt als Anl a zu H 4.1.

[2] Zu der Anwendung der Urteilsgrundsätze ab dem Veranlagungszeitraum 2009 siehe *BMF-Schrb. v. 21. 6. 2017 IV C 2 – S 2706/14/10 001, BStBl. 2017 I S. 880*; vgl. weiterhin *Vfg. OFD Karlsruhe S 270.6/242 – St 213 v. 14. 6. 2018 (BeckVerw 436 547)* mit erläuternden Hinweisen und Beispielen. Die Beteiligung an einer gewerblich geprägten vermögensverwaltenden Personengesellschaft ist kein BgA *(BFH v. 29. 11. 2017 I R 83/15, BStBl. 2018 II S. 495).*

H 4.1
noch 20

Einrichtung.
- Die Einrichtung kann sich aus einer besonderen Leitung, aus einem geschlossenen Geschäftskreis, aus der Buchführung oder aus einem ähnlichen, auf eine Einheit hindeutenden Merkmal ergeben (→ BFH vom 26. 5. 1977,V R 15/74, BStBl. II S. 813).
- Sie kann auch dann gegeben sein, wenn nicht organisatorische, sondern andere Merkmale vorliegen, die die wirtschaftliche Selbständigkeit verdeutlichen (→ BFH vom 13. 3. 1974, I R 7/71, BStBl. II S. 391).
- Insbesondere kann die Einrichtung gegeben sein, wenn der Jahresumsatz i. S. v. § 1 Abs. 1 Nr. 1 UStG aus der wirtschaftlichen Tätigkeit beträchtlich ist bzw. wegen des Umfangs der damit verbundenen Tätigkeit eine organisatorische Abgrenzung geboten erscheint (→ RFH vom 20. 1. 1942, I 235/41, RStBl. S. 405 und → BFH vom 26. 2. 1957, I 327/56 U, BStBl. III S. 146).
- Die Einbeziehung der wirtschaftlichen Tätigkeit in einen überwiegend mit hoheitlichen Aufgaben betrauten, organisatorisch gesondert geführten Betrieb schließt es nicht aus, die einbezogene Tätigkeit gesondert zu beurteilen und rechtlich als eigenständige Einheit von dem sie organisatorisch tragenden Hoheitsbetrieb zu unterscheiden (→ BFH vom 26. 5. 1977, V R 15/74, BStBl. II S. 813 und → BFH vom 14. 4. 1983, V R 3/79, BStBl. II S. 491).

Kapitalertragsteuer bei BgA. → H 8.2 Kapitalertragsteuer sowie → BMF vom 9. 1. 2015, BStBl. I S. 111.[1]

Kirchliche Orden. Kirchliche Orden können Körperschaften des öffentlichen Rechts sein (→ BFH vom 8. 7. 1971,V R 1/68, BStBl. 1972 II S. 70).

Kriterien zur Abgrenzung hoheitlicher von wirtschaftlicher Tätigkeit einer jPöR. → BMF vom 11. 12. 2009, BStBl. I S. 1597.[2]

Land- und forstwirtschaftliche Betriebe. Abgrenzung zum Gewerbebetrieb → R 15.5 EStR.

Überwiegende Zweckbestimmung. Eine überwiegend hoheitliche Zweckbestimmung liegt nur vor, wenn die beiden Tätigkeitsbereiche derart ineinander greifen, dass eine genaue Abgrenzung nicht möglich oder nicht zumutbar ist, wenn also die wirtschaftliche Tätigkeit unlösbar mit der hoheitlichen Tätigkeit verbunden ist und eine Art Nebentätigkeit im Rahmen der einheitlichen, dem Wesen nach hoheitlichen Tätigkeit darstellt (→ BFH vom 26. 5. 1977, V R 15/74, BStBl. II S. 813).

Wirtschaftliches Gewicht. Ein BgA ist nur anzunehmen, wenn es sich um eine Tätigkeit von einigem wirtschaftlichem Gewicht handelt (→ BFH vom 26. 2. 1957, I 327/56 U, BStBl. III S. 146 und → BFH vom 24. 10. 1961, I 105/60 U, BStBl. III S. 552).

Anl a
zu H 4.1

a) Schreiben betr. Anwendungsfragen zu den Regelungen im Jahressteuergesetz 2009 zur Besteuerung von Betrieben gewerblicher Art und Eigengesellschaften von juristischen Personen des öffentlichen Rechts

Vom 12. November 2009 (BStBl. I S. 1303)

(BMF IV C 7-S 2706/08/10004)

Übersicht

[1] Ersetzt durch *BMF-Schrb. v. 28. 1. 2019 IV C 2 – S 2706-a/15/10 001, BStBl. 2019 I S. 97.*
[2] Nachstehend abgedruckt als Anl b zu H 4.1.

Zu Anwendungsfragen zu den Regelungen zur Besteuerung der Betriebe gewerblicher Art (BgA) und Eigengesellschaften der juristischen Personen des öffentlichen Rechts (jPöR) durch das Jahressteuergesetz 2009 nehme ich nach dem Ergebnis der Erörterung mit den obersten Finanzbehörden des Bundes und der Länder wie folgt Stellung:

A. Zusammenfassung von BgA

I. Allgemeines

1 Durch § 4 Absatz 6 KStG werden die bisherigen Verwaltungsgrundsätze für die Zusammenfassung von BgA gesetzlich festgeschrieben. Die Grundsätze des *R 7 Absatz 1*[1] und des *H 7 KStH*[1] sind weiter anzuwenden, soweit im Folgenden nichts Abweichendes gesagt wird. Eine Zusammenfassung nach anderen Grundsätzen ist steuerlich nicht anzuerkennen. Die jPöR hat jeweils ein Wahlrecht, ob und in welchem Umfang sie bestehende BgA im Einzelfall nach diesen Grundsätzen steuerlich zusammenfasst oder eine Zusammenfassung beibehält (wegen der Zusammenfassung in einer Eigengesellschaft vgl. Rdnr. 68). Eine steuerliche Zusammenfassung nach § 4 Absatz 6 Satz 1 KStG setzt keine organisatorische Zusammenfassung der BgA durch die jPöR voraus. **22**

Beispiel:

2 Die Stadt unterhält die zwei getrennt voneinander organisierten Bäder-Ämter A und B. Im Amt A werden die Bäder Süd und Ost und im Amt B die Bäder Nord und West verwaltet.
Die Ämter A und B bilden jeweils Einrichtungen i. S. d. § 4 Absatz 1 KStG, die jeweils einen BgA darstellen. Die Stadt kann die beiden BgA in Folge ihrer Gleichartigkeit steuerlich zu einem BgA zusammenfassen.

3 Für den zusammengefassten BgA muss steuerlich eine eigenständige Gewinnermittlung vorgenommen werden.

4 Die einzelnen in § 4 Absatz 6 Satz 1 KStG aufgeführten Zusammenfassungstatbestände sind jeweils getrennt zu prüfen. Dabei sind Versorgungs- und Verkehrsbetriebe nicht bereits schon deshalb als gleichartig anzusehen, weil sie in § 4 Absatz 3 KStG genannt sind. Dagegen sind die in § 4 Absatz 3 KStG aufgeführten Versorgungsbetriebe gleichartig.

5 Sind BgA nach einem Tatbestand zusammengefasst worden, so kann für diesen zusammengefassten BgA gesondert geprüft werden, ob er mit einem anderen, ggf. auch zusammengefassten BgA weiter zusammengefasst werden kann. Für die Zusammenfassung eines BgA mit einem anderen zusammengefassten BgA oder einer Einrichtung, die mehrere Betriebe umfasst, reicht es aus, wenn die Zusammenfassungsvoraussetzungen nur zwischen diesem BgA und einem der „BgA" des zusammengefassten BgA oder einem der Betriebe der Einrichtung vorliegen. In den Fällen des § 4 Absatz 6 Satz 1 Nummer 2 KStG muss die Voraussetzung „von einigem Gewicht" jedoch im Verhältnis zum zusammengefassten BgA vorliegen.

6 Soll ein nach § 4 Absatz 6 Satz 1 Nummer 2 KStG zusammengefasster BgA nach § 4 Absatz 6 Satz 1 Nummer 3 KStG mit einem anderen BgA weiter zusammengefasst werden, setzt dies voraus, dass beide BgA als Verkehrs- oder Versorgungs-BgA anzusehen sind, d. h. von dem jeweiligen Tätigkeitsbereich geprägt sind. Soll ein nach § 4 Absatz 6 Satz 1 Nummer 2 oder 3 KStG zusammengefasster BgA nach § 4 Absatz 6 Satz 1 Nummer 1 KStG mit einem anderen BgA weiter zusammengefasst werden, setzt dies voraus, dass beide BgA als gleichartig anzusehen sind.

Beispiel 1:

7 Die Stadt unterhält die Bäder Ost, West und Nord als jeweils eigenständige BgA. Am Bad Ost haben die Stadtwerke ein Blockheizkraftwerk errichtet. Zwischen diesem Bad und den Stadtwerken besteht hiernach eine enge wechselseitige technisch-wirtschaftliche Verflechtung von einigem Gewicht.
Die Stadtwerke (mit dem Blockheizkraftwerk) sind ein Versorgungs-BgA. Die Bäder bilden jeweils eigenständige BgA, die, weil gleichartig, zu einem Gesamt-Bad-BgA zusammengefasst werden können. Eine enge wechselseitige tech-

[1] Jetzt Neufassung in **R 4.2** KStR.

Anl a zu H 4.1

nisch-wirtschaftliche Verflechtung von einigem Gewicht besteht nur zum Bad Ost. Eine Zusammenfassung des Versorgungs-BgA mit dem Gesamt-Bad-BgA nach § 4 Absatz 6 Satz 1 Nummer 2 KStG ist möglich, da zumindest mit dem Bad Ost eine technisch-wirtschaftliche Verflechtung besteht, diese muss zusätzlich aber zum zusammengefassten Gesamt-Bad-BgA nach der Gesamtschau von einigem Gewicht sein. Wegen Gleichartigkeit könnten aber auch nur die BgA Bad West und Nord zu einem Doppelbad-BgA zusammengefasst und daneben könnten die Stadtwerke mit dem BgA Ost nach § 4 Absatz 6 Satz 1 Nummer 2 KStG zu einem gesonderten Versorgungs-Bad-BgA zusammengefasst werden.

Beispiel 2:

8 Die Stadt verwaltet die Bäder Ost, West und Nord in einem Bäder-Amt (eine Einrichtung i. S. d. § 4 Absatz 1 Satz 1 KStG). Am Bad Ost (ein großes Bad) ist ein kleines Blockheizkraftwerk errichtet. Zwischen diesem Großbad und dem Blockheizkraftwerk besteht hiernach eine enge wechselseitige technisch-wirtschaftliche Verflechtung von einigem Gewicht, bei dem wegen der unterschiedlichen Dimension der zusammengefassten Betriebe der Badbetrieb das Gepräge gibt. Daneben unterhält die Stadt einen Verkehrsbetrieb.
Der Verkehrsbetrieb ist ein Verkehrs-BgA. Das Blockheizkraftwerk ist isoliert betrachtet ein Versorgungs-BgA. Beide BgA können nach § 4 Absatz 6 Satz 1 Nummer 3 KStG zusammengefasst werden. Die in dem Bäder-Amt verwalteten Bäder bilden als Einrichtung einen BgA. Zu diesem Bäder-BgA besteht keine enge wechselseitige technisch-wirtschaftliche Verflechtung von einigem Gewicht. Diese besteht nur zum Großbad Ost und dem eigenständigen Versorgungs-BgA. Eine Zusammenfassung dieses Versorgungs-BgA nach § 4 Absatz 6 Satz 1 Nummer 2 KStG mit dem Großbad Ost wäre nur möglich, wenn es verwaltungsmäßig aus dem Bäder-Amt herausgelöst und zu einem eigenständigen BgA verselbständigt würde. In diesem Fall würde der zusammengefasste Großbad Ost-Blockheizkraftwerk-BgA nicht als Versorgungsbetrieb gelten, weil ihm der Bäderbereich das Gepräge gibt; eine Zusammenfassung mit dem Verkehrs-BgA nach § 4 Absatz 6 Satz 1 Nummer 3 KStG scheidet aus.

II. Versorgungsbetriebe

1. Allgemeines

23 **9** Versorgungsbetriebe i. S. d. § 4 Absatz 3 KStG sind nur Einrichtungen im Bereich der Wasser-, Gas-, Elektrizitäts- oder Wärmeversorgung. Ihre Tätigkeit muss der Versorgung der Bevölkerung dienen. Erfasst werden sämtliche Wertschöpfungsstufen (Erzeugung, Transport und Handel bzw. Vertrieb). Für die Einordnung als Versorgungsbetrieb ist es ausreichend, dass die Einrichtung nur eine oder einige der Wertschöpfungsstufen umfasst.

10 § 4 Absatz 3 KStG erfasst nur Tätigkeiten, die bis zur Übergabe an den Endkunden anfallen. Tätigkeiten, die in Folge der Verwendung des Wassers, der Energie oder der Wärme beim Endkunden anfallen, sind von § 4 Absatz 3 KStG nicht erfasst. Hierunter fallen insbesondere Dienstleistungen im Bereich der Wartung von Kundenanlagen oder der Betrieb einer Anlage beim Kunden (sog. Contracting) sowie der Energieberatung. Diese Tätigkeiten führen grundsätzlich zu einem gesonderten BgA, der ggf. nach den übrigen Voraussetzungen des § 4 Absatz 6 KStG mit dem Versorgungs-BgA oder anderen BgA zusammengefasst werden kann.

2. Selbständiger Netzbetrieb

11 Die bloße Überlassung eines gesamten Leitungsnetzes (z. B. Strom-, Gas- oder Wasserleitungen) durch die jPöR an einen rechtlich selbständigen Versorger, bei der der Versorger auch für den Unterhalt der Leitungen verantwortlich ist, stellt grundsätzlich eine vermögensverwaltende Tätigkeit dar, die aber regelmäßig die Tatbestände des Verpachtungs-BgA i. S. d. § 4 Absatz 4 KStG erfüllt. Werden nur Teile eines Leitungsnetzes überlassen, liegen aber die personellen und sachlichen Voraussetzungen für eine Betriebsaufspaltung (vgl. R 15.7 Absatz 4 EStR) vor, ist dieser Netzbetrieb (Besitzbetrieb) ein BgA i. S. d. § 4 Absatz 1 KStG.

12 Ein Netzbetrieb ist ein Versorgungsbetrieb i. S. d. § 4 Absatz 3 KStG. Entsprechendes gilt für Netzverpachtungs-BgA und Netzbesitz-BgA.

3. Telekommunikationsbetrieb

13 Das Unterhalten eines öffentlichen Telekommunikationsbetriebs durch die jPöR führt zwar zu einem BgA, stellt aber keinen Versorgungsbetrieb i. S. d. § 4 Absatz 3 KStG dar.[1]

4. Photovoltaikanlage

14 Der Betrieb einer Photovoltaikanlage begründet einen Versorgungsbetrieb i. S. d. § 4 Absatz 3 KStG.

III. Verpachtungs-BgA

24 **15** Ein Verpachtungs-BgA i. S. d. Fiktion des § 4 Absatz 4 KStG liegt nur vor, wenn die überlassenen Wirtschaftsgüter die wesentlichen Grundlagen des Betriebs ausmachen, mit denen der Pächter sogleich ohne größere Vorkehrungen einen Gewerbebetrieb ausüben kann (vgl. BFH-Urteil vom 11. Juli 1990, BStBl. II S. 1100).

15a Es liegt keine entgeltliche Verpachtung und damit kein Verpachtungs-BgA vor, wenn bei wirtschaftlicher Betrachtung nicht der Pächter, sondern der Verpächter die wirtschaftliche Last des vereinbarten Pachtzinses zu tragen hat. Das ist z. B. der Fall, wenn der Pächter einen Zuschuss mindestens in Höhe der Pacht erhält.[2]

16 Für die Frage, ob ein Verpachtungs-BgA mit einem anderen Verpachtungs-BgA oder einem BgA i. S. d. § 4 Absatz 1 KStG zusammengefasst werden kann, ist nicht auf die Verpachtungstätigkeit, sondern auf die Tätigkeit des Pächters abzustellen.

---

[1] Zur steuerlichen Würdigung des Breitbandausbaus siehe *OFD NRW v. 30. 1. 2020 S 2706 – 2017/0011-St 15, BeckVerw 463724.*

[2] Rdnr. 15 a neu eingefügt mit *BMF-Schrb. v. 15. 12. 2021 IV C 2 – S 2706/19/10008 :001, BStBl. 2021 I S. 2483.* Die Grundsätze der neu eingefügten Rdnr. 15 a sind auf alle offenen Fälle anzuwenden. Es wird jedoch nicht beanstandet, wenn die bisher geltenden Grundsätze bis zum 31. 12. 2022 angewandt werden.

Anl a zu H 4.1

17 Werden dagegen nicht alle wesentlichen Betriebsgrundlagen an den Pächter überlassen, liegt kein Verpachtungs-BgA, sondern grundsätzlich eine Vermögensverwaltung vor. Erfüllt eine derartige Verpachtung aber die persönlichen und sachlichen Voraussetzungen für eine Betriebsaufspaltung (vgl. H 15.7 Absatz 4 EStH „Allgemeines"), stellt sie eine gewerbliche Tätigkeit dar, die zu einem BgA i. S. d. § 4 Abs. 1 KStG führt. Dies gilt auch dann, wenn auf Seiten des Verpächters lediglich eine Einnahmeerzielungsabsicht vorliegt; eine Gewinnerzielungsabsicht ist insoweit nicht erforderlich (§ 4 Absatz 1 KStG). Zur Frage des Vorliegens einer Entgeltlichkeit gelten die Grundsätze der Rdnr. 15 a. Hierbei sind in einer Gesamtbetrachtung neben der Pacht auch erwartbare Dividenden und Wertzuwächse zu berücksichtigen.[1]

18 Eine Zusammenfassung dieser BgA kann nicht nach den für Verpachtungs-BgA geltenden Grundsätzen (vgl. Rdnr. 16) vorgenommen werden. Es ist zu prüfen, ob der Besitz-BgA mit der Verpachtung des oder der Wirtschaftgüter im Einzelfall die Zusammenfassungsvoraussetzungen des § 4 Absatz 6 KStG erfüllt.

IV. Fortgelten bisheriger verbindlicher Auskünfte oder Zusagen

19 Die gesetzliche Festschreibung der bisherigen Verwaltungsgrundsätze für die Zusammenfassung von BgA hat keine Rechtsänderung im Sinne des AEAO zu § 89 AO, Nr. 3.6.4 zur Folge. Sind auf der Grundlage der bisherigen Verwaltungsauffassung im Einzelfall verbindliche Auskünfte erteilt worden, verlieren diese allein durch das Inkrafttreten des § 4 Absatz 6 KStG nicht ihre Bindungswirkung. 25

20 Sind verbindliche Auskünfte im Einzelfall für die Zukunft aufzuheben, sind bisher festgestellte Verlustvorträge sachgerecht den nicht mehr zusammenfassbaren BgA zuzuordnen.

B. Allgemeine Grundsätze der Einkommensermittlung eines BgA

21 Die jPöR ist mit ihrem BgA nach § 1 Absatz 1 Nummer 6 i. V. m. § 4 KStG bereits dann subjektiv unbeschränkt körperschaftsteuerpflichtig, wenn der BgA nur mit Einnahmeerzielungsabsicht betrieben wird, ein Totalgewinn aber nicht zu erwarten ist. § 8 Absatz 1 Satz 2 KStG stellt klar, dass auch in einem solchen Fall grundsätzlich ein Einkommen zu ermitteln ist. Hierbei gelten die Einkommensermittlungsvorschriften des EStG bzw. des KStG einschließlich § 8 Absatz 3 Satz 2 KStG, von dessen Anwendung nur unter den Voraussetzungen des § 8 Absatz 7 KStG abgesehen werden kann. 26

C. Sonderregelung zum Ausschluss einer verdeckten Gewinnausschüttung (§ 8 Absatz 7 KStG)

I. Begünstigte Betriebe

1. BgA

22 Die Sonderregelung des § 8 Absatz 7 Satz 1 Nummer 1 KStG erfasst den einzelnen BgA i. S. d. § 4 KStG, der ein Dauerverlustgeschäft unterhält. Dies gilt auch, wenn er Organträger ist und das Dauerverlustgeschäft von der Organgesellschaft unterhalten wird (§ 15 Satz 1 Nummer 4 Satz 2 KStG). Handelt es sich um einen BgA, der in Folge einer Zusammenfassung i. S. d. § 4 Absatz 6 KStG entstanden ist, muss dieser BgA ein Dauerverlustgeschäft unterhalten.[1] 27

23 Werden auf Grund der Sonderregelung die Rechtsfolgen einer verdeckten Gewinnausschüttung nicht gezogen, ist insoweit auch § 20 Absatz 1 Nummer 10 EStG nicht anzuwenden.

2. Eigengesellschaften

a) Allgemeines

24 Von der Sonderregelung des § 8 Absatz 7 Satz 1 Nummer 2 KStG erfasst wird eine Kapitalgesellschaft, die ein Dauerverlustgeschäft unterhält. Dies gilt auch, wenn sie Organträger ist und das Dauerverlustgeschäft von der Organgesellschaft unterhalten wird (§ 15 Satz 1 Nummer 4 Satz 2 KStG).

25 Werden auf Grund der Sonderregelung die Rechtsfolgen einer verdeckten Gewinnausschüttung nicht gezogen, ist insoweit auch § 20 Absatz 1 Nummer 1 Satz 2 EStG nicht anzuwenden.

b) Stimmrechtsverhältnisse

26 Die Mehrheit der Stimmrechte muss unmittelbar oder mittelbar auf jPöR entfallen. Stimmrechtsvereinbarungen sind zu beachten. Es ist nicht notwendig, dass die Stimmrechte nur bei einer jPöR liegen. Die jeweilige jPöR kann auch in einem Mitgliedstaat der EU oder der EWR ansässig sein.

27 Bei mittelbarer Beteiligung muss auf jeder Stufe der Beteiligungskette die Mehrheit der Stimmrechte vermittelt werden.

c) Verlusttragung

28 Die gesamten Verluste aus den einzelnen Dauerverlustgeschäften, die sich handelsrechtlich vor Verlustübernahme oder einer anderweitigen Verlustkompensation ergeben, müssen nachweislich von der jPöR als Gesellschafter getragen werden. Dies gilt auch, wenn sich bei der Gesellschaft selbst handelsrechtlich in der Summe kein Verlust ergibt. Für die Tragung der Verluste ist es nicht notwendig, dass die Verluste jährlich seitens der jPöR mittels Einlagen ausgeglichen werden. Es reicht aus, dass sie von der jPöR wirtschaftlich im Ergebnis getragen werden. Maßgebend sind die Verhältnisse des Einzelfalls. Sind mehrere jPöR Gesellschafter, so müssen die gesamten Verluste nachweislich von diesen beteiligten jPöR getragen werden. Die jeweilige Verlusttragungspflicht kann sich hierbei sowohl

---

[1] Rdnr. 17 und Rdnr. 22 neu gefasst mit *BMF-Schrb. v. 15. 12. 2021 IV C 2 – S 2706/19/10008 :001, BStBl. 2021 I S. 2483.* Die Grundsätze der geänderten Rdnr. 17 und Rdnr. 22 sind auf alle offenen Fälle anzuwenden. Es wird jedoch nicht beanstandet, wenn die bisher geltenden Grundsätze bis zum 31. 12. 2022 angewandt werden.

Anl a zu H 4.1

nach Maßgabe der Beteiligungsquote als auch nach anderen, nachprüfbar vernünftigen Aufteilungsmaßstäben richten.[1]

Beispiel:

28a Die Gemeinden A und B sind jeweils zur Hälfte Gesellschafter einer GmbH, die in A und B jeweils ein Bad betreibt. Beide Bäder erzielen Dauerverluste. Die beiden Gemeinden haben eine von der Beteiligungsquote abweichende Verlusttragung vereinbart. Diese legt fest, dass die (Teil)Verluste nach Maßgabe der im jeweiligen Gemeindegebiet entstehenden Bäderverluste zu tragen sind.
Die vorliegende Verlusttragungsvereinbarung ist anzuerkennen. Damit ist die GmbH eine Eigengesellschaft im Sinne des § 8 Absatz 7 Satz 1 Nr. 2 KStG.[1]

29 Unterhält die Kapitalgesellschaft neben einem Dauerverlustgeschäft auch eine gewinnbringende Tätigkeit, werden die Ergebnisse regelmäßig gesellschaftsintern verrechnet. Die jPöR als Mitgesellschafterin trägt die Verluste aus der Verlusttätigkeit nur in Höhe des auf sie entsprechend ihrer Beteiligungsquote entfallenden Anteils am Ergebnis aus der Gewinntätigkeit. Den gesamten sich aus der Verlusttätigkeit ergebenden Verlust trägt sie nur, wenn sie auch den darüber hinausgehenden Verlust aus der Verlusttätigkeit nach den Grundsätzen der Rdnr. 28 trägt. Entsprechendes gilt, wenn die Tätigkeiten in verschiedenen Eigengesellschaften ausgeübt werden, die z. B. in einer Holdingstruktur gesellschaftsrechtlich verbunden sind.

Beispiel:

30 An einer GmbH ist die Gemeinde G zu 51% und der Private P zu 49% beteiligt. Die GmbH betreibt ÖPNV mit Jahresverlusten von 100 und die Stromversorgung mit Jahresgewinnen von 100.
Damit bei der GmbH § 8 Absatz 7 KStG angewendet werden kann, muss sich G verpflichten, den jährlich rechnerisch auf P entfallenden Verlustanteil aus dem Dauerverlustgeschäft ÖPNV in Höhe von 49 zu tragen, z. B. durch Einlagen. Leistet sie diese Einlagen, dürfen diese im Falle einer Liquidation nicht an G, sondern nur an P ausgekehrt werden.

31 Ist ein BgA Organträger einer Kapitalgesellschaft, trägt der BgA auf Grund des Ergebnisabführungsvertrags die Verluste jährlich voll; der Tatbestand des § 8 Absatz 7 Satz 1 Nummer 2 Satz 2 KStG ist damit erfüllt.

32 Die auf Grund § 8 Absatz 7 Satz 1 Nummer 2 Satz 2 KStG getroffenen Verlusttragungsvereinbarungen lassen die Grundsätze des *BMF-Schreibens vom 7. Dezember 2000 (BStBl. 2001 I S. 47)*[2] unberührt. Danach ist bei einer disquotalen Verlusttragung der jPöR für die Anerkennung einer disquotalen Gewinnverteilung eine „besondere Leistung" des privaten Gesellschafters erforderlich.

II. Begünstigte Dauerverlustgeschäfte

1. Allgemeines

28 **33** Für die Frage, ob die Sonderregelung zur Anwendung kommt, ist zunächst erforderlich, dass beim BgA bzw. der Eigengesellschaft eine Vermögensminderung bzw. verhinderte Vermögensmehrung vorliegt, die den Tatbestand der verdeckten Gewinnausschüttung i. S. d. § 8 Absatz 3 Satz 2 KStG erfüllt. Die Sonderregelung erfasst nur Vermögensminderungen bzw. verhinderte Vermögensmehrungen, soweit sie auf dem Unterhalten eines Dauerverlustgeschäfts aus den in § 8 Absatz 7 Satz 2 KStG genannten Gründen beruhen. Hierbei handelt es sich um „wirtschaftliche" Dauerverlustgeschäfte (vgl. Rdnrn. 36 bis 49) und „hoheitliche" Dauerverlustgeschäfte (vgl. Rdnrn. 50 bis 51). Für Vermögensminderungen bzw. verhinderte Vermögensmehrungen aus anderen Gründen gelten die allgemeinen Grundsätze des § 8 Absatz 3 Satz 2 KStG.

Beispiel:

34 Der Verkehrsbetrieb, der einen Betriebsverlust von 100 000 € erzielt, überlässt seiner Trägerkommune ein Grundstück, für das eine Marktmiete von jährlich 1000 € zu erzielen wäre, für 100 €.
In Höhe von 900 € liegt eine Vermögensminderung vor, die nach § 8 Absatz 3 Satz 2 KStG zu einer verdeckten Gewinnausschüttung führt. Durch die Einkommenshinzurechnung der verdeckten Gewinnausschüttung ergibt sich nur ein negatives Einkommen von 99 100 €. Dieses unterfällt der Sonderregelung des § 8 Absatz 7 KStG.

35 Liegt eine verdeckte Gewinnausschüttung vor, trifft die Feststellungslast für die Anwendung der Sonderregelung den Steuerpflichtigen.

2. Voraussetzung für ein „wirtschaftliches" Dauerverlustgeschäft

36 Ein Dauerverlustgeschäft i. S. d. § 8 Absatz 7 Satz 2 erster Halbsatz KStG setzt zum einen voraus, dass eine wirtschaftliche Betätigung aus den aufgeführten politischen Gründen ohne kostendeckende Entgelte unterhalten wird, und zum anderen der dabei entstehende Verlust ein Dauerverlust ist. Entsprechendes gilt, wenn die Entgelte nur zu einem ausgeglichenen Ergebnis führen. Ein Dauerverlust liegt vor, wenn auf Grund einer Prognose nach den Verhältnissen des jeweiligen Veranlagungszeitraums nicht mit einem positiven oder ausgeglichenen Ergebnis oder nicht mit einem steuerlichen Totalgewinn zu rechnen ist. Dabei sind Betriebsvermögensmehrungen, die nicht der Besteuerung unterliegen (z. B. zu erwartende Investitionszulagen oder Dividenden, die unter § 8b KStG fallen), gewinnerhöhend und Aufwendungen, die den steuerlichen Gewinn nicht mindern dürfen, gewinnmindernd zu berücksichtigen (vgl. BFH-Urteil vom 30. November 1989, BStBl. 1990 II S. 452, 454). Maßgebend ist ausschließlich das Ergebnis aus der Geschäftstätigkeit selbst, d. h. unter Berücksichtigung allein des hierfür notwendigen Betriebsvermögens.

37 Mögliche Aufgabe- und Veräußerungsgewinne sind bei der Beurteilung als Dauerverlustgeschäft nicht zu berücksichtigen.

---

[1] Rdnr. 28 neu gefasst und Rdnr. 28 a neu eingefügt mit *BMF-Schrb. v. 6. 7. 2021 IV C 2 – S 2706/19/10007 :001, BStBl. 2021 I S. 914.* Die Grundsätze der geänderten Rdnr. 28 und 28 a sind auf alle offenen Fälle anzuwenden.

[2] **Ersetzt** durch *BMF-Schrb. v. 17. 12. 2013 IV C 2 – S 2750-a/11/10001, BStBl. 2014 I S. 63.*

Anl a zu H 4.1

38 Gewinne in einzelnen Veranlagungszeiträumen stehen der Annahme eines Dauerverlustgeschäfts nicht entgegen.

39 § 8 Absatz 7 KStG ist ab dem Zeitpunkt nicht mehr anzuwenden, ab dem ein Dauerverlustgeschäft i. S. d. Rdnr. 36 nicht mehr vorliegt. Die Frage, ob die Rechtsfolgen einer vGA zu ziehen sind, richtet sich ab diesem Zeitpunkt allein nach allgemeinen Grundsätzen.

3. Einzelne begünstigte „wirtschaftliche" Dauerverlustgeschäfte

40 § 8 Absatz 7 Satz 2 KStG enthält eine abschließende Aufzählung der Gründe, aus denen ein kostendeckendes Entgelt nicht erhoben wird. Die begünstigten wirtschaftlichen Geschäfte müssen den folgenden Bereichen zuzurechnen sein, denen die genannten Betätigungen beispielhaft zuzuordnen sind:

a) Verkehrsbereich

41 ÖPNV, Flughafenbetriebe, Parkraumbewirtschaftung, Hafen- und Fährbetriebe.

b) Umweltbereich

42 Gewerbemüllentsorgung (soweit im Einzelfall nicht hoheitlich).

c) Sozialbereich

43 Kindergärten, Tageseinrichtungen für Kinder, Einrichtungen der Jugend- und Erwachsenenhilfe, Senioreneinrichtungen; Wirtschaftsförderung ist keine sozialpolitische Tätigkeit; sie zählt nicht zu den in § 8 Absatz 7 Satz 2 aufgeführten Bereichen.

d) Kulturbereich

44 Bibliotheken, Zoologische Gärten, Museen, kulturelle Ausstellungen, Kinos, Opern, Theater, Bühnen, Orchester.

e) Bildungsbereich

45 Schulen und Kurstätigkeit von Kammern (soweit nicht hoheitlich)[1] oder Volkshochschulen.

f) Gesundheitsbereich

46 Krankenhäuser, Bäder, Kuranlagen, Sportanlagen; Beherbergungsbetriebe zählen nicht zum Gesundheitsbereich.

47 Die Begünstigung setzt voraus, dass der BgA oder die Kapitalgesellschaft die Geschäfte selbst tätigen. Überlässt der BgA oder die Kapitalgesellschaft nur Wirtschaftsgüter an Dritte, damit diese vergleichbare Geschäfte tätigen können, liegt grundsätzlich bei dem BgA oder der Kapitalgesellschaft kein begünstigtes Geschäft vor (z. B. die Überlassung einer Multifunktionshalle an verschiedene Veranstalter). Führt die Überlassung durch die jPöR zur Fiktion des (dauerdefizitären) Verpachtungs-BgA (§ 4 Absatz 4 KStG) und übt in diesen Fällen nur der Pächter die in § 8 Absatz 7 Satz 2 KStG aufgeführten Tätigkeiten aus, ist § 8 Absatz 7 KStG auf den Verpachtungs-BgA nicht anzuwenden, da dieser das Geschäft nicht selbst tätigt. Erfolgt die Überlassung durch die jPöR hingegen im Rahmen einer Betriebsaufspaltung, die bei der überlassenden jPöR zu einem Besitz-BgA i. S. d. § 4 Absatz 1 KStG führt und werden in diesen Fällen die in § 8 Absatz 7 Satz 2 KStG aufgeführten Tätigkeiten ausschließlich von der Betriebsgesellschaft ausgeübt, ist § 8 Absatz 7 KStG auf den Besitz-BgA anzuwenden.[2]

Beispiel 1:

48 Stadt B ist zu 100% an der ÖPNV-GmbH beteiligt, die ihrerseits den (dauerdefizitären) ÖPNV im Stadtgebiet B unterhält. B überlässt die in ihrem Eigentum befindlichen Gleisanlagen entgeltlich an die ÖPNV-GmbH und erhebt aus verkehrspolitischen Gründen keine kostendeckende Pacht.
Die Überlassung erfüllt die Voraussetzungen einer Betriebsaufspaltung und führt zu einem dauerdefizitären Besitz-BgA. Dieser umfasst die überlassenen Gleisanlagen sowie die Beteiligung an der ÖPNV-GmbH. Auf den dauerdefizitären Besitz-BgA ist § 8 Absatz 7 KStG anzuwenden.[2]

Beispiel 2:

49 JPöR unterhält mit einer Multifunktionshalle, die mit Erbringung erheblicher zusätzlicher Leistungen (z. B. Bühnen- und Tribünenauf- und -abbau, Reinigung, Sicherheitsdienst etc.) an unterschiedliche Nutzer zu deren Zwecken (z. B. Theateraufführung, Kongressveranstaltung oder Parteitag) überlassen wird, einen BgA; kostendeckende Erlöse werden nicht erhoben.
Das Unterhalten der Halle ist ein BgA i. S. d. § 4 Absatz 1 KStG, der kein in § 8 Absatz 7 Satz 2 aufgeführtes Dauerverlustgeschäft betreibt.

---

[1] **Zur Abgrenzung der von Handwerkskammern, Kreishandwerkerschaften und Innungen durchgeführten Bildungsmaßnahmen** vgl. *BayLfSt v. 7. 1. 2010, KSt-Kartei § 1 Abs. 1 Nr. 6 KStG Karte 1.1* bzw. *DB 2010 S. 307:* „Handwerkskammern, Kreishandwerkerschaften und Innungen unterliegen als juristische Personen des öffentlichen Rechts nur mit ihren Betrieben gewerblicher Art der Körperschaftsteuer (§ 1 Abs. 1 Nr. 6, § 4 KStG). Nach dem Ergebnis der Erörterung der obersten Finanzbehörden des Bundes und der Länder ist die Durchführung von Prüfungen als Teil der (Berufs-) Ausbildung dem hoheitlichen Bereich der Handwerkskammern, Kreishandwerkerschaften, Innungen zuzurechnen. Die darüber hinausgehenden Betätigungen auf dem Gebiet der Fort- und Weiterbildung sind nach allgemein Grundsätzen zu beurteilenen. Folglich ist das Angebot von Bildungsmaßnahmen, die auch von Dritten angeboten werden können, als wirtschaftliche Tätigkeit zu behandeln, die bei Vorliegen der weiteren Voraussetzungen der § 1 Abs. 1 Nr. 6, § 4 KStG einen BgA begründet. Bildungsmaßnahmen, die nicht von privaten Dritten angeboten werden, weil z. B. die Teilnahme an einem bestimmten Kurs der Kammer unabdingbare Voraussetzung ist, um an der Prüfung vor der Kammer teilnehmen zu können, sind dem hoheitlichen Bereich zuzuordnen; sie begründen keinen BgA."

[2] Rdnr. 47 und Rdnr. 48 neu gefasst mit *BMF-Schrb. v. 15. 12. 2021 IV C 2 – S 2706/19/10 008 :001, BStBl. 2021 I S. 2483.* Die Grundsätze der geänderten Rdnr. 47 und Rdnr. 48 sind auf alle offenen Fälle anzuwenden. Es wird jedoch nicht beanstandet, wenn die bisher geltenden Grundsätze bis zum 31. 12. 2022 angewandt werden.

Anl a zu H 4.1

4. „Hoheitliche" Dauerverlustgeschäfte einer Kapitalgesellschaft

50 Hoheitliche Tätigkeiten führen bei der jPöR nicht zu einem BgA (vgl. § 4 Absatz 5 Satz 1 KStG); Verluste im Rahmen dieser Tätigkeit sind für die jPöR steuerlich irrelevant. Derartige Verlustgeschäfte sind allerdings nach den Grundsätzen des BFH-Urteils vom 22. August 2007 (BStBl. II S. 961) im Rahmen der Einkommensermittlung zu berücksichtigen, wenn sie von einer Kapitalgesellschaft getätigt werden. Handelt es sich bei der Verlusttätigkeit um Dauerverlustgeschäfte (vgl. Rdnr. 33), ist bei der Kapitalgesellschaft nach § 8 Absatz 7 Satz 2 letzter Halbsatz KStG die Rechtsfolge der verdeckten Gewinnausschüttung nicht zu ziehen. Das gilt z. B. für das Schulschwimmen in einem von der Kapitalgesellschaft betriebenen öffentlichen Bad.

51 Von der Sonderregelung erfasst sind nur „hoheitliche" Tätigkeiten, die die Kapitalgesellschaft selbst ausübt. Verpachtet die Gesellschaft z. B. einen Bauhof oder ein Rathaus an die Trägerkörperschaft gegen ein nicht kostendeckendes Entgelt, ist § 8 Absatz 7 Satz 2 letzter Halbsatz KStG nicht einschlägig; es ist nach allgemeinen Grundsätzen zu prüfen, ob das nicht kostendeckende Entgelt den Tatbestand der verdeckten Gewinnausschüttung erfüllt.

III. Höhe der verdeckten Gewinnausschüttung bei nicht begünstigten Dauerverlustgeschäften

29 **52** Liegt kein begünstigtes Dauerverlustgeschäft i. S. d. § 8 Absatz 7 Satz 2 KStG vor, gelten die allgemeinen Grundsätze zur verdeckten Gewinnausschüttung des § 8 Absatz 3 Satz 2 KStG. Nach den Grundsätzen des BFH-Urteils vom 22. August 2007 (BStBl. II S. 961) wird das Dauerverlustgeschäft ohne Verlustausgleich im Interesse des Gesellschafters der Eigengesellschaft unterhalten. In Höhe des Verlustes kommt es zu einer verdeckten Gewinnausschüttung. Für BgA und dessen Verhältnis zur Trägerkörperschaft gilt Entsprechendes. Maßgebend für die Bemessung der verdeckten Gewinnausschüttung ist grundsätzlich der steuerliche Verlust aus dem Geschäft. Fallen im Zuge des Geschäfts allerdings Vermögensmehrungen an, die nicht der Besteuerung unterliegen (z. B. vereinnahmte Investitionszulagen oder Dividenden, die unter § 8 b KStG fallen), so mindern diese Beträge die Bemessungsgrundlage der verdeckten Gewinnausschüttung.

53 In Fällen, in denen nach den Grundsätzen des BMF-Schreibens vom 7. Dezember 2007 (BStBl. I S. 905) in Veranlagungszeiträumen vor 2009 eine verdeckte Gewinnausschüttung anzusetzen ist, gelten vorstehende Grundsätze entsprechend.

IV. Anwendungsregelungen

30 **54** § 8 Absatz 7 KStG ist auch für Veranlagungszeiträume vor 2009 anzuwenden (vgl. § 34 Absatz 6 Satz 4 KStG). Ist im Einzelfall vor dem 18. Juni 2008 (Tag der Kabinettbefassung zum Entwurf eines Jahressteuergesetzes 2009) zu Gunsten der Steuerpflichtigen nach anderen als den in § 8 Absatz 7 KStG enthaltenen Grundsätzen verfahren worden, sind diese Grundsätze grundsätzlich bis einschl. Veranlagungszeitraum 2011 weiter anzuwenden (vgl. § 34 Absatz 6 Satz 5 KStG). § 34 Absatz 6 Satz 5 KStG kommt allerdings nur zur Anwendung, wenn diese Grundsätze den bisherigen Verwaltungsgrundsätzen bzw. der bisherigen Rechtslage nicht entgegenstanden.

55 Die Übergangsregelung kommt hiernach zur Anwendung, wenn im Einzelfall vor dem 18. Juni 2008 die Rechtsfolgen der verdeckten Gewinnausschüttung nicht gezogen worden sind,

56 – bei anderen als in § 8 Absatz 7 Satz 2 KStG aufgeführten Dauerverlustgeschäften. Die insoweit bis Veranlagungszeitraum 2011 festgestellten Verlustvorträge sind auch – vorbehaltlich § 8 Absatz 8 und 9 KStG – in den folgenden Veranlagungszeiträumen nach Maßgabe des § 10 d EStG bzw. § 8 c KStG nutzbar,

57 – bei einer Kapitalgesellschaft, bei der die Stimmrechtsverhältnisse und/oder die Verlusttragungsregelungen nicht den Vorgaben des § 8 Absatz 7 Satz 1 Nummer 2 Satz 2 KStG entsprechen.

58 Entsprechen bei der Kapitalgesellschaft die Stimmrechtsverhältnisse und die Verlusttragungsregelungen vor dem 18. Juni 2008 den Vorgaben des § 8 Absatz 7 Satz 1 Nummer 2 Satz 2 KStG und trifft dies bei mindestens einer der Maßgaben zu einem Zeitpunkt nach dem 18. Juni 2008 nicht mehr zu, so kann die Kapitalgesellschaft ab dem Veranlagungszeitraum der Veränderung die Übergangsregelung des § 34 Absatz 6 Satz 5 KStG nicht in Anspruch nehmen (§ 34 Absatz 6 Satz 6 KStG).

V. Anwendung der Grundsätze des § 8 Absatz 7 KStG auf Personengesellschaften mit Dauerverlustgeschäften

1. Juristische Person des öffentlichen Rechts ist Gesellschafterin der Personengesellschaft

a) Allgemeines

31 **59** Nach *R 6 Absatz 2 Satz 2 KStR*[1] ist die Beteiligung der jPöR an einer Mitunternehmerschaft ein eigenständiger BgA. Diese Regelung ist nach den Grundsätzen des *R 7 Absatz 2 KStR*[2] auf jede von der Personengesellschaft ausgeübte Tätigkeit gesondert anzuwenden. Eine Zusammenfassung der sich hiernach ergebenden BgA beurteilt sich nach § 4 Absatz 6 KStG.

b) Personengesellschaft unterhält ausschließlich ein Dauerverlustgeschäft

60 Eine Mitunternehmerschaft liegt nach dem BFH-Urteil vom 25. Juni 1996 (BStBl. 1997 II S. 202) nur vor, wenn die Personengesellschaft insgesamt mit Gewinnerzielungsabsicht tätig ist. Eine Personengesellschaft, deren Geschäftstätigkeit sich auf ein Dauerverlustgeschäft beschränkt, ist keine Mitunternehmerschaft; *R 6 Absatz 2 Satz 2 KStR*[1] ist insoweit nicht einschlägig.

---

[1] Vgl. jetzt **H 4.1** KStH Beteiligungen von jPöR an Personengesellschaften.
[2] Vgl. jetzt Neufassung **R 4.2** KStR.

61 Die der jPöR aus einer Beteiligung an einer derartigen Personengesellschaft zuzurechnende anteilige Tätigkeit der Gesellschaft stellt bei der jPöR aber nach den allgemeinen Grundsätzen des § 4 KStG einen BgA dar. Auf diesen BgA sind § 4 Absatz 6 und § 8 Absatz 7 KStG anzuwenden. Anl a zu H 4.1

c) Personengesellschaft unterhält neben einem Dauerverlustgeschäft auch andere Geschäftsbereiche

62 Das jeweilige Dauerverlustgeschäft bildet nach allgemeinen Grundsätzen einen gesonderten BgA. Für die jeweiligen Gewinntätigkeiten gilt (auch unter Berücksichtigung von *R 6 Absatz 2 Satz 2 KStR*[1]) Entsprechendes. Auf die BgA sind § 4 Absatz 6 und § 8 Absatz 7 KStG anzuwenden.

2. Kapitalgesellschaft ist Gesellschafterin der Personengesellschaft

63 Nach den Grundsätzen des BFH-Urteils vom 25. Juni 1996 (BStBl. 1997 II S. 202) sind die aus den einzelnen Tätigkeiten der Gesellschaft dem Gesellschafter zuzurechnenden Einkünfte bei ihm nur steuerrelevant, soweit die Tätigkeiten mit Gewinnerzielungsabsicht unternommen werden. Verlustgeschäfte, auch soweit sie Dauerverlustgeschäfte i. S. d. § 8 Absatz 7 Satz 2 KStG sind, sind bei der Einkommensermittlung der Kapitalgesellschaft nicht zu berücksichtigen. Damit stellt sich die Frage, ob eine Zurechnung der anteiligen Verluste eine verdeckte Gewinnausschüttung zur Folge hat, nicht. Dies gilt auch bei einer gewerblich geprägten Personengesellschaft (vgl. BFH-Urteil vom 25. September 2008, BStBl. 2009 II S. 266).

D. Verlustnutzungen bei zusammengefassten BgA (§ 8 Absatz 8 KStG)

64 Die Vorschriften des Verlustabzugs sind auf den jeweiligen BgA anzuwenden. Aus der zulässigen Zusammenfassung von BgA, die nicht gleichartig sind, entsteht ein neuer BgA, der Verlustvorträge, die im Einzelfall bei den bisherigen BgA vor Zusammenfassung festgestellt worden sind, nicht übernehmen kann (§ 8 Absatz 8 Satz 2 KStG). Diese Verlustvorträge sind erst wieder „nutzbar", wenn die jPöR einen BgA, wie er bis zur Zusammenfassung bestand, künftig wieder unterhält. Entsprechendes gilt, wenn ein BgA, in dem nicht gleichartige Tätigkeiten zulässigerweise zusammengefasst worden sind, getrennt wird. Wird einem BgA, in dem mehrere nicht gleichartige Tätigkeiten zusammengefasst sind (z. B. ÖPNV und Hafenbetrieb) ein weiterer Tätigkeitsbereich (z. B. Wasserversorgung) zugeführt, liegt ein neuer BgA vor, der über keinen Verlustvortrag verfügt. Veränderungen innerhalb eines Tätigkeitsbereichs (z. B. Erweiterung des Verkehrsbetriebs von Bussen um Straßenbahnen) sind dagegen unschädlich. 32

Beispiel:

65 Die jPöR unterhält den BgA „Bad Ost und West" und den BgA „ÖPNV". Zum 31. Dezember 2008 sind beim Bäder-BgA 100 000 € Verlustvortrag und beim Verkehrs-BgA 300 000 € Verlustvortrag festgestellt. In 2009 als auch in 2010 erzielt der BgA „Bad Ost und West" jeweils einen Jahresverlust von 10 000 € und der Verkehrsbetrieb in 2009 als auch in 2010 jeweils einen Jahresverlust von 20 000 €. In 2010 eröffnet die jPöR zusätzlich das „Bad Süd", das einen Gewinn von 1000 € erzielt. In 2010 betreibt die jPöR auch noch die Stromversorgung mit einem Gewinn von 11 000 €.
Für den BgA „Bad Ost und West" wird zum 31. Dezember 2009 ein Verlustvortrag von 110 000 € festgestellt. Durch die Eröffnung des „Bad Süd" kann die jPöR, da eine gleichartige Tätigkeit vorliegt, den BgA zum BgA „Bad Ost, West und Süd" erweitern, dessen Verlustvortrag zum 31. Dezember 2010 auf 110 000 € + 10 000 € ./. 1000 € = 119 000 € festzustellen ist.
Für den BgA „ÖPNV" wird zum 31. Dezember 2009 ein Verlustvortrag von 320 000 € festgestellt. Fasst die jPöR in 2010 diesen BgA mit dem neuen BgA „Stromversorgung" zusammen, entsteht ein neuer BgA „ÖPNV-Stromversorgung", der zum 31. Dezember 2010 einen festzustellenden Verlustvortrag von 0 € + 20 000 € ./. 11 000 € = 9000 € hat. Der bisherige Verlustvortrag von 320 000 € aus dem BgA „ÖPNV" wird so lange „eingefroren", bis die jPöR in der Zukunft die Stromversorgung wieder aufgeben sollte und den ÖPNV „alleine" weiter betreibt. In diesem Fall würde der wieder entstandene BgA „ÖPNV" mit einem Verlustvortrag von 320 000 € „starten" und der Verlustvortrag von 9000 € des BgA „ÖPNV-Stromversorgung" festgeschrieben bleiben.

E. Spartentrennung bei Eigengesellschaften (§ 8 Absatz 9 KStG)

I. Allgemeines

66 § 8 Absatz 9 KStG ist anzuwenden, wenn für eine Kapitalgesellschaft § 8 Absatz 7 Satz 1 Nummer 2 KStG zur Anwendung kommt und diese 33
- mehr als eine Tätigkeit ausübt, die bei einer jPöR jeweils zu einem BgA führen würde, die ggf. aber nach § 4 Absatz 6 KStG zusammengefasst werden könnten,
- neben mindestens einer wirtschaftlichen Tätigkeit auch eine Tätigkeit im Sinne des § 8 Absatz 7 Satz 2 letzter Halbsatz KStG ausübt oder
- mehrere Tätigkeiten im Sinne des § 8 Absatz 7 Satz 2 letzter Halbsatz KStG ausübt.

67 In Fällen der Organschaft vgl. unter F.

II. Sparteneinteilung

1. Einzelne Sparten

68 Mit der Ausübung mehrerer verschiedener Tätigkeiten in einer Kapitalgesellschaft kommt es zur Zusammenfassung dieser Tätigkeiten bei einem Steuerpflichtigen. Diese Zusammenfassung ist unter Beachtung der Grundsätze des § 4 Absatz 6 KStG bei der Spartenbildung zwingend zu berücksichtigen (wegen der Zusammenfassung bei BgA vgl. Rdnr. 1). 34
Für die Spartenzuordnung sind

69 – zunächst Dauerverlustgeschäfte im Sinne des § 8 Absatz 7 Satz 2 letzter Halbsatz KStG jeweils einer gesonderten Sparte zuzuordnen (Sparten i. S. d. § 8 Absatz 9 Satz 1 Nummer 1 KStG =

[1] Vgl. jetzt **H 4.1** KStH Beteiligungen von jPöR an Personengesellschaften.

Anl a zu H 4.1

noch 34

Sparten mit „hoheitlichen" Dauerverlustgeschäften). Eine Zusammenfassung dieser „hoheitlichen" Tätigkeiten scheidet aus;

70 – danach Tätigkeiten, die entweder nach § 4 Absatz 6 Satz 1 KStG zusammenfassbar sind, unabhängig davon, ob es sich um Dauerverlustgeschäfte oder Gewinngeschäfte handelt, oder aus übrigen nicht zusammenfassbaren Dauerverlustgeschäften stammen, nach Maßgabe des § 4 Absatz 6 Satz 1 EStG jeweils einer gesonderten Sparte zuzuordnen (Sparten i. S. d. § 8 Absatz 9 Satz 1 Nummer 2 KStG);

71 – die danach verbleibenden Tätigkeiten einer gesonderten Sparte zuzuordnen (Sparte i. S. d. § 8 Absatz 9 Satz 1 Nummer 3 KStG; „übrige Sparte"). In diese Sparte sind auch Geschäfte einzuordnen, die – ohne Dauerverlustgeschäfte zu sein – in einzelnen Wirtschaftsjahren Verluste bzw. Anlaufverluste erzielen.

72 Jede Änderung in der Tätigkeitsstruktur der Kapitalgesellschaft ist auf ihre Auswirkung auf die Spartenzuordnung zu überprüfen; eine Änderung in der Tätigkeitsstruktur kann auch über Umwandlungsvorgänge bewirkt werden:

73 – Wird zu einer bestehenden Sparte eine gleichartige Tätigkeit aufgenommen oder fällt eine solche weg, wird die nämliche Sparte in ihrer veränderten Form fortgeführt.

74 – Veränderungen in der „übrigen Sparte" (§ 8 Absatz 9 Satz 1 Nummer 3 KStG) führen zu Änderungen in dieser Sparte und der Fortführung dieser Sparte in der veränderten Form.

75 – Übrige Veränderungen in Form der Aufnahme neuer Tätigkeiten oder dem Wegfall bisheriger Tätigkeiten führen zu neuen Sparten unter Berücksichtigung der aktuellen Tätigkeitsstruktur. Wenn hiervon bisherige Sparten betroffen sind, fallen diese Sparten weg: Ein in einer dieser Sparten festgestellter Verlustvortrag ist festzuschreiben; kommt es künftig wieder zu einer Tätigkeitsstruktur, die dieser Sparte entspricht, ist dieser festgeschriebene Betrag als Anfangsbestand der neuen Sparte maßgebend.

76 Hilfsgeschäfte zu einer Haupttätigkeit der Kapitalgesellschaft teilen das Schicksal der Haupttätigkeit. Ob ein Hilfsgeschäft vorliegt, beurteilt sich nach den Gegebenheiten des Einzelfalls. Die Veräußerung des Betriebsvermögens in Folge der Aufgabe der operativen Tätigkeit ist beispielsweise ein Hilfsgeschäft in der Sparte, der das Betriebsvermögen bisher zugeordnet war. Für Nebengeschäfte von untergeordneter Bedeutung gilt Entsprechendes.

77 Die Spartenbildung ist losgelöst von der Frage vorzunehmen, ob die einzelnen Sparten einen Teilbetrieb bilden oder nicht.

Beispiel 1:

78 Im Veranlagungszeitraum 01 betreibt die Kapitalgesellschaft ein Theater mit einem Verlust von 30, in den Stadtteilen A und B jeweils ein Bad mit Verlusten von 30 bzw. 40, ein Blockheizkraftwerk, das aus der Stromgewinnung einen Überschuss von 120 erzielt, den ÖPNV mit einem Verlust von 160, ein reines Schulschwimmbad mit einem Verlust von 40, die Hausmüllentsorgung mit einem Gewinn von 10, die Grundstücksverwertung mit einem Gewinn von 30 und erstmals eine EDV-Servicetätigkeit mit einem Anlaufverlust von 5.
Die Tätigkeiten der Eigengesellschaft sind zwingend folgenden Sparten zuzuordnen:
- Sparte „Schulschwimmbad" (Verlust 40) als „hoheitliches" Dauerverlustgeschäft.
- Sparte „Theater" (Verlust 30) als Dauerverlustgeschäft.
- Sparte „Bäder A und B" (Verlust 70) als gleichartig zusammengefasste Tätigkeiten.
- Sparte „Stromversorgung/Verkehrsbetrieb" (Verlust 40) als auf Grund § 4 Absatz 3 KStG zusammengefasste Tätigkeiten.
- Sparte „übrige Tätigkeiten" bestehend aus der mit Gewinnerzielungsabsicht betriebenen Tätigkeit der Hausmüllentsorgung, der Grundstücksverwertung und der EDV-Servicetätigkeit (Gewinn 35).

Die Verluste der vier Verlustsparten sind gesondert festzustellen. Der Gewinn aus der Sparte „übrige Tätigkeiten" ist bei der Einkommensermittlung der Gesellschaft für den Veranlagungszeitraum 01 zu berücksichtigen.

Beispiel 2:

79 Im Veranlagungszeitraum 02 betreibt die Kapitalgesellschaft zum einen dieselben Tätigkeiten wie 01 und erzielt hierbei auch die entsprechenden Ergebnisse. Zusätzlich betreibt sie ab Beginn des Jahres noch ein zweites Theater mit einem Gewinn von 70 und die Wasserversorgung mit einem Gewinn von 50.
Die Tätigkeiten der Eigengesellschaft sind nunmehr zwingend folgenden Sparten zuzuordnen:
- Sparte „Schulschwimmbad" (Verlust 40) als „hoheitliches" Dauerverlustgeschäft. Ingesamt festgestellter Verlust 80.
- Sparte „Theater" bestehend aus dem Dauerverlustgeschäft des bisherigen Theaters und dem neu hinzugekommenen Theater, das kein Dauerverlustgeschäft ist. Das laufende Ergebnis von 70 ./. 30 = 40 vermindert sich um den Verlustvortrag dieser Sparte von 30, so dass sich für 02 ein Gesamtbetrag der Einkünfte von 10 ergibt.
- Sparte „Bäder A und B" (Verlust 70) als gleichartig zusammengefasste Tätigkeiten. Ingesamt festgestellter Verlust 140.
- Neue Sparte „Stromversorgung/Verkehrsbetrieb/Wasserversorgung" (Gewinn (50 ./. 40 =) 10) als auf Grund von § 4 Absatz 3 KStG zusammengefasste Tätigkeiten. Dieser Gewinn kann nicht um den Verlustvortrag der bisherigen Sparte „Stromversorgung/Verkehrsbetrieb" aus 01 gemindert werden, da zwar die Stromversorgung und die Wasserversorgung für sich als gleichartig anzusehen wären, in Folge der schon bestehenden Zusammenfassung der Stromversorgung mit dem Verkehrsbetrieb aber kein Versorgungsbetrieb vorliegt, der mit der Wasserversorgung wegen Gleichartigkeit zusammengefasst werden könnte. (Dies wäre nur der Fall, wenn bei der Zusammenfassung der Stromversorgung mit dem Verkehrsbetrieb die Stromversorgung diesem zusammengefassten BgA das Gepräge geben würde.)
- Sparte „Übrige Tätigkeiten" bestehend aus der mit Gewinnerzielungsabsicht betriebenen Tätigkeit der Hausmüllentsorgung und der Grundstücksverwertung und der EDV-Servicetätigkeit (Gewinn 35).

Die Verluste der zwei Verlustssparten sind gesondert festzustellen. Die Gewinne aus den Sparten „Theater", „Stromversorgung/Verkehrsbetrieb/Wasserversorgung" und „Übrige Tätigkeiten" sind bei der Einkommensermittlung der Gesellschaft für den Veranlagungszeitraum 02 zu berücksichtigen.

Anl a zu H 4.1

2. Ergebnisermittlung der Sparten

80 Die Bildung der Sparten lässt die Steuerpflicht der Kapitalgesellschaft selbst unberührt. Für die Ermittlung der Spartenergebnisse sind die Wirtschaftsgüter bzw. die Geschäftsvorfälle der Kapitalgesellschaft aus der für sie bestehenden Rechnungslegung den einzelnen Sparten in sachgerechter Weise rechnerisch zuzuordnen; dies gilt insbesondere für Beteiligungen oder Finanzanlagen. Dabei ist für die Tätigkeit notwendiges Betriebsvermögen zwingend entsprechend der Tätigkeit dieser Sparte zuzuordnen. Die Änderung der spartenmäßigen Zuordnung eines Wirtschaftsguts führt nicht zur Realisierung stiller Reserven.

Beispiel 1:

81 Die Kapitalgesellschaft betreibt den dauerdefizitären Nahverkehr und die Abwasserentsorgung. Sie hält Anteile an einer Reisebürogesellschaft und einer Recyclinggesellschaft. Schließlich hat sie ein Festgeldkonto, auf dem liquide Finanzmittel angelegt sind.
Die Kapitalgesellschaft ist in die Sparten „Nahverkehr" und „Abwasserentsorgung" aufzuteilen. Die Beteiligung an dem Reisebüro ist der Sparte „Nahverkehr" und die an der Recyclinggesellschaft der Sparte „Abwasserentsorgung" zuzuordnen. Die Finanzmittel sind beiden Sparten z. B. umsatzabhängig zuzuordnen. Eine ausschließliche Zuordnung zur Sparte „Nahverkehr" wäre z. B. nur möglich, wenn nachweisbar im Bereich Abwasserentsorgung keine liquiden Finanzmittel anfallen oder benötigt würden.

Beispiel 2:

82 Die Kapitalgesellschaft betreibt den Nahverkehr, bei dem sich dauerhaft ein Betriebsverlust ergibt, der aber regelmäßig durch Ausschüttungen auf eine dem Nahverkehr als gewillkürtes Betriebsvermögen zugeordnete nicht 100%ige Beteiligung überkompensiert wird, die Stromversorgung und die Abwasserentsorgung.
Die Kapitalgesellschaft ist in die Sparten „Nahverkehr/Stromversorgung" und „Abwasserentsorgung" aufzuteilen. Im Zuge der Ermittlung des Gesamtbetrags der Einkünfte in der Sparte „Nahverkehr/Stromversorgung" kommt es in Folge § 8 b KStG zu einer Verrechnung der Betriebsverluste aus dem Nahverkehr mit einem Gewinn aus der Stromversorgung.

3. Behandlung allgemeiner Verwaltungs- und Servicekosten

83 Die allgemeinen ex- und internen Verwaltungs- und Servicekosten (z. B. Kosten für Buchführung oder Beratung) oder vergleichbare Kosten der Kapitalgesellschaft sind den einzelnen Sparten sachgerecht zuzuordnen. Weicht der Steuerpflichtige von seinen bisherigen Zuordnungsgrundsätzen ab, kann dies nur anerkannt werden, wenn die Abweichung nachvollziehbar begründet wird.

84 Werden derartige Leistungen von einer Konzerngesellschaft für die einzelnen Unternehmen des Konzerns erbracht, stellt diese Tätigkeit bei der Konzerngesellschaft eine sonstige Tätigkeit dar, die der Sparte „übrige Tätigkeiten" zuzuordnen ist. Die den Konzerngesellschaften in Rechnung gestellten Beträge stellen bei diesen externe Verwaltungs- und Servicekosten dar.

4. Zinsschranke

85 Kommt es bei der Kapitalgesellschaft nach den Grundsätzen der Rdnrn. 91 bis 93 des BMF-Schreibens vom 4. Juli 2008 (BStBl. I S. 718)[1] zur Anwendung des § 4h EStG bzw. § 8a KStG, so ist der nichtabziehbare Betrag bzw. der Zinsvortrag sachgerecht den einzelnen Sparten zuzuordnen.

5. Ermittlung des Einkommens der Kapitalgesellschaft

86 Für jede Sparte ist nach Maßgabe des *R 29 Absatz 1 Satz 2 KStR*[2] ein eigenständiger Gesamtbetrag der Einkünfte zu ermitteln (§ 8 Absatz 9 Satz 2 KStG). Hierbei sind insbesondere § 8 Absatz 3 Satz 2 KStG bzw. § 8 Absatz 7 KStG in der jeweiligen Sparte anzuwenden.

87 Nur Sparten, deren Gesamtbetrag der Einkünfte nicht negativ ist, sind bei der anschließenden Ermittlung des Einkommens der Eigengesellschaft zu berücksichtigen.

6. Verlustabzug bei der Kapitalgesellschaft

88 Nach § 8 Absatz 9 Satz 5 KStG mindert ein Verlust in einer Sparte nach Maßgabe des § 10d EStG den positiven Gesamtbetrag der Einkünfte, der sich in dem unmittelbar vorangegangenen und in den folgenden Veranlagungszeiträumen für diese Sparte ergibt. Dies hat zur Folge, dass sich der Verlustrücktrag von bis zu 511 500 EUR bzw. der Sockelbetrag beim Verlustvortrag von 1 Mio. EUR pro Sparte ermittelt.

89 Der sich hiernach pro Sparte ergebende verbleibende Verlustvortrag ist nach Maßgabe des § 10d Absatz 4 EStG gesondert festzustellen.

F. Sonderregelungen bei Organschaftsgestaltungen

I. Allgemeines

90 In Fällen einer Organschaft kommt es auf Ebene des Organträgers zu einer Zusammenfassung der Tätigkeiten, die im Organkreis ausgeübt werden. 35

91 Auf Ebene der Organgesellschaft sind im Wege der Einkommensermittlung weder Sparten i. S. d. § 8 Absatz 9 KStG zu bilden noch bei Dauerverlustgeschäften die Rechtsfolgen des § 8 Absatz 3 Satz 2 und Absatz 7 KStG zu ziehen (§ 15 Satz 1 Nummer 4 Satz 1 und Nummer 5 Satz 1 KStG). Das dem Organträger zugerechnete Einkommen ist auf Ebene des Organträgers nach Maßgabe der Ausführungen unter E den beim Organträger zu bildenden Sparten zuzuordnen (§ 15 Satz 1 Nummer 5

---

[1] Abgedruckt als Anl zu H 8 a.
[2] Jetzt **R 7.1 Abs. 1 Satz 2** KStR.

Satz 2 KStG). Innerhalb dieser Sparten ist dann § 8 Absatz 3 Satz 2 und Absatz 7 KStG anzuwenden (§ 15 Satz 1 Nummer 4 Satz 2 KStG).

II. Organträger ist ein BgA

36 **92** Nach § 15 Satz 1 Nummer 5 Satz 2 KStG ist in Fällen, in denen die Organgesellschaft Dauerverlustgeschäfte im Sinne des § 8 Absatz 7 Satz 2 KStG ausübt, bei der Ermittlung des Einkommens des Organträgers § 8 Absatz 9 KStG anzuwenden. Dies gilt auch, wenn der Organträger keine Kapitalgesellschaft i. S. d. § 8 Absatz 9 KStG, sondern ein BgA ist.

Beispiel:

93 JPöR unterhält einen gewinnträchtigen BgA „Grundstücksverwertung", der mit einer GmbH, die laufende Verluste aus Bädern erzielt und die die Voraussetzungen des § 8 Absatz 7 Satz 1 Nummer 2 KStG erfüllt, ein Organschaftsverhältnis begründet hat.
Auf Ebene der GmbH ist § 8 Absatz 7 KStG nicht anzuwenden (§ 15 Satz 1 Nummer 4 Satz 1 KStG). Die Anwendung der Grundsätze des § 8 Absatz 9 KStG auf Ebene des Organträgers (§ 15 Satz 1 Nummer 5 Satz 2 KStG) führt zu einer Spartenbildung: Sparte „Grundstücksverwertung" und Sparte „Bäder". In der Sparte „Bäder" ist keine vGA anzusetzen (§ 15 Satz 1 Nummer 4 Satz 2 i. V. m. § 8 Absatz 7 KStG).

94 Ein Dauerverlust-BgA kann kein Organträger sein (vgl. Rdnr. 5 des BMF-Schreibens vom 26. August 2003, BStBl. I S. 437).[1]

G. Gewerbesteuerliche Regelungen

I. Ermittlung des Gewerbeertrags bei Betrieben der öffentlichen Hand und Eigengesellschaften

37 **95** § 8 Absatz 1 Satz 2 KStG ist für die Ermittlung des Gewerbeertrags eines Betriebs der öffentlichen Hand ohne Bedeutung. Ein solcher liegt im Gegensatz zum BgA nur vor, wenn er die Tatbestände des stehenden Gewerbebetriebs erfüllt, zu denen u. a. die Gewinnerzielungsabsicht zählt.

96 Die Zuordnung der Wirtschaftsgüter bzw. der Geschäftsvorfälle der Kapitalgesellschaft auf die einzelnen Sparten (vgl. E) ist für die Hinzurechnung bzw. Kürzung nach §§ 8 und 9 GewStG maßgebend. Der Freibetrag des § 8 Nummer 1 GewStG ist nur für die Eigengesellschaft zu gewähren. Er ist auf die einzelnen Sparten entsprechend dem Verhältnis aufzuteilen, wie die Hinzurechnungsbeträge (vor Freibetrag) auf die Sparten entfallen. Entsprechend den Grundsätzen zu Rdnr. 88 ist der Betrag von 1 Mio. EUR nach § 10a Satz 2 GewStG pro Sparte zu ermitteln.

97 In Fällen einer Organschaft sind die Grundsätze des *Abschnitts 41 GewStR*[2] anzuwenden.

II. Gewerbesteuerliche Zusammenfassung von Betrieben der öffentlichen Hand

38 **98** § 2 Absatz 1 Satz 1 GewStDV stellt klar, dass für die Frage, ob ein Betrieb der öffentlichen Hand als stehender Gewerbebetrieb anzusehen ist, die Zusammenfassungsgrundsätze des § 4 Absatz 6 Satz 1 KStG maßgebend sind. Maßgebend ist danach, ob das nach diesen Grundsätzen zusammengefasste Unternehmen mit Gewinnerzielungsabsicht betrieben wird.

Anl b zu H 4.1

b) Schreiben betr. Kriterien zur Abgrenzung hoheitlicher von wirtschaftlicher Tätigkeit einer juristischen Person des öffentlichen Rechts

Vom 11. Dezember 2009 (BStBl. I S. 1597)

(BMF IV C 7-S 2706/07/10006)

41 Der BFH hat im Urteil vom 29. Oktober 2008 I R 51/07 (BStBl. 2009 II S. 1022) zum Betrieb eines Krematoriums zur Frage Stellung genommen, unter welchen Voraussetzungen eine Betätigung der juristischen Person des öffentlichen Rechts (jPöR) als hoheitliche Tätigkeit angesehen werden kann.

Nach dem Ergebnis der Erörterung mit den obersten Finanzbehörden der Länder sind die Grundsätze dieser Entscheidung unter Berücksichtigung der nachfolgenden Ausführungen über den entschiedenen Einzelfall hinaus bei der Beurteilung von Tätigkeiten der jPöR (einschließlich des Betriebs eines Krematoriums) in Ergänzung der Ausführungen in *R 9 und H 9 KStH*[3] allgemein anzuwenden.

I. Abgrenzung hoheitlicher von wirtschaftlicher Tätigkeit

42 Eine Tätigkeit der jPöR ist, sofern es sich nicht um eine Tätigkeit eines Betriebs i. S. des § 4 Absatz 3 KStG handelt, nur wirtschaftlich (und damit unter den übrigen Voraussetzungen als BgA) einzustufen, wenn sie der jPöR nicht eigentümlich und vorbehalten ist. Bei der Prüfung, ob eine der jPöR vorbehaltene Tätigkeit vorliegt, gilt Folgendes:

1. Aufgabenzuweisung an die jPöR

a) Grundsatz

Eine Tätigkeit ist der jPöR vorbehalten, soweit die jPöR (z. B. Kommune) sie in Erfüllung einer ihr gesetzlich (z. B. durch Bundesrecht, Landesrecht oder Landesrecht auf der Grundlage von Bundesrecht) zugewiesenen Aufgabe ausübt. Entsprechendes gilt, soweit eine derart zugewiesene Aufgabe von der jPöR auf eine andere jPöR (Zweckverband oder Anstalt öffentlichen Rechts) übertragen wird.

---

[1] Abgedruckt als Anl a zu H 14.1.
[2] Jetzt R 7.1 Abs. 5 GewStR.
[3] Vgl. jetzt Neufassung **R 4.4** KStR und **H 4.4** KStH.

Ist eine Tätigkeit hiernach in einem Bundesland der jPöR vorbehalten und besteht hier ein öffentlich-rechtlicher Benutzungszwang, bleibt die Tätigkeit ihr vorbehalten, auch wenn die Tätigkeit in einem anderen Bundesland der jPöR nicht vorbehalten ist. Anl b zu H 4.1

Eine vorbehaltene Tätigkeit liegt nicht vor, wenn die jPöR die Aufgaben auf private Dritte übertragen kann (vgl. unter 2.). Eine Übertragung einer Aufgabe auf einen Dritten liegt nicht vor, wenn sich die jPöR bei ihrer Durchführung privater Dritter lediglich als Erfüllungsgehilfen bedient.

Beispiel:

Auf der Grundlage des bis Februar 2010 geltenden § 18 a Absatz 2 a des Wasserhaushaltgesetzes bzw. des ab März 2010 geltenden § 56 des Wasserhaushaltsgesetzes bestimmt Artikel 41 b Absatz 1 Satz 1 des Bayerischen Wassergesetzes, dass die Aufgabe der Abwasserbeseitigung der Kommune zugewiesen ist, in der die Abwässer anfallen. Der Abwassererzeuger ist zur Überlassung seiner Abwässer an die Kommune verpflichtet (öffentlich-rechtlicher Benutzungszwang).

Die Aufgabe der Entsorgung dieser Abwässer ist der Kommune – auch wenn sie sich bei der Durchführung der Aufgabe eines privaten Dritten bedient (z. B. einem privaten Kläranlagenbetreiber) – vorbehalten. Es liegt unter Berücksichtigung der übrigen Kriterien des § 4 KStG eine hoheitliche Tätigkeit vor.

b) Ausnahme

Trotz einer Aufgabenzuweisung an die jPöR liegt keine vorbehaltene Tätigkeit vor, wenn kein öffentlich-rechtlicher Benutzungszwang besteht, so dass die Leistung auch bei einem Dritten nachgefragt werden kann, der keine in- oder ausländische jPöR ist.

Beispiel:

§ 13 Absatz 1 des Hamburger Bestattungsgesetzes weist den Betrieb von Feuerbestattungsanlagen in der Hansestadt einer jPöR zu; ein öffentlich-rechtlicher Benutzungszwang dieser Anlagen besteht nicht; d. h., auch andernorts ansässige Unternehmen, die derartige Tätigkeiten anbieten, können von Hamburgern in Anspruch genommen werden.

Mangels bestehendem öffentlich-rechtlichem Benutzungszwang liegt keine der jPöR vorbehaltene Aufgabe vor. Die der jPöR zugewiesene Aufgabe führt bei dieser zu einem BgA.

c) Rückausnahme

Dies gilt ausnahmsweise nicht, wenn der Markt für die von der jPöR ausgeübte Tätigkeit örtlich so eingeschränkt ist, dass eine Wettbewerbsbeeinträchtigung steuerpflichtiger Unternehmen im In- und Ausland ausgeschlossen werden kann.

2. Aufgabenübertragung auf private Dritte

a) Grundsatz

Kann die der jPöR zugewiesene Aufgabe auf einen privaten Dritten übertragen werden, handelt es sich mangels einer der jPöR vorbehaltenen Aufgabe um eine wirtschaftliche Tätigkeit, die – soweit auch die übrigen Voraussetzungen erfüllt sind – zu einem BgA der jPöR führt. 43

Beispiel:

Nach § 39 Absatz 2 des Hessischen Wassergesetzes (und vergleichbarer Regelungen in den anderen Bundesländern) kann die den Gemeinden zugewiesene Aufgabe der ausreichenden Versorgung der Bevölkerung mit Trinkwasser von diesen auf private Dritte übertragen werden.

Die Trinkwasserversorgung begründet bei einer jPöR damit einen BgA.

b) Ausnahme

Trotz der Möglichkeit, die der jPöR zugewiesene Aufgabe auf einen privaten Dritten zu übertragen, ist die Tätigkeit der jPöR allerdings vorbehalten, wenn

- die Übertragung auf den privaten Dritten nur im Wege der Beleihung möglich ist und
- ein öffentlich-rechtlicher Benutzungszwang besteht, so dass die Leistung nur von jPöR oder von Beliehenen erbracht werden kann. Besteht in einem Bundesland ein öffentlich-rechtlicher Benutzungszwang, ist die Tätigkeit der jPöR in diesem Land der jPöR vorbehalten und damit unter Berücksichtigung der übrigen Voraussetzungen des § 4 KStG hoheitlich, auch wenn dieses Vorbehalten in einem anderen Bundesland nicht vorliegt.

Eine Beleihung in diesem Sinne setzt voraus, dass der private Dritte seine ihm übertragene Aufgabe nach Maßgabe öffentlich-rechtlicher Handlungsformen zu erfüllen hat.

Beispiel:

Nach § 2 Absatz 2 Satz 1 des Vermessungs- und Katastergesetzes NRW wird die Aufgabe des amtlichen Vermessungswesens, das nach § 2 Absatz 1 des Vermessungs- und Katastergesetzes NRW den Kreisen und kreisfreien Städten übertragen ist, auch von einem in NRW zugelassenen öffentlich bestellten Vermessungsingenieur erbracht, der diese Aufgabe in den Handlungsformen des öffentlichen Rechts auszuüben hat.

Die genannte Vermessungstätigkeit der Katasterbehörden in NRW ist hoheitlich, da privaten Dritten diese Aufgabe nur im Wege der Beleihung übertragen werden kann und nicht beliehene private Dritte die Leistung nicht erbringen können. Für Zwecke der Umsatzsteuer ist *§ 2 Absatz 3 Satz 2 Nummer 4 UStG*[1] zu beachten.

II. Übergangsregelung

Soweit zu vorstehenden Grundsätzen in einzelnen Bundesländern bisher abweichende Regelungen galten, sind diese Grundsätze erstmals für den Veranlagungszeitraum 2010 anzuwenden. 44

[1] § 2 Abs. 3 UStG aufgeh. durch Gesetz v. 2. 11. 2015 mWv 31. 12. 2015 (BGBl. I S. 1834); zur weiteren Anwendung siehe § 27 Abs. 22 UStG

R 4.2

R 4.2 Zusammenfassung von Betrieben gewerblicher Art[1]

46 ① Die Zusammenfassung mehrerer gleichartiger BgA ist unter den Voraussetzungen des § 4 Abs. 6 KStG zulässig. ② Das gilt auch für die Zusammenfassung von gleichartigen Einrichtungen, die mangels Gewicht keinen BgA darstellen, zu einem BgA, und die Zusammenfassung solcher Einrichtungen mit BgA. ③ Die Zusammenfassung von Verpachtungsbetrieben ist ausschließlich nach § 4 Abs. 6 Satz 1 Nr. 1 KStG zulässig; hierfür ist die jeweilige Tätigkeit des Pächters maßgeblich. ④ Ein BgA, der auch Dauerverlustgeschäfte i. S. d. § 8 Abs. 7 KStG ausübt, kann Organträger sein, wenn er insgesamt ein gewerbliches Unternehmen i. S. d. § 14 Abs. 1 KStG ist. ⑤ Eine Zusammenfassung von Gewinn- und Verlustbetrieben mittels Organschaft ist auch in diesen Fällen nur zulässig, wenn diese als BgA nach § 4 Abs. 6 KStG hätten zusammengefasst werden können.

R 4.3

R 4.3 Verpachtungsbetriebe gewerblicher Art

48 Verpachtet die jPöR einen BgA gegen Entgelt und erhält der Pächter einen Zuschuss mindestens in Höhe der Pacht, liegt keine entgeltliche Verpachtung und damit kein Verpachtungs-BgA vor, wenn zwischen der Pacht und dem Zuschuss eine rechtliche und tatsächliche Verknüpfung besteht.[2]

H 4.3

H 4.3

50 **Aufgabe des Verpachtungsbetriebs.** Ein Verpachtungsbetrieb gewerblicher Art kann nur dadurch mit der Folge der Auflösung der in dem verpachteten Betriebsvermögen enthaltenen stillen Reserven aufgegeben werden, dass der Verpachtungsbetrieb eingestellt oder veräußert wird (→ BFH vom 1. 8. 1979, I R 106/76, BStBl. II S. 716).

Einkunftsart. → H 8.2 Einkunftsart.

Inventar. Zu den Grundsätzen der Verpachtung → BMF vom 12. 11. 2009, BStBl. I S. 1303, Rdnr. 15 ff. Sind keine Räume, sondern nur Inventar verpachtet, kommt es für die Steuerpflicht auf die Umstände des Einzelfalls an (→ BFH vom 6. 10. 1976, I R 115/75, BStBl. 1977 II S. 94). Das gilt auch für die Verpachtung eines einer Gemeinde gehörenden Campingplatzes (→ BFH vom 7. 5. 1969, I R 106/66, BStBl. II S. 443).

Wirtschaftliches Gewicht. → R 4.1 Abs. 5 Satz 6 und 7.

R 4.4

R 4.4 Hoheitsbetriebe

52 (1) ① Eine Ausübung der öffentlichen Gewalt kann insbesondere anzunehmen sein, wenn es sich um Leistungen handelt, zu deren Annahme der Leistungsempfänger aufgrund gesetzlicher oder behördlicher Anordnung verpflichtet ist. ② Zu den Hoheitsbetrieben können z. B. gehören: Wetterwarten, Schlachthöfe in Gemeinden mit Schlachtzwang, Anstalten zur Lebensmitteluntersuchung, zur Desinfektion, zur Straßenreinigung und zur Abführung von Abwässern und Abfällen.

53 (2) ① Die Verwertung bzw. Veräußerung von Material oder Gegenständen aus dem hoheitlichen Bereich einer jPöR (sog. Hilfsgeschäfte) ist dem hoheitlichen Bereich zuzuordnen. ② Das gilt z. B. für den An- und Verkauf von Dienstkraftfahrzeugen auch dann, wenn die Veräußerung regelmäßig vor Ablauf der wirtschaftlichen Nutzungsdauer erfolgt. ③ Die Anzahl der von der Beschaffungsstelle vorgenommenen An- und Verkäufe ist dabei unbeachtlich.

H 4.4

H 4.4

55 **Beistandsleistung.** Eine ihrem Inhalt nach wirtschaftliche Tätigkeit wird auch nicht dadurch zur Ausübung hoheitlicher Gewalt, dass sie im Wege der Amtshilfe für den wirtschaftlichen Bereich eines anderen Hoheitsträgers erfolgt (→ BFH vom 14. 3. 1990, I R 156/87, BStBl. II S. 866).

Hoheitsbetrieb.

– **Ausübung öffentlicher Gewalt.** Ausübung öffentlicher Gewalt ist eine Tätigkeit, die der öffentlich-rechtlichen Körperschaft eigentümlich und vorbehalten ist. Kennzeichnend für die Ausübung öffentlicher Gewalt ist die Erfüllung öffentlich-rechtlicher Aufgaben, die aus der Staatsgewalt abgeleitet sind und staatlichen Zwecken dienen (→ BFH vom 21. 11. 1967, I 274/64, BStBl. 1968 II S. 218). Dies ist nicht schon dann der Fall, wenn der jPöR Tätigkeiten durch Gesetz zugewiesen werden (→ BFH vom 30. 6. 1988, V R 79/84, BStBl. II S. 910). Ausübung öffentlicher Gewalt liegt nicht vor, wenn sich die Körperschaft durch ihre Einrichtungen in den wirtschaftlichen Verkehr einschaltet und eine Tätigkeit entfaltet, die sich ihrem Inhalt nach von der Tätigkeit eines privaten gewerblichen Unternehmens nicht

---

[1] Zur Zusammenfassung von Betrieben gewerblicher Art mittels eines Blockheizkraftwerks (Energieversorgungs-BgA mit Bad-BgA) siehe *BMF-Schrb. v. 11. 5. 2016 IV C 2 – S 2706/08/10 004:004, BStBl. 2016 I S. 479* und ergänzend dazu *Vfg. OFD Karlsruhe v. 27. 3. 2017 S 270.6/265 – St 213.*

[2] Maßgeblich ist eine wirtschaftliche Betrachtungsweise, vgl. *BFH-Urteil v. 10. 12. 2019 I R 58/17, BStBl. 2021 II S. 945:* Entgeltlichkeit in diesem Sinne liegt nicht vor, wenn bei wirtschaftlicher Betrachtung nicht der Pächter, sondern der Verpächter die wirtschaftliche Last des vereinbarten Pachtzinses zu tragen hat.

wesentlich unterscheidet (→ BFH vom 21. 11. 1967, I 274/64, BStBl. 1968 II S. 218, → BFH vom 18. 2. 1970, I R 157/67, BStBl. II S. 519 und → BFH vom 25. 1. 2005, I R 63/03, BStBl. II S. 501).

- **BgA im Rahmen eines Hoheitsbetriebs.** Besteht im Rahmen eines Hoheitsbetriebs auch ein BgA (z. B. Kantine, Verkaufsstelle, Erholungsheim), ist die jPöR insoweit steuerpflichtig (→ BFH vom 26. 5. 1977, V R 15/74, BStBl. II S. 813).

Kriterien zur Abgrenzung hoheitlicher von wirtschaftlicher Tätigkeit einer jPöR. → BMF vom 11. 12. 2009, BStBl. I S. 1597.

R 4.5 Abgrenzung in Einzelfällen[1]

R 4.5

(1) ① Die Behandlung der Mitglieder eines → Trägers der Sozialversicherung in seinen eigenen Rehabilitationseinrichtungen ist eine hoheitliche Tätigkeit. ② An dieser Zuordnung zum Hoheitsbereich ändert sich nichts, wenn die Tätigkeit von einem anderen Sozialversicherungsträger übernommen wird. ③ Eine wirtschaftliche Tätigkeit, die unter den Voraussetzungen des R 4.1 Abs. 2 bis 5 ein BgA ist, liegt jedoch dann vor, wenn ein Sozialversicherungsträger in seinen Rehabilitationseinrichtungen gegen Entgelt auch Mitglieder privater Versicherungen oder Privatpersonen behandelt. ④ Von der Prüfung dieser Frage kann abgesehen werden, wenn die Anzahl der Behandlungen von Mitgliedern privater Versicherungen oder von Privatpersonen 5% der insgesamt behandelten Fälle nicht übersteigt. 57

(2) Sind Schülerheime öffentlicher Schulen erforderlich, um den Unterrichts- oder Erziehungszweck zu erreichen, ist der Betrieb der Schülerheime als Erfüllung einer öffentlich-rechtlichen Aufgabe anzusehen. 58

(3) Gemeindeeigene Schlachtviehmärkte sind im Gegensatz zu gemeindeeigenen (Nutz- und Zucht-) → Viehmärkten Hoheitsbetriebe. 59

(4) ① Der Betrieb von Parkuhren oder von Parkscheinautomaten ist als Ausübung öffentlicher Gewalt anzusehen, soweit er im Rahmen der Straßenverkehrsordnung durchgeführt wird. ② Die Bereitstellung von öffentlichen Parkflächen in Parkhäusern, Tiefgaragen oder zusammenhängenden Parkflächen außerhalb öffentlicher Straßen ist dagegen als wirtschaftliche Tätigkeit anzusehen (Verkehrsbetrieb i. S. d. § 4 Abs. 3 KStG); dies gilt auch dann, wenn sich die jPöR aufgrund einer Benutzungssatzung oder einer Widmung zum öffentlichen Verkehr der Handlungsform des öffentlichen Rechts bedient. ③ Die Parkraumüberlassung durch eine jPöR an ihre Bediensteten bzw. durch eine öffentlich-rechtliche Hochschule an ihre Studenten ist als Vermögensverwaltung anzusehen, soweit sie ohne weitere Leistungen erfolgt. 60

(5) ① Wird ein gemeindliches Schwimmbad sowohl für das Schulschwimmen[2] als auch für den öffentlichen Badebetrieb genutzt, ist unabhängig davon, welche Nutzung überwiegt, die Nutzung für den öffentlichen Badebetrieb grundsätzlich als wirtschaftlich selbständige Tätigkeit i. S. d. R 4.1 Abs. 4 anzusehen. ② Unter den Voraussetzungen des R 4.1 Abs. 5 ist ein BgA anzunehmen. 61

(6) ① Die Verwertung und Beseitigung von in ihrem Gebiet anfallenden und überlassenen Abfällen aus privaten Haushaltungen durch öffentlich-rechtliche Entsorgungsträger nach § 20 Abs. 1 Kreislaufwirtschaftsgesetz (Abfallentsorgung) ist eine hoheitliche Tätigkeit. ② Für Abfälle aus anderen Herkunftsbereichen als privaten Haushaltungen (sog. Gewerbemüll) gilt dies nur, soweit es sich um Abfälle zur Beseitigung handelt. ③ Deshalb ist auch die entgeltliche Abgabe dieser Abfälle selbst oder der aus diesen Abfällen gewonnenen Stoffe oder Energie steuerlich dem hoheitlichen Bereich zuzuordnen und als hoheitliches Hilfsgeschäft (→ R 4.4 Abs. 2) anzusehen. ④ Eine wirtschaftliche Tätigkeit, die unter den Voraussetzungen des R 4.1 Abs. 2 bis 5 zur Annahme eines BgA führt, liegt allerdings dann vor, wenn die veräußerten Stoffe oder die veräußerte Energie nicht überwiegend aus Abfällen gewonnen werden. ⑤ Bei der Abgrenzung ist vom Brennwert der eingesetzten Abfälle und sonstigen Brennstoffe auszugehen. ⑥ Das getrennte Einsammeln wiederverwertbarer Abfälle und die entgeltliche Veräußerung dieser Abfälle oder der aus den Abfällen gewonnenen Stoffe oder Energie durch die auf Grund von Vorgaben aus Abfallverordnungen entsorgungspflichtige Körperschaft ist steuerlich ebenfalls als hoheitliche Tätigkeit anzusehen. ⑦ Dagegen sind die entsorgungspflichtigen Körperschaften wirtschaftlich tätig, wenn sie aufgrund von privatrechtlichen Vereinbarungen Aufgaben im Rahmen des in § 6 Abs. 3 Satz 1 Verpackungsverordnung vom 21. 8. 1998 (BGBl. I S. 2379 – „Duales System“)[3] bezeichneten Systems durchführen. ⑧ Dies gilt auch für die folgenden Leistungen, die die entsorgungspflichtigen Körperschaften für das Duale System erbringen: Erfassung von Verkaufsverpackungen, Öffentlichkeitsarbeit, Wertstoffberatung, Zurverfügungstellung und Reinigung von Containerstellplätzen. ⑨ Soweit der öffentlich-rechtliche Entsorgungsträger sich gegenüber dem Gewerbetreibenden vertraglich dazu verpflichtet, den bei diesem anfallenden Gewerbemüll zu 62

[1] Der Verkauf von AU-Plaketten durch die Kfz-Innungen und von sog. Feinstaubplaketten durch die Kfz-Zulassungsstellen sind keine hoheitlichen Tätigkeiten. *Vfg. OFD Niedersachsen v. 22. 6. 2011 S 2760-180-St 241, DStR 2011 S. 1858).*

[2] Zur steuerlichen Behandlung des Schulschwimmens siehe auch *Vfg. OFD Niedersachsen v. 12. 1. 2012 (S 2706-219-St 241, StEK KStG § 8 Nr. 256).*

[3] Jetzt § 22 Abs. 3, 4 und 9 des Verpackungsgesetzes vom 5. 7. 2017 (BGBl. I S. 2234).

verwerten, liegt insoweit kein Abfall zur Beseitigung vor, so dass insoweit eine wirtschaftliche Tätigkeit anzunehmen ist.[1]

63 (7) ① → Kurbetriebe einer Gemeinde stellen unter den Voraussetzungen der R 4.1 Abs. 2 bis 5 BgA dar. ② Das gilt unabhängig davon, ob eine Kurtaxe z. B. als öffentlich-rechtliche Abgabe erhoben wird.

64 (8) ① Die entgeltliche Übertragung des Rechts, Werbung an Fahrzeugen des Fuhrparks einer jPöR anzubringen, stellt grundsätzlich keine einen BgA begründende Tätigkeit dar. ② Das Entgelt erhöht jedoch die Einnahmen eines BgA, wenn die Fahrzeuge diesem zugeordnet sind. ③ Ein eigenständiger BgA kann im Einzelfall vorliegen, wenn im Zusammenhang mit der Werbung Leistungen erbracht werden, die über die bloße Zurverfügungstellung der Werbeflächen hinausgehen.

65 (9) Bei der Tätigkeit der Gutachterausschüsse i. S. d. §§ 192 ff. BauGB für Privatpersonen (z. B. Wertermittlungstätigkeit) handelt es sich um eine wirtschaftliche Tätigkeit.[2]

H 4.5

H 4.5

68 **Arbeitsbetriebe von Straf- und Untersuchungshaftanstalten.** Arbeitsbetriebe einer Strafvollzugsanstalt entfalten keine wirtschaftliche Tätigkeit, weil die Beschäftigung von Strafgefangenen zur hoheitlichen Tätigkeit gehört. Für Arbeitsbetriebe einer Untersuchungshaftvollzugsanstalt gilt entsprechendes, wenn die Gefangenen nur in derselben Weise wie Strafgefangene beschäftigt werden (→ BFH vom 14. 10. 1964, I 80/62 U, BStBl. 1965 III S. 95).

Auftragsforschung. → § 5 Abs. 1 Nr. 23 KStG.

Campingplatz. Die Unterhaltung eines Zeltplatzes oder Campingplatzes (→ H 4.3 Inventar) stellt eine wirtschaftliche Tätigkeit dar (→ BFH vom 20. 5. 1960, III 440/58 S, BStBl. III S. 368).

Friedhofsverwaltung, Grabpflegeleistungen u. ä. Die Friedhofsverwaltung ist ein Hoheitsbetrieb, soweit Aufgaben des Bestattungswesens wahrgenommen werden. Dazu gehören neben dem eigentlichen Vorgang der Bestattung die Grabfundamentierung, das Vorhalten aller erforderlichen Einrichtungen und Vorrichtungen sowie die notwendigerweise anfallenden Dienstleistungen wie Wächterdienste, Sargaufbewahrung, Sargtransportdienste im Friedhofsbereich, Totengeleit, Kranzannahme, Graben der Gruft und ähnliche Leistungen. Ferner sind dem Hoheitsbetrieb solche Leistungen zuzuordnen, die kraft Herkommens oder allgemeiner Übung allein von der Friedhofsverwaltung erbracht oder allgemein als ein unverzichtbarer Bestandteil einer würdigen Bestattung angesehen werden, z. B. Läuten der Glocken, übliche Ausschmückung des ausgehobenen Grabes, musikalische Umrahmung der Trauerfeier. Dagegen sind Blumenverkäufe und Grabpflegeleistungen wirtschaftliche, vom Hoheitsbetrieb abgrenzbare Tätigkeiten (→ BFH vom 14. 4. 1983, V R 3/79, BStBl. II S. 491).

Kindergärten und Kindertagesstätten.[3] Von einer Kommune betriebene Kindergärten sind unbeschadet des Rechtsanspruchs von Kindern ab dem vollendeten dritten Lebensjahr auf Förderung in Tageseinrichtungen nach § 24 SGB VIII keine Hoheitsbetriebe, sondern BgA (→ BFH vom 12. 7. 2012, I R 106/10, BStBl. II S. 837).

Kommunales Krematorium. Auch wenn eine wirtschaftliche Betätigung durch landesrechtliche Regelungen in einem einzelnen Land ausschließlich der öffentlichen Hand vorbehalten ist, handelt es sich nur dann um einen Hoheitsbetrieb i. S. v. § 4 Abs. 5 Satz 1 KStG, wenn der Markt für die angebotene Leistung örtlich so eingegrenzt ist, dass eine Wettbewerbsbeeinträchtigung steuerpflichtiger Unternehmen in anderen Ländern oder EU-Mitgliedstaaten ausgeschlossen werden kann (→ BFH vom 29. 10. 2008, I R 51/07, BStBl. 2009 II S. 1022). Hierzu nachfolgend → BMF vom 11. 12. 2009, BStBl. I S. 1597.

Kurbetriebe. Die Gemeinde kann Parkwege, soweit sie öffentlich-rechtlich gewidmet sind, nicht dem Kurbetrieb als BgA zuordnen (→ BFH vom 26. 4. 1990, V R 166/84, BStBl. II S. 799).

Marktveranstaltungen (Wochen- und Krammärkte). Die Überlassung von Standplätzen an die Beschicker von Wochen- und Krammärkten stellt einen BgA der Gemeinde dar (→ BFH vom 26. 2. 1957, I 327/56 U, BStBl. III S. 146). Das gilt auch dann, wenn die Marktveranstaltungen auf öffentlichen Straßenflächen stattfinden (→ BFH vom 17. 5. 2000, I R 50/98, BStBl. 2001 II S. 558).

Parkraumbewirtschaftung.
- **Bewachte Parkplätze.** Die Unterhaltung von bewachten Parkplätzen erfüllt die Merkmale eines BgA (→ BFH vom 22. 9. 1976, I R 102/74, BStBl. II S. 793).

---

[1] Siehe auch *OFD Karlsruhe v. 3. 7. 2020 S 270.6/256-St 213, BeckVerw 472970* betr. steuerliche Behandlung der Abfallentsorgung durch die öffentliche Hand.

[2] Zur Abgrenzung siehe auch *OFD Magdeburg v. 27. 1. 2012 S 2705-39 – St 217, StEd 2012, 142.*

[3] Zu den ertrag- und umsatzsteuerlichen Konsequenzen siehe *Vfg. OFD Niedersachsen v. 15. 1. 2013 S 2706 – 182 – St 241, StEK KStG § 4 Nr. 102.*

– **Öffentliche Tiefgarage.** Eine von einer jPöR betriebene öffentliche Tiefgarage ist ein dem öffentlichen Verkehr dienender Betrieb i. S. d. § 4 Abs. 3 KStG (→ BFH vom 8.11. 1989, I R 187/85, BStBl. 1990 II S. 242).

Träger der Sozialversicherung. Die öffentlich-rechtlichen Träger der Sozialversicherung werden in Ausübung öffentlicher Gewalt tätig (→ BFH vom 4. 2. 1976, I R 200/73, BStBl. II S. 355).

Vermittlungstätigkeit gesetzlicher Krankenversicherungen. Gesetzliche Krankenversicherungen unterhalten einen BgA, wenn sie ihren Mitgliedern private Zusatzversicherungsverträge vermitteln und dafür von den privaten Krankenversicherungen einen Aufwendungsersatz erhalten (→ BFH vom 3. 2. 2010, I R 8/09, BStBl. II S. 502).

Viehmärkte. Der Betrieb von städtischen Nutz- und Zuchtviehmärkten ist als BgA anzusehen (→ BFH vom 10. 5. 1955, I 124/53 U, BStBl. III S. 176).

Wasserbeschaffung, Wasserversorgung. Bei der Wasserversorgung handelt eine Gemeinde, anders als bei der Wasserbeschaffung, nicht in Ausübung öffentlicher Gewalt (→ BFH vom 15. 3. 1972, I R 232/71, BStBl. II S. 500 und → BFH vom 28. 1. 1988, V R 112/86, BStBl. II S. 473). Wird die Wasserbeschaffung zusammen mit der Wasserversorgung durchgeführt, liegt eine einheitliche, untrennbare wirtschaftliche Tätigkeit vor (→ BFH vom 30. 11. 1989, I R 79–80/86, BStBl. 1990 II S. 452).

Anl zu H 4.5

Schreiben betr. steuerliche Behandlung von Grundstücksverkäufen der Gemeinden[1]

Vom 17. November 1980

(FM Bayern 33 – S 2706–7/21–75355; koord. Ländererlass)

Zur steuerlichen Behandlung von Grundstücksverkäufen der Gemeinden gilt folgendes: **70**

Der Verkauf von Grundstücken, die nicht bereits zum Betriebsvermögen eines Betriebs gewerblicher Art gehören und damit dem Hoheitsvermögen (Vermögensverwaltung) der Gemeinden zuzurechnen sind, ist grundsätzlich keine wirtschaftliche Tätigkeit, die zur Annahme eines Betriebs gewerblicher Art führen würde.

Die Gemeinden sind allgemein zur Ordnung und Gestaltung ihres Gebiets durch eine planmäßige und gezielte Boden- und Siedlungspolitik verpflichtet. Dabei beschränkt sich die Aufgabe der Gemeinden nicht auf die Planung, sondern umfaßt auch die Durchführung der erforderlichen Maßnahmen, soweit ein Eingreifen der Gemeinde im Einzelfall geboten ist. Hierzu gehört auch der Erwerb und die Veräußerung von Grundstücken. Einige Gesetze schreiben den Gemeinden diese Aufgabe ausdrücklich vor und geben ihnen besondere Rechte bei der Durchführung der notwendigen Maßnahmen.

So sind die Gemeinden nach *§ 1 BBauG*[2] verpflichtet, die bauliche und sonstige Nutzung der Grundstücke in der Gemeinde durch die Aufstellung von Bauleitplänen vorzubereiten und zu leiten.

Zur Sicherung der Bauleitplanung stehen den Gemeinden bestimmte gesetzliche Vorkaufsrechte zu *(§§ 24 bis 28 a BBauG*[2]*)*. Dadurch werden die Gemeinden in den Stand gesetzt, Grundstücke zu erwerben und anschließend wieder zu veräußern, um auf diese Weise eine geordnete städtebauliche Entwicklung und eine dem Wohl der Allgemeinheit entsprechende sozialgerechte Bodennutzung zu gewährleisten (vgl. *§ 1 Abs. 6 BBauG*[2]). Die Gemeinden können sich zur Durchführung ihrer Aufgaben auch hoheitlicher Zwangsmittel wie des Umlegungsverfahrens *(§§ 45 ff. BBauG*[1]*)* und des Enteignungsverfahrens *(§§ 85 ff. BBauG*[2]*)* bedienen.

Das *Städtebauförderungsgesetz*[2] verpflichtet die Gemeinden zum Zwecke der Durchführung städtebaulicher Sanierungs- und Entwicklungsmaßnahmen zum Erwerb und zur Veräußerung von Grundstücken *(§§ 25, 54 Abs. 3 und 59*[2]*)* und gewährt ihnen besondere Vorkaufsrechte und Grunderwerbsrechte *(§§ 17 und 18*[2]*)*.

§ 89 II. WoBauG[3] schreibt den Gemeinden die Bereitstellung und Beschaffung von Bauland für den Wohnungsbau vor, namentlich für den sozialen Wohnungsbau. Danach haben die Gemeinden
- geeignete eigene Grundstücke als Bauland abzugeben,
- eigene ungeeignete Grundstücke zum Austausch gegen geeignetes Bauland bereitzustellen,
- fremde Grundstücke für Zwecke des Wohnungsbaus zu beschaffen, baureif zu machen und abzugeben.

Soweit die Gemeinden im Rahmen der von ihnen durchzuführenden Boden- und Siedlungspolitik Grundstücke verkaufen, nehmen sie hoheitliche Aufgaben wahr und unterliegen deshalb nicht der Besteuerung.

Dieses Schreiben ergeht im Einvernehmen mit dem Bundesminister der Finanzen und den obersten Finanzbehörden der übrigen Länder.

---

[1] Vgl. hierzu jedoch *BFH-Urteil v. 1. 7. 2004 V R 64/02, BFH/NV 2005 S. 252:* Eine juristische Person des öffentlichen Rechts, die einen Militärflughafen in einen Gewerbepark umwandelt und zu diesem Zweck nachhaltig Grundstücke ankauft und verkauft, ist insoweit unternehmerisch tätig.

[2] Siehe jetzt: BauGB.

[3] Siehe jetzt: WoFG.

KStG

§ 5 Befreiungen

(1) **Von der Körperschaftsteuer sind befreit**

1 **1.**[1] **das Bundeseisenbahnvermögen, die staatlichen Lotterieunternehmen und der Erdölbevorratungsverband nach § 2 Absatz 1 des Erdölbevorratungsgesetzes vom 16. Januar 2012 (BGBl. I S. 74) in der jeweils geltenden Fassung;**

2 **2.**[2] **die Deutsche Bundesbank, die Kreditanstalt für Wiederaufbau, die Landwirtschaftliche Rentenbank, die Bayerische Landesanstalt für Aufbaufinanzierung, die Niedersächsische Gesellschaft für öffentliche Finanzierung mit beschränkter Haftung, die Bremer Aufbau-Bank GmbH, die Landeskreditbank Baden-Württemberg – Förderbank, die Bayerische Landesbodenkreditanstalt, die Investitionsbank Berlin, die Hamburgische Investitions- und Förderbank, die NRW.Bank, die Investitions- und Förderbank Niedersachsen, die Saarländische Investitionskreditbank Aktiengesellschaft, die Investitionsbank Schleswig-Holstein, die Investitionsbank des Landes Brandenburg, die Sächsische Aufbaubank – Förderbank –, die Thüringer Aufbaubank, die Investitionsbank Sachsen-Anhalt – Anstalt der Norddeutschen Landesbank – Girozentrale –, die Investitions- und Strukturbank Rheinland-Pfalz, das Landesförderinstitut Mecklenburg-Vorpommern – Geschäftsbereich der Norddeutschen Landesbank Girozentrale –, die Wirtschafts- und Infrastrukturbank Hessen – rechtlich unselbständige Anstalt in der Landesbank Hessen-Thüringen Girozentrale und die Liquiditäts-Konsortialbank Gesellschaft mit beschränkter Haftung;**

3 **2a. die Bundesanstalt für vereinigungsbedingte Sonderaufgaben;**

4 **3. rechtsfähige Pensions-, Sterbe- und Krankenkassen, die den Personen, denen die Leistungen der Kasse zugute kommen oder zugute kommen sollen (Leistungsempfängern), einen Rechtsanspruch gewähren, und rechtsfähige Unterstützungskassen, die den Leistungsempfängern keinen Rechtsanspruch gewähren,**

a) wenn sich die Kasse beschränkt

aa) auf Zugehörige oder frühere Zugehörige einzelner oder mehrerer wirtschaftlicher Geschäftsbetriebe oder

bb) auf Zugehörige oder frühere Zugehörige der Spitzenverbände der freien Wohlfahrtspflege (Arbeiterwohlfahrt-Bundesverband e. V., Deutscher Caritasverband e. V., Deutscher Paritätischer Wohlfahrtsverband e. V., Deutsches Rotes Kreuz, Diakonisches Werk – Innere Mission und Hilfswerk der Evangelischen Kirche in Deutschland sowie Zentralwohlfahrtsstelle der Juden in Deutschland e. V.) einschließlich ihrer Untergliederungen, Einrichtungen und Anstalten und sonstiger gemeinnütziger Wohlfahrtsverbände oder

cc) auf Arbeitnehmer sonstiger Körperschaften, Personenvereinigungen und Vermögensmassen im Sinne der §§ 1 und 2; den Arbeitnehmern stehen Personen, die sich in einem arbeitnehmerähnlichen Verhältnis befinden, gleich;

zu den Zugehörigen oder Arbeitnehmern rechnen jeweils auch deren Angehörige;

b) wenn sichergestellt ist, dass der Betrieb der Kasse nach dem Geschäftsplan und nach Art und Höhe der Leistungen eine soziale Einrichtung darstellt. ② Diese Voraussetzung ist bei Unterstützungskassen, die Leistungen von Fall zu Fall gewähren, nur gegeben, wenn sich diese Leistungen mit Ausnahme des Sterbegeldes auf Fälle der Not oder Arbeitslosigkeit beschränken;

c)[3] **wenn vorbehaltlich des § 6 die ausschließliche und unmittelbare Verwendung des Vermögens und der Einkünfte der Kasse nach der Satzung und der tatsächlichen Geschäftsführung für die Zwecke der Kasse dauernd gesichert ist;**

d)[4] **wenn bei Pensions-, Sterbe- und Krankenkassen am Schluss des Wirtschaftsjahrs, zu dem der Wert der Deckungsrückstellung versicherungsmathematisch zu berechnen ist, das nach den handelsrechtlichen Grundsätzen ordnungsmäßiger Buchführung unter Berücksichtigung des Geschäftsplans sowie der allgemeinen Versicherungsbedingungen und der fachlichen Geschäftsunterlagen im Sinne des § 219 Absatz 3 Nummer 1 des Versicherungsaufsichtsgesetzes auszuweisende Vermögen nicht höher ist als bei einem Versicherungsverein auf Gegenseitigkeit die Verlustrücklage und bei einer Kasse anderer Rechtsform der dieser Rücklage entsprechende Teil des Vermögens. ② Bei der Ermittlung des**

[1] § 5 Abs. 1 Nr. 1 in dieser Fassung erstmals anzuwenden für **VZ 2019** (§ 34 Abs. 2 a).

[2] **Zur erstmaligen bzw. letztmaligen Anwendung von § 5 Abs. 1 Nr. 2 vgl. § 34 Abs. 3 Satz 1 und 2.**

[3] Kein Verstoß gegen das Vermögensbindungsgebot liegt vor, wenn ein Trägerunternehmen aus einer Gruppenunterstützungskasse ausscheidet, weil die Durchführung dessen betrieblicher Altersversorgung künftig über eine andere Unterstützungskasse vorgenommen wird und die Gruppenunterstützungskasse dieser anderen ebenfalls steuerfreien Unterstützungskasse unmittelbar die auf das Trägerunternehmen entfallenden Vermögenswerte überträgt *(BMF-Schrb. v. 18. 2. 2020 IV C 2 S 2723/19/10 001: 004, BStBl. I S. 221).*

[4] Zur Anwendung von § 5 Abs. 1 Nr. 3 Buchst. d siehe § 34 Abs. 3 a.

Vermögens ist eine Rückstellung für Beitragsrückerstattung nur insoweit abziehbar, als den Leistungsempfängern ein Anspruch auf die Überschussbeteiligung zusteht. ③ Übersteigt das Vermögen der Kasse den bezeichneten Betrag, so ist die Kasse nach Maßgabe des § 6 Abs. 1 bis 4 steuerpflichtig; und

e) wenn bei Unterstützungskassen am Schluss des Wirtschaftsjahrs das Vermögen ohne Berücksichtigung künftiger Versorgungsleistungen nicht höher ist als das um 25 Prozent erhöhte zulässige Kassenvermögen. ② Für die Ermittlung des tatsächlichen und des zulässigen Kassenvermögens gilt § 4 d des Einkommensteuergesetzes. ③ Übersteigt das Vermögen der Kasse den in Satz 1 bezeichneten Betrag, so ist die Kasse nach Maßgabe des § 6 Abs. 5 steuerpflichtig;

4.[1] kleinere Versicherungsvereine auf Gegenseitigkeit im Sinne des § 210 des Versi- 5
cherungsaufsichtsgesetzes, wenn
a) ihre Beitragseinnahmen im Durchschnitt der letzten drei Wirtschaftsjahre einschließlich des im Veranlagungszeitraum endenden Wirtschaftsjahrs die durch Rechtsverordnung festzusetzenden Jahresbeträge nicht überstiegen haben oder
b) sich ihr Geschäftsbetrieb auf die Sterbegeldversicherung beschränkt und die Versicherungsvereine nach dem Geschäftsplan sowie nach Art und Höhe der Leistungen soziale Einrichtungen darstellen;

5. Berufsverbände ohne öffentlich-rechtlichen Charakter sowie kommunale Spitzen- 6
verbände auf Bundes- oder Landesebene einschließlich ihrer Zusammenschlüsse, wenn der Zweck dieser Verbände nicht auf einen wirtschaftlichen Geschäftsbetrieb gerichtet ist. ② Die Steuerbefreiung ist ausgeschlossen,
a) soweit die Körperschaften oder Personenvereinigungen einen wirtschaftlichen Geschäftsbetrieb unterhalten oder
b) wenn die Berufsverbände Mittel von mehr als 10 Prozent der Einnahmen für die unmittelbare oder mittelbare Unterstützung oder Förderung politischer Parteien verwenden.

③ Die Sätze 1 und 2 gelten auch für Zusammenschlüsse von juristischen Personen des öffentlichen Rechts, die wie die Berufsverbände allgemeine ideelle und wirtschaftliche Interessen ihrer Mitglieder wahrnehmen. ④ Verwenden Berufsverbände Mittel für die unmittelbare oder mittelbare Unterstützung oder Förderung politischer Parteien, beträgt die Körperschaftsteuer 50 Prozent der Zuwendungen;

6. Körperschaften oder Personenvereinigungen, deren Hauptzweck die Verwaltung 7
des Vermögens für einen nichtrechtsfähigen Berufsverband der in Nummer 5 bezeichneten Art ist, sofern ihre Erträge im Wesentlichen aus dieser Vermögensverwaltung herrühren und ausschließlich dem Berufsverband zufließen;

7.[2] politische Parteien im Sinne des § 2 des Parteiengesetzes und ihre Gebietsver- 8
bände, sofern die jeweilige Partei nicht gemäß § 18 Absatz 7 des Parteiengesetzes von der staatlichen Teilfinanzierung ausgeschlossen ist, sowie kommunale Wählervereinigungen und ihre Dachverbände. ② Wird ein wirtschaftlicher Geschäftsbetrieb unterhalten, so ist die Steuerbefreiung insoweit ausgeschlossen;

8.[3] öffentlich-rechtliche Versicherungs- und Versorgungseinrichtungen von Be- 9
rufsgruppen, deren Angehörige auf Grund einer durch Gesetz angeordneten oder auf Gesetz beruhenden Verpflichtung Mitglieder dieser Einrichtung sind, wenn die Satzung der Einrichtung die Zahlung keiner höheren jährlichen Beiträge zulässt als das Zwölffache der Beiträge, die sich bei einer Beitragsbemessungsgrundlage in Höhe der doppelten monatlichen Beitragsbemessungsgrenze in der allgemeinen Rentenversicherung ergeben würden. ② Ermöglicht die Satzung der Einrichtung nur Pflichtmitgliedschaften sowie freiwillige Mitgliedschaften, die unmittelbar an eine Pflichtmitgliedschaft anschließen, so steht dies der Steuerbefreiung nicht entgegen, wenn die Satzung die Zahlung keiner höheren jährlichen Beiträge zulässt als das Fünfzehnfache der Beiträge, die sich bei einer Beitragsbemessungsgrundlage in Höhe der doppelten monatlichen Beitragsbemessungsgrenze in der allgemeinen Rentenversicherung ergeben würden;

9. Körperschaften, Personenvereinigungen und Vermögensmassen, die nach der Sat- 10
zung, dem Stiftungsgeschäft oder der sonstigen Verfassung und nach der tatsächlichen Geschäftsführung ausschließlich und unmittelbar gemeinnützigen, mildtätigen oder kirchlichen Zwecken dienen (§§ 51 bis 68 der Abgabenordnung). ② Wird ein wirtschaftlicher Geschäftsbetrieb unterhalten, ist die Steuerbefreiung insoweit ausgeschlossen. ③ Satz 2 gilt nicht für selbst bewirtschaftete Forstbetriebe;

---

[1] Zur Anwendung von § 5 Abs. 1 Nr. 4 siehe § 34 Abs. 3 a.

[2] Geänderte Fassung in Kraft getreten am 29. 7. 2017.

[3] Für die Steuerbefreiung der berufsständischen Versicherungs- und Versorgungseinrichtungen ist es entsprechend § 187 a SGB VI unschädlich, wenn aus einer vom Arbeitgeber gezahlten Entlassungsentschädigung wegen Altersteilzeit neben den in § 5 Abs. 1 Nr. 8 KStG, § 3 Nr. 11 GewStG festgelegten Höchstbeträgen zur Reduzierung des versicherungsmathematischen Abschlags beim vorgezogenen Altersruhegeld Leistungen in die berufsständische Versorgungseinrichtung entrichtet werden. *BMF-Schrb. v. 20. 10. 2003 IV A 2 – S 2728–4/03, BStBl. 2003 I S. 558.*

KStG

11 10.[1,2] **Genossenschaften sowie Vereine, soweit sie**

a) Wohnungen herstellen oder erwerben und sie den Mitgliedern auf Grund eines Mietvertrags oder auf Grund eines genossenschaftlichen Nutzungsvertrags zum Gebrauch überlassen; den Wohnungen stehen Räume in Wohnheimen im Sinne des § 15 des Zweiten Wohnungsbaugesetzes gleich;

b) im Zusammenhang mit einer Tätigkeit im Sinne des Buchstabens a Gemeinschaftsanlagen oder Folgeeinrichtungen herstellen oder erwerben und sie betreiben, wenn sie überwiegend für Mitglieder bestimmt sind und der Betrieb durch die Genossenschaft oder den Verein notwendig ist.

② Die Steuerbefreiung ist ausgeschlossen, wenn die Einnahmen des Unternehmens aus den in Satz 1 nicht bezeichneten Tätigkeiten 10 Prozent der gesamten Einnahmen übersteigen. ③ Erzielt das Unternehmen Einnahmen aus der Lieferung von Strom aus Anlagen, für den es unter den Voraussetzungen des § 21 Absatz 3 des Erneuerbare-Energien-Gesetzes einen Anspruch auf Zahlung eines Mieterstromzuschlags hat, erhöht sich die Grenze des Satzes 2 für diese Einnahmen auf 20 Prozent, wenn die Grenze des Satzes 2 nur durch diese Einnahmen überschritten wird. ④ Zu den Einnahmen nach Satz 3 gehören auch Einnahmen aus der zusätzlichen Stromlieferung im Sinne des § 42 a Absatz 2 Satz 6 des Energiewirtschaftsgesetzes sowie Einnahmen aus der Einspeisung von Strom aus diesen Anlagen. ⑤ Investierende Mitglieder im Sinne des § 8 Absatz 2 des Genossenschaftsgesetzes sind keine Mitglieder im Sinne des Satzes 1. ⑥ Satz 1 ist auch auf Verträge zur vorübergehenden Unterbringung von Wohnungslosen anzuwenden, die mit juristischen Personen des öffentlichen Rechts oder mit Steuerpflichtigen im Sinne der Nummer 9, die Mitglied sind, abgeschlossen werden. ⑦ Eine Einweisungsverfügung nach den Ordnungsbehördengesetzen der Länder steht dem Abschluss eines Vertrags im Sinne des Satzes 6 gleich;

11. (weggefallen)

13 12. **die von den zuständigen Landesbehörden begründeten oder anerkannten gemeinnützigen Siedlungsunternehmen im Sinne des Reichssiedlungsgesetzes in der jeweils aktuellen Fassung oder entsprechender Landesgesetze, soweit diese Landesgesetze nicht wesentlich von den Bestimmungen des Reichssiedlungsgesetzes abweichen, und im Sinne der Bodenreformgesetze der Länder, soweit die Unternehmen im ländlichen Raum Siedlungs-, Agrarstrukturverbesserungs- und Landentwicklungsmaßnahmen mit Ausnahme des Wohnungsbaus durchführen. ② Die Steuerbefreiung ist ausgeschlossen, wenn die Einnahmen des Unternehmens aus den in Satz 1 nicht bezeichneten Tätigkeiten die Einnahmen aus den in Satz 1 bezeichneten Tätigkeiten übersteigen;**

13. (weggefallen)

15 14.[3] **Genossenschaften sowie Vereine, soweit sich ihr Geschäftsbetrieb beschränkt**

a) auf die gemeinschaftliche Benutzung land- und forstwirtschaftlicher Betriebseinrichtungen oder Betriebsgegenstände,

b) auf Leistungen im Rahmen von Dienst- oder Werkverträgen für die Produktion land- und forstwirtschaftlicher Erzeugnisse für die Betriebe der Mitglieder, wenn die Leistungen im Bereich der Land- und Forstwirtschaft liegen; dazu gehören auch Leistungen zur Erstellung und Unterhaltung von Betriebsvorrichtungen, Wirtschaftswegen und Bodenverbesserungen,

c) auf die Bearbeitung oder die Verwertung der von den Mitgliedern selbst gewonnenen land- und forstwirtschaftlichen Erzeugnisse, wenn die Bearbeitung oder die Verwertung im Bereich der Land- und Forstwirtschaft liegt, oder

d) auf die Beratung für die Produktion oder Verwertung land- und forstwirtschaftlicher Erzeugnisse der Betriebe der Mitglieder.

② Die Steuerbefreiung ist ausgeschlossen, wenn die Einnahmen des Unternehmens aus den in Satz 1 nicht bezeichneten Tätigkeiten 10 Prozent der gesamten Einnahmen übersteigen. ③ Bei Genossenschaften und Vereinen, deren Geschäftsbetrieb sich überwiegend auf die Durchführung von Milchqualitäts- und Milchleistungsprüfungen oder auf die Tierbesamung beschränkt, bleiben die auf diese Tätigkeiten gerichteten Zweckgeschäfte mit Nichtmitgliedern bei der Berechnung der 10-Prozentgrenze außer Ansatz;

---

[1] Zur Anwendung von § 5 Abs. 1 Nr. 10 siehe § 34 Abs. 2.

[2] Zu Billigkeitsmaßnahmen bei vorübergehender Unterbringung von Bürgerkriegsflüchtlingen und Asylbewerbern **a)** in Zweckbetrieben steuerbegünstigter Körperschaften, **b)** in Einrichtungen von juristischen Personen des öffentlichen Rechts, **c)** in Wohnungen von Vermietungsgenossenschaften sowie -vereinen im Sinne des § 5 Abs. 1 Nr. 10 KStG siehe *BMF-Schrb. v. 20. 11. 2014 IV C 2 – S 2730/0–01, BStBl. 2014 I S. 1613;* ergänzt durch *BMF-Schrb. v. 9. 2. 2016 III C 3 – S 7130/15/10 001, BStBl. 2016 I S. 223.* Verlängerung der zeitlichen Befristung bis **einschließlich VZ 2021** durch *BMF-Schrb. v. 31. 7. 2018 IV C 2 – S 2730/15/10 001, BStBl. 2018 I S. 982.*

[3] Zur Anwendung von § 5 Abs. 1 Nr. 14 siehe § 34 Abs. 2.

15. der Pensions-Sicherungs-Verein Versicherungsverein auf Gegenseitigkeit,
a) wenn er mit Erlaubnis der Versicherungsaufsichtsbehörde ausschließlich die
Aufgaben des Trägers der Insolvenzsicherung wahrnimmt, die sich aus dem 16
Gesetz zur Verbesserung der betrieblichen Altersversorgung vom 19. Dezember 1974 (BGBl. I S. 3610) ergeben, und
b) wenn seine Leistungen nach dem Kreis der Empfänger sowie nach Art und Höhe den in den §§ 7 bis 9, 17 und 30 des Gesetzes zur Verbesserung der betrieblichen Altersversorgung bezeichneten Rahmen nicht überschreiten;

16.[1] Körperschaften, Personenvereinigungen und Vermögensmassen, soweit sie 17
a) als Einlagensicherungssysteme im Sinne des § 2 Absatz 1 des Einlagensicherungsgesetzes sowie als Entschädigungseinrichtungen im Sinne des Anlegerentschädigungsgesetzes ihre gesetzlichen Pflichtaufgaben erfüllen oder
b) als nicht als Einlagensicherungssysteme anerkannte vertragliche Systeme zum Schutz von Einlagen und institutsbezogene Sicherungssysteme im Sinne des § 61 des Einlagensicherungsgesetzes nach ihrer Satzung oder sonstigen Verfassung ausschließlich den Zweck haben, Einlagen zu sichern oder bei Gefahr für die Erfüllung der Verpflichtungen eines Kreditinstituts im Sinne des § 1 Absatz 1 des Kreditwesengesetzes oder eines Finanzdienstleistungsinstituts im Sinne des § 1 Absatz 1 a Satz 2 Nummer 1 bis 4 des Kreditwesengesetzes oder eines Wertpapierinstituts im Sinne des § 2 Absatz 1 des Wertpapierinstitutsgesetzes Hilfe zu leisten oder Einlagensicherungssysteme im Sinne des § 2 Absatz 1 des Einlagensicherungsgesetzes bei deren Pflichtenerfüllung zu unterstützen.

② Voraussetzung für die Steuerbefreiung nach Satz 1 ist zusätzlich, dass das Vermögen und etwa erzielte Überschüsse dauernd nur zur Erreichung des gesetzlichen oder satzungsmäßigen Zwecks verwendet werden. ③ Die Sätze 1 und 2 gelten entsprechend für Sicherungsfonds im Sinne der §§ 223 und 224 des Versicherungsaufsichtsgesetzes sowie für Einrichtungen zur Sicherung von Einlagen bei Wohnungsgenossenschaften mit Spareinrichtung. ④ Die Steuerbefreiung ist für wirtschaftliche Geschäftsbetriebe ausgeschlossen, die nicht ausschließlich auf die Erfüllung der begünstigten Aufgaben gerichtet sind;

17. Bürgschaftsbanken (Kreditgarantiegemeinschaften), deren Tätigkeit sich auf die 18
Wahrnehmung von Wirtschaftsförderungsmaßnahmen insbesondere in Form der Übernahme und Verwaltung von staatlichen Bürgschaften und Garantien oder von Bürgschaften und Garantien mit staatlichen Rückbürgschaften oder auf der Grundlage staatlich anerkannter Richtlinien gegenüber Kreditinstituten, Versicherungsunternehmen, Leasinggesellschaften und Beteiligungsgesellschaften für Kredite, Leasingforderungen und Beteiligungen an mittelständischen Unternehmen zu ihrer Gründung und zur Erhaltung und Förderung ihrer Leistungsfähigkeit beschränkt.[2] ② Voraussetzung ist, dass das Vermögen und etwa erzielte Überschüsse nur zur Erreichung des in Satz 1 genannten Zwecks verwendet werden;

18. Wirtschaftsförderungsgesellschaften, deren Tätigkeit sich auf die Verbesserung der 19
sozialen und wirtschaftlichen Struktur einer bestimmten Region durch Förderung der Wirtschaft, insbesondere durch Industrieansiedlung, Beschaffung neuer Arbeitsplätze und der Sanierung von Altlasten beschränkt, wenn an ihnen überwiegend Gebietskörperschaften beteiligt sind. ② Voraussetzung ist, dass das Vermögen und etwa erzielte Überschüsse nur zur Erreichung des in Satz 1 genannten Zwecks verwendet werden;[3, 4]

19. Gesamthafenbetriebe im Sinne des § 1 des Gesetzes über die Schaffung eines 20
besonderen Arbeitgebers für Hafenarbeiter vom 3. August 1950 (BGBl. S. 352), soweit sie Tätigkeiten ausüben, die in § 2 Abs. 1 dieses Gesetzes bestimmt und nach § 2 Abs. 2 dieses Gesetzes genehmigt worden sind. ② Voraussetzung ist, dass das Vermögen und etwa erzielte Überschüsse nur zur Erfüllung der begünstigten Tätigkeiten verwendet werden. ③ Wird ein wirtschaftlicher Geschäftsbetrieb un-

---

[1] Zur Anwendung von § 5 Abs. 1 Nr. 16 Satz 1 und 2 siehe § 34 Abs. 3 Satz 3; zur Anwendung von Satz 3 siehe § 34 Abs. 3 a.

[2] *BFH-Urteil v. 21. 10. 1999 I R 14/98, BStBl. 2000 II S. 325:* **1.** Die Steuerbefreiung gemäß § 5 Abs. 1 Nr. 17 KStG setzt zwar voraus, daß das sie beanspruchende Körperschaftsteuersubjekt mit seiner Tätigkeit ausschließlich den Zweck verfolgt, die Wirtschaft – d. h. andere Unternehmen – zu fördern. Keine derartige absolute Beschränkung enthält die Vorschrift aber hinsichtlich der Art der Förderungsmaßnahmen und -ziele. Insoweit reicht es für die Steuerbefreiung aus, wenn andere Unternehmen überwiegend durch die in § 5 Abs. 1 Nr. 17 Satz 1 KStG genannten Maßnahmen gefördert werden und wenn überwiegend mittelständische Unternehmen gefördert werden. **2.** Keine Voraussetzung der Steuerbefreiung ist, daß die geförderten Unternehmen mit Gewinnerzielungsabsicht betrieben werden.

[3] Wirtschaftsförderung i. S. d. § 5 Abs. 1 Nr. 18 KStG setzt eine ausschließliche und unmittelbare Förderung von Unternehmen voraus. *BFH-Urteil v. 26. 2. 2003 I R 49/01, BStBl. 2003 II S. 723.*

[4] Zu den Auswirkungen einer verdeckten Gewinnausschüttung auf die Steuerbefreiung siehe *BayLfSt v. 12. 5. 2011 S 2738.1.1-1/2 St 31, DB 2011 S. 1304* und *FM Schleswig-Holstein Körperschaftsteuer-Kurzinformation 2013 Nr. 6 v. 20. 3. 2013, StEd 2013 S. 282.*

terhalten, dessen Tätigkeit nicht ausschließlich auf die Erfüllung der begünstigten Tätigkeiten gerichtet ist, ist die Steuerbefreiung insoweit ausgeschlossen;

21 **20. Zusammenschlüsse von juristischen Personen des öffentlichen Rechts, von steuerbefreiten Körperschaften oder von steuerbefreiten Personenvereinigungen,**
a) deren Tätigkeit sich auf den Zweck beschränkt, im Wege des Umlageverfahrens die Versorgungslasten auszugleichen, die den Mitgliedern aus Versorgungszusagen gegenüber ihren Arbeitnehmern erwachsen,
b) wenn am Schluss des Wirtschaftsjahrs das Vermögen nicht höher ist als 60 Prozent der im Wirtschaftsjahr erbrachten Leistungen an die Mitglieder;

22 **21. die nicht in der Rechtsform einer Körperschaft des öffentlichen Rechts errichteten Arbeitsgemeinschaften Medizinischer Dienst der Krankenversicherung im Sinne des § 278 des Fünften Buches Sozialgesetzbuch und der Medizinische Dienst der Spitzenverbände der Krankenkassen im Sinne des § 282 des Fünften Buches Sozialgesetzbuch, soweit sie die ihnen durch Gesetz zugewiesenen Aufgaben wahrnehmen. ② Voraussetzung ist, dass das Vermögen und etwa erzielte Überschüsse nur zur Erreichung der in Satz 1 genannten Zwecke verwendet werden;**

23 **22. gemeinsame Einrichtungen der Tarifvertragsparteien im Sinne des § 4 Abs. 2 des Tarifvertragsgesetzes vom 25. August 1969 (BGBl. I S. 1323), die satzungsmäßige Beiträge auf der Grundlage des § 186 a des Arbeitsförderungsgesetzes vom 25. Juni 1969 (BGBl. I S. 582) oder tarifvertraglicher Vereinbarungen erheben und Leistungen ausschließlich an die tarifgebundenen Arbeitnehmer des Gewerbezweigs oder an deren Hinterbliebene erbringen, wenn sie dabei zu nicht steuerbegünstigten Betrieben derselben oder ähnlicher Art nicht in größerem Umfang in Wettbewerb treten, als es bei Erfüllung ihrer begünstigten Aufgaben unvermeidlich ist. ② Wird ein wirtschaftlicher Geschäftsbetrieb unterhalten, dessen Tätigkeit nicht ausschließlich auf die Erfüllung der begünstigten Tätigkeiten gerichtet ist, ist die Steuerbefreiung insoweit ausgeschlossen;**

24 **23. die Auftragsforschung öffentlich-rechtlicher Wissenschafts- und Forschungseinrichtungen; ist die Tätigkeit auf die Anwendung gesicherter wissenschaftlicher Erkenntnisse, die Übernahme von Projektträgerschaften sowie wirtschaftliche Tätigkeiten ohne Forschungsbezug gerichtet, ist die Steuerbefreiung insoweit ausgeschlossen;**

25 **24.[1] die Global Legal Entity Identifier Stiftung, soweit die Stiftung Tätigkeiten ausübt, die im unmittelbaren Zusammenhang mit der Einführung, dem Unterhalten und der Fortentwicklung eines Systems zur eindeutigen Identifikation von Rechtspersonen mittels eines weltweit anzuwendenden Referenzcodes stehen.**

26 (2) **Die Befreiungen nach Absatz 1 und nach anderen Gesetzen als dem Körperschaftsteuergesetz gelten nicht**

1.[2] für inländische Einkünfte, die dem Steuerabzug vollständig oder teilweise unterliegen; Entsprechendes gilt für die in § 32 Abs. 3 Satz 1 zweiter Halbsatz genannten Einkünfte,

2.[3] für beschränkt Steuerpflichtige im Sinne des § 2 Nr. 1, es sei denn, es handelt sich um Steuerpflichtige im Sinne des Absatzes 1 Nr. 9, die nach den Rechtsvorschriften eines Mitgliedstaats der Europäischen Union oder nach den Rechtsvorschriften eines Staates, auf den das Abkommen über den Europäischen Wirtschaftsraum vom 3. Januar 1994 (ABl. EG Nr. L 1 S. 3), zuletzt geändert durch den Beschluss des Gemeinsamen EWR-Ausschusses Nr. 91/2007 vom 6. Juli 2007 (ABl. EU Nr. L 328 S. 40), in der jeweiligen Fassung Anwendung findet, gegründete Gesellschaften im Sinne des Artikels 54 des Vertrags über die Arbeitsweise der Europäischen Union oder des Artikels 34 des Abkommens über den Europäischen Wirtschaftsraum sind, deren Sitz und Ort der Geschäftsleitung sich innerhalb des Hoheitsgebiets eines dieser Staaten befindet, und mit diesen Staaten ein Amtshilfeabkommen besteht,

3. soweit § 38 Abs. 2 anzuwenden ist.

Übersicht

[1] Zur erstmaligen Anwendung von § 5 Abs. 1 Nr. 24 siehe § 34 Abs. 3 Satz 4.
[2] § 5 Abs. 2 Nr. 1 in dieser Fassung erstmals anzuwenden auf Entgelte, die nach dem 17. August 2007 zufließen.
[3] § 5 Abs. 2 Nr. 2 erstmals anzuwenden für VZ auch vor 2009.

KStDV zu § 5 Abs. 1 Nr. 3

§ 1 *Allgemeines*

Rechtsfähige Pensions-, Sterbe-, Kranken- und Unterstützungskassen sind nur dann eine soziale Einrichtung im Sinne des § 5 Abs. 1 Nr. 3 Buchstabe b des Gesetzes, wenn sie die folgenden Voraussetzungen erfüllen:

1. *Die Leistungsempfänger dürfen sich in der Mehrzahl nicht aus dem Unternehmer oder dessen Angehörigen und bei Gesellschaften in der Mehrzahl nicht aus den Gesellschaftern oder deren Angehörigen zusammensetzen.* 31
2. *Bei Auflösung der Kasse darf ihr Vermögen vorbehaltlich der Regelung in § 6 des Gesetzes satzungsmäßig nur den Leistungsempfängern oder deren Angehörigen zugute kommen oder für ausschließlich gemeinnützige oder mildtätige Zwecke verwendet werden.*
3. *Außerdem müssen bei Kassen mit Rechtsanspruch der Leistungsempfänger die Voraussetzungen des § 2, bei Kassen ohne Rechtsanspruch der Leistungsempfänger die Voraussetzungen des § 3 erfüllt sein.*

§ 2 *Kassen mit Rechtsanspruch der Leistungsempfänger*

(1) Bei rechtsfähigen Pensions- oder Sterbekassen, die den Leistungsempfängern einen Rechtsanspruch gewähren, dürfen die jeweils erreichten Rechtsansprüche der Leistungsempfänger vorbehaltlich des Absatzes 2 die folgenden Beträge nicht übersteigen: 32

als Pension	*25 769 Euro jährlich,*
als Witwengeld	*17 179 Euro jährlich,*
als Waisengeld	*5 154 Euro jährlich für jede Halbwaise,*
	10 308 Euro jährlich für jede Vollwaise,
als Sterbegeld	*7 669 Euro als Gesamtleistung.*

(2) ① Die jeweils erreichten Rechtsansprüche, mit Ausnahme des Anspruchs auf Sterbegeld, dürfen in nicht mehr als 12 vom Hundert aller Fälle auf höhere als die in Absatz 1 bezeichneten Beträge gerichtet sein. ② Dies gilt in nicht mehr als 4 vom Hundert aller Fälle uneingeschränkt. ③ Im Übrigen dürfen die jeweils erreichten Rechtsansprüche die folgenden Beträge nicht übersteigen:

als Pension	*38 654 Euro jährlich,*
als Witwengeld	*25 769 Euro jährlich,*
als Waisengeld	*7 731 Euro jährlich für jede Halbwaise,*
	15 461 Euro jährlich für jede Vollwaise.

§ 3 *Kassen ohne Rechtsanspruch der Leistungsempfänger*

Rechtsfähige Unterstützungskassen, die den Leistungsempfängern keinen Rechtsanspruch gewähren, müssen die folgenden Voraussetzungen erfüllen: 33

1. *Die Leistungsempfänger dürfen zu laufenden Beiträgen oder zu sonstigen Zuschüssen nicht verpflichtet sein.*
2. *Den Leistungsempfängern oder den Arbeitnehmervertretungen des Betriebs oder der Dienststelle muß satzungsgemäß und tatsächlich das Recht zustehen, an der Verwaltung sämtlicher Beträge, die der Kasse zufließen, beratend mitzuwirken.*
3. *Die laufenden Leistungen und das Sterbegeld dürfen die in § 2 bezeichneten Beträge nicht übersteigen.*

R 5.1

R 5.1 Kapitalertragsteuer bei wirtschaftlichen Geschäftsbetrieben

39 – *unbesetzt* –

H 5.1

H 5.1

40 **Kapitalertragsteuer bei wirtschaftlichen Geschäftsbetrieben.** → *BMF vom 10. 11. 2005, BStBl. I S. 1029.*[1]

R 5.2

R 5.2 Allgemeines zu Pensions-, Sterbe-, Kranken- und Unterstützungskassen

41 (1) ① Als Pensionskassen sind sowohl die in § 1 b Abs. 3 Satz 1 BetrAVG als solche bezeichneten rechtsfähigen Versorgungseinrichtungen als auch rechtlich unselbständige Zusatzversorgungseinrichtungen des öffentlichen Dienstes i. S. d. § 18 BetrAVG anzusehen, die den Leistungsberechtigten (Arbeitnehmer und Personen i. S. d. § 17 Abs. 1 Satz 2 BetrAVG sowie deren Hinterbliebene) auf ihre Leistungen einen Rechtsanspruch gewähren. ② Bei Sterbekassen handelt es sich um Einrichtungen, welche die Versicherung auf den Todesfall unter Gewährung eines Rechtsanspruchs auf die Leistung betreiben. ③ Krankenkassen fallen unter die Vorschrift, wenn sie das Versicherungsgeschäft betriebsbezogen wahrnehmen. ④ Eine Unterstützungskasse ist eine rechtsfähige Versorgungseinrichtung, die auf ihre Leistungen keinen Rechtsanspruch gewährt (§ 1 b Abs. 4 BetrAVG).

42 (2) Für die Steuerbefreiung genügt es, wenn die Voraussetzungen des § 5 Abs. 1 Nr. 3 Buchstabe d KStG am Ende des VZ erfüllt sind.

43 (3) ① Die Art der Anlage oder Nutzung des Kassenvermögens darf nicht dazu führen, dass die Kasse sich durch die mit der Vermögensverwaltung verbundene Tätigkeit selbst einen weiteren satzungsgemäß nicht bestimmten Zweck gibt. ② Kassen, die als Bauherr auftreten, werden körperschaftsteuerpflichtig, wenn sie sich durch diese Tätigkeit einen neuen Zweck setzen.

H 5.2

H 5.2

45 **Abgrenzung einer Pensionskasse und einer Unterstützungskasse.** → BFH vom 5. 11. 1992, I R 61/89, BStBl. 1993 II S. 185.

Einschränkung der Befreiung. → § 6 KStG und → R 6.

R 5.3

R 5.3 Leistungsempfänger bei Pensions-, Sterbe-, Kranken- und Unterstützungskassen

47 (1) ① Steuerbefreite Kassen müssen sich auf Zugehörige oder frühere Zugehörige einzelner oder mehrerer wirtschaftlicher Geschäftsbetriebe oder der Spitzenverbände der freien Wohlfahrtspflege einschließlich deren Untergliederungen, Einrichtungen und Anstalten und sonstiger gemeinnütziger Wohlfahrtsverbände oder auf Arbeitnehmer sonstiger Körperschaften, Personenvereinigungen oder Vermögensmassen beschränken. ② Unter dem Begriff der Zugehörigen sind einerseits Arbeitnehmer und die in einem arbeitnehmerähnlichen Verhältnis stehenden Personen zu verstehen, andererseits aber auch solche Personen, für die der Betrieb durch ihre soziale Abhängigkeit oder eine sonstige enge Bindung als Mittelpunkt der Berufstätigkeit anzusehen ist (z. B. Unternehmer und Gesellschafter). ③ Frühere Zugehörige müssen die Zugehörigkeit zu der Kasse durch ihre Tätigkeit in den betreffenden Betrieben oder Verbänden erworben haben. ④ Es ist nicht notwendig, dass die Kasse schon während der Zeit der Tätigkeit des Betriebsangehörigen bestanden hat. ⑤ Als arbeitnehmerähnliches Verhältnis ist i. d. R. ein Verhältnis von einer gewissen Dauer bei gleichzeitiger sozialer Abhängigkeit, ohne dass Lohnsteuerpflicht besteht, anzusehen. ⑥ Arbeitnehmer, die über den Zeitpunkt der Pensionierung hinaus im Betrieb beschäftigt werden, sind Zugehörige i. S. d. Gesetzes.

48 (2) Nach § 1 Nr. 1 KStDV darf die Mehrzahl der Personen, denen die Leistungen der Kasse zugutekommen sollen (Leistungsempfänger), sich nicht aus dem Unternehmer oder dessen Angehörigen und bei Gesellschaften nicht aus den Gesellschaftern oder deren Angehörigen zusammensetzen.

49 (3) ① Der Pensions- oder Unterstützungskasse eines inländischen Unternehmens geht die Steuerfreiheit nicht dadurch verloren, dass zu ihren Leistungsempfängern Arbeitnehmer gehören, die das inländische Unternehmen zur Beschäftigung bei seinen ausländischen Tochtergesellschaften oder Betriebsstätten abgeordnet hat. ② Auch die Mitgliedschaft anderer, auch ausländischer, Arbeitnehmer der ausländischen Tochtergesellschaften oder Betriebsstätten des inländischen Unternehmens ist für die Kasse steuerunschädlich, wenn für diese Arbeitnehmer von der ausländischen Tochtergesellschaft oder Betriebsstätte entsprechende Beiträge (Zuwendungen) an die Kasse des inländischen Unternehmens abgeführt werden.

50 (4) Bei Unterstützungskassen muss den Leistungsempfängern oder den Arbeitnehmervertretungen des Betriebs oder der Dienststelle satzungsgemäß und tatsächlich das Recht zustehen, an der Verwaltung sämtlicher Beträge, die der Kasse zufließen, beratend mitzuwirken.

---

[1] Ersetzt (soweit sich für VZ vor 2015 aus gesetzlichen Vorgaben nichts anderes ergibt) durch *BMF-Schrb. v. 2. 2. 2016 IV C 2 – S 2706-a-a/14/10 001, BStBl. I S. 200* (selbiges ergänzt durch *BMF-Schrb. v. 21. 7. 2016, BStBl. I S. 685*).

H 5.3 H 5.3

Angehörige. → BMF vom 25. 7. 2002, BStBl. I S. 706, → BMF vom 8. 1. 2003, BStBl. I S. 93 52
sowie → BMF vom 10. 11. 2011, BStBl. I S. 1084.

Bevorzugung des Unternehmers. Eine rechtsfähige Unterstützungskasse ist nur dann nach § 5 Abs. 1 Nr. 3 KStG von der Körperschaftsteuer befreit, wenn sie eine soziale Einrichtung ist. Das ist nicht der Fall, wenn Unterstützungsempfänger auch die Unternehmer sind und die Leistungen der Kasse an die Unternehmer unverhältnismäßig hoch sind (→ BFH vom 24. 3. 1970, I R 73/68, BStBl. II S. 473).

Mitwirkungsrecht. Das satzungsmäßige Recht zur beratenden Mitwirkung darf nicht eingeschränkt sein. Insbesondere macht § 87 Abs. 1 Nr. 1 Betriebsverfassungsgesetz, der dem Betriebsrat das Recht zur Mitbestimmung bei der Verwaltung der Sozialeinrichtungen einräumt, die Voraussetzung des § 3 Nr. 2 KStDV nicht überflüssig (→ BFH vom 20. 9. 1967, I 62/63, BStBl. 1968 II S. 24). Das Recht zu einer beratenden Mitwirkung kann auch in der Weise eingeräumt werden, dass satzungsmäßig und tatsächlich bei der Unterstützungskasse ein Beirat gebildet wird, dem Arbeitnehmer angehören. Diese müssen jedoch die Gesamtheit der Betriebszugehörigen repräsentieren, d. h. sie müssen von diesen unmittelbar oder mittelbar gewählt worden sein (→ BFH vom 24. 6. 1981, I R 143/78, BStBl. II S. 749). Diese Voraussetzung ist nicht erfüllt, wenn die Beiratsmitglieder letztlich von der Geschäftsleitung des Trägerunternehmens bestimmt werden. Eine Bestimmung durch die Geschäftsleitung des Trägerunternehmens ist auch gegeben, wenn der Beirat zwar durch die Mitgliederversammlung der Unterstützungskasse aus dem Kreis der Betriebsangehörigen gewählt wird, über die Zusammensetzung der Mitgliederversammlung jedoch der von der Geschäftsleitung des Trägerunternehmens eingesetzte Vorstand entscheidet (→ BFH vom 10. 6. 1987, I R 253/83, BStBl. 1988 II S. 27).

Versorgungsausgleich. Zur Auswirkung einer internen Teilung beim Versorgungsausgleich auf die Steuerfreiheit einer Unterstützungskasse; Ehegatte des Ausgleichsberechtigten als begünstigter Angehöriger i. S. d. § 5 Abs. 1 Nr. 3 KStG → BMF vom 10. 11. 2011, BStBl. I S. 1084.

R 5.4 Vermögensbindung bei Pensions-, Sterbe-, Kranken- und Unterstützungskassen R 5.4

(1) ① Bei Kassen, deren Vermögen bei ihrer Auflösung vorbehaltlich der Regelung in § 6 KStG 54
satzungsgemäß für ausschließlich gemeinnützige oder mildtätige Zwecke zu verwenden ist, gilt § 61 Abs. 1 AO sinngemäß. ② Bei einer Unterstützungskasse in der Rechtsform einer privatrechtlichen Stiftung ist es nicht zu beanstanden, wenn die Stiftung in ihre Verfassung die Bestimmung aufnimmt, dass das Stiftungskapital ungeschmälert zu erhalten ist, um dadurch zu verhindern, dass sie neben ihren Erträgen und den Zuwendungen vom Trägerunternehmen auch ihr Vermögen uneingeschränkt zur Erbringung ihrer laufenden Leistungen einsetzen muss. ③ In einer solchen Bestimmung ist kein Verstoß gegen das Erfordernis der dauernden Vermögenssicherung für Zwecke der Kasse zu erblicken. ④ Durch die satzungsgemäß abgesicherte Vermögensbindung ist nämlich gewährleistet, dass das Stiftungsvermögen im Falle der Auflösung der Stiftung nicht an den Stifter zurückfließt, sondern nur den Leistungsempfängern oder deren Angehörigen zugutekommt oder für ausschließlich gemeinnützige oder mildtätige Zwecke zu verwenden ist.

(2) ① Bei einer Darlehensgewährung der Unterstützungskasse an das Trägerunternehmen muss 55
gewährleistet sein, dass die wirtschaftliche Leistungsfähigkeit des Betriebs in ausreichendem Maße für die Sicherheit der Mittel bürgt. ② Ist diese Voraussetzung nicht gegeben, müssen die Mittel der Kasse in angemessener Frist aus dem Betrieb ausgesondert und in anderer Weise angelegt werden.

(3) ① Nach § 1 b Abs. 4 BetrAVG wird ein aus dem Betrieb vor Eintritt des Versorgungsfalles aus- 56
scheidender Arbeitnehmer, der seine betriebliche Altersversorgung von der Unterstützungskasse des Betriebs erhalten sollte, bei Erfüllung der Voraussetzungen hinsichtlich der Leistungen so gestellt, wie wenn er weiterhin zum Kreis der Begünstigten der Unterstützungskasse des Betriebs gehören würde. ② Bei Eintritt des Versorgungsfalles hat die Unterstützungskasse dem früheren Arbeitnehmer und seinen Hinterbliebenen mindestens den nach § 2 Abs. 1 BetrAVG berechneten Teil der Versorgung zu gewähren (§ 2 Abs. 4 BetrAVG) oder den gem. § 2 Abs. 5 a BetrAVG berechneten Teil der Versorgung bei ab dem 1. 1. 2001 erteilten Versorgungszusagen. ③ Diese Verpflichtung zur Gewährung von Leistungen an den vorzeitig ausgeschiedenen Arbeitnehmer bei Eintritt des Versorgungsfalles (§ 2 Abs. 4 BetrAVG) kann von der Unterstützungskasse wie folgt abgelöst werden:

1. Unter den Voraussetzungen des § 3 Abs. 2 bis 5 BetrAVG können nach § 2 BetrAVG unverfallbare Anwartschaften abgefunden werden. ② Soweit unverfallbare Anwartschaften über den gesetzlichen Umfang hinaus vertraglich zugesichert wurden, ist eine Abfindung zulässig.
2. Unter den Voraussetzungen des § 4 Abs. 2, 4 und 5 BetrAVG kann die Verpflichtung mit Zustimmung des ausgeschiedenen Arbeitnehmers von jedem Unternehmen, bei dem der ausgeschiedene Arbeitnehmer beschäftigt wird, von einem Pensionsfonds, von einer Pensionskasse, von einem Unternehmen der Lebensversicherung oder einem öffentlich-rechtlichen Versorgungsträger übernommen werden.

④ Vermögensübertragungen im Zusammenhang mit diesen Maßnahmen verstoßen nicht gegen die Voraussetzungen des § 5 Abs. 1 Nr. 3 Buchstabe c KStG.

57 (4) ① Der Grundsatz der ausschließlichen und unmittelbaren Verwendung des Vermögens und der Einkünfte der Unterstützungskasse für die Zwecke der Kasse gilt nach § 6 Abs. 6 KStG nicht für den Teil des Vermögens, der am Schluss des Wj. den in § 5 Abs. 1 Nr. 3 Buchstabe e KStG bezeichneten Betrag übersteigt. ② Auch für den Fall, dass ein Unternehmen den Arbeitnehmern, die bisher von der Unterstützungskasse versorgt werden sollten, eine Pensionszusage erteilt oder bisher von der Unterstützungskasse gewährte Leistungen von Fall zu Fall aufgrund einer entsprechenden Betriebsvereinbarung übernimmt, oder wenn eine Unterstützungskasse durch Änderung des Leistungsplans die Versorgungsleistungen einschränkt, gelten die Grundsätze des Satzes 1 nur für den überdotierten Teil des gesamten Kassenvermögens der Unterstützungskasse. ③ Insoweit ist eine Übertragung von Vermögen einer Unterstützungskasse auf das Trägerunternehmen zulässig. ④ Werden Versorgungsleistungen einer Unterstützungskasse durch Satzungsbeschluss in vollem Umfang ersatzlos aufgehoben, d. h., liegt kein Fall des Satzes 2 vor, entfällt die Steuerfreiheit der Kasse auch mit Wirkung für die Vergangenheit, soweit Steuerbescheide nach den Vorschriften der AO noch änderbar sind.

H 5.4

H 5.4

59 **Aufhebung der satzungsmäßigen Vermögensbindung.** Wird die satzungsgemäße Vermögensbindung einer Kasse aufgehoben oder durch Übertragung nahezu des gesamten Vermögens verletzt, entfällt die Steuerfreiheit der Kasse auch mit Wirkung für die Vergangenheit (→ BFH vom 15. 12. 1976, I R 235/75, BStBl. 1977 II S. 490 und → BFH vom 14. 11. 2012, I R 78/11, BStBl. 2014 II S. 44).

Mittelüberlassung an Träger der Kasse. Die Mittel einer Unterstützungskasse können gegen angemessene Verzinsung auch dem Betrieb zur Verfügung gestellt werden, der Träger der Kasse ist (→ BFH vom 24. 5. 1973, IV R 39/68, BStBl. II S. 632 und → BFH vom 27. 1. 1977, I B 60/76, BStBl. II S. 442). Ob die Verzinsung der Darlehensforderung angemessen ist, hängt von den Umständen des Einzelfalls ab. Wurde einer Unterstützungskasse vom Trägerunternehmen eine Darlehensforderung zugewendet, beruht die Darlehensforderung also nicht auf Leistungen der Kasse an das Trägerunternehmen, dann ist die Unverzinslichkeit oder unangemessen niedrige Verzinsung der Forderung für die Steuerbefreiung unschädlich, solange die Unterstützungskasse aus rechtlichen Gründen gehindert ist, eine angemessene Verzinsung durchzusetzen (→ BFH vom 30. 5. 1990, I R 64/86, BStBl. II S. 1000).

Mitunternehmerschaft einer Unterstützungskasse. Eine Kasse macht ihr Vermögen oder ihre Einkünfte anderen als ihren satzungsgemäßen Zwecken dienstbar, wenn sie sich als Mitunternehmer eines Gewerbebetriebs betätigt. Das Vermögen ist nämlich dann nicht dauernd gesichert, wenn es zu einem nicht unerheblichen Teil aus einem Mitunternehmeranteil besteht, da der Mitunternehmer die sich aus dem Handels- und Insolvenzrecht ergebenden Risiken trägt (→ BFH vom 17. 10. 1979, I R 14/76, BStBl. 1980 II S. 225).

Satzungsmäßige Festlegung der Verwendung des Vermögens. Eine ausreichende Vermögensbindung i. S. d. § 1 Nr. 2 KStDV liegt nicht vor, wenn die Satzung sich auf die allgemeine Bestimmung beschränkt, dass zur Verteilung des Vermögens der Kasse die Zustimmung des Finanzamts erforderlich ist (→ BFH vom 20. 9. 1967, I 62/63, BStBl. 1968 II S. 24). Wird eine Unterstützungskasse in der Rechtsform einer GmbH betrieben, ist wegen der satzungsgemäß abzusichernden Vermögensbindung für den Fall der Liquidation der Unterstützungskassen-GmbH eine Rückzahlung der eingezahlten Stammeinlagen an das Trägerunternehmen ausgeschlossen (→ BFH vom 25. 10. 1972, GrS 6/71, BStBl. 1973 II S. 79).

R 5.5

R 5.5 Leistungsbegrenzung

61 (1) ① Bei der Prüfung, ob die erreichten Rechtsansprüche der Leistungsempfänger in nicht mehr als 12% aller Fälle auf höhere als die in § 2 Abs. 1 KStDV bezeichneten Beträge gerichtet sind (§ 2 Abs. 2 KStDV), ist von den auf Grund der Satzung, des Geschäftsplans oder des Leistungsplans insgesamt bestehenden Rechtsansprüchen, also von den laufenden tatsächlich gewährten Leistungen und den Anwartschaften auszugehen. ② Dabei ist jede in § 2 KStDV genannte einzelne Leistungsgruppe (Pensionen, Witwengelder, Waisengelder und Sterbegelder) für sich zu betrachten. ③ Nur bei Beschränkung auf die Höchstbeträge kann die Kasse als Sozialeinrichtung anerkannt werden.

62 (2) ① Unterstützungskassen sind als Kassen ohne Rechtsanspruch der Leistungsempfänger zur Aufstellung eines Geschäftsplans i. S. d. VAG nicht verpflichtet. ② Unterstützungskassen dürfen auch laufende Leistungen, z. B. zur Altersversorgung, gewähren, wenn die Voraussetzungen des § 5 Abs. 1 Nr. 3 Buchstabe b KStG und des § 3 Nr. 3 KStDV erfüllt sind. ③ Dabei dürfen Altersrenten, Witwengeld, Waisengeld und Sterbegeld ohne Rücksicht auf die wirtschaftlichen Verhältnisse des Leistungsempfängers gewährt werden. ④ Die laufenden Leistungen und das Sterbegeld dürfen die in § 2 KStDV bezeichneten Beträge nicht übersteigen. ⑤ Dagegen hat eine Unterstützungskasse, die jedem Zugehörigen eines Betriebs ohne Rücksicht auf seine wirtschaftlichen Verhältnisse einmalige Zuwendungen macht, keinen Anspruch auf die Steuerbefreiung. ⑥ Leistungsempfänger i. S. d. Vorschrift sind nach § 5 Abs. 1 Nr. 3 KStG die Personen, denen die Leistungen der Kasse zugutekom-

men oder zugutekommen sollen, also auch die Leistungsanwärter. ⑦ Daher gilt die Begrenzung der laufenden Leistungen nach § 3 Nr. 3 KStDV für die tatsächlich gezahlten Renten und die sich aus dem Leistungsplan ergebenden tatsächlichen Rentenanwartschaften. ⑧ Die Rentenanwartschaften sind mit den jeweils erreichten Beträgen anzusetzen.

(3) ① Eine steuerbefreite Pensionskasse oder Unterstützungskasse kann anstelle einer laufenden Rente auch eine Kapitalabfindung zahlen. ② Voraussetzung ist, dass die zu kapitalisierende Rente sich in den Grenzen der Höchstbeträge der §§ 2 und 3 KStDV hält und der Leistungsempfänger durch die Kapitalisierung nicht mehr erhält, als er insgesamt erhalten würde, wenn die laufende Rente gezahlt würde. ③ Der Berechnung der Kapitalabfindung darf daher nur ein Zinsfuß zugrunde gelegt werden, der auf die Dauer gesehen dem durchschnittlichen Zinsfuß entspricht. ④ Bei der Prüfung, ob sich die kapitalisierte Rente in den Grenzen der vorgenannten Höchstbeträge hält, ist von einem Zinssatz von 5,5% auszugehen. ⑤ Im Übrigen ist die Kapitalabfindung nach den sonst steuerlich anerkannten Rechnungsgrundlagen zu berechnen. **63**

H 5.5

H 5.5

Gesamtleistung beim Sterbegeld. Zur Gesamtleistung einer Sterbekasse gehören auch Gewinnzuschläge, auf die die Berechtigten einen Rechtsanspruch haben (→ BFH vom 20. 11. 1969, I R 107/67, BStBl. 1970 II S. 227). **65**

Nachweis als soziale Einrichtung. Es genügt, wenn bei Unterstützungskassen in anderer Weise als durch Aufstellung eines Geschäftsplans sichergestellt ist, dass die Kassen nach Art und Höhe ihrer Leistungen eine soziale Einrichtung darstellen, z. B. durch Aufnahme entsprechender Bestimmungen in die Satzung oder – bei Unterstützungskassen mit laufenden Leistungen – durch Aufstellung eines Leistungsplans (→ BFH vom 18. 7. 1990, I R 22–23/87, BStBl. II S. 1088).

Zuwendungen nach §§ 4 c und 4 d EStG. → R 4 c und 4 d EStR.

§ 4 *Kleinere Versicherungsvereine*

KStDV zu § 5 Abs. 1 Nr. 4

Kleinere Versicherungsvereine auf Gegenseitigkeit im Sinne § 210 des Versicherungsaufsichtsgesetzes[1] *sind von der Körperschaftsteuer befreit, wenn*

1. *ihre Beitragseinnahmen im Durchschnitt der letzten drei Wirtschaftsjahre einschließlich des im Veranlagungszeitraum endenden Wirtschaftsjahrs die folgenden Jahresbeträge nicht überstiegen haben:* **66**
   a) *797 615 Euro bei Versicherungsvereinen, die die Lebensversicherung oder die Krankenversicherung betreiben,*
   b) *306 775 Euro bei allen übrigen Versicherungsvereinen oder*
2. *sich ihr Geschäftsbetrieb auf die Sterbegeldversicherung beschränkt und sie im übrigen die Voraussetzungen des § 1 erfüllen.*

R 5.6 Kleinere Versicherungsvereine

R 5.6

Hat ein Mitglied einer Sterbekasse mit der Kasse mehrere Versicherungsverträge für sich selbst abgeschlossen, sind die für das Mitglied aufgrund dieser Versicherungsverträge in Betracht kommenden Versicherungsleistungen bei der Ermittlung der Gesamtleistung i. S. d. § 4 Nr. 2 KStDV zusammenzurechnen. **67**

H 5.6

H 5.6

Gewinnzuschläge bei einer Sterbekasse. Zur Gesamtleistung einer Sterbekasse i. S. d. § 5 Abs. 1 Nr. 4 KStG gehören auch Gewinnzuschläge, auf die die Beteiligten einen Anspruch haben (→ BFH vom 20. 11. 1969, I R 107/67, BStBl. 1970 II S. 227). **69**

R 5.7 Berufsverbände ohne öffentlich-rechtlichen Charakter

R 5.7

(1) ① Berufsverbände sind Vereinigungen von natürlichen Personen oder von Unternehmen, die allgemeine, aus der beruflichen oder unternehmerischen Tätigkeit erwachsende ideelle und wirtschaftliche Interessen des Berufsstandes oder Wirtschaftszweiges wahrnehmen. ② Es müssen die allgemeinen wirtschaftlichen Belange aller Angehörigen eines Berufes, nicht nur die besonderen wirtschaftlichen Belange einzelner Angehöriger eines bestimmten Geschäftszweiges wahrgenommen werden. ③ Die Zusammenschlüsse derartiger Vereinigungen sind ebenfalls Berufsverbände. ④ Ein Berufsverband ist auch dann gegeben, wenn er die sich aus der Summe der Einzelinteressen der Mitglieder ergebenden allgemeinen wirtschaftlichen Belange eines Berufsstandes oder Wirtschaftszweiges vertritt und die Ergebnisse der Interessenvertretung dem Berufsstand oder Wirtschaftszweig als solchem unabhängig von der Mitgliedschaft der Angehörigen des Berufsstandes oder Wirtschaftszweiges beim Verband zugutekommen. ⑤ Die Unterhaltung eines wirtschaftlichen Geschäftsbetriebs (z. B. Rechtsberatung) führt grundsätzlich nicht zum Ver- **71**

[1] Ab VZ 2016 Änderung des Verweises durch Gesetz v. 1. 4. 2015 (BGBl. I S. 434).

R 5.7 lust der Steuerbefreiung des Berufsverbands, auch wenn er in der Satzung des Verbands aufgeführt ist.[1] ⑥ Die Steuerbefreiung entfällt, wenn nach dem Gesamtbild der tatsächlichen Geschäftsführung die nicht dem Verbandszweck dienende wirtschaftliche Tätigkeit dem Verband das Gepräge gibt.

72 (2) Zu den Berufsverbänden ohne öffentlich-rechtlichen Charakter i. S. d. § 5 Abs. 1 Nr. 5 KStG können Berufsverbände der Arbeitgeber und der Arbeitnehmer, z. B. Arbeitgeberverbände und Gewerkschaften, und andere Berufsverbände, z. B. Wirtschaftsverbände, Bauernvereine und Hauseigentümervereine, gehören.

73 (3) ① Verwendet ein Berufsverband Mittel von mehr als 10% seiner Einnahmen für die unmittelbare oder mittelbare Unterstützung oder Förderung politischer Parteien, ist die Steuerbefreiung ausgeschlossen. ② Dabei ist es ohne Bedeutung, ob die Mittel aus Beitragseinnahmen oder aus anderen Quellen, z. B. aus wirtschaftlichen Geschäftsbetrieben, aus Vermögensanlagen oder aus Zuschüssen, stammen. ③ Zu den Mitteln gehört bei Beteiligung an einer Personengesellschaft der Gewinnanteil an der Personengesellschaft, bei Beteiligung an einer Kapitalgesellschaft die Gewinnausschüttung sowie Veräußerungsgewinne aus diesen Beteiligungen. ④ Der Besteuerung unterliegt in diesem Fall neben dem Einkommen die Verwendung von Mitteln für die Unterstützung oder Förderung politischer Parteien nach § 5 Abs. 1 Nr. 5 Satz 4 KStG. ⑤ Eine Mittelüberlassung liegt auch bei verdeckten Zuwendungen vor, z. B. bei Leistungen ohne ausreichende Gegenleistung. ⑥ Das gilt auch bei einer unentgeltlichen oder verbilligten Raumüberlassung und bei einer zinslosen oder zinsverbilligten Darlehensgewährung. ⑦ Eine mittelbare Unterstützung oder Förderung politischer Parteien ist anzunehmen, wenn der Berufsverband z. B. den Wahlkampf eines Abgeordneten finanziert.

74 (4) ① Der Begriff des wirtschaftlichen Geschäftsbetriebs ergibt sich aus § 14 AO. ② Danach ist Voraussetzung für die Annahme eines wirtschaftlichen Geschäftsbetriebs, dass durch die Tätigkeit Einnahmen oder andere wirtschaftliche Vorteile erzielt werden. ③ Das ist nicht der Fall, wenn für die Tätigkeit ausschließlich (echte) Mitgliederbeiträge nach § 8 Abs. 5 KStG erhoben werden. ④ Zu den Mitgliederbeiträgen gehören auch Umlagen, die von allen Mitgliedern in gleicher Höhe oder nach einem bestimmten Maßstab, der von dem Maßstab der Mitgliederbeiträge abweichen kann, erhoben werden. ⑤ Solche beitragsähnlichen Umlagen liegen z. B. bei der Gemeinschaftswerbung und bei der Durchführung von Betriebsvergleichen vor. ⑥ Dagegen ist ein wirtschaftlicher Geschäftsbetrieb anzunehmen, wenn mehr als 20% der Mitglieder des Berufsverbandes oder der Mitglieder eines zu dem Berufsverband gehörenden Berufs- oder Wirtschaftszweiges, der an der Gemeinschaftswerbung oder an der Durchführung von Betriebsvergleichen beteiligt ist, nicht zu der Umlage herangezogen werden. ⑦ Es kann im Einzelfall notwendig sein, zu prüfen, ob die von dem Berufsverband erhobenen Beiträge in vollem Umfang als Mitgliederbeiträge anzusehen oder ob darin Entgelte für die Gewährung besonderer wirtschaftlicher Vorteile enthalten sind. ⑧ Die Gewährung derartiger Vorteile gegen Entgelt begründet einen wirtschaftlichen Geschäftsbetrieb. ⑨ Vgl. z. B. → R 8.12 und 8.13. ⑩ Zu den wirtschaftlichen Geschäftsbetrieben gehören z. B. die Vorführung und der Verleih von Filmen, die Beratung der Angehörigen des Berufsstandes oder Wirtschaftszweiges einschließlich der Hilfe bei der Buchführung, bei der Ausfüllung von Steuererklärungen und sonstigen Vordrucken, die Unterhaltung einer Buchstelle, die Einrichtung eines Kreditschutzes, die Unterhaltung von Sterbekassen, der Abschluss oder die Vermittlung von Versicherungen, die Unterhaltung von Laboratorien und Untersuchungseinrichtungen, die Veranstaltung von Märkten, Leistungsschauen und Fachausstellungen, die Unterhaltung einer Kantine für die Arbeitskräfte der Verbandsgeschäftsstelle, die nachhaltige Vermietung von Räumen für regelmäßig kurze Zeit, z. B. für Stunden oder einzelne Tage, an wechselnde Benutzer. ⑪ Die Herausgabe, das Verlegen oder der Vertrieb von Fachzeitschriften, Fachzeitungen und anderen fachlichen Druckerzeugnissen des Berufsstandes oder Wirtschaftszweiges, einschließlich der Aufnahme von Fachanzeigen, stellt ebenfalls einen wirtschaftlichen Geschäftsbetrieb dar. ⑫ Verbandszeitschriften, in denen die Mitglieder über die Verbandstätigkeit und über allgemeine Fragen des Berufsstandes unterrichtet werden, sind kein wirtschaftlicher Geschäftsbetrieb. ⑬ Betreibt ein Berufsverband in seiner Verbandszeitschrift jedoch Anzeigen- oder Annoncenwerbung, liegt insoweit ein wirtschaftlicher Geschäftsbetrieb vor.

75 (5) ① Unter den Begriff des wirtschaftlichen Geschäftsbetriebs fällt nicht die Vermögensverwaltung. ② Wegen des Begriffs der Vermögensverwaltung vgl. § 14 AO. ③ Die → Beteiligung eines Berufsverbandes an einer Kapitalgesellschaft ist im Regelfall Vermögensverwaltung. ④ Die Grundsätze von R 4.1 Abs. 2 Satz 2 bis 5 gelten entsprechend.

76 (6) ① Die Tätigkeit der Geschäftsstelle des Berufsverbandes stellt keinen wirtschaftlichen Geschäftsbetrieb dar. ② Der Verkauf von Altmaterial, Einrichtungsgegenständen, Maschinen, Kraftfahrzeugen und dgl. bildet eine Einheit mit der Tätigkeit der Geschäftsstelle. ③ Es fehlt insoweit an der für die Begründung eines wirtschaftlichen Geschäftsbetriebs erforderlichen Selbständigkeit. ④ Das gilt auch für den Fall, dass Entgelte für die Mitbenutzung der Geschäftsstelle oder einzelner Räume oder Einrichtungsgegenstände der Geschäftsstelle durch einen anderen Berufsverband

[1] Das steuerliche Ergebnis des wirtschaftlichen Geschäftsbetriebs „Rechtsberatung" von Berufsverbänden im Sinne des § 5 Abs. 1 Nr. 5 KStG ist mit 0 € anzusetzen, sofern die Tätigkeit von untergeordneter Bedeutung ist. *Vfg. OFD Hannover v. 8. 12. 2005, StEK KStG 1977 § 5 Nr. 187.*

vereinnahmt werden. ⑤ Entsprechendes gilt auch hinsichtlich der Vereinnahmung von Entgelten für die Zurverfügungstellung von Personal für einen anderen Berufsverband.

(7) ① Steuerpflichtig ist nicht der einzelne wirtschaftliche Geschäftsbetrieb, sondern der Berufsverband. 77 ② Die Ergebnisse der wirtschaftlichen Geschäftsbetriebe werden für die Besteuerung zusammengefasst. ③ Die Freibetragsregelung des § 24 KStG bezieht sich auf das Einkommen des Berufsverbandes. ④ Sie ist nicht auf die Bemessungsgrundlage für die besondere Körperschaftsteuer i. S. d. § 5 Abs. 1 Nr. 5 Satz 4 KStG anzuwenden.

H 5.7

H 5.7

Abgrenzung. Keine Berufsverbände sind z. B. 79
- eine Abrechnungsstelle von Apothekeninhabern (→ BFH vom 26. 4. 1954, I 110/53 U, BStBl. III S. 204),
- eine Güteschutzgemeinschaft (→ BFH vom 11. 8. 1972, III R 114/71, BStBl. 1973 II S. 39),
- ein Lohnsteuerhilfeverein (→ BFH vom 29. 8. 1973, I R 234/71, BStBl. 1974 II S. 60 und → BFH vom 16. 12. 1998, I R 36/98, BStBl. 1999 II S. 366),
- ein Mieterverein (→ BFH vom 17. 5. 1966, III 190/64, BStBl. III S. 525),
- ein Rabattsparverein (→ BFH vom 29. 11. 1967, I 67/65, BStBl. 1968 II S. 236),
- ein Warenzeichenverband (→ BFH vom 8. 6. 1966, I 151/63, BStBl. III S. 632),
- ein Werbeverband (→ BFH vom 15. 7. 1966, III 179/64, BStBl. III S. 638).

Beteiligung eines Berufsverbands an einer Kapitalgesellschaft. Die Beteiligung an einer Kapitalgesellschaft stellt einen wirtschaftlichen Geschäftsbetrieb dar, wenn mit ihr tatsächlich ein entscheidender Einfluss auf die laufende Geschäftsführung des Unternehmens ausgeübt wird (→ BFH vom 30. 6. 1971, I R 57/70, BStBl. II S. 753).

Beteiligung eines Berufsverbands an einer Personengesellschaft. Ob die Beteiligung an einer Personengesellschaft als wirtschaftlicher Geschäftsbetrieb oder als Vermögensverwaltung anzusehen ist, ist im Rahmen der gesonderten und einheitlichen Gewinnfeststellung für die Personengesellschaft zu entscheiden (→ BFH vom 27. 7. 1988, I R 113/84, BStBl. 1989 II S. 134).

Einkommensermittlung bei Berufsverbänden. → R 8.11 bis 8.13.

Kapitalertragsteuer bei wirtschaftlichen Geschäftsbetrieben. → BMF vom 10. 11. 2005, BStBl. I S. 1029 und BMF vom 2. 2. 2016, BStBl. I S. 200.

Wahrnehmung allgemeiner Interessen eines Wirtschaftszweiges. Ein Verband nimmt auch dann allgemeine Interessen eines Wirtschaftszweiges wahr, wenn er lediglich die in einem eng begrenzten Bereich der unternehmerischen Tätigkeit bestehenden gemeinsamen Interessen eines Wirtschaftszweiges vertritt (→ BFH vom 4. 6. 2003, I R 45/02, BStBl. II S. 891).[1]

R 5.8 Gemeinnützige, mildtätige und kirchliche Körperschaften

R 5.8

– unbesetzt – 81

H 5.8

H 5.8

Kapitalertragsteuer bei wirtschaftlichen Geschäftsbetrieben. → BMF vom 10. 11. 2005, 83 BStBl. I S. 1029 und *BMF vom 2. 2. 2016, BStBl. I S. 200.*[2]

Steuerbegünstigte Zwecke. → AEAO zu §§ 51 bis 68.[3]

R 5.9 Vermietungsgenossenschaften und -vereine

R 5.9

– unbesetzt – 85

H 5.9

H 5.9

Vermietungsgenossenschaften und -vereine. Zur Steuerbefreiung für Vermietungsgenossen- 87 schaften und -vereine sowie zur Übergangsregelung für gemeinnützige Wohnungsunternehmen → BMF vom 22. 11. 1991 (BStBl. I S. 1014) und die entsprechenden Erlasse der obersten Finanzbehörden der Länder.

---

[1] *BFH-Urteil v. 4. 6. 2003 I R 45/02, BStBl. 2003 II S. 891:* Ein Verband nimmt auch dann allgemeine Interessen eines Wirtschaftszweiges wahr, wenn er lediglich die in einem eng begrenzten Bereich der unternehmerischen Tätigkeit bestehenden gemeinsamen Interessen eines Wirtschaftszweiges vertritt.

[2] Ergänzt durch *BMF-Schrb. v. 21. 7. 2016 IV C 2 – S 2706-a/14/10 001, BStBl. 2016 I S. 685.*

[3] Vgl. AO-Handbuch.

R 5.10

R 5.10 Gemeinnützige Siedlungsunternehmen

89 ① Gemeinnützige Siedlungsunternehmen sind insoweit von der Körperschaftsteuer befreit, als sie im ländlichen Raum Siedlungs-, Agrarstrukturverbesserungs- und Landentwicklungsmaßnahmen mit Ausnahme des Wohnungsbaus durchführen. ② Die Durchführung von Siedlungs-, Agrarstrukturverbesserungs- und Landentwicklungsmaßnahmen ist auch dann begünstigt, wenn sie nicht ausdrücklich durch Gesetz zugewiesen ist. ③ Landentwicklungsmaßnahmen sind Maßnahmen im öffentlichen Interesse, die wegen des sich vollziehenden Strukturwandels zur Unterstützung und Ergänzung der Siedlungs- und Agrarstrukturverbesserung im ländlichen Raum erforderlich sind und vornehmlich zum Gegenstand haben

- die Planung und Durchführung von Maßnahmen der Ortssanierung, Ortsentwicklung, Bodenordnung und der Agrarstrukturverbesserung,
- die Durchführung von Umsiedlungen und Landtauschen, weil Land für öffentliche und städtebauliche Zwecke in Anspruch genommen wird.

④ Die Durchführung umfasst alle Tätigkeiten gemeinnütziger Siedlungsunternehmen, die der Verwirklichung dieser Maßnahme dienen, insbesondere auch die erforderliche Landbeschaffung. ⑤ Soweit die gemeinnützigen Siedlungsunternehmen als Bauträger oder Baubetreuer im Wohnungsbau tätig sind oder andere Tätigkeiten ausüben, z. B. das Betreiben von Land- und Forstwirtschaft, besteht partielle Steuerpflicht, wenn diese Tätigkeiten nicht überwiegen. ⑥ Übersteigen die Einnahmen aus diesen Tätigkeiten die Einnahmen aus den in Satz 1 bezeichneten Tätigkeiten, wird das Unternehmen in vollem Umfang steuerpflichtig.

R 5.11

R 5.11 Allgemeines über die Steuerbefreiung von *Erwerbs- und Wirtschaftsgenossenschaften*[1] und Vereinen im Bereich der Land- und Forstwirtschaft

91 (1) ① *Erwerbs und Wirtschaftsgenossenschaften*[1] sowie Vereine sind nach § 5 Abs. 1 Nr. 14 KStG grundsätzlich von der Körperschaftsteuer befreit, soweit sich ihr Geschäftsbetrieb auf die dort genannten Tätigkeiten beschränkt und im Bereich der Land- und Forstwirtschaft liegt. ② Unter den Begriff „Vereine" fallen sowohl rechtsfähige als auch nichtrechtsfähige Vereine i. S. v. § 1 Abs. 1 Nr. 4 und 5 KStG. ③ Üben die Genossenschaften und Vereine auch Tätigkeiten aus, die nicht nach § 5 Abs. 1 Nr. 14 KStG begünstigt sind, und betragen die Einnahmen aus diesen Tätigkeiten nicht mehr als 10% der gesamten Einnahmen, sind die Genossenschaften und Vereine mit den Gewinnen aus den nicht begünstigten Tätigkeiten partiell steuerpflichtig. ④ Die nicht begünstigten Tätigkeiten bilden einen einheitlichen steuerpflichtigen Gewerbebetrieb. ⑤ Hinsichtlich der begünstigten Tätigkeiten bleibt die Steuerfreiheit erhalten. ⑥ Übersteigen die Einnahmen aus den nicht begünstigten Tätigkeiten in einem VZ 10% der Gesamteinnahmen, entfällt die Steuerbefreiung für diesen VZ insgesamt.

92 (2) ① Der Begriff und die Höhe der Einnahmen (Einnahmen einschließlich Umsatzsteuer) bestimmen sich nach den Grundsätzen über die steuerliche Gewinnermittlung. ② Der Zufluss i. S. d. § 11 EStG ist nicht maßgebend. ③ Wegen der Ermittlung der Einnahmen aus nicht begünstigten Tätigkeiten bei Verwertungsgenossenschaften vgl. Absatz 8.

93 (3) ① Eine Ausnahme von der 10%-Grenze enthält § 5 Abs. 1 Nr. 14 KStG für Genossenschaften und Vereine, deren Geschäftsbetrieb sich überwiegend auf die Durchführung von Milchqualitätsprüfungen und/oder Milchleistungsprüfungen oder auf die Tierbesamung beschränkt. ② Zur ersten Gruppe gehören danach grundsätzlich die nach Landesrecht zugelassenen Untersuchungsstellen i. S. d. § 2 Abs. 7 der Milch-Güteverordnung, die insbesondere im öffentlichen Interesse Milchqualitätsprüfungen für Mitglieder und Nichtmitglieder sowie für Nichtlandwirte durchführen. ③ Auch die Tierbesamungsstationen tätigen, insbesondere bei Ausbruch einer Seuche, neben Zweckgeschäften mit Mitgliedern in größerem Umfang auch solche mit Nichtmitgliedern und Nichtlandwirten. ④ Die Einnahmen aus diesen Tätigkeiten bleiben bei der Berechnung der 10%-Grenze, d. h. sowohl bei der Berechnung der Einnahmen aus den steuerlich nicht begünstigten Tätigkeiten als auch bei der Berechnung der gesamten Einnahmen, außer Ansatz. ⑤ Die Gewinne aus diesen Tätigkeiten unterliegen jedoch der Körperschaftsteuer.

94 (4) ① Die Ausübung mehrerer begünstigter Tätigkeiten nebeneinander ist für die Steuerbefreiung unschädlich. ② Zu den begünstigten Tätigkeiten gehört auch die Vermittlung von Leistungen im Bereich der Land- und Forstwirtschaft, z. B. von Mietverträgen für Maschinenringe einschließlich der Gestellung von Personal. ③ Der Begriff „Verwertung" umfasst auch die Vermarktung und den Absatz, wenn die Tätigkeit im Bereich der Land- und Forstwirtschaft liegt. ④ Nicht unter die Steuerbefreiung fällt dagegen die Rechts- und Steuerberatung.

95 (5) ① Beteiligungen an anderen Unternehmen sind grundsätzlich zulässig. ② Die Einnahmen aus Beteiligungen an anderen Unternehmen sind jedoch als Einnahmen aus nicht begünstigten Tätigkeiten anzusehen. ③ Einnahmen aus der Beteiligung an einer Körperschaft, deren Leistungen bei den Empfängern zu den Einnahmen i. S. d. § 20 Abs. 1 Nr. 1 oder 2 EStG gehören, sind in voller Höhe als Einnahmen aus nicht begünstigten Tätigkeiten anzusehen. ④ Dies gilt nicht für Beteiligungen an Genossenschaften und Vereinen, die nach § 5 Abs. 1 Nr. 14 KStG befreit sind. ⑤ Bei der Beteiligung an einer Personengesellschaft sind die anteiligen Einnahmen anzusetzen.

[1] Jetzt: „Genossenschaften".

⑥ Rückvergütungen i. S. d. § 22 KStG sind den Einnahmen aus den Geschäften zuzurechnen, für die die Rückvergütungen gewährt worden sind. R 5.11

(6) Für die Besteuerung der *Erwerbs- und Wirtschaftsgenossenschaften*[1] sind die folgenden Arten von Geschäften zu unterscheiden: 96

1. Zweckgeschäfte;
   ① Zweckgeschäfte sind alle Geschäfte, die der Erfüllung des satzungsmäßigen Gegenstandes des Unternehmens der Genossenschaft dienen und die Förderung des Erwerbs oder der Wirtschaft der Mitglieder bezwecken (§ 1 GenG).
   ② Sie können sein
   a) Mitgliedergeschäfte;
      ① Mitgliedergeschäfte sind Zweckgeschäfte, die mit den Mitgliedern der Genossenschaft als Vertragspartnern durchgeführt werden. ② Mitglieder sind die in die Mitgliederliste eingetragenen Personen. ③ Es genügt, wenn der Genossenschaft zur Zeit des Geschäftsabschlusses die Beitrittserklärung vorliegt;
   b) Nichtmitgliedergeschäfte;
      Nichtmitgliedergeschäfte sind Zweckgeschäfte, die mit Nichtmitgliedern als Vertragspartnern der Genossenschaft durchgeführt werden;
2. Gegengeschäfte;
   Gegengeschäfte sind Geschäfte, die zur Durchführung der Zweckgeschäfte erforderlich sind, z. B. bei Bezugsgenossenschaften der Einkauf der Waren, bei Nutzungsgenossenschaften der Ankauf eines Mähdreschers, bei Absatzgenossenschaften der Verkauf der Waren;
3. Hilfsgeschäfte;
   ① → Hilfsgeschäfte sind Geschäfte, die zur Abwicklung der Zweckgeschäfte und Gegengeschäfte notwendig sind und die der Geschäftsbetrieb der Genossenschaft mit sich bringt, z. B. Einkauf von Büromaterial, der Verkauf von überflüssig gewordenem Inventar oder Verpackungsmaterial, die Lieferung von Molkereibedarfsartikeln, z. B. Hofbehälter, Milchbehälter oder Milchkühlbehälter, durch eine Molkereigenossenschaft an ihre Mitglieder, die Vermietung von Wohnräumen an Betriebsangehörige, wenn die Vermietung aus betrieblichen Gründen (im eigenen betrieblichen Interesse der Genossenschaft) veranlasst ist. ② Die Führung von Mitgliederkonten für Anzahlungen und Guthaben, die als reine Geldanlagekonten anzusehen sind, ist als Hilfsgeschäft anzusehen, wenn die Guthaben auf die Gesamthöhe des Warenbezugs des betreffenden Mitglieds im vorangegangenen Jahr begrenzt werden. ③ Auch die Veräußerung eines Betriebsgrundstücks oder des Teils eines Betriebsgrundstücks kann ein Hilfsgeschäft sein. ④ Dagegen gehören Geschäfte aus der Veräußerung von Anlagevermögen im Zuge der Betriebseinstellung (wie z. B. die Veräußerung eines Betriebsgrundstücks, der Betriebsvorrichtungen oder anderer Wirtschaftsgüter) zu den Nebengeschäften;
4. Nebengeschäfte;
   → Nebengeschäfte sind alle sonstigen Geschäfte.

(7) Für die Besteuerung der Vereine gilt die in Absatz 6 vorgenommene Unterscheidung von Arten von Geschäften bei *Erwerbs- und Wirtschaftsgenossenschaften*[1] sinngemäß. 97

(8) ① Begünstigt sind nur → Zweckgeschäfte mit Mitgliedern, → Gegengeschäfte und → Hilfsgeschäfte, die sich auf den nach § 5 Abs. 1 Nr. 14 KStG steuerfreien Geschäftsbereich beziehen (begünstigte Tätigkeiten). ② Die Einnahmen (Einnahmen einschließlich Umsatzsteuer) aus Zweckgeschäften mit Nichtmitgliedern und Nebengeschäften sind den Einnahmen aus nicht begünstigten Tätigkeiten zuzurechnen. ③ Bei Verwertungsgenossenschaften sind die Einnahmen aus begünstigten und nicht begünstigten Tätigkeiten nach dem Verhältnis der Ausgaben für bezogene Waren von Mitgliedern und Nichtmitgliedern aus den Gesamteinnahmen zu ermitteln, soweit eine unmittelbare Zuordnung nicht möglich ist. ④ Dabei ist von den Ausgaben im gleichen Wj. auszugehen. ⑤ Die durch diese zeitliche Zuordnung mögliche Verschiebung im Einzelfall, soweit Ausgaben für bezogene Waren und Einnahmen aus dem Verkauf dieser Waren in verschiedenen Wj. anfallen, wird zugunsten einer einfachen Handhabung hingenommen. ⑥ Bei Zukauf landwirtschaftlicher Erzeugnisse ermitteln sich die Einnahmen aus nichtbegünstigten Tätigkeiten aus der Verwertung des Endproduktes im Verhältnis der zugekauften zu den von den Mitgliedern selbst erzeugten Produkten. ⑦ Wegen der Auswirkungen auf die partielle oder volle Steuerpflicht der Genossenschaften oder Vereine vgl. Absätze 1 und 2. 98

(9) ① Die wechselseitigen Hilfen von *Erwerbs- und Wirtschaftsgenossenschaften*[1] aufgrund eines Beistandsvertrages sind begünstigte Zweckgeschäfte, wenn beide Genossenschaften die gleiche Zweckbestimmung haben und gegenseitig als Mitglied beteiligt sind. ② Das gilt sinngemäß für Vereine und für Leistungen von Beratungsringen an die an ihnen beteiligten Erzeugergemeinschaften, soweit deren Mitglieder gleichzeitig Mitglieder des Beratungsrings sind. 99

(10) ① Begünstigte Zweckgeschäfte i. S. v. R 5.11 Abs. 6 liegen vor, wenn der Zukauf von einer anderen Genossenschaft (Anschluss- oder Lieferungsgenossenschaft) erfolgt, die ihrerseits Mitglied der Verwertungsgenossenschaft ist. ② Dies gilt jedoch nur für land- und forstwirtschaftliche Erzeugnisse, die von Mitgliedern der Anschluss- oder Liefergenossenschaft selbst erzeugt 100

[1] Jetzt: „Genossenschaften".

sind. ③ Umfasst werden auch Teilanlieferungen. ④ Die Abrechnung wird zwischen der Verwertungsgenossenschaft und der Lieferungsgenossenschaft oder unmittelbar zwischen der Verwertungsgenossenschaft und den Mitgliedern der Lieferungsgenossenschaften vorgenommen. ⑤ Das gilt sinngemäß auch für Vereine.

H 5.11

H 5.11

102 **Biogasanlagen und Erzeugung von Energie aus Biogas.** → BMF vom 6. 3. 2006, BStBl. I S. 248.

Genossenschaftszentralen. Wegen der steuerlichen Behandlung von Zentralen landwirtschaftlicher Nutzungs- und Verwertungsgenossenschaften wird auf das BFH-Gutachten vom 2. 12. 1950 (I D 3/50 S, BStBl. 1951 III S. 26) hingewiesen. Danach sind die Genossenschaftszentralen wie folgt zu behandeln:

1. Werden die Zentralen in der Form von Kapitalgesellschaften geführt, gilt die persönliche Steuerbefreiung des § 5 Abs. 1 Nr. 14 KStG für sie nicht.
2. Werden die Zentralen in der Form von Genossenschaften oder Vereinen betrieben, ist § 5 Abs. 1 Nr. 14 KStG für sie anwendbar. Voraussetzung ist, dass die angeschlossenen Genossenschaften vorbehaltlich des Satzes 3 die in § 5 Abs. 1 Nr. 14 KStG geforderten Voraussetzungen erfüllen und die Zentralen lediglich Erzeugnisse dieser Genossenschaften bearbeiten oder verwerten. Ist eine der Mitgliedergenossenschaften nicht nach § 5 Abs. 1 Nr. 14 KStG befreit, sind die Umsätze mit dieser Genossenschaft Einnahmen aus nicht begünstigten Tätigkeiten.

Hilfsgeschäfte. Ein Hilfsgeschäft ist insbesondere dann anzunehmen, wenn der Erlös aus dem Verkauf eines Betriebsgrundstücks zur Finanzierung neuer Betriebsanlagen verwendet wird (→ BFH vom 14. 10. 1970, I R 67/68, BStBl. 1971 II S. 116) oder wenn der Verkauf im Rahmen einer Rationalisierungsmaßnahme erfolgt, z. B. bei einer Verschmelzung, bei einer Betriebsumstellung, bei Einstellung eines Betriebszweiges oder wenn der Bestand an Betriebsgrundstücken dem Bedarf der Genossenschaft angepasst wird. Der Annahme eines Hilfsgeschäfts steht i. d. R. nicht entgegen, dass der Erlös aus dem Verkauf an die Mitglieder ausgeschüttet wird; ein Hilfsgeschäft entfällt jedoch, wenn die Veräußerung dazu dient, eine Ausschüttung an die Mitglieder einer untergehenden Genossenschaft im Zusammenhang mit einer Verschmelzung zu finanzieren (→ BFH vom 10. 12. 1975, I R 192/73, BStBl. 1976 II S. 351).

Land- und Forstwirtschaft. → R 15.5 EStR.

Nebengeschäfte. Zu den Nebengeschäften gehört auch die Vermietung oder Verpachtung eines Betriebs oder von Betriebsteilen (→ BFH vom 9. 3. 1988, I R 262/83, BStBl. II S. 592). Bei der Frage, ob steuerlich schädliche, den satzungsmäßigen Aufgabenbereich überschreitende Nebengeschäfte vorliegen, kommt es auf die Person, mit der diese Geschäfte abgewickelt werden, nicht an. Das gilt auch für Nebengeschäfte mit anderen nach § 5 Abs. 1 Nr. 14 KStG steuerbefreiten Erwerbs- und Wirtschaftsgenossenschaften sowie Vereinen (→ BFH vom 18. 5. 1988, II R 238/81, BStBl. II S. 753).

Reservenbildung. Die Steuerbefreiung ist nicht ausgeschlossen, wenn die Genossenschaft oder der Verein die Gewinne ganz oder überwiegend thesauriert und zur Bildung von Reserven verwendet (→ BFH vom 11. 2. 1998, I R 26/97, BStBl. II S. 576).

R 5.12

R 5.12 Molkereigenossenschaften

104 (1) ① Bei Molkereigenossenschaften fällt z. B. in den folgenden Fällen die Bearbeitung oder Verwertung in den Bereich der Landwirtschaft, auch wenn hierbei Zutaten, z. B. Salz oder Bindemittel, im gesetzlich festgelegten oder nachstehend enger begrenzten Umfang verwendet werden:

1. Standardisierung (Einstellung) der Milch auf einen gewünschten Fett- und ggf. Eiweißgehalt ohne Rücksicht auf seine Höhe, vgl. VO (EG) 1234/2007;[1]
2. Herstellung von ultrahocherhitzter Milch (H-Milch);
3. Herstellung von Konsummilch gem. VO (EG) 1234/2007 Anhang 8 Abschnitt III;[2]
4. Vitaminieren von Milch, auch von Magermilch;
5. Herstellung von Milchmischerzeugnissen, wenn der Anteil aus Milch oder Milcherzeugnissen mindestens 75% des Fertigerzeugnisses beträgt;
6. Herstellung von Sauermilcherzeugnissen;
7. Herstellung von Joghurt, Joghurtpulver und Bioghurt, auch mit Fruchtzusätzen. ② Wird zugekauftes Milchpulver oder Magermilchpulver zugesetzt, darf dieser Zusatz 3% der Joghurtmilch nicht übersteigen;
8. Herstellung von Butter;

[1] Jetzt VO (EU) 1308/2013.
[2] Jetzt VO (EU) 1308/2013 Anhang VII Teil III und Teil IV.

9. Herstellung von Käse aller Art, auch mit beigegebenen Lebensmitteln, sowie geschäumt und Quarkmischungen für Backzwecke;
10. Herstellung von Schmelzkäse nur, wenn dies ausschließlich zur Verwertung der im eigenen Betrieb angefallenen Fehlproduktionen erfolgt;
11. Herstellung von Molkensirup (eingedickter Molke) und eingedickter Magermilch mittels Vakuumverdampfer;
12. Herstellung und Vitaminieren von Magermilchpulver, auch im Werklohnverfahren; Herstellung und Vitaminieren von aufgefetteter Magermilch oder aufgefettetem Magermilchpulver zu Fütterungszwecken und von Sauermilchquarkpulver, auch im Werklohnverfahren; Denaturierung von Magermilch und Magermilchpulver entsprechend Artikel 6 der Verordnung (EG) Nr. 2799/99 der Kommission vom 17. 12. 1999 nach den dort festgelegten Verfahren durch Beifügung geringer Mengen von Fremdstoffen, Luzernegrünmehl, Stärke, durch Säuerung der Magermilch oder durch Beifügung von 30% eingedickter Molke. ② Der Zukauf der zur Denaturierung vorgeschriebenen Zusatzmittel ist als ein steuerunschädliches Hilfsgeschäft anzusehen;
13. Herstellung von Speisemolke durch Erhitzen und Tiefkühlen der Molke und Ausfällen von Molkeneiweiß;
14. Herstellung von Trinkmolke mit Fruchtzusätzen, wenn der Anteil der Molke mindestens 75% des Fertigerzeugnisses beträgt;
15. Verwertung der Molke zu Futterzwecken;
16. Herstellung von Molkepulver;
17. Lieferung von Molke an andere Betriebe;
18. Herstellung von Schlagsahne ohne Zusätze;
19. Herstellung von Industriesahne ohne Zusätze.

② Ein von einer nach § 5 Abs. 1 Nr. 14 KStG steuerbefreiten Molkereigenossenschaft erteilter Werklohnauftrag zur Herstellung von Milcherzeugnissen ist nicht steuerschädlich i. S. d. § 5 Abs. 1 Nr. 14 KStG, wenn die Bearbeitung bei eigener Durchführung in den Bereich der Landwirtschaft fallen würde und das Zukaufsverbot nicht verletzt wird.

(2) Nicht in den Bereich der Landwirtschaft fallen z. B.: **105**

1. Herstellung von Laktrone, Lakreme, Milone, Germola und ähnlichen Erzeugnissen;
2. Herstellung kondensierter Milch;
3. Gewinnung von Eiweiß mit Zusätzen, Herstellung von Essigaustauschstoffen und Gewinnung von Milchpulver, Ausnahme vgl. Absatz 1 Satz 1 Nr. 12;
4. Verhefung von Molke zu Nährhefe und Kefirpulver;
5. Herstellung von Heilmitteln wie Milchzucker, Albumin- und Vitaminpräparaten, Molkenseren und Mineralpräparaten;
6. Herstellung von Speiseeis;
7. Herstellung von Kunsteis;
8. Herstellung von Saure-Sahne-Dressing.

(3) ① Sind Geschäfte, die eine Molkereigenossenschaft auf Grund gesetzlicher Vorschriften oder behördlicher Anordnungen mit Nichtmitgliedern abschließen muss, Zweckgeschäfte, kann die Lieferung von Molkereibedarfsartikeln an diese Nichtmitglieder als Hilfsgeschäft angesehen werden. ② Gewährt eine Molkereigenossenschaft einem Milchversorgungsbetrieb ein Darlehen zur Finanzierung der Kapazitätserweiterung eines Trockenmilchwerkes und räumt der Milchversorgungsbetrieb der Molkereigenossenschaft dafür ein sog. Milchanlieferungsrecht ein, kann die Darlehensgewährung als ein Hilfsgeschäft angesehen werden. **106**

R 5.13 Winzergenossenschaften

R 5.13

(1) ① In den Bereich der Landwirtschaft fallen insbesondere die nachstehend bezeichneten Tätigkeiten. ② Voraussetzung ist, dass die Tätigkeiten Erzeugnisse der Weinbaubetriebe der Genossen betreffen und die Tätigkeiten keine gewerblichen Formen annehmen: **108**

1. Zucht und Unterhaltung der Weinreben;
2. Weinbereitung;
3. Weinbehandlung;
4. Absatz der Trauben, des Traubenmostes und des Weins. ② Der Zukauf von fremden Weinen, Traubenmost oder Trauben im Rahmen des Weinerzeugungsprozesses ist nach R 15.5 Abs. 5 Satz 4 EStR als Hilfsstoff zulässig, wenn diese Waren nicht als überwiegender Bestandteil in die jeweiligen eigenen Erzeugnisse eingehen. ③ Der Verkauf durch Ausschank liegt nicht im Bereich der Landwirtschaft, wenn er gewerbliche Formen annimmt;
5. Herstellung von Branntwein aus Wein oder aus Rückständen, die bei der Weinbereitung anfallen, z. B. Trester, Hefe.

109 (2) ① Eine Winzergenossenschaft, die Winzersekt aus Grundwein herstellt, der ausschließlich aus dem Lesegut ihrer Mitglieder gewonnen wurde, betätigt sich mit der Herstellung und dem Vertrieb des Winzersekts noch im Bereich der Landwirtschaft, wenn der Sekt beim Vertrieb durch die Genossenschaft unter Angabe der ggfs. verschiedenen Rebsorten, des Jahrgangs, der geographischen Herkunft und als Erzeugnis der Genossenschaft in sinngemäßer Anwendung der bezeichnungsrechtlichen Vorschriften für Wein bezeichnet ist. ② Dabei darf der Wein weder von den Mitgliedern noch von der Genossenschaft zugekauft sein. ③ Lässt eine Winzergenossenschaft Winzersekt im Wege einer Werkleistung (sog. Lohnversektung) durch eine gewerbliche Sektkellerei herstellen und vermarktet sie ihn als eigenes Erzeugnis der Genossenschaft, gilt die Regelung entsprechend.

110 (3) Nicht in den Bereich der Landwirtschaft fallen z. B.:

1. Mitverkauf fremder Erzeugnisse;
2. Herstellung von Branntweinerzeugnissen und ihr Verkauf;
3. Betrieb oder Verpachtung eines Ausschanks oder einer Gastwirtschaft, wenn andere Getränke als Weine, die von der Genossenschaft hergestellt worden sind, kalte oder warme Speisen oder sonstige Genussmittel abgegeben werden.

R 5.14

R 5.14 Pfropfrebengenossenschaften

112 ① Die Verpflanzung von Pfropfreben zur Gewinnung von Rebstecklingen durch Winzergenossenschaften und ihr Absatz an Mitglieder fallen in den Bereich der Landwirtschaft. ② Es bestehen deshalb keine Bedenken, auch reine Pfropfrebengenossenschaften als befreite Genossenschaften i. S. d. § 5 Abs. 1 Nr. 14 KStG zu behandeln, obwohl es sich nicht um reine Verwertungsgenossenschaften im Sinne dieser Vorschrift handelt.

R 5.15

R 5.15 Andere *Erwerbs- und Wirtschaftsgenossenschaften*[1]

115 In den Bereich der Landwirtschaft fallen z. B. unter der Voraussetzung, dass es sich um die Bearbeitung von Erzeugnissen der land- und forstwirtschaftlichen Betriebe der Mitglieder handelt:

1. Herstellung von Kartoffelflocken und Stärkemehl;
2. Herstellung von Branntwein;
3. Herstellung von Apfel- und Traubenmost;
4. Herstellung von Sirup aus Zuckerrüben;
5. Herstellung von Mehl aus Getreide, nicht dagegen Herstellung von Backwaren;
6. Herstellung von Brettern oder anderen Sägewerkserzeugnissen, nicht dagegen Herstellung von Möbeln.

R 5.16

R 5.16 Vereine im Bereich der Land- und Forstwirtschaft

118 Die R 5.12 bis 5.15 sind auf Vereine i. S. d. § 5 Abs. 1 Nr. 14 KStG entsprechend anzuwenden.

R 5.17

R 5.17 Wirtschaftsförderungsgesellschaften

120 *– unbesetzt –*

H 5.17

H 5.17

122 **Schädliche Tätigkeiten einer Wirtschaftsförderungsgesellschaft.** Eine Wirtschaftsförderungsgesellschaft, deren hauptsächliche Tätigkeit sich darauf erstreckt, Grundstücke zu erwerben, hierauf Gebäude nach den Wünschen und Vorstellungen ansiedlungswilliger Unterehmen zu errichten und an diese zu verleasen, ist nicht nach § 5 Abs. 1 Nr. 18 KStG steuerbefreit (→ BFH vom 3. 8. 2005, I R 37/04, BStBl. 2006 II S. 141).

Steuerbefreiung von Wirtschaftsförderungsgesellschaften.[2] → BMF vom 4. 1. 1996, BStBl. I S. 54.

R 5.18

R 5.18 Steuerbefreiung außerhalb des Körperschaftsteuergesetzes[3]

124 Von der Körperschaftsteuer sind aufgrund anderer Gesetze u. a. befreit:

1. Inländische Investmentfonds in der Rechtsform von Sondervermögen und Investmentaktiengesellschaften mit veränderlichem Kapital nach *§ 11 Abs. 1 Satz 2 InvStG*[4] (beachte hinsichtlich Investmentaktiengesellschaften mit veränderlichem Kapital jedoch *§ 11 Abs. 1 Satz 4 InvStG*[4]),

---

[1] Jetzt: „Genossenschaften".

[2] Zur ausschließlichen und unmittelbaren Förderung von Unternehmen siehe *BFH-Urteil v. 26. 2. 2003 I R 49/01, BStBl. 2003 II S. 723* und hierzu *OFD Koblenz v. 5. 1. 2005, S 2738 A – St 331, DB 2005 S. 308.* – Zu Bürgschaftsbanken siehe *BFH-Urteil v. 21. 10. 1999 I R 14/98, BStBl. 2000 II S. 325.*

[3] Steuerbefreit sind auch REIT-Aktiengesellschaften nach § 16 REITG.

[4] **InvStG 2004 aufgehoben** durch InvStRefG v. 19. 7. 2016 (BGBl. I S. 1730) **mWv 31. 12. 2017;** ab 1. 1. 2018 siehe InvStG 2018 v. 19. 7. 2016 (BGBl. I S. 1730).

2. Ausgleichskassen und gemeinsame Einrichtungen der Tarifvertragsparteien nach § 12 Abs. 3 des Vorruhestandsgesetzes vom 13. 4. 1984 (BGBl. I S. 601, BStBl. I S. 332) in der jeweils geltenden Fassung. R 5.18 *noch* **124**

KStG

§ 6 Einschränkung der Befreiung von Pensions-, Sterbe-, Kranken- und Unterstützungskassen

1 (1) Übersteigt am Schluss des Wirtschaftsjahrs, zu dem der Wert der Deckungsrückstellung versicherungsmathematisch zu berechnen ist, das Vermögen einer Pensions-, Sterbe- oder Krankenkasse im Sinne des § 5 Abs. 1 Nr. 3 den in Buchstabe d dieser Vorschrift bezeichneten Betrag, so ist die Kasse steuerpflichtig, soweit ihr Einkommen anteilig auf das übersteigende Vermögen entfällt.

2 (2) Die Steuerpflicht entfällt mit Wirkung für die Vergangenheit, soweit das übersteigende Vermögen innerhalb von achtzehn Monaten nach dem Schluss des Wirtschaftsjahrs, für das es festgestellt worden ist, mit Zustimmung der Versicherungsaufsichtsbehörde zur Leistungserhöhung, zur Auszahlung an das Trägerunternehmen, zur Verrechnung mit Zuwendungen des Trägerunternehmens, zur gleichmäßigen Herabsetzung künftiger Zuwendungen des Trägerunternehmens oder zur Verminderung der Beiträge der Leistungsempfänger verwendet wird.

3 (3) Wird das übersteigende Vermögen nicht in der in Absatz 2 bezeichneten Weise verwendet, so erstreckt sich die Steuerpflicht auch auf die folgenden Kalenderjahre, für die der Wert der Deckungsrückstellung nicht versicherungsmathematisch zu berechnen ist.

4 (4) ① Bei der Ermittlung des Einkommens der Kasse sind Beitragsrückerstattungen oder sonstige Vermögensübertragungen an das Trägerunternehmen außer in den Fällen des Absatzes 2 nicht abziehbar. ② Das Gleiche gilt für Zuführungen zu einer Rückstellung für Beitragsrückerstattung, soweit den Leistungsempfängern ein Anspruch auf die Überschussbeteiligung nicht zusteht.

5 (5) ① Übersteigt am Schluss des Wirtschaftsjahrs das Vermögen einer Unterstützungskasse im Sinne des § 5 Abs. 1 Nr. 3 den in Buchstabe e dieser Vorschrift bezeichneten Betrag, so ist die Kasse steuerpflichtig, soweit ihr Einkommen anteilig auf das übersteigende Vermögen entfällt. ② Bei der Ermittlung des Einkommens sind Zuwendungen des Trägerunternehmens nicht erhöhend und Versorgungsleistungen der Kasse sowie Vermögensübertragungen an das Trägerunternehmen nicht mindernd zu berücksichtigen.[1]

6 (5 a)[1] ① Unterstützungskassen in der Rechtsform der Kapitalgesellschaft können bis zum 31. Dezember 2016 auf amtlich vorgeschriebenem Vordruck einen positiven Zuwendungsbetrag erklären. ② Dieser errechnet sich aus den Zuwendungen des Trägerunternehmens in den Veranlagungszeiträumen 2006 bis 2015 abzüglich der Versorgungsleistungen in diesem Zeitraum, soweit diese Zuwendungen und diese Versorgungsleistungen in dem steuerpflichtigen Teil des Einkommens der Kasse nach Absatz 5 Satz 1 enthalten waren. ③ Dabei gelten Versorgungsleistungen in den Veranlagungszeiträumen 2006 bis 2015 als vornehmlich aus Zuwendungen des Trägerunternehmens in diesem Zeitraum erbracht. ④ Ab dem Veranlagungszeitraum 2016 mindert sich das steuerpflichtige Einkommen der Kasse in Höhe des zum Schluss des vorherigen Veranlagungszeitraums festgestellten Betrags nach Satz 6; es mindert sich höchstens um einen Betrag in Höhe der im Wirtschaftsjahr getätigten Versorgungsleistungen. ⑤ Durch die Minderung darf das Einkommen nicht negativ werden. ⑥ Gesondert festzustellen sind,[2]

1. der Zuwendungsbetrag auf den 31. Dezember 2015 und
2. der zum 31. Dezember des jeweiligen Folgejahres verbleibende Zuwendungsbetrag, der sich ergibt, wenn vom zum Schluss des Vorjahres festgestellten Betrag der Betrag abgezogen wird, um den sich das steuerpflichtige Einkommen im laufenden Veranlagungszeitraum nach den Sätzen 4 und 5 gemindert hat.

7 (6) ① Auf den Teil des Vermögens einer Pensions-, Sterbe-, Kranken- oder Unterstützungskasse, der am Schluss des Wirtschaftsjahrs den in § 5 Abs. 1 Nr. 3 Buchstabe d oder e bezeichneten Betrag übersteigt, ist Buchstabe c dieser Vorschrift nicht anzuwenden. ② Bei Unterstützungskassen gilt dies auch, soweit das Vermögen vor dem Schluss des Wirtschaftsjahrs den in § 5 Abs. 1 Nr. 3 Buchstabe e bezeichneten Betrag übersteigt.

Übersicht

[1] Zur Anwendung von § 6 Abs. 5 Satz 2 und Abs. 5 a bei voll steuerpflichtigen Unterstützungskassen ab VZ 2016 siehe **§ 6 a.**

[2] Zeichensetzung amtlich.

R 6. Einschränkung der Befreiung von Pensions-, Sterbe-, Kranken- und Unterstützungskassen R 6

Allgemeines

(1) ① § 6 KStG regelt die teilweise Steuerpflicht überdotierter Pensions-, Sterbe-, Kranken- und Unterstützungskassen. ② Steuerpflichtig ist der Teil des Einkommens, der auf das den zulässigen Betrag übersteigende Vermögen entfällt. 11

Pensions-, Sterbe- und Krankenkassen

(2) ① Bei Pensions-, Sterbe- und Krankenkassen ist das zulässige Vermögen nach § 5 Abs. 1 Nr. 3 Buchstabe d KStG zu errechnen. ② Es entspricht bei einer in der Rechtsform des VVaG betriebenen Kasse dem Betrag der Verlustrücklage nach *§ 37 VAG.*[1] ③ Maßgebend ist der Soll-Betrag der Verlustrücklage. ④ Soll Betrag der Verlustrücklage ist der in der Satzung bestimmte und von der Versicherungsaufsichtsbehörde genehmigte Mindestbetrag der Verlustrücklage i. S. d. *§ 37 VAG.*[1] ⑤ Diese Rücklage dient zur Deckung eines außergewöhnlichen Verlustes aus dem Geschäftsbetrieb. ⑥ Zu anderen Zwecken, z. B. zu Zahlungen an das Trägerunternehmen, darf die Rücklage nicht verwendet werden. ⑦ Wird die Kasse nicht in der Rechtsform eines VVaG betrieben, tritt an die Stelle der Verlustrücklage i. S. v. *§ 37 VAG*[1] der dieser Rücklage entsprechende Teil des Vermögens, der zur Deckung eines Verlustes dient. ⑧ Ist die Ansammlung von Reserven nicht vorgeschrieben, wie z. B. bei öffentlich-rechtlichen Unternehmen, ist i. d. R. darauf abzustellen, ob die Satzung eine der Verlustrücklage des *§ 37 VAG*[1] entsprechende Rücklagenbildung vorsieht. 12

(3) ① Nach dem Wortlaut des § 5 Abs. 1 Nr. 3 Buchstabe d KStG ist bei der Prüfung der Überdotierung einer Pensionskasse das Vermögen zugrunde zu legen, das sich nach den handelsrechtlichen Grundsätzen ordnungsmäßiger Buchführung unter Berücksichtigung des Geschäftsplans sowie der allgemeinen Versicherungsbedingungen und der fachlichen Geschäftsunterlagen i. S. d. *§ 5 Abs. 3 Nr. 2 Halbsatz 2 VAG*[1] ergibt. ② Die Bindung an die handelsrechtlichen Grundsätze gilt aber nicht uneingeschränkt. ③ Eine handelsrechtlich zulässigerweise gebildete Rückstellung für Beitragsrückerstattung darf nur insoweit berücksichtigt werden, als den Leistungsempfängern ein Anspruch auf die Überschussbeteiligung zusteht. ④ Der Rückstellung für Beitragsrückerstattung gleichzusetzen ist die Rückstellung für satzungsgemäße Überschussbeteiligung, wenn durch Satzung, geschäftsplanmäßige Erklärung oder Beschluss des zuständigen Organs festgelegt ist, dass die Überschüsse in vollem Umfang den Leistungsempfängern und Mitgliedern der Kasse zustehen. ⑤ Dabei kommt es nicht darauf an, welche Form der Beitragsrückerstattung gewählt wird. ⑥ Handelt es sich bei den Anspruchsberechtigten um die Leistungsempfänger der Kasse, gilt hinsichtlich der Verwendungsfrist der Rückstellung für Beitragsrückerstattung die für Lebensversicherungsunternehmen getroffene Regelung (§ 21 Abs. 2 KStG) entsprechend. ⑦ Soweit jedoch das Trägerunternehmen anspruchsberechtigt ist, müssen die Mittel der Beitragsrückerstattung innerhalb der in § 6 Abs. 2 KStG genannten Frist verwendet werden. 13

(4) ① Über die Überdotierung einer Pensions-, Sterbe- und Krankenkasse i. S. d. § 5 Abs. 1 Nr. 3 KStG ist nach steuerlichen Gesichtspunkten zu entscheiden. ② Eine Bindung der Finanzbehörden an Entscheidungen der Versicherungsaufsichtsbehörde besteht nicht. ③ Der Geschäftsplan sowie die allgemeinen Versicherungsbedingungen und die fachlichen Geschäftsunterlagen i. S. d. *§ 5 Abs. 3 Nr. 2 Halbsatz 2 VAG*[1] dienen lediglich als Grundlage für die Prüfung der Überdotierung. ④ Die Prüfung, ob eine Pensions-, Sterbe- und Krankenkasse wegen Überdotierung teilweise steuerpflichtig ist, hat zu den Bilanzstichtagen zu erfolgen, zu denen der Wert der Deckungsrückstellung versicherungsmathematisch zu berechnen ist oder freiwillig berechnet wird. ⑤ Die teilweise Steuerpflicht beginnt und endet vorbehaltlich des § 6 Abs. 2 KStG nur zu den Bilanzstichtagen, zu denen eine versicherungsmathematische Berechnung durchgeführt worden ist. ⑥ Tritt die Steuerpflicht z. B. für einen Zeitraum von drei Jahren ein, bleibt während dieser Zeit der Aufteilungsschlüssel unverändert, d. h. das Einkommen ist zwar für jedes Jahr gesondert nach den allgemeinen Vorschriften unter Berücksichtigung des § 6 Abs. 4 KStG zu ermitteln, jedoch nach dem unveränderten Verhältnis in den steuerfreien und den steuerpflichtigen Anteil aufzuteilen. 14

Unterstützungskassen[2]

(5) ① Bei Unterstützungskassen ist das Vermögen nach § 5 Abs. 1 Nr. 3 Buchstabe e KStG zu errechnen. ② Im Gegensatz zu den Pensionskassen ist bei der Ermittlung nicht von handelsrechtlichen Bewertungsmaßstäben auszugehen. ③ Im Einzelnen sind anzusetzen: 15

a) der Grundbesitz mit 200% des Einheitswerts (§ 4 d Abs. 1 Satz 1 Nr. 1 Satz 3 EStG), der zu dem Feststellungszeitpunkt maßgebend ist, der auf den Schluss des Wj. folgt,

---

[1] VAG 1992 aufgehoben mit Wirkung vom 1. 1. 2016; vgl. jetzt VAG vom 1. 4. 2015, BGBl. I S. 434 (Beck'sche Textsammlung **Wirtschaftsgesetze** Nr. **90**).

[2] Zur Einkommensermittlung bei voll steuerpflichtigen Unterstützungskassen vgl. ab VZ 2016 **§ 6 a.**

b) der noch nicht fällige Anspruch aus einer Versicherung mit dem Wert des geschäftsplanmäßigen Deckungskapitals zuzüglich des Guthabens aus Beitragsrückerstattung am Schluss des Wj.; soweit die Berechnung des Deckungskapitals nicht zum Geschäftsplan gehört, tritt an die Stelle des geschäftsplanmäßigen Deckungskapitals der nach § 169 Abs. 3 des VVG berechnete Rückkaufswert bzw. der nach § 169 Abs. 4 VVG berechnete Zeitwert,

c) das übrige Vermögen mit dem gemeinen Wert am Schluss des Wj.

16 (6) ① Abweichend von der Regelung für Pensionskassen ist für Unterstützungskassen ein rückwirkender Wegfall der Steuerpflicht nicht vorgesehen. ② Die teilweise Steuerpflicht ist nach Ablauf jedes Jahres zu prüfen. ③ Sie besteht deshalb jeweils nur für ein Jahr. ④ Die teilweise Steuerpflicht kann jedoch nach § 6 Abs. 6 Satz 2 KStG von vornherein z. B. durch entsprechende Rückübertragung von Deckungsmitteln auf das Trägerunternehmen vermieden werden.

H 6

H 6

18 **Abstandnahme vom Kapitalertragsteuerabzug.** → H 20.1 Abgeltungsteuer Allgemeines EStH.

Beispiel zur Berechnung des Einkommens bei partieller Steuerpflicht:

Das steuerpflichtige Einkommen einer überdotierten Pensionskasse wird wie folgt berechnet:

			€
Aktiva			500 0000
Passiva			350 0000
Vermögen der Kasse			150 0000
Verlustrücklage			50 0000
übersteigendes Vermögen (Überdotierung)			100 0000
Einkommen der Kasse			100 000
steuerpflichtiges Einkommen:	$\frac{100\,000 \times 1\,000\,000}{1\,500\,000}$	=	66 667

Anrechnung von Steuerabzugsbeträgen. Bezieht eine Kasse, die partiell steuerpflichtig ist, Einkünfte, die dem Steuerabzug unterliegen, sind diese Einkünfte im Verhältnis des überdotierten zum Gesamtvermögen der Kasse in die Veranlagung einzubeziehen; nur insoweit ist die auf die Kapitalerträge entfallende Kapitalertragsteuer auf die eigene Körperschaftsteuer der Kasse anzurechnen (→ BFH vom 31. 7. 1991, I R 4/89, BStBl. 1992 II S. 98).

Zuwendungen nach §§ 4 c und 4 d EStG. → R 4 c und 4 d EStR.

§ 6 a[1] Einkommensermittlung bei voll steuerpflichtigen Unterstützungskassen

KStG

Bei Unterstützungskassen, die voll steuerpflichtig sind, ist § 6 Absatz 5 Satz 2 und Absatz 5 a entsprechend anzuwenden. 1

[1] § 6 a anzuwenden ab VZ 2016 (§ 34 Abs. 1 idF des JStG 2015).

KStG

Zweiter Teil. Einkommen

Erstes Kapitel. Allgemeine Vorschriften

§ 7 Grundlagen der Besteuerung

1 **(1) Die Körperschaftsteuer bemisst sich nach dem zu versteuernden Einkommen.**

2 **(2) Zu versteuerndes Einkommen ist das Einkommen im Sinne des § 8 Abs. 1, vermindert um die Freibeträge der §§ 24 und 25.**

3 **(3) ① Die Körperschaftsteuer ist eine Jahressteuer. ② Die Grundlagen für ihre Festsetzung sind jeweils für ein Kalenderjahr zu ermitteln. ③ Besteht die unbeschränkte oder beschränkte Steuerpflicht nicht während eines ganzen Kalenderjahrs, so tritt an die Stelle des Kalenderjahrs der Zeitraum der jeweiligen Steuerpflicht.**

4 **(4) ① Bei Steuerpflichtigen, die verpflichtet sind, Bücher nach den Vorschriften des Handelsgesetzbuchs zu führen, ist der Gewinn nach dem Wirtschaftsjahr zu ermitteln, für das sie regelmäßig Abschlüsse machen. ② Weicht bei diesen Steuerpflichtigen das Wirtschaftsjahr, für das sie regelmäßig Abschlüsse machen, vom Kalenderjahr ab, so gilt der Gewinn aus Gewerbebetrieb als in dem Kalenderjahr bezogen, in dem das Wirtschaftsjahr endet. ③ Die Umstellung des Wirtschaftsjahrs auf einen vom Kalenderjahr abweichenden Zeitraum ist steuerlich nur wirksam, wenn sie im Einvernehmen mit dem Finanzamt vorgenommen wird.**

Übersicht

R 7.1

R 7.1 Ermittlung des zu versteuernden Einkommens

11 (1) ① Bemessungsgrundlage für die tarifliche Körperschaftsteuer ist das zu versteuernde Einkommen. ② Bei Körperschaften, die nur gewerbliche Einkünfte haben können, ist das zu versteuernde Einkommen wie folgt zu ermitteln:

1. Gewinn/Verlust lt. Steuerbilanz bzw. nach § 60 Abs. 2 EStDV korrigierter Jahresüberschuss/Jahresfehlbetrag lt. Handelsbilanz unter Berücksichtigung der besonderen Gewinnermittlung bei Handelsschiffen nach § 5 a EStG
2. + Hinzurechnung nicht ausgleichsfähiger Verluste u. a. nach § 15 Abs. 4 Satz 1, 3 und 6, § 15 a Abs. 1 und 1 a, § 15 b Abs. 1 Satz 1 EStG, § 2 Abs. 4 Satz 1, § 20 Abs. 6 Satz 4 UmwStG
3. + Hinzurechnung nach § 15 a Abs. 3 EStG
4. – Kürzungen nach § 15 Abs. 4 Satz 2, 3 und 7, § 15 a Abs. 2, Abs. 3 Satz 4, § 15 b Abs. 1 Satz 2 EStG
5. + Gewinnzuschlag nach § 6 b Abs. 7 EStG
6. +/– Bildung und Auflösung von Investitionsabzugsbeträgen i. S. d. § 7 g EStG
7. + Hinzurechnung von → vGA (§ 8 Abs. 3 Satz 2 KStG) und Ausschüttungen auf Genussrechte i. S. d. § 8 Abs. 3 Satz 2 KStG
8. – Abzug von Gewinnerhöhungen im Zusammenhang mit bereits in vorangegangenen VZ versteuerten → vGA
9. – verdeckte Einlagen (§ 8 Abs. 3 Satz 3 bis 6 KStG), Einlagen (§ 4 Abs. 1 Satz 8 EStG)
10. + nichtabziehbare Aufwendungen (z. B. § 10 KStG, § 4 Abs. 5 bis 8 EStG, § 160 AO)
11. + Gesamtbetrag der Zuwendungen nach § 9 Abs. 1 Nr. 2 KStG
12. – sonstige inländische steuerfreie Einnahmen
13. + Hinzurechnungen nach § 3 c EStG
14. +/– Hinzurechnungen und Kürzungen bei Umwandlung u. a.
    - nach § 4 Abs. 6 bzw. § 12 Abs. 2 Satz 1 UmwStG nicht zu berücksichtigender Übernahmeverlust oder -gewinn,
    - Einbringungsgewinn I nach § 22 Abs. 1 UmwStG
15. +/– Hinzurechnungen und Kürzungen bei ausländischen Einkünften u. a.
    - Korrektur um nach DBA steuerfreie Einkünfte unter Berücksichtigung des § 3 c Abs. 1 EStG,

– Abzug ausländischer Steuern nach § 26 KStG oder § 12 Abs. 3 AStG,
– Hinzurechnungsbetrag nach § 10 AStG einschließlich Aufstockungsbetrag nach § 12 Abs. 1 AStG,
– Hinzurechnungen und Kürzungen von nicht nach DBA steuerfreien negativen Einkünften nach § 2 a Abs. 1 EStG

16. + Berichtigungsbetrag nach § 1 AStG

17. +/– Kürzungen/Hinzurechnungen nach § 8 b KStG

18. +/– Korrekturen bei Organschaft i. S. d. §§ 14 und 17 KStG (z. B. gebuchte Gewinnabführung, Verlustübernahme, Ausgleichszahlungen i. S. d. § 16 KStG)

19. +/– Hinzurechnung der nicht abziehbaren Zinsen und Kürzung um den abziehbaren Zinsvortrag nach § 4 h EStG i. V. m. § 8 a KStG

20. +/– sonstige Hinzurechnungen und Kürzungen

---

21. = steuerlicher Gewinn (Summe der Einkünfte in den Fällen der R 7.1 Abs. 2 Satz 1)

22. – Zuwendungen und Zuwendungsvortrag, soweit nach § 9 Abs. 1 Nr. 2 KStG abziehbar

23. + Sonstige Hinzurechnungen bei ausländischen Einkünften
– Hinzurechnung nach § 52 Abs. 2 EStG i. V. m. § 2 a Abs. 3 und 4 EStG 1997,
– Hinzurechnung nach § 8 Abs. 5 Satz 2 AuslInvG

24. + nicht zu berücksichtigender/wegfallender Verlust des laufenden VZ, soweit Hinzurechnungen nach § 8 c KStG ggf. i. V. m. § 2 Abs. 4 Satz 1 und 2175, § 20 Abs. 6 Satz 4 UmwStG oder im Falle einer Abspaltung nach § 15 Abs. 3, § 16 UmwStG vor den Korrekturen nach Nr. 25 oder 26 vorzunehmen sind

25. +/– bei Organträgern:
– Zurechnung des Einkommens von Organgesellschaften (§§ 14 und 17 KStG),
– Kürzungen/Hinzurechnungen bezogen auf das dem Organträger zugerechnete Einkommen von Organgesellschaften (§ 15 KStG),
– Abzug des der Organgesellschaft nach § 16 Satz 2 KStG zuzurechnenden Einkommens des Organträgers

26. +/– bei Organgesellschaften:
– Zurechnung von Einkommen des Organträgers nach § 16 Satz 2 KStG,
– Abzug des dem Organträger zuzurechnenden Einkommens (§§ 14 und 17 KStG)

27. + nicht zu berücksichtigender/wegfallender Verlust des laufenden VZ, soweit Hinzurechnungen nach § 8 c KStG ggf. i. V. m. § 2 Abs. 4 Satz 1 und 2, § 20 Abs. 6 Satz 4 UmwStG oder im Falle einer Abspaltung nach § 15 Abs. 3, § 16 UmwStG nicht bereits nach Nr. 24 vorzunehmen sind

28. + Hinzurechnung der nach § 2 Abs. 4 Satz 3 und 4 UmwStG nicht ausgleichsfähigen Verluste des laufenden VZ des übernehmenden Rechtsträgers

---

29. = Gesamtbetrag der Einkünfte i. S. d. § 10 d EStG

30. – Verlustabzug nach § 10 d EStG

---

31. = Einkommen

32. – Freibetrag für bestimmte Körperschaften (§ 24 KStG)

33. – Freibetrag für Erwerbs- und Wirtschaftsgenossenschaften sowie Vereine, die Land- und Forstwirtschaft betreiben (§ 25 KStG)

---

34. = zu versteuerndes Einkommen.

③ Bei Körperschaften i. S. d. § 8 Abs. 9 KStG ist zunächst für jede Sparte ein Gesamtbetrag der Einkünfte entsprechend dem Schema nach Satz 2 zu ermitteln. ④ Der Verlustabzug ist in Fällen von Satz 3 spartenbezogen vorzunehmen. ⑤ Die Summe der sich hiernach ergebenden positiven Spartenergebnisse bildet das Einkommen.

(2) ① Für Körperschaften, die auch andere Einkünfte als gewerbliche haben können, gilt Absatz 1 entsprechend. ② Von der Summe der Einkünfte ist bei Vorliegen der Voraussetzungen der Abzug bei Einkünften aus Land- und Forstwirtschaft (§ 13 Abs. 3 EStG) vorzunehmen. **12**

H 7.1

H 7.1

Beteiligungserträge/Phasengleiche Aktivierung. Eine phasengleiche Aktivierung von Dividendenansprüchen aus einer zum Bilanzstichtag noch nicht beschlossenen Gewinnverwendung einer nachgeschalteten Gesellschaft scheidet steuerlich grundsätzlich aus (→ BFH vom 7. 8. 2000, GrS 2/99, BStBl. II S. 632 und → BFH vom 20. 12. 2000, I R 50/95, BStBl. 2001 II S. 409). **14**

Betriebe gewerblicher Art. Zu Besonderheiten der Einkommensermittlung → R 8.2.

Doppelbesteuerungsabkommen. Stand zum 1. 1. 2016 → BMF vom 19. 1. 2016, BStBl. I S. 76.

Gewinnermittlung bei Handelsschiffen. Zu körperschaftsteuerlichen Fragen bei der Gewinnermittlung von Handelsschiffen im internationalen Verkehr nach § 5a EStG → BMF vom 24. 3. 2000, BStBl. I S. 453.

Gewinnermittlung bei Körperschaften, die Land- und Forstwirtschaft betreiben. → R 8.3.

Inkongruente Gewinnausschüttungen. → BMF vom 17. 12. 2013, BStBl. 2014 I S. 63.

Körperschaftsteuerguthaben. → BMF vom 14. 1. 2008, BStBl. I S. 280.[1]

Mindestgewinnbesteuerung. Die Mindestgewinnbesteuerung des § 10d Abs. 2 EStG verstößt in ihrer Grundkonzeption einer zeitlichen Streckung des Verlustvortrags nicht gegen Verfassungsrecht (→ BFH vom 22. 8. 2012, I R 9/11, BStBl. 2013 II S. 512).[2,3]

Organschaft. Zu Besonderheiten der Einkommensermittlung bei Organgesellschaften und Organträgern → R 14.6 bis 16.

Spartentrennung bei Kapitalgesellschaften, für die § 8 Abs. 7 Satz 1 Nr. 2 KStG anzuwenden ist. Zu Besonderheiten der Einkommensermittlung bei Kapitalgesellschaften, für die § 8 Abs. 7 Satz 1 Nr. 2 KStG anzuwenden ist → BMF vom 12. 11. 2009, BStBl. I S. 1303.

Verdeckte Gewinnausschüttung. Die vGA führt im Rahmen der Hinzurechnung nach § 8 Abs. 3 Satz 2 KStG zu einer außerbilanziellen Korrektur des Jahresüberschusses/-fehlbetrags als Ausgangsgröße der steuerlichen Einkommensermittlung (→ BFH vom 29. 6. 1994, I R 137/93, BStBl. 2002 II S. 366 und → BFH vom 12. 10. 1995, I R 27/95, BStBl. 2002 II S. 367). Zur Darstellung im Einzelnen und zum Abzug von Gewinnerhöhungen im Zusammenhang mit bereits früher versteuerten vGA → BMF vom 28. 5. 2002, BStBl. I S. 603.[4]

R 7.2

R 7.2 Ermittlung der festzusetzenden und verbleibenden Körperschaftsteuer

16 ① Die festzusetzende und die verbleibende Körperschaftsteuer sind wie folgt zu ermitteln:

1.		Steuerbetrag nach Regelsteuersatz (§ 23 Abs. 1 KStG) bzw. Sondersteuersätzen
2.	–	anzurechnende ausländische Steuern nach § 26 Abs. 1 KStG, § 12 AStG
3.	=	Tarifbelastung
	+	Körperschaftsteuererhöhung nach § 38 Abs. 2 i. V. m. § 34 Abs. 13 KStG
4.	=	festzusetzende Körperschaftsteuer
5.	–	anzurechnende Kapitalertragsteuer
6.	=	verbleibende Körperschaftsteuer

② Bei Berufsverbänden unterliegen Mittel, die für die Unterstützung und Förderung von Parteien verwendet werden, einer besonderen Körperschaftsteuer von 50% (§ 5 Abs. 1 Nr. 5 Satz 4 KStG).

R 7.3

R 7.3 Vom Kalenderjahr abweichendes Wirtschaftsjahr

18 (1) Auf kleine Betriebe, Stiftungen, Verbände und Vereine, die einer jPöR angeschlossen sind oder von ihr verwaltet werden, sowie auf technische Überwachungsvereine kann, soweit sie gezwungen sind, ihre Abschlüsse abweichend vom Kj. aufzustellen, § 7 Abs. 4 KStG entsprechend angewendet werden.

19 (2) Bei Körperschaften i. S. d. § 5 Abs. 1 Nr. 9 KStG mit einem vom Kj. abweichenden Wj., die ohne Verpflichtung nach den Vorschriften des HGB ordnungsmäßig Bücher führen und regelmäßig Abschlüsse machen, kann in entsprechender Anwendung des § 7 Abs. 4 KStG auf Antrag das Wj. der Besteuerung des wirtschaftlichen Geschäftsbetriebs zugrunde gelegt werden.

---

[1] Zuletzt abgedruckt als Anlage zu H 37 im Handbuch zur Körperschaftsteuerveranlagung 2019.
[2] **[Amtl. Anm.:]** Verfassungsbeschwerde anhängig, 2 BvR 2998/12.
[3] **[Amtl. Anm.:]** Vgl. auch Normenkontrollverfahren 2 BvL 19/14 (→ BFH vom 26. 2. 2014, I R 59/12, BStBl. II S. 1016).
[4] Abgedruckt als Anl zu H 8.6.

§ 8 Ermittlung des Einkommens

KStG

(1)[1] ① Was als Einkommen gilt und wie das Einkommen zu ermitteln ist, bestimmt sich nach den Vorschriften des Einkommensteuergesetzes und dieses Gesetzes. ② Bei Betrieben gewerblicher Art im Sinne des § 4 sind die Absicht, Gewinn zu erzielen, und die Beteiligung am allgemeinen wirtschaftlichen Verkehr nicht erforderlich. ③ Bei den inländischen öffentlich-rechtlichen Rundfunkanstalten beträgt das Einkommen aus dem Geschäft der Veranstaltung von Werbesendungen 16 Prozent der Entgelte (§ 10 Abs. 1 des Umsatzsteuergesetzes) aus Werbesendungen. ④ Bei Körperschaften im Sinne des § 1 Absatz 1 mit Sitz im Ausland, deren Ort der Geschäftsleitung im Inland belegen ist und die nach inländischem Gesellschaftsrecht mangels Rechtsfähigkeit nicht als juristische Person zu behandeln sind, sind Leistungen und Leistungsversprechen zwischen der Körperschaft und Personen, die aus dieser Körperschaft Einkünfte im Sinne des § 20 Absatz 1 Nummer 1 und 9 des Einkommensteuergesetzes erzielen, für Zwecke der Durchführung der Besteuerung mit Ertragsteuern wie Leistungen und Leistungsversprechen zwischen einer rechtsfähigen Körperschaft und deren Anteilseignern zu behandeln. 1

(2) Bei unbeschränkt Steuerpflichtigen im Sinne des § 1 Abs. 1 Nr. 1 bis 3 sind alle Einkünfte als Einkünfte aus Gewerbebetrieb zu behandeln. 2

(3)[2] ① Für die Ermittlung des Einkommens ist es ohne Bedeutung, ob das Einkommen verteilt wird. ② Auch verdeckte Gewinnausschüttungen sowie Ausschüttungen jeder Art auf Genussrechte[3], mit denen das Recht auf Beteiligung am Gewinn und am Liquidationserlös der Kapitalgesellschaft verbunden ist, mindern das Einkommen nicht. ③ Verdeckte Einlagen erhöhen das Einkommen nicht. ④ Das Einkommen erhöht sich, soweit eine verdeckte Einlage das Einkommen des Gesellschafters gemindert hat. ⑤ [4]Satz 4 gilt auch für eine verdeckte Einlage, die auf einer verdeckten Gewinnausschüttung einer dem Gesellschafter nahe stehenden Person beruht und bei der Besteuerung des Gesellschafters nicht berücksichtigt wurde, es sei denn, die verdeckte Gewinnausschüttung hat bei der leistenden Körperschaft das Einkommen nicht gemindert. ⑥ In den Fällen des Satzes 5 erhöht die verdeckte Einlage nicht die Anschaffungskosten der Beteiligung. 3

(4)[5] *(aufgehoben)* 4

(5) Bei Personenvereinigungen bleiben für die Ermittlung des Einkommens Beiträge, die auf Grund der Satzung von den Mitgliedern lediglich in ihrer Eigenschaft als Mitglieder erhoben werden, außer Ansatz. 5

(6) Besteht das Einkommen nur aus Einkünften, von denen lediglich ein Steuerabzug vorzunehmen ist, so ist ein Abzug von Betriebsausgaben oder Werbungskosten nicht zulässig. 6

(7)[6] ① Die Rechtsfolgen einer verdeckten Gewinnausschüttung im Sinne des Absatzes 3 Satz 2 sind 7

1. **bei Betrieben gewerblicher Art im Sinne des § 4 nicht bereits deshalb zu ziehen, weil sie ein Dauerverlustgeschäft ausüben;**
2. **bei Kapitalgesellschaften nicht bereits deshalb zu ziehen, weil sie ein Dauerverlustgeschäft ausüben. ② Satz 1 gilt nur bei Kapitalgesellschaften, bei denen die Mehrheit der Stimmrechte unmittelbar oder mittelbar auf juristische Personen des öffentlichen Rechts entfällt und nachweislich ausschließlich diese Gesellschafter die Verluste aus Dauerverlustgeschäften tragen.**

② Ein Dauerverlustgeschäft liegt vor, soweit aus verkehrs-, umwelt-, sozial-, kultur-, bildungs- oder gesundheitspolitischen Gründen eine wirtschaftliche Betätigung ohne kostendeckendes Entgelt unterhalten wird oder in den Fällen von Satz 1 Nr. 2 das Geschäft Ausfluss einer Tätigkeit ist, die bei juristischen Personen des öffentlichen Rechts zu einem Hoheitsbetrieb gehört.

---

[1] § 8 Abs. 1 Satz 2 erstmals anzuwenden für VZ auch vor 2009; Satz 4 angefügt durch Gesetz vom 25. 6. 2021 (BGBl. I S. 2056) mit Wirkung für VZ auch vor 2021; zur Anwendung siehe § 34 Abs. 3 c.

[2] § 8 Abs. 3 Satz 4 bis 6 erstmals anzuwenden auf verdeckte Einlagen, die nach dem 18. Dezember 2006 getätigt werden.

[3] Siehe auch *Erlass FM NRW v. 18. 7. 2018 (DB S. 1762)* betreffend steuerbilanzieller Ausweis von Genussrechtskapital.

[4] Vgl. hierzu *BFH-Urteil v. 13. 6. 2018 I R 94/15, DStR 2018, 2251:* An einer Nichtberücksichtigung i. S. v. § 8 Abs. 3 Satz 5 KStG fehlt es jedoch, wenn die vGA bei der Veranlagung des Gesellschafters zwar nicht erfasst worden ist, jedoch nach Maßgabe von § 8b Abs. 1 ohnehin hätte außer Ansatz bleiben müssen. Die FinVerw wendet das Urteil nicht über den entschiedenen Einzelfall hinaus an, vgl. *BMF-Schr. v. 18. 11. 2020 BStBl. I 2020, 1226* (…) Eine rein hypothetische Erfassung und Steuerfreistellung der verdeckten Gewinnausschüttung nach § 8b Abs. 1 KStG erfüllt das Tatbestandsmerkmal der Nichtberücksichtigung i. S. v. § 8 Abs. 3 S. 5 Hs. 1 KStG. (…).

[5] § 8 Abs. 4 aufgehoben mit letztmaliger Anwendung in VZ 2013.

[6] Zur Anwendbarkeit von § 8 Abs. 7 KStG auf durch die öffentliche Hand betriebene dauerdefizitäre Forschungs- und Technologieförderung vgl. *Kurzinformation FM Schleswig-Holstein v. 14. 3. 2013 VI 3010 – S 2706 – 280, StEK KStG § 8 Nr. 262* und auf Wirtschaftsförderungsgesellschaften vgl. *Kurzinformation FM Schleswig-Holstein v. 20. 3. 2013 VI 3010 – S 0177 – 010, StEK KStG § 8 Nr. 263.*

KStG

8 (8) ① **Werden Betriebe gewerblicher Art zusammengefasst, ist § 10 d des Einkommensteuergesetzes auf den Betrieb gewerblicher Art anzuwenden, der sich durch die Zusammenfassung ergibt. ② Nicht ausgeglichene negative Einkünfte der einzelnen Betriebe gewerblicher Art aus der Zeit vor der Zusammenfassung können nicht beim zusammengefassten Betrieb gewerblicher Art abgezogen werden. ③ Ein Rücktrag von Verlusten des zusammengefassten Betriebs gewerblicher Art auf die einzelnen Betriebe gewerblicher Art vor Zusammenfassung ist unzulässig. ④ Ein bei einem Betrieb gewerblicher Art vor der Zusammenfassung festgestellter Verlustvortrag kann nach Maßgabe des § 10 d des Einkommensteuergesetzes vom Gesamtbetrag der Einkünfte abgezogen werden, den dieser Betrieb gewerblicher Art nach Beendigung der Zusammenfassung erzielt. ⑤ Die Einschränkungen der Sätze 2 bis 4 gelten nicht, wenn gleichartige Betriebe gewerblicher Art zusammengefasst oder getrennt werden. ⑥ [1] Kommt es bei einem Betrieb gewerblicher Art, der sich durch eine Zusammenfassung ergeben hat, innerhalb eines Zeitraums von fünf Jahren nach der Zusammenfassung zur Anwendung des § 3 a des Einkommensteuergesetzes, ist § 3 a Absatz 3 Satz 3 des Einkommensteuergesetzes entsprechend auf die in Satz 4 genannten Verlustvorträge anzuwenden.**

9 (9) ① **Wenn für Kapitalgesellschaften Absatz 7 Satz 1 Nr. 2 zur Anwendung kommt, sind die einzelnen Tätigkeiten der Gesellschaft nach folgender Maßgabe Sparten zuzuordnen:**

1. **Tätigkeiten, die als Dauerverlustgeschäfte Ausfluss einer Tätigkeit sind, die bei juristischen Personen des öffentlichen Rechts zu einem Hoheitsbetrieb gehören, sind jeweils gesonderten Sparten zuzuordnen;**
2. **Tätigkeiten, die nach § 4 Abs. 6 Satz 1 zusammenfassbar sind oder aus den übrigen, nicht in Nummer 1 bezeichneten Dauerverlustgeschäften stammen, sind jeweils gesonderten Sparten zuzuordnen, wobei zusammenfassbare Tätigkeiten jeweils eine einheitliche Sparte bilden;**
3. **alle übrigen Tätigkeiten sind einer einheitlichen Sparte zuzuordnen.**

② **Für jede sich hiernach ergebende Sparte ist der Gesamtbetrag der Einkünfte getrennt zu ermitteln. ③ Die Aufnahme einer weiteren, nicht gleichartigen Tätigkeit führt zu einer neuen, gesonderten Sparte; Entsprechendes gilt für die Aufgabe einer solchen Tätigkeit. ④ Ein negativer Gesamtbetrag der Einkünfte einer Sparte darf nicht mit einem positiven Gesamtbetrag der Einkünfte einer anderen Sparte ausgeglichen oder nach Maßgabe des § 10 d des Einkommensteuergesetzes abgezogen werden. ⑤ Er mindert jedoch nach Maßgabe des § 10d des Einkommensteuergesetzes die positiven Gesamtbeträge der Einkünfte, die sich in dem unmittelbar vorangegangenen und in den folgenden Veranlagungszeiträumen für dieselbe Sparte ergeben. ⑥ Liegen die Voraussetzungen des Absatzes 7 Satz 1 Nr. 2 Satz 2 ab einem Zeitpunkt innerhalb eines Veranlagungszeitraums nicht mehr vor, sind die Sätze 1 bis 5 ab diesem Zeitpunkt nicht mehr anzuwenden; hiernach nicht ausgeglichene oder abgezogene negative Beträge sowie verbleibende Verlustvorträge aus den Sparten, in denen Dauerverlusttätigkeiten ausgeübt werden, entfallen. ⑦ Liegen die Voraussetzungen des Absatzes 7 Satz 1 Nr. 2 Satz 2 erst ab einem bestimmten Zeitpunkt innerhalb eines Veranlagungszeitraums vor, sind die Sätze 1 bis 5 ab diesem Zeitpunkt anzuwenden; ein bis zum Eintritt der Voraussetzungen entstandener Verlust kann nach Maßgabe des § 10 d des Einkommensteuergesetzes abgezogen werden; ein danach verbleibender Verlust ist der Sparte zuzuordnen, in denen keine Dauerverlustgeschäfte ausgeübt werden. ⑧ Der am Schluss eines Veranlagungszeitraums verbleibende negative Gesamtbetrag der Einkünfte einer Sparte ist gesondert festzustellen; § 10 d Absatz 4 des Einkommensteuergesetzes gilt entsprechend. ⑨ [2] Die §§ 3 a und 3 c Absatz 4 des Einkommensteuergesetzes sind entsprechend anzuwenden; § 3 a Absatz 2 des Einkommensteuergesetzes ist für die Kapitalgesellschaft anzuwenden.**

10 (10) ① **Bei Einkünften aus Kapitalvermögen ist § 2 Absatz 5 b des Einkommensteuergesetzes nicht anzuwenden. ② § 32 d Abs. 2 Satz 1 Nr. 1 Satz 1 und Nr. 3 Satz 1 und Satz 3 bis 6 des Einkommensteuergesetzes ist entsprechend anzuwenden; in diesen Fällen ist § 20 Abs. 6 und 9 des Einkommensteuergesetzes nicht anzuwenden.**

Übersicht

[1] **§ 8 Abs. 8 Satz 6** erstmals anzuwenden für VZ 2017, sowie auf Antrag auch für VZ vor 2017 (§ 34 Abs. 3 d).
[2] **§ 8 Abs. 9 Satz 9** erstmals anzuwenden für VZ 2017, sowie auf Antrag auch für VZ vor 2017 (§ 34 Abs. 3 d).

R 8.1 Anwendung einkommensteuerrechtlicher Vorschriften

R 8.1

(1) Bei Körperschaften sind nach § 8 Abs. 1, § 26 und § 31 Abs. 1 KStG anzuwenden: **11**

1. die folgenden Vorschriften des EStG i. d. F. der Bekanntmachung vom 8. 10. 2009 (BGBl. I S. 3366, S. 3862, BStBl. I S. 1346) unter Berücksichtigung der Änderungen bis einschließlich durch Artikel 3 des Gesetzes vom 2. November 2015 (BGBl. I S. 1834, BStBl. I S. 846):
   § 2 Abs. 1 bis 4, 6 und 7 Satz 3. ② Auf R 7.1 wird hingewiesen;
   § 2 a,
   § 3 Nr. 7, 8 Satz 1, Nr. 11 Satz 1 und 3, Nr. 18, 40 a, 41, 42, 44, 54 und 70,
   § 3 c Abs. 1, § 3 c Abs. 2 i. V. m. § 3 Nr. 40 a, § 3 c Abs. 3,
   § 4 Abs. 1 bis 4, Abs. 5 Satz 1 Nr. 1 bis 4, 7 bis 13, Satz 2, Abs. 5 b bis 8,
   § 4 a Abs. 1 Satz 2 Nr. 1 und 3, Abs. 2,
   § 4 b,
   § 4 c,
   § 4 d,
   § 4 e,
   § 4 f,
   § 4 g,
   § 4 h,
   § 5,
   § 5 a,
   § 5 b,
   § 6,
   § 6 a,

R 8.1

noch **11**

§ 6b,
§ 6c,
§ 6d,
§ 7,
§ 7a,
§ 7g,
§ 7h,
§ 7i,
§ 8 Abs. 1 und 2,
§ 9 Abs. 1 Satz 3 Nr. 1 bis 3 und 7 und Abs. 5,
§ 9a Satz 1 Nr. 3 und Satz 2. ③ Auf Absatz 2 wird hingewiesen;
§ 9b,
§ 10d,
§ 10g,
§ 11,
§ 11a,
§ 11b,
§ 13 Abs. 1, 2 Nr. 1, Abs. 3 Satz 1 und 2, Abs. 6 und 7,
§ 13a,
§ 14 Satz 1,
§ 15,
§ 15a,
§ 15b,
§ 16 Abs. 1 bis 3b und 5,
§ 17. ④ Auf Absätze 2 und 3 wird hingewiesen;
§ 18 Abs. 1 Nr. 2, 3 und 4, Abs. 2, 3, 4 Satz 2,
§ 20. ⑤ Auf Absatz 2 wird hingewiesen;
§ 21 Abs. 1 und 3,
§ 22 Nr. 1, 2 und 3,
§ 23,
§ 24,
§ 25 Abs. 1 und 3 Satz 1,
§ 32d Abs. 2 Satz 1 Nr. 1 Satz 1 und Nr. 3 Satz 1 und Satz 3 bis 6 (die Anwendung erfolgt i. V. m. § 8 Abs. 10 KStG),
§ 34b Abs. 1 Nr. 2 (die Anwendung erfolgt i. V. m. R 23),
§ 34c (die Anwendung erfolgt i. V. m. § 26 KStG),
§ 34d Nr. 1 bis 4 und 6 bis 8,
§ 36 Abs. 2 Nr. 2, Abs. 3 bis 5,
§ 37 Abs. 1, Abs. 3 Satz 1 bis 3 sowie 8 bis 11, Abs. 4 und 5,
§ 37b,
§ 43,
§ 43a,
§ 43b,
§ 44,
§ 44a,
§ 44b,
§ 45,
§ 45a,
§ 45d,
§ 48,
§ 48a,
§ 48b,
§ 48c,
§ 48d,
§ 49,
§ 50 Abs. 1 Satz 1, Abs. 2 Satz 1, 2, 7 und 8, Abs. 3 und 4,
§ 50a Abs. 1 Nr. 1 bis 3, Abs. 2 bis 7,
§ 50b,
§ 50d Abs. 1 bis 6 und 9 bis 11,
§ 50e,
§ 50f,
§ 50g,
§ 50h,
§ 50i,
§ 51,
§ 51a Abs. 1 und 3 bis 5,
§ 52,
§ 55,

§ 56,
§ 57,
§ 58;

2. die folgenden Vorschriften der EStDV i.d.F. der Bekanntmachung vom 10.5.2000 (BGBl. I S. 717, BStBl. I S. 595), zuletzt geändert durch die Verordnung vom 31.8.2015 (BGBl. I S. 1474):

§ 6,
§ 8 b,
§ 8 c,
§ 9 a,
§ 10,
§ 11 c,
§ 11 d,
§ 15,
§ 50,
§ 51,
§ 53,
§ 54,
§ 56 Satz 2,
§ 60,
§ 68 a,
§ 68 b,
§ 73 a Abs. 2 und 3,
§ 73 c,
§ 73 d,
§ 73 e,
§ 73 f,
§ 73 g,
§ 81,
§ 82 a,
§ 82 f,
§ 82 g,
§ 82 i,
§ 84.

(2) ① Unbeschränkt Körperschaftsteuerpflichtige i. S. d. § 1 Abs. 1 Nr. 4 und 5 KStG können grundsätzlich Bezieher sämtlicher Einkünfte i. S. d. § 2 Abs. 1 EStG sein. ② Bei der Ermittlung der Einkünfte aus Kapitalvermögen ist die Vorschrift des § 20 Abs. 9 Satz 1 und 4 EStG (Sparer-Pauschbetrag) zu berücksichtigen. ③ In den Fällen des § 8 Abs. 10 KStG ist § 20 Abs. 6 und 9 EStG nicht anzuwenden. ④ Ferner ist die Freibetragsregelung des § 17 Abs. 3 EStG zu beachten. 12

(3) Bei Körperschaftsteuerpflichtigen, bei denen alle Einkünfte als Einkünfte aus Gewerbebetrieb zu behandeln sind (§ 8 Abs. 2 KStG), ist die Freibetragsregelung des § 17 Abs. 3 EStG nicht anzuwenden. 13

H 8.1

H 8.1

Gewinnermittlung bei Handelsschiffen. Zu körperschaftsteuerlichen Fragen bei der Gewinnermittlung von Handelsschiffen im internationalen Verkehr nach § 5 a EStG → BMF vom 24. 3. 2000, BStBl. I S. 453. 15

Steuerberatungskosten. Zum Abzug von Steuerberatungskosten als Betriebsausgaben oder Werbungskosten → BMF vom 21. 12. 2007, BStBl. 2008 I S. 256.

R 8.2 Einkommensermittlung bei Betrieben gewerblicher Art

R 8.2

(1) ① Für die Zwecke der Ermittlung des körperschaftsteuerpflichtigen Einkommens wird der BgA der jPöR verselbständigt. ② Das schließt grundsätzlich die steuerrechtliche Anerkennung von Regelungen der jPöR in Bezug auf den BgA ein, z. B. über verzinsliche Darlehen oder Konzessionsabgaben. ③ Diese Regelungen müssen jedoch klar und eindeutig sein und können nur für die Zukunft, nicht aber mit Wirkung für die Vergangenheit getroffen werden. 17

(2)[1] ① Regelungen der jPöR in Bezug auf den BgA über verzinsliche Darlehen sind steuerrechtlich nur anzuerkennen, soweit der BgA mit einem angemessenen Eigenkapital ausgestattet ist. ② Ein Anhaltspunkt ist die Kapitalstruktur gleichartiger Unternehmen in privatrechtlicher Form. ③ Ein BgA ist grundsätzlich mit einem angemessenen Eigenkapital ausgestattet, wenn das Eigenkapital mindestens 30% des Aktivvermögens beträgt. ④ Für die Berechnung der Eigenkapitalquote ist von den Buchwerten in der steuerrechtlichen Gewinnermittlung am Anfang des Wj. auszugehen. ⑤ Das Aktivvermögen ist um Baukostenzuschüsse und passive Wertberichtigungsposten zu kürzen. ⑥ Von der jPöR gewährte unverzinsliche Darlehen sind als Eigenkapital zu behandeln. ⑦ Pensions- 18

[1] R 8.2 Abs. 2 KStG gilt nicht, wenn die Körperschaft des öffentlichen Rechts das Darlehen nicht an einen eigenen Betrieb gewerblicher Art, sondern an eine rechtlich selbstständige Anstalt des öffentlichen Rechts gewährt *(LfSt Niedersachsen v. 29. 9. 2020 S 2766-153-St 241, DB 2020, S. 2156).*

rückstellungen rechnen als echte Verpflichtungen nicht zum Eigenkapital. ⑧ Soweit der BgA nicht mit einem angemessenen Eigenkapital ausgestattet ist, ist ein von der jPöR ihrem BgA gewährtes Darlehen als Eigenkapital zu behandeln mit der Folge, dass die insoweit angefallenen Zinsen als vGA anzusehen sind. ⑨ Die Angemessenheit des Eigenkapitals ist für jeden VZ neu zu prüfen.

19 (3) ① Auch ohne besondere Regelung sind Aufwendungen der jPöR, die dieser aus der Unterhaltung des BgA erwachsen, in angemessenem Umfang als Betriebsausgaben des BgA abziehbar. ② Wegen vGA → R 8.5 und wegen der Abgrenzung der Spenden zur vGA → R 9 Abs. 6.

20 (4) ① Werden Wirtschaftsgüter anlässlich der Veräußerung eines BgA nicht mit veräußert, kommt es zur → Überführung dieser Wirtschaftsgüter in das Hoheitsvermögen der Trägerkörperschaft. ② Sie können danach einem anderen BgA zugeführt werden. ③ Eine Zusammenfassung von BgA führt nicht zur Überführung der in den bisherigen BgA enthaltenen Wirtschaftsgüter in das Hoheitsvermögen mit anschließender Zuführung in den zusammengefassten BgA.

21 (5) Eine von außersteuerlichen Verpflichtungen abgeleitete steuerliche → Buchführungspflicht i. S. d. § 140 AO kann sich für BgA von jPöR aufgrund der landesspezifischen Eigenbetriebsgesetze sowie bei kaufmännischen Betrieben auch aufgrund einer unmittelbaren Anwendung der handelsrechtlichen Rechnungslegungsvorschriften (§§ 238 ff. HGB) ergeben.

H 8.2

H 8.2

23 **Anwendungsfragen zur Besteuerung von BgA und Eigengesellschaften von jPöR.** → BMF vom 12. 11. 2009, BStBl. I S. 1303.

Betriebsvermögen. Zum Begriff des notwendigen Betriebsvermögens → R 4.2 EStR. Wesentliche Betriebsgrundlagen sind auch ohne eine entsprechende Widmung stets als notwendiges Betriebsvermögen des BgA zu behandeln (→ BFH vom 14. 3. 1984, I R 223/80, BStBl. II S. 496). Der Annahme notwendigen Betriebsvermögens des BgA steht nicht entgegen, dass sich das Wirtschaftsgut räumlich im hoheitlichen Bereich der Trägerkörperschaft befindet (→ BFH vom 27. 6. 2001, I R 82–85/00, BStBl. II S. 773). Die Annahme von Betriebsvermögen des BgA ist hingegen ausgeschlossen, wenn das Wirtschaftsgut zum Hoheitsbereich der Trägerkörperschaft gehört; dies gilt auch dann, wenn das Wirtschaftsgut eine wesentliche Betriebsgrundlage des BgA darstellt (→ BFH vom 17. 5. 2000, I R 50/98, BStBl. 2001 II S. 558). Hoheitsvermögen kann kein gewillkürtes Betriebsvermögen darstellen (→ BFH vom 7. 11. 2007, I R 52/06, BStBl. 2009 II S. 248).

Buchführungspflicht. → BMF vom 3. 1. 2013, BStBl. I S. 59.[1]

Angemessene Eigenkapitalausstattung. → BFH vom 9.7. 2003, I R 48/02, BStBl. 2004 II S. 425.

Eigenkapitalausstattung und Darlehensgewährung. → BFH vom 1. 9. 1982, I R 52/78, BStBl. 1983 II S. 147.[2]

Einkunftsart. Einkünfte eines BgA stellen stets gewerbliche Einkünfte i. S.d. § 15 EStG dar. Das gilt auch im Fall der Verpachtung eines BgA (→ BFH vom 1.8. 1979, I R 106/76, BStBl. II S. 716).

Kapitalertragsteuer. Zur Kapitalertragsteuer auf Leistungen eines mit eigener Rechtspersönlichkeit ausgestatteten BgA bzw. auf den Gewinn eines BgA ohne eigene Rechtspersönlichkeit, die zu einer beschränkten Steuerpflicht der Trägerkörperschaft nach § 2 Nr. 2 KStG mit abgeltendem Steuerabzug (§ 32 Abs. 1 Nr. 2 KStG) führt → *BMF vom 9. 1. 2015, BStBl. I S. 111.*[3]

Konzessionsabgaben. Zur Abziehbarkeit von Konzessionsabgaben → BMF vom 9.2. 1998, BStBl. I S. 209 und → BMF vom 27.9.2002, BStBl. I S. 940 sowie (insbesondere in der Anlaufphase) → BFH vom 6.4.2005, I R 15/04, BStBl. 2006 II S. 196. Zur Bestimmung der Einwohnerzahl → BFH vom 31.1.2012, I R 1/11, BStBl. II S. 694 und → BMF vom 24.8.2012, BStBl. I S. 904.

Miet- oder Pachtverträge. Die fiktive Verselbständigung des BgA im Rahmen der Einkommensermittlung lässt grundsätzlich auch die steuerliche Berücksichtigung von Miet- und Pachtvereinbarungen des BgA mit seiner Trägerkörperschaft zu. Miet- oder Pachtverträge zwischen der jPöR und ihrem BgA können allerdings im Hinblick auf den Besteuerungszweck des § 1 Abs. 1 Nr. 6 i. V. m. § 4 KStG nicht der Besteuerung zugrunde gelegt werden, soweit Wirtschaftsgüter überlassen werden, die für den BgA eine wesentliche Grundlage bilden (→ BFH vom 14. 3. 1984, I R 223/80, BStBl. II S. 496). Dies gilt auch dann, wenn das

[1] Auszug aus dem *BMF-Schrb. v. 3. 1. 2013 IV C 2 – S 2706/09/10 005, BStBl. 2013 I S. 59,* zur Auswirkung der Doppik auf das Wahlrecht nach § 4 Abs. 3 EStG: (...) Steuerpflichtig nach § 1 Abs. 1 Nr. 6 KStG ist die jPöR nur mit ihrem jeweiligen BgA. Der Anwendungsbereich der Doppik erstreckt sich dagegen regelmäßig auch auf das gesamte Hoheitsvermögen der jPöR, das aus steuerlicher Sicht nicht wirtschaftlichen Zwecken dient. Diese umfassenden Aufzeichnungspflichten stellen keine Pflichten zum Führen von Büchern oder zum Erstellen von Abschlüssen für den einzelnen BgA im Sinne des § 1 Abs. 1 Nr. 6 KStG dar, die eine Einnahmenüberschussrechnung nach § 4 Abs. 3 EStG ausschließen.

[2] *BFH-Urteil v. 10. 12. 2019 I R 24/17, BFH/NV 2020 S. 1023:* Die Rechtsprechung, wonach interne Miet- oder Pachtverträge zwischen einer Trägerkörperschaft und ihrem BgA über wesentliche Betriebsgrundlagen des BgA steuerrechtlich unbeachtlich sind (z. B. *BFH-Urteil v. 24. 4. 2002 I R 20/01, BStBl. 2003 II S. 412*), ist sinngemäß auch auf sog. interne Darlehen anzuwenden, die zur Finanzierung der aus Eigenmitteln der Trägerkörperschaft bestrittenen Anschaffungs- oder Herstellungskosten wesentlicher Betriebsgrundlagen des BgA vereinbart wurden.

[3] **Ersetzt** durch *BMF-Schr. v. 28. 1. 2019 IV C 2 – S 2706-a/15/10 001, BStBl. 2019 I S. 97.*

Wirtschaftsgut – wie z. B. eine öffentliche Straßenfläche – zum Hoheitsbereich der jPöR gehört und die Annahme von → Betriebsvermögen des BgA ausscheidet (→ BFH vom 17. 5. 2000, I R 50/98, BStBl. 2001 II S. 558).

Rechnungsprüfung. Angemessene Aufwendungen eines BgA für gesetzlich vorgesehene Rechnungs- und Kassenprüfungen durch das Rechnungsprüfungsamt der Trägerkörperschaft sind als Betriebsausgaben abziehbar (→ BFH vom 28. 2. 1990, I R 137/86, BStBl. II S. 647).

Sondernutzungsentgelte. Soweit hoheitliches Vermögen auf Grund von Sondernutzungsentgelten genutzt wird, kann dies zu Betriebsausgaben führen (→ BFH vom 6. 11. 2007, I R 72/06, BStBl. 2009 II S. 246).

Steuerrechtssubjekt i. S. d. § 1 Abs. 1 Nr. 6 KStG. Die Trägerkörperschaft ist Steuerrechtssubjekt i. S. d. § 1 Abs. 1 Nr. 6 KStG wegen jedes einzelnen von ihr unterhaltenen BgA. Für jeden einzelnen BgA ist das Einkommen gesondert zu ermitteln und die Körperschaftsteuer gesondert gegen die Trägerkörperschaft festzusetzen (→ BFH vom 13. 3. 1974, I R 7/71, BStBl. II S. 391, → BFH vom 8. 11. 1989, I R 187/85, BStBl. 1990 II S. 242 und → BFH vom 17. 5. 2000, I R 50/98, BStBl. 2001 II S. 558).

Überführung von Wirtschaftsgütern. Werden Wirtschaftsgüter in einen anderen BgA derselben Trägerkörperschaft überführt, ist dieser Vorgang infolge der fiktiven Verselbständigung des rechtlich unselbständigen BgA im Rahmen der Einkommensermittlung als vGA des abgebenden sowie als verdeckte Einlage bei dem aufnehmenden Betrieb zu berücksichtigen (→ BFH vom 24. 4. 2002, I R 20/01, BStBl. 2003 II S. 412). Zur Bewertung der vGA mit dem gemeinen Wert → H 8.6 Hingabe von Wirtschaftsgütern und zur Bewertung der verdeckten Einlage mit dem Teilwert → § 8 Abs. 1 KStG i. V. m. § 6 Abs. 1 Nr. 5 und 6 EStG und → R 8.9 Abs. 4.

Vereinbarungen. Vereinbarungen zwischen dem rechtlich unselbständigen BgA und seiner Trägerkörperschaft sind aufgrund der fiktiven Verselbständigung des BgA im Rahmen der Einkommensermittlung steuerlich grundsätzlich zu berücksichtigen, zur Ausnahme bei Miet- und Pachtverträgen über wesentliche Betriebsgrundlagen → Miet- oder Pachtverträge. Aufgrund der engen Beziehung zwischen Trägerkörperschaft und rechtlich unselbständigem BgA sind für eine steuerliche Anerkennung der Vereinbarungen die für beherrschende Anteilseigner einer Kapitalgesellschaft geltenden Grundsätze maßgebend. Soweit bei der Ermittlung des Einkommens Minderungen des dem BgA zuzuordnenden Vermögens zugunsten des übrigen Vermögens der Trägerkörperschaft zu beurteilen sind, ist das Einkommen zu ermitteln, als ob der BgA ein selbständiges Steuersubjekt in der Rechtsform einer Kapitalgesellschaft und die Trägerkörperschaft deren Alleingesellschafter ist (→ BFH vom 3. 2. 1993, I R 61/91, BStBl. II S. 459, → BFH vom 10. 7. 1996, I R 108–109/95, BStBl. 1997 II S. 230 und → BFH vom 17. 5. 2000, I R 50/98, BStBl. 2001 II S. 558).

Zuwendungen.

- **Zuwendungen an Trägerkörperschaft.** Die fiktive Verselbständigung des BgA im Rahmen der Einkommensermittlung schließt die steuerrechtliche Anerkennung sowohl von Vereinbarungen als auch von sonstigen Geschäftsvorfällen zwischen der Trägerkörperschaft und dem unselbständigen BgA ein. Die Rspr. erkennt demzufolge grundsätzlich auch eine gewinnmindernde Berücksichtigung von Zuwendungen i. S. d. § 9 Abs. 1 Nr. 2 KStG an, die der rechtlich unselbständige BgA zugunsten der Trägerkörperschaft leistet (→ BFH vom 5. 6. 1962, I 31/61, BStBl. III S. 355 und → BFH vom 12. 10. 1978, I R 149/75, BStBl. 1979 II S. 192).
- **Auswirkung von Zuwendungen auf den Gewinn.** Zuwendungen zugunsten seiner Trägerkörperschaft kann der BgA nur dann gewinnmindernd berücksichtigen, wenn er die Zuwendung auch bei Anwendung der Sorgfalt eines ordentlichen und gewissenhaften Geschäftsleiters geleistet hätte und die Zuwendung ihre Ursache nicht in der engen Bindung des BgA an die Trägerkörperschaft, mithin in der trägerschaftlichen Beziehung findet; andernfalls kommt es zu einer vGA (→ BFH vom 21. 1. 1970, I R 23/68, BStBl. II S. 468, → BFH vom 12. 10. 1978, I R 149/75, BStBl. 1979 II S. 192 und → BFH vom 1. 12. 1982, I R 101/79, BStBl. 1983 II S. 150).

→ H 9 Zuwendungen und Spenden an den Träger der Sparkasse (Gewährträger).

R 8.3 Gewinnermittlung bei Körperschaften, die Land- und Forstwirtschaft betreiben R 8.3

① Im Interesse der Gleichmäßigkeit der Besteuerung bestehen keine Bedenken, dass auch Körperschaften, bei denen alle Einkünfte als Einkünfte aus Gewerbebetrieb zu behandeln sind (§ 8 Abs. 2 KStG) und die daher ihren Gewinn nicht nach § 4 Abs. 1 EStG, sondern nach § 5 EStG ermitteln, die Steuervergünstigungen des § 6b EStG für Gewinne aus der Veräußerung von Aufwuchs oder Anlagen im Grund und Boden mit dem dazugehörigen Grund und Boden in Anspruch nehmen. ② Das gilt auch für die Vereinfachungsregelung i. S. d. R 14 Abs. 3 Satz 1 EStR. ③ Voraussetzung ist in diesen Fällen, dass sich der Betrieb der Körperschaft auf die Land- und Forstwirtschaft beschränkt oder der land- und forstwirtschaftliche Betrieb als organisatorisch verselbständigter Betriebsteil (Teilbetrieb) geführt wird. 25

R 8.4 Zuwendungen an Pensions- und Unterstützungskassen R 8.4

– unbesetzt – 27

R 8.5

R 8.5 Verdeckte Gewinnausschüttungen

Grundsätze der verdeckten Gewinnausschüttung

31 (1) ① Eine vGA i. S. d. § 8 Abs. 3 Satz 2 KStG ist eine Vermögensminderung oder verhinderte Vermögensmehrung, die durch das Gesellschaftsverhältnis veranlasst ist, sich auf die Höhe des Unterschiedsbetrags i. S. d. § 4 Abs. 1 Satz 1 EStG auswirkt und nicht auf einem den gesellschaftsrechtlichen Vorschriften entsprechenden Gewinnverteilungsbeschluss beruht. ② Bei nicht buchführungspflichtigen Körperschaften ist auf die Einkünfte abzustellen. ③ Eine → Veranlassung durch das Gesellschaftsverhältnis ist auch dann gegeben, wenn die Vermögensminderung oder verhinderte Vermögensmehrung bei der Körperschaft zugunsten einer → nahestehenden Person erfolgt.

32 (2) ① Im Verhältnis zwischen Gesellschaft und beherrschendem Gesellschafter ist eine Veranlassung durch das Gesellschaftsverhältnis i. d. R. auch dann anzunehmen, wenn es an einer zivilrechtlich wirksamen, klaren, eindeutigen und im Voraus abgeschlossenen Vereinbarung darüber fehlt, ob und in welcher Höhe ein Entgelt für eine Leistung des Gesellschafters zu zahlen ist, oder wenn nicht einer klaren Vereinbarung entsprechend verfahren wird. ② Die beherrschende Stellung muss im Zeitpunkt der Vereinbarung oder des Vollzugs der Vermögensminderung oder verhinderten Vermögensmehrung vorliegen.

H 8.5

H 8.5

34 **I. Grundsätze**

Auslegung von Vereinbarungen. Zur Auslegung von Vereinbarungen zwischen einer Kapitalgesellschaft und ihrem Gesellschafter-Geschäftsführer im Zusammenhang mit einer Pensionszusage → BMF vom 28. 8. 2001, BStBl. I S. 594.

BgA. Eine vGA kann auch bei BgA von jPöR vorliegen (→ BFH vom 29. 5. 1968, I 46/65, BStBl. II S. 692, → BFH vom 13. 3. 1974, I R 7/71, BStBl. II S. 391 und → BFH vom 10. 7. 1996, I R 108–109/95, BStBl. 1997 II S. 230).
Zum Verhältnis zwischen dem BgA und der Trägerkörperschaft → H 8.2 Vereinbarungen.
Zur Frage vGA bei Dauerverlustgeschäften → § 8 Abs. 7 KStG und → BMF vom 12. 11. 2009, BStBl. I S. 1303.

Dauerschuldverhältnisse. → H 8.5 I zivilrechtliche Wirksamkeit.

Genossenschaften. Eine vGA kann auch bei Genossenschaften vorliegen (→ BFH vom 11. 10. 1989, I R 208/85, BStBl. 1990 II S. 88 und → R 22 Abs. 13). Eingetragene Genossenschaften haben keine außerbetriebliche Sphäre (→ BFH vom 24. 4. 2007, I R 37/06, BStBl. 2015 II S. 1056).

Korrektur innerhalb oder außerhalb der Steuerbilanz. → BMF vom 28. 5. 2002, BStBl. I S. 603.[1]

Mündliche Vereinbarung. Wer sich auf die Existenz eines mündlich abgeschlossenen Vertrags beruft, einen entsprechenden Nachweis aber nicht führen kann, hat den Nachteil des fehlenden Nachweises zu tragen, weil er sich auf die Existenz des Vertrags zur Begründung des Betriebsausgabenabzugs beruft (→ BFH vom 29. 7. 1992, I R 28/92, BStBl. 1993 II S. 247).
→ H 8.5 I zivilrechtliche Wirksamkeit.

Nichtkapitalgesellschaften und vGA. Die Annahme einer vGA setzt voraus, dass der Empfänger der Ausschüttung ein mitgliedschaftliches oder mitgliedschaftsähnliches Verhältnis zur ausschüttenden Körperschaft hat (→ BFH vom 13. 7. 1994, I R 112/93, BStBl. 1995 II S. 198). Entscheidend für eine vGA ist ihre Veranlassung durch das mitgliedschaftliche oder mitgliedschaftsähnliche Verhältnis. Aus diesem Grund kann eine vGA auch vorliegen, wenn im Zeitpunkt der Ausschüttung das mitgliedschaftliche oder mitgliedschaftsähnliche Verhältnis noch nicht oder nicht mehr besteht (→ BFH vom 24. 1. 1989, VIII R 74/84, BStBl. II S. 419).

Realgemeinden und Vereine. Eine vGA kann auch bei Realgemeinden und Vereinen vorliegen (→ BFH vom 23. 9. 1970, I R 22/67, BStBl. 1971 II S. 47). Ein eingetragener Verein hat eine außersteuerliche Sphäre (→ BFH vom 15. 1. 2015, I R 48/13, BStBl. II S. 713).

Stiftungen. Destinatäre einer Stiftung haben kein mitgliedschaftliches oder mitgliedschaftsähnliches Verhältnis zur Stiftung (→ BFH vom 22. 9. 1959, I 5/59 U, BStBl. 1960 III S. 37 und → BFH vom 12. 10. 2011, I R 102/10, BStBl. 2014 II S. 484). Stiftungen verfügen über eine außerbetriebliche Sphäre (→ BFH vom 12. 10. 2011, I R 102/10, BStBl. 2014 II S. 484).

Tatsächliche Durchführung von Vereinbarungen. Das Fehlen der tatsächlichen Durchführung ist ein gewichtiges Indiz dafür, dass die Vereinbarung nicht ernstlich gemeint ist. Leistungen der Gesellschaft an ihren Gesellschafter aufgrund einer nicht ernstlich gemeinten Vereinbarung führen zu vGA (→ BFH vom 28. 10. 1987, I R 110/83, BStBl. 1988 II S. 301 und → BFH vom 29. 7. 1992, I R 28/92, BStBl. 1993 II S. 247).

Tatsächliche Handlungen. Eine vGA setzt nicht voraus, dass die Vermögensminderung oder verhinderte Vermögensmehrung auf einer Rechtshandlung der Organe der Kapitalgesellschaft

[1] Abgedruckt als Anl zu H 8.6.

beruht. Auch tatsächliche Handlungen können den Tatbestand der vGA erfüllen (→ BFH vom 14. 10. 1992, I R 17/92, BStBl. 1993 II S. 352). H 8.5

VVaG. Eine vGA kann auch bei VVaG vorliegen (→ BFH vom 14. 7. 1976, I R 239/73, BStBl. II S. 731).

Zivilrechtliche Wirksamkeit. Verträge mit beherrschenden Gesellschaftern müssen zivilrechtlich wirksam sein, um steuerlich anerkannt zu werden. Eine Wirksamkeitsvoraussetzung ist ein evtl. bestehendes Schriftformerfordernis (→ BFH vom 17. 9. 1992, I R 89–98/91, BStBl. 1993 II S. 141). Rechtsgeschäfte, welche der durch das Gesetz vorgeschriebenen Form ermangeln, sind gem. § 125 Satz 1 BGB nichtig. Der Mangel einer durch Rechtsgeschäft vorgeschriebenen Form hat gem. § 125 Satz 2 BGB „im Zweifel" gleichfalls Nichtigkeit zur Folge. Maßgeblich für die Beurteilung der zivilrechtlichen Wirksamkeit ist, ob die Einhaltung der Schriftform Gültigkeitsvoraussetzung für den geänderten Vertrag sein soll (konstitutive Schriftform) oder ob der Inhalt des Vertrags lediglich zu Beweiszwecken schriftlich niedergelegt werden soll (deklaratorische Schriftform).

Änderungen des Gesellschaftsvertrags einer GmbH bedürfen gem. § 53 Abs. 2 GmbHG der notariellen Beurkundung. Die Befreiung eines Alleingesellschafters vom Selbstkontrahierungsverbot des § 181 BGB bedarf zu ihrer Wirksamkeit einer ausdrücklichen Gestattung im Gesellschaftsvertrag und der Eintragung im Handelsregister. Wird die Befreiung erst nach Abschluss von In-sich-Geschäften in der Satzung geregelt und ins Handelsregister eingetragen, sind diese als nachträglich genehmigt anzusehen. Das steuerliche Rückwirkungsverbot steht dem dann nicht entgegen, wenn den In-sich-Geschäften klare und von vornherein abgeschlossene Vereinbarungen zugrunde liegen (→ BFH vom 17. 9. 1992, I R 89–98/91, BStBl. 1993 II S. 141 und → BFH vom 23. 10. 1996, I R 71/95, BStBl. 1999 II S. 35).
Miet- und Pachtverträge bedürfen nicht notwendig der Schriftform (§§ 550, 578, 581 BGB). Grundstückskaufverträge bedürfen der notariellen Beurkundung (§ 311 b BGB).
Für **Dienstverträge** (z. B. mit Geschäftsführern) ist keine Schriftform vorgeschrieben. Gibt es Beweisanzeichen dafür, dass die Vertragsparteien eine mündlich getroffene Abrede gelten lassen wollen, obwohl sie selbst für alle Vertragsänderungen Schriftform vereinbart hatten, ist der Vertrag trotzdem wirksam geändert. Solche Beweisanzeichen liegen bei Dauerschuldverhältnissen vor, wenn aus gleichförmigen monatlichen Zahlungen und Buchungen erhöhter Gehälter sowie aus der Abführung von Lohnsteuer und Sozialversicherungsbeiträgen auf die Vereinbarung erhöhter Gehälter geschlossen werden kann (→ BFH vom 24. 1. 1990, I R 157/86, BStBl. II S. 645 und → BFH vom 29. 7. 1992, I R 18/91, BStBl. 1993 II S. 139). Stark schwankende Leistungen sprechen für eine vGA (→ BFH vom 14. 3. 1990, I R 6/89, BStBl. II S. 795). Ist vertraglich ausdrücklich festgelegt, dass ohne Schriftform vorgenommene Änderungen unwirksam sein sollen, tritt ein diesbezüglicher Wille klar zu Tage (→ BFH vom 31. 7. 1991, I S 1/91, BStBl. II S. 933). Ist die Zivilrechtslage zweifelhaft, durfte ein ordentlicher und gewissenhafter Geschäftsleiter aber von der Wirksamkeit ausgehen, liegt keine vGA vor (→ BFH vom 17. 9. 1992, I R 89–98/91, BStBl. 1993 II S. 141).

Zuflusseignung/Vorteilsgeneigtheit. Die Minderung des Unterschiedsbetrags i. S. d. § 4 Abs. 1 Satz 1 EStG (→ R 8.5 Abs. 1) muss geeignet sein, beim Gesellschafter einen sonstigen Bezug i. S. d. § 20 Abs. 1 Nr. 1 Satz 2 EStG auszulösen (→ BFH vom 7. 8. 2002, I R 2/02, BStBl. 2004 II S. 131 und → BFH vom 10. 4. 2013, I R 45/11, BStBl. II S. 771).

II. Vermögensminderung oder verhinderte Vermögensmehrung 35

Darlehenszinsen. Zur Ermittlung der Vermögensminderung oder der verhinderten Vermögensmehrung bei vGA im Zusammenhang mit Darlehenszinsen (→ BFH vom 28. 2. 1990, I R 83/87, BStBl. II S. 649 und → BFH vom 19. 1. 1994, I R 93/93, BStBl. II S. 725).

Erstattungsanspruch. Zivilrechtliche Ansprüche der Gesellschaft gegen den Gesellschafter, die sich aus einem als vGA zu qualifizierenden Vorgang ergeben, sind stets als Einlageforderung gegen den Gesellschafter zu behandeln, die erfolgsneutral zu aktivieren und somit nicht geeignet ist, die durch die vorangegangene vGA eintretende Vermögensminderung auszugleichen (→ BFH vom 29. 4. 2008, I R 67/06, BStBl. 2011 II S. 55).

Vorteilsausgleich. Eine vGA liegt nicht vor, wenn die Kapitalgesellschaft bei Anwendung der Sorgfalt eines ordentlichen und gewissenhaften Geschäftsleiters die Vermögensminderung oder verhinderte Vermögensmehrung unter sonst gleichen Umständen auch gegenüber einem Nichtgesellschafter hingenommen hätte. Dies kann der Fall sein, wenn zwischen Gesellschaft und Gesellschafter ein angemessenes Entgelt in anderer Weise vereinbart worden ist. Voraussetzungen für die Anerkennung eines derartigen Vorteilsausgleichs ist, dass eine rechtliche Verknüpfung von Leistung und Gegenleistung aus einem gegenseitigen Vertrag besteht (→ BFH vom 8. 6. 1977, I R 95/75, BStBl. II S. 704 und → BFH vom 1. 8. 1984, I R 99/80, BStBl. 1985 II S. 18). Bei einem beherrschenden Gesellschafter bedarf es zur Anerkennung eines Vorteilsausgleichs zudem einer im Voraus getroffenen klaren und eindeutigen Vereinbarung (→ BFH vom 7. 12. 1988, I R 25/82, BStBl. 1989 II S. 248 und → BFH vom 8. 11. 1989, I R 16/86, BStBl. 1990 II S. 244).

H 8.5 Zum Vorteilsausgleich bei international verbundenen Unternehmen → BMF vom 23. 2. 1983, BStBl. I S. 218 (Tz. 2.3)[1] und → BMF vom 24. 12. 1999, BStBl. I S. 1076, (insbes. S. 1114 und 1119), unter Berücksichtigung der Änderungen durch BMF vom 20. 11. 2000 (BStBl. I S. 1509), BMF vom 29. 9. 2004 (BStBl. I S. 917) und BMF vom 25. 8. 2009 (BStBl. I S. 888)

36 **III. Veranlassung durch das Gesellschaftsverhältnis**

Allgemeines. Eine Veranlassung durch das Gesellschaftsverhältnis liegt dann vor, wenn ein ordentlicher und gewissenhafter Geschäftsleiter (§ 93 Abs. 1 Satz 1 AktG, § 43 Abs. 1 GmbHG, § 34 Abs. 1 Satz 1 GenG) die Vermögensminderung oder verhinderte Vermögensmehrung gegenüber einer Person, die nicht Gesellschafter ist, unter sonst gleichen Umständen nicht hingenommen hätte (Fremdvergleich, → BFH vom 11. 2. 1987, I R 177/83, BStBl. II S. 461, → BFH vom 29. 4. 1987, I R 176/83, BStBl. II S. 733, → BFH vom 10. 6. 1987, I R 149/83, BStBl. 1988 II S. 25, → BFH vom 28. 10. 1987, I R 110/83, BStBl. 1988 II S. 301, → BFH vom 27. 7. 1988, I R 68/84, BStBl. 1989 II S. 57, → BFH vom 7. 12. 1988, I R 25/82, BStBl. 1989 II S. 248 und → BFH vom 17. 5. 1995, I R 147/93, BStBl. 1996 II S. 204). Der Fremdvergleich erfordert auch die Einbeziehung des Vertragspartners. Auch wenn ein Dritter einer für die Gesellschaft vorteilhaften Vereinbarung nicht zugestimmt hätte, kann deren Veranlassung im Gesellschaftsverhältnis liegen (→ BFH vom 17. 5. 1995, I R 147/93, BStBl. 1996 II S. 204). Bei der Prüfung des sog. doppelten Fremdvergleichs ist nicht nur auf den – die Interessen der Gesellschaft im Auge behaltenden – ordentlichen und gewissenhaften Geschäftsleiter, sondern ebenso auf die Interessenlage des objektiven und gedachten Vertragspartners abzustellen (→ BFH vom 11. 9. 2013, I R 28/13, BStBl. 2014 II S. 726).

Beherrschender Gesellschafter.

- **Begriff.** Eine beherrschende Stellung eines GmbH-Gesellschafters liegt im Regelfall vor, wenn der Gesellschafter die Mehrheit der Stimmrechte besitzt und deshalb bei Gesellschafterversammlungen entscheidenden Einfluss ausüben kann (→ BFH vom 13. 12. 1989, I R 99/87, BStBl. 1990 II S. 454).
- **Beteiligungsquote.** Eine Beteiligung von 50% oder weniger reicht zur Annahme einer beherrschenden Stellung aus, wenn besondere Umstände hinzutreten, die eine Beherrschung der Gesellschaft begründen (→ BFH vom 8. 1. 1969, I R 91/66, BStBl. II S. 347, → BFH vom 21. 7. 1976, I R 223/74, BStBl. II S. 734 und → BFH vom 23. 10. 1985, I R 247/81, BStBl. 1986 II S. 195).
- **Bilanzierung.** Ein Rechtsgeschäft zwischen einer Kapitalgesellschaft und ihrem alleinigen Gesellschafter-Geschäftsführer ist als vGA zu werten, wenn es in der Bilanz der Gesellschaft nicht zutreffend abgebildet wird und ein ordentlicher und gewissenhafter Geschäftsführer den Fehler bei sorgsamer Durchsicht der Bilanz hätte bemerken müssen (→ BFH vom 13. 6. 2006, I R 58/05, BStBl. II S. 928).
- **Gleichgerichtete Interessen.** Wenn mehrere Gesellschafter einer Kapitalgesellschaft mit gleichgerichteten Interessen zusammenwirken, um eine ihren Interessen entsprechende einheitliche Willensbildung herbeizuführen, ist auch ohne Hinzutreten besonderer Umstände eine beherrschende Stellung anzunehmen (→ BFH vom 26. 7. 1978, I R 138/76, BStBl. II S. 659, → BFH vom 29. 4. 1987, I R 192/82, BStBl. II S. 797, → BFH vom 29. 7. 1992, I R 28/92, BStBl. 1993 II S. 247 und → BFH vom 25. 10. 1995, I R 9/95, BStBl. 1997 II S. 703).
  Gleichgerichtete wirtschaftliche Interessen liegen vor, wenn die Gesellschafter bei der Bemessung der dem einzelnen Gesellschafter jeweils zuzubilligenden Tantieme im Zusammenwirken gemeinsame Interessen verfolgen (→ BFH vom 11. 12. 1985, I R 164/82, BStBl. 1986 II S. 469). Als Indiz für ein solches Zusammenwirken reichen die übereinstimmende Höhe der Gehälter und das zeitliche Zusammenfallen der Beschlussfassung aus (→ BFH vom 10. 11. 1965, I 178/63 U, BStBl. 1966 III S. 73).
  Die Tatsache, dass die Gesellschafter nahe Angehörige sind, reicht allein nicht aus, um gleichgerichtete Interessen anzunehmen; vielmehr müssen weitere Anhaltspunkte hinzutreten (→ BVerfG vom 12. 3. 1985, 1 BvR 571/81, 1 BvR 494/82, 1 BvR 47/83, BStBl. II S. 475 und → BFH vom 1. 2. 1989, I R 73/85, BStBl. II S. 522).
- **Klare und eindeutige Vereinbarung.** Vereinbarungen mit beherrschenden Gesellschaftern müssen, um steuerlich wirksam zu sein, im Vorhinein klar und eindeutig getroffen sein. Ohne eine klare und eindeutige Vereinbarung kann eine Gegenleistung nicht als schuldrechtlich begründet angesehen werden. Das gilt selbst dann, wenn ein Vergütungsanspruch aufgrund gesetzlicher Regelung bestehen sollte, wie z. B. bei einer Arbeitsleistung (§ 612 BGB) oder einer Darlehensgewährung nach Handelsrecht (§§ 352, 354 HGB, → BFH vom 2. 3. 1988, I R 63/82, BStBl. II S. 590).
  Eine vGA kommt bei beherrschenden Gesellschaftern in Betracht, wenn nicht von vornherein klar und eindeutig bestimmt ist, ob und in welcher Höhe – einerlei ob laufend oder einmalig – ein Entgelt gezahlt werden soll. Auch eine getroffene Vereinbarung über Son-

[1] Aufgehoben und ersetzt durch *BMF-Schrb. v. 14. 7. 2021 IV B 5 – S 1341/19/10 017 :001, BStBl. 2021 I S. 1098.*

H 8.5

noch **36**

dervergütungen muss zumindest erkennen lassen, nach welcher Bemessungsgrundlage (Prozentsätze, Zuschläge, Höchst- und Mindestbeträge) die Vergütung errechnet werden soll.
Es muss ausgeschlossen sein, dass bei der Berechnung der Vergütung ein Spielraum verbleibt; die Berechnungsgrundlagen müssen so bestimmt sein, dass allein durch Rechenvorgänge die Höhe der Vergütung ermittelt werden kann, ohne dass es noch der Ausübung irgendwelcher Ermessensakte seitens der Geschäftsführung oder Gesellschafterversammlung bedarf (→ BFH vom 24. 5. 1989, I R 90/85, BStBl. II S. 800 und → BFH vom 17. 12. 1997, I R 70/97, BStBl. 1998 II S. 545).
Leistungen an den beherrschenden Gesellschaftern nahe stehende Personen bedürfen zu ihrer steuerlichen Anerkennung einer im Voraus getroffenen klaren und eindeutigen Vereinbarung (→ BFH vom 22. 2. 1989, I R 9/85, BStBl. II S. 631).

- **Pensionszusagen.** Rückstellung für Pensionszusagen an beherrschende Gesellschafter-Geschäftsführer → R 8.7, → H 8.7 (Erdienbarkeit).
- **Rückwirkende Vereinbarung.** Rückwirkende Vereinbarungen zwischen der Gesellschaft und dem beherrschenden Gesellschafter sind steuerrechtlich unbeachtlich (→ BFH vom 23. 9. 1970, I R 116/66, BStBl. 1971 II S. 64, → BFH vom 3. 4. 1974, I R 241/71, BStBl. II S. 497 und → BFH vom 21. 7. 1976, I R 223/74, BStBl. II S. 734).
- **Sperrwirkung des abkommensrechtlichen Grundsatzes des „dealing at arm's length".** Der abkommensrechtliche Grundsatz des „dealing at arm's length" entfaltet Sperrwirkung gegenüber den sog. Sonderbedingungen, denen beherrschende Gesellschafter bei Annahme einer vGA unterworfen sind (→ BFH vom 11. 10. 2012, I R 75/11, BStBl. 2013 II S. 1046).
- **Stimmrechtsausschluss.** Der Vorschrift des § 47 Abs. 4 GmbHG über einen Stimmrechtsausschluss des Gesellschafters bei Rechtsgeschäften zwischen ihm und der Gesellschaft kommt für die Frage der Beherrschung der Gesellschaft keine Bedeutung zu (→ BFH vom 26. 1. 1989, IV R 151/86, BStBl. II S. 455 und → BFH vom 21. 8. 1996, X R 25/93, BStBl. 1997 II S. 44).

Nahestehende Person.

- **International verbundene Unternehmen.** Zum Begriff des Nahestehens bei international verbundenen Unternehmen → BMF vom 23. 2. 1983, BStBl. I S. 218 (Tz. 1.4 und 1.5)[1] sowie → BFH vom 10. 4. 2013, I R 45/11, BStBl. II S. 771.
- **Kreis der nahestehenden Personen.** Zur Begründung des „Nahestehens" reicht jede Beziehung eines Gesellschafters der Kapitalgesellschaft zu einer anderen Person aus, die den Schluss zulässt, sie habe die Vorteilszuwendung der Kapitalgesellschaft an die andere Person beeinflusst. Ehegatten können als nahestehende Personen angesehen werden (→ BFH vom 2. 3. 1988, I R 103/86, BStBl. II S. 786 und → BFH vom 10. 4. 2013, I R 45/11, BStBl. II S. 771). Beziehungen, die ein Nahestehen begründen, können familienrechtlicher, gesellschaftsrechtlicher, schuldrechtlicher oder auch rein tatsächlicher Art sein (→ BFH vom 18. 12. 1996, I R 139/94, BStBl. 1997 II S. 301). Eine beherrschende Stellung ist für ein Nahestehen nicht erforderlich (→ BFH vom 8. 10. 2008, I R 61/07, BStBl. 2011 II S. 62). Eine Person, die an einer vermögensverwaltenden Personengesellschaft beteiligt ist, welche ihrerseits Gesellschafterin einer Kapitalgesellschaft ist, ist bei Prüfung einer vGA nicht als „Anteilseigner" der zuwendenden Kapitalgesellschaft zu behandeln. Die dem Anteilseigner nahestehende Person ist selbst kein Anteilseigner (→ BFH vom 21. 10. 2014, VIII R 22/11, BStBl. 2015 II S. 687).
  Zum Kreis der dem Gesellschafter nahestehenden Personen zählen sowohl natürliche als auch juristische Personen, unter Umständen auch Personenhandelsgesellschaften (→ BFH vom 6. 12. 1967, I 98/65, BStBl. 1968 II S. 322, → BFH vom 23. 10. 1985, I R 247/81, BStBl. 1986 II S. 195 und → BFH vom 1. 10. 1986, I R 54/83, BStBl. 1987 II S. 459).
- **Schwestergesellschaften.** Zur Beurteilung von vGA zwischen Schwestergesellschaften → BFH vom 26. 10. 1987, GrS 2/86, BStBl. 1988 II S. 348 und → BFH vom 10. 4. 2013, I R 45/11, BStBl. II S. 771.
- **Verhältnis zum beherrschenden Gesellschafter.** Bei dem beherrschenden Gesellschafter nahestehenden Personen bedarf eine Vereinbarung über die Höhe eines Entgelts für eine Leistung der vorherigen und eindeutigen Regelung, die auch tatsächlich durchgeführt werden muss (→ BFH vom 29. 4. 1987, I R 192/82, BStBl. II S. 797, → BFH vom 2. 3. 1988, I R 103/86, BStBl. II S. 786 und → BFH vom 22. 2. 1989, I R 9/85, BStBl. II S. 631).
- **Zurechnung der vGA.** Wenn eine vGA einer Person zufließt, die einem Gesellschafter nahesteht, ist diese vGA steuerrechtlich stets dem Gesellschafter als Einnahme zuzurechnen, es sei denn, die nahestehende Person ist selbst Gesellschafter. Darauf, dass der betreffende Gesellschafter selbst einen Vermögensvorteil erlangt, kommt es nicht an (→ BFH vom 29. 9. 1981, VIII R 8/77, BStBl. 1982 II S. 248 und → BFH vom 18. 12. 1996, I R 139/94, BStBl. 1997 II S. 301, sowie → BMF vom 20. 5. 1999, BStBl. I S. 514).

---

[1] Aufgehoben und ersetzt durch *BMF-Schrb. v. 14. 7. 2021 IV B 5 – S 1341/19/10017 :001, BStBl. 2021 I S. 1098.*

H 8.5

IV. Vergütung der Gesellschafter-Geschäftsführer

37 **Angemessenheit der Gesamtausstattung.** → BMF vom 14. 10. 2002, BStBl. I S. 972.[1]

Private Kfz-Nutzung. → BMF vom 3. 4. 2012, BStBl. I S. 478 zur Anwendung der Urteile → BFH vom 23. 1. 2008, I R 8/06, BStBl. 2012 II S. 260, → BFH vom 23. 4. 2009, VI R 81/06, BStBl. 2012 II S. 262 und → BFH vom 11. 2. 2010, VI R 43/09, BStBl. 2012 II S. 266.

Überstundenvergütung, Sonn-, Feiertags- und Nachtzuschläge. Die Zahlung einer Überstundenvergütung an den Gesellschafter-Geschäftsführer ist regelmäßig eine vGA, da die gesonderte Vergütung von Überstunden nicht dem entspricht, was ein ordentlicher und gewissenhafter Geschäftsleiter einer GmbH mit einem Fremdgeschäftsführer vereinbaren würde. Dies gilt erst recht dann, wenn die Vereinbarung von vorneherein auf die Vergütung von Überstunden an Sonntagen, Feiertagen und zur Nachtzeit beschränkt ist (→ BFH vom 19. 3. 1997, I R 75/96, BStBl. II S. 577 und → BFH vom 27. 3. 2001, I R 40/00, BStBl. II S. 655). Sofern eine Vereinbarung von Zuschlägen an Sonn- und Feiertagen und zur Nachtzeit im Einzelfall durch überzeugende betriebliche Gründe gerechtfertigt wird, die geeignet sind, die Regelvermutung für eine Veranlassung durch das Gesellschaftsverhältnis zu entkräften, kann eine vGA ausnahmsweise zu verneinen sein (→ BFH vom 14. 7. 2004, I R 111/03, BStBl. 2005 II S. 307). Auch Zuschläge für Sonntagsarbeit, Feiertagsarbeit, Mehrarbeit und Nachtarbeit an den nicht beherrschenden, aber als leitenden Angestellten tätigen Gesellschafter können eine vGA sein (→ BFH vom 13. 12. 2006, VIII R 31/05, BStBl. 2007 II S. 393).

Urlaub, Abgeltungszahlungen für nicht beanspruchte Tage. Soweit klare und eindeutige Vereinbarungen hinsichtlich des Urlaubsanspruches getroffen worden sind, stellen Abgeltungszahlungen für nicht in Anspruch genommenen Urlaub an den Gesellschafter-Geschäftsführer keine vGA dar, wenn der Nichtwahrnehmung des Urlaubsanspruches betriebliche Gründe zugrunde lagen. Dies ist insbesondere dann der Fall, wenn der Umfang der von ihm geleisteten Arbeit sowie seine Verantwortung für das Unternehmen die Gewährung von Freizeit im Urlaubsjahr ausgeschlossen haben. Gleiches kann für eine im Unternehmen beschäftige nahe stehende Person gelten, wenn diese gegenüber den übrigen Angestellten eine leitende Stellung innehat und die den Geschäftsführer betreffenden betrieblichen Gründe gleichermaßen einschlägig sind, den Jahresurlaub nicht antreten zu können (→ BFH vom 28. 1. 2004, I R 50/03, BStBl. 2005 II S. 524).

Zeitwertkonten-Modelle. Zu Zeitwertkonten bei Organen von Körperschaften → BMF vom 17. 6. 2009, BStBl. I S. 1286, Tz. A. IV. 2. Buchstabe b[2] und Tz. F II.

38 **V. Einzelfälle**

Aktien/Anteile.
- Zur Anwendung von § 8b KStG auf die Übertragung von Anteilen → BMF vom 28. 4. 2003, BStBl. I S. 292.[3]
- Zum Erwerb eigener Anteile → BMF vom 27. 11. 2013, BStBl. I S. 1615.

Darlehensgewährung. Die Hingabe eines Darlehens an den Gesellschafter stellt eine vGA dar, wenn schon bei der Darlehenshingabe mit der Uneinbringlichkeit gerechnet werden muss (→ BFH vom 16. 9. 1958, I 88/57 U, BStBl. III S. 451 und → BFH vom 14. 3. 1990, I R 6/89, BStBl. II S. 795). Ein unvollständiger Darlehensvertrag zwischen Kapitalgesellschaft und beherrschendem Gesellschafter kann nicht in die Zuführung von Eigenkapital umgedeutet werden (→ BFH vom 29. 10. 1997, I R 24/97, BStBl. 1998 II S. 573). Eine vGA kann auch bei Wertberichtigungen auf Darlehensforderungen gegenüber einem Gesellschafter vorliegen, wenn die Gesellschaft im Zeitpunkt der Darlehensgewährung auf dessen ausreichende Besicherung verzichtet hat; auf einen tatsächlichen Mittelabfluss bei der Gesellschaft kommt es nicht an (→ BFH vom 14. 7. 2004, I R 16/03, BStBl. II S. 1010 und → BFH vom 8. 10. 2008, I R 61/07, BStBl. 2011 II S. 62). Darlehensgewährungen im Konzern können nicht allein deshalb als vGA beurteilt werden, weil für sie keine Sicherheit vereinbart wurde (→ BFH vom 29. 10. 1997, I R 24/97, BStBl. 1998 II S. 573).[4]

Darlehenszinsen. Erhält ein Gesellschafter ein Darlehen von der Gesellschaft zinslos oder zu einem außergewöhnlich geringen Zinssatz, liegt eine vGA vor (→ BFH vom 25. 11. 1964, I 116/63 U, BStBl. 1965 III S. 176 und → BFH vom 23. 6. 1981, VIII R 102/80, BStBl. 1982 II S. 245).

---

[1] Nachstehend abgedruckt als Anl a zu H 8.5.

[2] Abschn. A. IV. 2. Buchst. b des BMF-Schrb. v. 17. 6. 2009 neugefasst durch *BMF-Schrb. v. 8. 8. 2019 IV C 5 – S 2332/07/0004, BStBl. 2019 I S. 874.*

[3] Abgedruckt als Anl b zu H 8 b.

[4] Die demgegenüber geänderte Rechtsprechung zu unbesicherten Konzerndarlehen durch *BFH-Urteil v. 27. 2. 2019 I R 73/16, BStBl. 2019 II S. 394* wurde durch *Beschluss des BVerfG v. 4. 3. 2021 BvR 1161/19* aufgehoben. Das Verfahren wird aktuell beim BFH unter *dem Az. I R 15/21* geführt.

Gibt ein Gesellschafter der Gesellschaft ein Darlehen zu einem außergewöhnlich hohen Zinssatz, liegt eine vGA vor (→ BFH vom 28. 10. 1964, I 198/62 U, BStBl. 1965 III S. 119 und → BFH vom 25. 11. 1964, I 116/63 U, BStBl. 1965 III S. 176).

Einbringung einer GmbH in eine KG. Bringt eine GmbH ihr Unternehmen unentgeltlich in eine KG ein, führt dies zu einer vGA in Höhe des fremdüblichen Entgelts für das eingebrachte Unternehmen, wenn am Vermögen der KG ausschließlich der beherrschende Gesellschafter der GmbH beteiligt ist (→ BFH vom 15. 9. 2004, I R 7/02, BStBl. 2005 II S. 867).

Einkünfteabgrenzung bei international verbundenen Unternehmen. → AStG, GAufzV, FVerlV; → BMF vom 23. 2. 1983, BStBl. I S. 218;[1] Verwaltungsgrundsätze Kostenumlagen → BMF vom 30. 12. 1999, BStBl. I S. 1122; Verwaltungsgrundsätze Arbeitnehmerentsendung → BMF vom 9. 11. 2001, BStBl. I S. 796; Verwaltungsgrundsätze-Verfahren → BMF vom 12. 4. 2005, BStBl. I S. 570; Verwaltungsgrundsätze Funktionsverlagerung → BMF vom 13. 10. 2010, BStBl. I S. 774.

Erstausstattung der Kapitalgesellschaft. Bei Rechtsverhältnissen, die im Rahmen der Erstausstattung einer Kapitalgesellschaft zustande gekommen sind, liegt eine vGA schon dann vor, wenn die Gestaltung darauf abstellt, den Gewinn der Kapitalgesellschaft nicht über eine angemessene Verzinsung des eingezahlten Nennkapitals und eine Vergütung für das Risiko des nicht eingezahlten Nennkapitals hinaus zu steigern (→ BFH vom 5. 10. 1977, I R 230/75, BStBl. 1978 II S. 234, → BFH vom 23. 5. 1984, I R 294/81, BStBl. II S. 673 und → BFH vom 2. 2. 1994, I R 78/92, BStBl. II S. 479).

Geburtstag. Gibt eine GmbH aus Anlass des Geburtstags ihres Gesellschafter-Geschäftsführers einen Empfang, an dem nahezu ausschließlich Geschäftsfreunde teilnehmen, liegt eine vGA vor (→ BFH vom 28. 11. 1991, I R 13/90, BStBl. 1992 II S. 359).

Gesellschafterversammlung. Zur Frage der steuerlichen Behandlung der Fahrtkosten, Sitzungsgelder, Verpflegungs- und Übernachtungskosten anlässlich einer Hauptversammlung oder Gesellschafterversammlung bzw. einer Vertreterversammlung → BMF vom 26. 11. 1984, BStBl. I S. 591.

Gewinnverteilung. Stimmt die an einer Personengesellschaft beteiligte Kapitalgesellschaft rückwirkend oder ohne rechtliche Verpflichtung einer Neuverteilung des Gewinns zu, die ihre Gewinnbeteiligung zugunsten ihres gleichfalls an der Personengesellschaft beteiligten Gesellschafters einschränkt, liegt eine vGA vor (→ BFH vom 12. 6. 1980, IV R 40/77, BStBl. II S. 723).

Gründungskosten. → BMF vom 25. 6. 1991, BStBl. I S. 661.

Irrtum über Leistungspflicht. Leistet der Geschäftsführer einer Kapitalgesellschaft in der irrtümlichen Annahme einer vertraglichen Leistungspflicht eine Zahlung an einen vormaligen Gesellschafter, liegt hierin jedenfalls dann eine vGA, wenn die Begründung der nach der Vorstellung des Geschäftsführers bestehenden Leistungspflicht als vGA zu beurteilen wäre (→ BFH vom 29. 4. 2008, I R 67/06, BStBl. 2011 II S. 55).

Kapitalerhöhungskosten. → BFH vom 19. 1. 2000, I R 24/99, BStBl. II S. 545.

Konzernkasse. Besteht für die Unternehmen eines Konzerns eine gemeinsame Unterstützungskasse (Konzernkasse), können bei einem Missverhältnis der Zuwendungen der einzelnen Unternehmen an die Konzernkasse unter bestimmten Voraussetzungen vGA vorliegen (→ BFH vom 29. 1. 1964, I 209/62 U, BStBl. 1965 III S. 27).

Markteinführungskosten. Ein ordentlicher und gewissenhafter Geschäftsleiter einer Kapitalgesellschaft wird für die Gesellschaft nur dann ein neues Produkt am Markt einführen und vertreiben, wenn er daraus bei vorsichtiger und vorheriger kaufmännischer Prognose innerhalb eines überschaubaren Zeitraums und unter Berücksichtigung der voraussichtlichen Marktentwicklung einen angemessenen Gesamtgewinn erwarten kann (→ BFH vom 17. 2. 1993, I R 3/92, BStBl. II S. 457 und → BMF vom 23. 2. 1983, BStBl. I S. 218 Tz. 3.4 und 3.5).

Nutzungsüberlassungen

- Eine vGA liegt vor bei Mietverhältnissen oder Nutzungsrechtsüberlassungen zwischen Gesellschafter und Kapitalgesellschaft zu einem unangemessenen Preis (→ BFH vom 16. 8. 1955, I 160/54 U, BStBl. III S. 353 und → BFH vom 3. 2. 1971, I R 51/66, BStBl. II S. 408).
- Die Nutzung eines betrieblichen Kfz durch den Gesellschafter-Geschäftsführer ohne fremdübliche Überlassungs- oder Nutzungsvereinbarung führt zur vGA (→ BMF vom 3. 4. 2012, BStBl. I S. 478 zur Anwendung der Urteile → BFH vom 23. 1. 2008, I R 8/06, BStBl.

---

[1] Aufgehoben und ersetzt durch *BMF-Schrb. v. 14. 7. 2021 IV B 5 – S 1341/19/10017 :001, BStBl. 2021 I S. 1098.*

H 8.5
noch 38

2012 II S. 260, → BFH vom 23. 4. 2009, VI R 81/06, BStBl. 2012 II S. 262 und → BFH vom 11. 2. 2010, VI R 43/09, BStBl. 2012 II S. 266).

Rechtsverzicht. Verzichtet eine Gesellschaft auf Rechte, die ihr einem Gesellschafter gegenüber zustehen, liegt eine vGA vor (→ BFH vom 3. 11. 1971, I R 68/70, BStBl. 1972 II S. 227, → BFH vom 13. 10. 1983, I R 4/81, BStBl. 1984 II S. 65 und → BFH vom 7. 12. 1988, I R 25/82, BStBl. 1989 II S. 248).

Reisekosten des Gesellschafter-Geschäftsführers. Von der Kapitalgesellschaft getragene Aufwendungen für eine Auslandsreise des Gesellschafter-Geschäftsführers können eine vGA begründen, wenn die Reise durch private Interessen des Gesellschafters veranlasst oder in nicht nur untergeordnetem Maße mitveranlasst ist (→ BFH vom 6. 4. 2005, I R 86/04, BStBl. II S. 666). Zum Abzugsverbot nach § 12 Nr. 1 EStG → BFH vom 21. 9. 2009, GrS 1/06, BStBl. 2010 II S. 672 sowie → BMF vom 6. 7. 2010, BStBl. I S. 614.

Risikogeschäfte. Tätigt eine Kapitalgesellschaft Risikogeschäfte (Devisentermingeschäfte), so rechtfertigt dies im Allgemeinen nicht die Annahme, die Geschäfte würden im privaten Interesse des (beherrschenden) Gesellschafters ausgeübt. Die Gesellschaft ist grundsätzlich darin frei, solche Geschäfte und die damit verbundenen Chancen, zugleich aber auch Verlustgefahren wahrzunehmen. Die Übernahme der Risiken wird sich deswegen allenfalls bei ersichtlich privater Veranlassung als Verlustverlagerung zuungunsten der Gesellschaft darstellen, beispielsweise dann, wenn die Gesellschaft sich verpflichtet, Spekulationsverluste zu tragen, Spekulationsgewinne aber an den Gesellschafter abzuführen, oder wenn sie sich erst zu einem Zeitpunkt zur Übernahme der in Rede stehenden Geschäfte entschließt, in dem sich die dauerhafte Verlustsituation bereits konkret abzeichnet (→ BFH vom 8. 8. 2001, I R 106/99, BStBl. 2003 II S. 487).

Rückstellung bei Mietzahlungen. Eine Rückstellung für die Verpflichtung einer Kapitalgesellschaft, einer Schwestergesellschaft die von dieser geleisteten Mietzahlungen nach den Grundsätzen der eigenkapitalersetzenden Gebrauchsüberlassung zu erstatten, führt zu einer vGA (→ BFH vom 20. 8. 2008, I R 19/07, BStBl. 2011 II S. 60).

Schuldübernahme. Eine vGA liegt vor, wenn eine Gesellschaft eine Schuld oder sonstige Verpflichtung eines Gesellschafters übernimmt (→ BFH vom 19. 3. 1975, I R 173/73, BStBl. II S. 614 und → BFH vom 19. 5. 1982, I R 102/79, BStBl. II S. 631).

Stille Gesellschaft. Beteiligt sich ein Gesellschafter an der Gesellschaft als stiller Gesellschafter und erhält dafür einen unangemessen hohen Gewinnanteil, liegt eine vGA vor (→ BFH vom 6. 2. 1980, I R 50/76, BStBl. II S. 477).

Träger der Sparkasse, Zinsaufbesserungen. Zu der Frage, ob vGA an den Träger der Sparkasse vorliegen, wenn eine Sparkasse diesem Zinsaufbesserungen für Einlagen und Zinsrückvergütungen für ausgereichte Darlehen gewährt → BFH vom 1. 12. 1982, I R 69–70/80, BStBl. 1983 II S. 152.

Verlustgeschäfte. Ein ordentlicher und gewissenhafter Geschäftsleiter würde die Übernahme von Aufgaben, die vorrangig im Interesse des Alleingesellschafters liegen, davon abhängig machen, ob sich der Gesellschaft die Chance zur Erzielung eines angemessenen Gewinns stellt (→ BFH vom 2. 2. 1994, I R 78/92, BStBl. II S. 479). Bei Dauerverlustgeschäften bei der öffentlichen Hand → § 8 Abs. 7 KStG und → BMF vom 12. 11. 2009, BStBl. I S. 1303.

(Zinslose) Vorschüsse auf Tantieme. Zahlt eine GmbH ihrem Gesellschafter ohne eine entsprechende klare und eindeutige Abmachung einen unverzinslichen Tantiemevorschuss, ist der Verzicht auf eine angemessene Verzinsung eine vGA (→ BFH vom 22. 10. 2003, I R 36/03, BStBl. 2004 II S. 307).

Waren. Liefert ein Gesellschafter an die Gesellschaft, erwirbt er von der Gesellschaft Waren und sonstige Wirtschaftsgüter zu ungewöhnlichen Preisen, oder erhält er besondere Preisnachlässe und Rabatte, liegt eine vGA vor (→ BFH vom 12. 7. 1972, I R 203/70, BStBl. II S. 802, → BFH vom 21. 12. 1972, I R 70/70, BStBl. 1973 II S. 449, → BFH vom 16. 4. 1980, I R 75/78, BStBl. 1981 II S. 492 und → BFH vom 6. 8. 1985, VIII R 280/81, BStBl. 1986 II S. 17).
Zur Lieferung von Gütern oder Waren bei international verbundenen Unternehmen → BMF vom 23. 2. 1983, BStBl. I S. 218 Tz. 3.1.[1]

---

[1] Aufgehoben und ersetzt durch *BMF-Schrb. v. 14. 7. 2021 IV B 5 – S 1341/19/10017 :001, BStBl. 2021 I S. 1098, Rn. 3.62 f.*

Anl a
zu H 8.5

a) Schreiben betr. Angemessenheit der Gesamtbezüge eines Gesellschafter-Geschäftsführers

Vom 14. Oktober 2002 (BStBl. I S. 972)

(BMF IV A 2 – S 2742 – 62/02)

Nach dem Ergebnis einer Erörterung mit den obersten Finanzbehörden der Länder nehme ich zu den Grundsätzen, nach denen die die Frage nach der Angemessenheit der Gesamtausstattung des Gesellschafter-Geschäftsführers zu beurteilen ist, wie folgt Stellung:

A. Allgemeines

1 Das **Zivilrecht** behandelt die Kapitalgesellschaft und ihren Gesellschafter jeweils als eigenständige Rechts- und Vermögenssubjekte. Das **Steuerrecht** folgt den Wertungen des Zivilrechts. Die Kapitalgesellschaft und der dahinterstehende Gesellschafter sind jeweils selbständige Steuersubjekte. Daher sind schuldrechtliche Leistungsbeziehungen (hier: Arbeits- oder Dienstverträge) zwischen der Kapitalgesellschaft und dem Gesellschafter grundsätzlich steuerlich anzuerkennen. Sie führen auf der Ebene der Kapitalgesellschaft zu Betriebsausgaben, die den Unterschiedsbetrag im Sinne des § 4 Abs. 1 Satz 1 EStG mindern. 41

2 Steuerlich ist zu prüfen, ob die Vereinbarung ganz oder teilweise durch das Gesellschaftsverhältnis veranlasst ist. Die Gewinnminderung, die auf dem durch das Gesellschaftsverhältnis veranlassten Teil der Vereinbarung beruht, ist außerhalb der Steuerbilanz dem Steuerbilanzgewinn im Rahmen der Ermittlung des Einkommens hinzuzurechnen (§ 8 Abs. 3 Satz 2 KStG).

B. Einzelne Vergütungsbestandteile

3 Die Vergütung des Gesellschafter-Geschäftsführers setzt sich regelmäßig aus mehreren Bestandteilen zusammen. Es finden sich Vereinbarungen über Festgehälter[1] (einschl. Überstundenvergütung), zusätzliche feste jährliche Einmalzahlungen (z. B. Urlaubsgeld, Weihnachtsgeld), variable Gehaltsbestandteile (z. B. Tantieme, Gratifikationen), Zusagen über Leistungen der betrieblichen Altersversorgung (z. B. Pensionszusagen) und Sachbezüge (z. B. Fahrzeugüberlassung, private Telefonnutzung). 42

C. Steuerliche Beurteilung der Vergütungsbestandteile

I. Allgemeines

4 Die Beurteilung der gesellschaftlichen Veranlassung der Vergütungsvereinbarung bezieht sich zuerst auf die Vereinbarung des jeweils einzelnen Vergütungsbestandteils und danach auf die Angemessenheit der steuerlich anzuerkennenden Gesamtvergütung. 43

II. Prüfungsschema

5 In einem ersten Schritt sind alle vereinbarten Vergütungsbestandteile einzeln danach zu beurteilen, ob sie **dem Grunde nach** als durch das Gesellschaftsverhältnis veranlasst anzusehen sind. Ist dies der Fall, führt die Vermögensminderung, die sich durch die Vereinbarung ergibt, in vollem Umfang zu einer verdeckten Gewinnausschüttung. So ist beispielsweise die Vereinbarung von Überstundenvergütungen nicht mit dem Aufgabenbild eines Geschäftsführers vereinbar (vgl. BFH-Urteile vom 19. März 1997, BStBl. II S. 577, und vom 27. März 2001, BStBl. II S. 655). Auch Pensionszusagen, die gegen die Grundsätze der Wartezeit (vgl. *BMF-Schreiben vom 14. Mai 1999, BStBl. I S. 512, unter 1.*)[2] verstoßen, oder zeitlich unbefristete Nur-Tantiemezusagen (vgl. Grundsätze des BMF-Schreibens vom 1. Februar 2002, BStBl. I S. 219) führen in vollem Umfang zu verdeckten Gewinnausschüttungen. 44

6 In einem zweiten Schritt sind die verbleibenden Vergütungsbestandteile danach zu beurteilen, ob sie **der Höhe nach** als durch das Gesellschaftsverhältnis veranlasst anzusehen sind. Vgl. z. B. zum Verhältnis der Tantieme zum Festgehalt die Grundsätze des BMF-Schreibens vom 1. Februar 2002, a. a. O.). Soweit die gesellschaftliche Veranlassung reicht, führt dies zu verdeckten Gewinnausschüttungen.

7 Im dritten Schritt ist bezogen auf die verbliebene nicht durch das Gesellschaftsverhältnis veranlasste Vergütung zu prüfen, ob sie in der Summe als angemessen angesehen werden kann. Soweit die Vergütung die Grenze der Angemessenheit übersteigt, führt dies zu einer verdecken Gewinnausschüttung.

8 Sind die einzelnen Vergütungsbestandteile nicht zeitgleich vereinbart worden und übersteigt die Vergütung die Angemessenheitsgrenze, ist der unangemessene Betrag in der Regel dem bzw. den zuletzt vereinbarten Bestandteilen zuzuordnen. Sind die einzelnen Vergütungsbestandteile zeitgleich vereinbart worden, ist der die Angemessenheitsgrenze übersteigende Betrag nach sachgerechten Kriterien (z. B. quotal) auf die einzelnen Vergütungsbestandteile zu verteilen.

---

[1] Wird dem Gesellschafter-Geschäftsführer einer GmbH neben einem monatlichen Festgehalt jährlich eine weitere Festvergütung für den Fall gezahlt, dass eine bestimmte Umsatzgrenze erreicht wird, ist eine vGA regelmäßig nur dann anzunehmen, wenn die Gesamtvergütung ihrer Höhe nach unangemessen ist (Abgrenzung zum Senatsurteil v. 19. Februar 1999 I R 105–107/97, BStBl. 1999 II S. 321). *BFH-Urteil v. 5. 6. 2002 I R 69/01, BStBl. 2003 II S. 329.*

[2] Vgl. nunmehr *BMF-Schrb. v. 14. 12. 2012, BStBl. 2013 I S. 58,* abgedruckt als Anl b zu H 8.7.

Anl a zu H 8.5

9 Beispiel

Die GmbH vereinbart ab dem Geschäftsjahr 02 mit ihrem Gesellschafter-Geschäftsführer ein Festgehalt von 350 000 €. Ab dem Geschäftsjahr 03 soll er zusätzlich eine Tantieme von 250 000 € erhalten. Die angemessene Gesamtausstattung beträgt a) 600 000 € und b) 400 000 €.
zu a)
Zweite Stufe:
Anzuerkennende Tantieme:
25% des **vereinbarten** Gesamtgehalts von 600 000 € = 150 000 €
> verdeckte Gewinnausschüttung aus zweiter Stufe: 100 000 €
Dritte Stufe:
Anzuerkennende Vergütung nach der zweiten Stufe: 350 000 € (F) + 150 000 € (T) = 500 000 €
angemessene Gesamtausstattung: 600 000 €
> Folge: keine (weitere) verdeckte Gewinnausschüttung aus dritter Stufe
verdeckte Gewinnausschüttung insgesamt: 100 000 €
zu b)
Zweite Stufe:[1]
Anzuerkennende Tantieme:
25% des **vereinbarten** Gesamtgehalts von 600 000 € = 150 000 €
> verdeckte Gewinnausschüttung aus zweiter Stufe: 100 000 €
Dritte Stufe:
Anzuerkennende Vergütung nach der zweiten Stufe: 350 000 € (F) + 150 000 € (T) = 500 000 €
angemessene Gesamtausstattung: 400 000 €
> verdeckte Gewinnausschüttung aus dritter Stufe: 100 000 €
verdeckte Gewinnausschüttung insgesamt: 200 000 €.

D. Festlegung der Angemessenheitsgrenze[2]

45 **10** Beurteilungskriterien für die Angemessenheit sind Art und Umfang der Tätigkeit, die künftigen Ertragsaussichten des Unternehmens, das Verhältnis des Geschäftsführergehaltes zum Gesamtgewinn und zur verbleibenden Eigenkapitalverzinsung sowie Art und Höhe der Vergütungen, die im selben Betrieb gezahlt werden oder in gleichartigen Betrieben an Geschäftsführer für entsprechende Leistungen gewährt werden (BFH-Urteil vom 5. Oktober 1994, BStBl. 1995 II S. 549).

1. Art und Umfang der Tätigkeit

46 **11** Art und Umfang der Tätigkeit werden vorrangig durch die Größe des Unternehmens bestimmt. Je größer ein Unternehmen ist, desto höher kann das angemessene Gehalt des Geschäftsführers liegen, da mit der Größe eines Unternehmens auch Arbeitseinsatz, Anforderung und Verantwortung steigen. Die Unternehmensgröße ist vorrangig anhand der Umsatzhöhe und der Beschäftigtenzahl zu bestimmen.

12 Übt der Gesellschafter außerhalb seiner Geschäftsführerfunktion anderweitige unternehmerische Tätigkeiten aus (z. B. als Einzelunternehmer, in einer Personengesellschaft oder einer anderen Kapitalgesellschaft), so deckt sich die Angemessenheitsgrenze bei der betreffenden Gesellschaft mit dem Umfang, in dem er jeweils für die konkrete Gesellschaft tätig ist. Er kann in diesem Fall nicht seine gesamte Arbeitskraft der Kapitalgesellschaft zur Verfügung stellen.

13 Entsprechendes gilt in den Fällen, in denen zwei oder mehrere Geschäftsführer sich die Verantwortung für die Kapitalgesellschaft teilen. Vor allem bei kleineren Gesellschaften ist, auch wenn sie ertragsstark sind, in diesen Fällen ein Abschlag gerechtfertigt. Hier kann unterstellt werden, dass Anforderungen und Arbeitseinsatz des einzelnen Geschäftsführers geringer sind als bei einem Alleingeschäftsführer und dass von dem einzelnen Geschäftsführer im Regelfall deshalb auch solche Aufgaben wahrgenommen werden, die bei vergleichbaren Gesellschaften von Nichtgeschäftsführern erledigt werden (BFH-Urteil vom 11. Dezember 1991, BStBl. 1992 II S. 690).

2. Ertragsaussichten der Gesellschaft/Verhältnis zur Eigenkapitalverzinsung

47 **14** Neben der Unternehmensgröße stellt die Ertragssituation das entscheidende Kriterium für die Angemessenheitsprüfung dar. Maßgebend ist hierbei vor allem das Verhältnis der Gesamtausstattung des Geschäftsführergehalts zum Gesamtgewinn der Gesellschaft und zur verbleibenden Eigenkapitalverzinsung. Ein ordentlicher und gewissenhafter Geschäftsleiter würde bei der Festlegung der Ge-

---

[1] *Vgl. hierzu aber BFH-Urteil v. 27. 2. 2003 I R 46/01, BStBl. 2004 II S. 132:* Ist die Gesamtausstattung eines Gesellschafter-Geschäftsführers angemessen, so muss nicht schon deshalb eine vGA vorliegen, weil die Vergütung zu mehr als 25 v. H. aus variablen Anteilen besteht.

Vgl. weiter BFH-Urteil v. 4. 6. 2003 I R 24/02, BStBl. 2004 II S. 136: Die Zahlung einer Gewinntantieme zugunsten eines Gesellschafter-Geschäftsführers ist insoweit, als sie 50 v. H. des Jahresgewinns übersteigt, in der Regel vGA. Bemessungsgrundlage dieser Regelvermutung ist der steuerliche Gewinn vor Abzug der Steuern und der Tantieme.

[2] *Vgl. hierzu BFH-Urteil v. 4. 6. 2003 I R 38/02, BStBl. 2004 II S. 139:* **1.** Die Angemessenheit der Gesamtausstattung eines Gesellschafter-Geschäftsführers muss grundsätzlich anhand derjenigen Umstände und Erwägungen beurteilt werden, die im Zeitpunkt der Gehaltsvereinbarungen vorgelegen haben und angestellt worden sind. **2.** Die Höhe der angemessenen Bezüge ist im Einzelfall durch Schätzung zu ermitteln. Dabei ist zu berücksichtigen, dass der Bereich des Angemessenen sich auf eine Bandbreite von Beträgen erstrecken kann. Unangemessen sind nur diejenigen Beträge, die den oberen Rand dieser Bandbreite übersteigen. **3.** Die Entscheidung darüber, wie ein ordentlicher Geschäftsführer eine gewinnabhängige Vergütung bemessen und ggf. nach oben begrenzt hätte, obliegt im gerichtlichen Verfahren grundsätzlich dem FG. Dessen Würdigung ist im Revisionsverfahren nur eingeschränkt überprüfbar. **4.** Die als angemessen anzusehende Gesamtausstattung bezieht sich regelmäßig auf die Gesamtgeschäftsführung. Bei Bestellung mehrerer Gesellschafter-Geschäftsführer müssen deswegen insbesondere bei sog. kleineren GmbH ggf. Vergütungsabschläge vorgenommen werden, die von den Unterschieden in den Aufgabenstellungen, in der zeitlichen Beanspruchung und in der für den Betrieb der GmbH zu tragenden Verantwortung abhängen. In Ausnahmefällen können auch Gehaltszuschläge gerechtfertigt sein. Es kann jedoch auch bei einer kleineren GmbH nicht pauschal von den Vergleichswerten ausgegangen werden, die sich für einen Geschäftsführer und einen leitenden Angestellten ergeben.

samtbezüge des Geschäftsführers sicherstellen, dass der Gesellschaft auch nach Zahlung der Bezüge mindestens eine angemessene Eigenkapitalverzinsung verbleibt.

15 Die angemessene Verzinsung des Eigenkapitals ist dabei aus dem gesamten von der Gesellschaft eingesetzten Eigenkapital zu ermitteln. Wird nahezu der gesamte Gewinn einer Kapitalgesellschaft durch die Gesamtvergütung „abgesaugt", stellt dies ein wesentliches Indiz für die Annahme einer unangemessenen Gesamtvergütung dar.

16[1] Die Mindestverzinsung des eingesetzten Eigenkapitals rechtfertigt es allerdings nicht, darüber hinausgehende Beträge in vollem Umfang als Geschäftsführergehalt auszukehren. Es ist Aufgabe der Kapitalgesellschaft, Gewinne zu erzielen und die Gewinne nach Möglichkeit zu steigern, und ein ordentlicher und gewissenhafter Geschäftsleiter wird auf jeden Fall dafür sorgen, dass der Kapitalgesellschaft ein entsprechender Gewinn verbleibt (BFH-Urteil vom 28. Juni 1989, BStBl. II S. 854). Im Regelfall kann daher von der Angemessenheit der Gesamtausstattung der Geschäftsführerbezüge ausgegangen werden, wenn der Gesellschaft nach Abzug der Geschäftsführervergütungen noch ein Jahresüberschuss vor Ertragsteuern in mindestens gleicher Höhe wie die Geschäftsführervergütungen verbleibt. Bei mehreren Gesellschafter-Geschäftsführern ist hierbei auf die Gesamtsumme der diesen gewährten Vergütungen abzustellen.

17 Der dargestellte Grundsatz rechtfertigt es allerdings auch bei sehr ertragsstarken Gesellschaften nicht, die Vergütungen unbegrenzt zu steigern. Die jeweilige Obergrenze muss nach den Umständen des Einzelfalles bestimmt werden. Hierbei ist vor allem auf die Unternehmensgröße abzustellen. Orientierungshilfen für die Bemessung des zu ermittelnden Höchstbetrags können die in den Gehaltsstrukturuntersuchungen für die jeweilige Branche und Größenklasse genannten Höchstwerte bieten. Diese tragen auch dem Umstand hinreichend Rechnung, dass der Unternehmenserfolg maßgeblich von der Leistung des Geschäftsführers und von dessen hohem Arbeitseinsatz abhängt sowie dass sich das Unternehmen in einem Ballungsgebiet mit hohem Gehaltsniveau befindet; eines speziellen Gehaltszuschlags bedarf es hierdurch nicht.

18 Bei ertragsschwachen Gesellschaften ist hingegen davon auszugehen, dass auch ein Fremdgeschäftsführer selbst in Verlustjahren nicht auf ein angemessenes Gehalt verzichten würde. Das Unterschreiten einer Mindestverzinsung des eingesetzten Kapitals führt daher nicht zwangsläufig zu einer verdeckten Gewinnausschüttung. Vielmehr kann von einer angemessenen Ausstattung der Gesamtbezüge des Gesellschafter-Geschäftsführers dann ausgegangen werden, wenn er Gesamtbezüge erhält, die sich am unteren Ende des entsprechenden Vergleichsmaßstabes befinden.

3. Fremdvergleichsmaßstab

19 Für die Ermittlung der Angemessenheitsgrenze ist der Fremdvergleich (vgl. BFH-Urteil vom **48**
17. Mai 1995, BStBl. 1996 II S. 204) maßgebend.

a) Interner Betriebsvergleich

20 Wird in der Gesellschaft neben dem Gesellschafter-Geschäftsführer ein Fremdgeschäftsführer beschäftigt, stellt dessen Vergütungshöhe ein wesentliches Indiz bei der Festlegung der Angemessenheitsgrenze der Vergütung des Gesellschafter-Geschäftsführers dar.

b) Externer Betriebsvergleich

21 Ein externer Betriebsvergleich lässt sich i. d. R. nur unter Heranziehung von nach den Regeln der wissenschaftlichen Statistik erstellten neutralen Gehaltsuntersuchungen führen. Nach dem BFH-Urteil vom 14. Juli 1999, BFH/NV 1999 S. 1645, bestehen gegen die Heranziehung von Gehaltsstrukturuntersuchungen im Rahmen eines externen Betriebsvergleichs keine rechtlichen Bedenken. Daneben besteht die Möglichkeit, branchenspezifische Erfahrungswerte zu verwenden, die aber nur in seltenen Fällen vorliegen werden.

c) Durchführung der Angemessenheitsprüfung

22 Die Prüfung der Angemessenheit der Gesamtbezüge von Gesellschafter-Geschäftsführern ist im Einzelfall nach den o. a. Kriterien vorzunehmen. Die Prüfung darf auch nicht aus Vereinfachungsgründen unterbleiben, d. h. betragsmäßige Unter- oder Obergrenzen finden keine Anwendung.

23 Im Übrigen ist zu berücksichtigen, dass nach der Rechtsprechung des BFH bei einer nur geringfügigen Überschreitung der Angemessenheitsgrenze noch keine verdeckte Gewinnausschüttung vorliegt. Eine verdeckte Gewinnausschüttung ist danach jedenfalls dann anzunehmen, wenn die tatsächliche Vergütung die Angemessenheitsgrenze um mehr als 20% überschreitet (BFH-Urteil vom 28. Juni 1989, BStBl. II S. 854); eine Freigrenze ist hiermit nicht verbunden.

E. Anwendung vorstehender Grundsätze

24 Die vorstehenden Grundsätze sind in allen offenen Fällen anzuwenden. Soweit in der Vergangen- **49**
heit hiervon abweichende allgemeine Grundsätze bestanden haben, sind diese ab dem Wirtschaftsjahr, das im Veranlagungszeitraum 2003 beginnt, nicht mehr anzuwenden.

---

[1] Die Ausführungen in Tz. 16 stellen eine Nichtaufgriffsgrenze dar, nach der im Regelfall von der Angemessenheit der Gesamtausstattung der Geschäftsführerbezüge ausgegangen werden kann, wenn der Gesellschaft nach Abzug der Geschäftsführervergütungen noch ein Jahresüberschuss vor Ertragsteuern in mindestens gleicher Höhe wie die Geschäftsführervergütung verbleibt. Daraus lässt sich nicht der Umkehrschluss ableiten, dass regelmäßig dem Grunde nach eine verdeckte Gewinnausschüttung anzunehmen ist, wenn die Gesamtbezüge des Gesellschafter-Geschäftsführers den hälftigen Gewinn vor Steuern übersteigen. Vielmehr kann die einzelfallgerechte Prüfung besonderer Umstände gemäß Tz. 17 und 18 des BMF-Schreibens eine von Tz. 16 abweichende Beurteilung des konkreten Tatbestands rechtfertigen. Vgl. *Vfg. OFD Chemnitz v. 1. 6. 2004 S 2742–44/15 – St 21, StEK KStG 1977 § 8 Nr. 216.*

Anl b
zu H 8.5

b) Schreiben betr. private Kfz-Nutzung durch den Gesellschafter-Geschäftsführer einer Kapitalgesellschaft; Urteile des Bundesfinanzhofs vom 23. Januar 2008 – I R 8/06 – (BStBl. 2012 II S. 260), vom 23. April 2009 – VI R 81/06 – (BStBl. 2012 II S. 262) und vom 11. Februar 2010 – VI R 43/09 – (BStBl. 2012 II S. 266)

Vom 3. April 2012 (BStBl. I S. 478)

(BMF IV C 2 – S 2742/08/10001; DOK 2012/0274530)

Nach dem Ergebnis der Erörterungen mit den obersten Finanzbehörden der Länder gilt zur Anwendung der Urteile des Bundesfinanzhofs vom 23. Januar 2008 – I R 8/06 – (BStBl. 2012 II S. 260), vom 23. April 2009 – VI R 81/06 – (BStBl. 2012 II S. 262) und vom 11. Februar 2010 – VI R 43/09 – (BStBl. 2012 II S. 266) im Hinblick auf die Frage der privaten Nutzung eines betrieblichen Kraftfahrzeugs (Kfz) durch den Gesellschafter-Geschäftsführer einer Kapitalgesellschaft Folgendes:

I. Vorliegen einer verdeckten Gewinnausschüttung (§ 8 Absatz 3 Satz 2 KStG)

50 **1** Nach den BFH-Entscheidungen vom 23. Januar 2008 – I R 8/06 – (a. a. O.) und vom 17. Juli 2008 – I R 83/07 – (BFH/NV 2009 S. 417) ist nur diejenige Nutzung eines betrieblichen Kfz durch einen Gesellschafter-Geschäftsführer betrieblich veranlasst, welche durch eine fremdübliche Überlassungs- oder Nutzungsvereinbarung abgedeckt wird. Die ohne eine solche Vereinbarung erfolgende oder darüber hinausgehende oder einem ausdrücklichen Verbot widersprechende Nutzung ist hingegen durch das Gesellschaftsverhältnis zumindest mitveranlasst. Sie führt sowohl bei einem beherrschenden als auch bei einem nicht beherrschenden Gesellschafter-Geschäftsführer zu einer verdeckten Gewinnausschüttung (§ 8 Absatz 3 Satz 2 KStG).

2 Eine Überlassungs- oder Nutzungsvereinbarung kann auch durch eine – ggf. vom schriftlichen Anstellungsvertrag abweichende – mündliche oder konkludente Vereinbarung zwischen der Kapitalgesellschaft und dem Gesellschafter-Geschäftsführer erfolgen, wenn entsprechend dieser Vereinbarung tatsächlich verfahren wird (BFH-Urteil vom 24. Januar 1990 – I R 157/86 –, BStBl. II S. 645). Für einen außen stehenden Dritten muss dabei zweifelsfrei zu erkennen sein, dass das Kfz durch die Kapitalgesellschaft auf Grund einer entgeltlichen Vereinbarung mit dem Gesellschafter überlassen wird.

3 Erfolgt die Überlassung im Rahmen eines Arbeitsverhältnisses, muss die tatsächliche Durchführung der Vereinbarung – insbesondere durch zeitnahe Verbuchung des Lohnaufwands und Abführung der Lohnsteuer (und ggf. der Sozialversicherungsbeiträge) – durch die Kapitalgesellschaft nachgewiesen sein. Erfolgt die Überlassung nicht im Rahmen des Arbeitsverhältnisses, sondern im Rahmen eines entgeltlichen Überlassungsvertrags, muss auch hier die Durchführung der Vereinbarung – etwa durch die zeitnahe Belastung des Verrechnungskontos des Gesellschafter-Geschäftsführers – dokumentiert sein.

II. Bewertung der verdeckten Gewinnausschüttung

51 **4** Auf der Ebene der Kapitalgesellschaft ist für die Bemessung der verdeckten Gewinnausschüttung im Zusammenhang mit der privaten Kfz-Nutzung von der erzielbaren Vergütung auszugehen (H 37 KStH 2008 Stichwort „Nutzungsüberlassungen"). Dies steht in Einklang mit den BFH-Urteilen vom 23. Februar 2005 – I R 70/04 – (BStBl. II S. 882) und vom 23. Januar 2008 – I R 8/06 – (a. a. O.), wonach die verdeckte Gewinnausschüttung mit dem gemeinen Wert der Nutzungsüberlassung zu bemessen ist und damit einen angemessenen Gewinnaufschlag einbezieht. Aus Vereinfachungsgründen kann es die Finanzbehörde im Einzelfall zulassen, dass die verdeckte Gewinnausschüttung für die private Nutzung eines betrieblichen Kfz entsprechend § 6 Absatz 1 Nummer 4 Satz 2 EStG mit 1 Prozent des inländischen Listenpreises im Zeitpunkt der Erstzulassung zuzüglich der Kosten für Sonderausstattung einschließlich Umsatzsteuer für jeden Kalendermonat bewertet wird; bei Nutzung des Kfz durch den Gesellschafter-Geschäftsführer auch für Fahrten zwischen Wohnung und Arbeitsstätte erhöht sich dieser Wert um die in § 8 Absatz 2 Satz 3 EStG und für Familienheimfahrten im Rahmen einer doppelten Haushaltsführung um die in § 8 Absatz 2 Satz 5 EStG genannten Beträge.

5 Auf der Ebene des Gesellschafters ist die verdeckte Gewinnausschüttung auch nach Inkrafttreten des § 32 a KStG durch das Jahressteuergesetz 2007 vom 13. Dezember 2006 (BStBl. 2007 I S. 28) nach § 8 Absatz 2 Satz 2, 3 und 5 EStG zu bewerten.

III. Anwendung

52 **6** Dieses Schreiben ist in allen offenen Fällen anzuwenden.

R 8.6

R 8.6 Wert der verdeckten Gewinnausschüttungen, Beweislast, Rückgängigmachung

55 Löst eine vGA Umsatzsteuer oder nicht abziehbare Vorsteuer aus, ist diese bei der Gewinnermittlung nicht zusätzlich nach § 10 Nr. 2 KStG hinzuzurechnen.

H 8.6

H 8.6

57 **Beweislast.**

– **Grundsätze.** Die objektive Beweislast für das Vorliegen von vGA obliegt dem Finanzamt (→ BFH vom 27. 10. 1992, VIII R 41/89, BStBl. 1993 II S. 569). Andererseits hat die Körperschaft die objektive Beweislast für die betriebliche Veranlassung der in der Buchführung als Betriebsvermögensminderung behandelten Aufwendungen. Sprechen nahezu alle erheblichen Beweisanzeichen dafür, dass eine Zuwendung an den Gesellschafter ihre Grundlage im Gesellschaftsverhältnis hat, geht ein verbleibender Rest an Ungewissheit zulasten der Körperschaft. Spricht der Maßstab des Handelns eines ordentlichen und gewissenhaften Geschäftsleiters für die Veranlassung einer Vorteilszuwendung im Gesellschaftsverhältnis, hat die Körperschaft die Umstände darzulegen, aus denen sich eine andere Beurteilung ergeben kann (→ BFH vom 19. 3. 1997, I R 75/96, BStBl. II S. 577).

- **Beweislast bei beherrschendem Gesellschafter.** Der beherrschende Gesellschafter hat das Vorliegen einer im Voraus geschlossenen klaren und eindeutigen Vereinbarung nachzuweisen (→ BFH vom 29. 7. 1992, I R 28/92, BStBl. 1993 II S. 247).
- **Beweislast bei international verbundenen Unternehmen.** Zur Mitwirkungs- und Nachweispflicht bei international verbundenen Unternehmen → BMF vom 12. 4. 2005, BStBl. I S. 570. § 90 Abs. 3 AO bzw. die GAufzV sind zu beachten.

Fremdvergleich von Preisen bei Handel zwischen verbundenen Unternehmen. Zur Bemessung der vGA bei grenzüberschreitenden Geschäftsbeziehungen zwischen verbundenen Unternehmen → BFH-Urteile vom 17. 10. 2001, I R 103/00, BStBl. 2004 II S. 171 und → BFH vom 6. 4. 2005, I R 22/04, BStBl. 2007 II S. 658. Zur Anwendung des BFH-Urteils vom 17. 10. 2001 (a. a. O.) → *BMF vom 26. 2. 2004, BStBl. I S. 270.*[1]

Hingabe von Wirtschaftsgütern. Für die Bemessung der vGA ist bei Hingabe von Wirtschaftsgütern von deren gemeinem Wert, der durch den erzielbaren Erlös bestimmt wird, auszugehen (→ BFH vom 18. 10. 1967, I 262/63, BStBl. 1968 II S. 105 und → BFH vom 27. 11. 1974, I R 250/72, BStBl. 1975 II S. 306).

Nutzungsüberlassungen. Für die Bemessung der vGA ist bei Nutzungsüberlassungen von der erzielbaren Vergütung auszugehen (→ BFH vom 27. 11. 1974, I R 250/72, BStBl. 1975 II S. 306, → BFH vom 6. 4. 1977, I R 86/75, BStBl. II S. 569 und → BFH vom 28. 2. 1990, I R 83/87, BStBl. II S. 649). Zur Bemessung der vGA bei der Überlassung eines betrieblichen Kfz → BMF vom 3. 4. 2012, BStBl. I S. 478.

Rückgängigmachung. Die Rückgängigmachung von vGA ist nur in besonders gelagerten Ausnahmefällen möglich (→ BFH vom 10. 4. 1962, I 65/61 U, BStBl. III S. 255 und → BFH vom 23. 5. 1984, I R 266/81, BStBl. II S. 723 und → BMF vom 6. 8. 1981, BStBl. I S. 599).

Steuerbilanzgewinn. Die Gewinnerhöhung aufgrund einer vGA i. S.d. § 8 Abs. 3 Satz 2 KStG ist dem Steuerbilanzgewinn außerhalb der Steuerbilanz im Rahmen der Ermittlung des Einkommens der Körperschaft hinzuzurechnen (→ BMF vom 28. 5. 2002, BStBl. I S. 603).[2]

Verdeckte Gewinnausschüttung und Kapitalertrag nach § 20 EStG. Für die Anwendung des § 8 Abs. 3 Satz 2 KStG kommt es nicht darauf an, ob und in welcher Höhe die vGA beim Gesellschafter tatsächlich einen Kapitalertrag nach § 20 Abs. 1 Nr. 1 Satz 2, Nr. 9 oder Nr. 10 Buchstabe a oder b EStG auslöst (→ BFH vom 29. 4. 1987, I R 176/83, BStBl. II S. 733, → BFH vom 22. 2. 1989, I R 44/85, BStBl. II S. 475, → BFH vom 14. 3. 1989, I R 8/85, BStBl. II S. 633 und → BFH vom 26. 6. 2013, I R 39/12, BStBl. II 2014 S. 174).
Beachte hierzu → H 8.5. I. Zuflusseignung/Vorteilsgeneigtheit.
Zur Kapitalertragsteuerpflicht bei BgA → BMF vom *9. 1. 2015, BStBl. I S. 111.*[3]

Schreiben betr. Korrektur einer verdeckten Gewinnausschüttung innerhalb oder außerhalb der Steuerbilanz

Anl zu H 8.6

Vom 28. Mai 2002 (BStBl. I S. 603)

(BMF IV A 2 – S 2742 – 32/02)

1 Die **Körperschaftsteuer** bemisst sich bei Körperschaftsteuerpflichtigen grundsätzlich nach dem zu versteuernden Einkommen (§ 7 Abs. 1 KStG). Maßgebend für die Ermittlung des zu versteuernden Einkommens ist das Einkommen im Sinne des § 8 Abs. 1 KStG. Dies ermittelt sich nach den Vorschriften des Einkommensteuergesetzes und des Körperschaftsteuergesetzes. § 8 Abs. 3 Satz 2 KStG schreibt allgemein vor, dass verdeckte Gewinnausschüttungen das Einkommen nicht mindern. Das Körperschaftsteuergesetz enthält keine Aussage dazu, auf welcher Stufe der Einkommensermittlung die verdeckte Gewinnausschüttung korrigiert wird. 61

2 Nach dem BFH-Urteil vom 29. Juni 1994 (BStBl. 2002 II S. 366)[4] erschöpft sich bei einem Körperschaftsteuerpflichtigen, der Einkünfte aus Gewerbebetrieb erzielt, die Rechtsfolge des § 8 Abs. 3

---

[1] *Nicht in der Positivliste des BMF-Schrb. v. 23. 4. 2010 (BStBl. I S. 391) enthalten;* Einzelheiten vgl. dort.

[2] Nachstehend abgedruckt als Anl zu H 8.6.

[3] **Ersetzt** durch *BMF-Schrb. v. 28. 1. 2019 IV C 2 – S 2706-a/15/10 001 BStBl. I 2019 S. 97.*

[4] *Leitsätze des Urteils:* **1.** Verspricht eine GmbH ihrem Gesellschafter-Geschäftsführer eine Umsatztantieme, die als verdeckte Gewinnausschüttung i. S. des § 8 Abs. 3 Satz 2 KStG 1984 zu beurteilen ist, so ist dennoch sowohl in der Handels- als auch in der Steuerbilanz für die Umsatztantieme eine Rückstellung zu bilden. **2.** Eine Tantiemerückstellung bleibt unbeschadet ihrer Behandlung als verdeckte Gewinnausschüttung Fremdkapital. Auch Ausschüttungsverbindlichkeiten sind als Fremdkapital zu behandeln. **3.** Für eine Berichtigung der Steuerbilanz um die Tantiemerückstellung besteht so lange kein Rechtsgrund, als die Verbindlichkeit zivilrechtlich noch existent ist. **4.** Die Rechtsfolge des § 8 Abs. 3 Satz 2 KStG 1984 setzt außerhalb der Steuerbilanz an.

Anl zu H 8.6

Satz 2 KStG in einer Gewinnkorrektur und setzt außerhalb der Steuerbilanz an. Die Gewinnerhöhung auf Grund einer verdeckten Gewinnausschüttung im Sinne des § 8 Abs. 3 Satz 2 KStG ist dem Steuerbilanzgewinn außerhalb der Steuerbilanz hinzuzurechnen.

Nach dem Ergebnis der Erörterung mit den obersten Finanzbehörden der Länder gilt bei der Anwendung der Grundsätze dieses Urteils über den entschiedenen Einzelfall hinaus Folgendes:

I. Grundsatz

1. Allgemeines

62 **3** Voraussetzung für die Annahme einer verdeckten Gewinnausschüttung im Sinne des § 8 Abs. 3 Satz 2 KStG ist u. a. eine Vermögensminderung oder verhinderte Vermögensmehrung, die sich auf die Höhe des Einkommens ausgewirkt hat (vgl. Abschn. 31 Abs. 3 Satz 1 KStR 1995). Soweit eine verdeckte Gewinnausschüttung im Sinne des § 8 Abs. 3 Satz 2 KStG vorliegt, ist sie außerhalb der Steuerbilanz dem Steuerbilanzgewinn im Rahmen der Ermittlung des Einkommens der Körperschaft hinzuzurechnen.

4 Ist die verdeckte Gewinnausschüttung bei der erstmaligen Veranlagung des Wirtschaftsjahrs, in dem es zu der Vermögensminderung bzw. zu der verhinderten Vermögensmehrung gekommen ist, nicht hinzugerechnet worden und kann diese Veranlagung nach den Vorschriften der Abgabenordnung nicht mehr berichtigt oder geändert werden, so unterbleibt die Hinzurechnung nach § 8 Abs. 3 Satz 2 KStG endgültig.

5 Zu einer anderen Ausschüttung im Sinne des § 27 Abs. 3 Satz 2 KStG in der Fassung vor Änderung durch das Steuersenkungsgesetz bzw. einer Leistung der Kapitalgesellschaft im Sinne des KStG in der Fassung des Steuersenkungsgesetzes kommt es unabhängig von der bilanziellen bzw. einkommensmäßigen Behandlung der verdeckten Gewinnausschüttung erst im Zeitpunkt ihres tatsächlichen Abflusses (vgl. Abschn. 77 Abs. 6 KStR 1995).

6 Beim Gesellschafter ist die verdeckte Gewinnausschüttung nach den für ihn geltenden steuerlichen Grundsätzen unabhängig davon zu erfassen, ob sie auf der Ebene der Gesellschaft dem Einkommen hinzugerechnet wurde.[1]

2. Verdeckte Gewinnausschüttung bei Passivierung von Verpflichtungen

63 **7** Ist eine Vereinbarung mit dem Gesellschafter, die in der Steuerbilanz zu einer Passivierung geführt hat (Verbindlichkeit oder Rückstellung), ganz oder teilweise als verdeckte Gewinnausschüttung zu beurteilen, hat dies auf die Passivierung der Verpflichtung keinerlei Einfluss. Das Betriebsvermögen ist in der Steuerbilanz zutreffend ausgewiesen; der gebildete Passivposten ist im Hinblick auf die verdeckte Gewinnausschüttung nicht zu korrigieren.

8 Für den betreffenden Passivposten in der Steuerbilanz ist zum Zwecke der weiteren steuerlichen Behandlung der verdeckten Gewinnausschüttung eine Nebenrechnung durchzuführen. In Höhe der verdeckten Gewinnausschüttung ist ein Teilbetrag I zu bilden. Die Höhe des Teilbetrags I ist nicht davon abhängig, dass ein entsprechender Betrag im Rahmen der Einkommensermittlung der Gesellschaft hinzugerechnet worden ist. Ergänzend ist festzuhalten, in welchem Umfang der Teilbetrag I bei der Einkommensermittlung dem Steuerbilanzgewinn hinzugerechnet worden ist (Teilbetrag II). Die Nebenrechnung als Folge einer verdeckten Gewinnausschüttung ist für jeden betroffenen Passivposten gesondert vorzunehmen.

9 Die beiden Teilbeträge sind entsprechend der Entwicklung des Passivpostens in der Steuerbilanz fortzuschreiben. Sie sind aufzulösen, soweit die Verpflichtung (vgl. Rdnr. 7) in der Steuerbilanz gewinnerhöhend aufzulösen ist. Die Gewinnerhöhung, die sich durch die Auflösung der Verpflichtung in der Steuerbilanz ergibt, ist, soweit sie anteilig auf den durch das Gesellschaftsverhältnis veranlassten Teil der Verpflichtung entfällt, bis zur Höhe des aufzulösenden Teilbetrags II außerhalb der Steuerbilanz vom Steuerbilanzgewinn zur Vermeidung einer doppelten Erfassung abzuziehen.

II. Auswirkungen der Grundsätze im Einzelnen

64 **1. Verdeckte Gewinnausschüttung bei laufenden Betriebsausgaben**

10 Maßgebend für die Hinzurechnung ist der Betrag, der im laufenden Wirtschaftsjahr den Steuerbilanzgewinn und damit das Einkommen gemindert hat.

Beispiel 1

Die Kapitalgesellschaft erzielt im Wirtschaftsjahr 01 einen Steuerbilanzgewinn von 200 000 €. Dabei hat sie ihrem Gesellschafter-Geschäftsführer gemäß Anstellungsvertrag 9000 € als laufendes Monatsgehalt gezahlt, obwohl nach dem Fremdvergleich nur 6000 € angemessen wären.

11 Zur Ermittlung des Einkommens ist dem Steuerbilanzgewinn der Kapitalgesellschaft im Beispielsfall der Betrag von 36 000 € hinzuzurechnen. In Höhe des Hinzurechnungsbetrags liegen im Wirtschaftsjahr 01 eine Ausschüttung der Kapitalgesellschaft und beim Gesellschafter Einnahmen aus Kapitalvermögen vor.

65 **2. Verdeckte Gewinnausschüttung bei Passivierung von Verpflichtungen**

a) Abfluss der verdeckten Gewinnausschüttung im Jahr nach Passivierung der Verpflichtung

Beispiel 2

In der Steuerbilanz für das Wirtschaftsjahr 01 ist für eine Tantiemezusage an den Gesellschafter-Geschäftsführer eine Tantiemerückstellung von 70 000 € gebildet worden; die Tantieme ist zum 30. Juni 02 fällig und wird zu diesem Zeit-

[1] Vgl. aber § 8 b Abs. 1 Satz 2 i. d. F. des JStG 2007.

punkt ausgezahlt. Die durch die gebildete Rückstellung eingetretene Vermögensminderung ist (unstreitig) in Höhe von 20 000 € eine verdeckte Gewinnausschüttung. Im Zuge der Veranlagung für das Wirtschaftsjahr 01 wird
a) die verdeckte Gewinnausschüttung hinzugerechnet
b) die verdeckte Gewinnausschüttung nicht hinzugerechnet; eine Änderungsmöglichkeit nach den Vorschriften der AO besteht nicht.

12 In der Steuerbilanz der Gesellschaft ist im Unterfall a) und b) für das Wirtschaftsjahr 01 gewinnmindernd eine Tantiemerückstellung in Höhe von 70 000 € zu bilden.

13 Im Unterfall a) kommt es im Zuge der Einkommensermittlung für 01 zur Hinzurechnung der verdeckten Gewinnausschüttung von 20 000 €. Der Teilbetrag I und der Teilbetrag II belaufen sich am Schluss des Wirtschaftsjahrs 01 jeweils auf 20 000 €. In Folge der Auszahlung in 02 kommt es zur Auflösung der Rückstellung; Auszahlung und Auflösung wirken sich nicht auf den Steuerbilanzgewinn aus. Die Teilbeträge I und II sind ebenfalls aufzulösen; die Auflösung hat keinen Einfluss auf die Einkommensermittlung der Gesellschaft.

14 Im Unterfall b) unterbleibt im Zuge der Einkommensermittlung für 01 eine Hinzurechnung von 20 000 €. Der Teilbetrag I beläuft sich am Schluss des Wirtschaftsjahrs 01 auf 20 000 €, der Teilbetrag II auf 0 €. In Folge der Auszahlung in 02 kommt es zur Auflösung der Rückstellung; Auszahlung und Auflösung wirken sich nicht auf den Steuerbilanzgewinn aus. Der Teilbetrag I ist aufzulösen; die Auflösung hat keinen Einfluss auf die Einkommensermittlung der Gesellschaft.

15 Auf der Ebene des Gesellschafters führt der Zufluss der 70 000 € in den beiden Unterfällen in Höhe des Teilbetrags I (= 20 000 €) zu Einnahmen aus Kapitalvermögen und in Höhe des Restbetrags zu Einnahmen aus nichtselbständiger Arbeit.

b) Abfluss der verdeckten Gewinnausschüttung erst nach Ablauf einer Zeitspanne von mehr als zwölf Monaten

Beispiel 3

Dem Gesellschafter-Geschäftsführer ist für das Wirtschaftsjahr 01 eine Tantieme von 20 000 € zugesagt worden, die (zulässigerweise) am 31. Januar 03 fällig gestellt und ausbezahlt wird. Die durch die Rückstellung eintretende Vermögensminderung stellt zu 50% eine verdeckte Gewinnausschüttung dar. In der Steuerbilanz für das Wirtschaftsjahr 01 ist eine Tantiemerückstellung von 18 960 € gebildet und für das Wirtschaftsjahr 02 auf 20 000 € aufgestockt worden (§ 6 Abs. 1 Nr. 3 a Buchstabe e EStG [Aufzinsungsbetrag]). Im Zuge der Veranlagung für das Wirtschaftsjahr 01 wird
a) die verdeckte Gewinnausschüttung hinzugerechnet
b) die verdeckte Gewinnausschüttung nicht hinzugerechnet; eine Änderungsmöglichkeit nach den Vorschriften der AO besteht nicht.
Die Veranlagung für das Wirtschaftsjahr 02 ist noch offen.

16 In der Steuerbilanz der Gesellschaft ist im Unterfall a) und b) am Schluss des Wirtschaftsjahrs 01 eine Tantiemerückstellung in Höhe von 18 960 € und am Schluss des Wirtschaftsjahrs 02 von 20 000 € auszuweisen.

17 Im Unterfall a) kommt es im Zuge der Einkommensermittlung für 01 zur Hinzurechnung von 9480 € und für 02 von 520 € (50% des Aufstockungsbetrags von 1040 €). Der Teilbetrag I und der Teilbetrag II belaufen sich am Schluss des Wirtschaftsjahrs 01 jeweils auf 9480 € und erhöhen sich am Schluss des Wirtschaftsjahrs 02 um jeweils 520 € auf jeweils 10 000 €. In Folge der Auszahlung in 03 kommt es zur Auflösung der Rückstellung; Auszahlung und Auflösung wirken sich nicht auf den Steuerbilanzgewinn aus. Die Teilbeträge I und II sind aufzulösen; die Auflösung hat keinen Einfluss auf die Einkommensermittlung der Gesellschaft.

18 Im Unterfall b) unterbleibt im Zuge der Einkommensermittlung für 01 eine Hinzurechnung von 9480 €. Der Teilbetrag I beläuft sich am Schluss des Wirtschaftsjahrs 01 auf 9480 €, der Teilbetrag II auf 0 €. Im Zuge der Einkommensermittlung für 02 kommt es zu einer Hinzurechnung von 520 €. Der Teilbetrag I erhöht sich am Schluss des Wirtschaftsjahrs 02 auf 10 000 €, der Teilbetrag II beläuft sich zu diesem Stichtag auf 520 €. In Folge der Auszahlung in 03 kommt es zur Auflösung der Rückstellung; Auszahlung und Auflösung wirken sich nicht auf den Steuerbilanzgewinn aus. Die Teilbeträge I und II sind aufzulösen; die Auflösung hat keinen Einfluss auf die Einkommensermittlung der Gesellschaft.

19 Auf der Ebene des Gesellschafters führt der Zufluss der 20 000 € in Höhe des Teilbetrags I (= 10 000 €) im Jahr 03 zu Einnahmen aus Kapitalvermögen und in Höhe des Restbetrags zu Einnahmen aus nichtselbständiger Arbeit.

c) Durch das Gesellschaftsverhältnis veranlasster Verzicht auf einen voll werthaltigen Anspruch, der zu einer verdeckten Gewinnausschüttung geführt hat

Beispiel 4

Wie Beispiel 3; der Gesellschafter-Geschäftsführer verzichtet aber am 15. Januar 03 aus durch das Gesellschaftsverhältnis veranlassten Gründen auf die Auszahlung der Tantieme.

20 Es gelten die Grundsätze des BFH-Beschlusses vom 9. Juni 1997, BStBl. 1998 II S. 307. Die gewinnwirksame Auflösung der Tantiemerückstellung in der Steuerbilanz des Wirtschaftsjahrs 03 wird in gleicher Höhe durch eine Einlage des Gesellschafters neutralisiert. Die Teilbeträge I und II sind aufzulösen; die Auflösung hat im Unterfall a) und b) keinen Einfluss auf die Einkommensermittlung der Gesellschaft.

21 Auf der Ebene des Gesellschafters führt der Verzicht auf die Tantieme in Höhe des Teilbetrags I (= 10 000 €) zu Einnahmen aus Kapitalvermögen und der Differenzbetrag von Tantiemerückstellung und Teilbetrag I (= 10 000 €) zu Einnahmen aus nichtselbständiger Arbeit. In Höhe der Einlage (von 20 000 €) erhöhen sich die steuerlichen Anschaffungskosten der Beteiligung.

d) Durch das Gesellschaftsverhältnis veranlasster Verzicht auf einen nicht voll werthaltigen Anspruch, der zu einer verdeckten Gewinnausschüttung geführt hat

Beispiel 5

Wie Beispiel 3; der Gesellschafter-Geschäftsführer verzichtet aber am 15. Januar 03 aus durch das Gesellschaftsverhältnis veranlassten Gründen auf die Auszahlung der Tantieme von 20 000 € (Anspruch war nur noch zu 40% werthaltig).

22 War der Anspruch im Zeitpunkt des Verzichts nicht mehr voll werthaltig, beschränkt sich die Einlage nach den Grundsätzen des BFH-Beschlusses vom 9. Juni 1997 (a. a. O.) betragsmäßig auf den werthaltigen Teil der Tantiemeverpflichtung lt. Steuerbilanz. Die in der Steuerbilanz des Wirtschaftsjahrs 03 auszubuchende Verpflichtung wirkt sich damit im Ergebnis im Unterfall a) und b) in Höhe des nicht werthaltigen Teils gewinnwirksam aus (60% von 20 000 € = 12 000 €).

23 Dieser Betrag von 12 000 € entfällt im Verhältnis des Teilbetrags I (10 000 €) zum Rückstellungsbetrag (20 000 €) auf die vormalige verdeckte Gewinnausschüttung (50% von 12 000 € = 6000 €). Sie ist daher außerhalb der Steuerbilanz im Rahmen der Einkommensermittlung 03 bis zur Höhe des Teilbetrags II zu mindern. Im Unterfall a) sind dies 6000 €; der Restbetrag des Teilbetrags II ist ebenso wie der Teilbetrag I ohne Auswirkung auf die Einkommenser-

noch 65 mittlung aufzulösen. Im Unterfall b) kommt es zur Minderung um 520 €; der Restbetrag des Teilbetrags I ist ohne Auswirkung auf die Einkommensermittlung aufzulösen.

24 Auf der Ebene des Gesellschafters kommt es auf Grund des Verzichts auf die Tantieme in Höhe des werthaltigen Teils des Anspruchs (= 8000 €) zum Zufluss. Dieser führt im Verhältnis des Teilbetrags I (10 000 €) zur Rückstellung (20 000 €), d. h. zu 50% zu Einnahmen aus Kapitalvermögen und in Höhe des Restbetrags zu Einnahmen aus nichtselbständiger Arbeit. In Höhe der Einlage (= 8000 €) erhöhen sich die steuerlichen Anschaffungskosten der Beteiligung.

e) Verdeckte Gewinnausschüttung bei Pensionsrückstellungen in der Anwartschaftsphase

Beispiel 6

Dem Gesellschafter-Geschäftsführer ist im Wirtschaftsjahr 01 (zulässigerweise ohne Berücksichtigung einer Probezeit) eine endgehaltsabhängige Pensionszusage (Invaliditäts- und Altersversorgung) erteilt worden. Im Wirtschaftsjahr 01 war eine Pensionsrückstellung von 10 000 € zu bilden. Im Wirtschaftsjahr 02 waren 12 000 € zuzuführen. In Folge einer Gehaltsabsenkung im Wirtschaftsjahr 03 war die Rückstellung um 2000 € auf 20 000 € aufzulösen. Im Wirtschaftsjahr 04 kommt es zur Zuführung von 10 000 € auf 30 000 €. Die Zusage ist in Höhe von 40% als verdeckte Gewinnausschüttung einzustufen. Im Zuge der Veranlagung für das Wirtschaftsjahr 01 wird

a) die verdeckte Gewinnausschüttung hinzugerechnet

b) die verdeckte Gewinnausschüttung nicht hinzugerechnet; eine Änderungsmöglichkeit nach den Vorschriften der AO besteht nicht.

Die Veranlagungen für die Wirtschaftsjahre 02 bis 04 sind noch offen.

25 In der Steuerbilanz der Gesellschaft ist im Unterfall a) und b) eine Pensionsrückstellung auszuweisen. Am Schluss des Wirtschaftsjahrs 01 beträgt diese 10 000 €, am Schluss des Wirtschaftsjahrs 02 beträgt sie 22 000 €, am Schluss des Wirtschaftsjahrs 03 beträgt sie 20 000 € und am Schluss des Wirtschaftsjahrs 04 beträgt sie 30 000 €. Die jeweiligen Zuführungen bzw. die Auflösung wirken sich in der Steuerbilanz gewinnmindernd bzw. gewinnerhöhend aus.

26 Im Unterfall a) kommt es im Rahmen der Einkommensermittlung des Veranlagungszeitraums für das Wirtschaftsjahr 01 zur Hinzurechnung von 40% von 10 000 € = 4000 € und für das Wirtschaftsjahr 02 zur Hinzurechnung von 40% von 12 000 € = 4800 €. Die Teilbeträge I und II betragen am Schluss des Wirtschaftsjahrs 01 jeweils 4000 € und am Schluss des Wirtschaftsjahrs 02 jeweils 8800 €.

27 Im Unterfall b) kommt es im Rahmen der Einkommensermittlung des Veranlagungszeitraums für das Wirtschaftsjahr 01 nicht zur Hinzurechnung von 40% von 10 000 € = 4000 €. Am Schluss des Wirtschaftsjahrs 01 beträgt der Teilbetrag I 4000 € und der Teilbetrag II 0 €. Im Rahmen der Einkommensermittlung des Veranlagungszeitraums für das Wirtschaftsjahr 02 kommt es zur Hinzurechnung von 40% von 12 000 € = 4800 €. Am Schluss des Wirtschaftsjahrs 02 beträgt der Teilbetrag I 8800 € und der Teilbetrag II 4800 €.

28 Im Wirtschaftsjahr 03 kommt es in der Steuerbilanz in Folge der Rückstellungsauflösung zu einer Gewinnerhöhung von 2000 €. Diese Gewinnerhöhung ist im Verhältnis des Teilbetrags I zum Schluss des vorangegangenen Wirtschaftsjahrs (8800 €) zum Rückstellungsbetrag zu diesem Zeitpunkt (22 000 €) durch das Gesellschaftsverhältnis veranlasst (40% von 2000 € = 800 €). Die Gewinnerhöhung von 2000 € in der Steuerbilanz 03 ist außerhalb der Steuerbilanz im Rahmen der Einkommensermittlung des Veranlagungszeitraums für das Wirtschaftsjahr 03 bis zur Höhe des Teilbetrags II zu mindern. Die Minderung beträgt in Unterfall a) und b) jeweils 800 €. Der Teilbetrag I in Höhe von 8800 € ist in beiden Unterfällen ebenfalls um 800 € aufzulösen und in Höhe des Restbetrags von 8000 € fortzuführen. Der Restbetrag des Teilbetrags II beträgt nach Abzug von 800 € im Unterfall a) 8000 € und in Unterfall b) 4000 €.

29 Im Rahmen der Einkommensermittlung des Veranlagungszeitraums für das Wirtschaftsjahr 04 kommt es im Unterfall a) und b) zur Hinzurechnung von 40% von 10 000 € = 4000 €. Im Unterfall a) betragen der Teilbetrag I und der Teilbetrag II jeweils 12 000 €. Im Unterfall b) beträgt am Schluss des Wirtschaftsjahrs 04 der Teilbetrag I 12 000 € und der Teilbetrag II 8000 €.

f) Verdeckte Gewinnausschüttung bei Pensionsrückstellungen in der Leistungsphase

30 Die fällige Pensionsverpflichtung führt nach den Grundsätzen von R 41 Abs. 23 Satz 1 EStR zu einer gewinnerhöhenden Auflösung der Pensionsrückstellung in der Steuerbilanz; die laufenden Pensionszahlungen führen zu Betriebsausgaben. Im Ergebnis kommt es im Rahmen der Einkommensermittlung auf der Ebene der Gesellschaft nur in Höhe des Saldos beider Größen zu einer Vermögensminderung und damit zu einer verdeckten Gewinnausschüttung. Beide Vorgänge sind für die Ausschüttung auf der Ebene der Gesellschaft und auf der Ebene des Gesellschafters aber getrennt zu betrachten.

aa) Gleich bleibender Anteil der durch das Gesellschaftsverhältnis veranlassten Zusage in der Leistungsphase

Beispiel 7

Dem Gesellschafter-Geschäftsführer ist im Wirtschaftsjahr 01 eine Pensionszusage (Invaliditäts- und Altersversorgung) erteilt worden, für die am Schluss des Wirtschaftsjahrs 15 eine Pensionsrückstellung von 100 000 € zu bilden ist. Die Zusage ist in Höhe von 40% als verdeckte Gewinnausschüttung einzustufen. Am Schluss des Wirtschaftsjahrs 15 beläuft sich der Teilbetrag I auf 40 000 €. Der Teilbetrag II beläuft sich zu diesem Zeitpunkt

a) auf 40 000 €

b) auf 2000 €.

Am 1. Januar 16 tritt planmäßig der Versorgungsfall ein; als Pensionsleistungen werden jährlich 7500 € (625 € im Monat) ausbezahlt, die Pensionsrückstellung am Schluss des Wirtschaftsjahrs 16 beläuft sich auf 93 000 €.

31 Im Wirtschaftsjahr 16 kommt es in der Steuerbilanz in Folge der **Rückstellungsauflösung** zu einer Gewinnerhöhung um 7000 €. Diese Gewinnerhöhung ist im Verhältnis des Teilbetrags I zum Schluss des vorangegangenen Wirtschaftsjahrs (40 000 €) zum Rückstellungsbetrag zu diesem Zeitpunkt (100 000 €) durch das Gesellschaftsverhältnis veranlasst (40% von 7000 € = 2800 €). Die Gewinnerhöhung in der Steuerbilanz des Wirtschaftsjahrs 16 ist im Rahmen der Einkommensermittlung für den Veranlagungszeitraum 16 außerhalb der Steuerbilanz bis zur Höhe des Teilbetrags II zu mindern.

32 Im Unterfall a) mindert sich der Teilbetrag II um 2800 € auf 37 200 €, so dass sich isoliert betrachtet eine Einkommenserhöhung von 4200 € (7000 € ./. 2800 €) ergibt. Der Restbetrag des Teilbetrags II von 37 200 € ist fortzuführen.

33 Im Unterfall b) mindert sich der Teilbetrag II um 2000 € auf 0 €, so dass sich isoliert betrachtet eine Einkommenserhöhung von 5000 € (7000 € ./. 2000 €) ergibt. Eine Fortführung des Teilbetrags II entfällt.

34 Die **Pensionszahlungen** führen im Wirtschaftsjahr 16 zu laufenden Betriebsausgaben in Höhe von 7500 €. Diese sind in Höhe von 3000 € (= 40% von 7500 €) durch das Gesellschaftsverhältnis veranlasst. Dieser Betrag ist dem Steuerbilanzgewinn insoweit hinzuzurechnen, wie er die Differenz aus aufzulösendem Teilbetrag I und aufzulösendem Teilbetrag II übersteigt. Im Unterfall a) beträgt die Hinzurechnung 3000 € ./. (2800 € ./. 2800 €) = 3000 €. Im Unterfall b) beträgt sie 3000 € ./. (2800 € ./. 2000 €) = 2200 €. Im Ergebnis kommt es daher im Unterfall a) und im Unterfall b) zu einer effektiven Hinzurechnung von 200 € (= 40% von 500 € Mehraufwand gegenüber der Rückstellungsauflösung).

35 Auf der Ebene des Gesellschafters führen die zufließenden Pensionszahlungen im Veranlagungszeitraum 16 in Höhe des Verhältnisses des Teilbetrags I zum Schluss des vorangegangenen Wirtschaftsjahrs (40 000 €) zur Pensionsrückstellung zu diesem Zeitpunkt (100 000 €) zu Einnahmen aus Kapitalvermögen von 3000 € (= 40% von 7500 €) und in Höhe des Restbetrags von 4500 € zu Einnahmen aus nichtselbständiger Arbeit.

bb) Wechselnder Anteil der durch das Gesellschaftsverhältnis veranlassten Zusage in der Leistungsphase

36 Durch die durch das Gesellschaftsverhältnis veranlasste Erhöhung der Pensionszahlungen ist der Anteil der durch das Gesellschaftsverhältnis veranlassten Pensionsleistung für die Wirtschaftsjahre ab der Änderung der Zusage in geeigneter Weise neu zu ermitteln. Im Wirtschaftsjahr der Änderung der Pensionszusage ist bis zum Zeitpunkt der Änderung der bisherige und danach der korrigierte Aufteilungsmaßstab anzuwenden; die Teilbeträge I und II sind entsprechend fortzuführen. Es gelten die Grundsätze der Rdnr. 31–35 entsprechend.

g) Vollständiger Wegfall der Pensionsverpflichtung durch Tod

Beispiel 8

Dem Gesellschafter-Geschäftsführer ist im Wirtschaftsjahr 01 eine Pensionszusage (Invaliditäts- und Altersversorgung) erteilt worden, für die zum Schluss des Wirtschaftsjahrs 15 eine Pensionsrückstellung von 100 000 € zu bilden ist. Die Zusage ist (unstreitig) in Höhe von 40% als verdeckte Gewinnausschüttung einzustufen. Am Schluss des Wirtschaftsjahrs 15 beläuft sich der Teilbetrag I auf 40 000 €. Der Teilbetrag II beläuft sich zu diesem Zeitpunkt
a) auf 40 000 €
b) auf 30 000 €.
Am 1. Januar 16 stirbt der Gesellschafter-Geschäftsführer.

37 Die auszubuchende Verpflichtung erhöht den Steuerbilanzgewinn des Wirtschaftsjahrs 16 um 100 000 €.

38 Diese Gewinnerhöhung in der Steuerbilanz ist im Verhältnis des Teilbetrags I von 40 000 € zum Rückstellungsbetrag von 100 000 € (= zu 40% = 40 000 €) außerhalb der Steuerbilanz im Rahmen der Einkommensermittlung der Veranlagung des Wirtschaftsjahrs 16 bis zur Höhe des Teilbetrags II zu mindern. Im Unterfall a) kommt es zur Minderung um 40 000 €. Im Unterfall b) kommt es zur Minderung um 30 000 €. Der Teilbetrag I ist im Unterfall a) und b) ohne Auswirkung auf die Einkommensermittlung aufzulösen.

h) Aktiventod und Fälligwerden der Hinterbliebenenversorgung

Beispiel 9

Dem Gesellschafter-Geschäftsführer ist im Wirtschaftsjahr 01 eine Pensionszusage (Alters- und Hinterbliebenenversorgung) erteilt worden, für die zum Schluss des Wirtschaftsjahrs 15 eine Pensionsrückstellung von 100 000 € zu bilden ist. Die Zusage ist in Höhe von 40% als verdeckte Gewinnausschüttung einzustufen. Am Schluss des Wirtschaftsjahrs 15 beläuft sich der Teilbetrag I auf 40 000 €. Der Teilbetrag II beläuft sich zu diesem Zeitpunkt
a) auf 40 000 €
b) auf 30 000 €.
Am 31. Dezember 16 stirbt der Gesellschafter-Geschäftsführer. Die Witwenversorgung (60% der Altersversorgung) führt zu einer Pensionsrückstellung von anfangs 190 000 €.

39 In der Steuerbilanz des Wirtschaftsjahrs 16 kommt es in Folge der Rückstellungsaufstockung zu einer Gewinnminderung von 90 000 €.

40 Diese Gewinnminderung ist im Verhältnis des Teilbetrags I zum Schluss des vorangegangenen Wirtschaftsjahrs (40 000 €) zum Rückstellungsbetrag zu diesem Zeitpunkt (100 000 €) durch das Gesellschaftsverhältnis veranlasst (40% von 90 000 € = 36 000 €). Dem Steuerbilanzgewinn des Wirtschaftsjahrs 16 ist im Rahmen der Einkommensermittlung außerhalb der Steuerbilanz ein Betrag von 36 000 € hinzuzurechnen. Der Teilbetrag I erhöht sich im Unterfall a) und b) um jeweils 36 000 € auf 76 000 €. Im Unterfall a) erhöht sich der Teilbetrag II am Schluss des Wirtschaftsjahrs 16 auf 76 000 € und im Unterfall b) erhöht sich der Teilbetrag II zu diesem Zeitpunkt auf 66 000 €.

41 Für die nachfolgenden Jahre der Auszahlung gelten die Grundsätze unter Rdnr. 31–36 entsprechend.

3. Verdeckte Gewinnausschüttung bei Posten der Aktivseite 66

Beispiel 10

Die Kapitalgesellschaft erwirbt von ihrem Gesellschafter eine Maschine (betriebsgewöhnliche Nutzungsdauer von fünf Jahren) im Wert von 100 000 € zum Preis von 120 000 €. Der Mehrpreis von 20 000 € ist durch das Gesellschaftsverhältnis veranlasst.

42 Die Maschine ist mit den unter fremden Dritten üblichen Anschaffungskosten zu aktivieren (vgl. BFH-Urteil vom 13. März 1985, BFH/NV 1986 S. 116). In Höhe der Differenz zum tatsächlich gezahlten Betrag kommt es zu einem durch das Gesellschaftsverhältnis veranlassten Aufwand, der als verdeckte Gewinnausschüttung gilt. Ein Zufluss beim Gesellschafter liegt in dem Zeitpunkt vor, in dem er den Anspruch nach den für ihn geltenden allgemeinen Gewinn- bzw. Einkommensermittlungsvorschriften zu erfassen hat.

43 Kann die Veranlagung für das Wirtschaftsjahr der Anschaffung nach den Vorschriften der AO nicht mehr berichtigt oder geändert werden, ist das Wirtschaftsgut im Wirtschaftsjahr des ersten offenen Veranlagungszeitraums mit dem Wert zu bewerten, der sich unter Berücksichtigung der Abschreibungen bezogen auf die unter Fremden üblichen Anschaffungskosten ergibt. Die sich hierbei ergebende Vermögensminderung stellt eine verdeckte Gewinnausschüttung dar.

III. Anwendung

44 Die Grundsätze dieses Schreibens sind in allen noch offenen Fällen anzuwenden. Steht die verdeckte Gewinnausschüttung im Zusammenhang mit einer passivierten Verpflichtung, so ist die Verpflichtung in der Schlussbilanz des ersten offenen Wirtschaftsjahrs nach den vorstehenden Grundsät- 67

zen in der Steuerbilanz auszuweisen. Soweit die sich danach ergebende Minderung des Steuerbilanzgewinns wirtschaftlich auf das laufende Wirtschaftsjahr entfällt, ist eine dieses Wirtschaftsjahr betreffende verdeckte Gewinnausschüttung entsprechend den Grundsätzen dieses Schreibens zu behandeln. Bis zur Höhe des Betrags, zu dem die Minderung des Bilanzgewinns wirtschaftlich nicht auf das laufende Wirtschaftsjahr entfällt, sind Beträge, die in den Vorjahren als verdeckte Gewinnausschüttungen erfasst worden sind, im Rahmen der Einkommensermittlung dem Steuerbilanzgewinn hinzuzurechnen. Die in den Vorjahren und dem laufenden Jahr tatsächlich als verdeckte Gewinnausschüttung erfassten Beträge sind die ersten Zugänge zum Teilbetrag II. Der Teilbetrag I ergibt sich zum Schluss des laufenden Wirtschaftsjahrs in Höhe des Betrags, zu dem die Verpflichtung als durch das Gesellschaftsverhältnis veranlasst anzusehen ist.

Beispiel 11

In 1990 wurde eine Pensionszusage erteilt, die (vereinfacht) jährlich zu Zuführungen zur Pensionsrückstellung von 10 000 € führt. Die Zusage ist zu 60% durch das Gesellschaftsverhältnis veranlasst. Bis zum Jahre 01 beträgt die Pensionsrückstellung rechnerisch 120 000 €. Davon sind 72 000 € als verdeckte Gewinnausschüttung behandelt worden.
a) In der Steuerbilanz ist zum 31. Dezember 01 eine Pensionsrückstellung von 48 000 € ausgewiesen.
b) Wie a), daneben ist eine Ausschüttungsverpflichtung von 72 000 € ausgewiesen.
In 02 wird auf die vorstehenden Grundsätze umgestellt, zum 31. Dezember 02 beträgt die Pensionsrückstellung 130 000 €.

Unterfall a)

Durch die Rückstellungserhöhung auf 130 000 € ergibt sich in der Steuerbilanz eine Gewinnminderung von 82 000 €. Diese entfällt wirtschaftlich in Höhe von 10 000 € auf das laufende Wirtschaftsjahr. Von diesen 10 000 € werden 6000 € als verdeckte Gewinnausschüttung behandelt und dem Bilanzgewinn hinzugerechnet. Der Restbetrag von 72 000 € entfällt wirtschaftlich auf die Vorjahre; er wird bis zur Höhe der in der Vergangenheit tatsächlich als verdeckte Gewinnausschüttung behandelten Beträge, d. h. um 72 000 € dem Bilanzgewinn hinzugerechnet.

Zum 31. Dezember 02 beträgt der Teilbetrag II 78 000 €; der Teilbetrag I beträgt ebenfalls 78 000 €.

Unterfall b)

Durch die „Umbuchung" von Ausschüttungsverbindlichkeit auf Rückstellung und die „normale" Jahreszuführung 02 ergibt sich eine Minderung des Bilanzgewinns von 10 000 €. Diese entfällt wirtschaftlich voll auf das Jahr 02. Von dem Minderungsbetrag sind 6000 € als verdeckte Gewinnausschüttung zu behandeln. Eine weitere Korrektur eines wirtschaftlich auf die Vorjahre entfallenden Minderungsbetrags entfällt.
Zum 31. Dezember 02 beträgt der Teilbetrag II 78 000 €; der Teilbetrag I beträgt ebenfalls 78 000 €.

Beispiel 12

In 1990 wurde eine Pensionszusage erteilt, die (vereinfacht) jährlich zu Zuführungen zur Pensionsrückstellung von 10 000 € führt. Die Zusage ist zu 60% durch das Gesellschaftsverhältnis veranlasst. Bis zum Jahre 00 beträgt die Pensionsrückstellung (rechnerisch) 110 000 €; eine Korrektur als verdeckte Gewinnausschüttung ist bisher unterblieben. In 01 werden erstmals 6000 € als verdeckte Gewinnausschüttung behandelt.
a) In der Steuerbilanz ist zum 31. Dezember 01 eine Pensionsrückstellung von 114 000 € ausgewiesen.
b) Wie a), daneben ist eine Ausschüttungsverpflichtung von 6000 € ausgewiesen.
In 02 wird auf vorstehende Grundsätze umgestellt, zum 31. Dezember 02 beträgt die Rückstellung 130 000 €.

Unterfall a)

Durch die Rückstellungserhöhung ergibt sich eine Gewinnminderung von 16 000 €. Diese entfällt wirtschaftlich in Höhe von 10 000 € auf das laufende Wirtschaftsjahr. Von den 10 000 € werden 6000 € als verdeckte Gewinnausschüttung behandelt und dem Bilanzgewinn hinzugerechnet. Der Restbetrag von 6000 € entfällt wirtschaftlich auf die Vorjahre; er wird bis zur Höhe der in der Vergangenheit tatsächlich als verdeckte Gewinnausschüttung behandelten Beträge, d. h. um 6000 € dem Bilanzgewinn hinzugerechnet.
Zum 31. Dezember 02 beträgt der Teilbetrag II 12 000 €; der Teilbetrag I beträgt 78 000 €.

Unterfall b)

Durch die „Umbuchung" von Ausschüttungsverbindlichkeit auf Rückstellung und die „normale" Jahreszuführung 02 ergibt sich eine Minderung des Bilanzgewinns von 10 000 €. Diese entfällt wirtschaftlich voll auf das Jahr 2002. Von dem Minderungsbetrag sind 6000 € als verdeckte Gewinnausschüttung zu behandeln. Eine weitere Korrektur eines wirtschaftlich auf die Vorjahre entfallenden Minderungsbetrags entfällt.
Zum 31. Dezember 02 beträgt der Teilbetrag II 12 000 €; der Teilbetrag I beträgt 78 000 €.

R 8.7

R 8.7 Rückstellungen für Pensionszusagen an Gesellschafter-Geschäftsführer von Kapitalgesellschaften

70 ① Bei Pensionsverpflichtungen ist in einem ersten Schritt zu prüfen, ob und in welchem Umfang eine Rückstellung gebildet werden darf. ② Ist eine Pensionszusage bereits zivilrechtlich unwirksam, ist die Pensionsrückstellung in der Handelsbilanz erfolgswirksam aufzulösen, dies ist maßgeblich für die steuerrechtliche Gewinnermittlung. ③ Daneben müssen die Voraussetzungen des § 6 a EStG erfüllt sein; sind sie nicht erfüllt, ist die Pensionsrückstellung insoweit innerhalb der steuerrechtlichen Gewinnermittlung erfolgswirksam aufzulösen. ④ Die Regelungen in R 6 a EStR sind für den Ansatz der Pensionsrückstellungen in der steuerrechtlichen Gewinnermittlung dem Grunde und der Höhe nach zu berücksichtigen. ⑤ Ist die Pensionsrückstellung dem Grunde und der Höhe nach zutreffend bilanziert, ist in einem zweiten Schritt zu prüfen, ob und inwieweit die Pensionsverpflichtung auf einer vGA beruht. ⑥ Bei dieser Prüfung sind insbesondere die Aspekte Ernsthaftigkeit[1], → Erdienbarkeit und → Angemessenheit zu prüfen.

[1] Ergänzend dazu *BMF-Schrb. v. 9. 12. 2016 IV C 6 – S 2176/07/10 004 :003 BStBl. 2016 I S. 1427,* abgedruckt als Anl a zu H 8.7.

H 8.7 H 8.7

Angemessenheit. In die Prüfung der Angemessenheit der Gesamtbezüge des Gesellschafter-Geschäftsführers ist auch die ihm erteilte Pensionszusage einzubeziehen. Diese ist mit der fiktiven Jahresnettoprämie nach dem Alter des Gesellschafter-Geschäftsführers im Zeitpunkt der Pensionszusage anzusetzen, die er selbst für eine entsprechende Versicherung zu zahlen hätte, abzüglich etwaiger Abschluss- und Verwaltungskosten. Sieht die Pensionszusage spätere Erhöhungen vor oder wird sie später erhöht, ist die fiktive Jahresnettoprämie für den Erhöhungsbetrag auf den Zeitpunkt der Erhöhung der Pensionszusage zu berechnen; dabei ist von den Rechnungsgrundlagen auszugehen, die für die Berechnung der Pensionsrückstellung verwendet werden. Das gilt nicht für laufende Anpassungen an gestiegene Lebenshaltungskosten. Zur Ermittlung der Angemessenheitsgrenze für die Gesamtbezüge → BMF vom 14. 10. 2002, BStBl. I S. 972.[1] Zur Überversorgung wegen überdurchschnittlich hoher Versorgungsanwartschaften und bei Nur-Pension → BMF vom 3. 11. 2004, BStBl. I S. 1045, Rn. 7, → BMF vom 13. 12. 2012, BStBl. 2013 I S. 35, → BFH vom 31. 3. 2004, I R 70/03, BStBl. II S. 937, und → BFH vom 28. 4. 2010, I R 78/08, BStBl. 2013 II S. 41. 72

Erdienbarkeit.[2] Die Zusage einer Pension an einen beherrschenden Gesellschafter-Geschäftsführer führt zu einer vGA, wenn der Zeitraum zwischen dem Zeitpunkt der Zusage der Pension und dem vorgesehenen Zeitpunkt des Eintritts in den Ruhestand weniger als 10 Jahre beträgt (→ BFH vom 21. 12. 1994, I R 98/93, BStBl. 1995 II S. 419 sowie → BMF vom 1. 8. 1996, BStBl. I S. 1138 und → BMF vom 9. 12. 2002, BStBl. I S. 1393).

Die Zusage einer Pension an einen nicht beherrschenden Gesellschafter-Geschäftsführer führt zu einer vGA, wenn

- der Zeitraum zwischen dem Zeitpunkt der Zusage der Pension und dem vorgesehenen Zeitpunkt des Eintritts in den Ruhestand weniger als 10 Jahre beträgt, oder
- dieser Zeitraum zwar mindestens drei Jahre beträgt, der Gesellschafter-Geschäftsführer dem Betrieb aber weniger als 12 Jahre angehörte (→ BFH vom 24. 1. 1996, I R 41/95, BStBl. 1997 II S. 440 und → BFH vom 15. 3. 2000, I R 40/99, BStBl. II S. 504 und → BMF vom 7. 3. 1997, BStBl. I S. 637).

Eine Pensionszusage muss zur Vermeidung einer vGA vor der Vollendung des 60. Lebensjahres des Gesellschafter-Geschäftsführers erteilt worden sein (→ BFH vom 5. 4. 1995, I R 138/93, BStBl. II S. 478).

Diese Grundsätze sind auch bei einer nachträglichen Erhöhung der Zusage anzuwenden (→ BFH vom 23. 9. 2008, I R 62/07, BStBl. 2013 II S. 39). Um eine nachträgliche Erhöhung kann es sich auch handeln, wenn ein endgehaltsabhängiges Pensionsversprechen infolge einer Gehaltsaufstockung mittelbar erhöht wird und das der Höhe nach einer Neuzusage gleichkommt (→ BFH vom 20. 5. 2015, I R 17/14, BStBl. 2015 II S. 1022).

Finanzierbarkeit. Zur Finanzierbarkeit von Pensionszusagen gegenüber Gesellschafter-Geschäftsführern → BFH vom 8. 11. 2000, I R 70/99, BStBl. 2005 II S. 653, → BFH vom 20. 12. 2000, I R 15/00, BStBl. 2005 II S. 657, → BFH vom 7. 11. 2001, I R 79/00, BStBl. 2005 II S. 659, → BFH vom 4. 9. 2002, I R 7/01, BStBl. 2005 II S. 662 und → BFH vom 31. 3. 2004, I R 65/03, BStBl. 2005 II S. 664 sowie → BMF vom 6. 9. 2005, BStBl. I S. 875.

Fortführung eines Dienstverhältnisses.[3] Zur vGA bei Fortführung eines Dienstverhältnisses nach Eintritt des Versorgungsfalls → BFH vom 5. 3. 2008, I R 12/07, BStBl. 2015 II S. 409 und → BFH vom 23. 10. 2013, I R 60/12, BStBl. 2015 II S. 413.

Invaliditätsversorgung – dienstzeitunabhängig. Die Zusage einer dienstzeitunabhängigen Invaliditätsversorgung zugunsten eines Gesellschafter-Geschäftsführers i. H. v. 75% des Bruttogehalts führt wegen Unüblichkeit zur vGA (→ BFH vom 28. 1. 2004, I R 21/03, BStBl. 2005 II S. 841).

Kapitalabfindung. Sagt eine Kapitalgesellschaft ihrem beherrschenden Gesellschafter-Geschäftsführer anstelle der monatlichen Rente „spontan" die Zahlung einer Kapitalabfindung der Versorgungsanwartschaft zu, so ist die gezahlte Abfindung regelmäßig vGA (→ BFH vom 11. 9. 2013, I R 28/13, BStBl. 2014 II S. 726 und → BFH vom 23. 10. 2013, I R 89/12, BStBl. 2014 II S. 729). Bei nicht beherrschenden Gesellschafter-Geschäftsführern → BFH vom 28. 4. 2010, I R 78/08, BStBl. 2013 II S. 41.

Lebenshaltungskosten. Zur Pensionserhöhung wegen gestiegener Lebenshaltungskosten → BFH vom 27. 7. 1988, I R 68/84, BStBl. 1989 II S. 57.

---

[1] Abgedruckt als Anl a zu H 8.5.

[2] *BFH-Urteil v. 7. 3. 2018 I R 89/15, BStBl. 2019 II S. 70:* **1.** Werden bestehende Gehaltsansprüche des Gesellschafter-Geschäftsführers in eine Anwartschaft auf Leistungen der betrieblichen Altersversorgung umgewandelt, dann scheitert die steuerrechtliche Anerkennung der Versorgungszusage regelmäßig nicht an der fehlenden Erdienbarkeit. **2.** Wird bei einer bestehenden Versorgungszusage lediglich der Durchführungsweg gewechselt (wertgleiche Umstellung einer Direktzusage in eine Unterstützungskassenzusage), so löst allein diese Änderung keine erneute Erdienbarkeitsprüfung aus.

[3] Vgl. weiterhin *Rz. 10 des BMF-Schrb. v. 18. 9. 2017 IV C 6 – S 2176/07/10006 BStBl. 2017 I S. 1293.*

Lebensgefährtin. Zur Pensionszusage zugunsten einer nichtehelichen Lebensgefährtin → BFH vom 29. 11. 2000, I R 90/99, BStBl. 2001 II S. 204 sowie → BMF vom 25. 7. 2002, BStBl. I S. 706 und → BMF vom 8. 1. 2003, BStBl. I S. 93.

Rückdeckungsversicherung. Beiträge, die eine GmbH für eine Lebensversicherung entrichtet, die sie zur Rückdeckung einer ihrem Gesellschafter-Geschäftsführer zugesagten Pension abgeschlossen hat, stellen auch dann keine vGA dar, wenn die Pensionszusage durch das Gesellschaftsverhältnis veranlasst ist (→ BFH vom 7. 8. 2002, I R 2/02, BStBl. 2004 II S. 131).

Tatsächliche Durchführung. Scheidet der beherrschende Gesellschafter-Geschäftsführer einer GmbH vor Ablauf der Erdienenszeit aus dem Unternehmen als Geschäftsführer aus, wird der Versorgungsvertrag tatsächlich nicht durchgeführt. Die jährlichen Zuführungen zu der für die Versorgungszusage gebildeten Rückstellung stellen deswegen regelmäßig vGA dar (→ BFH vom 25. 6. 2014, I R 76/13, BStBl. 2015 II S. 665).

Überversorgung
- **Nur-Pension.** Sog. Nur-Pensionszusagen führen regelmäßig zur sog. Überversorgung, so dass eine Rückstellung nach § 6a EStG zu Lasten des Steuerbilanzgewinns nicht gebildet werden darf (→ BFH vom 9. 11. 2005, I R 89/04, BStBl. 2008 II S. 523 und → BFH vom 28. 4. 2010, I R 78/08, BStBl. 2013 II S. 41 sowie → BMF vom 13. 12. 2012, BStBl. 2013 I S. 35). Die Zusage einer Nur-Pension ist im Übrigen durch das Gesellschaftsverhältnis veranlasst (→ BFH vom 17. 5. 1995, I R 147/93, BStBl. 1996 II S. 204 und → BFH vom 28. 4. 2010, I R 78/08, BStBl. 2013 II S. 41 sowie → BMF vom 28. 1. 2005, BStBl. I S. 387).
- **Reduzierung der Aktivbezüge.** → BFH vom 27. 3. 2012, I R 56/11, BStBl. II S. 665 sowie → BMF vom 3. 11. 2004, BStBl. I S. 1045.
- **Rentendynamik.** Zu fest zugesagten prozentualen Erhöhungen von Renten und Rentenanwartschaften → H 6a (17) Steigerungen der Versorgungsansprüche EStH.

Unverfallbarkeit. Zu Vereinbarungen über eine Unverfallbarkeit in Zusagen auf Leistungen der betrieblichen Altersversorgung an Gesellschafter-Geschäftsführer → BMF vom 9. 12. 2002, BStBl. I S. 1393 sowie → BFH vom 26. 6. 2013, I R 39/12, BStBl. 2014 II S. 174.

Warte-/Probezeit. Die Erteilung einer Pensionszusage unmittelbar nach der Anstellung und ohne die unter Fremden übliche Wartezeit ist in aller Regel durch das Gesellschaftsverhältnis veranlasst. Eine derartige Wartezeit ist bei bereits erprobten Geschäftsführern insbesondere in Fällen der Umwandlung nicht erforderlich (→ BFH vom 15. 10. 1997, I R 42/97, BStBl. 1999 II S. 316, → BFH vom 29. 10. 1997, I R 52/97, BStBl. 1999 II S. 318, → BFH vom 24. 4. 2002, I R 18/01, BStBl. II S. 670, → BFH vom 23. 2. 2005, I R 70/04, BStBl. II S. 882, → BFH vom 28. 4. 2010, I R 78/08, BStBl. 2013 II S. 41 und → BFH vom 26. 6. 2013, I R 39/12, BStBl. 2014 II S. 174 sowie → BMF vom 14. 12. 2012, BStBl. 2013 I S. 58). Eine unter Verstoß gegen eine angemessene Probezeit erteilte Pensionszusage wächst auch nach Ablauf der angemessenen Probezeit nicht in eine fremdvergleichsgerechte Pensionszusage hinein (→ BFH vom 28. 4. 2010, I R 78/08, BStBl. 2013 II S. 41 sowie → BMF vom 14. 12. 2012, BStBl. 2013 I S. 58[1]).
Eine vGA kann bei einer unberechtigten Einbeziehung von Vordienstzeiten bei der Teilwertberechnung einer Pensionsrückstellung zu verneinen sein, wenn die Pensionszusage dem Grunde und der Höhe nach einem Fremdvergleich standhält (→ BFH vom 18. 4. 2002, III R 43/00, BStBl. 2003 II S. 149).

Wegfall einer Pensionsverpflichtung. Eine wegen Wegfalls der Verpflichtung gewinnerhöhend aufgelöste Pensionsrückstellung ist im Wege einer Gegenkorrektur nur um die tatsächlich bereits erfassten vGA der Vorjahre außerbilanziell zu kürzen (→ BFH vom 21. 8. 2007, I R 74/06, BStBl. 2008 II S. 277 sowie → BMF vom 28. 5. 2002, BStBl. I S. 603).[2]

Anl a zu H 8.7

a) Schreiben betr. betriebliche Altersversorgung; Maßgebendes Pensionsalter bei der Bewertung von Versorgungszusagen, Urteile des Bundesfinanzhofes (BFH) vom 11. September 2013 (BStBl. 2016 II S. 1008) und des Bundesarbeitsgerichtes (BAG) vom 15. Mai 2012 – 3 AZR 11/10 und vom 13. Januar 2015 – 3 AZR 897/12 –

Vom 9. Dezember 2016 (BStBl. I S. 1427)

(BMF IV C 6 – S 2176/07/10004 :003; DOK 2016/1112009)

– Auszug –

(...)

73 2. Verdeckte Gewinnausschüttungen (vGA) bei Pensionszusagen an Gesellschafter-Geschäftsführer von Kapitalgesellschaften

[1] Nachstehend abgedruckt als Anl b zu H 8.7.
[2] Vorstehend abgedruckt als Anl zu H 8.6.

7 Ist die Pensionsrückstellung dem Grunde und der Höhe nach zutreffend bilanziert, ist bei Zusagen an Gesellschafter-Geschäftsführer von Kapitalgesellschaften im zweiten Schritt zu prüfen, ob und inwieweit die Gewinnminderung aufgrund der Pensionsverpflichtung eine vGA darstellt.

8 Bei Neuzusagen nach dem 9. Dezember ist bei einer vertraglichen Altersgrenze von weniger als 62 Jahren davon auszugehen, dass keine ernsthafte Vereinbarung vorliegt (vGA dem Grunde nach). Zuführungen zur Pensionsrückstellung sind in voller Höhe vGA. Bei zum 9. Dezember 2016 bereits bestehenden Zusagen gilt die R 38 Satz 8 KStR 2004 (Altersgrenze von 60 Jahren) weiter.

9 Bei beherrschenden Gesellschafter-Geschäftsführern ist bei Neuzusagen nach dem 9. Dezember 2016 grundsätzlich davon auszugehen, dass eine Pensionszusage insoweit unangemessen ist, als eine geringere vertragliche Altersgrenze als 67 Jahre vereinbart wird (vGA der Höhe nach). Zuführungen zur Pensionsrückstellung sind dann insoweit vGA, als diese nicht auf das 67. Lebensjahr, sondern auf das vertraglich vereinbarte geringere Pensionsalter berechnet werden. Den Steuerpflichtigen bleibt es aber unbenommen, die Fremdüblichkeit eines niedrigeren Pensionsalters darzulegen.

Bei zum 9. Dezember 2016 bereits bestehenden Zusagen wird es nicht beanstandet, wenn eine vertragliche Altersgrenze von mindestens 65 Jahren vereinbart wurde (BFH-Urteile vom 11. September 2013 (a. a. O.); vom 23. Januar 1991, I R 113/88, BStBl. II S. 379; vom 28. April 1982, I R 51/76, BStBl. II S. 612 und vom 23. Januar 1980, I R 12/77, BStBl. II S. 304) oder nachträglich spätestens bis zum Ende des Wirtschaftsjahres vereinbart wird, das nach dem 9. Dezember 2016 beginnt. Ist eine vertragliche Altersgrenze von weniger als 65 Jahren vereinbart, gelten die Sätze 1 und 2 dieser Randnummer mit der Maßgabe entsprechend, dass für die Berechnung der vGA statt auf das 67. Lebensjahr auf das 65. Lebensjahr abzustellen ist.

10 Bei Neuzusagen nach dem 9. Dezember 2016 an beherrschende Gesellschafter-Geschäftsführer mit Behinderung im Sinne des § 2 Absatz 2 SGB IX ist es abweichend von Randnummer 9 nicht zu beanstanden, wenn eine vertragliche Altersgrenze von mindestens 62 Jahren zugrunde gelegt wird. Bei zum 9. Dezember 2016 bereits bestehenden Zusagen ist es nicht zu beanstanden, wenn eine vertragliche Altersgrenze von mindestens 60 Jahren zugrunde gelegt wird (R 38 Satz 7 KStR 2004).

11 Für die Frage, ob eine vGA vorliegt, ist grundsätzlich auf die Verhältnisse bei Erteilung der Zusage abzustellen (u. a. BFH-Urteil vom 31. März 2004, I R 65/03, BStBl. II 2005 S. 664). Ein Statuswechsel vom nicht beherrschenden zum beherrschenden Gesellschafter begründet für sich alleine regelmäßig noch keinen Anlass zur Prüfung, ob das in der Zusage vereinbarte Pensionsalter durch das Gesellschaftsverhältnis veranlasst ist. Dies gilt jedoch nicht, wenn weitere Anhaltspunkte für eine mögliche Veranlassung durch das Gesellschaftsverhältnis hinzutreten (z. B. eine zeitliche Nähe von Erteilung der Zusage und Erwerb der beherrschenden Stellung). Wird die Zusage wesentlich geändert, ist stets auch im Hinblick auf das vereinbarte Pensionsalter erneut zu prüfen, ob die Pensionszusage durch das Gesellschaftsverhältnis veranlasst ist.

(...)

b) Schreiben betr. Probezeit vor Zusage einer Pension an den Gesellschafter-Geschäftsführer einer Kapitalgesellschaft (§ 8 Absatz 3 Satz 2 KStG)

Anl b zu H 8.7

Vom 14. Dezember 2012 (BStBl. 2013 I S. 58)

(BMF IV C 2 – S 2742/10/10001; DOK 2012/0807278)

Nach dem Ergebnis der Erörterungen mit den obersten Finanzbehörden der Länder bitte ich zur Frage der Probezeit bei Pensionszusagen an Gesellschafter-Geschäftsführer von Kapitalgesellschaften folgende Auffassung zu vertreten: **74**

Als Probezeit ist der Zeitraum zwischen Dienstbeginn und der erstmaligen Vereinbarung einer schriftlichen Pensionszusage (zusagefreie Zeit) zu verstehen. Der Zeitraum zwischen der Erteilung einer Pensionszusage und der erstmaligen Anspruchsberechtigung (versorgungsfreie Zeit) zählt nicht zur Probezeit.

1. Dauer der Probezeit

Für die steuerliche Beurteilung einer Pensionszusage ist regelmäßig eine Probezeit von zwei bis drei Jahren als ausreichend anzusehen. Die Erteilung der Pensionszusage an den Gesellschafter-Geschäftsführer unmittelbar nach der Anstellung und ohne die unter Fremden übliche Erprobung ist in der Regel nicht betrieblich, sondern durch das Gesellschaftsverhältnis veranlasst (BFH-Urteile vom 15. Oktober 1997 – I R 42/97 – BStBl. 1999 II S. 316, vom 29. Oktober 1997 – I R 52/97 – BStBl. 1999 II S. 318, vom 24. April 2002 – I R 18/01 – BStBl. II S. 670, vom 23. Februar 2005 – I R 70/04 – BStBl. II S. 882 und vom 28. April 2010 – I R 78/08 – BStBl. 2013 II S. 41).

Ein ordentlicher und gewissenhafter Geschäftsleiter einer neu gegründeten Kapitalgesellschaft wird einem gesellschaftsfremden Geschäftsführer erst dann eine Pension zusagen, wenn er die künftige wirtschaftliche Entwicklung und damit die künftige wirtschaftliche Leistungsfähigkeit der Kapitalgesellschaft zuverlässig abschätzen kann (ständige Rechtsprechung des BFH, a. a. O.). Hierzu bedarf es in der Regel eines Zeitraums von wenigstens fünf Jahren.

Eine Probezeit ist bei solchen Unternehmen verzichtbar, die aus eigener Erfahrung Kenntnisse über die Befähigung des Geschäftsleiters haben und die die Ertragserwartungen aufgrund ihrer bisherigen unternehmerischen Tätigkeit hinreichend deutlich abschätzen können. Diese Kriterien sind bei einem Unternehmen erfüllt, das seit Jahren tätig war und lediglich sein Rechtskleid ändert, wie beispielsweise bei Begründung einer Betriebsaufspaltung oder einer Umwandlung (BFH-Urteile vom 29. Oktober 1997

– I R 52/97 – BStBl. 1999 II S. 318 und vom 23. Februar 2005 – I R 70/04 – BStBl. II S. 882) und der bisherige, bereits erprobte Geschäftsleiter das Unternehmen fortführt. Wird ein Unternehmen durch seine bisherigen leitenden Angestellten „aufgekauft" und führen diese Angestellten den Betrieb in Gestalt einer neu gegründeten Kapitalgesellschaft als Geschäftsführer fort (sog. Management-Buy-Out), so kann es ausreichen, wenn bis zur Erteilung der Zusagen nur rund ein Jahr abgewartet wird (BFH-Urteil vom 24. April 2002 – I R 18/01 – BStBl. II S. 670).

2. Verstoß gegen die angemessene Probezeit

Eine unter Verstoß gegen eine angemessene Probezeit erteilte Pensionszusage ist durch das Gesellschaftsverhältnis veranlasst und führt nach den Grundsätzen des BMF-Schreibens vom 28. Mai 2002 (BStBl. I S. 603) zu verdeckten Gewinnausschüttungen im Sinne des § 8 Absatz 3 Satz 2 KStG. Ausschlaggebend ist die Situation im Zeitpunkt der Zusage, so dass die Anwartschaft auch nach Ablauf der angemessenen Probezeit nicht zu einer fremdvergleichsgerechten Pensionszusage wird (BFH-Urteil vom 28. April 2010 – I R 78/08 – BStBl. 2013 II S. 41). Das gilt auch dann, wenn die Pensionszusage in der Folgezeit geändert, also z. B. erhöht wird.

Die Möglichkeit einer Aufhebung der ursprünglichen und des Abschlusses einer neuen Pensionszusage nach Ablauf der angemessenen Probezeit bleibt hiervon unberührt.

Dieses Schreiben ersetzt das BMF-Schreiben vom 14. Mai 1999 (BStBl. I S. 512). Tz. 2 gilt für Pensionsvereinbarungen, die nach dem 29. Juli 2010 (Datum der Veröffentlichung des Urteils vom 28. April 2010 – I R 78/08 – BStBl. 2013 II S. 41 auf den Internetseiten des Bundesfinanzhofs) abgeschlossen worden sind.

R 8.8

R 8.8 Tantiemen

75 *– unbesetzt –*

H 8.8

H 8.8

76 **Allgemeines.** Vereinbart eine GmbH mit ihrem beherrschenden Gesellschafter-Geschäftsführer eine Gewinntantieme, liegt darin eine vGA, wenn der nach Ablauf des jeweiligen Geschäftsjahres entstehende gesellschaftsrechtliche Gewinnanspruch lediglich der Form nach in einen Gehaltsanspruch gekleidet ist (→ BFH vom 2. 12. 1992, I R 54/91, BStBl. 1993 II S. 311).

Grundsätze. → BMF vom 1. 2. 2002, BStBl. I S. 219.[1]

Nach der sog. 75/25-Regelvermutung ist zu beachten, dass die Bezüge im Allgemeinen wenigstens zu 75% aus einem festen und höchstens zu 25% aus erfolgsabhängigen Bestandteilen (Tantiemen) bestehen. Übersteigt der variable Anteil der Vergütung diese Grenze, ist im Einzelfall zu ermitteln, ob die gewählte Gestaltung betrieblich oder gesellschaftsrechtlich veranlasst ist (→ BFH vom 27. 2. 2003, I R 46/01, BStBl. 2004 II S. 132[2] und → BFH vom 4. 6. 2003, I R 24/02, BStBl. 2004 II S. 136[3]).

Unerwartete Erhöhung der Bemessungsgrundlage für die Gewinntantieme. → BFH vom 10. 7. 2002, I R 37/01, BStBl. 2003 II S. 418.

Umsatztantieme. Umsatzabhängige Vergütungen an Geschäftsführer sind steuerlich nur anzuerkennen, wenn besondere Gründe dafür vorliegen, dass die mit dem Vergütungsanreiz angestrebten Ziele mit einer gewinnabhängigen Vergütung nicht zu erreichen sind. Be-

---

[1] Nachstehend abgedruckt als Anl zu H 8.8.

[2] *BFH-Urteil v. 27. 2. 2003 I R 46/01, BStBl. 2004 II S. 132:* **1.** Verspricht eine Kapitalgesellschaft ihrem Gesellschafter-Geschäftsführer eine Gewinntantieme, so führt dies zu einer vGA, soweit die Gesamtausstattung des Gesellschafter-Geschäftsführers unter Berücksichtigung der Tantiemeleistungen unangemessen hoch ist. **2.** Die Angemessenheit der Gesamtausstattung eines Gesellschafter-Geschäftsführers muss grundsätzlich anhand derjenigen Umstände und Erwägungen beurteilt werden, die im Zeitpunkt der Gehaltsvereinbarung vorgelegen haben und angestellt worden sind. **3.** Die Höhe der angemessenen Bezüge ist im Einzelfall durch Schätzung zu ermitteln. Dabei ist zu berücksichtigen, dass der Bereich des Angemessenen sich auf eine Bandbreite von Beträgen erstrecken kann. Unangemessen sind nur diejenigen Bezüge, die den oberen Rand dieser Band breite übersteigen. **4.** Die Entscheidung darüber, wie ein ordentlicher Geschäftsleiter eine gewinnabhängige Vergütung bemessen und ggf. nach oben begrenzt hätte, obliegt im gerichtlichen Verfahren grundsätzlich dem FG. Dessen Würdigung ist im Revisionsverfahren nur eingeschränkt überprüfbar. **5.** Steht im Zeitpunkt des Vertragsschlusses ein sprunghafter Gewinnanstieg ernsthaft im Raum, so kann es bei Vereinbarung einer gewinnabhängigen Vergütung geboten sein, diese auf einen bestimmten Höchstbetrag zu begrenzen. **6.** Arbeitet ein Gesellschafter-Geschäftsführer zusätzlich für weitere Unternehmen, so ist dies bei der Bestimmung des angemessenen Gehalts in der Regel mindernd zu berücksichtigen. **7.** Ist die Gesamtausstattung eines Gesellschafter-Geschäftsführers angemessen, so muss nicht schon deshalb eine vGA vorliegen, weil die Vergütung zu mehr als 25 v. H. aus variablen Anteilen besteht.

[3] *BFH-Urteil v. 4. 6. 2003 I R 24/02, BStBl. 2004 II S. 136:* **1.** Die Angemessenheit der Gesamtausstattung eines Gesellschafter-Geschäftsführers muss grundsätzlich anhand derjenigen Umstände und Erwägungen beurteilt werden, die im Zeitpunkt der Gehaltsvereinbarung vorgelegen haben und angestellt worden sind. **2.** Die Höhe der angemessenen Bezüge ist im Einzelfall durch Schätzung zu ermitteln. Dabei ist zu berücksichtigen, dass der Bereich des Angemessenen sich auf eine Bandbreite von Beträgen erstrecken kann. Unangemessen sind nur diejenigen Beträge, die den oberen Rand dieser Bandbreite übersteigen. **3.** Die Entscheidung darüber, wie ein ordentlicher Geschäftsführer eine gewinnabhängige Vergütung bemessen und ggf. nach oben begrenzt hätte, obliegt im gerichtlichen Verfahren grundsätzlich dem FG. Dessen Würdigung ist im Revisionsverfahren nur eingeschränkt nachprüfbar. **4.** Ist die Gesamtausstattung eines Gesellschafter-Geschäftsführers angemessen, so muss nicht schon deshalb eine vGA vorliegen, weil die Vergütung zu mehr als 25 v. H. aus variablen Anteilen besteht. **5.** Die Zahlung einer Gewinntantieme zugunsten eines Gesellschafter-Geschäftsführers ist insoweit, als sie 50 v. H. des Jahresgewinns übersteigt, in der Regel vGA. Bemessungsgrundlage dieser Regelvermutung ist der steuerliche Gewinn vor Abzug der Steuern und der Tantieme.

sondere Gründe sind in der Branchenüblichkeit und der Aufbauphase der Gesellschaft gegeben (→ BFH vom 5. 10. 1977, I R 230/75, BStBl. 1978 II S. 234, → BFH vom 28. 6. 1989, I R 89/85, BStBl. II S. 854 und → BFH vom 19. 2. 1999, I R 105–107/97, BStBl. II S. 321).
Voraussetzung der Anerkennung der Umsatztantieme ist aber die vertragliche, zeitliche und höhenmäßige Begrenzung der Umsatztantieme. Eine derartige Begrenzung ist zur Vermeidung einer künftigen Gewinnabsaugung und einer die Rendite vernachlässigenden Umsatzsteigerung notwendig (→ BFH vom 19. 2. 1999, I R 105–107/97, BStBl. II S. 321). Die Beweislast für die Anerkennung der für eine umsatzabhängige Tantieme sprechenden Umstände trägt der Steuerpflichtige (→ BFH vom 28. 6. 1989, I R 89/85, BStBl. II S. 854).

Verlustvorträge. Ist der gewinntantiemeberechtigte Gesellschafter-Geschäftsführer für einen bestehenden Verlustvortrag verantwortlich oder zumindest teilverantwortlich, ist der Verlustvortrag in die Bemessungsgrundlage der Gewinntantieme einzubeziehen (→ BFH vom 17. 12. 2003, I R 22/03, BStBl. 2004 II S. 524). Jahresfehlbeträge müssen regelmäßig vorgetragen und durch zukünftige Jahresüberschüsse ausgeglichen werden; eine vorhergehende Verrechnung mit einem etwa bestehenden Gewinnvortrag laut Handelsbilanz darf i. d. R. nicht vorgenommen werden (→ BFH vom 18. 9. 2007, I R 73/06, BStBl. 2008 II S. 314).

Verspätete Auszahlung. Wird eine klar und eindeutig vereinbarte Gewinntantieme an einen beherrschenden Gesellschafter-Geschäftsführer nicht bereits bei Fälligkeit ausgezahlt, führt dies nicht notwendigerweise zu einer vGA. Entscheidend ist, ob unter Würdigung aller Umstände die verspätete Auszahlung Ausdruck mangelnder Ernsthaftigkeit der Tantiemevereinbarung ist (→ BFH vom 29. 7. 1992, I R 28/92, BStBl. 1993 II S. 247 und → BFH vom 29. 6. 1994, I R 11/94, BStBl. II S. 952).

(Zinslose) Vorschüsse auf Tantieme. Zahlt eine GmbH ihrem Gesellschafter ohne eine entsprechende klare und eindeutige Abmachung einen unverzinslichen Tantiemevorschuss, ist der Verzicht auf eine angemessene Verzinsung eine vGA (→ BFH vom 22. 10. 2003, I R 36/03, BStBl. 2004 II S. 307).

Zustimmungsvorbehalt. Steht eine im Übrigen klare Tantiemevereinbarung mit einem beherrschenden Gesellschafter-Geschäftsführer unter dem Vorbehalt, dass die Gesellschafterversammlung die Tantieme anderweitig höher oder niedriger festsetzen kann, dann besteht Unsicherheit und damit auch Unklarheit, ob der Tantiemeanspruch des Gesellschafter-Geschäftsführers letztlich Bestand haben wird. Deshalb ist in Höhe des Betrags der gebildeten Rückstellung für die Tantieme eine vGA anzunehmen (→ BFH vom 29. 4. 1992, I R 21/90, BStBl. II S. 851).

Schreiben betr. Grundsätze bei der Anerkennung von Tantiemezusagen an Gesellschafter-Geschäftsführer; Rechtsfolgen aus dem BFH-Urteil vom 27. März 2001 (BStBl. II 2002 S. 111)[1]

Anl zu H 8.8

Vom 1. Februar 2002 (BStBl. I S. 219)

(BMF IV A 2 – S 2742 – 4/02)

Mit Urteil vom 27. März 2001 (a. a. O.) hat der BFH zu Grundsätzen bei der körperschaftsteuerlichen Anerkennung von Tantiemezusagen (insbesondere von Nur-Tantiemezusagen) an den Gesellschafter-Geschäftsführer Stellung genommen. Nach dem Ergebnis einer Erörterung mit den obersten Finanzbehörden der Länder sind künftig ergänzend zu *Abschn. 33 KStR*[2] nachfolgende Grundsätze bei der Anerkennung von Tantiemezusagen an Gesellschafter-Geschäftsführer anzuwenden: **80**

1. Verhältnis der Tantieme zum verbleibenden Jahresüberschuss

Nach *Abschn. 33 Abs. 2 Satz 1 KStR*[2] können Tantiemezusagen an mehrere Gesellschafter-Geschäftsführer, die insgesamt die Grenze von 50% des Jahresüberschusses übersteigen, zu einer verdeckten Gewinnausschüttung führen. Diese Grenze ist auch bei Tantiemezusagen an einen Gesellschafter-Geschäftsführer maßgebend. Bemessungsgrundlage für die 50-%-Grenze ist der handelsrechtliche Jahresüberschuss vor Abzug der Gewinntantieme und der ertragsabhängigen Steuern.

2. Verhältnis der Tantieme zu sonstigen Bestandteilen der Gesamtbezüge

Nach *Abschn. 33 Abs. 2 Satz 4 KStR*[2] ist bei Tantiemezusagen an den Gesellschafter-Geschäftsführer zu beachten, dass die Bezüge im Allgemeinen wenigstens zu 75% aus einem festen und höchstens zu 25% aus erfolgsabhängigen Bestandteilen (Tantieme) bestehen. Bei der Ermittlung des der Höhe nach angemessenen Teils der Tantieme ist von der angemessenen Gesamtausstattung des Gesellschafter-Geschäftsführers auszugehen.

---

[1] *BFH-Urteil v. 27. 3. 2001 I R 27/99, BStBl. 2002 II S. 111:* Verzichtet der alleinige Gesellschafter einer GmbH wegen verschlechterter Gewinnsituation der Gesellschaft auf das vereinbarte Geschäftsführergehalt, jedoch nicht auf die ihm zugesagte Gewinntantieme, so führt die „stehengelassene" Tantieme jedenfalls dann zur Annahme einer vGA, wenn sie weder zeitlich noch betragsmäßig begrenzt wird.
[2] KStR 1995 zwischenzeitlich überholt; vgl. jetzt **H 8.8 KStH.**

Beispiel:

Ein Gesellschafter-Geschäftsführer soll eine angemessene Gesamtausstattung von 400 000 € erhalten, die sich wie folgt zusammensetzt:

Festgehalt	150 000 €
Tantieme	250 000 €

Der durchschnittlich erzielbare Jahresüberschuss vor Abzug der Tantieme und der ertragsabhängigen Steuern wird mit 1,6 Mio. € angenommen.

Die angemessene Tantieme beträgt 25% von 400 000 € = 100 000 €. Es ergibt sich eine verdeckte Gewinnausschüttung in Höhe von 150 000 € (250 000 € abzüglich 100 000 €).

Der sich aus der Aufteilung ergebende absolute Betrag der angemessenen Tantieme ist in eine Beziehung zu dem durchschnittlich erzielbaren Jahresüberschuss vor Abzug der Tantieme und der ertragsabhängigen Steuern (im Beispielsfall 1,6 Mio. €) zu setzen. Aus diesem Vergleich ergibt sich der angemessene Tantiemesatz durch folgende Rechnung:

$$\frac{100\,000 \times 100}{1{,}6 \text{ Mio.}} = 6{,}25\%$$

Dieser angemessene Tantiemesatz ist bis zum nächsten Zeitpunkt der Überprüfung der Angemessenheit der gezahlten Tantieme (vgl. hierzu *Abschn. 33 Abs. 2 Satz 7 KStR*[1]) maßgebend.

3. Vereinbarung einer Nur-Tantieme[2]

Die Vereinbarung einer Nur-Tantieme ist grundsätzlich nicht anzuerkennen (BFH-Urteil vom 27. März 2001; a. a. O.). Als Ausnahmefälle kommen insbesondere die Gründungsphase der Gesellschaft, Phasen vorübergehender wirtschaftlicher Schwierigkeiten oder Tätigkeiten in stark risikobehafteten Geschäftszweigen in Betracht. In derartigen Ausnahmefällen ist es unter Berücksichtigung der Grundsätze des *Abschn. 33 Abs. 2 Satz 5 KStR* auch zulässig, bei der 75-/25-%-Grenze zugunsten des Tantiemeanteils abzuweichen. Liegt ein Ausnahmefall vor, ist die Tantieme dem Grunde nach allerdings nur anzuerkennen, wenn die Vereinbarung die Grundsätze der Textziffer 1 beachtet und ausdrücklich zeitlich begrenzt ist und bei Wegfall der Ausnahmesituation zwingend durch eine Vereinbarung einschließlich fester Vergütungsbestandteile bzw. mit angemessenem Verhältnis dieser Bestandteile zueinander ersetzt wird. Ein Ausnahmefall liegt dagegen nicht vor, wenn der Gesellschafter-Geschäftsführer bei zwei Schwestergesellschaften tätig ist und mit der einen eine Nur-Tantieme und mit der anderen ein Festgehalt vereinbart hat.

4. Nur Rohgewinntantieme

Die vorstehenden Ausführungen gelten für eine Nur-Rohgewinntantieme entsprechend.

5. Wegfall bisheriger BMF-Schreiben und Anwendung

Dieses Schreiben tritt an die Stelle der BMF-Schreiben vom 3. Januar 1996 (BStBl. I S. 53), vom 13. Oktober 1997 (BStBl. I S. 900) und vom 5. Januar 1998 (BStBl. I S. 90); Übergangsregelungen in diesen Schreiben bleiben hiervon unberührt. Soweit dieses Schreiben bezogen auf den BFH-Beschluss vom 26. Januar 1999 (BStBl. II S. 241) von in der Vergangenheit im Einzelfall vertretenen Grundsätzen zur Nur-Tantieme abweicht, ist es erstmals für den Veranlagungszeitraum 2003 anzuwenden; im Übrigen sind die Grundsätze dieses Schreibens in allen noch offenen Fällen anzuwenden.

R 8.9

R 8.9 Verdeckte Einlage

85 (1) Eine verdeckte Einlage i. S. d. § 8 Abs. 3 Satz 3 KStG liegt vor, wenn ein Gesellschafter oder eine ihm → nahestehende Person der Körperschaft außerhalb der gesellschaftsrechtlichen Einlagen einen → einlagefähigen Vermögensvorteil zuwendet und diese Zuwendung durch das Gesellschaftsverhältnis veranlasst ist.

86 (2) § 4 Abs. 1 Satz 1, § 6 Abs. 1 Nr. 5 EStG finden gem. § 8 Abs. 1 KStG auch auf Kapitalgesellschaften Anwendung, obwohl hier Einlegender und Empfänger der Einlage verschiedene Rechtsträger sind (finaler Einlagebegriff).

87 (3) ① Voraussetzung für die Annahme einer verdeckten Einlage ist stets, dass die Zuwendung des Gesellschafters oder einer ihm → nahestehenden Person durch das Gesellschaftsverhältnis veranlasst ist. ② Eine Veranlassung durch das Gesellschaftsverhältnis ist nur dann gegeben, wenn ein Nichtgesellschafter bei Anwendung der Sorgfalt eines ordentlichen Kaufmanns den Vermögensvorteil der Gesellschaft nicht eingeräumt hätte, was grundsätzlich durch Fremdvergleich festzustellen ist.

---

[1] KStR 1995 zwischenzeitlich überholt; vgl. jetzt **H 8.8 KStH.**

[2] Ergänzung durch

Vfg. OFD Hannover v. 16. 4. 2002 $\frac{\textit{S 2742–175 – StH 231}}{\textit{S 2742–91 – StO 214}}$*, StEK KStG 1977 § 8 Nr. 197:*

„Nur-Tantiemen" können dem Grunde nach anerkannt werden, wenn ein Ausnahmefall (zB Gründungsphase) vorliegt, vgl. Tz. 3 des BMF-Schreibens, IV A 2 – S 2742–4/02 v. 1. 2. 2002. Diese Tantiemezusagen an einen oder mehrere Gesellschafter-Geschäftsführer dürfen insgesamt grundsätzlich nicht mehr als 50 vH des Jahresüberschusses vor Abzug der Tantieme und der ertragsabhängigen Steuern betragen. Es ist zusätzlich erforderlich, dass die „Nur-Tantiemen" zeitlich begrenzt und bei Wegfall der Ausnahmesituation zwingend durch eine Vereinbarung einschließlich fester Vergütungsbestandteile in angemessenem Verhältnis ersetzt werden. Werden diese Voraussetzungen nicht erfüllt, ist die „Nur-Tantieme" in vollem Umfang nicht anzuerkennen.

Ist die „Nur-Tantieme" ausnahmsweise dem Grunde nach anzuerkennen, ist die „Nur-Tantieme" der Höhe nach zu 25 vH angemessen und zu 75 vH unangemessen. Von diesem Regelaufteilungsmaßstab kann zugunsten der Beteiligten abgewichen werden, wenn sie darlegen, dass die Abweichung außerhalb des Gesellschaftsverhältnisses veranlasst ist.

(4) ① Die Bewertung verdeckter Einlagen hat grundsätzlich mit dem Teilwert zu erfolgen (§ 8 Abs. 1 KStG i. V. m. § 6 Abs. 1 Nr. 5 und Abs. 6 EStG). ② § 6 Abs. 1 Nr. 5 Satz 1 Buchstabe b EStG findet keine Anwendung, weil die verdeckte Einlage von Anteilen an einer Kapitalgesellschaft i. S. d. § 17 Abs. 1 Satz 1 EStG in eine Kapitalgesellschaft gem. § 17 Abs. 1 Satz 2 EStG beim Einlegenden einer Veräußerung gleichgestellt wird und es somit bei ihm zum Einlagezeitpunkt zu einer Besteuerung der stillen Reserven kommt. ③ Entsprechendes gilt in Fällen des § 20 Abs. 2 Satz 2 EStG für § 6 Abs. 1 Nr. 5 Satz 1 Buchstabe c EStG. ④ § 6 Abs. 1 Nr. 5 Satz 1 Buchstabe a EStG ist in den Fällen zu beachten, in denen das eingelegte Wirtschaftsgut innerhalb der letzten drei Jahre vor dem Zeitpunkt der Zuführung angeschafft oder hergestellt worden ist, es sich aber nicht um eine verdeckte Einlage in eine Kapitalgesellschaft gem. § 23 Abs. 1 Satz 1 oder § 20 Abs. 2 Satz 2 EStG handelt, die als Veräußerung gilt und folglich im Einlagezeitpunkt ebenfalls zu einer Besteuerung der stillen Reserven führt. **88**

(5) ① Für die Qualifizierung von Leistungen als verdeckte Einlagen sind die Umstände maßgebend, die bestanden, als der Verpflichtete seine Zusage auf die Leistung gegeben hat. ② Ändern sich diese Umstände durch das Ausscheiden nicht, dann sind die Leistungen auch nach dem Ausscheiden des bisherigen Gesellschafters weiterhin als verdeckte Einlagen zu qualifizieren. **89**

H 8.9

H 8.9

Anwachsung. Scheiden die Kommanditisten einer GmbH & Co. KG, die zugleich Gesellschafter der Komplementär-GmbH sind, ohne Entschädigung mit der Folge aus, dass ihr Anteil am Gesellschaftsvermögen gem. §§ 736, 738 BGB der Komplementär-GmbH zuwächst, erbringen die Kommanditisten eine verdeckte Einlage in die Komplementär-GmbH. Dabei bemisst sich der Wert der verdeckten Einlage nach der Wertsteigerung, die die GmbH einschließlich des anteiligen Geschäftswerts durch die Anwachsung erfährt (→ BFH vom 12. 2. 1980, VIII R 114/77, BStBl. II S. 494 und → BFH vom 24. 3. 1987, I R 202/83, BStBl. II S. 705 sowie → *BMF vom 25. 3. 1998, BStBl. I S. 268).*[1] **91**

Anwendungsbereich. Der Anwendungsbereich verdeckter Einlagen ist auf solche Körperschaften beschränkt, die ihren Anteilseignern oder Mitgliedern kapitalmäßige oder mitgliedschaftsähnliche Rechte gewähren (→ BFH vom 21. 9. 1989, IV R 115/88, BStBl. 1990 II S. 86).

Behandlung beim Gesellschafter. Die verdeckte Einlage eines Wirtschaftsguts in das Betriebsvermögen einer Kapitalgesellschaft führt auf der Ebene des Gesellschafters grundsätzlich zu nachträglichen Anschaffungskosten auf die Beteiligung an dieser Gesellschaft (→ BFH vom 12. 2. 1980, VIII R 114/77, BStBl. II S. 494 und → BFH vom 29. 7. 1997, VIII R 57/94, BStBl. 1998 II S. 652).
Zu Anschaffungskosten einer Beteiligung bei verdeckter Einlage → § 6 Abs. 6 Satz 2 und 3 EStG.

Bürgschaftsübernahme des Gesellschafters zu Gunsten der Gesellschaft. Mangels einlagefähigem Wirtschaftsgut sind die Voraussetzungen zur Annahme einer verdeckten Einlage durch die bloße Abgabe des Bürgschaftsversprechens noch nicht erfüllt (→ BFH vom 19. 5. 1982, I R 102/79, BStBl. II S. 631).
Wird der Gesellschafter aber aus der Bürgschaft in Anspruch genommen und war diese gesellschaftsrechtlich veranlasst, liegt eine verdeckte Einlage vor, soweit der Gesellschafter auf seine dadurch entstandene Regressforderung verzichtet. Dabei ist die verdeckte Einlage bei der Kapitalgesellschaft mit dem Teilwert der Forderung zu bewerten (→ BFH vom 18. 12. 2001, VIII R 27/00, BStBl. 2002 II S. 733).

Einlage von Beteiligungen i. S. d. § 17 Abs. 1 Satz 1 EStG. Die Bewertung der verdeckten Einlage einer Beteiligung i. S.d. § 17 Abs. 1 Satz 1 EStG bei der aufnehmenden Körperschaft erfolgt mit dem Teilwert (→ BMF vom 2. 11. 1998, BStBl. I S. 1227).

Einlagefähiger Vermögensvorteil. Gegenstand einer verdeckten Einlage kann nur ein aus Sicht der Gesellschaft bilanzierungsfähiger Vermögensvorteil sein. Dieser muss in der steuerrechtlichen Gewinnermittlung der Gesellschaft entweder
– zum Ansatz bzw. zur Erhöhung eines Aktivpostens oder
– zum Wegfall bzw. zur Minderung eines Passivpostens
geführt haben (→ BFH vom 24. 5. 1984, I R 166/78, BStBl. II S. 747).
Gegenstand einer verdeckten Einlage kann auch ein immaterielles Wirtschaftsgut, wie z. B. ein nicht entgeltlich erworbener Firmenwert sein. Wegen der Notwendigkeit der Abgrenzung der gesellschaftsrechtlichen von der betrieblichen Sphäre einer Kapitalgesellschaft tritt hier das Aktivierungsverbot des § 5 Abs. 2 EStG zurück (→ BFH vom 24. 3. 1987, I R 202/83, BStBl. II S. 705).
→ H 8.9 Nutzungsvorteile; → H 8.9 Verzicht auf Tätigkeitsvergütungen.

---

[1] Jetzt *BMF-Schrb. v. 11. 11. 2011, BStBl. 2011 I S. 1314,* abgedruckt im **Anhang I 2 a.**

H 8.9

noch **91**

Erbfall. Vererbt ein Gesellschafter Wirtschaftsgüter seines Privatvermögens an seine Kapitalgesellschaft, handelt es sich um einen unentgeltlichen, nicht auf ihrer unternehmerischen Tätigkeit beruhenden Erwerb, der wie eine Einlage zu behandeln ist. Nachlassschulden sowie durch den Erbfall entstehende Verbindlichkeiten (z.B.Vermächtnisse) mindern die Höhe des Werts der Einlage (→ BFH vom 24. 3. 1993, I R 131/90, BStBl. II S. 799).

Forderungsverzicht. Ein auf dem Gesellschaftsverhältnis beruhender Verzicht eines Gesellschafters auf seine nicht mehr vollwertige Forderung gegenüber seiner Kapitalgesellschaft führt bei dieser zu einer Einlage in Höhe des Teilwerts der Forderung. Dies gilt auch dann, wenn die entsprechende Verbindlichkeit auf abziehbare Aufwendungen zurückgeht. Der Verzicht des Gesellschafters auf eine Forderung gegenüber seiner Kapitalgesellschaft im Wege der verdeckten Einlage führt bei ihm zum Zufluss des noch werthaltigen Teils der Forderung. Eine verdeckte Einlage bei der Kapitalgesellschaft kann auch dann anzunehmen sein, wenn der Forderungsverzicht von einer dem Gesellschafter nahestehenden Person ausgesprochen wird (→ BFH vom 9. 6. 1997, GrS 1/94, BStBl. 1998 II S. 307).
Die vorgenannten Grundsätze gelten auch dann, wenn auf eine Forderung verzichtet wird, die kapitalersetzenden Charakter hat (→ BFH vom 16. 5. 2001, I B 143/00, BStBl. 2002 II S. 436).
Bei Darlehensverlust → BMF vom 21. 10. 2010, BStBl. I S. 832.

Forderungsverzicht gegen Besserungsschein. Verzichtet ein Gesellschafter auf eine Forderung gegen seine GmbH unter der auflösenden Bedingung, dass im Besserungsfall die Forderung wieder aufleben soll und ist der Verzicht durch das Gesellschaftsverhältnis veranlasst, liegt in Höhe des werthaltigen Teils der Forderung eine (verdeckte) Einlage vor. Die Erfüllung der Forderung nach Bedingungseintritt ist keine vGA, sondern gilt als zurückgewährte Einlage (→ BMF vom 2. 12. 2003, BStBl. I S. 648).
Umfasst der Forderungsverzicht auch den Anspruch auf Darlehenszinsen, sind nach Bedingungseintritt Zinsen auch für die Dauer der Krise als Betriebsausgaben anzusetzen (→ BFH vom 30. 5. 1990, I R 41/87, BStBl. 1991 II S. 588).

Gesellschaftsrechtliches Interesse. → BFH vom 29. 7. 1997, VIII R 57/94, BStBl. 1998 II S. 652.
Für die Prüfung der Frage, ob die Zuwendung gesellschaftsrechtlich veranlasst ist, ist ausschließlich auf den Zeitpunkt des Eingehens der Verpflichtung, nicht auf den Zeitpunkt des späteren Erfüllungsgeschäfts abzustellen. Eine gesellschaftsrechtliche Veranlassung kann somit selbst dann anzunehmen sein, wenn zum Zeitpunkt der Erfüllung der Verpflichtung ein Gesellschaftsverhältnis nicht mehr besteht (analog zur vGA; → BFH vom 14. 11. 1984, I R 50/80, BStBl. 1985 II S. 227).

Gesellschaftsrechtliche Veranlassung. Die Veranlassung durch das Gesellschaftsverhältnis ist gegeben, wenn ein Nichtgesellschafter bei Anwendung der Sorgfalt eines ordentlichen Kaufmanns den Vermögensvorteil der Gesellschaft nicht eingeräumt hätte (→ BFH vom 28. 2. 1956, I 92/54 U, BStBl. III S. 154, → BFH vom 19. 2. 1970, I R 24/67, BStBl. II S. 442, → BFH vom 26. 11. 1980, I R 52/77, BStBl. 1981 II S. 181, → BFH vom 9. 3. 1983, I R 182/78, BStBl. II S. 744, → BFH vom 11. 4. 1984, I R 175/79, BStBl. II S. 535, → BFH vom 14. 11. 1984, I R 50/80, BStBl. 1985 II S. 227, → BFH vom 24. 3. 1987, I R 202/83, BStBl. II S. 705 und → BFH vom 26. 10. 1987, GrS 2/86, BStBl. 1988 II S. 348).

Immaterielle Wirtschaftsgüter. → H 8.9 Einlagefähiger Vermögensvorteil.

Nachträgliche Preissenkungen. Nachträgliche Preissenkungen durch den Gesellschafter beim Verkauf von Wirtschaftsgütern an seine Kapitalgesellschaft stellen i. d. R. verdeckte Einlagen dar (→ BFH vom 14. 8. 1974, I R 168/72, BStBl. 1975 II S. 123).

Nahestehende Person. Die als verdeckte Einlage zu qualifizierende Zuwendung kann auch durch eine dem Gesellschafter nahestehende Person erfolgen, z. B. durch eine andere Tochtergesellschaft (→ BFH vom 30. 4. 1968, I 161/65, BStBl. II S. 720, → BFH vom 9. 6. 1997, GrS 1/94, BStBl. 1998 II S. 307 und → BFH vom 12. 12. 2000, VIII R 62/93, BStBl. 2001 II S. 234).
→ H 8.5 III. Nahestehende Person.

Nutzungsvorteile. Die Überlassung eines Wirtschaftsguts zum Gebrauch oder zur Nutzung kann mangels Bilanzierbarkeit des Nutzungsvorteils nicht Gegenstand einer Einlage sein (→ BFH vom 8. 11. 1960, I 131/59 S, BStBl. III S. 513, → BFH vom 9. 3. 1962, I 203/61 S, BStBl. III S. 338, → BFH vom 3. 2. 1971, I R 51/66, BStBl. II S. 408, → BFH vom 24. 5. 1984, I R 166/78, BStBl. II S. 747 und → BFH vom 26. 10. 1987, GrS 2/86, BStBl. 1988 II S. 348). Das gilt auch, wenn der Gesellschafter ein verzinsliches Darlehen aufnimmt, um der Kapitalgesellschaft ein zinsloses Darlehen zu gewähren (→ BFH vom 26. 10. 1987, GrS 2/86, BStBl. 1988 II S. 348).
Keine einlagefähigen Nutzungsvorteile sind insbesondere
- eine ganz oder teilweise unentgeltliche Dienstleistung (→ BFH vom 14. 3. 1989, I R 8/85, BStBl. II S. 633),

H 8.9

noch **91**

– eine unentgeltliche oder verbilligte Gebrauchs- oder Nutzungsüberlassung eines Wirtschaftsguts und
– der Zinsvorteil bei unverzinslicher oder geringverzinslicher Darlehensgewährung (→ BFH vom 26. 10. 1987, GrS 2/86, BStBl. 1988 II S. 348).

Rückgewähr einer vGA. Die Rückgewähr einer vGA führt regelmäßig zur Annahme einer Einlage. Das gilt unabhängig davon, ob sich die Rückzahlungsverpflichtung aus einer Satzungsklausel oder aus gesetzlichen Vorschriften (z. B. §§ 30, 31 GmbHG) ergibt, oder ob sie seitens des Gesellschafters freiwillig erfolgt (→ BFH vom 29. 5. 1996, I R 118/93, BStBl. 1997 II S. 92, → BFH vom 31. 5. 2005, I R 35/04, BStBl. 2006 II S. 132, sowie → BMF vom 6. 8. 1981, BStBl. I S. 599).
→ H 8.6 Rückgängigmachung.

Verdecktes Leistungsentgelt. Gleicht ein Gesellschafter durch Zuwendungen Nachteile einer Kapitalgesellschaft aus, die diese durch die Übernahme von Aufgaben erleidet, die eigentlich der Gesellschafter zu erfüllen hat, ist das Gesellschaftsverhältnis für die Leistung nicht ursächlich. Folglich liegt keine steuerfreie Vermögensmehrung in Form einer verdeckten Einlage, sondern vielmehr eine steuerpflichtige Betriebseinnahme vor (→ BFH vom 9. 3. 1983, I R 182/78, BStBl. II S. 744).

Verzicht auf Pensionsanwartschaftsrechte. Verzichtet der Gesellschafter aus Gründen des Gesellschaftsverhältnisses auf einen bestehenden Anspruch aus einer ihm gegenüber durch die Kapitalgesellschaft gewährten Pensionszusage, liegt hierin eine verdeckte Einlage begründet. Dies gilt auch im Falle eines Verzichts vor Eintritt des vereinbarten Versorgungsfalles hinsichtlich des bis zum Verzichtszeitpunkt bereits erdienten (Anteils des) Versorgungsanspruches. Der durch die Ausbuchung der Pensionsrückstellung bei der Kapitalgesellschaft zu erfassende Gewinn ist im Rahmen der Einkommensermittlung in Höhe des Werts der verdeckten Einlage wieder in Abzug zu bringen. Aus der Annahme einer verdeckten Einlage folgt andererseits beim Gesellschafter zwingend die Annahme eines Zuflusses von Arbeitslohn bei gleichzeitiger Erhöhung der Anschaffungskosten für die Anteile an der Kapitalgesellschaft (→ BFH vom 9. 6. 1997, GrS 1/94, BStBl. 1998 II S. 307).
Sowohl hinsichtlich der Bewertung der verdeckten Einlage als auch hinsichtlich des Zuflusses beim Gesellschafter ist auf den Teilwert der Pensionszusage abzustellen und nicht auf den gem. § 6 a EStG ermittelten Teilwert der Pensionsrückstellung der Kapitalgesellschaft. Bei der Ermittlung des Teilwerts ist die Bonität der zur Pensionszahlung verpflichteten Kapitalgesellschaft zu berücksichtigen (→ BFH vom 15. 10. 1997, I R 58/93, BStBl. 1998 II S. 305).
Zum Verzicht auf künftig noch zu erdienende Pensionsanwartschaften (sog. Future Service) → BMF vom 14. 8. 2012, BStBl. I S. 874.[1]

Verzicht auf Tätigkeitsvergütungen. Verzichtet der Gesellschafter (z. B. wegen der wirtschaftlichen Lage der Kapitalgesellschaft) als Geschäftsführer auf seine Tätigkeitsvergütungen, ist wie folgt zu unterscheiden:
- **Verzicht nach Entstehung:** Verzichtet der Gesellschafter-Geschäftsführer nach Entstehung seines Anspruchs auf die Tätigkeitsvergütungen, wird damit der Zufluss der Einnahmen, verbunden mit der Verpflichtung zur Lohnversteuerung, nicht verhindert. Die Tätigkeitsvergütungen sind als Einnahmen aus nichtselbständiger Arbeit zu versteuern. Der Verzicht stellt demgegenüber eine – die steuerlichen Anschaffungskosten des Gesellschafters erhöhende – verdeckte Einlage dar (→ BFH vom 19. 7. 1994, VIII R 58/92, BStBl. 1995 II S. 362).
  Bestehen zum Zeitpunkt des Gehaltsverzichts Liquiditätsschwierigkeiten, berührt dies die Werthaltigkeit der Gehaltsforderung, so dass die verdeckte Einlage unter dem Nennwert ggf. sogar mit 0 Euro zu bewerten ist (→ BFH vom 19. 5. 1993, I R 34/92, BStBl. II S. 804, → BFH vom 19. 7. 1994, VIII R 58/92, BStBl. 1995 II S. 362 und → BFH vom 9. 6. 1997, GrS 1/94, BStBl. 1998 II S. 307).
- **Verzicht vor Entstehung:** Verzichtet der Gesellschafter-Geschäftsführer auf noch nicht entstandene Gehaltsansprüche, ergeben sich hieraus weder bei der Kapitalgesellschaft noch beim Gesellschafter-Geschäftsführer ertragsteuerliche Folgen (→ BFH vom 24. 5. 1984, I R 166/78, BStBl. II S. 747 und → BFH vom 14. 3. 1989, I R 8/85, BStBl. II S. 633).
- **Folgen eines Verzichts:** Zur verdeckten Einlage in eine Kapitalgesellschaft und Zufluss von Gehaltsbestandsteilen bei einem Gesellschafter-Geschäftsführer einer Kapitalgesellschaft (→ BFH-Urteile vom 3. 2. 2011, VI R 4/10, BStBl. 2014 II S. 493 und VI R 66/09, BStBl. 2014 II S. 491 und → BFH vom 15. 5. 2013, VI R 24/12, BStBl. 2014 II S. 495 sowie → BMF vom 12. 5. 2014, BStBl. I S. 860).[2]

---

[1] Nachstehend abgedruckt als Anl zu H 8.9.

[2] Auszug aus *BMF-Schrb. v. 12. 5. 2014 IV C 2 – S 2743/12/10 001, BStBl. 2014 I S. 860:* (...) Dem beherrschenden Gesellschafter fließt eine eindeutige und unbestrittene Forderung gegen „seine" Kapitalgesellschaft bereits mit deren Fälligkeit zu (BFH-Urteil vom 3. Februar 2011 – VI R 66/09 – m. w. N.). Ob sich der Vorgang in der Bilanz der Kapitalgesellschaft tatsächlich gewinnmindernd ausgewirkt hat, etwa durch die Bildung einer Verbindlichkeit, ist für die Anwendung

Zuschuss zur Abdeckung eines Bilanzverlustes. Der zur Abdeckung eines Bilanzverlustes der Kapitalgesellschaft durch den Gesellschafter-Geschäftsführer geleistete Zuschuss stellt eine verdeckte Einlage dar (→ BFH vom 12. 2. 1980, VIII R 114/77, BStBl. II S. 494).

Anl zu H 8.9

Schreiben betr. Verzicht des Gesellschafter-Geschäftsführers einer Kapitalgesellschaft auf eine Pensionsanwartschaft als verdeckte Einlage (§ 8 Absatz 3 Satz 3 KStG); Verzicht auf künftig noch zu erdienende Pensionsanwartschaften (sog. Future Service)

Vom 14. August 2012 (BStBl. I S. 874)

(BMF IV C 2 – S 2743/10/10001 :001; DOK 2012/0652306)

92 Unter Bezugnahme auf die Erörterung mit den obersten Finanzbehörden der Länder gilt zur ertragsteuerlichen Behandlung des Verzichts eines Gesellschafter-Geschäftsführers auf eine Pensionsanwartschaft gegenüber seiner Kapitalgesellschaft Folgendes:

1 Nach dem BFH-Beschluss vom 9. Juni 1997 (GrS 1/94 – BStBl. 1998 II S. 307) führt der durch das Gesellschaftsverhältnis veranlasste Verzicht eines Gesellschafter-Geschäftsführers auf eine werthaltige Forderung gegenüber seiner Kapitalgesellschaft zu einer verdeckten Einlage nach § 8 Absatz 3 Satz 3 KStG in die Kapitalgesellschaft und zu einem Zufluss von Einnahmen beim Gesellschafter-Geschäftsführer. Diese Grundsätze gelten auch bei einem Verzicht des Gesellschafter-Geschäftsführers auf eine Pensionsanwartschaft. Für die Bewertung der verdeckten Einlage ist dabei nach dem BFH-Urteil vom 15. Oktober 1997 (I R 58/93 – BStBl. 1998 II S. 305) auf den Teilwert der Pensionsanwartschaft des Gesellschafter-Geschäftsführers abzustellen und nicht auf den gemäß § 6a EStG ermittelten Teilwert der Pensionsverbindlichkeit der Kapitalgesellschaft. Der Teilwert ist dabei unter Beachtung der allgemeinen Teilwertermittlungsgrundsätze im Zweifel nach den Wiederbeschaffungskosten zu ermitteln. Demnach kommt es darauf an, welchen Betrag der Versorgungsberechtigte zu dem Zeitpunkt des Verzichtes hätte aufwenden müssen, um eine gleich hohe Pensionsanwartschaft gegen einen vergleichbaren Schuldner zu erwerben. Dabei kann die Bonität des Forderungsschuldners berücksichtigt werden. Außerdem kann von Bedeutung sein, ob die Pension unverfallbar ist oder ob sie voraussetzt, dass der Berechtigte bis zum Pensionsfall für den Verpflichteten nichtselbständig tätig ist (BFH-Urteil vom 15. Oktober 1997 – I R 58/93 – BStBl. 1998 II S. 305).

2 Im Falle des vollständigen Verzichts auf eine Pensionsanwartschaft vor Eintritt des Versorgungsfalls liegt eine verdeckte Einlage in Höhe des bis zum Verzichtszeitpunkt bereits erdienten Anteils des Versorgungsanspruches vor. Bei einem teilweisen Verzicht ist eine verdeckte Einlage insoweit anzunehmen, als der Barwert der bis zu dem Verzichtszeitpunkt bereits erdienten Versorgungsleistungen des Gesellschafter-Geschäftsführers den Barwert der nach dem Teilverzicht noch verbleibenden Versorgungsleistungen übersteigt. Dies gilt unabhängig davon, ob sich die Verzichtsvereinbarung der Bezeichnung nach nur auf künftig noch zu erdienende Anwartschaften (sog. Future Service) bezieht oder ob es sich dabei um eine durch das Gesellschaftsverhältnis veranlasste Änderung einer Pensionszusage handelt, die mit einer Reduzierung der bisher zugesagten Versorgungsleistungen verbunden ist.

3 Es wird nicht beanstandet, wenn als erdienter Teil der Versorgungsleistungen bei einer Leistungszusage an einen beherrschenden Gesellschafter-Geschäftsführer der Teilanspruch aus den bisher zugesagten Versorgungsleistungen angesetzt wird, der dem Verhältnis der ab Erteilung der Pensionszusage bis zum Verzichtszeitpunkt abgeleisteten Dienstzeit (s) einerseits und der ab Erteilung der Pensionszusage bis zu der in der Pensionszusage vorgesehenen festen Altersgrenze (t) andererseits entspricht (zeitanteilig erdienter Anwartschaftsbarwert ab Pensionszusage – s/t). Bei einem nicht beherrschenden Gesellschafter-Geschäftsführer ist insoweit nicht auf den Zeitpunkt der (erstmaligen) Erteilung einer Pensionszusage, sondern auf den Beginn des Dienstverhältnisses abzustellen (sog. m/n-Anwartschaftsbarwert).

Beispiel:

- Beherrschender Gesellschafter-Geschäftsführer einer GmbH, geb. 1. Januar 1960
- Diensteintritt in die GmbH am 1. Januar 1986
- Zusage am 1. Januar 1996 einer Alters- und Invalidenrente über 3000 €/monatlich
- Pensionseintritt mit Vollendung des 66. Lebensjahres
- Herabsetzung der Versorgungsanwartschaft am 1. Januar 2011 auf 1500 €/monatlich

Lösung:

Ermittlung des erdienten Anteils der Versorgungsleistungen zum Zeitpunkt der Herabsetzung:
Quotient nach Rz. 3: tatsächlich geleistete Dienstjahre ab Zusageerteilung (da beherrschend)/maximal mögliche Dienstjahre ab Zusageerteilung = 15/30 = 0,5
Erdienter Anteil zum 1. Januar 2011: 1500 €/monatlich

Ergebnis:

Da die nach Herabsetzung noch verbleibenden Versorgungsleistungen genau dem bereits erdienten Anteil entsprechen, beträgt der Wert der verdeckten Einlage nach § 8 Absatz 3 Satz 3 KStG 0 €.

---

dieser sog. Zuflussfiktion unerheblich, sofern eine solche Verbindlichkeit nach den Grundsätzen ordnungsmäßiger Buchführung hätte gebildet werden müssen (...).

4 Bei der Berechnung des Barwerts der bis zum Verzichtszeitpunkt erdienten sowie des Barwerts der danach herabgesetzten Pensionsanwartschaft sind die gleichen, im Verzichtszeitpunkt anerkannten Rechnungsgrundlagen und anerkannten Regeln der Versicherungsmathematik anzuwenden. Es wird dabei für den Barwertvergleich nicht beanstandet, wenn die Rechnungsgrundlagen verwendet werden, die am vorangegangenen Bilanzstichtag der steuerlichen Bewertung der Pensionsverpflichtung zugrunde lagen.

R 8.10 Verluste bei Körperschaften

R 8.10

– unbesetzt – 93

H 8.10

H 8.10

Sanierungsfälle (§ 8 Abs. 4 Satz 3 KStG a. F.). In Sanierungsfällen nach § 8 Abs. 4 Satz 3 KStG a. F. → BMF vom 16. 4. 1999, BStBl. I S. 455. 95

R 8.11 Mitgliedsbeiträge

R 8.11

(1) ① Mitgliedsbeiträge i. S. v. § 8 Abs. 5 KStG sind Beiträge, die die Mitglieder einer Personenvereinigung lediglich in ihrer Eigenschaft als Mitglieder nach der Satzung zu entrichten haben. ② Sie dürfen der Personenvereinigung nicht für die Wahrnehmung besonderer geschäftlicher Interessen oder für Leistungen zugunsten ihrer Mitglieder zufließen. ③ Der Beurteilung als echter Mitgliedsbeitrag steht es entgegen, wenn die Beitragshöhe von der tatsächlichen Inanspruchnahme für Leistungen durch die Mitglieder abhängt. 97

(2) ① Mitgliedsbeiträge, die auf Grund der Satzung erhoben werden, bleiben bei der Ermittlung des Einkommens von unbeschränkt oder beschränkt körperschaftsteuerpflichtigen Personenvereinigungen außer Ansatz (§ 8 Abs. 5 KStG). ② Es genügt, dass eine der folgenden Voraussetzungen erfüllt ist: 98

1. Die Satzung bestimmt Art und Höhe der Mitgliedsbeiträge.
2. Die Satzung sieht einen bestimmten Berechnungsmaßstab vor.
3. Die Satzung bezeichnet ein Organ, das die Beiträge der Höhe nach erkennbar festsetzt.

③ Bei den nicht zur Führung von Büchern verpflichteten Personenvereinigungen zählen echte Mitgliedsbeiträge bereits mangels Zurechenbarkeit zu einer Einkunftsart nicht zu den steuerpflichtigen Einkünften. ④ Das gilt auch für die mit ihnen in Verbindung stehenden Ausgaben, die mithin regelmäßig dem ideellen Bereich der Körperschaft zuzurechnen sind und demzufolge die steuerpflichtigen Einkünfte nicht mindern.

(3) ① Dient eine Personenvereinigung auch der wirtschaftlichen Förderung der Einzelmitglieder, sind die Beiträge an diese Vereinigung insoweit keine Mitgliedsbeiträge i. S. v. § 8 Abs. 5 KStG, sondern pauschalierte Gegenleistungen für die Förderung durch die Vereinigung, und zwar auch dann, wenn die Vereinigung keinen wirtschaftlichen Geschäftsbetrieb ausübt. ② In diesem Fall sind die Mitgliedsbeiträge durch Schätzung in einen steuerfreien Teil (reine Mitgliedsbeiträge) und in einen steuerpflichtigen Teil (pauschalierte Gegenleistungen) aufzuteilen. 99

(4) ① Bei Versicherungsunternehmen ist § 8 Abs. 5 KStG auf Leistungen der Mitglieder, die ein Entgelt für die Übernahme der Versicherung darstellen, nicht anzuwenden. ② Bei → VVaG können jedoch steuerfreie Mitgliedsbeiträge in Betracht kommen, z. B. Eintrittsgelder unter besonderen Voraussetzungen. 100

H 8.11

H 8.11

Abgrenzung zu Leistungsentgelten. Vereinsbeiträge, die ein Entgelt für bestimmte Leistungen des Vereins zugunsten seiner Mitglieder darstellen, sind keine Mitgliedsbeiträge i. S. v. § 8 Abs. 5 KStG. Beschränkt sich die Tätigkeit des Vereins darauf, seinen Mitgliedern preisgünstige Reisen zu vermitteln und zinsgünstige Darlehen zu gewähren, sind die gesamten Beiträge Entgelt für diese Leistungen, auch wenn diese pauschal erhoben werden (→ BFH vom 28. 6. 1989, I R 86/85, BStBl. 1990 II S. 550). 102

Nichtabzugsfähigkeit des mit Mitgliedsbeiträgen in Verbindung stehenden Aufwands. Zahlt ein Mitglied beim Eintritt in eine Kreditgenossenschaft zur Abgeltung des mit dem Eintritt verbundenen Aufwands ein einmaliges Eintrittsgeld, kann dieses in vollem Umfang als Mitgliedsbeitrag nach § 8 Abs. 5 KStG steuerfrei sein. Ist das der Fall, ist der mit dem Eintritt in wirtschaftlichem Zusammenhang stehende Aufwand gem. § 3c EStG nicht abzugsfähig (→ BFH vom 19. 2. 1964, I 179/62 U, BStBl. III S. 277).
Ein bloß mittelbarer Zusammenhang reicht aber zur Anwendung des § 3c EStG nicht aus (→ BFH vom 11. 10. 1989, I R 208/85, BStBl. 1990 II S. 88).

Schätzung des Leistungsentgelts bei Erhebung nicht kostendeckender Entgelte für Sonderleistungen. Werden für Sonderleistungen der Personenvereinigung an die einzelnen Mitglieder keine oder keine kostendeckenden Entgelte gefordert, kann in den allgemeinen

Mitgliedsbeiträgen teilweise ein ggf. im Wege der Schätzung zu ermittelndes Leistungsentgelt enthalten sein (→ BFH vom 9. 2. 1965, I 25/63 U, BStBl. III S. 294).
Die Umlagebeträge, die Interessengemeinschaften zur gemeinsamen Bewirtschaftung von Gemeindewaldungen von den beteiligten Gemeinden nach dem Verhältnis ihres flächenmäßigen Waldbesitzes zur Gesamtfläche des betreuten Waldes erheben, sind (ggf. im Wege der Schätzung) in Entgelte für Einzelleistungen und echte Mitgliedsbeiträge für Gemeinschaftsleistungen aufzuteilen (→ BFH vom 22. 11. 1963, V 47/61 U, BStBl. 1964 III S. 147).

VVaG. Bei den Mitgliederleistungen an VVaG ist zwischen steuerpflichtigen Versicherungsbeiträgen und steuerfreien Einlagen zu unterscheiden. Im Allgemeinen werden Eintrittsgelder insoweit, als ein Rückzahlungsanspruch beim Austritt besteht, der in seiner Höhe genau festgelegt ist und nicht vom Betriebsergebnis abhängt, steuerfreie Einlagen darstellen (→ BFH vom 21. 4. 1953, I 32/53 U, BStBl. III S. 175).

Werbeverband. Umlagen, die pauschalierte Entgelte der einzelnen Mitglieder für die Förderung ihrer wirtschaftlichen Einzelinteressen durch zusammengefasste Werbung darstellen, sind keine Mitgliedsbeiträge i. S. d. § 8 Abs. 5 KStG (→ BFH vom 8. 6. 1966, I 151/63, BStBl. III S. 632).

R 8.12

R 8.12 Haus- und Grundeigentümervereine, Mietervereine

104 (1) ① Die Mitgliedsbeiträge zu Haus- und Grundeigentümervereinen sowie zu Mietervereinen enthalten i. d. R. Entgelte für die Gewährung besonderer wirtschaftlicher Vorteile, z. B. Rechtsberatung, Prozessvertretung. ② Sie sind deshalb keine reinen Mitgliedsbeiträge i. S. v. § 8 Abs. 5 KStG. ③ Um eine einfache und gleichmäßige Besteuerung der in Satz 1 bezeichneten Vereine zu gewährleisten, ist bei der Abgrenzung der steuerfreien Mitgliedsbeiträge von den steuerpflichtigen Beträgen sowie bei der Berechnung der hiervon abzuziehenden Ausgaben wie folgt zu verfahren:

1. ① Von den eigenen Beitragseinnahmen (= gesamte Beitragseinnahmen abzüglich der an übergeordnete Verbände abgeführten Beträge) sind 20% als steuerpflichtige Einnahmen anzusehen. ② Erhebt der Verein neben den Beiträgen besondere Entgelte, z. B. für Prozessvertretungen, sind diese Entgelte den steuerpflichtigen Einnahmen voll hinzuzurechnen.
2. ① Von den Ausgaben des Vereins, die mit den eigenen Beitragseinnahmen und den daneben erhobenen besonderen Entgelten in unmittelbarem Zusammenhang stehen, ist der Teil abzuziehen, der dem Verhältnis der steuerpflichtigen Einnahmen zu den eigenen Beitragseinnahmen zuzüglich der daneben erhobenen besonderen Entgelte entspricht. ② Werden jedoch die mit den steuerpflichtigen Einnahmen zusammenhängenden Ausgaben gesondert ermittelt, sind die gesondert ermittelten Ausgaben abzuziehen.
3. ① Übersteigen die abzuziehenden Ausgaben die steuerpflichtigen Einnahmen ständig, d. h. in mehreren aufeinanderfolgenden Jahren, ist erkennbar, dass der als steuerpflichtig behandelte Betrag von 20% der eigenen Beitragseinnahmen zu niedrig ist. ② Er ist dann angemessen zu erhöhen, dass im Durchschnitt mehrerer Jahre die abziehbaren Ausgaben nicht höher als die steuerpflichtigen Einnahmen sind.

105 (2) Die übrigen steuerpflichtigen Einkünfte, z. B. aus dem Verkauf von Vordrucken und Altmaterial, aus Kapitalvermögen und aus Vermietung und Verpachtung, sind nach den allgemeinen steuerrechtlichen Grundsätzen zu ermitteln.

H 8.12

H 8.12

107 **Aufteilung der Mitgliedsbeiträge bei Haus- und Grundbesitzervereinen sowie Mietervereinen.** Zur Zulässigkeit der von der Finanzverwaltung vorgesehenen pauschalen Aufteilung der Mitgliedsbeiträge in echte Mitgliedsbeiträge und Leistungsentgelte → BFH vom 5. 6. 1953, I 104/52 U, BStBl. III S. 212.
Zur Notwendigkeit des Ansatzes eines höheren prozentualen Einnahmeanteils für steuerpflichtige Leistungen bei ansonsten anhaltender Erzielung von Verlusten → BFH vom 9. 2. 1965, I 25/63 U, BStBl. III S. 294.

Beispiel zur Aufteilung:

	€	€
Vereinnahmte Mitgliedsbeiträge		130 000
An den Landesverband sind abgeführt		– 30 000
Eigene Beitragseinnahmen		100 000
Steuerpflichtige Einnahmen:		
20% von 100 000 €	20 000	
Entgelte für Prozessvertretungen	+ 4 000	24 000

Die Ausgaben, die mit den eigenen Beitragseinnahmen (100 000 €) und den Entgelten für Prozessvertretungen (4000 €) zusammenhängen, betragen 90 000 €.

	€	€
Abzuziehen sind	$\frac{90\,000 \times 24\,000}{104\,000}$	– 20 769
Überschuss		3 231

Würden die gesondert festgestellten abziehbaren Ausgaben 27 000 € betragen und würde sich weiter ergeben, dass die Ausgaben auch in den vorangegangenen Jahren die steuerpflichtigen Einnahmen überstiegen haben, müsste der Satz von 20% angemessen erhöht werden.

R 8.13 Sonstige Vereine und Einrichtungen

R 8.13

(1) ①Die von Obst- und Gartenbauvereinen erhobenen Mitgliedsbeiträge enthalten i. d. R. Entgelte für die Gewährung besonderer wirtschaftlicher Vorteile. ②Sie sind deshalb keine reinen Mitgliedsbeiträge i. S. v. § 8 Abs. 5 KStG. ③Bei der Abgrenzung der steuerfreien Mitgliedsbeiträge von den steuerpflichtigen Beträgen ist R 8.12 entsprechend anzuwenden. **109**

(2) ①Die von den Kleingärtner- und Siedlervereinen erhobenen Beiträge enthalten i. d. R. keine Entgelte für die Gewährung besonderer wirtschaftlicher Vorteile. ②Im Allgemeinen bestehen deshalb aus Gründen der Verwaltungsvereinfachung keine Bedenken, diese Beiträge ohne Prüfung als Mitgliedsbeiträge i. S. v. § 8 Abs. 5 KStG anzusehen. **110**

(3) ①Sind Tierzuchtverbände oder Vatertierhaltungsvereine nicht steuerbegünstigt und infolgedessen nicht nur mit ihren wirtschaftlichen Geschäftsbetrieben, sondern in vollem Umfang steuerpflichtig, dann werden die Beiträge der Mitglieder zum großen Teil keine steuerfreien Mitgliedsbeiträge i. S. v. § 8 Abs. 5 KStG sein, weil sie Entgelte der Mitglieder für wirtschaftliche Leistungen enthalten. ②Aus Vereinfachungsgründen ist bei der Abgrenzung der steuerfreien Mitgliedsbeiträge von den steuerpflichtigen Beträgen wie folgt zu verfahren: ③Die Beitragseinnahmen sind nur i. H. v. 50% als steuerpflichtig zu behandeln. ④Die mit den Beitragseinnahmen in unmittelbarem Zusammenhang stehenden Ausgaben sind dementsprechend nur mit 50% zu berücksichtigen. ⑤Zu den Beitragseinnahmen gehören außer den Mitgliedsbeiträgen auch die Beträge, die nicht laufend, sondern einmalig als sog. Gebühren entrichtet werden, z. B. für die Herdbucheintragungen, für den Nachweis der Abstammung, für die Anerkennung und Umschreibung, für die Vermittlung des Absatzes von Zuchttieren, für das Brennen von Vieh, für Ohrmarken und Geflügelringe und Deckgelder von Mitgliedern. ⑥Voraussetzung ist, dass diese Gebühren nach Art und Höhe in der Satzung oder in der Gebührenordnung genau bestimmt sind. ⑦Im Übrigen sind die steuerpflichtigen Einkünfte, z. B. aus Gewerbebetrieb, Kapitalvermögen, Vermietung und Verpachtung, sonstige Einkünfte i. S. d. § 22 EStG, nach den allgemeinen steuerrechtlichen Grundsätzen zu ermitteln. **111**

(4) Die Bestimmungen in Absatz 3 gelten nicht für die Verbände und Vereine der Pelztierzüchter. **112**

(5) ①Einrichtungen zur Förderung des Fremdenverkehrs können BgA von jPöR oder Personenvereinigungen sein. ②Im ersten Fall können sie eine Steuerbefreiung für Mitgliedsbeiträge nicht in Anspruch nehmen. ③Im zweiten Fall sind die Beiträge oft keine reinen Mitgliedsbeiträge (§ 8 Abs. 5 KStG), weil sie auch Entgelte der Mitglieder für wirtschaftliche Vorteile enthalten. ④Aus Vereinfachungsgründen bestehen keine Bedenken, in diesen Fällen nur 25% der Beitragseinnahmen als steuerpflichtige Einnahmen zu behandeln. ⑤Die Ausgaben, die mit den Beitragseinnahmen in unmittelbarem wirtschaftlichen Zusammenhang stehen, sind dementsprechend nur mit 25% abzuziehen. ⑥R 8.12 ist entsprechend anzuwenden. ⑦Im Übrigen sind die steuerpflichtigen Einkünfte, z. B. aus dem Verkauf von Zeitungen oder Fahrkarten, nach den allgemeinen steuerrechtlichen Grundsätzen zu ermitteln. ⑧Die Zuschüsse, die gemeindliche Fremdenverkehrseinrichtungen von den Gemeinden erhalten, sind steuerfrei zu lassen. **113**

H 8.13

H 8.13

Lohnsteuerhilfevereine. Die von Lohnsteuerhilfevereinen (→ H 5.1 Abgrenzung) erhobenen Beiträge sind in vollem Umfang steuerpflichtige Entgelte für Gegenleistungen der Vereine an ihre Mitglieder. § 8 Abs. 5 KStG findet keine Anwendung (→ BFH vom 29. 8. 1973, I R 234/71, BStBl. 1974 II S. 60). **116**

KStG

§ 8 a[1] Betriebsausgabenabzug für Zinsaufwendungen bei Körperschaften (Zinsschranke)

1 **(1) ①[2·3] § 4 h Abs. 1 Satz 2 des Einkommensteuergesetzes[4] ist mit der Maßgabe anzuwenden, dass anstelle des maßgeblichen Gewinns das maßgebliche Einkommen tritt. ② Maßgebliches Einkommen ist das nach den Vorschriften des Einkommensteuergesetzes und dieses Gesetzes ermittelte Einkommen mit Ausnahme der §§ 4 h[4] und 10 d des Einkommensteuergesetzes und des § 9 Abs. 1 Nr. 2 dieses Gesetzes. ③[5] Die §§ 8 c und 8 d gelten für den Zinsvortrag nach § 4 h Absatz 1 Satz 5 des Einkommensteuergesetzes[4] mit der Maßgabe entsprechend, dass stille Reserven im Sinne des § 8 c Absatz 1 Satz 6 nur zu berücksichtigen sind, soweit sie die nach § 8 c Absatz 1 Satz 5 und § 8 d Absatz 2 Satz 1 abziehbaren nicht genutzten Verluste übersteigen. ④ Auf Kapitalgesellschaften, die ihre Einkünfte nach § 2 Abs. 2 Nr. 2 des Einkommensteuergesetzes ermitteln, ist § 4 h des Einkommensteuergesetzes[4] sinngemäß anzuwenden.**

2 **(2)[6] § 4 h Abs. 2 Satz 1 Buchstabe b des Einkommensteuergesetzes[4] ist nur anzuwenden, wenn die Vergütungen für Fremdkapital an einen zu mehr als einem Viertel unmittelbar oder mittelbar am Grund- oder Stammkapital beteiligten Anteilseigner, eine diesem nahe stehende Person (§ 1 Abs. 2 des Außensteuergesetzes vom 8. September 1972 – BGBl. I S. 1713 –, das zuletzt durch Artikel 3 des Gesetzes vom 28. Mai 2007 – BGBl. I S. 914 – geändert worden ist, in der jeweils geltenden Fassung) oder einen Dritten, der auf den zu mehr als einem Viertel am Grund- oder Stammkapital beteiligten Anteilseigner oder eine diesem nahe stehende Person zurückgreifen kann, nicht mehr als 10 Prozent der die Zinserträge übersteigenden Zinsaufwendungen der Körperschaft im Sinne des § 4 h Abs. 3 des Einkommensteuergesetzes[4] betragen und die Körperschaft dies nachweist.[7]**

3 **(3)[6] ① § 4 h Abs. 2 Satz 1 Buchstabe c des Einkommensteuergesetzes[4] ist nur anzuwenden, wenn die Vergütungen für Fremdkapital der Körperschaft oder eines anderen demselben Konzern zugehörenden Rechtsträgers an einen zu mehr als einem Viertel unmittelbar oder mittelbar am Kapital beteiligten Gesellschafter einer konzernzugehörigen Gesellschaft, eine diesem nahe stehende Person (§ 1 Abs. 2 des Außensteuergesetzes) oder einen Dritten, der auf den zu mehr als einem Viertel am Kapital beteiligten Gesellschafter oder eine diesem nahe stehende Person zurückgreifen kann, nicht mehr als 10 Prozent der die Zinserträge übersteigenden Zinsaufwendungen des Rechtsträgers im Sinne des § 4 h Abs. 3 des Einkommensteuergesetzes[4] betragen und die Körperschaft dies nachweist. ② Satz 1 gilt nur für Zinsaufwendungen aus Verbindlichkeiten, die in dem voll konsolidierten Konzernabschluss nach § 4 h Abs. 2 Satz 1 Buchstabe c des Einkommensteuergesetzes[4] ausgewiesen sind und bei Finanzierung durch einen Dritten einen Rückgriff gegen einen nicht zum Konzern gehörenden Gesellschafter oder eine diesem nahe stehende Person auslösen.**

EStG

§ 4 h[8] *Betriebsausgabenabzug für Zinsaufwendungen (Zinsschranke)*

10 *(1)[9] ① Zinsaufwendungen eines Betriebs sind abziehbar in Höhe des Zinsertrags, darüber hinaus nur bis zur Höhe des verrechenbaren EBITDA. ② Das verrechenbare EBITDA ist 30 Prozent des um die Zinsaufwendungen und um die nach § 6 Absatz 2 Satz 1 abzuziehenden, nach § 6 Absatz 2 a Satz 2 gewinnmindernd aufzulösenden und nach § 7 abgesetzten Beträge erhöhten und um die Zinserträge verminderten maßgeblichen Gewinns. ③ Soweit das verrechenbare EBITDA die um die Zinserträge geminderten Zinsaufwendungen des Betriebs übersteigt, ist es in die folgenden fünf Wirtschaftsjahre vorzutragen (EBITDA-Vortrag); ein EBITDA-Vortrag entsteht nicht in Wirtschaftsjahren, in denen Absatz 2 die Anwendung von Absatz 1 Satz 1 ausschließt. ④ Zinsaufwendungen, die nach Satz 1 nicht abgezogen werden können,*

---

[1] § 8 a erstmals anzuwenden für Wj., die nach dem 25. Mai 2007 beginnen und nicht vor dem 1. Januar 2008 enden.

[2] § 8 a Abs. 1 Satz 1 in dieser Fassung erstmals anzuwenden für Wj., die nach dem 31. 12. 2009 enden.

[3] Hinweis auf *2 BvL 1/16; BFH-Beschluss v. 14. 10. 2015 I R 20/15, BStBl. 2017 II S. 1240:* Es wird eine Entscheidung des BVerfG darüber eingeholt, ob § 4 h EStG 2002 i. d. F. des Bürgerentlastungsgesetzes Krankenversicherung iVm § 8 Abs. 1 und § 8 a KStG 2002 i. d. F. des UntStRefG 2008 gegen Art. 3 Abs. 1 GG verstößt.

Zur Frage der AdV siehe *BFH-Beschluss v. 18. 12. 2013 I B 85/13, BStBl. 2014 II S. 947:* Es ist ernstlich zweifelhaft, ob die Einschränkung des Betriebsausgabenabzugs für Zinsaufwendungen gemäß § 4 h EStG 2002 n. F. (sog. Zinsschranke) mit Art. 3 Abs. 1 GG vereinbar ist. Die Finanzverwaltung wendet das Urteil über den entschiedenen Einzelfall hinaus nicht an. *(BMF-Schrb. v. 13. 11. 2014 IV C 2-S 2742-a/07/10 001:009, BStBl. 2014 I S. 1516).*

[4] **§ 4 h EStG** im Anschluss abgedruckt.

[5] § 8 a Abs. 1 Satz 3 in dieser Fassung erstmals anzuwenden ab VZ 2017.

[6] **§ 8 a Abs. 2 und 3 nicht anzuwenden in den Fällen des § 34 Abs. 4.**

[7] *BFH-Beschluss v. 13. 3. 2012 I B 111/11, BStBl. 2012 II S. 611:* Es ist ernstlich zweifelhaft, ob § 8a Abs. 2 Alternative 3 KStG 2002 n.F. jedenfalls insoweit verfassungsrechtlichen Anforderungen standhält, als dadurch nicht nur sog. Back-to-back-Finanzierungen, sondern auch übliche Fremdfinanzierungen von Kapitalgesellschaften bei Banken erfasst und damit die entsprechenden Zinsaufwendungen der Betriebsausgabenabzugsbeschränkung der sog. Zinsschranke unterworfen werden.

[8] § 4 h EStG in der **für VZ 2021** geltenden Fassung.

[9] § 4 h Abs. 1 i. d. F. des Gesetzes v. 22. 12. 2009 (BGBl. I S. 3950). Erstmals anzuwenden für Wj., die nach dem 31. 12. 2009 enden.

sind bis zur Höhe der EBITDA-Vorträge aus vorangegangenen Wirtschaftsjahren abziehbar und mindern die EBITDA-Vorträge in ihrer zeitlichen Reihenfolge. ⑤ Danach verbleibende nicht abziehbare Zinsaufwendungen sind in die folgenden Wirtschaftsjahre vorzutragen (Zinsvortrag). ⑥ Sie erhöhen die Zinsaufwendungen dieser Wirtschaftsjahre, nicht aber den maßgeblichen Gewinn. EStG

(2) ① Absatz 1 Satz 1 ist nicht anzuwenden, wenn 11

a) der Betrag der Zinsaufwendungen, soweit er den Betrag der Zinserträge übersteigt, weniger als drei Millionen Euro[1] beträgt,

b) der Betrieb nicht oder nur anteilmäßig zu einem Konzern gehört oder

c) der Betrieb zu einem Konzern gehört und seine Eigenkapitalquote am Schluss des vorangegangenen Abschlussstichtages gleich hoch oder höher ist als die des Konzerns (Eigenkapitalvergleich). ② Ein Unterschreiten der Eigenkapitalquote des Konzerns um bis zu zwei Prozentpunkte[2] ist unschädlich.

③ Eigenkapitalquote ist das Verhältnis des Eigenkapitals zur Bilanzsumme; sie bemisst sich nach dem Konzernabschluss, der den Betrieb umfasst, und ist für den Betrieb auf der Grundlage des Jahresabschlusses oder Einzelabschlusses zu ermitteln. ④ Wahlrechte sind im Konzernabschluss und im Jahresabschluss oder Einzelabschluss einheitlich auszuüben; bei gesellschaftsrechtlichen Kündigungsrechten ist insoweit mindestens das Eigenkapital anzusetzen, das sich nach den Vorschriften des Handelsgesetzbuchs ergeben würde. ⑤ Bei der Ermittlung der Eigenkapitalquote des Betriebs ist das Eigenkapital um einen im Konzernabschluss enthaltenen Firmenwert, soweit er auf den Betrieb entfällt, und um die Hälfte von Sonderposten mit Rücklagenanteil (§ 273 des Handelsgesetzbuchs) zu erhöhen sowie um das Eigenkapital, das keine Stimmrechte vermittelt – mit Ausnahme von Vorzugsaktien –, die Anteile an anderen Konzerngesellschaften und um Einlagen der letzten sechs Monate vor dem maßgeblichen Abschlussstichtag, soweit ihnen Entnahmen oder Ausschüttungen innerhalb der ersten sechs Monate nach dem maßgeblichen Abschlussstichtag gegenüberstehen, zu kürzen. ⑥ Die Bilanzsumme ist um Kapitalforderungen zu kürzen, die nicht im Konzernabschluss ausgewiesen sind und denen Verbindlichkeiten im Sinne des Absatzes 3 in mindestens gleicher Höhe gegenüberstehen. ⑦ Sonderbetriebsvermögen ist dem Betrieb der Mitunternehmerschaft zuzuordnen, soweit es im Konzernvermögen enthalten ist.

⑧ Die für den Eigenkapitalvergleich maßgeblichen Abschlüsse sind einheitlich nach den International Financial Reporting Standards (IFRS) zu erstellen. ⑨ Hiervon abweichend können Abschlüsse nach dem Handelsrecht eines Mitgliedstaats der Europäischen Union verwendet werden, wenn kein Konzernabschluss nach den IFRS zu erstellen und offen zu legen ist und für keines der letzten fünf Wirtschaftsjahre ein Konzernabschluss nach den IFRS erstellt wurde; nach den Generally Accepted Accounting Principles der Vereinigten Staaten von Amerika (US-GAAP) aufzustellende und offen zu legende Abschlüsse sind zu verwenden, wenn kein Konzernabschluss nach den IFRS oder dem Handelsrecht eines Mitgliedstaats der Europäischen Union zu erstellen und offen zu legen ist. ⑩ Der Konzernabschluss muss den Anforderungen an die handelsrechtliche Konzernrechnungslegung genügen oder die Voraussetzungen erfüllen, unter denen ein Abschluss nach den §§ 291 und 292 des Handelsgesetzbuchs befreiende Wirkung hätte. ⑪ Wurde der Jahresabschluss oder Einzelabschluss nicht nach denselben Rechnungslegungsstandards wie der Konzernabschluss aufgestellt, ist die Eigenkapitalquote des Betriebs in einer Überleitungsrechnung nach den für den Konzernabschluss geltenden Rechnungslegungsstandards zu ermitteln. ⑫ Die Überleitungsrechnung ist einer prüferischen Durchsicht zu unterziehen. ⑬ Auf Verlangen der Finanzbehörde ist der Abschluss oder die Überleitungsrechnung des Betriebs durch einen Abschlussprüfer zu prüfen, der die Voraussetzungen des § 319 des Handelsgesetzbuchs erfüllt.

⑭ Ist ein dem Eigenkapitalvergleich zugrunde gelegter Abschluss unrichtig und führt der zutreffende Abschluss zu einer Erhöhung der nach Absatz 1 nicht abziehbaren Zinsaufwendungen, ist ein Zuschlag entsprechend § 162 Absatz 4 Satz 1 und 2 der Abgabenordnung festzusetzen. ⑮ Bemessungsgrundlage für den Zuschlag sind die nach Absatz 1 nicht abziehbaren Zinsaufwendungen. ⑯ § 162 Absatz 4 Satz 4 bis 6 der Abgabenordnung gilt sinngemäß.

② Ist eine Gesellschaft, bei der der Gesellschafter als Mitunternehmer anzusehen ist, unmittelbar oder mittelbar einer Körperschaft nachgeordnet, gilt für die Gesellschaft § 8a Absatz 2 und 3 des Körperschaftsteuergesetzes entsprechend.

(3) ① Maßgeblicher Gewinn ist der nach den Vorschriften dieses Gesetzes mit Ausnahme des Absatzes 1 ermittelte steuerpflichtige Gewinn. ② Zinsaufwendungen sind Vergütungen für Fremdkapital, die den maßgeblichen Gewinn gemindert haben. ③ Zinserträge sind Erträge aus Kapitalforderungen jeder Art, die den maßgeblichen Gewinn erhöht haben. ④ Die Auf- und Abzinsung unverzinslicher oder niedrig verzinslicher Verbindlichkeiten oder Kapitalforderungen führen ebenfalls zu Zinserträgen oder Zinsaufwendungen. ⑤ Ein Betrieb gehört zu einem Konzern, wenn er nach dem für die Anwendung des Absatzes 2 Satz 1 Buchstabe c zugrunde gelegten Rechnungslegungsstandard mit einem oder mehreren anderen Betrieben konsolidiert wird oder werden könnte. ⑥ Ein Betrieb gehört für Zwecke des Absatzes 2 auch zu einem Konzern, wenn seine Finanz- und Geschäftspolitik mit einem oder mehreren anderen Betrieben einheitlich bestimmt werden kann. 12

(4)[2] ① Der EBITDA-Vortrag und der Zinsvortrag sind gesondert festzustellen. ② Zuständig ist das für die gesonderte Feststellung des Gewinns und Verlusts der Gesellschaft zuständige Finanzamt, im Übrigen 13

[1] § 4 h Abs. 2 Satz 1 Buchst. a EStG i. d. F. des Gesetzes v. 16. 7. 2009 erstmals anzuwenden für Wj., die nach dem 25. Mai 2007 beginnen und nicht vor dem 1. Januar 2008 enden.

[2] § 4 h Abs. 2 Satz 1 Buchst. c, Abs. 4 EStG i. d. F. des Gesetzes v. 22. 12. 2009 (BGBl. I S. 3950); erstmals anzuwenden für Wj., die nach dem 31. 12. 2009 enden.

das für die Besteuerung zuständige Finanzamt. ③ § 10d Absatz 4 gilt sinngemäß. ④ Feststellungsbescheide sind zu erlassen, aufzuheben oder zu ändern, soweit sich die nach Satz 1 festzustellenden Beträge ändern.

14 *(5)*[1] *① Bei Aufgabe oder Übertragung des Betriebs gehen ein nicht verbrauchter EBITDA-Vortrag und ein nicht verbrauchter Zinsvortrag unter. ② Scheidet ein Mitunternehmer aus einer Gesellschaft aus, gehen der EBITDA-Vortrag und der Zinsvortrag anteilig mit der Quote unter, mit der der ausgeschiedene Gesellschafter an der Gesellschaft beteiligt war. ③*[2] *§ 8c des Körperschaftsteuergesetzes ist auf den Zinsvortrag einer Gesellschaft entsprechend anzuwenden, soweit an dieser unmittelbar oder mittelbar eine Körperschaft als Mitunternehmer beteiligt ist.*

Übersicht

H 8a

H 8a

20 **Zinsschranke.** Zu § 8 a KStG i. d. F. des Unternehmensteuerreformgesetzes vom 14. 8. 2007 (BGBl. I S. 1912; BStBl. I S. 630), sog. Zinsschranke → BMF vom 4. 7. 2008, BStBl. I S. 718.[3]

Anl zu H 8 a

Schreiben betr. Zinsschranke (§ 4 h EStG; § 8 a KStG)[4]

Vom 4. Juli 2008 (BStBl. I S. 718)

(BMF IV C 7 – S 2742-a/07/10001)

Inhaltsübersicht

Unter Bezugnahme auf das Ergebnis der Erörterungen mit den obersten Finanzbehörden der Länder wird zu Anwendungsfragen des § 4 h EStG und des § 8 a KStG in der Fassung des Unternehmensteuerreformgesetzes 2008 vom 14. August 2007 (BGBl. I S. 1912, BStBl. I S. 630) – Zinsschranke – wie folgt Stellung genommen:

I. Zeitliche Anwendung

30 **1** Die Zinsschranke ist erstmals für Wirtschaftsjahre anzuwenden, die nach dem 25. Mai 2007 (Tag des Beschlusses des Deutschen Bundestags über das Unternehmensteuerreformgesetz 2008) beginnen und nicht vor dem 1. Januar 2008 enden (§ 52 Abs. 12 d EStG, § 34 Abs. 6 a Satz 3 KStG).

II. Betriebsausgabenabzug für Zinsaufwendungen (§ 4 h Abs. 1 EStG, § 8 a Abs. 1 KStG)

1. Betrieb

31 **2** § 4 h EStG ist eine Gewinnermittlungsvorschrift und beschränkt den Betriebsausgabenabzug für Zinsaufwendungen eines Betriebs. Voraussetzung sind Einkünfte des Betriebs aus Land- und Forstwirtschaft, Gewerbebetrieb oder selbständiger Arbeit.

---

[1] § 4 h Abs. 5 EStG i. d. F. des Gesetzes v. 22. 12. 2009 (BGBl. I S. 3950); erstmals anzuwenden für Wj., die nach dem 31. 12. 2009 enden.

[2] § 4 h Abs. 5 Satz 3 EStG i. d. F. des JStG 2009 erstmals anzuwenden auf schädliche Beteiligungserwerbe nach dem 28. November 2008, deren sämtliche Erwerbe und gleichgestellte Rechtsakte nach dem 28. November 2008 stattfinden.

[3] Nachstehend abgedruckt als Anl zu H 8 a.

[4] Zu diversen **Praxisfragen betr. Anwendung der Zinsschranke** nach § 4 h EStG iVm § 8 a KStG siehe auch *Vfg. OFD Nordrhein-Westfalen v. 11. 7. 2013 S 2742 a – 2003 – St 137, DStR 2013 S. 1947* sowie *Vfg. OFD Karlsruhe v. 10. 10. 2014 S 2742 b/1/21-St 221 StEK KStG § 8 a Nr. 38.*

3 Ein Einzelunternehmer kann mehrere Betriebe haben (siehe hierzu aber Tz. 62 und 64).

4 Die Zinsschranke ist auch anzuwenden, wenn der Gewinn gemäß § 4 Abs. 3 EStG durch den Überschuss der Betriebseinnahmen über die Betriebsausgaben ermittelt wird.

5 Eine vermögensverwaltend tätige Personengesellschaft ist kein Betrieb im Sinne der Zinsschranke, es sei denn, ihre Einkünfte gelten kraft gewerblicher Prägung nach § 15 Abs. 3 Nr. 2 EStG als Gewinneinkünfte.

6 Eine Mitunternehmerschaft hat nur einen Betrieb im Sinne der Zinsschranke. Zum Betrieb der Mitunternehmerschaft gehört neben dem Gesamthandsvermögen auch das Sonderbetriebsvermögen von Mitunternehmern im Sinne des § 15 Abs. 1 Satz 1 Nr. 2 und Abs. 3 EStG.

7 Eine Kapitalgesellschaft hat grundsätzlich nur einen Betrieb im Sinne der Zinsschranke. Nach § 8 a Abs. 1 Satz 4 KStG ist § 4 h EStG auf Kapitalgesellschaften, die ihre Einkünfte durch den Überschuss der Einnahmen über die Werbungskosten ermitteln (§ 2 Abs. 2 Nr. 2 EStG), sinngemäß anzuwenden.

8 Die Kommanditgesellschaft auf Aktien (KGaA) hat nur einen Betrieb im Sinne der Zinsschranke; dazu gehört auch der Gewinnanteil des persönlich haftenden Gesellschafters. Zur KGaA siehe auch Tz. 44.

9 Betriebsstätten sind keine eigenständigen Betriebe.

10 Der Organkreis gilt für Zwecke der Zinsschranke als ein Betrieb (§ 15 Satz 1 Nr. 3 KStG).

2. Kapitalforderungen/Fremdkapital

11 Die Zinsschranke erfasst grundsätzlich nur Erträge und Aufwendungen aus der Überlassung von Geldkapital (Zinserträge und Zinsaufwendungen im engeren Sinne) und nicht solche aus der Überlassung von Sachkapital. Fremdkapital im Sinne des § 4 h Abs. 3 EStG sind damit alle als Verbindlichkeit passivierungspflichtigen Kapitalzuführungen in Geld, die nach steuerlichen Kriterien nicht zum Eigenkapital gehören. Das sind insbesondere: **32**

- fest und variabel verzinsliche Darlehen (auch soweit es sich um Darlehensforderungen und -verbindlichkeiten im Sinne des § 8 b Abs. 3 Satz 4 ff. KStG handelt),
- partiarische Darlehen,
- typisch stille Beteiligungen,
- Gewinnschuldverschreibungen und
- Genussrechtskapital (mit Ausnahme des Genussrechtskapitals im Sinne des § 8 Abs. 3 Satz 2 KStG).

12 Auf die Dauer der Überlassung des Fremdkapitals kommt es nicht an.

13 Bei Banken stellt auch das nach dem Kreditwesengesetz (KWG) dem haftenden Eigenkapital zuzurechnende Fremdkapital Fremdkapital im Sinne des § 4 h Abs. 3 Satz 2 EStG dar.

14 Die Abtretung einer Forderung zu einem Betrag unter dem Nennwert gilt als eigenständige Überlassung von Fremdkapital im Sinne von § 4 h Abs. 3 EStG, wenn die Abtretung nach allgemeinen Grundsätzen als Darlehensgewährung durch den Zessionar an den Zedenten zu beurteilen ist (sog. unechte Forfaitierung/unechtes Factoring). Die Grundsätze des BMF-Schreibens vom 9. Januar 1996 (BStBl. I S. 9) sind zu beachten.

Übernimmt der Zessionar zusätzlich das Risiko der Zahlungsunfähigkeit des Schuldners der abgetretenen Forderung (sog. echte Forfaitierung/echtes Factoring), ergeben sich durch die Abtretung grundsätzlich weder beim Zedenten noch beim Zessionar Zinsaufwendungen und Zinserträge im Sinne des § 4 h Abs. 3 Satz 2 und 3 EStG. Es wird aber nicht beanstandet, wenn Zessionar und Zedent auf Grund eines übereinstimmenden schriftlichen Antrags, der bei dem für den Zessionar örtlich zuständigen Finanzamt zu stellen ist, die echte Forfaitierung bzw. das echte Factoring als Überlassung von Fremdkapital im Sinne von § 4 h Abs. 3 EStG behandeln (siehe hierzu Tz. 32 ff. und 37 ff.). Der Zessionar hat in diesen Fällen nachzuweisen, dass der Zedent gegenüber dem für ihn örtlich zuständigen Veranlagungsfinanzamt eine schriftliche und unwiderrufliche Einverständniserklärung abgegeben hat, wonach er mit der Erfassung der Zinsanteile als Zinsaufwendungen im Rahmen der Zinsschranke einverstanden ist. Die Anwendung der Billigkeitsregelung beim Zessionar hängt von der korrespondierenden Erfassung der Zinsen beim Zedenten ab.

Entgelte für die Übernahme des Bonitätsrisikos und anderer Kosten stellen keine Zinsaufwendungen beim Zedenten und keine Zinserträge beim Zessionar dar.

Unerheblich ist, ob die abgetretene Forderung ihrerseits eine Forderung aus der Überlassung von Geldkapital ist; auch die Abtretung einer Forderung aus der Überlassung von Sachkapital kann ihrerseits die Überlassung von Fremdkapital darstellen.

3. Zinsaufwendungen/Zinserträge

15 Zinsaufwendungen im Sinne der Zinsschranke sind Vergütungen für Fremdkapital (§ 4 h Abs. 3 Satz 2 EStG); Zinserträge im Sinne der Zinsschranke sind Erträge aus Kapitalforderungen jeder Art (§ 4 h Abs. 3 Satz 3 EStG). Hierzu gehören auch Zinsen zu einem festen oder variablen Zinssatz, aber auch Gewinnbeteiligungen (Vergütungen für partiarische Darlehen, typisch stille Beteiligungen, Genussrechte und Gewinnschuldverschreibungen) und Umsatzbeteiligungen. Zinsaufwendungen bzw. Zinserträge sind auch Vergütungen, die zwar nicht als Zins berechnet werden, aber Vergütungscharakter haben (z. B. Damnum, Disagio, Vorfälligkeitsentschädigungen, Provisionen und Gebühren, die an den Geber des Fremdkapitals gezahlt werden). **33**

16 Keine Zinsaufwendungen oder -erträge sind Dividenden, Zinsen nach §§ 233 ff. AO sowie Skonti und Boni.

Anl zu H 8a

17 Ausgeschüttete oder ausschüttungsgleiche Erträge aus Investmentvermögen, die aus Zinserträgen im Sinne des § 4 h Abs. 3 Satz 3 EStG stammen, sind beim Anleger im Rahmen des § 4 h Abs. 1 EStG als Zinserträge zu berücksichtigen (§ 2 Abs. 2 a InvStG in der Fassung des Jahressteuergesetzes 2008).

18 Der Zinsschranke unterliegen nur solche Zinsaufwendungen und Zinserträge, die den maßgeblichen Gewinn bzw. das maßgebliche Einkommen gemindert oder erhöht haben. Insbesondere nicht abziehbare Zinsen gemäß § 3 c Abs. 1 und Abs. 2 EStG, § 4 Abs. 4 a EStG, § 4 Abs. 5 Satz 1 Nr. 8 a EStG und Zinsen, die gemäß § 8 Abs. 3 Satz 2 KStG als verdeckte Gewinnausschüttungen das Einkommen einer Körperschaft nicht gemindert haben, sind keine Zinsaufwendungen im Sinne des § 4 h Abs. 3 Satz 2 EStG.

19 Zinsaufwendungen, die im Inland steuerpflichtige Sondervergütungen eines Mitunternehmers im Sinne des § 15 Abs. 1 Satz 1 Nr. 2 EStG sind, stellen weder Zinsaufwendungen der Mitunternehmerschaft noch Zinserträge des Mitunternehmers dar. Zinsaufwendungen und -erträge, die Sonderbetriebsausgaben oder -einnahmen sind, werden der Mitunternehmerschaft zugeordnet.

20 Zinsaufwendungen für Fremdkapital, das zur Finanzierung der Herstellung eines Vermögensgegenstands verwendet wird (z. B. Bauzeitzinsen), dürfen nach § 255 Abs. 3 Satz 2 HGB als Herstellungskosten angesetzt werden, soweit sie auf den Zeitraum der Herstellung entfallen. In diesem Fall führt die spätere Ausbuchung bzw. Abschreibung des entsprechenden Aktivpostens nicht zu Zinsaufwendungen im Sinne der Zinsschranke (vgl. BFH-Urteil vom 30. April 2003, BStBl. 2004 II S. 192).

21 Erbbauzinsen stellen ein Entgelt für die Nutzung des Grundstücks dar und führen nicht zu Zinsaufwendungen oder Zinserträgen.

22 Gewinnauswirkungen in Zusammenhang mit Rückstellungen in der Steuerbilanz sind keine Zinserträge und keine Zinsaufwendungen im Rahmen der Zinsschranke. Dies gilt nicht, soweit Zinsaufwendungen im Sinne des § 4 h Abs. 3 Satz 2 EStG zurückgestellt werden.

23 Vergütungen für die vorübergehende Nutzung von fremdem Sachkapital stellen grundsätzlich keine Zinserträge bzw. Zinsaufwendungen im Sinne der Zinsschranke dar. Dazu gehören auch Aufwendungen und Erträge, die Scheideanstalten aus der Goldleihe bzw. aus Edelmetallkonten erzielen.

24 Eine Wertpapierleihe oder ein ähnliches Geschäft kann einen Missbrauch von rechtlichen Gestaltungsmöglichkeiten (§ 42 AO) darstellen, wenn es z. B. dazu dienen soll, beim Entleiher künstlich Zinseinnahmen zu erzielen und dadurch die Abzugsmöglichkeit für anfallende Zinsaufwendungen zu erhöhen.

25 Zinsanteile in Leasingraten führen zu Zinsaufwendungen oder -erträgen, wenn das wirtschaftliche Eigentum am Leasinggegenstand (Sachkapital) auf den Leasingnehmer übergeht, der Leasinggeber also eine Darlehensforderung und der Leasingnehmer eine Darlehensverbindlichkeit auszuweisen hat. Die in den BMF-Schreiben vom 19. April 1971 (BStBl. I S. 264), vom 21. März 1972 (BStBl. I S. 188), vom 22. Dezember 1975 (Anhang 21 III EStH 2007) und vom 23. Dezember 1991 (BStBl. 1992 I S. 13) niedergelegten Grundsätze sind zu beachten.

26 Verbleibt nach Maßgabe der in Tz. 25 angeführten BMF-Schreiben das wirtschaftliche Eigentum am Leasinggegenstand beim Leasinggeber (Voll- und Teilamortisationsverträge) und handelt es sich um Finanzierungsleasing von Immobilien, ist eine Erfassung von Zinsanteilen in Leasingraten möglich, wenn der Leasinggeber mit den in der Grundmietzeit zu entrichtenden Raten zuzüglich des Erlöses aus einer Ausübung eines von Anfang an zum Ende der Grundmietzeit vertraglich vereinbarten Optionsrechts seine Anschaffungs- oder Herstellungskosten für den Leasinggegenstand sowie alle Nebenkosten einschließlich der Finanzierungskosten deckt und er dies gegenüber den Finanzbehörden nachweist.

Der Leasinggeber kann in diesen Fällen die Zinsanteile als Zinserträge im Rahmen der Zinsschranke saldieren, soweit er in Leasingraten enthaltene Zinsanteile gegenüber dem Leasingnehmer offen ausweist; der Leasingnehmer hat seinerseits die Zinsanteile als Zinsaufwendungen im Rahmen der Zinsschranke zu erfassen. Die Erfassung von Zinsanteilen in Leasingraten setzt einen gemeinsamen schriftlichen Antrag von Leasinggeber und Leasingnehmer bei dem für den Leasinggeber örtlich zuständigen Finanzamt voraus. Der Leasinggeber muss außerdem nachweisen, dass der Leasingnehmer gegenüber dem für ihn örtlich zuständigen Veranlagungsfinanzamt eine schriftliche und unwiderrufliche Einverständniserklärung abgegeben hat, dass er mit der Erfassung der Zinsanteile als Zinsaufwendungen im Rahmen der Zinsschranke einverstanden ist.

Die Anwendung der Billigkeitsregelung beim Leasinggeber hängt von der korrespondierenden Erfassung der Zinsen beim Leasingnehmer ab.

Bei Leasingverträgen über Immobilien, die bis zum 25. Mai 2007 (Tag des Beschlusses des Deutschen Bundestags über das Unternehmensteuerreformgesetz 2008) abgeschlossen worden sind, wird es im Zeitraum bis zur erstmaligen Änderungsmöglichkeit des Leasingvertrags nicht beanstandet, wenn der Leasinggeber in Leasingraten enthaltene Zinsanteile auch ohne Ausweis gegenüber dem Leasingnehmer als Zinserträge im Rahmen der Zinsschranke saldiert. Voraussetzung hierfür ist ein schriftlicher Antrag des Leasinggebers und der Nachweis des enthaltenen Zinsanteils gegenüber den Finanzbehörden.

4. Aufzinsung

34 **27** Die Aufzinsung unverzinslicher oder niedrig verzinslicher Verbindlichkeiten oder Kapitalforderungen führt zu Zinserträgen oder Zinsaufwendungen im Sinne der Zinsschranke (§ 4 h Abs. 3 Satz 4 EStG). Ausgenommen sind Erträge anlässlich der erstmaligen Bewertung von Verbindlichkeiten (Abzinsung). Die vom Nennwert abweichende Bewertung von Kapitalforderungen mit dem Barwert führt ebenfalls nicht zu Zinsaufwendungen im Sinne der Zinsschranke. Die Auf- und Abzinsung und Bewer-

tungskorrekturen von Verbindlichkeiten oder Kapitalforderungen mit einer Laufzeit am Bilanzstichtag von weniger als zwölf Monaten bleiben unberücksichtigt.

Beispiel 1 (Endfällige Forderung): 35

Die V-GmbH liefert am 30. 12. 01 Waren an die S-GmbH. Der Kaufpreis beträgt 10 Mio. EUR und ist am 31. 12. 10 endfällig. Das Wirtschaftsjahr aller Beteiligten entspricht dem Kalenderjahr. Die Voraussetzungen für die Anwendbarkeit der Zinsschranke (Überschreiten der Freigrenze, kein Escape etc.) sind bei allen Beteiligten gegeben.

Lösung:

B1

Die S-GmbH hat die Waren zum Barwert der Kaufpreisverpflichtung angeschafft. Zum Zwecke der Ermittlung des Barwerts kann der Vervielfältiger 0,618 nach Tabelle 2 des BMF-Schreibens vom 26. Mai 2005 (BStBl. I S. 699) verwendet werden. Der durch die Neubewertung der Verbindlichkeit zu den nachfolgenden Stichtagen sukzessiv entstehende Aufwand ist Zinsaufwand im Sinne des § 4 h Abs. 3 Satz 2 EStG. Im Wirtschaftsjahr 02 entsteht auf diese Weise ein Zinsaufwand in Höhe von 340 TEUR, im Wirtschaftsjahr 03 von 350 TEUR, im Wirtschaftsjahr 04 von 380 TEUR etc.; im Wirtschaftsjahr 10 wird die Verbindlichkeit vollständig getilgt, und der Zinsaufwand beträgt 520 TEUR. Der zu berücksichtigende Gesamtzinsaufwand der S-GmbH über die Laufzeit der Verbindlichkeit beläuft sich auf 3,82 Mio. EUR.

B2

Die V-GmbH hat auf den 31. 12. 01 eine Forderung gegen die S-GmbH auszuweisen. Die Forderung ist in Höhe der Anschaffungskosten der Forderung, die deren Barwert entspricht, zu bilanzieren. Zur Ermittlung der Anschaffungskosten (Barwert) kann ebenfalls der Vervielfältiger 0,618 nach Tabelle 2 des BMF-Schreibens vom 26. Mai 2005 (a. a. O.) verwendet werden. Der Barwert der Forderung beläuft sich auf 6,18 Mio. EUR. Der durch die Neubewertung der Forderung zu den nachfolgenden Stichtagen sukzessiv entstehende Ertrag ist Zinsertrag im Sinne des § 4 h Abs. 3 Satz 3 EStG. Im Wirtschaftjahr 02 kommt es zu einem Zinsertrag in Höhe von 340 TEUR, im Wirtschaftsjahr 03 von 350 TEUR etc. Der berücksichtigungsfähige Gesamtzinsertrag der V-GmbH über die Laufzeit der Forderung beträgt 3,82 Mio. EUR.

28 Teilwertberichtigungen führen – vorbehaltlich der in Tz. 27 genannten Grundsätze – nicht zu Zinsaufwendungen oder Zinserträgen im Sinne des § 4 h Abs. 3 Satz 2 und 3 EStG. 36

5. Abtretung

a) Abtretung einer Forderung aus der Überlassung von Geldkapital

aa) Unechte Forfaitierung/unechtes Factoring

29 Bei der unechten Forfaitierung bzw. dem unechten Factoring bleibt die Forderung beim Zedenten weiterhin mit ihrem Barwert aktiviert. Der Zedent hat eine verzinsliche Darlehensschuld in Höhe des Nennwerts der gegenüber dem Zessionar bestehenden Rückzahlungsverpflichtung (= Nennwert der abgetretenen Forderung) zu passivieren. 37

30 In Höhe der Differenz zwischen dem Nennwert der Verbindlichkeit und dem überlassenen Geldkapital hat der Zedent einen aktiven Rechnungsabgrenzungsposten zu bilden. Der Zessionar weist eine Darlehensforderung gegenüber dem Zedenten und einen passiven Rechnungsabgrenzungsposten in entsprechender Höhe aus. Die Rechnungsabgrenzungsposten sind bei Fälligkeitsdarlehen linear aufzulösen. Der hierdurch entstehende Aufwand bzw. Ertrag ist Zinsaufwand bzw. -ertrag im Sinne des § 4 h Abs. 3 Satz 2 und 3 EStG. Factoring-Gebühren bzw. Forfaitierungs-Gebühren, die sonstige Kosten – z. B. für die Übernahme der Debitorenbuchhaltung durch den Zessionar – abdecken, stellen keine Zinsaufwendungen und keine Zinserträge dar. Die Zinsaufwendungen des Zedenten vermindern sich um Factoring-Gebühren bzw. Forfaitierungs-Gebühren nur insoweit, als er eine ordnungsgemäße Rechnung des Zessionars über diese Beträge vorlegt.

Beispiel 2 (Abtretung endfälliger Forderung): 38

Die V-GmbH verkauft ihre endfällige Forderung gegen die S-GmbH aus Beispiel 1 noch am 30. 12. 01 an die K-GmbH und tritt sie mit sofortiger Wirkung ab. Der Kaufpreis beträgt 6,0 Mio. EUR und wird sofort gezahlt. Das Risiko der Zahlungsunfähigkeit der S-GmbH trägt laut Kaufvertrag weiterhin die V-GmbH. Ein gesonderter Abschlag für Inkassokosten etc. ist nicht vereinbart worden. Das Wirtschaftsjahr aller Beteiligten entspricht dem Kalenderjahr. Die Voraussetzungen für die Anwendbarkeit der Zinsschranke (Überschreiten der Freigrenze, kein Escape etc.) sind bei allen Beteiligten gegeben.

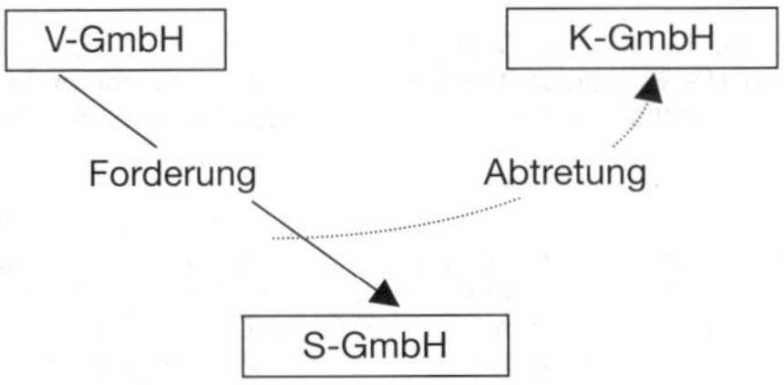

Lösung:

B3

Die bilanzielle Behandlung der Verbindlichkeit der S-GmbH gegenüber der V-GmbH wird von der Forderungsabtretung nicht berührt. Das Bilanzbild und die Ergebnisentwicklung entsprechen jener in Tz. B1. Der zu berücksichtigende Gesamtzinsaufwand der S-GmbH über die Laufzeit der Verbindlichkeit beträgt unverändert 3,82 Mio. EUR.

B4

Die V-GmbH hat auf den 31. 12. 01 – neben der Forderung gegen die S-GmbH (siehe Tz. B2) – nunmehr eine Darlehensverbindlichkeit in Höhe von 10,0 Mio. EUR gegenüber der K-GmbH sowie einen aktiven Rechnungsabgrenzungsposten in Höhe von 4,0 Mio. EUR auszuweisen:

V-GmbH	Aktiva		Passiva	
31. 12. 01	Forderung gg. S-GmbH	6 180 000	EK	6 180 000
	Bankguthaben	6 000 000	Darlehensverbindlichkeit	10 000 000
	aktiver RAP	4 000 000		
		16 180 000		16 180 000

B5

Die Darlehensverbindlichkeit unterliegt keiner Abzinsung nach § 6 Abs. 1 Nr. 3 EStG, da sie verzinslich ist. Zu den nachfolgenden Abschlussstichtagen entstehen durch die Neubewertung der Forderung Erträge, die über die Gesamtlaufzeit zu einem Zinsertrag im Sinne des § 4 h Abs. 3 Satz 3 EStG in Höhe von 3,82 Mio. EUR führen (siehe Tz. B2). Der aktive Rechnungsabgrenzungsposten ist linear (endfällige Verbindlichkeit) über die Laufzeit der Darlehensverbindlichkeit aufzulösen und führt jährlich zu einem Zinsaufwand im Sinne des § 4 h Abs. 3 Satz 2 EStG in Höhe von 444 444 EUR. Über die Laufzeit der Darlehensverbindlichkeit kommt es bei V insgesamt zu einem Zinsaufwand von 180 TEUR.

B6

Die K-GmbH erwirbt durch den Forderungskauf eine Darlehensforderung gegen die V-GmbH. Das Bilanzbild stellt sich auf den 31. 12. 01 wie folgt dar:

K-GmbH	Aktiva		Passiva	
31. 12. 01	Forderung gg. V-GmbH	10 000 000	Bank	6 000 000
			passiver RAP	4 000 000
		10 000 000		10 000 000

B7

Die Darlehensforderung unterliegt keiner Bewertungskorrektur nach § 6 Abs. 1 Nr. 2 EStG, da sie verzinslich ist. Der passive Rechnungsabgrenzungsposten ist linear (endfällige Forderung) über die Laufzeit der Forderung aufzulösen und führt jährlich zu einem Zinsertrag im Sinne des § 4 h Abs. 3 Satz 3 EStG in Höhe von 444 444 EUR.

39 **31** Erfolgt die Tilgung der (abgetretenen) Forderung in Raten, sind die Rechnungsabgrenzungsposten nach der Zinsstaffelmethode aufzulösen.

bb) Echte Forfaitierung/echtes Factoring

40 **32** Bei der echten Forfaitierung bzw. dem echten Factoring übernimmt der Zessionar das Risiko der Uneinbringlichkeit der abgetretenen Forderung. Die Forderung ist bilanziell bei ihm zu aktivieren. Die Abtretung gilt nur auf übereinstimmenden schriftlichen Antrag von Zessionar und Zedent im Sinne von Tz. 14 als Überlassung von Fremdkapital im Sinne von § 4 h Abs. 3 Satz 2 EStG.

Als Zinsertrag des Zessionars im Sinne der Zinsschranke ist in diesen Fällen die Differenz zwischen Nennwert und Kaufpreis der erworbenen bereits realisierten Forderung anzusetzen. Factoring-Gebühren bzw. Forfaitierungs-Gebühren, die sonstige Kosten – z. B. für die Übernahme des Delkredererisikos und der Debitorenbuchhaltung durch den Zessionar – abdecken, stellen jedoch keine Zinserträge im Sinne des § 4 h Abs. 3 Satz 3 EStG dar.

33 Der Zedent hat in diesen Fällen in Höhe des Differenzbetrags zwischen Verkaufserlös und Buchwert der verkauften Forderung einen Zinsertrag bzw. -aufwand im Sinne der Zinsschranke. Soweit dieser Differenzbetrag auf in einer ordnungsgemäßen Rechnung offen ausgewiesene Factoring-Gebühren bzw. Forfaitierungs-Gebühren entfällt, liegen keine Zinsaufwendungen im Sinne des § 4 h Abs. 3 Satz 2 EStG vor.

41 **Beispiel 3 (Abtretung endfälliger Forderung):**

Siehe Beispiel 2. Das Risiko der Zahlungsunfähigkeit der S-GmbH trägt laut Kaufvertrag die K-GmbH. Ein gesondertes Entgelt für Risikoübernahme und Inkasso wurde in der Rechnung in Höhe von 100 TEUR von dem Kaufpreis der Forderung (6,1 Mio. EUR) abgesetzt. V erhält 6 Mio. EUR ausbezahlt. Die V-GmbH und die K-GmbH haben einen übereinstimmenden schriftlichen Antrag nach Tz. 14 gestellt.

Lösung:

B8

Die bilanzielle Behandlung der Verbindlichkeit der S-GmbH gegenüber der V-GmbH wird von der Forderungsabtretung nicht berührt. Das Bilanzbild und die Ergebnisentwicklung entsprechen jener in Tz. B1. Der zu berücksichtigende Gesamtzinsaufwand der S-GmbH über die Laufzeit der Verbindlichkeit beträgt 3,82 Mio. EUR.

B9

Die V-GmbH hat die Forderung auszubuchen und den Verkaufserlös einzubuchen. In Höhe der Wertdifferenz zwischen dem Buchwert der abgetretenen Forderung und dem Verkaufspreis kommt es zu einem Zinsaufwand bzw. einem Zinsertrag im Sinne der Zinsschranke. Bei der V-GmbH entsteht damit ein sofort zu berücksichtigender Zinsaufwand im Sinne von § 4 h Abs. 3 Satz 2 EStG in Höhe von 80 TEUR (= 6,1 Mio. EUR ./. 6,18 Mio. EUR). In Höhe der offen in der Rechnung ausgewiesenen Gebühren für Risikoübernahme und Inkasso entstehen sofort abziehbare Betriebsausgaben in Höhe von 100 TEUR, die keine Zinsaufwendungen im Sinne des § 4 h Abs. 3 Satz 2 EStG sind.

B10

Die K-GmbH erwirbt eine Forderung gegen die S-GmbH und realisiert einen Ertrag in Höhe von 100 TEUR für Risikoübernahme und Inkasso. Die Forderung gegen die S-GmbH ist zum 31. 12. 01 mit 6,1 Mio. EUR zu bilanzieren. Zu den nachfolgenden Bilanzstichtagen ist die Forderung grundsätzlich mit ihren Anschaffungskosten von 6,1 Mio. EUR zu bewerten. Bei Erfüllung der Forderung im Wirtschaftsjahr 10 realisiert die K-GmbH einen Zinsertrag im Sinne von § 4 h Abs. 3 Satz 3 EStG in Höhe von 3,9 Mio. EUR.

42 **34** In den Fällen der echten Forfaitierung/des echten Factorings einer ratenweise zu tilgenden Forderung ist sinngemäß zu verfahren.

Anl zu H 8 a

b) Abtretung einer Forderung aus schwebenden Geschäften

35 Im Falle der Abtretung einer noch nicht realisierten Geldforderung aus einem Dauerschuldverhältnis ergeben sich vor der Abtretung keine Zinsaufwendungen oder -erträge im Sinne der Zinsschranke aus der Auf- oder Abzinsung der Forderung und Verbindlichkeit, da diese bilanziell noch nicht erfasst sind. 43

aa) Unechte Forfaitierung

36 Die Abtretung einer Forderung zu einem Betrag unter dem Nennwert ist eine eigenständige Überlassung von Fremdkapital im Sinne des § 4 h Abs. 3 Satz 2 EStG, wenn der Vorgang bilanziell als Darlehensgeschäft auszuweisen ist (sog. unechte Forfaitierung). Bei der Ermittlung der Zinsaufwendungen und Zinserträge aus der Abtretung einer Forderung im o. g. Sinne sind die Grundsätze zur Abtretung einer Forderung aus der Überlassung von Geldkapital (siehe Tz. 29 ff.) und des BMF-Schreibens vom 9. Januar 1996 (BStBl. I S. 9) zu beachten. Der Zedent hat in Höhe der Differenz zwischen dem Nennwert der Darlehensschuld und dem überlassenen Geldkapital einen aktiven Rechnungsabgrenzungsposten zu bilden, der nach der Zinsstaffelmethode aufzulösen ist. Der hierdurch entstehende Aufwand ist Zinsaufwand im Sinne des § 4 h Abs. 3 Satz 2 EStG. Der Zessionar hat einen Zinsertrag im Sinne des § 4 h Abs. 3 Satz 3 EStG in entsprechender Höhe. Factoring-Gebühren bzw. Forfaitierungs-Gebühren, die sonstige Kosten – z. B. für die Übernahme der Debitorenbuchhaltung durch den Zessionar – abdecken, stellen keine Zinsaufwendungen und keine Zinserträge im Sinne des § 4 h Abs. 3 Satz 2 und 3 EStG dar. Die Zinsaufwendungen des Zedenten vermindern sich um Forfaitierungs-Gebühren nur insoweit, als er eine ordnungsgemäße Rechnung des Zessionars über diese Beträge vorlegt. 44

Beispiel 4 (Unechte Forfaitierung einer Mietforderung): 45

Die V-GmbH überlässt der S-GmbH ab dem 1. 1. 01 ein Grundstück zur Miete. Der Mietvertrag ist bis zum 31. 12. 10 befristet. Der jährlich auf den 1. 1. zu entrichtende Mietzins beträgt 1 Mio. EUR. Die V-GmbH verkauft sämtliche noch nicht beglichenen Mietzinsansprüche mit einem Nennwert von 9 Mio. EUR am 30. 12. 01 an die K-GmbH und tritt sie mit sofortiger Wirkung ab. Der Kaufpreis beträgt 7,5 Mio. EUR und wird sofort gezahlt. Das Risiko der Zahlungsunfähigkeit der S-GmbH trägt laut Kaufvertrag weiterhin die V-GmbH. Ein gesonderter Abschlag für Inkassokosten etc. ist nicht vereinbart worden. Das Wirtschaftsjahr aller Beteiligten entspricht dem Kalenderjahr. Die Voraussetzungen für die Anwendbarkeit der Zinsschranke (Überschreiten der Freigrenze, kein Escape etc.) sind bei allen Beteiligten gegeben.

Lösung:

B11

Die S-GmbH als Mieterin bilanziert ihre zukünftigen, wirtschaftlich noch nicht entstandenen Verbindlichkeiten aus dem Mietvertrag nicht. Der von ihr für das jeweils laufende Wirtschaftsjahr entrichtete Mietzins für den Gebrauch der Mietsache führt unmittelbar zu Mietaufwand.

B12

Die V-GmbH hat der K-GmbH gegenüber eine Darlehensverbindlichkeit in Höhe des Nennwerts der veräußerten Mietzinsansprüche zu passivieren. Sie vereinnahmt den Mietzins bei Zahlung durch die S-GmbH erfolgswirksam als Mietertrag, der in voller Höhe als sofort an die K-GmbH weitergeleitet gilt. Die Darlehensverbindlichkeit mindert sich um den jeweiligen Mietzins. In Höhe der Differenz zwischen dem Nennwert der abgetretenen Mietzinsansprüche und dem Kaufpreis ist ein aktiver Rechnungsabgrenzungsposten in Höhe von 1,5 Mio. EUR zu bilden, der entsprechend der Zinsstaffelmethode aufzulösen ist und zu Zinsaufwand im Sinne des § 4 h Abs. 3 Satz 2 EStG führt. Der zu berücksichtigende Gesamtzinsaufwand im Sinne des § 4 h Abs. 3 Satz 2 EStG der V-GmbH beläuft sich im Beispielsfall auf 1,5 Mio. EUR.

B13

Die K-GmbH aktiviert eine (Darlehens-)Forderung in Höhe des Nennwerts der Mietzinsansprüche gegen die V-GmbH und passiviert einen Rechnungsabgrenzungsposten in Höhe der Differenz zwischen Nennwert und Kaufpreis, der entsprechend der Zinsstaffelmethode aufzulösen ist. Der Gesamtzinsertrag im Sinne des § 4 h Abs. 3 Satz 3 EStG der K-GmbH über die Laufzeit der erworbenen Forderung beträgt 1,5 Mio. EUR.

bb) Echte Forfaitierung

37 In den Fällen, in denen der Zessionar zusätzlich das Risiko der Zahlungsunfähigkeit des Schuldners der abgetretenen Forderung übernimmt (sog. echte Forfaitierung) gilt die Abtretung einer Forderung zu einem Betrag unter dem Nennwert nach Tz. 14 nur auf übereinstimmenden schriftlichen Antrag von Zessionar und Zedent als eigenständige Überlassung von Fremdkapital im Sinne von § 4 h Abs. 3 Satz 2 EStG. 46

38 Als Zinsertrag des Zessionars im Sinne des § 4 h Abs. 3 Satz 3 EStG ist in diesen Fällen die Differenz zwischen den vereinnahmten Erlösen aus dem Dauerschuldverhältnis (z. B. Mieterträge) und dem Kaufpreis der Forderung anzusetzen. Forfaitierungs-Gebühren, die sonstige Kosten – z. B. für die Übernahme des Delkredererisikos und der Debitorenbuchhaltung durch den Zessionar – abdecken, stellen jedoch keine Zinserträge im Sinne des § 4 h Abs. 3 Satz 3 EStG dar.

39 Der Zedent hat in Höhe des Differenzbetrags zwischen Verkaufserlös und Nennwert der verkauften Forderung einen Zinsaufwand bzw. einen Zinsertrag im Sinne der Zinsschranke. Soweit dieser Differenzbetrag auf in einer ordnungsgemäßen Rechnung offen ausgewiesene Forfaitierungs-Gebühren entfällt, liegen keine Zinsaufwendungen im Sinne des § 4 h Abs. 3 Satz 2 EStG vor.

Beispiel 5 (Echte Forfaitierung einer Mietforderung): 47

Siehe Beispiel 4. Das Risiko der Zahlungsunfähigkeit der S-GmbH trägt laut Kaufvertrag die K-GmbH. Ein gesondertes Entgelt für die Risikoübernahme wurde nicht vereinbart. Die V-GmbH und die K-GmbH haben einen übereinstimmenden schriftlichen Antrag nach Tz. 14 gestellt.

Lösung:

B14

Die S-GmbH als Mieterin bilanziert ihre Verbindlichkeit aus dem Mietvertrag in der Regel nicht. Der von ihr entrichtete Mietzins für den Gebrauch der Mietsache führt unmittelbar zu Aufwand, der kein Zinsaufwand im Sinne der Zinsschranke ist.

B15

Es ist für Zwecke der Zinsschranke abweichend von den allgemeinen bilanzsteuerlichen Grundsätzen davon auszugehen, dass die V-GmbH eine Mieteinnahme in Höhe des Nennbetrags der (Summe der) abgetretenen Mietforderungen vereinnahmt. In Höhe des Differenzbetrags zwischen dem Nennbetrag der abgetretenen Mietforderungen und dem vereinnahmten Kaufpreis entsteht gleichzeitig ein Zinsaufwand der V-GmbH im Sinne des § 4 h Abs. 3 Satz 2 EStG. Der zu berücksichtigende Gesamtzinsaufwand der V-GmbH beläuft sich im Beispielsfall somit auf 1,5 Mio. EUR. Der durch die Mieteinnahme erlöste Ertrag und der Gesamtzinsaufwand sind über die Laufzeit des Mietvertrags wie ein Rechnungsabgrenzungsposten auf die Wirtschaftsjahre linear zu verteilen.

B16

Die K-GmbH aktiviert die erworbenen Forderungen gegen die S-GmbH in Höhe des Kaufpreises. Der vereinnahmte Mietzins ist in einen Zinsanteil und einen Tilgungsanteil aufzuteilen. Die Ermittlung des Zinsanteils pro Rate erfolgt nach allgemeinen bilanzsteuerrechtlichen Grundsätzen. Der danach ermittelte Zinsanteil stellt Zinsertrag im Sinne des § 4 h Abs. 3 Satz 3 EStG dar. Die Forderung vermindert sich um den Tilgungsanteil. Der Gesamtzinsertrag beträgt im Beispielsfall 1,5 Mio. EUR.

6. Steuerliches EBITDA

48 **40** Die Zinsaufwendungen eines Betriebs sind in Höhe des Zinsertrags abziehbar, darüber hinaus ist der Abzug auf 30 Prozent des um die Zinsaufwendungen und um die nach § 6 Abs. 2 Satz 1, § 6 Abs. 2 a Satz 2 und § 7 EStG abgesetzten Beträge erhöhten und um die Zinserträge verminderten maßgeblichen Gewinns bzw. des maßgeblichen Einkommens begrenzt (sog. steuerliches EBITDA).

Bei Personenunternehmen ist maßgeblicher Gewinn der nach den Vorschriften des EStG mit Ausnahme von § 4 h Abs. 1 EStG ermittelte steuerpflichtige Gewinn (§ 4 h Abs. 3 Satz 1 EStG):

Steuerpflichtiger Gewinn vor Anwendung des § 4 h EStG
./. Zinserträge
\+ Zinsaufwendungen
\+ Abschreibungen nach § 6 Abs. 2 und 2 a sowie § 7 EStG
= steuerliches EBITDA.

41 Bei Körperschaften tritt an die Stelle des maßgeblichen Gewinns das nach den Vorschriften des EStG und des KStG mit Ausnahme der §§ 4 h, 10 d EStG und § 9 Abs. 1 Satz 1 Nr. 2 KStG ermittelte Einkommen. Das steuerliche EBITDA einer Körperschaft wird insbesondere durch verdeckte Gewinnausschüttungen erhöht und durch Dividenden und Veräußerungsgewinne vermindert, soweit diese nach § 8 b KStG steuerfrei sind:

Einkommen der Körperschaft im Sinne des § 8 Abs. 1 KStG vor Anwendung des § 4 h EStG
./. Zinserträge
\+ Zinsaufwendungen
\+ Abschreibungen nach § 6 Abs. 2 und 2 a sowie § 7 EStG
\+ Verlustabzug im Sinne von § 10 d EStG (Verlustrück- und -vortrag)
\+ Spendenabzug im Sinne von § 9 Abs. 1 Satz 1 Nr. 2 KStG
= steuerliches EBITDA.

42 Das steuerliche EBITDA ist betriebsbezogen zu ermitteln. Zinsaufwendungen, Zinserträge, Abschreibungen und Anteile am maßgeblichen Gewinn, die in das steuerliche EBITDA einer Mitunternehmerschaft einfließen, finden deshalb beim Mitunternehmer nicht nochmals Berücksichtigung.

43 Hält ein Gesellschafter einer vermögensverwaltenden Personengesellschaft seine Beteiligung im Betriebsvermögen (sog. Zebragesellschaft), kommt die Zinsschranke auf der Ebene des Gesellschafters zur Anwendung. Zinsaufwendungen, Zinserträge und Abschreibungen der Personengesellschaft und die Beteiligungseinkünfte sind anteilig beim Gesellschafter im Rahmen seiner Gewinneinkünfte zu berücksichtigen.

44 Bei einer KGaA ist zur Ermittlung des maßgeblichen Einkommens im Sinne des § 8 a Abs. 1 KStG die Vorschrift des § 9 Abs. 1 Satz 1 Nr. 1 KStG nicht anzuwenden. Hinsichtlich eventueller Sondervergütungen ist § 8 a Abs. 2 und 3 KStG zu prüfen. Bei der Bildung des steuerlichen EBITDA des persönlich haftenden Gesellschafters bleibt der Gewinnanteil unberücksichtigt.

45 Zinsaufwendungen und Zinserträge im Sinne des § 4 h Abs. 3 EStG einer Organgesellschaft sind beim Organträger im Rahmen des § 4 h Abs. 1 EStG zu berücksichtigen (§ 15 Satz 1 Nr. 3 Satz 3 KStG). Entsprechendes gilt für Abschreibungen nach § 6 Abs. 2 Satz 1, § 6 Abs. 2 a Satz 2 und § 7 EStG.

7. Zinsvortrag

49 **46** Die nicht abziehbaren Zinsaufwendungen eines Veranlagungszeitraums sind nach § 4 h Abs. 1 Satz 2 EStG in die folgenden Wirtschaftsjahre vorzutragen (Zinsvortrag). Sie erhöhen die Zinsaufwendungen dieser Wirtschaftsjahre und können dazu führen, dass im Vortragsjahr die Freigrenze nach § 4 h Abs. 2 Satz 1 Buchstabe a EStG überschritten wird.

47 Nach § 4 h Abs. 5 EStG geht ein nicht verbrauchter Zinsvortrag bei Aufgabe oder Übertragung des Betriebs unter. Bei Aufgabe oder Übertragung eines Teilbetriebs geht der Zinsvortrag anteilig unter. Als Aufgabe eines Teilbetriebs gilt auch das Ausscheiden einer Organgesellschaft aus dem Organkreis.

48 Die Nutzung eines vororganschaftlichen Zinsvortrags der Organgesellschaft ist während der Organschaft nicht zulässig; die Grundsätze zu § 15 Satz 1 Nr. 1 KStG gelten entsprechend.

49 Der Zinsvortrag ist gemäß § 4 h Abs. 4 Satz 1 EStG gesondert festzustellen. Der Feststellungsbescheid ist für jeden Betrieb an den Betriebsinhaber (Personengesellschaft, Körperschaft) zu richten, bei Einzelunternehmern an diesen unter Bezeichnung des Betriebs. Bei Mitunternehmerschaften sind diese selbst Adressaten des Feststellungsbescheids, nicht die Mitunternehmer. Bei Betrieben gewerblicher Art ist der Feststellungsbescheid an dessen Rechtsträger unter Bezeichnung des Betriebs zu richten.

8. Mitunternehmerschaften

50 Zu Sonderbetriebsvermögen und Sondervergütungen von Mitunternehmern siehe Tz. 6 und 19. **50**

51 Die Ermittlung der nicht abziehbaren Zinsaufwendungen erfolgt betriebsbezogen. Nicht abziehbare Zinsaufwendungen sind den Mitunternehmern auch dann nach dem allgemeinen Gewinnverteilungsschlüssel zuzurechnen, wenn es sich um Zinsaufwendungen aus dem Sonderbetriebsvermögensbereich eines Mitunternehmers handelt.

52 Bei Ausscheiden eines Mitunternehmers aus einer Gesellschaft geht der Zinsvortrag anteilig mit der Quote unter, mit der der ausgeschiedene Mitunternehmer an der Gesellschaft beteiligt war (§ 4 h Abs. 5 Satz 2 EStG).

Beispiel: **51**

An der ABC-OHG sind die A-GmbH zu 10%, die B-GmbH zu 60%, die C-GmbH zu 30% beteiligt. Alle Gesellschaften gehören einem Konzern an. Der Gewinnverteilungsschlüssel der OHG richtet sich nach den Beteiligungsquoten. Der Gewinn der OHG (Gesamthandsbereich) beträgt am 31. 12. 01 10 Mio. EUR. Die A-GmbH hat ihre Beteiligung fremdfinanziert. Es entstehen bis zum 31. 12. 01 im Sonderbetriebsvermögensbereich der A-GmbH Sonderbetriebsausgaben in Höhe von 7 Mio. EUR. Der OHG gelingt der Escape nicht.
Am 1. 1. 02 scheidet
a) die A-GmbH
b) die C-GmbH
aus.

Lösung:

1. Gewinnverteilung:

		A (10%)	B (60%)	C (30%)
Gesamthand	10 000 000	1 000000	6 000 000	3 000 000
SBA	./. 7 000 000	./. 7 000 000		
Gewinn	3 000 000	./. 6 000 000	6 000 000	3 000 000

2. Ermittlung der abziehbaren Zinsen:
   Der maßgebliche Gewinn beträgt 3 Mio. EUR + 7 Mio. EUR = 10 Mio. EUR.
   Die abziehbaren Zinsen betragen 10 Mio. EUR × 30% = 3 Mio. EUR
3. Ermittlung des Zinsvortrags
   7 Mio. EUR ./. 3 Mio. EUR = 4 Mio. EUR
4. Gewinnverteilung nach Anwendung der Zinsschranke

		A (10%)	B (60%)	C (30%)
Gesamthand	10 000 000	1 000 000	6 000 000	3 000 000
SBA	./. 7 000 000	./. 7 000 000		
	3 000 000	./. 6 000 000	6 000 000	3 000 000
Nicht abziehbare Zinsen	4 000 000	400 000	2 400 000	1 200 000
Gewinn	7 000 000	./. 5 600 000	8 400 000	4 200000

5. Untergehender Zinsvortrag nach § 4 h Abs. 5 Satz 2 EStG
   a) bei Ausscheiden der A-GmbH: 4 Mio. EUR × 10/100 = 0,4 Mio. EUR,
   b) bei Ausscheiden der C-GmbH: 4 Mio. EUR × 30/100 = 1,2 Mio. EUR.

9. Organschaften

53 Zur Behandlung der Organschaft als Betrieb siehe Tz. 10 und 65. **52**

54 Zur Freigrenze bei Organschaft siehe Tz. 57.

III. Ausnahmetatbestände (§ 4 h Abs. 2 EStG)

1. Freigrenze

55 Die Zinsschranke kommt nicht zur Anwendung, wenn die die Zinserträge übersteigenden Zinsaufwendungen (Zinssaldo) weniger als eine Million Euro betragen (Freigrenze des § 4 h Abs. 2 Satz 1 Buchstabe a EStG). **53**

56 Die Freigrenze ist betriebsbezogen. Sie gilt auch für Körperschaften, Personenvereinigungen und Vermögensmassen (§ 8 a Abs. 1 KStG).

57 Die Freigrenze wird für den Organkreis nur einmal gewährt.

58 Die Freigrenze bezieht sich auf das jeweilige Wirtschaftsjahr des Betriebs.

Anl zu H 8 a

2. Konzernzugehörigkeit

54 **59** Der Zinsschranke liegt ein erweiterter Konzernbegriff zugrunde. Ein Betrieb kann nur durch einen Rechtsträger beherrscht werden. Ob ein Betrieb konzernzugehörig ist, bestimmt sich regelmäßig nach § 4h Abs. 3 Satz 5 EStG (Grundfall). Ein Betrieb gehört danach zu einem Konzern, wenn er nach dem einschlägigen Rechnungslegungsstandard in einen Konzernabschluss einzubeziehen ist oder einbezogen werden könnte.

60 Liegt kein Konzern im Sinne des § 4h Abs. 3 Satz 5 EStG vor, sind die Voraussetzungen des § 4h Abs. 3 Satz 6 EStG (sog. Gleichordnungskonzern) zu prüfen. Voraussetzung für einen Gleichordnungskonzern ist, dass die Finanz- und Geschäftspolitik eines Betriebs mit einem oder mehreren anderen Betrieben einheitlich bestimmt werden kann. Ein Konzern kann somit auch dann vorliegen, wenn eine natürliche Person an der Spitze des Konzerns steht und die Beteiligungen an den beherrschten Rechtsträgern im Privatvermögen gehalten werden. Auch eine vermögensverwaltend tätige Gesellschaft kann Konzernspitze sein.

In den Fällen, in denen die Konzernspitze selbst keinen Betrieb im Sinne des § 4h Abs. 1 EStG darstellt oder unterhält, sind in den Konzernabschluss nur die beherrschten Betriebe einzubeziehen. Zur Frage der Gesellschafterfremdfinanzierung in diesen Fällen siehe Tz. 80.

61 Gemeinschaftlich geführte Unternehmen nach § 310 HGB oder vergleichbare Unternehmen, die nach anderen zur Anwendung kommenden Rechnungslegungsstandards (z. B. IAS 31) nur anteilmäßig in den Konzernabschluss einbezogen werden, gehören für Zwecke der Zinsschranke nicht zu einem Konzern. Gleiches gilt für assoziierte Unternehmen (§ 311 HGB) oder diesen vergleichbare Unternehmen.

62 Ein Einzelunternehmer mit mehreren Betrieben begründet für sich noch keinen Konzern im Sinne der Zinsschranke.

63 Ergibt sich die Gewerblichkeit eines Besitzunternehmens nur aufgrund einer personellen und sachlichen Verflechtung mit dem Betriebsunternehmen (Betriebsaufspaltung), liegt ebenfalls kein Konzern im Sinne der Zinsschranke vor.

64 Ein Einzelunternehmer oder eine Gesellschaft begründet nicht bereits deshalb einen Konzern, weil er oder sie eine oder mehrere Betriebsstätten im Ausland hat. Für die Dotation der Betriebsstätte mit Eigenkapital gelten die Betriebsstätten-Verwaltungsgrundsätze nach dem BMF-Schreiben vom 24. Dezember 1999 (BStBl. I S. 1076).

65 Ein Organkreis gilt als ein Betrieb (§ 15 Satz 1 Nr. 3 KStG) und bildet für sich allein keinen Konzern im Sinne der Zinsschranke.

66 Bei einer GmbH & Co. KG gelten die KG und die als Komplementär allein haftende GmbH als ein Betrieb im Sinne der Zinsschranke, wenn sich die Tätigkeit der GmbH – neben ihrer Vertretungsbefugnis – in der Übernahme der Haftung und Geschäftsführung für die KG erschöpft und weder die KG noch die als Komplementär allein haftende GmbH anderweitig zu einem Konzern gehören. Die GmbH & Co. KG ist in diesen Fällen nicht als Konzern anzusehen. Das gilt nicht, wenn die GmbH darüber hinaus eine eigene Geschäftstätigkeit entfaltet. Dies ist z. B. dann anzunehmen, wenn ihr nach den Grundsätzen dieses Schreibens Zinsaufwendungen zuzuordnen sind. Entsprechendes gilt bei Gesellschaften in Rechtsformen, die der GmbH & Co. KG vergleichbar sind (z. B. die Limited & Co. KG).

67 Zweckgesellschaften sind für Zwecke der Zinsschranke konzernangehörige Betriebe, wenn nach dem jeweils zur Anwendung kommenden Rechnungslegungsstandard eine Konsolidierung in den Konzernabschluss zu erfolgen hat. In den Fällen des Gleichordnungskonzerns nach § 4h Abs. 3 Satz 6 EStG sind Zweckgesellschaften dann als konzernangehörig anzusehen, wenn ihre Finanz- und Geschäftspolitik mit einem oder mehreren anderen Betrieben einheitlich bestimmt werden kann.

Verbriefungszweckgesellschaften im Rahmen von Asset-Backed-Securities-Gestaltungen, deren Unternehmensgegenstand in dem rechtlichen Erwerb von Forderungen aller Art und/oder der Übernahme von Risiken aus Forderung und Versicherungen liegt, gelten für Zwecke der Zinsschranke nicht als konzernangehörige Unternehmen, wenn eine Einbeziehung in den Konzernabschluss allein aufgrund einer wirtschaftlichen Betrachtungsweise unter Berücksichtigung der Nutzen- und Risikoverteilung erfolgt ist.

68 Für die Frage, ob und zu welchem Konzern ein Betrieb gehört, ist grundsätzlich auf die Verhältnisse am vorangegangenen Abschlussstichtag abzustellen. Das gilt auch für die Fälle des unterjährigen Erwerbs oder der unterjährigen Veräußerung von Gesellschaften.

Bei Neugründung einer Gesellschaft, einschließlich der Neugründung durch Umwandlung, gilt die Gesellschaft ab dem Zeitpunkt der Neugründung für Zwecke der Zinsschranke als konzernangehörig. Entsteht ein Konzern im Sinne des § 4h Abs. 3 Sätze 5 und 6 EStG neu, gelten die einzelnen Betriebe erst zum folgenden Abschlussstichtag als konzernangehörig.

3. Eigenkapitalvergleich bei konzernzugehörigen Betrieben (Escape-Klausel)

55 **69** Nach § 4h Abs. 2 Satz 1 Buchstabe c Satz 2 EStG unterliegt der Zinsabzug nicht den Beschränkungen des § 4h Abs. 1 EStG, wenn die Eigenkapitalquote des Betriebs die Eigenkapitalquote des Konzerns um nicht mehr als *einen*[1] *Prozentpunkt* unterschreitet. Die Eigenkapitalquote ermittelt sich als Verhältnis des Eigenkapitals zur Bilanzsumme (§ 4h Abs. 2 Satz 1 Buchstabe c Satz 3 EStG).

70 Für die Anwendung der Escape-Klausel ist auf die Eigenkapitalquote am vorangegangenen Abschlussstichtag abzustellen (§ 4h Abs. 2 Satz 1 Buchstabe c Satz 1 EStG). Bei Neugründung eines

[1] Ab VZ 2010: zwei Prozentpunkte.

Betriebs wird ausnahmsweise auf das Eigenkapital in der Eröffnungsbilanz abgestellt. Die Eigenkapitalquote des Betriebs ist mit der Eigenkapitalquote des Konzerns am vorangegangenen Abschlussstichtag zu vergleichen. Der Konzernabschluss wird nicht um den neu gegründeten Betrieb erweitert.

Weicht der Abschlussstichtag des Betriebs vom Abschlussstichtag des Konzerns ab, ist für den Vergleich der Eigenkapitalquoten derjenige Abschluss des Betriebs maßgeblich, der in den Konzernabschluss eingegangen ist. Es kann sich dabei um einen Zwischenabschluss handeln (vergleiche z. B. bei Abschlüssen nach dem Handelsgesetzbuch § 299 Abs. 2 HGB).

71 Für den Eigenkapitalvergleich sind der bestehende Konzernabschluss und der bestehende Abschluss des Betriebs zugrunde zu legen. Die für den Eigenkapitalvergleich erforderlichen Korrekturen von Eigenkapital und Bilanzsumme des Konzernabschlusses oder/und des Abschlusses des Betriebs sind außerhalb des Abschlusses in einer Nebenrechnung vorzunehmen.

72 Bestehende Konzernabschlüsse werden in den Fällen des § 4 h Abs. 3 Satz 5 EStG grundsätzlich unverändert für den Eigenkapitalvergleich herangezogen, wenn sie nach den §§ 291, 292 und 315 a HGB befreiende Wirkung haben. Sie müssen nicht um diejenigen konzernzugehörigen Betriebe erweitert werden, die zulässigerweise – etwa nach § 296 HGB – nicht in den Konzernabschluss aufgenommen wurden; diese Betriebe sind dessen ungeachtet konzernangehörige Betriebe im Sinne des § 4 h Abs. 2 Satz 1 Buchstabe c EStG.

Konsolidierte Verbriefungszweckgesellschaften sind zur Ermittlung der Eigenkapitalquote des Konzerns aus dem Konzernabschluss herauszurechnen, wenn sie für Zwecke der Zinsschranke als nicht konzernangehörig gelten.

Für gemeinschaftlich geführte Unternehmen darf ein Wahlrecht auf anteilmäßige Konsolidierung (Quotenkonsolidierung) für Zwecke der Zinsschranke nicht ausgeübt werden. Die Eigenkapitalquote des Konzernabschlusses ist ggf. entsprechend anzupassen.

Eine Korrektur des Konzernabschlusses um Verbriefungszweckgesellschaften und gemeinschaftlich geführte Unternehmen kann unterbleiben, sofern sich dadurch keine erheblichen Veränderungen der Konzerneigenkapitalquote ergäben.

73 Bei der Ermittlung der Eigenkapitalquote des Betriebs sind Vermögensgegenstände und Schulden, einschließlich Rückstellungen, Bilanzierungshilfen, Rechnungsabgrenzungsposten u. ä., sofern sie im Konzernabschluss enthalten sind, mit den dort abgebildeten Werten anzusetzen. Ein im Konzernabschluss enthaltener Firmenwert und im Rahmen eines Beteiligungserwerbs mitbezahlte stille Reserven der Beteiligungsgesellschaft sind dem Betrieb zuzuordnen, soweit sie auf diesen entfallen. Die Bilanzsumme des Betriebs ist ggf. anzupassen.

74 Die in § 4 h Abs. 2 Satz 1 Buchstabe c Satz 5 EStG vorgesehene Kürzung der Anteile an anderen inländischen und ausländischen Konzerngesellschaften umfasst auch die Beteiligungen an Mitunternehmerschaften. Die Beteiligungshöhe ist unmaßgeblich.

Eine Kürzung um eigene Anteile und um Anteile an nicht konzernangehörigen Gesellschaften unterbleibt.

75 Bei der Ermittlung der Eigenkapitalquote des Betriebs ist das nach den jeweils relevanten Rechnungslegungsstandards ermittelte Eigenkapital um folgende Größen zu modifizieren (§ 4 h Abs. 2 Satz 1 Buchstabe c Satz 5 bis 7 EStG):

+ im Konzernabschluss enthaltener Firmenwert, soweit er auf den Betrieb entfällt,
+ ./. Korrektur der Wertansätze der Vermögensgegenstände und Schulden (Ausweis – vorbehaltlich der Tz. 73 – mit den im Konzernabschluss enthaltenen Werten),
+ die Hälfte des Sonderpostens mit Rücklagenanteil (§ 273 HGB),
./. Eigenkapital, das keine Stimmrechte vermittelt – mit Ausnahme von Vorzugsaktien –,
./. Anteile an anderen Konzerngesellschaften,
./. Einlagen der letzten sechs Monate vor dem maßgeblichen Abschlussstichtag, soweit ihnen Entnahmen oder Ausschüttungen innerhalb der ersten sechs Monate nach dem maßgeblichen Abschlussstichtag gegenüberstehen;
+ ./. Sonderbetriebsvermögen ist dem Betrieb der Mitunternehmerschaft zuzuordnen.

76 Die Bilanzsumme des Betriebs ist wie folgt zu verändern:

+ im Konzernabschluss enthaltener Firmenwert, soweit er auf den Betrieb entfällt,
+ ./. Korrektur der Wertansätze der Vermögensgegenstände und Schulden (Ausweis – vorbehaltlich der Tz. 73 – mit den im Konzernabschluss enthaltenen Werten),
./. Anteile an anderen Konzerngesellschaften,
./. Einlagen der letzten sechs Monate vor dem maßgeblichen Abschlussstichtag, soweit ihnen Entnahmen oder Ausschüttungen innerhalb der ersten sechs Monate nach dem maßgeblichen Abschlussstichtag gegenüberstehen,
./. Kapitalforderungen, die nicht im Konzernabschluss ausgewiesen sind und denen Verbindlichkeiten im Sinne des § 4 h Abs. 3 EStG in mindestens gleicher Höhe gegenüberstehen;
+ ./. Sonderbetriebsvermögen ist dem Betrieb der Mitunternehmerschaft zuzuordnen.

77 Der Eigenkapitalvergleich hat grundsätzlich auch dann auf der Grundlage von nach den International Financial Reporting Standards (IFRS) erstellten Abschlüssen zu erfolgen, wenn bislang kein Konzernabschluss erstellt wurde (§ 4 h Abs. 2 Satz 1 Buchstabe c Satz 8 EStG). Hiervon abweichend können Abschlüsse nach dem Handelsrecht eines Mitgliedstaats der Europäischen Union verwendet werden, wenn kein Konzernabschluss nach den IFRS zu erstellen und offen zu legen ist und für keines der letzten fünf Wirtschaftsjahre ein Konzernabschluss nach den IFRS erstellt wurde.

Anl zu H 8a

78 Nach den Generally Accepted Accounting Principles der Vereinigten Staaten von Amerika (US-GAAP) aufzustellende und offen zu legende Abschlüsse sind zu verwenden, wenn kein Konzernabschluss nach den IFRS oder dem Handelsrecht eines Mitgliedstaats der Europäischen Union zu erstellen und offen zu legen ist.

IV. Gesellschafterfremdfinanzierung

56 **79** Auf Rechtsträger, die nicht zu einem Konzern gehören (§ 4h Abs. 2 Satz 1 Buchstabe b EStG), findet die Abzugsbeschränkung des § 4h Abs. 1 EStG Anwendung, wenn eine schädliche Gesellschafterfremdfinanzierung vorliegt. Diese setzt eine Vergütung für Gesellschafterfremdfinanzierung in Höhe von mehr als 10% der die Zinserträge übersteigenden Zinsaufwendungen der Körperschaft an einen unmittelbar oder mittelbar zu mehr als einem Viertel am Kapital beteiligten Anteilseigner (wesentlich beteiligter Anteilseigner), eine diesem nahe stehende Person im Sinne des § 1 Abs. 2 AStG oder einen Dritten, der auf den wesentlich beteiligten Anteilseigner oder die nahe stehende Person zurückgreifen kann, voraus (vgl. § 8a Abs. 2 KStG).

80 Ein zu einem Konzern gehörender Rechtsträger kann die Escape-Klausel des § 4h Abs. 2 Satz 1 Buchstabe c EStG nur in Anspruch nehmen, wenn ihm der Nachweis im Sinne des § 8a Abs. 3 Satz 1 KStG für sämtliche zum Konzern gehörende Rechtsträger gelingt. § 8a Abs. 3 KStG setzt eine schädliche Fremdfinanzierung irgendeiner inländischen oder ausländischen Konzerngesellschaft durch einen unmittelbar oder mittelbar wesentlich beteiligten nicht konzernangehörigen Anteilseigner dieser oder einer anderen Konzerngesellschaft, eine diesem nahe stehende Person oder einen Dritten, der auf diesen wesentlich beteiligten Anteilseigner oder die nahe stehende Person zurückgreifen kann, voraus. Es muss sich dabei nicht um eine Fremdfinanzierung des Rechtsträgers handeln, auf den § 4h Abs. 1 EStG Anwendung findet.

Konzerninterne Finanzierungen führen nicht zu einer schädlichen Gesellschafterfremdfinanzierung im Sinne von § 8a Abs. 3 KStG; dies gilt z. B. auch für konzerninterne Bürgschaften.

Eine konzerninterne Finanzierung liegt dann nicht vor, wenn das Fremdkapital durch die Konzernspitze überlassen wird und die Konzernspitze selbst nicht zum Konzern gehört (Gleichordnungskonzern). Eine Fremdfinanzierung von Konzerngesellschaften durch die Konzernspitze kann in diesen Fällen unter den Voraussetzungen des § 8a Abs. 3 KStG schädlich sein. Eine solche Konstellation kann z. B. dann vorliegen, wenn eine natürliche Person mehrere Kapitalgesellschaften beherrscht und diesen Gesellschaften Fremdkapital überlässt.

81 Unmittelbare und mittelbare Beteiligungen werden für die Beurteilung, ob ein Gesellschafter wesentlich beteiligt ist, zusammengerechnet; mittelbare Beteiligungen reichen aus.

82 Eine Gesellschafterfremdfinanzierung ist schädlich, wenn die auf sie entfallene Vergütung 10% des Nettozinsaufwands der Gesellschaft übersteigt. Es werden die Vergütungen für Fremdkapital aller Gesellschafter zusammengerechnet (Gesamtbetrachtung).

Einbezogen werden Gesellschafterfremdfinanzierungen unabhängig davon, ob sie sich auf den inländischen oder ausländischen Gewinn des Rechtsträgers auswirken.

83 Ein konkreter rechtlich durchsetzbarer Anspruch (z. B. aufgrund einer Garantieerklärung oder einer Bürgschaft), eine Vermerkpflicht in der Bilanz, eine dingliche Sicherheit (z. B. Sicherungseigentum, Grundschuld) oder eine harte bzw. weiche Patronatserklärung vermögen einen Rückgriff im Sinne der Tz. 79f. zu begründen, sind hierfür aber nicht erforderlich. Es genügt bereits, wenn der Anteilseigner oder die ihm nahe stehende Person dem Dritten gegenüber faktisch für die Erfüllung der Schuld einsteht. Insbesondere werden auch Gestaltungen erfasst, bei denen eine Bank der Kapitalgesellschaft ein Darlehen gewährt und der Anteilseigner seinerseits bei der Bank eine Einlage unterhält (sog. Back-to-back-Finanzierung); die Abtretung der Einlageforderung an die Bank ist nicht Voraussetzung. Auch die Verpfändung der Anteile an der fremdfinanzierten Gesellschaft begründet einen Rückgriff.

V. Öffentlich Private Partnerschaften

57 Zur Anwendung der Zinsschranke auf Öffentlich Private Partnerschaften – ÖPP (Public Private Partnerships – PPP) gilt Folgendes:

1. Grundlagen

58 **84** Unter ÖPP ist eine vertraglich geregelte und langfristig angelegte Zusammenarbeit zwischen öffentlicher Hand und Privatwirtschaft zur wirtschaftlichen Erfüllung öffentlicher Aufgaben zu verstehen, wobei der private Partner regelmäßig die Planung, den Bau, die Finanzierung, den Betrieb und ggf. die Verwertung des Projektgegenstands übernimmt. Als Vertragsmodelle kommen dabei im Wesentlichen das Inhabermodell, das Erwerbermodell, das Vermietungsmodell, das Leasingmodell, das Contracting-Modell sowie das Konzessionsmodell in Betracht. Die Projekte können sowohl im Rahmen von bereits bestehenden Betrieben als auch im Rahmen von für Zwecke des Projekts gegründeten Gesellschaften abgewickelt werden, ggf. unter Beteiligung des öffentlichen Auftraggebers als Gesellschafter (Gesellschaftsmodell).

2. Grundsätze

59 **85** Die Zurechnung der Wirtschaftsgüter, die Gegenstand eines ÖPP-Vertrags sind, ist von der von den Parteien gewählten Vertragsgestaltung und deren tatsächlicher Durchführung abhängig. Unter Würdigung der gesamten Umstände ist im Einzelfall nach allgemeinen Grundsätzen zu entscheiden,

wem die Gegenstände zuzurechnen sind. Die in den Tz. 27 ff. dargelegten Grundsätze zur Auf- und Abzinsung und zur Abtretung von Forderungen (Forfaitierung) sind auch auf Vertragsbeziehungen im Rahmen von ÖPP anzuwenden.

3. Inhabermodell/Erwerbermodell

86 Kennzeichnend für das Inhaber- und das Erwerbermodell ist es, dass die öffentliche Hand nach Übergabe und Abnahme des Projektgegenstands zivilrechtlicher und wirtschaftlicher (beim Inhabermodell) oder zumindest wirtschaftlicher Eigentümer (beim Erwerbermodell) des Projektgegenstands wird. Zur Refinanzierung seiner Aufwendungen erhält der private Auftragnehmer ein monatliches Leistungsentgelt vom öffentlichen Auftraggeber. Wird hinsichtlich der über die Vertragslaufzeit gestundeten Forderung des privaten Auftragnehmers eine gesonderte Kreditvereinbarung getroffen, stellen die vereinbarten Vergütungen beim privaten Auftragnehmer Zinserträge und beim öffentlichen Auftraggeber Zinsaufwendungen dar. Fehlt eine gesonderte Zinsvereinbarung, ist die Forderung des privaten Auftragnehmers mit dem Barwert zu bilanzieren. Entsprechend Tz. 27 entstehen beim privaten Auftragnehmer sukzessive Zinserträge und beim öffentlichen Auftraggeber sukzessive Zinsaufwendungen. **60**

Bei Forfaitierung der Forderung durch den privaten Auftragnehmer kann es nach Maßgabe der Tz. 29 ff. bei einer unechten Forfaitierung und nach Maßgabe der Tz. 32 ff. bei einer echten Forfaitierung beim privaten Auftragnehmer zu einem Zinsaufwand kommen, der der Zinsschranke unterliegt.

4. Vermietungsmodell

87 Kennzeichnend für das Vermietungsmodell ist es, dass das zivilrechtliche und wirtschaftliche Eigentum am Projektgegenstand während der gesamten Vertragslaufzeit beim privaten Auftragnehmer liegt. Mietzahlungen, die durch die öffentliche Hand an den privaten Auftragnehmer geleistet werden, enthalten keinen Zinsanteil und führen bei diesem nicht zu Zinserträgen, die zur Saldierung mit Zinsaufwendungen im Rahmen der Zinsschranke berechtigen. **61**

Die Forfaitierung von künftigen Mieterlösen durch den privaten Auftragnehmer führt unter den Voraussetzungen der Tz. 36 ff. bei diesem zu Zinsaufwendungen.

5. Leasingmodell

88 In Leasingraten enthaltene Zinsanteile führen nach Maßgabe der Tz. 25 zu Zinserträgen beim privaten Auftragnehmer als Leasinggeber und zu Zinsaufwendungen beim öffentlichen Auftraggeber als Leasingnehmer. **62**

Die Forfaitierung von künftigen Leasingerlösen durch den privaten Auftragnehmer führt unter den Voraussetzungen der Tz. 36 ff. bei diesem zu Zinsaufwendungen.

6. Contracting-Modell

89 Vertragsgegenstand ist regelmäßig der Einbau und der Betrieb von technischen Anlagen in Gebäuden. Entsprechend den für Mietereinbauten geltenden Grundsätzen ist im konkreten Einzelfall unter Berücksichtigung der jeweiligen vertraglichen Vereinbarungen zu prüfen, wem die Contracting-Anlage bilanzsteuerlich zuzurechnen ist. Im Falle der Zurechnung zum privaten Auftragnehmer gelten die Ausführungen zu Tz. 87 und im Falle der Zurechnung zum öffentlichen Auftraggeber die Ausführungen in Tz. 86 entsprechend. **63**

7. Konzessionsmodell

90 Bei ÖPP, die vertraglich über das Konzessionsmodell abgewickelt werden, besteht die Besonderheit, dass Nutzer des Projektgegenstands und ggf. der weiteren Leistungen des privaten Auftragnehmers nicht der öffentliche Auftraggeber, sondern Dritte sind. Die Dritten sind nicht Vertragspartner im Rahmen des Konzessionsvertrags, der zwischen dem privaten Auftragnehmer und dem öffentlichen Auftraggeber abgeschlossen wird. Der öffentliche Auftraggeber räumt im Konzessionsvertrag dem privaten Auftragnehmer das Recht ein, sich durch Entgelte bzw. Gebühren der Nutzer zu refinanzieren. **64**

Unabdingbare Voraussetzung für die Annahme einer Finanzierungsleistung des privaten Auftragnehmers, die bei diesem zu Zinserträgen führt, ist es, dass zumindest das wirtschaftliche Eigentum an dem Projektgegenstand beim öffentlichen Auftraggeber liegt bzw. spätestens bei Fertigstellung auf diesen übertragen wird. Soweit im Rahmen von Konzessionsverträgen gesonderte Darlehensvereinbarungen zwischen den Vertragsparteien über die Finanzierungsleistungen des privaten Auftragnehmers getroffen werden, stellen die in Rechnung gestellten und gezahlten Zinsen beim privaten Auftragnehmer Zinserträge und beim öffentlichen Auftraggeber Zinsaufwendungen dar. Der private Auftragnehmer hat nachzuweisen, dass die vereinbarte Vergütung marktüblich ist. Übersteigen die dem öffentlichen Auftraggeber in Rechnung gestellten und gezahlten Zinsen die Refinanzierungskosten des privaten Auftragnehmers, ist dies als Indiz gegen die Marktüblichkeit ist zu werten.

VI. Öffentliche Hand

91 Körperschaften des öffentlichen Rechts (z. B. Gebietskörperschaften, Kirchen) bilden mit ihren Betrieben gewerblicher Art und ihren Beteiligungen an anderen Unternehmen, soweit sie nicht in einem Betrieb gewerblicher Art gehalten werden, keinen Gleichordnungskonzern im Sinne der Zinsschranke. **65**

92 Beteiligungsgesellschaften der öffentlichen Hand können Teil eines Konzerns im Sinne der Zinsschranke sein. Im Besitz von Körperschaften des öffentlichen Rechts stehende Holdinggesellschaften des privaten Rechts können ebenfalls einen eigenständigen Konzern im Sinne des § 4 h EStG bilden.

93 Körperschaften des öffentlichen Rechts und steuerbefreite Einrichtungen im Sinne des § 5 Abs. 1 Nr. 2 KStG erfüllen durch die Gewährung von Bürgschaften und anderen Sicherheiten bei der Finanzie-

Anl zu H 8a

rung von Gesellschaften, an denen sie zu mindestens 50% unmittelbar oder mittelbar am Kapital beteiligt sind, nicht die Voraussetzungen einer Gesellschafterfremdfinanzierung nach § 8a KStG, es sei denn, es handelt sich um eine Gestaltung, bei der der rückgriffsberechtigte Dritte der Kapitalgesellschaft ein Darlehen gewährt und die Körperschaft des öffentlichen Rechts ihrerseits gegen den Dritten oder eine diesem nahe stehende Person eine Forderung hat, auf die der Dritte zurückgreifen kann (sog. Back-to-back-Finanzierungen). Entsprechendes gilt im Fall einer gesamtschuldnerischen Mithaftung der öffentlichen Hand.

Die öffentliche Hand erfüllt mit ihren wirtschaftlichen Betätigungen regelmäßig Aufgaben der Daseinsvorsorge im Rahmen gesetzlicher Vorgaben und unterliegt regelmäßig einer Aufsicht.

VII. Sonderfälle

66 **94** Vergütungen für Darlehen, die auf Grund von allgemeinen Förderbedingungen vergeben werden, sind keine Zinsaufwendungen oder Zinserträge im Sinne der Zinsschranke, wenn es sich um mittelbar oder unmittelbar aus öffentlichen Haushalten gewährte Mittel der Europäischen Union, von Bund, Ländern, Gemeinden oder Mittel anderer öffentlich-rechtlicher Körperschaften oder einer nach § 5 Abs. 1 Nr. 2, 17 oder 18 KStG steuerbefreiten Einrichtung handelt.

Hierzu zählen insbesondere

- Förderdarlehen der Förderinstitute (im Sinne der Verständigung zwischen der EU-Kommission und der Bundesrepublik Deutschland über die Ausrichtung rechtlich selbstständiger Förderinstitute in Deutschland vom 1. März 2002),
- öffentliche und nicht öffentliche Baudarlehen,
- Wohnungsfürsorgemittel,
- Mittel, die mit Auflagen (z. B. Belegungsrechten oder Mietpreisbindungen) verbunden sind.

KStG

§ 8b Beteiligung an anderen Körperschaften und Personenvereinigungen

(1)[1]① Bezüge im Sinne des § 20 Abs. 1 Nr. 1, 2, 9 und 10 Buchstabe a des Einkommensteuergesetzes bleiben bei der Ermittlung des Einkommens außer Ansatz. ② Satz 1 gilt nur, soweit die Bezüge das Einkommen der leistenden Körperschaft nicht gemindert haben. ③ Sofern die Bezüge in einem anderen Staat auf Grund einer vom deutschen Recht abweichenden steuerlichen Zurechnung der Anteile im Sinne des Satzes 1 einer anderen Person zugerechnet werden, gilt Satz 1 nur, soweit das Einkommen der anderen Person oder ihr nahestehender Personen nicht niedriger ist als bei einer dem deutschen Recht entsprechenden Zurechnung. ④ Sind die Bezüge im Sinne des Satzes 1 nach einem Abkommen zur Vermeidung der Doppelbesteuerung von der Bemessungsgrundlage für die Körperschaftsteuer auszunehmen, gilt Satz 2 ungeachtet des Wortlauts des Abkommens für diese Freistellung entsprechend. ⑤ Satz 2 gilt nicht, soweit die verdeckte Gewinnausschüttung das Einkommen einer dem Steuerpflichtigen nahestehenden Person erhöht hat und § 32 a des Körperschaftsteuergesetzes auf die Veranlagung dieser nahe stehenden Person keine Anwendung findet. ⑥ Bezüge im Sinne des Satzes 1 sind auch Einnahmen aus der Veräußerung von Dividendenscheinen und sonstigen Ansprüchen im Sinne des § 20 Abs. 2 Satz 1 Nr. 2 Buchstabe a des Einkommensteuergesetzes sowie Einnahmen aus der Abtretung von Dividendenansprüchen oder sonstigen Ansprüchen im Sinne des § 20 Abs. 2 Satz 2 des Einkommensteuergesetzes. 1

(2)[2·3]① Bei der Ermittlung des Einkommens bleiben Gewinne aus der Veräußerung eines Anteils an einer Körperschaft oder Personenvereinigung, deren Leistungen beim Empfänger zu Einnahmen im Sinne des § 20 Abs. 1 Nr. 1, 2, 9 und 10 Buchstabe a des Einkommensteuergesetzes gehören, oder an einer Organgesellschaft im Sinne des § 14 oder § 17 außer Ansatz. ② Veräußerungsgewinn im Sinne des Satzes 1 ist der Betrag, um den der Veräußerungspreis oder der an dessen Stelle tretende Wert nach Abzug der Veräußerungskosten den Wert übersteigt, der sich nach den Vorschriften über die steuerliche Gewinnermittlung im Zeitpunkt der Veräußerung ergibt (Buchwert). ③ Satz 1 gilt entsprechend für Gewinne aus der Auflösung oder der Herabsetzung des Nennkapitals oder aus dem Ansatz des in § 6 Absatz 1 Nummer 2 Satz 3 des Einkommensteuergesetzes bezeichneten Werts. ④ Die Sätze 1 und 3 gelten nicht, soweit der Anteil in früheren Jahren steuerwirksam auf den niedrigeren Teilwert abgeschrieben und die Gewinnminderung nicht durch den Ansatz eines höheren Werts ausgeglichen worden ist. ⑤ Satz 4 gilt außer für Gewinne aus dem Ansatz mit dem Wert, der sich nach § 6 Abs. 1 Nr. 2 Satz 3 des Einkommensteuergesetzes ergibt, auch für steuerwirksam vorgenommene Abzüge nach § 6 b des Einkommensteuergesetzes und ähnliche Abzüge. ⑥ Veräußerung im vorstehenden Sinne ist auch die verdeckte Einlage. 2

(3)[4] ① Von dem jeweiligen Gewinn im Sinne des Absatzes 2 Satz 1, 3 und 6 gelten 5 Prozent als Ausgaben, die nicht als Betriebsausgaben abgezogen werden dürfen.[5] ② § 3 c Abs. 1 des Einkommensteuergesetzes ist nicht anzuwenden. ③ Gewinnminderungen, die im Zusammenhang mit dem in Absatz 2 genannten Anteil entstehen, sind bei der Ermittlung des Einkommens nicht zu berücksichtigen. ④ Zu den Gewinnminderungen im Sinne des Satzes 3 gehören auch Gewinnminderungen im Zusammenhang mit einer Darlehensforderung oder aus der Inanspruchnahme von Sicherheiten, die für ein Darlehen hingegeben wurden, wenn das Darlehen oder die Sicherheit von einem Gesellschafter gewährt wird, der zu mehr als einem Viertel unmittelbar oder mittelbar am Grund- oder Stammkapital der Körperschaft, der das Darlehen gewährt wurde, beteiligt ist oder war. ⑤ Dies gilt auch für diesem Gesellschafter nahestehende Personen im Sinne des § 1 Abs. 2 des Außensteuergesetzes oder für Gewinnminderungen aus dem Rückgriff eines Dritten auf den zu mehr als einem Viertel am Grund- oder Stammkapital beteiligten Gesellschafter oder eine diesem nahestehende Person auf Grund eines der Gesellschaft gewährten Darlehens. ⑥ Die Sätze 4 und 5 sind nicht anzuwenden, wenn nachgewiesen wird, dass auch ein fremder Dritter das Darlehen bei sonst gleichen Um- 3

---

[1] § 8 b Abs. 1 Satz 3 erstmals anzuwenden für Bezüge, die nach dem 31. Dezember 2019 zufließen (§ 34 Abs. 5 Satz 1).

[2] Zu diversen FG-Urteilen betr. steuerliche Gestaltungsmodelle im Zusammenhang mit Finanzmarktprodukten unter Ausnutzung von § 8 b KStG vgl. *Vfg. OFD Nordrhein-Westfalen v. 22. 10. 2018 S 2750 a – 1014 – St 131; S 1980–2014/ 0022 – St 225, DB 2018 S. 2964.*

[3] *BFH-Urteil v. 27. 3. 2019 I R 20/19, BStBl. 2020 II S. 685:* Wird bei Umtauschanleihen die Option auf Aktienlieferung durch den Anleihegläubiger ausgeübt, ist die Anleiheverbindlichkeit gegen den Buchwert der abgegebenen Aktien auszubuchen. Sofern der Ansatz der Anleiheverbindlichkeit den Buchwert der Aktien übersteigt, entsteht ein Gewinn, der § 8 b Abs. 2 KStG unterfällt.

Zu Erträgen aus Währungssicherungsgeschäften s. *BFH-Urteil v. 10. 4. 2019 I R 20/16, BStBl. 2020 II S. 674* sowie *BMF-Schrb. v. 5. 10. 2020 IV C 2 S 2750-a/19/10 005 :002, BStBl. 2020 I S. 1033.*

[4] Fassung von § 8 b Abs. 3 Sätze 6 bis 9 ab VZ 2022 siehe Geschlossene Wiedergabe.

[5] *BFH-Urteil v. 31. 5. 2017 I R 37/15, BStBl. 2018 II S. 144:* Die Fiktion nichtabziehbarer Betriebsausgaben nach Maßgabe von § 8 b Abs. 3 Satz 1 KStG (sog. Schachtelstrafe) geht ins Leere, wenn die veräußernde Kapitalgesellschaft im Inland über keine Betriebsstätte und keinen ständigen Vertreter verfügt.

ständen gewährt oder noch nicht zurückgefordert hätte; dabei sind nur die eigenen Sicherungsmittel der Gesellschaft zu berücksichtigen. ⑦ Die Sätze 4 bis 6 gelten entsprechend für Forderungen aus Rechtshandlungen, die einer Darlehensgewährung wirtschaftlich vergleichbar sind. ⑧ Gewinne aus dem Ansatz einer Darlehensforderung mit dem nach § 6 Abs. 1 Nr. 2 Satz 3 des Einkommensteuergesetzes maßgeblichen Wert bleiben bei der Ermittlung des Einkommens außer Ansatz, soweit auf die vorangegangene Teilwertabschreibung Satz 3 angewendet worden ist.

4 (4)[1·2]① **Bezüge im Sinne des Absatzes 1 sind abweichend von Absatz 1 Satz 1 bei der Ermittlung des Einkommens zu berücksichtigen, wenn die Beteiligung zu Beginn des Kalenderjahres unmittelbar weniger als 10 Prozent des Grund- oder Stammkapitals betragen hat; ist ein Grund- oder Stammkapital nicht vorhanden, ist die Beteiligung an dem Vermögen, bei Genossenschaften die Beteiligung an der Summe der Geschäftsguthaben, maßgebend. ② Für die Bemessung der Höhe der Beteiligung ist § 13 Absatz 2 Satz 2 des Umwandlungssteuergesetzes nicht anzuwenden. ③ Überlässt eine Körperschaft Anteile an einen anderen und hat der andere diese oder gleichartige Anteile zurückzugeben, werden die Anteile für die Ermittlung der Beteiligungsgrenze der überlassenden Körperschaft zugerechnet. ④ Beteiligungen über eine Mitunternehmerschaft sind dem Mitunternehmer anteilig zuzurechnen; § 15 Absatz 1 Satz 1 Nummer 2 Satz 2 des Einkommensteuergesetzes gilt sinngemäß. ⑤ Eine dem Mitunternehmer nach Satz 4 zugerechnete Beteiligung gilt für die Anwendung dieses Absatzes als unmittelbare Beteiligung. ⑥ Für Zwecke dieses Absatzes gilt der Erwerb einer Beteiligung von mindestens 10 Prozent als zu Beginn des Kalenderjahres erfolgt. ⑦ Absatz 5 ist auf Bezüge im Sinne des Satzes 1 nicht anzuwenden. ⑧[3] Beteiligungen von Kreditinstituten im Sinne des § 1 Absatz 1 Satz 1 des Kreditwesengesetzes, die Mitglied einer kreditwirtschaftlichen Verbundgruppe im Sinne des § 2 Absatz 1 Nummer 13 des Zahlungsdiensteaufsichtsgesetzes sind, an anderen Unternehmen und Einrichtungen dieser Verbundgruppe sind zusammenzurechnen.**

5 (5)[4]① **Von den Bezügen im Sinne des Absatzes 1, die bei der Ermittlung des Einkommens außer Ansatz bleiben, gelten 5 Prozent als Ausgaben, die nicht als Betriebsausgaben abgezogen werden dürfen. ② § 3 c Abs. 1 des Einkommensteuergesetzes ist nicht anzuwenden.**

6 (6)① **Die Absätze 1 bis 5 gelten auch für die dort genannten Bezüge, Gewinne und Gewinnminderungen, die dem Steuerpflichtigen im Rahmen des Gewinnanteils aus einer Mitunternehmerschaft zugerechnet werden, sowie für Gewinne und Verluste, soweit sie bei der Veräußerung oder Aufgabe eines Mitunternehmeranteils auf Anteile im Sinne des Absatzes 2 entfallen. ②[5] Die Absätze 1 bis 5 gelten für Bezüge und Gewinne, die einem Betrieb gewerblicher Art einer juristischen Person des öffentlichen Rechts über andere juristische Personen des öffentlichen Rechts zufließen, über die sie mittelbar an der leistenden Körperschaft, Personenvereinigung oder Vermögensmasse beteiligt ist und bei denen die Leistungen nicht im Rahmen eines Betriebs gewerblicher Art erfasst werden, und damit in Zusammenhang stehende Gewinnminderungen entsprechend.**

7 (7)[6] ① **Die Absätze 1 bis 6 sind nicht auf Anteile anzuwenden, die bei Kreditinstituten, Wertpapierinstituten und Finanzdienstleistungsinstituten dem Handelsbestand im Sinne des § 340 e Absatz 3 des Handelsgesetzbuchs zuzuordnen sind. ② Gleiches gilt für Anteile, die bei Finanzunternehmen im Sinne des Kreditwesengesetzes, an denen Kreditinstitute, Wertpapierinstitute oder Finanzdienstleistungsinstitute unmittelbar oder mittelbar zu mehr als 50 Prozent beteiligt sind, zum Zeitpunkt des Zugangs zum Betriebsvermögen als Umlaufvermögen auszuweisen sind.**

8 (8)① **Die Absätze 1 bis 7 sind nicht anzuwenden auf Anteile, die bei Lebens- und Krankenversicherungsunternehmen den Kapitalanlagen zuzurechnen sind. ② Satz 1 gilt nicht für Gewinne im Sinne des Absatzes 2, soweit eine Teilwertabschreibung in früheren Jahren nach Absatz 3 bei der Ermittlung des Einkommens unberücksichtigt geblieben ist und diese Minderung nicht durch den Ansatz eines höheren Werts ausgeglichen worden ist. ③ Gewinnminderungen, die im Zusammenhang mit den Antei-**

[1] **§ 8 b n. F. erstmals anzuwenden für Bezüge, die nach dem 28. Februar 2013 zufließen** (vgl. § 27 Abs. 11 UmwStG).

[2] *BFH-Urteil v. 18. 12. 2019 I R 29/17, BStBl. 2020 II S. 690:* § 8 b Abs. 4 KStG i. d. F. des Gesetzes v. 21. 3. 2013 (BGBl. I 2013, 561) ist mit Art. 3 Abs. 1 GG vereinbar.

[3] § 8 b Abs. 4 Satz 8 in dieser Fassung erstmals anzuwenden für den **VZ 2018** (§ 34 Abs. 5 Satz 4).

[4] § 8 b Abs. 5 Satz 1 findet auch auf nach § 3 Nr. 41 Buchst. a EStG steuerfreie sowie auf nach dem sog. abkommensrechtlichen Schachtelprivileg von der Besteuerung auszunehmende Gewinnausschüttungen Anwendung *(BFH-Urteil v. 26. 4. 2017 I R 84/15, BStBl. 2018 II S. 492 sowie BFH-Beschluss v. 22. 9. 2016 I R 29/15, IStR 2017 S. 194).*

[5] *BFH-Urteil v. 22. 5. 2019 I R 16/17, BStBl. 2020 II S. 416:* Zahlungen eines Betriebs gewerblicher Art in Form von Sonderumlagen an einen öffentlich-rechtlichen Verband, die den Ausgleich eines Bilanzverlusts aus der Teilwertabschreibung auf dessen Beteiligung an einer Anstalt des öffentlichen Rechts dienen, unterstehen dem Abzugsverbot des § 8 b Abs. 6 Satz 2 i. V. m. Abs. 3 Satz 3 KStG.

[6] Geänderte Fassung von § 8 b Abs. 7 Sätze 1 und 2 erstmals anzuwenden für VZ 2017 bzw. auf Anteile, die nach dem 31. Dezember 2016 dem Betriebsvermögen zugehen, vgl. § 34 Abs. 5 Satz 5.

KStG

len im Sinne des Satzes 1 stehen, sind bei der Ermittlung des Einkommens nicht zuberücksichtigen, wenn das Lebens- oder Krankenversicherungsunternehmen die Anteile von einem verbundenen Unternehmen (§ 15 des Aktiengesetzes) erworben hat, soweit ein Veräußerungsgewinn für das verbundene Unternehmen nach Absatz 2 in der Fassung des Artikels 3 des Gesetzes vom 23. Oktober 2000 (BGBl. I S. 1433) bei der Ermittlung des Einkommens außer Ansatz geblieben ist. ④ Für die Ermittlung des Einkommens sind die Anteile mit den nach handelsrechtlichen Vorschriften ausgewiesenen Werten anzusetzen,die bei der Ermittlung der nach § 21 abziehbaren Beträge zu Grunde gelegt wurden. ⑤ Entsprechendes gilt für Pensionsfonds.

(9) **Die Absätze 7 und 8 gelten nicht für Bezüge im Sinne des Absatzes 1, auf die die Mitgliedstaaten der Europäischen Union Artikel 4 Abs. 1 der Richtlinie 2011/96/EU des Rates vom 30. November 2011 über das gemeinsame Steuersystem der Mutter- und Tochtergesellschaften verschiedener Mitgliedstaaten (ABl. L 345 vom 29. 12. 2011, S. 8), anzuwenden haben.** 9

(10)[1,2] **① Überlässt eine Körperschaft (überlassende Körperschaft) Anteile, auf die bei ihr Absatz 4, 7 oder 8 anzuwenden ist oder auf die bei ihr aus anderen Gründen die Steuerfreistellungen der Absätze 1 und 2 oder vergleichbare ausländische Vorschriften nicht anzuwenden sind, an eine Körperschaft (andere Körperschaft), bei der auf die Anteile Absatz 4, 7oder 8 nicht anzuwenden ist, und hat die andere Körperschaft, der die Anteile zuzurechnen sind, diese oder gleichartige Anteile zurückzugeben, dürfen die für die Überlassung gewährten Entgelte bei der anderen Körperschaft nicht als Betriebsausgabe abgezogen werden. ② Überlässt die andere Körperschaft für die Überlassung der Anteile Wirtschaftsgüter an die überlassende Körperschaft, aus denen diese Einnahmen oder Bezüge erzielt, gelten diese Einnahmen oder Bezüge als von der anderen Körperschaft bezogen und als Entgelt für die Überlassung an die überlassende Körperschaft gewährt. ③ Absatz 3 Satz 1 und 2 sowie Absatz 5 sind nicht anzuwenden. ④ Die Sätze 1 bis 3 gelten auch für Wertpapierpensionsgeschäfte im Sinne des § 340 b Absatz 2 des Handelsgesetzbuchs. ⑤ Die Sätze 1 bis 4 gelten nicht, wenn die andere Körperschaft keine Einnahmen oder Bezüge aus den ihr überlassenen Anteilen erzielt. ⑥ Zu den Einnahmen und Bezügen aus den überlassenen Anteilen im Sinne des Satzes 5 gehören auch Entgelte, die die andere Körperschaft dafür erhält, dass sie die entliehenen Wertpapiere weiterverleiht. ⑦ Die Sätze 1 bis 6 gelten entsprechend, wenn die Anteile an eine Personengesellschaft oder von einer Personengesellschaft überlassen werden, an der die überlassende oder die andere Körperschaft unmittelbar oder mittelbar über eine Personengesellschaft oder mehrere Personengesellschaften beteiligt ist. ⑧ In diesen Fällen gelten die Anteile als an die Körperschaft oder von der Körperschaft überlassen. ⑨ Die Sätze 1 bis 8 gelten entsprechend, wenn Anteile, die die Voraussetzungen des Absatzes 7 erfüllen, von einer Personengesellschaft überlassen werden. ⑩ Die Sätze 1 bis 8 gelten nicht, soweit § 2 Nummer 2 zweiter Halbsatz oder § 5 Absatz 2 Nummer 1 zweiter Halbsatz auf die überlassende Körperschaft Anwendung findet. ⑪ Als Anteil im Sinne der Sätze 1 bis 10 gilt auch der Anteil im Sinne von § 2 Absatz 4 des Investmentsteuergesetzes vom 19. Juli 2016 (BGBl. I S. 1730), das zuletzt durch Artikel 10 des Gesetzes vom 23. Juni 2017 (BGBl. I S. 1682) geändert worden ist, in der jeweils geltenden Fassung, soweit daraus Einnahmen erzielt werden, auf die § 8 b anzuwenden ist.** 10

(11)[3] **Die Absätze 1 bis 10 sind nicht anzuwenden bei Anteilen an Unterstützungskassen.** 11

Übersicht

H 8b

H 8b

Abzugsverbot von Gewinnminderungen im Zusammenhang mit Gesellschafterdarlehen. Das in § 8 b Abs. 3 Satz 4 KStG angeordnete Abzugsverbot erfordert nur, dass der Gesellschafter, der das Darlehen oder die Sicherheit gewährt, zu irgendeinem Zeitpunkt während der Darlehenslaufzeit die Beteiligungsvoraussetzungen erfüllt. Auf den alleinigen Zeitpunkt 15

[1] § 8 b Abs. 10 Satz 1 bis 5 und 7 bis 11 in dieser Fassung erstmals für nach dem 31. Dezember 2013 überlassene Anteile anzuwenden, Abs. 10 Satz 6 auf alle offenen Fälle.

[2] Zur wirtschaftlichen Zurechnung bei Wertpapiergeschäften siehe *BMF-Schrb. v. 9. 7. 2021 IV C 6 – S 2134/19/10 003 :007, BStBl. 2021 I S. 1002.*

[3] § 8 b Abs. 11 erstmals anzuwenden ab VZ 2016 (§ 34 Abs. 1 i.d. F. des JStG 2015).

der Darlehensbegebung oder den Eintritt der Gewinnminderung kommt es nicht an (→ BFH vom 12. 3. 2014, I R 87/12, BStBl. II S. 859).

Aktieneigenhandel nach § 8 b Abs. 7 KStG. → BMF vom 25. 7. 2002, BStBl. I S. 712.[1]
Der Begriff des Eigenhandelserfolges gem. § 8 b Abs. 7 Satz 2 KStG bestimmt sich nach eigenständigen körperschaftsteuerrechtlichen Maßstäben. Er umfasst den Erfolg aus jeglichem „Umschlag" von Anteilen i. S. d. § 8 b Abs. 1 KStG auf eigene Rechnung und erfordert nicht das Vorliegen eines Eigenhandels als Finanzdienstleistung i. S. v. § 1 Abs. 1 a Satz 1 Nr. 4 KWG. Die Absicht, einen kurzfristigen Eigenhandelserfolg zu erzielen, bezieht sich auf den Zeitpunkt des Anteilserwerbs. Spätere Maßnahmen des Erwerbers, um den Wert der Anteile bis zum Weiterverkauf zu beeinflussen, stehen einer solchen Absicht nicht entgegen (→ BFH vom 14. 1. 2009, I R 36/08, BStBl. II S. 671).

Allgemeine Fragen zur Auslegung des § 8 b KStG. → BMF vom 28. 4. 2003, BStBl. I S. 292.[2]

Ausschüttungen aus dem steuerlichen Einlagekonto. Ausschüttungen aus dem steuerlichen Einlagekonto, die den Beteiligungsbuchwert übersteigen, fallen unter § 8 b Abs. 2 KStG (→ BMF vom 28. 4. 2003, BStBl. I S. 292, Rn. 6 und → BFH vom 28. 10. 2009, I R 116/08, BStBl. 2011 II S. 898).

Beteiligung in einem eingebrachten Betriebsvermögen (§ 8 b Abs. 4 KStG a. F.). → BMF vom 5. 1. 2004, BStBl. I S. 44.[3]

Stillhalterprämien. Sog. Stillhalterprämien aus Optionsgeschäften im Zusammenhang mit dem Erwerb und der Veräußerung von Anteilen i. S. d. § 8 b Abs. 2 KStG werden nicht von § 8 b Abs. 2 KStG erfasst (→ BFH vom 6. 3. 2013, I R 18/12, BStBl. II S. 588).

Veräußerungskosten/nachträgliche Kaufpreisänderungen. → BMF vom 24. 7. 2015, BStBl. I S. 612.[4]
„Vergebliche" Kosten für die sog. Due-Diligence-Prüfung aus Anlass des gescheiterten Erwerbs einer Kapitalbeteiligung unterfallen nicht dem Abzugsverbot des § 8 b Abs. 3 KStG (→ BFH vom 9. 1. 2013, I R 72/11, BStBl. II S. 343).
Zu den Veräußerungskosten i. S. d. § 8 b Abs. 2 Satz 2 KStG gehören alle Aufwendungen, welche durch die Veräußerung der Anteile veranlasst sind. Das können auch die Verluste aus der Veräußerung von Zertifikaten auf die entsprechenden Aktien aus Wertpapiertermingeschäften sein (→ BFH vom 9. 4. 2014, I R 52/12, BStBl. II S. 861).

Verfassungsmäßigkeit des § 8 b Abs. 3 und 5 KStG. Die Pauschalierung eines Betriebsausgabenabzugsverbots durch die Hinzurechnung von 5% des Veräußerungsgewinns und der Bezüge aus Beteiligungen nach § 8 b Abs. 3 Satz 1 und Abs. 5 Satz 1 KStG ist verfassungsgemäß. Dies gilt auch dann, wenn die Körperschaft nachweisen kann, dass im Zusammenhang mit der Beteiligung keine oder nur sehr geringe Aufwendungen angefallen sind (→ BVerfG vom 12. 10. 2010, 1 BvL 12/07, BGBl. I S. 1766).
Das Abzugsverbot des § 8 b Abs. 3 Satz 3 KStG für Veräußerungsverluste und Teilwertabschreibungen und das in § 8 b Abs. 3 Satz 4 KStG enthaltene Abzugsverbot sind verfassungsgemäß (→ BFH vom 12. 3. 2014, I R 87/12, BStBl. II S. 859).

Wertaufholungen bei vorangegangenen Teilwertabschreibungen.[5] Wertaufholungen sind zuerst mit unmittelbar vorangegangenen Teilwertabschreibungen zu kompensieren (→ BFH vom 19. 8. 2009, I R 2/09, BStBl. 2010 II S. 760).

Anl a zu H 8 b

a) Schreiben betr. Veräußerungsgewinnbefreiung nach § 8 b Abs. 2 KStG; Behandlung von Veräußerungskosten und nachträglichen Kaufpreisänderungen

Vom 24. Juli 2015 (BStBl. I S. 612)

(BMF IV C 2 – S 2750-a/07/10002 :002)

20 Im Einvernehmen mit den obersten Finanzbehörden der Länder nehme ich zur Behandlung von nachträglichen Kaufpreisveränderungen und Veräußerungskosten, die vor oder nach dem Wirtschaftsjahr der Anteilsveräußerung entstanden sind, unter Berücksichtigung der Urteile des BFH vom 22. Dezember 2010 I R 58/10 (BStBl. 2015 II S. 668) und vom 12. März 2014 I R 55/13 (BStBl. 2015 II S. 658), wie folgt Stellung:

---

[1] Ergangen zu § 8 b Abs. 7 in der **bisVZ 2016** gültigen Fassung, zuletzt abgedruckt im „Handbuch zur Körperschaftsteuerveranlagung 2016".
[2] Nachstehend abgedruckt als Anl b zu H 8 b.
[3] Zuletzt abgedruckt im „Handbuch zur Körperschaftsteuerveranlagung 2016".
[4] Nachstehend abgedruckt als Anl a zu H 8 b.
[5] Siehe aber *BFH-Urteil v. 13. 2. 2019 I R 21/17, BStBl. 2019 II S. 567:* Wertaufholungen nach § 6 Abs. 1 Nr. 2 Satz 3 EStG i. V. m. § 8 Abs. 1, § 8 b Abs. 8 Satz 1 KStG, denen in früheren Jahren sowohl steuerwirksame als auch steuerunwirksame Anteilsabschreibungen auf den niedrigeren Teilwert vorangegangen sind, sind nach § 8 b Abs. 8 Satz 2 KStG vorrangig mit dem Gesamtvolumen früherer steuerunwirksamer Teilwertabschreibungen zu verrechnen. Nach *Kurzinformation FM Schleswig-Holstein v. 5. 11. 2020 VI 313-S 2750 a-039, BeckVerw 494172* sind die Grundsätze dieser Entscheidung über den Einzelfall hinaus lediglich auf insoweit vergleichbare Konstellationen bei Lebens- und Krankenversicherungsunternehmen sowie bei Pensionsfonds anzuwenden, für die die sektorspezifische Sonderregelung des § 8 b Abs. 8 KStG gilt.

Die in einem anderen Wirtschaftsjahr entstandenen Veräußerungskosten oder Veränderungen des Kaufpreises sind bei der Ermittlung des Veräußerungsgewinns oder Veräußerungsverlusts nach den Grundsätzen des § 8 b Abs. 2 Satz 2 KStG im Veranlagungszeitraum, in dem das Wirtschaftsjahr der Veräußerung der Beteiligung endet, zu berücksichtigen. Der danach ermittelte Veräußerungsgewinn oder -verlust unterliegt den allgemeinen Regelungen des § 8 b KStG. In einem anderen Wirtschaftsjahr entstandene Veräußerungskosten oder nachträgliche Veränderungen des Kaufpreises für die Beteiligung erhöhen oder mindern danach die nach § 8 b Abs. 2 und 3 KStG außerbilanziell vorzunehmende Einkommenskorrektur im Veranlagungszeitraum, in dem das Wirtschaftsjahr der Veräußerung endet. Soweit die Veränderung des Kaufpreises oder die Veräußerungskosten bilanziell in anderen Wirtschaftsjahren berücksichtigt wurden, ist der steuerbilanzielle Gewinn dieser Wirtschaftsjahre und der steuerbilanzielle Gewinn des Jahres, in dem die Veräußerung erfolgt ist, außerbilanziell entsprechend zu korrigieren.

Danach sind sowohl die Veranlagung für den Veranlagungszeitraum, in dem das Wirtschaftsjahr der Veräußerung endet, als auch die Veranlagungen für die Veranlagungszeiträume, in denen sich die nachträglichen Veräußerungskosten oder die Kaufpreisveränderungen steuerbilanziell ausgewirkt haben, entsprechend anzupassen.

Vor dem Wirtschaftsjahr der Anteilsveräußerung entstandene Veräußerungskosten sind bei der Veranlagung für den Veranlagungszeitraum, in dem das Wirtschaftsjahr endet, in dem sie angefallen sind, zu berücksichtigen. Die außerbilanzielle Korrektur der vor dem Wirtschaftsjahr der Anteilsveräußerung angefallenen Veräußerungskosten ist erst mit Wirksamkeit der Veräußerung vorzunehmen.

Die Änderungen der entsprechenden Veranlagungen sind nach Maßgabe der Korrekturvorschriften vorzunehmen. Eine Korrektur der entsprechenden Steuerbescheide nach § 175 Abs. 1 Satz 1 Nr. 2 AO kommt nur in Betracht, wenn das rückwirkende Ereignis nach Erlass des (ggf. zuletzt geänderten) Steuerbescheids eingetreten ist. Dabei stellt die Anteilsveräußerung das rückwirkende Ereignis für die Korrektur (außerbilanzielle Hinzurechnung) des Steuerbescheides dar, in dem die vor dem Wirtschaftsjahr der Anteilsveräußerung angefallenen Veräußerungskosten berücksichtigt wurden. Nachträgliche Veräußerungskosten und nachträgliche Kaufpreisveränderungen wirken nach § 175 Abs. 1 Satz 1 Nr. 2 AO auf die Veranlagung für den Veranlagungszeitraum, in dem das Wirtschaftsjahr der Anteilsveräußerung endet, zurück. In Fällen, in denen das Ereignis zwar schon vor Erlass des Steuerbescheids eingetreten, dem Finanzamt aber erst nachträglich bekannt geworden ist, kann die Änderung des Steuerbescheids nach § 173 Abs. 1 AO in Betracht kommen (vgl. AEAO zu § 175, Nr. 2.3).

Auf einen Aufwand oder Ertrag aus einer Auf- oder Abzinsung der Kaufpreisforderungen ist § 8 b KStG nicht anzuwenden.

Bei der gesonderten und einheitlichen Gewinnfeststellung für Personengesellschaften müssen die Veräußerungskosten für die Ermittlung des Veräußerungsgewinns oder -verlusts in dem Veranlagungszeitraum, in dem sie entstanden sind, gesondert ausgewiesen werden.

Zu den Veräußerungskosten können auch die Verluste aus gegenläufigen Sicherungsgeschäften gehören (vgl. BFH-Urteil vom 9. April 2014 I R 52/12, BStBl. II S. 861).

Beispiel:

Eine GmbH (Wj = Kj) veräußert im Jahr 02 die Beteiligung an einer Tochtergesellschaft (Buchwert – BW – 100 TEUR) zum Preis von 500 TEUR. Im Jahr 01 sind Veräußerungskosten – VK – (Beratungskosten) i. H. von 20 TEUR angefallen. Der Kaufpreis – KP – wurde gestundet. Im Jahr 04 fällt die Kaufpreisforderung aus. (Die Abzinsung der Kaufpreisforderung ist in dem Beispiel aus Vereinfachungsgründen nicht berücksichtigt). 21

- Im Jahr 01 mindern die Veräußerungskosten zunächst das Einkommen.
- Im Jahr 02 werden die Veräußerungskosten in die Berechnung des nach § 8 b Abs. 2 Satz 2 KStG steuerfreien Veräußerungsgewinns und die Bemessungsgrundlage für die nicht abzugsfähigen Betriebsausgaben einbezogen. Sie sind zudem im Jahr 02 außerbilanziell (gewinnmindernd) zu erfassen. Korrespondierend sind die Veräußerungskosten rückwirkend im Jahr 01 ebenfalls außerbilanziell (gewinnerhöhend) auszugleichen.
- Der Ausfall der Kaufpreisforderung im Jahr 04 wirkt sich auf die Berechnung des § 8 b Abs. 2 Satz 2 KStG aus und führt zur nachträglichen Änderung der Veranlagung für das Jahr 02. Die Gewinnauswirkung des Forderungsausfalls ist im Jahr 04 und im Jahr 02 außerbilanziell zu korrigieren.

Auswirkungen des Veräußerungsvorgangs auf Jahresüberschuss und Einkommen der Jahre 01–04

(alle Beträge in TEUR)		**Gesamt 01–04**	**Jahr 01**	**Jahr 02**	**Jahr 04**
Veräußerungskosten 01		– 20	– 20		
Veräußerung in 02					
Ertrag aus KP-Forderung		500		500	
Ausbuchung der Beteiligung (BW)		– 100		– 100	
Nach § 8 b KStG zu berücksichtigen:					
KP	500				
BW	– 100				
VK	– 20				
Veräußerungsgewinn	380				
steuerfrei gem. § 8 b Abs. 2 KStG		– 380		– 380	
§ 8 b Abs. 3 Satz 1 KStG (5%)		+ 19		+ 19	
rückwirkende außerbilanzielle Korrektur		0	+ 20	– 20	
Einkommen vor Kaufpreisänderung		19	0	19	
Aufwand aus dem Ausfall der KP-Forderung in 04		– 500			– 500
Außerbilanzielle Korrektur		+ 500			+ 500
Änderung in 02					
bisher nach § 8 b KStG berücksichtigte Beträge sind zu neutralisieren		+ 380		+ 380	
		– 19		– 19	

(alle Beträge in TEUR)		Gesamt 01–04	Jahr 01	Jahr 02	Jahr 04
Nach § 8 b KStG sind neu zu berücksichtigen:					
KP	0				
BW	– 100				
VK	– 20				
Veräußerungsverlust (§ 8 b Abs. 3)	– 120	+ 120		+ 120	
rückwirkende außerbilanzielle Korrektur		– 500		– 500	
Einkommen nach Änderung		0	0	0	0

Das BMF-Schreiben vom 13. März 2008 (BStBl. I S. 506)[1] wird durch dieses Schreiben ersetzt.

Anl b zu H 8 b

b) Schreiben betr. Anwendung des § 8 b KStG 2002[2] und Auswirkungen auf die Gewerbesteuer

Vom 28. April 2003 (BStBl. I S. 292)

(BMF IV A 2 – S 2750 a – 7/03)

Inhaltsübersicht

Unter Bezugnahme auf das Ergebnis der Erörterungen mit den obersten Finanzbehörden der Länder gilt zur Anwendung der durch das Steuersenkungsgesetz – StSenkG – vom 23. Oktober 2000 (BGBl. I S. 1433, BStBl. I S. 1428) neu gefassten und durch das Unternehmenssteuerfortentwicklungsgesetz – UntStFG – vom 20. Dezember 2001 (BGBl. I S. 3858, BStBl. I 2002 S. 35) geänderten Vorschriften des § 8 b Abs. 1 bis 6 KStG Folgendes:

A. Einführung

30 **1** Durch das Steuersenkungsgesetz wurde das Vollanrechnungsverfahren durch das so genannte Halbeinkünfteverfahren ersetzt. Im Halbeinkünfteverfahren werden die Gewinne der Körperschaft unabhängig davon, ob sie ausgeschüttet oder einbehalten werden, in Höhe des jeweiligen Körper-

[1] Zuletzt abgedruckt im „Handbuch zur Körperschaftsteuerveranlagung 2014".
[2] **[Amtl. Anm.:]** KStG 2002 = KStG n. F.
KStG 1999 = KStG a. F.

Anl b zu H 8b

schaftsteuersatzes (mit 25 v. H. bzw. 26,5 v. H.) besteuert. Ausgeschüttete Gewinne werden beim Anteilseigner nur zur Hälfte in die Bemessungsgrundlage seiner Einkommensteuer einbezogen. Bei Gewinnausschüttungen einer Körperschaft an eine andere Körperschaft gilt beim Empfänger grundsätzlich eine allgemeine Beteiligungsertragsbefreiung; dadurch bleibt es in Beteiligungsketten bei einer einmaligen Körperschaftsteuerbelastung in Höhe des jeweiligen Körperschaftsteuersatzes, bis der Gewinn die Ebene der Körperschaften verlässt und an eine natürliche Person ausgeschüttet wird.

2 Der Gewinn aus der Veräußerung einer Beteiligung an einer inländischen oder ausländischen Körperschaft wird durch § 8 b Abs. 2 KStG ebenfalls grundsätzlich steuerfrei gestellt. Die Freistellung berücksichtigt, dass der Veräußerungsgewinn auf offenen und stillen Reserven in der Beteiligungsgesellschaft beruht, welche dort entweder bereits versteuert worden sind oder auch nach der Veräußerung steuerverhaftet bleiben.

3 Gewinnminderungen, die im Zusammenhang mit steuerfreien Erträgen nach § 8 b KStG stehen, sind nur eingeschränkt zu berücksichtigen. Zu Einzelfragen der Abzugsbeschränkung ergeht ein gesondertes BMF-Schreiben.

B. Beteiligungsertragsbefreiung (§ 8 b Abs. 1 KStG)

I. Allgemeines

4 § 8 b Abs. 1 KStG gilt sachlich für Beteiligungserträge aus dem In- und Ausland[1] und persönlich für alle Körperschaften, Personenvereinigungen und Vermögensmassen i. S. der §§ 1 und 2 KStG als Empfänger. Die Anwendung des § 8 b Abs. 1 KStG setzt keine Mindestbeteiligungsquote oder Mindestbehaltefrist voraus. **31**

II. Sachlicher Anwendungsbereich

5 § 8 b Abs. 1 KStG enthält eine abschließende Aufzählung der Tatbestände, die unter die Beteiligungsertragsbefreiung fallen. Dies sind insbesondere **Bezüge aus offenen und verdeckten Gewinnausschüttungen** (§ 20 Abs. 1 Nr. 1 EStG). **32**

6 Zu den Bezügen i. S. des § 20 Abs. 1 Nr. 1 EStG gehören nicht solche Ausschüttungen, die als Zahlung aus dem steuerlichen Einlagekonto i. S. des § 27 KStG gelten. Diese **Einlagenrückgewähr** unterliegt der Steuerbefreiung nach § 8 b Abs. 2 KStG, soweit sie den Buchwert der Beteiligung übersteigt.

7 **Liquidationsraten,** die nicht in der Rückzahlung von Nennkapital mit Ausnahme des Nennkapitals i. S. des § 28 Abs. 2 Satz 2 KStG bestehen und nicht aus dem Bestand des steuerlichen Einlagekontos i. S. des § 27 KStG stammen, gehören gem. § 20 Abs. 1 Nr. 2 EStG zu den Einkünften aus Kapitalvermögen und fallen daher unter die Beteiligungsertragsbefreiung.

Beispiel

Die A-GmbH (Nennkapital 50 000 €) wird zum 30. Juni 2003 aufgelöst. Der Abwicklungszeitraum endet am 31. August 2004. Zum 31. August 2004 betragen die sonstigen Rücklagen lt. Steuerbilanz 200 000 €. Ein KSt-Guthaben oder ein Bestand an Alt-EK 02 ist nicht vorhanden. Am 31. Dezember 2003 betrug das steuerliche Einlagekonto 20 000 €. Alleingesellschafterin der A-GmbH ist die X-GmbH.
Das verteilte Vermögen beträgt 250 000 € (sonstige Rücklagen und Nennkapital). Der ausschüttbare Gewinn gem. § 27 Abs. 1 Satz 4 KStG vor der Schlussverteilung beträgt 180 000 €. Von dem verteilten Vermögen entfallen 50 000 € auf die Rückzahlung des Nennkapitals; 20 000 € gelten als Zahlung aus dem steuerlichen Einlagekonto und unterliegen damit bei der X-GmbH der Steuerbefreiung des § 8 b Abs. 2 KStG. Die Auskehrung des restlichen Betrages von 180 000 € führt bei der X-GmbH zu Einnahmen i. S. des § 20 Abs. 1 Nr. 2 EStG und fallen damit unter die Beteiligungsertragsbefreiung nach § 8 b Abs. 1 KStG.

Zur steuerlichen Behandlung der Auflösung von Körperschaften ergeht ein gesondertes BMF-Schreiben.

8 Die Beteiligungsertragsbefreiung erstreckt sich auch auf **Einnahmen aus der Veräußerung von** Dividendenansprüchen (§ 8 b Abs. 1 Satz 2 KStG).

9 **Einnahmen aus Wertpapierleihgeschäften** (Leihgebühr, Kompensationszahlungen des Entleihers) fallen nicht unter die Beteiligungsertragsbefreiung.

10 Von § 8 b Abs. 1 KStG werden ebenfalls Einnahmen aus Leistungen einer Körperschaft, Personenvereinigung oder Vermögensmasse i. S. des § 1 Abs. 1 Nr. 3 bis 6 KStG erfasst, die Gewinnausschüttungen i. S. des § 20 Abs. 1 Nr. 1 EStG vergleichbar sind **(Leistungen i. S. des § 20 Abs. 1 Nr. 9 und 10 Buchst. a EStG).**

III. Einbehaltung und Anrechnung von Kapitalertragsteuer

11 Der Kapitalertragsteuerabzug wird durch § 8 b Abs. 1 KStG nicht ausgeschlossen (§ 43 Abs. 1 Satz 3 EStG). Die auf Erträge i. S. des § 8 b Abs. 1 KStG einbehaltene Kapitalertragsteuer kann im Rahmen der Körperschaftsteuerveranlagung in voller Höhe angerechnet werden (§ 8 Abs. 1 KStG i. V. m. § 36 Abs. 2 Satz 2 Nr. 2 EStG). Bei beschränkt Steuerpflichtigen ohne inländisches Betriebsvermögen hat der Kapitalertragsteuereinbehalt abgeltende Wirkung (§ 32 Abs. 1 Nr. 2 KStG). **33**

---

[1] *BFH-Urteil v. 18. 5. 2021 I R 12/18, BStBl. 2021 II S. 875*: Ob Ausschüttungen einer ausländischen Gesellschaft gemäß § 8 b Abs. 1 Satz 1 KStG i. V. m. § 20 Abs. 1 Nr. 1 EStG außer Ansatz bleiben, richtet sich nach dem sog. Typenvergleich. Sowohl das ausländische Rechtsgebilde als auch die konkrete Beteiligungsform des Steuerpflichtigen müssen vom Typ her den Gesellschafts- und Beteiligungsformen gleichen, die in diesen Regelungen angeführt werden. Entscheidend ist eine rechtliche und wirtschaftliche Gesamtwürdigung der maßgebenden ausländischen Bestimmungen über die Organisation und Struktur der Gesellschaft sowie deren konkrete Ausformung in ihrer Satzung.

Anl b
zu H 8 b

IV. Steuerpflicht nach anderen Vorschriften

34 **12** Die Beteiligungsertragsbefreiung nach § 8 b Abs. 1 KStG schließt eine Steuerpflicht nach anderen Vorschriften (z. B. § 37 Abs. 3 KStG) nicht aus.

C. Veräußerungsgewinnbefreiung (§ 8 b Abs. 2 KStG)

I. Allgemeines

35 **13** § 8 b Abs. 2 KStG gilt persönlich für alle Körperschaften (z. B. beschränkt steuerpflichtige Körperschaft ohne inländisches Betriebsvermögen, steuerpflichtiger Verein). Durch § 8 b Abs. 2 KStG wird sachlich der Gewinn aus der Veräußerung einer Beteiligung an einer anderen Körperschaft steuerfrei gestellt. Das gilt sowohl für Beteiligungen an inländischen als auch an ausländischen Körperschaften, unabhängig von der Beteiligungshöhe.

14 Ausdrücklich geregelt ist außerdem die Steuerfreiheit von Gewinnen aus der Veräußerung eines Anteils an einer Organgesellschaft, aus der Auflösung, der Kapitalherabsetzung oder Wertaufholung, aus der Anwendung des § 21 Abs. 2 UmwStG und aus der verdeckten Einlage.

II. Gesetzlich geregelte Anwendungsfälle des § 8 b Abs. 2 KStG

36 **15** Das Gesetz unterscheidet nicht zwischen Anteilen an anderen Körperschaften und **eigenen Anteilen.** Deshalb fällt auch der Verkauf von zur Weiterveräußerung erworbenen eigenen Anteilen unter § 8 b Abs. 2 KStG.

16 Die Veräußerungsgewinnbefreiung nach § 8 b Abs. 2 KStG gilt auch, wenn ein Organträger, auf den § 8 b KStG Anwendung findet, die **Beteiligungen an einer Organgesellschaft** verkauft.

Einzubeziehen ist dabei auch der Gewinn aus der Auflösung eines passiven Ausgleichspostens, der gebildet worden ist, weil der an den Organträger abgeführte Gewinn der Organgesellschaft von dem Steuerbilanzgewinn abweicht. Gewinnminderungen aus der Auflösung entsprechender aktiver Ausgleichsposten fallen unter das Abzugsverbot des § 8 b Abs. 3 KStG (vgl. Tz. 26).

Beispiel

Die A-GmbH veräußert die Beteiligung an ihrer 100%igen Organgesellschaft (OG) (Veräußerungspreis 500, Buchwert 200). Aufgrund handelsrechtlicher Mehrabführungen der OG hatte die A-GmbH in ihrer Steuerbilanz einen passiven Ausgleichsposten i. H. von 50 gebildet. Aus der Veräußerung erzielt die A-GmbH einen Gewinn von 300 (500–200). Dieser Gewinn erhöht sich durch die Auflösung des passiven Ausgleichspostens um weitere 50. Der Gesamtbetrag von 350 fällt unter die Veräußerungsgewinnbefreiung des § 8 b Abs. 2 KStG.

17 Zur Anwendung des § 8 b Abs. 2 KStG im Fall der **Liquidation** vgl. Tz. 7.

18 Unter die Veräußerungsgewinnbefreiung fallen ferner Gewinne aus **Wertaufholungen i. S. des § 6 Abs. 1 Nr. 2 Satz 3 EStG,** denen eine nach § 8 b Abs. 3 KStG steuerlich nicht zu berücksichtigende Teilwertabschreibung vorausgegangen ist.

Beispiel

Die A-GmbH bringt im Jahr 01 einen Teilbetrieb zu einem unter dem Teilwert liegenden Buchwert in die B-GmbH ein. Sie erhält Anteile im Nennwert von 400. Im Jahr 04 schreibt sie die Beteiligung auf 200 ab. Im Jahr 08 wird eine Wertaufholung von 100 erforderlich.

Die Teilwertabschreibung von 200 ist nach § 8 b Abs. 3 KStG steuerlich nicht zu berücksichtigen. Das Einkommen des Jahres 04 ist daher um 200 zu erhöhen. Die Wertaufholung führt zu einer Gewinnerhöhung von 100, die nach § 8 b Abs. 2 KStG steuerfrei ist.

Abwandlung

Die Wertaufholung erfolgt im Jahr 06.

Die Wertaufholung führt zu einer Gewinnerhöhung von 100, die nicht durch § 8 b Abs. 2 KStG begünstigt ist, weil sie innerhalb des 7-Jahreszeitraums (vgl. Tz. 40 ff.) erfolgt ist. Der Gewinn ist jedoch um die zuvor steuerlich nicht gewinnmindernd berücksichtigte Teilwertabschreibung zu korrigieren, so dass kein steuerpflichtiger Gewinn verbleibt.

19 § 8 b Abs. 2 KStG erfasst ebenfalls die Fälle, in denen bei einbringungsgeborenen Anteilen nach **§ 21 Abs. 2** UmwStG eine Gewinnrealisierung ohne Veräußerung eintritt. Wegen einer möglichen Steuerpflicht des Veräußerungsgewinns nach § 8 b Abs. 4 KStG vgl. Tz. 28 ff.

Beispiel

Die A-GmbH bringt im Jahr 01 einen Teilbetrieb (Buchwert 200, Teilwert 400) gem. § 20 Abs. 1 Satz 1 UmwStG zu Buchwerten in die B-GmbH ein. Im Jahr 09 stellt die A-GmbH einen Antrag nach § 21 Abs. 2 Satz 1 Nr. 1 UmwStG. Der Wert der Anteile beträgt zu diesem Zeitpunkt 500. Der Gewinn i. H. von 300 (500–200) ist steuerfrei nach § 8 b Abs. 2 KStG.

20 Gewinne aus der Übertragung von Anteilen im Rahmen einer **verdeckten Einlage** werden nach § 8 b Abs. 2 Satz 3 KStG den Gewinnen aus Veräußerungen gleichgestellt.

III. Anwendung des § 8 b Abs. 2 KStG auf weitere Realisationsvorgänge

37 **21** Einkommenserhöhungen durch **verdeckte Gewinnausschüttungen** im Zusammenhang mit der Übertragung von Anteilen fallen unter die Steuerbefreiung. Die Ermittlung der verdeckten Gewinnausschüttung geht der Anwendung des § 8 b KStG vor.

Anl b zu H 8 b

Beispiel 1

Die M-AG veräußert Anteile an der T-GmbH für 200 an ihren Anteilseigner. Die Anteile an der T-GmbH haben Anschaffungskosten von 500, einen Buchwert von 500 und einen Teilwert (gemeinen Wert) von 1000.

Steuerpflichtiger Veräußerungsgewinn der M-AG:

Veräußerungserlös		200
Buchwert		– 500
		– 300
verdeckte Gewinnausschüttung (§ 8 Abs. 3 Satz 2 KStG):		
Wert der Anteile	1000	
Gegenleistung	– 200	
		+ 800
Gewinn		+ 500
Anwendung § 8 b Abs. 2 KStG:		– 500
steuerpflichtiger Veräußerungsgewinn		0
Bemessungsgrundlage der Kapitalertragsteuer (§ 43 a Abs. 1 Nr. 1 EStG)		800
Bezüge des Anteilseigners (§ 20 Abs. 1 Nr. 1 EStG)		800

Beispiel 2

Die M-AG veräußert Anteile an der T-GmbH für 200 an ihren Anteilseigner. Die Anteile an der T-GmbH haben Anschaffungskosten von 500, einen Buchwert von 300 (steuerwirksam abgeschrieben) und einen Teilwert (gemeinen Wert) von 1000.

Steuerpflichtiger Veräußerungsgewinn der M-AG:

Veräußerungserlös		200
Buchwert		– 300
		– 100
verdeckte Gewinnausschüttung (§ 8 Abs. 3 Satz 2 KStG):		
Wert der Anteile	1000	
Gegenleistung	– 200	
		+ 800
Gewinn		700
Anwendung § 8 b Abs. 2 KStG:		
Steuerbefreiung	700	
Teilwertabschreibung (§ 8 b Abs. 2 Satz 2 KStG)	– 200	
		– 500
steuerpflichtiger Veräußerungsgewinn		200
Bemessungsgrundlage der Kapitalertragsteuer (§ 43 a Abs. 1 Nr. 1 EStG)		800
Bezüge des Anteilseigners (§ 20 Abs. 1 Nr. 1 EStG)		800

22 Gibt eine Kapitalgesellschaft Anteile an einer Kapitalgesellschaft an ihre Anteilseigner weiter **(Sachdividende),** fallen die Gewinne aus der Aufdeckung stiller Reserven unter die Veräußerungsgewinnbefreiung nach § 8 b Abs. 2 KStG. Die als Sachdividende abgegebenen Anteile werden bei der Ermittlung des Einkommens mit dem gemeinen Wert[1] angesetzt.

23 Die Steuerbefreiung gilt auch für **Übertragungsgewinne i. S. der §§ 11, 15 UmwStG,** soweit diese auf Beteiligungen i. S. des § 8 b Abs. 2 KStG entfallen.

24 Unter die Veräußerungsgewinnbefreiung fallen auch **Genussrechte i. S. des § 8 Abs. 3 Satz 2 KStG;** nicht aber andere Genussrechte, Wandelschuldverschreibungen, Optionsanleihen und sonstige Bezugsrechte.

D. Nicht zu berücksichtigende Gewinnminderungen (§ 8 b Abs. 3 KStG)

25 Nach § 8 b Abs. 3 KStG sind Gewinnminderungen, die im Zusammenhang mit dem in Absatz 2 **38**
genannten Anteil entstehen, bei der Gewinnermittlung nicht zu berücksichtigen.

26 Dabei handelt es sich insbesondere um Gewinnminderungen
- durch Ansatz des niedrigeren Teilwerts,
- durch Veräußerung des Anteils (Veräußerungsverlust)
- bei Auflösung der Gesellschaft
- bei Herabsetzung des Nennkapitals der Kapitalgesellschaft
- bei Anwendung des § 21 Abs. 2 UmwStG
- aus der Auflösung eines aktiven Ausgleichspostens aufgrund handelsrechtlicher Minderabführungen bei Organschaft (vgl. Tz. 16)
- im Zusammenhang mit der verdeckten Ausschüttung eines Anteils
- bei Sachdividenden.

Beispiel

Die M-AG veräußert Anteile an der T-GmbH für 200 an ihren Anteilseigner. Die Anteile an der T-GmbH haben Anschaffungskosten von 500, einen Buchwert von 500 und einen Teilwert (gemeinen Wert) von 300.

Steuerpflichtiger Veräußerungsgewinn der M-AG:

---

[1] Siehe auch *BFH-Urteil v. 11. 4. 2018 IR 34/15, BStBl. 2020 II S. 201.* Der Gegenstand einer Sachausschüttung einer Kapitalgesellschaft ist mit dem gemeinen Wert zu bewerten. Auf den Wertansatz im Gewinnverwendungsbeschluss kommt es nicht an.

Anl b zu H 8 b

Veräußerungserlös		200
Buchwert		– 500
		– 300
verdeckte Gewinnausschüttung (§ 8 Abs. 3 Satz 2 KStG):		
Wert der Anteile	300	
Gegenleistung	– 200	
		+ 100
Verlust		– 200
Anwendung § 8 b Abs. 2 KStG:		+ 200
steuerpflichtiger Veräußerungsgewinn		0
Bemessungsgrundlage der Kapitalertragsteuer (§ 43 a Abs. 1 Nr. 1 EStG)		100
Bezüge des Anteilseigners (§ 20 Abs. 1 Nr. 1 EStG)		100

27 Das Abzugsverbot greift auch dann, wenn ein Gewinn nach § 8 b Abs. 4 KStG steuerpflichtig wäre.

Beispiel

Im Jahr 1997 hatte die X-GmbH einen Teilbetrieb zu einem unter dem Teilwert liegenden Buchwert von 500 gegen Gewährung von Gesellschaftsrechten in die Y-GmbH eingebracht. Wegen schlechter Geschäftsentwicklung veräußert die X-GmbH im Jahr 2002 ihren Anteil an der Y-GmbH für 300.

Der Verlust von 200 ist nach § 8 b Abs. 3 KStG nicht abzugsfähig. Das Abzugsverbot gilt unabhängig davon, dass ein Gewinn aus der Veräußerung dieses Anteils innerhalb der 7-Jahresfrist steuerpflichtig gewesen wäre.

Zu Einzelfragen der Abzugsbeschränkung ergeht ein gesondertes BMF-Schreiben.

E. Einbringungsklausel (§ 8 b Abs. 4 KStG)[1]

I. Allgemeines

(...)[2]

F. PauschaliertesBetriebsausgaben-Abzugsverbotbei ausländischenDividenden (§ 8 b Abs. 5 KStG)

49 **53** Zur Abzugsbeschränkung im Zusammenhang mit steuerfreien ausländischen Dividenden wird in einem gesonderten BMF-Schreiben Stellung genommen (vgl. Hinweise in Tz. 3 und 26 f.).

G. Anwendung des § 8 b Absätze 1 bis 5 KStG bei Beteiligung über eine Personengesellschaft (§ 8 b Abs. 6 KStG)

I. Allgemeines

50 **54** Die Steuerbefreiungen und die Abzugsbeschränkungen des § 8 b KStG gelten auch, wenn die Körperschaften, Personenvereinigungen und Vermögensmassen die Bezüge, Gewinne bzw. Gewinnminderungen nicht unmittelbar, sondern nur mittelbar über eine Mitunternehmerschaft erzielen. Dies gilt auch bei mehrstufigen Mitunternehmerschaften.

55 Die Regelung erfasst auch Gewinne bzw. Gewinnminderungen aus der Veräußerung von Mitunternehmeranteilen, soweit zu dem Betriebsvermögen der Mitunternehmerschaft eine Beteiligung an einer Kapitalgesellschaft, Personenvereinigung oder Vermögensmasse gehört.

II. Beteiligung über eine vermögensverwaltende Personengesellschaft

51 **56** § 8 b Abs. 1 bis 5 KStG ist auch bei mittelbarer Beteiligung über eine vermögensverwaltende Personengesellschaft anzuwenden. Der Durchgriff durch die vermögensverwaltende Personengesellschaft folgt aus der so genannten Bruchteilsbetrachtung (§ 39 AO).

III. Auswirkungen auf die Gewerbesteuer

52 **57**[3] *§ 8 b Abs. 1 bis 5 KStG sowie § 3 Nr. 40 EStG sind bei der Ermittlung des Gewerbeertrags (§ 7 GewStG) einer Mitunternehmerschaft nicht anzuwenden.*

58 Auch der Gewinn i. S. des § 7 Satz 2 GewStG aus der Veräußerung eines Mitunternehmeranteils durch eine Kapitalgesellschaft entsteht auf der Ebene der Mitunternehmerschaft. Die Grundsätze der Tz. 57 gelten daher auch für diese Gewinnanteile.

H. Keine Anwendung des § 8 b Absätze 1 bis 6 KStG auf den kurzfristigen Eigenhandel bei Banken und Finanzdienstleistern (§ 8 b Abs. 7 KStG)

53 **59** Zur Anwendung des § 8 b Abs. 7 KStG wird auf das BMF-Schreiben vom 25. Juli 2002 (BStBl. I S. 712)[4] hingewiesen.

---

[1] Die Ausführungen beziehen sich auf § 8 b Abs. 4 in der am 12. Dezember 2006 geltenden Fassung (zuletzt abgedruckt im „Handbuch zur Körperschaftsteuerveranlagung 2016").

[2] Teil E zuletzt abgedruckt im Handbuch zur Körperschaftsteuerveranlagung 2019.

[3] Tz. 57 überholt durch Änderung des § 7 Satz 4 GewStG mit Wirkung ab dem 1. 1. 2004.

[4] Ergangen zu § 8 b Abs. 7 in der **bisVZ 2016** gültigen Fassung, zuletzt abgedruckt im „Handbuch zur Körperschaftsteuerveranlagung 2016".

I. Zeitliche Anwendung (§ 34 Abs. 7 KStG)

I. Erstmalige Anwendung der Beteiligungsertragsbefreiung des § 8 b Abs. 1 KStG bei Inlandsbeteiligungen

60 Die steuerliche Behandlung einer Ausschüttung bei der ausschüttenden Körperschaft und die steuerliche Behandlung beim Empfänger des Beteiligungsertrags müssen korrespondieren. Gilt für eine Ausschüttung auf der Seite der ausschüttenden Körperschaft noch das Anrechnungsverfahren, kommt eine Beteiligungsertragsbefreiung beim Empfänger nicht in Betracht. Die Anwendungsregelung für § 8 b Abs. 1 KStG nimmt deshalb auf die letztmalige Abwicklung von Ausschüttungen nach dem Anrechnungsverfahren Bezug (§ 34 Abs. 12 KStG). **54**

61 Bei offenen Gewinnausschüttungen für abgelaufene Wirtschaftsjahre gilt § 8 b Abs. 1 KStG erst für Ausschüttungen, die **bei der ausschüttenden Körperschaft** nicht mehr nach dem Anrechnungsverfahren (Vierter Teil des KStG a. F.) behandelt werden; dies ist i. d. R. bei Körperschaften mit kalenderjahrgleichem Wirtschaftsjahr erstmals bei Abfließen der Ausschüttung im Jahr 2002 oder später (bei abweichendem Wirtschaftsjahr: 2002/2003 oder später) der Fall.

62 Für andere Gewinnausschüttungen (insbesondere verdeckte Gewinnausschüttungen und Vorabausschüttungen) und sonstige Leistungen gilt § 8 b Abs. 1 KStG bei Körperschaften mit kalenderjahrgleichem Wirtschaftsjahr bereits i. d. R. erstmals bei Abfließen der Leistung im Jahr 2001 (bei abweichendem Wirtschaftsjahr 2001/2002).

63 § 8 b Abs. 1 KStG n. F. ist nach § 34 Abs. 7 KStG bei der empfangenden Körperschaft auch dann anzuwenden, wenn bei ihr das KStG n. F. im Übrigen noch nicht gilt.

II. Erstmalige Anwendung der Veräußerungsgewinnbefreiung des § 8 b Abs. 2 KStG und des Abzugsverbots des § 8 b Abs. 3 KStG bei Inlandsbeteiligungen

1. Kalenderjahrgleiches Wirtschaftsjahr der Gesellschaft, deren Anteile übertragen werden

64 § 8 b Abs. 2 und 3 KStG gilt vorbehaltlich der § 8 b Abs. 4 und § 34 Abs. 7 Satz 2 KStG für Gewinne und Gewinnminderungen aus Vorgängen, die im Jahr 2002 oder später erfolgen. **55**

2. Vom Kalenderjahr abweichendes Wirtschaftsjahr der Gesellschaft, deren Anteile übertragen werden

65 § 8 b Abs. 2 und 3 KStG gilt vorbehaltlich der § 8 b Abs. 4 und § 34 Abs. 7 Satz 2 KStG für Gewinne und Gewinnminderungen aus Vorgängen, die im Wirtschaftsjahr 2002/2003 oder später erfolgen. **56**

3. Anwendung bei der veräußernden Körperschaft

66 Für die Anwendung des § 8 b Abs. 2 KStG n. F. bei der veräußernden Körperschaft gelten die Ausführungen in Tz. 63 entsprechend. **57**

III. Anwendung des § 8 b Abs. 2 KStG bei Umstellung auf ein vom Kalenderjahr abweichendes Wirtschaftsjahr in 2001 (§ 34 Abs. 7 Satz 1 Nr. 2 KStG)

67 Eine Umstellung des kalenderjahrgleichen Wirtschaftsjahrs auf ein vom Kalenderjahr abweichendes Wirtschaftsjahr in 2001 (Beispiel: Rumpfwirtschaftsjahr 1. Januar 2001 bis 31. März 2001 und dann abweichendes Wirtschaftsjahr 1. April 2001 bis 31. März 2002) ist unter Darlegung sachlicher Gründe möglich (§ 7 Abs. 4 Satz 3 KStG). Die Veräußerungsgewinnbefreiung ist dann bereits ab dem Wirtschaftsjahr 2001/2002 der Beteiligungsgesellschaft anzuwenden, denn der Veräußerungsgewinn entsteht bei Veräußerung im Wirtschaftsjahr 2001/2002 nach Ablauf des ersten Wirtschaftsjahres, das dem letzten Wirtschaftsjahr folgt, das in dem Veranlagungszeitraum endet, in dem das KStG a. F. letztmals anzuwenden ist (§ 34 Abs. 7 Satz 1 Nr. 2 KStG). **58**

IV. Anwendung der Beteiligungsertragsbefreiung des § 8 b Abs. 1 KStG und der Veräußerungsgewinnbefreiung des § 8 b Abs. 2 KStG bei Auslandsbeteiligungen

68 Gewinnausschüttungen und Gewinne aus der Veräußerung von Beteiligungen an ausländischen Gesellschaften durch inländische Kapitalgesellschaften sind nach der allgemeinen Anwendungsvorschrift des § 34 Abs. 1 bzw. Abs. 2 KStG erstmals im Veranlagungszeitraum 2001 oder bei vom Kalenderjahr abweichendem Wirtschaftsjahr im Veranlagungszeitraum 2002 steuerfrei. Veräußerungsverluste und Teilwertabschreibungen können nach § 8 b Abs. 3 KStG von diesem Zeitpunkt an nicht mehr steuerlich berücksichtigt werden. Maßgebend ist die Anwendung des KStG n. F. bei der veräußernden Körperschaft. Die besondere Anwendungsvorschrift des § 34 Abs. 7 KStG greift nicht, da eine ausländische Körperschaft nie dem Anrechnungsverfahren (Vierter Teil des KStG a. F.) unterlegen hat. **59**

KStG

§ 8c Verlustabzug bei Körperschaften[1,2]

1 **(1)[3,4] ① Werden innerhalb von fünf Jahren mittelbar oder unmittelbar mehr als 50 Prozent des gezeichneten Kapitals, der Mitgliedschaftsrechte, der Beteiligungsrechte oder der Stimmrechte an einer Körperschaft an einen Erwerber oder diesem nahe stehende Personen übertragen oder liegt ein vergleichbarer Sachverhalt vor (schädlicher Beteiligungserwerb), sind bis zum schädlichen Beteiligungserwerb nicht ausgeglichene oder abgezogene negative Einkünfte (nicht genutzte Verluste) vollständig nicht mehr abziehbar. ② Als ein Erwerber im Sinne des Satzes 1 gilt auch eine Gruppe von Erwerbern mit gleichgerichteten Interessen. ③ Eine Kapitalerhöhung steht der Übertragung des gezeichneten Kapitals gleich, soweit sie zu einer Veränderung der Beteiligungsquoten am Kapital der Körperschaft führt. ④ Ein schädlicher Beteiligungserwerb liegt nicht vor, wenn**

1. **an dem übertragenden Rechtsträger der Erwerber zu 100 Prozent mittelbar oder unmittelbar beteiligt ist und der Erwerber eine natürliche oder juristische Person oder eine Personenhandelsgesellschaft ist,**
2. **an dem übernehmenden Rechtsträger der Veräußerer zu 100 Prozent mittelbar oder unmittelbar beteiligt ist und der Veräußerer eine natürliche oder juristische Person oder eine Personenhandelsgesellschaft ist oder**
3. **an dem übertragenden und an dem übernehmenden Rechtsträger dieselbe natürliche oder juristische Person oder dieselbe Personenhandelsgesellschaft zu jeweils 100 Prozent mittelbar oder unmittelbar beteiligt ist.**

⑤ Ein nicht abziehbarer nicht genutzter Verlust kann abweichend von Satz 1 abgezogen werden, soweit er die gesamten zum Zeitpunkt des schädlichen Beteiligungserwerbs vorhandenen im Inland steuerpflichtigen stillen Reserven des Betriebsvermögens der Körperschaft nicht übersteigt. ⑥ Stille Reserven im Sinne des Satzes 5 sind der Unterschiedsbetrag zwischen dem in der steuerlichen Gewinnermittlung ausgewiesenen Eigenkapital und dem auf dieses Eigenkapital jeweils entfallenden gemeinen Wert der Anteile an der Körperschaft, soweit diese im Inland steuerpflichtig sind. ⑦ Ist das Eigenkapital der Körperschaft negativ, sind stille Reserven im Sinne des Satzes 5 der Unterschiedsbetrag zwischen dem in der steuerlichen Gewinnermittlung ausgewiesenen Eigenkapital und dem diesem Anteil entsprechenden gemeinen Wert des Betriebsvermögens der Körperschaft. ⑧ Bei der Ermittlung der stillen Reserven ist nur das Betriebsvermögen zu berücksichtigen, das der Körperschaft ohne steuerrechtliche Rückwirkung, insbesondere ohne Anwendung des § 2 Absatz 1 des Umwandlungssteuergesetzes[5], zuzurechnen ist.

2 **(1 a)[6,7] ① Für die Anwendung des Absatzes 1 ist ein Beteiligungserwerb zum Zweck der Sanierung des Geschäftsbetriebs der Körperschaft unbeachtlich. ② Sanierung ist eine Maßnahme, die darauf gerichtet ist, die Zahlungsunfähigkeit oder Überschuldung zu verhindern oder zu beseitigen und zugleich die wesentlichen Betriebsstrukturen zu erhalten.**
③ Die Erhaltung der wesentlichen Betriebsstrukturen setzt voraus, dass

1.[8] **die Körperschaft eine geschlossene Betriebsvereinbarung mit einer Arbeitsplatzregelung befolgt oder**
2. **die Summe der maßgebenden jährlichen Lohnsummen der Körperschaft innerhalb von fünf Jahren nach dem Beteiligungserwerb 400 Prozent der Ausgangslohnsumme nicht unterschreitet; § 13 a Absatz 1 Satz 3 und 4 und Absatz 4 des Erbschaft-**

---

[1] **Zur Anwendung von § 8 c siehe § 34 Abs. 6.**

[2] § 8 c ist bei dem Erwerb von Stabilisierungselementen durch den Finanzmarktstabilisierungsfonds und deren Rückübertragung durch den Fonds sowie auf den Erwerb von Stabilisierungselementen und deren Rückübertragung durch eine andere inländische Gebietskörperschaft oder einer von dieser errichteten, mit dem Finanzmarktstabilisierungsfonds vergleichbaren, Einrichtung nicht anzuwenden. Entsprechendes gilt für Maßnahmen im Sinne des Rettungsübernahmegesetzes (§ 14 Abs. 3 FMStFG).

[3] **§ 8 c Abs. 1 Satz 1 bis 3** erstmals anzuwenden für den VZ 2008 und auf Anteilsübertragungen nach dem 31. 12. 2007 (§ 34 Abs. 6 Satz 1); **Abs. 1 Satz 4 bis 8** erstmals anzuwenden auf schädliche Beteiligungserwerbe nach dem 31. 12. 2009 (§ 34 Abs. 6 Satz 2).

[4] Zur Frage, ob § 8 c Abs. 1 Satz 2 KStG i. d. F. des Unternehmensteuerreformgesetzes 2008 vom 14. 8. 2007 mit Artikel 3 Abs. 1 des Grundgesetzes insoweit vereinbar ist, als bei der unmittelbaren Übertragung innerhalb von fünf Jahren von mehr als 50 Prozent des gezeichneten Kapitals an einer Kapitalgesellschaft an einen Erwerber die bis zum schädlichen Beteiligungserwerb nicht genutzten Verluste vollständig nicht mehr abziehbar sind, ist ein Verfahren beim Bundesverfassungsgericht anhängig *(2 BvL 19/17, Vorlagebeschluss des FG Hamburg v. 29. 8. 2017 2 K 245/17, DStR 2017 S. 2377).*

[5] UmwStG abgedruckt im **Anhang I 2.**

[6] **§ 8 c Abs. 1 a** erstmals anzuwenden für den VZ 2008 und auf Anteilsübertragungen nach dem 31. 12. 2007 (§ 34 Abs. 6 Satz 3).

[7] Zu Anwendungsfragen zur Sanierungsklausel siehe *Vfg. OFD NW v. 20. 12. 2018 S 2745 a-2015/0011-St, DB 2019 S. 26.*

[8] Die Voraussetzung kann auch durch Abschluss eines Tarifvertrages mit Arbeitsplatzregelung erfüllt werden *(Vfg. LFD Thüringen v. 23. 10. 2009 S 2750 b A – 03 – A 2).*

KStG

steuer- und Schenkungsteuergesetzes in der Fassung des Gesetzes vom 24. Dezember 2008 (BGBl. I S. 3018) gilt sinngemäß; oder

3. der Körperschaft durch Einlagen wesentliches Betriebsvermögen zugeführt wird. ② Eine wesentliche Betriebsvermögenszuführung liegt vor, wenn der Körperschaft innerhalb von zwölf Monaten nach dem Beteiligungserwerb neues Betriebsvermögen zugeführt wird, das mindestens 25 Prozent des in der Steuerbilanz zum Schluss des vorangehenden Wirtschaftsjahrs enthaltenen Aktivvermögens entspricht. ③ Wird nur ein Anteil an der Körperschaft erworben, ist nur der entsprechende Anteil des Aktivvermögens zuzuführen. ④ Der Erlass von Verbindlichkeiten durch den Erwerber oder eine diesem nahe stehende Person steht der Zuführung neuen Betriebsvermögens gleich, soweit die Verbindlichkeiten werthaltig sind. ⑤ Leistungen der Kapitalgesellschaft, die innerhalb von drei Jahren nach der Zuführung des neuen Betriebsvermögens erfolgen, mindern den Wert des zugeführten Betriebsvermögens. ⑥ Wird dadurch die erforderliche Zuführung nicht mehr erreicht, ist Satz 1 nicht mehr anzuwenden.

④ Keine Sanierung liegt vor, wenn die Körperschaft ihren Geschäftsbetrieb im Zeitpunkt des Beteiligungserwerbs im Wesentlichen eingestellt hat oder nach dem Beteiligungserwerb ein Branchenwechsel innerhalb eines Zeitraums von fünf Jahren erfolgt.

(2)[1] **§ 3 a Absatz 3 des Einkommensteuergesetzes ist auf verbleibende nicht genutzte Verluste anzuwenden, die sich nach einer Anwendung des Absatzes 1 ergeben.** 3

Übersicht

H 8c

H 8c

Aussetzung der Vollziehung bei Mindestgewinnbesteuerung.[2] → BMF vom 19. 10. 2011, BStBl. I S. 974. 11

Verlustnutzungsbeschränkung. → *BMF vom 4. 7. 2008, BStBl. I S. 736.*[3]

Anl zu H 8c

Schreiben betr. Verlustabzugsbeschränkung für Körperschaften (§ 8 c KStG)[4]

Vom 28. November 2017 (BStBl. I S. 1645)

(BMF IV C 2 – S 2745 – a/09/10002 :004; DOK 2017/0789973)

Inhaltsübersicht

[1] **§ 8 c Abs. 2** erstmals anzuwenden für VZ 2017, sowie auf Antrag für VZ auch vor 2017 (§ 34 Abs. 3 d).

[2] **[Amtl. Anm.:]** Vgl. auch → H 7.1 Mindestgewinnbesteuerung.

[3] Ersetzt durch *BMF-Schrb. v. 28.11.2017 I V C 2 –S 2745–a/09/10 002 :004, BStBl. 2017 I, 1645* nachstehend abgedruckt als Anl zu H 8 c.

[4] Das *Bundesverfassungsgericht* hat mit *Beschluss v. 29. 3. 2017 2 BvL 6/11, BGBl. II 2017, 1289* entschieden, dass § 8 c Satz 1 KStG in allen bisherigen Fassungen mit Artikel 3 Abs. 1 des Grundgesetzes unvereinbar ist, soweit bei der unmittelbaren Übertragung innerhalb von fünf Jahren von mehr als 25 Prozent des gezeichneten Kapitals an einer Kapitalgesellschaft an einen Erwerber insoweit die bis zum schädlichen Beteiligungserwerb nicht ausgeglichenen oder abgezogenen negativen Einkünfte (nicht genutzte Verluste) nicht mehr abziehbar sind.

§ 8 Abs. 1 wurde daher mit Gesetz v. 11. 12. 2018 rückwirkend geändert. Schädlich sind nur noch Beteiligungserwerbe mit einer Anteilsübertragung von mehr als 50 v. H.

Anl zu H 8 c

Im Einvernehmen mit den obersten Finanzbehörden der Länder wird zur Anwendung der allgemeinen Verlustabzugsbeschränkung für Körperschaften gem. § 8 c KStG unter Berücksichtigung der Änderungen durch das Wachstumsbeschleunigungsgesetz vom 22. Dezember 2009 (BGBl. I S. 3950) –
12 Einführung der Konzernklausel und der Stille-Reserven-Klausel –, durch das Jahressteuergesetz 2010 (JStG 2010) vom 8. Dezember 2010 (BGBl. I S. 1768) – Anpassung der Stille-Reserven-Klausel – und durch das Steueränderungsgesetz 2015 (StÄndG 2015) vom 2. November 2015 (BGBl. I S. 1834) – Anpassung der Konzernklausel – wie folgt Stellung genommen. Das BMF-Schreiben vom 4. Juli 2008 (BStBl. I S. 736) wird durch dieses Schreiben ersetzt:

I. Anwendungsbereich

13 **1** § 8 c KStG ist auf unbeschränkt und beschränkt steuerpflichtige Körperschaften, Personenvereinigungen und Vermögensmassen i. S. d. § 1 Absatz 1 KStG anzuwenden. Auch Anstalten oder Stiftungen fallen in den Anwendungsbereich des § 8 c KStG.

2 Die Abzugsbeschränkung gem. § 8 c KStG ist auf alle nicht ausgeglichenen und nicht abgezogenen negativen Einkünfte (nicht genutzte Verluste) anwendbar und umfasst insbesondere die Verluste nach § 2 a, § 10 d (Verlustvor- und -rücktrag, einschließlich der Verlustvorträge einer Organgesellschaft aus vororganschaftlicher Zeit), § 15 Absatz 4, § 15 a und § 15 b EStG sowie festgestellte verbleibende Verlustvorträge i. S. d. § 10 Absatz 3 Satz 5 AStG. § 8 c KStG gilt für den Zinsvortrag nach § 4 h Absatz 1 Satz **5** EStG entsprechend (§ 8 a Absatz 1 Satz 3 KStG).

II. Schädlicher Beteiligungserwerb

14 **3** § 8 c KStG setzt einen schädlichen Beteiligungserwerb innerhalb eines Zeitraums von fünf Jahren durch Personen eines Erwerberkreises voraus. Den Erwerberkreis bildet der Erwerber gemeinsam mit ihm nahestehenden Personen und Personen, die mit ihm oder den nahestehenden Personen gleichgerichtete Interessen haben.

4 Der Erwerb der Beteiligung kann entgeltlich oder unentgeltlich erfolgen, z. B. im Wege der Schenkung. Ein Erwerb seitens einer natürlichen Person durch Erbfall einschließlich der unentgeltlichen Erbauseinandersetzung und der unentgeltlichen vorweggenommenen Erbfolge **zwischen Angehörigen i. S. d. § 15 AO** wird von § 8 c KStG nicht erfasst; dies gilt nicht, wenn der Erwerb in auch nur geringem Umfang entgeltlich erfolgt.

1. Anteilsübertragung und vergleichbare Sachverhalte

15 **5** § 8 c KStG erfasst neben dem Erwerb von Kapitalanteilen auch den Erwerb von Mitgliedschaftsrechten und Beteiligungsrechten (jeweils auch ohne Stimmrechte) sowie von Stimmrechten und vergleichbaren Sachverhalten. Werden zugleich mehrere Anteile und Rechte übertragen, ist diejenige Übertragung maßgebend, die die weitestgehende Anwendung des § 8 c KStG erlaubt.

6 Soweit es für den Erwerb auf den Übergang einer Eigentumsposition ankommt, ist auf den Übergang des wirtschaftlichen Eigentums abzustellen.

Ein Zwischenerwerb durch eine Emissionsbank im Rahmen eines Börsengangs i. S. d. § 1 Absatz 1 Satz 2 Nummer 10 KWG bleibt unbeachtlich.

7 Vergleichbare Sachverhalte können insbesondere sein:
- der Erwerb von Genussscheinen i. S. d. § 8 Absatz 3 Satz 2 KStG;
- Stimmrechtsvereinbarungen, Stimmrechtsbindungen, Stimmrechtsverzicht;
- die Umwandlung auf eine Verlustgesellschaft, wenn durch die Umwandlung ein Beteiligungserwerb durch einen Erwerberkreis stattfindet;
- die Einbringung eines Betriebs, Teilbetriebs oder Mitunternehmeranteils, wenn durch die Einbringung ein Beteiligungserwerb am übernehmenden Rechtsträger durch einen Erwerberkreis stattfindet;
- die Fusion von Anstalten des öffentlichen Rechts, wenn hierdurch bei der aufnehmenden Anstalt des öffentlichen Rechts mit nicht genutzten Verlusten ein Träger Beteiligungsrechte an der Anstalt (hinzu) erwirbt;
- der Erwerb eigener Anteile, wenn sich hierdurch die Beteiligungsquoten ändern;
- die Kapitalherabsetzung, mit der eine Änderung der Beteiligungsquoten einhergeht.

Auch die Kombination verschiedener Sachverhalte kann insgesamt zu einem schädlichen Beteiligungserwerb führen (BFH-Urteil vom 22. Oktober 2003, I R 18/02, BStBl. 2004 II S. 468).

16 **8** Werden neben Stammaktien auch stimmrechtslose Vorzugsaktien erworben, ist bei der Ermittlung der Quote der übertragenen Anteile für die Stammaktien im Regelfall nur auf das stimmberechtigte Kapital und für die Vorzugsaktien auf das gesamte Stammkapital abzustellen. Verschiedene Quoten werden nicht addiert.

Beispiel 1:

Die Anteile an einer Gesellschaft entfallen zu 70% auf Stammaktien und zu 30% auf Vorzugsaktien. Erworben werden
a) 30%-Punkte der Vorzugsaktien (= 30% des Nennkapitals);
b) 21%-Punkte der Stammaktien (= 30% der Stimmrechte);
c) 10%-Punkte der Vorzugsaktien (= 10% des Nennkapitals) und 14%-Punkte der Stammaktien (= 20% der Stimmrechte).

Lösung B 1:

In den Fallvarianten a) und b) wird die schädliche Beteiligungsgrenze überschritten:
a) $^{30}/_{100}$ = 30%;
b) $^{21}/_{70}$ = 30%.
In der Fallvariante c) wird die schädliche Beteiligungsgrenze nicht überschritten, denn es werden 24% gezeichnetes Kapital und 20% Stimmrechte übertragen.

2. Kapitalerhöhung

9 Einem Beteiligungserwerb von mehr als 25% ist eine Kapitalerhöhung bzw. die Erhöhung anderer Beteiligungsrechte i. S. d. Rn. 5 gleichzusetzen, bei der der neu hinzutretende Erwerberkreis nach der Kapitalerhöhung bzw. der Erhöhung anderer Beteiligungsrechte i. S. d. Rn. 5 zu mehr als 25% des Kapitals i. S. d. Rn. 5 beteiligt ist oder sich eine bestehende Beteiligung um mehr als 25% erhöht (§ 8c Absatz 1 Satz 4 KStG). Die Quote ist auf das Kapital nach der Kapitalerhöhung bzw. der Erhöhung anderer Beteiligungsrechte i. S. d. Rn. 5 zu beziehen. 17

10 Die Kapitalerhöhung bei einer Gesellschaft, die ihrerseits unmittelbar oder mittelbar an einer Verlustgesellschaft beteiligt ist, löst unter den genannten Voraussetzungen die Rechtsfolgen des § 8c KStG aus, wenn sich dadurch die mittelbare Beteiligungsquote eines Erwerberkreises an der Verlustgesellschaft in schädlichem Umfang ändert.

3. Unmittelbarer und mittelbarer Erwerb

11 Der Erwerb einer Beteiligung kann unmittelbar oder mittelbar erfolgen. Der unmittelbare Erwerb ist auch schädlich, wenn er mittelbar zu keiner Änderung der Beteiligungsquote führt. **Zu Ausnahmen im Rahmen der Konzernklausel des § 8c Absatz 1 Satz 5 KStG vgl. Rn. 39 ff.** Auch die Übernahme von mehr als 25% der Anteile an einer **Körperschaft** durch eine Mitunternehmerschaft, an der die bisherigen Gesellschafter der **Körperschaft** beteiligt sind, führt zur Anwendung des § 8c KStG. 18

Beispiel 2:

Die Gesellschafterin der Verlustgesellschaft V-GmbH ist die E-GmbH, deren Gesellschafterin ist die T-GmbH und deren Gesellschafter sind die M1-KG und die M2-KG.

Lösung B 2:

Eine schädliche konzerninterne Umstrukturierung liegt u. a. vor, wenn:
- die M1-KG auf die M2-KG verschmolzen wird oder umgekehrt;
- die Anteile an der T-GmbH aus dem Gesamthandsvermögen der M1 in das Sonder-Betriebsvermögen eines ihrer Gesellschafter übertragen werden oder umgekehrt.

Ein Formwechsel des Anteilseigners i. S. d. § 190 Absatz 1 UmwG oder ein vergleichbarer ausländischer Vorgang bewirkt keine mittelbare Übertragung der Anteile an einer nachgeordneten Körperschaft.

12 Im Falle eines mittelbaren Beteiligungserwerbs ist die auf die Verlustgesellschaft durchgerechnete Beteiligungsquote oder Stimmrechtsquote maßgeblich.

4. Zeitpunkt des Erwerbs

13 Der Zeitpunkt des Beteiligungserwerbs oder des vergleichbaren Sachverhalts bestimmt sich nach dem Übergang des wirtschaftlichen Eigentums. 19

14 Kapitalerhöhungen werden mit ihrer Eintragung ins Handelsregister wirksam (BFH-Urteil vom 14. März 2006, VIII R 49/04, BStBl II S. 746). Zu diesem Zeitpunkt entstehen die neuen Mitgliedschaftsrechte.

15 Bei der Umwandlung des Anteilseigners einer Verlustgesellschaft ist für den Erwerb der Beteiligung an der Verlustgesellschaft durch den übernehmenden Rechtsträger der Übergang des wirtschaftlichen Eigentums maßgebend. Ein steuerlicher Rückbezug des Beteiligungserwerbs nach § 2 UmwStG 2006 scheidet aus.

5. Fünf-Jahres-Zeitraum

16 Zur Ermittlung des schädlichen Beteiligungserwerbs nach § 8c Absatz 1 Satz 1 KStG werden alle Erwerbe durch den Erwerberkreis innerhalb eines Fünf-Jahres-Zeitraums zusammengefasst. 20

17 Ein Fünf-Jahres-Zeitraum beginnt mit dem ersten unmittelbaren oder mittelbaren Beteiligungserwerb an der Verlustgesellschaft durch einen Erwerberkreis. Zu diesem Zeitpunkt muss noch kein Verlustvortrag der späteren Verlustgesellschaft vorhanden sein.

18 Wird die 25%-Grenze durch einen Beteiligungserwerb eines Erwerberkreises überschritten, beginnt **vorbehaltlich der Ausführungen zu Rn. 48** – unabhängig davon, ob zu diesem Zeitpunkt ein nicht genutzter Verlust vorhanden ist – mit dem nächsten Beteiligungserwerb ein neuer Fünf-Jahres-Zeitraum i. S. d. § 8c Absatz 1 Satz 1 KStG für diesen Erwerberkreis.

19 Eine Mehrzahl von Erwerben durch einen Erwerberkreis gilt als ein Erwerb, wenn ihnen ein Gesamtplan zugrunde liegt. Ein schädlicher Gesamtplan in diesem Sinne wird widerlegbar vermutet, wenn die Erwerbe innerhalb eines Jahres erfolgen.

20 Der Verlustabzugsbeschränkung des § 8c Absatz 1 Satz 2 KStG ist ein eigener Fünf-Jahres-Zeitraum zugrunde zu legen. Eine quotale Kürzung des nicht genutzten Verlustes nach § 8c Absatz 1 Satz 1 KStG löst deshalb keinen neuen Fünf-Jahres-Zeitraum für Zwecke des § 8c Absatz 1 Satz 2 KStG aus.
Im Rahmen des § 8c Absatz 1 Satz 1 KStG berücksichtigte Erwerbsvorgänge, die eine quotale Kürzung des nicht genutzten Verlustes ausgelöst haben, sind im Rahmen des § 8c Absatz 1 Satz 2 KStG nochmals zu berücksichtigen.

Wird die 50%-Grenze überschritten, beginnt – unabhängig davon, ob zu diesem Zeitpunkt ein nicht genutzter Verlust vorhanden ist – ein neuer Fünf-Jahres-Zeitraum i. S. d. § 8 c Absatz 1 Satz 2 KStG mit dem nächsten Beteiligungserwerb.

21 Wird innerhalb eines Fünf-Jahres-Zeitraums die 50%-Grenze überschritten, ist der zu diesem Zeitpunkt bestehende Verlustabzug vollständig zu versagen.

21 **22** Die mehrfache Übertragung der nämlichen Anteile ist schädlich, soweit sie je Erwerberkreis die Beteiligungsgrenzen des § 8 c KStG übersteigt. Wird mit einer unmittelbaren Übertragung einer Verlustgesellschaft gleichzeitig im Erwerberkreis auch eine mittelbare Übertragung verwirklicht, wird bei der Ermittlung der übertragenen Quote nur die unmittelbare Übertragung berücksichtigt.

Beispiel 3:

Im Veranlagungszeitraum (VZ) 01 erwirbt die E-GmbH 30% der Anteile an der Verlust-GmbH vom bisherigen Alleingesellschafter A. Von der E-GmbH erwirbt die M-AG, die an der E-GmbH zu 80% beteiligt ist, im VZ 03 dieselben 30%. Weitere 21% erwirbt die M-AG in 04 direkt von A.

Lösung:

B 3

VZ 01: Quotaler Verlustuntergang nach § 8 c Absatz 1 Satz 1 KStG wegen des Beteiligungserwerbs durch die E-GmbH von 30%.

B 4

VZ 03: Quotaler Verlustuntergang nach § 8 c Absatz 1 Satz 1 KStG wegen des Beteiligungserwerbs durch die M-AG von 30%. Dem steht nicht entgegen, dass die E-GmbH und die M-AG einen Erwerberkreis bilden.

B 5

VZ 04: Der nochmalige Beteiligungserwerb durch die M-AG von 21% führt zum Überschreiten der 50%-Quote nach § 8 c Absatz 1 Satz 2 KStG und damit zum vollständigen Verlustuntergang.

22 **23** Die Übertragung von Anteilen auf eine Person stellt in dem Umfang, in dem diese Person bereits zu einem früheren Zeitpunkt (ggf. auch im ursprünglichen Verlustentstehungsjahr) an der Verlustgesellschaft beteiligt gewesen ist, eine mehrfache Übertragung nämlicher Anteile i. S. d. Rn. 22 dar.

24 Nicht erforderlich ist, dass der schädliche Erwerb oder die zu addierenden Einzelerwerbe zu einer Zeit erfolgen, zu der die Körperschaft nicht genutzte Verluste aufweist.

Beispiel 4:

A hält 100% der Anteile an einer GmbH. B erwirbt per 31.12.**01** 25% und per 31.12.**02** weitere 25% der Anteile. Die GmbH erzielt in **01** einen Gewinn von 20 000 € und in **02** einen Verlust von 200 000 €.

Lösung B 6:

Es kommt zu einem quotalen Untergang (zu 50%) des nicht genutzten Verlusts der GmbH per 31.12.**02** i. H. v. 100 000 €. Der Anteilserwerb per 31.12.**01** ist ebenfalls zu berücksichtigen, obwohl er in einer Gewinnphase der GmbH erfolgte und zum Erwerbszeitpunkt noch keine nicht genutzten Verluste der GmbH vorhanden waren.

III. Erwerber

23 **25** Erwerber kann jede natürliche Person, juristische Person oder Mitunternehmerschaft sein. Für vermögensverwaltende Personengesellschaften gilt eine anteilige Zurechnung nach § 39 Absatz 2 Nummer 2 AO.

1. Übertragung auf nahestehende Personen

24 **26** Zur Begründung des „Nahestehens" reicht jede rechtliche oder tatsächliche Beziehung zu einer anderen Person aus **(H 8.5 Nahestehende Person – Kreis der nahestehenden Personen KStH 2015),** die bereits vor oder unabhängig von dem Anteilserwerb besteht.

2. Übertragung auf Erwerber mit gleichgerichteten Interessen

25 **27** Personen mit gleichgerichteten Interessen gehören zum Erwerberkreis (vgl. Rn. 3).

28 Von einer Erwerbergruppe mit gleichgerichteten Interessen ist regelmäßig auszugehen, wenn eine Abstimmung zwischen den Erwerbern stattfindet, wobei kein Vertrag vorliegen muss. Die Abstimmung darf jedoch nicht nur auf Absprachen beschränkt sein, die sich auf den Erwerb als solchen beziehen – z. B. mit Blick auf die Preisfindung oder das Bewahren eines bisher vorliegenden Verhältnisses im Anteilsbesitz (BFH-Urteil vom 22. November 2016, I R 30/15, BStBl 2017 II S. 921). Die Verfolgung eines gemeinsamen Zwecks i. S. d. § 705 BGB reicht zur Begründung gleichgerichteter Interessen aus, ist aber nicht Voraussetzung. Die gleichgerichteten Interessen müssen sich nicht auf den Erhalt des Verlustvortrags der Körperschaft richten. Gleichgerichtete Interessen liegen z. B. vor, wenn mehrere Erwerber einer Körperschaft zur einheitlichen Willensbildung zusammenwirken. Indiz gleichgerichteter Interessen ist auch die gemeinsame Beherrschung der Körperschaft; vgl. **H 8.5 Beherrschender Gesellschafter – Gleichgerichtete Interessen KStH 2015**.

IV. Rechtsfolgen

1. Zeitpunkt und Umfang des Verlustuntergangs

29 Werden innerhalb von fünf Jahren unmittelbar oder mittelbar mehr als 25% der Anteile durch einen Erwerberkreis erworben, geht der Verlust gem. § 8 c Absatz 1 Satz 1 KStG quotal entsprechend der Höhe der schädlichen Beteiligungserwerbe unter. 26

30 Bei einem schädlichen Beteiligungserwerb von über 50% innerhalb eines Zeitraums von fünf Jahren geht der nicht genutzte Verlust gem. § 8 c Absatz 1 Satz 2 KStG vollständig unter.

31 Die Rechtsfolge tritt in dem Wirtschaftsjahr ein, in dem die 25%-Grenze bzw. die 50%-Grenze überschritten wird. Verluste, die bis zum Zeitpunkt des schädlichen Beteiligungserwerbs entstanden sind, dürfen mit danach entstandenen Gewinnen weder ausgeglichen noch von ihnen abgezogen werden. Sie dürfen auch nicht in vorangegangene VZ zurückgetragen werden.

Beispiel 5: 27

	Jahr 01 EUR	**Jahr 02 EUR**	**Jahr 03 EUR**	**Jahr 04 EUR**	**Jahr 05 EUR**
Gezeichnetes Kapital	1 000 000	1 000 000	1 000 000	1 000 000	1 000 000
Beteiligungsverhältnisse					
Gesellschafter A	700 000	400 000	400 000	400 000	400 000
Gesellschafter B	300 000	300 000	200 000	150 000	50 000
Gesellschafter C		300 000	400 000	450 000	550 000
Übertragene Anteile im Fünf-Jahres-Zeitraum		300 000 (30%)	400 000 (40%)	450 000 (45%)	550 000 (55%)
Schädlicher Beteiligungserwerb		**ja**	**nein**	**nein**	**ja**
Ergebnis des laufenden VZ		– 2 000 000	– 600 000	3 500 000	470 000
davon Verlust/**Gewinn** bis zum schädlichen Beteiligungserwerb		– 1 200 000	– 300 000	0	**235 000**
Verbleibender Verlustabzug zum Ende des vorangegangenen VZ		20 000 000	15 640 000	16 240 000	13 740 000
Verlust**abzugs**verbot § 8 c Absatz 1 Satz 1 KStG		6 000 000 30%	0	0	0
Verlustabzugsverbot § 8 c Absatz 1 Satz 2 KStG		0	0	0	**13 505 000** (100%)
Verlust**ausgleichs**verbot § 8 c Absatz 1 Satz 1 KStG		360 000	0	0	0
Verlustabzug				2 500 000	**235 000**
Verbleibender Verlustabzug zum Ende des VZ		**15 640 000**	**16 240 000**	**13 740 000**	**0**

32 In den Fällen eines unmittelbaren und mittelbaren oder eines mittelbaren schädlichen Beteiligungserwerbs am Organträger bzw. an der Organgesellschaft zum Ende des Wirtschaftsjahres des Organträgers bzw. der Organgesellschaft ist die Verlustkürzung nach § 8 c KStG nur beim Organträger nach Zurechnung des Einkommens der Organgesellschaft vorzunehmen.

2. Unterjähriger Beteiligungserwerb

a) Allgemein

33 Bei einem unterjährigen schädlichen Beteiligungserwerb unterliegt auch ein bis zu diesem Zeitpunkt erzielter Verlust der Verlustabzugsbeschränkung nach § 8 c KStG. 28
Ein bis zum schädlichen Beteiligungserwerb erzielter Gewinn kann nach den Grundsätzen der Rn. 34 mit noch nicht genutzten Verlusten verrechnet werden (BFH-Urteil vom 30. November 2011, I R 14/11, BStBl. 2012 II S. 360). Maßgebend ist dabei der bis zum schädlichen Beteiligungserwerb erwirtschaftete Gesamtbetrag der Einkünfte (G. d. E.). Ein unterjähriger Beteiligungserwerb liegt nicht vor, wenn die Übertragung zum Ende des Kalender- oder Wirtschaftsjahres erfolgt.

34 Der zum Ende des dem schädlichen Beteiligungserwerb vorangegangenen VZ gesondert festgestellte verbleibende Verlustvortrag bleibt abweichend von § 8 c Absatz 1 Satz 1 und 2 KStG abziehbar, soweit bis zum schädlichen Beteiligungserwerb ein positiver G. d. E. erzielt wurde. Dies gilt auch, wenn im VZ, in dem der schädliche Beteiligungserwerb erfolgt, insgesamt ein niedrigerer G. d. E. als in der Zeit bis zum schädlichen Beteiligungserwerb erzielt wird. Die Regelungen der Mindestgewinnbesteuerung sind für die Ermittlung der Höhe des verbleibenden Verlustvortrags unbeachtlich. Ein danach verbleibender Verlustvortrag kann im VZ, in dem der schädliche Beteiligungserwerb erfolgt, unter Beachtung der Mindestgewinnbesteuerung abgezogen und ggf. weiter vorgetragen werden.

Beispiel 6: 29

Die V-GmbH hat zum 31. 12. 01 einen verbleibenden Verlustvortrag i. H. v. 10 Mio. €. Das Wirtschaftsjahr der V-GmbH entspricht dem Kalenderjahr. Am 30. 6. 02 werden 100% der Anteile der V-GmbH auf einen Erwerber übertragen (schädlicher Beteiligungserwerb). Der G. d. E. des VZ 02 beträgt 4 Mio. €. Davon entfallen 1,5 Mio. € auf den Zeitraum bis zum schädlichen Beteiligungserwerb (Abwandlung: der G. d. E. bis zum schädlichen Beteiligungserwerb beträgt 6 Mio. €).

Anl zu H 8 c

Lösung

B 7:
Nach dem vorstehenden Absatz bleibt ein Teilbetrag von 1,5 Mio. € des zum 31. 12. 01 verbleibenden Verlustvortrags abziehbar. I. H. v. 8,5 Mio. € geht der Verlustvortrag nach § 8 c Absatz 1 Satz 2 KStG unter.

B 8:
Der nach Anwendung des § 8 c Absatz 1 Satz 2 KStG verbleibende Verlustvortrag i. H. v. 1,5 Mio. € kann unter Beachtung der Mindestgewinnbesteuerung mit dem positiven G. d. E. des VZ 02 verrechnet werden. Das Einkommen des VZ 02 beträgt danach 2,5 Mio. € (= 4 Mio. € – 1,5 Mio. €).

B 9:
Im Fall der Abwandlung bleibt ein Teilbetrag von 6 Mio. € des zum 31. 12. 01 verbleibenden Verlustvortrags abziehbar. I. H. v. 4 Mio. € geht der Verlustvortrag nach § 8 c Absatz 1 Satz 2 KStG unter.

B 10:
Der nach Anwendung des § 8 c Absatz 1 Satz 2 KStG verbleibende Verlustvortrag i. H. v. 6 Mio. € kann unter Beachtung der Mindestgewinnbesteuerung mit dem positiven G. d. E. des VZ 02 verrechnet werden. Das Einkommen des VZ 02 beträgt danach 1,2 Mio. € (= 4 Mio. € – 1 Mio. € – 1,8 Mio. € [= 60% von 3 Mio. €]). Zum 31. 12. 02 ist ein verbleibender Verlustvortrag i. H. v. 3,2 Mio. € gesondert festzustellen.

30 **35** Das Ergebnis **des gesamten Wirtschaftsjahres ist nach wirtschaftlichen Kriterien aufzuteilen.** Dies kann durch einen nach den Regeln eines Jahresabschlusses erstellten Zwischenabschluss auf den Stichtag des schädlichen Beteiligungserwerbs und getrennte Einkommensermittlungen für die Zeit vor und nach dem schädlichen Beteiligungserwerb erfolgen. Sofern ein Zwischenabschluss nicht erstellt wird, ist die Aufteilung des Ergebnisses sachlich und wirtschaftlich begründet zu schätzen (z. B. betriebswirtschaftliche Auswertung oder zeitanteilige Aufteilung).

31 **36** Die Rn. 33 bis 35 gelten bei einem vom Kalenderjahr abweichenden Wirtschaftsjahr entsprechend. Der Verlust eines vom Kalenderjahr abweichenden Wirtschaftsjahres und der zum Schluss des vorangegangenen VZ festgestellte verbleibende Verlustvortrag sind auch dann nach § 8 c KStG zu kürzen, wenn der schädliche Beteiligungserwerb in dem betreffenden VZ nach Ablauf des Wirtschaftsjahres, also im folgenden Wirtschaftsjahr erfolgt. Auf den Schluss des VZ ist daher kein bzw. ein gekürzter verbleibender Verlust festzustellen. Dies gilt nicht, soweit im folgenden Wirtschaftsjahr auf den Zeitraum bis zum schädlichen Beteiligungserwerb ein positiver G. d. E. entfällt. In dieser Höhe bleiben nicht genutzte Verluste aus dem vorangegangenen Wirtschaftsjahr nach den Grundsätzen der Rn. 33 bis 35 abziehbar. Insoweit ist auf den Schluss des VZ des schädlichen Beteiligungserwerbs ein verbleibender Verlust festzustellen und eine ggf. anderslautende Verlustfeststellung zu ändern. Ist das Ergebnis des folgenden Wirtschaftsjahres, in dem der schädliche Beteiligungserwerb erfolgt ist, noch nicht bekannt, ist der zum Ablauf des VZ verbleibende Verlust nach § 165 Absatz 1 Satz 1 AO vorläufig festzustellen.

32 **Beispiel 7:**

Die V-GmbH hat ein vom Kalenderjahr abweichendes Wirtschaftsjahr vom 1. 4. bis 31. 3. Im Wirtschaftsjahr 01/02 erzielt sie einen negativen G. d. E. von – 10 000 €, im Wirtschaftsjahr 02/03 einen Gewinn (= G. d. E.) von 20 000 €. Zum 30. 6. 02 werden 100% der Anteile auf einen Erwerber übertragen (schädlicher Beteiligungserwerb). Vom G. d. E. des Wirtschaftsjahres 02/03 entfällt auf den Zeitraum vom 1. 4. 02 bis 30. 6. 02 ein Anteil von + 5 000 € (Abwandlung: ein Anteil von – 5 000 €). Entsprechend der Rn. 36 ist die Verlustfeststellung zum 31. 12. 02 nach § 165 Absatz 1 Satz 1 AO vorläufig erfolgt.

Lösung

B 11:
Bei ausschließlicher Berücksichtigung der Informationen für das Jahr 02 ist zum 31. 12. 02 kein verbleibender Verlust festzustellen, da der Verlust des Wirtschaftsjahres 01/02 aufgrund des schädlichen Beteiligungserwerbs zum 30. 6. 02 nach § 8 c KStG vollständig zu kürzen ist.

B 12:
Im Rahmen der KSt-Veranlagung für den Zeitraum 03 ist zu berücksichtigen, dass in Höhe des bis zum schädlichen Beteiligungserwerb entstandenen Gewinns von 5 000 € Verluste, die vor dem schädlichen Beteiligungserwerb entstanden sind (– 10 000 €), abziehbar bleiben (vgl. Rn. 34). Die Verlustfeststellung zum 31. 12. 02 ist entsprechend zu ändern.

B 13:
Der verbleibende Verlustvortrag zum 31. 12. 02 i. H. v. 5 000 € kann mit dem positiven G. d. E. des Wirtschaftsjahres 02/03 verrechnet werden. Für den VZ 03 beträgt das Einkommen danach 15 000 €.

B 14:
Im Fall der Abwandlung ist auch der bis zum 30. 6. 02 entstandene Verlust nach § 8 c KStG zu kürzen. Für den VZ 03 beträgt das Einkommen 25 000 €.

b) Bei Organschaft

33 **37** Bei einer steuerlichen Organschaft ist die Verlustabzugsbeschränkung des § 8 c KStG auf Ebene des Organträgers und auf Ebene der Organgesellschaft getrennt anzuwenden. Im Fall eines schädlichen Beteiligungserwerbs bei einem Organträger unterliegt daher regelmäßig auch das noch nicht zugerechnete negative Organeinkommen der Verlustabzugsbeschränkung des § 8 c KStG, soweit es aufgrund eines schädlichen Beteiligungserwerbs an einem Organträger zu einem mittelbaren schädlichen Erwerb an der Organgesellschaft kommt. Die negativen Einkommen der Organgesellschaft und des Organträgers sind bei einem unterjährigen Beteiligungserwerb jeweils vor der Einkommenszurechnung auf Ebene der Organgesellschaft bzw. des Organträgers entsprechend der Ergebnisaufteilung i. S. d. Rn. 35 zu kürzen. Das gilt auch für ein negatives Einkommen einer Organgesellschaft aus einem laufenden vom Kalenderjahr abweichenden Wirtschaftsjahr, das die Organgesellschaft in der Zeit vom Beginn des Wirtschaftsjahres bis zum schädlichen Beteiligungserwerb erzielt hat. Für das negative Einkommen eines vom Kalenderjahr abweichenden Wirtschaftsjahres der Organgesellschaft, das vor dem schädlichen Beteiligungserwerb abgeschlossen war, gilt Rn. 32.

38 Rn. 33 Satz 2 ist bei Organgesellschaften nicht anzuwenden. Aufgrund der Zurechnung des Einkommens der Organgesellschaft beim Organträger kann es bei der Organgesellschaft keine nicht genutzten Verluste aus Vorjahren geben, die für eine Verrechnung mit bis zum Zeitpunkt des schädlichen Beteiligungserwerbs entstandenen Gewinnen zur Verfügung stehen könnten. Eine Verrechnung von innerhalb der Organschaft entstandenen Gewinnen mit ggf. bestehenden vororganschaftlichen Verlusten ist nicht zulässig (§ 15 Satz 1 Nummer 1 KStG).

V. Konzernklausel (§ 8 c Absatz 1 Satz 5 KStG)

39 Ein schädlicher Beteiligungserwerb liegt nicht vor, wenn 34

1. an dem übertragenden Rechtsträger der Erwerber zu 100% mittelbar oder unmittelbar beteiligt ist und der Erwerber eine natürliche oder juristische Person oder eine Personenhandelsgesellschaft (KG oder OHG) ist,
2. an dem übernehmenden Rechtsträger der Veräußerer zu 100% mittelbar oder unmittelbar beteiligt ist und der Veräußerer eine natürliche oder juristische Person oder eine Personenhandelsgesellschaft (KG oder OHG) ist oder
3. an dem übertragenden und an dem übernehmenden Rechtsträger dieselbe natürliche oder juristische Person oder dieselbe Personenhandelsgesellschaft (KG oder OHG) zu jeweils 100% mittelbar oder unmittelbar beteiligt ist.

40 § 8 c Absatz 1 Satz 5 KStG ist auf sämtliche Rechtsvorgänge anwendbar, die zu einem schädlichen Beteiligungserwerb i. S. d. § 8 c Absatz 1 KStG führen können, unabhängig davon, auf welchem Rechtsgrund (z. B. Kauf-, Schenkungsvertrag, Einbringung, verdeckte Einlage, Umwandlung usw.) diese beruhen. Aus den in § 8 c Absatz 1 Satz 5 KStG verwendeten Begriffen „Veräußerer" und „Erwerber" folgt keine Einschränkung der Anwendbarkeit der Konzernklausel auf schädliche Beteiligungserwerbe durch Veräußerungsgeschäfte. 35

41 „Übertragender Rechtsträger" bzw. „Veräußerer" i. S. d. § 8 c Absatz 1 Satz 5 KStG ist der Rechtsträger, der die Anteile an der Verlustgesellschaft vor der Anteilsübertragung unmittelbar oder mittelbar hält. „Übernehmender Rechtsträger" bzw. „Erwerber" i. S. d. § 8 c Absatz 1 Satz 5 KStG ist der Rechtsträger, der die Anteile nach der Anteilsübertragung unmittelbar oder mittelbar hält. Die Begriffe „übertragender Rechtsträger" und „übernehmender Rechtsträger" werden in der Konzernklausel normspezifisch verwendet und sind nicht im umwandlungssteuerrechtlichen Sinn zu verstehen.

Beispiel 8:

Die A-AG hält 100% der Anteile an der T-GmbH, die wiederum zu 100% an der Verlustgesellschaft V-GmbH beteiligt ist. Die T-GmbH wird abwärts auf die V-GmbH verschmolzen.

Lösung B 15:

Übertragender Rechtsträger der Anteile an der V-GmbH i. S. d. § 8 c KStG ist hier die T-GmbH, übernehmender Rechtsträger ist die A-AG, denn sie hält anschließend die Anteile an der V-GmbH. Demgegenüber ist umwandlungssteuerlich hier die V-GmbH übernehmender Rechtsträger, denn sie übernimmt das Vermögen der T-GmbH aus der Verschmelzung.

42 Der Begriff Personenhandelsgesellschaft stellt auf die handelsrechtliche Beurteilung ab und erfasst auch ausländische Personenhandelsgesellschaften (vgl. auch BT-Drs. 18/4902 Seite 47). 36

43 § 8 c Absatz 1 Satz 5 Nummer 1 und 2 KStG betrifft die Verkürzung bzw. die Verlängerung von Beteiligungsketten innerhalb eines Konzerns bei jeweils 100%iger Beteiligung.

44 § 8 c Absatz 1 Satz 5 Nummer 3 KStG erfasst weitere Übertragungen, z. B. auf Schwestergesellschaften. Die Anwendung setzt drei Ebenen voraus:
Die erste Ebene (Zurechnungsebene) betrifft die natürliche oder juristische Person oder die Personenhandelsgesellschaft, die unmittelbar oder mittelbar zu 100% am übertragenden und am übernehmenden Rechtsträger beteiligt ist. Dabei werden unmittelbare und mittelbare Beteiligungen zusammengerechnet.
Die zweite Ebene (Handlungsebene) betrifft den schädlichen Beteiligungserwerb zwischen dem übertragenden und dem übernehmenden Rechtsträger.
Die dritte Ebene betrifft die Verlustgesellschaft (Ebene der Verlustgesellschaft), deren Anteile erworben wurden und für deren Verluste die Anwendung des § 8 c KStG zu prüfen ist.
Die Voraussetzungen aller Ebenen müssen erfüllt sein, damit die dritte Alternative der Konzernklausel Anwendung findet.

45 Die Voraussetzungen der Konzernklausel sind auch dann erfüllt, wenn dieselbe Person zu 100% am übertragenden und am übernehmenden Rechtsträger beteiligt ist, sie selbst zur Verlustgesellschaft jedoch keine 100%ige mittelbare Beteiligung besitzt, sondern zusätzlich ein fremder Dritter an der Verlustgesellschaft beteiligt ist. 37

Beispiel 9:

Die natürliche Person A ist jeweils zu 100% an der X-GmbH und an der Y-GmbH beteiligt. Die X-GmbH veräußert ihre Anteile i. H. v. 50% an der Verlustgesellschaft V an die Y-GmbH. Ferner ist an der Verlustgesellschaft V ein fremder Dritter D zu 50% beteiligt.

Lösung B 16:

A ist sowohl am übertragenden Rechtsträger X-GmbH als auch am übernehmenden Rechtsträger Y-GmbH jeweils zu 100% beteiligt. Es liegt somit kein schädlicher Beteiligungserwerb vor. Für die Anwendung der dritten Alternative der Konzernklausel ist nicht Voraussetzung, dass A zusätzlich auch zu 100% an der Verlustgesellschaft V (mittelbar) beteiligt sein muss.

Anl zu H 8 c

38 **46** Die Konzernklausel findet hingegen keine Anwendung, wenn mehr als ein Beteiligter am übertragenden oder übernehmenden Rechtsträger vorhanden ist und durch die Zusammenrechnung von unmittelbaren und mittelbaren Beteiligungen keine 100%ige Beteiligung am übertragenden und/oder übernehmenden Rechtsträger erreicht wird. Das ist z. B. der Fall, wenn übertragender oder übernehmender Rechtsträger eine Kapitalgesellschaft mit mehreren Anteilseignern (z. B. börsennotierte Gesellschaften) oder eine Personengesellschaft ist, an der nur natürliche Personen beteiligt sind.

Beispiel 10:

Die natürlichen Personen A und B sind zu jeweils 50% an der AB-GmbH beteiligt. Diese wiederum hält eine Beteiligung an der Verlust-GmbH. Die AB-GmbH überträgt nun die Anteile an der Verlust-GmbH auf A. Der übernehmende Rechtsträger bzw. Erwerber ist A selbst (Handlungsebene).

Lösung B 17:

A ist nicht zu 100% andem übertragenden Rechtsträger (AB-GmbH) beteiligt. Die Voraussetzungende § 8 c Absatz 1 Satz 5 Nummer 1 KSt Gliegen damit nicht vor. Gleichfalls greift § 8 c Absatz 1 Satz 5 Nummer 3 KStG nicht, da die Voraussetzung einer 100%igen Beteiligung am über nehmenden Rechtsträger nicht erfüllt ist (keine Zurechnungsebene vorhanden).

Prüfung der Konzernklausel im Zusammenhang mit der Ermittlung der schädlichen Erwerbsquote von 25%/50%

39 **47** Ob für einen Anteilserwerb die Voraussetzungen für die Anwendung der Konzernklausel vorliegen, wird regelmäßig geprüft, wenn die schädliche Grenze von 25% bzw. 50% innerhalb von fünf Jahren erstmals überschritten wird. Führen erst mehrere Erwerbe zu einem Überschreiten der Grenze von 25% bzw. 50%, sind die Voraussetzungen der Konzernklausel für jeden der Erwerbe getrennt voneinander zu prüfen.

48 Einzelne Beteiligungserwerbe, die die Voraussetzungen der Konzernklausel erfüllen, sind weder bei der Ermittlung der schädlichen Grenze von 25% bzw. 50% noch bei der Berechnung des Fünf-Jahres-Zeitraums zu berücksichtigen. Einem solchen Beteiligungserwerb folgende und vorangegangene Erwerbe, die die Voraussetzungen der Konzernklausel nicht erfüllen, sind weiterhin in die Ermittlung der schädlichen Grenze und des Fünf-Jahres-Zeitraums einzubeziehen.

Beispiel 11:

Es werden zum 1. 1. des jeweiligen Jahres folgende Anteile einer Verlustgesellschaft durch einen Erwerber erworben:

01:	15%	Voraussetzungen der Konzernklausel sind nicht erfüllt
02:	20%	Voraussetzungen der Konzernklausel sind erfüllt
03:	32,5%	Voraussetzungen der Konzernklausel sind nicht erfüllt
04/05:		keine weiteren Erwerbe
06:	18%	Voraussetzungen der Konzernklausel sind nicht erfüllt

Lösung B 18:

Für die Erwerbe im ersten und zweiten Jahr (insg. 35) erfolgt keine Verlustkürzung, da für den Erwerb im zweiten Jahr (20%) die Konzernklausel anzuwenden ist. Im dritten Jahr wird der Verlust um 47,5% nach § 8 c Absatz 1 Satz 1 KStG gekürzt. Das entspricht der Höhe der schädlichen Beteiligungserwerbe in den Jahren 01 und 03. Damit endet der Fünf-Jahres-Zeitraum nach § 8 c Absatz 1 Satz 1 KStG vorzeitig; der Fünf-Jahres-Zeitraum nach § 8 c Absatz 1 Satz 2 KStG läuft weiter. Aufgrund des weiteren Erwerbs im sechsten Jahr erfolgt eine vollständige Verlustkürzung nach § 8 c Absatz 1 Satz 2 KStG.

VI. Stille-Reserven-Klausel (§ 8 c Absatz 1 Satz 6 bis 9 KStG)

1. Verhältnis der Konzernklausel zur Stille-Reserven-Klausel

40 **49** Die Stille-Reserven-Klausel gem. § 8 c Absatz 1 Satz 6 bis 9 KStG i. d. F. des Jahressteuergesetzes 2010 setzt nach Anwendung der Konzernklausel zunächst einen schädlichen Beteiligungserwerb voraus, der die 25%- bzw. 50%-Grenze überschreitet und der ohne die Stille-Reserven-Klausel zu einer Verlustkürzung führen würde.

2. Ermittlung der stillen Reserven

a) Allgemein

41 **50** Der gemeine Wert der Anteile entspricht in den Fällen eines entgeltlichen Erwerbs grundsätzlich dem Entgelt. Wurde aufgrund gesellschaftsrechtlicher Veranlassung ein unangemessenes Entgelt für den Erwerb der Anteile gezahlt oder lässt sich der Wert der Anteile aus anderen Gründen nicht aus einem Entgelt ableiten, ist der Wert durch eine Unternehmensbewertung zu ermitteln (vgl. BMF-Schreiben vom 22. September 2011, BStBl. S. 859).

51 Die Bestimmung der im Inland steuerpflichtigen stillen Reserven setzt regelmäßig nicht die Ermittlung der gesamten stillen Reserven einschließlich der ausländischen stillen Reserven der Körperschaft voraus. Inländische und ausländische stille Reserven sind sachgerecht zuzuordnen.

52 Stille Reserven aus Beteiligungen an Kapitalgesellschaften, die von der Verlustgesellschaft gehalten werden, bleiben vorbehaltlich der Rn. 53 bei der Ermittlung des Einkommens unberücksichtigt (§ 8 b Absatz 2 KStG) und sind nicht in die Berechnung der stillen Reserven einzubeziehen. Stille Reserven aus Beteiligungen sind auch nicht in Höhe des pauschalen Abzugsverbots von Betriebsausgaben i. H. v. 5% des Veräußerungsgewinns nach § 8 b Absatz 3 Satz 1 KStG zu berücksichtigen. Sind in dem Betriebsvermögen sperrfristbehaftete Anteile i. S. d. § 20 UmwStG 2006 enthalten, ist ein zum Zeitpunkt des schädlichen Beteiligungserwerbs gem. § 22 Absatz 1 UmwStG 2006 latent steuerverhafteter Einbringungsgewinn I ebenfalls nicht in die Berechnung der stillen Reserven einzubeziehen.

53 Stille Reserven, die auf Anteile, auf die § 8b Absatz 7 oder 8 KStG anzuwenden ist, und auf einbringungsgeborene Anteile, auf die § 8b Absatz 4 KStG a. F. anzuwenden ist, entfallen, sind abweichend von Rn. 52 bei der Anwendung der Stille-Reserven-Klausel zu berücksichtigen.

54 Die Rn. 51 ff. gelten entsprechend für Wirtschaftsgüter, die aufgrund einer Beteiligung an einer Personengesellschaft für Zwecke der Körperschaftsteuer anteilig zu berücksichtigen sind.

55 Sind für Kapitalgesellschaften i. S. d. § 8 Absatz 7 Satz 1 Nummer 2 KStG die einzelnen Tätigkeiten der Gesellschaft gem. § 8 Absatz 9 KStG verschiedenen Sparten zuzuordnen und ist der verbleibende negative G. d. E. der jeweiligen Sparte gesondert festzustellen, sind auch die Voraussetzungen für die Inanspruchnahme der Stille-Reserven-Klausel getrennt für jede Sparte zu überprüfen. Die ermittelten stillen Reserven sind sachgerecht aufzuteilen.

b) Bei negativem Eigenkapital (§ 8 c Absatz 1 Satz 8 KStG)

56 Verfügt die Verlustgesellschaft über ein negatives Eigenkapital, ist für die Ermittlung der maßgeblichen stillen Reserven das dem Anteil an der Verlustgesellschaft entsprechende negative Eigenkapital dem entsprechenden gemeinen Wert des Betriebsvermögens der Verlustgesellschaft gegenüberzustellen. Der maßgebliche gemeine Wert kann in diesen Fällen nicht aus einem für die Anteile gezahlten Entgelt abgeleitet werden. Die Ermittlung des gemeinen Werts des Betriebsvermögens i. S. d. § 8c Absatz 1 Satz 8 KStG setzt vielmehr eine Unternehmensbewertung voraus (siehe BMF-Schreiben vom 22. September 2011, a. a. O.). **42**

c) Bei unterjährigem Beteiligungserwerb

57 Bei unterjährigem Beteiligungserwerb ist für die Ermittlung der stillen Reserven das steuerbilanzielle Eigenkapital zum Zeitpunkt des schädlichen Beteiligungserwerbs maßgebend. Sofern auf diesen Zeitpunkt kein Zwischenabschluss erstellt worden ist, ist das auf den letzten vor diesem Zeitpunkt liegenden Abschlusszeitpunkt ermittelte Eigenkapital weiterzuentwickeln. Aus Vereinfachungsgründen kann das steuerbilanzielle Eigenkapital zum Zeitpunkt des schädlichen Beteiligungserwerbs wie folgt ermittelt werden: **43**

	steuerbilanzielles Eigenkapital zum Abschlusszeitpunkt, der vor dem Zeitpunkt des schädlichen Beteiligungserwerbs liegt
+/–	anteiliges Ergebnis nach Rn. 35
+/–	bis zum Zeitpunkt des schädlichen Beteiligungserwerbs nach den Grundsätzen ordnungsgemäßer Buchführung tatsächlich zu berücksichtigende Zugänge/Auskehrungen
=	steuerbilanzielles Eigenkapital zum Zeitpunkt des schädlichen Beteiligungserwerbs.

Wurde die Aufteilung des Ergebnisses des Wirtschaftsjahres geschätzt (vgl. Rn. 35 Satz 3), ist dieser Schlüssel auch für die Ermittlung des maßgeblichen Eigenkapitals anzuwenden.

d) Mehrstufiger Beteiligungserwerb

58 Bei mehrstufigen Beteiligungen können unmittelbare schädliche Beteiligungserwerbe zugleich mittelbare schädliche Beteiligungserwerbe auf einer anderen Ebene zur Folge haben. Die Tatbestandsvoraussetzungen der Stille-Reserven-Klausel sind grundsätzlich für jede Verlustgesellschaft gesondert zu prüfen. Dabei sind allein die in der Verlustgesellschaft vorhandenen im Inland steuerpflichtigen stillen Reserven zu berücksichtigen (vgl. Rn. 50 ff.). Für die Ermittlung der Höhe der in der Verlustgesellschaft enthaltenen stillen Reserven ist grundsätzlich das für die Obergesellschaft gezahlte Entgelt zugrunde zu legen. Abweichend davon kann der Steuerpflichtige die in der Verlustgesellschaft vorhandenen stillen Reserven z. B. durch Vorlage einer Unternehmensbewertung nachweisen. **44**

e) Bei Organschaften

59 Der Grundsatz, dass für jede Verlustgesellschaft gesondert zu prüfen ist, in welcher Höhe stille Reserven vorhanden sind (Rn. 58), ist auch dann anzuwenden, wenn zum Betriebsvermögen einer Verlustgesellschaft die Beteiligung an einer oder mehreren Organgesellschaften gehört. Stille Reserven im Betriebsvermögen der Organgesellschaft sind beim Organträger nicht zu berücksichtigen. **45**

60 Ist die Organgesellschaft selbst eine Verlustgesellschaft, kann die Anwendung der Stille-Reserven-Klausel über die Verluste des laufenden Wirtschaftsjahres hinaus nur vororganschaftliche Verluste betreffen.

3. Verwendung der stillen Reserven zum Erhalt eines nicht abziehbaren nicht genutzten Verlustes

61 In Höhe der stillen Reserven der Verlustgesellschaft können im Zeitpunkt des schädlichen Beteiligungserwerbs vorhandene nicht genutzte körperschaftsteuerliche Verluste abgezogen werden. Eine doppelte Nutzung von stillen Reserven insbesondere in Fällen mitsteuerlicher Rückwirkung ist ausgeschlossen. **46**

62 Die im Betriebsvermögen enthaltenen stillen Reserven sind zunächst für die Erhaltung des laufenden Verlustes und anschließend für die Erhaltung des Verlustvortrages zu nutzen.

63 Für die Verrechnung der stillen Reserven mit den nicht genutzten Verlusten (Rn. 2) gilt die gleiche Reihenfolge, in der im Fall der Realisierung der stillen Reserven die Verluste aufgebraucht werden würden.

Beispiel 12: **47**

Die V-GmbH ist als alleinige Kommanditistin an der X-GmbH & Co. KG (KG) beteiligt. Die Komplementärin (X-GmbH) ist nicht vermögensmäßig an der KG beteiligt.
Bei der KG wurde im Rahmen der gesonderten und einheitlichen Feststellung für den VZ 01 ein nur nach § 15 Absatz 4 EStG verrechenbarer Verlust i. H. v. 100 000 € ermittelt und festgestellt sowie ausschließlich der Kommanditistin V-GmbH zugeordnet.

Anl zu H 8 c

Für die V-GmbH wurde ferner zum 31. 12. 01 ein nach § 15 a EStG nur verrechenbarer Verlust i. H. v. 20 000 € festgestellt. Unabhängig davon wurde bei der V-GmbH zum 31. 12. 01 ein verbleibender Verlustvortrag nach § 10 d Absatz 4 EStG i. H. v. 200 000 € festgestellt.

Zum 31. 12. 01 bestehen folgende stille Reserven:

V- GmbH: 30 000 € (ohne Betriebsvermögen der KG)

KG: 110 000 € (davon 40 000 € in dem von § 15 Absatz 4 EStG betroffenen Bereich)

Am 1. 1. 02 werden 100% der Anteile an der V-GmbH auf einen Erwerber übertragen.

Lösung B 19:

Der Beteiligungserwerb zum 1. 1. 02 führt nach § 8 c Absatz 1 Satz 2 KStG grundsätzlich zum vollständigen Untergang der nicht genutzten Verluste (Stand: 31. 12. 01). Die Stille-Reserven-Klausel des § 8 c Absatz 1 Satz 6 bis 9 KStG ist hier in folgender Reihenfolge anzuwenden:

1. Stille Reserven in dem Betriebsvermögen der KG, soweit dies den Einkünften i. S. d. § 15 Absatz 4 EStG zuzuordnen ist, und vorrangige Verrechnung mit dem nur nach § 15 Absatz 4 EStG verrechenbaren Verlust; verbleibende stille Reserven sind in die folgende Ermittlung zu 2. mit einzubeziehen:

Nur nach § 15 Absatz 4 EStG verrechenbarer Verlust zum 31. 12. 01		100 000 €
Stille Reserven in diesem Betriebsvermögen	40 000 €	
(Fiktive) Verrechnung (max. verrechenbarer Verlust)	– 40 000 €	– 40 000 €
Verbleibende stille Reserven	0 €	
Verbleibender verrechenbarer Verlust, der nach § 8 c Absatz 1 KStG verfällt		60 000 €

2. Restliche stille Reserven im Betriebsvermögen der KG und vorrangige Verrechnung mit dem nur nach § 15 a EStG verrechenbaren Verlust; verbleibende stille Reserven sind in die folgende Ermittlung zu 3. mit einzubeziehen:

Nur nach § 15 a EStG verrechenbarer Verlust zum 31. 12. 01		20 000 €
Stille Reserven (110 000 € ./. 40 000 € =)	70 000 €	
(Fiktive) Verrechnung (max. verrechenbarer Verlust)	– 20 000 €	– 20 000 €
Verbleibende stille Reserven (siehe unten)	50 000 €	
Verbleibender verrechenbarer Verlust, der nach § 8 c Absatz 1 KStG verfällt		0 €

3. Stille Reserven im Betriebsvermögen der V-GmbH:

Verbleibender Verlustvortrag nach § 10 d Absatz 4 EStG zum 31. 12. 01		200 000 €
Verbleibende stille Reserven im Betriebsvermögen der KG (siehe oben) – zu 100% V-GmbH	50 000 €	
Stille Reserven der V-GmbH	30 000 €	
Summe der stillen Reserven	80 000 €	
(Fiktive) Verrechnung (max. verrechenbarer Verlust)	– 80 000 €	– 80 000 €
Verbleibender Verlustvortrag, der nach § 8 c Absatz 1 KStG verfällt		120 000 €

Abwandlung:

Wie oben, allerdings bestehen folgende stille Reserven:

V-GmbH: 30 000 €

KG: 110 000 € (davon 0 € in dem von § 15 Absatz 4 EStG betroffenen Bereich)

Lösung B 20:

Der Beteiligungserwerb zum 1. 1. 02 führt nach § 8 c Absatz 1 Satz 2 KStG grundsätzlich zum vollständigen Untergang der nicht genutzten Verluste (Stand: 31. 12. 01). Die Anwendung der Stille-Reserven-Klausel des § 8 c Absatz 1 Satz 6 bis 9 KStG ist hier in folgender Reihenfolge anzuwenden:

1. Stille Reserven in dem Betriebsvermögen der KG, soweit dies den Einkünften i. S. d. § 15 Absatz 4 EStG zuzuordnen ist, und vorrangig Verrechnung mit dem nur nach § 15 Absatz 4 EStG verrechenbaren Verlust; verbleibende stille Reserven sind in die folgende Ermittlung zu 2. mit einzubeziehen:

Nur nach § 15 Absatz 4 EStG verrechenbarer Verlust zum 31. 12. 01		100 000 €
Stille Reserven in diesem Betriebsvermögen	0 €	
(Fiktive) Verrechnung (max. verrechenbarer Verlust)	– 0 €	– 0 €
Verbleibende stille Reserven	0 €	
Verbleibender verrechenbarer Verlust, der nach § 8 c Absatz 1 KStG verfällt		100 000 €

2. Restliche stille Reserven im Betriebsvermögen der KG und vorrangig Verrechnung mit dem nur nach § 15 a EStG verrechenbaren Verlust; verbleibende stille Reserven sind in die folgende Ermittlung zu 3. mit einzubeziehen:

Nur nach § 15 a EStG verrechenbarer Verlust zum 31. 12. 01		20 000 €
Stille Reserven	110 000 €	
(Fiktive) Verrechnung (max. verrechenbarer Verlust)	– 20 000 €	– 20 000 €
Verbleibende stille Reserven (siehe unten)	90 000 €	
Verbleibender verrechenbarer Verlust, der nach § 8 c Absatz 1 KStG verfällt		0 €

3. Stille Reserven im Betriebsvermögen der V-GmbH:

Verbleibender Verlustabzug nach § 10 d Absatz 4 EStG zum 31. 12. 01		200 000 €
Verbleibende stille Reserven im Betriebsvermögen der KG (siehe oben) – zu 100% V-GmbH	90 000 €	
Stille Reserven der V-GmbH	30 000 €	
Summe der stillen Reserven	120 000 €	
(Fiktive) Verrechnung (max. verrechenbarer Verlust)	– 120 000 €	– 120 000 €
Verbleibender Verlustvortrag, der nach § 8 c Absatz 1 KStG verfällt		80 000 €

VII. Anwendungsvorschriften

1. Erstmalige Anwendung des § 8 c KStG

48 **64** § 8 c KStG findet gem. § 34 Absatz 7 b KStG i. d. F. des Unternehmensteuerreformgesetzes 2008 vom 14. August 2007 (BGBl. I S. 1912) erstmals für den VZ 2008 und auf Beteiligungserwerbe Anwendung, bei denen das wirtschaftliche Eigentum nach dem 31. Dezember 2007 übergeht. Die zeitlichen Voraussetzungen müssen kumulativ vorliegen.

Beispiel 13:

Eine GmbH mit einem vom Kalenderjahr abweichenden Wirtschaftsjahr 1.7./30.6. erzielt im Wirtschaftsjahr 2006/2007 einen Verlust von 200 000 €. Am 30. 9. 2007 werden 51% der Anteile auf einen Erwerber übertragen.

Lösung B 21:

Auf den 31. 12. 2007 wird ein verbleibender Verlust von 200 000 € festgestellt. Der Beteiligungserwerb am 30. 9. 2007 ist zwar dem Wirtschaftsjahr 1. 7. 2007 – 30. 6. 2008 und damit dem VZ 2008 zuzurechnen, hat aber vor dem 1. 1. 2008 stattgefunden und löst somit nicht die Rechtsfolgen des § 8 c Absatz 1 Satz 2 KStG aus.

65 § 8 c Absatz 1 KStG ist gem. § 34 Absatz 7 b Satz 2 KStG i. d. F. des Wachstumsbeschleunigungsgesetzes vom 22. Dezember 2009 – a. a. O. – (Einführung der Konzern- und der Stille-Reserven-Klausel) erstmals auf schädliche Beteiligungserwerbe nach dem 31. Dezember 2009 anzuwenden. Gleichermaßen ist § 8 c Absatz 1 Satz 5 KStG in der am 1. Januar 2016 geltenden Fassung gem. § 34 Absatz 6 Satz 5 KStG i. d. F. des StÄndG 2015 vom 2. November 2015 – a. a. O. – (Änderung der Konzernklausel) erstmals auf schädliche Beteiligungserwerbe nach dem 31. Dezember 2009 anzuwenden. **49**

66 Im Hinblick auf den Beschluss des Bundesverfassungsgerichts vom 29. März 2017 – 2 BvL 6/11 – ist § 8 c Satz 1 bzw. Absatz 1 Satz 1 KStG für unmittelbare Beteiligungserwerbe von Anteilen an Kapitalgesellschaften vor dem 1. Januar 2016 bis zu einer gesetzlichen Neuregelung vorerst nicht anzuwenden.

2. Anwendung des § 8 Absatz 4 KStG neben § 8 c KStG

67 § 8 Absatz 4 KStG ist neben § 8 c KStG letztmals anzuwenden, wenn mehr als die Hälfte der Anteile an einer Kapitalgesellschaft innerhalb eines Fünf-Jahres-Zeitraums übertragen werden, der vor dem 1. Januar 2008 beginnt, und der Verlust der wirtschaftlichen Identität vor dem 1. Januar 2013 eintritt. Gleiches gilt für den Verlust der wirtschaftlichen Identität einer Körperschaft nach § 8 Absatz 4 Satz 1 KStG. **50**

68 Die für die Sanierungsklausel des § 8 Absatz 4 Satz 3 KStG erforderliche fünfjährige Fortführung des den Verlust verursachenden Betriebs ist ggf. bis längstens Ende 2017 zu überwachen.

69 Die Grundsätze des BMF-Schreibens vom 2. August 2007 (BStBl I S. 624) finden Anwendung.

Beispiel 14: **51**

Im Jahr 2007 werden 40% und am 30. 6. 2011 26% der Anteile an der Verlustgesellschaft V von A an B veräußert. Zum Veräußerungszeitpunkt in 2011 besitzt V ein Aktivvermögen von 100 000 €. Im Anschluss daran kommt es zu Betriebsvermögenszuführungen von 50 000 € im Jahr 2011 und 60 000 € im Jahr 2012, die nicht allein der Sanierung des Geschäftsbetriebs i. S. d. § 8 Absatz 4 Satz 3 KStG dienen.

Lösung

B 22:

§ 8 Absatz 4 KStG ist anwendbar, da innerhalb eines Zeitraums von 5 Jahren (beginnend vor dem 1. 1. 2008) mehr als 50% der Anteile übertragen wurden, nach dem schädlichen Anteilseignerwechsel in 2011 innerhalb von 2 Jahren überwiegend neues Betriebsvermögen zugeführt wurde und die wirtschaftliche Identität somit noch vor dem 1. 1. 2013 verloren ging. Der Verlust geht zum 30. 6. 2011 vollständig unter. Würde der Betrag von 60 000 € nach dem 31. 12. 2012 zugeführt, wäre § 8 Absatz 4 KStG nicht mehr anwendbar.

B 23:

Daneben ist auch § 8 c Absatz 1 Satz 1 KStG in 2011 anwendbar und würde zwar für sich zu einem quotalen Verlustuntergang von 26% führen. Dieser bleibt aber ohne Auswirkung, da der Verlust infolge der Anwendung des § 8 Absatz 4 KStG rückwirkend zum 30. 6. 2011 vollständig untergeht.

KStG

§ 8d[1] Fortführungsgebundener Verlustvortrag

1 **(1) ① § 8c ist nach einem schädlichen Beteiligungserwerb auf Antrag nicht anzuwenden, wenn die Körperschaft seit ihrer Gründung oder zumindest seit dem Beginn des dritten Veranlagungszeitraums, der dem Veranlagungszeitraum nach Satz 5 vorausgeht, ausschließlich denselben Geschäftsbetrieb unterhält und in diesem Zeitraum bis zum Schluss des Veranlagungszeitraums des schädlichen Beteiligungserwerbs kein Ereignis im Sinne von Absatz 2 stattgefunden hat. ② Satz 1 gilt nicht:**

1. für Verluste aus der Zeit vor einer Einstellung oder Ruhendstellung des Geschäftsbetriebs oder

2. wenn die Körperschaft zu Beginn des dritten Veranlagungszeitraums, der dem Veranlagungszeitraum nach Satz 5 vorausgeht, Organträger oder an einer Mitunternehmerschaft beteiligt ist.

③ Ein Geschäftsbetrieb umfasst die von einer einheitlichen Gewinnerzielungsabsicht getragenen, nachhaltigen, sich gegenseitig ergänzenden und fördernden Betätigungen der Körperschaft und bestimmt sich nach qualitativen Merkmalen in einer Gesamtbetrachtung. ④ Qualitative Merkmale sind insbesondere die angebotenen Dienstleistungen oder Produkte, der Kunden- und Lieferantenkreis, die bedienten Märkte und die Qualifikation der Arbeitnehmer. ⑤ Der Antrag ist in der Steuererklärung für die Veranlagung des Veranlagungszeitraums zu stellen, in den der schädliche Beteiligungserwerb fällt. ⑥ Der Verlustvortrag, der zum Schluss des Veranlagungszeitraums verbleibt, in den der schädliche Beteiligungserwerb fällt, wird zum fortführungsgebundenen Verlust (fortführungsgebundener Verlustvortrag). ⑦ Dieser ist gesondert auszuweisen und festzustellen; § 10 d Absatz 4 des Einkommensteuergesetzes gilt entsprechend. ⑧ Der fortführungsgebundene Verlustvortrag ist vor dem nach § 10 d Absatz 4 des Einkommensteuergesetzes festgestellten Verlustvortrag abzuziehen. ⑨[2] Satz 8 gilt bei Anwendung des § 3 a Absatz 3 des Einkommensteuergesetzes entsprechend.

2 **(2) ① Wird der Geschäftsbetrieb im Sinne des Absatzes 1 eingestellt, geht der nach Absatz 1 zuletzt festgestellte fortführungsgebundene Verlustvortrag unter; § 8 c Absatz 1 Satz 5 bis 8 gilt bezogen auf die zum Schluss des vorangegangenen Veranlagungszeitraums vorhandenen stillen Reserven entsprechend. ② Gleiches gilt, wenn**

1. der Geschäftsbetrieb ruhend gestellt wird,

2. der Geschäftsbetrieb einer andersartigen Zweckbestimmung zugeführt wird,

3. die Körperschaft einen zusätzlichen Geschäftsbetrieb aufnimmt,

4. die Körperschaft sich an einer Mitunternehmerschaft beteiligt,

5. die Körperschaft die Stellung eines Organträgers im Sinne des § 14 Absatz 1 einnimmt oder

6. auf die Körperschaft Wirtschaftsgüter übertragen werden, die sie zu einem geringeren als dem gemeinen Wert ansetzt.

Anl zu § 8d KStG

Schreiben betr. fortführungsgebundener Verlustvortrag nach § 8d KStG

Vom 18. März 2021 (BStBl. I S. 363)

(BMF IV C 2 – S 2745-b/19/10002 :002; DOK 2021/0303080)

Inhaltsübersicht

[1] Zur erstmaligen Anwendung von **§ 8 d** auf schädliche Beteiligungserwerbe im Sinne des § 8 c **nach dem 31. Dezember 2015 siehe § 34 Abs. 6 a Satz 1.**

Zur erstmaligen Anwendung von **§ 8 d Abs. 1 Satz 2 Nr. 1 nach dem 31. Dezember 2015 siehe § 34 Abs. 6 a Satz 2.**

[2] **§ 8 d Abs. 1 Satz 9** erstmals anzuwenden für VZ 2017, sowie auf Antrag für VZ auch vor 2017 (§ 34 Abs. 3 d).

Nach Abstimmung mit den obersten Finanzbehörden der Länder nehme ich zur Anwendung des § 8 d KStG i. d. F. des Gesetzes zur Vermeidung von Umsatzsteuerausfällen beim Handel mit Waren im Internet und zur Änderung weiterer steuerlicher Vorschriften vom 11. Dezember 2018 (BGBl. I S. 2338[1]) wie folgt Stellung: **11**

I. Anwendungsbereich

1 Der persönliche Anwendungsbereich des § 8 d KStG entspricht demjenigen des § 8 c KStG (vgl. Rn. 1 des BMF-Schreibens vom 28. November 2017, BStBl. I S. 1645), da ein schädlicher Beteiligungserwerb i. S. d. § 8 c KStG Voraussetzung für eine Anwendung von § 8 d KStG ist. Demnach ist § 8 d KStG auf unbeschränkt und beschränkt steuerpflichtige Körperschaften, Personenvereinigungen und Vermögensmassen i. S. d. § 1 Abs. 1 KStG anzuwenden. **12**

2 § 8 d KStG ist auf alle nicht genutzten Verluste i. S. d. § 8 c KStG anwendbar (vgl. Rn. 2 des BMF-Schreibens vom 28. November 2017, BStBl. I S. 1645). Das gilt insbesondere für Verluste i. S. d. §§ 2 a, 15 Abs. 4, 15 a, 15 b EStG sowie § 8 d KStG (vgl. Rn. 72) oder ähnliche ausgleichs- oder verrechnungsbeschränkte Verluste.

3 Gemäß § 8 a Abs. 1 Satz 3 KStG gilt § 8 d KStG für einen vorhandenen Zinsvortrag entsprechend.

II. Antragserfordernis

4 Ein Antrag nach § 8 d Abs. 1 Satz 1 KStG kann für einen Veranlagungszeitraum nur einheitlich für alle schädlichen Beteiligungserwerbe, welche die Rechtsfolgen des § 8 c KStG auslösen, gestellt werden. **13**

5 Ein schädlicher Beteiligungserwerb liegt nicht vor, wenn die Konzernklausel nach § 8 c Abs. 1 Satz 4 KStG oder die Sanierungsklausel nach § 8 c Abs. 1 a KStG Anwendung findet. Dasselbe gilt, wenn ein Erwerb durch Erbfall einschließlich der unentgeltlichen Erbauseinandersetzung und der unentgeltlichen vorweggenommenen Erbfolge nach Rn. 4 des BMF-Schreibens vom 28. November 2017 (BStBl. I S. 1645) von § 8 c KStG nicht erfasst wird. In Ermangelung eines schädlichen Beteiligungserwerbs ist § 8 d KStG in diesen Fällen nicht anwendbar.

6 Die Stille-Reserven-Klausel nach § 8 c Abs. 1 Satz 5 ff. KStG schließt einen schädlichen Beteiligungserwerb nicht aus. Sie suspendiert ganz oder teilweise den Verlustuntergang nach § 8 c Abs. 1 Satz 1 KStG. Nach § 8 d Abs. 1 KStG ist § 8 c KStG insgesamt und damit auch die Stille-Reserven-Klausel (§ 8 c Abs. 1 Satz 5 ff. KStG) nicht anzuwenden. Reichen die stillen Reserven i. S. d. § 8 c Abs. 1 Satz 5 ff. KStG nicht aus, um die vorhandenen Verlustvorträge vollständig zu erhalten, können die verbleibenden und vom Abzugsverbot bedrohten Verluste nicht zusätzlich durch einen Antrag i. S. d. § 8 d KStG fortgeführt werden. Der Steuerpflichtige hat ein Wahlrecht zwischen der Anwendung der Stille-Reserven-Klausel nach § 8 c Abs. 1 Satz 5 ff. KStG oder einem Antrag nach § 8 d KStG.

Beispiel 1:

Für die V-GmbH wurde zum 31. 12. 2018 ein Verlustvortrag i. H. v. 300 000 € festgestellt. Zum 1. 1. 2019 veräußert der bisherige Alleingesellschafter V sämtliche Anteile an den Z. Die V-GmbH verfügt zu diesem Zeitpunkt über stille Reserven i. H. v. 200 000 €, die im Inland steuerpflichtig sind. Außerdem liegen die Voraussetzungen für eine Anwendung des § 8 d KStG vor. Im Veranlagungszeitraum 2019 erzielt die V-GmbH einen weiteren laufenden Verlust i. H. v. 50 000 €. Es wird kein Antrag nach § 8 d KStG gestellt.

Variante: Für den Veranlagungszeitraum 2019 wird ein Antrag nach § 8 d KStG gestellt.

Lösung:

Die Anteilsübertragung stellt einen schädlichen Beteiligungserwerb i. S. d. § 8 c Abs. 1 KStG dar.
Da kein Antrag nach § 8 d KStG gestellt wird, greift die Stille-Reserven-Klausel des § 8 c Abs. 1 Satz 5 ff. KStG i. H. v. 200 000 €, so dass die nicht genutzten Verluste lediglich i. H. v. 100 000 € untergehen. Zum 31. 12. 2019 wird dann ein Verlustvortrag nach § 10 d EStG i. H. v. 250 000 € (= 200 000 € zzgl. 50 000 € laufender Verlust 2019 nach dem schädlichen Beteiligungserwerb) festgestellt.

---

[1] **[Amtl. Anm.:]** BStBl. 2018 I S. 1377.

Anl zu § 8d KStG

Lösung zur Variante:

Da die V-GmbH einen Antrag nach § 8d KStG stellt, werden zum 31. 12. 2019 die bisher nicht genutzten Verluste zum 31. 12. 2018 i. H. v. 300000 € zuzüglich des laufenden Verlusts 2019 i. H. v. 50000 € als fortführungsgebundener Verlustvortrag i. H. v. 350000 € festgestellt.

1. Zeitpunkt

14 **7** Der Antrag ist nach § 8d Abs. 1 Satz 5 KStG in der Steuererklärung für die Veranlagung des Veranlagungszeitraums zu stellen, in den der schädliche Beteiligungserwerb fällt. Der Antrag kann grundsätzlich bis zur Unanfechtbarkeit der Steuerfestsetzung oder bis zur Unanfechtbarkeit der Feststellung über den Verlustvortrag nachgeholt werden.

8 Wird in einem Änderungsbescheid erstmals ein schädlicher Beteiligungserwerb i. S. d. § 8c KStG berücksichtigt, kann der Antrag nach § 8d Abs. 1 KStG bis zur Unanfechtbarkeit des Änderungsbescheides gestellt werden (vgl. AEAO Nr. 8.5 ff. vor §§ 172 bis 177). Im Übrigen kann ein erst nach Eintritt der Unanfechtbarkeit der Steuerfestsetzung oder der Feststellung des Verlustvortrags gestellter Antrag nach § 8d Abs. 1 Satz 5 KStG nur berücksichtigt werden, wenn die Steuerfestsetzung oder die Feststellung des Verlustvortrags nach §§ 129, 164, 165 oder 172 ff. AO oder nach entsprechenden Regelungen in den Einzelsteuergesetzen insoweit korrigiert werden kann.

9 Bei einem vom Kalenderjahr abweichenden Wirtschaftsjahr ist ein Antrag nach § 8d Abs. 1 Satz 5 KStG in der Steuererklärung für den Veranlagungszeitraum zu stellen, in dem das Wirtschaftsjahr endet, in das der schädliche Beteiligungserwerb fällt. Nach den Grundsätzen der Rn. 36 des BMF-Schreibens vom 28. November 2017 (BStBl. I S. 1645) ist der zum Ablauf des vorangegangenen Veranlagungszeitraums verbleibende Verlust nach § 165 Abs. 1 Satz 1 AO vorläufig festzustellen.

Beispiel 2:

Die V-GmbH ermittelt ihren Gewinn für das vom Kalenderjahr abweichende Wirtschaftsjahr vom 1. 7. bis 30. 6. Zum 31. 12. 2017 weist die gesonderte Feststellung des verbleibenden Verlustvortrags i. S. d. § 10d EStG einen Betrag i. H. v. 300000 € aus. Im Wirtschaftsjahr 2017/2018 erzielt sie einen weiteren Verlust von 200000 €. Am 1. 10. 2018 werden 100% der Anteile an der V-GmbH an einen Erwerber i. S. d. § 8c KStG veräußert. Vom 1. 7. 2018 bis zu dem schädlichen Beteiligungserwerb hat die V-GmbH einen Verlust von 100000 € erwirtschaftet. Darüber hinaus erzielt die V-GmbH im Wirtschaftsjahr 2018/2019 einen Verlust von 50000 €.

Variante: Die V-GmbH stellt vor Veranlagung des Veranlagungszeitraums 2018 in der Steuererklärung für den Veranlagungszeitraum 2019 einen Antrag nach § 8d KStG.

Lösung:

Im Rahmen der Veranlagung des Veranlagungszeitraums 2018 ist der verbleibende Verlustvortrag zum 31. 12. 2018 i. H. v. 500000 € vollständig zu kürzen. Die Feststellung ist zwingend vorläufig nach § 165 Abs. 1 Satz 1 AO vorzunehmen.
Der Antrag nach § 8d KStG ist in der Steuererklärung für den Veranlagungszeitraum 2019 zu stellen. Der Verlustvortrag zum 31. 12. 2018 ist nach § 165 Abs. 2 AO zu ändern (fortführungsgebundener Verlustvortrag i. H. v. 500000 €). Zum 31. 12. 2019 ist ein fortführungsgebundener Verlustvortrag i. H. v. 650000 € festzustellen (vgl. Rn. 54).

Lösung zur Variante:

Liegt bei der Veranlagung des Veranlagungszeitraums 2018 bereits die Information über eine wirksame Antragstellung in der Steuererklärung für den Veranlagungszeitraum 2019 vor, kann eine Kürzung des Verlustvortrags zum 31. 12. 2018 unterbleiben. Die Feststellung des verbleibenden Verlustvortrags zum 31. 12. 2018 ist vorläufig nach § 165 Abs. 1 Satz 1 AO vorzunehmen.

2. Form

15 **10** Für den Antrag nach § 8d KStG gelten die gleichen Formvorschriften wie für die Steuererklärung. Ein Antrag nach § 8d KStG ist in der Körperschaftsteuererklärung zu stellen. Er gilt einheitlich für alle nicht genutzten Verluste, die von § 8c KStG erfasst werden (vgl. Rn. 2). Die Nachholung eines Antrags nach § 8d KStG (vgl. Rn. 7, 8) erfordert die formgerechte Abgabe einer berichtigten Körperschaftsteuererklärung.

3. Rücknahme des Antrags

16 **11** Der Antrag kann bis zum Eintritt der Unanfechtbarkeit der Steuerfestsetzung oder der Feststellung des Verlustvortrags des Veranlagungs- bzw. Feststellungszeitraums, in den der (jeweilige) schädliche Beteiligungserwerb i. S. d. § 8c KStG fällt, zurückgenommen werden. Für die Rücknahme des Antrags gelten die gleichen Formvorschriften wie für die Antragstellung (vgl. Rn. 10). Die Rücknahme eines Antrags nach § 8 d KStG erfordert daher die formgerechte Abgabe einer berichtigten Körperschaftsteuererklärung.

12 Nach Eintritt der Unanfechtbarkeit der Steuerfestsetzung oder der Feststellung des Verlustvortrags kann der Antrag nach § 8d Abs. 1 Satz 5 KStG nur zurückgenommen werden, soweit die Steuerfestsetzung oder die gesonderte Verlustfeststellung nach §§ 129, 164, 165 oder 172 ff. AO oder nach entsprechenden Regelungen in den Einzelsteuergesetzen korrigiert werden kann (vgl. AEAO Nr. 8.5 ff. vor §§ 172 bis 177).

III. Materielle Voraussetzungen

1. Allgemein (§ 8d Abs. 1 Satz 1 und 2 KStG)

17 **13** Die Anwendung des § 8d KStG erfordert kumulativ, dass
- die Körperschaft seit einem der beiden folgenden Zeitpunkte bis zum schädlichen Beteiligungserwerb (= Beobachtungszeitraum A) ausschließlich denselben Geschäftsbetrieb unterhält (vgl. Rn. 16 ff.):
  a) entweder seit ihrer Gründung oder
  b) seit dem Beginn des dritten Veranlagungszeitraums, der dem Veranlagungszeitraum des schädlichen Beteiligungserwerbs vorausgeht, wenn die Gründung der Körperschaft bereits länger zurückliegt, und

- von dem zuvor genannten Zeitpunkt bis zum Schluss des Veranlagungszeitraums des schädlichen Beteiligungserwerbs (= Beobachtungszeitraum B) kein Ereignis i. S. d. § 8d Abs. 2 KStG stattgefunden hat (Rn. 25 ff.) und
- kein Ausschluss des Anwendungsbereichs nach § 8d Abs. 1 Satz 2 KStG vorliegt (Rn. 46 ff.).

14 Als Gründungszeitpunkt der Körperschaft gilt der Zeitpunkt des formgültigen Abschlusses des notariellen Gesellschaftsvertrags (Beginn der Körperschaftsteuerpflicht der sogenannten Vorgesellschaft, vgl. H 1.1 „Beginn der Steuerpflicht" KStH 2015). Auf den Zeitpunkt der Eintragung in das Handelsregister kommt es nicht an.

Abbildung 1:

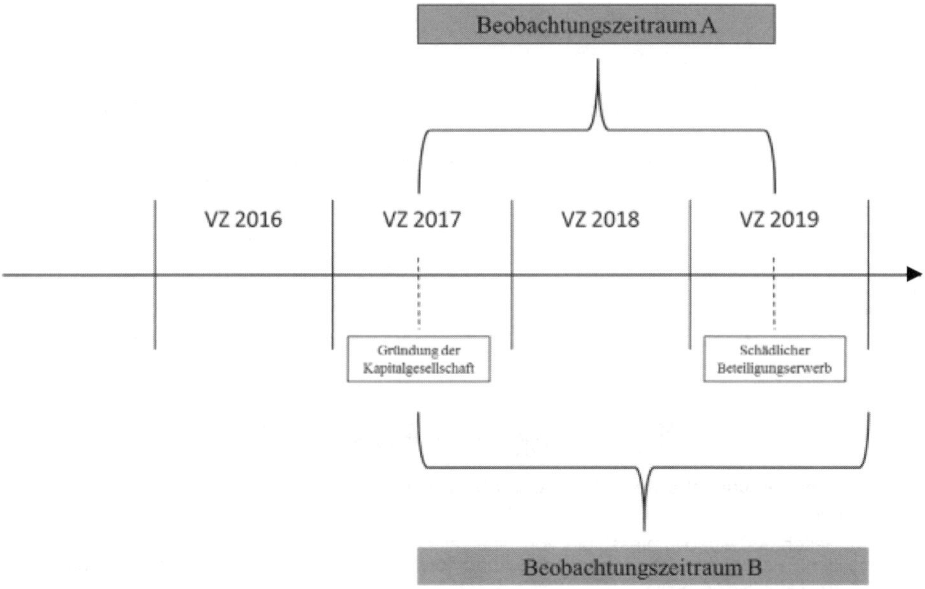

Abbildung 2:

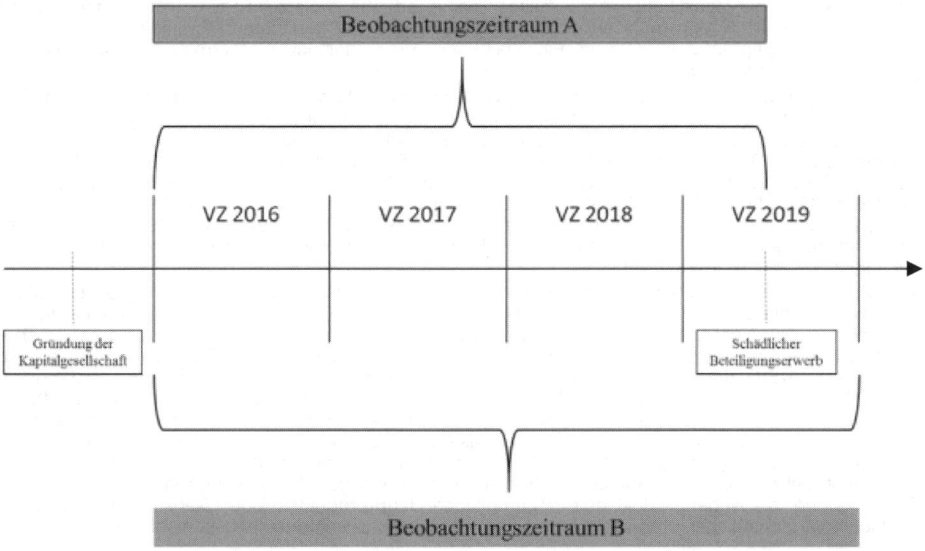

15 Bei einem vom Kalenderjahr abweichenden Wirtschaftsjahr beginnen die Beobachtungszeiträume A und B drei Zeitjahre vor dem Beginn des Wirtschaftsjahres, in das der schädliche Beteiligungserwerb 18

Anl zu § 8 d KStG

fällt. Wurde die Körperschaft erst nach diesem Zeitpunkt gegründet, beginnen die Beobachtungszeiträume A und B mit der Gründung. Abweichend von Rn. 13 endet der Beobachtungszeitraum B mit Ablauf des Wirtschaftsjahres, in dem der schädliche Beteiligungserwerb stattgefunden hat.

Abbildung 3:

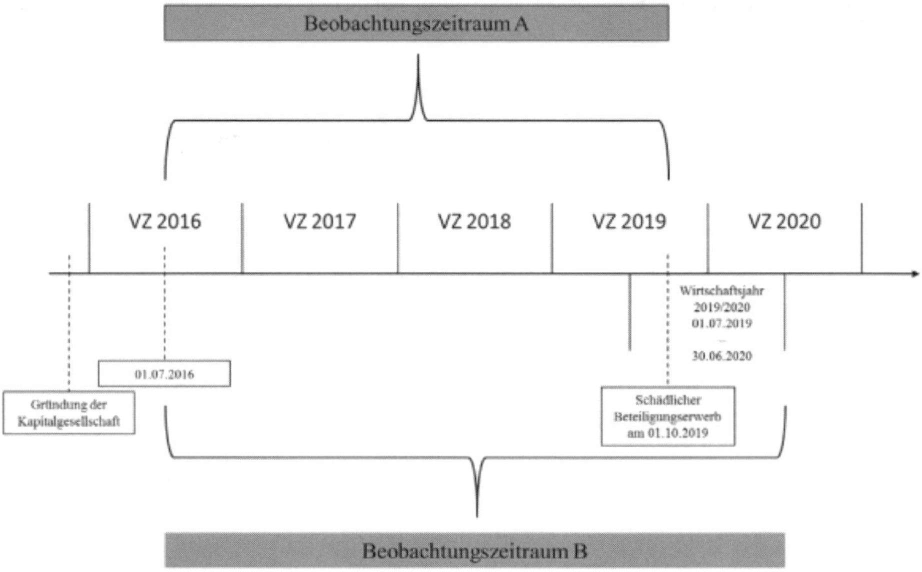

2. Begriff des Geschäftsbetriebs (§ 8d Abs. 1 Satz 3 und 4 KStG)

a) Allgemein

19 **16** Ein Geschäftsbetrieb umfasst die von einer einheitlichen Gewinnerzielungsabsicht getragenen, nachhaltigen, sich gegenseitig ergänzenden und fördernden Betätigungen der Körperschaft (§ 8d Abs. 1 Satz 3 Halbsatz 1 KStG).

17 Der Geschäftsbetrieb einer Körperschaft ist nach § 8d Abs. 1 Satz 3 Halbsatz 2 KStG anhand qualitativer Merkmale in einer Gesamtbetrachtung zu bestimmen. Beispielhaft aufgezählte Merkmale sind die angebotenen Dienstleistungen oder Produkte, der Kunden- und Lieferantenkreis, die bedienten Märkte und die Qualifikation der Arbeitnehmer (§ 8d Abs. 1 Satz 4 KStG). Diese Aufzählung ist nicht abschließend. Zudem müssen nicht zwangsläufig alle der genannten Merkmale vorliegen oder gleich stark ausgeprägt sein. Je nach Einzelfall können die qualitativen Merkmale unterschiedlich zu gewichten sein. Maßgebend ist das Gesamtbild der Verhältnisse.

18 Der Begriff des Geschäftsbetriebs nach § 8d Abs. 1 Satz 3 und Satz 4 KStG greift die Grundsätze der BFH-Rechtsprechung zum gewerbesteuerlichen Begriff des Gewerbebetriebs und zur Unternehmensidentität als Voraussetzung für den gewerbesteuerlichen Verlustvortrag (vgl. BFH-Urteil vom 1. Dezember 1960 IV 353/60 U, BStBl. III 1961 S. 65; BFH-Urteil vom 28. April 1977 IV R 165/76, BStBl. II S. 666; BFH-Urteil vom 12. Januar 1978 IV R 26/73, BStBl. II S. 348; BFH-Urteil vom 12. Januar 1983 IV R 177/80, BStBl. II S. 425) sowie zur Segmentierung bei der Ermittlung der Gewinnerzielungsabsicht auf (vgl. BFH-Urteil vom 25. Juni 1996 VIII R 28/94, BStBl. 1997 II S. 202). Art und Umfang des Aktivvermögens haben allenfalls indizielle Bedeutung (vgl. auch BFH-Urteil vom 12. Januar 1978 IV R 26/73, a.a.O.).

19 Maßgeblich ist dabei der wesentliche Kern der Betätigung. Regelmäßig, aber nicht ausschließlich, sind die entwickelten oder angebotenen Dienstleistungen und Produkte prägendes Merkmal für die Bestimmung des Geschäftsbetriebs. Bedingt durch das jeweilige Geschäftsmodell kann es – insbesondere in den ersten Jahren nach Gründung eines Unternehmens – zu Veränderungen der in § 8d Abs. 1 Satz 4 KStG aufgeführten qualitativen Merkmale kommen. Soweit die Veränderungen der qualitativen Merkmale nach dem Gesamtbild der Verhältnisse den wesentlichen Kern des Geschäftsbetriebs nicht berühren, liegt insgesamt keine (schädliche) Änderung des Geschäftsbetriebs vor. Bei einer sogenannten Wertschöpfungskorrektur, bei der das Geschäftsmodell gänzlich angepasst wird und sich nahezu sämtliche in § 8d Abs. 1 Satz 3 KStG genannten qualitativen Merkmale ändern, liegt selbst dann nicht mehr ein und derselbe Geschäftsbetrieb vor, wenn sich das neu angebotene Produkt (oder Dienstleistung) als Nebenprodukt des ursprünglichen Hauptproduktes (oder Dienstleistung) darstellt. Ein bloßer wirtschaftlicher, organisatorischer oder finanzieller Zusammenhang ist nicht ausreichend.

Beispiel 3:

Die V-GmbH wird im Jahr 2016 gegründet. Ziel ist die Entwicklung eines innovativen Klebstoffs. Sie beschäftigt anfangs hauptsächlich Wissenschaftler aus dem Gebiet der Polymerchemie.

Nachdem die Entwicklung des Klebstoffs erfolgreich beendet ist, eröffnet die V-GmbH im Jahr 2018 Produktionsstätten und stellt neue Arbeitnehmer u. a. für die Bereiche Produktion, Marketing und Vertrieb ein. Außerdem werden die Produkte erstmals an Kunden ausgeliefert.

Lösung:

Im Jahr 2018 liegt derselbe Geschäftsbetrieb i. S. d. § 8d KStG wie im Jahr 2016 vor. Im Rahmen einer dynamischen Entwicklung des Unternehmens kommt es zwar zu erheblichen Veränderungen der in § 8d Abs. 1 Satz 4 KStG aufgeführten qualitativen Merkmale (z. B. verändert sich die Qualifikation der Arbeitnehmer [technische Produktion, Marketing, Vertrieb]). Außerdem gibt es erstmalig einen Kundenkreis und es kommt ggf. zur Ausweitung des Lieferantenkreises. Die entwickelten Klebstoffprodukte, die nunmehr vertrieben werden, geben dem Unternehmen weiterhin das ursprüngliche Gepräge, sodass nach allgemeiner Verkehrsanschauung keine Änderung des Geschäftsbetriebs vorliegt.

b) Mehrere Geschäftsbetriebe

20 Der Begriff des Geschäftsbetriebs ist tätigkeitsbezogen zu verstehen. Eine Körperschaft hat – vorbehaltlich der Rn. 21 bis 24 – mehrere Geschäftsbetriebe, wenn sie mehreren selbständigen Betätigungen nachgeht. Ob mehrere selbständige Betätigungen vorliegen, richtet sich danach, ob sich die jeweiligen Betätigungen unter Berücksichtigung der qualitativen Merkmale des § 8d Abs. 1 Satz 4 KStG voneinander abheben. Eine selbständige Betätigung muss nicht die Voraussetzungen eines Teilbetriebs erfüllen. 20

Liegen mehrere Geschäftsbetriebe vor, ist der Anwendungsbereich des § 8d KStG nicht eröffnet.

Beispiel 4:

Die V-GmbH stellt Waschmaschinen sowie Schuhe her.

Lösung:

Für Zwecke des § 8d KStG liegen zwei selbständige Betätigungen in Form einer Waschmaschinenproduktion und einer Schuhproduktion vor, da sich die angebotenen Produkte, der Kunden- und Lieferantenkreis, die Qualifikation der Arbeitnehmer und die bedienten Märkte voneinander unterscheiden. Zufällige Überschneidungen im Kundenkreis führen nicht dazu, dass von einem einheitlichen Kundenkreis auszugehen ist. Die V-GmbH hat damit mehrere Geschäftsbetriebe, was die Anwendung des § 8d KStG ausschließt.

c) Betätigungen als einheitlicher Geschäftsbetrieb

21 Mehrere selbständige Betätigungen können als einheitlicher Geschäftsbetrieb zu qualifizieren sein, wenn zwischen ihnen ein gegenseitiger Förder- und Sachzusammenhang gegeben ist. Ein solcher liegt nicht allein deshalb vor, weil die selbständigen Betätigungen der Verlustkörperschaft gleichartig sind. Vielmehr muss auch bei gleichartigen Betätigungen eine inhaltliche Verknüpfung vorliegen. Ein gegenseitiger Förder- und Sachzusammenhang liegt regelmäßig dann vor, wenn sich die selbständigen Betätigungen gegenseitig bedingen oder sich als Haupt- und Nebentätigkeit gegenseitig fördern (vgl. z. B. BFH-Urteil vom 25. Juni 1996 VIII R 28/94, BStBl. 1997 II S. 202; BFH-Urteil vom 13. Dezember 1990 IV R 1/89, BStBl. 1991 II S. 452; BFH-Urteil vom 18. Mai 1995 IV R 31/94, BStBl. II S. 718; BFH-Urteil vom 1. Februar 1990 IV R 45/89, BStBl. 1991 II S. 625). Es kommt darauf an, ob das gleichzeitige Betreiben der jeweils selbständigen Betätigungen zu wesentlichen Synergieeffekten führt (zu organischem Wachstum vgl. Rn. 33). 21

Beispiel 5:

Die V-GmbH führt ein Autohaus. Zusätzlich betreibt sie in einem Nebengebäude eine Kfz-Werkstatt. Neben Kfz-Reparaturen, die nach entsprechenden Kundenaufträgen durchgeführt werden, dient die Werkstatt dem Autohaus u. a. dazu, angekaufte Fahrzeuge für den Verkauf vorzubereiten sowie Gewährleistungsverpflichtungen nachzukommen. Das Autohaus und die Werkstatt treten nach außen unter einem einheitlichen Markennamen („Automobile V Kfz-Handel und -Reparaturen") auf.

Lösung:

Für Zwecke des § 8d KStG liegen zwei selbständige Betätigungen vor, da sie sich unter Berücksichtigung der qualitativen Merkmale des § 8d Abs. 1 Satz 4 KStG voneinander abheben: Die angebotenen Dienstleistungen und Produkte, der Lieferantenkreis und die Qualifikation der Arbeitnehmer unterscheiden sich teils erheblich voneinander. Der Kundenkreis überschneidet sich. Die beiden unterschiedlichen Tätigkeiten fördern und ergänzen sich gegenseitig: Die Kfz-Werkstatt erbringt wesentliche Vorbereitungs-, Service- und Ergänzungsdienstleistungen für den Autohandel während umgekehrt durch den Verkauf von Kfz die Käufer als (langfristige) Kunden der angeschlossenen Werkstatt gewonnen werden.
Aufgrund dieser engen sachlichen Verknüpfung und des Förderungs- und Ergänzungszusammenhangs bilden die beiden an sich selbständigen Betätigungen nach dem Gesamtbild der Verhältnisse einen einheitlichen Geschäftsbetrieb i. S. d. § 8d KStG.

Beispiel 6:

Die V-GmbH betreibt einen Kfz-Handel unter der Firmierung „Autohaus Vogel" und davon unabhängig in zwei weiteren Stadtteilen einen Wohnmobilverleih „Camper-Center" sowie eine Autowaschstraße „V's Car Wash". Für jede der Betätigungen besteht ein eigenes Marketing-Konzept mit jeweils eigenem Markenlogo.

Lösung:

Für Zwecke des § 8d KStG liegen drei selbständige Betätigungen in Form eines Kfz-Handels, eines Wohnmobilverleihs und einer Autowaschstraße vor, da sich die angebotenen Produkte, der Kunden- und Lieferantenkreis, die Qualifikation der Arbeitnehmer und die bedienten Märkte voneinander unterscheiden. Zufällige Überschneidungen im Kundenkreis führen nicht dazu, dass von einem einheitlichen Kundenkreis auszugehen ist. Ein unmittelbar greifbarer Förder- und Sachzusammenhang ist nicht gegeben.
Folglich hat die V-GmbH drei Geschäftsbetriebe, die der Inanspruchnahme des § 8d KStG entgegenstehen.

22 Ein bloßer mittelbarer Zusammenhang ist für die Annahme eines gegenseitigen Förder- und Sachzusammenhangs nicht ausreichend. Ein einheitlicher Geschäftsbetrieb liegt danach z. B. nicht vor, wenn eine Körperschaft mehreren nicht gleichartigen, selbständigen Betätigungen nachgeht, für die 22

Anl zu § 8d KStG

sie lediglich eine gemeinsame Verwaltung und eine einheitliche Buchführung eingerichtet hat, aber im Übrigen keine sachlichen Verbindungen zwischen den unterschiedlichen Betätigungen bestehen.

23 Werden selbständige Betätigungen räumlich getrennt voneinander betrieben, spricht eine widerlegbare Vermutung dafür, dass durch die räumliche Trennung kein unmittelbar greifbarer Förder- und Sachzusammenhang gegeben ist.

Beispiel 7:

Die V-GmbH betreibt in zwei unterschiedlichen Städten zwei Restaurants unter unterschiedlichen Namen und mit unterschiedlichem Personal. Der Einkauf für beide Restaurants erfolgt getrennt.

Lösung:

Unter Berücksichtigung der qualitativen Merkmale in einer Gesamtbetrachtung des Einzelfalls liegen bei der V-GmbH zwei selbständige Betätigungen vor, die jeweils einen Geschäftsbetrieb begründen. Es fehlt an einem gegenseitigen Förder- und Sachzusammenhang. Das Vorliegen mehrerer Geschäftsbetriebe steht der Anwendung des § 8d KStG entgegen.

Beispiel 8:

Die V-GmbH betreibt in zwei unterschiedlichen Städten zwei Restaurants. Die Restaurants werden unter einem einheitlichen Markennamen und einem nahezu identischen Speise- und Getränkeangebot betrieben. Weiterhin gelten auch einheitliche Qualitäts- und Servicestandards.

Lösung:

Die beiden Restaurants stellen nach dem Gesamtbild der Verhältnisse einen einheitlichen Geschäftsbetrieb i. S. d. § 8d KStG dar.
Die angebotenen Dienstleistungen und Produkte geben dem Geschäftsbetrieb in diesem Fall das Gepräge. Einheitliche Qualitäts- und Servicestandards sorgen zudem für einen hohen Wiedererkennungswert bei den Kunden. Die beiden Restaurants stehen daher trotz der räumlichen Trennung in einem gegenseitigen Förder- und Sachzusammenhang. Bei Vorliegen der übrigen Voraussetzungen ist § 8d KStG anzuwenden.

d) Wirtschaftlich geringfügige Betätigungen

23 **24** Eine zusätzlich ausgeübte weitere Betätigung steht einem einheitlichen Geschäftsbetrieb nicht entgegen, wenn sie wirtschaftlich nicht ins Gewicht fällt und ihr damit nicht die Qualität eines selbständigen weiteren Geschäftsbetriebs zukommt. Zur Vereinfachung können hierbei die Grundsätze der BFH-Urteile vom 27. August 2014 VIII R 16/11, BStBl. 2015 II S. 996, VIII R 41/11, BStBl. 2015 II S. 999, und VIII R 6/12, BStBl. 2015 II S. 1002, entsprechend angewendet werden. Danach fällt eine Betätigung wirtschaftlich nicht ins Gewicht, wenn die Nettoumsatzerlöse aus dieser Betätigung 3 % der Gesamtnettoumsatzerlöse der Verlustkörperschaft und den Betrag von 24 500 € im Veranlagungszeitraum nicht übersteigen.

Beispiel 9:

Die V-GmbH führt einen Einzelhandelsbetrieb. Zudem betreibt sie eine Photovoltaikanlage. Der erzeugte Strom wird von der V-GmbH nicht für Zwecke des Einzelhandelsbetriebs eingesetzt, sondern gegen Entgelt an den örtlichen Energieversorger geliefert. Der Erlös aus der Stromerzeugung beträgt 15 000 €. Die Gesamtnettoumsatzerlöse der V-GmbH betragen 750 000 €.

Variante: Die Gesamtnettoumsatzerlöse betragen 300 000 €.

Lösung:

Nach Rn. 20 stellt der Betrieb der Photovoltaikanlage eine neben dem Einzelhandelsbetrieb stehende selbständige Betätigung dar, weil er sich vom Einzelhandelsbetrieb abhebt. Gleichwohl ist von demselben Geschäftsbetrieb auszugehen, da der Betrieb der Photovoltaikanlage wirtschaftlich nicht ins Gewicht fällt. Der Erlös beträgt lediglich 2 % (= 15 000 € × 100/750 000 €) und nicht mehr als 24 500 €. Bei Vorliegen der übrigen Voraussetzungen ist § 8d KStG anzuwenden.

Lösung zur Variante:

In der Variante fällt der Betrieb der Photovoltaikanlage wirtschaftlich ins Gewicht, da er mehr als 3 % der Erlöse ausmacht (5 % = 15 000 € × 100/300 000 €). Es liegen zwei selbständige Betätigungen und damit zwei nebeneinanderstehende Geschäftsbetriebe vor, die die Anwendung des § 8d KStG ausschließen.

3. Kein Ereignis i. S. d. § 8d Abs. 2 KStG im Beobachtungszeitraum B

24 **25** Innerhalb des Beobachtungszeitraums B (vgl. Rn. 13) darf kein Ereignis i. S. d. § 8d Abs. 2 KStG vorgelegen haben. Schädlich ist es danach, wenn in diesem Zeitraum
- der Geschäftsbetrieb ruhend gestellt wird (vgl. Rn. 26 ff.),
- der Geschäftsbetrieb einer andersartigen Zweckbestimmung zugeführt wird (vgl. Rn. 31 f.),
- die Körperschaft einen zusätzlichen Geschäftsbetrieb aufnimmt (vgl. Rn. 33 ff.),
- die Körperschaft sich an einer Mitunternehmerschaft beteiligt (vgl. Rn. 37 ff.),
- die Körperschaft die Stellung eines Organträgers i. S. d. § 14 Abs. 1 KStG einnimmt (vgl. Rn. 41 f.) oder
- auf die Körperschaft Wirtschaftsgüter übertragen werden, die sie zu einem geringeren als dem gemeinen Wert ansetzt (vgl. Rn. 43 ff.).

a) Ruhendstellung des Geschäftsbetriebs (§ 8d Abs. 2 Satz 2 Nr. 1 KStG)

25 **26** Eine Ruhendstellung des Geschäftsbetriebs liegt vor, wenn die unternehmerische Entscheidung getroffen wurde, den Geschäftsbetrieb trotz fortbestehender Möglichkeit der Fortführung nicht weiterzuführen. Unschädlich sind daher z. B. vorübergehende Betriebsschließungen aufgrund behördlicher Anordnung bzw. als Maßnahme des Gesundheitsschutzes sowie temporäre Unterbrechungen aufgrund einer schweren Erkrankung bei personenabhängigen Tätigkeiten.

Beispiel 10:

Die V-GmbH betreibt eine Cocktailbar. Während der Corona-Pandemie wird die Bar für mehrere Wochen vorübergehend geschlossen, da die Infektionsschutzverordnung der zuständigen Gebietskörperschaft für diesen Zeitraum die Öffnung für den Publikumsverkehr untersagt.

Lösung:

Es liegt keine Ruhendstellung des Geschäftsbetriebs i. S. d. § 8d Abs. 2 Satz 2 Nr. 1 KStG vor, da die Bar aufgrund der geltenden Infektionsschutzverordnung und nicht aufgrund einer freien unternehmerischen Entscheidung vorübergehend geschlossen wird. Die V-GmbH hat während der Geltungsdauer der Infektionsschutzverordnung nicht die Möglichkeit, den Betrieb in seiner bestehenden Form weiterzuführen.

27 Der Geschäftsbetrieb muss durch die Körperschaft selbst ausgeübt werden. Abweichend von den Grundsätzen der Betriebsaufgabe steht eine Verpachtung des Geschäftsbetriebs daher einer Ruhendstellung i. S. d. § 8d Abs. 2 Nr. 1 KStG gleich.

28 Auch das nur zeitweise Ruhendstellen des Geschäftsbetriebs ist schädlich. Eine Ruhendstellung des Geschäftsbetriebs liegt jedoch nicht vor, wenn es sich nur um eine unwesentliche, kurze Betriebsunterbrechung handelt (z. B. vierwöchige Betriebsferien, Schließung eines Ladenlokals für sechs Wochen wegen umfassender Renovierungsarbeiten).

29 Bei der Beurteilung, ob der Geschäftsbetrieb ruhend gestellt wurde, sind branchenspezifische Besonderheiten zu berücksichtigen (z. B. Saisonbetriebe).

Beispiel 11:

Die V-GmbH betreibt einen Eissalon, der jährlich von März bis Oktober geöffnet ist. In den Wintermonaten (November bis Februar) bleibt das Ladenlokal jeweils geschlossen.

Variante: Statt die vorhandenen Räumlichkeiten in den Wintermonaten (November bis Februar) ungenutzt zu lassen, vermietet die V-GmbH den Laden mit Ausnahme der Küchenflächen zeitweise an einen Unternehmer, der dort Lebkuchen verkauft.

Lösung:

Es liegt keine Ruhendstellung des Geschäftsbetriebs i. S. d. § 8d Abs. 2 Satz 2 Nr. 1 KStG vor, da es branchenüblich ist, dass Eissalons nicht ganzjährig durchgehend geöffnet sind, sondern während der Wintermonate (mit typischerweise fehlender Nachfrage nach Speiseeis) pausieren.

Lösung zur Variante:

Es liegt weder eine Ruhendstellung des Geschäftsbetriebs i. S. d. § 8d Abs. 2 Satz 2 Nr. 1 KStG noch eine Aufnahme eines zusätzlichen Geschäftsbetriebs i. S. d. § 8d Abs. 2 Satz 2 Nr. 3 KStG vor. Die kurzzeitige Untervermietung der Betriebsräume hat nach allgemeiner Verkehrsanschauung keine prägende Bedeutung für den Geschäftsbetrieb der V-GmbH. Es liegt eine unschädliche Hilfstätigkeit zur Haupttätigkeit (Betrieb eines Eissalons) vor.

30 Stellt die Verlustkörperschaft, deren einheitlicher Geschäftsbetrieb mehrere eigenständige Betätigungen umfasst (Rn. 21), eine Betätigung ruhend und verbleibt noch mindestens eine Betätigung, gilt Rn. 65 entsprechend.

b) Zuführung zu einer andersartigen Zweckbestimmung (§ 8d Abs. 2 Satz 2 Nr. 2 KStG)

31 Die Körperschaft darf die Zweckbestimmung ihres Geschäftsbetriebs und damit ihre Branche nicht wesentlich verändern. Ein schädlicher Branchenwechsel liegt bei einer wesentlichen Änderung der wirtschaftlichen Betätigung bzw. des tatsächlichen Gegenstands des Unternehmens vor. Die allgemeine Verkehrsanschauung ist zu berücksichtigen. Eine Änderung des satzungsmäßigen Unternehmensgegenstands stellt regelmäßig ein Indiz für einen Branchenwechsel dar, es sei denn, es handelt sich lediglich um rein redaktionelle Anpassungen. **26**

32 Anpassungen der Betätigung bzw. des Geschäftsmodells an dauerhaft veränderte wirtschaftliche oder gesellschaftliche Rahmenbedingungen (Strukturwandel) sind nicht als schädlicher Branchenwechsel einzustufen, wenn ein Sach- und Förderzusammenhang zu der bisherigen Betätigung besteht.

Beispiel 12:

Die V-GmbH betreibt seit 2014 ein Geschäft für Damenoberbekleidung mit Ladenlokal, in dem drei Angestellte als Verkäuferinnen tätig sind. Ab dem Jahr 2018 bietet die V-GmbH ihr Produktsortiment zusätzlich in einem Online-Shop an, der unter der gleichen Bezeichnung betrieben wird. Fortan erfolgt eine einheitliche Werbung bzw. ein gemeinsames Marketing.
Für die Betreuung des Online-Shops wird ein neuer Mitarbeiter (IT-Systemkaufmann) eingestellt.

Variante 1: Aufgrund der guten Entwicklung der Umsätze im Onlinegeschäft und gleichzeitigem Umsatzrückgang im Ladenlokal kündigt die V-GmbH ab dem Jahr 2020 den Pachtvertrag für das Ladenlokal und konzentriert sich fortan ausschließlich auf den Verkauf ihrer Produkte im Online-Shop.

Variante 2: Die V-GmbH schließt im Jahr 2018 ihr Ladenlokal und bietet fortan Outdoor-Produkte (Wanderbekleidung, Campingzubehör, Angelbedarf etc.) in einem Online-Shop unter einem neuen Geschäftsnamen an. Die bisherigen Lieferantenbeziehungen werden endgültig beendet und das bisherige Personal wird nicht weiter eingesetzt.

Lösung:

Durch die Eröffnung des Online-Shops erweitert sich zwar der Kundenkreis und auch die Qualifikation der Arbeitnehmer ändert sich teilweise. Nach dem Gesamtbild der Verhältnisse wird der Geschäftsbetrieb aber keiner andersartigen Zweckbestimmung zugeführt. Die angebotenen Produkte (Damenoberbekleidung) geben dem Geschäftsbetrieb in diesem Fall sein Gepräge. Daran ändert auch der zusätzliche Vertriebsweg (Online-Shop) nichts, da ein gegenseitiger Förder- und Sachzusammenhang besteht.

Lösung zur Variante 1:

Nach dem Gesamtbild der Verhältnisse wird der Geschäftsbetrieb durch die Konzentration auf das Online-Geschäft keiner andersartigen Zweckbestimmung zugeführt. Die angebotenen Produkte (Damenoberbekleidung) geben dem

Geschäftsbetrieb in diesem Fall weiter sein Gepräge. Es besteht ein Sach- und Förderzusammenhang zu der bisherigen Betätigung.

Lösung zur Variante 2:

Nach dem Gesamtbild der Verhältnisse liegt mit der grundlegenden Umstellung des Produktsortiments nicht mehr derselbe Geschäftsbetrieb vor. Sowohl der Geschäftsname sowie die angebotenen Produkte als auch der Kundenkreis ändern sich. Zusätzlich ergibt sich durch die Umstellung auf den Online-Handel auch eine geänderte Qualifikation der Arbeitnehmer. Nach der Änderung des Produktsortiments entspricht das Geschäftsbild (Handel mit Outdoor-Produkten) im Kern nicht mehr dem ursprünglichen Geschäftsbild (Handel mit Damenoberbekleidung). Es fehlt an einem Förder- und Sachzusammenhang zu der früheren wirtschaftlichen Betätigung.

Beispiel 13:

Die V-GmbH produziert als Zulieferer für große Automobilhersteller seit dem Jahr 2010 diverse Kunststoffteile. Während der Corona-Pandemie im Jahr 2020 fällt ein Großteil der Aufträge aus der Automobilindustrie weg. Die V-GmbH stellt nun für die Dauer der Pandemie zusätzlich Plexiglas-Schutzscheiben her, um ihre Produktionskapazität besser ausschöpfen zu können. Dabei nutzt die V-GmbH die vorhandene Technologie und die Maschinen aus der Produktion der Kunststoffteile.

Lösung:

Durch die zusätzliche Produktion der Plexiglas-Schutzscheiben erweitert sich zwar (temporär) der Kundenkreis sowie das angebotene Produktsortiment. Die Qualifikation der Arbeitnehmer bleibt davon aber grundsätzlich unberührt. Die kurzfristige Erweiterung des Produktsortiments, die auf der Nutzung derselben Basistechnologie und Maschinen beruht, stellt eine Anpassung an die veränderten Rahmenbedingungen dar und steht weiterhin in einem Förder- und Sachzusammenhang mit der ursprünglichen Betätigung.

Beispiel 14:

Die V-GmbH produziert seit dem Jahr 2015 Hi-Fi-Lautsprecher, die per Online-Direktvertrieb zum Kunden gelangen. Sie stellt im Laufe des Jahres 2020 fest, dass sich der Verkauf der Lautsprecher über den Onlineshop nicht wie erhofft entwickelt. Neben dem Online-Direktvertrieb setzt die V-GmbH daher auf weitere Vertriebsintermediäre und lässt die Produkte auch in Fachmärkten für Unterhaltungselektronik listen.

Lösung:

Durch den zusätzlichen Absatzweg ändert sich weder die grundsätzliche Betätigung der Körperschaft noch die Zweckbestimmung, auch wenn dadurch weitere Märkte erschlossen und zusätzliche Kunden erreicht werden können.

c) Aufnahme eines zusätzlichen Geschäftsbetriebs (§ 8 d Abs. 2 Satz 2 Nr. 3 KStG)

27 **33** Ob eine schädliche Aufnahme eines zusätzlichen Geschäftsbetriebs i. S. d. § 8 d Abs. 2 Satz 2 Nr. 3 KStG vorliegt, bestimmt sich nach den Grundsätzen der Rn. 16 ff. Danach liegt keine schädliche Aufnahme eines zusätzlichen Geschäftsbetriebs vor, wenn die zusätzliche Betätigung entweder in einem Förder- und Sachzusammenhang mit dem vorhandenen Geschäftsbetrieb steht oder wirtschaftlich nicht ins Gewicht fällt. Organische Veränderungen eines wachsenden Unternehmens stellen keine schädliche Aufnahme eines zusätzlichen Geschäftsbetriebs dar.

Beispiel 15:

Die V-GmbH betreibt ein Restaurant in einer deutschen Großstadt. Nach kurzer Zeit eröffnet sie ein weiteres Restaurant in einer anderen deutschen Großstadt. Die Restaurants werden unter einem einheitlichen Markennamen mit gleichem Speise- und Getränkeangebot betrieben. Weiterhin gelten auch einheitliche Qualitäts- und Servicestandards. Der Einkauf erfolgt für beide Restaurants zentral.

Lösung:

Die Eröffnung des zweiten Restaurants stellt keine schädliche Aufnahme eines zusätzlichen Geschäftsbetriebs dar. Die angebotenen Dienstleistungen und Produkte geben dem Geschäftsbetrieb in diesem Fall das Gepräge. Einheitliche Qualitäts- und Servicestandards sollen zudem für einen hohen Wiedererkennungswert bei den Kunden sorgen. Die beiden Restaurants stehen daher in einem gegenseitigen Förder- und Sachzusammenhang.

Beispiel 16:

Die V-GmbH produziert und vertreibt seit dem Jahr 2000 konventionelle Fahrräder. Aufgrund der steigenden Nachfrage nach E-Bikes stellt die V-GmbH ab dem Jahr 2019 zusätzlich auch E-Bikes unter demselben Markennamen her. Für die Entwicklung eigener Batterien und Elektromotoren wird eine neue Fabrikhalle an einem neuen Standort errichtet und es werden entsprechend qualifizierte Mitarbeiter eingestellt. Im Übrigen wird bei der Produktion der E-Bikes auf das Know-how der bisherigen Fahrrad-Produktion zurückgegriffen.

Lösung:

Die E-Bikes stellen zwar ein neues Produkt dar. Insgesamt kommt es dadurch aber nicht zu einer signifikanten Änderung der qualitativen Merkmale des § 8 d Abs. 1 Satz 4 KStG. Zudem stehen die Produkte nach allgemeiner Verkehrsanschauung in einem klaren Förder- und Sachzusammenhang. Mit der Produkterweiterung liegt keine schädliche Aufnahme eines zusätzlichen Geschäftsbetriebs vor.

28 **34** Eine schädliche Aufnahme eines zusätzlichen Geschäftsbetriebs i. S. d. § 8 d Abs. 2 Satz 2 Nr. 3 KStG ist aber dann gegeben, wenn eine weitere, vom vorhandenen Geschäftsbetrieb unabhängige Betätigung, die nach Rn. 24 zunächst nicht wirtschaftlich ins Gewicht gefallen ist, später derart ausgeweitet wird oder sich dahingehend entwickelt, dass sie ab diesem Zeitpunkt wirtschaftlich nicht mehr nur unwesentlich ist.

35 Die Übertragung eines Betriebs oder Teilbetriebs im Rahmen eines Umwandlungsvorgangs mit Ansatz zum gemeinen Wert kann eine schädliche Aufnahme eines zusätzlichen Geschäftsbetriebs nach § 8 d Abs. 2 Satz 2 Nr. 3 KStG beim übernehmenden Rechtsträger darstellen, wenn es sich aus der Sicht des übernehmenden Rechtsträgers bei dem Betrieb oder Teilbetrieb nach den Grundsätzen der Rn. 16 ff. um einen selbstständigen Geschäftsbetrieb handelt. Werden die übernommenen Wirtschaftsgüter dagegen mit dem Buch- oder Zwischenwert angesetzt, liegt bereits ein schädliches Ereignis i.S.d. § 8d Abs. 2 Satz 2 Nr. 6 KStG vor. Auf die Beurteilung, ob ein selbständiger Geschäftsbetrieb vorliegt, kommt es in diesen Fällen nicht an (vgl. Rn. 43).

36 § 8d Abs. 2 Satz 2 Nr. 3 KStG knüpft typisierend an die Aufnahme eines zusätzlichen Geschäftsbetriebs an. Es kommt daher nicht darauf an, ob mit dem zusätzlichen Geschäftsbetrieb im konkreten Fall tatsächlich eine Verlustverrechnung möglich wäre (z.B. Aufnahme eines zusätzlichen Geschäftsbetriebs im Ausland, dessen Einkünfte nach einem Doppelbesteuerungsabkommen im Inland freigestellt sind).

d) Beteiligung an einer Mitunternehmerschaft (§ 8d Abs. 2 Satz 2 Nr. 4 KStG)

37 Mitunternehmerschaften in diesem Sinne sind sowohl Mitunternehmerschaften i.S.d. § 15 Abs. 1 Satz 1 Nr. 2 EStG (einschließlich atypisch stiller Beteiligungen) als auch gewerblich infizierte sowie gewerblich geprägte Personengesellschaften i.S.d. § 15 Abs. 3 Nr. 1 und 2 EStG. Dies gilt ebenfalls, wenn die Mitunternehmerschaft durch Ausgliederung oder Einbringung einer eigenständigen Betätigung der Verlustkörperschaft entsteht. **29**

38 Die Beteiligung an einer Mitunternehmerschaft stellt unabhängig von ihrer Höhe oder ihrer wirtschaftlichen Bedeutung ein schädliches Ereignis dar (z.B. Beteiligung als Komplementär-GmbH ohne vermögensmäßige Beteiligung).

39 Vermögensverwaltende Personengesellschaften und typisch stille Beteiligungen stellen keine Mitunternehmerschaften dar und werden dementsprechend von § 8d Abs. 2 Satz 2 Nr. 4 KStG nicht erfasst. Die Grundsätze zur Abgrenzung des Gewerbebetriebs von der Vermögensverwaltung nach R 15.7 EStR 2019 sind zu beachten.

40 Eine Beteiligung an einer vermögensverwaltenden Personengesellschaft stellt allerdings ein schädliches Ereignis i.S.d. § 8d Abs. 2 Satz 2 Nr. 3 KStG dar, wenn das Halten von Beteiligungen an vermögensverwaltenden Personengesellschaften eine solche Bedeutung bei der beteiligten Verlustkörperschaft einnimmt, dass darin ein weiterer selbstständiger Geschäftsbetrieb zu sehen ist (vgl. Rn. 33ff.).

e) Begründung einer Organträgerschaft (§ 8d Abs. 2 Satz 2 Nr. 5 KStG)

41 Nach § 8d Abs. 2 Satz 2 Nr. 5 KStG stellt das Einnehmen der Stellung eines Organträgers i.S.d. § 14 Abs. 1 KStG ein schädliches Ereignis dar. Dies gilt auch für den Fall, dass der betreffende Organträger im Rahmen einer sogenannten Organschaftskette daneben auch die Stellung einer Organgesellschaft (im Verhältnis zu einem anderen Organträger) einnimmt. Die Stellung einer Organgesellschaft i.S.d. § 14 Abs. 1 oder § 17 Abs. 1 KStG ist für Zwecke des § 8d KStG unschädlich. **30**

42 Wird die Organschaft steuerlich rückwirkend nicht mehr anerkannt, ist der Anwendungsbereich des § 8d KStG bei Vorliegen eines Antrags nachträglich unter Beachtung der Grundsätze der Rn. 7ff. eröffnet.

f) Übertragung von Wirtschaftsgütern unterhalb des gemeinen Werts (§ 8d Abs. 2 Satz 2 Nr. 6 KStG)

43 Die Übertragung von Wirtschaftsgütern im Rahmen eines Umwandlungsvorgangs stellt ein schädliches Ereignis dar, wenn die Wirtschaftsgüter mit einem geringeren als dem gemeinen Wert, also mit einem Buch- oder Zwischenwert angesetzt werden. **31**

Beispiel 17:

Die V-GmbH betreibt ein Transportunternehmen. Zum 1. 4. 2017 (steuerlicher Übertragungsstichtag) bringt der Neu-Gesellschafter E den Betrieb seines Einzelunternehmens in die V-GmbH ein und erhält dafür GmbH-Anteile i.H.v. 70% (schädlicher Beteiligungserwerb nach § 8c Abs. 1 KStG). Die V-GmbH setzt die eingebrachten Wirtschaftsgüter mit den Buchwerten an. Ist auf Antrag § 8d KStG anwendbar?

Lösung:

Da die von E eingebrachten Wirtschaftsgüter bei der V-GmbH mit den Buchwerten angesetzt werden, liegt ein schädliches Ereignis i.S.d. § 8d Abs. 2 Satz 2 Nr. 6 KStG vor, das die Anwendung des § 8d KStG ausschließt.

44 Eine Übertragung zu einem geringeren als dem gemeinen Wert liegt nicht vor, wenn es aufgrund eines Sperrfristverstoßes nach § 22 Abs. 1 oder 2 UmwStG innerhalb des ersten Zeitjahres nach dem steuerlichen Übertragungsstichtag zu einem rückwirkenden Ansatz des gemeinen Werts kommt (Einbringungsgewinn I oder II).

Beispiel 18:

Die V-GmbH, an der die Gesellschafter E und X zu je 50% beteiligt sind, betreibt ein Transportunternehmen. Daneben betreibt E ein Einzelunternehmen mit gleichem Tätigkeitsfeld. Zum 1. 4. 2017 (steuerlicher Übertragungsstichtag) bringt der E den Betrieb seines Einzelunternehmens in die V-GmbH ein und erhält dafür neue GmbH-Anteile, sodass sich sein Beteiligungsanteil auf 75% erhöht. Die V-GmbH setzt die eingebrachten Wirtschaftsgüter mit den Buchwerten an.
Mit steuerlicher Wirkung zum 1. 2. 2018 veräußert E seine Anteile an der V-GmbH an F (schädlicher Beteiligungserwerb nach § 8c Abs. 1 KStG). Ist auf Antrag § 8d KStG anwendbar?

Lösung:

Die Wirtschaftsgüter des Betriebs von E werden zunächst mit dem Buchwert bei der V-GmbH angesetzt. Daher liegt dem Grunde nach ein schädliches Ereignis i.S.d. § 8d Abs. 2 Satz 2 Nr. 6 KStG vor. Durch die Veräußerung der Anteile an der V-GmbH kommt es zu einem Sperrfristverstoß nach § 22 Abs. 1 UmwStG. Da der Verstoß innerhalb des ersten Zeitjahres nach dem steuerlichen Übertragungsstichtag eingetreten ist, wird die Einbringung des Betriebs zum 1. 4. 2017 so behandelt, als sei sie zum gemeinen Wert erfolgt. Im Ergebnis liegt keine Übertragung von Wirtschaftsgütern unterhalb des gemeinen Werts vor.
Ein schädliches Ereignis i.S.d. § 8d Abs. 2 Satz 2 Nr. 6 KStG, das der Anwendung des § 8d KStG entgegenstehen würde, liegt daher nicht vor.

Anl zu § 8d KStG

45 Im Falle der verdeckten Einlage führt der Ansatz des Wirtschaftsguts mit dem Teilwert nicht zu einem schädlichen Ereignis i. S. d. § 8d Abs. 2 Satz 2 Nr. 6 KStG. Es ist ohne weitere Prüfung anzunehmen, dass der Teilwert dem gemeinen Wert entspricht. Schädlich ist jedoch die Bewertung der verdeckten Einlage nach R 8.9 Abs. 4 Satz 4 KStR 2015 i. V. m. § 6 Abs. 1 Nr. 5 Satz 1 Buchst. a EStG
32 mit den (fortgeführten) Anschaffungs- oder Herstellungskosten des Gesellschafters.

Beispiel 19:

Die V-GmbH erwirbt von ihrem Gesellschafter ein Wirtschaftsgut unterhalb des gemeinen Werts. Die übrigen Voraussetzungen für die Annahme einer verdeckten Einlage liegen vor. Die V-GmbH setzt als Anschaffungskosten des Wirtschaftsguts den gezahlten (zu niedrigen) Kaufpreis an (**Variante:** Ansatz mit dem Teilwert).

Lösung:

Im Grundfall wurde das Wirtschaftsgut zu einem geringeren als dem gemeinen Wert angesetzt. Darin ist ein schädliches Ereignis nach § 8d Abs. 2 Satz 2 Nr. 6 KStG zu sehen, sofern der Bilanzansatz des Wirtschaftsguts nicht rückwirkend auf den gemeinen Wert bzw. Teilwert korrigiert wird.

Lösung zur Variante:

In der Variante hat die V-GmbH aufgrund der verdeckten Einlage das Wirtschaftsgut zutreffend mit dem Teilwert angesetzt. Damit führt dieser Vorgang nicht zu einem schädlichen Ereignis nach § 8d Abs. 2 Satz 2 Nr. 6 KStG.

4. Ausschluss des Anwendungsbereichs (§ 8d Abs. 1 Satz 2 KStG)

a) Verluste aus der Zeit vor Einstellung oder Ruhendstellung des Geschäftsbetriebs (§ 8d Abs. 1 Satz 2 Nr. 1 KStG)

33 **46** § 8d KStG findet nur auf Verluste Anwendung, die auf der ununterbrochenen Ausübung des maßgeblichen Geschäftsbetriebs beruhen. Von der Anwendung des § 8d KStG sind daher Verluste ausgeschlossen, die auf die Zeit vor einer Einstellung oder Ruhendstellung des Geschäftsbetriebs entfallen.

Beispiel 20:

Die V-GmbH hat zu Beginn des Veranlagungszeitraums 2016 ihren Geschäftsbetrieb ruhend gestellt. Vor der Ruhendstellung bestand ein Verlustvortrag zum 31. 12. 2015 i. H. v. 200 000 €. Zum 1. 1. 2017 nimmt die V-GmbH denselben Geschäftsbetrieb wieder auf.
Im Veranlagungszeitraum 2020 werden 100 % der Anteile an der V-GmbH auf einen Erwerber übertragen, der den Geschäftsbetrieb unverändert fortführt. Der Verlustvortrag zum Ende des Veranlagungszeitraums 2020 beträgt ohne Anwendung des § 8c KStG 300 000 €. Die V-GmbH stellt für den Veranlagungszeitraum 2020 einen Antrag nach § 8d KStG. Es sind keine stillen Reserven vorhanden.

Lösung:

Die Anwendung des § 8d KStG ist auf Antrag möglich, da die Voraussetzungen des § 8d Abs. 1 Satz 1 KStG erfüllt sind, denn im Beobachtungszeitraum A wird ausschließlich derselbe Geschäftsbetrieb unterhalten. Nach § 8d Abs. 1 Satz 2 Nr. 1 KStG ist die Anwendung des § 8d KStG für den Verlust ausgeschlossen, der auf die Zeit vor der Ruhendstellung des Geschäftsbetriebs entfällt (200 000 €); dieser ist nach § 8c KStG zu kürzen. Auf den nach der Kürzung verbleibenden Verlust i. H. v. 100 000 € ist § 8d KStG antragsgemäß anzuwenden.

b) Organträgerstellung oder Beteiligung an einer Mitunternehmerschaft (§ 8d Abs. 1 Satz 2 Nr. 2 KStG)

34 **47** Die Beteiligung an einer Mitunternehmerschaft oder die Stellung als Organträger i. S. d. § 14 Abs. 1 KStG zu Beginn des dritten Veranlagungszeitraums, der dem Veranlagungszeitraum vorausgeht, in den der schädliche Beteiligungserwerb fällt, steht einer Anwendung des § 8d Abs. 1 Satz 1 KStG entgegen. Die Rn. 37 bis 42 gelten entsprechend.

48 Ist eine der Antragstellung nach § 8d Abs. 1 KStG entgegenstehende Organschaft rückwirkend nicht anzuerkennen, kann ein Antrag nach § 8d Abs. 1 Satz 5 KStG in der Steuererklärung für die Veranlagung des Veranlagungszeitraums gestellt werden, in den der schädliche Beteiligungserwerb fällt (vgl. Rn. 7 ff.). Entsprechendes gilt für die Einbringung von Mitunternehmeranteilen in eine Kapitalgesellschaft oder den Formwechsel einer Personengesellschaft in eine Kapitalgesellschaft, wenn diese mit steuerlicher Rückwirkung erfolgen.

IV. Rechtsfolgen

1. Umfang der Verlusterhaltung

35 **49** Nach § 8d Abs. 1 Satz 1 KStG ist auf Antrag die Verlustkürzung nach § 8c KStG bei einem schädlichen Beteiligungserwerb nicht anzuwenden. Dies schließt die Nichtanwendung der Stille-Reserven-Klausel (§ 8c Abs. 1 Satz 5 ff. KStG) ein (vgl. Rn. 6). Verluste aus der Zeit vor Einstellung oder Ruhendstellung des Geschäftsbetriebs sind auch bei einem wirksamen Antrag nach § 8d KStG weiterhin nach § 8c KStG zu kürzen (vgl. Rn. 46).

50 Verluste eines vorherigen Geschäftsbetriebs, der nicht dem für die Anwendung des § 8d KStG maßgeblichen Geschäftsbetrieb entspricht und der vor Beginn des Beobachtungszeitraums A eingestellt wurde, sind ebenfalls nach § 8c KStG zu kürzen.

Beispiel 21:

Die V-GmbH führt seit ihrer Gründung im Jahr 2011 ein Einzelhandelsgeschäft. Der Verlustvortrag zum 31. 12. 2015 beträgt 200 000 €. Anfang des Jahres 2016 stellt sie ihr Einzelhandelsgeschäft ein und betreibt stattdessen eine Transportvermittlung. In den Jahren 2017 bis 2019 erleidet die V-GmbH weitere Verluste von insgesamt 100 000 €. Im Jahr 2020 werden 100 % der Anteile an der V-GmbH auf einen Erwerber übertragen. Stille Reserven existieren nicht. Die V-GmbH stellt für den Veranlagungszeitraum 2020 einen Antrag nach § 8d KStG.

Lösung:

Maßgeblich für die Anwendung des § 8d KStG ist ausschließlich der Geschäftsbetrieb „Transportvermittlung". Nach § 8d Abs. 1 Satz 2 Nr. 1 KStG ist ein Antrag für den Verlust ausgeschlossen, der auf den eingestellten Geschäftsbetrieb „Einzelhandelsgeschäft" entfällt (200000 €), so dass diese Altverluste aufgrund des schädlichen Beteiligungserwerbs untergehen. Auf den Verlust i. H. v. 100000 €, der durch die Tätigkeit „Transportvermittlung" verursacht wurde, ist § 8d KStG antragsgemäß anzuwenden. Anl zu § 8d KStG

51 Ist der Verlust in einer Zeit entstanden, in der die Verlustkörperschaft mehr als einen Geschäftsbetrieb unterhalten hat, und wird seit dem Beginn des Beobachtungszeitraums A nur noch einer dieser Geschäftsbetriebe als maßgeblicher Geschäftsbetrieb nach § 8d KStG ausgeübt, ist der Verlust für Zwecke des § 8d Abs. 1 Satz 2 Nr. 1 KStG jeweils den einzelnen Geschäftsbetrieben sachgerecht zuzuordnen. Zwischenzeitliche Verrechnungen mit Gewinnen sind entsprechend zu berücksichtigen. Den Nachweis über eine konkrete Zuordnung hat die antragstellende Körperschaft zu führen. Kann ein solcher Nachweis nicht erbracht werden, ist im Zweifel davon auszugehen, dass der gesamte Verlust auf den eingestellten Geschäftsbetrieb entfällt.

Beispiel 22:

Die V-GmbH führt seit ihrer Gründung im Jahr 2011 ein Einzelhandelsgeschäft und betreibt eine Transportvermittlung. Der Verlustvortrag zum 31. 12. 2015 beträgt 200000 €, der nachweislich zu 40% auf das Einzelhandelsgeschäft entfällt. Anfang des Jahres 2016 stellt die V-GmbH ihr Einzelhandelsgeschäft ein. In den Jahren 2017 bis 2019 erleidet die V-GmbH einen weiteren Verlust von 100000 €. Im Jahr 2020 werden 100% der Anteile an der V-GmbH auf einen Erwerber übertragen. Stille Reserven existieren nicht. Die V-GmbH stellt für den Veranlagungszeitraum 2020 einen Antrag nach § 8d KStG.

Lösung:

Nach § 8d Abs. 1 Satz 2 Nr. 1 KStG ist die Anwendung des § 8d KStG für den Verlust ausgeschlossen, der auf den eingestellten Geschäftsbetrieb „Einzelhandelsgeschäft" entfällt (80000 €). Dieser Altverlust geht aufgrund des schädlichen Beteiligungserwerbs unter. Auf den Verlust i. H. v. 220000 €, der durch die „Transportvermittlung" verursacht wurde, ist § 8d KStG antragsgemäß anzuwenden.

52 In den Fällen der Rn. 50 und 51 spricht eine widerlegbare Vermutung dafür, dass etwaige vorhandene stille Reserven in voller Höhe auf den nach § 8d KStG maßgeblichen fortgeführten Geschäftsbetrieb entfallen.

53 Wenn § 8d KStG Anwendung findet, sind für die nicht ausgeglichenen negativen Einkünfte des Veranlagungszeitraums, in den der schädliche Beteiligungserwerb fällt, zunächst die Regelungen zum Verlustrücktrag (§ 10d Abs. 1 EStG) anzuwenden. 36

Beispiel 23:

Die V-GmbH erzielt im Jahr 2019 einen Verlust i. H. v. 25000 €. Zum 30. 6. 2019 werden 100% der Anteile an der V-GmbH an einen Erwerber veräußert. Auf die Zeit bis zum schädlichen Beteiligungserwerb entfällt ein Verlust i. H. v. 10 000 €.
Der Gesamtbetrag der Einkünfte der V-GmbH im Veranlagungszeitraum 2018 beträgt 20000 €. Die V-GmbH stellt für den Veranlagungszeitraum 2019 keinen Antrag nach § 8d KStG.

Variante: Die V-GmbH stellt für den Veranlagungszeitraum 2019 einen Antrag nach § 8d KStG.

Lösung:

Der bis zum 30. 6. 2019 erwirtschaftete Verlust geht nach § 8c KStG grundsätzlich vollständig unter. Ein Verlustrücktrag scheidet i. H. v. 10000 € entsprechend der Rn. 31 des BMF-Schreibens vom 28. November 2017 (BStBl. I S. 1645) aus. Der auf die Zeit nach dem schädlichen Beteiligungserwerb entfallende Verlust (15000 €) kann nach § 10d Abs. 1 EStG in das Vorjahr zurückgetragen werden.

Lösung zur Variante:

Aufgrund des Antrags der V-GmbH findet § 8c KStG keine Anwendung. Somit kann der im Jahr 2019 erwirtschaftete Verlust i. H. v. 20000 € nach § 10d Abs. 1 EStG in das Vorjahr zurückgetragen werden. Zum 31. 12. 2019 wird ein fortführungsgebundener Verlustvortrag i. H. v. 5000 € gesondert festgestellt.

54 Der verbleibende nicht genutzte Verlustvortrag wird zum Schluss des Veranlagungszeitraums, in den der schädliche Beteiligungserwerb fällt, insgesamt zum fortführungsgebundenen Verlustvortrag (§ 8d Abs. 1 Satz 6 KStG). Bei einem vom Kalenderjahr abweichenden Wirtschaftsjahr wird der nicht genutzte Verlustvortrag zum Schluss des Veranlagungszeitraums, in dem das Wirtschaftsjahr des schädlichen Beteiligungserwerbs endet, zum fortführungsgebundenen Verlustvortrag. 37

Beispiel 24:

Die V-GmbH ermittelt ihren Gewinn für das vom Kalenderjahr abweichende Wirtschaftsjahr vom 1. 7. bis 30. 6. Sie erzielt im Wirtschaftsjahr 2018/2019 einen Verlust i. H. v. 100000 €. Zum 1. 2. 2019 werden 100% der Anteile an der V-GmbH an einen Erwerber veräußert. Zum 31. 12. 2018 wurde ein vortragsfähiger Verlust i. S. d. § 10d EStG i. H. v. 200000 € festgestellt.
Die V-GmbH stellt für den Veranlagungszeitraum 2019 einen Antrag nach § 8d KStG.

Lösung:

Die bis zum 1. 2. 2019 nicht genutzten Verluste (Verlustvortrag zum 31. 12. 2018 zzgl. anteiliger Verlust des Wirtschaftsjahres 2018/2019) würden nach § 8c KStG vollständig untergehen. Aufgrund des Antrags der V-GmbH findet § 8c KStG jedoch keine Anwendung. Der zum 31. 12. 2019 festzustellende fortführungsgebundene Verlustvortrag beträgt 300000 € (= Verlustvortrag zum 31. 12. 2018 i. H. v. 200000 € zzgl. laufender Verlust des Wirtschaftsjahres 2018/2019 i. H. v. 100000 €).

55 Soweit zum Ende des Veranlagungszeitraums, in den der schädliche Beteiligungserwerb fällt, Verluste nach §§ 2a, 15 Abs. 4, 15a, 15b EStG sowie § 8d KStG (vgl. Rn. 2) oder ähnliche ausgleichs- oder verrechnungsbeschränkte Verluste bestehen, sind diese im Rahmen der jeweiligen gesonderten Verlustfeststellung ebenfalls als fortführungsgebundene Verluste gesondert auszuweisen und festzustellen.

Anl zu § 8d KStG

2. Verrechnung des fortführungsgebundenen Verlustvortrags

38 **56** Der fortführungsgebundene Verlustvortrag ist als Teil des verbleibenden Verlustvortrags zum Ende des jeweiligen Veranlagungszeitraums gesondert auszuweisen (§ 8d Abs. 1 Satz 7 KStG). Der fortführungsgebundene Verlustvortrag ist kein eigenständiger, neben dem Verlustvortrag i. S. d. § 10d Abs. 4 EStG stehender Verlustvortrag. Die Vorschriften über den Verlustrücktrag und den Verlustvortrag nach § 10d EStG, §§ 4 Abs. 2, 12 Abs. 3 und 15 Abs. 3 UmwStG sowie die Grundsätze der Mindestgewinnbesteuerung nach § 10d Abs. 2 EStG sind zu beachten.

Beispiel 25:

Bei der V-GmbH besteht zum 31. 12. 2017 ausschließlich ein fortführungsgebundener Verlustvortrag i. S. d. § 8d KStG i. H. v. 3 Mio. €. Im Veranlagungszeitraum 2018 erzielt die V-GmbH einen positiven Gesamtbetrag der Einkünfte i. H. v. 2 Mio. €.

Lösung:

Nach § 10d Abs. 2 EStG findet eine Verrechnung des fortführungsgebundenen Verlustvortrags i. H. v. 1 Mio. € uneingeschränkt statt. Darüber hinaus können 60 % des 1 Mio. € übersteigenden positiven Gesamtbetrags der Einkünfte (= 600 000 €) mit dem verbleibenden fortführungsgebundenen Verlustvortrag verrechnet werden. Zum 31. 12. 2018 ist ein verbleibender fortführungsgebundener Verlustvortrag i. H. v. 1,4 Mio. € gesondert festzustellen.

57 Nach § 8d Abs. 1 Satz 8 KStG ist der gesondert ausgewiesene und festgestellte fortführungsgebundene Verlustvortrag vor dem nach § 10d Abs. 4 EStG gesondert festgestellten Verlustvortrag vorrangig abzuziehen.

Beispiel 26:

Bei der V-GmbH besteht zum 31. 12. 2017 ein fortführungsgebundener Verlustvortrag i. S. d. § 8d KStG i. H. v. 100 000 € sowie ein übriger Verlustvortrag i. S. d. § 10d EStG i. H. v. 50 000 €. Im Veranlagungszeitraum 2018 erzielt die V-GmbH einen positiven Gesamtbetrag der Einkünfte i. H. v. 120 000 €.

Lösung:

Nach § 8d Abs. 1 Satz 8 KStG wird vorrangig der fortführungsgebundene Verlustvortrag (100 000 €) mit dem positiven Gesamtbetrag der Einkünfte verrechnet. Der danach verbleibende positive Gesamtbetrag der Einkünfte (= 20 000 €) wird mit dem verbleibenden Verlustvortrag i. S. d. § 10d EStG verrechnet. Zum 31. 12. 2018 ist ein verbleibender Verlustvortrag i. S. d. § 10d EStG i. H. v. 30 000 € (= 50 000 €–20 000 €) gesondert festzustellen. Der fortführungsgebundene Verlustvortrag ist vollständig aufgebraucht.

58 Eine quotale Aufteilung des Sockelbetrags des § 10d Abs. 2 EStG ist dabei nicht vorzunehmen.

Beispiel 27:

Bei der V-GmbH besteht zum 31. 12. 2017 ein fortführungsgebundener Verlustvortrag i. S. d. § 8d KStG i. H. v. 800 000 € (**Variante 1**: 1,2 Mio. €; **Variante 2**: 1,8 Mio. €) sowie ein übriger Verlustvortrag i. S. d. § 10d EStG i. H. v. 1,2 Mio. €. Im Veranlagungszeitraum 2018 erzielt die V-GmbH einen positiven Gesamtbetrag der Einkünfte i. H. v. 2 Mio. €.

Lösung:

Nach § 10d Abs. 2 EStG i. V. m. § 8d Abs. 1 Satz 8 KStG erfolgt im Grundfall eine Verrechnung des gesamten fortführungsgebundenen Verlustvortrags (800 000 €) sowie des übrigen verbleibenden Verlustvortrags i. H. v. 200 000 € uneingeschränkt. Darüber hinaus können 60 % des 1 Mio. € übersteigenden positiven Gesamtbetrags der Einkünfte (= 600 000 €) des übrigen verbleibenden Verlustvortrags verrechnet werden. Zum 31. 12. 2018 ist ein verbleibender Verlustvortrag i. H. v. 400 000 € gesondert festzustellen. Der fortführungsgebundene Verlustvortrag ist vollständig aufgebraucht.

Lösung zur Variante 1:

In der Variante 1 wird der fortführungsgebundene Verlustvortrag i. H. v. 1 Mio. € uneingeschränkt verrechnet. Darüber hinaus kann ein Verlustvolumen von 600 000 € mit dem positiven Gesamtbetrag der Einkünfte verrechnet werden. Dies setzt sich aus den verbleibenden 200 000 € des fortführungsgebundenen Verlustvortrags sowie i. H. v. 400 000 € des übrigen verbleibenden Verlustvortrags zusammen. Zum 31. 12. 2018 ist ein verbleibender Verlustvortrag i. S. d. § 10d EStG i. H. v. 800 000 € gesondert festzustellen. Der fortführungsgebundene Verlustvortrag i. S. d. § 8d KStG ist vollständig aufgebraucht.

Lösung zur Variante 2:

In der Variante 2 wird der fortführungsgebundene Verlustvortrag i. H. v. 1 Mio. € uneingeschränkt verrechnet. Darüber hinaus kann ein Verlustvolumen von 600 000 € mit dem positiven Gesamtbetrag der Einkünfte verrechnet werden. Dies setzt sich vollständig aus dem fortführungsgebundenen Verlustvortrag zusammen. Zum 31. 12. 2018 sind ein verbleibender fortführungsgebundener Verlustvortrag i. S. d. § 8d KStG i. H. v. 200 000 € und ein übriger Verlustvortrag i. S. d. § 10d EStG i. H. v. 1,2 Mio. € gesondert festzustellen.

3. Organschaft

39 **59** Eine Anwendung des § 8d KStG auf Ebene des Organträgers ist ausdrücklich ausgeschlossen (§ 8d Abs. 1 Satz 2 Nr. 2 KStG bzw. § 8d Abs. 1 Satz 1 KStG i. V. m. Abs. 2 Nr. 5 KStG, vgl. Rn. 41). Auf Ebene der Organgesellschaft ist die Anwendung des § 8d KStG dem Grunde nach möglich. Antragsberechtigt ist die Organgesellschaft.

60 Sind die Voraussetzungen des § 8d KStG erfüllt, ist ein „vororganschaftlicher" Verlustvortrag nach § 15 Satz 1 Nr. 1 KStG als „vororganschaftlicher" fortführungsgebundener Verlustvortrag gesondert auszuweisen und festzustellen. Eine Verrechnung des „vororganschaftlichen" fortführungsgebundenen Verlustvortrags ist erst nach Beendigung der Organschaft und nur unter der Voraussetzung möglich, dass zwischenzeitlich kein schädliches Ereignis i. S. d. § 8d Abs. 2 KStG bei der Organgesellschaft eingetreten ist.

61 Für den Verlust der Organgesellschaft, der während des Bestehens der Organschaft im Veranlagungszeitraum des schädlichen Beteiligungserwerbs entsteht, ist § 8d KStG vor der Zurechnung ihres Einkommens an den Organträger anzuwenden (vgl. Rn. 37 ff. des BMF-Schreibens vom 28. November

2017, BStBl. I S. 1645). Die Anwendung des § 8d KStG auf der Ebene der Organgesellschaft führt zur vollständigen Suspendierung der Regelung des § 8c Abs. 1 KStG. Ein laufender Verlust der Organgesellschaft geht in Folge des (mittelbaren) schädlichen Beteiligungserwerbs nicht unter. Dieser Verlust der Organgesellschaft wird nach den allgemeinen organschaftlichen Regelungen dem Organträger ungekürzt zugerechnet. Ein etwaiger verbleibender Verlustvortrag des Organträgers, der aus dem zugerechneten Verlust der Organgesellschaft resultiert, ist nicht fortführungsgebunden.

V. Untergang des fortführungsgebundenen Verlustvortrags durch schädliche Ereignisse

62 Bei Einstellung des Geschäftsbetriebs oder bei Eintritt eines anderen schädlichen Ereignisses i. S. d. § 8d Abs. 2 Satz 2 KStG geht der auf den Schluss des vorhergehenden Veranlagungszeitraums festgestellte fortführungsgebundene Verlustvortrag – vorbehaltlich der Berücksichtigung etwaiger stiller Reserven (vgl. Rn. 68ff.) – unter. **40**

1. Einstellung des Geschäftsbetriebs (§ 8d Abs. 2 Satz 1 KStG)

63 Ein Geschäftsbetrieb wird eingestellt, wenn er nach den Grundsätzen der Betriebsaufgabe beendet wird. Erforderlich ist eine Willensentscheidung oder Handlung, die darauf gerichtet ist, dass der Betrieb als selbständiger Organismus nicht mehr in seiner bisherigen Form bestehen bleiben soll. Der maßgebliche Geschäftsbetrieb muss wirtschaftlich aufgehört haben, werbend tätig zu sein. Eine Einstellung des Geschäftsbetriebs liegt bereits dann vor, wenn die verbleibende im Vergleich zur bisherigen Tätigkeit nur noch unwesentlich ist. Davon kann grundsätzlich ausgegangen werden, wenn sich der Umsatz im Vergleich zur bisherigen Tätigkeit um mehr als 90 % reduziert. Nur wenn die verbleibende Tätigkeit weiterhin bedeutsam ist und die Gesellschaft insoweit wirtschaftlich aktiv bleibt, kann der Geschäftsbetrieb als (noch) nicht eingestellt angesehen werden. **41**

64 Ist in den Fällen der Rn. 24 von einem einheitlichen Geschäftsbetrieb auszugehen, weil ein weiterer Geschäftsbetrieb wirtschaftlich nicht ins Gewicht fällt, liegt eine Einstellung des gesamten Geschäftsbetriebs auch dann vor, wenn nur der wirtschaftlich ins Gewicht fallende Geschäftsbetrieb eingestellt wird.

65 Stellt die Verlustkörperschaft, deren einheitlicher Geschäftsbetrieb mehrere selbständige Betätigungen umfasst (Rn. 21), eine Betätigung ein und verbleibt noch mindestens eine Betätigung, führt diese Einstellung nicht – auch nicht quotal – zu einem Untergang des zuletzt festgestellten fortführungsgebundenen Verlustvortrags nach § 8d Abs. 2 KStG. Der Geschäftsbetrieb mit seiner verbleibenden Betätigung ist dann der maßgebliche Geschäftsbetrieb der Verlustkörperschaft für Zwecke des § 8d KStG. Entsprechendes gilt für die Ausgliederung.

Beispiel 28:

Die V-GmbH betreibt seit dem Jahr 2017 einen Einzelhandel für selbstproduzierte Fahrräder und führt unter demselben Firmennamen auch Fahrradreparaturen in einem Nebengebäude des Verkaufsgeschäfts durch. Aufgrund steigender Absatzzahlen für die selbstproduzierten Fahrräder und im Verhältnis nur noch geringer Umsätze aus der Fahrradreparatur konzentriert sich die V-GmbH ab dem Jahr 2019 ausschließlich auf die Produktion und den Vertrieb der Fahrräder.

Lösung:

Der Fahrradeinzelhandel sowie die Reparaturwerkstatt stellen zwei sich gegenseitig fördernde und ergänzende Betätigungen und damit einen einheitlichen Geschäftsbetrieb dar. Die Einstellung der Dienstleistung „Fahrradreparatur" führt nicht zu einer andersartigen Zweckbestimmung des Betriebs. Der Geschäftsbetrieb mit seiner verbleibenden Betätigung ist fortan der maßgebliche Geschäftsbetrieb der Verlustkörperschaft für Zwecke des § 8d KStG.

2. Eintritt eines anderen schädlichen Ereignisses (§ 8d Abs. 2 Satz 2 Nr. 1 bis 6 KStG)

66 Ein anderes schädliches Ereignis liegt vor, wenn **42**
- der Geschäftsbetrieb ruhend gestellt wird (vgl. Rn. 26ff.),
- der Geschäftsbetrieb einer andersartigen Zweckbestimmung zugeführt wird (vgl. Rn. 31 f.),
- die Körperschaft einen zusätzlichen Geschäftsbetrieb aufnimmt (vgl. Rn. 33ff.),
- die Körperschaft sich an einer Mitunternehmerschaft beteiligt (vgl. Rn. 37ff.),
- die Körperschaft die Stellung eines Organträgers i.S.d. § 14 Abs. 1 KStG einnimmt (vgl. Rn. 41 f.) oder
- auf die Körperschaft Wirtschaftsgüter übertragen werden, die sie zu einem geringeren als dem gemeinen Wert ansetzt (vgl. Rn. 43ff.).

67 Bei unterjährigem Eintritt eines schädlichen Ereignisses wird der zum Schluss des vorangehenden Veranlagungszeitraums festgestellte fortführungsgebundene Verlustvortrag gekürzt. Eine Kürzung laufender Verluste, die bis zum Eintritt des jeweiligen schädlichen Ereignisses entstanden sind, oder eine Verrechnung von bis zum Eintritt des jeweiligen schädlichen Ereignisses entstandenen positiven Ergebnissen mit dem zuletzt festgestellten fortführungsgebundenen Verlustvortrag erfolgt nicht.

VI. Stille-Reserven-Klausel des § 8d KStG (§ 8d Abs. 2 Satz 1 Halbsatz 2 KStG)

1. Allgemein

68 Eine Kürzung des fortführungsgebundenen Verlustvortrags unterbleibt nach § 8d Abs. 2 Satz 1 Halbsatz 2 KStG i. V. m. § 8c Abs. 1 Satz 5 bis 8 KStG, soweit im Inland steuerpflichtige stille Reserven vorhanden sind. Der danach verbleibende Verlustvortrag ist nicht mehr als fortführungsgebundener Verlustvortrag gesondert auszuweisen und festzustellen. **43**

69 Bei der entsprechenden Anwendung der Stille-Reserven-Klausel des § 8c Abs. 1 Satz 5 bis 8 KStG sind die zum Schluss des dem schädlichen Ereignis vorangegangenen Veranlagungszeitraums vorhandenen stillen Reserven zu Grunde zu legen.

Anl zu § 8d KStG

70 Maßgebend sind die gesamten vorhandenen stillen Reserven. Für die Ermittlung der stillen Reserven gelten die Rn. 49ff. des BMF-Schreibens vom 28. November 2017 (BStBl. I S. 1645) entsprechend.

Beispiel 29:

Bei der V-GmbH besteht zum 31. 12. 2018 ein fortführungsgebundener Verlustvortrag i. H. v. 500000 €. Zum 31. 12. 2018 betragen die stillen Reserven 200000 €.
Im Jahr 2019 beteiligt sich die V-GmbH an einer Mitunternehmerschaft.

Lösung:

Die Beteiligung an einer Mitunternehmerschaft durch die V-GmbH im Jahr 2019 stellt ein schädliches Ereignis nach § 8d Abs. 2 Satz 2 Nr. 4 KStG dar. Dadurch steht der zuletzt festgestellte fortführungsgebundene Verlustvortrag (auf den 31. 12. 2018: 500000 €) grundsätzlich nicht mehr für eine künftige Verrechnung mit Gewinnen zur Verfügung. Da zum 31. 12. 2018 stille Reserven i. H. v. 200000 € bestehen, werden Verluste in nämlicher Höhe von einer Kürzung nach § 8d Abs. 2 KStG verschont. Sofern im Veranlagungszeitraum 2019 keine weitere Verrechnung mit einem positiven Gesamtbetrag der Einkünfte stattfindet, ist zum 31. 12. 2019 ein verbleibender Verlustvortrag i. S. d. § 10d EStG i. H. v. 200000 € gesondert festzustellen (kein fortführungsgebundener Verlustvortrag; vgl. Rn. 68). Der übrige nicht genutzte fortführungsgebundene Verlustvortrag i. H. v. 300000 € geht gemäß § 8d Abs. 2 Satz 2 Nr. 4 KStG unter.

2. Zusammentreffen von fortführungsgebundenem Verlustvortrag und einem übrigen Verlustvortrag i. S. d. § 10d EStG

44 **71** Besteht bei Eintritt eines schädlichen Ereignisses nach § 8d Abs. 2 KStG sowohl ein fortführungsgebundener Verlustvortrag als auch ein Verlustvortrag nach § 10d EStG, sind die gesamten stillen Reserven für die Anwendung des § 8d Abs. 2 Satz 1 KStG zu berücksichtigen.

Variante zu Beispiel 29:

Neben dem fortführungsgebundenen Verlustvortrag i. H. v. 500000 € zum 31. 12. 2018 besteht ein übriger Verlustvortrag nach § 10d Abs. 4 EStG i. H. v. 400000 €. Der „Gesamtverlustvortrag" beträgt somit 900000 €. Im Veranlagungszeitraum 2019 wurde weder ein Gewinn noch ein Verlust erzielt.

Lösung:

Die stillen Reserven i. H. v. 200000 € sind nicht nach dem Verhältnis des fortführungsgebundenen Verlustvortrags zum gesamten Verlustvortrag aufzuteilen, sondern vollständig dem fortführungsgebundenen Verlustvortrag zuzuordnen. Zum 31. 12. 2019 ist ein verbleibender Verlustvortrag i. H. v. 600000 € (= 400000 € Verlustvortrag zzgl. 200000 €, die aufgrund der Stille-Reserven-Klausel des § 8d KStG erhalten bleiben) gesondert festzustellen (kein fortführungsgebundener Verlustvortrag, vgl. Rn. 68).

VII. Anwendung des § 8c KStG auf einen fortführungsgebundenen Verlustvortrag nach § 8d KStG

1. Allgemein

45 **72** Der fortführungsgebundene Verlustvortrag ist ein nicht genutzter Verlust i. S. d. § 8c KStG, der durch einen weiteren schädlichen Beteiligungserwerb i. S. d. § 8c Abs. 1 KStG grundsätzlich untergeht. Es kann aber ein erneuter Antrag nach § 8d KStG gestellt werden. In diesem Fall werden die gesamten nicht genutzten Verluste einschließlich des bisher festgestellten fortführungsgebundenen Verlustvortrags zum neu festzustellenden fortführungsgebundenen Verlustvortrag.

Beispiel 30:

Bei der V-GmbH besteht zum 31. 12. 2017 ein vortragsfähiger Verlust i. S. d. § 10d EStG i. H. v. 500000 €. Alleingesellschafter der V-GmbH ist die natürliche Person A. A veräußert zum 30. 6. 2018 100% seiner Anteile an die natürliche Person B. Dies stellt einen schädlichen Beteiligungserwerb nach § 8c Abs. 1 Satz 1 KStG dar, der grundsätzlich zur vollständigen Kürzung der nicht genutzten Verluste führen würde. Die V-GmbH stellt einen Antrag nach § 8d KStG. Da sie im Veranlagungszeitraum 2018 einen weiteren Verlust i. H. v. 200000 € erzielt, wird zum 31. 12. 2018 ein fortführungsgebundener Verlustvortrag i. S. d. § 8d KStG i. H. v. 700000 € gesondert festgestellt.
Am 1. 3. 2019 veräußert B 100% seiner Anteile an C (schädlicher Beteiligungserwerb nach § 8c Abs. 1 Satz 1 KStG). Im Veranlagungszeitraum 2019 erzielt die V-GmbH einen Verlust i. H. v. 300000 €. Davon entfallen 200000 € auf den Zeitraum bis zum schädlichen Beteiligungserwerb. Die V-GmbH stellt einen Antrag nach § 8d KStG.

Variante: Die V-GmbH stellt keinen Antrag nach § 8d KStG.

Lösung:

Durch den erneuten Antrag nach § 8d KStG im Veranlagungszeitraum 2019 wird § 8c KStG suspendiert und damit der Untergang des zum 31. 12. 2018 festgestellten fortführungsgebundenen Verlustvortrags sowie des bis zum schädlichen Beteiligungserwerb erwirtschafteten laufenden Verlusts verhindert. Der zum 31. 12. 2019 festzustellende fortführungsgebundene Verlustvortrag beträgt 1 Mio. € (fortführungsgebundener Verlustvortrag zum 31. 12. 2018 i. H. v. 700000 € zzgl. laufender Verlust des Veranlagungszeitraums 2019 i. H. v. 300000 €).

Lösung zur Variante:

Der schädliche Beteiligungserwerb führt nach § 8c Abs. 1 KStG zum vollständigen Untergang des auf den 31. 12. 2018 gesondert festgestellten fortführungsgebundenen Verlustvortrags i. S. d. § 8d KStG i. H. v. 700000 € sowie des bis zum schädlichen Beteiligungserwerb entstandenen laufenden Verlusts i. H. v. 200000 €.
Der nach dem schädlichen Beteiligungserwerb entstandene laufende Verlust i. H. v. 100000 € ist nach § 10d EStG gesondert festzustellen.

46 **73** Bei einem unterjährigen schädlichen Beteiligungserwerb sind auf einen am Schluss des Vorjahres vorhandenen fortführungsgebundenen Verlustvortrag die Grundsätze der Rn. 33ff. des BMF-Schreibens vom 28. November 2017 (BStBl. I S. 1645) anzuwenden, es sei denn, § 8d KStG findet aufgrund eines erneuten Antrags Anwendung. Der zum Schluss des Vorjahres vorhandene fortführungsgebundene Verlustvortrag bleibt in Höhe eines bis zum schädlichen Beteiligungserwerb erzielten positiven Gesamtbetrags der Einkünfte als Verlustvortrag (ohne Fortführungsgebundenheit) erhalten.

Beispiel 31:

Bei der V-GmbH besteht zum 31. 12. 2017 ein fortführungsgebundener Verlustvortrag i. S. d. § 8d KStG i. H. v. 500 000 €. Zum 30. 6. 2018 werden 100 % der Anteile an der V-GmbH an einen Erwerber veräußert. Im Veranlagungszeitraum 2018 erzielt die V-GmbH einen positiven Gesamtbetrag der Einkünfte i. H. v. 200 000 €. Dieser entfällt vollständig auf den Zeitraum bis zum 30. 6. 2018. Die V-GmbH stellt keinen Antrag nach § 8d KStG.

Variante: Die V-GmbH stellt einen Antrag nach § 8d KStG.

Lösung:

Der verbleibende fortführungsgebundene Verlustvortrag i. S. d. § 8d KStG kann mit dem positiven Gesamtbetrag der Einkünfte i. H. v. 200 000 €, der auf den Zeitraum bis zum schädlichen Beteiligungserwerb am 30. 6. 2018 entfällt, verrechnet werden (vgl. Rn. 56). Der verbleibende Teil der nicht genutzten Verluste i. H. v. 300 000 € geht nach § 8c Abs. 1 KStG unter.

Lösung zur Variante:

Aufgrund des Antrags der V-GmbH findet § 8c KStG keine Anwendung. Somit kann der auf den 31. 12. 2017 festgestellte fortführungsgebundene Verlust i. S. d. § 8d KStG i. H. v. 500 000 € mit dem positiven Gesamtbetrag der Einkünfte verrechnet werden. Danach verbleibt zum 31. 12. 2018 ein fortführungsgebundener Verlustvortrag i. S. d. § 8d KStG i. H. v. 300 000 €.

2. Anwendung der Stille-Reserven-Klausel nach § 8c Abs. 1 Satz 5 bis 8 KStG

74 Wird für den Veranlagungszeitraum, in den der schädliche Beteiligungserwerb fällt, erneut ein Antrag nach § 8d KStG gestellt, findet die Stille-Reserven-Klausel nach § 8c Abs. 1 Satz 5 ff. KStG keine Anwendung (vgl. Rn. 6). 47

75 Wird nach dem schädlichen Beteiligungserwerb kein neuer Antrag nach § 8d KStG gestellt, werden die im Zeitpunkt des schädlichen Beteiligungserwerbs vorhandenen stillen Reserven nach Rn. 62 des BMF-Schreibens vom 28. November 2017 (BStBl. I S. 1645) zunächst zum Erhalt des laufenden Verlusts genutzt. Soweit die vorhandenen stillen Reserven die laufenden Verluste übersteigen, sind sie zum Erhalt des Verlustvortrags nach § 10d Abs. 4 EStG (inkl. des fortführungsgebundenen Verlustvortrags) zu verwenden. Der danach verbleibende Verlustvortrag ist kein fortführungsgebundener Verlustvortrag mehr.

Beispiel 32:

Bei der V-GmbH besteht zum 31. 12. 2018 ein fortführungsgebundener Verlustvortrag i. H. v. 200 000 € und ein übriger Verlustvortrag i. S. d. § 10d EStG i. H. v. 300 000 €. Gesellschafter der V-GmbH sind die natürlichen Personen A zu 60 % und B zu 40 %. Am 30. 6. 2019 überträgt A seine gesamten Anteile auf die natürliche Person C. Im Veranlagungszeitraum 2019 erwirtschaftet die V-GmbH einen Verlust i. H. v. 300 000 €. Davon entfällt auf den Zeitraum 1. 1. bis 30. 6. 2019 ein Verlust i. H. v. 100 000 €. Zum 30. 6. 2019 betragen die stillen Reserven 150 000 €.
Für den Veranlagungszeitraum 2019 stellt die V-GmbH einen Antrag nach § 8d KStG.

Variante: Für den Veranlagungszeitraum 2019 stellt die V-GmbH <u>keinen</u> Antrag nach § 8d KStG.

Lösung:

Aufgrund des Antrags nach § 8d KStG der V-GmbH findet § 8c KStG keine Anwendung. In diesem Fall werden die gesamten nicht genutzten Verluste einschließlich des bisher festgestellten fortführungsgebundenen Verlustvortrags zum neu festzustellenden fortführungsgebundenen Verlustvortrag. Zum 31. 12. 2019 ist daher ein fortführungsgebundener Verlustvortrag i. H. v. 800 000 € festzustellen.

Lösung zur Variante:

Der zum 31. 12. 2018 festgestellte Verlustvortrag (inkl. des fortführungsgebundenen Verlustvortrags) i. H. v. 500 000 € und der bis zum Zeitpunkt des schädlichen Beteiligungserwerbs erzielte laufende Verlust i. H. v. 100 000 € stellen nicht genutzte Verluste i. S. d. § 8c KStG dar und gehen daher grundsätzlich unter. Durch die vorhandenen stillen Reserven i. H. v. 150 000 € kann der bis zum Zeitpunkt des schädlichen Beteiligungserwerbs erzielte laufende Verlust in voller Höhe (100 000 €) erhalten werden. Der übersteigende Teil der stillen Reserven (50 000 €) führt zum teilweisen Erhalt des zum 31. 12. 2018 festgestellten Verlustvortrag (inkl. des fortführungsgebundenen Verlustvortrags).
Nach § 8c Abs. 1 KStG gehen somit 450 000 € des Verlustvortrags zum 31. 12. 2018 unter. Zum 31. 12. 2019 ist ein verbleibender Verlustvortrag i. H. v. 350 000 € (laufender Verlust i. H. v. 300 000 € zzgl. „geretteter" Verlustvortrag zum 31. 12. des Vorjahres i. H. v. 50 000 €) festzustellen (kein fortführungsgebundener Verlustvortrag).

3. Schädlicher Beteiligungserwerb nach § 8c Abs. 1 Satz 1 KStG stellt gleichzeitig ein schädliches Ereignis nach § 8d Abs. 2 KStG dar

76 Ist ein schädlicher Beteiligungserwerb i. S. d. § 8c Abs. 1 KStG zugleich ein schädliches Ereignis i. S. d. § 8d Abs. 2 KStG, hat § 8c KStG Vorrang vor § 8d Abs. 2 KStG. 48

Beispiel 33:

Bei der V-GmbH ist zum 31. 12. 2018 ein fortführungsgebundener Verlustvortrag i. H. v. 200 000 € sowie ein übriger Verlustvortrag nach § 10d EStG i. H. v. 500 000 € festgestellt worden. Gesellschafter der V-GmbH sind die natürlichen Personen A zu 60 % und B zu 40 %. Am 30. 6. 2019 wird eine (Sach-)Kapitalerhöhung bei der V-GmbH beschlossen. Nach der Kapitalerhöhung sind B zu 95 % und A zu 5 % beteiligt. B bringt im Rahmen der Kapitalerhöhung einen Betrieb ein. Die V-GmbH setzt das übernommene Betriebsvermögen in ihrer Steuerbilanz mit dem gemeinen Wert an. Der Betrieb stellt einen zusätzlichen Geschäftsbetrieb i. S. d. § 8d Abs. 2 Satz 2 Nr. 3 KStG dar. Bis zum 30. 6. 2019 erzielt die V-GmbH einen negativen Gesamtbetrag der Einkünfte i. H. v. 100 000 €. Zum 31. 12. 2018 und 30. 6. 2019 bestehen stille Reserven i. H. v. 200 000 €.

Lösung:

Die Kapitalerhöhung stellt einen schädlichen Beteiligungserwerb dar, da sie zu einer Veränderung der Beteiligung von mehr als 50 % führt (§ 8c Abs. 1 Satz 3 KStG). In einem ersten Schritt wären sowohl der vortragsfähige Verlust i. H. v. 500 000 €, der laufende Verlust i. H. v. 100 000 € als auch der fortführungsgebundene Verlustvortrag i. H. v. 200 000 € nach § 8c Abs. 1 Satz 1 KStG vollständig zu kürzen. Der Anwendungsbereich des § 8d KStG ist nicht eröffnet, da mit der Übernahme des Betriebs des B durch die V-GmbH ein schädliches Ereignis i. S. d. § 8d Abs. 2 Satz 2 Nr. 3 KStG bis zum Ende des Veranlagungszeitraums des schädlichen Beteiligungserwerbs eingetreten ist. Da jedoch stille Reserven i. H. v. 200 000 € im Zeitpunkt des schädlichen Beteiligungserwerbs vorhanden sind, bleiben nach § 8c Abs. 1

Satz 5 ff. KStG der laufende Verlust i. H. v. 100 000 € als auch 100 000 € des Verlustvortrags zum 31. 12. 2018 (inkl. des fortführungsgebundenen Verlustvortrags) von der Kürzung nach § 8c KStG verschont; gleichzeitig entfällt die Fortführungsgebundenheit.

4. Schädlicher Beteiligungserwerb nach § 8c Abs. 1 Satz 1 KStG folgt auf ein schädliches Ereignis nach § 8d Abs. 2 KStG im selben Veranlagungszeitraum

49 **77** Findet in einem Veranlagungszeitraum ein schädliches Ereignis i. S. d. § 8d Abs. 2 KStG statt und folgt danach ein schädlicher Beteiligungserwerb, hat § 8c KStG Vorrang vor § 8d Abs. 2 KStG.

Beispiel 34:

Bei der V-GmbH besteht zum 31. 12. 2017 ein fortführungsgebundener Verlustvortrag i. H. v. 200 000 € sowie ein übriger Verlustvortrag nach § 10d EStG i. H. v. 300 000 €. Alleingesellschafter der V-GmbH ist die natürliche Person A. Die V-GmbH beteiligt sich zum 1. 3. 2018 an einer Mitunternehmerschaft. A veräußert zum 30. 6. 2018 100 % seiner Anteile an die natürliche Person B. Die stillen Reserven betragen zum 31. 12. 2017 und zum 30. 6. 2018 jeweils 200 000 €.

Lösung:

Der schädliche Beteiligungserwerb führt grundsätzlich zur vollständigen Kürzung des Verlustvortrags (inkl. des fortführungsgebundenen Verlusts, vgl. Rn. 72). Ein Antrag nach § 8d KStG ist nicht zulässig, da im Veranlagungszeitraum des schädlichen Beteiligungserwerbs mit der Beteiligung an der Mitunternehmerschaft ein schädliches Ereignis nach § 8d Abs. 2 Satz 2 Nr. 4 KStG eingetreten ist (vgl. Rn. 37 ff.). Da jedoch zum Zeitpunkt des schädlichen Beteiligungserwerbs stille Reserven i. H. v. 200 000 € vorhanden sind, geht der Verlustvortrag (inkl. des fortführungsgebundenen Verlusts) nur in Höhe der restlichen 300 000 € unter (vgl. Rn. 75). Für den verbleibenden Verlustvortrag zum 31. 12. 2018 entfällt die Fortführungsgebundenheit.

VIII. Erstmalige Anwendung des § 8d KStG

50 **78** § 8d KStG ist erstmals auf schädliche Beteiligungserwerbe i. S. d. § 8c KStG anzuwenden, die nach dem 31. Dezember 2015 erfolgen (§ 34 Abs. 6a Satz 1 KStG). Voraussetzung dafür ist, dass der Geschäftsbetrieb der Körperschaft vor dem 1. Januar 2016 weder eingestellt noch ruhend gestellt war. Unerheblich ist dabei, ob zu diesem Zeitpunkt nicht genutzte Verluste existierten.

79 Abweichend davon kann § 8d KStG trotz einer früheren Einstellung oder Ruhendstellung für Verluste in Anspruch genommen werden, die nach dem 31. Dezember 2015 entstanden sind.

80 Bei vom Kalenderjahr abweichenden Wirtschaftsjahren, die im Veranlagungszeitraum 2016 enden, kommt es für die erstmalige Anwendung des § 8d KStG darauf an, ob der schädliche Beteiligungserwerb nach dem 31. Dezember 2015 erfolgte.

KStG

§ 9 Abziehbare Aufwendungen

(1) **Abziehbare Aufwendungen sind auch:**

1. bei Kommanditgesellschaften auf Aktien und bei vergleichbaren Kapitalgesellschaften der Teil des Gewinns, der an persönlich haftende Gesellschafter auf ihre nicht auf das Grundkapital gemachten Einlagen oder als Vergütung (Tantieme) für die Geschäftsführung verteilt wird; 1

2. vorbehaltlich des § 8 Absatz 3 Zuwendungen (Spenden und Mitgliedsbeiträge) zur Förderung steuerbegünstigter Zwecke im Sinne der §§ 52 bis 54 der Abgabenordnung bis zur Höhe von insgesamt 2

a) 20 Prozent des Einkommens oder

b) 4 Promille der Summe der gesamten Umsätze und der im Kalenderjahr aufgewendeten Löhne und Gehälter.

② Voraussetzung für den Abzug ist, dass diese Zuwendungen

a) an eine juristische Person des öffentlichen Rechts oder an eine öffentliche Dienststelle, die in einem Mitgliedstaat der Europäischen Union oder in einem Staat belegen ist, auf den das Abkommen über den Europäischen Wirtschaftsraum (EWR-Abkommen) Anwendung findet, oder

b) an eine nach § 5 Absatz 1 Nummer 9 steuerbefreite Körperschaft, Personenvereinigung oder Vermögensmasse oder

c) an eine Körperschaft, Personenvereinigung oder Vermögensmasse, die in einem Mitgliedstaat der Europäischen Union oder in einem Staat belegen ist, auf den das Abkommen über den Europäischen Wirtschaftsraum (EWR-Abkommen) Anwendung findet, und die nach § 5 Absatz 1 Nummer 9 in Verbindung mit § 5 Absatz 2 Nummer 2 zweiter Halbsatz steuerbefreit wäre, wenn sie inländische Einkünfte erzielen würde,

geleistet werden (Zuwendungsempfänger). ③ Für nicht im Inland ansässige Zuwendungsempfänger nach Satz 2 ist weitere Voraussetzung, dass durch diese Staaten Amtshilfe und Unterstützung bei der Beitreibung geleistet werden. ④ Amtshilfe ist der Auskunftsaustausch im Sinne oder entsprechend der Amtshilferichtlinie gemäß § 2 Absatz 2 des EU-Amtshilfegesetzes. ⑤ Beitreibung ist die gegenseitige Unterstützung bei der Beitreibung von Forderungen im Sinne oder entsprechend der Beitreibungsrichtlinie einschließlich der in diesem Zusammenhang anzuwendenden Durchführungsbestimmungen in den für den jeweiligen Veranlagungszeitraum geltenden Fassungen oder eines entsprechenden Nachfolgerechtsaktes. ⑥ Werden die steuerbegünstigten Zwecke des Zuwendungsempfängers im Sinne von Satz 2 Buchstabe a nur im Ausland verwirklicht, ist für die Abziehbarkeit der Zuwendungen Voraussetzung, dass natürliche Personen, die ihren Wohnsitz oder ihren gewöhnlichen Aufenthalt im Geltungsbereich dieses Gesetzes haben, gefördert werden oder dass die Tätigkeit dieses Zuwendungsempfängers neben der Verwirklichung der steuerbegünstigten Zwecke auch zum Ansehen der Bundesrepublik Deutschland beitragen kann. ⑦ Abziehbar sind auch Mitgliedsbeiträge an Körperschaften, die Kunst und Kultur gemäß § 52 Absatz 2 Nummer 5 der Abgabenordnung fördern, soweit es sich nicht um Mitgliedsbeiträge nach Satz 8 Nummer 2 handelt, auch wenn den Mitgliedern Vergünstigungen gewährt werden. ⑧ Nicht abziehbar sind Mitgliedsbeiträge an Körperschaften,

1. die den Sport (§ 52 Absatz 2 Satz 1 Nummer 21 der Abgabenordnung),

2. die kulturelle Betätigungen, die in erster Linie der Freizeitgestaltung dienen,

3. die die Heimatpflege und Heimatkunde (§ 52 Absatz 2 Satz 1 Nummer 22 der Abgabenordnung),

4. die Zwecke im Sinne des § 52 Absatz 2 Satz 1 Nummer 23 der Abgabenordnung fördern oder

5. deren Zweck nach § 52 Absatz 2 Satz 2 der Abgabenordnung für gemeinnützig erklärt worden ist, weil deren Zweck die Allgemeinheit auf materiellem, geistigem oder sittlichem Gebiet entsprechend einem Zweck nach den Nummern 1 bis 4 fördert.

⑨ Abziehbare Zuwendungen, die die Höchstbeträge nach Satz 1 überschreiten, sind im Rahmen der Höchstbeträge in den folgenden Veranlagungszeiträumen abzuziehen. ⑩ § 10 d Abs. 4 des Einkommensteuergesetzes gilt entsprechend.

(2) **① Als Einkommen im Sinne dieser Vorschrift gilt das Einkommen vor Abzug der in Absatz 1 Nr. 2 bezeichneten Zuwendungen und vor dem Verlustabzug nach § 10 d des Einkommensteuergesetzes. ② Als Zuwendung im Sinne dieser Vorschrift gilt auch die Zuwendung von Wirtschaftsgütern mit Ausnahme von Nutzungen und Leistungen. ③ Der Wert der Zuwendung ist nach § 6 Absatz 1 Nummer 4 Satz 1 und 4 des Einkommensteuergesetzes zu ermitteln. ④ Aufwendungen zugunsten einer Körperschaft, die zum Empfang steuerlich abziehbarer Zuwendungen berechtigt ist, sind nur abziehbar, wenn ein Anspruch auf die Erstattung der Aufwendungen durch Ver-** 3

KStG **trag oder Satzung eingeräumt und auf die Erstattung verzichtet worden ist. ⑤ Der Anspruch darf nicht unter der Bedingung des Verzichts eingeräumt worden sein.**

4 **(3) ① Der Steuerpflichtige darf auf die Richtigkeit der Bestätigung über Spenden und Mitgliedsbeiträge vertrauen, es sei denn, dass er die Bestätigung durch unlautere Mittel oder falsche Angaben erwirkt hat oder dass ihm die Unrichtigkeit der Bestätigung bekannt oder infolge grober Fahrlässigkeit nicht bekannt war. ② Wer vorsätzlich oder grob fahrlässig eine unrichtige Bestätigung ausstellt oder veranlasst, dass Zuwendungen nicht zu den in der Bestätigung angegebenen steuerbegünstigten Zwecken verwendet werden (Veranlasserhaftung), haftet für die entgangene Steuer; diese ist mit 30 Prozent des zugewendeten Betrags anzusetzen. ③ In den Fällen der Veranlasserhaftung ist vorrangig der Zuwendungsempfänger in Anspruch zu nehmen; die natürlichen Personen, die in diesen Fällen für den Zuwendungsempfänger handeln, sind nur in Anspruch zu nehmen, wenn die entgangene Steuer nicht nach § 47 der Abgabenordnung erloschen ist und Vollstreckungsmaßnahmen gegen den Zuwendungsempfänger nicht erfolgreich sind; § 10 b Absatz 4 Satz 5 des Einkommensteuergesetzes gilt entsprechend.**

Übersicht

R 9

R 9. Ausgaben i. S. d. § 9 Abs. 1 Nr. 1 und 2 KStG

11 (1) Für die Frage der Abziehbarkeit der Ausgaben i. S. d. § 9 Abs. 1 Nr. 2 KStG gelten § 50 EStDV sowie R 10 b.1 und 10 b.3 EStR entsprechend.

12 (2) ① Aufwendungen i. S. d. § 9 Abs. 1 Nr. 1 KStG sind bereits bei der Einkunftsermittlung zu berücksichtigen. ② Die Ausgaben i. S. d. § 9 Abs. 1 Nr. 2 KStG sind vorbehaltlich des § 8 Abs. 3 KStG in der im Gesetz genannten Höhe bei der Ermittlung des Gesamtbetrags der Einkünfte abzuziehen.

13 (3) § 9 Abs. 1 Nr. 2 KStG bezieht sich auch im Fall eines vom Kj. abweichenden Wj. auf die Ausgaben im Wj.

14 (4) Für die Berechnung des Höchstbetrags der abziehbaren Zuwendungen ist das Einkommen des VZ oder die Summe der gesamten Umsätze und der im Kalenderjahr aufgewendeten Löhne und Gehälter maßgebend.

15 (5) ① In Organschaftsfällen ist § 9 Abs. 1 Nr. 2 KStG bei der Ermittlung des dem Organträger zuzurechnenden Einkommens der Organgesellschaft eigenständig anzuwenden. ② Dementsprechend bleibt beim Organträger das zugerechnete Einkommen der Organgesellschaft für die Ermittlung des Höchstbetrags der abziehbaren Zuwendungen außer Betracht. ③ Als Summe der gesamten Umsätze i. S. d. § 9 Abs. 1 Nr. 2 KStG gelten beim Organträger und bei der Organgesellschaft auch in den Fällen, in denen umsatzsteuerrechtlich ein Organschaftsverhältnis vorliegt (§ 2 Abs. 2 Nr. 2 UStG), jeweils nur die eigenen Umsätze. ④ Für die Ermittlung des Höchstbetrags der abziehbaren Zuwendungen beim Organträger sind die Umsätze der Organgesellschaft demnach dem Organträger nicht zuzurechnen. ⑤ Andererseits sind bei der Organgesellschaft für die Ermittlung des Höchstbetrags der abziehbaren Zuwendungen ihre eigenen Umsätze maßgebend, obwohl die Organgesellschaft nicht Unternehmer i. S. v. § 2 UStG ist und daher umsatzsteuerrechtlich keine steuerbaren Umsätze hat.

16 (6) ① Zuwendungen einer Kapitalgesellschaft können vGA sein. ② Die Entscheidung hängt von den Umständen des einzelnen Falles ab. ③ Dabei ist insbesondere Voraussetzung, dass die Zuwendung durch ein Näheverhältnis zwischen dem Empfänger und dem Gesellschafter der zuwendenden Kapitalgesellschaft veranlasst ist.

17 (7) Auch Zuwendungen eines BgA an seine Trägerkörperschaft können unter den Voraussetzungen des § 9 Abs. 1 Nr. 2 KStG abziehbar sein, soweit es sich nicht um eine vGA handelt.

18 (8) ① Der wirtschaftliche Geschäftsbetrieb einer Körperschaft, Personenvereinigung oder Vermögensmasse, die im Übrigen wegen Gemeinnützigkeit steuerbegünstigt ist (§ 5 Abs. 1 Nr. 9 KStG), ist kein selbständiges Steuersubjekt. ② Zuwendungen, die ein solcher wirtschaftlicher Geschäftsbetrieb an diese Körperschaft, Personenvereinigung oder Vermögensmasse zur Förderung deren gemeinnütziger Zwecke gibt, sind deshalb Gewinnverwendung. ③ Die Zuwendungen dürfen deshalb die Einkünfte aus dem wirtschaftlichen Geschäftsbetrieb nicht mindern.

H 9

H 9

20 **Aufwendungen für die Erfüllung von Satzungszwecken.** Zur Abgrenzung von Spenden und Zahlungen für satzungsmäßige Zwecke → BFH vom 12. 10. 2011, I R 102/10, BStBl. 2014 II S. 484.

Ausländischer Zuwendungsempfänger. Zum Nachweis des Vorliegens der Voraussetzungen des § 9 Abs. 1 Nr. 2 Satz 2 Buchstabe c KStG → BMF vom 16. 5. 2011, BStBl. I S. 559 und → BFH vom 17. 9. 2013, I R 16/12, BStBl. 2014 II S. 440.

Auswirkung von Zuwendungen auf den Gewinn. Abzugsfähige Zuwendungen mindern den körperschaftsteuerpflichtigen Gewinn und erhöhen einen vortragsfähigen Verlust einer Kapitalgesellschaft (→ BFH vom 21. 10. 1981, I R 149/77, BStBl. 1982 II S. 177).

Haftung. Eine Körperschaft haftet nicht nach § 10b Abs. 4 Satz 2 2. Alt. EStG, § 9 Abs. 3 Satz 2 2. Alt. KStG wegen Fehlverwendung, wenn sie die Zuwendungen zwar zu dem in der Zuwendungsbestätigung angegebenen Zweck verwendet, selbst aber rückwirkend nicht als steuerbegünstigt anerkannt ist (→ BFH vom 10. 9. 2003, XI R 58/01, BStBl. 2004 II S. 352).

Höchstbetrag für den Zuwendungsabzug in Organschaftsfällen. Ist ein Steuerpflichtiger an einer Personengesellschaft beteiligt, die Organträger einer körperschaftsteuerrechtlichen Organschaft ist, bleibt bei der Berechnung des Höchstbetrags der abziehbaren Zuwendungen nach § 10b Abs. 1 EStG auf Grund des Gesamtbetrags der Einkünfte das dem Steuerpflichtigen anteilig zuzurechnende Einkommen der Organgesellschaft außer Ansatz (→ BFH vom 23. 1. 2002, XI R 95/97, BStBl. 2003 II S. 9).

Minderung des zu versteuernden Einkommens einer teilweise steuerbefreiten Körperschaft durch Zuwendungen. Das zu versteuernde Einkommen einer teilweise von der Körperschaftsteuer befreiten Körperschaft darf nicht durch Zuwendungen gemindert werden, die aus dem steuerfreien Bereich der Körperschaft stammen (→ BFH vom 13. 3. 1991, I R 117/88, BStBl. II S. 645).

Sponsoring. → BMF vom 18. 2. 1998, BStBl. I S. 212.

Zuschüsse einer Sparkasse zur Zinsverbilligung eines Darlehens an Gemeinden und Schulverbände. Zuschüsse einer Sparkasse zur Zinsverbilligung von Darlehen an Gemeinden und Schulverbände können abziehbare Spenden sein (→ BFH vom 15. 5. 1968, I 158/63, BStBl. II S. 629).

Zuwendungen an die Trägergemeinde. Zuwendungen, die ein Eigenbetrieb seiner Trägergemeinde gibt, mindern bei Vorliegen der im Gesetz näher angeführten Voraussetzungen das Einkommen des laufenden Geschäftsjahres. Sie können aber wegen der engen Bindung des Eigenbetriebs an die Trägergemeinde eine vGA sein (→ BFH vom 12. 10. 1978, I R 149/75, BStBl. 1979 II S. 192).

Zuwendungen aus wirtschaftlichem Geschäftsbetrieb an Empfänger, die gleichartige Zwecke verfolgen. Zuwendungen, die gemeinnützige Körperschaften, Personenvereinigungen oder Vermögensmassen (§ 5 Abs. 1 Nr. 9 KStG) aus ihrem der Besteuerung unterliegenden Einkommen aus wirtschaftlichen Geschäftsbetrieben Empfängern zuwenden, die die Voraussetzungen des § 10b Abs. 1 Satz 2 Nr. 1 bis 3 EStG bzw. des § 9 Abs. 1 Nr. 2 Satz 2 Buchstabe a bis c KStG erfüllen, sind auch abziehbar, wenn die Empfänger der Zuwendungen gleichartige steuerbegünstigte Zwecke wie die Zuwendenden verfolgen (→ BFH vom 3. 12. 1963, I 121/62 U, BStBl. 1964 III S. 81).

Zuwendungen und Spenden an Träger der Sparkasse (Gewährträger).

- Macht eine Sparkasse ihrem Gewährträger oder einer dem Gewährträger nahestehenden Person eine Zuwendung, liegt keine abziehbare Zuwendung, sondern eine vGA vor, wenn die Sparkasse bei Anwendung der Sorgfalt eines ordentlichen und gewissenhaften Geschäftsleiters die Zuwendung einer fremden Körperschaft nicht gegeben hätte (→ BFH vom 21. 1. 1970, I R 23/68, BStBl. II S. 468 und → BFH vom 1. 12. 1982, I R 101/79, BStBl. 1983 II S. 150). Eine vGA ist anzunehmen, soweit die an den Gewährträger geleisteten Zuwendungen den durchschnittlichen Betrag an Zuwendungen übersteigen, den die Sparkasse an Dritte zugewendet hat. Dabei ist grundsätzlich auf die Fremdspenden des Wj., in dem die Zuwendung an den Gewährträger geleistet wurde, und der beiden vorangegangenen Wj. abzustellen. Lediglich für den Fall, dass sich aus der Einbeziehung eines weiter zurückreichenden Zeitraums von nicht mehr als fünf Wj. eine höhere Summe an durchschnittlichen Fremdzuwendungen ergibt, ist dieser Zeitraum maßgebend. Eine Einbeziehung eines Zeitraums, der nach Ablauf des zu beurteilenden Wj. liegt, ist nicht möglich (→ BFH vom 9. 8. 1989, I R 4/84, BStBl. 1990 II S. 237).
- Ausgaben, die als Einkommensverteilung anzusehen sind, bleiben bei der Vergleichsrechnung unberücksichtigt (→ BFH vom 1. 2. 1989, I R 98/84, BStBl. II S. 471). Gibt eine Sparkasse die Zuwendung an einen Dritten und erfüllt sie damit eine Aufgabe, die sich der Gewährträger – wenn auch ohne gesetzliche Verpflichtung – in rechtsverbindlicher Weise gestellt hat, kann darin eine vGA an den Gewährträger durch mittelbare Zuwendung liegen (→ BFH vom 19. 6. 1974, I R 94/71, BStBl. II S. 586 und → BFH vom 8. 4. 1992, I R 126/90, BStBl. II S. 849).
- Ist ein Landkreis Gewährträger, sind bei der Prüfung, ob die Zuwendungen an den Gewährträger die an Dritte übersteigen, die Zuwendungen zugunsten der kreisangehörigen Gemeinden grundsätzlich als Fremdzuwendungen zu berücksichtigen (→ BFH vom 8. 4. 1992, I R 126/90, BStBl. II S. 849).

Zuwendungsbestätigung. → BMF vom 7. 11. 2013, BStBl. I S. 1333, ergänzt durch → BMF vom 26. 3. 2014, BStBl. I S. 791.

KStG

§ 10 Nichtabziehbare Aufwendungen

Nichtabziehbar sind auch:

1 **1. die Aufwendungen für die Erfüllung von Zwecken des Steuerpflichtigen, die durch Stiftungsgeschäft, Satzung oder sonstige Verfassung vorgeschrieben sind. ② § 9 Abs. 1 Nr. 2 bleibt unberührt,**

2 **2. die Steuern vom Einkommen und sonstige Personensteuern sowie die Umsatzsteuer für Umsätze, die Entnahmen oder verdeckte Gewinnausschüttungen sind, und die Vorsteuerbeträge auf Aufwendungen, für die das Abzugsverbot des § 4 Abs. 5 Satz 1 Nr. 1 bis 4 und 7 oder Abs. 7 des Einkommensteuergesetzes gilt; das gilt auch für die aufdiese Steuern entfallenden Nebenleistungen,**

3 **3.[1] in einem Strafverfahren festgesetzte Geldstrafen, sonstige Rechtsfolgen vermögensrechtlicher Art, bei denen der Strafcharakter überwiegt, und Leistungen zur Erfüllung von Auflagen oder Weisungen, soweit die Auflagen oder Weisungen nicht lediglich der Wiedergutmachung des durch die Tat verursachten Schadens dienen, sowie damit zusammenhängende Aufwendungen,**

4 **4. die Hälfte der Vergütungen jeder Art, die an Mitglieder des Aufsichtsrats, Verwaltungsrats oder andere mit der Überwachung der Geschäftsführung beauftragte Personen gewährt werden.**

Übersicht

R 10.1

R 10.1 Nichtabziehbare Steuern und Nebenleistungen

11 (1) Zurkörperschaftsteuerlichen Behandlung der Umsatzsteuer für Umsätze, die vGA sind, → R 8.6.

12 (2) ① Das Abzugsverbot des § 10 Nr. 2 KStG gilt auch für die auf die dort genannten Steuern entfallenden Nebenleistungen, z. B. Zinsen (§§ 233 a bis 235, 237 AO), Säumniszuschläge (§ 240 AO), Verspätungszuschläge (§ 152 AO), Zwangsgelder (§ 329 AO), Verzögerungsgelder (§ 146 Abs. 2 b AO), Zuschläge gem. § 162 Abs. 4 AO und Kosten (§§ 89, 178, 178 a und 337 bis 345 AO). ② Gleichwohl gehören von der Körperschaft empfangene Erstattungszinsen i. S. d. § 233 a AO zu den steuerpflichtigen Einnahmen. ③ Daher sind Erstattungszinsen zu unterscheiden von an den Steuerpflichtigen zurückgezahlten Nachzahlungszinsen, welche erfolgsneutral zu behandeln sind.

H 10.1

H 10.1

14 **Erfüllung von Satzungszwecken.** Aufwendungen für die Erfüllung von Zwecken, die in der Satzung vorgeschrieben sind, sind nichtabziehbar und können auch nicht aufgrund einer „Auflage" als abziehbare Betriebsausgaben behandelt werden (→ BMF vom 24. 3. 2005, BStBl. I S. 608 und zur Nichtanwendung → BFH vom 5. 6. 2003, I R 76/01, BStBl. 2005 II S. 305).

Erstattungs- und Nachzahlungszinsen, Aussetzungszinsen.
- → BFH vom 16. 12. 2009, I R 43/08, BStBl. 2012 II S. 688 und → BFH vom 15. 2. 2012, I B 97/11, BStBl. II S. 697.
- Billigkeitsregelung → BMF vom 5. 10. 2000, BStBl. I S. 1508.

Nichtabziehbare Steuern. Zu den Steuern i. S. d. § 10 Nr. 2 KStG gehören auch
- die **ausländische Quellensteuer** (→ BFH vom 16. 5. 1990, I R 80/87, BStBl. II S. 920),
- die **Erbschaftsteuer** und die **Erbersatzsteuer** (→ BFH vom 14. 9. 1994, I R 78/94, BStBl. 1995 II S. 207) sowie
- der **Solidaritätszuschlag** (→ BFH vom 9. 11. 1994, I R 67/94, BStBl. 1995 II S. 305).

Prozesszinsen. Prozesszinsen (§ 236 AO) gehören zu den steuerpflichtigen Einnahmen (→ BFH vom 18. 2. 1975, VIII R 104/70, BStBl. II S. 568).

---

[1] **§ 10 Nr. 3 in dieser Fassung erstmals anzuwenden** auf nach dem 31. 12. 2018 festgesetzte Geldstrafen, sonstige Rechtsfolgen vermögensrechtlicher Art, bei denen der Strafcharakter überwiegt, und Leistungen zur Erfüllung von Auflagen oder Weisungen, soweit die Auflagen oder Weisungen nicht lediglich der Wiedergutmachung des durch die Tat verursachten Schadens dienen, sowie auf nach dem 31. 12. 2018 entstandene damit zusammenhängende Aufwendungen (§ 34 Abs. 6 c).

R 10.2 Geldstrafen und ähnliche Rechtsnachteile R 10.2

①Das steuerrechtliche Abzugsverbot für Geldstrafen und ähnliche Rechtsnachteile betrifft in einem Strafverfahren festgesetzte Geldstrafen, sonstige Rechtsfolgen vermögensrechtlicher Art, bei denen der Strafcharakter überwiegt, und Leistungen zur Erfüllung von Auflagen oder Weisungen, soweit die Auflagen oder Weisungen nicht lediglich der Wiedergutmachung des durch die Tat verursachten Schadens dienen (→ R 12.3 EStR). ②Geldstrafen sowie Auflagen oder Weisungen sind nach deutschem Strafrecht gegenüber juristischen Personen nicht zulässig. ③Gegen juristische Personen können jedoch sonstige Rechtsfolgen vermögensrechtlicher Art, bei denen der Strafcharakter überwiegt, verhängt werden (§ 75 StGB). ④In Betracht kommt insbesondere die Einziehung von Gegenständen nach § 74 StGB. ⑤Nicht unter das Abzugsverbot fallen die mit den Rechtsnachteilen zusammenhängenden Verfahrenskosten, insbesondere Gerichts- und Anwaltskosten. 16

H 10.2 H 10.2

Nichtabziehbarkeit von Geldbußen. → § 4 Abs. 5 Satz 1 Nr. 8 EStG. 18

R 10.3 Vergütungen für die Überwachung der Geschäftsführung R 10.3

(1) ①Vergütungen für die Überwachung der Geschäftsführung (Aufsichtsratsvergütungen) sind alle Leistungen, die als Entgelt für die Tätigkeit gewährt werden. ②Hierzu gehören auch Tagegelder, Sitzungsgelder, Reisegelder und sonstige Aufwandsentschädigungen. ③Unter das hälftige Abzugsverbot des § 10 Nr. 4 KStG fällt jedoch nicht der dem einzelnen Aufsichtsratsmitglied aus der Wahrnehmung seiner Tätigkeit erwachsene Aufwand, soweit ihm dieser Aufwand gesondert erstattet worden ist. 20

(2) ①Unterliegt die Aufsichtsratsvergütung bei der Umsatzsteuer der Regelbesteuerung und nimmt die Körperschaft den Vorsteuerabzug nach § 15 UStG in Anspruch, ist bei der Ermittlung des Einkommens der Körperschaft die Hälfte des Nettobetrags der Aufsichtsratsvergütung – ohne Umsatzsteuer – nach § 10 Nr. 4 KStG hinzuzurechnen. ②Ist die Körperschaft nicht oder nur verhältnismäßig zum Vorsteuerabzug berechtigt, ist außerdem die Hälfte der gesamten oder der den Vorsteuerabzug übersteigenden Umsatzsteuer dem Einkommen hinzuzurechnen. ③In den übrigen Fällen ist stets die Hälfte des Gesamtbetrags der Aufsichtsratsvergütung (einschl. Umsatzsteuer) nach § 10 Nr. 4 KStG hinzuzurechnen. 21

(3) ①Der Begriff der Überwachung ist weit auszulegen. ②Unter das hälftige Abzugsverbot fällt jede Tätigkeit eines Aufsichtsratsmitglieds, die innerhalb des möglichen Rahmens seiner Aufgaben liegt. 22

H 10.3 H 10.3

Beamtenrechtliche Ablieferungspflicht einer Aufsichtsratsvergütung. Der einem Beamten erwachsene tatsächliche Aufwand bemisst sich nicht nach den beamtenrechtlichen Vorschriften über die Ablieferungspflicht der Vergütung (→ BFH vom 12. 1. 1966, I 185/63, BStBl. III S. 206). 24

Doppelfunktion von Vertretern im Aufsichtsrat und Kreditausschuss. Gehören dem Kreditausschuss eines Unternehmens neben Vertretern der Darlehensgeber und mittelverwaltender Behörden und neben den Geschäftsführern auch Mitglieder des Aufsichtsrats des Unternehmens an, schließt deren Doppelfunktion die volle Abziehbarkeit der ihnen als Mitglieder des Kreditausschusses gewährten Sitzungsgelder aus (→ BFH vom 15. 11. 1978, I R 65/76, BStBl. 1979 II S. 193).

Finanzierungsberatung einer AG. Die Finanzierungsberatung einer AG durch eines ihrer Aufsichtsratsmitglieder ist keine aus dem Rahmen der Aufsichtsratstätigkeit fallende Sondertätigkeit. Die dafür geleisteten Zahlungen sind als Aufsichtsratsvergütungen zu behandeln (→ BFH vom 20. 9. 1966, I 265/62, BStBl. III S. 688).

Geschäftsführeraufgaben. Eine Vergütung, die eine Kapitalgesellschaft einem Mitglied ihres Aufsichtsrats dafür zahlt, dass dieser sich in die Wahrnehmung von Aufgaben der Geschäftsführung einschaltet, unterliegt dem hälftigen Abzugsverbot des § 10 Nr. 4 KStG (→ BFH vom 12. 9. 1973, I R 249/71, BStBl. II S. 872).

Sachverständige. Die Vergütungen, die eine Gesellschaft an den vom Aufsichtsrat zur Unterstützung seiner Kontrollfunktion beauftragten Sachverständigen zahlt, unterliegen nicht dem hälftigen Abzugsverbot des § 10 Nr. 4 KStG (→ BFH vom 30. 9. 1975, I R 46/74, BStBl. 1976 II S. 155).

KStG

§ 11 Auflösung und Abwicklung (Liquidation)

1 (1) ① **Wird ein unbeschränkt Steuerpflichtiger im Sinne des § 1 Abs. 1 Nr. 1 bis 3 nach der Auflösung abgewickelt, so ist der im Zeitraum der Abwicklung erzielte Gewinn der Besteuerung zugrunde zu legen.** ② **Der Besteuerungszeitraum soll drei Jahre nicht übersteigen.**

2 (2) **Zur Ermittlung des Gewinns im Sinne des Absatzes 1 ist das Abwicklungs-Endvermögen dem Abwicklungs-Anfangsvermögen gegenüberzustellen.**

3 (3) **Abwicklungs-Endvermögen ist das zur Verteilung kommende Vermögen, vermindert um die steuerfreien Vermögensmehrungen, die dem Steuerpflichtigen in dem Abwicklungszeitraum zugeflossen sind.**

4 (4) ① **Abwicklungs-Anfangsvermögen ist das Betriebsvermögen, das am Schluss des der Auflösung vorangegangenen Wirtschaftsjahrs der Veranlagung zur Körperschaftsteuer zugrunde gelegt worden ist.** ② **Ist für den vorangegangenen Veranlagungszeitraum eine Veranlagung nicht durchgeführt worden, so ist das Betriebsvermögen anzusetzen, das im Falle einer Veranlagung nach den steuerrechtlichen Vorschriften über die Gewinnermittlung auszuweisen gewesen wäre.** ③ **Das Abwicklungs-Anfangsvermögen ist um den Gewinn eines vorangegangenen Wirtschaftsjahrs zu kürzen, der im Abwicklungszeitraum ausgeschüttet worden ist.**

5 (5) **War am Schluss des vorangegangenen Veranlagungszeitraums Betriebsvermögen nicht vorhanden, so gilt als Abwicklungs-Anfangsvermögen die Summe der später geleisteten Einlagen.**

6 (6) **Auf die Gewinnermittlung sind im Übrigen die sonst geltenden Vorschriften anzuwenden.**

7 (7) **Unterbleibt eine Abwicklung, weil über das Vermögen des unbeschränkt Steuerpflichtigen im Sinne des § 1 Abs. 1 Nr. 1 bis 3 das Insolvenzverfahren eröffnet worden ist, sind die Absätze 1 bis 6 sinngemäß anzuwenden.**

Übersicht

R 11

R 11. Liquidationsbesteuerung

11 (1) ① Der Zeitraum der Abwicklung beginnt mit der Auflösung. ② Der Besteuerungszeitraum beginnt mit dem Wj., in das die Auflösung fällt. ③ Erfolgt die Auflösung im Laufe eines Wj., so kann ein Rumpfwirtschaftsjahr gebildet werden. ④ Dieses Wahlrecht besteht nicht bei Eröffnung eines Insolvenzverfahrens (§ 155 Abs. 2 Satz 1 InsO). ⑤ Das Rumpfwirtschaftsjahr reicht vom Schluss des vorangegangenen Wj. bis zur Auflösung. ⑥ Es ist nicht in den Abwicklungszeitraum einzubeziehen. ⑦ Bei einer Überschreitung des Dreijahreszeitraums sind die danach beginnenden weiteren Besteuerungszeiträume grundsätzlich jeweils auf ein Jahr begrenzt.

12 (2) ① Die Steuerpflicht endet erst, wenn die Liquidation rechtsgültig abgeschlossen ist. ② Zum rechtsgültigen Abschluss der Liquidation gehört bei Kapitalgesellschaften auch der Ablauf des → Sperrjahres. ③ Auch wenn die Kapitalgesellschaft vor Ablauf des Sperrjahres ihr Gesellschaftsvermögen vollständig ausgeschüttet hat, ist sie damit noch nicht erloschen. ④ Die Löschung im Handelsregister ist für sich allein ohne Bedeutung.

13 (3) ① Wird der Abwicklungszeitraum in mehrere Besteuerungszeiträume unterteilt (§ 11 Abs. 1 Satz 2 KStG), ist die besondere Gewinnermittlung nach § 11 Abs. 2 KStG nur für den letzten Besteuerungszeitraum vorzunehmen. ② Dabei ist das Abwicklungs-Anfangsvermögen aus der Bilanz zum Schluss des letzten vorangegangenen Besteuerungszeitraums abzuleiten. ③ Für die vorangehenden Besteuerungszeiträume ist die Gewinnermittlung nach allgemeinen Grundsätzen durchzuführen. ④ Auf den Schluss jedes Besteuerungszeitraums ist eine Steuerbilanz zu erstellen.

14 (4) Bei den Körperschaftsteuer-Veranlagungen für Besteuerungszeiträume innerhalb des Abwicklungszeitraums handelt es sich nicht um bloße Zwischenveranlagungen, die nach Ablauf des Liquidationszeitraums durch eine Veranlagung für den gesamten Liquidationszeitraum zu ersetzen sind.

H 11

H 11

Beginn der Liquidation. Ein Beschluss der Gesellschafter einer Kapitalgesellschaft über die Auflösung wird mit dem Tag der Beschlussfassung wirksam, sofern sich aus dem Beschluss nichts anderes ergibt (→ BFH vom 9. 3. 1983, I R 202/79, BStBl. II S. 433). 16

Besteuerungszeitraum.
- Zieht sich die Liquidation einer Kapitalgesellschaft über mehr als drei Jahre hin, so darf das Finanzamt nach Ablauf dieses Zeitraums regelmäßig auch dann gegenüber der Kapitalgesellschaft einen Körperschaftsteuerbescheid erlassen, wenn für eine Steuerfestsetzung vor Abschluss der Liquidation kein besonderer Anlass besteht (→ BFH vom 18. 9. 2007, I R 44/06, BStBl. 2008 II S. 319).
- Zur Abweichung des Besteuerungszeitraums bei der Körperschaftsteuer und der Gewerbesteuer → BMF vom 4. 4. 2008, BStBl. I S. 542.

Sperrjahr. Das Sperrjahr beginnt mit dem Tag, an dem der Aufruf an die Gläubiger zum dritten Mal bekannt gemacht bzw. veröffentlicht worden ist (§ 272 Abs. 1 AktG oder § 73 GmbHG).

Verlustabzug. Auch im mehrjährigen Besteuerungszeitraum der Abwicklung einer Kapitalgesellschaft ist der sog. Sockelbetrag der Mindestgewinnbesteuerung von 1 Mio. Euro (§ 10d Abs. 2 Satz 1 EStG) nur einmal anzusetzen (→ BFH vom 23. 1. 2013, I R 35/12, BStBl. II S. 508).

Anl zu H 11

Schreiben betr. körperschaftsteuerliche Behandlung der Auflösung und Abwicklung von Körperschaften und Personenvereinigungen nach den Änderungen durch das Gesetz zur Fortentwicklung des Unternehmenssteuerrechts (UntStFG)

Vom 26. August 2003 (BStBl. I S. 434)

(BMF IV A 2 – S 2760 – 4/03)

Nach dem Ergebnis der Erörterung mit den obersten Finanzbehörden der Länder gilt für die steuerliche Behandlung der Auflösung und Abwicklung einer Körperschaft und Personenvereinigung nach Inkrafttreten des Gesetzes zur Fortentwicklung des Unternehmenssteuerrechts vom 20. Dezember 2001 (BGBl. I S. 3858 – UntStFG –) Folgendes:

A. Bedeutung des Besteuerungszeitraums

1 Im Abwicklungszeitraum gibt es keine Wirtschaftsjahre im steuerrechtlichen Sinne. Für Zwecke der 20
§§ 27, 37 und 38 KStG n. F.[1] tritt an die Stelle des Wirtschaftsjahrs der Besteuerungszeitraum.

2 Auf den Schluss jedes Besteuerungszeitraums ist eine Steuerbilanz aufzustellen.

3 Umfasst der Abwicklungszeitraum mehrere Besteuerungszeiträume, ist auf den Schluss eines jeden Besteuerungszeitraums, für den neues Recht gilt (siehe Tz. 4 ff.), das Körperschaftsteuerguthaben (§ 37 KStG n. F.), der Teilbetrag EK 02 (§ 38 KStG n. F.) und das steuerliche Einlagekonto (§ 27 KStG n. F.) gesondert festzustellen. Die abschließenden gesonderten Feststellungen für den letzten Besteuerungszeitraum sind auf den Zeitpunkt vor der Schlussverteilung des Vermögens vorzunehmen.

B. Systemübergreifende Liquidation

I. Grundsatz

4 Endet bei der Liquidation einer unbeschränkt steuerpflichtigen Körperschaft der Besteuerungszeit- 21
raum nach dem 31. Dezember 2000, richtet sich die Besteuerung für diesen Zeitraum nach den Vorschriften des KStG n. F. (§ 34 Abs. 14 Satz 1 KStG n. F.).

5 Auch für den auf die Zeit vor dem 1. Januar 2001 entfallenden Teil des Besteuerungszeitraums ist das KStG n. F. anzuwenden. Ob das verteilte Vermögen bei der Körperschaft zu einer Minderung oder Erhöhung der Körperschaftsteuer führt, richtet sich nach § 40 Abs. 4 i. V. m. den §§ 37 und 38 KStG n. F. Bereits unter Zugrundelegung der früheren Rechtslage ausgestellte Steuerbescheinigungen sind zurückzufordern und auf der Grundlage des EStG bzw. KStG n. F. neu zu erteilen.

6 Der Feststellung der Endbestände nach § 36 Abs. 7 KStG n. F. sind die Bestände zum Schluss des letzten vor Liquidationsbeginn endenden Wirtschaftsjahrs bzw. zum Schluss des letzten Besteuerungszeitraums, für das noch das KStG a. F. gilt, zugrunde zu legen.

II. Antrag im Sinne des § 34 Abs. 14 KStG n. F.

7 Hat die in Liquidation befindliche Körperschaft, deren Besteuerungszeitraum vor dem 1. Januar 22
2001 beginnt und nach dem 31. Dezember 2000 endet, gemäß § 34 Abs. 14 Satz 2 KStG n. F. bis zum 30. Juni 2002 (Ausschlussfrist) den Antrag gestellt, auf die Zeit bis zum 31. Dezember 2000 das KStG a. F. anzuwenden, so endet auf den 31. Dezember 2000 ein Besteuerungszeitraum, für den ein steuerlicher Zwischenabschluss zu fertigen ist (§ 34 Abs. 14 Satz 3 KStG n. F.).

---

[1] **[Amtl. Anm.:]** KStG n. F. = KStG 2002.
KStG a. F. = KStG 1999.

Anl zu H 11

8 In den in Tz. 7 genannten Fällen unterliegt das Einkommen des am 31. Dezember 2000 endenden Besteuerungszeitraums noch dem KStG a. F. Für Liquidationsraten, andere Ausschüttungen und sonstige Leistungen, die in diesem Besteuerungszeitraum erfolgen, ist noch die Körperschaftsteuer-Ausschüttungsbelastung nach dem Vierten Teil des KStG a. F. herzustellen (§ 34 Abs. 14 Satz 5 KStG n. F.). Diese Auskehrungen verringern gemäß § 36 Abs. 2 KStG n. F. die Endbestände der auf den 31. Dezember 2000 festzustellenden Teilbeträge des verwendbaren Eigenkapitals.

9 Die Feststellung der Endbestände nach § 36 Abs. 7 KStG n. F. erfolgt auf den 31. Dezember 2000.

C. Gewinnausschüttungen für vor dem Abwicklungszeitraum endende Wirtschaftsjahre

23 **10** Eine Ausschüttung kann auch dann auf einem den gesellschaftsrechtlichen Vorschriften entsprechenden Gewinnverteilungsbeschluss für ein abgelaufenes Wirtschaftsjahr beruhen, wenn die Körperschaft nach Beginn der Liquidation beschließt, Gewinne für vor dem Abwicklungszeitraum endende Wirtschaftsjahre auszuschütten (BFH-Urteile vom 12. September 1973, BStBl. 1974 II S. 14, vom 17. Juli 1974, BStBl. II S. 692 und vom 22. Oktober 1998, I R 15/98, BFH/NV 1999 S. 829).

11 Erfolgt eine solche Gewinnausschüttung in Besteuerungszeiträumen, die bereits unter das KStG n. F. fallen, ist § 34 Abs. 12 Satz 1 Nr. 1 KStG n. F. nicht anzuwenden, da es während des Abwicklungszeitraums keine Wirtschaftsjahre gibt (vgl. Tz. 1). Für diese Ausschüttungen gilt der Vierte Teil des KStG a. F. daher nicht mehr.

D. Auswirkungen der Liquidation auf das steuerliche Einlagekonto und den Sonderausweis

24 **12** Bei der Vermögensverteilung gilt das übrige Eigenkapital als vor dem Nennkapital ausgezahlt.

13 Die Vermögensverteilung ist, soweit sie nicht als Nennkapitalrückzahlung zu beurteilen ist, eine Leistung im Sinne des § 27 Abs. 1 Satz 3 KStG. Bei Abschlagszahlungen auf den Liquidationserlös ist auf den ausschüttbaren Gewinn zum Schluss des der Leistung vorangegangenen Besteuerungszeitraums bzw. Wirtschaftsjahrs abzustellen. Bei der Schlussauskehrung ist der ausschüttbare Gewinn maßgeblich, der sich auf den Zeitpunkt vor dieser Auskehrung ergibt. Das ist grundsätzlich der Zeitpunkt, auf den die Liquidationsschlussbilanz erstellt wird.

14 Soweit die Vermögensverteilung als Nennkapitalrückzahlung zu behandeln ist, wird in Höhe dieses Betrags zunächst der Sonderausweis verringert (§ 28 Abs. 2 Satz 1 KStG n. F.). Wegen des Zeitpunktes, auf den der maßgebliche Bestand des Sonderausweises zu ermitteln ist, gilt Tz. 13 entsprechend. Insoweit gilt die Rückzahlung des Nennkapitals als Gewinnausschüttung, die bei den Anteilseignern zu kapitalertragsteuerpflichtigen Bezügen im Sinne des § 20 Abs. 1 Nr. 2 EStG führt (§ 28 Abs. 2 Satz 2 KStG n. F.).

15 Soweit die Nennkapitalrückzahlung einen Sonderausweis übersteigt bzw. wenn ein Sonderausweis nicht besteht, führt der Rückzahlungsbetrag zu einer betragsmäßig identischen Erhöhung und Verringerung des steuerlichen Einlagekontos (§ 28 Abs. 2 Satz 1 2. Halbsatz und Satz 2 2. Halbsatz KStG). Eine Steuerbescheinigung im Sinne des § 27 Abs. 3 KStG ist den Anteilseignern insoweit nicht auszustellen.

E. Körperschaftsteuerminderung bzw. -erhöhung in Liquidationsfällen

25 **16** Unabhängig davon, ob das Vermögen der Körperschaft als Abschlagszahlung auf den Liquidationserlös oder im Rahmen der Schlussverteilung ausgekehrt wird, mindert oder erhöht sich die Körperschaftsteuer um den Betrag, der sich nach den §§ 37 und 38 KStG n. F. ergeben würde, wenn das verteilte Vermögen einschließlich des Nennkapitals als in dem Zeitpunkt der Verteilung für eine Ausschüttung verwendet gelten würde (§ 40 Abs. 4 Satz 1 KStG n. F.).

17 Wegen des Zeitpunktes, auf den die maßgeblichen Bestände des KSt-Guthabens, des Teilbetrags EK 02 und des ausschüttbaren Gewinns zu ermitteln sind, gelten die Ausführungen zu Tz. 13 entsprechend. Für die Anwendung des § 40 Abs. 4 Satz 3 KStG n. F. gilt die Liquidation auf den Stichtag der Erstellung der Liquidationsschlussbilanz als beendet.

F. Zusammenfassendes Beispiel

26 **18 Beispiel:**

Die A-GmbH (Wirtschaftsjahr = Kalenderjahr) wird zum 30. Juni 2002 aufgelöst. Der der Schlussauskehrung zugrunde liegende Liquidationsschlussbestand wird auf den 31. August 2003 ermittelt. Für die Zeit vom 1. Januar 2002 bis zum 30. Juni 2002 bildet die GmbH ein Rumpfwirtschaftsjahr. Zum 31. Dezember 2001 und zum 30. Juni 2002 betragen das KSt-Guthaben 25 000 € und der Teilbetrag EK 02 30 000 €. Das Nennkapital zu den Stichtagen beträgt 90 000 € und der Sonderausweis 40 000 €.

Das übrige Eigenkapital lt. Steuerbilanz beträgt

a) zum 30. Juni 2002	= 410 000 €
b) zum 31. August 2003	= 648 500 €

Der Gewinn des Rumpfwirtschaftsjahrs 2002 wird am 15. August 2003 in Höhe von 75 000 € offen ausgeschüttet.

Lösung:

Anwendung des § 28 Abs. 2 und des § 40 Abs. 4 KStG n. F.

Anl zu H 11

		Einlagekonto	KSt-Guthaben	EK 02	Nennkapital	Sonderausweis
Bestände zum 30. Juni 2002		**0**	**25 000**	**30 000**	**90 000**	**40 000**
Offene Gewinnausschüttung für das Rumpf-Wj. 2002	75 000					
KSt-Minderung: $1/6$ von 75 000			− 12 500			
Keine Verwendung von EK 02[1]				0		
Bestände vor Schlussverteilung (= letzte gesonderte Feststellung)		**0**	**12 500**	**30 000**	**90 000**	**40 000**
Nullstellung des Nennkapitals gem. § 28 Abs. 2 Satz 1 KStG n. F.		+ 50 000			− 90 000	− 40 000
Zwischensumme		**50 000**	**12 500**	**30 000**	**0**	**0**
Verteiltes Vermögen (= übriges Eigenkapital und Nennkapital)	738 500					
Unmittelbarer Abzug beim Einlagekonto gem. § 28 Abs. 2 Satz 2 Hs. 2 KStG n. F.	− 50 000	− 50 000				
Zwischensumme		**0**	**12 500**	**30 000**	**0**	**0**
Leistung gem. **§ 27 Abs. 1 Satz 3 KStG n. F.** (= Verteiltes Vermögen abzüglich Nennkapital)	648 500					
Verwendung Einlagekonto (höchstens verbleibender Bestand)	− 0	0				
Zwischensumme		**0**	**12 500**	**30 000**	**0**	**0**
Leistung i. S. d. **§ 40 Abs. 4 i. V. m. §§ 37, 38 KStG n. F.** (= verteiltes Vermögen)	738 500					
KSt-Minderung (§ 37 KStG n. F.) $1/6$ von 738 500; höchstens jedoch Bestand des KSt-Guthabens			− 12 500			
KSt-Erhöhung (§ 38 KStG n. F.) Verwendung von EK 02[2] 738 500–618 500 = 120 000; höchstens $7/10$ des Bestandes				− 21 000		
KSt-Erhöhung = $3/7$ von 21 000				− 9 000		

G. Behandlung der Nennkapitalrückzahlung bei den Anteilseignern

19 Bei den Anteilseignern richtet sich die steuerliche Behandlung der Nennkapitalrückzahlung nach § 17 Abs. 4 EStG bzw. – soweit ein Sonderausweis vorhanden ist – nach § 20 Abs. 1 Nr. 2 Satz 2 EStG, unabhängig davon, ob die Leistung bei der Körperschaft zu einer Minderung bzw. einer Erhöhung der Körperschaftsteuer führt oder nicht. **27**

[1] **[Amtl. Anm.:]** Differenzrechnung: Ausschüttbarer Gewinn zum 30. Juni 2002 abzüglich EK 02 zum 30. Juni 2002: 410 000 € – 30 000 € = 380 000 €. Da die Ausschüttung kleiner ist als 380 000 €, gilt EK 02 nicht als verwendet.

[2] **[Amtl. Anm.:]** Differenzrechnung: Ausschüttbarer Gewinn vor Schlussverteilung abzüglich EK 02 vor Schlussverteilung: 648 500 € – 30 000 € = 618 500 €; das verteilte Vermögen i. H. v. 738 500 € übersteigt 618 500 € um 120 000 €. Für die Berechnung der KSt-Erhöhung gilt: 120 000 € × $3/7$ = 51 428 €, höchstens jedoch $7/10$ × 30 000 € (Bestand des EK 02) = 21 000 €.

KStG

§ 12 Entstrickungs- und Wegzugsbesteuerung

1 (1)[1, 2] ① Wird bei der Körperschaft, Personenvereinigung oder Vermögensmasse das Besteuerungsrecht der Bundesrepublik Deutschland hinsichtlich des Gewinns aus der Veräußerung oder der Nutzung eines Wirtschaftsguts ausgeschlossen oder beschränkt, gilt dies als Veräußerung oder Überlassung des Wirtschaftsguts zum gemeinen Wert; § 4 Absatz 1 Satz 5, § 4 g und § 15 Abs. 1 a des Einkommensteuergesetzes gelten entsprechend. ② Ein Ausschluss oder eine Beschränkung des Besteuerungsrechts hinsichtlich des Gewinns aus der Veräußerung eines Wirtschaftsguts liegt insbesondere vor, wenn ein bisher einer inländischen Betriebsstätte einer Körperschaft, Personenvereinigung oder Vermögensmasse zuzuordnendes Wirtschaftsgut einer ausländischen Betriebsstätte dieser Körperschaft, Personenvereinigung oder Vermögensmasse zuzuordnen ist. ③ Entfällt die Beschränkung des Besteuerungsrechts der Bundesrepublik Deutschland hinsichtlich des Gewinns aus der Veräußerung eines Wirtschaftsguts und erfolgt in einem anderen Staat eine Besteuerung auf Grund des Ausschlusses oder der Beschränkung des Besteuerungsrechts dieses Staates hinsichtlich des Gewinns aus der Veräußerung des Wirtschaftsguts, gilt dies auf Antrag als Veräußerung und Anschaffung des Wirtschaftsguts zu dem Wert, den der andere Staat der Besteuerung zugrunde legt, höchstens zum gemeinen Wert.

(1 a)[2] § 4 Absatz 1 Satz 3 zweiter Halbsatz, Satz 8 zweiter Halbsatz, Satz 9 und Satz 10 des Einkommensteuergesetzes gilt im Fall der Begründung des Besteuerungsrechts oder des Wegfalls einer Beschränkung des Besteuerungsrechts der Bundesrepublik Deutschland hinsichtlich des Gewinns aus der Veräußerung eines Wirtschaftsguts, das der außerbetrieblichen Sphäre einer Körperschaft, Personenvereinigung oder Vermögensmasse zuzuordnen ist, entsprechend.

2 (2) ① Wird das Vermögen einer beschränkt steuerpflichtigen Körperschaft, Personenvereinigung oder Vermögensmasse als Ganzes auf eine andere Körperschaft desselben ausländischen Staates durch einen Vorgang übertragen, der einer Verschmelzung im Sinne des § 2 des Umwandlungsgesetzes vom 28. Oktober 1994 (BGBl. I S. 3210, 1995 I S. 428), das zuletzt durch Artikel 10 des Gesetzes vom 9. Dezember 2004 (BGBl. I S. 3214) geändert worden ist, in der jeweils geltenden Fassung vergleichbar ist, sind die übergehenden Wirtschaftsgüter abweichend von Absatz 1 mit dem Buchwert anzusetzen, soweit

1. sichergestellt ist, dass sie später bei der übernehmenden Körperschaft der Besteuerung mit Körperschaftsteuer unterliegen,
2. das Recht der Bundesrepublik Deutschland hinsichtlich der Besteuerung der übertragenen Wirtschaftsgüter bei der übernehmenden Körperschaft nicht beschränkt wird,
3. eine Gegenleistung nicht gewährt wird oder in Gesellschaftsrechten besteht und
4. wenn der übernehmende und der übertragende Rechtsträger nicht die Voraussetzungen des § 1 Abs. 2 Satz 1 und 2 des Umwandlungssteuergesetzes vom 7. Dezember 2006 (BGBl. I S. 2782, 2791)[3] in der jeweils geltenden Fassung erfüllen.

② Wird das Vermögen einer Körperschaft durch einen Vorgang im Sinne des Satzes 1 auf eine andere Körperschaft[4] übertragen, gilt § 13 des Umwandlungssteuergesetzes für die Besteuerung der Anteilseigner der übertragenden Körperschaft entsprechend.

3 (3) ① Verlegt eine Körperschaft, Vermögensmasse oder Personenvereinigung ihre Geschäftsleitung oder ihren Sitz und scheidet sie dadurch aus der unbeschränkten Steuerpflicht in einem Mitgliedstaat der Europäischen Union oder einem Staat aus, auf den das Abkommen über den Europäischen Wirtschaftsraum Anwendung findet, gilt sie als aufgelöst, und § 11 ist entsprechend anzuwenden. ② Gleiches gilt, wenn die Körperschaft, Vermögensmasse oder Personenvereinigung auf Grund eines Abkommens zur Vermeidung der Doppelbesteuerung infolge der Verlegung ihres Sitzes oder ihrer Geschäftsleitung als außerhalb des Hoheitsgebietes der in Satz 1 genannten Staaten ansässig anzusehen ist. ③ An die Stelle des zur Verteilung kommenden Vermögens tritt der gemeine Wert des vorhandenen Vermögens. ④ Dieser Absatz ist mit der Maßgabe anzuwenden, dass allein der Austritt des Vereinigten Königreichs Großbritannien und Nordirland aus der Europäischen Union nicht dazu führt, dass eine Körperschaft, Vermögensmasse oder Personenvereinigung dadurch als aus der unbe-

---

[1] Zur passiven Entstrickung aufgrund erstmaliger Anwendung eines Abkommens zur Vermeidung der Doppelbesteuerung (DBA) siehe *BMF-Schrb. v. 26. 10. 2018 IV B 5 – S 1348/07/10002-01 (BStBl. 2018 I S. 1104).*

[2] § 12 Abs. 1 Satz 3 angefügt und § 12 Abs. 1 a eingefügt mWvVZ 2020 (§ 34 Abs. 6 d Satz 1).

[3] **UmwStG** abgedruckt im **Anhang I 2.**

[4] Vgl. auch *BMF-Schrb. v. 10. 11. 2016 IV C 2 – S 2761/0–01, BStBl. I S. 1252* zur Änderung der Tz. 13.04 des *BMF-Schrb. v. 11. 11. 2011* (abgedruckt im **Anhang I 2 a**).

schränkten Steuerpflicht in einem Mitgliedstaat der Europäischen Union ausgeschieden gilt oder als außerhalb der Europäischen Union ansässig anzusehen ist.

(4)[1] *(aufgehoben)* 4

R 12. Beschränkte Steuerpflicht der übertragenden Körperschaft

R 12

10

– unbesetzt –

H 12

H 12

Finale Entnahme und finale Betriebsaufgabe. Zur Beschränkung der BFH-Urteile vom 17.7. 2008, I R 77/06, BStBl. 2009 II S. 464 und vom 28. 10. 2009, I R 99/08, BStBl. 2011 II S. 1019 auf die entschiedenen Einzelfälle → BMF vom 18. 11. 2011, BStBl. I S. 1278. 12

---

[1] § 12 Abs. 4 aufgehoben; zur letztmaligen Anwendung siehe § 34 Abs. 6 d Satz 3.

KStG

§ 13 Beginn und Erlöschen einer Steuerbefreiung

1 (1) **Wird eine steuerpflichtige Körperschaft, Personenvereinigung oder Vermögensmasse von der Körperschaftsteuer befreit, so hat sie auf den Zeitpunkt, in dem die Steuerpflicht endet, eine Schlussbilanz aufzustellen.**

2 (2) **Wird eine von der Körperschaftsteuer befreite Körperschaft, Personenvereinigung oder Vermögensmasse steuerpflichtig und ermittelt sie ihren Gewinn durch Betriebsvermögensvergleich, so hat sie auf den Zeitpunkt, in dem die Steuerpflicht beginnt, eine Anfangsbilanz aufzustellen.**

3 (3) **In der Schlussbilanz im Sinne des Absatzes 1 und in der Anfangsbilanz im Sinne des Absatzes 2 sind die Wirtschaftsgüter vorbehaltlich des Absatzes 4 mit den Teilwerten anzusetzen.**

4 (4) ① **Beginnt die Steuerbefreiung auf Grund des § 5 Abs. 1 Nr. 9, sind die Wirtschaftsgüter, die der Förderung steuerbegünstigter Zwecke im Sinne der §§ 52 bis 54 der Abgabenordnung dienen, in der Schlussbilanz mit den Buchwerten anzusetzen.** ② **Erlischt die Steuerbefreiung, so ist in der Anfangsbilanz für die in Satz 1 bezeichneten Wirtschaftsgüter der Wert anzusetzen, der sich bei ununterbrochener Steuerpflicht nach den Vorschriften über die steuerliche Gewinnermittlung ergeben würde.**

5 (5) **Beginnt oder erlischt die Steuerbefreiung nur teilweise, so gelten die Absätze 1 bis 4 für den entsprechenden Teil des Betriebsvermögens.**

6 (6) ① **Gehören Anteile an einer Kapitalgesellschaft nicht zu dem Betriebsvermögen der Körperschaft, Personenvereinigung oder Vermögensmasse, die von der Körperschaftsteuer befreit wird, so ist § 17 des Einkommensteuergesetzes auch ohne Veräußerung anzuwenden, wenn die übrigen Voraussetzungen dieser Vorschrift in dem Zeitpunkt erfüllt sind, in dem die Steuerpflicht endet.** ② **Als Veräußerungspreis gilt der gemeine Wert der Anteile.** ③ **Im Falle des Beginns der Steuerpflicht gilt der gemeine Wert der Anteile als Anschaffungskosten der Anteile.** ④ **Die Sätze 1 und 2 gelten nicht in den Fällen des Absatzes 4 Satz 1.**

Übersicht

R 13.1

R 13.1 Beginn einer Steuerbefreiung

11 (1) § 13 Abs. 1 KStG erfasst die Fälle, in denen eine bisher in vollem Umfang steuerpflichtige Körperschaft, Personenvereinigung oder Vermögensmasse in vollem Umfang von der Körperschaftsteuer befreit wird.

12 (2) ① Die Pflicht zur Aufstellung einer Schlussbilanz besteht nur insoweit, als die betreffende Körperschaft, Personenvereinigung oder Vermögensmasse Einkünfte aus Gewerbebetrieb, aus Land- und Forstwirtschaft oder aus selbständiger Arbeit bezieht. ② Die Bilanzierungspflicht besteht demnach für Körperschaften i. S. d. § 8 Abs. 2 KStG in vollem Umfang (→ R 8.1 Abs. 3), für andere Körperschaften (→ R 8.1 Abs. 2) nur hinsichtlich des Bereichs der vorgenannten Einkünfte (zur Anwendung des § 13 KStG auf Beteiligungen i. S. d. § 17 EStG außerhalb des Betriebsvermögens → R 13.4 Abs. 3).

H 13.1

H 13.1

14 **Beispiele für den Wechsel zwischen Steuerpflicht und Steuerbefreiung.**

1. Eine bisher wegen schädlicher Tätigkeiten i. S. d. H 5.4 steuerpflichtige Unterstützungskassen-GmbH beendet diese Tätigkeiten und fällt anschließend, da sie nicht überdotiert ist, unter die Befreiung des § 5 Abs. 1 Nr. 3 KStG.
2. Eine Krankenhaus-GmbH, die bisher nicht die Voraussetzungen des § 67 AO erfüllte und deshalb steuerpflichtig war, erfüllt nunmehr die Voraussetzungen dieser Vorschrift und ist nach § 5 Abs. 1 Nr. 9 KStG in vollem Umfang von der Körperschaftsteuer befreit.
3. Eine Wohnungsgenossenschaft, der bisher aufgrund der Beteiligung an einer Personengesellschaft Einnahmen von mehr als 10% ihrer Gesamteinnahmen zuzurechnen waren, veräußert die Beteiligung an der Personengesellschaft und erzielt anschließend ausschließlich Einnahmen i. S. d. § 5 Abs. 1 Nr. 10 Satz 1 KStG, so dass sie in vollem Umfang unter diese Befreiungsvorschrift fällt.

Teilweiser Beginn einer Steuerbefreiung (§ 13 Abs. 5 KStG). → R 13.2 Abs. 3.

R 13.2 Erlöschen einer Steuerbefreiung R 13.2

(1) § 13 Abs. 2 KStG erfasst die Fälle, in denen eine bisher in vollem Umfang steuerbefreite 16
Körperschaft, Personenvereinigung oder Vermögensmasse in vollem Umfang steuerpflichtig wird.

(2) ① Zusätzliche Voraussetzung ist, dass die Körperschaft, Personenvereinigung oder Vermö- 17
gensmasse ihren Gewinn nach Eintritt in die Steuerpflicht durch Betriebsvermögensvergleich ermittelt. ② Körperschaften i. S. d. § 8 Abs. 2 KStG fallen stets unter den Anwendungsbereich der Vorschrift, andere Körperschaften nur dann, wenn sie zur Buchführung verpflichtet sind oder freiwillig Bücher führen. ③ Bei diesen anderen Körperschaften erstreckt sich die Bilanzierungspflicht nur auf den Bereich der Gewinneinkünfte (→ R 13.1 Abs. 2). ④ Zur Anwendung des § 13 KStG auf Beteiligungen i. S. d. § 17 EStG außerhalb des Betriebsvermögens → R 13.4 Abs. 3.

(3) ① Nach § 13 Abs. 5 KStG gelten die Absätze 1 bis 4 dieser Vorschrift bei nur teilweisem 18
Erlöschen der Steuerpflicht für die entsprechenden Teile des Betriebsvermögens. ② Der teilweise Beginn einer Steuerbefreiung ist in drei Varianten denkbar:

1. Wechsel von voller zu nur noch partieller Steuerpflicht
   Eine bisher wegen Überschreitens der 10%-Grenze in § 5 Abs. 1 Nr. 10 Satz 2 KStG in vollem Umfang steuerpflichtige Wohnungsgenossenschaft verringert die Einnahmen aus den schädlichen Tätigkeiten durch Vermietung frei werdender, bisher an Nichtmitglieder vermieteter Wohnungen an Mitglieder auf weniger als 10% der Gesamteinnahmen und ist daher nur noch partiell steuerpflichtig.
2. Verringerung der partiellen Steuerpflicht
   Bei einer Unterstützungskassen-GmbH, die wegen ihrer Überdotierung nach § 6 Abs. 5 KStG partiell steuerpflichtig ist, verringert sich das prozentuale Ausmaß der Überdotierung.
3. Wechsel von partieller Steuerpflicht zu voller Steuerbefreiung
   Bei einer nach § 5 Abs. 1 Nr. 9 KStG wegen Verfolgung gemeinnütziger Zwecke steuerbefreiten GmbH wird eine bisher als steuerpflichtiger wirtschaftlicher Geschäftsbetrieb (§ 64 AO) beurteilte Tätigkeit als steuerfreier Zweckbetrieb (§ 65 AO) anerkannt.

R 13.3 Schlussbilanz, Anfangsbilanz R 13.3

(1) ① Durch den Ansatz der Wirtschaftsgüter in der Schlussbilanz mit dem Teilwert wird er- 20
reicht, dass eine steuerpflichtige Körperschaft, die von der Körperschaftsteuer befreit wird, vorbehaltlich des § 13 Abs. 4 KStG die während des Bestehens der Steuerpflicht gebildeten stillen Reserven des Betriebsvermögens aufzudecken und der Besteuerung zuzuführen hat, bevor sie aus der Steuerpflicht ausscheidet. ② Ermittelt sie ihren Gewinn durch Betriebsvermögensvergleich, hat sie auf den Zeitpunkt, in dem die Steuerpflicht endet, eine Schlussbilanz aufzustellen. ③ Für die aufzustellende Schlussbilanz sind die steuerlichen Gewinnermittlungsvorschriften zu beachten. ④ Ermittelt sie ihren Gewinn durch Einnahmenüberschussrechnung, ist R 4.5 Abs. 6 EStR entsprechend anzuwenden.

(2) ① Umgekehrt wird durch den Ansatz der Wirtschaftsgüter in der Anfangsbilanz mit dem 21
Teilwert bei Wegfall der Steuerbefreiung erreicht, dass die im Zeitraum der Steuerfreiheit gebildeten stillen Reserven nicht bei einer späteren Realisierung besteuert werden müssen. ② Zum Erfordernis der Bilanzierung → R 13.2 Abs. 2.

H 13.3 H 13.3

Firmenwert. Das Aktivierungsverbot des § 5 Abs. 2 EStG gilt auch für die gem. § 13 Abs. 1 23
bzw. 2 KStG aufzustellende Schluss- bzw. Anfangsbilanz (→ BFH vom 9. 8. 2000, I R 69/98, BStBl. 2001 II S. 71).

R 13.4 Sonderregelung für bestimmte steuerbegünstigte Körperschaften R 13.4

(1) ① Nach § 13 Abs. 4 Satz 1 KStG wird bei bisher steuerpflichtigen Körperschaften, die nach 25
§ 5 Abs. 1 Nr. 9 KStG steuerbefreit werden und steuerbegünstigte Zwecke i. S. d. § 9 Abs. 1 Nr. 2 KStG verfolgen, auf die Schlussbesteuerung der in der Zeit der früheren Steuerpflicht gebildeten stillen Reserven verzichtet. ② Verfolgt eine solche Körperschaft neben den vorgenannten Zwecken auch andere gemeinnützige Zwecke, kommt § 13 Abs. 4 Satz 1 KStG nur für diejenigen Wirtschaftsgüter in Betracht, die einem Zweck i. S. d. § 9 Abs. 1 Nr. 2 KStG dienen.

(2) ① Erlischt bei einer Körperschaft, die steuerbegünstigte Zwecke i. S. d. § 9 Abs. 1 Nr. 2 26
KStG verfolgt, die Steuerbefreiung, ist für die Wirtschaftsgüter, die in der Anfangsbilanz zu Beginn der Steuerbefreiung nach § 13 Abs. 4 Satz 1 KStG mit dem Buchwert anzusetzen waren, der Wert anzusetzen, der sich bei ununterbrochener Steuerpflicht nach den Vorschriften über die steuerliche Gewinnermittlung ergeben würde. ② Dadurch wird die steuerliche Erfassung später realisierter stiller Reserven dieser Wirtschaftsgüter aus der Zeit der früheren Steuerpflicht wieder ermöglicht. ③ Für Wirtschaftsgüter, die erst im Zeitraum der Steuerbefreiung angeschafft oder

hergestellt worden sind, gilt § 13 Abs. 4 Satz 2 KStG nicht. ④ Für diese Wirtschaftsgüter ist der Teilwert nach § 13 Abs. 3 Satz 1 KStG anzusetzen (→ R 13.3 Abs. 2).

27 (3) Durch § 13 Abs. 6 KStG wird der Anwendungsbereich der Vorschrift über den Bereich des Betriebsvermögens hinaus auf Beteiligungen i. S. d. § 17 EStG der Körperschaft, Personenvereinigung oder Vermögensmasse an einer Kapitalgesellschaft ausgedehnt.

H 13.4

H 13.4

29 **Teilweises Erlöschen einer Steuerbefreiung (§ 13 Abs. 5 KStG).**→ R 13.2 Abs. 3.

Überführung eines Betriebs oder Teilbetriebs aus dem steuerpflichtigen in den steuerbefreiten Bereich einer Körperschaft unter Ansatz der Buchwerte nach § 13 Abs. 4 Satz 1 KStG.→ BMF vom 1. 2. 2002, BStBl. I S. 221.

Zweites Kapitel. Sondervorschriften für die Organschaft

§ 14 Aktiengesellschaft oder Kommanditgesellschaft auf Aktien als Organgesellschaft

(1) ① Verpflichtet sich eine Europäische Gesellschaft, Aktiengesellschaft oder Kommanditgesellschaft auf Aktien mit Geschäftsleitung im Inland und Sitz in einem Mitgliedstaat der Europäischen Union oder in einem Vertragsstaat des EWR-Abkommens[1] (Organgesellschaft) durch einen Gewinnabführungsvertrag im Sinne des § 291 Abs. 1 des Aktiengesetzes, ihren ganzen Gewinn[2] an ein einziges anderes gewerbliches Unternehmen abzuführen, ist das Einkommen der Organgesellschaft, soweit sich aus § 16 nichts anderes ergibt, dem Träger des Unternehmens (Organträger) zuzurechnen, wenn die folgenden Voraussetzungen erfüllt sind:[3] 1

1. ① Der Organträger muss an der Organgesellschaft vom Beginn ihres Wirtschaftsjahrs an ununterbrochen in einem solchen Maße beteiligt sein, dass ihm die Mehrheit der Stimmrechte aus den Anteilen an der Organgesellschaft zusteht (finanzielle Eingliederung). ② Mittelbare Beteiligungen sind zu berücksichtigen, wenn die Beteiligung an jeder vermittelnden Gesellschaft die Mehrheit der Stimmrechte gewährt. 2

2. ① Organträger[4] muss eine natürliche Person oder eine nicht von der Körperschaftsteuer befreite Körperschaft, Personenvereinigung oder Vermögensmasse sein. ② Organträger kann auch eine Personengesellschaft im Sinne des § 15 Absatz 1 Satz 1 Nummer 2 des Einkommensteuergesetzes sein, wenn sie eine Tätigkeit im Sinne des § 15 Absatz 1 Satz 1 Nummer 1 des Einkommensteuergesetzes ausübt. ③ Die Voraussetzung der Nummer 1 muss im Verhältnis zur Personengesellschaft selbst erfüllt sein. ④ Die Beteiligung im Sinne der Nummer 1 an der Organgesellschaft oder, bei mittelbarer Beteiligung an der Organgesellschaft, die Beteiligung im Sinne der Nummer 1 an der vermittelnden Gesellschaft, muss ununterbrochen während der gesamten Dauer der Organschaft einer inländischen Betriebsstätte im Sinne des § 12 der Abgabenordnung des Organträgers zuzuordnen sein. ⑤ Ist der Organträger mittelbar über eine oder mehrere Personengesellschaften an der Organgesellschaft beteiligt, gilt Satz 4 sinngemäß. ⑥ Das Einkommen der Organgesellschaft ist der inländischen Betriebsstätte des Organträgers zuzurechnen, der die Beteiligung im Sinne der Nummer 1 an der Organgesellschaft oder, bei mittelbarer Beteiligung an der Organgesellschaft, die Beteiligung im Sinne der Nummer 1 an der vermittelnden Gesellschaft zuzuordnen ist. ⑦ Eine inländische Betriebsstätte im Sinne der vorstehenden Sätze ist nur gegeben, wenn die dieser Betriebsstätte zuzurechnenden Einkünfte sowohl nach innerstaatlichem Steuerrecht als auch nach einem anzuwendenden Abkommen zur Vermeidung der Doppelbesteuerung der inländischen Besteuerung unterliegen. 3

3. ① Der Gewinnabführungsvertrag muss auf mindestens fünf Jahre abgeschlossen und während seiner gesamten Geltungsdauer durchgeführt werden. ② Eine vorzeitige Beendigung des Vertrags durch Kündigung ist unschädlich, wenn ein wichtiger Grund die Kündigung rechtfertigt. ③ Die Kündigung oder Aufhebung des Gewinnabführungsvertrags auf einen Zeitpunkt während des Wirtschaftsjahrs der Organgesellschaft wirkt auf den Beginn dieses Wirtschaftsjahrs zurück. ④[5] Der Gewinnabführungsvertrag gilt auch als durchgeführt, wenn der abgeführte Gewinn oder ausgeglichene Verlust auf einem Jahresabschluss beruht, der fehlerhafte Bilanzansätze enthält, sofern 4
   a) der Jahresabschluss wirksam festgestellt ist,
   b) die Fehlerhaftigkeit bei Erstellung des Jahresabschlusses unter Anwendung der Sorgfalt eines ordentlichen Kaufmanns nicht hätte erkannt werden müssen und
   c) ein von der Finanzverwaltung beanstandeter Fehler spätestens in dem nächsten nach dem Zeitpunkt der Beanstandung des Fehlers aufzustellenden Jahresabschluss der Organgesellschaft und des Organträgers korrigiert und das Ergebnis entsprechend abgeführt oder ausgeglichen wird, soweit es sich um einen Fehler handelt, der in der Handelsbilanz zu korrigieren ist.

---

[1] Zu den Voraussetzungen für die Anerkennung ausländischer Gewinnabführungsverträge siehe *Kurzinformation FM Schleswig-Holstein v. 17. 1. 2020 VI 313 – S 2770-077, DStR 2020 S. 1573* sowie *OFD Frankfurt a. M. v. 9. 7. 2020 S 2770 A – 55 – St 55, DB 2020, S. 1768.*

[2] Zur Auswirkung der Änderung des § 253 Abs. 2 Satz 1 HGB (Bewertung von Rückstellungen für Altersvorsorgeverpflichtungen) auf die Anerkennung steuerlicher Organschaften vgl. *BMF-Schrb. v. 23. 12. 2016 IV C 2 – S 770/16/10002, BStBl. 2017 I S. 41.*

[3] *BFH-Urteil v. 10. 5. 2017 I R 51/15, BStBl. 2018 II S. 30:* Geht das Vermögen eines Organträgers innerhalb der ersten fünf Jahre eines Ergebnisabführungsvertrags auf ein anderes Rechtsobjekt über, steht dies bei ununterbrochener Durchführung des Vertrags der steuerrechtlichen Anerkennung der körperschaftsteuerlichen Organschaft ab diesem Zeitpunkt auch dann nicht entgegen, wenn die Organschaft in den Vorjahren wegen fehlender finanzieller Eingliederung nicht anzuerkennen war.

[4] Zur Anerkennung einer Organschaft unter Beteiligung einer Kapitalgesellschaft, an der eine atypisch stille Beteiligung besteht vgl. *BMF-Schrb. v. 20. 8. 2015 IV C 2 – S 2770/12/10001, BStBl. 2015 I S. 649.*

[5] Siehe hierzu auch *Kurzinformation Nr. 3/2016 des FM Schleswig-Holstein v. 22. 2. 2016 VI 3011 – S 2770 – 086, DStR 2016 S. 539* betreffend Zweifelsfragen zur Durchführungsfiktion des Gewinnabführungsvertrages nach § 14 Abs. 1 Satz 1 Nr. 3 Satz 4 KStG.

KStG

⑤ Die Voraussetzung des Satzes 4 Buchstabe b gilt bei Vorliegen eines uneingeschränkten Bestätigungsvermerks nach § 322 Absatz 3 des Handelsgesetzbuchs zum Jahresabschluss, zu einem Konzernabschluss, in den der handelsrechtliche Jahresabschluss einbezogen worden ist, oder über die freiwillige Prüfung des Jahresabschlusses oder der Bescheinigung eines Steuerberaters oder Wirtschaftsprüfers über die Erstellung eines Jahresabschlusses mit umfassenden Beurteilungen als erfüllt.

5 4. Die Organgesellschaft darf Beträge aus dem Jahresüberschuss nur insoweit in die Gewinnrücklagen (§ 272 Abs. 3 des Handelsgesetzbuchs) mit Ausnahme der gesetzlichen Rücklagen einstellen, als dies bei vernünftiger kaufmännischer Beurteilung wirtschaftlich begründet ist.

6 5. Negative Einkünfte des Organträgers oder der Organgesellschaft bleiben bei der inländischen Besteuerung unberücksichtigt, soweit sie in einem ausländischen Staat im Rahmen der Besteuerung des Organträgers, der Organgesellschaft oder einer anderen Person berücksichtigt werden.

7 ② Das Einkommen der Organgesellschaft ist dem Organträger erstmals für das Kalenderjahr zuzurechnen, in dem das Wirtschaftsjahr der Organgesellschaft endet, in dem der Gewinnabführungsvertrag wirksam wird.

8 (2)[1] ① Der ganze Gewinn gilt auch dann als abgeführt im Sinne des Absatzes 1 Satz 1, wenn über den mindestens zugesicherten Betrag im Sinne des § 304 Absatz 2 Satz 1 des Aktiengesetzes hinausgehende Ausgleichszahlungen vereinbart und geleistet werden. ② Dies gilt nur, wenn die Ausgleichszahlungen insgesamt den dem Anteil am gezeichneten Kapital entsprechenden Gewinnanteil des Wirtschaftsjahres nicht überschreiten, der ohne Gewinnabführungsvertrag hätte geleistet werden können. ③ Der über den Mindestbetrag nach § 304 Absatz 2 Satz 1 des Aktiengesetzes hinausgehende Betrag muss nach vernünftiger kaufmännischer Beurteilung wirtschaftlich begründet sein.

9 (3) ① Mehrabführungen, die ihre Ursache in vororganschaftlicher Zeit haben, gelten als Gewinnausschüttungen der Organgesellschaft an den Organträger. ② Minderabführungen, die ihre Ursache in vororganschaftlicher Zeit haben, sind als Einlage durch den Organträger in die Organgesellschaft zu behandeln. ③ Mehrabführungen nach Satz 1 und Minderabführungen nach Satz 2 gelten in dem Zeitpunkt als erfolgt, in dem das Wirtschaftsjahr der Organgesellschaft endet. ④ Der Teilwertansatz nach § 13 Abs. 3 Satz 1 ist der vororganschaftlichen Zeit zuzurechnen.

10 (4)[2] ① Für Minder- und Mehrabführungen, die ihre Ursache in organschaftlicher Zeit haben, ist in der Steuerbilanz des Organträgers ein besonderer aktiver oder passiver Ausgleichsposten in Höhe des Betrags zu bilden, der dem Verhältnis der Beteiligung des Organträgers am Nennkapital der Organgesellschaft entspricht. ② Im Zeitpunkt der Veräußerung der Organbeteiligung sind die besonderen Ausgleichsposten aufzulösen. ③ Dadurch erhöht oder verringert sich das Einkommen des Organträgers. ④ § 3 Nr. 40, § 3 c Abs. 2 des Einkommensteuergesetzes und § 8 b dieses Gesetzes sind anzuwenden. ⑤ Der Veräußerung gleich gestellt sind insbesondere die Umwandlung der Organgesellschaft auf eine Personengesellschaft oder eine natürliche Person, die verdeckte Einlage der Beteiligung an der Organgesellschaft und die Auflösung der Organgesellschaft. ⑥ Minder- oder Mehrabführungen im Sinne des Satzes 1 liegen insbesondere vor, wenn der an den Organträger abgeführte Gewinn von dem Steuerbilanzgewinn der Organgesellschaft abweicht und diese Abweichung in organschaftlicher Zeit verursacht ist.

11 (5)[3] ① Das dem Organträger zuzurechnende Einkommen der Organgesellschaft und damit zusammenhängende andere Besteuerungsgrundlagen werden gegenüber dem Organträger und der Organgesellschaft gesondert und einheitlich festgestellt. ② Die Feststellungen nach Satz 1 sind für die Besteuerung des Einkommens des Organträgers und der Organgesellschaft bindend. ③ Die Sätze 1 und 2 gelten entsprechend für von der Organgesellschaft geleistete Steuern, die auf die Steuer des Organträgers anzurechnen sind. ④ Zuständig für diese Feststellungen ist das Finanzamt, das für die Besteuerung nach dem Einkommen der Organgesellschaft zuständig ist. ⑤ Die Erklärung zu den gesonderten und einheitlichen Feststellungen nach den Sätzen 1 und 3 soll mit der Körperschaftsteuererklärung der Organgesellschaft verbunden werden.

Übersicht

[1] **§ 14 Abs. 2 erstmals anzuwenden für VZ auch vor 2017. Zur Anwendung im Einzelnen siehe § 34 Abs. 6 e.** Siehe auch **Anwendungsschreiben** *BMF v. 4.3.2020 IV C 2 – S 2770/19/10003 :002, BStBl. 2020 I S. 256*, nachstehend abgedruckt als Anlage zu H 14.8.

[2] Fassung des § 14 Abs. 4 ab VZ 2022 siehe Geschlossene Wiedergabe.

[3] § 14 Abs. 5 erstmals anzuwenden für Feststellungszeiträume, die nach dem 31. Dezember 2013 beginnen.

R 14.1 Organträger, Begriff des gewerblichen Unternehmens

R 14.1

– unbesetzt – 15

H 14.1

H 14.1

Begriff des gewerblichen Unternehmens. → BMF vom 26. 8. 2003, BStBl. I S. 437 Rn. 2 ff.[1] 17

Steuerbefreite Körperschaft als Organträgerin. Mit der die Organschaft ausschließenden Steuerbefreiung i. S. v. § 14 Abs. 1 Satz 1 Nr. 2 Satz 1 KStG ist nur eine persönliche Steuerbefreiung gemeint, die den Rechtsträger als solchen insgesamt von der Steuerpflicht ausschließt (unbeschränkte persönliche Steuerbefreiung). Körperschaften, die nur im Hinblick auf einen bestimmten Teil ihrer Tätigkeit oder ihres Ertrags von der Steuerpflicht ausgenommen sind (sog. beschränkte persönliche oder sachliche Steuerbefreiung), kommen demgegenüber als Organträger grundsätzlich in Betracht, soweit nicht die Beteiligung an der Organgesellschaft den steuerbefreiten Aktivitäten zuzuordnen ist (→ BFH vom 10. 3. 2010, I R 41/09, BStBl. 2011 II S. 181).

a) Schreiben betr. körperschaftsteuerliche und gewerbesteuerliche Organschaft unter Berücksichtigung der Änderungen durch das Steuersenkungs- (StSenkG) und das Unternehmenssteuerfortentwicklungsgesetz (UntStFG)

Anl a zu H 14.1

Vom 26. August 2003 (BStBl. I S. 437)

(BMF IV A 2 – S 2770 – 18/03)

Unter Bezugnahme auf das Ergebnis der Erörterungen mit den obersten Finanzbehörden der Länder gilt zur Anwendung der Änderungen der Organschaftsregelungen durch das Steuersenkungsgesetz (StSenkG) vom 23. Oktober 2000 (BGBl. I S. 1433, BStBl. I S. 1428) und durch das Unternehmenssteuerfortentwicklungsgesetz (UntStFG) vom 20. Dezember 2001 (BGBl. I S. 3858, BStBl. 2002 I S. 35) Folgendes:[2]

A. Organträger

1 Nach § 14 Abs. 1 Satz 1 i. V. mit Abs. 1 Nr. 2 Satz 1 KStG kann Organträger[3] nur noch ein einziges gewerbliches Unternehmen mit Geschäftsleitung im Inland sein. Eine Organschaft zu mehreren Organträgern ist nicht zulässig (vgl. Tz. 15 ff.). 20

I. Begriff des gewerblichen Unternehmens

2 Ein gewerbliches Unternehmen liegt vor, wenn die Voraussetzungen für einen Gewerbebetrieb[4] im Sinne des § 2 GewStG erfüllt sind.

3 Eine eigene gewerbliche Tätigkeit des Organträgers ist nicht mehr erforderlich. Organträger kann auch eine gewerblich geprägte Personengesellschaft i. S. des § 15 Abs. 3 Nr. 2 EStG[5] oder ein Unternehmen sein, das Gewerbebetrieb kraft Rechtsform ist.

---

[1] Nachstehend abgedruckt als Anl a zu H 14.1.

[2] **[Amtl. Anm.:]** Die Änderungen sind in dem KStG 2002 in der Fassung der Bekanntmachung vom 15. Oktober 2002 (BGBl. I S. 4144, BStBl. I S. 1169) – KStG n. F. – und in dem GewStG 2002 in der Fassung der Bekanntmachung vom 15. Oktober 2002 (BGBl. I S. 4167, BStBl. I S. 1192) – GewStG n. F. – enthalten. Das KStG 2002 ist zuletzt durch das Steuervergünstigungsabbaugesetz (StVergAbG) vom 16. Mai 2003 (BGBl. I S. 660) geändert worden. Das GewStG 2002 ist zuletzt durch das Kleinunternehmerförderungsgesetz (KleinUntFG) vom 31. Juli 2003 (BGBl. I S. 1550) geändert worden. Auf die Änderungen wird an geeigneter Stelle durch Fußnoten hingewiesen. Die Gesetzeszitate dieses Schreibens beziehen sich noch auf die Gesetzesfassungen der Bekanntmachungen vom 15. Oktober 2002.

[3] Jetzt: **Neuregelung** in **§ 14 Abs. 1 Satz 1 Nr. 2.**

[4] Zur Organträgereigenschaft eines BgA bzw. einer Eigengesellschaft vgl. *OFD Karlsruhe v. 19. 7. 2018 S 270.6/57 – St 213, DB 2018 S. 1953.*

[5] **[Amtl. Anm.:]** Ab dem VZ 2003 kann eine Personengesellschaft nur dann Organträger sein, wenn sie eine Tätigkeit i. S. des § 15 Abs. 1 Nr. 1 EStG ausübt (§ 14 Abs. 1 Satz 1 Nr. 2 KStG i. d. F. des StVergAbG [vgl. oben Fn. 2]).

Anl a zu H 14.1

4 Die Tätigkeit einer Kapitalgesellschaft gilt nach § 2 Abs. 2 GewStG stets und in vollem Umfang als Gewerbebetrieb, so dass auch eine bloß vermögensverwaltende Kapitalgesellschaft und eine dauerdefizitäre Kapitalgesellschaft als Organträger in Betracht kommen.

5 Dies gilt nicht für einen dauerdefizitären Betrieb gewerblicher Art. Aufgrund fehlender Gewinnerzielungsabsicht erfüllt er nicht die allgemeinen Voraussetzungen für das Vorliegen eines Gewerbebetriebes i. S. von § 2 Abs. 1 Satz 2 GewStG.

II. Wegfall des Begriffs „inländisches" Unternehmen

6 Der Organträger[1] musste bisher seinen Sitz und seine Geschäftsleitung im Inland haben. Auf diesen doppelten Inlandsbezug beim Organträger verzichtet § 14 Abs. 1 Nr. 2 KStG. Es reicht künftig aus, wenn sich die Geschäftsleitung des Organträgers im Inland befindet.

III. Zeitliche Anwendung

7 Die obigen Voraussetzungen gelten für die körperschaftsteuerliche Organschaft erstmals ab dem Veranlagungszeitraum 2001 (§ 34 Abs. 9 Nr. 2 KStG) und für die gewerbesteuerliche Organschaft erstmals ab dem Erhebungszeitraum 2002 (§ 36 Abs. 1 GewStG).

B. Organgesellschaft

21 8 Bisher reichte es für die gewerbesteuerliche Organschaft aus, wenn sich die Geschäftsleitung der Organgesellschaft[2] im Inland befand. Ab dem Erhebungszeitraum 2002 ist nach § 2 Abs. 2 Satz 2 GewStG i. V. mit § 14 Abs. 1 Satz 1[3] KStG und § 36 Abs. 1 GewStG auch der inländische Sitz (doppelter Inlandsbezug) erforderlich. Eine ausländische Kapitalgesellschaft kann danach nicht Organgesellschaft[3] sein, selbst wenn sie im Inland einen Gewerbebetrieb unterhält.

C. Gewinnabführungsvertrag und Eingliederungsvoraussetzungen

I. Körperschaftsteuerliche Organschaft

22 9 Ab dem Veranlagungszeitraum 2001 sind die Organschaftsvoraussetzungen der wirtschaftlichen und organisatorischen Eingliederung weggefallen (§ 34 Abs. 9 Nr. 2 KStG). Die körperschaftsteuerliche Organschaft setzt künftig nur noch einen Gewinnabführungsvertrag i. S. des § 291 Abs. 1 Aktiengesetz und die finanzielle Eingliederung der Organgesellschaft voraus.

II. Gewerbesteuerliche Organschaft

10 Für die gewerbesteuerliche Organschaft werden bis zu dem Erhebungszeitraum 2001 unverändert die finanzielle, wirtschaftliche und organisatorische Eingliederung gefordert (*§ 36 Abs. 2 GewStG*[3]).

III. Angleichung der Voraussetzungen für die körperschaftsteuerliche und gewerbesteuerliche Organschaft

11 Ab dem Erhebungszeitraum 2002 stimmen die Voraussetzungen für die gewerbesteuerliche Organschaft mit denen der körperschaftsteuerlichen Organschaft überein (*§ 36 Abs. 2 GewStG*[3]). Bereits bestehende gewerbesteuerliche Organschaften ohne Gewinnabführungsvertrag enden mit dem Erhebungszeitraum 2001, wenn nicht mit Wirkung ab 2002 ein Gewinnabführungsvertrag abgeschlossen und tatsächlich durchgeführt wird.

12 Die Rückbeziehung der finanziellen Eingliederung und damit die rückwirkende Begründung eines Organschaftsverhältnisses ist nicht zulässig. Rz. Org. 05 des BMF-Schreibens vom 25. März 1998 (BStBl. I S. 268) gilt für die finanzielle Eingliederung entsprechend.

IV. Additionsverbot

13 Sowohl für die körperschaftsteuerliche als auch für die gewerbesteuerliche Organschaft dürfen ab dem Veranlagungs-/Erhebungszeitraum 2001 für das Vorliegen einer finanziellen Eingliederung i. S. von § 14 Abs. 1 Nr. 1 KStG mittelbare und unmittelbare Beteiligungen zusammengerechnet werden, wenn die Beteiligung an jeder vermittelnden Gesellschaft die Mehrheit der Stimmrechte gewährt.

14 Beispiel für die finanzielle Eingliederung:

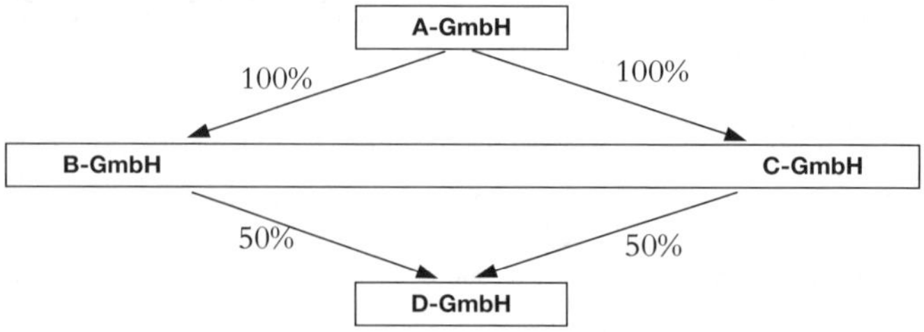

[1] Jetzt: **Neuregelung** in **§ 14 Abs. 1 Satz 1 Nr. 2.**
[2] Jetzt: **Neuregelung** in **§ 14 Abs. 1 Satz 1 Halbsatz 1.**
[3] Gemeint ist § 36 Abs. 2 GewStG a. F.; vgl. zuletzt „Handbuch zur Gewerbesteuerveranlagung 2013".

Die B-GmbH und die C-GmbH sind in die A-GmbH auf Grund unmittelbarer Beteiligung von jeweils 100% finanziell eingegliedert. Die A-GmbH ist an der D-GmbH nicht unmittelbar beteiligt.
Die Zusammenrechnung der mittelbaren Beteiligung über die B-GmbH (50%) und die C-GmbH (50%) führt aber zur finanziellen Eingliederung der D-GmbH in die A-GmbH.

D. Mehrmütterorganschaft

15 Die bislang gewohnheitsrechtlich anerkannte Mehrmütterorganschaft ist durch § 14 Abs. 2 Satz 1 i. V. mit § 34 Abs. 9 Nr. 4 KStG erstmals gesetzlich geregelt worden.[1] 23

I. Qualifizierung der Willensbildungs-GbR als Organträger

16 Schließen sich mehrere gewerbliche Unternehmen zum Zwecke der einheitlichen Willensbildung gegenüber einer Kapitalgesellschaft zu einer Gesellschaft bürgerlichen Rechts (Willensbildungs-GbR) zusammen, ist die Willensbildungs-GbR Organträger. Sie ist kraft Gesetzes als gewerbliches Unternehmen anzusehen (§ 14 Abs. 2 KStG).

17 Voraussetzung für die Begründung eines Organschaftsverhältnisses ist in diesen Fällen, dass den Gesellschaftern der GbR die Mehrheit der Stimmrechte an der Organgesellschaft zusteht und ihr Wille in der Organgesellschaft tatsächlich durchgeführt wird. Vom Beginn des Wirtschaftsjahrs der Organgesellschaft muss die GbR ununterbrochen bestehen und jeder ihrer Gesellschafter an der Organgesellschaft ununterbrochen beteiligt sein (§ 14 Abs. 2 Satz 2 KStG). Weitere Voraussetzung für eine Organschaft ist ein Gewinnabführungsvertrag zwischen der Organgesellschaft und der Willensbildungs-GbR. Veräußert ein Gesellschafter der Willensbildungs-GbR während des Wirtschaftsjahrs der Organgesellschaft seine Anteile an der Organgesellschaft oder scheidet er während des Wirtschaftsjahrs der Organgesellschaft aus der Willensbildungs-GbR aus, ist vom Zeitpunkt der Veräußerung oder des Ausscheidens an die Voraussetzung der finanziellen Eingliederung nicht mehr erfüllt. Damit entfällt die Anwendung des § 14 KStG für dieses Wirtschaftsjahr.

18 Für den Veranlagungszeitraum 2000 und früher setzt eine Mehrmütterorganschaft voraus, dass die Organgesellschaft wirtschaftlich und organisatorisch in das Unternehmen des Organträgers eingegliedert ist (§ 14 Abs. 2 Nr. 1 bis 5 KStG i. V. mit § 34 Abs. 9 Nr. 1 KStG). Eine Ergebniszurechnung bei den an der Willenbildungsgesellschaft beteiligten Muttergesellschaften ist gesetzlich ausgeschlossen.

II. Auswirkungen der Mehrmütterorganschaft auf gewerbesteuerliche Verluste

19 Nach § 2 Abs. 2 Satz 3 GewStG[2] ist in Fällen der Mehrmütterorganschaft die Willensbildungs-GbR Organträger. Der Gewerbeertrag der Organgesellschaft ist der Willensbildungs-GbR zuzurechnen. Eine Berücksichtigung bei den an der Willensbildungs-GbR beteiligten Gesellschaftern (Muttergesellschaften) ist ausgeschlossen. Die Entscheidungen des Bundesfinanzhofs zur Mehrmütterorganschaft vom 9. Juni 1999 (BStBl. 2000 II S. 695 und BFH/NV 2000 S. 347) finden keine Anwendung.[3]

20 Bei Beendigung der Mehrmütterorganschaft durch Ausscheiden des vorletzten Gesellschafters aus der Willensbildungs-GbR geht ein noch nicht berücksichtigter Verlustabzug i. S. des § 10a GewStG weder ganz noch anteilig auf den verbleibenden Gesellschafter über, da zwischen dem verbleibenden Gesellschafter und der GbR keine Unternehmensidentität besteht.

E. Steuerfreie Beteiligungserträge der Organgesellschaft

21 Es entspricht der Systematik des Halbeinkünfteverfahrens, wenn ausgeschüttete Gewinne im Organkreis steuerfrei bleiben, soweit sie letztlich auf eine Kapitalgesellschaft entfallen, und lediglich der Halbeinkünftebesteuerung unterliegen, soweit sie letztlich auf eine natürliche Person entfallen. 24

I. Bruttomethode

22 Nach § 15 Nr. 2 KStG finden bei der Ermittlung des Einkommens der Organgesellschaft § 8b Abs. 1 bis 6 KStG keine Anwendung. Die Vorschriften des § 8b KStG sowie des § 3 Nr. 40 und des § 3c EStG sind bei der Ermittlung des Einkommens des Organträgers anzuwenden, wenn die Organgesellschaft Dividendeneinnahmen oder Veräußerungserlöse erzielt oder wenn in dem beim Organträger zuzurechnenden Einkommen Gewinnminderungen i. S. des § 8b Abs. 3 KStG oder mit solchen Bezügen zusammenhängende Ausgaben i. S. des § 3c EStG enthalten sind (sog. Bruttomethode).[4]

II. Fremdfinanzierungsaufwendungen

23 Fremdfinanzierungsaufwendungen für den Erwerb einer Beteiligung durch die Organgesellschaft stehen im Zusammenhang mit den nach § 8b Abs. 1 KStG steuerfreien Beteiligungserträgen und unterliegen damit dem Abzugsverbot des § 3c Abs. 1 EStG. § 8b Abs. 1 bis 6 KStG ist aber nicht auf der

---

[1] **[Amtl. Anm.:]** Durch das StVergAbG ist das Rechtsinstitut der Mehrmütterorganschaft mit Wirkung ab dem VZ 2003 gestrichen worden.
[2] **[Amtl. Anm.:]** Satz 3 wurde durch das StVergAbG aufgehoben [vgl. auch Fn. 2 auf S. 197].
[3] **[Amtl. Anm.:]** BMF-Schreiben vom 4. Dezember 2000, BStBl. I S. 1571.
[4] **[Amtl. Anm.:]** Durch das StVergAbG [vgl. Fn. 2 auf S. 197] ist klargestellt worden, dass die Bruttomethode auch angewendet wird, soweit die Organgesellschaft einen Übernahmegewinn i. S. von § 4 Abs. 7 UmwStG oder Erträge aus ausländischen Beteiligungen, die durch ein DBA-Schachtelprivileg freigestellt sind, erzielt.

Anl a zu H 14.1

noch 24

Ebene der Organgesellschaft, sondern erst bei der Ermittlung des Einkommens des Organträgers anzuwenden (§ 15 Nr. 2 Sätze 1 und 2 KStG).

24 Finanziert der Organträger die Beteiligung an der Organgesellschaft fremd, sind die Aufwendungen in voller Höhe abziehbar. Eine Anwendung des § 3 c EStG scheidet aus, da die Aufwendungen im Zusammenhang mit Gewinnabführungen und nicht mit nach § 8 b KStG steuerfreien Einnahmen stehen. Dies gilt nicht, wenn eine Organgesellschaft für ein Geschäftsjahr in vertraglicher Zeit vorvertragliche Rücklagen auflöst und hieraus eine Gewinnausschüttung leistet. Insoweit handelt es sich um nach § 8 b Abs. 1 KStG steuerfreie Beteiligungserträge.

III. Organträger ist eine Kapitalgesellschaft

25 Ist Organträger eine Kapitalgesellschaft, gilt für die steuerliche Behandlung der steuerfreien Beteiligungserträge der Organgesellschaft Folgendes:

Beispiel:

Die A-GmbH ist 100%ige Tochtergesellschaft der B-GmbH. Es besteht ein Organschaftsverhältnis. Die A-GmbH erzielt Dividendeneinnahmen in Höhe von 10 000 €, auf die Betriebsausgaben in Höhe von 1000 € entfallen.
Bei der Ermittlung des der B-GmbH gemäß § 14 KStG zuzurechnenden Einkommens werden § 8 b Abs. 1 KStG und § 3 c Abs. 1 EStG nicht berücksichtigt (§ 15 Nr. 2 KStG). Das zuzurechnende Einkommen beträgt 9000 €.

	10 000 €	Betriebseinnahmen
./.	1 000 €	Betriebsausgaben
	9 000 €	

In der Steuererklärung macht die A-GmbH als Organgesellschaft folgende Angaben:

Einkommen:	9 000 €
nachrichtlich:	
inländische Bezüge i. S. des § 8 b Abs. 1 KStG:	10 000 €
Betriebsausgaben nach § 3 c Abs. 1 EStG:	1 000 €

Bei der B-GmbH als Organträger werden nach § 15 Nr. 2 Satz 2 KStG vom zuzurechnenden Einkommen nach § 14 KStG in Höhe von 9000 € nun die steuerfreien Bezüge nach § 8 b Abs. 1 KStG in Höhe von 10 000 € gekürzt und die damit im Zusammenhang stehenden Betriebsausgaben i. S. von § 3 c Abs. 1 EStG hinzugerechnet. Das verbleibende zuzurechnende Einkommen beträgt 0 €.

IV. Organträger ist eine natürliche Person

26 Ist Organträger eine natürliche Person, gilt für die steuerliche Behandlung der steuerfreien Beteiligungserträge der Organgesellschaft Folgendes:

Beispiel:

Die 100%ige Beteiligung an der A-GmbH ist Betriebsvermögen des gewerblichen Einzelunternehmens des B. Es besteht ein Organschaftsverhältnis. Die A-GmbH erzielt Dividendeneinnahmen in Höhe von 10 000 €, auf die Betriebsausgaben in Höhe von 1000 € entfallen.
Das dem Organträger gemäß § 14 KStG zuzurechnende Einkommen beträgt 9000 € (wie Beispiel zu Tz. 25).
Die Angaben in der Steuererklärung der A-GmbH als Organgesellschaft entsprechend dem Beispiel zu Tz. 25.
Bei Organträger B werden nach § 15 Nr. 2 Satz 2 KStG vom zuzurechnenden Einkommen nach § 14 KStG i. H. von 9000 € die nach § 3 Nr. 40 Buchstabe d EStG steuerfreien Bezüge i. H. von 5000 € abgezogen und nach § 3 c Abs. 2 EStG die Hälfte der damit im Zusammenhang stehenden Betriebsausgaben hinzugerechnet. Das dem Organträger B verbleibende zuzurechnende Einkommen beträgt 4500 €.

V. Organträger ist eine Personengesellschaft

27 Ist der Organträger eine Personengesellschaft, werden steuerfreie Beteiligungserträge der Organgesellschaft bei Gesellschaftern, die Kapitalgesellschaften sind, entsprechend Beispiel zu Tz. 25, und bei Gesellschaftern, die natürliche Personen sind, entsprechend Beispiel zu Tz. 26 behandelt.

VI. Auswirkungen der Bruttomethode des § 15 Nr. 2 KStG auf die Gewerbesteuer

28 Die Bruttomethode nach § 15 Nr. 2 KStG ist auch bei der Gewerbesteuer anzuwenden. Dabei ist nach § 15 Nr. 2 Satz 2 KStG die Anwendung der Vorschriften § 8 b KStG, § 3 Nr. 40 EStG und § 3 c EStG auf der Ebene des Organträgers nachzuholen.

1. Veräußerungsgewinne

29 Gewinne aus der Veräußerung von Anteilen an in- und ausländischen Körperschaften sind im Steuerbilanzgewinn der Organgesellschaft enthalten. § 8 b Abs. 2 KStG findet auf der Ebene der Organgesellschaft keine Anwendung (§ 15 Nr. 2 Satz 1 KStG). Die Voraussetzungen einer Kürzungsvorschrift nach § 9 GewStG liegen nicht vor. § 8 b Abs. 2 KStG ist nach § 15 Nr. 2 Satz 2 KStG bei der Ermittlung des Einkommens des Organträgers anzuwenden.

Beispiel:

Die O-GmbH hat einen Gewinn aus Gewerbebetrieb in Höhe von 100 000 €. Darin enthalten ist ein Gewinn aus der Veräußerung von Anteilen an der E-AG in Höhe von 10 000 €. Es besteht ein Organschaftsverhältnis mit der M-AG als Organträger.

Lösung:

Nach § 15 Nr. 2 Satz 1 KStG ist bei der O-GmbH § 8 b Abs. 2 KStG nicht anzuwenden. Der Steuerbilanzgewinn beträgt 100 000 €. Dieser Betrag stellt auch den Gewerbeertrag der O-GmbH dar, weil auf Veräußerungsgewinne eine gewerbesteuerliche Kürzungsvorschrift nicht anzuwenden ist.
Auf der Ebene der M-AG ist § 8 b Abs. 2 KStG anzuwenden. Es ergibt sich ein Gewerbeertrag i. H. von 90 000 €.

Anl a zu H 14.1

noch **24**

2. Dividendeneinnahmen aus Schachtelbeteiligungen

30 Auf Dividendeneinnahmen der Organgesellschaft ist § 8 b Abs. 1 KStG nicht anzuwenden (§ 15 Nr. 2 Satz 1 KStG). Die Dividendeneinnahmen unterliegen im Organkreis nicht der Gewerbesteuer, wenn die Voraussetzungen einer Kürzung nach § 9 Nr. 2 a oder Nr. 7 GewStG erfüllt sind. In diesem Fall sind sie bei der Ermittlung des Gewerbeertrags der Organgesellschaft abzüglich der damit im Zusammenhang stehenden Ausgaben zu kürzen.

Beispiel:

Die O-GmbH hat einen Gewinn aus Gewerbebetrieb in Höhe von 100 000 €. Darin enthalten sind Dividenden aus der 15%igen Beteiligung an der E-AG i. H. von 10 000 €. Es besteht ein Organschaftsverhältnis mit der M-AG als Organträger.

Lösung:

Nach § 15 Nr. 2 KStG ist bei der O-GmbH der Gewinn in voller Höhe von 100 000 € anzusetzen, weil § 8 b Abs. 1 KStG bei ihr nicht zu berücksichtigen ist. Dieser Gewinn ist Ausgangsgröße für die Ermittlung des Gewerbeertrags. Bei der Ermittlung des Gewerbeertrags ist der Gewinn i. H. von 100 000 € nach § 9 Nr. 2 a GewStG um die darin enthaltenen Einnahmen aus der Schachteldividende zu kürzen. Der Gewerbeertrag beträgt 90 000 €.
Der M-AG ist als Organträger ein Gewerbeertrag der O-GmbH in Höhe von 90 000 € zuzurechnen. Es ist keine Korrektur vorzunehmen, da in dem zugerechneten Betrag keine Einnahmen i. S. des § 8 b Abs. 1 KStG enthalten sind.

31 Bei mehreren Beteiligungen im Organkreis ist die 10%-Grenze des § 9 Nr. 2 a und Nr. 7 GewStG für jede Beteiligung getrennt zu betrachten.

3. Dividendeneinnahmen aus Streubesitz

32 Auf Dividendeneinnahmen der Organgesellschaft ist § 8 b Abs. 1 KStG nicht bei der Ermittlung des Einkommens der Organgesellschaft, sondern erst auf der Ebene des Organträgers anzuwenden (§ 15 Nr. 2 Satz 1 und 2 KStG). Die Dividendeneinnahmen sind jedoch nach § 8 Nr. 5 GewStG wieder hinzuzurechnen.

Beispiel:

Die O-GmbH hat einen Gewinn aus Gewerbebetrieb in Höhe von 100 000 €. Darin enthalten sind Dividenden aus einer 5%igen Beteiligung an der E-AG i. H. von 10 000 €. Es besteht ein Organschaftsverhältnis mit der M-AG als Organträger.

Lösung:

Nach § 15 Nr. 2 KStG ist bei der O-GmbH der Gewinn in voller Höhe von 100 000 € anzusetzen, weil § 8 b Abs. 1 KStG bei ihr nicht zu berücksichtigen ist. Bei der Ermittlung des Gewerbeertrags ist eine Kürzung nicht vorzunehmen, weil die Voraussetzungen des § 9 Nr. 2 a GewStG bei Nicht-Schachtelbeteiligungen nicht vorliegen. Der Gewinn aus Gewerbebetrieb und der Gewerbeertrag betragen 100 000 €.
Auf der Ebene M-AG ist § 8 b Abs. 1 KStG anzuwenden. Durch die Hinzurechnung nach § 8 Nr. 5 GewStG auf der Ebene des Organträgers bleibt es bei einem Gewerbeertrag von 100 000 €.

4. Entgelte für Dauerschulden

33 Sind bei der Organgesellschaft in den mit nach § 8 b KStG steuerfreien Einnahmen im Zusammenhang stehenden Ausgaben (§ 3 c EStG) Entgelte für Dauerschulden enthalten, ist § 3 c EStG auf der Ebene des Organträgers nur noch insoweit anzuwenden, wie nicht schon eine Hinzurechnung in Höhe der Hälfte der Entgelte für Dauerschuldzinsen nach § 8 Nr. 1 GewStG bei der Organgesellschaft erfolgt ist.

5. Organträger ist eine Personengesellschaft

***34*[1]** *Ist Organträger eine Personengesellschaft, finden die Vorschriften zu § 8 b KStG und § 3 Nr. 40 EStG bei der Gewerbesteuer keine Anwendung, da die Personengesellschaft eigenes Gewerbesteuersubjekt i. S. des § 2 GewStG ist.*

Beispiel:

Die O-GmbH ist Organgesellschaft einer Personengesellschaft, an der zu 50% eine natürliche Person und zu 50% eine Kapitalgesellschaft beteiligt sind. Die O-GmbH hat einen Gewinn aus Gewerbebetrieb i. H. von 100 000 €. Darin enthalten ist ein Gewinn aus der Veräußerung von Anteilen an der E-AG i. H. von 10 000 €.

Lösung:

Der Gewinn aus der Veräußerung der Anteile an der E-AG ist auf der Ebene der O-GmbH nicht nach § 8 b Abs. 2 KStG steuerfrei (§ 15 Nr. 2 KStG). Auf der Ebene der Personengesellschaft als Organträger ist weder § 8 b KStG noch § 3 Nr. 40 EStG anwendbar, so dass der Gewerbeertrag (einschließlich des Veräußerungsgewinns von 10 000 €) in voller Höhe von 100 000 € der Gewerbesteuer unterliegt.

---

[1] Tz. 34 überholt durch *BMF-Schrb. v. 21. 3. 2007 IV B 7 G 1424/0, BStBl. 2007 I S. 302:* Nach Rdnr. 34 des BMF-Schreibens vom 26. August 2003 (BStBl. I S. 437) finden die Vorschriften des § 8 b KStG und des § 3 Nr. 40 EStG bei der Gewerbeertragsermittlung einerPersonengesellschaft(Mitunternehmerschaft) als Organträgerin keine Anwendung, wenn ihr Einkommen einer Organgesellschaft zuzurechnen ist, in dem die in § 15 Satz 1 Nr. 2 Satz 2 KStG genannten Einkommensteile enthalten sind.

Hieran ist nach den Grundsätzen des BFH-Urteils vom 9. August 2006 (BStBl. 2007 II S. 279) auch für Erhebungszeiträume vor 2004 in allen noch offenen Fällen nicht mehr festzuhalten. Bei der Gewerbeertragsermittlung einer Personengesellschaft als Organträgerin finden in diesem Fall die Grundsätze des § 7 Satz 4 GewStG Anwendung.

Soweit für Erhebungszeiträume vor 2004 bei der Personengesellschaft als Organträgerin im ihr von der Organgesellschaft zuzurechnenden Einkommen in § 15 Satz 1 Nr. 2 Satz 2 KStG genannte Einkommensteile enthalten sind, die negativ sind, können die Grundsätze der Rdnr. 34 des BMF-Schreibens vom 26. August 2003 (BStBl. I S. 437) in allen offenen Fällen – sofern sich ein derartiger Anspruch nicht bereits aus § 176 Abs. 2 AO ergibt – auf Antrag aus Gründen des Vertrauensschutzes weiter angewendet werden.

Anl a zu H 14.1

F. Unterschiedliches Recht bei Organgesellschaft und Organträger

35 Beim Übergang vom Anrechnungsverfahren zum Halbeinkünfteverfahren bei der Körperschaft-
25 steuer kann es zu einem Zusammenfallen von altem Recht (KStG a. F.)[1] und neuem Recht (KStG n. F.) innerhalb des Organkreises kommen, wenn das Wirtschaftsjahr bei der Organgesellschaft und dem Organträger nicht identisch ist.
Zu unterscheiden sind zwei Fallgruppen:

I. Fallgruppe 1: Abweichendes Wirtschaftsjahr bei der Organgesellschaft

36 Unterliegt der Organträger dem KStG n. F. und ist für die Ermittlung des ihm zuzurechnenden Organeinkommens noch das KStG a. F. anzuwenden, ist auf das zu versteuernde Einkommen des Organträgers ein Steuersatz von 25% anzuwenden.

Beispiel:

Im Jahr 2001 ermittelt der Organträger, bei dem das Wirtschaftsjahr das Kalenderjahr ist, sein Einkommen nach neuem Recht. Die Organgesellschaft ermittelt hingegen das Organeinkommen für das Wirtschaftsjahr 2000/2001 noch nach altem Recht. Dieses Organeinkommen wird dem Organträger für den Veranlagungszeitraum 2001 zugerechnet. Auf das zu versteuernde Einkommen des Organträgers ist ein Steuersatz von 25% anzuwenden.

II. Fallgruppe 2: Abweichendes Wirtschaftsjahr beim Organträger

37 Unterliegt der Organträger dem KStG a. F. und ist für die Ermittlung des ihm zuzurechnenden Organeinkommens schon das KStG n. F. anzuwenden, ist auf das zu versteuernde Einkommen des Organträgers ein Steuersatz von 40% anzuwenden.

Beispiel:

Der Organträger ermittelt sein Einkommen für das Wirtschaftsjahr 2000/2001 noch nach altem Recht. Für die Organgesellschaft gilt bereits neues Recht. Das nach neuem Recht ermittelte Organeinkommen wird dem Organträger für den Veranlagungszeitraum 2001 zugerechnet. Auf das zu versteuernde Einkommen des Organträgers ist ein Steuersatz von 40% anzuwenden.

38 Bezieht die Organgesellschaft Beteiligungserträge nach neuem Recht, findet § 15 Nr. 2 Satz 2 KStG n. F. und damit § 8b KStG, § 3 Nr. 40 und § 3c EStG beim Organträger Anwendung (§ 34 Abs. 10 KStG).

G. Körperschaftsteuererhöhung nach § 37 Abs. 3 KStG

26 **39** Vereinnahmt eine Körperschaft Bezüge i. S. des § 8b Abs. 1 KStG, die bei der leistenden Körperschaft zu einer Körperschaftsteuerminderung geführt haben, führt dies bei der Empfängerin der Bezüge nach § 37 Abs. 3 KStG zu einer Körperschaftsteuererhöhung. In Organschaftsfällen ist für Bezüge der Organgesellschaft die Körperschaftsteuererhöhung beim Organträger vorzunehmen (§ 37 Abs. 3 Satz 2 KStG).

H. Organschaftliche Mehr- und Minderabführungen (§ 27 Abs. 6 KStG)

27 **40** Veränderungen des steuerlichen Einlagekontos bei Mehr- und Minderabführungen einer Organgesellschaft sind in § 27 Abs. 6 KStG geregelt. Ist die Kapitalgesellschaft Organgesellschaft im Sinne des § 14 KStG oder des § 17 KStG und übersteigt das dem Organträger zuzurechnende Einkommen den abgeführten Gewinn
- wegen der Einstellung von Beträgen aus dem Jahresüberschuss in die gesetzliche Rücklage (§ 300 Nr. 1 des Aktiengesetzes),
- in den Fällen des § 14 Abs. 1 Nr. 4 KStG wegen Einstellung von Beträgen aus dem Jahresüberschuss in die Gewinnrücklagen,
- wegen der Verpflichtung zum Ausgleich vorvertraglicher Verluste (§ 301 des Aktiengesetzes) oder
- wegen von der Handelsbilanz abweichender Bewertung von Aktiv- oder Passivposten in der Steuerbilanz,

ist der Unterschiedsbetrag (Minderabführung) bei der Organgesellschaft auf dem steuerlichen Einlagekonto zu erfassen.

41 Unterschreitet das dem Organträger zuzurechnende Einkommen den abgeführten Gewinn
- wegen der Auflösung der in Satz 1 genannten Gewinnrücklagen oder
- wegen von der Handelsbilanz abweichender Bewertung von Aktiv- oder Passivposten in der Steuerbilanz,

mindert der Unterschiedsbetrag (Mehrabführung) das steuerliche Einlagekonto.

42 Zur Verwendung des steuerlichen Einlagekontos bei Mehr- und Minderabführungen wird auf das BMF-Schreiben vom 4. Juni 2003 zum steuerlichen Einlagekonto (BStBl. I S. 366) verwiesen.

I. Organschaftsausgleichsposten

28 **43** Nach der Umstellung des Körperschaftsteuersystems vom Anrechnungs- auf das Halbeinkünfteverfahren gilt für die steuerliche Behandlung von Ausgleichsposten bei der Organschaft Folgendes:
Der Ausgleichsposten ist ein Korrekturposten zum Beteiligungsbuchwert. Auch nach der Systemumstellung sind die organschaftlichen Ausgleichsposten in voller Höhe zu bilden, unabhängig davon, ob

[1] **[Amtl. Anm.:]** KStG a. F. = KStG 1999.

das Organschaftseinkommen bzw. Teile davon beim Organträger voll steuerpflichtig oder insgesamt oder hälftig steuerfrei sind. Die Ausgleichsposten sind aber begrenzt auf die Höhe des Prozentsatzes der Beteiligung des Organträgers an der Organgesellschaft.

44 Wird beispielsweise ein beim Organträger gebildeter passiver Ausgleichsposten im Rahmen einer Veräußerung der Organbeteiligung aufgelöst, so erhöht sich der – nach § 8 b Abs. 2 KStG steuerfreie – Veräußerungsgewinn. Der passive Ausgleichsposten repräsentiert stille Reserven in der Organgesellschaft, die handelsrechtlich bereits an den Organträger abgeführt worden sind.

45 Nach § 8 b Abs. 2 Satz 2 KStG tritt die Steuerfreiheit jedoch nicht ein, soweit in den vorangegangenen Jahren bereits steuerwirksame Teilwertabschreibungen vorgenommen worden sind. In Höhe dieser Teilwertabschreibungen bleibt der Veräußerungsgewinn, zu dem auch die Auflösung eines Ausgleichspostens gehört, steuerpflichtig.

b) Schreiben betr. Änderungen bei der Besteuerung steuerlicher Organschaften durch das Steuervergünstigungsabbaugesetz – StVergAbG –

Anl b zu H 14.1

Vom 10. November 2005 (BStBl. I S. 1038)

(BMF IV B 7 – S 2770 – 24/05)

Unter Bezugnahme auf das Ergebnis der Erörterungen mit den obersten Finanzbehörden der Länder gilt zur Anwendung der Organschaftsregelungen i. d. F. des Steuervergünstigungsabbaugesetzes (StVergAbG) vom 16. Mai 2003 (BGBl. I S. 660, BStBl. I S. 318) und des Gesetzes zur Änderung des Gewerbesteuergesetzes und anderer Gesetze vom 23. Dezember 2003 (BGBl. I S. 2922, BStBl. 2004 I S. 20) Folgendes:

A. Allgemeines

1 Durch das StVergAbG vom 16. Mai 2003 (a. a. O.) sind die Vorschriften über die steuerliche Organschaft geändert worden: **30**

- Die Mehrmütterorganschaft wird ab dem Veranlagungszeitraum/Erhebungszeitraum (VZ/EZ) 2003 steuerlich nicht mehr anerkannt.
- Eine Personengesellschaft kommt ab dem VZ/EZ 2003 nach § 14 Abs. 1 Satz 1 Nr. 2 Satz 2 und 3 KStG als Organträger nur noch in Betracht,
  - wenn die finanzielle Eingliederung der Organgesellschaft zur Organträger-Personengesellschaft (Organträger-PersG) selbst besteht, d. h., die Anteile an der Organgesellschaft müssen zum Gesamthandsvermögen der Organträger-PersG gehören und
  - wenn die Organträger-PersG eine eigene gewerbliche Tätigkeit i. S. des § 15 Abs. 1 Satz 1 Nr. 1 EStG ausübt.
- Das Einkommen der Organgesellschaft ist dem Organträger nach § 14 Abs. 1 Satz 2 KStG erstmals für das Kalenderjahr zuzurechnen, in dem das Wirtschaftsjahr der Organgesellschaft endet, in dem der Gewinnabführungsvertrag wirksam wird.

2 Durch das Gesetz zur Änderung des Gewerbesteuergesetzes und anderer Gesetze vom 23. Dezember 2003 (a. a. O.) ist die Möglichkeit des Abzugs vororganschaftlicher Verluste bei der Organgesellschaft auch für die Gewerbesteuer weggefallen – § 10 a Satz 5 GewStG (vgl. Rdnr. 25).

B. Wirksamwerden des Gewinnabführungsvertrags

I. Neuregelung

3 Nach § 14 Abs. 1 Satz 2 KStG kann das Einkommen der Organgesellschaft dem Organträger erstmals für das Kalenderjahr zugerechnet werden, in dem das Wirtschaftsjahr der Organgesellschaft endet, in dem der Gewinnabführungsvertrag (GAV) wirksam wird. Danach muss der GAV bis zum Ende des Wirtschaftsjahrs der Organgesellschaft, für das die Folgen der steuerlichen Organschaft erstmals eintreten sollen, in das Handelsregister eingetragen sein. **31**

II. Mindestlaufzeit

4 Nach § 14 Abs. 1 Satz 1 Nr. 3 KStG muss der GAV auf mindestens fünf Jahre abgeschlossen sein. Die Voraussetzung der Mindestlaufzeit ist nicht erfüllt, wenn der Vertrag zwar auf fünf Jahre abgeschlossen ist, aber erst in einem auf das Jahr des Abschlusses folgenden Jahr ins Handelsregister eingetragen wird. Für die Frage, ob die Mindestlaufzeit erfüllt ist, kommt es auf die für die steuerliche Anerkennung maßgebende zivilrechtliche Wirksamkeit des GAV an (vgl. auch R 60 Abs. 2 Satz 2 KStR 2004). Eine vertragliche Vereinbarung, nach der die Laufzeit des GAV erst in dem Wirtschaftsjahr beginnt, in dem der GAV im Handelsregister eingetragen wird, ist nicht zu beanstanden.

III. Übergangsregelung des § 34 Abs. 9 Nr. 3 KStG

5 Nach § 34 Abs. 9 Nr. 3 KStG konnte ein steuerliches Organschaftsverhältnis noch nach den bisherigen Grundsätzen begründet werden, wenn der GAV vor dem 21. November 2002 abgeschlossen wurde. Dabei reicht der Vertragsabschluss durch die vertretungsbefugten Organe (Geschäftsführer oder Vorstand) aus. Die Zustimmung der Hauptversammlung bzw. der Gesellschafterversammlung ist für die Einhaltung der Frist nicht erforderlich.

C. Wegfall der steuerlichen Anerkennung der Mehrmütterorganschaft

I. Allgemeines

32 **6** Eine Mehrmütterorganschaft liegt vor, wenn sich mehrere Unternehmen (mehrere Mütter), die allein die Voraussetzungen der finanziellen Eingliederung nicht erfüllen, zu einer Gesellschaft bürgerlichen Rechts (Willensbildungs-GbR) zusammenschließen, um ein Organschaftsverhältnis zu einer Organgesellschaft zu begründen. Dabei handelt es sich i. d. R. um eine reine Innengesellschaft, die keinen eigenen anderweitigen betrieblichen Zweck verfolgt. Eine Mehrmütterorganschaft ist letztmalig für den VZ/EZ 2002 anzuerkennen (§ 34 Abs. 1 KStG i. d. F. des StVergAbG). Der Wegfall der steuerlichen Anerkennung der Mehrmütterorganschaft ist ein wichtiger Grund i. S. des § 14 Abs. 1 Satz 1 Nr. 3 Satz 2 KStG für die Beendigung des GAV. Der Vertrag bleibt für die Jahre, für die er durchgeführt worden ist, bis einschließlich 2002 steuerrechtlich wirksam.

II. Auswirkungen auf die Willensbildungs-GbR und deren Gesellschafter

7 Mit Wegfall der steuerlichen Anerkennung der Mehrmütterorganschaft ist die Willensbildungs-GbR nicht mehr als gewerbliches Unternehmen und damit nicht mehr als Steuergegenstand der Gewerbesteuer anzusehen. Sie gilt im Zeitpunkt der erstmaligen Anwendung der Gesetzesänderung steuerlich als aufgelöst. Die Willensbildungs-GbR besteht steuerlich nur in den Fällen bis zu ihrer zivilrechtlichen Beendigung fort, in denen sie keine reine Innengesellschaft ist.

8 Handelt es sich bei der Willensbildungs-GbR um eine reine Innengesellschaft, die keinen eigenen anderweitigen betrieblichen Zweck verfolgt, findet eine Aufdeckung der stillen Reserven der Anteile an der Organgesellschaft auf der Ebene der Willensbildungs-GbR nicht statt. Eine solche Willensbildungs-GbR ist selbst nicht gewerblich tätig i. S. des § 15 Abs. 1 Satz 1 Nr. 1 EStG. Sie ist auch mangels Einkünfteerzielungsabsicht nicht gewerblich geprägt i. S. des § 15 Abs. 3 Nr. 2 EStG. Sie wurde nach § 14 Abs. 2 KStG a. F. lediglich fiktiv als Gewerbebetrieb behandelt. Als bloße Innengesellschaft hat sie kein eigenes Betriebsvermögen.
Während des Bestehens der Mehrmütterorganschaft gehörten die Anteile an der Organgesellschaft daher weder zum Betriebsvermögen der Willensbildungs-GbR noch zum Sonderbetriebsvermögen der Gesellschafter der Willensbildungs-GbR. Sie waren Betriebsvermögen der Gesellschafter der Willensbildungs-GbR.

III. Auswirkungen auf gewerbesteuerliche Verlustvorträge der Willensbildungs-GbR

9 Mit Wegfall der steuerlichen Anerkennung einer Mehrmütterorganschaft gilt die Willensbildungs-GbR, die nur eine reine Innengesellschaft ist, steuerlich als aufgelöst (vgl. Rdnr. 7). Ein noch nicht berücksichtigter Verlustabzug geht unter. Eine Berücksichtigung der Verlustvorträge bei den Gesellschaftern der Willensbildungs-GbR oder bei der bisherigen Organgesellschaft ist grundsätzlich nicht möglich.

10 Aus Billigkeitsgründen wird allerdings auf übereinstimmenden, unwiderruflichen, beim für die Besteuerung der Organgesellschaft zuständigen Finanzamt zu stellenden Antrag der Gesellschafter der Willensbildungs-GbR und der Organgesellschaft eine Übertragung des Verlustvortrags auf die bisherige verlustverursachende Organgesellschaft nicht beanstandet. Der Antrag ist bis zur materiellen Bestandskraft der Feststellung des verbleibenden Verlustvortrags der ehemaligen Willensbildungs-GbR für den EZ 2002 zu stellen.

11 Nimmt die Willensbildungs-GbR, die als reine Innengesellschaft anzusehen war, mit Wegfall der steuerlichen Anerkennung einer Mehrmütterorganschaft eine gewerbliche Tätigkeit auf, ist dies als Neugründung anzusehen. Mangels Unternehmensidentität i. S. der gewerbesteuerlichen Grundsätze des Abschn. 67 GewStR 1998 kann daher diese Gesellschaft ihren Gewerbeertrag nicht um Verluste kürzen, die auf die als aufgelöst geltende Innengesellschaft entfallen.

12 Änderte sich der Gesellschafterbestand der Willensbildungs-GbR, die als reine Innengesellschaft anzusehen war, vor dem Zeitpunkt ihrer Auflösung, sind hierbei die gewerbesteuerlichen Grundsätze der Unternehmeridentität zu beachten (Abschn. 68 GewStR 1998 vgl. auch Rdnr. 20 des BMF-Schreibens vom 26. August 2003 – BStBl. I S. 437[1]).

D. Personengesellschaft als Organträger

I. Finanzielle Eingliederung der Organträger-Personengesellschaft

33 **13** Bei einer Personengesellschaft als Organträger müssen ab dem VZ 2003 die Voraussetzungen der finanziellen Eingliederung im Verhältnis zur Personengesellschaft selbst erfüllt sein (§ 14 Abs. 1 Satz 1 Nr. 2 Satz 3 KStG). Danach ist es erforderlich, dass zumindest die Anteile, die die Mehrheit der Stimmrechte an der Organgesellschaft vermitteln, im Gesamthandsvermögen der Personengesellschaft gehalten werden.

14 Befinden sich die Anteile an der Organgesellschaft im Sonderbetriebsvermögen eines Mitunternehmers und sollen sie (zur Fortführung der Organschaft)in das Gesamthandsvermögen der Personengesellschaft übertragen werden, erfolgt dies nach § 6 Abs. 5 Satz 3 EStG zu Buchwerten. Soweit an der aufnehmenden Personengesellschaft weitere Kapitalgesellschaften beteiligt sind, ist aber nach § 6 Abs. 5 Satz 5 EStG der Teilwert anzusetzen.

[1] Vorstehend abgedruckt als Anl a zu H 14.1.

Anl b zu H 14.1

II. Eigene gewerbliche Tätigkeit der Organträger-Personengesellschaft

1. Allgemeines

15 Zusätzlich zu den übrigen Voraussetzungen muss nach § 14 Abs. 1 Satz 1 Nr. 2 Satz 2 KStG bei einer Organträger-PersG zur steuerlichen Anerkennung einer Organschaft ab dem VZ 2003 eine eigene gewerbliche Tätigkeit i. S. des § 15 Abs. 1 Satz 1 Nr. 1 EStG vorliegen. Gewerblich geprägte Personengesellschaften i. S. des § 15 Abs. 3 Nr. 2 EStG können damit nicht mehr Organträger sein.

16 Eine Besitzpersonengesellschaft im Rahmen einer Betriebsaufspaltung kommt als Organträger in Betracht. Ihr wird die gewerbliche Tätigkeit i. S. des § 15 Abs. 1 Satz 1 Nr. 1 EStG der Betriebsgesellschaft zugerechnet.

2. Umfang der eigenen gewerblichen Tätigkeit

17 Durch das Merkmal der eigenen gewerblichen Tätigkeit soll insbesondere auch verhindert werden, dass mit Hilfe einer Personengesellschaft ohne substanzielle originäre gewerbliche Tätigkeit das steuerliche Ergebnis einer Mehrmütterorganschaft erreicht werden kann. Die Voraussetzung ist daher nur erfüllt, wenn die eigene gewerbliche Tätigkeit der Organträger-PersG nicht nur geringfügig ist.

Einzelfälle

Holdinggesellschaften/geschäftsleitende Holding

18 Eine Holdingpersonengesellschaft kann nur dann Organträger sein, wenn sie selbst eine eigene gewerbliche Tätigkeit ausübt. Für die Frage, ob eine geschäftsleitende Holding die Voraussetzung der eigenen gewerblichen Tätigkeit i. S. des § 14 Abs. 1 Satz 1 Nr. 2 Satz 2 KStG erfüllt, kann nicht auf die Grundsätze des BFH zur wirtschaftlichen Eingliederung (vgl. Abschn. 50 Abs. 2 Nr. 2 KStR 1995) abgestellt werden.

Erbringung von sonstigen Dienstleistungen gegenüber Konzerngesellschaften

19 Das Merkmal der Teilnahme am allgemeinen wirtschaftlichen Verkehr ist schon dann erfüllt, wenn eine Gesellschaft Dienstleistungen nur gegenüber einem Auftraggeber erbringt. Eine gewerbliche Tätigkeit liegt daher auch vor, wenn eine Gesellschaft Dienstleistungen (wie z. B. Erstellen der Buchführung, EDV-Unterstützung o. Ä.) nur gegenüber einer oder mehreren Konzerngesellschaften erbringt. Voraussetzung ist, dass die Leistungen gegen gesondertes Entgelt erbracht und wie gegenüber fremden Dritten abgerechnet werden.

Beteiligung an einer gewerblich tätigen Personengesellschaft

20 Eine vermögensverwaltende Personengesellschaft wird nicht allein deshalb selbst gewerblich i. S. des § 14 Abs. 1 Satz 1 Nr. 2 Satz 2 KStG tätig, weil sie an einer gewerblich tätigen Personengesellschaft beteiligt ist und aufgrund dieser Beteiligung gewerbliche Einkünfte erzielt.

3. Übergangsregelungen

21 Zur steuerlichen Anerkennung einer Organschaft müssen alle gesetzlichen Voraussetzungen grundsätzlich vom Beginn des Wirtschaftsjahrs der Organgesellschaft an erfüllt sein. Dies gilt auch für die eigene gewerbliche Tätigkeit des Organträgers.

22 Eine im VZ/EZ 2002 steuerlich wirksame Organschaft wird für die Zukunft steuerlich weiter anerkannt, wenn die Voraussetzungen der Aufnahme einer eigenen gewerblichen Tätigkeit und des Haltens der Organbeteiligung im Gesamthandvermögen bis zum 31. Dezember 2003 vorgelegen haben. Eine rückwirkende Übertragung von Sonderbetriebsvermögen in das Gesamthandvermögen ist nicht möglich. Rdnr. 11 bleibt davon unberührt.

23 Ein neu begründetes Organschaftsverhältnis wird ab dem VZ 2003 steuerlich grundsätzlich nur anerkannt, wenn die Voraussetzungen des § 14 KStG i. d. F. des StVergAbG von Anfang an erfüllt sind. Für im VZ 2003 neu begründete Organschaftsverhältnisse, für die der GAV vor dem 16. Mai 2003 abgeschlossen wurde, gilt Rdnr. 22 entsprechend. Das Organschaftsverhältnis wird steuerlich anerkannt, wenn die ab 2003 geltenden strengeren Voraussetzungen bis zum 31. Dezember 2003 erfüllt wurden.

24 Eine wirksame steuerliche Organschaft bleibt für die Vergangenheit auch dann anerkannt, wenn künftig die veränderten Voraussetzungen für eine Organschaft nicht mehr erfüllt sind. Das gilt auch, wenn der bis dahin tatsächlich durchgeführte GAV deshalb beendet wird. Die Gesetzesänderung ist ein wichtiger Grund i. S. des § 14 Abs. 1 Satz 1 Nr. 3 Satz 2 KStG i. V. mit *R 60 Abs. 6 KStR 2004.*[1]

E. Gewerbesteuerliches Abzugsverbot vororganschaftlicher Verluste

25 Nach § 10 a Satz 3 GewStG i. d. F. des Gesetzes zur Änderung des Gewerbesteuergesetzes und anderer Gesetze vom 23. Dezember 2003 (a. a. O.) kann im Fall des § 2 Abs. 2 Satz 2 GewStG die Organgesellschaft den maßgebenden Gewerbeertrag nicht um Fehlbeträge kürzen, die sich vor dem Rechtswirksamwerden des GAV ergeben haben. Nach der korrespondierenden Vorschrift des § 14 Abs. 1 Satz 2 KStG ist das Einkommen der Organgesellschaft dem Organträger erstmals für das Kalenderjahr zuzurechnen, in dem das Wirtschaftsjahr der Organgesellschaft endet, in dem der GAV wirksam wird. Der GAV wird wirksam mit der Eintragung im Handelsregister. **34**

Für den gewerbesteuerlichen Verlustabzug ist entsprechend der körperschaftsteuerlichen Regelung auf das Jahr des Wirksamwerdens des GAV abzustellen.

---

[1] Vgl. **jetzt R 14.5 Abs. 6 KStR.**

Beispiel:

Abschluss des GAV in 2003; Eintragung im Handelsregister am 30. Juni 2004.

Die körperschaftsteuerliche Einkommenszurechnung nach § 14 Abs. 1 Satz 2 KStG erfolgt erstmals für den VZ 2004. Gewerbesteuerlich ist der Gewerbeertrag der Organgesellschaft erstmals für den EZ 2004 dem Organträger zuzurechnen (vgl. § 2 Abs. 2 Satz 2 GewStG). Bei der Ermittlung des Gewerbeertrags der Organgesellschaft für den EZ 2004 dürfen die auf den 31. Dezember 2003 festgestellten nicht ausgeglichenen (vororganschaftlichen) Fehlbeträge der Organgesellschaft nicht mehr abgezogen werden (vgl. § 10 a Satz 3 GewStG).

R 14.2

R 14.2 Finanzielle Eingliederung

36 ①Der Organträger ist i. S. d. finanziellen Eingliederung an der Organgesellschaft beteiligt, wenn ihm Anteile an der Organgesellschaft – einschließlich der Stimmrechte daraus – steuerrechtlich in dem für die finanzielle Eingliederung erforderlichen Umfang zuzurechnen sind. ②Entsprechendes gilt für die → mittelbare Beteiligung (§ 14 Abs. 1 Satz 1 Nr. 1 Satz 2 KStG). ③Unmittelbare und mittelbare Beteiligungen (bzw. mehrere mittelbare Beteiligungen) dürfen zusammengefasst werden. ④Es sind nur solche mittelbaren Beteiligungen zu berücksichtigen, die auf Beteiligungen des Organträgers an vermittelnden (Kapital- oder Personen-)Gesellschaften beruhen, an denen der Organträger jeweils die Mehrheit der Stimmrechte hat und die jeweils die Voraussetzungen des § 14 Abs. 1 Satz 1 Nr. 2 Satz 4 und 5 KStG erfüllen.

37 **Beispiele:**

In den Beispielen wird unterstellt, dass die Stimmrechtsverhältnisse den Beteiligungsverhältnissen entsprechen und alle Beteiligungen inländischen Betriebsstätten zuzuordnen sind:

1. Die Gesellschaft M ist an der Gesellschaft E unmittelbar zu 50% beteiligt. Über die Gesellschaft T (Beteiligung der T an E 50%), an der die M ebenfalls zu 50% beteiligt ist, hält M mittelbar weitere 25% der Anteile an der E. Die Gesellschaft E ist in die Gesellschaft M nicht finanziell eingegliedert, weil die unmittelbare und die mittelbare Beteiligung der M an der E aufgrund der fehlenden Stimmrechtsmehrheit der M an T nicht zusammenzurechnen sind und die unmittelbare Beteiligung allein die Voraussetzung der finanziellen Eingliederung nicht erfüllt.
2. Die Gesellschaft M ist an der Gesellschaft T 1 zu 100% und an der Gesellschaft T 2 zu 49% beteiligt; die Gesellschaften T 1 und T 2 sind an der Gesellschaft E zu je 50% beteiligt. M besitzt an T 2 nicht die Mehrheit der Stimmrechte. Damit sind die Voraussetzungen des § 14 Abs. 1 Satz 1 Nr. 1 Satz 2 KStG für eine Zusammenrechnung der beiden mittelbaren Beteiligungen nicht erfüllt. Die Gesellschaft E ist in die Gesellschaft M nicht finanziell eingegliedert.
3. Die Gesellschaft M ist zu 20% unmittelbar an E beteiligt. Zugleich ist M am Vermögen der Gesellschaft P zu 80% beteiligt, die ihrerseits 80% der Anteile an E hält. Die Gesellschaft E ist in die Gesellschaft M finanziell eingegliedert, da die unmittelbare und die mittelbare Beteiligung aufgrund der Stimmrechtsmehrheit der M an P zu addieren sind (20% + 64%).

H 14.2

H 14.2

40 **Mittelbare Beteiligung.** Eine mittelbare Beteiligung kann auch über eine Gesellschaft bestehen, die nicht selbst Organgesellschaft sein kann (→ BFH vom 2. 11. 1977, I R 143/75, BStBl. 1978 II S. 74).

Rückwirkende Begründung eines Organschaftsverhältnisses bei Umwandlung. Zur rückwirkenden Begründung eines Organschaftsverhältnisses bei Umwandlungen → BFH vom 28. 7. 2010, I R 89/09, BStBl. 2011 II S. 528 sowie → BMF vom 11. 11. 2011, BStBl. I S. 1314 Rn. Org.01 ff.

Stimmrechtsverbot. Stimmrechtsverbote für einzelne Geschäfte zwischen Organträger und Organgesellschaft stehen der finanziellen Eingliederung nicht entgegen (→ BFH vom 26. 1. 1989, IV R 151/86, BStBl. II S. 455).

R 14.3

R 14.3 Personengesellschaften als Organträger

45 ①Eine Personengesellschaft i. S. d. § 15 Abs. 1 Satz 1 Nr. 2 EStG kann Organträger sein, wenn die Voraussetzung der → finanziellen Eingliederung im Verhältnis zur Personengesellschaft selbst erfüllt ist (§ 14 Abs. 1 Satz 1 Nr. 2 Satz 3 KStG), sie eine gewerbliche Tätigkeit i. S. d. § 15 Abs. 1 Satz 1 Nr. 1 EStG ausübt (§ 14 Abs. 1 Satz 1 Nr. 2 Satz 2 KStG) und die Beteiligungen, die die finanzielle Eingliederung vermitteln, während der gesamten Dauer der Organschaft einer inländischen Betriebsstätte des Organträgers zuzurechnen sind. ②Dies gilt sowohl für unmittelbare Beteiligungen an der Organgesellschaft als auch für Beteiligungen an Gesellschaften, über die eine mittelbare Beteiligung des Organträgers an der Organgesellschaft besteht (§ 14 Abs. 1 Satz 1 Nr. 2 Satz 4, 5 und 7 KStG). ③In diesen Fällen hat die Veräußerung eines Mitunternehmeranteils bzw. die Veränderung im Gesellschafterbestand der Organträger-Personengesellschaft während des Wj. der Organgesellschaft keine Auswirkungen auf das bestehende Organschaftsverhältnis, da der Personengesellschaft im Hinblick auf das Organschaftsverhältnis eine rechtliche Eigenständigkeit eingeräumt wird. ④Dem entspricht auch, dass die wirtschaftliche Identität der Personengesellschaft gewahrt und die rechtliche Gebundenheit des Gesellschaftsvermögens gleich bleibt, auch, wenn die am Vermögen insgesamt Beteiligten wechseln. ⑤Gehören die Anteile an der Organgesellschaft nicht zum Vermögen der Personengesellschaft, reicht es für die finanzielle Eingliederung in die Personengesellschaft nicht aus, dass die Anteile notwendiges Sonderbetriebsvermögen der Gesellschafter der Personengesellschaft sind.

H 14.3

H 14.3

Personengesellschaft als Organträger. → BMF vom 10.11.2005, BStBl. I S.1038 Rn. 13ff.[1] 47

Vermögensverwaltende Personengesellschaft. Eine Personengesellschaft, die Besitzunternehmen im Rahmen einer Betriebsaufspaltung und ansonsten nur vermögensverwaltend tätig ist, kann Organträgerin sein (→ BFH vom 24. 7. 2013, I R 40/12, BStBl. 2014 II S. 272).

Zeitpunkt einer gewerblichen Betätigung des Organträgers i. S. d. § 15 Abs. 1 Satz 1 Nr. 1 EStG. Der Organträger einer ertragsteuerlichen Organschaft muss nicht bereits zu Beginn des Wj. der Organgesellschaft gewerblich tätig sein (→ BFH vom 24.7. 2013, I R 40/12, BStBl. 2014 II S.272). → BMF vom 10.11.2005, BStBl. I S.1038 Rn.21 ist damit überholt.[1]

R 14.4 Zeitliche Voraussetzungen

R 14.4

(1) ① Nach § 14 Abs. 1 Satz 1 Nr. 1 KStG muss die Organgesellschaft vom Beginn ihres Wj. an ununterbrochen finanziell in das Unternehmen des Organträgers eingegliedert sein. ② Ununterbrochen bedeutet, dass diese Eingliederung vom Beginn ihres Wj. an ohne Unterbrechung bis zum Ende des Wj. bestehen muss. ③ Das gilt auch im Falle eines Rumpfwirtschaftsjahres. 50

(2) ① Veräußert der Organträger seine Beteiligung an der Organgesellschaft zum Ende des Wj. der Organgesellschaft an ein anderes gewerbliches Unternehmen, bedeutet dies, dass der Organträger das Eigentum an den Anteilen an der Organgesellschaft bis zum letzten Tag, 24 Uhr, des Wj. der Organgesellschaft behält und das andere Unternehmen dieses Eigentum am ersten Tag, 0 Uhr, des anschließenden Wj. der Organgesellschaft erwirbt. ② In diesen Fällen ist deshalb die Voraussetzung der finanziellen Eingliederung der Organgesellschaft beim Veräußerer der Anteile bis zum Ende des Wj. der Organgesellschaft und beim Erwerber der Anteile vom Beginn des anschließenden Wj. der Organgesellschaft an erfüllt. ③ Veräußert der Organträger seine Beteiligung an der Organgesellschaft während des Wj. der Organgesellschaft, und stellt die Organgesellschaft mit Zustimmung des Finanzamts ihr Wj. auf den Zeitpunkt der Veräußerung der Beteiligung um, ist die finanzielle Eingliederung der Organgesellschaft beim Veräußerer der Anteile bis zum Ende des entstandenen Rumpfwirtschaftsjahres der Organgesellschaft und beim Erwerber der Anteile vom Beginn des anschließenden Wj. der Organgesellschaft an gegeben. 51

(3) ① Wird im Zusammenhang mit der Begründung oder Beendigung eines Organschaftsverhältnisses i. S. d. § 14 KStG das Wj. der Organgesellschaft auf einen vom Kj. abweichenden Zeitraum umgestellt, ist dafür die nach § 7 Abs. 4 Satz 3 KStG erforderliche Zustimmung zu erteilen. ② Bei der Begründung eines Organschaftsverhältnisses gilt das auch, wenn das Wj. der Organgesellschaft im selben VZ ein zweites Mal umgestellt wird, um den Abschlussstichtag der Organgesellschaft dem im Organkreis üblichen Abschlussstichtag anzupassen. ③ Weicht dabei das neue Wj. vom Kj. ab, ist für die zweite Umstellung ebenfalls die Zustimmung nach § 7 Abs. 4 Satz 3 KStG zu erteilen. 52

R 14.5 Gewinnabführungsvertrag

R 14.5

Wirksamwerden des Gewinnabführungsvertrags

(1) ① Nach § 14 Abs. 1 Satz 2 KStG kann die Einkommenszurechnung erstmals für das Wj. der Organgesellschaft erfolgen, in dem der GAV wirksam wird. ② Bei einer nicht nach §§ 319 bis 327 AktG eingegliederten AG oder KGaA wird der GAV i. S. d. § 291 Abs. 1 AktG zivilrechtlich erst wirksam, wenn sein Bestehen in das Handelsregister des Sitzes der Organgesellschaft eingetragen ist (§ 294 Abs. 2 AktG). ③ Bei einer nach den §§ 319 bis 327 AktG eingegliederten AG oder KGaA tritt die zivilrechtliche Wirksamkeit des GAV ein, sobald er in Schriftform abgeschlossen ist (§ 324 Abs. 2 AktG). 55

Mindestlaufzeit

(2) ① Der GAV muss nach § 14 Abs. 1 Satz 1 Nr. 3 Satz 1 KStG auf einen Zeitraum von mindestens fünf Zeitjahren abgeschlossen sein. ② Der Zeitraum beginnt mit dem Anfang des Wj., für das die Rechtsfolgen des § 14 Abs. 1 Satz 1 KStG erstmals eintreten.[2] 56

Vollzug des Gewinnabführungsvertrags

(3) ① Nach § 14 Abs. 1 Satz 1 KStG muss sich die Organgesellschaft aufgrund eines GAV i. S. d. § 291 Abs. 1 AktG verpflichten, ihren ganzen Gewinn an ein anderes gewerbliches Unternehmen abzuführen. ② Die Abführung des ganzen Gewinns setzt hierbei voraus, dass der Jahresabschluss keinen Bilanzgewinn (§ 268 Abs. 1 HGB, § 158 AktG) mehr ausweist. ③ Wegen der nach § 14 Abs. 1 Satz 1 Nr. 4 KStG zulässigen Bildung von Gewinn- oder Kapitalrücklagen → Absatz 5 Nr. 3. ④ § 301 AktG bestimmt als Höchstbetrag der Gewinnabführung für eine nicht eingegliederte Organgesellschaft in der Rechtsform der AG oder der KGaA: 57

---

[1] Abgedruckt als Anl b zu H 14.1.

[2] *BFH-Urteil v. 10. 5. 2017 I R 19/15, BStBl. 2019 II S. 81:* Bei der Berechnung der fünfjährigen Mindestlaufzeit eines Gewinnabführungsvertrags bei körperschaftsteuerrechtlicher Organschaft kann eine umwandlungssteuerrechtliche Rückwirkungsfiktion beachtlich sein, auch wenn sie auf einen Zeitpunkt vor Gründung der Organgesellschaft zurückwirkt.

R 14.5

1. in seinem Satz 1 den ohne die Gewinnabführung entstehenden Jahresüberschuss, vermindert um einen Verlustvortrag aus dem Vorjahr und um den Betrag, der nach § 300 AktG in die gesetzliche Rücklage einzustellen ist und um den nach § 268 Abs. 8 HGB ausschüttungsgesperrten Betrag;
2. in seinem Satz 2 zusätzlich die Entnahmen aus in vertraglicher Zeit gebildeten und wieder aufgelösten Gewinnrücklagen.

⑤ Nach § 275 Abs. 4 HGB dürfen Veränderungen der Gewinnrücklagen in der Gewinn- und Verlustrechnung erst nach dem Posten „Jahresüberschuss/Jahresfehlbetrag" ausgewiesen werden und verändern dadurch nicht den Jahresüberschuss. ⑥ Bei Verlustübernahme (§ 302 AktG) hat der Organträger einen sonst entstehenden Jahresfehlbetrag auszugleichen, soweit dieser nicht dadurch ausgeglichen wird, dass den anderen Gewinnrücklagen Beträge entnommen werden, die während der Vertragsdauer in sie eingestellt worden sind.

Abführung/Ausschüttung vorvertraglicher Rücklagen

58 (4) ① Bei einer nicht eingegliederten Organgesellschaft in der Rechtsform der AG oder der KGaA ist der GAV steuerlich als nicht durchgeführt anzusehen, wenn vorvertragliche Gewinnrücklagen entgegen §§ 301 und 302 Abs. 1 AktG aufgelöst und an den Organträger abgeführt werden. ② Da der Jahresüberschuss i. S. d. § 301 AktG nicht einen Gewinnvortrag (§ 158 Abs. 1 Nr. 1 AktG, § 266 Abs. 3 A HGB) umfasst, darf ein vor dem Inkrafttreten des GAV vorhandener Gewinnvortrag weder abgeführt noch zum Ausgleich eines aufgrund des GAV vom Organträger auszugleichenden Jahresfehlbetrags (Verlustübernahme) verwendet werden. ③ Ein Verstoß gegen das Verbot, Erträge aus der Auflösung vorvertraglicher Rücklagen an den Organträger abzuführen, liegt auch vor, wenn die Organgesellschaft Aufwand – dazu gehören auch die steuerrechtlich nichtabziehbaren Ausgaben, z. B. Körperschaftsteuer, Aufsichtsratsvergütungen – über eine vorvertragliche Rücklage verrechnet und dadurch den Gewinn erhöht, der an den Organträger abzuführen ist. ④ Ein Verstoß gegen die §§ 301 und 302 Abs. 1 AktG ist nicht gegeben, wenn die Organgesellschaft vorvertragliche Rücklagen auflöst und den entsprechenden Gewinn außerhalb des GAV an ihre Anteilseigner ausschüttet. ⑤ Insoweit ist § 14 KStG nicht anzuwenden; für die Gewinnausschüttung gelten die allgemeinen Grundsätze.

Durchführung des Gewinnabführungsvertrags

59 (5) Der Durchführung des GAV steht es nicht entgegen, wenn z. B.

1. der an den Organträger abzuführende Gewinn entsprechend dem gesetzlichen Gebot in § 301 AktG durch einen beim Inkrafttreten des GAV vorhandenen Verlustvortrag gemindert wird. ② Der Ausgleich vorvertraglicher Verluste durch den Organträger ist steuerrechtlich als Einlage zu werten;
2. der ohne die Gewinnabführung entstehende Jahresüberschuss der Organgesellschaft nach § 301 AktG um den Betrag vermindert wird, der nach § 300 AktG in die gesetzliche Rücklage einzustellen ist. ② Zuführungen zur gesetzlichen Rücklage, die die gesetzlich vorgeschriebenen Beträge übersteigen, sind steuerrechtlich wie die Bildung von Gewinnrücklagen zu beurteilen;
3. die Organgesellschaft nach § 14 Abs. 1 Satz 1 Nr. 4 KStG Gewinnrücklagen i. S. d. § 272 Abs. 3 und 4 HGB mit Ausnahme der gesetzlichen Rücklagen, aber einschließlich der satzungsmäßigen Rücklagen (§ 266 Abs. 3 A III HGB) bildet, die bei vernünftiger kaufmännischer Beurteilung wirtschaftlich begründet sind. ② Die Bildung einer Kapitalrücklage i. S. d. § 272 Abs. 2 Nr. 4 HGB beeinflusst die Höhe der Gewinnabführung nicht und stellt daher keinen Verstoß gegen § 14 Abs. 1 Satz 1 Nr. 4 KStG dar. ③ Für die Bildung der Rücklagen muss ein konkreter Anlass gegeben sein, der es auch aus objektiver unternehmerischer Sicht rechtfertigt, eine Rücklage zu bilden, wie z. B. eine geplante Betriebsverlegung, Werkserneuerung, Kapazitätsausweitung. ④ Die Beschränkung nach § 14 Abs. 1 Satz 1 Nr. 4 KStG ist nicht auf die Bildung stiller Reserven anzuwenden;
4. die Organgesellschaft ständig Verluste erwirtschaftet.

Beendigung des Gewinnabführungsvertrags

60 (6) ① Wird der GAV, der noch nicht fünf aufeinanderfolgende Jahre durchgeführt worden ist, durch Kündigung oder im gegenseitigen Einvernehmen beendet, bleibt der Vertrag für die Jahre, für die er durchgeführt worden ist, steuerrechtlich wirksam, wenn die Beendigung auf einem wichtigen Grund beruht. ② Ein wichtiger Grund kann insbesondere in der Veräußerung oder Einbringung der Organbeteiligung durch den Organträger, der Verschmelzung, Spaltung oder Liquidation des Organträgers oder der Organgesellschaft gesehen werden. ③ Stand bereits im Zeitpunkt des Vertragsabschlusses fest, dass der GAV vor Ablauf der ersten fünf Jahre beendet werden wird, ist ein wichtiger Grund nicht anzunehmen. ④ Liegt ein wichtiger Grund nicht vor, ist der GAV von Anfang an als steuerrechtlich unwirksam anzusehen.

61 (7) Ist der GAV bereits mindestens fünf aufeinanderfolgende Jahre durchgeführt worden, bleibt er für diese Jahre steuerrechtlich wirksam.

Nichtdurchführung des Gewinnabführungsvertrags

62 (8) ① Wird ein GAV in einem Jahr nicht durchgeführt, ist er

1. von Anfang an als steuerrechtlich unwirksam anzusehen, wenn er noch nicht fünf aufeinander folgende Jahre durchgeführt worden ist;
2. erst ab diesem Jahr als steuerrechtlich unwirksam anzusehen, wenn er bereits mindestens fünf aufeinander folgende Jahre durchgeführt worden ist. ② Soll die körperschaftsteuerrechtliche Organschaft ab einem späteren Jahr wieder anerkannt werden, bedarf es einer erneuten mindestens fünfjährigen Laufzeit und ununterbrochenen Durchführung des Vertrags.

② Ist der GAV als steuerrechtlich unwirksam anzusehen, ist die Organgesellschaft nach den allgemeinen steuerrechtlichen Vorschriften zur Körperschaftsteuer zu veranlagen.

H 14.5

H 14.5

Änderung des § 301 AktG und § 249 HGB durch das BilMoG. → BMF vom 14. 1. 2010, BStBl. I S. 65. 65

Auflösung und Abführung vorvertraglicher versteuerter Rücklagen. Zur Auflösung und Abführung vorvertraglicher versteuerter Rücklagen bei einer nach den §§ 319 bis 327 AktG eingegliederten Organgesellschaft in der Rechtsform der AG oder KGaA → R 14.6 Abs. 3.

Auflösung von in organschaftlicher Zeit gebildeten Kapitalrücklagen. Eine in organschaftlicher Zeit gebildete und aufgelöste Kapitalrücklage kann an die Gesellschafter ausgeschüttet werden; sie unterliegt nicht der Gewinnabführung (→ BFH vom 8. 8. 2001, I R 25/00, BStBl. 2003 II S. 923 und → BMF vom 27. 11. 2003, BStBl. I S. 647).

Beendigung des Gewinnabführungsvertrags. Die Beendigung des GAV, weil er aus Sicht der Parteien seinen Zweck der Konzernverlustverrechnung erfüllt hat, ist kein wichtiger Grund i. S. d. § 14 Abs. 1 Satz 1 Nr. 3 Satz 2 KStG (→ BFH vom 13. 11. 2013, I R 45/12, BStBl. 2014 II S. 486).

Bildung einer Rücklage. Zur Zulässigkeit der Bildung einer Rücklage in der Bilanz einer Organgesellschaft aus Gründen der Risikovorsorge → BFH vom 29. 10. 1980, I R 61/77, BStBl. 1981 II S. 336.

Mindestlaufzeit. Die fünfjährige Mindestlaufzeit des GAV bei der körperschaftsteuerlichen Organschaft bemisst sich nach Zeitjahren und nicht nach Wj. (→ BFH vom 12. 1. 2011, I R 3/10, BStBl. II S. 727). Unabhängig von einer Umstellung des Wj. der Organgesellschaft und der damit einhergehenden Bildung eines Rumpfwirtschaftsjahres ist für die steuerliche Anerkennung der Organschaft die Mindestlaufzeit des GAV von fünf Zeitjahren einzuhalten (→ BFH vom 13. 11. 2013, I R 45/12, BStBl. 2014 II S. 486). Zur Voraussetzung der Mindestlaufzeit → BMF vom 10. 11. 2005, BStBl. I S. 1038 Rn. 4.

Verzinsung des Anspruchs auf Verlustübernahme nach § 302 AktG. Die unterlassene oder unzutreffende Verzinsung eines Verlustausgleichsanspruchs steht einer tatsächlichen Durchführung des GAV nicht entgegen (→ BMF vom 15. 10. 2007, BStBl. I S. 765).

Wirksamwerden des Gewinnabführungsvertrags. Bei einem lediglich mit der Vorgründungsgesellschaft (→ H 1.1) abgeschlossenen GAV gehen die sich daraus ergebenden Rechte und Pflichten nicht automatisch auf die später gegründete und eingetragene Kapitalgesellschaft über (→ BFH vom 8. 11. 1989, I R 174/86, BStBl. 1990 II S. 91).

R 14.6 Zuzurechnendes Einkommen der Organgesellschaft

R 14.6

(1) ① Als zuzurechnendes Einkommen ist das Einkommen der Organgesellschaft vor Berück- 70
sichtigung des an den Organträger abgeführten Gewinns oder des vom Organträger zum Ausgleich eines sonst entstehenden Jahresfehlbetrags (§ 302 Abs. 1 AktG) geleisteten Betrags zu verstehen. ② Bei der Ermittlung des Einkommens des Organträgers bleibt demnach der von der Organgesellschaft an den Organträger abgeführte Gewinn außer Ansatz; ein vom Organträger an die Organgesellschaft zum Ausgleich eines sonst entstehenden Jahresfehlbetrags geleisteter Betrag darf nicht abgezogen werden.

(2) ① Gewinne der Organgesellschaft, die aus der Auflösung vorvertraglicher unversteuerter 71
stiller Reserven herrühren, sind Teil des Ergebnisses des Wj. der Organgesellschaft, in dem die Auflösung der Reserven erfolgt. ② Handelsrechtlich unterliegen diese Gewinne deshalb der vertraglichen Abführungsverpflichtung. ③ Steuerrechtlich gehören sie zu dem Einkommen, das nach § 14 KStG dem Organträger zuzurechnen ist.

(3) ① Bei einer nach den §§ 319 bis 327 AktG eingegliederten AG oder KGaA als Organge- 72
sellschaft sind nach § 324 Abs. 2 AktG die §§ 293 bis 296, 298 bis 303 AktG nicht anzuwenden. ② Löst diese Organgesellschaft vorvertragliche Gewinn- oder Kapitalrücklagen zugunsten des an den Organträger abzuführenden Gewinns auf, verstößt sie handelsrechtlich nicht gegen das Abführungsverbot. ③ In diesen Fällen ist deshalb → R 14.5 Abs. 8 nicht anzuwenden. ④ Steuerrechtlich fällt die Abführung der Gewinne aus der Auflösung dieser Rücklagen an den Organträger nicht unter § 14 KStG; sie unterliegt somit den allgemeinen steuerrechtlichen Vorschriften.

73 (4) ① VGA an den Organträger sind im Allgemeinen vorweggenommene Gewinnabführungen; sie stellen die tatsächliche Durchführung des GAV nicht in Frage. ② Das gilt auch, wenn eine Personengesellschaft der Organträger ist (→ R 14.3) und Gewinn verdeckt an einen Gesellschafter der Personengesellschaft ausgeschüttet wird. ③ Ein solcher Vorgang berührt lediglich die Gewinnverteilung innerhalb der Personengesellschaft. ④ VGA an außen stehende Gesellschafter sind wie Ausgleichszahlungen i. S. d. § 16 KStG zu behandeln.

74 (5) Der Gewinn aus der Veräußerung eines Teilbetriebs unterliegt der vertraglichen Gewinnabführungsverpflichtung; er ist bei der Ermittlung des dem Organträger zuzurechnenden Einkommens zu berücksichtigen.

75 (6) ① Die Höhe des nach § 14 KStG dem Organträger zuzurechnenden Einkommens der Organgesellschaft sowie weitere Besteuerungsgrundlagen werden gesondert und einheitlich festgestellt mit Bindungswirkung für die Steuerbescheide der Organgesellschaft und des Organträgers. ② Einspruchsberechtigt gegen den Bescheid über die gesonderte und einheitliche Feststellung sind sowohl der Organträger als auch die Organgesellschaft.

76 (7) Gewinnabführungen stellen auch dann keine Gewinnausschüttungen dar, wenn sie erst nach Beendigung des GAV abfließen.

H 14.6

H 14.6

80 **Einstellung der gewerblichen Tätigkeit.** Stellt eine Organgesellschaft ohne förmlichen Auflösungsbeschluss ihre gewerbliche Tätigkeit nicht nur vorübergehend ein und veräußert sie ihr Vermögen, fällt der Gewinn, den sie während der tatsächlichen Abwicklung erzielt, nicht mehr unter die Gewinnabführungsverpflichtung (→ BFH vom 17. 2. 1971, I R 148/68, BStBl. II S. 411).

Gewinn im Zeitraum der Abwicklung. Der im Zeitraum der Abwicklung erzielte Gewinn (§ 11 KStG, → R 11) unterliegt nicht der vertraglichen Gewinnabführungsverpflichtung und ist deshalb von der Organgesellschaft zu versteuern (→ BFH vom 18. 10. 1967, I 262/63, BStBl. 1968 II S. 105).

R 14.7

R 14.7 Einkommensermittlung beim Organträger

82 (1) Ausgaben im Zusammenhang mit der Organbeteiligung, z. B. Zinsen für Schulden, die der Organträger zum Erwerb der Beteiligung aufgenommen hat, dürfen bei der Ermittlung des Einkommens des Organträgers abgezogen werden.

83 (2) ① VGA der Organgesellschaft sind beim Organträger zur Vermeidung der Doppelbelastung aus dem Einkommen auszuscheiden, wenn die Vorteilszuwendung den Bilanzgewinn des Organträgers erhöht oder dessen Bilanzverlust gemindert hat. ② Entgegen → BFH vom 20. 8. 1986 (I R 150/82, BStBl. 1987 II S. 455) ist jedoch nicht das zuzurechnende Organeinkommen, sondern das eigene Einkommen des Organträgers zu kürzen.

84 (3) ① Der Organträger kann seine Beteiligung an der Organgesellschaft auf den niedrigeren Teilwert abschreiben, wenn die nach dem geltenden Recht hierfür erforderlichen Voraussetzungen erfüllt sind. ② Eine Abschreibung auf den niedrigeren Teilwert ist jedoch nicht schon deshalb gerechtfertigt, weil die Organgesellschaft ständig Verluste erwirtschaftet.

85 (4) Übernimmt der Organträger die Verpflichtung, einen vorvertraglichen Verlust der Organgesellschaft auszugleichen, stellt der Verlustausgleich steuerrechtlich eine Einlage des Organträgers in die Organgesellschaft dar.

H 14.7

H 14.7

89 **Veranlagungszeitraum der Zurechnung.** Das Einkommen der Organgesellschaft ist dem Organträger für das Kj. (VZ) zuzurechnen, in dem die Organgesellschaft das Einkommen erzielt hat (→ BFH vom 29. 10. 1974, I R 240/72, BStBl. 1975 II S. 126).
Das Einkommen einer Organgesellschaft ist entsprechend dem allgemeinen Gewinnverteilungsschlüssel nur den Gesellschaftern einer Organträger-Personengesellschaft zuzurechnen, die im Zeitpunkt der Einkommenszurechnung an der Organträgerin beteiligt sind (→ BFH vom 28. 2. 2013, IV R 50/09, BStBl. II S. 494).

Verlustausgleich durch den Organträger. Der aus der gesetzlichen Verpflichtung (§ 301 AktG, § 30 Abs. 1 GmbHG) des Organträgers resultierende Ausgleich von vorvertraglichen Verlusten der Organgesellschaft führt beim Organträger zu nachträglichen Anschaffungskosten für die Anteile an der Organgesellschaft und ist auf dem Beteiligungskonto zu aktivieren (→ BFH vom 8. 3. 1955, I 73/54 U, BStBl. III S. 187).

Verlustübernahme. Der Organträger darf steuerrechtlich keine Rückstellung für drohende Verluste aus der Übernahme des Verlustes der Organgesellschaft bilden (→ BFH vom 26. 1. 1977, I R 101/75, BStBl. II S. 441).

R 14.8 Bildung und Auflösung besonderer Ausgleichsposten beim Organträger

R 14.8

91 (1) ① Stellt die Organgesellschaft aus dem Jahresüberschuss (§ 275 Abs. 2 Nr. 20 oder Abs. 3 Nr. 19 HGB) Beträge in die Gewinnrücklagen i. S. d. § 272 Abs. 3 HGB ein oder bildet sie steuerlich nicht anzuerkennende stille Reserven, werden die Rücklagen mit dem zuzurechnenden Einkommen beim Organträger oder, wenn er eine Personengesellschaft ist, bei seinen Gesellschaftern versteuert. ② Der steuerrechtliche Wertansatz der Beteiligung des Organträgers an der Organgesellschaft bleibt unberührt. ③ Um sicherzustellen, dass nach einer Veräußerung der Organbeteiligung die bei der Organgesellschaft so gebildeten Rücklagen nicht noch einmal beim Organträger steuerrechtlich erfasst werden, ist in der Steuerbilanz des Organträgers, in die der um die Rücklage verminderte Jahresüberschuss der Organgesellschaft eingegangen ist, ein besonderer aktiver Ausgleichsposten in Höhe des Teils der versteuerten Rücklagen einkommensneutral zu bilden, der dem Verhältnis der Beteiligung des Organträgers am Nennkapital der Organgesellschaft entspricht. ④ Löst die Organgesellschaft die Rücklagen in den folgenden Jahren ganz oder teilweise zugunsten des an den Organträger abzuführenden Gewinns auf, ist der besondere aktive Ausgleichsposten entsprechend einkommensneutral aufzulösen.

92 (2) Weicht der an den Organträger abgeführte Gewinn der Organgesellschaft aus anderen Gründen als infolge der Auflösung einer Rücklage i. S. d. Absatzes 1 von dem Steuerbilanzgewinn ab, z. B. wegen Änderung des Wertansatzes von Aktiv- oder Passivposten in der Bilanz, und liegt die Ursache in vertraglicher Zeit, ist in der Steuerbilanz des Organträgers nach § 14 Abs. 4 Satz 1, 2 und 6 KStG ein besonderer aktiver oder passiver Ausgleichsposten in Höhe des Unterschieds einkommensneutral zu bilden, der dem Verhältnis der Beteiligung des Organträgers am Nennkapital der Organgesellschaft entspricht.

93 (3) ① Die besonderen Ausgleichsposten sind bei Beendigung des GAV nicht gewinnwirksam aufzulösen, sondern bis zur Veräußerung der Organbeteiligung weiterzuführen. ② Im Zeitpunkt der Veräußerung der Organbeteiligung oder eines der Veräußerung gleichgestellten Vorgangs sind die besonderen Ausgleichsposten aufzulösen (§ 14 Abs. 4 Satz 2 und 5 KStG). ③ Dadurch erhöht oder verringert sich das Einkommen des Organträgers; § 8b KStG sowie § 3 Nr. 40 und § 3c Abs. 2 EStG sind anzuwenden. ④ Für die Anwendung des § 8b KStG bzw. der § 3 Nr. 40, § 3c Abs. 2 EStG sind die Ausgleichsposten mit dem in der Steuerbilanz ausgewiesenen Buchwert der Organbeteiligung zusammenzufassen. ⑤ Dadurch kann sich rechnerisch auch ein negativer Buchwert ergeben. ⑥ Die Sätze 4 und 5 sind bei der Ermittlung eines Übernahmeergebnisses i. S. d. § 4 Abs. 4 Satz 1 oder § 12 Abs. 2 Satz 1 UmwStG entsprechend anzuwenden. ⑦ Bei mittelbarer Beteiligung an der Organgesellschaft sind die Ausgleichsposten aufzulösen, wenn der Organträger die Beteiligung an der Zwischengesellschaft veräußert.[1]

H 14.8

H 14.8

95 **Allgemeine Fragen zu organschaftlichen Mehr- und Minderabführungen.** → BMF vom 26. 8. 2003, BStBl. I S. 437 Rn. 40 ff.[2]

Berechnung der Mehrabführung. Die Mehrabführung der Organgesellschaft an den Organträger ist ein rein rechnerischer Differenzbetrag zweier Vergleichswerte und kann auch in einer sog. Minderverlustübernahme bestehen. Auf einen tatsächlichen Vermögensabfluss kommt es nicht an (→ BFH vom 6. 6. 2013, I R 38/11, BStBl. 2014 II S. 398, → BFH vom 27. 11. 2013, I R 36/13, BStBl. 2014 II S. 651).

Passiver Ausgleichsposten im Falle außerbilanzieller Zurechnung bei der Organgesellschaft. Ein passiver Ausgleichsposten i. S. d. § 14 Abs. 4 KStG für Mehrabführungen ist nicht zu bilden, wenn die auf die Organgesellschaft entfallenden Beteiligungsverluste aus einem KG-Anteil aufgrund außerbilanzieller Zurechnung gem. § 15a EStG neutralisiert werden und damit das dem Organträger zuzurechnende Einkommen nicht mindern (→ BFH vom 29. 8. 2012, I R 65/11, BStBl. 2013 II S. 555). Mit Ausnahme des Anwendungsfalls des § 15a EStG ist in allen anderen Fällen bei der Bildung organschaftlicher Ausgleichsposten weiterhin nach dem Wortlaut des § 14 Abs. 4 Satz 6 KStG auf die Abweichung des an den Organträger abgeführten Gewinns vom Steuerbilanzgewinn der Organgesellschaft abzustellen. Die organschaftlichen Ausgleichsposten sind aufgrund der gesetzlichen Vorgabe des § 14 Abs. 4 Satz 1 KStG in der Steuerbilanz zu aktivieren oder zu passivieren (→ BMF vom 15. 7. 2013, BStBl. I S. 921).[3]

Steuerliches Einlagekonto. → BMF vom 4. 6. 2003, BStBl. I S. 366 Rn. 28.[4]

---

[1] Zur Bildung und Auflösung aktiver und passiver Ausgleichsposten gemäß § 14 Abs. 4 KStG bei mittelbarer Organschaft siehe *Erlass FinMin. Schleswig-Holstein v. 8. 12. 2011 VI 3011 – S 2770 – 054 (DStR 2012 S. 1607).*

[2] Abgedruckt als Anl a zu H 14.1.

[3] Vgl. aber *BFH-Urteil v. 15. 3. 2017 I R 67/15, DStR 2017 S. 1650:* Bei der Rückgewähr eines Ertragszuschusses über die organschaftliche Gewinnabführung besteht ein aus dem Rechtsinstitut der Organschaft abzuleitender Grund dafür, von einer organschaftlichen Mehrabführung auszugehen (a.A. *BMF-Schrb. v. 15. 7. 2013, BStBl. I S. 921).*

[4] Abgedruckt als Anl zu H 27.

Anl zu H 14.8

Schreiben betr. Anwendungsfragen zu § 14 Abs. 2 KStG

Vom 4. März 2020 (BStBl. I S. 256)

(BMF IV C 2 – S 2770/19/10003 :002)

96 **1** Mit Urteil vom 10. Mai 2017 – I R 93/15 (BStBl. 2019 II S. 278) hat der BFH entgegen der bisherigen Verwaltungsauffassung entschieden, dass die Vereinbarung von variablen Ausgleichszahlungen eines beherrschenden Unternehmens an einen außenstehenden Gesellschafter der Anerkennung einer steuerlichen Organschaft entgegensteht, wenn sich die Ausgleichszahlungen im Ergebnis an dem Gewinn der beherrschten Gesellschaft bemessen.

Mit dem Gesetz zur Vermeidung von Umsatzsteuerausfällen beim Handel mit Waren im Internet und zur Änderung weiterer steuerlicher Vorschriften vom 11. Dezember 2018 (BGBl. I S. 2338) wurde in § 14 Absatz 2 KStG geregelt, unter welchen Voraussetzungen neben dem festen Betrag nach § 304 Absatz 2 Satz 1 des Aktiengesetzes (AktG) zusätzlich vereinbarte und geleistete (variable) Ausgleichszahlungen an außenstehende Gesellschafter der Anerkennung einer ertragsteuerlichen Organschaft nicht entgegenstehen.

Nach dem Ergebnis einer Erörterung mit den obersten Finanzbehörden der Länder nehme ich zu Anwendungsfragen zu § 14 Absatz 2 KStG wie folgt Stellung:

I. Anwendungsbereich des § 14 Absatz 2 KStG

97 **2** Für die Anwendung des § 14 Absatz 2 KStG ist es unerheblich, ob die Ausgleichszahlungen von der Organgesellschaft oder dem Organträger geleistet werden. Es kommt auch nicht darauf an, wer die Ausgleichszahlungen zivilrechtlich schuldet. Dies entspricht im Übrigen dem Rechtsgedanken des § 16 KStG, wonach stets die Organgesellschaft die Ausgleichszahlungen zu versteuern hat – unabhängig davon, ob sie selbst oder der Organträger die Ausgleichszahlungen geleistet hat.

98 **3** Der Anwendungsbereich des § 14 Absatz 2 KStG ist nur eröffnet, wenn Ausgleichszahlungen vereinbart und geleistet werden.

99 **4** In Fällen, in denen neben dem aktienrechtlichen Mindestbetrag i. S. d. § 304 Absatz 2 Satz 1 AktG weitere, gewinnabhängige Ausgleichszahlungen zwar vereinbart sind, die variablen Betragskomponenten aber z. B. wegen eines niedrigen oder negativen Ergebnisses der Organgesellschaft in einem konkreten Wirtschaftsjahr nicht zu leisten sind und auch tatsächlich nicht geleistet werden, kommt § 14 Absatz 2 Satz 1 KStG für dieses Wirtschaftsjahr nicht zur Anwendung. In solchen Fällen bestimmt sich allein nach § 14 Absatz 1 KStG und § 16 KStG, dass die tatsächlich geleisteten Ausgleichszahlungen in der nach § 304 Absatz 2 Satz 1 AktG angeordneten Höhe unschädlich für die steuerliche Anerkennung der Organschaft sind.

100 **5** Der Anwendungsbereich des § 14 Absatz 2 KStG ist eröffnet, wenn die Vereinbarung zu Ausgleichszahlungen keine Festbetragskomponente i. S. d § 304 Absatz 2 Satz 1 AktG enthält, sondern die Ausgleichszahlungen nach dem Gewinn des Organträgers bemessen werden (variable Ausgleichszahlung i. S. d. § 304 Absatz 2 Satz 2 AktG). Der mindestens zugesicherte Betrag i. S. d. § 304 Absatz 2 Satz 1 AktG beläuft sich in diesem Fall auf null. Somit geht der Gesamtbetrag der Ausgleichszahlungen über diesen Betrag hinaus und unterliegt in voller Höhe der betragsmäßigen Begrenzung nach § 14 Absatz 2 Satz 2 KStG; siehe hierzu Randnummer 6.

II. Höchstbetrag der Ausgleichszahlungen i. S. d. § 14 Absatz 2 Satz 2 KStG

101 **6** Als Bezugsgröße für den fiktiven Gewinnanteil eines außenstehenden Gesellschafters i. S. d. § 14 Absatz 2 Satz 2 KStG ist stets auf den Gesamtgewinn der Organgesellschaft abzustellen.

1. Disquotale Gewinnverteilungsabreden

102 **7** Der Höchstbetrag der Ausgleichszahlungen bemisst sich ausschließlich nach dem Gewinnanteil, der dem Anteil am gezeichneten Kapital entspricht, und kann durch vertragliche Vereinbarung einer disquotalen Gewinnverteilung nicht beeinflusst werden.

2. Ausgleichszahlungen, die an dem Ergebnis bestimmter Bereiche der Organgesellschaft bemessen werden (Spartengewinne, sogenannte Tracking-stock-Strukturen)

103 **8** Soweit mit einem außenstehenden Gesellschafter Ausgleichzahlungen vereinbart werden, die sich z. B. an dem Ergebnis einer einzelnen (gewinnträchtigen) Sparte orientieren, ist dies für die Prüfung der Begrenzung der steuerlich anzuerkennenden Ausgleichszahlungen im Rahmen des § 14 Absatz 2 Satz 2 KStG unbeachtlich. Auch in diesen Fällen ist als Ausgangsgröße bei der Berechnung des fiktiven Gewinnanteils auf den Gesamtgewinn der Organgesellschaft (d. h. die Gesamtsumme aller Spartenergebnisse) abzustellen.

3. Ermittlung des fiktiv für eine Ausschüttung zur Verfügung stehenden Gewinnanteils

104 **9** Maßgebend für die Ermittlung des Höchstbetrages nach § 14 Absatz 2 Satz 2 KStG ist der Betrag, der in dem Wirtschaftsjahr ohne Bestehen des Gewinnabführungsvertrages an den außenstehenden Gesellschafter hätte geleistet werden können (Stand-alone-Betrachtung).

105 **10** Bei der Ermittlung des fiktiv für eine Ausschüttung zur Verfügung stehenden Gewinnanteils ist der handelsrechtliche Jahresüberschuss vor Gewinnabführung als Ausgangsgröße um Beträge zu bereinigen, die bei einer Ausschüttung an den außenstehenden Gesellschafter ohne Bestehen der Organschaft nicht zur Verfügung gestanden hätten. Insbesondere folgende Positionen sind abzuziehen:

Anl zu H 14.8

- Zuführungen in gesetzliche Rücklagen
- Zuführungen in andere Gewinnrücklagen i. S. d. § 272 Absatz 3 HGB
- Ausschüttungsgesperrte Beträge (z. B. nach § 253 Absatz 6 HGB)
- Fiktive Ertragsteuerbeträge (Körperschaftsteuer, Gewerbesteuer), die ohne Bestehen der Organschaft auf Ebene der Organgesellschaft entstanden wären.
  Soweit Steuerumlagen den Jahresüberschuss der Organgesellschaft gemindert bzw. erhöht haben, sind diese Beträge im Rahmen der Ermittlung der fiktiven Ertragsteuerbelastung der Organgesellschaft gegenzurechnen bzw. einzubeziehen.

11 Insbesondere folgende Beträge sind hinzuzurechnen: **106**
- Die Auflösung von in organschaftlicher Zeit gebildeten Rücklagen i. S. d. Randnummer 10
- Ausgleichszahlungen an den außenstehenden Gesellschafter, soweit sie den Jahresüberschuss gemindert haben
- Körperschaftsteuerbeträge auf Ausgleichszahlungen nach § 16 KStG, soweit sie den Jahresüberschuss gemindert haben.

4. Wirtschaftsjahrbezogene Betrachtungsweise

12 Die Ermittlung des Höchstbetrages i. S. d. § 14 Absatz 2 Satz 2 KStG ist für jedes Wirtschaftsjahr **107** gesondert vorzunehmen. Soweit in einem Wirtschaftsjahr die an den außenstehenden Gesellschafter insgesamt geleisteten Ausgleichszahlungen (Summe aus dem Festbetrag nach § 304 Absatz 2 Satz 1 AktG und den darüber hinausgehenden Beträgen) geringer sind als dessen fiktiver Gewinnanteil i. S. d. § 14 Absatz 2 Satz 2 KStG, kann der nicht voll ausgeschöpfte Teil des Höchstbetrages nicht in die Ermittlung des Höchstbetrages für die folgenden Wirtschaftsjahre einbezogen werden.

III. „Kaufmannstest" i. S. d. § 14 Absatz 2 Satz 3 KStG

13 Mit dem Kaufmannstest soll verhindert werden, dass die besonderen Voraussetzungen der Son- **108** dervorschriften für die Organschaft – insbesondere das Erfordernis der Gesamtgewinnabführung – zweck- und systemwidrig durch die Vereinbarung von Ausgleichszahlungen in beliebiger Höhe unterlaufen werden können. Insbesondere rein steuerlich motivierte variable Ausgleichszahlungen, bei denen es an einer sachlichen Begründung fehlt, sind schädlich für die steuerliche Anerkennung der Organschaft. Sofern Organträger und Minderheitsgesellschafter nicht in einem Näheverhältnis zueinanderstehen, wird es in der Regel aufgrund des bestehenden Interessengegensatzes sachliche Gründe für die Vereinbarung der zusätzlichen Ausgleichszahlung geben, sodass der Kaufmannstest regelmäßig einer steuerlichen Anerkennung der Organschaft nicht entgegensteht.

IV. Rechtsfolgen

14 Wenn die an außenstehende Gesellschafter insgesamt geleisteten Ausgleichszahlungen den nach **109** § 14 Absatz 2 KStG zulässigen Höchstbetrag nicht übersteigen, greift die gesetzliche Fiktion und der ganze Gewinn gilt als abgeführt i. S. d. § 14 Absatz 1 Satz 1 KStG. Bei Vorliegen der weiteren Voraussetzungen (§§ 14 ff. KStG) ist die Organschaft für diesen Veranlagungszeitraum anzuerkennen. Die Organgesellschaft hat nach § 16 KStG in Höhe von 20/17 der Ausgleichszahlungen ein eigenes Einkommen zu versteuern.

15 Sofern die an den außenstehenden Gesellschafter insgesamt geleisteten Ausgleichszahlungen **110** den nach § 14 Absatz 2 KStG zulässigen Höchstbetrag übersteigen, steht dies der steuerlichen Anerkennung der Organschaft entgegen. Die in R 14.5 Absatz 8 KStR 2015 dargelegten Grundsätze sind anzuwenden.

KStG

§ 15 Ermittlung des Einkommens bei Organschaft

① Bei der Ermittlung des Einkommens bei Organschaft gilt abweichend von den allgemeinen Vorschriften Folgendes:

1 **1.[1] ① Ein Verlustabzug im Sinne des § 10 d des Einkommensteuergesetzes ist bei der Organgesellschaft nicht zulässig. ② Satz 1 steht einer Anwendung von § 3 a des Einkommensteuergesetzes nicht entgegen. ③ Der für § 3 c Absatz 4 Satz 4 des Einkommensteuergesetzes maßgebende Betrag ist der sich nach Anwendung von Nummer 1 a ergebende verminderte Sanierungsertrag.**

2 **1 a.[1] ① Auf einen sich nach § 3 a Absatz 3 Satz 4 des Einkommensteuergesetzes ergebenden verbleibenden Sanierungsertrag einer Organgesellschaft ist § 3 a Absatz 3 Satz 2, 3 und 5 des Einkommensteuergesetzes beim Organträger anzuwenden. ② Wird der Gewinn des Organträgers gesondert und einheitlich festgestellt, gilt § 3 a Absatz 4 des Einkommensteuergesetzes entsprechend. ③ Die Sätze 1 und 2 gelten auch, wenn die Voraussetzungen des § 14 Absatz 1 im Sanierungsjahr nicht vorliegen und das Einkommen der Organgesellschaft in einem innerhalb der letzten fünf Jahre vor dem Sanierungsjahr liegenden Veranlagungszeitraum dem Organträger gemäß § 14 Absatz 1 Satz 1 zugerechnet worden ist.**

3 **2.[2] ① § 8 b Absatz 1 bis 6 dieses Gesetzes sowie § 4 Absatz 6 und § 12 Absatz 2 Satz 1 des Umwandlungssteuergesetzes sind bei der Organgesellschaft nicht anzuwenden. ② Sind in dem dem Organträger zugerechneten Einkommen Bezüge, Gewinne oder Gewinnminderungen im Sinne des § 8 b Absatz 1 bis 3 dieses Gesetzes oder mit solchen Beträgen zusammenhängende Ausgaben im Sinne des § 3 c Absatz 2 des Einkommensteuergesetzes, ein Übernahmeverlust im Sinne des § 4 Absatz 6 des Umwandlungssteuergesetzes oder ein Gewinn oder Verlust im Sinne des § 12 Absatz 2 Satz 1 des Umwandlungssteuergesetztes enthalten, sind § 8 b dieses Gesetzes, § 4 Absatz 6 und § 12 Absatz 2 des Umwandlungssteuergesetzes sowie § 3 Nummer 40 und § 3 c Absatz 2 des Einkommensteuergesetzes bei der Ermittlung des Einkommens des Organträgers anzuwenden; in den Fällen des § 12 Absatz 2 Satz 2 des Umwandlungssteuergesetzes sind neben § 8 b dieses Gesetzes auch § 3 Nummer 40 und § 3 c Absatz 2 des Einkommensteuergesetzes entsprechend anzuwenden. ③ Satz 2 gilt nicht, soweit bei der Organgesellschaft § 8 b Abs. 7, 8 oder 10 anzuwenden ist. ④ Für die Anwendung der Beteiligungsgrenze im Sinne des § 8 b Absatz 4 in der Fassung des Artikels 1 des Gesetzes vom 21. März 2013 (BGBl. I S. 561) werden Beteiligungen der Organgesellschaft und Beteiligungen des Organträgers getrennt betrachtet.**

4 **2 a.[3] ① § 20 Absatz 1 Satz 1 bis 3 und Absatz 2 bis 4, die §§ 21, 30 Absatz 2, die §§ 42 und 43 Absatz 3, § 44 sowie § 49 Absatz 1 des Investmentsteuergesetzes sind bei der Organgesellschaft nicht anzuwenden. ② Sind in dem dem Organträger zugerechneten Einkommen Erträge im Sinne des § 16 oder § 34 des Investmentsteuergesetzes oder mit solchen Erträgen zusammenhängende Betriebsvermögensminderungen, Betriebsausgaben oder Veräußerungskosten im Sinne des § 21 oder § 44 des Investmentsteuergesetzes enthalten, sind die §§ 20, 21, 30 Absatz 2, die §§ 42, 43 Absatz 3, § 44 sowie § 49 Absatz 1 des Investmentsteuergesetzes bei der Ermittlung des Einkommens des Organträgers anzuwenden. ③ Für Zwecke des Satzes 2 gilt der Organträger als Anleger im Sinne des § 2 Absatz 10 des Investmentsteuergesetzes. ④ Die bloße Begründung oder Beendigung einer Organschaft nach § 14 Absatz 1 Satz 1 führt nicht zu einer Veräußerung nach § 22 Absatz 1 des Investmentsteuergesetzes. ⑤ Die Sätze 1 bis 4 gelten nicht, soweit die Organgesellschaft die Voraussetzungen des § 20 Absatz 1 Satz 4 oder des § 30 Absatz 3 des Investmentsteuergesetzes erfüllt. ⑥ Für die Anwendung der Beteiligungsgrenze im Sinne des § 30 Absatz 2 Nummer 2 des Investmentsteuergesetzes werden Beteiligungen der Organgesellschaft und Beteiligungen des Organträgers getrennt betrachtet.**

5 **3. ① § 4 h des Einkommensteuergesetzes ist bei der Organgesellschaft nicht anzuwenden. ② Organträger und Organgesellschaften gelten als ein Betrieb im Sinne des § 4 h des Einkommensteuergesetzes. ③ Sind in dem dem Organträger zugerechneten Einkommen der Organgesellschaften Zinsaufwendungen und Zinserträge im Sinne des § 4 h Abs. 3 des Einkommensteuergesetzes enthalten, sind diese bei Anwendung des § 4 h Abs. 1 des Einkommensteuergesetzes beim Organträger einzubeziehen.**

---

[1] **§ 15 Satz 1 Nr. 1 Sätze 2 und 3** sowie **§ 15 Satz 1 Nr. 1 a** erstmals anzuwenden für VZ 2017, sowie auf Antrag für VZ auch vor 2017 (§ 34 Abs. 3 d).

[2] **§ 15 Satz 1 Nr. 2 Satz 1 und 2 in dieser Fassung erstmals anzuwenden** auf Umwandlungen, bei denen die Anmeldung zur Eintragung in das für die Wirksamkeit des jeweiligen Vorgangs maßgebende öffentliche Register nach dem 12. Dezember 2019 erfolgt ist (§ 34 Abs. 6 g).

[3] **§ 15 Satz 1 Nr. 2 a** erstmals anzuwenden für VZ 2018 (vgl. § 34 Abs. 6 f).

4. ① § 8 Abs. 3 Satz 2 und Abs. 7 ist bei der Organgesellschaft auf Dauerverlustgeschäfte im Sinne des § 8 Abs. 7 Satz 2 nicht anzuwenden. ② Sind in dem dem Organträger zugerechneten Einkommen Verluste aus Dauerverlustgeschäften im Sinne des § 8 Abs. 7 Satz 2 enthalten, ist § 8 Abs. 3 Satz 2 und Abs. 7 bei der Ermittlung des Einkommens des Organträgers anzuwenden. 6

5. ① § 8 Abs. 9 ist bei der Organgesellschaft nicht anzuwenden. ② Sind in dem dem Organträger zugerechneten Einkommen Einkommen einer Kapitalgesellschaftenthalten, auf die § 8 Abs. 7 Satz 1 Nr. 2 anzuwenden ist, ist § 8 Abs. 9 bei der Ermittlung des Einkommens des Organträgers anzuwenden. 7

② Nummer 2 gilt entsprechend für Gewinnanteile aus der Beteiligung an einer ausländischen Gesellschaft, die nach den Vorschriften eines Abkommens zur Vermeidung der Doppelbesteuerung von der Besteuerung auszunehmen sind. ③ [1] Bei Anwendung des Satzes 2 finden § 16 Absatz 4 sowie § 43 Absatz 1 Satz 3 des Investmentsteuergesetzes beim Organträger Anwendung. ④ [1] Für Zwecke des Satzes 3 gilt der Organträger als Anleger im Sinne des § 2 Absatz 10 des Investmentsteuergesetzes. 8

R 15. Einkommensermittlung bei der Organgesellschaft

R 15

Ein Verlustabzug aus der Zeit vor dem Abschluss des GAV darf das Einkommen der Organgesellschaft, das sie während der Geltungsdauer des GAV bezieht, nicht mindern (§ 15 Satz 1 Nr. 1 KStG). 11

H 15

H 15

Anwendung der Zinsschranke im Organkreis. → BMF vom 4. 7. 2008, BStBl. I S. 718.[2] 13

Beteiligungserträge der Organgesellschaft. Zu den steuerfreien Beteiligungserträgen der Organgesellschaft → BMF vom 26. 8. 2003, BStBl. I S. 437 Rn. 21 ff.[3]

Dauerverlustgeschäft der Organgesellschaft (§ 8 Abs. 7 KStG). → BMF vom 12. 11. 2009, BStBl. I S. 1303 Rn. 90 ff.[4]

Spartenrechnung für die Organgesellschaft (§ 8 Abs. 9 KStG). → BMF vom 12. 11. 2009, BStBl. I S. 1303 Rn. 90 ff.[4]

---

[1] **§ 15 neue Sätze 3 und 4 erstmals anzuwenden für VZ 2018 (vgl. § 34 Abs. 6 f).**
[2] Abgedruckt als Anl zu H 8 a.
[3] Abgedruckt als Anl a zu H 14.1.
[4] Abgedruckt als Anl a zu H 4.1.

KStG

§ 16 Ausgleichszahlungen

1 **① Die Organgesellschaft hat ihr Einkommen in Höhe von $^{20}/_{17}$ der geleisteten Ausgleichszahlungen selbst zu versteuern. ② Ist die Verpflichtung zum Ausgleich vom Organträger erfüllt worden, so hat die Organgesellschaft $^{20}/_{17}$ der geleisteten Ausgleichszahlungen anstelle des Organträgers zu versteuern.**

R 16

R 16. Ausgleichszahlungen

8 (1) ① Ausgleichszahlungen, die in den Fällen der §§ 14, 17 KStG an außen stehende Anteilseigner gezahlt werden, dürfen nach § 4 Abs. 5 Satz 1 Nr. 9 EStG weder den Gewinn der Organgesellschaft noch den Gewinn des Organträgers mindern. ② Die Organgesellschaft hat ihr Einkommen i. H. v. $^{20}/_{17}$ der geleisteten Ausgleichszahlungen stets selbst zu versteuern, auch wenn die Verpflichtung zum Ausgleich von dem Organträger erfüllt worden oder ihr Einkommen negativ ist.

9 (2) ① Hat die Organgesellschaft selbst die Ausgleichszahlungen zu Lasten ihres Gewinns geleistet, ist dem Organträger das um $^{20}/_{17}$ der Ausgleichszahlungen verminderte Einkommen der Organgesellschaft zuzurechnen. ② Leistet die Organgesellschaft trotz eines steuerlichen Verlustes die Ausgleichszahlungen, erhöht sich ihr dem Organträger zuzurechnendes negatives Einkommen; die Organgesellschaft hat $^{20}/_{17}$ der Ausgleichszahlungen als (positives) Einkommen selbst zu versteuern. ③ Hat dagegen der Organträger die Ausgleichszahlungen geleistet, gilt Folgendes:

1. Das Einkommen des Organträgers wird um die Ausgleichszahlungen vermindert.
2. Die Organgesellschaft hat $^{20}/_{17}$ der Ausgleichszahlungen zu versteuern.
3. Das von der Organgesellschaft erwirtschaftete Einkommen ist dem Organträger nach § 14 Abs. 1 Satz 1 KStG zuzurechnen.

④ Satz 3 gilt auch, wenn der Organträger die Ausgleichszahlungen trotz eines steuerlichen Verlustes geleistet hat.

H 16

H 16[1]

11 **Festbetrag und weitere (feste oder variable) Zuzahlungen.** → BFH vom 4. 3. 2009, I R 1/08, BStBl. 2010 II S. 407 und → BMF vom 20. 4. 2010, BStBl. I S. 372.[2]

---

[1] **Überholt durch Neuregelung in § 14 Abs. 2 KStG.**
[2] Zuletzt abgedruckt als Anl zu H 16 im „Handbuch zur Körperschaftsteuerveranlagung 2017".

KStG

§ 17 Andere Kapitalgesellschaften als Organgesellschaft

(1) ① Die §§ 14 bis 16 gelten entsprechend, wenn eine andere als die in § 14 Absatz 1 Satz 1 bezeichnete Kapitalgesellschaft mit Geschäftsleitung im Inland und Sitz in einem Mitgliedstaat der Europäischen Union oder in einem Vertragsstaat des EWR-Abkommens sich wirksam verpflichtet, ihren ganzen Gewinn an ein anderes Unternehmen im Sinne des § 14 abzuführen. ② Weitere Voraussetzung ist, dass 1

1. eine Gewinnabführung den in § 301 des Aktiengesetzes genannten Betrag nicht überschreitet und

2.[1, 2] eine Verlustübernahme durch Verweis auf die Vorschriften des § 302 des Aktiengesetzes in seiner jeweils gültigen Fassung vereinbart wird.

(2)[3, 4] Für die Anwendung des Absatzes 1 Satz 2 Nummer 2 gilt § 34 Absatz 10b in der Fassung des Artikels 12 des Gesetzes vom 18. Dezember 2013 (BGBl. I S. 4318) entsprechend fort. 2

R 17

R 17. Andere Kapitalgesellschaften als Organgesellschaft

(1) ① Ist die Organgesellschaft eine GmbH, ist der GAV zivilrechtlich nur wirksam, wenn die Gesellschafterversammlungen der beherrschten und der herrschenden Gesellschaft dem Vertrag zustimmen und seine Eintragung in das Handelsregister der beherrschten Gesellschaft erfolgt. ② Der Zustimmungsbeschluss der Gesellschafterversammlung der beherrschten Gesellschaft bedarf der notariellen Beurkundung. 11

(2) Nach § 17 KStG ist Voraussetzung für die steuerliche Anerkennung einer anderen als der in § 14 Abs. 1 Satz 1 KStG bezeichneten Kapitalgesellschaft als Organgesellschaft, dass diese sich wirksam verpflichtet, ihren ganzen Gewinn an ein anderes Unternehmen i. S. d. § 14 KStG abzuführen, und die Gewinnabführung den in § 301 AktG genannten Betrag nicht überschreitet. 12

(3) Die Verlustübernahme muss durch den Verweis auf die Vorschriften des § 302 AktG in seiner jeweils gültigen Fassung vereinbart werden. 13

(4) → R 14.5 gilt entsprechend. 14

H 17

H 17

Verweis auf § 302 AktG in allen vor dem 27. 2. 2013 geschlossenen Gewinnabführungsverträgen. Bei einer GmbH als Organgesellschaft muss in allen vor der Verkündung des „Gesetzes zur Änderung und Vereinfachung der Unternehmensbesteuerung und des steuerlichen Reisekostenrechts" vom 26. 2. 2013 (BStBl. I S. 188) geschlossenen GAV die Verlustübernahme entsprechend § 302 AktG ausdrücklich vereinbart sein (→ BFH vom 17. 12. 1980, I R 220/78, BStBl. 1981 II S. 383 und → BFH vom 15. 9. 2010, I B 27/10, BStBl. II S. 935).[5] Zu den Übergangsregelungen für alle vor dem 27. 2. 2013 abgeschlossenen Verträge → § 34 Abs. 10b Satz 2 ff. KStG).[6] 16
Die Notwendigkeit eines Hinweises auf die Verjährungsregelung des § 302 Abs. 4 AktG[7] im GAV besteht für alle ab dem 1. 1. 2006 geschlossenen Verträge (→ BMF vom 16. 12. 2005, BStBl. 2006 I S. 12).

---

[1] § 17 Satz 2 Nr. 2 i. d. F. des Gesetzes vom 20. 2. 2013 (BGBl. I S. 285).

[2] Der Verstoß gegen die Pflicht der §§ 352, 353 HGB zur Verzinsung eines Verlustausgleichsanspruchs bzw. der Verzicht auf eine Verzinsung im Rahmen einer Organschaft hat keine Auswirkungen auf die steuerliche Anerkennung der Organschaft. *Vgl. BMF-Schrb. v. 15. 10. 2007 IV B 7 – S 2770/0, BStBl. 2007 I S. 765.*

[3] § 17 Abs. 2 betrifft VZ vor 2015.

[4] **Wortlaut des § 34 Abs. 10 b a. F.:**

(10 b) ① § 17 Satz 2 Nummer 2 in der Fassung des Artikels 2 des Gesetzes vom 20. Februar 2013 (BGBl. I S. 285) ist erstmals auf Gewinnabführungsverträge anzuwenden, die nach dem Tag des Inkrafttretens dieses Gesetzes ***[Red. Anm.:** 26. Februar 2013]* abgeschlossen oder geändert werden. ② Enthält ein Gewinnabführungsvertrag, der vor diesem Zeitpunkt wirksam abgeschlossen wurde, keinen den Anforderungen des § 17 Satz 2 Nummer 2 in der Fassung der Bekanntmachung vom 15. Oktober 2002 (BGBl. I S. 4144), das zuletzt durch Artikel 4 des Gesetzes vom 7. Dezember 2011 (BGBl. I S. 2592) geändert worden ist, entsprechenden Verweis auf § 302 des Aktiengesetzes, steht dies der Anwendung der §§ 14 bis 16 für Veranlagungszeiträume, die vor dem 1. Januar 2015 enden, nicht entgegen, wenn eine Verlustübernahme entsprechend § 302 des Aktiengesetzes tatsächlich erfolgt ist und eine Verlustübernahme entsprechend § 17 Satz 2 Nummer 2 in der Fassung des Artikels 2 des Gesetzes vom 20. Februar 2013 (BGBl. I S. 285) bis zum Ablauf des 31. Dezember 2014 wirksam vereinbart wird. ③ Für die Anwendung des Satzes 2 ist die Vereinbarung einer Verlustübernahme entsprechend § 17 Satz 2 Nummer 2 in der Fassung des Artikels 2 des Gesetzes vom 20. Februar 2013 (BGBl. I S. 285) nicht erforderlich, wenn die steuerliche Organschaft vor dem 1. Januar 2015 beendet wurde. ④ Die Änderung im Sinne des Satzes 2 eines bestehenden Gewinnabführungsvertrags gilt für die Anwendung des § 14 Absatz 1 Satz 1 Nummer 3 nicht als Neuabschluss.

[5] Zur Anpassung von Gewinnabführungsverträgen in Altfällen im Sinne des § 17 Satz 2 Nr. 2 KStG a. F. aufgrund der Änderung des § 302 AktG zum 1. Januar 2021 (Aufnahme eines dynamischen Verweises auf die Vorschriften des § 302 AktG) siehe *BMF-Schrb. v. 24. 3. 2021 IV C 2 – S 2770/21/10 001:001, BStBl. 2021 I S. 379.*

[6] **[Amtl. Anm.:]** I. d. F. des AIFM-Steuer-Anpassungsgesetzes vom 18. 12. 2013 (BGBl. I S. 4318).

[7] **[Amtl. Anm.:]** Eingefügt durch das „Gesetz zur Anpassung von Verjährungsvorschriften an das Gesetz zur Modernisierung des Schuldrechts" vom 9. 12. 2004 (BGBl I S. 3214).

H 17

noch **16**

Zivilrechtlich unwirksamer Gewinnabführungsvertrag. Entgegen § 41 Abs. 1 Satz 1 AO ist ein zivilrechtlich nicht wirksamer GAV steuerlich auch dann unbeachtlich, wenn die Vertragsparteien den Vertrag als wirksam behandelt und tatsächlich durchgeführt haben (→ BFH vom 30. 7. 1997, I R 7/97, BStBl. 1998 II S. 33).

KStG

§ 18 *(aufgehoben)*[1]

[1] § 18 aufgehoben mit Wirkung ab VZ 2012.

KStG

§ 19[1] Steuerabzug bei dem Organträger

(1) Sind bei der Organgesellschaft die Voraussetzungen für die Anwendung besonderer Tarifvorschriften erfüllt, die einen Abzug von der Körperschaftsteuer vorsehen, und unterliegt der Organträger der unbeschränkten Körperschaftsteuerpflicht, sind diese Tarifvorschriften beim Organträger so anzuwenden, als wären die Voraussetzungen für ihre Anwendung bei ihm selbst erfüllt. 1

(2) Unterliegt der Organträger der unbeschränkten Einkommensteuerpflicht, gilt Absatz 1 entsprechend, soweit für die Einkommensteuer gleichartige Tarifvorschriften wie für die Körperschaftsteuer bestehen. 2

(3) Unterliegt der Organträger nicht der unbeschränkten Körperschaftsteuer- oder Einkommensteuerpflicht, gelten die Absätze 1 und 2 entsprechend, soweit die besonderen Tarifvorschriften bei beschränkt Steuerpflichtigen anwendbar sind. 3

(4)[1] ① Ist der Organträger eine Personengesellschaft, gelten die Absätze 1 bis 3 für die Gesellschafter der Personengesellschaft entsprechend. ② Bei jedem Gesellschafter ist der Teilbetrag abzuziehen, der dem auf den Gesellschafter entfallenden Bruchteil des dem Organträger zuzurechnenden Einkommens der Organgesellschaft entspricht. 4

(5) Sind in dem Einkommen der Organgesellschaft Betriebseinnahmen enthalten, die einem Steuerabzug unterlegen haben, so ist die einbehaltene Steuer auf die Körperschaftsteuer oder die Einkommensteuer des Organträgers oder, wenn der Organträger eine Personengesellschaft ist, anteilig auf die Körperschaftsteuer oder die Einkommensteuer der Gesellschafter anzurechnen. 5

R 19. Anwendung besonderer Tarifvorschriften

R 19

(1) ① Eine besondere Tarifvorschrift i. S. d. § 19 Abs. 1 KStG ist z. B. § 26 KStG. ② Die Voraussetzungen der Steuerermäßigung müssen bei der Organgesellschaft erfüllt sein. ③ Der Abzug von der Steuer ist beim Organträger vorzunehmen. ④ Ist die Steuerermäßigung der Höhe nach auf einen bestimmten Betrag begrenzt, richtet sich dieser Höchstbetrag nach den steuerlichen Verhältnissen beim Organträger. 11

(2) Ist in dem zugerechneten Einkommen der Organgesellschaft (→ R 14.6) ein Veräußerungsgewinn i. S. d. § 16 EStG enthalten, kann der Organträger, auch wenn er eine natürliche Person ist, dafür die Steuervergünstigung des § 34 EStG nicht in Anspruch nehmen. 12

---

[1] § 19 in dieser Fassung erstmals anzuwenden für den VZ 2012 (§ 34 Abs. 7).

KStG

Drittes Kapitel. Sondervorschriften für Versicherungen und Pensionsfonds[1]

§ 20 Schwankungsrückstellungen, Schadenrückstellungen

1 **(1)[2] ① Für die Bildung der Rückstellungen zum Ausgleich des schwankenden Jahresbedarfs sind insbesondere folgende Voraussetzungen erforderlich:**

2 **1. Es muss nach den Erfahrungen in dem betreffenden Versicherungszweig mit erheblichen Schwankungen des Jahresbedarfs zu rechnen sein.**

3 **2. ① Die Schwankungen des Jahresbedarfs dürfen nicht durch die Prämien ausgeglichen werden. ② Sie müssen aus den am Bilanzstichtag bestehenden Versicherungsverträgen herrühren und dürfen nicht durch Rückversicherungen gedeckt sein.**

② Auf Schwankungsrückstellungen und ähnliche Rückstellungen im Sinne des § 341 h des Handelsgesetzbuchs ist § 6 Absatz 1 Nummer 3 a Buchstabe e des Einkommensteuergesetzes nicht anzuwenden.

4 **(2)[3] ① Bei Rückstellungen für noch nicht abgewickelte Versicherungsfälle (§ 341 g des Handelsgesetzbuchs) sind die Erfahrungen im Sinne des § 6 Abs. 1 Nr. 3 a Buchstabe a des Einkommensteuergesetzes für jeden Versicherungszweig zu berücksichtigen, für den nach aufsichtsrechtlichen Vorschriften eine gesonderte Gewinn- und Verlustrechnung aufzustellen ist. ② Die Summe der einzelbewerteten Schäden des Versicherungszweiges ist um den Betrag zu mindern (Minderungsbetrag), der wahrscheinlich insgesamt nicht zur Befriedigung der Ansprüche für die Schäden benötigt wird. ③ Für Zwecke der Sätze 1 und 2 haben die Niederlassungen der Versicherungsunternehmen im Sinne des § 341 Absatz 2 Satz 2 des Handelsgesetzbuchs die auf Grund des § 55 a des Versicherungsaufsichtsgesetzes in der am 31. Dezember 2015 geltenden Fassung erlassene Verordnung über die Berichterstattung von Versicherungsunternehmen gegenüber der Bundesanstalt für Finanzdienstleistungsaufsicht entsprechend anzuwenden.**

H 20

H 20

11 **Abzinsung der Schadenrückstellungen.** Anwendung des § 6 Abs. 1 Nr. 3 a EStG, Pauschalverfahren → BMF vom 16. 8. 2000, BStBl. I S. 1218 und → BMF vom 8. 12. 2015, BStBl. I S. 1027.[4]

Bewertung der Schadenrückstellungen. Ermittlung des Minderungsbetrags nach § 20 Abs. 2 KStG → BMF vom 5. 5. 2000, BStBl. I S. 487.

---

[1] Überschrift des Dritten Kapitels zum Zweiten Teil in dieser Fassung anzuwenden ab VZ 2016.

[2] **§ 20 Abs. 1 Satz 2 auch anzuwenden für VZ vor 2016 (§ 34 Abs. 7 a Satz 1).**

[3] Zur Anwendung von § 20 Abs. 2 siehe § 34 Abs. 7 a.

[4] Zu dem ab 2017 zulässigen Pauschalwertverfahren siehe *BMF-Schrb. v. 20. 10. 2016 IV C 6 – S 2175/07/10 001, BStBl. 2016 I S. 1145.*

§ 21[1, 2] Beitragsrückerstattungen

KStG

(1) ① **Aufwendungen für Beitragsrückerstattungen und Direktgutschriften, die für das selbst abgeschlossene Geschäft gewährt werden, sind abziehbar**

1. **in dem nach Art der Lebensversicherung betriebenen Geschäft bis zu einem Höchstbetrag, der sich auf Grundlage des nach handelsrechtlichen Vorschriften ermittelten Jahresergebnisses für das selbst abgeschlossene Geschäft ohne Berücksichtigung eines Gewinnabführungsvertrages ermittelt. ② Diese Grundlage erhöht sich um die für Beitragsrückerstattungen und Direktgutschriften aufgewendeten Beträge, soweit die Beträge das Jahresergebnis gemindert haben. ③ Sie mindert sich um den Nettoertrag des Eigenkapitals am Beginn des Wirtschaftsjahrs. ④ Als Eigenkapital gilt das nach den Vorschriften der auf Grund des § 39 des Versicherungsaufsichtsgesetzes erlassenen Verordnungen über die Berichterstattung von Versicherungsunternehmen zu ermittelnde Eigenkapital zuzüglich 10 Prozent des ungebundenen Teils der Rückstellung für Beitragsrückerstattung. ⑤ Als Nettoertrag gilt 70 Prozent der Differenz zwischen Erträgen und Aufwendungen aus Kapitalanlagen, die anteilig auf das Eigenkapital entfallen. ⑥ Dabei sind die Kapitalanlagen auszusondern, bei denen das Anlagerisiko nicht vom Versicherungsunternehmen getragen wird. ⑦ Als Höchstbetrag mindestens abziehbar sind die Aufwendungen, die auf Grund gesetzlicher Vorschriften zu gewähren sind. ⑧ Die Sätze 1 bis 7 sind für Pensionsfonds entsprechend anzuwenden,** 1
2. **in den übrigen Versicherungsgeschäften auf Grund des versicherungstechnischen Überschusses bis zur Höhe des Überschusses, der sich aus den Beitragseinnahmen nach Abzug aller anteiligen abziehbaren und nichtabziehbaren Betriebsausgaben einschließlich der Versicherungsleistungen, Rückstellungen und Rechnungsabgrenzungsposten ergibt. ② Der Berechnung des Überschusses sind die auf das Wirtschaftsjahr entfallenden Beitragseinnahmen und Betriebsausgaben des einzelnen Versicherungszweiges aus dem selbst abgeschlossenen Geschäft für eigene Rechnung zugrunde zu legen.** 2

② **Der nach Satz 1 Nummer 1 für den Abzug maßgebliche Betrag ist in dem Verhältnis abziehbar, wie die für die Beitragsrückerstattung maßgeblichen Überschüsse am Kapitalanlageergebnis im Geltungsbereich dieses Gesetzes dem Grunde nach steuerpflichtig und nicht steuerbefreit sind. ③ Ist maßgeblicher Betrag der sich nach Satz 1 Nummer 1 Satz 7 ergebende Betrag, ist Satz 2 nur für Aufwendungen aus dem Kapitalanlageergebnis anzuwenden.** 3

(2) **§ 6 Absatz 1 Nummer 3 a des Einkommensteuergesetzes ist nicht anzuwenden.** 4

H 21

H 21

Beitragsrückerstattung bei Versicherungsunternehmen. → BMF *vom 7. 3. 1978, BStBl. I S. 160*[3] und → BMF vom 14. 12. 1984, BStBl. 1985 I S. 11. 11

Erfolgsabhängige Beitragsrückerstattungen. Beitragsrückerstattungen in der Lebens- und Krankenversicherung, die sich nach dem Jahresüberschuss bemessen, sind nach § 21 KStG nur beschränkt abziehbar (→ BFH vom 7. 3. 2007, I R 61/05, BStBl. II S. 589).

Erfolgsunabhängige Beitragsrückerstattungen. Durch § 21 Abs. 3 KStG werden nur erfolgsabhängige, nicht aber erfolgsunabhängige Beitragsrückerstattungen vom Abzinsungsgebot des § 6 Abs. 1 Nr. 3 a Buchstabe e EStG ausgeschlossen. Rückstellungen für erfolgsunabhängige Beitragsrückerstattungen sind abzuzinsen (→ BFH vom 25. 11. 2009, I R 9/09, BStBl. 2010 II S. 304).

---

[1] **§ 21 in dieser Fassung erstmals anzuwenden für den VZ 2019** (§ 34 Abs. 8 Satz 2 Nr. 1); **auf Antrag bereits anwendbar für VZ 2018,** siehe dazu § 34 Abs. 8 Satz 2 Nr. 2.

[2] Fassung von **§ 21 a. F.** zuletzt abgedruckt im „Handbuch zur Körperschaftsteuerveranlagung 2018".

[3] Für Veranlagungszeiträume, für die § 21 in der jetzigen neuen Fassung (Gesetz v. 11. 12. 2018, BGBl. I S. 2338) anzuwenden ist, **ersetzt** durch *BMF v. 12. 12. 2019 IV C 2 – S 2775/19/100 001 :002, BStBl. I 2019 S. 1376.*

KStG

§ 21 a Deckungsrückstellungen

1 (1)[1] ① § 6 Abs. 1 Nr. 3 a Buchstabe e des Einkommensteuergesetzes ist von Versicherungsunternehmen und Pensionsfonds mit der Maßgabe anzuwenden, dass Deckungsrückstellungen im Sinne des § 341 f des Handelsgesetzbuchs mit dem sich für die zugrunde liegenden Verträge aus der Bestimmung in Verbindung mit § 25 der Verordnung über die Rechnungslegung von Versicherungsunternehmen oder in Verbindung mit der auf Grund des § 240 Satz 1 Nummer 10 des Versicherungsaufsichtsgesetzes erlassenen Rechtsverordnung ergebenden Höchstzinssatz oder einem niedrigeren zulässigerweise verwendeten Zinssatz abgezinst werden können. ② Für die von Schaden- und Unfallversicherungsunternehmen gebildeten Renten-Deckungsrückstellungen kann der Höchstzinssatz, der sich auf Grund der nach § 217 Satz 1 Nummer 7 des Versicherungsaufsichtsgesetzes erlassenen Rechtsverordnung ergibt, oder ein niedrigerer zulässigerweise verwendeter Zinssatz zugrunde gelegt werden.

(2) Soweit die in Absatz 1 genannten versicherungsrechtlichen Bestimmungen auf Versicherungsunternehmen mit Sitz in einem anderen Mitgliedsstaat der Europäischen Union oder in einem anderen Vertragsstaat des EWR-Abkommens keine Anwendung finden, können diese entsprechend verfahren.

§ 21 b *(aufgehoben)*[2]

[1] Zur Anwendung von § 21 a Absatz 1 siehe § 34 Abs. 8 a.

[2] **§ 21 b aufgehoben** mit Wirkung ab VZ 2016; zuletzt abgedruckt im „Handbuch zur Körperschaftsteuerveranlagung 2015".

KStG

Viertes Kapitel. Sondervorschriften für Genossenschaften

§ 22 Genossenschaftliche Rückvergütung

(1) ① Rückvergütungen der Genossenschaften an ihre Mitglieder sind nur insoweit als Betriebsausgaben abziehbar, als die dafür verwendeten Beträge im Mitgliedergeschäft erwirtschaftet worden sind. ② Zur Feststellung dieser Beträge ist der Überschuss 1

1. bei Absatz- und Produktionsgenossenschaften im Verhältnis des Wareneinkaufs bei Mitgliedern zum gesamten Wareneinkauf,

2. bei den übrigen Genossenschaften im Verhältnis des Mitgliederumsatzes zum Gesamtumsatz

aufzuteilen. ③ Der hiernach sich ergebende Gewinn aus dem Mitgliedergeschäft bildet die obere Grenze für den Abzug. ④ Überschuss im Sinne des Satzes 2 ist das um den Gewinn aus Nebengeschäften geminderte Einkommen vor Abzug der genossenschaftlichen Rückvergütungen und des Verlustabzugs.

(2) ① Voraussetzung für den Abzug nach Absatz 1 ist, dass die genossenschaftliche Rückvergütung unter Bemessung nach der Höhe des Umsatzes zwischen den Mitgliedern und der Genossenschaft bezahlt ist und dass sie 2

1. auf einem durch die Satzung der Genossenschaft eingeräumten Anspruch des Mitglieds beruht oder

2. durch Beschluss der Verwaltungsorgane der Genossenschaft festgelegt und der Beschluss den Mitgliedern bekannt gegeben worden ist oder

3. in der Generalversammlung beschlossen worden ist, die den Gewinn verteilt.

② Nachzahlungen der Genossenschaft für Lieferungen oder Leistungen und Rückzahlungen von Unkostenbeiträgen sind wie genossenschaftliche Rückvergütungen zu behandeln. 3

Übersicht

R 22

R 22. Genossenschaftliche Rückvergütung

(1) Von dem Vorliegen einer *Erwerbs- und Wirtschaftsgenossenschaft*[1] ist von der Eintragung bis zur Löschung im Genossenschaftsregister auszugehen. 11

(2) ① Preisnachlässe (Rabatte, Boni), die sowohl Mitgliedern als auch Nichtmitgliedern gewährt werden, gehören nicht zu den genossenschaftlichen Rückvergütungen. ② Sie sind abziehbare Betriebsausgaben. ③ Der Unterschied zwischen dem Preisnachlass und der genossenschaftlichen Rückvergütung besteht darin, dass der Preisnachlass bereits vor oder bei Abschluss des Rechtsgeschäfts vereinbart wird, während die genossenschaftliche Rückvergütung erst nach Ablauf des Wj. beschlossen wird. 12

(3) Eine Verpflichtung zur Einzahlung auf die Geschäftsanteile wird durch eine Regelung in der Satzung auch dann begründet, wenn die Bestimmung über Zeitpunkt und Betrag der Leistungen der Generalversammlung übertragen ist. 13

(4) ① Die genossenschaftlichen Rückvergütungen sind bei der Ermittlung des Gewinns des Wj., für das sie gewährt werden, auch dann abzuziehen bzw. in der Jahresschlussbilanz durch eine Rückstellung zu berücksichtigen, wenn sie nach Ablauf des Wj. – spätestens bei Feststellung des Jahresabschlusses durch die Generalversammlung – dem Grunde nach beschlossen werden. ② Sie müssen aber, ohne dass es dabei auf den Zeitpunkt der Aufstellung oder Errichtung der steuerlichen Gewinnermittlung ankommt, spätestens bis zum Ablauf von zwölf Monaten nach dem Ende des Wj. gezahlt oder gutgeschrieben worden sein. ③ In besonders begründeten Einzelfällen kann das Finanzamt diese Frist nach Anhörung des Prüfungsverbands verlängern. ④ Werden die genossenschaftlichen Rückvergütungen nicht innerhalb dieser Frist gezahlt oder gutgeschrieben, können sie auch im Wj. der Zahlung nicht abgezogen werden. ⑤ Die Gewährung von genossenschaftlichen Rückvergütungen darf nicht von bestimmten Voraussetzungen abhängig gemacht werden, z. B. davon, dass das Mitglied seine Zahlungsverpflichtungen gegenüber der Genossenschaft stets pünktlich erfüllt und keinen Kredit in Anspruch nimmt. ⑥ Die Aufrechnung von genossenschaftlichen Rückvergütungen mit Schulden der Genossen an die Genossenschaft wird dadurch nicht berührt. 14

(5) ① Genossenschaftliche Rückvergütungen sind nach § 22 KStG nur dann abziehbare Betriebsausgaben, wenn sie – von der für Geschäftssparten zugelassenen Ausnahme abgesehen – 15

[1] Jetzt: „Genossenschaft".

R 22 nach der Höhe des Umsatzes (Warenbezugs) bemessen und allen Mitgliedern in gleichen Prozentsätzen des Umsatzes gewährt werden. ② Eine Abstufung nach der Art der umgesetzten Waren (Warengruppen) oder nach der Höhe des Umsatzes mit den einzelnen Mitgliedern (Umsatzgruppen) ist nicht zulässig. ③ Das gilt nicht für die Umsätze der Konsumgenossenschaften in Tabakwaren, weil nach dem Tabaksteuergesetz auf die Tabakwaren im Einzelhandel weder Rabatte noch genossenschaftliche Rückvergütungen gewährt werden dürfen. ④ Die in der Regelung des Satzes 2 zum Ausdruck kommende Auffassung steht auch einer Bemessung der genossenschaftlichen Rückvergütung nach zeitlichen Gesichtspunkten entgegen. ⑤ Die Abziehbarkeit der genossenschaftlichen Rückvergütung setzt u. a. voraus, dass die Rückvergütung nach einem einheitlichen, für das ganze Wj. geltenden Prozentsatz berechnet wird. ⑥ Die genossenschaftlichen Rückvergütungen dürfen indessen für solche Geschäftssparten nach unterschiedlichen Prozentsätzen des Umsatzes bemessen werden, die als Betriebsabteilungen im Rahmen des Gesamtbetriebs der Genossenschaft eine gewisse Bedeutung haben, z. B. Bezugsgeschäft, Absatzgeschäft, Kreditgeschäft, Produktion, Leistungsgeschäft. ⑦ Dabei ist in der Weise zu verfahren, dass zunächst der im Gesamtbetrieb erzielte Überschuss i. S. v. § 22 Abs. 1 KStG im Verhältnis der Mitgliederumsätze zu den Nichtmitgliederumsätzen aufgeteilt wird. ⑧ Bei der Feststellung dieses Verhältnisses scheiden die → Nebengeschäfte, die → Hilfsgeschäfte und die → Gegengeschäfte aus. ⑨ Der errechnete Anteil des Überschusses, der auf Mitgliederumsätze entfällt, bildet die Höchstgrenze für die an Mitglieder ausschüttbaren steuerlich abziehbaren genossenschaftlichen Rückvergütungen. ⑩ Die Genossenschaft darf den so errechneten Höchstbetrag der steuerlich abziehbaren Rückvergütungen nach einem angemessenen Verhältnis auf die einzelnen Geschäftssparten verteilen und in den einzelnen Geschäftssparten verschieden hohe Rückvergütungen gewähren. ⑪ Es ist nicht zulässig, für jede einzelne Geschäftssparte die höchstzulässige abziehbare Rückvergütung an Mitglieder unter Zugrundelegung der in den einzelnen Geschäftssparten erwirtschafteten Überschüsse zu berechnen, es sei denn, es treffen verschiedenartige Umsätze, z. B. Provisionen und Warenumsätze, zusammen mit der Folge, dass in den einzelnen Geschäftssparten sowohl das Verhältnis des in der Geschäftssparte erwirtschafteten Überschusses zu dem in der Geschäftssparte erzielten Umsatz als auch das Verhältnis des in der Geschäftssparte erzielten Mitgliederumsatzes zu dem in der Geschäftssparte insgesamt erzielten Umsatz große Unterschiede aufweist. ⑫ In diesen Fällen kann wie folgt verfahren werden: ⑬ Der im Gesamtbetrieb erzielte Überschuss i. S. v. § 22 Abs. 1 KStG wird in einem angemessenen Verhältnis auf die einzelnen Geschäftssparten aufgeteilt. ⑭ Von dem danach auf die einzelne Geschäftssparte entfallenden Betrag (Spartenüberschuss) wird der auf das Mitgliedergeschäft entfallende Anteil errechnet, als ob es sich bei der Geschäftssparte um eine selbständige Genossenschaft handelte. ⑮ Die Summe der in den Geschäftssparten auf das → Mitgliedergeschäft entfallenden Anteile bildet die Höchstgrenze für die an die Mitglieder ausschüttbaren steuerlich abziehbaren genossenschaftlichen Rückvergütungen.

16 (6) ① Wird der Gewinn einer Genossenschaft z. B. auf Grund einer Betriebsprüfung nachträglich erhöht, kann die nachträgliche Ausschüttung des Mehrgewinns – soweit sich dieser in den Grenzen des § 22 KStG hält – als genossenschaftliche Rückvergütung steuerlich als Betriebsausgabe behandelt werden, wenn der Mehrgewinn in einer nach dem GenG geänderten Handelsbilanz ausgewiesen ist und die Rückvergütung ordnungsgemäß beschlossen worden ist. ② Gewinnanteile, die schon bisher in der Handelsbilanz ausgewiesen, aber in Reserve gestellt waren, dürfen mit steuerlicher Wirkung nachträglich nicht ausgeschüttet werden. ③ Das Ausschüttungsrecht ist verwirkt. ④ Wird eine bisher nach § 5 Abs. 1 Nr. 14 KStG steuerbefreite land- oder forstwirtschaftliche Nutzungs- oder Verwertungsgenossenschaft später, z. B. aufgrund der Feststellungen durch eine Betriebsprüfung, körperschaftsteuerpflichtig, können auch die bisher von der Genossenschaft in Reserve gestellten Gewinne nachträglich mit gewinnmindernder Wirkung als genossenschaftliche Rückvergütungen ausgeschüttet werden. ⑤ Die nachträglich gewährten genossenschaftlichen Rückvergütungen müssen innerhalb von drei Monaten, vom Zeitpunkt des Ausschüttungsbeschlusses an gerechnet, bezahlt werden. ⑥ Das Finanzamt kann die Frist nach Anhörung des Prüfungsverbands angemessen verlängern.

17 (7) ① Der Gewinn aus → Nebengeschäften ist, wenn er buchmäßig nachgewiesen wird, mit dem buchmäßig nachgewiesenen Betrag zu berücksichtigen. ② Kann der Gewinn aus → Nebengeschäften buchmäßig nicht nachgewiesen werden, ist der um die anteiligen Gemeinkosten geminderte Rohgewinn anzusetzen. ③ Welche Kosten den Gemeinkosten und welche Kosten den mit den → Nebengeschäften zusammenhängenden Einzelkosten zuzurechnen sind, ist nach den im Einzelfall gegebenen Verhältnissen zu entscheiden. ④ Die anteiligen Gemeinkosten können aus Vereinfachungsgründen mit dem Teilbetrag berücksichtigt werden, der sich bei Aufteilung der gesamten Gemeinkosten nach dem Verhältnis der Roheinnahmen aus → Nebengeschäften zu den gesamten Roheinnahmen ergibt. ⑤ Unter den als Aufteilungsmaßstab für die gesamten Gemeinkosten dienenden Roheinnahmen ist der Umsatz zu verstehen. ⑥ In Einzelfällen, z. B. bei Warengenossenschaften, können die gesamten Gemeinkosten statt nach den Roheinnahmen (Umsätzen) aus → Nebengeschäften nach den entsprechenden Rohgewinnen aufgeteilt werden, wenn dadurch ein genaueres Ergebnis erzielt wird. ⑦ Soweit Verluste aus einzelnen → Nebengeschäften erzielt worden sind, sind sie bei der Ermittlung des gesamten Gewinns aus → Nebengeschäften mindernd zu berücksichtigen.

(8) ① Bei Absatz- und Produktionsgenossenschaften ist der Überschuss im Verhältnis des Wareneinkaufs bei Mitgliedern zum gesamten Wareneinkauf aufzuteilen. ② Beim gesamten Wareneinkauf sind zu berücksichtigen: 18

Einkäufe bei Mitgliedern
Einkäufe bei Nichtmitgliedern } (im Rahmen von → Zweckgeschäften)

③ → Hilfsgeschäfte und → Nebengeschäfte bleiben außer Ansatz.

(9) ① Gesamtumsatz bei den übrigen *Erwerbs- und Wirtschaftsgenossenschaften*[1] (§ 22 Abs. 1 Satz 2 Nr. 2 KStG) ist die Summe der Umsätze aus → Zweckgeschäften mit Mitgliedern und Nichtmitgliedern. ② Umsätze aus → Nebengeschäften und aus → Hilfsgeschäften bleiben außer Ansatz. 19

(10) Bei Bezugs- und Absatzgenossenschaften ist der Überschuss im Verhältnis der Summe aus dem Umsatz mit Mitgliedern im Bezugsgeschäft und dem Wareneinkauf bei Mitgliedern im Absatzgeschäft zur Summe aus dem Gesamtumsatz im Bezugsgeschäft und dem gesamten Wareneinkauf im Absatzgeschäft aufzuteilen. 20

(11) Wird Mitgliedern, die der Genossenschaft im Laufe des Geschäftsjahres beigetreten sind, eine genossenschaftliche Rückvergütung auch auf die Umsätze (Einkäufe) gewährt, die mit ihnen vom Beginn des Geschäftsjahres an bis zum Eintritt getätigt worden sind, sind aus Gründen der Vereinfachung auch diese Umsätze (Einkäufe) als Mitgliederumsätze(-einkäufe) anzusehen. 21

(12) ① Übersteigt der Umsatz aus → Nebengeschäften weder 2% des gesamten Umsatzes der Genossenschaft noch 5200 Euro im Jahr, ist bei der Ermittlung der Höchstgrenze für die an Mitglieder ausschüttbaren steuerlich abziehbaren genossenschaftlichen Rückvergütungen der Gewinn aus → Nebengeschäften nicht abzusetzen. ② Hierbei ist es gleichgültig, ob der Reingewinnsatz bei → Nebengeschäften von dem Reingewinnsatz bei den übrigen Geschäften wesentlich abweicht. ③ In diesen Fällen sind die → Nebengeschäfte als → Zweckgeschäfte mit Nichtmitgliedern zu behandeln. 22

(13) Genossenschaftliche Rückvergütungen, die nach den vorstehenden Anordnungen nicht abziehbar sind, sind vGA (→ Abgrenzung). 23

H 22

H 22

Abfluss der Rückvergütung. Genossenschaftliche Rückvergütungen können nur dann als bezahlt i. S. d. § 22 Abs. 2 KStG angesehen werden, wenn der geschuldete Betrag bei der Genossenschaft abfließt und in den Herrschaftsbereich des Empfängers gelangt (→ BFH vom 1. 2. 1966, I 275/62, BStBl. III S. 321). 26
→ H 22 Darlehen; → H 22 Gutschriften.

Abgrenzung zur vGA. Im Rahmen der Prüfung des Vorliegens einer vGA bei Zahlungen der Genossenschaft an ihre Mitglieder kann auf eine Angemessenheitsprüfung nicht verzichtet werden. § 22 KStG berührt nicht die grundsätzlichen Voraussetzungen einer vGA (→ BFH vom 9. 3. 1988, I R 262/83, BStBl. II S. 592).

Beispiel zu Absatz - und Produktionsgenossenschaften (§ 22 Abs. 1 Satz 2 Nr. 1 KStG).

Der Wareneinkauf einer Absatzgenossenschaft im Rahmen von Zweckgeschäften entfällt zu 60% auf Einkäufe bei Mitgliedern:

	€
Einkommen vor Abzug aller genossenschaftlichen Rückvergütungen an Mitglieder und vor Berücksichtigung des Verlustabzugs sowie des zuzurechnenden Einkommens der Organgesellschaften	55 000
Davon ab: Gewinn aus Nebengeschäften	– 7 000
Überschuss i. S. d. § 22 Abs. 1 KStG	48 000

Als Rückvergütung an Mitglieder kann ein Betrag bis zu 60% von 48 000 € = 28 800 € vom Gewinn abgezogen werden. Wird z. B. in der Generalversammlung, die den Jahresüberschuss verteilt, beschlossen, über eine bereits im abgelaufenen Wj. gewährte Rückvergütung an Mitglieder von 12 000 € hinaus den Mitgliedern einen weiteren Betrag von 18 000 € als Rückvergütung zuzuwenden, ist das Einkommen wie folgt zu berechnen:

	€
Einkommen vor Abzug aller Rückvergütungen an Mitglieder und vor Berücksichtigung des Verlustabzugs sowie des zuzurechnenden Einkommens der Organgesellschaften	55 000
Rückvergütungen an Mitglieder (12 000 € + 18 000 € = 30 000 €) nur mit dem nach der obigen Berechnung zulässigen Höchstbetrag von	– 28 800
Es verbleiben	26 200
Verlustabzug nach § 10 d EStG	10 000
Einkommen (evtl. zuzüglich des zuzurechnenden Einkommens der Organgesellschaften)	1 6200

Die Rückvergütungen an Mitglieder sind in diesem Fall bis zur Höhe von 60% des Überschusses abzuziehen.

[1] Jetzt: „Genossenschaften".

H 22
noch 26

Bilanzierung der Rückvergütung. Mindert eine nach Ablauf des Wj. beschlossene Warenrückvergütung den Gewinn des Wj., für das die Ausschüttung der Warenrückvergütung beschlossen wird, muss in der Schlussbilanz dieses Wj. eine Rückstellung passiviert und ein sich ergebender Umsatzsteuererstattungsanspruch aktiviert werden (→ BFH vom 8. 11. 1960, I 152/59 U, BStBl. III S. 523).

Darlehen. Belassen die Mitglieder die zur Ausschüttung gelangenden genossenschaftlichen Rückvergütungen der Genossenschaft als Darlehen, können die Rückvergütungen als bezahlt i. S. v. § 22 KStG angesehen werden, wenn die folgenden Voraussetzungen erfüllt sind (→ BFH vom 28. 2. 1968, I 260/64, BStBl. II S. 458):
- Es muss für jede für ein Wj. ausgeschüttete genossenschaftliche Rückvergütung ein besonderer Darlehensvertrag abgeschlossen werden.
- Der Darlehensvertrag muss über eine bestimmte Summe lauten. Es genügt nicht, wenn lediglich auf die Rückvergütungen des betreffenden Jahres Bezug genommen wird.
- Jeder einzelne Genosse muss frei entscheiden können, ob er den Darlehensvertrag abschließen will oder nicht.

Gutschriften. Wird die Rückvergütung dem Mitglied gutgeschrieben, gilt sie nur dann als bezahlt i. S. d. § 22 KStG, wenn das Mitglied über den gutgeschriebenen Betrag jederzeit nach eigenem Ermessen verfügen kann, bei Gutschriften auf nicht voll eingezahlte Geschäftsanteile nur dann, wenn das Mitglied dadurch von einer sonst bestehenden Verpflichtung zur Einzahlung auf seine Geschäftsanteile befreit wird (→ BFH vom 21. 7. 1976, I R 147/74, BStBl. 1977 II S. 46).

Molkereigenossenschaft. Für die Abgrenzung der Milchgeldnachzahlungen von den genossenschaftlichen Rückvergütungen ist von den gleichen Grundsätzen auszugehen, wie sie für vGA gelten. Es kommt grundsätzlich darauf an, ob die Nachzahlungen an Nichtmitglieder und Mitglieder zu denselben Bedingungen geleistet werden und die Nichtmitglieder über die gutgeschriebenen Nachzahlungen frei verfügen dürfen (→ BFH vom 18. 12. 1963, I 187/62 U, BStBl. 1964 III S. 211).

Unterscheidung und Bestimmung von Gegen-, Hilfs-, Mitglieder-, Neben- und Zweckgeschäft. → R 5.11 Abs. 6.

Dritter Teil. Tarif; Besteuerung bei ausländischen Einkunftsteilen

KStG

§ 23 Steuersatz

(1) **Die Körperschaftsteuer beträgt 15 Prozent des zu versteuernden Einkommens.** 1

(2) **Wird die Einkommensteuer auf Grund der Ermächtigung des § 51 Abs. 3 des Einkommensteuergesetzes herabgesetzt oder erhöht, so ermäßigt oder erhöht sich die Körperschaftsteuer entsprechend.** 2

R 23. Ermäßigte Besteuerung bei Einkünften aus außerordentlichen Holznutzungen infolge höherer Gewalt

R 23

① Bei Körperschaften, Personenvereinigungen und Vermögensmassen kann die Körperschaftsteuer, soweit sie auf Kalamitätsnutzungen i. S. d. § 34b Abs. 1 Nr. 2 EStG entfällt, auf die Hälfte ermäßigt werden, wenn die volle Besteuerung zu Härten führen würde. ② Die R 34b.1 bis 34b.3 und 34b.5 bis 34b.8 EStR sind sinngemäß anzuwenden. 10

KStG

§ 24 Freibetrag für bestimmte Körperschaften

1 **① Vom Einkommen der steuerpflichtigen Körperschaften, Personenvereinigungen oder Vermögensmassen ist ein Freibetrag von 5000 Euro, höchstens jedoch in Höhe des Einkommens, abzuziehen. ② Satz 1 gilt nicht**

2 **1. für Körperschaften und Personenvereinigungen, deren Leistungen bei den Empfängern zu den Einnahmen im Sinne des § 20 Abs. 1 Nr. 1 oder 2 des Einkommensteuergesetzes gehören,**

2. für Vereine im Sinne des § 25,

3.[1] für Investmentfonds im Sinne des § 1 des Investmentsteuergesetzes und Spezial-Investmentfonds im Sinne des § 26 des Investmentsteuergesetzes, deren Leistungen bei den Empfängern zu den Einnahmen im Sinne des § 20 Absatz 1 Nummer 3 oder 3 a des Einkommensteuergesetzes gehören.

R 24

R 24. Freibetrag für bestimmte Körperschaften

11 (1) ① § 24 KStG findet Anwendung bei steuerpflichtigen Körperschaften, Personenvereinigungen und Vermögensmassen, deren Leistungen bei den Empfängern nicht zu den Einnahmen i. S. d. § 20 Abs. 1 Nr. 1 und 2 EStG gehören, es sei denn, dass sie den Freibetrag nach § 25 KStG beanspruchen können. ② Die Regelung des § 24 KStG gilt auch in den Fällen einer teilweisen Steuerpflicht, z. B. bei:

1. JPöR mit ihren BgA, Versicherungsvereinen auf Gegenseitigkeit, Stiftungen.
2. Gemeinnützigen Körperschaften i. S. d. § 5 Abs. 1 Nr. 9 KStG mit steuerpflichtigen wirtschaftlichen Geschäftsbetrieben, außer wenn sie die Rechtsform einer Kapitalgesellschaft, einer Genossenschaft oder eines wirtschaftlichen Vereins haben, der Mitgliedschaftsrechte gewährt, die einer kapitalmäßigen Beteiligung gleichstehen.
3. Steuerbefreiten Pensions- oder Unterstützungskassen, die die Rechtsform eines Vereins oder einer Stiftung haben und wegen Überdotierung teilweise zu besteuern sind (§ 5 Abs. 1 Nr. 3 i. V. m. § 6 KStG). ② Obwohl es sich zumindest bei einer Pensionskasse um einen wirtschaftlichen Verein handelt, kommt hier ein Freibetrag in Betracht, weil sie keine mitgliedschaftlichen Rechte gewährt, die einer kapitalmäßigen Beteiligung gleichstehen.

③ Wegen der Anwendung der Freibetragsregelung des § 24 KStG auf das Einkommen eines Berufsverbands und der Nichtanwendung auf die Bemessungsgrundlage für die besondere Körperschaftsteuer i. S. d. § 5 Abs. 1 Nr. 5 Satz 4 KStG → R 5.7 Abs. 7. ④ Ausgeschlossen ist die Anwendung des Freibetrags nach § 24 KStG z. B. in den Fällen von:

1. Gemeinnützigen Körperschaften i. S. d. § 5 Abs. 1 Nr. 9 KStG mit steuerpflichtigen wirtschaftlichen Geschäftsbetrieben, wenn sie die Rechtsform einer Kapitalgesellschaft haben.
2. Steuerbefreiten Pensions- oder Unterstützungskassen, die die Rechtsform einer Kapitalgesellschaft haben und wegen Überdotierung teilweise zu besteuern sind (§ 5 Abs. 1 Nr. 3 i. V. m. § 6 KStG).
3. Vermietungsgenossenschaften oder Siedlungsunternehmen mit teilweiser Steuerpflicht (§ 5 Abs. 1 Nr. 10 und 12 KStG). ② Das gilt auch, wenn diese Unternehmen in der Rechtsform eines Vereins betrieben werden, da es sich um einen wirtschaftlichen Verein handelt, der seinen Mitgliedern beteiligungsähnliche Rechte gewährt.

12 (2) ① Körperschaften, Personenvereinigungen und Vermögensmassen i. S. d. Absatzes 1, deren Einkommen den Freibetrag von 5 000 Euro nicht übersteigt, sind nicht zu veranlagen (NV-Fall) und haben Anspruch auf Erteilung einer NV-Bescheinigung. ② Das gilt auch für die Fälle der → R 31 Abs. 1.

H 24

H 24

15 **Nichtanwendung des Freibetrags nach § 24 KStG.** § 24 KStG ist bei steuerpflichtigen Körperschaften, Personenvereinigungen und Vermögensmassen, deren Leistungen bei den Empfängern zu den Einnahmen i. S. d. § 20 Abs. 1 Nr. 1 und 2 EStG gehören, nicht anzuwenden (→ BFH vom 5. 6. 1985, I R 163/81, BStBl. II S. 634). Das gilt auch, wenn die Körperschaften auf Dauer keine Ausschüttungen vornehmen oder nur teilweise steuerpflichtig sind (→ BFH vom 24. 1. 1990, I R 33/86, BStBl. II S. 470).

---

[1] § 24 Satz 2 Nr. 3 erstmals anzuwenden für **VZ 2019** (§ 34 Abs. 8 b).

KStG

§ 25 Freibetrag für Genossenschaften sowie Vereine, die Land- und Forstwirtschaft betreiben

(1) ① Vom Einkommen der steuerpflichtigen Genossenschaften sowie der steuerpflichtigen Vereine, deren Tätigkeit sich auf den Betrieb der Land- und Forstwirtschaft beschränkt, ist ein Freibetrag in Höhe von 15 000 Euro, höchstens jedoch in Höhe des Einkommens, im Veranlagungszeitraum der Gründung und in den folgenden neun Veranlagungszeiträumen abzuziehen. ② Voraussetzung ist, dass 1

1. die Mitglieder der Genossenschaft oder dem Verein Flächen zur Nutzung oder für die Bewirtschaftung der Flächen erforderliche Gebäude überlassen und

2. a) bei Genossenschaften das Verhältnis der Summe der Werte der Geschäftsanteile des einzelnen Mitglieds zu der Summe der Werte aller Geschäftsanteile,

b) bei Vereinen das Verhältnis des Werts des Anteils an dem Vereinsvermögen, der im Falle der Auflösung des Vereins an das einzelne Mitglied fallen würde, zu dem Wert des Vereinsvermögens

nicht wesentlich von dem Verhältnis abweicht, in dem der Wert der von dem einzelnen Mitglied zur Nutzung überlassenen Flächen und Gebäude zu dem Wert der insgesamt zur Nutzung überlassenen Flächen und Gebäude steht.

(2) Absatz 1 Satz 1 gilt auch für steuerpflichtige Genossenschaften sowie für steuerpflichtige Vereine, die eine gemeinschaftliche Tierhaltung im Sinne des § 51 a des Bewertungsgesetzes[1] betreiben. 2

R 25

R 25. Freibetrag für *Erwerbs- und Wirtschaftsgenossenschaften*[2] sowie Vereine, die Land- und Forstwirtschaft betreiben

Genossenschaften sowie Vereine, deren Einkommen den nach § 25 KStG zu gewährenden Freibetrag von 15 000 Euro nicht übersteigt, sind nicht zu veranlagen (NV-Fall) und haben Anspruch auf Erteilung einer NV-Bescheinigung. 10

---

[1] Fassung von Abs. 2 ab VZ 2025 siehe Geschlossene Wiedergabe.

[2] Jetzt: „Genossenschaften".

KStG

§ 26[1] Steuerermäßigung bei ausländischen Einkünften[2]

1 **(1) ① Für die Anrechnung einer der deutschen Körperschaftsteuer entsprechenden ausländischen Steuer auf die deutsche Körperschaftsteuer und für die Berücksichtigung anderer Steuerermäßigungen bei ausländischen Einkünften gelten vorbehaltlich des Satzes 2 und des Absatzes 2 die folgenden Bestimmungen entsprechend:**

1. bei unbeschränkt Steuerpflichtigen § 34c Absatz 1 bis 3 und 5 bis 7 und § 50d Absatz 10 des Einkommensteuergesetzes sowie

2. bei beschränkt Steuerpflichtigen § 50 Absatz 3 und § 50d Absatz 10 des Einkommensteuergesetzes.

② Dabei ist auf Bezüge im Sinne des § 8b Absatz 1 Satz 1, die auf Grund des § 8b Absatz 1 Satz 2 und 3 bei der Ermittlung des Einkommens nicht außer Ansatz bleiben, vorbehaltlich des Absatzes 2 § 34c Absatz 1 bis 3 und 6 Satz 6 des Einkommensteuergesetzes entsprechend anzuwenden.

2 **(2) ① Abweichend von § 34c Absatz 1 Satz 2 des Einkommensteuergesetzes ist die auf die ausländischen Einkünfte entfallende deutsche Körperschaftsteuer in der Weise zu ermitteln, dass die sich bei der Veranlagung des zu versteuernden Einkommens, einschließlich der ausländischen Einkünfte, ohne Anwendung der §§ 37 und 38 ergebende deutsche Körperschaftsteuer im Verhältnis dieser ausländischen Einkünfte zur Summe der Einkünfte aufgeteilt wird. ② Bei der entsprechenden Anwendung von § 34c Absatz 2 des Einkommensteuergesetzes ist die ausländische Steuer abzuziehen, soweit sie auf ausländische Einkünfte entfällt, die bei der Ermittlung der Einkünfte nicht außer Ansatz bleiben. ③ § 34c Absatz 6 Satz 3 des Einkommensteuergesetzes ist auch auf Einkünfte entsprechend anzuwenden, die auf Grund einer Verordnung oder Richtlinie der Europäischen Union in einem anderen Mitgliedstaat der Europäischen Union nicht besteuert werden.**

KStDV

§ 5 *(aufgehoben)*[3]

10

R 26

R 26. Steuerermäßigung bei ausländischen Einkünften

11 (1) ① Bei der Steueranrechnung nach § 26 KStG, die keinen Antrag voraussetzt, handelt es sich um die Anrechnung ausländischer Steuern vom Einkommen, zu denen eine unbeschränkt steuerpflichtige Körperschaft, Personenvereinigung oder Vermögensmasse im Ausland herangezogen wurde oder die für ihre Rechnung einbehalten worden sind, auf die deutsche Körperschaftsteuer. ② Für die Ermittlung der auf die ausländischen Einkünfte entfallenden deutschen Körperschaftsteuer ist die Tarifbelastung vor Abzug der anzurechnenden ausländischen Steuern zugrunde zu legen; die Summe der Einkünfte ist entsprechend dem in → R 7.1 enthaltenen Berechnungsschema zu ermitteln. ③ Zur direkten Steueranrechnung bei beschränkter Steuerpflicht → Absatz 4.

12 (2) Die Pauschalierung der anzurechnenden Körperschaftsteuer nach dem Pauschalierungserlass vom 10. 4. 1984 (BStBl. I S. 252) ist nicht zulässig.

13 (3)[4] ① Stammen Einkünfte aus einem ausländischen Staat, mit dem ein DBA besteht, kann eine Steueranrechnung (§ 26 Abs. 1 KStG) oder ein wahlweiser Abzug der ausländischen Steuern bei der Ermittlung der Einkünfte nur unter Beachtung der Vorschriften des maßgeblichen DBA vorgenommen werden. ② Ggfs. kann auch die Anrechnung fiktiver Steuerbeträge in Betracht kommen. ③ Sieht ein DBA nur die Anrechnung ausländischer Steuern vor, kann dennoch auf Antrag das nach innerstaatlichem Recht eingeräumte Wahlrecht eines Abzugs der ausländischen Steuern bei der Ermittlung der Einkünfte beansprucht werden. ④[5] Das Wahlrecht muss für die gesamten Einkünfte aus einem ausländischen Staat einheitlich ausgeübt werden. ⑤ Über den Rahmen bestehender DBA hinaus kann eine Anrechnung oder ein Abzug ausländischer Steuern in Betracht kommen, wenn das DBA die Doppelbesteuerung nicht beseitigt oder sich nicht auf die fragliche Steuer vom Einkommen dieses Staates bezieht. ⑥ Bei negativen ausländischen Einkünften i. S. d. § 2a EStG aus einem ausländischen Staat, mit dem ein DBA besteht, ist auf Antrag anstelle einer im DBA vorgesehenen Anrechnung ein Abzug der ausländischen Steuern entsprechend § 34c Abs. 2 EStG möglich.

---

[1] § 26 in dieser Fassung ist erstmals auf Einkünfte und Einkunftsteile anzuwenden, die nach dem 31. Dezember 2013 zufließen (§ 34 Abs. 9 Satz 1); für Zufluss vor dem 1. Januar 2014 gilt Abs. 2 Satz 1 in allen Fällen, in denen die KSt noch nicht bestandskräftig festgesetzt ist (§ 34 Abs. 9 Satz 2).

[2] Beachte auch das Außensteuergesetz v. 8. 9. 1972 (BGBl. I S. 1713) mit Änderungen, sowie Anwendungserlass (AEAStG) = BMF-Schrb. betr. Grundsätze zur Anwendung des Außensteuergesetzes v. 14. 5. 2004 I VB 4 – S 1340 – 11/04 (BStBl. 2004 I Sondernummer 1); abgedruckt in der Textausgabe „Steuergesetze" sowie „Steuererlasse", jeweils unter **Nr. 725.**

[3] § 5 KStDV und Anlage zu § 5 KStDV aufgehoben durch VO v. 17. 11. 2010 (BGBl. I S. 1544).

[4] Alle DBA abgedruckt in der Textausgabe „Doppelbesteuerungsabkommen".

[5] Zur Ausübung des Wahlrechts im Organkreis vgl. *OFD Frankfurt/M. v. 15. 1. 2018 S 2770 A-58-St 51, DB 2018 S. 347.*

R 26

(4) Sind Körperschaften, Personenvereinigungen und Vermögensmassen beschränkt steuerpflichtig (§ 2Nr. 1 KStG), ist nach § 26 Abs. 1 KStG i. V. m. § 50 Abs. 3 EStG unter den dort genannten Voraussetzungen die direkte Steueranrechnung (§ 34 c Abs. 1 EStG) oder der Steuerabzug (§ 34 c Abs. 2 und 3 EStG) möglich. 14

KStG

Vierter Teil. Nicht in das Nennkapital geleistete Einlagen und Entstehung und Veranlagung

§ 27[1] Nicht in das Nennkapital geleistete Einlagen

1 (1)[2] ①**Die unbeschränkt steuerpflichtige Kapitalgesellschaft hat die nicht in das Nennkapital geleisteten Einlagen am Schluss jedes Wirtschaftsjahrs auf einem besonderen Konto (steuerliches Einlagekonto) auszuweisen.** ②**Das steuerliche Einlagekonto ist ausgehend von dem Bestand am Ende des vorangegangenen Wirtschaftsjahrs um die jeweiligen Zu- und Abgänge des Wirtschaftsjahrs fortzuschreiben.** ③**Leistungen der Kapitalgesellschaft mit Ausnahme der Rückzahlung von Nennkapital im Sinne des § 28 Abs. 2 Satz 2 und 3 mindern das steuerliche Einlagekonto unabhängig von ihrer handelsrechtlichen Einordnung nur, soweit sie den auf den Schluss des vorangegangenen Wirtschaftsjahrs ermittelten ausschüttbaren Gewinn übersteigen (Einlagenrückgewähr).** ④**Der Bestand des steuerlichen Einlagekontos kann durch Leistungen nicht negativ werden; Absatz 6 bleibt unberührt.** ⑤**Als ausschüttbarer Gewinn gilt das um das gezeichnete Kapital geminderte in der Steuerbilanz ausgewiesene Eigenkapital abzüglich des Bestands des steuerlichen Einlagekontos.**

2 (2) ①**Der unter Berücksichtigung der Zu- und Abgänge des Wirtschaftsjahrs ermittelte Bestand des steuerlichen Einlagekontos wird gesondert festgestellt.** ②**Der Bescheid über die gesonderte Feststellung ist Grundlagenbescheid für den Bescheid über die gesonderte Feststellung zum folgenden Feststellungszeitpunkt.** ③**Bei Eintritt in die unbeschränkte Steuerpflicht ist der zum Zeitpunkt des Eintritts in die Steuerpflicht vorhandene Bestand der nicht in das Nennkapital geleisteten Einlagen gesondert festzustellen; der gesondert festgestellte Bestand gilt als Bestand des steuerlichen Einlagekontos am Ende des vorangegangenen Wirtschaftsjahrs.** ④**Kapitalgesellschaften haben auf den Schluss jedes Wirtschaftsjahrs Erklärungen zur gesonderten Feststellung von Besteuerungsgrundlagen abzugeben.** ⑤**Die Erklärungen sind von den in § 34 der Abgabenordnung bezeichneten Personen eigenhändig zu unterschreiben.**

3 (3) ①**Erbringt eine Kapitalgesellschaft für eigene Rechnung Leistungen, die nach Absatz 1 Satz 3 als Abgang auf dem steuerlichen Einlagekonto zu berücksichtigen sind, so ist sie verpflichtet, ihren Anteilseignern die folgenden Angaben nach amtlich vorgeschriebenem Muster zu bescheinigen:**

1. den Namen und die Anschrift des Anteilseigners,

2. die Höhe der Leistungen, soweit das steuerliche Einlagekonto gemindert wurde,

3. den Zahlungstag.

②**Die Bescheinigung braucht nicht unterschrieben zu werden, wenn sie in einem maschinellen Verfahren ausgedruckt worden ist und den Aussteller erkennen lässt.**

4 (4) ①**Ist die in Absatz 1 bezeichnete Leistung einer Kapitalgesellschaft von der Vorlage eines Dividendenscheins abhängig und wird sie für Rechnung der Kapitalgesellschaft durch ein inländisches Kreditinstitut erbracht, so hat das Institut dem Anteilseigner eine Bescheinigung mit den in Absatz 3 Satz 1 bezeichneten Angaben nach amtlich vorgeschriebenem Muster zu erteilen.** ②**Aus der Bescheinigung muss ferner hervorgehen, für welche Kapitalgesellschaft die Leistung erbracht wird.** ③**Die Sätze 1 und 2 gelten entsprechend, wenn anstelle eines inländischen Kreditinstituts eine inländische Zweigniederlassung eines der in § 53 b Absatz 1 oder 7 des Kreditwesengesetzes genannten Unternehmen die Leistung erbringt.**

5 (5) ①**Ist für eine Leistung der Kapitalgesellschaft die Minderung des Einlagekontos zu niedrig bescheinigt worden, bleibt die der Bescheinigung zugrunde gelegte Verwendung unverändert.** ②**Ist für eine Leistung bis zum Tag der Bekanntgabe der erstmaligen Feststellung im Sinne des Absatzes 2 zum Schluss des Wirtschaftsjahrs der Leistung eine Steuerbescheinigung im Sinne des Absatzes 3 nicht erteilt worden, gilt der Betrag der Einlagenrückgewähr als mit 0 Euro bescheinigt.** ③**In den Fällen der Sätze 1 und 2 ist eine Berichtigung oder erstmalige Erteilung von Steuerbescheinigungen im Sinne des Absatzes 3 nicht zulässig.** ④**In anderen Fällen ist die auf den überhöht ausgewiesenen Betrag der Einlagenrückgewähr entfallende Kapitalertragsteuer durch Haftungsbescheid geltend zu machen; § 44 Abs. 5 Satz 1 zweiter Halbsatz des Einkommensteuergesetzes gilt insoweit nicht.** ⑤**Die Steuerbescheinigungen können berichtigt werden.** ⑥**Die Feststellung im Sinne des Absatzes 2 für das Wirtschaftsjahr, in dem die entsprechende Leistung erfolgt ist, ist an die der Kapitalertragsteuerhaftung nach Satz 4 zugrunde gelegte Einlagenrückgewähr anzupassen.**

---

[1] **§ 27 in der Fassung des SEStEG,** erstmals anzuwenden ab VZ 2006.

[2] Fassung von Abs. 1 Satz 3 ab VZ 2022 siehe Geschlossene Wiedergabe.

KStG

(6)[1] **Minderabführungen erhöhen und Mehrabführungen mindern das Einlagekonto einer Organgesellschaft, wenn sie ihre Ursache in organschaftlicher Zeit haben.** 6

(7)[2] **Die vorstehenden Absätze gelten sinngemäß für andere unbeschränkt steuerpflichtige Körperschaften und Personenvereinigungen, die Leistungen im Sinne des § 20 Abs. 1 Nr. 1, 9 oder Nr. 10 des Einkommensteuergesetzes gewähren können.** 7

(8)[3] ① **Eine Einlagenrückgewähr können auch Körperschaften oder Personenvereinigungen erbringen, die in einem anderen Mitgliedstaat der Europäischen Union der unbeschränkten Steuerpflicht unterliegen, wenn sie Leistungen im Sinne des § 20 Abs. 1 Nr. 1 oder 9 des Einkommensteuergesetzes gewähren können. ② Die Einlagenrückgewähr ist in entsprechender Anwendung der Absätze 1 bis 6 und der §§ 28 und 29 zu ermitteln. ③ Der als Leistung im Sinne des Satzes 1 zu berücksichtigende Betrag wird auf Antrag der Körperschaft oder Personenvereinigung für den jeweiligen Veranlagungszeitraum gesondert festgestellt. ④ Der Antrag ist nach amtlich vorgeschriebenem Vordruck bis zum Ende des Kalenderjahrs zu stellen, das auf das Kalenderjahr folgt, in dem die Leistung erfolgt ist. ⑤ Zuständig für die gesonderte Feststellung ist die Finanzbehörde, die im Zeitpunkt der Abgabe des Antrags nach § 20 der Abgabenordnung für die Besteuerung nach dem Einkommen örtlich zuständig ist. ⑥ Bei Körperschaften oder Personenvereinigungen, für die im Zeitpunkt der Antragstellung nach § 20 der Abgabenordnung keine Finanzbehörde zuständig ist, ist abweichend von Satz 5 das Bundeszentralamt für Steuern zuständig. ⑦ Im Antrag sind die für die Berechnung der Einlagenrückgewähr erforderlichen Umstände darzulegen. ⑧ In die Bescheinigung nach Absatz 3 ist das Aktenzeichen der nach Satz 5 oder 6 zuständigen Behörde aufzunehmen. ⑨ Soweit Leistungen nach Satz 1 nicht gesondert festgestellt worden sind, gelten sie als Gewinnausschüttung, die beim Anteilseigner zu Einnahmen im Sinne des § 20 Abs. 1 Nr. 1 oder 9 des Einkommensteuergesetzes führen.** 8

Übersicht

H 27

H 27

Abflusszeitpunkt. Eine Gewinnausschüttung ist verwirklicht, wenn bei der Körperschaft der Vermögensminderung entsprechende Mittel abgeflossen sind oder eine Vermögensmehrung verhindert worden ist (→ BFH vom 20.8. 1986, I R 87/83, BStBl. 1987 II S.75, → BFH vom 9.12.1987, I R 260/83, BStBl. 1988 II S.460, → BFH vom 14.3.1989, I R 8/85, BStBl. II S.633, → BFH vom 12.4.1989, I R 142–143/85, BStBl. II S.636, → BFH vom 28.6.1989, I R 89/85, BStBl. II S.854 und → BFH vom 30.1.2013, I R 35/11, BStBl. II S.560). 12

Bei einer verhinderten Vermögensmehrung tritt der Vermögensabfluss in dem Augenblick ein, in dem die verhinderte Vermögensmehrung bei einer unterstellten angemessenen Entgeltvereinbarung sich nach den allgemeinen Realisationsgrundsätzen gewinnerhöhend ausgewirkt hätte (→ BFH vom 23. 6. 1993, I R 72/92, BStBl. II S. 801).

Eine Gewinnausschüttung kann auch in der Umwandlung eines Dividendenanspruchs in eine Darlehensforderung liegen (→ BFH vom 9. 12. 1987, I R 260/83, BStBl. 1988 II S. 460). Eine Gewinnausschüttung ist grundsätzlich auch dann abgeflossen, wenn die Gewinnanteile dem Gesellschafter auf Verrechnungskonten, über die die Gesellschafter vereinbarungsgemäß frei verfügen können, bei der Gesellschaft gutgeschrieben worden sind (→ BFH vom 11. 7. 1973, I R 144/71, BStBl. II S. 806).

Eine Gewinnausschüttung ist grundsätzlich auch dann abgeflossen, wenn die Gesellschafter ihre Gewinnanteile im Zusammenhang mit der Ausschüttung aufgrund vertraglicher Vereinbarungen z. B. als Einlage in die Körperschaft zur Erhöhung des Geschäftsguthabens bei einer Genossenschaft verwenden (→ BFH vom 21. 7. 1976, I R 147/74, BStBl. 1977 II S. 46).

Bindung an die Feststellungen des Bestands des steuerlichen Einlagekontos auf Ebene der Gesellschafter. Die gesonderte Feststellung des Bestands des steuerlichen Einlagekontos einer Kapitalgesellschaft gem. § 27 Abs. 2 KStG entfaltet grundsätzlich keine unmittelbare Bindungswirkung i. S. d. § 182 AO, aber über § 20 Abs. 1 Nr. 1 Satz 3 EStG materiellrechtliche Bindungswirkung für die Anteilseigner (→ BFH vom 19. 5. 2010, I R 51/09, BStBl. 2014 II S. 937).

Regiebetrieb. Umfang und Zeitpunkt des Zugangs zu dem steuerlichen Einlagekonto bei Jahresverlust eines BgA, der als Regiebetrieb geführt wird (→ BFH vom 11. 9. 2013, I R 77/11, BStBl. 2015 II S. 161).

[1] Fassung des neu eingefügten Abs. 6 Satz 2 ab VZ 2022 siehe Geschlossene Wiedergabe.
[2] Auf Stiftungen des privaten Rechts findet § 27 KStG keine Anwendung. *Vfg. LfSt Niedersachsen v. 26. 9. 2019 S 2836-1-St 241, DB 2019 S. 2268.*
[3] Siehe auch *BMF-Schrb. v. 4. 4. 2016 IV C 2 – S 2836/08/100 002, 2016/0 316 743, BStBl. 2016 I S. 468.*

Steuerliches Einlagekonto. → BMF vom 4. 6. 2003, BStBl. I S. 366.[1]

Steuerliches Einlagekonto bei Betrieben gewerblicher Art.[2] → *BMF vom 9. 1. 2015, BStBl. I S. 111.*[3]
Verluste, die ein als Regiebetrieb geführter BgA erzielt, gelten im Verlustjahr als durch die Trägerkörperschaft ausgeglichen und führen zu einem Zugang in entsprechender Höhe im steuerlichen Einlagekonto (→ BFH vom 23. 1. 2008, I R 18/07, BStBl. II S. 573).
In die Differenzrechnung des § 27 Abs. 1 Satz 3 KStG sind – von Kapitalherabsetzungen abgesehen – sämtliche Transferleistungen des Eigenbetriebs an seine Trägerkörperschaft, die nicht auf der Grundlage eines steuerlich anzuerkennenden (fiktiven) gegenseitigen Vertrages erbracht werden, einzubeziehen. Allein der Ausschüttungsbeschluss führt zu einem Abfluss der entsprechenden Leistung beim BgA und damit zu einer Minderung des steuerlichen Einlagekontos (→ BFH vom 16. 11. 2011, I R 108/09, BStBl. 2013 II S. 328).

Steuerliches Einlagekonto bei Gewinnausschüttungen im Rückwirkungszeitraum (§ 2 UmwStG). → BMF vom 11. 11. 2011, BStBl. I S. 1314, Rn. 02.27 und 02.34.[4]

Steuerliches Einlagekonto bei wirtschaftlichen Geschäftsbetrieben. → *BMF vom 10. 11. 2005, BStBl. I S. 1029.*[5]

Unterjährige Zugänge. Unterjährige Zugänge zum steuerlichen Einlagekonto stehen nicht für Leistungen im gleichen Jahr zur Verfügung (→ BFH vom 30. 1. 2013, I R 35/11, BStBl. II S. 560).

Verluste in dem in Artikel 3 des Einigungsvertrags genannten Gebiet. → R 35 KStR.

Anl zu H 27

Schreiben betr. steuerliches Einlagekonto (Anwendung der §§ 27 und 28 KStG 2002)[6]

Vom 4. Juni 2003 (BStBl. I S. 366)

(BMF IV A 2 – S 2836 – 2/03)

Unter Bezugnahme auf das Ergebnis der Erörterungen mit den obersten Finanzbehörden der Länder gilt für die Anwendung der §§ 27 und 28 KStG 2002[7] Folgendes:

A. Steuerliches Einlagekonto (§ 27 KStG)

I. Allgemeines

20 **1** Wie im bisherigen Recht führt die Rückgewähr von nicht in das Nennkapital geleisteten Einlagen grundsätzlich nicht zu steuerpflichtigen Beteiligungserträgen der Anteilseigner. Um dies zu gewährleisten, bestimmt § 27 KStG, dass diese Einlagen außerhalb der Steuerbilanz auf einem besonderen Konto erfasst werden.

II. Persönlicher Anwendungsbereich

21 **2** Ein Einlagekonto haben unter der Voraussetzung der unbeschränkten Körperschaftsteuerpflicht zu führen:
a) Kapitalgesellschaften (§ 1 Abs. 1 Nr. 1 KStG);
b) Sonstige Körperschaften, die Leistungen i. S. des § 20 Abs. 1 Nr. 1 EStG gewähren können;
c) Körperschaften und Personenvereinigungen, die Leistungen i. S. des § 20 Abs. 1 Nr. 9 bzw. 10 EStG gewähren können.

Bei den unter Buchstabe a) und b) genannten Körperschaften handelt es sich um die ehemals zur Gliederung des verwendbaren Eigenkapitals verpflichteten unbeschränkt steuerpflichtigen Körperschaften. Unter Buchstabe b) fallen in erster Linie die Erwerbs- und Wirtschaftsgenossenschaften (§ 1 Abs. 1 Nr. 2 KStG) sowie Realgemeinden und wirtschaftliche Vereine, die Mitgliedschaftsrechte gewähren, welche einer kapitalmäßigen Beteiligung gleichstehen. Wegen der Führung des Einlagekontos bei Betrieben gewerblicher Art von juristischen Personen des öffentlichen Rechts bei Leistungen i. S. des § 20 Abs. 1 Nr. 10 EStG wird auf das BMF-Schreiben vom 11. September 2002 (BStBl. I S. 935) verwiesen.

3 Beschränkt steuerpflichtige Körperschaften haben kein Einlagekonto zu führen.
Das Einlagekonto ist auch von Körperschaften und Personenvereinigungen zu führen, bei denen Ausschüttungen ausgeschlossen sind.

---

[1] Nachstehend abgedruckt als Anl zu H 27.
[2] Zu den Auswirkungen eines zwischenzeitlichen Unterschreitens der Umsatz-/Gewinngrenzen vgl. *BayLfSt v. 28. 6. 2012 KSt-Kartei § 4 KStG Karte 3.7.*
[3] **Ersetzt** durch *BMF -Schrb. v. 28. 1. 2019 IV C 2 – S 2706-a/15/10 001, BStBl. I 2019 S. 97.*
[4] Abgedruckt im **Anhang I 2 a.**
[5] Siehe jetzt *BMF-Schrb. v. 2. 2. 2016, BStBl. 2016 I S. 200* sowie Neufassung der Rdnr. 2 durch *BMF-Schrb. v. 21. 7. 2016 IV C 2-S 2706-a/14/10 001, BStBl. 2016 I S. 685.*
[6] **[Amtl. Anm.:]** KStG 2002 = KStG n. F.
KStG 1999 = KStG a. F.
[7] **[Amtl. Anm.:** Zur Anwendung des § 29 KStG vgl. gesondert ergehendes BMF-Schreiben zu den Änderungen des Umwandlungssteuerrechts.**]** *Siehe jetzt BMF-Schrb. v. 16. 12. 2003,* zuletzt abgedruckt im „Handbuch zur Körperschaftsteuerveranlagung 2010“ im Anhang I 2 e.

III. Ermittlung und Fortschreibung des steuerlichen Einlagekontos

1. Anfangsbestand

a) Überleitung vom Anrechnungsverfahren zum Halbeinkünfteverfahren 22

4 Nach § 36 Abs. 7 KStG ist auf den Schluss des letzten Wirtschaftsjahres, das noch unter das Anrechnungsverfahren fällt, u. a. der Schlussbestand des Teilbetrags nach § 30 Abs. 2 Nr. 4 KStG a. F. (EK 04) gesondert festzustellen. Der Feststellungsbescheid ist Grundlagenbescheid für die Feststellung des Einlagekontos nach § 27 Abs. 2 Satz 1 KStG auf den Schluss des ersten Wirtschaftsjahrs im neuen Recht. Der festgestellte Schlussbestand wird, soweit er positiv ist, als Anfangsbestand des Einlagekontos erfasst (§ 39 Abs. 1 KStG).

b) Erstmalige Verpflichtung zur Führung des Einlagekontos in sonstigen Fällen

5[1] *Hat eine Körperschaft oder eine Personenvereinigung erstmalig ein Einlagekonto zu führen, z. B. beim Wechsel von der beschränkten zur unbeschränkten Körperschaftsteuerpflicht, ist der Anfangsbestand des steuerlichen Einlagekontos mit 0 anzusetzen.*

6 Im Gegensatz dazu ist in den Fällen der Bar- und Sachgründung sowie in Einbringungsfällen nach § 20 UmwStG (vgl. auch Tz. 27) das in der Eröffnungsbilanz auszuweisende Eigenkapital, soweit es das Nennkapital übersteigt, als Zugang beim steuerlichen Einlagekonto in der Feststellung zum Schluss des ersten Wirtschaftsjahrs zu erfassen.

Beispiel:

Das bisherige Einzelunternehmen des A wird zu Buchwerten in die neu gegründete A-GmbH eingebracht. Das in der Schlussbilanz des Einzelunternehmens ausgewiesene Eigenkapital beträgt 500. A erhält im Rahmen der Einbringung Anteile an der A-GmbH im Nennwert von 100. Der übersteigende Betrag i. H. von 400 wird in der Eröffnungsbilanz der A-GmbH zu 150 in die Kapitalrücklage eingestellt und zu 250 als Darlehensverbindlichkeit gegenüber A ausgewiesen.

Das in der Eröffnungsbilanz der A-GmbH auszuweisende Eigenkapital beträgt 250. Der das Nennkapital von 100 übersteigende Betrag i. H. von 150 ist als Zugang beim steuerlichen Einlagekonto in der Feststellung zum Schluss des Gründungsjahres zu erfassen.

7 Zu Körperschaften bzw. Personenvereinigungen, die im Wege einer Umwandlung nach UmwG neu entstehen bzws. erstmalig zur Führung eines Einlagekontos verpflichtet sind, wird auf das gesondert ergehende BMF-Schreiben zu den Änderungen des Umwandlungssteuerrechts[2] verwiesen.

c) Führung des Einlagekontos in den Fällen des § 156 Abs. 2 AO

8 Wird nach § 156 Abs. 2 AO auf eine Festsetzung der Körperschaftsteuer verzichtet, unterbleibt auch die gesonderte Feststellung des Einlagekontos. Findet für einen folgenden Veranlagungszeitraum erstmalig eine Körperschaftsteuerveranlagung statt, ist bei der dann notwendigen gesonderten Feststellung des Einlagekontos auf den Schluss des Wirtschaftsjahrs der Anfangsbestand des Einlagekontos mit 0 anzusetzen, soweit die Körperschaft nicht etwas anderes nachweist.

2. Verringerung des Einlagekontos durch Leistungen 23

a) Allgemeines

9 Im Wirtschaftsjahr von der Körperschaft erbrachte Leistungen verringern das Einlagekonto, soweit sie in der Summe den auf den Schluss des letzten Wirtschaftsjahrs ermittelten ausschüttbaren Gewinn übersteigen (§ 27 Abs. 1 Satz 3 KStG). Unter das Halbeinkünfteverfahren fallende Leistungen im ersten Wirtschaftsjahr des neuen Rechts können bereits zu einer Verringerung des Einlagekontos führen.

10 Eine Verringerung des steuerlichen Einlagekontos nach § 27 Abs. 1 Satz 3 KStG ist grundsätzlich auf den positiven Bestand des Einlagekontos zum Schluss des vorangegangenen Wirtschaftsjahrs begrenzt. U. a. in den Fällen der Festschreibung nach § 27 Abs. 1 Satz 5 KStG (Tz. 24) kann es auch zu einem Negativbestand des steuerlichen Einlagekontos kommen (wegen weiterer Fälle, in denen das steuerliche Einlagekonto negativ werden kann, vgl. Tz. 28 und 29).

b) Begriff der Leistung

11 Leistungen i. S. des § 27 Abs. 1 Satz 3 KStG sind alle Auskehrungen, die ihre Ursache im Gesellschaftsverhältnis haben.

Zur Rückzahlung von Nennkapital nach § 28 Abs. 2 Satz 2 KStG vgl. Tz. 40.

12 Für die Verrechnung mit dem steuerlichen Einlagekonto sind alle Leistungen eines Wirtschaftsjahrs zusammenzufassen. Eine sich danach ergebende Verwendung des steuerlichen Einlagekontos ist den einzelnen Leistungen anteilig zuzuordnen.

13 Leistungen, die nach § 34 Abs. 12 Satz 1 Nr. 1 KStG noch unter das Anrechnungsverfahren fallen, stellen keine Leistungen i. S. des § 27 Abs. 1 Satz 3 KStG dar.

c) Ausschüttbarer Gewinn

14 Der ausschüttbare Gewinn nach § 27 Abs. 1 Satz 4 KStG ist wie folgt zu ermitteln:

Eigenkapital laut Steuerbilanz
– gezeichnetes Kapital
– (positiver) Bestand des steuerlichen Einlagekontos
ausschüttbarer Gewinn (wenn negativ, Ansatz mit 0)

---

[1] Tz. 5 überholt durch § 27 Abs. 2 Satz 3 i. d. F. des SEStEG mWvVZ 2006.

[2] *BMF-Schrb. v. 16. 12. 2003,* zuletzt abgedruckt im „Handbuch zur Körperschaftsteuerveranlagung 2010" im Anhang I 2 e.

Anl zu H 27

15 Der Berechnung sind jeweils die Bestände zum Schluss des vorangegangenen Wirtschaftsjahrs zugrunde zu legen. Zugänge bzw. Abgänge des laufenden Wirtschaftsjahrs beeinflussen den ausschüttbaren Gewinn nicht. Wegen der für Liquidationen geltenden Besonderheiten wird auf das gesondert ergehende BMF-Schreiben zur Auflösung und Abwicklung von Körperschaften und Personenvereinigungen hingewiesen.

aa) In der Steuerbilanz ausgewiesenes Eigenkapital

16 Maßgeblich ist das Eigenkapital laut Steuerbilanz. Rückstellungen und Verbindlichkeiten stellen auch dann Fremdkapital dar, wenn sie auf außerhalb der Steuerbilanz zu korrigierenden verdeckten Gewinnausschüttungen i. S. des § 8 Abs. 3 Satz 2 KStG beruhen.

17 Nicht zum Eigenkapital gehören diejenigen auf der Passivseite der Steuerbilanz ausgewiesenen Posten, die aufgrund steuerrechtlicher Vorschriften erst bei ihrer Auflösung zu versteuern sind (Sonderposten mit Rücklageanteil i. S. des § 247 Abs. 3 HGB).

18 § 27 Abs. 1 Satz 4 KStG enthält keine Verpflichtung zur Aufstellung einer Steuerbilanz. Hat die Körperschaft oder Personenvereinigung eine Steuerbilanz nicht aufgestellt, muss sie für die Berechnung des ausschüttbaren Gewinns das Eigenkapital, ausgehend von der Handelsbilanz, ermitteln, das sich nach den Vorschriften über die steuerliche Gewinnermittlung ergibt (§ 60 Abs. 2 Satz 1 EStDV).

bb) Gezeichnetes Kapital

19 Gezeichnetes Kapital i. S. des § 27 Abs. 1 Satz 4 KStG ist das Grundkapital einer Aktiengesellschaft, das Stammkapital einer GmbH oder die Summe der Geschäftsguthaben der Genossen bei Erwerbs- und Wirtschaftsgenossenschaften.

20 Für die Berechnung des ausschüttbaren Gewinns (Tz. 14 ff.) ist das gezeichnete Kapital aus Vereinfachungsgründen auch dann mit dem Nominalbetrag anzusetzen, wenn es nicht vollständig eingezahlt ist. Das gilt unabhängig davon, ob ausstehende Einlagen ganz oder teilweise eingefordert sind und ob der ausstehende, nicht eingeforderte Teil in der Steuerbilanz offen vom Nennkapital abgesetzt ist.

cc) Bestand des steuerlichen Einlagekontos

21 Maßgeblich für die Ermittlung des ausschüttbaren Gewinns ist der auf den Schluss des vorangegangenen Wirtschaftsjahrs gesondert festgestellte Bestand des steuerlichen Einlagekontos bzw. der nach § 36 Abs. 7 KStG festgestellte Schlussbestand des EK 04. Ist dieser Bestand negativ, ist er bei der Ermittlung des ausschüttbaren Gewinns nicht zu berücksichtigen.

d) Bescheinigung

22 Die Verwendung des steuerlichen Einlagekontos ist gemäß § 27 Abs. 3 Satz 1 Nr. 2 KStG den Anteilseignern entsprechend ihrem Anteil an der Gesamtleistung zu bescheinigen. Bescheinigungen sind auch zu erteilen, wenn sich das steuerliche Einlagekonto in einem der in Tz. 29 aufgeführten Sonderfälle unmittelbar verringert.

23 Dagegen ist bei der Rückzahlung von Nennkapital nach einer Kapitalherabsetzung (vgl. Tz. 40) für den das steuerliche Einlagekonto unmittelbar mindernden Betrag eine Steuerbescheinigung nicht auszustellen.

e) Festschreibung nach § 27 *Abs. 1 Satz 5* KStG[1]

24 Nach § 27 *Abs. 1 Satz 5* KStG[1] bleibt die der Bescheinigung zugrunde gelegte Verwendung unverändert, wenn für die Leistung die Minderung des steuerlichen Einlagekontos bescheinigt worden ist. Bei einer nachträglichen Änderung des maßgeblichen Bestands des steuerlichen Einlagekontos, z. B. durch eine Betriebsprüfung, kommt es weder zu einer höheren noch zu einer niedrigeren Verwendung des steuerlichen Einlagekontos.

f) Nebeneinander von Einlagerückgewähr und Körperschaftsteuer-Minderung/-Erhöhung nach §§ 37, 38 KStG

25 Eine Leistung, die nach § 27 Abs. 1 Satz 3 KStG den Bestand des steuerlichen Einlagekontos verringert, kann gleichzeitig zu einer Körperschaftsteuer-Minderung nach § 37 Abs. 2 Satz 1 KStG und/oder zu einer Körperschaftsteuer-Erhöhung nach § 38 Abs. 2 KStG führen. Soweit eine Leistung, die bei der ausschüttenden Körperschaft zu einer Minderung der Körperschaftsteuer führt, zugleich eine Einlagerückgewähr nach § 27 Abs. 1 Satz 3 KStG darstellt, ist lediglich eine Steuerbescheinigung nach § 27 Abs. 3 KStG auszustellen. Ein Körperschaftsteuer-Minderungsbetrag ist entgegen § 37 Abs. 3 Satz 4 Nr. 2 KStG nicht auszuweisen.

3. Einlagen

26 Einlagen erhöhen das steuerliche Einlagekonto bei Zufluss.

24 **4. Zugang beim steuerlichen Einlagekonto in den Fällen der Einbringung nach § 20 UmwStG**

25 **27** Bei Einbringung eines Betriebs, Teilbetriebs oder Mitunternehmeranteils in eine unbeschränkt körperschaftsteuerpflichtige Kapitalgesellschaft (§ 20 UmwStG) erhöht der Eigenkapitalzugang einschließlich der in diesem Zusammenhang geleisteten Bareinlagen den Bestand des steuerlichen Einlagekontos, soweit er den dem Anteilseigner im Zuge der Einbringung gewährten Teil des Nennkapitals übersteigt (vgl. Tz. 6).

---

[1] Festschreibung mWvVZ 2006 neu geregelt in § 27 **Abs. 5** KStG.

Anl zu H 27

5. Organschaftliche Mehr-/Minderabführungen 26

28 § 27 Abs. 6 KStG regelt die Behandlung von organschaftlichen Mehr-/Minderabführungen. Minderabführungen erhöhen, Mehrabführungen vermindern das steuerliche Einlagekonto nach Bilanzierungsgrundsätzen. Die Verringerung des steuerlichen Einlagekontos durch Mehrabführungen gemäß § 27 Abs. 6 KStG kann auch zu einem Negativbestand führen.

6. Sonderfälle der Verrechnung mit dem Einlagekonto 27

29[1] *Außer in den Fällen der Leistungsverrechnung nach § 27 Abs. 1 Satz 3 bis 5 KStG (Tz. 9 ff.) und der organschaftlichen Mehrabführungen i. S. des § 27 Abs. 6 KStG (Tz. 28) verringert sich das steuerliche Einlagekonto insbesondere in den folgenden Sonderfällen:*

- *Erfüllung bzw. Wiederaufleben einer Darlehensverpflichtung gegenüber Gesellschaftern nach vorausgegangenem Forderungsverzicht gegen Besserungsversprechen (BFH-Urteil vom 30. Mai 1990, BStBl. 1991 II S. 588).*
- *Rückzahlung von Nachschüssen der Anteilseigner i. S. des § 26 GmbHG, die nicht zur Deckung eines Verlustes an Stammkapital erforderlich sind (§ 30 Abs. 2 GmbHG).*

Die Verringerung des Einlagekontos erfolgt in diesen Fällen unabhängig von der Höhe des ausschüttbaren Gewinns i. S. des § 27 Abs. 1 Satz 4 KStG (Tz. 14 ff.) und kann auch zu einem Negativbestand führen.

30 Wegen der Verringerung des Einlagekontos durch Auskehrungen bei Kapitalherabsetzung, bei der Auflösung von Körperschaften bzw. im Rahmen von Umwandlungsvorgängen wird auf Tz. 37 ff. bzw. die gesondert ergehenden BMF-Schreiben zur körperschaftsteuerlichen Behandlung der Auflösung und Abwicklung von Körperschaften und Personenvereinigungen[2] und zu den Änderungen des Umwandlungssteuerrechts[3] verwiesen.

B. Umwandlung von Rücklagen in Nennkapital und Herabsetzung des Nennkapitals (§ 28 KStG)

I. Allgemeines

31 Wie im bisherigen Recht sind die in Nennkapital umgewandelten Beträge, die aus Gewinnrücklagen stammen, getrennt auszuweisen und gesondert festzustellen (Sonderausweis). Da die Auskehrung des Herabsetzungsbetrags beim Anteilseigner insoweit zu Einkünften aus Kapitalvermögen i. S. des § 20 Abs. 1 Nr. 2 EStG führt, hat die leistende Körperschaft Kapitalertragsteuer einzubehalten (§ 43 Abs. 1 Nr. 1 EStG). 28

II. Persönlicher Anwendungsbereich

32 § 28 KStG gilt für alle unbeschränkt steuerpflichtigen Körperschaften, bei denen ein Nennkapital (Tz. 19) auszuweisen ist. 29

III. Sonderausweis

1. Begriff des Sonderausweises

33 Der Sonderausweis ist die Summe der Beträge, die dem Nennkapital durch Umwandlung von Rücklagen mit Ausnahme von aus Einlagen der Anteilseigner stammenden Beträgen zugeführt worden sind. Der Sonderausweis kann auch im Zusammenhang mit Umwandlungen zu bilden oder zu verändern sein (siehe dazu im Einzelnen das gesondert ergehende BMF-Schreiben zu den Änderungen des Umwandlungssteuerrechts). 30

2. Anfangsbestand

34 Der nach § 47 Abs. 1 Satz 1 Nr. 2 KStG a. F. zuletzt festgestellte Betrag wird als Anfangsbestand bei der Ermittlung des Sonderausweises auf den Schluss des ersten Wirtschaftsjahrs im neuen Recht berücksichtigt (§ 39 Abs. 2 KStG). Er gilt gleichzeitig als Bestand zum Schluss des vorangegangenen Wirtschaftsjahrs i. S. des § 28 Abs. 2 Satz 1 KStG.

3. Kapitalerhöhung aus Gesellschaftsmitteln

35 Bei der Umwandlung von Rücklagen in Nennkapital mindert der Kapitalerhöhungsbetrag vorrangig den positiven Bestand des steuerlichen Einlagekontos, der sich ohne die Kapitalerhöhung für den Schluss dieses Wirtschaftsjahrs ergeben würde (§ 28 Abs. 1 Satz 1 und 2 KStG).

36 Übersteigt der Betrag der Kapitalerhöhung den maßgeblichen Bestand des steuerlichen Einlagekontos, ist der übersteigende Betrag im Sonderausweis zu erfassen.

Beispiel:

Zum Ende des vorangegangenen Wirtschaftsjahrs weist die Bilanz der A-GmbH folgende Beträge aus.

Nennkapital (davon Sonderausweis: 0)	100
Kapitalrücklage (= steuerliches Einlagekonto)	50
Sonstige Rücklagen	100

Am 1. März erfolgt eine Kapitalerhöhung aus Gesellschaftsmitteln um 100 und am 1. Mai eine Einlage i. H. von 20.

Ermittlung des steuerlichen Einlagekontos sowie des Sonderausweises:

---

[1] Tz. 29 überholt durch § 27 Abs. 1 Satz 4 i. d. F. des SEStEG mWv VZ 2006.

[2] *BMF-Schrb. v. 26. 8. 2003,* abgedruckt bei § 11 als Anl zu H 11.

[3] *BMF-Schrb. v. 16. 12. 2003,* zuletzt abgedruckt im „Handbuch zur Körperschaftsteuerveranlagung 2010" im Anhang I 2 e.

Anl zu H 27

	Vorspalte	Einlagekonto	Sonderausweis
Anfangsbestand		50	0
+ Einlage		+ 20	
Zwischenergebnis (Bestand nach § 28 Abs. 1 Satz 2 KStG)		70	0
Betrag der Kapitalerhöhung	100		
Vorrangige Verwendung des steuerlichen Einlagekontos	– 70	– 70	
Zugang beim Sonderausweis	30		+ 30
Schlussbestände		0	30

IV. Herabsetzung des Nennkapitals

31 **37** Bei Herabsetzung des Nennkapitals verringert sich vorrangig der auf den Schluss des vorangegangenen Wirtschaftsjahrs festgestellte Bestand des Sonderausweises. Die Verringerung des Sonderausweises ist unabhängig davon vorzunehmen, ob der Kapitalherabsetzungsbetrag an die Anteilseigner ausgekehrt wird. Stehen im Zeitpunkt des Kapitalherabsetzungsbeschlusses Einlagen auf das Nennkapital aus, so ist die vorgenannte Kürzung nach § 28 Abs. 2 Satz 1 KStG nur insoweit vorzunehmen, als der Herabsetzungsbetrag auf den eingezahlten Teil des Nennkapitals entfällt (vgl. Tz. 39).

38 Übersteigt der Betrag der Kapitalherabsetzung den maßgeblichen Bestand des Sonderausweises, erhöht der Differenzbetrag den Bestand des steuerlichen Einlagekontos zum Schluss des Wirtschaftsjahrs, in dem die Kapitalherabsetzung wirksam wird (Eintragung im Handelsregister). Das Einlagekonto ist auch dann zunächst zu erhöhen, wenn der Kapitalherabsetzungsbetrag anschließend an die Anteilseigner ausgekehrt wird.

39 Entfällt der Kapitalherabsetzungsbetrag auf zum Zeitpunkt des Kapitalherabsetzungsbeschlusses ausstehende Einlagen und fällt dadurch die Einzahlungsverpflichtung der Anteilseigner weg, unterbleibt eine Hinzurechnung des Herabsetzungsbetrages zum Bestand des steuerlichen Einlagekontos (§ 28 Abs. 2 Satz 1 2. Halbsatz KStG). Soweit der Herabsetzungsbetrag jedoch auf das eingezahlte Nennkapital entfällt, d. h. die Einzahlungsverpflichtung bestehen bleibt, hat eine Erhöhung des steuerlichen Einlagekontos um den den Sonderausweis übersteigenden Herabsetzungsbetrag zu erfolgen (vgl. Tz. 38). Es ist dabei unmaßgeblich, ob und ggf. in welcher Höhe die Einzahlungsverpflichtung eingefordert ist.

40 Nach § 28 Abs. 2 Satz 2 KStG verringert der im Beschluss über die Kapitalherabsetzung vorgesehene Auskehrungsbetrag das steuerliche Einlagekonto. Wenn ein Sonderausweis vorhanden ist, gilt dies nur für den den Sonderausweis übersteigenden Auszahlungsbetrag.[1] Der Auszahlungsbetrag ist nicht in die Differenzrechnung nach § 27 Abs. 1 Satz 3 KStG einzubeziehen.

Beispiel:

Die A-GmbH weist zum Schluss des vorangegangenen Wirtschaftsjahres folgende Beträge aus:

Nennkapital		200
	(davon nicht eingezahlt	20)
Sonderausweis		50
steuerliches Einlagekonto		0

Es erfolgt eine Kapitalherabsetzung um 100, die auch auf den nicht eingezahlten Teil von 20 entfällt, und Rückzahlung des eingezahlten Nennkapitals in Höhe von 80.

	Vorspalte	Einlagekonto	Sonderausweis
Anfangsbestand		0	50
Betrag der Kapitalherabsetzung	100		
– Verringerung des Sonderausweises	– 50		– 50
Zwischenergebnis	50		
– ausstehende Einlagen auf das Nennkapital	– 20		
Zugang beim steuerlichen Einlagekonto	30	+ 30	
Zwischenergebnis		30	0
Rückzahlung von Nennkapital	80		
– Verringerung des Sonderausweises	– 50		
Abgang vom steuerlichen Einlagekonto	30	– 30	
Schlussbestände		0	0

[1] Beachte aber mWvVZ 2006 § 28 Abs. 2 Sätze 3 und 4 i. d. F. des SEStEG.

Anl zu H 27

41 Die Auskehrung des Herabsetzungsbetrages ist unabhängig davon, ob ein Sonderausweis vorhanden ist, eine Leistung, die zu einer Körperschaftsteuer-Erhöhung nach § 38 KStG führen kann. Eine Minderung nach § 37 KStG kommt nicht in Betracht.

42 Auch bei verspäteter Auszahlung des im Beschluss über die Kapitalherabsetzung vorgesehenen Auskehrungsbetrags erhöht sich das steuerliche Einlagekonto nach § 28 Abs. 2 Satz 1 KStG in dem Wirtschaftsjahr, in dem der Beschluss wirksam wird (vgl. Tz. 38). Die Verringerung des steuerlichen Einlagekontos nach § 28 Abs. 2 Satz 2 2. Halbsatz KStG um den den Sonderausweis übersteigenden Auskehrungsbetrag (vgl. Tz. 40) erfolgt dagegen erst im Wirtschaftsjahr der Auszahlung.

V. Auflösung einer Körperschaft

43 Auf die Ausführungen in dem gesondert ergehenden BMF-Schreiben zur körperschaftsteuerlichen **32**
Behandlung der Auflösung und Abwicklung von Körperschaften und Personenvereinigungen wird hingewiesen.

VI. Verrechnung des Sonderausweises mit dem Bestand des steuerlichen Einlagekontos

44 Wenn ein Sonderausweis i. S. des § 28 KStG und ein positiver Bestand des steuerlichen Einlage- **33**
kontos zusammentreffen, verringern sich beide Beträge nach Maßgabe des § 28 Abs. 3 KStG. Die Verringerung ist als letzter Schritt der Ermittlung des steuerlichen Einlagekontos bzw. des Sonderausweises vorzunehmen.

KStG

§ 28 Umwandlung von Rücklagen in Nennkapital und Herabsetzung des Nennkapitals

1 **(1) ① Wird das Nennkapital durch Umwandlung von Rücklagen erhöht, so gilt der positive Bestand des steuerlichen Einlagekontos als vor den sonstigen Rücklagen umgewandelt. ② Maßgeblich ist dabei der sich vor Anwendung des Satzes 1 ergebende Bestand des steuerlichen Einlagekontos zum Schluss des Wirtschaftsjahrs der Rücklagenumwandlung. ③ Enthält das Nennkapital auch Beträge, die ihm durch Umwandlung von sonstigen Rücklagen mit Ausnahme von aus Einlagen der Anteilseigner stammenden Beträgen zugeführt worden sind, so sind diese Teile des Nennkapitals getrennt auszuweisen und gesondert festzustellen (Sonderausweis). ④ § 27 Abs. 2 gilt entsprechend.**

2 **(2) ① Im Fall der Herabsetzung des Nennkapitals oder der Auflösung der Körperschaft wird zunächst der Sonderausweis zum Schluss des vorangegangenen Wirtschaftsjahrs gemindert; ein übersteigender Betrag ist dem steuerlichen Einlagekonto gutzuschreiben, soweit die Einlage in das Nennkapital geleistet ist. ② Die Rückzahlung des Nennkapitals gilt, soweit der Sonderausweis zu mindern ist, als Gewinnausschüttung, die beim Anteilseigner zu Bezügen im Sinne des § 20 Abs. 1 Nr. 2 des Einkommensteuergesetzes führt. ③ Ein den Sonderausweis übersteigender Betrag ist vom positiven Bestand des steuerlichen Einlagekontos abzuziehen. ④ Soweit der positive Bestand des steuerlichen Einlagekontos für den Abzug nach Satz 3 nicht ausreicht, gilt die Rückzahlung des Nennkapitals ebenfalls als Gewinnausschüttung, die beim Anteilseigner zu Bezügen im Sinne des § 20 Abs. 1 Nr. 2 des Einkommensteuergesetzes führt.**

3 **(3) Ein Sonderausweis zum Schluss des Wirtschaftsjahrs vermindert sich um den positiven Bestand des steuerlichen Einlagekontos zu diesem Stichtag; der Bestand des steuerlichen Einlagekontos vermindert sich entsprechend.**

Übersicht

H 28

H 28

11 **Allgemeines.** → BMF vom 4. 6. 2003, BStBl. I S. 366.[1]

Liquidation. → BMF vom 26. 8. 2003, BStBl. I S. 434.[2]

Steuerrechtliche Behandlung des Erwerbs eigener Anteile. → BMF vom 27. 11. 2013, BStBl. I S. 1615.[3]

Anl zu H 28

Schreiben betr. steuerrechtliche Behandlung des Erwerbs eigener Anteile

Vom 27. November 2013 (BStBl. I S. 1615)

(BMF IV C 2 – S 2742/07/10 009)

Unter Bezugnahme auf das Ergebnis der Erörterungen mit den obersten Finanzbehörden der Länder gilt für die steuerrechtliche Behandlung des Erwerbs eigener Anteile Folgendes:

A. Handelsrechtliche Grundlagen

15 **1** Mit dem Einfügen von § 272 Abs. 1 a und 1 b HGB durch das Gesetz zur Modernisierung des Bilanzrechts (Bilanzrechtsmodernisierungsgesetz, BilMoG) vom 25. Mai 2009 (BGBl. I S. 1102) wurde der handelsbilanzielle Ausweis eigener Anteile rechtsformunabhängig geregelt.

2 Der Nennbetrag der eigenen Anteile ist nunmehr nach § 272 Abs. 1 a Satz 1 HGB stets auf der Passivseite in der Vorspalte offen von dem Posten „Gezeichnetes Kapital" abzusetzen. Eine Aktivierung der eigenen Anteile, bei gleichzeitiger Bildung einer entsprechenden Rücklage kommt nicht mehr in Betracht. § 272 Abs. 1 a Satz 2 und 3 und § 272 Abs. 1 b HGB enthalten weitere Regelungen zur Behandlung des Erwerbs und der Veräußerung eigener Anteile in der Handelsbilanz. Danach ist ein Unterschiedsbetrag zwischen der Gegenleistung für den Erwerb der eigenen Anteile und dem anteiligen Nennbetrag dieser Anteile handelsrechtlich mit den frei verfügbaren Gewinn- und Kapitalrücklagen zu verrechnen (vgl. § 272 Abs. 1 a Satz 2 HGB). Bei dem Erwerb eigener Anteile handelt es sich wirtschaftlich betrachtet nicht um einen Anschaffungsvorgang, sondern um eine Kapitalherabsetzung.

---

[1] Vorstehend abgedruckt als Anl zu H 27.
[2] Abgedruckt bei § 11 als Anl zu H 11.
[3] Nachstehend abgedruckt als Anl zu H 28.

3 Die Aufwendungen im Zusammenhang mit dem Erwerb der eigenen Anteile stellen handelsrechtlich Aufwand des Geschäftsjahres dar (vgl. § 272 Abs. 1 a Satz 3 HGB). Anl zu H 28

4 Bei der Veräußerung der eigenen Anteile durch die Gesellschaft handelt es sich wirtschaftlich nicht um einen Veräußerungsvorgang, sondern um eine Kapitalerhöhung. Der offene Ausweis der eigenen Anteile in der Vorspalte des Postens „Gezeichnetes Kapital" nach § 272 Abs. 1 a Satz 1 HGB entfällt (§ 272 Abs. 1 b Satz 1 HGB). Das „Gezeichnete Kapital" wird in Höhe des Nennbetrages dieser Anteile – durch Minderung des Absetzungsbetrages – wieder ausgewiesen. Ein Unterschiedsbetrag zwischen dem anteiligen Nennbetrag der eigenen Anteile und der Gegenleistung für den Erwerb dieser Anteile ist gem. § 272 Abs. 1 b Satz 2 HGB bis zur Höhe des mit den frei verfügbaren Rücklagen verrechneten Betrages in die jeweiligen Rücklagen einzustellen. Ein darüber hinausgehender Differenzbetrag (Aufgeld) ist gem. § 272 Abs. 1 b Satz 3 HGB in die Kapitalrücklage gem. § 272 Abs. 2 Nr. 1 HGB einzustellen.

5 Die Aufwendungen im Zusammenhang mit einer Veräußerung der eigenen Anteile stellen handelsrechtlich Aufwand des Geschäftsjahres dar (vgl. § 272 Abs. 1 b Satz 4 HGB).

6 Im Fall der Einziehung liegt ein bilanz- und ergebnisneutraler Vorgang vor. Der offene Ausweis der eigenen Anteile in der Vorspalte des Postens „Gezeichnetes Kapital" nach § 272 Abs. 1 a Satz 1 HGB entfällt auch hier.

7 Die Regelungen sind nach Art. 66 Abs. 3 Satz 1 des Einführungsgesetzes zum Handelsgesetzbuch (EGHGB) grundsätzlich erstmals auf Jahresabschlüsse für nach dem 31. Dezember 2009 beginnende Geschäftsjahre anzuwenden. Wahlweise sind die Regelungen nach Art. 66 Abs. 3 letzter Satz EGHGB allerdings auch bereits auf Jahresabschlüsse für nach dem 31. Dezember 2008 beginnende Geschäftsjahre anzuwenden.

B. Steuerrechtliche Konsequenzen

I. Ebene der Gesellschaft

8 Auf der Ebene der Gesellschaft folgt die steuerrechtliche Behandlung des Erwerbs eigener Anteile künftig der wirtschaftlichen Betrachtungsweise des Handelsrechts. Danach sind auch in der Steuerbilanz der Erwerb und die Veräußerung eigener Anteile nicht als Anschaffungs- oder Veräußerungsvorgang, sondern wie eine Kapitalherabsetzung oder Kapitalerhöhung zu behandeln. **16**

1. Erwerb der Anteile

9 Der Erwerb eigener Anteile stellt bei der Gesellschaft keinen Anschaffungsvorgang dar, sondern ist wie eine Herabsetzung des Nennkapitals zu behandeln. In Höhe des Nennbetrags der eigenen Anteile ist § 28 Abs. 2 KStG entsprechend anzuwenden. Abweichend von § 28 Abs. 2 Satz 1 KStG ist ein bestehender Sonderausweis nicht zu mindern. Der über die Rückzahlung des herabgesetzten Nennkapitals hinausgehende Betrag stellt eine Leistung der Gesellschaft an den veräußernden Anteilseigner dar, die nach den Grundsätzen des § 27 Abs. 1 Satz 3 KStG zu einer Minderung des steuerlichen Einlagekontos führt, soweit sie den maßgebenden ausschüttbaren Gewinn übersteigt. **17**

10 Werden eigene Anteile zu einem (angemessenen) Kaufpreis unterhalb des Nennbetrags erworben, ergeben sich keine Änderungen beim steuerlichen Einlagekonto und bei einem eventuellen Sonderausweis. In Höhe des Differenzbetrags zwischen dem Kaufpreis und dem Nennbetrag der Anteile ist von einer Kapitalherabsetzung ohne Auszahlung an den Gesellschafter auszugehen, auf die § 28 Abs. 2 Satz 1 KStG entsprechend anzuwenden ist. Danach vermindert der Differenzbetrag einen bestehenden Sonderausweis. Übersteigt der Differenzbetrag den Sonderausweis, erhöht sich insoweit der Bestand des steuerlichen Einlagekontos.

11 Kapitalertragsteuer ist auch auf den Teil der Leistung, der das steuerliche Einlagekonto nicht nach § 27 Abs. 1 Satz 3 oder § 28 Abs. 2 Satz 3 KStG mindert, nicht einzubehalten und abzuführen, da der Vorgang auf der Ebene des Anteilseigners eine Veräußerung darstellt (vgl. Rdnr. 20).

12 Bei Zahlung eines überhöhten Kaufpreises kann eine verdeckte Gewinnausschüttung im Sinne des § 20 Abs. 1 Nr. 1 Satz 2 EStG vorliegen, die nach den allgemeinen Grundsätzen zu behandeln ist. In diesen Fällen ist ggfs. Kapitalertragsteuer einzubehalten und abzuführen. Ein überhöhter Kaufpreis ist in der Regel nicht anzunehmen, wenn die Anteile über die Börse oder im Tender-Verfahren erworben werden.

2. Weiterveräußerung der Anteile

13 Die Weiterveräußerung der eigenen Anteile stellt bei der Gesellschaft steuerlich keinen Veräußerungsvorgang dar, sondern ist wie eine Erhöhung des Nennkapitals zu behandeln. Sie führt nicht zu einem steuerlichen Veräußerungsgewinn bzw. -verlust. In Höhe des Nennbetrags der eigenen Anteile ergeben sich keine Auswirkungen auf den Bestand des steuerlichen Einlagekontos oder einen bestehenden Sonderausweis. **18**
Ein den Nennbetrag übersteigender Betrag erhöht den Bestand des steuerlichen Einlagekontos.

14 Werden eigene Anteile zu einem (angemessenen) Kaufpreis unterhalb des Nennbetrags weiterveräußert, ist der Differenzbetrag zwischen dem Kaufpreis und dem Nennbetrag der Anteile als Kapitalerhöhung aus Gesellschaftsmitteln zu behandeln. In entsprechender Anwendung des § 28 Abs. 1 KStG vermindert der Differenzbetrag den Bestand des steuerlichen Einlagekontos und führt, soweit der Bestand nicht ausreicht, zur Bildung bzw. Erhöhung eines Sonderausweises.

15 Bei Zahlung eines zu niedrigen Kaufpreises kann eine verdeckte Gewinnausschüttung im Sinne des § 20 Abs. 1 Nr. 1 Satz 2 EStG vorliegen, die nach den allgemeinen Grundsätzen zu behandeln ist. In diesen Fällen ist ggf. Kapitalertragsteuer einzubehalten und abzuführen. Ein zu niedriger Kaufpreis

Anl zu H 28

ist in der Regel nicht anzunehmen, wenn die Anteile über die Börse oder im Tender-Verfahren veräußert werden.

3. Einziehung der Anteile

19 **16** Bei Einziehung eigener Anteile ergeben sich keine steuerlichen Auswirkungen.
Im Fall der Einziehung ohne einen vorangegangenen Erwerb gelten die in den Rdnrn. 8 ff. dargestellten Grundsätze mit der Maßgabe, dass eine Entschädigungszahlung wie eine Kaufpreiszahlung zu behandeln ist.

17 Wird das Nennkapital bei der Einziehung nicht herabgesetzt, ist der Vorgang hinsichtlich der Höhe des Nennbetrags der eingezogenen eigenen Anteile in entsprechender Anwendung des § 28 Abs. 1 KStG als Kapitalerhöhung aus Gesellschaftsmitteln zu behandeln.

4. Behandlung von Aufwendungen

20 **18** Die Aufwendungen im Zusammenhang mit dem Erwerb und der Veräußerung der eigenen Anteile sind als Betriebsausgaben abziehbar, soweit sie angemessen sind.

5. Behandlung des Erwerbs und der Veräußerung eigener Anteile bei EU-/EWR-ausländischen Kapitalgesellschaften

21 **19** Im Rahmen der Feststellung nach § 27 Abs. 8 KStG ist der Erwerb und die Veräußerung eigener Anteile entsprechend den Regelungen im Inland als Kapitalherabsetzung zu berücksichtigen.

II. Ebene des Anteilseigners

22 **20** Beim Anteilseigner stellt der Erwerb eigener Anteile durch die Gesellschaft ein Veräußerungsgeschäft dar, das nach allgemeinen Grundsätzen der Besteuerung unterliegt. Eine Steuerpflicht der Veräußerung kann sich u. a. ergeben aus §§ 13 bis 18 und 20 EStG. Darüber hinaus ist eine Steuerpflicht auch nach § 23 EStG i. d. F. vor dem Gesetz vom 14. August 2007 (BGBl. I S. 1912) und § 21 UmwStG i. d. F. der Bekanntmachung vom 15. Oktober 2002 (BGBl. I S. 4133, 2003 I S. 738, geändert durch Art. 3 des Gesetzes vom 16. Mai 2003 (BGBl. I S. 660)) möglich.

21 Werden die Anteile in einem Depot eines inländischen Kreditinstituts oder inländischen Finanzdienstleistungsinstituts im Sinne des § 43 Abs. 1 Satz 1 Nr. 7 Buchstabe b) EStG, eines inländischen Wertpapierhandelsunternehmens oder einer inländischen Wertpapierhandelsbank verwaltet oder verwahrt oder wird die Veräußerung der Beteiligungsrechte von inländischen Kreditinstituten durchgeführt, haben die genannten Unternehmen als auszahlende Stelle die Kapitalertragsteuer auf den Veräußerungsgewinn zu entrichten (§ 44 Abs. 1 Satz 3 und 4 EStG).

22 Soweit im Einzelfall wegen eines überhöhten Kaufpreises bzw. – im Fall der Weiterveräußerung der eigenen Anteile – wegen eines zu niedrigen Kaufpreises eine verdeckte Gewinnausschüttung anzunehmen ist, ist dem Anteilseigner ein entsprechender Kapitalertrag im Sinne des § 20 Abs. 1 Nr. 1 Satz 2 EStG zuzurechnen (vgl. Rdnrn. 12 und 15).

C. Anwendung und Übergangsregelungen

I. Grundsatz

23 **23** Die Abschnitte A und B dieses BMF-Schreibens gelten für alle offenen Fälle, soweit Geschäftsjahre betroffen sind, für die die Neuregelung des § 272 Abs. 1 a und 1 b HGB i. d. F. des BilMoG gelten.

II. Anpassung an BilMoG-Grundsätze

24 **24** Anpassungen, die in der Handelsbilanz vorgenommen werden, um eigene Anteile, die nach bisherigem Recht zu aktivieren waren, nach den Grundsätzen des § 272 Abs. 1 a Satz 1 und 2 HGB darzustellen, sind in der Steuerbilanz zu übernehmen. Der Nennbetrag ist dabei offen vom „Gezeichneten Kapital" abzusetzen und die bisherige Rücklage für eigene Anteile ist in voller Höhe aufzulösen. In Höhe des über den Nennbetrag hinausgehenden Buchwerts der eigenen Anteile sind die frei verfügbaren Rücklagen zu vermindern.

25 Steuerrechtlich ist die Ausbuchung als Kapitalherabsetzung zu behandeln. Da in diesen Fällen zumindest in dem betreffenden Geschäftsjahr keine Kaufpreiszahlung an den Gesellschafter erfolgt, ist das auf die eigenen Anteile entfallende Nennkapital für die Anwendung des § 28 Abs. 2 Satz 1 KStG als bereits an den Gesellschafter ausgezahlt und damit als nicht eingezahlt zu behandeln. Infolgedessen kommt es weder zu einer Verminderung des Sonderausweises, noch zu einer Erhöhung des steuerlichen Einlagekontos. Der über den Nennbetrag hinausgehende Teil des Buchwerts der nicht mehr zu aktivierenden eigenen Anteile führt rechnerisch zu einer Verminderung des ausschüttbaren Gewinns.

III. Übergangsregelungen für nicht unter BilMoG-Grundsätze fallende Geschäftsjahre

25 **26** Für Zeiträume, in denen bereits das Halb- bzw. Teileinkünfteverfahren, nicht aber das BilMoG galt, gelten weiterhin die Regelungen des BMF-Schreibens vom 2. Dezember 1998 (BStBl. I S. 1509)[1] nach Maßgabe der Rdnrn. 27 ff. Das BMF-Schreiben wird insoweit wieder in Kraft gesetzt. Über Fälle, in denen aufgrund des BMF-Schreibens vom 10. August 2010 (BStBl. I S. 659)[2] anders verfahren wurde, ist unter Berücksichtigung der allgemeinen Grundsätze im Einzelfall zu entscheiden.
Für die Weiteranwendung des BMF-Schreibens vom 2. Dezember 1998 (BStBl. I S. 1509)[1] unter Geltung des Halb- bzw. Teileinkünfteverfahrens gilt Folgendes:

[1] *Beck-Online:* BeckVerw 088029.
[2] *Beck-Online:* BeckVerw 241302.

1. Behandlung des Erwerbs von nicht zu aktivierenden eigenen Anteilen bei der Kapitalgesellschaft [II. 1. b.) aa) des BMF-Schreibens vom 2. Dezember 1998 (BStBl. I S. 1509)[1]]

27 Aufgrund der Behandlung des Erwerbs der eigenen Anteile als Anschaffungsvorgang auch auf **26**
Ebene der Gesellschaft hat der Vorgang keine Auswirkung auf das steuerliche Einlagekonto oder den Sonderausweis. Die Verminderung des EK 04 nach dem BMF-Schreiben vom 2. Dezember 1998 (BStBl. I S. 1509)[1] war allein den Besonderheiten der im Anrechnungsverfahren vorzunehmenden Gliederung des verwendbaren Eigenkapitals und der Abstimmung mit dem um das Nennkapital geminderten Eigenkapital laut Steuerbilanz geschuldet und hat seit dem Systemwechsel keine Bedeutung mehr. Eine Verminderung des steuerlichen Einlagekontos bzw. des Sonderausweises ist nicht vorzunehmen. Soweit der Kaufpreis den Nennbetrag der Anteile übersteigt, verringert sich rechnerisch der ausschüttbare Gewinn.

2. Behandlung der Weiterveräußerung von nicht zu aktivierenden eigenen Anteilen bei der Kapitalgesellschaft [II. 2. des BMF-Schreibens vom 2. Dezember 1998 (BStBl. I S. 1509)[1]]

28 Nach den Grundsätzen des BMF-Schreibens vom 2. Dezember 1998 (BStBl. I S. 1509)[1] ist die **27**
Weiterveräußerung der nicht zu aktivierenden Anteile als Kapitalerhöhung zu behandeln. Es ergeben sich insoweit keine Unterschiede zur steuerlichen Behandlung der Weiterveräußerung eigener Anteile in einem unter das BilMoG fallenden Geschäftsjahr (vgl. Rdnr. 13).

3. Behandlung der Einziehung von aktivierten Anteilen [II. 3. des BMF-Schreibens vom 2. Dezember 1998 (BStBl. I S. 1509)[1]]

29 Es bleibt bei der im BMF-Schreiben vom 2. Dezember 1998 (BStBl. I S. 1509)[1] vorgesehenen **28**
steuerrechtlichen Behandlung als Kapitalherabsetzung ohne Auskehrung an die Gesellschafter. Hinsichtlich des Nennbetrags des eingezogenen Anteils gilt § 28 Abs. 2 Satz 1 KStG. Aufgrund der Zahlung des Kaufpreises für die eigenen Anteile ist bei Anwendung des § 28 Abs. 2 Satz 1 KStG von nicht eingezahltem Nennkapital auszugehen. In Höhe des Nennbetrags kommt es weder zu einer Verminderung eines bestehenden Sonderausweises, noch erhöht sich das steuerliche Einlagekonto. In Höhe des über den Nennbetrag hinausgehenden Buchwerts der Anteile kommt es rechnerisch zu einer Verminderung des ausschüttbaren Gewinns. Eine Verminderung des steuerlichen Einlagekontos erfolgt nicht (vgl. insoweit Rdnr. 27).

---

[1] *Beck-Online:* BeckVerw 088029.

KStG

§ 29 Kapitalveränderungen bei Umwandlungen

1 (1) In Umwandlungsfällen im Sinne des § 1 des Umwandlungsgesetzes gilt das Nennkapital der übertragenden Kapitalgesellschaft und bei Anwendung des Absatzes 2 Satz 3 und des Absatzes 3 Satz 3 zusätzlich das Nennkapital der übernehmenden Kapitalgesellschaft als in vollem Umfang nach § 28 Abs. 2 Satz 1 herabgesetzt.

2 (2) ① Geht das Vermögen einer Kapitalgesellschaft durch Verschmelzung nach § 2 des Umwandlungsgesetzes auf eine unbeschränkt steuerpflichtige Körperschaft über, so ist der Bestand des steuerlichen Einlagekontos dem steuerlichen Einlagekonto der übernehmenden Körperschaft hinzuzurechnen. ② Eine Hinzurechnung des Bestands des steuerlichen Einlagekontos nach Satz 1 unterbleibt im Verhältnis des Anteils des Übernehmers an dem übertragenden Rechtsträger. ③ Der Bestand des Einlagekontos des Übernehmers mindert sich anteilig im Verhältnis des Anteils des übertragenden Rechtsträgers am Übernehmer.

3 (3) ① Geht Vermögen einer Kapitalgesellschaft durch Aufspaltung oder Abspaltung im Sinne des § 123 Abs. 1 und 2 des Umwandlungsgesetzes auf eine unbeschränkt steuerpflichtige Körperschaft über, so ist der Bestand des steuerlichen Einlagekontos der übertragenden Kapitalgesellschaft einer übernehmenden Körperschaft im Verhältnis der übergehenden Vermögensteile zu dem bei der übertragenden Kapitalgesellschaft vor dem Übergang bestehenden Vermögen zuzuordnen, wie es in der Regel in den Angaben zum Umtauschverhältnis der Anteile im Spaltungs- und Übernahmevertrag oder im Spaltungsplan (§ 126 Abs. 1 Nr. 3, § 136 des Umwandlungsgesetzes) zum Ausdruck kommt. ② Entspricht das Umtauschverhältnis der Anteile nicht dem Verhältnis der übergehenden Vermögensteile zu dem bei der übertragenden Kapitalgesellschaft vor der Spaltung bestehenden Vermögen, ist das Verhältnis der gemeinen Werte der übergehenden Vermögensteile zu dem vor der Spaltung vorhandenen Vermögen maßgebend. ③ Für die Entwicklung des steuerlichen Einlagekontos des Übernehmers gilt Absatz 2 Satz 2 und 3 entsprechend. ④ Soweit das Vermögen durch Abspaltung auf eine Personengesellschaft übergeht, mindert sich das steuerliche Einlagekonto der übertragenden Kapitalgesellschaft in dem Verhältnis der übergehenden Vermögensteile zu dem vor der Spaltung bestehenden Vermögen.

4 (4) Nach Anwendung der Absätze 2 und 3 ist für die Anpassung des Nennkapitals der umwandlungsbeteiligten Kapitalgesellschaften § 28 Abs. 1 und 3 anzuwenden.

5 (5) Die vorstehenden Absätze gelten sinngemäß für andere unbeschränkt steuerpflichtige Körperschaften und Personenvereinigungen, die Leistungen im Sinne des § 20 Abs. 1 Nr. 1, 9 und 10 des Einkommensteuergesetzes gewähren können.

6 (6) ① War für die übertragende Körperschaft oder Personenvereinigung ein Einlagekonto bisher nicht festzustellen, tritt für die Anwendung der vorstehenden Absätze an die Stelle des Einlagekontos der Bestand der nicht in das Nennkapital geleisteten Einlagen zum Zeitpunkt des Vermögensübergangs. ② § 27 Abs. 8 gilt entsprechend.

H 29

H 29

11 **Auswirkungen von Umwandlungen auf den Bestand des steuerlichen Einlagekontos und den Sonderausweis.** → BMF vom 11. 11. 2011, BStBl. I S. 1314, Rn. K.01 ff.[1]

[1] Abgedruckt im **Anhang I 2 a.**

KStG

§ 30 Entstehung der Körperschaftsteuer

Die Körperschaftsteuer entsteht 1

1. **für Steuerabzugsbeträge in dem Zeitpunkt, in dem die steuerpflichtigen Einkünfte zufließen,**
2. **für Vorauszahlungen mit Beginn des Kalendervierteljahrs, in dem die Vorauszahlungen zu entrichten sind, oder, wenn die Steuerpflicht erst im Laufe des Kalenderjahrs begründet wird, mit Begründung der Steuerpflicht,**
3. **für die veranlagte Steuer mit Ablauf des Veranlagungszeitraums, soweit nicht die Steuer nach Nummer 1 oder 2 schon früher entstanden ist.**

R 30. Entstehung der Körperschaftsteuer

R 30

①Die Körperschaftsteuer entsteht hinsichtlich des Körperschaftsteuererhöhungsbetrags nach § 38 KStG mit Ablauf des VZ, in dem die Leistung erbracht wird, die die Körperschaftsteuererhöhung auslöst. ②Das gilt entsprechend für die besondere Körperschaftsteuer nach § 5 Abs. 1 Nr. 5 Satz 4 KStG. 10

KStG

§ 31[1] Steuererklärungspflicht, Veranlagung und Erhebung der Körperschaftsteuer

1 (1) ① **Auf die Durchführung der Besteuerung einschließlich der Anrechnung, Entrichtung und Vergütung der Körperschaftsteuer sowie die Festsetzung und Erhebung von Steuern, die nach der veranlagten Körperschaftsteuer bemessen werden (Zuschlagsteuern), sind die Vorschriften des Einkommensteuergesetzes entsprechend anzuwenden, soweit dieses Gesetz nichts anderes bestimmt.** ② **Die sich im Zuge der Festsetzung ergebenden einzelnen Körperschaftsteuerbeträge sind jeweils zu Gunsten des Steuerpflichtigen auf volle Euro-Beträge zu runden.** ③ **§ 37 b des Einkommensteuergesetzes findet entsprechende Anwendung.**

(1 a)[2] ① **Die Körperschaftsteuererklärung und die Erklärung zur gesonderten Feststellung von Besteuerungsgrundlagen sind nach amtlich vorgeschriebenem Datensatz durch Datenfernübertragung zu übermitteln.** ② **Auf Antrag kann die Finanzbehörde zur Vermeidung unbilliger Härten auf eine elektronische Übermittlung verzichten; in diesem Fall sind die Erklärungen nach amtlich vorgeschriebenem Vordruck abzugeben und vom gesetzlichen Vertreter des Steuerpflichtigen eigenhändig zu unterschreiben.**

2 (2) **Bei einem vom Kalenderjahr abweichenden Wirtschaftsjahr gilt § 37 Abs. 1 des Einkommensteuergesetzes mit der Maßgabe, dass die Vorauszahlungen auf die Körperschaftsteuer bereits während des Wirtschaftsjahrs zu entrichten sind, das im Veranlagungszeitraum endet.**

Übersicht

R 31.1

R 31.1 Besteuerung kleiner Körperschaften

10 (1) ① Nach § 156 Abs. 2 AO kann die Festsetzung von Steuern unterbleiben, wenn feststeht, dass die Kosten der Einziehung einschließlich der Festsetzung außer Verhältnis zu dem festzusetzenden Betrag stehen. ② Diese Voraussetzung kann im Einzelfall bei kleinen Körperschaften erfüllt sein, die einen Freibetrag nach § 24 oder § 25 KStG nicht beanspruchen können, insbesondere bei kleinen Genossenschaften. ③ Bei diesen Körperschaften kann das in Satz 1 bezeichnete Missverhältnis vorliegen, wenn das Einkommen im Einzelfall offensichtlich 500 Euro nicht übersteigt. ④ Dementsprechend kann in diesen Fällen von einer Veranlagung zur Körperschaftsteuer und von den gesonderten Feststellungen nach §§ 27, 28 KStG abgesehen werden. ⑤ Dies gilt nicht im Fall von Komplementär-Kapitalgesellschaften, da der auf sie entfallende Gewinnanteil im Rahmen der gesonderten Gewinnfeststellung zu ermitteln ist.

11 (2) Die Veranlagung und die gesonderten Feststellungen für die in Absatz 1 bezeichneten Körperschaften sind auch durchzuführen, wenn die Körperschaften dies beantragen.

12 (3) Bei der erstmaligen gesonderten Feststellung nach § 27 KStG ist davon auszugehen, dass das in der Steuerbilanz ausgewiesene Eigenkapital ausschließlich aus ausschüttbarem Gewinn (§ 27 Abs. 1 Satz 5 KStG) und gezeichnetem Kapital besteht, soweit die Körperschaft nicht nachweist, dass es aus Einlagen stammt.

R 31.2

R 31.2 Steuererklärungspflicht, Veranlagung und Erhebung von Körperschaftsteuer

15 – *unbesetzt* –

H 31.2

H 31.2

17 **Anwendung des EStG.** Hinsichtlich der Steuererklärungspflicht sind in entsprechender Anwendung des § 25 Abs. 3 Satz 1 und 4 EStG die ergänzenden Bestimmungen in § 5b EStG, § 56 Satz 2 und § 60 Abs. 1 bis 4 EStDV zu beachten.

Nichtanwendung § 37 b EStG auf verdeckte Gewinnausschüttungen. VGA i. S. d. § 8 Abs. 3 Satz 2 KStG sind von der Pauschalierung nach § 37 b EStG ausgenommen (→ BMF vom 29. 4. 2008, BStBl. I S. 566 Rn. 9).

Verpflichtung zur elektronischen Übermittlung von Steuererklärungen, Bilanzen sowie Gewinn- und Verlustrechnungen. Die Verpflichtung zur elektronischen Übermittlung von Steuererklärungen (§ 31 Abs. 1 a KStG) besteht erstmals für den VZ 2011. Zur Entschei-

[1] Vgl. die Ergänzungsabgabe-Bestimmungen im **Solidaritätszuschlaggesetz,** abgedruckt im Handbuch zur Einkommensteuerveranlagung im Anhang I 2.

[2] § 31 neuer Abs. 1 a erstmals anzuwenden für VZ 2011.

dung über den Antrag zur Anwendung der Härtefallregelung (§ 31 Abs. 1 a Satz 2 KStG) vgl. § 150 Abs. 8 AO sowie zur technischen Umsetzung → BMF vom 16. 11. 2011, BStBl. I S. 1063. H 31.2 noch 17

In entsprechender Anwendung des § 5 b EStG hat die elektronische Übermittlung von Bilanzen sowie Gewinn- und Verlustrechnungen (Anlage zur elektronischen Steuererklärung) im Regelfall erstmals für Wj. zu erfolgen, die nach dem 31. 12. 2011 beginnen. Auf Körperschaften, Personenvereinigungen und Vermögensmassen, die persönlich und vollumfänglich von der Körperschaftsteuer befreit sind, findet § 5 b EStG keine Anwendung.

→ BMF vom 19. 1. 2010, BStBl. I S. 47 (zu den allgemeinen Grundsätzen); → BMF vom 28. 9. 2011, BStBl. I S. 855 (Ausnahmen und Nichtbeanstandungsregelungen);

→ BMF vom 13. 6. 2014, BStBl. I S. 886 (Datenschema und Umfang der Übermittlungspflichten bei steuerbegünstigten Körperschaften sowie bei jPöR und deren BgA).

KStG

§ 32 Sondervorschriften für den Steuerabzug

1 **(1) Die Körperschaftsteuer für Einkünfte, die dem Steuerabzug unterliegen, ist durch den Steuerabzug abgegolten,**

1. wenn die Einkünfte nach § 5 Abs. 2 Nr. 1 von der Steuerbefreiung ausgenommen sind oder

2. wenn der Bezieher der Einkünfte beschränkt steuerpflichtig ist[1] und die Einkünfte nicht in einem inländischen gewerblichen oder land- oder forstwirtschaftlichen Betrieb angefallen sind.

2 **(2) Die Körperschaftsteuer ist nicht abgegolten,**

1. wenn bei dem Steuerpflichtigen während eines Kalenderjahrs sowohl unbeschränkte Steuerpflicht als auch beschränkte Steuerpflicht im Sinne des § 2 Nr. 1 bestanden hat; in diesen Fällen sind die während der beschränkten Steuerpflicht erzielten Einkünfte in eine Veranlagung zur unbeschränkten Körperschaftsteuerpflicht einzubeziehen;

2. für Einkünfte, die dem Steuerabzug nach § 50 a Abs. 1 Nr. 1, 2 oder Nr. 4 des Einkommensteuergesetzes unterliegen, wenn der Gläubiger der Vergütungen eine Veranlagung zur Körperschaftsteuer beantragt;

3. soweit der Steuerpflichtige wegen der Steuerabzugsbeträge in Anspruch genommen werden kann oder

4. soweit § 38 Abs. 2 anzuwenden ist.

3 **(3) ① Von den inländischen Einkünften im Sinne des § 2 Nr. 2 zweiter Halbsatz ist ein Steuerabzug vorzunehmen; Entsprechendes gilt, wenn die inländischen Einkünfte im Sinne des § 2 Nr. 2 zweiter Halbsatz von einer nach § 5 Abs. 1 oder nach anderen Gesetzen als dem Körperschaftsteuergesetz steuerbefreiten Körperschaft, Personenvereinigung oder Vermögensmasse erzielt werden. ② Der Steuersatz beträgt 15 Prozent des Entgelts. ③ Die für den Steuerabzug von Kapitalerträgen im Sinne des § 43 Abs. 1 Satz 1 Nummer 1 und 1 a geltenden Vorschriften des Einkommensteuergesetzes mit Ausnahme des § 44 Abs. 2 und § 44 a Abs. 8 des Einkommensteuergesetzes sind entsprechend anzuwenden. ④ Der Steuerabzug ist bei Einnahmen oder Bezügen im Sinne des § 2 Nr. 2 zweiter Halbsatz Buchstabe c von der anderen Körperschaft im Sinne des § 8 b Abs. 10 Satz 2 vorzunehmen. ⑤ In Fällen des Satzes 4 hat die überlassende Körperschaft der anderen Körperschaft den zur Deckung der Kapitalertragsteuer notwendigen Betrag zur Verfügung zu stellen; § 44 Absatz 1 Satz 10 und 11 des Einkommensteuergesetzes gilt entsprechend.**

4 **(4) ① Absatz 2 Nr. 2 gilt nur für beschränkt steuerpflichtige Körperschaften, Personenvereinigungen oder Vermögensmassen im Sinne des § 2 Nr. 1, die nach den Rechtsvorschriften eines Mitgliedstaats der Europäischen Union oder nach den Rechtsvorschriften eines Staates, auf den das Abkommen über den Europäischen Wirtschaftsraum vom 3. Januar 1994 (ABl. EG Nr. L 1 S. 3), zuletzt geändert durch den Beschluss des Gemeinsamen EWR-Ausschusses Nr. 91/2007 vom 6. Juli 2007 (ABl. EU Nr. L 328 S. 40), in der jeweiligen Fassung Anwendung findet, gegründete Gesellschaften im Sinne des Artikels 54 des Vertrags über die Arbeitsweise der Europäischen Union oder des Artikels 34 des Abkommens über den Europäischen Wirtschaftsraum sind, deren Sitz und Ort der Geschäftsleitung sich innerhalb des Hoheitsgebiets eines dieser Staaten befindet. ② Europäische Gesellschaften sowie Europäische Genossenschaften gelten für die Anwendung des Satzes 1 als nach den Rechtsvorschriften des Staates gegründete Gesellschaften, in dessen Hoheitsgebiet sich der Sitz der Gesellschaften befindet.**

5 **(5) ① Ist die Körperschaftsteuer des Gläubigers für Kapitalerträge im Sinne des § 20 Absatz 1 Nummer 1 des Einkommensteuergesetzes nach Absatz 1 abgegolten, wird dem Gläubiger der Kapitalerträge auf Antrag die einbehaltene und abgeführte Kapitalertragsteuer nach Maßgabe des § 36 Absatz 2 Nummer 2 des Einkommensteuergesetzes erstattet, wenn**

1. der Gläubiger der Kapitalerträge eine nach § 2 Nummer 1 beschränkt steuerpflichtige Gesellschaft ist, die

a) zugleich eine Gesellschaft im Sinne des Artikels 54 des Vertrags über die Arbeitsweise der Europäischen Union oder des Artikels 34 des Abkommens über den Europäischen Wirtschaftsraum ist,

---

[1] Zur Frage der steuerlichen Behandlung von Kapitalerträgen i. S. d. § 20 Abs. 1 Nr. 10 EStG, die von einem Betrieb gewerblicher Art geschuldet werden vgl. *BMF-Schrb. v. 28. 1. 2019 IV C 2 – S 2706-a/15/10001, BStBl. 2019 I S. 97.*

KStG noch 5

b) ihren Sitz und Ort der Geschäftsleitung innerhalb des Hoheitsgebiets eines Mitgliedstaates der Europäischen Union oder eines Staates, auf den das Abkommen über den Europäischen Wirtschaftsraum Anwendung findet, hat,

c) im Staat des Orts ihrer Geschäftsleitung ohne Wahlmöglichkeit einer mit § 1 vergleichbaren unbeschränkten Steuerpflicht unterliegt, ohne von dieser befreit zu sein, und

2. der Gläubiger unmittelbar am Grund- oder Stammkapital der Schuldnerin der Kapitalerträge beteiligt ist und die Mindestbeteiligungsvoraussetzung des § 43 b Absatz 2 des Einkommensteuergesetzes nicht erfüllt.

② Satz 1 gilt nur, soweit

1. keine Erstattung der betreffenden Kapitalertragsteuer nach anderen Vorschriften vorgesehen ist,
2. die Kapitalerträge nach § 8 b Absatz 1 bei der Einkommensermittlung außer Ansatz bleiben würden,
3. die Kapitalerträge aufgrund ausländischer Vorschriften keiner Person zugerechnet werden, die keinen Anspruch auf Erstattung nach Maßgabe dieses Absatzes hätte, wenn sie die Kapitalerträge unmittelbar erzielte,
4. ein Anspruch auf völlige oder teilweise Erstattung der Kapitalertragsteuer bei entsprechender Anwendung des § 50 d Absatz 3 des Einkommensteuergesetzes nicht ausgeschlossen wäre und
5. die Kapitalertragsteuer nicht beim Gläubiger oder einem unmittelbar oder mittelbar am Gläubiger beteiligten Anteilseigner angerechnet oder als Betriebsausgabe oder als Werbungskosten abgezogen werden kann; die Möglichkeit eines Anrechnungsvortrags steht der Anrechnung gleich.

③ Der Gläubiger der Kapitalerträge hat die Voraussetzungen für die Erstattung nachzuweisen. ④ Er hat insbesondere durch eine Bescheinigung der Steuerbehörden seines Ansässigkeitsstaates nachzuweisen, dass er in diesem Staat als steuerlich ansässig betrachtet wird, dort unbeschränkt körperschaftsteuerpflichtig und nicht von der Körperschaftsteuer befreit sowie der tatsächliche Empfänger der Kapitalerträge ist. ⑤ Aus der Bescheinigung der ausländischen Steuerverwaltung muss hervorgehen, dass die deutsche Kapitalertragsteuer nicht angerechnet, nicht abgezogen oder nicht vorgetragen werden kann und inwieweit eine Anrechnung, ein Abzug oder Vortrag auch tatsächlich nicht erfolgt ist. ⑥ Die Erstattung der Kapitalertragsteuer erfolgt für alle in einem Kalenderjahr bezogenen Kapitalerträge im Sinne des Satzes 1 auf der Grundlage eines Freistellungsbescheids nach § 155 Absatz 1 Satz 3 der Abgabenordnung.

KStG

§ 32a[1] Erlass, Aufhebung oder Änderung von Steuerbescheiden bei verdeckter Gewinnausschüttung oder verdeckter Einlage

1 **(1) ① Soweit gegenüber einer Körperschaft ein Steuerbescheid hinsichtlich der Berücksichtigung einer verdeckten Gewinnausschüttung erlassen, aufgehoben oder geändert wird, kann ein Steuerbescheid oder ein Feststellungsbescheid gegenüber dem Gesellschafter, dem die verdeckte Gewinnausschüttung zuzurechnen ist, oder einer diesem nahe stehenden Person erlassen, aufgehoben oder geändert werden. ② Die Festsetzungsfrist endet insoweit nicht vor Ablauf eines Jahres nach Unanfechtbarkeit des Steuerbescheides der Körperschaft. ③ Die Sätze 1 und 2 gelten auch für verdeckte Gewinnausschüttungen an Empfänger von Bezügen im Sinne des § 20 Abs. 1 Nr. 9 und 10 Buchstabe a des Einkommensteuergesetzes.**

2 **(2) ① Soweit gegenüber dem Gesellschafter ein Steuerbescheid oder ein Feststellungsbescheid hinsichtlich der Berücksichtigung einer verdeckten Einlage erlassen, aufgehoben oder geändert wird, kann ein Steuerbescheid gegenüber der Körperschaft, welcher der Vermögensvorteil zugewendet wurde, aufgehoben, erlassen oder geändert werden. ② Absatz 1 Satz 2 gilt entsprechend.**

H 32 a

H 32 a

10 **Fehlende Bindungswirkung.** Der aufgrund der Erfassung einer vGA ergangene Körperschaftsteuerbescheid ist für den die vGA erfassenden Einkommensteuerbescheid eines Anteilseigners kein Grundlagenbescheid (→ BFH vom 18. 9. 2012, VIII R 9/09, BStBl. 2013 II S. 149).

[1] § 32 a erstmals anzuwenden, wenn nach dem 18. Dezember 2006 ein Steuerbescheid erlassen, aufgehoben oder geändert wird.

Fünfter Teil. Ermächtigungs- und Schlussvorschriften

§ 33 Ermächtigungen

(1) **Die Bundesregierung wird ermächtigt, zur Durchführung dieses Gesetzes mit Zustimmung des Bundesrates durch Rechtsverordnung** 1

1. **zur Wahrung der Gleichmäßigkeit bei der Besteuerung, zur Beseitigung von Unbilligkeiten in Härtefällen und zur Vereinfachung des Besteuerungsverfahrens den Umfang der Steuerbefreiungen nach § 5 Abs. 1 Nr. 3 und 4 näher zu bestimmen.** ② **Dabei können**
   a) **zur Durchführung des § 5 Abs. 1 Nr. 3 Vorschriften erlassen werden, nach denen die Steuerbefreiung nur eintritt,**
      aa) **wenn die Leistungsempfänger nicht überwiegend aus dem Unternehmer oder seinen Angehörigen, bei Gesellschaften aus den Gesellschaftern und ihren Angehörigen bestehen,**
      bb) **wenn bei Kassen mit Rechtsanspruch der Leistungsempfänger die Rechtsansprüche und bei Kassen ohne Rechtsanspruch der Leistungsempfänger die laufenden Kassenleistungen und das Sterbegeld bestimmte Beträge nicht übersteigen, die dem Wesen der Kasse als soziale Einrichtung entsprechen,**
      cc) **wenn bei Auflösung der Kasse ihr Vermögen satzungsmäßig nur für soziale Zwecke verwendet werden darf,**
      dd) **wenn rechtsfähige Pensions-, Sterbe- und Krankenkassen der Versicherungsaufsicht unterliegen,**
      ee) **wenn bei rechtsfähigen Unterstützungskassen die Leistungsempfänger zu laufenden Beiträgen oder Zuschüssen nicht verpflichtet sind und die Leistungsempfänger oder die Arbeitnehmervertretungen des Betriebs oder der Dienststelle an der Verwaltung der Beträge, die der Kasse zufließen, beratend mitwirken können;**
   b) **zur Durchführung des § 5 Abs. 1 Nr. 4 Vorschriften erlassen werden**
      aa) **über die Höhe der für die Inanspruchnahme der Steuerbefreiung zulässigen Beitragseinnahmen,**
      bb) **nach denen bei Versicherungsvereinen auf Gegenseitigkeit, deren Geschäftsbetrieb sich auf die Sterbegeldversicherung beschränkt, dieSteuerbefreiung unabhängig von der Höhe der Beitragseinnahmen auch eintritt, wenn die Höhe des Sterbegeldes insgesamt die Leistung der nach § 5 Abs. 1 Nr. 3 steuerbefreiten Sterbekassen nicht übersteigt und wenn der Verein auch im Übrigen eine soziale Einrichtung darstellt;**
2. **Vorschriften zu erlassen**
   a) *(aufgehoben)*[1]
   b) **über die Herabsetzung oder Erhöhung der Körperschaftsteuer nach § 23 Abs. 2;**
   c) **nach denen bei Anschaffung oder Herstellung von abnutzbaren beweglichen und bei Herstellung von abnutzbaren unbeweglichen Wirtschaftsgütern des Anlagevermögens auf Antrag ein Abzug von der Körperschaftsteuer für den Veranlagungszeitraum der Anschaffung oder Herstellung bis zur Höhe von 7,5 Prozent der Anschaffungs- oder Herstellungskosten dieser Wirtschaftsgüter vorgenommen werden kann.** ② **§ 51 Abs. 1 Nr. 2 Buchstabe s des Einkommensteuergesetzes gilt entsprechend;**
   d) **nach denen Versicherungsvereine auf Gegenseitigkeit von geringerer wirtschaftlicher Bedeutung, die eine Schwankungsrückstellung nach § 20 Abs. 1 nicht gebildet haben, zum Ausgleich des schwankenden Jahresbedarfs zu Lasten des steuerlichen Gewinns Beträge der nach § 193**[2] **des Versicherungsaufsichtsgesetzes zu bildenden Verlustrücklage zuführen können.**
   e) *(aufgehoben)*[3]

(2) **Das Bundesministerium der Finanzen wird ermächtigt,** 2

1. **im Einvernehmen mit den obersten Finanzbehörden der Länder Muster der in den §§ 27 und 37 vorgeschriebenen Bescheinigungen zu bestimmen;**
2. **den Wortlaut dieses Gesetzes und der zu diesem Gesetz erlassenen Durchführungsverordnungen in der jeweils geltenden Fassung mit neuem Datum, unter neuer Überschrift und in neuer Paragrafenfolge bekannt zu machen und dabei Unstimmigkeiten des Wortlauts zu beseitigen.**

---

[1] § 33 Abs. 1 Nr. 2 Buchst. a aufgehoben mWvVZ 2017.
[2] Zur Anwendung von § 33 Abs. 1 Nr. 2 Buchst. d siehe § 34 Abs. 10 a.
[3] § 33 Abs. 1 Nr. 2 Buchst. e aufgehoben mWv 1. 7. 2021.

KStG

§ 34 Schlussvorschriften[1]

1 (1) Diese Fassung des Gesetzes gilt, soweit in den folgenden Absätzen nichts anderes bestimmt ist, erstmals für den Veranlagungszeitraum *2020 [ab 1. 1. 2022: 2022].*

(1 a) § 1a in der Fassung des Artikels 1 des Gesetzes vom 25. Juni 2021 (BGBl. I S. 2050) ist erstmals für den Veranlagungszeitraum 2021 anzuwenden mit der Maßgabe, dass der Antrag erstmals für nach dem 31. Dezember 2021 beginnende Wirtschaftsjahre gestellt werden kann.

2 (2) ① Genossenschaften sowie Vereine können bis zum 31. Dezember 1991, in den Fällen des § 54 Absatz 4 in der Fassung des Artikels 9 des Gesetzes vom 18. Dezember 1989 (BGBl. I S. 2212) bis zum 31. Dezember 1992 oder, wenn es sich um Genossenschaften oder Vereine in dem in Artikel 3 des Einigungsvertrages genannten Gebiet handelt, bis zum 31. Dezember 1993 durch schriftliche Erklärung auf die Steuerbefreiung nach § 5 Absatz 1 Nummer 10 und 14 des Körperchaftsteuergesetzes in der Fassung des Artikels 4 des Gesetzes vom 14. Juli 2000 (BGBl. I S. 1034) verzichten, und zwar auch für den Veranlagungszeitraum 1990. ② Die Körperschaft ist mindestens für fünf aufeinanderfolgende Kalenderjahre an die Erklärung gebunden. ③ Die Erklärung kann nur mit Wirkung vom Beginn eines Kalenderjahrs an widerrufen werden. ④ Der Widerruf ist spätestens bis zur Unanfechtbarkeit der Steuerfestsetzung des Kalenderjahrs zu erklären, für das er gelten soll.

3 (2 a) § 5 Absatz 1 Nummer 1 in der Fassung des Artikels 6 des Gesetzes vom 12. Dezember 2019 (BGBl. I S. 2451) ist erstmals für den Veranlagungszeitraum 2019 anzuwenden.

4 (3) ① § 5 Absatz 1 Nummer 2 ist für die Hamburgische Investitions- und Förderbank erstmals für den Veranlagungszeitraum 2013 anzuwenden. ② Die Steuerbefreiung nach § 5 Absatz 1 Nummer 2 in der bis zum 30. Juli 2014 geltenden Fassung ist für die Hamburgische Wohnungsbaukreditanstalt letztmals für den Veranlagungszeitraum 2013 anzuwenden. ③ § 5 Absatz 1 Nummer 16 Satz 1 und 2 in der am 1. Januar 2016 geltenden Fassung ist erstmals für den Veranlagungszeitraum 2015 anzuwenden. ④ § 5 Absatz 1 Nummer 24 in der am 31. Dezember 2014 geltenden Fassung ist erstmals für den Veranlagungszeitraum 2014 anzuwenden.

5 (3 a) § 5 Absatz 1 Nummer 3 Buchstabe d, Nummer 4 und 16 Satz 3 in der am 1. Januar 2016 geltenden Fassung ist erstmals für den Veranlagungszeitraum 2016 anzuwenden.

6 (3 b) § 5 Absatz 1 Nummer 10 in der Fassung des Artikels 2 des Gesetzes vom 4. August 2019 (BGBl. I S. 1122) ist erstmals für den Veranlagungszeitraum 2019 anzuwenden.

(3 c) § 8 Absatz 1 in der Fassung des Artikels 3 des Gesetzes vom 25. Juni 2021 (BGBl. I S. 2056) ist auch für Veranlagungszeiträume vor 2021 anzuwenden.

7 (3 d) § 8 Absatz 8 Satz 6, § 8 Absatz 9 Satz 9, § 8 c Absatz 2, § 8 d Absatz 1 Satz 9, § 15 Satz 1 Nummer 1 Satz 2 und 3 und § 15 Satz 1 Nummer 1 a in der Fassung des Artikels 3 des Gesetzes vom 27. Juni 2017 (BGBl. I S. 2074) sind auch für Veranlagungszeiträume vor 2017 anzuwenden, wenn der Steuerpflichtige einen Antrag nach § 52 Absatz 4 a Satz 3 des Einkommensteuergesetzes in der Fassung des Artikels 2 des Gesetzes vom 11. Dezember 2018 (BGBl. I S. 2338) stellt.

8 (4) § 8 a Absatz 2 und 3 ist nicht anzuwenden, wenn die Rückgriffsmöglichkeit des Dritten allein auf der Gewährträgerhaftung einer Gebietskörperschaft oder einer anderen Einrichtung des öffentlichen Rechts gegenüber den Gläubigern eines Kreditinstituts für Verbindlichkeiten beruht, die bis zum 18. Juli 2001 vereinbart waren; Gleiches gilt für bis zum 18. Juli 2005 vereinbarte Verbindlichkeiten, wenn deren Laufzeit nicht über den 31. Dezember 2015 hinausgeht.

9 (5)[2] ① § 8 b Absatz 1 Satz 3 in der Fassung des Artikels 2 des Gesetzes vom 25. Juni 2021 (BGBl. I S. 2035) ist erstmals für Bezüge anzuwenden, die nach dem 31. Dezember 2019 zufließen. ② § 8 b Absatz 4 in der am 12. Dezember 2006 geltenden Fassung ist für Anteile weiter anzuwenden, die einbringungsgeboren im Sinne des § 21 des Umwandlungssteuergesetzes in der am 12. Dezember 2006 geltenden Fassung[3] sind, und für Anteile im Sinne des § 8 b Absatz 4 Satz 1 Nummer 2, die auf einer Übertragung bis zum 12. Dezember 2006 beruhen. ③ § 8 b Absatz 4 Satz 8 in der Fassung des Artikels 6 des Gesetzes vom 12. Dezember 2019 (BGBl. I S. 2451) ist erstmals für den Veranlagungszeitraum 2018 anzuwenden. ④ § 8 b Absatz 7 Satz 1 in der am 1. Januar 2017 geltenden Fassung ist erstmals für den Veranlagungszeitraum 2017 anzuwenden; § 8 b Absatz 7 Satz 2 in der am 1. Januar 2017 geltenden Fassung ist

---

[1] § 34 i. d. F. des Gesetzes vom 25. 7. 2014 (BGBl. I S. 1266) mit Änderungen.
[2] Fassung des neu eingefügten Abs. 5 Satz 2 ab VZ 2022 siehe Geschlossene Wiedergabe.
[3] UmwStG a. F. in Auszügen letztmalig abgedruckt im „Handbuch zur Körperschaftsteuerveranlagung 2019".

anzuwenden auf Anteile, die nach dem 31. Dezember 2016 dem Betriebsvermögen zugehen.

(6) ① **§ 8c Absatz 1 Satz 1 bis 3 in der Fassung des Artikels 6 des Gesetzes vom 11. Dezember 2018 (BGBl. I S. 2338) findet erstmals für den Veranlagungszeitraum 2008 und auf Anteilsübertragungen nach dem 31. Dezember 2007 Anwendung.** ② **§ 8c Absatz 1 Satz 4 bis 8 in der Fassung des Artikels 6 des Gesetzes vom 11. Dezember 2018 (BGBl. I S. 2338) ist erstmals auf schädliche Beteiligungserwerbe nach dem 31. Dezember 2009 anzuwenden.** ③ **§ 8c Absatz 1a in der Fassung des Artikels 6 des Gesetzes vom 12. Dezember 2019 (BGBl. I S. 2451) ist erstmals für den Veranlagungszeitraum 2008 und auf Anteilsübertragungen nach dem 31. Dezember 2007 anzuwenden.** ④ **Erfüllt ein nach dem 31. Dezember 2007 erfolgter Beteiligungserwerb die Voraussetzungen des § 8c Absatz 1a, bleibt er bei der Anwendung des § 8c Absatz 1 Satz 1 unberücksichtigt.** 10

(6a) ① **§ 8d ist erstmals auf schädliche Beteiligungserwerbe im Sinne des § 8c anzuwenden, die nach dem 31. Dezember 2015 erfolgen, wenn der Geschäftsbetrieb der Körperschaft vor dem 1. Januar 2016 weder eingestellt noch ruhend gestellt war.** ② **§ 8d Absatz 1 Satz 2 Nummer 1 ist auf Einstellungen oder Ruhendstellungen anzuwenden, die nach dem 31. Dezember 2015 erfolgen.** 11

(6b) **§ 9 Absatz 1 Satz 8 in der Fassung des Artikels 6 des Gesetzes vom 12. Dezember 2019 (BGBl. I S. 2451) ist erstmals auf Mitgliedsbeiträge anzuwenden, die nach dem 31. Dezember 2019 gezahlt werden.** 12

(6c) **§ 10 Nummer 3 in der Fassung des Artikels 6 des Gesetzes vom 12. Dezember 2019 (BGBl. I S. 2451) ist erstmals anzuwenden auf nach dem 31. Dezember 2018 festgesetzte Geldstrafen, sonstige Rechtsfolgen vermögensrechtlicher Art, bei denen der Strafcharakter überwiegt, und Leistungen zur Erfüllung von Auflagen oder Weisungen, soweit die Auflagen oder Weisungen nicht lediglich der Wiedergutmachung des durch die Tat verursachten Schadens dienen, sowie auf nach dem 31. Dezember 2018 entstandene damit zusammenhängende Aufwendungen.** 13

(6d) ① **§ 12 Absatz 1 und 1a in der Fassung des Artikels 2 des Gesetzes vom 25. Juni 2021 (BGBl. I S. 2035) ist erstmals für nach dem 31. Dezember 2019 endende Wirtschaftsjahre anzuwenden.** ② **§ 12 Absatz 2 in der am 31. Dezember 2021 geltenden Fassung ist letztmals auf Verschmelzungen anwendbar, deren steuerlicher Übertragungsstichtag vor dem 1. Januar 2022 liegt.** ③ **§ 12 Absatz 4 in der am 30. Juni 2021 geltenden Fassung ist letztmals für den Veranlagungszeitraum 2020 anzuwenden.**

(6e)[1] ① **§ 14 Absatz 2 in der Fassung des Artikels 6 des Gesetzes vom 11. Dezember 2018 (BGBl. I S. 2338) ist auch für Veranlagungszeiträume vor 2017 anzuwenden.** ② **Ist im Einzelfall eine vor dem 1. August 2018 bestehende Organschaft unter Berücksichtigung von Ausgleichszahlungen nach anderen Grundsätzen als denen des § 14 Absatz 2 in der Fassung des Artikels 6 des Gesetzes vom 11. Dezember 2018 (BGBl. I S. 2338) anerkannt worden, so sind diese Grundsätze insoweit letztmals für den Veranlagungszeitraum 2021 maßgebend.** ③ **Wird ein Gewinnabführungsvertrag im Sinne des Satzes 2 vorzeitig nach dem 1. August 2018 durch Kündigung beendet, gilt die Kündigung als durch einen wichtigen Grund im Sinne des § 14 Absatz 1 Satz 1 Nummer 3 Satz 2 gerechtfertigt.** ④ **Wird ein Gewinnabführungsvertrag im Sinne des Satzes 2 an die Anforderungen des § 14 Absatz 2 in der Fassung des Artikels 6 des Gesetzes vom 11. Dezember 2018 (BGBl. I S. 2338) angepasst, gilt diese Anpassung für die Anwendung des § 14 Absatz 1 Satz 1 Nummer 3 nicht als Neuabschluss.** 14

(6f) **§ 15 in der Fassung des Artikels 6 des Gesetzes vom 11. Dezember 2018 (BGBl. I S. 2338) ist erstmals für den Veranlagungszeitraum 2018 anzuwenden.** 15

(6g) **§ 15 Satz 1 Nummer 2 Satz 1 und 2 in der Fassung des Artikels 6 des Gesetzes vom 12. Dezember 2019 (BGBl. I S. 2451) ist erstmals auf Umwandlungen anzuwenden, bei denen die Anmeldung zur Eintragung in das für die Wirksamkeit des jeweiligen Vorgangsmaßgebende öffentliche Register nach dem 12. Dezember 2019 erfolgt ist.** 16

(7) **§ 19 in der am 31. Juli 2014 geltenden Fassung ist erstmals für den Veranlagungszeitraum 2012 anzuwenden.** 17

(7a) ① **§ 20 Absatz 1 in der am 1. Januar 2016 geltenden Fassung ist auch für Veranlagungszeiträume vor 2016 anzuwenden.** ② **§ 20 Absatz 2 in der am 1. Januar 2016 geltenden Fassung ist erstmals für den Verlangungszeitraum 2016 anzuwenden.** 18

(8) ① **§ 21[2] Absatz 2 Satz 2 Nummer 1 ist für die Veranlagungszeiträume 2016 bis 2018 in der folgenden Fassung anzuwenden:** 19

…[3]

---

[1] Fassung des neu angefügten Abs. 6e Sätze 5 bis 16 ab VZ 2022 siehe Geschlossene Wiedergabe.
[2] **§ 21 a. F.** zuletzt abgedruckt im „Handbuch zur Körperschaftsteuerveranlagung 2018".
[3] Siehe Abdruck in der Geschlossenen Wiedergabe bei § 34 Abs. 8.

KStG ② § 21 in der Fassung des Artikels 7 des Gesetzes vom 11. Dezember 2018 (BGBl. I S. 2338) ist anzuwenden:

1. erstmals für den Veranlagungszeitraum 2019;
2. auf bis zum 30. Juni 2019 zu stellenden, unwiderruflichen Antrag bereits für den Veranlagungszeitraum 2018. ② Der Antrag nach Satz 1 kann nur gestellt werden, wenn es im Veranlagungszeitraum 2018 sonst zu einer Auflösung der Rückstellung für Beitragsrückerstattung nach § 21 Absatz 2 Satz 2 in der zum 31. Dezember 2017 geltenden Fassung kommen würde.

20 (8 a) § 21 a Absatz 1 in der am 1. Januar 2016 geltenden Fassung ist erstmals für den Veranlagungszeitraum 2016 anzuwenden.

21 (8 b) § 24 in der Fassung des Artikels 6 des Gesetzes vom 12. Dezember 2019 (BGBl. I S. 2451) ist erstmals für den Veranlagungszeitraum 2019 anzuwenden.

22 (8 c)[1]...

23 (9) ① § 26 in der am 31. Dezember 2014 geltenden Fassung ist erstmals auf Einkünfte und Einkunftsteile anzuwenden, die nach dem 31. Dezember 2013 zufließen. ② Auf vor dem 1. Januar 2014 zugeflossene Einkünfte und Einkunftsteile ist § 26 Absatz 2 Satz 1 in der am 31. Dezember 2014 geltenden Fassung in allen Fällen anzuwenden, in denen die Körperschaftsteuer noch nicht bestandskräftig festgesetzt ist.

24 (10) § 27 Absatz 1 Satz 6 in der Fassung des Artikels 3 Nummer 10 des Gesetzes vom 7. Dezember 2006 (BGBl. I S. 2782) gilt letztmals für den Veranlagungszeitraum 2005.

25 (10 a) § 33 Absatz 1 Nummer 2 Buchstabe d in der am 1. Januar 2016 geltenden Fassung ist erstmals für den Veranlagungszeitraum 2016 anzuwenden.

26 (11) § 36 ist in allen Fällen, in denen die Endbestände im Sinne des § 36 Absatz 7 noch nicht bestandskräftig festgestellt sind, in der folgenden Fassung anzuwenden:

[Abdruck bei § 36]

27 (12) § 37 Absatz 1 ist in den Fällen des Absatzes 11 in der folgenden Fassung anzuwenden:

[Abdruck bei § 37]

28 (13) ① § 38 Absatz 1 in der am 19. Dezember 2006 geltenden Fassung gilt nur für Genossenschaften, die zum Zeitpunkt der erstmaligen Anwendung dieses Gesetzes in der Fassung des Artikels 3 des Gesetzes vom 23. Oktober 2000 (BGBl. I S. 1433) bereits bestanden haben. ② Die Regelung ist auch für Veranlagungszeiträume vor 2007 anzuwenden. ③ Ist in den Fällen des § 40 Absatz 5 und 6 in der am 13. Dezember 2006 geltenden Fassung die Körperschaftsteuerfestsetzung unter Anwendung des § 38 in der am 27. Dezember 2007 geltenden Fassung vor dem 28. Dezember 2007 erfolgt, sind die §§ 38 und 40 Absatz 5 und 6 weiter anzuwenden. ④ § 38 Absatz 4 bis 9 in der am 29. Dezember 2007 geltenden Fassung ist insoweit nicht anzuwenden.

29 (14) ① Die §§ 38 und 40 in der am 27. Dezember 2007 geltenden Fassung sowie § 10 des Umwandlungssteuergesetzes vom 7. Dezember 2006 (BGBl. I S. 2782, 2791)[2] sind auf Antrag weiter anzuwenden für

1. Körperschaften oder deren Rechtsnachfolger, an denen unmittelbar oder mittelbar zu mindestens 50 Prozent
   a) juristische Personen des öffentlichen Rechts aus Mitgliedstaaten der Europäischen Union oder aus Staaten, auf die das EWR-Abkommen Anwendung findet, oder
   b) Körperschaften, Personenvereinigungen oder Vermögensmassen im Sinne des § 5 Absatz 1 Nummer 9

   alleine oder gemeinsam beteiligt sind, und
2. Genossenschaften,

die ihre Umsatzerlöse überwiegend durch Verwaltung und Nutzung eigenen zu Wohnzwecken dienenden Grundbesitzes, durch Betreuung von Wohnbauten oder durch die Errichtung und Veräußerung von Eigenheimen, Kleinsiedlungen oder Eigentumswohnungen erzielen, sowie für steuerbefreite Körperschaften. ② Der Antrag ist unwiderruflich und kann von der Körperschaft bis zum 30. September 2008 bei dem für die Besteuerung zuständigen Finanzamt gestellt werden. ③ Die Körperschaften oder deren Rechtsnachfolger müssen die Voraussetzungen nach Satz 1 ab dem 1. Januar 2007 bis zum Ende des Zeitraums im Sinne des § 38 Absatz 2 Satz 3 erfüllen. ④ Auf den Schluss des Wirtschaftsjahres, in dem die Voraussetzungen des Satzes 1 nach Antragstellung erstmals nicht mehr vorliegen, wird der Endbetrag nach § 38 Absatz 1

[1] Fassung neuer Abs. 8 c ab VZ 2025 siehe Geschlossene Wiedergabe.
[2] **UmwStG** abgedruckt im **Anhang I 2.**

letztmals ermittelt und festgestellt. ⑤Die Festsetzung und Erhebung des Körperschaftsteuererhöhungsbetrags richtet sich nach § 38 Absatz 4 bis 9 in der am 29. Dezember 2007 geltenden Fassung mit der Maßgabe, dass als Zahlungszeitraum im Sinne des § 38 Absatz 6 Satz 1 die verbleibenden Wirtschaftsjahre des Zeitraums im Sinne des § 38 Absatz 2 Satz 3 gelten. ⑥Die Sätze 4 und 5 gelten entsprechend, soweit das Vermögen der Körperschaft oder ihres Rechtsnachfolgers durch Verschmelzung nach § 2 des Umwandlungsgesetzes oder Auf- oder Abspaltung im Sinne des § 123 Absatz 1 und 2 des Umwandlungsgesetzes ganz oder teilweise auf eine andere Körperschaft übergeht und diese keinen Antrag nach Satz 2 gestellt hat. ⑦§ 40 Absatz 6 in der am 27. Dezember 2007 geltenden Fassung ist nicht anzuwenden.

§ 6[1] ***Anwendungszeitraum*** KStDV

Die Körperschaftsteuer-Durchführungsverordnung in der am 1. Januar 2016 geltenden Fassung ist erstmals für den Veranlagungszeitraum 2016 anzuwenden. 40

---

[1] Ab VZ 2016 § 6 KStDV geändert durch Gesetz v. 1. 4. 2015 (BGBl. I S. 434).

KStG

§ 35 Sondervorschriften für Körperschaften, Personenvereinigungen oder Vermögensmassen in dem in Artikel 3 des Einigungsvertrages genannten Gebiet

1 **Soweit ein Verlust einer Körperschaft, Personenvereinigung oder Vermögensmasse, die am 31. Dezember 1990 ihre Geschäftsleitung oder ihren Sitz in dem in Artikel 3 des Einigungsvertrages genannten Gebiet und im Jahre 1990 keine Geschäftsleitung und keinen Sitz im bisherigen Geltungsbereich des Körperschaftsteuergesetzes hatte, aus dem Veranlagungszeitraum 1990 auf das Einkommen eines Veranlagungszeitraums für das das Körperschaftsteuergesetz in der Fassung des Artikels 3 des Gesetzes vom 23. Oktober 2000 (BGBl. I S. 1433) erstmals anzuwenden ist oder eines nachfolgenden Veranlagungszeitraums vorgetragen wird, ist das steuerliche Einlagekonto zu erhöhen.**

R 35

R 35. Sondervorschriften für Körperschaften, Personenvereinigungen oder Vermögensmassen in dem in Artikel 3 des Einigungsvertrags genannten Gebiet

10 ① Im Jahr des Verlustabzugs (§ 10 d EStG) erhöht der vom Einkommen abgezogene Verlust das steuerliche Einlagekonto. ② Ist ein Verlustabzug in einem VZ zu berücksichtigen, dessen Einkommen sich aus dem Gewinn von zwei Wj. zusammensetzt, ist er für die Erhöhung des Einlagekontos auf die beiden Wj. aufzuteilen.

KStG

Sechster Teil. Sondervorschriften für den Übergang vom Anrechnungsverfahren[1] zum Halbeinkünfteverfahren

§ 36[2] Endbestände

(1) **Auf den Schluss des letzten Wirtschaftsjahrs, das in dem Veranlagungszeitraum endet, für den das Körperschaftsteuergesetz in der Fassung der Bekanntmachung vom 22. April 1999 (BGBl. I S. 817), das durch Artikel 4 des Gesetzes vom 14. Juli 2000 (BGBl. I S. 1034) geändert worden ist, letztmals anzuwenden ist, werden die Endbestände der Teilbeträge des verwendbaren Eigenkapitals ausgehend von den gemäß § 47 Absatz 1 Satz 1 Nummer 1 des Körperschaftsteuergesetzes in der Fassung der Bekanntmachung vom 22. April 1999 (BGBl. I S. 817), das zuletzt durch Artikel 4 des Gesetzes vom 14. Juli 2000 (BGBl. I S. 1034) geändert worden ist, festgestellten Teilbeträgen gemäß den nachfolgenden Absätzen ermittelt.** 1

(2) ① **Die Teilbeträge sind um die Gewinnausschüttungen, die auf einem den gesellschaftsrechtlichen Vorschriften entsprechenden Gewinnverteilungsbeschluss für ein abgelaufenes Wirtschaftsjahr beruhen und die in dem in Absatz 1 genannten Wirtschaftsjahr folgenden Wirtschaftsjahr erfolgen, sowie um andere Ausschüttungen und sonstige Leistungen, die in dem in Absatz 1 genannten Wirtschaftsjahr erfolgen, zu verringern.** ② **Die Regelungen des Vierten Teils des Körperschaftsteuergesetzes in der Fassung der Bekanntmachung vom 22. April 1999 (BGBl. I S. 817), das zuletzt durch Artikel 4 des Gesetzes vom 14. Juli 2000 (BGBl. I S. 1034) geändert worden ist, sind anzuwenden.**[1] ③ **Der Teilbetrag im Sinne des § 54 Absatz 11 Satz 1 des Körperschaftsteuergesetzes in der Fassung der Bekanntmachung vom 22. April 1999 (BGBl. I S. 817), das zuletzt durch Artikel 4 des Gesetzes vom 14. Juli 2000 (BGBl. I S. 1034) geändert worden ist (Teilbetrag, der einer Körperschaftsteuer in Höhe von 45 Prozent unterlegen hat), erhöht sich um die Einkommensteile, die nach § 34 Absatz 12 Satz 2 bis 5 in der am 14. Dezember 2010 geltenden Fassung einer Körperschaftsteuer von 45 Prozent unterlegen haben, und der Teilbetrag, der nach dem 31. Dezember 1998 einer Körperschaftsteuer in Höhe von 40 Prozent ungemildert unterlegen hat, erhöht sich um die Beträge, die nach § 34 Absatz 12 Satz 6 bis 8 in der am 14. Dezember 2010 geltenden Fassung einer Körperschaftsteuer von 40 Prozent unterlegen haben, jeweils nach Abzug der Körperschaftsteuer, der sie unterlegen haben.**[3] 2

(3) *(weggefallen)* 3

(4) **Ist die Summe der unbelasteten Teilbeträge im Sinne des § 30 Absatz 2 Nummer 1 bis 3 in der Fassung des Artikels 4 des Gesetzes vom 14. Juli 2000 (BGBl. I S. 1034) nach Anwendung des Absatzes 2 negativ, sind diese Teilbeträge zunächst untereinander und danach mit den mit Körperschaftsteuer belasteten Teilbeträgen in der Reihenfolge zu verrechnen, in der ihre Belastung zunimmt.** 4

(5) ① **Ist die Summe der unbelasteten Teilbeträge im Sinne des § 30 Absatz 2 Nummer 1 bis 3 in der Fassung des Artikels 4 des Gesetzes vom 14. Juli 2000 (BGBl. I S. 1034) nach Anwendung des Absatzes 2 nicht negativ, sind zunächst die Teilbeträge im Sinne des § 30 Absatz 2 Nummer 1 und 3 in der Fassung des Artikels 4 des Gesetzes vom 14. Juli 2000 (BGBl. I S. 1034) zusammenzufassen.** ② **Ein sich aus der Zusammenfassung ergebender Negativbetrag ist vorrangig mit einem positiven Teilbetrag im Sinne des § 30 Absatz 2 Nummer 2 in der Fassung des Artikels 4 des Gesetzes vom 14. Juli 2000 (BGBl. I S. 1034) zu verrechnen.** ③ **Ein negativer Teilbetrag im Sinne des § 30 Absatz 2 Nummer 2 in der Fassung des Artikels 4 des Gesetzes vom 14. Juli 2000 (BGBl. I S. 1034) ist vorrangig mit dem positiven zusammengefassten Teilbetrag im Sinne des Satzes 1 zu verrechnen.** 5

(6) ① **Ist einer der belasteten Teilbeträge negativ, sind diese Teilbeträge zunächst untereinander in der Reihenfolge zu verrechnen, in der ihre Belastung zunimmt.** ② **Ein sich danach ergebender Negativbetrag mindert vorrangig den nach Anwendung des Absatzes 5 verbleibenden positiven Teilbetrag im Sinne des § 30 Absatz 2 Nummer 2 in der Fassung des Artikels 4 des Gesetzes vom 14. Juli 2000 (BGBl. I S. 1034); ein darüber hinausgehender Negativbetrag mindert den positiven zusammengefassten Teilbetrag nach Absatz 5 Satz 1.** 6

---

[1] Früheres Anrechnungsverfahren (§§ 27 bis 47 a. F.)zuletzt abgedruckt in der geschlossenen Wiedergabe des „Handbuchs zur Körperschaftsteuerveranlagung 2006".

[2] **Fassung des § 36 gemäß § 34 Abs. 11; anzuwenden in allen Fällen, in denen die Endbestände i. S. d. § 36 Abs. 7 noch nicht bestandskräftig festgestellt sind.**

Fassung des § 36 i. d. F. des StSenkG siehe zuletzt im „Handbuch zur Körperschaftsteuerveranlagung 2009".

[3] Zur Auswirkung von Verlustvorträgen im Rahmen der Umgliederung siehe Rundverfügung der *OFD Frankfurt/Main v. 22. 5. 2006 S 2860 A – 4 – St 52, KSt-Kartei § 36 KStG Karte 1.*

KStG

7 (6 a) ① **Ein sich nach Anwendung der Absätze 1 bis 6 ergebender positiver Teilbetrag, der einer Körperschaftsteuer von 45 Prozent unterlegen hat, mindert in Höhe von $^{5}/_{22}$ seines Bestands einen nach Anwendung der Absätze 1 bis 6 verbleibenden positiven Bestand des Teilbetrags im Sinne des § 30 Absatz 2 Nummer 2 in der Fassung des Artikels 4 des Gesetzes vom 14. Juli 2000 (BGBl. I S. 1034) bis zu dessen Verbrauch.** ② **Ein sich nach Anwendung der Absätze 1 bis 6 ergebender positiver Teilbetrag, der einer Körperschaftsteuer von 45 Prozent unterlegen hat, erhöht in Höhe von $^{27}/_{5}$ des Minderungsbetrags nach Satz 1 den nach Anwendung der Absätze 1 bis 6 verbleibenden Bestand des Teilbetrags, der nach dem 31. Dezember 1998 einer Körperschaftsteuer von 40 Prozent ungemildert unterlegen hat.** ③ **Der nach Satz 1 abgezogene Betrag erhöht und der nach Satz 2 hinzugerechnete Betrag vermindert den nach Anwendung der Absätze 1 bis 6 verbleibenden Bestand des Teilbetrags, der einer Körperschaftsteuer von 45 Prozent unterlegen hat.**

8 (7) **Die Endbestände sind getrennt auszuweisen und werden gesondert festgestellt; dabei sind die verbleibenden unbelasteten Teilbeträge im Sinne des § 30 Absatz 2 Nummer 1 und 3 des Körperschaftsteuergesetzes in der Fassung der Bekanntmachung vom 22. April 1999 (BGBl. I S. 817), das zuletzt durch Artikel 4 des Gesetzes vom 14. Juli 2000 (BGBl. I S. 1034) geändert worden ist, in einer Summe auszuweisen.**

H 36

H 36

Umgliederungsvorschriften.

10
- Die gesetzlichen Regelungen zur Umrechnung des am 31. 12. 2001 vorhandenen verwendbaren Eigenkapitals einer Kapitalgesellschaft in ein Körperschaftsteuerguthaben (→ § 36 KStG i. d. F. des StSenkG vom 23. 10. 2000) sind (entgegen → BFH vom 31. 5. 2005, I R 107/04, BStBl. II S. 884) mit dem Grundgesetz nicht vereinbar. § 36 KStG ist in allen Fällen, in denen die Endbestände i. S. d. § 36 Abs. 7 KStG noch nicht bestandskräftig festgestellt sind, i. d. F. des § 34 Abs. 12 KStG (§ 34 Abs. 13f KStG i. d. F. des JStG 2010 vom 8. 12. 2010, BStBl. I S. 1394) anzuwenden.
- Die Erhöhung des Körperschaftsteuerguthabens auf der Grundlage der Neufassung des § 36, § 37 Abs. 1 KStG durch das JStG 2010 ist rechtlich nicht möglich, wenn der Bescheid über die Feststellung der Endbestände gem. § 36 Abs. 7 KStG bereits vor Inkrafttreten des JStG 2010 in Bestandskraft erwachsen war (→ BFH vom 30. 7. 2014, I R 56/13, BStBl. II S. 940).[1]
- Die durch das JStG 2010 getroffenen Regelungen zur Umgliederung der Teilbeträge des vEK in ein Körperschaftsteuerguthaben sind mit dem Grundgesetz vereinbar. Das betrifft auch die in § 36 Abs. 4 KStG 1999 i. d. F. des StSenkG angeordnete und insoweit fortgeltende Verrechnung von negativem nicht belastetem vEK mit belastetem vEK. Diese gesetzliche Anordnung bleibt unberührt davon, dass das BVerfG im Beschluss vom 17. 11. 2009 (1 BvR 2192/05, BGBl. I 2010 S. 326) die in § 36 Abs. 3 KStG 1999 i. d. F. des StSenkG bestimmte Umgliederung von EK 45 in EK 40 verworfen hat (→ BFH vom 20. 4. 2011, I R 65/05, BStBl. II S. 983).

---

[1] Diesbezüglich ist eine Vb. anhängig (*Az. des BVerfG: 2 BvR 928/15;* vorgehend BFH v. 29. 1. 2015 I R 84/12, BFH/NV 2015 S. 1007).

§ 37[1] Körperschaftsteuerguthaben und Körperschaftsteuerminderung KStG

[Abs. 1 a. F.:]

(1) ① Auf den Schluss des Wirtschaftsjahrs, das dem in § 36 Abs. 1 genannten Wirtschaftsjahr folgt, wird ein Körperschaftsteuerguthaben ermittelt. ② Das Körperschaftsteuerguthaben beträgt $^{1}/_{6}$ des Endbestands des mit einer Körperschaftsteuer von 40 Prozent belasteten Teilbetrags.

[Abs. 1 i. d. F. des § 34 Abs. 12:][2]

(1) ① Auf den Schluss des Wirtschaftsjahrs, das dem in § 36 Abs. 1 genannten Wirtschaftsjahr folgt, wird ein Körperschaftsteuerguthaben ermittelt. ② Das Körperschaftsteuerguthaben beträgt $^{15}/_{55}$ des Endbestands des mit einer Körperschaftsteuer von 45 Prozent belasteten Teilbetrags zuzüglich $^{1}/_{6}$ des Endbestands des mit einer Körperschaftsteuer von 40 Prozent belasteten Teilbetrags. 1

(2) ① Das Körperschaftsteuerguthaben mindert sich vorbehaltlich des Absatzes 2 a um jeweils $^{1}/_{6}$ der Gewinnausschüttungen, die in den folgenden Wirtschaftsjahren erfolgen und die auf einem den gesellschaftsrechtlichen Vorschriften entsprechenden Gewinnverteilungsbeschluss beruhen. ② Satz 1 gilt für Mehrabführungen im Sinne des § 14 Abs. 3 entsprechend. ③ Die Körperschaftsteuer des Veranlagungszeitraums, in dem das Wirtschaftsjahr endet, in dem die Gewinnausschüttung erfolgt, mindert sich bis zum Verbrauch des Körperschaftsteuerguthabens um diesen Betrag, letztmalig in dem Veranlagungszeitraum, in dem das 18. Wirtschaftsjahr endet, das auf das Wirtschaftsjahr folgt, auf dessen Schluss nach Absatz 1 das Körperschaftsteuerguthaben ermittelt wird. ④ Das verbleibende Körperschaftsteuerguthaben ist auf den Schluss der jeweiligen Wirtschaftsjahre, letztmals auf den Schluss des 17. Wirtschaftsjahrs, das auf das Wirtschaftsjahr folgt, auf dessen Schluss nach Absatz 1 das Körperschaftsteuerguthaben ermittelt wird, fortzuschreiben und gesondert festzustellen. ⑤ § 27 Abs. 2 gilt entsprechend. 2

(2 a) Die Minderung ist begrenzt

1. **für Gewinnausschüttungen, die nach dem 11. April 2003 und vor dem 1. Januar 2006 erfolgen, jeweils auf 0 Euro;**
2. **für Gewinnausschüttungen, die nach dem 31. Dezember 2005 erfolgen auf den Betrag, der auf das Wirtschaftsjahr der Gewinnausschüttung entfällt, wenn das auf den Schluss des vorangegangenen Wirtschaftsjahrs festgestellte Körperschaftsteuerguthaben gleichmäßig auf die einschließlich des Wirtschaftsjahrs der Gewinnausschüttung verbleibenden Wirtschaftsjahre verteilt wird, für die nach Absatz 2 Satz 3 eine Körperschaftsteuerminderung in Betracht kommt.**

(3) ① Erhält eine unbeschränkt steuerpflichtige Körperschaft oder Personenvereinigung, deren Leistungen bei den Empfängern zu den Einnahmen im Sinne des § 20 Abs. 1 Nr. 1 oder 2 des Einkommensteuergesetzes in der Fassung des Artikels 1 des Gesetzes vom 20. Dezember 2001 (BGBl. I S. 3858) gehören, Bezüge, die nach § 8 b Abs. 1 bei der Einkommensermittlung außer Ansatz bleiben und die bei der leistenden Körperschaft zu einer Minderung der Körperschaftsteuer geführt haben, erhöht sich bei ihr die Körperschaftsteuer und das Körperschaftsteuerguthaben um den Betrag der Minderung der Körperschaftsteuer bei der leistenden Körperschaft. ② Satz 1 gilt auch, wenn der Körperschaft oder Personenvereinigung die entsprechenden Bezüge einer Organgesellschaft zugerechnet werden, weil sie entweder Organträger ist oder an einer Personengesellschaft beteiligt ist, die Organträger ist. ③ Im Fall des § 4 des Umwandlungssteuergesetzes sind die Sätze 1 und 2 entsprechend anzuwenden. ④ Die leistende Körperschaft hat der Empfängerin die folgenden Angaben nach amtlich vorgeschriebenem Muster zu bescheinigen: 3

1. **den Namen und die Anschrift des Anteilseigners,**
2. **die Höhe des in Anspruch genommenen Körperschaftsteuerminderungsbetrags,**
3. **den Zahlungstag.**

⑤ § 27 Abs. 3 Satz 2, Abs. 4 und 5 gilt entsprechend. ⑥ Die Sätze 1 bis 4 gelten nicht für steuerbefreite Körperschaften und Personenvereinigungen im Sinne des § 5 Abs. 1

---

[1] **Zur letztmaligen Anwendung der Abs. 1 bis 3** siehe Abs. 4 Satz 4 und 5.
§ 37 Abs. 4 bis 7 i. d. F. des SEStEG, erstmals anzuwenden ab VZ 2006.

[2] **§ 37 Abs. 1 in dieser Fassung anzuwenden in allen Fällen, in denen die Schlussbestände nach § 36 idF des § 34 Abs. 11 zu ermitteln sind (entspr. § 34 Abs. 12).**

KStG

Nr. 9, soweit die Einnahmen in einem wirtschaftlichen Geschäftsbetrieb anfallen, für den die Steuerbefreiung ausgeschlossen ist.

4 (4) ① **Das Körperschaftsteuerguthaben wird letztmalig auf den 31. Dezember 2006 ermittelt.** ② **Geht das Vermögen einer unbeschränkt steuerpflichtigen Körperschaft durch einen der in § 1 Abs. 1 des Umwandlungssteuergesetzes vom 7. Dezember 2006 (BGBl. I S. 2782, 2791)**[1] **in der jeweils geltenden Fassung genannten Vorgänge, bei denen die Anmeldung zur Eintragung in ein öffentliches Register nach dem 12. Dezember 2006 erfolgt, ganz oder teilweise auf einen anderen Rechtsträger über, wird das Körperschaftsteuerguthaben bei der übertragenden Körperschaft letztmalig auf den vor dem 31. Dezember 2006 liegenden steuerlichen Übertragungsstichtag ermittelt.** ③ **Wird das Vermögen einer Körperschaft oder Personenvereinigung im Rahmen einer Liquidation im Sinne des § 11 nach dem 12. Dezember 2006 und vor dem 1. Januar 2007 verteilt, wird das Körperschaftsteuerguthaben letztmalig auf den Stichtag ermittelt, auf den die Liquidationsschlussbilanz erstellt wird.** ④ **Die Absätze 1 bis 3 sind letztmals auf Gewinnausschüttungen und als ausgeschüttet geltende Beträge anzuwenden, die vor dem 1. Januar 2007 oder bis zu dem nach Satz 2 maßgebenden Zeitpunkt erfolgt sind.** ⑤ **In Fällen der Liquidation sind die Absätze 1 bis 3 auf Abschlagszahlungen anzuwenden, die bis zum Stichtag erfolgt sind, auf den das Körperschaftsteuerguthaben letztmalig ermittelt wird.**

5 (5)[2] ① **Die Körperschaft hat innerhalb eines Auszahlungszeitraums von 2008 bis 2017 einen Anspruch auf Auszahlung des Körperschaftsteuerguthabens in zehn gleichen Jahresbeträgen.** ② **Der Anspruch entsteht mit Ablauf des 31. Dezember 2006 oder des nach Absatz 4 Satz 2 oder Satz 3 maßgebenden Tages.** ③ **Der Anspruch wird für den gesamten Auszahlungszeitraum festgesetzt.** ④ **Der Anspruch ist jeweils am 30. September auszuzahlen.** ⑤ **Für das Jahr der Bekanntgabe des Bescheids und die vorangegangenen Jahre ist der Anspruch innerhalb eines Monats nach Bekanntgabe des Bescheids auszuzahlen, wenn die Bekanntgabe des Bescheids nach dem 31. August 2008 erfolgt.** ⑥ **Abweichend von Satz 1 ist der festgesetzte Anspruch in einem Betrag auszuzahlen, wenn das festgesetzte Körperschaftsteuerguthaben nicht mehr als 1000 Euro beträgt.** ⑦ **Der Anspruch ist nicht verzinslich.** ⑧ **Die Festsetzungsfrist für die Festsetzung des Anspruchs läuft nicht vor Ablauf des Jahres ab, in dem der letzte Jahresbetrag fällig geworden ist oder ohne Anwendung des Satzes 6 fällig geworden wäre.** ⑨ **§ 10 d Abs. 4 Satz 4 und 5 des Einkommensteuergesetzes gilt sinngemäß.** ⑩ **Auf die Abtretung oder Verpfändung des Anspruchs ist § 46 Abs. 4 der Abgabenordnung nicht anzuwenden.**

6 (6) ① **Wird der Bescheid über die Festsetzung des Anspruchs nach Absatz 5 aufgehoben oder geändert, wird der Betrag, um den der Anspruch, der sich aus dem geänderten Bescheid ergibt, die Summe der Auszahlungen, die bis zur Bekanntgabe des neuen Bescheids geleistet worden sind, übersteigt, auf die verbleibenden Fälligkeitstermine des Auszahlungszeitraums verteilt.** ② **Abweichend von Satz 1 ist der übersteigende Betrag in einer Summe auszuzahlen, wenn er nicht mehr als 1000 Euro beträgt und auf die vorangegangene Festsetzung Absatz 5 Satz 6 oder dieser Satz angewendet worden ist.** ③ **Ist die Summe der Auszahlungen, die bis zur Bekanntgabe des neuen Bescheids geleistet worden sind, größer als der Auszahlungsanspruch, der sich aus dem geänderten Bescheid ergibt, ist der Unterschiedsbetrag innerhalb eines Monats nach Bekanntgabe des Bescheids zu entrichten.**

7 (7) ① **Erträge und Gewinnminderungen der Körperschaft, die sich aus der Anwendung des Absatzes 5 ergeben, gehören nicht zu den Einkünften im Sinne des Einkommensteuergesetzes.** ② **Die Auszahlung ist aus den Einnahmen an Körperschaftsteuer zu leisten.**

H 37

H 37

12 **Allgemeines.** In den Fällen des § 34 Abs. 11 KStG ist § 37 Abs. 1 KStG i. d. F. des § 34 Abs. 12 KStG anzuwenden (→ H 36 Umgliederungsvorschriften).

Abflusszeitpunkt. → H 27 Abflusszeitpunkt.

---

[1] Abgedruckt im **Anhang I 2.**

[2] *BFH-Beschluss v. 10. 8. 2011 I R 39/10, BStBl. 2012 II S. 603:* Es wird die Entscheidung des BVerfG darüber eingeholt, ob § 3 SolZG 1995 n. F. insoweit mit dem Grundgesetz vereinbar ist, als Auszahlungen des Körperschaftsteuerguthabens gemäß § 37 Abs. 5 KStG 2002 i. d. F. des SEStEG die Bemessungsgrundlage zum Solidaritätszuschlag nicht mindern und § 3 SolZG 1995 n. F. oder eine andere Vorschrift auch nicht die Festsetzung eines Anspruchs auf ein Solidaritätszuschlagguthaben anordnet. *[Das SolZG ist abgedruckt im Handbuch zur Einkommensteuerveranlagung, Anhang I 2.]*

H 37

noch **12**

Bilanzierung. Bilanzielle Behandlung des Körperschaftsteuerguthabens nach Änderung durch das SEStEG → BMF vom 14. 1. 2008, BStBl. I S. 280.[1]

Jahresgleiche Realisierung des Körperschaftsteuerguthabens. → BFH vom 28. 11. 2007, I R 42/07, BStBl. 2008 II S. 390.

Körperschaftsteuerminderung bei Auskehrung von Liquidationsraten. → BMF vom 4. 4. 2008, BStBl. I S. 542.

---

[1] Zuletzt abgedruckt als Anlage zu H 37 im „Handbuch zur Körperschaftsteuerveranlagung 2019".

KStG

§ 38[1] Körperschaftsteuererhöhung

1 **(1)[2] ① Ein positiver Endbetrag im Sinne des § 36 Abs. 7 aus dem Teilbetrag im Sinne des § 30 Abs. 2 Nr. 2 in der Fassung des Artikels 4 des Gesetzes vom 14. Juli 2000 (BGBl. I S. 1034) ist auch zum Schluss der folgenden Wirtschaftsjahre fortzuschreiben und gesondert festzustellen. ② § 27 Abs. 2 gilt entsprechend. ③ Der Betrag verringert sich jeweils, soweit er als für Leistungen verwendet gilt. ④ Er gilt als für Leistungen verwendet, soweit die Summe der Leistungen, die die Gesellschaft im Wirtschaftsjahr erbracht hat, den um den Bestand des Satzes 1 verminderten ausschüttbaren Gewinn (§ 27) übersteigt. ⑤ Maßgeblich sind die Bestände zum Schluss des vorangegangenen Wirtschaftsjahrs. ⑥ Die Rückzahlung von Geschäftsguthaben an ausscheidende Mitglieder von Genossenschaften stellt, soweit es sich dabei nicht um Nennkapital im Sinne des § 28 Abs. 2 Satz 2 handelt, keine Leistung im Sinne der Sätze 3 und 4 dar. ⑦ Satz 6 gilt nicht, soweit der unbelastete Teilbetrag im Sinne des Satzes 1 nach § 40 Abs. 1 oder Abs. 2 infolge der Umwandlung einer Körperschaft, die nicht Genossenschaft im Sinne des § 34 Absatz 13 ist, übergegangen ist.**

2 **(2) ① Die Körperschaftsteuer des Veranlagungszeitraums, in dem das Wirtschaftsjahr endet, in dem die Leistungen erfolgen, erhöht sich um $^3/_7$ des Betrags der Leistungen, für die ein Teilbetrag aus dem Endbetrag im Sinne des Absatzes 1 als verwendet gilt. ② Die Körperschaftsteuererhöhung mindert den Endbetrag im Sinne des Absatzes 1 bis zu dessen Verbrauch. ③ Satz 1 ist letztmals für den Veranlagungszeitraum anzuwenden, in dem das 18. Wirtschaftsjahr endet, das auf das Wirtschaftsjahr folgt, auf dessen Schluss nach § 37 Abs. 1 Körperschaftsteuerguthaben ermittelt werden.**

3 **(3) ① Die Körperschaftsteuer wird nicht erhöht, soweit eine von der Körperschaftsteuer befreite Körperschaft Leistungen an einen unbeschränkt steuerpflichtigen, von der Körperschaftsteuer befreiten Anteilseigner oder an eine juristische Person des öffentlichen Rechts vornimmt. ② Der Anteilseigner ist verpflichtet, der ausschüttenden Körperschaft seine Befreiung durch eine Bescheinigung des Finanzamts nachzuweisen, es sei denn, er ist eine juristische Person des öffentlichen Rechts. ③ Das gilt nicht, soweit die Leistung auf Anteile entfällt, die in einem wirtschaftlichen Geschäftsbetrieb gehalten werden, für den die Befreiung von der Körperschaftsteuer ausgeschlossen ist, oder in einem nicht von der Körperschaftsteuer befreiten Betrieb gewerblicher Art.**

[Abs. 4 bis 10 idF des JStG 2008:]

4 **(4) ① Der Endbetrag nach Absatz 1 wird letztmalig auf den 31. Dezember 2006 ermittelt und festgestellt. ② Wird das Vermögen einer Körperschaft oder Personenvereinigung im Rahmen einer Liquidation im Sinne des § 11 nach dem 31. Dezember 2006 verteilt, wird der Endbetrag im Sinne des Satzes 1 letztmalig auf den Schluss des letzten vor dem 1. Januar 2007endenden Besteuerungszeitraums festgestellt. ③ Bei über den 31. Dezember 2006 hinaus fortdauernden Liquidationen endet der Besteuerungszeitraum nach § 11 auf Antrag der Körperschaft oder Personenvereinigung mit Ablauf des 31. Dezember 2006. ④ Die Absätze 1 bis 3 sind letztmals auf Leistungen anzuwenden, die vor dem 1. Januar 2007 oder dem nach Satz 2 maßgebenden Zeitpunkt erfolgt sind.**

5 **(5) ① Der Körperschaftsteuererhöhungsbetrag beträgt $^3/_{100}$ des nach Absatz 4 Satz 1 festgestellten Endbetrags. ② Er ist begrenzt auf den Betrag, der sich nach den Absätzen 1 bis 3 als Körperschaftsteuererhöhung ergeben würde, wenn die Körperschaft oder Personenvereinigung ihr am 31. Dezember 2006 oder an dem nach Absatz 4 Satz 2 maßgebenden Zeitpunkt bestehendes Eigenkapital laut Steuerbilanz für eine Ausschüttung verwenden würde. ③ Ein Körperschaftsteuererhöhungsbetrag ist nur festzusetzen, wenn er 1000 Euro übersteigt.**

6 **(6) ① Die Körperschaft oder deren Rechtsnachfolger hat den sich nach Absatz 5 ergebenden Körperschaftsteuererhöhungsbetrag innerhalb eines Zeitraums von 2008 bis 2017 in zehn gleichen Jahresbeträgen zu entrichten (Zahlungszeitraum). ② Satz 1 gilt nicht für Körperschaften oder Personenvereinigungen, die sich am 31. Dezember 2006 bereits in Liquidation befanden. ③ Der Anspruch entsteht am 1. Januar 2007. ④ Der Körperschaftsteuererhöhungsbetrag wird für den gesamten Zahlungszeitraum festgesetzt. ⑤ Der Jahresbetrag ist jeweils am 30. September fällig. ⑥ Für das Jahr der Bekanntgabe des Bescheids und die vorangegangenen Jahre ist der Jahresbetrag innerhalb eines Monats nach Bekanntgabe des Bescheids fällig, wenn die Bekanntgabe**

---

[1] **Zur Weiteranwendung von § 38 in der Fassung vor Verkündung des JStG 2008** (= Abs. 1 bis 3 von § 38) **siehe § 34 Abs. 14.**

[2] Zur Geltung und Anwendung von Abs. 1 siehe § 34 Abs. 13.

KStG

des Bescheids nach dem 31. August 2008 erfolgt. ⑦ In den Fällen des Satzes 2 ist der gesamte Anspruch innerhalb eines Monats nach Bekanntgabe des Bescheids fällig. ⑧ Der Anspruch ist nicht verzinslich. ⑨ Die Festsetzungsfrist für die Festsetzung des Körperschaftsteuererhöhungsbetrags läuft nicht vor Ablauf des Jahres ab, in dem der letzte Jahresbetrag fällig geworden ist.

(7) **① Auf Antrag kann die Körperschaft oder deren Rechtsnachfolger abweichend von Absatz 6 Satz 1 den Körperschaftsteuererhöhungsbetrag in einer Summe entrichten. ② Der Antrag kann letztmals zum 30. September 2015 gestellt werden. ③ Anstelle des jeweiligen Jahresbetrags ist zu dem Zahlungstermin, der auf den Zeitpunkt der Antragstellung folgt, der zu diesem Termin nach Absatz 6 Satz 4 fällige Jahresbetrag zuzüglich der noch nicht fälligen Jahresbeträge abgezinst mit einem Zinssatz von 5,5 Prozent zu entrichten. ④ Mit der Zahlung erlischt der gesamte Anspruch. ⑤ Die Sätze 3 und 4 sind in den Fällen des Absatzes 6 Satz 7, des Absatzes 8 und des Absatzes 9 Satz 1 und 2 von Amts wegen anzuwenden.** 7

(8) **Bei Liquidationen, die nach dem 31. Dezember 2006 beginnen, werden alle entstandenen und festgesetzten Körperschaftsteuererhöhungsbeträge an dem 30. September fällig, der auf den Zeitpunkt der Erstellung der Liquidationseröffnungsbilanz folgt.** 8

(9) **① Geht das Vermögen einer unbeschränkt steuerpflichtigen Körperschaft oder Personenvereinigung durch einen der in § 1 Abs. 1 Nr. 1 des Umwandlungssteuergesetzes vom 7. Dezember 2006 (BGBl. I S. 2782, 2791) in der jeweils geltenden Fassung genannten Vorgänge ganz oder teilweise auf eine nicht unbeschränkt steuerpflichtige Körperschaft oder Personenvereinigung über oder verlegt eine unbeschränkt steuerpflichtige Körperschaft oder Personenvereinigung ihren Sitz oder Ort der Geschäftsleitung und endet dadurch ihre unbeschränkte Steuerpflicht, werden alle entstandenen und festgesetzten Körperschaftsteuererhöhungsbeträge an dem 30. September fällig, der auf den Zeitpunkt des Vermögensübergangs oder des Wegzugs folgt. ② Ist eine Festsetzung nach Absatz 6 noch nicht erfolgt, ist der gesamte Anspruch innerhalb eines Monats nach Bekanntgabe des Bescheids fällig. ③ Satz 1 gilt nicht, wenn der übernehmende Rechtsträger in einem anderen Mitgliedstaat der Europäischen Union unbeschränkt steuerpflichtig ist oder die Körperschaft oder Personenvereinigung in den Fällen des Wegzugs in einem anderen Mitgliedstaat der Europäischen Union unbeschränkt steuerpflichtig wird.** 9

(10) **§ 37 Abs. 6 und 7 gilt entsprechend.** 10

H 38

H 38

Abflusszeitpunkt. → H 27 Abflusszeitpunkt. 15

Körperschaftsteuererhöhungsbetrag. In die Bemessungsgrundlage für den Körperschaftsteuererhöhungsbetrag nach § 38 Abs. 5 Satz 2 KStG i. d. F. des JStG 2008 ist das Nennkapital nicht einzubeziehen (→ BFH vom 12. 10. 2011, I R 107/10, BStBl. 2012 II S. 10).

Körperschaftsteuererhöhung nach vorangegangener Kapitalerhöhung. Die Ausschüttung von Rücklagen aus dem Alt-EK 02 führt im Übergangszeitraum nach § 38 Abs. 2 KStG zu einer Körperschaftsteuererhöhung. Ob eine Ausschüttung aus dem Alt-EK 02 erfolgt, richtet sich gem. § 38 Abs. 1 Satz 4 KStG danach, ob der Ausschüttungsbetrag den um den Bestand des Alt-EK 02 verminderten ausschüttbaren Gewinn übersteigt. Der ausschüttbare Gewinn ist nach § 38 Abs. 1 Satz 4 KStG nur insoweit um den Bestand des Alt-EK 02 zu vermindern, als das Alt-EK 02 nicht bereits aufgrund einer vorangegangenen Kapitalerhöhung aus Gesellschaftsmitteln als Abzugsposten bei der Ermittlung des ausschüttbaren Gewinns (§ 27 Abs. 1 Satz 4 KStG) berücksichtigt worden ist (→ BFH vom 11. 2. 2009, I R 67/07, BStBl. 2010 II S. 57).

KStG

§ 39 Einlagen der Anteilseigner und Sonderausweis

1 (1) **Ein sich nach § 36 Abs. 7 ergebender positiver Endbetrag des Teilbetrags im Sinne des § 30 Abs. 2 Nr. 4 des Körperschaftsteuergesetzes in der Fassung der Bekanntmachung vom 22. April 1999 (BGBl. I S. 817), das zuletzt durch Artikel 4 des Gesetzes vom 14. Juli 2000 (BGBl. I S. 1034) geändert worden ist, wird als Anfangsbestand des steuerlichen Einlagekontos im Sinne des § 27 erfasst.**

2 (2) **Der nach § 47 Abs. 1 Satz 1 Nr. 2 in der Fassung des Artikels 4 des Gesetzes vom 14. Juli 2000 (BGBl. I S. 1034) zuletzt festgestellte Betrag wird als Anfangsbestand in die Feststellung nach § 28 Abs. 1 Satz 3 einbezogen.**

§ 40 *(aufgehoben)*[1]

[1] § 40 aufgehoben (Abdruck des Gesetzeswortlauts in der Geschlossenen Wiedergabe); zur Weiteranwendung siehe § 34 Abs. 13 Satz 3 und Abs. 14.

Anhang I

1. Gesetz über steuerrechtliche Maßnahmen bei Erhöhung des Nennkapitals aus Gesellschaftsmitteln[1]

In der Fassung vom 10. Oktober 1967[2]

(BGBl. I S. 977)

Geändert durch Gesetze vom 23. Dezember 1971 (BGBl. I S. 2134), vom 6. September 1976 (BGBl. I S. 2641), vom 14. Dezember 1976 (BGBl. I S. 3341), vom 22. Dezember 1981 (BGBl. I S. 1523), vom 22. Dezember 1983 (BGBl. I S. 1592), vom 25. März 1998 (BGBl. I S. 590), vom 23. Oktober 2000 (BGBl. I S. 1433), vom 20. Dezember 2001 (BGBl. I S. 3858) und vom 7. Dezember 2006 (BGBl. I S. 2782)

BGBl. III/FNA 610-6-4

§ 1[3] Steuern vom Einkommen und Ertrag der Anteilseigner

Erhöht eine Kapitalgesellschaft im Sinne des § 1 Abs. 1 Nr. 1 des Körperschaftsteuergesetzes ihr Nennkapital durch Umwandlung von Rücklagen in Nennkapital, so gehört der Wert der neuen Anteilsrechte bei den Anteilseignern nicht zu den Einkünften im Sinne des § 2 Abs. 1 des Einkommensteuergesetzes. 1

§ 2[4] *(aufgehoben)*

§ 3[5] Anschaffungskosten nach Kapitalerhöhung

Als Anschaffungskosten der vor der Erhöhung des Nennkapitals erworbenen Anteilsrechte und der auf sie entfallenen neuen Anteilsrechte gelten die Beträge, die sich für die einzelnen Anteilsrechte ergeben, wenn die Anschaffungskosten der vor der Erhöhung des Nennkapitals erworbenen Anteilsrechte auf diese und auf die auf sie entfallenen neuen Anteilsrechte nach dem Verhältnis der Anteile am Nennkapital verteilt werden. 2

§ 4[6] Mitteilung der Erhöhung des Nennkapitals an das Finanzamt

Die Kapitalgesellschaft hat die Erhöhung des Nennkapitals innerhalb von zwei Wochen nach der Eintragung des Beschlusses über die Erhöhung des Nennkapitals in das Handelsregister dem Finanzamt mitzuteilen und eine Abschrift des Beschlusses über die Erhöhung des Nennkapitals einzureichen. 3

§ 5[7] *Herabsetzung des Nennkapitals*

(1) ① Gilt für die Erhöhung des Nennkapitals eine Rücklage als verwendet, die aus dem Gewinn eines vor dem 1. Januar 1977 abgelaufenen Wirtschaftsjahrs gebildet worden ist, und setzt die Kapitalgesellschaft das Nennkapital innerhalb von fünf Jahren nach Erhöhung herab, so gilt die Rückzahlung dieses Teils des Nennkapitals als Gewinnanteil. ② § 41 Abs. 2 des Körperschaftsteuergesetzes ist anzuwenden. 4

(2) ① Die auf die Gewinnanteile (Dividenden) im Sinn des Absatzes 1 entfallenden Steuern vom Einkommen der Gesellschafter werden im Wege der Pauschbesteuerung erhoben. ② Die Steuer ist von der Kapitalgesellschaft zu entrichten. ③ Sie beträgt dreißig vom Hundert der Gewinnanteile. ④ Sie ist bei der Ermittlung des Einkommens nicht abziehbar und bei der Ermittlung der Teilbeträge des verwendbaren Eigenkapitals dem Teilbetrag im Sinne des § 30 Abs. 2 Nr. 3 des Körperschaftsteuergesetzes zuzuordnen. ⑤ § 27 des Körperschaftsteuergesetzes und die Vorschriften über die Anrechnung und Vergütung von Körperschaftsteuer sind nicht anzuwenden.

(3) ① § 5[8] gilt entsprechend. ② Die Mitteilung der Herabsetzung des Nennkapitals gilt als Steuererklärung im Sinne des § 150 der Abgabenordnung.

(4) ① Das Finanzamt setzt durch Steuerbescheid die Steuer fest. ② Die Steuer ist innerhalb eines Monats nach Bekanntgabe des Steuerbescheids zu entrichten.

(5) (aufgehoben)

§ 6[9] *Anschaffungskosten nach Kapitalherabsetzung innerhalb von fünf Jahren*

Setzt eine Kapitalgesellschaft innerhalb von fünf Jahren nach Erhöhung des Nennkapitals (§ 1) das Nennkapital herab und zahlt sie die dadurch frei werdenden Mittel ganz oder teilweise an die Gesellschaf- 5

---

[1] Überschrift mit Wirkung ab VZ 1984 geändert durch Gesetz v. 22. 12. 1983 (BGBl. I S. 1592).
[2] **Zur Anwendung vgl. §§ 8 a und 10.**
[3] § 1 neugefasst mit Wirkung v. 1. 1. 1977 durch Gesetz v. 6. 9. 1976 (BGBl. I S. 2641).
[4] § 2 aufgehoben mit Wirkung ab 1. 1. 1972 durch Gesetz v. 23. 12. 1971 (BGBl. I S. 2134).
[5] Überschrift zu § 3 neugefasst mit Wirkung v. 1. 1. 1977 durch Gesetz v. 6. 9. 1976 (BGBl. I S. 2641); § 3 geändert durch Gesetz v. 25. 3. 1998 (BGBl. I S. 590).
[6] Bish. § 5 wird § 4 mit Wirkung v. 1. 1. 1977 durch Gesetz v. 6. 9. 1976 (BGBl. I S. 2641).
[7] Bish. § 6 wird § 5, Abs. 1 neugefasst, Abs. 2 geändert und Abs. 5 aufgehoben mit Wirkung vom 1. 1. 1977 durch Gesetz v. 6. 9. 1976 (BGBl. I S. 2641); Abs. 3 und Abs. 4 geändert mit Wirkung v. 1. 1. 1977 durch Gesetz v. 14. 12. 1976 (BGBl. I S. 3341); § 5 aufgehoben durch Gesetz v. 23. 10. 2000 (BGBl. I S. 1433); zur letztmaligen Anwendung siehe § 8 a Abs. 2.
[8] Müsste „§ 4" lauten.
[9] § 6 eingefügt mit Wirkung v. 1.1. 1977 durch Gesetz v. 6.9. 1976 (BGBl. I S. 2641), geändert durch Gesetz v. 25.3. 1998 (BGBl. I S. 590) und aufgehoben durch Gesetz v. 23. 10. 2000 (BGBl. I S. 1433); zur letztmaligen Anwendung siehe § 8 a Abs. 2.

ter zurück, so gelten als Anschaffungskosten der nach der Kapitalherabsetzung verbleibenden Anteilsrechte die Beträge, die sich für die einzelnen Anteilsrechte ergeben, wenn die Anschaffungskosten der vor der Kapitalherabsetzung vorhandenen gesamten Anteilsrechte auf die nach der Kapitalherabsetzung verbleibenden Anteilsrechte nach dem Verhältnis ihrer Anteile am Nennkapital verteilt werden.

§ 7[1] Anteilsrechte an ausländischen Gesellschaften

6 (1) ① § 1 ist auf den Wert neuer Anteilsrechte an ausländischen Gesellschaften anzuwenden, wenn

1. die ausländische Gesellschaft einer Aktiengesellschaft, einer Kommanditgesellschaft auf Aktien oder einer Gesellschaft mit beschränkter Haftung vergleichbar ist,
2. die neuen Anteilsrechte auf Maßnahmen beruhen, die eine Kapitalerhöhung aus Gesellschaftsmitteln nach den Vorschriften der §§ 207 bis 220 des Aktiengesetzes oder nach den Vorschriften des Gesetzes über die Kapitalerhöhung aus Gesellschaftsmitteln und über die Gewinn- und Verlustrechnung vom 23. Dezember 1959 (Bundesgesetzbl. I S. 789), zuletzt geändert durch das Einführungsgesetz zum Strafgesetzbuch vom 2. März 1974 (Bundesgesetzbl. I S. 469),[2] entsprechen und
3. die neuen Anteilsrechte wirtschaftlich den Anteilsrechten entsprechen, die nach den in Nummer 2 bezeichneten Vorschriften ausgegeben werden.

② Der Erwerber der Anteilsrechte hat nachzuweisen, daß die Voraussetzungen der Nummern 1 bis 3 erfüllt sind.[3]

(2) ① Setzt die ausländische Gesellschaft in den Fällen des Absatzes 1 innerhalb von fünf Jahren nach Ausgabe der neuen Anteilsrechte ihr Kapital herab und zahlt sie die dadurch freiwerdenden Mittel ganz oder teilweise zurück, so gelten die zurückgezahlten Beträge bei den Anteilseignern insoweit als Einkünfte aus Kapitalvermögen im Sinne des § 20 Abs. 1 Ziff. 1 des Einkommensteuergesetzes, als sie den Betrag der Erhöhung des Kapitals nicht übersteigen. ② Das gleiche gilt, wenn die ausländische Gesellschaft Maßnahmen trifft, die den in Satz 1 bezeichneten Maßnahmen vergleichbar sind. ③ Die Sätze 1 und 2 sind in den Fällen des § 27 Abs. 8 des Körperschaftsteuergesetzes in der Fassung des Artikels 3 des Gesetzes vom 7. Dezember 2006 (BGBl. I S. 2782) nicht anzuwenden.

§ 8[4] Einkommensteuer (Lohnsteuer) bei Überlassung von eigenen Aktien an Arbeitnehmer zu einem Vorzugskurs

7 *(1) ① Überläßt eine Aktiengesellschaft oder eine Kommanditgesellschaft auf Aktien ihren Arbeitnehmern eigene Aktien zu einem unter dem Börsenkurs liegenden Kurs (Vorzugskurs) und wird hierbei vereinbart, daß die Aktien innerhalb von fünf Jahren nicht veräußert werden dürfen (Sperrfrist), so gehört der Vorteil, der sich aus dem Unterschied zwischen dem am Tag der Beschlußfassung maßgebenden Börsenkurs und dem Vorzugskurs (Kursunterschied) errechnet, außer in den Fällen der Sätze 2 und 3 nicht zu den Einkünften aus nichtselbständiger Arbeit. ② Soweit der Unterschied höher ist als die Hälfte des Börsenkurses, gehört der Vorteil aus dem Kursunterschied in voller Höhe zu den Einkünften aus nichtselbständiger Arbeit. ③ Das gleiche gilt, soweit der Vorteil aus den Kursunterschieden für den einzelnen Arbeitnehmer 300 Deutsche Mark[5] im Kalenderjahr übersteigt. ④ Bei Aktien, die nicht zum Handel an der Börse oder im geregelten Freiverkehr zugelassen sind, tritt an die Stelle des Börsenkurses der gemeine Wert. ⑤ Wird außer im Falle des Todes des Arbeitnehmers oder des Eintritts seiner völligen Erwerbsunfähigkeit die Sperrfrist nicht eingehalten, so wird eine Nachversteuerung durchgeführt.*

(2) (aufgehoben)

§ 8 a[6] Schlußvorschriften

8 (1) ① Dieses Gesetz ist erstmals auf Kapitalerhöhungen anzuwenden, die in einem nach dem 31. Dezember 1976 abgelaufenen Wirtschaftsjahr der Kapitalgesellschaft wirksam werden. ② *Ist eine Kapitalerhöhung in einem früheren Wirtschaftsjahr wirksam geworden, so treten in den Fällen der §§ 6 und 7 Abs. 2 des Gesetzes in der Fassung der Bekanntmachung vom 10. Oktober 1967 (Bundesgesetzbl. I S. 977) die in diesen Vorschriften bezeichneten Rechtsfolgen ein.*[7]

(2) Die §§ 5 und 6 sind letztmals auf die Rückzahlung von Nennkapital anzuwenden, wenn das Nennkapital in dem letzten Wirtschaftsjahr erhöht worden ist, in dem bei der Kapitalgesellschaft das Körperschaftsteuergesetz in der Fassung der Bekanntmachung vom 22. April 1999 (BGBl. I S. 817), das zuletzt durch Artikel 4 des Gesetzes vom 14. Juli 2000 (BGBl. I S. 1034) geändert worden ist, an-

---

[1] § 7 neugefasst mit Wirkung v. 1. 1. 1977 durch Gesetz v. 6. 9. 1976 (BGBl. I S. 2641); Abs. 2 Satz 3 angefügt durch SEStEG v. 7. 12. 2006 (BGBl. I S. 2782).

[2] KapErhG aufgehoben durch Gesetz v. 28. 10. 1994 (BGBl. I S. 3267); nunmehr geregelt nach den Vorschriften der §§ 57 c bis 57 o des Gesetzes betreffend die Gesellschaften mit beschränkter Haftung (GmbHG).

[3] Zum Nachweis der Begünstigungsvoraussetzungen vgl. *FM Baden-Württemberg v. 10. 6. 1977 S 1979 – 1/67 bzw. FM NRW v. 30. 8. 1990,* abgedruckt im „Handbuch zur Körperschaftsteuerveranlagung 2000" als Anhang I 1 a und 1 b.

Vgl. weiter *Vfg. OFD Frankfurt v. 23. 11. 2018 S 1979 A – 001 – St 54, BeckVerw 444362* zu den Gratisaktien, auf die § 7 KapErhStG anwendbar ist (Befreiung vom Einzelnachweis).

[4] § 8 mit Wirkung ab 1. 1. 1984 aufgehoben durch Gesetz v. 22. 12. 1983 (BGBl. I S. 1592). Auf Aktien, die vor dem 1. 1. 1984 an Arbeitnehmer überlassen worden sind, ist § 8 Abs. 1 in der vor dem 1. 1. 1984 jeweils geltenden Fassung weiter anzuwenden; vgl. § 10 Satz 2.

[5] Mit Wirkung v. 1. 1. 1982 wurde die Zahl „500" durch „300" ersetzt durch Gesetz v. 22. 12. 1981 (BGBl. I S. 1523).

[6] § 8 a eingefügt mit Wirkung vom 1. 1. 1977 durch Gesetz v. 6. 9. 1976 (BGBl. I S. 2641), Abs. 2 eingefügt, bish. Wortlaut wird Abs. 1, durch Gesetz v. 23. 10. 2000 (BGBl. I S. 1433); Abs. 2 neugefasst durch UntStFG v. 20. 12. 2001 (BGBl. I S. 3858).

[7] § 8 a Abs. 1 Satz 2 gegenstandslos durch Zeitablauf.

zuwenden ist, soweit dafür eine Rücklage als verwendet gilt, die aus Gewinnen eines vor dem 1. Januar 1977 abgelaufenen Wirtschaftsjahrs gebildet worden ist.

§ 9 Anwendung im Land Berlin

(gegenstandslos)

§ 10[1] Anwendungszeitraum

① Die vorstehende Fassung dieses Gesetzes ist erstmals ab 1. Januar 1984 anzuwenden. ② *Auf Aktien, die vor dem 1. Januar 1984 an Arbeitnehmer überlassen worden sind, ist § 8 Abs. 1 dieses Gesetzes in der vor dem 1. Januar 1984 jeweils geltenden Fassung weiter anzuwenden.*[2] 9

§ 11 Inkrafttreten

Dieses Gesetz tritt am Tage nach seiner Verkündung in Kraft.

---

[1] § 10 geändert durch Gesetz v. 22. 12. 1983 (BGBl. I S. 1592); früherer § 10 wurde § 11 durch Gesetz v. 22. 12. 1981 (BGBl. I S. 1523).

[2] § 10 Satz 2 gegenstandslos durch Zeitablauf.

2. Umwandlungssteuergesetz[1 · 2 · 3]

Vom 7. Dezember 2006 (BGBl. I S. 2782, 2791)

Geändert durch UnternehmensteuerreformG vom 14. August 2007 (BGBl. I S. 1912, 1931), JahressteuerG 2008 vom 20. Dezember 2007 (BGBl. I S. 3150, 3168), JahressteuerG 2009 vom 19. Dezember 2008 (BGBl. I S. 2794), WachstumsbeschleunigungsG vom 22. Dezember 2009 (BGBl. I S. 3950), G zur Umsetzung des EuGH-Urteils vom 20. Oktober 2011 in der Rechtssache C-284/09 vom 21. März 2013 (BGBl. I S. 561), Amtshilferichtlinie-UmsetzungsG vom 26. Juni 2013 (BGBl. I S. 1809), Kroatien-SteueranpassungsG vom 25. Juli 2014 (BGBl. I S. 1266), Steueränderungsgesetz 2015 vom 2. 11. 2015 (BGBl. I S. 1834), Brexit-Steuerbegleitgesetz vom 25. 3. 2019 (BGBl. I S. 357), Corona-Steuerhilfegesetz vom 19. 6. 2020 (BGBl. I S. 1385), Abzugsteuerentlastungsmodernisierungsgesetz vom 2. 6. 2021 (BGBl. I S. 1259) und Gesetz zur Modernisierung des Körperschaftsteuerrechts vom 25. 6. 2021 (BGBl. I S. 2050)

FNA 610-6-16

Inhaltsübersicht

Erster Teil. Allgemeine Vorschriften

§ 1 Anwendungsbereich und Begriffsbestimmungen

1 (1) ① Der Zweite bis Fünfte Teil gilt nur für

1. die Verschmelzung, Aufspaltung und Abspaltung im Sinne der §§ 2, 123 Abs. 1 und 2 des Umwandlungsgesetzes von Körperschaften oder vergleichbare ausländische Vorgänge sowie des Artikels 17 der Verordnung (EG) Nr. 2157/2001 und des Artikels 19 der Verordnung (EG) Nr. 1435/2003;
2. den Formwechsel einer Kapitalgesellschaft in eine Personengesellschaft im Sinne des § 190 Abs. 1 des Umwandlungsgesetzes oder vergleichbare ausländische Vorgänge;
3. die Umwandlung im Sinne des § 1 Abs. 2 des Umwandlungsgesetzes, soweit sie einer Umwandlung im Sinne des § 1 Abs. 1 des Umwandlungsgesetzes entspricht sowie

---

[1] Verkündet als Art. 6 des SEStEG v. 7. 12. 2006 (BGBl. I S. 2782); Inkrafttreten gem. Art. 14 dieses Gesetzes am 13. 12. 2006.

[2] **Erstmals anzuwenden** auf Umwandlungen und Einbringungen, bei denen die Anmeldung zur Eintragung in das für die Wirksamkeit des jeweiligen Vorgangs maßgebende öffentliche Register **nach dem 12. Dezember 2006** erfolgt ist. Für Einbringungen, deren Wirksamkeit keine Eintragung in ein öffentliches Register voraussetzt, erstmals anzuwenden, wenn das wirtschaftliche Eigentum an den eingebrachten Wirtschaftsgütern **nach dem 12. Dezember 2006** übergegangen ist (§ 27 Abs. 1).

Zur letztmaligen Anwendung bzw. Weiteranwendung des UmwStG a. F. vgl. § 27 Abs. 2 und 3 der Neufassung.

[3] **Zur Anwendung siehe § 27.**

4.[1] die Vermögensübertragung im Sinne des § 174 des Umwandlungsgesetzes *vom 28. Oktober 1994 (BGBl. I S. 3210, 1995 I S. 428), das zuletzt durch Artikel 10 des Gesetzes vom 9. Dezember 2004 (BGBl. I S. 3214) geändert worden ist, in der jeweils geltenden Fassung.* *noch* **1**

② Diese Teile gelten nicht für die Ausgliederung im Sinne des § 123 Abs. 3 des Umwandlungsgesetzes.

(2)[2] ① Absatz 1 findet nur Anwendung, wenn

1. beim Formwechsel der umwandelnde Rechtsträger oder bei den anderen Umwandlungen die übertragenden und die übernehmenden Rechtsträger nach den Rechtsvorschriften eines Mitgliedstaats der Europäischen Union oder eines Staates, auf den das Abkommen über den Europäischen Wirtschaftsraum Anwendung findet, gegründete Gesellschaften im Sinne des Artikels 54 des Vertrags über die Arbeitsweise der Europäischen Union[3] oder des Artikels 34 des Abkommens über den Europäischen Wirtschaftsraum sind, deren Sitz und Ort der Geschäftsleitung sich innerhalb des Hoheitsgebiets eines dieser Staaten befinden oder

2. übertragender Rechtsträger eine Gesellschaft im Sinne der Nummer 1 und übernehmender Rechtsträger eine natürliche Person ist, deren Wohnsitz oder gewöhnlicher Aufenthalt sich innerhalb des Hoheitsgebiets eines der Staaten im Sinne der Nummer 1 befindet und die nicht auf Grund eines Abkommens zur Vermeidung der Doppelbesteuerung mit einem dritten Staat als außerhalb des Hoheitsgebiets dieser Staaten ansässig angesehen wird.

② Eine Europäische Gesellschaft im Sinne der Verordnung (EG) Nr. 2157/2001 und eine Europäische Genossenschaft im Sinne der Verordnung (EG) Nr. 1435/2003 gelten für die Anwendung des Satzes 1 als eine nach den Rechtsvorschriften des Staates gegründete Gesellschaft, in dessen Hoheitsgebiet sich der Sitz der Gesellschaft befindet. ③[4] Eine übertragende Gesellschaft, auf die § 122 m des Umwandlungsgesetzes Anwendung findet, gilt als Gesellschaft mit Sitz und Ort der Geschäftsleitung innerhalb des Hoheitsgebiets eines Mitgliedstaats der Europäischen Union.

(3) Der Sechste bis Achte Teil gilt nur für

1. die Verschmelzung, Aufspaltung und Abspaltung im Sinne der §§ 2 und 123 Abs. 1 und 2 des Umwandlungsgesetzes von Personenhandelsgesellschaften und Partnerschaftsgesellschaften oder vergleichbare ausländische Vorgänge;
2. die Ausgliederung von Vermögensteilen im Sinne des § 123 Abs. 3 des Umwandlungsgesetzes oder vergleichbare ausländische Vorgänge;
3. den Formwechsel einer Personengesellschaft in eine Kapitalgesellschaft oder Genossenschaft im Sinne des § 190 Abs. 1 des Umwandlungsgesetzes oder vergleichbare ausländische Vorgänge;
4. die Einbringung von Betriebsvermögen durch Einzelrechtsnachfolge in eine Kapitalgesellschaft, eine Genossenschaft oder Personengesellschaft sowie
5. den Austausch von Anteilen.

(4) ① Absatz 3 gilt nur, wenn

1.[5] der übernehmende Rechtsträger eine *Gesellschaft im Sinne von Absatz 2 Satz 1 Nr. 1 ist* **[*ab 1. 1. 2022:*** Europäische Gesellschaft im Sinne der Verordnung (EG) Nr. 2157/2001, eine Europäische Genossenschaft im Sinne der Verordnung (EG) Nr. 1435/2003 oder eine andere Gesellschaft im Sinne des Artikels 54 des Vertrags über die Arbeitsweise der Europäischen Union oder des Artikels 34 des Abkommens über den Europäischen Wirtschaftsraum ist, deren Sitz und Ort der Geschäftsleitung sich innerhalb des Hoheitsgebiets eines dieser Staaten befindet,**]** und

2. in den Fällen des Absatzes 3 Nr. 1 bis 4
   a)[6] beim Formwechsel der umwandelnde Rechtsträger, bei der Einbringung durch Einzelrechtsnachfolge der einbringende Rechtsträger oder bei den anderen Umwandlungen der übertragende Rechtsträger
      aa) eine *Gesellschaft im Sinne von Absatz 2 Satz 1 Nr. 1 ist und, wenn es sich um eine Personengesellschaft handelt, soweit an dieser Körperschaften, Personenvereinigungen, Vermögensmassen oder natürliche Personen unmittelbar oder mittelbar über eine oder mehrere Personengesellschaften beteiligt sind, die die Voraussetzungen im Sinne von Absatz 2 Satz 1 Nr. 1 und 2 erfüllen,* **[*ab 1. 1. 2022:*** natürliche Person ist, deren Wohnsitz oder gewöhnlicher Aufenthalt sich innerhalb des Hoheitsgebiets eines der Staaten im Sinne der Nummer 1 befindet und die nicht auf Grund eines Abkommens zur Vermeidung der Doppelbesteuerung mit einem dritten Staat als außerhalb des Hoheitsgebiets dieser Staaten ansässig angesehen wird,**]** oder
      bb) eine *natürliche Person im Sinne von Absatz 2 Satz 1 Nr. 2 ist* **[*ab 1. 1. 2022:*** Gesellschaft im Sinne der Nummer 1 ist und, wenn es sich um eine Personengesellschaft handelt, soweit an dieser Körperschaften, Personenvereinigungen, Vermögensmassen oder natürliche Personen unmittelbar oder mittelbar über eine oder mehrere Personengesellschaften beteiligt sind, die

---

[1] § 1 Abs. 1 Satz 1 Nr. 4 kursiver Satzteil aufgehoben mWv 1. 1. 2022 durch Gesetz vom 25. 6. 2021 (BGBl. I S. 2050); zur Anwendung siehe § 27 Abs. 18.

[2] § 1 Abs. 2 aufgehoben mWv 1. 1. 2022 durch Gesetz vom 25. 6. 2021 (BGBl. I S. 2050); zur Anwendung siehe § 27 Abs. 18.

[3] Artikel- und Vertragsbezeichnung angepasst durch Gesetz v. 26. 6. 2013 (BGBl. I S. 1809).

[4] § 1 Abs. 2 Satz 3 angefügt durch Gesetz v. 25. 3. 2019 (BGBl. I S. 357).

[5] § 1 Abs. 4 Satz 1 Nr. 1 geändert mWv 1. 1. 2022 durch Gesetz vom 25. 6. 2021 (BGBl. I S. 2050); zur Anwendung siehe § 27 Abs. 18.

[6] § 1 Abs. 4 Satz 1 Nr. 2 Buchst. a Doppelbuchst. aa und bb neu gefasst mWv 1. 1. 2022 durch Gesetz vom 25. 6. 2021 (BGBl. I S. 2050); zur Anwendung siehe § 27 Abs. 18.

die Voraussetzungen im Sinne der Nummern 1 und 2 Buchstabe a Doppelbuchstabe aa erfüllen,]

oder

b) das Recht der Bundesrepublik Deutschland hinsichtlich der Besteuerung des Gewinns aus der Veräußerung der erhaltenen Anteile nicht ausgeschlossen oder beschränkt ist.

② Satz 1 ist in den Fällen der Einbringung eines Betriebs, Teilbetriebs oder Mitunternehmeranteils in eine Personengesellschaft nach § 24 nicht anzuwenden.

(5) Soweit dieses Gesetz nichts anderes bestimmt, ist

1. Richtlinie 2009/133/EG[1]
   die Richtlinie 2009/133/EG des Rates vom 19. Oktober 2009 über das gemeinsame Steuersystem für Fusionen, Spaltungen, Abspaltungen, die Einbringung von Unternehmensteilen und den Austausch von Anteilen, die Gesellschaften verschiedener Mitgliedstaaten betreffen, sowie für die Verlegung des Sitzes einer Europäischen Gesellschaft oder einer Europäischen Genossenschaft von einem Mitgliedstaat in einen anderen Mitgliedstaat (ABl. L 310 vom 25. 11. 2009, S. 34), die zuletzt durch die Richtlinie 2013/13/EU (ABl. L 141 vom 28. 5. 2013, S. 30) geändert worden ist, in der zum Zeitpunkt des steuerlichen Übertragungsstichtags jeweils geltenden Fassung;
2. Verordnung (EG) Nr. 2157/2001
   die Verordnung (EG) Nr. 2157/2001 des Rates vom 8. Oktober 2001 über das Statut der Europäischen Gesellschaft (SE) (ABl. EG Nr. L 294 S. 1), zuletzt geändert durch die Verordnung (EG) Nr. 885/2004 des Rates vom 26. April 2004 (ABl. EU Nr. L 168 S. 1), in der zum Zeitpunkt des steuerlichen Übertragungsstichtags jeweils geltenden Fassung;
3. Verordnung (EG) Nr. 1435/2003
   die Verordnung (EG) Nr. 1435/2003 des Rates vom 22. Juli 2003 über das Statut der Europäischen Genossenschaften (SCE) (ABl. EU Nr. L 207 S. 1) in der zum Zeitpunkt des steuerlichen Übertragungsstichtags jeweils geltenden Fassung;
4. Buchwert
   der Wert, der sich nach den steuerrechtlichen Vorschriften über die Gewinnermittlung in einer für den steuerlichen Übertragungsstichtag aufzustellenden Steuerbilanz ergibt oder ergäbe.

§ 2 Steuerliche Rückwirkung

2 (1) ① Das Einkommen und das Vermögen der übertragenden Körperschaft sowie des übernehmenden Rechtsträgers sind so zu ermitteln, als ob das Vermögen der Körperschaft mit Ablauf des Stichtags der Bilanz, die dem Vermögensübergang zu Grunde liegt (steuerlicher Übertragungsstichtag), ganz oder teilweise auf den übernehmenden Rechtsträger übergegangen wäre. ② Das Gleiche gilt für die Ermittlung der Bemessungsgrundlagen bei der Gewerbesteuer.

(2) Ist die Übernehmerin eine Personengesellschaft, gilt Absatz 1 Satz 1 für das Einkommen und das Vermögen der Gesellschafter.

(3) Die Absätze 1 und 2 sind nicht anzuwenden, soweit Einkünfte auf Grund abweichender Regelungen zur Rückbeziehung eines in § 1 Abs. 1 bezeichneten Vorgangs in einem anderen Staat der Besteuerung entzogen werden.

(4)[2·3] ① Der Ausgleich oder die Verrechnung eines Übertragungsgewinns mit verrechenbaren Verlusten, verbleibenden Verlustvorträgen, nicht ausgeglichenen negativen Einkünften, einem Zinsvortrag nach § 4h Absatz 1 Satz 5 des Einkommensteuergesetzes[4] und einem EBITDA-Vortrag nach § 4h Absatz 1 Satz 3 des Einkommensteuergesetzes[4] (Verlustnutzung) des übertragenden Rechtsträgers ist nur zulässig, wenn dem übertragenden Rechtsträger die Verlustnutzung auch ohne Anwendung der Absätze 1 und 2 möglich gewesen wäre. ② Satz 1 gilt für negative Einkünfte des übertragenden Rechtsträgers im Rückwirkungszeitraum entsprechend. ③ Der Ausgleich oder die Verrechnung von positiven Einkünften des übertragenden Rechtsträgers im Rückwirkungszeitraum mit verrechenbaren Verlusten, verbleibenden Verlustvorträgen, nicht ausgeglichenen negativen Einkünften und einem Zinsvortrag nach § 4h Absatz 1 Satz 5 des Einkommensteuergesetzes[4] des übernehmenden Rechtsträgers ist nicht zulässig. ④ Ist übernehmender Rechtsträger eine Organgesellschaft, gilt Satz 3 auch für einen Ausgleich oder eine Verrechnung beim Organträger entsprechend. ⑤ Ist übernehmender Rechtsträger eine Personengesellschaft, gilt Satz 3 auch für einen Ausgleich oder eine Verrechnung bei den Gesellschaftern entsprechend. ⑥ Die Sätze 3 bis 5 gelten nicht, wenn übertragender Rechtsträger und übernehmender Rechtsträger vor Ablauf des steuerlichen Übertragungsstichtags verbundene Unternehmen im Sinne des § 271 Absatz 2 des Handelsgesetzbuches sind.

(5)[5] ① Unbeschadet anderer Vorschriften ist der Ausgleich oder die sonstige Verrechnung negativer Einkünfte des übernehmenden Rechtsträgers, die von diesem infolge der Anwendung der Absätze 1 und 2 erzielt werden, auch insoweit nicht zulässig, als die negativen Einkünfte auf der Veräußerung

[1] § 1 Abs. 5 Nr. 1 neu gefasst durch Gesetz v. 25. 7. 2014 (BGBl. I S. 1266).

[2] § 2 Abs. 4 angefügt durch JStG 2009 v. 19. 12. 2008 (BGBl. I S. 2794); **zur erstmaligen Anwendung bzw. Nichtgeltung siehe § 27 Abs. 9;** Abs. 4 Satz 1 neu gefasst durch Gesetz v. 22. 12. 2009 (BGBl. I S. 3950); **zur erstmaligen Anwendung siehe § 27 Abs. 10.**

[3] § 2 Abs. 4 Sätze 3 bis 6 angefügt durch Gesetz vom 26. 6. 2013 (BGBl. I S. 1809); erstmals anzuwenden auf Umwandlungen und Einbringungen, bei denen die Anmeldung zur Eintragung in das für die Wirksamkeit des jeweiligen Vorgangs maßgebende öffentliche Register **nach dem 6. Juni 2013** erfolgt (§ 27 Abs. 12 Satz 1); ohne Registereintragung, wenn das wirtschaftliche Eigentum nach dem 6. Juni 2013 übergegangen ist (§ 27 Abs. 12 Satz 2).

[4] **§ 4 h EStG** abgedruckt im Hauptteil bei § 8 a.

[5] § 2 Abs. 5 angefügt durch Gesetz vom 2. 6. 2021 (BGBl. I S. 1259); zur Anwendung siehe § 27 Abs. 16.

oder der Bewertung von Finanzinstrumenten oder Anteilen an einer Körperschaft beruhen. ② Als negative Einkünfte im Sinne des Satzes 1 gelten auch Aufwendungen außerhalb des Rückwirkungszeitraums, die darauf beruhen, dass Finanzinstrumente oder Anteile an einer Körperschaft, die dem übernehmenden Rechtsträger auf Grund der Anwendung der Absätze 1 und 2 zugerechnet werden, bis zu dem in Satz 4 bezeichneten Zeitpunkt veräußert werden oder nach den Sätzen 3 und 4 als veräußert gelten. ③ Als Veräußerung im Sinne der Sätze 1 und 2 gilt auch die Einlösung, Rückzahlung, Abtretung, Entnahme, verdeckte Einlage in eine Kapitalgesellschaft oder ein sonstiger ertragsteuerlich einer Veräußerung gleichgestellter Vorgang. ④ Mit Ablauf des nach der Umwandlung endenden Gewinnermittlungszeitraums nach § 4a des Einkommensteuergesetzes oder in anderen Fällen mit Ablauf des nach der Umwandlung endenden Kalenderjahrs noch nicht veräußerte oder nach Satz 3 als veräußert geltende Wirtschaftsgüter im Sinne des Satzes 2 gelten zu diesem Zeitpunkt als zum gemeinen Wert veräußert und wieder angeschafft. ⑤ Satz 2 findet keine Anwendung, soweit die Finanzinstrumente oder Anteile an einer Körperschaft ohne die Anwendung der Absätze 1 und 2 beim übertragenden Rechtsträger in dessen steuerlicher Schlussbilanz mit einem anderen als dem gemeinen Wert hätten angesetzt werden können. ⑥ Die Sätze 1 bis 5 finden keine Anwendung, wenn der Steuerpflichtige nachweist, dass die Verrechnung negativer Einkünfte im Sinne der Sätze 1 und 2 kein Haupt- oder Nebenzweck der Umwandlung war. ⑦ Ist der übernehmende Rechtsträger an den Finanzinstrumenten oder Anteilen an einer Körperschaft unmittelbar oder mittelbar über eine oder mehrere Personengesellschaften beteiligt, gelten die Sätze 2 bis 6 sinngemäß für Aufwendungen und Einkünfteminderungen infolge der Veräußerung oder eines niedrigeren Wertansatzes der Finanzinstrumente oder Anteile beziehungsweise infolge der Veräußerung von Anteilen an den Personengesellschaften oder deren Auflösung.

Zweiter Teil. Vermögensübergang bei Verschmelzung auf eine Personengesellschaft oder auf eine natürliche Person und Formwechsel einer Kapitalgesellschaft in eine Personengesellschaft

§ 3 Wertansätze in der steuerlichen Schlussbilanz der übertragenden Körperschaft

(1) ① Bei einer Verschmelzung auf eine Personengesellschaft oder natürliche Person sind die übergehenden Wirtschaftsgüter, einschließlich nicht entgeltlich erworbener und selbst geschaffener immaterieller Wirtschaftsgüter, in der steuerlichen Schlussbilanz der übertragenden Körperschaft mit dem gemeinen Wert anzusetzen. ② Für die Bewertung von Pensionsrückstellungen gilt § 6a des Einkommensteuergesetzes. 3

(2) ① Auf Antrag können die übergehenden Wirtschaftsgüter abweichend von Absatz 1 einheitlich mit dem Buchwert oder einem höheren Wert, höchstens jedoch mit dem Wert nach Absatz 1, angesetzt werden, soweit

1. sie Betriebsvermögen der übernehmenden Personengesellschaft oder natürlichen Person werden und sichergestellt ist, dass sie später der Besteuerung mit Einkommensteuer oder Körperschaftsteuer unterliegen, und
2. das Recht der Bundesrepublik Deutschland hinsichtlich der Besteuerung des Gewinns aus der Veräußerung der übertragenen Wirtschaftsgüter bei den Gesellschaftern der übernehmenden Personengesellschaft oder bei der natürlichen Person nicht ausgeschlossen oder beschränkt wird und
3. eine Gegenleistung nicht gewährt wird oder in Gesellschaftsrechten besteht.

② Der Antrag ist spätestens bis zur erstmaligen Abgabe der steuerlichen Schlussbilanz bei dem für die Besteuerung der übertragenden Körperschaft zuständigen Finanzamt zu stellen.

(3) ① Haben die Mitgliedstaaten der Europäischen Union bei Verschmelzung einer unbeschränkt steuerpflichtigen Körperschaft Artikel 10 der Richtlinie 2009/133/EG[1] anzuwenden, ist die Körperschaftsteuer auf den Übertragungsgewinn gemäß § 26 des Körperschaftsteuergesetzes um den Betrag ausländischer Steuer zu ermäßigen, der nach den Rechtsvorschriften eines anderen Mitgliedstaats der Europäischen Union erhoben worden wäre, wenn die übertragenen Wirtschaftsgüter zum gemeinen Wert veräußert worden wären. ② Satz 1 gilt nur, soweit die übertragenen Wirtschaftsgüter einer Betriebsstätte der übertragenden Körperschaft in einem anderen Mitgliedstaat der Europäischen Union zuzurechnen sind und die Bundesrepublik Deutschland die Doppelbesteuerung bei der übertragenden Körperschaft nicht durch Freistellung vermeidet.

§ 4 Auswirkungen auf den Gewinn des übernehmenden Rechtsträgers

(1) ① Der übernehmende Rechtsträger hat die auf ihn übergegangenen Wirtschaftsgüter mit dem in der steuerlichen Schlussbilanz der übertragenden Körperschaft enthaltenen Wert im Sinne des § 3 zu übernehmen. ② Die Anteile an der übertragenden Körperschaft sind bei dem übernehmenden Rechtsträger zum steuerlichen Übertragungsstichtag mit dem Buchwert, erhöht um Abschreibungen, die in früheren Jahren steuerwirksam vorgenommen worden sind, sowie um Abzüge nach § 6b des Einkommensteuergesetzes und ähnliche Abzüge, höchstens mit dem gemeinen Wert, anzusetzen. ③ Auf einen sich daraus ergebenden Gewinn finden § 8b Abs. 2 Satz 4 und 5 des Körperschaftsteuergesetzes sowie § 3 Nr. 40 Satz 1 Buchstabe a Satz 2 und 3 des Einkommensteuergesetzes Anwendung. 4

(2) ① Der übernehmende Rechtsträger tritt in die steuerliche Rechtsstellung der übertragenden Körperschaft ein, insbesondere bezüglich der Bewertung der übernommenen Wirtschaftsgüter, der Abset-

[1] Richtlinienbezeichnung angepasst durch Gesetz v. 25. 7. 2014 (BGBl. I S. 1266).

zungen für Abnutzung und der den steuerlichen Gewinn mindernden Rücklagen. ②[1] Verrechenbare Verluste, verbleibende Verlustvorträge, vom übertragenden Rechtsträger nicht ausgeglichene negative Einkünfte, ein Zinsvortrag nach § 4 h Absatz 1 Satz 5 des Einkommensteuergesetzes[2] und ein EBITDA-Vortrag nach § 4 h Absatz 1 Satz 3 des Einkommensteuergesetzes[2] gehen nicht über. ③ Ist die Dauer der Zugehörigkeit eines Wirtschaftsguts zum Betriebsvermögen für die Besteuerung bedeutsam, so ist der Zeitraum seiner Zugehörigkeit zum Betriebsvermögen der übertragenden Körperschaft dem übernehmenden Rechtsträger anzurechnen. ④ Ist die übertragende Körperschaft eine Unterstützungskasse, erhöht sich der laufende Gewinn des übernehmenden Rechtsträgers in dem Wirtschaftsjahr, in das der Umwandlungsstichtag fällt, um die von ihm, seinen Gesellschaftern oder seinen Rechtsvorgängern an die Unterstützungskasse geleisteten Zuwendungen nach § 4 d des Einkommensteuergesetzes; § 15 Abs. 1 Satz 1 Nr. 2 Satz 2 des Einkommensteuergesetzes gilt sinngemäß. ⑤ In Höhe der nach Satz 4 hinzugerechneten Zuwendungen erhöht sich der Buchwert der Anteile an der Unterstützungskasse.

(3) Sind die übergegangenen Wirtschaftsgüter in der steuerlichen Schlussbilanz der übertragenden Körperschaft mit einem über dem Buchwert liegenden Wert angesetzt, sind die Absetzungen für Abnutzung bei dem übernehmenden Rechtsträger in den Fällen des § 7 Abs. 4 Satz 1 und Abs. 5 des Einkommensteuergesetzes nach der bisherigen Bemessungsgrundlage, in allen anderen Fällen nach dem Buchwert, jeweils vermehrt um den Unterschiedsbetrag zwischen dem Buchwert der einzelnen Wirtschaftsgüter und dem Wert, mit dem die Körperschaft die Wirtschaftsgüter in der steuerlichen Schlussbilanz angesetzt hat, zu bemessen.

(4) ① Infolge des Vermögensübergangs ergibt sich ein Übernahmegewinn oder Übernahmeverlust in Höhe des Unterschiedsbetrags zwischen dem Wert, mit dem die übergegangenen Wirtschaftsgüter zu übernehmen sind, abzüglich der Kosten für den Vermögensübergang und dem Wert der Anteile an der übertragenden Körperschaft (Absätze 1 und 2, § 5 Abs. 2 und 3). ② Für die Ermittlung des Übernahmegewinns oder Übernahmeverlusts sind abweichend von Satz 1 die übergegangenen Wirtschaftsgüter der übertragenden Körperschaft mit dem Wert nach § 3 Abs. 1 anzusetzen, soweit an ihnen kein Recht der Bundesrepublik Deutschland zur Besteuerung des Gewinns aus einer Veräußerung bestand. ③ Bei der Ermittlung des Übernahmegewinns oder des Übernahmeverlusts bleibt der Wert der übergegangenen Wirtschaftsgüter außer Ansatz, soweit er auf Anteile an der übertragenden Körperschaft entfällt, die am steuerlichen Übertragungsstichtag nicht zum Betriebsvermögen des übernehmenden Rechtsträgers gehören.

(5)[3] *① Ein Übernahmegewinn erhöht sich und ein Übernahmeverlust verringert sich um einen Sperrbetrag im Sinne des § 50 c des Einkommensteuergesetzes, soweit die Anteile an der übertragenden Körperschaft am steuerlichen Übertragungsstichtag zum Betriebsvermögen des übernehmenden Rechtsträgers gehören.* ② Ein Übernahmegewinn vermindert sich oder ein Übernahmeverlust erhöht sich um die Bezüge, die nach § 7 zu den Einkünften aus Kapitalvermögen im Sinne des § 20 Abs. 1 Nr. 1 des Einkommensteuergesetzes gehören.

(6) ① Ein Übernahmeverlust bleibt außer Ansatz, soweit er auf eine Körperschaft, Personenvereinigung oder Vermögensmasse als Mitunternehmerin der Personengesellschaft entfällt. ② Satz 1 gilt nicht für Anteile an der übertragenden Gesellschaft, die die Voraussetzungen des § 8 b Abs. 7 oder des Abs. 8 Satz 1 des Körperschaftsteuergesetzes erfüllen. ③ In den Fällen des Satzes 2 ist der Übernahmeverlust bis zur Höhe der Bezüge im Sinne des § 7 zu berücksichtigen. ④[4] In den übrigen Fällen ist er in Höhe von 60 Prozent, höchstens jedoch in Höhe von 60 Prozent der Bezüge im Sinne des § 7 zu berücksichtigen; ein danach verbleibender Übernahmeverlust bleibt außer Ansatz. ⑤[5] Satz 4 gilt nicht für Anteile an der übertragenden Gesellschaft, die die Voraussetzungen des § 3 Nr. 40 Satz 3 und 4 des Einkommensteuergesetzes erfüllen; in diesen Fällen gilt Satz 3 entsprechend. ⑥[5] Ein Übernahmeverlust bleibt abweichend von den Sätzen 2 bis 5 außer Ansatz, soweit bei Veräußerung der Anteile an der übertragenden Körperschaft ein Veräußerungsverlust nach § 17 Abs. 2 Satz 6 des Einkommensteuergesetzes nicht zu berücksichtigen wäre oder soweit die Anteile an der übertragenden Körperschaft innerhalb der letzten fünf Jahre vor dem steuerlichen Übertragungsstichtag entgeltlich erworben wurden.

(7) ① Soweit der Übernahmegewinn auf eine Körperschaft, Personenvereinigung oder Vermögensmasse als Mitunternehmerin der Personengesellschaft entfällt, ist § 8 b des Körperschaftsteuergesetzes anzuwenden. ② In den übrigen Fällen ist § 3 Nr. 40[6] sowie § 3 c des Einkommensteuergesetzes anzuwenden.

§ 5 Besteuerung der Anteilseigner der übertragenden Körperschaft

5 (1) Hat der übernehmende Rechtsträger Anteile an der übertragenden Körperschaft nach dem steuerlichen Übertragungsstichtag angeschafft oder findet er einen Anteilseigner ab, so ist sein Gewinn so zu ermitteln, als hätte er die Anteile an diesem Stichtag angeschafft.

---

[1] § 4 Abs. 2 Satz 2 geändert durch Gesetz v. 14. 8. 2007 (BGBl. I S. 1912); **zur erstmaligen Anwendung siehe § 27 Abs. 5;** Abs. 2 Satz 2 neugefasst durch Gesetz v. 22. 12. 2009 (BGBl. I S. 3950); **zur erstmaligen Anwendung siehe § 27 Abs. 10.**

[2] **§ 4 h EStG** abgedruckt im Hauptteil bei § 8 a.

[3] § 4 Abs. 5 Satz 1 aufgehoben (§ 50 c EStG ist weggefallen) durch Gesetz vom 2. 6. 2021 (BGBl. I S. 1259); zur weiteren Anwendung siehe § 27 Abs. 17.

[4] § 4 Abs. 6 Satz 4 neugefasst durch JStG 2009 v. 19. 12. 2008 (BGBl. I S. 2794). Erstmals anzuwenden ab VZ 2009, wenn das Teileinkünfteverfahren erstmals gilt (vgl. § 27 Abs. 8). Im bisherigen Satz 5 außerdem Verweise geändert.

[5] § 4 Abs. 6 neuer Satz 5 eingefügt, bisheriger Satz 5 wird Satz 6 durch JStG 2009 v. 19. 12. 2008 (BGBl. I S. 2794). Erstmals anzuwenden ab VZ 2009, wenn das Teileinkünfteverfahren erstmals gilt (vgl. § 27 Abs. 8). Im bisherigen Satz 5 außerdem Verweise geändert.

[6] § 4 Abs. 7 Verweis geändert durch JStG 2009 v. 19. 12. 2008 (BGBl. I S. 2794) mit Wirkung ab VZ 2009 (vgl. § 27 Abs. 8).

(2) Anteile an der übertragenden Körperschaft im Sinne des § 17 des Einkommensteuergesetzes, die an dem steuerlichen Übertragungsstichtag nicht zu einem Betriebsvermögen eines Gesellschafters der übernehmenden Personengesellschaft oder einer natürlichen Person gehören, gelten für die Ermittlung des Gewinns als an diesem Stichtag in das Betriebsvermögen des übernehmenden Rechtsträgers mit den Anschaffungskosten eingelegt.

(3) ① Gehören an dem steuerlichen Übertragungsstichtag Anteile an der übertragenden Körperschaft zum Betriebsvermögen eines Anteilseigners, ist der Gewinn so zu ermitteln, als seien die Anteile an diesem Stichtag zum Buchwert, erhöht um Abschreibungen sowie um Abzüge nach § 6b des Einkommensteuergesetzes und ähnliche Abzüge, die in früheren Jahren steuerwirksam vorgenommen worden sind, höchstens mit dem gemeinen Wert, in das Betriebsvermögen des übernehmenden Rechtsträgers überführt worden. ② § 4 Abs. 1 Satz 3 gilt entsprechend.

§ 6 Gewinnerhöhung durch Vereinigung von Forderungen und Verbindlichkeiten

(1) ① Erhöht sich der Gewinn des übernehmenden Rechtsträgers dadurch, dass der Vermögensübergang zum Erlöschen von Forderungen und Verbindlichkeiten zwischen der übertragenden Körperschaft und dem übernehmenden Rechtsträger oder zur Auflösung von Rückstellungen führt, so darf der übernehmende Rechtsträger insoweit eine den steuerlichen Gewinn mindernde Rücklage bilden. ② Die Rücklage ist in den auf ihre Bildung folgenden drei Wirtschaftsjahren mit mindestens je einem Drittel gewinnerhöhend aufzulösen. 6

(2) ① Absatz 1 gilt entsprechend, wenn sich der Gewinn eines Gesellschafters des übernehmenden Rechtsträgers dadurch erhöht, dass eine Forderung oder Verbindlichkeit der übertragenden Körperschaft auf den übernehmenden Rechtsträger übergeht oder dass infolge des Vermögensübergangs eine Rückstellung aufzulösen ist. ② Satz 1 gilt nur für Gesellschafter, die im Zeitpunkt der Eintragung des Umwandlungsbeschlusses in das öffentliche Register an dem übernehmenden Rechtsträger beteiligt sind.

(3) ① Die Anwendung der Absätze 1 und 2 entfällt rückwirkend, wenn der übernehmende Rechtsträger den auf ihn übergegangenen Betrieb innerhalb von fünf Jahren nach dem steuerlichen Übertragungsstichtag in eine Kapitalgesellschaft einbringt oder ohne triftigen Grund veräußert oder aufgibt. ② Bereits erteilte Steuerbescheide, Steuermessbescheide, Freistellungsbescheide oder Feststellungsbescheide sind zu ändern, soweit sie auf der Anwendung der Absätze 1 und 2 beruhen.

§ 7 Besteuerung offener Rücklagen

① Dem Anteilseigner ist der Teil des in der Steuerbilanz ausgewiesenen Eigenkapitals abzüglich des Bestands des steuerlichen Einlagekontos im Sinne des § 27 des Körperschaftsteuergesetzes, der sich nach Anwendung des § 29 Abs. 1 des Körperschaftsteuergesetzes ergibt, in dem Verhältnis der Anteile zum Nennkapital der übertragenden Körperschaft als Einnahmen aus Kapitalvermögen im Sinne des § 20 Abs. 1 Nr. 1 des Einkommensteuergesetzes zuzurechnen. ② Dies gilt unabhängig davon, ob für den Anteilseigner ein Übernahmegewinn oder Übernahmeverlust nach § 4 oder § 5 ermittelt wird. 7

§ 8 Vermögensübergang auf einen Rechtsträger ohne Betriebsvermögen

(1) ① Wird das übertragene Vermögen nicht Betriebsvermögen des übernehmenden Rechtsträgers, sind die infolge des Vermögensübergangs entstehenden Einkünfte bei diesem oder den Gesellschaftern des übernehmenden Rechtsträgers zu ermitteln. ② Die §§ 4, 5 und 7 gelten entsprechend. 8

(2) In den Fällen des Absatzes 1 sind § 17 Abs. 3 und § 22 Nr. 2 des Einkommensteuergesetzes nicht anzuwenden.

§ 9 Formwechsel in eine Personengesellschaft

① Im Falle des Formwechsels einer Kapitalgesellschaft in eine Personengesellschaft sind die §§ 3 bis 8 und 10 entsprechend anzuwenden. ② Die Kapitalgesellschaft hat für steuerliche Zwecke auf den Zeitpunkt, in dem der Formwechsel wirksam wird, eine Übertragungsbilanz, die Personengesellschaft eine Eröffnungsbilanz aufzustellen. ③ Die Bilanzen nach Satz 2 können auch für einen Stichtag aufgestellt werden, der höchstens acht Monate vor der Anmeldung des Formwechsels zur Eintragung in ein öffentliches Register liegt (Übertragungsstichtag); § 2 Absatz 3 bis 5[1] gilt entsprechend. 9

§ 10[2] Körperschaftsteuererhöhung

Die Körperschaftsteuerschuld der übertragenden Körperschaft erhöht sich für den Veranlagungszeitraum der Umwandlung um den Betrag, der sich nach § 38 des Körperschaftsteuergesetzes ergeben würde, wenn das in der Steuerbilanz ausgewiesene Eigenkapital abzüglich des Betrags, der nach § 28 Abs. 2 Satz 1 des Körperschaftsteuergesetzes in Verbindung mit § 29 Abs. 1 des Körperschaftsteuergesetzes dem steuerlichen Einlagekonto gutzuschreiben ist, als am Übertragungsstichtag für eine Ausschüttung verwendet gelten würde. 10

---

[1] § 9 Satz 3 Verweis geändert durch Gesetz vom 22. 12. 2009 (BGBl. I S. 3950); zur erstmaligen Anwendung siehe § 27 Abs. 10; Satz 3 geändert durch Gesetz vom 2. 6. 2021 (BGBl. I S. 1259); zur Anwendung siehe § 27 Abs. 16.

[2] **§ 10 aufgehoben** durch JStG 2008 v. 20. 12. 2007 (BGBl. I S. 3150). **Zur letztmaligen Anwendung** siehe § 27 Abs. 6 Satz 1; **zur Weiteranwendung auf Antrag** siehe § 27 Abs. 6 Satz 2.

Dritter Teil. Verschmelzung oder Vermögensübertragung (Vollübertragung) auf eine andere Körperschaft

§ 11 Wertansätze in der steuerlichen Schlussbilanz der übertragenden Körperschaft

11 (1) ① Bei einer Verschmelzung oder Vermögensübertragung (Vollübertragung) auf eine andere Körperschaft sind die übergehenden Wirtschaftsgüter, einschließlich nicht entgeltlich erworbener oder selbst geschaffener immaterieller Wirtschaftsgüter, in der steuerlichen Schlussbilanz der übertragenden Körperschaft mit dem gemeinen Wert anzusetzen. ② Für die Bewertung von Pensionsrückstellungen gilt § 6 a des Einkommensteuergesetzes.

(2) ① Auf Antrag können die übergehenden Wirtschaftsgüter abweichend von Absatz 1 einheitlich mit dem Buchwert oder einem höheren Wert, höchstens jedoch mit dem Wert nach Absatz 1, angesetzt werden, soweit

1. sichergestellt ist, dass sie später bei der übernehmenden Körperschaft der Besteuerung mit Körperschaftsteuer unterliegen und
2. das Recht der Bundesrepublik Deutschland hinsichtlich der Besteuerung des Gewinns aus der Veräußerung der übertragenen Wirtschaftsgüter bei der übernehmenden Körperschaft nicht ausgeschlossen oder beschränkt wird und
3. eine Gegenleistung nicht gewährt wird oder in Gesellschaftsrechten besteht.

② Anteile an der übernehmenden Körperschaft sind mindestens mit dem Buchwert, erhöht um Abschreibungen sowie um Abzüge nach § 6 b des Einkommensteuergesetzes und ähnliche Abzüge, die in früheren Jahren steuerwirksam vorgenommen worden sind, höchstens mit dem gemeinen Wert, anzusetzen. ③ Auf einen sich daraus ergebenden Gewinn findet § 8 b Abs. 2 Satz 4 und 5 des Körperschaftsteuergesetzes Anwendung.

(3) § 3 Abs. 2 Satz 2 und Abs. 3 gilt entsprechend.

§ 12 Auswirkungen auf den Gewinn der übernehmenden Körperschaft

12 (1) ① Die übernehmende Körperschaft hat die auf sie übergegangenen Wirtschaftsgüter mit dem in der steuerlichen Schlussbilanz der übertragenden Körperschaft enthaltenen Wert im Sinne des § 11 zu übernehmen. ② § 4 Abs. 1 Satz 2 und 3 gilt entsprechend.

(2) ① Bei der übernehmenden Körperschaft bleibt ein Gewinn oder ein Verlust in Höhe des Unterschieds zwischen dem Buchwert der Anteile an der übertragenden Körperschaft und dem Wert, mit dem die übergegangenen Wirtschaftsgüter zu übernehmen sind, abzüglich der Kosten für den Vermögensübergang, außer Ansatz. ② § 8 b des Körperschaftsteuergesetzes ist anzuwenden, soweit der Gewinn im Sinne des Satzes 1 abzüglich der anteilig darauf entfallenden Kosten für den Vermögensübergang, dem Anteil der übernehmenden Körperschaft an der übertragenden Körperschaft entspricht. ③ § 5 Abs. 1 gilt entsprechend.

(3) Die übernehmende Körperschaft tritt in die steuerliche Rechtsstellung der übertragenden Körperschaft ein; § 4 Abs. 2 und 3 gilt entsprechend.

(4) § 6 gilt sinngemäß für den Teil des Gewinns aus der Vereinigung von Forderungen und Verbindlichkeiten, der der Beteiligung der übernehmenden Körperschaft am Grund- oder Stammkapital der übertragenden Körperschaft entspricht.

(5) Im Falle des Vermögensübergangs in den nicht steuerpflichtigen oder steuerbefreiten Bereich der übernehmenden Körperschaft gilt das in der Steuerbilanz ausgewiesene Eigenkapital abzüglich des Bestands des steuerlichen Einlagekontos im Sinne des § 27 des Körperschaftsteuergesetzes, der sich nach Anwendung des § 29 Abs. 1 des Körperschaftsteuergesetzes ergibt, als Einnahme im Sinne des § 20 Abs. 1 Nr. 1 des Einkommensteuergesetzes.

§ 13 Besteuerung der Anteilseigner der übertragenden Körperschaft

13 (1) Die Anteile an der übertragenden Körperschaft gelten als zum gemeinen Wert veräußert und die an ihre Stelle tretenden Anteile an der übernehmenden Körperschaft gelten als mit diesem Wert angeschafft.

(2) ① Abweichend von Absatz 1 sind auf Antrag die Anteile an der übernehmenden Körperschaft mit dem Buchwert der Anteile an der übertragenden Körperschaft anzusetzen, wenn

1. das Recht der Bundesrepublik Deutschland hinsichtlich der Besteuerung des Gewinns aus der Veräußerung der Anteile an der übernehmenden Körperschaft nicht ausgeschlossen oder beschränkt wird oder
2. die Mitgliedstaaten der Europäischen Union bei einer Verschmelzung Artikel 8 der Richtlinie 2009/133/EG[1] anzuwenden haben; in diesem Fall ist der Gewinn aus einer späteren Veräußerung der erworbenen Anteile ungeachtet der Bestimmungen eines Abkommens zur Vermeidung der Doppelbesteuerung in der gleichen Art und Weise zu besteuern, wie die Veräußerung der Anteile an der übertragenden Körperschaft zu besteuern wäre. § 15 Abs. 1 a Satz 2 des Einkommensteuergesetzes ist entsprechend anzuwenden.

② Die Anteile an der übernehmenden Körperschaft treten steuerlich an die Stelle der Anteile an der übertragenden Körperschaft. ③ Gehören die Anteile an der übertragenden Körperschaft nicht zu einem Betriebsvermögen, treten an die Stelle des Buchwerts die Anschaffungskosten.

14 **§ 14** *(weggefallen)*

[1] Richtlinienbezeichnung angepasst durch Gesetz v. 25. 7. 2014 (BGBl. I S. 1266).

Vierter Teil. Aufspaltung, Abspaltung und Vermögensübertragung (Teilübertragung)

§ 15 Aufspaltung, Abspaltung und Teilübertragung auf andere Körperschaften

(1) ① Geht Vermögen einer Körperschaft durch Aufspaltung oder Abspaltung oder durch Teilübertragung auf andere Körperschaften über, gelten die §§ 11 bis 13 vorbehaltlich des Satzes 2 und des § 16 entsprechend. ② § 11 Abs. 2 und § 13 Abs. 2 sind nur anzuwenden, wenn auf die Übernehmerinnen ein Teilbetrieb übertragen wird und im Falle der Abspaltung oder Teilübertragung bei der übertragenden Körperschaft ein Teilbetrieb verbleibt. ③ Als Teilbetrieb gilt auch ein Mitunternehmeranteil oder die Beteiligung an einer Kapitalgesellschaft, die das gesamte Nennkapital der Gesellschaft umfasst. **15**

(2) ① § 11 Abs. 2 ist auf Mitunternehmeranteile und Beteiligungen im Sinne des Absatzes 1 nicht anzuwenden, wenn sie innerhalb eines Zeitraums von drei Jahren vor dem steuerlichen Übertragungsstichtag durch Übertragung von Wirtschaftsgütern, die kein Teilbetrieb sind, erworben oder aufgestockt worden sind. ② § 11 Abs. 2 ist ebenfalls nicht anzuwenden, wenn durch die Spaltung die Veräußerung an außenstehende Personen vollzogen wird. ③ Das Gleiche gilt, wenn durch die Spaltung die Voraussetzungen für eine Veräußerung geschaffen werden. ④ Davon ist auszugehen, wenn innerhalb von fünf Jahren nach dem steuerlichen Übertragungsstichtag Anteile an einer an der Spaltung beteiligten Körperschaft, die mehr als 20 Prozent der vor Wirksamwerden der Spaltung an der Körperschaft bestehenden Anteile ausmachen, veräußert werden. ⑤ Bei der Trennung von Gesellschafterstämmen setzt die Anwendung des § 11 Abs. 2 außerdem voraus, dass die Beteiligungen an der übertragenden Körperschaft mindestens fünf Jahre vor dem steuerlichen Übertragungsstichtag bestanden haben.

(3)[1, 2] Bei einer Abspaltung mindern sich verrechenbare Verluste, verbleibende Verlustvorträge, nicht ausgeglichene negative Einkünfte, ein Zinsvortrag nach § 4h Absatz 1 Satz 5 des Einkommensteuergesetzes[3] und ein EBITDA-Vortrag nach § 4h Absatz 1 Satz 3 des Einkommensteuergesetzes[3] der übertragenden Körperschaft in dem Verhältnis, in dem bei Zugrundelegung des gemeinen Werts das Vermögen auf eine andere Körperschaft übergeht.

§ 16 Aufspaltung oder Abspaltung auf eine Personengesellschaft

① Soweit Vermögen einer Körperschaft durch Aufspaltung oder Abspaltung auf eine Personengesellschaft übergeht, gelten die §§ 3 bis 8, 10 und 15 entsprechend. ② § 10 ist für den in § 40 Abs. 2 Satz 3 des Körperschaftsteuergesetzes bezeichneten Teil des Betrags im Sinne des § 38 des Körperschaftsteuergesetzes anzuwenden. **16**

Fünfter Teil. Gewerbesteuer

§ 17 *(weggefallen)* **17**

§ 18 Gewerbesteuer bei Vermögensübergang auf eine Personengesellschaft oder auf eine natürliche Person sowie bei Formwechsel in eine Personengesellschaft

(1) ① Die §§ 3 bis 9 und 16 gelten bei Vermögensübergang auf eine Personengesellschaft oder auf eine natürliche Person sowie bei Formwechsel in eine Personengesellschaft auch für die Ermittlung des Gewerbeertrags. ② Der maßgebende Gewerbeertrag der übernehmenden Personengesellschaft oder natürlichen Person kann nicht um Fehlbeträge des laufenden Erhebungszeitraums und die vortragsfähigen Fehlbeträge der übertragenden Körperschaft im Sinne des § 10a des Gewerbesteuergesetzes gekürzt werden. **18**

(2) ① Ein Übernahmegewinn oder Übernahmeverlust ist nicht zu erfassen. ② In Fällen des § 5 Abs. 2 ist ein Gewinn nach § 7 nicht zu erfassen.

(3)[4] ① Wird der Betrieb der Personengesellschaft oder der natürlichen Person innerhalb von fünf Jahren nach der Umwandlung aufgegeben oder veräußert, unterliegt ein Aufgabe- oder Veräußerungsgewinn der Gewerbesteuer auch soweit er auf das Betriebsvermögen entfällt, das bereits vor der Umwandlung im Betrieb der übernehmenden Personengesellschaft oder der natürlichen Person vorhanden war. ② Satz 1 gilt entsprechend, soweit ein Teilbetrieb oder ein Anteil an der Personengesellschaft aufgegeben oder veräußert wird. ③ Der auf den Aufgabe- oder Veräußerungsgewinnen im Sinne der Sätze 1 und 2 beruhende Teil des Gewerbesteuer-Messbetrags ist bei der Ermäßigung der Einkommensteuer nach § 35 des Einkommensteuergesetzes nicht zu berücksichtigen.

§ 19 Gewerbesteuer bei Vermögensübergang auf eine andere Körperschaft

(1) Geht das Vermögen der übertragenden Körperschaft auf eine andere Körperschaft über, gelten die §§ 11 bis 15 auch für die Ermittlung des Gewerbeertrags. **19**

(2) Für die vortragsfähigen Fehlbeträge der übertragenden Körperschaft im Sinne des § 10a des Gewerbesteuergesetzes gelten § 12 Abs. 3 und § 15 Abs. 3 entsprechend.

---

[1] § 15 Abs. 3 neu gefasst durch Gesetz v. 14. 8. 2007 (BGBl. I S. 1912); zur erstmaligen Anwendung siehe § 27 Abs. 5; erneut neu gefasst durch Gesetz v. 22. 12. 2009 (BGBl. I S. 3950); **zur erstmaligen Anwendung siehe § 27 Abs. 10.**

[2] Sofern Abspaltungen im Sinne des § 15 Abs. 1 eine notwendige Vorbereitung von Stabilisierungsmaßnahmen iSd §§ 6 bis 8 FMStFG darstellen, ist § 15 Abs. 3 **nicht anzuwenden.** Verrechenbare Verluste, verbleibende Verlustvorträge, nicht ausgeglichene negative Einkünfte und ein Zinsvortrag nach § 4h Abs. 1 Satz 2 EStG verbleiben bei der übertragenden Körperschaft (§ 14 Abs. 3a FMStFG).

[3] **§ 4 h EStG** abgedruckt im Hauptteil bei § 8a.

[4] § 18 Abs. 3 Satz 1 neu gefasst durch JStG 2008 v. 20. 12. 2007 (BGBl. I S. 3150). Zur erstmaligen Anwendung siehe § 27 Abs. 7.

Sechster Teil. Einbringung von Unternehmensteilen in eine Kapitalgesellschaft oder Genossenschaft und Anteilstausch

§ 20 Einbringung von Unternehmensteilen in eine Kapitalgesellschaft oder Genossenschaft

20 (1) Wird ein Betrieb oder Teilbetrieb oder ein Mitunternehmeranteil in eine Kapitalgesellschaft oder eine Genossenschaft (übernehmende Gesellschaft) eingebracht und erhält der Einbringende dafür neue Anteile an der Gesellschaft (Sacheinlage), gelten für die Bewertung des eingebrachten Betriebsvermögens und der neuen Gesellschaftsanteile die nachfolgenden Absätze.

(2) ① Die übernehmende Gesellschaft hat das eingebrachte Betriebsvermögen mit dem gemeinen Wert anzusetzen; für die Bewertung von Pensionsrückstellungen gilt § 6 a des Einkommensteuergesetzes. ② Abweichend von Satz 1 kann das übernommene Betriebsvermögen auf Antrag einheitlich mit dem Buchwert oder einem höheren Wert, höchstens jedoch mit dem Wert im Sinne des Satzes 1, angesetzt werden, soweit

1. sichergestellt ist, dass es später bei der übernehmenden Körperschaft der Besteuerung mit Körperschaftsteuer unterliegt,
2. die Passivposten des eingebrachten Betriebsvermögens die Aktivposten nicht übersteigen; dabei ist das Eigenkapital nicht zu berücksichtigen,
3. das Recht der Bundesrepublik Deutschland hinsichtlich der Besteuerung des Gewinns aus der Veräußerung des eingebrachten Betriebsvermögens bei der übernehmenden Gesellschaft nicht ausgeschlossen oder beschränkt wird und
4.[1] der gemeine Wert von sonstigen Gegenleistungen, die neben den neuen Gesellschaftsanteilen gewährt werden, nicht mehr beträgt als
   a) 25 Prozent des Buchwerts des eingebrachten Betriebsvermögens oder
   b) 500 000 Euro, höchstens jedoch den Buchwert des eingebrachten Betriebsvermögens.

③ Der Antrag ist spätestens bis zur erstmaligen Abgabe der steuerlichen Schlussbilanz bei dem für die Besteuerung der übernehmenden Gesellschaft zuständigen Finanzamt zu stellen. ④[1] Erhält der Einbringende neben den neuen Gesellschaftsanteilen auch sonstige Gegenleistungen, ist das eingebrachte Betriebsvermögen abweichend von Satz 2 mindestens mit dem gemeinen Wert der sonstigen Gegenleistungen anzusetzen, wenn dieser den sich nach Satz 2 ergebenden Wert übersteigt.

(3) ① Der Wert, mit dem die übernehmende Gesellschaft das eingebrachte Betriebsvermögen ansetzt, gilt für den Einbringenden als Veräußerungspreis und als Anschaffungskosten der Gesellschaftsanteile. ② Ist das Recht der Bundesrepublik Deutschland hinsichtlich der Besteuerung des Gewinns aus der Veräußerung des eingebrachten Betriebsvermögens im Zeitpunkt der Einbringung ausgeschlossen und wird dieses auch nicht durch die Einbringung begründet, gilt für den Einbringenden insoweit der gemeine Wert des Betriebsvermögens im Zeitpunkt der Einbringung als Anschaffungskosten der Anteile. ③ Soweit neben den Gesellschaftsanteilen auch andere Wirtschaftsgüter gewährt werden, ist deren gemeiner Wert bei der Bemessung der Anschaffungskosten der Gesellschaftsanteile von dem sich nach den Sätzen 1 und 2 ergebenden Wert abzuziehen. ④[1] Umfasst das eingebrachte Betriebsvermögen auch einbringungsgeborene Anteile im Sinne von § 21 Abs. 1 in der Fassung der Bekanntmachung vom 15. Oktober 2002 (BGBl. I S. 4133, 2003 I S. 738), geändert durch Artikel 3 des Gesetzes vom 16. Mai 2003 (BGBl. I S. 660), gelten die erhaltenen Anteile insoweit auch als einbringungsgeboren im Sinne von § 21 Abs. 1 in der Fassung der Bekanntmachung vom 15. Oktober 2002 (BGBl. I S. 4133, 2003 I S. 738), geändert durch Artikel 3 des Gesetzes vom 16. Mai 2003 (BGBl. I S. 660).

(4) ① Auf einen bei der Sacheinlage entstehenden Veräußerungsgewinn ist § 16 Abs. 4 des Einkommensteuergesetzes nur anzuwenden, wenn der Einbringende eine natürliche Person ist, es sich nicht um die Einbringung von Teilen eines Mitunternehmeranteils handelt und die übernehmende Gesellschaft das eingebrachte Betriebsvermögen mit dem gemeinen Wert ansetzt. ② In diesen Fällen ist § 34 Abs. 1 und 3 des Einkommensteuergesetzes nur anzuwenden, soweit der Veräußerungsgewinn nicht nach § 3 Nr. 40 Satz 1 in Verbindung mit § 3 c Abs. 2 des Einkommensteuergesetzes teilweise steuerbefreit ist.

(5) ① Das Einkommen und das Vermögen des Einbringenden und der übernehmenden Gesellschaft sind auf Antrag so zu ermitteln, als ob das eingebrachte Betriebsvermögen mit Ablauf des steuerlichen Übertragungsstichtags (Absatz 6) auf die Übernehmerin übergegangen wäre. ② Dies gilt hinsichtlich des Einkommens und des Gewerbeertrags nicht für Entnahmen und Einlagen, die nach dem steuerlichen Übertragungsstichtag erfolgen. ③ Die Anschaffungskosten der Anteile (Absatz 3) sind um den Buchwert der Entnahmen zu vermindern und um den sich nach § 6 Abs. 1 Nr. 5 des Einkommensteuergesetzes ergebenden Wert der Einlagen zu erhöhen.

(6)[2] ① Als steuerlicher Übertragungsstichtag (Einbringungszeitpunkt) darf in den Fällen der Sacheinlage durch Verschmelzung im Sinne des § 2 des Umwandlungsgesetzes der Stichtag angesehen werden, für den die Schlussbilanz jedes der übertragenden Unternehmen im Sinne des § 17 Abs. 2 des Umwandlungsgesetzes aufgestellt ist; dieser Stichtag darf höchstens acht Monate vor der Anmeldung der Verschmelzung zur Eintragung in das Handelsregister liegen. ② Entsprechendes gilt, wenn Vermö-

---

[1] § 20 Abs. 2 Satz 2 Nr. 4 angefügt und Satz 4 neu gefasst durch StÄndG 2015 v. 2. 11. 2015 (BGBl. I S. 1834). **Zur erstmaligen Anwendung siehe § 27 Abs. 14.**

[2] § 20 Abs. 6 Satz 4 neu gefasst durch JStG 2009 v. 19. 12. 2008 (BGBl. I S. 2794). **Zur erstmaligen Anwendung bzw. Nichtanwendung siehe § 27 Abs. 9**; Satz 4 geändert durch Gesetz vom 2. 6. 2021 (BGBl. I S. 1259); zur Anwendung siehe § 27 Abs. 16.

gen im Wege der Sacheinlage durch Aufspaltung, Abspaltung oder Ausgliederung nach § 123 des Umwandlungsgesetzes auf die übernehmende Gesellschaft übergeht. ③ In anderen Fällen der Sacheinlage darf die Einbringung auf einen Tag zurückbezogen werden, der höchstens acht Monate vor dem Tag des Abschlusses des Einbringungsvertrags liegt und höchstens acht Monate vor dem Zeitpunkt liegt, an dem das eingebrachte Betriebsvermögen auf die übernehmende Gesellschaft übergeht. ④ § 2 Absatz 3 bis 5 gilt entsprechend.

(7) § 3 Abs. 3 ist entsprechend anzuwenden.

(8)[1] Ist eine gebietsfremde einbringende oder erworbene Gesellschaft im Sinne von Artikel 3 der Richtlinie 2009/133/EG als steuerlich transparent anzusehen, ist auf Grund Artikel 11 der Richtlinie 2009/133/EG die ausländische Steuer, die nach den Rechtsvorschriften des anderen Mitgliedstaats der Europäischen Union erhoben worden wäre, wenn die einer in einem anderen Mitgliedstaat belegenen Betriebsstätte zuzurechnenden eingebrachten Wirtschaftsgüter zum gemeinen Wert veräußert worden wären, auf die auf den Einbringungsgewinn entfallende Körperschaftsteuer oder Einkommensteuer unter entsprechender Anwendung von § 26 des Körperschaftsteuergesetzes und von den §§ 34 c und 50 Absatz 3 des Einkommensteuergesetzes anzurechnen.

(9)[2] Ein Zinsvortrag nach § 4 h Absatz 1 Satz 5 des Einkommensteuergesetzes[3] und ein EBITDA-Vortrag nach § 4 h Absatz 1 Satz 3 des Einkommensteuergesetzes[3] des eingebrachten Betriebs gehen nicht auf die übernehmende Gesellschaft über.

§ 21 Bewertung der Anteile beim Anteilstausch

(1)[4] ① Werden Anteile an einer Kapitalgesellschaft oder einer Genossenschaft (erworbene Gesell- 21
schaft) in eine Kapitalgesellschaft oder Genossenschaft (übernehmende Gesellschaft) gegen Gewährung neuer Anteile an der übernehmenden Gesellschaft eingebracht (Anteilstausch), hat die übernehmende Gesellschaft die eingebrachten Anteile mit dem gemeinen Wert anzusetzen. ② Abweichend von Satz 1 können die eingebrachten Anteile auf Antrag mit dem Buchwert oder einem höheren Wert, höchstens jedoch mit dem gemeinen Wert, angesetzt werden, wenn

1. die übernehmende Gesellschaft nach der Einbringung auf Grund ihrer Beteiligung einschließlich der eingebrachten Anteile nachweisbar unmittelbar die Mehrheit der Stimmrechte an der erworbenen Gesellschaft hat (qualifizierter Anteilstausch) und soweit
2. der gemeine Wert von sonstigen Gegenleistungen, die neben den neuen Anteilen gewährt werden, nicht mehr beträgt als
   a) 25 Prozent des Buchwerts der eingebrachten Anteile oder
   b) 500 000 Euro, höchstens jedoch den Buchwert der eingebrachten Anteile.

③ § 20 Absatz 2 Satz 3 gilt entsprechend. ④ Erhält der Einbringende neben den neuen Gesellschaftsanteilen auch sonstige Gegenleistungen, sind die eingebrachten Anteile abweichend von Satz 2 mindestens mit dem gemeinen Wert der sonstigen Gegenleistungen anzusetzen, wenn dieser den sich nach Satz 2 ergebenden Wert übersteigt.

(2) ① Der Wert, mit dem die übernehmende Gesellschaft die eingebrachten Anteile ansetzt, gilt für den Einbringenden als Veräußerungspreis der eingebrachten Anteile und als Anschaffungskosten der erhaltenen Anteile. ② Abweichend von Satz 1 gilt für den Einbringenden der gemeine Wert der eingebrachten Anteile als Veräußerungspreis und als Anschaffungskosten der erhaltenen Anteile, wenn für die eingebrachten Anteile nach der Einbringung das Recht der Bundesrepublik Deutschland hinsichtlich der Besteuerung des Gewinns aus der Veräußerung dieser Anteile ausgeschlossen oder beschränkt ist; dies gilt auch, wenn das Recht der Bundesrepublik Deutschland hinsichtlich der Besteuerung des Gewinns aus der Veräußerung der erhaltenen Anteile ausgeschlossen oder beschränkt ist. ③ Auf Antrag gilt in den Fällen des Satzes 2 unter den Voraussetzungen des Absatzes 1 Satz 2 der Buchwert oder ein höherer Wert, höchstens der gemeine Wert, als Veräußerungspreis der eingebrachten Anteile und als Anschaffungskosten der erhaltenen Anteile, wenn

1. das Recht der Bundesrepublik Deutschland hinsichtlich der Besteuerung des Gewinns aus der Veräußerung der erhaltenen Anteile nicht ausgeschlossen oder beschränkt ist oder
2. der Gewinn aus dem Anteilstausch auf Grund Artikel 8 der Richtlinie 2009/133/EG[5] nicht besteuert werden darf; in diesem Fall ist der Gewinn aus einer späteren Veräußerung der erhaltenen Anteile ungeachtet der Bestimmungen eines Abkommens zur Vermeidung der Doppelbesteuerung in der gleichen Art und Weise zu besteuern, wie die Veräußerung der Anteile an der erworbenen Gesellschaft zu besteuern gewesen wäre; § 15 Abs. 1 a Satz 2 des Einkommensteuergesetzes ist entsprechend anzuwenden.

④ Der Antrag ist spätestens bis zur erstmaligen Abgabe der Steuererklärung bei dem für die Besteuerung des Einbringenden zuständigen Finanzamt zu stellen. ⑤ Haben die eingebrachten Anteile beim Einbringenden nicht zu einem Betriebsvermögen gehört, treten an die Stelle des Buchwerts die Anschaffungskosten. ⑥ § 20 Abs. 3 Satz 3 und 4 gilt entsprechend.

(3) ① Auf den beim Anteilstausch entstehenden Veräußerungsgewinn ist § 17 Abs. 3 des Einkommensteuergesetzes nur anzuwenden, wenn der Einbringende eine natürliche Person ist und die über-

---

[1] § 20 Abs. 8 geändert durch Gesetz v. 25. 7. 2014 (BGBl I S. 1266) **mit Wirkung ab 1. 1. 2014 (vgl. § 27 Abs. 13).**

[2] § 20 Abs. 9 angefügt durch Gesetz v. 14. 8. 2007 (BGBl. I S. 1912); **zur erstmaligen Anwendung siehe § 27 Abs. 5.** Abs. 9 neu gefasst durch Gesetz v. 22. 12. 2009 (BGBl. I S. 3950); **zur erstmaligen Anwendung siehe § 27 Abs. 10.**

[3] **§ 4 h EStG** abgedruckt im Hauptteil bei § 8 a.

[4] § 21 Abs. 2 Satz 2 und 3 neu gefasst und Satz 4 angefügt durch StÄndG 2015 v. 2. 11. 2015 (BGBl. I S. 1834). **Zur erstmaligen Anwendung siehe § 27 Abs. 14.**

[5] Richtlinienbezeichnung angepasst durch Gesetz v. 25. 7. 2014 (BGBl. I S. 1266).

nehmende Gesellschaft die eingebrachten Anteile nach Absatz 1 Satz 1 oder in den Fällen des Absatzes 2 Satz 2 der Einbringende mit dem gemeinen Wert ansetzt; dies gilt für die Anwendung von § 16 Abs. 4 des Einkommensteuergesetzes unter der Voraussetzung, dass eine im Betriebsvermögen gehaltene Beteiligung an einer Kapitalgesellschaft eingebracht wird, die das gesamte Nennkapital der Kapitalgesellschaft umfasst. ② § 34 Abs. 1 des Einkommensteuergesetzes findet keine Anwendung.

§ 22[1] Besteuerung des Anteilseigners

22 (1) ① Soweit in den Fällen einer Sacheinlage unter dem gemeinen Wert (§ 20 Abs. 2 Satz 2) der Einbringende die erhaltenen Anteile innerhalb eines Zeitraums von sieben Jahren nach dem Einbringungszeitpunkt veräußert, ist der Gewinn aus der Einbringung rückwirkend im Wirtschaftsjahr der Einbringung als Gewinn des Einbringenden im Sinne von § 16 des Einkommensteuergesetzes zu versteuern (Einbringungsgewinn I); § 16 Abs. 4 und § 34 des Einkommensteuergesetzes sind nicht anzuwenden. ② Die Veräußerung der erhaltenen Anteile gilt insoweit als rückwirkendes Ereignis im Sinne von § 175 Abs. 1 Satz 1 Nr. 2 der Abgabenordnung. ③ Einbringungsgewinn I ist der Betrag, um den der gemeine Wert des eingebrachten Betriebsvermögens im Einbringungszeitpunkt nach Abzug der Kosten für den Vermögensübergang den Wert, mit dem die übernehmende Gesellschaft dieses eingebrachte Betriebsvermögen angesetzt hat, übersteigt, vermindert um jeweils ein Siebtel für jedes seit dem Einbringungszeitpunkt abgelaufene Zeitjahr. ④ Der Einbringungsgewinn I gilt als nachträgliche Anschaffungskosten der erhaltenen Anteile. ⑤ [2] Umfasst das eingebrachte Betriebsvermögen auch Anteile an Kapitalgesellschaften oder Genossenschaften, ist insoweit § 22 Abs. 2 anzuwenden; ist in diesen Fällen das Recht der Bundesrepublik Deutschland hinsichtlich der Besteuerung des Gewinns aus der Veräußerung der erhaltenen Anteile ausgeschlossen oder beschränkt, sind daneben auch die Sätze 1 bis 4 anzuwenden. ⑥ Die Sätze 1 bis 5 gelten entsprechend, wenn

1. der Einbringende die erhaltenen Anteile unmittelbar oder mittelbar unentgeltlich auf eine Kapitalgesellschaft oder eine Genossenschaft überträgt,
2.[3] der Einbringende die erhaltenen Anteile entgeltlich überträgt, es sei denn, er weist nach, dass die Übertragung durch einen Vorgang im Sinne des § 20 Absatz 1 oder § 21 Absatz 1 oder auf Grund vergleichbarer ausländischer Vorgänge zu Buchwerten erfolgte und keine sonstigen Gegenleistungen erbracht wurden, die die Grenze des § 20 Absatz 2 Satz 2 Nummer 4 oder die Grenze des § 21 Absatz 1 Satz 2 Nummer 2 übersteigen,
3. die Kapitalgesellschaft, an der die Anteile bestehen, aufgelöst und abgewickelt wird oder das Kapital dieser Gesellschaft herabgesetzt und an die Anteilseigner zurückgezahlt wird oder Beträge aus dem steuerlichen Einlagekonto im Sinne des § 27 des Körperschaftsteuergesetzes ausgeschüttet oder zurückgezahlt werden,
4.[3] der Einbringende die erhaltenen Anteile durch einen Vorgang im Sinne des § 21 Absatz 1 oder einen Vorgang im Sinne des § 20 Absatz 1 oder auf Grund vergleichbarer ausländischer Vorgänge zum Buchwert in eine Kapitalgesellschaft oder eine Genossenschaft eingebracht hat und diese Anteile anschließend unmittelbar oder mittelbar veräußert oder durch einen Vorgang im Sinne der Nummern 1 oder 2 unmittelbar oder mittelbar übertragen werden, es sei denn, er weist nach, dass diese Anteile zu Buchwerten übertragen wurden und keine sonstigen Gegenleistungen erbracht wurden, die die Grenze des § 20 Absatz 2 Satz 2 Nummer 4 oder die Grenze des § 21 Absatz 1 Satz 2 Nummer 2 übersteigen (Ketteneinbringung),
5.[4] der Einbringende die erhaltenen Anteile in eine Kapitalgesellschaft oder eine Genossenschaft durch einen Vorgang im Sinne des § 20 Absatz 1 oder einen Vorgang im Sinne des § 21 Absatz 1 oder auf Grund vergleichbarer ausländischer Vorgänge zu Buchwerten einbringt und die aus dieser Einbringung erhaltenen Anteile anschließend unmittelbar oder mittelbar veräußert oder durch einen Vorgang im Sinne der Nummern 1 oder 2 unmittelbar oder mittelbar übertragen werden, es sei denn, er weist nach, dass die Einbringung zu Buchwerten erfolgte und keine sonstigen Gegenleistungen erbracht wurden, die die Grenze des § 20 Absatz 2 Satz 2 Nummer 4 oder die Grenze des § 21 Absatz 1 Satz 2 Nummer 2 übersteigen, oder
6.[5] für den Einbringenden oder die übernehmende Gesellschaft im Sinne der Nummer 4 die Voraussetzungen im Sinne von § 1 Abs. 4 nicht mehr erfüllt sind.

⑦ Satz 4 gilt in den Fällen des Satzes 6 Nr. 4 und 5 auch hinsichtlich der Anschaffungskosten der auf einer Weitereinbringung dieser Anteile (§ 20 Abs. 1 und § 21 Abs. 1 Satz 2) zum Buchwert beruhenden Anteile.

---

[1] **Zur Nichtanwendung siehe § 27 Abs. 4.**

[2] Zu den Auswirkungen des Beschlusses des BVerfG v. 7. 7. 2011 (2 BvR 748/05, 2 BvR 753/05 und 2 BvR 1738/05, BStBl. 2011 II S. 86) betreffend die Verfassungswidrigkeit der Erfassung von Wertsteigerungen, die bis zur Verkündung des StEntlG 1999/2000/2002 entstanden sind und die entweder – bei einer Veräußerung bis zu diesem Zeitpunkt nach der zuvor geltenden Rechtslage steuerfrei realisiert worden sind oder – bei einer Veräußerung nach Verkündung des Gesetzes sowohl zum Zeitpunkt der Verkündung als auch zum Zeitpunkt der Veräußerung nach der zuvor geltenden Rechtslage steuerfrei hätten realisiert werden können, siehe *BMF-Schrb. v. 21. 12. 2011 IV C 6 – S 2178/11/10 001, BStBl. 2012 I S. 42, geändert durch BMF-Schrb. v. 16. 12. 2015, BStBl. 2016 I S. 11.*

[3] § 22 Abs. 1 Satz 6 Nrn. 2 und 4 neu gefasst durch StÄndG 2015 v. 2. 11. 2015 (BGBl. I S. 1834). **Zur erstmaligen Anwendung siehe § 27 Abs. 14.**

[4] § 22 Abs. 1 Satz 6 Nr. 5 neu gefasst durch StÄndG 2015 v. 2. 11. 2015 (BGBl. I S. 1834). **Zur erstmaligen Anwendung siehe § 27 Abs. 14.**

[5] Für Brexit siehe Abs. 8.

(2)[1] ① Soweit im Rahmen einer Sacheinlage (§ 20 Abs. 1) oder eines Anteilstausches (§ 21 Abs. 1) unter dem gemeinen Wert eingebrachte Anteile innerhalb eines Zeitraums von sieben Jahren nach dem Einbringungszeitpunkt durch die übernehmende Gesellschaft unmittelbar oder mittelbar veräußert werden und soweit beim Einbringenden der Gewinn aus der Veräußerung dieser Anteile im Einbringungszeitpunkt nicht nach § 8b Abs. 2 des Körperschaftsteuergesetzes steuerfrei gewesen wäre, ist der Gewinn aus der Einbringung im Wirtschaftsjahr der Einbringung rückwirkend als Gewinn des Einbringenden aus der Veräußerung von Anteilen zu versteuern (Einbringungsgewinn II); § 16 Abs. 4 und § 34 des Einkommensteuergesetzes sind nicht anzuwenden. ② Absatz 1 Satz 2 gilt entsprechend. ③ Einbringungsgewinn II ist der Betrag, um den der gemeine Wert der eingebrachten Anteile im Einbringungszeitpunkt nach Abzug der Kosten für den Vermögensübergang den Wert, mit dem der Einbringende die erhaltenen Anteile angesetzt hat, übersteigt, vermindert um jeweils ein Siebtel für jedes seit dem Einbringungszeitpunkt abgelaufene Zeitjahr. ④ Der Einbringungsgewinn II gilt als nachträgliche Anschaffungskosten der erhaltenen Anteile. ⑤ Sätze 1 bis 4 sind nicht anzuwenden, soweit der Einbringende die erhaltenen Anteile veräußert hat; dies gilt auch in den Fällen von § 6 des Außensteuergesetzes vom 8. September 1972 (BGBl. I S. 1713), das zuletzt durch Artikel 7 des Gesetzes vom 7. Dezember 2006 (BGBl. I S. 2782) geändert worden ist, in der jeweils geltenden Fassung, wenn und soweit die Steuer nicht gestundet wird. ⑥ [2] Sätze 1 bis 5 gelten entsprechend, wenn die übernehmende Gesellschaft die eingebrachten Anteile ihrerseits durch einen Vorgang nach Absatz 1 Satz 6 Nr. 1 bis 5 weiter überträgt oder für diese die Voraussetzungen nach § 1 Abs. 4 nicht mehr erfüllt sind. ⑦ Absatz 1 Satz 7 ist entsprechend anzuwenden.

(3) ① Der Einbringende hat in den dem Einbringungszeitpunkt folgenden sieben Jahren jährlich spätestens bis zum 31. Mai den Nachweis darüber zu erbringen, wem mit Ablauf des Tages, der dem maßgebenden Einbringungszeitpunkt entspricht,

1. in den Fällen des Absatzes 1 die erhaltenen Anteile und die auf diesen Anteilen beruhenden Anteile und
2. in den Fällen des Absatzes 2 die eingebrachten Anteile und die auf diesen Anteilen beruhenden Anteile

zuzurechnen sind. ② Erbringt er den Nachweis nicht, gelten die Anteile im Sinne des Absatzes 1 oder des Absatzes 2 an dem Tag, der dem Einbringungszeitpunkt folgt oder der in den Folgejahren diesem Kalendertag entspricht, als veräußert.

(4) Ist der Veräußerer von Anteilen nach Absatz 1

1. eine juristische Person des öffentlichen Rechts, gilt in den Fällen des Absatzes 1 der Gewinn aus der Veräußerung der erhaltenen Anteile als in einem Betrieb gewerblicher Art dieser Körperschaft entstanden,
2. von der Körperschaftsteuer befreit, gilt in den Fällen des Absatzes 1 der Gewinn aus der Veräußerung der erhaltenen Anteile als in einem wirtschaftlichen Geschäftsbetrieb dieser Körperschaft entstanden.

(5) Das für den Einbringenden zuständige Finanzamt bescheinigt der übernehmenden Gesellschaft auf deren Antrag die Höhe des zu versteuernden Einbringungsgewinns, die darauf entfallende festgesetzte Steuer und den darauf entrichteten Betrag; nachträgliche Minderungen des versteuerten Einbringungsgewinns sowie die darauf entfallende festgesetzte Steuer und der darauf entrichtete Betrag sind dem für die übernehmende Gesellschaft zuständigen Finanzamt von Amts wegen mitzuteilen.

(6) In den Fällen der unentgeltlichen Rechtsnachfolge gilt der Rechtsnachfolger des Einbringenden als Einbringender im Sinne der Absätze 1 bis 5 und der Rechtsnachfolger der übernehmenden Gesellschaft als übernehmende Gesellschaft im Sinne des Absatzes 2.

(7) Werden in den Fällen einer Sacheinlage (§ 20 Abs. 1) oder eines Anteilstauschs (§ 21 Abs. 1) unter dem gemeinen Wert stille Reserven auf Grund einer Gesellschaftsgründung oder Kapitalerhöhung von den erhaltenen oder eingebrachten Anteilen oder von auf diesen Anteilen beruhenden Anteilen auf andere Anteile verlagert, gelten diese Anteile insoweit auch als erhaltene oder eingebrachte Anteile oder als auf diesen Anteilen beruhende Anteile im Sinne des Absatzes 1 oder 2 (Mitverstrickung von Anteilen).

(8)[3] ① Absatz 1 Satz 6 Nummer 6 und Absatz 2 Satz 6 sind mit der Maßgabe anzuwenden, dass allein der Austritt des Vereinigten Königreichs Großbritannien und Nordirland aus der Europäischen Union nicht dazu führt, dass die Voraussetzungen des § 1 Absatz 4 nicht mehr erfüllt sind. ② Satz 1 gilt nur für Einbringungen, bei denen in den Fällen der Gesamtrechtsnachfolge der Umwandlungsbeschluss vor dem Zeitpunkt, ab dem das Vereinigte Königreich Großbritannien und Nordirland nicht mehr Mitgliedstaat der Europäischen Union ist und auch nicht wie ein solcher zu behandeln ist, erfolgt oder in den anderen Fällen, in denen die Einbringung nicht im Wege der Gesamtrechtsnachfolge erfolgt, der Einbringungsvertrag vor diesem Zeitpunkt geschlossen worden ist.

§ 23[4] Auswirkungen bei der übernehmenden Gesellschaft

(1) Setzt die übernehmende Gesellschaft das eingebrachte Betriebsvermögen mit einem unter dem gemeinen Wert liegenden Wert (§ 20 Abs. 2 Satz 2, § 21 Abs. 1 Satz 2)[5] an, gelten § 4 Abs. 2 Satz 3 und § 12 Abs. 3 erster Halbsatz entsprechend. 23

[1] § 22 Abs. 2 Satz 1 neugefasst durch JStG 2009 v. 19. 12. 2008 (BGBl. I S. 2794).
[2] Für Brexit siehe Abs. 8.
[3] § 22 Abs. 8 angefügt durch Brexit-StBG v. 25. 3. 2019 (BGBl. I S. 357).
[4] **Zur Nichtanwendung siehe § 27 Abs. 4.**
[5] § 23 Abs. 1 Klammerzusatz geändert durch JStG 2009 v. 19. 12. 2008 (BGBl. I S. 2794).

(2) ① In den Fällen des § 22 Abs. 1 kann die übernehmende Gesellschaft auf Antrag den versteuerten Einbringungsgewinn im Wirtschaftsjahr der Veräußerung der Anteile oder eines gleichgestellten Ereignisses (§ 22 Abs. 1 Satz 1 und Satz 6 Nr. 1 bis 6) als Erhöhungsbetrag ansetzen, soweit der Einbringende die auf den Einbringungsgewinn entfallende Steuer entrichtet hat und dies durch Vorlage einer Bescheinigung des zuständigen Finanzamts im Sinne von § 22 Abs. 5 nachgewiesen wurde; der Ansatz des Erhöhungsbetrags bleibt ohne Auswirkung auf den Gewinn. ② Satz 1 ist nur anzuwenden, soweit das eingebrachte Betriebsvermögen in den Fällen des § 22 Abs. 1 noch zum Betriebsvermögen der übernehmenden Gesellschaft gehört, es sei denn, dieses wurde zum gemeinen Wert übertragen. ③ Wurden die veräußerten Anteile auf Grund einer Einbringung von Anteilen nach § 20 Abs. 1 oder § 21 Abs. 1 (§ 22 Abs. 2) erworben, erhöhen sich die Anschaffungskosten der eingebrachten Anteile in Höhe des versteuerten Einbringungsgewinns, soweit der Einbringende die auf den Einbringungsgewinn entfallende Steuer entrichtet hat; Satz 1 und § 22 Abs. 1 Satz 7 gelten entsprechend.

(3) ① Setzt die übernehmende Gesellschaft das eingebrachte Betriebsvermögen mit einem über dem Buchwert, aber unter dem gemeinen Wert liegenden Wert an, gilt § 12 Abs. 3 erster Halbsatz entsprechend mit der folgenden Maßgabe:

1. Die Absetzungen für Abnutzung oder Substanzverringerung nach § 7 Abs. 1, 4, 5 und 6 des Einkommensteuergesetzes sind vom Zeitpunkt der Einbringung an nach den Anschaffungs- oder Herstellungskosten des Einbringenden, vermehrt um den Unterschiedsbetrag zwischen dem Buchwert der einzelnen Wirtschaftsgüter und dem Wert, mit dem die Kapitalgesellschaft die Wirtschaftsgüter ansetzt, zu bemessen.
2. Bei den Absetzungen für Abnutzung nach § 7 Abs. 2 des Einkommensteuergesetzes tritt im Zeitpunkt der Einbringung an die Stelle des Buchwerts der einzelnen Wirtschaftsgüter der Wert, mit dem die Kapitalgesellschaft die Wirtschaftsgüter ansetzt.

② Bei einer Erhöhung der Anschaffungskosten oder Herstellungskosten auf Grund rückwirkender Besteuerung des Einbringungsgewinns (Absatz 2) gilt dies mit der Maßgabe, dass an die Stelle des Zeitpunkts der Einbringung der Beginn des Wirtschaftsjahrs tritt, in welches das die Besteuerung des Einbringungsgewinns auslösende Ereignis fällt.

(4) Setzt die übernehmende Gesellschaft das eingebrachte Betriebsvermögen mit dem gemeinen Wert an, gelten die eingebrachten Wirtschaftsgüter als im Zeitpunkt der Einbringung von der Kapitalgesellschaft angeschafft, wenn die Einbringung des Betriebsvermögens im Wege der Einzelrechtsnachfolge erfolgt; erfolgt die Einbringung des Betriebsvermögens im Wege der Gesamtrechtsnachfolge nach den Vorschriften des Umwandlungsgesetzes, gilt Absatz 3 entsprechend.

(5) Der maßgebende Gewerbeertrag der übernehmenden Gesellschaft kann nicht um die vortragsfähigen Fehlbeträge des Einbringenden im Sinne des § 10 a des Gewerbesteuergesetzes gekürzt werden.

(6) § 6 Abs. 1 und 3 gilt entsprechend.

Siebter Teil. Einbringung eines Betriebs, Teilbetriebs oder Mitunternehmeranteils in eine Personengesellschaft

§ 24 Einbringung von Betriebsvermögen in eine Personengesellschaft

24 (1) Wird ein Betrieb oder Teilbetrieb oder ein Mitunternehmeranteil in eine Personengesellschaft eingebracht und wird der Einbringende Mitunternehmer der Gesellschaft, gelten für die Bewertung des eingebrachten Betriebsvermögens die Absätze 2 bis 4.

(2)[1] ① Die Personengesellschaft hat das eingebrachte Betriebsvermögen in ihrer Bilanz einschließlich der Ergänzungsbilanzen für ihre Gesellschafter mit dem gemeinen Wert anzusetzen; für die Bewertung von Pensionsrückstellungen gilt § 6 a des Einkommensteuergesetzes. ② Abweichend von Satz 1 kann das übernommene Betriebsvermögen auf Antrag mit dem Buchwert oder einem höheren Wert, höchstens jedoch mit dem Wert im Sinne des Satzes 1, angesetzt werden, soweit

1. das Recht der Bundesrepublik Deutschland hinsichtlich der Besteuerung des eingebrachten Betriebsvermögens nicht ausgeschlossen oder beschränkt wird und
2. der gemeine Wert von sonstigen Gegenleistungen, die neben den neuen Gesellschaftsanteilen gewährt werden, nicht mehr beträgt als
   a) 25 Prozent des Buchwerts des eingebrachten Betriebsvermögens oder
   b) 500 000 Euro, höchstens jedoch den Buchwert des eingebrachten Betriebsvermögens.

③ § 20 Abs. 2 Satz 3 gilt entsprechend. ④ Erhält der Einbringende neben den neuen Gesellschaftsanteilen auch sonstige Gegenleistungen, ist das eingebrachte Betriebsvermögen abweichend von Satz 2 mindestens mit dem gemeinen Wert der sonstigen Gegenleistungen anzusetzen, wenn dieser den sich nach Satz 2 ergebenden Wert übersteigt.

(3) ① Der Wert, mit dem das eingebrachte Betriebsvermögen in der Bilanz der Personengesellschaft einschließlich der Ergänzungsbilanzen für ihre Gesellschafter angesetzt wird, gilt für den Einbringenden als Veräußerungspreis. ② § 16 Abs. 4 des Einkommensteuergesetzes ist nur anzuwenden, wenn das eingebrachte Betriebsvermögen mit dem gemeinen Wert angesetzt wird und es sich nicht um die Einbringung von Teilen eines Mitunternehmeranteils handelt; in diesen Fällen ist § 34 Abs. 1 und 3 des Einkommensteuergesetzes anzuwenden, soweit der Veräußerungsgewinn nicht nach § 3 Nr. 40 Satz 1

[1] § 24 Abs. 2 Satz 2 neu gefasst und Satz 4 angefügt durch StÄndG 2015 v. 2. 11. 2015 (BGBl. I S. 1834). **Zur erstmaligen Anwendung siehe § 27 Abs. 14.**

Buchstabe b in Verbindung mit § 3 c Abs. 2 des Einkommensteuergesetzes teilweise steuerbefreit ist. ③ In den Fällen des Satzes 2 gilt § 16 Abs. 2 Satz 3 des Einkommensteuergesetzes entsprechend.

(4) § 23 Abs. 1, 3, 4 und 6 gilt entsprechend; in den Fällen der Einbringung in eine Personengesellschaft im Wege der Gesamtrechtsnachfolge gilt auch § 20 Abs. 5 und 6 entsprechend.

(5)[1] Soweit im Rahmen einer Einbringung nach Absatz 1 unter dem gemeinen Wert eingebrachte Anteile an einer Körperschaft, Personenvereinigung oder Vermögensmasse innerhalb eines Zeitraums von sieben Jahren nach dem Einbringungszeitpunkt durch die übernehmende Personengesellschaft veräußert oder durch einen Vorgang nach § 22 Absatz 1 Satz 6 Nummer 1 bis 5 weiter übertragen werden und soweit beim Einbringenden der Gewinn aus der Veräußerung dieser Anteile im Einbringungszeitpunkt nicht nach § 8 b Absatz 2 des Körperschaftsteuergesetzes steuerfrei gewesen wäre, ist § 22 Absatz 2, 3 und 5 bis 7 insoweit entsprechend anzuwenden, als der Gewinn aus der Veräußerung der eingebrachten Anteile auf einen Mitunternehmer entfällt, für den insoweit § 8 b Absatz 2 des Körperschaftsteuergesetzes Anwendung findet.

(6)[2] § 20 Abs. 9 gilt entsprechend.

Achter Teil. Formwechsel einer Personengesellschaft in eine Kapitalgesellschaft oder Genossenschaft

§ 25 Entsprechende Anwendung des Sechsten Teils

① In den Fällen des Formwechsels einer Personengesellschaft in eine Kapitalgesellschaft oder Genossenschaft im Sinne des § 190 des Umwandlungsgesetzes vom 28. Oktober 1994 (BGBl. I S. 3210, 1995 I S. 428), das zuletzt durch Artikel 10 des Gesetzes vom 9. Dezember 2004 (BGBl. I S. 3214) geändert worden ist, in der jeweils geltenden Fassung oder auf Grund vergleichbarer ausländischer Vorgänge gelten §§ 20 bis 23 entsprechend. ② § 9 Satz 2 und 3 ist entsprechend anzuwenden. 25

Neunter Teil. Verhinderung von Missbräuchen

§ 26 (weggefallen) 26

Zehnter Teil. Anwendungsvorschriften und Ermächtigung

§ 27 Anwendungsvorschriften

(1) ① Diese Fassung des Gesetzes ist erstmals auf Umwandlungen und Einbringungen anzuwenden, bei denen die Anmeldung zur Eintragung in das für die Wirksamkeit des jeweiligen Vorgangs maßgebende öffentliche Register nach dem 12. Dezember 2006 erfolgt ist. ② Für Einbringungen, deren Wirksamkeit keine Eintragung in ein öffentliches Register voraussetzt, ist diese Fassung des Gesetzes erstmals anzuwenden, wenn das wirtschaftliche Eigentum an den eingebrachten Wirtschaftsgütern nach dem 12. Dezember 2006 übergegangen ist. 27

(2) ① Das Umwandlungssteuergesetz in der Fassung der Bekanntmachung vom 15. Oktober 2002 (BGBl. I S. 4133, 2003 I S. 738), geändert durch Artikel 3 des Gesetzes vom 16. Mai 2003 (BGBl. I S. 660),[3] ist letztmals auf Umwandlungen und Einbringungen anzuwenden, bei denen die Anmeldung zur Eintragung in das für die Wirksamkeit des jeweiligen Vorgangs maßgebende öffentliche Register bis zum 12. Dezember 2006 erfolgt ist. ② Für Einbringungen, deren Wirksamkeit keine Eintragung in ein öffentliches Register voraussetzt, ist diese Fassung letztmals anzuwenden, wenn das wirtschaftliche Eigentum an den eingebrachten Wirtschaftsgütern bis zum 12. Dezember 2006 übergegangen ist.

(3) Abweichend von Absatz 2 ist

1. § 5 Abs. 4 für einbringungsgeborene Anteile im Sinne von § 21 Abs. 1 mit der Maßgabe weiterhin anzuwenden, dass die Anteile zu dem Wert im Sinne von § 5 Abs. 2 oder Abs. 3 in der Fassung des Absatzes 1 als zum steuerlichen Übertragungsstichtag in das Betriebsvermögen des übernehmenden Rechtsträgers überführt gelten,
2. § 20 Abs. 6 in der am 21. Mai 2003 geltenden Fassung für die Fälle des Ausschlusses des Besteuerungsrechts (§ 20 Abs. 3) weiterhin anwendbar, wenn auf die Einbringung Absatz 2 anzuwenden war,
3. § 21 in der am 21. Mai 2003 geltenden Fassung[3] ist für einbringungsgeborene Anteile im Sinne von § 21 Abs. 1, die auf einem Einbringungsvorgang beruhen, auf den Absatz 2 anwendbar war, weiterhin anzuwenden. Für § 21 Abs. 2 Satz 1 Nr. 2 in der am 21. Mai 2003 geltenden Fassung gilt dies mit der Maßgabe, dass eine Stundung der Steuer gemäß § 6 Abs. 5 des Außensteuergesetzes in der Fassung des Gesetzes vom 7. Dezember 2006 (BGBl. I S. 2782) unter den dort genannten Voraussetzungen erfolgt, wenn die Einkommensteuer noch nicht bestandskräftig festgesetzt ist; § 6 Abs. 6 und 7 des Außensteuergesetzes ist entsprechend anzuwenden.

(4) Abweichend von Absatz 1 sind §§ 22, 23 und 24 Abs. 5 nicht anzuwenden, soweit hinsichtlich des Gewinns aus der Veräußerung der Anteile oder einem gleichgestellten Ereignis im Sinne von § 22 Abs. 1 die Steuerfreistellung nach § 8 b Abs. 4 des Körperschaftsteuergesetzes in der am 12. Dezember 2006 geltenden Fassung oder nach § 3 Nr. 40 Satz 3 und 4 des Einkommensteuergesetzes in der am 12. Dezember 2006 geltenden Fassung ausgeschlossen ist.

---

[1] § 24 Abs. 5 neu gefasst durch Gesetz v. 21. 3. 2013 (BGBl. I S. 561). Für Bezüge iSv § 8 b Abs. 1 KStG aufgrund einer Umwandlung siehe **Anwendungsvorschrift § 27 Abs. 11.**

[2] § 24 Abs. 6 angefügt durch Gesetz v. 14. 8. 2007 (BGBl. I S. 1912). **Zur erstmaligen Anwendung siehe § 27 Abs. 5.**

[3] **UmwStG a. F.** in Auszügen letztmalig abgedruckt im „Handbuch zur Körperschaftsteuerveranlagung 2019".

noch **27** (5)[1] ① § 4 Abs. 2 Satz 2, § 15 Abs. 3, § 20 Abs. 9 und § 24 Abs. 6 in der Fassung des Artikels 5 des Gesetzes vom 14. August 2007 (BGBl. I S. 1912) sind erstmals auf Umwandlungen und Einbringungen anzuwenden, bei denen die Anmeldung zur Eintragung in das für die Wirksamkeit des jeweiligen Vorgangs maßgebende öffentliche Register nach dem 31. Dezember 2007 erfolgt ist. ② Für Einbringungen, deren Wirksamkeit keine Eintragung in ein öffentliches Register voraussetzt, ist diese Fassung des Gesetzes erstmals anzuwenden, wenn das wirtschaftliche Eigentum an den eingebrachten Wirtschaftsgütern nach dem 31. Dezember 2007 übergegangen ist.

(6)[2] ① § 10 ist letztmals auf Umwandlungen anzuwenden, bei denen der steuerliche Übertragungsstichtag vor dem 1. Januar 2007 liegt. ② § 10 ist abweichend von Satz 1 weiter anzuwenden in den Fällen, in denen ein Antrag nach § 34 Abs. 16 des Körperschaftsteuergesetzes in der Fassung des Artikels 3 des Gesetzes vom 20. Dezember 2007 (BGBl. I S. 3150) gestellt wurde.

(7)[3] § 18 Abs. 3 Satz 1 in der Fassung des Artikels 4 des Gesetzes vom 20. Dezember 2007 (BGBl. I S. 3150) ist erstmals auf Umwandlungen anzuwenden, bei denen die Anmeldung zur Eintragung in das für die Wirksamkeit der Umwandlung maßgebende öffentliche Register nach dem 31. Dezember 2007 erfolgt ist.

(8)[4] § 4 Abs. 6 Satz 4 bis 6 sowie § 4 Abs. 7 Satz 2 in der Fassung des Artikels 6 des Gesetzes vom 19. Dezember 2008 (BGBl. I S. 2794) sind erstmals auf Umwandlungen anzuwenden, bei denen § 3 Nr. 40 des Einkommensteuergesetzes in der durch Artikel 1 Nr. 3 des Gesetzes vom 14. August 2007 (BGBl. I S. 1912) geänderten Fassung für die Bezüge im Sinne des § 7 anzuwenden ist.

(9)[5] ① § 2 Abs. 4 und § 20 Abs. 6 Satz 4 in der Fassung des Artikels 6 des Gesetzes vom 19. Dezember 2008 (BGBl. I S. 2794) sind erstmals auf Umwandlungen und Einbringungen anzuwenden, bei denen der schädliche Beteiligungserwerb oder ein anderes die Verlustnutzung ausschließendes Ereignis nach dem 28. November 2008 eintritt. ② § 2 Abs. 4 und § 20 Abs. 6 Satz 4 in der Fassung des Artikels 6 des Gesetzes vom 19. Dezember 2008 (BGBl. I S. 2794) gelten nicht, wenn sich der Veräußerer und der Erwerber am 28. November 2008 über den später vollzogenen schädlichen Beteiligungserwerb oder ein anderes die Verlustnutzung ausschließendes Ereignis einig sind, der übernehmende Rechtsträger dies anhand schriftlicher Unterlagen nachweist und die Anmeldung zur Eintragung in das für die Wirksamkeit des Vorgangs maßgebende öffentliche Register bzw. bei Einbringungen der Übergang des wirtschaftlichen Eigentums bis zum 31. Dezember 2009 erfolgt.

(10)[6] § 2 Absatz 4 Satz 1, § 4 Absatz 2 Satz 2, § 9 Satz 3, § 15 Absatz 3 und § 20 Absatz 9 in der Fassung des Artikels 4 des Gesetzes vom 22. Dezember 2009 (BGBl. I S. 3950) sind erstmals auf Umwandlungen und Einbringungen anzuwenden, deren steuerlicher Übertragungsstichtag in einem Wirtschaftsjahr liegt, für das § 4h Absatz 1, 4 Satz 1 und Absatz 5 Satz 1 und 2 des Einkommensteuergesetzes in der Fassung des Artikels 1 des Gesetzes vom 22. Dezember 2009 (BGBl. I S. 3950) erstmals anzuwenden ist.[7]

(11)[8] Für Bezüge im Sinne des § 8b Absatz 1 des Körperschaftsteuergesetzes aufgrund einer Umwandlung ist § 8b Absatz 4 des Körperschaftsteuergesetzes in der Fassung des Artikels 1 des Gesetzes vom 21. März 2013 (BGBl. I S. 561) abweichend von § 34 Absatz 7a Satz 2 des Körperschaftsteuergesetzes bereits erstmals vor dem 1. März 2013 anzuwenden, wenn die Anmeldung zur Eintragung in das für die Wirksamkeit des jeweiligen Vorgangs maßgebende öffentliche Register nach dem 28. Februar 2013 erfolgt.

(12)[9] ① § 2 Absatz 4 Satz 3 bis 6 in der Fassung des Artikels 9 des Gesetzes vom 26. Juni 2013 (BGBl. I S. 1809) ist erstmals auf Umwandlungen und Einbringungen anzuwenden, bei denen die Anmeldung zur Eintragung in das für die Wirksamkeit des jeweiligen Vorgangs maßgebende öffentliche Register nach dem 6. Juni 2013 erfolgt. ② Für Einbringungen, deren Wirksamkeit keine Eintragung in ein öffentliches Register voraussetzt, ist § 2 in der Fassung des Artikels 9 des Gesetzes vom 26. Juni 2013 (BGBl. I S. 1809) erstmals anzuwenden, wenn das wirtschaftliche Eigentum an den eingebrachten Wirtschaftsgütern nach dem 6. Juni 2013 übergegangen ist.

(13)[10] § 20 Absatz 8 in der am 31. Juli 2014 geltenden Fassung ist erstmals bei steuerlichen Übertragungsstichtagen nach dem 31. Dezember 2013 anzuwenden.

(14)[11] § 20 Absatz 2, § 21 Absatz 1, § 22 Absatz 1 Satz 6 Nummer 2, 4 und 5 sowie § 24 Absatz 2 in der am 6. November 2015 geltenden Fassung sind erstmals auf Einbringungen anzuwenden, wenn in den Fällen der Gesamtrechtsnachfolge der Umwandlungsbeschluss nach dem 31. Dezember 2014 erfolgt ist oder in den anderen Fällen der Einbringungsvertrag nach dem 31. Dezember 2014 geschlossen worden ist.

---

[1] § 27 Abs. 5 angefügt durch Gesetz v. 14. 8. 2007 (BGBl. I S. 1912).
[2] § 27 Abs. 6 angefügt (versehentlich als Abs. 5) durch JStG 2008 v. 20. 12. 2007 (BGBl. I S. 3150), wird durch JStG 2009 richtig Abs. 6.
[3] § 27 Abs. 7 angefügt (versehentlich als Abs. 6) durch JStG 2008 v. 20. 12. 2007 (BGBl. I S. 3150), wird durch JStG 2009 richtig Abs. 7.
[4] § 27 Abs. 8 angefügt durch JStG 2009 v. 19. 12. 2008 (BGBl. I S. 2794).
[5] § 27 Abs. 9 angefügt durch JStG 2009 v. 19. 12. 2008 (BGBl. I S. 2794).
[6] § 27 Abs. 10 angefügt durch Gesetz vom 22. 12. 2009 (BGBl. I S. 3950).
[7] Entsprechend § 52 Abs. 12d Satz 4 EStG aF: erstmals für Wj., die nach dem 31. 12. 2009 enden.
[8] § 27 Abs. 11 angefügt durch Gesetz v. 21. 3. 2013 (BGBl. I S. 561).
[9] § 27 Abs. 12 angefügt durch Gesetz v. 26. 6. 2013 (BGBl. I S. 1809) und geändert durch Gesetz v. 25. 7. 2014 (BGBl. I S. 1266).
[10] § 27 Abs. 13 angefügt durch Gesetz v. 25. 7. 2014 (BGBl. I S. 1266).
[11] § 27 Abs. 14 angefügt durch StÄndG 2015 v. 2. 11. 2015 (BGBl. I S. 1834).

(15)[1] ① § 9 Satz 3 sowie § 20 Abs. 6 Satz 1 und 3 sind mit der Maßgabe anzuwenden, dass an die Stelle des Zeitraums von acht Monaten ein Zeitraum von zwölf Monaten tritt, wenn die Anmeldung zur Eintragung oder der Abschluss des Einbringungsvertrags im Jahr 2020 erfolgt. ② Erlässt das Bundesministerium der Justiz und für Verbraucherschutz eine Rechtsverordnung auf Grundlage des § 8 in Verbindung mit § 4 des Gesetzes über Maßnahmen in Gesellschafts-, Genossenschafts-, Vereins- und Wohneigentumsrecht zur Bekämpfung der Auswirkungen der COVID-19-Pandemie vom 27. März 2020 (BGBl. I S. 569, 570), wird das Bundesministerium der Finanzen ermächtigt, durch Rechtsverordnung mit Zustimmung des Bundesrates die Geltung des Satzes 1 für Anmeldungen zur Eintragung und Einbringungsvertragsabschlüsse zu verlängern, die bis zu dem Tag erfolgen, der in der Rechtsverordnung des Bundesministeriums der Justiz und für Verbraucherschutz festgelegt wurde.

(16)[2] ① § 2 Absatz 5, § 9 Satz 3 zweiter Halbsatz und § 20 Absatz 6 Satz 4 in der Fassung des Artikels 4 des Gesetzes vom 2. Juni 2021 (BGBl. I S. 1259) sind erstmals auf Umwandlungen und Einbringungen anzuwenden, bei denen die Anmeldung zur Eintragung in das für die Wirksamkeit des Vorgangs maßgebende öffentliche Register beziehungsweise bei Einbringungen der Übergang des wirtschaftlichen Eigentums nach dem 20. November 2020 erfolgt. ② Abweichend von Satz 1 sind § 2 Absatz 5, § 9 Satz 3 zweiter Halbsatz und § 20 Absatz 6 Satz 4 in der Fassung des Artikels 4 des Gesetzes vom 2. Juni 2021 (BGBl. I S. 1259) auch in anderen offenen Fällen anzuwenden, in denen die äußeren Umstände darauf schließen lassen, dass die Verrechnung übergehender stiller Lasten wesentlicher Zweck der Umwandlung oder Einbringung war und der Steuerpflichtige dies nicht widerlegen kann.

(17)[3] § 4 Absatz 5 Satz 1 in der am 8. Juni 2021 geltenden Fassung ist weiterhin anzuwenden, soweit die Anteile an der übertragenden Körperschaft am steuerlichen Übertragungsstichtag zum Betriebsvermögen des übernehmenden Rechtsträgers gehören und mit einem Sperrbetrag im Sinne des § 50c des Einkommensteuergesetzes in der Fassung des Gesetzes vom 24. März 1999 (BGBl. I S. 402) behaftet sind.

(18)[4] § 1 in der Fassung des Artikels 3 des Gesetzes vom 25. Juni 2021 (BGBl. I S. 2050) ist erstmals auf Umwandlungen und Einbringungen anzuwenden, deren steuerlicher Übertragungsstichtag nach dem 31. Dezember 2021 liegt.

§ 28 Bekanntmachungserlaubnis

Das Bundesministerium der Finanzen wird ermächtigt, den Wortlaut dieses Gesetzes und der zu diesem Gesetz erlassenen Rechtsverordnungen in der jeweils geltenden Fassung satzweise nummeriert mit neuem Datum und in neuer Paragraphenfolge bekannt zu machen und dabei Unstimmigkeiten im Wortlaut zu beseitigen. 28

[alte Fassung des UmwStG:][5]

2a. Schreiben betr. Anwendung des Umwandlungssteuergesetzes i. d. F. des Gesetzes über steuerliche Begleitmaßnahmen zur Einführung der Europäischen Gesellschaft und zur Änderung weiterer steuerrechtlicher Vorschriften (SEStEG)[6, 7]

Vom 11. November 2011 (BStBl. I S. 1314)

(BMF IV C 2 – S 1978-b/08/10001)

Geändert durch BMF v. 10. 11. 2016 (BStBl. I S. 1252) und BMF v. 23. 2. 2018 (BStBl. I S. 319)

Inhaltsverzeichnis

[1] § 27 Abs. 15 angefügt durch Gesetz vom 19. 6. 2020 (BGBl. I S. 1385).
[2] § 27 Abs. 16 angefügt durch Gesetz vom 2. 6. 2021 (BGBl. I S. 1259).
[3] § 27 Abs. 17 angefügt durch Gesetz vom 2. 6. 2021 (BGBl. I S. 1259).
[4] § 27 Abs. 18 angefügt durch Gesetz vom 25. 6. 2021 (BGBl. I S. 2050).
[5] **UmwStG a. F.** letztmals vollständig abgedruckt im „Handbuch zur Körperschaftsteuerveranlagung 2010"; in Auszügen letztmalig abgedruckt im „Handbuch zur Körperschaftsteuerveranlagung 2019".
[6] *Red. Anm.:* Die Abkürzungen Abs. (= Absatz), Art. (= Artikel) und Nr. (= Nummer) sind nicht amtlich.
[7] Vorheriger UmwSt-Erlass v. 25. 3. 1998 (BStBl. I S. 268) letztmals abgedruckt im „Handbuch zur Körperschaftsteuerveranlagung 2010" als Anhang I 2 c.

Unter Bezugnahme auf das Ergebnis der Erörterungen mit den obersten Finanzbehörden der Länder gilt zur Anwendung des Umwandlungssteuergesetzes i. d. F. des Gesetzes über steuerliche Begleitmaßnahmen zur Einführung der Europäischen Gesellschaft und zur Änderung weiterer steuerrechtlicher Vorschriften vom 7. 12. 2006, BGBl. I S. 2782, ber. BGBl. 2007 I S. 68,[1] zuletzt geändert durch das Gesetz zur Beschleunigung des Wirtschaftswachstums vom 22. 12. 2009, BGBl. I S. 3950,[2·3] Folgendes:

Erstes Kapitel: Anwendungsbereich des UmwStG 2006

A. Verhältnis des UmwStG 2006 zum UmwStG 1995

00.01 Das UmwStG 1995 i. d. F. der Bekanntmachung vom 15. 10. 2002, BGBl. I S. 4133, ber. BGBl. 2003 I S. 738,[4] ist durch das Gesetz über steuerliche Begleitmaßnahmen zur Einführung der Europäischen Gesellschaft und zur Änderung weiterer steuerrechtlicher Vorschriften (SEStEG) vom 7. 12. 2006, BGBl. I S. 2782, ber. BGBl. 2007 I S. 68, nicht aufgehoben worden, sondern gilt fort. Hiervon sind insbesondere die Regelungen zu den einbringungsgeborenen Anteilen (§ 21 UmwStG 1995) und zum rückwirkenden Wegfall von Steuererleichterungen (§ 26 UmwStG 1995) betroffen. Insoweit finden auch das BMF-Schreiben vom 25. 3. 1998, BStBl. I S. 268,[5] geändert durch das BMF-Schreiben vom 21. 8. 2001, BStBl. I S. 543, und das BMF-Schreiben vom 16. 12. 2003, BStBl. I S. 786,[5] weiterhin Anwendung. 1

B. Ertragsteuerliche Beurteilung von Umwandlungen und Einbringungen

00.02 Umwandlungen und Einbringungen stellen auf der Ebene des übertragenden Rechtsträgers sowie des übernehmenden Rechtsträgers Veräußerungs- und Anschaffungsvorgänge hinsichtlich des übertragenen Vermögens dar (BFH vom 15. 10. 1997 I R 22/96, BStBl. 1998 II S. 168, BFH vom 16. 5. 2002 III R 45/98, BStBl. 2003 II S. 10, und BFH vom 17. 9. 2003 I R 97/02, BStBl. 2004 II S. 686). Abweichend von den zivilrechtlichen Wertungen im UmwG gilt dies für ertragsteuerliche Zwecke auch für den Formwechsel einer Kapitalgesellschaft in eine Personengesellschaft und umgekehrt (BFH vom 19. 10. 2005 I R 38/04, BStBl. 2006 II S. 568). 2

00.03 Auf der Ebene der Anteilseigner einer übertragenden Körperschaft ist die Umwandlung zwischen Körperschaften ebenfalls als Veräußerungs- und Anschaffungsvorgang der Anteile zum gemeinen Wert zu beurteilen (BFH vom 19. 8. 2008 IX R 71/07, BStBl. 2009 II S. 13). Dies gilt z. B. auch für die Aufwärtsverschmelzung.

---

[1] **[Amtl. Anm.:]** BStBl. 2007 I S. 4.
[2] **[Amtl. Anm.:]** BStBl. 2010 I S. 2.
[3] **UmwStG** abgedruckt in **Anhang I 2.**
[4] **UmwStG a. F.** in Auszügen letztmalig abgedruckt im „Handbuch zur Körperschaftsteuerveranlagung 2019".
[5] Zuletzt abgedruckt im „Handbuch zur Körperschaftsteuerveranlagung 2010" im Anhang I 2 c und 2 e.

00.04 Die Umwandlung einer Körperschaft in bzw. auf eine Personengesellschaft führt bei Anteilen im Privatvermögen i. S. d. § 17 EStG zu Einkünften i. S. d. § 17 Abs. 4 EStG (BFH vom 22. 2. 1989 I R 11/85, BStBl. II S. 794).

Zweites Kapitel: Steuerliche Folgen von Umwandlungen und Einbringungen nach dem UmwStG

Erster Teil. Allgemeine Vorschriften

A. Anwendungsbereich und Begriffsbestimmungen (§ 1 UmwStG)

3 **01.01** Die Vorschriften des UmwStG regeln ausschließlich die steuerlichen Folgen von Umwandlungen (§§ 3 bis 19 UmwStG) und Einbringungen (§§ 20 bis 25 UmwStG) für die Körperschaft-, Einkommen- und Gewerbesteuer. Steuerliche Folgen für andere Steuerarten (z. B. die Umsatz-, die Grunderwerb- oder die Erbschaftsteuer) regelt das UmwStG nicht.

01.02 Voraussetzung für die Anwendung des UmwStG ist zunächst, dass der sachliche Anwendungsbereich (§ 1 Abs. 1, Abs. 3 UmwStG) und der persönliche Anwendungsbereich (§ 1 Abs. 2, Abs. 4 UmwStG) erfüllt sind. Der sachliche und der persönliche Anwendungsbereich des UmwStG werden durch die in den jeweiligen Einzelsteuergesetzen geregelten Steuerpflichten (§ 1 EStG, §§ 1 bis 4 KStG sowie § 2 GewStG) begrenzt. Umwandlungen und Einbringungen nach den Vorschriften des UmwG müssen zudem zivilrechtlich zulässig und wirksam sein (sog. Maßgeblichkeit des Gesellschaftsrechts).

I. Sachlicher Anwendungsbereich

1. Zweiter bis Fünfter Teil (§ 1 Abs. 1 UmwStG)

a) Umwandlungen nach dem UmwG (inländische Umwandlungen)

4 **01.03** Eine inländische Umwandlung liegt vor, wenn auf den oder die übertragenden Rechtsträger und auf den oder die übernehmenden Rechtsträger bzw. beim Formwechsel auf den sich umwandelnden Rechtsträger das UmwG anzuwenden ist. Dies ist der Fall, wenn der oder die übertragende(n) Rechtsträger und der oder die übernehmende(n) Rechtsträger den statutarischen Sitz im Inland hat oder haben. Bei einer Personengesellschaft als übernehmender Rechtsträger ist deren Sitz der Hauptverwaltung und bei einer natürlichen Person als übernehmender Rechtsträger ist deren Wohnsitz (§ 7 BGB) maßgebend.

01.04 Der sachliche Anwendungsbereich des UmwStG bestimmt sich bei Umwandlungen von inländischen Rechtsträgern nach den Umwandlungsmöglichkeiten des UmwG vom 28. 10. 1994, BGBl. I S. 3210, ber. BGBl. 1995 I S. 428, zuletzt geändert durch das Dritte Gesetz zur Änderung des Umwandlungsgesetzes vom 11. 7. 2011, BGBl. I S. 1338, in der jeweils geltenden Fassung. Für Rechtsträger mit Sitz im Inland sind in § 1 Abs. 1 UmwG die folgenden Umwandlungsarten vorgesehen:
- die Verschmelzung,
- die Spaltung (Aufspaltung, Abspaltung, Ausgliederung),
- die Vermögensübertragung und
- der Formwechsel.

Diese Aufzählung ist abschließend. Eine Umwandlung außer in den im UmwG genannten Fällen ist nur möglich, wenn sie durch ein anderes Bundes- oder ein Landesgesetz ausdrücklich vorgesehen ist (§ 1 Abs. 2 UmwG; vgl. Randnr. 01.07).

01.05 Die Möglichkeit zur Umwandlung nach dem UmwG ist auf die jeweils im UmwG abschließend bezeichneten Rechtsträger begrenzt. Die Umwandlungsfähigkeit supranationaler Rechtsformen des europäischen Rechts bestimmt sich nach den Vorgaben des sekundären Unionsrechts ggf. i. V. m. den nationalen Ausführungsgesetzen. Die Umwandlungsfähigkeit einer
- Europäischen Gesellschaft (SE) entspricht nach Art. 9 der Verordnung (EG) Nr. 2157/2001 (SE-VO), ABl. EG Nr. L 294 S. 1, der einer AG,
- Europäischen Genossenschaft (SCE) entspricht nach Art. 8 der Verordnung (EG) Nr. 1435/2003 (SCE-VO), ABl. EG Nr. L 207 S. 1, der einer eG und
- Europäischen wirtschaftlichen Interessenvereinigung (EWIV) entspricht nach Art. 2 der Verordnung (EWG) Nr. 2137/85 (EWIV-VO), ABl. EG Nr. L 199 S. 1, i. V. m. § 1 EWIV-Ausführungsgesetz, BGBl. 1988 I S. 514, der einer OHG.

01.06 Der sachliche Anwendungsbereich des Zweiten bis Fünften Teils gilt für
- die Verschmelzung (§ 2 UmwG) von Körperschaften auf Körperschaften, Personengesellschaften oder eine natürliche Person,
- die Auf- und Abspaltung (§ 123 Abs. 1 und 2 UmwG) von Körperschaften auf Körperschaften oder Personengesellschaften,
- den Formwechsel (§ 190 Abs. 1 UmwG) einer Kapitalgesellschaft in eine Personengesellschaft sowie
- die Vermögensübertragung (§ 174 UmwG) von Körperschaften auf Körperschaften.

Bei der Frage, ob eine zivilrechtlich wirksame Umwandlung i. S. dieser Bestimmungen vorliegt, ist regelmäßig von der registerrechtlichen Entscheidung auszugehen. Dies gilt jedoch nicht, wenn die registerrechtliche Entscheidung trotz rechtlich gravierender Mängel erfolgte.

01.07 Für Umwandlungen i. S. d. § 1 Abs. 2 UmwG setzt die Anwendung des Zweiten bis Fünften Teils eine durch eine bundes- oder landesgesetzliche Regelung ausdrücklich zugelassene Umwandlungsmöglichkeit (z. B. § 38 a LwAnpG, § 6 b VermG sowie einzelne Sparkassengesetze der Länder) voraus, die einer Umwandlung i. S. d. § 1 Abs. 1 UmwG entspricht. Die aktive und passive Umwandlungsfähigkeit (vgl. zum Begriff auch Randnr. 01.26) ergibt sich aus dem jeweiligen Bundes- oder Landesgesetz.

Eine Umwandlung aufgrund ausdrücklicher bundes- oder landesgesetzlicher Regelung entspricht einer Umwandlung i. S. d. § 1 Abs. 1 UmwG, wenn sie mit einer der in § 1 Abs. 1 UmwG abschließend aufgezählten Umwandlungsarten vergleichbar ist; zur Prüfung der Vergleichbarkeit vgl. Randnr. 01.24 ff. Insoweit sind die für die jeweils vergleichbare Umwandlungsart einschlägigen Bestimmungen des UmwStG anzuwenden (z. B. § 9 UmwStG für den Formwechsel in eine Personengesellschaft nach § 38 a LwAnpG).

aa) Verschmelzung

01.08 Bei der Verschmelzung handelt es sich um die Übertragung des gesamten Vermögens eines 5
Rechtsträgers auf einen anderen schon bestehenden Rechtsträger (Verschmelzung durch Aufnahme) oder zweier oder mehrerer Rechtsträger auf einen neu gegründeten Rechtsträger (Verschmelzung durch Neugründung) im Wege der Gesamtrechtsnachfolge unter Auflösung ohne Abwicklung. Den Anteilsinhabern des übertragenden Rechtsträgers wird dabei im Wege des Anteilstauschs eine Beteiligung am übernehmenden Rechtsträger gewährt.

01.09 In bestimmten Fällen darf bzw. muss das gezeichnete Kapital des übernehmenden Rechtsträgers nicht erhöht werden (z. B. § 54 Abs. 1 Satz 1 und 2 UmwG). Bei notariell beurkundetem Verzicht aller Anteilsinhaber kann auf die Verpflichtung zur Gewährung von Anteilen gänzlich verzichtet werden (z. B. § 54 Abs. 1 Satz 3 UmwG).

01.10 Das UmwG sieht folgende Möglichkeiten der Verschmelzung vor:

auf / von	PershG/ PartG	GmbH	AG	KGaA	eG	eV/ wirtsch. Verein	gen. Prüfungs verband	VVaG	nat. Person
PershG/ PartG	§§ 2–38 §§ 39–45	§§ 2–38 §§ 39–45 §§ 46–59	§§ 2–38 §§ 39–45 §§ 60–77	§§ 2–38 §§ 39–45 § 78	§§ 2–38 §§ 39–45 §§ 79–98	– (§ 99 Abs. 2)	– (§ 105)	– (§ 109)	– (§ 3 Abs. 2 Nr. 1)
GmbH inkl. UG	§§ 2–38 §§ 39–45 §§ 46–59	§§ 2–38 §§ 46–59	§§ 2–38 §§ 46–59 §§ 60–77	§§ 2–38 §§ 46–59 § 78	§§ 2–38 §§ 46–59 §§ 79–98	– (§ 99 Abs. 2)	– (§ 105)	– (§ 109)	[1] §§ 2–38 §§ 46–59 §§ 120–122
AG	§§ 2–38 §§ 39–45 §§ 60–77	§§ 2–38 §§ 46–59 §§ 60–77	[2] §§ 2–38 §§ 60–77	§§ 2–38 §§ 60–77 § 78	§§ 2–38 §§ 60–77 §§ 79–98	– (§ 99 Abs. 2)	– (§ 105)	– (§ 109)	[1] §§ 2–38 §§ 60–77 §§ 120–122
KGaA	§§ 2–38 §§ 39–45 § 78	§§ 2–38 §§ 46–59 § 78	§§ 2–38 §§ 60–77 § 78	§§ 2–38 § 78	§§ 2–38 § 78 §§ 79–98	– (§ 99 Abs. 2)	– (§ 105)	– (§ 109)	[1] §§ 2–38 § 78 §§ 120–122
eG	§§ 2–38 §§ 39–45 §§ 79–98	§§ 2–38 §§ 46–59 §§ 79–98	§§ 2–38 §§ 60–77 §§ 79–98	§§ 2–38 § 78 §§ 79–98	§§ 2–38 §§ 79–98	– (§ 99 Abs. 2)	– (§ 105)	– (§ 109)	(§ 3 Abs. 2 Nr. 1)
eV/ wirtsch. Verein	§§ 2–38 §§ 39–45 §§ 99–104 a	§§ 2–38 §§ 46–59 §§ 99–104 a	§§ 2–38 §§ 60–77 §§ 99–104 a	§§ 2–38 § 78 §§ 99–104 a	§§ 2–38 §§ 79–98 §§ 99–104 a	§§ 2–38 §§ 99–104 a	[3] §§ 2–38 §§ 99–104 a §§ 105–108	– (§ 109)	– (§ 3 Abs. 2 Nr. 1)
gen. Prüfungs-verband	– (§ 105)	– (§ 105)	– (§ 105)	– (§ 105)	– (§ 105)	– (§ 105)	[4] §§ 2–38 §§ 105–108	– (§ 105)	– (§ 3 Abs. 2 Nr. 1)
VVaG	– (§ 109)	– (§ 109)	[5] §§ 2–38 §§ 60–77 §§ 109–113	– (§ 109)	– (§ 109)	– (§ 109)	– (§ 109)	§§ 2–38 §§ 109–119	– (§ 3 Abs. 2 Nr. 1)
nat. Person	–	–	–	–	–	–	–	–	–

[1] **[Amtl. Anm.:]** Natürliche Person muss Alleingesellschafter des übertragenden Rechtsträgers sein.
[2] **[Amtl. Anm.:]** Verschmelzung zur Gründung einer SE nach Art. 2 Abs. 1, Art. 17 bis 31 SE-VO.
[3] **[Amtl. Anm.:]** Vorgang ist nur unter den Voraussetzungen des § 105 Satz 2 UmwG möglich.
[4] **[Amtl. Anm.:]** Vorgang ist nur zur Aufnahme durch einen übernehmenden Rechtsträger möglich.
[5] **[Amtl. Anm.:]** Vorgang ist nur möglich, wenn der aufnehmende Rechtsträger eine Versicherungs-AG ist.

bb) Formwechsel

6 **01.11** Der Formwechsel beschränkt sich auf die Änderung der Rechtsform eines Rechtsträgers unter Wahrung seiner rechtlichen Identität, und zwar grundsätzlich unter Beibehaltung des Kreises der Anteilsinhaber (zur Aufnahme weiterer Gesellschafter i. R. eines Formwechsels vgl. aber BGH vom 9. 5. 2005 II ZR 29/03, DStR S. 1539). Zivilrechtlich findet beim Formwechsel keine Vermögensübertragung statt.

01.12 Handelsrechtlich ist der Formwechsel für folgende Rechtsformen zulässig; der Formwechsel innerhalb der Gesamthand richtet sich dabei nach § 190 Abs. 2, § 1 Abs. 2 UmwG i. V. m. §§ 705 ff. BGB, §§ 105, 161 HGB oder §§ 1 ff. PartGG:

von \ auf	GbR	PershG	PartG	GmbH	AG	KGaA	eG
PershG/ PartG	§ 190 Abs. 2, § 191 Abs. 2 Nr. 1 i. V. m. § 1 Abs. 2	§ 190 Abs. 2 i. V. m. § 1 Abs. 2	§ 190 Abs. 2 i. V. m. § 1 Abs. 2	§§ 190–213 §§ 214–225	§§ 190–213 §§ 214–225	§§ 190–213 §§ 214–225	§§ 190–213 §§ 214–225
GmbH inkl. UG	§§ 190–213 § 226 §§ 228–237	§§ 190–213 § 226 §§ 228–237	§§ 190–213 § 226 §§ 228–237	[1] –	§§ 190–213 § 226 §§ 238–250	§§ 190–213 § 226 §§ 238–250	§§ 190–213 § 226 §§ 251–257
AG	§§ 190–213 § 226 §§ 228–237	§§ 190–213 § 226 §§ 228–237	§§ 190–213 § 226 §§ 228–237	§§ 190–213 § 226 §§ 238–250	[2] –	§§ 190–213 § 226 §§ 238–250	§§ 190–213 § 226 §§ 251–257
KGaA	§§ 190–213 §§ 226–237	§§ 190–213 §§ 226–237	§§ 190–213 §§ 226–237	§§ 190–213 §§ 226–227 §§ 238–250	§§ 190–213 §§ 226–227 §§ 238–250	–	§§ 190–213 §§ 226–227 §§ 251–257
eG	–	–	–	§§ 190–213 §§ 258–271	§§ 190–213 §§ 258–271	§§ 190–213 §§ 258–271	–
eV/ wirtsch. Verein	–	–	–	§§ 190–213 §§ 272–282	§§ 190–213 §§ 272–282	§§ 190–213 §§ 272–282	§§ 190–213 § 272 §§ 283–290
VVaG	–	–	–	–	[3] §§ 190–213 §§ 291–300	–	–
Körpersch./ Anstalt des öff. Rechts	–	–	–	§§ 190–213 §§ 301–303	§§ 190–213 §§ 301–303	§§ 190–213 §§ 301–303	–

cc) Spaltung

7 **01.13** Das UmwG sieht drei Formen der Spaltung vor:
- die Aufspaltung,
- die Abspaltung und
- die Ausgliederung.

01.14 Bei der Aufspaltung teilt ein Rechtsträger sein Vermögen unter Auflösung ohne Abwicklung auf und überträgt die Teile jeweils als Gesamtheit im Wege der Sonderrechtsnachfolge auf mindestens zwei andere schon bestehende (Aufspaltung zur Aufnahme) oder neu gegründete Rechtsträger (Aufspaltung zur Neugründung). Die Anteilsinhaber des sich aufspaltenden Rechtsträgers erhalten Anteile an den übernehmenden Rechtsträgern.

01.15 Bei der Abspaltung bleibt der übertragende Rechtsträger bestehen. Er überträgt ebenfalls im Wege der Sonderrechtsnachfolge einen Teil oder mehrere Teile seines Vermögens jeweils als Gesamtheit auf einen oder mehrere andere schon bestehende oder neu gegründete Rechtsträger. Die Anteilsinhaber des abspaltenden Rechtsträgers erhalten Anteile am übernehmenden Rechtsträger.

01.16 Die Ausgliederung entspricht im Wesentlichen der Abspaltung. Die Anteile an den übernehmenden Rechtsträgern fallen jedoch in das Vermögen des ausgliedernden Rechtsträgers.

01.17 Das UmwG sieht folgende Spaltungsmöglichkeiten vor:

von \ auf	PershG/ PartG	GmbH	AG/KGaA	eG	eV	gen. Prüfungs-verband	VVaG
PershG/ PartG	§§ 123–137	§§ 123–137 §§ 138–140	§§ 123–137 §§ 141–146	§§ 123–137 §§ 147–148	– (§ 149 Abs. 2)	§§ 123–137	– (§ 151)
GmbH inkl. UG	§§ 123–137 §§ 138–140	§§ 123–137 §§ 138–140	§§ 123–137 §§ 138–140 §§ 141–146	§§ 123–137 §§ 138–140 §§ 147–148	– (§ 149 Abs. 2)	§§ 123–137 §§ 138–140	– (§ 151)
AG/KGaA	§§ 123–137 §§ 141–146	§§ 123–137 §§ 138–140 §§ 141–146	§§ 123–137 §§ 141–146	§§ 123–137 §§ 141–146 §§ 147–148	– (§ 149 Abs. 2)	§§ 123–137	– (§ 151)

[1] **[Amtl. Anm.:]** Die „Umwandlung" einer UG in eine GmbH ist ein Firmen- und kein Formwechsel (§ 5 a Abs. 5 GmbHG).
[2] **[Amtl. Anm.:]** Formwechsel einer AG in eine SE nach Art. 2 Abs. 4, 37 SE-VO.
[3] **[Amtl. Anm.:]** Nur große VVaG; zum Vorliegen eines kleinen VVaG siehe § 53 VAG.

von \ auf	PershG/ PartG	GmbH	AG/KGaA	eG	eV	gen. Prüfungsverband	VVaG
eG	§§ 123–137 §§ 147–148	§§ 123–137 §§ 138–140 §§ 147–148	§§ 123–137 §§ 141–146 §§ 147–148	§§ 123–137 §§ 147–148	– (§ 149 Abs. 2)	§§ 123–137	– (§ 151)
eV/ wirtsch. Verein	§§ 123–137 § 149	§§ 123–137 §§ 138–140 § 149 Abs. 1	§§ 123–137 §§ 141–146 § 149 Abs. 1	§§ 123–137 §§ 147–149	[1]§§ 123–137 § 149 Abs. 2	§§ 123–137 §§ 138–140 § 149 Abs. 1	– (§ 151)
gen. Prüfungsverband	– (§ 150)	nur Ausgliederung §§ 123–137 §§ 138–140 § 150	nur Ausgliederung §§ 123–137 §§ 141–146 § 150	– (§ 150)	– (§ 150)	[2]§§ 123–137 § 150	– (§ 150)
VVaG	– (§ 151)	nur Ausgliederung, wenn keine Übertragung von Vers.-Verträgen §§ 123–137 §§ 138–140 § 151	Auf-/ Abspaltung nur auf Vers.-AG; Ausgliederung nur, wenn keine Übertragung von Vers.-Verträgen §§ 123–135 §§ 141–146 § 151	– (§ 151)	– (§ 151)	– (§ 151)	nur Auf-/ Abspaltung §§ 123–135 §§ 141–146 § 151
Einzelkaufmann	nur Ausgliederung auf PershG [2] §§ 123–137 §§ 152–160	nur Ausgliederung §§ 123–137 §§ 138–140 §§ 152–160	nur Ausgliederung §§ 123–137 §§ 141–146 §§ 152–160	nur Ausgliederung [2]§§ 123–137 §§ 147–148 §§ 152–160	– (§ 152)	– (§ 152)	– (§ 152)
Stiftungen	nur Ausgliederung auf PershG [2]§§ 123–137 §§ 161–167	nur Ausgliederung §§ 123–137 §§ 138–140 §§ 161–167	nur Ausgliederung §§ 123–137 §§ 141–146 §§ 161–167	– (§ 161)	– (§ 161)	– (§ 161)	– (§ 161)
Gebiets-Körpersch.	nur Ausgliederung auf PershG [2]§§ 123–137 §§ 168–173	nur Ausgliederung §§ 123–137 §§ 138–140 §§ 168–173	nur Ausgliederung §§ 123–137 §§ 141–146 §§ 168–173	nur Ausgliederung §§ 123–137 §§ 147–148 §§ 168–173	– (§ 168)	– (§ 168)	– (§ 168)

dd) Vermögensübertragung

01.18 Die Vermögensübertragung ist als Vollübertragung und als Teilübertragung zugelassen. Ihre Ausgestaltung entspricht bei der Vollübertragung der Verschmelzung, bei der Teilübertragung der Spaltung. Der Unterschied zu diesen Umwandlungsarten besteht darin, dass die Gegenleistung für das übertragene Vermögen nicht in Anteilen an den übernehmenden oder neuen Rechtsträgern besteht, sondern in einer Gegenleistung anderer Art, insbesondere in einer Barleistung. 8

01.19 Die Vermögensübertragung ist nach dem UmwG auf folgende Fälle beschränkt:

von \ auf	Öffentliche Hand	VVaG	öffentl.-rechtl. Vers.-Unternehmen	Vers.-AG
GmbH				
Vollübertragung	§ 175 Nr. 1, § 176	–	–	–
Teilübertragung	§ 175 Nr. 1, § 177	–	–	–
AG/KGaA				
Vollübertragung	§ 175 Nr. 1, § 176	–	–	–
Teilübertragung	§ 175 Nr. 1, § 177	–	–	–
Vers.-AG				
Vollübertragung	–	§ 175 Nr. 2 Buchstabe a, § 178	§ 175 Nr. 2 Buchstabe a, § 178	–
Teilübertragung	–	§ 175 Nr. 2 Buchstabe a, § 179	§ 175 Nr. 2 Buchstabe a, § 179	–

[1] **[Amtl. Anm.:]** Nur e. V. als übertragender Rechtsträger.
[2] **[Amtl. Anm.:]** Vorgang ist nur zur Aufnahme durch einen übernehmenden Rechtsträger möglich.

von \ auf	Öffentliche Hand	VVaG	öffentl.-rechtl. Vers.-Unternehmen	Vers.-AG
VVaG				
Vollübertragung	–	–	§ 175 Nr. 2 Buchstabe b, §§ 180–183, §§ 185–187	§ 175 Nr. 2 Buchstabe b, §§ 180–183, §§ 185–187
Teilübertragung	–	–	§ 175 Nr. 2 Buchstabe b, §§ 184–187	§ 175 Nr. 2 Buchstabe b, §§ 184–187
öffentl.-rechtl. Vers.-Unternehmen				
Vollübertragung	–	§ 175 Nr. 2 Buchstabe c, § 188	–	§ 175 Nr. 2 Buchstabe c, § 188
Teilübertragung	–	§ 175 Nr. 2 Buchstabe c, § 189	–	§ 175 Nr. 2 Buchstabe c, § 189

b) Vergleichbare ausländische Vorgänge

9 **01.20** Der sachliche Anwendungsbereich des Zweiten bis Fünften Teils gilt auch für mit

- einer Verschmelzung,
- einer Auf- oder Abspaltung sowie
- einem Formwechsel

vergleichbare ausländische Vorgänge. Auf die Anzeigepflichten, z. B. nach § 137 oder § 138 Abs. 2 AO, wird hingewiesen.

Ausländische Vorgänge i. S. d. § 1 Abs. 1 Satz 1 Nr. 1 und 2 UmwStG sind Umwandlungen, bei denen auf den übertragenden Rechtsträger oder auf den übernehmenden Rechtsträger bzw. beim Formwechsel auf den umwandelnden Rechtsträger das UmwG nach den allgemeinen Grundsätzen kollisionsrechtlich keine Anwendung findet. Das für die Umwandlung maßgebende Recht bestimmt sich regelmäßig nach dem Gesellschaftsstatut des Staats, in dem der jeweilige Rechtsträger in ein öffentliches Register eingetragen ist. Ist er nicht oder noch nicht in ein öffentliches Register eingetragen, ist das Gesellschaftsstatut des Staats maßgebend, nach dem er organisiert ist.

01.21 Ausländische Vorgänge i. S. d. § 1 Abs. 1 UmwStG sind auch grenzüberschreitende Umwandlungsvorgänge unter Beteiligung von Rechtsträgern, die dem deutschen Gesellschaftsstatut unterliegen. Die grenzüberschreitende Verschmelzung i. S. d. § 122a UmwG ist dabei grundsätzlich ein mit einer Verschmelzung i. S. d. § 2 UmwG vergleichbarer ausländischer Vorgang.

01.22 Ein ausländischer Vorgang kann auch dann gegeben sein, wenn sämtliche beteiligten Rechtsträger im Inland unbeschränkt steuerpflichtig sind.

Beispiel:

Zwei Gesellschaften englischen Rechts (statutarischer Sitz in Großbritannien und effektiver Verwaltungssitz im Inland) sollen zu einer Gesellschaft englischen Rechts mit effektivem Verwaltungssitz im Inland verschmolzen werden. Die Gesellschaften englischen Rechts sind sämtlich im Inland nach § 1 Abs. 1 Nr. 1 KStG unbeschränkt steuerpflichtig.

Lösung:

Es handelt sich um einen ausländischen Vorgang, da für die Umwandlung ausschließlich das englische Gesellschaftsstatut maßgebend ist.

aa) Zivilrechtliche Wirksamkeit nach ausländischem Recht

10 **01.23** Für ausländische Vorgänge gilt wie bei den inländischen Umwandlungen der Grundsatz der Maßgeblichkeit des Gesellschaftsrechts. Der ausländische Vorgang muss nach dem jeweiligen Gesellschaftsstatut der beteiligten Rechtsträger gesellschaftsrechtlich zulässig und wirksam sein. Für die gesellschaftsrechtliche Zulässigkeit und Wirksamkeit einer ausländischen Umwandlung ist regelmäßig von der Entscheidung der ausländischen Registerbehörden auszugehen. Das gilt nicht bei gravierenden Mängeln der Umwandlung.

bb) Prüfung der Vergleichbarkeit

11 **01.24** Die Prüfung, ob ein ausländischer Vorgang mit einer inländischen Umwandlung i. S. d. § 1 Abs. 1 Satz 1 Nr. 1 und 2 UmwStG vergleichbar ist, erfolgt durch die im jeweiligen Einzelfall zuständige inländische Finanzbehörde. Ein ausländischer Umwandlungsvorgang ist vergleichbar, wenn er seinem Wesen nach einer Verschmelzung, Auf-, Abspaltung oder einem Formwechsel i. S. d. UmwG entspricht. Für die Beurteilung des ausländischen Vorgangs sind

- die beteiligten Rechtsträger,
- die Rechtsnatur bzw. Rechtsfolgen des Umwandlungsvorgangs (Strukturmerkmale) und
- sonstige Vergleichskriterien

zu prüfen.

01.25 Der Vergleichbarkeitsprüfung unterliegt grundsätzlich der jeweilige ausländische Umwandlungsvorgang in seiner konkreten rechtlichen Ausgestaltung und nicht das ausländische Umwandlungsrecht als solches. Maßgebend ist, dass der nach ausländischem Umwandlungsrecht abgewickelte konkrete Vorgang ungeachtet des Sitzerfordernisses in § 1 Abs. 1 UmwG auch nach den Regelungen des UmwG wirksam abgewickelt werden könnte.

Beispiel:

Zwei Gesellschaften ausländischer Rechtsform sollen verschmolzen werden. Das ausländische Umwandlungsrecht sieht keine mit § 54 Abs. 4 UmwG vergleichbare Beschränkung barer Zuzahlungen vor. Im Verschmelzungsvertrag wird eine bare Zuzahlung i. H. v. 50% des Gesamtnennbetrags der gewährten Anteile vereinbart.

Lösung:

Aufgrund der vertraglich vereinbarten baren Zuzahlung von mehr als 10% des Gesamtnennbetrags der gewährten Anteile ist kein mit einer inländischen Umwandlung vergleichbarer Vorgang gegeben, da der Umwandlungsvorgang ungeachtet des Sitzerfordernisses in § 1 Abs. 1 UmwG nach den Vorschriften des UmwG nicht hätte abgewickelt werden können. Wäre in dem Verschmelzungsvertrag eine bare Zuzahlung i. H. v. max. 10% des Gesamtnennbetrags der gewährten Anteile vereinbart worden, stünde einer Vergleichbarkeit des ausländischen Umwandlungsvorgangs die fehlende gesetzliche Beschränkung barer Zuzahlungen im ausländischen Umwandlungsrecht nicht entgegen.

cc) Umwandlungsfähigkeit der beteiligten Rechtsträger

01.26 Die Prüfung der Umwandlungsfähigkeit der beteiligten Rechtsträger hat bezogen auf die zu beurteilende Umwandlungsart und bezogen auf das jeweilige Gesellschaftsstatut der an dieser Umwandlung beteiligten Rechtsträger zu erfolgen. 12

Die Voraussetzungen der Umwandlungsfähigkeit müssen – infolge des auch für ausländische Umwandlungen geltenden Grundsatzes der Maßgeblichkeit des Gesellschaftsrechts (vgl. Randnr. 01.23) – für sämtliche betroffenen Gesellschaftsstatute der beteiligten Rechtsträger geprüft und mit der Umwandlungsfähigkeit nach dem UmwG verglichen werden; dabei ist der Umwandlungsvorgang nach dem jeweiligen Gesellschaftsstatut als Ganzes und nicht nur hinsichtlich eines bestimmten Teilbereichs (z. B. hinsichtlich des übertragenden oder übernehmenden Rechtsträgers) zu prüfen.

01.27 Der ausländische Rechtsträger muss i. R. eines Rechtstypenvergleichs einem vergleichbaren umwandlungsfähigen Rechtsträger inländischen Rechts entsprechen. Allein die steuerliche Einordnung des jeweiligen Rechtsträgers als Körperschaft oder Personengesellschaft ist für die Beurteilung der Umwandlungsfähigkeit nicht ausreichend. Der Rechtstypenvergleich hat grundsätzlich anhand des gesetzlichen Leitbilds der ausländischen Gesellschaft zu erfolgen. Zum Rechtstypenvergleich ausgewählter ausländischer Rechtsformen vgl. Tabellen 1 und 2 des BMF-Schreibens vom 24. 12. 1999, BStBl. I S. 1076. Ist es aufgrund umfassender Dispositionsmöglichkeiten im ausländischen Recht nicht möglich, den jeweils beteiligten Rechtsträger anhand des gesetzlich vorgegebenen Leitbilds abzuleiten, hat der Rechtstypenvergleich anhand der rechtlichen Gegebenheiten des Einzelfalls zu erfolgen. Zu maßgebenden Kriterien für den Rechtstypenvergleich vgl. BMF-Schreiben vom 19. 3. 2004, BStBl. I S. 411.

01.28 Aufgelöste Rechtsträger können sich an ausländischen Umwandlungsvorgängen entsprechend den in § 3 Abs. 3, § 124 Abs. 2 UmwG genannten Voraussetzungen beteiligen.

dd) Strukturmerkmale des Umwandlungsvorgangs

01.29 Neben der Umwandlungsfähigkeit der beteiligten Rechtsträger müssen die Strukturmerkmale einer Verschmelzung, einer Auf- oder Abspaltung oder eines Formwechsels vorliegen. 13

(1) Verschmelzung

01.30 Strukturmerkmale einer Verschmelzung i. S. d. § 2 UmwG sind: 14
- die Übertragung des gesamten Aktiv- und Passivvermögens eines übertragenden Rechtsträgers oder mehrerer übertragender Rechtsträger auf einen übernehmenden Rechtsträger,
- aufgrund eines Rechtsgeschäfts,
- kraft Gesetzes,
- gegen Gewährung von Anteilen am übernehmenden Rechtsträger an die Anteilsinhaber des übertragenden Rechtsträgers,
- unter Auflösung ohne Abwicklung des übertragenden Rechtsträgers oder der übertragenden Rechtsträger.

01.31 Rechtsgeschäft i. S. d. Randnr. 01.30 ist der Abschluss eines Verschmelzungsvertrags bzw. die Erstellung eines Verschmelzungsplans. Der notwendige Inhalt des Verschmelzungsvertrags bzw. des Verschmelzungsplans muss bei ausländischen Vorgängen mindestens den Vorgaben der Richtlinie 78/855/EWG, ABl. EG Nr. L 295 S. 36, entsprechen. Dies gilt auch für die Rechtswirkungen der Verschmelzung.

Diese ergeben sich aus Art. 19 der Richtlinie 78/855/EWG, ABl. EG Nr. L 295 S. 36. Der Übergang des gesamten Vermögens, die Auflösung ohne Abwicklung des übertragenden Rechtsträgers sowie die Beteiligung der Anteilsinhaber des übertragenden Rechtsträgers an dem übernehmenden Rechtsträger müssen nach den ausländischen umwandlungsrechtlichen Bestimmungen kraft Gesetzes und nicht durch Einzelübertragungen erfolgen.

01.32 Bei der Prüfung des Erfordernisses zur Gewährung von Anteilen sind Kapitalerhöhungsverbote und -wahlrechte entsprechend den im UmwG (z. B. § 54 UmwG) enthaltenen vergleichbaren Regelungen zu berücksichtigen, vgl. Randnr. 01.09.

Beispiel:

Eine ausländische Mutter-Kapitalgesellschaft ist alleinige Anteilseignerin zweier ausländischer Tochter-Kapitalgesellschaften. Die eine Tochter-Kapitalgesellschaft wird zur Aufnahme auf die andere Tochter-Kapitalgesellschaft verschmolzen. Auf eine Kapitalerhöhung wird auf Grundlage einer mit § 54 Abs. 1 Satz 3 UmwG vergleichbaren ausländischen Regelung verzichtet.

Lösung:

Bei der Prüfung der Strukturmerkmale des ausländischen Umwandlungsvorgangs ist die Möglichkeit zum Verzicht auf eine Kapitalerhöhung analog § 54 Abs. 1 Satz 3 UmwG zu berücksichtigen.

(2) Aufspaltung

15 **01.33** Strukturmerkmale einer Aufspaltung i. S. d. § 123 Abs. 1 UmwG sind:
- die Übertragung des gesamten Aktiv- und Passivvermögens eines Rechtsträgers auf mindestens zwei übernehmende Rechtsträger,
- aufgrund eines Rechtsgeschäfts,
- kraft Gesetzes,
- gegen Gewährung von Anteilen an den übernehmenden Rechtsträgern an die Anteilsinhaber des übertragenden Rechtsträgers,
- unter Auflösung ohne Abwicklung des übertragenden Rechtsträgers.

01.34 Rechtsgeschäft i. S. d. Randnr. 01.33 ist der Abschluss eines Spaltungs- und Übernahmevertrags bzw. die Erstellung eines Spaltungsplans. Der notwendige Inhalt des Spaltungs- und Übernahmevertrags bzw. des Spaltungsplans muss bei ausländischen Umwandlungsvorgängen den Vorgaben der Richtlinie 82/891/EWG, ABl. EG Nr. L 378 S. 47, entsprechen.

Dies gilt auch für die Rechtswirkungen der Aufspaltung. Diese ergeben sich aus Art. 17 der Richtlinie 82/891/EWG, ABl. EG Nr. L 378 S. 47. Der Übergang des gesamten Vermögens, die Auflösung ohne Abwicklung des übertragenden Rechtsträgers sowie die Beteiligung der Anteilsinhaber des übertragenden Rechtsträgers an den übernehmenden Rechtsträgern müssen nach den ausländischen umwandlungsrechtlichen Bestimmungen kraft Gesetzes und nicht durch Einzelübertragungen erfolgen.

01.35 Bei der Prüfung des Erfordernisses zur Gewährung von Anteilen sind Kapitalerhöhungsverbote und -wahlrechte entsprechend den im UmwG enthaltenen vergleichbaren Regelungen zu beachten, vgl. Randnr. 01.32.

(3) Abspaltung

16 **01.36** Strukturmerkmale einer Abspaltung i. S. d. § 123 Abs. 2 UmwG sind:
- die Übertragung eines Teils oder mehrerer Teile eines Rechtsträgers auf einen oder mehrere übernehmende Rechtsträger,
- aufgrund eines Rechtsgeschäfts,
- kraft Gesetzes,
- gegen Gewährung von Anteilen am übernehmenden Rechtsträger oder an den übernehmenden Rechtsträgern an die Anteilsinhaber des übertragenden Rechtsträgers,
- ohne Auflösung des übertragenden Rechtsträgers.

01.37 Gesellschaftsrechtliche Bestimmungen des sekundären Unionsrechts über die Abspaltung bestehen derzeit nicht. Der notwendige Inhalt des Spaltungs- und Übernahmevertrags bzw. des Spaltungsplans sowie die Rechtswirkungen der Abspaltung müssen daher den Bestimmungen des UmwG entsprechen.

01.38 Die Möglichkeit des übertragenden Rechtsträgers, die aufgrund einer Vermögensübertragung erhaltenen Anteile an die Anteilseigner des übertragenden Rechtsträgers unentgeltlich zeitnah weiter übertragen zu können, führt nicht dazu, dass ein ausländischer Umwandlungsvorgang mit einer Abspaltung i. S. d. § 123 Abs. 2 UmwG vergleichbar ist; z. B. Teileinbringung nach dem französischen Recht (Apport partiel d'actif). Es kann sich jedoch insoweit um einen mit einer Ausgliederung i. S. d. § 123 Abs. 3 UmwG vergleichbaren ausländischen Vorgang handeln.

(4) Formwechsel

17 **01.39** Es bestehen derzeit keine sekundärrechtlichen Bestimmungen des Unionsrechts zum Formwechsel. Für die Abgrenzung zwischen einer Verschmelzung und einem Formwechsel ist auf das ausländische Umwandlungsrecht abzustellen (BFH vom 22. 2. 1989 I R 11/85, BStBl. II S. 794). Nach §§ 190 ff. UmwG ist der Formwechsel auf die Änderung der rechtlichen Organisation des Rechtsträgers beschränkt. Sieht das ausländische Recht keine rechtliche Kontinuität, sondern eine Auflösung ohne Abwicklung vor, ist daher dieser Vorgang nicht mehr mit einem Formwechsel vergleichbar. Es kann insoweit jedoch ein mit einer Verschmelzung i. S. d. § 2 UmwG vergleichbarer ausländischer Vorgang gegeben sein. Der Umstand, dass eine Verschmelzung zur Neugründung mindestens zwei übertragende Rechtsträger erfordert, stellt insoweit kein Strukturmerkmal (vgl. Randnr. 01.30) dar.

Beispiel:

Eine österreichische GesmbH mit inländischen Anteilseignern wird im Wege einer errichtenden Umwandlung in eine österreichische KG umgewandelt.

Lösung:

Eine errichtende Umwandlung ist die ohne Abwicklung erfolgende Übertragung des Vermögens der GesmbH auf die gleichzeitig neu entstehende KG. Die GesmbH erlischt infolge der Umwandlung. Auch wenn es für eine Verschmelzung zur Neugründung i. S. d. § 2 Nr. 2 UmwG an dem Erfordernis mindestens zweier übertragender Rechtsträger fehlt, ist dennoch ein mit einer Verschmelzung i. S. d. § 1 Abs. 1 Satz 1 Nr. 1 UmwStG vergleichbarer ausländischer Vorgang gegeben, da die Strukturmerkmale einer Verschmelzung erfüllt sind. Infolge der Auflösung und der Vermögensübertragung liegt kein mit einem Formwechsel i. S. d. § 1 Abs. 1 Satz 1 Nr. 2 UmwStG vergleichbarer ausländischer Vorgang vor.

ee) Sonstige Vergleichskriterien

18 **01.40** Ein wesentliches sonstiges Vergleichskriterium ist insbesondere die Höhe der vertraglich vereinbarten Zuzahlungen. Diese müssen grundsätzlich mit den Vorgaben des UmwG (z. B. § 54 Abs. 4 UmwG) vergleichbar sein. Werden Zuzahlungen vereinbart, die diesen Rahmen deutlich überschreiten, ist dieses als Indiz für eine fehlende Vergleichbarkeit zu werten (vgl. das Beispiel in Randnr. 01.25).

01.41 Die Dauer einer gesellschaftsrechtlichen Rückbeziehungsmöglichkeit des Umwandlungsvorgangs stellt kein für die Vergleichbarkeit entscheidendes Merkmal dar.

c) Umwandlungen nach der SE-VO bzw. der SCE-VO

01.42 Verschmelzungen i. S. d. Artikels 17 der Verordnung (EG) Nr. 2157/2001 (SE-VO), ABl. EG Nr. L 294 S. 1, zur Gründung einer Europäischen Gesellschaft und i. S. d. Artikels 19 der Verordnung (EG) Nr. 1435/2003 (SCE-VO), ABl. EG Nr. L 207 S. 1, zur Gründung einer Europäischen Genossenschaft unterfallen dem sachlichen Anwendungsbereich des § 1 Abs. 1 Satz 1 Nr. 1 UmwStG. Diese Verordnungen gelten nicht nur in Bezug zu EU-Mitgliedstaaten, sondern auch in Bezug zu EWR-Staaten. 19

2. Sechster bis Achter Teil (§ 1 Abs. 3 UmwStG)

01.43 Der Anwendungsbereich des Sechsten bis Achten Teils gilt grundsätzlich nur für die in § 1 Abs. 3 Nr. 1 bis 5 UmwStG abschließend aufgezählten Vorgänge; darüber hinaus wird der Anwendungsbereich des § 1 Abs. 3 UmwStG durch die in den § 20 Abs. 1, § 21 Abs. 1 und § 24 Abs. 1 UmwStG enthaltenen Voraussetzungen bezüglich der Rechtsform des übernehmenden Rechtsträgers wie folgt begrenzt: 20

- die Verschmelzung i. S. d. § 2 UmwG, die Auf- und die Abspaltung i. S. d. § 123 Abs. 1 und 2 UmwG von Personenhandelsgesellschaften und Partnerschaftsgesellschaften auf eine Kapitalgesellschaft oder Genossenschaft (§ 20 UmwStG) oder auf eine Personengesellschaft (§ 24 UmwStG) oder vergleichbare ausländische Vorgänge;
- die Ausgliederung von Vermögensteilen i. S. d. § 123 Abs. 3 UmwG auf eine Kapitalgesellschaft oder Genossenschaft (§ 20 UmwStG) oder auf eine Personengesellschaft (§ 24 UmwStG) oder vergleichbare ausländische Vorgänge;
- der Formwechsel einer Personengesellschaft in eine Kapitalgesellschaft oder Genossenschaft i. S. d. § 190 Abs. 1 UmwG (§ 25 UmwStG) oder vergleichbare ausländische Vorgänge;
- die Einbringung von Betriebsvermögen durch Einzelrechtsnachfolge in eine Kapitalgesellschaft oder Genossenschaft (§ 20 UmwStG) oder in eine Personengesellschaft (§ 24 UmwStG);
- die Einbringung von Anteilen an einer Kapitalgesellschaft oder Genossenschaft in eine Kapitalgesellschaft oder Genossenschaft (§ 21 UmwStG, Anteilstausch).

Die Übertragung des wirtschaftlichen Eigentums wird der Einzelrechtsnachfolge i. S. d. § 1 Abs. 3 Nr. 4 UmwStG gleichgestellt.

a) Einbringung in eine Kapitalgesellschaft oder Genossenschaft gegen Gewährung von Gesellschaftsrechten (§ 20 UmwStG)

01.44 Die Vorschriften über die Einbringung von Betriebsvermögen in eine Kapitalgesellschaft oder Genossenschaft gegen Gewährung von Gesellschaftsrechten gelten insbesondere bei Übertragung: 21

aa) im Wege der Gesamtrechtsnachfolge
- durch Verschmelzung von Personenhandelsgesellschaften auf eine bereits bestehende oder neu gegründete Kapitalgesellschaft (vgl. §§ 2 und 3 Abs. 1 Satz 1 UmwG);
- durch Auf- und Abspaltung von Vermögensteilen einer Personenhandelsgesellschaft auf eine bereits bestehende oder neu gegründete Kapitalgesellschaft (vgl. § 123 Abs. 1 und 2 UmwG);
- durch Ausgliederung von Vermögensteilen eines Einzelkaufmanns, einer Personenhandelsgesellschaft, einer Kapitalgesellschaft oder eines sonstigen sowohl in § 1 Abs. 1 KStG als auch in § 124 Abs. 1 zweite Alternative i. V. m. § 3 Abs. 1 UmwG genannten Rechtsträgers auf eine bereits bestehende oder neu gegründete Kapitalgesellschaft;

bb) im Wege des Formwechsels einer Personenhandelsgesellschaft in eine Kapitalgesellschaft nach § 190 UmwG. Der Formwechsel wird ertragsteuerlich wie ein Rechtsträgerwechsel behandelt (vgl. § 25 UmwStG);

cc) im Wege der Einzelrechtsnachfolge
- durch Sacheinlage i. S. v. § 5 Abs. 4 GmbHG bzw. § 27 AktG bei der Gründung einer Kapitalgesellschaft oder
- durch Sachkapitalerhöhung aus Gesellschaftermitteln (vgl. § 56 GmbHG, §§ 183, 194, 205 AktG) bei einer bestehenden Kapitalgesellschaft.

Folge einer Einbringung eines Mitunternehmeranteils, u. a. im Wege der Einzelrechtsnachfolge kann auch eine Anwachsung (§ 738 BGB) sein. Bei einer Bargründung oder -kapitalerhöhung kann auch dann eine Sacheinlage vorliegen, wenn der Gesellschafter zusätzlich zu der Bareinlage gleichzeitig eine Verpflichtung übernimmt, als Aufgeld einen Betrieb, Teilbetrieb oder Mitunternehmeranteil in die Kapitalgesellschaft einzubringen (BFH vom 7. 4. 2010 I R 55/09, BStBl. II S. 1094).

01.45 Eine Einbringung i. S. d. § 20 UmwStG liegt auch bei vergleichbaren ausländischen Vorgängen vor (vgl. Randnr. 01.20 ff.).

b) Austausch von Anteilen (§ 21 UmwStG)

01.46 Die Vorschriften über den Austausch von Anteilen an Kapitalgesellschaften oder Genossenschaften gegen Gewährung von Gesellschaftsrechten gelten insbesondere bei Übertragung: 22

aa) im Wege der Gesamtrechtsnachfolge
durch Ausgliederung von Vermögensteilen eines Einzelkaufmanns, einer Personenhandelsgesellschaft, einer Kapitalgesellschaft oder eines sonstigen sowohl in § 1 Abs. 1 KStG als auch in § 124 Abs. 1 zweite Alternative i. V. m. § 3 Abs. 1 UmwG genannten Rechtsträgers auf eine bereits bestehende oder neu gegründete Kapitalgesellschaft;

bb) im Wege der Einzelrechtsnachfolge
- durch Sacheinlage i. S. v. § 5 Abs. 4 GmbHG bzw. § 27 AktG bei der Gründung einer Kapitalgesellschaft oder
- durch Sachkapitalerhöhung aus Gesellschaftermitteln (vgl. § 56 GmbHG, §§ 183, 194, 205 AktG) bei einer bestehenden Kapitalgesellschaft.

Die Ausführungen zur Bargründung oder -kapitalerhöhung bei Einzelrechtsnachfolge gelten entsprechend (vgl. Randnr. 01.44).

c) Einbringung in eine Personengesellschaft (§ 24 UmwStG)

23 **01.47** Die Einbringung eines Betriebs, Teilbetriebs oder Mitunternehmeranteils in eine Personengesellschaft nach § 24 UmwStG ist insbesondere möglich bei Übertragung:

aa) im Wege der Einzelrechtsnachfolge

- durch Aufnahme eines Gesellschafters in ein Einzelunternehmen gegen Geldeinlage oder Einlage anderer Wirtschaftsgüter. Aus Sicht des § 24 UmwStG bringt dabei der Einzelunternehmer seinen Betrieb in die neu entstehende Personengesellschaft ein;
- durch Einbringung eines Einzelunternehmens in eine bereits bestehende Personengesellschaft oder durch Zusammenschluss von mehreren Einzelunternehmen zu einer Personengesellschaft;
- durch Eintritt eines weiteren Gesellschafters in eine bestehende Personengesellschaft gegen Geldeinlage oder Einlage anderer Wirtschaftsgüter. Die bisherigen Gesellschafter der Personengesellschaft bringen in diesem Fall ihre Mitunternehmeranteile an der bisherigen Personengesellschaft in eine neue – durch den neu hinzutretenden Gesellschafter vergrößerte – Personengesellschaft ein. Der bloße Gesellschafterwechsel bei einer bestehenden Personengesellschaft – ein Gesellschafter scheidet aus, ein anderer erwirbt seine Anteile und tritt an seine Stelle – fällt nicht unter § 24 UmwStG;
- infolge Aufstockung eines bereits bestehenden Mitunternehmeranteils (Kapitalerhöhung) durch Geldeinlage oder Einlage anderer Wirtschaftsgüter. Die nicht an der Kapitalerhöhung teilnehmenden Gesellschafter der Personengesellschaft bringen in diesem Fall ihre Mitunternehmeranteile an der bisherigen Personengesellschaft in eine neue – durch die Kapitalerhöhung in den Beteiligungsverhältnissen veränderte – Personengesellschaft ein (BFH vom 25. 4. 2006 VIII R 52/04, BStBl. II S. 847);
- indem die Gesellschafter einer Personengesellschaft I ihre Gesellschaftsanteile (Mitunternehmeranteile) in die übernehmende Personengesellschaft II gegen Gewährung von Gesellschaftsanteilen an dieser Gesellschaft einbringen und das Gesellschaftsvermögen der Personengesellschaft I der übernehmenden Personengesellschaft II anwächst (§ 738 BGB);

bb) im Wege der Gesamtrechtsnachfolge

- durch Verschmelzung von Personenhandels- oder Partnerschaftsgesellschaften nach §§ 2, 39 ff. UmwG auf Personenhandels- oder Partnerschaftsgesellschaften;
- durch Auf- oder Abspaltung von Personenhandels- oder Partnerschaftsgesellschaften nach § 123 Abs. 1 und 2 UmwG auf Personenhandels- oder Partnerschaftsgesellschaften;
- durch Ausgliederung aus Körperschaften, Personenhandelsgesellschaften, Partnerschaftsgesellschaften oder Einzelunternehmen auf Personenhandels- oder Partnerschaftsgesellschaften nach § 123 Abs. 3 UmwG.

§ 24 UmwStG ist nicht anzuwenden auf die formwechselnde Umwandlung einer Personenhandelsgesellschaft in eine Personengesellschaft sowie auf den Eintritt einer GmbH in eine bestehende Personengesellschaft ohne vermögensmäßige Beteiligung. In derartigen Fällen fehlt es an einem Übertragungsvorgang, so dass ein Gewinn i. S. d. § 16 EStG nicht entsteht und eine Wertaufstockung nicht möglich ist (BFH vom 21. 6. 1994 VIII R 5/92, BStBl. II S. 856, und BFH vom 20. 9. 2007 IV R 70/05, BStBl. 2008 II S. 265).

In den Fällen der unentgeltlichen Aufnahme einer natürlichen Person in ein Einzelunternehmen ist § 24 UmwStG für beide Mitunternehmer nicht anzuwenden (§ 6 Abs. 3 Satz 1 zweiter Halbsatz EStG).[1]

01.48 Eine Einbringung i. S. d. § 24 UmwStG liegt auch bei vergleichbaren ausländischen Vorgängen vor (vgl. Randnr. 01.20 ff.).

II. Persönlicher Anwendungsbereich

1. Zweiter bis Fünfter Teil (§ 1 Abs. 2 UmwStG)

24 **01.49** Für die Anwendung der §§ 3 bis 19 UmwStG müssen der übertragende Rechtsträger und der übernehmende Rechtsträger nach dem Recht eines EU-Mitgliedstaats oder eines EWR-Staats gegründet sein und ihren Sitz (§ 11 AO) sowie ihren Ort der Geschäftsleitung (§ 10 AO) in einem dieser Staaten haben (§ 1 Abs. 2 Satz 1 Nr. 1 UmwStG). Es ist nicht erforderlich, dass sich der Sitz (§ 11 AO) und der Ort der Geschäftsleitung (§ 10 AO) in ein und demselben EU-Mitgliedstaat oder EWR-Staat befinden. Beim Formwechsel i. S. d. § 1 Abs. 1 Satz 1 Nr. 2 UmwStG müssen die vorgenannten Voraussetzungen vom umwandelnden Rechtsträger erfüllt werden.

01.50 Der Begriff der Gesellschaft i. S. d. Artikels 54 AEUV (zuvor Art. 48 EG) bzw. des Artikels 34 des EWR-Abkommens ist ein Begriff des Unionsrechts; es kommt insoweit nicht auf das nationale Recht an. Gesellschaften i. S. d. Artikels 54 AEUV (zuvor Art. 48 EG) bzw. des Artikels 34 des EWR-Abkommens sind regelmäßig juristische Personen des privaten Rechts (z. B. AG und GmbH) und Personenvereinigungen (z. B. KG und OHG), ausgenommen diejenigen Gesellschaften, die keinen Erwerbszweck verfolgen (Art. 54 Abs. 2 AEUV (zuvor Art. 48 Abs. 2 EG), Art. 34 Abs. 2 EWR-Abkommen). Einen Erwerbszweck in dem vorgenannten Sinne erfüllen regelmäßig die juristischen Personen des öffentlichen Rechts mit ihren Betrieben gewerblicher Art; der jeweilige Betrieb gewerblicher Art ist insofern als Gesellschaft i. S. d. Artikels 54 AEUV (zuvor Art. 48 EG) bzw. des Artikels 34 des EWR-Abkommens anzusehen.

---

[1] Vgl. aber *BFH-Urteil v. 18. 9. 2013 X R 42/10, BStBl. II S. 639, Ls. 1:* Bringt der Steuerpflichtige einen Betrieb in eine Mitunternehmerschaft ein und wendet er zugleich Dritten unentgeltlich Mitunternehmeranteile zu, sind auf diesen Vorgang die Vorschriften der § 6 Abs. 3 EStG und § 24 UmwStG nebeneinander anwendbar *(gegen BMF-Schrb. v. 11. 11. 2011, BStBl. 2011 I S. 1314, Tz. 01.47 letzter Satz).*

01.51 Ist übernehmender Rechtsträger eine natürliche Person, muss sich deren Wohnsitz (§ 8 AO) oder deren gewöhnlicher Aufenthalt (§ 9 AO) in einem EU-Mitgliedstaat oder EWR-Staat befinden und sie darf nicht aufgrund eines DBA mit einem dritten Staat als außerhalb des Hoheitsgebiets eines EU-Mitgliedstaats oder EWR-Staats ansässig gelten.

01.52 Die persönlichen Anwendungsvoraussetzungen müssen spätestens am steuerlichen Übertragungsstichtag vorliegen. Wurde ein an der Umwandlung beteiligter Rechtsträger im steuerlichen Rückwirkungszeitraum neu gegründet, ist für diesen Rechtsträger auf den Zeitpunkt der zivilrechtlichen Wirksamkeit der Gründung abzustellen. Bei einer Umwandlung zur Neugründung ist der Zeitpunkt der zivilrechtlichen Wirksamkeit der Umwandlung maßgebend. Zum Beginn der Steuerpflicht in diesen Fällen vgl. Randnr. 02.11.

2. Sechster bis Achter Teil (§ 1 Abs. 4 UmwStG)

01.53 Einbringender Rechtsträger bzw. übertragender Rechtsträger i. S. d. § 1 Abs. 4 UmwStG kann **25**
jede natürliche Person sein, die im Hoheitsgebiet eines EU-Mitgliedstaats oder EWR-Staats unbeschränkt steuerpflichtig und auch nach den mit Drittstaaten bestehenden DBA als innerhalb dieses Gebiets ansässig anzusehen ist. Darüber hinaus kann jede nach den Rechtsvorschriften eines EU-Mitgliedstaats oder EWR-Staats gegründete in- und ausländische Gesellschaft i. S. d. Artikels 54 AEUV (zuvor Art. 48 EG) oder des Artikels 34 des EWR-Abkommens einbringender Rechtsträger, übertragender Rechtsträger oder umwandelnder Rechtsträger sein, wenn sich deren Sitz und Ort der Geschäftsleitung innerhalb des Hoheitsgebiets eines dieser Staaten befinden (§ 1 Abs. 4 Satz 1 Nr. 2, Abs. 2 Satz 1 Nr. 1 und 2 UmwStG).

Ist einbringender oder umwandelnder Rechtsträger eine Personengesellschaft, müssen die unmittelbaren bzw. mittelbaren Mitunternehmer die Voraussetzungen des § 1 Abs. 2 UmwStG erfüllen (§ 1 Abs. 4 Satz 1 Nr. 2 Buchstabe a Doppelbuchstabe aa UmwStG).

Ungeachtet dessen kann auch jede andere natürliche Person oder Gesellschaft einbringender Rechtsträger, übertragender Rechtsträger oder (bei Gesellschaften auch) umwandelnder Rechtsträger sein, wenn das deutsche Besteuerungsrecht an den erhaltenen Anteilen nicht ausgeschlossen oder beschränkt ist (§ 1 Abs. 4 Satz 1 Nr. 2 Buchstabe b UmwStG).

Beispiel:

Der im Drittstaat ansässige X unterhält eine inländische Betriebsstätte und bringt einen Teilbetrieb davon in die inländische D-GmbH gegen Gewährung von Anteilen ein. Die Anteile an der D-GmbH sind Betriebsvermögen der verbleibenden inländischen Betriebsstätte und dieser auch funktional zuzuordnen.

Lösung:

Der Einbringende X ist zwar nicht im EU-/EWR-Raum ansässig und erfüllt damit nicht die Voraussetzungen des § 1 Abs. 4 Satz 1 Nr. 2 Buchstabe a Doppelbuchstabe bb UmwStG. Da die erhaltenen Anteile aber einem inländischen Betriebsvermögen zugeordnet werden, sind sie im Inland steuerverstrickt. Damit ist der Anwendungsbereich des § 20 UmwStG eröffnet (§ 1 Abs. 4 Satz 1 Nr. 2 Buchstabe b UmwStG).

Bei der Einbringung eines Betriebs gewerblicher Art ist die juristische Person des öffentlichen Rechts Einbringender.

01.54 Übernehmender Rechtsträger i. S. v. §§ 20, 21 UmwStG kann jede Kapitalgesellschaft oder Genossenschaft i. S. d. § 1 Abs. 1 Nr. 1 und 2 KStG sein. Dies gilt unabhängig davon, ob der übernehmende Rechtsträger unbeschränkt körperschaftsteuerpflichtig i. S. v. § 1 KStG ist. Voraussetzung für die Anwendbarkeit der §§ 20, 21 UmwStG ist jedoch nach § 1 Abs. 4 Satz 1 Nr. 1 und Abs. 2 Satz 1 Nr. 1 UmwStG, dass es sich um eine nach den Rechtsvorschriften eines EU-Mitgliedstaats oder eines EWR-Staats gegründete Gesellschaft i. S. d. Artikels 54 AEUV (zuvor Art. 48 EG) oder des Artikels 34 des EWR-Abkommens handelt, deren Sitz und Ort der Geschäftsleitung sich innerhalb des Hoheitsgebiets eines dieser Staaten befinden. Dies gilt nicht in den Fällen des § 24 UmwStG (§ 1 Abs. 4 Satz 2 UmwStG).

01.55 Die persönlichen Anwendungsvoraussetzungen müssen spätestens am steuerlichen Übertragungsstichtag vorliegen. Randnr. 01.52 gilt entsprechend. Zum Wegfall der persönlichen Anwendungsvoraussetzungen i. S. v. § 1 Abs. 4 UmwStG vgl. Randnr. 22.27.

III. Begriffsbestimmungen

1. Richtlinien und Verordnungen (§ 1 Abs. 5 Nr. 1 bis 3 UmwStG)

01.56 Für die in § 1 Abs. 5 Nr. 1 bis 3 UmwStG genannten Vorschriften des sekundären Unionsrechts **26**
sind die jeweils zum Zeitpunkt des steuerlichen Übertragungsstichtags geltenden Fassungen maßgebend.

2. Buchwert (§ 1 Abs. 5 Nr. 4 UmwStG)

01.57 Der Buchwert ermittelt sich nach den am steuerlichen Übertragungsstichtag anwendbaren **27**
steuerrechtlichen Regelungen. Unmaßgeblich ist, ob der übernehmende oder übertragende Rechtsträger zu diesem Zeitpunkt eine Bilanz zu erstellen haben. Steuerliche Wahlrechte werden regelmäßig durch die umwandlungssteuergesetzlich vorgegebene Bewertungsobergrenze (gemeiner Wert) eingeschränkt. Der gemeine Wert kann unter dem Buchwert liegen.

B. Steuerliche Rückwirkung (§ 2 UmwStG)

I. Steuerlicher Übertragungsstichtag

02.01 Der steuerliche Übertragungsstichtag i. S. d. § 2 Abs. 1 UmwStG und der handelsrechtliche **30**
Umwandlungsstichtag sind nicht identisch.

1. Inländische Umwandlungen

a) Verschmelzung, Auf-, Abspaltung und Vermögensübertragung

31 **02.02** Der handelsrechtliche Umwandlungsstichtag ist der Zeitpunkt, von dem an die Handlungen des übertragenden Rechtsträgers als für Rechnung des übernehmenden Rechtsträgers vorgenommen gelten (vgl. z. B. bei Verschmelzung § 5 Abs. 1 Nr. 6 UmwG oder bei Auf- und Abspaltung § 126 Abs. 1 Nr. 6 UmwG). Der übertragende Rechtsträger hat auf den Schluss des Tages, der dem Umwandlungsstichtag vorangeht, eine handelsrechtliche Schlussbilanz aufzustellen (§ 17 Abs. 2 UmwG). Steuerlicher Übertragungsstichtag ist der Tag, auf den der übertragende Rechtsträger die handelsrechtliche Schlussbilanz aufzustellen hat.

Beispiel:

Stichtag der handelsrechtlichen Schlussbilanz	31. 12. 01
handelsrechtlicher Umwandlungsstichtag	1. 1. 02
steuerlicher Übertragungsstichtag	31. 12. 01

02.03 Nach § 17 Abs. 2 UmwG darf das Registergericht die Verschmelzung nur eintragen, wenn die Bilanz auf einen höchstens acht Monate vor der Anmeldung liegenden Stichtag aufgestellt worden ist. Die Vorschrift gilt für die Auf- und Abspaltung (§ 125 UmwG) sowie die Vermögensübertragung (§§ 176, 177 UmwG) entsprechend.

Steuerlich sind das Einkommen und das Vermögen der übertragenden Körperschaft sowie des übernehmenden Rechtsträgers so zu ermitteln, als ob das Vermögen der übertragenden Körperschaft mit Ablauf des steuerlichen Übertragungsstichtags ganz oder teilweise auf den übernehmenden Rechtsträger übergegangen wäre (§ 2 Abs. 1 UmwStG). Weitergehende Wirkungen entfaltet die steuerliche Rückwirkungsfiktion nicht. Sie gilt insbesondere nicht für den Anteilseigner der übertragenden Körperschaft, sofern dieser nicht gleichzeitig übernehmender Rechtsträger ist (BFH vom 7. 4. 2010 I R 96/08, BStBl. 2011 II S. 467). Sie gilt auch nicht für die Rechtsbeziehungen gegenüber Rechtsträgern, an denen die übertragende Körperschaft beteiligt ist, oder gegenüber sonstigen Dritten.

Anders als für den Rückbezug nach § 20 Abs. 6 UmwStG besteht für die Anwendung des § 2 UmwStG kein Wahlrecht (BFH vom 22. 9. 1999 II R 33/97, BStBl. 2000 II S. 2).

Ist übernehmender Rechtsträger eine Personengesellschaft, gilt die steuerliche Rückwirkungsfiktion auch für das Einkommen und das Vermögen der Gesellschafter (§ 2 Abs. 2 UmwStG).

02.04 Der Übertragungsgewinn oder -verlust entsteht stets mit Ablauf des steuerlichen Übertragungsstichtags. Dies gilt nach § 2 Abs. 1 i. V. m. § 4 Abs. 1, § 5 Abs. 1 bis 3 UmwStG auch für das Übernahmeergebnis i. S. d. § 4 Abs. 4 bis 6 UmwStG sowie nach § 2 Abs. 2 UmwStG für die Einnahmen i. S. d. § 7 UmwStG i. V. m. § 20 Abs. 1 Nr. 1 EStG. Die Besteuerung des Übertragungsgewinns oder -verlusts, des Übernahmeergebnisses i. S. d. § 4 Abs. 4 bis 6 UmwStG sowie der Einnahmen i. S. d. § 20 Abs. 1 Nr. 1 EStG erfolgt in dem Veranlagungszeitraum, in dem das Wirtschaftsjahr endet, in das der steuerliche Übertragungsstichtag fällt.

Beispiel:

Die X-GmbH und die Y-GmbH werden handelsrechtlich zum 1. 10. 01 auf die bereits bestehende XY-OHG verschmolzen. Alle Gesellschaften haben ein vom Kalenderjahr abweichendes Wirtschaftsjahr (1. 7.–30. 6.). Anteilseigner der beiden Gesellschaften sind die jeweils i. S. d. § 17 EStG wesentlich beteiligten Gesellschafter-Geschäftsführer X und Y, die auch Mitunternehmer der XY-OHG sind. Während des gesamten Zeitraums erhalten X und Y Geschäftsführervergütungen von der X-GmbH bzw. Y-GmbH.

Lösung:

X-GmbH und Y-GmbH:
Die X-GmbH und die Y-GmbH haben zum 30. 9. 01 jeweils eine steuerliche Schlussbilanz zu erstellen. Da der steuerliche Übertragungsstichtag nicht auf das Ende des Wirtschaftsjahrs fällt, entsteht jeweils ein zum 30. 9. 01 endendes Rumpfwirtschaftsjahr (vgl. Randnr. 03.01). Das Vermögen gilt nach § 2 Abs. 1 UmwStG steuerlich als mit Ablauf des 30. 9. 01 übergegangen.
Der Übertragungsgewinn/-verlust ist nach § 2 Abs. 1 UmwStG i. V. m. § 4 a Abs. 2 Nr. 2 EStG dem Veranlagungszeitraum 01 zuzurechnen.
XY-OHG:
Die Ermittlung des Übernahmeergebnisses erfolgt nach § 5 Abs. 2 i. V. m. § 4 UmwStG auf der Ebene des übernehmenden Rechtsträgers und führt damit zu Einkünften i. S. d. § 15 Abs. 1 Satz 1 Nr. 2 EStG. Infolge der Einlagefiktion werden Einnahmen i. S. d. § 7 UmwStG i. V. m. § 20 Abs. 1 Nr. 1 EStG i. R. d. gesonderten und einheitlichen Feststellung der XY-OHG erfasst.
Da der steuerliche Übertragungsstichtag im Wirtschaftsjahr 1. 7. 01 bis 30. 6. 02 des übernehmenden Rechtsträgers liegt, sind das Übernahmeergebnis i. S. d. § 4 UmwStG sowie die Einnahmen i. S. d. § 7 UmwStG nach § 2 Abs. 1 UmwStG i. V. m. § 4 a Abs. 2 Nr. 2 EStG dem Veranlagungszeitraum 02 zuzurechnen.
Nach § 2 Abs. 1 UmwStG erhöhen die für den Zeitraum nach dem 30. 9. 01 geleisteten Geschäftsführervergütungen den Gewinn der XY-OHG nach § 15 Abs. 1 Satz 1 Nr. 2 EStG des Veranlagungszeitraums 02.
X und Y:
Infolge des § 2 Abs. 2 UmwStG gilt die Rückwirkungsfiktion auch für die bisher im Veranlagungszeitraum 01 von X und Y nach § 19 EStG für den Zeitraum 1. 10. 01 bis 31. 12. 01 erfassten Geschäftsführervergütungen. Diese sind als Einkünfte nach § 15 Abs. 1 Satz 1 Nr. 2 EStG im Veranlagungszeitraum 02 zu erfassen. Die infolge der Einlagefiktion i. R. d. gesonderten und einheitlichen Feststellung der XY-OHG erfassten Einnahmen i. S. d. § 7 UmwStG i. V. m. § 20 Abs. 1 Nr. 1 EStG werden ebenfalls im Veranlagungszeitraum 02 erfasst.

b) Formwechsel

32 **02.05** Mangels eines handelsrechtlichen Übertragungsvorgangs enthält § 9 UmwStG für den Formwechsel eine eigenständige steuerliche Rückwirkungsregelung.

02.06 Nach § 9 Satz 3 UmwStG können die steuerliche Schlussbilanz sowie die steuerliche Eröffnungsbilanz für einen Stichtag aufgestellt werden, der höchstens acht Monate vor der Anmeldung des

Formwechsels zur Eintragung in das zuständige Register liegt. Das Einkommen und das Vermögen der Kapital- bzw. der Personengesellschaft sowie der Gesellschafter der Personengesellschaft sind so zu ermitteln, als ob das Vermögen der Kapitalgesellschaft mit Ablauf dieses Stichtags auf die Personengesellschaft übergegangen wäre. Randnr. 02.03 und 02.04 gelten entsprechend.

2. Vergleichbare ausländische Vorgänge

02.07 Bei ausländischen Umwandlungsvorgängen (vgl. Randnr. 01.20 ff.) gelten Randnr. 02.01–02.06 **33**
entsprechend. Der handelsrechtliche Umwandlungsstichtag kann z. B. bei einer Verschmelzung regelmäßig dem Verschmelzungsvertrag oder -plan (vgl. Randnr. 01.31) entnommen werden.

02.08 Für den Formwechsel einer ausländischen Kapitalgesellschaft in eine ausländische Personengesellschaft gilt ebenfalls die steuerliche Rückwirkungsregelung des § 9 UmwStG. Der maßgebende Rückbeziehungszeitraum ergibt sich aus § 9 Satz 3 UmwStG (vgl. Randnr. 09.02).

II. Steuerliche Rückwirkung

1. Rückwirkungsfiktion

a) Grundsatz

02.09 § 2 UmwStG enthält eine Ausnahme von dem allgemeinen Grundsatz, dass Rechtsvorgänge **34**
mit steuerlicher Wirkung nicht rückbezogen werden können.

02.10 Der übertragende Rechtsträger besteht zivilrechtlich in der Zeit zwischen dem steuerlichen Übertragungsstichtag und der Eintragung der Umwandlung in das Handelsregister oder das jeweils im Ausland zuständige öffentliche Register (Rückwirkungszeitraum) fort. Steuerlich werden dem übertragenden Rechtsträger jedoch – soweit die Rückwirkungsfiktion vorbehaltlich des § 2 Abs. 3 UmwStG greift – kein Einkommen und kein Vermögen mehr zugerechnet. Zur Behandlung von Gewinnausschüttungen im Rückwirkungszeitraum an Anteilseigner, für die die Rückwirkungsfiktion nicht gilt, vgl. z. B. Randnr. 02.34.

02.11 Die steuerlichen Rückwirkungsfiktionen in § 2 Abs. 1 und § 9 Satz 3 UmwStG setzen nicht voraus, dass der übernehmende Rechtsträger zum steuerlichen Übertragungsstichtag bereits zivilrechtlich besteht. So ist z. B. eine rückwirkende Verschmelzung durch Aufnahme (§§ 4 ff., 39 ff. UmwG) möglich, auch wenn die aufnehmende Gesellschaft am steuerlichen Übertragungsstichtag zivilrechtlich noch nicht besteht. Die Steuerpflicht eines neu gegründeten übernehmenden Rechtsträgers beginnt unabhängig von der zivilrechtlichen Entstehung mit Ablauf des steuerlichen Übertragungsstichtags.

02.12 Bei Übertragung des Vermögens auf eine Personengesellschaft gelten die Rückwirkungsfiktionen in § 2 Abs. 1 und § 9 Satz 3 UmwStG auch für deren Gesellschafter (§ 2 Abs. 2 UmwStG).

Beispiel:

An der XY-GmbH sind die im Ausland ansässigen Gesellschafter-Geschäftsführer A und B zu je 50% beteiligt. Die XY-GmbH wird in die XY-OHG formwechselnd umgewandelt. Die XY-GmbH erstellt zum 31. 12. 01 eine Schlussbilanz und die XY-OHG eine Eröffnungsbilanz.

Lösung:

Der XY-GmbH werden mit Ablauf des 31. 12. 01 kein Einkommen und kein Vermögen mehr zugerechnet. Zum selben Zeitpunkt werden nach § 2 Abs. 1 UmwStG die Gewerbesteuerpflicht der XY-OHG sowie nach § 2 Abs. 2 UmwStG die beschränkte Einkommensteuerpflicht von A und B als Mitunternehmer der XY-OHG begründet.

Ist der Gesellschafter wiederum eine Personengesellschaft, ist insoweit auf die dahinter stehenden Gesellschafter abzustellen.

02.13 Ab dem handelsrechtlichen Umwandlungsstichtag (vgl. Randnr. 02.02) gelten die Handlungen des übertragenden Rechtsträgers als für Rechnung des übernehmenden Rechtsträgers vorgenommen. Die Geschäftsvorfälle im Rückwirkungszeitraum und das Einkommen werden steuerlich dem übernehmenden Rechtsträger zugerechnet. Die Rückwirkungsfiktion betrifft lediglich die Zuordnung des Einkommens und des Vermögens des übertragenden Rechtsträgers.

In den Fällen der Verschmelzung werden Liefer- und Leistungsbeziehungen zwischen dem übertragenden und dem übernehmenden Rechtsträger im Rückwirkungszeitraum für ertragsteuerliche Zwecke nicht berücksichtigt. Soweit nicht ausdrücklich in § 2 Abs. 2 UmwStG etwas anderes bestimmt ist, bleibt die steuerrechtliche Behandlung Dritter, z. B. der Anteilseigner, mit ihren von der übertragenden Körperschaft bezogenen Einkünften von der Rückwirkungsfiktion unberührt (vgl. Randnr. 02.03).

In den Fällen der Auf-, Abspaltung und Ausgliederung hat die Zuordnung von Aufwendungen und Erträgen im Rückwirkungszeitraum zwischen dem übertragenden Rechtsträger und dem übernehmenden Rechtsträger oder den übernehmenden Rechtsträgern nach wirtschaftlichen Zusammenhängen zu erfolgen. Die Rückwirkungsfiktion führt hierbei jedoch nicht dazu, dass im Verhältnis zwischen dem übertragenden und dem übernehmenden Rechtsträger oder zwischen den übernehmenden Rechtsträgern Liefer- und Leistungsbeziehungen fingiert werden.

02.14 Für das Vorliegen eines Teilbetriebs kommt es auf die Verhältnisse zum steuerlichen Übertragungsstichtag an. Zu den Teilbetriebsvoraussetzungen im Einzelnen vgl. Randnr. 15.02 ff.

02.15 Das Vorliegen eines Besteuerungsrechts kann nicht rückwirkend fingiert werden. Für die Prüfung des Ausschlusses oder der Beschränkung des deutschen Besteuerungsrechts ist auf die tatsächlichen Verhältnisse zum Zeitpunkt des steuerlichen Übertragungsstichtags abzustellen.

02.16 Der Eintritt der Wirksamkeit einer Umwandlung, deren steuerliche Wirkungen nach § 2 UmwStG zurückbezogen werden, stellt ein rückwirkendes Ereignis i. S. d. § 175 Abs. 1 Satz 1 Nr. 2 AO dar. Steuer- und Feststellungsbescheide der übertragenden Körperschaft sowie Feststellungsbescheide von Mitunternehmerschaften, an denen die übertragende Körperschaft unmittelbar oder mittelbar beteiligt ist, sind ggf. dementsprechend zu ändern.

b) Keine Rückwirkungsfiktion für ausscheidende und abgefundene Anteilseigner

35 **02.17** Die Rückwirkungsfiktion des § 2 Abs. 1 UmwStG betrifft grundsätzlich nur den übertragenden sowie den übernehmenden Rechtsträger und z. B. nicht den Anteilseigner der übertragenden Körperschaft, sofern er nicht auch der übernehmende Rechtsträger ist (vgl. Randnr. 02.03). Bei einer Personengesellschaft als übernehmender Rechtsträger gilt darüber hinaus nach § 2 Abs. 2 UmwStG die Rückwirkungsfiktion auch für die Gesellschafter der übernehmenden Personengesellschaft. Maßgebend ist dabei der Umfang der Beteiligung des Anteilseigners zum Zeitpunkt der Wirksamkeit der Umwandlung (vgl. im Folgenden Randnr. 02.21). Diese Grundsätze gelten für die Rückwirkungsfiktion nach § 9 Satz 3 UmwStG entsprechend (vgl. Randnr. 02.06).

02.18 Von der Rückwirkung nach § 2 Abs. 2 UmwStG sind die Anteilseigner der übertragenden Körperschaft ausgenommen, sofern sie oder im Erbfall deren Gesamtrechtsnachfolger nicht Gesellschafter der übernehmenden Personengesellschaft werden.

Beispiel:

Die XY-GmbH soll zum 1. 1. 02 auf die XY-KG verschmolzen werden. Anteilseigner und Mitunternehmer sind A und B zu je 50%. Der Umwandlungsbeschluss erfolgte im April 02. Die Anmeldung der Umwandlung zum Handelsregister erfolgte im Mai 02 und die Eintragung im Juli 02.
A verstirbt am 30. 6. 02. Alleinerbin ist seine Ehefrau.

Lösung:

Das Vermögen des Erblassers geht auf die Ehefrau im Wege der Gesamtrechtsnachfolge über. Für ertragsteuerliche Zwecke gilt insoweit auch für die Ehefrau die Rückwirkungsfiktion nach § 2 Abs. 2 UmwStG, da die Ehefrau mit Eintragung der Umwandlung Gesellschafterin des übernehmenden Rechtsträgers, der XY-KG, wird.
Für erbschaftsteuerliche Zwecke gilt die Rückwirkungsfiktion nicht (vgl. Randnr. 01.01).

Die Rückwirkungsfiktion des § 2 Abs. 2 UmwStG gilt nicht für diejenigen Anteilseigner, die in der Zeit zwischen dem steuerlichen Übertragungsstichtag und der Eintragung der Umwandlung in das zuständige Register (Rückwirkungszeitraum) ganz oder teilweise aus der übertragenden Körperschaft (z. B. durch entgeltliche oder unentgeltliche Übertragung) ausscheiden. Soweit sie ausscheiden, sind sie bis zu ihrem Ausscheiden für steuerliche Zwecke als Anteilseigner der übertragenden Körperschaft zu behandeln.

02.19 Die vorstehenden Ausführungen gelten auch für Anteilseigner, die aus dem umgewandelten Rechtsträger gegen Barabfindung ausscheiden. Bei Verschmelzung, Auf-, Abspaltung oder Formwechsel eines Rechtsträgers hat der übernehmende Rechtsträger bzw. umgewandelte Rechtsträger jedem Anteilseigner, der gegen den Umwandlungsbeschluss des übertragenden oder umgewandelten Rechtsträgers Widerspruch eingelegt hat, den Erwerb seiner Anteile gegen eine angemessene Barabfindung anzubieten (§§ 29, 125 und 207 UmwG). Der abgefundene Anteilseigner scheidet handelsrechtlich erst nach der Eintragung in das jeweils zuständige Register und damit aus dem zivilrechtlich bereits bestehenden übernehmenden bzw. umgewandelten Rechtsträger aus. Steuerlich ist er jedoch so zu behandeln, als ob er nicht Gesellschafter des übernehmenden bzw. umgewandelten Rechtsträgers geworden und damit aus dem übertragenden Rechtsträger ausgeschieden ist.

2. Steuerliche Behandlung von im Rückwirkungszeitraum ausscheidenden und neu eintretenden Anteilseignern

a) Vermögensübergang auf eine Personengesellschaft oder natürliche Person

36 **02.20** Veräußert ein Anteilseigner einen Teil seiner Beteiligung an der übertragenden Körperschaft, für den bei ihm die Rückwirkungsfiktion des § 2 Abs. 2 UmwStG insoweit nicht gilt (vgl. Randnr. 02.17 ff.), überträgt er Anteile an einer Körperschaft und keinen Mitunternehmeranteil. Der Veräußerungsgewinn ist beim Anteilseigner nach den für die Veräußerung von Anteilen an Körperschaften geltenden steuerlichen Vorschriften (z. B. § 17 Abs. 1 oder § 20 Abs. 2 Satz 1 Nr. 1 EStG) zu beurteilen. Für die persönliche Zurechnung der Bezüge i. S. d. § 7 UmwStG kommt es auf die Verhältnisse im Zeitpunkt der Wirksamkeit der Umwandlung an, so dass bezogen auf diese Anteile dem Veräußerer keine Bezüge i. S. d. § 7 UmwStG zuzurechnen sind (vgl. Randnr. 07.02).

02.21 Der Erwerber der Anteile wird mit Eintragung der Umwandlung Gesellschafter der übernehmenden Personengesellschaft, so dass für ihn die Rückwirkungsfiktion des § 2 Abs. 2 UmwStG insoweit zur Anwendung kommt. Für ihn ist das Übernahmeergebnis nach § 4 Abs. 4 bis 6 i. V. m. § 5 Abs. 2 und 3 UmwStG zu ermitteln und ihm sind auch insoweit die Bezüge i. S. d. § 7 UmwStG zuzurechnen.

Beispiel:

A ist Alleingesellschafter der X-GmbH und hält seine Anteile im Privatvermögen. Die X-GmbH wird steuerlich rückwirkend zum 31. 12. 00 auf die bereits bestehende Y-OHG verschmolzen. Die Eintragung im Handelsregister erfolgt am 15. 6. 01. A veräußert am 1. 3. 01 die Hälfte seiner Beteiligung an der X-GmbH an B. Beim Erwerber gehört die Beteiligung zum Betriebsvermögen.
A und B sind Geschäftsführer der X-GmbH und erzielen im Rückwirkungszeitraum hierfür bisher Einkünfte i. S. d. § 19 Abs. 1 Satz 1 Nr. 1 EStG.

Lösung:

Soweit A seinen Anteil an der X-GmbH veräußert, findet § 2 Abs. 2 UmwStG keine Anwendung. A veräußert insoweit eine Beteiligung an einer Kapitalgesellschaft.
B erwirbt ungeachtet der Rückwirkungsfiktion einen Anteil an einer Kapitalgesellschaft. Gem. § 5 Abs. 3 UmwStG gilt dieser Anteil als mit den Anschaffungskosten am steuerlichen Übertragungsstichtag (hier: 31. 12. 00) in das Betriebsvermögen der Personengesellschaft überführt. Das Übernahmeergebnis sowie die Bezüge i. S. d. § 7 UmwStG sind insoweit dem Erwerber anteilig zum steuerlichen Übertragungsstichtag zuzurechnen.
Hinsichtlich ihrer Beteiligungen gilt für A und B die Rückwirkungsfiktion nach § 2 Abs. 2 UmwStG mit der Folge, dass die im Rückwirkungszeitraum erzielten Geschäftsführergehälter als Einkünfte i. S. d. § 15 Abs. 1 Satz 1 Nr. 2 zweiter Halbsatz EStG zu erfassen sind.

02.22 Werden die Anteile von der übernehmenden Personengesellschaft oder natürlichen Person erworben, ist das Übernahmeergebnis nach § 4 Abs. 4 bis 6 UmwStG so zu ermitteln, als hätte die übernehmende Personengesellschaft bzw. die natürliche Person die Anteile bereits am steuerlichen Übertragungsstichtag angeschafft (vgl. § 5 Abs. 1 UmwStG). Diese Anteile gelten damit als innerhalb von fünf Jahren vor dem steuerlichen Übertragungsstichtag i. S. d. § 4 Abs. 6 Satz 6 UmwStG erworben.

b) Vermögensübergang auf eine Körperschaft

02.23 Veräußert ein Anteilseigner, für den die Rückwirkungsfiktion des § 2 Abs. 1 UmwStG nicht gilt (vgl. Randnr. 02.03), seine Beteiligung an der übertragenden Körperschaft, ist die Veräußerung steuerlich nach den allgemeinen Grundsätzen zu beurteilen (z. B. § 17 Abs. 1 oder § 20 Abs. 2 Satz 1 Nr. 1 EStG). Die Besteuerungsfolgen beim Veräußerer treten zum Zeitpunkt des Übergangs des wirtschaftlichen Eigentums i. S. d. § 39 AO ein. Für die Besteuerung des Erwerbers gilt grundsätzlich § 13 UmwStG, soweit es sich bei dem Erwerber nicht um den übernehmenden Rechtsträger handelt (vgl. Randnr. 02.24). 37

02.24 Erwirbt die übernehmende Körperschaft im Rückwirkungszeitraum Anteile an der übertragenden Körperschaft, gelten diese von der übernehmenden Körperschaft als am steuerlichen Übertragungsstichtag erworben (§ 12 Abs. 2 Satz 3 i. V. m. § 5 Abs. 1 UmwStG). Die Besteuerungsfolgen beim Veräußerer treten, da für ihn § 12 Abs. 2 Satz 3 i. V. m. § 5 Abs. 1 UmwStG nicht gilt, zum Zeitpunkt des Übergangs des wirtschaftlichen Eigentums i. S. d. § 39 AO ein. Die Ermittlung und Besteuerung des Übernahmeergebnisses ergibt sich gem. § 12 Abs. 2 Satz 1 und 2 UmwStG mit Wirkung zum steuerlichen Übertragungsstichtag.

3. Steuerliche Behandlung von Gewinnausschüttungen

a) Vermögensübergang auf eine Personengesellschaft oder natürliche Person

aa) Ausschüttungen, die vor dem steuerlichen Übertragungsstichtag abgeflossen sind

• Übertragende Körperschaft 38

02.25 Die im letzten Wirtschaftsjahr der übertragenden Körperschaft (= Wirtschaftsjahr der Umwandlung) vorgenommenen Ausschüttungen (u. a. abgeflossene Vorabausschüttungen, abgeflossene verdeckte Gewinnausschüttungen) haben das Betriebsvermögen der übertragenden Körperschaft zum steuerlichen Übertragungsstichtag und damit auch das übergehende Vermögen bereits verringert.

• Zuflusszeitpunkt und Besteuerung beim Anteilseigner

02.26 Die Ausschüttungen sind beim Anteilseigner als Einnahmen i. S. d. § 20 Abs. 1 Nr. 1 EStG zu erfassen und unterliegen der Besteuerung nach den allgemeinen Grundsätzen (z. B. § 3 Nr. 40 oder § 32 d EStG, § 8 b KStG). Für den Zufluss beim Anteilseigner gelten die gemeinen Grundsätze.

bb) Ausschüttungen, die nach dem steuerlichen Übertragungsstichtag abgeflossen sind

(1) Vor dem steuerlichen Übertragungsstichtag begründete Ausschüttungsverbindlichkeiten

• Übertragende Körperschaft

02.27 Am steuerlichen Übertragungsstichtag bereits beschlossene, aber noch nicht vollzogene offene Gewinnausschüttungen sowie noch nicht abgeflossene verdeckte Gewinnausschüttungen sind in der steuerlichen Schlussbilanz als Schuldposten (z. B. als Ausschüttungsverbindlichkeit oder als passivierte Tantieme) zu berücksichtigen. Das gilt sowohl für offene Gewinnausschüttungen als auch für beschlossene Vorabausschüttungen für das letzte oder frühere Wirtschaftsjahre der übertragenden Körperschaft und auch für verdeckte Gewinnausschüttungen, die erst im Rückwirkungszeitraum oder später abfließen. 39

Ausschüttungen, für die ein Schuldposten gebildet worden ist, gelten unabhängig vom Zuflusszeitpunkt beim Anteilseigner (vgl. Randnr. 02.28 f.) für Zwecke der Anwendung des § 27 KStG als am steuerlichen Übertragungsstichtag abgeflossen.

Die Steuerbescheinigung i. S. d. § 27 Abs. 3 KStG ist von der übertragenden Körperschaft oder dem übernehmenden Rechtsträger als deren steuerlicher Rechtsnachfolger (§ 4 Abs. 2 Satz 1 UmwStG) auszustellen.

• Zuflusszeitpunkt und Besteuerung beim Anteilseigner

02.28 Für die Besteuerung der Ausschüttungen beim Anteilseigner ist für den Besteuerungszeitpunkt der in der steuerlichen Schlussbilanz als Schuldposten passivierten Ausschüttungsverbindlichkeiten (vgl. Randnr. 02.27) grundsätzlich zu unterscheiden, ob sie Anteilseigner betreffen, für die die Rückwirkungsfiktion gilt oder nicht gilt:

- Anteilseigner, die unter die Rückwirkungsfiktion fallen:
  Bei Ausschüttungsverbindlichkeiten gegenüber Anteilseignern, für die die Rückwirkungsfiktion Anwendung findet (vgl. Randnr. 02.03 und 02.17), gelten diese Ausschüttungen dem Anteilseigner nach § 2 Abs. 2 UmwStG bereits als am steuerlichen Übertragungsstichtag zugeflossen; der Ausweis einer Ausschüttungsverbindlichkeit in der steuerlichen Schlussbilanz bleibt hiervon unberührt. Für eine natürliche Person als übernehmender Rechtsträger gilt dies nach § 2 Abs. 1 UmwStG.
  Für Anteilseigner, für die ein Übernahmeergebnis nach § 4 UmwStG ermittelt wird (vgl. § 4 Abs. 4 Satz 3 UmwStG), sind die Ausschüttungen als Einkünfte nach § 15 Abs. 1 Satz 1 Nr. 2 EStG i. V. m. § 20 Abs. 1 Nr. 1, Abs. 8 EStG zu erfassen und nach den allgemeinen Grundsätzen zu besteuern (§ 3 Nr. 40 EStG oder § 8 b KStG). Für Anteilseigner, für die kein Übernahmeergebnis zu ermitteln ist, sind die Ausschüttungen als Einkünfte nach § 20 Abs. 1 Nr. 1 EStG zu erfassen und nach den allgemeinen Grundsätzen zu versteuern (§ 3 Nr. 40 EStG a. F. oder bei Zufluss nach dem 31. 12. 2008 § 32 d, § 43 Abs. 5 EStG).

- Anteilseigner, die nicht unter die Rückwirkungsfiktion fallen:
  Bei Ausschüttungsverbindlichkeiten gegenüber Anteilseignern, für die die Rückwirkungsfiktion nach § 2 Abs. 2 UmwStG nicht gilt (vgl. Randnr. 02.03 und 02.17 ff.), sind die Ausschüttungen nach den allgemeinen Grundsätzen als Einnahmen i. S. d. § 20 Abs. 1 Nr. 1 EStG zu erfassen und zu besteuern (z. B. § 3 Nr. 40 EStG oder § 8 b KStG bzw. bei Zufluss nach dem 31. 12. 2008 auch § 32 d, § 43 Abs. 5 EStG).

02.29 Veräußert ein Anteilseigner nur einen Teil seiner Anteile, sind Gewinnausschüttungen bezogen auf die verbliebenen und veräußerten Anteile entsprechend dem gesamten Beteiligungsverhältnis dieses Anteilseigners aufzuteilen und entsprechend den vorstehenden Grundsätzen zu beurteilen.

• Behandlung beim übernehmenden Rechtsträger

02.30 Beim übernehmenden Rechtsträger stellt der Abfluss der Gewinnausschüttung im Rückwirkungszeitraum grundsätzlich eine erfolgsneutrale Erfüllung einer Ausschüttungsverbindlichkeit dar. Die übernehmende Personengesellschaft oder natürliche Person ist als steuerlicher Rechtsnachfolger des übertragenden Rechtsträgers (§ 4 Abs. 2 Satz 1 UmwStG) zur Einbehaltung und Abführung der Kapitalertragsteuer nach den allgemeinen Grundsätzen verpflichtet (vgl. §§ 43 ff. EStG):

- Anteilseigner, die unter die Rückwirkungsfiktion fallen:
  Bei Ausschüttungsverbindlichkeiten an Anteilseigner, die unter die steuerliche Rückwirkungsfiktion fallen (vgl. Randnr. 02.03 und 02.17), gelten diese Ausschüttungen infolge der Wirksamkeit der Umwandlung als am steuerlichen Übertragungsstichtag zugeflossen. Für die Anwendung des § 44 Abs. 1 Satz 2 EStG gelten sie spätestens mit Eintritt der Wirksamkeit der Umwandlung als zugeflossen.
- Anteilseigner, die nicht unter die Rückwirkungsfiktion fallen:
  Bei in der steuerlichen Schlussbilanz ausgewiesenen Ausschüttungsverbindlichkeiten für nicht an der Rückwirkungsfiktion teilnehmende Anteilseigner (vgl. Randnr. 02.03 und 02.17 ff.) ist die Kapitalertragsteuer in dem Zeitpunkt, zu dem die Einnahmen i. S. d. § 20 Abs. 1 Nr. 1 EStG dem Gläubiger i. S. d. § 44 Abs. 1 Satz 2 EStG zufließen, von dem übernehmenden Rechtsträger als steuerlicher Rechtsnachfolger des übertragenden Rechtsträgers (§ 4 Abs. 2 Satz 1 UmwStG) einzubehalten und abzuführen, soweit dieser die Kapitalertragsteuer nicht bereits nach allgemeinen Grundsätzen einbehalten und abgeführt hat.

(2) Nach dem steuerlichen Übertragungsstichtag beschlossene Gewinnausschüttungen sowie verdeckte Gewinnausschüttungen und andere Ausschüttungen im Rückwirkungszeitraum sowie offene Rücklagen i. S. d. § 7 UmwStG

40 **02.31** Offene oder verdeckte Gewinnausschüttungen der zivilrechtlich noch bestehenden übertragenden Körperschaft im Rückwirkungszeitraum sind steuerlich – trotz der Rückwirkungsfiktion des § 2 Abs. 1 UmwStG – im Grundsatz weiterhin Ausschüttungen des übertragenden Rechtsträgers, da die Rückwirkungsfiktion des § 2 Abs. 1 UmwStG nicht den Anteilseigner und seine von der übertragenden Körperschaft bezogenen Ausschüttungen betrifft (vgl. Randnr. 02.03). Insoweit ist für diese Ausschüttungen ein passiver Korrekturposten in die steuerliche Schlussbilanz einzustellen, der wie eine Ausschüttungsverbindlichkeit (vgl. Randnr. 02.27) wirkt. Der steuerliche Gewinn der übertragenden Körperschaft mindert sich hierdurch nicht. Er ist ggf. außerhalb der steuerlichen Schlussbilanz entsprechend zu korrigieren. Das nach Vornahme dieser Korrektur in der steuerlichen Schlussbilanz verbliebene Eigenkapital stellt die Ausgangsgröße für die Ermittlung der offenen Rücklagen i. S. d. § 7 UmwStG dar (vgl. Randnr. 07.04). Bei der Zurechnung der offenen Rücklagen i. S. d. § 7 UmwStG gegenüber einem im Rückwirkungszeitraum neu eintretenden Gesellschafter sind die Ausschüttungen an Anteilseigner, für die die Rückwirkungsfiktion gilt, vorweg zu berücksichtigen (rückbezogene Ausschüttungen; vgl. Randnr. 02.33 und 07.06).

02.32 Die Bildung eines passiven Korrekturpostens i. S. d. Randnr. 02.31 kommt insoweit nicht für Ausschüttungen an Anteilseigner in Betracht, soweit für sie die Rückwirkungsfiktion gilt. Dies ist der Fall, wenn

- der Anteilseigner i. S. d. § 20 Abs. 5 EStG der übertragenden Körperschaft auch der übernehmende Rechtsträger ist (bei Verschmelzung auf eine natürliche Person) oder
- der Anteilseigner Gesellschafter der übernehmenden Personengesellschaft wird.

Im ersten Fall gilt die steuerliche Rückwirkungsfiktion nach § 2 Abs. 1 UmwStG und im zweiten Fall nach § 2 Abs. 2 UmwStG auch für den Anteilseigner der übertragenden Körperschaft, so dass es sich insoweit steuerlich nicht um Einnahmen i. S. d. § 20 Abs. 1 Nr. 1 EStG, sondern um Entnahmen i. S. d. § 4 Abs. 1 Satz 2 EStG der übernehmenden natürlichen Person oder des jeweiligen Gesellschafters handelt. Davon unberührt bleibt eine Zurechnung von Bezügen i. S. d. § 7 UmwStG i. V. m. § 20 Abs. 1 Nr. 1 EStG.

02.33 Ausschüttungen an Anteilseigner, für die die Rückwirkungsfiktion nicht gilt (vgl. Randnr. 02.03 und 02.17 ff.), sind als Einnahmen nach § 20 Abs. 1 Nr. 1 EStG zu behandeln und nach den allgemeinen Grundsätzen zu besteuern (z. B. § 3 Nr. 40 EStG oder § 8 b KStG bzw. bei Zufluss nach dem 31. 12. 2008 auch § 32 d, § 43 Abs. 5 EStG). Zum Abfluss für Zwecke der Anwendung des § 27 KStG vgl. Randnr. 02.27, zum Einbehalt und zur Abführung der Kapitalertragsteuer vgl. Randnr. 02.30 und zum Zeitpunkt der Besteuerung vgl. Randnr. 02.28.

Beispiel:

An der X-GmbH sind die Gesellschafter A (10%), B (40%) und C (50%) beteiligt. Die X-GmbH wird zum 1. 1. 01 (steuerlicher Übertragungsstichtag 31. 12. 00) zusammen mit der Y-GmbH durch Neugründung auf die XY-OHG verschmolzen. Die Gesellschafterversammlung der X-GmbH beschließt am 30. 4. 01 eine Gewinnausschüttung für 01 i. H. v. 70 000 €. Die Ausschüttung wird am 31. 5. 01 ausgezahlt. Das steuerliche Eigenkapital i. S. d. § 7 UmwStG beträgt – vor Berücksichtigung eines Korrekturpostens – 100 000 €.

A verkauft seine im Privatvermögen gehaltene Beteiligung an der X-GmbH zum 1. 7. 01 an D. Die Eintragung der Verschmelzung im Handelsregister erfolgt am 31. 8. 01.

Lösung:

Für die steuerliche Beurteilung der nach dem steuerlichen Übertragungsstichtag beschlossenen Gewinnausschüttung sowie der Bezüge i. S. d. § 7 UmwStG der Gesellschafter A, B, C und D ist danach zu unterscheiden, welcher Anteilseigner an der Rückwirkungsfiktion nach § 2 Abs. 2 UmwStG teilnimmt:

Anteilseigner A

Da A infolge der Anteilsveräußerung nicht Gesellschafter der übernehmenden Personengesellschaft wird, gilt für ihn zum einen nicht die Rückwirkungsfiktion nach § 2 Abs. 2 UmwStG und zum anderen sind ihm keine Bezüge i. S. d. § 7 UmwStG zuzurechnen (vgl. Randnr. 02.20 und 07.02). In Höhe der dem A zuzurechnenden Gewinnausschüttung ist in der steuerlichen Schlussbilanz ein passiver Korrekturposten i. H. v. 7000 € steuerneutral zu bilden.
Dem ausgeschiedenen Anteilseigner A fließt die Gewinnausschüttung der übertragenden Körperschaft am 31. 5. 01 zu. Er hat diese Ausschüttung im Veranlagungszeitraum 01 als Einkünfte aus Kapitalvermögen zu versteuern (§ 20 Abs. 1 Nr. 1 EStG, § 3 Nr. 40 EStG bzw. bei Zufluss nach dem 31. 12. 2008 auch § 32 d, § 43 Abs. 5 EStG).

Anteilseigner B, C und D

Da die Anteilseigner B, C und D der übertragenden X-GmbH Gesellschafter der übernehmenden XY-OHG werden, findet zum einen die Rückwirkungsfiktion nach § 2 Abs. 2 UmwStG Anwendung und zum anderen sind ihnen die Bezüge i. S. d. § 7 UmwStG zuzurechnen. Die Bildung eines passiven Korrekturpostens kommt insoweit nicht in Betracht. Hinsichtlich der am 31. 5. 01 erfolgten Gewinnausschüttungen handelt es sich um Entnahmen von B und C nach § 4 Abs. 1 Satz 2 EStG.
Für die Zurechnung der Bezüge i. S. d. § 7 UmwStG ergibt sich Folgendes:

Eigenkapital i. S. d. § 7 UmwStG (ohne Korrekturposten)	100 000 €
Passiver Korrekturposten (Ausschüttung an A)	./. 7 000 €
Ausgangsgröße für die Bezüge i. S. d. § 7 UmwStG	93 000 €

Die Bezüge i. S. d. des § 7 UmwStG verteilen sich wie folgt:

	Vorspalte	B	C	D
Bezüge i. S. d. § 7 UmwStG	93 000 €			
Rückbezogene Ausschüttungen an B, C	./. 63 000 €	+ 28 000 €	+ 35 000 €	
Zwischensumme	30 000 €			
Verteilung nach Beteiligung am Nennkapital	./. 30 000 €	+ 12 000 €	+ 15 000 €	+ 3 000 €
Zu versteuernde Bezüge i. S. d. § 7 UmwStG		40 000 €	50 000 €	3 000 €

b) Vermögensübergang auf eine Körperschaft

02.34 Bei Umwandlung auf eine Körperschaft gilt für den Anteilseigner die steuerliche Rückwirkungsfiktion nach § 2 Abs. 1 UmwStG nicht, sofern dieser nicht der übernehmende Rechtsträger ist (vgl. Randnr. 02.03). Ausschüttungen an Anteilseigner, für die die Rückwirkungsfiktion nicht gilt, sind als Ausschüttungen der übertragenden Körperschaft und als Einnahmen nach § 20 Abs. 1 Nr. 1 EStG zu behandeln sowie nach den allgemeinen Grundsätzen zu besteuern (z. B. § 3 Nr. 40 EStG oder § 8 b KStG bzw. bei Zufluss nach dem 31. 12. 2008 auch § 32 d, § 43 Abs. 5 EStG). Zum Einbehalt und zur Abführung der Kapitalertragsteuer vgl. Randnr. 02.30 und zum Zeitpunkt der Besteuerung vgl. Randnr. 02.28. 41

Ausschüttungen der übertragenden Körperschaft, für die entsprechend Randnr. 02.27 ein Schuldposten oder entsprechend Randnr. 02.31 ein passiver Korrekturposten zu bilden ist, gelten für Zwecke der Anwendung des § 27 KStG spätestens im Zeitpunkt der zivilrechtlichen Wirksamkeit der Umwandlung als abgeflossen. Diese Ausschüttungen sind in der gesonderten Feststellung des steuerlichen Einlagekontos zum steuerlichen Übertragungsstichtag zu berücksichtigen.

Aus Vereinfachungsgründen bestehen für im Rückwirkungszeitraum erfolgte Gewinnausschüttungen keine Bedenken, diese so zu behandeln, als hätte der übernehmende Rechtsträger sie vorgenommen, wenn die Verpflichtung zum Einbehalt und zur Abführung der Kapitalertragsteuer nach §§ 43 ff. EStG hierdurch nicht beeinträchtigt wird.

02.35 Bei Verschmelzung einer Tochtergesellschaft auf ihre Muttergesellschaft gilt für Gewinnausschüttungen der Tochtergesellschaft an die Muttergesellschaft im Rückwirkungszeitraum die Rückwirkungsfiktion nach § 2 Abs. 1 UmwStG mit der Folge, dass eine steuerlich unbeachtliche Vorwegübertragung von Vermögen an die Muttergesellschaft vorliegt. Die Kapitalertragsteueranmeldung kann insoweit berichtigt werden.

4. Sondervergütungen bei Umwandlung in eine Personengesellschaft

02.36 Im Rückwirkungszeitraum gezahlte Vergütungen für die Tätigkeit im Dienst der Gesellschaft, für die Hingabe von Darlehen oder für die Überlassung von Wirtschaftsgütern an Anteilseigner, die Mitunternehmer der übernehmenden Personengesellschaft werden, sind dem Gewinnanteil der jeweiligen Mitunternehmer der übernehmenden Personengesellschaft in voller Höhe hinzuzurechnen (§ 15 Abs. 1 Satz 1 Nr. 2 zweiter Halbsatz EStG). Eine Aufteilung der Vergütung entsprechend Randnr. 02.29 findet nicht statt (vgl. hierzu auch das Beispiel in Randnr. 02.21). 42

5. Aufsichtsratsvergütungen und sonstige Fälle des Steuerabzugs nach § 50 a EStG

02.37 Aufsichtsratsvergütungen der übertragenden Körperschaft für den Rückwirkungszeitraum werden steuerlich weiterhin vom übertragenden Rechtsträger geleistet. An Dritte gezahlte Vergütungen stellen im Grundsatz Betriebsausgaben des übertragenden Rechtsträgers dar, die nach § 2 Abs. 1 UmwStG dem übernehmenden Rechtsträger rückwirkend zugerechnet werden. Eine Steuerabzugsverpflichtung nach § 50 a EStG geht z. B. nach § 4 Abs. 2 Satz 1 UmwStG auf den übernehmenden Rechtsträger über. § 10 Nr. 4 KStG ist bei Umwandlung in eine Personengesellschaft nicht anzuwenden. 43

Der Vergütungsgläubiger hat die Einnahmen als Einkünfte i. S. d. § 18 Abs. 1 Nr. 3 EStG zu versteuern. Dies gilt jedoch nicht bei Umwandlung in eine Personengesellschaft, wenn der Vergütungsgläubiger Anteilseigner der übertragenden Körperschaft ist und Gesellschafter der übernehmenden Personengesellschaft wird, insoweit gilt Randnr. 02.36.

Vorstehende Grundsätze gelten für andere steuerabzugspflichtige Vergütungen i. S. d. § 50 a EStG entsprechend.

6. Vermeidung der Nichtbesteuerung (§ 2 Abs. 3 UmwStG)

44 **02.38** § 2 Abs. 3 UmwStG schließt die steuerliche Rückwirkung aus, soweit bei ausländischen Umwandlungen (vgl. Randnr. 01.20 ff.) aufgrund abweichender Regelungen zur steuerlichen Rückbeziehung eines in § 1 Abs. 1 UmwStG bezeichneten Vorgangs Einkünfte der Besteuerung in einem anderen Staat entzogen werden. Die Vorschrift soll die Nichtbesteuerung von Einkünften aufgrund abweichender Rückwirkungsregelungen vermeiden. Abweichende Rückwirkungsregelungen liegen insbesondere bei unterschiedlichen Rückwirkungszeiträumen oder unterschiedlicher Ausgestaltung der Rückwirkungsregelungen vor.

7. Beschränkung der Verlustnutzung (§ 2 Abs. 4 UmwStG)[1]

45 **02.39** § 2 Abs. 4 UmwStG enthält eine Verlustnutzungsbeschränkung. Mit dieser Regelung soll verhindert werden, dass aufgrund der steuerlichen Rückwirkungsfiktion in § 2 Abs. 1 und 2 UmwStG gestalterisch eine Verlustnutzung (einschließlich des Erhalts eines Zinsvortrags oder eines EBITDA-Vortrags) erreicht werden kann. Voraussetzung für die Verlustnutzung ist, dass diese auch ohne die steuerliche Rückwirkung nach § 2 Abs. 1 oder 2 UmwStG möglich gewesen wäre. Dabei kommt es nicht darauf an, ob z. B. im Fall des § 8 c KStG ein schädlicher Beteiligungserwerb vor dem Umwandlungsbeschluss oder in dem Zeitraum nach dem Umwandlungsbeschluss bis zur Eintragung der Umwandlung erfolgt.

02.40 Nach § 2 Abs. 4 Satz 2 UmwStG gilt die Rechtsfolge in § 2 Abs. 4 Satz 1 UmwStG für Verluste des übertragenden Rechtsträgers im Rückwirkungszeitraum entsprechend. Danach kann z. B. auch ein laufender Verlust des übertragenden Rechtsträgers im Rückwirkungszeitraum insoweit nicht mit den positiven Einkünften des übernehmenden Rechtsträgers ausgeglichen werden.

Zweiter Teil. Vermögensübergang bei Verschmelzung auf eine Personengesellschaft oder auf eine natürliche Person und Formwechsel einer Kapitalgesellschaft in eine Personengesellschaft

A. Wertansätze in der steuerlichen Schlussbilanz der übertragenden Körperschaft (§ 3 UmwStG)

I. Pflicht zur Abgabe einer steuerlichen Schlussbilanz

46 **03.01** Jede übertragende Körperschaft ist nach § 3 Abs. 1 Satz 1 UmwStG zur Erstellung und Abgabe einer steuerlichen Schlussbilanz auf den steuerlichen Übertragungsstichtag verpflichtet. Dies gilt unabhängig davon, ob die übertragende Körperschaft im Inland einer Steuerpflicht unterliegt (§§ 1, 2 KStG), im Inland zur Führung von Büchern verpflichtet ist (§ 5 Abs. 1 EStG, §§ 141 ff. AO) oder überhaupt inländisches Betriebsvermögen besitzt. Für den Formwechsel ergibt sich eine entsprechende Verpflichtung aus § 9 Satz 2 UmwStG. Die steuerliche Schlussbilanz i. S. d. § 3 Abs. 1 Satz 1 UmwStG ist eine eigenständige Bilanz und von der Gewinnermittlung i. S. d. § 4 Abs. 1, § 5 Abs. 1 EStG zu unterscheiden.

Als Abgabe der steuerlichen Schlussbilanz gilt auch die ausdrückliche Erklärung, dass die Steuerbilanz i. S. d. § 4 Abs. 1, § 5 Abs. 1 EStG gleichzeitig die steuerliche Schlussbilanz sein soll, wenn diese Bilanz der steuerlichen Schlussbilanz entspricht; diese Erklärung ist unwiderruflich. In dieser Erklärung ist zugleich ein konkludent gestellter Antrag auf Ansatz des Buchwerts zu sehen (vgl. Randnr. 03.29).

Fällt der steuerliche Übertragungsstichtag nicht auf das Ende des Wirtschaftsjahrs, entsteht insoweit ein Rumpfwirtschaftsjahr (§ 8 b Satz 2 Nr. 1 EStDV).

03.02 Die Vorlage einer steuerlichen Schlussbilanz ist nur dann nicht erforderlich, wenn sie nicht für inländische Besteuerungszwecke benötigt wird. Bei Übergang des Vermögens auf eine Personengesellschaft oder natürliche Person ist die Erstellung einer steuerlichen Schlussbilanz für inländische Besteuerungszwecke insbesondere immer dann von Bedeutung, wenn die übertragende Körperschaft, ein Mitunternehmer der übernehmenden Personengesellschaft oder die übernehmende natürliche Person im Inland steuerpflichtig ist.

03.03 Der Eintritt der Wirksamkeit einer Umwandlung, deren steuerliche Wirkungen nach § 2 UmwStG zurückbezogen werden, stellt ein rückwirkendes Ereignis i. S. d. § 175 Abs. 1 Satz 1 Nr. 2 AO dar (vgl. Randnr. 02.16).

II. Ansatz und Bewertung der übergehenden Wirtschaftsgüter

1. Ansatz der übergehenden Wirtschaftsgüter dem Grunde nach

47 **03.04** § 3 UmwStG ist eine eigenständige steuerliche Ansatz- und Bewertungsvorschrift. In der steuerlichen Schlussbilanz sind sämtliche übergehenden aktiven und passiven Wirtschaftsgüter, einschließlich nicht entgeltlich erworbener und selbst geschaffener immaterieller Wirtschaftsgüter, anzusetzen. Steuerfreie Rücklagen (z. B. § 6 b EStG oder § 7 g EStG a. F.) bzw. ein steuerlicher Ausgleichsposten nach § 4 g EStG sind nach § 4 Abs. 2 Satz 1 UmwStG dem Grunde nach anzusetzen, soweit die Buchwerte fortgeführt bzw. die Zwischenwerte angesetzt werden. § 5 b EStG gilt für die steuerliche Schlussbilanz entsprechend.

---

[1] Weitere Ausführungen und Beispiele enthält der *Erlass FM Brandenburg v. 17. 3. 2015 35 – S 1978–2014 #001, KSt-Kartei RP § 4 KStG Karte E 1.*

03.05 Zu einzelnen Positionen der steuerlichen Schlussbilanz:

- **Ausstehende Einlagen**
  Das gezeichnete Kapital ist um eingeforderte sowie um nicht eingeforderte ausstehende Einlagen zu kürzen, soweit diese nicht vom gezeichneten Kapital entsprechend § 272 Abs. 1 Satz 3 HGB[1] abgesetzt wurden. Zu den Folgen bei der Ermittlung des Übernahmegewinns siehe Randnr. 04.31.
- **Eigene Anteile**
  Eigene Anteile der übertragenden Körperschaft sind nicht in der steuerlichen Schlussbilanz anzusetzen, da sie nicht auf den übernehmenden Rechtsträger übergehen, sondern mit der Wirksamkeit der Umwandlung untergehen. Dieser Vorgang ist gewinnneutral.
- **Geschäfts- oder Firmenwert**
  Nach § 3 Abs. 1 Satz 1 UmwStG ist auch ein originärer Geschäfts- oder Firmenwert der übertragenden Körperschaft anzusetzen.
- **Forderungen und Verbindlichkeiten**
  Forderungen und Verbindlichkeiten gegen den übernehmenden Rechtsträger sind in der steuerlichen Schlussbilanz auch anzusetzen, wenn sie durch die Verschmelzung erlöschen. Zum Entstehen eines Übernahmefolgegewinns oder -verlusts bei Bewertungsunterschieden und dessen steuerlicher Behandlung siehe Randnr. 06.01 ff.
- **Rückstellung für Grunderwerbsteuer**
  Für aufgrund einer Verschmelzung der übertragenden Körperschaft anfallende Grunderwerbsteuer kann keine Rückstellung gebildet werden, soweit sie vom übertragenden Rechtsträger zu tragen ist (BFH vom 15. 10. 1997, I R 22/96, BStBl. 1998 II S. 168, und BMF-Schreiben vom 18. 1. 2010, BStBl. I S. 70).

03.06 Die steuerlichen Ansatzverbote des § 5 EStG gelten nicht für die steuerliche Schlussbilanz (vgl. Randnr. 03.04), es sei denn, die Buchwerte werden fortgeführt. Beim übernehmenden Rechtsträger gelten zu den folgenden Bilanzstichtagen die allgemeinen Grundsätze (vgl. Randnr 04.16).

2. Ansatz der übergehenden Wirtschaftsgüter der Höhe nach

a) Ansatz der übergehenden Wirtschaftsgüter mit dem gemeinen Wert bzw. dem Teilwert nach § 6 a EStG

03.07 Die übergehenden aktiven und passiven Wirtschaftsgüter sind in der steuerlichen Schluss- 48
bilanz auf den steuerlichen Übertragungsstichtag mit dem gemeinen Wert bzw. bei Pensionsrückstellungen mit dem Teilwert nach § 6 a EStG anzusetzen. Die Bewertung nach § 3 Abs. 1 Satz 1 UmwStG zum gemeinen Wert hat dabei nicht bezogen auf jedes einzelne übergehende Wirtschaftsgut, sondern bezogen auf die Gesamtheit der übergehenden aktiven und passiven Wirtschaftsgüter zu erfolgen (Bewertung als Sachgesamtheit).

Die Ermittlung des gemeinen Werts der Sachgesamtheit kann, sofern der gemeine Wert des übertragenden Rechtsträgers nicht aus Verkäufen abgeleitet werden kann, anhand eines allgemein anerkannten ertragswert- oder zahlungsstromorientierten Verfahrens erfolgen, welches ein gedachter Erwerber des Betriebs der übertragenden Körperschaft bei der Bemessung des Kaufpreises zu Grunde legen würde (vgl. § 109 Abs. 1 Satz 2 i. V. m. § 11 Abs. 2 BewG); der Bewertungsvorbehalt für Pensionsrückstellungen nach § 3 Abs. 1 Satz 2 UmwStG ist zu beachten. Zur Bewertung nach § 11 Abs. 2 BewG gelten die gleich lautenden Erlasse der obersten Finanzbehörden der Länder zur Anwendung der §§ 11, 95 bis 109 und 199 ff. BewG in der Fassung des ErbStRG vom 17. 5. 2011, BStBl. I S. 606, für ertragsteuerliche Zwecke entsprechend (vgl. BMF-Schreiben vom 22. 9. 2011, BStBl. I S. 859).[2]

03.08 Aufgrund der Bewertung von Pensionsrückstellungen mit dem Teilwert i. S. d. § 6 a EStG nach § 3 Abs. 1 Satz 2 UmwStG mindert ein tatsächlich höherer gemeiner Wert der Versorgungsverpflichtung steuerlich nicht den gemeinen Wert des Unternehmens i. S. d. § 3 Abs. 1 UmwStG.

Beispiel:

Die XY-GmbH soll zum 31. 12. 00 auf die XY-KG verschmolzen werden. Die Steuerbilanz i. S. d. § 5 Abs. 1 EStG sowie die Werte i. S. d. § 3 Abs. 1 UmwStG stellen sich vereinfacht wie folgt dar:

	gemeiner Wert	**Buchwert**		*gemeiner Wert*	**Buchwert**
Aktiva diverse	*2 000 000 €*	2000 000 €	Eigenkapital		1 000 000 €
Firmenwert	*2 000 000 €*		Pensionsrückstellungen	*2 000 000 €*	1 000 000 €
	(4 000 000 €)	2000 000 €		*(2 000 000 €)*	2 000 000 €

Lösung:

Die steuerliche Schlussbilanz der XY-GmbH zum 31. 12. 00 ergibt sich danach wie folgt:

Aktiva diverse	2 000 000 €	Eigenkapital	3000 000 €
Firmenwert	2 000 000 €	Pensionsrückstellungen	1000 000 €
	4 000 000 €		4 000 000 €

Obwohl der gemeine Wert der Sachgesamtheit nur 2 000 000 € beträgt, ist eine Berücksichtigung der Differenz zwischen dem Wert der Pensionsrückstellung i. S. d. § 6 a EStG und dem gemeinen Wert dieser Verpflichtung nicht zulässig; vgl. § 3 Abs. 1 Satz 2 UmwStG.

[1] **[Amtl. Anm.:]** I. d. F. des Gesetzes zur Modernisierung des Bilanzrechts (Bilanzrechtsmodernisierungsgesetz – BilMoG) vom 25. 5. 2009, BGBl. I S. 1102.

[2] **Vgl. jetzt** R B 11, 95–109.2, 199.1–203 ErbStR.

03.09 Die Bewertung mit dem gemeinen Wert bzw. mit dem Teilwert i. S. d. § 6a EStG hat nach den Verhältnissen zum steuerlichen Übertragungsstichtag zu erfolgen. Der gemeine Wert der Sachgesamtheit ist analog § 6 Abs. 1 Nr. 7 EStG im Verhältnis der Teilwerte der übergehenden Wirtschaftsgüter auf die einzelnen Wirtschaftsgüter zu verteilen.

b) Ansatz der übergehenden Wirtschaftsgüter mit dem Buchwert

49 **03.10** Auf Antrag können die übergehenden Wirtschaftsgüter einheitlich mit dem Buchwert angesetzt werden, soweit

- sie Betriebsvermögen der übernehmenden Personengesellschaft oder natürlichen Person werden und sichergestellt ist, dass sie später der Besteuerung mit Einkommen- oder Körperschaftsteuer unterliegen (§ 3 Abs. 2 Satz 1 Nr. 1 UmwStG),
- das Recht der Bundesrepublik Deutschland hinsichtlich der Besteuerung des Gewinns aus der Veräußerung der übertragenen Wirtschaftsgüter bei den Gesellschaftern der übernehmenden Personengesellschaft oder bei der übernehmenden natürlichen Person nicht ausgeschlossen oder beschränkt wird (§ 3 Abs. 2 Satz 1 Nr. 2 UmwStG) und
- eine Gegenleistung nicht gewährt wird oder in Gesellschaftsrechten besteht (§ 3 Abs. 2 Satz 1 Nr. 3 UmwStG).

Für den Ansatz des Buchwerts sind die Ansätze in der Handelsbilanz nicht maßgeblich. Wegen des Begriffs Buchwert vgl. Randnr. 01.57.

Gehört zum übergehenden Vermögen der übertragenden Körperschaft ein Mitunternehmeranteil an der übernehmenden oder einer anderen Personengesellschaft, entspricht der Buchwertansatz dem auf die übertragende Körperschaft entfallenden anteiligen Kapitalkonto – unter Berücksichtigung etwaiger Ergänzungs- und Sonderbilanzen – bei der Mitunternehmerschaft.

03.11 Die Prüfung der in Randnr. 03.10 genannten Voraussetzungen erfolgt bezogen auf jeden einzelnen an der steuerlichen Rückwirkungsfiktion beteiligten Anteilseigner der übertragenden Körperschaft – soweit nicht für die Betriebsvermögenseigenschaft i. S. d. § 3 Abs. 2 Satz 1 Nr. 1 UmwStG auf den übernehmenden Rechtsträger abgestellt wird – und bezogen auf die Verhältnisse zum steuerlichen Übertragungsstichtag (vgl. Randnr. 02.15).

03.12 Ist der gemeine Wert der Sachgesamtheit geringer als die Summe der Buchwerte der übergehenden Wirtschaftsgüter, ist ein Ansatz zum Buchwert ausgeschlossen.

03.13 Der Antrag auf Fortführung der Buchwerte der übergehenden Wirtschaftsgüter kann nur einheitlich gestellt werden. Einem solchen Antrag steht nicht entgegen, dass zum Teil Wirtschaftsgüter mit dem gemeinen Wert in der steuerlichen Schlussbilanz anzusetzen sind, weil insoweit die Voraussetzungen des § 3 Abs. 2 Satz 1 Nr. 1 oder 2 UmwStG nicht gegeben sind. Bei Gewährung einer Gegenleistung i. S. d. § 3 Abs. 2 Satz 1 Nr. 3 UmwStG ist eine Fortführung der Buchwerte ausgeschlossen (vgl. Randnr. 03.21 ff.).

aa) Übergang in Betriebsvermögen und Sicherstellung der Besteuerung mit Einkommen- oder Körperschaftsteuer (§ 3 Abs. 2 Satz 1 Nr. 1 UmwStG)

50 **03.14** Wird das Vermögen der übertragenden Körperschaft nicht Betriebsvermögen der übernehmenden Personengesellschaft oder natürlichen Person, sind die aktiven und passiven Wirtschaftsgüter in der steuerlichen Schlussbilanz mit dem gemeinen Wert bzw. bei Pensionsrückstellungen mit dem Teilwert i. S. d. § 6a EStG anzusetzen (vgl. Randnr. 03.07). Der Ansatz eines Geschäfts- oder Firmenwerts erfolgt in diesen Fällen nach § 3 Abs. 1 Satz 1 UmwStG auch dann, wenn der Betrieb der übertragenden Körperschaft nicht fortgeführt wird.

03.15 Für die Zugehörigkeit der übergehenden Wirtschaftsgüter zu einem Betriebsvermögen des übernehmenden Rechtsträgers ist es unbeachtlich, ob das Betriebsvermögen im In- oder im Ausland belegen ist. Die Beurteilung, ob es sich beim übernehmenden Rechtsträger um Betriebsvermögen handelt, ergibt sich nach den allgemeinen steuerlichen Grundsätzen (§§ 13, 15 oder 18 EStG). Bei Vermögensübergang auf eine gewerblich geprägte Personengesellschaft i. S. d. § 15 Abs. 3 Nr. 2 EStG mit Sitz im In- oder Ausland werden die übertragenen Wirtschaftsgüter in der Regel Betriebsvermögen des übernehmenden Rechtsträgers; ausgenommen z. B. bei privater Nutzung.

03.16 Die übertragenen Wirtschaftsgüter müssen Betriebsvermögen der übernehmenden Personengesellschaft oder der natürlichen Person werden. Diese Voraussetzung liegt auch dann nicht vor, wenn die übernehmende Personengesellschaft keine Einkünfte i. S. d. § 15 EStG erzielt und die Beteiligung an dieser Personengesellschaft zu einem in- oder ausländischen Betriebsvermögen gehört (sog. Zebragesellschaft); vgl. auch Randnr. 08.03.

03.17 Die Besteuerung des übertragenen Vermögens mit Einkommen- oder Körperschaftsteuer ist sichergestellt, wenn das übertragene Vermögen hinsichtlich der Wertsteigerungen bei den Mitunternehmern der übernehmenden Personengesellschaft oder der übernehmenden natürlichen Person weiterhin einer Besteuerung mit Einkommen- oder Körperschaftsteuer unterliegt. Eine Besteuerung mit Gewerbesteuer ist hingegen nicht erforderlich.

Die Besteuerung ist z. B. nicht sichergestellt, soweit Mitunternehmer der übernehmenden Personengesellschaft eine steuerbefreite Körperschaft (z. B. § 16 Abs. 1 Satz 1 REITG) oder auch ein steuerbefreites Zweckvermögen (z. B. *§ 11 Abs. 1 Satz 2 InvStG*[1]) ist.

Eine Besteuerung i. S. d. § 3 Abs. 2 Satz 1 Nr. 1 UmwStG ist auch eine mit der inländischen Einkommen- oder Körperschaftsteuer vergleichbare ausländische Steuer.

---

[1] **InvStG 2004 aufgehoben** durch InvStRefG v. 19. 7. 2016 (BGBl. I S. 1730) **mWv 31. 12. 2017;** ab 1. 1. 2018 siehe InvStG 2018 v. 19. 7. 2016 (BGBl. I S. 1730).

bb) Kein Ausschluss oder Beschränkung des deutschen Besteuerungsrechts (§ 3 Abs. 2 Satz 1 Nr. 2 UmwStG)

03.18 Ein Ansatz der übergehenden Wirtschaftsgüter in der steuerlichen Schlussbilanz mit dem Buchwert ist nicht zulässig, soweit das Recht der Bundesrepublik Deutschland hinsichtlich der Besteuerung des Gewinns aus der Veräußerung der übertragenen Wirtschaftsgüter bei den Gesellschaftern der übernehmenden Personengesellschaft oder bei der übernehmenden natürlichen Person ausgeschlossen oder beschränkt wird (sog. Entstrickung). Die Voraussetzungen des § 3 Abs. 2 Satz 1 Nr. 2 UmwStG sind bei den Gesellschaftern der übernehmenden Personengesellschaft bzw. bei der übernehmenden natürlichen Person subjekt- und objektbezogen zu prüfen und entsprechen insoweit den gleichlautenden Entstrickungstatbeständen in § 4 Abs. 1 Satz 3 EStG und § 12 Abs. 1 KStG. Danach liegt ein Ausschluss oder eine Beschränkung des Besteuerungsrechts hinsichtlich des Gewinns aus der Veräußerung eines Wirtschaftsguts insbesondere vor, wenn ein bisher einer inländischen Betriebsstätte des Steuerpflichtigen zuzuordnendes Wirtschaftsgut einer ausländischen Betriebsstätte zuzuordnen ist (vgl. § 4 Abs. 1 Satz 4 EStG und § 12 Abs. 1 Satz 2 KStG). 51

Allein der Ausschluss oder die Beschränkung des deutschen Besteuerungsrechts für Zwecke der Gewerbesteuer stellt keine Beschränkung i. S. d. § 3 Abs. 2 Satz 1 Nr. 2 UmwStG dar.

03.19 Ein Ausschluss des deutschen Besteuerungsrechts hinsichtlich des Gewinns aus der Veräußerung eines Wirtschaftsguts setzt voraus, dass ein – ggf. auch eingeschränktes – deutsches Besteuerungsrecht hinsichtlich des Gewinns aus der Veräußerung des übertragenen Wirtschaftsguts bestanden hat und dies in vollem Umfang entfällt.

Beispiel:

Die XY-GmbH soll in die XY-KG durch Formwechsel umgewandelt werden. Anteilseigner und Mitunternehmer sind A und B zu je 50%. Die XY-GmbH hat u. a. eine Betriebsstätte in einem ausländischen Staat, mit dem kein DBA besteht. A und B haben ihren Wohnsitz und gewöhnlichen Aufenthalt im Ausland.

Lösung:

Aufgrund des Formwechsels der XY-GmbH in die XY-KG wird das deutsche Besteuerungsrecht hinsichtlich des Gewinns aus der Veräußerung der der ausländischen Betriebsstätte zuzurechnenden Wirtschaftsgüter zum steuerlichen Übertragungsstichtag ausgeschlossen, da die beiden Mitunternehmer mit den ausländischen Betriebsstätteneinkünften nicht der beschränkten Einkommen- oder Körperschaftsteuerpflicht i. S. d. § 49 EStG unterliegen.

Zur Aufstellung einer Ergänzungsbilanz bei der übernehmenden Personengesellschaft vgl. Randnr. 04.24.

Sofern jedoch vor der Umwandlung z. B. ein uneingeschränktes Besteuerungsrecht bestand und nach der Umwandlung ein der Höhe oder dem Umfang nach begrenztes deutsches Besteuerungsrecht fortbesteht, ist eine Beschränkung des deutschen Besteuerungsrechts gegeben.

03.20 Eine grenzüberschreitende Umwandlung für sich ändert grundsätzlich nicht die abkommensrechtliche Zuordnung von Wirtschaftsgütern zu einer in oder ausländischen Betriebsstätte (vgl. auch die Entstrickungsregelungen in § 4 Abs. 1 Satz 4 EStG, § 12 Abs. 1 Satz 2 KStG). Für die Beurteilung der Frage, ob eine Änderung der Zuordnung vorliegt, sind die Grundsätze des BMF-Schreibens vom 24. 12. 1999, BStBl. I S. 1076, zuletzt geändert durch BMF-Schreiben vom 25. 8. 2009, BStBl. I S. 888, maßgebend. Darüber hinaus kommt eine Entstrickung infolge der Umwandlung, die sich auf das steuerliche Übertragungsergebnis auswirkt, insbesondere im Zusammenhang mit dem Wechsel der Steuerpflicht in Betracht; vgl. das Beispiel in Randnr. 03.19.

cc) Keine Gegenleistung oder Gegenleistung in Form von Gesellschaftsrechten (§ 3 Abs. 2 Satz 1 Nr. 3 UmwStG)

03.21 Ein Ansatz der übergehenden Wirtschaftsgüter in der steuerlichen Schlussbilanz mit dem Buchwert ist nicht zulässig, soweit den verbleibenden Anteilseignern der übertragenden Körperschaft oder diesen nahe stehenden Personen eine Gegenleistung gewährt wird, die nicht in Gesellschaftsrechten besteht. Eine solche Gegenleistung ist insbesondere bei Leistung barer Zuzahlungen (z. B. Spitzenausgleich nach § 54 Abs. 4 oder § 68 Abs. 3 UmwG) oder Gewährung anderer Vermögenswerte (z. B. Darlehensforderungen) durch den übernehmenden Rechtsträger oder eine diesem nahe stehende Personen gegeben. Der Untergang der Beteiligung an der übertragenden Körperschaft (z. B. bei einer Aufwärtsverschmelzung) oder die Berücksichtigung der auf die Einnahmen i. S. d. § 7 UmwStG anfallenden Kapitalertragsteuer, die der übernehmende Rechtsträger als steuerlicher Rechtsnachfolger i. S. d. § 4 Abs. 2 Satz 1 UmwStG zu entrichten hat, als Entnahmen stellen keine Gegenleistung i. S. d. § 3 Abs. 2 Satz 1 Nr. 3 UmwStG dar. 52

Für die Beurteilung als Gegenleistung i. S. d. § 3 Abs. 2 Satz 1 Nr. 3 UmwStG ist es nicht erforderlich, dass die Leistung aufgrund umwandlungsgesetzlicher Regelungen (z. B. §§ 15, 126 Abs. 1 Nr. 3 UmwG) erfolgt. Im Übrigen gilt Randnr. 24.11 entsprechend.

Nicht in Gesellschaftsrechten bestehende Gegenleistungen stellen beim Anteilseigner einen Veräußerungserlös für seine Anteile dar. Bei einer nur anteiligen Veräußerung (z. B. Spitzenausgleich) sind zur Ermittlung des Veräußerungsgewinns dem Veräußerungserlös nur die anteiligen Anschaffungskosten dieser Anteile an dem übertragenden Rechtsträger gegenüberzustellen (vgl. auch Randnr. 13.02).

03.22 Zahlungen an ausscheidende Anteilseigner aufgrund Barabfindung nach §§ 29, 125 oder 207 UmwG stellen keine Gegenleistungen i. S. d. § 3 Abs. 2 Satz 1 Nr. 3 UmwStG dar. Beim Übergang des Vermögens des übertragenden Rechtsträgers i. S. d. § 20 Abs. 1 Nr. 1 UmwG auf einen Anteilseigner der übertragenden Körperschaft handelt es sich – hinsichtlich des übernommenen Vermögens – ebenfalls um keine Gegenleistung i. S. d. § 3 Abs. 2 Satz 1 Nr. 3 UmwStG.

noch **52** **03.23** Bei Gewährung einer Gegenleistung, die nicht in Gesellschaftsrechten besteht, sind die übergehenden Wirtschaftsgüter in der steuerlichen Schlussbilanz der übertragenden Körperschaft insoweit mindestens mit dem Wert der Gegenleistung anzusetzen.

I. H. der Differenz zwischen dem Wert der Gegenleistung und den auf die Gegenleistung entfallenden (anteiligen) Buchwerten der übergehenden Wirtschaftsgüter ergibt sich ein Übertragungsgewinn. Der Berechnung des anteiligen Buchwerts ist dabei das Verhältnis des Gesamtwerts der Gegenleistung zum Wert der Sachgesamtheit i. S. d. § 3 Abs. 1 UmwStG zu Grunde zu legen.

I. H. des Übertragungsgewinns sind die Wirtschaftsgüter in der steuerlichen Schlussbilanz aufzustocken. Der jeweilige Aufstockungsbetrag ermittelt sich aus dem Verhältnis des Übertragungsgewinns zu den gesamten stillen Reserven und stillen Lasten, mit Ausnahme der stillen Lasten in Pensionsrückstellungen. I. H. dieses Prozentsatzes sind die in den jeweiligen Wirtschaftsgütern enthaltenen stillen Reserven aufzudecken.

Beispiel: I

Die XY-GmbH soll auf die XY-KG verschmolzen werden. Die Steuerbilanz i. S. d. § 5 Abs. 1 EStG sowie die Werte i. S. d. § 3 Abs. 1 UmwStG stellen sich vereinfacht wie folgt dar:

	gemeiner Wert	**Buchwert**		**gemeiner Wert**	**Buchwert**
Anlagevermögen	*300 000 €*	200 000 €	Eigenkapital		300 000 €
Umlaufvermögen	*150 000 €*	100 000 €	Drohverlust-rückstellung	20 000 €	
Knowhow	*70 000 €*				
Firmenwert	*100 000 €*				
	(620 000 €)	300 000 €			300 000 €

Die Gesellschafter der XY-GmbH erhalten bare Zuzahlungen i. H. v. insgesamt 60 000 €.

Lösung:

Die baren Zuzahlungen stellen nicht in Gesellschaftsrechten bestehende Gegenleistungen dar. Die Voraussetzungen des § 3 Abs. 2 Satz 1 Nr. 3 UmwStG sind insoweit nicht erfüllt. Der Wert i. S. d. § 3 Abs. 1 UmwStG beträgt 600 000 € (= 620 000 € ./. 20 000 €) und der Wert der sonstigen Gegenleistung beträgt insgesamt 60 000 €. Die Gegenleistungen betragen somit 10% des Werts i. S. d. § 3 Abs. 1 UmwStG. Der Übertragungsgewinn beträgt 60 000 € ./. 30 000 € (entspricht 10% der Buchwerte) = 30 000 €. In dieser Höhe entsteht ein Aufstockungsbetrag.
Dieser Aufstockungsbetrag i. H. v. 30 000 € ist entsprechend dem Verhältnis des Übertragungsgewinns zu den gesamten stillen Reserven und stillen Lasten zu verteilen:

	Wert i. S. d. § 3 Abs. 1 UmwStG	**Buchwert**	**stille Reserven und stille Lasten**
Anlagevermögen	300 000 €	200 000 €	100 000 €
Umlaufvermögen	150 000 €	100 000 €	50 000 €
Knowhow (originär)	70 000 €	0 €	70 000 €
Firmenwert (originär)	100 000 €	0 €	100 000 €
Drohverlustrückstellung	./. 20 000 €	0 €	./. 20 000 €
Σ	600 000 €	300 000 €	300 000 €

Der Aufstockungsbetrag i. H. v. 30 000 € entspricht bezogen auf die gesamten stillen Reserven und stillen Lasten 10% (entspricht dem Verhältnis 30 000 €/300 000 €). Die auf die jeweiligen Wirtschaftsgüter entfallenden Aufstockungsbeträge ermitteln sich damit wie folgt:

	Buchwert	**stille Reserven**	**Aufstockung (10%)**	**Ansatz in der steuerlichen Schlussbilanz**
Anlagevermögen	200 000 €	100 000 €	10 000 €	210 000 €
Umlaufvermögen	100 000 €	50 000 €	5 000 €	105 000 €
Knowhow (originär)	0 €	70 000 €	7 000 €	7 000 €
Firmenwert (originär)	0 €	100 000 €	10 000 €	10 000 €
Drohverlustrückstellung	0 €	./. 20 000 €	./. 2 000 €	./. 2 000 €
Σ	300 000 €	300 000 €	30 000 €	330 000 €

03.24 Aufgrund der Bewertung von Pensionsrückstellungen mit dem Teilwert i. S. d. § 6 a EStG nach § 3 Abs. 1 Satz 2 UmwStG mindert ein tatsächlich höherer gemeiner Wert der Versorgungsverpflichtung steuerlich nicht den gemeinen Wert des Unternehmens i. S. d. § 3 Abs. 1 Satz 1 UmwStG (vgl. Randnr. 03.08). Dies hat auch auf die Wertansätze in der steuerlichen Schlussbilanz bei Gewährung einer nicht in Gesellschaftsrechten bestehenden Gegenleistung Einfluss. Maßgebend für die Wertverhältnisse zur Ermittlung des Aufstockungsbetrags (vgl. Randnr. 03.23) ist insoweit der Wert i. S. d. § 3 Abs. 1 UmwStG.

Beispiel:

Die XY-GmbH soll auf die XY-KG zur Aufnahme verschmolzen werden. Die Steuerbilanz i. S. d. § 5 Abs. 1 EStG sowie die Werte i. S. d. § 3 Abs. 1 UmwStG stellen sich vereinfacht wie folgt dar:

	gemeiner Wert	**Buchwert**		*gemeiner Wert*	**Buchwert**
Anlagevermögen	*500 000 €*	400 000 €	Eigenkapital		300 000 €
Firmenwert	*160 000 €*		Pensionsrückstellung	*160 000 €*	100 000 €
	(660 000 €)	400 000 €			400 000 €

Die Gesellschafter der XY-GmbH erhalten bare Zuzahlungen von der XY-KG i. H. v. insgesamt 28 000 €.

Lösung:

Die baren Zuzahlungen stellen nicht in Gesellschaftsrechten bestehende Gegenleistungen dar. Die Voraussetzungen des § 3 Abs. 2 Satz 1 Nr. 3 UmwStG sind insoweit nicht erfüllt. Der Unternehmenswert beträgt 500 000 € und der Wert der Sachgesamtheit i. S. d. § 3 Abs. 1 UmwStG beträgt 560 000 €. Für die Berechnung des Aufstockungsbetrags ist der Wert i. S. d. § 3 Abs. 1 UmwStG maßgebend. Die Gegenleistungen betragen somit 5% des Werts i. S. d. § 3 Abs. 1 UmwStG. Der Übertragungsgewinn beträgt folglich 28 000 € ./. 15 000 € (entspricht 5% der Buchwerte) = 13 000 €. In dieser Höhe entsteht ein Aufstockungsbetrag.

Dieser Aufstockungsbetrag i. H. v. 13 000 € ist entsprechend dem Verhältnis des Übertragungsgewinns zu den gesamten stillen Reserven und stillen Lasten (ohne Berücksichtigung der stillen Lasten bei der Pensionsrückstellung) zu verteilen:

	Wert i. S. d. § 3 Abs. 1 UmwStG	**Buchwert**	**stille Reserven und stille Lasten**
Anlagevermögen	500 000 €	400 000 €	100 000 €
Firmenwert (originär)	160 000 €	0 €	160 000 €
Pensionsrückstellung	./. 100 000 €	./. 100 000 €	0 €
Σ	560 000 €	300 000 €	260 000 €

Der Aufstockungsbetrag i. H. v. 13 000 € entspricht bezogen auf die gesamten stillen Reserven und stillen Lasten 5% (entspricht dem Verhältnis 13 000 €/260 000 €). Die auf die jeweiligen Wirtschaftsgüter entfallenden Aufstockungsbeträge ermitteln sich damit wie folgt:

	Buchwert	**stille Reserven und stille Lasten**	**Aufstockung (5%)**	**Ansatz in der steuerlichen Schlussbilanz**
Anlagevermögen	400 000 €	100 000 €	5 000 €	405 000 €
Firmenwert (originär)	0 €	160 000 €	8 000 €	8 000 €
Pensionsrückstellung	./. 100 000 €	0 €	0 €	./. 100 000 €
Σ	300 000 €	260 000 €	13 000 €	313 000 €

c) Ansatz der übergehenden Wirtschaftsgüter mit einem Zwischenwert

03.25 Unter den in Randnr. 03.10 genannten Voraussetzungen können die übergehenden aktiven und passiven Wirtschaftsgüter, einschließlich nicht entgeltlich erworbener und selbst geschaffener immaterieller Wirtschaftsgüter, auf Antrag einheitlich mit einem über dem Buchwert und unter dem gemeinen Wert liegenden Wert angesetzt werden (Zwischenwert). Die in den einzelnen Wirtschaftsgütern ruhenden stillen Reserven und Lasten sind um einen einheitlichen Prozentsatz aufzulösen; zur Bewertung von Pensionsrückstellungen vgl. § 3 Abs. 1 Satz 2 UmwStG. Für den Ansatz eines Zwischenwerts sind die Ansätze in der Handelsbilanz nicht maßgeblich. 53

03.26 Randnr. 03.11–03.24 gelten entsprechend. Zu der für den Ansatz des Zwischenwerts notwendigen Ermittlung des gemeinen Werts der Sachgesamtheit vgl. Randnr. 03.07–03.09.

d) Ausübung des Wahlrechts auf Ansatz zum Buch- oder Zwischenwert

03.27 Der Antrag auf Ansatz der übergehenden Wirtschaftsgüter mit dem Buch- oder Zwischenwert ist nach § 3 Abs. 2 Satz 2 UmwStG bei dem für die Besteuerung nach §§ 20, 26 AO zuständigen Finanzamt der übertragenden Körperschaft zu stellen. Dies gilt auch, wenn zum übergehenden Vermögen der übertragenden Körperschaft Beteiligungen an in- oder ausländischen Mitunternehmerschaften gehören; zur verfahrensrechtlichen Änderungsmöglichkeit des Feststellungsbescheids der Mitunternehmerschaft vgl. Randnr. 03.03. 54

Ist bei einer ausländischen Umwandlung (Randnr. 01.20 ff.) kein Finanzamt i. S. d. §§ 20, 26 AO für die Besteuerung der übertragenden Körperschaft zuständig, ist – vorbehaltlich einer anderweitigen Zuständigkeitsvereinbarung nach § 27 AO – bei einer Personengesellschaft als übernehmender Rechtsträger das für die gesonderte und einheitliche Feststellung der Einkünfte der übernehmenden Personengesellschaft zuständige Finanzamt maßgebend; zur örtlichen Zuständigkeit bei ausländischen Personengesellschaften mit inländischen Gesellschaftern siehe BMF-Schreiben vom 11. 12. 1989, BStBl. I S. 470, und BMF-Schreiben vom 2. 1. 2001, BStBl. I S. 40. Sonderzuständigkeiten der jeweiligen Landesfinanzbehörden für Beteiligungen an ausländischen Personengesellschaften sind zu beachten. § 25 AO gilt entsprechend.

Unterbleibt eine Feststellung der Einkünfte der übernehmenden Personengesellschaft, weil nur ein Gesellschafter im Inland ansässig ist, oder in den Fällen der Verschmelzung auf eine natürliche Person, ist das Finanzamt i. S. d. § 3 Abs. 2 Satz 2 UmwStG zuständig, das nach §§ 19 oder 20 AO für die Besteuerung dieses Gesellschafters oder dieser natürlichen Person zuständig ist.

03.28 Der Antrag auf Ansatz eines Buch- oder Zwischenwerts ist von der übertragenden Körperschaft bzw. von dem übernehmenden Rechtsträger als steuerlicher Rechtsnachfolger (§ 4 Abs. 2 Satz 1 UmwStG) spätestens bis zur erstmaligen Abgabe der steuerlichen Schlussbilanz (vgl. Randnr. 03.01) zu stellen. Das Wahlrecht kann von der übertragenden Körperschaft bzw. von deren steuerlichem Rechtsnachfolger für alle übergehenden Wirtschaftsgüter nur einheitlich ausgeübt werden (vgl. Randnr. 03.13).

03.29 Der Antrag bedarf keiner besonderen Form, ist bedingungsfeindlich und unwiderruflich. Aus dem Antrag muss sich ergeben, ob das übergehende Vermögen mit dem Buch- oder einem Zwischenwert anzusetzen ist. Für die Auslegung des Antrags gelten die allgemeinen zivilrechtlichen Auslegungsgrundsätze entsprechend (§§ 133, 157 BGB). Bei Zwischenwertansatz muss jedoch ausdrücklich angegeben werden, in welcher Höhe oder zu welchem Prozentsatz die stillen Reserven aufzudecken sind. Wenn die ausdrückliche Erklärung abgegeben wird, dass die Steuerbilanz i. S. d. § 4 Abs. 1, § 5 Abs. 1 EStG gleichzeitig die steuerliche Schlussbilanz sein soll (vgl. Randnr. 03.01), ist in dieser Erklärung gleichzeitig ein konkludenter Antrag auf Ansatz der Buchwerte zu sehen, sofern kein ausdrücklicher gesonderter anderweitiger Antrag gestellt wurde.

03.30 Setzt die übertragende Körperschaft die übergehenden Wirtschaftsgüter in der steuerlichen Schlussbilanz mit dem gemeinen Wert oder dem Buchwert an und ergibt sich z. B. aufgrund einer späteren Betriebsprüfung, dass die gemeinen Werte oder die Buchwerte höher bzw. niedriger als die von der übertragenden Körperschaft angesetzten Werte sind, ist der Wertansatz in der steuerlichen Schlussbilanz dementsprechend zu berichtigen. Der Bilanzberichtigung steht die Unwiderruflichkeit des Antrags nach § 3 Abs. 2 Satz 2 UmwStG nicht entgegen. Liegt der gemeine Wert unter dem Buchwert, ist Randnr. 03.12 zu beachten.

Setzt die übertragende Körperschaft hingegen die übergehenden Wirtschaftsgüter in der steuerlichen Schlussbilanz einheitlich zum Zwischenwert an, bleiben vorrangig diese Wertansätze maßgebend, sofern dieser Wert oberhalb des Buchwerts und unterhalb des gemeinen Werts liegt.

3. Fiktive Körperschaftsteueranrechnung nach § 3 Abs. 3 UmwStG

55 **03.31** § 3 Abs. 3 UmwStG gilt insbesondere bei Verschmelzung einer Körperschaft mit Ort der Geschäftsleitung im Inland auf eine Personengesellschaft ausländischer Rechtsform, die die Voraussetzungen des Artikels 3 Richtlinie 2009/133/EG erfüllt, soweit

- die übertragenen Wirtschaftsgüter einer Betriebsstätte der übertragenden Körperschaft in einem anderen EU-Mitgliedstaat zuzurechnen sind,
- die Bundesrepublik Deutschland die Doppelbesteuerung bei der übertragenden Körperschaft nicht durch Freistellung vermeidet (§ 3 Abs. 3 Satz 2 UmwStG) und
- das Recht der Bundesrepublik Deutschland hinsichtlich der Besteuerung des Gewinns aus der Veräußerung der übertragenen Wirtschaftsgüter bei den Gesellschaftern der übernehmenden Personengesellschaft ausgeschlossen oder beschränkt wird (§ 3 Abs. 2 Satz 1 Nr. 2 UmwStG).

03.32 Zur Ermittlung des Betrags der nach § 3 Abs. 3 UmwStG anrechenbaren ausländischen Körperschaftsteuer ist regelmäßig ein Auskunftsersuchen nach § 117 AO an den ausländischen Betriebsstättenstaat erforderlich.

B. Auswirkungen auf den Gewinn des übernehmenden Rechtsträgers (§ 4 UmwStG)

I. Wertverknüpfung

60 **04.01** Der übernehmende Rechtsträger hat die auf ihn übergehenden Wirtschaftsgüter mit Wirkung zum steuerlichen Übertragungsstichtag (§ 2 UmwStG) mit den Wertansätzen zu übernehmen, die die übertragende Körperschaft in deren steuerlicher Schlussbilanz (§ 3 UmwStG) angesetzt hat. Das gilt auch, wenn übertragender Rechtsträger eine steuerbefreite oder eine ausländische Körperschaft ist. Auch für diejenigen Bilanzansätze, bei denen es an der Wirtschaftsguteigenschaft fehlt (z. B. Rechnungsabgrenzungsposten, Sammelposten nach § 6 Abs. 2 a EStG), sind nach § 4 Abs. 2 Satz 1 UmwStG die Wertansätze aus der steuerlichen Schlussbilanz der übertragenden Körperschaft zu übernehmen (vgl. Randnr. 03.04).

04.02 Ist die übertragende Körperschaft an der übernehmenden Personengesellschaft beteiligt, gehören zum übergehenden Vermögen auch die der übertragenden Körperschaft anteilig zuzurechnenden Wirtschaftsgüter der übernehmenden Personengesellschaft. Auf Randnr. 03.10 wird hingewiesen.

04.03 Bei der Verschmelzung durch Aufnahme auf eine bereits bestehende Personengesellschaft stellt die Übernahme des Betriebsvermögens einen laufenden Geschäftsvorfall dar. Bei der Verschmelzung durch Neugründung ist auf den steuerlichen Übertragungsstichtag eine steuerliche Eröffnungsbilanz zu erstellen.

04.04 Gilt für einen übernommenen Wertansatz i. S. d. Randnr. 04.01 zu den auf den steuerlichen Übertragungsstichtag folgenden Bilanzstichtagen ein steuerliches Wahlrecht (z. B. Rücklage nach § 6 b EStG), kann dieses Wahlrecht auch an den nachfolgenden Bilanzstichtagen unabhängig von der handelsrechtlichen Jahresbilanz ausgeübt werden.

II. Erweiterte Wertaufholung – Beteiligungskorrekturgewinn

61 **04.05** Nach § 4 Abs. 1 Satz 2 UmwStG sind die Anteile des übernehmenden Rechtsträgers an der übertragenden Körperschaft zum steuerlichen Übertragungsstichtag mit dem Buchwert anzusetzen, allerdings erhöht um steuerwirksame Abschreibungen, die in früheren Jahren vorgenommen worden sind, sowie um Abzüge nach § 6 b EStG und ähnliche Abzüge, höchstens jedoch bis zum gemeinen Wert.

04.06 Die Hinzurechnung gem. § 4 Abs. 1 Satz 2 UmwStG betrifft ausschließlich die am steuerlichen Übertragungsstichtag im Betriebsvermögen des übernehmenden Rechtsträgers gehaltenen Anteile, bei denen der Buchwert um entsprechende Abzüge steuerwirksam gemindert wurde und am steuerlichen Übertragungsstichtag unter dem gemeinen Wert liegt. Für Anteile, die am steuerlichen Übertragungsstichtag vor Anwendung des § 5 UmwStG zum Betriebsvermögen eines Anteilseigners gehören, enthält § 5 Abs. 3 UmwStG eine entsprechende Regelung (vgl. Randnr. 05.10).

04.07 Abweichend vom allgemeinen Wertaufholungsgebot gem. § 6 Abs. 1 Nr. 1 Satz 4 und Nr. 2 Satz 3 EStG sind nach § 4 Abs. 1 Satz 2 UmwStG bzw. nach § 5 Abs. 3 UmwStG ausschließlich die dort aufgeführten Wertminderungen vor Ermittlung des Übernahmeergebnisses bis zum gemeinen Wert wieder hinzuzurechnen. Eine Wertaufholung ist jedoch nicht vorzunehmen, soweit bis zum Ablauf des steuerlichen Übertragungsstichtags eine steuerwirksame Wertaufholung (§ 6 Abs. 1 Nr. 2 Satz 3 i. V. m. § 6 Abs. 1 Nr. 1 Satz 4 EStG) stattgefunden hat oder die Rücklage nach § 6 b Abs. 3 EStG gewinnerhöhend aufgelöst worden ist. Steuerwirksame Teilwertabschreibungen sind vor nicht voll steuerwirksamen Teilwertabschreibungen hinzuzurechnen.

04.08 Der Beteiligungskorrekturgewinn gehört nicht zum Übernahmegewinn und ist nach den allgemeinen Grundsätzen zu besteuern. Dies gilt nach § 4 Abs. 1 Satz 2 und 3 UmwStG auch insoweit, als die Anteile in früheren Jahren nur zum Teil steuerwirksam (z. B. anteilig nach § 3 c Abs. 2 EStG) abgeschrieben worden sind. Durch die Erhöhung des Buchwerts mindert sich das Übernahmeergebnis (vgl. Randnr. 04.27).

III. Eintritt in die steuerliche Rechtsstellung (§ 4 Abs. 2 und 3 UmwStG)

1. Absetzungen für Abnutzung

04.09 Der übernehmende Rechtsträger tritt in die steuerliche Rechtsstellung der übertragenden Kör- 62
perschaft auch hinsichtlich ihrer historischen Anschaffungs- oder Herstellungskosten ein.

04.10 Der Eintritt in die steuerliche Rechtsstellung der übertragenden Körperschaft erfolgt nach § 4 Abs. 3 UmwStG auch dann, wenn die übergegangenen Wirtschaftsgüter in der steuerlichen Schlussbilanz der übertragenden Körperschaft mit dem Zwischenwert oder mit dem gemeinen Wert angesetzt worden sind. Die Absetzungen für Abnutzung bemessen sich dann bei dem übernehmenden Rechtsträger:

- in den Fällen des § 7 Abs. 4 Satz 1 und Abs. 5 EStG nach der bisherigen Bemessungsgrundlage, vermehrt um den Aufstockungsbetrag (= Differenz zwischen dem Buchwert der Gebäude unmittelbar vor Aufstellung der steuerlichen Schlussbilanz und dem Wert, mit dem die Körperschaft die Gebäude in der steuerlichen Schlussbilanz angesetzt hat). Auf diese Bemessungsgrundlage ist der bisherige Prozentsatz weiterhin anzuwenden. Wird in den Fällen des § 7 Abs. 4 Satz 1 EStG die volle Absetzung innerhalb der tatsächlichen Nutzungsdauer nicht erreicht, können die Absetzungen für Abnutzung nach der Restnutzungsdauer des Gebäudes bemessen werden;
- in allen anderen Fällen nach dem Wert, mit dem die Körperschaft die Wirtschaftsgüter in der steuerlichen Schlussbilanz angesetzt hat, und der Restnutzungsdauer dieser Wirtschaftsgüter. Das gilt auch für übergehende entgeltlich erworbene immaterielle Wirtschaftsgüter mit Ausnahme eines Geschäfts- oder Firmenwerts. Die Restnutzungsdauer ist nach den Verhältnissen am steuerlichen Übertragungsstichtag neu zu schätzen (BFH vom 29. 11. 2007 IV R 73/02, BStBl. 2008 II S. 407);
- für die Absetzungen für Abnutzung eines Geschäfts- oder Firmenwerts gilt § 7 Abs. 1 Satz 3 EStG. Auch wenn zum steuerlichen Übertragungsstichtag bereits ein (derivativer) Geschäfts- oder Firmenwert vorhanden ist, bemessen sich die Absetzungen für Abnutzung wegen § 7 Abs. 1 Satz 3 EStG nicht nach der Restnutzungsdauer. In diesen Fällen ist der Geschäfts- oder Firmenwert nach der bisherigen Bemessungsgrundlage ggf. vermehrt um einen Aufstockungsbetrag einheitlich mit $^1/_{15}$ abzuschreiben.

04.11 Zu späteren Bilanzstichtagen bilden die fortgeführten ursprünglichen Anschaffungs- oder Herstellungskosten (ggf. gemindert um Absetzungen für Abnutzung, Abzüge nach § 6 b EStG usw., und erhöht um nachträgliche Anschaffungs- oder Herstellungskosten) oder bei einem am steuerlichen Übertragungsstichtag angesetzten höheren gemeinen Wert oder Zwischenwert dieser fortgeführte Wert die Bewertungsobergrenze i. S. d. § 6 Abs. 1 EStG sowie einer Wertaufholungspflicht i. S. d. § 6 Abs. 1 Nr. 1 Satz 4 oder Nr. 2 Satz 3 EStG.

2. Verlustabzug bei Auslandsbetriebsstätten

04.12 Die entgeltliche oder unentgeltliche Übertragung einer in einem ausländischen Staat belegenen 63
Betriebsstätte führt zur Nachversteuerung von zuvor nach § 2 a Abs. 3 EStG a. F. bzw. § 2 Abs. 1 AuslInvG abgezogenen Verlusten (vgl. § 2 Abs. 4 EStG a. F. i. V. m. § 52 Abs. 3 EStG bzw. § 2 Abs. 2 AuslInvG i. V. m. § 8 Abs. 5 Satz 2 AuslInvG) noch bei der übertragenden Körperschaft. Gleiches gilt nach den genannten Vorschriften im Fall der Umwandlung einer im ausländischen Staat belegenen Betriebsstätte in eine Kapitalgesellschaft.

3. Besonderheiten bei Unterstützungskassen (§ 4 Abs. 2 Satz 4 UmwStG)

04.13 Ist die übertragende Körperschaft eine Unterstützungskasse, erhöht sich der laufende Gewinn 64
des übernehmenden Rechtsträgers in dem Wirtschaftsjahr, in das der Umwandlungsstichtag fällt, um die von ihm, seinen Gesellschaftern oder seinen Rechtsvorgängern an die Unterstützungskasse geleisteten Zuwendungen nach § 4 d EStG; § 15 Abs. 1 Satz 1 Nr. 2 Satz 2 EStG gilt sinngemäß. Damit wird der Betriebsausgabenabzug der Zuwendungen an die Unterstützungskasse in der Rechtsform einer Körperschaft wieder rückgängig gemacht, soweit sie von der übernehmenden Personengesellschaft oder einem Mitunternehmer dieser Personengesellschaft getätigt wurden.

4. Sonstige Folgen der Rechtsnachfolge

04.14 Die Vermögensübernahme stellt für Zwecke des § 6 b EStG und des § 7 g EStG keine begüns- 65
tigte Anschaffung dar.

04.15 Beim übernehmenden Rechtsträger werden Vorbesitzzeiten (z. B. § 6 b EStG, § 9 Nr. 2 a und 7 GewStG) angerechnet. Behaltefristen (z. B. nach § 7 g EStG oder dem InvZulG) werden durch den Übergang des Vermögens nicht unterbrochen.

04.16 Ein in der steuerlichen Schlussbilanz des übertragenden Rechtsträgers entgegen § 5 EStG angesetztes Wirtschaftsgut (vgl. Randnr. 03.06) ist in der Steuerbilanz des übernehmenden Rechtsträgers auszuweisen und in der Folgezeit unter Anwendung des § 5 EStG ertragswirksam aufzulösen. Ein in der steuerlichen Schlussbilanz nach § 3 Abs. 1 Satz 1 UmwStG anzusetzender originärer Geschäfts- oder Firmenwert der übertragenden Körperschaft wird vom übernehmenden Rechtsträger aufgrund der Umwandlung angeschafft (vgl. Randnr. 00.02). Zu Ansatz- und Bewertungsvorbehalten bei der Übernahme von schuldrechtlichen Verpflichtungen vgl. BMF-Schreiben vom 24. 6. 2011, BStBl. I S. 627.

04.17 Ist die übertragende Körperschaft an einer Mitunternehmerschaft beteiligt und wurden in der steuerlichen Schlussbilanz Wirtschaftsgüter mit einem über dem Buchwert liegenden Wert ausgewiesen, ist der Aufstockungsbetrag in einer Ergänzungsbilanz bei dieser Mitunternehmerschaft für den übernehmenden Rechtsträger auszuweisen.

IV. Übernahmeergebnis

1. Zuordnung der Anteile zum Betriebsvermögen des übernehmenden Rechtsträgers

66 **04.18** Ein Übernahmeergebnis ist nur für die Anteile zu ermitteln, die am steuerlichen Übertragungsstichtag zum Betriebsvermögen (einschließlich Sonderbetriebsvermögen) des übernehmenden Rechtsträgers gehören. Hierzu gehören auch die Anteile, die nach § 5 UmwStG dem Betriebsvermögen des übernehmenden Rechtsträgers zuzuordnen sind (vgl. Randnr. 05.01 ff.).

2. Personen- sowie ggf. anteilsbezogene Ermittlung

67 **04.19** Geht das Vermögen der Körperschaft auf eine Personengesellschaft über, ist das Übernahmeergebnis grundsätzlich unter Berücksichtigung der individuellen Anschaffungskosten bzw. Buchwerte der Beteiligungen und der jeweiligen Höhe eines möglichen Sperrbetrags nach § 50 c EStG personenbezogen zu ermitteln. Dadurch kann z. B. bei einem Gesellschafter ein Übernahmegewinn und bei einem anderen Gesellschafter ein Übernahmeverlust entstehen.

04.20 Bei der Ermittlung des Übernahmeergebnisses ist Folgendes zu beachten:
- Für Anteile, die bereits vor dem steuerlichen Übertragungsstichtag zum Gesamthandsvermögen der übernehmenden Personengesellschaft gehört haben oder nach § 5 Abs. 1 UmwStG als zum steuerlichen Übertragungsstichtag dem Gesamthandsvermögen der Personengesellschaft zugeordnet gelten, ist das (anteilige) Übernahmeergebnis zu ermitteln und auf die bisherigen Mitunternehmer i. R. d. gesonderten und einheitlichen Feststellung der Einkünfte entsprechend ihrer Beteiligung zu verteilen.
- Für Anteile, die bereits vor dem steuerlichen Übertragungsstichtag zu dem Sonderbetriebsvermögen des übernehmenden Rechtsträgers gehören oder nach § 5 Abs. 2 und 3 UmwStG dem Betriebsvermögen der Personengesellschaft zugeordnet werden, ist für jeden dieser Anteilseigner der übertragenden Körperschaft das Übernahmeergebnis gesondert zu ermitteln.

04.21 Für die Ermittlung des Übernahmeergebnisses ist grundsätzlich von einer einzigen Beteiligung auszugehen. Ausnahmsweise kann eine anteilsbezogene Betrachtung erforderlich sein, wenn die Anteile unterschiedlichen steuerlichen Bedingungen unterliegen (z. B. einbringungsgeborene Anteile oder Anteile i. S. d. § 4 Abs. 6 Satz 6 UmwStG).

04.22 Über den Beteiligungskorrekturgewinn, die auf die Mitunternehmer der übernehmenden Personengesellschaft entfallenden Anteile am Übernahmegewinn oder -verlust, die anteiligen Erhöhungs- und Minderungsbeträge i. S. d. § 4 Abs. 5 UmwStG sowie die Anwendung des § 4 Abs. 6 und 7 UmwStG entscheidet das für die gesonderte und einheitliche Feststellung der Einkünfte der übernehmenden Personengesellschaft zuständige Finanzamt.

3. Ausländische Anteilseigner

68 **04.23** Ausländische Anteilseigner von Körperschaften, die aufgrund der Umwandlung Mitunternehmer der Personengesellschaft werden, sind in die gesonderte und einheitliche Feststellung nach §§ 180 ff. AO nur insoweit einzubeziehen, als für die Bundesrepublik Deutschland zum steuerlichen Übertragungsstichtag ein Besteuerungsrecht hinsichtlich des Gewinns aus der Veräußerung der Anteile an der Körperschaft oder der Einkünfte i. S. d. § 7 UmwStG bestanden hat (anders bei der Einlagefiktion nach § 5 Abs. 2 und 3 UmwStG: vgl. Randnr. 05.07 und 05.09). Für Anteile i. S. d. § 5 Abs. 2 UmwStG ergibt sich z. B. das abkommensrechtliche Besteuerungsrecht für das Übernahmeergebnis in der Regel aus einer dem Art. 13 Abs. 5 OECD-MA[1] vergleichbaren Vorschrift in einem DBA. Für die Bezüge i. S. d. § 7 UmwStG ergibt sich das deutsche Besteuerungsrecht regelmäßig aus einer dem Art. 10 OECD-MA[1] vergleichbaren Vorschrift in einem DBA.

04.24 Ist an der übertragenden Körperschaft oder an der übernehmenden Personengesellschaft auch ein ausländischer Anteilseigner bzw. Mitunternehmer beteiligt und verfügt die übertragende Körperschaft über Betriebsvermögen in einem ausländischen Staat, mit dem z. B. kein DBA besteht, geht das Besteuerungsrecht der Bundesrepublik Deutschland an diesem Betriebsvermögen in dem Verhältnis verloren, wie der ausländische Anteilseigner bzw. Mitunternehmer am übernehmenden Rechtsträger beteiligt wird oder ist.

In dem Umfang, in dem stille Reserven im Betriebsvermögen der Betriebsstätte in einem ausländischen Staat, mit dem z. B. kein DBA besteht, aufzudecken sind (vgl. Randnr. 03.19), ist für die inländischen Beteiligten der Aufstockungsbetrag anteilig – entsprechend ihrer Beteiligung am übernehmenden Rechtsträger – in einer negativen Ergänzungsbilanz auszuweisen. Für die ausländischen Beteiligten ergibt sich korrespondierend ein anteiliger Ausweis des Aufstockungsbetrags in einer positiven Ergänzungsbilanz.

Beispiel:

Die X-GmbH soll auf die bestehende Y-OHG (bisherige Mitunternehmer sind C und D zu je 50%) verschmolzen werden. A und B sind jeweils zu 50% Anteilseigner der X-GmbH und werden nach der Verschmelzung zu jeweils 30% Mitunternehmer der Y-OHG. Die X-GmbH hat auch eine Betriebsstätte in einem ausländischen Staat, mit dem kein DBA besteht. Der Buchwert der Wirtschaftsgüter der ausländischen Betriebsstätte beträgt 200 000 € und der gemeine Wert beträgt 700 000 €. A, C und D haben ihren Wohnsitz im Inland und B hat seinen Wohnsitz und gewöhnlichen Aufenthalt im Ausland. Die X-GmbH beantragt den Ansatz der Buchwerte nach § 3 Abs. 2 UmwStG.

---

[1] OECD-MA und alle geltenden DBA siehe beck-online sowie abgedruckt in der Beck'schen Textausgabe „Doppelbesteuerungsabkommen".

Lösung:

Die Voraussetzungen für die Buchwertfortführung gem. § 3 Abs. 2 UmwStG liegen in Bezug auf die (künftigen) Betriebsstätteneinkünfte nur für die auf die Inländer A, C und D entfallenden Anteile (zusammen 70%) vor. Denn insoweit wird das deutsche Besteuerungsrecht nicht ausgeschlossen oder beschränkt. Soweit die ausländischen Wirtschaftsgüter künftig dem B zuzurechnen sind (30%), wird das deutsche Besteuerungsrecht hinsichtlich des Gewinns aus deren Veräußerung ausgeschlossen und eine Buchwertfortführung ist nach § 3 Abs. 2 Satz 1 Nr. 2 UmwStG nicht zulässig. In der steuerlichen Schlussbilanz der X-GmbH sind die der ausländischen Betriebsstätte zuzuordnenden Wirtschaftsgüter mit 350 000 € (= 200 000 € + 30% von 500 000 €) anzusetzen. Dieser Aufstockungsbetrag ist anteilig – entsprechend der Beteiligung von A, C und D am übernehmenden Rechtsträger (z. B. A = 30% von 150 000 € = 45 000 €; insgesamt für A, C und D also 105 000 €) – in negativen Ergänzungsbilanzen bei der übernehmenden Personengesellschaft auszuweisen. Für B ergibt sich ein korrespondierender Ansatz in einer positiven Ergänzungsbilanz i. H. v. 105 000 €.
Wenn in dem Beispiel nicht B, sondern C im Ausland ansässig ist, gilt Entsprechendes.

4. Anteile, die nicht dem Betriebsvermögen des übernehmenden Rechtsträgers zuzurechnen sind

04.25 Für Anteilseigner, deren Anteile an der übertragenden Körperschaft zum steuerlichen Übertragungsstichtag nicht zum Betriebsvermögen des übernehmenden Rechtsträgers gehören und diesem Betriebsvermögen auch nicht nach § 5 UmwStG oder nach § 27 Abs. 3 Nr. 1 UmwStG fiktiv zugerechnet werden, wird ein Übernahmeergebnis nicht ermittelt (vgl. Randnr. 04.18). Die Besteuerung der anteiligen offenen Rücklagen gem. § 7 UmwStG bleibt davon unberührt. 69

5. Entstehungszeitpunkt

04.26 Das Übernahmeergebnis entsteht mit Ablauf des steuerlichen Übertragungsstichtags (vgl. Randnr. 02.04). Das gilt auch für einen Übernahmefolgegewinn i. S. d. § 6 UmwStG (vgl. Randnr. 06.01 ff.). 70

6. Ermittlung des Übernahmeergebnisses

04.27 Das Übernahmeergebnis ist nach § 4 Abs. 4 und 5 UmwStG wie folgt zu ermitteln: 71

	(Anteiliger) Wert, mit dem die übergegangenen Wirtschaftsgüter i. S. d. § 4 Abs. 1 Satz 1 UmwStG zu übernehmen sind (vgl. Randnr. 04.28)
+	Zuschlag für neutrales Vermögen (§ 4 Abs. 4 Satz 2 UmwStG; vgl. Randnr. 04.29)
./.	Wert der Anteile an der übertragenden Körperschaft (ggf. nach Korrektur gem. § 4 Abs. 1 Satz 2 und Abs. 2 Satz 5 UmwStG; vgl. Randnr. 04.30 und 04.05 ff.)
./.	Kosten des Vermögensübergangs (vgl. Randnr. 04.34 f.)
=	Übernahmeergebnis 1. Stufe (§ 4 Abs. 4 Satz 1 und 2 UmwStG)
+	Sperrbetrag nach § 50 c EStG (§ 4 Abs. 5 Satz 1 UmwStG; vgl. Randnr. 04.37)
./.	Bezüge, die nach § 7 UmwStG zu den Einkünften aus Kapitalvermögen i. S. d. § 20 Abs. 1 Nr. 1 EStG gehören (§ 4 Abs. 5 Satz 2 UmwStG)
=	Übernahmeergebnis 2. Stufe (§ 4 Abs. 4 und 5 UmwStG)
	(Dieser Wert ist Gegenstand der gesonderten und einheitlichen Feststellung)

Beispiel 1:

An einer GmbH sind die natürlichen Personen A mit 50%, B mit 30% und C mit 20% beteiligt. A und B sind im Inland unbeschränkt einkommensteuerpflichtig und abkommensrechtlich ansässig. A hält seinen Anteil (Anschaffungskosten = 400 000 €) an der GmbH im Privatvermögen, der Anteil des B (Buchwert = 100 000 €) wird in dessen Betriebsvermögen gehalten. C ist im Ausland ansässig und hält seinen Anteil (Anschaffungskosten = 100 000 €) im Privatvermögen. Nach dem mit dem Wohnsitzstaat des C abgeschlossenen DBA steht das Besteuerungsrecht für Gewinne aus der Veräußerung von Anteilen an Kapitalgesellschaften nur dem Wohnsitzstaat zu. Für Dividenden sieht das DBA ein Quellensteuerrecht entsprechend dem Art. 10 OECD-MA vor.
Die GmbH wird durch Formwechsel in eine KG umgewandelt. In der steuerlichen Schlussbilanz der GmbH werden die übergehenden Wirtschaftsgüter auf Antrag zulässigerweise (einheitlich) mit dem Buchwert (Buchwerte insgesamt = 2 000 000 €; davon Nennkapital = 1 400 000 € und offene Rücklagen = 600 000 €) angesetzt und von der KG entsprechend übernommen. Von den Umwandlungskosten entfallen 20 000 € auf die KG. Der gemeine Wert des übertragenen Vermögens beträgt 4 000 000 €.
Steuerlicher Übertragungsstichtag ist der 31. 12. 01. Das Wirtschaftsjahr der an der Umwandlung beteiligten Rechtsträger entspricht dem Kalenderjahr.

Lösung:

Die KG hat die steuerlichen Buchwerte zu übernehmen (§ 4 Abs. 1 Satz 1 UmwStG). Die bisherigen Anteile von A und C an der GmbH gelten nach § 5 Abs. 2 UmwStG als zu den Anschaffungskosten in das Betriebsvermögen der KG eingelegt. Der bisherige Anteil des B gilt nach § 5 Abs. 3 UmwStG als zum Buchwert in das Betriebsvermögen der Übernehmerin überführt.
Für die Gesellschafter A, B und C erfolgt eine Ermittlung des Übernahmeergebnisses. Der auf den Gesellschafter C entfallende Anteil an einem Übernahmegewinn bleibt allerdings i. R. d. gesonderten und einheitlichen Feststellung außer Ansatz, weil nur steuerpflichtige Einkünfte festzustellen sind. Für die Bundesrepublik Deutschland hat ein Besteuerungsrecht hinsichtlich des Gewinns aus der Veräußerung dieses Anteils an der GmbH nach dem DBA mit dem Wohnsitzstaat des C insoweit nicht bestanden; Gleiches würde auch für einen Übernahmeverlust gelten. Aufgrund des abkommensrechtlichen Quellensteuerrechts sind die Bezüge i. S. d. § 7 UmwStG jedoch in die Feststellung mit einzubeziehen (vgl. Randnr. 07.02).
Die auf die Gesellschafter entfallenden Anteile am Übernahmeergebnis i. S. d. § 4 UmwStG und den Bezügen i. S. d. § 7 UmwStG sind für den Veranlagungszeitraum 01 wie folgt zu ermitteln:

noch **71**

	A	B	C	Summe
a) Übernahmeergebnis				
Wert des übernommenen Vermögens	1 000 000 €	600 000 €	400 000 €	2 000 000 €
+ Zuschlag für neutrales Vermögen	0 €	0 €	0 €	0 €
./. Wert der Anteile an der GmbH	400 000 €	100 000 €	100 000 €	600 000 €
./. Kosten des Vermögensübergangs	10 000 €	6000 €	4000 €	20 000 €
= Übernahmeergebnis 1. Stufe	590 000 €	494 000 €	296 000 €	1 380 000 €
./. Bezüge nach § 7 UmwStG	300 000 €	180 000 €	120 000 €	600 000 €
= Übernahmeergebnis 2. Stufe	290 000 €	314 000 €	176 000 €	780 000 €
davon stpfl. Übernahmeergebnis (= Gegenstand der gesonderten und einheitlichen Feststellung)	**290 000 €**	**314 000 €**	**0 €**	**604 000 €**
b) Bezüge nach § 7 UmwStG	300 000 €	180 000 €	120 000 €	600 000 €
davon einzubeziehen in das Feststellungsverfahren (vor Anwendung von § 3 Nr. 40 EStG)	300 000 €	180 000 €	120 000 €	600 000 €
anzurechnende Kapitalertragsteuer (25%)	75 000 €	45 000 €	30 000 €[1]	
Gesonderte und einheitliche Feststellung:				
a) Übernahmeergebnis gem. § 4 UmwStG	290 000 €	314 000 €	0 €	604 000 €
b) Bezüge gem. § 7 UmwStG	300 000 €	180 000 €	120 000 €	600 000 €
= Einkünfte aus Gewerbebetrieb	**590 000 €**	**494 000 €**	**120 000 €**	**1 204 000 €**

Beispiel 2:

Die im EU-Ausland ansässige EU-Kapitalgesellschaft (ohne inländische Betriebsstätte) wird auf eine gewerbliche EU-Personengesellschaft mit Sitz und Geschäftsleitung im EU-Ausland umgewandelt. Gesellschafter der EU-Kapitalgesellschaft sind die natürlichen Personen A mit 50%, B mit 30% und C mit 20%. A und B sind im Inland unbeschränkt einkommensteuerpflichtig und abkommensrechtlich ansässig. A hält seinen Anteil (Anschaffungskosten = 400 000 €) an der EU-Kapitalgesellschaft im Privatvermögen, der Anteil des B (Buchwert = 100 000 €) wird in dessen Betriebsvermögen gehalten. C ist im Ausland ansässig und hält seinen Anteil (Anschaffungskosten = 100 000 €) im Privatvermögen.
Nach dem mit dem Sitzstaat der EU-Kapitalgesellschaft abgeschlossenen DBA steht das Besteuerungsrecht für Gewinne aus der Veräußerung von Anteilen an Kapitalgesellschaften nur dem Wohnsitzstaat zu. Für Dividenden steht das Besteuerungsrecht dem Wohnsitzstaat des Gesellschafters zu (vgl. Art. 10 Abs. 1 OECD-MA). Der Sitzstaat der EU-Kapitalgesellschaft hat ein Quellenbesteuerungsrecht (vgl. Art. 10 Abs. 2 OECD-MA).
In der steuerlichen Schlussbilanz der EU-Kapitalgesellschaft werden die übergehenden Wirtschaftsgüter zulässigerweise einheitlich mit dem Buchwert (Buchwerte insgesamt = 2 000 000 €; davon Nennkapital = 1 400 000 € und offene Rücklagen = 600 000 €) angesetzt und von der EU-Personengesellschaft entsprechend übernommen. Von den Umwandlungskosten entfallen 20 000 € auf die EU-Personengesellschaft. Der gemeine Wert des übertragenen Vermögens beträgt 4 000 000 €.
Kapitalertragsteuer wurde im Ausland weder angemeldet noch abgeführt. Steuerlicher Übertragungsstichtag ist der 31. 12. 01. Das Wirtschaftsjahr der an der Umwandlung beteiligten Rechtsträger entspricht dem Kalenderjahr.

Lösung:

Die EU-Personengesellschaft hat die steuerlichen Schlussbilanzwerte der EU-Kapitalgesellschaft zu übernehmen (§ 4 Abs. 1 Satz 1 UmwStG). Die bisherigen Anteile von A und C an der EU-Kapitalgesellschaft gelten nach § 5 Abs. 2 UmwStG als zu den Anschaffungskosten in das Betriebsvermögen der EU-Personengesellschaft eingelegt, der bisherige Anteil des B gilt nach § 5 Abs. 3 UmwStG als zum Buchwert in das Betriebsvermögen der EU-Personengesellschaft überführt.
Für die Gesellschafter A, B und C erfolgt eine Ermittlung des Übernahmeergebnisses. Der auf den Gesellschafter C entfallende Anteil am Übernahmegewinn i. S. d. § 4 UmwStG und den Bezügen i. S. d. § 7 UmwStG bleibt i. R. d. gesonderten und einheitlichen Feststellung außer Ansatz, weil für C im Inland keine (beschränkte) Steuerpflicht besteht; Gleiches würde auch für einen Übernahmeverlust gelten. Für die Bezüge i. S. d. § 7 UmwStG von A und B ist Art. 10 OECD-MA maßgeblich.
Die auf die Gesellschafter entfallenden Anteile am Übernahmeergebnis i. S. d. § 4 UmwStG und den Bezügen i. S. d. § 7 UmwStG sind für den Veranlagungszeitraum 01 wie folgt zu ermitteln:

	A	B	C	Summe
a) Übernahmeergebnis				
Wert des übernommenen Vermögens (Buchwert)	1 000 000 €	600 000 €	400 000 €	2 000 000 €
+ Zuschlag für neutrales (Auslands-)Vermögen	1 000 000 €	600 000 €	400 000 €	2 000 000 €
./. Wert der Anteile an der übertragenden GmbH	400 000 €	100 000 €	100 000 €	600 000 €
./. Kosten des Vermögensübergangs	10 000 €	6 000 €	4 000 €	20 000 €
= Übernahmeergebnis 1. Stufe	1 590 000 €	1 094 000 €	696 000 €	3 380 000 €
./. Bezüge nach § 7 UmwStG	300 000 €	180 000 €	120 000 €	600 000 €
= Übernahmeergebnis 2. Stufe	1 290 000 €	914 000 €	576 000 €	2 780 000 €
davon stpfl. Übernahmeergebnis (= Gegenstand der gesonderten und einheitlichen Feststellung)	**1 290 000 €**	**914 000 €**	**0 €**	**2 204 000 €**
b) Bezüge nach § 7 UmwStG	300 000 €	180 000 €	120 000 €	600 000 €
davon einzubeziehen in das Feststellungsverfahren (vor Anwendung von § 3 Nr. 40 EStG)	300 000 €	180 000 €	0 €	480 000 €
Gesonderte und einheitliche Feststellung:				
a) Übernahmeergebnis gem. § 4 UmwStG	1 290 000 €	914 000 €	0 €	2 204 000 €
b) Bezüge gem. § 7 UmwStG	300 000 €	180 000 €	0 €	480 000 €
= Einkünfte aus Gewerbebetrieb	**1 590 000 €**	**1 094 000 €**	**0 €**	**2 684 000 €**

[1] DBA-Quellensteuerrecht.

7. Wert, mit dem die übergegangenen Wirtschaftsgüter zu übernehmen sind

04.28 Die übergegangenen Wirtschaftsgüter sind mit den Werten der steuerlichen Schlussbilanz der 72
übertragenden Körperschaft anzusetzen (vgl. Randnr. 04.01 ff.).

8. Zuschlag für neutrales Vermögen (Auslandsvermögen)

04.29 Gehört zum übernommenen Vermögen auch Betriebsvermögen, für das die Bundesrepublik 73
Deutschland am steuerlichen Übertragungsstichtag kein Besteuerungsrecht hat (z. B. aufgrund eines DBA durch Anwendung der Freistellungsmethode oder weil die übertragende Körperschaft in Deutschland nur beschränkt oder gar nicht steuerpflichtig ist), ist insoweit ausschließlich für Zwecke der Ermittlung des Übernahmeergebnisses der gemeine Wert dieses Vermögens anzusetzen (§ 4 Abs. 4 Satz 2 UmwStG). Der Zuschlag für neutrales Vermögen ist i. H. der Differenz zwischen dem gemeinen Wert des Auslandsvermögens und dessen Wert in der steuerlichen Schlussbilanz des übertragenden Rechtsträgers vorzunehmen.

Beispiel 1:

An der GmbH sind die natürlichen Personen A mit 50%, B mit 30% und C mit 20% beteiligt. A und B sind im Inland unbeschränkt einkommensteuerpflichtig und abkommensrechtlich ansässig. A hält seinen Anteil (Anschaffungskosten = 400 000 €) an der GmbH im Privatvermögen, der Anteil des B (Buchwert = 100 000 €) wird in dessen Betriebsvermögen gehalten. C ist im Ausland ansässig und hält seinen Anteil (Anschaffungskosten = 100 000 €) im Privatvermögen. Nach dem mit dem Wohnsitzstaat des C abgeschlossenen DBA steht das Besteuerungsrecht für Gewinne aus der Veräußerung von Anteilen an Kapitalgesellschaften nur dem Wohnsitzstaat zu. Die GmbH unterhält eine DBA-Freistellungsbetriebsstätte im Ausland. Für Dividenden sieht das DBA ein Quellensteuerrecht entsprechend dem Art. 10 OECD-MA vor.
Die GmbH wird formwechselnd in eine KG umgewandelt. In der steuerlichen Schlussbilanz der GmbH werden die übergehenden Wirtschaftsgüter zulässigerweise einheitlich mit dem Buchwert (Buchwerte insgesamt = 2 000 000 €; davon Nennkapital = 1 400 000 € und offene Rücklagen = 600 000 €) angesetzt und von der KG entsprechend übernommen. Von den Umwandlungskosten entfallen 20 000 € auf die KG. Die Buchwerte des inländischen Vermögens betragen 1 500 000 € (gemeiner Wert = 2 800 000 €) und des ausländischen Vermögens 500 000 € (gemeiner Wert = 1 200 000 €).
Steuerlicher Übertragungsstichtag ist der 31. 12. 01. Das Wirtschaftsjahr der an der Umwandlung beteiligten Rechtsträger entspricht dem Kalenderjahr.

Lösung:

Die KG hat die steuerlichen Buchwerte zu übernehmen (§ 4 Abs. 1 Satz 1 UmwStG). Die bisherigen Anteile von A und C an der GmbH gelten nach § 5 Abs. 2 UmwStG als zu den Anschaffungskosten in das Betriebsvermögen der KG eingelegt. Der bisherige Anteil des B gilt nach § 5 Abs. 3 UmwStG als zum Buchwert in das Betriebsvermögen der KG überführt.
Für die Gesellschafter A, B und C erfolgt eine Ermittlung des Übernahmeergebnisses. Der auf den Gesellschafter C entfallende Anteil an einem Übernahmegewinn bleibt allerdings i. R. d. gesonderten und einheitlichen Feststellung außer Ansatz, weil nur steuerpflichtige Einkünfte festzustellen sind. Für die Bundesrepublik Deutschland hat ein Besteuerungsrecht hinsichtlich des Gewinns aus der Veräußerung dieses Anteils an der GmbH nach dem DBA mit dem Wohnsitzstaat des C insoweit nicht bestanden; Gleiches würde auch für einen Übernahmeverlust gelten. Aufgrund des abkommensrechtlichen Quellensteuerrechts sind die Bezüge i. S. d. § 7 UmwStG jedoch in die Feststellung mit einzubeziehen (vgl. Randnr. 07.02).
Nach § 4 Abs. 4 Satz 2 UmwStG ist i. R. d. Ermittlung des Übernahmeergebnisses für die Gesellschafter A, B und C ein Zuschlag für neutrales Vermögen (Auslandsvermögen) anzusetzen (1 200 000 € [= gemeiner Wert] ./. 500 000 € [= Buchwert] = 700 000 €; davon Anteil des A = 350 000 €, Anteil des B = 210 000 € und Anteil des C = 140 000 €).
Die auf die Gesellschafter entfallenden Anteile am Übernahmeergebnis i. S. d. § 4 UmwStG und den Bezügen i. S. d. § 7 UmwStG sind für den Veranlagungszeitraum 01 wie folgt zu ermitteln:

	A	B	C	Summe
a) Übernahmeergebnis				
Wert des übernommenen Vermögens (Buchwert)	1 000 000 €	600 000 €	400 000 €	2 000 000 €
+ Zuschlag für neutrales (Auslands-)Vermögen	350 000 €	210 000 €	140 000 €	700 000 €
./. Wert der Anteile an der übertragenden GmbH	400 000 €	100 000 €	100 000 €	600 000 €
./. Kosten des Vermögensübergangs	10 000 €	6 000 €	4 000 €	20 000 €
= Übernahmeergebnis 1. Stufe	940 000 €	704 000 €	436 000 €	2 080 000 €
./. Bezüge nach § 7 UmwStG	300 000 €	180 000 €	120 000 €	600 000 €
= Übernahmeergebnis 2. Stufe	640 000 €	524 000 €	316 000 €	1 480 000 €
davon stpfl. Übernahmeergebnis	**640 000 €**	**524 000 €**	**0 €**	**1 060 000 €**
(= Gegenstand der gesonderten und einheitlichen Feststellung)				
b) Bezüge nach § 7 UmwStG	300 000 €	180 000 €	120 000 €	600 000 €
davon einzubeziehen in das Feststellungsverfahren (vor Anwendung von § 3 Nr. 40 EStG)	300 000 €	180 000 €	120 000 €	600 000 €
anzurechnende Kapitalertragsteuer (25%)	75 000 €	45 000 €	30 000 €[1]	
Gesonderte und einheitliche Feststellung:				
a) Übernahmeergebnis gem. § 4 UmwStG	640 000 €	524 000 €	0 €	1 164 000 €
b) Bezüge gem.§ 7 UmwStG	300 000 €	180 000 €	120 000 €	600 000 €
= Einkünfte aus Gewerbebetrieb	**940 000 €**	**704 000 €**	**120 000 €**	**1 764 000 €**

[1] DBA-Quellensteuerrecht.

Beispiel 2:

Die im EU-Ausland ansässige EU-Kapitalgesellschaft mit einer im Inland befindlichen gewerblichen Betriebsstätte wird auf eine gewerbliche EU-Personengesellschaft mit Sitz und Geschäftsleitung im EU-Ausland umgewandelt. Gesellschafter der EU-Kapitalgesellschaft sind die natürlichen Personen A mit 50%, B mit 30% und C mit 20%. A und B sind im Inland unbeschränkt einkommensteuerpflichtig und abkommensrechtlich ansässig. A hält seinen Anteil (Anschaffungskosten = 400 000 €) an der EU-Kapitalgesellschaft im Privatvermögen, der Anteil des B (Buchwert = 100 000 €) wird in dessen Betriebsvermögen gehalten. C ist im EU-Ausland ansässig und hält seinen Anteil (Anschaffungskosten = 100 000 €) im Privatvermögen.
Nach dem mit dem Wohnsitzstaat des C abgeschlossenen DBA steht das Besteuerungsrecht für Gewinne aus der Veräußerung von Anteilen an Kapitalgesellschaften nur dem Wohnsitzstaat zu. Für Dividenden steht das Besteuerungsrecht dem Wohnsitzstaat des Gesellschafters zu (vgl. Art. 10 Abs. 1 OECD-MA).
In der steuerlichen Schlussbilanz der EU-Kapitalgesellschaft werden die übergehenden Wirtschaftsgüter auf Antrag zulässigerweise einheitlich mit dem Buchwert angesetzt und von der EU-Personengesellschaft entsprechend übernommen.
Kapitalertragsteuer wurde im Ausland weder angemeldet noch abgeführt. Von den Umwandlungskosten entfallen 20 000 € auf die EU-Personengesellschaft. Die Buchwerte des inländischen Vermögens betragen 500 000 € (gemeiner Wert = 1 200 000 €) und des ausländischen Vermögens 1 500 000 € (gemeiner Wert = 2 800 000 €).
Steuerlicher Übertragungsstichtag ist der 31. 12. 01. Das Wirtschaftsjahr der an der Umwandlung beteiligten Rechtsträger entspricht dem Kalenderjahr.

Lösung:

Die EU-Personengesellschaft hat die steuerlichen Schlussbilanzwerte der EU-Kapitalgesellschaft zu übernehmen (§ 4 Abs. 1 Satz 1 UmwStG). Die bisherigen Anteile von A und C an der EU-Kapitalgesellschaft gelten nach § 5 Abs. 2 UmwStG als zu den Anschaffungskosten in das Betriebsvermögen der EU-Personengesellschaft eingelegt. Der bisherige Anteil des B gilt nach § 5 Abs. 3 UmwStG als zum Buchwert in das Betriebsvermögen der EU-Personengesellschaft überführt.
Für die Gesellschafter A, B und C erfolgt eine Ermittlung des Übernahmeergebnisses. Nach § 4 Abs. 4 Satz 2 UmwStG ist i. R. d. Ermittlung des Übernahmeergebnisses ein Zuschlag für neutrales Vermögen (Auslandsvermögen) anzusetzen (2 800 000 € (= gemeiner Wert) ./. 1 500 000 € (= Buchwert) = 1 300 000 €; davon Anteil des A = 650 000 €, Anteil des B = 390 000 € und Anteil des C = 260 000 €).
Der auf C entfallende Anteil am Übernahmeergebnis i. S. d. § 4 UmwStG und den Bezügen i. S. d. § 7 UmwStG bleibt i. R. d. gesonderten und einheitlichen Feststellung außer Ansatz, weil für C im Inland keine (beschränkte) Steuerpflicht besteht. Für die Bezüge i. S. d. § 7 UmwStG von A und B ist Art. 10 OECD-MA maßgeblich.
Die auf die Gesellschafter entfallenden Anteile am Übernahmeergebnis i. S. d. § 4 UmwStG und den Bezügen i. S. d. § 7 UmwStG sind für den Veranlagungszeitraum 01 wie folgt zu ermitteln:

	A	B	C	Summe
a) Übernahmeergebnis				
Wert des übernommenen Vermögens (Buchwert)	1 000 000 €	600 000 €	400 000 €	2 000 000 €
+ Zuschlag für neutrales (Auslands-)Vermögen	650 000 €	390 000 €	260 000 €	1 300 000 €
./. Wert der Anteile an der übertragenden GmbH	400 000 €	100 000 €	100 000 €	600 000 €
./. Kosten des Vermögensübergangs	10 000 €	6 000 €	4 000 €	20 000 €
= Übernahmeergebnis 1. Stufe	1 240 000 €	884 000 €	556 000 €	2 680 000 €
./. Bezüge nach § 7 UmwStG	300 000 €	180 000 €	120 000 €	600 000 €
= Übernahmeergebnis 2. Stufe	940 000 €	704 000 €	436 000 €	2 080 000 €
davon stpfl. Übernahmeergebnis (= Gegenstand der gesonderten und einheitlichen Feststellung)	**940 000 €**	**704 000 €**	**0 €**	**1644 000 €**
b) Bezüge nach § 7 UmwStG	300 000 €	180 000 €	120 000 €	600 000 €
davon einzubeziehen in das Feststellungsverfahren (vor Anwendung von § 3 Nr. 40 EStG)	300 000 €	180 000 €	0 €	480 000 €
Gesonderte und einheitliche Feststellung:				
a) Übernahmeergebnis gem. § 4 UmwStG	940 000 €	704 000 €	0 €	1 644 000 €
b) Bezüge gem. § 7 UmwStG	300 000 €	180 000 €	0 €	480 000 €
= Einkünfte aus Gewerbebetrieb	**1 240 000 €**	**884 000 €**	**0 €**	**2 124 000 €**

9. Anteile an der übertragenden Körperschaft

a) Zuordnung der Anteile

74 **04.30** Gehören am steuerlichen Übertragungsstichtag unter Berücksichtigung des § 5 UmwStG nicht alle Anteile an der übertragenden Körperschaft zum Betriebsvermögen des übernehmenden Rechtsträgers, bleibt der auf diese Anteile entfallende Wert der übergegangenen Wirtschaftsgüter bei der Ermittlung des Übernahmeergebnisses insoweit außer Ansatz (§ 4 Abs. 4 Satz 3 UmwStG).

Beispiel:

80% der Anteile an der übertragenden Kapitalgesellschaft gehören am steuerlichen Übertragungsstichtag – unter Berücksichtigung des § 5 UmwStG – zum Betriebsvermögen der übernehmenden Personengesellschaft. 20% der Anteile gehören zum Privatvermögen von Anteilseignern, die jeweils zu weniger als 1% an der übertragenden Kapitalgesellschaft beteiligt sind.

Lösung:

In Höhe von 20% bleibt der Wert der übergegangenen Wirtschaftsgüter bei der Ermittlung des Übernahmegewinns oder -verlusts außer Ansatz. Für die 20% der Anteile entfällt die Ermittlung eines Übernahmegewinns oder -verlusts.

b) Folgen bei ausstehenden Einlagen

75 **04.31** Ausstehende Einlagen haben die Anschaffungskosten der Beteiligung unabhängig davon, ob sie eingefordert oder nicht eingefordert sind, bereits erhöht. Die Anschaffungskosten sind daher für

Zwecke der Ermittlung des Übernahmeergebnisses um diese Beträge zu mindern (vgl. auch Randnr. 03.05).

c) Steuerliche Behandlung eigener Anteile

04.32 Bis zur Geltung des Gesetzes zur Modernisierung des Bilanzrechts (Bilanzrechtsmodernisierungsgesetz – BilMoG) vom 25. 5. 2009, BGBl. I S. 1102, gilt für die Behandlung eigener Anteile bei Umwandlungen Folgendes: 76

Bei der übertragenden Körperschaft gehen die eigenen Anteile durch die Umwandlung unter und sind in der steuerlichen Schlussbilanz nicht mehr zu erfassen. Diese sind daher entweder gewinnneutral auszubuchen oder der hierdurch entstehende Buchverlust ist außerhalb der Bilanz bei der Einkommensermittlung hinzuzurechnen (vgl. Randnr. 03.05).

04.33 Der Übernahmegewinn ergibt sich in diesem Fall aus dem Unterschiedsbetrag zwischen dem Wert, mit dem die übergegangenen Wirtschaftsgüter nach § 4 Abs. 1 Satz 1 UmwStG zu übernehmen sind, und dem Buchwert der restlichen Anteile an der übertragenden Körperschaft, wenn sie am steuerlichen Übertragungsstichtag zum Betriebsvermögen des übernehmenden Rechtsträgers gehören (§ 4 Abs. 4 Satz 3 UmwStG). Für den Fall, dass auch nach Berücksichtigung des § 5 UmwStG nicht alle übrigen Anteile zum Betriebsvermögen des übernehmenden Rechtsträgers gehören, wird auf Randnr. 04.30 verwiesen.

Beispiel (Rechtslage bis zur Geltung des BilMoG):

A-GmbH

Gesellschafter B	= 30% (Anschaffungskosten	= 30 000 €)
Gesellschafter C	= 30% (Anschaffungskosten	= 90 000 €)
Gesellschafter D	= 30% (Anschaffungskosten	= 100 000 €)
eigene Anteile A-GmbH	= 10% (Anschaffungskosten	= 50 000 €)

Lösung:

Die steuerliche Schlussbilanz der A-GmbH stellt sich wie folgt dar:

	Buchwert		**Buchwert**
Eigene Anteile	0 €	Stammkapital	100 000 €
Sonstige Aktiva	1 250 000 €	Rücklagen	200 000 €
		Verbindlichkeiten	950 000 €
	1 250 000 €		1 250 000 €

Die Anteile der Gesellschafter B, C und D sind dem Betriebsvermögen der übernehmenden Personengesellschaft gem. § 5 UmwStG zuzuordnen. Danach ergibt sich folgender Übernahmegewinn:

	Gesamt	**B**	**C**	**D**
Buchwert des übergehenden Vermögens	300 000 €	100 000 €	100 000 €	100 000 €
Buchwert der Anteile (Anschaffungskosten)	220 000 €	30 000 €	90 000 €	100 000 €
Übernahmeergebnis 1. Stufe	**80 000 €**	**70 000 €**	**10 000 €**	**0 €**

Der Buchwert der eigenen Anteile i. H. v. 50 000 € (Anschaffungskosten) ist bei der A-GmbH bei der steuerlichen Gewinnermittlung außerhalb der Bilanz hinzuzurechnen, wenn die Anteile gewinnmindernd ausgebucht worden sind.

10. Kosten des Vermögensübergangs

04.34 Als Kosten des Vermögensübergangs i. S. d. § 4 Abs. 4 Satz 1 UmwStG sind nur die nicht objektbezogenen Kosten des übernehmenden Rechtsträgers – unabhängig vom Zeitpunkt der Entstehung – sowie auch die nicht objektbezogenen Kosten, die dem übertragenden Rechtsträger zuzuordnen und nach dem steuerlichen Übertragungsstichtag entstanden sind, zu berücksichtigen. Sie bewirken eine Minderung des Übernahmegewinns bzw. eine Erhöhung des Übernahmeverlusts. Sofern sie als laufender Aufwand beim übernehmenden Rechtsträger berücksichtigt worden sind, hat eine entsprechende außerbilanzielle Korrektur zu erfolgen. Zur ertragsteuerlichen Behandlung der durch einen Umwandlungsvorgang entstandenen objektbezogenen Kosten des Vermögensübergangs vgl. BMF-Schreiben vom 18. 1. 2010, BStBl. I S. 70. Zur ertragsteuerlichen Behandlung von Grunderwerbsteuer bei Anteilsvereinigung (§ 1 Abs. 3 GrEStG) beachte aber auch BFH vom 20. 4. 2011 I R 2/10, BStBl. II S. 761. 77

04.35 Eine verhältnismäßige Zuordnung zum Übernahmeergebnis und zum Dividendenanteil gem. § 7 UmwStG ist nicht vorzunehmen. Ein Gesellschafter, der nicht der Übernahmegewinnbesteuerung, sondern nur der Besteuerung des Dividendenanteils gem. § 7 UmwStG unterliegt, kann seine Übernahmekosten steuerlich nicht geltend machen.

V. Fremdfinanzierte Anteile an der übertragenden Körperschaft

04.36 Wird ein Anteilseigner, der seine Anteile an der übertragenden Körperschaft fremdfinanziert hat, Mitunternehmer der Personengesellschaft, führen Darlehenszinsen künftig zu Sonderbetriebsausgaben dieses Mitunternehmers bei der Personengesellschaft, die i. R. d. gesonderten und einheitlichen Feststellung der Einkünfte nach allgemeinen Grundsätzen zu berücksichtigen sind. Die Verbindlichkeiten haben keinen Einfluss auf das Übernahmeergebnis. 78

VI. Weitere Korrekturen gem. § 4 Abs. 5 UmwStG

1. Sperrbetrag i. S. d. § 50 c EStG

04.37 Der Sperrbetrag i. S. d. § 50 c Abs. 4 EStG (vgl. § 52 Abs. 59 EStG) ist nach § 4 Abs. 5 Satz 1 UmwStG dem Übernahmeergebnis außerhalb der Steuerbilanz hinzuzurechnen, soweit die Anteile an 79 der übertragenden Körperschaft am steuerlichen Übertragungsstichtag zum Betriebsvermögen des übernehmenden Rechtsträgers gehören.

2. Abzug der Bezüge i. S. d. § 7 UmwStG vom Übernahmeergebnis 1. Stufe

80 **04.38** Das Übernahmeergebnis 1. Stufe (vgl. Randnr. 04.27) vermindert sich um die Bezüge, die nach § 7 UmwStG zu den Einkünften aus Kapitalvermögen i. S. d. § 20 Abs. 1 Nr. 1 EStG gehören. Der Abzug erfolgt wegen der personenbezogenen Ermittlung (vgl. Randnr. 04.19 ff.) für jeden Anteilseigner gesondert.

VII. Ermittlung des Übernahmeergebnisses bei negativem Buchwert des Vermögens der übertragenden Körperschaft (überschuldete Gesellschaft)

81 **04.39** Bei der Ermittlung des Übernahmeergebnisses ist keine Begrenzung des übergehenden Vermögens auf 0 € vorgesehen. Ein Negativvermögen führt daher zu einem entsprechend höheren Übernahmeverlust.

VIII. Berücksichtigung eines Übernahmeverlusts (§ 4 Abs. 6 UmwStG)

82 **04.40** Entfällt der Übernahmeverlust auf eine Körperschaft, Personenvereinigung oder Vermögensmasse, bleibt der Übernahmeverlust außer Ansatz.

04.41 Das gilt nicht, soweit der Übernahmeverlust auf eine Körperschaft i. S. d. § 8b Abs. 7 oder Abs. 8 Satz 1 KStG entfällt. Dann ist der Übernahmeverlust bis zur Höhe der Bezüge i. S. d. § 20 Abs. 1 Nr. 1 EStG i. V. m. § 7 UmwStG zu berücksichtigen. Ein danach verbleibender Übernahmeverlust bleibt außer Ansatz.

04.42 Entfällt der Übernahmeverlust auf eine natürliche Person, ist er zu 60% (bis 2008: zur Hälfte), höchstens i. H. v. 60% (bis 2008: der Hälfte) der nach § 7 UmwStG anzusetzenden Bezüge i. S. d. § 20 Abs. 1 Nr. 1 EStG zu berücksichtigen. Ein darüber hinausgehender Übernahmeverlust bleibt außer Ansatz.

04.43 Ein Übernahmeverlust bleibt stets außer Ansatz, soweit bei Veräußerung der Anteile an der übertragenden Körperschaft ein Veräußerungsverlust nach § 17 Abs. 2 Satz 6 EStG nicht zu berücksichtigen wäre oder soweit die Anteile an der übertragenden Körperschaft innerhalb der letzten fünf Jahre vor dem steuerlichen Übertragungsstichtag entgeltlich erworben wurden.

Werden Anteile an dem übertragenden Rechtsträger erst nach dem steuerlichen Übertragungsstichtag entgeltlich erworben, bleibt ein Übernahmeverlust nach § 4 Abs. 6 Satz 6 UmwStG auch insoweit außer Ansatz.

IX. Besteuerung eines Übernahmegewinns (§ 4 Abs. 7 UmwStG)

83 **04.44** Entfällt der Übernahmegewinn auf eine Körperschaft, ist darauf § 8b KStG in der jeweils am steuerlichen Übertragungsstichtag geltenden Fassung anzuwenden, also ggf. auch § 8b Abs. 7 und 8 KStG bzw. § 8b Abs. 4 KStG a. F.

04.45 Entfällt der Übernahmegewinn auf eine natürliche Person, sind für Veranlagungszeiträume ab 2009 darauf § 3 Nr. 40 sowie § 3c EStG in der jeweils am steuerlichen Übertragungsstichtag geltenden Fassung anzuwenden (§ 27 Abs. 8 UmwStG i. V. m. § 52a Abs. 3 Satz 1 EStG). Für Veranlagungszeiträume bis 2008 sind auf einen Übernahmegewinn § 3 Nr. 40 Satz 1 und 2 EStG sowie § 3c EStG in der jeweils am steuerlichen Übertragungsstichtag geltenden Fassung anzuwenden.

C. Besteuerung der Anteilseigner der übertragenden Körperschaft (§ 5 UmwStG)

I. Anschaffung und Barabfindung nach dem steuerlichen Übertragungsstichtag (§ 5 Abs. 1 UmwStG)

84 **05.01** Schafft der übernehmende Rechtsträger Anteile an der übertragenden Körperschaft nach dem steuerlichen Übertragungsstichtag an oder findet er einen Anteilseigner ab, ist das Übernahmeergebnis so zu ermitteln, als hätte er die Anteile an dem Übertragungsstichtag angeschafft. Der unentgeltliche Erwerb wird für Zwecke des § 5 Abs. 1 UmwStG der Anschaffung gleichgestellt.

05.02 § 5 Abs. 1 UmwStG gilt für Anteile, die Betriebsvermögen des übernehmenden Rechtsträgers (einschließlich Sonderbetriebsvermögen) werden.

II. Anteilseignerwechsel im Rückwirkungszeitraum

85 **05.03** Die Rückwirkungsfiktion des § 2 UmwStG gilt nicht bzw. insoweit nicht für Anteilseigner, wenn diese Anteile im Rückwirkungszeitraum ganz bzw. teilweise veräußert haben (vgl. Randnr. 02.17 ff.).

05.04 Veräußert der Anteilseigner Anteile an einen Dritten, erwirbt der Dritte zivilrechtlich Anteile an der übertragenden Körperschaft. Für die Anwendung der §§ 4 bis 10 und 18 UmwStG ist jedoch davon auszugehen, dass er die Anteile am steuerlichen Übertragungsstichtag angeschafft hat. Zur Anwendung des § 10 UmwStG vgl. § 27 Abs. 6 UmwStG i. d. F. des Gesetzes vom 22. 12. 2009, BGBl. I S. 3950, und Randnr. 10.01 f. Die Anteile gelten unter den Voraussetzungen der Einlage- und Übertragungsfiktionen des § 5 Abs. 2 und 3 UmwStG als in das Betriebsvermögen der übernehmenden Personengesellschaft bzw. der übernehmenden natürlichen Person eingelegt oder überführt. Hat der übernehmende Rechtsträger die Anteile erworben, gilt § 5 Abs. 1 UmwStG.

III. Einlage- und Überführungsfiktion (§ 5 Abs. 2 und 3 UmwStG)

1. Einlagefiktion nach § 5 Abs. 2 UmwStG

86 **05.05** Nach § 5 Abs. 2 UmwStG gelten die Anteile an der übertragenden Körperschaft i. S. d. § 17 EStG für die Ermittlung des Übernahmeergebnisses als zum steuerlichen Übertragungsstichtag mit

den Anschaffungskosten in das Betriebsvermögen des übernehmenden Rechtsträgers eingelegt. Im Privatvermögen gehaltene Anteile, die nicht unter § 17 EStG fallen, werden von der Einlagefiktion des § 5 Abs. 2 UmwStG nicht erfasst. Die Einlagefiktion gem. § 5 Abs. 2 UmwStG erfasst auch Anteile an der übertragenden Körperschaft, für die ein Veräußerungsverlust nach § 17 Abs. 2 Satz 6 EStG nicht zu berücksichtigen ist. In diesen Fällen bleibt ein Übernahmeverlust außer Ansatz, siehe § 4 Abs. 6 Satz 6 UmwStG. Im Fall einer vorangegangenen Umwandlung (Verschmelzung, Auf- und Abspaltung) auf die übertragende Körperschaft (§§ 11 bis 13, 15 UmwStG) ist für die Anteile an der übertragenden Körperschaft § 13 Abs. 2 Satz 2 UmwStG zu beachten. § 5 Abs. 2 erfasst auch solche Anteile i. S. d. § 17 EStG, die erst nach dem steuerlichen Übertragungsstichtag entgeltlich oder unentgeltlich erworben werden.

05.06 Werden von der Körperschaft eigene Anteile gehalten, ist bei der Ermittlung der Beteiligungsquote auf das Verhältnis zu dem um die eigenen Anteile der Kapitalgesellschaft verminderten Nennkapital abzustellen (BFH vom 24. 9. 1970, IV R 138/69, BStBl. 1971 II S. 89).

Beispiel:

Die übertragende Körperschaft hält am steuerlichen Übertragungsstichtag eigene Anteile i. H. v. 20%. A hält 40% in seinem Betriebsvermögen, B hält 20% in seinem Privatvermögen und 40 weitere Anteilseigner halten jeweils 0,5% in ihrem Privatvermögen. Der Wert der auf die übernehmende Personengesellschaft übergegangenen Wirtschaftsgüter (ohne die eigenen Anteile) beträgt 800 000 €.

Lösung:

Bei Ermittlung des personenbezogenen Übernahmeergebnisses sind für A und B folgende Werte zugrunde zu legen:
A: $^{40}/_{80}$ von 800 000 € = 400 000 €,
B: $^{20}/_{80}$ von 800 000 € = 200 000 €.
Für die 40 weiteren Anteilseigner ist gem. § 4 Abs. 4 Satz 3 UmwStG kein Übernahmeergebnis zu ermitteln.

05.07 Die Einlagefiktion gilt unabhängig davon, ob eine Veräußerung dieser Anteile bei dem Anteilseigner i. R. d. unbeschränkten oder beschränkten Steuerpflicht zu erfassen bzw. ob ein Besteuerungsrecht der Bundesrepublik Deutschland aufgrund eines DBA ausgeschlossen ist. Die Zuordnung einer Beteiligung zum Betriebs- oder Privatvermögen bestimmt sich nach deutschem Steuerrecht. Die Feststellung, ob und in welchem Umfang sich für den Anteilseigner Auswirkungen auf den in der Bundesrepublik Deutschland zu versteuernden Übernahmegewinn oder den zu berücksichtigenden Übernahmeverlust und die Besteuerung offener Rücklagen ergeben, ist i. R. d. Ermittlung der Besteuerungsgrundlagen nach den §§ 4 und 7 UmwStG zu treffen.

2. Überführungsfiktion nach § 5 Abs. 3 UmwStG

05.08 Nach § 5 Abs. 3 UmwStG gelten die Anteile, die am steuerlichen Übertragungsstichtag zum 87
Betriebsvermögen eines Anteilseigners gehören, für die Ermittlung des Übernahmeergebnisses als an diesem Stichtag in das Betriebsvermögen des übernehmenden Rechtsträgers überführt. Die Überführungsfiktion nach § 5 Abs. 3 UmwStG gilt auch, wenn die Anteile bei dem Anteilseigner am steuerlichen Übertragungsstichtag zu einem Betriebsvermögen gehören, das den Einkünften nach § 13 oder § 18 EStG zuzurechnen ist oder in den Fällen, in denen der Anteilseigner der übertragenden Körperschaft, der seine Beteiligung zum steuerlichen Übertragungsstichtag in einem Betriebsvermögen hält, erst nach dem steuerlichen Übertragungsstichtag Gesellschafter wird.

05.09 Für die Überführungsfiktion gilt Randnr. 05.07 entsprechend.

05.10 Das Übernahmeergebnis ist so zu ermitteln, als seien die Anteile an dem steuerlichen Übertragungsstichtag zum Buchwert, erhöht um Abschreibungen sowie um Abzüge nach § 6 b EStG und ähnliche Abzüge, die in früheren Jahren steuerwirksam vorgenommen worden sind, höchstens mit dem gemeinen Wert, in das Betriebsvermögen des übernehmenden Rechtsträgers überführt worden.

05.11 Die Rechtsfolgen einer steuerwirksamen erweiterten Wertaufholung entsprechend der Regelung in § 4 Abs. 1 Satz 2 und 3 UmwStG (vgl. Randnr. 04.05 ff.) ergeben sich am steuerlichen Übertragungsstichtag noch im Betriebsvermögen des Anteilseigners, zu dem die Anteile an der übertragenden Körperschaft gehören.

IV. Übergangsregelung für einbringungsgeborene Anteile nach § 27 Abs. 3 Nr. 1 UmwStG

05.12 Nach § 27 Abs. 3 Nr. 1 UmwStG ist § 5 Abs. 4 UmwStG 1995 für einbringungsgeborene Anteile 88
i. S. d. § 21 Abs. 1 UmwStG 1995 mit der Maßgabe weiterhin anzuwenden, dass die Anteile zum Wert i. S. d. § 5 Abs. 2 oder 3 UmwStG als zum steuerlichen Übertragungsstichtag in das Betriebsvermögen des übernehmenden Rechtsträgers überführt gelten.

D. Gewinnerhöhung durch Vereinigung von Forderungen und Verbindlichkeiten (§ 6 UmwStG)

I. Entstehung des Übernahmefolgegewinns oder -verlust aus dem Vermögensübergang

06.01 Der Übernahmefolgegewinn oder -verlust aus dem Vermögensübergang entsteht bei dem 89
übernehmenden Rechtsträger mit Ablauf des steuerlichen Übertragungsstichtags. Ein solcher entsteht auch, wenn infolge der Umwandlung Gesellschafter des übernehmenden Rechtsträgers einen Anspruch oder eine Verbindlichkeit gegenüber dem übernehmenden Rechtsträger haben (§ 6 Abs. 2 UmwStG). Ist ein in der steuerlichen Schlussbilanz ausgewiesener Schuldposten beim übernehmenden Rechtsträger infolge Konfusion gewinnerhöhend aufzulösen und ist die dem Schuldposten zugrunde liegende Vermögensminderung beim übertragenden Rechtsträger nach § 8 Abs. 3 Satz 2 KStG korrigiert worden, gelten die Grundsätze des BMF-Schreibens vom 28. 5. 2002, BStBl. I S. 603,[1]

[1] Abgedruckt im Hauptteil zu § 8 KStG als Anl zu H 8.6.

entsprechend. Insoweit kommt es ggf. zu keinem Übernahmefolgegewinn, wenn eine Hinzurechnung der verdeckten Gewinnausschüttung nach § 8 Abs. 3 Satz 2 KStG erfolgt ist.

§ 6 UmwStG findet keine Anwendung bei Vermögensübergang auf einen Rechtsträger ohne Betriebsvermögen (vgl. § 8 UmwStG).

II. Besteuerung des Übernahmefolgegewinns oder -verlusts

90 **06.02** Der Übernahmefolgegewinn oder -verlust ist ein laufender Gewinn oder Verlust des übernehmenden Rechtsträgers, der auch bei der Gewerbesteuer zu berücksichtigen ist (§ 18 Abs. 1 UmwStG). Er ist nicht Teil des Übernahmeergebnisses i. S. d. § 4 Abs. 4 bis 6 UmwStG. Er ist auch dann in voller Höhe anzusetzen, wenn am steuerlichen Übertragungsstichtag nicht alle Anteile an der übertragenden Körperschaft zum Betriebsvermögen des übernehmenden Rechtsträgers gehören. § 4 Abs. 4 Satz 3 UmwStG gilt für den Übernahmefolgegewinn oder -verlust nicht. Auf den Übernahmefolgegewinn ist § 32 c EStG (nur Veranlagungszeitraum 2007) und § 35 EStG anzuwenden. Entsteht der Übernahmefolgegewinn durch eine Vereinigung von Forderungen und Verbindlichkeiten, ist er auch dann in voller Höhe steuerpflichtig, wenn sich die Forderungsabschreibung ganz oder zum Teil (z. B. wegen § 3 c Abs. 2 EStG oder § 8 b Abs. 3 Satz 4 ff. KStG) nicht ausgewirkt hat.

III. Umgekehrte Maßgeblichkeit

91 **06.03** Die steuerlichen Wahlrechte der Bildung und Auflösung einer Rücklage für den Übernahmefolgegewinn sind nach der Rechtslage bis zum Inkrafttreten des Bilanzrechtsmodernisierungsgesetzes (BilMoG) vom 25. 5. 2009, BGBl. I S. 1102, jeweils in Übereinstimmung mit der handelsrechtlichen Jahresbilanz auszuüben (vgl. § 5 Abs. 1 Satz 2 EStG a. F. und BMF-Schreiben vom 12. 3. 2010, BStBl. I S. 239, Randnr. 24).

IV. Pensionsrückstellungen zugunsten eines Gesellschafters der übertragenden Kapitalgesellschaft

92 **06.04** Geht das Vermögen einer Kapitalgesellschaft durch Gesamtrechtsnachfolge auf eine Personengesellschaft über, ist die zugunsten des Gesellschafters durch die Kapitalgesellschaft zulässigerweise gebildete Pensionsrückstellung von der Personengesellschaft nicht aufzulösen (BFH vom 22. 6. 1977 I R 8/75, BStBl. II S. 798; Ausnahme: Anwartschaftsverzicht bis zum steuerlichen Übertragungsstichtag).

06.05 Die Personengesellschaft führt die zulässigerweise von der Kapitalgesellschaft gebildete Pensionsrückstellung in ihrer Gesamthandsbilanz fort und hat diese bei fortbestehendem Dienstverhältnis mit dem Teilwert nach § 6 a Abs. 3 Satz 2 Nr. 1 EStG zu bewerten.

06.06 Zuführungen nach dem steuerlichen Übertragungsstichtag, soweit sie ihren Grund in einem fortbestehenden Dienstverhältnis haben, sind Sondervergütungen i. S. d. § 15 Abs. 1 Satz 1 Nr. 2 EStG. Sie mindern den steuerlichen Gewinn der Personengesellschaft nicht. Wegen der bilanzsteuerlichen Behandlung einer Pensionszusage einer Personengesellschaft an einen Gesellschafter vgl. im Übrigen das BMF-Schreiben vom 29. 1. 2008, BStBl. I S. 317. Die Pensionszusage ist daher beim begünstigten Mitunternehmer in einen Teil vor und in einen Teil nach der Umwandlung aufzuteilen. Im Versorgungsfall folgt hieraus eine Aufteilung in Einkünfte nach § 19 EStG und § 15 EStG jeweils i. V. m. § 24 Nr. 2 EStG.

06.07 Im Fall des Vermögensübergangs auf eine natürliche Person ist die Pensionsrückstellung von dieser ertragswirksam aufzulösen. Auf einen sich insgesamt ergebenden Auflösungsgewinn ist § 6 Abs. 1 UmwStG anzuwenden.

06.08 Wird im Fall einer Rückdeckungsversicherung die Versicherung von der übernehmenden natürlichen Person fortgeführt, geht der Versicherungsanspruch (Rückdeckungsanspruch) auf diese über und wird dadurch Privatvermögen. Die Entnahme ist mit dem Teilwert zu bewerten. Wird die Rückdeckungsversicherung von der übertragenden Kapitalgesellschaft gekündigt, ist der Rückkaufswert mit dem Rückdeckungsanspruch zu verrechnen. Ein eventueller Restbetrag ist ergebniswirksam aufzulösen. Auf das Urteil des BFH vom 25. 2. 2004, I R 54/02, BStBl. II S. 654 wird hingewiesen.

V. Missbrauchsklausel

93 **06.09** Betrieb i. S. d. § 6 Abs. 3 UmwStG sind die am steuerlichen Übertragungsstichtag vorhandenen funktional und quantitativ wesentlichen Betriebsgrundlagen des übergegangenen Betriebs. Die Veräußerung, Verschmelzung, Einbringung oder Aufgabe sämtlicher Anteile des übernehmenden Rechtsträgers führt ebenfalls zur Anwendung des § 6 Abs. 3 UmwStG.

Unschädlich ist dagegen die Einbringung, Veräußerung oder Aufgabe nur eines Teilbetriebs des übergegangenen Betriebs. Dasselbe gilt für einen übergegangenen Mitunternehmeranteil, wenn daneben noch (weitere) wesentliche Betriebsgrundlagen zum übergegangenen Betrieb gehören, sowie für die Veräußerung einzelner Anteile des übernehmenden Rechtsträgers.

06.10 Die Fünfjahresfrist beginnt mit Ablauf des steuerlichen Übertragungsstichtags. Für die Fristberechnung ist im Fall der Veräußerung der Übergang des wirtschaftlichen Eigentums und in Einbringungsfällen der steuerliche Übertragungsstichtag i. S. d. § 20 Abs. 5 und 6 UmwStG als Veräußerungs- bzw. Einbringungszeitpunkt maßgebend. Bei einer Betriebsaufgabe ist der Zeitpunkt der ersten Handlung maßgebend, die nach dem Aufgabeentschluss objektiv auf die Auflösung des Betriebs gerichtet ist.

06.11 Die Einbringung in eine Kapitalgesellschaft innerhalb von fünf Jahren nach dem steuerlichen Übertragungsstichtag ist stets unabhängig vom Vorliegen triftiger Gründe sowie unabhängig vom Wertansatz (gemeiner Wert, Zwischen- oder Buchwert) schädlich.

Eine Einbringung in eine andere Körperschaft (z. B. Genossenschaft) oder in eine Mitunternehmerschaft nach § 24 UmwStG ist eine Veräußerung i. S. d. § 6 Abs. 3 UmwStG.

Die Aufgabe oder Veräußerung des übergegangenen Betriebs ist unschädlich, wenn triftige Gründe vorliegen. Dies hängt von den Umständen des Einzelfalls ab. Es muss vom Steuerpflichtigen nachgewiesen werden, dass die nachfolgende Aufgabe oder Veräußerung nicht durch Steuerumgehung (Steuerersparnis, Steuerstundung), sondern durch vernünftige wirtschaftliche Gründe – insbesondere der Umstrukturierung oder der Rationalisierung der beteiligten Gesellschaften – als hauptsächlichen Beweggrund motiviert war.

06.12 § 6 Abs. 3 Satz 2 UmwStG enthält eine eigenständige Änderungsvorschrift. Eine Änderung der entsprechenden Steuer-, Steuermess-, Freistellungs- und Feststellungsbescheide ist auch bei bereits eingetretener Festsetzungs- oder Feststellungsverjährung möglich (§ 175 Abs. 1 Satz 2 AO).

E. Besteuerung offener Rücklagen (§ 7 UmwStG)

I. Sachlicher und persönlicher Anwendungsbereich

07.01 Der Anwendungsbereich des § 7 UmwStG erstreckt sich sachlich auf Umwandlungen und vergleichbare ausländische Vorgänge i. S. d. § 1 Abs. 1 UmwStG. 94

07.02 Persönlich werden von § 7 UmwStG alle Anteilseigner der übertragenden Körperschaft erfasst, die Gesellschafter der übernehmenden Personengesellschaft werden, und zwar unabhängig davon, ob für diese ein Übernahmeergebnis zu ermitteln ist oder nicht. Auf Bezüge i. S. d. § 7 UmwStG findet in grenzüberschreitenden Sachverhalten in der Regel eine dem Art. 10 OECD-MA entsprechende Vorschrift in einem DBA Anwendung.[1]

II. Anteiliges Eigenkapital

07.03 Nach § 7 Satz 1 UmwStG ist dem Anteilseigner der Teil des in der Steuerbilanz ausgewiesenen Eigenkapitals abzüglich des Bestands des steuerlichen Einlagekontos, der sich nach Anwendung des § 29 Abs. 1 KStG ergibt, als Einkünfte aus Kapitalvermögen (§ 20 Abs. 1 Nr. 1 EStG) zuzurechnen, der seiner Beteiligung am Nennkapital entspricht. 95

07.04 Maßgeblich ist das in der steuerlichen Schlussbilanz ausgewiesene um Ausschüttungsverbindlichkeiten und passive Korrekturposten (vgl. Randnr. 02.25 ff.) geminderte Eigenkapital. Ausstehende Einlagen auf das Nennkapital gehören, unabhängig davon, ob sie eingefordert sind oder nicht, ebenso wie Passivposten, die aufgrund steuerrechtlicher Vorschriften erst bei ihrer Auflösung zu versteuern sind (Sonderposten mit Rücklagenanteil i. S. d. § 247 Abs. 3 HGB vor Inkrafttreten des Bilanzrechtsmodernisierungsgesetzes [BilMoG] vom 25. 5. 2009, BGBl. I S. 1102), nicht zum Eigenkapital. Rückstellungen und Verbindlichkeiten, auch für die nach § 8 Abs. 3 Satz 2 KStG eine außerbilanzielle Einkommenskorrektur erfolgte, bleiben Fremdkapital.

Bei einer ausländischen Körperschaft i. S. d. § 27 Abs. 8 Satz 1 KStG ist der Bestand des steuerlichen Einlagekontos unter sinngemäßer Anwendung der Grundsätze des § 27 Abs. 8 KStG zu ermitteln.

Von dem maßgebenden Eigenkapital laut steuerlicher Schlussbilanz ist der Bestand des steuerlichen Einlagekontos, der sich nach Anwendung des § 29 Abs. 1 und Abs. 6 KStG ergibt, abzuziehen.

III. Zurechnung der Einkünfte

07.05 Ein verbleibender positiver Saldo des maßgebenden Eigenkapitals ist den Anteilseignern nach dem Verhältnis ihrer Anteile zum Nennkapital als Einkünfte i. S. d. § 20 Abs. 1 Nr. 1 EStG zuzurechnen. Hierbei ist auf die Höhe der Beteiligungen im Zeitpunkt des Wirksamwerdens der Umwandlung abzustellen. Eigene Anteile der übertragenden Körperschaft bleiben bei der Ermittlung der Beteiligungsverhältnisse unberücksichtigt. 96

07.06 Erfolgen im Rückwirkungszeitraum Ausschüttungen an Anteilseigner, für die die Rückwirkungsfiktion gilt, sind bei der Zurechnung der Einkünfte gegenüber neu eintretenden Gesellschaftern die Ausschüttungen an Anteilseigner, für die die Rückwirkungsfiktion gilt, diesen vorab zuzurechnen (vgl. Randnr. 02.31 sowie das Beispiel in Randnr. 02.33).

IV. Besteuerung und Zufluss der Einkünfte

07.07 Die Bezüge i. S. d. § 7 UmwStG i. V. m. § 20 Abs. 1 Nr. 1 EStG gelten bereits mit Ablauf des steuerlichen Übertragungsstichtags als zugeflossen (§ 2 Abs. 2 UmwStG). Sie sind in dem Veranlagungszeitraum, in dem das Wirtschaftsjahr endet, in das der steuerliche Übertragungsstichtag fällt, zu besteuern (vgl. Randnr. 02.04). Ist übernehmender Rechtsträger eine Personengesellschaft, sind die Bezüge i. R. d. gesonderten und einheitlichen Feststellung der Einkünfte zu erfassen, wenn für den betreffenden Anteilseigner ein Übernahmeergebnis zu ermitteln ist. 97

Die Einnahmen nach § 7 Satz 1 UmwStG unterliegen ab dem 1. 1. 2009 bei natürlichen Personen als Anteilseigner bei Anteilen im Privatvermögen grundsätzlich der Abgeltungsteuer (§§ 32 d, 43 Abs. 5 EStG) und bei Anteilen im Betriebsvermögen (einschließlich der Anteile, die nach § 5 Abs. 2 oder § 27 Abs. 3 Nr. 1 UmwStG als in das Betriebsvermögen eingelegt gelten) dem Teileinkünfteverfahren (§ 3 Nr. 40 Satz 1 Buchstabe d, § 3 Nr. 40 Satz 2, § 20 Abs. 8 EStG). Handelt es sich bei dem Anteilseigner um eine Körperschaft, gilt § 8 b KStG. Handelt es sich bei dem Anteilseigner um eine Personengesellschaft, ist für die Frage, ob § 3 Nr. 40 Satz 1 Buchstabe d EStG oder § 8 b KStG anzuwenden ist, auf die Gesellschafter dieser Personengesellschaft abzustellen.

Zur gewerbesteuerlichen Behandlung der Ausschüttung nach § 7 UmwStG vgl. Randnr. 18.04.

---

[1] OECD-MA und alle geltenden DBA siehe beck-online sowie abgedruckt in der Beck'schen Textausgabe „Doppelbesteuerungsabkommen".

V. Kapitalertragsteuerabzug

98 **07.08** Die Bezüge i. S. d. § 7 UmwStG unterliegen nach § 43 Abs. 1 Satz 1 Nr. 1 und Nr. 6 EStG dem Kapitalertragsteuerabzug. Die Kapitalertragsteuer hierauf entsteht erst im Zeitpunkt der zivilrechtlichen Wirksamkeit der Umwandlung und ist von dem übernehmenden Rechtsträger bzw. der die Kapitalerträge auszahlenden Stelle bei dem jeweils zuständigen Finanzamt anzumelden und vom übernehmenden Rechtsträger als steuerlichem Rechtsnachfolger (§ 4 Abs. 2 Satz 1 UmwStG) abzuführen.

07.09 Ein Absehen von der Erhebung der Kapitalertragsteuer nach § 43 b EStG kommt nicht in Betracht (§ 43 b Abs. 1 Satz 4 EStG).

F. Vermögensübergang auf einen Rechtsträger ohne Betriebsvermögen (§ 8 UmwStG)

99 **08.01** Nach § 8 UmwStG sind Wirtschaftsgüter, die nicht Betriebsvermögen des übernehmenden Rechtsträgers werden, in der steuerlichen Schlussbilanz der übertragenden Körperschaft mit dem gemeinen Wert anzusetzen.

08.02 Ob das übertragene Vermögen Betriebsvermögen wird, beurteilt sich nach den Verhältnissen am steuerlichen Übertragungsstichtag. Die bloße Absicht des übernehmenden Rechtsträgers, sich in diesem Zeitpunkt gewerblich zu betätigen, ist nicht ausreichend.

08.03 Bei Vermögensübergang auf eine Zebragesellschaft sind die übergegangenen Wirtschaftsgüter in der steuerlichen Schlussbilanz des übertragenden Rechtsträgers mit dem gemeinen Wert anzusetzen (vgl. Randnr. 03.16).

I. R. d. gesonderten und einheitlichen Feststellung der Einkünfte werden Veräußerungsgewinne nach § 17 EStG und Bezüge i. S. d. § 7 UmwStG i. V. m. § 20 Abs. 1 Nr. 1 EStG festgestellt, dies jedoch ohne Bindungswirkung für die beteiligten Gesellschafter (vgl. GrS des BFH vom 11. 4. 2005, GrS 2/02, BStBl. II S. 679).

08.04 Ein Abzug nach § 7 g Abs. 1 EStG ist beim übertragenden Rechtsträger rückgängig zu machen, wenn das übertragene Vermögen nicht Betriebsvermögen des übernehmenden Rechtsträgers wird.

G. Formwechsel in eine Personengesellschaft (§ 9 UmwStG)

100 **09.01** Mangels einer handelsrechtlichen Rückbeziehungsmöglichkeit enthält § 9 UmwStG eine eigenständige steuerliche Rückwirkungsregelung (vgl. Randnr. 02.05); im Übrigen vgl. Randnr. 02.09 ff. Die Übertragungs- bzw. die Eröffnungsbilanz i. S. d. § 9 Satz 2 UmwStG ist grundsätzlich auf den Zeitpunkt der Registereintragung des Formwechsels (§ 202 Abs. 1 Nr. 1 UmwG) aufzustellen.

09.02 Die Achtmonatsfrist nach § 9 Satz 3 UmwStG ist auch dann maßgebend, wenn nach ausländischem Recht eine davon abweichende Regelung besteht. Insoweit ist ggf. § 2 Abs. 3 UmwStG zu beachten. Im Übrigen vgl. auch Randnr. 02.06.

H. Körperschaftsteuererhöhung (§ 10 UmwStG)

101 **10.01** § 10 UmwStG ist grundsätzlich letztmals auf Umwandlungen anzuwenden, deren steuerlicher Übertragungsstichtag vor dem 1. 1. 2007 liegt (§ 27 Abs. 6 Satz 1 UmwStG).

10.02 § 10 UmwStG ist weiter anzuwenden, wenn von der übertragenden Körperschaft ein Antrag nach § 34 Abs. 16 KStG i. d. F. des Artikels 3 des Gesetzes vom 20. 12. 2007, BGBl. I S. 3150, gestellt wurde (§ 27 Abs. 6 Satz 2 UmwStG). Auf die Ausführungen im BMF-Schreiben vom 16. 12. 2003, BStBl. I S. 786, Randnr. 11 ff.,[1] wird verwiesen.

Dritter Teil. Verschmelzung oder Vermögensübertragung (Vollübertragung) auf eine andere Körperschaft

A. Wertansätze in der steuerlichen Schlussbilanz der übertragenden Körperschaft (§ 11 UmwStG)

I. Sachlicher Anwendungsbereich

110 **11.01** Die §§ 11 bis 13 UmwStG sind sowohl auf Auf-, Ab- als auch Seitwärtsverschmelzungen anzuwenden.

II. Pflicht zur Abgabe einer steuerlichen Schlussbilanz

111 **11.02** Jede übertragende Körperschaft ist nach § 11 Abs. 1 Satz 1 UmwStG zur Erstellung und Abgabe einer steuerlichen Schlussbilanz auf den steuerlichen Übertragungsstichtag verpflichtet. Randnr. 03.01–03.03 gelten entsprechend. Insbesondere bei einer grenzüberschreitenden Hereinverschmelzung muss eine ausländische übertragende Körperschaft eine unter Zugrundelegung des deutschen Steuerrechts aufgestellte steuerliche Schlussbilanz i. S. d. § 11 UmwStG auf den steuerlichen Übertragungsstichtag einreichen.

III. Ansatz und Bewertung der übergehenden Wirtschaftsgüter

1. Ansatz der übergehenden Wirtschaftsgüter dem Grunde nach

112 **11.03** Randnr. 03.04–03.06 gelten entsprechend. Der Ansatz eines Geschäfts- oder Firmenwerts erfolgt nach § 11 Abs. 1 UmwStG auch dann, wenn der Betrieb der übertragenden Körperschaft nicht fortgeführt wird.

---

[1] Zuletzt abgedruckt im „Handbuch zur Körperschaftsteuerveranlagung 2010" im Anhang I 2 e.

2. Ansatz der übergehenden Wirtschaftsgüter der Höhe nach

a) Ansatz der übergehenden Wirtschaftsgüter mit dem gemeinen Wert bzw. dem Teilwert nach § 6 a EStG

11.04 Randnr. 03.07–03.09 gelten entsprechend. 113

b) Ansatz der übergehenden Wirtschaftsgüter mit dem Buchwert

11.05 Auf Antrag können die übergehenden Wirtschaftsgüter einheitlich mit dem Buchwert angesetzt werden, soweit 114

- sichergestellt ist, dass sie später der Besteuerung mit Körperschaftsteuer unterliegen (§ 11 Abs. 2 Satz 1 Nr. 1 UmwStG),
- das Recht der Bundesrepublik Deutschland hinsichtlich der Besteuerung des Gewinns aus der Veräußerung der übertragenen Wirtschaftsgüter bei der übernehmenden Körperschaft nicht ausgeschlossen oder beschränkt wird (§ 11 Abs. 2 Satz 1 Nr. 2 UmwStG) und
- eine Gegenleistung nicht gewährt wird oder in Gesellschaftsrechten besteht (§ 11 Abs. 2 Satz 1 Nr. 3 UmwStG).

Für den Ansatz des Buchwerts sind die Ansätze in der Handelsbilanz nicht maßgeblich. Wegen des Begriffs Buchwert vgl. Randnr. 01.57. Die Prüfung der Voraussetzungen des § 11 Abs. 2 Satz 1 UmwStG erfolgt bezogen auf die Verhältnisse zum steuerlichen Übertragungsstichtag.

Gehört zum übergehenden Vermögen der übertragenden Körperschaft ein Mitunternehmeranteil, entspricht der Buchwertansatz dem auf die übertragende Körperschaft entfallenden anteiligen Kapitalkonto – unter Berücksichtigung etwaiger Ergänzungs- und Sonderbilanzen – bei der Mitunternehmerschaft.

11.06 Randnr. 03.12 und 03.13 gelten entsprechend.

aa) Sicherstellung der Besteuerung mit Körperschaftsteuer (§ 11 Abs. 2 Satz 1 Nr. 1 UmwStG)

11.07 Bei Verschmelzung auf eine unbeschränkt steuerpflichtige Körperschaft i. S. d. § 1 Abs. 1 KStG ist die Besteuerung mit Körperschaftsteuer grundsätzlich sichergestellt. Die Besteuerung mit Körperschaftsteuer ist z. B. nicht sichergestellt, wenn die übernehmende Körperschaft von der Körperschaftsteuer befreit ist (z. B. nach § 5 KStG) oder wenn das Vermögen in den nicht steuerpflichtigen Bereich einer juristischen Person des öffentlichen Rechts übergeht. Eine Sicherstellung der Besteuerung mit Körperschaftsteuer ist jedoch insoweit gegeben, als das übergehende Vermögen bei der übernehmenden Körperschaft einen steuerpflichtigen wirtschaftlichen Geschäftsbetrieb bildet oder zu einem bereits vorher bestehenden steuerpflichtigen wirtschaftlichen Geschäftsbetrieb gehört. Vgl. im Übrigen auch Randnr. 03.17. 115

11.08 Wird eine Körperschaft auf eine Organgesellschaft i. S. d. §§ 14, 17 KStG verschmolzen, ist infolge der Zurechnung des Einkommens an den Organträger insoweit die Besteuerung mit Körperschaftsteuer bei der übernehmenden Körperschaft nur sichergestellt, soweit das so zugerechnete Einkommen der Besteuerung mit Körperschaftsteuer unterliegt. Entsprechendes gilt, wenn der Organträger selbst wiederum Organgesellschaft ist. Soweit das so zugerechnete Einkommen der Besteuerung mit Einkommensteuer unterliegt, können aus Billigkeitsgründen die übergehenden Wirtschaftsgüter dennoch einheitlich mit dem Buchwert angesetzt werden, wenn sich alle an der Verschmelzung Beteiligten (übertragender Rechtsträger, übernehmender Rechtsträger und Anteilseigner des übertragenden und übernehmenden Rechtsträgers) übereinstimmend schriftlich damit einverstanden erklären, dass auf die aus der Verschmelzung resultierenden Mehrabführungen § 14 Abs. 3 Satz 1 KStG anzuwenden ist; die Grundsätze der Randnr. Org.33 und Randnr. Org.34 gelten entsprechend.

bb) Kein Ausschluss und keine Einschränkung des deutschen Besteuerungsrechts (§ 11 Abs. 2 Satz 1 Nr. 2 UmwStG)

11.09 Die übergehenden Wirtschaftsgüter dürfen gem. § 11 Abs. 2 Satz 1 Nr. 2 UmwStG nur insoweit mit dem Buchwert angesetzt werden, als das Recht der Bundesrepublik Deutschland hinsichtlich der Besteuerung des Gewinns aus der Veräußerung der übertragenen Wirtschaftsgüter bei der übernehmenden Körperschaft nicht ausgeschlossen oder beschränkt wird. Randnr. 03.18–03.20 gelten entsprechend. 116

cc) Keine Gegenleistung oder Gegenleistung in Form von Gesellschaftsrechten (§ 11 Abs. 2 Satz 1 Nr. 3 UmwStG)

11.10 Randnr. 03.21–03.24 gelten entsprechend. Zur steuerlichen Behandlung der Gegenleistung bei den Anteilseignern vgl. Randnr. 13.02. 117

c) Ansatz der übergehenden Wirtschaftsgüter mit dem Zwischenwert

11.11 Randnr. 03.25 sowie Randnr. 11.05–11.10 gelten entsprechend. 118

d) Ausübung des Wahlrechts auf Ansatz zum Buch- oder Zwischenwert

11.12 Der Antrag auf Ansatz der übergehenden Wirtschaftsgüter mit dem Buch- oder Zwischenwert ist nach § 11 Abs. 3 i. V. m. § 3 Abs. 2 Satz 2 UmwStG bei dem für die Besteuerung nach §§ 20, 26 AO zuständigen Finanzamt der übertragenden Körperschaft spätestens bis zur erstmaligen Abgabe der steuerlichen Schlussbilanz zu stellen. Randnr. 03.27–03.30 gelten entsprechend. 119

3. Fiktive Körperschaftsteueranrechnung nach § 11 Abs. 3 i. V. m. § 3 Abs. 3 UmwStG

11.13 Randnr. 03.31 sowie 03.32 gelten entsprechend. 120

IV. Vermögensübertragung nach §§ 174ff. UmwG gegen Gewährung einer Gegenleistung an die Anteilsinhaber des übertragenden Rechtsträgers

121 **11.14** Nach § 174 UmwG kann ein Rechtsträger unter Auflösung ohne Abwicklung sein Vermögen ganz oder teilweise auf einen anderen bestehenden Rechtsträger (übernehmender Rechtsträger) gegen Gewährung einer Gegenleistung an die Anteilsinhaber des übertragenden Rechtsträgers, die nicht in Anteilen oder Mitgliedschaften besteht, übertragen. Ein Vermögensübergang unter Ansatz der Buch- oder Zwischenwerte i. S. d. § 11 Abs. 2 UmwStG ist daher grundsätzlich nicht möglich bei:
- Vermögensübertragung einer Kapitalgesellschaft auf eine Gebietskörperschaft oder einen Zusammenschluss von Gebietskörperschaften (§ 175 Nr. 1, §§ 176, 177 UmwG),
- Vermögensübertragung einer Versicherungs-AG auf einen VVaG (§ 175 Nr. 2 Buchstabe a, §§ 178, 179 UmwG),
- Vermögensübertragung eines VVaG auf eine Versicherungs-AG oder auf ein öffentlich-rechtliches Versicherungsunternehmen,
- Vermögensübertragung eines öffentlich-rechtlichen Versicherungsunternehmens auf eine Versicherungs-AG oder auf einen VVaG.

Nach § 176 Abs. 2 UmwG tritt in diesen Fällen an die Stelle des Umtauschverhältnisses der Anteile die Art und Höhe der Gegenleistung. Die übergegangenen Wirtschaftsgüter sind daher nach § 11 Abs. 1 UmwStG mit dem gemeinen Wert anzusetzen.

11.15 Ein steuerneutraler Vermögensübergang ist allenfalls möglich, wenn das Vermögen auf den alleinigen Anteilseigner übertragen wird (z. B. von einer Kapitalgesellschaft auf eine Gemeinde, die zu 100% an der übertragenden Kapitalgesellschaft beteiligt ist) und die übrigen Voraussetzungen des § 11 Abs. 2 UmwStG erfüllt sind, da der Untergang der Beteiligung an der übertragenden Kapitalgesellschaft keine Gegenleistung i. S. d. § 11 Abs. 2 Satz 1 Nr. 3 UmwStG darstellt (vgl. Randnr. 11.10 i. V. m. Randnr. 03.21).

V. Landesrechtliche Vorschriften zur Vereinigung öffentlich-rechtlicher Kreditinstitute oder öffentlich-rechtlicher Versicherungsunternehmen

122 **11.16** Sehen landesrechtliche Vorschriften z. B. die Vereinigung öffentlich-rechtlicher Kreditinstitute oder öffentlich-rechtlicher Versicherungsunternehmen im Wege der Gesamtrechtsnachfolge vor, sind die §§ 11 bis 13 UmwStG bei dieser Vereinigung entsprechend anzuwenden, wenn diese Vereinigung mit einer Verschmelzung i. S. d. § 2 UmwG vergleichbar ist (vgl. Randnr. 01.07).

VI. Beteiligung der übertragenden Kapitalgesellschaft an der übernehmenden Kapitalgesellschaft (Abwärtsverschmelzung)

123 **11.17** Im Fall der Abwärtsverschmelzung einer Mutter- auf ihre Tochtergesellschaft sind gem. § 11 Abs. 2 Satz 2 UmwStG in der steuerlichen Schlussbilanz der übertragenden Muttergesellschaft die Anteile an der übernehmenden Tochtergesellschaft mindestens mit dem Buchwert, erhöht um in früheren Jahren steuerwirksam vorgenommene Abschreibungen auf die Beteiligung sowie erhöht um steuerwirksame Abzüge nach § 6 b EStG und ähnliche Abzüge, höchstens jedoch mit dem gemeinen Wert, anzusetzen. Insoweit erhöht sich der laufende Gewinn der Muttergesellschaft. Steuerwirksame Teilwertabschreibungen sind vor nicht voll steuerwirksamen Teilwertabschreibungen hinzuzurechnen. Eine Wertaufholung ist nach § 11 Abs. 2 Satz 2 UmwStG jedoch nicht vorzunehmen, soweit bis zum Ablauf des steuerlichen Übertragungsstichtags eine steuerwirksame Wertaufholung (§ 6 Abs. 1 Nr. 2 Satz 3 i. V. m. § 6 Abs. 1 Nr. 1 Satz 4 EStG) stattgefunden hat oder die Rücklage nach § 6 b Abs. 3 EStG gewinnerhöhend aufgelöst worden ist.

Wegen der in § 12 Abs. 1 Satz 2 i. V. m. § 4 Abs. 1 Satz 2 und 3 UmwStG enthaltenen vergleichbaren Regelung für den Fall der Aufwärtsverschmelzung einer Tochter- auf ihre Muttergesellschaft vgl. Randnr. 12.03.

11.18 Wird eine Mutter- auf ihre Tochtergesellschaft verschmolzen, führt dies auf der Ebene der Tochtergesellschaft nicht zu einem Durchgangserwerb eigener Anteile (BFH vom 28. 10. 2009, I R 4/09, BStBl. 2011 II S. 315).

11.19 Die Anteile an der Tochtergesellschaft können nach § 11 Abs. 2 Satz 2 UmwStG in der steuerlichen Schlussbilanz der Muttergesellschaft nur dann mit einem Wert unterhalb des gemeinen Werts angesetzt werden, wenn die übrigen Voraussetzungen des § 11 Abs. 2 Satz 1 Nr. 2 und 3 UmwStG vorliegen (vgl. Randnr. 11.09–11.10). Statt auf die übernehmende Körperschaft ist hierbei jedoch auf den die Anteile an der Tochtergesellschaft übernehmenden Anteilseigner der Muttergesellschaft abzustellen.

Auf Ebene des Anteilseigners der Muttergesellschaft findet § 13 UmwStG Anwendung. Eine Verknüpfung mit dem Wert in der steuerlichen Schlussbilanz nach § 12 Abs. 1 UmwStG besteht hingegen nicht.

B. Auswirkungen auf den Gewinn der übernehmenden Körperschaft (§ 12 UmwStG)

I. Wertverknüpfung

124 **12.01** Die übernehmende Körperschaft hat das auf sie übergegangene Vermögen in entsprechender Anwendung des § 4 Abs. 1 Satz 1 UmwStG mit dem in der steuerlichen Schlussbilanz der übertragenden Körperschaft enthaltenen Wert zu übernehmen (§ 12 Abs. 1 Satz 1 UmwStG).

12.02 Randnr. 04.01, 04.03 und 04.04 gelten entsprechend.

II. Erweiterte Wertaufholung – Beteiligungskorrekturgewinn

125 **12.03** Im Fall der Aufwärtsverschmelzung einer Tochter- auf ihre Muttergesellschaft sind gem. § 12 Abs. 1 Satz 2 i. V. m. § 4 Abs. 1 Satz 2 UmwStG in der Bilanz der übernehmenden Muttergesellschaft zum steuerlichen Übertragungsstichtag die Anteile an der übertragenden Tochtergesellschaft mindestens mit dem Buchwert, erhöht um in früheren Jahren steuerwirksam vorgenommene Abschreibungen auf die Beteiligung sowie erhöht um steuerwirksame Abzüge nach § 6 b EStG und ähnliche Abzüge,

höchstens jedoch mit dem gemeinen Wert, anzusetzen. Insoweit erhöht sich der laufende Gewinn der Muttergesellschaft. Das gilt nicht, soweit bereits nach den allgemeinen Regeln bis zum Ablauf des steuerlichen Übertragungsstichtags eine Wertaufholung (§ 6 Abs. 1 Nr. 2 Satz 3 i. V. m. § 6 Abs. 1 Nr. 1 Satz 4 EStG) stattgefunden hat oder die Rücklage nach § 6 b Abs. 3 EStG gewinnerhöhend aufgelöst worden ist. Randnr. 04.06–04.08 gelten entsprechend.

III. Eintritt in die steuerliche Rechtsstellung (§ 12 Abs. 3 UmwStG)

12.04 Hinsichtlich des Eintritts der übernehmenden Körperschaft in die Rechtsstellung der übertragenden Körperschaft gelten die Randnr. 04.09–04.17 entsprechend. **126**

IV. Übernahmeergebnis

12.05 Nach § 12 Abs. 2 Satz 1 UmwStG bleibt bei der übernehmenden Körperschaft ein Gewinn oder Verlust i. H. des Unterschieds zwischen dem Buchwert der Anteile an der übertragenden Körperschaft und dem Wert, mit dem die übergegangenen Wirtschaftsgüter zu übernehmen sind, abzüglich der Kosten für den Vermögensübergang (vgl. hierzu Randnr. 04.34), außer Ansatz. Der Gewinn ist außerhalb der Steuerbilanz entsprechend zu korrigieren. **127**

Ein Übernahmeergebnis i. S. d. § 12 Abs. 2 Satz 1 UmwStG ist in allen Fällen der Auf-, Ab- und Seitwärtsverschmelzung – ungeachtet einer Beteiligung an der übertragenden Körperschaft – zu ermitteln. Das Übernahmeergebnis entsteht mit Ablauf des steuerlichen Übertragungsstichtags.

12.06 Gem. § 12 Abs. 2 Satz 2 UmwStG ist bei einer Aufwärtsverschmelzung auf einen Übernahmegewinn i. S. d. § 12 Abs. 2 Satz 1 UmwStG in dem Umfang, in dem die übernehmende Muttergesellschaft unmittelbar an der übertragenden Tochtergesellschaft beteiligt ist, § 8 b KStG anzuwenden. § 12 Abs. 2 Satz 2 UmwStG findet auf einen Übernahmeverlust keine Anwendung. Bei einer Aufwärtsverschmelzung entsprechen die anteiligen Kosten des Vermögensübergangs i. S. d. § 12 Abs. 2 Satz 2 UmwStG den von der übernehmenden Körperschaft getragenen Aufwendungen.

Beispiel:

Die übernehmende M-GmbH ist an der übertragenden T-GmbH zu 40% beteiligt. Der Buchwert der Anteile beträgt 200 000 € und der Buchwert des übertragenen Vermögens beträgt 800 000 €. Die Kosten des Vermögensübergangs i. S. d. § 12 Abs. 2 Satz 2 UmwStG betragen 20 000 €.

Lösung:

Der Übernahmegewinn i. S. d. § 12 Abs. 2 Satz 1 UmwStG der M-GmbH beträgt (800 000 € ./. 200 000 € ./. 20 000 € =) 580 000 €.

Der Gewinn i. S. d. § 12 Abs. 2 Satz 2 UmwStG beträgt (40% von 580 000 € =) 232 000 €. Auf diesen Betrag ist § 8 b KStG anzuwenden. Danach sind die 232 000 € nach § 8 b Abs. 2 Satz 1 KStG steuerfrei, es gelten nach § 8 b Abs. 3 Satz 1 KStG 5% von 232 000 € (= 11 600 €) als nicht abziehbare Betriebsausgaben.

12.07 Bei der Anwendung des § 12 Abs. 2 Satz 2 UmwStG ist bei einer Aufwärtsverschmelzung auf eine Organgesellschaft § 15 Satz 1 Nr. 2 KStG zu beachten. Ist Organträger eine Personengesellschaft, an der natürliche Personen beteiligt sind, sind insoweit gem. § 15 Satz 1 Nr. 2 Satz 2 KStG die § 3 Nr. 40, § 3 c Abs. 2 EStG an Stelle des § 8 b KStG anzuwenden.[1]

C. Besteuerung der Anteilseigner der übertragenden Körperschaft (§ 13 UmwStG)

I. Anwendungsbereich

13.01 § 13 UmwStG ist nur auf Anteile im Betriebsvermögen, Anteile i. S. d. § 17 EStG und einbringungsgeborene Anteile i. S. d. § 21 Abs. 1 UmwStG 1995 anzuwenden. Für alle übrigen Anteile findet bei Verschmelzung einer Körperschaft § 20 Abs. 4 a Satz 1 und 2 EStG Anwendung. In den Fällen der Aufwärtsverschmelzung ist § 13 UmwStG nicht anwendbar, soweit die übernehmende Körperschaft an der übertragenden Körperschaft beteiligt ist; zur Anwendung des § 13 UmwStG bei der Abwärtsverschmelzung vgl. Randnr. 11.19. **128**

13.02 Darüber hinaus findet § 13 UmwStG nur insoweit Anwendung, als dem Anteilseigner der übertragenden Körperschaft keine Gegenleistung oder eine in Gesellschaftsrechten bestehende Gegenleistung gewährt wird. Nicht in Gesellschaftsrechten bestehende Gegenleistungen (vgl. Randnr. 11.10) stellen bei dem Anteilseigner einen Veräußerungserlös für seine Anteile dar. Bei einer nur anteiligen Veräußerung (z. B. Spitzenausgleich) sind dem Veräußerungserlös nur die anteiligen Anschaffungskosten dieser Anteile an dem übertragenden Rechtsträger gegenüberzustellen. In diesen Fällen gilt § 13 UmwStG nur für den übrigen Teil der Anteile.

13.03 § 13 UmwStG gilt auch nicht, soweit es aufgrund der Umwandlung zu einer Wertverschiebung zwischen den Anteilen der beteiligten Anteilseigner kommt. Insoweit handelt es sich um eine Vorteilszuwendung zwischen den Anteilseignern, für deren steuerliche Beurteilung die allgemeinen Grundsätze gelten. Erhält dabei eine an dem übertragenden Rechtsträger beteiligte Kapitalgesellschaft zugunsten eines ihrer Anteilseigner oder einer diesem nahe stehenden Person eine geringerwertige Beteiligung an dem übernehmenden Rechtsträger, kann die Vorteilsgewährung an den Anteilseigner als verdeckte Gewinnausschüttung zu beurteilen sein; im Umkehrfall kann eine verdeckte Einlage durch den Anteilseigner in die Kapitalgesellschaft anzunehmen sein (BFH vom 9. 11. 2010, IX R 24/09, BStBl. 2011 II S. 799). Bei einer nicht-verhältniswahrenden Umwandlung ist zu prüfen, ob die Wertverschiebung zwischen den Anteilseignern eine freigebige Zuwendung darstellt (vgl. auch koordinierter Ländererlass vom 20. 10. 2010, BStBl. I S. 1208 und Randnr. 15.44).

---

[1] **A. A.** *BFH v. 26. 9. 2018 I R 16/6 BFHE 263, 131:* Wird eine Kapitalgesellschaft auf ihre Muttergesellschaft verschmolzen, die ihrerseits Organgesellschaft einer körperschaftsteuerrechtlichen Organschaft mit einer Kapitalgesellschaft als Organträgerin ist, ist auf den Verschmelzungsgewinn weder auf der Ebene der Muttergesellschaft noch auf der Ebene der Organträgerin das pauschale Betriebsausgaben-Abzugsverbot nach § 8 b Abs. 3 Satz 1 KStG anzuwenden.

13.04[1] Wird das Vermögen einer nicht unbeschränkt steuerpflichtigen Körperschaft, Personenvereinigung oder Vermögensmasse als Ganzes durch einen Verschmelzungsvorgang i. S. d. § 12 Abs. 2 Satz 1 KStG nach ausländischem Recht auf eine andere Körperschaft übertragen, gilt nach § 12 Abs. 2 Satz 2 KStG für die Besteuerung der Anteilseigner der übertragenden Körperschaft § 13 UmwStG entsprechend.

II. Veräußerungs- und Anschaffungsfiktion zum gemeinen Wert

129 **13.05** § 13 Abs. 1 UmwStG enthält eine Veräußerungs- und Anschaffungsfiktion zum gemeinen Wert, die unabhängig davon gilt, ob i. R. d. Umwandlung neue Anteile an der übernehmenden Körperschaft ausgegeben werden. Bei Anteilen an Genossenschaften richtet sich der gemeine Wert nach dem Entgelt, das bei der Übertragung des Geschäftsguthabens erzielt wird.

13.06 Ein Veräußerungsgewinn oder -verlust entsteht im Zeitpunkt der zivilrechtlichen Wirksamkeit der Umwandlung. § 2 Abs. 1 UmwStG gilt grundsätzlich nicht für den Anteilseigner der übertragenden Körperschaft (vgl. Randnr. 02.03).

III. Ansatz der Anteile mit dem Buchwert oder den Anschaffungskosten

130 **13.07** Abweichend von § 13 Abs. 1 UmwStG können auf Antrag die Anteile an der übertragenden Körperschaft mit dem Buchwert oder den Anschaffungskosten angesetzt werden (§ 13 Abs. 2 UmwStG), wenn

- das Recht der Bundesrepublik Deutschland hinsichtlich der Besteuerung des Gewinns aus der Veräußerung der Anteile an der übernehmenden Körperschaft nicht ausgeschlossen oder beschränkt wird oder
- die EU-Mitgliedstaaten Art. 8 Richtlinie 2009/133/EG (zuvor Art. 8 Richtlinie 90/434/EWG) anzuwenden haben.

13.08 § 13 UmwStG ist unabhängig von der Ausübung des Bewertungswahlrechts bei der übertragenden Körperschaft in § 11 UmwStG anzuwenden. Unerheblich ist weiter, ob die übertragende Körperschaft im Inland der Besteuerung unterlegen hat.

13.09 Wird z. B. nach § 54 Abs. 1 Satz 3 UmwG i. R. d. Umwandlung auf die Gewährung neuer Anteile verzichtet, weil der Anteilseigner bereits an der übernehmenden Körperschaft beteiligt ist, sind dem Buchwert bzw. den Anschaffungskosten der Anteile an der übernehmenden Körperschaft der Buchwert bzw. die Anschaffungskosten der Anteile an der übertragenden Körperschaft hinzuzurechnen. Führt die Verschmelzung zu Wertverschiebungen zwischen den Anteilen der beteiligten Anteilseigner, findet § 13 UmwStG insoweit keine Anwendung (vgl. Randnr. 13.03).

13.10 Bei Vorliegen der in § 13 Abs. 2 UmwStG genannten Voraussetzungen ist nur ein Ansatz mit dem Buchwert oder den Anschaffungskosten, nicht jedoch der Ansatz eines Zwischenwerts zulässig. Der Antrag auf Fortführung des Buchwerts oder der Anschaffungskosten bedarf keiner besonderen Form, ist bedingungsfeindlich und unwiderruflich.

13.11 Werden nach § 13 Abs. 2 Satz 1 UmwStG die Anteile an der übernehmenden Körperschaft mit dem Buchwert oder den Anschaffungskosten der Anteile an der übertragenden Körperschaft angesetzt, treten gem. § 13 Abs. 2 Satz 2 UmwStG die Anteile an der übernehmenden Körperschaft steuerlich an die Stelle der Anteile an der übertragenden Körperschaft. Daraus ergeben sich insbesondere folgende Rechtsfolgen:

- Übergang einer Wertaufholungsverpflichtung nach § 6 Abs. 1 Nr. 2 Satz 3 EStG bei im Betriebsvermögen gehaltenen Anteilen;
- Übergang der Einschränkung nach § 8 b Abs. 2 Satz 4 und 5 KStG bzw. § 3 Nr. 40 Satz 1 Buchstabe a Satz 2 und 3 sowie Buchstabe b Satz 3 EStG;
- wenn die Anteile an der übertragenden Körperschaft solche i. S. d. § 17 EStG waren, gelten auch die Anteile an der übernehmenden Körperschaft als Anteile i. S. d. § 17 EStG, selbst wenn die Beteiligungsgrenze nicht erreicht wird (für die Anwendung der 1%-Grenze ist auf die Beteiligungsquote vor der Verschmelzung abzustellen);
- die Steuerverhaftung nach § 21 UmwStG 1995 verlagert sich auf die Anteile an der übernehmenden Körperschaft;
- ein Sperrbetrag i. S. d. § 50 c EStG a. F. verlagert sich auf die Anteile an der übernehmenden Körperschaft;
- die Eigenschaft „verschmelzungsgeborener Anteil" i. S. d. § 13 Abs. 2 Satz 2 UmwStG 1995 verlagert sich auf die Anteile an der übernehmenden Körperschaft;
- Anrechnung der Besitzzeit an den Anteilen an der übertragenden Körperschaft bei den Anteilen an der übernehmenden Körperschaft (insbesondere bei der Prüfung der gewerbesteuerlichen Kürzung nach § 9 Nr. 2 a und 7 GewStG und hinsichtlich einer Rücklage nach § 6 b Abs. 10 EStG).

IV. Gewährung von Mitgliedschaftsrechten

131 **13.12** § 13 UmwStG ist entsprechend anzuwenden, wenn i. R. d. Umwandlung an die Stelle der Anteile an der übertragenden Körperschaft Mitgliedschaftsrechte an der übernehmenden Körperschaft treten oder umgekehrt (z. B. Vermögensübertragung von einer Versicherungs-AG auf einen VVaG oder umgekehrt). Treten an die Stelle von Mitgliedschaftsrechten Anteile, betragen die Anschaffungskosten der Anteile 0 €.

---

[1] Rn. 13.04 geändert durch *BMF-Schrb. v. 10. 11. 2016 IV C 2 – S 2761/0–01, BStBl. I S. 1252,* anzuwenden in allen offenen Fällen; bisherige Fassung von Rn. 13.04: „Wird das Vermögen einer beschränkt steuerpflichtigen Körperschaft, Personenvereinigung oder Vermögensmasse als Ganzes durch einen Verschmelzungsvorgang i. S. d. § 12 Abs. 2 Satz 1 KStG nach ausländischem Recht auf eine andere Körperschaft übertragen, gilt nach § 12 Abs. 2 Satz 2 KStG für die Besteuerung der Anteilseigner der übertragenden Körperschaft § 13 UmwStG entsprechend."

Vierter Teil. Auf-, Abspaltung und Vermögensübertragung (Teilübertragung)

A. Auf-, Abspaltung und Teilübertragung auf andere Körperschaften (§ 15 UmwStG)

I. Teilbetriebsvoraussetzung des § 15 Abs. 1 UmwStG

15.01 § 11 Abs. 2 und § 13 Abs. 2 UmwStG sind auf die Auf- und Abspaltung sowie die Teilübertragung nur entsprechend anzuwenden, wenn auf die Übernehmerinnen bzw. die Übernehmerin ein Teilbetrieb übertragen wird und im Fall der Abspaltung oder der Teilübertragung bei der übertragenden Körperschaft das zurückbleibende Vermögen ebenfalls zu einem Teilbetrieb gehört. Für eine Auf- oder Abspaltung auf eine Personengesellschaft als übernehmender Rechtsträger ist § 16 UmwStG anwendbar. 135

1. Begriff des Teilbetriebs

15.02 Teilbetrieb i. S. d. § 15 UmwStG ist die Gesamtheit der in einem Unternehmensteil einer Gesellschaft vorhandenen aktiven und passiven Wirtschaftsgüter, die in organisatorischer Hinsicht einen selbstständigen Betrieb, d. h. eine aus eigenen Mitteln funktionsfähige Einheit, darstellen, vgl. Art. 2 Buchstabe j Richtlinie 2009/133/EG. Zu einem Teilbetrieb gehören alle funktional wesentlichen Betriebsgrundlagen sowie diesem Teilbetrieb nach wirtschaftlichen Zusammenhängen zuordenbaren Wirtschaftsgüter. Die Voraussetzungen eines Teilbetriebs sind nach Maßgabe der einschlägigen Rechtsprechung unter Zugrundelegung der funktionalen Betrachtungsweise aus der Perspektive des übertragenden Rechtsträgers zu beurteilen (EuGH vom 15. 1. 2002, C-43/00, EuGHE I S. 379; BFH vom 7. 4. 2010, I R 96/08, BStBl. 2011 II S. 467). Zu den funktional wesentlichen Betriebsgrundlagen sowie den nach wirtschaftlichen Zusammenhängen zuordenbaren Wirtschaftsgütern können auch Anteile an Kapitalgesellschaften gehören (vgl. auch Randnr. 15.06). Darüber hinaus gilt für Zwecke des § 15 UmwStG als Teilbetrieb ein Mitunternehmeranteil (vgl. Randnr. 15.04) sowie eine 100%-Beteiligung an einer Kapitalgesellschaft (vgl. Randnr. 15.05). 136

Beispiel:

Aus einem Produktionsbetrieb soll ein wertvolles, aber nicht zu den funktional wesentlichen Betriebsgrundlagen gehörendes Betriebsgrundstück „abgesondert" werden. Um dies zu erreichen, wird der Produktionsbetrieb auf eine neue Gesellschaft abgespalten. In der Ursprungsgesellschaft bleiben das Grundstück und eine 100%-Beteiligung an einer GmbH oder ein geringfügiger Mitunternehmeranteil zurück.

Lösung:

Das zurückbleibende Vermögen erfüllt nicht die Voraussetzungen des § 15 Abs. 1 Satz 2 UmwStG, da das Grundstück weder der 100%-Beteiligung an der GmbH noch dem Mitunternehmeranteil zugerechnet werden kann (vgl. auch Randnr. 15.11). Eine steuerneutrale Abspaltung ist damit ausgeschlossen.

15.03 Die Teilbetriebsvoraussetzungen müssen zum steuerlichen Übertragungsstichtag vorliegen (vgl. Randnr. 02.14). Ein sog. Teilbetrieb im Aufbau stellt keinen Teilbetrieb i. S. d. § 15 UmwStG dar (vgl. Art. 2 Buchstabe j Richtlinie 2009/133/EG).

2. Mitunternehmeranteil

15.04 Als Teilbetrieb gelten auch ein Mitunternehmeranteil (§ 15 Abs. 1 Satz 3 UmwStG) sowie der Teil eines Mitunternehmeranteils. Bei der Übertragung eines Teils eines Mitunternehmeranteils muss auch das zu diesem Teilbetrieb gehörende Sonderbetriebsvermögen anteilig mit übertragen werden. Der Mitunternehmeranteil muss zum steuerlichen Übertragungsstichtag vorgelegen haben. 137

3. 100%-Beteiligung an einer Kapitalgesellschaft

15.05 Als Teilbetrieb gilt nach § 15 Abs. 1 Satz 3 UmwStG auch die Beteiligung an einer Kapitalgesellschaft, die das gesamte Nennkapital umfasst (100%-Beteiligung). Die 100%-Beteiligung an der Kapitalgesellschaft muss zum steuerlichen Übertragungsstichtag vorgelegen haben. 138

15.06 Eine 100%-Beteiligung stellt keinen eigenständigen Teilbetrieb i. S. d. § 15 Abs. 1 Satz 3 UmwStG dar, wenn sie einem Teilbetrieb als funktional wesentliche Betriebsgrundlage zuzurechnen ist. Wird in diesem Fall die 100%-Beteiligung übertragen, stellt das zurückbleibende Vermögen keinen Teilbetrieb mehr dar.

4. Übertragung eines Teilbetriebs

15.07 Sämtliche funktional wesentlichen Betriebsgrundlagen sowie die nach wirtschaftlichen Zusammenhängen zuordenbaren Wirtschaftsgüter (vgl. Randnr. 15.02) müssen i. R. d. Auf- oder Abspaltung gem. § 131 Abs. 1 Nr. 1 UmwG übertragen werden. Ergänzend hierzu ist auch die Begründung des wirtschaftlichen Eigentums ausreichend. Die bloße Nutzungsüberlassung ist nicht ausreichend (BFH vom 7. 4. 2010, I R 96/08, BStBl. 2011 II S. 467). 139

15.08 Wird eine funktional wesentliche Betriebsgrundlage von mehreren Teilbetrieben eines Unternehmens genutzt, liegen die Voraussetzungen für die Steuerneutralität der Spaltung nicht vor (sog. Spaltungshindernis). Grundstücke müssen zivilrechtlich real bis zum Zeitpunkt des Spaltungsbeschlusses aufgeteilt werden. Ist eine reale Teilung des Grundstücks der übertragenden Körperschaft nicht zumutbar, bestehen aus Billigkeitsgründen im Einzelfall keine Bedenken, eine ideelle Teilung (Bruchteilseigentum) im Verhältnis der tatsächlichen Nutzung unmittelbar nach der Spaltung ausreichen zu lassen.

15.09 Betriebsvermögen der übertragenden Körperschaft, das weder zu den funktional wesentlichen Betriebsgrundlagen noch zu den nach wirtschaftlichen Zusammenhängen zuordenbaren Wirtschaftsgütern gehört, kann jedem der Teilbetriebe zugeordnet werden. Die Zuordnung dieser Wirtschaftsgüter kann bis zum Zeitpunkt des Spaltungsbeschlusses erfolgen. Ändert sich nach dem steuerlichen Übertragungsstichtag bei einem nach wirtschaftlichen Zusammenhängen zuordenbaren Wirtschaftsgut aufgrund dauerhafter Änderung des Nutzungszusammenhangs die Zuordnung zu einem der Teilbetriebe, wird es nicht beanstandet, wenn für die wirtschaftliche Zuordnung dieses Wirtschaftsguts zu einem Teilbetrieb auf die Verhältnisse zum Zeitpunkt des Spaltungsbeschlusses abgestellt wird.

15.10 Pensionsrückstellungen sind dem Teilbetrieb zuzuordnen, mit dem sie wirtschaftlich zusammenhängen. Bei noch bestehenden Arbeitsverhältnissen hat gem. § 249 Abs. 1 Satz 1 HGB i. V. m. § 131 Abs. 1 Nr. 1 Satz 1 UmwG derjenige Rechtsträger die Rückstellung zu bilden, der gem. § 613 a Abs. 1 Satz 1 BGB in die Rechte und Pflichten aus den am Spaltungsstichtag bestehenden Arbeitsverhältnissen eintritt. In den übrigen Fällen hat gem. § 249 Abs. 1 Satz 1 HGB i. V. m. § 131 Abs. 1 Nr. 1 Satz 1 UmwG der Rechtsträger die Rückstellung zu bilden, der die aus den Pensionszusagen sich ergebenden Verpflichtungen übernimmt.

15.11 Einer 100%-Beteiligung oder einem Mitunternehmeranteil können nur die Wirtschaftsgüter einschließlich der Schulden zugeordnet werden, die in unmittelbarem wirtschaftlichen Zusammenhang mit der Beteiligung oder dem Mitunternehmeranteil stehen. Dazu gehören bei einer 100%-Beteiligung alle Wirtschaftsgüter, die für die Verwaltung der Beteiligung erforderlich sind (z. B. Erträgniskonten, Einrichtung).

5. Fehlen der Teilbetriebsvoraussetzung

140 **15.12** Liegen die Voraussetzungen des § 15 Abs. 1 Satz 2 UmwStG nicht vor, sind die stillen Reserven des übergehenden Vermögens nach § 11 Abs. 1 UmwStG aufzudecken. Auf der Ebene des Anteilseigners gilt in diesen Fällen bei einer Aufspaltung gem. § 13 Abs. 1 UmwStG der gesamte Anteil an der übertragenden Körperschaft als zum gemeinen Wert veräußert. Bei einer Abspaltung gilt gem. § 13 Abs. 1 UmwStG die Beteiligung zu dem Teil als zum gemeinen Wert veräußert, der bei Zugrundelegung des gemeinen Werts dem übertragenen Teil des Betriebsvermögens entspricht. Etwas anderes gilt für den nicht i. S. d. § 17 EStG beteiligten Anteilseigner mit Anteilen i. S. d. § 20 Abs. 2 Satz 1 Nr. 1 EStG; hier ergeben sich die steuerlichen Rechtsfolgen bei einer Aufspaltung aus § 20 Abs. 4 a Satz 1 EStG und bei einer Abspaltung aus § 20 Abs. 4 a Satz 5 EStG. Zum Anwendungsbereich des § 13 UmwStG vgl. auch Randnr. 13.01.

15.13 Die anderen Vorschriften des UmwStG (insbesondere §§ 2 und 12 UmwStG) bleiben hiervon unberührt.

II. Steuerliche Schlussbilanz und Bewertungswahlrecht

141 **15.14** Die Verpflichtung der übertragenden Körperschaft zur Erstellung und Abgabe einer steuerlichen Schlussbilanz bezieht sich auf das übertragene Vermögen; d. h. bei Abspaltung eines Teilbetriebs ist eine steuerliche Schlussbilanz auf den steuerlichen Übertragungsstichtag isoliert nur für den abgespaltenen Teilbetrieb zu erstellen. Randnr. 11.02–11.04 gelten entsprechend. Für das Wahlrecht auf Ansatz der Buch- oder Zwischenwerte gelten Randnr. 11.05–11.12 entsprechend.

III. Zur Anwendung des § 15 Abs. 2 UmwStG

142 **15.15** Zur Verhinderung von Missbräuchen enthalten die steuerlichen Spaltungsregelungen über die handelsrechtlichen Regelungen des UmwG hinaus weitere Voraussetzungen.

1. Erwerb und Aufstockung i. S. d. § 15 Abs. 2 Satz 1 UmwStG

143 **15.16** Eine steuerneutrale Spaltung ist nach § 15 Abs. 2 Satz 1 UmwStG ausgeschlossen, wenn der als Teilbetrieb geltende Mitunternehmeranteil oder die 100%-Beteiligung an einer Kapitalgesellschaft innerhalb von drei Jahren vor dem steuerlichen Übertragungsstichtag durch Übertragung von Wirtschaftsgütern, die kein Teilbetrieb sind, erworben oder aufgestockt worden sind. Hierdurch wird die Umgehung der Teilbetriebsvoraussetzung des § 15 Abs. 1 Satz 2 UmwStG verhindert. Eine Aufstockung in diesem Sinne liegt bei Wirtschaftsgütern, die stille Reserven enthalten, regelmäßig nur vor, wenn die in den übergegangenen Wirtschaftsgütern ruhenden stillen Reserven nicht oder nicht in vollem Umfang aufgedeckt wurden.

15.17 § 15 Abs. 2 Satz 1 UmwStG gilt im Fall der Abspaltung sowohl für das abgespaltene Vermögen als auch für den zurückbleibenden Teil des Vermögens. Das bedeutet, dass § 11 Abs. 2 UmwStG auch nicht anzuwenden ist, wenn ein bei der übertragenden Körperschaft zurückbleibender Mitunternehmeranteil oder eine zurückbleibende 100%-Beteiligung i. S. d. § 15 Abs. 2 Satz 1 UmwStG innerhalb eines Zeitraums von drei Jahren vor dem steuerlichen Übertragungsstichtag durch Übertragung von Wirtschaftsgütern, die kein Teilbetrieb sind, erworben oder aufgestockt worden ist.

15.18 Bei Mitunternehmeranteilen ist im Ergebnis jede Einlage und Überführung von Wirtschaftsgütern, die stille Reserven enthalten, in das Gesamthands- oder Sonderbetriebsvermögen innerhalb von drei Jahren vor dem steuerlichen Übertragungsstichtag schädlich, da sie zu einer Aufstockung der Beteiligung führt.

15.19 § 15 Abs. 2 Satz 1 UmwStG ist nicht anzuwenden, wenn die Aufstockung der Beteiligung nicht durch die übertragende Kapitalgesellschaft erfolgt.

Beispiel:

Eine GmbH 1 ist zu 60% an der GmbH 2 beteiligt. Weitere 40% der Anteile an der GmbH 2 werden von einem Anteilseigner der GmbH 1 nach § 21 UmwStG zum Buchwert in die GmbH 1 eingebracht. Danach ist die GmbH 1 zu 100% an der GmbH 2 beteiligt. Die 100%-Beteiligung stellt einen Teilbetrieb i. S. d. § 15 Abs. 1 Satz 2 UmwStG dar.

Lösung:

Der Vorgang ist nicht schädlich i. S. d. § 15 Abs. 2 Satz 1 UmwStG, da die Aufstockung nicht auf einer Zuführung eines Wirtschaftsguts durch die GmbH 1 an die GmbH 2, sondern auf der Zuführung durch einen Dritten (dem Anteilseigner der GmbH 1) beruht.

15.20 Bei Mitunternehmeranteilen und bei Anteilen an Kapitalgesellschaften sind der unentgeltliche Erwerb (z. B. Erbfall) und der gewinnrealisierende entgeltliche Erwerb unschädlich. Gleiches gilt für den unentgeltlichen und den gewinnrealisierenden entgeltlichen Hinzuerwerb.

Beispiel:

Die GmbH 1 ist zu 90% an der GmbH 2 beteiligt. Sie kauft von einem Dritten weitere 10% der Anteile und ist damit zu 100% an der GmbH 2 beteiligt.

Lösung:

Der Zukauf ist unschädlich.

15.21 § 15 Abs. 2 UmwStG schließt bei Vorliegen der dort genannten Voraussetzungen eine steuerneutrale Spaltung nach § 11 Abs. 2 UmwStG aus. Diese Rechtsfolge trifft im Fall der Abspaltung nur den abgespaltenen Teil des Betriebsvermögens. Die stillen Reserven in dem bei der übertragenden Körperschaft verbleibenden Betriebsvermögen werden nicht aufgedeckt. Die Anwendung der übrigen Vorschriften des UmwStG (insbesondere der §§ 2, 12 und 13 UmwStG) bleibt hiervon unberührt.

2. Veräußerung und Vorbereitung der Veräußerung (§ 15 Abs. 2 Satz 2 bis 4 UmwStG)

a) Veräußerung i. S. d. § 15 Abs. 2 Satz 2 bis 4 UmwStG

15.22 Die Spaltung eines Rechtsträgers soll die Fortsetzung des bisherigen unternehmerischen Engagements in anderer Rechtsform ermöglichen. Die Steuerneutralität wird nicht gewährt, wenn durch die Spaltung die Veräußerung an außenstehende Personen vollzogen wird oder wenn die Voraussetzungen für eine Veräußerung geschaffen werden (§ 15 Abs. 2 Satz 2 bis 4 UmwStG). **144**

15.23 Eine unentgeltliche Anteilsübertragung (Erbfolge, Erbauseinandersetzung) ist keine schädliche Veräußerung i. S. d. § 15 Abs. 2 Satz 2 bis 4 UmwStG. Dies gilt nicht für Erbauseinandersetzungen mit Ausgleichszahlungen.

15.24 Eine schädliche Veräußerung i. S. d. § 15 Abs. 2 Satz 3 und 4 UmwStG ist jede Übertragung gegen Entgelt. Hierzu gehören insbesondere auch Umwandlungen und Einbringungen; z. B. Verschmelzung, Auf- oder Abspaltung, Formwechsel (vgl. Randnr. 00.02).

15.25 Eine Kapitalerhöhung innerhalb von fünf Jahren nach der Spaltung ist schädlich, wenn der Vorgang wirtschaftlich als Veräußerung von Anteilen durch die Gesellschafter zu werten ist. Die Aufnahme neuer Gesellschafter gegen angemessenes Aufgeld ist wirtschaftlich nicht als Veräußerung von Anteilen durch die Anteilseigner anzusehen, wenn die der Kapitalgesellschaft zugeführten Mittel nicht innerhalb der Fünfjahresfrist an die bisherigen Anteilseigner ausgekehrt werden.

15.26 Die Umstrukturierung innerhalb verbundener Unternehmen i. S. d. § 271 Abs. 2 HGB und juristischer Personen des öffentlichen Rechts einschließlich ihrer Betriebe gewerblicher Art stellt ebenso wie eine Anteilsveräußerung innerhalb des bisherigen Gesellschafterkreises nur dann keine schädliche Veräußerung i. S. d. § 15 Abs. 2 Satz 3 und 4 UmwStG dar, wenn im Anschluss an diesen Vorgang keine unmittelbare oder mittelbare Veräußerung an eine außenstehende Person stattfindet.

Für die Beantwortung der Frage, ob eine Anteilsveräußerung an außenstehende Personen vollzogen wird, ist auf den Gesellschafterbestand zum steuerlichen Übertragungsstichtag abzustellen; dabei sind Veränderungen des Gesellschafterbestands im Rückwirkungszeitraum nicht zurückzubeziehen.

b) Veräußerungssperre des § 15 Abs. 2 Satz 4 UmwStG

15.27 § 11 Abs. 2 UmwStG ist nach § 15 Abs. 2 Satz 4 UmwStG nicht anzuwenden, wenn innerhalb von fünf Jahren nach dem steuerlichen Übertragungsstichtag Anteile an einer an der Spaltung beteiligten Körperschaft, die mehr als 20% der vor Wirksamwerden der Spaltung an der Körperschaft bestehenden Anteile ausmachen, veräußert werden (unwiderlegliche gesetzliche Vermutung). § 15 Abs. 2 Satz 4 UmwStG erfasst im Fall der Abspaltung sowohl die Veräußerung der Anteile an der übertragenden als auch die an der übernehmenden Körperschaft (BFH vom 3. 8. 2005, I R 62/04, BStBl. 2006 II S. 391). **145**

15.28 Die Rechtsfolgen des § 15 Abs. 2 Satz 2 bis 4 UmwStG knüpfen an die Veräußerung der Anteile durch die Gesellschafter und nicht an die Veräußerung von Betriebsvermögen durch eine der an der Spaltung beteiligten Körperschaften an.

15.29 Die Quote von 20% bezieht sich auf die Anteile an der übertragenden Körperschaft vor der Spaltung. Die Quote ist entsprechend dem Verhältnis der übergehenden Vermögensteile zu dem bei der übertragenden Körperschaft vor der Spaltung vorhandenen Vermögen aufzuteilen, wie es in der Regel im Umtauschverhältnis der Anteile im Spaltungs- und Übernahmevertrag oder im Spaltungsplan (§ 126 Abs. 1 Nr. 3, § 136 UmwG) zum Ausdruck kommt. Auf die absolute Höhe des Nennkapitals der an der Spaltung beteiligten alten und neuen Gesellschafter sowie auf die Wertentwicklung der Beteiligungen kommt es nicht an.

15.30 Die nachfolgende Tabelle zeigt für ausgewählte Aufteilungsverhältnisse bei Spaltungen zur Neugründung die Quote der Anteile an den aus der Spaltung hervorgegangenen GmbH A und GmbH B, die – alternativ – höchstens veräußert werden dürfen, ohne die Buchwertfortführung bzw. den Zwischenwertansatz bei der Spaltung zu gefährden:

GmbH A						
Anteil des übergegangenen Vermögens in %	1	10	20	30	40	50
zulässige Quote in %	100	100	100	66,6	50	40
GmbH B						
Anteil des übergegangenen Vermögens in %	99	90	80	70	60	50
zulässige Quote in %	20,2	22,2	25	28,6	33,3	40
Bei Veräußerung von Anteilen an der Gesellschaft A i. H. der zulässigen Quote verbleiben für die Gesellschafter der Gesellschaft B	19,2	11,1	0	0	0	0

15.31 Soweit durch einen oder mehrere Gesellschafter zusammen die 20%-Quote ausgeschöpft wurde, sind weitere Anteilsveräußerungen durch andere Gesellschafter steuerschädlich. Die Rechtsfolgen einer schädlichen Veräußerung treffen steuerrechtlich immer die übertragende Körperschaft und damit mittelbar auch die übrigen Gesellschafter.

15.32 Nach Ablauf der fünfjährigen Veräußerungssperre können die Anteile an den an der Spaltung beteiligten Körperschaften veräußert werden, ohne die Steuerneutralität der vorangegangenen Spaltung zu gefährden.

c) Rechtsfolgen einer steuerschädlichen Anteilsveräußerung

146 **15.33** Werden innerhalb von fünf Jahren nach dem steuerlichen Übertragungsstichtag Anteile an einer an der Spaltung beteiligten Körperschaft in steuerschädlichem Umfang veräußert, führt dies dazu, dass das gesamte auf den bzw. die übernehmenden Rechtsträger übergegangene Vermögen mit dem gemeinen Wert anzusetzen ist. Die Anwendung der übrigen Vorschriften des UmwStG (insbesondere der §§ 2, 12 und 13 UmwStG) bleibt hiervon unberührt.

15.34 Entfallen infolge der Anteilsveräußerung innerhalb von fünf Jahren nach dem steuerlichen Übertragungsstichtag die Voraussetzungen des § 15 UmwStG, sind die Körperschaftsteuerbescheide des Veranlagungszeitraums gem. § 175 Abs. 1 Satz 1 Nr. 2 AO zu ändern, in dem der Spaltungsvorgang steuerlich erfasst wurde (rückwirkendes Ereignis).

15.35 Die Festsetzungsverjährungsfrist beginnt gem. § 175 Abs. 1 Satz 2 AO mit dem Ablauf des Kalenderjahrs, in dem die schädliche Veräußerung erfolgt. Wird der Tatbestand des § 15 Abs. 2 Satz 4 UmwStG durch mehrere zeitlich hintereinander liegende Veräußerungen verwirklicht, beginnt die Verjährung mit dem Ende des Kalenderjahrs, in dem die Veräußerung erfolgt, die letztlich die Rechtsfolge des § 15 Abs. 2 Satz 4 UmwStG auslöst.

3. Trennung von Gesellschafterstämmen (§ 15 Abs. 2 Satz 5 UmwStG)

a) Begriff der Trennung von Gesellschafterstämmen

147 **15.36** Bei der Trennung von Gesellschafterstämmen setzt die Anwendung des § 11 Abs. 2 UmwStG voraus, dass die Beteiligungen an der übertragenden Körperschaft mindestens fünf Jahre bestanden haben (§ 15 Abs. 2 Satz 5 UmwStG). Änderungen in der Beteiligungshöhe innerhalb der Fünfjahresfrist bei Fortdauer der Beteiligung dem Grunde nach sind unschädlich.

15.37 Eine Trennung von Gesellschafterstämmen liegt vor, wenn im Fall der Aufspaltung an den übernehmenden Körperschaften und im Fall der Abspaltung an der übernehmenden und an der übertragenden Körperschaft nicht mehr alle Anteilsinhaber der übertragenden Körperschaft beteiligt sind.

b) Vorbesitzzeit

148 **15.38** Hat die übertragende Körperschaft noch keine fünf Jahre bestanden, ist grundsätzlich eine steuerneutrale Trennung von Gesellschafterstämmen im Wege der Spaltung nicht möglich.

15.39 Auch innerhalb verbundener Unternehmen i. S. d. § 271 Abs. 2 HGB und juristischer Personen des öffentlichen Rechts einschließlich ihrer Betriebe gewerblicher Art findet eine Anrechnung eines Vorbesitzes eines anderen verbundenen Unternehmens auf die fünfjährige Vorbesitzzeit i. S. d. § 15 Abs. 2 Satz 5 UmwStG nicht statt.

15.40 Zeiten, in der eine aus einer Umwandlung hervorgegangene Kapitalgesellschaft als Personengesellschaft mit den gleichen Gesellschafterstämmen bestanden hat, werden auf die Vorbesitzzeit i. S. d. § 15 Abs. 2 Satz 5 UmwStG angerechnet.

IV. Kürzung verrechenbarer Verluste, verbleibender Verlustvorträge, nicht ausgeglichener negativer Einkünfte, eines Zinsvortrags und eines EBITDA-Vortrags (§ 15 Abs. 3 UmwStG)

149 **15.41**[1] In Abspaltungsfällen verringern sich bei der übertragenden Körperschaft verrechenbare Verluste, ein verbleibender Verlustvortrag, nicht ausgeglichene negative Einkünfte, ein Zinsvortrag sowie ein EBITDA-Vortrag. Nach § 15 Abs. 3 UmwStG erfolgt die Kürzung in dem Verhältnis, in dem bei Zugrundelegung des gemeinen Werts das Vermögen auf eine andere Körperschaft übergeht. In der Regel entspricht das Verhältnis der gemeinen Werte dem Spaltungsschlüssel.

Erfolgt die Abspaltung auf einen unterjährigen steuerlichen Übertragungsstichtag, gelten die Grundsätze in dem BMF-Schreiben vom 28. 11. 2017, BStBl. I S. 1645[2], Rn. 33 bis Rn. 38, entsprechend. Rn. 37 des BMF-Schreibens vom 28. 11. 2017, BStBl. I S. 1645[2], ist dabei mit der Maßgabe anzuwenden, dass im Fall einer Abspaltung auf einen unterjährigen steuerlichen Übertragungsstichtag bei einem Organträger das zu diesem Zeitpunkt noch nicht zugerechnete negative Organeinkommen einer Organgesellschaft nicht der Verlustabzugsbeschränkung des § 15 Abs. 3 UmwStG unterliegt.

V. Aufteilung der Buchwerte der Anteile gem. § 13 UmwStG in den Fällen der Spaltung

150 **15.42** Im Fall der Aufspaltung einer Körperschaft können die Anteilseigner der übertragenden Körperschaft Anteile an mehreren übernehmenden Körperschaften, im Fall der Abspaltung neben Anteilen an der übertragenden auch Anteile an der übernehmenden Körperschaft erhalten.

15.43 Die Anwendung des § 15 Abs. 1 i. V. m. § 13 Abs. 1 und 2 UmwStG erfordert eine Aufteilung der Anschaffungskosten bzw. des Buchwerts der Anteile an der übertragenden Körperschaft. Der Aufteilung kann grundsätzlich das Umtauschverhältnis der Anteile im Spaltungs- oder Übernahmevertrag oder im Spaltungsplan zugrunde gelegt werden. Ist dies nicht möglich, ist die Aufteilung nach dem Verhältnis der

---

[1] **Tz. 15.41** geändert durch BMF-Schrb. v. 23. 2. 2018 (BStBl. I S. 319); anzuwenden auf alle offenen Fälle.
[2] Abgedruckt im Hauptteil zu § 8 c als **Anl zu H 8 c**.

gemeinen Werte der übergehenden Vermögensteile zu dem vor der Spaltung vorhandenen Vermögen vorzunehmen. Auch nach der Abspaltung eines Teilbetriebs auf die Muttergesellschaft ist der bisherige Buchwert der Beteiligung an der Tochtergesellschaft im Verhältnis des gemeinen Werts des übergegangenen Vermögens zum gesamten Vermögen der Tochtergesellschaft aufzuteilen.

Beispiel:

Die AB-GmbH, an der A und B seit mehr als fünf Jahren als Gründungsgesellschafter zu je 50% beteiligt sind (Anschaffungskosten der Beteiligung = jeweils 300 000 €), verfügt über zwei Teilbetriebe, wobei der gemeine Wert des Teilbetriebs I = 2 000 000 € und der gemeine Wert des Teilbetriebs II = 1 000 000 € beträgt. Es erfolgt eine Abspaltung in der Weise, dass der Teilbetrieb I bei der AB-GmbH zurückbleibt und der Teilbetrieb II auf die neu gegründete B-GmbH übergeht. B wird Alleingesellschafter der B-GmbH. An der AB-GmbH wird A mit 75% und B mit 25% beteiligt.

Lösung:

A hält nach der Spaltung unverändert AB-Anteile mit Anschaffungskosten von 300 000 €. Bei B teilen sich die bisherigen Anschaffungskosten im Verhältnis der auf seine Beteiligung entfallenden gemeinen Werte mit 100 000 € auf die AB-Anteile und mit 200 000 € auf die B-Anteile auf.

VI. Umwandlungen mit Wertverschiebungen zwischen den Anteilseignern

15.44 Werden bei einer Auf- oder Abspaltung den Anteilseignern des übertragenden Rechtsträgers oder diesen nahe stehenden Personen Anteile an dem übernehmenden Rechtsträger nicht in dem Verhältnis und/oder nicht mit dem ihrer Beteiligung an dem übertragenden Rechtsträger entsprechenden Wert zugeteilt (vgl. § 128 UmwG), handelt es sich dabei grundsätzlich um eine Vorteilszuwendung zwischen den Anteilseignern. In dem einem Anteilseigner gewährten Mehrwert der Anteile ist keine Gegenleistung i. S. d. § 11 Abs. 2 Satz 1 Nr. 3 UmwStG zu sehen. Auch führt eine solche Quoten- und/oder Wertverschiebung nicht zur Anwendung des § 15 Abs. 2 Satz 2 bis 4 UmwStG, es sei denn, die Beteiligungsquoten verschieben sich zugunsten außenstehender Personen. Zu den steuerlichen Folgen einer nichtverhältniswahrenden Auf- oder Abspaltung vgl. auch Randnr. 13.03. **151**

B. Auf- oder Abspaltung auf eine Personengesellschaft (§ 16 UmwStG)

I. Entsprechende Anwendung des § 15 UmwStG

16.01 Für die Auf- und Abspaltung von Vermögen auf eine Personengesellschaft gilt § 15 UmwStG entsprechend. Die §§ 11 bis 13 UmwStG sind jedoch wegen des Vorrangs des Verweises auf die §§ 3 bis 8 und 10 UmwStG in § 16 Satz 1 UmwStG in diesen Fällen grundsätzlich nicht anzuwenden. **152**

II. Anwendbarkeit des § 3 Abs. 2 UmwStG

16.02 § 3 Abs. 2 UmwStG ist bei der Übertragung auf eine Personengesellschaft entsprechend anzuwenden, **153**

- wenn jeweils ein Teilbetrieb übergeht,
- wenn im Fall der Abspaltung das der übertragenden Körperschaft verbleibende Vermögen ebenfalls zu einem Teilbetrieb gehört (§ 15 Abs. 1 Satz 2 UmwStG) und
- soweit die Missbrauchsregeln des § 15 Abs. 2 UmwStG beachtet werden; dabei ist § 15 Abs. 2 Satz 2 bis 4 UmwStG auch auf die nach der Auf- bzw. Abspaltung entstehenden Anteile an der Personengesellschaft anzuwenden.
  Zum Begriff des Teilbetriebs vgl. Randnr. 15.02 ff.

III. Verrechenbare Verluste, verbleibende Verlustvorträge, nicht ausgeglichene negative Einkünfte, Zinsvorträge und EBITDA-Vorträge

16.03 Im Fall der Abspaltung vermindern sich die in § 15 Abs. 3 UmwStG genannten Beträge bei der übertragenden Körperschaft. Bei einer Aufspaltung gehen diese Beträge unter. **154**

IV. Investitionsabzugbetrag nach § 7 g EStG

16.04 Im Fall der Auf- bzw. Abspaltung wird ein Investitionsabzugsbetrag von dem übernehmenden Rechtsträger fortgeführt, soweit auf diesen ein Teilbetrieb übergeht und der Investitionsabzugsbetrag für Wirtschaftsgüter gebildet wurde, die im Fall ihrer späteren Anschaffung oder Herstellung dem übergehenden Teilbetrieb zuzurechnen wären. Im Fall des § 7 g Abs. 3 EStG ist hinsichtlich der übernommenen Investitionsabzugsbeträge der Abzug beim übertragenden Rechtsträger rückgängig zu machen (vgl. *BMF-Schreiben vom 8. 5. 2009, BStBl. I S. 633, Randnr. 59*).[1] **155**

Fünfter Teil. Gewerbesteuer

A. Gewerbesteuer bei Vermögensübergang auf eine Personengesellschaft oder auf eine natürliche Person sowie bei Formwechsel in eine Personengesellschaft (§ 18 UmwStG)

I. Geltung der §§ 3 bis 9 und 16 UmwStG für die Ermittlung des Gewerbeertrags (§ 18 Abs. 1 UmwStG)

18.01 Die §§ 3 bis 9 und 16 UmwStG gelten auch für die Ermittlung des Gewerbeertrags und betreffen sowohl die Ermittlung des Gewerbeertrags des übertragenden als auch des übernehmenden Rechtsträgers. Die gewerbesteuerliche Erfassung der stillen Reserven (z. B. bei Vermögensübergang von einer GmbH in das Betriebsvermögen eines Freiberuflers i. S. d. § 18 EStG) ist für die Ausübung der Wahlrechte unbeachtlich (vgl. Randnr. 03.17). **160**

18.02 Der Übergang von Fehlbeträgen des laufenden Erhebungszeitraums sowie von vortragsfähigen Fehlbeträgen i. S. d. § 10 a GewStG der übertragenden Körperschaft auf den übernehmenden Rechts-

---

[1] Zuletzt abgedruckt im „Handbuch zur Einkommensteuerveranlagung 2012" zu § 7 g EStG als Anl zu H 7 g.
Jetzt dort ersetzt durch **BMF-Schreiben vom 20. 3. 2017, BStBl. I S. 423,** zuletzt geänd. durch BMF v. 26. 8. 2019 (BStBl. I S. 870), als Anl a zu H 7 g.

träger ist ausgeschlossen (§ 4 Abs. 2 Satz 1, § 18 Abs. 1 Satz 2 UmwStG). Die Beschränkung der Verlustnutzung nach § 2 Abs. 4 UmwStG ist zu beachten.

II. Übernahmegewinn oder -verlust sowie Bezüge i. S. d. § 7 UmwStG (§ 18 Abs. 2 UmwStG)

161 **18.03** Ein Übernahmegewinn oder -verlust ist bei der Gewerbesteuer nicht zu berücksichtigen (§ 18 Abs. 2 Satz 1 UmwStG). Dies gilt nicht für einen Beteiligungskorrekturgewinn sowie einen Übernahmefolgegewinn oder -verlust.

18.04 Bezüge i. S. d. § 7 UmwStG aus Anteilen i. S. d. § 5 Abs. 2 UmwStG sind bei der Gewerbesteuer nicht zu erfassen (§ 18 Abs. 2 Satz 2 UmwStG). Für die Prüfung der Voraussetzungen des § 9 Nr. 2a oder 7 GewStG sind die Verhältnisse zu Beginn des Erhebungszeitraums beim übernehmenden Rechtsträger maßgebend. Das gilt auch dann, wenn die Voraussetzungen beim Anteilseigner des übertragenden Rechtsträgers erfüllt worden sind.

III. Missbrauchstatbestand des § 18 Abs. 3 UmwStG

162 **18.05** Nach § 18 Abs. 3 UmwStG unterliegt ein Gewinn aus der Auflösung oder Veräußerung des Betriebs der Personengesellschaft der Gewerbesteuer, wenn innerhalb von fünf Jahren nach der Umwandlung eine Betriebsaufgabe oder Veräußerung erfolgt. Das gilt entsprechend, soweit ein Teilbetrieb (vgl. hierzu Randnr. 15.02 f.) oder ein Anteil an der Personengesellschaft aufgegeben oder veräußert wird (§ 18 Abs. 3 Satz 2 UmwStG). § 18 Abs. 3 UmwStG gilt nicht für den Übergang des Betriebsvermögens auf einen Rechtsträger ohne Betriebsvermögen (vgl. § 8 UmwStG sowie Randnr. 03.16). Für die Fristberechnung gilt Randnr. 06.10 entsprechend.

1. Begriff der Veräußerung und Aufgabe

163 **18.06** Das Vorliegen einer Aufgabe oder Veräußerung des Betriebs, Teilbetriebs oder Mitunternehmeranteils ist nach allgemeinen Grundsätzen zu beurteilen. Daher erfasst § 18 Abs. 3 UmwStG auch die Veräußerung gegen wiederkehrende Bezüge. Das Wahlrecht nach R 16 Abs. 11 EStR 2010 besteht für Zwecke des § 18 UmwStG nicht. § 18 Abs. 3 Satz 2 UmwStG erfasst auch die Veräußerung des Teils eines Mitunternehmeranteils.

18.07 Eine Veräußerung des auf den übernehmenden Rechtsträger übergegangenen Betriebs, Teilbetriebs oder Mitunternehmeranteils liegt z. B. auch dann vor, wenn der übergegangene Betrieb in eine Kapital- oder Personengesellschaft gegen Gewährung von Gesellschaftsrechten eingebracht wird (vgl. Randnr. 00.02).

Wird der Betrieb, Teilbetrieb oder Mitunternehmeranteil nach §§ 20, 24 UmwStG zum Buch- oder Zwischenwert eingebracht, tritt die übernehmende Gesellschaft in die Rechtsstellung des übertragenden Rechtsträgers ein und ist daher für den Rest der Fünfjahresfrist der Vorschrift des § 18 Abs. 3 UmwStG unterworfen (vgl. § 23 Abs. 1, § 24 Abs. 4 UmwStG). Kommt es bei Einbringung zum Zwischenwert zu einem Übertragungsgewinn, unterliegt dieser Gewinn ungeachtet des Eintritts in die steuerliche Rechtsstellung insoweit der Anwendung des § 18 Abs. 3 UmwStG.

Wird der Betrieb, Teilbetrieb oder Mitunternehmeranteil nach §§ 20, 24 UmwStG zum gemeinen Wert eingebracht, findet § 18 Abs. 3 UmwStG auf einen Übertragungsgewinn Anwendung. Anders als in den Fällen der Einbringung im Wege der Einzelrechtsnachfolge (vgl. § 23 Abs. 4 erster Halbsatz UmwStG) wird die Fünfjahresfrist in den Fällen der Gesamtrechtsnachfolge auch bei Einbringung zum gemeinen Wert vom übernehmenden Rechtsträger fortgeführt (§ 23 Abs. 4 zweiter Halbsatz UmwStG).

18.08 Soweit der im Wege der Umwandlung übergegangene Betrieb, Teilbetrieb oder Mitunternehmeranteil innerhalb der Fünfjahresfrist unentgeltlich übertragen wird, ist der Rechtsnachfolger für den Rest der Fünfjahresfrist der Vorschrift des § 18 Abs. 3 UmwStG unterworfen; werden die stillen Reserven ganz oder teilweise aufgedeckt, ist § 18 Abs. 3 UmwStG anzuwenden. Findet auf die unentgeltliche Übertragung § 6 Abs. 3 EStG keine Anwendung (z. B. bei verdeckter Einlage in eine Kapitalgesellschaft), liegt eine Betriebsaufgabe vor.

2. Aufgabe- oder Veräußerungsgewinn

164 **18.09** § 18 Abs. 3 UmwStG erfasst sämtliche stillen Reserven des im Zeitpunkt der Aufgabe oder Veräußerung vorhandenen Betriebsvermögens. Der „Nachversteuerung" unterliegen danach auch neu gebildete stille Reserven. Stille Reserven, die bereits vor der Umwandlung in dem Betrieb des aufnehmenden Rechtsträgers vorhanden waren, unterliegen der Gewerbesteuer, wenn die Anmeldung zur Eintragung in das für die Wirksamkeit der Umwandlung maßgebende öffentliche Register nach dem 31. 12. 2007 erfolgt ist. Für Umwandlungen vor diesem Stichtag vgl. BFH vom 20. 11. 2006, VIII R 47/05, BStBl. 2008 II S. 69. Unterliegt ein Gewinn sowohl nach § 7 Satz 1 oder 2 GewStG als auch nach § 18 Abs. 3 UmwStG der Gewerbesteuer, ist § 18 Abs. 3 UmwStG vorrangig anzuwenden.

18.10 Ein Aufgabe- oder Veräußerungsverlust ist gewerbesteuerlich nicht zu berücksichtigen.

3. Übergang auf Rechtsträger, der nicht gewerbesteuerpflichtig ist

165 **18.11** § 18 Abs. 3 UmwStG gilt bei der Umwandlung einer Körperschaft für die übernehmende Personengesellschaft oder die übernehmende natürliche Person. Die Gewerbesteuer ist auch festzusetzen, wenn der übernehmende Rechtsträger nicht gewerbesteuerpflichtig ist. § 18 Abs. 3 UmwStG ist ein Sondertatbestand der Gewerbesteuerpflicht.

B. Gewerbesteuer bei Vermögensübergang auf eine andere Körperschaft (§ 19 UmwStG)

166 **19.01** Die §§ 11 bis 15 UmwStG gelten auch für die Ermittlung des Gewerbeertrags und betreffen sowohl die Ermittlung des Gewerbeertrags des übertragenden als auch des übernehmenden Rechtsträgers sowie der Anteilseigner des übertragenden Rechtsträgers. Die gewerbesteuerliche Erfassung der stillen Reserven (z. B. bei Vermögensübergang von einer unbeschränkt steuerpflichtigen Kör-

perschaft in ein Betriebsvermögen einer beschränkt steuerpflichtigen Kapitalgesellschaft i. S. d. § 49 Abs. 1 Nr. 2 Buchstabe f Satz 2 EStG) ist für die Ausübung der Wahlrechte unbeachtlich (vgl. Randnr. 03.17).

Sechster Teil. Einbringung von Unternehmensteilen in eine Kapitalgesellschaft oder Genossenschaft und Anteilstausch

A. Grundkonzeption der Einbringung nach §§ 20 ff. UmwStG

I. Allgemeines

E 20.01 Die bisherige Methode der Sonderregelungen für die Besteuerung einbringungsgeborener Anteile (§ 21 UmwStG 1995, § 8 b Abs. 4 KStG a. F., § 3 Nr. 40 Satz 3 und 4 EStG a. F.) und die bisherige Missbrauchsklausel (§ 26 Abs. 2 Satz 1 und 2 UmwStG 1995) wurden durch das SEStEG abgelöst und durch eine rückwirkende Besteuerung des zugrunde liegenden Einbringungsvorgangs ersetzt. Die bisher geltenden Regelungen des UmwStG 1995 sind für einbringungsgeborene Anteile i. S. d. § 21 UmwStG 1995 nach § 27 Abs. 3 UmwStG weiterhin anzuwenden. 170

II. Grundkonzept

E 20.02 Die Regelungen für die Sacheinlage (§§ 20 und 22 Abs. 1 UmwStG) und den Anteilstausch (§§ 21 und 22 Abs. 2 UmwStG) werden systematisch getrennt. Für i. R. einer Sacheinlage (§ 20 UmwStG) miteingebrachte Anteile gelten die Rechtsfolgen des Anteilstauschs (§ 22 Abs. 2 UmwStG). 171

1. Sacheinlage

E 20.03 Veräußert der Einbringende in den Fällen einer Sacheinlage unter dem gemeinen Wert die erhaltenen Anteile innerhalb eines Zeitraums von sieben Jahren nach der Einbringung oder wird ein der Veräußerung gleichgestellter Ersatzrealisationstatbestand verwirklicht, wird der Einbringungsgewinn I rückwirkend auf den Zeitpunkt der Einbringung besteuert (§ 22 Abs. 1 UmwStG). Zu diesem Zweck ist der gemeine Wert des eingebrachten Betriebsvermögens auf den steuerlichen Übertragungsstichtag (Einbringungszeitpunkt) zu ermitteln. Der zu versteuernde Einbringungsgewinn I verringert sich innerhalb des Siebenjahreszeitraums jährlich um $^1/_7$ (§ 22 Abs. 1 Satz 3 UmwStG). 172

E 20.04 Die schädliche Anteilsveräußerung oder die einer Veräußerung gleichgestellten Ersatzrealisationstatbestände (§ 22 Abs. 1 Satz 6 UmwStG) stellen in Bezug auf die Steuerfestsetzung beim Einbringenden im Einbringungsjahr ein rückwirkendes Ereignis i. S. v. § 175 Abs. 1 Satz 1 Nr. 2 AO dar.

E 20.05 Der zu versteuernde Einbringungsgewinn I erhöht die Anschaffungskosten der erhaltenen Anteile (§ 22 Abs. 1 Satz 4 UmwStG). Dadurch wird erreicht, dass die bis zum Einbringungszeitpunkt entstandenen stillen Reserven der vollen Besteuerung nach § 16 EStG und die nach der Einbringung entstandenen stillen Reserven der Veräußerungsgewinnbesteuerung von Anteilen und damit der vollen bzw. teilweisen Steuerfreistellung nach § 8 b KStG oder § 3 Nr. 40 EStG unterliegen. Auf der Ebene der übernehmenden Gesellschaft kommt es auf Antrag zu einer Buchwertaufstockung i. H. des versteuerten Einbringungsgewinns I (§ 23 Abs. 2 UmwStG).

Beispiel:

Die natürliche Person A bringt zum steuerlichen Übertragungsstichtag 31. 12. 01 ihr bisheriges Einzelunternehmen auf Antrag zu Buchwerten in die B-GmbH ausschließlich gegen Gewährung neuer Anteile an der B-GmbH ein. Der Buchwert des übertragenen Betriebsvermögens beträgt 2 000 000 €, der gemeine Wert 9 000 000 €. A hat entsprechende Anschaffungskosten für den Anteil an der B-GmbH i. H. v. 2 000 000 €. Der Anteil an der B-GmbH ist als sperrfristbehaftet i. S. d. § 22 Abs. 1 UmwStG anzusehen. Nunmehr veräußert A den erhaltenen GmbH-Anteil am 30. 6. 07 zum Kaufpreis von 10 000 000 €.

Lösung:

In einem ersten Schritt ist der zu versteuernde Einbringungsgewinn I zu ermitteln. Der Einbringungsgewinn I ergibt sich aus der Differenz zwischen dem gemeinen Wert des eingebrachten Betriebsvermögens zum Zeitpunkt der Einbringung (hier 9 000 000 €) und dem Buchwert des übertragenen Betriebsvermögens bei der B-GmbH (hier 2 000 000 €) und beträgt somit 7 000 000 €. Die schädliche Anteilsveräußerung stellt nach § 22 Abs. 1 Satz 2 UmwStG in Bezug auf die Steuerfestsetzung beim Einbringenden im Einbringungsjahr ein rückwirkendes Ereignis i. S. d. § 175 Abs. 1 Satz 1 Nr. 2 AO dar. Als Bewertungszeitpunkt ist der Einbringungszeitpunkt maßgebend. Dies gilt sowohl für die Bewertung des übertragenen Betriebsvermögens als auch für den Ansatz der Beteiligung an der B-GmbH. Der Betrag von 7 000 000 € ist für jedes seit dem Einbringungszeitpunkt abgelaufene Zeitjahr um $^1/_7$ zu mindern. Vorliegend sind seit dem 31. 12. 01 bis 30. 6. 07 fünf volle Jahre abgelaufen (Jahre 31. 12. 01 bis 31. 12. 06). Daraus ergibt sich ein zu versteuernder Einbringungsgewinn I von 7 000 000 € ./. 5 000 000 € = 2 000 000 €. Der Einbringungsgewinn I gilt als Gewinn des Einbringenden i. S. d. § 16 EStG und unterliegt bei A unabhängig von der späteren Wertentwicklung der Beteiligung an der B-GmbH der Einkommensteuer; § 16 Abs. 4 und § 34 EStG sind nicht anzuwenden (§ 22 Abs. 1 Satz 1 UmwStG). Der Einbringungsgewinn I unterliegt bei A nicht der Gewerbesteuer.
In einem zweiten Schritt erhöhen sich die Anschaffungskosten der Beteiligung an der B-GmbH um den steuerpflichtigen Einbringungsgewinn I. Es ergeben sich für A Anschaffungskosten i. H. v. 2 000 000 € aus der ursprünglichen Buchwerteinbringung + nachträgliche Anschaffungskosten aus dem zu versteuernden Einbringungsgewinn I von 2 000 000 € = 4 000 000 €. A erzielt ferner Einkünfte nach § 17 EStG i. H. v. 6 000 000 € (Veräußerungspreis in 07: 10 000 000 € ./. erhöhte Anschaffungskosten 4 000 000 €). Der Veräußerungsgewinn unterliegt im Veranlagungszeitraum 07 dem Teileinkünfteverfahren gem. § 3 Nr. 40 EStG. Nach § 23 Abs. 2 UmwStG kann außerdem eine Buchwertaufstockung der Wirtschaftsgüter bei der B-GmbH um 2 000 000 € im Veranlagungszeitraum 07 erfolgen, soweit der Einbringende die auf den Einbringungsgewinn I entfallende Steuer entrichtet hat und dies durch eine Bescheinigung des für A zuständigen Finanzamts nachgewiesen wird.

2. Anteilstausch

E 20.06 Veräußert die übernehmende Gesellschaft in den Fällen des Anteilstauschs, bei dem nach § 21 Abs. 1 Satz 2 UmwStG der Buch- oder Zwischenwert angesetzt worden ist, die eingebrachten 173

Anteile innerhalb eines Zeitraums von sieben Jahren nach der Einbringung und wäre die unmittelbare Veräußerung der Anteile durch den Einbringenden nicht nach § 8b Abs. 2 KStG begünstigt gewesen, wird der Einbringungsgewinn II rückwirkend auf den Zeitpunkt der Einbringung versteuert (§ 22 Abs. 2 UmwStG). Zu diesem Zweck ist der gemeine Wert der eingebrachten Anteile auf den Einbringungszeitpunkt zu ermitteln. Der zu versteuernde Einbringungsgewinn II verringert sich innerhalb des Siebenjahreszeitraums jährlich um $^1/_7$ (§ 22 Abs. 2 Satz 3 UmwStG).

E 20.07 Die Anteilsveräußerung innerhalb des Siebenjahreszeitraums oder die einer Veräußerung gleichgestellten Ersatzrealisationstatbestände (§ 22 Abs. 2 Satz 6 i. V. m. Abs. 1 Satz 6 Nr. 1 bis 5 UmwStG) stellen in Bezug auf die Steuerfestsetzung beim Einbringenden im Einbringungsjahr ein rückwirkendes Ereignis i. S. v. § 175 Abs. 1 Satz 1 Nr. 2 AO dar.

E 20.08 Der zu versteuernde Einbringungsgewinn II erhöht die Anschaffungskosten der erhaltenen Anteile (§ 22 Abs. 2 Satz 4 UmwStG). Gleichzeitig kommt es auf Ebene der übernehmenden Gesellschaft auf Antrag zu einer Buchwertaufstockung i. H. des versteuerten Einbringungsgewinns II (§ 23 Abs. 2 Satz 2 UmwStG). Dadurch wird erreicht, dass die bis zum Einbringungszeitpunkt entstandenen stillen Reserven beim Einbringenden im Teileinkünfteverfahren oder in voller Höhe versteuert werden und die nach der Einbringung entstandenen stillen Reserven bei der übernehmenden Gesellschaft nach § 8b Abs. 2 KStG begünstigt sind.

Beispiel:

Die natürliche Person A hält 80% der Anteile an der B-GmbH und bringt diese ausschließlich gegen Gewährung eines neuen Anteils an der C-GmbH zum Buchwert (3 000 000 €) in die C-GmbH ein. Die von A eingebrachten Anteile hatten zum Einbringungszeitpunkt einen gemeinen Wert von 10 000 000 €. Im sechsten Jahr nach der Einbringung veräußert die C-GmbH die von A eingebrachten Anteile an der B-GmbH.

Lösung:

Die Einbringung des Anteils an der B-GmbH zum Buchwert ist zulässig, da es sich um eine mehrheitsvermittelnde Beteiligung i. S. v. § 21 Abs. 1 Satz 2 UmwStG handelt (qualifizierter Anteilstausch). Die von A eingebrachten Anteile an der B-GmbH unterliegen der siebenjährigen Sperrfrist, da die unmittelbare Veräußerung der Anteile durch A nicht von § 8b Abs. 2 KStG begünstigt gewesen wäre.
Die Veräußerung der Anteile an der B-GmbH durch die C-GmbH innerhalb der siebenjährigen Sperrfrist führt somit zu einer nachträglichen Besteuerung des Einbringungsgewinns II bei A nach § 22 Abs. 2 UmwStG im Einbringungszeitpunkt (= Übergang des wirtschaftlichen Eigentums). Die schädliche Anteilsveräußerung durch die C-GmbH stellt nach § 22 Abs. 2 Satz 2 UmwStG in Bezug auf die Steuerfestsetzung beim Einbringenden für das Einbringungsjahr ein rückwirkendes Ereignis i. S. d. § 175 Abs. 1 Satz 1 Nr. 2 AO dar.
Der von A zu versteuernde Einbringungsgewinn II errechnet sich aus dem gemeinen Wert der von A eingebrachten Anteile an der B-GmbH im Zeitpunkt der Einbringung von 10 000 000 € ./. dem Buchwert der Anteile von 3 000 000 € ./. der Minderung des Einbringungsgewinns II für fünf abgelaufene Zeitjahre von 5 000 000 € = 2 000 000 €. Der Einbringungsgewinn II gilt als Gewinn des Einbringenden aus der Veräußerung von Anteilen i. S. d. § 17 EStG. Bei der Versteuerung des Einbringungsgewinns II kommt das Teileinkünfteverfahren nach § 3 Nr. 40 EStG zur Anwendung. I. H. des zu versteuernden Einbringungsgewinns II entstehen nachträgliche Anschaffungskosten des A auf die Beteiligung an der C-GmbH (§ 22 Abs. 2 Satz 4 UmwStG). Gleichzeitig kann auf Antrag der übernehmenden Gesellschaft der Buchwert der Anteile an der B-GmbH bei der C-GmbH um den versteuerten Einbringungsgewinn II aufgestockt werden (§ 23 Abs. 2 Satz 3 UmwStG).

III. Gewährung neuer Anteile, Gewährung anderer Wirtschaftsgüter

174 **E 20.09** Voraussetzung für die Anwendung der §§ 20 bis 23, 25 UmwStG ist, dass die Gegenleistung der übernehmenden Gesellschaft für das eingebrachte Vermögen zumindest zum Teil in neuen Gesellschaftsanteilen besteht, wobei es ausreichend ist, dass die Sacheinlage als Aufgeld erbracht wird (vgl. Randnr. 01.44).

E 20.10 Neue Anteile entstehen nur im Fall der Gesellschaftsgründung oder einer Kapitalerhöhung. Insbesondere folgende Vorgänge fallen mangels Gewährung neuer Anteile nicht in den Anwendungsbereich von § 20 UmwStG:

- die verdeckte Einlage,
- die verschleierte Sachgründung oder die verschleierte Sachkapitalerhöhung (vgl. BFH vom 1. 7. 1992, I R 5/92, BStBl. 1993 II S. 131),
- das Ausscheiden der Kommanditisten aus einer Kapitalgesellschaft & Co. KG unter Anwachsung ihrer Anteile gem. § 738 BGB, ohne dass die Kommanditisten einen Ausgleich in Form neuer Gesellschaftsrechte an der Kapitalgesellschaft erhalten,
- die Fälle des § 54 Abs. 1 und § 68 Abs. 1 und 2 UmwG.

E 20.11 Neben den Gesellschaftsanteilen können in begrenztem Umfang auch andere Wirtschaftsgüter gewährt werden (vgl. § 20 Abs. 2 Satz 4, Abs. 3 Satz 3, § 21 Abs. 1 Satz 3, Abs. 2 Satz 6 UmwStG). Die Möglichkeit, das eingebrachte Betriebsvermögen teilweise statt durch Ausgabe neuer Anteile durch Zuführung zu den offenen Rücklagen zu belegen, bleibt hiervon unberührt (vgl. § 272 Abs. 2 Nr. 4 HGB).

Beispiel:

Die GmbH bilanziert die Sacheinlage mit 20 000 €. Als Gegenleistung gewährt sie neue Gesellschaftsrechte im Nennwert von 15 000 € (vgl. § 5 Abs. 1 zweiter Halbsatz, § 56 GmbHG) und einen Spitzenausgleich in bar von 4000 €. Der Restbetrag von 1000 € wird den Kapitalrücklagen zugewiesen.

B. Einbringung von Unternehmensteilen in eine Kapitalgesellschaft oder Genossenschaft (§ 20 UmwStG)

I. Anwendungsbereich (§ 20 Abs. 1, 5, 6 UmwStG)

175 **20.01** Die Einbringung von Betriebsvermögen in eine Kapitalgesellschaft oder Genossenschaft ist aus ertragsteuerlicher Sicht ein Veräußerungsvorgang, bei dem die übernehmende Gesellschaft als

Gegenleistung für das eingebrachte Betriebsvermögen neue Gesellschaftsanteile gewährt (vgl. Randnr. 00.02).

1. Beteiligte der Einbringung

a) Einbringender

20.02 Einbringender Rechtsträger ist der Rechtsträger, dem die Gegenleistung zusteht. Zu den persönlichen Anwendungsvoraussetzungen beim einbringenden Rechtsträger vgl. Randnr. 01.53 ff. **176**

20.03 Wird Betriebsvermögen einer Personengesellschaft eingebracht, ist die Frage, wer Einbringender i. S. d. § 20 UmwStG ist, grundsätzlich danach zu entscheiden, ob die einbringende Personengesellschaft infolge der Einbringung fortbesteht. Wird die Personengesellschaft, deren Betriebsvermögen übertragen wird, infolge der Einbringung aufgelöst und stehen die Anteile am übernehmenden Rechtsträger daher zivilrechtlich den Mitunternehmern zu (z. B. bei einer Verschmelzung i. S. d. § 2 UmwG), sind diese als Einbringende anzusehen (vgl. auch BFH vom 16. 2. 1996, I R 183/94, BStBl. II S. 342).

Handelt es sich in diesem Fall bei der Personengesellschaft, deren Betriebsvermögen übertragen wird, um die Untergesellschaft einer doppelstöckigen Personengesellschaft, sind deren unmittelbare Gesellschafter und nicht die nur mittelbar über die Obergesellschaft beteiligten natürlichen oder juristischen Personen Einbringende i. S. d. § 20 UmwStG. Dies gilt für mehrstöckige Personengesellschaften entsprechend. Besteht die übertragende Personengesellschaft dagegen auch nach der Einbringung als Mitunternehmerschaft fort und werden ihr die Anteile am übernehmenden Rechtsträger gewährt (z. B. bei einer Ausgliederung i. S. d. § 123 Abs. 3 UmwG), ist die übertragende Personengesellschaft selbst als Einbringende anzusehen. Demgegenüber stehen bei einer Abspaltung i. S. d. § 123 Abs. 2 UmwG die Anteile an der übernehmenden Gesellschaft zivilrechtlich den Mitunternehmern der bisherigen Gesellschaft zu, so dass diese selbst als Einbringende anzusehen sind.

Der Einbringungsgegenstand bestimmt sich nach dem zugrunde liegenden Rechtsgeschäft (vgl. Randnr. 20.05).

b) Übernehmende Gesellschaft

20.04 Zu den persönlichen Anwendungsvoraussetzungen beim übernehmenden Rechtsträger vgl. Randnr. 01.54 f. **177**

2. Gegenstand der Einbringung

20.05 Der Gegenstand der Einbringung richtet sich nach dem zugrunde liegenden Rechtsgeschäft. Z. B. ist bei Verschmelzung einer Personengesellschaft Einbringungsgegenstand der Betrieb. **178**

a) Übertragung eines Betriebs oder Teilbetriebs

20.06 Zum Begriff des Teilbetriebs gelten die Randnr. 15.02 f. und zur Übertragung dieses Teilbetriebs gelten die Randnr. 15.07–15.10 entsprechend. Die Einbringung eines Betriebs i. S. v. § 20 UmwStG liegt nur vor, wenn sämtliche Wirtschaftsgüter, die zu den funktional wesentlichen Betriebsgrundlagen des Betriebs gehören, auf die übernehmende Gesellschaft übertragen werden; zum Zeitpunkt des Vorliegens eines Betriebs gilt Randnr. 15.03 und zur Übertragung des Betriebs gilt Randnr. 15.07 entsprechend. Es genügt nicht, der Kapitalgesellschaft diese Wirtschaftsgüter nur zur Nutzung zu überlassen. Dies gilt auch für solche dem Betrieb oder Teilbetrieb dienenden Wirtschaftsgüter, die zum Sonderbetriebsvermögen eines Gesellschafters gehören. Bei der Einbringung eines Betriebs oder Teilbetriebs sind auch die dazugehörenden Anteile an Kapitalgesellschaften miteinzubringen, sofern diese funktional wesentliche Betriebsgrundlagen des Betriebs oder Teilbetriebs sind oder im Fall der Einbringung eines Teilbetriebs zu den nach wirtschaftlichen Zusammenhängen zuordenbaren Wirtschaftsgütern gehören. **179**

20.07 Liegen die Voraussetzungen einer Betriebs- oder Teilbetriebsübertragung nicht vor, sind die im eingebrachten Vermögen ruhenden stillen Reserven aufzudecken und zu versteuern. Werden z. B. funktional wesentliche Betriebsgrundlagen oder nach wirtschaftlichen Zusammenhängen zuordenbare Wirtschaftsgüter im zeitlichen und wirtschaftlichen Zusammenhang mit der Einbringung eines Teilbetriebs in ein anderes Betriebsvermögen überführt oder übertragen, ist die Anwendung der Gesamtplanrechtsprechung zu prüfen (BFH vom 11. 12. 2001, VIII R 23/01, BStBl. 2004 II S. 474, und BFH vom 25. 2. 2010, IV R 49/08, BStBl. II S. 726).

20.08 Bei der Einbringung zurückbehaltene Wirtschaftsgüter sind grundsätzlich als entnommen zu behandeln mit der Folge der Versteuerung der in ihnen enthaltenen stillen Reserven, es sei denn, dass die Wirtschaftsgüter weiterhin Betriebsvermögen sind. Dies gilt z. B. auch für Wirtschaftsgüter, die keine funktional wesentlichen Betriebsgrundlagen des eingebrachten Betriebs oder Teilbetriebs bilden, und für Wirtschaftsgüter, die dem Sonderbetriebsvermögen eines Gesellschafters zuzurechnen sind. Der Entnahmezeitpunkt ist in diesen Fällen der steuerliche Übertragungsstichtag (BFH vom 28. 4. 1988, IV R 52/87, BStBl. II S. 829).

20.09 Gehören zum Betriebsvermögen des eingebrachten Betriebs oder Teilbetriebs Anteile an der übernehmenden Gesellschaft, werden diese Anteile, wenn sie in die Kapitalgesellschaft miteingebracht werden, zu sog. eigenen Anteilen der Kapitalgesellschaft. Der Erwerb eigener Anteile durch eine Kapitalgesellschaft unterliegt handelsrechtlichen Beschränkungen. Soweit die Anteile an der Kapitalgesellschaft miteingebracht werden, würde der Einbringende dafür als Gegenleistung neue Anteile an der Kapitalgesellschaft erhalten.

In diesem Fall ist es nicht zu beanstanden, wenn die Anteile an der Kapitalgesellschaft auf unwiderruflichen Antrag des Einbringenden nicht miteingebracht werden. Der Einbringende muss sich damit einverstanden erklären, dass die zurückbehaltenen Anteile an der übernehmenden Gesellschaft künftig in vollem Umfang als Anteile zu behandeln sind, die durch eine Sacheinlage erworben worden sind (erhaltene Anteile). Es ist dementsprechend auch für diese Anteile § 22 Abs. 1 UmwStG anzuwenden. Besteht in diesen Fällen hinsichtlich des Gewinns aus der Veräußerung der zurückbehaltenen Anteile durch den Einbringenden kein deutsches Besteuerungsrecht, ist § 22 Abs. 1 Satz 5 zweiter Halbsatz UmwStG anzuwenden. Der Antrag ist bei dem Finanzamt zu stellen, bei dem der Antrag nach § 20 Abs. 2 Satz 2 UmwStG zu stellen ist. Als Anschaffungskosten der erhaltenen Anteile (Neu- und Altanteile) gilt der Wertansatz des eingebrachten Vermögens zuzüglich des Buchwerts der zurückbehaltenen Anteile. § 20 Abs. 2 Satz 2 Nr. 2 UmwStG ist im Hinblick auf das eingebrachte (Rest-)Vermögen zu beachten.

Beispiel:

A ist zu 80% an der X-GmbH (Stammkapital 25 000 €, Buchwert 50 000 €, gemeiner Wert 85 000 €) beteiligt und hält die Beteiligung im Betriebsvermögen seines Einzelunternehmens. Zum 1. 1. 08 bringt er das Einzelunternehmen zu Buchwerten (Buchwert 170 000 €, gemeiner Wert 345 000 €; jeweils einschließlich der Beteiligung) nach § 20 UmwStG in die X-GmbH gegen Gewährung von Anteilen (Kapitalerhöhung 20 000 €) ein. Die Beteiligung an der X-GmbH soll zurückbehalten werden, um das Entstehen eigener Anteile auf Ebene der X-GmbH zu vermeiden. Zum 1. 3. 10 werden sämtliche Anteile des A zum Preis von 400 000 € veräußert.

Lösung:

Stellt die Beteiligung eine funktional wesentliche Betriebsgrundlage des Einzelunternehmens dar, würde der Zurückbehalt der Beteiligung grundsätzlich die Anwendung von § 20 UmwStG ausschließen. Andernfalls kann sie zwar zurückbehalten werden, aber die Beteiligung würde als entnommen gelten. Auf unwiderruflichen Antrag des Einbringenden können diese Anteile zurückbehalten werden und stehen damit einer Einbringung zum Buchwert nicht entgegen, mit der Folge, dass diese als Anteile i. S. d. § 22 Abs. 1 UmwStG zu behandeln sind. Die Veräußerung der Anteile im Jahr 10 löst die rückwirkende Besteuerung des Einbringungsgewinns I zum 1. 1. 08 aus:

gemeiner Wert des eingebrachten Betriebsvermögens (ohne Beteiligung)	260 000 €
./. Buchwert des eingebrachten Betriebsvermögens (ohne Beteiligung)	120 000 €
stille Reserven im Einbringungszeitpunkt	140 000 €
./. $^2/_7$ Abschmelzungsbetrag	40 000 €
zu versteuernder Einbringungsgewinn I	100 000 €

Darüber hinaus erzielt A zum 1. 3. 10 einen Veräußerungsgewinn nach § 17 EStG:

Veräußerungspreis der Anteile	400 000 €
./. Anschaffungskosten der Anteile (Buchwert eingebrachtes Betriebsvermögen zzgl. Buchwert der zurückbehaltenen Anteile)	170 000 €
./. Einbringungsgewinn I	100 000 €
Veräußerungsgewinn nach § 17 EStG	130 000 €

Alternative:

Wäre der Einbringende A in Frankreich ansässig und damit beschränkt steuerpflichtig, ist der Einbringungsgewinn I unter Anwendung von § 22 Abs. 1 Satz 5 zweiter Halbsatz UmwStG wie folgt zu berechnen:

gemeiner Wert des eingebrachten BV (mit Beteiligung)	345 000 €
./. Buchwert des eingebrachten BV (mit Beteiligung)	170 000 €
stille Reserven im Einbringungszeitpunkt gesamt	175 000 €
./. $^2/_7$ Abschmelzungsbetrag	50 000 €
zu versteuernder Einbringungsgewinn I	125 000 €

Ein Veräußerungsgewinn nach § 17 EStG kann nach dem DBA mit Frankreich nicht besteuert werden, da Deutschland insoweit kein Besteuerungsrecht hat. Soweit der Einbringungsgewinn I auf die Beteiligung entfällt (35 000 € ./. $^2/_7$ Abschmelzungsbetrag = 25 000 €), findet § 3 Nr. 40 EStG Anwendung (vgl. Randnr. 22.11).

b) Mitunternehmeranteil

180 **20.10** Die Grundsätze der vorstehenden Randnr. 20.05–20.09 gelten sinngemäß auch für die Einbringung von Mitunternehmeranteilen.

20.11 Die Einbringung eines Mitunternehmeranteils i. S. v. § 20 Abs. 1 UmwStG ist auch dann anzunehmen, wenn ein Mitunternehmer einer Personengesellschaft nicht seinen gesamten Mitunternehmeranteil an der Personengesellschaft, sondern nur einen Teil dieses Anteils überträgt.

20.12 § 20 UmwStG gilt auch für die Einbringung von Mitunternehmeranteilen, die zum Betriebsvermögen eines Betriebs gehören. Werden mehrere zu einem Betriebsvermögen gehörende Mitunternehmeranteile eingebracht, liegt hinsichtlich eines jeden Mitunternehmeranteils ein gesonderter Einbringungsvorgang vor. Wird auch der Betrieb eingebracht, zu dessen Betriebsvermögen der oder die Mitunternehmeranteile gehören, sind die Einbringung des Betriebs und die Einbringung des bzw. der Mitunternehmeranteile jeweils als gesonderte Einbringungsvorgänge zu behandeln; Entsprechendes gilt bei Einbringung eines Teilbetriebs. Wird dagegen ein Anteil an einer Mitunternehmerschaft eingebracht, zu deren Betriebsvermögen die Beteiligung an einer anderen Mitunternehmerschaft gehört (mehrstöckige Personengesellschaft), liegt ein einheitlich zu beurteilender Einbringungsvorgang vor. Die nur mittelbare Übertragung des Anteils an der Untergesellschaft stellt in diesem Fall keinen gesonderten Einbringungsvorgang i. S. d. § 20 UmwStG dar.

3. Zeitpunkt der Einbringung (§ 20 Abs. 5, 6 UmwStG)

20.13 Die Einbringung i. S. v. § 20 UmwStG erfolgt steuerlich grundsätzlich zu dem Zeitpunkt, zu dem das wirtschaftliche Eigentum an dem eingebrachten Vermögen auf die übernehmende Gesellschaft übergeht (steuerlicher Übertragungsstichtag bzw. Einbringungszeitpunkt). Die Übertragung des wirtschaftlichen Eigentums erfolgt in den Fällen der Einzelrechtsnachfolge regelmäßig zu dem im Einbringungsvertrag vorgesehenen Zeitpunkt des Übergangs von Nutzen und Lasten. In Fällen der Gesamtrechtsnachfolge geht das wirtschaftliche Eigentum spätestens im Zeitpunkt der Eintragung in das Register über. 181

20.14 Abweichend von den vorstehenden Grundsätzen darf der steuerliche Übertragungsstichtag gem. § 20 Abs. 5 und 6 UmwStG auf Antrag der übernehmenden Gesellschaft um bis zu acht Monate zurückbezogen werden. Der Zeitpunkt des Übergangs des eingebrachten Betriebsvermögens i. S. v. § 20 Abs. 6 Satz 3 UmwStG ist der Zeitpunkt, zu dem das wirtschaftliche Eigentum übergeht (vgl. Randnr. 20.13). Aus der Bilanz oder der Steuererklärung muss sich eindeutig ergeben, welchen Einbringungszeitpunkt die übernehmende Gesellschaft wählt.

Die Betriebs- oder Teilbetriebsvoraussetzungen müssen bereits am steuerlichen Übertragungsstichtag vorgelegen haben; Randnr. 15.03 gilt entsprechend. Ein Mitunternehmeranteil muss ebenfalls bereits zum steuerlichen Übertragungsstichtag vorgelegen haben; Randnr. 15.04 gilt entsprechend. Die Rückbeziehung nach § 20 Abs. 5 und 6 UmwStG hat zur Folge, dass auch die als Gegenleistung für das eingebrachte Vermögen gewährten Anteile mit Ablauf des steuerlichen Übertragungsstichtags dem Einbringenden zuzurechnen sind.

20.15 Zum steuerlichen Übertragungsstichtag geht die Besteuerung des eingebrachten Betriebs usw. von dem Einbringenden auf die übernehmende Gesellschaft über. Randnr. 02.11 gilt entsprechend.

20.16 Die Rückbeziehung hat nicht zur Folge, dass auch Verträge, die z. B. die übernehmende Gesellschaft mit einem Gesellschafter abschließt, insbesondere Dienst-, Miet-, Pacht- und Darlehensverträge, als bereits im Zeitpunkt der Einbringung abgeschlossen gelten. Ab wann derartige Verträge der Besteuerung zugrunde gelegt werden können, ist nach den allgemeinen Grundsätzen zu entscheiden. Werden die Anteile an einer Personengesellschaft eingebracht und sind Vergütungen der Gesellschaft an einen Mitunternehmer bislang gem. § 15 Abs. 1 Satz 1 Nr. 2 EStG dem Gewinnanteil des Gesellschafters hinzugerechnet worden, führt die steuerliche Rückbeziehung der Einbringung dazu, dass § 15 Abs. 1 Satz 1 Nr. 2 EStG bereits im Rückwirkungszeitraum auf die Vergütungen der Gesellschaft nicht mehr anwendbar ist. Die Vergütungen sind Betriebsausgaben der übernehmenden Gesellschaft, soweit sie als angemessenes Entgelt für die Leistungen des Gesellschafters anzusehen sind; Leistungen der Gesellschaft, die über ein angemessenes Entgelt hinausgehen, sind Entnahmen, für die § 20 Abs. 5 Satz 3 UmwStG gilt.

Die steuerliche Rückwirkungsfiktion gilt nicht für einen Mitunternehmer, der im Rückwirkungszeitraum aus einer Personengesellschaft ausscheidet, da ihm keine Gegenleistung in Form von Anteilen an der übernehmenden Gesellschaft aufgrund der Einbringung zusteht und er somit nicht als Einbringender i. S. d. § 20 UmwStG anzusehen ist (vgl. Randnr. 20.03).

II. Bewertung durch die übernehmende Gesellschaft (§ 20 Abs. 2 UmwStG)

1. Inhalt und Einschränkungen des Bewertungswahlrechts

20.17 Gem. § 20 Abs. 2 Satz 1 UmwStG hat die übernehmende Gesellschaft das eingebrachte Betriebsvermögen mit dem gemeinen Wert anzusetzen. Für die Bewertung von Pensionsrückstellungen gilt § 6 a EStG. Randnr. 03.07–03.09 gelten entsprechend. 182

20.18 Auf Antrag kann die übernehmende Gesellschaft das eingebrachte Vermögen einheitlich mit dem Buchwert (vgl. Randnr. 01.57) ansetzen. Randnr. 03.12–03.13 gelten entsprechend. Zum Buchwertansatz bei Einbringung eines Mitunternehmeranteils gilt Randnr. 03.10 entsprechend. Auf Antrag kann die übernehmende Gesellschaft das eingebrachte Vermögen auch einheitlich mit einem Zwischenwert ansetzen; Randnr. 03.25 f. gelten entsprechend. Der Ansatz der Pensionsrückstellungen ist auf den Wert nach § 6 a EStG begrenzt.

20.19 Der Buch- oder Zwischenwertansatz setzt voraus, dass bei der übernehmenden Gesellschaft das Recht der Bundesrepublik Deutschland hinsichtlich der Besteuerung des Gewinns aus der Veräußerung des eingebrachten Betriebsvermögens weder ausgeschlossen noch eingeschränkt wird (§ 20 Abs. 2 Satz 2 Nr. 3 UmwStG) und sichergestellt ist, dass es später bei der übernehmenden Körperschaft der Besteuerung mit Körperschaftsteuer unterliegt (§ 20 Abs. 2 Satz 2 Nr. 1 UmwStG). Randnr. 03.18–03.20 gelten entsprechend.

Hinsichtlich der Sicherstellung der Besteuerung mit Körperschaftsteuer bei der übernehmenden Gesellschaft gilt Randnr. 03.17 entsprechend. Handelt es sich bei der übernehmenden Gesellschaft um eine Organgesellschaft i. S. d. §§ 14, 17 KStG, ist eine Besteuerung mit Körperschaftsteuer nur sichergestellt, soweit das dem Organträger zugerechnete Einkommen der Besteuerung mit Körperschaftsteuer unterliegt. Entsprechendes gilt, wenn der Organträger selbst wiederum Organgesellschaft ist. Soweit das so zugerechnete Einkommen der Besteuerung mit Einkommensteuer unterliegt, können aus Billigkeitsgründen die übergehenden Wirtschaftsgüter dennoch einheitlich mit dem Buch- oder Zwischenwert angesetzt werden, wenn sich alle an der Einbringung Beteiligten übereinstimmend schriftlich damit einverstanden erklären, dass auf die aus der Einbringung resultierenden Mehrabführungen § 14 Abs. 3 Satz 1 KStG anzuwenden ist; die Grundsätze der Randnr. Org.33 und Org.34 gelten entsprechend (vgl. auch Randnr. 11.08).

Ein Zwang zum Ansatz von Zwischenwerten kann sich nach § 20 Abs. 2 Satz 2 Nr. 2 oder Satz 4 UmwStG ergeben. Das eingebrachte Betriebsvermögen darf auch durch Entnahmen während des Rückbeziehungszeitraums nicht negativ werden; deshalb ist eine Wertaufstockung nach § 20 Abs. 5

i. V. m. Abs. 2 Satz 2 Nr. 2 UmwStG ggf. auch vorzunehmen, soweit das eingebrachte Betriebsvermögen ohne Aufstockung während des Rückwirkungszeitraums negativ würde.

2. Verhältnis zum Handelsrecht (§ 20 Abs. 2 UmwStG, § 5 Abs. 1 EStG)

183 **20.20** Das steuerliche Bewertungswahlrecht des § 20 Abs. 2 Satz 2 UmwStG kann unabhängig vom Wertansatz in der Handelsbilanz ausgeübt werden. Die steuerlichen Ansatzverbote des § 5 EStG gelten nicht für die übergehenden Wirtschaftsgüter im Einbringungszeitpunkt, es sei denn, die Buchwerte werden fortgeführt; Randnr. 03.04 gilt entsprechend. Für den Ansatz dieser Wirtschaftsgüter in einer steuerlichen Schlussbilanz i. S. d. § 4 Abs. 1, § 5 Abs. 1 EStG zu den dem Einbringungszeitpunkt folgenden Bilanzstichtagen gilt Randnr. 04.16 entsprechend.

Beispiel:

A möchte sein Einzelunternehmen (Buchwert 20 000 €, gemeiner Wert 600 000 €) in der Rechtsform einer GmbH fortführen.

Lösung:

Gem. § 5 Abs. 1 GmbHG muss die GmbH bei der Gründung ein Mindeststammkapital von 25 000 € ausweisen, was dazu führt, dass handelsrechtlich mindestens 5000 € stille Reserven der Sacheinlage aufgedeckt werden müssen. Ungeachtet des handelsrechtlichen Wertansatzes können hier gem. § 20 Abs. 2 Satz 2 UmwStG steuerlich die Buchwerte i. H. v. 20 000 € fortgeführt werden. I. H. v. 5000 € ist in diesem Fall in der Steuerbilanz der GmbH ein Ausgleichsposten auszuweisen.

Die Aktivierung eines Ausgleichspostens ist nur dann erforderlich, wenn der Buchwert des eingebrachten Betriebs, Teilbetriebs oder Mitunternehmeranteils niedriger ist als das in der Handelsbilanz ausgewiesene gezeichnete Kapital. Der Ausgleichsposten, der in den vorgenannten Fällen ausgewiesen werden muss, um den Ausgleich zu dem in der Handelsbilanz ausgewiesenen Eigenkapital herbeizuführen, ist kein Bestandteil des Betriebsvermögens i. S. v. § 4 Abs. 1 Satz 1 EStG; er nimmt am Betriebsvermögensvergleich nicht teil. Er hat infolgedessen auch auf die spätere Auflösung und Versteuerung der im eingebrachten Betriebsvermögen enthaltenen stillen Reserven keinen Einfluss und ist daher nicht aufzulösen oder abzuschreiben. Mindert sich die durch den Ausgleichsposten gedeckte Differenz zwischen der Aktiv- und der Passivseite der Bilanz, insbesondere durch Aufdeckung stiller Reserven, so fällt der Ausgleichsposten in entsprechender Höhe erfolgsneutral weg. Bei der Anwendung des § 20 Abs. 3 Satz 1 UmwStG sind Veräußerungspreis für den Einbringenden und Anschaffungskosten für die Kapitalgesellschaft der Betrag, mit dem das eingebrachte Betriebsvermögen in der Steuerbilanz angesetzt worden ist.

3. Ausübung des Wahlrechts, Bindung, Bilanzberichtigung

184 **20.21** Der Antrag auf Buch- oder Zwischenwertansatz ist von der übernehmenden Gesellschaft spätestens bis zur erstmaligen Abgabe ihrer steuerlichen Schlussbilanz,[1] in der das übernommene Betriebsvermögen erstmals anzusetzen ist, bei dem für sie für die Besteuerung örtlich zuständigen Finanzamt zu stellen (§ 20 Abs. 2 Satz 3 UmwStG). Das Betriebsvermögen ist bei der übernehmenden Gesellschaft erstmals zum steuerlichen Übertragungsstichtag anzusetzen. Nach diesem Zeitpunkt gestellte Anträge sind unbeachtlich. Randnr. 03.29 f. gelten entsprechend.

20.22 Auch bei der Einbringung von Mitunternehmeranteilen ist der Antrag durch die übernehmende Gesellschaft bei dem für sie zuständigen Finanzamt zu stellen. Die Mitunternehmerschaft, deren Anteile eingebracht werden, hat bei einem Wertansatz zum gemeinen Wert oder zum Zwischenwert durch die übernehmende Gesellschaft diese Werte i. R. einer entsprechenden Ergänzungsbilanz für die übernehmende Gesellschaft zu berücksichtigen.

20.23 Für die Besteuerung der übernehmenden Gesellschaft und des Einbringenden ist ausschließlich der sich aus § 20 Abs. 2 UmwStG ergebende Wertansatz bei der übernehmenden Gesellschaft maßgebend. Bereits durchgeführte Veranlagungen des Einbringenden sind ggf. gem. § 175 Abs. 1 Satz 1 Nr. 2 AO zu ändern.

20.24 Eine Änderung oder der Widerruf eines einmal gestellten Antrags ist nicht möglich (vgl. auch Randnr. 03.29 f.).

Setzt die übernehmende Gesellschaft das eingebrachte Betriebsvermögen mit dem gemeinen Wert an und ergibt sich später, z. B. aufgrund einer Betriebsprüfung, dass die gemeinen Werte der eingebrachten Wirtschaftsgüter des Betriebsvermögens höher bzw. niedriger als die von der übernehmenden Gesellschaft angesetzten Werte sind, sind die Bilanzwerte der übernehmenden Gesellschaft dementsprechend i. R. d. allgemeinen Vorschriften zu berichtigen. Der Bilanzberichtigung (§ 4 Abs. 2 Satz 1 EStG) steht das Verbot der anderweitigen Wahlrechtsausübung im Wege der Bilanzänderung nicht entgegen. Denn das Wahlrecht bezieht sich nur auf die Möglichkeit, für alle Wirtschaftsgüter entweder den gemeinen Wert, den Buch- oder einen Zwischenwert anzusetzen. Hat die übernehmende Gesellschaft sich für den Ansatz der gemeinen Werte entschieden, diese jedoch nicht richtig ermittelt, sind die gemeinen Werte i. R. d. allgemeinen Vorschriften zu berichtigen. Veranlagungen des Einbringenden sind ggf. gem. § 175 Abs. 1 Satz 1 Nr. 2 AO zu korrigieren.

Setzt die übernehmende Gesellschaft auf wirksamen Antrag die übergehenden Wirtschaftsgüter in der steuerlichen Schlussbilanz einheitlich zum Zwischenwert an, bleiben vorrangig die Wertansätze maßgebend, sofern diese oberhalb des Buchwerts und unterhalb des gemeinen Werts liegen.

---

[1] Vgl. auch *Vfg. BayLfSt v. 11. 11. 2014, DStR 2015 S. 429,* betr. Ausübung Wahlrecht in Fällen der Einbringung nach §§ 20, 21, 24 und 25 UmwStG.

III. Besteuerung des Einbringungsgewinns (§ 20 Abs. 3 bis 5 UmwStG)

20.25 Setzt die übernehmende Gesellschaft die gemeinen Werte oder Zwischenwerte an, ist der beim Einbringenden entstehende Gewinn nach § 20 Abs. 3 bis 5 UmwStG i. V. m. den für die Veräußerung des Einbringungsgegenstandes geltenden allgemeinen Vorschriften (insbesondere §§ 15, 16 Abs. 1 EStG) zu versteuern. Werden i. R. einer Sacheinlage auch Beteiligungen an Kapitalgesellschaften und Genossenschaften miteingebracht, kommt insoweit § 8 b KStG oder § 3 Nr. 40 EStG zur Anwendung. **185**

20.26 Auf einen sich hieraus ergebenden Einbringungsgewinn ist auch die Vorschrift des § 6 b EStG anzuwenden, soweit der Gewinn auf begünstigte Wirtschaftsgüter i. S. dieser Vorschrift entfällt. Auf § 34 Abs. 1 Satz 4 EStG wird hingewiesen.

20.27 § 34 EStG ist nur in den Fällen des § 20 Abs. 4 Satz 1 UmwStG anzuwenden. Auf einen Einbringungsgewinn sowie ggf. einen Gewinn aus der Entnahme z. B. funktional unwesentlicher Wirtschaftsgüter ist § 34 EStG somit grundsätzlich nicht anwendbar, wenn die Einbringung nicht einheitlich zum gemeinen Wert durch eine natürliche Person erfolgt. Zum nach § 34 EStG begünstigten Veräußerungsgewinn können auch Gewinne gehören, die sich bei der Veräußerung eines Betriebs aus der Auflösung von steuerfreien Rücklagen ergeben (BFH vom 17. 10. 1991, IV R 97/89, BStBl. 1992 II S. 392).

IV. Besonderheiten bei Pensionszusagen zugunsten von einbringenden Mitunternehmern

1. Behandlung bei der übertragenden Personengesellschaft

20.28 Die Behandlung der Pensionszusage an den Mitunternehmer der übertragenden Mitunternehmerschaft richtet sich nach den Grundsätzen des BMF-Schreibens vom 29. 1. 2008, BStBl. I S. 317. Wird von der Übergangsregelung i. S. d. Randnr. 20 des BMF-Schreibens vom 29. 1. 2008, BStBl. I S. 317, kein Gebrauch gemacht oder wird die Übergangsregelung angewendet und eine Aktivierung der Ansprüche in den Sonderbilanzen aller Gesellschafter vorgenommen, steht der in der steuerlichen Schlussbilanz der übertragenden Mitunternehmerschaft nach § 6 a EStG gebildeten Pensionsrückstellung eine Forderung in der Sonderbilanz des übertragenden Mitunternehmers bzw. der übertragenden Mitunternehmer gegenüber. Im Zuge der Umwandlung der Personengesellschaft auf eine Kapitalgesellschaft gilt diese Forderung auf Antrag als nicht entnommen, sondern bleibt Restbetriebsvermögen des ehemaligen Mitunternehmers bzw. der ehemaligen Mitunternehmer i. S. v. § 15 EStG (BFH vom 10. 2. 1994, IV R 37/92, BStBl. II S. 564). **186**

2. Behandlung bei der übernehmenden Kapitalgesellschaft

20.29 Die Übernahme der in der Gesamthandsbilanz der Mitunternehmerschaft ausgewiesenen Pensionsverpflichtung durch die übernehmende Kapitalgesellschaft stellt keine zusätzliche Gegenleistung i. S. d. § 20 Abs. 2 Satz 4 UmwStG dar. **187**

Nach dem BMF-Schreiben vom 29. 1. 2008, BStBl. I S. 317, ist die Pensionszusage der Personengesellschaft zugunsten des Mitunternehmers nicht als Gewinnverteilungsabrede anzusehen.

Die Pensionsverpflichtung geht als unselbstständige Bilanzposition des eingebrachten Betriebs auf die übernehmende Kapitalgesellschaft über. Die übernehmende Körperschaft vollzieht mit der Übernahme der Verpflichtung keine Gewinnverteilungsentscheidung, sondern übernimmt im Zuge der Einbringung eine dem Betrieb der übertragenden Personengesellschaft zuzurechnende betriebliche Verbindlichkeit (sog. Einheitstheorie).

Wenn die übertragende Personengesellschaft unter Berufung auf die Randnr. 20 des BMF-Schreibens vom 29. 1. 2008, BStBl. I S. 317, die Weiteranwendung der alten Rechtsgrundsätze (Übergangsregelung) beantragt und die Pensionszusage als steuerlich unbeachtliche Gewinnverteilungsabrede behandelt hat, gelten die Randnr. 20.41–20.47 des BMF-Schreibens vom 25. 3. 1998, BStBl. I S. 268,[1] weiter fort (Annahme einer sonstigen Gegenleistung).

20.30 Die übernommene Pensionsverpflichtung ist in den Fällen des Formwechsels oder der Verschmelzung bei der Übernehmerin gem. § 6 a Abs. 3 Satz 1 Nr. 1 EStG so zu bewerten, als wenn das Dienstverhältnis unverändert fortgeführt worden wäre (§ 20 Abs. 2 Satz 1 zweiter Halbsatz UmwStG). Dies gilt auch für die der Umwandlung nachfolgenden Bilanzstichtage.

20.31 Wird von der Übergangsregelung i. S. d. Randnr. 20 des BMF-Schreibens vom 29. 1. 2008, BStBl. I S. 317, kein Gebrauch gemacht oder wird die Übergangsregelung angewendet und eine Aktivierung der Ansprüche in den Sonderbilanzen aller Gesellschafter vorgenommen, ist bei der übernehmenden Kapitalgesellschaft nicht von einer Neuzusage im Zeitpunkt der Einbringung auszugehen. Für Zwecke der Erdienensdauer können in diesem Fall die Dienstzeiten in der Mitunternehmerschaft mit berücksichtigt werden. Wird die Übergangsregelung beantragt und die Pensionszusage als steuerlich unbeachtliche Gewinnverteilungsabrede behandelt, gelten die Randnr. 20.41–20.47 des BMF-Schreibens vom 25. 3. 1998, BStBl. I S. 268,[1] weiter fort. In diesem Fall beginnt der Erdienenszeitraum am steuerlichen Übertragungsstichtag neu zu laufen.

3. Behandlung beim begünstigten Gesellschafter bzw. den ehemaligen Mitunternehmern

20.32 Unter der Voraussetzung, dass bei der übertragenden Mitunternehmerschaft die Anwendung der Übergangsregelung gem. Randnr. 20 des BMF-Schreibens vom 29. 1. 2008, BStBl. I S. 317, nicht beantragt wird oder die Übergangsregelung angewendet wird und eine Aktivierung der Ansprüche in den Sonderbilanzen aller Gesellschafter erfolgt und ein Antrag i. S. d. Randnr. 20.28 gestellt wird, gilt Folgendes: **188**

Wenn der frühere Mitunternehmer Arbeitnehmer der Kapitalgesellschaft wird und er die Pensionsanwartschaft nach der Umwandlung in die Kapitalgesellschaft weiter erdient, muss jede nach Eintritt

---

[1] Zuletzt abgedruckt im „Handbuch zur Körperschaftsteuerveranlagung 2010" im Anhang I 2 c.

des Versorgungsfalls an den Gesellschafter-Geschäftsführer geleistete laufende Ruhegehaltzahlung für steuerliche Zwecke aufgeteilt werden.

Soweit die spätere Pensionsleistung rechnerisch auf in der Zeit nach der Umwandlung (Kapitalgesellschaft) erdiente Anwartschaftsteile entfällt, erzielt der pensionierte Gesellschafter-Geschäftsführer steuerpflichtige Versorgungsleistungen i. S. d. §§ 19, 24 Nr. 2 EStG.

Soweit die Pensionsleistung rechnerisch auf in der Zeit vor der Umwandlung (Mitunternehmerschaft) erdiente Anwartschaftsteile entfällt, erzielt der pensionierte Gesellschafter-Geschäftsführer Einkünfte i. S. d. § 15 Abs. 1 Satz 2 i. V. m. Satz 1 Nr. 2 i. V. m. § 24 Nr. 2 EStG. Diese steuerlichen Auswirkungen treten allerdings erst ein, sobald die auf die Zeit vor der Umwandlung entfallenden Pensionszahlungen die als Restbetriebsvermögen zurückbehaltene Pensionsforderung (vgl. Randnr. 20.28) des Gesellschafters übersteigen.

Die Aufteilung der laufenden Pensionszahlungen in nachträgliche Einnahmen aus der ehemaligen Mitunternehmerstellung einerseits und Einnahmen i. S. d. §§ 19, 24 EStG andererseits hat grundsätzlich nach versicherungsmathematischen Grundsätzen zu erfolgen. Soweit die Pensionsanwartschaft nach der Umwandlung unverändert bleibt, ist es nicht zu beanstanden, wenn die Pensionsleistung nach dem Verhältnis der Erdienenszeiträume vor und nach der Umwandlung („pro-rata-temporis") aufgeteilt wird.

Beispiel:

Die Personengesellschaft erteilt einem Mitunternehmer im Jahr 03 im Alter von 35 Jahren eine Pensionszusage (Diensteintritt im Alter von 30 Jahren), wonach ein Altersruhegeld von monatlich 10 000 € ab Vollendung des 65. Lebensjahres zu zahlen ist (Gesamtdienstzeit 35 Jahre). Die Personengesellschaft wird zum 31. 12. 08 in eine GmbH formwechselnd umgewandelt. Der Mitunternehmer ist zu diesem Zeitpunkt 40 Jahre alt (Restdienstzeit 25 Jahre). Die Personengesellschaft passiviert die Pensionsrückstellung in ihrer Steuerbilanz zum 31. 12. 08 mit 150 000 €. Der Mitunternehmer aktiviert einen entsprechenden Anspruch in seiner Sonderbilanz.

Lösung:

Die übernehmende GmbH passiviert die Pensionsrückstellung mit dem bei der Personengesellschaft zuletzt passivierten Betrag. Der Aktivposten in der Sonderbilanz wird entsprechend dem Antrag nicht entnommen, sondern mit dem Wert von 150 000 € „eingefroren" und als Restbetriebsvermögen des ehemaligen Mitunternehmers behandelt. Die späteren Pensionszahlungen an den Gesellschafter-Geschäftsführer sind aufzuteilen. Aus Vereinfachungsgründen ist davon auszugehen, dass von der jeweiligen Jahrespensionsleistung i. H. v. 120 000 € $^{10}/_{35}$ (also 34 285 € p. a.) auf die Zeit der Mitunternehmerschaft und $^{25}/_{35}$ (also 85 715 € p. a.) auf die Zeit der GmbH entfallen.
Da die als Restbetriebsvermögen zurückbehaltene Forderung des ehemaligen Mitunternehmers von 150 000 € nur den in der Personengesellschaft erdienten Anwartschaftsteil betrifft, muss sie mit den jährlich darauf entfallenden Leistungen i. H. v. 34 285 € verrechnet werden und ist damit erst im fünften Jahr „verbraucht". Im ersten bis vierten Jahr nach der Pensionierung versteuert der ehemalige Mitunternehmer/Gesellschafter-Geschäftsführer also ausschließlich je 85 715 € nach §§ 19, 24 Nr. 4 EStG. Im fünften Pensionsjahr (nach Verbrauch der Forderung) erzielt er neben den Einkünften i. S. d. §§ 19, 24 EStG noch nachträgliche Einkünfte i. S. d. § 15 Abs. 1 Satz 2 i. V. m. Satz 1 Nr. 2 i. V. m. § 24 Nr. 2 EStG i. H. v. 34 285 € × 5 ./. 150 000 € = 21 425 €. Hierbei handelt es sich um den die nunmehr verbrauchte Forderung übersteigenden Betrag. Ab dem sechsten Jahr entstehen folglich nachträgliche Einkünfte i. S. d § 15 EStG i. H. v. je 34 285 €.
Falls bei der übertragenden Mitunternehmerschaft die Anwendung der Übergangsregelung gem. Randnr. 20 des BMF-Schreibens vom 29. 1. 2008, BStBl. I S. 317, beantragt und die Pensionszusage als steuerlich unbeachtliche Gewinnverteilungsabrede behandelt wird, gelten dagegen die Randnr. 20.46–20.47 des BMF-Schreibens vom 25. 3. 1998, BStBl. I S. 268, weiter fort.
Falls bei der übertragenden Mitunternehmerschaft die Anwendung der Übergangsregelung gem. Randnr. 20 des BMF-Schreibens vom 29. 1. 2008, BStBl. I S. 317, beantragt und eine Aktivierung der Ansprüche in den Sonderbilanzen aller Gesellschafter vorgenommen wird, gilt die obige Lösung mit der Maßgabe, dass eine anteilige Verrechnung mit den als Restbetriebsvermögen zurückbehaltenen Forderungen der ehemaligen Mitunternehmer vorzunehmen ist. Der begünstigte Gesellschafter erzielt dabei nachträgliche Einkünfte i. S. d. § 15 Abs. 1 Satz 2 i. V. m. Satz 1 Nr. 2 i. V. m. § 24 Nr. 2 EStG, soweit der auf die Zeit der Mitunternehmerschaft entfallende Teil der jährlichen Pensionszahlung die anteilige Auflösung seiner Restforderung übersteigt. Die übrigen ehemaligen Mitunternehmer erzielen i. H. des jeweiligen anteiligen Auflösungsbetrages ihrer Restforderung bis zu deren vollständigen Auflösung nachträgliche Betriebsausgaben.

20.33 Wird kein Antrag i. S. d. Randnr. 20.28 gestellt, ist die Pensionszahlung entsprechend Randnr. 20.32 aufzuteilen und, soweit sie auf die Zeit der Mitunternehmerschaft entfällt, den Einkünften i. S. v. § 22 Satz 1 Nr. 1 EStG des begünstigten Gesellschafters zuzurechnen.

Wird die Übergangsregelung i. S. d. Randnr. 20 des BMF-Schreibens vom 29. 1. 2008, BStBl. I S. 317, angewendet und eine Aktivierung der Ansprüche in den Sonderbilanzen aller Gesellschafter vorgenommen, entsteht im Umwandlungszeitpunkt beim begünstigten Gesellschafter durch die Entnahme seines anteilig aktivierten Anspruchs ein Gewinn i. H. der Summe des bei den übrigen Gesellschaftern aktivierten Anspruchs, da nur ihm die Pensionsleistung im Versorgungsfall zufließt und somit zuzurechnen ist. Entsprechend entsteht bei den übrigen Gesellschaftern ein Verlust, da ihnen die Pensionsleistung nicht zuzurechnen ist. Aus Billigkeitsgründen wird es nicht beanstandet, wenn der begünstigte Gesellschafter entsprechend Randnr. 5 des BMF-Schreibens vom 29. 1. 2008, BStBl. I S. 317, seinen Entnahmegewinn auf 15 Wirtschaftsjahre verteilt.

V. Besonderheiten bei grenzüberschreitenden Einbringungen

1. Anschaffungskosten der erhaltenen Anteile

189 **20.34** Ist das Besteuerungsrecht der Bundesrepublik Deutschland hinsichtlich des Gewinns aus der Veräußerung des eingebrachten Betriebsvermögens sowohl vor als auch nach der Einbringung ausgeschlossen, gelten gem. § 20 Abs. 3 Satz 2 UmwStG die erhaltenen Anteile insoweit als mit dem gemeinen Wert des Betriebsvermögens im Einbringungszeitpunkt angeschafft (Verstrickung mit dem gemeinen Wert). Die Regelung hat nur in den Fällen Bedeutung, in denen die aufnehmende Gesellschaft auf Antrag Buch- oder Zwischenwerte angesetzt hat.

2. Anrechnung ausländischer Steuern

20.35 Der Begriff der Betriebsstätte ist im abkommensrechtlichen Sinne zu verstehen. Auf die Mitteilungspflichten des Steuerpflichtigen nach § 138 Abs. 2 AO wird hingewiesen. 190

a) Sonderfall der Einbringung einer Betriebsstätte (§ 20 Abs. 7, § 3 Abs. 3 UmwStG)

20.36 Wird i. R. einer grenzüberschreitenden Einbringung eine in einem anderen EU-Mitgliedstaat liegende Betriebsstätte eingebracht, verzichtet der Mitgliedstaat der einbringenden Gesellschaft endgültig auf seine Besteuerungsrechte aus dieser Betriebsstätte (Art. 10 Abs. 1 Satz 1 Richtlinie 2009/133/EG). Wendet er ein System der Welteinkommensbesteuerung an, darf er den auf die Betriebsstätte entfallenden Veräußerungsgewinn besteuern, wenn er die fiktiv im Betriebsstättenstaat auf den Einbringungsgewinn entfallende Steuer anrechnet (Art. 10 Abs. 2 Richtlinie 2009/133/EG). Wird einer Betriebsstätte in einem anderen EU-Mitgliedstaat zuzurechnendes Betriebsvermögen, für die die Bundesrepublik Deutschland die Doppelbesteuerung beim Einbringenden durch Anwendung der Anrechnungsmethode vermeidet, in eine in einem anderen EU-Mitgliedstaat ansässige Gesellschaft eingebracht, wird das Besteuerungsrecht der Bundesrepublik Deutschland im Hinblick auf diese Betriebsstätte ausgeschlossen. Das der ausländischen Betriebsstätte zuzurechnende Betriebsvermögen ist deshalb zwingend mit dem gemeinen Wert anzusetzen (§ 20 Abs. 2 Satz 2 Nr. 3 UmwStG). Es kommt folglich insoweit zu einer Besteuerung des Einbringungsgewinns. Darüber hinaus ist die Steuer, die im Betriebsstättenstaat im Veräußerungsfall anfallen würde, fiktiv auf die auf den Einbringungsgewinn entfallende Steuer anzurechnen (§ 20 Abs. 7, § 3 Abs. 3 UmwStG). 191

Beispiel:

Eine in Deutschland ansässige GmbH mit portugiesischer Betriebsstätte (keine aktiven Einkünfte) bringt diese in eine spanische SA gegen Gewährung von Anteilen ein.

Lösung:

Im Hinblick auf die portugiesische Betriebsstätte steht Deutschland nach dem DBA Portugal ein Besteuerungsrecht mit Anrechnungsverpflichtung (Aktivitätsklausel) zu. Durch die Einbringung der Betriebsstätte in die spanische SA wird das deutsche Besteuerungsrecht an der Betriebsstätte in Portugal ausgeschlossen. Der deutschen GmbH sind nunmehr stattdessen anteilig die i. R. d. Einbringung gewährten Anteile an der spanischen SA zuzurechnen. Da das deutsche Besteuerungsrecht an der Betriebsstätte durch die Einbringung ausgeschlossen wird, kommt es insoweit zu einer Besteuerung des Einbringungsgewinns (§ 20 Abs. 2 Satz 2 Nr. 3 UmwStG). Dies ist nach Art. 10 Abs. 2 Richtlinie 2009/133/EG auch zulässig, da Deutschland ein System der Welteinkommensbesteuerung hat. Allerdings ist die fiktive Steuer, die im Fall der Veräußerung der Wirtschaftsgüter der Betriebsstätte in Portugal anfallen würde, auf die deutsche Steuer anzurechnen (§ 20 Abs. 7, § 3 Abs. 3 UmwStG).

b) Sonderfall steuerlich transparenter Gesellschaften (§ 20 Abs. 8 UmwStG)

20.37 Wird in den Fällen einer grenzüberschreitenden Einbringung eine gebietsfremde einbringende Gesellschaft im Inland als steuerlich transparent angesehen, muss die FusionsRL auf die Veräußerungsgewinne der Gesellschafter dieser Gesellschaft nicht angewendet werden (Art. 11 Abs. 1 Richtlinie 2009/133/EG, zuvor Art. 10 a Abs. 1 Richtlinie 90/434/EWG). Allerdings ist die Steuer, die auf die Veräußerungsgewinne der steuerlich transparenten Gesellschaft ohne Anwendung der FusionsRL erhoben worden wäre, fiktiv auf die auf den Einbringungsgewinn der Gesellschafter entfallende Steuer anzurechnen (Art. 11 Abs. 2 Richtlinie 2009/133/EG, zuvor Art. 10 a Abs. 2 Richtlinie 90/434/EWG). Der Vorgang ist nach deutschem Recht als Sacheinlage i. S. v. § 20 Abs. 1 UmwStG zu behandeln. Wird einer Betriebsstätte in einem anderen EU-Mitgliedstaat zuzurechnendes Betriebsvermögen, für die die Bundesrepublik Deutschland die Doppelbesteuerung beim Einbringenden durch Anwendung der Anrechnungsmethode vermeidet, in eine in einem anderen EU-Mitgliedstaat ansässige Gesellschaft eingebracht, wird das Besteuerungsrecht der Bundesrepublik Deutschland für im Inland ansässige Gesellschafter der transparenten Gesellschaft im Hinblick auf diese Betriebsstätte ausgeschlossen. Das der ausländischen Betriebsstätte zuzurechnende Betriebsvermögen ist deshalb zwingend mit dem gemeinen Wert anzusetzen (§ 20 Abs. 2 Satz 2 Nr. 3 UmwStG). Es kommt folglich insoweit zu einer Besteuerung des Einbringungsgewinns. Darüber hinaus ist die Steuer, die im Betriebsstättenstaat im Veräußerungsfall anfallen würde, beim Einbringenden fiktiv auf die auf den Einbringungsgewinn entfallende Steuer anzurechnen (§ 20 Abs. 8 UmwStG). Bei der anzurechnenden Steuer kann es sich sowohl um Einkommensteuer als auch um Körperschaftsteuer handeln. 192

Beispiel:

Eine in Deutschland ansässige natürliche Person X ist an einer in Frankreich ansässigen S C mit portugiesischer Betriebsstätte (keine aktiven Einkünfte) beteiligt. Die französische S C wird auf eine spanische SA verschmolzen.

Lösung:

Die französische S C ist eine von der FusionsRL geschützte Gesellschaft (vgl. Anlage zur FusionsRL), die in Frankreich als Kapitalgesellschaft behandelt wird. Nach deutschem Recht ist sie jedoch als transparent anzusehen. X gilt deshalb für deutsche Besteuerungszwecke als Mitunternehmer der französischen S C und damit auch der portugiesischen Betriebsstätte. Im Hinblick auf die Betriebsstätte kommt deshalb das DBA Portugal zur Anwendung, wonach Deutschland ein Besteuerungsrecht mit Anrechnungsverpflichtung (Aktivitätsklausel) zusteht.

Durch die Verschmelzung der S C auf die spanische SA endet die Mitunternehmerstellung des X im Hinblick auf die Betriebsstätte in Portugal. Ihm sind nunmehr stattdessen anteilig die i. R. d. Einbringung gewährten Anteile an der spanischen SA zuzurechnen. Da das deutsche Besteuerungsrecht an der Betriebsstätte in Portugal durch die Einbringung ausgeschlossen wird, kommt es insoweit zu einer Besteuerung des Einbringungsgewinns (§ 20 Abs. 2 Satz 2 Nr. 3 UmwStG). Dies ist nach Art. 11 a Abs. 1 Richtlinie 2009/133/EG (zuvor Art. 10 a Abs. 1 Richtlinie 90/434/EWG) auch zulässig. Allerdings ist die fiktive Steuer, die im Fall der Veräußerung der Wirtschaftsgüter der portugiesischen Betriebsstätte anfallen würde, auf die deutsche Steuer anzurechnen (§ 20 Abs. 8 UmwStG).

VI. Besonderheiten bei der Einbringung einbringungsgeborener Anteile i. S. v. § 21 Abs. 1 UmwStG 1995

193 **20.38** Nach § 27 Abs. 3 Nr. 3 UmwStG ist § 21 UmwStG 1995 auf einbringungsgeborene Anteile alten Rechts weiterhin anzuwenden. Werden i. R. einer Sacheinlage zum gemeinen Wert oder Zwischenwert einbringungsgeborene Anteile alten Rechts miteingebracht, sind bei der Ermittlung des Einbringungsgewinns § 8b Abs. 4 KStG a. F. oder § 3 Nr. 40 Satz 3 und 4 EStG a. F. anzuwenden. Darüber hinaus sind auch nach Ablauf der Siebenjahresfrist (zeitlich unbegrenzt) die Regelungen des § 21 UmwStG 1995 weiter anzuwenden; vgl. Randnr. 27.01 ff.

20.39 Werden einbringungsgeborene Anteile i. S. d. § 21 UmwStG 1995 i. R. einer Sacheinlage miteingebracht, gelten die erhaltenen Anteile insoweit ebenfalls als einbringungsgeborene Anteile i. S. d. § 21 UmwStG 1995 (§ 20 Abs. 3 Satz 4 UmwStG). Dies bedeutet, dass bei einer Veräußerung der (infizierten) Anteile innerhalb der Siebenjahresfrist die Steuerfreistellung nach § 8b Abs. 4 KStG a. F. oder § 3 Nr. 40 Satz 3 und 4 EStG a. F. insoweit ausgeschlossen ist. Die Weitereinbringung der einbringungsgeborenen Anteile i. S. d. § 21 UmwStG 1995 im zeitlichen Anwendungsbereich des UmwStG 2006 löst allerdings keine neue Siebenjahresfrist i. S. v. § 8b Abs. 4 KStG a. F. oder § 3 Nr. 40 Satz 3 und 4 EStG a. F. aus.

20.40 Im Fall der Veräußerung der mit der Einbringungsgeborenheit infizierten erhaltenen Anteile kommt das neue Recht (rückwirkende Einbringungsgewinnbesteuerung) nicht zur Anwendung, soweit die Steuerfreistellung nach § 8b Abs. 4 KStG a. F. oder § 3 Nr. 40 Satz 3 und 4 EStG a. F. ausgeschlossen ist (§ 27 Abs. 4 UmwStG). Die Anwendung alten Rechts geht somit innerhalb des für den ursprünglichen Einbringungsvorgang (nach altem Recht) geltenden Siebenjahreszeitraums vor. Erfolgt die Veräußerung der Anteile hingegen nach Ablauf der Sperrfrist für die einbringungsgeborenen Anteile i. S. d. § 21 UmwStG 1995, aber noch innerhalb des für die erhaltenen Anteile geltenden Siebenjahreszeitraums, kommt es in vollem Umfang zur rückwirkenden Einbringungsgewinnbesteuerung. Für die Ermittlung des Veräußerungsgewinns aus den erhaltenen Anteilen ist aber insoweit weiterhin § 21 UmwStG 1995 anzuwenden mit der Folge, dass der Veräußerungsgewinn teilweise nach § 16 EStG und teilweise nach § 17 EStG zu ermitteln ist.

20.41 Soweit die Vorschriften des Umwandlungssteuergesetzes in der Fassung der Bekanntmachung vom 15. 10. 2002, BGBl. I S. 2002, zuletzt geändert durch Art. 3 des Gesetzes vom 16. 5. 2003, BGBl. I S. 660, weiterhin anzuwenden sind (§ 27 Abs. 3 UmwStG), ist auch das BMF-Schreiben vom 25. 3. 1998, BStBl. I S. 268,[1] weiterhin anzuwenden (vgl. Randnr. 00.01).

Beispiel:

A ist Inhaber eines Einzelunternehmens, das aus zwei Teilbetrieben (Teilbetrieb 1 und 2) besteht. In 02 bringt A den Teilbetrieb 1 in eine neu gegründete GmbH 1 ein (Buchwert 100 000 €, gemeiner Wert 800 000 €). Die GmbH 1 setzt das übernommene Vermögen mit dem Buchwert an. Die neuen Anteile an der GmbH 1 (einbringungsgeborene Anteile i. S. d. § 21 Abs. 1 UmwStG 1995) befinden sich im Betriebsvermögen des Einzelunternehmens des A. Im Januar 07 bringt A sein verbliebenes Einzelunternehmen (einschließlich der einbringungsgeborenen Anteile an der GmbH 1) in die GmbH 2 gegen Gewährung von neuen Anteilen ein. Die übernehmende GmbH 2 setzt das übernommene Betriebsvermögen mit den Buchwerten (Buchwert 300 000 €, gemeiner Wert 2 400 000 €; davon GmbH 1 Buchwert 100 000 €, gemeiner Wert 800 000 €) an. Im Juni 10 veräußert A die Anteile an der GmbH 2 für 3 000 000 €.

Lösung:

Die Anteile an der GmbH 2 gelten insoweit auch als einbringungsgeborene Anteile nach § 20 Abs. 3 Satz 3 UmwStG, als zu dem eingebrachten Betriebsvermögen einbringungsgeborene Anteile gehört haben (1/3). Insoweit entsteht zwar grundsätzlich ein Gewinn nach § 21 UmwStG 1995 i. V. m. § 16 EStG. Auf diesen ist jedoch das Teileinkünfteverfahren anzuwenden, weil die Veräußerung in 10 außerhalb der Sperrfrist des § 3 Nr. 40 Satz 3 ff. EStG a. F. (abgelaufen in 09) erfolgt. Die Veräußerung erfolgt aber innerhalb der Sperrfrist des § 22 Abs. 1 UmwStG, so dass insoweit rückwirkend die gemeinen Werte zum Zeitpunkt der Einbringung – gekürzt um je 1/7 für die inzwischen verstrichenen Zeitjahre – anzusetzen sind.
Nach § 22 Abs. 1 Satz 5 UmwStG gilt für i. R. einer Sacheinlage miteingebrachte Anteile an einer Kapitalgesellschaft oder Genossenschaft § 22 Abs. 2 UmwStG. Ein Einbringungsgewinn I entsteht insoweit nicht. Auch ein Einbringungsgewinn II entsteht insoweit nicht, da nach dem Sachverhalt die übernehmende GmbH 2 die eingebrachten Anteile an der GmbH 1 (noch) nicht veräußert hat. In dem dargestellten Beispiel entsteht also nur ein zu versteuernder Einbringungsgewinn I i. H. v. 800 000 €, der wie folgt zu ermitteln ist:

gemeiner Wert im Zeitpunkt der Einbringung	2 400 000 €
./. gemeiner Wert der Anteile an der GmbH 1	800 000 €
Zwischensumme	1 600 000 €
./. Buchwert im Zeitpunkt der Einbringung (bereits gekürzt um 100 000 € Buchwert Anteile an der GmbH 1)	200 000 €
Einbringungsgewinn I	1 400 000 €
./. Minderung um 3/7 wegen Ablaufs von drei Zeitjahren	600 000 €
zu versteuernder Einbringungsgewinn I	800 000 €

A muss zunächst rückwirkend für 07 einen Einbringungsgewinn I i. H. v. 800 000 € versteuern. Durch die Veräußerung der erhaltenen Anteile an der GmbH 2 entsteht in 10 außerdem ein Veräußerungsgewinn nach §§ 16 und 17 EStG i. H. v. insgesamt 1 900 000 € (Verkaufspreis 3 000 000 € ./. 300 000 € Anschaffungskosten aus Einbringung ./. 800 000 € Einbringungsgewinn I), der nach § 3 Nr. 40 Satz 1 Buchstabe c EStG zu 40% steuerfrei ist.
Die Veräußerung der erhaltenen Anteile an der GmbH 2 löst also nicht nur die rückwirkende Einbringungsgewinnbesteuerung, sondern gleichzeitig auch die Besteuerung des Gewinns nach § 17 Abs. 2 EStG (2/3 des Verkaufspreises = 2 000 000 € ./. Anschaffungskosten 200 000 € ./. Einbringungsgewinn I 800 000 € = 1 000 000 €) und nach § 21 UmwStG 1995 i. V. m. § 16 EStG (1/3 des Verkaufspreises = 1 000 000 € ./. Anschaffungskosten 100 000 € = 900 000 €) aus.

[1] Zuletzt abgedruckt im „Handbuch zur Körperschaftsteuerveranlagung 2010" im Anhang I 2 c.

C. Bewertung der Anteile beim Anteilstausch (§ 21 UmwStG)

I. Allgemeines

21.01 § 21 UmwStG betrifft den Tausch von Anteilen an einer in- oder ausländischen Kapitalgesellschaft oder Genossenschaft (erworbene Gesellschaft) gegen Gewährung von neuen Anteilen der erwerbenden in- oder ausländischen Kapitalgesellschaft oder Genossenschaft (übernehmende Gesellschaft). Werden Anteile an einer Kapitalgesellschaft oder Genossenschaft, die zum Betriebsvermögen eines Betriebs, Teilbetriebs oder Mitunternehmeranteils gehören, mit den Wirtschaftsgütern dieses Unternehmensteils in eine Kapitalgesellschaft oder Genossenschaft eingebracht, geht die Regelung des § 20 UmwStG der des § 21 UmwStG vor. Zur Frage der rückwirkenden Einbringungsgewinnbesteuerung bei miteingebrachten Anteilen vgl. Randnr. 22.02. **194**

21.02 § 21 UmwStG ist nur auf Anteile im Betriebsvermögen, Anteile im Privatvermögen i. S. d. § 17 EStG und einbringungsgeborene Anteile i. S. d. § 21 Abs. 1 UmwStG 1995 anzuwenden. Für alle übrigen Anteile gilt § 20 Abs. 4 a Satz 1 und 2 EStG.

II. Persönlicher Anwendungsbereich

1. Einbringender

21.03 Hinsichtlich der Person des Einbringenden bestehen keine Beschränkungen (Umkehrschluss aus § 1 Abs. 4 Satz 1 Nr. 2 UmwStG). **195**

2. Übernehmende Gesellschaft (§ 21 Abs. 1 Satz 1 UmwStG)

21.04 Randnr. 20.04 gilt entsprechend. **196**

3. Erworbene Gesellschaft (§ 21 Abs. 1 Satz 1 UmwStG)

21.05 Erworbene Gesellschaft ist die Kapitalgesellschaft oder Genossenschaft, deren Anteile i. R. d. Anteilstauschs in die übernehmende Gesellschaft eingebracht werden. Gesellschaft kann eine in § 1 Abs. 1 Nr. 1 und 2 KStG aufgezählte Kapitalgesellschaft oder Genossenschaft einschließlich der ausländischen Gesellschaften (EU-/EWR- oder Drittstaat) sein, soweit diese nach den Wertungen des deutschen Steuerrechts als Kapitalgesellschaften oder Genossenschaften anzusehen sind (vgl. Randnr. 01.27). **197**

21.06 Die Anteile müssen dem Einbringenden vor Durchführung des Anteilstauschs steuerlich zuzurechnen sein. Maßgebend hierfür ist das wirtschaftliche Eigentum an den Anteilen (§ 39 Abs. 2 Nr. 1 AO).

III. Bewertung der eingebrachten Anteile bei der übernehmenden Gesellschaft

1. Ansatz des gemeinen Werts

21.07 Die eingebrachten Anteile werden durch die übernehmende Gesellschaft i. R. eines Veräußerungs- und Anschaffungsvorgangs erworben. Daher hat – soweit kein Fall des sog. qualifizierten Anteilstauschs vorliegt (vgl. hierzu Randnr. 21.09) – die übernehmende Gesellschaft nach § 21 Abs. 1 Satz 1 UmwStG die eingebrachten Anteile zwingend mit dem gemeinen Wert anzusetzen. Dabei ist der in der Handelsbilanz ausgewiesene Wert für die Steuerbilanz unbeachtlich. **198**

21.08 Der gemeine Wert ist auf den Einbringungszeitpunkt zu ermitteln. Für die Ermittlung des gemeinen Werts gilt § 11 BewG. Zur Bewertung nach § 11 Abs. 2 BewG gelten die gleich lautenden Erlasse der obersten Finanzbehörden der Länder zur Anwendung der §§ 11, 95 bis 109 und 199 ff. BewG in der Fassung des ErbStRG vom 17. 5. 2011, BStBl. I S. 606, auch für ertragsteuerliche Zwecke entsprechend (vgl. BMF-Schreiben vom 22. 9. 2011, BStBl. I S. 859).[1]

2. Bewertungswahlrecht beim qualifizierten Anteilstausch (§ 21 Abs. 1 Satz 2 UmwStG)

a) Begriff des qualifizierten Anteilstauschs

21.09 Ein qualifizierter Anteilstausch liegt vor, wenn die übernehmende Gesellschaft nach der Einbringung nachweisbar unmittelbar die Mehrheit der Stimmrechte an der erworbenen Gesellschaft hält (mehrheitsvermittelnde Beteiligung). In diesem Fall kann die übernehmende Gesellschaft anstatt des gemeinen Werts auf Antrag die eingebrachten Anteile mit dem Buch- oder Zwischenwert ansetzen. Liegt der gemeine Wert unterhalb des Buchwerts der eingebrachten Anteile, ist der gemeine Wert anzusetzen. Gehören die Anteile zum Privatvermögen des Einbringenden, treten an die Stelle des Buchwerts die Anschaffungskosten (§ 21 Abs. 2 Satz 5 UmwStG). **199**

Begünstigt ist sowohl der Fall, dass eine mehrheitsvermittelnde Beteiligung erst durch den Einbringungsvorgang entsteht, als auch der Fall, dass eine zum Übertragungsstichtag bereits bestehende mehrheitsvermittelnde Beteiligung weiter aufgestockt wird. Es genügt, wenn mehrere Personen Anteile einbringen, die nicht einzeln, sondern nur insgesamt die Voraussetzungen des § 21 Abs. 1 Satz 2 UmwStG erfüllen, sofern die Einbringungen auf einem einheitlichen Vorgang beruhen.

Beispiel:

a) die Y-AG erwirbt von A 51% der Anteile an der X-GmbH, an der die Y-AG bislang noch nicht beteiligt war;
b) die Y-AG erwirbt von B 10% der Anteile an der X-GmbH, an der die Y-AG bereits 51% hält;
c) die Y-AG hält bereits 40% der Anteile an der X-GmbH. I. R. eines einheitlichen Kapitalerhöhungsvorgangs bringen C und D jeweils weitere 6% der Anteile an der X-GmbH ein.

---

[1] **Vgl. jetzt** R B 11, 95–109.2, 199.1–203 ErbStR.

b) Einschränkungen des Bewertungswahlrechts

200 **21.10** Eine Einschränkung des Bewertungswahlrechtes sieht § 21 Abs. 1 Satz 3 UmwStG für den Fall vor, dass neben den neuen Anteilen auch andere Wirtschaftsgüter, deren gemeiner Wert den Buchwert der eingebrachten Anteile übersteigt, für die eingebrachten Anteile gewährt werden. Insoweit ist bei der übernehmenden Gesellschaft mindestens der gemeine Wert der anderen Wirtschaftsgüter anzusetzen.

c) Verhältnis zum Handelsrecht

201 **21.11** Der Ansatz eines Buch- oder Zwischenwerts in der Steuerbilanz der übernehmenden Gesellschaft ist nicht davon abhängig, dass in der Handelsbilanz der übernehmenden Gesellschaft ein übereinstimmender Wertansatz ausgewiesen wird (kein Maßgeblichkeitsgrundsatz; Randnr. 21.07 und 20.20 gelten entsprechend).

d) Ausübung des Wahlrechts, Bindung, Bilanzberichtigung

202 **21.12** Randnr. 20.21, 20.23 und 20.24 gelten entsprechend.

IV. Ermittlung des Veräußerungspreises der eingebrachten Anteile und des Wertansatzes der erhaltenen Anteile beim Einbringenden

203 **21.13** Gem. § 21 Abs. 2 Satz 1 UmwStG gilt der Wert, mit dem die übernehmende Gesellschaft die Anteile ansetzt, beim Einbringenden als Veräußerungspreis der eingebrachten Anteile und gleichzeitig als Anschaffungskosten der im Gegenzug erhaltenen Anteile. Randnr. 20.23 gilt entsprechend.

21.14 Ist hingegen das Besteuerungsrecht der Bundesrepublik Deutschland hinsichtlich des Gewinns aus der Veräußerung der eingebrachten Anteile ausgeschlossen oder beschränkt, erfolgt die Bewertung der eingebrachten Anteile beim Einbringenden nach § 21 Abs. 2 Satz 2 erster Halbsatz UmwStG mit dem gemeinen Wert. Die gleiche Rechtsfolge tritt im Fall des § 21 Abs. 2 Satz 2 zweiter Halbsatz UmwStG ein, wenn das Besteuerungsrecht der Bundesrepublik Deutschland hinsichtlich des Gewinns aus der Veräußerung der erhaltenen Anteile ausgeschlossen oder beschränkt ist.

21.15 Unter den Voraussetzungen des § 21 Abs. 2 Satz 3 UmwStG ist hingegen eine Rückausnahme von § 21 Abs. 2 Satz 2 UmwStG vorgesehen: Dem Einbringenden wird ein Wahlrecht eingeräumt, als Veräußerungspreis für die eingebrachten Anteile und als Anschaffungskosten der erhaltenen Anteile den Buch- oder Zwischenwert anzusetzen. Voraussetzung hierfür ist ein Antrag des Einbringenden nach § 21 Abs. 2 Satz 4 UmwStG. Zudem

- darf das Besteuerungsrecht der Bundesrepublik Deutschland hinsichtlich des Gewinns aus der Veräußerung der erhaltenen Anteile nicht ausgeschlossen oder beschränkt sein (vgl. Beispiel 1)
  oder
- ein Einbringungsgewinn wird aufgrund Art. 8 Richtlinie 2009/133/EG nicht besteuert (vgl. Beispiel 2).

Auf den Wertansatz bei der übernehmenden Gesellschaft kommt es in diesen Fällen nicht an (keine doppelte Buchwertverknüpfung).

Beispiel 1:

Kein Ausschluss oder keine Beschränkung des Besteuerungsrechts
Der in Deutschland ansässige Gesellschafter A (natürliche Person) ist alleiniger Gesellschafter der inländischen A-GmbH. Er bringt seine Anteile an der A-GmbH in die in Großbritannien ansässige X-Ltd. ausschließlich gegen Gewährung neuer Gesellschaftsrechte ein.

Lösung:

Die Einbringung fällt nach § 1 Abs. 4 Nr. 1 UmwStG in den Anwendungsbereich des UmwStG, weil die aufnehmende X-Ltd. eine Gesellschaft i. S. v. § 1 Abs. 2 UmwStG ist. Auf die Ansässigkeit des Einbringenden und die Ansässigkeit der Gesellschaft, deren Anteile eingebracht werden, kommt es nicht an.
Nach § 21 Abs. 1 Satz 1 UmwStG sind die i. R. eines Anteilstauschs eingebrachten Anteile bei der übernehmenden Gesellschaft grundsätzlich mit dem gemeinen Wert anzusetzen. Dies gilt nach § 21 Abs. 1 Satz 2 UmwStG allerdings dann nicht, wenn eine mehrheitsvermittelnde Beteiligung eingebracht wird. In diesem Fall können die eingebrachten Anteile auch mit dem Buch- oder Zwischenwert angesetzt werden. Nach § 21 Abs. 2 Satz 1 UmwStG gilt grundsätzlich der Wert, mit dem die aufnehmende Gesellschaft die eingebrachten Anteile ansetzt, beim Einbringenden als Veräußerungspreis und als Anschaffungskosten der neuen Anteile.
In Abweichung hiervon sieht § 21 Abs. 2 Satz 2 erster Halbsatz UmwStG zwingend den Ansatz der eingebrachten Anteile mit dem gemeinen Wert vor, wenn das deutsche Besteuerungsrecht hinsichtlich des Gewinns aus der Veräußerung der eingebrachten Anteile nach der Einbringung ausgeschlossen oder beschränkt ist. In Rückausnahme zu § 21 Abs. 2 Satz 2 UmwStG können allerdings nach § 21 Abs. 2 Satz 3 Nr. 1 UmwStG auf Antrag des Einbringenden die erhaltenen Anteile mit dem Buch- oder Zwischenwert bewertet werden, wenn das Recht Deutschlands hinsichtlich des Gewinns aus der Veräußerung der erhaltenen Anteile nicht ausgeschlossen oder beschränkt ist.
Im Beispielsfall steht Deutschland nach dem DBA Großbritannien das alleinige Besteuerungsrecht für Gewinne aus der Veräußerung der erhaltenen (neuen) Anteile an der britischen X-Ltd., welche auch eine EU-Kapitalgesellschaft ist, zu. Überdies hält die X-Ltd. nach der Einbringung alle Anteile an der inländischen A-GmbH und hat hierfür als Gegenleistung dem A nur neue Anteile gewährt. Der Einbringende A kann somit nach § 21 Abs. 2 Satz 3 Nr. 1 UmwStG die Buchwertfortführung oder den Zwischenwertansatz auch dann wählen, wenn bei der aufnehmenden Gesellschaft (hier: Großbritannien) nicht der Buch- oder Zwischenwert angesetzt wird. Der Buch- oder Zwischenwert gilt dann als Anschaffungskosten der neuen Anteile.

Beispiel 2:

Ausschluss oder Beschränkung des Besteuerungsrechts
Fall wie oben, jedoch wird die Beteiligung an der inländischen A-GmbH durch die in Deutschland ansässige B-GmbH in die tschechische X s. r. o. eingebracht.

Lösung:

In diesem Fall wird zwar das Besteuerungsrecht an den eingebrachten Anteilen weder ausgeschlossen noch beschränkt, da nach dem DBA Tschechien[1] weiterhin dem Sitzstaat der A-GmbH – das ist Deutschland – das Besteuerungsrecht hinsichtlich des Gewinns aus der Veräußerung der eingebrachten Anteile zusteht. Aber eine Beschränkung ergibt sich aus dem DBA Tschechien hinsichtlich des Gewinns aus der Veräußerung der erhaltenen Anteile, da das Besteuerungsrecht auch dem Sitzstaat der X s. r. o. – das ist Tschechien – zusteht. Der Buchwertansatz ist somit grundsätzlich nach § 21 Abs. 2 Satz 2 zweiter Halbsatz UmwStG ausgeschlossen.

In Rückausnahme zu § 21 Abs. 2 Satz 2 zweiter Halbsatz UmwStG können allerdings nach § 21 Abs. 2 Satz 3 Nr. 2 UmwStG auf Antrag des Einbringenden die erhaltenen Anteile mit dem Buch- oder Zwischenwert bewertet werden, wenn der Gewinn aufgrund Art. 8 der Richtlinie 2009/133/EG nicht besteuert werden darf. Dies ist dann der Fall, wenn neben der übernehmenden Gesellschaft auch die eingebrachte Gesellschaft in einem Mitgliedstaat der EU/EWR ansässig ist und die Zuzahlung 10% des Nennwerts der ausgegebenen Anteile nicht überschreitet. Die Einbringung der Anteile an der A-GmbH durch die B-GmbH in die tschechische X s. r. o. im Wege des qualifizierten Anteilstauschs fällt in den Anwendungsbereich der FusionsRL. Die einbringende B-GmbH kann folglich nach § 21 Abs. 2 Satz 3 Nr. 2 UmwStG den Buch- oder Zwischenwertansatz wählen.

V. Besteuerung des aus dem Anteilstausch resultierenden Gewinns beim Einbringenden

21.16 Die steuerliche Behandlung des aus dem Anteilstausch resultierenden Gewinns beim Einbringenden erfolgt nach den allgemeinen Vorschriften über die Veräußerung von Kapitalanteilen (z. B. §§ 13, 15, 16, 17 und 18 i. V. m. § 3 Nr. 40 und §§ 20, 32 d Abs. 1 EStG, § 8 b KStG). **204**

VI. Steuerlicher Übertragungsstichtag (Einbringungszeitpunkt)

21.17 Für die Bestimmung des Zeitpunkts des Anteilstauschs ist auf den Zeitpunkt der Übertragung des wirtschaftlichen Eigentums der eingebrachten Anteile auf die übernehmende Gesellschaft abzustellen. §§ 2 und 20 Abs. 5 und 6 UmwStG sind nicht anzuwenden. **205**

D. Besteuerung des Anteilseigners (§ 22 UmwStG)

I. Allgemeines

22.01 Erfolgt die Sacheinlage oder der Anteilstausch nicht zum gemeinen Wert, ist in den Fällen der Veräußerung der erhaltenen Anteile oder der eingebrachten Anteile innerhalb eines Zeitraums von sieben Jahren nach dem Einbringungszeitpunkt § 22 UmwStG anzuwenden. **206**

22.02 Dabei führt in den Fällen der Sacheinlage die Veräußerung der erhaltenen Anteile zur Anwendung von § 22 Abs. 1 UmwStG (Besteuerung des Einbringungsgewinns I), soweit diese nicht auf miteingebrachte Anteile an Kapitalgesellschaften oder Genossenschaften entfallen (§ 22 Abs. 1 Satz 5 erster Halbsatz UmwStG).

Ist Einbringender eine Personengesellschaft (vgl. Randnr. 20.03), ist wegen des Transparenzprinzips sowohl eine Veräußerung der sperrfristbehafteten Anteile durch die Personengesellschaft selbst als auch die Veräußerung eines Mitunternehmeranteils, zu dessen Betriebsvermögen die sperrfristbehafteten Anteile gehören, durch den Mitunternehmer ein Veräußerungsvorgang i. S. v. § 22 Abs. 1 Satz 1 UmwStG. Dies gilt infolge des Transparenzprinzips auch, wenn bei doppel- oder mehrstöckigen Personengesellschaften eine mittelbare Veräußerung eines Mitunternehmeranteils erfolgt. Die Voraussetzungen des § 1 Abs. 4 und des § 22 UmwStG sind gesellschafterbezogen zu prüfen.

In den Fällen des Anteilstauschs sowie in den Fällen der Sacheinlage unter Miteinbringung von Anteilen an Kapitalgesellschaften oder Genossenschaften führt die Veräußerung der eingebrachten Anteile durch die übernehmende Gesellschaft zur Anwendung von § 22 Abs. 2 UmwStG (Besteuerung des Einbringungsgewinns II), soweit die eingebrachten Anteile im Zeitpunkt der Einbringung nicht nach § 8 b Abs. 2 KStG hätten steuerfrei veräußert werden können.

In den Fällen der Sacheinlage gelten die erhaltenen Anteile als Anteile i. S. d. § 22 Abs. 1 UmwStG und in den Fällen des Anteilstauschs die eingebrachten Anteile als Anteile i. S. d. § 22 Abs. 2 UmwStG (sog. sperrfristbehaftete Anteile).

22.03 Die Veräußerung der sperrfristbehafteten Anteile sowie die nach § 22 Abs. 1 Satz 6 und Abs. 2 Satz 6 UmwStG der Veräußerung gleichgestellten Ersatzrealisationstatbestände lösen die rückwirkende Besteuerung des Einbringungsgewinns I oder II beim Einbringenden im Einbringungszeitpunkt aus (siehe Randnr. 22.18 ff.). Dies gilt auch in den Fällen der unentgeltlichen Rechtsnachfolge (§ 22 Abs. 6 UmwStG; vgl. Randnr. 22.41 f.) und in den Fällen der Mitverstrickung von Anteilen (§ 22 Abs. 7 UmwStG; vgl. Randnr. 22.43–22.46). Die Veräußerung der Anteile und die gleichgestellten Tatbestände gelten dabei im Hinblick auf die Steuerbescheide des Einbringenden für das Einbringungsjahr als rückwirkendes Ereignis i. S. v. § 175 Abs. 1 Satz 1 Nr. 2 AO.

22.04 Wird nur ein Teil der sperrfristbehafteten Anteile veräußert oder ist nur hinsichtlich eines Teils der sperrfristbehafteten Anteile ein der Veräußerung der Anteile gleichgestellter Tatbestand i. S. v. § 22 Abs. 1 Satz 6 und Abs. 2 Satz 6 UmwStG erfüllt, erfolgt auch die rückwirkende Einbringungsgewinnbesteuerung nur anteilig (§ 22 Abs. 1 Satz 1 und Abs. 2 Satz 1 UmwStG).

Beispiel:

X bringt sein Einzelunternehmen (gemeiner Wert 170 000 €) am 1. 1. 08 gegen Gewährung von Anteilen zum Buchwert 100 000 € in die neu gegründete A-GmbH (Stammkapital 50 000 €) ein. Am 1. 7. 09 veräußert X 10% der Anteile an der A-GmbH für 20 000 €.

Lösung:

Die Veräußerung der sperrfristbehafteten Anteile in 09 führt anteilig (10%) zu einer rückwirkenden Einbringungsgewinnbesteuerung zum 1. 1. 08 (§ 22 Abs. 1 Satz 1 UmwStG):

---

[1] **[Amtl. Anm.:]** Die DBA Tschechoslowakei (gilt für Tschechien und die Slowakei), Bulgarien und Zypern sehen entsprechende Regelungen vor.

anteiliges eingebrachtes Betriebsvermögen: 10% von 170 000 € =	17 000 €
./. anteiliger Buchwert der Anteile: 10% von 100 000 € =	10 000 €
anteiliger Einbringungsgewinn I vor Siebtelregelung	7 000 €
./. 1/7 (§ 22 Abs. 1 Satz 3 UmwStG)	1 000 €
zu versteuernder Einbringungsgewinn I	6 000 €

Ermittlung des Veräußerungsgewinns aus den Anteilen an der A-GmbH zum 1. 7. 09:

Veräußerungspreis	20 000 €
./. ursprüngliche Anschaffungskosten	10 000 €
./. nachträgliche Anschaffungskosten aus Einbringungsgewinn I	6 000 €
Veräußerungsgewinn nach § 17 EStG	4 000 €
davon steuerpflichtig (Teileinkünfteverfahren) 60%	2 400 €

22.05 Die steuerliche Behandlung der Veräußerung der sperrfristbehafteten Anteile erfolgt nach den allgemeinen Vorschriften über die Veräußerung von Kapitalanteilen (z. B. §§ 13, 15, 16, 17 und 18 i. V. m. § 3 Nr. 40 sowie § 20, § 32 d Abs. 1 EStG, § 8 b KStG).

22.06 Hält der Einbringende oder der unentgeltliche Rechtsnachfolger i. R. einer Sacheinlage oder eines Anteilstauschs unter dem gemeinen Wert erhaltene Anteile im Privatvermögen, erzielt er aus der Veräußerung der Anteile auch dann Einkünfte aus Gewerbebetrieb i. S. v. § 17 Abs. 1 EStG, wenn er innerhalb der letzten fünf Jahre am Kapital der Gesellschaft nicht unmittelbar oder mittelbar zu mindestens 1% beteiligt war (§ 17 Abs. 6 EStG). In den Fällen des Anteilstauschs gilt dies nur, wenn der Einbringende zum Einbringungszeitpunkt innerhalb der letzten fünf Jahre am Kapital der eingebrachten Gesellschaft unmittelbar oder mittelbar zu mindestens 1% beteiligt war (§ 17 Abs. 6 Nr. 2 erste Alternative EStG). § 17 Abs. 6 EStG ist unabhängig vom Ablauf des in § 22 Abs. 1 und 2 UmwStG geregelten Siebenjahreszeitraums anzuwenden.

II. Rückwirkende Besteuerung des Einbringungsgewinns (§ 22 Abs. 1 und 2 UmwStG)

1. Sacheinlage (§ 22 Abs. 1 UmwStG)

207 **22.07** Im Fall der Veräußerung erhaltener Anteile durch den Einbringenden oder der Verwirklichung eines nach § 22 Abs. 1 Satz 6 UmwStG der Veräußerung gleichgestellten Ersatzrealisationstatbestands innerhalb des Siebenjahreszeitraums ist rückwirkend auf den Einbringungszeitpunkt der Einbringungsgewinn I als Gewinn des Einbringenden i. S. v. § 16 EStG zu versteuern. Dabei sind § 16 Abs. 4 und § 34 EStG nicht anzuwenden. Dies gilt auch beim Eintritt eines schädlichen Ereignisses innerhalb des ersten Zeitjahres nach der Einbringung. Hinsichtlich der Zugehörigkeit des Einbringungsgewinns I zum Gewerbeertrag gelten die allgemeinen Grundsätze (vgl. § 7 Satz 2 GewStG). Werden nicht sämtliche erhaltenen Anteile in einem Vorgang veräußert, ist für Zwecke des § 7 Satz 2 GewStG nicht mehr von der Veräußerung eines Betriebs, Teilbetriebs etc. auszugehen. § 6 b EStG findet auf den Einbringungsgewinn I keine Anwendung. Die sukzessive Veräußerung der erhaltenen Anteile führt deshalb dazu, dass der dadurch jeweils ausgelöste Einbringungsgewinn I zum Gewerbeertrag gehört.[1]

Veräußerung ist jede Übertragung gegen Entgelt. Hierzu gehören insbesondere auch Umwandlungen und Einbringungen; z. B. Verschmelzung, Auf- oder Abspaltung, Formwechsel (vgl. Randnr. 00.02).

22.08 Für Zwecke der Berechnung des Einbringungsgewinns I ist (ggf. nachträglich) der gemeine Wert des eingebrachten Betriebsvermögens (ohne miteingebrachte Anteile an Kapitalgesellschaften und Genossenschaften) auf den Einbringungszeitpunkt zu ermitteln. Der Einbringungsgewinn I vermindert sich für jedes seit dem Einbringungszeitpunkt abgelaufene Zeitjahr um 1/7.

Der Einbringungsgewinn I berechnet sich demnach wie folgt (§ 22 Abs. 1 Satz 3 UmwStG):

Gemeiner Wert des eingebrachten Betriebsvermögens
(ohne miteingebrachte Anteile an Kapitalgesellschaften und Genossenschaften)
./. Kosten des Vermögensübergangs (vgl. Randnr. 22.09)
./. Wertansatz bei der übernehmenden Gesellschaft
= Einbringungsgewinn I vor Siebtelregelung
./. Verringerung um je 1/7 pro abgelaufenes Zeitjahr seit Einbringung
= zu versteuernder Einbringungsgewinn I

22.09 Im Jahr der Einbringung ist der laufende Gewinn um die bei der Ermittlung des rückwirkend zu versteuernden Einbringungsgewinns abgezogenen Kosten des Vermögensübergangs zu erhöhen, soweit diese (zutreffend) den laufenden Gewinn oder den Einbringungsgewinn (wenn die Einbringung z. B. zu Zwischenwerten erfolgte) gemindert haben.

[1] Dem widersprechend aber *BFH-Urteil v. 11. 7. 2019 I R 26/18, BFH/NV 2020 S. 439*: Bringt eine natürliche Person ihren gesamten Anteil an einer gewerblichen Mitunternehmerschaft in eine Kapitalgesellschaft (hier: Aktiengesellschaft) zum Buchwert ein und veräußert der Einbringende oder sein Erbe einen Teil der erhaltenen Anteile (hier: Aktien) innerhalb der Sperrfrist, so unterliegt der hierdurch ausgelöste Einbringungsgewinn I nicht der Gewerbesteuer, wenn auch die Einbringung zum gemeinen Wert nicht gewerbesteuerpflichtig gewesen wäre; ebenso *BFH-Urteil v. 11. 7. 2019 I R 13/18, BFH/NV 2020 S. 437*: Bringt eine natürliche Person ihren gesamten Anteil an einer gewerblichen Mitunternehmerschaft in eine Kapitalgesellschaft zum Buchwert ein und veräußert diese einen miteingebrachten Kapitalgesellschaftsanteil innerhalb der Sperrfrist, so unterliegt der hierdurch ausgelöste Einbringungsgewinn II nicht der Gewerbesteuer, wenn auch die Einbringung zum gemeinen Wert nicht gewerbesteuerpflichtig gewesen wäre.

22.10 Der Einbringungsgewinn I gilt nach § 22 Abs. 1 Satz 4 UmwStG als nachträgliche Anschaffungskosten der erhaltenen Anteile im Einbringungszeitpunkt. Wurden die erhaltenen Anteile durch einen Vorgang i. S. v. § 22 Abs. 1 Satz 6 UmwStG zum Buchwert weitereingebracht, erhöhen sich auch die Anschaffungskosten der auf den erhaltenen Anteilen beruhenden Anteile entsprechend (§ 22 Abs. 1 Satz 7 UmwStG). Damit vermindert sich der Gewinn aus der Veräußerung der erhaltenen Anteile ebenso wie der Gewinn aus der Veräußerung der auf den erhaltenen Anteilen beruhenden Anteile nach z. B. §§ 13, 15, 16, 17 und 18 EStG entsprechend.

22.11 Ist das Besteuerungsrecht der Bundesrepublik Deutschland hinsichtlich des Gewinns aus der Veräußerung der erhaltenen Anteile ausgeschlossen oder beschränkt, umfasst der Einbringungsgewinn I auch die stillen Reserven der i. R. d. Sacheinlage miteingebrachten Anteile (§ 22 Abs. 1 Satz 5 zweiter Halbsatz UmwStG).

Beispiel:

Der in Frankreich ansässige X bringt seine inländische Betriebsstätte, zu der Anteile an der inländischen Y-GmbH gehören, in 01 in die Z-GmbH ein. In 02 veräußert er die im Privatvermögen gehaltenen Anteile an der Z-GmbH.

Lösung:

Durch die Anteilsveräußerung in 02 entsteht gem. § 22 Abs. 1 Satz 3 UmwStG ein Einbringungsgewinn I i. H. d. stillen Reserven des Betriebsvermögens der inländischen Betriebsstätte. Dabei ist gem. § 22 Abs. 1 erster Halbsatz UmwStG die Beteiligung an der Y-GmbH grundsätzlich auszunehmen. Da durch das DBA Frankreich jedoch das deutsche Besteuerungsrecht hinsichtlich des Gewinns aus der Veräußerung der erhaltenen Anteile ausgeschlossen ist, sind nach § 22 Abs. 1 Satz 5 zweiter Halbsatz UmwStG auch die auf die Anteile an der Y-GmbH entfallenden stillen Reserven in die Besteuerung des Einbringungsgewinns I einzubeziehen; insoweit ist § 3 Nr. 40 EStG anzuwenden.

2. Anteilstausch und Miteinbringung von Anteilen an Kapitalgesellschaften oder Genossenschaften bei Sacheinlage (§ 22 Abs. 2 UmwStG)

22.12 Im Fall der Veräußerung eingebrachter Anteile durch die übernehmende Gesellschaft oder der **208**
Verwirklichung eines nach § 22 Abs. 2 Satz 6 i. V. m. Abs. 1 Satz 6 UmwStG der Veräußerung gleichgestellten Ersatzrealisationstatbestands innerhalb des Siebenjahreszeitraums ist beim Einbringenden rückwirkend auf den Einbringungszeitpunkt der Einbringungsgewinn II als Gewinn des Einbringenden aus der Veräußerung von Anteilen (z. B. nach §§ 13, 15, 16, 17 und 18 i. V. m. § 3 Nr. 40 sowie §§ 20, 32 d Abs. 1 EStG, § 8 b KStG) zu versteuern. Dies gilt nur insoweit, als beim Einbringenden der Gewinn aus der Veräußerung dieser Anteile im Einbringungszeitpunkt nicht nach § 8 b Abs. 2 KStG steuerfrei gewesen wäre. Dies ist insbesondere dann der Fall, wenn der Einbringende eine natürliche Person oder ein Kreditinstitut oder ein Lebens- oder Krankenversicherungsunternehmen in der Rechtsform einer Körperschaft ist, bei der die Steuerbefreiung hinsichtlich der eingebrachten Anteile nach § 8 b Abs. 7 oder 8 KStG ausgeschlossen ist, sowie bei Anteilen i. S. v. § 8 b Abs. 4 KStG a. F. (§ 22 Abs. 2 Satz 1 UmwStG, vgl. Randnr. 27.02).

22.13 Bei der rückwirkenden Einbringungsgewinnbesteuerung kommt der Freibetrag nach § 16 Abs. 4 EStG nicht zur Anwendung. Dies gilt auch beim Eintritt eines schädlichen Ereignisses innerhalb des ersten Zeitjahres nach der Einbringung. Der Einbringungsgewinn II gehört bei Anteilen im Betriebsvermögen zum Gewerbeertrag. § 6 b EStG findet auf den Einbringungsgewinn II keine Anwendung.

22.14 Für Zwecke der Berechnung des Einbringungsgewinns II ist (ggf. nachträglich) der gemeine Wert der eingebrachten Anteile auf den Einbringungszeitpunkt zu ermitteln. Der Einbringungsgewinn II vermindert sich für jedes seit dem Einbringungszeitpunkt abgelaufene Zeitjahr um $1/7$.

Der Einbringungsgewinn II berechnet sich demnach wie folgt (§ 22 Abs. 2 Satz 3 UmwStG):

Gemeiner Wert der eingebrachten Anteile
./. Kosten des Vermögensübergangs (vgl. Randnr. 22.09)
./. Wertansatz der erhaltenen Anteile beim Einbringenden
= Einbringungsgewinn II vor Siebtelregelung
./. Verringerung um je $1/7$ pro abgelaufenes Zeitjahr seit Einbringung
= zu versteuernder Einbringungsgewinn II

22.15 Bei der Berechnung des Einbringungsgewinns II ist der Wertansatz der erhaltenen Anteile um den gemeinen Wert der sonstigen Gegenleistung (§ 20 Abs. 3 Satz 3 i. V. m. § 21 Abs. 2 Satz 6 UmwStG) zu erhöhen.

22.16 Der Einbringungsgewinn II gilt nach § 22 Abs. 2 Satz 4 UmwStG als nachträgliche Anschaffungskosten der erhaltenen Anteile. Wurden die erhaltenen Anteile durch einen Vorgang i. S. v. § 22 Abs. 1 Satz 6 Nr. 2 UmwStG zum Buchwert weitereingebracht, erhöhen sich auch die Anschaffungskosten der auf den erhaltenen Anteilen beruhenden Anteile beim Einbringenden und der übernehmenden Gesellschaft entsprechend (§ 22 Abs. 2 Satz 7 i. V. m. Abs. 1 Satz 7 UmwStG). Damit vermindert sich der Gewinn aus einer nachfolgenden Veräußerung der erhaltenen Anteile und der auf diesen Anteilen beruhenden Anteile entsprechend.

22.17 Hat der Einbringende die erhaltenen Anteile bereits ganz oder teilweise veräußert, kommt es insoweit nicht zur rückwirkenden Einbringungsgewinnbesteuerung (§ 22 Abs. 2 Satz 5 UmwStG). Dies gilt auch, soweit aufgrund eines Vorgangs i. S. v. § 6 AStG die erhaltenen Anteile der Wegzugsbesteuerung zu unterwerfen sind, wenn und soweit die Steuer nicht gestundet wird (§ 22 Abs. 2 Satz 5 zweiter Halbsatz UmwStG).

III. Die die rückwirkende Einbringungsgewinnbesteuerung auslösenden Ereignisse i. S. d. § 22 Abs. 1 Satz 6 i. V. m. Abs. 2 Satz 6 UmwStG

1. Allgemeines

209 **22.18** Zu einer rückwirkenden Besteuerung des Einbringungsgewinns I kommt es auch, wenn durch den Einbringenden oder dessen Rechtsnachfolger innerhalb des Siebenjahreszeitraums ein Vorgang i. S. v. § 22 Abs. 1 Satz 6 Nr. 1 bis 5 UmwStG verwirklicht wird. Dies gilt auch, wenn beim Einbringenden, bei der übernehmenden Gesellschaft oder bei deren unentgeltlichen Rechtsnachfolgern die Voraussetzungen des § 1 Abs. 4 UmwStG nicht mehr erfüllt sind (§ 22 Abs. 1 Satz 6 Nr. 6 UmwStG).

22.19 In den Fällen des Anteilstauschs löst die Verwirklichung eines Vorgangs i. S. v. § 22 Abs. 1 Satz 6 Nr. 1 bis 5 UmwStG innerhalb des Siebenjahreszeitraums durch die übernehmende Gesellschaft oder deren unentgeltlichen Rechtsnachfolger die rückwirkende Besteuerung des Einbringungsgewinns II aus (§ 22 Abs. 2 Satz 6 UmwStG). Dies gilt auch, wenn bei der übernehmenden Gesellschaft oder bei deren unentgeltlichem Rechtsnachfolger die Voraussetzungen des § 1 Abs. 4 UmwStG nicht mehr erfüllt sind (§ 22 Abs. 2 Satz 6 zweiter Halbsatz UmwStG).

2. Unentgeltliche Übertragungen

210 **22.20** Die unmittelbare oder mittelbare unentgeltliche Übertragung der sperrfristbehafteten Anteile (z. B. im Wege der verdeckten Einlage, der verdeckten Gewinnausschüttung, der Realteilung oder die unentgeltliche Übertragung nach § 6 Abs. 3 und 5 EStG) auf eine Kapitalgesellschaft oder Genossenschaft stellt ein die rückwirkende Einbringungsgewinnbesteuerung auslösendes Ereignis dar (§ 22 Abs. 1 Satz 6 Nr. 1 UmwStG).

3. Entgeltliche Übertragungen

211 **22.21** Die entgeltliche Übertragung der sperrfristbehafteten Anteile führt grundsätzlich zur rückwirkenden Einbringungsgewinnbesteuerung nach § 22 Abs. 1 Satz 1 oder Abs. 2 Satz 1 UmwStG beim Einbringenden.

22.22 Umwandlungen und Einbringungen stellen grundsätzlich Veräußerungen i. S. v. § 22 Abs. 1 Satz 1 UmwStG dar (vgl. Randnr. 22.07 und Randnr. 00.02), die die rückwirkende Einbringungsgewinnbesteuerung auslösen. Dies gilt jedoch dann nicht, wenn der Einbringende oder dessen unentgeltlicher Rechtsnachfolger nachweist, dass die sperrfristbehafteten Anteile im Wege der Sacheinlage (§ 20 Abs. 1 UmwStG) oder des Anteilstauschs (§ 21 Abs. 1 UmwStG) bzw. aufgrund mit diesen Vorgängen vergleichbaren ausländischen Vorgängen zum Buchwert übertragen wurden (§ 22 Abs. 1 Satz 6 Nr. 2 UmwStG). Eine Übertragung zum Buchwert liegt vor, wenn beim Einbringenden stille Reserven nicht aufzudecken sind.

Beispiel:

Der in Deutschland ansässige X bringt sein inländisches Einzelunternehmen in 01 zum Buchwert in die österreichische A-GmbH gegen Gewährung von Anteilen ein. In 03 bringt er die sperrfristbehafteten Anteile an der A-GmbH im Wege des Anteilstauschs gegen Gewährung von Anteilen auf Antrag zum Buchwert in die französische F-SA ein.

Lösung:

Die Einbringung des Einzelunternehmens zum Buchwert in die österreichische A-GmbH ist nach § 20 Abs. 2 Satz 2 UmwStG möglich, wenn das Besteuerungsrecht der Bundesrepublik Deutschland hinsichtlich des Gewinns aus der Veräußerung des eingebrachten Betriebsvermögens nicht ausgeschlossen oder beschränkt wird. Die Weitereinbringung der sperrfristbehafteten Anteile an der A-GmbH in 03 im Wege des Anteilstauschs (§ 21 Abs. 1 UmwStG) in die F-SA stellt grundsätzlich einen die rückwirkende Einbringungsgewinnbesteuerung auslösenden Veräußerungsvorgang dar (§ 22 Abs. 1 Satz 1 UmwStG). Da die Weitereinbringung auf Antrag nach § 21 Abs. 2 Satz 3 Nr. 1 UmwStG zum Buchwert erfolgt, ist diese jedoch nach § 22 Abs. 1 Satz 6 Nr. 2 unschädlich. Eine rückwirkende Einbringungsgewinnbesteuerung der Sacheinlage 01 wird somit durch die grenzüberschreitende Weitereinbringung der sperrfristbehafteten Anteile nicht ausgelöst.

22.23[1] Grundsätzlich führt jede der Einbringung in eine Kapitalgesellschaft nachfolgende Umwandlung oder Einbringung sowohl des Einbringenden als auch der übernehmenden Kapitalgesellschaft sowie die umwandlungsbedingte Übertragung der sperrfristbehafteten Anteile zu einer Veräußerung i. S. d. § 22 Abs. 1 Satz 1 oder Abs. 2 Satz 1 UmwStG (vgl. Randnr. 22.07 und Randnr. 00.02), die die Einbringungsgewinnbesteuerung nach § 22 Abs. 1 bzw. Abs. 2 UmwStG auslöst. Nach § 22 Abs. 1 Satz 6 Nr. 2, 4 und 5 jeweils zweiter Halbsatz UmwStG kann jedoch eine Ausnahme von diesem allgemeinen ertragsteuerlichen Grundsatz nur erfolgen, wenn eine nachfolgende Einbringung der sperrfristbehafteten Anteile nach § 20 Abs. 1, § 21 Abs. 1 UmwStG bzw. aufgrund eines mit diesen Vorgängen vergleichbaren ausländischen Vorgangs zum Buchwert erfolgt.

Aus Billigkeitsgründen kann im Einzelfall auch bei Umwandlungen zu Buchwerten auf übereinstimmenden Antrag aller Personen, bei denen ansonsten infolge des Umwandlungsvorgangs ein Einbringungsgewinn rückwirkend zu versteuern wäre, von einer rückwirkenden Einbringungsgewinnbesteuerung abgesehen werden. Dies setzt zumindest voraus, dass

- keine steuerliche Statusverbesserung eintritt (d. h. die Besteuerung eines Einbringungsgewinns I bzw. II nicht verhindert wird),
- sich keine stillen Reserven von den sperrfristbehafteten Anteilen auf Anteile eines Dritten verlagern,

[1] *Auszug aus Vfg. OFD Niedersachsen v. 22. 8. 2014 S 1978 c-136-St 243, DStR 2014 S. 2397, BeckVerw 288 800:* Eine Abspaltung i. S. d. § 15 Abs. 1 UmwStG, die u. a. die Übertragung von nach § 22 Abs. 1 oder 2 UmwStG sperrfristbehafteten Anteilen zur Folge hat, unterliegt jedenfalls dann nicht der Billigkeitsregelung in Randnr. 22.23 des UmwSt-Erlasses, und löst innerhalb der Sperrfrist nach Maßgabe des Gesetzes eine Einbringungsgewinnbesteuerung (Einbringungsgewinn I oder II) aus, wenn der ursprünglich Einbringende auch der übertragende Rechtsträger der Abspaltung ist und die Einbringung, die zur Entstehung der sperrfristbehafteten Anteile geführt hat, der Abspaltung vorausgegangen ist.

- deutsche Besteuerungsrechte nicht ausgeschlossen oder eingeschränkt werden und *noch* **211**
- die Antragsteller sich damit einverstanden erklären, dass auf alle unmittelbaren oder mittelbaren Anteile an einer an der Umwandlung beteiligten Gesellschaft § 22 Abs. 1 und 2 UmwStG entsprechend anzuwenden ist, wobei Anteile am Einbringenden regelmäßig nicht einzubeziehen sind (vgl. zu einer vergleichbaren Problematik die Randnr. 22 des BMF-Schreibens vom 16. 12. 2003, BStBl. I S. 786).[1]

Bei der Prüfung eines solchen Antrags ist die gesetzgeberische Grundentscheidung zu berücksichtigen, dass § 22 UmwStG keine Generalklausel enthält, wonach unter bestimmten allgemeinen Voraussetzungen bei nachfolgenden Umwandlungen von der Einbringungsgewinnbesteuerung abgesehen werden kann. § 22 Abs. 1 und 2 UmwStG lassen lediglich punktuelle Ausnahmen zu (vgl. § 22 Abs. 1 Satz 6 Nr. 2, 4 und 5 UmwStG). Von der Einbringungsgewinnbesteuerung kann deswegen nur dann aus Billigkeitsgründen abgesehen werden, wenn der konkrete Einzelfall in jeder Hinsicht mit den in § 22 Abs. 1 Satz 6 Nr. 2, 4 und 5 UmwStG enthaltenen Ausnahmetatbeständen vergleichbar ist. Dabei ist auch die gesetzgeberische Grundentscheidung zu berücksichtigen, dass § 22 UmwStG anders als für Einbringungen i. S. d. §§ 20, 21 UmwStG keine Rückausnahme für Einbringungen i. S. d. § 24 UmwStG vorgesehen hat. Nicht vergleichbar sind Umwandlungen z. B. dann, wenn sie ohne Gewährung von Anteilen oder Mitgliedschaften an Kapitalgesellschaften oder Genossenschaften erfolgen (z. B. in den Fällen des § 54 Abs. 1 Satz 3 UmwG).

Die Billigkeitsregelung kann nicht in Anspruch genommen werden, wenn in einer Gesamtschau die Umwandlung der Veräußerung des eingebrachten Vermögens dient. Hiervon ist auszugehen, wenn der Einbringende nach der Umwandlung an dem ursprünglich eingebrachten Betriebsvermögen nicht mehr unmittelbar oder mittelbar beteiligt ist (z. B. bei der Trennung von Gesellschafterstämmen, auch wenn diese nach § 15 UmwStG steuerneutral erfolgen kann).

Beispiel 1 (Seitwärtsverschmelzung des Einbringenden):

Die GmbH 1 bringt ihren Betrieb zu Buchwerten in die GmbH 2 ein. Anschließend wird die GmbH 1 auf die GmbH 3 innerhalb der Siebenjahresfrist zu Buchwerten verschmolzen.

Lösung:

Die Anteile an der GmbH 2 sind sperrfristbehaftet. Die Übertragung der Anteile an der GmbH 2 i. R. d. Verschmelzung der GmbH 1 stellt einen Veräußerungsvorgang i. S. d. § 22 Abs. 1 Satz 1 UmwStG dar.
Werden i. R. d. Verschmelzung nach § 11 Abs. 2 UmwStG die Buchwerte angesetzt, kann i. R. d. Billigkeitsregelung je nach Lage des Einzelfalls und bei Vorliegen der obigen Voraussetzungen von der Anwendung des § 22 Abs. 1 Satz 1 UmwStG bei der GmbH 1 abgesehen werden.

Alternative:

Sachverhalt wie Beispiel 1. Es erfolgt jedoch eine Verschmelzung der GmbH 1 auf eine Personengesellschaft.

Lösung Alternative:

Bei einer Seitwärtsverschmelzung der GmbH 1 nach §§ 3 ff. UmwStG ist die gesetzgeberische Grundentscheidung zu berücksichtigen, dass eine Weitereinbringung sperrfristbehafteter Anteile nach § 24 UmwStG nicht von den Ausnahmetatbeständen des § 22 Abs. 1 Satz 6 Nr. 2, 4 und 5 UmwStG erfasst wird. Für die Umwandlung des Einbringenden nach §§ 3 ff. UmwStG kommt ein Absehen von der Anwendung des § 22 Abs. 1 Satz 1 UmwStG i. R. d. Billigkeitsregelung deshalb nicht in Betracht.

Beispiel 2 (Seitwärtsverschmelzung der übernehmenden Gesellschaft):

Die GmbH 1 bringt ihren Betrieb zu Buchwerten in die GmbH 2 ein. Anschließend wird die GmbH 2 zu Buchwerten auf die GmbH 3 innerhalb der Siebenjahresfrist gegen Gewährung von Gesellschaftsrechten verschmolzen.

Lösung:

Die Anteile an der GmbH 2 sind sperrfristbehaftet. Die Verschmelzung der GmbH 2 stellt einen Veräußerungsvorgang i. S. d. § 22 Abs. 1 Satz 1 UmwStG dar. Wenn die aufgrund der Verschmelzung erhaltenen Anteile an der übernehmenden GmbH 3 nach § 13 Abs. 2 Satz 2 UmwStG mit dem Buchwert angesetzt werden, kann i. R. d. Billigkeitsregelung je nach Lage des Einzelfalls und bei Vorliegen der obigen Voraussetzungen von der Anwendung des § 22 Abs. 1 Satz 1 UmwStG bei der GmbH 1 abgesehen werden.
Werden von der übernehmenden Gesellschaft im zeitlichen Zusammenhang mit der Umwandlung Gewinnausschüttungen getätigt, kann es jedoch z. B. zu einer Statusverbesserung kommen, wenn infolge der Umwandlung (z. B. aufgrund einer unterjährigen Zuführung eines Bestands des steuerlichen Einlagekontos beim übernehmenden Rechtsträger) das Auslösen eines Ersatzrealisationstatbestands nach § 22 Abs. 1 Satz 6 Nr. 3 UmwStG verhindert werden soll.

Alternative:

Sachverhalt wie Beispiel 2. Es erfolgt jedoch eine Verschmelzung der GmbH 2 auf eine Personengesellschaft.

Lösung Alternative:

Bei einer Seitwärtsverschmelzung der GmbH 2 nach §§ 3 ff. UmwStG liegt infolge des Untergangs der sperrfristbehafteten Anteile insoweit bereits kein mit einer Weitereinbringung i. S. d. § 22 Abs. 1 Satz 6 Nr. 2, 4 und 5 UmwStG vergleichbarer Vorgang vor. Ein Absehen von der Anwendung des § 22 Abs. 1 Satz 1 UmwStG i. R. d. Billigkeitsregelung kommt deshalb nicht in Betracht.

Beispiel 3 („Rückumwandlung"):

Die GmbH 1 bringt ihren Betrieb zu Buchwerten in die GmbH 2 ein. Anschließend wird die GmbH 2 auf die GmbH 1 innerhalb der Siebenjahresfrist zu Buchwerten verschmolzen, wodurch die sperrfristbehafteten Anteile untergehen.

Lösung:

Die Aufwärtsverschmelzung stellt einen Veräußerungsvorgang i. S. d. § 22 Abs. 1 Satz 1 UmwStG dar und löst damit die rückwirkende Einbringungsgewinnbesteuerung i. S. d. § 22 Abs. 1 Satz 1 UmwStG aus.

---

[1] Zuletzt abgedruckt im „Handbuch zur Körperschaftsteuerveranlagung 2010" im Anhang I 2 e.

noch **211** Aufgrund des Untergangs der sperrfristbehafteten Anteile liegt kein mit einer Weitereinbringung vergleichbarer Vorgang vor. Im Übrigen widerspricht dies der Wertungsentscheidung des Gesetzgebers in § 22 Abs. 1 Satz 6 Nr. 3 UmwStG betreffend die Auflösung und Abwicklung der übernehmenden Gesellschaft. Ein Absehen von der Anwendung des § 22 Abs. 1 Satz 1 UmwStG i. R. d. Billigkeitsregelung kommt deshalb nicht in Betracht.

22.24 Die Auflösung und Abwicklung einer Kapitalgesellschaft, an der die sperrfristbehafteten Anteile bestehen, löst in vollem Umfang die rückwirkende Einbringungsbesteuerung (§ 22 Abs. 1 Satz 6 Nr. 3 und Abs. 2 Satz 6 UmwStG) auf den Zeitpunkt der Schlussverteilung des Vermögens aus. Dies gilt unabhängig davon, wer in diesem Zeitpunkt Gesellschafter der Kapitalgesellschaft ist. Das Insolvenzverfahren löst mangels Abwicklung (§ 11 Abs. 7 KStG) den Ersatztatbestand nicht aus.

In den Fällen der Kapitalherabsetzung und der Einlagenrückgewähr (§ 27 KStG), kommt es nur insoweit zu einer rückwirkenden Einbringungsgewinnbesteuerung, als der tatsächlich aus dem steuerlichen Einlagekonto i. S. v. § 27 KStG ausgekehrte Betrag den Buchwert bzw. die Anschaffungskosten der sperrfristbehafteten Anteile im Zeitpunkt der Einlagenrückgewähr übersteigt. Der übersteigende Betrag gilt dabei unter Anwendung der Siebtelregelung als Einbringungsgewinn, wenn dieser den tatsächlichen Einbringungsgewinn (§ 22 Abs. 1 Satz 3 und Abs. 2 Satz 3 UmwStG) nicht übersteigt. Dies gilt auch in den Fällen von Mehrabführungen i. S. d. § 14 Abs. 3 oder 4 KStG, soweit dafür das steuerliche Einlagekonto i. S. v. § 27 KStG als verwendet gilt. In den Fällen organschaftlicher Mehrabführungen ist dabei der Buchwert der sperrfristbehafteten Anteile im Zeitpunkt der Mehrabführung um aktive und passive Ausgleichsposten i. S. v. § 14 Abs. 4 KStG zu korrigieren.

Die vorstehenden Grundsätze gelten auch in den Fällen der Ketteneinbringung.

Beispiel:

A ist seit der Gründung zu 100% an der A-GmbH beteiligt (Nennkapital 50 000 €, Anschaffungskosten inkl. nachträglicher Anschaffungskosten 500 000 €, gemeiner Wert des Betriebsvermögens 240 000 €). Zum 31. 12. 07 bringt er sein Einzelunternehmen (Buchwert 100 000 €, gemeiner Wert 240 000 €) gegen Gewährung von Gesellschaftsrechten zum Nennwert von 50 000 € in die A-GmbH ein; der übersteigende Betrag wurde der Kapitalrücklage zugeführt. Die A-GmbH führt die Buchwerte fort. Im Juni 09 erhält A eine Ausschüttung der A-GmbH i. H. v. 700 000 €, für die i. H. v. 550 000 € das steuerliche Einlagekonto als verwendet gilt.

Lösung:

Nach § 22 Abs. 1 Satz 6 Nr. 3 UmwStG kommt es im Fall der Einlagenrückgewähr grundsätzlich zu einer rückwirkenden Besteuerung des Einbringungsgewinns I. Dabei entfällt die Ausschüttung aus dem steuerlichen Einlagekonto anteilig (zu 50%) auf die sperrfristbehafteten Anteile. Zunächst mindern sich aufgrund der (anteiligen) Verwendung des steuerlichen Einlagekontos für die Ausschüttung an A (steuerneutral) die Anschaffungskosten der sperrfristbehafteten Anteile des A i. H. v. 100 000 € bis auf 0 €. Soweit die Hälfte der aus dem steuerlichen Einlagekonto an A ausgekehrten Beträge die Anschaffungskosten des A für die sperrfristbehafteten Anteile übersteigt, entsteht ein Einbringungsgewinn I, der rückwirkend in 07 als Gewinn nach § 16 EStG zu versteuern ist:

Auf die sperrfristbehafteten Anteile entfallende Auskehrung aus dem steuerlichen Einlagekonto (50% von 550 000 €)	275 000 €
./. Buchwert der sperrfristbehafteten Anteile	100 000 €
= Einbringungsgewinn I vor Siebtelung	175 000 €
davon 6/7	150 000 €

Der zu versteuernde Betrag darf aber den Einbringungsgewinn I i. S. v. § 22 Abs. 1 Satz 3 UmwStG nicht übersteigen (Deckelung):

gemeiner Wert des eingebrachten Betriebsvermögens im Zeitpunkt der Einbringung (31. 12. 07)	240 000 €
./. Buchwert der sperrfristbehafteten Anteile	100 000 €
= Einbringungsgewinn I vor Siebtelung	140 000 €
davon 6/7 = höchstens zu versteuernder Einbringungsgewinn I	120 000 €

Somit kommt es in 07 zu einer rückwirkenden Einbringungsgewinnbesteuerung i. H. v. 120 000 €. In derselben Höhe (120 000 €) entstehen nachträgliche Anschaffungskosten auf die sperrfristbehafteten Anteile des A. Damit ergibt sich in 09 im Hinblick auf die sperrfristbehafteten Anteile i. H. v. 55 000 € (Ausschüttung aus dem steuerlichen Einlagekonto 275 000 € ./. ursprüngliche Anschaffungskosten 100 000 € ./. nachträgliche Anschaffungskosten 120 000 €) ein Gewinn nach § 17 Abs. 4 EStG, auf den § 3 Nr. 40 EStG Anwendung findet.

22.25 Werden die sperrfristbehafteten Anteile mittels Sacheinlage oder Anteilstausch zum Buchwert nach § 22 Abs. 1 Satz 6 Nr. 2 UmwStG steuerunschädlich weiterübertragen (Ketteneinbringung), löst auch die unmittelbare oder mittelbare Veräußerung der sperrfristbehafteten Anteile durch die übernehmende Gesellschaft die rückwirkende Einbringungsgewinnbesteuerung beim Einbringenden aus (§ 22 Abs. 1 Satz 6 Nr. 4 und Abs. 2 Satz 6 und § 23 Abs. 1 UmwStG). Dies gilt nicht, wenn der Einbringende oder dessen unentgeltlicher Rechtsnachfolger nachweist, dass die sperrfristbehafteten Anteile im Wege der Sacheinlage (§ 20 Abs. 1 UmwStG) oder des Anteilstauschs (§ 21 Abs. 1 UmwStG) zum Buchwert oder durch einen vergleichbaren ausländischen Vorgang zum Buchwert übertragen wurden (§ 22 Abs. 1 Satz 6 Nr. 4 UmwStG). Randnr 22.22 Satz 3 gilt entsprechend.

Beispiel:

X bringt sein Einzelunternehmen (gemeiner Wert 170 000 €) am 1. 1. 08 gegen Gewährung von Anteilen zum Buchwert 100 000 € in die neu gegründete A-GmbH (Stammkapital 50 000 €) ein. Am 1. 3. 09 überträgt er die sperrfristbehafteten Anteile an der A-GmbH (gemeiner Wert 220 000 €) i. R. eines qualifizierten Anteilstauschs (§ 21 Abs. 1 UmwStG) gegen Gewährung neuer Anteile zum Buchwert und damit steuerunschädlich (§ 22 Abs. 1 Satz 6 Nr. 2 UmwStG) auf die B-GmbH. Die B-GmbH überträgt ihrerseits zum 1. 10. 09 die sperrfristbehafteten Anteile an der A-GmbH (gemeiner Wert 275 000 €) i. R. eines qualifizierten Anteilstauschs (§ 21 Abs. 1 UmwStG) gegen Gewährung neuer Anteile zum Buchwert und damit steuerunschädlich (§ 22 Abs. 1 Satz 6 Nr. 4 UmwStG) auf die C-GmbH. Die C-GmbH veräußert die sperrfristbehafteten Anteile an der A-GmbH am 1. 7. 10 zum Preis von 300 000 €.

Lösung:

Die Veräußerung der sperrfristbehafteten Anteile an der A-GmbH durch die übernehmende C-GmbH am 1. 7. 10 löst nach § 22 Abs. 1 Satz 1 i. V. m. Satz 6 Nr. 4 UmwStG zum einen die rückwirkende Besteuerung des Einbringungsgewinns I bei X zum 1. 1. 08 aus. Dabei wird der Einbringungsgewinn I i. H. v. $^5/_7$ versteuert. Dieser gilt sowohl als nachträgliche Anschaffungskosten des X für die Anteile an der A-GmbH (§ 22 Abs. 1 Satz 4 UmwStG) als auch für die Anteile an der B-GmbH (§ 22 Abs. 1 Satz 7 i. V. m. Satz 4 UmwStG). Bei der B-GmbH und der C-GmbH liegen insoweit ebenfalls nachträgliche Anschaffungskosten auf die Anteile an der A-GmbH sowie bei der B-GmbH auf die Anteile an der C-GmbH vor. Die A-GmbH kann darüber hinaus nach § 23 Abs. 2 Satz 1 UmwStG auf Antrag beim übernommenen Betriebsvermögen einen Erhöhungsbetrag i. H. des versteuerten Einbringungsgewinns I ansetzen.

gemeiner Wert des eingebrachten Betriebsvermögens im Zeitpunkt der Einbringung (1. 1. 08)	170 000 €
./. Buchwert der sperrfristbehafteten Anteile	100 000 €
= Einbringungsgewinn I vor Siebtelung	70 000 €
davon $^5/_7$ = von X zu versteuernder Einbringungsgewinn I	50 000 €

Zum anderen löst die Veräußerung der sperrfristbehafteten Anteile an der A-GmbH durch die C-GmbH im Hinblick auf den Anteilstausch des X i. H. v. $^6/_7$ auch die Besteuerung des Einbringungsgewinns II (§ 22 Abs. 2 Satz 1 UmwStG) zum 1. 3. 09 aus. Die nachträglichen Anschaffungskosten aus der Besteuerung des Einbringungsgewinns I vermindern dabei den Einbringungsgewinn II. Dieser gilt sowohl als nachträgliche Anschaffungskosten des X für die Anteile an der B-GmbH (§ 22 Abs. 2 Satz 4 UmwStG) als auch als nachträgliche Anschaffungskosten der B-GmbH und der C-GmbH für die Anteile an der A-GmbH (§ 23 Abs. 2 Satz 3 UmwStG) sowie der Anschaffungskosten der B-GmbH für die Anteile an der C-GmbH (§ 23 Abs. 2 Satz 3 i. V. m. § 22 Abs. 1 Satz 7 UmwStG).

gemeiner Wert der eingebrachten Anteile an der A-GmbH im Zeitpunkt des Anteilstauschs (1. 3. 09)	220 000 €
./. ursprünglicher Buchwert der sperrfristbehafteten Anteile	100 000 €
./. nachträgliche Anschaffungskosten aus versteuertem Einbringungsgewinn I	50 000 €
= Einbringungsgewinn II vor Siebtelung	70 000 €
davon $^6/_7$ = von X zu versteuernder Einbringungsgewinn II	60 000 €

Die rückwirkende Einbringungsbesteuerung bei X löst auf der Ebene der B-GmbH im Hinblick auf die steuerliche Behandlung der Einbringung der Anteile an der A-GmbH in die C-GmbH zum Buchwert keine Änderung aus, da sich sowohl die Anschaffungskosten der Anteile an der A-GmbH als auch der Veräußerungspreis der Anteile (§ 21 Abs. 2 Satz 1 UmwStG) um den von X zu versteuernden Einbringungsgewinn I und II erhöhen.
Auf der Ebene der C-GmbH verringern die nachträglichen Anschaffungskosten den zu versteuernden Veräußerungsgewinn aus den Anteilen an der A-GmbH:

Veräußerungspreis Anteile A-GmbH (1. 7. 10)	300 000 €
./. ursprünglicher Buchwert der sperrfristbehafteten Anteile	100 000 €
./. nachträgliche Anschaffungskosten aus versteuertem Einbringungsgewinn I und II	110 000 €
= Veräußerungsgewinn aus Beteiligung A-GmbH	90 000 €
steuerfrei gem. § 8 b Abs. 2 KStG	90 000 €
nichtabziehbare Betriebsausgaben (§ 8 b Abs. 3 Satz 3 KStG)	4 500 €

22.26 Werden die sperrfristbehafteten Anteile mittels Sacheinlage oder Anteilstausch zum Buchwert nach § 22 Abs. 1 Satz 6 Nr. 2 UmwStG steuerneutral weiter übertragen, löst auch die unmittelbare oder mittelbare Veräußerung der auf der Einbringung der sperrfristbehafteten Anteile beruhenden Anteile die rückwirkende Einbringungsgewinnbesteuerung beim Einbringenden aus (§ 22 Abs. 1 Satz 6 Nr. 5 und Abs. 2 Satz 6 UmwStG). Dies gilt bei einem Ereignis i. S. d. § 22 Abs. 1 Satz 6 Nr. 3 UmwStG entsprechend.

Beispiel:

X bringt sein Einzelunternehmen (gemeiner Wert 170 000 €) am 1. 1. 08 gegen Gewährung von Anteilen zum Buchwert 100 000 € in die neu gegründete A-GmbH (Stammkapital 50 000 €) ein. Am 1. 3. 09 überträgt er die sperrfristbehafteten Anteile an der A-GmbH i. R. eines qualifizierten Anteilstauschs gegen Gewährung neuer Anteile zum Buchwert auf die B-GmbH. X veräußert die sperrfristbehafteten Anteile an der B-GmbH am 1. 7. 10.

Lösung:

Die Einbringung der sperrfristbehafteten Anteile an der A-GmbH in die B-GmbH zum Buchwert nach § 21 Abs. 1 Satz 2 UmwStG löst nicht die rückwirkende Besteuerung des Einbringungsgewinns I aus (§ 22 Abs. 1 Satz 6 Nr. 2 UmwStG). Damit gelten auch die Anteile an der B-GmbH als sperrfristbehaftet.
Die Veräußerung der sperrfristbehafteten Anteile an der B-GmbH durch X am 1. 7. 10 löst nach § 22 Abs. 1 Satz 6 Nr. 5 UmwStG die rückwirkende Einbringungsgewinnbesteuerung bei X zum 1. 1. 08 aus. Dabei wird der Einbringungsgewinn I i. H. v. $^5/_7$ versteuert.
Der zu versteuernde Einbringungsgewinn I gilt sowohl als nachträgliche Anschaffungskosten der B-GmbH für die Anteile an der A-GmbH (§ 22 Abs. 1 Satz 4 UmwStG) als auch als nachträgliche Anschaffungskosten des X für die Anteile an der B-GmbH (§ 22 Abs. 1 Satz 7 i. V. m. Satz 4 UmwStG). Die nachträglichen Anschaffungskosten aus der Besteuerung des Einbringungsgewinns I vermindern somit den Gewinn aus der Veräußerung der Anteile an der B-GmbH i. S. v. § 17 EStG zum 1. 7. 10 entsprechend. Die A-GmbH kann darüber hinaus nach § 23 Abs. 2 Satz 1 UmwStG auf Antrag beim übernommenen Betriebsvermögen einen Erhöhungsbetrag i. H. des versteuerten Einbringungsgewinns I ansetzen.

4. Wegfall der Voraussetzungen i. S. v. § 1 Abs. 4 UmwStG

22.27 Erfüllt der Einbringende oder in den Fällen der Ketteneinbringung auch die übernehmende Gesellschaft oder der jeweilige unentgeltliche Rechtsnachfolger in den Fällen der Sacheinlage aufgrund Wegzugs, Sitzverlegung oder Änderung eines DBA die Voraussetzungen von § 1 Abs. 4 UmwStG innerhalb des Siebenjahreszeitraums nicht mehr, führt dies zur rückwirkenden Besteuerung des Einbringungsgewinns I (§ 22 Abs. 1 Satz 6 Nr. 6 UmwStG). Satz 1 gilt in den Fällen des Anteilstauschs im Hinblick auf die übernehmende Gesellschaft entsprechend (§ 22 Abs. 2 Satz 6 zweiter Halbsatz UmwStG). 212

IV. Nachweispflichten (§ 22 Abs. 3 UmwStG)

213 **22.28** Um die Besteuerung des Einbringungsgewinns in den Fällen eines schädlichen Ereignisses sicherzustellen, ist der Einbringende (vgl. Randnr. 20.02 f. und 22.02) nach § 22 Abs. 3 Satz 1 UmwStG verpflichtet, jährlich bis zum 31. 5. nachzuweisen, wem die sperrfristbehafteten Anteile und im Fall der Einbringung durch eine Personengesellschaft als Einbringende auch ihre Mitunternehmeranteile (vgl. Randnr. 22.02) an dem Tag, der dem maßgebenden Einbringungszeitpunkt entspricht, zuzurechnen sind. Dies gilt auch für die auf einer Weitereinbringung der erhaltenen oder eingebrachten Anteile beruhenden Anteile. Im Fall der unentgeltlichen Rechtsnachfolge (§ 22 Abs. 6 UmwStG) ist der Nachweis vom Rechtsnachfolger und im Fall der Mitverstrickung von Anteilen (§ 22 Abs. 7 UmwStG) neben dem Einbringenden auch vom Anteilseigner der mitverstrickten Anteile zu erbringen. Wird der Nachweis nicht erbracht, gelten die Anteile als zu Beginn des jeweiligen jährlichen Überwachungszeitraums innerhalb der siebenjährigen Sperrfrist veräußert.

Beispiel:

A hat seinen Betrieb zum 1. 3. 07 (Einbringungszeitpunkt) zu Buchwerten gegen Gewährung von Anteilen in die X-GmbH eingebracht (§ 20 Abs. 2 UmwStG). Den Nachweis, wem die Anteile an der X-GmbH zum 1. 3. 08 zuzurechnen sind, hat er zum 31. 5. 08 erbracht. Ein Nachweis, wem die Anteile an der X-GmbH zum 1. 3. 09 zuzurechnen sind, wurde bis zum 31. 5. 09 nicht vorgelegt.

Lösung:

Nach § 22 Abs. 3 Satz 1 UmwStG hat A erstmals bis zum 31. 5. 08 nachzuweisen, wem die Anteile an der X-GmbH zum 1. 3. 08 zuzurechnen sind. Dieser Nachweis wurde erbracht (Überwachungszeitraum vom 2. 3. 07 bis zum 1. 3. 08). Da A jedoch den bis zum 31. 5. 09 vorzulegenden Nachweis, wem die Anteile an der X-GmbH zum 1. 3. 09 zuzurechnen sind (Überwachungszeitraum vom 2. 3. 08 bis 1. 3. 09), nicht erbracht hat, gelten die Anteile nach § 22 Abs. 3 Satz 2 UmwStG als am 2. 3. 08 veräußert. Als Folge hiervon ist zum einen eine rückwirkende Besteuerung des Einbringungsgewinns zum 1. 3. 07 (Einbringungszeitpunkt) und zum anderen eine Besteuerung des Gewinns aus der – fiktiven – Veräußerung der Anteile zum 2. 3. 08 durchzuführen.

22.29 Im Fall eines schädlichen Ereignisses treten die Besteuerungsfolgen (rückwirkende Einbringungsgewinnbesteuerung nach § 22 Abs. 1 oder 2 UmwStG) sowohl in den Fällen der Sacheinlage als auch in den Fällen des Anteilstauschs beim Einbringenden ein. Der Einbringende hat deshalb in beiden Fällen den Nachweis (§ 22 Abs. 3 Satz 1 UmwStG) bei dem für ihn zuständigen Finanzamt[1] zu erbringen. Scheidet der Einbringende nach der Einbringung aus der unbeschränkten Steuerpflicht aus, ist der Nachweis bei dem Finanzamt i. S. v. § 6 Abs. 7 Satz 1 AStG zu erbringen. War der Einbringende vor der Einbringung im Inland beschränkt steuerpflichtig, hat er den Nachweis bei dem für den Veranlagungszeitraum der Einbringung zuständigen Finanzamt zu erbringen.

22.30 In den Fällen der Sacheinlage hat der Einbringende eine schriftliche Erklärung darüber abzugeben, wem seit der Einbringung die erhaltenen Anteile als wirtschaftlichem Eigentümer zuzurechnen sind. Sind die Anteile zum maßgebenden Zeitpunkt dem Einbringenden zuzurechnen, hat er darüber hinaus eine Bestätigung der übernehmenden Gesellschaft über seine Gesellschafterstellung vorzulegen. In allen anderen Fällen hat er nachzuweisen, an wen und auf welche Weise die Anteile übertragen worden sind.

In den Fällen des Anteilstauschs ist eine entsprechende Bestätigung der übernehmenden Gesellschaft über das wirtschaftliche Eigentum an den eingebrachten Anteilen und zur Gesellschafterstellung ausreichend; die Gesellschafterstellung kann auch durch Vorlage der Steuerbilanz der übernehmenden Gesellschaft nachgewiesen werden.

Der Nachweis der Gesellschafterstellung kann auch anderweitig, z. B. durch Vorlage eines Auszugs aus dem Aktienregister (§ 67 AktG), einer Gesellschafterliste (§ 40 GmbHG) oder einer Mitgliederliste (§ 30 GenG), zum jeweiligen Stichtag erbracht werden.

22.31 Der Nachweis ist jährlich bis zum 31. 5. zu erbringen. Er ist erstmals zu erbringen, wenn das erste auf den Einbringungszeitpunkt folgende Zeitjahr bereits vor dem 31. 5. abgelaufen ist.

22.32 Erbringt der Einbringende den Nachweis nicht, gelten die sperrfristbehafteten Anteile als veräußert mit der Folge, dass beim Einbringenden auf den Einbringungszeitpunkt eine rückwirkende Einbringungsgewinnbesteuerung durchzuführen ist. Darüber hinaus ist auf den Zeitpunkt i. S. v. § 22 Abs. 3 Satz 2 UmwStG eine Besteuerung des Veräußerungsgewinns für die Anteile durchzuführen. Im Fall der Fristversäumnis ist deshalb der Einbringende aufzufordern, Angaben zum gemeinen Wert des eingebrachten Betriebsvermögens oder der eingebrachten Anteile zum Einbringungszeitpunkt und den Einbringungskosten zu machen. Dasselbe gilt für die als veräußert geltenden Anteile zum Zeitpunkt der Veräußerungsfiktion und die entsprechenden Veräußerungskosten. Macht er keine verwertbaren Angaben, sind der gemeine Wert des eingebrachten Betriebsvermögens oder der eingebrachten Anteile und der als veräußert geltenden Anteile sowie die jeweiligen Kosten zu schätzen (§ 162 AO).

22.33 Die Nachweisfrist kann nicht verlängert werden. Erbringt der Einbringende den Nachweis erst nach Ablauf der Frist, können allerdings die Angaben noch berücksichtigt werden, wenn eine Änderung der betroffenen Bescheide verfahrensrechtlich möglich ist. Dies bedeutet, dass im Fall eines Rechtsbehelfsverfahrens der Nachweis längstens noch bis zum Abschluss des Klageverfahrens erbracht werden kann.

---

[1] Zur Zuständigkeit einer vor Erbringung erfolgten einheitlichen und gesonderten Feststellung der Besteuerungsgrundlagen nach § 180 Abs. 1 Satz 1 Nr. 2 AO für die Einkünfte aus dem eingebrachten Betrieb oder Mitunternehmeranteil siehe *FinMin Schleswig-Holstein Kurzinformation v. 2. 3. 2016 VI 3013 – S 1978 c – 032, DStR S. 917.*

V. Juristische Personen des öffentlichen Rechts und von der Körperschaftsteuer befreite Körperschaften als Einbringende (§ 22 Abs. 4 UmwStG)

22.34 Ist der Einbringende eine juristische Person des öffentlichen Rechts, lösen die Veräußerung der erhaltenen Anteile oder die nach § 22 Abs. 1 Satz 6 UmwStG gleichgestellten Tatbestände die rückwirkende Besteuerung des Einbringungsgewinns I nach § 22 Abs. 1 UmwStG aus. Der Einbringungsgewinn I ist als Gewinn i. S. v. § 16 EStG beim einbringenden Betrieb gewerblicher Art nach den Grundsätzen des § 22 Abs. 1 UmwStG zu versteuern. **214**

22.35 Daneben gilt nach § 22 Abs. 4 Nr. 1 UmwStG innerhalb des Siebenjahreszeitraums auch der Gewinn aus der Veräußerung der erhaltenen Anteile als in einem Betrieb gewerblicher Art der juristischen Person des öffentlichen Rechts entstanden. Dieser ist nach § 8b Abs. 2 und 3 KStG von der Körperschaftsteuer freigestellt, unterliegt jedoch unter den Voraussetzungen des § 20 Abs. 1 Nr. 10 Buchstabe b EStG dem Kapitalertragsteuerabzug.

22.36 Ist der Einbringende eine von der Körperschaftsteuer befreite Körperschaft, ist Randnr. 22.34 hinsichtlich des wirtschaftlichen Geschäftsbetriebs entsprechend anzuwenden.

22.37 Daneben gilt nach § 22 Abs. 4 Nr. 2 UmwStG auch der Gewinn aus der Veräußerung der erhaltenen Anteile innerhalb des Siebenjahreszeitraums als in einem wirtschaftlichen Geschäftsbetrieb entstanden. Dieser ist nach § 8b Abs. 2 und 3 KStG von der Körperschaftsteuer freigestellt, unterliegt jedoch unter den Voraussetzungen des § 20 Abs. 1 Nr. 10 Buchstabe b EStG dem Kapitalertragsteuerabzug (§ 20 Abs. 1 Nr. 10 Buchstabe b Satz 4 EStG).

VI. Bescheinigung des Einbringungsgewinns und der darauf entfallenden Steuer (§ 22 Abs. 5 UmwStG)

22.38 Die übernehmende Gesellschaft kann in den Fällen der Sacheinlage nach § 23 Abs. 2 Satz 1 UmwStG auf Antrag den auf das eingebrachte Betriebsvermögen (ohne Anteile an Kapitalgesellschaften und Genossenschaften) entfallenden Einbringungsgewinn I als Erhöhungsbetrag ansetzen, wenn durch Vorlage einer Bescheinigung des für den Einbringenden zuständigen Finanzamts nachgewiesen ist, dass der Einbringende die auf den Einbringungsgewinn I entfallende Einkommen- oder Körperschaftsteuer auch entrichtet hat (vgl. Randnr. 23.08–23.10). In den Fällen der Einbringung von Anteilen erhöhen sich nach § 23 Abs. 2 Satz 3 UmwStG bei der übernehmenden Gesellschaft auf Antrag die Anschaffungskosten der eingebrachten Anteile, wenn eine entsprechende Bescheinigung hinsichtlich der Versteuerung des Einbringungsgewinns II vorliegt (vgl. Randnr. 23.11). **215**

22.39 Das für den Einbringenden zuständige Finanzamt hat nach § 22 Abs. 5 erster Halbsatz UmwStG auf Antrag der übernehmenden Gesellschaft den zu versteuernden Einbringungsgewinn, die darauf entfallende festgesetzte Steuer und den darauf entrichteten Steuerbetrag zu bescheinigen. Zur Entrichtung der Steuer vgl. Randnr. 23.12 f.

Die Antragstellung kann aus Vereinfachungsgründen auch durch den Einbringenden erfolgen.

22.40 Mindern sich die bescheinigten Beträge – beispielsweise aufgrund eines Rechtsbehelfsverfahrens – nachträglich, hat das die Bescheinigung ausstellende Finanzamt dem für die übernehmende Gesellschaft zuständigen Finanzamt von Amts wegen die Minderungsbeträge mitzuteilen (§ 22 Abs. 5 zweiter Halbsatz UmwStG).

VII. Unentgeltliche Rechtsnachfolge (§ 22 Abs. 6 UmwStG)

22.41 Werden sperrfristbehaftete Anteile beispielsweise durch Schenkung, Erbfall, unentgeltliche vorweggenommene Erbfolge, verdeckte Gewinnausschüttung, unentgeltliche Übertragung oder Überführung nach § 6 Abs. 3 oder § 6 Abs. 5 EStG oder Realteilung unmittelbar oder mittelbar unentgeltlich übertragen, gilt der Erwerber insoweit als unentgeltlicher Rechtsnachfolger i. S. v. § 22 Abs. 6 UmwStG. Dies gilt nicht in den Fällen der unentgeltlichen Übertragung auf eine Kapitalgesellschaft oder Genossenschaft nach § 22 Abs. 1 Satz 6 Nr. 1 UmwStG (vgl. auch Randnr. 22.20). **216**

Beispiel:

A ist zu 100% an der M-GmbH beteiligt. Die M-GmbH bringt am 1. 1. 07 einen Teilbetrieb nach § 20 Abs. 2 Satz 2 UmwStG zu Buchwerten (Buchwert 100 000 €, gemeiner Wert 450 000 €) in die T-GmbH ein. In 08 überträgt die M-GmbH die Anteile an der T-GmbH (gemeiner Wert 520 000 €) unentgeltlich auf den Alleingesellschafter A. Dieser veräußert am 1. 7. 09 die sperrfristbehafteten Anteile an der T-GmbH für 550 000 €.

Lösung:

Die unentgeltliche Übertragung der sperrfristbehafteten Anteile an der T-GmbH auf den Alleingesellschafter A stellt eine verdeckte Gewinnausschüttung i. S. v. § 8 Abs. 3 Satz 2 KStG dar. Die Einkommenshinzurechnung aus der verdeckten Gewinnausschüttung (gemeiner Wert 520 000 € ./. Buchwert 100 000 € = 420 000 €) ist nach § 8b Abs. 2 KStG steuerfrei. Gleichzeitig sind nach § 8b Abs. 3 Satz 1 KStG 5% des Veräußerungsgewinns als nichtabziehbare Betriebsausgabe außerhalb der Bilanz hinzuzurechnen. Die rückwirkende Besteuerung des Einbringungsgewinns I bei der M-GmbH wird durch die unentgeltliche Übertragung der Anteile auf die natürliche Person A nicht ausgelöst (§ 22 Abs. 1 Satz 6 Nr. 1 UmwStG). A gilt jedoch im Hinblick auf die sperrfristbehafteten Anteile an der T-GmbH als unentgeltlicher Rechtsnachfolger i. S. v. § 22 Abs. 6 UmwStG.

Die Veräußerung der sperrfristbehafteten Anteile an der T-GmbH durch A in 09 löst die rückwirkende Besteuerung des Einbringungsgewinns I bei der M-GmbH in 07 aus (§ 22 Abs. 1 i. V. m. Abs. 6 UmwStG):

gemeiner Wert des eingebrachten Betriebsvermögens im Zeitpunkt der Einbringung (1. 1. 07)	450 000 €
./. Buchwert der sperrfristbehafteten Anteile	100 000 €
= Einbringungsgewinn I vor Siebtelung	350 000 €
davon 5/7 = von der M-GmbH zu versteuernder Einbringungsgewinn I	250 000 €

Der Einbringungsgewinn I gilt als nachträgliche Anschaffungskosten der sperrfristbehafteten Anteile an der T-GmbH (§ 22 Abs. 1 Satz 4 UmwStG). Die in 08 durch die unentgeltliche Übertragung der sperrfristbehafteten Anteile auf A bei der M-

GmbH entstandene (steuerfreie) Einkommenszurechnung vermindert sich entsprechend von 420 000 € auf 170 000 €. Die nichtabziehbaren Betriebsausgaben nach § 8 b Abs. 3 Satz 1 KStG vermindern sich auf 5% von 170 000 €. Die Höhe der Bezüge i. S. v. § 20 Abs. 1 Nr. 1 Satz 2 EStG aus der verdeckten Gewinnausschüttung bei A ändert sich hierdurch nicht. Der Einbringungsgewinn I gilt grundsätzlich auch beim unentgeltlichen Rechtsnachfolger A als nachträgliche Anschaffungskosten der sperrfristbehafteten Anteile (§ 22 Abs. 6 i. V. m. Abs. 1 Satz 4 UmwStG). Diese wirken sich jedoch bei A nicht mehr aus, da wegen der Besteuerung der verdeckten Gewinnausschüttung als Beteiligungsertrag bei A die Anteile an der T-GmbH mit dem gemeinen Wert im Zeitpunkt der verdeckten Gewinnausschüttung (520 000 €) zum Ansatz kommen. Der Veräußerungsgewinn aus den Anteilen an der T-GmbH in 09 ermittelt sich bei A demnach wie folgt:

Veräußerungspreis der sperrfristbehafteten Anteile am 1. 7. 09	550 000 €
./. Anschaffungskosten der sperrfristbehafteten Anteile	520 000 €
= Veräußerungsgewinn nach § 17 Abs. 2 EStG	30 000 €

Der Veräußerungsgewinn ist anteilig steuerfrei (§ 3 Nr. 40 Satz 1 Buchstabe c i. V. m. § 3 c Abs. 2 EStG).

22.42 Sind beim unentgeltlichen Rechtsnachfolger die Voraussetzungen des § 1 Abs. 4 UmwStG nicht erfüllt, löst die unentgeltliche Übertragung die Besteuerung des Einbringungsgewinns nach § 22 Abs. 1 Satz 6 Nr. 6 UmwStG aus (vgl. Randnr. 22.27).

VIII. Verlagerung stiller Reserven auf andere Gesellschaftsanteile (§ 22 Abs. 7 UmwStG, Mitverstrickung von Anteilen)

217 **22.43** Gehen i. R. d. Gesellschaftsgründung oder einer Kapitalerhöhung aus Gesellschaftermitteln stille Reserven aus einer Sacheinlage (§ 20 Abs. 1 UmwStG) oder einem Anteilstausch auf andere Anteile desselben Gesellschafters oder unentgeltlich auf Anteile Dritter über, tritt insoweit zwar weder eine Einbringungsgewinnbesteuerung noch eine Gewinnverwirklichung ein; diese Anteile werden aber nach § 22 Abs. 7 UmwStG ebenfalls von der Steuerverstrickung nach § 22 Abs. 1 und 2 UmwStG erfasst.

Beispiel:

Das Stammkapital der X-GmbH soll in 09 von 50 000 € auf 100 000 € erhöht werden. Der gemeine Wert der GmbH vor Kapitalerhöhung beläuft sich auf 400 000 €. Den neu gebildeten Geschäftsanteil von nominell 50 000 € übernimmt S gegen Bareinlage von 100 000 €. Die Altanteile von ebenfalls nominell 50 000 € werden von V, dem Vater des S, gehalten, der sie in 08 gegen Sacheinlage seines Einzelunternehmens (gemeiner Wert 400 000 €) zum Buchwert erworben hatte. Die Anschaffungskosten des V nach § 20 Abs. 3 UmwStG betragen 40 000 €.

Lösung:

Durch die Einlage steigt der gemeine Wert der GmbH auf 500 000 €. Davon entfallen 50% = 250 000 € auf den jungen Geschäftsanteil des S, der jedoch nur 100 000 € für seinen Anteil aufgewendet hat. Die Wertverschiebung ist darauf zurückzuführen, dass von den Anteilen des V 150 000 € stille Reserven unentgeltlich auf den Geschäftsanteil des S übergegangen sind. Dementsprechend ist der Anteil des S zu 60% (150 000 €/250 000 €) gem. § 22 Abs. 1 UmwStG steuerverstrickt. Da ein (teilweise) unentgeltlicher Vorgang vorliegt, sind S anteilig die Anschaffungskosten seines Rechtsvorgängers V zuzurechnen i. H. v. 15 000 € (40 000 € × 150 000 €/400 000 €), so dass sich die bei V zu berücksichtigenden Anschaffungskosten entsprechend auf 25 000 € mindern.
Veräußern V und S ihre Anteile für jeweils 250 000 €, löst dies bei V in 08 eine rückwirkende Einbringungsgewinnbesteuerung nach § 22 Abs. 1 UmwStG i. H. v. 400 000 € ./. 40 000 € = 360 000 € aus. I. H. des versteuerten Einbringungsgewinns erhöhen sich nachträglich die Anschaffungskosten der Anteile von S und V:
Bei V erhöhen sich die Anschaffungskosten von 25 000 € um 360 000 € × 250 000 €/400 000 € = 225 000 € auf 250 000 € und bei S von 115 000 € um 360 000 € × 150 000 €/400 000 € = 135 000 € auf 250 000 €. Damit ergibt sich bei S und V in 09 ein Veräußerungsgewinn aus den Anteilen nach § 17 EStG von jeweils 0 €.

22.44 Randnr. 22.42 gilt entsprechend.

22.45 Die entgeltliche Veräußerung von Bezugsrechten führt zu einer Anwendung von § 22 Abs. 1 Satz 1 und Abs. 2 Satz 1 UmwStG (BFH vom 8. 4. 1992, I R 128/88, BStBl. II S. 761, und BFH vom 13. 10. 1992, VIII R 3/89, BStBl. 1993 II S. 477).

22.46 Wird eine Kapitalerhöhung aus Gesellschaftsmitteln vorgenommen, gelten die jungen Anteile als sperrfristbehaftete Anteile, soweit sie ihrerseits auf sperrfristbehaftete Altanteile entfallen.

E. Auswirkungen bei der übernehmenden Gesellschaft (§ 23 UmwStG)

I. Allgemeines

218 **23.01** Objektbezogene Kosten – hierzu gehört grundsätzlich auch eine bei der Einbringung anfallende Grunderwerbsteuer – können auch nicht aus Vereinfachungsgründen sofort als Betriebsausgaben abgezogen werden, sondern sind als zusätzliche Anschaffungskosten der Wirtschaftsgüter zu aktivieren, bei deren Erwerb (Einbringung) sie angefallen sind. Zur Behandlung von Grunderwerbsteuer bei Anteilsvereinigung (§ 1 Abs. 3 GrEStG) beachte aber auch BFH vom 20. 4. 2011, I R 2/10, BStBl. II S. 761.

23.02 Bei Einbringungsvorgängen geht ein verbleibender Verlustabzug i. S. d. § 10 d Abs. 4 Satz 2 EStG nicht auf die übernehmende Gesellschaft über, sondern verbleibt beim Einbringenden. Denn der Verlustabzug bezieht sich auf den Einbringenden persönlich und kann deshalb nicht Bestandteil des Einbringungsgegenstands sein.

Gem. § 23 Abs. 5 UmwStG geht ein vortragsfähiger Gewerbeverlust (Fehlbetrag nach § 10 a GewStG) nicht auf die übernehmende Gesellschaft über. Dies gilt entsprechend für den Zinsvortrag und einen EBITDA-Vortrag des eingebrachten Betriebs (§ 20 Abs. 9 UmwStG).

23.03[1] Wegen der Anwendung von § 8 c KStG auf nicht genutzte Verluste und den Zinsvortrag der übernehmenden Gesellschaft vgl. BMF-Schreiben vom 28. 11. 2017, BStBl. I S. 1645[2], und vom 4. 7. 2008, BStBl. I S. 718.[3]

[1] **Tz. 23.03** geändert durch BMF-Schrb. v. 23. 2. 2018 (BStBl. I S. 319); anzuwenden auf alle offenen Fälle.
[2] Abgedruckt im Hauptteil zu § 8 c als **Anl zu H 8 c**.
[3] Abgedruckt im Hauptteil zu § 8 a als **Anl zu H 8 a**.

23.04 Bei Begünstigung des Einbringungsfolgegewinns gem. § 23 Abs. 6 i. V. m. § 6 Abs. 1 UmwStG ist die fünfjährige Sperrfrist des § 6 Abs. 3 UmwStG zu beachten.

II. Buchwert- oder Zwischenwertansatz (§ 23 Abs. 1 UmwStG)

23.05 Zum Begriff Buchwert vgl. Randnr. 01.57. Bei der Einbringung von Anteilen an einer Kapitalgesellschaft oder einer Genossenschaft (Anteilstausch) aus einem Privatvermögen treten an die Stelle des Buchwerts die Anschaffungskosten der Anteile. **219**

23.06 In den Fällen der Sacheinlage und des Anteilstauschs zu Buch- oder Zwischenwerten tritt die übernehmende Gesellschaft in die steuerliche Rechtsstellung des Einbringenden ein. In den Fällen der Gesamtrechtsnachfolge nach den Vorschriften des UmwG gilt dies auch bei Ansatz des gemeinen Werts (vgl. § 23 Abs. 4 zweiter Halbsatz UmwStG). In den Fällen der Sacheinlage ist die übernehmende Gesellschaft beispielsweise an die bisherige Abschreibungsbemessungsgrundlage der übertragenen Wirtschaftsgüter, die bisherige Abschreibungs-Methode und die vom Einbringenden angenommene Nutzungsdauer gebunden. Steuerfreie Rücklagen können bei Buchwertansatz von der übernehmenden Gesellschaft fortgeführt werden. Die Regelung des § 12 Abs. 3 erster Halbsatz UmwStG gilt auch für das Nachholverbot des § 6 a Abs. 4 EStG. Zur Besitzzeitanrechnung nach § 23 Abs. 1 i. V. m. § 4 Abs. 2 Satz 3 UmwStG vgl. Randnr. 04.15.

III. Besonderheiten in den Fällen der rückwirkenden Besteuerung des Einbringungsgewinns (§ 23 Abs. 2 UmwStG)

1. Sacheinlage ohne miteingebrachte Anteile

23.07 Kommt es in den Fällen der Sacheinlage zu einer rückwirkenden Besteuerung des Einbringungsgewinns I (§ 22 Abs. 1 UmwStG), kann die übernehmende Gesellschaft auf Antrag in der Steuerbilanz des Wirtschaftsjahres, in das das schädliche Ereignis i. S. v. § 22 Abs. 1 UmwStG fällt, eine Buchwertaufstockung i. H. des versteuerten Einbringungsgewinns vornehmen. Aus dem Antrag müssen die Höhe und die Zuordnung des Aufstockungsbetrags eindeutig erkennbar sein. Die Buchwertaufstockung ist zunächst mit dem Ausgleichsposten i. S. d. Randnr. 20.20 zu verrechnen. Ein übersteigender Betrag führt zu einer Erhöhung des Steuerbilanzgewinns, der durch eine Kürzung außerhalb der Bilanz zu neutralisieren ist. Gleichzeitig ergibt sich ein Zugang beim steuerlichen Einlagekonto nach § 27 Abs. 1 KStG i. H. des Aufstockungsbetrags, soweit dieser nicht Korrekturbetrag zum Stammkapital ist. **220**

Beispiel:

Sacheinlage in 01 zum Buchwert von 15 000 €. Stammkapitalerhöhung um 22 000 €. I. H. d. Differenz (7000 €) ist in der Steuerbilanz 01 ein aktiver Ausgleichsposten anzusetzen. In 03 wird eine rückwirkende Einbringungsgewinnbesteuerung in 01 i. H. v. 10 000 € ausgelöst.

Lösung:

Unter den Voraussetzungen des § 23 Abs. 2 UmwStG kann die übernehmende GmbH eine Aufstockung i. H. v insgesamt 10 000 € vornehmen. I. H. v. 7000 € erfolgt eine Verrechnung mit dem steuerlichen Ausgleichsposten. Darüber hinaus kommt es zu einer Erhöhung des Steuerbilanzgewinns i. H. v. 3000 €, der durch eine Kürzung außerhalb der Bilanz zu neutralisieren ist. Das steuerliche Einlagekonto i. S. v. § 27 KStG erhöht sich um 3000 €.

23.08 Eine Buchwertaufstockung ist nur zulässig, soweit der Einbringende die auf den Einbringungsgewinn entfallende Steuer entrichtet hat und dies durch Vorlage einer Bescheinigung des zuständigen Finanzamts i S. v. § 22 Abs. 5 UmwStG (vgl. Randnr. 22.39) nachgewiesen wurde (§ 23 Abs. 2 Satz 1 UmwStG). Die Buchwertaufstockung ist einheitlich nach dem Verhältnis der stillen Reserven und stillen Lasten im Einbringungszeitpunkt bei den einzelnen Wirtschaftsgütern vorzunehmen.

23.09 Eine Buchwertaufstockung kommt nur in Betracht, wenn das jeweilige Wirtschaftsgut im Zeitpunkt des schädlichen Ereignisses noch zum Betriebsvermögen der übernehmenden Gesellschaft gehört. Etwas anderes gilt nur, wenn dieses zwischenzeitlich zum gemeinen Wert übertragen wurde (§ 23 Abs. 2 Satz 2 UmwStG) oder untergegangen ist. In diesen Fällen stellt der auf das zum gemeinen Wert übertragene Wirtschaftsgut entfallende Aufstockungsbetrag im Zeitpunkt des schädlichen Ereignisses eine sofort abziehbare Betriebsausgabe dar. Wurde das jeweilige Wirtschaftsgut nicht zum gemeinen Wert übertragen, ist ein Abzug des Aufstockungsbetrags als sofort abziehbarer Aufwand ausgeschlossen. Im Fall der unentgeltlichen Übertragung (z. B. im Wege einer verdeckten Gewinnausschüttung oder einer verdeckten Einlage) ist eine Aufstockung möglich, wenn für steuerliche Zwecke der gemeine Wert bzw. der Teilwert angesetzt wurde. Im Fall der Weitereinbringung der Wirtschaftsgüter zum Buch- oder Zwischenwert scheidet eine Buchwertaufstockung aus.

23.10 Die Bescheinigung nach § 22 Abs. 5 UmwStG stellt einen Grundlagenbescheid i. S. d. § 175 Abs. 1 Satz 1 Nr. 1 AO dar.

2. Anteilstausch und Miteinbringung von Anteilen i. R. einer Sacheinlage

23.11 Kommt es in den Fällen einer (Mit-)Einbringung von Anteilen (§ 20 Abs. 1 oder § 21 Abs. 1 UmwStG) zu einer rückwirkenden Besteuerung des Einbringungsgewinns II (§ 22 Abs. 2 UmwStG), erhöhen sich auf Antrag der übernehmenden Gesellschaft bei dieser die Anschaffungskosten der eingebrachten Anteile (§ 23 Abs. 2 Satz 3 UmwStG). Dadurch verringert sich bei der übernehmenden Gesellschaft der Gewinn aus der Veräußerung der eingebrachten Anteile entsprechend. Dies gilt in den Fällen der Weitereinbringung der eingebrachten Anteile zum Buchwert auch im Hinblick auf die auf der Weitereinbringung beruhenden Anteile (§ 23 Abs. 2 Satz 3, § 22 Abs. 1 Satz 7 UmwStG). Die Ausführungen zu Randnr. 23.07–23.10 gelten entsprechend. **221**

Beispiel:

X bringt am 1. 1. 01 Anteile an der A-GmbH (Anschaffungskosten 55 000 €, gemeiner Wert 90 000 €) nach § 21 Abs. 1 Satz 2 UmwStG zum Buchwert gegen Gewährung von Anteilen in die B-GmbH ein. Diese wiederum bringt in 03 die sperrfristbehafteten Anteile an der A-GmbH nach § 21 Abs. 1 Satz 2 UmwStG zum Buchwert gegen Gewährung von Anteilen in die C-GmbH ein. Die C-GmbH veräußert die Anteile an der A-GmbH am 1. 7. 04 für 100 000 €.

Lösung:

Die Weitereinbringung der sperrfristbehafteten Anteile an der A-GmbH in 03 durch die B-GmbH zum Buchwert löst keine rückwirkende Einbringungsgewinnbesteuerung bei A in 01 aus, da sie zum Buchwert erfolgt ist (§ 22 Abs. 2 Satz 6 i. V. m. Abs. 1 Satz 6 Nr. 2 UmwStG). Die Veräußerung der sperrfristbehafteten Anteile an der A-GmbH in 04 führt nach § 22 Abs. 2 Satz 1 UmwStG zu einer rückwirkenden Besteuerung des Einbringungsgewinns II i. H. v. 20 000 € ($^4/_7$ × [gemeiner Wert 90 000 € ./. Anschaffungskosten 55 000 €]) zum 1. 1. 01. Der Einbringungsgewinn II gilt bei X nach § 22 Abs. 2 Satz 4 UmwStG als nachträgliche Anschaffungskosten der Anteile an der B-GmbH.
Darüber hinaus erhöhen sich auf Antrag sowohl die Anschaffungskosten der C-GmbH für die Anteile an der A-GmbH (§ 23 Abs. 2 Satz 3 UmwStG) sowie die Anschaffungskosten der B-GmbH für die Anteile an der C-GmbH (§ 23 Abs. 2 Satz 3 i. V. m. § 22 Abs. 1 Satz 7 UmwStG). Bei der C-GmbH vermindert sich damit der nach § 8 b Abs. 2 KStG begünstigte Veräußerungsgewinn aus den Anteilen an der A-GmbH entsprechend. Gleichzeitig sind nur noch 5% des verminderten Veräußerungsgewinns nach § 8 b Abs. 3 Satz 1 KStG als nichtabziehbare Betriebsausgabe außerhalb der Bilanz hinzuzurechnen. Bei der B-GmbH vermindert sich ein künftiger nach § 8 b Abs. 2 KStG begünstigter Veräußerungsgewinn aus den Anteilen an der C-GmbH entsprechend.

3. Entrichtung der Steuer

222 **23.12** Eine Buchwertaufstockung ist nur zulässig, soweit der Einbringende die auf den Einbringungsgewinn entfallende Steuer entrichtet hat. Ergibt sich im Wirtschaftsjahr der Einbringung für den Einbringenden auch nach Einbeziehung des Einbringungsgewinns I oder II ein Verlust, gilt die Steuer grundsätzlich mit Bekanntgabe des (geänderten) Verlustfeststellungsbescheids als entrichtet. Ist das Einkommen in dem für die Einbringung maßgeblichen Veranlagungszeitraum zwar positiv, ergibt sich jedoch aufgrund eines Verlustvor- oder -rücktrags keine festzusetzende Steuer, gilt die Steuer ebenfalls mit Bekanntgabe des (geänderten) Verlustfeststellungsbescheids als entrichtet. Auf die Entrichtung der sich aufgrund der Verringerung des rück- oder vortragsfähigen Verlusts im Verlustrück- oder -vortragsjahr beim Einbringenden ergebenden Steuer kommt es nicht an. Entsprechendes gilt auch bei der Verrechnung des Einbringungsgewinns mit Verlusten aus anderen Einkunftsarten, soweit nicht ein Verlustverrechnungsverbot besteht.

Ist oder wird die Steuer aus der Steuerfestsetzung, die den Einbringungsgewinn beinhaltet, nur teilweise getilgt, entfällt die Tilgung anteilig auch auf den Einbringungsgewinn.

23.13 Ist der Einbringende eine Organgesellschaft, ist Voraussetzung für die Buchwertaufstockung die Entrichtung der Steuer durch den Organträger; in Verlustfällen kommt es auf die Berücksichtigung des Einbringungsgewinns im jeweiligen Verlustfeststellungsbescheid des Organträgers an.

IV. Besonderheiten beim Zwischenwertansatz (§ 23 Abs. 3 UmwStG)

223 **23.14** Bei Ansatz von Zwischenwerten sind die in den Wirtschaftsgütern, Schulden und steuerfreien Rücklagen ruhenden stillen Reserven um einen einheitlichen Prozentsatz aufzulösen; vgl. Randnr. 03.25 f.

23.15 Für die Absetzungen für Abnutzung der zu einem Zwischenwert eingebrachten Wirtschaftsgüter gilt Folgendes:

a) In den Fällen des § 23 Abs. 3 Satz 1 Nr. 1 UmwStG erhöht sich die bisherige AfA-Bemessungsgrundlage um den Aufstockungsbetrag. Der bisher geltende Abschreibungssatz ist weiter anzuwenden. Absetzungen für Abnutzung (AfA) können nur bis zur Höhe des Zwischenwerts abgezogen werden.

Beispiel:

Für eine Maschine mit Anschaffungskosten von 100 000 € und einer Nutzungsdauer von 10 Jahren wird AfA nach § 7 Abs. 1 EStG von jährlich 10 000 € vorgenommen. Bei Einbringung nach drei Jahren beträgt der Restbuchwert 70 000 €, die Restnutzungsdauer sieben Jahre. Die übernehmende Gesellschaft setzt die Maschine mit 90 000 € an.

Lösung:

Ab dem Zeitpunkt der Einbringung ist für die Maschine jährlich AfA von 10% von (100 000 € + 20 000 € =) 120 000 € = 12 000 € vorzunehmen (7 × 12 000 € = 84 000 €). Im letzten Jahr der Nutzungsdauer ist zusätzlich zu der linearen AfA i. H. v. 12 000 € auch der Restwert i. H. v. 6000 € (= 90 000 € ./. 84 000 €) abzuziehen.
In den Fällen, in denen das AfA-Volumen vor dem Ablauf der Nutzungsdauer verbraucht ist, kann in dem verbleibenden Nutzungszeitraum keine AfA mehr abgezogen werden.
Wird in den Fällen des § 7 Abs. 4 Satz 1 EStG auf diese Weise die volle Absetzung innerhalb der tatsächlichen Nutzungsdauer nicht erreicht, kann die AfA nach der Restnutzungsdauer des Gebäudes bemessen werden (BFH vom 7. 6. 1977, VIII R 105/73, BStBl. II S. 606).

b) In den Fällen des § 23 Abs. 3 Satz 1 Nr. 2 UmwStG ist der Zwischenwert die Bemessungsgrundlage der weiteren Absetzungen für Abnutzung (AfA). Der Abschreibungssatz richtet sich nach der neu zu schätzenden Restnutzungsdauer im Zeitpunkt der Einbringung.

Beispiel:

Für eine Maschine mit einer Nutzungsdauer von 12 Jahren wird AfA nach § 7 Abs. 2 EStG von jährlich 20,83% vorgenommen. Der Restbuchwert bei Einbringung beträgt 70 000 €. Die übernehmende Gesellschaft setzt die Maschine mit 90 000 € an und schätzt die Restnutzungsdauer auf acht Jahre.

Lösung:

Ab dem Zeitpunkt der Einbringung ist für die Maschine jährlich AfA von 25% vom jeweiligen Buchwert vorzunehmen.

23.16 Bei Erhöhung der Anschaffungs- oder Herstellungskosten aufgrund rückwirkender Besteuerung des Einbringungsgewinns (§ 23 Abs. 2 UmwStG) ist § 23 Abs. 3 Satz 1 UmwStG entsprechend anzuwenden. Die Buchwertaufstockung erfolgt in diesen Fällen zu Beginn des Wirtschaftsjahrs, in welches das die Besteuerung des Einbringungsgewinns auslösende Ereignis fällt (§ 23 Abs. 3 Satz 2 UmwStG).

V. Ansatz des gemeinen Werts (§ 23 Abs. 4 UmwStG)

23.17 Gemeiner Wert des Betriebsvermögens ist der Saldo der gemeinen Werte der aktiven und passiven Wirtschaftsgüter. Beim Ansatz des gemeinen Werts sind alle stillen Reserven aufzudecken, insbesondere auch steuerfreie Rücklagen aufzulösen und selbst geschaffene immaterielle Wirtschaftsgüter, einschließlich des Firmen- oder Geschäftswerts, anzusetzen. Dies gilt auch für die Fälle der Einbringung im Wege der Gesamtrechtsnachfolge; § 23 Abs. 4 zweite Alternative UmwStG begründet insoweit keine Besonderheiten, sondern setzt den durch § 20 Abs. 2 Satz 1 UmwStG vorgegebenen Begriff des gemeinen Werts voraus. Vgl. hierzu Randnr. 20.17 sowie Randnr. 03.07 f. **224**

23.18 Als Wert einer Pensionsverpflichtung ist anzusetzen (in den Fällen der Einzelrechtsnachfolge und der Gesamtrechtsnachfolge)
- bei Pensionsanwartschaften vor Beendigung des Dienstverhältnisses des Pensionsberechtigten der nach § 6a Abs. 3 Satz 2 Nr. 1 EStG zu berechnende Wert; dabei ist als Beginn des Dienstverhältnisses des Pensionsberechtigten der Eintritt in den Betrieb des Einbringenden maßgebend,
- bei aufrechterhaltenen Pensionsanwartschaften nach Beendigung des Dienstverhältnisses des Pensionsberechtigten oder bei bereits laufenden Pensionszahlungen der Barwert der künftigen Pensionsleistungen (§ 6 a Abs. 3 Satz 2 Nr. 2 EStG).

23.19 Die Rechtsfolgen bei Ansatz des gemeinen Werts unterscheiden sich für die übernehmende Gesellschaft danach, ob die Einbringung im Wege der Einzelrechtsnachfolge (§ 23 Abs. 4 erste Alternative UmwStG) oder der Gesamtrechtsnachfolge (§ 23 Abs. 4 zweite Alternative UmwStG) erfolgt. Bei Gesamtrechtsnachfolge gilt § 23 Abs. 3 UmwStG entsprechend.

23.20 Erfolgt eine Einbringung sowohl im Wege der Gesamtrechtsnachfolge als auch im Wege der Einzelrechtsnachfolge (z. B. bei Verschmelzung einer KG auf eine GmbH mit gleichzeitigem Übergang des Sonderbetriebsvermögens im Wege der Einzelrechtsnachfolge), ist der Vorgang für Zwecke des § 23 Abs. 4 UmwStG einheitlich als Gesamtrechtsnachfolge zu beurteilen.

23.21 Im Fall der Einzelrechtsnachfolge wird der Einbringungsvorgang für die übernehmende Gesellschaft als Anschaffung zum gemeinen Wert behandelt. Dies hat u. a. zur Folge, dass für die Absetzungen für Abnutzung der eingebrachten Wirtschaftsgüter ausschließlich die Verhältnisse der übernehmenden Gesellschaft maßgebend sind. Zu den Auswirkungen auf die Investitionszulage vgl. Randnr. 10 des BMF-Schreibens vom 8. 5. 2008, BStBl. I S. 590.

VI. Verlustabzug bei Auslandsbetriebsstätten

23.22 Für die Nachversteuerung von Verlusten gem. § 2a Abs. 4 EStG a. F. bzw. 2 Abs. 2 AuslInvG gilt Randnr. 04.12 entsprechend. **225**

Siebter Teil. Einbringung eines Betriebs, Teilbetriebs oder Mitunternehmeranteils in eine Personengesellschaft (§ 24 UmwStG)

A. Allgemeines

I. Persönlicher und sachlicher Anwendungsbereich

24.01 Zu den zivilrechtlichen Formen der Einbringung eines Betriebs, Teilbetriebs oder Mitunternehmeranteils in eine Personengesellschaft siehe Randnr. 01.47 f. **230**

24.02 Für Zwecke des § 24 UmwStG gilt auch eine zu einem Betriebsvermögen gehörende, das gesamte Nennkapital umfassende Beteiligung an einer Kapitalgesellschaft als Teilbetrieb. Randnr. 15.05 f. gelten entsprechend.

II. Entsprechende Anwendung der Regelungen zu §§ 20, 22, 23 UmwStG

24.03 Die vorstehenden Ausführungen zu §§ 20, 22, 23 UmwStG gelten für Einbringungen in eine Personengesellschaft nach § 24 UmwStG, soweit im Folgenden nichts anderes bestimmt ist, entsprechend. Insbesondere gelten folgende Randnr. entsprechend: **231**
- Randnr. 20.03 betreffend die Person des Einbringenden,
- Randnr. 20.05–20.08 und Randnr. 20.10 ff. betreffend die Einbringung von Betrieben, Teilbetrieben und Mitunternehmeranteilen,
- Randnr. 20.17 ff. betreffend die Bewertung des eingebrachten Betriebsvermögens,
- Randnr. 20.25 ff. betreffend die Besteuerung des Einbringungsgewinns,
- Randnr. 23.01 ff., 23.05 f., 23.14 f., 23.17 ff. betreffend die Auswirkungen bei der übernehmenden Gesellschaft und
- Randnr. 23.22 betreffend die Nachversteuerung von Verlusten.

Hat die übernehmende Personengesellschaft für das Wirtschaftsjahr, in dem die Einbringung erfolgt ist, keine steuerliche Schlussbilanz zu erstellen, weil sie nach der Einbringung zulässigerweise zur Gewinnermittlung nach § 4 Abs. 3 EStG zurückkehrt, muss der Antrag i. S. d. § 24 Abs. 2 Satz 2 UmwStG in entsprechender Anwendung des § 20 Abs. 2 Satz 3 UmwStG spätestens bis zur erstmaligen Abgabe der entsprechend R 4.5 (6) EStR zu erstellenden Bilanz i. S. d. § 24 Abs. 2 UmwStG bei dem für die Besteuerung der übernehmenden Personengesellschaft zuständigen Finanzamt gestellt werden.[1]

24.04 Die Einbringung in eine Personengesellschaft nach § 24 UmwStG ist – im Gegensatz zur Einbringung in eine Kapitalgesellschaft nach § 20 UmwStG – auch dann zum Buchwert möglich, wenn das eingebrachte Betriebsvermögen negativ ist. Denn in § 24 UmwStG fehlt eine § 20 Abs. 2 Satz 2 Nr. 2 UmwStG entsprechende Regelung.

24.05 I. R. d. § 24 UmwStG ist es ausreichend, wenn das eingebrachte Betriebsvermögen teilweise Sonderbetriebsvermögen des Einbringenden bei der übernehmenden Mitunternehmerschaft wird.

III. Rückbeziehung nach § 24 Abs. 4 UmwStG

232 **24.06** § 24 Abs. 4 zweiter Halbsatz UmwStG eröffnet die Möglichkeit einer Rückbeziehung der Einbringung für den Fall der Gesamtrechtsnachfolge nach den Vorschriften des UmwG oder vergleichbarer ausländischer Vorgänge, also nicht für den Fall der Anwachsung. Stellt sich die Einbringung als Kombination von Gesamtrechtsnachfolge und Einzelrechtsnachfolge dar, nimmt auch die Einzelrechtsnachfolge an der Rückbeziehung teil. Bei Vorgängen im Wege der Einzelrechtsnachfolge ist eine Rückbeziehung nicht möglich. Randnr. 20.13–20.16 gelten entsprechend.

B. Einbringung gegen Gewährung von Gesellschaftsrechten

I. Allgemeines

233 **24.07** § 24 UmwStG ist nur anwendbar, soweit der Einbringende als Gegenleistung für die Einbringung Gesellschaftsrechte erwirbt, d. h. soweit er durch die Einbringung die Rechtsstellung eines Mitunternehmers erlangt oder seine bisherige Mitunternehmerstellung erweitert (BFH vom 16. 12. 2004, III R 38/00, BStBl. 2005 II S. 554 und BFH vom 25. 4. 2006, VIII R 52/04, BStBl. II S. 847). Das erfordert als Gegenleistung die Erhöhung des die Beteiligung widerspiegelnden Kapitalkontos oder die Einräumung weiterer Gesellschaftsrechte (BFH vom 25. 4. 2006, VIII R 52/04, BStBl. II S. 847 und BFH vom 15. 6. 1976, I R 17/74, BStBl. II S. 748). Ist ein Mitunternehmer bereits zu 100% an einer Personengesellschaft beteiligt (Ein-Personen-GmbH & Co. KG), muss sein Kapitalkonto bei einer weiteren Einbringung eines Betriebs, Teilbetriebs oder Mitunternehmeranteils erhöht werden. *Die teilweise Buchung auf einem Kapitalkonto und auf einem gesamthänderisch gebundenen Rücklagenkonto ist für die Anwendung des § 24 UmwStG ebenso unschädlich wie die ausschließliche Buchung auf einem variablen Kapitalkonto (z. B. Kapitalkonto II).*[2] Die Buchung auf einem bloßen Darlehenskonto reicht dagegen nicht aus (vgl. hierzu im Einzelnen BMF-Schreiben vom 11. 7. 2011, BStBl. I S. 713). Zur Abgrenzung zwischen Darlehens- und Kapitalkonto vgl. das BMF-Schreiben vom 30. 5. 1997, BStBl. I S. 627.

Erfolgt die Einbringung gegen ein Mischentgelt, d. h. gegen Gewährung von Gesellschaftsrechten und sonstige Ausgleichsleistungen, kann die Einbringung auf Antrag (§ 24 Abs. 2 Satz 2 UmwStG) entsprechend dem Verhältnis der jeweiligen Teilleistungen (Wert der erlangten Gesellschaftsrechte einerseits und Wert der sonstigen Gegenleistungen andererseits) zum gemeinen Wert des eingebrachten Betriebsvermögens teilweise zu Buchwerten und teilweise zum gemeinen Wert vollzogen werden (BFH vom 11. 12. 2001, VIII R 58/98, BStBl. 2002 II S. 420).

Stellt sich der Einbringungsvorgang bei wirtschaftlicher Betrachtung als Veräußerung gegen ein nicht in Gesellschaftsrechten bestehendes Entgelt dar, ist § 24 UmwStG nicht anzuwenden.

Beispiel:

A betreibt (u. a.) den Teilbetrieb I, dessen Wirtschaftsgüter erhebliche stille Reserven aufweisen. Der Teilbetrieb I soll an B veräußert werden. Um die dabei eintretende Gewinnverwirklichung zu vermeiden, bringt A seinen gesamten Betrieb nach § 24 UmwStG zu Buchwerten in eine KG mit B ein, der eine Geldeinlage leistet. Kurze Zeit später kommt es zur Realteilung, bei der B den Teilbetrieb erhält, um ihn auf eigene Rechnung fortzuführen.

Lösung:

Der Vorgang ist nicht steuerneutral. Es handelt sich um die verdeckte Veräußerung des Teilbetriebs I nach § 16 Abs. 1 Satz 1 Nr. 1 i. V. m. § 34 EStG (vgl. auch BFH vom 11. 12. 2001, VIII R 23/01, BStBl. 2004 II S. 474).

II. Einbringung mit Zuzahlung zu Buchwerten

234 **24.08** Erhält der Einbringende neben dem Mitunternehmeranteil an der Personengesellschaft eine Zuzahlung, die nicht Betriebsvermögen der Personengesellschaft wird, ist davon auszugehen, dass
- der Einbringende Eigentumsanteile an den Wirtschaftsgütern des Betriebs veräußert und
- die ihm verbliebenen Eigentumsanteile für eigene Rechnung, sowie die veräußerten Eigentumsanteile für Rechnung des zuzahlenden Gesellschafters in das Betriebsvermögen der Personengesellschaft einlegt (vgl. BFH vom 18. 10. 1999, GrS 2/98, BStBl. 2000 II S. 123).

---

[1] Siehe aber *Vfg. OFD Frankfurt v. 24. 10. 2014 S 1978 d A – 4 – St 510, DStR 2015 S. 1312, BeckVerw 291272*, betr. Bilanzierungspflicht aufgrund der Anwendung des § 24 UmwStG bei Steuerpflichtigen, die ihren Gewinn nach § 4 Abs. 3 EStG ermitteln.

[2] Überholt durch *BMF-Schrb. v. 26. 7. 2016 IV C 6 – S 2178/09/10001, BStBl. 2016 I S. 684* zur Anwendung der BFH-Urteile v. 29. 7. 2015 IV R 15/14 (BStBl. 2016 II S. 593) und v. 4. 2. 2016 IV R 46/12 (BStBl. II S. 607): (…) Nach Auffassung des BFH sind Einbringungen in Personengesellschaften gegen Buchung auf einem Gesellschafterkonto nur dann entgeltliche Vorgänge und führen nur dann zur Gewährung von Gesellschaftsrechten, wenn ein Kapitalkonto angesprochen wird, nach dem sich die maßgebenden Gesellschaftsrechte, insbesondere das Gewinnbezugsrecht, richten (das ist in der Regel das Kapitalkonto I). Danach führt jedenfalls die ausschließliche Buchung auf dem Kapitalkonto II nicht zu einem entgeltlichen Vorgang und damit nicht zur Gewährung von Gesellschaftsrechten, sondern ist als Einlage zu behandeln. (…) Auf gemeinsamen Antrag des Übertragenden oder des Einbringenden und der übernehmenden Personengesellschaft kann in noch offenen Fällen die bisherige Verwaltungsauffassung in den BMF-Schreiben vom 11. Juli 2011 (BStBl. I S. 713) und vom 11. November 2011 (BStBl. I S. 1314), wonach auch eine Buchung auf dem Kapitalkonto II zu einer Gewährung von Gesellschaftsrechten führt, für Übertragungen und Einbringungen bis zum 31. Dezember 2016 weiterhin angewendet werden.

24.09 Der Gewinn, der durch eine Zuzahlung in das Privatvermögen des Einbringenden entsteht, kann nicht durch Erstellung einer negativen Ergänzungsbilanz vermieden werden (BFH vom 8. 12. 1994, IV R 82/92, BStBl. 1995 II S. 599 und BFH vom 16. 12. 2004, III R 38/00, BStBl. 2005 II S. 554). Eine Zuzahlung liegt auch vor, wenn mit ihr eine zugunsten des Einbringenden begründete Verbindlichkeit der Gesellschaft getilgt wird (BFH vom 8. 12. 1994, IV R 82/92, BStBl. 1995 II S. 599) oder durch die Einbringung private Verbindlichkeiten (z. B. Pflichtteilsansprüche) abgegolten werden (BFH vom 16. 12. 2004, III R 38/00, BStBl. 2005 II S. 554).

24.10 Die Veräußerung der Anteile an den Wirtschaftsgütern ist ein Geschäftsvorfall des einzubringenden Betriebs. Der hierbei erzielte Veräußerungserlös wird vor der Einbringung aus dem Betriebsvermögen entnommen. Anschließend wird der Betrieb so eingebracht, wie er sich nach der Entnahme des Veräußerungserlöses darstellt.

Beispiel:

A und B gründen eine OHG, die das Einzelunternehmen des A zu Buchwerten fortführen soll. Das Einzelunternehmen hat einen Buchwert von 100 000 € und einen gemeinen Wert von 300 000 €. A und B sollen an der OHG zu je 50% beteiligt sein. A erhält von B eine Zuzahlung i. H. v. 150 000 €, die nicht Betriebsvermögen der OHG wird.

Lösung:

Die Zahlung der 150 000 € durch B an A ist die Gegenleistung für den Verkauf von je ½ Miteigentumsanteilen an den Wirtschaftsgütern des Einzelunternehmens. Infolge dieser Vereinbarungen bringt A sein Einzelunternehmen sowohl für eigene Rechnung als auch für Rechnung des B in die OHG ein.
Der bei der Veräußerung der Anteile an den Wirtschaftsgütern erzielte Gewinn ist als laufender, nicht nach §§ 16, 34 EStG begünstigter Gewinn zu versteuern. Die Veräußerung eines Betriebs (§ 16 Abs. 1 Satz 1 Nr. 1 EStG) liegt nicht vor, weil nur Miteigentumsanteile an den Wirtschaftsgütern des Betriebs veräußert werden; die Veräußerung eines Mitunternehmeranteils (§ 16 Abs. 1 Satz 1 Nr. 2 EStG) liegt nicht vor, weil eine Mitunternehmerschaft im Zeitpunkt der Veräußerung der Miteigentumsanteile noch nicht bestand, sondern durch den Vorgang erst begründet wurde (BFH vom 18. 10. 1999, GrS 2/98, BStBl. 2000 II S. 123).

24.11 Unter Berücksichtigung der Umstände des Einzelfalls kann es geboten sein, nach den vorstehenden Grundsätzen auch dann zu verfahren, wenn die Zuzahlung zunächst Betriebsvermögen der Personengesellschaft wird und erst später entnommen wird. Bei wirtschaftlicher Betrachtungsweise kann die Zuführung der Zuzahlung zum Betriebsvermögen der Personengesellschaft und die Entnahme der Zuzahlung durch den Einbringenden nach den Vereinbarungen der Parteien den gleichen wirtschaftlichen Gehalt haben, wie eine Zuzahlung, die unmittelbar an den Einbringenden erfolgt (so auch BFH vom 8. 12. 1994, IV R 82/92, BStBl. 1995 II S. 599). Insbesondere wenn der Einbringende im Anschluss an die Einbringung größere Entnahmen tätigen darf und bei der Bemessung seines Gewinnanteils auf seinen ihm dann noch verbleibenden Kapitalanteil abgestellt wird, kann es erforderlich sein, den Zuzahlungsbetrag als unmittelbar in das Privatvermögen des Einbringenden geflossen anzusehen.

III. Einbringung mit Zuzahlung zu gemeinen Werten

24.12 Für den Fall der Aufnahme eines Gesellschafters in ein bestehendes Einzelunternehmen sind bei einer Einbringung zu gemeinen Werten – vorbehaltlich der Regelung des § 24 Abs. 3 Satz 3 UmwStG – die Begünstigungen des § 24 Abs. 3 Satz 2 UmwStG i. V. m. § 16 Abs. 4, § 34 EStG auch insoweit anzuwenden, als eine Zuzahlung in das Privatvermögen des Einbringenden erfolgt (BFH vom 21. 9. 2000, IV R 54/99, BStBl. 2001 II S. 178). Entsprechendes gilt im Fall der Aufnahme eines weiteren Gesellschafters in eine bestehende Personengesellschaft. 235

C. Ergänzungsbilanzen

24.13 Nach § 24 Abs. 2 Satz 2 UmwStG kann die Personengesellschaft das eingebrachte Betriebsvermögen in ihrer Bilanz einschließlich der Ergänzungsbilanzen für ihre Gesellschafter abweichend vom Grundsatz des § 24 Abs. 2 Satz 1 UmwStG auf Antrag mit seinem Buch- oder Zwischenwert ansetzen. Werden die Buchwerte des eingebrachten Betriebsvermögens aufgestockt, gilt Randnr. 03.25 f. entsprechend. Der Wert, mit dem das eingebrachte Betriebsvermögen in der Bilanz der Personengesellschaft einschließlich der Ergänzungsbilanzen für ihre Gesellschafter angesetzt wird, gilt nach § 24 Abs. 3 Satz 1 UmwStG für den Einbringenden als Veräußerungspreis. 236

24.14 Bei der Einbringung eines Betriebs, Teilbetriebs oder Mitunternehmeranteils in eine Personengesellschaft werden in der Praxis die Buchwerte des eingebrachten Betriebsvermögens in der Bilanz der Personengesellschaft aufgestockt, um die Kapitalkonten der Gesellschafter im richtigen Verhältnis zueinander auszuweisen (Bruttomethode). Es kommt auch vor, dass ein Gesellschafter als Gesellschaftseinlage einen höheren Beitrag leisten muss, als ihm in der Bilanz der Personengesellschaft als Kapitalkonto gutgeschrieben wird (Nettomethode). In diesen Fällen haben die Gesellschafter der Personengesellschaft Ergänzungsbilanzen zu bilden, soweit ein Antrag nach § 24 Abs. 2 Satz 2 UmwStG gestellt wird und dadurch die sofortige Versteuerung eines Veräußerungsgewinns für den Einbringenden vermieden werden soll.

Beispiel:

A unterhält ein Einzelunternehmen mit einem buchmäßigen Eigenkapital von 100 000 €. In den Wirtschaftsgütern des Einzelunternehmens sind stille Reserven von 200 000 € enthalten. Der gemeine Wert des Unternehmens beträgt 300 000 €. Die Schlussbilanz des A im Zeitpunkt der Einbringung sieht wie folgt aus:

	Gemeiner Wert	Buchwert		*Gemeiner Wert*	Buchwert
Aktiva diverse	*300 000 €*	100 000 €	Kapital		100 000 €
	(300 000 €)	100 000 €			100 000 €

In das Einzelunternehmen des A tritt B als Gesellschafter ein; A bringt also sein Einzelunternehmen in die neue von ihm und B gebildete Personengesellschaft ein. A und B sollen an der neuen Personengesellschaft zu je 50% beteiligt sein. B leistet deshalb eine Bareinlage von 300 000 €. Die Kapitalkonten von A und B sollen in der Bilanz der Personengesellschaft gleich hoch sein. Die Personengesellschaft stellt den Antrag auf Ansatz der Buchwerte nach § 24 Abs. 2 Satz 2 UmwStG.
Die Eröffnungsbilanz der Personengesellschaft lautet wie folgt:

	Buchwert		Buchwert
Aktiva diverse (A)	100 000 €	Kapital A	200 000 €
Bank (Bareinlage B)	300 000 €	Kapital B	200 000 €
	400 000 €		400 000 €

Lösung:

Da B eine Einlage von 300 000 € geleistet hat, hat er 100 000 € mehr gezahlt, als sein buchmäßiges Kapital in der Bilanz der neuen Personengesellschaft beträgt (B hat mit diesen 100 000 € praktisch dem A die Hälfte der stillen Reserven „abgekauft"). Er muss in diesem Fall sein in der Bilanz der Personengesellschaft nicht ausgewiesenes Mehrkapital von 100 000 € in einer Ergänzungsbilanz ausweisen. Auf diese Weise wird sichergestellt, dass die aktivierungspflichtigen Anschaffungskosten des B (300 000 € × $1/2$ = 150 000 €) für die erlangten Anteile an den Wirtschaftsgütern des bisherigen Einzelunternehmens i. R. d. Gewinnverteilung berücksichtigt werden (BFH vom 25. 4. 2006, VIII R 52/04, BStBl. II S. 847).
Die positive Ergänzungsbilanz des B hat den folgenden Inhalt:

	Buchwert		Buchwert
Aktiva diverse	100 000 €	Mehrkapital B	100 000 €
	100 000 €		100 000 €

Das von A in die Personengesellschaft eingebrachte Betriebsvermögen ist danach in der Bilanz der Personengesellschaft einschließlich der Ergänzungsbilanz des Gesellschafters B mit insgesamt 200 000 € ausgewiesen (mit 100 000 € in der Gesamthandsbilanz der Personengesellschaft und mit 100 000 € in der Ergänzungsbilanz des B). Es war bisher bei A nur mit 100 000 € angesetzt. Es würde sich danach für A ein Veräußerungsgewinn von 100 000 € ergeben.
A muss diesen Veräußerungsgewinn dadurch neutralisieren, dass er seinerseits eine Ergänzungsbilanz aufstellt und in dieser dem in der Ergänzungsbilanz des B ausgewiesenen Mehrwert für die Aktiva von 100 000 € einen entsprechenden Minderwert gegenüberstellt, sog. negative Ergänzungsbilanz.
Diese negative Ergänzungsbilanz des A sieht wie folgt aus:

	Buchwert		Buchwert
Minderkapital A	100 000 €	Aktiva diverse	100 000 €
	100 000 €		100 000 €

Das eingebrachte Betriebsvermögen ist nunmehr in der Bilanz der Personengesellschaft und den Ergänzungsbilanzen ihrer Gesellschafter insgesamt wie folgt ausgewiesen: mit 100 000 € in der Bilanz der Personengesellschaft zuzüglich 100 000 € in der Ergänzungsbilanz des B abzüglich 100 000 € in der Ergänzungsbilanz des A, insgesamt also mit 100 000 €. Dieser Wert ist nach § 24 Abs. 3 UmwStG für die Ermittlung des Veräußerungsgewinns des A bei der Einbringung maßgebend.
Da der Buchwert des eingebrachten Betriebsvermögens in der Schlussbilanz des A ebenfalls 100 000 € betragen hat, entsteht für A kein Veräußerungsgewinn.
Die Ergänzungsbilanzen für A und B sind auch bei der künftigen Gewinnermittlung zu berücksichtigen und korrespondierend weiterzuentwickeln. Dabei ergibt sich z. B. gegenüber der Bilanz der Personengesellschaft für den Gesellschafter B aus seiner (positiven) Ergänzungsbilanz ein zusätzliches AfA-Volumen und für den Gesellschafter A aus seiner (negativen) Ergänzungsbilanz eine Minderung seines AfA-Volumens (vgl. hierzu auch BFH vom 28. 9. 1995, IV R 57/94, BStBl. 1996 II S. 68). Die aus der korrespondierend zur positiven Ergänzungsbilanz des einbringenden Mitunternehmers spiegelbildlich fortlaufend jährlich vorzunehmende Auflösung der negativen Ergänzungsbilanz ist als laufender Gewinn zu erfassen (BFH vom 25. 4. 2006, VIII R 52/04, BStBl. II S. 847).
Würde das von A eingebrachte Betriebsvermögen in der Eröffnungsbilanz der Personengesellschaft nicht mit seinem Buchwert von 100 000 €, sondern mit seinem wahren Wert von 300 000 € angesetzt werden und würden demgemäß die Kapitalkonten von A und B mit je 300 000 € ausgewiesen werden (Bruttomethode), müsste A bei Beantragung der Buchwertfortführung durch die übernehmende Personengesellschaft eine negative Ergänzungsbilanz mit einem Minderkapital von 200 000 € aufstellen; für B entfiele in diesem Fall eine Ergänzungsbilanz.

D. Anwendung der §§ 16, 34 EStG bei Einbringung zum gemeinen Wert

237 **24.15** Auf einen bei der Einbringung eines Betriebs, Teilbetriebs oder gesamten Mitunternehmeranteils in eine Personengesellschaft entstehenden Veräußerungsgewinn sind § 16 Abs. 4 und § 34 EStG nur anzuwenden, wenn das eingebrachte Betriebsvermögen in der Bilanz der Personengesellschaft einschließlich der Sonder- und Ergänzungsbilanzen der Gesellschafter mit dem gemeinen Wert angesetzt wird; dabei ist auch ein vorhandener Firmen- oder Geschäftswert mit auszuweisen (vgl. Randnr. 23.17).

24.16 Durch die Verweisung auf § 16 Abs. 2 Satz 3 EStG in § 24 Abs. 3 Satz 3 UmwStG ist klargestellt, dass der Einbringungsgewinn stets als laufender, nicht nach §§ 16, 34 EStG begünstigter Gewinn anzusehen ist, soweit der Einbringende wirtschaftlich gesehen „an sich selbst" veräußert.

§ 24 Abs. 3 Satz 3 UmwStG stellt bei der Betrachtung, ob eine Veräußerung an sich selbst vorliegt, nicht auf den einzelnen Gesellschafter, sondern auf die einbringenden Gesellschafter in ihrer gesamthänderischen Verbundenheit ab.

Beispiel:

An einer OHG sind vier Gesellschafter zu je $1/4$ beteiligt. Es soll gegen Bareinlage in das Betriebsvermögen ein fünfter Gesellschafter so aufgenommen werden, dass alle Gesellschafter anschließend zu je $1/5$ beteiligt sind.

Lösung:

Wirtschaftlich gesehen gibt jeder der Altgesellschafter 1/5 an den Neuen ab; er veräußert also zu 4/5 „an sich selbst". Ein bei Ansatz der gemeinen Werte entstehender Gewinn ist nach der Regelung in § 24 Abs. 3 Satz 3 UmwStG i. V. m. § 16 Abs. 2 Satz 3 EStG daher zu 4/5 nicht begünstigt.

24.17 Gewinne, die i. R. einer Betriebsveräußerung oder Betriebseinbringung nach § 16 Abs. 2 Satz 3 EStG bzw. § 24 Abs. 3 Satz 3 UmwStG kraft gesetzlicher Anordnung als laufende Gewinne behandelt werden, sind gewerbesteuerpflichtig. Die gesetzliche Fiktion der Behandlung als laufender Gewinn erstreckt sich in diesen Fällen auch auf die Gewerbesteuer (BFH vom 15. 6. 2004, VIII R 7/01, BStBl. II S. 754).

E. Besonderheiten bei der Einbringung von Anteilen an Körperschaften, Personenvereinigungen und Vermögensmassen (§ 24 Abs. 5 UmwStG)

I. Allgemeines

24.18 Werden Anteile an Körperschaften, Personenvereinigungen oder Vermögensmassen von einem Einbringenden, bei dem der Gewinn aus der Veräußerung der Anteile im Einbringungszeitpunkt nicht nach § 8 b Abs. 2 KStG steuerfrei gewesen wäre, gem. § 24 Abs. 1 UmwStG unter dem gemeinen Wert in eine Personengesellschaft eingebracht und werden die eingebrachten Anteile innerhalb eines Zeitraums von sieben Jahren nach dem Einbringungszeitpunkt veräußert, ist § 24 Abs. 5 UmwStG anzuwenden. Die eingebrachten Anteile gelten insoweit als sperrfristbehaftete Anteile. Der Veräußerung der sperrfristbehafteten Anteile ist deren Weiterübertragung durch die in § 22 Abs. 1 Satz 6 Nr. 1 bis 5 UmwStG genannten Vorgänge gleichgestellt. 238

24.19 Die Veräußerung der sperrfristbehafteten Anteile oder deren Weiterübertragung durch einen Vorgang i. S. d. § 22 Abs. 1 Satz 6 Nr. 1 bis 5 UmwStG lösen grundsätzlich die rückwirkende Besteuerung eines Einbringungsgewinns beim Einbringenden im Einbringungszeitpunkt durch Ansatz der eingebrachten Anteile mit dem gemeinen Wert aus. Die Veräußerung der Anteile und die gleichgestellten Vorgänge gelten dabei im Hinblick auf die Steuerfestsetzung des Einbringenden im Einbringungsjahr als rückwirkendes Ereignis i. S. d. § 175 Abs. 1 Satz 1 Nr. 2 AO.

24.20 Wird nur ein Teil der sperrfristbehafteten Anteile veräußert oder durch einen der Veräußerung gleichgestellten Vorgang weiterübertragen, erfolgt auch die rückwirkende Einbringungsgewinnbesteuerung nur anteilig.

24.21 Ein rückwirkender Einbringungsgewinn ist nur zu ermitteln, soweit beim Einbringenden der Gewinn aus der Veräußerung der sperrfristbehafteten Anteile im Einbringungszeitpunkt nicht nach § 8 b Abs. 2 KStG steuerfrei gewesen wäre und die bis zum Einbringungszeitpunkt entstandenen stillen Reserven infolge der Veräußerung der Anteile oder der Weiterübertragung der Anteile durch einen gleichgestellten Vorgang i. S. d. § 22 Abs. 1 Satz 6 Nr. 1 bis 5 UmwStG der Steuerbefreiung nach § 8 b Abs. 2 KStG unterliegen (= Statusverbesserung). Wird Betriebsvermögen einer Personengesellschaft eingebracht oder ist Mitunternehmer der aufnehmenden Personengesellschaft eine Personengesellschaft, ist für die Anwendung des § 8 b Abs. 2 KStG auf Ebene der Personengesellschaft und die Zurechnung der stillen Reserven auf die dahinter stehenden Steuersubjekte abzustellen (Transparenzprinzip).

24.22 Die steuerliche Behandlung der Veräußerung oder Weiterübertragung der sperrfristbehafteten Anteile bei der Personengesellschaft erfolgt nach den allgemeinen ertragsteuerlichen Vorschriften (insbesondere §§ 13, 15, 16, 18 i. V. m. § 3 Nr. 40 EStG oder § 8 b Abs. 2 und 3 KStG).

II. Anteile an Körperschaften, Personenvereinigungen und Vermögensmassen

24.23 Der Anwendungsbereich des § 24 Abs. 5 UmwStG umfasst Anteile an Körperschaften, Personenvereinigungen oder Vermögensmassen, deren Leistungen beim Empfänger zu Einnahmen i. S. d. § 20 Abs. 1 Nr. 1, 2, 9 oder 10 Buchstabe a EStG führen. 239

§ 24 Abs. 5 UmwStG ist bei einbringungsgeborenen Anteilen i. S. d. § 21 Abs. 1 UmwStG 1995 nicht anzuwenden, wenn der Gewinn aus der Veräußerung oder einem gleichgestellten Ereignis i. S. d. § 22 Abs. 1 Satz 6 Nr. 1 bis 5 UmwStG nicht der Steuerbefreiung nach § 3 Nr. 40 Satz 1 Buchstabe a oder b EStG oder § 8 b Abs. 2 KStG unterliegt, weil § 3 Nr. 40 Satz 3 und 4 EStG a. F. bzw. § 8 b Abs. 4 KStG a. F. weiter anzuwenden sind (§ 27 Abs. 4 UmwStG i. V. m. § 52 Abs. 4 b Satz 2 EStG bzw. § 34 Abs. 7 a KStG).

Sind die Fristen der § 3 Nr. 40 Satz 4 EStG a. F. bzw. § 8 b Abs. 4 Satz 2 KStG a. F. im Zeitpunkt der Veräußerung bzw. des gleichgestellten Ereignisses abgelaufen, findet § 24 Abs. 5 UmwStG Anwendung. Ist im Zeitpunkt der Einbringung nach § 24 UmwStG die ursprüngliche Siebenjahresfrist noch nicht abgelaufen, gilt Randnr. 20.39 entsprechend.

III. Einbringung durch nicht nach § 8 b Abs. 2 KStG begünstigte Personen

24.24 Die rückwirkende Besteuerung eines Einbringungsgewinns setzt voraus, dass der Einbringende keine durch § 8 b Abs. 2 KStG begünstigte Person ist (vgl. Randnr. 22.12). 240

Zum Umfang der Anwendung des § 8 b Abs. 2 KStG bei der Miteinbringung von Anteilen durch eine Personengesellschaft vgl. Randnr. 24.21.

IV. Veräußerung und gleichgestellte Ereignisse der Weiterübertragung

24.25 Die übernehmende Personengesellschaft oder deren Rechtsnachfolger bzw. die Personen, bei denen sich die Zurechnung der stillen Reserven mittelbar auf den Gewinn auswirkt, können durch Veräußerung oder Weiterübertragung der eingebrachten Anteile innerhalb des Siebenjahreszeitraums die rückwirkende Besteuerung eines Einbringungsgewinns auslösen. Als Veräußerung gilt auch die Aufgabe des Betriebs der Personengesellschaft (§ 16 Abs. 3 Satz 1 EStG). 241

24.26 Im Hinblick auf die Frage der Auslösung der rückwirkenden Einbringungsgewinnbesteuerung durch der Veräußerung gleichgestellte Ersatzrealisationstatbestände gelten die vorstehenden Ausführungen zu § 22 UmwStG (vgl. insbesondere Randnr. 22.20, 22.21 ff., 22.28 ff., 22.38 ff., 22.41 f. und 22.43 ff.) entsprechend.

24.27 Werden die im Zuge der (Mit-)Einbringung von Anteilen erhaltenen Mitunternehmeranteile nach § 24 Abs. 1 UmwStG mit einem Wert unterhalb des gemeinen Werts in eine Personengesellschaft eingebracht und wird die übernehmende Personengesellschaft dadurch Mitunternehmerin der Personengesellschaft, deren Anteile eingebracht worden sind, liegt eine Einbringung i. S. d. § 24 Abs. 5 UmwStG vor, die einen neuen Siebenjahreszeitraum auslöst. Auch die (mittelbare) Veräußerung oder Weiterübertragung der (mit-)eingebrachten Anteile durch eine Untergesellschaft löst innerhalb dieses Siebenjahreszeitraums die rückwirkende Einbringungsgewinnbesteuerung aus.

V. Ermittlung und ertragsteuerliche Behandlung des Einbringungsgewinns

242 **24.28** In entsprechender Anwendung des § 22 Abs. 2 Satz 3 UmwStG ist durch (anteiligen) Ansatz des gemeinen Werts abweichend von § 24 Abs. 2 Satz 2 UmwStG für die sperrfristbehafteten Anteile rückwirkend ein Einbringungsgewinn zu ermitteln, der vermindert um jeweils ein Siebtel für jedes seit dem Einbringungszeitpunkt abgelaufene Zeitjahr im Wirtschaftsjahr der Einbringung beim Einbringenden der Besteuerung zu Grunde zu legen ist. Die Steuerfestsetzung bzw. Feststellung des Gewinns ist insoweit gem. § 175 Abs. 1 Satz 1 Nr. 2 AO zu ändern (§ 22 Abs. 2 Satz 2 UmwStG). Der Einbringungsgewinn ermittelt sich nach § 24 Abs. 5 i. V. m. § 22 Abs. 2 Satz 3 UmwStG wie folgt:

Anteiliger gemeiner Wert der Anteile
./. anteilige Kosten für Vermögensübergang
./. anteiliger Einbringungswert (§ 24 Abs. 2 Satz 2 UmwStG)
= Einbringungsgewinn vor Siebtelregelung
./. je $1/7$ für seit dem Einbringungszeitpunkt abgelaufene Zeitjahre
= Einbringungsgewinn

Soweit der Einbringungsgewinn einer natürlichen Person zuzurechnen ist, führt er zu einem laufenden Gewinn i. S. d. § 3 Nr. 40 Satz 1 Buchstabe b EStG. § 16 Abs. 4 EStG und § 34 EStG sind nicht anzuwenden (§ 22 Abs. 2 Satz 1 zweiter Halbsatz UmwStG). Hinsichtlich der Zugehörigkeit des Einbringungsgewinns zum Gewerbeertrag gelten die allgemeinen Grundsätze (vgl. § 7 Satz 2 GewStG; R 7 Abs. 3 GewStR). D. h., soweit er auf eine natürliche Person als Einzelunternehmer oder als unmittelbar beteiligter Mitunternehmer entfällt, gehört er nur anteilig zum Gewerbeertrag (§ 24 Abs. 3 Satz 3 UmwStG). Der Einbringungsgewinn erhöht unter den Voraussetzungen des § 23 Abs. 2 UmwStG die Anschaffungskosten der von § 8b Abs. 2 KStG begünstigten Person. Der Einbringungsgewinn erhöht das Kapitalkonto des Einbringenden i. S. d. § 16 EStG (§ 22 Abs. 2 Satz 4 UmwStG).

Die Randnr. 22.09 f. und 22.13 gelten entsprechend.

VI. Nachweispflichten

243 **24.29** In entsprechender Anwendung des § 22 Abs. 3 Satz 1 Nr. 2 UmwStG hat der Einbringende in den dem Einbringungszeitpunkt folgenden sieben Jahren jährlich spätestens bis zum 31. 5. den Nachweis darüber zu erbringen, wem mit Ablauf des Tages, der dem maßgebenden Einbringungszeitpunkt entspricht, die eingebrachten Anteile und die auf diesen Anteilen beruhenden Anteile zuzurechnen sind.

In den Fällen des Eintritts eines weiteren Gesellschafters in eine bestehende Personengesellschaft gegen Einlage in das Gesamthandsvermögen sowie der Kapitalerhöhung kann auch die Personengesellschaft den Nachweis gegenüber dem für sie zuständigen Finanzamt mit befreiender Wirkung für die Einbringenden erbringen. Im Übrigen gelten die Randnr. 22.28 ff. entsprechend.

VII. Bescheinigungsverfahren

244 **24.30** Randnr. 22.38 ff. gelten entsprechend.

VIII. Unentgeltliche Rechtsnachfolge

245 **24.31** Randnr. 22.41 gilt entsprechend.

IX. Mitverstrickung von Anteilen

246 **24.32** Gehen i. R. einer Kapitalerhöhung aus Gesellschaftermitteln bei der Gesellschaft, deren Anteile eingebracht worden sind, stille Reserven auf andere (neue) Anteile der übernehmenden Personengesellschaft über, gelten insoweit auch diese anderen Anteile als sperrfristbehaftet (§ 22 Abs. 7 UmwStG). Randnr. 22.46 gilt entsprechend.

X. Auswirkungen bei der übernehmenden Gesellschaft

247 **24.33** Randnr. 23.12 f. gelten entsprechend.

Achter Teil. Formwechsel einer Personengesellschaft in eine Kapitalgesellschaft oder Genossenschaft (§ 25 UmwStG)

250 **25.01** Im UmwStG wird der Formwechsel gem. § 25 UmwStG durch den Verweis auf die entsprechende Anwendung der §§ 20 bis 23 UmwStG wie eine übertragende Umwandlung behandelt. Die Ausführungen zu den Randnr. 20.01–23.21 sind daher in den Fällen des Formwechsels gem. § 25 UmwStG entsprechend anzuwenden.

Neunter Teil. Verhinderung von Missbräuchen (§ 26 UmwStG)

26.01 [unbesetzt] 255

Zehnter Teil. Anwendungsvorschriften und Ermächtigung

A. Allgemeines

27.01 Zu Besonderheiten bei der Behandlung einbringungsgeborener Anteile i. S. d. § 21 UmwStG 1995 siehe auch die Randnr. 20.38 ff. 260

27.02 Nach § 27 Abs. 3 UmwStG ist auf die einbringungsgeborenen Anteile i. S. d. § 21 UmwStG 1995 weiterhin das alte Recht anzuwenden. Dies gilt sowohl in den Fällen der Sacheinlage als auch in den Fällen des Anteilstauschs. Bei einer Veräußerung von sperrfristbehafteten Anteilen ist deshalb auch zu prüfen, ob einbringungsgeborene Anteile i. S. d. § 21 UmwStG 1995 vorliegen. Ist dies der Fall, kommt es zu einem Nebeneinander der alten und der neuen Steuerverhaftungsvorschriften. Beruhen die veräußerten Anteile auf einer Sacheinlage oder einem Anteilstausch vor dem Stichtag 13. 12. 2006 und liegen deshalb einbringungsgeborene Anteile i. S. d. § 21 UmwStG 1995 vor, sind zusätzlich die alten Steuerverhaftungsregelungen zu beachten. Diese sehen – genauso wie das neue Recht – eine siebenjährige Sperrfrist vor. Nach § 52 Abs. 4 d Satz 2 EStG und § 34 Abs. 7 a KStG gelten § 3 Nr. 40 Satz 3 und 4 EStG a. F. und § 8 b Abs. 4 KStG a. F. auch weiterhin für einbringungsgeborene Anteile i. S. d. § 21 UmwStG 1995. Werden also einbringungsgeborene Anteile innerhalb der siebenjährigen Sperrfrist veräußert, ist z. B. bei natürlichen Personen das Halb- bzw. Teileinkünfteverfahren nicht anwendbar.

B. Veräußerung der auf einer Sacheinlage beruhenden Anteile

I. Grundfall

27.03 Veräußert eine natürliche Person einbringungsgeborene Anteile i. S. d. § 21 UmwStG 1995, die sie für die Einbringung eines Betriebs, Teilbetriebs oder Mitunternehmeranteils erhalten hat, dann richten sich die steuerlichen Folgen gem. § 3 Nr. 40 Satz 3 und 4 EStG a. F i. V. m. § 52 Abs. 4 d Satz 2 EStG weiterhin nach dem alten Recht. Sofern die siebenjährige Sperrfrist des alten Rechts im Veräußerungszeitpunkt noch nicht abgelaufen ist, ist der Veräußerungsgewinn in voller Höhe zu versteuern. Nach Ablauf der siebenjährigen Sperrfrist alten Rechts sind gem. § 3 Nr. 40 Satz 1 Buchstabe b EStG i. V. m. § 3 Nr. 40 Satz 3 und 4 Buchstabe a EStG 50% bzw. 60% des Veräußerungsgewinns zu versteuern. Bei der Berechnung der Sperrfrist ist auf den steuerlichen Übertragungsstichtag (§ 20 Abs. 7 und 8 UmwStG 1995) abzustellen. Es kommt nicht zusätzlich zu einer Einbringungsgewinnbesteuerung, auch wenn der Veräußerungsgewinn i. S. d. § 3 Nr. 40 Satz 3 und 4 EStG a. F. bzw. § 8 b Abs. 4 KStG a. F. niedriger als ein Einbringungsgewinn ist (vgl. Randnr. 27.07). 261

II. Weitereinbringungsfall

27.04 Die siebenjährige Sperrfrist alten Rechts ist auch dann anwendbar, wenn einbringungsgeborene Anteile i. S. d. § 21 UmwStG 1995 nach dem 12. 12. 2006 – also im zeitlichen Anwendungsbereich des neuen Rechts – in eine Kapitalgesellschaft eingebracht werden und anschließend die auf dieser Weitereinbringung beruhenden Anteile veräußert werden. Zwar ist die Weitereinbringung in diesem Fall grundsätzlich nach neuem Recht zu beurteilen. Nach § 21 Abs. 2 Satz 6 i. V. m. § 20 Abs. 3 Satz 4 UmwStG gelten allerdings die als Gegenleistung für die Einbringung von einbringungsgeborenen Anteilen erhaltenen Anteile ebenfalls als einbringungsgeborene Anteile i. S. d. § 21 UmwStG 1995. Infolgedessen sind sowohl die für die Weitereinbringung erhaltenen Anteile als auch die zuvor eingebrachten Anteile einbringungsgeborene Anteile i. S. d. § 21 UmwStG 1995, auf welche jeweils die Sperrfristregelungen des alten Rechts anzuwenden sind. 262

27.05 Der Gewinn aus der Veräußerung der erhaltenen und ebenfalls als einbringungsgeboren geltenden Anteile innerhalb der siebenjährigen Sperrfrist des alten Rechts ist deshalb sowohl bei einer natürlichen Person als Einbringendem (§ 3 Nr. 40 Satz 3 und 4 a. F. i. V. m. § 52 Abs. 4 d Satz 2 EStG) als auch bei einer Körperschaft als Einbringendem (§ 8 b Abs. 4 Satz 1 Nr. 1, Satz 2 Nr. 1 KStG a. F. i. V. m. § 34 Abs. 7 a KStG) in voller Höhe zu versteuern. Dabei beginnt für die aufgrund der Weitereinbringung erhaltenen und aufgrund der Gesetzesfiktion ebenfalls als einbringungsgeboren geltenden Anteile keine neue siebenjährige Sperrfrist nach altem Recht zu laufen, sondern diese Anteile treten in die bereits laufende Sperrfrist der zuvor eingebrachten Anteile ein (vgl. Randnr. 20.39). Erst nach Ablauf der siebenjährigen Sperrfrist bezüglich der eingebrachten Anteile kommt für den Gewinn aus der Veräußerung der durch die Weitereinbringung erhaltenen Anteile bei natürlichen Personen die hälftige bzw. 40%ige und bei Kapitalgesellschaften die volle Steuerbefreiung (§ 3 Nr. 40 Satz 1 EStG, § 8 b Abs. 2 KStG) zur Anwendung. Die grundsätzliche Steuerverhaftung der als einbringungsgeboren geltenden Anteile bleibt unabhängig von der Höhe der Beteiligung zeitlich unbegrenzt bestehen (vgl. Randnr. 20.38).

27.06 Die Kapitalgesellschaft, in die die einbringungsgeborenen Anteile eingebracht wurden, tritt insoweit in die Rechtsstellung der einbringenden natürlichen Person ein und muss nach § 8 b Abs. 4 Satz 1 Nr. 1, Satz 2 Nr. 1 KStG a. F. i. V. m. § 34 Abs. 7 a KStG den Gewinn aus der Veräußerung dieser Anteile innerhalb der siebenjährigen Sperrfrist alten Rechts ebenfalls in voller Höhe versteuern. Erst nach Ablauf der siebenjährigen Sperrfrist ist der Gewinn aus der Veräußerung der eingebrachten Anteile nach § 8 b Abs. 2, Abs. 3 Satz 1 KStG bei der Kapitalgesellschaft steuerfrei.

27.07 Die Weitereinbringung der einbringungsgeborenen Anteile beinhaltet zwar gleichzeitig auch einen dem neuen Recht unterliegenden Anteilstausch gem. § 21 UmwStG. Nach § 27 Abs. 4 UmwStG kommt aber die für den Anteilstausch geltende Sperrfristregelung des neuen Rechts gem. § 22 Abs. 2 UmwStG gleichwohl nicht zur Anwendung, weil für diesen Fall in § 27 Abs. 4 UmwStG ausdrücklich ein Vorrang der Sperrfristregelungen nach altem Recht festgelegt wurde. Die innerhalb der siebenjährigen

Frist des alten Rechts in voller Höhe steuerpflichtige Veräußerung der eingebrachten Anteile durch die aufnehmende Kapitalgesellschaft oder Genossenschaft führt daher nicht zur zusätzlichen Entstehung eines Einbringungsgewinns II i. S. d. § 22 Abs. 2 UmwStG.

C. Veräußerung der auf einem Anteilstausch beruhenden Anteile

I. Grundfall

263 **27.08** Veräußert eine natürliche Person oder eine Körperschaft Anteile, die sie i. R. eines Anteilstauschs (§ 21 UmwStG 1995) erhalten hat und die ebenfalls als einbringungsgeboren i. S. d. § 21 UmwStG 1995 gelten (siehe § 21 Abs. 2 Satz 6 i. V. m. § 20 Abs. 3 Satz 4 UmwStG), richtet sich die Behandlung dieses Vorgangs auch hier weiterhin nach altem Recht. Wenn die i. R. d. Anteilstauschs hingegebenen Anteile nicht mittelbar auf eine Sacheinlage innerhalb der siebenjährigen Sperrfrist zurückzuführen sind, sind die Beschränkungen der § 3 Nr. 40 Satz 3 und 4 EStG a. F. und § 8 b Abs. 4 KStG a. F. nicht anwendbar.

27.09 Bei der Veräußerung der durch den Anteilstausch in die Kapitalgesellschaft eingebrachten Anteile muss die Kapitalgesellschaft den Gewinn aus der Veräußerung der eingebrachten Anteile innerhalb der siebenjährigen Sperrfrist des alten Rechts in voller Höhe versteuern, wenn die Anteile von einer natürlichen Person eingebracht wurden. Denn es handelt sich um eingebrachte Anteile i. S. d. § 8 b Abs. 4 Satz 1 Nr. 2 KStG a. F., die gem. § 8 b Abs. 4 Satz 1 Nr. 2, Satz 2 Nr. 1 KStG a. F. i. V. m. § 34 Abs. 7 a KStG auf einer Übertragung bis zum 12. 12. 2006 beruhen.

II. Weitereinbringungsfälle beim Anteilstausch

1. Weitereinbringung durch die natürliche Person

264 **27.10** Werden die nach altem Recht von einer natürlichen Person im Wege des Anteilstauschs erhaltenen einbringungsgeborenen Anteile i. S. d. § 21 UmwStG 1995 von der natürlichen Person nach dem 12. 12. 2006 – also im zeitlichen Anwendungsbereich des neuen Rechts – in eine zweite Kapitalgesellschaft eingebracht, unterliegt die Veräußerung der aus dieser Weitereinbringung erhaltenen sperrfristbehafteten Anteile durch die natürliche Person innerhalb der siebenjährigen Sperrfrist des alten Rechts dem Halb- bzw. Teileinkünfteverfahren.

Beispiel:

Die natürliche Person A hält 100% der Anteile an der A-GmbH, die sie durch eine Bargründung erworben hat. Zum 31. 12. 2005 hat A die Anteile an der A-GmbH steuerneutral in die B-GmbH eingebracht und als Gegenleistung hierfür neue Anteile an der B-GmbH erhalten (Anteilstausch in Inland). Zum 31. 12. 2007 bringt A die Anteile an der B-GmbH steuerneutral gem. § 21 UmwStG in die C-GmbH ein. Am 30. 9. 2008 veräußert A die Anteile an der C-GmbH.

Lösung:

A veräußert im Jahre 2008 einbringungsgeborene Anteile, da die Anteile an der C-GmbH gem. § 21 Abs. 2 Satz 6 i. V. m. § 20 Abs. 3 Satz 4 UmwStG n. F. zu 100% als einbringungsgeborene Anteile i. S. d. § 21 UmwStG 1995 gelten. Nach § 3 Nr. 40 Satz 3 EStG a. F., der noch anzuwenden ist, wäre der Veräußerungsgewinn im Jahre 2008 in voller Höhe steuerpflichtig, da die siebenjährige Sperrfrist des § 3 Nr. 40 Satz 4 Buchstabe a erster Halbsatz EStG a. F. im Zeitpunkt der Veräußerung noch nicht abgelaufen ist. Fraglich ist, ob die Rückausnahme des § 3 Nr. 40 Satz 4 Buchstabe b erster Halbsatz EStG a. F. eingreift, denn die Anteile wurden nicht aufgrund eines Anteilstauschs nach § 20 Abs. 1 Satz 2 UmwStG 1995, sondern aufgrund eines Anteilstauschs nach § 21 UmwStG n. F. erworben. § 21 UmwStG n. F. nennt § 3 Nr. 40 Satz 4 Buchstabe b erster Halbsatz EStG a. F. aber nicht, so dass nach dem Wortlaut der Vorschrift der Veräußerungsgewinn innerhalb der siebenjährigen Sperrfrist in voller Höhe steuerpflichtig wäre. Aus Billigkeitsgründen kommt aber in diesem Fall die 40%ige Steuerbefreiung gem. dem Teileinkünfteverfahren zur Anwendung.

2. Weitereinbringung durch die aufnehmende (erste) Kapitalgesellschaft

265 **27.11** Werden die nach altem Recht von einer natürlichen Person im Wege des Anteilstauschs in eine Kapitalgesellschaft eingebrachten Anteile anschließend von dieser Kapitalgesellschaft nach dem 12. 12. 2006 – also im zeitlichen Anwendungsbereich des neuen Rechts – in eine zweite Kapitalgesellschaft weiter eingebracht und anschließend von der zweiten Kapitalgesellschaft veräußert, ist die alte Sperrfrist des § 8 b Abs. 4 Satz 1 Nr. 2 KStG a. F. für Anteile, die auf einer Einbringung durch eine natürliche Person innerhalb der letzten sieben Jahre beruhen, gem. § 34 Abs. 7 a KStG auch weiterhin anzuwenden, weil es sich um eingebrachte Anteile i. S. v. § 8 b Abs. 4 Satz 1 Nr. 2 KStG a. F. handelt, die auf einer Übertragung bis zum 12. 12. 2006 beruhen. Dabei ist nicht auf die Übertragung i. R. d. Weitereinbringung, sondern auf die Übertragung i. R. d. (ursprünglichen) Anteilstauschs abzustellen.

D. Wechselwirkung zwischen altem und neuem Recht

266 **27.12** Ein Einbringungsgewinn II, der auf die Einbringung von einbringungeborenen Anteilen i. S. d. § 21 UmwStG 1995 entfällt, die erst nach Ablauf der siebenjährigen Sperrfrist des alten Rechts veräußert werden, ist voll steuerpflichtig und nicht nach den Regelungen des Halb- bzw. Teileinkünfteverfahrens voll oder teilweise steuerfrei, wenn der Einbringungszeitpunkt innerhalb der für die einbringungsgeborenen Anteile alten Rechts geltenden siebenjährigen Sperrfrist liegt.

Beispiel:

A ist Inhaber eines Einzelunternehmens, das er in 2002 in eine neu gegründete GmbH 1 (Buchwert 100 000 €, gemeiner Wert 800 000 €) einbringt. Die GmbH 1 setzt das übernommene Vermögen mit dem Buchwert an. Die neuen Anteile an der GmbH 1 sind einbringungsgeborene Anteile i. S. d. § 21 Abs. 1 UmwStG 1995. Im Januar 2007 bringt A die Anteile an der GmbH 1 in die GmbH 2 gegen Gewährung von neuen Anteilen ein. Die übernehmende GmbH 2 setzt die eingebrachten Anteile an der GmbH 1 mit dem bisherigen Buchwert an (Buchwert 100 000 €, gemeiner Wert 900 000 €). Im Juni 2010 veräußert die GmbH 2 die eingebrachten einbringungsgeborenen Anteile an der GmbH 1 für 1 100 000 €.

Lösung:

Die von der GmbH 2 veräußerten Anteile an der GmbH 1 sind zwar gem. § 23 Abs. 1 UmwStG Anteile i. S. v. § 21 UmwStG 1995 Der erzielte Veräußerungsgewinn ist jedoch nach § 8 b Abs. 2 KStG steuerfrei, da die siebenjährige Sperrfrist nach § 8 b Abs. 4 KStG a. F. zum Zeitpunkt der Veräußerung in 2010 abgelaufen ist. Da somit kein Anwendungsfall von § 8 b Abs. 4 KStG a. F. vorliegt, kommen nach § 27 Abs. 4 UmwStG die §§ 22 und 23 UmwStG zur Anwendung. Im Beispielsfall muss A gem. § 22 Abs. 2 UmwStG im Veranlagungszeitraum 2007 rückwirkend einen Einbringungsgewinn II nach § 16 EStG i. V. m. § 21 UmwStG a. F. versteuern. Dieser Gewinn unterliegt nicht der teilweisen Steuerbefreiung nach § 3 Nr. 40 EStG, da die Weitereinbringung der einbringungsgeborenen Anteile innerhalb der siebenjährigen Sperrfrist alten Rechts erfolgt ist.

Die Einbringung im Januar 2007 ist ein entgeltlicher Vorgang, der aufgrund der Buchwertfortführung zunächst nicht zum Entstehen eines Einbringungsgewinns führt. Aufgrund der Veräußerung der eingebrachten Anteile durch die GmbH 2 in 2010 entsteht rückwirkend im Jahr 2007, d. h. innerhalb von sieben Jahren nach der ersten Einbringung, ein Einbringungsgewinn II aufgrund der nunmehr rückwirkend vorzunehmenden höheren Bewertung. Damit ergibt sich hinsichtlich der vollen Steuerpflicht des Einbringungsgewinns das gleiche Ergebnis, wie wenn die Einbringung in 2007 von vornherein zum gemeinen Wert oder Zwischenwert erfolgt wäre. Die nachträgliche Besteuerung der im Zeitpunkt der Einbringung vorhandenen stillen Reserven soll durch die Systemumstellung des Einbringungsteils nicht verloren gehen. Die nachträgliche Besteuerung umfasst daher auch die Nichtgewährung der 40%igen Steuerbefreiung nach § 3 Nr. 40 Satz 3 und 4 EStG a. F.

E. Spezialregelung für die Veräußerung einbringungsgeborener Anteile gem. § 21 Abs. 2 Satz 1 Nr. 2 UmwStG 1995

27.13 Nach § 27 Abs. 3 Nr. 3 UmwStG erfolgt bei Ausschluss des deutschen Besteuerungsrechts gem. § 21 Abs. 2 Satz 1 Nr. 2 UmwStG a. F. von Amts wegen eine zinslose Stundung der festgesetzten Steuer ohne Sicherheitsleistung gem. § 6 Abs. 5 AStG i. d. F. des Gesetzes vom 7. 12. 2006, BGBl. I S. 2782, wenn die Einkommensteuer insoweit noch nicht bestandskräftig festgesetzt ist. Eine Stundung der Steuer ist danach in allen noch offenen Fällen und unabhängig von dem konkreten Veräußerungszeitpunkt von Amts wegen auszusprechen. **267**

Beispiel:

Die natürliche Person A ist Inhaber einbringungsgeborener Anteile i. S. d. § 21 UmwStG 1995, die sie im Jahre 2005 durch eine Sacheinlage in eine inländische Kapitalgesellschaft erworben hatte. Am 30. 9. 2009 verlegt A seinen Wohnsitz nach Frankreich, ohne dass es bis zu diesem Zeitpunkt zu einer Veräußerung der einbringungsgeborenen Anteile gekommen ist.

Lösung:

Zwar richtet sich grundsätzlich die Veräußerung einbringungsgeborener Anteile i. S. d. § 21 UmwStG 1995 weiterhin nach dem alten Recht. Der Wegzug nach Frankreich führt aber gleichwohl – entgegen dem Wortlaut des § 21 Abs. 2 Satz 1 Nr. 2 UmwStG 1995 – nicht zu einer Besteuerung eines Gewinns aus einer fiktiven Veräußerung der einbringungeborenen Anteile. Vielmehr wird die auf den fiktiven Veräußerungsgewinn gem. § 21 Abs. 2 Satz 1 Nr. 2 UmwStG 1995 entfallende Einkommensteuer von dem zuständigen Finanzamt lediglich festgesetzt und zunächst von Amts wegen zinslos und ohne Sicherheitsleistung gestundet. Zu einer tatsächlichen Erhebung der entsprechenden Einkommensteuer kommt es erst dann, wenn A die Anteile zu einem späteren Zeitpunkt tatsächlich veräußert bzw. ein Veräußerungsersatztatbestand vorliegt.

F. Sonstige Anwendungsbestimmungen

S. 01 Die Grundsätze dieses Schreibens gelten für alle noch nicht bestandskräftigen Fälle, auf die das Umwandlungssteuergesetz i. d. F. des Gesetzes über steuerliche Begleitmaßnahmen zur Einführung der Europäischen Gesellschaft und zur Änderung weiterer steuerlicher Vorschriften (SEStEG) vom 7. 12. 2006, BGBl. I S. 2782, mit seinen weiteren Änderungen anzuwenden ist. **268**

Die Randnr. 21.01–21.16 des BMF-Schreibens vom 25. 3. 1998, BStBl. I S. 268,[1] sind für einbringungsgeborene Anteile i. S. v. § 21 Abs. 1 UmwStG 1995 und für Anteile, die aufgrund eines Einbringungsvorgangs nach dem 12. 12. 2006 nach § 20 Abs. 3 Satz 4, § 21 Abs. 2 Satz 6 UmwStG als einbringungsgeborene Anteile i. S. v. § 21 Abs. 1 UmwStG 1995 gelten, weiterhin anzuwenden.

S. 02 Ergibt sich aus den Gesamtumständen des Einzelfalls, dass bis zum 31. 12. 2011 ein unwiderruflicher Antrag zum Ansatz der Buchwerte gemäß § 3 Abs. 2, § 9 Satz 1 i. V. m. § 3 Abs. 2, § 11 Abs. 2, § 15 Abs. 1 i. V. m. § 11 Abs. 2, § 16 Satz 1 i. V. m. § 3 Abs. 2 UmwStG (vgl. z. B. Randnr. 03.27 ff.) gestellt worden ist, kann auf die gesonderte Abgabe einer steuerlichen Schlussbilanz (vgl. z. B. § 3 Abs. 1 UmwStG, Randnr. 03.01) verzichtet werden, wenn eine Bilanz i. S. d. § 4 Abs. 1, § 5 Abs. 1 EStG auf den steuerlichen Übertragungsstichtag bis zum 31. 12. 2011 eingereicht worden ist und diese der steuerlichen Schlussbilanz entspricht.

S. 03 Bei Umwandlungen und Einbringungen, die nicht zum gemeinen Wert erfolgen, kann eine Aufstockung (vgl. z. B. Randnr. 03.23) abweichend von den gesetzlichen Regelungen des UmwStG in einer ersten Stufe bei bereits bilanzierten Wirtschaftsgütern erfolgen und erst in einer zweiten Stufe auch bei bisher in der Steuerbilanz nicht anzusetzenden selbst geschaffenen immateriellen Wirtschaftsgütern, wenn das gesamte übertragene bzw. eingebrachte Vermögen im Inland belegen ist. Dies gilt nur, wenn in den Fällen der Gesamtrechtsnachfolge der Umwandlungsbeschluss bis zum 31. 12. 2011 erfolgt ist oder in den anderen Fällen der Einbringungsvertrag bis zum 31. 12. 2011 geschlossen worden ist.

S. 04 Bei Umwandlungen und Einbringungen ist es, abweichend von z. B. Randnr. 02.14, ausreichend, wenn die Teilbetriebsvoraussetzungen spätestens bis zum Zeitpunkt des Umwandlungsbeschlusses oder des Abschlusses des Einbringungsvertrags vorliegen. Dies gilt nur, wenn in den Fällen der Gesamtrechtsnachfolge der Umwandlungsbeschluss bis zum 31. 12. 2011 erfolgt ist oder in den anderen Fällen der Einbringungsvertrag bis zum 31. 12. 2011 geschlossen worden ist.

[1] Zuletzt abgedruckt im „Handbuch zur Körperschaftsteuerveranlagung 2010" im Anhang I 2 c.

S. 05 Bei Umwandlungen und Einbringungen ist es hinsichtlich des Vorliegens der Teilbetriebsvoraussetzungen, abweichend von Randnr. 15.02 f., ausreichend, wenn die Anforderungen an den Begriff des Teilbetriebs i. S. d. BMF-Schreibens vom 16. 8. 2000, BStBl. I S. 1253,[1] sowie der Randnr. 15.10 einschließlich der Randnr. 15.07–15.09 des BMF-Schreibens vom 25. 3. 1998, BStBl. I S. 268,[2] erfüllt werden. Dies gilt nur, wenn in den Fällen der Gesamtrechtsnachfolge der Umwandlungsbeschluss bis zum 31. 12. 2011 erfolgt ist oder in den anderen Fällen der Einbringungsvertrag bis zum 31. 12. 2011 geschlossen worden ist. Vorstehende Sätze gelten nicht für die Anwendung von §§ 15, 16 i. V. m. § 3 Abs. 3, § 15 i. V. m. § 13 Abs. 2 Satz 1 Nr. 2 und § 20 Abs. 8 UmwStG.

S. 06 Abweichend von Randnr. 11.08 und 20.19 gilt die Besteuerung mit Körperschaftsteuer bei Umwandlung auf bzw. Einbringung in eine unbeschränkt körperschaftsteuerpflichtige, nicht nach § 5 KStG steuerbefreite Organgesellschaft i. S. d. § 1 Abs. 1, §§ 14, 17 KStG als sichergestellt. Dies gilt nur, wenn in den Fällen der Gesamtrechtsnachfolge der Umwandlungsbeschluss bis zum 31. 12. 2011 erfolgt ist oder in den anderen Fällen der Einbringungsvertrag bis zum 31. 12. 2011 geschlossen worden ist.

S. 07 Abweichend von Randnr. 15.26 ist Randnr. 15.26 des BMF-Schreibens vom 25. 3. 1998, BStBl. I S. 268,[2] anzuwenden, wenn die unmittelbare oder mittelbare Veräußerung der Anteile einer an der Spaltung beteiligten Körperschaften bis zum 31. 12. 2011 erfolgt ist.

S. 08 Die BMF-Schreiben vom 4. 9. 2007, BStBl. I S. 698,[3] und vom 20. 5. 2009, BStBl. I S. 671, werden mit Wirkung der Veröffentlichung dieses Schreibens aufgehoben.

Besonderer Teil zum UmwStG

A. Auswirkungen der Umwandlung auf eine Organschaft

I. Organträger als übertragender bzw. umzuwandelnder Rechtsträger

1. Verschmelzung des Organträgers

270 **Org.01** Geht das Vermögen des Organträgers und damit auch die Beteiligung an der Organgesellschaft durch Verschmelzung auf ein anderes gewerbliches Unternehmen i. S. d. § 14 Abs. 1 Satz 1 Nr. 2 KStG über, tritt der übernehmende Rechtsträger grundsätzlich in den Gewinnabführungsvertrag ein.

a) Fortsetzung einer bestehenden Organschaft im Verhältnis zum übernehmenden Rechtsträger

271 **Org.02** Infolge des in § 12 Abs. 3 Satz 1 UmwStG angeordneten Eintritts des übernehmenden Rechtsträgers in die steuerliche Rechtsstellung des übertragenden Rechtsträgers ist dem übernehmenden Rechtsträger mit Wirkung ab dem steuerlichen Übertragungsstichtag eine im Verhältnis zwischen dem übertragenden Rechtsträger und der Organgesellschaft bestehende finanzielle Eingliederung zuzurechnen (BFH vom 28. 7. 2010, I R 89/09, BStBl. 2011 II S. 528). Die Voraussetzungen einer Organschaft sind danach vom Beginn des Wirtschaftsjahres der Organgesellschaft an erfüllt, wenn dem übernehmenden Rechtsträger z. B. nach §§ 2, 20 Abs. 5 und 6 oder § 24 Abs. 4 UmwStG auch die Beteiligung an der Organgesellschaft steuerlich rückwirkend zum Beginn des Wirtschaftsjahrs der Organgesellschaft zuzurechnen ist (vgl. z. B. Randnr. 02.03).

b) Erstmalige Begründung einer Organschaft zum übernehmenden Rechtsträger

272 **Org.03** Eine noch gegenüber dem übertragenden Rechtsträger bestehende finanzielle Eingliederung zum steuerlichen Übertragungsstichtag ist dem übernehmenden Rechtsträger infolge des in § 12 Abs. 3 Satz 1 UmwStG angeordneten Eintritts in die steuerliche Rechtsstellung mit Wirkung ab dem steuerlichen Übertragungsstichtag zuzurechnen (vgl. Randnr. Org.02). Eine Organschaft kann durch den übernehmenden Rechtsträger mit steuerlicher Rückwirkung nur begründet werden, wenn diesem auch die Anteile an der künftigen Organgesellschaft steuerlich rückwirkend (z. B. nach §§ 2, 20 Abs. 5 und 6 oder § 24 Abs. 4 UmwStG) zum Beginn des Wirtschaftsjahrs der Organgesellschaft zuzurechnen sind. Werden die Voraussetzungen der finanziellen Eingliederung erst infolge der Umwandlung geschaffen (z. B. übertragender Rechtsträger und übernehmender Rechtsträger besitzen vor der Umwandlung eine Beteiligung von jeweils unter 50%), ist die rückwirkende erstmalige Begründung einer Organschaft mangels Eintritt in die steuerliche Rechtsstellung hinsichtlich einer beim übertragenden Rechtsträger zum steuerlichen Übertragungsstichtag bestehenden finanziellen Eingliederung somit nicht möglich.

c) Beendigung der Organschaft bei Abwärtsverschmelzung

273 **Org.04** Wird der Organträger auf die Organgesellschaft verschmolzen, endet die Organschaft mit Wirkung zum steuerlichen Übertragungsstichtag. Bei Beendigung des Gewinnabführungsvertrags vor Ablauf von fünf Jahren ist in diesen Fällen ein wichtiger Grund i. S. d. § 14 Abs. 1 Satz 1 Nr. 3 Satz 2 KStG anzunehmen.

d) Organschaftliche Ausgleichsposten

274 **Org.05** Die Verschmelzung des Organträgers stellt einen Veräußerungsvorgang i. S. d. § 14 Abs. 4 KStG hinsichtlich der Beteiligung an der Organgesellschaft dar (vgl. Randnr. 00.02). Auf dieses Organschaftsverhältnis entfallende organschaftliche Ausgleichsposten sind nach § 14 Abs. 4 Satz 2 KStG zum steuerlichen Übertragungsstichtag aufzulösen.

Wird die Organschaft vom übernehmenden Rechtsträger zulässigerweise fortgeführt, sind die organschaftlichen Ausgleichsposten abweichend davon nicht aufzulösen, wenn die Verschmelzung zum Buchwert erfolgt. Der übernehmende Rechtsträger hat die organschaftlichen Ausgleichsposten fortzu-

---

[1] Zuletzt abgedruckt im „Handbuch zur Körperschaftsteuerveranlagung 2010" im Anhang I 2 d.
[2] Zuletzt abgedruckt im „Handbuch zur Körperschaftsteuerveranlagung 2010" im Anhang I 2 c.
[3] Zuletzt abgedruckt im „Handbuch zur Körperschaftsteuerveranlagung 2011" im Anhang I 2 a.

führen. Erfolgt die Verschmelzung zum gemeinen Wert, sind die organschaftlichen Ausgleichsposten in voller Höhe, bei Verschmelzung zum Zwischenwert anteilig aufzulösen.

In den Fällen der Abwärtsverschmelzung sind die organschaftlichen Ausgleichsposten stets in voller Höhe aufzulösen, da eine Fortführung der Organschaft ausscheidet (vgl. Randnr. Org.04).

2. Auf- und Abspaltung, Ausgliederung

Org.06 Geht das Vermögen des Organträgers durch Aufspaltung auf ein anderes gewerbliches Unternehmen i. S. d. § 14 Abs. 1 Satz 1 Nr. 2 KStG über, tritt der übernehmende Rechtsträger nach Maßgabe des Spaltungsvertrags oder -plans (§ 131 Abs. 1 Nr. 1 UmwG) in den bestehenden Gewinnabführungsvertrag ein. Dem die Beteiligung an der Organgesellschaft übernehmenden Rechtsträger ist eine gegenüber dem übertragenden Rechtsträger zum steuerlichen Übertragungsstichtag bestehende finanzielle Eingliederung zuzurechnen; Randnr. Org.02 f. gelten entsprechend. **275**

Organschaftliche Ausgleichsposten sind nach § 14 Abs. 4 Satz 2 KStG aufzulösen. Randnr. Org.05 gilt entsprechend. Bleiben die organschaftlichen Ausgleichsposten danach ganz oder teilweise bestehen, sind sie vom übernehmenden Rechtsträger fortzuführen, auf den die Organbeteiligung übergeht.

Org.07 Geht die Beteiligung an der Organgesellschaft im Wege der Abspaltung auf ein anderes gewerbliches Unternehmen i. S. d. § 14 Abs. 1 Satz 1 Nr. 2 KStG über, wird dem übernehmenden Rechtsträger eine gegenüber dem übertragenden Rechtsträger zum steuerlichen Übertragungsstichtag bestehende finanzielle Eingliederung zugerechnet. Randnr. Org.02 f. gelten entsprechend.

Auf dieses Organschaftsverhältnis entfallende organschaftliche Ausgleichsposten sind nach § 14 Abs. 4 Satz 2 KStG aufzulösen. Randnr. Org.05 gilt entsprechend. Bleiben die organschaftlichen Ausgleichsposten danach ganz oder teilweise bestehen, sind sie vom übernehmenden Rechtsträger fortzuführen, auf den die Organbeteiligung übergeht.

Org.08 Geht die Beteiligung an der Organgesellschaft im Wege der Ausgliederung auf ein anderes gewerbliches Unternehmen i. S. d. § 14 Abs. 1 Satz 1 Nr. 2 KStG über, wird dem übernehmenden Rechtsträger eine gegenüber dem übertragenden Rechtsträger bestehende finanzielle Eingliederung mit Wirkung ab dem steuerlichen Übertragungsstichtag zugerechnet. Steuerlicher Übertragungsstichtag ist in den Fällen des Anteilstauschs i. S. d. § 21 UmwStG der Zeitpunkt, zu dem das wirtschaftliche Eigentum an den Anteilen an der Organgesellschaft übergeht (vgl. Randnr. 21.17). In den Fällen der Einbringung von Anteilen i. S. d. § 21 UmwStG an der Organgesellschaft ist eine Fortsetzung der Organschaft deshalb nur möglich, wenn das betreffende Wirtschaftsjahr der Organgesellschaft nach dem steuerlichen Übertragungsstichtag beginnt.

Auf dieses Organschaftsverhältnis entfallende organschaftliche Ausgleichsposten sind nach § 14 Abs. 4 Satz 2 KStG aufzulösen. Randnr. Org.05 gilt entsprechend. Bleiben die organschaftlichen Ausgleichsposten danach ganz oder teilweise bestehen, sind sie vom übernehmenden Rechtsträger fortzuführen, auf den die Organbeteiligung übergeht.

Org.09 Verbleibt bei einer Abspaltung oder Ausgliederung eine die Mehrheit der Stimmrechte vermittelnde Beteiligung an der Organgesellschaft beim bisherigen Organträger, wird das bestehende Organschaftsverhältnis durch die Umwandlung nicht berührt.

3. Formwechsel des Organträgers

Org.10 Der Formwechsel des Organträgers hat auf den Fortbestand eines Gewinnabführungsvertrags keinen Einfluss und berührt daher das Organschaftsverhältnis nicht, wenn beim Organträger neuer Rechtsform die Voraussetzungen des § 14 Abs. 1 Satz 1 Nr. 2 KStG vorliegen. Beim Formwechsel i. S. d. § 1 Abs. 1 Satz 1 Nr. 2 und Abs. 3 Nr. 3 UmwStG gelten Randnr. Org.02 und Org.05 entsprechend. Im Fall der erstmaligen Begründung der Organschaft im Anschluss an einen Formwechsel i. S. d. § 1 Abs. 1 Satz 1 Nr. 2 und Abs. 3 Nr. 3 UmwStG gilt Randnr. Org.03 entsprechend. **276**

4. Mindestlaufzeit und vorzeitige Beendigung des Gewinnabführungsvertrags

Org.11 Für die Prüfung der Mindestlaufzeit des Gewinnabführungsvertrags nach § 14 Abs. 1 Satz 1 Nr. 3 KStG ist die Laufzeit bei dem bisherigen und dem künftigen Organträger (übernehmender Rechtsträger bzw. Organträger neuer Rechtsform) zusammenzurechnen, wenn der übernehmende Rechtsträger aufgrund der Umwandlung in den bestehenden Gewinnabführungsvertrag eintritt. **277**

Org.12 Die Umwandlung des Unternehmens des Organträgers ist ein wichtiger Grund, einen noch nicht fünf aufeinander folgende Jahre durchgeführten Gewinnabführungsvertrag zu kündigen oder im gegenseitigen Einvernehmen zu beenden. Das gilt nicht für den Formwechsel i. S. d. § 190 UmwG (vgl. R 60 Abs. 6 Satz 2 KStR 2004).

5. Begründung einer Organschaft nach Einbringung i. S. d. § 20 UmwStG

Org.13 Die im Zuge einer Einbringung i. S. d. § 20 UmwStG erhaltenen Anteile an einer Kapitalgesellschaft (übernehmender Rechtsträger) sind dem Einbringenden (übertragender Rechtsträger) steuerlich mit Ablauf des steuerlichen Übertragungsstichtags zuzurechnen (vgl. Randnr. 20.14). Eine Organschaft zwischen dem übertragenden Rechtsträger und dem übernehmenden Rechtsträger kann daher grundsätzlich bereits ab diesem Zeitpunkt begründet werden. Weitere Voraussetzung hierfür ist jedoch, dass das eingebrachte Vermögen dem übertragenden Rechtsträger zum Einbringungszeitpunkt auch steuerlich zuzurechnen war (vgl. Randnr. 20.14 sowie BFH vom 28. 7. 2010, I R 89/09, BStBl. 2011 II S. 528). Die steuerliche Anerkennung der Organschaft erfordert zudem, dass der Gewinnabführungsvertrag bis zum Ende des betreffenden Wirtschaftsjahrs der Organgesellschaft wirksam wird. Fällt der steuerliche Übertragungsstichtag zugleich auf das Ende des Wirtschaftsjahrs des übernehmenden **278**

Rechtsträgers, kann die Organschaft daher frühestens für das Wirtschaftsjahr des übernehmenden Rechtsträgers begründet werden, das nach dem steuerlichen Übertragungsstichtag beginnt.

Org.14 Wird mit steuerlicher Rückwirkung z. B. ein Teilbetrieb, zu dessen funktional wesentlichen Betriebsgrundlagen eine Mehrheitsbeteiligung gehört, in eine Kapitalgesellschaft (übernehmender Rechtsträger) eingebracht, ist wegen des in § 23 Abs. 1 i. V. m. § 12 Abs. 3 erster Halbsatz UmwStG geregelten Eintritts in die steuerliche Rechtsstellung eine zum steuerlichen Übertragungsstichtag noch gegenüber dem übertragenden Rechtsträger bestehende finanzielle Eingliederung mit Wirkung ab dem steuerlichen Übertragungsstichtag dem übernehmenden Rechtsträger zuzurechnen.

6. Begründung einer Organschaft nach Anteilstausch i. S. d. § 21 UmwStG

279 **Org.15** Wird eine die Mehrheit der Stimmrechte vermittelnde Beteiligung an einer Kapitalgesellschaft (erworbene Gesellschaft) in eine andere Kapitalgesellschaft (übernehmende Gesellschaft) nach § 21 UmwStG eingebracht, kann die Einbringung steuerlich nicht rückwirkend erfolgen (vgl. Randnr. 21.17). Eine Organschaft zwischen der übernehmenden Gesellschaft und der erworbenen Gesellschaft kann daher frühestens ab dem Beginn des auf die Einbringung folgenden Wirtschaftsjahrs der erworbenen Gesellschaft begründet werden.

Org.16 Bestand bei einem Anteilstausch i. S. d. § 21 UmwStG bisher zwischen dem Einbringenden und der erworbenen Gesellschaft eine Organschaft, kann bei Vorliegen der in § 14 Abs. 1 Satz 1 Nr. 1 Satz 2 KStG genannten Voraussetzungen das bestehende Organschaftsverhältnis in Form einer mittelbaren Organschaft fortgeführt werden.

Die auf das bisherige unmittelbare Organschaftsverhältnis entfallenden organschaftlichen Ausgleichsposten sind nach § 14 Abs. 4 Satz 2 KStG aufzulösen. Randnr. Org.05 gilt entsprechend. Bleiben die organschaftlichen Ausgleichsposten danach ganz oder teilweise bestehen, sind sie vom Organträger fortzuführen.

Org.17 Bringt bei einer zweistufigen Organschaft, bei der die Tochter-Kapitalgesellschaft Organträgerin im Verhältnis zur Enkel-Kapitalgesellschaft und Organgesellschaft im Verhältnis zur Muttergesellschaft ist, die Tochter-Kapitalgesellschaft ihre Beteiligung an der Enkel-Kapitalgesellschaft in die Muttergesellschaft ein, ist eine sich unmittelbar anschließende Begründung der Organschaft zwischen der Enkel-Kapitalgesellschaft und der Muttergesellschaft möglich, denn die Enkel-Kapitalgesellschaft war durchgängig in die Muttergesellschaft finanziell eingegliedert (zunächst mittelbar und anschließend unmittelbar).

Die auf das bisherige Organschaftsverhältnis entfallenden organschaftlichen Ausgleichsposten in der Steuerbilanz der Tochter-Kapitalgesellschaft sind nach § 14 Abs. 4 Satz 2 KStG stets in voller Höhe aufzulösen.

7. Anwachsung bei einer Organträger-Personengesellschaft

280 **Org.18** Erfolgt bei einer Organträger-Personengesellschaft wegen des Ausscheidens des vorletzten Gesellschafters eine Anwachsung des Vermögens auf den verbleibenden Gesellschafter, ist für die Beurteilung des Vorliegens der finanziellen Eingliederung – sofern die Organgesellschaft beim verbleibenden Gesellschafter nicht bereits mittelbar finanziell eingegliedert war – wie folgt zu unterscheiden:

- Ist die Anwachsung Folge einer übertragenden Umwandlung mit steuerlicher Rückwirkung, ist dem verbleibenden Gesellschafter die Beteiligung an der Organgesellschaft auch mit steuerlicher Rückwirkung zuzurechnen.
- Ist die Anwachsung Folge einer Übertragung, für die die steuerliche Rückwirkung nach dem UmwStG nicht gilt (z. B. Veräußerung der Mitunternehmerbeteiligung), ist die Beteiligung an der Organgesellschaft dem verbleibenden Gesellschafter erst mit Übergang des wirtschaftlichen Eigentums zuzurechnen.

Die organschaftlichen Ausgleichsposten sind von dem verbleibenden Gesellschafter in unveränderter Höhe fortzuführen.

8. Zurechnung des Organeinkommens bei Umwandlung des Organträgers

281 **Org.19** Das Einkommen der Organgesellschaft ist dem Organträger für das Kalenderjahr (Veranlagungszeitraum) zuzurechnen, in dem die Organgesellschaft das Einkommen bezogen hat (BFH vom 29. 10. 1974, I R 240/72, BStBl. 1975 II S. 126). Bei Fortsetzung einer bestehenden Organschaft (vgl. z. B. Randnr. Org.02) ist das Organeinkommen demjenigen Rechtsträger zuzurechnen, der zum Schluss des Wirtschaftsjahrs der Organgesellschaft als Organträger anzusehen ist.

II. Organträger als übernehmender Rechtsträger

282 **Org.20** Eine Umwandlung auf den Organträger als übernehmender Rechtsträger hat auf den Fortbestand eines Gewinnabführungsvertrags keinen Einfluss und berührt daher das Organschaftsverhältnis nicht.

III. Organgesellschaft als übertragender bzw. umzuwandelnder Rechtsträger

1. Verschmelzung auf eine andere Gesellschaft

283 **Org.21** Wird die Organgesellschaft auf einen anderen Rechtsträger verschmolzen, wird ein bestehender Gewinnabführungsvertrag beendet. Die Verschmelzung stellt auf der Ebene des Organträgers eine Veräußerung der Beteiligung an der Organgesellschaft (vgl. Randnr. 00.03 f.) im Zeitpunkt der Wirksamkeit der Verschmelzung bzw. bei Aufwärtsverschmelzung mit Ablauf des steuerlichen Übertragungsstichtags dar. Eine finanzielle Eingliederung zwischen dem bisherigen Organträger und dem

übernehmenden Rechtsträger kann frühestens ab dem Zeitpunkt der Wirksamkeit der Verschmelzung bestehen (vgl. Randnr. 13.06).

Auf dieses Organschaftsverhältnis entfallende organschaftliche Ausgleichsposten sind nach § 14 Abs. 4 Satz 2 KStG stets in voller Höhe aufzulösen.

2. Auf- und Abspaltung, Ausgliederung

Org.22 Die Organgesellschaft bleibt bei der Abspaltung und bei der Ausgliederung bestehen und die Organschaft kann unverändert fortgeführt werden. Der Gewinnabführungsvertrag wird dadurch nicht berührt. **284**

Die Abspaltung stellt auf der Ebene des Organträgers eine anteilige Veräußerung der Beteiligung an der Organgesellschaft (vgl. § 15 i. V. m. § 13 UmwStG) im Zeitpunkt der Wirksamkeit der Abspaltung dar. Auf dieses Organschaftsverhältnis entfallende organschaftliche Ausgleichsposten sind nach § 14 Abs. 4 Satz 2 KStG nach Maßgabe des Wertverhältnisses in § 15 Abs. 3 UmwStG anteilig aufzulösen. Randnr. Org.05 gilt entsprechend. Bleiben die organschaftlichen Ausgleichsposten danach ganz oder teilweise bestehen, sind sie vom Organträger fortzuführen.

Org.23 Wird die Organgesellschaft aufgespaltet, endet der Gewinnabführungsvertrag. Randnr. Org.21 gilt entsprechend.

3. Formwechsel

Org.24 Der Formwechsel einer Organgesellschaft in eine Kapitalgesellschaft anderer Rechtsform berührt die steuerliche Anerkennung der Organschaft nicht. **285**

Beim Formwechsel in eine Personengesellschaft endet das Organschaftsverhältnis. Auf dieses Organschaftsverhältnis entfallende organschaftliche Ausgleichsposten sind nach § 14 Abs. 4 Satz 5 KStG stets in voller Höhe aufzulösen.

Org.25 Wird eine Tochter-Personengesellschaft mit steuerlicher Rückwirkung formwechselnd in eine Tochter-Kapitalgesellschaft umgewandelt, ist dem Einbringenden die Beteiligung an der Tochter-Kapitalgesellschaft mit Ablauf des steuerlichen Übertragungsstichtags zuzurechnen; Randnr. Org.13 gilt entsprechend. Zum rückwirkenden Formwechsel vgl. auch BFH vom 17. 9. 2003, I R 55/02, BStBl. 2004 II S. 534.

4. Vorzeitige Beendigung des Gewinnabführungsvertrags

Org.26 Die Beendigung eines Gewinnabführungsvertrags infolge der Umwandlung der Organgesellschaft ist ein wichtiger Grund i. S. d. § 14 Abs. 1 Satz 1 Nr. 3 Satz 2 KStG, es sei denn, es handelt sich um einen Formwechsel einer Kapitalgesellschaft in eine Kapitalgesellschaft anderer Rechtsform (vgl. R 60 Abs. 6 Satz 2 KStR 2004). **286**

5. Zurechnung eines Übertragungsgewinns bzw. -verlusts

Org.27 Bei Verschmelzung oder Aufspaltung ist ein steuerlicher Übertragungsgewinn von der Organgesellschaft selbst zu versteuern.[1] Bei Abspaltung oder Ausgliederung ist ein steuerlicher Übertragungsgewinn bei weiter bestehender Organgesellschaft dem Organträger zuzurechnen. **287**

6. Mehr- und Minderabführungen

Org.28 Wenn bei einer Sach- oder Anteilseinbringung durch die Organgesellschaft in eine andere Kapitalgesellschaft oder Genossenschaft das eingebrachte Vermögen steuerlich mit dem Buchwert, in der Handelsbilanz jedoch mit dem Verkehrswert angesetzt wird, ist auf die sich daraus ergebende Mehrabführung § 14 Abs. 4 KStG anzuwenden. **288**

IV. Organgesellschaft als übernehmender Rechtsträger

1. Fortgeltung der Organschaft

Org.29 Ein bestehendes Organschaftsverhältnis wird durch die Umwandlung einer anderen Gesellschaft auf die Organgesellschaft nicht berührt, wenn die finanzielle Eingliederung auch nach der Umwandlung fortbesteht. **289**

2. Übernahmegewinn bzw. -verlust und Gewinnabführung

Org.30 Entsteht bei der Organgesellschaft i. R. d. Umwandlung ein handelsrechtlicher Übernahmegewinn, ist hinsichtlich der handelsrechtlichen Abführungsverpflichtung wie folgt zu unterscheiden: **290**

1. Bei der Aufwärtsverschmelzung einer der Organgesellschaft nachgeordneten Gesellschaft auf die Organgesellschaft erstreckt sich die Gewinnabführungsverpflichtung der Organgesellschaft auch auf einen handelsrechtlichen Übernahmegewinn.
2. Bei der Seitwärtsverschmelzung einer Schwestergesellschaft auf die Organgesellschaft unterliegt ein handelsrechtlicher Übernahmegewinn insoweit nicht der Pflicht zur Gewinnabführung, als er zur Aufstockung des Nennkapitals verwendet oder in die Kapitalrücklage eingestellt wird.

Org.31 Gewährt die übernehmende Organgesellschaft als Gegenleistung nach der Rechtslage in § 272 HGB i. d. F. vor Inkrafttreten des Bilanzrechtsmodernisierungsgesetzes (BilMoG) vom 25. 5. 2009,

---

[1] Dem widersprechend aber *BFH-Urteil v. 11. 8. 2021 I R 27/18, DStR 2021 S. 2783:* Ein durch die Aufspaltung der Organgesellschaft ggf. angefallener Übertragungsgewinn ist Teil des der Organträgerin nach § 14 Abs. 1 Satz 1 KStG zuzurechnenden Einkommens.

BGBl. I S. 1102, bilanzierte eigene Anteile, ist der handelsrechtliche Übernahmegewinn in dem Betrag, der nach § 301 AktG an den Organträger abzuführen ist, enthalten.

Org.32 Entsteht bei der Organgesellschaft ein handelsrechtlicher Übernahmeverlust, unterliegt dieser der Verlustübernahme nach § 302 AktG bzw. mindert den Betrag, der nach § 301 AktG an den Organträger abzuführen ist.

3. Mehr- und Minderabführungen

291 **Org.33** Geht das Vermögen einer anderen Gesellschaft durch Umwandlung oder Einbringung auf eine Organgesellschaft über und setzt die übernehmende Organgesellschaft das auf sie übergehende Vermögen in der Steuerbilanz mit den Buchwerten, handelsrechtlich jedoch mit den Verkehrswerten an, ist auf die sich daraus ergebende Mehrabführung § 14 Abs. 3 Satz 1 KStG anzuwenden.

Org.34 Bestanden bereits bei dem übertragenden Rechtsträger Bewertungsunterschiede zwischen Handels- und Steuerbilanz, führen sowohl der Unterschiedsbetrag zwischen dem handelsrechtlichen und dem steuerlichen Übernahmegewinn als auch die spätere Auflösung der Bewertungsunterschiede bei der Organgesellschaft zu Mehr- bzw. Minderabführungen i. S. d. § 14 Abs. 3 KStG.

B. Auswirkungen auf das steuerliche Einlagekonto und den Sonderausweis

I. Übersicht

292 **K.01** Eine Verschmelzung sowie eine Auf- und Abspaltung führt zu folgenden Kapitalveränderungen bei der übertragenden und bei der übernehmenden Körperschaft; dies gilt für die übertragende Körperschaft auch bei Umwandlung auf ein Personenunternehmen:

	Übertragende Körperschaft	**Übernehmende Körperschaft**
Verschmelzung und Aufspaltung	Fiktive Herabsetzung des Nennkapitals und damit Auflösung eines eventuell bestehenden Sonderausweises i. S. d. § 28 Abs. 1 Satz 3 KStG (§ 29 Abs. 1, § 28 Abs. 2 KStG). Erhöhung des steuerlichen Einlagekontos um den Betrag des Nennkapitals abzüglich des Sonderausweises.	Bei einer Abwärtsverschmelzung bzw. -spaltung gilt Nebenstehendes gem. § 29 Abs. 1 i. V. m. Abs. 2 Satz 3 bzw. Abs. 3 Satz 3 KStG auch für die übernehmende Körperschaft.
		Zurechnung der – in den Fällen der Aufwärtsverschmelzung bzw. -spaltung nach § 29 Abs. 2 Satz 2 ggf. i. V. m. Abs. 3 Satz 3 KStG anteilig gekürzten – Bestände des steuerlichen Einlagekontos (§ 29 Abs. 2 bzw. 3 KStG).
		Anpassung des Nennkapitals und ggf. Neubildung oder Anpassung eines Sonderausweises (§ 29 Abs. 4, § 28 Abs. 1 und 3 KStG). Bei Abwärtsverschmelzung bzw. -spaltung: Erhöhung des fiktiv auf 0 € herabgesetzten Nennkapitals und ggf. Neubildung eines Sonderausweises (§ 29 Abs. 4, § 28 Abs. 1 KStG).
Abspaltung	Fiktive Herabsetzung des Nennkapitals und Auflösung eines eventuell bestehenden Sonderausweises i. S. d. § 28 Abs. 1 Satz 3 KStG (§ 29 Abs. 1, § 28 Abs. 2 KStG). Erhöhung des steuerlichen Einlagekontos um den Betrag des Nennkapitals abzüglich des Sonderausweises.	Bei einer Abwärtsabspaltung gilt Nebenstehendes gemäß § 29 Abs. 1 i. V. m. Abs. 2 Satz 3 i. V. m. Abs. 3 Satz 3 KStG auch für die übernehmende Körperschaft.
	Anteilige Verringerung des steuerlichen Einlagekontos (§ 29 Abs. 3 KStG).	Anteilige Hinzurechnung des – in den Fällen der Aufwärtsabspaltung nach § 29 Abs. 1 i. V. m. Abs. 2 Satz 2 i. V. m. Abs. 3 Satz 3 KStG anteilig gekürzten – steuerlichen Einlagekontos (§ 29 Abs. 3 KStG).
	Erhöhung des fiktiv auf 0 € herabgesetzten Nennkapitals und ggf. Neubildung eines Sonderausweises (§ 29 Abs. 4, § 28 Abs. 1 KStG).	Anpassung des Nennkapitals und ggf. Neubildung bzw. Anpassung eines Sonderausweises (§ 29 Abs. 4, § 28 Abs. 1 und 3 KStG). Bei Abwärtsabspaltung: Erhöhung des fiktiv auf 0 € herabgesetzten Nennkapitals und ggf. Neubildung eines Sonderausweises (§ 29 Abs. 4, § 28 Abs. 1 KStG).

II. Anwendung des § 29 KStG

1. Sachlicher Anwendungsbereich

K.02 § 29 KStG gilt für Umwandlungen i. S. d. § 1 UmwG. Wegen fehlender betragsmäßiger Auswirkung kommt § 29 KStG für Fälle der Ausgliederung i. S. d. § 123 Abs. 3 UmwG nicht zur Anwendung. 293

2. Behandlung bei der übertragenden Körperschaft

a) Fiktive Herabsetzung des Nennkapitals

K.03 Bei der übertragenden Körperschaft gilt im ersten Schritt das Nennkapital zum steuerlichen Übertragungsstichtag als in vollem Umfang herabgesetzt. Auf die fiktive Kapitalherabsetzung ist § 28 Abs. 2 Satz 1 KStG entsprechend anzuwenden. Danach verringert sich zunächst ein bestehender Sonderausweis auf 0 €. Der den Sonderausweis übersteigende Betrag erhöht den Bestand des steuerlichen Einlagekontos. Maßgebend ist der Bestand des Sonderausweises, der sich am steuerlichen Übertragungsstichtag ergibt. Die fiktive Herabsetzung des Nennkapitals gilt auch für den Fall der Abspaltung i. S. d. § 123 Abs. 1 und 2 UmwG. 294

b) Verringerung der Bestände beim steuerlichen Einlagekonto

K.04 Bei einer Verschmelzung nach § 2 UmwG sowie bei einer Aufspaltung nach § 123 Abs. 1 UmwG verringert sich das steuerliche Einlagekonto der übertragenden Körperschaft in vollem Umfang (§ 29 Abs. 2 Satz 1, Abs. 3 Satz 1 und 2 KStG). In der letzten gesonderten Feststellung auf den steuerlichen Übertragungsstichtag ist der Bestand nach Berücksichtigung von Zu- und Abgängen (z. B. bei Gewinnausschüttungen im Rückwirkungszeitraum, vgl. z. B. Randnr. 02.34) und vor dem Vermögensübergang anzusetzen. 295

K.05 Bei einer Abspaltung nach § 123 Abs. 2 UmwG verringert sich der Bestand des steuerlichen Einlagekontos anteilig in dem in § 29 Abs. 3 Satz 1, 2 und 4 KStG genannten Umfang. Maßgebend für die Verringerung ist der nach Berücksichtigung von Zu- und Abgängen ermittelte (ggf. fiktive) Bestand des steuerlichen Einlagekontos zum steuerlichen Übertragungsstichtag; dies gilt auch dann, wenn der steuerliche Übertragungsstichtag nicht auf den Schluss des Wirtschaftsjahrs des übertragenden Rechtsträgers fällt. Für nach dem steuerlichen Übertragungsstichtag erfolgende Leistungen ist der um den Verringerungsbetrag geminderte (ggf. fiktive) Bestand des steuerlichen Einlagekontos zum steuerlichen Übertragungsstichtag maßgebend.

K.06 Die Verringerung des Bestands erfolgt unabhängig von der Rechtsform des übernehmenden Rechtsträgers. Sie ist auch vorzunehmen, soweit eine Hinzurechnung des steuerlichen Einlagekontos bei der übernehmenden Körperschaft nach § 29 Abs. 2 Satz 2 KStG unterbleibt.

c) Anpassung des Nennkapitals bei Abspaltung

K.07 Bei einer Abspaltung gilt das nach § 29 Abs. 1 KStG als auf 0 € herabgesetzt geltende Nennkapital des übertragenden Rechtsträgers (vgl. Randnr. K.03) als auf den Stand unmittelbar nach der Übertragung erhöht. Für die fiktive Kapitalerhöhung gilt § 28 Abs. 1 KStG entsprechend. Das Nennkapital verringert damit vorrangig das steuerliche Einlagekonto bis zu dessen Verbrauch, ein übersteigender Betrag ist als Sonderausweis zu erfassen. Maßgeblich ist dabei der Bestand des steuerlichen Einlagekontos, der sich nach Anwendung des § 29 Abs. 1 bis 3 KStG ergeben hat. 296

d) Zusammenfassendes Beispiel

K.08 **Beispiel:** 297

Die X-GmbH (voll eingezahltes Nennkapital 300 000 €, davon Sonderausweis 100 000 €) wird hälftig abgespalten. Das Nennkapital nach Abspaltung soll 50 000 € betragen. Das steuerliche Einlagekonto beträgt 0 €.

Lösung:

	Vorspalte	Einlagekonto	Sonderausweis
Anfangsbestand		0 €	100 000 €
Betrag der fiktiven Kapitalherabsetzung	300 000 €		
Verringerung des Sonderausweises	./. 100 000 €		./. 100 000 €
Rest, Zugang beim steuerlichen Einlagekonto	200 000 €	+ 200 000 €	
Zwischenergebnis		200 000 €	0 €
Abgang vom steuerlichen Einlagekonto (= 50%)		./. 100 000 €	
Zwischenergebnis		100 000 €	0 €
Betrag der fiktiven Kapitalerhöhung	50 000 €		
Verringerung des steuerlichen Einlagekontos	./. 50 000 €	./. 50 000 €	
Schlussbestände		50 000 €	0 €

3. Behandlung bei der übernehmenden Körperschaft

a) Hinzurechnung des Bestands des steuerlichen Einlagekontos bei der übernehmenden Körperschaft

K.09 Soweit das Vermögen einer Körperschaft auf eine andere unbeschränkt steuerpflichtige Körperschaft übergeht, erhöht sich der Bestand des steuerlichen Einlagekontos der übernehmenden Körper- 298 schaft nach Maßgabe des § 29 Abs. 2 bzw. 3 KStG zum Schluss des Wirtschaftsjahrs, in das der steuerliche Übertragungsstichtag fällt. Bei Verschmelzungen sowie bei Auf- und Abspaltungen kann sich das steuerliche Einlagekonto der übernehmenden Körperschaft nur in dem in § 29 Abs. 2 und 3 KStG geregelten Umfang erhöhen. § 29 KStG ist insoweit gegenüber § 27 KStG die speziellere Vorschrift.

b) Beteiligung der übernehmenden Körperschaft an der übertragenden Körperschaft (Aufwärtsverschmelzung)

299 **K.10** Ist die übernehmende Körperschaft (Muttergesellschaft) an der übertragenden Körperschaft (Tochtergesellschaft) beteiligt, unterbleibt bei der übernehmenden Muttergesellschaft eine Hinzurechnung des Bestands des steuerlichen Einlagekontos der übertragenden Tochtergesellschaft in dem Verhältnis der Beteiligung der Muttergesellschaft an der Tochtergesellschaft (§ 29 Abs. 2 Satz 2 und Abs. 3 Satz 3 KStG).

Beispiel:

Die Muttergesellschaft hält 80% der Anteile an einer Tochtergesellschaft. Das steuerliche Einlagekonto der Tochtergesellschaft beträgt nach Anwendung des § 29 Abs. 1 KStG 100 000 €. Die Tochtergesellschaft wird auf die Muttergesellschaft verschmolzen.

Lösung:

Nach § 29 Abs. 2 Satz 2 KStG erhöht sich das steuerliche Einlagekonto der Muttergesellschaft nur um 20 000 € (= 20% von 100 000 €).

Alternative:

Die Tochtergesellschaft wird hälftig auf die Muttergesellschaft abgespalten.

Lösung:

Nach § 29 Abs. 3 Satz 3 i. V. m. Abs. 2 Satz 2 KStG erhöht sich das steuerliche Einlagekonto der Muttergesellschaft um 10 000 € (= 50% × 20% von 100 000 €).

K.11 Die Regelung gilt entsprechend, wenn die übernehmende Körperschaft (Muttergesellschaft) mittelbar, z. B. über eine andere Körperschaft (Tochtergesellschaft), an der übertragenden Körperschaft (Enkelgesellschaft) beteiligt ist.

c) Beteiligung der übertragenden Körperschaft an der übernehmenden Körperschaft (Abwärtsverschmelzung)

300 **K.12** Bei Beteiligung der übertragenden Körperschaft (Muttergesellschaft) an der übernehmenden Körperschaft (Tochtergesellschaft) verringert sich nach § 29 Abs. 2 Satz 3 bzw. Abs. 3 Satz 3 KStG das steuerliche Einlagekonto der Tochtergesellschaft in dem Verhältnis der Beteiligung der übertragenden Muttergesellschaft an der übernehmenden Tochtergesellschaft.

K.13 Bei einer Abwärtsverschmelzung finden die Regelungen des § 29 Abs. 1 und Abs. 2 Satz 1 KStG Anwendung. Bei der Ermittlung des steuerlichen Einlagekontos der übernehmenden Tochtergesellschaft auf den Schluss des Umwandlungsjahrs ist daher wie folgt vorzugehen:

1. fiktive Herabsetzung des Nennkapitals der Tochtergesellschaft auf 0 € (§ 29 Abs. 1 KStG),
2. Verringerung des nach 1. erhöhten steuerlichen Einlagekontos im Verhältnis der Beteiligung der Muttergesellschaft an der Tochtergesellschaft (§ 29 Abs. 2 Satz 3 KStG),
3. fiktive Herabsetzung des Nennkapitals der Muttergesellschaft auf 0 € (§ 29 Abs. 1 KStG),
4. Hinzurechnung des nach 3. erhöhten steuerlichen Einlagekontos der Muttergesellschaft (§ 29 Abs. 2 Satz 1 KStG) sowie
5. fiktive Erhöhung des nach 1. auf 0 € herabgesetzten Nennkapitals der Tochtergesellschaft auf den Stand unmittelbar nach der Übertragung (§ 29 Abs. 4 KStG; Randnr. K.15).

Beispiel:

Die Muttergesellschaft M (Nennkapital 120 000 €, steuerliches Einlagekonto 80 000 € und Sonderausweis 0 €) wird auf ihre 100%ige Tochtergesellschaft T (Nennkapital 120 000 €, steuerliches Einlagekonto 0 € und Sonderausweis 50 000 €) verschmolzen. Das Nennkapital der T nach Verschmelzung beträgt 240 000 €.

Lösung:

Für das steuerliche Einlagekonto und den Sonderausweis der T ergibt sich danach folgende Entwicklung:

	Vorspalte	Einlagekonto	Sonderausweis
Bestand vor der Verschmelzung		0 €	50 000 €
Fiktive Kapitalherabsetzung auf Null	120 000 €		
Verringerung des Sonderausweises	./. 50 000 €		./. 50 000 €
Rest, Zugang beim steuerlichen Einlagekonto	70 000 €	+ 70 000 €	
Zwischenergebnis		70 000 €	0 €
Verringerung i. H. des prozentualen Umfangs der Beteiligung M an T		./. 70 000 €	
Zwischenergebnis		0 €	0 €
Zugang des steuerlichen Einlagekontos der M (nach Anwendung des § 29 Abs. 1 KStG)		+ 200 000 €	
Zwischenergebnis		200 000 €	0 €
Betrag der fiktiven Kapitalerhöhung	240 000 €		
Verringerung des steuerlichen Einlagekontos	./. 200 000 €	./. 200 000 €	
Rest, Zugang beim Sonderausweis	40 000 €	0 €	40 000 €
Bestände nach der Verschmelzung		0 €	40 000 €

K.14 Die Regelung gilt entsprechend, wenn die übertragende Körperschaft (Muttergesellschaft) mittelbar, z. B. über eine andere Körperschaft (Tochtergesellschaft), an der übernehmenden Körperschaft (Enkelgesellschaft) beteiligt ist.

d) Erhöhung des Nennkapitals

K.15 Erhöht die übernehmende Körperschaft i. R. d. Umwandlung ihr Nennkapital, finden darauf die Regelungen des § 28 Abs. 1 KStG entsprechend Anwendung (§ 29 Abs. 4 KStG). Das gilt nicht, soweit die Kapitalerhöhung auf baren Zuzahlungen bzw. Sacheinlagen beruht. **301**

e) Zusammenfassendes Beispiel

K.16 **Beispiel:** **302**

Auf die M-GmbH wird die T-GmbH, an der sie zu 50% beteiligt ist, verschmolzen. Das nach § 29 Abs. 2 Satz 1 KStG zuzurechnende steuerliche Einlagekonto der T-GmbH beträgt 400 000 €. Der Sonderausweis der M-GmbH beträgt 100 000 €, der Bestand des steuerlichen Einlagekontos 0 €. I. R. d. Umwandlung wird das Nennkapital um 120 000 € erhöht, wovon 70 000 € auf bare Zuzahlungen entfallen. Nach der Verschmelzung wird das Nennkapital der M-GmbH durch Umwandlung von Rücklagen um weitere 100 000 € erhöht.

Lösung:

	Vorspalte	**Einlagekonto**	**Sonderausweis**
Bestand vor Umwandlung		0 €	100 000 €
Zugang steuerliches Einlagekonto der T-GmbH	400 000 €		
Kürzung nach § 29 Abs. 2 Satz 2 KStG (= 50%)	./. 200 000 €		
Rest, Zugang steuerliches Einlagekonto	200 000 €	+ 200 000 €	
Zwischenergebnis		200 000 €	100 000 €
Anpassung des Nennkapitals (Erhöhung um insgesamt 220 000 € abzgl. bare Zuzahlungen i. H. v. 70 000 €)	150 000 €		
Vorrangige Verwendung des steuerlichen Einlagekontos	./. 150 000 €	./. 150 000 €	
Zwischenergebnis		50 000 €	100 000 €
Verrechnung des Sonderausweises mit dem positiven steuerlichen Einlagekonto zum Schluss des Wirtschaftsjahrs (§ 28 Abs. 3 KStG)		./. 50 000 €	./. 50 000 €
Schlussbestände		0 €	50 000 €

4. Aufteilungsschlüssel bei Auf- und Abspaltung

K.17 Das steuerliche Einlagekonto, das sich nach der Anwendung des § 29 Abs. 1 KStG ergibt, ist in dem Verhältnis der gemeinen Werte der übergehenden Vermögensteile zu dem vor der Auf- oder Abspaltung bestehenden Vermögen auf die übernehmenden Körperschaften, im Fall der Abspaltung auch auf die übertragende Körperschaft aufzuteilen. Dieses Verhältnis (Aufteilungsschlüssel) ergibt sich in der Regel aus den Angaben zum Umtauschverhältnis der Anteile im Spaltungs- und Übernahmevertrag oder im Spaltungsplan. Die Ermittlung der gemeinen Werte ist deshalb nur erforderlich, wenn der Spaltungs- und Übernahmevertrag oder der Spaltungsplan keine Angaben zum Umtauschverhältnis der Anteile enthält oder dieses nicht dem Verhältnis der übergehenden Vermögensteile zu dem vor der Spaltung bestehenden Vermögen entspricht. **303**

5. § 29 Abs. 5 und 6 KStG

K.18 Die Randnr. K.01 bis K.17 gelten in den Fällen des § 29 Abs. 5 und 6 KStG entsprechend. **304**

K.19 In den Fällen des § 29 Abs. 6 KStG ist das Finanzamt der übernehmenden Körperschaft örtlich zuständig. Die Ermittlung der nicht in das Nennkapital geleisteten Einlagen hat in Abstimmung mit dem Bundeszentralamt für Steuern zu erfolgen.

Anhang II

Formblattmuster

Steuerbescheinigung einer leistenden Körperschaft, Personenvereinigung oder Vermögensmasse oder eines Personenunternehmens

Anlage
Muster II

zum BMF-Schreiben v. 15. Dezember 2017 (BStBl. 2018 I S. 13)

(BMF IV C 1 – S 2401/08/10001:018)

Geändert durch BMF v. 27. 6. 2018 (BStBl. I S. 805), BMF v. 18. 12. 2018 (BStBl. I S. 1400) und BMF v. 11. 12. 2020 (BStBl. I S. 1134)

[Text des Schreibens hier nicht abgedruckt]

Anlage

Muster II

....
....
....
(Bezeichnung des Schuldners der Kapitalerträge)

Adressfeld
....
....
....

Steuerbescheinigung
einer leistenden Körperschaft, Personenvereinigung oder Vermögensmasse oder eines Personenunternehmens oder eines Spezial-Investmentfonds

☐ Einzelsteuerbescheinigung

☐ Zusammengefasste Bescheinigung für den Zeitraum ......
Wir versichern, dass Einzelsteuerbescheinigungen insoweit nicht ausgestellt worden sind.

[Alternative 1]

An
....
(Name und Anschrift der Gläubigerin/des Gläubigers/der Gläubiger der Kapitalerträge)
wurden lt. Beschluss vom .... am ....für ....
(Zahlungstag) (Zeitraum)
folgende Kapitalerträge gezahlt/als ausgeschüttete oder ausschüttungsgleiche Erträge zugerechnet:

[Alternative 2]

Am ...... [Angabe des Handelstags] wurden von
....
(Name und Anschrift der Gläubigerin/des Gläubigers/der Gläubiger der Kapitalerträge)
... [Angabe der Anzahl] Spezial-Investmentanteile veräußert und folgende Kapitalerträge erzielt:

Kapitalerträge im Sinne des § 43 Abs. 1 Satz 1 Nr. 1 EStG	....
Kapitalerträge im Sinne des § 43 Abs. 1 Satz 1 Nr. 2 und 3 EStG	....
Kapitalerträge im Sinne des § 43 Abs. 1 Satz 1 Nr. 7 a EStG	....
Darin enthaltene Kapitalerträge, von denen der Steuerabzug in Höhe von drei Fünfteln vorgenommen wurde (§ 44 a Abs. 8 EStG)	....
Summe der darauf entfallenden Kapitalertragsteuer	....
Kapitalerträge im Sinne des § 43 Abs. 1 Satz 1 Nr. 4 EStG [Ab 1. Januar 2018: nach Berücksichtigung der teilweisen Steuerfreistellung im Sinne des § 20 Abs. 1 Nr. 6 Satz 9 EStG] (ohne Kapitalerträge aus Lebensversicherungen im Sinne des § 20 Abs. 1 Nr. 6 Satz 2 EStG)	....
Kapitalerträge aus Lebensversicherungen im Sinne des § 20 Abs. 1 Nr. 6 Satz 2 EStG [Ab 1. Januar 2018: nach Berücksichtigung der teilweisen Steuerfreistellung im Sinne des § 20 Abs. 1 Nr. 6 Satz 9 EStG]	....
einbehaltene Kapitalertragsteuer Zeile 43 Anlage KAP	....
Solidaritätszuschlag Zeile 44 Anlage KAP	....
Kirchensteuer zur Kapitalertragsteuer Zeile 45 Anlage KAP	....
kirchensteuererhebende Religionsgemeinschaft	....
Sonstige Kapitalerträge	....
Summe Kapitalertragsteuer in Höhe von 25 % oder wegen einbehaltener Kirchensteuer entsprechend geminderter Kapitalertragsteuerbetrag	....
Kapitalerträge im Sinne des § 43 Abs. 1 Satz 1 Nr. 7 b EStG	....
Kapitalerträge im Sinne des § 43 Abs. 1 Satz 1 Nr. 7 c EStG	....

[Ab 1. Januar 2018]

Kapitalerträge im Sinne des § 50 Abs. 1 Satz 2 InvStG 2018	....
davon: Kapitalerträge im Sinne des § 43 Abs. 1 Satz 1 Nr. 6 und 8 bis 12 EStG, bei denen nach § 50 Abs. 3 InvStG 2018 kein Steuerabzug vorgenommen wurde	....

(Bei beschränkt Steuerpflichtigen)
davon: Erträge im Sinne des § 33 Abs. 3 und 4 InvStG 2018 ....

Summe Kapitalertragsteuer in Höhe von 15 % ....

Summe Solidaritätszuschlag ....

Summe Kirchensteuer zur Kapitalertragsteuer
kirchensteuererhebende Religionsgemeinschaft ....

Höhe des in Anspruch genommenen Sparer-Pauschbetrages
Zeile 16 oder 17 Anlage KAP ....

Summe der angerechneten ausländischen Steuer ....

Summe der anrechenbaren noch nicht angerechneten ausländischen Steuer ....

Leistungen aus dem steuerlichen Einlagekonto (§ 27 Abs. 1–7 KStG) ....

nur nachrichtlich:

[Ab 1. Januar 2018]

Die Kapitalerträge im Sinne des § 50 Abs. 1 Satz 2 InvStG 2018 gliedern sich wie folgt auf (weitere Zeilen ergänzbar):

Art der Erträge (ausgeschüttete Erträge; ausschüttungsgleiche Erträge; Gewinne aus der Veräußerung von Spezial-Investmentanteilen)	**Höhe der Erträge**[1]

(nur bei beschränkt Steuerpflichtigen)
Summe der auf inländische Immobilienerträge
im Sinne des § 33 Abs. 3 InvStG 2018 entfallenden
Kapitalertragsteuer ....

(nur bei beschränkt Steuerpflichtigen)
Summe der auf sonstige inländische Einkünfte
im Sinne des § 33 Abs. 4 InvStG 2018 entfallenden
Kapitalertragsteuer ....

[Ab 1. Januar 2018]
nur nachrichtlich:

☐ Alt-Anteile im Sinne des § 56 Abs. 2 Satz 1 InvStG 2018, die keine bestandsgeschützten Alt-Anteile im Sinne des § 56 Abs. 6 InvStG 2018 sind, wurden veräußert und ein Gewinn/Verlust nach § 56 Abs. 3 Satz 1 InvStG 2018 erzielt (ohne Fälle der Ersatzbemessungsgrundlage nach § 56 Abs. 3 Satz 4 InvStG 2018):

Bezeichnung	ISIN	Anzahl der Anteile	Gewinn/Verlust[2] nach § 56 Abs. 3 Satz 1 InvStG 2018

[Ab 1. Januar 2018]

☐ Alt-Anteile im Sinne des § 56 Abs. 2 Satz 1 InvStG 2018, die keine bestandsgeschützten Alt-Anteile im Sinne des § 56 Abs. 6 InvStG 2018 sind, wurden veräußert und für die Ermittlung des Gewinns nach § 56 Abs. 3 InvStG 2018 ist nach § 56 Abs. 3 Satz 4 InvStG 2018 folgende Ersatzbemessungsgrundlage[3] anwendbar.

Bezeichnung	ISIN	Anzahl der Anteile	Ersatzbemessungsgrundlage

[1] Die auf Spezial-Investmenterträge entfallende Kapitalertragsteuer hat keine abgeltende Wirkung. Die Spezial-Investmenterträge unterliegen der tariflichen Einkommensteuer und sind daher in der Einkommensteuererklärung anzugeben (§ 34 Abs. 2 Satz 1 InvStG 2018).

[2] Bei Verlusten wurde ein negatives Vorzeichen (Minuszeichen) verwendet.

[3] Eine Ersatzbemessungsgrundlage ist anwendbar, wenn der zum Steuerabzug verpflichteten Stelle relevante Informationen insbesondere zu der Höhe der Anschaffungskosten fehlen. Bei Ansatz einer Ersatzbemessungsgrundlage sind Sie verpflichtet, den tatsächlichen Veräußerungsgewinn gegenüber dem Finanzamt durch geeignete Unterlagen (z. B. Beleg über die Anschaffung der Investmentanteile) nachzuweisen. Wenn die Ersatzbemessungsgrundlage aufgrund fehlender Informationen über den Rücknahme-, Markt- oder Börsenpreis zum 31. Dezember 2017 nicht ermittelt werden konnte, ist in der Spalte „Ersatzbemessungsgrundlage" die Angabe „nicht ermittelbar" auszuweisen.

[Ab 1. Januar 2020]

☐ Der Spezial-Investmentfonds (Name und Anschrift des Spezial-Investmentfonds) hat die Transparenzoption nach § 30 Abs. 1 Satz 1 InvStG 2018 ausgeübt. Am ...... (Zurechnungszeitpunkt; bei Kapitalerträgen im Sinne des § 43 Abs. 1 Satz 1 Nr. 1, 1a EStG = Tag des Gewinnverteilungsbeschlusses) wurde/n dem Spezial-Investmentfonds eine inländische Beteiligungseinnahme/sonstige inländische Einkünfte mit Steuerabzug [Nichtzutreffendes streichen] in Höhe von (Brutto-Betrag der Beteiligungseinnahme/sonstigen inländischen Einkünfte in Euro) zugerechnet, die von der (Bezeichnung und WKN der ausschüttenden Gesellschaft oder in den Fällen des § 6 Abs. 3 Satz 1 Nr. 2 InvStG 2018 in Verbindung mit § 2 Nr. 2 Buchstabe a bis c KStG und bei sonstigen inländischen Einkünften der Name und Anschrift des Schuldners der Entgelte, Einnahmen oder Bezüge) stammt. Zum Zurechnungszeitpunkt hat der Spezial-Investmentfonds (Gesamtzahl) Spezial-Investmentanteile begeben.

An dem Spezial-Investmentfonds waren die nachfolgend angegebenen Anleger in dem nachfolgend angegebenen Umfang beteiligt und gegenüber diesen Anlegern wurde in dem nachfolgend angegebenen Umfang Kapitalertragsteuer und Solidaritätszuschlag erhoben:

Name und Anschrift des Anlegers	Anzahl der Anteile zum Zurechnungszeitpunkt	Höhe der gegenüber dem Anleger erhobenen Kapitalertragsteuer	Höhe des gegenüber dem Anleger erhobenen Solidaritätszuschlags

[Ab 1. Januar 2020]

☐ Der Dach-Spezial-Investmentfonds (Name und Anschrift des Dach-Spezial-Investmentfonds) hat die Immobilien-Transparenzoption nach § 33 Abs. 2 Satz 3 InvStG 2018 ausgeübt. Am ...... (Zurechnungszeitpunkt) wurden inländische Immobilienerträge oder sonstige inländische Einkünfte in Höhe von (Betrag der ausgeschütteten oder ausschüttungsgleichen inländischen Immobilienerträge oder sonstigen inländischen Einkünfte) an den Dach-Spezial-Investmentfonds ausgeschüttet oder gelten diesem als ausschüttungsgleiche Erträge zugeflossen. Zum Zurechnungszeitpunkt hat der Dach-Spezial-Investmentfonds (Gesamtzahl) Spezial-Investmentanteile begeben.

An dem Dach-Spezial-Investmentfonds waren die nachfolgend angegebenen Anleger in dem nachfolgend angegebenen Umfang beteiligt und gegenüber diesen Anlegern wurde in dem nachfolgend angegebenen Umfang Kapitalertragsteuer und Solidaritätszuschlag erhoben:

Name und Anschrift des Anlegers	Anzahl der Anteile zum Zurechnungszeitpunkt	Höhe der gegenüber dem Anleger erhobenen Kapitalertragsteuer	Höhe des gegenüber dem Anleger erhobenen Solidaritätszuschlags

[Ab 1. Januar 2018]

☐ Es handelt sich um eine geänderte Steuerbescheinigung für einen Investmentfonds aufgrund von Erstattungen nach § 7 Abs. 5 Satz 1 und/oder Satz 2 InvStG 2018.
Kumulierte Erstattungsbeträge nach § 7 Abs. 5 InvStG 2018 und der Beträge,
in deren Höhe vom Steuerabzug Abstand genommen wurde: ....

Stichwortregister

Fette Zahlen verweisen auf den jeweiligen Paragraphen des KStG, magere Zahlen auf die Randziffern. Die mit einem „F" versehenen Zahlen verweisen auf eine Fußnote der angegebenen Randziffer.

C

D

E

F

H

L

N

O

V

Gewerbesteuer-
veranlagung
2021

Inhaltsverzeichnis

Abschnitt V. Entstehung, Festsetzung und Erhebung der Steuer

Abschnitt VI. Zerlegung

Abkürzungsverzeichnis

a. a. O.	am angegebenen Ort
ABl.	Amtsblatt
a. E.	am Ende
AEAO	Anwendungserlass zur Abgabenordnung
AEUV	Vertrag über die Arbeitsweise der Europäischen Union
a. F.	alte(r) Fassung
AfA	Absetzung für Abnutzung
AG	Aktiengesellschaft
AIFM-StAnpG	AIFM-Steuer-Anpassungsgesetz
AIG	Auslandsinvestitionsgesetz
AmtshilfeRL-UmsG	Amtshilferichtlinie-Umsetzungsgesetz
AO	Abgabenordnung
AStG	Außensteuergesetz
ATAD-UmsG.	ATAD-Umsetzungsgesetz
BAnz.	Bundesanzeiger
BauGB	Baugesetzbuch
BeitrRLUmsG	Beitreibungsrichtlinie-Umsetzungsgesetz
BewDV	Durchführungsverordnung zum Bewertungsgesetz
BewG	Bewertungsgesetz
BFH	Bundesfinanzhof
BFHE	Sammlung der Entscheidungen des Bundesfinanzhofs
BFH/NV	Sammlung amtlich nicht veröffentlichter Entscheidungen des Bundesfinanzhofs (Zeitschrift)
BGBl. I/II	Bundesgesetzblatt Teil I/Teil II
BGBl. III	Bereinigte Sammlung des Bundesrechts, abgeschlossen am 31. 12. 1968 (in Nachweisform fortgeführt durch FNA)
BGH	Bundesgerichtshof
BMF	Bundesminister(ium) der Finanzen
BStBl. I/II/III	Bundessteuerblatt Teil I/Teil II/(Teil III – erschienen bis 1967)
BVerfG	Bundesverfassungsgericht
BVerfGE	Sammlung der Entscheidungen des Bundesverfassungsgerichts
BVerwG	Bundesverwaltungsgericht
BVerwGE	Sammlung der Entscheidungen des Bundesverwaltungsgerichts
DB	Der Betrieb (Zeitschrift)
DDR	Deutsche Demokratische Republik
DDR-IG	DDR-Investitionsgesetz
DIHK	Deutscher Industrie- und Handelskammertag
DStR	Deutsches Steuerrecht (Zeitschrift)
DStRE	DStR-Entscheidungsdienst (Zeitschrift)
EEG	Erneuerbare-Energien-Gesetz
EFG	Entscheidungen der Finanzgerichte (Zeitschrift)
EG	Europäische Gemeinschaft
EntwLStG	Entwicklungsländer-Steuergesetz
ErbStG	Erbschaftsteuer- und Schenkungsteuergesetz
ErbStH	Erbschaftsteuer-Hinweise
ErbStR	Erbschaftsteuer-Richtlinien
ErWW	Ersatzwirtschaftswert
ESt	Einkommensteuer
EStDV	Einkommensteuer-Durchführungsverordnung
EStG	Einkommensteuergesetz
EStH	Einkommensteuer-Hinweise
EStR	Einkommensteuer-Richtlinien
EU	Europäische Union
EUAHiG	EU-Amtshilfegesetz
EUBeitrG	EU-Beitreibungsgesetz
EuGH	Europäischer Gerichtshof
EUR	Euro
EURLUmsG	EU-Richtlinien-Umsetzungsgesetz
EZ	Erhebungszeitraum

FA .... Finanzamt
FG .... Finanzgericht
FGO .... Finanzgerichtsordnung
FKPG .... Gesetz zur Umsetzung des Föderalen Konsolidierungsprogramms
FM .... Finanzministerium, Finanzminister
FNA .... Bundesgesetzblatt Teil I, Fundstellennachweis A (Bundesrecht ohne völkerrechtliche Vereinbarungen)
FSen .... Finanzsenat
FVG .... Finanzverwaltungsgesetz

GbR .... Gesellschaft des bürgerlichen Rechts
GemV .... Gemeinnützigkeitsverordnung
GewO .... Gewerbeordnung
GewStDV .... Gewerbesteuer-Durchführungsverordnung
GewStG .... Gewerbesteuergesetz
GewStH .... Gewerbesteuer-Hinweise
GewStR .... Gewerbesteuer-Richtlinien
GG .... Grundgesetz für die Bundesrepublik Deutschland
GrEStG .... Grunderwerbsteuergesetz
GrStG .... Grundsteuergesetz
GVBl./GVOBl. Gesetz- und Verordnungsblatt

H .... Hinweis (der Einkommensteuer-, Erbschaftsteuer-, Gewerbesteuer-, Körperschaftsteuer-, Lohnsteuer-Hinweise)
HFR .... Höchstrichterliche Finanzrechtsprechung (Zeitschrift)
HGB .... Handelsgesetzbuch
Hs. .... Halbsatz

i. d. F. .... in der Fassung
i. d. R. .... in der Regel
i. S. d./v. .... im Sinne des/von
i. V. m. .... in Verbindung mit

JStErgG .... Jahressteuer-Ergänzungsgesetz
JStG .... Jahressteuergesetz

KG .... Kommanditgesellschaft
KHG .... Krankenhausfinanzierungsgesetz
KroatienAnpG Gesetz zur Anpassung des nationalen Steuerrechts an den Beitritt Kroatiens zur EU und zur Änderung weiterer steuerlicher Vorschriften
KStDV .... Körperschaftsteuer-Durchführungsverordnung
KStG .... Körperschaftsteuergesetz
KStH .... Körperschaftsteuer-Hinweise
KStR .... Körperschaftsteuer-Richtlinien
KWG .... Kreditwesengesetz

LAG .... Lastenausgleichsgesetz
LPG .... Landwirtschaftliche Produktionsgenossenschaft
Ls. .... Leitsatz
LStDV .... Lohnsteuer-Durchführungsverordnung
LStH .... Lohnsteuer-Hinweise
LStR .... Lohnsteuer-Richtlinien

M .... Mark der DDR
MinBlFin. .... Ministerialblatt des Bundesministers der Finanzen
MoRaKG .... Gesetz zur Modernisierung der Rahmenbedingungen für Kapitalbeteiligungen
mWv .... mit Wirkung vom

n. F. .... neue(r) Fassung
NJW .... Neue juristische Wochenschrift

OFD .... Oberfinanzdirektion
OFH .... Oberster Finanzhof
OHG .... Offene Handelsgesellschaft
OVG .... Oberverwaltungsgericht

R .... Richtlinie (der Einkommensteuer-, Erbschaftsteuer-, Gewerbesteuer-, Körperschaftsteuer-, Lohnsteuer-Richtlinien)
RdF .... Reichsminister der Finanzen
RFH .... Reichsfinanzhof
RG .... Reichsgericht
RGBl. .... Reichsgesetzblatt
RL .... Richtlinien
Rspr. .... Rechtsprechung
RStBl. .... Reichssteuerblatt
RVO .... Reichsversicherungsordnung
RVOrgG .... Rentenversicherungs-Organisationsreformgesetz

SCE .... Europäische Genossenschaft (Societas Cooperativa Europaea)
SEStEG .... Gesetz über steuerliche Begleitmaßnahmen zur Einführung der Europäischen Gesellschaft und zur Änderung weiterer steuerrechtlicher Vorschriften
SGB I .... Sozialgesetzbuch, Erstes Buch, Allgemeiner Teil
SGB V .... Sozialgesetzbuch, Fünftes Buch, Gesetzliche Krankenversicherung
SGB VI .... Sozialgesetzbuch, Sechstes Buch, Gesetzliche Rentenversicherung
SGB IX .... Sozialgesetzbuch, Neuntes Buch, Rehabilitation und Teilhabe behinderter Menschen
SGB XI .... Sozialgesetzbuch, Elftes Buch, Soziale Pflegeversicherung
SGB XII .... Sozialgesetzbuch, Zwölftes Buch, Sozialhilfe
StÄndG .... Steueränderungsgesetz
StandOG .... Standortsicherungsgesetz
StAnpG .... Steueranpassungsgesetz
StBereinG ...... Steuerbereinigungsgesetz
StBerG .... Steuerberatungsgesetz
StEK .... Steuererlasse in Karteiform (Steuererlass-Kartei)
StEntlG .... Steuerentlastungsgesetz
StEuglG .... Steuer-Euroglättungsgesetz
StMBG .... Mißbrauchsbekämpfungs- und Steuerbereinigungsgesetz
StRefG .... Steuerreformgesetz
st. Rspr. .... ständige Rechtsprechung
StSenkG .... Steuersenkungsgesetz
StVergAbG ..... Steuervergünstigungsabbaugesetz

UBGG .... Gesetz über Unternehmensbeteiligungsgesellschaften
UmwStG .... Umwandlungssteuergesetz
UntStFG .... Unternehmenssteuerfortentwicklungsgesetz
UStAE .... Umsatzsteuer-Anwendungserlass
UStDV .... Umsatzsteuer-Durchführungsverordnung
UStG .... Umsatzsteuergesetz
UStR .... Umsatzsteuer-Richtlinien (bis 30. 10. 2010)

VA .... Verwaltungsakt
Vb. .... Verfassungsbeschwerde
VermBG .... Vermögensbildungsgesetz
Vfg. .... Verfügung
VG .... Verwaltungsgericht
VGH .... Verwaltungsgerichtshof
VIZ .... Zeitschrift für Vermögens- und Investitionsrecht
VO .... Verordnung
VSt. .... Vermögensteuer
VStG .... Vermögensteuergesetz
VStR .... Vermögensteuer-Richtlinien
VZ .... Veranlagungszeitraum

WGG .... Wohnungsgemeinnützigkeitsgesetz
WGGDV .... Durchführungsverordnung zum Wohnungsgemeinnützigkeitsgesetz
WiGBl. .... Gesetzblatt der Verwaltung des Vereinigten Wirtschaftsgebietes
WPO .... Wirtschaftsprüferordnung

Zollkodex-AnpG .... Gesetz zur Anpassung der Abgabenordnung an den Zollkodex der Union und zur Änderung weiterer steuerlicher Vorschriften

Geschlossene Wiedergabe des Gewerbesteuergesetzes (GewStG)[1]

In der Fassung der Bekanntmachung vom 15. Oktober 2002
(BGBl. I S. 4167, BStBl. I S. 1192)

BGBl. III/FNA 611-5

Änderungen des Gesetzes

Lfd. Nr.	Änderndes Gesetz	Datum	BGBl. I (BStBl. I) Seite	Geänderte Paragraphen	Art der Änderung
1.	Steuervergünstigungs-abbaugesetz [Art. 4]	16. 5. 2003	660 (321)	Überschrift, § 9 Nr. 2, § 36 Abs. 1 § 8 a, § 28 Abs. 2 Satz 1 Nr. 4 § 2 Abs. 2 Satz 3	geändert eingefügt aufgehoben
2.	Kleinunternehmer-förderungsgesetz [Art. 3]	31. 7. 2003	1550 (398)	§ 35 c Abs. 1 Nr. 2	geändert
3.	Förderbankenneustruk-turierungsgesetz [Art. 7]	15. 8. 2003	1657 (426)	§ 3 Nr. 2	geändert
4.	Steueränderungsgesetz 2003 [Art. 4]	15. 12. 2003	2645 (710)	§ 3 Nr. 2 u. 24, § 36 Abs. 3 u. 4 § 3 Nr. 30, § 36 Abs. 4 a	geändert eingefügt
5.	Gesetz zur Umsetzung der Protokollerklärung der Bundesregierung zur Vermittlungs-empfehlung zum Steuerver-günstigungsabbaugesetz [Art. 4]	22. 12. 2003	2840 (2004, 14)	§ 8 Nr. 5 Satz 1, § 36 Abs. 1, § 9 Nr. 2 Satz 2, Nr. 2 a Satz 3, Nr. 7 Satz 6, Nr. 8 Satz 2, § 36 Abs. 7	geändert eingefügt
6.	Gesetz zur Änderung des Gewerbesteuergesetzes und anderer Gesetze [Art. 2]	23. 12. 2003	2922 (2004, 20)	§ 1, § 9 Nr. 2 Satz 1, § 10 a Satz 1, § 35 b Abs. 2 Satz 1 § 10 a Sätze 2 u. 3, § 16 Abs. 4 Satz 2 § 8 a, § 9 Nr. 10, § 28 Abs. 2 Satz 1 Nr. 4	geändert eingefügt aufgehoben
7.	Gesetz zur Einordnung des Sozialhilferechts in das Sozial-gesetzbuch [Art. 50]	27. 12. 2003	3022 (2004, 118)	§ 3 Nr. 20 Buchst. c	geändert
8.	Haushaltsbegleitgesetz 2004 [Art. 12]	29. 12. 2003	3076 (2004, 120)	§ 11 Abs. 3 Satz 1 § 36 Abs. 7 a	geändert eingefügt
9.	Gesetz zur Organisationsreform in der gesetzlichen Rentenversicherung [Art. 32]	9. 12. 2004	3242 (1156)	§ 3 Nr. 11 § 36 Abs. 3 a	geändert eingefügt
10.	EU-Richtlinien-Umsetzungsgesetz [Art. 4]	9. 12. 2004	3310 (1158)	§ 3 Nr. 2, § 9 Nr. 1 Satz 5, Nr. 5 Satz 5, § 11 Abs. 1 Satz 2, § 36 Abs. 3 § 7 Satz 4, § 9 Nr. 1 Satz 6, § 36 Abs. 3 a, Abs. 6 Satz 2 § 36 Abs. 7 a	geändert eingefügt aufgehoben
11.	Gesetz zum 3. Zusatzprotokoll zum DBA Deutschland-Niederlande	15. 12. 2004	BGBl. II, 1653 (2005, 364)	§ 2 Abs. 7 § 4 Abs. 3	geändert eingefügt
12.	SEStEG [Art. 4]	7. 12. 2006	2782 (2007, 4)	§ 2 Abs. 2 Satz 1, § 36 Abs. 1	geändert
13.	JStG 2007 [Art. 5]	13. 12. 2006	2878 (2007, 28)	§ 2 Abs. 2 Satz 1, § 3 Nr. 2, Nr. 20 Buchst. b und c, § 9 Nr. 1 Sätze 1 u. 3, Nr. 3 Sätze 2 und 3, Nr. 5 Sätze 1, 2 u. 10, Nr. 7 Sätze 5, 6 u. 8, § 10 a Satz 2,	

[1] Neufassung des Gewerbesteuergesetzes auf Grund des § 35 c Abs. 2 GewStG i. d. F. der Bek. vom 19. 5. 1999 (BGBl. I S. 1010, 1491) in der ab 27. 7. 2002 geltenden Fassung. Die Neufassung berücksichtigt: *(1)* die Fassung vom 19. 5. 1999 (BGBl. I S. 1010, 1491), *(2)* den am 1. 1. 2000 in Kraft getretenen Art. 6 des Gesetzes vom 22. 12. 1999 (BGBl. I S. 2601), *(3)* den am 26. 7. 2000 in Kraft getretenen Art. 5 des Gesetzes vom 14. 7. 2000 (BGBl. I S. 1034), *(4)* den am 1. 1. 2001 in Kraft getretenen Art. 6 des Gesetzes vom 23. 10. 2000 (BGBl. I S. 1433), *(5)* den am 1. 1. 2002 in Kraft getretenen Art. 7 des Gesetzes vom 19. 12. 2000 (BGBl. I S. 1790), der vor seinem Inkrafttreten durch Art. 35 Nr. 6 des Gesetzes vom 20. 12. 2001 (BGBl. I S. 3794) und durch Art. 10 des Gesetzes vom 20. 12. 2001 (BGBl. I S. 3858) geändert worden ist, *(6)* den am 23. 12. 2001 in Kraft getretenen Art. 7 des Gesetzes vom 20. 12. 2001 (BGBl. I S. 3794), *(7)* den am 25. 12. 2001 in Kraft getretenen Art. 4 des Gesetzes vom 20. 12. 2001 (BGBl. I S. 3858), *(8)* den am 1. 1. 2002 in Kraft getretenen Art. 11 des Gesetzes vom 20. 12. 2001 (BGBl. I S. 3955), *(9)* den am 27. 7. 2002 in Kraft getretenen Art. 5 des Gesetzes vom 23. 7. 2002 (BGBl. I S. 2715).

Lfd. Nr.	Änderndes Gesetz	Datum	BGBl. I (BStBl. I) Seite	Geänderte Paragraphen	Art der Änderung
				§ 11 Abs. 1 Satz 2, Abs. 2 Nr. 1 u. 2, Abs. 3 Satz 1, § 16 Abs. 1, Abs. 4 Satz 2, § 36 Abs. 1, 3, 3 a, 3 b u. 7 § 9 Nr. 2 a Sätze 3 u. 4, Nr. 7 Sätze 2 u. 3, Nr. 8 Sätze 2 u. 3, § 10 a Sätze 4 u. 5, § 35 b Satz 4, § 36 Abs. 2 Satz 1, Abs. 8 bis 10	geändert eingefügt
14.	Unternehmensteuerreformgesetz 2008 [Art. 3]	14. 8. 2007	1912 (630)	§ 8 Nr. 1, Nr. 5 Satz 1, § 9 Nr. 1 Satz 1, Nr. 2 a Satz 1, Nr. 7 Satz 1, Nr. 8 Satz 1, § 10 a Satz 8, § 11 Abs. 2, § 35 c Abs. 1 Nr. 2 Buchst. e § 19 Abs. 3 Satz 5, § 36 Abs. 5 a, 6 a, Abs. 8 Satz 6, Abs. 8 a, Abs. 9 Sätze 2 u. 3, Abs. 9 a, 9 b u. 10 a § 8 Nr. 2, 3 u. 7, § 9 Nr. 4	geändert eingefügt aufgehoben
15.	Gesetz zur weiteren Stärkung des bürgerschaftlichen Engagements [Art. 4]	10. 10. 2007	2332 (815)	§ 9 Nr. 5 § 36 Abs. 8 a	geändert eingefügt
16.	Jahressteuergesetz 2008 [Art. 5]	20. 12. 2007	3150 (2008, 218)	§ 2 Abs. 7 Nr. 1, § 8 Nr. 1 Buchst. e, § 9 Nr. 7 Satz 1, § 35 b Abs. 2 Satz 1, § 36 Abs. 6 § 10 a Satz 7, § 36 Abs. 2 Satz 5, Abs. 5 b, Abs. 8 a u. 9 Satz 4	geändert eingefügt
17.	Gesetz zur Modernisierung der Rahmenbedingungen für Kapitalbeteiligungen (MoRaKG) [Art. 5]	12. 8. 2008	1672 (854)	§ 3 Nr. 23, § 36 Abs. 9 Sätze 2 u. 3 § 36 Abs. 3 c, Abs. 9 Sätze 4 bis 6	geändert eingefügt
18.	Jahressteuergesetz 2009 [Art. 4]	19. 12. 2008	2794 (2009, 74)	§ 3 Nr. 2 u. Nr. 17, § 7 Satz 3, § 9 Nr. 2 a Satz 1, Nr. 5 Satz 7, § 10 a Satz 10, § 29 Abs. 1, § 36 Abs. 1, Abs. 3, Abs. 3 a, Abs. 5, Abs. 9 Sätze 2, 3 u. 6 § 7 Sätze 5 u. 6, § 9 Nr. 1 a, Nr. 5 Satz 8, § 10 a Satz 9, § 16 Abs. 4 Satz 4, § 35 c Abs. 1 Nr. 2 Buchst. f, § 36 Abs. 6 a Satz 2, Abs. 8 Satz 7, Abs. 9 Sätze 8 bis 10, Abs. 10 a Satz 2	geändert eingefügt
19.	Steuerbürokratieabbaugesetz [Art. 7]	20. 12. 2008	2850 (2009, 124)	§ 14 a § 36 Abs. 9 b	geändert eingefügt
20.	3. Mittelstandsentlastungsgesetz [Art. 6 a]	17. 3. 2009	550 (470)	§ 11 Abs. 1 Satz 3 Nr. 2	geändert
21.	Wachstumsbeschleunigungsgesetz [Art. 3]	22. 12. 2009	3950 (2010, 2)	§ 8 Nr. 1 Buchst. e, § 36 Abs. 1	geändert
22.	Gesetz zur Umsetzung steuerlicher EU-Vorgaben sowie zur Änderung steuerlicher Vorschriften [Art. 3]	8. 4. 2010	386 (334)	§ 9 Nr. 5 Sätze 1, 9 bis 11 u. 14, § 35 c Abs. 1 Satz 1 Nr. 2 Buchst. f, § 36 Abs. 10 a Satz 2 § 9 Nr. 5 Sätze 2 bis 7, § 36 Abs. 8 b Sätze 3 bis 5	geändert eingefügt
23.	Jahressteuergesetz 2010 [Art. 3]	8. 12. 2010	1768 (1394)	§ 3 Nr. 2, § 5 Abs. 1 Satz 4, § 10 a Satz 9, § 11 Abs. 3 Satz 1, § 35 a Abs. 2 Satz 1, § 35 b Abs. 2 Sätze 2 u. 3, § 36 Abs. 9 Satz 8 § 36 Abs. 3 Sätze 2 u. 4, Abs. 10 Satz 1	geändert eingefügt
24.	Beitreibungsrichtlinie-Umsetzungsgesetz [Art. 5]	7. 12. 2011	2592 (1171)	§ 9 Nr. 5 Satz 5 § 36 Abs. 8 b Satz 4 § 36 Abs. 8 b bish. Sätze 4 u. 5 werden 5. u. 6	geändert eingefügt
25.	Gesetz zur Änderung und Vereinfachung der Unternehmensbesteuerung und des steuerlichen Reisekostenrechts [Art. 4]	20. 2. 2013	285 (188)	§ 2 Abs. 2 Satz 2 § 36 Abs. 2 Satz 5, bish. Satz 5 wird 6	geändert eingefügt
26.	Ehrenamtsstärkungsgesetz [Art. 5]	21. 3. 2013	556 (339)	§ 9 Nr. 5 Sätze 9, 13 u. 14 § 9 Nr. 5 Satz 10, bish. Sätze 11 bis 17 werden 12 bis 18 § 36 Abs. 8 b Satz 8	geändert eingefügt
27.	Amtshilferichtlinie-Umsetzungsgesetz [Art. 4]	26. 6. 2013	1809 (802)	§ 9 Nr. 5 Satz 4, Nr. 7 Satz 1, § 29 Abs. 1 Nr. 2, § 35 c Abs. 1 Nr. 2 Buchst. f, § 36 Abs. 10 a Satz 4 § 36 Abs. 8 b Satz 4, Abs. 9 d, Abs. 10 a Satz 3	geändert eingefügt

Lfd. Nr.	Änderndes Gesetz	Datum	BGBl. I (BStBl. I) Seite	Geänderte Paragraphen	Art der Änderung
28.	Gesetz zur Anpassung des nationalen Steuerrechts an den Beitritt Kroatiens zur EU und zur Änderung weiterer steuerlicher Vorschriften [Art. 5]	25. 7. 2014	1266 (1126)	§ 2 Abs. 7 Nr. 1, § 3 Nr. 2 u. 20 vor Buchst. a u. d, § 9 Nr. 1 Satz 5 Nr. 1 a, § 29 Abs. 1 Nr. 2, § 36 § 3 Nr. 20 Buchst. e, § 4 Abs. 2 Sätze 2 u. 3 § 19 Abs. 3 Satz 5	geändert eingefügt aufgehoben
29.	Gesetz zur Anpassung der Abgabenordnung an den Zollkodex der Union und zur Änderung weiterer steuerlicher Vorschriften [Art. 7]	22. 12. 2014	2417 (2015, 58)	§ 3 Nr. 30 § 3 Nr. 31, § 36 Abs. 2 Satz 3	geändert eingefügt
30.	Gesetz zur Modernisierung der Finanzaufsicht über Versicherungen [Art. 2]	1. 4. 2015	434	§ 35 c Abs. 1 Nr. 2 Buchst. d § 36 Abs. 3	geändert eingefügt
31.	Steueränderungsgesetz 2015 [Art. 5]	2. 11. 2015	1834 (846)	§ 2 Abs. 7 § 4 Abs. 3 Satz 1 § 36 Abs. 1	geändert geändert geändert
32.	Gesetz zur Weiterentwicklung der steuerlichen Verlustverrechnung bei Körperschaften [Art. 2]	20. 12. 2016	2998 (2017, 3)	§ 10 a Satz 10 § 36 Abs. 2 c	geändert eingefügt
33.	Gesetz zur Umsetzung der Änderungen der EU-Amtshilferichtlinie und von weiteren Maßnahmen gegen Gewinnkürzungen und -verlagerungen [Art. 16]	20. 12. 2016	3000 (2017, 5)	§ 4 Abs. 2 Satz 2, § 9 Nr. 2 Satz 2, § 9 Nr. 3 Satz 1 § 7 Sätze 7–9, § 7 a, § 36 Abs. 2 a, § 36 Abs. 2 b	geändert eingefügt
34.	Drittes Gesetz zur Stärkung der pflegerischen Versorgung und zur Änderung weiterer Vorschriften (Drittes Pflegestärkungsgesetz – PSG III) [Art. 10]	23. 12. 2016	3191	§ 3 Nr. 20 Buchst. c	geändert
35.	Gesetz gegen schädliche Steuerpraktiken im Zusammenhang mit Rechteüberlassungen [Art. 4]	27. 6. 2017	2074 (1202)	§ 7 b § 36 Abs. 2 c (a. F.) § 36 Abs. 2 c (n. F.)	eingefügt geändert eingefügt
36.	Gesetz zur Vermeidung von Umsatzsteuerausfällen beim Handel mit Waren im Internet und zur Änderung weiterer steuerlicher Vorschriften [Art. 8]	11. 12. 2018	2338 (2345)	§ 3 Nr. 20 Buchst. c § 3 Nr. 24 § 36 Abs. 2 Sätze 3 u. 4 § 36 Abs. 2 c Satz 3	geändert geändert eingefügt eingefügt
37.	Gesetz zur Reform des Grundsteuer- und Bewertungsrechts [Art. 10]	26. 11. 2019	1794 (1319)	§ 9 Nr. 1 Satz 1	geändert
38.	Gesetz zur weiteren steuerlichen Förderung der Elektromobilität und zur Änderung weiterer steuerlicher Vorschriften [Art. 8, 9]	12. 12. 2019	2451 (2020,17)	§ 3 Nr. 1 § 3 Nr. 8, Nr. 12, Nr. 14, Nr. 15 § 3 Nr. 13 § 3 Nr. 24 § 3 Nr. 31 § 3 Nr. 32 § 7 Satz 3 § 8 Nr. 1 Buchst. d § 9 Nr. 2 a, Nr. 5, Nr. 7 § 35 c Abs. 1 Nr. 2 Buchst. f § 36	geändert geändert geändert geändert geändert eingefügt geändert geändert geändert geändert neu gefasst
39.	Zweites Gesetz zur Umsetzung steuerlicher Hilfsmaßnahmen zur Bewältigung der Corona-Krise (Zweites Corona-Steuerhilfgesetz) [Art. 5]	29. 6. 2020	1512	§ 8 Nr. 1	geändert
40.	Gesetz zur Förderung der Elektromobilität und zur Modernisierung des Wohneigentumsgesetzes und zur Änderung von kostenund grundbuchrechtlichen Vorschriften (Wohnungseigentumsmodernisierungsgesetz – WEMoG) [Art. 14]	16. 10. 2020	2187	§ 9 Nr. 1 Satz 2	geändert
41.	Jahressteuergesetz 2020 (JStG 2020) [Art. 9]	21. 12. 2020	3096	§ 8 Nr. 8 Satz 2 § 9 Nr. 5 Satz 7 § 10 a Satz 10 bis 12 § 36 Abs. 3 Satz 3	eingefügt geändert eingefügt eingefügt

Lfd. Nr.	Änderndes Gesetz	Datum	BGBl. I (BStBl. I) Seite	Geänderte Paragraphen	Art der Änderung
				§ 36 Abs. 5 Satz 1 § 36 Abs. 5a	eingefügt eingefügt
42.	Gesetz zur Umsetzung der Richtlinie (EU) 2019/2034 über die Beaufsichtigung von Wertpapierinstituten [Art. 7]	12. 5. 2021	990	§ 35 c Abs. 1 Nr. 2 Buchst. f Satz 1 Doppelbuchst. cc § 35 c Abs. 1 Nr. 2 Buchst. f Satz 2	eingefügt geändert
43.	Gesetz zur Stärkung des Fondsstandorts Deutschland und zur Umsetzung der Richtlinie (EU) 2019/1160 zur Änderung der Richtlinien 2009/65/EG und 2011/61/EU im Hinblick auf den grenzüberschreitenden Vertrieb von Organismen für gemeinsame Anlagen (Fondsstandortgesetz – FoStoG) [Art. 9]	3. 6. 2021	1498	§ 9 Nr. 1 Satz 3 § 9 Nr. 1 Satz 4 § 29 Abs. 1 Nr. 2 § 36 Abs. 1	neugefasst geändert neugefasst geändert
44.	Gesetz zur Umsetzung der Anti-Steuervermeidungsrichtlinie (ATAD-Umsetzungsgesetz – ATADUmsG) [Art. 3]	25. 6. 2021	2035	§ 7 Satz 9 § 8 Nr. 5 Satz 2 § 9 Nr. 2 Satz 2 § 9 Nr. 2 Sätze 3 bis 5 § 9 Nr. 3 Satz 1 § 36 Abs. 3 Satz 4 § 36 Abs. 4 a § 36 Abs. 5 b	geändert aufgehoben geändert eingefügt geändert eingefügt eingefügt eingefügt
45.	Gesetz zur Modernisierung des Körperschaftsteuerrechts [Art. 2]	25. 6. 2021	2050	§ 2 Abs. 8	eingefügt

Abschnitt I. Allgemeines

§ 1[1] Steuerberechtigte

Die Gemeinden erheben eine Gewerbesteuer als Gemeindesteuer.

§ 2 Steuergegenstand

(1) ① Der Gewerbesteuer unterliegt jeder stehende Gewerbebetrieb, soweit er im Inland betrieben wird. ② Unter Gewerbebetrieb ist ein gewerbliches Unternehmen im Sinne des Einkommensteuergesetzes zu verstehen. ③ Im Inland betrieben wird ein Gewerbebetrieb, soweit für ihn im Inland oder auf einem in einem inländischen Schiffsregister eingetragenen Kauffahrteischiff eine Betriebsstätte unterhalten wird.

(2)[2, 3, 4] ① Als Gewerbebetrieb gilt stets und in vollem Umfang die Tätigkeit der Kapitalgesellschaften (insbesondere Europäische Gesellschaften, Aktiengesellschaften, Kommanditgesellschaften auf Aktien, Gesellschaften mit beschränkter Haftung), Genossenschaften einschließlich Europäischer Genossenschaften sowie der Versicherungs- und Pensionsfondsvereine auf Gegenseitigkeit. ② Ist eine Kapitalgesellschaft Organgesellschaft im Sinne der § 14 oder § 17 des Körperschaftsteuergesetzes, so gilt sie als Betriebsstätte des Organträgers.

(3) Als Gewerbebetrieb gilt auch die Tätigkeit der sonstigen juristischen Personen des privaten Rechts und der nichtrechtsfähigen Vereine, soweit sie einen wirtschaftlichen Geschäftsbetrieb (ausgenommen Land- und Forstwirtschaft) unterhalten.

(4) Vorübergehende Unterbrechungen im Betrieb eines Gewerbes, die durch die Art des Betriebs veranlasst sind, heben die Steuerpflicht für die Zeit bis zur Wiederaufnahme des Betriebs nicht auf.

(5) ① Geht ein Gewerbebetrieb im Ganzen auf einen anderen Unternehmer über, so gilt der Gewerbebetrieb als durch den bisherigen Unternehmer eingestellt. ② Der Gewerbebetrieb gilt als durch den anderen Unternehmer neu gegründet, wenn er nicht mit einem bereits bestehenden Gewerbebetrieb vereinigt wird.

(6) Inländische Betriebsstätten von Unternehmen, deren Geschäftsleitung sich in einem ausländischen Staat befindet, mit dem kein Abkommen zur Vermeidung der Doppelbesteuerung besteht, unterliegen nicht der Gewerbesteuer, wenn und soweit

1. die Einkünfte aus diesen Betriebsstätten im Rahmen der beschränkten Einkommensteuerpflicht steuerfrei sind und

[1] § 1 neugefasst durch Gesetz vom 23. 12. 2003 (BGBl. I S. 2922) mWv EZ 2004.

[2] § 2 Abs. 2 Satz 1 neugefasst durch SEStEG vom 7. 12. 2006 (BGBl. I S. 2782) mWv EZ 2006, Satz 1 geändert durch JStG 2007 vom 13. 12. 2006 (BGBl. I S. 2878) mWv EZ 2006.

[3] § 2 Abs. 2 Satz 2 geändert durch Gesetz vom 20. 2. 2013 (BGBl. I S. 285) mWv EZ 2012.

[4] § 2 Abs. 2 Satz 3 aufgehoben durch Gesetz vom 16. 5. 2003 (BGBl. I S. 660) mWv EZ 2003.

2. der ausländische Staat Unternehmen, deren Geschäftsleitung sich im Inland befindet, eine entsprechende Befreiung von den der Gewerbesteuer ähnlichen oder ihr entsprechenden Steuern gewährt, oder in dem ausländischen Staat keine der Gewerbesteuer ähnlichen oder ihr entsprechenden Steuern bestehen.

(7)[1] Zum Inland im Sinne dieses Gesetzes gehört auch der der Bundesrepublik Deutschland zustehende Anteil

1.[2] an der ausschließlichen Wirtschaftszone, soweit dort
   a) die lebenden und nicht lebenden natürlichen Ressourcen der Gewässer über dem Meeresboden, des Meeresbodens und seines Untergrunds erforscht, ausgebeutet, erhalten oder bewirtschaftet werden,
   b) andere Tätigkeiten zur wirtschaftlichen Erforschung oder Ausbeutung der ausschließlichen Wirtschaftszone ausgeübt werden, wie beispielsweise die Energieerzeugung aus Wasser, Strömung und Wind oder
   c) künstliche Inseln errichtet oder genutzt werden und Anlagen und Bauwerke für die in den Buchstaben a und b genannten Zwecke errichtet oder genutzt werden, und
2. am Festlandsockel, soweit dort
   a) dessen natürliche Ressourcen erforscht oder ausgebeutet werden; natürliche Ressourcen in diesem Sinne sind die mineralischen und sonstigen nicht lebenden Ressourcen des Meeresbodens und seines Untergrunds sowie die zu den sesshaften Arten gehörenden Lebewesen, die im nutzbaren Stadium entweder unbeweglich auf oder unter dem Meeresboden verbleiben oder sich nur in ständigem körperlichen Kontakt mit dem Meeresboden oder seinem Untergrund fortbewegen können; oder
   b) künstliche Inseln errichtet oder genutzt werden und Anlagen und Bauwerke für die in Buchstabe a genannten Zwecke errichtet oder genutzt werden, und
3. der nicht zur Bundesrepublik Deutschland gehörende Teil eines grenzüberschreitenden Gewerbegebiets, das nach den Vorschriften eines Abkommens zur Vermeidung der Doppelbesteuerung als solches bestimmt ist.

(8)[3] Für die Anwendung dieses Gesetzes sind eine optierende Gesellschaft im Sinne des § 1a des Körperschaftsteuergesetzes als Kapitalgesellschaft und ihre Gesellschafter wie die nicht persönlich haftenden Gesellschafter einer Kapitalgesellschaft zu behandeln.

§ 2a Arbeitsgemeinschaften

① Als Gewerbebetrieb gilt nicht die Tätigkeit der Arbeitsgemeinschaften, deren alleiniger Zweck in der Erfüllung eines einzigen Werkvertrags oder Werklieferungsvertrags besteht. ② Die Betriebsstätten der Arbeitsgemeinschaften gelten insoweit anteilig als Betriebsstätten der Beteiligten.

§ 3 Befreiungen

Von der Gewerbesteuer sind befreit

1. das Bundeseisenbahnvermögen, die staatlichen Lotterieunternehmen, die zugelassenen öffentlichen Spielbanken mit ihren der Spielbankabgabe unterliegenden Tätigkeiten und der Erdölbevorratungsverband nach § 2 Absatz 1 des Erdölbevorratungsgesetzes vom 16. Januar 2012 (BGBl. I S. 74) in der jeweils geltenden Fassung;[4]
2.[5] die Deutsche Bundesbank, die Kreditanstalt für Wiederaufbau, die Landwirtschaftliche Rentenbank, die Bayerische Landesanstalt für Aufbaufinanzierung, die Niedersächsische Gesellschaft für öffentliche Finanzierungen mit beschränkter Haftung, die Bremer Aufbau-Bank GmbH, die Landeskreditbank Baden-Württemberg – Förderbank, die Bayerische Landesbodenkreditanstalt, die Investitionsbank Berlin, die Hamburgische Investitions- und Förderbank,[6] die NRW.Bank, die Investitions- und Förderbank Niedersachsen, die Saarländische Investitionskreditbank Aktiengesellschaft, die Investitionsbank Schleswig-Holstein, die Investitionsbank des Landes Brandenburg, die Sächsische Aufbaubank – Förderbank –, die Thüringer Aufbaubank, die Investitionsbank Sachsen-Anhalt – Anstalt der Norddeutschen Landesbank – Girozentrale –, die Investitions- und Strukturbank Rheinland-Pfalz, das Landes-

---

[1] § 2 Abs. 7 neugefasst durch Gesetz vom 15. 12. 2004 (BGBl. II S. 1653) mWv EZ 2004 und durch Gesetz vom 2. 11. 2015 (BGBl. I S. 1834) mWv EZ 2016; zur Anwendung auf das DBA-Niederlande vgl. Art. 8 Abs. 2 des 3. Zusatzprotokolls vom 4. 6. 2004 (BGBl. II S. 1666); vgl. 1.VO vom 25. 5. 2007 (BGBl. II S. 778), in Kraft getreten am 1. 11. 2007 (BGBl. II S. 1664), und 2.VO vom 7. 1. 2008 (BGBl. II S. 30).

[2] § 2 Abs. 7 Nr. 1 neugefasst durch Gesetz vom 20. 12. 2007 (BGBl. I S. 3150) mWv EZ 2008 und durch Gesetz vom 25. 7. 2014 (BGBl. I S. 1266) mWv EZ 2015.

[3] § 2 Abs. 8 angefügt durch Gesetz vom 25. 6. 2021 (BGBl. I S. 2050).

[4] § 3 Nr. 1 geändert durch Gesetz vom 12. 12. 2019 (BGBl. I S. 2451) mWv EZ 2019 (§ 36 Abs. 2 Satz 1 nF).

[5] § 3 Nr. 2 geändert durch Gesetz vom 15. 8. 2003 (BGBl. I S. 1657), vom 15. 12. 2003 (BGBl. I S. 2645), vom 9. 12. 2004 (BGBl. I S. 3310), vom 13. 12. 2006 (BGBl. I S. 2878), vom 19. 12. 2008 (BGBl. I S. 2794), vom 8. 12. 2010 (BGBl. I S. 1768) und vom 25. 7. 2014 (BGBl. I S. 1266).

[6] § 3 Nr. 2 ist für die Hamburgische Investitions- und Förderbank erstmals für den Erhebungszeitraum 2013 anzuwenden. Die Steuerbefreiung nach § 3 Nr. 2 in der bis zum 30. Juli 2014 geltenden Fassung ist für die Hamburgische Wohnungsbaukreditanstalt letztmals für den Erhebungszeitraum 2013 anzuwenden (§ 36 Abs. 2 aF).

förderinstitut Mecklenburg-Vorpommern – Geschäftsbereich der Norddeutschen Landesbank Girozentrale –, die Wirtschafts- und Infrastrukturbank Hessen – rechtlich unselbständige Anstalt in der Landesbank Hessen-Thüringen Girozentrale und die Liquiditäts-Konsortialbank Gesellschaft mit beschränkter Haftung;

3. die Bundesanstalt für vereinigungsbedingte Sonderaufgaben;
4. *(weggefallen)*
5. ① Hauberg-, Wald-, Forst- und Laubgenossenschaften und ähnliche Realgemeinden. ② Unterhalten sie einen Gewerbebetrieb, der über den Rahmen eines Nebenbetriebs hinausgeht, so sind sie insoweit steuerpflichtig;
6. ① Körperschaften, Personenvereinigungen und Vermögensmassen, die nach der Satzung, dem Stiftungsgeschäft oder der sonstigen Verfassung und nach der tatsächlichen Geschäftsführung ausschließlich und unmittelbar gemeinnützigen, mildtätigen oder kirchlichen Zwecken dienen (§§ 51 bis 68 der Abgabenordnung). ② Wird ein wirtschaftlicher Geschäftsbetrieb – ausgenommen Land- und Forstwirtschaft – unterhalten, ist die Steuerfreiheit insoweit ausgeschlossen;
7. Hochsee- und Küstenfischerei, wenn sie mit weniger als sieben im Jahresdurchschnitt beschäftigten Arbeitnehmern oder mit Schiffen betrieben wird, die eine eigene Triebkraft von weniger als 100 Pferdekräften haben;
8. Genossenschaften[1] sowie Vereine im Sinne des § 5 Abs. 1 Nr. 14 des Körperschaftsteuergesetzes, soweit sie von der Körperschaftsteuer befreit sind;
9. rechtsfähige Pensions-, Sterbe-, Kranken- und Unterstützungskassen im Sinne des § 5 Abs. 1 Nr. 3 des Körperschaftsteuergesetzes, soweit sie die für eine Befreiung von der Körperschaftsteuer erforderlichen Voraussetzungen erfüllen;
10. Körperschaften oder Personenvereinigungen, deren Hauptzweck die Verwaltung des Vermögens für einen nichtrechtsfähigen Berufsverband im Sinne des § 5 Abs. 1 Nr. 5 des Körperschaftsteuergesetzes ist, wenn ihre Erträge im Wesentlichen aus dieser Vermögensverwaltung herrühren und ausschließlich dem Berufsverband zufließen;
11. ① öffentlich rechtliche Versicherungs- und Versorgungseinrichtungen von Berufsgruppen, deren Angehörige auf Grund einer durch Gesetz angeordneten oder auf Gesetz beruhenden Verpflichtung Mitglieder dieser Einrichtungen sind, wenn die Satzung der Einrichtung die Zahlung keiner höheren jährlichen Beiträge zulässt als das Zwölffache der Beiträge, die sich bei einer Beitragsbemessungsgrundlage in Höhe der doppelten monatlichen Beitragsbemessungsgrenze in der allgemeinen Rentenversicherung[2] ergeben würden. ② Sind nach der Satzung der Einrichtung nur Pflichtmitgliedschaften sowie freiwillige Mitgliedschaften, die unmittelbar an eine Pflichtmitgliedschaft anschließen, möglich, so steht dies der Steuerbefreiung nicht entgegen, wenn die Satzung die Zahlung keiner höheren jährlichen Beiträge zulässt als das Fünfzehnfache der Beiträge, die sich bei einer Beitragsbemessungsgrundlage in Höhe der doppelten monatlichen Beitragsbemessungsgrenze in der allgemeinen Rentenversicherung ergeben würden;
12. Gesellschaften, bei denen die Gesellschafter als Unternehmer (Mitunternehmer) anzusehen sind, sowie Genossenschaften,[3] soweit die Gesellschaften und die Genossenschaften eine gemeinschaftliche Tierhaltung im Sinne des *§ 51a des Bewertungsgesetzes* ***[ab EZ 2025:*** § 13b des Einkommensteuergesetzes***]***[4] betreiben;
13. private Schulen und andere allgemeinbildende oder berufsbildende Einrichtungen, soweit unmittelbar dem Schul- und Bildungszweck dienende Leistungen erbracht werden, wenn sie
    a) als Ersatzschulen gemäß Artikel 7 Absatz 4 des Grundgesetzes staatlich genehmigt oder nach Landesrecht erlaubt sind oder
    b) auf einen Beruf oder eine vor einer juristischen Person des öffentlichen Rechts abzulegende Prüfung ordnungsgemäß vorbereiten;[5]
14. Genossenschaften[3] sowie Vereine, deren Tätigkeit sich auf den Betrieb der Land- und Forstwirtschaft beschränkt, wenn die Mitglieder der Genossenschaft oder dem Verein Flächen zur Nutzung oder für die Bewirtschaftung der Flächen erforderliche Gebäude überlassen und
    a) bei Genossenschaften das Verhältnis der Summe der Werte der Geschäftsanteile des einzelnen Mitglieds zu der Summe der Werte aller Geschäftsanteile,
    b) bei Vereinen das Verhältnis des Werts des Anteils an dem Vereinsvermögen, der im Fall der Auflösung des Vereins an das einzelne Mitglied fallen würde, zu dem Wert des Vereinsvermögens

[1] § 3 Nr. 8 geändert durch Gesetz vom 12. 12. 2019 (BGBl. I S. 2451) mWv EZ 2020.
[2] § 3 Nr. 11 geändert durch Gesetz vom 9. 12. 2004 (BGBl. I S. 3242) mWv EZ 2005.
[3] § 3 Nr. 12, 14 und 15 geändert durch Gesetz vom 12. 12. 2019 (BGBl. I S. 2451) mWv EZ 2020.
[4] § 3 Nr. 12 geändert durch Gesetz vom 12. 12. 2019 (BGBl. I S. 2451) **mWv EZ 2025** (§ 36 Abs. 2 Satz 2 nF).
[5] § 3 Nr. 13 geändert durch Gesetz vom 12. 12. 2019 (BGBl. I S. 2451) mWv EZ 2015 (§ 36 Abs. 2 Satz 3 nF).

nicht wesentlich von dem Verhältnis abweicht, in dem der Wert der von dem einzelnen Mitglied zur Nutzung überlassenen Flächen und Gebäude zu dem Wert der insgesamt zur Nutzung überlassenen Flächen und Gebäude steht;

15. Genossenschaften[1] sowie Vereine im Sinne des § 5 Abs. 1 Nr. 10 des Körperschaftsteuergesetzes, soweit sie von der Körperschaftsteuer befreit sind;

16. *(weggefallen)*

17.[2] ① die von den zuständigen Landesbehörden begründeten oder anerkannten gemeinnützigen Siedlungsunternehmen im Sinne des Reichssiedlungsgesetzes in der jeweils aktuellen Fassung oder entsprechender Landesgesetze, soweit diese Landesgesetze nicht wesentlich von den Bestimmungen des Reichssiedlungsgesetzes abweichen, und im Sinne der Bodenreformgesetze der Länder, soweit die Unternehmen im ländlichen Raum Siedlungs-, Agrarstrukturverbesserungs- und Landentwicklungsmaßnahmen mit Ausnahme des Wohnungsbaus durchführen. ② Die Steuerbefreiung ist ausgeschlossen, wenn die Einnahmen des Unternehmens aus den in Satz 1 nicht bezeichneten Tätigkeiten die Einnahmen aus den in Satz 1 bezeichneten Tätigkeiten übersteigen;

18. *(weggefallen)*

19. der Pensions-Sicherungs-Verein Versicherungsverein auf Gegenseitigkeit, wenn er die für eine Befreiung von der Körperschaftsteuer erforderlichen Voraussetzungen erfüllt;

20.[3] Krankenhäuser, Altenheime, Altenwohnheime, Pflegeheime, Einrichtungen zur vorübergehenden Aufnahme pflegebedürftiger Personen und Einrichtungen zur ambulanten Pflege kranker und pflegebedürftiger Personen sowie Einrichtungen zur ambulanten oder stationären Rehabilitation, wenn
   a) diese Einrichtungen von juristischen Personen des öffentlichen Rechts betrieben werden oder
   b) bei Krankenhäusern im Erhebungszeitraum die in § 67 Abs. 1 oder 2 der Abgabenordnung bezeichneten Voraussetzungen erfüllt worden sind oder
   c) bei Altenheimen, Altenwohnheimen und Pflegeheimen im Erhebungszeitraum mindestens 40 Prozent der Leistungen den in § 61 a des Zwölften Buches Sozialgesetzbuch[4] oder den in § 53 Nr. 2 der Abgabenordnung genannten Personen zugute gekommen sind oder
   d)[5] bei Einrichtungen zur vorübergehenden Aufnahme pflegebedürftiger Personen und bei Einrichtungen zur ambulanten Pflege kranker und pflegebedürftiger Personen im Erhebungszeitraum die Pflegekosten in mindestens 40 Prozent der Fälle von den gesetzlichen Trägern der Sozialversicherung oder Sozialhilfe ganz oder zum überwiegenden Teil getragen worden sind oder
   e)[6] bei Einrichtungen zur ambulanten oder stationären Rehabilitation die Behandlungskosten in mindestens 40 Prozent der Fälle von den gesetzlichen Trägern der Sozialversicherung oder Sozialhilfe ganz oder zum überwiegenden Teil getragen worden sind. ② Satz 1 ist nur anzuwenden, soweit die Einrichtung Leistungen im Rahmen der verordneten ambulanten oder stationären Rehabilitation im Sinne des Sozialrechts einschließlich der Beihilfevorschriften des Bundes und der Länder erbringt;

21. Entschädigungs- und Sicherungseinrichtungen im Sinne des § 5 Abs. 1 Nr. 16 des Körperschaftsteuergesetzes, soweit sie von der Körperschaftsteuer befreit sind;

22. Bürgschaftsbanken (Kreditgarantiegemeinschaften), wenn sie von der Körperschaftsteuer befreit sind;

23. ① Unternehmensbeteiligungsgesellschaften, die nach dem Gesetz über Unternehmensbeteiligungsgesellschaften anerkannt sind. ② Für Unternehmensbeteiligungsgesellschaften im Sinne des § 25 Abs. 1 des Gesetzes über Unternehmensbeteiligungsgesellschaften haben der Widerruf der Anerkennung und der Verzicht auf die Anerkennung Wirkung für die Vergangenheit, wenn nicht Aktien der Unternehmensbeteiligungsgesellschaft öffentlich angeboten worden sind; Entsprechendes gilt, wenn eine solche Gesellschaft nach § 25 Abs. 3 des Gesetzes über Unternehmensbeteiligungsgesellschaften die Anerkennung als Unternehmensbeteiligungsgesellschaft verliert. ③ Für offene Unternehmensbeteiligungsgesellschaften im Sinne des § 1a Abs. 2 Satz 1[7] des Gesetzes über Unternehmensbeteiligungsgesellschaften haben der Widerruf der Anerkennung und der Verzicht auf die Anerkennung innerhalb der in § 7 Abs. 1 Satz 1 des Gesetzes über Unternehmensbeteiligungsgesellschaften genannten Frist Wirkung für die Vergangenheit. ④ Bescheide über die Anerkennung, die Rücknahme oder den Wider-

---

[1] § 3 Nr. 12, 14 und 15 geändert durch Gesetz vom 12. 12. 2019 (BGBl. I S. 2451) mWv EZ 2020.
[2] § 3 Nr. 17 Angabe geändert durch Gesetz vom 19. 12. 2008 (BGBl. I S. 2794) mWv EZ 2008.
[3] § 3 Nr. 20 geändert durch Gesetz vom 25. 7. 2014 (BGBl. I S. 1266) mWv EZ 2015.
[4] § 3 Nr. 20 Buchst. c geändert durch Gesetz vom 27. 12. 2003 (BGBl. I S. 3022) mWv EZ 2005; geändert durch Gesetz vom 23. 12. 2016 (BGBl. I S. 3191) mWv EZ 2017, geändert durch Gesetz vom 11. 12. 2018 (BGBl. I S. 2338) mWv EZ 2017.
[5] § 3 Nr. 20 Buchst. d geändert durch Gesetz vom 25. 7. 2014 (BGBl. I S. 1266) mWv EZ 2015.
[6] § 3 Nr. 20 Buchst. e eingefügt durch Gesetz vom 25. 7. 2014 (BGBl. I S. 1266) mWv EZ 2015.
[7] § 3 Nr. 23 geändert durch MoRaKG vom 12. 8. 2008 (BGBl. I S. 1672) mWv EZ 2008.

ruf der Anerkennung und über die Feststellung, ob Aktien der Unternehmensbeteiligungsgesellschaft im Sinne des § 25 Abs. 1 des Gesetzes über Unternehmensbeteiligungsgesellschaften öffentlich angeboten worden sind, sind Grundlagenbescheide im Sinne der Abgabenordnung; die Bekanntmachung der Aberkennung der Eigenschaft als Unternehmensbeteiligungsgesellschaft nach § 25 Abs. 3 des Gesetzes über Unternehmensbeteiligungsgesellschaften steht einem Grundlagenbescheid gleich;

24. die folgenden Kapitalbeteiligungsgesellschaften für die mittelständische Wirtschaft, soweit sich deren Geschäftsbetrieb darauf beschränkt, im öffentlichen Interesse mit Eigenmitteln oder mit staatlicher Hilfe Beteiligungen zu erwerben, wenn der von ihnen erzielte Gewinn ausschließlich und unmittelbar für die satzungsmäßigen Zwecke der Beteiligungsfinanzierung verwendet wird: Mittelständische Beteiligungsgesellschaft Baden-Württemberg GmbH, Mittelständische Beteiligungsgesellschaft Bremen mbH,[1] BTG Beteiligungsgesellschaft Hamburg mbH,[2] MBG Mittelständische Beteiligungsgesellschaft Hessen GmbH, Mittelständische Beteiligungsgesellschaft Niedersachsen (MBG) mbH, Kapitalbeteiligungsgesellschaft für die mittelständische Wirtschaft in Nordrhein-Westfalen mbH, MBG Mittelständische Beteiligungsgesellschaft Rheinland-Pfalz mbH, Wagnisfinanzierungsgesellschaft für Technologieförderung in Rheinland-Pfalz mbH (WFT), Saarländische Kapitalbeteiligungsgesellschaft mbH, Gesellschaft für Wagniskapital Mittelständische Beteiligungsgesellschaft Schleswig-Holstein Gesellschaft mit beschränkter Haftung – MBG, Technologie-Beteiligungs-Gesellschaft mbH der Deutschen Ausgleichsbank, bgb Beteiligungsgesellschaft Berlin mbH für kleine und mittlere Betriebe, Mittelständische Beteiligungsgesellschaft Berlin-Brandenburg mbH, Mittelständische Beteiligungsgesellschaft Mecklenburg-Vorpommern mbH, Mittelständische Beteiligungsgesellschaft Sachsen mbH, Mittelständische Beteiligungsgesellschaft Sachsen-Anhalt mbH, Wagnisbeteiligungsgesellschaft Sachsen-Anhalt mbH, IBG Beteiligungsgesellschaft Sachsen-Anhalt mbH,[3] Mittelständische Beteiligungsgesellschaft Thüringen (MBG) mbH;

25. Wirtschaftsförderungsgesellschaften, wenn sie von der Körperschaftsteuer befreit sind;

26. Gesamthafenbetriebe im Sinne des § 1 des Gesetzes über die Schaffung eines besonderen Arbeitgebers für Hafenarbeiter vom 3. August 1950 (BGBl. S. 352), soweit sie von der Körperschaftsteuer befreit sind;

27. Zusammenschlüsse im Sinne des § 5 Abs. 1 Nr. 20 des Körperschaftsteuergesetzes, soweit sie von der Körperschaftsteuer befreit sind;

28. die Arbeitsgemeinschaften Medizinischer Dienst der Krankenversicherung im Sinne des § 278 des Fünften Buches Sozialgesetzbuch und der Medizinische Dienst der Spitzenverbände der Krankenkassen im Sinne des § 282 des Fünften Buches Sozialgesetzbuch, soweit sie von der Körperschaftsteuer befreit sind;

29. gemeinsame Einrichtungen im Sinne des § 5 Abs. 1 Nr. 22 des Körperschaftsteuergesetzes, soweit sie von der Körperschaftsteuer befreit sind;

30.[4] die Auftragsforschung im Sinne des § 5 Abs. 1 Nr. 23 des Körperschaftsteuergesetzes, soweit sie von der Körperschaftsteuer befreit ist;

31.[5] die Global Legal Entity Identifier Stiftung, soweit sie von der Körperschaftsteuer befreit ist;

32.[6] stehende Gewerbebetriebe von Anlagenbetreibern im Sinne des § 3 Nummer 2 des Erneuerbare-Energien-Gesetzes, wenn sich deren Tätigkeit ausschließlich auf die Erzeugung und Vermarktung von Strom aus einer auf, an oder in einem Gebäude angebrachten Solaranlage bis zu einer installierten Leistung von 10 Kilowatt beschränkt.

§ 4 Hebeberechtigte Gemeinde

(1) ① Die stehenden Gewerbebetriebe unterliegen der Gewerbesteuer in der Gemeinde, in der eine Betriebsstätte zur Ausübung des stehenden Gewerbes unterhalten wird. ② Befinden sich Betriebsstätten desselben Gewerbebetriebs in mehreren Gemeinden oder erstreckt sich eine Betriebsstätte über mehrere Gemeinden, so wird die Gewerbesteuer in jeder Gemeinde nach dem Teil des Steuermessbetrags erhoben, der auf sie entfällt.

(2)[7] ① Für Betriebsstätten in gemeindefreien Gebieten bestimmt die Landesregierung durch Rechtsverordnung, wer die nach diesem Gesetz den Gemeinden zustehenden Befugnisse ausübt. ② Der in § 2 Absatz 7 Nummer 1 und 2 bezeichnete Anteil am Festlandsockel und an der aus-

[1] § 3 Nr. 24 geändert durch Gesetz vom 12. 12. 2019 (BGBl. I S. 2451) mWv EZ 2019 (§ 36 Abs. 2 Satz 4 nF).
[2] § 3 Nr. 24 geändert durch Gesetz vom 11. 12. 2018 (BGBl. I S. 2338) mWv EZ 2019.
[3] Eingefügt durch Gesetz vom 15. 12. 2003 (BGBl. I S. 2645) mWv EZ 2000.
[4] § 3 Nr. 30 eingefügt durch Gesetz vom 15. 12. 2003 (BGBl. I S. 2645) mWv EZ 2003 und früher; geändert durch Gesetz vom 22. 12. 2014 (BGBl. I S. 2417).
[5] § 3 Nr. 31 eingefügt durch Gesetz vom 22. 12. 2014 (BGBl. I S. 2417) mWv EZ 2014 (§ 36 Abs. 2 Satz 3 aF).
[6] § 3 Nr. 32 eingefügt durch Gesetz vom 12. 12. 2019 (BGBl. I S. 2451) mWv EZ 2019 (§ 36 Abs. 2 Satz 5 nF).
[7] § 4 Abs. 2 Sätze 2 und 3 angefügt durch Gesetz vom 25. 7. 2014 (BGBl. I S. 1266) mWv EZ 2015; Satz 2 geändert durch Gesetz vom 20. 12. 2016 (BGBl. I S. 3000) mWv EZ 2016 (§ 36 Abs. 1 aF).

schließlichen Wirtschaftszone ist gemeindefreies Gebiet. ③ In Fällen von Satz 2 bestimmt sich die zuständige Landesregierung im Sinne des Satzes 1 unter entsprechender Anwendung des § 22a der Abgabenordnung.

(3)[1] ① Für Betriebsstätten im nicht zur Bundesrepublik Deutschland gehörenden Teil eines grenzüberschreitenden Gewerbegebiets im Sinne des § 2 Absatz 7 Nummer 3 ist die Gemeinde hebeberechtigt, in der der zur Bundesrepublik Deutschland gehörende Teil des grenzüberschreitenden Gewerbegebiets liegt. ② Liegt der zur Bundesrepublik Deutschland gehörende Teil in mehreren Gemeinden, gilt Absatz 2 entsprechend.

§ 5 Steuerschuldner

(1) ① Steuerschuldner ist der Unternehmer. ② Als Unternehmer gilt der, für dessen Rechnung das Gewerbe betrieben wird. ③ Ist die Tätigkeit einer Personengesellschaft Gewerbebetrieb, so ist Steuerschuldner die Gesellschaft. ④ Wird das Gewerbe in der Rechtsform einer Europäischen wirtschaftlichen Interessenvereinigung mit Sitz im Geltungsbereich der Verordnung (EWG) Nr. 2137/85 des Rates vom 25. Juli 1985 über die Schaffung einer Europäischen wirtschaftlichen Interessenvereinigung (EWIV) (ABl. L 199 vom 31. 7. 1985, S. 1)[2] betrieben, sind abweichend von Satz 3 die Mitglieder Gesamtschuldner.

(2) ① Geht ein Gewerbebetrieb im Ganzen auf einen anderen Unternehmer über (§ 2 Abs. 5), so ist der bisherige Unternehmer bis zum Zeitpunkt des Übergangs Steuerschuldner. ② Der andere Unternehmer ist von diesem Zeitpunkt an Steuerschuldner.

§ 6 Besteuerungsgrundlage

Besteuerungsgrundlage für die Gewerbesteuer ist der Gewerbeertrag.

Abschnitt II. Bemessung der Gewerbesteuer

§ 7[3] Gewerbeertrag

① Gewerbeertrag ist der nach den Vorschriften des Einkommensteuergesetzes oder des Körperschaftsteuergesetzes zu ermittelnde Gewinn aus dem Gewerbebetrieb, der bei der Ermittlung des Einkommens für den dem Erhebungszeitraum (§ 14) entsprechenden Veranlagungszeitraum zu berücksichtigen ist, vermehrt und vermindert um die in den §§ 8 und 9 bezeichneten Beträge. ② Zum Gewerbeertrag gehört auch der Gewinn aus der Veräußerung oder Aufgabe

1. des Betriebs oder eines Teilbetriebs einer Mitunternehmerschaft,
2. des Anteils eines Gesellschafters, der als Unternehmer (Mitunternehmer) des Betriebs einer Mitunternehmerschaft anzusehen ist,
3. des Anteils eines persönlich haftenden Gesellschafters einer Kommanditgesellschaft auf Aktien,

soweit er nicht auf eine natürliche Person als unmittelbar beteiligter Mitunternehmer entfällt.

[Fassung EZ 2008:[4]]

③ Der nach § 5a des Einkommensteuergesetzes ermittelte Gewinn einschließlich der Hinzurechnungen nach § 5a Absatz 4 und 4a des Einkommensteuergesetzes und das nach § 8 Abs. 1 Satz 2 des Körperschaftsteuergesetzes ermittelte Einkommen gelten als Gewerbeertrag nach Satz 1.

[Fassung ab EZ 2009:[5]]

③ Der nach § 5a des Einkommensteuergesetzes ermittelte Gewinn einschließlich der Hinzurechnungen nach § 5a Absatz 4 und 4a des Einkommensteuergesetzes und das nach § 8 Abs. 1 Satz 3 des Körperschaftsteuergesetzes ermittelte Einkommen gelten als Gewerbeertrag nach Satz 1.

④ § 3 Nr. 40 und § 3c Abs. 2 des Einkommensteuergesetzes sind bei der Ermittlung des Gewerbeertrags einer Mitunternehmerschaft anzuwenden, soweit an der Mitunternehmerschaft natürliche Personen unmittelbar oder mittelbar über eine oder mehrere Personengesellschaften beteiligt sind; im Übrigen ist § 8b des Körperschaftsteuergesetzes anzuwenden. ⑤ Bei der Ermittlung des Gewerbeertrags einer Kapitalgesellschaft, auf die § 8 Abs. 7 Satz 1 Nr. 2 des Körperschaftsteuergesetzes anzuwenden ist, ist § 8 Abs. 9 Satz 1 bis 3 des Körperschaftsteuergesetzes entsprechend anzuwenden; ein sich danach bei der jeweiligen Sparte im Sinne des § 8 Abs. 9 Satz 1 des Körperschaftsteuergesetzes ergebender negativer Gewerbeertrag darf nicht mit einem positiven Gewerbeertrag aus einer anderen Sparte im Sinne des § 8 Abs. 9 Satz 1 des Körper-

---

[1] § 4 Abs. 3 angefügt durch Gesetz vom 15. 12. 2004 (BGBl. II S. 1653); zur Anwendung auf das DBA-Niederlande vgl. Art. 8 Abs. 2 des 3. Zusatzprotokolls vom 4. 6. 2004 (BGBl. II S. 1666); vgl. 1.VO vom 25. 5. 2007 (BGBl. II S. 778), in Kraft getreten am 1. 11. 2007 (BGBl. II S. 1664), und 2.VO vom 7. 1. 2008 (BGBl. II S. 30); Satz 1 Verweis geändert durch Gesetz vom 2. 11. 2015 (BGBl. I S. 1834) mWv EZ 2016.

[2] § 5 Abs. 1 Satz 4 Angabe formal geändert durch Gesetz vom 8. 12. 2010 (BGBl. I S. 1768).

[3] § 7 Satz 4 angefügt durch Gesetz vom 9. 12. 2004 (BGBl. I S. 3310) mWv EZ 2004; Satz 3 geändert, Sätze 5 und 6 angefügt durch Gesetz vom 19. 12. 2008 (BGBl. I S. 2794); Sätze 7 bis 9 angefügt durch Gesetz vom 20. 12. 2016 (BGBl. I S. 3000), Satz 7 mWv EZ 2016 (§ 36 Abs. 1), Sätze 8 und 9 mWv EZ 2017.

[4] § 7 Satz 3 idF des Gesetzes vom 12. 12. 2019 (BGBl. I S. 2451), zur Anwendung siehe § 36 Abs. 3 nF.

[5] § 7 Satz 3 geändert durch Gesetz vom 12. 12. 2019 (BGBl. I S. 2451) mWv EZ 2009 (§ 36 Abs. 3 nF).

schaftsteuergesetzes ausgeglichen werden. ⑥ § 50d Abs. 10 des Einkommensteuergesetzes ist bei der Ermittlung des Gewerbeertrags entsprechend anzuwenden. ⑦ Hinzurechnungsbeträge im Sinne des § 10 Absatz 1 des Außensteuergesetzes sind Einkünfte, die in einer inländischen Betriebsstätte anfallen. ⑧ Einkünfte im Sinne des § 20 Absatz 2 Satz 1 des Außensteuergesetzes gelten als in einer inländischen Betriebsstätte erzielt; das gilt auch, wenn sie nicht von einem Abkommen zur Vermeidung der Doppelbesteuerung erfasst werden oder das Abkommen zur Vermeidung der Doppelbesteuerung selbst die Steueranrechnung anordnet. ⑨[1] Satz 8 ist nicht anzuwenden, soweit auf die Einkünfte, würden sie in einer Zwischengesellschaft im Sinne des § 8 des Außensteuergesetzes erzielt, § 8 Absatz 2 ***[ab EZ 2022:** bis 4]* des Außensteuergesetzes zur Anwendung käme.

§ 7a[2] Sonderregelung bei der Ermittlung des Gewerbeertrags einer Organgesellschaft

(1) ① Bei der Ermittlung des Gewerbeertrags einer Organgesellschaft ist § 9 Nummer 2a, 7 und 8 nicht anzuwenden. ② In den Fällen des Satzes 1 ist § 8 Nummer 1 bei Aufwendungen, die im unmittelbaren Zusammenhang mit Gewinnen aus Anteilen im Sinne des § 9 Nummer 2a, 7 oder 8 stehen, nicht anzuwenden.

(2) ① Sind im Gewinn einer Organgesellschaft

1. Gewinne aus Anteilen im Sinne des § 9 Nummer 2a, 7 oder 8 oder
2. in den Fällen der Nummer 1 auch Aufwendungen, die im unmittelbaren Zusammenhang mit diesen Gewinnen aus Anteilen stehen,

enthalten, sind § 15 Satz 1 Nummer 2 Satz 2 bis 4 des Körperschaftsteuergesetzes und § 8 Nummer 1 und 5 sowie § 9 Nummer 2a, 7 und 8 bei der Ermittlung des Gewerbeertrags der Organgesellschaft entsprechend anzuwenden. ② Der bei der Ermittlung des Gewerbeertrags der Organgesellschaft berücksichtigte Betrag der Hinzurechnungen nach § 8 Nummer 1 ist dabei unter Berücksichtigung der Korrekturbeträge nach Absatz 1 und 2 Satz 1 zu berechnen.

(3) Die Absätze 1 und 2 gelten in den Fällen des § 15 Satz 2 des Körperschaftsteuergesetzes entsprechend.

§ 7b[3] Sonderregelung bei der Ermittlung des Gewerbeertrags bei unternehmensbezogener Sanierung

(1) Die §§ 3a und 3c Absatz 4 des Einkommensteuergesetzes sind vorbehaltlich der nachfolgenden Absätze bei der Ermittlung des Gewerbeertrags entsprechend anzuwenden.

(2) ① Der nach Anwendung des § 3a Absatz 3 Satz 2 Nummer 1 des Einkommensteuergesetzes verbleibende geminderte Sanierungsertrag im Sinne des § 3a Absatz 3 Satz 1 des Einkommensteuergesetzes mindert nacheinander

1. den negativen Gewerbeertrag des Sanierungsjahrs des zu sanierenden Unternehmens,
2. Fehlbeträge im Sinne des § 10a Satz 3 und
3. im Sanierungsjahr ungeachtet des § 10a Satz 2 die nach § 10a Satz 6 zum Ende des vorangegangenen Erhebungszeitraums gesondert festgestellten Fehlbeträge; die in § 10a Satz 1 und 2 genannten Beträge werden der Minderung entsprechend aufgebraucht.

② Ein nach Satz 1 verbleibender Sanierungsertrag mindert die Beträge nach Satz 1 Nummer 1 bis 3 eines anderen Unternehmens, wenn dieses die erlassenen Schulden innerhalb eines Zeitraums von fünf Jahren vor dem Schuldenerlass auf das zu sanierende Unternehmen übertragen hat und soweit die entsprechenden Beträge zum Ablauf des Wirtschaftsjahrs der Übertragung bereits entstanden waren. ③ Der verbleibende Sanierungsertrag nach Satz 2 ist zunächst um den Minderungsbetrag nach § 3a Absatz 3 Satz 2 Nummer 13 des Einkommensteuergesetzes zu kürzen. ④ Bei der Minderung nach Satz 1 ist § 10a Satz 4 und 5 entsprechend anzuwenden. ⑤ In Fällen des § 10a Satz 9 ist § 8 Absatz 9 Satz 9 des Körperschaftsteuergesetzes entsprechend anzuwenden. ⑥ An den Feststellungen der vortragsfähigen Fehlbeträge nehmen nur die nach Anwendung der Sätze 1 und 2 verbleibenden Beträge teil.

(3) ① In den Fällen des § 2 Absatz 2 Satz 2 ist § 15 Satz 1 Nummer 1a des Körperschaftsteuergesetzes entsprechend anzuwenden. ② Absatz 2 Satz 3 gilt entsprechend.

§ 8 Hinzurechnungen

Dem Gewinn aus Gewerbebetrieb (§ 7) werden folgende Beträge wieder hinzugerechnet, soweit sie bei der Ermittlung des Gewinns abgesetzt worden sind:

---

[1] § 7 Satz 9 geändert durch Gesetz vom 25. 6. 2021 (BGBl. I S. 2035) **mWv EZ 2022.**
[2] § 7a eingefügt durch Gesetz vom 20. 12. 2016 (BGBl. I S. 3000) mWv EZ 2017 (§ 36 Abs. 2b aF).
[3] § 7b eingefügt durch Gesetz vom 27. 6. 2017 (BGBl. I S. 2074); zur Anwendung siehe § 36 Abs. 2c aF.

1.[1] Ein Viertel der Summe aus

a) Entgelten für Schulden. ② Als Entgelt gelten auch der Aufwand aus nicht dem gewöhnlichen Geschäftsverkehr entsprechenden gewährten Skonti oder wirtschaftlich vergleichbaren Vorteilen im Zusammenhang mit der Erfüllung von Forderungen aus Lieferungen und Leistungen vor Fälligkeit sowie die Diskontbeträge bei der Veräußerung von Wechsel- und anderen Geldforderungen. ③ Soweit Gegenstand der Veräußerung eine Forderung aus einem schwebenden Vertragsverhältnis ist, gilt die Differenz zwischen dem Wert der Forderung aus dem schwebenden Vertragsverhältnis, wie ihn die Vertragsparteien im Zeitpunkt des Vertragsschlusses der Veräußerung zugrunde gelegt haben, und dem vereinbarten Veräußerungserlös als bei der Ermittlung des Gewinns abgesetzt,

b) Renten und dauernden Lasten. ② Pensionszahlungen auf Grund einer unmittelbar vom Arbeitgeber erteilten Versorgungszusage gelten nicht als dauernde Last im Sinne des Satzes 1,

c) Gewinnanteilen des stillen Gesellschafters,

d) einem Fünftel der Miet- und Pachtzinsen (einschließlich Leasingraten) für die Benutzung von beweglichen Wirtschaftsgütern des Anlagevermögens, die im Eigentum eines anderen stehen. ② Eine Hinzurechnung nach Satz 1 ist nur zur Hälfte vorzunehmen bei

aa) Fahrzeugen mit Antrieb ausschließlich durch Elektromotoren, die ganz oder überwiegend aus mechanischen oder elektrochemischen Energiespeichern oder aus emissionsfrei betriebenen Energiewandlern gespeist werden (Elektrofahrzeuge),

bb) extern aufladbaren Hybridelektrofahrzeugen, für die sich aus der Übereinstimmungsbescheinigung nach Anhang IX der Richtlinie 2007/46/EG oder aus der Übereinstimmungsbescheinigung nach Artikel 38 der Verordnung (EU) Nr. 168/2013 ergibt, dass das Fahrzeug eine Kohlendioxidemission von höchstens 50 Gramm je gefahrenen Kilometer hat oder die Reichweite des Fahrzeugs unter ausschließlicher Nutzung der elektrischen Antriebsmaschine mindestens 80 Kilometer beträgt, und

cc) Fahrrädern, die keine Kraftfahrzeuge sind,[2]

e)[3] der Hälfte der Miet- und Pachtzinsen (einschließlich Leasingraten) für die Benutzung der unbeweglichen Wirtschaftsgüter des Anlagevermögens, die im Eigentum eines anderen stehen, und

f) einem Viertel der Aufwendungen für die zeitlich befristete Überlassung von Rechten (insbesondere Konzessionen und Lizenzen, mit Ausnahme von Lizenzen, die ausschließlich dazu berechtigen, daraus abgeleitete Rechte Dritten zu überlassen). ② Eine Hinzurechnung nach Satz 1 ist nicht vorzunehmen auf Aufwendungen, die nach § 25 des Künstlersozialversicherungsgesetzes Bemessungsgrundlage für die Künstlersozialabgabe sind,

soweit die Summe den Betrag von 200 000 Euro übersteigt;

2., 3.[4] *(aufgehoben)*

4. die Gewinnanteile, die an persönlich haftende Gesellschafter einer Kommanditgesellschaft auf Aktien auf ihre nicht auf das Grundkapital gemachten Einlagen oder als Vergütung (Tantieme) für die Geschäftsführung verteilt worden sind;

5. die nach § 3 Nr. 40 des Einkommensteuergesetzes oder § 8b Abs. 1 des Körperschaftsteuergesetzes außer Ansatz bleibenden Gewinnanteile (Dividenden) und die diesen gleichgestellten Bezüge und erhaltenen Leistungen aus Anteilen an einer Körperschaft, Personenvereinigung oder Vermögensmasse im Sinne des Körperschaftsteuergesetzes, soweit sie nicht die Voraussetzungen des § 9 Nr. 2a oder 7 erfüllen, nach Abzug der mit diesen Einnahmen, Bezügen und erhaltenen Leistungen in wirtschaftlichem Zusammenhang stehenden Betriebsausgaben, soweit sie nach § 3c Abs. 2 des Einkommensteuergesetzes[5] und § 8b Abs. 5 und 10 des Körperschaftsteuergesetzes[5] unberücksichtigt bleiben.[6]

6. *(weggefallen)*

7.[7] *(aufgehoben)*

8. die Anteile am Verlust einer in- oder ausländischen offenen Handelsgesellschaft, einer Kommanditgesellschaft oder einer anderen Gesellschaft, bei der die Gesellschafter als Unternehmer (Mitunternehmer) des Gewerbebetriebs anzusehen sind. ② Satz 1 ist bei Lebens- und Krankenversicherungsunternehmen nicht anzuwenden; für Pensionsfonds gilt Entsprechendes;[8]

9. die Ausgaben im Sinne des § 9 Abs. 1 Nr. 2 des Körperschaftsteuergesetzes;

---

[1] § 8 Nr. 1 neugefasst durch Gesetz vom 14. 8. 2007 (BGBl. I S. 1912) mWv EZ 2008; abschl. Satzteil geändert mWv EZ 2020 durch Gesetz vom 29. 6. 2020 (BGBl. I S. 1512).

[2] § 8 Nr. 1 Buchst. d geändert durch Gesetz vom 12. 12. 2019 (BGBl. I S. 2451); zur Anwendung siehe § 36 Abs. 4 nF.

[3] § 8 Nr. 1 Buchst. e geändert durch Gesetz vom 20. 12. 2007 (BGBl. I S. 3150) mWv EZ 2008 und durch Gesetz vom 22. 12. 2009 (BGBl. I S. 3950) mWv EZ 2010.

[4] § 8 Nrn. 2 u. 3 aufgehoben durch Gesetz vom 14. 8. 2007 (BGBl. I S. 1912) mWv EZ 2008.

[5] § 8 Nr. 5 Satz 1 EStG-Zitat geändert durch Gesetz vom 22. 12. 2003 (BGBl. I S. 2840) mWv EZ 2004, KStG-Zitat geändert durch Gesetz vom 14. 8. 2007 (BGBl. I S. 1912) mWv EZ 2007.

[6] § 8 Nr. 5 Satz 2 aufgehoben durch Gesetz vom 25. 6. 2021 (BGBl. I S. 2035) **mWv EZ 2022** (§ 36 Abs. 4a).

[7] § 8 Nr. 7 aufgehoben durch Gesetz vom 14. 8. 2007 (BGBl. I S. 1912) mWv EZ 2008.

[8] § 8 Nr. 8 Satz 2 angefügt durch Gesetz vom 21. 12. 2020 (BGBl. I S. 3096) mWv EZ 2020.

10. Gewinnminderungen, die
    a) durch Ansatz des niedrigeren Teilwerts des Anteils an einer Körperschaft oder
    b) durch Veräußerung oder Entnahme des Anteils an einer Körperschaft oder bei Auflösung oder Herabsetzung des Kapitals der Körperschaft

    entstanden sind, soweit der Ansatz des niedrigeren Teilwerts oder die sonstige Gewinnminderung auf Gewinnausschüttungen der Körperschaft, um die der Gewerbeertrag nach § 9 Nr. 2a, 7 oder 8 zu kürzen ist, oder organschaftliche Gewinnabführungen der Körperschaft zurückzuführen ist;
11. *(weggefallen)*
12. ausländische Steuern, die nach § 34c des Einkommensteuergesetzes oder nach einer Bestimmung, die § 34c des Einkommensteuergesetzes für entsprechend anwendbar erklärt, bei der Ermittlung der Einkünfte abgezogen werden, soweit sie auf Gewinne oder Gewinnanteile entfallen, die bei der Ermittlung des Gewerbeertrags außer Ansatz gelassen oder nach § 9 gekürzt werden.

§ 8a[1] *(aufgehoben)*

§ 9 Kürzungen

Die Summe des Gewinns und der Hinzurechnungen wird gekürzt um

1.[2, 3] ① *1,2 Prozent des Einheitswerts* ***[ab EZ 2025:*** 0,11 Prozent des Grundsteuerwerts***]*** des zum Betriebsvermögen des Unternehmers gehörenden und nicht von der Grundsteuer befreiten Grundbesitzes; maßgebend ist der Einheitswert, der auf den letzten Feststellungszeitpunkt (Hauptfeststellungs-, Fortschreibungs- oder Nachfeststellungszeitpunkt) vor dem Ende des Erhebungszeitraums (§ 14) lautet. ② An Stelle der Kürzung nach Satz 1 tritt auf Antrag bei Unternehmen, die ausschließlich eigenen Grundbesitz oder neben eigenem Grundbesitz eigenes Kapitalvermögen verwalten und nutzen oder daneben Wohnungsbauten betreuen oder Einfamilienhäuser, Zweifamilienhäuser oder Eigentumswohnungen im Sinne des Wohnungseigentumsgesetzes in der jeweils geltenden Fassung, errichten und veräußern, die Kürzung um den Teil des Gewerbeertrags, der auf die Verwaltung und Nutzung des eigenen Grundbesitzes entfällt. ③ Satz 2 gilt entsprechend, wenn
   a) in Verbindung mit der Errichtung und Veräußerung von Eigentumswohnungen Teileigentum im Sinne des Wohnungseigentumsgesetzes errichtet und veräußert wird und das Gebäude zu mehr als 66 2/3 Prozent Wohnzwecken dient,
   b) in Verbindung mit der Verwaltung und Nutzung des eigenen Grundbesitzes Einnahmen aus der Lieferung von Strom
      aa) im Zusammenhang mit dem Betrieb von Anlagen zur Stromerzeugung aus erneuerbaren Energien im Sinne des § 3 Nummer 21 des Erneuerbare-Energien-Gesetzes oder
      bb) aus dem Betrieb von Ladestationen für Elektrofahrzeuge oder Elektrofahrräder,

      erzielt werden und diese Einnahmen im Wirtschaftsjahr nicht höher als 10 Prozent der Einnahmen aus der Gebrauchsüberlassung des Grundbesitzes sind; die Einnahmen im Sinne von Doppelbuchstabe aa dürfen nicht aus der Lieferung an Letztverbraucher stammen, es sei denn, diese sind Mieter des Anlagenbetreibers, oder
   c) Einnahmen aus unmittelbaren Vertragsbeziehungen mit den Mietern des Grundbesitzes aus anderen als den in den Buchstaben a und b bezeichneten Tätigkeiten erzielt werden und diese Einnahmen im Wirtschaftsjahr nicht höher als 5 Prozent der Einnahmen aus der Gebrauchsüberlassung des Grundbesitzes sind.

   ④ Betreut ein Unternehmen auch Wohnungsbauten oder veräußert es auch Einfamilienhäuser, Zweifamilienhäuser oder Eigentumswohnungen oder übt es auch Tätigkeiten im Sinne von Satz 3 Buchstabe b und c aus, so ist Voraussetzung für die Anwendung des Satzes 2, dass der Gewinn aus der Verwaltung und Nutzung des eigenen Grundbesitzes gesondert ermittelt wird. ⑤ Die Sätze 2 und 3 gelten nicht,
   1. wenn der Grundbesitz ganz oder zum Teil dem Gewerbebetrieb eines Gesellschafters oder Genossen dient,

   1a.[4] soweit der Gewerbeertrag Vergütungen im Sinne des § 15 Absatz 1 Satz 1 Nummer 2 Satz 1 des Einkommensteuergesetzes enthält, die der Gesellschafter von der Gesellschaft für seine Tätigkeit im Dienst der Gesellschaft oder für die Hingabe von Darlehen oder für die Überlassung von Wirtschaftsgütern, mit Ausnahme der Überlassung von Grundbesitz,

---

[1] § 8a eingefügt durch Gesetz vom 16. 5. 2003 (BGBl. I S. 660) mWv EZ 2003 und aufgehoben durch Gesetz vom 23. 12. 2003 (BGBl. I S. 2922) mWv EZ 2004.

[2] § 9 Nr. 1 bish. Satz 5 wird Satz 5 Nr. 1, Nr. 2 und Satz 6 angefügt durch Gesetz vom 9. 12. 2004 (BGBl. I S. 3310) mWv EZ 2004; Nr. 1 Satz 1 neugefasst durch Gesetz vom 14. 8. 2007 (BGBl. I S. 1912) mWv EZ 2008.

[3] § 9 Nr. 1 Satz 1 geändert durch Gesetz vom 26. 11. 2019 (BGBl. I S. 1794) **mWv EZ 2025;** Satz 2 geändert mWv 1. 12. 2020 durch Gesetz vom 16. 10. 2020 (BGBl. I S. 2187); Satz 3 neugefasst, Satz 4 geändert durch Gesetz vom 3. 6. 2021 (BGBl. I S. 1498) mWv EZ 2021.

[4] § 9 Nr. 1 Satz 5 Nr. 1a eingefügt durch Gesetz vom 19. 12. 2008 (BGBl. I S. 2794); geändert durch Gesetz vom 25. 7. 2014 (BGBl. I S. 1266) mWv EZ 2015.

bezogen hat. ② Satz 1 ist auch auf Vergütungen anzuwenden, die vor dem 19. Juni 2008 erstmals vereinbart worden sind, wenn die Vereinbarung nach diesem Zeitpunkt wesentlich geändert wird, oder

2. soweit der Gewerbeertrag Gewinne aus der Aufdeckung stiller Reserven aus dem Grundbesitz enthält, der innerhalb von drei Jahren vor der Aufdeckung der stillen Reserven zu einem unter dem Teilwert liegenden Wert in das Betriebsvermögen des aufdeckenden Gewerbebetriebs überführt oder übertragen worden ist, und soweit diese Gewinne auf bis zur Überführung oder Übertragung entstandene stille Reserven entfallen.

⑥ Eine Kürzung nach den Sätzen 2 und 3 ist ausgeschlossen für den Teil des Gewerbeertrags, der auf Veräußerungs- oder Aufgabegewinne im Sinne des § 7 Satz 2 Nr. 2 und 3 entfällt;

2.[1] ① die Anteile am Gewinn einer in- oder ausländischen offenen Handelsgesellschaft, einer Kommanditgesellschaft oder einer anderen Gesellschaft, bei der die Gesellschafter als Unternehmer (Mitunternehmer) des Gewerbebetriebs anzusehen sind, wenn die Gewinnanteile bei der Ermittlung des Gewinns angesetzt worden sind. ② Satz 1 ist nicht anzuwenden, soweit im Gewinnanteil Einkünfte im Sinne des § 7 Satz 7 und 8 enthalten sind. ③ Bei Lebens- und Krankenversicherungsunternehmen und Pensionsfonds ist Satz 1 auch auf den übrigen Gewinnanteil nicht anzuwenden. ④ Satz 2 ist nicht anzuwenden, soweit diese Einkünfte bereits bei einer den Anteil am Gewinn vermittelnden inländischen offenen Handelsgesellschaft, Kommanditgesellschaft oder anderen Gesellschaft, bei der die Gesellschafter als Unternehmer (Mitunternehmer) des Gewerbebetriebs anzusehen sind, Bestandteil des Gewerbeertrags waren. ⑤ Bei Lebens- und Krankenversicherungsunternehmen und Pensionsfonds ist Satz 4 auf Einkünfte im Sinne des § 7 Satz 8 nicht anzuwenden;

2a.[2] ① die Gewinne aus Anteilen an einer nicht steuerbefreiten inländischen Kapitalgesellschaft im Sinne des § 2 Abs. 2, einer Kredit- oder Versicherungsanstalt[3] des öffentlichen Rechts, einer *Erwerbs- und Wirtschaftsgenossenschaft*[4] oder einer Unternehmensbeteiligungsgesellschaft im Sinne des § 3 Nr. 23, wenn die Beteiligung zu Beginn des Erhebungszeitraums mindestens 15 Prozent[5] des Grund- oder Stammkapitals beträgt und die Gewinnanteile bei Ermittlung des Gewinns (§ 7) angesetzt worden sind. ② Ist ein Grund- oder Stammkapital nicht vorhanden, so ist die Beteiligung an dem Vermögen, bei Genossenschaften die Beteiligung an der Summe der Geschäftsguthaben, maßgebend. ③ Im unmittelbaren Zusammenhang mit Gewinnanteilen stehende Aufwendungen mindern den Kürzungsbetrag, soweit entsprechende Beteiligungserträge zu berücksichtigen sind; insoweit findet § 8 Nr. 1 keine Anwendung. ④ Nach § 8b Abs. 5 des Körperschaftsteuergesetzes nicht abziehbare Betriebsausgaben sind keine Gewinne aus Anteilen im Sinne des Satzes 1. ⑤ Satz 1 ist bei Lebens- und Krankenversicherungsunternehmen auf Gewinne aus Anteilen, die den Kapitalanlagen zuzurechnen sind, nicht anzuwenden; für Pensionsfonds gilt Entsprechendes;

2b. die nach § 8 Nr. 4 dem Gewerbeertrag einer Kommanditgesellschaft auf Aktien hinzugerechneten Gewinnanteile, wenn sie bei der Ermittlung des Gewinns (§ 7) angesetzt worden sind;

3.[6] ① den Teil des Gewerbeertrags eines inländischen Unternehmens, der auf eine nicht im Inland belegene Betriebsstätte dieses Unternehmens entfällt; dies gilt nicht für Einkünfte im Sinne des § 7 Satz 7 und 8. ② Bei Unternehmen, die ausschließlich den Betrieb von eigenen oder gecharterten Handelsschiffen im internationalen Verkehr zum Gegenstand haben, gelten 80 Prozent des Gewerbeertrags als auf eine nicht im Inland belegene Betriebsstätte entfallend. ③ Ist Gegenstand eines Betriebs nicht ausschließlich der Betrieb von Handelsschiffen im internationalen Verkehr, so gelten 80 Prozent des Teils des Gewerbeertrags, der auf den Betrieb von Handelsschiffen im internationalen Verkehr entfällt, als auf eine nicht im Inland belegene Betriebsstätte entfallend; in diesem Fall ist Voraussetzung, dass dieser Teil gesondert ermittelt wird. ④ Handelsschiffe werden im internationalen Verkehr betrieben, wenn eigene oder gecharterte Handelsschiffe im Wirtschaftsjahr überwiegend zur Beförderung von Personen und Gütern im Verkehr mit oder zwischen ausländischen Häfen, innerhalb eines ausländischen Hafens oder zwischen einem ausländischen Hafen und der freien See eingesetzt werden. ⑤ Für die Anwendung der Sätze 2 bis 4 gilt § 5a Abs. 2 Satz 2 des Einkommensteuergesetzes entsprechend;

---

[1] § 9 Nr. 2 Satz 1 geändert durch Gesetz vom 16. 5. 2003 (BGBl. I S. 660) mWv EZ 2003 und durch Gesetz vom 23. 12. 2003 (BGBl. I S. 2922) mWv EZ 2004; Satz 2 angefügt durch Gesetz vom 22. 12. 2003 (BGBl. I S. 2840); Satz 2 geändert durch Gesetz vom 20. 12. 2016 (BGBl. I S. 3000) mWv EZ 2017; Satz 2 neugefasst, Sätze 3 bis 5 angefügt durch Gesetz vom 25. 6. 2021 (BGBl. I S. 2035) mWv EZ 2021.

[2] § 9 Nr. 2a früherer Satz 3 angefügt durch Gesetz vom 22. 12. 2003 (BGBl. I S. 2840) auch für EZ vor 2004; neue Sätze 3 und 4 eingefügt, bish. Satz 3 wird 5 durch JStG 2007 vom 13. 12. 2006 (BGBl. I S. 2878) mWv EZ 2006 bzw. (Satz 4) vor EZ 2006; Satz 2 geändert durch Gesetz vom 12. 12. 2019 (BGBl. I S. 2451) mWv EZ 2020.

[3] § 9 Nr. 2a Satz 1 geändert durch Gesetz vom 19. 12. 2008 (BGBl. I S. 2794) mWv EZ 2008.

[4] Richtig wohl: „Genossenschaft".

[5] § 9 Nr. 2a Satz 1 geändert durch Gesetz vom 14. 8. 2007 (BGBl. I S. 1912) mWv EZ 2008.

[6] § 9 Nr. 3 Satz 1 neu gefasst durch Gesetz vom 20. 12. 2016 (BGBl. I S. 3000) mWv EZ 2017; Satz 1 geändert durch Gesetz vom 25. 6. 2021 (BGBl. I S. 2035) mWv EZ 2021.

4.[1] *(aufgehoben)*

5.[2] ① die aus den Mitteln des Gewerbebetriebs geleisteten Zuwendungen (Spenden und Mitgliedsbeiträge) zur Förderung steuerbegünstigter Zwecke im Sinne der §§ 52 bis 54 der Abgabenordnung bis zur Höhe von insgesamt 20 Prozent des um die Hinzurechnungen nach § 8 Nummer 9 erhöhten Gewinns aus Gewerbebetrieb (§ 7) oder 4 Promille der Summe der gesamten Umsätze und der im Wirtschaftsjahr aufgewendeten Löhne und Gehälter. ② Voraussetzung für die Kürzung ist, dass diese Zuwendungen

a) an eine juristische Person des öffentlichen Rechts oder an eine öffentliche Dienststelle, die in einem Mitgliedstaat der Europäischen Union oder in einem Staat belegen ist, auf den das Abkommen über den Europäischen Wirtschaftsraum (EWR-Abkommen) Anwendung findet, oder
b) an eine nach § 5 Absatz 1 Nummer 9 des Körperschaftsteuergesetzes steuerbefreite Körperschaft, Personenvereinigung oder Vermögensmasse oder
c) an eine Körperschaft, Personenvereinigung oder Vermögensmasse, die in einem Mitgliedstaat der Europäischen Union oder in einem Staat belegen ist, auf den das Abkommen über den Europäischen Wirtschaftsraum (EWR-Abkommen) Anwendung findet, und die nach § 5 Absatz 1 Nummer 9 des Körperschaftsteuergesetzes in Verbindung mit § 5 Absatz 2 Nummer 2 zweiter Halbsatz des Körperschaftsteuergesetzes steuerbefreit wäre, wenn sie inländische Einkünfte erzielen würde,

geleistet werden (Zuwendungsempfänger). ③ Für nicht im Inland ansässige Zuwendungsempfänger nach Satz 2 ist weitere Voraussetzung, dass durch diese Staaten Amtshilfe und Unterstützung bei der Beitreibung geleistet werden. ④ Amtshilfe ist der Auskunftsaustausch im Sinne oder entsprechend der Amtshilferichtlinie gemäß § 2 Absatz 2 des EU-Amtshilfegesetzes. ⑤ Beitreibung ist die gegenseitige Unterstützung bei der Beitreibung von Forderungen im Sinne oder entsprechend der Beitreibungsrichtlinie einschließlich der in diesem Zusammenhang anzuwendenden Durchführungsbestimmungen in den für den jeweiligen Veranlagungszeitraum geltenden Fassungen oder eines entsprechenden Nachfolgerechtsaktes. ⑥ Werden die steuerbegünstigten Zwecke des Zuwendungsempfängers im Sinne von Satz 2 Buchstabe a nur im Ausland verwirklicht, ist für eine Kürzung nach Satz 1 Voraussetzung, dass natürliche Personen, die ihren Wohnsitz oder ihren gewöhnlichen Aufenthalt im Geltungsbereich dieses Gesetzes haben, gefördert werden oder dass die Tätigkeit dieses Zuwendungsempfängers neben der Verwirklichung der steuerbegünstigten Zwecke auch zum Ansehen der Bundesrepublik Deutschland beitragen kann. ⑦ In die Kürzung nach Satz 1 sind auch Mitgliedsbeiträge an Körperschaften einzubeziehen, die Kunst und Kultur gemäß § 52 Absatz 2 Nummer 5 der Abgabenordnung fördern, soweit es sich nicht um Mitgliedsbeiträge nach Satz 12 Buchstabe b handelt, auch wenn den Mitgliedern Vergünstigungen gewährt werden. ⑧ Überschreiten die geleisteten Zuwendungen die Höchstsätze nach Satz 1, kann die Kürzung im Rahmen der Höchstsätze nach Satz 1 in den folgenden Erhebungszeiträumen vorgenommen werden. ⑨ Einzelunternehmen und Personengesellschaften können auf Antrag neben der Kürzung nach Satz 1 eine Kürzung um die im Erhebungszeitraum in das zu erhaltende Vermögen (Vermögensstock) einer Stiftung, die die Voraussetzungen der Sätze 2 bis 6 erfüllt, geleisteten Spenden in diesem und in den folgenden neun Erhebungszeiträumen bis zu einem Betrag von 1 Million Euro vornehmen. ⑩ Nicht abzugsfähig nach Satz 9 sind Spenden in das verbrauchbare Vermögen einer Stiftung. ⑪ Der besondere Kürzungsbetrag nach Satz 9 kann der Höhe nach innerhalb des Zehnjahreszeitraums nur einmal in Anspruch genommen werden. ⑫ Eine Kürzung nach den Sätzen 1 bis 10 ist ausgeschlossen, soweit auf die geleisteten Zuwendungen § 8 Abs. 3 des Körperschaftsteuergesetzes anzuwenden ist oder soweit Mitgliedsbeiträge an Körperschaften geleistet werden,

a) die den Sport (§ 52 Absatz 2 Satz 1 Nummer 21 der Abgabenordnung),
b) die kulturelle Betätigungen, die in erster Linie der Freizeitgestaltung dienen,
c) die Heimatpflege und Heimatkunde (§ 52 Absatz 2 Satz 1 Nummer 22 der Abgabenordnung),
d) die Zwecke im Sinne des § 52 Absatz 2 Satz 1 Nummer 23 der Abgabenordnung fördern oder
e)[3] deren Zweck nach § 52 Absatz 2 Satz 2 der Abgabenordnung für gemeinnützig erklärt worden ist, weil deren Zweck die Allgemeinheit auf materiellem, geistigem oder sittlichem Gebiet entsprechend einem Zweck nach den Buchstaben a bis d fördert.

---

[1] § 9 Nr. 4 aufgehoben durch Gesetz vom 14. 8. 2007 (BGBl. I S. 1912) mWv EZ 2007.

[2] § 9 Nr. 5 neu gefasst durch Gesetz vom 10. 10. 2007 (BGBl. I S. 2332) grds. mWv EZ 2007; Satz 7 geändert, neuer Satz 8 eingefügt, bish. Sätze 8 bis 10 werden 9 bis 11 durch Gesetz vom 19. 12. 2008 (BGBl. I S. 2794) mWv EZ 2009; Satz 1 neu gefasst, Sätze 2 bis 7 eingefügt, bish. Sätze 2 bis 11 werden 8 bis 17 durch Gesetz vom 8. 4. 2010 (BGBl. I S. 386); Satz 5 geändert durch Gesetz vom 7. 12. 2011 (BGBl. I S. 2592) mWv EZ 2012; Satz 9 geändert, neuer Satz 10 eingefügt, bish. Sätze 11 bis 17 werden 12 bis 18, neue Sätze 13 und 14 geändert durch Gesetz vom 21. 3. 2013 (BGBl. I S. 556) mWv EZ 2013; Satz 4 geändert durch Gesetz vom 26. 6. 2013 (BGBl. I S. 1809) mWv EZ 2013; Satz 7 geändert durch Gesetz vom 12. 12. 2019 (BGBl. I S. 2451) und durch Gesetz vom 21. 12. 2020 (BGBl. I S. 3096) mWv EZ 2020.

[3] § 9 Nr. 5 Satz 12 neu gefasst durch Gesetz vom 12. 12. 2019 (BGBl. I S. 2451) mWv 2020; zur Anwendung siehe § 36 Absatz 5 nF.

⑬ § 10b Absatz 3 und 4 Satz 1 sowie § 10d Absatz 4 des Einkommensteuergesetzes und § 9 Absatz 2 Satz 2 bis 5 und Absatz 3 Satz 1 des Körperschaftsteuergesetzes, sowie die einkommensteuerrechtlichen Vorschriften zur Abziehbarkeit von Zuwendungen gelten entsprechend. ⑭ Wer vorsätzlich oder grob fahrlässig eine unrichtige Bestätigung über Spenden und Mitgliedsbeiträge ausstellt oder veranlasst, dass entsprechende Zuwendungen nicht zu den in der Bestätigung angegebenen steuerbegünstigten Zwecken verwendet werden (Veranlasserhaftung), haftet für die entgangene Gewerbesteuer. ⑮ In den Fällen der Veranlasserhaftung ist vorrangig der Zuwendungsempfänger in Anspruch zu nehmen; die natürlichen Personen, die in diesen Fällen für den Zuwendungsempfänger handeln, sind nur in Anspruch zu nehmen, wenn die entgangene Steuer nicht nach § 47 der Abgabenordnung erloschen ist und Vollstreckungsmaßnahmen gegen den Zuwendungsempfänger nicht erfolgreich sind; § 10b Absatz 4 Satz 5 des Einkommensteuergesetzes gilt entsprechend. ⑯ Der Haftungsbetrag ist mit 15 Prozent der Zuwendungen anzusetzen und fließt der für den Spendenempfänger zuständigen Gemeinde zu, die durch sinngemäße Anwendung des § 20 der Abgabenordnung bestimmt wird. ⑰ Der Haftungsbetrag wird durch Haftungsbescheid des Finanzamts festgesetzt; die Befugnis der Gemeinde zur Erhebung der entgangenen Gewerbesteuer bleibt unberührt. ⑱ § 184 Abs. 3 der Abgabenordnung gilt sinngemäß.

6. *(weggefallen)*

7.[1] ① die Gewinne aus Anteilen an einer Kapitalgesellschaft mit Geschäftsleitung und Sitz außerhalb des Geltungsbereichs dieses Gesetzes, wenn die Beteiligung zu Beginn des Erhebungszeitraums mindestens 15 Prozent des Nennkapitals beträgt und die Gewinnanteile bei der Ermittlung des Gewinns (§ 7) angesetzt worden sind. ② § 9 Nummer 2a Satz 3 bis 5 gilt entsprechend;

8.[2] ① die Gewinne aus Anteilen an einer ausländischen Gesellschaft, die nach einem Abkommen zur Vermeidung der Doppelbesteuerung unter der Voraussetzung einer Mindestbeteiligung von der Gewerbesteuer befreit sind, wenn die Beteiligung mindestens 15 Prozent beträgt und die Gewinnanteile bei der Ermittlung des Gewinns (§ 7) angesetzt worden sind; ist in einem Abkommen zur Vermeidung der Doppelbesteuerung eine niedrigere Mindestbeteiligungsgrenze vereinbart, ist diese maßgebend. ② § 9 Nr. 2a Satz 3 gilt entsprechend. ③ § 9 Nr. 2a Satz 4 gilt entsprechend. ④ Satz 1 ist bei Lebens- und Krankenversicherungsunternehmen auf Gewinne aus Anteilen, die den Kapitalanlagen zuzurechnen sind, nicht anzuwenden; für Pensionsfonds gilt Entsprechendes.

9. *(weggefallen)*

10.[3] *(aufgehoben)*

§ 10 Maßgebender Gewerbeertrag

(1) Maßgebend ist der Gewerbeertrag, der in dem Erhebungszeitraum bezogen worden ist, für den der Steuermessbetrag (§ 14) festgesetzt wird.

(2) Weicht bei Unternehmen, die Bücher nach den Vorschriften des Handelsgesetzbuchs zu führen verpflichtet sind, das Wirtschaftsjahr, für das sie regelmäßig Abschlüsse machen, vom Kalenderjahr ab, so gilt der Gewerbeertrag als in dem Erhebungszeitraum bezogen, in dem das Wirtschaftsjahr endet.

§ 10a[4] Gewerbeverlust

① Der maßgebende Gewerbeertrag wird bis zu einem Betrag in Höhe von 1 Million Euro um die Fehlbeträge gekürzt, die sich bei der Ermittlung des maßgebenden Gewerbeertrags für die vorangegangenen Erhebungszeiträume nach den Vorschriften der §§ 7 bis 10 ergeben haben, soweit die Fehlbeträge nicht bei der Ermittlung des Gewerbeertrags für die vorangegangenen Erhebungszeiträume berücksichtigt worden sind. ② Der 1 Million Euro übersteigende maßgebende Gewerbeertrag ist bis zu 60 Prozent um nach Satz 1 nicht berücksichtigte Fehlbeträge der vorangegangenen Erhebungszeiträume zu kürzen. ③ Im Fall des § 2 Abs. 2 Satz 2 kann die Organgesellschaft den maßgebenden Gewerbeertrag nicht um Fehlbeträge kürzen, die sich vor dem rechtswirksamen Abschluss des Gewinnabführungsvertrags ergeben haben. ④ Bei einer Mitunternehmerschaft ist der sich für die Mitunternehmerschaft insgesamt ergebende Fehlbetrag den

---

[1] § 9 Nr. 7 neu gefasst durch Gesetz vom 12. 12. 2019 (BGBl. I S. 2451) mWv EZ 2020.

[2] § 9 Nr. 8 bish. Satz 2 angefügt durch Gesetz vom 22. 12. 2003 (BGBl. I S. 2840) auch für EZ vor 2004; neue Sätze 2 und 3 eingefügt, bish. Satz 2 wird 4 durch JStG 2007 vom 13. 12. 2006 (BGBl. I S. 2878) mWv EZ 2006 bzw. (Satz 3) auch vor EZ 2006; Satz 1 neugefasst durch Gesetz vom 14. 8. 2007 (BGBl. I S. 1912) mWv EZ 2008.

[3] § 9 Nr. 10 aufgehoben durch Gesetz vom 23. 12. 2003 (BGBl. I S. 2922) mWv EZ 2004.

[4] § 10a Satz 1 neu gefasst, neue Sätze 2 und 3 eingefügt, frühere Sätze 2 und 3 werden 4 und 5 durch Gesetz vom 23. 12. 2003 (BGBl. I S. 2922) mWv EZ 2004; neue Sätze 4 und 5 eingefügt, bish. Sätze 4 bis 6 werden 6 bis 8 durch JStG 2007 vom 13. 12. 2006 (BGBl. I S. 2878) mWv EZ auch vor 2007; bish. Satz 8 Zitat geändert durch Gesetz vom 14. 8. 2007 (BGBl. I S. 1912); neuer Satz 7 eingefügt, bish. Sätze 7 und 8 werden 8 und 9 durch Gesetz vom 20. 12. 2007 (BGBl. I S. 3150); neuer Satz 9 eingefügt, bish. Satz 9 wird 10 und neugefasst durch Gesetz vom 19. 12. 2008 (BGBl. I S. 2794); Satz 9 geändert durch Gesetz vom 8. 12. 2010 (BGBl. I S. 1768); Satz 10 Satzteil vor Nr. 1 neu gefasst durch Gesetz vom 20. 12. 2016 (BGBl. I S. 2998) mWv EZ 2016.

Mitunternehmern entsprechend dem sich aus dem Gesellschaftsvertrag ergebenden allgemeinen Gewinnverteilungsschlüssel zuzurechnen; Vorabgewinnanteile sind nicht zu berücksichtigen. ⑤ Für den Abzug der den Mitunternehmern zugerechneten Fehlbeträge nach Maßgabe der Sätze 1 und 2 ist der sich für die Mitunternehmerschaft insgesamt ergebende maßgebende Gewerbeertrag sowie der Höchstbetrag nach Satz 1 den Mitunternehmern entsprechend dem sich aus dem Gesellschaftsvertrag für das Abzugsjahr ergebenden allgemeinen Gewinnverteilungsschlüssel zuzurechnen; Vorabgewinnanteile sind nicht zu berücksichtigen. ⑥ Die Höhe der vortragsfähigen Fehlbeträge ist gesondert festzustellen. ⑦ Vortragsfähige Fehlbeträge sind die nach der Kürzung des maßgebenden Gewerbeertrags nach Satz 1 und 2 zum Schluss des Erhebungszeitraums verbleibenden Fehlbeträge. ⑧ Im Fall des § 2 Abs. 5 kann der andere Unternehmer den maßgebenden Gewerbeertrag nicht um die Fehlbeträge kürzen, die sich bei der Ermittlung des maßgebenden Gewerbeertrags des übergegangenen Unternehmens ergeben haben. ⑨ § 8 Abs. 8 und 9 Satz 5 bis 8 des Körperschaftsteuergesetzes ist entsprechend anzuwenden. ⑩ [1] Auf die Fehlbeträge ist § 8c des Körperschaftsteuergesetzes entsprechend anzuwenden; dies gilt auch für den Fehlbetrag einer Mitunternehmerschaft, soweit dieser

1. einer Körperschaft unmittelbar oder
2. einer Mitunternehmerschaft, soweit an dieser eine Körperschaft unmittelbar oder mittelbar über eine oder mehrere Personengesellschaften beteiligt ist,

zuzurechnen ist. ⑪ Auf die Fehlbeträge ist § 8d des Körperschaftsteuergesetzes entsprechend anzuwenden, wenn ein fortführungsgebundener Verlustvortrag nach § 8d des Körperschaftsteuergesetzes gesondert festgestellt worden ist. ⑫ Unterbleibt eine Feststellung nach § 8d Absatz 1 Satz 8 des Körperschaftsteuergesetzes, weil keine nicht genutzten Verluste nach § 8c Absatz 1 Satz 1 des Körperschaftsteuergesetzes vorliegen, ist auf Antrag auf die Fehlbeträge § 8d des Körperschaftsteuergesetzes entsprechend anzuwenden; für die Form und die Frist dieses Antrags gilt § 8d Absatz 1 Satz 5 des Körperschaftsteuergesetzes entsprechend.

§ 11 Steuermesszahl und Steuermessbetrag

(1) ① Bei der Berechnung der Gewerbesteuer ist von einem Steuermessbetrag auszugehen. ② Dieser ist durch Anwendung eines Prozentsatzes (Steuermesszahl) auf den Gewerbeertrag zu ermitteln.[2] ③ Der Gewerbeertrag ist auf volle 100 Euro nach unten abzurunden und

1. bei natürlichen Personen sowie bei Personengesellschaften um einen Freibetrag in Höhe von 24 500 Euro,
2. bei Unternehmen im Sinne des § 2 Abs. 3 und des § 3 Nr. 5, 6, 8, 9, 15, 17, 21, 26, 27, 28 und 29 sowie bei Unternehmen von juristischen Personen des öffentlichen Rechts um einen Freibetrag in Höhe von 5000[3] Euro,

höchstens jedoch in Höhe des abgerundeten Gewerbeertrags, zu kürzen.

(2)[4] Die Steuermesszahl für den Gewerbeertrag beträgt 3,5 Prozent.

(3)[5] ① Die Steuermesszahl ermäßigt sich auf 56 Prozent bei Hausgewerbetreibenden und ihnen nach § 1 Abs. 2 Buchstabe b und d des Heimarbeitsgesetzes in der im Bundesgesetzblatt Teil III, Gliederungsnummer 804-1, veröffentlichten bereinigten Fassung, zuletzt geändert durch Artikel 4 des Gesetzes vom 13. Juli 1988 (BGBl. I S. 1034), gleichgestellten Personen. ② Das Gleiche gilt für die nach § 1 Abs. 2 Buchstabe c des Heimarbeitsgesetzes gleichgestellten Personen, deren Entgelte (§ 10 Abs. 1 des Umsatzsteuergesetzes) aus der Tätigkeit unmittelbar für den Absatzmarkt im Erhebungszeitraum 25 000 Euro nicht übersteigen.

Abschnitt III.

§§ 12 und 13 *(weggefallen)*

Abschnitt IV. Steuermessbetrag

§ 14 Festsetzung des Steuermessbetrags

① Der Steuermessbetrag wird für den Erhebungszeitraum nach dessen Ablauf festgesetzt. ② Erhebungszeitraum ist das Kalenderjahr. ③ Besteht die Gewerbesteuerpflicht nicht während eines ganzen Kalenderjahrs, so tritt an die Stelle des Kalenderjahrs der Zeitraum der Steuerpflicht (abgekürzter Erhebungszeitraum).

---

[1] § 10a Sätze 10 bis 12 neu gefasst bzw. eingefügt durch Gesetz vom 21. 12. 2020 (BGBl. I S. 3096), zur Anwendung siehe § 36 Abs. 5a GewStG.

[2] § 11 Abs. 1 Satz 2 bereinigt durch Gesetz vom 9. 12. 2004 (BGBl. I S. 3310).

[3] § 11 Abs. 1 Satz 3 Nr. 2 Freibetrag geändert durch 3. Mittelstandsentlastungsgesetz vom 17. 3. 2009 (BGBl. I S. 550) mWv EZ 2009.

[4] § 11 Abs. 2 neugefasst durch Gesetz vom 14. 8. 2007 (BGBl. I S. 1912) mWv EZ 2008.

[5] § 11 Abs. 3 Satz 1 geändert durch Gesetz vom 29. 12. 2003 (BGBl. I S. 3076) mWv EZ 2004; Satz 1 redaktionell angepasst und bestätigt durch Gesetz vom 8. 12. 2010 (BGBl. I S. 1768).

§ 14a[1] Steuererklärungspflicht

① Der Steuerschuldner (§ 5) hat für steuerpflichtige Gewerbebetriebe eine Erklärung zur Festsetzung des Steuermessbetrags und in den Fällen des § 28 außerdem eine Zerlegungserklärung nach amtlich vorgeschriebenem Datensatz durch Datenfernübertragung zu übermitteln. ② Auf Antrag kann die Finanzbehörde zur Vermeidung unbilliger Härten auf eine elektronische Übermittlung verzichten; in diesem Fall ist die Erklärung nach amtlich vorgeschriebenem Vordruck abzugeben und vom Steuerschuldner oder von den in § 34 der Abgabenordnung bezeichneten Personen eigenhändig zu unterschreiben.

§ 14b Verspätungszuschlag

① Ein nach § 152 der Abgabenordnung zu entrichtender Verspätungszuschlag fließt der Gemeinde zu. ② Sind mehrere Gemeinden an der Gewerbesteuer beteiligt, so fließt der Verspätungszuschlag der Gemeinde zu, in der sich die Geschäftsleitung am Ende des Erhebungszeitraums befindet. ③ Befindet sich die Geschäftsleitung im Ausland, so fließt der Verspätungszuschlag der Gemeinde zu, in der sich die wirtschaftlich bedeutendste Betriebsstätte befindet. ④ Auf den Verspätungszuschlag ist der Hebesatz der Gemeinde nicht anzuwenden.

§ 15 Pauschfestsetzung

Wird die Einkommensteuer oder die Körperschaftsteuer in einem Pauschbetrag festgesetzt, so kann die für die Festsetzung zuständige Behörde im Einvernehmen mit der Landesregierung oder der von ihr bestimmten Behörde auch den Steuermessbetrag in einem Pauschbetrag festsetzen.

Abschnitt V. Entstehung, Festsetzung und Erhebung der Steuer

§ 16 Hebesatz

(1) Die Steuer wird auf Grund des Steuermessbetrags (§ 14) mit einem Prozentsatz (Hebesatz) festgesetzt und erhoben, der von der hebeberechtigten Gemeinde (§§ 4, 35 a) zu bestimmen ist.

(2) Der Hebesatz kann für ein Kalenderjahr oder mehrere Kalenderjahre festgesetzt werden.

(3) ① Der Beschluss über die Festsetzung oder Änderung des Hebesatzes ist bis zum 30. Juni eines Kalenderjahrs mit Wirkung vom Beginn dieses Kalenderjahrs zu fassen. ② Nach diesem Zeitpunkt kann der Beschluss über die Festsetzung des Hebesatzes gefasst werden, wenn der Hebesatz die Höhe der letzten Festsetzung nicht überschreitet.

(4)[2] ① Der Hebesatz muss für alle in der Gemeinde vorhandenen Unternehmen der gleiche sein. ② Er beträgt 200 Prozent, wenn die Gemeinde nicht einen höheren Hebesatz bestimmt hat. ③ Wird das Gebiet von Gemeinden geändert, so kann die Landesregierung oder die von ihr bestimmte Stelle für die von der Änderung betroffenen Gebietsteile auf eine bestimmte Zeit verschiedene Hebesätze zulassen. ④ In den Fällen des Satzes 3 sind die §§ 28 bis 34 mit der Maßgabe anzuwenden, dass an die Stelle mehrerer Gemeinden die Gebietsteile der Gemeinde mit verschiedenen Hebesätzen treten.

(5) In welchem Verhältnis die Hebesätze für die Grundsteuer der Betriebe der Land- und Forstwirtschaft, für die Grundsteuer der Grundstücke und für die Gewerbesteuer zueinander stehen müssen, welche Höchstsätze nicht überschritten werden dürfen und inwieweit mit Genehmigung der Gemeindeaufsichtsbehörde Ausnahmen zugelassen werden können, bleibt einer landesrechtlichen Regelung vorbehalten.

§ 17 *(weggefallen)*

§ 18 Entstehung der Steuer

Die Gewerbesteuer entsteht, soweit es sich nicht um Vorauszahlungen (§ 21) handelt, mit Ablauf des Erhebungszeitraums, für den die Festsetzung vorgenommen wird.

§ 19 Vorauszahlungen

(1) ① Der Steuerschuldner hat am 15. Februar, 15. Mai, 15. August und 15. November Vorauszahlungen zu entrichten. ② Gewerbetreibende, deren Wirtschaftsjahr vom Kalenderjahr abweicht, haben die Vorauszahlungen während des Wirtschaftsjahrs zu entrichten, das im Erhebungszeitraum endet. ③ Satz 2 gilt nur, wenn der Gewerbebetrieb nach dem 31. Dezember 1985 gegründet worden oder infolge Wegfalls eines Befreiungsgrunds in die Steuerpflicht eingetreten ist oder

---

[1] § 14 a neugefasst durch Gesetz v. 20. 12. 2008 (BGBl. I S. 2850) mWv EZ 2011.

[2] § 16 Abs. 4 neuer Satz 2 eingefügt, bish. Satz 2 wird 3 durch Gesetz vom 23. 12. 2003 (BGBl. I S. 2922) mWv EZ 2004; Satz 4 angefügt durch Gesetz vom 19. 12. 2008 (BGBl. I S. 2794) mWv EZ 2009.

das Wirtschaftsjahr nach diesem Zeitpunkt auf einen vom Kalenderjahr abweichenden Zeitraum umgestellt worden ist.

(2) Jede Vorauszahlung beträgt grundsätzlich ein Viertel der Steuer, die sich bei der letzten Veranlagung ergeben hat.

(3)[1] ① Die Gemeinde kann die Vorauszahlungen der Steuer anpassen, die sich für den Erhebungszeitraum (§ 14) voraussichtlich ergeben wird. ② Die Anpassung kann bis zum Ende des 15. auf den Erhebungszeitraum folgenden Kalendermonats vorgenommen werden; bei einer nachträglichen Erhöhung der Vorauszahlungen ist der Erhöhungsbetrag innerhalb eines Monats nach Bekanntgabe des Vorauszahlungsbescheids zu entrichten. ③ Das Finanzamt kann bis zum Ende des 15. auf den Erhebungszeitraum folgenden Kalendermonats für Zwecke der Gewerbesteuer-Vorauszahlungen den Steuermessbetrag festsetzen, der sich voraussichtlich ergeben wird. ④ An diese Festsetzung ist die Gemeinde bei der Anpassung der Vorauszahlungen nach den Sätzen 1 und 2 gebunden.

(4) Wird im Laufe des Erhebungszeitraums ein Gewerbebetrieb neu gegründet oder tritt ein bereits bestehender Gewerbebetrieb infolge Wegfalls des Befreiungsgrundes in die Steuerpflicht ein, so gilt für die erstmalige Festsetzung der Vorauszahlungen Absatz 3 entsprechend.

(5) ① Die einzelne Vorauszahlung ist auf den nächsten vollen Betrag in Euro nach unten abzurunden. ② Sie wird nur festgesetzt, wenn sie mindestens 50 Euro beträgt.

§ 20 Abrechnung über die Vorauszahlungen

(1) Die für einen Erhebungszeitraum (§ 14) entrichteten Vorauszahlungen werden auf die Steuerschuld für diesen Erhebungszeitraum angerechnet.

(2) Ist die Steuerschuld größer als die Summe der anzurechnenden Vorauszahlungen, so ist der Unterschiedsbetrag, soweit er den im Erhebungszeitraum und nach § 19 Abs. 3 Satz 2 nach Ablauf des Erhebungszeitraums fällig gewordenen, aber nicht entrichteten Vorauszahlungen entspricht, sofort, im Übrigen innerhalb eines Monats nach Bekanntgabe des Steuerbescheids zu entrichten (Abschlusszahlung).

(3) Ist die Steuerschuld kleiner als die Summe der anzurechnenden Vorauszahlungen, so wird der Unterschiedsbetrag nach Bekanntgabe des Steuerbescheids durch Aufrechnung oder Zurückzahlung ausgeglichen.

§ 21 Entstehung der Vorauszahlungen

Die Vorauszahlungen auf die Gewerbesteuer entstehen mit Beginn des Kalendervierteljahrs, in dem die Vorauszahlungen zu entrichten sind, oder, wenn die Steuerpflicht erst im Laufe des Kalendervierteljahrs begründet wird, mit Begründung der Steuerpflicht.

§§ 22 bis 27 *(weggefallen)*

Abschnitt VI. Zerlegung

§ 28 Allgemeines

(1) ① Sind im Erhebungszeitraum Betriebsstätten zur Ausübung des Gewerbes in mehreren Gemeinden unterhalten worden, so ist der Steuermessbetrag in die auf die einzelnen Gemeinden entfallenden Anteile (Zerlegungsanteile) zu zerlegen. ② Das gilt auch in den Fällen, in denen eine Betriebsstätte sich über mehrere Gemeinden erstreckt hat oder eine Betriebsstätte innerhalb eines Erhebungszeitraums von einer Gemeinde in eine andere Gemeinde verlegt worden ist.

(2) ① Bei der Zerlegung sind die Gemeinden nicht zu berücksichtigen, in denen

1. Verkehrsunternehmen lediglich Gleisanlagen unterhalten,
2. sich nur Anlagen befinden, die der Weiterleitung fester, flüssiger oder gasförmiger Stoffe sowie elektrischer Energie dienen, ohne dass diese dort abgegeben werden,
3. Bergbauunternehmen keine oberirdischen Anlagen haben, in welchen eine gewerbliche Tätigkeit entfaltet wird.

4.[2] *(aufgehoben)*

② Dies gilt nicht, wenn dadurch auf keine Gemeinde ein Zerlegungsanteil oder der Steuermessbetrag entfallen würde.

---

[1] Zur Anwendung von § 19 Abs. 3 Satz 2 und Satz 3 in den EZ 2019 und EZ 2020 siehe § 36 Abs. 5 b; § 19 Abs. 3 Satz 5 angefügt durch Gesetz vom 14. 8. 2007 (BGBl. I S. 1912) mWv EZ 2008; aufgehoben durch Gesetz vom 25. 7. 2014 (BGBl. I S. 1266) mWv EZ 2015.

[2] § 28 Abs. 2 Satz 1 Nr. 4 angefügt durch Gesetz vom 16. 5. 2003 (BGBl. I S. 660) mWv EZ 2003 und wieder aufgehoben durch Gesetz vom 23. 12. 2003 (BGBl. I S. 2922) mWv EZ 2004.

§ 29 Zerlegungsmaßstab

(1)[1] Zerlegungsmaßstab ist

1. vorbehaltlich der Nummer 2 das Verhältnis, in dem die Summe der Arbeitslöhne, die an die bei allen Betriebsstätten (§ 28) beschäftigten Arbeitnehmer gezahlt worden sind, zu den Arbeitslöhnen steht, die an die bei den Betriebsstätten der einzelnen Gemeinden beschäftigten Arbeitnehmer gezahlt worden sind;
2.[2] bei Betrieben, die ausschließlich Anlagen zur Erzeugung von Strom und anderen Energieträgern sowie Wärme aus Windenergie und solarer Strahlungsenergie betreiben,
   a) vorbehaltlich des Buchstabens b zu einem Zehntel das in Nummer 1 bezeichnete Verhältnis und zu neun Zehnteln das Verhältnis, in dem die Summe der installierten Leistung im Sinne von § 3 Nummer 31 des Erneuerbare-Energien-Gesetzes in allen Betriebsstätten (§ 28) zur installierten Leistung in den einzelnen Betriebsstätten steht,
   b) für die Erhebungszeiträume 2021 bis 2023 bei Betrieben, die ausschließlich Anlagen zur Erzeugung von Strom und anderen Energieträgern sowie Wärme aus solarer Strahlungsenergie betreiben,
      aa) für den auf Neuanlagen im Sinne von Satz 3 entfallenden Anteil am Steuermessbetrag zu einem Zehntel das in Nummer 1 bezeichnete Verhältnis und zu neun Zehnteln das Verhältnis, in dem die Summe der installierten Leistung im Sinne von § 3 Nummer 31 des Erneuerbare-Energien-Gesetzes in allen Betriebsstätten (§ 28) zur installierten Leistung in den einzelnen Betriebsstätten steht, und
      bb) für den auf die übrigen Anlagen im Sinne von Satz 4 entfallenden Anteil am Steuermessbetrag das in Nummer 1 bezeichnete Verhältnis.

      ② Der auf Neuanlagen und auf übrige Anlagen jeweils entfallende Anteil am Steuermessbetrag wird ermittelt aus dem Verhältnis, in dem
      aa) die Summe der installierten Leistung im Sinne von § 3 Nummer 31 des Erneuerbare-Energien-Gesetzes für Neuanlagen und
      bb) die Summe der installierten Leistung im Sinne von § 3 Nummer 31 des Erneuerbare-Energien-Gesetzes für die übrigen Anlagen

      zur gesamten installierten Leistung im Sinne von § 3 Nummer 31 des Erneuerbare-Energien-Gesetzes des Betriebs steht. ③ Neuanlagen sind Anlagen, die nach dem 30. Juni 2013 zur Erzeugung von Strom und anderen Energieträgern sowie Wärme aus solarer Strahlungsenergie genehmigt wurden. ④ Die übrigen Anlagen sind Anlagen, die nicht unter Satz 3 fallen.

(2) Bei der Zerlegung nach Absatz 1 sind die Arbeitslöhne anzusetzen, die in den Betriebsstätten der beteiligten Gemeinden (§ 28) während des Erhebungszeitraums (§ 14) erzielt oder gezahlt worden sind.

(3) Bei Ermittlung der Verhältniszahlen sind die Arbeitslöhne auf volle 1000 Euro abzurunden.

§ 30 Zerlegung bei mehrgemeindlichen Betriebsstätten

Erstreckt sich die Betriebsstätte auf mehrere Gemeinden, so ist der Steuermessbetrag oder Zerlegungsanteil auf die Gemeinden zu zerlegen, auf die sich die Betriebsstätte erstreckt, und zwar nach der Lage der örtlichen Verhältnisse unter Berücksichtigung der durch das Vorhandensein der Betriebsstätte erwachsenden Gemeindelasten.

§ 31 Begriff der Arbeitslöhne für die Zerlegung

(1) ① Arbeitslöhne sind vorbehaltlich der Absätze 2 bis 5 die Vergütungen im Sinne des § 19 Abs. 1 Nr. 1 des Einkommensteuergesetzes, soweit sie nicht durch andere Rechtsvorschriften von der Einkommensteuer befreit sind. ② Zuschläge für Mehrarbeit und für Sonntags-, Feiertags- und Nachtarbeit gehören unbeschadet der einkommensteuerlichen Behandlung zu den Arbeitslöhnen.

(2) Zu den Arbeitslöhnen gehören nicht Vergütungen, die an Personen gezahlt worden sind, die zu ihrer Berufsausbildung beschäftigt werden.

(3) In den Fällen des § 3 Nr. 5, 6, 8, 9, 12, 13, 15, 17, 21, 26, 27, 28 und 29 bleiben die Vergütungen an solche Arbeitnehmer außer Ansatz, die nicht ausschließlich oder überwiegend in dem steuerpflichtigen Betrieb oder Teil des Betriebs tätig sind.

(4) ① Nach dem Gewinn berechnete einmalige Vergütungen (z. B. Tantiemen, Gratifikationen) sind nicht anzusetzen. ② Das Gleiche gilt für sonstige Vergütungen, soweit sie bei dem einzelnen Arbeitnehmer 50 000 Euro übersteigen.

(5) Bei Unternehmen, die nicht von einer juristischen Person betrieben werden, sind für die im Betrieb tätigen Unternehmer (Mitunternehmer) insgesamt 25 000 Euro jährlich anzusetzen.

§ 32 *(weggefallen)*

---

[1] § 29 Abs. 1 neugefasst durch Gesetz vom 19. 12. 2008 (BGBl. I S. 2794) mWv EZ 2009.

[2] § 29 Abs. 1 Nr. 2 neugefasst durch Gesetz vom 26. 6. 2013 (BGBl. I S. 1809) mWv EZ 2014, durch Gesetz vom 25. 7. 2014 (BGBl. I S. 1266) mWv EZ 2015 und durch Gesetz vom 3. 6. 2021 (BGBl. I S. 1498) mWv EZ 2021.

§ 33 Zerlegung in besonderen Fällen

(1) ① Führt die Zerlegung nach den §§ 28 bis 31 zu einem offenbar unbilligen Ergebnis, so ist nach einem Maßstab zu zerlegen, der die tatsächlichen Verhältnisse besser berücksichtigt. ② In dem Zerlegungsbescheid hat das Finanzamt darauf hinzuweisen, dass bei der Zerlegung Satz 1 angewendet worden ist.

(2) Einigen sich die Gemeinden mit dem Steuerschuldner über die Zerlegung, so ist der Steuermessbetrag nach Maßgabe der Einigung zu zerlegen.

§ 34 Kleinbeträge

(1) ① Übersteigt der Steuermessbetrag nicht den Betrag von 10 Euro, so ist er in voller Höhe der Gemeinde zuzuweisen, in der sich die Geschäftsleitung befindet. ② Befindet sich die Geschäftsleitung im Ausland, so ist der Steuermessbetrag der Gemeinde zuzuweisen, in der sich die wirtschaftlich bedeutendste der zu berücksichtigenden Betriebsstätten befindet.

(2) ① Übersteigt der Steuermessbetrag zwar den Betrag von 10 Euro, würde aber nach den Zerlegungsvorschriften einer Gemeinde ein Zerlegungsanteil von nicht mehr als 10 Euro zuzuweisen sein, so ist dieser Anteil der Gemeinde zuzuweisen, in der sich die Geschäftsleitung befindet. ② Absatz 1 Satz 2 ist entsprechend anzuwenden.

(3) ① Wird der Zerlegungsbescheid geändert oder berichtigt, würde sich dabei aber der Zerlegungsanteil einer Gemeinde um nicht mehr als 10 Euro erhöhen oder ermäßigen, so ist der Betrag der Erhöhung oder Ermäßigung bei dem Zerlegungsanteil der Gemeinde zu berücksichtigen, in der sich die Geschäftsleitung befindet. ② Absatz 1 Satz 2 ist entsprechend anzuwenden.

§ 35 *(weggefallen)*

Abschnitt VII. Gewerbesteuer der Reisegewerbebetriebe

§ 35 a Gewerbesteuer der Reisegewerbebetriebe

(1) Der Gewerbesteuer unterliegen auch die Reisegewerbebetriebe, soweit sie im Inland betrieben werden.

(2)[1] ① Reisegewerbebetrieb im Sinne dieses Gesetzes ist ein Gewerbebetrieb, dessen Inhaber nach den Vorschriften der Gewerbeordnung und den dazugehörigen Ausführungsbestimmungen einer Reisegewerbekarte bedarf. ② Wird im Rahmen eines einheitlichen Gewerbebetriebs sowohl ein stehendes Gewerbe als auch ein Reisegewerbe betrieben, so ist der Betrieb in vollem Umfang als stehendes Gewerbe zu behandeln.

(3) Hebeberechtigt ist die Gemeinde, in der sich der Mittelpunkt der gewerblichen Tätigkeit befindet.

(4) Ist im Laufe des Erhebungszeitraums der Mittelpunkt der gewerblichen Tätigkeit von einer Gemeinde in eine andere Gemeinde verlegt worden, so hat das Finanzamt den Steuermessbetrag nach den zeitlichen Anteilen (Kalendermonaten) auf die beteiligten Gemeinden zu zerlegen.

Abschnitt VIII. Änderung des Gewerbesteuermessbescheids von Amts wegen

§ 35 b Änderung des Gewerbesteuermessbescheids von Amts wegen

(1) ① Der Gewerbesteuermessbescheid oder Verlustfeststellungsbescheid ist von Amts wegen aufzuheben oder zu ändern, wenn der Einkommensteuerbescheid, der Körperschaftsteuerbescheid oder ein Feststellungsbescheid aufgehoben oder geändert wird und die Aufhebung oder Änderung den Gewinn aus Gewerbebetrieb berührt. ② Die Änderung des Gewinns aus Gewerbebetrieb ist insoweit zu berücksichtigen, als sie die Höhe des Gewerbeertrags oder des vortragsfähigen Gewerbeverlustes beeinflusst. ③ § 171 Abs. 10 der Abgabenordnung gilt sinngemäß.

(2)[2] ① Zuständig für die Feststellung des vortragsfähigen Gewerbeverlustes ist das für den Erlass des Gewerbesteuermessbescheids zuständige Finanzamt. ② Bei der Feststellung des vortragsfähigen Gewerbeverlustes sind die Besteuerungsgrundlagen so zu berücksichtigen, wie sie der Festsetzung des Steuermessbetrags für den Erhebungszeitraum, auf dessen Schluss der vortragsfähige

---

[1] § 35 a Abs. 2 Satz 1 neugefasst durch Gesetz vom 8. 12. 2010 (BGBl. I S. 1768).

[2] § 35 b Abs. 2 Satz 1 Zitat geändert durch Gesetz vom 23. 12. 2003 (BGBl. I S. 2922) mWv EZ 2004; neuer Satz 4 angefügt durch JStG 2007 vom 13. 12. 2006 (BGBl. I S. 2878); Abs. 2 Sätze 2 u. 3 neugefasst durch Gesetz vom 8. 12. 2010 (BGBl. I S. 1768) mW für Verluste, für die nach dem 13. 12. 2010 eine Erklärung zur Feststellung des vortragsfähigen Gewerbeverlustes abgegeben wird.

Gewerbeverlust festgestellt wird, zu Grunde gelegt worden sind; § 171 Absatz 10, § 175 Absatz 1 Satz 1 Nummer 1 und § 351 Absatz 2 der Abgabenordnung sowie § 42 der Finanzgerichtsordnung gelten entsprechend. ③ Die Besteuerungsgrundlagen dürfen bei der Feststellung nur insoweit abweichend von Satz 2 berücksichtigt werden, wie die Aufhebung, Änderung oder Berichtigung des Gewerbesteuermessbescheids ausschließlich mangels Auswirkung auf die Höhe des festzusetzenden Steuermessbetrags unterbleibt. ④ Die Feststellungsfrist endet nicht, bevor die Festsetzungsfrist für den Erhebungszeitraum abgelaufen ist, auf dessen Schluss der vortragsfähige Gewerbeverlust gesondert festzustellen ist; § 181 Abs. 5 der Abgabenordnung ist nur anzuwenden, wenn die zuständige Finanzbehörde die Feststellung des vortragsfähigen Gewerbeverlustes pflichtwidrig unterlassen hat.

Abschnitt IX. Durchführung

§ 35c Ermächtigung

(1) Die Bundesregierung wird ermächtigt, mit Zustimmung des Bundesrates

1. zur Durchführung des Gewerbesteuergesetzes Rechtsverordnungen zu erlassen
   a) über die Abgrenzung der Steuerpflicht,
   b) über die Ermittlung des Gewerbeertrags,
   c) über die Festsetzung der Steuermessbeträge, soweit dies zur Wahrung der Gleichmäßigkeit der Besteuerung und zur Vermeidung von Unbilligkeiten in Härtefällen erforderlich ist,
   d) über die Zerlegung des Steuermessbetrags,
   e) über die Abgabe von Steuererklärungen unter Berücksichtigung von Freibeträgen und Freigrenzen;
2. Vorschriften durch Rechtsverordnung zu erlassen
   a) über die sich aus der Aufhebung oder Änderung von Vorschriften dieses Gesetzes ergebenden Rechtsfolgen, soweit dies zur Wahrung der Gleichmäßigkeit bei der Besteuerung oder zur Beseitigung von Unbilligkeiten in Härtefällen erforderlich ist,
   b) *(weggefallen)*
   c) über die Steuerbefreiung der Einnehmer einer staatlichen Lotterie,
   d)[1] über die Steuerbefreiung bei bestimmten kleineren Versicherungsvereinen auf Gegenseitigkeit im Sinne des § 210 des Versicherungsaufsichtsgesetzes, wenn sie von der Körperschaftsteuer befreit sind,
   e)[2] über die Beschränkung der Hinzurechnung von Entgelten für Schulden und ihnen gleichgestellte Beträge (§ 8 Nr. 1 Buchstabe a) bei Kreditinstituten nach dem Verhältnis des Eigenkapitals zu Teilen der Aktivposten und bei Gewerbebetrieben, die nachweislich ausschließlich unmittelbar oder mittelbar Kredite oder Kreditrisiken, die einem Kreditinstitut oder einem in § 3 Nr. 2 genannten Gewerbebetrieb aus Bankgeschäften entstanden sind, erwerben und Schuldtitel zur Refinanzierung des Kaufpreises für den Erwerb solcher Kredite oder zur Refinanzierung von für die Risikoübernahmen zu stellenden Sicherheiten ausgeben,
   f)[3] über die Beschränkung der Hinzurechnung von Entgelten für Schulden und ihnen gleichgestellte Beträge (§ 8 Nummer 1 Buchstabe a) bei
      aa) Finanzdienstleistungsinstituten, soweit sie Finanzdienstleistungen im Sinne des § 1 Absatz 1a Satz 2 des Kreditwesengesetzes tätigen,
      bb) Zahlungsinstituten, soweit sie Zahlungsdienste im Sinne des § 1 Absatz 1 Satz 2 Nummer 3 Buchstabe b und Nummer 6 des Zahlungsdiensteaufsichtsgesetzes erbringen,
      cc) Wertpapierinstituten, soweit sie Wertpapierdienstleistungen, Wertpapiernebendienstleistungen und Nebengeschäfte im Sinne des § 2 Absatz 2 bis 4 des Wertpapierinstitutsgesetzes erbringen.

      ② Voraussetzung für die Umsetzung von Satz 1 ist, dass die Umsätze des Finanzdienstleistungsinstituts zu mindestens 50 Prozent auf Finanzdienstleistungen, die Umsätze der Wertpapierinstitute zu mindestens 50 Prozent auf Wertpapierdienstleistungen, Wertpapiernebendienstleistungen und Nebengeschäfte und die Umsätze des Zahlungsinstituts zu mindestens 50 Prozent auf Zahlungsdienste entfallen,
   g) über die Festsetzung abweichender Vorauszahlungstermine.

(2) Das Bundesministerium der Finanzen wird ermächtigt, den Wortlaut dieses Gesetzes und der zu diesem Gesetz erlassenen Rechtsverordnungen in der jeweils geltenden Fassung satzweise nummeriert mit neuem Datum und in neuer Paragrafenfolge bekannt zu machen und dabei Unstimmigkeiten im Wortlaut zu beseitigen.

---

[1] § 35 c Abs. 1 Nr. 2 Buchst. d Verweis geändert durch Gesetz vom 1. 4. 2015 (BGBl. I S. 434) mWv EZ 2016 (§ 36 Abs. 3 aF).

[2] § 35 c Abs. 1 Nr. 2 Buchst. e erweitert durch Gesetz vom 31. 7. 2003 (BGBl. I S. 1550) mWv EZ 2003 und geändert durch Gesetz vom 14. 8. 2007 (BGBl. I S. 1912) mWv EZ 2008.

[3] § 35 c Abs. 1 Nr. 2 Buchst. f neugefasst durch Gesetz vom 26. 6. 2013 (BGBl. I S. 1809) mWv EZ 2009 (Satz 1) bzw. EZ 2011 (Satz 2); Buchst. f Satz 1 Doppelbuchst. bb geändert durch Gesetz vom 12. 12. 2019 (BGBl. I S. 2451) mWv EZ 2018 (§ 36 Abs. 6 nF); Buchst. f Satz 1 Doppelbuchst. cc angefügt und Satz 2 geändert durch Gesetz vom 12. 5. 2021 (BGBl. I S. 990) mWv 26. 6. 2021.

Abschnitt X. Schlussvorschriften

§ 36[1] Zeitlicher Anwendungsbereich

(1)[2] Die vorstehende Fassung dieses Gesetzes ist, soweit in den folgenden Absätzen nichts anderes bestimmt ist, erstmals für den Erhebungszeitraum 2021 anzuwenden.

(2) ① § 3 Nummer 1 in der Fassung des Artikels 8 des Gesetzes vom 12. Dezember 2019 (BGBl. I S. 2451) ist erstmals für den Erhebungszeitraum 2019 anzuwenden. ② § 3 Nummer 12 in der Fassung des Artikels 9 des Gesetzes vom 12. Dezember 2019 (BGBl. I S. 2451) ist erstmals für den Erhebungszeitraum 2025 anzuwenden. ③ § 3 Nummer 13 in der Fassung des Artikels 8 des Gesetzes vom 12. Dezember 2019 (BGBl. I S. 2451) ist erstmals für den Erhebungszeitraum 2015 anzuwenden. ④ § 3 Nummer 24 in der Fassung des Artikels 8 des Gesetzes vom 12. Dezember 2019 (BGBl. I S. 2451) ist erstmals für den Erhebungszeitraum 2019 anzuwenden. ⑤ § 3 Nummer 32 in der Fassung des Artikels 8 des Gesetzes vom 12. Dezember 2019 (BGBl. I S. 2451) ist erstmals für den Erhebungszeitraum 2019 anzuwenden.

(3) ① § 7 Satz 3 in der durch Artikel 8 des Gesetzes vom 12. Dezember 2019 (BGBl. I S. 2451) geänderten Fassung ist erstmals für den Erhebungszeitraum 2009 anzuwenden. ② Für den Erhebungszeitraum 2008 ist § 7 Satz 3 in folgender Fassung anzuwenden: *[dort abgedruckt].* ③[3] § 7 Satz 7 in der Fassung des Artikels 16 des Gesetzes vom 20. Dezember 2016 (BGBl. I S. 3000) ist erstmals für den Erhebungszeitraum 2017 anzuwenden. ④ § 7 Satz 9 in der Fassung des Artikels 3 des Gesetzes vom 25. Juni 2021 (BGBl. I S. 2035) ist erstmals für den Erhebungszeitraum 2022 anzuwenden.

(4) ① § 8 Nummer 1 Buchstabe d Satz 2 ist nur auf Entgelte anzuwenden, die auf Verträgen beruhen, die nach dem 31. Dezember 2019 abgeschlossen worden sind. ② Dabei ist bei Verträgen, die vor dem 1. Januar 2025 abgeschlossen werden, statt einer Reichweite von 80 Kilometern eine Reichweite von 60 Kilometern ausreichend. ③ § 8 Nummer 1 Buchstabe d Satz 2 ist letztmals für den Erhebungszeitraum 2030 anzuwenden.

(4 a)[4] § 8 Nummer 5 in der Fassung des Artikels 3 des Gesetzes vom 25. Juni 2021 (BGBl. I S. 2035) ist erstmals für den Erhebungszeitraum 2022 anzuwenden.

(5) ①[5] § 9 Nummer 3 Satz 1 erster Halbsatz in der Fassung des Artikels 16 des Gesetzes vom 20. Dezember 2016 (BGBl. I S. 3000) ist erstmals für den Erhebungszeitraum 2017 anzuwenden. ② § 9 Nummer 5 Satz 12 in der Fassung des Artikels 8 des Gesetzes vom 12. Dezember 2019 (BGBl. I S. 2451) ist erstmals für Zuwendungen anzuwenden, die nach dem 31. Dezember 2019 geleistet werden.

(5 a)[6] § 10 a in der Fassung des Artikels 9 des Gesetzes vom 21. Dezember 2020 (BGBl. I S. 3096) ist auch für Erhebungszeiträume vor 2020 anzuwenden.

(5 b)[7] § 19 Absatz 3 Satz 2 und 3 ist auf Antrag des Steuerpflichtigen mit der Maßgabe anzuwenden, dass für den Erhebungszeitraum 2019 an die Stelle des 15. Kalendermonats der 21. Kalendermonat tritt sowie dass für den Erhebungszeitraum 2020 an die Stelle des 15. Kalendermonats der 18. Kalendermonat tritt.

(6) § 35 c Absatz 1 Nummer 2 Buchstabe f Satz 1 Doppelbuchstabe bb in der Fassung des Artikels 8 des Gesetzes vom 12. Dezember 2019 (BGBl. I S. 2451) ist erstmals für den Erhebungszeitraum 2018 anzuwenden.

§ 37 *(weggefallen)*

---

[1] § 36 neugefasst durch Gesetz vom 12. 12. 2019 (BGBl. I S. 2451).

[2] § 36 Abs. 1 geändert durch Gesetz vom 3. 6. 2021 (BGBl. I S. 1498).

[3] § 36 Abs. 3 Satz 3 eingefügt durch Gesetz vom 21. 12. 2020 (BGBl. I S. 3096); Satz 4 angefügt durch Gesetz vom 25. 6. 2021 (BGBl. I S. 2035).

[4] § 36 Abs. 4 a eingefügt durch Gesetz vom 25. 6. 2021 (BGBl. I S. 2035).

[5] § 36 Abs. 5 Satz 1 eingefügt durch Gesetz vom 21. 12. 2020 (BGBl. I S. 3096). Bisheriger Satz 1 wird Satz 2.

[6] § 36 Abs. 5 a eingefügt durch Gesetz vom 21. 12. 2020 (BGBl. I S. 3096).

[7] § 36 Abs. 5 b eingefügt durch Gesetz vom 25. 6. 2021 (BGBl. I S. 2035).

Hauptteil
Gewerbesteuergesetz,[1] Durchführungsverordnung,[2] Richtlinien/Hinweise[3]

Abschnitt I. Allgemeines

GewStG

§ 1 Steuerberechtigte

Die Gemeinden erheben eine Gewerbesteuer als Gemeindesteuer. 1

Übersicht

R 1.1 Steuerberechtigung

R 1.1

① Die Berechtigung zur Erhebung der Gewerbesteuer steht nach dem Gewerbesteuergesetz den Gemeinden zu. ② Die Gemeinden sind verpflichtet eine Gewerbesteuer zu erheben und hierbei an die Vorschriften des Gewerbesteuergesetzes gebunden. ③ Durch die Abführung einer Umlage aus dem Gewerbesteueraufkommen an den Bund und das jeweils berechtigte Land auf Grund des § 6 des Gemeindefinanzreformgesetzes wird der Charakter als Gemeindesteuer nicht berührt. 2

H 1.1

H 1.1

Hebeberechtigung. 3
- Begriff → R 4.1;
- Grundsatz der Betriebsstättengemeinde → § 4 Abs. 1 GewStG;

---

[1] **GewStG** – i. d. F. der Bek. vom 15. 10. 2002 (BGBl. I S. 4167; BStBl. I S. 1192), zuletzt geändert durch Gesetz zur Modernisierung des Körperschaftsteuerrechts vom 25. 6. 2021 (BGBl. I S. 2050), siehe im Einzelnen die zu Beginn der Geschlossenen Wiedergabe abgedruckte Änderungsübersicht.

[2] **GewStDV** – i. d. F. der Bek. vom 15. 10. 2002 (BGBl. I S. 4180; BStBl. I S. 1205), geändert durch Gesetz vom 16. 5. 2003 (BGBl. I S. 660), vom 31. 7. 2003 (BGBl. I S. 1550), vom 7. 12. 2006 (BGBl. I S. 2782, ber. I 2007 S. 68), vom 13. 12. 2006 (BGBl. I S. 2878), vom 14. 8. 2007 (BGBl. I S. 1912), vom 20. 12. 2007 (BGBl. I S. 3150), vom 19. 12. 2008 (BGBl. I S. 2794), vom 17. 3. 2009 (BGBl. I S. 550), vom 8. 4. 2010 (BGBl. I S. 386), VO vom 17. 11. 2010 (BGBl. I S. 1544), Gesetz vom 26. 6. 2013 (BGBl. I S. 1809), vom 1. 4. 2015 (BGBl. I S. 434), vom 26. 11. 2019 (BGBl. I S. 1794), vom 12. 12. 2019 (BGBl. I S. 2451), VO vom 25. 6. 2020 (BGBl. I S. 1495) und Gesetz vom 12. 5. 2021 (BGBl. I S. 990).

[3] **Gewerbesteuer-Richtlinien (GewStR) 2009** vom 28. 4. 2010 (BStBl. I Sondernummer 1 S. 2) mit den amtlichen **Gewerbesteuer-Hinweisen (GewStH) 2016** (hierzu **Amtl. Anm.:** Redaktionsschluss für den Hinweisteil: 8. Februar 2017) mit folgenden **Anwendungsregelungen:**

Zu den GewStR:

Einführung

(1) Die Gewerbesteuer-Richtlinien 2009 sind verbindliche Vorgaben an die Finanzbehörden zur einheitlichen Anwendung des Gewerbesteuergesetzes und der Gewerbesteuer-Durchführungsverordnung zur Vermeidung unbilliger Härten und zur Verwaltungsvereinfachung.

(2) Die Gewerbesteuer-Richtlinien 2009 treten an die Stelle der Gewerbesteuer-Richtlinien 1998 vom 21. Dezember 1998 (BStBl. I Sondernummer 2/1998 S. 91). Sie gelten, soweit sich aus ihnen nichts anderes ergibt, vom Erhebungszeitraum 2009 an.

(3) Anordnungen, die mit den nachstehenden Richtlinien im Widerspruch stehen, sind nicht mehr anzuwenden.

(4) Diese Allgemeine Verwaltungsvorschrift tritt am Tag nach ihrer Veröffentlichung in Kraft.

Zu den GewStH:

Die ab dem EZ 2016 geltenden Hinweise sind von den obersten Finanzbehörden des Bundes und der Länder beschlossen worden. Sie machen den Rechtsanwender aufmerksam auf höchstrichterliche Rechtsprechung, BMF-Schreiben, gleich lautende Erlasse der obersten Finanzbehörden der Länder und Rechtsquellen außerhalb des Gewerbesteuerrechts, die in das Gewerbesteuerrecht hineinwirken. Sie enthalten den ausgewählten aktuellen Stand
- der höchstrichterlichen Rechtsprechung,
- der im Bundessteuerblatt veröffentlichten BMF-Schreiben.

- bei gemeindefreien Gebieten (einschließlich Anteil am Festlandsockel und an der ausschließlichen Wirtschaftszone) → § 4 Abs. 2 GewStG;
- bei Reisegewerbebetrieben → § 35 a Abs. 3 GewStG, § 35 GewStDV;
- bei Gewerbebetrieben auf Schiffen und bei Binnen- und Küstenschifffahrtsbetrieben → § 15 GewStDV.

Mindesthebesatz. → § 16 Abs. 4 Satz 2 GewStG.

R 1.2

R 1.2 Verwaltung der Gewerbesteuer[1]

R 1.2 (1)

R 1.2 (1)

Übertragung eines Teils der Verwaltung auf die Gemeinden

4 (1) ① Ist die Festsetzung und Erhebung der Gewerbesteuer auf die Gemeinden übertragen, sind für die Ermittlung der Besteuerungsgrundlagen und für die Festsetzung und ggf. die Zerlegung der Steuermessbeträge die Finanzämter zuständig[2] (→ §§ 22 und 184 bis 190 AO). ② Die Festsetzung und Erhebung der Gewerbesteuer einschließlich Stundung, Niederschlagung und Erlass obliegen den hebeberechtigten Gemeinden.

H 1.2 (1)

H 1.2 (1)

5 **Grundsatz der Verwaltungszuständigkeit.** Die Verwaltung der Gewerbesteuer steht grundsätzlich den Landesfinanzbehörden zu (→ Artikel 108 Abs. 2 Satz 1 GG). Sie kann von einem Land ganz oder zum Teil auf die Gemeinden übertragen werden (→ Artikel 108 Abs. 4 Satz 2 GG).

Übertragung der Verwaltung.

- → R 1.6 Abs. 1 und BVerfG vom 8. 11. 1983 – BStBl. 1984 II S. 249.
- Zur Übertragungsmöglichkeit der Verwaltung der Gewerbesteuer auf die Gemeinden (→ BVerwG vom 29. 9. 1982 – BStBl. 1984 II S. 236).

R 1.2 (2)

R 1.2 (2)

Ausschließliche Verwaltung durch die Finanzämter

6 (2) Ist die Festsetzung und Erhebung der Gewerbesteuer nicht auf die Gemeinden übertragen worden, sind die Finanzämter auch für diese Aufgaben zuständig.

H 1.2 (2)

H 1.2 (2)

7 **Umfang der Zuständigkeit.** Zur Zuständigkeit bei Stundung, Erlass und Niederschlagung der Gewerbesteuer (→ R 1.6 Abs. 2).

R 1.2 (3)

R 1.2 (3)

Teilnahmerecht der Gemeinden bei einer Außenprüfung

8 (3) ① Die Gemeinden sind gemäß § 21 FVG[3] berechtigt, hinsichtlich der Gewerbesteuer durch einen Gemeindebediensteten an einer Außenprüfung bei einem Steuerpflichtigen teilzunehmen, wenn dieser in der Gemeinde eine Betriebsstätte unterhält und die Außenprüfung im Gemeindebezirk erfolgt. ② § 21 Abs. 3 FVG berechtigt die Gemeinden nicht selbst zum Erlass einer Teilnahmeanordnung gegenüber dem Steuerpflichtigen.

H 1.2 (3)

H 1.2 (3)

9 **Auskunfts- und Teilnahmerechte der Gemeinden.**

- Ist die Festsetzung und Erhebung der Gewerbesteuer auf die Gemeinden übertragen, hat die hebeberechtigte Gemeinde nach § 21 Abs. 3 Satz 1 FVG[3] das Recht, sich über die für die Gewerbesteuer erheblichen Vorgänge bei dem örtlich zuständigen Finanzamt zu unterrichten. Dieses Recht erstreckt sich auf Akteneinsicht sowie auf mündliche und schriftliche Auskunft.
- Das Recht der gemeindlichen Teilnahme an Außenprüfungen der Finanzbehörden (→ § 21 Abs. 3 Satz 2 FVG), stellt ausschließlich eine interne Befugnis im Verhältnis der Gemeinden zur Finanzverwaltung dar. Das Teilnahmerecht ist im Rahmen der Prüfungsanordnung des Finanzamtes entsprechend § 197 AO durch Mitteilung von Namen und Zeit gegenüber dem Steuerpflichtigen zu verwirklichen. Die Finanzverwaltung hat der Gemeinde die Teilnahme zu ermöglichen und muss ihr die damit verbundene Informationsbefugnis sichern. Das Teilnahmerecht beschränkt sich auf die Anwesenheit eines Gemeindebediensteten, der – abgesehen von einem ihm zustehenden Betretungsrecht und möglichen freiwilligen Mitwirkungsakten des Steuerpflichtigen – hinsichtlich gewerbesteuerlicher Sachverhalte ledig-

[1] Zur Verfassungsmäßigkeit der GewSt vgl. BVerfG v. 15. 1. 2008 1 BvL 2/04, DStRE S. 1003, BGBl. I S. 1006.

[2] Vgl. *BFH-Urteil vom 13. 1. 1965 I 419/62, HFR S. 320:* Messbetragsfestsetzung und Zerlegungsverfahren sind voneinander unabhängige Verfahren, so dass auch zwei getrennte Rechtsbehelfsverfahren gegeben sind.

[3] Abgedruckt im „AO-Handbuch" im Anhang II Nr. 2.

lich Informations- und Auskunftsrechte gegenüber dem Prüfer der Finanzverwaltung besitzt. Der Gemeindebedienstete darf nicht selbst als Prüfer auftreten und keine Prüfungshandlungen und Ermittlungen der in § 200 AO genannten Art vornehmen. Einwendungen gegen die Person des Gemeindebediensteten oder gegen dessen Teilnahme an sich hat der Steuerpflichtige gegenüber dem für die Außenprüfung verantwortlichen Finanzamt auf dem hierfür vorgesehenen Rechtsweg vorzubringen (→ BVerwG vom 27. 1. 1995 – BStBl. II S. 522).

Verfügung betr. Auskunft an die Gemeinden in Realsteuerangelegenheiten

Anl zu R 1.2

Vom 19. Januar 2012 (DStR S. 524)

(BayLfSt S 0130.2.1-76/1 St 42)

1. Auskunft über die für die Festsetzung der Realsteuern erheblichen Vorgänge

Nach § 21 Abs. 3 Satz des Finanzverwaltungsgesetzes (FVG) haben die Gemeinden das Recht, sich über die für die Festsetzung der Realsteuern erheblichen Vorgänge bei den zuständigen Finanzbehörden zu unterrichten. Zu diesem Zweck steht ihnen das Recht auf Akteneinsicht und auf mündliche und schriftliche Auskunft zu. 10

Auch im Verfahren über die Zerlegung und die Zuteilung von Steuerermessbeträgen können die Gemeinden als Steuerberechtigte, denen ein Anteil an dem Steuermessbetrag zugeteilt worden ist oder die einen Anteil beanspruchen (§ 186 Satz 1 Nr. 2 AO), vom zuständigen Finanzamt Auskunft über die Zerlegungs- bzw. Zuteilungsgrundlagen verlangen und Einsicht in die Zerlegungs- bzw. Zuteilungsunterlagen nehmen (§§ 187, 190 Satz 2 AO).

Darüber hinaus sind die Gemeinden auch berechtigt, durch Gemeindebedienstete an Außenprüfungen bei Steuerpflichtigen teilzunehmen, wenn diese in der Gemeinde eine Betriebsstätte unterhalten oder Grundbesitz haben und die Außenprüfungen im Gemeindebezirk stattfinden (§ 21 Abs. 3 i. V. m. Abs. 2 FVG).

Das Steuergeheimnis steht den den Gemeinden zustehenden Informations- und Teilnahmerechten nicht entgegen.

2. Auskunft in Haftungs-, Stundungs- und Erlasssachen sowie zum Zwecke der Vollstreckung

In Haftungs-, Stundungs- und Erlassfällen sowie im Vollstreckungsverfahren wegen Realsteuern wenden sich Gemeindebehörden häufig mit Ersuchen um Auskunft über entscheidungserhebliche Tatsachen oder über Vollstreckungsmöglichkeiten an die Finanzämter. 11

Soweit die Verwaltung der Realsteuern den Gemeinden übertragen worden ist, gelten u. a. die Vorschriften über das Steuergeheimnis, die Haftung und das Erhebungsverfahren entsprechend (§ 1 Abs. 2 Nrn. 1, 2, 5 i. V. m. § 3 Abs. 2 AO).

Für die Vollstreckung der Realsteuern gelten nicht die Vorschriften des Sechsten Teils der AO, sondern das Bayerische Verwaltungszustellungs- und Vollstreckungsgesetz (VwZVG) vom 11. 11. 1970.

§ 30 Abs. 4 Nr. 1 i. V. m. § 30 Abs. 2 Nr. 1 a AO lässt die Offenbarung in einem „Verwaltungsverfahren in Steuersachen" allgemein zu. Die Zulässigkeit ist nach Wortlaut und Zweck der Vorschrift nicht auf die Mitteilung von Tatsachen zwischen Finanzbehörden beschränkt. Zu den Behörden, zwischen denen Mitteilungen über Verhältnisse eines anderen zu steuerlichen Zwecken zugelassen sind, gehören auch die Gemeindebehörden, soweit sie in Realsteuerverfahren tätig werden. Verwaltungsverfahren in Steuersachen im Sinne des § 30 Abs. 2 Nr. 1 a AO sind nicht nur die in der AO aufgeführten Verwaltungsverfahren, vielmehr umfasst der Begriff „Verwaltungsverfahren in Steuersachen" alle Verfahren, die die Verwaltung von Steuern im Sinne des § 3 Abs. 1, 2 und 3 AO betreffen. Zu diesen Verfahren gehört somit auch das Vollstreckungsverfahren nach dem VwZVG.

Auskunftsersuchen der Gemeinden in den vorbezeichneten Fällen kann entsprochen werden, wenn den Ersuchen eindeutig zu entnehmen ist, dass die Auskünfte zu steuerlichen Zwecken benötigt werden. Allerdings sind die Auskünfte auf den Umfang zu beschränken, der für eine sachgerechte Bearbeitung der Realsteuerangelegenheit erforderlich ist.

Auskünfte sind auch insoweit zulässig, als die entscheidungserheblichen Tatsachen aus anderen als den Realsteuerakten hervorgehen.

Die Befugnis zur Erteilung von Auskünften gem. § 30 Abs. 4 Nr. 1 AO schließt – im Gegensatz zu den unter Tz. 1 genannten Fällen – die Befugnis zur Gewährung von Akteneinsicht nicht ein.

3. Beteiligung der Gemeinden in Rechtsbehelfsverfahren wegen der Festsetzung von Steuermessbeträgen

Gemeinden sind nicht befugt, Steuermessbescheide anzufechten (vgl. § 40 Abs. 3 FGO); eine Rechtsbehelfsbefugnis der Gemeinden besteht nur im Zerlegungsverfahren (§ 186 Nr. 2 AO). Zu einem Rechtsbehelfsverfahren gegen einen Steuermessbescheid dürfen die Gemeinden nicht hinzugezogen bzw. beigeladen werden (§ 360 Abs. 2 AO, § 60 Abs. 2 FGO). Die Finanzämter sollen aber die steuerberechtigten Gemeinden über anhängige Einspruchsverfahren gegen Realsteuermessbescheide von größerer Bedeutung unterrichten (vgl. AEAO zu § 184 AO). 12

R 1.3

R 1.3 Örtliche Zuständigkeit für die Festsetzung und Zerlegung des Steuermessbetrags

Geschäftsleitung innerhalb des Geltungsbereichs des Gesetzes, Reisegewerbebetriebe

13 (1) ① Für die Festsetzung und ggf. auch für die Zerlegung des Steuermessbetrags ist nach § 22 Abs. 1 AO das Betriebsfinanzamt zuständig. ② Das ist nach § 18 Abs. 1 Nr. 2 AO das Finanzamt, in dessen Bezirk sich die Geschäftsleitung – bei reinen Reisegewerbebetrieben der Mittelpunkt der gewerblichen Tätigkeit – befindet. ③ Wird die Geschäftsleitung verlegt, geht die Zuständigkeit auf das Finanzamt über, in dessen Bezirk die Geschäftsleitung verlegt worden ist. ④ Wegen der Bearbeitung anhängiger Einsprüche in Fällen eines Zuständigkeitswechsels wird auf § 367 Abs. 1 i. V. m. § 26 AO hingewiesen.[1] ⑤ Die Festsetzung und ggf. auch die Zerlegung des Steuermessbetrags erstreckt sich auf alle im Geltungsbereich des Gesetzes gelegenen Betriebsstätten (→ R 2.9).

Geschäftsleitung außerhalb des Geltungsbereichs des Gesetzes

14 (2) ① Befindet sich die Geschäftsleitung eines Unternehmens nicht im Geltungsbereich des Gesetzes, ist für die Festsetzung und ggf. auch für die Zerlegung des Steuermessbetrags das Finanzamt zuständig, in dessen Bezirk eine Betriebsstätte, bei mehreren Betriebsstätten die wirtschaftlich bedeutendste Betriebsstätte unterhalten wird (→ § 22 Abs. 1 AO i. V. m. § 18 Abs. 1 Nr. 2 AO). ② Bei Verlegung der wirtschaftlich bedeutendsten Betriebsstätte gilt Absatz 1 Satz 3 und 4 entsprechend.

Vom Wohnsitz abweichender Ort der Geschäftsleitung

15 (3) ① Die Ermittlung des gewerblichen Gewinns sowie die Festsetzung und ggf. auch die Zerlegung des Steuermessbetrags sind grundsätzlich bei einem Finanzamt vereinigt. ② Das gilt auch für den Fall, dass ein Einzelunternehmer seinen Wohnsitz und die Geschäftsleitung seines Betriebs in den Bezirken verschiedener Finanzämter und verschiedener Gemeinden hat. ③ In diesem Fall sind nach § 180 Abs. 1 Nr. 2 Buchstabe b AO die Einkünfte aus Gewerbebetrieb durch das Betriebsfinanzamt gesondert festzustellen.

R 1.4

R 1.4 Gewerbesteuermessbescheid

Fertigung von Gewerbesteuermessbescheiden

16 (1) ① Die Finanzämter können sich bei der Fertigung der Gewerbesteuermessbescheide der Hilfe der Gemeinden bedienen. ② Werden den Gemeinden auf Grund gesetzlicher Vorschriften die Daten der Gewerbesteuermessbescheide ganz oder teilweise auf maschinell verwertbaren Datenträgern oder durch Datenfernübertragung übermittelt, können die hebeberechtigten Gemeinden auch die Messbescheide fertigen.

Bekanntgabe und Mitteilung an die Gemeinden

17 (2) ① Wegen der Bekanntgabe der Bescheide an die Steuerpflichtigen und der Mitteilung an die Gemeinden → §§ 122, 184 und 188 AO. ② Die Finanzämter können sich bei der Übersendung der Gewerbesteuermessbescheide der Hilfe der Gemeinden bedienen.[2] ③ In diesen Fällen beginnt die Einspruchsfrist (→ § 355 AO) mit der Bekanntgabe der Bescheide durch die Gemeinde. ④ Im Hinblick auf die Wahrung der Festsetzungsfrist (→ § 169 AO) ist zu beachten, dass die Gemeinden die fristgerechte Absendung sicherzustellen haben.

H 1.4

H 1.4

18 **Allgemeines.** Der Gewerbesteuermessbescheid ist Steuerbescheid im Sinne der AO (→ § 184 Abs. 1 Satz 3 i. V. m. § 155 Abs. 1 AO). Die Vorschriften der AO, insbesondere zu Form und Inhalt, Bestimmtheit sowie Bekanntgabe und Bestandskraft von Steuerbescheiden, sind somit zu beachten.

R 1.5

R 1.5 Billigkeitsmaßnahmen bei der Festsetzung des Gewerbesteuermessbetrags

R 1.5 (1)

R 1.5 (1)

Erfordernis einer allgemeinen Verwaltungsvorschrift

19 (1) ① Die Finanzämter sind nach *§ 184 Abs. 2 AO*[3] auch ohne Mitwirkung der hebeberechtigten Gemeinden berechtigt, bei der Festsetzung des Gewerbesteuermessbetrags Billigkeitsmaßnahmen nach *§ 163 Satz 1 AO*[4] zu gewähren, soweit für solche Maßnahmen in einer allgemeinen Verwaltungsvorschrift der Bundesregierung oder einer obersten Landesbehörde Richtlinien aufgestellt worden sind. ② Die Billigkeitsmaßnahmen können darin bestehen, dass zur Vermei-

---

[1] Zum Wechsel der örtlichen Zuständigkeit bei Wohnsitzverlegung und gleichzeitiger Betriebsaufgabe vgl. AEAO Nr. 3 zu § 26, abgedruckt im „AO-Handbuch".

[2] *BFH-Beschluß vom 12. 11. 1992 XI B 69/92, BStBl. 1993 II S. 263:* Es ist bei summarischer Prüfung der Erfolgsaussichten zwar ernstlich zweifelhaft, ob ein Gewerbesteuermeßbescheid des FA ohne landesgesetzliche Ermächtigung auch durch die Gemeinde, der die Festsetzung des Gewerbesteuerbescheides obliegt, bekanntgegeben werden darf. Eine fehlerhafte Bekanntgabe des Gewerbesteuermeßbescheides wäre aber jedenfalls dann geheilt, wenn die Einspruchsentscheidung fehlerfrei zugestellt worden ist.

[3] § 184 Abs. 2 AO geändert durch Gesetz vom 22. 12. 2014 (BGBl. I S. 2417); zur Anwendung vgl. Art. 97 § 10 c EGAO.

[4] § 163 AO neu gefasst durch Gesetz vom 18. 7. 2016 (BGBl. I S. 1679); zur Anwendung vgl. Art. 97 § 29 EGAO.

dung unbilliger Härten bei bestimmten Gruppen gleich gelagerter Fälle entweder der Gewerbesteuermessbetrag niedriger festgesetzt wird oder dass einzelne Besteuerungsgrundlagen, die den Gewerbesteuermessbetrag erhöhen, außer Betracht gelassen werden.

H 1.5 (1)

H 1.5 (1)

Allgemeines. Ist eine allgemeine Verwaltungsvorschrift i. S. d. R 1.5 Abs. 1 nicht ergangen, gilt für die Zulässigkeit von Billigkeitsmaßnahmen nach *§ 163 Satz 1 AO*[1] Folgendes: 20
Sind für die Festsetzung und Erhebung der Gewerbesteuer die Gemeinden zuständig, sind die Finanzämter grundsätzlich nicht befugt, den Steuermessbetrag dadurch niedriger festzusetzen, dass nach *§ 163 Satz 1 AO*[1] einzelne Besteuerungsgrundlagen, die die Steuer erhöhen, außer Betracht gelassen werden. Verfahrensrechtlich bestehen jedoch keine Bedenken, wenn das Finanzamt den Steuermessbetrag in der bezeichneten Weise niedriger festsetzt, nachdem die zur Festsetzung und Erhebung der Gewerbesteuer befugte Gemeinde dieser Maßnahme zugestimmt hat (→ BFH vom 9. 1. 1962 – BStBl. III S. 238, vom 8. 11. 1962 – BStBl. 1963 III S. 143 und vom 24. 10. 1972 – BStBl. 1973 II S. 233).[2]

Billigkeitsregelungen in BMF-Schreiben. BMF-Schreiben auf dem Gebiet der Einkommen- oder Körperschaftsteuer insbesondere zur Festlegung des Steuergegenstands oder zur Gewinnermittlung können auch Billigkeitsregelungen im Sinne des *§ 163 Satz 1 AO*[1] aus sachlichen Gründen enthalten. Diese Billigkeitsregelungen in einer Verwaltungsvorschrift der obersten Bundesfinanzbehörde finden auch bei der Festsetzung des Gewerbesteuer-Messbetrags Eingang, soweit dies nicht ausdrücklich ausgeschlossen ist (→ § 184 Abs. 2 Satz 1 AO).

Folgen aus Hinzurechnung bei Weitervermietung oder Weiterverpachtung. Die Besteuerungsfolgen, die aus der Hinzurechnung der Mieten und Pachten für weitervermietete oder -verpachtete Immobilien zum Gewinn aus Gewerbebetrieb gemäß § 8 Nr. 1 Buchst. e GewStG 2002 i. d. F. des UntStRefG 2008 resultieren, entsprechen im Regelfall den gesetzgeberischen Wertungen und rechtfertigen daher grundsätzlich keinen Erlass der Gewerbesteuer wegen sachlicher Unbilligkeit (→ BFH vom 4. 6. 2014 – BStBl. 2015 II S. 293).

Sanierungsgewinn. Zur ertragsteuerlichen Behandlung von Sanierungsgewinnen; Steuerstundung und Steuererlass aus sachlichen Billigkeitsgründen (→ BMF vom 27. 3. 2003 – BStBl. I S. 240).[3]

R 1.5 (2)

R 1.5 (2)

Wirkung von Billigkeitsmaßnahmen bei Steuern vom Einkommen

(2) ① Nach *§ 163 Satz 2 AO*[1] kann mit Zustimmung des Steuerpflichtigen bei Steuern vom Einkommen zugelassen werden, dass einzelne Besteuerungsgrundlagen, soweit sie die Steuer erhöhen, bei der Steuerfestsetzung erst zu einer späteren Zeit, und, soweit sie die Steuern mindern, schon zu einer früheren Zeit berücksichtigt werden (zeitliche Verlagerung der Besteuerung). ② Eine solche Billigkeitsmaßnahme bei der Einkommensteuer oder Körperschaftsteuer wirkt, soweit sie die gewerblichen Einkünfte beeinflusst, nach § 184 Abs. 2 Satz 2 AO auch für die Gewinnermittlung bei der Gewerbesteuer.[4] 21

R 1.5 (3)

R 1.5 (3)

Mitteilungspflicht der Finanzämter

(3) ① Die Finanzämter sind nach § 184 Abs. 3 AO verpflichtet, den Gemeinden außer dem Inhalt des Gewerbesteuermessbescheids auch die nach *§ 163 Satz 1 und 2 AO*[1] getroffenen Billigkeitsmaßnahmen mitzuteilen. ② Dabei sind Art, Umfang und Zeitraum dieser Maßnahmen sowie ihre Auswirkung auf den festgesetzten Steuermessbetrag anzugeben. 22

R 1.6 Stundung, Niederschlagung und Erlass der Gewerbesteuer

R 1.6

R 1.6 (1, 2)

R 1.6 (1, 2)

Zuständigkeit der Gemeinden

(1) ① Ist die Festsetzung und Erhebung der Gewerbesteuer der Gemeinde übertragen (→ R 1.2), hat sie über Stundung, Niederschlagung und Erlass der Gewerbesteuer zu entscheiden. ② Für die Stundung und den Erlass von Gewerbesteuer gelten nach § 1 Abs. 2 Nr. 5 AO die 23

---

[1] § 163 AO neu gefasst durch Gesetz vom 18. 7. 2016 (BGBl. I S. 1679); zur Anwendung vgl. Art. 97 § 29 EGAO.

[2] *BVerwG-Urteil vom 19. 2. 2015 9 C 10/14, DStR 2016, 1022:* Kein Billigkeitserlass wegen Folgen der Mindestbesteuerung, vgl. zu § 10 a GewStG Fn. 3.

[3] Zur Behandlung von Sanierungsgewinnen sowie zur Steuerstundung und zum Steuererlass aus sachlichen Billigkeitsgründen vgl. § 7 b GewStG, *Vfg. LfSt Bayern vom 11. 2. 2019* (nachstehende Anlage zu R 1.6 GewStR) sowie BMF-Schreiben v. 27. 4. 2017 (letztmals abgedruckt im „Handbuch zur Körperschaft- und Gewerbesteuerveranlagung 2020“).

[4] *BFH-Urteil vom 14. 9. 2017 IV R 51/14, BStBl. 2018 II S. 78:* Die im Rahmen der Gewinnfeststellung getroffene Billigkeitsmaßnahme, von der Aktivierung des Feldinventars abzusehen, wirkt auch für die Ermittlung des Gewerbeertrags als Grundlage für die Festsetzung des Gewerbesteuermessbetrags.

Vorschriften der §§ 222 und 227 AO entsprechend; die Niederschlagung richtet sich nach den landesrechtlichen Vorschriften.

Zuständigkeit der Finanzämter

24 (2) ① Wird die Gewerbesteuer vom Finanzamt festgesetzt und erhoben, obliegt ihm auch die Entscheidung über Stundung, Niederschlagung und Erlass, wenn nicht wegen der Höhe der Steuerrückstände eine übergeordnete Dienststelle zu entscheiden hat. ② Eine Mitwirkung der Gemeinde bei der Entscheidung kommt nicht in Betracht. ③ Billigkeitsmaßnahmen kommen bei der Gewerbesteuer wegen ihres Charakters als Objektsteuer nur in ganz besonders gelagerten Ausnahmefällen in Betracht. ④ Liegt ein solcher Fall vor und schuldet ein Steuerpflichtiger sowohl Gewerbesteuer als auch andere Steuern, sind bei der Entscheidung über Stundung und Erlass die Belange der verschiedenen Steuergläubiger in gleicher Weise zu berücksichtigen. ⑤ Der Erlass oder die Stundung ist grundsätzlich im Verhältnis der Gewerbesteuerrückstände zu den anderen Steuerrückständen auf die Gewerbesteuer und die anderen Steuern zu verteilen, wenn nicht besondere, in der Eigenart der betreffenden Steuer liegende Gründe nur den Erlass oder die Stundung einer bestimmten Steuer rechtfertigen.

H 1.6 (2)

H 1.6 (2)

25 **Zuständigkeitsregelung der Landesfinanzbehörden.** Zur Zuständigkeit für Stundungen nach § 222 AO, Erlasse nach § 227 AO, Billigkeitsmaßnahmen nach § 163, § 234 Abs. 2, § 237 Abs. 4 AO, Absehen von Festsetzungen nach § 156 Abs. 2 AO und Niederschlagungen nach § 261 AO von Landessteuern und der sonstigen durch Landesfinanzbehörden verwalteten Steuern und Abgaben (→ Gleich lautende Ländererlasse vom 17. 12. 2015 – BStBl. I S. 1079).

Anl zu R 1.6

Verfügung betr. gewerbesteuerliche Behandlung von Sanierungsgewinnen; hier: Steuerstundung und Steuererlass aus sachlichen Billigkeitsgründen durch die Gemeinde

Vom 11. Februar 2019 (DStR S. 627)

(LfSt Bayern G 1413.1.1-2/8 St 32)

26 Bisher wurde durch BMF-Schreiben vom 27. 3. 2003 (BStBl. I S. 240)[1] zu Erträgen aus Sanierungsmaßnahmen von Unternehmen geregelt, unter welchen Voraussetzungen aus Billigkeitsgründen auf die Erhebung der Steuer auf einen nach Ausschöpfen der Verlustverrechnungsmöglichkeiten verbleibenden Sanierungsgewinn verzichtet werden kann. Mit Beschluss des Großen Senats vom 28. 11. 2016 GrS 1/15 (BStBl. 2017 II S. 393) wurde die Berechtigung der Finanzverwaltung zur allgemeinverbindlichen Vorgabe derartiger Billigkeitsgrundsätze als Verstoß gegen den Grundsatz der Gesetzmäßigkeit der Verwaltung angesehen.

27 Mit dem Gesetz gegen schädliche Steuerpraktiken im Zusammenhang mit Rechteüberlassungen vom 27. 6. 2017 (BStBl. I S. 1202) wurde in § 3a und § 3c Abs. 4 EStG sowie in § 7b GewStG die steuerliche Behandlung von Sanierungsmaßnahmen neu geregelt. Demnach sind vorbehaltlich des § 7b Abs. 2 und 3 GewStG die §§ 3a und 3c Abs. 4 EStG bei der Ermittlung des Gewerbeertrags entsprechend anzuwenden. Die Sanierungsbegünstigung wird nun nicht mehr durch eine Billigkeitsmaßnahme im Erhebungsverfahren, sondern durch eine Steuerbefreiung im Festsetzungsverfahren gewährt.

28 Für die Gewerbesteuer hat dies zur Folge, dass die Zuständigkeit für die Gewährung von Sanierungsmaßnahmen nun nicht mehr bei der Gemeinde liegt, sondern hierüber abschließend im Rahmen des Festsetzungsverfahrens des Gewerbesteuermessbetrags durch das Finanzamt zu entscheiden ist. Die Gewerbesteuermessbetragsfestsetzung entscheidet über den sachlichen Umfang der Steuerpflicht (§ 184 Abs. 1 Satz 2 AO). Die Gemeinden sind nicht befugt, diese anzufechten (s. AEAO zu § 184).

29 Die Neuregelung der Steuerbefreiung von Sanierungsgewinnen ist nach § 36 Abs. 2c Satz 1 GewStG auf Fälle anzuwenden, in denen die Schulden ganz oder teilweise **nach dem 8. 2. 2017** (Datum der Veröffentlichung des Beschlusses des Großen Senats des BFH) erlassen wurden. Durch § 36 Abs. 2c Satz 2 GewStG wird auch für einen Schuldenerlass nach dem 8. 2. 2017 die Anwendung des § 7b GewStG ausgeschlossen, wenn dem Steuerpflichtigen Billigkeitsmaßnahmen aus Gründen des Vertrauensschutzes auf Grundlage von § 163 Abs. 1 Satz 2 AO und den §§ 222, 227 AO – durch die Gemeinde – zu gewähren sind.

30 Ursprünglich stand das Inkrafttreten der gesetzlichen Neuregelungen unter dem Vorbehalt der Beschlussfassung der Europäischen Kommission, dass die Regelungen entweder keine staatlichen Beihilfen i. S. d. Art. 107 Abs. 1 AEUV oder aber mit dem Binnenmarkt vereinbare Beihilfen darstellen (Art. 6 Abs. 2 des Gesetzes gegen schädliche Steuerpraktiken im Zusammenhang mit Rechteüberlassungen, a. a. O.). Die Europäische Kommission hat jedoch einen solchen Beschluss nicht gefasst, sondern ihre Auffassung in einem „comfort letter" mitgeteilt. Dadurch wurde es notwendig, die bisherige aufschiebende Inkrafttretensregelung aufzuheben und die Vorschrift unmittelbar in Kraft zu setzen. Dies erfolgte nunmehr durch Art. 19 des Gesetzes zur Vermeidung von Umsatzsteuerausfällen beim

[1] *Beck-Online:* BeckVerw 037779.

Handel mit Waren im Internet und zur Änderung weiterer steuerlicher Vorschriften vom 11. 12. 2018 (BStBl. I S. 1377 ff.). Nach Aufhebung von Art. 6 Abs. 2 des Gesetzes gegen schädliche Steuerpraktiken im Zusammenhang mit Rechteüberlassungen tritt gem. Art. 6 Abs. 1 das Gesetz am Tag nach der Verkündung in Kraft. Die Vorschrift des § 7 b GewStG gilt somit ab 5. 7. 2017 für alle Fälle, in denen die Schulden ganz oder teilweise nach dem 8. 2. 2017 erlassen wurden.

Neben der Inkraftsetzung der Neuregelungen wurde durch Art. 8 Nr. 2 Buchst. b des Gesetzes zur Vermeidung von Umsatzsteuerausfällen beim Handel mit Waren im Internet und zur Änderung weiterer steuerlicher Vorschriften (a. a. O.) in § 36 Abs. 2 c Satz 3 GewStG folgende Regelung für **Altfälle** geschaffen: 31

Auf Antrag des Steuerpflichtigen ist § 7 b auch in den Fällen anzuwenden, in denen die **Schulden vor dem 9. 2. 2017 erlassen** wurden.

Es besteht somit ein eigenständiges gewerbesteuerliches Antragswahlrecht. Wird ein Antrag gem. § 36 Abs. 2 c Satz 3 GewStG für noch offene Altfälle gestellt, wird im Rahmen des Festsetzungsverfahrens des Gewerbesteuermessbetrags durch das Finanzamt über die Steuerbefreiung der Sanierungsmaßnahme entschieden. Wird dieser Antrag nicht gestellt, ist in noch offenen Altfällen weiterhin nach den Grundsätzen der Verfügung des LfSt Bayern vom 8. 8. 2006 G 1413.1.1–2/4 St 31; S 2140 – 6 St 3102[1] (AIS: Themen > Steuerrecht > Ertragsteuern und Nebengesetze > Gewerbesteuer) zu verfahren. 32

Es sei darauf hingewiesen, dass das EStG (§ 52 Abs. 4 a Satz 3 und Abs. 5 Satz 4 EStG) sowie das KStG (§ 34 Abs. 3 b KStG) ebenfalls ein Antragswahlrecht auf Anwendung der Neuregelung für Altfälle einräumt. Wird von diesem Gebrauch gemacht, kann die Steuerfreistellung gem. § 3 a und § 3 c Abs. 4 EStG bei der Ermittlung des Gewerbeertrags aber nur berücksichtigt werden, wenn auch hier der Antrag gem. § 36 Abs. 2 c Satz 3 GewStG für Altfälle gestellt wird. 33

R 1.7 Aussetzung der Vollziehung von Gewerbesteuermessbescheiden

R 1.7

Zuständigkeiten

(1) ① Ist gegen den Gewerbesteuermessbescheid ein Rechtsbehelf eingelegt worden, ist das Finanzamt und unter den Voraussetzungen des § 69 Abs. 3 und 4 FGO das Finanzgericht für die Entscheidung über einen Antrag auf Aussetzung der Vollziehung des Gewerbesteuermessbescheids zuständig. ② Die Anträge auf Aussetzung der Vollziehung sind als Eilsachen zu behandeln. 34

Folgebescheide

(2) ① Eine Folgeaussetzung gemäß § 361 Abs. 3 AO kommt nicht nur im Verhältnis Gewerbesteuermessbescheid zu Gewerbesteuerbescheid, sondern – wegen § 35 b GewStG – auch im Verhältnis Einkommensteuer-/Körperschaftsteuer-/Gewinnfeststellungsbescheid zu Gewerbesteuermessbescheid in Betracht. ② Die Bindung im Anwendungsbereich des § 35 b GewStG bedeutet aber nicht, dass ein angefochtener Gewerbesteuermessbescheid nicht selbständig ausgesetzt werden kann. 35

H 1.7

H 1.7

Allgemeines. 36

- Sofern über den Antrag auf Aussetzung der Vollziehung nicht in angemessener Frist entschieden werden kann, soll die Gemeinde vom Vorliegen des Antrags unterrichtet werden (→ AEAO zu § 361, Nr. 5.4.1).[2] Von der Entscheidung über den Antrag auf Aussetzung der Vollziehung des Gewerbesteuermessbescheids ist die hebeberechtigte Gemeinde – in Zerlegungsfällen jede der hebeberechtigten Gemeinden – zu unterrichten (→ AEAO zu § 361, Nr. 5.4.3). Über die Sicherheitsleistung entscheiden die Gemeinden, soweit diese für die Festsetzung der Gewerbesteuer zuständig sind.
  Das Finanzamt darf jedoch anordnen, dass die Aussetzung der Vollziehung des Gewerbesteuermessbescheids von keiner Sicherheitsleistung abhängig zu machen ist. Das kann zum Beispiel der Fall sein, wenn der Rechtsbehelf wahrscheinlich erfolgreich sein wird (→ AEAO zu § 361, Nr. 9.2.4). Der Antrag auf Aussetzung der Vollziehung eines Gewerbesteuermessbescheids ist auch dann zulässig, wenn er mit Zweifeln an der Rechtmäßigkeit eines Feststellungsbescheids begründet wird, dessen Änderung gemäß § 35 b GewStG zu einer Änderung des Gewerbesteuermessbescheids führen würde (→ BFH vom 21. 12. 1993 – BStBl. 1994 II S. 300).
- Zur Möglichkeit der Aussetzung der Vollziehung trotz „freiwilliger" Zahlung des Steuerpflichtigen (→ BFH vom 22. 7. 1977 – BStBl. II S. 838).

Bestandskräftiger Gewerbesteuermessbescheid. Wegen der Erstreckung der Aussetzung der Vollziehung auf einen bestandskräftigen Gewerbesteuermessbescheid in Fällen, in denen der Einkommensteuer- oder Körperschaftsteuerbescheid oder ein Feststellungsbescheid angefochten ist (→ BFH vom 23. 8. 1966 – BStBl. III S. 651, vom 31. 1. 1968 – BStBl. II S. 350, vom 6. 7. 1972 – BStBl. II S. 955, vom 8. 8. 1974 – BStBl. II S. 639, vom 27. 1. 1977 – BStBl. II S. 367 und vom 24. 10. 1979 – BStBl. 1980 II S. 104).

Unanfechtbarer Gewerbesteuerbescheid. Das Finanzamt kann über einen Antrag auf Aussetzung der Vollziehung des Gewerbesteuermessbescheids auch dann entscheiden, wenn die Ge-

[1] *Beck-Online:* BeckVerw 079086.
[2] Abgedruckt im „AO-Handbuch".

meinde auf Grund des Gewerbesteuermessbescheids bereits einen Gewerbesteuerbescheid erlassen hat und dieser rechtskräftig ist (→ BFH vom 19. 7. 1960 – BStBl. III S. 393).

R 1.8

R 1.8 Zinsen

37 ① Die Zinsen werden von der hebeberechtigten Gemeinde berechnet, festgesetzt und erhoben, wenn sie die Gewerbesteuer festsetzt und erhebt. ② Das Finanzamt teilt der Gemeinde die für die Berechnung und Festsetzung der Zinsen notwendigen Daten mit.

H 1.8

H 1.8

38 **Verzinsung der Gewerbesteuer.** → §§ 233 ff. AO.[1]

R 1.9

R 1.9 Anzeigepflichten

Eröffnung, Aufgabe oder Verlegung von Betrieben oder Betriebsstätten

39 (1) ① Nach § 138 Abs. 1 und 3 AO und § 14 GewO hat derjenige, der einen gewerblichen Betrieb oder eine Betriebsstätte eröffnet, dies innerhalb eines Monats auf amtlich vorgeschriebenem Vordruck der Gemeinde mitzuteilen, in der der Betrieb oder die Betriebsstätte eröffnet wird. ② Die Gemeinde hat unverzüglich das nach § 22 Abs. 1 AO zuständige Finanzamt zu unterrichten. ③ Irrtümlich dem Finanzamt erstattete Anzeigen nach § 138 Abs. 1 Satz 1 und 4 AO sind an die zuständige Gemeinde weiterzuleiten. ④ Wird der Betrieb oder die Betriebsstätte in einer Gemeinde eröffnet, der die Festsetzung und Erhebung der Gewerbesteuer nicht übertragen worden ist (→ R 1.2 Abs. 2), ist die Anzeige dem zuständigen Betriebsfinanzamt (→ § 22 Abs. 2 AO) zu erstatten. ⑤ Unter „Eröffnung" ist auch die Fortführung eines Betriebs oder einer Betriebsstätte durch den Rechtsnachfolger oder Erwerber zu verstehen. ⑥ Gleiche Anzeigepflicht besteht, wenn ein Betrieb oder eine Betriebsstätte aufgegeben oder verlegt wird.

Folgen der Unterlassung

40 (2) ① Wird die Eröffnung, Aufgabe oder Verlegung eines Betriebs oder einer Betriebsstätte nicht ordnungsmäßig angezeigt, kann das Finanzamt nach § 328 AO Zwangsmittel anwenden. ② Die Anwendung von Zwangsmitteln durch die Gemeinden richtet sich nach den jeweiligen landesrechtlichen Vorschriften.

---

[1] Vgl. auch AEAO zu § 233 a AO, abgedruckt im „AO-Handbuch".

GewStG

§ 2 Steuergegenstand

(1) ① **Der Gewerbesteuer unterliegt jeder stehende Gewerbebetrieb, soweit er im Inland betrieben wird. ② Unter Gewerbebetrieb ist ein gewerbliches Unternehmen im Sinne des Einkommensteuergesetzes zu verstehen.**[1] **③ Im Inland betrieben wird ein Gewerbebetrieb, soweit für ihn im Inland oder auf einem in einem inländischen Schiffsregister eingetragenen Kauffahrteischiff eine Betriebsstätte unterhalten wird.** 1

(2) ① **Als Gewerbebetrieb gilt stets und in vollem Umfang die Tätigkeit der Kapitalgesellschaften (insbesondere Europäische Gesellschaften, Aktiengesellschaften, Kommanditgesellschaften auf Aktien, Gesellschaften mit beschränkter Haftung), Genossenschaften einschließlich Europäischer Genossenschaften sowie der Versicherungs- und Pensionsfondsvereine auf Gegenseitigkeit. ② Ist eine Kapitalgesellschaft Organgesellschaft im Sinne der § 14 oder § 17 des Körperschaftsteuergesetzes, so gilt sie als Betriebsstätte des Organträgers.** 2

(3) **Als Gewerbebetrieb gilt auch die Tätigkeit der sonstigen juristischen Personen des privaten Rechts und der nichtrechtsfähigen Vereine, soweit sie einen wirtschaftlichen Geschäftsbetrieb (ausgenommen Land- und Forstwirtschaft) unterhalten.** 3

(4) **Vorübergehende Unterbrechungen im Betrieb eines Gewerbes, die durch die Art des Betriebs veranlasst sind, heben die Steuerpflicht für die Zeit bis zur Wiederaufnahme des Betriebs nicht auf.** 4

(5)[2] ① **Geht ein Gewerbebetrieb im Ganzen auf einen anderen Unternehmer über, so gilt der Gewerbebetrieb als durch den bisherigen Unternehmer eingestellt. ② Der Gewerbebetrieb gilt als durch den anderen Unternehmer neu gegründet, wenn er nicht mit einem bereits bestehenden Gewerbebetrieb vereinigt wird.** 5

(6) **Inländische Betriebsstätten von Unternehmen, deren Geschäftsleitung sich in einem ausländischen Staat befindet, mit dem kein Abkommen zur Vermeidung der Doppelbesteuerung besteht, unterliegen nicht der Gewerbesteuer, wenn und soweit** 6

1. **die Einkünfte aus diesen Betriebsstätten im Rahmen der beschränkten Einkommensteuerpflicht steuerfrei sind und**
2. **der ausländische Staat Unternehmen, deren Geschäftsleitung sich im Inland befindet, eine entsprechende Befreiung von den der Gewerbesteuer ähnlichen oder ihr entsprechenden Steuern gewährt, oder in dem ausländischen Staat keine der Gewerbesteuer ähnlichen oder ihr entsprechenden Steuern bestehen.**

(7)[3,4] **Zum Inland im Sinne dieses Gesetzes gehört auch der der Bundesrepublik Deutschland zustehende Anteil** 7

1. **an der ausschließlichen Wirtschaftszone, soweit dort**
   a) **die lebenden und nicht lebenden natürlichen Ressourcen der Gewässer über dem Meeresboden, des Meeresbodens und seines Untergrunds erforscht, ausgebeutet, erhalten oder bewirtschaftet werden,**
   b) **andere Tätigkeiten zur wirtschaftlichen Erforschung oder Ausbeutung der ausschließlichen Wirtschaftszone ausgeübt werden, wie beispielsweise die Energieerzeugung aus Wasser, Strömung und Wind oder**
   c) **künstliche Inseln errichtet oder genutzt werden und Anlagen und Bauwerke für die in den Buchstaben a und b genannten Zwecke errichtet oder genutzt werden, und**
2. **am Festlandsockel, soweit dort**
   a) **dessen natürliche Ressourcen erforscht oder ausgebeutet werden; natürliche Ressourcen in diesem Sinne sind die mineralischen und sonstigen nicht lebenden Ressourcen des Meeresbodens und seines Untergrunds sowie die zu den sesshaften Arten gehörenden Lebewesen, die im nutzbaren Stadium entweder unbeweglich auf oder unter dem Meeresboden verbleiben oder sich nur in ständigem körperlichen Kontakt mit dem Meeresboden oder seinem Untergrund fortbewegen können; oder**
   b) **künstliche Inseln errichtet oder genutzt werden und Anlagen und Bauwerke für die in Buchstabe a genannten Zwecke errichtet oder genutzt werden, und**

---

[1] Die früher in § 2 Abs. 2 Nr. 1 enthaltene Steuerpflicht von Personengesellschaften ist nunmehr in § 15 Abs. 3 EStG geregelt. Die Verweise in einigen Anlagen auf den früheren § 2 Abs. 2 Nr. 1 sind daher kursiv gesetzt.

[2] *BFH-Urteil vom 19. 12. 2019 IV R 8/17, BStBl. 2020 II, S. 401:* Ob der bisherige Gewerbebetrieb eingestellt und (ggf.) ein neuer Gewerbebetrieb in Gang gesetzt wird, bestimmt sich danach, ob der „bisherige" und der „neue" Betrieb bei wirtschaftlicher Betrachtung und nach der Verkehrsauffassung identisch sind. Dies richtet sich nach den gleichen Kriterien, die für die Bestimmung der Unternehmensidentität im Rahmen des § 10 a GewStG entwickelt wurden.

Dabei steht die Überführung wesentlicher Betriebsgrundlagen, insbesondere von Wirtschaftsgütern mit erheblichen stillen Reserven, der Einstellung des „bisherigen" Betriebs nicht entgegen.

[3] § 2 Abs. 7 n. F. anzuwenden mWv EZ 2016.

[4] Fassung des neu angefügten § 2 Abs. 8 siehe Geschlossene Wiedergabe.

3. der nicht zur Bundesrepublik Deutschland gehörende Teil eines grenzüberschreitenden Gewerbegebiets, das nach den Vorschriften eines Abkommens zur Vermeidung der Doppelbesteuerung als solches bestimmt ist.

Übersicht

GewStDV

§ 1 *Stehender Gewerbebetrieb*

Stehender Gewerbebetrieb ist jeder Gewerbebetrieb, der kein Reisegewerbebetrieb im Sinne des § 35a Abs. 2 des Gesetzes ist. 11

§ 2 *Betriebe der öffentlichen Hand*

(1) ① Unternehmen von juristischen Personen des öffentlichen Rechts sind gewerbesteuerpflichtig, wenn sie als stehende Gewerbebetriebe anzusehen sind; für den Umfang des Unternehmens ist § 4 Abs. 6 Satz 1 des Körperschaftsteuergesetzes entsprechend anzuwenden. ② Das gilt auch für Unternehmen, die der Versorgung der Bevölkerung mit Wasser, Gas, Elektrizität oder Wärme, dem öffentlichen Verkehr oder dem Hafenbetrieb dienen. 12

(2) ① Unternehmen von juristischen Personen des öffentlichen Rechts, die überwiegend der Ausübung der öffentlichen Gewalt dienen (Hoheitsbetriebe), gehören unbeschadet der Vorschrift des Absatzes 1 Satz 2 nicht zu den Gewerbebetrieben. ② Für die Annahme eines Hoheitsbetriebs reichen Zwangs- oder Monopolrechte nicht aus. 13

§ 3 *(weggefallen)*

§ 4 *Aufgabe, Auflösung und Insolvenz*

(1) Ein Gewerbebetrieb, der aufgegeben oder aufgelöst wird, bleibt Steuergegenstand bis zur Beendigung der Aufgabe oder Abwicklung. 14

(2) Die Gewerbesteuerpflicht wird durch die Eröffnung des Insolvenzverfahrens über das Vermögen des Unternehmers nicht berührt.

§ 5 *Betriebsstätten auf Schiffen*

Ein Gewerbebetrieb wird gewerbesteuerlich insoweit nicht im Inland betrieben, als für ihn eine Betriebsstätte auf einem Kauffahrteischiff unterhalten wird, das im sogenannten regelmäßigen Liniendienst ausschließlich zwischen ausländischen Häfen verkehrt, auch wenn es in einem inländischen Schiffsregister eingetragen ist. 15

§ 6 *Binnen- und Küstenschifffahrtsbetriebe*

Bei Binnen- und Küstenschifffahrtsbetrieben, die feste örtliche Anlagen oder Einrichtungen zur Ausübung des Gewerbes nicht unterhalten, gilt eine Betriebsstätte in dem Ort als vorhanden, der als Heimathafen (Heimatort) im Schiffsregister eingetragen ist. 16

§ 7 *(weggefallen)*

§ 8 *Zusammenfassung mehrerer wirtschaftlicher Geschäftsbetriebe*

Werden von einer sonstigen juristischen Person des privaten Rechts oder einem nichtrechtsfähigen Verein (§ 2 Abs. 3 des Gesetzes) mehrere wirtschaftliche Geschäftsbetriebe unterhalten, so gelten sie als ein einheitlicher Gewerbebetrieb. 17

§ 9 *(weggefallen)*

R 2.1 Gewerbebetrieb

R 2.1

R 2.1 (1)

R 2.1 (1)

Begriff des Gewerbebetriebs

(1) ① Unter Gewerbebetrieb ist ein gewerbliches Unternehmen im Sinne des Einkommensteuergesetzes zu verstehen (→ § 2 Abs. 1 GewStG). ② Für die Begriffsbestimmung des Gewerbebetriebs gilt somit § 15 Abs. 2 EStG. ③ Die Annahme eines Gewerbebetriebs setzt neben der persönlichen Selbständigkeit des Unternehmens auch die sachliche Selbständigkeit des Betriebs voraus. ④ Sachlich selbständig ist ein Unternehmen, wenn es für sich eine wirtschaftliche Einheit bildet, also nicht ein unselbständiger Teil eines anderen Unternehmens oder eines Gesamtunternehmens ist. 21

H 2.1 (1)

H 2.1 (1)

Begriffsmerkmale. Ein Gewerbebetrieb liegt vor, wenn folgende Begriffsmerkmale gegeben sind: 22

1. Selbständigkeit (→ R 15.1 EStR und H 15.1 EStH); → sachliche Selbständigkeit des Betriebs
2. Nachhaltigkeit der Betätigung (→ H 15.2 EStH)
3. Gewinnerzielungsabsicht (→ H 15.3 EStH, H 15.8 (5) EStH)

4. Beteiligung am allgemeinen wirtschaftlichen Verkehr (→ H 15.4 EStH) i.S. einer werbenden Tätigkeit.[1]

Diese Voraussetzungen müssen sämtlich erfüllt sein, um die Gewerbesteuerpflicht zu begründen. Weiterhin darf es sich nicht um Land- und Forstwirtschaft (→ R 13.2 und 15.5 EStR, H 13.2 und 15.5 EStH), um selbständige Arbeit (→ H 15.6 EStH) oder um Vermögensverwaltung (→ R 2.2, R 15.7 EStR und H 15.7 EStH) handeln.

Sachliche Selbständigkeit des Betriebs.
- Organschaft → R 2.3
- Zur Frage ob ein einheitlicher Gewerbebetrieb oder mehrere selbständige Gewerbebetriebe vorliegen → R 2.4.

Stehender Gewerbebetrieb. → § 1 GewStDV.

Zu Beginn und Ende der Steuerpflicht. → R 2.5 bzw. R 2.6.

R 2.1 (2)

R 2.1 (2)

Personengesellschaften

23 (2) Offene Handelsgesellschaften, Kommanditgesellschaften oder andere Personengesellschaften, die eine Tätigkeit im Sinne des § 15 Abs. 1 Satz 1 Nr. 1 EStG ausüben und deren Gesellschafter als Mitunternehmer anzusehen sind, sind Gewerbebetriebe nach § 2 Abs. 1 GewStG.

H 2.1 (2)

H 2.1 (2)

24 **Allgemeines**
- Sowohl eine gewerblich tätige als auch eine gewerblich geprägte Personengesellschaft kann nur einen einzigen Gewerbebetrieb haben, der ihre gesamte Tätigkeit umfasst; → Umfassender Gewerbebetrieb einer Personengesellschaft.
- Personengesellschaften, an denen nur ein Gesellschafter mitunternehmerschaftlich beteiligt ist (hier: sog. Treuhandmodell), unterliegen nicht der Gewerbesteuer (→ BFH vom 3. 2. 2010 – BStBl. II S. 751).

Gewerbesteuerbefreiung. Übt eine Personengesellschaft neben einer freiberuflichen auch eine gewerbliche Tätigkeit aus, so ist die Tätigkeit auch dann infolge der „Abfärberegelung" des § 15 Abs. 3 Nr. 1 EStG insgesamt als gewerblich anzusehen, wenn die gewerbliche Tätigkeit von der Gewerbesteuer befreit ist. Die Gewerbesteuerbefreiung erstreckt sich in solchen Fällen jedoch auch auf die Tätigkeit, die ohne die „Abfärbung" freiberuflich wäre (→ BFH vom 30. 8. 2001 – BStBl. 2002 II S. 152).

Mitunternehmerschaft. → H 15.8 (1) EStH.

Treuhandmodell. → Allgemeines.

Umfassender Gewerbebetrieb einer Personengesellschaft.[2]
- Personengesellschaften gelten auch dann in vollem Umfang als Gewerbebetrieb, wenn sie nur teilweise eine Tätigkeit im Sinne des § 15 Abs. 1 Satz 1 Nr. 1 EStG ausüben **(Abfärberegelung)** → § 15 Abs. 3 Nr. 1 EStG, R 15.8 Abs. 5 EStR und H 15.8 (5) EStH.
- Die Tätigkeit einer gewerblich geprägten Personengesellschaft gemäß § 15 Abs. 3 Nr. 2 EStG gilt als Gewerbebetrieb **(Geprägeregelung).** Demnach gilt auch die vermögensverwaltende Tätigkeit einer gewerblich geprägten Personengesellschaft als Gewerbebetrieb → § 15 Abs. 3 Nr. 2 EStG, R 15.8 Abs. 6 EStR und H 15.8 (6) EStH.

Umqualifizierung der Einkünfte einer vermögensverwaltenden Personengesellschaft. Zur Anwendung des BFH-Urteils vom 6. 10. 2004 – BStBl. 2005 II S. 383 → *BMF vom 18. 5. 2005 – BStBl. I S. 698.*[3]

Zur Frage der „Abfärbung" gem. § 15 Abs. 3 Nr. 1 EStG bei gewerblichen Einkünften eines Gesellschafters in dessen Sonderbereich. → H 15.8 (5) EStH.

Zur Prägung durch andere Personengesellschaften. → H 15.8 (6) EStH.

Zur Prägung durch ausländische Kapitalgesellschaften. → H 15.8 (6) EStH.

---

[1] *BFH-Urteil vom 9. 7. 1986 I R 85/83, BStBl. II S. 851:* Ein ausschließlich für ein Touristikunternehmen tätiger Fremdenführer, der sich selbständig betätigt, nimmt am allgemeinen wirtschaftlichen Verkehr teil.

[2] *BFH-Urteil vom 6. 6. 2019 IV R 30/16, BStBl. 2020 II S. 649:* § 15 Abs. 3 Nr. 1 Alt. 2 EStG ist in einkommensteuerrechtlicher Hinsicht auch ohne Berücksichtigung einer Geringfügigkeitsgrenze, bis zu deren Erreichen die gewerblichen Beteiligungseinkünfte nicht auf die übrigen Einkünfte abfärben, verfassungsgemäß. Nach *GLE v. 16. 10. 2020, BStBl. 2020 I, 1032,* sind die im Urteil zu Ausdruck kommenden gewerbesteuerlichen Grundsätze nicht allgemein anzuwenden.

[3] **[Amtl. Anm.:]** Aufhebung unter dem Aspekt der Normenflut durch BMF-Schreiben zur Anwendung von BMF-Schreiben vom 27. 3. 2012 – BStBl. I S. 370 für Steuertatbestände, die nach dem 31. 12. 2010 verwirklicht werden.

a) Schreiben betr. ertragsteuerliche Beurteilung von ärztlichen Laborleistungen

Anl a zu R 2.1 (2)

Vom 12. Februar 2009 (BStBl. I S. 398)

(BMF IV C 6 – S 2246/08/10001; DOK 2009/0080376)

Im Einvernehmen mit den obersten Finanzbehörden der Länder gilt zur ertragsteuerlichen Beurteilung von ärztlichen Laborleistungen Folgendes:

I. Erbringung von Laborleistungen durch einen niedergelassenen Laborarzt

1 Der Laborarzt erzielt Einkünfte aus freiberuflicher Tätigkeit (§ 18 Abs. 1 Nr. 1 Satz 2 EStG), wenn er – ggf. unter Mithilfe fachlich vorgebildeter Arbeitskräfte – auf Grund der eigenen Fachkenntnisse lei- **25**
tend und eigenverantwortlich tätig wird (sog. Stempeltheorie). Dies ist nach den Umständen des Einzelfalls zu beurteilen. Hierfür sind die Praxisstruktur, die individuelle Leistungskapazität des Arztes, das in der Praxis anfallende Leistungsspektrum und die Qualifikation der Mitarbeiter zu berücksichtigen. Eine leitende und eigenverantwortliche Tätigkeit liegt im Einzelfall z. B. dann nicht vor, wenn die Zahl der vorgebildeten Arbeitskräfte und die Zahl der täglich anfallenden Untersuchungen eine Eigenverantwortlichkeit ausschließen.

II. Erbringung von Laborleistungen durch eine Laborgemeinschaft

1. Definition der Laborgemeinschaft

2 Nach § 25 Abs. 3 des Bundesmantelvertrages-Ärzte (BMV-Ä) ist eine Laborgemeinschaft eine Ge- **26**
meinschaftseinrichtung von Vertragsärzten, welche dem Zweck dient, labormedizinische Analysen in derselben gemeinschaftlich genutzten Betriebsstätte zu erbringen. Die Gesellschaften besitzen aus diesem Grund die für das Labor notwendigen Räume, stellen das Hilfspersonal ein und beschaffen die notwendigen Apparate und Einrichtungen. Die Gesellschafter haben in der Regel gleiche Investitionseinlagen zu leisten und sind am Gesellschaftsvermögen in gleicher Höhe beteiligt.

3 Laborgemeinschaften können in unterschiedlichen Organisationsformen – wie z. B. als Leistungserbringer, als Abrechnungseinheit oder als Laborgemeinschaft mit einer gesonderten Betriebsführungs- oder Laborgesellschaft – tätig werden.

2. Ertragsteuerliche Beurteilung

4 Unabhängig von der jeweiligen Organisationsform kommt es für die ertragsteuerliche Beurteilung auf die Gewinnerzielungsabsicht (§ 15 Abs. 2 EStG) an.

a) Erbringung von Laborleistungen ausschließlich an Mitglieder

5 Bei einer Laborgemeinschaft handelt es sich ertragsteuerlich regelmäßig um eine Kosten-/ **27**
Hilfsgemeinschaft, die lediglich den Gesellschaftszweck „Erlangung wirtschaftlicher Vorteile durch gemeinsame Übernahme von Aufwendungen" verfolgt, d. h., die auf gemeinsame Rechnung getätigten Betriebsausgaben im Einzelnen auf ihre Mitglieder umzulegen. Die Ausgliederung aus der Einzelpraxis erfolgt ausschließlich aus technischen Gründen. Die Laborgemeinschaften sollen lediglich kostendeckend arbeiten, jedoch keinen Gewinn erzielen. Eine Gewinnerzielungsabsicht liegt daher grundsätzlich nicht vor.

6 Ist eine Ärztegemeinschaft an einer lediglich kostendeckend arbeitenden Laborgemeinschaft beteiligt, entsteht keine Mitunternehmerschaft i. S. von § 15 Abs. 1 Satz 1 Nr. 2 EStG, so dass § 15 Abs. 3 Nr. 1 EStG für die gesamte Ärztegemeinschaft nicht anwendbar ist. Die Einnahmen aus einer Laborgemeinschaft oder aus Laborleistungen sind in diesem Fall unmittelbar den Einnahmen aus selbständiger Arbeit der beteiligten Ärzte zuzurechnen.

7 Da die Laborgemeinschaft auf Grund der lediglich kostendeckenden Auftragsabwicklung nicht mit Gewinnerzielungsabsicht tätig wird, ist in diesem Fall eine einheitliche und gesonderte Gewinnfeststellung für die Laborgemeinschaft nicht vorzunehmen. Es sind lediglich die anteiligen Betriebsausgaben gesondert festzustellen. Dies gilt auch für Laborgemeinschaften mit einer großen Zahl von Mitgliedern.

8 Die Änderung der Abrechnungsgrundsätze zwischen der Laborgemeinschaft und der gesetzlichen Krankenversicherung in Folge der Neureglung des § 25 Abs. 3 BMV-Ä ändert an dieser Rechtsauffassung nichts, wenn die Laborgemeinschaft weiterhin lediglich die Kosten gegenüber der gesetzlichen Krankenkasse in der Höhe abrechnet, in der diese ihr tatsächlich entstanden sind (§ 25 Abs. 3 Satz 4 BMV-Ä). Der Gewinn wird in diesem Fall weiterhin ausschließlich durch die einzelnen Mitglieder im Rahmen ihrer jeweiligen ärztlichen Tätigkeit erwirtschaftet.

9 Sind an einer Laborgemeinschaft, die nicht mit Gewinnerzielungsabsicht tätig wird, auch niedergelassene Laborärzte beteiligt, ist eine Umqualifizierung der Einkünfte erst auf der Ebene des niedergelassenen Laborarztes nach den oben dargestellten Grundsätzen zu prüfen.

10 Erzielt die Laborgemeinschaft hingegen Gewinne, stellt diese keine Kosten-/Hilfsgemeinschaft mehr im oben genannten Sinne, sondern eine Mitunternehmerschaft nach § 15 Abs. 1 Satz 1 Nr. 2 EStG i. V. m. § 18 Abs. 4 Satz 2 EStG dar. Für die Prüfung, ob die Laborgemeinschaft in diesem Fall gewerbliche (§ 15 EStG) oder freiberufliche (§ 18 EStG) Einkünfte erzielt, gelten die unter I. dargestellten Grundsätze entsprechend. Danach ist zu prüfen, ob unter Berücksichtigung der Zahl der Angestellten und der durchgeführten Untersuchungen eine eigenverantwortliche Tätigkeit der an der Laborgemeinschaft beteiligten Ärzte noch gegeben ist. Ist dies zu bejahen und sind nur selbständig tätige Ärzte an der Laborgemeinschaft beteiligt, erzielen sie Einkünfte aus ärztlicher Tätigkeit gemäß

§ 18 Abs. 1 Nr. 1 Satz 2 EStG. Ist dies zu verneinen und/oder sind nicht nur selbständig tätige Ärzte an der Laborgemeinschaft beteiligt, sind die gesamten Einkünfte der Laborgemeinschaft als Einkünfte aus Gewerbebetrieb gemäß § 15 Abs. 1 Satz 1 Nr. 2 EStG zu behandeln. Wegen der Regelung des § 15 Abs. 3 Nr. 1, 2. Alternative EStG schlägt diese Behandlung dann auch auf die Einkünftequalifizierung der beteiligten Ärztegemeinschaften durch (Abfärbung bei sog. „Beteiligungseinkünften").

b) Erbringung von Laborleistungen an Nichtmitglieder

28 **11** Erbringt die Laborgemeinschaft auch Laboruntersuchungen für Nichtmitglieder, ist wie bei den niedergelassenen Laborärzten zu prüfen, ob unter Berücksichtigung der Zahl der Angestellten und durchgeführten Untersuchungen eine eigenverantwortliche Tätigkeit der Laborgemeinschaft noch gegeben ist.

III. Anwendungszeitraum

12 Dieses Schreiben ersetzt das BMF-Schreiben vom 31. Januar 2003 (BStBl. I S. 170). Es gilt für Veranlagungszeiträume ab 2008.

Anl b zu R 2.1 (2)

b) Schreiben betr. steuerrechtliche Behandlung des Verkaufs von Kontaktlinsen nebst Pflegemitteln, von Mundhygieneartikeln sowie von Tierarzneimitteln durch ärztliche Gemeinschaftspraxen

Vom 14. Mai 1997 (BStBl. I S. 566)

(BMF IV B 4 – S 2246 – 23/97)

Die selbständig ausgeübte Tätigkeit als Arzt ist eine freiberufliche Tätigkeit im Sinne des § 18 Abs. 1 Nr. 1 EStG. Zu der Frage, ob Einnahmen einer ärztlichen Gemeinschaftspraxis aus der Anpassung und dem Verkauf von Kontaktlinsen, aus dem Verkauf von Pflegemitteln bei Augenärzten, Artikeln zur Mundhygiene bzw. Mundpflege bei Zahnärzten oder Tierarzneimitteln bei Tierärzten zu den Einnahmen aus der freiberuflichen Tätigkeit gehören, wird unter Bezugnahme auf das Ergebnis der Erörterungen mit den obersten Finanzbehörden der Länder wie folgt Stellung genommen:

29 1. Die Honorare, die ein Augenarzt für das Anpassen von Kontaktlinsen nach einer augenärztlichen Untersuchung erhält, sind den Einnahmen aus der freiberuflichen Tätigkeit zuzuordnen.

30 2. Der Verkauf von Kontaktlinsen, Pflegemitteln durch Augenärzte, Artikeln zur Mundhygiene bzw. Mundpflege durch Zahnärzte oder Tierarzneimitteln durch Tierärzte ist keine Ausübung der Heilkunde. Die Einnahmen des Arztes hieraus sind deshalb als Einnahmen aus Gewerbebetrieb (§ 15 EStG) zu behandeln.

31 3. Erzielt eine ärztliche Gemeinschaftspraxis auch Einnahmen aus einer gewerblichen Tätigkeit, gelten die Einkünfte der ärztlichen Gemeinschaftspraxis in vollem Umfang als Einkünfte aus Gewerbebetrieb (sog. Abfärberegelung: § 15 Abs. 3 Nr. 1 EStG). Der Verkauf der in Nr. 2 bezeichneten Gegenstände durch eine ärztliche Gemeinschaftspraxis führt also dazu, daß auch die Einnahmen aus der ärztlichen Tätigkeit als Einnahmen aus Gewerbebetrieb zu behandeln sind.

32 4.[1] Wird die Beschaffung und der Verkauf der in Nr. 2 bezeichneten Gegenstände jedoch durch eine andere Gesellschaft des bürgerlichen Rechts vorgenommen, tritt die Folge einer Abfärbung nicht ein, und zwar selbst dann nicht, wenn ganz oder teilweise die gleichen Personen an der ärztlichen Gemeinschaftspraxis und der Gesellschaft bürgerlichen Rechts beteiligt sind (BFH vom 8. Dezember 1994 – BStBl. 1996 II S. 264). Die Abfärberegelung ist nämlich auf die ansonsten freiberuflich tätige ärztliche Gemeinschaftspraxis dann nicht anzuwenden, wenn die Beteiligung an der gewerblich tätigen Gesellschaft von einem, mehreren oder allen Gesellschaftern der ärztlichen Gemeinschaftspraxis persönlich oder von einer Schwestergesellschaft der ärztlichen Gemeinschaftspraxis gehalten wird (vgl. BMF vom 13. Mai 1996 – BStBl. I S. 621).
Die Tätigkeit der gewerblichen Gesellschaft bürgerlichen Rechts muß sich eindeutig von der Tätigkeit der ärztlichen Gemeinschaftspraxis abgrenzen lassen. Dies setzt voraus:
a) Der Gesellschaftsvertrag muß so gestaltet sein, daß die Gesellschaft wirtschaftlich, organisatorisch und finanziell von der ärztlichen Gemeinschaftspraxis unabhängig ist.
b) Es sind getrennte Aufzeichnungen oder Bücher zu führen, besondere Bank- und Kassenkonten einzurichten sowie eigene Rechnungsformulare zu verwenden.
c) Die in Nr. 2 bezeichneten Gegenstände sind getrennt vom Betriebsvermögen der ärztlichen Gemeinschaftspraxis zu lagern. Überwiegend im Zusammenhang mit der Abgabe der in Nr. 2 bezeichneten Gegenstände genutzte Wirtschaftsgüter gehören zum Betriebsvermögen der gewerblichen Gesellschaft bürgerlichen Rechts.

33 5. Überläßt die ärztliche Gemeinschaftspraxis der gewerblichen Gesellschaft bürgerlichen Rechts für deren Zwecke Personal, Räume oder Einrichtungen usw. gegen Aufwendungsersatz, führt dies bei der

---

[1] *BFH-Urteil vom 1. 2. 1979 IV R 113/76, BStBl. II S. 574:* Ein Tierarzt, der aus seiner tierärztlichen Hausapotheke gegen Entgelt Medikamente oder Impfstoffe an die Halter der von ihm behandelten Tiere abgibt, wird grundsätzlich nicht in Ausübung freiberuflicher tierärztlicher Tätigkeit i. S. des § 18 Abs. 1 Nr. 1 EStG, sondern gewerblich tätig. Betreiben Tierärzte eine Praxisgemeinschaft in Form einer Gesellschaft bürgerlichen Rechts, so ist die gesamte Tätigkeit der Gesellschaft als gewerblich zu beurteilen, wenn die in ihr zusammengeschlossenen Gesellschafter teilweise gewerblich tätig sind. – *Anm. d. Red.:* Vgl. aber *BFH-Urteil vom 11. 8. 1999 XI R 12/98, BStBl. 2000 II S. 229* sowie H 15.8 Abs. 5 EStH, wonach die Abfärbetheorie nicht bei äußerst geringfügigen gewerblichen Einkünften greift (im entschiedenen Fall: Anteil von 1,25% gewerblicher an freiberuflicher Tätigkeit).

ärztlichen Gemeinschaftspraxis mangels Gewinnerzielungsabsicht nicht zu Einkünften aus Gewerbebetrieb. Kann die Höhe dieser Aufwendungen nicht nach dem Verursacherprinzip ermittelt werden, ist es nicht zu beanstanden, wenn sie entsprechend dem Verhältnis der Umsätze beider Gesellschaften zueinander oder nach einem entsprechenden Schlüssel geschätzt werden und der geschätzte Betrag der ärztlichen Gemeinschaftspraxis erstattet wird. Die ärztliche Gemeinschaftspraxis hat einen Aufwendungsersatz durch die Gesellschaft bürgerlichen Rechts im Rahmen ihrer Einkünfte aus selbständiger Arbeit zu erfassen.

Dieses Schreiben tritt an die Stelle des BMF-Schreibens vom 19. Oktober 1984 (BStBl. I S. 588).

R 2.1 (3)

R 2.1 (3)

Reisegewerbebetrieb

(3) ① Beim Zusammentreffen von Reisegewerbe mit stehendem Gewerbe ist für die gewerbesteuerliche Behandlung wesentlich, ob ein einheitlicher Gewerbebetrieb oder zwei selbständige Betriebe bestehen. ② Ist ein einheitlicher Betrieb gegeben, ist dieser in vollem Umfang als stehendes Gewerbe zu behandeln (→ § 35 a Abs. 2 Satz 2 GewStG). 34

H 2.1 (3)

H 2.1 (3)

Allgemeines. Wird im Rahmen eines einheitlichen Gewerbebetriebs sowohl ein stehendes Gewerbe als auch ein Reisegewerbe betrieben und ist der Betrieb somit in vollem Umfang als stehendes Gewerbe zu behandeln, kommen die besonderen Bestimmungen zu Reisegewerbebetrieben (→ § 35 a GewStG) nicht zur Anwendung. 35

Begriff des Reisegewerbebetriebs. → § 2 Abs. 1 Satz 2 i. V. m. § 35 a Abs. 2 GewStG, R 35 a.1.

Einheitlicher Gewerbebetrieb. Die Beurteilung, ob ein einheitlicher Gewerbebetrieb oder mehrere selbständige Gewerbebetriebe vorliegen, richtet sich nach den allgemeinen Grundsätzen; → R 2.4.

Hebeberechtigung. → § 35 a Abs. 3 GewStG.

R 2.1 (4)

R 2.1 (4)

Gewerbebetrieb kraft Rechtsform

(4) ① Nach § 2 Abs. 2 GewStG gilt die Tätigkeit der Kapitalgesellschaften (insbesondere Europäische Gesellschaften, Aktiengesellschaften, Kommanditgesellschaften auf Aktien, Gesellschaften mit beschränkter Haftung), der Genossenschaften einschließlich Europäischer Genossenschaften und der Versicherungs- und Pensionsfondsvereine auf Gegenseitigkeit stets und in vollem Umfang als Gewerbebetrieb. ② Bei Unternehmen mit Sitz (→ § 11 AO) und Geschäftsleitung (→ § 10 AO) im Ausland bestimmt sich die Rechtsfähigkeit im Inland ausschließlich nach dem Recht des jeweiligen ausländischen Staates. ③ Befindet sich die Geschäftsleitung im Inland, erlangt das ausländische Unternehmen die → Rechtsfähigkeit im Inland erst mit Eintragung in das jeweilige deutsche Register. ④ Abweichend hiervon sind die nach dem Recht eines anderen EU-Staates gegründeten Gesellschaften mit Geschäftsleitung im Inland sog. → doppelt ansässige Gesellschaften auch ohne Eintragung in ein deutsches Register im Inland voll rechtsfähig. ⑤ Ist das Unternehmen im Inland nicht rechtsfähig, ist ein Gewerbebetrieb unter den Voraussetzungen des § 2 Abs. 1 Satz 2 GewStG oder § 2 Abs. 3 GewStG gegeben. 36

H 2.1 (4)

H 2.1 (4)

Allgemeines. Bei den in § 2 Abs. 2 GewStG genannten Unternehmen ist die Gewerbesteuerpflicht nur an die Rechtsform geknüpft mit der Folge, dass nicht nur eine gewerbliche Tätigkeit, sondern jegliche Tätigkeit überhaupt die Gewerbesteuerpflicht auslöst (→ RFH vom 13. 12. 1938 – RStBl. 1939 S. 543 und BFH vom 13. 12. 1960 – BStBl. 1961 III S. 66, vom 13. 11. 1962 – BStBl. 1963 III S. 69, vom 20. 10. 1976 – BStBl. 1977 II S. 10, vom 8. 6. 1977 – BStBl. II S. 668 und vom 22. 8. 1990 – BStBl. 1991 II S. 250).[1] 37

Gewerbesteuerpflicht ausländischer Kapitalgesellschaften. Die Vorschrift in § 2 Abs. 2 GewStG gilt auch für ausländische Unternehmen, die im Inland eine Betriebsstätte unterhalten, in ihrer Rechtsform einem inländischen Unternehmen der in § 2 Abs. 2 GewStG bezeichneten Art entsprechen und im Inland rechtsfähig sind (→ RFH vom 4. 4. 1939 – RStBl. S. 854 und BFH vom 28. 3. 1979 – BStBl. II S. 447 und vom 28. 7. 1982 – BStBl. 1983 II S. 77).

Gewerbesteuerpflicht kraft Rechtsform.

– **Doppelt ansässige Gesellschaften in EU-Staaten.** → Gleich lautende Erlasse der obersten Finanzbehörden der Länder vom 20. 5. 2005 – BStBl. I S. 727 mit Übergangsregelung und R 2.1 Abs. 4 Satz 4.

---

[1] Zur GewSt-Pflicht der Partnerschaftsgesellschaft mbH vgl. *OFD NRW vom 12. 12. 2013, DB 2014 S. 214,* abgedruckt als Anl a zu R 2.1 (4).

– **Rechtsfähigkeit bei in Drittstaaten gegründeten Gesellschaften mit inländischer Geschäftsleitung.** Eine nach dem Recht eines Drittstaates gegründete ausländische Gesellschaft mit inländischer Geschäftsleitung erlangt im Inland erst mit der Eintragung ins Handelsregister die Rechtsfähigkeit (→ BFH vom 23. 6. 1992 – BStBl. II S. 972).
– **Verfassungsmäßigkeit.**[1] An der Verfassungsmäßigkeit der Gewerbesteuerpflicht kraft Rechtsform gemäß § 2 Abs. 2 Satz 1 GewStG bestehen keine ernstlichen Zweifel. Dies gilt auch für die Gewerbesteuerpflicht einer Mitunternehmerschaft, an der neben freiberuflich tätigen Mitunternehmern eine Kapitalgesellschaft beteiligt ist, deren Gesellschafter und (hier) Geschäftsführer wiederum sämtlich freiberuflich tätig sind (→ BFH vom 3. 12. 2003 – BStBl. 2004 II S. 303).

Zum Begriff der Betriebsstätte. → R 2.9.

Anl a zu R 2.1 (4)

a) Verfügung betr. Partnerschaftsgesellschaft mit beschränkter Berufshaftung

Vom 12. Dezember 2013 (DStR 2014 S. 703)

(OFD NRW Kurzinformation ESt Nr. 30/2013)

38 Durch das Gesetz zur Einführung einer Partnerschaftsgesellschaft mit beschränkter Berufshaftung und zur Änderung des Berufsrechts der Rechtsanwälte, Patentanwälte, Steuerberater und Wirtschaftsprüfer vom 15. 7. 2013 (vgl. BGBl. I 2013 S. 2386 sowie Beschlussempfehlung und Bericht – BT-Drucks. 17/13 944 zum Gesetzesentwurf BT-Drucks. 17/10 487) wurde geregelt, dass sich bisher nach PartGG geregelte Zusammenschlüsse von Freiberuflern zwecks gemeinsamer Berufsausübung (§ 1 Abs. 1 PartGG) nunmehr in eine Partnerschaftsgesellschaft mbB (PartGmbH) umbenennen bzw. diese neu gründen können. Fraglich war in diesem Zusammenhang, ob durch die Haftungsbeschränkung die beruflichen Zusammenschlüsse gewerblich tätig werden und somit eine GewSt-Pflicht besteht.

39 Nach dem Beschluss der obersten Finanzbehörden des Bundes und der Länder führt die Beschränkung der Berufshaftung nicht dazu, dass die Partnerschaftsgesellschaft (§ 1 Abs. 1 PartGG) kraft Rechtsform der GewSt-Pflicht unterliegt. Die Partnerschaftsgesellschaft mbB ist eine PersGes., auf die nach § 1 Abs. 4 PartGG grds. die Regelungen über die Gesellschaft bürgerlichen Rechts (§§ 705 ff. BGB) Anwendung finden. Als PersGes. ist die Partnerschaftsgesellschaft selbst nicht Steuerrechtssubjekt. Vielmehr erzielen die Gesellschafter in ihrer mitunternehmerischen Verbundenheit gemeinschaftlich Einkünfte, die ihnen nach dem sog. Transparenzprinzip als originäre eigene Einkünfte unmittelbar zuzurechnen sind (§ 18 Abs. 4 Satz 2 i. V. mit § 15 Abs. 1 Satz 1 Nr. 2 EStG).

40 Die Annahme einer Gewerblichkeit nach § 15 Abs. 3 EStG bleibt jedoch unberührt. So führen im Rahmen der Gesellschaft auch geringfügig ausgeübte gewerbliche Tätigkeiten zu einer Infizierung der freiberuflichen Tätigkeit nach § 15 Abs. 3 Nr. 1 EStG (vgl. BFH-Urteil vom 11. 8. 1999 – XI R 12/98, BStBl. II 2000 S. 229). Beteiligen sich berufsfremde Personen an der Gesellschaft oder erfüllennicht sämtliche Gesellschafter der Partnerschaftsgesellschaft die erforderlichen Merkmale der Freiberuflichkeit, erzielt die Gesellschaft ebenfalls keine Einkünfte aus freiberuflicher Tätigkeit. Als berufsfremde wird z. B. in der Freiberufler-GmbH & Co. KG auch die mitunternehmerische Beteiligung der Komplementär-GmbH angesehen (BFH-Urteile vom 3. 12. 2003 – IV B 192/03, BStBl. II 2004 S. 303 = DB 2004 S. 465 und vom 10. 10. 2012 – VIII R 42/10, BStBl. II 2013 S. 79 = DB 2012 S. 2848).

Inwieweit die Verlustausgleichs- und -abzugsbeschränkung nach § 15 a EStG auch auf die PartGmbB anzuwenden ist, wird derzeit geprüft.

Anl b zu R 2.1 (4)

b) Erlass betr. Gewerbesteuerpflicht bei doppelt ansässigen Gesellschaften (§ 2 Abs. 2 GewStG); Auswirkungen der Rechtsprechung des EuGH zur Niederlassungsfreiheit vom 9. März 1999 – Rs. C-212/97 (NJW 1999 S. 2027) – und vom 5. November 2002 – Rs. C-208/00 (NJW 2002 S. 3614) – auf *Abschn. 13 Abs. 2 Satz 4 GewStR*

Vom 20. Mai 2005 (BStBl. I S. 727)

(Gleich lautender Ländererlass)

(letztmals abgedruckt im Handbuch zur GewSt-Veranlagung 2016)

R 2.1 (5)

R 2.1 (5)

Gewerbebetrieb kraft wirtschaftlichen Geschäftsbetriebs

42 (5) ①Die juristischen Personen des privaten Rechts, die nicht bereits in § 2 Abs. 2 Satz 1 GewStG aufgeführt sind, und die nichtrechtsfähigen Vereine unterliegen der Gewerbesteuer, soweit sie einen wirtschaftlichen Geschäftsbetrieb unterhalten. ②Durch § 2 Abs. 3 GewStG wird die Gewerbesteuerpflicht erweitert und auf wirtschaftliche Geschäftsbetriebe ausgedehnt, die keinen Gewerbebetrieb im Sinne des § 2 Abs. 1 GewStG bilden. ③Soweit keine Einschränkung besteht, umfasst der Begriff des wirtschaftlichen Geschäftsbetriebs ohne Unterscheidung den

[1] Zur GewSt-Pflicht einer Wirtschaftsprüfungsgesellschaft *vgl. BFH-Urteil vom 27. 4. 2009 I R 76/03, BFH/NV 2010 S. 1118;* die dagegen eingelegte Vb. hat das *BVerfG mit Beschluss vom 24. 3. 2010 1 BvR 2130/09, NJW S. 2116,* nicht zur Entscheidung angenommen.

Gewerbebetrieb, den land- und forstwirtschaftlichen Betrieb und den sonstigen wirtschaftlichen Geschäftsbetrieb. ④ Durch § 2 Abs. 3 und § 3 Nr. 6 GewStG wird die Land- und Forstwirtschaft im Rahmen eines wirtschaftlichen Geschäftsbetriebs ausdrücklich von der Gewerbesteuerpflicht ausgenommen. ⑤ Bewirtschaftet z. B. eine rechtsfähige Stiftung landwirtschaftlichen Grundbesitz oder Forstbesitz, ist dieser Betrieb nicht gewerbesteuerpflichtig. ⑥ Im Gegensatz zum Begriff des Gewerbebetriebs gehören weder die Gewinnerzielungsabsicht noch die Teilnahme am allgemeinen wirtschaftlichen Verkehr zu den Voraussetzungen des wirtschaftlichen Geschäftsbetriebs. ⑦ Betätigungen, wie z. B. der Betrieb einer Kantine, eines Kasinos, einer Druckerei, eines Kreditinstituts, eines Versicherungsunternehmens, die Herausgabe einer Zeitschrift oder die Erhebung von Eintrittsgeld bei Veranstaltung einer Festlichkeit, gehen über den Rahmen einer Vermögensverwaltung hinaus und gelten demgemäß stets als Gewerbebetrieb im Sinne des § 2 Abs. 3 GewStG, wenn sie nicht bereits einen Gewerbebetrieb im Sinne des § 2 Abs. 1 GewStG bilden. ⑧ Dagegen geht die Betätigung von Unterstützungskassen, die den Leistungsempfängern keinen Rechtsanspruch gewähren, im Regelfall nicht über den Rahmen einer Vermögensverwaltung hinaus.

H 2.1 (5)

H 2.1 (5)

Begriff des wirtschaftlichen Geschäftsbetriebs. → § 14 AO. 43

Beschränkung der Gewerbesteuerpflicht auf den wirtschaftlichen Geschäftsbetrieb. Im Gegensatz zu den Gewerbebetrieben kraft Rechtsform (→ R 2.1 Abs. 4) beschränkt sich die Gewerbesteuerpflicht bei den in § 2 Abs. 3 GewStG bezeichneten Steuerpflichtigen auf den wirtschaftlichen Geschäftsbetrieb. Unterhält z. B. ein Verein einen wirtschaftlichen Geschäftsbetrieb und verwaltet er daneben noch Vermögen, das mit dem wirtschaftlichen Geschäftsbetrieb nicht im Zusammenhang steht, kann die Gewerbesteuerpflicht auch dann nicht auf die Vermögensverwaltung erstreckt werden, wenn sie gleich dem wirtschaftlichen Geschäftsbetrieb der Erfüllung des Satzungszwecks des Vereins dient (→ RFH vom 13. 12. 1938 – RStBl. 1939 S. 330).

Gewerbesteuerpflicht nichtrechtsfähiger Stiftungen und nichtrechtsfähiger Zweckvermögen. Die Gewerbesteuerpflicht nach § 2 Abs. 3 GewStG besteht nur für juristische Personen des privaten Rechts und nichtrechtsfähige Vereine. Nichtrechtsfähige Stiftungen und nichtrechtsfähige Zweckvermögen des Privatrechts begründen daher nur unter den Voraussetzungen des § 2 Abs. 1 Satz 2 GewStG i. V. m. § 15 Abs. 2 EStG einen Gewerbebetrieb (→ RFH vom 9. 11. 1943 – RStBl. 1944 S. 131).

Umfang des Gewerbebetriebs. Die nach § 2 Abs. 3 GewStG steuerpflichtigen Tätigkeiten bilden stets einen einheitlichen Gewerbebetrieb. Dies gilt auch, wenn mehrere wirtschaftliche Geschäftsbetriebe unterhalten werden (→ § 8 GewStDV).

Verpachtung eines wirtschaftlichen Geschäftsbetriebs. Die Grundsätze der Betriebsverpachtung (→ R 2.2) gelten auf Grund der Fiktion des Gewerbebetriebs nach § 2 Abs. 3 GewStG nur eingeschränkt. So bedarf es zur Annahme eines Gewerbebetriebs durch Unterhaltung eines wirtschaftlichen Geschäftsbetriebs insbesondere keiner Teilnahme am allgemeinen wirtschaftlichen Verkehr i. S. einer werbenden Tätigkeit. Verpachtet eine gemeinnützige Körperschaft einen zuvor von ihr selbst betriebenen wirtschaftlichen Geschäftsbetrieb, unterliegt sie mit den Pachteinnahmen solange der Körperschaft- und Gewerbesteuer, bis sie die Betriebsaufgabe erklärt. Überschreiten die Pachteinnahmen die Besteuerungsgrenze des § 64 Abs. 3 AO nicht, sind bei ihr die Pachtentgelte allerdings nicht zur Gewerbesteuer heranzuziehen (→ BFH vom 4. 4. 2007 – BStBl. II S. 725).

Zur Anwendung der Besteuerungsgrenze des § 64 Abs. 3 AO. → AEAO zu § 64 Abs. 3 AO, Nr. 15 bis 24.

R 2.1 (6)

R 2.1 (6)

Betriebe der öffentlichen Hand

(6) ① Betriebe der öffentlichen Hand sind gewerbesteuerpflichtig, wenn sie die Voraussetzungen eines Betriebs gewerblicher Art (→ § 4 KStG und *R 6 KStR*[1]) und eines Gewerbebetriebs (→ § 15 Abs. 2 EStG) erfüllen. ② Mit Kantinen, die nur für die Angehörigen eines Betriebs eingerichtet und zugänglich sind, wird mangels einer Beteiligung am allgemeinen wirtschaftlichen Verkehr kein Gewerbebetrieb unterhalten. ③ Sind nach Maßgabe des § 4 Abs. 6 Satz 1 KStG mehrere Betriebe zusammengefasst worden, kommt es für die Annahme eines Gewerbebetriebs darauf an, dass das zusammengefasste Unternehmen insgesamt mit Gewinnerzielungsabsicht betrieben wird. 44

---

[1] Jetzt R 4.1 KStR.

H 2.1 (6)

H 2.1 (6)

45 **Anwendungsfragen zu den Regelungen im Jahressteuergesetz 2009 zur Besteuerung von Betrieben gewerblicher Art und Eigengesellschaften von juristischen Personen des öffentlichen Rechts.** → BMF vom 12. 11. 2009 – BStBl. I S. 1303 (Rdnr. 95 ff.).[1]

Beteiligung am allgemeinen wirtschaftlichen Verkehr.
- → H 2.1 (1).
- Betriebe der öffentlichen Hand, die überwiegend der Ausübung der öffentlichen Gewalt dienen **(Hoheitsbetriebe),** gehören mit Ausnahme der Versorgungsbetriebe mangels einer Beteiligung am allgemeinen wirtschaftlichen Verkehr nicht zu den Gewerbebetrieben (→ § 2 Abs. 2 GewStDV und H 2.1 (1)).

Gewinnerzielungsabsicht. Ob Gewinnerzielungsabsicht (→ H 15.3 EStH) vorliegt, muss bei ständig mit Verlusten arbeitenden Eigenbetrieben von juristischen Personen des öffentlichen Rechts im Einzelfall unter Abwägung aller Umstände geprüft werden (→ BFH vom 28. 10. 1970 – BStBl. 1971 II S. 247, vom 15. 12. 1976 – BStBl. 1977 II S. 250 und vom 22. 8. 1984 – BStBl. 1985 II S. 61).

Steuerbefreiung von Krankenhäusern, Altenheimen, Altenwohnheimen und Pflegeheimen. → R 3.20.

Verpachtung von Gewerbebetrieben der öffentlichen Hand. → R 2.2.

R 2.2

R 2.2 Betriebsverpachtung

48 ① Die Verpachtung eines Gewerbebetriebs im Ganzen oder eines Teilbetriebs ist grundsätzlich nicht als Gewerbebetrieb anzusehen und unterliegt daher regelmäßig nicht der Gewerbesteuer. ② Die Pachteinnahmen gehören zwar, solange der Verpächter nicht die Betriebsaufgabe erklärt, einkommensteuerlich zu den Einkünften aus Gewerbebetrieb, sie unterliegen jedoch nicht mehr der Gewerbesteuer. ③ Deshalb muss für das Wirtschaftsjahr, in dem die Verpachtung beginnt, der auf die Zeit bis zum Pachtbeginn entfallende Gewinn für die Gewerbesteuer besonders ermittelt werden. ④ Für diese Gewinnermittlung gelten die allgemeinen Grundsätze. ⑤ Aus Vereinfachungsgründen ist es jedoch nicht zu beanstanden, wenn der Gewinn des Wirtschaftsjahrs, in dem die Verpachtung beginnt, durch Schätzung auf die Zeiträume vor und nach Pachtbeginn aufgeteilt wird. ⑥ Dabei kann z. B. der Gewinn des Wirtschaftsjahrs im Verhältnis des in der Zeit bis zum Pachtbeginn erzielten Bruttogewinns (Warenrohgewinn) zur Pachteinnahme aufgeteilt werden. ⑦ Entsprechendes gilt für die Hinzurechnungen und Kürzungen. ⑧ Ist der Gewinn vor der Verpachtung nach § 4 Abs. 3 EStG ermittelt worden, ist für die Ermittlung des Gewerbeertrags bis zum Pachtbeginn für diesen Zeitpunkt der Übergang zum Vermögensvergleich zu unterstellen.

H 2.2

H 2.2

49 **Allgemeines.**
- Entgegen den Regeln der Einkommensteuer wird der Gewerbebetrieb gewerbesteuerrechtlich bereits mit seiner Verpachtung (Einstellung einer werbenden Tätigkeit) beendet. Die Ausübung des Verpächterwahlrechts (→ H 16 Abs. 5 EStH) hat demnach hierauf keinen Einfluss.
- **Zum Erlöschen der Gewerbesteuerpflicht.** → R 2.6.
- **Steuerpflichtiger Aufgabegewinn.** → § 7 Satz 2 GewStG.

Verpachtung eines Betriebs im Ganzen oder eines Teilbetriebs als Gewerbebetrieb. Die Verpachtung eines Betriebs im Ganzen oder eines Teilbetriebs erfolgt dann im Rahmen eines der Gewerbesteuer unterliegenden Gewerbebetriebs, wenn die Verpachtung selbst nicht als bloße Vermögensverwaltung anzusehen ist. Danach ist die Verpachtung in folgenden Fällen als Gewerbebetrieb anzusehen:
- **Betriebsaufspaltung** → H 15.7 (4) EStH;
- **mitunternehmerische Betriebsverpachtung** → § 15 Abs. 1 Satz 1 Nr. 2 EStG;
- **Einheitliche Behandlung einer nur teilweise gewerblich tätigen Personengesellschaft** → § 15 Abs. 3 Nr. 1 EStG;
- **gewerblich geprägte Personengesellschaft** → § 15 Abs. 3 Nr. 2 EStG.

Wechsel der Gewinnermittlungsart.
- Die aufgrund des Wechsels der Gewinnermittlungsart erforderlichen Hinzu- und Abrechnungen (→ R 4.6 Abs. 1 EStR) gehören zum laufenden Gewinn und sind deshalb bei der Ermittlung des Gewerbeertrags zu berücksichtigen (→ BFH vom 23. 11. 1961 – BStBl. 1962 III S. 199 und vom 24. 10. 1972 – BStBl. 1973 II S. 233).
- → R 7.1 Abs. 3 Satz 6.

---

[1] Abgedruckt als Anlage zu H 4.1 im „Handbuch zur KSt-Veranlagung".

R 2.3 Organschaft R 2.3

R 2.3 (1) R 2.3 (1)

Allgemeines

(1) ①Die Voraussetzungen für das Vorliegen einer Organschaft im Gewerbesteuerrecht stimmen mit den Voraussetzungen der körperschaftsteuerlichen Organschaft überein. ②Die Organgesellschaft gilt im Gewerbesteuerrecht als Betriebsstätte des Organträgers (→ § 2 Abs. 2 Satz 2 GewStG). ③Diese Betriebsstättenfiktion führt jedoch nicht dazu, dass Organträger und Organgesellschaft als einheitliches Unternehmen anzusehen sind. ④Es liegen vielmehr weiterhin selbständige Gewerbebetriebe vor, deren Gewerbeerträge getrennt zu ermitteln sind. ⑤Die Begründung eines Organschaftsverhältnisses bewirkt nicht die Beendigung der sachlichen Steuerpflicht der jetzigen Organgesellschaft; durch die Beendigung eines Organschaftsverhältnisses wird die sachliche Steuerpflicht der bisherigen Organgesellschaft nicht neu begründet. ⑥Für die Anerkennung einer Organschaft ist es nicht erforderlich, dass die eingegliederte Kapitalgesellschaft gewerblich tätig ist. 50

H 2.3 (1) H 2.3 (1)

Allgemeine Grundsätze. 51
- Körperschaftsteuerliche und gewerbesteuerliche Organschaft unter Berücksichtigung der Änderungen durch das Steuersenkungsgesetz (StSenkG) und das Unternehmenssteuerfortentwicklungsgesetz (UntStFG); → BMF vom 26. 8. 2003 – BStBl. I S. 437; → R 14.1 bis 14.5 KStR und H 14.1 bis 14.5 KStH.[1]
- Änderungen bei der Besteuerung steuerlicher Organschaften durch das Steuervergünstigungsabbaugesetz (StVergAbG); → BMF vom 10. 11. 2005 – BStBl. I S. 1038.

Ausländische Kapitalgesellschaft als Organgesellschaft. Eine ausländische Kapitalgesellschaft kann nicht Organgesellschaft sein, selbst wenn sie im Inland einen Gewerbebetrieb unterhält.

Ermittlung des Gewerbeertrags von Organträger und Organgesellschaft.
- Der Gewerbeertrag der Organgesellschaft ist getrennt zu ermitteln und dem Organträger zur Berechnung seines Gerwerbesteuermessbetrags zuzurechnen (→ BFH vom 6. 10. 1953 – BStBl. III S. 329, vom 29. 5. 1968 – BStBl. II S. 807, vom 30. 7. 1969 – BStBl. II S. 629, vom 5. 5. 1977 – BStBl. II S. 701, vom 2. 3. 1983 – BStBl. II S. 427, vom 6. 11. 1985 – BStBl. 1986 II S. 73, vom 27. 6. 1990 – BStBl. II S. 916, vom 23. 1. 1992 – BStBl. II S. 630, vom 17. 2. 1993 – BStBl. II S. 679, vom 2. 2. 1994 – BStBl. II S. 768, vom 18. 9. 1996 – BStBl. 1997 II S. 181, vom 29. 1. 2003 – BStBl. II S. 768 und vom 17. 12. 2014 – BStBl. 2015 II S. 1052).
- → R 7.1 Abs. 5.

GmbH & atypisch stille Gesellschaft. Bei einer GmbH, an deren Handelsgewerbe sich ein atypischer stiller Gesellschafter beteiligt, ist der Gewerbeertrag bei der atypischen stillen Gesellschaft zu erfassen und kann deshalb nicht einem Organträger zugerechnet werden (→ BFH vom 25. 7. 1995 – BStBl. II S. 794).

GmbH & Co. KG. Eine GmbH & Co. KG kann nicht Organgesellschaft sein (→ BFH vom 17. 1. 1973 – BStBl. II S. 269 und vom 7. 3. 1973 – BStBl. II S. 562).

Steuerbefreiung des Organträgers. Die Gewerbesteuerbefreiung einer Organträger-GmbH nach § 3 Nr. 20 GewStG steht der Annahme einer gewerbesteuerlichen Organschaft nicht entgegen (→ BFH vom 10. 3. 2010 – BStBl. 2011 II S. 181).[2]

Steuerbefreiung im Organkreis.
- Die Voraussetzungen einer Steuerbefreiung nach § 3 GewStG müssen in der Person des Organträgers bzw. der Organgesellschaft erfüllt sein. Die Steuerbefreiung beschränkt sich in ihrer Wirkung auf das Unternehmen, das die Voraussetzungen des § 3 GewStG erfüllt.
- Die Befreiung einer Organgesellschaft von der Gewerbesteuer gem. § 3 Nr. 20 GewStG erstreckt sich auch dann nicht auf eine andere Organgesellschaft desselben Organkreises, die die Befreiungsvoraussetzungen ihrerseits nicht erfüllt, wenn die Tätigkeiten der Gesellschaften sich gegenseitig ergänzen. Die tatbestandlichen Voraussetzungen einer gesetzlichen Steuerbefreiung müssen von der jeweiligen Organgesellschaft selbst erfüllt werden (→ BFH vom 4. 6. 2003 – BStBl. 2004 II S. 244).

Verlustverrechnung im Organkreis. → H 10 a.4.

Wechsel des Organträgers. Der Wechsel des Organträgers hat keinen Einfluss auf die sachliche Steuerpflicht der Organgesellschaft (→ BFH vom 16. 2. 1977 – BStBl. II S. 560).

---

[1] Abgedruckt im „Handbuch zur KSt-Veranlagung".

[2] *BFH-Beschluss vom 10. 3. 2010 I R 41/09, BStBl. 2011 II S. 181:* **1.** Eine GmbH, die ein Alten- und Pflegeheim betreibt, das gemäß § 3 Nr. 20 Buchst. c GewStG 2002 von der Gewerbesteuer befreit ist, kann Organträgerin einer gewerbesteuerlichen Organschaft mit einer Tochtergesellschaft sein, die im Auftrag der GmbH Dienstleistungen (hier: Zubereitung von Speisen und Reinigungsarbeiten) für das Heim erbringt. **2.** Der der Organträgerin in diesem Fall zuzurechnende Gewerbeertrag der Organgesellschaft wird nicht von der Gewerbesteuerbefreiung umfasst.

R 2.3 (2, 3)

R 2.3 (2, 3)

Beginn und Beendigung der Organschaft

52 (2) ① Liegen die Voraussetzungen für ein Organschaftsverhältnis nicht während des ganzen Wirtschaftsjahres der Organgesellschaft vor, treten die steuerlichen Wirkungen des § 2 Abs. 2 Satz 2 GewStG für dieses Wirtschaftsjahr nicht ein. ② Das bedeutet, dass die Organgesellschaft insoweit selbst zur Gewerbesteuer herangezogen wird. ③ Wird die Liquidation einer Organgesellschaft beschlossen und besteht z. B. wegen Beendigung des Gewinnabführungsvertrages das Organschaftsverhältnis nicht während des gesamten Wirtschaftsjahres, kann die Organgesellschaft für die Zeit vom Schluss des vorangegangenen Wirtschaftsjahres bis zum Beginn der Abwicklung ein Rumpfwirtschaftsjahr bilden (→ R 7.1 Abs. 1 Satz 2 und 3). ④ Für das Rumpfwirtschaftsjahr sind die Voraussetzungen des § 2 Abs. 2 Satz 2 GewStG gesondert zu prüfen.

Personengesellschaften als Organträger

53 (3) ① Nach § 2 Abs. 2 Satz 2 GewStG ist eine gewerbesteuerrechtliche Organschaft, wie bei der Körperschaftsteuer, nur gegenüber einem anderen gewerblichen Unternehmen möglich. ② Bei einer Organträger-Personengesellschaft muss eine eigene gewerbliche Tätigkeit im Sinne des § 15 Abs. 1 Satz 1 Nr. 1 EStG vorliegen. ③ Gewerblich geprägte Personengesellschaften im Sinne des § 15 Abs. 3 Nr. 2 EStG können damit nicht Organträger sein. ④ Eine Besitzpersonengesellschaft im Rahmen einer Betriebsaufspaltung kommt als Organträger in Betracht. ⑤ Ihr wird die gewerbliche Tätigkeit im Sinne des § 15 Abs. 1 Satz 1 Nr. 1 EStG der Betriebsgesellschaft zugerechnet.

H 2.3 (3)

H 2.3 (3)

54 **Allgemeine Grundsätze der Organträger-Personengesellschaft.** → BMF vom 26. 8. 2003 – BStBl. I S. 437; → BMF vom 10. 11. 2005 – BStBl. I S. 1038.[1]

R 2.4

R 2.4 Mehrheit von Betrieben

R 2.4 (1)

R 2.4 (1)

Mehrere Betriebe verschiedener Art

84 (1) ① Hat ein Gewerbetreibender mehrere Betriebe verschiedener Art (z. B. eine Maschinenfabrik und eine Spinnerei), ist jeder Betrieb als Steuergegenstand i. S. d. § 2 Abs. 1 GewStG anzusehen und somit für sich zu besteuern. ② Das gilt auch dann, wenn die mehreren Betriebe in derselben Gemeinde liegen. ③ Es ist aber ein einheitlicher Gewerbebetrieb anzunehmen, wenn ein Gewerbetreibender in derselben Gemeinde verschiedene gewerbliche Tätigkeiten ausübt und die verschiedenen Betriebszweige nach der Verkehrsauffassung und nach den Betriebsverhältnissen als Teil eines Gewerbebetriebs anzusehen sind (beispielsweise Gastwirtschaft und Bäckerei, Fleischerei und Speisewirtschaft). ④ Es gelten dabei die gleichen Grundsätze wie für die Bewertung (→ § 2 BewG).[2]

H 2.4 (1)

H 2.4 (1)

85 **Abgrenzung bei gleichzeitig ausgeübter land- und forstwirtschaftlicher sowie gewerblicher Tätigkeit.** → BFH vom 23. 1. 1992 – BStBl. II S. 651.

Tabakwareneinzelhandel und Toto-/Lottoannahmestelle. Bei enger finanzieller, wirtschaftlicher und organisatorischer Verflechtung können auch verschiedenartige Tätigkeiten wie Tabakwareneinzelhandel und Toto- und Lotto-Annahmestelle einen einheitlichen Gewerbebetrieb bilden (→ BFH vom 19. 11. 1985 – BStBl. 1986 II S. 719).

Zusammentreffen stehender Gewerbebetrieb und Reisegewerbe. → § 35 a.

R 2.4 (2)

R 2.4 (2)

Mehrere Betriebe gleicher Art

86 (2) ① Hat ein Gewerbetreibender mehrere Betriebe der gleichen Art, ist zu prüfen, ob die mehreren Betriebe eine wirtschaftliche Einheit darstellen. ② Die Vermutung spricht bei der Vereinigung mehrerer gleichartiger Betriebe in der Hand eines Unternehmers, insbesondere, wenn sie sich in derselben Gemeinde befinden, für das Vorliegen eines einheitlichen Gewerbebetriebs. ③ Auch wenn die Betriebe sich in verschiedenen Gemeinden befinden, kann ein einheitlicher Gewerbebetrieb vorliegen, wenn die wirtschaftlichen Beziehungen sich über die Grenzen der politischen Gemeinden hinaus erstrecken. ④ Betriebe sind als gleichartig anzusehen, wenn sie sachlich, insbesondere wirtschaftlich, finanziell oder organisatorisch innerlich zusammenhängen.

---

[1] Abgedruckt als Anlage b zu H 14.1 im „Handbuch zur KSt-Veranlagung".
[2] Abgedruckt im Handbuch „Erbschaftsteuer und Bewertung".

H 2.4 (2) H 2.4 (2)

Gleichartigkeit von Betrieben. Kriterien für die Gleichartigkeit von Betrieben sind die Art der gewerblichen Betätigung, der Kunden- und Lieferantenkreis, die Geschäftsleitung, die Arbeitnehmerschaft, die Betriebsstätte, die Zusammensetzung und Finanzierung des Aktivvermögens sowie die Gleichartigkeit/Ungleichartigkeit der Betätigungen und die Nähe/Entfernung, in der sie ausgeübt werden (→ RFH vom 28. 9. 1938 – RStBl. S. 1117 und vom 21. 12. 1938 – RStBl. 1939 S. 372 sowie BFH vom 14. 9. 1965 – BStBl. III S. 656, vom 12. 1. 1983 – BStBl. II S. 425, vom 9. 8. 1989 – BStBl. II S. 901 und vom 18. 12. 1996 – BStBl. 1997 II S. 573). 87

R 2.4 (3) R 2.4 (3)

Personengesellschaften

(3) ① Die Tätigkeit einer Personengesellschaft bildet auch bei verschiedenartigen Tätigkeiten einen einheitlichen Gewerbebetrieb. ② Eine Kapitalgesellschaft und eine GmbH & Co. KG einerseits oder eine aus natürlichen Personen bestehende Personengesellschaft und ein Einzelunternehmen andererseits können gewerbesteuerrechtlich auf Grund von Unternehmeridentität nicht als ein einheitliches Unternehmen behandelt werden. 88

H 2.4 (3) H 2.4 (3)

Betriebsaufspaltung. Im Fall der Betriebsaufspaltung können das Besitz- und Betriebsunternehmen nicht als einheitliches Unternehmen behandelt werden (→ BFH vom 7. 3. 1961 – BStBl. III S. 211, vom 9. 3. 1962 – BStBl. III S. 199, vom 26. 4. 1966 – BStBl. III S. 426, vom 26. 4. 1972 – BStBl. II S. 794 und vom 7. 3. 1973 – BStBl. II S. 562). 89

Einheitlicher Gewerbebetrieb. Abweichend vom Einheitlichkeitsgrundsatz ist zu prüfen, ob die verschiedenen Betätigungen in getrennten Personengesellschaften ausgeübt werden (→ BFH vom 10. 11. 1983 – BStBl. 1984 II S. 152).

Zusammenfassung. Die Unternehmen mehrerer Personengesellschaften können auch dann nicht zu einem einheitlichen Unternehmen zusammengefasst werden, wenn sie wirtschaftlich und organisatorisch miteinander verflochten sind und bei den Gesellschaften die gleichen Gesellschafter im gleichen Verhältnis (Gesellschafter- und Beteiligungsidentität) beteiligt sind (→ BFH vom 21. 2. 1980 – BStBl. II S. 465 und vom 26. 1. 1995 – BStBl. II S. 589).

R 2.4 (4, 5) R 2.4 (4, 5)

Einheitlicher Gewerbebetrieb kraft Rechtsform

(4) ① Die Tätigkeit der Unternehmen im Sinne des § 2 Abs. 2 GewStG gilt stets und in vollem Umfang als einheitlicher Gewerbebetrieb. ② Auch die gewerbesteuerpflichtige Tätigkeit der unter § 2 Abs. 3 GewStG fallenden sonstigen juristischen Personen des privaten Rechts und der nichtrechtsfähigen Vereine bildet stets einen einheitlichen Gewerbebetrieb. ③ Das gilt auch, wenn von ihnen mehrere wirtschaftliche Geschäftsbetriebe unterhalten werden (→ § 8 GewStDV). 90

Atypisch stille Gesellschaften[1]

(5) ① Sind eine oder mehrere Personen oder Personengruppen als atypische stille Gesellschafter am Handelsgewerbe einer anderen Person beteiligt, liegt gewerbesteuerrechtlich ein einziger Gewerbebetrieb vor, wenn der Zweck der atypischen stillen Gesellschaften jeweils darauf gerichtet ist, die gesamten unter der Firma des Inhabers des Handelsgeschäftes ausgeübten gewerblichen Tätigkeiten gemeinsam und zusammen mit dem Inhaber des Handelsgeschäfts auszuüben. ② Dagegen liegen getrennt zu beurteilende gewerbliche Tätigkeiten vor, wenn die den einzelnen atypischen stillen Gesellschaften und dem Inhaber des Handelsgeschäftes steuerrechtlich zuzuordnenden gewerblichen Tätigkeiten nicht identisch sind. 91

H 2.4 (5) H 2.4 (5)

Selbständige Gewerbebetriebe. Eine getrennt zu beurteilende gewerbliche Tätigkeit liegt vor, wenn die atypisch stillen Gesellschafter nur an bestimmten Geschäften oder jeweils nur an einem bestimmten Geschäftsbereich des Handelsgewerbes beteiligt sind (→ BFH vom 6. 12. 1995 – BStBl. 1998 II S. 685). 92

R 2.5 Beginn der Steuerpflicht R 2.5

R 2.5 (1) R 2.5 (1)

Einzelgewerbetreibende und Personengesellschaften

(1) ① Bei Einzelgewerbetreibenden und bei Personengesellschaften beginnt die Gewerbesteuerpflicht in dem Zeitpunkt, in dem erstmals alle Voraussetzungen erfüllt sind, die zur Annahme eines 93

---

[1] Zu gewerbesteuerrechtlichen Folgen der atypisch stillen Beteiligung am Handelsgewerbe einer Personengesellschaft vgl. *BFH-Urteil vom 8. 12. 2016 IV R 8/14, BStBl. 2017 II S. 538.*

Gewerbebetriebs erforderlich sind. ② Bloße Vorbereitungshandlungen[1], z. B. die Anmietung eines Geschäftslokals, das erst hergerichtet werden muss, oder die Errichtung eines Fabrikgebäudes, in dem die Warenherstellung aufgenommen werden soll sowie der kurzzeitige Probelauf von Betriebsanlagen[2], wenn dieser (z. B. anhand der verwendeten Rohstoffe) noch nicht dem Gesamtkonzept des eigentlichen regelmäßigen Betriebs entspricht, begründen die Gewerbesteuerpflicht noch nicht. ③ Bei Unternehmen, die im Handelsregister einzutragen sind, ist der Zeitpunkt der Eintragung im Handelsregister ohne Bedeutung für den Beginn der Gewerbesteuerpflicht. ④ Bei gewerblich geprägten Personengesellschaften im Sinne des § 15 Abs. 3 Nr. 2 EStG beginnt die Steuerpflicht erst, wenn der Gewerbebetrieb in Gang gesetzt ist.

H 2.5 (1)

H 2.5 (1)

94 **Beginn der Gewerbesteuerpflicht eines Personenunternehmens.**

- **Beispiel:**

  Die A-GmbH & Co. KG (Unternehmensgegenstand: Herstellung von Sonnenkollektoren), wurde am 6. 3. 01 gegründet und am 27. 4. 01 im Handelsregister eingetragen. Erste Lieferverträge wurden am 1. 7. 01 unterzeichnet. Die Entwicklung der Sonnenkollektoren begann am 30. 3. 02. Nach Behebung diverser technischer Schwierigkeiten war die KG am 1. 1. 03 lieferfähig, woraufhin die erste Lieferung am 15. 1. 03 erfolgte.

  Lösung:

  Weder die Gründung noch die Eintragung im Handelsregister führen bereits zur Begründung der sachlichen Gewerbesteuerpflicht. Auch der Abschluss der Lieferverträge reicht noch nicht aus, um eine Teilnahme am allgemeinen wirtschaftlichen Verkehr zu begründen. Denn hierzu gehört, dass sich die A-GmbH & Co. KG mit eigenen gewerblichen Leistungen am allgemeinen wirtschaftlichen Verkehr beteiligen kann. Gleiches gilt für die Entwicklung der Sonnenkollektoren. Somit beginnt die sachliche Gewerbesteuerpflicht mit der Lieferfähigkeit am 1. 1. 03.

- Die sachliche Gewerbesteuerpflicht der unter § 2 Abs. 1 GewStG fallenden Gewerbebetriebe beginnt erst, wenn alle tatbestandlichen Voraussetzungen eines Gewerbebetriebes erfüllt sind. Dies gilt für Personengesellschaften unabhängig von der Rechtsform ihrer Gesellschafter. § 7 Satz 2 GewStG enthält keinen die sachliche Steuerpflicht betreffenden Regelungsumfang (→ BFH vom 30. 8. 2012 – BStBl. II S. 927).

Beginn der Gewerbesteuerpflicht eines Besitzunternehmens im Rahmen einer Betriebsaufspaltung. → BFH vom 15. 1. 1998 – BStBl. II S. 478.

Beginn der Gewerbesteuerpflicht einer gewerblich geprägten Personengesellschaft. Die vermögensverwaltende Tätigkeit einer gewerblich geprägten Personengesellschaft unterliegt der Gewerbesteuer. Die sachliche Gewerbesteuerpflicht einer gewerblich geprägten Personengesellschaft beginnt mit Aufnahme ihrer vermögensverwaltenden Tätigkeit. Die Gewerbesteuerpflicht einer gewerblich geprägten Personengesellschaft ist nicht von der Teilnahme am allgemeinen wirtschaftlichen Verkehr abhängig (→ BFH vom 20. 11. 2003 – BStBl. 2004 II S. 464).

Beginn der Gewerbesteuerpflicht eines Windparks. → BFH vom 14. 4. 2011 – BStBl. II S. 929.

Beginn der werbenden Tätigkeit bei Leasingunternehmen. Die sachliche Gewerbesteuerpflicht beginnt bei einem Leasingunternehmen nicht bereits mit der Beschaffung des Leasinggegenstandes. Das gilt auch dann, wenn der Leasinggeber den Leasinggegenstand vom Leasingnehmer erwirbt, sofern es sich bei dem Leasingvertrag nicht um einen verdeckten Ratenkauf handelt (→ BFH vom 5. 3. 1998 – BStBl. II S. 745).

Veräußerung des Schiffs einer Einschiffsgesellschaft vor seiner Indienststellung. Beabsichtigt die Einschiffsgesellschaft bei Abschluss des Bauvertrags noch den Betrieb des Schiffs, gibt sie die Eigenbetriebsabsicht jedoch später auf und veräußert das Schiff bzw. die Rechte aus dem Bauvertrag noch vor Indienststellung des Schiffs, so ist anhand der Umstände des Einzelfalls zu ermitteln, ob sie damit übergangslos von der (noch) nicht gewerbesteuerbaren Vorbereitungs- in die Abwicklungsphase tritt, oder ob – und ggf. durch welche weiteren Maßnahmen – sie eine andere werbende Tätigkeit beginnt und damit der Gewerbesteuer unterliegt (→ BFH vom 3. 4. 2014 – BStBl. II S. 1000).

Voraussetzungen für Gewerbebetrieb.
- Einzelunternehmen → H 2.1 (1);
- Personengesellschaften → H 2.1 (2).

Zur Anzeigepflicht bei Betriebseröffnung. → R 1.9.

---

[1] *BFH-Urteil vom 13. 4. 2017 IV R 49/15, BFH/NV S. 1129, Ls. 1:* Mit Einkünfteerzielungsabsicht unternommene vermögensverwaltende Tätigkeiten einer gewerblich geprägten Personengesellschaft stellen keine bloßen Vorbereitungshandlungen einer werbenden originär gewerblichen Tätigkeit, sondern eine eigenständige werbende Tätigkeit dar, wenn sie das Maß dessen überschreiten, was zur Aufnahme der originär gewerblichen Tätigkeit erforderlich und üblich ist.

[2] Vgl. *OFD Rheinland vom 13. 12. 2007, StEK GewStG § 2 Abs. 1 Nr. 182* zu bei Biogasanlagen im Probelauf entstandenen Gewerbeverlusten.

Anl zu R 2.5 (1)

Verfügung betr. Beginn der Gewerbesteuerpflicht;
hier: bei Biogasanlagen im Probelauf entstandene Gewerbeverluste

Vom 13. Dezember 2007

(OFD Münster G 1400 – 69 – St 12–33; OFD Rheinland G 1400 – St 157)

(letztmals abgedruckt im Handbuch zur GewSt-Veranlagung 2016)

R 2.5 (2)

R 2.5 (2)

Steuerpflicht kraft Rechtsform

(2) ①Die Steuerpflicht kraft Rechtsform beginnt bei Kapitalgesellschaften mit der Eintragung in das Handelsregister, bei Erwerbs- und Wirtschaftsgenossenschaften mit der Eintragung in das Genossenschaftsregister und bei Versicherungsvereinen auf Gegenseitigkeit mit der aufsichtsbehördlichen Erlaubnis zum Geschäftsbetrieb. ②Von diesem Zeitpunkt an kommt es auf Art und Umfang der Tätigkeit nicht mehr an. ③Die Steuerpflicht wird vor dem bezeichneten Zeitpunkt durch die Aufnahme einer nach außen in Erscheinung tretenden Geschäftstätigkeit ausgelöst. 96

H 2.5 (2)

H 2.5 (2)

Beginn der Steuerpflicht kraft Rechtsform. 97
- **Kapitalgesellschaft, die zum Zwecke der Übernahme eines Gewerbebetriebs gegründet wird.** Bei einer Kapitalgesellschaft, die zum Zwecke der Übernahme eines Gewerbebetriebs gegründet wird, beginnt die Gewerbesteuerpflicht nicht erst mit dem Zeitpunkt der Fortführung des übernommenen Betriebs, sondern mit der Eintragung in das Handelsregister (→ BFH vom 16. 2. 1977 – BStBl. II S. 561).
- **Verwaltung eingezahlter Teile des Stammkapitals.** Die Verwaltung eingezahlter Teile des Stammkapitals sowie ein bestehender Anspruch auf Einzahlung von Teilen des Stammkapitals lösen die Gewerbesteuerpflicht noch nicht aus (→ BFH vom 18. 7. 1990 – BStBl. II S. 1073).
- **Vorgesellschaft.**[1] Die nach außen tätig gewordene Vorgesellschaft bildet zusammen mit der später eingetragenen Kapitalgesellschaft oder einem anderen Unternehmen im Sinne des § 2 Abs. 2 GewStG einen einheitlichen Steuergegenstand (→ BFH vom 8. 4. 1960 – BStBl. III S. 319).

Organschaft. Das Bestehen oder Nichtbestehen einer Organschaft hat auf die sachliche Steuerpflicht der Organgesellschaft keine Auswirkung. → R 2.3 Abs. 1.

R 2.5 (3)

R 2.5 (3)

Sonstige juristische Personen des privaten Rechts und nichtrechtsfähige Vereine

(3) Bei den sonstigen juristischen Personen des privaten Rechts und den nichtrechtsfähigen Vereinen (→ § 2 Abs. 3 GewStG) beginnt die Steuerpflicht bei Vorliegen aller anderen Voraussetzungen mit der Aufnahme eines wirtschaftlichen Geschäftsbetriebs. 98

H 2.5 (3)

H 2.5 (3)

Allgemeines. → R 2.1 Abs. 5. 99

R 2.5 (4)

R 2.5 (4)

Wegfall einer Befreiung

(4) Die Gewerbesteuerpflicht beginnt bei Unternehmen, für die der Grund für die Befreiung von der Gewerbesteuer wegfällt, im Zeitpunkt des Wegfalls des Befreiungsgrundes. 100

R 2.6 Erlöschen der Steuerpflicht

R 2.6

R 2.6 (1)

R 2.6 (1)

Einzelgewerbetreibende und Personengesellschaften

(1) ①Die Gewerbesteuerpflicht erlischt bei Einzelgewerbetreibenden und bei Personengesellschaften mit der tatsächlichen Einstellung des Betriebs. ②Die Einstellung liegt nicht erst dann vor, wenn der Betrieb für alle Zeiten, sondern schon dann, wenn er für eine gewisse Dauer aufgegeben wird. ③Die Einstellung darf aber nicht von vornherein nur als vorübergehend gedacht sein. ④Bei sogenannten Saisonbetrieben, insbesondere beim Bauhandwerk, den Bauindustrien, den Kurortbetrieben aller Art oder den Zuckerfabriken, bedeutet die Einstellung des Betriebs während der toten Zeit nicht eine Einstellung in dem eben behandelten Sinn, sondern nur eine 101

[1] Zur Gewerbesteuerpflicht einer vermögensverwaltenden Kapitalgesellschaft vor ihrer Eintragung ins Handelsregister vgl. *BFH-Urteil vom 24. 1. 2017 I R 81/15, BStBl. II S. 1071.*

vorübergehende Unterbrechung (Ruhen) des Gewerbebetriebs, durch die die Gewerbesteuerpflicht nicht berührt wird (→ § 2 Abs. 4 GewStG). ⑤ Die tatsächliche Einstellung des Betriebs ist anzunehmen mit der völligen Aufgabe jeder werbenden Tätigkeit. ⑥ Die Aufgabe eines Handelsbetriebs liegt erst in der tatsächlichen Einstellung jedes Verkaufs. ⑦ Die Frage der Beendigung der Gewerbesteuerpflicht darf jedoch nicht allein nach äußeren Merkmalen beurteilt werden. ⑧ Die Einstellung der werbenden Tätigkeit oder andere nach außen in Erscheinung tretende Umstände (z. B. Entlassung der Betriebszugehörigen, Einstellung des Einkaufs) bedeuten nicht immer die tatsächliche Einstellung des Betriebs. ⑨ Es müssen auch die inneren Vorgänge berücksichtigt werden.

H 2.6 (1)

H 2.6 (1)

102 **Betriebsverpachtung im Ganzen.** Mit der Verpachtung eines Gewerbebetriebs im Ganzen erlischt regelmäßig die Gewerbesteuerpflicht des Verpächters (→ R 2.2). Das gilt jedoch in der Regel nicht bei einer **Betriebsaufspaltung** (→ H 15.7 (4) bis (8) EStH).

Bedeutung eines einheitlichen Geschäftskonzepts.
- Der Gewinn aus der Veräußerung von Wirtschaftsgütern des Anlagevermögens gehört zum gewerbesteuerbaren (laufenden) Gewinn, wenn die Veräußerung Bestandteil eines einheitlichen Geschäftskonzepts der unternehmerischen Tätigkeit ist (→ BFH vom 26. 6. 2007 – BStBl. 2009 II S. 289).
- Zu Veräußerungs- und Aufgabegewinnen → H 7.1 (3).

Eintritt einer Gewerbesteuerbefreiung. Die Gewerbesteuerpflicht erlischt nicht nur mit dem Aufhören des Gewerbebetriebs (→ R 2.6 Abs. 1 bis 3), sondern auch mit dem Eintritt eines Befreiungsgrundes (→ RFH vom 23. 2. 1943 – RStBl. S. 801). Allerdings führt der Wechsel in der Steuerpflicht eines Gewerbesteuersubjekts infolge eines persönlichen Befreiungsgrundes (hier: § 3 Nr. 14 Buchstabe a GewStG) nicht zum Wegfall des Gewerbesteuersubjekts.
Bleibt dieses bei Beendigung und nachfolgendem erneuten Beginn der Steuerpflicht weiterhin bestehen, ist sowohl die Unternehmens- als auch die Unternehmeridentität gewahrt. Gewerbeverluste aus vorangegangenen, nicht steuerbefreiten Erhebungszeiträumen sind deshalb nach Wiedereintritt in die Steuerpflicht abzugsfähig (→ BFH vom 9. 6. 1999 – BStBl. II S. 733).

Kriterien zur Beurteilung der Betriebseinstellung.
- Auch wenn ein Unternehmen wesentlichen Einschränkungen unterliegt oder bei einer nur äußerlichen Betrachtung als eingestellt erscheint, kann doch gewerbesteuerlich eine Betriebseinstellung nicht anerkannt werden, wenn sich das Unternehmen in der erkennbaren Absicht, nachhaltige Erträge zu erzielen, weiter betätigt (→ RFH vom 19. 3. 1941 – RStBl. S. 386, vom 14. 5. 1941 – RStBl. S. 698 und vom 19. 5. 1943 – RStBl. S. 605).
- Zur Unterscheidung zwischen der Vorbereitung einer künftigen Betriebsaufgabe und dem Beginn dieser Betriebsaufgabe (→ BFH vom 5. 7. 1984 – BStBl. II S. 711).

Zeitpunkt der Einstellung des Betriebs.
- **Abwicklungstätigkeiten.** Die Versilberung der vorhandenen Betriebsgegenstände und die Einziehung einzelner rückständiger Forderungen aus der Zeit vor der Betriebseinstellung können nicht als Fortsetzung einer aufgegebenen Betriebstätigkeit angesehen werden (→ RFH vom 29. 6. 1938 – RStBl. S. 910, vom 24. 8. 1938 – RStBl. S. 911 und vom 14. 9. 1938 – RStBl. 1939 S. 5).
- **Ladengeschäft, Veräußerung des Warenlagers.** Ein in Form eines Ladengeschäfts ausgeübter Gewerbebetrieb wird nicht bereits dann eingestellt, wenn kein Zukauf mehr erfolgt, sondern erst dann, wenn das vorhandene Warenlager „im Ladengeschäft" veräußert ist (→ BFH vom 26. 9. 1961 – BStBl. III S. 517).

Zum Erlöschen der Steuerpflicht bei Unternehmerwechsel. → R 2.7.

R 2.6 (2–4)

R 2.6 (2–4)

Kapitalgesellschaften und andere Unternehmen im Sinne des § 2 Abs. 2 GewStG

103 (2) ① Bei den Kapitalgesellschaften und den anderen Unternehmen im Sinne des § 2 Abs. 2 GewStG erlischt die Gewerbesteuerpflicht – anders als bei Einzelkaufleuten und Personengesellschaften – nicht schon mit dem Aufhören der gewerblichen Betätigung, sondern mit dem Aufhören jeglicher Tätigkeit überhaupt. ② Das ist grundsätzlich der Zeitpunkt, in dem das Vermögen an die Gesellschafter verteilt worden ist.

Wirtschaftlicher Geschäftsbetrieb

104 (3) ① Bei den sonstigen juristischen Personen des privaten Rechts und den nichtrechtsfähigen Vereinen (→ § 2 Abs. 3 GewStG) erlischt die Steuerpflicht mit der tatsächlichen Einstellung des wirtschaftlichen Geschäftsbetriebs. ② Besteht der wirtschaftliche Geschäftsbetrieb in jährlich wiederkehrenden Tätigkeiten (Veranstaltungen) von jeweils kurzer Dauer, z. B. Bier-, Wein-,

Schützenfeste usw., dann ist bei erkennbarer Wiederholungsabsicht von einem fortbestehenden Gewerbebetrieb auszugehen, bei dem nicht jeweils die Steuerpflicht nach Abwicklung der Veranstaltung erlischt und im Folgejahr neu eintritt.

Betriebsaufgabe, Auflösung und Insolvenz

(4) ①Die Aufgabe des Betriebs bei Einzelgewerbetreibenden, die Auflösung und die Abwicklung bei Personengesellschaften und Unternehmen im Sinne des § 2 Abs. 2 GewStG und die Eröffnung des Insolvenzverfahrens bei Unternehmen aller Art ändern nach § 4 GewStDV an der Gewerbesteuerpflicht nichts. ②Das Erlöschen der Gewerbesteuerpflicht beurteilt sich auch in diesen Fällen ausschließlich nach den Grundsätzen der R 2.6 Abs. 1 bis 3. ③Die Beendigung der Abwicklung und damit das Aufhören der Gewerbesteuerpflicht eines aufgelösten Unternehmens im Sinne des Absatzes 2 fallen regelmäßig mit dem Zeitpunkt zusammen, in dem das Vermögen an die Gesellschafter verteilt wird. ④Werden jedoch bei dieser Verteilung Vermögensbeträge zur Begleichung von Schulden zurückbehalten, bleibt das Unternehmen gewerbesteuerpflichtig, bis die Schulden beglichen sind. **105**

H 2.6 (4)

H 2.6 (4)

Beendigung der Abwicklung. Der Grundsatz, dass die Gewerbesteuerpflicht noch nicht endet, wenn bei der Vermögensverteilung Beträge zur Begleichung von Schulden zurückbehalten werden, gilt nicht, wenn es sich bei den Schulden um Steuern handelt, die erst nach der Beendigung der Abwicklung festgesetzt werden können (→ RFH vom 12. 12. 1939 – RStBl. 1940 S. 435). Entsprechend ist der Abwicklungszeitraum einer im Insolvenzverfahren befindlichen Kapitalgesellschaft als abgeschlossen anzusehen, wenn die förmliche Beendigung des Insolvenzverfahrens nur dadurch gehindert wird, dass die Höhe der Steuern, die erst nach dem Ablauf des Abwicklungszeitraums festgesetzt werden können, noch nicht bekannt ist (→ RFH vom 5. 3. 1940 – RStBl. S. 476). **106**

R 2.7 Steuerpflicht bei Unternehmerwechsel

R 2.7

Übergang eines Betriebs im Ganzen

(1) ①Ein Gewerbebetrieb, der im Ganzen auf einen anderen Unternehmer übergeht, gilt als durch den bisherigen Unternehmer eingestellt. ②Er gilt als durch den anderen Unternehmer neu gegründet, wenn er nicht mit einem bereits bestehenden Gewerbebetrieb vereinigt wird. ③Der Zeitpunkt des Übergangs (Unternehmerwechsel) wird als Zeitpunkt der Einstellung und als Zeitpunkt der Neugründung angesehen. ④In diesem Zeitpunkt erlischt die sachliche Steuerpflicht des übergegangenen Betriebs. ⑤Der übernommene Betrieb tritt in die sachliche Steuerpflicht neu ein, wenn er nicht mit einem bestehenden Gewerbebetrieb vereinigt wird. **107**

Änderungen im Gesellschafterbestand einer Personengesellschaft

(2) ①Scheiden aus einer Personengesellschaft im Sinne des § 15 Abs. 3 EStG einzelne Gesellschafter oder alle bis auf einen aus oder treten neue hinzu oder wird ein Einzelunternehmen durch Aufnahme eines oder mehrerer Gesellschafter in eine Personengesellschaft umgewandelt, geht der Gewerbebetrieb nicht im Ganzen auf einen anderen Unternehmer über, solange ihn mindestens einer der bisherigen Unternehmer unverändert fortführt. ②§ 2 Abs. 5 GewStG findet demnach in diesen Fällen keine Anwendung und die sachliche Steuerpflicht des Unternehmens besteht fort. **108**

Übergang eines Teilbetriebs

(3) ①Geht ein Teilbetrieb eines Unternehmens auf einen anderen Unternehmer über, liegt beim bisherigen Unternehmer die Einstellung eines Gewerbebetriebs nicht vor. ②In diesem Fall kommt für den Unternehmer, der den Betrieb abgibt, zunächst nur eine Anpassung der Vorauszahlungen in Betracht. ③Die Abgabe eines Teilbetriebs wird bei der Veranlagung dadurch berücksichtigt, dass der Festsetzung des Steuermessbetrags der Gewerbeertrag des verkleinerten Unternehmens zugrunde gelegt wird. ④Für den neuen Unternehmer kommt, wenn der übernommene Betrieb nicht mit einem bestehenden Betrieb vereinigt wird, die erstmalige Festsetzung der Vorauszahlungen, sonst die Anpassung der bisherigen Vorauszahlungen in Betracht. **109**

H 2.7

H 2.7

Partieller Unternehmerwechsel bei Personengesellschaften. In Fällen des partiellen Unternehmerwechsels bei Personengesellschaften kommt es grundsätzlich nicht darauf an, auf welche Weise, z. B. Anwachsung, Übertragung, Gesamtrechtsnachfolge, die Eigentumsanteile ausscheidender Unternehmer an dem fortgeführten Gewerbebetrieb auf den verbleibenden oder auf neu hinzutretende Unternehmer übergehen (→ BFH vom 18. 5. 1972 – BStBl. II S. 775). **110**
Soweit das BFH-Urteil vom 24. 10. 1972 – BStBl. 1973 II S. 233 dem entgegensteht, ist es nicht anzuwenden.

Persönliche Steuerpflicht. Wegen der Auswirkungen auf die persönliche Steuerpflicht und damit der Steuerschuldnerschaft des jeweiligen Unternehmers → § 5 Abs. 2 GewStG, R 5.1 Abs. 1.

Verfahren bei der Anpassung oder erstmaligen Festsetzung von Vorauszahlungen. → R 19.2.

Zur Verrechnung von im übergegangenen Unternehmen entstandenen Verlusten. → § 10a Satz 8 GewStG.

R 2.8

R 2.8 Inland, gebietsmäßige Abgrenzung der Besteuerung

111 ① Gewerbesteuerpflichtig sind nur Unternehmen, die im Inland betrieben werden. ② Erstreckt sich der Gewerbebetrieb auch auf das Ausland, werden nur die im Inland befindlichen Betriebsstätten der Besteuerung unterworfen. ③ Zum Inland im Sinne des Gewerbesteuerrechts gehört auch der an die Bundesrepublik Deutschland grenzende deutsche Festlandsockel, soweit es sich um die Erforschung und Ausbeutung der Naturschätze des Meeresgrundes und des Meeresuntergrundes handelt (→ Proklamation der Bundesregierung vom 22. 1. 1964 – BGBl. II S. 104).

H 2.8

H 2.8

112 **Betriebsstätten im Ausland.** Wegen der Berücksichtigung der gebietsmäßigen Abgrenzung bei der Ermittlung des Gewerbeertrags → H 7.1 (1).

Festlandsockel. Zur Abgrenzung des Festlandsockels in der Nordsee zwischen der Bundesrepublik, den Niederlanden, England und Dänemark (→ Gesetz vom 23. 8. 1972 – BGBl. II S. 881 und S. 1616).

Grenzüberschreitende Gewerbegebiete. Der nicht zur Bundesrepublik Deutschland gehörende Teil eines grenzüberschreitenden Gewerbegebiets, das nach den Vorschriften eines Abkommens zur Vermeidung der Doppelbesteuerung als solches bestimmt ist, gehört ab Erhebungszeitraum 2004 nach § 2 Abs. 7 Nr. 2 i. d. F. des Art. 4 des Gesetzes vom 4. 6. 2004 (BGBl. II S. 1653) zum Inland.

Inländische Betriebsstätte auf einem Schiff, das im inländischen Schiffsregister eingetragen ist. Ein Gewerbebetrieb wird auch dann im Inland betrieben, wenn für ihn eine Betriebsstätte auf einem unter deutscher Flagge fahrenden See-(Kauffahrtei-)Schiff unterhalten wird, das in einem inländischen Schiffsregister eingetragen ist (→ BFH vom 13. 2. 1974 – BStBl. II S. 361). Dies gilt gemäß § 5 GewStDV nicht für Kauffahrteischiffe, die im regelmäßigen Linienverkehr ausschließlich zwischen ausländischen Häfen verkehren.

Vereinbarkeit der Beschränkung der Gewerbesteuer mit dem Gemeinschaftsrecht. Die Erhebung der Gewerbesteuer führt weder zu einem übermäßigen Eingriff in Freiheitsrechte des Gewerbetreibenden noch stellt sie eine Verletzung des Gleichheitssatzes dar. Die Erhebung der Gewerbesteuer verstößt auch nicht gegen eine der Grundfreiheiten des EG-Vertrages. Insbesondere stellt die Beschränkung der Erhebung der Gewerbesteuer auf Gewerbebetriebe, soweit sie im Inland betrieben werden, keine Diskriminierung im Sinne des Gemeinschaftsrechts dar (→ BFH vom 18. 9. 2003 – BStBl. 2004 II S. 17).

R 2.9

R 2.9 Betriebsstätte

R 2.9 (1)

R 2.9 (1)

Allgemeines

113 (1) ① Der Begriff der Betriebsstätte ergibt sich aus § 12 AO.[1] ② Für Zwecke der Zerlegung des Steuermessbetrags enthält § 28 Abs. 2 GewStG ergänzende Regelungen. ③ Betriebsstätte ist nach § 12 AO jede feste Geschäftseinrichtung oder Anlage, die der Tätigkeit eines Unternehmens dient.[2] ④ Es gehören dazu auch bewegliche Geschäftseinrichtungen mit vorübergehend festem Standort, z. B. fahrbare Verkaufsstätten mit wechselndem Standplatz. ⑤ Der Begriff der festen Geschäftseinrichtung oder Anlage erfordert keine besonderen Räume oder gewerblichen Vorrichtungen. ⑥ Ferienwohnungen stellen eine Betriebsstätte dar, wenn ihre Vermietung als gewerbliche Tätigkeit anzusehen ist. ⑦ Hat in diesen Fällen der Eigentümer seinen Wohnsitz nicht in der Gemeinde der Belegenheit der Ferienwohnung, wird außer in der Wohnsitzgemeinde

[1] Vgl. auch den *„Betriebsstättenerlass“ BMF vom 24. 12. 1999, BStBl. I S. 1076* mit nachfolgenden Änderungen.

[2] Zum Begriff der Betriebsstätte vgl. ferner:

a) Kohlenzechen als Betriebsstätte eines Elektrizitätswerkes *(BFH-Beschluss vom 2. 11. 1960 I B 31/59 U, BStBl. 1961 III S. 8)*

b) Betriebsstätte bei stillgelegten Betriebsteilen *(BFH-Beschluss vom 30. 8. 1960 I B 148/59 U, BStBl. III S. 468)*

c) Betriebsstätte bei Automatenbetrieben *(BFH-Beschluss vom 16. 9. 1964 IV B 164/64 U, BStBl. 1965 III S. 69 und vom 5. 10. 1965 I B 387/62 U, BStBl. III S. 668)*

d) Keine Betriebsstätte des Verpächters eines Gewerbebetriebs *(BFH-Beschluss vom 18. 3. 1965 IV B 411/62 U, BStBl. III S. 324)*

e) Betriebsstätte bei Berufssportlern *(BFH-Urteil vom 17. 2. 1955 IV 77/53 S, BStBl. III S. 100).*

auch in der Gemeinde der Belegenheit der Ferienwohnung eine Betriebsstätte unterhalten. ⑧ Wegen des in diesen Fällen anzuwendenden Zerlegungsmaßstabs → R 33.1.

H 2.9 (1)

H 2.9 (1)

Binnen- und Küstenschifffahrtsbetriebe. 114

– Wegen der Annahme einer Betriebsstätte **(Betriebsstättenfiktion)** bei Binnen- und Küstenschifffahrtsbetrieben, die keine der Tätigkeit des Unternehmens dienenden festen Geschäftseinrichtungen oder Anlagen unterhalten; → § 6 GewStDV.

– **Mittelpunkt der geschäftlichen Oberleitung bei Schifffahrtsunternehmen.** Bei einem Schifffahrtsunternehmen befindet sich der Mittelpunkt der geschäftlichen Oberleitung in den Geschäftsräumen eines ausländischen Managers oder Korrespondentreeders, wenn von dort aus die laufenden Geschäfte maßgeblich beeinflusst werden. Entscheidend sind die Umstände des Einzelfalles (→ BFH vom 3. 7. 1997 – BStBl. 1998 II S. 86).

– **Wohnung eines Unternehmers eines Binnen- oder Küstenschifffahrtsbetriebs.** Hat der Unternehmer eines Binnen- oder Küstenschifffahrtsbetriebs an Land eine Wohnung, begründet er am Wohnort nur dann eine Betriebsstätte, wenn sich dort von einer festen Geschäftseinrichtung oder Anlage aus dauernd betriebliche Handlungen vollziehen. Telefongespräche von der Wohnung aus und Fahrten mit dem Kraftwagen, durch die lediglich die Verbindung zwischen dem privaten und dem betrieblichen Bereich hergestellt wird, genügen dazu nicht, ebenso wenig ein Bankkonto, das nur die betrieblichen Überschüsse zur privaten Verwendung aufnimmt und bereithält (→ BFH vom 7. 6. 1966 – BStBl. III S. 548).

Feste Geschäftseinrichtung oder Anlage.

– **Allgemein.** Eine Verkaufsstelle (→ § 12 Satz 2 Nr. 6 AO) ist nur dann eine Betriebsstätte, wenn sie eine i. S. des § 12 Satz 1 AO feste Geschäftseinrichtung oder Anlage ist (→ BFH vom 17. 9. 2003 – BStBl. 2004 II S. 396).

– **Begründung einer Betriebsstätte in den Fällen der Betriebsaufspaltung.** Zu der Frage, in welchen Fällen der Betriebsaufspaltung (→ H 15.7 (4) bis (8) EStH) das Unternehmen der Betriebsgesellschaft eine Betriebsstätte für die Besitzgesellschaft begründet (→ BFH vom 28. 7. 1982 – BStBl. 1983 II S. 77).

– **Kehrbezirk eines Bezirkschornsteinfegers.** Der Kehrbezirk eines Bezirksschornsteinfegermeisters ist gewerbesteuerrechtlich nicht dessen Betriebsstätte i. S. des § 12 Satz 1 AO. Diese Vorschrift ist maßgebend für den Begriff der Betriebsstätte im GewStG; die hiervon abweichende einkommensteuerrechtliche Auslegung des Begriffs der Betriebsstätte in § 4 Abs. 5 Satz 1 Nr. 6 EStG durch die BFH-Rechtsprechung gilt nicht für den Anwendungsbereich des GewStG (→ BFH vom 13. 9. 2000 – BStBl. 2001 II S. 734).

– **Standplätze auf Märkten.** Wochenmarkthändler begründen auf dem Markt auch dann eine Betriebsstätte, wenn sie zwar keinen Rechtsanspruch auf einen festen Standplatz haben, aber den Platz ständig benutzen. Ein Verkaufsstand, den ein Unternehmen einmal im Jahr vier Wochen lang auf dem Weihnachtsmarkt unterhält, begründet keine Betriebsstätte (→ BFH vom 17. 9. 2003 – BStBl. 2004 II S. 396).

– **Standplätze von Straßenhändlern.** Für das Vorliegen einer festen Geschäftseinrichtung genügt es, wenn der Unternehmer über die Räumlichkeiten oder eine bestimmte Fläche eine gewisse, nicht nur vorübergehende Verfügungsmacht besitzt (→ BFH vom 17. 3. 1982 – BStBl. II S. 624 und vom 11. 10. 1989 – BStBl. 1990 II S. 166). Demgemäß sind z. B. fest zugewiesene Standplätze von Straßenhändlern als Betriebsstätten anzusehen (→ RFH vom 15. 4. 1942 – RStBl. S. 469).

– **Unentgeltliche Nutzung überlassener Räume.** Unentgeltlich zur Nutzung überlassene Räume begründen eine Betriebsstätte, wenn dem Nutzenden mit der Überlassung eine Rechtsposition eingeräumt wird, die ihm ohne seine Mitwirkung nicht mehr ohne weiteres entzogen oder die ohne seine Mitwirkung nicht ohne weiteres verändert werden kann (→ BFH vom 17. 3. 1982 – BStBl. II S. 624). Dabei genügt auch eine nur allgemeine rechtliche Absicherung, wenn aus tatsächlichen Gründen anzunehmen ist, dass zumindest ein bestimmter Raum zur ständigen Nutzung zur Verfügung gestellt und die Verfügungsmacht darüber nicht bestritten wird (→ BFH vom 3. 2. 1993 – BStBl. II S. 462).

R 2.9 (2)

R 2.9 (2)

Bauausführungen oder Montagen

(2) ① Nach § 12 Nr. 8 AO gelten als Betriebsstätte auch Bauausführungen oder Montagen. 115
② Das gilt auch dann, wenn es sich nicht um feste Baustellen handelt, sondern diese fortschreiten (z. B. im Straßenbau) oder schwimmen. ③ Weitere Voraussetzung ist, dass die Dauer der einzelnen Bauausführung oder Montage oder mehrerer ohne Unterbrechung aufeinanderfolgender Bauausführungen oder Montagen sechs Monate überstiegen hat. ④ Bestehen mehrere Bauausführungen oder Montagen zeitlich nebeneinander, reicht es für die Annahme einer Betriebsstätte für alle Bauausführungen oder Montagen aus, wenn nur eine davon länger als sechs Monate besteht. ⑤ Die Sechsmonatsfrist braucht nicht innerhalb eines Erhebungszeitraums erfüllt zu sein. ⑥ Für die steuerliche Zusammenfassung mehrerer Bauausführungen kommt es nicht auf deren wirt-

schaftlichen Zusammenhang, sondern nur darauf an, ob die einzelnen Bauausführungen in einer Gemeinde ohne zeitliche Unterbrechung aufeinanderfolgen. ⑦ Werden bei einer Bauausführung die Bauarbeiten unterbrochen, so wird die Zeit der Unterbrechung nicht in die Sechsmonatsfrist einbezogen. ⑧ Zu den Bauausführungen gehört nicht nur die Errichtung, sondern auch der Abbruch von Baulichkeiten. ⑨ Stätten der Erkundung von Bodenschätzen, z. B. Versuchsbohrungen, sind als Betriebsstätten anzusehen, wenn die Voraussetzungen des § 12 Nr. 8 AO erfüllt sind.

H 2.9 (2)

H 2.9 (2)

Bauausführungen.

116 – **Begriff.** → RFH vom 2. 7. 1940 – RStBl. S. 668, RFH vom 21. 1. 1942 – RStBl. S. 66 und BFH vom 21. 10. 1981 – BStBl. 1982 II S. 241.
– **Einbeziehung von Subunternehmern.** Bei einem einheitlichen Bauauftrag ist auch die Zeit der Bauausführungen zu berücksichtigen, in der an der Baustelle selbständige Subunternehmer tätig waren, deren Tätigkeit der Steuerpflichtige lediglich überwacht hat (→ BFH vom 13. 11. 1962 – BStBl. 1963 III S. 71).
– **Sechsmonatsfrist.** Betriebsstätten i. S. von § 8 Nr. 7 Satz 2 GewStG i. V. m. § 12 AO sind auch bei mehreren Bauausführungen anzunehmen, die sich zeitlich überschneidend insgesamt über einen Zeitraum von mehr als sechs Monaten hinziehen (→ BFH vom 16. 12. 1998 – BStBl. 1999 II S. 365).
– **Unterbrechung der Sechsmonatsfrist.** Werden bei einer Bauausführung die Bauarbeiten unterbrochen, z. B. durch ungünstige Witterungsverhältnisse, Streik, Materialmangel oder aus bautechnischen Gründen, wird die Frist von sechs Monaten gehemmt. Kurze Unterbrechungen bis zu zwei Wochen hemmen die Frist jedoch nicht (→ BFH vom 8. 2. 1979 – BStBl. II S. 479).

Montage.
– **Begriff.** → BFH vom 16. 5. 1990 – BStBl. II S. 983.
– **Feste Geschäftseinrichtungen oder Anlagen im Zusammenhang mit Bauausführungen und Montagen.** Werden im Zusammenhang mit Bauausführungen oder Montagen feste Geschäftseinrichtungen oder Anlagen errichtet, wie Baubuden, Baukantinen, Geräteschuppen, Unterkunftsbaracken usw., begründen auch diese eine Betriebsstätte nur dann, wenn die Bauausführungen oder Montagen länger als sechs Monate bestanden haben (→ RFH vom 22. 1. 1941 – RStBl. S. 90).
Die Frist von sechs Monaten (→ § 12 Nr. 8 AO) bietet auch einen Anhalt für die Beurteilung der Frage, ob nach § 12 Nr. 8 AO eine Betriebsstätte bei festen Geschäftseinrichtungen oder Anlagen anzunehmen ist, die im Zusammenhang mit Arbeiten errichtet werden, die nicht zu den eigentlichen Bauausführungen oder Montagen gehören (→ BFH vom 27. 4. 1954 – BStBl. III S. 179).

R 2.9 (3)

R 2.9 (3)

Geschäftseinrichtungen oder Anlagen, die dem Gewerbebetrieb unmittelbar dienen

117 (3) ① Eine Betriebsstätte bilden nur solche festen Geschäftseinrichtungen oder Anlagen, in denen sich dauernd Tätigkeiten, wenn auch bloße Hilfs- oder Nebenhandlungen vollziehen, die dem Gewerbebetrieb unmittelbar dienen. ② Ob die Tätigkeiten im Einzelnen kaufmännischer, buchhalterischer, technischer oder handwerklicher Art sind, ist unerheblich. ③ Es ist nicht erforderlich, dass in der Betriebsstätte Verhandlungen mit Dritten geführt oder Geschäftsabschlüsse getätigt werden. ④ Betriebsstätten können auch rein mechanische Anlagen sein (z. B. Verkaufsautomaten). ⑤ Es fehlt aber an einer Betätigung für Zwecke eines gewerblichen Unternehmens, wenn die örtlichen Anlagen oder Einrichtungen ausschließlich Wohnzwecken, Erholungszwecken, Sportzwecken oder ähnlichen Zwecken dienen.

H 2.9 (3)

H 2.9 (3)

118 **Betriebsstätte mit Land- und Forstwirtschaft.** Kapitalgesellschaften und andere Unternehmen im Sinne des § 2 Abs. 2 GewStG, die wegen ihrer Rechtsform steuerpflichtig sind, unterhalten Betriebsstätten auch in solchen Gemeinden, in denen sie nur eine Landwirtschaft betreiben (→ BFH vom 29. 11. 1960 – BStBl. 1961 III S. 52).

Keine Betriebsstätte wegen fehlender Betätigung für das Unternehmen.
– Genesungsheime und Kinderheime → BFH vom 29. 11. 1960 – BStBl. 1961 III S. 52.
– Auch die unentbehrlichen hygienischen Einrichtungen zur Benutzung durch die Arbeitnehmer begründen keine Betriebsstätte (→ BFH vom 16. 6. 1959 – BStBl. III S. 349).
– Der bloße Besitz von Grundvermögen begründet auch bei einer Kapitalgesellschaft noch keine Betriebsstätte (→ RFH vom 27. 5. 1941 – RStBl. S. 393). Bei Kapitalgesellschaften ist eine mehrgemeindliche Betriebsstätte jedoch auch dann gegeben, wenn sich in einer Gemeinde lediglich Grundstücke der Betriebsstätte befinden, die zurzeit betrieblich nicht benutzt werden (→ BFH vom 18. 4. 1951 – BStBl. III S. 124 und vom 26. 11. 1957 – BStBl. 1958 III S. 261).

R 2.9 (4)

R 2.9 (4)

Betriebsstätte eines Vertretenen

(4) ①Die Betriebsstätte setzt nach § 12 AO eine feste Geschäftseinrichtung oder Anlage voraus, die der Tätigkeit des Unternehmens dient. ②Die Tätigkeit des Unternehmens braucht nicht von dem Unternehmer selbst oder in seinem Namen von seinen Arbeitnehmern, sondern sie kann auch von einem ständigen Vertreter ausgeübt werden. ③Ein persönliches Abhängigkeitsverhältnis ist nur insoweit erforderlich, als der ständige Vertreter lediglich an die geschäftlichen Weisungen des vertretenen Unternehmens gebunden sein muss. ④Diese Voraussetzung ist ohne weiteres beim Vorliegen eines Arbeitnehmerverhältnisses auf Grund eines Dienstvertrags erfüllt. ⑤Die Weisungsgebundenheit kann aber auch ohne Vorliegen eines Arbeitnehmerverhältnisses auf anderer Rechtsgrundlage (z. B. auf einem Auftrags- oder Geschäftsbesorgungsverhältnis im Sinne der §§ 662 und 675 BGB) beruhen. 119

H 2.9 (4)

H 2.9 (4)

Ständiger Vertreter.

- **Allgemein.** Ständiger Vertreter ist eine Person, die nachhaltig die Geschäfte eines Unternehmens besorgt und dabei dessen Sachweisungen unterliegt, insbesondere für ein Unternehmen nachhaltig Verträge abschließt oder vermittelt oder Aufträge einholt oder einen Bestand von Gütern oder Waren unterhält und davon Auslieferungen vornimmt – § 13 AO (→ BFH vom 28. 6. 1972 – BStBl. II S. 785). 120
- **Betriebsaufspaltung.** Bei einer Betriebsaufspaltung (→ H 15.7 (4) bis (8) EStH) übt das Besitzunternehmen in den dem Betriebsunternehmen pachtweise überlassenen Betriebsstätten in der Regel keinen eigenen Gewerbebetrieb mehr aus. Das Betriebsunternehmen ist mit den gepachteten Betriebsstätten auch nicht ständiger Vertreter des Besitzunternehmens im Sinne des § 13 AO (→ BFH vom 10. 6. 1966 – BStBl. III S. 598).
- **Kapitalgesellschaft.** Ständiger Vertreter kann nicht nur eine natürliche Person, sondern auch eine juristische Person, insbesondere eine Kapitalgesellschaft sein (→ RFH vom 19. 12. 1939 – RStBl. 1940 S. 25).
- **Räumlichkeiten des Vertreters als Betriebsstätte des vertretenen Unternehmens.** Ist nach den Grundsätzen der R 2.9 (4) eine Person als ständiger Vertreter des Unternehmens anzusehen, so hängt die Annahme einer Betriebsstätte des Vertretenen von der weiteren Voraussetzung ab, dass die feste Geschäftseinrichtung oder Anlage, in der der ständige Vertreter seine Tätigkeit für das Unternehmen ausübt, einer gewissen, nicht nur vorübergehenden Verfügungsgewalt des Unternehmens unterliegt (→ BFH vom 28. 6. 1972 – BStBl. II S. 785). Dem Vertreter müssen die Einrichtungen in der Weise überlassen worden sein, dass bei Beendigung seiner Tätigkeit für den Vertretenen das Gebrauchsrecht des Vertreters an ihnen entfällt (→ BFH vom 14. 7. 1971 – BStBl. II S. 776). Das ist nicht der Fall, wenn der ständige Vertreter seine Tätigkeit in Räumlichkeiten ausübt, die dem vertretenen Unternehmer weder als Eigentümer noch als Mieter gehören. Demgemäß ist die Betriebsstätte, die einem ständigen Vertreter gehört, der selbständiger Gewerbetreibender (z. B. Handelsvertreter i. S. d. § 84 HGB) ist, nur eine Betriebsstätte des Vertreters und nicht auch eine Betriebsstätte des vertretenen Unternehmers. Das Gleiche gilt in der Regel für Werbelokale einer Bausparkasse, die diese ihren Vertretern zur Verfügung stellt (→ BFH vom 12. 10. 1965 – BStBl. III S. 690). Auch der Versicherungsvertreter, der in vollem Umfang selbständiger Gewerbetreibender ist, begründet durch seinen Gewerbebetrieb in der Regel jedenfalls dann keine Betriebsstätte des Versicherungsunternehmens, wenn er die Büroräume gemietet hat und nur eigene Angestellte beschäftigt. Das Recht des Versicherungsunternehmens, die Räume des Versicherungsvertreters zur Überprüfung von Geschäftsvorfällen und zur Kontrolle des Geldverkehrs zu betreten, begründet auch dann keine Betriebsstätte des Versicherungsunternehmens, wenn das Versicherungsunternehmen von seinem Recht tatsächlich Gebrauch macht (→ BFH vom 9. 3. 1962 – BStBl. III S. 227). Bei einer Geschäftseinrichtung (z. B. einem Warenlager) einer Mineralölfirma am Ort der Betriebsstätte eines selbständigen Tankstellenwarts ist Voraussetzung für eine Betriebsstätte der Mineralölfirma, dass die Mineralölfirma die Verfügungsgewalt im Sinne des oben bezeichneten BFH-Beschlusses vom 9. 3. 1962 – BStBl. III S. 227 über die Geschäftseinrichtung besitzt. Die Verfügungsgewalt ist zu verneinen, wenn die Geschäftseinrichtung von der Mineralölfirma an den Tankstellenwart verpachtet worden ist (→ BFH vom 16. 8. 1962 – BStBl. III S. 477). Auch die Wohnung des unselbständigen Handlungsgehilfen, der ständiger Vertreter ist, ist im Allgemeinen keine Betriebsstätte des vertretenen Geschäftsherrn. Die Räumlichkeiten, in denen der ständige Vertreter seine geschäftliche Tätigkeit ausübt, sind jedoch, ohne dass sie dem Vertretenen als Eigentümer oder Mieter zu gehören brauchen, als dessen Betriebsstätte anzusehen, wenn dem Vertretenen über diese Räumlichkeiten eine gewisse, nicht nur vorübergehende Verfügungsgewalt zusteht (→ RFH vom 26. 9. 1939 – RStBl. S. 1227, vom 19. 12. 1939 – RStBl. 1940 S. 25 und S. 26 und vom 11. 3. 1942 – RStBl. S. 801). Eine inländische Betriebsstätte eines ausländischen Unternehmens liegt auch dann vor, wenn der Betrieb in Räumen ausgeübt wird, die ein leitender Angestellter des Unternehmens unter seinem Namen gemietet und dem Unternehmen zur Verfügung gestellt hat (→ BFH vom 30. 1. 1974 – BStBl. II S. 327).

– **Vertretung im Rahmen eines Gewerbebetriebs des Vertreters.** Die Vertretung kann auch im Rahmen eines Gewerbebetriebs des Vertreters ausgeübt werden. So kann z. B. ein Handelsvertreter (§ 84 HGB) ständiger Vertreter in diesem Sinne sein (→ RFH vom 23. 4. 1941 – RStBl. S. 355).

Anl zu R 2.9

Abgabenordnung

121 **§ 10 Geschäftsleitung**

Geschäftsleitung ist der Mittelpunkt der geschäftlichen Oberleitung.

122 **§ 11 Sitz**

Den Sitz hat eine Körperschaft, Personenvereinigung oder Vermögensmasse an dem Ort, der durch Gesetz, Gesellschaftsvertrag, Satzung, Stiftungsgeschäft oder dergleichen bestimmt ist.

123 **§ 12 Betriebstätte**

① Betriebstätte ist jede feste Geschäftseinrichtung oder Anlage, die der Tätigkeit eines Unternehmens dient. ② Als Betriebstätten sind insbesondere anzusehen:

1. die Stätte der Geschäftsleitung,
2. Zweigniederlassungen,
3. Geschäftsstellen,
4. Fabrikations- oder Werkstätten,
5. Warenlager,
6. Ein- oder Verkaufsstellen,
7. Bergwerke, Steinbrüche oder andere stehende, örtlich fortschreitende oder schwimmende Stätten der Gewinnung von Bodenschätzen,
8. Bauausführungen oder Montagen, auch örtlich fortschreitende oder schwimmende, wenn
   a) die einzelne Bauausführung oder Montage oder
   b) eine von mehreren zeitlich nebeneinander bestehenden Bauausführungen oder Montagen oder
   c) mehrere ohne Unterbrechung aufeinander folgende Bauausführungen oder Montagen

länger als sechs Monate dauern.

124 **§ 13 Ständiger Vertreter**

① Ständiger Vertreter ist eine Person, die nachhaltig die Geschäfte eines Unternehmens besorgt und dabei dessen Sachweisungen unterliegt. ② Ständiger Vertreter ist insbesondere eine Person, die für ein Unternehmen nachhaltig

1. Verträge abschließt oder vermittelt oder Aufträge einholt oder
2. einen Bestand von Gütern oder Waren unterhält und davon Auslieferungen vornimmt.

125 **§ 14 Wirtschaftlicher Geschäftsbetrieb**

① Ein wirtschaftlicher Geschäftsbetrieb ist eine selbständige nachhaltige Tätigkeit, durch die Einnahmen oder andere wirtschaftliche Vorteile erzielt werden und die über den Rahmen einer Vermögensverwaltung hinausgeht. ② Die Absicht, Gewinn zu erzielen, ist nicht erforderlich. ③ Eine Vermögensverwaltung liegt in der Regel vor, wenn Vermögen genutzt, zum Beispiel Kapitalvermögen verzinslich angelegt oder unbewegliches Vermögen vermietet oder verpachtet wird.

§ 2 a Arbeitsgemeinschaften GewStG

① Als Gewerbebetrieb gilt nicht die Tätigkeit der Arbeitsgemeinschaften, deren alleiniger Zweck in der Erfüllung eines einzigen Werkvertrags oder Werklieferungsvertrags besteht. ② Die Betriebsstätten der Arbeitsgemeinschaften gelten insoweit anteilig als Betriebsstätten der Beteiligten. 1

R 2 a Arbeitsgemeinschaften R 2a

① Die Vorschrift des § 2 a GewStG gilt nur für Arbeitsgemeinschaften, die auf Grund eines Werkvertrags oder Werklieferungsvertrags tätig werden. ② Dagegen unterliegen Gemeinschaften, die einen gemeinsamen Ein- oder Verkauf betreiben, sofern dieser sich nicht auf die Erfüllung des Werk- oder Werklieferungsvertrags beschränkt, selbständig der Gewerbesteuer. 2

H 2 a H 2a

Auslegung des Gesellschaftsvertrags. Ob eine Arbeitsgemeinschaft den alleinigen Zweck hat, sich auf die Erfüllung eines einzigen Werk- oder Werklieferungsvertrags zu beschränken, ist durch Auslegung des Gesellschaftsvertrags zu ermitteln (→ BFH vom 2. 12. 1992 – BStBl. 1993 II S. 577). 3

R 3.0

R 3.0 Steuerbefreiungen nach anderen Gesetzen und Verordnungen

0 Sehen andere Gesetze oder Verordnungen die Befreiung von der Gewerbesteuer vor, sind diese auch ohne eine entsprechende Regelung im Gewerbesteuergesetz anzuwenden.

H 3.0

H 3.0

Steuerbefreiungen außerhalb des Gewerbesteuergesetzes.[1] Von der Gewerbesteuer sind auf Grund anderer Gesetze und Verordnungen u. a. befreit:

1. Kleinere Versicherungsvereine auf Gegenseitigkeit nach § 12a GewStDV vom 15. 10. 2002 (BGBl. I S. 4180), zuletzt geändert durch Artikel 2 des Gesetzes zur Modernisierung der Finanzaufsicht über Versicherungen vom 1. 4. 2015 (BGBl. I S. 434).
2. Einnehmer staatlicher Lotterien nach § 13 GewStDV vom 15. 10. 2002 (BGBl. I S. 4180), zuletzt geändert durch Artikel 2 des Gesetzes zur Modernisierung der Finanzaufsicht über Versicherungen vom 1. 4. 2015 (BGBl. I S. 434).
3. Sondervermögen und Investmentaktiengesellschaften nach § 11 Abs. 1 Satz 2 des Investmentsteuergesetzes vom 15. 12. 2003 (BGBl. I S. 2724), zuletzt geändert durch Art. 11 des Investmentsteuerreformgesetzes vom 19. 7. 2016 (BGBl. I S. 1730).
4. Ausgleichkassen und gemeinsame Einrichtungen der Tarifvertragsparteien nach § 12 Abs. 3 des Vorruhestandsgesetzes vom 13. 4. 1984 (BGBl. I S. 601, BStBl. I S. 332), zuletzt geändert durch Artikel 2 des Gesetzes vom 22. 12. 2005 (BGBl. I S. 3686).

GewStDV

§§ 10 bis 12 *(weggefallen)*

§ 12 a[2] *Kleinere Versicherungsvereine*

01 *Kleinere Versicherungsvereine auf Gegenseitigkeit im Sinne des § 210 des Versicherungsaufsichtsgesetzes*[3] *sind von der Gewerbesteuer befreit, wenn sie nach § 5 Abs. 1 Nr. 4 des Körperschaftsteuergesetzes von der Körperschaftsteuer befreit sind.*

GewStG

§ 3 Befreiungen

Von der Gewerbesteuer sind befreit

1 **1.**[4] **das Bundeseisenbahnvermögen, die staatlichen Lotterieunternehmen, die zugelassenen öffentlichen Spielbanken mit ihren der Spielbankabgabe unterliegenden Tätigkeiten und der Erdölbevorratungsverband nach § 2 Abs. 1 des Erdölbevorratungsgesetzes vom 16. Januar 2012 (BGBl. I S. 74) in der jeweils geltenden Fassung;**

. . .

GewStDV

§ 13 *Einnehmer einer staatlichen Lotterie*

1a *Die Tätigkeit der Einnehmer einer staatlichen Lotterie unterliegt auch dann nicht der Gewerbesteuer, wenn sie im Rahmen eines Gewerbebetriebs ausgeübt wird.*[5]

H 3.1

H 3.1 Zu § 3 Nr. 1 GewStG

1b **Betrieb einer Bar in Spielbanken.** Weder der Betrieb einer Bar noch die Einnahmen aus der Verpachtung von Flächen zum Betrieb einer Bar in den Räumen einer Spielbank sind mit der Spielbankabgabe abgegolten und unterliegen somit der Gewerbesteuer (→ BFH vom 30. 10. 2014 – BStBl. II 2015 S. 565).

Lotterieunternehmen.

- Die Befreiungsvorschrift des § 3 Nr. 1 GewStG ist auf Lotterieunternehmen, die in der Rechtsform einer Kapitalgesellschaft betrieben werden, auch dann nicht anwendbar, wenn sich die Anteile in der Hand des Staates befinden (→ BFH vom 14. 3. 1961 – BStBl. III S. 212 und vom 13. 11. 1963 – BStBl. 1964 III S. 190).
- Demgegenüber ist § 3 Nr. 1 GewStG auf ein Lotterieunternehmen, das als rechtsfähige Anstalt des öffentlichen Rechts der Staatsaufsicht unterliegt, anzuwenden (→ BFH vom 24. 10. 1984 – BStBl. 1985 II S. 223).

Privater (nicht staatlicher) Lotterieveranstalter. Der private Veranstalter einer nicht genehmigten Lotterie kann weder die Gewerbesteuerfreiheit nach § 3 Nr. 1 GewStG in Anspruch nehmen noch ist er Einnehmer einer staatlichen Lotterie i. S. des § 13 GewStDV. Ge-

---

[1] Steuerbefreit sind auch Unterstützungskassen nach § 15 Abs. 2 PostpersonalrechtsG v. 14. 9. 1994 (BGBl. I S. 2325, 2353) i. d. F. des G v. 9. 11. 2004 (BGBl. I S. 2774).

[2] § 12 a GewStDV VAG-Verweis geändert durch Gesetz vom 1. 4. 2015 (BGBl. I S. 434) mWv EZ 2016.

[3] Versicherungsaufsichtsgesetz i. d. F. der Bek. vom 1. 4. 2015 (BGBl. 2015 I S. 434), zuletzt geändert durch Gesetz vom 10. 8. 2021 (BGBl. I S. 3436).

[4] § 3 Nr. 1 geändert durch Gesetz vom 12. 12. 2019 (BGBl. I S. 2451) mWv EZ 2019.

[5] Ab 1. 1. 2008 werden die staatlichen Lotterien in **Hamburg** von der Lotto Hamburg GmbH veranstaltet, die Einnehmer sind deswegen seit dem 1. 1. 2008 mit dieser Tätigkeit gewerbesteuerpflichtig; vgl. Erlass *FinBeh Hamburg vom 7. 1. 2009 – 53 – G 1410 – 001/09, StEK GewStG § 2 Abs. 1 Nr. 192.*

gen die hieraus folgende Doppelbelastung mit Lotterie- und Gewerbesteuer bestehen keine verfassungsrechtlichen Bedenken (→ BFH vom 2. 12. 2010[1] – BStBl. 2011 II S. 368).

Staatliche Lotterie. Zum Begriff der staatlichen Lotterie (→ BFH vom 14.3. 1961 – BStBl. III S. 212, vom 13. 11. 1963 – BStBl. 1964 III S. 190 und vom 24. 10. 1984 – BStBl. 1985 II S. 223).

Zur Behandlung der Einnehmer einer staatlichen Lotterie.
- → § 13 GewStDV.
- Die Befreiungsvorschrift des § 13 GewStDV ist auf Einnehmer von Lotterieunternehmen, die in der Rechtsform einer Kapitalgesellschaft betrieben werden, auch dann nicht anwendbar, wenn sich die Anteile in der Hand des Staates befinden (→ BFH vom 14. 3. 1961 – BStBl. III S. 212 und vom 13. 11. 1963 – BStBl. 1964 III S. 190).
- Zur steuerbefreiten Tätigkeit des Einnehmers eines staatlichen Lotterieunternehmens kann es auch gehören, dass der Lotterieeinnehmer so genannte Lagerlose vorrätig hält und hierdurch selbst an den einzelnen Losziehungen der Lotterie teilnimmt (→ BFH-Urteil vom 25. 3. 1976 – BStBl. II S. 576).
- Der Bezirksstellenleiter einer staatlichen Lotterie, der keine Lotteriegeschäfte mit Kunden abschließt, ist kein von der Gewerbesteuer befreiter Lotterieeinnehmer i. S. d. § 13 GewStDV (→ BFH vom 10. 8. 1972 – BStBl. II S. 801).

Anl zu H 3.1

Verfügung betr. gewerbesteuerrechtliche Behandlung der Einnehmer einer staatlichen Lotterie (§ 3 Nr. 1 GewStG i. V. m. § 13 GewStDV); hier: Lotto- und Toto-Annahmestellen

Vom 11. Mai 2016 (StEd S. 398)

(OFD Frankfurt G 1410 A – 1 – St 57)

1c In der Praxis haben sich zur gewerbesteuerlichen Behandlung von Lotto- und Toto-Annahmestellen aufgrund des BFH-Urteils vom 19. 11. 1985 (BStBl. 1986 II S. 719) Unsicherheiten ergeben. Nach dieser Entscheidung liegt bei enger finanzieller, wirtschaftlicher und organisatorischer Verflechtung zwischen einem Tabakwareneinzelhandel sowie einer Lotto- und Toto-Annahmestelle ein einheitlicher Gewerbebetrieb vor. Folglich können die Inhaber solcher Annahmestellen den Freibetrag nach § 11 Abs. 1 GewStG in Höhe von *36 000,– DM*[2] nicht doppelt in Anspruch nehmen.

Die Entscheidung des BFH ist für hessische Lotto- und Toto-Annahmestellen weitgehend bedeutungslos, weil im Streitfall aufgrund der in Bremen gegebenen Verhältnisse nicht von einer staatlichen Lotterie i. S. des § 3 Nr. 1 GewStG auszugehen und insoweit auch die Befreiungsvorschrift des § 13 GewStDV nicht anzuwenden war. Als staatliche Lotterieunternehmen können nur diejenigen Unternehmen angesehen werden, die der Staat unmittelbar selbst betreibt (Regiebetriebe) oder die in Form einer rechtsfähigen, der Staatsaufsicht unterliegenden Anstalt des öffentlichen Rechts organisiert sind (BFH-Urteil vom 24. 10. 1984, BStBl. 1985 II S. 223). Eine Gewerbesteuerbefreiung gemäß § 3 Nr. 1 GewStG, § 13 GewStDV greift hingegen nicht ein, wenn das Lotterieunternehmen in der Rechtsform einer Kapitalgesellschaft betrieben wird, wobei unmaßgeblich ist, ob sich die Anteile des Unternehmens ganz oder teilweise in der Hand des Staates befinden (Urteil des Großen Senats des BFH vom 13. 11. 1963, BStBl. 1964 III S. 190; *Abschn. 35 Abs. 1 S. 2 GewStR 1984*).[3]

In Hessen wird das Lotto- und Toto-Gewinnspiel unmittelbar vom Land Hessen selbst betrieben und von der Hessischen Lotterieverwaltung als Staatslotterie veranstaltet; diese ist auch Vertragspartner der Lotterieeinnehmer. Demgegenüber hat die Lotterie-Treuhandgesellschaft mbH Hessen lediglich die Aufgabe, für die technische Durchführung der Lotterie zu sorgen. Dies steht dem Charakter der Veranstaltung als Staatslotterie nicht entgegen. Die entsprechenden Provisionseinkünfte sind daher gemäß § 13 GewStDV von der Gewerbesteuer befreit.[4]

Etwas anderes gilt hinsichtlich der Behandlung von Provisionseinnahmen aus der Glücksspirale. Diese Lotterie wird von der Lotterie-Treuhandgesellschaft mbH als Privatlotterie betrieben. Die entsprechenden Provisionseinkünfte unterliegen der Gewerbesteuer.

§ 3 Befreiungen

GewStG

Von der Gewerbesteuer sind befreit

...

2 **2.[5] die Deutsche Bundesbank, die Kreditanstalt für Wiederaufbau, die Landwirtschaftliche Rentenbank, die Bayerische Landesanstalt für Aufbaufinanzierung, die Niedersächsische Gesellschaft für öffentliche Finanzierungen mit beschränkter Haftung, die Bremer Aufbau-Bank GmbH, die Landeskreditbank Baden-Württemberg – Förderbank, die Bayerische Landesbodenkreditanstalt, die Investitionsbank Berlin, die Hamburgische Investitions- und Förderbank, die NRW.Bank, die Investitions- und Förderbank Niedersachsen, die Saarländische Investitionskreditbank**

[1] *Anm. d. Red.:* Gemeint ist wohl 1. 12. 2010.
[2] Jetzt: 24 500 EUR.
[3] Jetzt: H 3.1 GewStH.
[4] Die Regelung gilt sinngemäß auch für das Land **Bayern.** Veranstalter und Verwalter des Toto- und Lottogeschäfts ist hier die Staatl. Lotterieverwaltung, eine dem Bayer. Staatsministerium der Finanzen unterstellte Behörde.
[5] § 3 Nr. 2 ist für die Hamburgische Investitions- und Förderbank erstmals für den EZ 2013 anzuwenden.

Aktiengesellschaft, die Investitionsbank Schleswig-Holstein, die Investitionsbank des Landes Brandenburg, die Sächsische Aufbaubank – Förderbank –, die Thüringer Aufbaubank, die Investitionsbank Sachsen-Anhalt – Anstalt der Norddeutschen Landesbank – Girozentrale –, die Investitions- und Strukturbank Rheinland-Pfalz, das Landesförderinstitut Mecklenburg-Vorpommern – Geschäftsbereich der Norddeutschen Landesbank Girozentrale –, die Wirtschafts- und Infrastrukturbank Hessen – rechtlich unselbständige Anstalt in der Landesbank Hessen-Thüringen Girozentrale und die Liquiditäts-Konsortialbank Gesellschaft mit beschränkter Haftung;

3 **3. die Bundesanstalt für vereinigungsbedingte Sonderaufgaben;**

4. *(weggefallen)*

5 **5. ① Hauberg-, Wald-, Forst- und Laubgenossenschaften und ähnliche Realgemeinden. ② Unterhalten sie einen Gewerbebetrieb, der über den Rahmen eines Nebenbetriebs hinausgeht, so sind sie insoweit steuerpflichtig;**

6 **6. ① Körperschaften, Personenvereinigungen und Vermögensmassen, die nach der Satzung, dem Stiftungsgeschäft oder der sonstigen Verfassung und nach der tatsächlichen Geschäftsführung ausschließlich und unmittelbar gemeinnützigen, mildtätigen oder kirchlichen Zwecken dienen (§§ 51 bis 68 der Abgabenordnung).[1] ② Wird ein wirtschaftlicher Geschäftsbetrieb – ausgenommen Land- und Forstwirtschaft – unterhalten, ist die Steuerfreiheit insoweit ausgeschlossen;**

. . .

H 3.6

H 3.6 Zu § 3 Nr. 6 GewStG

6a **Gemeinnützige, mildtätige und kirchliche Körperschaften.** → AEAO zu §§ 51 bis 68 AO.[2]

Gemeinnützige kommunale Eigengesellschaft (Rettungsdienst). Die Eigengesellschaft einer juristischen Person des öffentlichen Rechts kann nach § 5 Abs. 1 Nr. 9 KStG 2002 und § 3 Nr. 6 Satz 1 GewStG 2002 steuerbegünstigt sein. Das gilt auch, soweit sie in die Erfüllung hoheitlicher Pflichtaufgaben der Trägerkörperschaft eingebunden ist (→ BFH vom 27. 11. 2013 – BStBl. 2016 II S. 68).

Rückwirkende Aberkennung der Gemeinnützigkeit. Ist die tatsächliche Geschäftsführung einer gemeinnützigen GmbH nicht während des gesamten Besteuerungszeitraums auf die ausschließliche und unmittelbare Erfüllung der steuerbegünstigten Zwecke gerichtet, führt dies grundsätzlich nur zu einer Versagung der Steuerbefreiung für diesen Besteuerungszeitraum. Schüttet eine gemeinnützige GmbH jedoch die aus der gemeinnützigen Tätigkeit erzielten Gewinne überwiegend verdeckt an ihre steuerpflichtigen Gesellschafter aus, liegt ein schwer wiegender Verstoß gegen § 55 Abs. 1 Nr. 1 bis 3 AO vor, der in Anwendung des § 61 Abs. 3 AO auch zum rückwirkenden Verlust der Gewerbesteuerbefreiung nach § 3 Nr. 6 GewStG führt (→ BFH vom 12. 10. 2010 – BStBl. 2012 II S. 226).

Wirtschaftliche Geschäftsbetriebe. Unterhält ein in § 3 Nr. 6 Satz 1 GewStG[3, 4] genanntes Unternehmen einen oder mehrere wirtschaftliche Geschäftsbetriebe, die keine Zweckbetriebe sind und übersteigen die Einnahmen insgesamt, einschließlich der Umsatzsteuer, im Jahr 35 000 Euro, tritt insoweit partielle Gewerbesteuerpflicht ein; → § 64 AO; → R 2.1 Abs. 5, H 2.1 (5).

GewStG

§ 3 Befreiungen

Von der Gewerbesteuer sind befreit

. . .

7 **7. Hochsee- und Küstenfischerei, wenn sie mit weniger als sieben im Jahresdurchschnitt beschäftigten Arbeitnehmern oder mit Schiffen betrieben wird, die eine eigene Triebkraft von weniger als 100 Pferdekräften haben;**

. . .

R 3.7

R 3.7 Hochsee- und Küstenfischerei

7a Küstenfischerei im Sinne dieser Vorschrift ist auch die Fischerei auf dem Unterlauf der Weser und der Elbe und die Hafffischerei.

H 3.7

H 3.7 Zu § 3 Nr. 7 GewStG

Allgemeines.

7b – Für die Anwendung der Befreiungsvorschrift in § 3 Nr. 7 GewStG genügt es, dass eine der dort bezeichneten Voraussetzungen erfüllt ist (→ RFH vom 14. 12. 1937 – RStBl. 1938 S. 428).

---

[1] Für Fälle der Betriebsaufspaltung vgl. *Vfg. BayLfSt vom 21. 10. 2010* (Anlage a zu R 3.20).

[2] Abgedruckt im „AO-Handbuch".

[3] Die GewSt-Befreiung der Betriebskapitalgesellschaft nach § 3 Nr. 6 GewStG erstreckt sich auch auf das Besitzunternehmen; vgl. *BFH-Urteil vom 19. 10. 2006 IV R 22/02, DStR S. 2207.* – Vb. nicht zur Entscheidung angenommen, vgl. *BVerfG-Beschluss vom 14. 2. 2008 1 BvR 19/07.*

[4] Vgl. auch § 3 Nr. 20 GewStG mit den dort abgedruckten Urteilen und Verwaltungsanweisungen.

– Die Binnenfischerei (Fischerei auf Binnengewässern einschließlich der Teichwirtschaft) gehört zur Landwirtschaft und unterliegt somit grundsätzlich nicht der Gewerbesteuer, § 13 Abs. 1 Nr. 2 EStG i. V. m. § 62 BewG. Dies gilt jedoch nicht, wenn ein Gewerbebetrieb kraft Rechtsform (Kapitalgesellschaft → R 2.1 Abs. 4) vorliegt. Für diesen Fall ist zu prüfen, ob die Voraussetzungen des § 3 Nr. 7 GewStG erfüllt sind.

Nebentätigkeit. Eine Nebentätigkeit, z. B. so genannte Angelfahrten, beeinträchtigt die Steuerbefreiung für die begünstigten Tätigkeiten nicht, solange der Betrieb als solcher seinen Charakter als Hochsee- und Küstenfischereibetrieb nicht einbüßt (→ BFH vom 19. 7. 1978 – BStBl. 1979 II S. 49).

§ 3 Befreiungen GewStG

Von der Gewerbesteuer sind befreit

...

8.[1] Genossenschaften sowie Vereine im Sinne des § 5 Abs. 1 Nr. 14 des Körperschaftsteuergesetzes, soweit sie von der Körperschaftsteuer befreit sind; 8

...

H 3.8 Zu § 3 Nr. 8 GewStG H 3.8

Erwerbs- und Wirtschaftsgenossenschaften und Vereine im Bereich der Land- und Forstwirtschaft. 8a

– Mit der Bezugnahme auf § 5 Abs. 1 Nr. 14 KStG sind die Grundsätze der R 5.11 bis 5.16 KStR[2] zu beachten.
– Zu dem steuerbefreiten Tätigkeitsbereich gehört auch die Vermittlung von Leistungen im Bereich der Land- und Forstwirtschaft im Sinne des Bewertungsgesetzes, z. B. von Mietverträgen für Maschinenringe einschließlich der Gestellung von Personal. Der Begriff „Verwertung" umfasst auch die Vermarktung und den Absatz, soweit die Tätigkeit im Bereich der Land- und Forstwirtschaft liegt. Nicht unter die Steuerbefreiung fällt dagegen die Rechts- und Steuerberatung (→ R 5.11 Abs. 4 Satz 2 bis 4 KStR[2]).
– Werden landwirtschaftliche Nutzungs- und Verwertungsgenossenschaften sowie Vereine auf Grund gesetzlicher Vorschriften oder behördlicher Anordnungen gezwungen, Geschäfte mit Nichtmitgliedern zu machen, bleiben die Gewinne aus den Mitgliedergeschäften körperschaftsteuerfrei. Die Gewinne aus dem erzwungenen Nichtmitgliedergeschäft können, sofern eine Ermittlung im Einzelnen nur schwer oder nur mit erheblichem Arbeitsaufwand möglich wäre, für die Zwecke der Körperschaftsteuer im Schätzungswege ermittelt werden (→ R 5.11 Abs. 8 KStR[2]). Der so ermittelte Gewinn aus Gewerbebetrieb ist auch bei der Ermittlung des Gewerbeertrags zugrunde zu legen.

§ 3 Befreiungen GewStG

Von der Gewerbesteuer sind befreit

...

9. rechtsfähige Pensions-, Sterbe-, Kranken- und Unterstützungskassen im Sinne des § 5 Abs. 1 Nr. 3 des Körperschaftsteuergesetzes, soweit sie die für eine Befreiung von der Körperschaftsteuer erforderlichen Voraussetzungen erfüllen; 9

...

H 3.9 Zu § 3 Nr. 9 GewStG H 3.9

Pensions-, Sterbe-, Kranken- und Unterstützungskassen. Mit der Bezugnahme auf § 5 Abs. 1 Nr. 3 KStG sind die Grundsätze der → R 5.2 und 6 KStR[2] zu beachten. 9a

§ 3 Befreiungen GewStG

Von der Gewerbesteuer sind befreit

...

10. Körperschaften oder Personenvereinigungen, deren Hauptzweck die Verwaltung des Vermögens für einen nichtrechtsfähigen Berufsverband im Sinne des § 5 Abs. 1 Nr. 5 des Körperschaftsteuergesetzes ist, wenn ihre Erträge im Wesentlichen aus dieser Vermögensverwaltung herrühren und ausschließlich dem Berufsverband zufließen; 10

11. ① öffentlich rechtliche Versicherungs- und Versorgungseinrichtungen von Berufsgruppen, deren Angehörige auf Grund einer durch Gesetz angeordneten oder auf Gesetz beruhenden Verpflichtung Mitglieder dieser Einrichtungen sind, wenn die Satzung der Einrichtung die Zahlung keiner höheren jährlichen Beiträge zulässt als das Zwölffache der Beiträge, die sich bei einer Beitragsbemessungsgrundlage 11

---

[1] § 3 Nr. 8 geändert durch Gesetz vom 12. 12. 2019 (BGBl. I S. 2451) mWv EZ 2020.
[2] Abgedruckt im „Handbuch zur KSt-Veranlagung".

in Höhe der doppelten monatlichen Beitragsbemessungsgrenze in der allgemeinen Rentenversicherung ergeben würden. ② Sind nach der Satzung der Einrichtung nur Pflichtmitgliedschaften sowie freiwillige Mitgliedschaften, die unmittelbar an eine Pflichtmitgliedschaft anschließen, möglich, so steht dies der Steuerbefreiung nicht entgegen, wenn die Satzung die Zahlung keiner höheren jährlichen Beiträge zulässt als das Fünfzehnfache der Beiträge, die sich bei einer Beitragsbemessungsgrundlage in Höhe der doppelten monatlichen Beitragsbemessungsgrenze in der allgemeinen Rentenversicherung ergeben würden;

...

H 3.11

H 3.11 Zu § 3 Nr. 11 GewStG

11a **Steuerbefreiung öffentlich-rechtlicher Versicherungs- und Versorgungseinrichtungen von Berufsgruppen.** Für die Steuerbefreiung der berufsständischen Versicherungs- und Versorgungseinrichtungen ist es entsprechend § 187 a SGBVI unschädlich, wenn aus einer vom Arbeitgeber gezahlten Entlassungsentschädigung wegen Altersteilzeit neben den in § 5 Abs. 1 Nr. 8 KStG, § 3 Nr. 11 GewStG festgelegten Höchstbeträgen zur Reduzierung des versicherungsmathematischen Abschlags beim vorgezogenen Altersruhegeld Leistungen in die berufsständische Versorgungseinrichtung entrichtet werden (→ BMF vom 20. 10. 2003 – BStBl. I S. 558).

Umfang der Gewerbesteuerbefreiung. Die Steuerbefreiung für öffentlich-rechtliche Versorgungseinrichtungen erstreckt sich auch auf Einkünfte, die sie aus der ihr gesetzlich erlaubten Anlage ihres Vermögens erzielen (→ BFH vom 9. 2. 2011 – BStBl. 2012 II S. 601).

GewStG

§ 3 Befreiungen

Von der Gewerbesteuer sind befreit

...

12 **12.**[1] **Gesellschaften, bei denen die Gesellschafter als Unternehmer (Mitunternehmer) anzusehen sind, sowie Genossenschaften, soweit die Gesellschaften und die Genossenschaften eine gemeinschaftliche Tierhaltung im Sinne des § 51 a des Bewertungsgesetzes betreiben;**

13 **13.**[2] **private Schulen und andere allgemeinbildende oder berufsbildende Einrichtungen, soweit unmittelbar dem Schul- und Bildungszweck dienende Leistungen erbracht werden, wenn sie**

a) als Ersatzschulen gemäß Artikel 7 Absatz 4 des Grundgesetzes staatlich genehmigt oder nach Landesrecht erlaubt sind oder

b) auf einen Beruf oder eine vor einer juristischen Person des öffentlichen Rechts abzulegende Prüfung ordnungsgemäß vorbereiten;

...

H 3.13

H 3.13 Zu § 3 Nr. 13 GewStG

13a **Allgemeines.** → Abschnitte 4.21.1 bis 4.21.5 UStAE.

Betrieb einer Unterrichtsanstalt als Ausübung eines freien Berufs. Ist der Betrieb einer Unterrichtsanstalt als Ausübung eines freien Berufs anzusehen, unterliegt dieser bereits aus diesem Grunde schon nicht der Gewerbesteuer. → H 15.6 (Erzieherische Tätigkeit) EStH; → H 15.6 (Unterrichtende Tätigkeit) EStH.

Anl zu H 3.13

Erlaß betr. Befreiung privater Schulen von der Gewerbesteuer gemäß § 3 Nr. 13 GewStG

Vom 29. November 1996 (DStR 1997 S. 618)

(FM Mecklenburg-Vorpommern IV 320 – G 1412 – 1/92; koord. Ländererlaß)

13b Im Einvernehmen mit den obersten Finanzbehörden des Bundes und der anderen Länder ist das Urteil des BFH vom 27. 3. 1996 I R 182/94 (BStBl. 1997 II S. 449)[3] auf alle vergleichbaren Fälle anzuwenden. Danach gilt die Steuerbefreiung nach § 3 Nr. 13 GewStG auch für Gewerbebetriebe, die Träger berufsbildender Einrichtungen sind, sofern diese Einrichtungen im Rahmen des Gesamtgewerbebetriebes organisatorisch und im wesentlichen auch wirtschaftlich verselbständigt und von der zuständigen Behörde als Ersatzschulen bzw. Ausbildungsstätten genehmigt sind. Die Steuerbefreiung gilt nur für den konkreten Tätigkeitsbereich einer solchen Bildungseinrichtung, der durch die staatliche Genehmigung abgedeckt wird.

---

[1] § 3 Nr. 12 geändert durch Gesetz vom 12. 12. 2019 (BGBl. I S. 2451) mWv EZ 2020.

[2] § 3 Nr. 13 geändert durch Gesetz vom 12. 12. 2019 (BGBl. I S. 2451) mWv EZ 2015.

[3] *BFH-Urteil vom 27. 3. 1996 I R 182/94, BStBl. 1997 II S. 449:* Ist eine allgemein- oder berufsbildende Einrichtung als Ersatzschule anerkannt, so ist der Träger der Einrichtung insoweit auch dann von der Gewerbesteuer befreit, wenn er daneben noch einen anderen Gewerbebetrieb hat.

§ 3 Befreiungen GewStG

Von der Gewerbesteuer sind befreit

. . .

14.[1] Genossenschaften sowie Vereine, deren Tätigkeit sich auf den Betrieb der Land- und Forstwirtschaft beschränkt, wenn die Mitglieder der Genossenschaft oder dem Verein Flächen zur Nutzung oder für die Bewirtschaftung der Flächen erforderliche Gebäude überlassen und 14

a) bei Genossenschaften das Verhältnis der Summe der Werte der Geschäftsanteile des einzelnen Mitglieds zu der Summe der Werte aller Geschäftsanteile,

b) bei Vereinen das Verhältnis des Werts des Anteils an dem Vereinsvermögen, der im Fall der Auflösung des Vereins an das einzelne Mitglied fallen würde, zu dem Wert des Vereinsvermögens

nicht wesentlich von dem Verhältnis abweicht, in dem der Wert der von dem einzelnen Mitglied zur Nutzung überlassenen Flächen und Gebäude zu dem Wert der insgesamt zur Nutzung überlassenen Flächen und Gebäude steht;

. . .

H 3.14 Zu § 3 Nr. 14 GewStG H 3.14

Landwirtschaftliche Produktionsgenossenschaften: Verlustvortrag. Der Wechsel in der Steuerpflicht eines Gewerbesteuersubjekts aufgrund einer persönlichen Steuerbefreiung (hier § 3 Nr. 14a[2] GewStG) führt nicht zum Wegfall des Gewerbesteuersubjekts. Bleibt das Steuersubjekt bei Beendigung und nachfolgendem erneuten Beginn der Gewerbesteuerpflicht bestehen, ist sowohl die Unternehmens- als auch die Unternehmeridentität gewahrt. Gewerbeverluste aus vorangegangenen, nicht steuerbefreiten Erhebungszeiträumen sind deshalb nach Wiedereintritt in die Steuerpflicht abzugsfähig (→ BFH vom 9. 6. 1999 – BStBl. II S. 733). 14a

§ 3 Befreiungen GewStG

Von der Gewerbesteuer sind befreit

. . .

15.[3] Genossenschaften sowie Vereine im Sinne des § 5 Abs. 1 Nr. 10 des Körperschaftsteuergesetzes, soweit sie von der Körperschaftsteuer befreit sind; 15

16. *(weggefallen)*

17. ① die von den zuständigen Landesbehörden begründeten oder anerkannten gemeinnützigen Siedlungsunternehmen im Sinne des Reichssiedlungsgesetzes in der jeweils aktuellen Fassung oder entsprechender Landesgesetze, soweit diese Landesgesetze nicht wesentlich von den Bestimmungen des Reichssiedlungsgesetzes abweichen, und im Sinne der Bodenreformgesetze der Länder, soweit die Unternehmen im ländlichen Raum Siedlungs-, Agrarstrukturverbesserungs- und Landentwicklungsmaßnahmen mit Ausnahme des Wohnungsbaus durchführen. ② Die Steuerbefreiung ist ausgeschlossen, wenn die Einnahmen des Unternehmens aus den in Satz 1 nicht bezeichneten Tätigkeiten die Einnahmen aus den in Satz 1 bezeichneten Tätigkeiten übersteigen; 17

18. *(weggefallen)*

19. der Pensions-Sicherungs-Verein Versicherungsverein auf Gegenseitigkeit, wenn er die für eine Befreiung von der Körperschaftsteuer erforderlichen Voraussetzungen erfüllt; 19

20. Krankenhäuser, Altenheime, Altenwohnheime, Pflegeheime, Einrichtungen zur vorübergehenden Aufnahme pflegebedürftiger Personen und Einrichtungen zur ambulanten Pflege kranker und pflegebedürftiger Personen sowie Einrichtungen zur ambulanten oder stationären Rehabilitation, wenn 20

a) diese Einrichtungen von juristischen Personen des öffentlichen Rechts betrieben werden oder

b) bei Krankenhäusern im Erhebungszeitraum die in § 67 Abs. 1 oder 2 der Abgabenordnung bezeichneten Voraussetzungen erfüllt worden sind oder

c)[4] bei Altenheimen, Altenwohnheimen und Pflegeheimen im Erhebungszeitraum mindestens 40 Prozent der Leistungen den in § 61a des Zwölften Buches Sozialgesetzbuch oder den in § 53 Nr. 2 der Abgabenordnung genannten Personen zugute gekommen sind oder

---

[1] § 3 Nr. 14 geändert durch Gesetz vom 12. 12. 2019 (BGBl. I S. 2451) mWv EZ 2020.

[2] *Anm. d. Red.:* Gemeint ist wohl § 3 Nr. 14 Buchst. a GewStG.

[3] § 3 Nr. 15 geändert durch Gesetz vom 12. 12. 2019 (BGBl. I S. 2451) mWv EZ 2020. Die Einnahmen aus Einspeisevergütungen nach dem EEG für die von einer Photovoltaikanlage erzeugte Energie gehören bei Wohnungsunternehmen, Vermietungsgenossenschaften usw. nicht zu den begünstigten Tätigkeiten; vgl. *OFD Frankfurt/M. vom 29. 8. 2006 – G 1425 A – 20 – St 56, DB S. 2374.*

[4] § 3 Nr. 20 Buchst. c idF des Gesetzes vom 11. 12. 2018 (BGBl. I S. 2338) anzuwenden ab EZ 2017 (§ 36 Abs. 2 Satz 3 aF).

d) **bei Einrichtungen zur vorübergehenden Aufnahme pflegebedürftiger Personen und bei Einrichtungen zur ambulanten Pflege kranker und pflegebedürftiger Personen im Erhebungszeitraum die Pflegekosten in mindestens 40 Prozent der Fälle von den gesetzlichen Trägern der Sozialversicherung oder Sozialhilfe ganz oder zum überwiegenden Teil getragen worden sind oder**

e) **bei Einrichtungen zur ambulanten oder stationären Rehabilitation die Behandlungskosten in mindestens 40 Prozent der Fälle von den gesetzlichen Trägern der Sozialversicherung oder Sozialhilfe ganz oder zum überwiegenden Teil getragen worden sind. ② Satz 1 ist nur anzuwenden, soweit die Einrichtung Leistungen im Rahmen der verordneten ambulanten oder stationären Rehabilitation im Sinne des Sozialrechts einschließlich der Beihilfevorschriften des Bundes und der Länder erbringt;**

...

R 3.20

R 3.20 Krankenhäuser, Altenheime, Altenwohnheime, Pflegeheime und Pflegeeinrichtungen

20a (1) Krankenhäuser, Altenheime, Altenwohnheime, Pflegeheime, Einrichtungen zur vorübergehenden Aufnahme pflegebedürftiger Personen und Einrichtungen zur ambulanten Pflege kranker und pflegebedürftiger Personen sind nach § 3 Nr. 20 Buchstabe a GewStG ohne weitere Voraussetzungen von der Gewerbesteuer befreit, wenn diese Einrichtungen von juristischen Personen des öffentlichen Rechts betrieben werden.

(2) ① Andere Einrichtungen sind unbeschadet des § 3 Nr. 6 GewStG jeweils unter den in § 3 Nr. 20 Buchstabe b bis d GewStG bezeichneten Voraussetzungen von der Gewerbesteuer befreit. ② Bei diesen Einrichtungen ist es einerlei, ob sie von einer Körperschaft, einer natürlichen Person oder einer Personengesellschaft betrieben werden. ③ Die Befreiung gilt auch für einen Teil der Einrichtung, wenn dieser Teil räumlich oder nach seiner Versorgungsaufgabe als Einheit, z. B. als Abteilung oder besondere Einrichtung, abgrenzbar ist.

(3) Krankenhäuser, Altenheime, Altenwohnheime und Pflegeheime, die nach § 3 Nr. 20 GewStG von der Gewerbesteuer befreit sind, werden nicht dadurch gewerbesteuerpflichtig, dass sie, ohne ihr Wesen als Krankenhaus, Altenheim, Altenwohnheim oder Pflegeheim zu ändern, noch an einem anderen gewerblichen Betrieb beteiligt sind.

(4) ① Teilstationäre Vorsorge- und Rehabilitationseinrichtungen sind von der Gewerbesteuer befreit, soweit sie die Voraussetzungen der §§ 107, 111 SGB V[1] erfüllen. ② Ambulante Vorsorgeeinrichtungen erfüllen dagegen nicht die Voraussetzungen für die Steuerbefreiung nach § 3 Nr. 20 Buchstabe d GewStG.

H 3.20

H 3.20 Zu § 3 Nr. 20 GewStG

20b **Ambulantes Rehabilitationszentrum.**
- Ein ambulantes Rehabilitationszentrum ist weder ein Krankenhaus gemäß § 3 Nr. 20 Buchst. b GewStG (→ BFH vom 22. 10. 2003 – BStBl. 2004 II S. 300 und vom 9. 9. 2015 – BStBl. 2016 II S. 286), noch eine Einrichtung zur vorübergehenden Aufnahme pflegebedürftiger Personen im Sinne des § 3 Nr. 20 Buchst. d GewStG.
- Zur Steuerbefreiung für EZ ab 2015 → § 3 Nr. 20 Buchst. e GewStG.

Ärztliche Wahlleistungen. Der Gewinn aus dem Klinikbetrieb als solchem ist nicht von der Gewerbesteuer befreit, wenn die Patienten einer Privatklinik ausschließlich auch ärztliche Wahlleistungen gemäß § 7 BPflV 1985 [jetzt BPflV vom 26. 9. 1994 – BGBl. I S. 2750, zuletzt geändert durch Artikel 4 des Gesetzes vom 17. 3. 2009 – BGBl. I S. 534][2] in Anspruch nehmen (→ BFH vom 2. 10. 2003 – BStBl. 2004 II S. 363).

Beteiligung an einem gewerblichen Betrieb. Ein Krankenhaus, das nach § 3 Nr. 20 GewStG von der Gewerbesteuer befreit ist, wird nicht dadurch gewerbesteuerpflichtig, dass es, ohne sein Wesen als Krankenhaus zu ändern, noch an einem anderen gewerblichen Betrieb beteiligt ist (→ RFH vom 25. 11. 1942 – RStBl. 1943 S. 43).

Betrieb eines Krankenhauses als Ausübung eines freien Berufs.
- → H 15.6 (Heil- und Heilhilfsberufe) EStH.
- Ein Arzt, der eine Privatklinik betreibt, erzielt jedenfalls dann gewerbliche Einkünfte aus dem Betrieb der Klinik und freiberufliche Einkünfte aus den von ihm erbrachten stationären ärztlichen Leistungen, wenn die Leistungen der Klinik einerseits und die ärztlichen Leistungen andererseits gesondert abgerechnet werden (→ BFH vom 2. 10. 2003 – BStBl. 2004 II S. 363).

Krankenhäuser.
- Zum Begriff → R 7 f EStR 2005.

Merkmalserstreckung bei Betriebsaufspaltung. Die Befreiung der Betriebskapitalgesellschaft von der Gewerbesteuer nach § 3 Nr. 20 Buchst. c GewStG erstreckt sich bei einer Be-

[1] Loseblattsammlung **Aichberger SGB** Nr. **5.**
[2] Loseblattsammlung **Aichberger SGB** Nr. **5/30.**

triebsaufspaltung auch auf die Vermietungs- oder Verpachtungstätigkeit des Besitzpersonenunternehmens (→ BFH vom 29. 3. 2006 – BStBl. II S. 661).[1] Ebenso im Falle einer nach § 3 Nr. 20 Buchst. b GewStG von der Gewerbesteuer befreiten Betriebskapitalgesellschaft (→ BFH vom 20. 8. 2015 – BStBl. 2016 II S. 408).

Organschaft.

- Die Befreiung einer Organgesellschaft von der Gewerbesteuer gemäß § 3 Nr. 20 GewStG 1984 erstreckt sich auch dann nicht auf eine andere Organgesellschaft desselben Organkreises, die die Befreiungsvoraussetzungen ihrerseits nicht erfüllt, wenn die Tätigkeiten der Gesellschaften sich gegenseitig ergänzen. Die tatbestandlichen Voraussetzungen einer gesetzlichen Steuerbefreiung müssen von der jeweiligen Organgesellschaft selbst erfüllt werden (→ BFH vom 4. 6. 2003 – BStBl. 2004 II S. 244).
- Die Befreiung einer Organträgerin von der Gewerbesteuer gem. § 3 Nr. 20 GewStG erstreckt sich nicht auf den ihr von der Organgesellschaft zuzurechnenden Gewerbeertrag, wenn die Organgesellschaft ihrerseits die Befreiungsvoraussetzungen nicht erfüllt (→ BFH vom 10. 3. 2010 – BStBl. 2011 II S. 181).

Rettungsdienste und Krankentransporte. Der Rettungsdienst und der Krankentransport sind nicht von der Gewerbesteuer befreit (→ BFH vom 18. 9. 2007 – BStBl. 2009 II S. 126).[2]

Umfang der Gewerbesteuerbefreiung. Die Gewerbesteuerbefreiung des § 3 Nr. 20 Buchst. c und d GewStG umfasst nur Tätigkeiten, die für den Betrieb einer der dort aufgeführten Altenheime, Altenwohnheime und Pflegeeinrichtungen notwendig sind. Nicht erfasst von der Steuerbefreiung werden daher Überschüsse aus Tätigkeiten, die bei einer von der Körperschaftsteuer befreiten Körperschaft als steuerpflichtige wirtschaftliche Geschäftsbetriebe zu behandeln sind (→ BFH vom 22. 6. 2011 – BStBl. II S. 892).

Anl a zu R 3.20

a) Verfügung betr. Anwendungsfragen zum Umfang der Befreiungen nach § 3 Nr. 6 und 20 GewStG bei einer Betriebsaufspaltung; hier: Merkmalsübertragung vom Betriebsunternehmen auf das Besitzunternehmen; BFH-Urteile vom 29. 3. 2006 X R 59/00 und vom 19. 10. 2006 IV R 22/02

Vom 21. Oktober 2010

(BayLfSt G 1412.2.1–2/8 St 31)

Nach Beschluss der obersten Finanzbehörden des Bundes und der Länder gilt zur Anwendung der o. g. BFH-Urteile Folgendes: **20c**

Der BFH hat – in Abweichung von der bisherigen Rechtsprechung – im Urteil vom 29. 3. 2006 X R 59/00 (BStBl. II 2006 S. 661) entschieden, dass sich die Befreiung der Betriebskapitalgesellschaft von der Gewerbesteuer nach § 3 Nr. 20 Buchst. c GewStG bei einer Betriebsaufspaltung auch auf die Vermietungs- oder Verpachtungstätigkeit des Besitzunternehmens erstreckt. Diese Entscheidung ist allgemein für die Befreiungen nach § 3 Nr. 20 GewStG anzuwenden.

Die Befreiung nach § 3 Nr. 20 GewStG gilt allerdings nicht für das Unternehmen insgesamt, sondern nur für die in der Vorschrift genannten Einrichtungen: Krankenhäuser, Altenheime, Altenwohnheime, Pflegeheime, Einrichtungen zur vorübergehenden Aufnahme pflegebedürftiger Personen und Einrichtungen zur ambulanten Pflege Kranker und pflegebedürftiger Personen. Übt das Unternehmen neben diesen Einrichtungen noch davon abgrenzbare andere wirtschaftliche Tätigkeiten aus (z. B. eine Cafeteria, ein Parkplatz oder Parkhaus, Sponsoring, Blutentnahme für fremde Dritte, Telefongestellung, Aufbewahrung von Verstorbenen, die Erstellung von Gutachten, eine Wäscherei, die nicht nur für den eigenen Betrieb tätig ist), unterliegt es insoweit der Gewerbesteuer.

Die Einschränkung der Befreiung nach § 3 Nr. 20 GewStG auf die dort genannten Einrichtungen ist ggf. entsprechend den Verhältnissen im Einzelfall auch bei einer Betriebsaufspaltung hinsichtlich des Umfangs der Merkmalsübertragung von der Betriebskapitalgesellschaft auf das Besitzunternehmen zu berücksichtigen.

Der BFH hat – im Anschluss an das Urteil vom 29. 3. 2006 X R 59/00 mit Urteil vom 19. 10. 2006 IV R 22/02 entschieden, dass sich auch die Gewerbesteuerbefreiung der Betriebskapitalgesellschaft nach § 3 Nr. 6 GewStG auf das Besitzunternehmen erstreckt. Diese Entscheidung begegnet Bedenken, sie ist nicht über den entschiedenen Einzelfall hinaus anzuwenden.

Nach § 3 Nr. 6 GewStG sind von der Gewerbesteuer befreit Körperschaften, Personenvereinigungen und Vermögensmassen (Körperschaften), die nach der Satzung und nach der tatsächlichen Geschäftsführung ausschließlich und unmittelbar gemeinnützigen, mildtätigen oder kirchlichen Zwecken dienen (§§ 51 bis 68 AO). Diese gesetzlichen Tatbestandsvoraussetzungen würden unterlaufen, wenn man auch im Fall der Befreiung nach § 3 Nr. 6 GewStG ohne Weiteres von einer Merkmalsübertragung von der Betriebskapitalgesellschaft auf ein beliebiges Besitzunternehmen ausgehen wollte.

Dem BFH soll Gelegenheit gegeben werden, in einem weiteren Verfahren seine Entscheidung im Verfahren IV R 22/02 noch einmal zu überdenken.

Zu beachten ist, dass die Vorschrift des § 3 Nr. 6 GewStG nicht anzuwenden ist, wenn eine hiernach begünstigte Körperschaft bereits aufgrund anderer Vorschriften, z. B. § 3 Nr. 20 GewStG, von der Ge-

---

[1] Ebenso zu § 3 Nr. 6 GewStG *BFH-Urteil vom 19. 10. 2006 IV R 22/02, DStR S. 2207,* dagegen eingelegte Vb. vom *BVerfG (Beschl. vom 14. 12. 2008 1 BvR 19/07)* nicht zur Entscheidung angenommen.

[2] Vgl. *Teil-Nichtanwendungserlass BMF vom 20. 1. 2009, BStBl. I S. 339,* nicht in der Positivliste des *BMF vom 24. 3. 2014, BStBl. I S. 606* enthalten.

werbesteuer befreit ist. Bei einer Betriebsaufspaltung ist daher immer zu prüfen, ob sich die Befreiung der Betriebskapitalgesellschaft ggf. nach § 3 Nr. 20 GewStG ergibt. Bejahendenfalls sind die vorstehend dargestellten Folgen der Merkmalsübertragung von der Betriebskapitalgesellschaft auf das Besitzunternehmen zu ziehen.

Anl b zu R 3.20

b) Erlaß betr. Gewerbesteuerbefreiung von Einrichtungen[1] zur ambulanten Pflege kranker und pflegebedürftiger Personen[2]

Vom 26. Juli 1999 (DStR S. 1739)

(FM Hessen G 1412 A – 12 – II A 11; koord. Ländererlaß)[3]

20d Nach § 3 Nr. 20 Buchst. d GewStG sind Einrichtungen zur vorübergehenden Aufnahme pflegebedürftiger Personen und Einrichtungen zur ambulanten Pflege kranker und pflegebedürftiger Personen von der Gewerbesteuer befreit, wenn im Erhebungszeitraum die Pflegekosten in mindestens 40 v. H. der Fälle von den gesetzlichen Trägern der Sozialversicherung oder Sozialhilfe ganz oder zum überwiegenden Teil getragen worden sind. Diese Befreiungsregelung ist einer entsprechenden umsatzsteuerlichen Befreiung (§ 4 Nr. 16 Buchst. e UStG) nachgebildet worden.

Es ist die Frage erörtert worden, ob unter die Steuerbefreiung auch Einrichtungen fallen, in denen gesunde Kinder und Säuglinge gepflegt werden, deren Eltern/Sorgeberechtigte wegen einer eigenen Erkrankung ihrer Sorgepflicht nicht nachkommen können.

Nach der Gesetzesbegründung soll die Steuerbefreiung dazu beitragen, im Hinblick auf das sich verändernde Altersgefüge der Bevölkerung die bestehenden Versorgungsstrukturen bei der Pflege kranker und pflegebedürftiger Personen zu verbessern. Dementsprechend ist die Steuerbefreiung insbesondere für Einrichtungen konzipiert, die der Pflege und Betreuung kranker und älterer Menschen dienen.

Im Einvernehmen mit den obersten Finanzbehörden des Bundes und der anderen Länder wird zur Anwendung des § 3 Nr. 20 Buchst. d GewStG folgende Auffassung vertreten:

Einrichtungen, in denen gesunde Kinder und Säuglinge gepflegt werden, deren Eltern/Sorgeberechtigte wegen einer eigenen Erkrankung ihrer Sorgepflicht nicht nachkommen können, erfüllen nicht die Voraussetzungen der Steuerbefreiung nach § 3 Nr. 20 Buchst. d GewStG. Diese Auffassung stimmt auch mit der Auslegung der entsprechenden umsatzsteuerlichen Vorschrift des § 4 Nr. 16 Buchst. e UStG überein. Danach sind zu betreuende gesunde Kinder keine pflegebedürftigen Personen i. S. dieser Vorschrift.

Anl c zu R 3.20

c) Verfügung betr. Anwendung der Steuerbefreiung nach § 3 Nr. 20 Buchst. d GewStG auf ein ambulantes Dialysezentrum

Vom 2. September 2013 (DStR 2014 S. 954)

(OFD Nordrhein-Westfalen G 1410–2011/0004)

20e Ambulante Dialysezentren, die in der Rechtsform einer GmbH oder gewerblich geprägten Personengesellschaft betrieben werden, sind Einrichtungen, in denen Dialysepatienten mehrmals pro Woche über einen Zeitraum von mehreren Stunden (ca. vier bis fünf) eine Nierenersatztherapie erhalten. Diese Einrichtungen sind grds. gewerbesteuerpflichtig.[4]

Im Zusammenhang mit dem Urteil des FG Münster vom 27. 4. 2010 (9 K 5258/07 G, EFG 2011 S. 70; Revisionsverfahren erledigt durch BFH-Beschluss vom 8. 9. 2011 I R 78/10, BFH/NV 2012 S. 44), in dem das FG die GewSt-Befreiung nach § 3 Nr. 20 Buchst. d GewStG nicht auf eine Schadensersatzzahlung angewendet hat, die als Ersatz für entgangene Einnahmen im Zusammenhang mit einer fehlgeschlagenen Errichtung einer solchen Einrichtung geleistet wurde, ist die Frage gestellt worden, ob der Betrieb eines solchen Dialysezentrums dem Grunde nach unter die Steuerbefreiung des § 3 Nr. 20 Buchst. d GewStG fällt.

Die Referatsleiter des Bundes und der Länder sind der Auffassung, dass die im Zusammenhang mit der Dialysebehandlung erbrachten Leistungen nicht als Leistungen einer Einrichtung der ambulanten Pflege eingestuft werden können und somit der Befreiungstatbestand für ambulante Pflegeeinrichtungen kranker und pflegebedürftiger Personen i. S. des § 3 Nr. 20 Buchst. d GewStG nicht erfüllt ist.

Für die Auslegung des § 3 Nr. 20 Buchst. d GewStG ist auf die Begriffsbestimmungen des SGB zurückzugreifen (BFH-Beschluss vom 18. 9. 2007 I R 30/06, BStBl. II 2009 S. 126).

Der Begriff der Pflegebedürftigkeit wird in § 14 SGB XI definiert. Pflegebedürftig sind hiernach Personen, die wegen einer körperlichen, geistigen oder seelischen Krankheit oder Behinderung für die gewöhnlichen und regelmäßig wiederkehrenden Verrichtungen im Ablauf des täglichen Lebens auf Dauer in erheblichem oder höherem Maße der Hilfe bedürfen.

Nach der Rspr. des BSG (Urteil vom 12. 11. 2003 – B 3 P 5/02 R) kompensiert die Dialyse lediglich die ausgefallene Nierenfunktion und begründet damit keine Pflegebedürftigkeit i. S. des § 14 SGB XI.

Ein Dialysezentrum kann danach nicht als Einrichtung zur vorübergehenden Aufnahme pflegebedürftiger Personen angesehen werden.

---

[1] Vgl. § 3 Nr. 20 Buchst. e GewStG.

[2] *BFH-Urteil v. 29. 9. 2020 VIII R 10/17, BStBl. 2021 II S. 387:* Eine Diplomsozialarbeiterin, die im Rahmen der ambulanten Eingliederungshilfe behinderte und kranke Menschen bei einer selbstbestimmten Lebensführung unterstützt, erfüllt nicht die Voraussetzungen für die Annahme einer ambulanten Pflegeeinrichtung gemäß § 3 Nr. 20 Buchst. d GewStG.

[3] Ebenso *Vfg. OFD Magdeburg vom 13. 10. 2011, DStR 2012 S. 465.*

[4] *BFH-Urteil vom 25. 1. 2017 I R 74/14, BStBl. II S. 650:* Ein Dialysezentrum, in welchem die Dialysepatienten ambulant behandelt werden, ist weder ein Krankenhaus i. S. d. § 3 Nr. 20 Buchst. b GewStG a. F. noch eine Einrichtung zur vorübergehenden Aufnahme pflegebedürftiger Personen noch eine Einrichtung zur ambulanten Pflege kranker und pflegebedürftiger Personen i. S. d. § 3 Nr. 20 Buchst. d GewStG a. F.

Diese Auffassung ist nunmehr Gegenstand eines Klageverfahrens (FG Münster: 9 K 106/12). Einspruchsverfahren, in denen sich die Einspruchsführer auf das anhängige Klageverfahren beziehen, können ruhen (§ 363 Abs. 2 Satz 1 AO). AdV ist nicht zu gewähren.

§ 3 Befreiungen GewStG

Von der Gewerbesteuer sind befreit

...

21. Entschädigungs- und Sicherungseinrichtungen im Sinne des § 5 Abs. 1 Nr. 16 des Körperschaftsteuergesetzes, soweit sie von der Körperschaftsteuer befreit sind; 21

22. Bürgschaftsbanken (Kreditgarantiegemeinschaften), wenn sie von der Körperschaftsteuer befreit sind; 22

23. ① Unternehmensbeteiligungsgesellschaften, die nach dem Gesetz über Unternehmensbeteiligungsgesellschaften anerkannt sind. ② Für Unternehmensbeteiligungsgesellschaften im Sinne des § 25 Abs. 1 des Gesetzes über Unternehmensbeteiligungsgesellschaften haben der Widerruf der Anerkennung und der Verzicht auf die Anerkennung Wirkung für die Vergangenheit, wenn nicht Aktien der Unternehmensbeteiligungsgesellschaft öffentlich angeboten worden sind; Entsprechendes gilt, wenn eine solche Gesellschaft nach § 25 Abs. 3 des Gesetzes über Unternehmensbeteiligungsgesellschaften die Anerkennung als Unternehmensbeteiligungsgesellschaft verliert. ③ Für offene Unternehmensbeteiligungsgesellschaften im Sinne des § 1a Abs. 2 Satz 1 des Gesetzes über Unternehmensbeteiligungsgesellschaften haben der Widerruf der Anerkennung und der Verzicht auf die Anerkennung innerhalb der in § 7 Abs. 1 Satz 1 des Gesetzes über Unternehmensbeteiligungsgesellschaften genannten Frist Wirkung für die Vergangenheit. ④ Bescheide über die Anerkennung, die Rücknahme oder den Widerruf der Anerkennung und über die Feststellung, ob Aktien der Unternehmensbeteiligungsgesellschaft im Sinne des § 25 Abs. 1 des Gesetzes über Unternehmensbeteiligungsgesellschaften öffentlich angeboten worden sind, sind Grundlagenbescheide im Sinne der Abgabenordnung; die Bekanntmachung der Aberkennung der Eigenschaft als Unternehmensbeteiligungsgesellschaft nach § 25 Abs. 3 des Gesetzes über Unternehmensbeteiligungsgesellschaften steht einem Grundlagenbescheid gleich; 23

24. die folgenden Kapitalbeteiligungsgesellschaften für die mittelständische Wirtschaft, soweit sich deren Geschäftsbetrieb darauf beschränkt, im öffentlichen Interesse mit Eigenmitteln oder mit staatlicher Hilfe Beteiligungen zu erwerben, wenn der von ihnen erzielte Gewinn ausschließlich und unmittelbar für die satzungsmäßigen Zwecke der Beteiligungsfinanzierung verwendet wird: Mittelständische Beteiligungsgesellschaft Baden-Württemberg GmbH, Mittelständische Beteiligungsgesellschaft Bremen mbH,[1] BTG Beteiligungsgesellschaft Hamburg mbH,[2] MBG Mittelständische Beteiligungsgesellschaft Hessen GmbH, Mittelständische Beteiligungsgesellschaft Niedersachsen (MBG) mbH, Kapitalbeteiligungsgesellschaft für die mittelständische Wirtschaft in Nordrhein-Westfalen mbH, MBG Mittelständische Beteiligungsgesellschaft Rheinland-Pfalz mbH, Wagnisfinanzierungsgesellschaft für Technologieförderung in Rheinland-Pfalz mbH (WFT), Saarländische Kapitalbeteiligungsgesellschaft mbH, Gesellschaft für Wagniskapital Mittelständische Beteiligungsgesellschaft Schleswig-Holstein Gesellschaft mit beschränkter Haftung – MBG, Technologie-Beteiligungs-Gesellschaft mbH der Deutschen Ausgleichsbank, bgb Beteiligungsgesellschaft Berlin mbH für kleine und mittlere Betriebe, Mittelständische Beteiligungsgesellschaft Berlin-Brandenburg mbH, Mittelständische Beteiligungsgesellschaft Mecklenburg-Vorpommern mbH, Mittelständische Beteiligungsgesellschaft Sachsen mbH, Mittelständische Beteiligungsgesellschaft Sachsen-Anhalt mbH, Wagnisbeteiligungsgesellschaft Sachsen-Anhalt mbH, IBG Beteiligungsgesellschaft Sachsen-Anhalt mbH, Mittelständische Beteiligungsgesellschaft Thüringen (MBG) mbH; 24

25. Wirtschaftsförderungsgesellschaften, wenn sie von der Körperschaftsteuer befreit sind; 25

...

H 3.25 Zu § 3 Nr. 25 GewStG H 3.25

Allgemeines. 25a

– Wirtschaftsförderung i. S. des § 5 Abs. 1 Nr. 18 KStG setzt eine ausschließliche und unmittelbare Förderung von Unternehmen voraus (→ BFH vom 26. 2. 2003 – BStBl. II S. 723).

[1] Eingefügt durch Gesetz vom 12. 12. 2019 (BGBl. I S. 2451) mWv EZ 2019.

[2] Eingefügt durch Gesetz vom 11. 12. 2018 (BGBl. I S. 2338) mWv EZ 2019.

– Eine Wirtschaftsförderungsgesellschaft, deren hauptsächliche Tätigkeit sich darauf erstreckt, Grundstücke zu erwerben, hierauf Gebäude nach den Wünschen und Vorstellungen ansiedlungswilliger Unternehmen zu errichten und an diese zu verleasen, ist nicht nach § 5 Abs. 1 Nr. 18 KStG steuerbefreit (→ BFH vom 3. 8. 2005 – BStBl. 2006 II S. 141).

GewStG

§ 3 Befreiungen

Von der Gewerbesteuer sind befreit

...

26 **26. Gesamthafenbetriebe im Sinne des § 1 des Gesetzes über die Schaffung eines besonderen Arbeitgebers für Hafenarbeiter vom 3. August 1950 (BGBl. S. 352), soweit sie von der Körperschaftsteuer befreit sind;**

27 **27. Zusammenschlüsse im Sinne des § 5 Abs. 1 Nr. 20 des Körperschaftsteuergesetzes, soweit sie von der Körperschaftsteuer befreit sind;**

28 **28. die Arbeitsgemeinschaften Medizinischer Dienst der Krankenversicherung im Sinne des § 278 des Fünften Buches Sozialgesetzbuch und der Medizinische Dienst der Spitzenverbände der Krankenkassen im Sinne des § 282 des Fünften Buches Sozialgesetzbuch, soweit sie von der Körperschaftsteuer befreit sind;**

29 **29. gemeinsame Einrichtungen im Sinne des § 5 Abs. 1 Nr. 22 des Körperschaftsteuergesetzes, soweit sie von der Körperschaftsteuer befreit sind;**

30 **30. die Auftragsforschung im Sinne des § 5 Abs. 1 Nr. 23 des Körperschaftsteuergesetzes, soweit sie von der Körperschaftsteuer befreit ist;**

31 **31. die Global Legal Entity Identifier Stiftung, soweit sie von der Körperschaftsteuer befreit ist;**[1]

32 **32.**[2] **stehende Gewerbebetriebe von Anlagenbetreibern im Sinne des § 3 Nummer 2 des Erneuerbare-Energien-Gesetzes, wenn sich deren Tätigkeit ausschließlich auf die Erzeugung und Vermarktung von Strom aus einer auf, an oder in einem Gebäude angebrachten Solaranlage bis zu einer installierten Leistung von 10 Kilowatt beschränkt.**

---

[1] § 3 Nr. 31 anzuwenden ab EZ 2014.

[2] § 3 Nr. 32 eingefügt durch Gesetz vom 12. 12. 2019 (BGBl. I S. 2451), anzuwenden ab EZ 2019 (§ 36 Abs. 2 Satz 5 GewStG).

GewStG

§ 4 Hebeberechtigte Gemeinde

(1) ① Die stehenden Gewerbebetriebe unterliegen der Gewerbesteuer in der Gemeinde, in der eine Betriebsstätte zur Ausübung des stehenden Gewerbes unterhalten wird. ② Befinden sich Betriebsstätten desselben Gewerbebetriebs in mehreren Gemeinden oder erstreckt sich eine Betriebsstätte über mehrere Gemeinden, so wird die Gewerbesteuer in jeder Gemeinde nach dem Teil des Steuermessbetrags erhoben, der auf sie entfällt. 1

(2)[1] ① Für Betriebsstätten in gemeindefreien Gebieten bestimmt die Landesregierung durch Rechtsverordnung, wer die nach diesem Gesetz den Gemeinden zustehenden Befugnisse ausübt. ② Der in § 2 Absatz 7 Nummer 1 und 2 bezeichnete Anteil am Festlandsockel und an der ausschließlichen Wirtschaftszone ist gemeindefreies Gebiet. ③ In Fällen von Satz 2 bestimmt sich die zuständige Landesregierung im Sinne des Satzes 1 unter entsprechender Anwendung des § 22 a der Abgabenordnung. 2

(3)[2] ① Für Betriebsstätten im nicht zur Bundesrepublik Deutschland gehörenden Teil eines grenzüberschreitenden Gewerbegebiets im Sinne des § 2 Absatz 7 Nummer 3 ist die Gemeinde hebeberechtigt, in der der zur Bundesrepublik Deutschland gehörende Teil des grenzüberschreitenden Gewerbegebiets liegt. ② Liegt der zur Bundesrepublik Deutschland gehörende Teil in mehreren Gemeinden, gilt Absatz 2 entsprechend. 3

GewStDV

§ 14 *(weggefallen)*

§ 15 *Hebeberechtigte Gemeinde bei Gewerbebetrieben auf Schiffen und bei Binnen- und Küstenschifffahrtsbetrieben*

Hebeberechtigte Gemeinde für die Betriebsstätten auf Kauffahrteischiffen, die in einem inländischen Schiffsregister eingetragen sind und nicht im sogenannten regelmäßigen Liniendienst ausschließlich zwischen ausländischen Häfen verkehren, und für die in § 6 bezeichneten Binnen- und Küstenschifffahrtsbetriebe ist die Gemeinde, in der der inländische Heimathafen (Heimatort) des Schiffes liegt. 4

R 4.1

R 4.1 Hebeberechtigung

Allgemeines

(1)[3] ① Die Hebeberechtigung ist das Recht einer Gemeinde, den Gewerbesteueranspruch unmittelbar dem Steuerpflichtigen gegenüber geltend zu machen, wenn ihr die Festsetzung und Erhebung der Gewerbesteuer durch ein Landesgesetz übertragen ist. ② Hebeberechtigte Gemeinde für den stehenden Gewerbebetrieb ist diejenige Gemeinde, in der der Gewerbebetrieb seine Betriebsstätte hat. ③ Befinden sich Betriebsstätten desselben Gewerbebetriebs in mehreren Gemeinden oder erstreckt sich eine Betriebsstätte über mehrere Gemeinden, so ist jede dieser Gemeinden nach dem Teil des Steuermessbetrags hebeberechtigt, der auf sie entfällt. ④ Dieser Teil wird im Wege der Zerlegung des Steuermessbetrags (→ §§ 28 bis 34 GewStG) ermittelt. 5

Bindungswirkung

(2) ① Für den Erlass des Gewerbesteuerbescheids ist der zugrunde liegende Gewerbesteuermessbescheid bindend (→ § 184 Abs. 1 Satz 2 i. V. m. § 182 Abs. 1 AO). ② Nach § 184 Abs. 3 AO teilen deshalb die Finanzämter den Inhalt des Gewerbesteuermessbescheids den Gemeinden mit, denen die Steuerfestsetzung obliegt. 6

H 4.1

H 4.1

Betriebsstätte. → R 2.9. 7

Reisegewerbebetrieb. → § 35 a Abs. 3 GewStG.

Verletzung der Vorschriften über die örtliche Zuständigkeit. Die Aufhebung eines Gewerbesteuermessbescheides kann regelmäßig nicht allein deswegen beansprucht werden, weil er von einem örtlich unzuständigen Finanzamt erlassen worden ist (→ BFH vom 19. 11. 2003 – BStBl. 2004 II S. 751).

Verwaltung der Gewerbesteuer. → R 1.2.

---

[1] § 4 Abs. 2 Sätze 2 und 3 anzuwenden ab EZ 2015; Satz 2 idF des Gesetzes vom 20. 12. 2016 (BGBl. I S. 3000) anzuwenden ab EZ 2016.

[2] § 4 Abs. 3 n. F. anzuwenden ab EZ 2016.

[3] *BFH-Beschluss vom 18. 8. 2004 I B 87/04, BStBl. 2005 II S. 143, Ls. 2:* **2.** Es ist nicht ernstlich zweifelhaft, dass der Gewerbesteuerpflichtige durch einen möglichen gesetzlichen Verstoß gegen die verfassungsrechtlich gewährleistete kommunale Selbstverwaltung und das gemeindliche Hebesatzrecht nicht beschwert ist. Ihm fehlt das Rechtsschutzbedürfnis, um die Rechte der betroffenen Gemeinde durchzusetzen.

GewStG

§ 5 Steuerschuldner

1 (1) **① Steuerschuldner ist der Unternehmer. ② Als Unternehmer gilt der, für dessen Rechnung das Gewerbe betrieben wird. ③ Ist die Tätigkeit einer Personengesellschaft Gewerbebetrieb, so ist Steuerschuldner die Gesellschaft.**[1, 2] **④ Wird das Gewerbe in der Rechtsform einer Europäischen wirtschaftlichen Interessenvereinigung mit Sitz im Geltungsbereich der Verordnung (EWG) Nr. 2137/85 des Rates vom 25. Juli 1985 über die Schaffung einer Europäischen wirtschaftlichen Interessenvereinigung (EWIV) – ABl. L 199 vom 31. 7. 1985, S. 1 – betrieben, sind abweichend von Satz 3 die Mitglieder Gesamtschuldner.**

2 (2) **① Geht ein Gewerbebetrieb im Ganzen auf einen anderen Unternehmer über (§ 2 Abs. 5), so ist der bisherige Unternehmer bis zum Zeitpunkt des Übergangs Steuerschuldner. ② Der andere Unternehmer ist von diesem Zeitpunkt an Steuerschuldner.**

Übersicht

R 5.1

R 5.1 Steuerschuldnerschaft

R 5.1 (1)

R 5.1 (1)

Allgemeines

3 (1) ① § 5 GewStG regelt die persönliche Steuerpflicht. ② Wird ein Einzelunternehmen durch Aufnahme eines oder mehrerer Gesellschafter in eine Personengesellschaft umgewandelt oder scheiden aus einer Personengesellschaft alle Gesellschafter bis auf einen aus und findet dieser Rechtsformwechsel während des Kalenderjahrs statt, endet oder beginnt die Steuerschuldnerschaft und damit die persönliche Steuerpflicht des Einzelunternehmers und der Personengesellschaft im Zeitpunkt des Rechtsformwechsels. ③ Der Wechsel des Steuerschuldners ist bereits im Rahmen der Festsetzung des Steuermessbetrags (→ § 14 GewStG) zu berücksichtigen.

H 5.1 (1)

H 5.1 (1)

4 **Formwechsel.** Geht das Vermögen einer zweigliedrigen Personengesellschaft beim Ausscheiden eines der beiden Gesellschafter auf den verbleibenden Gesellschafter über, so sind für das Jahr des Formwechsels zwei Gewerbesteuermessbescheide, jeweils für die Zeit vor und nach dem Wechsel zu erlassen (→ BFH vom 13. 10. 2005 – BStBl. 2006 II S. 404).[3]

Unternehmerwechsel.
- Zur sachlichen Steuerpflicht → R 2.7.
- Zur Ermittlung des Steuermessbetrags → R 11.1.

Verdecktes Gesellschaftsverhältnis. Bei einem verdeckten Gesellschaftsverhältnis zwischen einer Personenhandelsgesellschaft und einer natürlichen Person ist der Gewerbesteuer- oder Gewerbesteuermessbescheid unter der Geltung des § 5 Abs. 1 GewStG 1977 nicht an die Innengesellschaft, sondern an die Personenhandelsgesellschaft als Steuerschuldnerin zu adressieren (→ BFH vom 16. 12. 1997 – BStBl. 1998 II S. 480 – Abgrenzung zum BFH vom 7. 4. 1987 – BStBl. II S. 768).

R 5.1 (2)

R 5.1 (2)

Atypische stille Gesellschaft

5 (2) ① Bei einer atypischen stillen Gesellschaft ist Steuerschuldner der Gewerbesteuer nach § 5 Abs. 1 Satz 1 GewStG der Inhaber des Handelsgeschäfts. ② Der Gewerbesteuermessbescheid und

[1] Zur Verwirkung des Anspruchs des FA auf Erlass eines Gewerbesteuermessbescheids – Auswirkung des Grundsatzes von Treu und Glauben siehe *BFH-Urteil vom 7. 6. 1984 IV R 180/81, BStBl. II S. 780.*

[2] *BFH-Urteil vom 28. 2. 2013 IV R 33/09, DStR S. 1324:* Eine Personengesellschaft ist nach § 5 Abs. 1 Satz 3 GewStG Steuerschuldner der Gewerbesteuer auch insoweit, als nach § 18 Abs. 4 Satz 2 UmwStG 1995 i. d. F. des JStG 1997 (BGBl. I 1996, 2049) ein Gewinn aus der Veräußerung eines Anteils an einer Personengesellschaft der Gewerbesteuer unterliegt.

[3] *BFH-Urteil vom 25. 4. 2018 IV R 8/16, BStBl. II S. 484:*

1. Scheiden während des Erhebungszeitraums bis auf einen Gesellschafter alle anderen Gesellschafter aus einer Personengesellschaft aus, wechselt ab diesem Zeitpunkt die Steuerschuldnerschaft der Personengesellschaft auf den verbleibenden Gesellschafter als Einzelunternehmer. Dessen ungeachtet ist der Gewerbesteuermessbetrag für den gesamten Erhebungszeitraum einheitlich unter Berücksichtigung des vollen Gewerbesteuerfreibetrags zu berechnen.

2. Für den Erhebungszeitraum des Rechtsformwechsels ist für jeden Steuerschuldner ein Gewerbesteuermessbescheid zu erlassen. In den Bescheiden ist der einheitlich ermittelte Gewerbesteuermessbetrag im prozentualen Verhältnis der von den beiden Steuerschuldnern erzielten Gewerbeerträge nebst den auf sie entfallenden Hinzurechnungen und Kürzungen zu berücksichtigen.

der Gewerbesteuerbescheid für die atypische stille Gesellschaft richten sich demzufolge an den Inhaber des Handelsgeschäfts und sind diesem als Steuerschuldner bekannt zu geben. ③ Sind die dem Inhaber des Handelsgeschäftes und den einzelnen atypisch stillen Gesellschaften zuzuordnenden Tätigkeiten als ein einziger Gewerbebetrieb zu beurteilen, sind an den Inhaber des Handelsgeschäftes nur ein Gewerbesteuermessbescheid und ein Gewerbesteuerbescheid zu richten. ④ Handelt es sich bei den Tätigkeiten dagegen um jeweils getrennte Gewerbebetriebe, ist an den Inhaber des Handelsgeschäftes für jeden getrennt zu beurteilenden Gewerbebetrieb ein gesonderter Gewerbesteuermessbescheid und ein Gewerbesteuerbescheid zu richten. ⑤ Absatz 1 gilt nicht im Fall der atypischen stillen Gesellschaft, weil hier durch Beginn und Beendigung des Gesellschaftsverhältnisses ein Wechsel in der Person des Steuerschuldners nicht stattfindet.

H 5.1 (2)

H 5.1 (2)

Mehrheit von Betrieben. → R 2.4 Abs. 5. 6

Steuerschuldnerschaft. Als Steuerschuldner kommen weder die atypische stille Gesellschaft selbst noch die an ihr beteiligten Personen in ihrer gesellschaftsrechtlichen Verbundenheit noch der stille Gesellschafter in Betracht (→ BFH vom 12. 11. 1985 – BStBl. 1986 II S. 311).

R 5.2 Europäische wirtschaftliche Interessenvereinigung (EWIV)

R 5.2

① Nach Art. 40 der Verordnung (EWG) Nr. 2137/85 des Rates vom 25. 7. 1985 über die Schaffung einer Europäischen wirtschaftlichen Interessenvereinigung (EWIV) – ABl. EG Nr. L 199 S. 1[1] – darf der Gewerbeertrag als Ergebnis der Tätigkeit der EWIV nur bei ihren Mitgliedern besteuert werden. ② Gegen die Gesamtschuldner kann nach § 155 Abs. 3 AO ein zusammengefasster Gewerbesteuermessbescheid ergehen, in dem die Mitglieder der EWIV als Schuldner der Gewerbesteuer aufzuführen sind. ③ Die Bekanntgabe richtet sich nach § 122 AO. ④ Der Gewerbesteuerbescheid ist ebenfalls nur gegen die Mitglieder zu erlassen. ⑤ Welcher Gesamtschuldner in Anspruch genommen wird, ist in das Ermessen der Gemeinde gestellt (→ § 44 AO). 7

R 5.3 Haftung

R 5.3

① Für die Haftung gelten die Vorschriften des bürgerlichen Rechts und der Abgabenordnung. ② Es ist Sache der Gemeinde, den Anspruch aus der Haftung geltend zu machen, wenn ihr die Festsetzung und Erhebung der Gewerbesteuer durch ein Landesgesetz übertragen ist. ③ Wird die Gewerbesteuer vom Finanzamt festgesetzt und erhoben, obliegt ihm auch die Geltendmachung eines Haftungsanspruchs. 8

H 5.3

H 5.3

Allgemeines. Wer kraft Gesetzes haftet, kann durch Haftungsbescheid in Anspruch genommen werden. Der Bescheid ist schriftlich zu erteilen (→ § 191 AO) und zu begründen. Gegen Haftungsbescheide der Gemeinde sind der Widerspruch und der Verwaltungsrechtsweg gegeben (→ §§ 68 bis 73 und § 40 Verwaltungsgerichtsordnung).[2] Wegen der Heranziehung bei vertraglicher Haftung → § 192 AO. Gegen Haftungsbescheide des Finanzamts sind der Einspruch und der Finanzrechtsweg gegeben (→ § 347 Abs. 1 Nr. 1 AO, § 33 FGO). 9

Haftung. Es kommen insbesondere die folgenden Haftungstatbestände in Betracht:

1. § 69 AO (Haftung der Vertreter),
2. § 71 AO (Haftung des Steuerhinterziehers und des Steuerhehlers),
3. § 73 AO (Haftung bei Organschaft),
4. § 74 AO (Haftung des Eigentümers von Gegenständen),
5. § 75 AO (Haftung des Betriebsübernehmers),
6. § 25 Abs. 1 HGB (Haftung des Erwerbers eines Handelsgeschäfts),
7. § 128 HGB (Haftung des Gesellschafters einer OHG),
8. §§ 161 und 171 HGB (Haftung des Komplementärs und der Kommanditisten einer KG),
9. § 427 BGB (Haftung des Gesellschafters einer GbR).

§ 6 Besteuerungsgrundlage

GewStG

Besteuerungsgrundlage für die Gewerbesteuer ist der Gewerbeertrag.

---

[1] Loseblattsammlung **Wirtschaftsgesetze** Nr. **42.** Vgl. auch das EWIV-AusführungsG (**Wirtschaftsgesetze** Nr. **42 a**).
[2] Vgl. Darstellung in Anhang 1.

GewStG

Abschnitt II. Bemessung der Gewerbesteuer

§ 7[1] Gewerbeertrag

1 ① **Gewerbeertrag ist der nach den Vorschriften des Einkommensteuergesetzes oder des Körperschaftsteuergesetzes zu ermittelnde Gewinn aus dem Gewerbebetrieb, der bei der Ermittlung des Einkommens für den dem Erhebungszeitraum (§ 14) entsprechenden Veranlagungszeitraum zu berücksichtigen ist, vermehrt und vermindert um die in den §§ 8 und 9 bezeichneten Beträge. ② Zum Gewerbeertrag gehört auch der Gewinn aus der Veräußerung oder Aufgabe**

1. des Betriebs oder eines Teilbetriebs einer Mitunternehmerschaft,

2. des Anteils eines Gesellschafters, der als Unternehmer (Mitunternehmer) des Betriebs einer Mitunternehmerschaft anzusehen ist,

3. des Anteils eines persönlich haftenden Gesellschafters einer Kommanditgesellschaft auf Aktien,

soweit er nicht auf eine natürliche Person als unmittelbar beteiligter Mitunternehmer entfällt.[2] ③ Der nach § 5 a des Einkommensteuergesetzes ermittelte Gewinn einschließlich der Hinzurechnungen nach § 5 a Absatz 4 und 4 a des Einkommensteuergesetzes und das nach § 8 Abs. 1 Satz 3 des Körperschaftsteuergesetzes ermittelte Einkommen gelten als Gewerbeertrag nach Satz 1.[3] ④ § 3 Nr. 40 und § 3 c Abs. 2 des Einkommensteuergesetzes sind bei der Ermittlung des Gewerbeertrags einer Mitunternehmerschaft anzuwenden, soweit an der Mitunternehmerschaft natürliche Personen unmittelbar oder mittelbar über eine oder mehrere Personengesellschaften beteiligt sind; im Übrigen ist § 8 b des Körperschaftsteuergesetzes anzuwenden.[4] ⑤ Bei der Ermittlung des Gewerbeertrags einer Kapitalgesellschaft, auf die § 8 Abs. 7 Satz 1 Nr. 2 des Körperschaftsteuergesetzes anzuwenden ist, ist § 8 Abs. 9 Satz 1 bis 3 des Körperschaftsteuergesetzes entsprechend anzuwenden; ein sich danach bei der jeweiligen Sparte im Sinne des § 8 Abs. 9 Satz 1 des Körperschaftsteuergesetzes ergebender negativer Gewerbeertrag darf nicht mit einem positiven Gewerbeertrag aus einer anderen Sparte im Sinne des § 8 Abs. 9 Satz 1 des Körperschaftsteuergesetzes ausgeglichen werden. ⑥ § 50 d Abs. 10 des Einkommensteuergesetzes ist bei der Ermittlung des Gewerbeertrags entsprechend anzuwenden. ⑦ Hinzurechnungsbe träge im Sinne des § 10 Absatz 1 des Außensteuergesetzes sind Einkünfte, die in einer inländischen Betriebsstätte anfallen. ⑧[5] Einkünfte im Sinne des § 20 Absatz 2 Satz 1 des Außensteuergesetzes gelten als in einer inländischen Betriebsstätte erzielt; das gilt auch, wenn sie nicht von einem Abkommen zur Vermeidung der Doppelbesteuerung erfasst werden oder das Abkommen zur Vermeidung der Doppelbesteuerung selbst die Steueranrechnung anordnet. ⑨ Satz 8 ist nicht anzuwenden, soweit auf die Einkünfte, würden sie in einer Zwischengesellschaft im Sinne des § 8 des Außensteuergesetzes erzielt, § 8 Absatz 2 des Außensteuergesetzes zur Anwendung käme.[6]

Übersicht

[1] § 7 Satz 7 anzuwenden ab EZ 2016.

[2] *BFH-Urteil vom 22. 7. 2010 IV R 29/07, BStBl. 2011 II S. 511:* § 7 Satz 2 GewStG ist mit dem allgemeinen Gleichheitssatz vereinbar. – Die Vorschrift ist nicht verfassungswidrig *(BVerfG 1 BvR 1236/11, DStR 2018, 731).*

[3] § 7 Satz 3 neugefasst durch Gesetz vom 12. 12. 2019 (BGBl. I S. 2451) mWv EZ 2009; § 36 Abs. 3 nF GewStG.

[4] Vgl. hierzu *BMF-Schreiben vom 21. 3. 2007, BStBl. I S. 302* (Anlage b zu R 7.1 Abs. 1 GewStR).

[5] § 7 Sätze 8 und 9 anzuwenden ab EZ 2017 (§ 36 Abs. 2 a aF GewStG).

[6] Fassung von § 7 Satz 9 ab EZ 2022 siehe Geschlossene Wiedergabe.

R 7.1 Gewerbeertrag

R 7.1

R 7.1 (1)

R 7.1 (1)

Allgemeines zur Ermittlung des Gewerbeertrags

5 (1) ① Erträge, die dadurch anfallen, dass zu Lasten des Gewinns gebildete Rückstellungen aufgelöst oder entrichtete Beträge erstattet werden, bilden einen Bestandteil des der Ermittlung des Gewerbeertrags nach § 7 GewStG zugrunde zu legenden Gewinns aus Gewerbebetrieb. ② Zur Vermeidung einer doppelten Besteuerung ist daher bei der Ermittlung des Gewerbeertrags der Gewinn um jene Erträge zu mindern, welche bereits mit Bildung der Rückstellung oder bei ihrer Entrichtung nach § 8 GewStG dem Gewinn aus Gewerbebetrieb hinzugerechnet worden sind. ③ Der Umfang der Minderung richtet sich dabei nach der Höhe der tatsächlichen Hinzurechnung. ④ Sind Hinzurechnungen nach § 8 Nr. 1 Buchstaben a) bis f) GewStG erfolgt, sind zur Ermittlung der Minderung die als Bestandteil des Gewinns anzusehenden Erträge i. S. des Satzes 1 im Erhebungszeitraum der ursprünglichen Hinzurechnung, von den bei der Ermittlung der Hinzurechnung berücksichtigten Beträgen abzuziehen. ⑤ Die Differenz zwischen dem sich hiernach rechnerisch ergebenden Hinzurechnungsbetrag und dem seinerzeit tatsächlich hinzugerechneten Betrag ist der maßgebende Minderungsbetrag. ⑥ Liegt der rechnerische Hinzurechnungsbetrag unter dem Freibetrag, ist der ursprünglich tatsächliche Hinzurechnungsbetrag als Minderungsbetrag zu berücksichtigen.

H 7.1 (1)

H 7.1 (1)

6 **Ausländische Betriebsstättenergebnisse.** Nach § 2 Abs. 1 GewStG unterliegt der Gewerbesteuer jeder stehende Gewerbebetrieb, soweit er im Inland betrieben (soweit für ihn im Inland eine Betriebsstätte unterhalten) wird.
Soweit bei der Einkommensteuer (Körperschaftsteuer) Gewinne (Verluste) aus Betriebsstätten im Ausland erfasst sind, sind sie infolgedessen bei der Gewerbesteuer auszuscheiden (positive oder negative Kürzung gemäß § 9 Nr. 3 GewStG, → H 9.4).

Bewertungswahlrechte. Bilanzsteuerrechtliche Bewertungswahlrechte dürfen für die einkommen- und gewerbesteuerliche Gewinnermittlung nur einheitlich ausgeübt werden (→ BFH vom 25. 4. 1985 – BStBl. 1986 II S. 350, vom 28. 6. 1989 – BStBl. 1990 II S. 76, vom 9. 8. 1989 – BStBl. 1990 II S. 195 und vom 21. 1. 1992 – BStBl. II S. 958).

Billigkeitsmaßnahmen.
- Billigkeitsmaßnahmen nach *§ 163 Satz 2 AO*[1] (zeitliche Verlagerung der Besteuerung) wirken auch für die Gewinnermittlung bei der Gewerbesteuer (→ R 1.5 Abs. 2).
- Dagegen sind Billigkeitsmaßnahmen nach *§ 163 Satz 1 AO*[1] bei der Gewerbesteuer nur dann zulässig, wenn die Festsetzung und Erhebung der Gewerbesteuer dem Finanzamt obliegt, es sei denn, dass die hebeberechtigte Gemeinde der Billigkeitsmaßnahme zugestimmt hat (→ H 1.5 (1)) oder dafür durch eine allgemeine Verwaltungsvorschrift der Bundesregierung, der obersten Bundesfinanzbehörde oder einer obersten Landesbehörde Richtlinien aufgestellt worden sind (→ R 1.5 Abs. 1, H 1.5 Abs. 1, § 184 Abs. 2 Satz 1 AO[2]).

Eigenständige Ermittlung des Gewerbeertrags.
- Für gewerbesteuerliche Zwecke ist der Gewinn verfahrensrechtlich selbständig zu ermitteln. Dabei sind die Regelungen des Einkommensteuer- und Körperschaftsteuerrechts über die Ermittlung des Gewinns anzuwenden (→ BFH vom 25. 10. 1984 – BStBl. 1985 II S. 212 und vom 4. 10. 1988 – BStBl. 1989 II S. 299). Dies gilt auch für die anzuwendende Gewinnermittlungsart, so dass die einkommensteuerrechtlich gewählte Gewinnermittlungsart auch für die Ermittlung des Gewerbeertrags bindend ist (→ BFH vom 5. 11. 2015 – BStBl. 2016 II S. 420). Sie sind nur insoweit nicht anzuwenden, als sie ausdrücklich auf die Einkommensteuer (Kör-

[1] § 163 AO neu gefasst durch Gesetz vom 18. 7. 2016 (BGBl. I S. 1679); zur Anwendung vgl. Art. 97 § 29 EGAO.
[2] § 184 Abs. 2 AO geändert durch Gesetz vom 22. 12. 2014 (BGBl. I S. 2147); zur Anwendung vgl. Art. 97 § 10 c EGAO.

H 7.1 (1)
noch 6

perschaftsteuer) beschränkt sind (→ R 7.1 Abs. 3) oder ihre Nichtanwendung sich unmittelbar aus dem GewStG oder aus dem Wesen der Gewerbesteuer ergibt (→ BFH vom 11. 12. 1956 – BStBl. 1957 III S. 105 und vom 29. 11. 1960 – BStBl. 1961 III S. 51). Es ist unerheblich, ob sich die Gewinnermittlungsmaßnahme innerhalb oder außerhalb der Bilanz auswirkt. In der Regel wird danach der für die Einkommensteuer (Körperschaftsteuer) maßgebende Gewinn mit dem für die Ermittlung des Gewerbeertrags festzustellenden Gewinn übereinstimmen. Eine rechtliche Bindung besteht aber nicht (→ BFH vom 22. 11. 1955 – BStBl. 1956 III S. 4, vom 27. 4. 1961 – BStBl. III S. 281, vom 11. 12. 1997 – BStBl. 1999 II S. 401 und vom 18. 4. 2012 – BStBl. II S. 647). Das gilt auch für die Fälle, in denen der Gewinn aus Gewerbebetrieb auf Grund des § 180 Abs. 1 Nr. 2 AO gesondert festgestellt wird (→ BFH vom 17. 12. 2003 – BStBl. 2004 II S. 699).

– Zu beachten sind ferner die Vorschriften

1. der §§ 18 und 19 des UmwStG 2006, zuletzt geändert durch Artikel 6 des Gesetzes vom 2. 11. 2015 (BGBl. I S. 1834);
2. der §§ 7 bis 14 des AStG vom 8. 9. 1972 (BStBl. I S. 450), zuletzt geändert durch Artikel 6 des Gesetzes vom 19. 7. 2016 (BGBl. I S. 1730)[1];
3. des § 7 Abs. 1 des Entwicklungsländer-Steuergesetzes in der Fassung der Bekanntmachung vom 21. 5. 1979 (BStBl. I S. 294), zuletzt geändert durch Artikel 81 der Verordnung vom 25. 11. 2003 (BGBl. I S. 2304), und
4. des § 6 des Gesetzes über steuerliche Maßnahmen bei Auslandsinvestitionen der deutschen Wirtschaft vom 18. 8. 1969 (BStBl. I S. 477), zuletzt geändert durch Artikel 268 der Verordnung vom 31. 8. 2015 (BGBl. I S. 1474);

die die Anwendung dieser Gesetze für die Ermittlung des Gewerbeertrags vorschreiben.

Bilanzenzusammenhang. Bei der Ermittlung des als Gewerbeertrag anzusetzenden Gewinns sind im Falle einer Bilanzberichtigung auch die Grundsätze des Bilanzenzusammenhangs zu beachten (→ BFH vom 13. 1. 1977 – BStBl. II S. 472). Die Bilanzberichtigung für Zwecke der Festsetzung der Gewerbesteuer hindert nicht die entsprechende einkommensteuerliche Korrektur in einem späteren Veranlagungszeitraum (→ BFH vom 6. 9. 2000 – BStBl. 2001 II S. 106).

Einbringungsgewinn. Werden in Fällen einer Sacheinlage unter dem gemeinen Wert (→ § 20 Abs. 2 Satz 2 UmwStG) die erhaltenen Anteile durch den Einbringenden innerhalb von sieben Jahren nach dem Einbringungszeitpunkt veräußert, gilt die Veräußerung als rückwirkendes Ereignis i. S. d. § 175 Abs. 1 Satz 1 Nr. 2 AO (→ § 22 Abs. 1 UmwStG). Ob der nach Maßgabe des § 16 EStG zu ermittelnde Einbringungsgewinn beim Einbringenden als laufender Gewerbeertrag der Gewerbesteuer unterliegt, richtet sich dabei nach den allgemeinen Grundsätzen zur Behandlung von Veräußerungs- oder Aufgabegewinnen. → § 7 Satz 2 GewStG; → H 7.1 (3).

Gewerblicher Grundstückshandel.

– Bei der Beurteilung der Frage, ob ein Steuerpflichtiger als gewerblicher Grundstückshändler anzusehen ist, sind diesem ebenfalls die Grundstücksgeschäfte zuzurechnen, die von einer Personengesellschaft, an der er beteiligt ist, getätigt wurden (→ BFH vom 22. 8. 2012 – BStBl. II S. 865). Auch die Einbringung von Grundstücken in diese Personengesellschaft ist als Veräußerung durch den Steuerpflichtigen anzusehen (→ BFH vom 28. 10. 2015 – BStBl. 2016 II S. 95).
– Die persönlichen oder finanziellen Beweggründe für die Veräußerung von Immobilien sind für die Zuordnung zum gewerblichen Grundstückshandel oder zur Vermögensverwaltung unerheblich. Dies gilt auch für wirtschaftliche Zwänge, wie z. B. die Ankündigung von Zwangsmaßnahmen durch einen Grundpfandgläubiger (→ BFH vom 27. 9. 2012 – BStBl. 2013 II S. 433).
– In den Fällen von Grundstücksverkäufen, die zu einer gewerblichen Tätigkeit führen (→ H 15.5 (Grundstückskäufe) EStH, R 15.7 Abs. 1 EStR), betreffen die mit dem Verkauf der Grundstücke zusammenhängenden Geschäftsvorfälle wirtschaftlich regelmäßig den laufenden Gewinn des Gewerbebetriebs; sie beeinflussen nicht einen etwaigen Veräußerungs- bzw. Betriebsaufgabegewinn (→ BFH vom 15. 12. 1971 – BStBl. 1972 II S. 291, vom 9. 9. 1993 – BStBl. 1994 II S. 105 und vom 25. 1. 1995 – BStBl. II S. 388).
– Zum Vorliegen eines Gewerbebetriebs (→ H 2.1) in Fällen der Veräußerung mehrerer Objekte an einen einzigen oder mehrere Erwerber → BFH vom 22. 4. 2015 – BStBl. II S. 897.

Kürzung um Hinzurechnungsbetrag nach § 10 Absatz 1 Satz 1 AStG.[2] → Gleich lautende Erlasse der obersten Finanzbehörden der Länder vom 14. 12. 2015 – BStBl. I S. 1090 zu den Folgen aus dem BFH-Urteil vom 11. 3. 2015 – BStBl. II S. 1049.[3]

[1] Zuletzt geändert durch Art. 6 des Gesetzes vom 25. 6. 2021 (BGBl. I S. 2050).

[2] **[Amtl. Anm.:]** Hinweis auf § 7 Satz 7 GewStG in der Fassung des Gesetzes zur Umsetzung der Änderungen der EU-Amtshilferichtlinie und von weiteren Maßnahmen gegen Gewinnkürzungen und -verlagerungen.

[3] Aufgehoben durch *gleich lautende Erlasse der obersten Finanzbehörden der Länder vom 4. 2. 2021, BStBl. I S. 248.* Die Grundsätze des *BFH-Urteils v. 11. 3. 2015 I R 10/14, BStBl. II S. 1049* sind damit in allen offenen Fällen über den entschiedenen Einzelfall hinaus für Erhebungszeiträume bis einschließlich 2016 allgemein anzuwenden.

Korrektur nach erfolgter Hinzurechnung. → RFH 7. 12. 1943 – RStBl. 1944 S. 148; → BFH vom 27. 3. 1961 – BStBl. III S. 280 und vom 13. 12. 1966 – BStBl. 1967 III S. 187.

Beispiel:

A ist Inhaber eines Einzelunternehmens. Der nach den Vorschriften des Einkommensteuergesetzes ermittelte Gewinn beträgt in den EZ 01 und 02 jeweils 100 000 €. Als Betriebsausgaben wurden jeweils Entgelte für Schulden in Höhe von 300 000 € berücksichtigt. Ein Teilbetrag in Höhe von 100 000 € der im EZ 01 gezahlten Entgelte für Schulden wurde im EZ 02 erstattet. Der Erstattungsbetrag ist im EZ 02 als Betriebseinnahme erfasst worden.

Lösung:

In den EZ 01 und 02 ist jeweils ein Hinzurechnungsbetrag nach § 8 Nr. 1 GewStG i. H. v. 50 000 € anzusetzen (Entgelte für Schulden i. H. v. 300 000 € abzüglich des Freibetrags nach § 8 Nr. 1 GewStG i. H. v. 100 000 €; davon ein Viertel). Die Erstattung im EZ 02 beeinflusst die in den EZ 01 und 02 zu berücksichtigenden Hinzurechnungsbeträge nicht. Zur Vermeidung einer doppelten Besteuerung ist der bei der Ermittlung des Gewerbeertrags nach § 7 GewStG im EZ 02 zugrunde zu legende Gewinn um den auf den Erstattungsbetrag entfallenden Hinzurechnungsbetrag des EZ 01 zu mindern.

Der Minderungsbetrag ist wie folgt zu bestimmen:

Entgelte für Schulden des EZ 01:	300 000 €
abzüglich Erstattungsbetrag:	100 000 €
abzüglich Freibetrag nach § 8 Nr. 1 GewStG:	100 000 €
verbleiben:	100 000 €
Fiktiver Hinzurechnungsbetrag im EZ 01:[1]	25 000 €
Tatsächlicher Hinzurechnungsbetrag im EZ 01:	50 000 €
Differenz (= Minderungsbetrag):	25 000 €

Im EZ 02 ist bei der Ermittlung des Gewerbeertrags ein Gewinn in Höhe von 75 000 € zugrunde zu legen (tatsächlicher Gewinn in Höhe von 100 000 € abzüglich des Minderungsbetrags in Höhe von 25 000 €).

Ermittlung des Gewerbeertrags:

	EZ 01	**EZ 02**
Ausgangsgröße i. S. d. § 7 GewStG:	100 000 €	75 000 €
Hinzurechnung nach § 8 Nr. 1 GewStG:	50 000 €	50 000 €
Gewerbeertrag i. S. d. § 7 GewStG:	150 000 €	125 000 €

Tonnagebesteuerung. Die Auflösung des Unterschiedsbetrags nach § 5a Abs. 4 EStG gehört zum Gewerbeertrag nach § 7 Satz 3 GewStG (→ BMF vom 12. 6. 2002 – BStBl. I S. 614[2] unter Berücksichtigung der Änderungen durch BMF vom 31. 10. 2008 – BStBl. I S. 956 und BFH vom 13. 12. 2007 – BStBl. 2008 II S. 583 und vom 26. 6. 2014 – BStBl. 2015 II S. 300).

Überführung von Einzelwirtschaftsgütern. Wenn die Überführung eines Wirtschaftsguts aus einem gewerblichen Betriebsvermögen in das Betriebsvermögen eines land- und forstwirtschaftlichen Betriebs, eines der Ausübung eines freien Berufs dienenden Betriebs oder in eine ausländische Betriebsstätte nach einkommensteuerrechtlichen Gewinnermittlungsgrundsätzen keine Entnahme darstellt, weil deren spätere Besteuerung durch den Verbleib in einem Betriebsvermögen sichergestellt ist, kann die Besteuerung der in dem Wirtschaftsgut ruhenden stillen Reserven allein für Zwecke der Gewerbesteuer nicht ausgelöst werden (→ BFH vom 14. 6. 1988 – BStBl. 1989 II S. 187).

Unentgeltliche Betriebs- oder Teilbetriebsübertragung. → § 6 Abs. 3 EStG.

Zur Behandlung einer Gewinnerhöhung auf Grund einer Wertaufholung nach ausschüttungsbedingter Teilwertabschreibung. → R 8.6.

Anl a zu R 7.1 (1)

a) Verfügung betr. Auswirkungen des Halbeinkünfteverfahrens auf die Gewerbesteuer

Vom 11. September 2003

(OFD Koblenz G 1422/G 1425 A – St 33 2)

(letztmals abgedruckt im Handbuch zur GewSt-Veranlagung 2010)

Anl b zu R 7.1 (1)

b) Schreiben betr. Rechtsfolgen aus der Veröffentlichung des BFH-Urteils I R 95/05 vom 9. August 2006 im Bundessteuerblatt (BStBl. 2007 II S. 279)

Vom 21. März 2007 (BStBl. I S. 302)[3]

(BMF IV B 7 – G 1421/0, DOK 2007/0100766)

Der BFH hat im Urteil vom 9. August 2006 (a. a. O.) entschieden, dass 10

1. die Rdnr. 57 des BMF-Schreibens vom 28. April 2003 (BStBl. I S. 292) zur Nichtanwendung der Grundsätze des § 8 b Abs. 1 bis 5 KStG sowie des § 3 Nr. 40 EStG bei der Ermittlung des Gewerbeertrags einer Mitunternehmerschaft nicht dem seinerzeit geltenden Recht entspricht und

[1] (300 000 € ./. Erstattung in 02: 100 000 € ./. Freibetrag 100 000 € = 100 000 € × 1/4).
[2] Abgedruckt als Anlage zu § 5 a EStG im „Handbuch zur ESt-Veranlagung".
[3] *Nicht in Positivliste vom 27. 3. 2012, BStBl. I S. 370,* enthalten.

2. § 8 b Abs. 5 KStG in der bis Veranlagungszeitraum 2003 geltenden Fassung (KStG a. F.) gegen die Niederlassungsfreiheit nach Artikel 43 ff. und gegen die Kapitalverkehrsfreiheit nach Artikel 56 ff. EG verstößt.

Nach dem Ergebnis der Erörterung mit den obersten Finanzbehörden des Bundes und der Länder gilt zur allgemeinen Anwendung der Urteilsgrundsätze Folgendes:

1. Ermittlung des Gewerbeertrags bei einer Mitunternehmerschaft

a) Ermittlung des Gewerbeertrags einer Mitunternehmerschaft abweichend von Rdnr. 57 des BMF-Schreibens vom 28. April 2003 (a. a. O.)

Die Regelungen des § 8 b Abs. 1 bis 5 KStG sowie des § 3 Nr. 40 EStG sind auch für Erhebungszeiträume vor 2004 nach den Grundsätzen des ab dem Erhebungszeitraum 2004 geltenden § 7 Satz 4 GewStG in allen noch offenen Fällen anzuwenden.

Soweit für Erhebungszeiträume vor 2004 bei der Mitunternehmerschaft im Rahmen der Gewinnermittlung Verluste aus der Veräußerung einer Beteiligung an einer Kapitalgesellschaft oder Teilwertabschreibungen auf eine derartige Beteiligung anzuerkennen sind, die sich nach den Grundsätzen der Rdnr. 57 mindernd auf den Gewerbeertrag der Mitunternehmerschaft ausgewirkt hätten, können diese Grundsätze in allen offenen Fällen – sofern sich ein derartiger Anspruch nicht bereits aus § 176 Abs. 2 AO ergibt – auf Antrag aus Gründen des Vertrauensschutzes weiter angewendet werden.

Das gilt entsprechend, wenn es sich bei der Mitunternehmerschaft um einen Venture Capital und Privat Equity Fonds handelt; Tz. 20 Satz 2 des BMF-Schreibens vom 16. Dezember 2003 (BStBl. I 2004 S. 40) wird aufgehoben.

b) Mitunternehmerschaft als Organträger

Nach Rdnr. 34 des BMF-Schreibens vom 26. August 2003 (BStBl. I S. 437) finden die Vorschriften des § 8 b KStG und des § 3 Nr. 40 EStG bei der Gewerbeertragsermittlung einer Personengesellschaft (Mitunternehmerschaft) als Organträgerin keine Anwendung, wenn ihr Einkommen einer Organgesellschaft zuzurechnen ist, in dem die in § 15 Satz 1 Nr. 2 Satz 2 KStG genannten Einkommensteile enthalten sind.

Hieran ist nach den Grundsätzen des BFH-Urteils vom 9. August 2006 (a. a. O.) auch für Erhebungszeiträume vor 2004 in allen noch offenen Fällen nicht mehr festzuhalten. Bei der Gewerbeertragsermittlung einer Personengesellschaft als Organträgerin finden in diesem Fall die Grundsätze des § 7 Satz 4 GewStG Anwendung.

Soweit für Erhebungszeiträume vor 2004 bei der Personengesellschaft als Organträgerin im ihr von der Organgesellschaft zuzurechnenden Einkommen in § 15 Satz 1 Nr. 2 Satz 2 KStG genannte Einkommensteile enthalten sind, die negativ sind, können die Grundsätze der Rdnr. 34 des BMF-Schreibens vom 26. August 2003 (a. a. O.) in allen offenen Fällen – sofern sich ein derartiger Anspruch nicht bereits aus § 176 Abs. 2 AO ergibt – auf Antrag aus Gründen des Vertrauensschutzes weiter angewendet werden.

2. Anwendung des § 8 b Abs. 5 KStG a. F.

(Nichtanwendungserlass, nicht abgedruckt)

Anl c zu R 7.1 (1)

c) Erlass betr. Ermittlung des Gewerbeertrags (§ 7 GewStG) bei der gewinnerhöhenden Hinzurechnung eines Investitionsabzugsbetrags gemäß § 7 g EStG nach Eintritt der Gewerbesteuerpflicht

Vom 26. Januar 2011 (BStBl. I S. 152)

(Gleich lautender Ländererlass)

11 Nach § 7 g Absatz 1 Satz 1 EStG können Steuerpflichtige unter den Voraussetzungen des § 7 g Absatz 1 Satz 2 und 4 EStG für die künftige Anschaffung oder Herstellung eines abnutzbaren beweglichen Wirtschaftsguts des Anlagevermögens bis zu 40 Prozent der voraussichtlichen Anschaffungs- oder Herstellungskosten gewinnmindernd abziehen (Investitionsabzugsbetrag). Im Wirtschaftsjahr der Anschaffung oder Herstellung des begünstigten Wirtschaftsguts ist der für dieses Wirtschaftsgut in Anspruch genommene Investitionsabzugsbetrag in Höhe von 40 Prozent der Anschaffungs- und Herstellungskosten gewinnerhöhend hinzuzurechnen; die Hinzurechnung darf den nach § 7 g Absatz 1 EStG abgezogenen Betrag nicht übersteigen (§ 7 g Absatz 2 Satz 1 EStG). Die Anschaffungs- oder Herstellungskosten des Wirtschaftsguts können im Jahr der Investition um bis zu 40 Prozent, höchstens jedoch um die vorgenommene Hinzurechnung nach § 7 g Absatz 2 Satz 1 EStG, gewinnmindernd herabgesetzt werden; die Bemessungsgrundlage für die Absetzung für Abnutzung, erhöhte Absetzung und Sonderabschreibung sowie die Anschaffungs- oder Herstellungskosten im Sinne von § 6 Absatz 2 und 2 a EStG verringern sich entsprechend. Zu dieser Regelung gilt gewerbesteuerlich Folgendes:

Ein bereits vor der Betriebseröffnung (= Beginn der Gewerbesteuerpflicht) gewinnmindernd in Anspruch genommener Investitionsabzugsbetrag wirkt sich gewerbesteuerlich nicht aus. Die gewinnerhöhende Hinzurechnung eines Investitionsabzugsbetrags nach der Betriebseröffnung unterliegt jedoch der Gewerbesteuer. Im Hinblick auf den Sinn und Zweck des § 7 g EStG wird zur Vermeidung von Härten die gewinnerhöhende Hinzurechnung eines Investitionsabzugsbetrags auf Antrag aus Billigkeitsgründen nach § 163 AO nicht in den Gewerbeertrag einbezogen, soweit die Inanspruchnahme des Investitionsabzugsbetrags den Gewerbeertrag nicht gemindert hat.

Diese Erlasse sind in allen noch nicht bestandskräftigen Fällen anzuwenden. Sie ergehen im Einvernehmen mit dem Bundesministerium der Finanzen.

R 7.1 (2) R 7.1 (2)

Rechtsbehelfe

(2) Der Steuerpflichtige kann im Gewerbesteuermessbetragsverfahren Einwendungen gegen 12
die Ermittlung des Gewinns aus Gewerbebetrieb unabhängig von dem Gang der Veranlagung bei der Einkommensteuer oder Körperschaftsteuer vorbringen.[1]

H 7.1 (2) H 7.1 (2)

Allgemeines. Zur Änderung des Gewerbesteuermessbescheids nach § 35 b GewStG → R 35 b.1. 13

R 7.1 (3) R 7.1 (3)

Gewinn bei natürlichen Personen und bei Personengesellschaften

(3) ① Bei der Ermittlung des Gewinns sind für Zwecke der Gewerbesteuer insbesondere die 14
folgenden Vorschriften nicht anzuwenden:

1. § 16 Abs. 1 Satz 1 Nr. 1 Satz 1, Nr. 2, Nr. 3 und Abs. 3 Satz 1 EStG (Veräußerung oder Aufgabe des Betriebs), und zwar auch in Fällen der Veräußerung eines Teilbetriebs oder des Anteils eines Gesellschafters;
2. § 17 EStG (Veräußerung von Beteiligungen im Privatvermögen);
3. § 24 EStG (Entschädigungen usw.);
4. § 15 Abs. 4 EStG;
5. § 15 a EStG (Verluste bei beschränkter Haftung);
6. § 15 b EStG (Verluste aus Steuerstundungsmodellen).

② Für die Ermittlung des Gewerbeertrags sind Betriebseinnahmen und Betriebsausgaben auszuscheiden, welche nicht mit der Unterhaltung eines laufenden Gewerbebetriebs zusammenhängen. ③ Gewinne (Verluste) aus der Veräußerung der Beteiligung an einer Mitunternehmerschaft gehören auch dann nicht zum Gewerbeertrag, wenn die Beteiligung zum Betriebsvermögen gehört. ④ Der von einer Mitunternehmerschaft erzielte Gewinn aus der Veräußerung oder Aufgabe eines Betriebs oder Teilbetriebs, eines Mitunternehmeranteils oder des Komplementäranteils an einer KGaA ist jedoch nur insoweit gewerbesteuerfrei, als er auf eine natürliche Person als unmittelbar beteiligten Mitunternehmer entfällt. ⑤ Die Veräußerung eines Mitunternehmeranteils an einer Mitunternehmerschaft, zu deren Betriebsvermögen die Beteiligung an einer Mitunternehmerschaft gehört (sog. doppelstöckige Personengesellschaft), ist als einheitlicher Veräußerungsvorgang zu behandeln. ⑥ Gewinne (Verluste) aus der Veräußerung eines Teils eines Mitunternehmeranteils sind nach § 16 Abs. 1 Satz 2 EStG laufende Gewinne und somit gewerbesteuerpflichtig. ⑦ Durch den Wechsel der Gewinnermittlungsart bedingte Hinzu- und Abrechnungen unterliegen ebenfalls als laufender Gewinn der Gewerbesteuer. ⑧ Die Verteilung nach R 4.6 Abs. 1 Satz 4 und 5 EStR gilt auch für die Gewerbesteuer, es sei denn, die Änderung der Gewinnermittlungsart steht in einem zeitlichen Zusammenhang mit einem Unternehmerwechsel im Sinne der R 2.7.

H 7.1 (3) H 7.1 (3)

Anwendung einkommensteuerrechtlicher Vorschriften und Verwaltungsanordnungen. 15
Während die Einkommensteuer als Personensteuer beim gewerblichen Gewinn alle betrieblichen Vorgänge von den ersten Vorbereitungshandlungen zur Betriebseröffnung bis zur Veräußerung oder Entnahme des letzten betrieblichen Wirtschaftsgutes berücksichtigt, ist Gegenstand der Gewerbesteuer nur der durch den laufenden Betrieb anfallende Gewinn (→ BFH vom 13. 11. 1963 – BStBl. 1964 III S. 124).

Betriebsaufgabe.

- Im Fall der Betriebsaufgabe ist für diesen Zeitpunkt der Übergang zum Vermögensvergleich zu unterstellen. Die dabei erforderlichen Zu- und Abrechnungen gehören zum laufenden Gewinn und sind deshalb bei der Ermittlung des Gewerbeertrags zu berücksichtigen (→ BFH vom 23. 11. 1961 – BStBl. 1962 III S. 199 und vom 24. 10. 1972 – BStBl. 1973 II S. 233).
- Nach § 16 Abs. 3 Satz 5 EStG gilt der Gewinn aus der Aufgabe des Gewerbebetriebs als laufender Gewinn, soweit einzelne dem Betrieb gewidmete Wirtschaftsgüter im Rahmen der Aufgabe des Betriebs veräußert werden und soweit auf der Seite des Veräußerers und auf der Seite des Erwerbers dieselben Personen Unternehmer oder Mitunternehmer sind. Zur Anwendbarkeit des § 16 Abs. 3 Satz 5 EStG auch für die Gewerbesteuer (→ BFH vom 3. 12. 2015 – BStBl. 2016 II S. 544).

---

[1] *BFH-Urteil vom 10. 6. 1987 I R 301/83, BStBl. II S. 816:* Erlässt ein FA sowohl den Gewerbesteuermess- als auch den Gewerbesteuerbescheid, so muss der Steuerpflichtige den Gewerbesteuermessbescheid anfechten, wenn er Einwendungen zur Höhe des Gewerbeertrags geltend machen will.

H 7.1 (3)

noch 15

Entnahmevorgänge bei Umwandlung in eine Personengesellschaft. Entsteht bei einer Betriebsveräußerung oder der Einbringung eines Betriebs zu Buch- oder Zwischenwerten ein Gewinn aus der Überführung von nicht zu den wesentlichen Betriebsgrundlagen gehörenden Wirtschaftsgütern in das Privatvermögen, unterliegt dieser Gewinn auch dann nicht der Gewerbesteuer, wenn er bei der Einkommensteuer nach dem Tarif zu versteuern ist (→ BFH vom 29. 10. 1987 – BStBl. 1988 II S. 374).

Entschädigungen, nachträgliche Betriebseinnahmen.

- Eine Unfallentschädigung, die ein Gewerbetreibender wegen Erwerbsminderung aus der Haftpflichtversicherung des Schädigers erhält, gehört nicht zum Gewerbeertrag (→ BFH vom 20. 8. 1965 – BStBl. 1966 III S. 94 und vom 28. 8. 1968 – BStBl. 1969 II S. 8).
- Ausgleichsansprüche und Ausgleichszahlungen im Sinne des § 89 b HGB bei Handelsvertretern sowie Entschädigungen für entgangenen Gewinn bei behördlich veranlasster Geschäftsraumverlegung gehören zum laufenden gewerblichen Gewinn und damit zum Gewerbeertrag i. S. d. § 7 GewStG (→ BFH vom 21. 1. 1965 – BStBl. III S. 172, vom 5. 12. 1968 – BStBl. 1969 II S. 196, vom 26. 5. 1971 – BStBl. II S. 717, vom 31. 3. 1977 – BStBl. II S. 618 und vom 18. 12. 1996 – BStBl. 1997 II S. 573). Ausgleichszahlungen i. S. d. § 89 b HGB gehören auch dann zum laufenden Gewinn, wenn die Beendigung des Vertragsverhältnisses mit der Aufgabe des Betriebs zusammenfällt oder der Anspruch auf Ausgleichszahlung durch den Tod des Handelsvertreters entstanden ist und der Erbe den Betrieb aufgibt (→ BFH vom 24. 11. 1982 – BStBl. 1983 II S. 243, vom 9. 2. 1983 – BStBl. II S. 271, vom 19. 2. 1987 – BStBl. II S. 570 und vom 25. 7. 1990 – BStBl. 1991 II S. 218).
  Eine Ausgleichszahlung im Sinne von § 89 b HGB, die ihren Grund in der Beendigung des Vertragsverhältnisses durch den Tod des Handelsvertreters hat und an dessen allein erbende Witwe geleistet wird, gehört aber dann nicht zum Gewerbeertrag des mit dem Tode eingestellten Gewerbebetriebs, wenn der Handelsvertreter seinen Gewinn nach § 4 Abs. 3 EStG ermittelte und diese Gewinnermittlungsart beibehalten wurde (→ BFH vom 10. 7. 1973 – BStBl. II S. 786).
- Wird die Entschädigung im Rahmen der Aufgabe eines Gewerbebetriebs gezahlt, so bleibt sie beim Gewerbeertrag außer Ansatz, wenn sie einkommensteuerrechtlich dem begünstigten Veräußerungs- oder Aufgabegewinn i. S. d. § 16 EStG zuzurechnen ist (→ BFH vom 17. 12. 1975 – BStBl. 1976 II S. 224).
- Eine nach § 3 Nr. 8 EStG steuerfreie Entschädigung gehört nicht zum Gewerbeertrag (→ BFH vom 12. 1. 1978 – BStBl. II S. 267).

Ermittlung des Gewerbeertrags bei Mitunternehmerschaften.

- Zum Gewerbeertrag einer Personengesellschaft gehören auch die Vergütungen an ihre Mitunternehmer i. S. v. § 15 Abs. 1 Satz 1 Nr. 2 EStG (→ BFH vom 6. 7. 1978 – BStBl. II S. 647, vom 6. 11. 1980 – BStBl. 1981 II S. 220, vom 24. 11. 1983 – BStBl. 1984 II S. 431, vom 25. 10. 1984 – BStBl. 1985 II S. 212 und vom 10. 6. 1987 – BStBl. II S. 816). Das gilt auch für die Gehälter der Geschäftsführer einer GmbH, die die Geschäfte einer GmbH & Co. KG führt, wenn die Empfänger zugleich Gesellschafter (Kommanditisten) der GmbH & Co. KG sind (→ BFH vom 26. 1. 1968 – BStBl. II S. 369 und vom 14. 12. 1978 – BStBl. 1979 II S. 284). Sie gehören ausnahmsweise nicht zum Gewinn (Gewerbeertrag), wenn der Empfänger zwar formal Gesellschafter, aber wirtschaftlich kein Mitunternehmer ist (→ BFH vom 26. 6. 1964 – BStBl. III S. 501). In den Gewerbeertrag einer Personengesellschaft ist auch der Gewinn einzubeziehen, den ein Gesellschafter aus der Veräußerung von Sonderbetriebsvermögen erzielt, das der Betätigung der Gesellschaft dient (→ BFH vom 6. 11. 1980 – BStBl. 1981 II S. 220 und zu Sonderbetriebsvermögen II → BFH vom 3. 4. 2008 – BStBl. II S. 742). Dagegen gehört der Veräußerungsgewinn eines von den Gesellschaftern einer Personengesellschaft von Anfang an privat genutzten Grundstücks nicht zum Gewerbeertrag, auch wenn es sich dabei um Gesamthandsvermögen handelt (→ BFH vom 3. 10. 1989 – BStBl. 1990 II S. 319). Zinsen, die ein Mitunternehmer für ein Darlehen aufwendet, das er zum Erwerb eines Mitunternehmeranteils aufgenommen hat, mindern den Gewinn der Personengesellschaft. Sie sind jedoch nach § 8 Nr. 1 GewStG dem Gewerbeertrag wieder hinzuzurechnen (→ BFH vom 9. 4. 1981 – BStBl. II S. 621).
- Wegen der Nutzungsüberlassung von Wirtschaftsgütern einer Personengesellschaft an eine andere ganz oder teilweise gesellschafteridentische Personengesellschaft (→ BMF vom 28. 4. 1998 – BStBl. I S. 583).[1]
- Zur Anwendung der Regelungen des § 8 b Abs. 1 bis 5 KStG sowie des § 3 Nr. 40 EStG bei der Ermittlung des Gewerbeertrags einer Mitunternehmerschaft (→ BMF vom 21. 3. 2007 – BStBl. I S. 302[2] = Rechtsfolgen aus der Veröffentlichung des BFH-Urteils I R 95/05 vom 9. 8. 2006 im BStBl. 2007 II S. 279).

Gewinn aus der Veräußerung einer 100%igen Beteiligung an einer Kapitalgesellschaft. Der Gewinn aus der Veräußerung einer zum Betriebsvermögen gehörenden Beteiligung an einer Kapitalgesellschaft i. S. d. § 2 Abs. 2 GewStG ist auch dann Gewerbeertrag, wenn die Be-

[1] Abgedruckt als Anlage a zu R 15.8 EStR im „Handbuch zur ESt-Veranlagung“.
[2] Abgedruckt als Anlage b zu R 7.1 Abs. 1 GewStR.

teiligung das gesamte Nennkapital umfasst (→ § 16 Abs. 1 Satz 1 Nr. 1 Satz 2 EStG), es sei denn, die Veräußerung erfolgt im engen Zusammenhang mit der Aufgabe des Gewerbebetriebs (→ BFH vom 2. 2. 1972 – BStBl. II S. 470). Dies gilt unabhängig davon, ob es sich um Anteile an einer inländischen oder ausländischen Kapitalgesellschaft handelt (→ BFH vom 29. 8. 1984 – BStBl. 1985 II S. 160). H 7.1 (3)

noch **15**

Gewinnanteile stiller Gesellschafter.

– Wird die anteils- und beteiligungsidentische Schwesterpersonengesellschaft einer Kommanditistin als typische stille Gesellschafterin an der KG beteiligt und werden die Interessen anderer KG-Gesellschafter durch eine „Gewinnverschiebung" zwischen den Schwestergesellschaften nicht berührt, mindert der Gewinnanteil der stillen Gesellschafterin nur in angemessener Höhe den Gewerbeertrag der KG.
– Soweit der der stillen Gesellschafterin eingeräumte Gewinnanteil eine angemessene Höhe übersteigt, ist er der Kommanditistin zuzurechnen. Insoweit handelt es sich um eine verdeckte Entnahme der Gesellschafter aus der Kommanditistin verbunden mit einer verdeckten Einlage in deren Schwestergesellschaft.
– Soweit ein angemessener Gewinnanteil der stillen Gesellschafterin nicht durch einen konkreten Fremdvergleich ermittelt werden kann, ist – entsprechend den von der Rechtsprechung zu Familienpersonengesellschaften entwickelten Grundsätzen – im Allgemeinen eine Gewinnverteilung nicht zu beanstanden, die eine durchschnittliche Rendite der an Gewinn und Verlust beteiligten stillen Gesellschafterin bis zu 35% ihrer Einlage erwarten lässt.
(→ BFH vom 21. 9. 2000 – BStBl. 2001 II S. 299).

Mehrheit von Betrieben. → R 2.4.

Sondererbfolge. Bei einer Sonderrechtsnachfolge in den Mitunternehmeranteil (qualifizierte Nachfolgeklausel) handelt es sich um eine Sondererbfolge; deshalb unterliegt der beim Erblasser entstehende Gewinn aus der Entnahme des Sonderbetriebsvermögens nicht der GewSt (→ BFH vom 15. 3. 2000 – BStBl. II S. 316).

Veräußerungs- und Aufgabegewinne.[1]

– Gewinne aus der Veräußerung oder Aufgabe eines Gewerbebetriebs oder eines Teilbetriebs im Sinne von § 16 Abs. 1 Satz 1 Nr. 1 Halbsatz 1 und Abs. 3 EStG gehören vorbehaltlich der Anwendung des § 7 Satz 2 GewStG bei einer Personengesellschaft nicht zum Gewerbeertrag (→ BFH vom 11. 3. 1982 – BStBl. II S. 707).
– Veräußerungs- oder Aufgabegewinne unterliegen als laufender Gewinn der Gewerbesteuer, soweit auf der Seite des Veräußerers und auf der Seite des Erwerbers dieselben Personen Unternehmer oder Mitunternehmer sind (→ § 16 Abs. 2 Satz 3, Abs. 3 Satz 2 EStG und BFH vom 15. 6. 2004 – BStBl. II S. 754).[2]
– Zur Frage der Einbeziehung des Gewinns aus der Veräußerung eines Mitunternehmeranteils im Sinne des § 7 Satz 2 Nr. 2 GewStG in die erweiterte Kürzung gemäß § 9 Nr. 1 Satz 2 GewStG → H 9.2 (1).
– Eine GmbH & Co. KG, die ihren Geschäftsbereich veräußert und lediglich eine wesentliche Betriebsgrundlage zurückbehält, die sie fortan vermietet, bleibt gewerbesteuerpflichtig; der Veräußerungsgewinn ist in den Gewerbeertrag einzubeziehen (→ BFH vom 17.3. 2010 – BStBl. II S. 977).
– Der Gewinn aus der Veräußerung eines zum Anlagevermögen zählenden Flugzeugs gehört zum gewerbesteuerbaren (laufenden) Gewinn, wenn die Veräußerung Bestandteil eines einheitlichen Geschäftskonzepts der unternehmerischen Tätigkeit ist (→ BFH vom 20. 9. 2012 – BStBl. 2013 II S. 498). Zu einheitlichem Geschäftskonzept → H 2.6 (1).

Vermögensübergang auf eine Personengesellschaft.

– → BMF vom 11. 11. 2011[3] – BStBl. I S. 1314 – Tz. 18.05 ff. → Anlage 16 KStH 2015.
– → § 18 UmwStG.[4]
– Veräußerung einer aus der Umwandlung einer Kapitalgesellschaft hervorgegangenen Personengesellschaft gegen Leibrente → BFH vom 17. 7. 2013 – BStBl. II S. 883.

Wechsel der Gewinnermittlungsart. → R 4.6 EStR und Anlage zu R 4.6 EStH.

Zwischengeschaltete Personengesellschaft. Anwendung der §§ 3 Nr. 40 und 3 c Abs. 2 EStG sowie § 8 b KStG → § 7 Satz 4 GewStG.

---

[1] *BFH v. 19. 9. 2019 IV R 50/16, BStBl. 2020 II S. 57:* Zum Gewerbeertrag einer Personengesellschaft gehört nach § 7 Satz 2 Nr. 2 GewStG auch der Gewinn eines Fiskalerben aus der Aufgabe des von einer verstorbenen natürlichen Person ererbten Mitunternehmeranteils.

[2] Ebenso *BFH-Urteil vom 3. 12. 2015 IV R 4/13, BStBl. 2016 II S. 544* zu § 16 Abs. 3 Satz 5 EStG: **1.** § 16 Abs. 3 S. 5 EStG ist als typisierende Missbrauchsverhinderungsvorschrift über § 7 S. 1 GewStG auch gewerbesteuerlich anzuwenden. **2.** Eine teleologische Reduktion des § 7 S. 1 GewStG kommt nicht in Betracht, sowie ein Mitunternehmer zunächst eine in seinem Sonderbetriebsvermögen gehaltene GmbH-Beteiligung an seine Mitunternehmerschaft veräußert, um sodann seinen gesamten Mitunternehmeranteil an einen Dritten zu veräußern.

[3] Abgedruckt im Anhang I 2 a im Handbuch zur Körperschaftsteuerveranlagung.

[4] Abgedruckt im Anhang I 2 im Handbuch zur Körperschaftsteuerveranlagung.

R 7.1 (4)

R 7.1 (4)

Gewinn bei Körperschaften, Personenvereinigungen und Vermögensmassen

18 (4) ①Bei unbeschränkt Steuerpflichtigen i. S. d. § 1 Abs. 1 Nr. 1 bis 3 KStG sind alle Einkünfte als Einkünfte aus Gewerbebetrieb zu behandeln. ②Den als Ausgangspunkt für die Ermittlung des Gewerbeertrags zugrunde zu legenden Gewinn im Sinne des § 7 GewStG dürfen aber insbesondere folgende Beträge nicht mindern:[1]

1. der Verlustabzug nach § 10d EStG;
2. die Freibeträge nach §§ 24 und 25 KStG.

③Die in R 7.1 Abs. 3 Nr. 4 dargelegten Grundsätze sind anzuwenden. ④Liegen bei einer Kapitalgesellschaft die Voraussetzungen des § 8 Abs. 7 KStG vor, ist die Spartentrennung nach § 8 Abs. 9 KStG auch für die Gewerbesteuer vorzunehmen. ⑤Demnach ist für jede der sich nach Maßgabe des § 8 Abs. 9 KStG ergebenden Sparten zunächst ein gesonderter Gewerbeertrag zu ermitteln. ⑥Der Gewerbeertrag der Kapitalgesellschaft ist in diesen Fällen die Summe der positiven Gewerbeerträge der jeweiligen Sparten.

H 7.1 (4)

H 7.1 (4)

19 **Erwerb und Veräußerung eigener Anteile.** → BMF vom 27. 11. 2013 – BStBl. I S. 1615.

Übertragungsgewinn bei Umwandlung einer Kapitalgesellschaft auf eine Personengesellschaft als Alleingesellschafterin. Wird eine Kapitalgesellschaft auf eine Personengesellschaft als Alleingesellschafterin umgewandelt, ist der Übertragungsgewinn aus der Aufdeckung stiller Reserven in einer Beteiligung der umgewandelten Kapitalgesellschaft an einer Personengesellschaft nicht Bestandteil des Gewerbeertrags der umgewandelten Kapitalgesellschaft (→ BFH vom 28. 2. 1990 – BStBl. II S. 699).

Veräußerung eines Betriebs, Teilbetriebs oder einer betrieblichen Beteiligung bei Kapitalgesellschaften. Der Gewinn aus der Veräußerung eines Betriebs, eines Teilbetriebs oder einer betrieblichen Beteiligung gehört nach ständiger Rechtsprechung bei Kapitalgesellschaften zum Gewerbeertrag (→ BFH vom 5. 9. 2001 – BStBl. 2002 II S. 155).

Anl zu R 7.1 (4)

Kurzinformation betr. Einzelfragen zu § 7 GewStG und § 18 Abs. 4 UmwStG

Vom 27. Dezember 2004 (DStR 2005 S. 194)

(OFD Koblenz G 1421 A – Nr. 79/04)

Die KSt- und GewSt-Referatsleiter von Bund und Ländern haben Einzelfragen zu der Anwendung des § 18 Abs. 4 UmwStG bzw. des § 7 GewStG erörtert. Nach dem Ergebnis der Erörterungen gilt Folgendes:

1. Veräußerung von durch Einbringung von Mitunternehmeranteilen entstandenen einbringungsgeborenen Anteilen durch eine Kapitalgesellschaft (§ 7 GewStG)

20 Die Veräußerung eines Mitunternehmeranteils durch eine Kapitalgesellschaft war **bis zum Erhebungszeitraum 2001** nicht gewerbesteuerpflichtig. Wurden Mitunternehmeranteile nach § 20 UmwStG zu Buch- oder Zwischenwerten in eine andere Kapitalgesellschaft eingebracht, konnte die einbringende Kapitalgesellschaft die als Gegenleistung für die Einbringung gewährten sog. einbringungsgeborenen Anteile ebenfalls gewerbesteuerfrei veräußern (R 40 Abs. 2 S. 7 GewStR 1998 i. V. m. Tz. 21.13 des BMF-Schreibens vom 25. 3. 1998, BStBl. I 1998 S. 268).

Ab dem Erhebungszeitraum 2002 ist die Veräußerung eines Mitunternehmeranteils durch eine Kapitalgesellschaft nach § 7 S. 2 Nr. 2 GewStG gewerbesteuerpflichtig. Entsprechend unterliegt die Veräußerung von einbringungsgeborenen Anteilen durch eine Kapitalgesellschaft, die durch die Einbringung eines Mitunternehmeranteils entstanden sind, dann der Gewerbesteuer, wenn der für die Einbringung erforderliche Rechtsakt (nicht der steuerliche Übertragungsstichtag) nach dem 31. 12. 2001 wirksam geworden ist.

2. Anwendung des § 18 Abs. 4 UmwStG und des § 7 S. 2 Nr. 2 GewStG bei doppelstöckigen Personengesellschaften

21 Sind bei einer doppelstöckigen Personengesellschaft die Anteile an der **Unter**gesellschaft durch eine Umwandlung nach den §§ 3–10, 14 bzw. 16 UmwStG entstanden und werden die Anteile an der **Ober**gesellschaft veräußert, ist auf die Veräußerung der Anteile an der Obergesellschaft § 18 Abs. 4 UmwStG **nicht** anwendbar.

[1] *BFH-Beschluss vom 19. 7. 2010 I R 36/09, BStBl. II S. 1020:* Der fiktive Gewinnanteil i. S. des § 5 Abs. 1 KapErhStG a. F. (Rückzahlung von Nennkapital bei dessen Herabsetzung) ist dem Gewinn aus Gewerbebetrieb bei der Ermittlung des Gewerbeertrags gemäß § 7 GewStG 1991 nicht hinzuzurechnen.

Sind bei einer doppelstöckigen Personengesellschaft Gesellschafter der Obergesellschaft unmittelbar natürliche Personen und werden die Anteile an der **Ober**gesellschaft veräußert, unterliegt der dadurch entstehende Gewinn nicht der GewSt nach § 7 S. 2 Nr. 2 GewStG.

3. Steuerschuldnerschaft, Gewährung des Freibetrags und des Staffeltarifs in Fällen des § 18 Abs. 4 UmwStG

Schuldner der GewSt nach § 18 Abs. 4 UmwStG ist die (aus der Umwandlung entstandene) Personengesellschaft (§ 5 Abs. 1 S. 3 GewStG). Das gilt auch in den Fällen, in denen ein Anteil an der (umgewandelten) Personengesellschaft veräußert wird, d. h. die GewSt entsteht auf der Ebene der Personengesellschaft und nicht auf der Ebene des veräußernden Mitunternehmers. 22
Für den Veräußerungsgewinn sind der Freibetrag und der Staffeltarif zu gewähren.

R 7.1 (5)

R 7.1 (5)

Ermittlung des Gewerbeertrags im Fall der Organschaft

(5) ① Organträger und Organgesellschaft bilden trotz der Betriebsstättenfiktion des § 2 Abs. 2 Satz 2 GewStG kein einheitliches Unternehmen. ② Demnach ist für jedes der sachlich selbständigen Unternehmen im Organkreis der Gewerbeertrag unter Berücksichtigung der in den §§ 8 und 9 GewStG bezeichneten Beträge getrennt zu ermitteln. ③ Es unterbleiben aber Hinzurechnungen nach § 8 GewStG, soweit die Hinzurechnungen zu einer doppelten steuerlichen Belastung führen. ④ Eine doppelte Belastung kann eintreten, wenn die für die Hinzurechnung in Betracht kommenden Beträge bereits in einem der zusammenzurechnenden Gewerbeerträge enthalten sind. ⑤ Um eine Doppelbelastung zu vermeiden, sind ferner bei der Veräußerung einer Organbeteiligung durch den Organträger die von der Organgesellschaft während der Dauer des Organschaftsverhältnisses erwirtschafteten, aber nicht ausgeschütteten Gewinne, soweit sie in den Vorjahren im Organkreis der Gewerbesteuer unterlegen haben, bei der Ermittlung des Gewerbeertrags des Wirtschaftsjahrs des Organträgers abzuziehen, in dem die Beteiligung veräußert worden ist. ⑥ Auch eine verlustbedingte Wertminderung der Organbeteiligung muss gewerbesteuerlich unberücksichtigt bleiben, andernfalls würde sich der Verlust der Organgesellschaft doppelt auswirken. ⑦ Ist auf Grund des Verlusts der Organgesellschaft die Organbeteiligung auf den niedrigeren Teilwert abgeschrieben worden, kann die Teilwertabschreibung sich auf den Gewerbeertrag nicht mindernd auswirken, auch wenn sie bilanzsteuerrechtlich anzuerkennen ist. ⑧ Es wird vermutet, dass eine Identität der Verluste der Organgesellschaft mit den Verlusten des Organträgers besteht. ⑨ Wird eine Teilwertabschreibung nicht vorgenommen, die Organbeteiligung später aber zu einem entsprechend geringeren Verkaufspreis veräußert, ist bei der Ermittlung des Gewerbeertrags ein Betrag in Höhe des bei der Zusammenrechnung der Gewerbeerträge berücksichtigten Verlusts der Organgesellschaft hinzuzurechnen. ⑩ Der volle Gewerbeertrag – also vor Berücksichtigung der Gewinnabführungsvereinbarung und ggf. einschließlich des nur bei der Körperschaftsteuer vorhandenen eigenen Einkommens der Organgesellschaft in Höhe der geleisteten Ausgleichszahlungen – ist mit dem vom Organträger selbst erzielten Gewerbeertrag zusammenzurechnen. ⑪ Es sind die Gewerbeerträge derjenigen Wirtschaftsjahre des Organträgers und der Organgesellschaft zusammenzurechnen, die in demselben Erhebungszeitraum enden. 23

H 7.1 (5)

H 7.1 (5)

Allgemeine Grundsätze zur Organschaft. → R 2.3. 24

Dividendeneinnahmen einer Organgesellschaft.[1] Die im gewerbesteuerrechtlichen Organkreis für die Ermittlung der Gewerbeerträge der Organgesellschaft und des Organträgers nach § 7 Satz 1 (i. V. m. § 2 Abs. 2 Satz 2) GewStG 2002 maßgebenden Vorschriften des Körperschaftsteuergesetzes zur Ermittlung des Gewinns aus Gewerbebetrieb umfassen auch die in § 15 Satz 1 Nr. 2 Satz 1 und 2 (i. V. m. § 8b Abs. 1 bis 6) KStG 2002 (i. d. F. des SEStEG) angeordnete sog. Bruttomethode. Deswegen ist – zum einen – bei der Organgesellschaft ein von dieser vereinnahmter Gewinn aus Anteilen an einer ausländischen Kapitalgesellschaft bei der Berechnung des Kürzungsbetrags im Rahmen des sog. gewerbesteuerrechtlichen Schachtelprivilegs nach § 9 Nr. 7 Satz 1 GewStG 2002 nicht nach § 9 Nr. 7 Satz 3 i. V. m. § 9 Nr. 2a Satz 4 GewStG 2002 (i. d. F. des JStG 2007) um fiktive nichtabziehbare Betriebsausgaben nach § 8b Abs. 5 KStG 2002 zu vermindern, und beim Organträger ist der Gewinn aus den Kapitalanteilen – zum anderen – infolge des der Organgesellschaft gewährten sog. Schachtelprivilegs in dem ihm (nach § 2 Abs. 2 Satz 2 GewStG 2002) zugerechneten Gewerbeertrag nicht i. S. von § 15 Satz 1 Nr. 2 Satz 2 KStG 2002 (i. d. F. des SEStEG) enthalten, weshalb auch bei ihm keine Hinzurechnung von fiktiven nichtabziehbaren Betriebsausgaben nach § 8b Abs. 5 KStG 2002 vorzunehmen ist (→ BFH vom 17. 12. 2014 – BStBl. 2015 II S. 1052).

Teilwertabschreibungen bei Organschaft. Besteht gewerbesteuerrechtlich ein Organschaftsverhältnis, ist der beim Organträger zusammenzufassende Gewerbeertrag des Organkreises um Teilwertabschreibungen des Organträgers auf Beteiligungen an Organgesellschaften zu erhöhen, soweit die Teilwertabschreibungen betragsmäßig den erlittenen Verlusten der Organgesell-

[1] **[Amtl. Anm.:]** Für EZ ab 2017 → § 7 a GewStG in der ab 2017 geltenden Fassung.

schaft entsprechen (→ BFH vom 6. 11. 1985 – BStBl. 1986 II S. 73). Teilwertabschreibungen aufgrund einer Gewinnabführung mindern ebenso wie aufgrund einer Gewinnausschüttung den Gewerbeertrag im Organkreis nicht (→ BFH vom 19. 11. 2003 – BStBl. 2004 II S. 751). Teilwertabschreibungen mindern den Gewerbeertrag des Organkreises, wenn sie sich auf Ausschüttungen der Organgesellschaft bzgl. Gewinne aus vororganschaftlicher Zeit beziehen (→ BFH vom 30. 1. 2002 – BStBl. 2003 II S. 354).

Übernahmegewinn bei Umwandlung in Organschaftsfällen.

- Besteht eine gewerbesteuerrechtliche Organschaft und wird die Organgesellschaft in eine Personengesellschaft umgewandelt, unterliegt ein Umwandlungsgewinn, der beim herrschenden Unternehmen entsteht, insoweit nicht der Gewerbesteuer, als er aus aufgespeicherten Gewinnen der Organgesellschaft herrührt, die auf Grund der Organschaft bereits durch Zurechnung zum Gewerbeertrag des herrschenden Unternehmens versteuert wurden (→ BFH vom 26. 1. 1972 – BStBl. II S. 358).
- Entsteht bei der Umwandlung eines Organs auf den Organträger dadurch ein Übernahmegewinn, dass der Buchwert des Vermögens des Organs infolge der Nichtausschüttung von nachorganschaftlichen Gewinnen den Buchwert des Anteils des Organträgers an dem Organ übersteigt, unterliegt dieser Gewinn bei dem Organträger nicht der Gewerbesteuer (→ BFH vom 17. 2. 1972 – BStBl. II S. 582).

Zur Berücksichtigung von Gewerbeverlusten innerhalb des Organkreises. → H 10a.4.

Zur Berücksichtigung von Gewerbesteuerbefreiungen innerhalb des Organkreises. → H 3.20.

R 7.1 (6)

R 7.1 (6)

Ermittlung des Gewerbeertrags bei Genossenschaften

(6) – *unbesetzt* –

H 7.1 (6)

H 7.1 (6)

Allgemeines.

25 – Wegen der Besonderheiten bei der Ermittlung des Gewinns → § 22 KStG und R 22 KStR.[1]
– Wegen der steuerlichen Behandlung von landwirtschaftlichen Nutzungs- und Verwertungsgenossenschaften, bei denen nur bestimmte Nichtmitgliedergeschäfte besteuert werden, → H 3.8.
– Wegen der steuerlichen Behandlung von Veräußerungsgewinnen → R 7.1 Abs. 4.

R 7.1 (7)

R 7.1 (7)

Besteuerung kleiner Körperschaften

26 (7) ① Nach *§ 156 Abs. 2 AO*[2] kann die Festsetzung von Steuern unterbleiben, wenn feststeht, dass die Kosten der Einziehung einschließlich der Festsetzung außer Verhältnis zu dem festzusetzenden Betrag stehen. ② Diese Voraussetzung kann im Einzelfall bei kleinen Körperschaften, insbesondere bei Vereinen, Stiftungen und Genossenschaften und bei juristischen Personen des öffentlichen Rechts, erfüllt sein. ③ Bei diesen Körperschaften kann das in Satz 1 bezeichnete Missverhältnis insbesondere vorliegen, wenn der Gewinn im Einzelfall offensichtlich 500 Euro nicht übersteigt. ④ Dem entsprechend kann in diesen Fällen von der Festsetzung eines Gewerbesteuermessbetrags abgesehen werden.

GewStDV

§ 16 *Gewerbeertrag bei Abwicklung und Insolvenz*

27 *(1) Der Gewerbeertrag, der bei einem in der Abwicklung befindlichen Gewerbebetrieb im Sinne des § 2 Abs. 2 des Gesetzes im Zeitraum der Abwicklung entstanden ist, ist auf die Jahre des Abwicklungszeitraums zu verteilen.*

(2) Das gilt entsprechend für Gewerbebetriebe, wenn über das Vermögen des Unternehmens ein Insolvenzverfahren eröffnet worden ist.

R 7.1 (8)

R 7.1 (8)

Ermittlung des Gewerbeertrags bei Abwicklung und Insolvenz

28 (8) ① Bei einem in der Abwicklung befindlichen Unternehmen i. S. d. § 2 Abs. 2 GewStG ist nach § 16 GewStDV der Gewerbeertrag, der im Zeitraum der Abwicklung entstanden ist, auf die Jahre des Abwicklungszeitraums zu verteilen. ② Abwicklungszeitraum ist der Zeitraum vom Beginn bis zum Ende der Abwicklung. ③ Wird jedoch von der Bildung eines Rumpfwirtschaftsjahrs abgesehen, beginnt der Abwicklungszeitraum am Schluss des vorangegangenen Wirtschaftsjahrs. ④ Die Verteilung des in diesem Zeitraum erzielten Gewerbeertrags auf die einzelnen Jahre geschieht nach dem Verhältnis, in dem die Zahl der Kalendermonate, in denen im einzelnen Jahr

---

[1] Abdruckt im „Handbuch zur KSt-Veranlagung".
[2] § 156 AO neu gefasst durch Gesetz vom 18. 7. 2016 (BGBl. I S. 1679).

die Steuerpflicht bestanden hat, zu der Gesamtzahl der Kalendermonate des Abwicklungszeitraums steht. ⑤ Dabei ist der angefangene Monat voll zu rechnen. ⑥ Ist über das Vermögen des Unternehmens das Insolvenzverfahren eröffnet worden, ist der in dem Zeitraum vom Tag der Insolvenzeröffnung bis zur Beendigung des Insolvenzverfahrens erzielte Gewerbeertrag entsprechend den vorstehenden Ausführungen zur Abwicklung auf die einzelnen Jahre zu verteilen. ⑦ Das gilt nicht nur für Unternehmen i. S. d. § 2 Abs. 2 GewStG, sondern für Unternehmen aller Art (→ § 16 Abs. 2 GewStDV). ⑧ Wird der Betrieb einer Kapitalgesellschaft, über deren Vermögen das Insolvenzverfahren eröffnet ist, zunächst weitergeführt und wird erst später mit der Insolvenzabwicklung begonnen, ist das Wirtschaftsjahr, auf dessen Anfang oder in dessen Lauf der Beginn der Insolvenzabwicklung fällt, das erste Jahr des Abwicklungszeitraums, für den die in § 16 Abs. 2 GewStDV vorgesehene Verteilung des Gewerbeertrags in Betracht kommt.

H 7.1 (8)

H 7.1 (8)

Beginn der Abwicklung. Beginnt die Abwicklung im Laufe eines Wirtschaftsjahrs, ist grundsätzlich für die Zeit vom Schluss des vorangegangenen Wirtschaftsjahrs bis zum Beginn der Abwicklung ein Rumpfwirtschaftsjahr zu bilden, das nicht in den Abwicklungszeitraum einzubeziehen ist (→ BFH vom 17. 7. 1974 – BStBl. II S. 692). 29

Besteuerungszeitraum. → BMF vom 4. 4. 2008 – BStBl. I S. 542.

Anl zu R 7.1 (8)

Schreiben betr. Liquidation; Besteuerungszeitraum bei der Gewerbesteuer (Anwendung des BFH-Urteils vom 18. September 2007 I R 44/06, BStBl. 2008 II S. 319)

Vom 4. April 2008 (BStBl. I S. 542)

(BMF IV B 7 – S 2760/0)

(letztmals abgedruckt im Handbuch zur GewSt Veranlagung 2016)

GewStG

§ 7a[1] Sonderregelung bei der Ermittlung des Gewerbeertrags einer Organgesellschaft

1 (1) ① **Bei der Ermittlung des Gewerbeertrags einer Organgesellschaft ist § 9 Nummer 2a, 7 und 8 nicht anzuwenden.** ② **In den Fällen des Satzes 1 ist § 8 Nummer 1 bei Aufwendungen, die im unmittelbaren Zusammenhang mit Gewinnen aus Anteilen im Sinne des § 9 Nummer 2a, 7 oder 8 stehen, nicht anzuwenden.**

2 (2) ① **Sind im Gewinn einer Organgesellschaft**

1. **Gewinne aus Anteilen im Sinne des § 9 Nummer 2a, 7 oder 8 oder**
2. **in den Fällen der Nummer 1 auch Aufwendungen, die im unmittelbaren Zusammenhang mit diesen Gewinnen aus Anteilen stehen,**

enthalten, sind § 15 Satz 1 Nummer 2 Satz 2 bis 4 des Körperschaftsteuergesetzes und § 8 Nummer 1 und 5 sowie § 9 Nummer 2a, 7 und 8 bei der Ermittlung des Gewerbeertrags der Organgesellschaft entsprechend anzuwenden. ② **Der bei der Ermittlung des Gewerbeertrags der Organgesellschaft berücksichtigte Betrag der Hinzurechnungen nach § 8 Nummer 1 ist dabei unter Berücksichtigung der Korrekturbeträge nach Absatz 1 und 2 Satz 1 zu berechnen.**

3 (3) **Die Absätze 1 und 2 gelten in den Fällen des § 15 Satz 2 des Körperschaftsteuergesetzes entsprechend.**

---

[1] § 7a eingefügt mWv EZ 2017 durch Gesetz vom 20. 12. 2016 (BGBl. I S. 3000).

GewStG

§ 7b[1] Sonderregelung bei der Ermittlung des Gewerbeertrags bei unternehmensbezogener Sanierung

(1) **Die §§ 3a und 3c Absatz 4 des Einkommensteuergesetzes sind vorbehaltlich der nachfolgenden Absätze bei der Ermittlung des Gewerbeertrags entsprechend anzuwenden.** 1

(2) ① **Der nach Anwendung des § 3a Absatz 3 Satz 2 Nummer 1 des Einkommensteuergesetzes verbleibende geminderte Sanierungsertrag im Sinne des § 3a Absatz 3 Satz 1 des Einkommensteuergesetzes mindert nacheinander** 2

1. **den negativen Gewerbeertrag des Sanierungsjahrs des zu sanierenden Unternehmens,**
2. **Fehlbeträge im Sinne des § 10a Satz 3 und**
3. **im Sanierungsjahr ungeachtet des § 10a Satz 2 die nach § 10a Satz 6 zum Ende des vorangegangenen Erhebungszeitraums gesondert festgestellten Fehlbeträge; die in § 10a Satz 1 und 2 genannten Beträge werden der Minderung entsprechend aufgebraucht.**

② **Ein nach Satz 1 verbleibender Sanierungsertrag mindert die Beträge nach Satz 1 Nummer 1 bis 3 eines anderen Unternehmens, wenn dieses die erlassenen Schulden innerhalb eines Zeitraums von fünf Jahren vor dem Schuldenerlass auf das zu sanierende Unternehmen übertragen hat und soweit die entsprechenden Beträge zum Ablauf des Wirtschaftsjahrs der Übertragung bereits entstanden waren.** ③ **Der verbleibende Sanierungsertrag nach Satz 2 ist zunächst um den Minderungsbetrag nach § 3a Absatz 3 Satz 2 Nummer 13 des Einkommensteuergesetzes zu kürzen.** ④ **Bei der Minderung nach Satz 1 ist § 10a Satz 4 und 5 entsprechend anzuwenden.** ⑤ **In Fällen des § 10a Satz 9 ist § 8 Absatz 9 Satz 9 des Körperschaftsteuergesetzes entsprechend anzuwenden.** ⑥ **An den Feststellungen der vortragsfähigen Fehlbeträge nehmen nur die nach Anwendung der Sätze 1 und 2 verbleibenden Beträge teil.**

(3) ① **In den Fällen des § 2 Absatz 2 Satz 2 ist § 15 Satz 1 Nummer 1 a des Körperschaftsteuergesetzes entsprechend anzuwenden.** ② **Absatz 2 Satz 3 gilt entsprechend.** 3

---

[1] § 7 b eingefügt durch Gesetz vom 27. 6. 2017 (BGBl. I S. 2074).

GewStG

§ 8 Hinzurechnungen

1 **Dem Gewinn aus Gewerbebetrieb (§ 7) werden folgende Beträge wieder hinzugerechnet, soweit sie bei der Ermittlung des Gewinns abgesetzt worden sind:**

1.[1] **Ein Viertel der Summe aus:**

1a **a) Entgelten für Schulden. ② Als Entgelt gelten auch der Aufwand aus nicht dem gewöhnlichen Geschäftsverkehr entsprechenden gewährten Skonti oder wirtschaftlich vergleichbaren Vorteilen im Zusammenhang mit der Erfüllung von Forderungen aus Lieferungen und Leistungen vor Fälligkeit sowie die Diskontbeträge bei der Veräußerung von Wechsel- und anderen Geldforderungen. ③ Soweit Gegenstand der Veräußerung eine Forderung aus einem schwebenden Vertragsverhältnis ist, gilt die Differenz zwischen dem Wert der Forderung aus dem schwebenden Vertragsverhältnis, wie ihn die Vertragsparteien im Zeitpunkt des Vertragsschlusses der Veräußerung zugrunde gelegt haben, und dem vereinbarten Veräußerungserlös als bei der Ermittlung des Gewinns abgesetzt,**

1b **b) Renten und dauernden Lasten. ② Pensionszahlungen auf Grund einer unmittelbar vom Arbeitgeber erteilten Versorgungszusage gelten nicht als dauernde Last im Sinne des Satzes 1,**

1c **c) Gewinnanteilen des stillen Gesellschafters,**

1d **d) ① einem Fünftel der Miet- und Pachtzinsen (einschließlich Leasingraten) für die Benutzung von beweglichen Wirtschaftsgütern des Anlagevermögens, die im Eigentum eines anderen stehen. ② Eine Hinzurechnung nach Satz 1 ist nur zur Hälfte vorzunehmen bei**

aa) Fahrzeugen mit Antrieb ausschließlich durch Elektromotoren, die ganz oder überwiegend aus mechanischen oder elektrochemischen Energiespeichern oder aus emissionsfrei betriebenen Energiewandlern gespeist werden (Elektrofahrzeuge),

bb) extern aufladbaren Hybridelektrofahrzeugen, für die sich aus der Übereinstimmungsbescheinigung nach Anhang IX der Richtlinie 2007/46/EG oder aus der Übereinstimmungsbescheinigung nach Artikel 38 der Verordnung (EU) Nr. 168/2013 ergibt, dass das Fahrzeug eine Kohlendioxidemission von höchstens 50 Gramm je gefahrenen Kilometer hat oder die Reichweite des Fahrzeugs unter ausschließlicher Nutzung der elektrischen Antriebsmaschine mindestens 80 Kilometer beträgt, und

cc) Fahrrädern, die keine Kraftfahrzeuge sind,[2]

1e **e) der Hälfte der Miet- und Pachtzinsen**[3] **(einschließlich Leasingraten) für die Benutzung der unbeweglichen Wirtschaftsgüter des Anlagevermögens, die im Eigentum eines anderen stehen, und**

1f **f)**[4] **einem Viertel der Aufwendungen für die zeitlich befristete Überlassung von Rechten (insbesondere Konzessionen und Lizenzen, mit Ausnahme von Lizenzen, die ausschließlich dazu berechtigen, daraus abgeleitete Rechte Dritten zu überlassen). ② Eine Hinzurechnung nach Satz 1 ist nicht vorzunehmen auf Aufwendungen, die nach § 25 des Künstlersozialversicherungsgesetzes Bemessungsgrundlage für die Künstlersozialabgabe sind,**

soweit die Summe den Betrag von 200 000 Euro[5] **übersteigt;**

2., 3. *(aufgehoben)*

4 **4. die Gewinnanteile, die an persönlich haftende Gesellschafter einer Kommanditgesellschaft auf Aktien auf ihre nicht auf das Grundkapital gemachten Einlagen oder als Vergütung (Tantieme) für die Geschäftsführung verteilt worden sind;**

5 **5.**[6] **① die nach § 3 Nr. 40 des Einkommensteuergesetzes oder § 8 b Abs. 1 des Körperschaftsteuergesetzes außer Ansatz bleibenden Gewinnanteile (Dividenden) und die diesen gleichgestellten Bezüge und erhaltenen Leistungen aus Anteilen an ei-**

---

[1] Die Hinzurechnungsvorschriften des § 8 Nr. 1 Buchst. a), d), e) und f) stehen weder hinsichtlich der Höhe ihres jeweiligen Hinzurechnungsbetrags noch hinsichtlich ihres Verhältnisses zueinander im Widerspruch zur Verfassung; vgl. *BFH-Urteil vom 14. 6. 2018 III R 35/15, BStBl. II S. 662.* Verfassungsbeschwerde eingelegt: *BVerfG 1 BvR 2150/18* sowie *BFH-Urteil v. 18. 12. 2019 III R 33/17, BFH/NV 2020 S. 781.* Siehe weiterhin *BFH-Urteil v. 12. 11. 2020 III R 38/17, BFH/NV 2021 S. 1152*: Es verstößt nicht gegen Art. 3 Abs. 1 GG, dass Miet- oder Pachtaufwendungen, die ohne das Aktivierungsverbot des § 5 Abs. 2 EStG nach § 255 Abs. 2 und 2 a HGB Herstellungskosten immaterieller Wirtschaftsgüter wären, die bereits im Jahr der Herstellung aus dem Anlagevermögen ausscheiden, nach § 8 Nr. 1 Buchst. d) und e) GewStG hinzugerechnet werden, obwohl eine Hinzurechnung bei der Herstellung materieller Wirtschaftsgüter unterbleiben würde.

[2] § 8 Nr. 1 Buchstabe d Satz 2 angefügt durch Gesetz vom 12. 12. 2019 (BGBl. I S. 2451); zur Anwendung siehe § 36 Abs. 4 GewStG.

[3] *BFH-Urteil vom 8. 12. 2016 IV R 55/10, BStBl. 2017 II S. 722, LS. 1:* **1.** Die Hinzurechnung verausgabter Miet- und Pachtzinsen nach § 8 Nr. 1 Buchst. e GewStG findet auch in Zwischenvermietungsfällen statt.

[4] Das Sortenschutzrecht ist ein Recht i. S. d. § 8 Nr. 1 Buchst. f Satz 1 GewStG, vgl. hierzu *BFH-Urteil v. 19. 12. 2019 III R 39/17, BStBl. 2020 II S. 397.*

[5] § 8 Nr. 1 abschließender Satzteil geändert mWv EZ 2020 durch Gesetz vom 29. 6. 2020 (BGBl. I S. 1512).

[6] Fassung von § 8 Nr. 5 ab EZ 2022 siehe Geschlossene Wiedergabe.

ner Körperschaft, Personenvereinigung oder Vermögensmasse im Sinne des Körperschaftsteuergesetzes, soweit sie nicht die Voraussetzungen des § 9 Nr. 2 a oder 7 erfüllen, nach Abzug der mit diesen Einnahmen, Bezügen und erhaltenen Leistungen in wirtschaftlichem Zusammenhang stehenden Betriebsausgaben, soweit sie nach § 3 c Abs. 2 des Einkommensteuergesetzes und § 8 b Abs. 5 und 10 des Körperschaftsteuergesetzes unberücksichtigt bleiben. ② Dies gilt nicht für Gewinnausschüttungen, die unter § 3 Nr. 41 Buchstabe a des Einkommensteuergesetzes fallen;

6. *(weggefallen)*

7. *(aufgehoben)*

8. die Anteile am Verlust einer in- oder ausländischen offenen Handelsgesellschaft, einer Kommanditgesellschaft oder einer anderen Gesellschaft, bei der die Gesellschafter als Unternehmer (Mitunternehmer) des Gewerbebetriebs anzusehen sind. ② Satz 1 ist bei Lebens- und Krankenversicherungsunternehmen nicht anzuwenden; für Pensionsfonds gilt Entsprechendes;[1] 8

9. die Ausgaben im Sinne des § 9 Abs. 1 Nr. 2 des Körperschaftsteuergesetzes; 9

10. Gewinnminderungen, die 10
a) durch Ansatz des niedrigeren Teilwerts des Anteils an einer Körperschaft oder
b) durch Veräußerung oder Entnahme des Anteils an einer Körperschaft oder bei Auflösung oder Herabsetzung des Kapitals der Körperschaft
entstanden sind, soweit der Ansatz des niedrigeren Teilwerts oder die sonstige Gewinnminderung auf Gewinnausschüttungen der Körperschaft, um die der Gewerbeertrag nach § 9 Nr. 2 a, 7 oder 8 zu kürzen ist, oder organschaftliche Gewinnabführungen der Körperschaft zurückzuführen ist;

11. *(weggefallen)*

12. ausländische Steuern, die nach § 34 c des Einkommensteuergesetzes oder nach einer Bestimmung, die § 34 c des Einkommensteuergesetzes für entsprechend anwendbar erklärt, bei der Ermittlung der Einkünfte abgezogen werden, soweit sie auf Gewinne oder Gewinnanteile entfallen, die bei der Ermittlung des Gewerbeertrags außer Ansatz gelassen oder nach § 9 gekürzt werden. 12

Übersicht

[1] § 8 Nr. 8 Satz 2 angefügt mWv EZ 2020 durch Gesetz vom 21. 12. 2020 (BGBl. I S. 3096).

GewStDV

§ 16 *[abgedruckt bei § 7 GewStG]*

§§ 17, 18 *(weggefallen)*

R 8.1

R 8.1 Hinzurechnung von Finanzierungsanteilen

R 8.1 (1)

R 8.1 (1)

Entgelte für Schulden

13 (1) ① Entgelte für Schulden sind die Gegenleistung für die eigentliche Nutzung von Fremdkapital und die vorzeitige Zurverfügungstellung von Kapital. ② Hierbei ist für die Frage, ob hinzuzurechnende Entgelte vorliegen, nicht die Bezeichnung, sondern der wirtschaftliche Gehalt der Leistung entscheidend. ③ Zu den Entgelten für Schulden gehören sowohl Zinsen zu einem festen oder variablen Zinssatz als auch Vergütungen für partiarische Darlehen, Genussrechte und Gewinnobligationen. ④ Das gleiche gilt für Leistungen, die zwar nicht als Zinsen bezeichnet werden, aber wie diese Entgeltscharakter haben, wie zum Beispiel das Damnum, das bei der Ausgabe von Hypotheken und anderen Darlehen vereinbart wird, sowie das Disagio, das bei der Ausgabe von Schuldverschreibungen einer Kapitalgesellschaft gewährt wird. ⑤ Bei Bankkrediten sind die laufenden Sondervergütungen (z. B. Provisionen, Garantieentgelte), die neben den Zinsen vereinbart sind, in der Regel den Entgelten für Schulden zuzurechnen. ⑥ Soweit die von den Banken angesetzten Provisionen mit nicht in Anspruch genommenen Krediten zusammenhängen, fallen sie nicht unter die Vorschrift des § 8 Nr. 1 Buchstabe a GewStG. ⑦ Bereitstellungs und Zusageprovisionen stellen keine Gegenleistung für die eigentliche Nutzung von Fremdkapital dar und unterliegen somit nicht der Hinzurechnung nach § 8 Nr. 1 Buchstabe a GewStG. ⑧ Die Umsatzprovision fällt insoweit nicht unter die hinzuzurechnenden Entgelte, als sie das Entgelt für Leistungen der Bank bildet, die nicht in der Überlassung des Kapitals bestehen, sondern darüber hinausgehende weitere Leistungen darstellen. ⑨ Auch die mit Schulden zusammenhängenden Geldbeschaffungskosten, laufenden Verwaltungskosten, Depotgebühren, Währungsverluste, Bereitstellungszinsen usw. sind keine hinzurechnungspflichtigen Entgelte. ⑩ Die Deckungsrückstellung (Deckungsrücklage) der Lebensversicherungsunternehmen ist keine Schuld im Sinne des Gewerbesteuergesetzes.

H 8.1 (1)

H 8.1 (1)

14 **Allgemeines.**[1] Auf die Dauer des Schuldverhältnisses kommt es nicht an. Auch ist es nicht von Bedeutung, ob die Schulden mit oder ohne Willen des Schuldners oder des Gläubigers entstanden sind, ob sie das Betriebsvermögen erhöht oder nur dessen Verminderung verhindert haben, ob die Gegenwerte am Stichtag noch vorhanden und ob die Schulden verzinslich sind (→ BFH vom 28. 6. 1957 – BStBl. III S. 287).

ABC der als Entgelt für Schulden anzusehenden Leistungen.

- **Diskontbeträge,** soweit sich diese auf den Finanzierungsanteil beziehen. Demnach sind enthaltene Nebenkosten – Verwaltungsgebühren, Risikoprämien, Wertermittlungskosten und vergleichbare Kosten – nicht in die Hinzurechnung einzubeziehen, zu Zeitpunkt und Umfang der Hinzurechnung (→ Rdnr. 21 und 23 Gleich lautende Erlasse der obersten Finanzbehörden der Länder vom 2. 7. 2012 – BStBl. I S. 654).[2]
- **Skonti/wirtschaftlich vergleichbare Vorteile,** wenn diese nicht dem gewöhnlichen Geschäftsverkehr entsprechen und somit der Finanzierungseffekt im Vordergrund steht (→ Rdnr. 16 Gleich lautende Erlasse der obersten Finanzbehörden der Länder vom 2. 7. 2012 – BStBl. I S. 654).[2]
- **Verwaltungskosten,** wenn sie ihrer Höhe nach prozentual an dem Darlehensbetrag bemessen und bezogen auf die gesamte Laufzeit des Darlehens zu zahlen und nicht für besondere, über die Kapitalüberlassung hinausgehende Leistungen des Kreditgebers zu erbringen sind (→ BFH vom 9. 8. 2000 – BStBl. 2001 II S. 609).
- **Vorfälligkeitsentschädigungen,** die für die vorzeitige Rückzahlung eines Darlehens bei Verkürzung einer ursprünglich vereinbarten Mindestlaufzeit entrichtet werden, weil sie wie

[1] Zinsen, die aufgrund von § 4 Abs. 4 a EStG nicht als Betriebsausgaben abzugsfähig sind, werden nicht nach § 8 Nr. 1 GewStG als Dauerschuldentgelte hinzugerechnet; vgl. *Vfg. OFD Frankfurt vom 14. 12. 2000* (abgedruckt im „Handbuch zur GewSt-Veranlagung 2009" und früher). Entsprechendes gilt für negative Einlagezinsen nach § 8 Nr. 1 Buchst. a GewStG, vgl. *gleich lautender Ländererlass vom 17. 11. 2015, BStBl. I S. 896.*

[2] Nachstehend Anlage a zu R 8.1 GewStR.

die vereinbarten Zinsen Entgelt für die Kreditgewährung sind (→ BFH vom 20. 3. 1980 – BStBl. II S. 538 und BFH vom 25. 2. 1999 – BStBl. II S. 473).

ABC der nicht als Entgelt für Schulden anzusehenden Leistungen.
- **Avalprovisionen/Avalgebühren.** → BFH vom 29. 3. 2007 – BStBl. II S. 655.
- **Bauzeitzinsen,** die als Herstellungskosten aktiviert sind; dies gilt sowohl für den Erhebungszeitraum der Aktivierung, als auch in Erhebungszeiträumen, in denen sie sich über Abschreibungen auf den Gewinn ausgewirkt haben (→ BFH vom 30. 4. 2003 – BStBl. 2004 II S. 192 und Rdnr. 13 Gleich lautende Erlasse der obersten Finanzbehörden der Länder vom 2. 7. 2012 – BStBl. I S. 654).[1]
- **Bereitstellungszinsen.** → BFH vom 10. 7. 1996 – BStBl. 1997 II S. 253.
- **Erbbauzinsen,**[2] soweit diese Entgelt für die Überlassung des Grund und Bodens darstellen (→ BFH vom 7. 3. 2007 – BStBl. II S. 654), zur Behandlung von als Anschaffungskosten oder Herstellungskosten aktivierten Erbbauzinsen → Bauzeitzinsen.
- **Negative Einlagezinsen.** → Gleich lautende Erlasse der obersten Finanzbehörden der Länder vom 17. 11. 2015 – BStBl. I S. 896.
- **Teilwertabschreibungen,** die steuerlich zulässig als Aufwand abgesetzt wurden; dies gilt auch, wenn das Unternehmen die abgeschriebene Forderung im Folgenden zum abgeschriebenen Wert veräußert (→ Rdnr. 18 Gleich lautende Erlasse der obersten Finanzbehörden der Länder vom 2. 7. 2012 – BStBl. I S. 654).[1]
- **Zins-Swap-Geschäfte,** die im Zusammenhang mit einem Swap-Geschäft gezahlten Vergütungen werden nicht für die Überlassung von Kapital, sondern für die Absicherung eines Zinsrisikos gezahlt (→ BFH vom 4. 6. 2003 – BStBl. 2004 II S. 517 und Rdnr. 14 und 15 Gleich lautende Erlasse der obersten Finanzbehörden der Länder vom 2. 7. 2012 – BStBl. I S. 654).[1]

Anwendungsfragen zur Hinzurechnung von Finanzierungsanteilen nach § 8 Nr. 1 GewStG. → Gleich lautende Erlasse der obersten Finanzbehörden der Länder vom 2. 7. 2012 – BStBl. I S. 654.[1]

Aufzinsungsbeträge. Aus dem Abzinsungsvorgang nach § 6 Abs. 1 Nr. 3 EStG und der nachfolgenden Aufzinsung ergeben sich keine Entgelte im Sinne von § 8 Nr. 1 Buchst. a GewStG (→ Rdnr. 39 des BMF-Schreibens vom 26. 5. 2005 – BStBl. I S. 699[3] und → H 6.10 (Abzinsung) und Anhang 9 V EStH sowie Rdnr. 12 Gleich lautende Erlasse der obersten Finanzbehörden der Länder vom 2. 7. 2012 – BStBl. I S. 654).[1]

Beteiligung an einer nicht gewerblichen Grundstücksgemeinschaft. Ist ein Gewerbebetrieb an einer nicht gewerblichen Grundstücksgemeinschaft (Gesamthands- oder Bruchteilsgemeinschaft) beteiligt, gehören auch die im Rahmen der Grundstücksgemeinschaft aufgenommenen Schulden anteilig zu den Schulden des Gewerbebetriebs (→ BFH vom 28. 1. 1975 – BStBl. II S. 516).

Durchlaufende Kredite.[4] Bei einem Unternehmen, das einen Kredit aufgenommen und weitergeleitet hat, liegt ein hinzurechnungspflichtiger Zinsaufwand vor (→ Rdnr. 11 Gleich lautende Erlasse der obersten Finanzbehörden der Länder vom 2. 7. 2012 – BStBl. I S. 654).[1]

Forfaitierung. Zur Forfaitierung von Ansprüchen aus schwebenden Verträgen → Rdnr. 19 ff. Gleich lautende Erlasse der obersten Finanzbehörden der Länder vom 2. 7. 2012 – BStBl. I S. 654.[1]

Saldierung mit Guthaben. Das Vorhandensein von flüssigen Mitteln, die zur Tilgung ausreichen, steht der Annahme von Schulden in der Regel nicht entgegen (→ RFH vom 7. 12. 1938 – RStBl. 1939 S. 330 und BFH vom 6. 11. 1985 – BStBl. 1986 II S. 415). Das gilt auch dann, wenn die flüssigen Mittel in einem Guthaben auf einem anderen Konto bei demselben Kreditgeber bestehen und die Konten zu dem Zweck geführt werden, verschiedene Geschäftsbeziehungen dauernd getrennt voneinander zu behandeln (→ RFH vom 11. 3. 1942 – RStBl. S. 716). Eine Saldierung einer Schuld mit einem Guthaben bei demselben Kreditgeber kann nur im Ausnahmefall bei Einheitlichkeit, Regelmäßigkeit oder gleichbleibender Zweckbestimmung der Kreditgeschäfte, bei regelmäßiger Verrechnung der Konten oder dann in Betracht kommen, wenn der über ein Konto gewährte Kredit jeweils zur Abdeckung der

---

[1] Nachstehend Anlage a zu R 8.1 GewStR.

[2] *Anm. d. Red.:* Sie können aber Schuldzinsenanteil enthalten; vgl. *BFH-Urteil vom 18. 3. 2009 I R 9/08, BStBl. 2010 II S. 560.* – Vgl. auch *Rz. 32 a Ländererlass vom 2. 7. 2012* (Anlage a zu R 8.1 GewStR).

[3] Abgedruckt im „Handbuch zur ESt-Veranlagung" als Anlage zu R 6.10 EStR.

[4] *BFH-Urteil vom 16. 12. 2008 I R 82/07, BFH/NV 2009 S. 1143:* Ein sog. durchlaufender Kredit ist von einer Hinzurechnung als sog. Dauerschulden bei der Ermittlung des Gewerbekapitals ausgeschlossen. Um einen solchen Kredit handelt es sich, wenn der Kreditnehmer aus der Kreditaufnahme und der Weitergabe des Kredits an einen Dritten keinen über einen Kostenersatz hinausgehenden Nutzen erzielt und die Kreditaufnahme im fremden Interesse erfolgt.

BFH-Urteil vom 17. 7. 2019 III R 24/16, BStBl. 2020 II S. 48: Besteht der Geschäftszweck eines Unternehmens darin, Darlehen aufzunehmen und an eine Tochtergesellschaft weiterzureichen, handelt es sich auch dann nicht um durchlaufende Kredite, wenn die Kredite ohne Gewinnaufschlag an die Tochtergesellschaft weitergegeben werden.

aus dem anderen Konto ausgewiesenen Schuld verwendet wird (→ BFH vom 10. 11. 1976 – BStBl. 1977 II S. 165).[1]

Substanzerhaltungspflicht. Die im Rahmen einer Unternehmenspacht von dem Pächter übernommene Verpflichtung, für die bei Pachtbeginn erhaltenen Rohstoffe, Halb- und Fertigfabrikate bei Aufhebung des Pachtverhältnisses dieselbe Vorratsmenge in gleicher Art und Güte zurückzugeben, stellt eine Schuld dar (→ BFH vom 30. 11. 1965 – BStBl. 1966 III S. 51).

Unionsrechtmäßigkeit der Hinzurechnung von Zinsen. Die gewerbesteuerliche Hinzurechnung von Schuldzinsen verstößt nicht gegen das geltende Unionsrecht (→ EuGH vom 21. 7. 2011 – BStBl. 2012 II S. 528 und BFH vom 7. 12. 2011 – BStBl. 2012 II S. 507).

Verfassungsmäßigkeit der Hinzurechnungen nach § 8 Nr. 1 GewStG.

- Es ist nicht ernstlich zweifelhaft, dass § 8 Nr. 1 GewStG in aktueller Fassung mit dem Grundgesetz vereinbar ist (→ BFH vom 16. 10. 2012 – BStBl. 2013 II S. 30).
- → BVerfG vom 15. 2. 2016 – BStBl. II S. 557.

Verrechnung von Entgelten für Schulden mit erhaltenen Erstattungen. Eine Verrechnung von Aufwendungen, die als Entgelte für Schulden anzusehen sind, mit erhaltenen Erstattungen oder Zuschüssen ist ausnahmsweise nur dann zulässig, wenn ein ursächlicher Zusammenhang zwischen dem tatsächlich für einen bestimmten Kredit entstandenen Aufwand und dem Zufluss besteht (→ BFH vom 4. 2. 1976 – BStBl. II S. 551 und vom 23. 11. 1983 – BStBl. 1984 II S. 217). In diesem Zusammenhang mindern Zinsverbilligungszuschüsse von dritter Seite die hinzuzurechnenden Entgelte für Schulden (→ BFH vom 4. 5. 1965 – BStBl. III S. 417), weiterhin → Saldierung mit Guthaben.

Versicherungsunternehmen. Wie die Deckungsrückstellung (Deckungsrücklage) der Lebensversicherungsunternehmen sind auch die verzinslich angesammelten Gewinnanteile der Versicherungsnehmer keine Schulden, wenn die Gegenwerte ähnlichen Verfügungsbeschränkungen wie die Bestände des Deckungsstocks unterliegen (→ Gutachten des RFH vom 26. 11. 1943 – RStBl. 1944 S. 171). Die Rückstellung für Beitragsrückerstattung ist als Schuld zu behandeln, soweit die Gegenwerte nicht ähnlichen Verfügungsbeschränkungen unterliegen wie die Bestände des Deckungsstocks (→ BFH vom 26. 4. 1960 – BStBl. III S. 311, vom 4. 4. 1963 – BStBl. III S. 264 und vom 11. 4. 1984 – BStBl. II S. 598). Der Grundsatz, dass die Deckungsrückstellung keine Schuld im Sinne des Gewerbesteuergesetzes ist, schließt nicht aus, dass Hypothekenschulden, die auf einem zum Deckungsstock gehörenden Grundstück lasten, Schulden sein können (→ BFH-Urteil vom 21. 7. 1966 – BStBl. III S. 630); weiterhin → Rdnr. 24 ff. Gleich lautende Erlasse der obersten Finanzbehörden der Länder vom 2. 7. 2012 – BStBl. I S. 654).[2]

Zahlung von Überpreisen. Die Zahlung von Überpreisen führt beim Lieferanten zu einer Schuld, wenn der Mehrbetrag dem Kunden auf einem besonderen Konto gutgeschrieben und banküblich verzinst wird (→ BFH vom 21. 2. 1991 – BStBl. II S. 474).

R 8.1 (2)

R 8.1 (2)

Renten und dauernde Lasten

15 (2) ① Die Hinzurechnung nach § 8 Nr. 1 Buchstabe b GewStG ist auf betriebliche Renten und dauernde Lasten beschränkt. ② Bei passivierten Renten und dauernden Lasten ergibt sich die Höhe des unter § 8 Nr. 1 Buchstabe b GewStG fallenden Finanzierungsanteils aus dem Unterschied zwischen der laufenden Zahlung (Aufwand) und der Verminderung des Passivpostens für die Verpflichtung (Ertrag). ③ Der durch den Wegfall der Verpflichtung entstehende außerordentliche Ertrag berührt den hinzuzurechnenden Betrag nicht.

H 8.1 (2)

H 8.1 (2)

16 **Abgrenzung zu privaten Versorgungsrenten.** Die bei Vermögensübertragungen von Eltern auf Kinder bestehende Vermutung für das Vorliegen einer privaten Versorgungsrente ist jedenfalls dann entkräftet, wenn die Vertragsparteien Leistung und Gegenleistung wie unter Fremden nach kaufmännischen Gesichtspunkten gegeneinander abgewogen haben und subjektiv davon ausgegangen sind, dass die Leistungen im maßgeblichen Zeitpunkt des Vertragsschlusses in etwa wertgleich sind (→ BFH vom 30. 7. 2003 – BStBl. 2004 II S. 211).

Aufwendungen für Zusagen auf Leistungen der betrieblichen Altersversorgung. → Rdnr. 27 Gleich lautende Erlasse der obersten Finanzbehörden der Länder vom 2. 7. 2012 – BStBl. I S. 654.[2]

Erbbauzinsen gelten nicht als dauernde Last (→ BFH vom 7. 3. 2007 – BStBl. II S. 654).

---

[1] *BFH-Urteil vom 11. 10. 2018 III R 37/17, BStBl. 2019 II S. 275:*

1. Die Grundsätze einer ausnahmsweise zulässigen Saldierung von Zinsaufwendungen bei wechselseitig gewährten Darlehen gelten bei der Ermittlung des Gewerbesteuermessbetrags auch für Darlehen innerhalb eines Cash-Pools.
2. Die vielfältigen wechselseitigen Schuldverhältnisse innerhalb eines Cash-Pools sind im Falle der Saldierung bankarbeitstäglich zusammenzufassen und fortzuschreiben. Nur der für einen dann gegebenenfalls verbleibenden Schuldsaldo entstehende Zins ist hinzurechnungsfähiges Entgelt i. S. d. § 8 Nr. 1 Buchst. a S. 1 GewStG. Dieses hinzurechnungsfähige Entgelt ist nicht mit danach entstandenen Guthabenzinsen zu verrechnen.

[2] Nachstehend Anlage a zu R 8.1 GewStR.

Wertsicherungsklausel. Erhöht sich die Verpflichtung infolge einer Wertsicherungsklausel, sind auch die durch Wirksamwerden der Wertsicherungsklausel erhöhten Rentenbeträge hinzuzurechnen, soweit sie den Gewinn gemindert haben; ausgenommen ist aber der Aufwand, der durch die Erhöhung des Passivpostens für die Verpflichtung entsteht (→ BFH vom 12. 11. 1975 – BStBl. 1976 II S. 297).

R 8.1 (3)

R 8.1 (3)

Gewinnanteile des stillen Gesellschafters

(3) ① Der Begriff des stillen Gesellschafters im Sinne des § 8 Nr. 1 Buchstabe c GewStG geht insofern über den handelsrechtlichen (und den einkommensteuerrechtlichen) Begriff hinaus, als nicht die Beteiligung an einem Handelsgewerbe erforderlich ist, sondern die Beteiligung an einem Gewerbe schlechthin genügt, für die laut Vereinbarung der Vertragspartner die Vorschriften der §§ 230 bis 237 HGB gelten sollen. ② Bei der Ermittlung der Summe der nach § 8 Nr. 1 GewStG hinzuzurechnenden Finanzierungsanteile ist auch ein Verlustanteil des stillen Gesellschafters zu berücksichtigen, soweit dieser Verlustanteil den Verlust aus Gewerbebetrieb gemindert hat. ③ *Wird die Summe hierdurch negativ, kommt eine „negative Hinzurechnung" nicht in Betracht.*[1, 2] 17

H 8.1 (3)

H 8.1 (3)

Abgrenzung des stillen Gesellschaftsverhältnisses vom partiarischen Darlehen. → BFH vom 8. 3. 1984 – BStBl. II S. 623 und vom 19. 10. 2005 – BStBl. 2006 II S. 334. 18

Atypisch stille Gesellschaften. Im Gegensatz zur typischen stillen Gesellschaft sind atypische stille Gesellschaften, auch wenn die stille Beteiligung an einer GmbH besteht, nach den Grundsätzen der Mitunternehmerschaft zu behandeln (→ BFH vom 15. 12. 1992 – BStBl. 1994 II S. 702). Die Gewinnanteile des atypischen stillen Gesellschafters sind Teil des gewerblichen Gewinns der Mitunternehmerschaft und dürfen diesen nicht mindern (→ BFH vom 12. 11. 1985 – BStBl. 1986 II S. 311).

Begriff des stillen Gesellschafters. → BFH vom 5. 6. 1964 – BStBl. 1965 III S. 49, vom 8. 7. 1965 – BStBl. III S. 558, vom 11. 11. 1965 – BStBl. 1966 III S. 95, vom 7. 2. 1968 – BStBl. II S. 356, vom 28. 7. 1971 – BStBl. II S. 815, vom 6. 10. 1971 – BStBl. 1972 II S. 187, vom 27. 2. 1975 – BStBl. II S. 611, vom 1. 6. 1978 – BStBl. II S. 570, vom 16. 8. 1978 – BStBl. 1979 II S. 51, vom 7. 12. 1983 – BStBl. 1984 II S. 373 und vom 8. 4. 2008 – BStBl. II S. 852.

Gewinnabhängige Bezüge nach Beendigung des stillen Gesellschaftsverhältnisses. Zu den Gewinnanteilen des stillen Gesellschafters im Sinne des § 8 Nr. 1 Buchst. c GewStG gehören auch gewinnabhängige Bezüge, die nach Beendigung des stillen Gesellschaftsverhältnisses für die von dem stillen Gesellschafter während des Bestehens des Gesellschaftsverhältnisses erbrachten Leistungen gewährt werden (→ BFH vom 17. 2. 1972 – BStBl. II S. 586).

Stille Beteiligung an einem Mitunternehmeranteil. Auch die Gewinnanteile des stillen Gesellschafters eines Mitunternehmers (Unterbeteiligten) fallen unter die Hinzurechnungsvorschrift des § 8 Nr. 1 Buchst. c GewStG (→ BFH vom 8. 10. 1970 – BStBl. 1971 II S. 59).

Verlustanteile des stillen Gesellschafters.

- Bei der Ermittlung der Summe der nach § 8 Nr. 1 GewStG 2002 (i. d. F. des UntStRefG 2008) hinzuzurechnenden Finanzierungsanteile ist auch ein Verlustanteil des stillen Gesellschafters zu berücksichtigen, soweit dieser Verlustanteil den Verlust aus Gewerbebetrieb gemindert hat (→ R 8.1 Abs. 3 Satz 2 GewStR 2009). Wird durch die Berücksichtigung des Verlustanteils die Summe der hinzuzurechnenden Finanzierungsanteile negativ, dann ist diese Summe grundsätzlich – entgegen R 8.1 Abs. 3 Satz 3 GewStR 2009 – negativ hinzuzurechnen (→ BFH vom 1. 10. 2015 – BStBl. 2017 II S. 59).
- Die Betragsgrenze für die Hinzurechnung (§ 8 Nr. 1 GewStG 2002 i. d. F. des UntStRefG 2008) von 100 000 € ist im Fall einer negativen Summe der hinzuzurechnenden Finanzierungsanteile nicht spiegelbildlich anzuwenden. Lautet daher die Summe der Einzelhinzurechnungsbeträge auf einen Betrag zwischen ./. 1 € und ./. 100 000 €, dann ist ein Viertel dieser Summe dem Gewinn aus Gewerbebetrieb (negativ) hinzuzurechnen (→ BFH vom 28. 1. 2016 – BStBl. 2017 II S. 62).

R 8.1 (4)

R 8.1 (4)

Miet- und Pachtzinsen für bewegliche und unbewegliche Wirtschaftsgüter

(4) ① Unter Miet- und Pachtzinsen sind nicht nur Barleistungen, sondern alle Entgelte zu verstehen, die der Mieter oder der Pächter für den Gebrauch oder die Nutzung des Gegenstandes 19

---

[1] **[Amtl. Anm.:]** R 8.1 Abs. 3 Satz 3 ist durch *BFH vom 1. 10. 2015, I R 4/14, BStBl. 2017 II S. 59* und *vom 28. 1. 2016, I R 15/15, BStBl. 2017 II S. 62* überholt. Vgl. dazu H 8.1 (3) „Verlustanteile des stillen Gesellschafters".

[2] BFH-Urteil vom 21. 5. 2014 I R 41/13, BFH/NV S. 1908: **1.** Der Begriff „Gewinnanteile des stillen Gesellschafters" setzt nicht notwendig einen tatsächlich erwirtschafteten Gewinn voraus, sondern erfasst auch Mindestbeträge, die in Höhe eines bestimmten Prozentsatzes der Vermögenseinlage in Verlustjahren an den stillen Gesellschafter zu zahlen sind. **2.** An den stillen Gesellschafter geleistete Einmalzahlungen, wie z. B. eine Bearbeitungsgebühr oder eine Risikoprämie, unterliegen nur dann der Hinzurechnung, wenn sie als Gegenleistung für die Kapitalüberlassung zu qualifizieren sind. Dies hängt maßgeblich davon ab, inwiefern die Zahlung im Falle einer vorzeitigen Beendigung des Vertragsverhältnisses vom Kapitalempfänger anteilig zurückgefordert werden kann.

an den Vermieter oder den Verpächter zu zahlen hat. ② Für die Abgrenzung der Wirtschaftsgüter im Sinne des § 8 Nr. 1 Buchstabe d und e GewStG ist von dem Begriff des Wirtschaftsguts im Sinne des § 4 EStG auszugehen.

H 8.1 (4)

H 8.1 (4)

20 **Antizipiertes Besitzkonstitut.** Ein Mietvertrag und kein Lizenzvertrag liegt vor, wenn jemand mit Genehmigung und unter Ausnutzung von Lizenzen eines anderen Gegenstände selbst herstellt und nutzt, die mit der Herstellung nach dem Willen der Vertragspartner in das Eigentum des anderen Vertragsteils übergehen (→ BFH vom 2. 11. 1965 – BStBl. 1966 III S. 70).

Bare-boat-Charterverträge. Bare-boat-Charterverträge fallen unter § 8 Nr. 1 Buchst. d GewStG (→ BFH vom 27. 11. 1975 – BStBl. 1976 II S. 220).

Begriff des Miet- oder Pachtvertrags. Bei der Beurteilung, ob ein Miet- oder Pachtvertrag vorliegt, kommt es darauf an, ob die Verträge ihrem wesentlichen rechtlichen Gehalt nach Miet- oder Pachtverträge im Sinne des bürgerlichen Rechts sind (→ BFH vom 31. 7. 1985 – BStBl. 1986 II S. 304). Es ist unerheblich, ob die Mietverträge nur für kurze Zeit abgeschlossen werden, die Miet- oder Pachtzinsen angemessen sind oder der Abschluss des Miet- oder Pachtvertrages wirtschaftlich sinnvoll ist (→ BFH vom 30. 3. 1994 – BStBl. II S. 810).

Begriff des Wirtschaftsguts. → H 4.2 (1) Wirtschaftsgut EStH.

Benutzung einer Kaianlage.

- Wird einem Schifffahrtsunternehmen von der Hafenverwaltung in einem besonderen Vertrag gestattet, den Güter- und Personenverkehr von einem näher gekennzeichneten Teil einer Kaianlage mit Vorrang vor anderen Hafenbenutzern abzuwickeln, erfolgt mangels eines Mietvertrags keine Hinzurechnung nach § 8 Nr. 1 Buchst. d GewStG für die Benutzung der Kaianlage (→ BFH vom 9. 11. 1983 – BStBl. 1984 II S. 149). Zur Überlassung von Rechten (→ § 8 Nr. 1 Buchst. f GewStG und R 8.1 Abs. 6).
- Überlässt eine Stadt eine in ihrem Hafen belegene Kaje (Kai) einem Dritten zur ständigen Nutzung, ist das dafür zu zahlende Entgelt dann Mietzins im Sinne des § 8 Nr. 1 Buchst. d GewStG, wenn die Stadt verpflichtet ist, die Kaje herzurichten und für eine bestimmte Wassertiefe zu sorgen. Die Kaje ist eine Betriebsvorrichtung (→ BFH vom 31. 7. 1985 – BStBl. 1986 II S. 304).

Betrieb einer Deponie. Räumt ein Grundstückseigentümer einem Unternehmen zum Betrieb einer Deponie gegen Entgelt das Recht ein, das betreffende Grundstück mit Abfall zu verfüllen, wird das Grundstück und nicht ein vom Grund und Boden verselbständigtes Wirtschaftsgut „Auffüllrecht" vermietet oder verpachtet (→ BFH vom 17. 12. 2003 – BStBl. 2004 II S. 519), zu Rechten (→ § 8 Nr. 1 Buchst. f GewStG).

Betriebsvorrichtungen als bewegliche Wirtschaftsgüter des Anlagevermögens. → R 7.1 Abs. 3 EStR und BFH vom 20. 6. 1990 – BStBl. II S. 913.

Bildung einer Erneuerungsrückstellung. Ist der Pächter einer gewerblichen Betriebseinrichtung dem Verpächter gegenüber verpflichtet, zur Abgeltung der Abnutzung eine Erneuerungsrückstellung zu bilden, sind die dieser Rückstellung zugeführten Beträge als Teil der Pachtzinsen im Sinne des § 8 Nr. 1 Buchst. d oder e GewStG anzusehen (→ RFH vom 11. 2. 1941 – RStBl. S. 292).

Eigentum. Der Begriff „Eigentum" in § 8 Nr. 1 Buchst. d und e GewStG ist weit auszulegen, er umfasst auch den Eigenbesitz (wirtschaftliches Eigentum) im Sinne des § 39 Abs. 2 Nr. 1 AO (→ BFH vom 6. 7. 1966 – BStBl. III S. 599 und vom 6. 3. 1968 – BStBl. II S. 478).

Gemischte Verträge.

- → Rdnr. 6 und 7 Gleich lautende Erlasse der obersten Finanzbehörden der Länder vom 2. 7. 2012 – BStBl. I S. 654.[1]
- Ist bei einem gemischten Vertrag die Vermietung eine von den übrigen Leistungen trennbare Hauptleistung, z. B. Überlassung von Know-how und Vermietung von Spezialmaschinen, so ist das Entgelt, soweit es auf die Vermietung entfällt, dem Gewerbeertrag hinzuzurechnen (→ BFH vom 15. 6. 1983 – BStBl. 1984 II S. 17).
- Zeitcharterverträge, d. h. Verträge mit Mannschaftsgestellung, sind keine Miet- oder Pachtverträge im Sinne des § 8 Nr. 1 Buchst. d und e GewStG, da die Beförderungsleistung unter Einsatz des gestellten Personals im Vordergrund steht. Eine weitergehende Aufteilung des Entgelts scheidet aus, da es sich hierbei um eine Leistung handelt, die das Wesen des ganzen Vertrages entscheidend beeinflusst (→ BFH vom 23. 7. 1957 – BStBl. III S. 306 und Rdnr. 7 Gleich lautende Erlasse der obersten Finanzbehörden der Länder vom 2. 7. 2012 – BStBl. I S. 654).[1]

Miet- und Pachtzinsen.

- Der Wert eines vom Mieter oder vom Pächter erstellten Gebäudes stellt Entgelt für die Nutzung dar, wenn das Gebäude entschädigungslos in das Eigentum des zur Grundstücksüberlassung Verpflichteten übergeht und der Vermögenszuwachs seine Grundlage in dem Miet- oder Pachtvertrag hat (→ BFH vom 26. 7. 1983 – BStBl. II S. 755).

[1] Nachstehend Anlage a zu R 8.1 GewStR.

– Zu den Miet-[1] und Pachtzinsen gehören die Aufwendungen des Mieters oder Pächters für die Instandsetzung, Instandhaltung und Versicherung des Miet- oder Pachtgegenstandes, die er über seine gesetzliche Verpflichtung nach bürgerlichem Recht hinaus (§§ 582ff. BGB) auf Grund vertraglicher Verpflichtungen übernommen hat (→ BFH vom 27. 11. 1975 – BStBl. 1976 II S. 220 und Rdnr. 29 Gleich lautende Erlasse der obersten Finanzbehörden der Länder vom 2. 7. 2012 – BStBl. I S. 654).[2]

Monopolabgaben der Versorgungsunternehmen. → RFH vom 9. 2. 1943 – RStBl. S. 508.

Netzentgelte. → Rdnr. 29 c, 29 d und 29 e Gleich lautende Erlasse der obersten Finanzbehörden der Länder vom 2. 7. 2012 – BStBl. I S. 654.[2]

Verträge zwischen Gesellschaftern und ihren Personengesellschaften. Überlässt der Gesellschafter einer Personengesellschaft dieser ein Wirtschaftsgut zur Nutzung, das er im Rahmen seines Gewerbebetriebs von einem Dritten (Vermieter) gemietet hat, und verpflichtet sich die Personengesellschaft gegenüber ihrem Gesellschafter, das zwischen diesem und dem Vermieter vereinbarte Nutzungsentgelt unmittelbar an den Vermieter zu zahlen, sind die an den Vermieter gezahlten Mietzinsen dem Gewerbeertrag der Personengesellschaft hinzuzurechnen (→ BFH vom 31. 7. 1985 – BStBl. 1986 II S. 304).

Weitervermietung oder Weiterverpachtung

– Auch die Mieten und Pachten für weitervermietete oder -verpachtete Immobilien sind dem Gewinn aus Gewerbebetrieb gemäß § 8 Nr. 1 Buchst. e GewStG 2002 hinzurechnen (→ BFH vom 4. 6. 2014 – BStBl. 2015 II S. 289). Die Besteuerungsfolgen, die aus der Hinzurechnung der Mieten und Pachten für weitervermietete oder -verpachtete Immobilien zum Gewinn aus Gewerbebetrieb gemäß § 8 Nr. 1 Buchst. e GewStG 2002 i. d. F. des UntStRefG 2008 resultieren, entsprechen im Regelfall den gesetzgeberischen Wertungen und rechtfertigen daher grundsätzlich keinen Erlass der Gewerbesteuer wegen sachlicher Unbilligkeit (→ BFH vom 4. 6. 2014 – BStBl. 2015 II S. 293).
– → Rdnr. 29 a Gleich lautende Erlasse der obersten Finanzbehörden der Länder vom 2. 7. 2012 – BStBl. I S. 654.[2]

Wirtschaftsgüter des Anlagevermögens. Miet- und Pachtzinsen werden dann für die Benutzung von Wirtschaftsgütern des Anlagevermögens gezahlt, wenn die Wirtschaftsgüter für den Fall, dass sie im Eigentum des Mieters oder Pächters stünden, dessen Anlagevermögen zuzurechnen wären (→ BFH vom 29. 11. 1972 – BStBl. 1973 II S. 148).

Zuführungen zur Rekultivierungsrückstellung. Die im Zusammenhang mit der behördlichen Genehmigung zum Abbau von Bodenschätzen durch den Grundstückspächter vorzunehmenden Zuführungen zu einer Rekultivierungsrückstellung stellen keinen Bestandteil der Pachtzinsen im Sinne des § 8 Nr. 1 Buchst. e GewStG dar, wenn diese auch der zumindest teilweisen Erfüllung einer eigenen Verpflichtung des Grundstückspächters dienen (→ BFH vom 21. 6. 2012 – BStBl. II S. 692).

R 8.1 (5) R 8.1 (5)

Aufwendungen für die zeitlich befristete Überlassung von Rechten[3]

(5) – *unbesetzt* –

H 8.1 (5) H 8.1 (5)

Allgemeines. → Rdnr. 33 ff. Gleich lautende Erlasse der obersten Finanzbehörden der Länder vom 2. 7. 2012 – BStBl. I S. 654.[2] 21

Durchleitungsrechte. → Rdnr. 40 Gleich lautende Erlasse der obersten Finanzbehörden der Länder vom 2. 7. 2012 – BStBl. I S. 654.[2]

Fährgerechtigkeit. → BFH vom 26. 11. 1964 – BStBl. 1965 III S. 293.

Gemischte Verträge. → Rdnr. 6 und 7 Gleich lautende Erlasse der obersten Finanzbehörden der Länder vom 2. 7. 2012 – BStBl. I S. 654.[2]

Verträge über die Ausbeutung von Bodenschätzen. Bei Verträgen über die Ausbeutung von Mineralvorkommen ist die Überlassung der Grundstücke zur Ausbeutung der Vorkommen gewerbesteuerrechtlich nicht als Verpachtung von in Grundbesitz bestehenden Wirtschaftsgütern des Anlagevermögens, sondern als entgeltliche Überlassung des Rechts des Grundstückseigentümers auf Ausbeutung des Vorkommens anzusehen (→ BFH vom 7. 10. 1958 – BStBl. 1959 III S. 5, vom 12. 5. 1960 – BStBl. III S. 466 und vom 8. 11. 1989 – BStBl. 1990 II S. 388).

Das gilt nicht nur für Bodenschätze, bei denen das Recht zur Gewinnung von dem Eigentum am Grundstück getrennt und als selbständiges Recht (Gerechtigkeit) behandelt wird (insbe-

---

[1] Zur gewerbesteuerrechtlichen Hinzurechnung von Mietzinsen bzgl. eines Entgelts für die Überlassung von Ausstellungsflächen in Messehallen vgl. *BFH-Urteil vom 25. 10. 2016 I R 57/15, DStR 2017 S. 24.*

[2] Nachstehend Anlage a zu R 8.1 GewStR.

[3] Keine Hinzurechnung von transaktionsbezogenen Zahlungen bei computerisierten Reiseinformations- und -vertriebssystemen (keine Rechteüberlassung, Provision); vgl. *BFH-Urteil vom 26. 4. 2018 III R 25/16, DStR 2018 S. 1860.*

sondere Mineralgewinnungsrecht), sondern auch für solche Bodenbestandteile, deren Abbau dem unbeschränkten Verfügungs- und Ausbeuterecht des Eigentümers unterliegt (z. B. Kies, Sand, Basalt und Ton) (→ BFH vom 12. 1. 1972 – BStBl. II S. 433 und vom 26. 5. 1976 – BStBl. II S. 721). Bei einem Betrieb, der auf Grund von Verträgen mit Grundstückseigentümern durch Nassbaggerei Sand und Kies an Flussufern abbaut, entfallen regelmäßig die Vergütungen in voller Höhe auf die Kies- und Sandausbeute, so dass ein Betrag für die Verpachtung der Bodenoberfläche nicht auszusondern ist (→ BFH vom 21. 8. 1964 – BStBl. III S. 557).

R 8.1 (6)

R 8.1 (6)

Freibetrag nach § 8 Nr. 1 GewStG

22 (6) ① Der Freibetrag nach § 8 Nr. 1 GewStG ist betriebsbezogen zu gewähren. ② Wechselt lediglich die Steuerschuldnerschaft zwischen Einzelunternehmen und Personengesellschaften oder umgekehrt, gelten die Grundsätze in R 11.1 Satz 2 ff. ③ Demnach ist der Freibetrag bei der Ermittlung des maßgeblichen Hinzurechnungsbetrages nach § 8 Nr. 1 GewStG jedem der Steuerschuldner entsprechend der Dauer seiner persönlichen Steuerpflicht zeitanteilig zu gewähren.

H 8.1 (6)

H 8.1 (6)

23 **Anwendungsfragen.** → Rdnr. 44 ff. Gleich lautende Erlasse der obersten Finanzbehörden der Länder vom 2. 7. 2012 – BStBl. I S. 654:[1]
- Abwicklung und Insolvenz
- Bemessungsgrundlage
- Organschaft
- Umstellung des Wirtschaftsjahres.

→ Rdnr. 95 ff. BMF vom 12. 11. 2009 – BStBl. I S. 1303 Anwendungsfragen zu den Regelungen im Jahressteuergesetz 2009 zur Besteuerung von Betrieben gewerblicher Art und Eigengesellschaften von juristischen Personen des öffentlichen Rechts.[2]

Anl a zu R 8.1

a) Erlass betr. Anwendungsfragen zur Hinzurechnung von Finanzierungsanteilen nach § 8 Nr. 1 GewStG in der Fassung des Unternehmensteuerreformgesetzes 2008 vom 14. August 2007 (BGBl. I S. 1912, BStBl. I S. 630)[3]

Vom 2. Juli 2012 (BStBl. I S. 654)

(Gleich lautender Ländererlass)

Übersicht

---

[1] Nachstehend Anlage a zu R 8.1 GewStR.

[2] Abgedruckt als Anlage a zu H 4.1 KStH im „Handbuch zur KSt-Veranlagung".

[3] **[Amtl. Anm.:]** Ersetzt die gleichlautenden Erlasse der obersten Finanzbehörden der Länder vom 4. Juli 2008, BStBl. I S. 730.

Anl a zu R 8.1

Durch das Unternehmensteuerreformgesetz 2008 wurden u. a. die bisherigen Regelungen in § 8 Nr. 1 bis 3 und 7 GewStG a. F. zur Hinzurechnung von Entgelten für die Nutzung von Betriebskapital durch die Regelung des § 8 Nr. 1 GewStG ersetzt. Die Änderungen sind erstmals für den Erhebungszeitraum 2008 anzuwenden (§ 36 Abs. 5 a GewStG). Nach dem Ergebnis der Erörterung der obersten Finanzbehörden der Länder sind bei der Anwendung des § 8 Nr. 1 GewStG auch nachfolgende Grundsätze zu beachten:

I. Allgemeine Hinweise

1. Allgemeine Grundsätze zur Anwendung bestehender Richtlinien zu § 8 GewStG

1 Die Grundsätze der Gewerbesteuer-Richtlinien 1998 (GewStR 1998)[1] und der Rechtsprechung zu § 8 Nr. 1 bis 3 und 7 GewStG a. F. sind bei der Auslegung des § 8 Nr. 1 GewStG unter Berücksichtigung der Neuregelungen sinngemäß weiter anzuwenden. So sind beispielsweise die Grundsätze des Abschnitts 46 GewStR 1998[2] bei der Frage, ob ein Entgelt für eine Schuld vorliegt, weiter zu berücksichtigen. Musste bisher z. B. eine Hinzurechnung nach § 8 Nr. 1 GewStG a. F. nur deshalb unterbleiben, weil eine Verbindlichkeit des laufenden Geschäftsverkehrs vorlag, so kommt es ab dem Erhebungszeitraum 2008 zu einer Hinzurechnung, da dieses Ausschlusskriterium für die Hinzurechnung weggefallen ist. Entsprechendes gilt, wenn nach den Richtlinien bzw. der BFH-Rechtsprechung eine Hinzurechnung von Mieten und Pachten unterblieben ist, weil es sich um Mieten oder Pachten von Grundbesitz handelte und solche Aufwendungen – im Gegensatz zu § 8 Nr. 1 Buchst. e GewStG – nach § 8 Nr. 7 GewStG a. F. nicht hinzurechnungsrelevant waren. **25**

2. Hinzurechnung von gewinnmindernden Aufwendungen

2 Hinzugerechnet werden nach § 8 Nr. 1 GewStG vorbehaltlich des § 8 Nr. 1 Buchst. a Satz 3 GewStG nur die Beträge, die bei der Ermittlung des Gewinns abgesetzt worden sind. Demnach unterbleibt eine Hinzurechnung von Aufwendungen, die am Bilanzstichtag als Anschaffungs- oder Herstellungskosten des Anlage- oder Umlaufvermögens aktiviert wurden (zu Bauzeit- und Erbbauzinsen vgl. Rdnr. 13).[3] Sofern eine auf einen Hinzurechnungstatbestand gerichtete Rückstellung zulässigerweise gebildet worden ist, ist diese hinzuzurechnen. Für die Auflösung einer Rückstellung bei nicht erfolgter Inanspruchnahme gilt R 7.1 (1) GewStR 2009. Maßgebend ist die Gewinnermittlung des Steuergegenstands (des Unternehmens) im Sinne des § 2 Abs. 1 bis 3 GewStG. Deshalb unterliegen Sondervergütungen eines Mitunternehmers im Sinne des § 15 Abs. 1 Satz 1 Nr. 2 EStG weiterhin nicht der Hinzurechnung. Dies gilt auch für Gewinnanteile eines atypisch stillen Gesellschafters (vgl. Abschnitt 50 Abs. 3 GewStR 1998).[4] Wurde der den einzelnen Partnern einer Arbeitsgemeinschaft (Arge) im Sinne des § 2 a GewStG zuzurechnende Gewinn um Aufwendungen gemindert, die auf Ebene der Arge der Hinzurechnung unterlägen, so sind die gewerbesteuerlichen Folgen der Hinzurechnung bei den einzelnen Partnern zu ziehen. **26**

3 Aufwendungen, die bei der Ermittlung des Gewinns abgesetzt wurden und Bestandteil von vertraglichen Gestaltungen sind, z. B. von Umlageverträgen bei verbundenen Unternehmen, sind unabhängig von dieser rechtlichen Gestaltung hinzuzurechnen, wenn sie ihrem wirtschaftlichen Gehalt nach die einzelnen Tatbestände des § 8 Nr. 1 GewStG erfüllen.

4 Für die Unternehmen in einem Organkreis wird der Gewerbeertrag weiterhin jeweils gesondert ermittelt. Zur Vermeidung einer doppelten Belastung aus einer Hinzurechnung sind auch künftig die Grundsätze des Abschnitts 41 GewStR 1998[5] zu beachten.

3. Hinzurechnung unabhängig von der gewerbesteuerlichen Behandlung beim Überlasser des Betriebskapitals

5 Die Hinzurechnung der Nutzungsentgelte für das dem Betrieb überlassene Geld- und Sachkapital (Betriebskapital) nach § 8 Nr. 1 GewStG ist unabhängig davon vorzunehmen, ob die Beträge beim Überlasser des Betriebskapitals der Gewerbesteuer unterliegen oder nicht. Damit unterliegen insbesondere auch die bei einer Betriebsaufspaltung vom Betriebsunternehmen an das Besitzunternehmen gezahlten Nutzungsentgelte für überlassenes Betriebskapital beim Betriebsunternehmen nach den Grundsätzen des § 8 Nr. 1 GewStG der Hinzurechnung. **27**

---

[1] Jetzt GewStR 2009.
[2] Jetzt R 8.1 Abs. 1 GewStR.
[3] *BFH v. 30. 7. 2020 III R 24/18, DStR 2020 S. 2534:* Insoweit reicht es aus, dass die Miet- und Pachtzinsen als Herstellungskosten aktiviert worden wären, wenn sich das Wirtschaftsgut am Bilanzstichtag noch im Betriebsvermögen befunden und deshalb hätte aktiviert werden müssen.
[4] Jetzt H 8.1 Abs. 3 GewStH „Atypisch stille Gesellschaft".
[5] Jetzt R 7.1 Abs. 5 GewStR.

Anl a zu R 8.1

4. Aufteilung gemischter Verträge

28 6 Entgelte für die Nutzung des dem Betrieb überlassenen Betriebskapitals werden nur hinzugerechnet, wenn einer der Tatbestände des § 8 Nr. 1 Buchst. a bis f GewStG erfüllt ist. Enthält ein Vertrag Vereinbarungen über mehrere Leistungskomponenten (gemischter Vertrag) und sind diese trennbar, so ist jede Komponente für sich nach Maßgabe des § 8 Nr. 1 Buchst. a bis f GewStG zu beurteilen (vgl. Abschnitt 53 Abs. 1 Satz 14 und 15 GewStR 1998).[1] Dies gilt insbesondere auch für sog. Franchise-Verträge.[2] Das Entgelt ist – erforderlichenfalls durch Schätzung – auf die verschiedenen Leistungskomponenten aufzuteilen.

7 Stellt bei einem gemischten Vertrag das Vertragsverhältnis ein einheitliches und unteilbares Ganzes dar, scheidet eine Aufteilung des Vertrages aus. Steht dabei im Einzelfall eine Leistung, die keinen Tatbestand des § 8 Nr. 1 GewStG erfüllt, im Vergleich zu einer Leistung, die den Tatbestand erfüllt, derart im Vordergrund, dass sie dem Gesamtvertrag das Gepräge gibt, so fällt der Gesamtvertrag regelmäßig nicht unter § 8 Nr. 1 GewStG. Demnach scheidet z. B. bei Vereinbarungen zur fortlaufenden Reinigung bzw. zum fortlaufenden Austausch beschädigter Teile bei einem Mietservice von Berufskleidung oder Fußmatten regelmäßig eine Hinzurechnung aus. Bei Zeit-Charterverträgen steht die Beförderungsleistung unter Einsatz des gestellten Personals im Vordergrund; ein Herausrechnen des Entgelts für die Überlassung des Schiffs scheidet aus (vgl. Abschnitt 53 Abs. 1 Satz 5 GewStR 1998).[1] Gibt demgegenüber eine Leistung, die einen Tatbestand des § 8 Nr. 1 GewStG erfüllt, dem Gesamtvertrag das Gepräge, unterfällt der Gesamtvertrag der Hinzurechnung.

5. Folgen der Einordnung der Nutzungsüberlassung als Übergang des wirtschaftlichen Eigentums

29 8 Eine Hinzurechnung von Mieten, Pachten oder Aufwendungen für die Überlassung von Rechten nach § 8 Nr. 1 Buchst. d bis f GewStG setzt eine Überlassung voraus. Ist die Nutzungsvereinbarung als Übergang des wirtschaftlichen Eigentums an dem genutzten Wirtschaftsgut anzusehen, so liegt ein Ratenkauf vor. Dieser ist nach allgemeinen bilanzsteuerlichen Grundsätzen zu behandeln. Soweit für einen Kaufpreis eine Verbindlichkeit zu passivieren ist, ist der in der Rate enthaltene Zinsanteil nach den Grundsätzen des § 8 Nr. 1 Buchst. a GewStG hinzuzurechnen.

9 Zum Übergang des wirtschaftlichen Eigentums auf den Leasingnehmer vgl. die in den BMF-Schreiben vom 19. April 1971 (BStBl. I S. 264), vom 21. März 1972 (BStBl. I S. 188), vom 22. Dezember 1975 (DB 1976 S. 12) und vom 23. Dezember 1991 (BStBl. 1992 I S. 13) niedergelegten Grundsätze.

II. Einzeltatbestände des § 8 Nr. 1 GewStG

1. Hinzurechnung von Entgelten für Schulden nach § 8 Nr. 1 Buchst. a GewStG

a) Allgemein

30 10 Auf die Dauerhaftigkeit der Schulden kommt es im Rahmen der Neuregelung nicht mehr an (insbesondere auch Verbindlichkeiten des laufenden Geschäftsverkehrs fallen unter die Neuregelung). Für die Frage, ob ein Entgelt für eine Schuld vorliegt, sind die Grundsätze des Abschnitts 46 GewStR 1998[3] weiter anzuwenden. Ein hinzuzurechnender Finanzierungsanteil liegt nicht vor, wenn ein Versicherungsnehmer an Stelle des fälligen Jahresbetrags die Versicherungsprämie z. B. in betragsmäßig höheren monatlichen Teilbeträgen entrichtet.

b) Durchlaufende Kredite

31 11 Bei einem Unternehmen, das einen Kredit aufgenommen und weitergeleitet hat, liegt ein hinzurechnungspflichtiger Zinsaufwand nach § 8 Nr. 1 Buchst. a GewStG vor. Dem steht das BFH-Urteil vom 7. Juli 2004 (BStBl. 2005 II S. 102) nicht entgegen, da es auf das Tatbestandsmerkmal „nicht nur der vorübergehenden Verstärkung des Betriebskapitals“ nicht mehr ankommt. Eine Saldierung von Zinsaufwendungen und Zinserträgen im Zusammenhang mit durchgeleiteten Krediten kommt nicht in Betracht.

c) Aufzinsungsbeträge nach § 6 Abs. 1 Nr. 3, 3 a und § 6 a Abs. 3 EStG

32 12 Die Regelung des § 8 Nr. 1 Buchst. a Satz 1 GewStG lässt die bisherige Rechtslage unberührt, nach der sich aus der Abzinsung und der nachfolgenden Aufzinsung von unverzinslichen Verbindlichkeiten nach § 6 Abs. 1 Nr. 3 EStG und von Rückstellungen nach § 6 Abs. 1 Nr. 3 a EStG keine Entgelte im Sinne des § 8 Nr. 1 GewStG ergeben (vgl. Rdnr. 39 des BMF-Schreibens vom 26. Mai 2005, BStBl. I S. 699).[4] Dementsprechend unterliegen auch Aufzinsungsbeträge nach § 6 a Abs. 3 EStG nicht der Hinzurechnung.

d) Aktivierung von Bauzeit- und Erbbauzinsen als Anschaffungs- oder Herstellungskosten

33 13 Als Herstellungskosten aktivierte Bauzeitzinsen sind dem Gewinn weder in dem Erhebungszeitraum der Aktivierung noch in den Erhebungszeiträumen, in denen sie sich über Abschreibungen auf den Gewinn auswirken, als Entgelte für Schulden nach § 8 Nr. 1 Buchst. a GewStG hinzuzurechnen (vgl. BFH-Urteil vom 30. April 2003, BStBl. 2004 II S. 192). Entsprechendes gilt für aktivierte Erbbauzinsen. Zur weiteren Behandlung von Erbbauzinsen (Einräumung eines Erbbaurechts an einem bebauten oder unbebauten Grundstück) vgl. Rdnr. 32 und 32 a.

---

[1] Jetzt H 8.1 Abs. 4 GewStH „Gemischte Verträge“.

[2] Zur Hinzurechnung nach § 8 Abs. 1 Buchst. f GewStG bei Fanchiseverträgen vgl. *BFH-Urteil vom 12. 1. 2017 IV R 55/11, BStBl. II S. 725.*

[3] Jetzt R 8.1 Abs. 1 GewStR.

[4] Abgedruckt im „Handbuch zur ESt-Veranlagung“ als Anlage zu R 6.10 EStR.

e) Zins-Swap-Geschäfte

14 Grundsätzlich tauschen bei einem Zins-Swap-Geschäft zwei Parteien ihre Zinszahlungen auf einen nominellen Kapitalbetrag – üblicherweise Festsatz gegen variablen Satz –, ohne dabei den Kapitalbetrag auszutauschen. Im Regelfall dient der Zins-Swap-Vertrag der Absicherung des Zinsrisikos eines oder mehrerer anderer Darlehens- oder Kreditverträge. Der Zins-Swap-Vertrag kann aber auch ohne den Hintergrund eines anderen Vertrages zur Erzielung von Spekulationsgewinnen abgeschlossen werden. **34**

15 Nach den Grundsätzen des BFH-Urteils vom 4. Juni 2003 (BStBl. 2004 II S. 517) ist der Zins-Swap, der nicht mit dem kreditgebenden Institut, sondern mit einem Dritten abgeschlossen wird, grundsätzlich eine Maßnahme, durch welche – ähnlich einem Devisentermingeschäft bezogen auf das Währungsrisiko oder auch bei Abschluss einer Risikoversicherung – ein Teil der mit einer Kreditaufnahme verbundenen Risiken der auftretenden Zinsschwankungen abgedeckt wird. Aufwendungen für ein derartiges Geschäft unterfallen nicht der Hinzurechnung. Soweit mit anderen Swap-Verträgen andere Finanzierungsmethoden und Gestaltungsformen kombiniert werden, ist auf Grundlage der vorstehenden Grundsätze zu prüfen, ob die Aufwendungen als Entgelt für Schulden zu beurteilen sind.

f) Skonti und ähnliche Abzüge bei Forderungen aus Lieferungen und Leistungen

16 Den Entgelten für Schulden nach § 8 Nr. 1 Buchst. a Satz 1 GewStG wirtschaftlich gleich steht **35** der Aufwand nach § 8 Nr. 1 Buchst. a Satz 2 GewStG, der dem Betrieb dadurch entsteht, dass Forderungen aus Lieferungen und Leistungen vorzeitig erfüllt werden und hierbei ein Abschlag gewährt wird. Geschäftsübliche Skonti und Abschläge aus anderen Gründen (z. B. Treuerabatte und Mengenrabatte) werden von der Hinzurechnungsfiktion nicht erfasst. Dagegen liegt z. B. kein geschäftsüblicher Skonto vor, wenn ein Skonto trotz unüblich langem Zahlungsziel vereinbart wird; in diesen Fällen ist der volle Abschlag in die Hinzurechnung einzubeziehen. Kein Fall des Skontos liegt vor, wenn ein Versicherungsnehmer z. B. an Stelle von Monatsraten einen betragsmäßig geringeren Jahresbetrag entrichtet; es findet keine Hinzurechnung statt.

g) Verkauf von anderen Geldforderungen (echtes Factoring)

17 Nach § 8 Nr. 1 Buchst. a Satz 2 GewStG unterliegen auch Diskontbeträge bei der Veräußerung **36** von Wechsel- und anderen Geldforderungen der Hinzurechnung. Hierunter fallen insbesondere die Abschläge aus dem Verkauf von aktivierten Forderungen (vgl. aber Rdnr. 23).

h) Teilwertabschreibung

18 Der Aufwand, der dem Unternehmen aus einer steuerlich zulässigen Abschreibung der Forderung **37** auf den niedrigeren Teilwert entsteht, fällt nicht unter die Hinzurechnung nach § 8 Nr. 1 GewStG. Dies gilt auch dann, wenn das Unternehmen die abgeschriebene Forderung im Folgenden zu diesem abgeschriebenen Wert verkauft.

i) Forfaitierung von Ansprüchen aus schwebenden Verträgen

– Allgemein

19 Nach § 8 Nr. 1 Buchst. a Satz 3 GewStG fällt auch der rechnerische Aufwand im Zuge der Forfai- **38** tierung von Ansprüchen aus schwebenden Verträgen unter die Hinzurechnung. Der hinzuzurechnende Aufwand ergibt sich aus der Differenz zwischen der Summe der zu erwartenden Raten (jeweils zum Nominalwert), die der aus dem Vertrag Verpflichtete über die Laufzeit zu entrichten hat, und des vom Verkäufer an den Käufer zu entrichtenden Entgelts.

20 Bei der Ermittlung der Summe der zu erwartenden Raten sind die Werte maßgebend, die die Vertragsparteien bei der Forfaitierungsvereinbarung zu Grunde legen. Bei Entgeltanpassungsklauseln kommt es nicht darauf an, ob und in welchem Umfang diese künftig wirksam werden.

– Zeitpunkt der Hinzurechnung

21 Der Erlös aus der Forfaitierung wird nach allgemeinen Grundsätzen nicht im Zeitpunkt der Vereinnahmung, sondern verteilt über die Restlaufzeit des schwebenden Vertragsverhältnisses berücksichtigt (vgl. BMF-Schreiben vom 9. Januar 1996, BStBl. I S. 9). Entsprechend diesen Grundsätzen ist der Aufwand im Sinne des § 8 Nr. 1 Buchst. a Satz 3 GewStG linear verteilt über die Restlaufzeit des schwebenden Vertrags hinzuzurechnen.

– Altfälle

22 Eine Hinzurechnung nach den vorstehenden Grundsätzen unterbleibt in den Fällen, in denen die Forfaitierung von Ansprüchen aus schwebenden Geschäften vor dem 1. Januar 2008 erfolgt ist.

j) Nebenkosten beim Factoring und bei der Forfaitierung

23 In den Abschlägen enthaltene angemessene Wertermittlungskosten oder vergleichbare Gebühren **39** (z. B. Risikoprämien) unterfallen nicht der Hinzurechnung.

Beispiel 1 (echte Forfaitierung):

Die V-GmbH überlässt der S-GmbH am 1. Januar 2001 ein Grundstück zur Miete. Der Mietvertrag ist bis zum 31. Dezember 2010 befristet. Der jährlich auf den 1. Januar im Voraus zu entrichtende Mietzins beträgt 1 Mio. €. Die V-GmbH verkauft sämtliche Mietzinsansprüche aus dem Vertragsverhältnis am 30. Dezember 2001 an die K-GmbH und tritt sie mit sofortiger Wirkung ab. Das Ausfallrisiko geht auf die K-GmbH über. Der Kaufpreis für die Forderung beträgt 7,5 Mio. €. Von dem Differenzbetrag zum Nennwert der Forderung (9 Mio. € abzgl. 7,5 Mio. € = 1,5 Mio. €) entfallen nachweislich 10 000 € auf Wertermittlungskosten und 300 000 € auf die Risikoübernahme.

Anl a zu R 8.1

Lösung:

Es handelt sich um eine echte Forfaitierung. Bei der V-GmbH ist der Forfaitierungserlös mittels eines passiven Rechnungsabgrenzungspostens auf die Jahre 2002–2010 linear zu verteilen (vgl. BMF-Schreiben vom 9. Januar 1996, BStBl. I S. 9). Ein gewinnmindernder Zinsaufwand in Höhe der Differenz zwischen dem Nennwert der abgetretenen Forderung und dem erzielten Verkaufserlös ist bei der V-GmbH bilanzsteuerrechtlich nicht zu erfassen. Gleichwohl ist der Differenzbetrag abzgl. der Wertermittlungsgebühren und der Risikoprämie in Höhe von 1,19 Mio. € (1,5 Mio. € abzgl. 10 000 € und abzgl. 300 000 €) nach § 8 Nr. 1 Buchst. a Satz 3 GewStG bei der Ermittlung des Hinzurechnungsbetrages zu erfassen, und zwar linear verteilt auf die Restlaufzeit des schwebenden Vertrags (hier auf die Jahre 2002–2010, vgl. auch Rdnr. 21).

Beispiel 2 (unechte Forfaitierung):

Die V-GmbH überlässt der S-GmbH am 1. Januar 2001 ein Grundstück zur Miete. Der Mietvertrag ist bis zum 31. Dezember 2010 befristet. Der jährlich auf den 1. Januar im Voraus zu entrichtende Mietzins beträgt 1 Mio. €. Die V-GmbH verkauft sämtliche Mietzinsansprüche aus dem Vertragsverhältnis am 30. Dezember 2001 an die K-GmbH und tritt sie mit sofortiger Wirkung ab. Das Ausfallrisiko verbleibt bei der V-GmbH. Der Kaufpreis für die Forderung beträgt 7,8 Mio. €. In dem Differenzbetrag zum Nennwert (9 Mio. € abzgl. 7,8 Mio. € = 1,2 Mio. €) sind Wertermittlungskosten in Höhe von 10 000 € enthalten.

Lösung:

Bilanzsteuerrechtlich handelt es sich um eine Darlehensaufnahme durch die V-GmbH (Buchungssatz: Bank 7,8 Mio. € und aktive RAP 1,2 Mio. € an Verbindlichkeiten 9 Mio. €). Gewerbesteuerlich kommt es zu einer Hinzurechnung nach § 8 Nr. 1 Buchst. a Satz 1 GewStG. Der aus der Auflösung des aktiven RAP resultierende jährliche Aufwand ist bei der Ermittlung des Hinzurechnungsbetrages anzusetzen, soweit er nicht auf die Wertermittlungskosten entfällt.

k) Hinzurechnung bei Versicherungsunternehmen

40 **24** Versicherungsunternehmen unterlagen bisher mit ihren versicherungstechnischen Rückstellungen sowie ihren aus Versicherungsverhältnissen entstandenen Verbindlichkeiten gegenüber Versicherungsnehmern auf Grund der vom RFH und BFH entwickelten Grundsätze regelmäßig in der Anwartschaftsphase und der gesamten Leistungsphase der Versicherungsverträge nicht der Hinzurechnung nach § 8 Nr. 1 GewStG a. F. (vgl. Abschnitt 45 Abs. 9 GewStR 1998).[1] Diese Grundsätze finden auch künftig Anwendung, soweit die Rückstellungen und Verbindlichkeiten von Vermögenswerten des gebundenen Vermögens im Sinne des § 54 Abs. 1 Satz 1 VAG gedeckt werden. Das den Depotverbindlichkeiten aus dem in Rückdeckung gegebene Versicherungsgeschäft entsprechende Aktivvermögen rechnet nach den in § 54 Abs. 1 Satz 1 i. V. m. § 66 Abs. 1a Satz 2 VAG genannten Vorgaben zu dem gebundenen Vermögen der Versicherung, womit die vorstehenden Grundsätze auch auf diese Depotverbindlichkeiten anzuwenden sind. Das gilt auch für Pensionskassen bzw. -fonds, soweit sie nicht steuerbefreit sind. Für die versicherungstechnischen Rückstellungen für Beitragsrückerstattungen in der Pflegeversicherung gilt Entsprechendes.

l) Zinsen für betriebliche Steuerschulden nach §§ 233 ff. AO

40a **24a** Sind Zinsen für betriebliche Steuerschulden nach §§ 233 ff. AO bei der Ermittlung des Gewinns abgesetzt worden, unterliegen diese der Hinzurechnung nach § 8 Nr. 1 Buchst. a GewStG.

2. Hinzurechnung für Renten und dauernde Lasten nach § 8 Nr. 1 Buchst. b GewStG

a) Renten und dauernde Lasten

41 **25** Auf einen Zusammenhang der Renten und dauernden Lasten mit der Gründung oder dem Erwerb des Betriebes kommt es im Rahmen der Neuregelung nicht mehr an. Ebenso wenig ist entscheidend, wie die Beträge beim Empfänger gewerbesteuerlich behandelt werden.

26 Erbbauzinsen gelten nicht als dauernde Last im Sinne des § 8 Nr. 1 Buchst. b GewStG (vgl. BFH-Urteil vom 7. März 2007, BStBl. II S. 654); zu Erbbauzinsen vgl. auch Rdnr. 32 und 32 a.

b) Aufwendungen für Zusagen auf Leistungen der betrieblichen Altersversorgung

42 **27** Nach § 8 Nr. 1 Buchst. b Satz 2 GewStG sind Pensionszahlungen auf Grund einer unmittelbar vom Arbeitgeber erteilten Versorgungszusage nicht als dauernde Last anzusehen. Das Gleiche gilt für Aufwendungen des Arbeitgebers oder eines nach § 17 Abs. 1 Satz 2 BetrAVG Verpflichteten für Zusagen über eine Direktversicherung, eine Pensionskasse, einen Pensionsfonds oder eine Unterstützungskasse.

3. Hinzurechnung von Gewinnanteilen des stillen Gesellschafters nach § 8 Nr. 1 Buchst. c GewStG

43 **28** Die Gewinnanteile des stillen Gesellschafters sind unabhängig von der gewerbesteuerlichen Behandlung beim Empfänger hinzuzurechnen. Für die begriffliche Abgrenzung des Gewinnanteils des stillen Gesellschafters vgl. Abschnitt 50 Abs. 1 Satz 1 und 2 GewStR 1998.[2]

4. Hinzurechnung von Miet- und Pachtzinsen für bewegliche und unbewegliche Wirtschaftsgüter nach § 8 Nr. 1 Buchst. d und e GewStG

a) Allgemein

44 **29** Die Miet- und Pachtzinsen sind unabhängig von der gewerbesteuerlichen Behandlung beim Empfänger hinzuzurechnen. Die Laufzeit von Miet- und Pachtverträgen alleine ist grundsätzlich für die Beurteilung, ob eine Hinzurechnung vorzunehmen ist, ohne Bedeutung. Zu den Miet- und Pachtzinsen gehören auch die Aufwendungen des Mieters oder Pächters für die Instandsetzung, Instandhaltung

[1] Vgl. jetzt H 8.1 Abs. 1 GewStH „Versicherungsunternehmen".
[2] Jetzt R 8.1 Abs. 3 GewStR.

und Versicherung des Miet- oder Pachtgegenstandes, die er über seine gesetzliche Verpflichtung nach bürgerlichem Recht hinaus (§§ 582 ff. BGB) auf Grund vertraglicher Verpflichtungen übernommen hat; nicht hinzuzurechnen sind reine Betriebskosten wie Wasser, Strom, Heizung. Ist die Umlage der Grundsteuer vereinbart, stellen die diesbezüglichen Aufwendungen gleichermaßen hinzuzurechnende Miet- und Pachtzinsen dar. Die vorstehenden Grundsätze gelten auch bei Leasingverträgen mit der Folge, dass sich der Umfang der Hinzurechnung auf die den Gewinn mindernde Leasingrate erstreckt.[1] Die im Zusammenhang mit der Anmietung von Fahrzeugflächen (z. B. Taxi- oder Busflächen für Werbezwecke) entrichteten Entgelte stellen Mietaufwendungen dar und unterliegen als solche der Hinzurechnung des § 8 Nr. 1 Buchst. d GewStG.

29 a Im Fall der Weitervermietung von Wirtschaftsgütern liegt auf jeder Stufe der Überlassung eine Benutzung im Sinne des § 8 Nr. 1 Buchst. d bzw. e GewStG vor. Eine Saldierung von Mietaufwendungen und Mieterträgen kommt nicht in Betracht.[2]

29 b Miet- und Pachtzinsen werden dann für die Benutzung von Wirtschaftsgütern des Anlagevermögens gezahlt, wenn die Wirtschaftsgüter für den Fall, dass sie im Eigentum des Mieters oder Pächters stünden, dessen Anlagevermögen zuzurechnen wären. Diese Fiktion muss sich jedoch soweit wie möglich an den betrieblichen Verhältnissen des Steuerpflichtigen orientieren (vgl. BFH vom 29. November 1972, BStBl. 1973 II S. 148). So unterliegen beispielsweise auch die von einem Bauunternehmer für die einmalige Anmietung von Baumaschinen geleisteten Mietaufwendungen der Hinzurechnung. Dies gilt selbst dann, wenn die Anmietung lediglich stunden- oder tageweise erfolgt. Demnach sind Mietaufwendungen des Unternehmers für die Anmietung von Unterkünften, die unmittelbar der originären Tätigkeit zuzuordnen sind (z. B. Baumontage, Reisedienstleistungen[3]), hinzuzurechnen. Aus Vereinfachungsgründen unterbleibt bei Verträgen über kurzfristige Hotelnutzungen oder bei kurzfristigen Pkw-Mietverträgen eine Hinzurechnung.

29 c Das Entgelt für die pachtweise Überlassung eines gesamten Netzes oder von Teilen eines Netzes (insbesondere im Bereich Telekommunikation, Energie und Eisenbahn), das der Netzbetreiber an den Netzeigentümer zu entrichten hat, unterliegt der Hinzurechnung nach § 8 Nr. 1 Buchst. d GewStG. Soweit sich das Entgelt auf unbewegliche Wirtschaftsgüter bezieht, ist eine Hinzurechnung nach § 8 Nr. 1 Buchst. e GewStG vorzunehmen. In Fällen der Weiterverpachtung ist Rdnr. 29 a entsprechend anzuwenden.

29 d Das Entgelt, das ein Eisenbahnverkehrsunternehmen für die Nutzung von Eisenbahninfrastruktur an das Eisenbahninfrastrukturunternehmen zu entrichten hat, unterliegt nicht der Hinzurechnung nach § 8 Nr. 1 Buchst. d und e GewStG. Dies gilt im Bereich der Telekommunikation für das an den Netzbetreiber vom Anbieter von Telekommunikationsdienstleistungen für einen entbündelten Netzzugang (so genannte Teilnehmeranschlussleitung bzw. „letzte Meile") oder vergleichbare Netzzugänge entrichtete Entgelte gleichermaßen. Zur Frage einer möglichen Hinzurechnung nach § 8 Nr. 1 Buchst. f GewStG vgl. Rdnr. 34 a.

29 e Die an Betreiber von anderen Versorgungsnetzen (z. B. Strom- und Gasversorgungsnetze) zu entrichtenden Netzentgelte unterliegen nicht der Hinzurechnung nach § 8 Nr. 1 Buchst. d GewStG. Soweit sich das Entgelt auf unbewegliche Wirtschaftsgüter bezieht, ist eine Hinzurechnung nach § 8 Nr. 1 Buchst. e GewStG nicht vorzunehmen. Zur Frage einer möglichen Hinzurechnung nach § 8 Nr. 1 Buchst. f GewStG vgl. Rdnr. 34 a.

b) Abgrenzung der Mietverträge über unbewegliche Wirtschaftsgüter zu Mietverträgen über bewegliche Wirtschaftsgüter

30 Bei einem einheitlichen Vertrag über unbewegliche Wirtschaftsgüter, insbesondere von Ladenlokalen, ist zu prüfen, ob Vertragsbestandteil auch die Überlassung von Wirtschaftgütern ist, die, hätte der Mieter hierfür Herstellungskosten aufgewendet, nach den Grundsätzen von H 4.2 (3) EStH 2011 Mietereinbauten wären. Soweit die Mietaufwendungen auf bewegliche Wirtschaftsgüter entfallen, ist § 8 Nr. 1 Buchst. d GewStG maßgebend. **45**

31 Schiffe und Flugzeuge sind bewegliche Wirtschaftsgüter im Sinne des § 8 Nr. 1 Buchst. d GewStG.

c) Abgrenzung der Miete und Pacht zu übrigen Überlassungsverhältnissen

32 Für die Abgrenzung des Miet- und Pachtvertrags zu anderen Vertragstypen gelten die bisherigen Grundsätze weiter (vgl. BFH-Urteil vom 15. Juni 1983, BStBl. 1984 II S. 17).[4] Untermietverträge gelten als Miet- und Pachtverträge im Sinne von § 8 Nr. 1 Buchst. d und e GewStG; sie sind nicht als Überlassung von Rechten im Sinne des § 8 Nr. 1 Buchst. f GewStG zu beurteilen. Erbbauzinsen für die Überlassung unbebauter Grundstücke sind rechtlich und wirtschaftlich ein Entgelt für die Überlassung des Grundstücks zur Nutzung. Sie sind gewerbesteuerrechtlich wie Miet- und Pachtentgelte zu behandeln und unterliegen der Hinzurechnung nach § 8 Nr. 1 Buchst. e GewStG. **46**

32 a Wird ein Erbbaurecht an einem bebauten Grundstück bestellt, sind die gezahlten Erbbauzinsen in einen Tilgungs- und Zinsanteil für die Übertragung des Bauwerks einerseits und ein Entgelt für die

---

[1] Vgl. *OFD NRW vom 2. 9. 2013 (DB S. 2057),* nachstehend Anlage b zu R 8.1 GewStR.

[2] Für Immobilien vgl. *BFH-Urteile vom 4. 6. 2014 I R 70/12,* BStBl. II 2015 S. 289 sowie *vom 4. 6. 2014 I R 21/13, BStBl. II 2015 S. 293.*

[3] Hinzurechnung von Entgelten der Reiseveranstalter für die Überlassung von Hotelzimmern und bewegliche Wirtschaftsgüter überholt durch *BFH-Urteil vom 25. 7. 2019 III R 22/16, BStBl. 2020 II S. 51:* Das Geschäftsmodell eines Reiseveranstalters erfordert typischerweise keine langfristige Nutzung der von den Hoteliers überlassenen beweglichen und unbeweglichen Wirtschaftsgüter, sondern eine zeitlich begrenzte Nutzung von Wirtschaftsgütern, deren Produkteigenschaften kurzfristig an sich wandelnde Markterfordernisse angepasst werden können.

[4] Lagergebühren aufgrund eines Lagervertrags i. S. d. § 467 HGB sind keine Pachtzinsen i. S. d. § 8 Nr. 1 Buchst. e GewStG; vgl. *FM Sachsen-Anhalt vom 11. 4. 2016* (nachstehend Anlage c zu R 8.1 GewStR).

Nutzung des Grund und Bodens andererseits aufzuteilen (BFH-Urteil vom 18. März 2009, BStBl. 2010 II S. 560). Der auf das Bauwerk entfallende Zinsanteil unterliegt der Hinzurechnung nach § 8 Nr. 1 Buchst. a GewStG, soweit die diesbezüglichen Erbbauzinsen nicht aktiviert wurden (vgl. Rdnr. 13).

5. Hinzurechnung von Aufwendungen für die zeitlich befristete Überlassung von Rechten nach § 8 Nr. 1 Buchst. f GewStG

a) Allgemein

47 **33** Als Rechte im Sinne des § 8 Nr. 1 Buchst. f GewStG gelten subjektive Rechte an immateriellen Wirtschaftsgütern, denen bereits unabhängig vom jeweiligen Überlassungsverhältnis ein eigenständiger Vermögenswert beizumessen ist und an denen eine geschützte Rechtsposition besteht. Demnach gehören insbesondere Konzessionen, gewerbliche Schutzrechte, Urheberrechte, Lizenzrechte und Namensrechte zu den Rechten im Sinne des § 8 Nr. 1 Buchst. f GewStG.[1] Aufwendungen für die zeitlich befristete Überlassung von Software unterliegen regelmäßig der Hinzurechnung nach § 8 Nr. 1 Buchst. f GewStG, wenn mit der zeitlich befristeten Überlassung das Recht auf Nutzung eingeräumt wird und auf Seiten des Überlassenden eine geschützte Rechtsposition an diesem Recht (z. B. Urheberrecht) besteht.[2] Dem entgegen unterliegen Aufwendungen für die Überlassung ungeschützter Erfindungen, Know-how, Firmenwert, Kundenstamm und sonstiger ungeschützter geistiger Werte nach vorstehenden Grundsätzen nicht der Hinzurechnung. Eine Hinzurechnung kann nicht allein dadurch vermieden werden, dass einzelne Rechte nur für kurze Zeit überlassen werden.

34 Entgelte, die für die Nutzung des sog. Grünen Punktes an die Duale System Deutschland GmbH (DSD) entrichtet werden, erfüllen nicht den Tatbestand einer zeitlich befristeten Überlassung von Rechten nach § 8 Nr. 1 Buchst. f GewStG. Entsprechendes gilt für die Nutzung vergleichbarer Systeme zur Erfüllung der Verpflichtungen nach der Verpackungsverordnung. Auch die nach dem Bundesfernstraßenmautgesetz vom 12. Juli 2011 (BGBl. I S. 1378) entrichtete Maut und die nach dem Rundfunkgebührenstaatsvertrag zu entrichtende Rundfunkgebühr erfüllt nicht den Tatbestand einer zeitlich befristeten Überlassung für ein Recht nach § 8 Nr. 1 Buchst. f GewStG.

34 a Die in Rdnrn. 29 d und 29 e erwähnten Entgelte unterliegen nicht der Hinzurechnung nach § 8 Nr. 1 Buchst. f GewStG.

b) Zahlungen an juristische Personen des öffentlichen Rechts für überlassene Rechte

48 **35** Aufwendungen für die zeitlich befristete Überlassung von Rechten nach § 8 Nr. 1 Buchst. f Satz 1 GewStG können auch vorliegen, wenn das Recht durch die öffentliche Hand überlassen wird (z. B. Glückspiellizenzen an Spielbanken oder Konzessionen für die Nutzung öffentlicher Verkehrsflächen an Energieversorger).

36 Soweit in der Vergangenheit z. B. Konzessionsabgaben für die Nutzung öffentlicher Verkehrsflächen in eine Grundstücksüberlassung und in eine Überlassung von beweglichen Wirtschaftsgütern aufgeteilt worden sind (vgl. Abschnitt 53 Abs. 5 Satz 8 GewStR 1998[3] unter Verweis auf das RFH-Urteil vom 9. Februar 1943, RStBl. S. 509), fällt künftig die Gesamtvergütung unter den Hinzurechnungstatbestand des § 8 Nr. 1 Buchst. f GewStG.

c) Zeitlich befristete Überlassung von Rechten

49 **37** Die Hinzurechnung nach § 8 Nr. 1 Buchst. f GewStG setzt u. a. voraus, dass die Überlassung des Rechts zeitlich befristet ist. Eine zeitlich befristete Überlassung liegt auch dann vor, wenn bei Abschluss des Vertrages noch ungewiss ist, ob und wann die Überlassung endet (vgl. BFH-Urteil vom 7. Dezember 1977, BStBl. 1978 II S. 355). Eine Überlassung liegt nicht mehr vor, wenn bei wirtschaftlicher Betrachtungsweise ein Übergang des wirtschaftlichen Eigentums anzunehmen ist. Dies gilt auch für Lizenzen im Bereich von Forschung und Entwicklung. Maßgebend sind die Verhältnisse im Einzelfall. Nach diesen Grundsätzen ergibt sich beispielsweise für:

– Verlagsverträge

38 Mit einem Verlagsvertrag erhält der Verleger vom Werkinhaber (Autor) das Recht eingeräumt, das vom Autor verfasste Werk zu verlegen; der Autor erhält hierfür eine Vergütung. Der Verlagsvertrag ist nicht als zeitlich befristete Überlassung des Werks anzusehen, wenn die Überlassung die gesamte Schutzfrist des Rechts umfasst (z. B. Zeitspanne des § 64 UrhG – 70 Jahre nach Tod des Urhebers). Entsprechendes gilt bei zeitlich kürzerer Überlassung, wenn bei Vertragsabschluss zu erwarten ist, dass sich das Recht bei wirtschaftlicher Betrachtungsweise während der Dauer der Überlassung verbraucht.

– Lizenzverträge

39 Im Verlagswesen kommt es durch den Lizenzvertrag regelmäßig zur Abspaltung von Nebenrechten aus dem Verlagsvertrag (z. B. Abspaltung von Unterlizenzen zum Verlegen von Taschenbüchern an einen Taschenbuchverlag). Die Behandlung der Aufwendungen des Unterlizenznehmers richtet sich nach den für Lizenzverträge geltenden Grundsätzen.

---

[1] *BFH-Beschluss vom 31. 1. 2012 I R 105/10, BFH/NV S. 996:* Glücksspielabgaben nach § 13 NGlüSpG, die eine GmbH für die Überlassung des Rechts auf Veranstaltung und Durchführung von Glücksspielen an das Land zu zahlen hat, sind Aufwendungen für die zeitlich befristete Überlassung von Rechten i. S. d. § 8 Nr. 1 f S. 1 GewStG und als solche dem Gewinn aus Gewerbebetrieb zur Ermittlung des Gewerbeertrages anteilig hinzuzurechnen.

[2] Zu Pauschalvergütungen nach § 54 UrhG vgl. *LfSt Bayern vom 23. 2. 2015* (nachstehend Anlage d zu R 8.1 GewStR).

[3] Jetzt H 8.1. Abs. 4 GewStH „Monopolabgaben der Versorgungsunternehmen".

d) Voraussetzungen für das Vorliegen von „Durchleitungsrechten"

40 Nach § 8 Nr. 1 Buchst. f Satz 1 GewStG kommt es zu keiner Hinzurechnung, wenn die dem Unternehmen überlassenen Lizenzen ausschließlich dazu berechtigen, daraus abgeleitete Rechte Dritten zu überlassen. Die Ausnahmeregelung findet deshalb auf der letzten Stufe der „Überlassungskette" keine Anwendung. Deshalb kommt es beispielsweise bei Buchverlagen, die auf der Grundlage eines mit einem Rechteverwerter abgeschlossenen Lizenzvertrags über ein Werk Bücher oder vergleichbare Sachen produzieren und verkaufen, zu einer Hinzurechnung der Lizenzgebühren; Rdnr. 37 bleibt unberührt. Erstreckt sich der mit einem Rechteverwerter abgeschlossene Lizenzvertrag über ein Werk dagegen ausschließlich auf das Vortragen, Aufführen oder Vorführen (z. B. in einem Kino, Radiosender, Konzert) im Sinne des § 19 UrhG, gilt dieses nicht als in der letzten Stufe der „Überlassungskette" erbracht. 50

41 Die Ausnahmeregelung ist über ihren Wortlaut hinaus nicht nur bei überlassenen Lizenzen, sondern auch bei jedem anderen überlassenen Recht im Sinne des § 8 Nr. 1 Buchst. f GewStG zu prüfen. Auch bei dem an Dritte überlassenen Recht muss es sich nicht um eine Lizenz im Rechtssinne handeln.

42 Dagegen erfordert das Ausschließlichkeitsgebot, dass zur Weiterüberlassung vorgesehene Rechte ihrerseits wieder nur zur Weiterüberlassung verwendet und dabei grundsätzlich nicht „verändert" oder bearbeitet werden dürfen. Räumt beispielsweise ein Theaterverlag, dem ein Autor sein Manuskript über ein Theaterstück überlassen hat, verschiedenen Theatern das Recht ein, dieses Stück aufzuführen, und übermittelt er diesen Theatern hierzu auch eine Druckversion des Stücks, so ist dieses Drucken nicht schädlich im Sinne des Ausschließlichkeitsgebots.

e) Ausnahmeregelung des § 8 Nr. 1 Buchst. f Satz 2 GewStG

43 Aufwendungen, die nach § 25 des Künstlersozialversicherungsgesetzes Bemessungsgrundlage für die Künstlersozialabgabe sind, sind nicht hinzuzurechnen. Es ist grundsätzlich nicht zu beanstanden, wenn die Bemessungsgrundlage für die Ausnahmeregelung auf der Grundlage eines zur Abwicklung der Vorgaben des Künstlersozialversicherungsgesetzes eingesetzten und von den maßgebenden Gremien dieser Sozialkasse nicht beanstandeten Verfahrens ermittelt wird. Die Künstlersozialabgabe selbst unterliegt nicht der Hinzurechnung. 51

6. Freibetrag nach § 8 Nr. 1 GewStG

a) Bemessungsgrundlage

44 Die Bemessungsgrundlage für den Freibetrag nach § 8 Nr. 1 GewStG ist die Summe der sich aus § 8 Nr. 1 Buchst. a bis f GewStG ergebenden Finanzierungsanteile. Diese Summe, vermindert um den Freibetrag von 100 000 €, ist Ausgangsgröße für die Anwendung des Faktors von 25%. 52

b) Organschaft

45 Für die Unternehmen in einem Organkreis wird der Gewerbeertrag weiterhin jeweils gesondert ermittelt. Der Freibetrag nach § 8 Nr. 1 GewStG ist bei jeder Ermittlung jeweils gesondert zu berücksichtigen. 53

c) Umstellung des Wirtschaftsjahrs

46 Nach § 10 Abs. 2 GewStG ist bei vom Kalenderjahr abweichendem Wirtschaftsjahr der Gewerbeertrag maßgebend, der auf das im Erhebungszeitraum endende Wirtschaftsjahr entfällt. Nach § 7 Satz 1 GewStG ermittelt sich der Gewerbeertrag auf der Grundlage des im Wirtschaftsjahr bezogenen Gewinns unter Berücksichtigung der Hinzurechnungen nach § 8 GewStG. Diese Hinzurechnungen ermitteln sich unter Berücksichtigung des Freibetrags nach § 8 Nr. 1 GewStG. 54

47 Enden bei Umstellung des Wirtschaftsjahrs im Erhebungszeitraum zwei Wirtschaftsjahre, ist für jedes dieser Wirtschaftsjahre ein Gewinn zu ermitteln, der sich jeweils um Hinzurechnungen des § 8 GewStG erhöht. Der Freibetrag von 100 000 € ist für jedes Wirtschaftsjahr zu gewähren.

d) Abwicklung und Insolvenz

48 Nach § 16 GewStDV ist für den gesamten Abwicklungs- und Insolvenzzeitraum ein Gewerbeertrag zu ermitteln. Dies hat zur Folge, dass der Freibetrag nur einmal gewährt wird. 55

Anl b zu R 8.1

b) Verfügung betr.
Umfang der Hinzurechnung bei Leasingunternehmen
nach § 8 Nr. 1 Buchst. d und e GewStG

Vom 2. September 2013 (DB S. 2057)

(OFD Nordrhein-Westfalen G 1422–2013/0022)

Nach § 8 Nr. 1 Buchst. d und e GewStG i. d. F. des Unternehmensteuerreformgesetzes 2008 sind Miet- und Pachtzinsen unabhängig von ihrer gewerbesteuerlichen Behandlung beim Empfänger dem Gewerbeertrag des Mieters/Pächters hinzuzurechnen. Zu den Miet- und Pachtzinsen gehören auch die Aufwendungen des Mieters oder Pächters für die Instandsetzung, Instandhaltung und Versicherung des Miet- oder Pachtgegenstandes, die er über seine gesetzliche Verpflichtung nach bürgerlichem Recht hinaus (§§ 582 ff. BGB) aufgrund vertraglicher Verpflichtungen übernommen hat (gleich lautender Ländererlass vom 2. 7. 2012, BStBl. I S. 654, Rdnr. 29 Satz 3). 56

Die vorstehenden Grundsätze gelten nach Verwaltungsauffassung auch bei Leasingverträgen mit der Folge, dass „sich der Umfang der Hinzurechnung auf die den Gewinn mindernde Leasingrate erstreckt" (gleich lautender Ländererlass vom 2. 7. 2012, BStBl. I S. 654, Rdnr. 29 Satz 5).

Die Leasingbranche interpretiert diese Aussage im Ländererlass dahingehend, dass ausschließlich die den Gewinn mindernde Leasingrate der Hinzurechnung unterläge. Die Pflicht der Hinzurechnung übriger vom Leasingnehmer getragener Aufwendungen wird bestritten.

Nach den Erörterungen der KSt-Referatsleiter des Bundes und der Länder erstreckt sich der Umfang der Hinzurechnung sowohl auf die den Gewinn mindernde Leasingrate als auch auf sonstige Aufwendungen des Leasingnehmers wie z. B. für Instandhaltung, Instandsetzung und Versicherung des Leasinggegenstandes, soweit er vertraglich eine Verpflichtung übernimmt, die über die gesetzliche Verpflichtung nach bürgerlichem Recht (§§ 582 ff. BGB) hinausgeht.

Anl c zu R 8.1

c) Erlass betr. keine Hinzurechnung von Lagergebühren für unbewegliche Wirtschaftsgüter nach § 8 Nr. 1 Buchst. e GewStG

Vom 11. April 2016 (GewSt-Kartei ST § 8 GewStG Karte 19)

(FM Sachsen-Anhalt 46-G 1422-83)

57 Es ist die Frage gestellt worden, ob für Aufwendungen für „Lagergebühren" der § 8 Nr. 1 Buchst. e GewStG uneingeschränkt anzuwenden ist und sie dem Gewerbeertrag hinzuzurechnen sind.

Sachverhalt

Ein Unternehmen handelt mit Obst und Gemüse, welches bei diversen Firmen eingelagert wird. Für die Einlagerungen wird ein Lagervertrag i. S. der §§ 467 bis § 475 h HGB abgeschlossen. Gegenstand der Lagerung ist die Lagerung selbst und die Aufbewahrung von Gütern. Die „Aufbewahrung" umfasst neben der Lagerortgestellung auch die Übernahme von Obhutspflichten (z. B. ordnungsgemäße Unterbringung, Ein- und Ausgangskontrolle sowie regelmäßige Überprüfung und Beobachtung des Lagergutes, Schutz vor rechtswidrigem Zugriff Dritter u. a.). Die Obhutspflichten stellen das Hauptmerkmal des Lagervertrags dar.

Die Lagerkosten werden gemeinsam mit evt. gesondert abgerechneten Nebenkosten für die Ein- und Auslagerung etc. in der Buchführung erfasst, da in den Rechnungen lediglich ein Betrag für „Lagerung" ausgewiesen wird.

Nach Auffassung des Finanzamts sind Entgelte aus Lagerverträgen i. S. des §§ 467 ff. HGB nach § 8 Nr. 1 Buchst. e GewStG nicht hinzuzurechnen, da diese Lagerverträge nicht mit Mietverträgen (§§ 535 ff. BGB) und Pachtverträgen (§§ 581 ff. BGB) vergleichbar sind.

Rechtliche Würdigung

Von der „Lagerung und Aufbewahrung" ist die bloße „Miete" zu unterscheiden. Letztere liegt dann vor, wenn der Einlagerer selbst für die Obhut über das eingelagerte Gut zu sorgen hat und sein Vertragspartner ihm in erster Linie lediglich die zur Lagerung erforderlichen Räume/Flächen zur Verfügung gestellt hat. Bei einem Lagervertrag handelt es sich um ein spezialrechtlich geregeltes unternehmerisches Verwahrgeschäft. Es ist abzugrenzen vom Mietvertrag (§§ 535 ff. BGB), von der Verwahrung (§§ 688 ff. BGB) und von der transportbedingten Zwischenlagerung.

Der BFH hat in seinem Urteil vom 14. 11. 1968 V 191/65, BStBl. 1969 II S. 120, dargelegt, wann ein Mietvertrag oder ein Lagervertrag vorliegt, und die o. g. Ausführungen bestätigt.

Allerdings hat der BFH mit seinem Urteil vom 23. 4. 1969 I R 159/66, BStBl. II S. 439, entschieden, dass Mietzinsen für die Benutzung der Kühlanlage in einem städtischen Schlachthof durch einen Metzgermeister der Hinzurechnung nach § 8 Nr. 7 GewStG a. F. unterliegen. Der Kühlhausvertrag ist Miete mit der Verpflichtung zur Lieferung von Kaltluft. In dem Entscheidungsfall wurde ein Mietvertrag abgeschlossen, der aber keine weiteren Obhutspflichten (wie oben) enthielt.

Auch das Urteil des FG Niedersachsen vom 25. 4. 1955, VI 545/69, n. v., ist hier nicht einschlägig, da auch hier nur über einen Nutzungsvertrag ähnlich einem Mietvertrag und eben nicht über einen Lagervertrag zu entscheiden war. In diesem Fall fehlte es ebenfalls an der Übernahme weiterer o. g. Obhutspflichten.

Im Ergebnis sind Gebühren aufgrund eines Lagervertrags, der nicht nur auf das bloße Einstellen von Waren abstellt, nicht wie Miet- oder Pachtzins nach § 8 Nr. 1 Buchst. e GewStG hinzuzurechnen.

Anl d zu R 8.1

d) Verfügung betr. keine gewerbesteuerliche Hinzurechnung von gezahlten Pauschalvergütungen nach § 54 UrhG beim Hersteller von Kopierern oder Speichermedien

Vom 23. Februar 2015 (BeckVerw 295964)

(LfSt Bayern G 1422.1.1–21/7 St 31)

58 Die Verfügung richtet sich an alle Bearbeiterinnen und Bearbeiter, die mit der GewSt-Veranlagung befasst sind.

59 Zu der Frage, ob Entgelte, die die Hersteller von Kopierern oder Speichermedien nach § 54 UrhG zu entrichten haben, nach § 8 Nr. 1 Buchst. f GewStG hinzuzurechnen sind, ist folgende Auffassung zu vertreten:

60 Das Urheberrecht verschafft dem Inhaber des Rechts (z. B. einem Buchautor) einen Anspruch, von einem Nutzer seines Rechts (z. B. Unternehmer verwendet Buchpassagen für Werbezwecke) ein Nutzungsentgelt zu verlangen. Geltend gemacht wird dieses Recht entweder unmittelbar oder mittelbar über Verwertungsgesellschaften (z. B. GEMA). Das im Beispielsfall vom Unternehmer zu entrichtende Entgelt würde unter § 8 Nr. 1 Buchst. f GewStG fallen.

Eine urheberrechtlich geschützte Nutzung würde auch vorliegen, wenn eine Privatperson von Buchseiten mit einem Kopierer für Privatzwecke Kopien zieht. Der Rechteinhaber, der Buchautor, hätte auch in diesem Fall nach allgemeinen Urheberechtsgrundsätzen das Recht, von der Privatperson Nutzungsentgelte zu verlangen. Entsprechendes gilt, wenn eine Privatperson die Kopien auf Speichermedien zieht. §§ 53 ff. UrhG schränken dieses Recht auf Nutzungsvergütung ausdrücklich ein. Der Rechteinhaber muss die Privatkopien bzw. das Privatspeichern dulden. § 54 UrhG verschafft dem Rechteinhaber aber einen Ersatzanspruch. Hersteller von Kopiergeräten und Speichermedien werden verpflichtet, Pauschalvergütungen zu entrichten, weil sie mit ihren Geräten die Möglichkeit schaffen, dass Privatkopien gezogen werden und damit dem Rechteinhaber Vergütungsansprüche entgehen. Die Pauschalvergütungen werden von der Zentralstelle für private Überspielungsrechte (ZPÜ), einem Zusammenschluss von deutschen Verwertungsgesellschaften, festgelegt, vereinnahmt und an die Rechteinhaber ausbezahlt. Es stellt sich die Frage, ob die Pauschalvergütungen den Tatbestand des § 8 Nr. 1 Buchst. f GewStG erfüllen. 61

Dies ist nicht der Fall, denn der Zahlungsverpflichtete ist gerade nicht derjenige, der ein überlassenes Recht nutzt und hierfür ein Entgelt zu entrichten hat. Rdnr. 33 des gleich lautenden Ländererlasses v. 2. 7. 2012 zu Anwendungsfragen zu § 8 Nr. 1 GewStG (BStBl. 2012 I S. 654) ist nicht einschlägig. Die Zahlungsverpflichtung beruht auf einem anderen Rechtsgrund und hat auch eine andere Zielrichtung (vgl. auch BVerfG vom 7. Juli 1971 1 BvR 775/66). Der Umstand, dass die Zahlung mittelbar im Zusammenhang mit nach UrhG geschützten Rechten steht, ist nicht ausreichend, den Tatbestand des § 8 Nr. 1 Buchst. f GewStG zu erfüllen. 62

Anl e zu R 8.1

e) Erlass betr. vorläufige Festsetzung (§ 165 Absatz 1 AO) des Gewerbesteuermessbetrags; Verfassungsmäßigkeit der Nichtabziehbarkeit der Gewerbesteuer als Betriebsausgaben und der Hinzurechnungen nach § 8 Nummer 1 Buchstaben a, d, e und f GewStG

Vom 28. Oktober 2016 (BStBl. I S. 1114)[1]

(Gleich lautende Erlasse der obersten Finanzbehörden der Länder)

Sämtliche Festsetzungen des Gewerbesteuermessbetrags für Erhebungszeiträume ab 2008 mit Hinzurechnungen zum Gewerbeertrag nach § 8 Nr. 1 Buchst. a, d, e oder f GewStG sind im Rahmen der verfahrensrechtlichen Möglichkeiten hinsichtlich der Frage der Verfassungsmäßigkeit dieser Hinzurechnungsvorschriften vorläufig gemäß § 165 Abs. 1 Satz 2 Nr. 3 AO durchzuführen. 63

Sämtliche Festsetzungen des Gewerbesteuermessbetrags für Erhebungszeiträume ab 2008 sind hinsichtlich der Nichtabziehbarkeit der Gewerbesteuer und der darauf entfallenden Nebenleistungen als Betriebsausgaben (§ 4 Abs. 5 b EStG) endgültig durchzuführen.

In die Gewerbesteuermessbescheide ist folgender Erläuterungstext aufzunehmen:

„Die Festsetzung des Gewerbesteuermessbetrags ist gemäß § 165 Abs. 1 Satz 2 Nr. 3 AO vorläufig hinsichtlich der Verfassungsmäßigkeit der Hinzurechnungen zum Gewerbeertrag nach § 8 Nr. 1 Buchst. a, d, e und f GewStG. Die Vorläufigkeitserklärung erfasst sowohl die Frage, ob die angeführten gesetzlichen Vorschriften mit höherrangigem Recht vereinbar sind, als auch den Fall, dass das Bundesverfassungsgericht oder der Bundesfinanzhof die streitige verfassungsrechtliche Frage durch verfassungskonforme Auslegung der angeführten gesetzlichen Vorschriften entscheidet (BFH-Urteil vom 30. September 2010 III R 39/08, BStBl. 2011 II S. 11). Die Vorläufigkeitserklärung erfolgt lediglich aus verfahrenstechnischen Gründen. Sie ist nicht dahin zu verstehen, dass die im Vorläufigkeitsvermerk angeführten gesetzlichen Vorschriften als verfassungswidrig angesehen werden. Sie ist außerdem nicht dahingehend zu verstehen, dass die Finanzverwaltung es für möglich hält, das Bundesverfassungsgericht oder der Bundesfinanzhof könne die im Vorläufigkeitsvermerk angeführte Rechtsnorm gegen ihren Wortlaut auslegen."

Im Übrigen gelten die im BMF-Schreiben vom 16. Mai 2011 (BStBl. I S. 464) getroffenen Regelungen entsprechend.[2]

Diese Erlasse treten mit sofortiger Wirkung an die Stelle der Erlasse vom 25. April 2013 (BStBl. I S. 460).[3]

R 8.2

R 8.2 Vergütungen an persönlich haftende Gesellschafter einer Kommanditgesellschaft auf Aktien

① Nach § 8 Nr. 4 GewStG werden Vergütungen (Tantiemen), die für die Geschäftsführung eines persönlich haftenden Gesellschafters einer Kommanditgesellschaft auf Aktien gewährt werden, dem Gewinn aus Gewerbebetrieb wieder hinzugerechnet. ② Die Hinzurechnung nach § 8 Nr. 4 GewStG ist auch dann vorzunehmen, wenn Komplementär eine GmbH ist. ③ Zuweisungen an eine Pensionsrückstellung gehören ebenfalls zu den Vergütungen im Sinne der Vorschrift. ④ Die Hinzurechnung umfasst nicht die nach § 15 Abs. 1 Satz 1 Nr. 3 EStG im Gewinn des persönlich haftenden Gesellschafters enthaltenen Vergütungen für die Hingabe von Darlehen oder die Überlassung von Wirtschaftsgütern; diese Beträge sind aber nach § 8 Nr. 1 GewStG hinzuzurechnen, soweit die Voraussetzungen dafür erfüllt sind. 64

---

[1] Vgl. Fn. 1 zu § 8 Nr. 1 GewStG.

[2] Ersetzt durch *BMF-Schrb. v. 15. 1. 2018 IV A 3 – S 0338/17/10007, BStBl. I S. 2,* abgedruckt als Anlage 1 zu § 165 AO im „AO-Handbuch".

[3] Abgedruckt zuletzt im „Handbuch zur GewSt-Veranlagung 2015".

H 8.2

H 8.2

65 **Allgemeines.** Die Hinzurechnung setzt nicht voraus, dass die persönlich haftenden Gesellschafter einer Kommanditgesellschaft auf Aktien Mitunternehmer sind (→ BFH vom 8. 2. 1984 – BStBl. II S. 381). Vergütungen im Sinne dieser Vorschrift sind alle Arten von Vergütungen, die die persönlich haftenden Gesellschafter als Gegenleistung für ihre gegenwärtige oder frühere Geschäftsführertätigkeit erhalten. Dazu gehören auch feste Vergütungen, Ruhegehälter und ähnliche Bezüge (→ BFH vom 4. 5. 1965 – BStBl. III S. 418 und vom 31. 10. 1990 – BStBl. 1991 II S. 253). Die Auflösung einer gewerbesteuerpflichtig gebildeten Pensionsrückstellung erhöht nicht den Gewinn (→ BFH vom 27. 3. 1961 – BStBl. III S. 280). Aufwendungen, die einem persönlich haftenden Gesellschafter durch die Übertragung der Geschäftsführungsaufgaben auf andere Personen entstehen, mindern die Hinzurechnung nach § 8 Nr. 4 GewStG nicht (→ BFH vom 31. 10. 1990 – BStBl. 1991 II S. 253).

R 8.3

R 8.3 Nicht im gewerblichen Gewinn enthaltene Gewinnanteile (Dividenden)[1, 2]

– unbesetzt –

H 8.3

H 8.3

66 **Hinzurechnung von Gewinnanteilen aus Auslandsbeteiligungen im Erhebungszeitraum 2001.** → Gleich lautende Erlasse der obersten Finanzbehörden der Länder vom 30. 3. 2015 – BStBl. I S. 260 zu den Folgen aus dem BFH-Urteil vom 6. 3. 2013 – BStBl. 2015 II S. 349.

Hinzurechnung bei abkommensrechtlicher Freistellung (DBA). Gewinnanteile aus Anteilen an einer ausländischen Kapitalgesellschaft, die nach § 8b Abs. 1 KStG 2002 bei der Ermittlung des Einkommens außer Ansatz bleiben, zugleich aber auch nach Maßgabe eines sog. abkommensrechtlichen Schachtelprivilegs (DBA) von der Bemessungsgrundlage ausgenommen werden, sind nicht nach § 8 Nr. 5 GewStG 2002 dem Gewinn aus Gewerbebetrieb hinzuzurechnen (→ BFH vom 23. 6. 2010 – BStBl. 2011 II S. 129).

Steuerfreie Erträge aus Investmentanteilen. Erträge aus Investmentanteilen, die nach § 2 Abs. 2 Satz 1 InvStG a. F. i. V. m. § 8b Abs. 1 KStG 2002 bei der Ermittlung des Gewerbeertrages außer Ansatz geblieben sind, unterfallen der Hinzurechnung gemäß § 8 Nr. 5 GewStG (→ BFH vom 14. 12. 2011 – BStBl. 2013 II S. 486).

R 8.4

R 8.4 Anteile am Verlust einer Personengesellschaft

67 ① Maßgebend für die Hinzurechnung nach § 8 Nr. 8 GewStG ist der sich aus § 15 Abs. 1 Satz 1 Nr. 2 EStG ergebende Verlustanteil. ② Sie ist daher auch vorzunehmen, wenn das Beteiligungsunternehmen (Personengesellschaft) – wie etwa in der Vorbereitungs- oder Abwicklungsphase – noch nicht oder nicht mehr gewerbesteuerpflichtig ist.

H 8.4

H 8.4

68 **Partenreederei.** Verlustanteile aus einer Partenreederei, die vor Indienststellung des Schiffes als so genannte Baureederei noch keinen Gewerbebetrieb im Sinne des Gewerbesteuergesetzes unterhält, sind zur Ermittlung des Gewerbeertrags dem Gewinn des Beteiligten hinzuzurechnen (→ BFH vom 23. 10. 1986 – BStBl. 1987 II S. 64).

R 8.5

R 8.5 Spenden bei Körperschaften

69 ① Spenden zur Förderung steuerbegünstigter Zwecke im Sinne der §§ 52 bis 54 der Abgabenordnung gehören bei Körperschaften zu den Ausgaben im Sinne des § 9 Abs. 1 Nr. 2 KStG, die bei der Ermittlung des Gewinns aus Gewerbebetrieb mit bestimmten Höchstbeträgen abzugsfähig sind. ② Diese Spenden sind nach § 8 Nr. 9 GewStG bei der Ermittlung des Gewerbeertrags hinzuzurechnen und nach § 9 Nr. 5 GewStG im Rahmen der Höchstbeträge zu kürzen.[3] ③ Die Hinzurechnung ist mit dem Betrag vorzunehmen, mit dem die Spenden bei der Ermittlung des körperschaftlichen Einkommens abgezogen worden sind.

R 8.6

R 8.6 Gewinnminderungen durch Teilwertabschreibungen und Veräußerungsverluste

70 ① Hinzuzurechnen sind Gewinnminderungen, die durch eine Teilwertabschreibung auf Anteile an einer Körperschaft, eine Veräußerung oder Entnahme solcher Anteile oder eine Auflösung oder Herabsetzung des Kapitals einer Körperschaft entstanden sind, soweit sie auf nach § 9

---

[1] *BFH-Beschluss vom 24. 1. 2012 I B 34/11, BFH/NV S. 1175:* Gewinnausschüttungen sind bei der Ermittlung des Gewerbeertrags auf der Grundlage des § 8 Nr. 5 GewStG 2002 auch dann hinzuzurechnen, wenn die ausschüttenden Gesellschaften wegen ihrer Tätigkeit (hier: Betrieb von Altenheimen nach § 3 Nr. 20 Buchst. c GewStG) steuerbefreit sind.

[2] *BFH-Urteil vom 11. 7. 2017 I R 88/15, DStR 2018 S. 20:* Die gewerbesteuerrechtliche Hinzurechnung nach § 8 Nr. 5 GewStG für von der Körperschaftsteuer befreite Dividenden wird nicht um Teilwertabschreibungen auf Aktien im Streubesitz, die dem Abzugsverbot des § 8b Abs. 3 KStG unterfallen, gemindert.

[3] Zur Erweiterung des Kreises der begünstigten Spendenempfänger siehe § 9 Nr. 5 GewStG i. d. F. des G v. 8. 4. 2010, BGBl. I S. 386 mWv 1. 1. 2010 (Übergangsregelung für noch nicht bestandskräftige Festsetzungen).

Nr. 2 a, 7 oder 8 GewStG zu kürzende Gewinnausschüttungen oder organschaftliche Gewinnabführungen zurückzuführen sind. ② Die Gewinnminderung kann sowohl auf offenen als auch auf verdeckten Gewinnausschüttungen beruhen.[1] ③ Soweit die Gewinnminderung auf andere Umstände zurückzuführen ist (z. B. Verluste der Körperschaft), kommt eine Hinzurechnung nicht in Betracht. ④ Ist eine Gewinnminderung sowohl durch Gewinnausschüttungen oder organschaftliche Gewinnabführungen im oben genannten Sinne als auch durch andere Umstände veranlasst, so ist bei Anwendung des § 8 Nr. 10 GewStG davon auszugehen, dass die Gewinnminderung vorrangig durch andere Umstände veranlasst worden ist. ⑤ Bei einer gewerbesteuerlichen Organschaft ist § 8 Nr. 10 GewStG nur hinsichtlich der durch die Ausschüttung von Gewinnen aus vororganschaftlichen Zeit entstandenen Gewinnminderungen anzuwenden. ⑥ Darüber hinaus ist § 8 Nr. 10 GewStG nicht anzuwenden. ⑦ Die spätere Gewinnerhöhung aus der Wertaufholung der Anteile an Kapitalgesellschaften ist bei der Ermittlung des Gewerbeertrags auch dann zu berücksichtigen, wenn die zuvor vorgenommene Teilwertabschreibung für diese Anteile auf einer Gewinnausschüttung beruht und die Teilwertabschreibung nach § 8 Nr. 10 GewStG – aber auch die Gewinnausschüttung gemäß § 9 Nr. 2 a GewStG – für Zwecke der Festsetzung des Gewerbesteuermessbetrags außer Ansatz geblieben ist.

H 8.6

H 8.6

Liquidationsraten. Der Gewinn aus Gewerbebetrieb ist nach § 8 Nr. 10 Buchst. b GewStG zu erhöhen, soweit aufgrund der ausgekehrten Liquidationsrate, die zu einer Kürzung nach § 9 Nr. 2 a GewStG geführt hat, der Buchwert der Anteile an der Untergesellschaft beim Anteilseigner auszubuchen ist. Die Hinzurechnung ist nicht auf die Fälle beschränkt, in denen der auf den Anteil entfallende Liquidationserlös geringer ist als der auszubuchende Buchwert des Anteils (→ BFH vom 8. 5. 2003 – BStBl. 2004 II S. 461). 71

R 8.7 Gebietsmäßige Abgrenzung bei Hinzurechnungen nach § 8 GewStG

R 8.7

① Bei den Hinzurechnungen nach § 8 GewStG sind nur Betriebsstätten im Geltungsbereich des Gesetzes einzubeziehen. ② Dieser Grundsatz ist bezüglich der Hinzurechnungen schon durch den Einleitungssatz des § 8 GewStG zum Ausdruck gebracht, wonach die bezeichneten Beträge hinzugerechnet werden, soweit sie bei der Ermittlung des Gewinns abgesetzt worden sind. 72

H 8.7

H 8.7

Behandlung von Betriebsstätten im Ausland. → H 7.1 (1) Allgemeines. 73

Gebietsmäßige Abgrenzung der Besteuerung. → R 2.8.

§ 19[2] *Schulden bestimmter Unternehmen*

GewStDV

(1) ① Bei Kreditinstituten im Sinne des § 1 Absatz 1 in Verbindung mit § 2 Absatz 1 des Kreditwesengesetzes[3] sind nur Entgelte für Schulden und den Entgelten gleichgestellte Beträge anzusetzen, die dem Betrag der Schulden entsprechen, um den der Ansatz der zum Anlagevermögen gehörenden Grundstücke, Gebäude, Betriebs- und Geschäftsausstattung, Schiffe, Anteile an Kreditinstituten und sonstigen Unternehmen sowie der Forderungen aus Vermögenseinlagen als stiller Gesellschafter und aus Genussrechten das Eigenkapital überschreitet; hierunter fallen nicht Gegenstände, über die Leasingverträge abgeschlossen worden sind. ② Dem Anlagevermögen nach Satz 1 sind Forderungen gegen ein Unternehmen hinzuzurechnen, mit dem eine organschaftliche Verbindung nach § 2 Abs. 2 Satz 2 des Gesetzes besteht und das nicht zu den Kreditinstituten oder Unternehmen gehört, auf die Satz 1 und die Absätze 2 bis 4 anzuwenden sind. 74

(2) ① Voraussetzung für die Anwendung des Absatzes 1 ist, dass im Durchschnitt aller Monatsausweise des Wirtschaftsjahrs des Kreditinstituts nach § 25 des Kreditwesengesetzes oder entsprechender Statistiken die Aktivposten aus Bankgeschäften und dem Erwerb von Geldforderungen die Aktivposten aus anderen Geschäften überwiegen. ② In den Vergleich sind Aktivposten aus Anlagen nach Absatz 1 nicht einzubeziehen.

(3) Die vorstehenden Bestimmungen gelten entsprechend

1. *für Pfandleiher im Sinne der Pfandleiherverordnung in der Fassung der Bekanntmachung vom 1. Juni 1976 (BGBl. I S. 1334) in der jeweils geltenden Fassung;* 75
2. *für Gewerbebetriebe, die nachweislich ausschließlich unmittelbar oder mittelbar Kredite oder Kreditrisiken aus Bankgeschäften im Sinne des § 1 Abs. 1 Satz 2 Nr. 2, 3 und 8 des Kreditwesengesetzes in der Fassung des Artikels 27 des Gesetzes vom 19. Dezember 2008 (BGBl. I S. 2794) von Kreditinstituten im Sinne des § 1 des Kreditwesengesetzes oder von in § 3 Nr. 2 des Gesetzes genannten Gewerbebetrie-* 76

---

[1] *BFH-Urteil vom 23. 9. 2008 I R 19/08, BStBl. 2010 II S. 301:* Teilwertzuschreibungen nach einer ausschüttungsbedingten Teilwertabschreibung sind auch dann im Gewerbeertrag zu erfassen, wenn die Teilwertabschreibung gemäß § 8 Nr. 10 Buchst. a GewStG 1991/1999 dem Gewinn aus Gewerbebetrieb hinzugerechnet worden war.

[2] § 19 GewStDV neugefasst durch JStG 2009 vom 19.12. 2008 (BGBl. I S.2794), Abs.3 Nr.4 aufgehoben, Abs.4 angefügt durch Gesetz vom 8.4. 2010 (BGBl. I S.386), Abs.1 Satz 1 und 2, Abs.2 Satz 1 und Abs.4 Satz 1 geändert durch VO vom 17.11. 2010 (BGBl. I S.1544); Abs.4 neugefasst durch Gesetz vom 26.6. 2013 (BGBl. I S.1809); Abs. 4 Satz 1 geändert durch Gesetz vom 12. 12. 2019 (BGBl. I S. 2451); Abs. 1 Satz 1 geändert durch VO vom 25. 6. 2020 (BGBl. I S. 1495); Abs. 4 Sätze 1 und 2 geändert durch Gesetz vom 12. 5. 2021 (BGBl. I S. 990); zur Anwendung vgl. § 36 GewStDV.

[3] KWG i. d. F. der Bek. vom 9. 9. 1998 (BGBl. I S. 2776), zuletzt geändert durch Gesetz vom 10. 8. 2021 (BGBl. I S. 3436).

ben erwerben und Schuldtitel zur Refinanzierung des Kaufpreises für den Erwerb solcher Kredite oder zur Refinanzierung von für die Risikoübernahmen zu stellenden Sicherheiten ausgeben; die Refinanzierung durch Aufnahme von Darlehen von Gewerbebetrieben im Sinne der Nummer 3 an der Stelle der Ausgabe von Schuldtiteln ist unschädlich, und

77 *3. für Gewerbebetriebe, die nachweislich ausschließlich Schuldtitel bezogen auf die in Nummer 2 bezeichneten Kredite oder Kreditrisiken ausgeben und an Gewerbebetriebe im Sinne der Nummer 2 Darlehen gewähren.*

4. (aufgehoben)

78 *(4)*[1] *① Bei Finanzdienstleistungsinstituten im Sinne des § 1 Absatz 1 a des Kreditwesengesetzes, die mit Ausnahme der Unternehmen im Sinne des § 2 Absatz 6 Nummer 17 des Kreditwesengesetzes nicht der Ausnahmeregelung des § 2 Absatz 6 des Kreditwesengesetzes unterliegen, bei Wertpapierinstituten im Sinne des § 2 Absatz 1 des Wertpapierinstitutsgesetzes sowie bei Zahlungsinstituten im Sinne des § 1 Absatz 1 Satz 1 Nummer 1 des Zahlungsdiensteaufsichtsgesetzes unterbleibt eine Hinzurechnung von Entgelten für Schulden und ihnen gleichgestellten Beträgen nach § 8 Nummer 1 Buchstabe a des Gesetzes, soweit die Entgelte und ihnen gleichgestellten Beträge unmittelbar auf Finanzdienstleistungen im Sinne des § 1 Absatz 1 a Satz 2 des Kreditwesengesetzes, Wertpapierdienstleistungen im Sinne des § 2 Absatz 2 des Wertpapierinstitutsgesetzes oder Zahlungsdienste im Sinne des § 1 Absatz 1 Satz 2 Nummer 3 Buchstabe b und Nummer 6 des Zahlungsdiensteaufsichtsgesetzes entfallen. ② Satz 1 ist nur anzuwenden, wenn die Umsätze des Finanzdienstleistungsinstituts zu mindestens 50 Prozent auf Finanzdienstleistungen, des Wertpapierinstituts zu mindestens 50 Prozent auf Wertpapierdienstleistungen, Wertpapiernebendienstleistungen und Nebengeschäfte im Sinne des § 2 Absatz 2 bis 4 des Wertpapierinstitutsgesetzes und die Umsätze des Zahlungsinstituts zu mindestens 50 Prozent auf Zahlungsdienste entfallen.*

Anl zu § 19 GewStDV

Erlass betr. Abgrenzung von Hilfs- und Nebengeschäften zu Finanzdienstleistungsgeschäften zu anderen Geschäften bei Leasing- und Factoringunternehmen bei der Anwendung des § 19 Absatz 3 Nummer 4 GewStDV

Vom 27. November 2009 (BStBl. I S. 1595)

(Gleich lautender Ländererlass)

Die Inanspruchnahme der Sonderregelung des § 19 GewStDV setzt bei Finanzdienstleistungsunternehmen (hier: Leasing- und Factoringunternehmen) nach § 19 Absatz 3 Nummer 4 GewStDV voraus, dass sie nachweislich ausschließlich Finanzdienstleistungen im Sinne des § 1 Absatz 1 a Satz 2 Nummer 9 und 10 KWG tätigen. Zur Auslegung dieses Ausschließlichkeitsgebots gilt nach dem Ergebnis einer Erörterung der obersten Finanzbehörden der Länder Folgendes:

I. Vorliegen von Finanzdienstleistungen

79 Für die Frage, ob Finanzdienstleistungen im Sinne des § 1 Absatz 1 a Satz 2 Nummer 9 (Factoring) und 10 (Finanzierungsleasing) KWG vorliegen, ist allein die kreditaufsichtrechtliche Auslegung maßgebend. Als Auslegungshilfen können die jeweils maßgebenden Mitteilungen bzw. Merkblätter der Bundesanstalt für Finanzdienstleistungsaufsicht (BaFin) herangezogen werden.[2]

II. Vorliegen anderer Tätigkeiten

80 Das Ausschließlichkeitsgebot in § 19 Absatz 3 Nummer 4 GewStDV ist – vorbehaltlich der Ausführungen unter IV. – insbesondere dann verletzt, wenn das Unternehmen auch Tätigkeiten erbringt, die in den vorgenannten Mitteilungen bzw. Merkblättern ausdrücklich nicht als Finanzdienstleistungen angesehen werden. Aus Sicht des Ausschließlichkeitsgebots handelt es sich bei diesen Tätigkeiten um andere Hauptgeschäfte, die nicht als Hilfs- und Nebengeschäfte zu Finanzdienstleistungen anzusehen sind.

III. Begünstigte Hilfs- und Nebengeschäfte zu Finanzdienstleistungen

81 Hilfs- und Nebengeschäfte zu Finanzdienstleistungen stehen dem Ausschließlichkeitsgebot nicht entgegen.

Derartige Geschäfte liegen vor, wenn sie für die Durchführung der jeweiligen Finanzdienstleistungen zwingend notwendig sind. Das ist insbesondere dann nicht der Fall, wenn das Geschäft fakultativ mit der Finanzdienstleistung verbunden werden kann.

1. Factoring

Im Bereich Factoring gehören zu den begünstigten Tätigkeiten solche, die in unmittelbarem und zwingend notwendigem Zusammenhang mit dem Ankauf der Forderung (einschl. Prüfung deren Werthaltigkeit), der Refinanzierung der für den Ankauf notwendigen Finanzmittel und dem Einzug der angekauften Forderung bzw. der Verwertung von Sicherheiten branchentypisch anfallen.

---

[1] *BFH-Urteil v. 16. 7. 2020 IV R 30/18, BFH/NV 2021 S. 497*: Schuldzinsen, die im Zusammenhang mit dem Erwerb einer mitunternehmerischen Beteiligung an einem Finanzdienstleistungsinstitut, das ausschließlich staatlich nach dem Kreditwesengesetz beaufsichtigte Finanzdienstleistungen erbringt, vom Mitunternehmer geleistet werden, sind nach § 19 Abs. 4 GewStDV von der Hinzurechnung nach § 8 Nr. 1 Buchst. a) GewStG ausgenommen.

[2] **[Amtl. Anm.:]** Zurzeit maßgebend sind dies die Merkblätter vom 5. Januar 2009 „Hinweise zum Tatbestand des Factorings" und vom 19. Januar 2009 „Hinweise zum Tatbestand des Finanzierungsleasings" (abrufbar unter www.bafin.de und dort unter Veröffentlichungen, Kategorie „Merkblätter" und Bereich „Bankenaufsicht").

2. Finanzierungsleasing

Im Bereich Finanzierungsleasing gehören zu den begünstigten Tätigkeiten solche, die in unmittelbarem und zwingend notwendigem Zusammenhang mit dem Erwerb des Leasinggegenstands (einschl. Prüfung dessen Werthaltigkeit), der Finanzierung des Erwerbs des Leasinggegenstands, der Überlassung des Leasinggegenstands an den Leasingnehmer; der Rücknahme des Leasinggegenstands von Leasingnehmer und der Verwertung des Leasinggegenstands branchentypisch anfallen.

Vom Leasinggeber ausgeübte Tätigkeiten, die wirtschaftlich gesehen Ausfluss der Nutzung des Leasinggegenstands durch den Leasingnehmer sind (z. B. auftragsgemäße Inspektion des Leasinggegenstands), zählen nicht zu den begünstigten Hilfs- und Nebengeschäften.

Als begünstigte Hilfs- und Nebengeschäfte gelten auch die Zwischenanlage vorübergehender freier Finanzmittel am Kapitalmarkt, die Tätigkeiten, die im Zuge der allgemeinen Betriebsorganisation üblicherweise anfallen (z. B. Unterhalten einer Betriebkantine) oder das Halten von Beteiligungen an Unternehmen, wenn für deren Erwerb und das Halten keine Fremdmittel aufgenommen worden sind. Entsprechendes gilt für die Personalgestellung an einen Dritten, der als nahe stehende Person i. S. d. § 1 Absatz 2 AStG anzusehen ist, und der Tätigkeiten erbringt, die keine Finanzdienstleistungen bzw. keine begünstigten Hilfs- und Nebentätigkeiten sind.

Nicht begünstigt sind Vermittlungstätigkeiten, auch wenn sie sich auf Finanzdienstleistungen beziehen.

IV. Billigkeitsregelung

Erbringt das Unternehmen neben Finanzdienstleistungen im Sinne des § 1 Absatz 1 a Satz 2 Nummer 9 (Factoring) und 10 (Finanzierungsleasing) KWG und begünstigten Hilfs- und Nebenleistungen hierzu auch andere Leistungen, so steht dies dem Ausschließlichkeitsgebot nicht entgegen, wenn die anderen Leistungen 1% des Gesamtumsatzes des Unternehmens nicht übersteigen. 82

Auch wenn vorgenannte Grenzen nicht überschritten sind, sind die auf die anderen Leistungen entfallenden Finanzierungsaufwendungen nach Maßgabe des § 8 Nummer 1 GewStG bei der Ermittlung des Gewerbeertrags hinzuzurechnen.

V. Übergangsregelung

Haben Unternehmen schon vor dem 24. Dezember 2008 (Tag der Verkündung des Jahressteuergesetzes 2009) neben Factoring und Finanzierungsleasing i. S. d. § 1 Absatz 1 a Satz 2 Nummer 9 und 10 KWG auch andere Geschäfte betrieben, steht dies dem Ausschließlichkeitsgebot erstmals für den Erhebungszeitraum 2011 entgegen. In dieser Übergangszeit sind die nicht auf Factoring und Finanzierungsleasing entfallenden Finanzierungsaufwendungen nach Maßgabe des § 8 Nummer 1 GewStG bei der Ermittlung des Gewerbeertrags hinzuzurechnen. Dies gilt entsprechend für Unternehmen, die nach dem 23. Dezember 2008 ihre Factoring- und Finanzierungsleasingtätigkeit erstmals aufgenommen haben. 83

Diese Erlasse ergehen im Einvernehmen mit dem Bundesminister der Finanzen.

R 8.8 Schulden der in § 19 GewStDV genannten Unternehmen

R 8.8

Allgemeines

(1) ① Zum Eigenkapital im Sinne des § 19 GewStDV gehört auch der in der Bilanz auf den maßgebenden Stichtag ausgewiesene Gewinn, und zwar auch insoweit, als er nach gesetzlichen oder satzungsmäßigen Bestimmungen oder nach den Beschlüssen der zuständigen Organe einer Rücklage zuzuführen ist. ② Ist dagegen der Gewinn den Mitgliedern oder der beherrschenden Körperschaft zuzuführen oder soll er zu bestimmten Ausgaben oder zu echten Rückstellungen verwendet werden, gehört er insoweit nicht zum Eigenkapital, auch wenn die Verwendung in der Bilanz noch nicht zum Ausdruck kommt. ③ Nicht zum Eigenkapital gehören ferner Sonderposten mit Rücklageanteil gemäß § 281 HGB sowie andere Sonderposten mit Rücklageanteil, die auf Grund steuerlicher Vorschriften gebildet werden. ④ Die Sonderposten mit Rücklageanteil nach § 281 HGB sind vom Buchwert der Wirtschaftsgüter abzuziehen, zu deren Wertberichtigung sie gebildet sind. ⑤ Ist ein Betriebsgrundstück in der Zwangsversteigerung zur Rettung einer Forderung erworben worden und dient es betriebsfremden Zwecken, bestehen keine Bedenken, das Grundstück in den ersten drei Jahren nach dem Erwerb nicht dem Anlagevermögen, sondern dem Umlaufvermögen zuzurechnen. ⑥ Die dreijährige Frist beginnt mit dem Tag des Erwerbs des Grundstücks. ⑦ Die Vergünstigung tritt ein, wenn die für die Gewerbesteuerveranlagung maßgebenden Bilanzstichtage in die dreijährige Frist fallen. ⑧ Der Betrag, der als grundsätzlich hinzurechnungspflichtiges Entgelt zu behandeln ist, ist nach dem gewogenen Durchschnitt der Entgelte für hereingenommene Gelder, Darlehen und Anleihen zu ermitteln. ⑨ Maßgebend für die Berechnung der Entgelte für Schulden nach § 19 GewStDV sind nicht allein die Verhältnisse am Beginn oder am Ende des Ermittlungszeitraums. ⑩ Im Falle organschaftlich verbundener Unternehmen kann § 19 GewStDV nur von demjenigen Unternehmen in Anspruch genommen werden, das selbst die Voraussetzungen des § 19 GewStDV erfüllt. ⑪ Die Ausgabe von Schuldscheindarlehen ist als „Schuldtitel" i. S. des § 19 Abs. 3 Nr. 2 GewStDV zu behandeln, wenn die Schuldscheindarlehen handelbar sind. 84

Bankfremde Geschäfte

85 (2) ① Voraussetzung für die Anwendung des § 19 Abs. 1 GewStDV ist, dass im Durchschnitt aller Monatsausweise des Wirtschaftsjahrs des Kreditinstituts nach § 25 KWG oder entsprechender Statistiken die Aktivposten aus Bankgeschäften und dem Erwerb von Geldforderungen die Aktivposten aus anderen Geschäften überwiegen. ② Damit können auch solche Kreditinstitute im Sinne des § 1 Abs. 1 KWG unter diese Regelung fallen, die überwiegend den Ankauf von Geldforderungen (echtes Factoring und Forfaitierung von Leasingforderungen) betreiben. ③ Der Umstand, dass der entgeltliche Erwerb von Geldforderungen nicht zu den Bankgeschäften im Sinne des § 1 Abs. 1 KWG gehört, ist dabei ohne Bedeutung. ④ In den Vergleich sind die Durchschnitts-Aktivposten der in § 19 Abs. 1 GewStDV genannten Anlagen nicht einzubeziehen. ⑤ Die Geschäftsbeziehungen mit ausländischen Niederlassungen des Kreditinstituts sind in die Durchschnittsberechnungen mit dem jeweiligen Verrechnungssaldo einzubeziehen. ⑥ Bei inländischen Zweigniederlassungen ausländischer Kreditinstitute ist entsprechend zu verfahren.

H 8.8

H 8.8

86 **Abgrenzung von Hilfs- und Nebengeschäften zu Finanzdienstleistungsgeschäften zu anderen Geschäften bei Leasing- und Factoringunternehmen bei der Anwendung des § 19 Abs. 3 Nr. 4 GewStDV.** → Gleich lautende Erlasse der obersten Finanzbehörden der Länder vom 27. 11. 2009 – BStBl. I S. 1595.[1]

Bestandsveränderungen im Ermittlungszeitraum. Haben sich die für den Ansatz der Schulden maßgebenden Verhältnisse (die Wertansätze der für die Begrenzung der Schulden maßgebenden Aktivposten der Bilanz, die Höhe der Schulden, das Eigenkapital) im Laufe des Ermittlungszeitraums verändert, müssen die Schuldzinsen regelmäßig geschätzt werden (→ BFH vom 19. 7. 1967 – BStBl. III S. 732).

Beteiligungen. Dauernder Aktienbesitz eines Kreditinstituts ist auch dann als Beteiligung im Sinne des § 19 GewStDV anzusehen, wenn die Voraussetzungen des Begriffs Beteiligungen im Sinne des Handelsrechts nicht vorliegen (→ BFH vom 16. 3. 1989 – BStBl. II S. 737).

Dotationskapital inländischer Kreditinstitute mit ausländischen Mitunternehmern. Der inländischen Betriebsstätte eines ausländischen Unternehmens kann höchstens derjenige Betrag als „Dotationskapital" zugerechnet werden, der dem Gesamtunternehmen als Eigenkapital zur Verfügung steht (→ BFH vom 23. 8. 2000 – BStBl. 2002 II S. 207).

Eigenkapital. Als Eigenkapital im Sinne des § 19 GewStDV kommt nur ein positiver Betrag in Betracht (→ BFH vom 30. 7. 1969 – BStBl. II S. 667).

Refinanzierung eines Mitunternehmeranteils an einem Kreditinstitut. Es entspricht dem Sinn und Zweck des § 19 GewStDV, in den Regelungsbereich der Vorschrift auch diejenigen Schulden einzubeziehen, die zum Erwerb eines Anteils an einem von Mitunternehmern betriebenen Kreditinstitut oder zur Refinanzierung von Einlagen der Mitunternehmer aufgenommen werden (→ BFH vom 23. 8. 2000 – BStBl. 2002 II S. 207).

R 8.9

R 8.9 Schulden bei Spar- und Darlehnskassen

87 ① Spareinlagen bei Spar- und Darlehnskassen mit überwiegendem Warengeschäft sind insoweit nicht als Schulden zu behandeln, als sie in Kapital- und Geldmarktpapieren (insbesondere in Anleihen des Bundes, der Länder und der Gebietskörperschaften, Teilschuldverschreibungen, Pfandbriefen und Privatdiskonten) oder in Guthaben bei Zentralkassen oder in Hypotheken, Grundschulden oder Ausgleichsforderungen angelegt sind. ② Diese Regelung ist auch dann anzuwenden, wenn die durch Grundschulden gesicherten Forderungen eine geringere Laufzeit als vier Jahre haben und deshalb nach dem Kontenrahmen für Kreditgenossenschaften als Kontokorrentforderungen ausgewiesen sind. ③ Voraussetzung ist aber der Nachweis, dass die Ausleihungen nicht mit dem bankfremden Geschäft im Zusammenhang stehen. ④ Das gilt nicht für Darlehen und Abwicklungsforderungen. ⑤ Spar und Darlehnskassen in diesem Sinne sind alle Genossenschaften, in deren Firma zum Ausdruck kommt, dass sie Geschäfte der in § 1 des Gesetzes über das Kreditwesen bezeichneten Art ausführen (z. B. Spar- und Darlehnsvereine, Spar- und Wirtschaftsgenossenschaften). ⑥ Bei der Ermittlung des Gewerbeertrags von Spar- und Darlehnskassen ist grundsätzlich jeweils der niedrigste Jahresbestand der Summe der in Satz 1 bezeichneten Anlagewerte im Geschäftsjahr maßgebend. ⑦ Der niedrigste Jahresbestand kann aber um den Hundertsatz erhöht werden, um den sich der Spareinlagenbestand am Schluss des Geschäftsjahrs gegenüber dem Bestand am Beginn des Geschäftsjahrs erhöht hat.

H 8.9

H 8.9

88 **Beispiel:**

Der niedrigste Bestand an Anlagewerten im Sinne der R 8.9 Satz 1 beträgt 40 000 €. Der niedrigste Bestand an Spareinlagen, der an sich für die Behandlung als Schuld maßgebend ist, beträgt 90 000 €. Der Spareinlagenbestand hat am Beginn des Geschäftsjahrs 100 000 € betragen und ist bis zum Schluss des Geschäftsjahrs auf

[1] Abgedruckt als Anlage zu § 19 GewStDV.

150 000 € gestiegen. Die Steigerung beträgt 50 %. Entsprechend dieser Steigerung kann der niedrigste Bestand an Anlagewerten auf 60 000 € erhöht werden, vorausgesetzt, dass am Schluss des Geschäftsjahrs Anlagewerte mindestens in dieser Höhe vorhanden waren. Es ist demgemäß von den Spareinlagen nur ein Betrag von (90 000 € – 60 000 € =) 30 000 € als Schuld zu behandeln.

Genossenschaft mit überwiegendem Warengeschäft.

– Eine Genossenschaft, bei der das Warengeschäft das Kreditgeschäft überwiegt, ist kein Kreditinstitut im Sinne des § 19 GewStDV. Die Behandlung ihrer Verbindlichkeiten als Schulden im Sinne des § 8 Nr. 1 Buchst. a GewStG richtet sich nach den allgemeinen für Warengenossenschaften geltenden Vorschriften (BFH vom 2. 8. 1960 – BStBl. III S. 390).

– → R 8.8 Abs. 2.

§ 8a *(aufgehoben)* GewStG

GewStG

§ 9 Kürzungen

Die Summe des Gewinns und der Hinzurechnungen wird gekürzt um

1 1.[1,2] ① 1,2 Prozent des Einheitswerts des zum Betriebsvermögen des Unternehmers gehörenden und nicht von der Grundsteuer befreiten Grundbesitzes; maßgebend ist der Einheitswert, der auf den letzten Feststellungszeitpunkt (Hauptfeststellungs-, Fortschreibungs- oder Nachfeststellungszeitpunkt) vor dem Ende des Erhebungszeitraums (§ 14) lautet. ② An Stelle der Kürzung nach Satz 1 tritt auf Antrag bei Unternehmen, die ausschließlich eigenen Grundbesitz oder neben eigenem Grundbesitz eigenes Kapitalvermögen verwalten und nutzen oder daneben Wohnungsbauten betreuen oder Einfamilienhäuser, Zweifamilienhäuser oder Eigentumswohnungen im Sinne des Wohnungseigentumsgesetzes in der jeweils geltenden Fassung, errichten und veräußern, die Kürzung um den Teil des Gewerbeertrags, der auf die Verwaltung und Nutzung des eigenen Grundbesitzes entfällt. ③ Satz 2 gilt entsprechend, wenn

a) in Verbindung mit der Errichtung und Veräußerung von Eigentumswohnungen Teileigentum im Sinne des Wohnungseigentumsgesetzes errichtet und veräußert wird und das Gebäude zu mehr als 66 2/3 Prozent Wohnzwecken dient,

b) in Verbindung mit der Verwaltung und Nutzung des eigenen Grundbesitzes Einnahmen aus der Lieferung von Strom

   aa) im Zusammenhang mit dem Betrieb von Anlagen zur Stromerzeugung aus erneuerbaren Energien im Sinne des § 3 Nummer 21 des Erneuerbare-Energien-Gesetzes oder

   bb) aus dem Betrieb von Ladestationen für Elektrofahrzeuge oder Elektrofahrräder,

   erzielt werden und diese Einnahmen im Wirtschaftsjahr nicht höher als 10 Prozent der Einnahmen aus der Gebrauchsüberlassung des Grundbesitzes sind; die Einnahmen im Sinne von Doppelbuchstabe aa dürfen nicht aus der Lieferung an Letztverbraucher stammen, es sei denn, diese sind Mieter des Anlagenbetreibers, oder

c) Einnahmen aus unmittelbaren Vertragsbeziehungen mit den Mietern des Grundbesitzes aus anderen als den in den Buchstaben a und b bezeichneten Tätigkeiten erzielt werden und diese Einnahmen im Wirtschaftsjahr nicht höher als 5 Prozent der Einnahmen aus der Gebrauchsüberlassung des Grundbesitzes sind.

④ Betreut ein Unternehmen auch Wohnungsbauten oder veräußert es auch Einfamilienhäuser, Zweifamilienhäuser oder Eigentumswohnungen oder übt es auch Tätigkeiten im Sinne von Satz 3 Buchstabe b und c aus, so ist Voraussetzung für die Anwendung des Satzes 2, dass der Gewinn aus der Verwaltung und Nutzung des eigenen Grundbesitzes gesondert ermittelt wird. ⑤ Die Sätze 2 und 3 gelten nicht,

1. wenn der Grundbesitz ganz oder zum Teil dem Gewerbebetrieb eines Gesellschafters oder Genossen dient,

1a. ① soweit der Gewerbeertrag Vergütungen im Sinne des § 15 Absatz 1 Satz 1 Nummer 2 Satz 1 des Einkommensteuergesetzes enthält, die der Gesellschafter von der Gesellschaft für seine Tätigkeit im Dienst der Gesellschaft oder für die Hingabe von Darlehen oder für die Überlassung von Wirtschaftsgütern, mit Ausnahme der Überlassung von Grundbesitz, bezogen hat. ② Satz 1 ist auch auf Vergütungen anzuwenden, die vor dem 19. Juni 2008 erstmals vereinbart worden sind, wenn die Vereinbarung nach diesem Zeitpunkt wesentlich geändert wird, oder

2. soweit der Gewerbeertrag Gewinne aus der Aufdeckung stiller Reserven aus dem Grundbesitz enthält, der innerhalb von drei Jahren vor der Aufdeckung der stillen Reserven zu einem unter dem Teilwert liegenden Wert in das Betriebsvermögen des aufdeckenden Gewerbebetriebs überführt oder übertragen worden ist, und soweit diese Gewinne auf bis zur Überführung oder Übertragung entstandenen stillen Reserven entfallen.

⑥ Eine Kürzung nach den Sätzen 2 und 3 ist ausgeschlossen für den Teil des Gewerbeertrags, der auf Veräußerungs- oder Aufgabegewinne im Sinne des § 7 Satz 2 Nr. 2 und 3 entfällt;

2 2.[3] ① die Anteile am Gewinn einer in- oder ausländischen offenen Handelsgesellschaft, einer Kommanditgesellschaft oder einer anderen Gesellschaft, bei der die

---

[1] *BFH-Urteil vom 8. 12. 2016 IV R 55/10, BStBl. 2017 II S. 722, LS. 2:* Der Zwischenvermieter kann die Kürzung nach § 9 Nr. 1 GewStG nicht in Anspruch nehmen.

[2] § 9 Nr. 1 Satz 2 geändert mWv 1. 12. 2020 durch Gesetz vom 16. 10. 2020 (BGBl. I S. 2187); Satz 3 neugefasst, Satz 4 geändert durch Gesetz vom 3. 6. 2021 (BGBl. I S. 1498) anzuwenden ab EZ 2021.

[3] § 9 Nr. 2 Satz 2 i. d. F. des Gesetzes vom 20. 12. 2016 (BGBl. I S. 3000) anzuwenden ab EZ 2017; Satz 2 neugefasst, Sätze 3 bis 5 angefügt durch Gesetz vom 25. 6. 2021 (BGBl. I S. 2035) anzuwenden ab EZ 2021.

Gesellschafter als Unternehmer (Mitunternehmer) des Gewerbebetriebs anzusehen sind, wenn die Gewinnanteile bei der Ermittlung des Gewinns angesetzt worden sind. ② Satz 1 ist nicht anzuwenden, soweit im Gewinnanteil Einkünfte im Sinne des § 7 Satz 7 und 8 enthalten sind. ③ Bei Lebens- und Krankenversicherungsunternehmen und Pensionsfonds ist Satz 1 auch auf den übrigen Gewinnanteil nicht anzuwenden. ④ Satz 2 ist nicht anzuwenden, soweit diese Einkünfte bereits bei einer den Anteil am Gewinn vermittelnden inländischen offenen Handelsgesellschaft, Kommanditgesellschaft oder anderen Gesellschaft, bei der die Gesellschafter als Unternehmer (Mitunternehmer) des Gewerbebetriebs anzusehen sind, Bestandteil des Gewerbeertrags waren. ⑤ Bei Lebens- und Krankenversicherungsunternehmen und Pensionsfonds ist Satz 4 auf Einkünfte im Sinne des § 7 Satz 8 nicht anzuwenden;

2a.[1,2] **① die Gewinne aus Anteilen an einer nicht steuerbefreiten inländischen Kapitalgesellschaft im Sinne des § 2 Abs. 2, einer Kredit- oder Versicherungsanstalt des öffentlichen Rechts, einer Genossenschaft oder einer Unternehmensbeteiligungsgesellschaft im Sinne des § 3 Nr. 23, wenn die Beteiligung zu Beginn des Erhebungszeitraums mindestens 15 Prozent des Grund- oder Stammkapitals beträgt und die Gewinnanteile bei Ermittlung des Gewinns (§ 7) angesetzt worden sind. ② Ist ein Grund- oder Stammkapital nicht vorhanden, so ist die Beteiligung an dem Vermögen, bei Genossenschaften die Beteiligung an der Summe der Geschäftsguthaben, maßgebend. ③ Im unmittelbaren Zusammenhang mit Gewinnanteilen stehende Aufwendungen mindern den Kürzungsbetrag, soweit entsprechende Beteiligungserträge zu berücksichtigen sind; insoweit findet § 8 Nr. 1 keine Anwendung. ④ Nach § 8b Abs. 5 des Körperschaftsteuergesetzes nicht abziehbare Betriebsausgaben sind keine Gewinne aus Anteilen im Sinne des Satzes 1. ⑤ Satz 1 ist bei Lebens- und Krankenversicherungsunternehmen auf Gewinne aus Anteilen, die den Kapitalanlagen zuzurechnen sind, nicht anzuwenden; für Pensionsfonds gilt Entsprechendes;** 2a

2b. **die nach § 8 Nr. 4 dem Gewerbeertrag einer Kommanditgesellschaft auf Aktien hinzugerechneten Gewinnanteile, wenn sie bei der Ermittlung des Gewinns (§ 7) angesetzt worden sind;** 2b

3.[3] **① den Teil des Gewerbeertrags eines inländischen Unternehmens, der auf eine nicht im Inland belegene Betriebsstätte dieses Unternehmens entfällt; dies gilt nicht für Einkünfte im Sinne des § 7 Satz 7 und 8. ② Bei Unternehmen, die ausschließlich den Betrieb von eigenen oder gecharterten Handelsschiffen im internationalen Verkehr zum Gegenstand haben, gelten 80 Prozent des Gewerbeertrags als auf eine nicht im Inland belegene Betriebsstätte entfallend. ③ Ist Gegenstand eines Betriebs nicht ausschließlich der Betrieb von Handelsschiffen im internationalen Verkehr, so gelten 80 Prozent des Teils des Gewerbeertrags, der auf den Betrieb von Handelsschiffen im internationalen Verkehr entfällt, als auf eine nicht im Inland belegene Betriebsstätte entfallend; in diesem Fall ist Voraussetzung, dass dieser Teil gesondert ermittelt wird. ④ Handelsschiffe werden im internationalen Verkehr betrieben, wenn eigene oder gecharterte Handelsschiffe im Wirtschaftsjahr überwiegend zur Beförderung von Personen und Gütern im Verkehr mit oder zwischen ausländischen Häfen, innerhalb eines ausländischen Hafens oder zwischen einem ausländischen Hafen und der freien See eingesetzt werden.[4] ⑤ Für die Anwendung der Sätze 2 bis 4 gilt § 5a Abs. 2 Satz 2 des Einkommensteuergesetzes entsprechend;** 3

4. *(aufgehoben)*

5. **① die aus den Mitteln des Gewerbebetriebs geleisteten Zuwendungen (Spenden und Mitgliedsbeiträge) zur Förderung steuerbegünstigter Zwecke im Sinne der §§ 52 bis 54 der Abgabenordnung bis zur Höhe von insgesamt 20 Prozent des um die Hinzurechnungen nach § 8 Nummer 9 erhöhten Gewinns aus Gewerbebetrieb (§ 7) oder 4 Promille der Summe der gesamten Umsätze und der im Wirtschaftsjahr aufgewendeten Löhne und Gehälter. ② Voraussetzung für die Kürzung ist, dass diese Zuwendungen** 5

a) an eine juristische Person des öffentlichen Rechts oder an eine öffentliche Dienststelle, die in einem Mitgliedstaat der Europäischen Union oder in einem

---

[1] § 9 Nr. 2a geändert mWv EZ 2020 durch Gesetz vom 12. 12. 2019 (BGBl. I S. 2451).

[2] *BFH-Urteil vom 18. 12. 2019 I R 29/17, BStBl. 2020 II S. 690:* § 9 Nr. 2a GewStG i. d. F. des UntStRefG 2008 vom 14. 8. 2007 (BGBl. I 2007, 1912, BStBl. I 2007, 630) ist mit Art. 3 GG vereinbar.

[3] § 9 Nr. 3 Satz 1 i. d. F. des Gesetzes vom 20. 12. 2016 (BGBl. I S. 3000) anzuwenden ab EZ 2017; Satz 1 geändert durch Gesetz vom 25. 6. 2021 (BGBl. I S. 2035) anzuwenden ab EZ 2021.

[4] *BFH-Urteil vom 10. 8. 2016 I R 60/14, BStBl. 2017 II S. 534:* **1.** Die gewerbesteuerliche Kürzung für den Betrieb von Handelsschiffen im internationalen Verkehr gemäß § 9 Nr. 3 Satz 2 bis 5 GewStG 2002 (i. d. F. des JStG 2007) greift auch, wenn mit den Schiffen ausschließlich Güter transportiert werden. **2.** Die Kürzung gilt nur für die Seeschifffahrt. Binnenschifffahrtsunternehmen können die Begünstigung des § 9 Nr. 3 Satz 2 bis 5 GewStG 2002 (i. d. F. des JStG 2007) nicht in Anspruch nehmen.

GewStG
noch 5

Staat belegen ist, auf den das Abkommen über den Europäischen Wirtschaftsraum (EWR-Abkommen) Anwendung findet, oder

b) an eine nach § 5 Absatz 1 Nummer 9 des Körperschaftsteuergesetzes steuerbefreite Körperschaft, Personenvereinigung oder Vermögensmasse oder

c) an eine Körperschaft, Personenvereinigung oder Vermögensmasse, die in einem Mitgliedstaat der Europäischen Union oder in einem Staat belegen ist, auf den das Abkommen über den Europäischen Wirtschaftsraum (EWR-Abkommen) Anwendung findet, und die nach § 5 Absatz 1 Nummer 9 des Körperschaftsteuergesetzes in Verbindung mit § 5 Absatz 2 Nummer 2 zweiter Halbsatz des Körperschaftsteuergesetzes steuerbefreit wäre, wenn sie inländische Einkünfte erzielen würde,

geleistet werden (Zuwendungsempfänger). ③ Für nicht im Inland ansässige Zuwendungsempfänger nach Satz 2 ist weitere Voraussetzung, dass durch diese Staaten Amtshilfe und Unterstützung bei der Beitreibung geleistet werden. ④ Amtshilfe ist der Auskunftsaustausch im Sinne oder entsprechend der Amtshilferichtlinie gemäß § 2 Absatz 2 des EU-Amtshilfegesetzes. ⑤ Beitreibung ist die gegenseitige Unterstützung bei der Beitreibung von Forderungen im Sinne oder entsprechend der Beitreibungsrichtlinie einschließlich der in diesem Zusammenhang anzuwendenden Durchführungsbestimmungen in den für den jeweiligen Veranlagungszeitraum geltenden Fassungen oder eines entsprechenden Nachfolgerechtsaktes. ⑥ Werden die steuerbegünsigten Zwecke des Zuwendungsempfängers im Sinne von Satz 2 Buchstabe a nur im Ausland verwirklicht, ist für eine Kürzung nach Satz 1 Voraussetzung, dass natürliche Personen, die ihren Wohnsitz oder ihren gewöhnlichen Aufenthalt im Geltungsbereich dieses Gesetzes haben, gefördert werden oder dass die Tätigkeit dieses Zuwendungsempfängers neben der Verwirklichung der steuerbegünstigten Zwecke auch zum Ansehen der Bundesrepublik Deutschland beitragen kann. ⑦ In die Kürzung nach Satz 1 sind auch Mitgliedsbeiträge an Körperschaften einzubeziehen, die Kunst und Kultur gemäß § 52 Absatz 2 Nummer 5 der Abgabenordnung fördern, soweit es sich nicht um Mitgliedsbeiträge nach Satz 12 Buchstabe b[1] handelt, auch wenn den Mitgliedern Vergünstigungen gewährt werden. ⑧ Überschreiten die geleisteten Zuwendungen die Höchstsätze nach Satz 1, kann die Kürzung im Rahmen der Höchstsätze nach Satz 1 in den folgenden Erhebungszeiträumen vorgenommen werden. ⑨ Einzelunternehmen und Personengesellschaften können auf Antrag neben der Kürzung nach Satz 1 eine Kürzung um die im Erhebungszeitraum in das zu erhaltende Vermögen (Vermögensstock) einer Stiftung, die die Voraussetzungen der Sätze 2 bis 6 erfüllt, geleisteten Spenden in diesem und in den folgenden neun Erhebungszeiträumen bis zu einem Betrag von 1 Million Euro vornehmen. ⑩ Nicht abzugsfähig nach Satz 9 sind Spenden in das verbrauchbare Vermögen einer Stiftung. ⑪ Der besondere Kürzungsbetrag nach Satz 9 kann der Höhe nach innerhalb des Zehnjahreszeitraums nur einmal in Anspruch genommen werden. ⑫ Eine Kürzung nach den Sätzen 1 bis 10 ist ausgeschlossen, soweit auf die geleisteten Zuwendungen § 8 Absatz 3 des Körperschaftsteuergesetzes anzuwenden ist oder soweit Mitgliedsbeiträge an Körperschaften geleistet werden,

a) die den Sport (§ 52 Absatz 2 Satz 1 Nummer 21 der Abgabenordnung),
b) die kulturelle Betätigungen, die in erster Linie der Freizeitgestaltung dienen,
c) die Heimatpflege und Heimatkunde (§ 52 Absatz 2 Satz 1 Nummer 22 der Abgabenordnung),
d) die Zwecke im Sinne des § 52 Absatz 2 Satz 1 Nummer 23 der Abgabenordnung fördern oder
e) deren Zweck nach § 52 Absatz 2 Satz 2 der Abgabenordnung für gemeinnützig erklärt worden ist, weil deren Zweck die Allgemeinheit auf materiellem, geistigem oder sittlichem Gebiet entsprechend einem Zweck nach den Buchstaben a bis d fördert.[2]

⑬ § 10 b Absatz 3 und 4 Satz 1 sowie § 10 d Absatz 4 des Einkommensteuergesetzes und § 9 Absatz 2 Satz 2 bis 5 und Absatz 3 Satz 1 des Körperschaftsteuergesetzes sowie die einkommensteuerrechtlichen Vorschriften zur Abziehbarkeit von Zuwendungen gelten entsprechend. ⑭ Wer vorsätzlich oder grob fahrlässig eine unrichtige Bestätigung über Spenden und Mitgliedsbeiträge ausstellt oder wer veranlasst, dass entsprechende Zuwendungen nicht zu den in der Bestätigung angegebenen steuerbegünstigten Zwecken verwendet werden (Veranlasserhaftung), haftet für die entgangene Gewerbesteuer. ⑮ In den Fällen der Veranlasserhaftung ist vorrangig der Zuwendungsempfänger in Anspruch zu nehmen; die natürlichen Personen, die in

[1] § 9 Nr. 5 Satz 7 geändert durch Gesetz vom 12. 12. 2019 (BGBl. I S. 2451) und durch Gesetz vom 21. 12. 2020 (BGBl. I S. 3096).

[2] § 9 Nr. 5 Satz 12 neu gefasst durch Gesetz vom 12. 12. 2019 (BGBl. I S. 2451). Zur Anwendung siehe § 36 Abs. 5 Satz 2 GewStG.

GewStG

diesen Fällen für den Zuwendungsempfänger handeln, sind nur in Anspruch zu nehmen, wenn die entgangene Steuer nicht nach § 47 der Abgabenordnung erloschen ist und Vollstreckungsmaßnahmen gegen den Zuwendungsempfänger nicht erfolgreich sind; § 10 b Absatz 4 Satz 5 des Einkommensteuergesetzes gilt entsprechend. ⑯ Der Haftungsbetrag ist mit 15 Prozent der Zuwendungen anzusetzen und fließt der für den Spendenempfänger zuständigen Gemeinde zu, die durch sinngemäße Anwendung des § 20 der Abgabenordnung bestimmt wird. ⑰ Der Haftungsbetrag wird durch Haftungsbescheid des Finanzamts festgesetzt; die Befugnis der Gemeinde zur Erhebung der entgangenen Gewerbesteuer bleibt unberührt. ⑱ § 184 Abs. 3 der Abgabenordnung gilt sinngemäß.

6. *(weggefallen)*

7.[1] **① die Gewinne aus Anteilen an einer Kapitalgesellschaft mit Geschäftsleitung und Sitz außerhalb des Geltungsbereichs dieses Gesetzes, wenn die Beteiligung zu Beginn des Erhebungszeitraums mindestens 15 Prozent des Nennkapitals beträgt und die Gewinnanteile bei der Ermittlung des Gewinns (§ 7) angesetzt worden sind. ② § 9 Nummer 2 a Satz 3 bis 5 gilt entsprechend.** 7

8. ① die Gewinne aus Anteilen an einer ausländischen Gesellschaft, die nach einem Abkommen zur Vermeidung der Doppelbesteuerung unter der Voraussetzung einer Mindestbeteiligung von der Gewerbesteuer befreit sind, wenn die Beteiligung mindestens 15 Prozent beträgt und die Gewinnanteile bei der Ermittlung des Gewinns (§ 7) angesetzt worden sind; ist in einem Abkommen zur Vermeidung der Doppelbesteuerung eine niedrigere Mindestbeteiligungsgrenze vereinbart, ist diese maßgebend. ② § 9 Nr. 2 a Satz 3 gilt entsprechend. ③ § 9 Nr. 2 a Satz 4 gilt entsprechend. ④ Satz 1 ist bei Lebens- und Krankenversicherungsunternehmen auf Gewinne aus Anteilen, die den Kapitalanlagen zuzurechnen sind, nicht anzuwenden; für Pensionsfonds gilt Entsprechendes. 8

9. *(weggefallen)*

10. *(aufgehoben)*

Übersicht

§ 16 *[abgedruckt bei § 7 GewStG]*

GewStDV

§ 20[2] ***Grundbesitz***

(1) ① Die Frage, ob und inwieweit im Sinne des § 9 Nr. 1 des Gesetzes Grundbesitz zum Betriebsvermögen des Unternehmers gehört, ist nach den Vorschriften des Einkommensteuergesetzes oder des Körperschaftsteuergesetzes zu entscheiden. ② Maßgebend ist dabei der Stand zu Beginn des Kalenderjahrs. 11

[1] § 9 Nr. 7 neu gefasst mWv EZ 2020 durch Gesetz vom 12. 12. 2019 (BGBl. I S. 2451).
[2] § 20 Abs. 2 GewStDV geändert mWv 1. 1. 2025 durch Gesetz vom 26. 11. 2019 (BGBl. I S. 1794).

GewStDV

(2) Gehört der Grundbesitz nur zum Teil zum Betriebsvermögen im Sinne des Absatzes 1, so ist der Kürzung nach § 9 Nr. 1 des Gesetzes nur der entsprechende Teil des Einheitswerts ***[ab 1. 1. 2025:*** *Grundsteuerwerts]* *zugrunde zu legen.*

§ 21 *(weggefallen)*

R 9.1

R 9.1 Kürzung für den zum Betriebsvermögen gehörenden Grundbesitz[1]

Allgemeines

12 (1) ① Nach § 9 Nr. 1 Satz 1 GewStG ist die Summe des Gewinns und der Hinzurechnungen um 1,2% des Einheitswerts des nicht von der Grundsteuer befreiten Grundbesitzes zu kürzen, der zum Betriebsvermögen des Unternehmens gehört. ② Die Einschränkung des § 9 Nr. 1 Satz 1 GewStG auf Grundbesitz, der nicht von der Grundsteuer befreit ist, beschränkt sich ausschließlich auf Befreiungstatbestände des Grundsteuergesetzes. ③ Wird die Grundsteuer aus anderen Gründen (z. B. Billigkeitsmaßnahmen, Erlass, Verjährung) tatsächlich nicht erhoben, steht dies der Anwendung der Kürzungsnorm auf den betreffenden Grundbesitz nicht entgegen. ④ Wird ein eigenbetrieblich genutzter Grundstücksteil nach § 8 EStDV nicht als Betriebsvermögen behandelt, ist die Kürzung nach § 9 Nr. 1 Satz 1 GewStG trotzdem vorzunehmen, weil sonst der Zweck der Vorschrift, die Doppelbesteuerung des Grundbesitzes durch die Grundsteuer und die Gewerbesteuer zu vermeiden, nicht erreicht werden würde. ⑤ Die Kürzung bemisst sich stets nach dem Einheitswert des Grundbesitzes, auch wenn im Betriebsvermögen im Anschluss an die DM-Bilanz ein höherer Grundstückswert enthalten ist. ⑥ Zum Grundbesitz im Sinne des § 9 Nr. 1 Satz 1 GewStG gehören auch Gebäude oder Gebäudeteile auf fremdem Grund und Boden, wenn der Unternehmer nach einkommensteuerrechtlichen Grundsätzen als wirtschaftlicher Eigentümer des Gebäudes oder des Gebäudeteils anzusehen ist. ⑦ Ist nur ein Teil eines Grundstücks einkommensteuerlich zum Betriebsvermögen des Unternehmers zu rechnen, ist für die Berechnung der Kürzung nach § 9 Nr. 1 Satz 1 GewStG von dem Teil des Einheitswerts auszugehen, der auf den dem gewerblichen Betrieb dienenden Teil des Grundstücks entfällt (→ § 20 Abs. 2 GewStDV). ⑧ Dieser Teil des Einheitswerts ist grundsätzlich nach dem Verhältnis der Jahresrohmiete (→ § 79 BewG) zu ermitteln. ⑨ Ein anderer Aufteilungsmaßstab, insbesondere das Verhältnis der Nutzfläche oder des Rauminhalts, ist anzuwenden, wenn dieses Ergebnis den tatsächlichen Verhältnissen des einzelnen Falls besser entspricht. ⑩ Für die Frage danach, ob und inwieweit Grundbesitz der zum Betriebsvermögen gehört, bei der Kürzung nach § 9 Nr. 1 Satz 1 GewStG zu berücksichtigen ist, sind allein die Verhältnisse zu Beginn eines jeden Jahres entscheidend. ⑪ Beginnt die Steuerpflicht eines Gewerbebetriebs im Laufe eines Kalenderjahrs, kommt für den in diesem Kalenderjahr endenden Erhebungszeitraum eine Kürzung nach § 9 Nr. 1 Satz 1 GewStG somit nicht in Betracht (→ § 20 Abs. 1 Satz 2 GewStDV).

Bemessungsgrundlage

13 (2) ① Maßgebend für die Kürzung ist der Einheitswert, der auf den letzten Feststellungszeitpunkt (Hauptfeststellungs-, Fortschreibungs- oder Nachfeststellungszeitpunkt) vor dem Ende des Erhebungszeitraums lautet. ② Als Bemessungsgrundlage sind bei Grundstücken (→ § 70 BewG) sowie bei Betriebsgrundstücken im Sinne des § 99 Abs. 1 Nr. 1 BewG, die wie Grundvermögen bewertet werden, 140% des auf den Wertverhältnissen vom 1. Januar 1964 beruhenden Einheitswerts anzusetzen (→ § 121 a BewG). ③ Bei Betriebsgrundstücken im Beitrittsgebiet sind die Einheitswerte 1935 mit den in § 133 BewG genannten Prozentsätzen anzusetzen. ④ Bei Betriebsgrundstücken im Sinne des § 99 Abs. 1 Nr. 2 BewG, die wie land- und forstwirtschaftliches Vermögen bewertet werden, sind dagegen nur 100% des Einheitswerts zugrunde zu legen. ⑤ Werden für Betriebe der Land- und Forstwirtschaft gemäß § 125 Abs. 2 BewG Ersatzwirtschaftswerte ermittelt, ist für die Kürzung nach § 9 Nr. 1 Satz 1 GewStG nur der Anteil am Ersatzwirtschaftswert maßgebend, der auf den im Eigentum des Gewerbesteuerpflichtigen stehenden und somit zu seinem Betriebsvermögen gehörenden Grundbesitz entfällt.

Einheitswertbescheid als Grundlagenbescheid

14 (3) ① Der Gewerbesteuermessbescheid beruht hinsichtlich der Kürzung nach § 9 Nr. 1 Satz 1 GewStG auf dem Einheitswertbescheid. ② Der Gewerbesteuermessbescheid ist deshalb nach § 175 Abs. 1 Satz 1 Nr. 1 AO zu ändern, wenn der maßgebende Einheitswert durch Rechtsbehelfsentscheidung, Änderung der Feststellung oder Fortschreibung geändert worden ist.

H 9.1

H 9.1

15 **Grundbesitz als Betriebsvermögen.**
– → § 20 GewStDV
– → R 4.2 Abs. 7 EStR.

Erbbaurecht. Gehört zum Grundbesitz im Sinne des § 9 Nr. 1 Satz 1 GewStG ein Erbbaurecht, ist der Kürzung nur der im Betriebsvermögen enthaltene Wert des Erbbaurechts und

[1] Grundsteuergesetz und Bewertungsgesetz abgedruckt im „Handbuch Erbschaftsteuer und Bewertung".

der aufstehenden Gebäude, nicht auch der Wert des Erbbaugrundstücks, zugrunde zu legen (→ RFH vom 12. 1. 1943 – RStBl. S. 283 und BFH vom 17. 1. 1968 – BStBl. II S. 353).

Gebäude(-teile) auf fremdem Grund und Boden. Zur Zurechnung des wirtschaftlichen Eigentums (→ H 4.7 (Eigenaufwand für ein fremdes Wirtschaftsgut EStH) und § 39 Abs. 2 Nr. 1 AO).

Verpachtung eines landwirtschaftlichen Grundstücks. Bei einem im Betriebsvermögen enthaltenen landwirtschaftlichen Grundstück, das verpachtet ist und dessen Einheitswert Betriebsmittel des Pächters mit umfasst, ist der Kürzungsbetrag vom vollen (Gesamt-)Einheitswert zu berechnen (→ BFH vom 27. 3. 1968 – BStBl. II S. 479).

Versicherungsunternehmen. Die Kürzung nach § 9 Nr. 1 Satz 1 GewStG ist auch bei Grundbesitz, der zum Deckungsstock eines Versicherungsunternehmens gehört, anzuwenden (→ BFH vom 19. 1. 1972 – BStBl. II S. 390 und vom 26. 10. 1995 – BStBl. 1996 II S. 76).

R 9.2 Kürzung bei Grundstücksunternehmen

R 9.2

R 9.2 (1)

R 9.2 (1)

Allgemeines

16 (1) ① Die Kürzung nach § 9 Nr. 1 Satz 2 und 3 GewStG (erweiterte Kürzung) kann von allen Unternehmensformen (Einzelunternehmen, Personengesellschaften, Kapitalgesellschaften und anderen Körperschaften) in Anspruch genommen werden. ② Grundstücksunternehmen, die die in § 9 Nr. 1 Satz 2 bis 4 GewStG genannten Voraussetzungen nicht erfüllen, können die Kürzung nach § 9 Nr. 1 Satz 1 GewStG in Anspruch nehmen. ③ Die Voraussetzungen für die erweiterte Kürzung bei Grundstücksunternehmen müssen während des gesamten Erhebungszeitraums oder während des gesamten abgekürzten Erhebungszeitraums (→ § 14 Satz 3 GewStG) vorliegen. ④ Für die Anwendung der Kürzung nach § 9 Nr. 1 Satz 2 und 3 GewStG kommt es hinsichtlich der Beurteilung der Frage, ob Grundbesitz zum Betriebsvermögen des Unternehmens gehört, nicht auf den Stand an einem bestimmten Stichtag an.

H 9.2 (1)

H 9.2 (1)

17 **Veräußerung des Grundbesitzes.** Der während des Erhebungszeitraums vorgenommene Verkauf des einzigen und letzten Grundstücks einer bis zu diesem Zeitpunkt als Grundstücksverwaltungsgesellschaft tätigen GmbH schließt die erhöhte Kürzung des Gewerbeertrags nach § 9 Nr. 1 Satz 2 GewStG für den Erhebungszeitraum aus (→ BFH vom 20. 1. 1982 – BStBl. II S. 478). Einem grundstücksverwaltenden Unternehmen ist die erweiterte Kürzung des Gewerbeertrages gemäß § 9 Nr. 1 Satz 2 GewStG unbeschadet des darin bestimmten Ausschließlichkeitsgebots jedoch zu gewähren, wenn das Unternehmen sein einziges Grundstück zum 31. Dezember, 23.59 Uhr, des Erhebungszeitraumes veräußert (→ BFH vom 11. 8. 2004 – BStBl. II S. 1080).

Veräußerung eines Mitunternehmeranteils. Der Gewinn aus der Veräußerung eines Mitunternehmeranteils i.S. des § 7 Satz 2 Nr. 2 GewStG ist nicht in die erweiterte Kürzung gemäß § 9 Nr. 1 Satz 2 GewStG einzubeziehen.[1] Der ab EZ 2004 erstmals anzuwendende § 9 Nr. 1 Satz 6 GewStG hat diesbezüglich lediglich klarstellende Bedeutung (→ BFH vom 18. 12. 2014 – BStBl. 2015 II S. 606).

Zeitweise Ausübung einer steuerschädlichen Tätigkeit. Eine steuerschädliche Tätigkeit, die zum Ausschluss der erweiterten Kürzung für den gesamten Erhebungszeitraum führt, liegt auch dann vor, wenn sie nicht während des ganzen Erhebungszeitraumes ausgeübt wird. Die erweiterte Kürzung kommt danach z. B. nicht in Betracht, wenn das Unternehmen erst im Laufe des Erhebungszeitraums von der gewerblichen zur vermögensverwaltenden Tätigkeit übergegangen ist (→ BFH vom 29. 3. 1973 – BStBl. II S. 563).

R 9.2 (2)

R 9.2 (2)

Begünstigte Tätigkeiten

18 (2) ① Die neben der Vermögensverwaltung des Grundbesitzes erlaubten Tätigkeiten sind in § 9 Nr. 1 Satz 2 und 3 GewStG abschließend aufgezählt. ② Darüber hinaus ausgeübte Tätigkeiten verstoßen auch dann gegen das Ausschließlichkeitsgebot, wenn sie von untergeordneter Bedeutung sind. ③ Die erweiterte Kürzung wird jedoch durch solche vermögensverwaltenden Tätigkeiten ausnahmsweise nicht ausgeschlossen, die der Verwaltung und Nutzung des Grundbesitzes im engeren Sinne dienen und als zwingend notwendiger Teil einer wirtschaftlich sinnvoll gestalteten eigenen Grundstücksverwaltung und Grundstücksnutzung angesehen werden können

---

[1] Keine erweiterte Kürzung nach § 9 Nr. 1 Satz 2 GewStG bei Veräußerung eines Teils eines Mitunternehmeranteils, vgl. *BFH-Urteil vom 8. 12. 2016 IV R 14/13, BStBl. 2017 II S. 494 – Anm. d. Red.:* Hier erfolgte kein Rückgriff auf § 7 Satz 2 GewStG.

(→ Nebentätigkeiten).[1] ④ Unternehmen, die auf Grund von Leasingverträgen anderen Personen Grundbesitz zum Gebrauch überlassen, können die erweiterte Kürzung in Anspruch nehmen, wenn ihre Betätigung für sich betrachtet ihrer Natur nach keinen Gewerbebetrieb darstellt, sondern als Vermögensverwaltung anzusehen ist.

H 9.2 (2)

H 9.2 (2)

19 **Beteiligungen**

- Eine grundstücksverwaltende GmbH, die als Komplementärin an einer ihrerseits vermögensverwaltenden KG beteiligt ist, kann nicht die erweiterte Kürzung nach § 9 Nr. 1 Satz 2 GewStG in Anspruch nehmen. Das Halten der Komplementärbeteiligung zählt nicht zum abschließenden Katalog der prinzipiell kürzungsunschädlichen Tätigkeiten des § 9 Nr. 1 Satz 2 GewStG (→ BFH vom 19. 10. 2010 – BStBl. 2011 II S. 367).[2]
- Das Halten einer Beteiligung an einer Mitunternehmerschaft schließt die erweiterte Kürzung des Gewerbeertrags nach § 9 Nr. 1 Satz 2 GewStG unabhängig vom Umfang der Beteiligung und der daraus erzielten Einkünfte aus. Das gilt auch bei einer Beteiligung an einer grundstücksverwaltenden Mitunternehmerschaft (→ BFH vom 17. 10. 2002 – BStBl. 2003 II S. 355).

Betreuung von Wohnungsbauten. Die Betreuung von Wohnungsbauten im Sinne des § 9 Nr. 1 Satz 2 GewStG umfasst sowohl die Baubetreuung bei der Errichtung von Wohngebäuden als auch die Bewirtschaftungsbetreuung bei bereits fertig gestellten Wohngebäuden. Die Verwaltung bereits fertig gestellter fremder Gebäude ist auch dann als Betreuung von Wohnungsbauten anzusehen, wenn diese Gebäude vom Grundstücksunternehmer nicht selbst errichtet worden sind (→ BFH vom 17. 9. 2003 – BStBl. 2004 II S. 243).

Betriebsaufspaltung. Im Falle der Betriebsaufspaltung kann die Besitzgesellschaft die nur für die bloße Vermögensverwaltung von Grundbesitz geltende erweiterte Kürzung des § 9 Nr. 1 Satz 2 GewStG nicht in Anspruch nehmen (→ BFH vom 28. 6. 1973 – BStBl. II S. 688).[3]

Betriebsverpachtung. Bei einer gewerbesteuerpflichtigen Betriebsverpachtung, z. B. durch eine gewerblich geprägte Personengesellschaft, ist die erweiterte Kürzung des Gewerbeertrags nach § 9 Nr. 1 Satz 2 GewStG grundsätzlich nicht anzuwenden (→ BFH vom 14. 6. 2005 – BStBl. II S. 778).

Betriebsvorrichtungen. Auch eine geringfügige Mitvermietung von Betriebsvorrichtungen, die sich weder auf dem vermieteten Grundstück befinden noch einen funktionalen Zusammenhang mit diesem aufweisen, steht einer ausschließlichen Grundstücksverwaltung i. S. von § 9 Nr. 1 Satz 2 GewStG entgegen (→ BFH vom 17. 5. 2006 – BStBl. II S. 659).

Eigener Grundbesitz. Der Begriff des Grundbesitzes richtet sich nach den Vorschriften des Bewertungsgesetzes. Zum Grundbesitz im Sinne des § 9 Nr. 1 Satz 2 GewStG gehören grundsätzlich nicht Mineralgewinnungsrechte und Betriebsvorrichtungen, auch wenn sie wesentliche Bestandteile des Grundstücks sind (→ BFH vom 26. 2. 1992 – BStBl. II S. 738).[4] Zum Grundbesitz gehören jedoch Grundstücksteile, die nur wegen der Eigenart ihrer Nutzung durch den Mieter Betriebsvorrichtungen sind (→ BFH vom 22. 6. 1977 – BStBl. II S. 778). Eigener Grundbesitz ist nur der zum Betriebsvermögen des Unternehmens gehörende Grundbesitz. Die erweiterte Kürzung nach § 9 Nr. 1 Satz 2 GewStG kann daher nicht in Anspruch genommen werden, wenn das Unternehmen neben der eigenen Grundstücksverwaltung als Mitunternehmer an einer nur grundstücksverwaltenden, gewerblich geprägten Personengesellschaft beteiligt ist (→ BFH vom 22. 1. 1992 – BStBl. II S. 628). Zum eigenen Grundbesitz im Sinne des § 9 Nr. 1 Satz 2 und 3 GewStG gehören auch das Erbbaurecht und die auf Grund eines solchen Rechts errichteten Gebäude (→ BFH vom 15. 4. 1999 – BStBl. II S. 532).

Gewerblicher Grundstückshandel. Die erweiterte Kürzung nach § 9 Nr. 1 Satz 2 GewStG kommt nicht in Betracht, wenn ein Grundstücksverwaltungsunternehmen in einem Umfang Grundstücke erwirbt und veräußert, der diesem Tätigkeitsbereich gewerblichen Charakter verleiht. Ob eine solche Tätigkeit vorliegt, ist nicht nach den Verhältnissen eines einzigen Er-

[1] Bei Beteiligung einer grundstücksverwaltenden, nur Kraft ihrer Rechtsform der Gewerbesteuer unterliegenden Gesellschaft an einer grundstücksverwaltenden, gewerblich geprägten Personengesellschaft wird nach ständiger Rechtsprechung (vgl. z. B. *BFH-Urteil vom 27. 6. 2019 IV R 44/16, BStBl. 2020 II S. 24;* Verfassungsbeschwerde eingelegt, 1 BvR 2331/19), keine erweiterte Kürzung gewährt, da ein Verstoß gegen das Ausschließlichkeitsgebot des § 9 Nr. 1 Satz 2 GewStG vorliegt.

[2] Vgl. aber *BFH-Urteil vom 25. 9. 2018 GrS 2/16, BStBl. 2019 II S. 262:* Einer grundstücksverwaltenden, nur Kraft ihrer Rechtsform der Gewerbesteuer unterliegenden Gesellschaft ist die sog. erweiterte Kürzung nach § 9 Nr. 1 S. 2 GewStG nicht deshalb zu verwehren, weil sie an einer rein grundstücksverwaltenden, nicht gewerblich geprägten Personengesellschaft beteiligt ist.

[3] Dies gilt auch im Fall der kapitalistischen Betriebsaufspaltung; vgl. *BFH-Beschluss vom 24. 1. 2012 I B 136/11, BFH/NV S. 1176;* keine erweiterte Kürzung für Grundbesitz, der im Rahmen einer Betriebsaufspaltung überlassen wird, vgl. *BFH-Urteil vom 22. 6. 2016 X R 54/14, BStBl. 2017 II S. 529.*

[4] Ebenso *BFH-Urteil vom 11. 4. 2019 III R 36/15, BStBl. 2019 II S. 705:* Eine erweiterte Kürzung des Gewerbeertrags nach § 9 Nr. 1 S. 2 GewStG scheidet aus, wenn eine grundbesitzverwaltende GmbH neben einem Hotelgebäude auch Ausstattungsgegenstände (Bierkellerkühlanlage, Kühlräume, Kühlmöbel für Theken- und Buffetanlagen) mitvermietet, die als Betriebsvorrichtungen zu qualifizieren sind.

hebungszeitraums, sondern nach dem Gesamtbild der Verhältnisse eines mehrjährigen Zeitraums zu beurteilen (→ BFH vom 9. 10. 1974 – BStBl. 1975 II S. 44). Ein gelegentlicher Grundstücksverkauf stellt dagegen die ausschließliche Tätigkeit als Grundstücksverwaltungsgesellschaft nicht in Frage (→ BFH vom 24. 2. 1971 – BStBl. II S. 338).

Gewerbliche Grundstücksverwaltung. Die erweiterte Kürzung nach § 9 Nr. 1 Satz 2 GewStG ist nicht anzuwenden auf solche Unternehmen, bei denen die Grundstücksverwaltung über den Rahmen einer Vermögensverwaltung hinausgeht und gewerblichen Charakter annimmt (→ BFH vom 29. 3. 1973 – BStBl. II S. 686, vom 28. 6. 1973 – BStBl. II S. 688 und vom 31. 7. 1990 – BStBl. II S. 1075).

Gewerbliche Tätigkeit. Eine gewerbliche Betätigung, die nicht zu den in § 9 Nr. 1 Satz 2 GewStG genannten unschädlichen Nebentätigkeiten gehört, schließt grundsätzlich selbst dann die erweiterte Kürzung des Gewerbeertrags aus, wenn sie von untergeordneter Bedeutung ist (→ BFH vom 17. 5. 2006 – BStBl. II S. 659).[1]

Kapitalvermögen. Neben der Verwaltung eigenen Grundbesitzes kann eigenes Kapitalvermögen verwaltet und genutzt werden. Die Verwaltung und Nutzung eigenen Kapitalvermögens darf jedoch für sich betrachtet keine ihrer Natur nach gewerbliche Tätigkeit darstellen. Zum „eigenen" Kapitalvermögen können von dritter Seite beschaffte Gelder gehören (→ BFH vom 3. 8. 1972 – BStBl. II S. 799).

Nebentätigkeiten. Eine für die erweiterte Kürzung unschädliche Nebentätigkeit liegt z. B. vor, wenn sie erforderlich ist, um für die Grundstücksverwaltung und -nutzung benötigte Kredite zu beschaffen (→ BFH vom 23. 7. 1969 – BStBl. II S. 664).

Entsprechendes gilt, wenn durch einen Brennstoffeinkauf im Großen zugleich für andere gleichartige Unternehmen die eigene Grundstücksverwaltung verbilligt werden soll, es sei denn, der Brennstoffhandel stellt für sich gesehen eine gewerbliche Tätigkeit dar (→ BFH vom 27. 4. 1977 – BStBl. II S. 776). Der Anwendung der erweiterten Kürzung steht nicht entgegen, dass die Gesellschaft sich an der gemeinschaftlichen Verwaltung eines Grundstücks beteiligt, dessen Miteigentümerin sie zu ²/₃ Anteilen ist (→ BFH vom 9. 2. 1966 – BStBl. III S. 253).

Organschaft

- Im Falle der Organschaft sind die Voraussetzungen für die Anwendung der Kürzungsvorschrift des § 9 Nr. 1 Satz 2 und 3 GewStG mit Wirkung auf den im Organkreis erzielten und beim Organträger zusammenzurechnenden Gewerbeertrag für die zum Organkreis gehörenden Unternehmen gesondert zu prüfen. Ob die erweiterte Kürzung bei dem einzelnen Unternehmen des Organkreises zu berücksichtigen ist, richtet sich jeweils allein nach den bei diesem Unternehmen gegebenen Verhältnissen (→ BFH vom 30. 7. 1969 – BStBl. II S. 629).
- Die erweiterte Kürzung für Grundstücksunternehmen ist zu versagen, wenn es sich bei dem Grundstücksunternehmen um eine Organgesellschaft handelt, die alle ihre Grundstücke an eine andere Organgesellschaft desselben Organkreises vermietet (→ BFH vom 18. 5. 2011 – BStBl. II S. 887).

Sicherheitenbestellung. Die auf Grundstücke bezogene entgeltliche oder unentgeltliche Bestellung von Sicherheiten (z. B. Bestellung einer Grundschuld) für Kredite Dritter ist als Verwaltung und Nutzung eigenen Grundbesitzes i. S. des § 9 Nr. 1 Satz 2 GewStG zu beurteilen, sofern sie nicht den Umfang einer gewerblichen Tätigkeit annimmt (→ BFH vom 13. 8. 1997 – BStBl. 1998 II S. 270 und vom 17. 1. 2006 – BStBl. II S. 434).

Veräußerung von Grundbesitz. Die erweiterte Kürzung nach § 9 Nr. 1 Satz 2 GewStG ist nicht anzuwenden, wenn ein Unternehmen aufgrund der Veräußerung von Grundbesitz eine gewerbliche Tätigkeit ausübt, die nicht ausschließlich in der Errichtung und Veräußerung von Kaufeigenheimen, Kleinsiedlungen und Eigentumswohnungen im Sinne des § 9 Nr. 1 Satz 2 und 3 GewStG besteht (→ BFH vom 31. 7. 1990 – BStBl. II S. 1075).

R 9.2 (3)

R 9.2 (3)

Umfang der Kürzung

(3) Die Kürzung nach § 9 Nr. 1 Satz 2 GewStG umfasst nur den Teil des Gewerbeertrags des Grundstücksunternehmens, der auf die Verwaltung und Nutzung des eigenen Grundbesitzes, einschließlich der in R 9.2 Abs. 2 Satz 3 genannten ausnahmsweise zugelassenen Nebentätigkeiten, entfällt. 20

H 9.2 (3)

H 9.2 (3)

Kapitalerträge. Zinserträge werden auch dann nicht von der erweiterten Kürzung gemäß § 9 Nr. 1 Satz 2 GewStG umfasst, wenn sie aus der Anlage vereinnahmter Mietüberschüsse resul- 21

[1] Zu Auswirkungen des Betriebs von Blockheizkraftwerken durch Wohnungsunternehmer auf die Kürzung nach § 9 Nr. 1 Satz 2 ff. GewStG vgl. *LfSt Bayern vom 14. 10. 2015* (nachstehend Anlage b zu R 9.2 GewStR).

tieren und wenn diese Anlage vorgenommen worden ist, um Grundstücksdarlehen tilgen zu können (→ BFH vom 15. 3. 2000 – BStBl. II S. 355).

Reinvestitionsrücklage § 6 b EStG. Die erweiterte Kürzung gemäß § 9 Nr. 1 Satz 2 GewStG erfasst den Gewinn aus der Auflösung einer gemäß § 6b Abs. 3 EStG gebildeten Rücklage, wenn der ohne Bildung der Rücklage entstandene Veräußerungsgewinn nach § 9 Nr. 1 Satz 2 GewStG gewerbesteuerfrei gewesen wäre und wenn auch bei der Auflösung der Rücklage die Voraussetzungen des § 9 Nr. 1 Satz 2 GewStG vorliegen. Daran fehlt es nicht deshalb, weil der veräußerte Grundbesitz im Zeitpunkt der Auflösung der Rücklage nicht mehr zum Betriebsvermögen gehört. Die erweiterte Kürzung erfasst jedoch nicht den Gewinnzuschlag gemäß § 6b Abs. 7 EStG (→ BFH vom 15. 3. 2000 – BStBl. 2001 II S. 251).

Veräußerungsgewinne. Veräußert ein Unternehmen, das die Voraussetzungen des § 9 Nr. 1 Satz 2 GewStG erfüllt, Grundbesitz, ist – vorbehaltlich des § 9 Nr. 1 Satz 5 Nr. 2 und Satz 6 GewStG – auch der bei der Veräußerung erzielte Gewinn gemäß § 9 Nr. 1 Satz 2 GewStG bei der Ermittlung des Gewerbeertrags zu kürzen (→ BFH vom 29. 4. 1987 – BStBl. II S. 603).

R 9.2 (4)

R 9.2 (4)

Ausschluss der erweiterten Kürzung nach § 9 Nr. 1 Satz 5 Nr. 1 GewStG

(4) – *unbesetzt* –

H 9.2 (4)

H 9.2 (4)

23 **Beteiligungshöhe.** Die erweiterte Kürzung des Gewerbeertrags ist gemäß § 9 Nr. 1 Satz 5 Nr. 1 GewStG auch dann ausgeschlossen, wenn der Gesellschafter an der überlassenden Grundstücksgesellschaft nur geringfügig beteiligt ist. Eine in diesen Fällen zum Ausschluss der erweiterten Kürzung des Gewerbeertrags führende Beteiligung liegt jedenfalls dann vor, wenn sie mindestens 1 Prozent beträgt (→ BFH vom 7. 4. 2005 – BStBl. II S. 576).

Geringfügigkeit des überlassenen Grundbesitzes. Die erweiterte Kürzung nach § 9 Nr. 1 Satz 2 und 3 GewStG ist nach § 9 Nr. 1 Satz 5 Nr. 1 GewStG auch dann nicht zulässig, wenn nur ein ganz unwesentlicher Teil des Grundbesitzes dem Gewerbebetrieb des Gesellschafters oder Genossen dient (→ BFH vom 26. 6. 2007 – BStBl. II S. 893).

Gewerbebetrieb eines Gesellschafters bei Beteiligung an einer Mitunternehmerschaft.[1] Unter Gewerbebetrieb eines Gesellschafters im Sinne des § 9 Nr. 1 Satz 5 Nr. 1 GewStG ist auch ein Gewerbebetrieb zu verstehen, an dem der Gesellschafter als Mitunternehmer beteiligt ist. Der Grundbesitz dient dem Gewerbebetrieb eines Gesellschafters oder Genossen somit auch dann, wenn der Grundbesitz von einer Personengesellschaft im Sinne des § 15 Abs. 3 EStG genutzt wird, an der Gesellschafter oder Genossen des Grundstücksunternehmens als Mitunternehmer beteiligt sind (→ BFH vom 24. 9. 1969 – BStBl. II S. 738, vom 18. 12. 1974 – BStBl. 1975 II S. 268 und vom 15. 12. 1998 – BStBl. 1999 II S. 168).

Gewerbesteuerbefreiung des Betriebs des Gesellschafters. § 9 Nr. 1 Satz 5 Nr. 1 GewStG ist im Wege der teleologischen Reduktion in der Weise einzuschränken, dass dem Grundstücksunternehmen die erweiterte Kürzung des Gewerbeertrags nach § 9 Nr. 1 Satz 2 GewStG auch dann zu gewähren ist, wenn das überlassene Grundstück zwar dem Gewerbebetrieb eines Gesellschafters oder Genossen dient, dieses den Grundbesitz nutzende Unternehmen jedoch mit allen seinen (positiven wie negativen) Einkünften von der Gewerbesteuer befreit ist (→ BFH vom 26. 6. 2007 – BStBl. II S. 893).

Kurzfristige Überlassung des Grundbesitzes. Die erweiterte Kürzung des Gewerbeertrags nach § 9 Nr. 1 Satz 2 GewStG tritt nach § 9 Nr. 1 Satz 5 Nr. 1 GewStG auch dann nicht ein, wenn der vermietete Grundbesitz des grundstücksverwaltenden Unternehmens nur für kurze Zeit (zwei bis drei Tage) dem Gewerbebetrieb eines Gesellschafters dient (→ BFH vom 8. 6. 1978 – BStBl. II S. 505).

Lebensversicherungsunternehmen. Grundbesitz (Miteigentumsanteile), der zum Deckungsstock eines die Lebensversicherung betreibenden Unternehmens gehört, dient dessen Gewerbebetrieb, wenn er im Rahmen einer gewerblich geprägten Personengesellschaft mit den Eigentumsanteilen anderer Versicherungsunternehmen verwaltet wird (→ BFH vom 26. 10. 1995 – BStBl. 1996 II S. 6). Grundbesitz einer gewerblich geprägten Personengesellschaft dient i. S. d. § 9 Nr. 1 Satz 5 Nr. 1 GewStG dem Gewerbebetrieb des an der Gesellschaft beteiligten Lebensversicherungsunternehmens, wenn er zugunsten des Deckungsstock-Treuhänders im Grundbuch gesperrt ist und die Anteile an der Personengesellschaft in das Deckungsstockverzeichnis aufgenommen worden sind (→ BFH vom 17. 1. 2002 – BStBl. II S. 873). Der Grundbesitz einer gewerblich geprägten Personengesellschaft dient dem Gewerbetrieb des an der Gesellschaft beteiligten Lebensversicherungsunternehmen nach § 9 Nr. 1 Satz 5 GewStG, wenn die Anteile an der Personengesellschaft in einen Vermögensstock einge-

[1] *BFH-Urteil vom 7. 8. 2008 IV R 36/07, BStBl. 2010 II S. 988:* Die erweiterte Kürzung des Gewerbeertrags gemäß § 9 Nr. 1 Satz 2 GewStG kann grundstücksverwaltenden Personengesellschaften bei Verpachtung von Grundbesitz an einen gewerblich tätigen persönlich haftenden Gesellschafter nicht gewährt werden, auch wenn dieser Gesellschafter weder am Vermögen noch am Gewinn und Verlust der Personengesellschaft beteiligt ist.

stellt sind, der die Bedeckung der noch nicht garantierten Rückstellungen für Beitragsrückerstattungen sicherstellen soll (→ BFH vom 18. 12. 2014 – BStBl. 2015 II S. 597).

Mittelbare Beteiligung. Der mittelbar über eine Personengesellschaft an einer vermögensverwaltenden Kapitalgesellschaft Beteiligte ist Gesellschafter im Sinne des § 9 Nr. 1 Satz 5 Nr. 1 GewStG (→ BFH vom 15. 12. 1998 – BStBl. 1999 II S. 168). Der mittelbar über eine Kapitalgesellschaft an einer vermögensverwaltenden Kapitalgesellschaft Beteiligte ist nicht Gesellschafter i. S. d. § 9 Nr. 1 Satz 5 Nr. 1 GewStG (→ BFH vom 15. 4. 1999 – BStBl. II S. 532).

Rechtsfolgen des Ausschlusses der erweiterten Kürzung nach § 9 Nr. 1 Satz 5 Nr. 1 GewStG. Dient der Grundbesitz ganz oder zum Teil dem Gewerbebetrieb eines Gesellschafters oder Genossen, so bleibt es bei der Kürzung nach § 9 Nr. 1 Satz 1 GewStG (→ BFH vom 8. 6. 1978 – BStBl. II S. 505).

Untervermietung. Grundbesitz dient dem Gewerbebetrieb eines Gesellschafters auch dann, wenn er von diesem oder von einer Mitunternehmerschaft, an der der Gesellschafter beteiligt [ist], weitervermietet wird und der Grundbesitz ohne die Zwischenschaltung der Grundstücksgesellschaft zum Betriebsvermögen des Gesellschafters oder der Mitunternehmerschaft gehören würde (→ BFH vom 15. 12. 1998 – BStBl. 1999 II S. 168). Der Grundbesitz einer Wohnungs-GmbH dient danach z. B. dem Gewerbebetrieb einer anderen Gesellschaft, an der die Gesellschafter der Wohnungs-GmbH beteiligt sind, wenn die Wohnungen fast ausschließlich an aktive und ehemalige Arbeitnehmer dieser Gesellschaft vermietet werden (→ BFH vom 18. 12. 1974 – BStBl. 1975 II S. 268 und vom 28. 7. 1993 – BStBl. 1994 II S. 46).

Anl a zu R 9.2

a) Schreiben betr. gewerbesteuerliche Behandlung von Leasing-Verträgen über unbewegliche Wirtschaftsgüter (Immobilienleasing); hier: Erweiterte Kürzung nach § 9 Nr. 1 Satz 2 GewStG

Vom 9. März 1981 (BeckVerw 027022)

(FM Bayern G 1422 – 18/108/8413; koord. Ländererlaß)

Unternehmen, die aufgrund von Leasing-Verträgen anderen Personen unbewegliche Wirtschaftsgüter zum Gebrauch überlassen, können die erweiterte Kürzung nach § 9 Nr. 1 Satz 2 GewStG in Anspruch nehmen, wenn ihre Betätigung für sich betrachtet ihrer Natur nach keinen Gewerbebetrieb darstellt, sondern als Vermögensverwaltung anzusehen ist. **24**

Bei der Beurteilung von sog. Aufspaltungsfällen, in denen sich eine Besitzgesellschaft lediglich mit der Gebrauchsüberlassung des Objekts befaßt (Objektgesellschaft), während die für das Immobilienleasing erforderlichen sonstigen Tätigkeiten von anderen beteiligungsmäßig verbundenen Betriebsgesellschaften vorgenommen werden, bitte ich folgende Auffassung zu vertreten:

Die Aufspaltung bestimmter Tätigkeiten auf Dienstleistungsgesellschaften einerseits und Objektgesellschaften andererseits, bei der sich die Objektgesellschaft der Mithilfe anderer, rechtlich selbständiger Gesellschaften desselben Konzernkreises bedient, macht die an sich vermögensverwaltende Tätigkeit der Objektgesellschaft nicht zu einer gewerblichen Tätigkeit.

Dieser Rechtsbeurteilung liegt die Annahme zugrunde, daß die Verträge zwischen der Leasinggesellschaft (Objektgesellschaft) und dem Leasingnehmer so gestaltet sind, daß die Objektgesellschaft wirtschaftliche Eigentümerin ist und es sich bei dem Vertrag zwischen Objektgesellschaft und Leasingnehmer um einen Mietvertrag handelt. Die dadurch begründete vermögensverwaltende Tätigkeit der Objektgesellschaft wird durch die Inanspruchnahme Dritter zur Grundstücksbeschaffung, Suche eines Mieters, Bauplanung, Finanzierung und Bauüberwachung nicht zu einer gewerblichen Tätigkeit. Dies gilt im Hinblick auf das BFH-Urteil vom 30. 7. 1969, BStBl. II S. 629 auch dann, wenn die Objektgesellschaft und die Unternehmen, deren Leistung sie in Anspruch nimmt, konzernmäßig verbunden sind.

Bei den in der Praxis offenbar seltenen Fällen, daß Leasing-Gesellschaften die gesamte für das Immobilienleasing charakteristische Tätigkeit ohne Aufspaltung in einer Hand selbst betreiben, bitte ich weiterhin nach dem Bezugsschreiben vom 4. 11. 1977[1] zu verfahren.

Dieses Schreiben ergeht im Einvernehmen mit dem Bundesminister der Finanzen und den obersten Finanzbehörden der anderen Länder.

Anl b zu R 9.2

b) Verfügung betr. Auswirkungen des Betriebs von Blockheizkraftwerken (BHKW) durch Wohnungsunternehmen auf die Kürzung nach § 9 Nr. 1 Satz 2 ff. GewStG

Vom 14. Oktober 2015 (StEd. S. 766)

(LfSt Bayern G 1425.1.1–6/5 St 31)

Die Verfügung richtet sich an alle Bearbeiterinnen und Bearbeiter, die mit der GewSt-Veranlagung befasst sind. **25**

Die Vertreter der obersten Finanzbehörden des Bundes und der Länder haben die Frage erörtert, ob der Betrieb einer Kraft-Wärme-Kopplungs-Anlage (KWK-Anlage), hier speziell eines Blockheizkraftwerkes (BHKW), Auswirkungen auf die erweiterte Kürzung nach § 9 Nr. 1 Satz 2 ff. GewStG hat.

---

[1] Inhaltsgleich mit *Erlaß FM NRW vom 23. 11. 1977 G 1422 – 20 – V B 4, StEK GewStG § 9 Nr. 14.*

Zunächst ist festzuhalten, dass die Versorgung der Mietwohnungen mit **Wärme (und Warmwasser)** zu den mietrechtlichen Obliegenheiten des Wohnungsunternehmens zählt (vgl. auch BGH-Urteil vom 30. 6. 1993 – XII ZR 161/91 – BB 1993 S. 1760). Diese Tätigkeit ist Teil der von § 9 Nr. 1 Satz 2 GewStG **begünstigten Tätigkeiten** des Unternehmens.

Dagegen stellt die **Erzeugung und Lieferung von Strom** eine eigenständige, nicht zu den Obliegenheiten des Wohnungsunternehmens (des Vermieters) zählende Tätigkeit dar.

Diese Tätigkeit ist gewerblich. Sie ist nicht von § 9 Nr. 1 Satz 2 GewStG als begünstigte oder nicht kürzungsschädliche Tätigkeit erfasst. Übt ein Wohnungsunternehmen eine solche Tätigkeit aus, kann die erweiterte Kürzung nach § 9 Nr. 1 Satz 2 ff. GewStG **nicht gewährt werden.**

Hierauf hat der Umstand, dass bei einer KWK-Anlage der Strom „rein technisch bedingt" anfällt, keinen Einfluss. Kürzungsunschädlich wäre es nur, wenn das Wohnungsunternehmen den anfallenden Strom selbst verbraucht, d. h. daneben keine Lieferung an Dritte (einschließlich an Mieter) vornimmt.

Die Kürzung nach § 9 Nr. 1 Satz 2 ff. GewStG ist beim Wohnungsunternehmen auch nicht ausgeschlossen, wenn die KWK-Anlage nicht selbst, sondern z. B. von einem Contractor betrieben wird und das Unternehmen von diesem die Wärme bezieht und der Contractor den Strom an Dritte (einschließlich an Mieter) veräußert.

Anl c zu R 9.2

c) Anwendung der erweiterten Kürzung nach § 9 Nr. 1 S. 2 ff. GewStG beim Betrieb einer Fotovoltaikanlage

Vom 15. Mai 2020 (DStR S. 1623)

(LfSt Niedersachsen G 1425 – 50 – St 251)

26 Zu der Frage, ob der Betrieb einer Fotovoltaikanlage für die Anwendung der erweiterten Kürzung gemäß § 9 Nr. 1 S. 2 ff. GewStG unschädlich ist, wird gebeten, folgende Auffassung zu vertreten: Die erweiterte Kürzung iSd § 9 Nr. 1 S. 2 ff. GewStG stellt im Verhältnis zu § 9 Nr. 1 S. 1 GewStG eine Sondervorschrift dar, deren Anwendung die ausschließliche Betätigung der Gewerbetreibenden in Form der Verwaltung oder Nutzung eigenen Grundbesitzes voraussetzt. Lediglich die Verwaltung eigenen Kapitalvermögens, die Betreuung von Wohnungsbauten und die Errichtung und Veräußerung von Ein- oder Zweifamilienhäusern und Eigentumswohnungen sind als Nebentätigkeiten zur Verwaltung oder Nutzung des Grundbesitzes für die Anwendung der erweiterten Kürzung unschädlich. Der Betrieb einer Fotovoltaikanlage stellt keine in oben genannten Sinne aufgeführte Nebentätigkeit dar. Vielmehr handelt es sich bei dieser Betätigung – unter der Voraussetzung der Gewinnerzielungsabsicht – um eine gewerbliche Tätigkeit. Diese schließt die Anwendung der erweiterten Kürzung auch in den Fällen aus, in denen die Einnahmen lediglich von untergeordneter Bedeutung sind. Ebenfalls schädlich für die erweiterte Kürzung ist die Auslagerung des Betriebs der Fotovoltaikanlage auf ein Tochterunternehmen. Wird das Tochterunternehmen in der Rechtsform einer Personengesellschaft betrieben, schließt dies eine Kürzung nach § 9 Nr. 1 S. 2 ff. GewStG aus, da es sich um eine Beteiligung an einem gewerblichen Unternehmen handelt (vgl. BFH v. 22. 1. 1992 – I R 61/90, BStBl. II 1992, 628, DStR 1992, 1426). Wird das Tochterunternehmen in der Rechtsform einer Kapitalgesellschaft betrieben, liegt zwischen dem Wohnungsunternehmen und der Tochtergesellschaft regelmäßig eine Betriebsaufspaltung vor. Das Dach bzw. der Grund und Boden, auf dem die Fotovoltaikanlage installiert wird, stellt regelmäßig eine wesentliche Betriebsgrundlage dar, die der Tochtergesellschaft vom Wohnungsunternehmen überlassen wird. Wenn auch die finanzielle Eingliederung gegeben ist, sind alle Tatbestandsmerkmale der Betriebsaufspaltung gegeben. Die Tätigkeit eines Besitzunternehmens einer Betriebsaufspaltung geht über die Vermögensverwaltung hinaus und schließt demzufolge die erweiterte Grundstückskürzung nach § 9 Nr. 1 S. 2 ff. GewStG aus. Wenn nicht eine Tochtergesellschaft, sondern eine Schwestergesellschaft die Fotovoltaikanlage auf den Dachflächen des Wohnungsunternehmens betreibt, liegt keine (kapitalistische) Betriebsaufspaltung vor. Daher ist in derartigen Fällen die erweiterte Kürzung iSd § 9 Nr. 1 S. 2 ff. GewStG zu gewähren, wenn die übrigen Voraussetzungen vorliegen.

R 9.3

R 9.3 Kürzung um Gewinne aus Anteilen an bestimmten Körperschaften

28 ① Die Kürzung nach § 9 Nr. 2a GewStG kommt für unmittelbare und mittelbare Beteiligungen an einer nicht steuerbefreiten inländischen Kapitalgesellschaft im Sinne des § 2 Abs. 2 GewStG, einer Kredit- oder Versicherungsanstalt des öffentlichen Rechts, einer Erwerbs- und Wirtschaftsgenossenschaft oder an einer Unternehmensbeteiligungsgesellschaft im Sinne des § 3 Nr. 23 GewStG in Betracht. ② Weitere Voraussetzung für die Kürzung nach § 9 Nr. 2a GewStG ist, dass die Beteiligung zu Beginn des Erhebungszeitraums mindestens 15 Prozent des Grund- oder Stammkapitals beträgt. ③ Ist ein Grund- oder Stammkapital nicht vorhanden, tritt an seine Stelle das Vermögen; bei Erwerbs- und Wirtschaftsgenossenschaften ist die Beteiligung an der Summe der Geschäftsguthaben maßgebend. ④ Für die Ermittlung der erforderlichen Beteiligungshöhe einer Personengesellschaft sind die im Gesamthands- und Sonderbetriebsvermögen gehaltenen Anteile zusammenzurechnen. ⑤ Beginnt die Steuerpflicht des beteiligten Unternehmens im Laufe eines Kalenderjahrs, kommt es für den ersten Erhebungszeitraum auf die Höhe der Beteiligung zu Beginn der Steuerpflicht (Beginn des abgekürzten Erhebungszeitraums) an. ⑥ Ist die ausschüttende Körperschaft teilweise von der Gewerbesteuer befreit und übt sie teilweise eine gewerbesteuerpflichtige Tätigkeit aus, z. B. in den Fällen des § 3 Nr. 5, 8, 9, 12, 13, 15, 17 und 20 GewStG, ist die Kürzung nach dem Verhältnis der steuerpflichtigen Gewinnanteile zum

Gesamtgewinn der Körperschaft vorzunehmen. ⑦ Erforderlichenfalls kann der begünstigte Teil der Gewinnausschüttung im Schätzungswege ermittelt werden. ⑧ Der bei der Ermittlung des Gewerbeertrags anzusetzende Gewinn aus einer Wertaufholung nach § 6 Abs. 1 Nr. 2 Satz 3 EStG unterliegt auch dann nicht der Kürzung nach § 9 Nr. 2a GewStG, wenn sich die vorangegangene ausschüttungsbedingte Teilwertabschreibung aufgrund der Regelung in § 8 Nr. 10 GewStG gewerbesteuerlich nicht ausgewirkt hat.

H 9.3

H 9.3

Ausschüttungen, für die Beträge des steuerlichen Einlagekontos als verwendet gelten, gehören nicht zu den Gewinnen aus Anteilen i. S. d. § 9 Nr. 2a GewStG (→ BFH vom 15. 9. 2004 – BStBl. 2005 II S. 297). 29

Besitzzeitanrechnungen nach dem UmwStG. Die zeitraumbezogene Besitzzeitanrechnung nach § 4 Abs. 2 Satz 3 UmwStG (bei einem sog. qualifizierten Anteilstausch ist unter der Voraussetzung des Ansatzes des eingebrachten Betriebsvermögens mit einem unter dem gemeinen Wert liegenden Wert durch die übernehmende Gesellschaft der Zeitraum der Zugehörigkeit eines Wirtschaftsguts zum Betriebsvermögen der übertragenden Körperschaft dem übernehmenden Rechtsträger anzurechnen, wenn die Dauer der Zugehörigkeit des Wirtschaftsguts zum Betriebsvermögen für die Besteuerung bedeutsam ist) entfaltet für das zeitpunktbezogene Tatbestandsmerkmal des § 9 Nr. 2a GewStG keine Wirkung (→ BFH vom 16. 4. 2014 – BStBl. 2015 II S. 303).

Dividendeneinnahmen einer Organgesellschaft.[1]

Mittelbare Beteiligung. Die Kürzung nach § 9 Nr. 2a GewStG kommt auch bei mittelbarer Beteiligung in dem gesetzlich bestimmten Umfang in Betracht (→ BFH vom 17. 5. 2000 – BStBl. 2001 II S. 685).

Liquidation der Kapitalgesellschaft. Gewinne aus Anteilen i. S. d. § 9 Nr. 2a GewStG sind sowohl die während der Liquidation der Kapitalgesellschaft erzielten Gewinne als auch die Liquidationsrate, mit der das nach Abschluss der Liquidation verbliebene Reinvermögen an die Anteilseigner ausgekehrt wird, soweit nicht Beträge aus dem steuerlichen Einlagekonto i. S. d. § 27 KStG als verwendet gelten. Soweit im Rahmen der Gewinnermittlung die Anteile an der Untergesellschaft infolge des Untergangs des Wirtschaftsguts „Beteiligung" aus der Bilanz eines Anteilseigners auszubuchen sind, mindert dies nicht den Kürzungsbetrag i. S. des § 9 Nr. 2a GewStG (→ BFH vom 2. 4. 1997 – BStBl. 1998 II S. 25 und vom 8. 5. 2003 – BStBl. 2004 II S. 460).

Veräußerungsgewinne. Der Gewinn aus der Veräußerung einer Beteiligung an einer Kapitalgesellschaft ist kein von der Kapitalgesellschaft ausgeschütteter Gewinn i. S. von § 9 Nr. 2a GewStG (→ BFH vom 7. 12. 1971 – BStBl. 1972 II S. 468).

Anl zu R 9.3

Verfügung betr. Anwendung des Schachtelprivilegs nach § 9 Nr. 2a GewStG auf Genussrechte

Vom 16. Oktober 2002 (DStR 2003 S. 251)

(OFD Frankfurt a. M. G 1425 A – 8 – St II 22)

Zur Ermittlung des Gewerbeertrags werden nach § 9 Nr. 2a GewStG die Gewinne aus Anteilen an einer nicht steuerbefreiten inländischen Kapitalgesellschaft i. S. d. § 2 Abs. 2 GewStG, einer Kreditanstalt des öffentlichen Rechts, einer Erwerbs- und Wirtschaftsgenossenschaft oder einer Unternehmensbeteiligungsgesellschaft i. S. d. § 3 Nr. 23 GewStG gekürzt, wenn die Beteiligung zu Beginn des Erhebungszeitraums mindestens ein Zehntel des Grund- oder Stammkapitals beträgt und die Gewinnanteile bei Ermittlung des Gewinns (§ 7 GewStG) angesetzt worden sind. 30

Es ist die Frage aufgeworfen worden, ob für die Anwendung des Schachtelprivilegs nach § 9 Nr. 2a GewStG Anteile, die dem Gesellschafter keine Beteiligung am Gewinn und Liquidationserlös vermitteln, unberücksichtigt bleiben.

Der Frage liegt folgender Sachverhalt zugrunde: Eine GmbH gibt zehn nominal gleich hohe Genussrechte an Investoren aus, die nicht am Nominalkapital der GmbH beteiligt sind. Die Genussrechte gewähren eine Beteiligung am Gewinn und Liquidationserlös i. S. d. § 20 Abs. 1 Nr. 1 EStG und § 8 Abs. 3 Satz 2 KStG in Höhe von 10 v. H., jedoch keine Stimmrechte. Die Gesellschafter der GmbH haben keinen Anspruch auf Beteiligung am Gewinn und Liquidationserlös.

Nach Auffassung der Finanzverwaltung gilt Folgendes:

Geschäftsanteile, die keine Beteiligung am Gesellschaftsvermögen vermitteln, dürfen bei der Berechnung der Beteiligungsquote nicht angesetzt werden. Insbesondere Abschnitt 61 Abs. 1 Satz 3 GewStR belegt, dass auf die Beteiligung am Vermögen abzustellen ist. Nicht entscheidend ist, obdie Rechtsposition (Genussrecht) auch Mitgliedschaftsrechte wie z. B. Stimmrechte begründet. Die Kürzung beim Vorliegen von Genussrechten i. S. d. § 20 Abs. 1 Nr. 1 EStG und § 8 Abs. 3 Satz 2 KStG entspricht dem Sinn und Zweck der Vorschrift, gewerbesteuerliche Doppelbelastungen zu vermeiden.

---

[1] **[Amtl. Anm.:]** Für EZ ab 2017 → § 7a GewStG in der ab 2017 geltenden Fassung.

Auf den vorgenannten Sachverhalt bezogen hat dies zur Folge, dass bei den Genussrechtsinhabern die Voraussetzungen für die Anwendung des nationalen Schachtelprivilegs (jeweils Beteiligung von mindestens einem Zehntel) gegeben sind.

R 9.4

R 9.4 Kürzung um den auf eine ausländische Betriebsstätte entfallenden Teil des Gewerbeertrags – *unbesetzt* –

H 9.4

H 9.4

32 **Aufteilung des Gewerbeertrags.** Der Teil des Gewerbeertrags, der auf die ausländische Betriebsstätte entfällt, ist grundsätzlich nach der sog. direkten Methode zu ermitteln. Wird der Betriebsstättengewinn nicht gesondert ermittelt, muss eine Aufteilung im Wege der Schätzung erfolgen. Die Zerlegungsvorschrift des § 29 GewStG kann ggf. sinngemäß angewendet werden, sofern die im In- und Ausland ausgeübten Tätigkeiten gleichwertig sind (→ BFH vom 28. 3. 1985 – BStBl. II S. 405).

Kürzung um Hinzurechnungsbetrag nach § 10 Absatz 1 Satz 1 AStG.[1] → Gleich lautende Erlasse der obersten Finanzbehörden der Länder vom 14. 12. 2015 – BStBl. I S. 1090 zu den Folgen aus dem BFH-Urteil vom 11. 3. 2015 – BStBl. II S. 1049.

Tonnagebesteuerung. Soweit der Gewinn nach § 5a EStG ermittelt worden ist, kommen Hinzurechnungen und Kürzungen nicht in Betracht. Die Auflösung des Unterschiedsbetrages nach § 5a Abs. 4 EStG gehört zum Gewerbeertrag (→ BMF vom 12. 6. 2002 – BStBl. I S. 614[2] unter Berücksichtigung der Änderungen durch BMF vom 31. 10. 2008 – BStBl. I S. 956, Rdnr. 37 und 38 und BFH vom 26. 6. 2014 – BStBl. 2015 II S. 300).

Veräußerung des Schiffs einer Einschiffsgesellschaft. Der auf den Einsatz eines Schiffs als Handelsschiff im internationalen Verkehr entfallende Teil des Gewerbeertrags einer Einschiffsgesellschaft unterliegt unter der Voraussetzung, dass der Gewerbeertrag nicht nach § 7 Satz 3 GewStG i.V. m. § 5a EStG, sondern nach § 7 Satz 1 GewStG i.V. m. § 4, § 5 EStG zu ermitteln ist, auch dann der Kürzung nach § 9 Nr. 3 GewStG, wenn die Gesellschaft vorrangig die Veräußerung des Schiffs beabsichtigt (→ BFH vom 26. 9. 2013 – BStBl. 2015 II S. 296). Zu Gewerbesteuerpflicht → H 2.5 (1).

Verluste einer ausländischen Betriebsstätte. Der auf eine ausländische Betriebsstätte entfallende Teil des Gewerbeertrags i. S. d. § 9 Nr. 3 GewStG kann auch ein Verlust sein mit der Folge, dass die Kürzung nach § 9 Nr. 3 GewStG die Erhöhung eines positiven oder die Minderung eines negativen Gewerbeertrags bewirkt (→ BFH vom 21. 4. 1971 – BStBl. II S. 743 und vom 10. 7. 1974 – BStBl. II S. 752).

Weitervercharterung von Handelsschiffen. Die Weitervercharterung von Handelsschiffen führt beim Zweitvercharterer nur dann zur Fiktion einer ausländischen Betriebsstätte i.S. des § 9 Nr. 3 Satz 2 GewStG 2002, wenn dieser die Schiffe selbst ausgerüstet hat (→ BFH vom 22. 12. 2015 – BStBl. II 2016 S. 537).

R 9.5

R 9.5 Kürzung um Gewinne aus Anteilen an einer ausländischen Kapitalgesellschaft

33 ① Nach § 9 Nr. 7 Satz 1 erster Halbsatz GewStG wird die Summe des Gewinns und der Hinzurechnungen um die Gewinne aus Anteilen an einer aktiv tätigen ausländischen Kapitalgesellschaft bei einer mindestens 15 Prozent des Nennkapitals betragenden Beteiligung gekürzt. ② Dies entspricht hinsichtlich der Höhe der Beteiligungsgrenze der Regelung bei innerstaatlichen Beteiligungen (→ § 9 Nr. 2a GewStG). ③ Zu den Gewinnen gehören auch verdeckte Gewinnausschüttungen. ④[3] Nach § 9 Nr. 7 Satz 1 zweiter Halbsatz GewStG gilt die Kürzung auch für Gewinne aus Anteilen an einer Gesellschaft, die die in der Anlage 2 zu § 43b EStG genannten Voraussetzungen des Art. 2 der Richtlinie Nr. 90/435/EWG des Rates vom 23. 7. 1990 (ABl. EG Nr. L 225 S. 6, Nr. L 266 S. 20, 1997 Nr. L S. 98 – sog. Mutter-Tochter-Richtlinie),[4] zuletzt geändert durch Richtlinie 2006/98/EG des Rates vom 20. 11. 2006 (ABl. EU Nr. L 363 S. 129) erfüllt und das Unternehmen zu mindestens einem Zehntel am Nennkapital der Gesellschaft zu Beginn des Erhebungszeitraums beteiligt ist (→ § 43b EStG). ⑤ Die Vorschrift des § 9 Nr. 7 GewStG ist auch anzuwenden, wenn die Tochtergesellschaft in einem Staat ansässig ist, mit dem ein Doppelbesteuerungsabkommen besteht. ⑥ Die gewerbesteuerrechtliche Schachtelvergünstigung nach einem Doppelbesteuerungsabkommen kann jedoch weitere oder engere Voraussetzungen als § 9 Nr. 7 GewStG haben. ⑦ Anzuwenden ist jeweils die für den Steuerpflichtigen günstigere Regelung. ⑧ Zu beachten ist, dass die nach den Doppelbesteuerungsabkommen eingeräumten Schachtelvergünstigungen nach § 9 Nr. 8 GewStG bereits ab einer Beteiligungsgrenze von 15 Prozent gewährt werden. ⑨ Die in den Doppelbesteuerungsabkommen festgelegten weiteren sachlichen und persönlichen Voraussetzungen bleiben hiervon unberührt. ⑩ Die

[1] **[Amtl. Anm.:]** Hinweis auf § 7 Satz 7 und § 9 Nr. 3 Satz 1 GewStG in der Fassung des Gesetzes zur Umsetzung der Änderungen der EU-Amtshilferichtlinie und von weiteren Maßnahmen gegen Gewinnkürzungen und -verlagerungen.

[2] Abgedruckt im „Handbuch zur ESt-Veranlagung" als Anlage zu § 5a EStG.

[3] Zur unionsrechtskonformen Auslegung des § 9 Nr. 7 GewStG siehe gleich lautenden Ländererlass v. 25. 1. 2019, BStBl. 2019 I, 91 sowie Neufassung des § 9 Nr. 7 durch Gesetz vom 12. 12. 2019 (BGBl. I S. 2451) mWv EZ 2020.

[4] Jetzt RL 2011/96/EU, ABl. EU 2011 Nr. L S. 8.

Schachtelvergünstigung steht jedem gewerblichen Unternehmen, also auch Einzelunternehmen und Personengesellschaften, zu. ⑪ Dies gilt auch, wenn die Schachtelvergünstigung wegen mittelbarer Beteiligung an einer aktiv tätigen Enkelgesellschaft zu gewähren ist. ⑫ Die Gewährung der Schachtelvergünstigung nach § 9 Nr. 7 Satz 1 GewStG setzt keinen Antrag voraus. ⑬ Die ausländische Kapitalgesellschaft muss in dem Wirtschaftsjahr, für das sie ihre Ausschüttungen vorgenommen hat, ihre Bruttoerträge ausschließlich oder fast ausschließlich aus unter § 8 Abs. 1 Nr. 1 bis 6 AStG fallenden aktiven Tätigkeiten und/oder aus den in § 9 Nr. 7 Satz 1 GewStG benannten Beteiligungen bezogen haben. ⑭ Die Anwendung des § 9 Nr. 7 GewStG setzt voraus, dass das Unternehmen alle Nachweise erbringt.

H 9.5

H 9.5

Brasilianische Eigenkapitalverzinsung als Dividende nach § 9 Nr. 7 Satz 2 GewStG. Zinsen auf das Eigenkapital („juro sobre o capital próprio") nach Maßgabe der brasilianischen Gesetze Nr. 9.249/95 und Nr. 9.430/96 sind Gewinnanteile i.S.d. § 9 Nr. 7 Satz 2 GewStG (→ BFH vom 6. 6. 2012 – BStBl. 2013 II S. 111). 34

Mindestbeteiligung für die Kürzung nach § 9 Nr. 7 Satz 1 GewStG. Die Beteiligung eines inländischen Unternehmens an einer ausländischen Kapitalgesellschaft gemäß § 9 Nr. 7 Satz 1 GewStG muss keine unmittelbare sein (→ BFH vom 17. 5. 2000 – BStBl. 2001 II S. 685).

Mindestbeteiligung für die Kürzung nach § 9 Nr. 7 Satz 4 GewStG. Die Kürzung gemäß § 9 Nr. 7 Satz 4 GewStG ist nicht zu gewähren, wenn die hiernach erforderliche Mindestbeteiligungsquote an der Enkelgesellschaft von 15 Prozent nur durch Zusammenrechnung einer unmittelbaren Beteiligung der Muttergesellschaft an der betreffenden Gesellschaft (§ 9 Nr. 7 Satz 1 GewStG) und einer mittelbaren Beteiligung an dieser Gesellschaft über eine zwischengeschaltete Tochtergesellschaft (§ 9 Nr. 7 Satz 4 GewStG) erreicht wird. Die Mindestbeteiligung muss allein über die Tochtergesellschaft bestehen (→ BFH vom 21. 8. 1996 – BStBl. 1997 II S. 434).

GewStG

§ 10 Maßgebender Gewerbeertrag

1 (1) **Maßgebend ist der Gewerbeertrag, der in dem Erhebungszeitraum bezogen worden ist, für den der Steuermessbetrag (§ 14) festgesetzt wird.**

2 (2) **Weicht bei Unternehmen, die Bücher nach den Vorschriften des Handelsgesetzbuchs zu führen verpflichtet sind, das Wirtschaftsjahr, für das sie regelmäßig Abschlüsse machen, vom Kalenderjahr ab, so gilt der Gewerbeertrag als in dem Erhebungszeitraum bezogen, in dem das Wirtschaftsjahr endet.**

§ 10 a Gewerbeverlust

1 **①Der maßgebende Gewerbeertrag wird bis zu einem Betrag in Höhe von 1 Million Euro um die Fehlbeträge gekürzt, die sich bei der Ermittlung des maßgebenden Gewerbeertrags für die vorangegangenen Erhebungszeiträume nach den Vorschriften der §§ 7 bis 10 ergeben haben, soweit die Fehlbeträge nicht bei der Ermittlung des Gewerbeertrags für die vorangegangenen Erhebungszeiträume berücksichtigt worden sind. ②Der 1 Million Euro übersteigende maßgebende Gewerbeertrag ist bis zu 60 Prozent um nach Satz 1 nicht berücksichtigte Fehlbeträge der vorangegangenen Erhebungszeiträume zu kürzen.[1] ③Im Fall des § 2 Abs. 2 Satz 2 kann die Organgesellschaft den maßgebenden Gewerbeertrag nicht um Fehlbeträge kürzen, die sich vor dem rechtswirksamen Abschluss des Gewinnabführungsvertrags ergeben haben. ④Bei einer Mitunternehmerschaft ist der sich für die Mitunternehmerschaft insgesamt ergebende Fehlbetrag den Mitunternehmern entsprechend dem sich aus dem Gesellschaftsvertrag ergebenden allgemeinen Gewinnverteilungsschlüssel zuzurechnen; Vorabgewinnanteile sind nicht zu berücksichtigen.[2] ⑤Für den Abzug der den Mitunternehmern zugerechneten Fehlbeträge nach Maßgabe der Sätze 1 und 2 ist der sich für die Mitunternehmerschaft insgesamt ergebende maßgebende Gewerbeertrag sowie der Höchstbetrag nach Satz 1 den Mitunternehmern entsprechend dem sich aus dem Gesellschaftsvertrag für das Abzugsjahr ergebenden allgemeinen Gewinnverteilungsschlüssel zuzurechnen; Vorabgewinnanteile sind nicht zu berücksichtigen. ⑥Die Höhe der vortragsfähigen Fehlbeträge ist gesondert festzustellen. ⑦Vortragsfähige Fehlbeträge sind die nach der Kürzung des maßgebenden Gewerbeertrags nach Satz 1 und 2 zum Schluss des Erhebungszeitraums verbleibenden Fehlbeträge. ⑧Im Fall des § 2 Abs. 5 kann der andere Unternehmer den maßgebenden Gewerbeertrag nicht um die Fehlbeträge kürzen, die sich bei der Ermittlung des maßgebenden Gewerbeertrags des übergegangenen Unternehmens ergeben haben. ⑨§ 8 Abs. 8 und 9 Satz 5 bis 8 des Körperschaftsteuergesetzes ist entsprechend anzuwenden. ⑩[3] Auf die Fehlbeträge ist § 8 c des Körperschaftsteuergesetzes entsprechend anzuwenden; dies gilt auch für den Fehlbetrag einer Mitunternehmerschaft, soweit dieser**

1. einer Körperschaft unmittelbar oder

2. einer Mitunternehmerschaft, soweit an dieser eine Körperschaft unmittelbar oder mittelbar über eine oder mehrere Personengesellschaften beteiligt ist,

zuzurechnen ist. ⑪[4]Auf die Fehlbeträge ist § 8 d des Körperschaftsteuergesetzes entsprechend anzuwenden, wenn ein fortführungsgebundener Verlustvortrag nach § 8 d des Körperschaftsteuergesetzes gesondert festgestellt worden ist. ⑫Unterbleibt eine Feststellung nach § 8 d Absatz 1 Satz 8 des Körperschaftsteuergesetztes, weil keine nicht genutzten Verluste nach § 8 c Absatz 1 Satz 1 des Körperschaftsteuergesetzes vorliegen, ist auf Antrag auf die Fehlbeträge § 8 d des Körperschaftsteuergesetzes entsprechend anzuwenden; für die Form und die Frist dieses Antrags gilt § 8 d Absatz 1 Satz 5 des Körperschaftsteuergesetzes entsprechend.

---

[1] *BVerwG-Urteil vom 19. 2. 2015 9 C 10/14, DStR 2016, 1022:* **1., 2.** ... **3.** Im Zusammenhang mit den Regelungen zur Mindestbesteuerung (§ 10 a S. 1 und 2 GewStG) scheiden Billigkeitsmaßnahmen nach § 163 AO zur generellen Vermeidung sog. Devolutiveffekte aus, weil darin eine strukturelle Gesetzeskorrektur läge (im Anschluss an BFH-Vorlagebeschluss v. 26. 2. 2014 – I R 59/12 – BFHE 246, 27 = DStR 2014, 1761 Rn. 38).

[2] *BFH-Beschluss vom 19. 4. 2007 IV R 4/06, BStBl. 2008 II S. 140:* **1.** Scheidet ein Mitunternehmer aus einer Personengesellschaft aus, so ist der für den letzten Stichtag vor dem Ausscheiden des Mitunternehmers festgestellte vortragsfähige Gewerbeverlust der Gesellschaft um den anteilig auf ihn entfallenden Verlustanteil zu kürzen. Dieser Anteil ist für Erhebungszeiträume vor 2007 nicht nur anhand des Gewinnverteilungsschlüssels, sondern unter Einbeziehung der in den Jahren des Bestehens der Mitunternehmerschaft angefallenen Sonderbetriebseinnahmen und -ausgaben zu berechnen (Anschluss an BFH-Urteil vom 17. Januar 2006 VIII R 96/04, BFHE 213, 12). **2.** ... *(Anm. d. Red.:* Der BFH hat die Vorlage an das BVerfG (1 BvL 5/07) zurückgezogen, nachdem das FA die Kläger klaglos gestellt hat).

[3] § 10 a Satz 10 geändert, Sätze 11 und 12 eingefügt durch Gesetz vom 21. 12. 2020 (BGBl. I S. 3096); zur Anwendung siehe § 36 Abs. 5 a.

[4] Die Grundsätze des *BMF-Schrb. v. 18. 3. 2021 IV C 2 – S 2745-b/19/10 002 :002, BStBl. I S. 363* zur Anwendung des § 8 d KStG sind bei der Gewerbesteuer entsprechend anzuwenden (vgl. *gleich lautende Erlasse der obersten Finanzbehörden der Länder vom 19. 3. 2021, BStBl. I S. 359*).

Übersicht Rz.

R 10 a.1 Gewerbeverlust

R 10 a.1

Ermittlung

(1) ① Für die Ermittlung des Gewerbeverlustes ist im Entstehungsjahr von dem Gewinn (Verlust) aus Gewerbebetrieb auszugehen, der nach den Vorschriften des Einkommensteuerrechts oder des Körperschaftsteuerrechts zu ermitteln ist. ② Danach mindern steuerfreie Einnahmen den nach § 10 a GewStG abziehbaren Verlust nicht. ③ Ebenso dürfen nicht zum steuerpflichtigen Gewerbeertrag gehörende Veräußerungsgewinne den Gewerbeverlust nicht mindern. ④ Der nach den einkommensteuerrechtlichen (körperschaftsteuerrechtlichen) Vorschriften ermittelte Gewinn oder Verlust aus Gewerbebetrieb ist um die in §§ 8 und 9 GewStG bezeichneten Beträge zu erhöhen bzw. zu vermindern. ⑤ Dadurch kann sich ein Gewerbeverlust ergeben, obwohl einkommensteuerrechtlich oder körperschaftsteuerrechtlich ein Gewinn aus Gewerbebetrieb vorliegt. 2

Gesonderte Feststellung

(2) ① Die Höhe des vortragsfähigen Gewerbeverlustes ist gesondert festzustellen. ② Bei der gesonderten Feststellung des vortragsfähigen Gewerbeverlustes ist u. a. auch der Verlustverbrauch durch das Ausscheiden von Gesellschaftern einer Personengesellschaft zu berücksichtigen. ③ Entsprechendes gilt bei einem Wegfall des vortragsfähigen Gewerbeverlustes nach § 10 a Satz 10 GewStG i. V. m. § 8 c KStG. 3

Verlustabzug

(3) ① Ein Gewerbeverlust ist von Amts wegen erstmals in dem auf das Entstehungsjahr unmittelbar folgenden Erhebungszeitraum nach Maßgabe des § 10 a GewStG zu berücksichtigen.[1] ② Der Gewerbeverlust ist vom maßgebenden Gewerbeertrag, also nach Berücksichtigung der Hinzurechnungen nach § 8 GewStG und der Kürzungen nach § 9 GewStG und vor dem Ansatz des Freibetrags nach § 11 Abs. 1 Satz 3 GewStG abzuziehen. ③ Bei Einzelunternehmen und Personengesellschaften ist Voraussetzung für den Verlustabzug nach § 10 a GewStG sowohl die Unternehmensidentität (→ R 10 a.2) als auch die Unternehmeridentität (→ R 10 a.3). ④ Bei Körperschaften und Mitunternehmerschaften, an denen Körperschaften beteiligt sind, gelten unter den Voraussetzungen des § 10 a Satz 10 GewStG die Regelungen des § 8 c KStG (Verlustabzug bei Körperschaften) für die Gewerbesteuer entsprechend. ⑤ Die Frage danach, ob und in welchem Umfang § 8 c KStG Anwendung findet, entscheidet sich dabei zunächst allein nach den Verhältnissen auf Ebene der Körperschaft. ⑥ Liegt sodann ein Fall des § 8 c KStG auf Ebene der Körperschaft vor, wirkt die Verlustabzugsbeschränkung ausgehend von der Körperschaft unter Berücksichtigung der jeweiligen Beteiligungsverhältnisse in der Beteiligungskette nach unten fort. *⑦ Tritt das die Rechtsfolgen des § 8 c KStG auslösende Ereignis unterjährig ein und ist der maßgebende Gewerbeertrag des der Verlustabzugsbeschränkung unterliegenden Gewerbebetriebs in diesem Erhebungszeitraum insgesamt negativ, ist der negative Gewerbeertrag des gesamten Erhebungszeitraums zeitanteilig aufzuteilen. ⑧ Die Verlustabzugsbeschränkung des § 8 c KStG erfasst somit neben den Fehlbeträgen* 4

[1] *BFH-Urteil vom 19. 8. 1977 IV R 107/74, BStBl. 1978 II S. 23:* Der Begriff des Gewerbeverlustes (§ 10 a GewStG) setzt voraus, daß der Verlust während des Bestehens eines Gewerbebetriebs i. S. des *§ 1 Abs. 1 GewStDV* [§ 15 Abs. 2, 3 EStG] verursacht worden ist. Aufwendungen, die vor der Eröffnung eines Gewerbebetriebs entstanden sind, sind nicht als Gewerbeverluste gemäß § 10 a GewStG zu berücksichtigen.

aus vorangegangenen Erhebungszeiträumen nur den auf den Zeitraum bis zum schädlichen Ereignis entfallenden negativen Gewerbeertrag.[1]

Anl zu R 10a.1

Gleich lautende Erlasse zur Anwendung des § 8c KStG auf gewerbesteuerliche Fehlbeträge; § 10a Satz 10 GewStG

Vom 29. November 2017 (BStBl. I S. 1643)

(Oberste Finanzbehörden der Länder)

4a Gemäß § 10a Satz 10 GewStG ist auf gewerbesteuerliche Fehlbeträge von Körperschaften sowie von Mitunternehmerschaften, soweit an ihnen Körperschaften unmittelbar oder über eine oder mehrere Personengesellschaften beteiligt sind, § 8c des Körperschaftsteuergesetzes entsprechend anzuwenden.

Nach dem Ergebnis der Erörterung der obersten Finanzbehörden der Länder sind die im BMF-Schreiben vom 28. November 2017 (BStBl. I S. 1645)[2] zur Anwendung des § 8c KStG enthaltenen Grundsätze auch bei der Gewerbesteuer uneingeschränkt anzuwenden.

Im Hinblick auf bestehende gewerbesteuerliche Besonderheiten gilt zudem Folgendes:

Soweit ein vortragsfähiger Gewerbeverlust einer Organgesellschaft nach Maßgabe der R 10a.4 Satz 5 GewStR 2009 auf Ebene der Organgesellschaft abgezogen werden kann, ist Rn. 33 Satz 2 des BMF-Schreibens anzuwenden, die Einschränkung der Rn. 38 des BMF-Schreibens gilt insoweit nicht.

Der Grundsatz, dass für jede Verlustgesellschaft gesondert zu prüfen ist, in welcher Höhe stille Reserven vorhanden sind (Rn. 58 des BMF-Schreibens), ist auch zu beachten, wenn eine Körperschaft unmittelbar oder mittelbar an einer Mitunternehmerschaft beteiligt ist.

Eine Mitunternehmerschaft ist gewerbesteuerlich ein eigenständiges Besteuerungssubjekt, so dass stille Reserven auf Ebene der Mitunternehmerschaft bei der Anwendung des § 10a Satz 10 GewStG i. V. m. § 8c KStG auf Ebene der Körperschaft nicht berücksichtigt werden können.

Die in R 10a.1 Abs. 3 Satz 7 und 8 GewStR 2009 zur gewerbesteuerlichen Verfahrensweise bei unterjährigen schädlichen Beteiligungserwerben enthaltenen Aussagen sind mit Veröffentlichung des BFH-Urteils vom 30. November 2011 I R 14/11, BStBl. 2012 II S. 360, überholt. Es gelten Rn. 33 ff. des vorstehenden BMF-Schreibens.

Diese Erlasse ergehen im Einvernehmen mit dem Bundesministerium der Finanzen.

H 10a.1

H 10a.1

5 **Allgemeines**

- Die sog. Mindestbesteuerung verstößt in ihrer Grundkonzeption einer zeitlichen Streckung des Verlustvortrags nicht gegen Verfassungsrecht (→ BFH vom 22. 8. 2012 – BStBl. 2013 II S. 512).
- Die Beschränkung der Verrechnung von vortragsfähigen Gewerbeverlusten durch Einführung einer jährlichen Höchstgrenze mit Wirkung ab 2004 (§ 10a Satz 1 und 2 GewStG) ist verfassungsgemäß. Das gilt auch, soweit es wegen der Begrenzung zu einem endgültig nicht mehr verrechenbaren Verlust kommt, bspw. wenn es bei einer Objektgesellschaft konzeptgemäß erst in späteren Jahren zu Gewinnen kommt (→ BFH vom 20. 9. 2012 – BStBl. 2013 II S. 498).
- Die sog. Mindestgewinnbesteuerung ist nicht unbillig, wenn der Messbetrag auf vom Steuerpflichtigen veranlassten Forderungsverzicht beruht (→ BFH vom 20. 9. 2012 – BStBl. 2013 II S. 505).
- Zur Verfassungsmäßigkeit der sog. Mindestbesteuerung bei Definitiveffekten wird eine Entscheidung des BVerfG eingeholt (→ BFH vom 26. 2. 2014 – BStBl. II S. 1016).[3]

Feststellungsfrist für Feststellung des vortragsfähigen Gewerbeverlustes. Die Feststellungsfrist für die Feststellung des vortragsfähigen Gewerbeverlusts nach § 10a Satz 6 GewStG 2002 endet nicht vor der Festsetzungsfrist für den Erhebungszeitraum, auf dessen Schluss der vortragsfähige Gewerbeverlust festzustellen ist (§ 35b Abs. 2 Satz 4 Halbs. 1 GewStG 2002 n. F.). Eine Feststellung nach dem Ablauf der Feststellungsfrist ist rechtswidrig. Abweichendes gilt (unter Anwendung von § 181 Abs. 5 AO), wenn die zuständige Finanzbehörde die Feststellung pflichtwidrig unterlassen hat (§ 35b Abs. 2 Satz 4 Halbs. 2 GewStG 2002 n. F.). Diese Voraussetzung ist nur dann erfüllt, wenn eine Verlustfeststellung bisher gänzlich fehlt; die Änderung einer bereits fristgerecht ergangenen Feststellung fällt nicht darunter (→ BFH vom 11. 2. 2015 – BStBl. 2016 II S. 353).

Gesellschafterwechsel bei einer Personengesellschaft. Tritt bei einer Personengesellschaft innerhalb des Erhebungszeitraumes ein partieller Gesellschafterwechsel ein, der nicht zur Beendigung der sachlichen Steuerpflicht der Gesellschaft führt, so ist ein nach dem Gesellschafterwechsel entstandener Verlust kein gesondert vortragsfähiger Fehlbetrag im Sinne des § 10a GewStG, sondern Teil des für den gesamten Erhebungszeitraum zu ermittelnden Gewerbeertrags (→ BFH vom 26. 6. 1996 – BStBl. 1997 II S. 179).

---

[1] Überholt, siehe *gleich lautender Ländererlass vom 29. 11. 2017, BStBl. I 2017, 1643* (Anlage zu R 10a.1).

[2] *Beck-Online:* BeckVerw 349265.

[3] Az. BVerfG 2 BvL 19/14.

Grundlagenbescheid. Bei der Feststellung des vortragsfähigen Gewerbeverlustes nach § 10a Satz 6 GewStG handelt es sich um einen Grundlagenbescheid für den Gewerbesteuermessbescheid des Folgejahres (→ BFH vom 9. 6. 1999 – BStBl. II S. 733).

Verlustausgleich bei Verschmelzung von Personengesellschaften. Der Gewerbeertrag einer Personengesellschaft, die den Betrieb einer anderen Personengesellschaft im Wege der Verschmelzung aufnimmt, kann um den Gewerbeverlust gekürzt werden, den diese Personengesellschaft im selben Erhebungszeitraum bis zur Verschmelzung erlitten hat, wenn alle Gesellschafter auch an der aufnehmenden Gesellschaft beteiligt sind und die Identität des Unternehmens der umgewandelten Gesellschaft im Rahmen der aufnehmenden Gesellschaft gewahrt bleibt (→ BFH vom 14. 9. 1993 – BStBl. 1994 II S. 764).

Verlustausgleich und Freibetrag. Der Grundsatz, dass ein Gewerbeverlust insoweit verbraucht ist, als er durch positive Erträge gedeckt ist, gilt auch dann, wenn der Gewerbeertrag durch den Verlustabzug unter den Freibetrag von 24 500 Euro für Einzelunternehmen und Personengesellschaften sinkt (→ BFH vom 9. 1. 1958 – BStBl. III S. 134).

R 10a.2 Unternehmensidentität

R 10a.2

6 ① Unternehmensidentität bedeutet, dass der im Anrechnungsjahr bestehende Gewerbebetrieb identisch ist mit dem Gewerbebetrieb, der im Jahr der Entstehung des Verlustes bestanden hat. ② Dabei ist unter Gewerbebetrieb die ausgeübte gewerbliche Betätigung zu verstehen. ③ Ob diese die gleiche geblieben ist, ist nach dem Gesamtbild zu beurteilen, das sich aus ihren wesentlichen Merkmalen ergibt, wie insbesondere der Art der Betätigung, dem Kunden- und Lieferantenkreis, der Arbeitnehmerschaft, der Geschäftsleitung, den Betriebsstätten sowie dem Umfang und der Zusammensetzung des Aktivvermögens. ④ Unter Berücksichtigung dieser Merkmale muss ein wirtschaftlicher, organisatorischer und finanzieller Zusammenhang zwischen den Betätigungen bestehen. ⑤ Betriebsbedingte – auch strukturelle – Anpassungen der gewerblichen Betätigung an veränderte wirtschaftliche Verhältnisse stehen der Annahme einer identischen Tätigkeit jedoch nicht entgegen.

H 10a.2

H 10a.2

7 **Abgrenzungsmerkmale.** → BFH vom 12. 1. 1983 – BStBl. II S. 425, vom 19. 12. 1984 – BStBl. 1985 II S. 403, vom 14. 9. 1993 – BStBl. 1994 II S. 764 und vom 27. 1. 1994 – BStBl. II S. 477.[1]

Betriebsaufspaltung.

- Bei der Rückumwandlung einer aus einer Betriebsaufspaltung hervorgegangenen Betriebs-GmbH auf die Besitz-Personengesellschaft, bleibt ein bei der Personengesellschaft entstandener Gewerbeverlust abzugsfähig (→ BFH vom 28. 5. 1968 – BStBl. II S. 688).
- Bringen die Gesellschafter einer GbR, die Verpachtungsgesellschaft im Rahmen einer Betriebsaufspaltung ist, ihre Anteile an der GbR in eine KG ein, die in den Pachtvertrag eintritt, kann die Unternehmensidentität auch dann gegeben sein, wenn die KG bereits Besitzgesellschaft im Rahmen einer weiteren Betriebsaufspaltung ist (→ BFH vom 27. 1. 1994 – BStBl. II S. 477).

Realteilung.

- Bei der Realteilung von Personengesellschaften besteht zwischen dem Gewerbebetrieb der Personengesellschaft und den hieraus im Wege der Realteilung hervorgegangenen Betrieben nur dann Unternehmensidentität, wenn das auf einen Gesellschafter übergehende Vermögen bei der Personengesellschaft einen Teilbetrieb gebildet hat und der diesem Teilbetrieb sachlich zuzuordnende Verlust sich ohne weiteres aus dem Rechenwerk der Personengesellschaft ergibt (→ BFH vom 5. 9. 1990 – BStBl. 1991 II S. 25).
- → R 10a.3 Abs. 3.

Teilbetriebsveräußerung. Liegt eine Teilbetriebsveräußerung vor, stehen die Verluste, soweit sie auf den veräußerten Teilbetrieb entfallen, mangels (Teil-)Unternehmensidentität nicht für eine Kürzung von Gewerbeerträgen in späteren Erhebungszeiträumen zur Verfügung (→ BFH vom 7. 8. 2008 – BStBl. 2012 II S. 145).

Vereinigung bestehender Betriebe.

- Wird ein Betrieb oder Teilbetrieb mit einem bereits bestehenden Betrieb vereinigt (z. B. Einbringung in eine Personengesellschaft oder Verschmelzung von zwei Personengesellschaften), ist es für die Annahme der Unternehmensidentität nicht entscheidend, ob der übertragene Betrieb bei der aufnehmenden Gesellschaft einen Teilbetrieb darstellt oder dem neuen Gesamtbetrieb das Gepräge gibt. Es ist ausreichend, wenn die Identität des einge-

[1] *BFH-Urteil vom 7. 11. 2006 VIII R 30/05, BStBl. 2007 II S. 723:* Schließt ein Franchisenehmer sein bisheriges Einzelhandelsgeschäft und eröffnet er an einem anderen Ort ein neues Einzelhandelsgeschäft, so führt allein der Umstand, dass das neue Geschäft zur gleichen Unternehmensgruppe gehört und der neue Franchisevertrag weitgehend dem bisherigen entspricht, noch nicht zur Unternehmensidentität i. S. von § 10a GewStG.

Die Unternehmensidentität ist auch bei einer gewerblich geprägten Personengesellschaft Voraussetzung für den Abzug des Gewerbeverlustes nach § 10a GewStG, vgl. *BFH-Urteil vom 4. 5. 2017 IV R 2/14, BStBl. II S. 1138.*

brachten Betriebs innerhalb der Gesamttätigkeit des aufnehmenden Betriebs gewahrt bleibt, d. h. die Geschäftstätigkeit im Rahmen des aufnehmenden Betriebs in wirtschaftlicher, organisatorischer und finanzieller Hinsicht fortgesetzt wird (→ BFH vom 14. 9. 1993 – BStBl. 1994 II S. 764).

– Wird die an einer GmbH & atypisch still beteiligte GmbH auf die still beteiligte Personengesellschaft verschmolzen und ist für die atypische stille Gesellschaft ein Verlustvortrag festgestellt, um den die aufnehmende Personengesellschaft ihren Gewerbeertrag kürzen will, muss die für die Kürzung nach § 10a GewStG erforderliche Unternehmensidentität zwischen dem Gewerbebetrieb bestehen, den die GmbH – als Inhaberin des Handelsgeschäfts – vor ihrer Verschmelzung auf die Personengesellschaft geführt hat, und dem Gewerbebetrieb, den die Personengesellschaft nach der Verschmelzung (fort-)führt. Der für die GmbH & atypisch still festgestellte Gewerbeverlust geht mangels Unternehmeridentität in dem Umfang unter, in dem er nach der gesellschaftsinternen Verteilung auf die verschmelzungsbedingt erloschene GmbH entfiel (→ BFH vom 11. 10. 2012 – BStBl. 2013 II S. 958).

Anl zu R 10a.2

Verfügung betr. Wegfall des Verlustvortrags bei Teilbetriebsveräußerung; Anwendung des BFH-Urteils vom 7. 8. 2008 IV R 86/05

Vom 27. Juni 2012 (DStR S. 2019)

(OFD Münster G 1427 – 159 – St 11–33)

8 Der BFH hat in seinem Urteil vom 7. 8. 2008 IV R 86/05 (BStBl. II 2012, 145) entschieden, dass Verluste bei Personengesellschaften, die auf einen veräußerten Teilbetrieb entfallen, nicht mehr zur Verrechnung mit zukünftigen Gewerbeerträgen zur Verfügung stehen.

In dem entschiedenen Fall setzte sich der Gewerbebetrieb einer GmbH & Co. KG aus zwei selbstständigen Teilbetrieben zusammen. Aufgrund hoher Verluste in der Vergangenheit entschloss sich die KG dazu, den Teilbetrieb zu veräußern, auf den der Großteil der Verluste entfiel. Streitig war nunmehr die Frage, ob diese anteiligen Verluste des veräußerten Teilbetriebs wegen des Wegfalls der (Teil-) Unternehmensidentität mit der Veräußerung verloren gehen oder ob sie der KG weiterhin zur Verlustverrechnung zur Verfügung stehen.

Der BFH führte in diesem Zusammenhang aus, dass die Unternehmensidentität teilbetriebsbezogen zu prüfen sei. Werde der Teilbetrieb, auf den der Verlust entfiel, veräußert, dann gehe die Teilunternehmensidentität verloren und die Verluste schieden aus. Unabhängig hiervon bestehe allerdings die Möglichkeit des Verlustausgleichs zwischen verschiedenen Teilbetrieben, soweit und solange sie demselben Unternehmer zuzuordnen seien.

Das Urteil ist auf Einzelunternehmen und Mitunternehmerschaften uneingeschränkt anzuwenden. Eine Anwendung auf Kapitalgesellschaften ist nach Erörterung auf Bundesebene ausgeschlossen, da bei Kapitalgesellschaften die gesamte Betätigung immer als einheitlicher Gewerbebetrieb gilt.

R 10a.3

R 10a.3 Unternehmeridentität

R 10a.3 (1)

R 10a.3 (1)

Allgemeines

9 (1) ① Unternehmeridentität bedeutet, dass der Gewerbetreibende, der den Verlustabzug in Anspruch nehmen will, den Gewerbeverlust zuvor in eigener Person erlitten haben muss. ② Ein Unternehmerwechsel bewirkt somit, dass der Abzug des im übergegangenen Unternehmen entstandenen Verlustes entfällt, auch wenn das Unternehmen als solches von dem neuen Inhaber unverändert fortgeführt wird. ③ Der erwerbende Unternehmer kann den vom übertragenden Unternehmer erzielten Gewerbeverlust auch dann nicht nach § 10a GewStG abziehen, wenn er den erworbenen Betrieb mit einem bereits bestehenden Betrieb vereinigt.

H 10a.3 (1)

H 10a.3 (1)

10 **Unternehmerwechsel.** Ein den Verlustabzug nach § 10a GewStG ausschließender Unternehmerwechsel liegt unabhängig davon vor, ob dieser auf entgeltlicher oder unentgeltlicher Übertragung, auf Gesamtrechtsnachfolge (z. B. Erbfolge) oder auf Einzelrechtsnachfolge (z. B. vorweggenommene Erbfolge) beruht (→ BFH vom 3. 5. 1993 – BStBl. II S. 616 und vom 7. 12. 1993 – BStBl. 1994 II S. 331).

R 10a.3 (2)

R 10a.3 (2)

Einzelunternehmen

(2) – *unbesetzt* –

H 10a.3 (2)

H 10a.3 (2)

11 **Einzelunternehmen.** Wird ein Einzelunternehmen nach Eintritt einer oder mehrerer Personen als Personengesellschaft fortgeführt, kann der in dem Einzelunternehmen entstandene Fehlbetrag auch weiterhin insgesamt, jedoch nur von dem Betrag abgezogen werden, der von dem gesamten Gewerbeertrag der Personengesellschaft entsprechend dem sich aus dem Ge-

sellschaftsvertrag ergebenden Gewinnverteilungsschlüssel auf den früheren Einzelunternehmer entfällt. Entsprechendes gilt, wenn ein Einzelunternehmen gemäß § 24 UmwStG in eine Personengesellschaft eingebracht wird. Der Abzug eines in einem Einzelunternehmen entstandenen Gewerbeverlustes entfällt jedoch insgesamt, wenn das Unternehmen auf eine Kapitalgesellschaft oder auf eine Personengesellschaft, an der der bisherige Einzelunternehmer nicht beteiligt ist, übertragen wird (→ BFH vom 3. 5. 1993 – BStBl. II S. 616).

R 10a.3 (3)

R 10a.3 (3)

Mitunternehmerschaften

(3) ① Bei Personengesellschaften und anderen Mitunternehmerschaften sind Träger des Rechts auf den Verlustabzug die einzelnen Mitunternehmer. ② Die Berücksichtigung eines Gewerbeverlustes bei Mitunternehmerschaften setzt voraus, dass bei der Gesellschaft im Entstehungsjahr ein negativer und im Abzugsjahr ein positiver Gewerbeertrag vorliegt; in die Ermittlung dieser Beträge sind Sonderbetriebsausgaben und Sonderbetriebseinnahmen einzubeziehen. ③ Ein sich für die Mitunternehmerschaft insgesamt ergebender Fehlbetrag ist den Mitunternehmern gemäß § 10 a Satz 4 GewStG entsprechend dem allgemeinen Gewinnverteilungsschlüssel ohne Berücksichtigung von Vorabgewinnanteilen zuzurechnen. ④ Kommt es in einem folgenden Erhebungszeitraum mit positivem Gewerbeertrag zu einer Minderung des Fehlbetrages, so vermindern sich die den einzelnen Mitunternehmern zuzurechnenden Anteile entsprechend ihrem nach dem allgemeinen Gewinnverteilungsschlüssel im Abzugsjahr (§ 10 a Satz 5 GewStG) zu bemessenden Anteil am Gewerbeertrag. ⑤ Dabei ist der Höchstbetrag nach § 10 a Satz 1 GewStG entsprechend dem allgemeinen Gewinnverteilungsschlüssel im Abzugsjahr anteilig bei den einzelnen Gesellschaftern zu berücksichtigen. ⑥ Bei gleichem Gesellschafterbestand und gleicher Beteiligungsquote bleibt das Gesamtergebnis im Verlustentstehungsjahr und im Abzugsjahr maßgebend; eine gesellschafterbezogene Berechnung kann unterbleiben. ⑦ Aufgrund der Personenbezogenheit des Verlustabzugs nach § 10 a GewStG können sich jedoch Auswirkungen in den Fällen des Wechsels im Gesellschafterbestand und bei Änderung der Beteiligungsquote ergeben. ⑧ Bei einer Änderung der Beteiligungsquote ist der den Mitunternehmern im Verlustentstehungsjahr nach § 10 a Satz 4 GewStG zugerechnete Anteil am Fehlbetrag insgesamt, jedoch gemäß § 10 a Satz 5 GewStG nur von dem jeweiligen Anteil am gesamten Gewerbeertrag abziehbar, der entsprechend dem sich aus dem Gesellschaftsvertrag ergebenden Gewinnverteilungsschlüssel des Abzugsjahres auf den jeweiligen Mitunternehmer entfällt. ⑨ Für den Wechsel im Gesellschafterbestand gilt z. B. Folgendes: 12

1. Beim Ausscheiden eines Gesellschafters aus einer Personengesellschaft entfällt der Verlustabzug gemäß § 10 a GewStG anteilig in der Höhe, in der der Fehlbetrag dem ausscheidenden Gesellschafter nach § 10 a Satz 4 und 5 GewStG zuzurechnen ist.[1] 13
2. Tritt ein Gesellschafter in eine bestehende Personengesellschaft ein, ist der vor dem Eintritt des neuen Gesellschafters entstandene Fehlbetrag im Sinne des § 10 a GewStG weiterhin insgesamt, jedoch nur von dem Betrag abziehbar, der von dem gesamten Gewerbeertrag entsprechend dem sich aus dem Gesellschaftsvertrag ergebenden Gewinnverteilungsschlüssel (→ § 10 a Satz 5 GewStG) auf die bereits vorher beteiligten Gesellschafter entfällt. 14
3. Veräußert ein Gesellschafter seinen Mitunternehmeranteil an einen Dritten, sind die Grundsätze der Nummern 1 und 2 entsprechend anzuwenden. 15
4. ① Wird nach dem Ausscheiden von Gesellschaftern aus einer Personengesellschaft der Gewerbebetrieb von dem einen Gesellschafter fortgeführt, kann dieser vom Gewerbeertrag des Einzelunternehmens einen verbleibenden Fehlbetrag der Gesellschaft insoweit abziehen, als dieser Betrag gemäß § 10 a Satz 4 und 5 GewStG auf ihn entfällt. ② Dies gilt auch, wenn der den 16

[1] *BFH-Urteil vom 16. 6. 2011 IV R 11/08, BStBl. II S. 903:* Ist in einem an eine Personengesellschaft gerichteten bestandskräftigen Verlustfeststellungsbescheid i. S. von § 10 a GewStG der Fehlbetrag nicht um den Anteil eines ausgeschiedenen Mitunternehmers gekürzt worden, steht der anteilige Fehlbetrag den zum Feststellungszeitpunkt tatsächlich beteiligten Mitunternehmern entsprechend ihrer Beteiligungsquote zur Verrechnung mit deren künftigen Erträgen zur Verfügung.

BFH-Urteil vom 29. 8. 2000 VIII R 1/00, BStBl. 2001 II S. 114: Bei einer Personengesellschaft geht die Möglichkeit zum Verlustabzug nach § 10 a GewStG insoweit verloren, als der Fehlbetrag aus vorangegangenen Erhebungszeiträumen anteilig auf den ausgeschiedenen Gesellschafter entfällt. Dies gilt auch dann, wenn der ausgeschiedene Gesellschafter über eine Organgesellschaft (GmbH) mittelbar an der Personengesellschaft (KG) beteiligt bleibt.

BFH-Urteil vom 6. 9. 2000 IV R 69/99, BStBl. 2001 II S. 731: Bleibt ein ausgeschiedener Gesellschafter an der Gesellschaft mittelbar über eine Obergesellschaft beteiligt (§ 15 Abs. 1 Nr. 2 Satz 2 EStG), so beschränkt sich der gewerbesteuerliche Verlustvortrag auf diejenigen Verluste der vorangegangenen Erhebungszeiträume, die im Sonderbetriebsvermögensbereich des ausgeschiedenen Gesellschafters entstanden sind.

BFH-Urteil vom 22. 1. 2009 IV R 90/05, DStR S. 683: **1.** Mit dem Ausscheiden des stillen Gesellschafters aus einer atypischen stillen Gesellschaft geht der Verlustvortrag verloren, soweit der Fehlbetrag auf den ausscheidenden Gesellschafter entfällt. Dies gilt auch denn, wenn der ausscheidende stille Gesellschafter über eine andere Personengesellschaft (Obergesellschaft) mittelbar weiterhin an der atypischen stillen Gesellschaft (Untergesellschaft) beteiligt ist (Anschluss an Senatsurteil vom 6. 9. 2000 IV R 69/99, BFHE 193, 151, BStBl. II 2001, 731). **2.** Scheidet der stille Gesellschafter während des Erhebungszeitraums aus der atypischen stillen Gesellschaft aus, können bis zu diesem Zeitpunkt angefallene positive Gewerbeerträge der Gesellschaft noch um Verluste früherer Jahre gekürzt werden, soweit sie nicht zuvor mit etwaigen Verlusten, die nach dem Ausscheiden des Gesellschafters im Erhebungszeitraum entstanden sind, zu verrechnen sind. – *Anm. d. Red.:* Die hiergegen eingelegte Vb. wurde vom *BVerfG mit Beschluss vom 22. 3. 2010 1 BvR 977/09* nicht zur Entscheidung angenommen.

Gewerbebetrieb fortführende Gesellschafter eine Kapitalgesellschaft ist, sowie in den Fällen der Verschmelzung einer Personengesellschaft auf einen Gesellschafter.

17 5. ① Bei der Einbringung des Betriebes einer Personengesellschaft in eine andere Personengesellschaft besteht die für den Verlustabzug erforderliche Unternehmeridentität, soweit die Gesellschafter der eingebrachten Gesellschaft auch Gesellschafter der aufnehmenden Gesellschaft sind. ② Entsprechendes gilt bei der Verschmelzung zweier Personengesellschaften. ③ Die Unternehmeridentität bleibt auch erhalten bei der formwechselnden Umwandlung (z. B. OHG in KG) einer Personengesellschaft in eine andere Personengesellschaft. ④ Wird eine Personengesellschaft im Wege der Verschmelzung (Ausnahme siehe Nummer 4 Satz 2) oder des Formwechsels (§ 25 UmwStG) in eine Kapitalgesellschaft umgewandelt, besteht keine Unternehmeridentität mit der Folge, dass die Kapitalgesellschaft den bei der Personengesellschaft entstandenen Gewerbeverlust nicht abziehen kann (→ § 23 Abs. 5 UmwStG).

18 6. ① Wird eine Kapitalgesellschaft, die Mitunternehmerin einer Personengesellschaft ist, auf eine andere Kapitalgesellschaft verschmolzen, mindert sich der Verlustabzug nach § 10a GewStG bei der Personengesellschaft um den nach § 10a Satz 4 und 5 GewStG auf die Kapitalgesellschaft entfallenden Betrag (→ § 19 Abs. 2 i. V. m. § 12 Abs. 3 i. V. m. § 4 Abs. 2 Satz 2 UmwStG entsprechend). ② Entsprechendes gilt, wenn eine Kapitalgesellschaft ihren Mitunternehmeranteil vollständig in eine Tochterkapitalgesellschaft gegen Gewährung von Gesellschaftsrechten einbringt.

19 7. ① Liegen bei der Realteilung einer Personengesellschaft die Voraussetzungen der Unternehmensidentität vor, kann jeder Inhaber eines aus der Realteilung hervorgegangenen Teilbetriebs vom Gewerbeertrag dieses Unternehmens den vortragsfähigen Fehlbetrag der Personengesellschaft nur insoweit abziehen, als ihm dieser nach § 10a Satz 4 und 5 GewStG zuzurechnen war. ② Es kann jedoch höchstens nur der Teil des Fehlbetrages abgezogen werden, der dem übernommenen Teilbetrieb tatsächlich zugeordnet werden kann.

20 8. ① Bei der Beteiligung einer Personengesellschaft (Obergesellschaft) an einer anderen Personengesellschaft (Untergesellschaft) sind nicht die Gesellschafter der Obergesellschaft, sondern ist die Obergesellschaft als solche Gesellschafterin der Untergesellschaft.[1] ② Ein Gesellschafterwechsel bei der Obergesellschaft hat daher ungeachtet des § 15 Abs. 1 Satz 1 Nr. 2 Satz 2 EStG keinen Einfluss auf einen vortragsfähigen Gewerbeverlust bei der Untergesellschaft. ③ Wird die Obergesellschaft auf eine andere Personengesellschaft verschmolzen, ist der Verlustabzug nach § 10a GewStG bei der Untergesellschaft um den Betrag zu kürzen, der nach § 10a Satz 4 und 5 GewStG auf die Obergesellschaft entfällt; dies gilt auch, wenn an beiden Gesellschaften dieselben Gesellschafter beteiligt sind. ④ Entsprechendes gilt, wenn die Obergesellschaft nach dem Ausscheiden des vorletzten Gesellschafters auf den verbleibenden Gesellschafter anwächst. ⑤ Dagegen bleibt der Verlustabzug nach § 10a GewStG bei der Untergesellschaft unberührt, wenn die Obergesellschaft formwechselnd in eine Kapitalgesellschaft umgewandelt wird. ⑥ Im Fall der Anwachsung auf die Mutterpersonengesellschaft, kann diese vom Gewerbeertrag einen verbleibenden Fehlbetrag der Tochterpersonengesellschaft insoweit kürzen, als dieser Betrag gemäß § 10a Satz 4 und 5 GewStG auf die Mutterpersonengesellschaft entfällt.

21 9. ① Bei einem unterjährigen Gesellschafterwechsel ist der Gewerbeertrag der Mitunternehmerschaft für den gesamten Erhebungszeitraum einheitlich zu ermitteln, sodass nach dem Gesellschafterwechsel entstandene Verluste mit vor dem Gesellschafterwechsel entstandenen Gewinnen und umgekehrt zu verrechnen sind. ② Die Rechtsfolgen des § 10a GewStG treten bei unterjährigen Änderungen der Unternehmeridentität auf den jeweiligen Zeitraum vor und nach dem Gesellschafterwechsel ein. ③ Die für diese Zwecke erforderliche Aufteilung des einheitlich ermittelten positiven oder negativen Gewerbeertrags hat zeitanteilig zu erfolgen, sofern dies nicht zu offensichtlich unzutreffenden Ergebnissen führt.

H 10a.3 (3)

H 10a.3 (3)

22 **Anwendung des § 8c KStG auf Fehlbeträge einer Mitunternehmerschaft, soweit an dieser eine Körperschaft unmittelbar oder mittelbar beteiligt ist.** → R 10a.1 Abs. 3 Satz 4f.

Beispiel:

Ausgangsfall

A ist Alleingesellschafter der A-GmbH, die im EZ 01 zu 80% an der X-OHG (Obergesellschaft) beteiligt ist. Die X-OHG ist ihrerseits zu 60% an der Y-OHG (Untergesellschaft) beteiligt. Die zum 31. 12. 01 vortragsfähigen Gewerbeverluste betragen für die X-OHG 450 000 € und für die Y-OHG 250 000 €. Im EZ 02 erwirbt B von A 30% der Anteile an der A-GmbH.

---

[1] *BFH-Beschluß vom 31. 8. 1999 VIII B 74/99, BStBl. II S. 794:* Es ist nicht ernstlich zweifelhaft, daß eine Verlustverrechnung gemäß § 10a Satz 1 GewStG bei einem nur mittelbar an einer Personengesellschaft (Untergesellschaft) beteiligten Gesellschafter nach Änderung des § 15 Abs. 1 Nr. 2 EStG durch das StÄndG 1992 nicht uneingeschränkt, sondern nur im Rahmen seines Sonderbetriebsbereichs zulässig ist.

H 10a.3 (3)

noch 22

Abwandlung
Wie Ausgangsfall, jedoch erwirbt B von A im EZ 02 60% der Anteile an der A-GmbH.

Lösung Ausgangsfall:
Auf Ebene der A-GmbH erfolgt in EZ 02 ein schädlicher Beteiligungserwerb im Sinne des § 8c KStG. Unter Berücksichtigung der Beteiligungshöhe von 80% der A-GmbH an der X-OHG folgt, dass vom vortragsfähigen Gewerbeverlust der X-OHG in EZ 02 nunmehr 30% von 80% (= 24% v. 450 000 €) nicht mehr abziehbar sind. Weiterhin ist der vortragsfähige Gewerbeverlust der Y-OHG aufgrund der mittelbaren Beteiligung der A-GmbH an der Y-OHG von 48% (80% von 60%) in EZ 02 ebenfalls zu 30% (= 14,4% v. 250 000 €) nicht mehr abziehbar.

Lösung Abwandlung:
Unter Berücksichtigung der Beteiligungshöhe von 80% der A-GmbH an der X-OHG folgt, dass vom vortragsfähigen Gewerbeverlust der X-OHG in EZ 02 nunmehr der vollständige, auf die A-GmbH entfallende Verlustvortrag in Höhe von 80% v. 450 000 € nicht mehr abziehbar ist. Die Anwendung des § 8c KStG auf Ebene der Y-OHG führt im EZ 02 dazu, dass der vortragsfähige Gewerbeverlust der Y-OHG aufgrund der mittelbaren Beteiligung der A-GmbH an der Y-OHG von 48% (80% von 60%) im Umfang der mittelbaren Beteiligung (48% v. 250 000 €) nicht mehr abziehbar ist.

Ausscheiden von Gesellschaftern einer Mitunternehmerschaft.

– → R 10a.3 Abs. 3 Satz 9 Nr. 1, 2, 4 und 9.
– → Beschluss des Großen Senats des BFH vom 3. 5. 1993 – BStBl. II S. 616 und BFH vom 14. 12. 1989 – BStBl. 1990 II S. 436, vom 2. 3. 1983 – BStBl. II S. 427.
– Die Inanspruchnahme des gewerbesteuerlichen Verlustabzugs setzt die ununterbrochene Unternehmeridentität voraus, so dass auch kurzfristige Unterbrechungen – selbst für eine logische Sekunde – zum Wegfall des Verlustabzugs führen (→ BFH vom 11. 10. 2012 – BStBl. 2013 II S. 176).

Änderung der Beteiligungsquote.

Beispiel:
An der Y-OHG sind im EZ 01 A und B zu je 50% beteiligt. Zum 1. 1. 02 hat A 60% seines Anteils (= 30%) auf B übertragen.
Die gewerbesteuerlichen Ergebnisse (einschl. Hinzurechnungen und Kürzungen) betragen:
EZ 01: ./. 100 000 €
EZ 02: + 100 000 €

Lösung:
Der im EZ 01 entstandene Fehlbetrag ist A und B gemäß § 10a Satz 4 GewStG in Höhe von jeweils 50 000 € zuzurechnen (jeweiliges Verlustkonto für A und B).
Der Gewerbeertrag des EZ 02 ist gemäß § 10a Satz 5 GewStG A in Höhe von 20 000 € und B in Höhe von 80 000 € zuzurechnen. Für die Verrechnung des Fehlbetrages ergibt sich Folgendes:
A: ./. 50 000 € + 20 000 € = 0; verbleibender Verlustabzugsbetrag 30 000 € (Verlustkonto für A)
B: ./. 50 000 € + 80 000 € = 30 000 €; verbleibender Verlustabzugsbetrag 0.
Im EZ 02 ergibt sich ein Gewerbesteuermessbetrag von 30 000 €. Die Feststellung eines verbleibenden Verlustabzugsbetrages zum 31. 12. 02 nach § 10a Satz 6 GewStG beläuft sich auf 30 000 €. Ab dem EZ 03 ist dieser Betrag nur von dem nach § 10a Satz 5 GewStG auf A entfallenden Anteil am Gewerbeertrag abziehbar.

Änderung des Gesellschafterbestandes.

Beispiel 1 (Ausscheiden):
An der A-KG sind die Gesellschafter A, B und C zu je einem Drittel beteiligt. Der vortragsfähige Gewerbeverlust der KG zum 31. 12. 02 beträgt 900 000 €. Zum 31. 12. 03 scheidet C aus der Personengesellschaft aus und veräußert seinen Anteil an D. Die KG erzielt in 03 einen Gewerbeertrag von 600 000 €. In 04 erzielt die KG einen Gewerbeertrag in Höhe von 150 000 €.

Lösung:

	Ergebnis					Verluste (§ 10 a)			
	A	B	C	D	Summe	A	B	C	Summe
EZ 02 § 10 a Satz 4	./. 300	./. 300	./. 300	–	./. 900	300	300	300	900
EZ 03 § 10 a Satz 5	200 ./. 200	200 ./. 200	200 ./. 200	–	600 ./. 600	./. 200	./. 200	./. 200	./. 600
Gewerbe-ertrag 03	0	0	0	–	0				
Aus-scheiden C								./. 100	./. 100
Verlustfest-stellung § 10 a Satz 6						100	100	0	200

H 10a.3 (3)

noch 22

	Ergebnis					Verluste (§ 10 a)			
	A	B	C	D	Summe	A	B	C	Summe
EZ 04 § 10 a Satz 5	50 ./. 50	50 ./. 50		50 –	150 ./. 100	./. 50	./. 50	–	./. 100
Gewerbe- ertrag 04	0	0		50	50				
Verlust- feststellung § 10 a Satz 6						50	50		100

Abwandlung zu Beispiel 1 (unterjähriges Ausscheiden)

Wie Beispiel 1 jedoch scheidet der Gesellschafter C zum 30. 6. 03 aus der Personengesellschaft aus und veräußert seinen Anteil zu diesem Zeitpunkt an D. Ein bis zum Ausscheiden des C tatsächlich erzielter Gewerbeertrag ist nicht bekannt.

Lösung:

Der positive Gewerbeertrag bis zum Ausscheiden des C ist nach Maßgabe des § 10a GewStG um Verluste früherer Jahre zu kürzen. Entsprechend R 10a.3 Abs. 3 Satz 9 Nr. 9 ist für diese Zwecke der einheitliche Gewerbeertrag des EZ 03 zeitanteilig auf den Zeitraum vor und nach dem Ausscheiden des C zu verteilen.

	Ergebnis					Verluste (§ 10 a)			
	A	B	C	D	Summe	A	B	C	Summe
EZ 02 § 10 a Satz 4	./. 300	./. 300	./. 300	–	./. 900	300	300	300	900
EZ 03 Bis 30. 6. = 6/12 v. 600 000 § 10 a Satz 5 Ab 1. 7. = 6/12 v. 600 000 § 10 a Satz 5	100 ./. 100 100 ./. 100	100 ./. 100 100 ./. 100	100 ./. 100 – –	– 100 –	300 ./. 300 300 ./. 200	./. 100 ./. 100	./. 100 ./. 100	./. 100 –	./. 300 ./. 200
Gewerbe- ertrag 03	0	0	0	100	100				
Aus- scheiden C								./. 200	./. 200
Verlustfest- stellung § 10 a Satz 6						100	100	0	200
EZ 04 § 10 a Satz 5	50 ./. 50	50 ./. 50	–	50 –	150 ./. 100	./. 50	./. 50	–	./. 100
Gewerbe- ertrag 04	0	0		50	50				
Verlust- feststellung § 10 a Satz 6						50	50		100

Beispiel 2 (Ausscheiden unter Berücksichtigung Sonderbetriebsvermögen):

An der Y-OHG sind A und B zu je 50% beteiligt. Die gewerbesteuerlichen Ergebnisse (einschl. Hinzurechnungen und Kürzungen) betragen:

EZ 01	A	B
Gesamthandsbilanz ./. 100 (verteilt nach § 10 a Satz 4 GewStG)	./. 50	./. 50
Sonderbetriebsvermögen + 20	+ 20	–
Gewerbeertrag/Fehlbetrag ./. 80	./. 30	./. 50

EZ 02	A	B
Gesamthandsbilanz ./. 60 (verteilt nach § 10 a Satz 4 GewStG)	./. 30	./. 30
Sonderbetriebsvermögen + 70	+ 70	–
Gewerbeertrag + 10	+ 40	./. 30

EZ 03

Gesamthandsbilanz und Sonderbetriebsvermögen: + 0

A scheidet zum 31. 12. 03 aus. Der zum 31. 12. 03 festzustellende vortragsfähige Fehlbetrag ermittelt sich wie folgt:

H 10a.3 (3)

noch 22

Lösung:

	Ergebnis			Verluste (§ 10 a)		
	A	B	Summe	A	B	Summe
EZ 01 (Sonder BE)	./. 50 20	./. 50	./. 80	40	40	80
Gesonderte Feststellung § 10 a Satz 6 GewStG						80
EZ 02 (Sonder BE) Verlustabzug	./. 30 70	./. 30	+ 10 ./. 10	./. 5	./. 5	./. 10
31. 12. 02 § 10 a Satz 6 GewStG				35	35	70
EZ 03 Ausscheiden des A	0	0	0	./. 35	–	70 ./. 35
31. 12. 03 § 10 a Satz 6 GewStG				0	35	35

Beispiel 3 (Eintritt/Mindestbesteuerung):

An der Z-OHG sind im EZ 01 A und B zu je 50% beteiligt. Nach Eintritt des C zum 1. 1. 02 sind A, B und C zu je 1/3 beteiligt. Gewerbesteuerliche Ergebnisse:

EZ 01:	Verlust aus Gesamthandsbilanz:	./.	4,0 Mio. €	(= Gewerbeverlust)
EZ 02:	Verlust aus Gesamthandsbilanz:	./.	1,5 Mio. €	
	Sonderbetriebseinnahmen des C:	+	4,5 Mio. €	
	= Gewerbeertrag 02:	+	3,0 Mio. €	

Lösung (Beträge in Mio. €):

	Ergebnis				Verluste (§ 10 a)			
	A	B	C	Summe	A	B	C	Summe
EZ 01 § 10 a Satz 6 GewStG:	./. 2	./. 2	–	./. 4 4	+ 2	+ 2	–	4
EZ 02: SBE	./. 0,5	./. 0,5 –	./. 0,5 4,5	3				
Verlustabzug: Für den Verlustabzug stehen nach Gewinnverteilungsschlüssel (§ 10 a Satz 5 GewStG) zur Verfügung	1	1	–[1]					
./. § 10 a Satz 1 GewStG hier: je 1/3 v. 1 Mio.	./. 0,33	./. 0,33		./. 0,66	./. 0,33	./. 0,33	–	./. 0,66
./. § 10 a Satz 2 GewStG hier: je 1/3 v. 60% v. 2 Mio.	./. 0,40	./. 0,40		./. 0,80	./. 0,40	./. 0,40	–	./. 0,80
Gewerbeertrag 02	0,27	0,27	1	**1,54**				
verbleibender Verlustabzug 31. 12. 02					1,27	1,27	–	**2,54**

[1] Der auf C nach allgemeinem Gewinnverteilungsschlüssel entfallende Gewinnanteil (1 Mio. €) steht nicht für Verlustabzug zur Verfügung, da auf C kein Teil des Fehlbetrags entfällt.

Atypisch stille Gesellschaft.
- → R 2.4 (5).
- Wird die an einer GmbH & atypisch still beteiligte GmbH auf die still beteiligte Personengesellschaft verschmolzen und ist für die atypische stille Gesellschaft ein Verlustvortrag festgestellt, um den die aufnehmende Personengesellschaft ihren Gewerbeertrag kürzen will, muss die für die Kürzung nach § 10 a GewStG erforderliche Unternehmensidentität zwischen dem Gewerbebetrieb bestehen, den die GmbH – als Inhaberin des Handelsgeschäfts – vor ihrer Verschmelzung auf die Personengesellschaft geführt hat, und dem Gewerbebetrieb, den die Personengesellschaft nach der Verschmelzung (fort-)führt. Der für die GmbH & atypisch still festgestellte Gewerbeverlust geht mangels Unternehmeridentität in dem Umfang unter, in dem er nach der gesellschaftsinternen Verteilung auf die verschmelzungsbedingt erloschene GmbH entfiel (→ BFH vom 11. 10. 2012 – BStBl. 2013 II S. 958).

Doppelstöckige Personengesellschaft. → R 10 a.3 Abs. 3 Satz 9 Nr. 8; → Beschluss des Großen Senats des BFH vom 3. 5. 1993 – BStBl. II S. 616 und BFH vom 11. 10. 2012 – BStBl. 2013 II S. 176.

Beispiel:

An der X-OHG (Untergesellschaft) sind je zur Hälfte A und die Y-OHG (Obergesellschaft) beteiligt. Gesellschafter der Y-OHG sind zu gleichen Teilen B und C. B veräußert zum 31. 12. 01 seine Beteiligung an der Y-OHG an D. Die Untergesellschaft (X-OHG) erwirtschaftete in 01 einen negativen Gewerbeertrag in Höhe von – 50 000 €, in 02 einen positiven Gewerbeertrag von 60 000 €.

Lösung:

Der negative Gewerbeertrag 01 (– 50 000 €) kann in voller Höhe von dem positiven Gewerbeertrag 02 (60 000 €) abgezogen werden, da der Gesellschafterwechsel bei der Y-OHG keinen Einfluss auf den Gesellschafterbestand bei der X-OHG hat.

Einbringung und Verschmelzung bei Personengesellschaften. → R 10 a.3 Abs. 3 Satz 9 Nr. 5; → BFH vom 17. 1. 1994 – BStBl. II S. 477 und vom 14. 9. 1993 – BStBl. 1994 II S. 764.

Realteilung. → R 10 a.3 Abs. 3 Nr. 7.

Beispiel 1:

Die AB-OHG, an der A und B zu gleichen Teilen beteiligt sind, besteht aus zwei Teilbetrieben. Die AB-OHG wird zum 1. 1. 02 real geteilt, wobei A den Teilbetrieb 1 und B den Teilbetrieb 2 übernimmt. Der vortragsfähige Gewerbeverlust zum 31. 12. 01 beträgt 400 000 €. Aus der Buchführung lässt sich nachvollziehen, dass der Gewerbeverlust in Höhe von 250 000 € auf den Teilbetrieb 1 und in Höhe von 150 000 € auf den Teilbetrieb 2 entfällt.

Lösung:

Das Recht auf den Abzug des bei der AB-OHG entstandenen Gewerbeverlustes steht A und B entsprechend ihrem Anteil an der AB-OHG jeweils zur Hälfte zu. Daher können A und B aufgrund des Erfordernisses der Unternehmeridentität nur ihren Anteil des Gesamtfehlbetrages von je 200 000 € (50% von 400 000 €) bei der Ermittlung des Gewerbeertrages ihrer Einzelunternehmen abziehen.
Die Voraussetzung der Unternehmensidentität ist grundsätzlich gegeben, weil die beiden Teilbetriebe über gesonderte Buchführungen verfügt haben. Bei B ist jedoch zu beachten, dass dem von ihm übernommenen Teilbetrieb nur ein Gewerbeverlust von 150 000 € zugeordnet werden kann. Er kann daher nur einen Betrag von 150 000 € von den zukünftigen positiven Gewerbeerträgen abziehen. Im Ergebnis geht also ein Verlustabzug i. H. v. 50 000 € verloren.

Beispiel 2:

Wie vorstehend, nur wird die AB-OHG in Personengesellschaften AB1 (Teilbetrieb 1) und AB2 (Teilbetrieb 2) aufgespalten. Gesellschafter der beiden Personengesellschaften sind weiterhin A und B zu je 50%.

Lösung:

Bei der AB1-OHG kann der dem Teilbetrieb 1 zuzuordnende Gewerbeverlust i. H. v. 250 000 € abgezogen werden. Der restliche Gewerbeverlust i. H. v. 150 000 € kann von der AB2-OHG in Anspruch genommen werden.

Anl zu R 10 a.3 (3)

Gleich lautende Erlasse zum Gesellschafterwechsel in doppelt- und mehrstöckigen Personengesellschaftsstrukturen und deren Auswirkungen auf Fehlbeträge nach § 10 a GewStG

Vom 11. August 2021 (BStBl. I S. 1074)

(Oberste Finanzbehörden der Länder)

22a Der BFH hat mit Urteil vom 24. April 2014, BStBl. 2017 II S. 233, entschieden, dass im Fall der Einbringung des Betriebs einer Kommanditgesellschaft (Obergesellschaft) in eine atypisch stille Gesellschaft (Untergesellschaft) eine doppelstöckige Mitunternehmerschaft entsteht, ohne hierbei ausdrücklich zur Frage des möglichen Vorliegens zweier – getrennt voneinander bestehender – Gewerbebetriebe Stellung zu nehmen (hierzu nachgehend bejahend BFH vom 8. Dezember 2016, BStBl. 2017 II S. 538). Darüber hinaus hat der BFH im Urteil vom 24. April 2014, BStBl. 2017 II S. 233, auch zur Unternehmeridentität Stellung genommen. Er hat in diesem Zusammenhang zur Frage, ob und inwieweit gewerbesteuerliche Fehlbeträge nach § 10 a GewStG, die bis zur Begründung der atypisch stillen Beteiligung am Betrieb der Obergesellschaft entstanden sind, auf Ebene der Untergesellschaft für eine Verrechnung zur Verfügung stehen, auf eine mittelbare Gesellschafterstellung der Gesellschafter der Obergesellschaft an der Untergesellschaft abgestellt.

Nach dem Ergebnis der Erörterung der obersten Finanzbehörden der Länder sind die Grundsätze des Urteils zur mittelbaren Gesellschafterstellung über den entschiedenen Einzelfall hinaus nicht anzuwenden. An der bisherigen Verwaltungsauffassung, nach der es zur Frage des Vorliegens der Unternehmeridentität stets und ausschließlich auf eine unmittelbare Gesellschafterstellung ankommt, wird uneingeschränkt festgehalten.

Im Fall der Begründung einer atypisch stillen Beteiligung am Handelsgewerbe einer Personengesellschaft sowie auch in anderen Fällen der Einbringung des Betriebs einer Personengesellschaft in eine andere Personengesellschaft (doppelt- und mehrstöckige Personengesellschaftsstrukturen) gilt somit Folgendes:

Die Kürzung des Gewerbeertrags um gewerbesteuerliche Fehlbeträge nach § 10a GewStG setzt sowohl Unternehmensidentität als auch Unternehmeridentität voraus. Dies gilt auch bei der Nutzung von Fehlbeträgen einer Personengesellschaft (Mitunternehmerschaft). Damit gelten die allgemeinen Grundsätze von R 10a.2 „Unternehmensidentität" und R 10a.3 „Unternehmeridentität" GewStR auch bei Mitunternehmerschaften. Träger des Verlustabzugs sind nach R 10a.3 Abs. 3 Satz 1 GewStR die jeweiligen Gesellschafter (Mitunternehmer) der Personengesellschaft. Bei der Beteiligung einer Obergesellschaft an einer Untergesellschaft sind nicht die Gesellschafter der Obergesellschaft, sondern ist die Obergesellschaft Gesellschafterin und damit Träger des Verlustabzugs der Untergesellschaft.

Dies hat zur Folge, dass ein Wechsel im Gesellschafterbestand der Obergesellschaft keinen Einfluss auf Fehlbeträge bei der Untergesellschaft hat, da die Unternehmeridentität bezüglich der Untergesellschaft letztlich unberührt bleibt (vgl. R 10a.3 Abs. 3 Satz 9 Nr. 8 Sätze 1 und 2 GewStR).

Für Fälle, wie sie dem BFH mit Urteil vom 24. April 2014, BStBl. 2017 II S. 233, zugrunde lagen, folgt daraus, dass gewerbesteuerliche Fehlbeträge der Obergesellschaft, die bis zur Begründung der atypisch stillen Gesellschaft (Untergesellschaft) entstanden sind, auf Ebene der Untergesellschaft mangels Unternehmeridentität nicht zur Verrechnung zur Verfügung stehen. Träger der fraglichen Fehlbeträge sind weiterhin die Mitunternehmer der Obergesellschaft (Unternehmeridentität). Diese sind aber nicht Mitunternehmer der Untergesellschaft, denn Mitunternehmer der Untergesellschaft ist allein die Obergesellschaft selbst.

Diese Erlasse ergehen im Einvernehmen mit dem Bundesministerium der Finanzen.

R 10a.3 (4)

R 10a.3 (4)

Kapitalgesellschaften

23 (4) ① Wird eine Kapitalgesellschaft formwechselnd in eine andere Kapitalgesellschaft umgewandelt, bleibt die Unternehmeridentität gewahrt. ② Bei der Verschmelzung zweier Kapitalgesellschaften kann die aufnehmende Kapitalgesellschaft den Gewerbeverlust der verschmolzenen Kapitalgesellschaft nicht abziehen (→ § 19 Abs. 2 i. V. m. § 12 Abs. 3 i. V. m. § 4 Abs. 2 Satz 2 UmwStG).[1] ③ Auch im Fall der Aufspaltung einer Körperschaft geht deren Gewerbeverlust nicht auf die übernehmenden Gesellschaften über. ④ Entsprechendes gilt bei der Abspaltung von Vermögen einer Körperschaft auf eine andere Körperschaft; der Gewerbeverlust der fortbestehenden übertragenden Körperschaft mindert sich gem. § 19 Abs. 2 i. V. m. § 15 Abs. 3 UmwStG. ⑤ Bei der Umwandlung einer Körperschaft auf eine Personengesellschaft oder eine natürliche Person im Wege der Verschmelzung, der Spaltung oder des Formwechsels kann die übernehmende Personengesellschaft oder natürliche Person den Gewerbeverlust der übertragenden Körperschaft ebenfalls nicht abziehen (→ § 18 Abs. 1 Satz 2 UmwStG); bei der Abspaltung von Vermögen einer Körperschaft auf eine Personengesellschaft mindert sich der Gewerbeverlust der fortbestehenden übertragenden Körperschaft nach Maßgabe von § 16 i. V. m. § 15 Abs. 3 und § 18 Abs. 1 Satz 1 UmwStG. ⑥ Im Fall der Ausgliederung auf eine Kapitalgesellschaft nach § 123 Abs. 3 UmwG bleibt der volle Gewerbeverlust grundsätzlich bei dem ausgliedernden Unternehmen.

Anl zu R 10a.3 (4)

Erlass betr. Übergang des Gewerbeverlustes nach § 10a GewStG einer Kapitalgesellschaft auf eine Personengesellschaft infolge einer Einbringung

Vom 27. Januar 2012 (DStR S. 908)

(FM NRW G 1427 – 26 – V B 4)

24 Nach den bis einschließlich zum Erhebungszeitraum 2008 gültigen Gewerbesteuer-Richtlinien 1998 ging im Fall der Einbringung eines Betriebes durch eine Kapitalgesellschaft in eine Personengesellschaft der vortragsfähige Gewerbeverlust auf die Personengesellschaft über (Abschn. 68 Abs. 4 Satz 6 i. V. m. Abs. 2 GewStR 1998). Dieser konnte insoweit vom Gewerbeertrag der Personengesellschaft abgezogen werden, als er nach dem sich aus dem Gesellschaftsvertrag ergebenden Gewinnverteilungsschlüssel auf die Kapitalgesellschaft entfiel. In die Gewerbesteuerrichtlinien 2009 ist eine mit Abschn. 68 Abs. 4 Satz 6 GewStR 1998 vergleichbare Regelung nicht aufgenommen worden.

Nach dem Erlass FinMin. Nordrhein-Westfalen vom 11. 6. 2010 (G 1310 – 10 – V B 4, DStR 2010, 1573) bestanden keine Bedenken, Abschn. 68 Abs. 4 Satz 6 GewStR 1998 ab dem Erhebungszeitraum 2009 vorerst weiterhin anzuwenden. Hieran wird nicht mehr festgehalten.

Es wird gebeten, in entsprechenden Sachverhalten ab dem Erhebungszeitraum 2009 davon auszugehen, dass ein Übergang des Gewerbeverlustes auf die Personengesellschaft nicht in Betracht kommt.

Die Tätigkeit einer Kapitalgesellschaft gilt nach § 2 Abs. 2 Satz 1 GewStG stets und in vollem Umfang als Gewerbebetrieb. Bei der Beurteilung der sachlichen Gewerbesteuerpflicht kommt es daher nicht darauf an, ob die ausgeübte Tätigkeit ihrer Art nach gewerblich ist. Im Fall der Einbringung des Betriebes einer Kapitalgesellschaft in eine Personengesellschaft hat dies zur Folge, dass die sachliche

---

[1] *Umwandlungssteuererlass (BMF v. 11. 11. 2011, BStBl. I S. 1314)* abgedruckt im „Handbuch zur KSt-Veranlagung" im Anhang I Nr. 2a.

Gewerbesteuerpflicht der Kapitalgesellschaft auch dann bestehen bleibt, wenn sich deren Tätigkeit zukünftig auf das Halten des Mitunternehmeranteils beschränkt.[1]

Voraussetzung für den Verlustabzug nach § 10a GewStG ist bei Personenunternehmen (Einzelunternehmen und Mitunternehmerschaften) die Unternehmens- und Unternehmeridentität. Bei Kapitalgesellschaften kommt es dagegen auf das Merkmal der Unternehmensidentität nicht an, weil diese allein aufgrund ihrer Rechtsform sachlich gewerbesteuerpflichtig sind (BFH v. 29. 10. 1986 I R 318–319/83, BStBl. II 1987, 310).

Wird der Betrieb eines Einzelunternehmers oder einer Personengesellschaft in eine (andere) Personengesellschaft eingebracht, hat dies zur Folge, dass der vortragsfähige Gewerbeverlust auf die Personengesellschaft übergeht. Auf Ebene des bisherigen Einzelunternehmens bzw. der bisherigen Personengesellschaft kommt ein Verlustabzug nach § 10a GewStG aufgrund fehlender Unternehmensidentität nicht mehr in Betracht. Anders verhält es sich im Fall einer Betriebseinbringung durch eine Kapitalgesellschaft. Hier kann der Gewerbeverlust auf Ebene der Kapitalgesellschaft weiterhin vorgetragen werden und – zumindest dem Grunde nach – mit positiven Gewerbeerträgen aus der künftigen Tätigkeit verrechnet werden. Ein Übergang auf die Personengesellschaft kommt daher nicht in Betracht.

R 10a.4

R 10a.4 Organschaft

25 ① Gehen im Zuge einer Anwachsung Verluste einer Personengesellschaft auf eine Organgesellschaft über, können diese Verluste in Zeiträumen vor als auch nach dem Abschluss des Gewinnabführungsvertrages zwischen Organgesellschaft und Organträger entstanden sein. ② Verluste, die vor Abschluss des Gewinnabführungsvertrages bei der Personengesellschaft entstanden sind, stellen vororganschaftliche Verluste dar, welche während des Bestehens der Organschaft nicht mit dem maßgebenden Gewerbeertrag der Organgesellschaft zu verrechnen sind (→ § 10a Satz 3 GewStG). ③ Die nach Abschluss des Gewinnabführungsvertrages auf Ebene der Personengesellschaft entstandenen und der Organgesellschaft angewachsenen Verluste stellen Verluste dar, die während der Organschaft auf Ebene der Organgesellschaft entstanden sind. ④ Die Voraussetzungen des § 10a Satz 3 GewStG sind insoweit nicht erfüllt. ⑤ Daraus folgt, dass Verluste im Sinne des Satzes 3 auf Ebene der Organgesellschaft nach Maßgabe des § 10a Sätze 1 und 2 GewStG jeweils höchstens bis auf Null mit positiven Gewerbeerträgen der Organgesellschaft ausgeglichen werden können.

H 10a.4

H 10a.4

26 **Änderungen bei der Besteuerung steuerlicher Organschaften durch das Steuervergünstigungsabbaugesetz – StVergAbG –.** → BMF vom 10. 11. 2005 – BStBl. I S. 1038.[2]

Organschaftliche Verluste. Verluste einer Organgesellschaft, die während der Dauer einer Organschaft entstanden sind, können auch nach Beendigung der Organschaft nur vom maßgebenden Gewerbeertrag des Organträgers abgezogen werden (→ BFH vom 27. 6. 1990 – BStBl. II S. 916).

---

[1] Bestätigt durch *BFH-Urteil vom 17. 1. 2019 III R 35/17, BStBl. II S. 407:* Überträgt eine AG ihr operatives Geschäft im Wege der Ausgliederung nach § 123 Abs. 3 Nr. 1 UmwG auf eine KG, so geht ein gewerbesteuerlicher Verlustvortrag der AG jedenfalls dann nicht auf die KG über, wenn sich die AG fortan nicht nur auf die Verwaltung der Mitunternehmerstellung bei der KG beschränkt.

[2] Abgedruckt als Anlage b zu H 14.1 im „Handbuch zur KSt-Veranlagung".

§ 11 Steuermesszahl und Steuermessbetrag

GewStG

(1) ① Bei der Berechnung der Gewerbesteuer ist von einem Steuermessbetrag auszugehen. ② Dieser ist durch Anwendung eines Prozentsatzes (Steuermesszahl) auf den Gewerbeertrag zu ermitteln. ③ Der Gewerbeertrag ist auf volle 100 Euro nach unten abzurunden und 1

1. bei natürlichen Personen sowie bei Personengesellschaften um einen Freibetrag in Höhe von 24 500 Euro,

2. bei Unternehmen im Sinne des § 2 Abs. 3 und des § 3 Nr. 5, 6, 8, 9, 15, 17, 21, 26, 27, 28 und 29 sowie bei Unternehmen von juristischen Personen des öffentlichen Rechts um einen Freibetrag in Höhe von 5000 Euro, 2

höchstens jedoch in Höhe des abgerundeten Gewerbeertrags, zu kürzen.

(2) Die Steuermesszahl für den Gewerbeertrag beträgt 3,5 Prozent. 3

(3) ① Die Steuermesszahl ermäßigt sich auf 56 Prozent bei Hausgewerbetreibenden und ihnen nach § 1 Abs. 2 Buchstabe b und d des Heimarbeitsgesetzes in der im Bundesgesetzblatt Teil III, Gliederungsnummer 804-1, veröffentlichten bereinigten Fassung, zuletzt geändert durch Artikel 4 des Gesetzes vom 13. Juli 1988 (BGBl. I S. 1034), gleichgestellten Personen. ② Das Gleiche gilt für die nach § 1 Abs. 2 Buchstabe c des Heimarbeitsgesetzes gleichgestellten Personen, deren Entgelte (§ 10 Abs. 1 des Umsatzsteuergesetzes) aus der Tätigkeit unmittelbar für den Absatzmarkt im Erhebungszeitraum 25 000 Euro nicht übersteigen. 4

Übersicht

R 11.1 Freibetrag bei natürlichen Personen und Personengesellschaften

R 11.1

① Der Freibetrag im Sinne des § 11 Absatz 1 Satz 3 Nr. 1 GewStG ist für Gewerbebetriebe natürlicher Personen und Personengesellschaften betriebsbezogen zu gewähren. ② Der Freibetrag ist auch dann in voller Höhe zu gewähren, wenn die Betriebseröffnung oder Betriebsschließung im Laufe des Kalenderjahres erfolgt. ③ Wechselt lediglich die Steuerschuldnerschaft zwischen Einzelunternehmen und Personengesellschaften oder umgekehrt, ist der für den Erhebungszeitraum ermittelte einheitliche Steuermessbetrag den Steuerschuldnern anteilig zuzurechnen und getrennt festzusetzen. ④ Diese zeitliche Abgrenzung und zeitraumbezogene Erfassung des Besteuerungsguts bedeutet, dass jedem der Steuerschuldner nur der Teil des Steuermessbetrags zugerechnet werden darf, der auf die Dauer seiner persönlichen Steuerpflicht entfällt. ⑤ Dieses Ergebnis wird dadurch erreicht, dass für jeden der Steuerschuldner eine Steuermessbetragsfestsetzung auf Grund des von ihm erzielten Gewerbeertrags durchgeführt wird und dabei der Freibetrag nach § 11 Abs. 1 Satz 3 Nr. 1 GewStG in Höhe von 24 500 EUR auf jeden von ihnen entsprechend der Dauer seiner persönlichen Steuerpflicht aufgeteilt wird. ⑥ Aus Vereinfachungsgründen kann bei jedem der Steuerschuldner für jeden angefangenen Monat der Steuerpflicht ein Freibetrag von 2042 EUR berücksichtigt werden. ⑦ Die Steuermesszahl nach § 11 Absatz 2 GewStG wird nach Abzug des anteiligen Freibetrages auf den verbleibenden Gewerbeertrag des jeweiligen Steuerschuldners angewendet. 5

H 11.1

H 11.1

Atypisch stille Gesellschaft.[1] Der Freibetrag im Sinne des § 11 Abs. 1 Satz 3 Nr. 1 GewStG ist auch Kapitalgesellschaften zu gewähren, an deren gewerblichen Unternehmen 6
- natürliche Personen als atypisch stille Gesellschafter beteiligt sind (→ BFH vom 10. 11. 1993 – BStBl. 1994 II S. 27). In diesen Fällen ist er grundsätzlich auch dann nur einmal zu gewähren, wenn an dem gewerblichen Unternehmen mehrere natürliche Personen aufgrund mehrerer Gesellschaftsverträge als atypisch stille Gesellschafter beteiligt sind (→ BFH vom 8. 2. 1995 – BStBl. II S. 764). Sind jedoch die der atypisch stillen Gesellschaft und die dem Inhaber des Handelsgeschäftes allein zuzuordnenden gewerblichen Tätigkeiten als jeweils getrennte Gewerbebetriebe zu beurteilen, ist der Freibetrag für jeden Gewerbebetrieb zu gewähren (→ BFH vom 6. 12. 1995 – BStBl. 1998 II S. 685) und R 2.4 Abs. 5,

[1] *BFH-Urteil v. 15. 7. 2020 III R 68/18, BStBl. 2021 II S. 869:* Nimmt eine GmbH im laufenden Jahr eine natürliche Person als atypisch stillen Gesellschafter auf, so ist der für Einzelunternehmen und Personengesellschaften geltende Freibetrag von 24.500 € in dem an die GmbH als Geschäftsherrn zu adressierenden, die GmbH & atypisch Still betreffenden Gewerbesteuermessbescheid zu berücksichtigen. Der GmbH selbst steht der Freibetrag nicht zu; der aufgrund des von ihr vor der Aufnahme des stillen Gesellschafters erzielten Gewinns ermittelte Gewerbeertrag ist daher nicht zu kürzen.

– nur eine andere Kapitalgesellschaft als atypischer stiller Gesellschafter beteiligt ist (→ BFH vom 30. 8. 2007 – BStBl. 2008 II S. 200).

Wechsel des Steuerschuldners. → BFH vom 17. 2. 1989 – BStBl. II S. 664; → BFH vom 26. 8. 1993 – BStBl. 1995 II S. 791; → R 5.1 Abs. 1.

GewStDV

§ 22 *Hausgewerbetreibende und ihnen gleichgestellte Personen*

7 *① Betreibt ein Hausgewerbetreibender oder eine ihm gleichgestellte Person noch eine andere gewerbliche Tätigkeit und sind beide Tätigkeiten als eine Einheit anzusehen, so ist § 11 Abs. 3 des Gesetzes nur anzuwenden, wenn die andere Tätigkeit nicht überwiegt. ② Die Vergünstigung gilt in diesem Fall für den gesamten Gewerbeertrag.*

R 11.2

R 11.2 Steuermesszahlen bei Hausgewerbetreibenden und bei ihnen gleichgestellten Personen

8 ① Die auf 56 Prozent ermäßigte Steuermesszahl (= 1,96 Prozent) gilt nach § 11 Abs. 3 GewStG bei Hausgewerbetreibenden und ihnen nach § 1 Abs. 2 Buchstaben b bis d des Heimarbeitsgesetzes gleichgestellten Personen, bei den nach Buchstabe c gleichgestellten Personen aber nur unter der Voraussetzung, dass ihre Entgelte (→ § 10 Abs. 1 UStG) aus der Tätigkeit unmittelbar für den Absatzmarkt im Erhebungszeitraum 25 000 EUR nicht übersteigen. ② § 11 Abs. 3 Satz 1 GewStG knüpft unmittelbar an das Heimarbeitsgesetz an. ③ Ob jemand die Steuerermäßigung des § 11 Abs. 3 Satz 1 GewStG beanspruchen kann, richtet sich demzufolge allein danach, ob er Hausgewerbetreibender i. S. des § 2 Abs. 2 Heimarbeitsgesetz oder einem solchen Unternehmer nach § 1 Abs. 2 Buchstaben b bis d Heimarbeitsgesetz gleichgestellt ist. ④ Den Hausgewerbetreibenden gleichgestellte Personen sind nach § 1 Abs. 2 Buchstaben b bis d des Heimarbeitsgesetzes:

„b) Hausgewerbetreibende, die mit mehr als 2 fremden Hilfskräften (→ § 2 Abs. 6) oder Heimarbeitern (→ § 2 Abs. 1) arbeiten;

c) andere im Lohnauftrag arbeitende Gewerbetreibende, die infolge ihrer wirtschaftlichen Abhängigkeit eine ähnliche Stellung wie Hausgewerbetreibende einnehmen;

d) Zwischenmeister (→ § 2 Abs. 3)“;
Zwischenmeister ist nach § 2 Abs. 3 des Heimarbeitsgesetzes „wer, ohne Arbeitnehmer zu sein, die ihm von Gewerbetreibenden übertragene Arbeit an Heimarbeiter oder Hausgewerbetreibende weitergibt“.

⑤ Personen, die auf Grund des § 1 Abs. 2 Buchstaben b bis d des Heimarbeitsgesetzes wegen ihrer Schutzbedürftigkeit den Hausgewerbetreibenden gleichgestellt sind, sind die für Hausgewerbetreibende vorgesehenen gewerbesteuerrechtlichen Vergünstigungen ohne weitere Prüfung zu gewähren. ⑥ Die Finanzämter sind daher nicht befugt, im Einzelfall die Schutzbedürftigkeit noch besonders nachzuprüfen. ⑦ Nach § 2 Abs. 2 des Heimarbeitsgesetzes wird die Eigenschaft als Hausgewerbetreibender nicht dadurch beeinträchtigt, dass der Hausgewerbetreibende vorübergehend unmittelbar für den Absatzmarkt arbeitet. ⑧ Vorübergehend in diesem Sinne ist eine Tätigkeit, die nur gelegentlich oder – wenn auch ständig – nebenbei ausgeübt wird und deshalb für die Gesamtleistung unwesentlich ist. ⑨ Einen Anhalt für die Feststellung einer vorübergehenden Tätigkeit bilden die Stückzahlen der hergestellten Erzeugnisse. ⑩ Betreibt ein Hausgewerbetreibender oder eine ihm gleichgestellte Person noch eine andere gewerbliche Tätigkeit, z. B. als selbständiger Schneidermeister, und sind beide Tätigkeiten als Einheit zu behandeln (→ R 2.4), ist die Vergünstigung des § 11 Abs. 3 GewStG für den Gesamtertrag zu gewähren, wenn die andere Tätigkeit nicht überwiegt (→ § 22 GewStDV). ⑪ Das gleiche gilt, wenn die bezeichneten Personen die Voraussetzungen des Heimarbeitsgesetzes im Erhebungszeitraum vorübergehend nicht erfüllen, z. B. bei gelegentlicher Überschreitung der zugelassenen Höchstzahl fremder Arbeitskräfte, die begünstigte Tätigkeit im Erhebungszeitraum insgesamt aber überwiegt (→ Vorübergehende Tätigkeit).

H 11.2

H 11.2

9 **Allgemeines.** → R 15.1 Abs. 2 EStR; → H 15.1 EStH.

Fremde Hilfskraft. Als „fremde Hilfskraft“ bezeichnet § 2 Abs. 6 Heimarbeitsgesetz denjenigen, der als Arbeitnehmer eines Hausgewerbetreibenden oder nach § 1 Abs. 2 Buchst. b und c Gleichgestellten in deren Arbeitsstätte beschäftigt ist. Fremde Hilfskräfte des Hausgewerbetreibenden sind alle aufgrund von Arbeitsverträgen – auch aushilfsweise – bei ihm beschäftigten Arbeitnehmer einschließlich solcher, die nahe Angehörige i. S. von § 2 Abs. 5 Buchst. a bis c Heimarbeitsgesetz sind und mit ihm in häuslicher Gemeinschaft leben (→ BFH vom 26. 2. 2002 – BStBl. 2003 II S. 31).

Hausgewerbetreibende gleichgestellte Personen. Wegen der Gleichstellung nach § 1 Abs. 2 Buchst. b bis d des Heimarbeitsgesetzes (→ BFH vom 4. 10. 1962 – BStBl. 1963 III S. 66 und

H 11.2

noch **9**

vom 4. 12. 1962 – BStBl. 1963 III S. 144).[1] Sind Personen in einer Doppelfunktion tätig, können sie nach § 1 Abs. 2 Buchst. b und d gleichgestellt sein. Ein Gewerbetreibender, der nur Teilarbeiten in Heimarbeit verrichten lässt, ist kein Zwischenmeister (→ BFH vom 8. 7. 1971 – BStBl. 1972 II S. 385). Ein Gewerbetreibender ist nicht Hausgewerbetreibender, wenn er fortgesetzt mit mehr als zwei fremden Hilfskräften oder Heimarbeitern arbeitet; dies gilt auch, wenn die zeitliche Arbeitsleistung dieser Personen insgesamt möglicherweise nicht über die zeitliche Arbeitsleistung zweier vollzeitbeschäftigter Arbeitnehmer hinausgeht (→ BFH vom 26. 6. 1987 – BStBl. II S. 719). Ein Hausgewerbetreibender verliert diese Eigenschaft nicht, wenn er gelegentlich aus besonderem Anlass mehr als zwei fremde Hilfskräfte beschäftigt, auf Dauer aber das Gewerbe mit nur zwei fremden Hilfskräften betrieben werden kann (→ BFH vom 8. 3. 1984 – BStBl. II S. 534).

Personenzusammenschlüsse. Als Hausgewerbetreibende und ihnen gleichgestellte Personen sind auch Zusammenschlüsse dieser Personen zu behandeln (→ BFH vom 8. 3. 1960 – BStBl. III S. 160 und vom 8. 7. 1971 – BStBl. 1972 II S. 385).

Vorübergehende Tätigkeit. Die unmittelbare Arbeit für den Absatzmarkt darf in der Regel 10% nicht wesentlich übersteigen (→ BFH vom 4. 10. 1962 – BStBl. 1963 III S. 66).[2]

---

[1] Vgl. hierzu auch *BFH-Urteil vom 7. 2. 1963 IV 154/61 U, BStBl. III S. 146.*

[2] *BFH-Urteil vom 10. 12. 1974 VIII R 11/69, BStBl. 1975 II S. 265:* Beträgt die Arbeitszeit der im Betrieb einer Hausgewerbetreibenden Beschäftigten für die unmittelbar auf dem Absatzmarkt zu veräußernde Ware 13,1 v. H. der Gesamtarbeitszeit, so entfällt die Vergünstigung des § 11 Abs. 3 GewStG 1961.

GewStG

Abschnitt III. *Gewerbesteuer nach dem Gewerbekapital*

§§ 12, 13 *(weggefallen)*

GewStDV

§§ 23, 24 *(weggefallen)*

GewStG

Abschnitt IV. Steuermessbetrag

§ 14[1] Festsetzung des Steuermessbetrags

1 **① Der Steuermessbetrag wird für den Erhebungszeitraum nach dessen Ablauf festgesetzt. ② Erhebungszeitraum ist das Kalenderjahr. ③ Besteht die Gewerbesteuerpflicht nicht während eines ganzen Kalenderjahrs, so tritt an die Stelle des Kalenderjahrs der Zeitraum der Steuerpflicht (abgekürzter Erhebungszeitraum).**

R 14.1

R 14.1 Festsetzung des Steuermessbetrags

2 ① Erhebungszeitraum ist das Kalenderjahr oder die Dauer der Steuerpflicht im Kalenderjahr, wenn die Steuerpflicht nicht während des ganzen Kalenderjahrs besteht. ② Der Steuermessbetrag wird jeweils für den Erhebungszeitraum nach dessen Ablauf festgesetzt. ③ Der Steuermessbetrag ist erforderlichenfalls auf volle Euro nach unten abzurunden. ④ Fällt die Steuerpflicht im Laufe des Kalenderjahrs weg, braucht mit der Festsetzung des Steuermessbetrags nicht bis zum Ablauf des Kalenderjahrs gewartet zu werden. ⑤ In diesem Fall kann der Steuermessbetrag sofort nach Wegfall der Steuerpflicht festgesetzt werden.

H 14.1

H 14.1

3 **Gewerbliche Einkünfte – Keine Bindung an den Einkommensteuerbescheid.** Sind im Einkommensteuerbescheid Einkünfte des Steuerpflichtigen nicht als solche aus Gewerbebetrieb, sondern aus anderen Einkunftsarten, z. B. aus selbständiger Arbeit, behandelt, ist in dem Einkommensteuerbescheid hinsichtlich der Gewerbesteuer weder ein Freistellungsbescheid noch eine rechtsverbindliche Zusage der Gewerbesteuerfreiheit zu erblicken. Die nachträgliche Heranziehung des Steuerpflichtigen zur Gewerbesteuer ist daher ohne die Einschränkung des § 173 AO zulässig. Es ist darin auch grundsätzlich kein Verstoß gegen Treu und Glauben zu erblicken (→ BFH vom 27. 4. 1961 – BStBl. III S. 281). Wegen der Verwirkung des Anspruchs auf Erlass eines Gewerbesteuermess- oder Gewerbesteuerbescheids (→ BFH vom 5. 3. 1970 – BStBl. II S. 793 und vom 14. 3. 1991 – BStBl. II S. 769).

Festsetzung des Gewerbesteuermessbetrags gegenüber einer Personengesellschaft. Die Festsetzung des Gewerbesteuermessbetrags gegenüber einer Personengesellschaft kann unter keinem denkbaren Gesichtspunkt zu einer verfassungswidrigen Überbesteuerung im Sinne des sog. Halbteilungsgrundsatzes führen (→ BFH vom 15. 3. 2005 – BStBl. II S. 647).

Anl zu § 14

Kleinbetragsverordnung (KBV)[2]

– Auszug –

5 **§ 2 Änderung oder Berichtigung der Festsetzung eines Gewerbesteuermessbetrages**

Die Festsetzung eines Gewerbesteuermessbetrages wird nur geändert oder berichtigt, wenn die Abweichung von der bisherigen Festsetzung bei einer Änderung oder Berichtigung zugunsten des Steuerpflichtigen mindestens 2 Euro und bei einer Änderung oder Berichtigung zuungunsten des Steuerpflichtigen mindestens 5 Euro beträgt.

---

[1] Zur vorläufigen Festsetzung (§ 165 Absatz 1 AO) des Gewerbesteuermessbetrags, Verfassungsmäßigkeit der Nichtabziehbarkeit der Gewerbesteuer als Betriebsausgaben und der Hinzurechnungen nach § 8 Nummer 1 Buchstaben a, d, e und f GewStG vgl. *gleich lautende Erlasse der obersten Finanzbehörden der Länder vom 28. Oktober 2016, BStBl. I S. 1114,* abgedruckt als Anlage e zu R 8.1 GewStR.

[2] Neugefasst durch Art. 26 StEuglG vom 19. 12. 2000 (BGBl. I S. 1790, 1805) mWv 1. 1. 2002; neugefasst durch Art. 3 ModBesteuerungG vom 18. 7. 2016 (BGBl. I S. 1679).

Die KBV ist vollständig abgedruckt im „AO-Handbuch" als Anlage 1 zu § 156 AO.

§ 14 a Steuererklärungspflicht GewStG

① Der Steuerschuldner (§ 5) hat für steuerpflichtige Gewerbebetriebe eine Erklärung zur Festsetzung des Steuermessbetrags und in den Fällen des § 28 außerdem eine Zerlegungserklärung nach amtlich vorgeschriebenem Datensatz durch Datenfernübertragung zu übermitteln. ② Auf Antrag kann die Finanzbehörde zur Vermeidung unbilliger Härten auf eine elektronische Übermittlung verzichten; in diesem Fall ist die Erklärung nach amtlich vorgeschriebenem Vordruck abzugeben und vom Steuerschuldner oder von den in § 34 der Abgabenordnung bezeichneten Personen eigenhändig zu unterschreiben. 1

§ 25 ***Gewerbesteuererklärung*** GewStDV

(1) Eine Gewerbesteuererklärung ist abzugeben

1. für alle gewerbesteuerpflichtigen Unternehmen, deren Gewerbeertrag im Erhebungszeitraum den Betrag von 24 500 Euro überstiegen hat; 2

2. für Kapitalgesellschaften (Aktiengesellschaften, Kommanditgesellschaften auf Aktien, Gesellschaften mit beschränkter Haftung), wenn sie nicht von der Gewerbesteuer befreit sind; 3

3.[1,2] ① für Genossenschaften einschließlich Europäischer Genossenschaften und für Versicherungsvereine auf Gegenseitigkeit, wenn sie nicht von der Gewerbesteuer befreit sind. ② Für sonstige juristische Personen des privaten Rechts und für nichtrechtsfähige Vereine ist eine Gewerbesteuererklärung nur abzugeben, soweit diese Unternehmen einen wirtschaftlichen Geschäftsbetrieb – ausgenommen Land- und Forstwirtschaft – unterhalten, dessen Gewerbeertrag im Erhebungszeitraum den Betrag von 5000 Euro überstiegen hat; 4

4.[2] für Unternehmen von juristischen Personen des öffentlichen Rechts, wenn sie als stehende Gewerbebetriebe anzusehen sind und ihr Gewerbeertrag im Erhebungszeitraum den Betrag von 5000 Euro überstiegen hat; 5

5.[2] für Unternehmen im Sinne des § 3 Nr. 5, 6, 8, 9, 15, 17, 21, 26, 27, 28 und 29 des Gesetzes nur, wenn sie neben der von der Gewerbesteuer befreiten Tätigkeit auch eine der Gewerbesteuer unterliegende Tätigkeit ausgeübt haben und ihr steuerpflichtiger Gewerbeertrag im Erhebungszeitraum den Betrag von 5000 Euro überstiegen hat; 6

6. für Unternehmen, für die zum Schluss des vorangegangenen Erhebungszeitraums vortragsfähige Fehlbeträge gesondert festgestellt worden sind; 7

7. für alle gewerbesteuerpflichtigen Unternehmen, für die vom Finanzamt eine Gewerbesteuererklärung besonders verlangt wird. 8

(2)[3] ① Die Steuererklärung ist spätestens an dem von den obersten Finanzbehörden der Länder bestimmten Zeitpunkt abzugeben. ② Das Recht des Finanzamts, schon vor diesem Zeitpunkt Angaben zu verlangen, die für die Besteuerung von Bedeutung sind, bleibt unberührt. 9

§ 14 b Verspätungszuschlag GewStG

① Ein nach § 152 der Abgabenordnung zu entrichtender Verspätungszuschlag fließt der Gemeinde zu. ② Sind mehrere Gemeinden an der Gewerbesteuer beteiligt, so fließt der Verspätungszuschlag der Gemeinde zu, in der sich die Geschäftsleitung am Ende des Erhebungszeitraums befindet. ③ Befindet sich die Geschäftsleitung im Ausland, so fließt der Verspätungszuschlag der Gemeinde zu, in der sich die wirtschaftlich bedeutendste Betriebsstätte befindet. ④ Auf den Verspätungszuschlag ist der Hebesatz der Gemeinde nicht anzuwenden.

§ 26 *(weggefallen)* GewStDV

---

[1] § 25 Abs. 1 Nr. 3 Satz 1 GewStDV geändert durch SEStEG vom 7. 12. 2006 (BGBl. I S. 2728) mWv EZ 2006.
[2] Freibetrag erhöht durch 3. Mittelstandsentlastungsgesetz vom 17. 3. 2009 (BGBl. I S. 550) mWv EZ 2009.
[3] § 25 Abs. 2 Satz 2 GewStDV aufgehoben, bisheriger Satz 3 wird Satz 2 mWv EZ 2021 durch VO vom 25. 6. 2020 (BGBl. I S. 1495).

GewStG

§ 15 Pauschfestsetzung

1 **Wird die Einkommensteuer oder die Körperschaftsteuer in einem Pauschbetrag festgesetzt, so kann die für die Festsetzung zuständige Behörde im Einvernehmen mit der Landesregierung oder der von ihr bestimmten Behörde auch den Steuermessbetrag in einem Pauschbetrag festsetzen.**

R 15.1

R 15.1 Pauschfestsetzung

2 ① Die Festsetzung der Einkommensteuer (Körperschaftsteuer) in einem Pauschbetrag kommt in Betracht

1. nach § 34c Abs. 5 EStG bei unbeschränkt Steuerpflichtigen mit ausländischen Einkünften,
2. nach § 50 Abs. 7 EStG bei beschränkt Steuerpflichtigen,
3. nach der Verordnung zur Vereinfachung des Verfahrens bei Steuernachforderungen vom 28. 7. 1941 (RGBl. I S. 489), soweit diese Verordnung nicht durch Landesrecht aufgehoben worden ist.

② Wird die Einkommensteuer (Körperschaftsteuer) in einem Pauschbetrag festgesetzt, so kann im Einvernehmen mit der dafür nach § 15 GewStG zuständigen Behörde auch der Steuermessbetrag in einem Pauschbetrag festgesetzt werden. ③ Ist Gewerbesteuer für mehrere Jahre nachzuholen, müssen für die einzelnen Jahre getrennte Gewerbesteuermessbeträge (Pauschbeträge) festgesetzt werden.

Abschnitt V. Entstehung, Festsetzung und Erhebung der Steuer

GewStG

§ 16 Hebesatz

(1)[1, 2] Die Steuer wird auf Grund des Steuermessbetrags (§ 14) mit einem Prozentsatz (Hebesatz) festgesetzt und erhoben, der von der hebeberechtigten Gemeinde (§§ 4, 35 a) zu bestimmen ist. 1

(2) Der Hebesatz kann für ein Kalenderjahr oder mehrere Kalenderjahre festgesetzt werden. 2

(3) ① Der Beschluss über die Festsetzung oder Änderung des Hebesatzes ist bis zum 30. Juni eines Kalenderjahrs mit Wirkung vom Beginn dieses Kalenderjahrs zu fassen. ② Nach diesem Zeitpunkt kann der Beschluss über die Festsetzung des Hebesatzes gefasst werden, wenn der Hebesatz die Höhe der letzten Festsetzung nicht überschreitet. 3

(4) ① Der Hebesatz muss für alle in der Gemeinde vorhandenen Unternehmen der gleiche sein. ② Er beträgt 200 Prozent, wenn die Gemeinde nicht einen höheren Hebesatz bestimmt hat.[3] ③ Wird das Gebiet von Gemeinden geändert, so kann die Landesregierung oder die von ihr bestimmte Stelle für die von der Änderung betroffenen Gebietsteile auf eine bestimmte Zeit verschiedene Hebesätze zulassen. ④ In den Fällen des Satzes 3 sind die §§ 28 bis 34 mit der Maßgabe anzuwenden, dass an die Stelle mehrerer Gemeinden die Gebietsteile der Gemeinde mit verschiedenen Hebesätzen treten. 4

(5) In welchem Verhältnis die Hebesätze für die Grundsteuer der Betriebe der Land- und Forstwirtschaft, für die Grundsteuer der Grundstücke und für die Gewerbesteuer zueinander stehen müssen, welche Höchstsätze nicht überschritten werden dürfen und inwieweit mit Genehmigung der Gemeindeaufsichtsbehörde Ausnahmen zugelassen werden können, bleibt einer landesrechtlichen Regelung vorbehalten. 5

R 16.1 Hebesatz – *unbesetzt* –

R 16.1

H 16.1

H 16.1

Mindesthebesatz. Es bestehen keine ernstlichen Zweifel daran, dass der Gesetzgeber berechtigt ist, im Laufe des Erhebungszeitraumes bis zum Entstehen des Steueranspruchs die gesetzlichen Grundlagen zu verändern. Der Gesetzgeber konnte deshalb rückwirkend für das Kalenderjahr 2003 den Zerlegungsmaßstab des § 28 GewStG 2002 zu Lasten solcher Gemeinden verändern, deren Hebesatz 200% unterschreitet (→ BFH vom 18. 8. 2004 – BStBl. 2005 II S. 143). 6

§ 17 *(weggefallen)*

GewStG

§§ 27, 28 *(weggefallen)*

GewStDV

§ 18 Entstehung der Steuer

GewStG

Die Gewerbesteuer entsteht, soweit es sich nicht um Vorauszahlungen (§ 21) handelt, mit Ablauf des Erhebungszeitraums, für den die Festsetzung vorgenommen wird.

---

[1] Gewerbesteuerhebesätze 2021, abgedruckt im Anhang 2.

[2] *BVerwG-Beschluss vom 12. 8. 2014 9 B 23/14, NVwZ-RR 2014 S. 897:* Für die Anrechnung ausländischer Quellensteuer auf die deutsche Gewerbesteuer auf Grund eines Doppelbesteuerungsabkommens ist das Finanzamt und nicht die Gemeinde zuständig.

[3] *BVerfG-Beschluss vom 27. 1. 2010 2 BvR 2185/04, 2 BvR 2189/04, JuS S. 755:* **1.** Der Bundesgesetzgeber war gem. Art. 105 Abs. 2 i. V. m. Art. 72 Abs. 2 GG befugt, die Gemeinden zur Erhebung der Gewerbesteuer zu verpflichten und einen Mindesthebesatz festzulegen (§§ 1, 16 Abs. 4 Satz 2 GewStG). Die Regelung ist zur Wahrung der Rechts- und Wirtschaftseinheit im gesamtstaatlichen Interesse erforderlich. **2.** Die Festlegung eines Mindesthebesatzes von 200 v. H. (§ 16 Abs. 4 Satz 2 GewStG) verstößt nicht gegen die als Bestandteil der Selbstverwaltungsgarantie (Art. 28 Abs. 2 GG) gewährleistete kommunale Finanzhoheit gem. Art. 28 Abs. 2 Satz 1 und 3 i. V. m. Art. 106 Abs. 6 Satz 2 GG. *(Leitsätze nicht amtlich)*

GewStG

§ 19 Vorauszahlungen

1 **(1) ① Der Steuerschuldner hat am 15. Februar, 15. Mai, 15. August und 15. November Vorauszahlungen zu entrichten. ② Gewerbetreibende, deren Wirtschaftsjahr vom Kalenderjahr abweicht, haben die Vorauszahlungen während des Wirtschaftsjahrs zu entrichten, das im Erhebungszeitraum endet. ③ Satz 2 gilt nur, wenn der Gewerbebetrieb nach dem 31. Dezember 1985 gegründet worden oder infolge Wegfalls eines Befreiungsgrundes in die Steuerpflicht eingetreten ist oder das Wirtschaftsjahr nach diesem Zeitpunkt auf einen vom Kalenderjahr abweichenden Zeitraum umgestellt worden ist.**

2 **(2) Jede Vorauszahlung beträgt grundsätzlich ein Viertel der Steuer, die sich bei der letzten Veranlagung ergeben hat.**

3 **(3)[1] ① Die Gemeinde kann die Vorauszahlungen der Steuer anpassen, die sich für den Erhebungszeitraum (§ 14) voraussichtlich ergeben wird. ② Die Anpassung kann bis zum Ende des 15. auf den Erhebungszeitraum folgenden Kalendermonats vorgenommen werden; bei einer nachträglichen Erhöhung der Vorauszahlungen ist der Erhöhungsbetrag innerhalb eines Monats nach Bekanntgabe des Vorauszahlungsbescheids zu entrichten. ③ Das Finanzamt kann bis zum Ende des 15. auf den Erhebungszeitraum folgenden Kalendermonats für Zwecke der Gewerbesteuer-Vorauszahlungen den Steuermessbetrag festsetzen, der sich voraussichtlich ergeben wird. ④ An diese Festsetzung ist die Gemeinde bei der Anpassung der Vorauszahlungen nach den Sätzen 1 und 2 gebunden.**

4 **(4) Wird im Laufe des Erhebungszeitraums ein Gewerbebetrieb neu gegründet oder tritt ein bereits bestehender Gewerbebetrieb infolge Wegfalls des Befreiungsgrundes in die Steuerpflicht ein, so gilt für die erstmalige Festsetzung der Vorauszahlungen Absatz 3 entsprechend.**

5 **(5) ① Die einzelne Vorauszahlung ist auf den nächsten vollen Betrag in Euro nach unten abzurunden. ② Sie wird nur festgesetzt, wenn sie mindestens 50 Euro beträgt.**

Übersicht

GewStDV

§ 29 *Anpassung und erstmalige Festsetzung der Vorauszahlungen*

6 *(1) ① Setzt das Finanzamt nach § 19 Abs. 3 Satz 3 des Gesetzes einen Steuermessbetrag für Zwecke der Gewerbesteuer-Vorauszahlungen fest, so braucht ein Zerlegungsbescheid nicht erteilt zu werden. ② Die hebeberechtigten Gemeinden können an dem Steuermessbetrag in demselben Verhältnis beteiligt werden, nach dem die Zerlegungsanteile in dem unmittelbar vorangegangenen Zerlegungsbescheid festgesetzt sind. ③ Das Finanzamt hat in diesem Fall gleichzeitig mit der Festsetzung des Steuermessbetrags den hebeberechtigten Gemeinden mitzuteilen*

1.[2] den Prozentsatz, um den sich der Steuermessbetrag gegenüber dem in der Mitteilung über die Zerlegung (§ 188 Abs. 1 der Abgabenordnung) angegebenen Steuermessbetrag erhöht oder ermäßigt, oder den Zerlegungsanteil,

2. den Erhebungszeitraum, für den die Änderung erstmals gilt.

7 *(2) ① In den Fällen des § 19 Abs. 4 des Gesetzes hat das Finanzamt erforderlichenfalls den Steuermessbetrag für Zwecke der Gewerbesteuer-Vorauszahlungen zu zerlegen. ② Das Gleiche gilt in den Fällen des § 19 Abs. 3 des Gesetzes, wenn an den Vorauszahlungen nicht dieselben Gemeinden beteiligt sind, die nach dem unmittelbar vorangegangenen Zerlegungsbescheid beteiligt waren. ③ Bei der Zerlegung sind die mutmaßlichen Arbeitslöhne des Erhebungszeitraums anzusetzen, für den die Festsetzung der Vorauszahlungen erstmals gilt.*

§ 30 *Verlegung von Betriebsstätten*

8 *① Wird eine Betriebsstätte in eine andere Gemeinde verlegt, so sind die Vorauszahlungen in dieser Gemeinde von dem auf die Verlegung folgenden Fälligkeitstag ab zu entrichten. ② Das gilt nicht, wenn in der*

---

[1] § 19 Abs. 3 Satz 5 anzuwenden ab EZ 2008; aufgehoben durch G vom 25. 7. 2014 (BGBl. I S. 1266) mWv EZ 2015.

[2] § 29 Abs. 1 Satz 3 Nr. 1 und Abs. 2 Satz 3 GewStDV geändert durch JStG 2007 vom 13. 12. 2006 (BGBl. I S. 2878) mWv EZ 2006.

Gemeinde, aus der die Betriebsstätte verlegt wird, mindestens eine Betriebsstätte des Unternehmens bestehen bleibt.

§§ 31, 32 *(weggefallen)*

R 19.1 Vorauszahlungen R 19.1

①Die Bemessung der Vorauszahlungen entspricht dem Vorauszahlungssystem bei der Einkommensteuer und Körperschaftsteuer. 9 ②Wie bei der Körperschaftsteuer sind bei einem vom Kalenderjahr abweichenden Wirtschaftsjahr die Gewerbesteuer-Vorauszahlungen bereits während des Wirtschaftsjahrs zu entrichten, das im Erhebungszeitraum endet. ③Durch die Entrichtung der Vorauszahlungen bei einem vom Kalenderjahr abweichenden Wirtschaftsjahr in dem jeweiligen Wirtschaftsjahr wird vermieden, dass bei Neugründungen mit vom Kalenderjahr abweichendem Wirtschaftsjahr oder bei der Umstellung auf ein vom Kalenderjahr abweichendes Wirtschaftsjahr eine Steuerpause eintritt. ④Auf die Jahressteuerschuld für den Erhebungszeitraum sind die im abweichenden Wirtschaftsjahr, das im maßgebenden Erhebungszeitraum endet, festgesetzten und entrichteten Vorauszahlungen anzurechnen. ⑤§ 19 Abs. 1 Satz 2 GewStG gilt nicht für Gewerbebetriebe, die bereits vor dem 1. 1. 1986 ein vom Kalenderjahr abweichendes Wirtschaftsjahr hatten, es sei denn, sie sind nach dem 31. 12. 1985 infolge Wegfalls eines Befreiungsgrunds in die Steuerpflicht eingetreten oder sie haben nach diesem Zeitpunkt das Wirtschaftsjahr auf einen anderen vom 31.12. abweichenden Abschlusszeitpunkt umgestellt. ⑥Jede Vorauszahlung beträgt grundsätzlich ein Viertel der Steuer, die sich bei der letzten Veranlagung ergeben hat (→ § 19 Abs. 2 GewStG). ⑦Sie ist auf den nächsten vollen Betrag in € nach unten abzurunden und wird nur festgesetzt, wenn sie mindestens 50 € beträgt (→ § 19 Abs. 5 GewStG). ⑧Letzte Veranlagung ist von allen bisher durchgeführten Veranlagungen diejenige, die sich auf den Erhebungszeitraum bezieht, der dem Vorauszahlungsjahr zeitlich am nächsten liegt.

H 19.1 H 19.1

Abweichendes Wirtschaftsjahr. 10

Beispiel:

Die voraussichtliche Gewerbesteuer im EZ 02, in dem das Wirtschaftsjahr 1. 7. 01 bis 30. 6. 02 endet, beträgt 120 000 €. Die Vorauszahlungen sind zu entrichten am 15. 8. 01, 15. 11. 01, 15. 2. 02 und 15. 5. 02. Die mit je 30 000 € im abweichenden Wirtschaftsjahr 1. 7. 01 bis 30. 6. 02 geleisteten Vorauszahlungen sind auf die endgültige Steuerschuld des EZ 02 anzurechnen.

Höhe der zu entrichtenden Vorauszahlungen. → BVerwG vom 22. 5. 1987 – BStBl. II S. 698.

R 19.2 Anpassung und erstmalige Festsetzung der Vorauszahlungen R 19.2

(1) ①Die Vorauszahlungen können der Steuer angepasst werden, die sich für den laufenden 11
oder vorausgegangenen Erhebungszeitraum voraussichtlich ergeben wird. ②Die Anpassung obliegt der Gemeinde, wenn ihr die Festsetzung und Erhebung der Gewerbesteuer übertragen ist (→ R 1.2). ③§ 19 Abs. 3 GewStG stellt die Entscheidung der Frage, ob bei der Anpassung festgesetzter Gewerbesteuer-Vorauszahlungen die im Zeitpunkt der Anpassung bereits fällig gewesenen und entrichteten Vorauszahlungen auf jeweils ein Viertel der voraussichtlichen Jahressteuer herabgesetzt werden, in das Ermessen der Gemeinde. ④Aber auch das Finanzamt kann bei Kenntnis veränderter Verhältnisse hinsichtlich des Gewerbeertrags für den laufenden oder vorangegangenen Erhebungszeitraum die Anpassung der Vorauszahlungen veranlassen. ⑤Das gilt insbesondere für die Fälle, in denen das Finanzamt Einkommensteuer- und Körperschaftsteuervorauszahlungen anpasst. ⑥Es setzt in diesem Fall für Zwecke der Gewerbesteuer-Vorauszahlungen den voraussichtlichen Steuermessbetrag fest, an den die Gemeinden bei der Anpassung der Vorauszahlungen gebunden sind (→ § 19 Abs. 3 GewStG). ⑦Dieser Festsetzung bedarf es nur, wenn sich danach der Steuermessbetrag entweder um mehr als ein Fünftel, mindestens aber um 10 € oder um mehr als 500 € ändert. ⑧Werden nach Ablauf des letzten Vorauszahlungszeitpunkts für den Erhebungszeitraum die Gewerbesteuer-Vorauszahlungen angepasst, ist bei einer Erhöhung der Vorauszahlungen der nachgeforderte Betrag innerhalb eines Monats nach Bekanntgabe des Vorauszahlungsbescheids zu entrichten.

(2) ①In den Fällen der Anpassung der Vorauszahlungen nach § 19 Abs. 3 Satz 3 GewStG fin- 12
det eine Zerlegung nur dann statt, wenn an den Vorauszahlungen nicht dieselben Gemeinden beteiligt sind, die nach dem unmittelbar vorangegangenen Zerlegungsbescheid beteiligt waren (→ § 29 Abs. 2 GewStDV). ②In den anderen Anpassungsfällen braucht ein Zerlegungsbescheid nicht erteilt zu werden (Ermessen des Finanzamtes). ③Die hebeberechtigten Gemeinden können an dem Steuermessbetrag in demselben Verhältnis beteiligt werden, nach dem die Zerlegungsanteile in dem unmittelbar vorangegangenen Zerlegungsbescheid festgesetzt sind. ④In diesen Fällen teilt das Finanzamt den beteiligten Gemeinden nur den Hundertsatz mit, um den sich der

Steuermessbetrag gegenüber dem in der Mitteilung über die Zerlegung (→ § 188 Abs. 1 AO) angegebenen Steuermessbetrag erhöht oder ermäßigt, und den Erhebungszeitraum, für den die Änderung erstmals gilt (→ § 29 Abs. 1 GewStDV). ⑤ Als Hundertsatz können durch 5 teilbare Beträge verwendet werden, sofern dies eine Vereinfachung darstellt. ⑥ Anstelle des Hundertsatzes kann auch der Zerlegungsanteil mitgeteilt werden, sofern dies ohne besonderen Arbeitsaufwand, z. B. im maschinellen Verfahren, möglich ist.

13 (3) ① Das Finanzamt kann einen Steuermessbetrag für Zwecke der Gewerbesteuer-Vorauszahlungen auch dann festsetzen, wenn es Vorauszahlungen auf die Einkommensteuer oder Körperschaftsteuer festsetzt, weil ein Gewerbebetrieb neu gegründet ist oder ein bereits bestehender Gewerbebetrieb infolge Wegfalls des Befreiungsgrunds in die Steuerpflicht eingetreten ist. ② Der Steuermessbetrag ist zu zerlegen, wenn an ihm mehrere Gemeinden beteiligt sind (→ § 29 Abs. 2 Satz 1 GewStDV).

14 (4) ① Die Aufgabenteilung zwischen Finanzamt und Gemeinde bei der Anpassung und erstmaligen Festsetzung der Vorauszahlungen erfordert eine Zusammenarbeit der beiden Dienststellen, um den Zweck des Vorauszahlungssystems – die laufende Anpassung der Vorauszahlungen an die voraussichtliche Jahressteuer entsprechend dem Wirtschaftsablauf – zu erreichen. ② Die Tätigkeit des Finanzamts auf dem Gebiet der Gewerbesteuer-Vorauszahlungen wird regelmäßig durch entsprechende Maßnahmen für die Einkommensteuer (Körperschaftsteuer) ausgelöst. ③ Die Gemeinde teilt deshalb zweckmäßig eigene Wahrnehmungen über die Entwicklung des Betriebs und ggf. entsprechende Vorschläge dem Finanzamt mit. ④ Sie hat sich zur Vermeidung von Doppelarbeit insbesondere mit dem Finanzamt in Verbindung zu setzen, ehe sie von sich aus, d. h. ohne dass ein Gewerbesteuermessbetrag für Zwecke der Gewerbesteuervorauszahlungen festgesetzt ist (→ Absatz 1 Satz 4), die Vorauszahlungen anpasst. ⑤ Gewerbesteuerliche Prüfungen und Feststellungen in den Gewerbebetrieben sind auch in Bezug auf die Vorauszahlungen ausschließlich Aufgaben des Finanzamts.

15 (5) Gegen die Festsetzung des Steuermessbetrags für Zwecke der Gewerbesteuer-Vorauszahlungen kann der Steuerpflichtige und gegen die Zerlegung des Steuermessbetrags für Zwecke der Gewerbesteuer-Vorauszahlungen nach § 29 Abs. 2 GewStDV können der Steuerpflichtige und die beteiligten Gemeinden Einspruch einlegen (→ § 347 Abs. 1 AO).

H 19.2

H 19.2

16 **Anpassung der Vorauszahlungen.** Die Entscheidung über die nachträgliche Anpassung von festgesetzten Vorauszahlungen auf die Gewerbesteuer steht grundsätzlich im Ermessen der Gemeinde (→ BVerwG vom 22. 5. 1987 – BStBl. II S. 698).

Zerlegung. Ein Zerlegungsbescheid für Zwecke der Gewerbesteuer-Vorauszahlungen steht gemäß § 164 Abs. 1 Satz 2 i. V. m. § 184 Abs. 1 Satz 3, § 185 AO kraft Gesetzes unter dem Vorbehalt der Nachprüfung (→ BFH vom 18. 8. 2004 – BStBl. 2005 II S. 143).

Anl zu R 19.2

Schreiben betr. Verzinsung von Steuernachforderungen und Steuererstattungen nach § 233 a AO; hier: Berücksichtigung von Anträgen auf Anpassung der Gewerbesteuer-Vorauszahlungen

Vom 19. Oktober 1992

(BMF IV A 5 – S 0460 a – 33/92 an die Kommunalen Spitzenverbände)

17 Nach § 233 a Abs. 3 Satz 1 AO sind für die Zinsberechnung die zu Beginn des Zinslaufs festgesetzten Vorauszahlungen maßgebend. Die Verzinsung einer zu erwartenden Abschlußzahlung kann der Steuerpflichtige deshalb nur dadurch vermeiden, daß er – vor Ablauf der Karenzzeit – eine Anpassung der bisher festgesetzten Vorauszahlungen bzw. die erstmalige Festsetzung von Vorauszahlungen beantragt. Weitere Voraussetzung für eine Minderung der Zinsbelastung ist die rechtzeitige Festsetzung der Vorauszahlungen durch die Finanzämter. Dies entspricht dem System der Sollverzinsung, wonach jeweils der Unterschied zwischen dem aktuellen Soll und dem Vorsoll verzinst wird. Hat der Steuerpflichtige den Antrag auf Anpassung der Vorauszahlungen rechtzeitig gestellt, erfolgt aber die Festsetzung erst nach Beginn des Zinslaufs, so wird im Bereich der Finanzverwaltung diese Festsetzung für Zwecke der Berechnung von Zinsen aus Billigkeitsgründen als zu Beginn des Zinslaufs erfolgt angesehen.

Vielfach beantragen Steuerpflichtige gleichzeitig mit einer Anhebung der Einkommensteuer-Vorauszahlungen auch eine entsprechende Meßbetragsfestsetzung für Zwecke der Gewerbesteuer-Vorauszahlungen. Nach § 19 Abs. 3 Satz 3 Gewerbesteuergesetz kann das Finanzamt bis zum Ende des 15. auf den Erhebungszeitraum folgenden Kalendermonats für Zwecke der Gewerbesteuer-Vorauszahlungen den einheitlichen Steuermeßbetrag festsetzen, der sich voraussichtlich ergeben wird.

Im Einvernehmen mit den obersten Finanzbehörden der Länder rege ich an, auch bei der Festsetzung von Zinsen zur Gewerbesteuer in der Weise zu verfahren, daß die auf rechtzeitig gestellten Antrag hin vorgenommene Festsetzung von Gewerbesteuer-Vorauszahlungen auch dann als zu Beginn des Zinslaufs erfolgt angesehen wird, wenn sie tatsächlich erst später erfolgt. Im Interesse der Gleichmäßigkeit der Besteuerung schlage ich vor, Ihre Mitglieder in diesem Sinne zu unterrichten und eine übereinstimmende Behandlung dieser Fälle sicherzustellen.

GewStG

§ 20 Abrechnung über die Vorauszahlungen

(1) Die für einen Erhebungszeitraum (§ 14) entrichteten Vorauszahlungen werden auf die Steuerschuld für diesen Erhebungszeitraum angerechnet. 1

(2) Ist die Steuerschuld größer als die Summe der anzurechnenden Vorauszahlungen, so ist der Unterschiedsbetrag, soweit er den im Erhebungszeitraum und nach § 19 Abs. 3 Satz 2 nach Ablauf des Erhebungszeitraums fällig gewordenen, aber nicht entrichteten Vorauszahlungen entspricht, sofort, im Übrigen innerhalb eines Monats nach Bekanntgabe des Steuerbescheids zu entrichten (Abschlusszahlung). 2

(3)[1] Ist die Steuerschuld kleiner als die Summe der anzurechnenden Vorauszahlungen, so wird der Unterschiedsbetrag nach Bekanntgabe des Steuerbescheids durch Aufrechnung oder Zurückzahlung ausgeglichen. 3

§ 21 Entstehung der Vorauszahlungen

Die Vorauszahlungen auf die Gewerbesteuer entstehen mit Beginn des Kalendervierteljahrs, in dem die Vorauszahlungen zu entrichten sind, oder, wenn die Steuerpflicht erst im Laufe des Kalendervierteljahrs begründet wird, mit Begründung der Steuerpflicht.

§§ 22 bis 27 *(weggefallen)*

[1] Gewerbesteuererstattungsansprüche aufgrund überhöhter Vorauszahlungen sind unverzüglich auszuzahlen; vgl. *Erlaß InnenMin Sachsen vom 3. 4. 1996 – 23 – 2273.20/21, StEK GewStG § 20 Nr. 1.*

GewStG

Abschnitt VI. Zerlegung[1]

§ 28 Allgemeines

1 **(1) ① Sind im Erhebungszeitraum Betriebsstätten zur Ausübung des Gewerbes in mehreren Gemeinden unterhalten worden, so ist der Steuermessbetrag in die auf die einzelnen Gemeinden entfallenden Anteile (Zerlegungsanteile) zu zerlegen. ② Das gilt auch in den Fällen, in denen eine Betriebsstätte sich über mehrere Gemeinden erstreckt hat oder eine Betriebsstätte innerhalb eines Erhebungszeitraums von einer Gemeinde in eine andere Gemeinde verlegt worden ist.**

2 **(2) ① Bei der Zerlegung sind die Gemeinden nicht zu berücksichtigen, in denen**

1. Verkehrsunternehmen lediglich Gleisanlagen unterhalten,

2. sich nur Anlagen befinden, die der Weiterleitung fester, flüssiger oder gasförmiger Stoffe sowie elektrischer Energie dienen, ohne dass diese dort abgegeben werden,

3. Bergbauunternehmen keine oberirdischen Anlagen haben, in welchen eine gewerbliche Tätigkeit entfaltet wird,

4. *(aufgehoben)*

② Dies gilt nicht, wenn dadurch auf keine Gemeinde ein Zerlegungsanteil oder der Steuermessbetrag entfallen würde.

Übersicht

R 28.1

R 28.1 Zerlegung des Steuermessbetrags

3 (1) ① Der Steuermessbetrag ist auf alle Gemeinden zu zerlegen, in denen im Erhebungszeitraum Betriebsstätten unterhalten worden sind. ② Im Fall der Verpachtung oder Stilllegung eines Teilbetriebs unterhält der Unternehmer im Allgemeinen keine Betriebsstätte in der Gemeinde, in der sich die Anlagen befinden. ③ Die Belegenheitsgemeinde hat deshalb keinen Anspruch auf einen Zerlegungsanteil. ④ Vorübergehend ruhende Betriebsstätten, auch mehrfach in einem Erhebungszeitraum ruhende Betriebsstätten (z. B. bei Saisonbetrieben), sind in die Zerlegung einzubeziehen. ⑤ Für Zwecke der Zerlegung gelten Bauausführungen oder Montagen nur dann als Betriebsstätte, wenn die Voraussetzungen des § 12 Nr. 8 AO (→ R 2.9 Abs. 2) in den Grenzen der einzelnen Gemeinde erfüllt sind. ⑥ Dies gilt nicht, wenn dadurch auf keine Gemeinde ein Zerlegungsanteil oder der Steuermessbetrag entfallen würde.

4 (2) ① Für die Zerlegung gelten die Vorschriften der §§ 185 bis 189 AO. ② Danach sind Zerlegungsbescheide für die Gewerbesteuer gemäß § 173 Abs. 1 in Verbindung mit §§ 185, 184 Abs. 1 Satz 3 AO änderbar. ③ Ist der Gewerbesteuermessbescheid nach Vornahme der Zerlegung geändert worden, ist der Zerlegungsbescheid ebenfalls zu ändern (→ § 185, § 184 Abs. 1 Satz 3, § 175 Abs. 1 Satz 1 Nr. 1 AO). ④ Die Zerlegung wird ferner nach § 189 AO geändert oder nachgeholt, wenn der Anspruch einer Gemeinde auf einen Anteil am Steuermessbetrag nicht berücksichtigt und auch nicht zurückgewiesen worden ist. ⑤ Eine Änderung des ursprünglichen Gewerbesteuermessbescheids, z. B. nach § 172 Abs. 1 Nr. 2, § 173, § 175 AO oder § 35 b GewStG, setzt demnach für die Gemeinde eine neue Frist im Sinne des § 189 Satz 3 AO in Lauf.

5 (3) Betriebsstätten, die außerhalb des Geltungsbereichs des Gesetzes belegen sind, werden bei der Ermittlung des Gewerbeertrags nicht berücksichtigt und scheiden deshalb auch für die Zerlegung des Steuermessbetrags aus.

6 (4) Gegen einen Zerlegungsbescheid des Finanzamts und gegen einen Bescheid, durch den ein Antrag auf Zerlegung abgelehnt wird, können der Steuerpflichtige und die beteiligten Gemeinden Einspruch einlegen (→ § 347 Abs. 1 AO).[2,3]

---

[1] Siehe dazu Beck'sches Steuerberater-Handbuch 2021/2022, Teil G IV, Verfahrensweg der Gewerbesteuerfestsetzung.

[2] Zu Rechtsbehelfen bei der Gewerbesteuer siehe auch Anhang 1.

[3] *BFH-Urteil vom 27. 3. 1996 I R 83/94, BStBl. II S. 509:* **1.** Der Vorbehalt der Nachprüfung ist als Nebenbestimmung eines Zerlegungsbescheides allen am Zerlegungsverfahren Beteiligten bekanntzugeben. **2.** Der Änderungsbefugnis (§ 164 Abs. 2 AO 1977) steht eine gegenüber den Steuerberechtigten unterbliebene Vorbehaltskennzeichnung nicht entgegen, wenn sie gemäß § 129 AO 1977 nachgeholt werden kann.

H 28.1

H 28.1

Auslieferungslager. Auslieferungslager, in denen der Unternehmer keine Arbeitnehmer beschäftigt, begründen in der Regel keinen Anspruch der Gemeinde auf einen Zerlegungsanteil. 7
Dies rechtfertigt bei der Zerlegung des Gewerbesteuermessbetrags in der Regel auch nicht die Anwendung des § 33 GewStG. Eine offenbare Unbilligkeit ist nur dann gegeben, wenn der Gemeinde durch die Betriebsstätte wesentliche Lasten erwachsen (→ BFH vom 12. 7. 1960 – BStBl. III S. 386).[1]

Auswirkungen der Änderung eines Gewerbesteuermessbescheids auf einen bereits bestandskräftigen Zerlegungsbescheid, wenn die beteiligten Gemeinden um den Zerlegungsmaßstab streiten. Soweit der Gewerbesteuermessbescheid geändert wird, ist auch der Zerlegungsbescheid als Folgebescheid gemäß § 175 Abs. 1 Satz 1 Nr. 1 i. V. m. §§ 185, 184 Abs. 1 Satz 3 AO zu ändern. Im Rahmen des aus dem Gewerbesteuermessbescheid zu übernehmenden Erhöhungsbetrages kann eine zerlegungsberechtigte Gemeinde gegen den Zerlegungs-Änderungsbescheid alle Einwendungen erheben, die sich aus den materiell-rechtlichen Zerlegungsvorschriften ergeben. Insbesondere umfasst die Bestandskraft des ursprünglichen Zerlegungsbescheids nicht den in diesem Bescheid angewandten Zerlegungsmaßstab (→ BFH vom 20. 4. 1999 – BStBl. II S. 542).

Änderung der Zerlegung. § 189 AO trifft allein für den Fall der Nichtberücksichtigung von Gemeinden bei der Zerlegung eine abschließende Regelung (→ BFH vom 24. 3. 1992 – BStBl. II S. 869). Die in § 189 Satz 3 AO bezeichnete Frist gilt auch für den Fall der erstmaligen Zerlegung (→ BFH vom 7. 3. 1957 – BStBl. III S. 178). Maßgebend für den Beginn der Frist ist der Zeitpunkt, an dem der letzte endgültige Gewerbesteuermessbescheid unanfechtbar geworden ist (→ BFH vom 13. 1. 1959 – BStBl. III S. 106).

Bauausführungen oder Montagen. Für eine Zerlegung des einheitlichen Gewerbesteuermessbetrages nach § 28 GewStG sind Bauausführungen nur dann als Betriebstätte anzusehen, wenn sie im Gebiet der einzelnen Gemeinde länger als sechs Monate dauern (§ 12 Satz 2 Nr. 8 AO). Witterungsbedingte oder bautechnisch bedingte Unterbrechungen von kürzerer Dauer berühren den Fortgang der Sechsmonatsfrist nicht (→ BFH vom 8. 2. 1979 – BStBl. II S. 479).[2]

Gewerbesteuermessbescheid als Grundlagenbescheid für den Zerlegungsbescheid. Als Folgebescheid des Gewerbesteuermessbescheides ist der Zerlegungsbescheid zugleich Grundlagenbescheid des Gewerbesteuerbescheides. Damit unterliegt er der Festsetzungsverjährung nach § 171 Abs. 4 AO, wenn er aufgrund einer Außenprüfung ergangen ist (→ BFH vom 13. 5. 1993 – BStBl. II S. 828).

Maßgebliche Verhältnisse im Erhebungszeitraum. Sowohl für die Frage, ob ein Gewerbesteuermessbetrag gemäß § 28 Abs. 1 Satz 1 GewStG zu zerlegen ist, als auch für den Zerlegungsmaßstab gemäß § 29 GewStG kommt es auf die Verhältnisse im Erhebungszeitraum an. Dies gilt auch dann, wenn das Wirtschaftsjahr vom Erhebungszeitraum abweicht (→ BFH vom 17. 2. 1993 – BStBl. II S. 679).

Mehrere Geschäftsleitungsbetriebsstätten. Werden gleichwertige Geschäftsführungsaufgaben von an verschiedenen Orten ansässigen Personen ausgeübt, begründet dies mehrere Geschäftsleitungsbetriebsstätten (→ BFH vom 5. 11. 2014 – BStBl. II 2015 S. 601).

Sinngemäße Anwendung des § 173 Abs. 1 AO bei Änderungen der Zerlegungsbescheide. Zerlegungsbescheide für die Gewerbesteuer sind gemäß § 173 Abs. 1 in Verbindung mit §§ 185, 184 Abs. 1 Satz 3 AO änderbar. Dabei ist auf den einzelnen Zerlegungsanteil abzustellen und von der Unterscheidung zwischen einer Änderung zuungunsten bzw. zugunsten des Steuerpflichtigen abzusehen (→ BFH vom 24. 3. 1992 – BStBl. II S. 869).

Zerlegungssperre nach § 189 Abs. 3 AO. Gewerbesteuerzerlegungsverfahren und Zuteilungsverfahren nach § 190 AO sind zwei selbständige Verfahren. Der Eintritt der sog. Zerlegungssperre gemäß § 189 Satz 3 AO lässt sich nur durch den eigenen Antrag des übergangenen Steuerberechtigten auf Änderung oder Nachholung der Zerlegung vermeiden. Ein Antrag des Steuerpflichtigen genügt nicht. Ein solcher kann auch nicht über die Grundsätze der öffentlich-rechtlichen Geschäftsführung ohne Auftrag als für den Steuerberechtigten gestellt behandelt werden (→ BFH vom 8. 11. 2000 – BStBl. 2001 II S. 769).

---

[1] *BFH-Urteil vom 17. 3. 1982 I R 189/79, BStBl. II S. 624:* Stellt ein Unternehmen, das von einem anderen Unternehmen eine technische Anlage gemietet hat, diesem anderen Unternehmen unentgeltlich Aufenthalts-, Arbeits- und Lagerräume zur Verfügung, damit dessen Mitarbeiter darin ständig Wartungs- und Reparaturarbeiten verrichten können, so können die Räume eine Betriebsstätte des anderen Unternehmens bilden. Voraussetzung dafür ist aber, daß dem anderen Unternehmen mit der Überlassung bestimmter Räume eine Rechtsposition eingeräumt worden ist, die ihm ohne seine Mitwirkung nicht mehr ohne weiteres entzogen oder die ohne seine Mitwirkung nicht ohne weiteres verändert werden kann.

[2] *BFH-Urteil vom 21. 10. 1981 I R 21/78, BStBl. 1982 II S. 241:* Eine Betriebsstätte i. S. des § 16 Abs. 2 Nr. 3 StAnpG (Bauausführungen) kann auch durch das Einfügen von Fenstern und Türen in einen Neubau begründet werden.

Anl zu R 28.1

Verfügung betr. Anträge von Gemeinden auf Zuweisung eines Anteils am einheitlichen Gewerbesteuermessbetrag

Vom 14. Juni 2011

(OFD Niedersachsen G 1450-1-St 254)

8 Nach dem nicht veröffentlichen BFH-Beschluss vom 25. 2. 1958 I B 96/57 ist über die Zerlegung des einheitlichen Steuermessbetrags nur im ordentlichen Zerlegungsverfahren für den einzelnen Erhebungszeitraum zu entscheiden. Eine von dem Festsetzungs- und Zerlegungsverfahren für die einzelnen Zerlegungszeiträume losgelöste Entscheidung des Finanzamts hat nur die Bedeutung einer unverbindlichen Auskunft, für die weder ein Rechtsschutzbedürfnis noch ein Rechtsschutz gegeben ist.

Beantragt eine Gemeinde, der bisher ein Anteil am einheitlichen Gewerbesteuermessbetrag nicht zugewiesen worden ist, von einem bestimmten Erhebungszeitraum an, an der Zerlegung beteiligt zu werden, so ist nach folgenden Grundsätzen zu verfahren:

1. Eine Zerlegung für den betreffenden Zerlegungszeitraum ist noch nicht durchgeführt.
a) Ist der Zerlegungsantrag der Gemeinde gerechtfertigt, so ist ihr mitzuteilen, dass über den Antrag erst nach Festsetzung des einheitlichen Gewerbesteuermessbetrags, und zwar durch einen formellen Zerlegungsbescheid entschieden werden könne, die Gemeinde aber voraussichtlich bei der Zerlegung berücksichtigt werde. Wenn die Voraussetzungen des § 29 Abs. 2 GewStDV vorliegen, ist der Gemeinde ein Antrag an dem einheitlichen Gewerbesteuermessbetrag für Zwecke der Vorauszahlungen durch Zerlegungsbescheid zuzuweisen.
b) Kommt die Zuweisung eines Zerlegungsanteils nicht in Betracht, so ist der Gemeinde mitzuteilen, dass über den Antrag erst im Zerlegungsverfahren für den Erhebungszeitraum, für den die Gemeinde erstmals eine Beteiligung anstrebt, entschieden werden könne. Bei Durchführung der Zerlegung erhält diese Gemeinde dann eine Zerlegungsmitteilung über 0 Euro. Dabei ist der Gemeinde unter Darlegung der Gründe mitzuteilen, dass dem Antrag auf Zuweisung eines Zerlegungsanteils nicht entsprochen werden kann. Gegen diese Entscheidung steht der Gemeinde nach § 347 Abs. 1 Nr. 1 AO der Einspruch zu.
c) Beantragt eine Gemeinde neben der Beteiligung am Zerlegungsverfahren von einem bestimmten Erhebungszeitraum an auch die Festsetzung eines Anteils am einheitlichen Gewerbesteuermessbetrag für Zwecke der Gewerbesteuer-Vorauszahlungen und ist der Antrag nicht gerechtfertigt, so ist der Gemeinde entsprechend b) ein auf 0 Euro lautender Bescheid über die Zerlegung des einheitlichen Gewerbesteuermessbetrags für Zwecke der Vorauszahlungen zu erteilen.
d) Gegen den Gewerbesteuermessbescheid und gegen den Gewerbsteuermessbescheid für Zwecke der Vorauszahlung selbst steht den Gemeinden ein förmlicher Rechtsbehelf nicht zu. Eine Ausnahme besteht nur für die Fälle, in denen die Gewerbesteuer vom Bund oder einem Land unmittelbar oder mittelbar geschuldet wird (§ 40 Abs. 3 FGO).

2. Eine Zerlegung für den betreffenden Erhebungszeitraum ist bereits durchgeführt.
a) Ist die Frist des § 189 Satz 3 AO noch nicht abgelaufen und ist der Antrag der Gemeinde sachlich gerechtfertigt, so ist die bisherige Zerlegung zu ändern. Dabei ist die Vorschrift des § 189 Satz 2 AO zu beachten.
b) Ist die im § 189 Satz 3 AO genannte Frist bereits abgelaufen oder kommt die Zuweisung eines Zerlegungsantrags aus sachlichen Gründen nicht in Betracht, so ist der Gemeinde ein Bescheid zu übersenden, aus dem die Gründe für die Ablehnung des Antrags hervorgehen. Gegen diesen Bescheid steht der Gemeinde nach § 347 Abs. 1 Nr. 1 AO der Einspruch zu.

3. Ist eine Zerlegung überhaupt nicht vorgenommen worden und stellt eine Gemeinde erst nach Ablauf der im § 189 Satz 3 AO gesetzten Frist einen Antrag auf Zuweisung eines Zerlegungsanteils, so findet eine Zerlegung nicht mehr statt, auch wenn das Begehren der Gemeinde sachlich begründet ist.

4. Für die Berechnung der im § 189 Satz 3 AO bezeichneten Frist ist der Zeitpunkt maßgebend, an dem der letzte endgültige Gewerbesteuermessbescheid unanfechtbar geworden ist (BFH-Beschluss vom 13. Januar 1959 I B 7/58 U, BStBl. III S. 106). Wird ein vorläufiger Steuermessbescheid für endgültig erklärt, bei einem unter dem Vorbehalt der Nachprüfung festgesetzten Steuermessbetrag der Vorbehalt aufgehoben oder wird ein endgültiger Gewerbesteuermessbescheid geändert, so beginnt die Jahresfrist des § 189 Satz 3 AO erneut zu laufen.

5. Ist ein einheitlicher Gewerbesteuermessbetrag geändert worden, nachdem das Finanzamt eine Zerlegung vorgenommen hat, so hat das Finanzamt den Zerlegungsbescheid nach §§ 185 und 184 Abs. 1 Satz 3 AO i. V. m. § 175 Nr. 1 AO zu ändern. Es handelt sich hierbei lediglich um eine Folgeänderung. Das Finanzamt kann jedoch im Zusammenhang mit der Änderung gem. § 189 AO von Amts wegen Ansprüche von Gemeinden, die bisher zu Unrecht keinen Zerlegungsanteil erhalten haben, berücksichtigen. Der bei der vorangegangenen Zerlegung angewendete Zerlegungsmaßstab kann bei diesen Änderungen nicht berichtigt werden.

§ 29 Zerlegungsmaßstab

GewStG

(1) **Zerlegungsmaßstab ist** 1

1. **vorbehaltlich der Nummer 2 das Verhältnis, in dem die Summe der Arbeitslöhne, die an die bei allen Betriebsstätten (§ 28) beschäftigten Arbeitnehmer gezahlt worden sind, zu den Arbeitslöhnen steht, die an die bei den Betriebsstätten der einzelnen Gemeinden beschäftigten Arbeitnehmer gezahlt worden sind;**

2.[1, 2] **bei Betrieben, die ausschließlich Anlagen zur Erzeugung von Strom und anderen Energieträgern sowie Wärme aus Windenergie und solarer Strahlungsenergie betreiben,**

   a) **vorbehaltlich des Buchstabens b zu einem Zehntel das in Nummer 1 bezeichnete Verhältnis und zu neun Zehnteln das Verhältnis, in dem die Summe der installierten Leistung im Sinne von § 3 Nummer 31 des Erneuerbare-Energien-Gesetzes in allen Betriebsstätten (§ 28) zur installierten Leistung in den einzelnen Betriebsstätten steht,**

   b) **für die Erhebungszeiträume 2021 bis 2023 bei Betrieben, die ausschließlich Anlagen zur Erzeugung von Strom und anderen Energieträgern sowie Wärme aus solarer Strahlungsenergie betreiben,**

      aa) **für den auf Neuanlagen im Sinne von Satz 3 entfallenden Anteil am Steuermessbetrag zu einem Zehntel das in Nummer 1 bezeichnete Verhältnis und zu neun Zehnteln das Verhältnis, in dem die Summe der installierten Leistung im Sinne von § 3 Nummer 31 des Erneuerbare-Energien-Gesetzes in allen Betriebsstätten (§ 28) zur installierten Leistung in den einzelnen Betriebsstätten steht, und**

      bb) **für den auf die übrigen Anlagen im Sinne von Satz 4 entfallenden Anteil am Steuermessbetrag das in Nummer 1 bezeichnete Verhältnis.**

   ② **Der auf Neuanlagen und auf übrige Anlagen jeweils entfallende Anteil am Steuermessbetrag wird ermittelt aus dem Verhältnis, in dem**

      aa) **die Summe der installierten Leistung im Sinne von § 3 Nummer 31 des Erneuerbare-Energien-Gesetzes für Neuanlagen und**

      bb) **die Summe der installierten Leistung im Sinne von § 3 Nummer 31 des Erneuerbare-Energien-Gesetzes für die übrigen Anlagen**

   zur gesamten installierten Leistung im Sinne von § 3 Nummer 31 des Erneuerbare-Energien-Gesetzes des Betriebs steht. ③ **Neuanlagen sind Anlagen, die nach dem 30. Juni 2013 zur Erzeugung von Strom und anderen Energieträgern sowie Wärme aus solarer Strahlungsenergie genehmigt wurden.** ④ **Die übrigen Anlagen sind Anlagen, die nicht unter Satz 3 fallen.**

(2) **Bei der Zerlegung nach Absatz 1 sind die Arbeitslöhne anzusetzen, die in den Betriebsstätten der beteiligten Gemeinden (§ 28) während des Erhebungszeitraums (§ 14) erzielt oder gezahlt worden sind.**[3, 4] 2

(3) **Bei Ermittlung der Verhältniszahlen sind die Arbeitslöhne auf volle 1000 Euro abzurunden.** 3

§ 33 *(weggefallen)*

GewStDV

R 29.1 Zerlegungsmaßstab

R 29.1

① Arbeitslöhne im Sinne des § 29 Abs. 1 GewStG sind nur die Arbeitslöhne, die das steuerpflichtige Unternehmen an die eigenen Arbeitnehmer, d. h. an solche zahlt, die in einem Arbeits- 4

---

[1] Neue Fassung des § 29 Abs. 1 Nr. 2 erstmals anzuwenden für EZ 2021.

[2] *BFH-Urteil vom 4. 7. 2007 I R 23/06, BStBl. II S. 836:* **1.** Macht eine Gemeinde, auf deren Gebiet ein andernorts ansässiger Betreiber eine Windkraftanlage unterhält, ohne dort Arbeitnehmer zu beschäftigen, im Verfahren der Zerlegung des Gewerbesteuermessbetrags des Betreibers geltend, eine Zerlegung nach dem allgemeinen Maßstab des § 29 GewStG führe wegen mit Errichtung und Betrieb der Anlage regelmäßig verbundener Schwertransporte und dadurch ausgelöster Schäden am gemeindlichen Straßen- und Wegenetz zu einem offenbar unbilligen Ergebnis i. S. von § 33 Abs. 1 GewStG, obliegt ihr eine konkrete Darlegung des Umfangs und der Intensität der Schwertransporte und der daraus im Erhebungszeitraum resultierenden Schäden. **2.** Negative Auswirkungen der Windkraftanlage auf das Orts- und Landschaftsbild, auf den Wert von Wohngrundstücken und auf den Tourismus in der Standortgemeinde begründen keinen von § 29 GewStG abweichenden Zerlegungsmaßstab.

[3] *BFH-Urteil vom 17. 2. 1993 I R 19/92, BStBl. II S. 679:* **1.** *(vgl. H 28.1 GewStH „Maßgebliche Verhältnisse").* **2.** Auch dann, wenn eine gewerbesteuerrechtliche Organschaft während eines im folgenden Erhebungszeitraum endenden Wirtschaftsjahrs des Organträgers begründet wird und der für den Erhebungszeitraum der Begründung der Organschaft für den Betrieb des Organträgers festgesetzte einheitliche Gewerbesteuermeßbetrag somit ausschließlich auf vororganschaftlichen Besteuerungsgrundlagen beruht, müssen bei der Zerlegung dieses Meßbetrags die Betriebsstätten und Lohnzahlungen *(bei Wareneinzelhandelsunternehmen: auch die Betriebseinnahmen)* der Organgesellschaft(en) berücksichtigt werden. **3.** Ein fristgerecht gestellter Antrag auf Nachholung der Zerlegung (§ 189 Satz 3 letzter Halbs. AO 1977) wirkt nur für den Steuerberechtigten, der den Antrag gestellt hat.

[4] *BFH-Urteil vom 5. 10. 2017 IV B 59/16, BFH/NV 2018, 229:* Die Zerlegung des Gewerbesteuermessbetrages auf verschiedene Gemeinden ist auch dann nach dem fiktiven (Mit-)Unternehmerlohn vorzunehmen, wenn in keiner der Betriebsstätten Arbeitslöhne an Arbeitnehmer gezahlt werden.

verhältnis zu ihm stehen. ② Vergütungen, die an andere Unternehmer für die Gestellung von fremden Arbeitskräften gezahlt werden, scheiden daher aus.

H 29.1

H 29.1

Arbeitnehmer im Sinne des § 29 Abs. 1 GewStG.

5 – Der Begriff der Arbeitslöhne für die Zerlegung des Gewerbesteuermessbetrages bestimmt sich nach wirtschaftlichen Gesichtspunkten (→ BFH vom 12. 2. 2004 – BStBl. II S. 602).
– → § 1 LStDV.

Anl a zu R 29.1

a) Verfügung betr. Betriebsstätteneigenschaft bei vermietetem Betriebsvermögen am Beispiel sog. Objektgesellschaften; Auswirkungen auf die Gewerbesteuerzerlegung des vermieteten Unternehmens

Vom 25. Januar 2010 (DStR S. 554)

(OFD Niedersachsen G 1450 – 30 – St 252)

1. Sachverhalt

6 Gegenstand einer Erörterung auf Bund-/Länder-Ebene war die Frage, ob ein Unternehmen, das neben seiner Geschäftsleitung in der Gemeinde A in verschiedenen anderen Gemeinden vermietete Objekte (Immobilien) unterhält, in diesen Belegenheitsgemeinden jeweils eine Betriebsstätte unterhält, die im Rahmen der Zerlegung des Gewerbesteuer-Messbetrags zu berücksichtigen sind.

Die Frage wurde diskutiert anhand eines Konzerns, der aus 250 gewerblich geprägten Kommanditgesellschaften besteht. Jede Gesellschaft ist Eigentümerin eines einzigen Gebäudes, das als Kaufhaus, Verbrauchermarkt, Baumarkt usw. von einer konzernzugehörigen Vertriebslinie als Pächterin genutzt wird. Die jeweilige Objektgesellschaft beschäftigt weder am Belegenheitsort des Objektes noch an ihrem Verwaltungssitz eigenes Personal. Stattdessen übernehmen innerhalb eines Konzerns selbständige Managementgesellschaften im Rahmen einer Geschäftsbesorgung für die jeweilige Objektgesellschaft die Verwaltung des Objektes sowie die kaufmännische Organisation (Buchhaltung, Rechnungswesen) wahr.

Die Objektgesellschaft selbst hat sich allerdings dazu verpflichtet, Reparaturen zur Substanzerhaltung durchzuführen, bei Erweiterungsbauten mitzuwirken und die Mietverträge mit den Haupt- und Drittmietern abzuschließen. Außerdem ist sie berechtigt, die Einhaltung vereinbarter Instandhaltungszyklen und die Auslastung der Verkehrsflächen zu überwachen.

2. Rechtsprechung

7 Nach dem BFH-Urteil vom 30. 8. 1960 I B 148/50, BStBl. III S. 468, begründet eine verpachtete Betriebsanlage (hier: Immobilie am Belegenheitsort) grundsätzlich keine Betriebsstätte des Verpächters. Eine Betriebsstätte liegt dagegen vor, wenn die Immobilie durch Personal des Überlassenden unterhalten (d. h. erhalten, erneuert oder erweitert) wird und diese Tätigkeit der Verpachtung dient.

Dabei ist es nach der Entscheidung ausreichend, wenn nicht eigenes Personal, sondern beauftragtes Personal (z. B. des Pächters) eingesetzt wird. Der tatsächlich Tätige erfüllt dann regelmäßig den Tatbestand des ständigen Vertreters.

Letzterem steht allerdings das BFH-Urteil vom 13. 6. 2006 I R 84/05 (BStBl. 2007 II S. 94) entgegen. Danach liegt eine betriebsstättenbegründende Tätigkeit des Verpächters bei Einsatz von Fremdpersonal bei der Unterhaltung der Immobilie nur vor, wenn der Verpächter – vor Ort – eigene betriebliche Handlungen vornimmt, die auch in der Überwachung des Fremdpersonals bestehen kann. Diese Überwachungstätigkeit vor Ort muss zusätzlich eine gewisse Nachhaltigkeit aufweisen.

3. Lösung

8 Nach Auffassung der Sitzungsteilnehmer ist für das Vorliegen einer Betriebsstätte am Belegenheitsort der verpachteten Immobilie damit Voraussetzung, dass

- der gewerbliche Verpächter am Belegenheitsort die Immobilie durch eigenes Personal unterhält oder
- die Unterhaltung durch Fremdpersonal vorgenommen wird, das aber vor Ort nachhaltig überwacht wird.

Sollte im Einzelfall hiernach am Belegenheitsort eine Betriebsstätte begründet sein, ist sie in die Zerlegung einzubeziehen. Maßstab für die Zerlegung ist das Verhältnis der Arbeitslöhne, die in den einzelnen Betriebsstätten (Geschäftsleitungs- und Belegenheitsbetriebsstätten) gezahlt werden.

Entgelte, die an Dritte (Leiharbeiter bzw. Personal des Pächters) entrichtet werden, werden grundsätzlich nicht berücksichtigt. Eine Berücksichtigung kann ausnahmsweise unter Beachtung der Grundsätze des BFH-Urteils vom 12. 2. 2004 IV R 29/02 (BStBl. II S. 602) in Betracht kommen (hier: Ausschließliches Tätigwerden für den Verpächter, Unterstehen der alleinigen Weisungsbefugnis des Verpächters, Inrechnungstellung der reinen AN-Kosten ohne Verwaltungskosten- und Gewinnaufschlag durch Leiharbeitgeber bzw. Pächter und Fehlen eines eigenen wirtschaftlichen Interesses des Leiharbeitgebers bzw. des Pächters).

Ist dies nicht der Fall, ist der Betriebsstättengemeinde ein Zerlegungsanteil von Null zuzurechnen.

Anl b zu R 29.1

b) Verfügung betr. Zerlegung des Gewerbesteuermessbetrags, wenn keine Arbeitslöhne i. S. d. § 29 GewStG gezahlt werden können

Vom 25. August 2014 (DStR S. 2294)

(OFD Magdeburg G 1450 – 29 – St 216)

Es wurde angefragt, wie eine Zerlegung vorzunehmen sei, wenn keine Arbeitslöhne gezahlt werden. 9
Dies betrifft überwiegend die von Unternehmen in unterschiedlichen Rechtsformen betriebenen Windkraft-, Solarkraft- bzw. Photovoltaikanlagen (WEA/SKA).

Die nachfolgenden Ausführungen sind mit dem Ministerium der Finanzen des Landes Sachsen-Anhalt abgestimmt. Sie sind nicht nur für die o. g. Unternehmen, sondern auch für jede andere Branche anzuwenden. Voraussetzung ist, dass keine Arbeitslöhne i. S. d. §§ 29 und 31 GewStG gezahlt werden.

1. Grundsatz

Sind im Erhebungszeitraum Betriebsstätten zur Ausübung des Gewerbes in mehreren Gemeinden 10
unterhalten worden, so ist der Gewerbesteuermessbetrag in die auf die einzelnen Gemeinden entfallenden Anteile (Zerlegungsanteile) zu zerlegen. Für die nachfolgende Rechtsausführung ist es Voraussetzung, dass die gewerblichen Unternehmen jeweils eine Betriebsstätte in mehreren Gemeinden unterhalten.

§ 29 Abs. 1 GewStG a. F. oder § 29 Abs. 1 Nr. 1 GewStG i. d. F. des JStG 2009 regeln, dass als Zerlegungsmaßstab grundsätzlich das Verhältnis der Arbeitslöhne der bei allen Betriebsstätten beschäftigten Arbeitnehmer zugrunde zu legen ist.

Bei Unternehmen, die nicht von juristischen Personen betrieben werden, sind für die im Betrieb tätigen (Einzel-)Unternehmer bzw. Mitunternehmer insgesamt 25 000 € jährlich anzusetzen (§ 31 Abs. 5 GewStG). Die Unternehmervergütungen sind insgesamt also nur einmal für alle (Mit-)Unternehmer anzusetzen.

Führt die Zerlegung nach § 28 GewStG bis § 31 GewStG jedoch zu einem offenbar unbilligen Ergebnis, so regelt § 33 GewStG, dass nach einem Maßstab zu zerlegen ist, der die tatsächlichen Verhältnisse besser berücksichtigt.

Einigen sich die Gemeinden mit dem Steuerschuldner über die Zerlegung, ist nach § 33 Abs. 2 GewStG der Steuermessbetrag nach Maßgabe der Einigung zu zerlegen.

WEA/SKA von Betreibergesellschaften sind als Betriebsstätte i. S. d. § 28 GewStG anzusehen, sodass grundsätzlich eine Zerlegung des Steuermessbetrages nach Arbeitslöhnen zu erfolgen hat. Da Betreibergesellschaften aber zum Teil keine Arbeitnehmer beschäftigen, sondern Betriebsführungsverträge hinsichtlich der technischen Durchführung abschließen, würde es bei einer Zerlegung des Messbetrages nach Arbeitslöhnen zu einem unbilligen Ergebnis kommen.

Der BFH hat mit Urteil vom 4. 4. 2007 I R 23/06, BStBl. II S. 836, entschieden, dass § 33 GewStG eng auszulegen ist. Die Voraussetzungen des § 33 GewStG sind nicht schon dann gegeben, wenn bei der Anwendung des Zerlegungsmaßstabs des § 29 GewStG eine Gemeinde unberücksichtigt bleibt (R 33.1 Abs. 1 Satz 2 GewStR 2009). Sachverhalte, wie in dem o. a. BFH-Urteil vom 4. 4. 2007 (BStBl. II S. 836) führen zu keinem unbilligen Ergebnis i. S. d. *H 33.1 „offenbare Unbilligkeit" GewStH 2009.*[1] In derartigen Fällen würden die Standortgemeinden der WEA/SKA keinen Anteil am GewSt-Messbetrag erhalten.

Lediglich bei der Gemeinde des Geschäftsleitungssitzes nach § 31 Abs. 5 GewStG sind pauschal 25 000 € Arbeitslohn für die im Betrieb tätigen Einzelunternehmer bzw. Mitunternehmer anzusetzen und damit ist ihr der gesamte Gewerbeertrag zuzuweisen.

Haben die Betreibergesellschaften ohne Arbeitnehmer die Rechtsform einer Kapitalgesellschaft, findet § 31 Abs. 5 GewStG keine Anwendung mit dem Ergebnis, dass mangels Arbeitslöhne keine Zerlegung nach Arbeitslöhnen möglich ist und daher eine besondere Zerlegung nach § 33 GewStG durchzuführen wäre.

2. Anwendung des § 33 Abs. 1 GewStG, wenn keine Arbeitslöhne gezahlt werden

Nach Sarrazin in Lenski/Steinberg in § 33 GewStG Anm. 12 ist der Zerlegungsmaßstab des § 29 11
Abs. 1 GewStG offenbar unbillig, wenn das Unternehmen, dessen GewSt-Messbetrag zu zerlegen ist, zwar mehrere Betriebsstätten unterhält, aber überhaupt keine Arbeitslöhne zahlt, weil z. B. die Arbeitslöhne von einem anderen Unternehmen des Konzerns übernommen werden.

Die in § 29 Abs. 1 GewStG vorgeschriebene Zerlegung nach den Arbeitslöhnen ist dann undurchführbar. Es muss folglich gem. § 33 Abs. 1 GewStG ein Ersatzmaßstab für die Zerlegung gefunden werden. Dies wird durch BFH-Urteil vom 7. 12. 1994 I K 1/93, BStBl. 1995 II S. 175, und nachfolgend durch Beschluss des BVerfG vom 12. 3. 1998 1 BvR 409/95 bestätigt.

Das v. g. BFH-Urteil vom 7. 12. 1994 (BStBl. 1995 II S. 175) erging zwar zur Körperschaftsteuerzerlegung, verweist aber über § 2 Abs. 1 Satz 2 ZerlG wegen des Zerlegungsmaßstabes auf § 29 GewStG bis § 31 GewStG und 33 GewStG. Zwar ist gemäß § 29 Abs. 1 Nr. 1 GewStG die Zerlegung nach der Summe der Arbeitslöhne durchzuführen, die an die bei den verschiedenen Betriebsstätten beschäftigten Arbeitnehmer gezahlt worden sind. Im Streitfall zahlte die Kapitalgesellschaft jedoch keinerlei Arbeitslöhne an Arbeitnehmer, weshalb der an sich vorgeschriebene Zerlegungsmaßstab undurchführbar ist. Rechtsfolgemäßig führt dies nicht zu einem Absehen von der Zerlegung. Letzteres wäre nur möglich, wenn Arbeitslöhne nur in einer Betriebsstätte gezahlt worden wären. Tatsächlich wurden sie aber in keiner Betriebsstätte gezahlt. Die Undurchführbarkeit des an sich vorgeschriebenen Maßstabes

[1] Vgl. jetzt H 33.1 „offenbare Unbilligkeit" GewStH 2016.

Anl b zu R 29.1

noch 11

zwingt zur Anwendung des § 33 GewStG. Die Anwendung des § 29 GewStG ist unbillig i. S. d. § 33 GewStG, weil die an sich zwingend vorgeschriebene Zerlegung nur wegen des Fehlens jeglicher Arbeitslöhne nicht vorgenommen werden kann. Die Unbilligkeit betrifft damit die Anwendung des an sich vorgesehenen Zerlegungsmaßstabes und nicht irgendein Zerlegungsergebnis (vgl. *Blümich/Hofmeister,* § 33 GewStG, Rdnrn. 3 ff., m. w. N.).

Im Ergebnis kann in den Fällen, in denen keine Arbeitslöhne gezahlt werden, kein Zerlegungsmaßstab unter Verwendung von Arbeitslöhnen zur Anwendung gelangen.

3. Ansatz eines praktisch sinnvollen Zerlegungsmaßstabs

Führt die Zerlegung, wie in Tz. 2 dargestellt, zu einem offenbar unbilligen Ergebnis, so ist gem. § 33 Abs. 1 Satz 1 GewStG nach einem Maßstab zu suchen, der die tatsächlichen Verhältnisse besser berücksichtigt.

Welcher Ersatzmaßstab im Einzelfall zu wählen ist, wird jedoch im § 33 Abs. 1 Satz 1 GewStG nicht eindeutig bestimmt. Diese Frage entscheidet sich nach den jeweiligen Umständen. Der von dem Regelmaßstab abweichende andere Zerlegungsmaßstab muss auf die tatsächlichen Gegebenheiten angemessen Rücksicht nehmen. Er muss der tatsächlichen Lage besser entsprechen als der Regelmaßstab der Zerlegung nach den Arbeitslöhnen.

Mögliche Ersatzmaßstäbe können z. B. das Verhältnis der Umsätze bzw. der Betriebseinnahmen aus den Betriebsstätten sein (vgl. *Sarrazin* in *Lenski/Steinberg* in § 33 GewStG Anm. 14). Auch das Verhältnis der übrigen Aufwendungen kann als Zerlegungsmaßstab herangezogen werden.

Weitere Zerlegungsmaßstäbe wie z. B. Stromeinnahmen, Abgabemenge Strom, Anlagenwerte, Grundstücksflächen, Arbeitsstunden, Miete für Anlagegüter usw. sind auch möglich.

Da die Begebenheiten vor Ort und die Art des Unternehmens durch den Steuerpflichtigen besser beurteilt werden können, hat der Steuerpflichtige die Art des Zerlegungsmaßstabes im o. g. Sinne selbst zu bestimmen.

4. Anwendung des § 33 Abs. 2 GewStG

Die Zerlegung nach § 33 Abs. 2 GewStG erfordert nicht, dass nach einer entsprechenden Einigung von Steuerschuldner und -gläubiger zusätzlich der Tatbestand des § 33 Abs. 1 GewStG („Führt die Zerlegung nach den §§ 28 bis 31 zu einem offenbar unrichtigen Ergebnis ...") oder des § 30 GewStG („Erstreckt sich die Betriebsstätte auf mehrere Gemeinden, ...") erfüllt ist. Die Regelung des § 33 Abs. 2 GewStG hat eine Befriedungsfunktion und ist allein nach Maßgabe einer entsprechenden Einigung von Steuerschuldner und -gläubiger durchzuführen (vgl. GewSt-Kartei ST § 33 GewStG Karte 1).

Es bleibt also unabhängig von § 33 Abs. 1 GewStG immer noch die Möglichkeit der Einigung i. S. d. § 33 Abs. 2 GewStG.

§ 30 Zerlegung bei mehrgemeindlichen Betriebsstätten

GewStG

Erstreckt sich die Betriebsstätte auf mehrere Gemeinden, so ist der Steuermessbetrag oder Zerlegungsanteil auf die Gemeinden zu zerlegen, auf die sich die Betriebsstätte erstreckt, und zwar nach der Lage der örtlichen Verhältnisse unter Berücksichtigung der durch das Vorhandensein der Betriebsstätte erwachsenden Gemeindelasten. 1

R 30.1 Zerlegung bei mehrgemeindlichen Betriebsstätten

R 30.1

①Eine einheitliche mehrgemeindliche Betriebsstätte liegt vor, wenn zwischen den einzelnen Teilen der Betriebsstätte ein derartiger räumlicher, organisatorischer, technischer und wirtschaftlicher Zusammenhang besteht, dass die Betriebsstätte als einheitliches Ganzes anzusehen ist. ②Basisstationen von Mobilfunkunternehmen, bestehend aus einer Antennenanlage, der Energieversorgung, Funkschrank und Klimagerät, begründen keine Betriebsstätte im Sinne von § 28 Abs. 1 Satz 1 GewStG i. V. m. § 12 AO, so dass auch eine Zerlegung nach § 30 AO ausscheidet. 2

H 30.1

H 30.1

Allgemeines. 3

- Zum Begriff der mehrgemeindlichen Betriebsstätte → BFH vom 28. 10. 1964 – BStBl. 1965 III S. 113, vom 25. 9. 1968 – BStBl. II S. 827, vom 20. 2. 1974 – BStBl. II S. 427, vom 10. 7. 1974 – BStBl. 1975 II S. 42 und vom 12. 10. 1977 – BStBl. 1978 II S. 160. Unter bestimmten Voraussetzungen kann der räumliche Zusammenhang gegenüber einer besonders engen wirtschaftlichen, technischen und organisatorischen Verbindung in den Hintergrund treten, so etwa für Unternehmen der Elektrizitätsversorgung (→ BFH vom 12. 10. 1977 – BStBl. 1978 II S. 160, vom 16. 11. 1965 – BStBl. 1966 II S. 40 und vom 18. 10. 1967 – BStBl. 1968 II S. 40) und der Mineralölwirtschaft (→ BFH vom 20. 2. 1974 – BStBl. II S. 427 und vom 10. 7. 1974 – BStBl. 1975 II S. 42).
- Einrichtungen zur Messung von Lärmemissionen stellen eine Betriebsstätte eines Verkehrsflughafens dar. Es liegt aber wegen eines fehlenden räumlichen Zusammenhangs keine mehrgemeindliche Betriebsstätte vor, wenn eine Verbindung mit den Lärmmessstationen (Datenübertragung) nur über allgemeine Kommunikationsleitungen besteht (→ BFH vom 16. 12. 2009 – BStBl. 2010 II S. 492).
- Die Möglichkeit, dass die Anwendung des Zerlegungsmaßstabes nach § 29 GewStG zu einem unbilligen Ergebnis führen könnte, ist für sich nicht geeignet, die Voraussetzungen für eine mehrgemeindliche Betriebstätte zu begründen (→ BFH vom 12. 10. 1977 – BStBl. 1978 II S. 160).
- Eine mehrgemeindliche Betriebstätte ist bei Kapitalgesellschaften auch dann gegeben, wenn sich in einer Gemeinde lediglich Grundstücke der Betriebstätte befinden, die zurzeit betrieblich nicht unmittelbar genutzt werden (→ BFH vom 18. 4. 1951 – BStBl. III S. 124).
- Bei einer mehrgemeindlichen Betriebsstätte nach § 30 GewStG sind Bauausführungen nur dann als Betriebsstätte anzusehen, wenn sie im Gebiet der einzelnen Gemeinde länger als sechs Monate dauern (→ § 12 Satz 2 Nr. 8 AO). Witterungsbedingte oder bautechnisch bedingte Unterbrechungen von kürzerer Dauer berühren den Fortgang der Sechsmonatsfrist nicht (→ BFH vom 8. 2. 1979 – BStBl. II S. 479).

Elektrizitätsunternehmen.

- Ein Elektrizitätsunternehmen, dessen einzelne Elektrizitätswerke in verschiedenen Gemeinden liegen, bildet eine mehrgemeindliche Betriebsstätte (→ BFH vom 16. 11. 1965 – BStBl. 1966 III S. 40 und vom 18. 10. 1967 – BStBl. 1968 II S. 40), wenn die Elektrizitätswerke durch **Kabelleitungen** untereinander verbunden sind. Dabei kommt es nicht darauf an, ob die Leitungen dem Elektrizitätsunternehmen gehören oder nicht, vielmehr reicht die Inanspruchnahme des verbundwirtschaftlichen Stromnetzes aus.
- Bei einem Elektrizitätswerk, das als Wasserkraftwerk betrieben wird, stellen **Stau- und Wehranlagen,** die nicht zum Betriebsvermögen des Unternehmens gehören, sondern öffentlich sind, keine ausreichende räumliche Verbindung her (→ BFH vom 4. 12. 1962 – BStBl. 1963 III S. 156).
- Eine **Kohlenzeche,** die einem Elektrizitätsunternehmen gehört, bildet eine selbständige Betriebsstätte; die Verbindung der Zeche durch Kabelleitungen mit dem Versorgungsnetz des Elektrizitätsunternehmens reicht für einen räumlichen Zusammenhang zwischen Zeche und Elektrizitätsunternehmen nicht aus (→ BFH vom 2. 11. 1960 – BStBl. 1961 III S. 8).

Hauptzerlegung und Unterzerlegung. Unterhält ein Unternehmen mehrere selbständige Betriebsstätten in verschiedenen Gemeinden und ist darunter auch eine Betriebsstätte, die sich auf mehrere Gemeinden erstreckt (mehrgemeindliche Betriebsstätte), so ist in dem Zerlegungsbescheid eine Zerlegung in zwei Stufen durchzuführen: Zunächst ist der Gewerbesteuermessbetrag nach dem Maßstab des § 29 GewStG auf die Betriebstätten in den verschiedenen Gemeinden zu zerlegen (Hauptzerlegung). Anschließend ist der Zerlegungsanteil, der auf

H 30.1

noch 3

die mehrgemeindliche Betriebsstätte entfällt, nach § 30 GewStG auf diejenigen Gemeinden weiter zu zerlegen, auf die sich die mehrgemeindliche Betriebsstätte erstreckt (Unterzerlegung). Die Zerlegung des einheitlichen Gewerbesteuermessbetrages ist somit nicht in zwei getrennten Zerlegungsbescheiden vorzunehmen (→ BFH vom 12. 10. 1977 – BStBl. 1978 II S. 160).

Omnibuslinienbetrieb. Ein Omnibusbetrieb, dessen Linien mehrere Gemeinden verbinden, ist keine mehrgemeindliche Betriebsstätte, da die von den Omnibussen befahrenen **öffentlichen Straßen** (nicht betriebseigenen Verkehrswege) den notwendigen räumlichen Zusammenhang nicht herstellen (→ BFH vom 25. 9. 1968 – BStBl. II S. 827).

Unternehmen der Mineralölwirtschaft.

- Der für die Annahme einer mehrgemeindlichen Betriebsstätte nach § 30 GewStG unter anderem geforderte räumliche Zusammenhang zwischen mehreren Betriebsteilen kann bei einem Unternehmen der Mineralölwirtschaft auch dadurch begründet werden, dass eine Raffinerie mit einem Tanklager durch unterirdische Rohrleitungen verbunden ist (→ BFH vom 20. 2. 1974 – BStBl. II S. 427 und vom 10. 7. 1974 – BStBl. 1975 II S. 42). Die Betriebsstätte der Hauptverwaltung (Sitz des Vorstandes) einer Mineralöl-AG ist nicht in die mehrgemeindliche Betriebsstätte der AG einzubeziehen, wenn zwar dem Vorstand die über den laufenden Betrieb hinausgehenden technischen Entscheidungen vorbehalten sind, nicht aber die zentrale Steuerung, die Wartung, die Überwachung und die Reparatur der Pipeline (→ BFH vom 12. 10. 1977 – BStBl. 1978 II S. 160).
- Das bloße Durchführen von Rohrleitungen eines Unternehmens der Ölwirtschaft durch eine Gemeinde ist noch nicht als Ausübung des Betriebs eines stehenden Gewerbes anzusehen. Die Verteilung des Transportgutes, die in einer festen örtlichen Anlage vorgenommen wird, geht über das Durchführen einer Rohrleitung hinaus, wobei es unschädlich ist, wenn die vorgenommenen betrieblichen Handlungen nicht durch am Ort tätige Arbeitnehmer vorgenommen werden, sondern durch ferngesteuerte Maschinen (wirtschaftliche Betrachtungsweise → BFH vom 12. 10. 1977 – BStBl. 1978 II S. 160).

Verkehrsunternehmen des Schienenverkehrs. Ein Straßenbahnbetrieb, der sich über mehrere Gemeinden erstreckt, stellt eine mehrgemeindliche Betriebsstätte dar, da die räumliche Verbindung zwischen den einzelnen Betriebsteilen durch die **Gleisanlagen** gegeben ist (→ BFH vom 25. 9. 1968 – BStBl. II S. 827).

Zu berücksichtigende Faktoren von Gemeindelasten.

- Eine Zerlegung nach § 30 GewStG setzt nicht voraus, dass der Gemeinde durch die mehrgemeindliche Betriebsstätte feststellbare Lasten erwachsen. Durch die Betriebsstätte erwachsende Gemeindelasten sind lediglich beim Maßstab der Zerlegung zu berücksichtigen. Eine Zerlegung nach § 30 GewStG muss stets dann erfolgen, wenn eine mehrgemeindliche Betriebsstätte vorliegt. Davon unabhängig ist über den Zerlegungsmaßstab zu entscheiden (→ BFH vom 28. 10. 1987 – BStBl. 1988 II S. 292).
- Wohnen in den Gemeinden einer mehrgemeindlichen Betriebsstätte keine Arbeitnehmer dieser Betriebsstätte, so entfällt der Faktor Arbeitnehmer bei der Zerlegung. Die Zerlegung für die mehrgemeindliche Betriebsstätte ist dann nur nach den übrigen Faktoren (Betriebsanlagen evtl. Stromabgabe bzw. Elektrizitätsunternehmen) vorzunehmen. Der Anteil der Betriebsstättengemeinde an der Unterzerlegung verringert sich entsprechend (→ BFH vom 28. 10. 1987 – BStBl. 1988 II S. 292).
- Bei einer mehrgemeindlichen Betriebsstätte ist der einheitliche Steuermessbetrag unter Berücksichtigung der gesamten Lasten zu zerlegen, die sich für die einzelnen Gemeinden aus der Betriebsstätte ergeben, nicht lediglich unter Berücksichtigung der Lasten, die mit den Teilen der Betriebsstätte verbunden sind, die sich in den einzelnen Gemeinden befinden (→ BFH vom 18. 4. 1951 – BStBl. III S. 124). Im Zerlegungsmaßstab bei mehrgemeindlichen Betriebsstätten ist deshalb auch angemessen die Belastung zu berücksichtigen, die den beteiligten Gemeinden durch die im Gemeindegebiet wohnhaften Arbeitnehmer entsteht (→ BFH vom 26. 11. 1957 – BStBl. 1958 III S. 261).

§ 31 Begriff der Arbeitslöhne für die Zerlegung

GewStG

(1) ① **Arbeitslöhne sind vorbehaltlich der Absätze 2 bis 5 die Vergütungen im Sinne des § 19 Abs. 1 Nr. 1 des Einkommensteuergesetzes, soweit sie nicht durch andere Rechtsvorschriften von der Einkommensteuer befreit sind.** ② **Zuschläge für Mehrarbeit und für Sonntags-, Feiertags- und Nachtarbeit gehören unbeschadet der einkommensteuerlichen Behandlung zu den Arbeitslöhnen.** 1

(2) **Zu den Arbeitslöhnen gehören nicht Vergütungen, die an Personen gezahlt worden sind, die zu ihrer Berufsausbildung beschäftigt werden.** 2

(3) **In den Fällen des § 3 Nr. 5, 6, 8, 9, 12, 13, 15, 17, 21, 26, 27, 28 und 29 bleiben die Vergütungen an solche Arbeitnehmer außer Ansatz, die nicht ausschließlich oder überwiegend in dem steuerpflichtigen Betrieb oder Teil des Betriebs tätig sind.** 3

(4) ① **Nach dem Gewinn berechnete einmalige Vergütungen (z. B. Tantiemen, Gratifikationen) sind nicht anzusetzen.** ② **Das Gleiche gilt für sonstige Vergütungen, soweit sie bei dem einzelnen Arbeitnehmer 50 000 Euro übersteigen.** 4

(5) **Bei Unternehmen, die nicht von einer juristischen Person betrieben werden, sind für die im Betrieb tätigen Unternehmer (Mitunternehmer) insgesamt 25 000 Euro jährlich anzusetzen.** 5

Übersicht

R 31.1 Begriff der Arbeitslöhne für die Zerlegung

R 31.1

(1) ① Zu den anderen Rechtsvorschriften im Sinne des § 31 Abs. 1 GewStG gehören auch die in Verwaltungsanordnungen (Lohnsteuer-Richtlinien)[1] und in Doppelbesteuerungsabkommen[2] enthaltenen Befreiungen von der Lohnsteuer. ② Arbeitslöhne im Sinne der Zerlegungsvorschriften sind deshalb grundsätzlich die lohnsteuerpflichtigen Vergütungen im Sinne des § 19 Abs. 1 Nr. 1 EStG. ③ § 31 GewStG enthält Ausnahmen von diesem Grundsatz. ④ So gehören z. B. die nach § 3b EStG lohnsteuerfreien Zuschläge für Sonntags-, Feiertags- oder Nachtarbeit ebenso wie die Zuschläge für Mehrarbeit stets zum Arbeitslohn (→ § 31 Abs. 1 Satz 2 GewStG). 6

(2) ① Sonstige Vergütungen im Sinne des § 31 Abs. 4 Satz 2 GewStG sind vor allem Arbeitslöhne. Vergütungen an Personen, die zu ihrer Berufsausbildung beschäftigt sind, sind zwar lohnsteuerpflichtig, gehören jedoch nicht zu den Arbeitslöhnen (→ § 31 Abs. 2 GewStG). ③ Zu diesem Personenkreis gehören neben den Auszubildenden u. a. auch Praktikanten sowie Junggrade der Seeschifffahrt und Neubergleute. ④ Zu den Arbeitslöhnen gehören auch nicht die Leistungen, die von Unternehmen der Bauwirtschaft an die Zusatzversorgungskasse des Baugewerbes (Einzugsstelle) in einem Vomhundertsatz der Bruttolohnsumme zu erbringen sind, soweit sie sich aus Beiträgen zusammensetzen 7

1. für das Urlaubsgeld,
2. für den Lohnausgleich zwischen Weihnachten und Neujahr.

⑤ Die Beiträge für die Zusatzversorgung gehören zu den Arbeitslöhnen. ⑥ Die an die Arbeitnehmer des Baugewerbes geleisteten Lohnausgleichszahlungen und Urlaubsgeldzahlungen sind gezahlte Arbeitslöhne des Arbeitgebers, der die Auszahlung vornimmt.

(3) ① Vermögenswirksame Leistungen nach dem Fünften Vermögensbildungsgesetz (5. VermBG)[1] sind steuerpflichtige Einnahmen im Sinne des Einkommensteuergesetzes (→ § 2 Abs. 6 des 5. VermBG und § 19 Abs. 1 Nr. 1 EStG) und gehören somit zu den Arbeitslöhnen. ② Die Vorschrift des § 31 Abs. 2 GewStG bleibt unberührt. ③ Nicht zu den steuerpflichtigen Einnahmen und somit nicht zu den Arbeitslöhnen gehören die Arbeitnehmer-Sparzulagen (→ § 13 Abs. 3 des 5. VermBG). 8

(4) Bei der Berücksichtigung von Arbeitgeberleistungen und Ausgleichsansprüchen bei Altersteilzeitbeschäftigten ist im Rahmen der Gewerbesteuerzerlegung zu beachten, dass 9

- Aufstockungszahlungen des Arbeitgebers i. S. des § 3 Abs. 1 Nr. 1 Altersteilzeitgesetz nicht als Arbeitslohn i. S. des § 31 GewStG berücksichtigt werden können;
- der Ausgleichsanspruch des Arbeitgebers nach § 4 Altersteilzeitgesetz nicht die zu berücksichtigenden Arbeitslöhne mindert;

---

[1] Abgedruckt im „Lohnsteuer-Handbuch".
[2] Alle DBA abgedruckt in der Loseblattsammlung „Doppelbesteuerungsabkommen".

– die Zuführungen zu den Rückstellungen für Arbeitslöhne, die für die Freistellungsphase vorgenommen werden, nicht als Arbeitslöhne bei der Zerlegung nach § 29 GewStG zu berücksichtigen sind und
– die Vergütungen, die in der Freistellungsphase geleistet werden, als Arbeitslöhne i. S. des § 31 GewStG zu berücksichtigen sind.

10 (5) Gewinn im Sinne des § 31 Abs. 4 Satz 1 GewStG ist der Gewinn des Unternehmens und nicht der in einer Betriebsstätte erzielte Gewinn.

11 (6) ① Es kommt vor, dass in der einen Gemeinde der Unternehmer allein tätig ist, während in einer anderen Betriebsstätte des Unternehmens in einer anderen Gemeinde nur Angestellte beschäftigt werden. ② In diesen Fällen würde nach § 29 GewStG die zuerst bezeichnete Gemeinde keinen Zerlegungsanteil erhalten, weil in der dort belegenen Betriebsstätte keine Arbeitslöhne gezahlt worden sind. ③ Dieses unbillige Ergebnis ist für Unternehmen, die nicht von einer juristischen Person betrieben werden, durch § 31 Abs. 5 GewStG beseitigt. ④ Der Betrag von 25 000 € ist nach dem Anteil der Tätigkeit der Unternehmer (Mitunternehmer) in den einzelnen Betriebsstätten zu verteilen. ⑤ Das gilt auch bei der Verlegung von Betriebsstätten in andere Gemeinden; in diesem Fall sind für die Verteilung die zeitlichen Anteile maßgebend. ⑥ Die Zerlegung des fiktiven Unternehmerlohns setzt voraus, dass der Unternehmer in mehr als einer Betriebsstätte geschäftsleitend tätig geworden ist.

H 31.1

H 31.1

12 **Zerlegung des fiktiven Unternehmerlohns.** Die Zerlegung des fiktiven Unternehmerlohns setzt voraus, dass der Unternehmer in mehr als einer Betriebsstätte geschäftsleitend tätig geworden ist (→ BFH vom 16. 9. 1964 – BStBl. 1965 III S. 69).

Anl a zu R 31.1

a) Erlaß betr. Kappung der Arbeitslöhne im Zerlegungsverfahren nach § 31 *Nr. 1*[1] GewStG bei Wechsel der Arbeitsstelle

Vom 19. November 1979

(FM Baden-Württemberg G 1450 – 6/79; koord. Ländererlaß)

13 Bei der Zerlegung des *einheitlichen* Steuermeßbetrags sind nach § 31 *Nr. 1*[1] GewStG neben den nach dem Gewinn berechneten einmaligen Vergütungen auch sonstige Vergütungen nicht als Arbeitslohn anzusetzen, soweit sie bei dem einzelnen Arbeitnehmer *40 000 DM*[2] übersteigen. Die Frage, wie diese Vorschrift auszulegen ist, hat besondere Bedeutung in den Fällen, in denen ein Arbeitnehmer während des Erhebungszeitraums
a) von einem Unternehmen zu einem anderen nicht durch Organschaft verbundenen Unternehmen,
b) von einem Unternehmen zu einem dem Organkreis zugehörigen Unternehmen,
c) innerhalb eines Unternehmens zu verschiedenen Betriebsstätten
gewechselt hat.

Hierzu weise ich auf folgendes hin:

Nach dem Sinn und Zweck der genannten Vorschrift soll eine zutreffende Zerlegung des einheitlichen Steuermeßbetrags eines Unternehmens ermöglicht werden. Daraus ergibt sich, daß die Kappungsvorschrift jeweils für die Zerlegung des einheitlichen Steuermeßbetrags bei einem zur Gewerbesteuer heranzuziehenden Unternehmen anzuwenden ist. Für die dargestellten Fälle gilt daher folgendes:

Zu a): Bei jedem der beiden Unternehmen darf für denselben Arbeitnehmer der jeweils tatsächlich gezahlte Arbeitslohn – maximal jedoch nur bis zu jeweils *40 000 DM*[2] – angesetzt werden.

Zu b): In Organschaftsfällen werden die Gewerbeerträge *und Gewerbekapitalien* aller Organgesellschaften dem Organträger zugerechnet und nur für diesen wird ein einheitlicher Steuermeßbetrag festgesetzt. Bei der Zerlegung darf für einen Arbeitnehmer als Jahresarbeitslohn höchstens ein Betrag von *40 000 DM*[2] berücksichtigt werden. Ist er in einem Erhebungszeitraum in mehreren dem Organkreis zugehörigen Unternehmen, die als Betriebsstätten gelten, tätig gewesen, so sind die *40 000 DM*[2] zeitanteilig aufzuteilen.

Zu c): Auch in diesem Fall darf für einen Arbeitnehmer für Zwecke der Zerlegung höchstens ein Jahresarbeitslohn von *40 000 DM*[2] berücksichtigt werden. Ist der Arbeitnehmer in einem Erhebungszeitraum in mehreren Betriebsstätten tätig gewesen, so sind die *40 000 DM*[2] zeitanteilig aufzuteilen.

Vorstehender Erlaß ergeht im Einvernehmen mit dem BMF und den obersten Finanzbehörden der anderen Länder.

Anl b zu R 31.1

b) Verfügung betr. Begriff der Arbeitslöhne für die Zerlegung

Vom 9. September 1994 (DStR S. 1692)

(OFD Berlin St 412 – G 1450 – 1/94)

14 Es ist die Frage gestellt worden, ob die mit einem Pauschsteuersatz nach §§ 40, 40 a oder 40 b EStG erhobene Lohnsteuer zu den Arbeitslöhnen für die Zerlegung (§ 31 Abs. 1 Satz 1 GewStG) gehört.

---

[1] Jetzt § 31 Abs. 4 GewStG.
[2] Jetzt 50 000 € (100 000 DM).

Nach § 31 Abs. 1 Satz 1 GewStG sind Arbeitslöhne die lohnsteuerpflichtigen Vergütungen i. S. d. § 19 Abs. 1 Nr. 1 EStG. Abgesehen von den in § 31 GewStG selbst geregelten Ausnahmen von diesem Grundsatz ist der Begriff der Arbeitslöhne für Zwecke der Zerlegung durch die Bezugnahme auf § 19 Abs. 1 Nr. 1 EStG nach ertragsteuerrechtlichen Grundsätzen auszulegen.

Danach gehören zu den Einkünften i. S. d. § 19 Abs. 1 Nr. 1 EStG sämtliche Bezüge und Vorteile, die dem Arbeitnehmer für eine Beschäftigung gewährt werden.

Nach der Rechtsprechung (BFH-Urteile vom 11. Oktober 1979, BStBl. 1980 II S. 127 und vom 29. Oktober 1993 VI R 4/87, BStBl. 1994 II S. 194) kann die pauschale Lohnsteuer begrifflich nicht als Vorteil i. S. d. § 19 Abs. 1 Nr. 1 EStG angesehen werden, weil der Arbeitgeber mit ihrer Entrichtung lediglich seine originäre eigene Verbindlichkeit erfüllt. Ein Vorteil des Arbeitnehmers besteht zwar darin, daß ihm aufgrund der Entscheidung des Arbeitgebers zur Pauschalierung die Lohnsteuer nicht mehr vom Arbeitslohn einbehalten werden darf. Durch diese endgültige Befreiung von der individuellen Lohnsteuerschuld ist der Arbeitnehmer auch bereichert. Dieser Vorteil unterliegt jedoch nicht der Einkommen- oder Lohnsteuer, weil ihm insbesondere kein Entlohnungscharakter zukommt.

Der Auffassung, daß die Pauschsteuer nicht zum Arbeitslohn gehört, steht auch nicht § 40 Abs. 1 Satz 2 EStG entgegen. Diese Vorschrift hat lediglich Bedeutung für die Höhe des Pauschsteuersatzes und führt nicht zu einer Erhöhung des zugeflossenen Arbeitslohns.

Demnach sind zwar die pauschal versteuerten Arbeitslöhne, nicht aber die Pauschalsteuer bei der Zerlegung zu berücksichtigen.

§ 32 *(weggefallen)*

GewStG

§ 33 Zerlegung in besonderen Fällen

(1) ① **Führt die Zerlegung nach den §§ 28 bis 31 zu einem offenbar unbilligen Ergebnis, so ist nach einem Maßstab zu zerlegen, der die tatsächlichen Verhältnisse besser berücksichtigt.** ② **In dem Zerlegungsbescheid hat das Finanzamt darauf hinzuweisen, dass bei der Zerlegung Satz 1 angewendet worden ist.** 1

(2) **Einigen sich die Gemeinden mit dem Steuerschuldner über die Zerlegung, so ist der Steuermessbetrag nach Maßgabe der Einigung zu zerlegen.** 2

R 33.1 Zerlegung in besonderen Fällen

R 33.1

(1) ① § 33 GewStG ist eng auszulegen und nur in Ausnahmefällen anzuwenden. ② Die Voraussetzungen des § 33 GewStG sind nicht schon dann gegeben, wenn bei Anwendung des Zerlegungsmaßstabs des § 29 GewStG eine Gemeinde unberücksichtigt bleibt. ③ Ein offenbar unbilliges Ergebnis im Sinn des § 33 GewStG ist nur dann gegeben, wenn der Gemeinde durch die Betriebsstätte wesentliche Lasten erwachsen. ④ Als wesentliche Lasten sind regelmäßig die sogenannten Arbeitnehmerfolgekosten anzusehen, d. h. die Aufwendungen einer Gemeinde für den Bau von Straßen, Schulen, Krankenhäusern, Altersheimen u. a. m. für die dort wohnenden Arbeitnehmer der Betriebsstätte. ⑤ Entgehende Einnahmen der Gemeinde, die durch die eingeschränkte Möglichkeit der gemeindlichen Weiterentwicklung (z. B. aufgrund des Ausweises von Siedlungsbeschränkungs- oder Bauschutzbereichen) entstehen, können demgegenüber nicht mit effektiven Belastungen der gemeindlichen Haushalte gleichgesetzt werden. ⑥ „Weiche" Belastungen (Umweltbelastung, Lärm, Schadstoffausstoß, Werteverluste an Grundstücken) stellen keine berücksichtigungsfähigen Lasten dar, da sie nicht quantifizierbar sind. ⑦ Lasten anderer Art, die durch das Vorhandensein einer Betriebsstätte der Gemeinde entstehen, führen nur dann zu einer Unbilligkeit im Sinne des § 33 Abs. 1 GewStG, wenn sie einerseits ins Gewicht fallen und andererseits atypisch sind. ⑧ Eine solche Unbilligkeit liegt nur dann vor, wenn aufgrund der atypischen Umstände des Einzelfalles die sich aus dem groben Maßstab des § 29 GewStG allgemein ergebende Unbilligkeit offensichtlich übertroffen wird. ⑨ Ein offenbar unbilliges Ergebnis liegt zum Beispiel vor, wenn bei gewerblicher Vermietung von Ferienwohnungen der Eigentümer seinen Wohnsitz nicht in der Belegenheitsgemeinde hat und dort auch nicht oder nur teilweise tätig ist. ⑩ Hier würde die Belegenheitsgemeinde, der allein durch die gewerblich vermieteten Ferienwohnungen Lasten entstehen, auf Grund der Verteilung des sogenannten Unternehmerlohns im Sinne des § 31 Abs. 5 GewStG, wie sie in R 31.1 Absatz 5 vorgesehen ist, keine oder nur einen Teil der Gewerbesteuer erhalten. ⑪ Bei der Zerlegung ist daher in diesen Fällen § 33 Abs. 1 GewStG mit der Maßgabe anzuwenden, dass als Zerlegungsmaßstab die Betriebseinnahmen zugrunde gelegt werden. ⑫ Dagegen liegt kein unbilliges Ergebnis vor, wenn so genannte Einobjektgesellschaften ihre gewerblichen Anlagen nicht selbst betreiben, sondern die Aufgabenerledigung durch den Abschluss von Betriebsführungsverträgen sicherstellen und infolgedessen an den Anlagestandorten keine eigenen Arbeitnehmer beschäftigen. ⑬ Die Gemeinde der Betriebsstätte erhält in diesem Fall im Rahmen der Gewerbesteuermessbetragsfestsetzung des Betriebsführers einen Anteil an dem Gewerbesteuermessbetrag. ⑭ Dass ggf. Pacht- oder Lizenzzahlungen des Betriebsführers an den Betreiber den Gewerbesteuermessbetrag des Betriebsführers mindern, rechtfertigt für sich allein die Anwendung der besonderen Zerlegung nach § 33 GewStG nicht. ⑮ Im Rahmen der Billigkeitsprüfung nach § 33 GewStG können ferner solche Lasten nicht berücksichtigt werden, für die der Gemeinde ein Gebührenerhebungsrecht oder zivilrechtliche Schadensersatzansprüche zustehen. 3

4 (2) ① Eine Einigung im Sinne des § 33 Abs. 2 GewStG ist ein Fall der „Zerlegung in besonderen Fällen". ② Einer Prüfung durch das Finanzamt, ob die Voraussetzungen des § 33 Abs. 1 GewStG vorliegen, bedarf es nicht. ③ Die Zerlegung nach § 33 Abs. 2 GewStG ist, mit Bindungswirkung für die Finanzverwaltung, allein nach Maßgabe der entsprechenden Einigung durchzuführen.

H 33.1

H 33.1

5 **Anspruch auf Beteiligung an der Zerlegung.** §§ 4, 28 GewStG geben den Gemeinden, in deren Bereich sich Betriebstätten befinden, keinen unbedingten Anspruch auf Beteiligung an dem Gewerbesteuermessbetrag. Die Anwendung der im § 29 GewStG vorgesehenen Zerlegungsmaßstäbe führt nicht schon dann zu einem im Sinne des § 33 GewStG offenbar unbilligen Ergebnis, wenn dabei eine Gemeinde unberücksichtigt bleibt (→ BFH vom 13. 5. 1958 – BStBl. III S. 379).

Auslieferungslager. Beschäftigt ein Unternehmer in seinem Auslieferungslager keine Arbeitnehmer, rechtfertigt dies bei der Zerlegung des Steuermessbetrags in der Regel nicht die Anwendung des § 33 GewStG (→ BFH vom 12. 7. 1960 – BStBl. III S. 386).

Auswirkungen der Änderung eines Gewerbesteuermessbescheids auf einen bereits bestandskräftigen Zerlegungsbescheid. Die Bestandskraft des Zerlegungs-Erstbescheids erstreckt sich nicht auf den in diesem Bescheid angewendeten Zerlegungsmaßstab; sie umfasst den in diesem Bescheid festgestellten Zerlegungsanteil nur nach seinem Betrag. Hinsichtlich des Erhöhungsbetrags können auch bei einer Änderung des Gewerbesteuermessbetrags nach § 175 Abs. 1 Nr. 1 AO alle materiell-rechtlichen Fehler des Bescheids zugunsten wie zuungunsten der Gemeinden berichtigt werden (→ BFH vom 20. 4. 1999 – BStBl. II S. 542, Fortführung des Senatsurteils vom 24. 3. 1992 – BStBl. II S. 869).

Offenbare Unbilligkeit.
- Eine offenbare Unbilligkeit ist nur gegeben, wenn der Gemeinde durch die Betriebsstätte wesentliche Lasten erwachsen (→ BFH vom 12. 7. 1960 – BStBl. III S. 386 und vom 5. 10. 1965 – BStBl. III S. 668).
- Eine Zerlegung kann i. S. d. § 33 Abs. 1 GewStG dann unbillig sein, wenn eine Gemeinde, in der sich eine Betriebsstätte befindet, in erheblichem Umfang die sog. Folgekosten für die Arbeitnehmer der Betriebsstätte zu tragen hat, ohne dass dies im Zerlegungsmaßstab zugunsten der Gemeinde Berücksichtigung findet (→ BFH vom 26. 8. 1987 – BStBl. 1988 II S. 201).
- Zu Lasten anderer Art → BFH vom 26. 8. 1987 – BStBl. 1988 II S. 201.
- Nicht jede offenbare Unbilligkeit, die sich aus dem Zerlegungsmaßstab gemäß § 29 GewStG ergibt, rechtfertigt eine Zerlegung nach einem abweichenden Maßstab. Die Unbilligkeit muss vielmehr erhebliches Gewicht haben und eindeutig und augenfällig sein. Verlagerungen des Gewerbesteueraufkommens infolge einer Organschaft rechtfertigen grundsätzlich kein Abweichen von dem Maßstab des § 29 GewStG (→ BFH vom 17. 2. 1993 – BStBl. II S. 679 und vom 16. 12. 2009 – BStBl. 2010 II S. 492).
- Der Zerlegung nach § 29 Abs. 1 Nr. 2 GewStG steht nicht entgegen, dass die wirtschaftliche Struktur einer Gemeinde von einem Großunternehmen bestimmt wird und der Auf- und Ausbau eines Großunternehmens zu einer starken Vermehrung der Einwohnerzahl und der Aufwendungen für kommunale Einrichtungen führt. Das gilt auch, wenn die Ansiedlung des Großunternehmens den Zusammenschluss einer Anzahl bisher ländlicher Gemeinden und ihre rasche Entwicklung zu einer Industriestadt nach sich zieht und dadurch eine starke Zusammenballung von Kosten verursacht (→ BFH vom 1. 3. 1967 – BStBl. III S. 324). Eine Zerlegung nach Maßstab der Arbeitslöhne erscheint in diesen Fällen sachgerecht, da der mit dem Bevölkerungszuwachs einhergehende Zuwachs an Beschäftigten auch eine entsprechende Steigerung der Lohnsumme nach sich zieht.
- Die Vorschrift des § 33 Abs. 1 GewStG dient dazu, offenbaren Unbilligkeiten in einzelnen Ausnahmefällen abzuhelfen. Sie greift nicht ein, wenn die Anwendung des Regelmaßstabs allgemein zu unbilligen Ergebnissen führt (→ BFH vom 24. 1. 1968 – BStBl. II S. 185).
- Der Umstand, dass eine Betriebsstätte mit einer verhältnismäßig geringen Zahl von Arbeitnehmern wegen einer betrieblich bedingten Sicherheitszone ein verhältnismäßig großes Gemeindegebiet beansprucht, rechtfertigt nicht eine vom Regelmaßstab abweichende Zerlegung nach § 33 GewStG (→ BFH vom 9. 10. 1975 – BStBl. 1976 II S. 123).
- Dem gewerbesteuerrechtlichen Zerlegungsverfahren kommt nicht die Funktion eines kommunalen Finanzausgleichs zu. Es dient allein der Gegenleistung für die Lasten, die sich über die Ausgaben direkt auf die gemeindlichen Haushalte auswirken (→ BFH vom 9. 10. 1975 – BStBl. 1976 II S. 123 und vom 4. 4. 2007 – BStBl. II S. 836).

Vereinbarter Zerlegungsmaßstab – Einigung aller beteiligten Gemeinden mit dem Steuerschuldner.
- Für die Anwendung des § 33 Abs. 2 GewStG genügt es, wenn sich die Gemeinden mit dem Steuerschuldner über den anzuwendenden Zerlegungsmaßstab einigen. Eine Einigung der Gemeinden mit dem Steuerschuldner gem. § 33 Abs. 2 GewStG schließt nicht aus, dass die

Beteiligten die Zerlegung mit der Behauptung anfechten, der vereinbarte Zerlegungsmaßstab sei unrichtig angewendet worden (→ BFH vom 25. 9. 1968 – BStBl. II S. 827).

– Eine Einigung der Gemeinden mit dem Steuerschuldner über die Zerlegung des Gewerbesteuermessbetrages nach § 33 Abs. 2 GewStG gilt im Zweifel nur für den jeweiligen Erhebungszeitraum (→ BFH vom 20. 4. 1999 – BStBl. II S. 542).

§ 34 Kleinbeträge

GewStG

(1) ① **Übersteigt der Steuermessbetrag nicht den Betrag von 10 Euro, so ist er in voller Höhe der Gemeinde zuzuweisen, in der sich die Geschäftsleitung befindet.** 1 **② Befindet sich die Geschäftsleitung im Ausland, so ist der Steuermessbetrag der Gemeinde zuzuweisen, in der sich die wirtschaftlich bedeutendste der zu berücksichtigenden Betriebsstätten befindet.**

(2) ① **Übersteigt der Steuermessbetrag zwar den Betrag von 10 Euro, würde aber** 2 **nach den Zerlegungsvorschriften einer Gemeinde ein Zerlegungsanteil von nicht mehr als 10 Euro zuzuweisen sein, so ist dieser Anteil der Gemeinde zuzuweisen, in der sich die Geschäftsleitung befindet. ② Absatz 1 Satz 2 ist entsprechend anzuwenden.**

(3) ① **Wird der Zerlegungsbescheid geändert oder berichtigt, würde sich dabei aber** 3 **der Zerlegungsanteil einer Gemeinde um nicht mehr als 10 Euro erhöhen oder ermäßigen, so ist der Betrag der Erhöhung oder Ermäßigung bei dem Zerlegungsanteil der Gemeinde zu berücksichtigen, in der sich die Geschäftsleitung befindet. ② Absatz 1 Satz 2 ist entsprechend anzuwenden.**

§ 34 *Kleinbeträge bei Verlegung der Geschäftsleitung*

GewStDV

Hat das Unternehmen die Geschäftsleitung im Laufe des Erhebungszeitraums in eine andere Gemeinde 4 *verlegt, so ist der Kleinbetrag der Gemeinde zuzuweisen, in der sich die Geschäftsleitung am Ende des Erhebungszeitraums befindet.*

R 34.1 Negativer Zerlegungsanteil bei Änderung oder Berichtigung des Zerlegungsbescheids

R 34.1

§ 34 Abs. 3 GewStG ist nicht anzuwenden, wenn sich für die Gemeinde der Geschäftsleitung 5 ein negativer Zerlegungsanteil ergeben würde.

Verfügung betr. Kleinbeträge bei der Gewerbesteuer-Zerlegung – Zusammentreffen der Regelungen nach § 34 Abs. 2 und 3 GewStG

Anl zu R 34.1

Vom 21. Juli 1994 (DB S. 1901)

(OFD Frankfurt a. M. G 1450 A – 9 – St II 22)

Die Kleinbetragsregelungen nach Abs. 2 und Abs. 3 des § 34 GewStG sind unabhängig voneinander 6 anzuwenden. Dies bedeutet, daß bei der Anwendung der Regelung in Abs. 3 die auf die jeweilige Gemeinde entfallenden Zerlegungsanteile und nicht die der jeweiligen Gemeinde nach Abs. 2 zugewiesenen Zerlegungsanteile zugrunde zu legen sind.

Beispiel 1:

Bei der erstmaligen Zerlegung entfällt auf eine Gemeinde ein Zerlegungsanteil von 19,00 DM. Dieser Anteil wird zwar nach § 34 Abs. 2 GewStG der Geschäftsleitungsgemeinde zugewiesen. Bei der Frage, ob für Zwecke der Änderung oder Berichtigung des Zerlegungsbescheids die Wertgrenze des § 34 Abs. 3 GewStG von mehr als 20,00 DM erreicht wird, ist dieser Zerlegungsanteil maßgebend. Eine Erhöhung des Zerlegungsanteils dieser Gemeinde kommt nur in Betracht, wenn der erhöhte Zerlegungsanteil dieser Gemeinde mehr als 39,00 DM beträgt.

Beispiel 2:

Bei der erstmaligen Zerlegung entfällt auf eine Gemeinde ein Zerlegungsanteil von 39,00 DM. Bei Änderung oder Berichtigung des Zerlegungsbescheids entfällt auf diese Gemeinde ein Zerlegungsanteil von 19,00 DM. Eine Ermäßigung des Zerlegungsanteils ist nicht vorzunehmen, weil der Unterschiedsbetrag nicht mehr als 20,00 DM beträgt. Entfällt auf diese Gemeinde ein berichtigter oder geänderter Zerlegungsanteil von weniger als 19,00 DM, sind die Voraussetzungen des § 34 Abs. 3 GewStG für eine Ermäßigung gegeben. Nach § 34 Abs. 2 GewStG ist dieser ermäßigte Zerlegungsanteil jedoch der Geschäftsleitungsgemeinde zuzuweisen.

§ 35 *(weggefallen)*

GewStG

GewStG

Abschnitt VII. Gewerbesteuer der Reisegewerbebetriebe

§ 35a Gewerbesteuer der Reisegewerbebetriebe

1 (1) **Der Gewerbesteuer unterliegen auch die Reisegewerbebetriebe, soweit sie im Inland betrieben werden.**

2 (2) ① **Reisegewerbebetrieb im Sinne dieses Gesetzes ist ein Gewerbebetrieb, dessen Inhaber nach den Vorschriften der Gewerbeordnung und den dazugehörigen Ausführungsbestimmungen einer Reisegewerbekarte bedarf.** ② **Wird im Rahmen eines einheitlichen Gewerbebetriebs sowohl ein stehendes Gewerbe als auch ein Reisegewerbe betrieben, so ist der Betrieb in vollem Umfang als stehendes Gewerbe zu behandeln.**

3 (3) **Hebeberechtigt ist die Gemeinde, in der sich der Mittelpunkt der gewerblichen Tätigkeit befindet.**

4 (4) **Ist im Laufe des Erhebungszeitraums der Mittelpunkt der gewerblichen Tätigkeit von einer Gemeinde in eine andere Gemeinde verlegt worden, so hat das Finanzamt den Steuermessbetrag nach den zeitlichen Anteilen (Kalendermonaten) auf die beteiligten Gemeinden zu zerlegen.**

Übersicht

GewStDV

§ 35 *Reisegewerbebetriebe*

5 *(1) ① Der Mittelpunkt der gewerblichen Tätigkeit befindet sich in der Gemeinde, von der aus die gewerbliche Tätigkeit vorwiegend ausgeübt wird. ② Das ist in der Regel die Gemeinde, in der sich der Wohnsitz des Reisegewerbetreibenden befindet. ③ In Ausnahmefällen ist Mittelpunkt eine auswärtige Gemeinde, wenn die gewerbliche Tätigkeit von dieser Gemeinde (z. B. von einem Büro oder Warenlager) aus vorwiegend ausgeübt wird. ④ Ist der Mittelpunkt der gewerblichen Tätigkeit nicht feststellbar, so ist die Gemeinde hebeberechtigt, in der der Unternehmer polizeilich gemeldet oder meldepflichtig ist.*

6 *(2) Eine Zerlegung des Steuermessbetrags auf die Gemeinden, in denen das Gewerbe ausgeübt worden ist, unterbleibt.*

7 *(3) ① Der Steuermessbetrag ist im Fall des § 35a Abs. 4 des Gesetzes nach dem Anteil der Kalendermonate auf die hebeberechtigten Gemeinden zu zerlegen. ② Kalendermonate, in denen die Steuerpflicht nur während eines Teils bestanden hat, sind voll zu rechnen. ③ Der Anteil für den Kalendermonat, in dem der Mittelpunkt der gewerblichen Tätigkeit verlegt worden ist, ist der Gemeinde zuzuteilen, in der sich der Mittelpunkt in diesem Kalendermonat die längste Zeit befunden hat.*

R 35a.1

R 35a.1 Reisegewerbebetriebe

8 ① Einen Reisegewerbebetrieb unterhält, wer als Inhaber nach den Vorschriften der Gewerbeordnung (GewO)[1] und den Ausführungsbestimmungen dazu entweder einer Reisegewerbekarte bedarf *oder von der Reisegewerbekarte lediglich deshalb befreit ist, weil er einen Blindenwaren-Vertriebsausweis (→ § 55a Abs. 1 Nr. 4 GewO) besitzt.*[2] ② Gemäß § 55 Abs. 2 GewO bedarf derjenige einer Reisegewerbekarte, der ein Reisegewerbe betreiben will. ③ Ein Reisegewerbe betreibt, wer gewerbsmäßig ohne vorhergehende Bestellung außerhalb seiner gewerblichen Niederlassung oder ohne eine solche zu haben,

1.[2] *selbständig oder unselbständig in eigener Person* Waren feilbietet oder Bestellungen aufsucht (vertreibt) oder ankauft, Leistungen anbietet oder Bestellungen auf Leistungen aufsucht oder

2.[2] *selbständig* unterhaltende Tätigkeiten als Schausteller oder nach Schaustellerart ausübt (→ § 55 Abs. 1 GewO).

④ Demgemäß gelten zum Beispiel Angestellte, die für ihren Arbeitgeber im Umherziehen Waren feilbieten und dazu eine Reisegewerbekarte brauchen, nicht als Reisegewerbetreibende im Sinne des Gewerbesteuergesetzes. ⑤ Liegt ein gewerbliches Unternehmen im Sinne des Gewerbesteuergesetzes vor, ist auf Grund der Vorschriften der Gewerbeordnung, insbesondere auf Grund

[1] Loseblattsammlung **Sartorius** Nr. **800**. – Vgl. auch Titel III (§§ 55–61 a) GewO mit den Vorschriften zum Reisegewerbe insgesamt.

[2] § 55 GewO Abs. 1 Nr. 1 und 2 geänd., § 55 a GewO Abs. 1 Nr. 4 aufgeh. durch G v. 7. 9. 2007 (BGBl. I S. 2246) mWv 14. 9. 2007. – Vgl. jetzt § 35 a Abs. 2 GewStG.

des § 55 GewO zu prüfen, ob der Inhaber zur Ausübung des Unternehmens einer Reisegewerbekarte bedarf. ⑥ Es kann dabei grundsätzlich darauf abgestellt werden, ob der Steuerpflichtige für den Erhebungszeitraum oder einen Teil des Erhebungszeitraums eine Reisegewerbekarte erworben hat *oder ob er einen Blindenwaren-Vertriebsausweis besitzt.* ⑦ *Abgesehen von der gesetzlichen Ausnahme des § 55a Abs. 1 Nr. 4 GewO*[1] liegt daher kein Reisegewerbebetrieb vor, soweit die Gewerbeordnung eine Reisegewerbekarte nicht vorschreibt. ⑧ Nach § 55a Abs. 1 Nr. 3 GewO bedarf derjenige, der ein Reisegewerbe im Sinne von § 55 Abs. 1 Nr. 1 und 2 GewO in der Gemeinde seines Wohnsitzes oder seiner gewerblichen Niederlassung ausübt, keiner Reisegewerbekarte, sofern die Gemeinde nicht mehr als 10 000 Einwohner zählt.

H 35a.1

H 35a.1

Zur Unterscheidung zwischen Reisegewerbebetrieb und stehendem Gewerbe. → R 2.1 Abs. 3. 9

Anl zu R 35a.1

Gewerbeordnung[2]

– Auszug –

§ 55 Reisegewerbekarte 11

(1)[3] Ein Reisegewerbe betreibt, wer gewerbsmäßig ohne vorhergehende Bestellung außerhalb seiner gewerblichen Niederlassung (§ 4 Absatz 3) oder ohne eine solche zu haben

1.[4] Waren feilbietet oder Bestellungen aufsucht (vertreibt) oder ankauft, Leistungen anbietet oder Bestellungen auf Leistungen aufsucht oder

2.[4] unterhaltende Tätigkeiten als Schausteller oder nach Schaustellerart ausübt.

(2) Wer ein Reisegewerbe betreiben will, bedarf der Erlaubnis (Reisegewerbekarte).

(3) Die Reisegewerbekarte kann inhaltlich beschränkt, mit einer Befristung erteilt und mit Auflagen verbunden werden, soweit dies zum Schutze der Allgemeinheit oder der Verbraucher erforderlich ist; unter denselben Voraussetzungen ist auch die nachträgliche Aufnahme, Änderung und Ergänzung von Auflagen zulässig.

§ 55a Reisegewerbekartenfreie Tätigkeiten 12

(1) Einer Reisegewerbekarte bedarf nicht, wer

1. gelegentlich der Veranstaltung von Messen, Ausstellungen, öffentlichen Festen oder aus besonderem Anlaß mit Erlaubnis der zuständigen Behörde Waren feilbietet;

2.[5] selbstgewonnene Erzeugnisse der Land- und Forstwirtschaft, des Gemüse-, Obst- und Gartenbaues, der Geflügelzucht und Imkerei sowie der Jagd und Fischerei vertreibt;

3. Tätigkeiten der in § 55 Abs. 1 Nr. 1 genannten Art in der Gemeinde seines Wohnsitzes oder seiner gewerblichen Niederlassung ausübt, sofern die Gemeinde nicht mehr als 10 000 Einwohner zählt;

4.[5] (aufgehoben)

5.[5] auf Grund einer Erlaubnis nach § 4 des Milch- und Margarinegesetzes Milch oder bei dieser Tätigkeit auch Milcherzeugnisse abgibt;

6.[5] Versicherungsverträge als Versicherungsvermittler im Sinne des § 34d Absatz 6 oder Absatz 7 Nummer 1 und 2 oder Bausparverträge vermittelt oder abschließt oder im Sinne des § 34d Absatz 2 Satz 1 in Verbindung mit § 34d Absatz 7 Satz 2 als Versicherungsberater über Versicherungen berät; das Gleiche gilt für die in dem Gewerbebetrieb beschäftigten Personen;

7.[5] ein nach Bundes- oder Landesrecht erlaubnispflichtiges Gewerbe ausübt, für dessen Ausübung die Zuverlässigkeit erforderlich ist, und über die erforderliche Erlaubnis verfügt;

8.[5] im Sinne des § 34f Absatz 3 Nummer 4, auch in Verbindung mit § 34h Absatz 1 Satz 4, Finanzanlagen als Finanzanlagenvermittler vermittelt und Dritte über Finanzanlagen berät; das Gleiche gilt für die in dem Gewerbebetrieb beschäftigten Personen;

8a.[5] Im Sinne des § 34i Absatz 4, auch in Verbindung mit § 34i Absatz 5, Immobiliardarlehensverträge vermittelt und Dritte zu solchen Verträgen berät;

9. von einer nicht ortsfesten Verkaufsstelle oder einer anderen Einrichtung in regelmäßigen, kürzeren Zeitabständen an derselben Stelle Lebensmittel oder andere Waren des täglichen Bedarfs vertreibt; das Verbot des § 56 Abs. 1 Nr. 3 Buchstabe b findet keine Anwendung;

10. Druckwerke auf öffentlichen Wegen, Straßen, Plätzen oder an anderen öffentlichen Orten feilbietet.

---

[1] § 55 GewO Abs. 1 Nr. 1 und 2 geänd., § 55a GewO Abs. 1 Nr. 4 aufgeh. durch G v. 7. 9. 2007 (BGBl. I S. 2246) mWv 14. 9. 2007. – Vgl. jetzt § 35a Abs. 2 GewStG.

[2] I. d. F. der Bek. vom 22. 2. 1999 (BGBl. I S. 202), zuletzt geändert durch Gesetz vom 10. 8. 2021 (BGBl. I S. 3504).

[3] § 55 GewO Einleitungssatz geändert durch Gesetz vom 17. 7. 2009 (BGBl. I S. 2091).

[4] § 55 GewO Abs. 1 Nr. 1 u. 2 aufgehoben durch Gesetz vom 7. 9. 2007 (BGBl. I S. 2246) mWv 14. 9. 2007.

[5] § 55a GewO Abs. 1 Nr. 2 u. 5 geändert, Nr. 7 neugefasst, Nr. 4 und Nr. 8 aufgehoben durch Gesetz vom 7. 9. 2007 (BGBl. I S. 2246) mWv 14. 9. 2007; Abs. 1 Nr. 8 eingefügt durch Gesetz vom 6. 12. 2011 (BGBl. I S. 2481) mWv 1. 1. 2013; Abs. 1 Nr. 8 geändert durch Gesetz vom 15. 7. 2013 (BGBl. I S. 2390) mWv 1. 8. 2014; Abs. 1 Nr. 8a eingefügt durch Gesetz vom 11. 3. 2016 (BGBl. I S. 396) mWv 21. 3. 2016; Abs. 1 Nr. 6 neu gefasst durch Gesetz vom 20. 7. 2017 (BGBl. I S. 2789) mWv 23. 2. 2018.

Anl zu R 35a.1

(2) Die zuständige Behörde kann für besondere Verkaufsveranstaltungen Ausnahmen von dem Erfordernis der Reisegewerbekarte zulassen.

13 **§ 55b Weitere reisegewerbekartenfreie Tätigkeiten, Gewerbelegitimationskarte**

(1)[1] Eine Reisegewerbekarte ist nicht erforderlich, soweit der Gewerbetreibende andere Personen im Rahmen ihres Geschäftsbetriebes aufsucht.

(2) ① Personen, die für ein Unternehmen mit Sitz im Geltungsbereich dieses Gesetzes geschäftlich tätig sind, ist auf Antrag von der zuständigen Behörde eine Gewerbelegitimationskarte nach dem in den zwischenstaatlichen Verträgen vorgesehenen Muster für Zwecke des Gewerbebetriebes in anderen Staaten auszustellen. ② Für die Erteilung und die Versagung der Gewerbelegitimationskarte gelten § 55 Abs. 3 und § 57 entsprechend, soweit nicht in zwischenstaatlichen Verträgen oder durch Rechtsetzung dazu befugter überstaatlicher Gemeinschaften etwas anderes bestimmt ist.

---

[1] § 55b Abs. 1 Satz 2 GewO aufgehoben durch Gesetz vom 7. 9. 2007 (BGBl. I S. 2246) mWv 14. 9. 2007.

GewStG

Abschnitt VIII. Änderung des Gewerbesteuermessbescheids von Amts wegen

§ 35b Aufhebung oder Änderung des Gewerbesteuermessbescheids von Amts wegen

(1) ① Der Gewerbesteuermessbescheid oder Verlustfeststellungsbescheid ist von Amts wegen aufzuheben oder zu ändern, wenn der Einkommensteuerbescheid, der Körperschaftsteuerbescheid oder ein Feststellungsbescheid aufgehoben oder geändert wird und die Aufhebung oder Änderung den Gewinn aus Gewerbebetrieb berührt. ② Die Änderung des Gewinns aus Gewerbebetrieb ist insoweit zu berücksichtigen, als sie die Höhe des Gewerbeertrags oder des vortragsfähigen Gewerbeverlustes beeinflusst. ③ § 171 Abs. 10 der Abgabenordnung gilt sinngemäß. 1

(2)[1] ① Zuständig für die Feststellung des vortragsfähigen Gewerbeverlustes ist das für den Erlass des Gewerbesteuermessbescheids zuständige Finanzamt. ② Bei der Feststellung des vortragsfähigen Gewerbeverlustes sind die Besteuerungsgrundlagen so zu berücksichtigen, wie sie der Festsetzung des Steuermessbetrags für den Erhebungszeitraum, auf dessen Schluss der vortragsfähige Gewerbeverlust festgestellt wird, zu Grunde gelegt worden sind; § 171 Absatz 10[2], § 175 Absatz 1 Satz 1 Nummer 1 und § 351 Absatz 2 der Abgabenordnung sowie § 42 der Finanzgerichtsordnung gelten entsprechend. ③ Die Besteuerungsgrundlagen dürfen bei der Feststellung nur insoweit abweichend von Satz 2 berücksichtigt werden, wie die Aufhebung, Änderung oder Berichtigung des Gewerbesteuermessbescheids ausschließlich mangels Auswirkung auf die Höhe des festzusetzenden Steuermessbetrags unterbleibt. ④ Die Feststellungsfrist endet nicht, bevor die Festsetzungsfrist für den Erhebungszeitraum abgelaufen ist, auf dessen Schluss der vortragsfähige Gewerbeverlust gesondert festzustellen ist; § 181 Abs. 5 der Abgabenordnung ist nur anzuwenden, wenn die zuständige Finanzbehörde die Feststellung des vortragsfähigen Gewerbeverlustes pflichtwidrig unterlassen hat.[3] 2

Übersicht Rz.

R 35b.1

R 35b.1 Aufhebung oder Änderung des Gewerbesteuermessbescheids von Amts wegen

(1) ① Die Vorschrift des § 35 b GewStG enthält eine selbständige Rechtsgrundlage für die Aufhebung oder Änderung von Gewerbesteuermessbescheiden und Verlustfeststellungsbescheiden. ② Ihre Anwendung setzt nicht voraus, dass sich die Änderungsbefugnis aus anderen Vorschriften, z. B. aus § 173 Abs. 1 oder § 164 Abs. 2 AO, ergibt. ③ Sind jedoch zugleich die Voraussetzungen des § 164 Abs. 2 AO gegeben, geht diese Änderungsvorschrift dem § 35 b GewStG vor. ④ Die Vorschrift des § 35 b GewStG kommt hiernach zur Anwendung, wenn 3

1. der Einkommensteuerbescheid, der Körperschaftsteuerbescheid oder der Feststellungsbescheid aufgehoben oder geändert wird,
2. die Aufhebung oder Änderung des bezeichneten Bescheids die Höhe des Gewinns aus Gewerbebetrieb berührt und
3. diese Aufhebung oder Änderung die Höhe des Gewerbeertrags beeinflusst.

⑤ Eine Aufhebung oder Änderung des Einkommensteuerbescheids, des Körperschaftsteuerbescheids oder des Feststellungsbescheids ist eine unerlässliche Voraussetzung für die Anwendung des § 35 b Abs. 1 GewStG.[4] ⑥ Dabei ist es einerlei, aus welchen Gründen der Bescheid aufge-

---

[1] Zur örtlichen Zuständigkeit und zum Ort der Geschäftsleitung in **Organschaftsfällen** *vgl. FM-Schreiben Bayern vom 20. 10. 1993* (nachstehend abgedruckt).

[2] *BFH-Urteil vom 7. 9. 2016 IV R 31/13, BStBl. 2017 II S. 482:* Der Gewerbesteuermessbescheid des Erhebungszeitraums, auf dessen Ende der vortragsfähige Fehlbetrag nach § 10 a GewStG gesondert festzustellen ist, ist für den Verlustfeststellungsbescheid dieses Erhebungszeitraums kein Grundlagenbescheid iSd § 171 Abs. 10 AO, soweit das Merkmal der sachlichen Steuerpflicht für die Beurteilung des Merkmals der Unternehmensidentität von Bedeutung ist.

[3] Zur Anwendung von § 35 b Abs. 2 Sätze 2, 3 und 4 vgl. zuletzt „Handbuch zur GewSt-Veranlagung 2014".

[4] *BFH-Urteil vom 31. 7. 1990 I R 28/88, BStBl. 1991 II S. 244:* Ergeht ein erstmaliger Körperschaftsteuerbescheid zeitlich nach dem Gewerbesteuer-Meßbescheid, so kann dieser nicht gemäß § 35 b GewStG geändert werden. Eine Änderung gemäß § 35 b GewStG setzt einen aufgehobenen oder geänderten Körperschaftsteuer-(Einkommensteuer-, Feststellungs-) Bescheid voraus.

hoben oder geändert wird (Rechtsbehelfsentscheidung, Berichtigung nach § 129 AO, Aufhebung oder Änderung nach §§ 164 Abs. 2, 172 und 173 AO).

4 (2) ① Sind die in Absatz 1 Satz 4 bezeichneten drei Voraussetzungen erfüllt, wird die Änderung des Gewinns aus Gewerbebetrieb in dem neuen Gewerbesteuermessbescheid oder Verlustfeststellungsbescheid von Amts wegen insoweit berücksichtigt, als sie die Höhe des Gewerbeertrags beeinflusst (→ § 35 b Abs. 1 Satz 2 GewStG). ② Der bestandskräftige Verlustfeststellungsbescheid kann nur nach § 35b Abs. 2 Satz 2 und 3 GewStG geändert werden, wenn der Gewerbesteuermessbescheid für denselben Erhebungszeitraum nach den Änderungsvorschriften der Abgabenordnung oder nach § 35b Abs. 1 GewStG zumindest dem Grunde nach geändert werden könnte. ③ Nach § 35b Abs. 2 Satz 2 GewStG ist nicht nur ein geänderter Gewinn, sondern sind auch geänderte Hinzurechnungs- und Kürzungsbeträge zu berücksichtigen. ④ Gegen Bescheide, durch die ein Antrag auf Aufhebung oder Änderung des Gewerbesteuermessbescheids oder des Verlustfeststellungsbescheides nach § 35b GewStG abgelehnt wird, ist der Einspruch nach § 347 Abs. 1 Nr. 1 AO gegeben.

H 35b.1

H 35b.1

5 **Allgemeines.**[1] Die Änderung gemäß § 35b Abs. 1 GewStG setzt eine Änderung der Höhe des Gewinns aus Gewerbebetrieb voraus (→ BFH vom 10. 3. 1999 – BStBl. II S. 475). Der Gewerbesteuermessbescheid ist auch dann von Amts wegen zu ändern, wenn ein bisher als laufender Gewinn bezeichneter Teil des Gewinns in einem geänderten Bescheid als Veräußerungsgewinn behandelt wird, es sei denn, dass es sich um eine Kapitalgesellschaft handelt, bei der der Veräußerungsgewinn zum Gewerbeertrag gehört (→ BFH vom 30. 6. 1964 – BStBl. III S. 581).

Ändert das Finanzamt den Einkommensteuerbescheid in der Weise, dass ein bisher als Veräußerungsgewinn behandelter Gewinn aus Gewerbebetrieb nunmehr als laufender Gewinn beurteilt wird, so darf der Gewerbesteuermessbescheid nach § 35b GewStG geändert werden (→ BFH vom 16. 12. 2004 – BStBl. 2005 II S. 184).

Der Gewerbesteuermessbescheid ist nach § 35b Abs. 1 Satz 1 GewStG auch dann aufzuheben oder zu ändern, wenn die vorausgegangene Aufhebung oder Änderung des Einkommensteuerbescheids darauf beruht, dass die Tätigkeit des Steuerpflichtigen nicht mehr wie bisher als gewerbliche qualifiziert, sondern einer anderen Einkunftsart zugeordnet wird (→ BFH vom 23. 6. 2004 – BStBl. II S. 901).

Keine Änderung nach § 35b GewStG.[2, 3]

- Wird ein Gewerbesteuermessbescheid selbständig angefochten, darf das Finanzamt diesen Bescheid nicht nach § 35b Abs. 1 GewStG aufheben oder ändern (→ BFH vom 9. 9. 1965 – BStBl. III S. 667).
- Eine bloße Änderung des gewerblichen Gewinns, die nicht auch eine Änderung des Einkommensteuerbescheids oder des Körperschaftsteuerbescheids zur Folge hat, führt nicht zu einer Änderung nach § 35b Abs. 1 GewStG (→ BFH vom 2. 3. 1966 – BStBl. III S. 317).
- Eine Berichtigung des Gewerbesteuermessbescheids nach § 35b Abs. 1 GewStG entfällt, wenn in der Gewerbesteuersache bereits ein rechtskräftiges Urteil vorliegt (→ BFH vom 24. 10. 1979 – BStBl. 1980 II S. 104).
- Die nach Maßgabe des § 35b Abs. 1 Satz 2 GewStG zu berücksichtigende Gewinnänderung beeinflusst dann nicht die Höhe des Gewerbeertrags, wenn sie auf verfahrens- oder materiell-rechtlichen Regelungen beruht, die allein für die Festsetzung der Einkommensteuer von Bedeutung sind (→ BFH vom 13. 11. 1991 – BStBl. 1992 II S. 351).

Kleinbetragsverordnung. Festgesetzte Gewerbesteuermessbeträge werden zum Nachteil des Steuerpflichtigen nur geändert oder berichtigt, wenn die Abweichung zur bisherigen Festsetzung mindestens 2 EUR beträgt (→ § 2 der Kleinbetragsverordnung vom 19. 12. 2000 – BGBl. I S. 1790).[4]

---

[1] *BFH-Urteil vom 21. 10. 2009 I R 29/09, BStBl. 2010 II S. 644:* § 35b GewStG ermöglicht in Organschaftsfällen auch bei einer Gewinnänderung auf der Ebene der Organgesellschaft eine Änderung des bestandskräftigen Gewerbesteuermessbescheids.

[2] *BFH-Urteil vom 5. 11. 2009 IV R 99/06, BStBl. 2010 II S. 593:* **1.** Die auf § 174 Abs. 3 AO gestützte Änderung eines Gewinnfeststellungsbescheides knüpft hinsichtlich der Erkennbarkeit der fehlerhaften Nichtberücksichtigung eines Sachverhalts an die Person des Feststellungsbeteiligten an. **2.** Der erstmalige Erlass eines Gewerbesteuermessbescheides kann nach Ablauf der Festsetzungsfrist nicht auf § 35b Abs. 1 GewStG gestützt werden.

[3] *BVerwG-Beschluss vom 4. 5. 2016 9 B 72.15, BFH/NV 2016, 1423, LS. 1:* **1.** Die Aufhebung oder Änderung des Gewerbesteuermessbescheids nach Änderung oder Aufhebung des Einkommensteuerbescheids, wenn die Änderung oder Aufhebung den Gewinn aus Gewerbebetrieb berührt (§ 35b Abs. 1 Satz 1 GewStG), ist ausgeschlossen, soweit über die Rechtmäßigkeit des Gewerbesteuermessbescheids rechtskräftig entschieden worden ist (wie BFH, Beschluss vom 24. Oktober 1979 – I S 8/79 – BFHE 129, 11 ff.).

[4] Abgedruckt als Anlage zu § 14 GewStG; ab 1. 1. 2017 muss die Abweichung bei einer Änderung oder Berichtigung zuungunsten des Steuerpflichtigen mindestens 5 Euro betragen (§ 2 KBV i. d. F. des Art. 3 G vom 18. 7. 2016, BGBl. I S. 1679).

Verfahrensvorschriften.
- Wird ein unanfechtbarer Gewerbesteuermessbescheid oder ein unanfechtbarer Verlustfeststellungsbescheid nach § 35b GewStG geändert, gilt für den geänderten Bescheid § 351 Abs. 1 AO (→ BFH vom 1. 3. 1966 – BStBl. III S. 331).
- Ergeht ein Einkommensteuerbescheid innerhalb der Frist des § 171 Abs. 9 AO, kann das Finanzamt einen Gewerbesteuermessbescheid, soweit § 35 GewStG greift, auch nach Ablauf der Frist des § 171 Abs. 9 AO ändern (§ 171 Abs. 10 AO) (→ BFH vom 21. 4. 2010 – BStBl. II S. 771).

Wirkungsweise der Änderung. Die auf einer Änderung des Gewinns im Einkommensteuerbescheid, Körperschaftsteuerbescheid oder Feststellungsbescheid beruhende Änderung des Gewerbesteuermessbescheids gemäß § 35b GewStG führt nicht schlechthin zu einer Wiederaufrollung des gesamten Falles (→ BFH vom 11. 10. 1966 – BStBl. 1967 III S. 131). Die bei der früheren Festsetzung des Gewerbesteuermessbetrags vorgenommenen Hinzurechnungen und Kürzungen bleiben deshalb unverändert, es sei denn, dass diese nach Grund und Höhe von der Gewinnänderung unmittelbar berührt werden (→ BFH-Urteil vom 20. 1. 1965 – BStBl. III S. 228).

Anl zu R 35b.1

Schreiben betr. Zuständigkeit für die Verlustfeststellung nach § 10a GewStG in Organschaftsfällen

Vom 20. Oktober 1993 (DB S. 2262)

(FM Bayern 33 – G 1427 – 10/6–64861; koord. Ländererlaß)

– Auszug –

§ 35b Abs. 2 GewStG i. V. m. § 22, § 18 Abs. 1 Nr. 2 AO regelt die örtliche Zuständigkeit für gesonderte Feststellungen des vortragsfähigen Gewerbeverlustes. Anknüpfungsmerkmal ist der Ort der Geschäftsleitung. **6**

In Organschaftsfällen ist der Ort der Geschäftsleitung des Organs nur dann nach besonderen Grundsätzen zu bestimmen, wenn die Geschäftsleitung der Organgesellschaft durch den Organträger in der Weise maßgebend beeinflußt wird, daß dieser den laufenden Geschäftsbetrieb der Organgesellschaft nicht nur beaufsichtigt, sondern ständig in die Tagespolitik eingreift und dadurch die im gewöhnlichen Geschäftsverkehr erforderlichen Entscheidungen von einigem Gewicht selbst trifft. Nur in diesem Fall ist der Ort der Geschäftsleitung der Organgesellschaft an dem Ort, von dem aus der Organträger die Geschäfte leitet. In allen anderen Fällen werden die Geschäfte der Organgesellschaft von dem Ort aus geleitet, an dem die gesetzlichen Vertreter der Organgesellschaft tätig werden.

Die örtliche Zuständigkeit für gesonderte Feststellungen des vororganschaftlichen Verlusts während des Bestehens der Organschaft ist entsprechend zu bestimmen. Zuständig ist danach im Regelfall das FA der Organgesellschaft, d. h. das FA, das nach der Verwaltungspraxis den Gewerbeertrag und das Gewerbekapital der Organgesellschaft ermittelt.

Dieses Schreiben ist im Einvernehmen mit den obersten Finanzbehörden des Bundes und der anderen Länder ergangen.

GewStG

Abschnitt IX. Durchführung

§ 35c Ermächtigung

(1) **Die Bundesregierung wird ermächtigt, mit Zustimmung des Bundesrates**

1. zur Durchführung des Gewerbesteuergesetzes Rechtsverordnungen zu erlassen
a) über die Abgrenzung der Steuerpflicht,
b) über die Ermittlung des Gewerbeertrags,
c) über die Festsetzung der Steuermessbeträge, soweit dies zur Wahrung der Gleichmäßigkeit der Besteuerung und zur Vermeidung von Unbilligkeiten in Härtefällen erforderlich ist,
d) über die Zerlegung des Steuermessbetrags,
e) über die Abgabe von Steuererklärungen unter Berücksichtigung von Freibeträgen und Freigrenzen;

2. Vorschriften durch Rechtsverordnung zu erlassen
a) über die sich aus der Aufhebung oder Änderung von Vorschriften dieses Gesetzes ergebenden Rechtsfolgen, soweit dies zur Wahrung der Gleichmäßigkeit bei der Besteuerung oder zur Beseitigung von Unbilligkeiten in Härtefällen erforderlich ist,
b) *(weggefallen)*
c) über die Steuerbefreiung der Einnehmer einer staatlichen Lotterie,
d)[1] über die Steuerbefreiung bei bestimmten kleineren Versicherungsvereinen auf Gegenseitigkeit im Sinne des § 210 des Versicherungsaufsichtsgesetzes, wenn sie von der Körperschaftsteuer befreit sind,
e) über die Beschränkung der Hinzurechnung von Entgelten für Schulden und ihnen gleichgestellte Beträge (§ 8 Nr. 1 Buchstabe a) bei Kreditinstituten nach dem Verhältnis des Eigenkapitals zu Teilen der Aktivposten und bei Gewerbebetrieben, die nachweislich ausschließlich unmittelbar oder mittelbar Kredite oder Kreditrisiken, die einem Kreditinstitut oder einem in § 3 Nr. 2 genannten Gewerbebetrieb aus Bankgeschäften entstanden sind, erwerben und Schuldtitel zur Refinanzierung des Kaufpreises für den Erwerb solcher Kredite oder zur Refinanzierung von für die Risikoübernahmen zu stellenden Sicherheiten ausgeben,
f)[2] über die Beschränkung der Hinzurechnung von Entgelten für Schulden und ihnen gleichgestellte Beträge (§ 8 Nummer 1 Buchstabe a) bei
aa) Finanzdienstleistungsinstituten, soweit sie Finanzdienstleistungen im Sinne des § 1 Absatz 1a Satz 2 des Kreditwesengesetzes tätigen,
bb) Zahlungsinstituten, soweit sie Zahlungsdienste im Sinne des § 1 Absatz 1 Satz 2 Nummer 3 Buchstabe b und Nummer 6 des Zahlungsdiensteaufsichtsgesetzes erbringen,
cc) Wertpapierinstituten, soweit sie Wertpapierdienstleistungen, Wertpapiernebendienstleistungen und Nebengeschäfte im Sinne des § 2 Absatz 2 bis 4 des Wertpapierinstitutsgesetzes erbringen.
②**Voraussetzung für die Umsetzung von Satz 1 ist, dass die Umsätze des Finanzdienstleistungsinstituts zu mindestens 50 Prozent auf Finanzdienstleistungen, die Umsätze der Wertpapierinstitute zu mindestens 50 Prozent auf Wertpapierdienstleistungen, Wertpapiernebendienstleistungen und Nebengeschäfte und die Umsätze des Zahlungsinstituts zu mindestens 50 Prozent auf Zahlungsdienste entfallen,**
g) über die Festsetzung abweichender Vorauszahlungstermine.

(2) **Das Bundesministerium der Finanzen wird ermächtigt, den Wortlaut dieses Gesetzes und der zu diesem Gesetz erlassenen Rechtsverordnungen in der jeweils geltenden Fassung satzweise nummeriert mit neuem Datum und in neuer Paragrafenfolge bekannt zu machen und dabei Unstimmigkeiten im Wortlaut zu beseitigen.**

---

[1] § 35 c Abs. 1 Nr. 2 Buchst. d nF anzuwenden ab EZ 2016.

[2] § 35 c Abs. 1 Nr. 2 Buchst. f Satz 1 Doppelbuchst. bb nF anzuwenden ab EZ 2018 (§ 36 Abs. 6 GewStG); Buchst. f Satz 1 Doppelbuchst. cc angefügt und Satz 2 geändert durch Gesetz vom 12. 5. 2021 (BGBl. I S. 990) mWv 26. 6. 2021.

Abschnitt X. Schlussvorschriften

GewStG

§ 36[1] Zeitlicher Anwendungsbereich

(1)[2] **Die vorstehende Fassung dieses Gesetzes ist, soweit in den folgenden Absätzen** 1
nichts anderes bestimmt ist, erstmals für den Erhebungszeitraum 2021 anzuwenden.

(2) ① **§ 3 Nummer 1 in der Fassung des Artikels 8 des Gesetzes vom** 2
12. Dezember 2019 (BGBl. I S. 2451) ist erstmals für den Erhebungszeitraum 2019 anzuwenden. ② **§ 3 Nummer 12 in der Fassung des Artikels 9 des Gesetzes vom 12. Dezember 2019 (BGBl. I S. 2451) ist erstmals für den Erhebungszeitraum 2025 anzuwenden.**[3] ③ **§ 3 Nummer 13 in der Fassung des Artikels 8 des Gesetzes vom 12. Dezember 2019 (BGBl. I S. 2451) ist erstmals für den Erhebungszeitraum 2015 anzuwenden.** ④ **§ 3 Nummer 24 in der Fassung des Artikels 8 des Gesetzes vom 12. Dezember 2019 (BGBl. I S. 2451) ist erstmals für den Erhebungszeitraum 2019 anzuwenden.** ⑤ **§ 3 Nummer 32 in der Fassung des Artikels 8 des Gesetzes vom 12. Dezember 2019 (BGBl. I S. 2451) ist erstmals für den Erhebungszeitraum 2019 anzuwenden.**

(3)[4] ① **§ 7 Satz 3 in der durch Artikel 8 des Gesetzes vom 12. Dezember 2019** 3
(BGBl. I S. 2451) geänderten Fassung ist erstmals für den Erhebungszeitraum 2009 anzuwenden. ② **Für den Erhebungszeitraum 2008 ist § 7 Satz 3 in folgender Fassung anzuwenden:** ***[dort abgedruckt].*** ③ **§ 7 Satz 7 in der Fassung des Artikels 16 des Gesetzes vom 20. Dezember 2016 (BGBl. I S. 3000) ist erstmals für den Erhebungszeitraum 2017 anzuwenden.** ④ **§ 7 Satz 9 in der Fassung des Artikels 3 des Gesetzes vom 25. Juni 2021 (BGBl. I S. 2035) ist erstmals für den Erhebungszeitraum 2022 anzuwenden.**

(4) ① **§ 8 Nummer 1 Buchstabe d Satz 2 ist nur auf Entgelte anzuwenden, die auf** 4
Verträgen beruhen, die nach dem 31. Dezember 2019 abgeschlossen worden sind. ② **Dabei ist bei Verträgen, die vor dem 1. Januar 2025 abgeschlossen werden, statt einer Reichweite von 80 Kilometern eine Reichweite von 60 Kilometern ausreichend.** ③ **§ 8 Nummer 1 Buchstabe d Satz 2 ist letztmals für den Erhebungszeitraum 2030 anzuwenden.**

(4 a)[5] **§ 8 Nummer 5 in der Fassung des Artikels 3 des Gesetzes vom 25. Juni 2021 (BGBl. I S. 2035) ist erstmals für den Erhebungszeitraum 2022 anzuwenden.**

(5)[6] ① **§ 9 Nummer 3 Satz 1 erster Halbsatz in der Fassung des Artikels 16 des Ge-** 5
setzes vom 20. Dezember 2016 (BGBl. I S. 3000) ist erstmals für den Erhebungszeitraum 2017 anzuwenden. ② **§ 9 Nummer 5 Satz 12 in der Fassung des Artikels 8 des Gesetzes vom 12. Dezember 2019 (BGBl. I S. 2451) ist erstmals für Zuwendungen anzuwenden, die nach dem 31. Dezember 2019 geleistet werden.**

(5 a)[7] **§ 10 a in der Fassung des Artikels 9 des Gesetzes vom 21. Dezember 2020 (BGBl. I S. 3096) ist auch für Erhebungszeiträume vor 2020 anzuwenden.**

(5 b)[8] **§ 19 Absatz 3 Satz 2 und 3 ist auf Antrag des Steuerpflichtigen mit der Maßgabe anzuwenden, dass für den Erhebungszeitraum 2019 an die Stelle des 15. Kalendermonats der 21. Kalendermonat tritt sowie dass für den Erhebungszeitraum 2020 an die Stelle des 15. Kalendermonats der 18. Kalendermonat tritt.**

(6) **§ 35 c Absatz 1 Nummer 2 Buchstabe f Satz 1 Doppelbuchstabe bb in der Fas-** 6
sung des Artikels 8 des Gesetzes vom 12. Dezember 2019 (BGBl. I S. 2451) ist erstmals für den Erhebungszeitraum 2018 anzuwenden.

§ 36[9] *Zeitlicher Anwendungsbereich*

GewStDV

(1) Die vorstehende Fassung dieser Verordnung ist erstmals für den Erhebungszeitraum 2021 anzuwenden.

§ 37 *(weggefallen)*

GewStG

---

[1] § 36 neugefasst durch Gesetz vom 12. 12. 2019 (BGBl. I S. 2451).
[2] § 36 Abs. 1 geändert durch Gesetz vom 3. 6. 2021 (BGBl. I S. 1498).
[3] § 36 Abs. 2 Satz 2 eingefügt, bish. Sätze 2 bis 4 werden Sätze 3 bis 5 durch Gesetz vom 12. 12. 2019 (BGBl. I S. 2451).
[4] § 36 Abs. 3 Satz 3 angefügt durch Gesetz vom 21. 12. 2020 (BGBl. I S. 3096); Satz 4 angefügt durch Gesetz vom 25. 6. 2021 (BGBl. I S. 2035).
[5] § 36 Abs. 4 a eingefügt durch Gesetz vom 25. 6. 2021 (BGBl. I S. 2035).
[6] § 36 Abs. 5 Satz 1 eingefügt durch Gesetz vom 21. 12. 2020 (BGBl. I S. 3096).
[7] § 36 Abs. 5 a eingefügt durch Gesetz vom 21. 12. 2020 (BGBl. I S. 3096).
[8] § 36 Abs. 5 b eingefügt durch Gesetz vom 25. 6. 2021 (BGBl. I S. 2035).
[9] § 36 GewStDV neugefasst durch VO vom 25. 6. 2020 (BGBl. I S. 1495).

Anhang

1. Rechtsbehelfe bei der Gewerbesteuer[1, 2, 3]

1. Rechtsbehelfe gegen den Gewerbesteuermessbescheid 1

Einspruch gem. § 347 AO binnen einem Monat nach Bekanntgabe (§ 355 AO) an das Finanzamt; über ihn entscheidet das Finanzamt.

Von der Einlegung des Einspruchs kann abgesehen werden, wenn sich die Einwendungen nur gegen die Höhe des zugrunde gelegten Gewinns aus Gewerbebetrieb richten und diese bereits im Einspruch gegen den Einkommensteuerbescheid, den Feststellungsbescheid oder den Körperschaftsteuerbescheid geltend gemacht worden sind. Änderungen des Gewinns in diesen Bescheiden haben eine Berichtigung des Gewerbesteuermessbescheids von Amts wegen zur Folge (§ 35 b GewStG).

Wegen unverschuldeter Fristversäumnis kann binnen einem Monat nach Wegfall des Hindernisses Wiedereinsetzung in den vorigen Stand gem. § 110 AO gewährt werden. Nach einem Jahr seit dem Ende der versäumten Frist kann die Wiedereinsetzung nicht mehr beantragt oder die versäumte Handlung nicht mehr nachgeholt werden, außer wenn dies vor Ablauf der Jahresfrist infolge höherer Gewalt unmöglich war.

Anfechtungsklage gem. § 40 FGO binnen einem Monat nach Bekanntgabe (§ 47 FGO) an das Finanzgericht; über sie entscheidet das Finanzgericht im ersten Rechtszug.

Anfechtungsklage gem. § 45 FGO ohne Vorverfahren zulässig (Sprungklage), wenn das Finanzamt, das über den Einspruch zu entscheiden hätte, zustimmt.

Klage gem. § 46 FGO ohne vorherigen Abschluss des Vorverfahrens zulässig. Die Klage kann nicht vor Ablauf von 6 Monaten seit Einlegung des außergerichtlichen Rechtsbehelfs erhoben werden, es sei denn, dass wegen besonderer Umstände des Falles eine kürzere Frist geboten ist. Im Falle unverschuldeter Versäumnis einer gesetzlichen Frist beim Finanzgericht kann auf Antrag binnen zwei Wochen nach Wegfall des Hindernisses gem. § 56 FGO Wiedereinsetzung in den vorigen Stand gewährt werden.

Revision gem. § 115 FGO binnen einem Monat (§ 120 FGO) nach Zustellung des vollständigen Urteils, sofern diese vom Finanzgericht nach Maßgabe des § 115 Abs. 2 FGO zugelassen worden ist; die Revision muss innerhalb von zwei Monaten nach Zustellung des vollständigen Urteils begründet werden. Ansonsten innerhalb eines Monats Beschwerde gegen die Nichtzulassung der Revision beim BFH (Begründungsfrist wie Revision), über die dieser durch Beschluss entscheidet (§ 116 FGO). Bei Stattgabe wird das Beschwerdeverfahren als Revisionsverfahren fortgesetzt (Beginn der Revisionsbegründungsfrist), im Fall der Ablehnung wird das Urteil rechtskräftig. Bei einem Verfahrensmangel kann der BFH im stattgebenden Beschluss die Streitsache an das Finanzgericht zurückverweisen (§ 116 Abs. 6 FGO).

2. Rechtsbehelfe gegen Haftungsbescheide des Finanzamts 2

Soweit nach § 5 Abs. 2 des Gesetzes zur Änderung des Gewerbesteuerrechts vom 27. 12. 1951 (BStBl. 1952 I S. 2) die Erhebung der Gewerbesteuer dem Finanzamt übertragen ist, obliegt ihm auch die Geltendmachung eines Haftungsanspruchs. Gegen Haftungsbescheide des Finanzamts sind der Einspruch und der Finanzrechtsweg gegeben (§ 347 Abs. 1 Nr. 1 AO, § 33 FGO). Vgl. ergänzend R 5.3 GewStR/H 5.3 GewStH.

3. Rechtsbehelfe gegen den Gewerbesteuerbescheid[4] 3

Widerspruch gemäß §§ 68 Abs. 1, 70 VwGO i. V. m. landesrechtlichen Bestimmungen (z. B. Art. 15 Abs. 1 Satz 1 Nr. 1 BayAGVwGO) oft lediglich fakultativ binnen einem Monat an die Gemeindebehörde zulässig. Über den Widerspruch entscheidet die Gemeindebehörde.

Anfechtungsklage gemäß § 74 Abs. 1 Satz 1 VwGO binnen einem Monat nach Zustellung des Widerspruchsbescheids beim zuständigen Verwaltungsgericht. Wird ein Widerspruchsbescheid binnen drei Monaten nicht erteilt, so kann die Anfechtungsklage beim Verwaltungsgericht gemäß § 75 VwGO erhoben werden, wohl aber nur bis zum Ablauf eines Jahres seit der Einlegung des Widerspruchs. Für den Fall der sofortigen Klageerhebung muss die Klage gemäß § 74 Abs. 1 Satz 2 VwGO innerhalb eines Monats nach Bekanntgabe des Gewerbesteuerbescheids erhoben werden.

Berufung gemäß §§ 124, 124 a VwGO binnen einem Monat an das OVG (den VGH) des betreffenden Landes (unter Umständen auch gleich Sprungrevision an das Bundesverwaltungsgericht, § 134 VwGO).

Revision gemäß § 132 VwGO an das Bundesverwaltungsgericht, wenn das OVG (der VGH) oder bei Nichtzulassungsbeschwerde das BVerwG diese zugelassen hat (§ 132 VwGO). Gegen die Nichtzulassung der Revision ist binnen einem Monat die selbständige Beschwerde bei dem Gericht, gegen des-

---

[1] AO i. d. F. der Bek. vom 1. 10. 2002 (BGBl. I S. 3866, ber. I 2003 S. 61), zuletzt geändert durch Gesetz vom 5. 10. 2021 (BGBl. I S. 4607).

[2] FGO i. d. F. der Bek. vom 28. 3. 2001 (BGBl. I S. 442, ber. S. 2262, 2002 I S. 679), zuletzt geändert durch Gesetz vom 5. 10. 2021 (BGBl. I S. 4607).

[3] VwGO i. d. F. der Bek. vom 19. 3. 1991 (BGBl. I S. 686), zuletzt geändert durch Gesetz vom 8. 10. 2021 (BGBl. I S. 4650).

[4] *BFH-Urteil vom 10. 6. 1987 I R 301/83, BStBl. II S. 816:* Einwendungen gegen die Höhe des Gewerbeertrags oder Gewerbekapitals sind nur gegen den Gewerbesteuermessbescheid zulässig.

sen Urteil Revision eingelegt werden soll, zulässig. Hilft das Gericht der Beschwerde nicht ab, entscheidet das BVerwG durch Beschluss (§ 133 VwGO).

4 **4. Rechtsbehelfe gegen den Zerlegungsbescheid**

Gegen einen Zerlegungsbescheid (§ 188 AO) des Finanzamts und gegen einen Bescheid, durch den ein Antrag auf Zerlegung abgelehnt wird, können der Steuerpflichtige und die beteiligten Gemeinden Einspruch einlegen (§ 347 AO). Vgl. 1.

5 **5. Rechtsbehelfe gegen Haftungsbescheide der Gemeinde**

Es ist Sache der Gemeinde, den Anspruch aus der Haftung geltend zu machen. Wer kraft Gesetz haftet, kann durch Haftungsbescheid in Anspruch genommen werden. Wegen der gesetzlichen Haftungstatbestände siehe R 5.3 GewStR/H 5.3 GewStH.

Der Bescheid ist schriftlich zu erteilen (§ 191 AO) und zu begründen. Gegen Haftungsbescheide der Gemeinde ist (in einigen Fällen lediglich fakultativ) der Widerspruch und der Verwaltungsrechtsweg gegeben (§§ 68 bis 73 u. § 40 VwGO). Wegen der Heranziehung bei vertraglicher Haftung vgl. § 192 AO.

6 **6. Rechtsbehelfe gegen den Zuteilungsbescheid**

Gegen einen gemäß § 190 AO ergehenden Zuteilungsbescheid ist als Rechtsbehelf der Einspruch gegeben (§ 347 AO). Vgl. 1.

7 **7. Rechtsbehelfe gegen den Vorauszahlungsbescheid**

Gegen Steuermessbescheide, die ausschließlich für Zwecke der Gewerbesteuervorauszahlungen erteilt werden, ist gemäß § 347 AO der Einspruch gegeben. Vgl. 1.

Gegen Vorauszahlungsbescheide der Gemeindesteuerbehörden richten sich die Rechtsbehelfe nach der VwGO. Vgl. 3.

Gegen die Zerlegung des einheitlichen Steuermessbetrages für die Zwecke der Gewerbesteuer-Vorauszahlungen nach § 29 Abs. 2 GewStDV können der Steuerpflichtige und die beteiligten Gemeinden Einspruch einlegen (§ 347 AO).

8 **8. Rechtsbehelfe gegen Aufforderung zur Steuererklärung**

Die Abgabe einer Steuererklärung kann nach § 328 AO mit Zwangsmitteln durchgesetzt werden. Gegen diese Aufforderung des Finanzamts zur Abgabe der Erklärung ist der Einspruch gemäß § 347 AO binnen Monatsfrist gegeben. Vgl. 1. Gegen denjenigen, der seiner Verpflichtung zur Abgabe einer Steuererklärung nicht oder nicht fristgemäß nachkommt, kann ein Verspätungszuschlag festgesetzt werden (§ 152 Abs. 1 AO). Zur Höhe des Verspätungszuschlages vgl. § 152 Abs. 5 ff. AO. Gegen einen solchen Verspätungszuschlag ist der Einspruch (§ 347 AO) binnen Monatsfrist gegeben. Vgl. 1.

9 **9. Rechtsmittel gegen Ablehnung von Erstattungs- und Billigkeitsanträgen**

Wird ein Antrag auf Erstattung zu Unrecht bezahlter Steuerbeträge abgelehnt, so sind die gleichen landesrechtlichen Rechtsmittel wie gegen den Realsteuerbescheid gegeben.

Wird der Antrag eines Steuerpflichtigen auf Gewährung einer Billigkeitsmaßnahme gemäß § 163 AO abgelehnt, so ist zu unterscheiden, ob es sich um eine Billigkeitsmaßnahme im Gewerbesteuermessbetragsverfahren handelt, über die das Finanzamt zu entscheiden hat, oder um einen Antrag auf Erlass der auf Grund des ergangenen Gewerbesteuermessbescheides im Realsteuerbescheid festgesetzten Gewerbesteuer, über den die Gemeindebehörde zu entscheiden hat.

a) Entscheidung durch das Finanzamt

Die Befugnis, Realsteuermessbeträge festzusetzen, schließt auch die Befugnis zu Maßnahmen nach § 163 Abs. 1 Satz 1 AO (abweichende Festsetzung von Steuern aus Billigkeitsgründen) ein, soweit für solche Maßnahmen in einer allgemeinen Verwaltungsvorschrift der Bundesregierung oder einer obersten Landesfinanzbehörde Richtlinien aufgestellt worden sind (§ 184 Abs. 2 AO).

Eine Entscheidung des Finanzamts über eine Ablehnung eines Billigkeitsantrages eines Steuerpflichtigen kann durch einen Ablehnungsbescheid oder auch dadurch erfolgen, dass der Gewerbesteuermessbetrag ohne Berücksichtigung des gestellten Billigkeitsantrages festgesetzt wird.

Im ersteren Fall ist der Einspruch gemäß § 347 AO gegeben, an den sich ein finanzgerichtliches Verfahren anschließen kann unter der Voraussetzung, dass der diesbezügliche Verwaltungsakt mit der Behauptung eines Ermessensmissbrauchs angegriffen wird.

b) Entscheidung der Gemeindebehörde

Lehnt die Gemeindebehörde einen Billigkeitsantrag ab, oder verweigert sie ihre Zustimmung zu einer vom Finanzamt auf Antrag des Steuerpflichtigen beabsichtigten Billigkeitsmaßnahme, so sind die gleichen Rechtsbehelfe wie gegen den Realsteuerbescheid gegeben; vgl. 3.

Hat das Finanzamt den Gewerbesteuermessbetrag aus Billigkeitsgründen nach § 163 AO ohne Zustimmung der Gemeinde niedriger festgesetzt, so ist es auf Verlangen der Gemeinde unabhängig von der Rechtskraft des Bescheides verpflichtet, diesen Bescheid durch einen neuen, die Billigkeitsmaßnahmen nicht berücksichtigenden Bescheid zu ersetzen; die Gemeinde kann ihren der Verpflichtung des Finanzamts entsprechenden Anspruch nicht in einem Verfahren vor den Finanzgerichten durchsetzen (BFH v. 25. 5. 1962 I 129/59 S, BStBl. III S. 497).

2. Gewerbesteuerhebesätze 2021 mit Veränderungen gegenüber 2020 in Gemeinden mit mehr als 50 000 Einwohnern[1]

Gemeinden	Bundesland	GewSt.-Hebesatz in v. H.	Veränd. geg. Vorjahr in Prozentpunkten	Gemeinden	Bundesland	GewSt.-Hebesatz in v. H.	Veränd. geg. Vorjahr in Prozentpunkten
Aachen	NRW	475	0	Essen	NRW	480	0
Aalen	Ba-Wü	380	0	Esslingen a. N.	Ba-Wü	400	0
Ahlen	NRW	445	0	Euskirchen	NRW	475	0
Arnsberg	NRW	459	0	Flensburg	SH	410	0
Aschaffenburg	Bay	400	0	Frankfurt a. M.	He	460	0
Augsburg	Bay	470	0	Frankfurt/O.	Bbg	400	0
Bad Homburg v. d. H.	He	385	0	Frechen	NRW	490	0
Bad Kreuznach	Rh-Pf	405	0	Freiburg i. Br.	Ba-Wü	430	0
Bad Salzuflen	NRW	445	0	Friedrichshafen	Ba-Wü	350	0
Baden-Baden	Ba-Wü	390	0	Fulda	He	380	0
Bamberg	Bay	390	0	Fürth	Bay	440	0
Bayreuth	Bay	370	0	Garbsen	Nds	450	0
Bergheim	NRW	500	0	Gelsenkirchen	NRW	480	0
Bergisch-Gladbach	NRW	460	0	Gera	Th	464	0
Berlin	Berl	410	0	Gießen	He	420	0
Bielefeld	NRW	480	0	Gladbeck	NRW	495	0
Böblingen	Ba-Wü	380	0	Göppingen	Ba-Wü	365	0
Bocholt	NRW	458	0	Görlitz	Sn	420	– 10
Bochum	NRW	495	0	Göttingen	Nds	430	0
Bonn	NRW	490	0	Goslar	Nds	420	0
Bottrop	NRW	490	0	Greifswald	M-V	425	0
Brandenburg	Bbg	450	0	Grevenbroich	NRW	450	0
Braunschweig	Nds	450	0	Gummersbach	NRW	475	0
Bremen	Bre	460	0	Gütersloh	NRW	411	0
Bremerhaven	Bre	460	0	Hagen	NRW	520	0
Castrop-Rauxel	NRW	500	0	Halle/Saale	S-Anh	450	0
Celle	Nds	440	0	Hamburg	Hbg	470	0
Chemnitz	Sn	450	0	Hameln	Nds	455	0
Cottbus	Bbg	400	0	Hamm	NRW	465	0
Darmstadt	He	454	0	Hanau	He	430	0
Delmenhorst	Nds	435	0	Hannover	Nds	480	0
Dessau-Roßlau	S-Anh	450	0	Hattingen	NRW	515	0
Detmold	NRW	446	0	Heidelberg	Ba-Wü	400	0
Dinslaken	NRW	460	0	Heilbronn	Ba-Wü	420	0
Dormagen	NRW	450	0	Herford	NRW	430	0
Dorsten	NRW	495	0	Herne	NRW	500	0
Dortmund	NRW	485	0	Herten	NRW	480	0
Dresden	Sn	450	0	Hilden	NRW	400	0
Duisburg	NRW	520	0	Hildesheim	Nds	440	0
Düren	NRW	450	0	Hürth	NRW	480	0
Düsseldorf	NRW	440	0	Ibbenbüren	NRW	438	0
Emden	Nds	420	0	Ingolstadt	Bay	400	0
Erfurt	Th	470	0	Iserlohn	NRW	480	0
Erlangen	Bay	440	0	Jena	Th	450	0
Eschweiler	NRW	490	0	Kaiserslautern	Rh-Pf	410	0

[1] Stand November 2021; Quelle: DIHK.

Gemeinden	Bundesland	GewSt.-Hebesatz in v. H.	Veränd. geg. Vorjahr in Prozentpunkten
Karlsruhe	Ba-Wü	430	0
Kassel	He	440	0
Kempten	Bay	387	0
Kerpen	NRW	500	0
Kiel	SH	450	0
Kleve	NRW	417	0
Koblenz	Rh-Pf	420	0
Köln	NRW	475	0
Konstanz	Ba-Wü	390	0
Krefeld	NRW	480	0
Landshut	Bay	420	0
Langenfeld	NRW	299	– 11
Langenhagen	Nds	450	0
Leipzig	Sn	460	0
Leverkusen	NRW	250	0
Lingen/Ems	Nds	395	0
Lippstadt	NRW	440	0
Lübeck	SH	450	0
Lüdenscheid	NRW	499	0
Ludwigsburg	Ba-Wü	395	10
Ludwigshafen	Rh-Pf	425	0
Lüneburg	Nds	420	0
Lünen	NRW	490	0
Magdeburg	S-Anh	450	0
Mainz	Rh-Pf	440	0
Mannheim	Ba-Wü	430	0
Marburg/Lahn	He	400	0
Marl	NRW	530	0
Meerbusch	NRW	450	0
Menden/Sauerl.	NRW	460	0
Minden	NRW	447	0
Moers	NRW	480	0
Mönchengladbach	NRW	490	0
Mülheim a. d. Ruhr	NRW	580	0
München	Bay	490	0
Münster	NRW	460	0
Neubrandenburg	M-V	440	0
Neumünster	SH	410	0
Neuss	NRW	455	0
Neustadt/Weinstr.	Rh-Pf	400	0
Neu-Ulm	Bay	360	0
Neuwied	Rh-Pf	405	0
Norderstedt	SH	440	0
Nordhorn	Nds	375	0
Nürnberg	Bay	467	0
Oberhausen	NRW	580	0
Offenbach	He	440	0
Offenburg	Ba-Wü	380	0
Oldenburg	Nds	439	0
Osnabrück	Nds	440	0
Paderborn	NRW	419	1
Passau	Bay	400	0
Pforzheim	Ba-Wü	445	0
Plauen	Sn	450	0
Potsdam	Bbg	455	0
Pulheim	NRW	475	0
Ratingen	NRW	400	0
Ravensburg	Ba-Wü	390	10
Recklinghausen	NRW	520	0
Regensburg	Bay	425	0
Remscheid	NRW	490	0
Reutlingen	Ba-Wü	380	0
Rheine	NRW	430	0
Rosenheim	Bay	400	0
Rostock	M-V	465	0
Rüsselsheim	He	420	0
Saarbrücken	Saarl	490	0
Salzgitter	Nds	440	0
Sankt Augustin	NRW	490	0
Schwäbisch Gmünd	Ba-Wü	380	0
Schweinfurt	Bay	370	0
Schwerin	M-V	450	0
Siegen	NRW	485	0
Sindelfingen	Ba-Wü	370	0
Solingen	NRW	475	0
Speyer	Rh-Pf	415	0
Stolberg	NRW	495	0
Stralsund	M-V	445	0
Stuttgart	Ba-Wü	420	0
Trier	Rh-Pf	430	0
Troisdorf	NRW	500	0
Tübingen	Ba-Wü	390	10
Ulm	Ba-Wü	360	0
Unna	NRW	481	0
Velbert	NRW	440	0
Viersen	NRW	460	0
Villingen-Schwenn.	Ba-Wü	360	0
Waiblingen	Ba-Wü	360	0
Weimar	Th	430	0
Wesel	NRW	448	0
Wetzlar	He	390	0
Wiesbaden	He	454	0
Wilhelmshaven	Nds	410	– 5
Willich	NRW	434	0
Witten	NRW	520	0
Wolfenbüttel	Nds	430	0
Wolfsburg	Nds	360	0
Worms	Rh-Pf	420	0
Wuppertal	NRW	490	0
Würzburg	Bay	420	0
Zwickau	Sn	450	0

Stichwortregister

Fette Zahlen verweisen auf den jeweiligen Paragraphen des GewStG, magere Zahlen auf die Randziffern; der Buchstabe „F" verweist auf eine Fußnote zur Randziffer, „Anh." auf den Anhang

A

B

C

D

H

I

J

N

O

P

T

U

V

W

Z